Prática da Reabilitação Musculoesquelética

Princípios e Fundamentos Científicos

Prática da Reabilitação Musculoesquelética

Princípios e Fundamentos Científicos

Editores

David J. Magee, PT, PhD
Professor
Department of Physical Therapy
Faculty of Rehabilitation Medicine
University of Alberta
Edmonton, Alberta, Canada

James E. Zachazewski, PT, DPT, SCS, ATC
Clinical Director
Physical Therapy
Massachusetts General Hospital
Boston, Massachusetts

William S. Quillen, PT, PhD, SCS, FACSM
Professor
Associate Dean, College of Medicine
Director, School of Physical Therapy and Rehabilitation Sciences
University of South Florida
Tampa, Florida

Consultoria editorial

Bev Evjen
Swift Current, Saskatchewan, Canada

Manole

Título original em inglês: *Scientific Foundations and Principles of Practice in Musculoskeletal Rehabilitation*
ISBN da edição original: 978-1-4160-0250-5

Este livro contempla as regras do Novo Acordo Ortográfico da Língua Portuguesa, que entrou em vigor no Brasil.

Editor gestor: Walter Luiz Coutinho
Editora de traduções: Denise Yumi Chinem
Produção editorial: Priscila Mota e Karen Daikuzono

Tradução: Juliana Cristina Frare
Professora da Universidade Estadual do Oeste do Paraná (Unioeste)
Doutoranda em Estomatopatologia pela Universidade Estadual de Campinas (Unicamp)
Mestre em Engenharia Biomédica pela Universidade do Vale do Paraíba (Univap)
Graduada em Fisioterapia pela Universidade Estadual de Londrina (UEL)

Lilia Breternitz Ribeiro
Mestre em Fisiologia Humana pelo Instituto de Ciências Biomédicas da Universidade de São Paulo (USP)
Graduada em Fisioterapia pela Universidade de São Paulo (USP)

Mônica de Barros Ribeiro Cilento
Instrutora Internacional avançada em PNF pela International PNF Association (IPNFA)
Mestre em Ciências pela Universidade Federal do Rio de Janeiro (UFRJ)
Especialista em Fisioterapia Neurofuncional pela Escola Superior de Ensino Helena Antipoff (ESEHA)
Graduada em Fisioterapia pela Universidade Católica de Petrópolis (UCP)

Ronaldo Luis da Silva
Mestre em Ciências da Reabilitação pela Faculdade de Medicina da Universidade de São Paulo (FMUSP)
Graduado em Fisioterapia pela Universidade de São Paulo (USP)

Revisão de tradução e revisão de prova: Depto. editorial da Editora Manole
Diagramação: LCT Tecnologia e Serviços Ltda.
Adaptação da capa para a edição brasileira: Rafael Zemantauskas

Dados Internacionais de Catalogação na Publicação (CIP)
(Câmara Brasileira do Livro, SP, Brasil)

Prática da reabilitação musculoesquelética : princípios e fundamentos científicos / editores David J. Magee, James E. Zachazewski, William S. Quillen ; consultoria editorial Bev Evjen ; tradução. -- Barueri, SP : Manole, 2013.

Título original: Scientific foundations and principles of practice in musculoskeletal rehabilitation.
Vários tradutores.
Bibliografia.
ISBN 978-85-204-3305-8

1. Deficientes físicos - Reabilitação 2. Reabilitação médica 3. Reabilitação musculoesquelética I. Magee, David J.. II. Zachazewski, James E.. III. Quillen, William S.. IV. Evjen, Bev.

12-08341 CDD-617.03
NLM-WL 100

Índices para catálogo sistemático:
1. Reabilitação musculoesquelética : Medicina 617.03

Edição brasileira – 2013

Direitos em língua portuguesa adquiridos pela:
Editora Manole Ltda.
Av. Ceci, 672 – Tamboré
06460-120 – Barueri – SP – Brasil
Tel.: (11) 4196-6000 – Fax: (11) 4196-6021
www.manole.com.br
info@manole.com.br

Impresso no Brasil
Printed in Brazil

Aviso
Os autores e a editora não se responsabilizam por qualquer lesão e/ou dano a pessoas ou objetos provocado pelo uso das informações contidas neste livro. É responsabilidade do terapeuta escolher os melhores tratamentos e métodos para seus pacientes, com base em sua experiência e conhecimento de uso.

Colaboradores

Gary P. Austin, PT, PhD, CSCS
Associate Professor
Department of Physical Therapy and Human Movement Science
Sacred Heart University
Fairfield, Connecticut

J. Bradley Barr, DPT, OCS
Assistant Professor
Department of Physical Therapy
Creighton University Medical Center
Omaha, Nebraska

Marie K. Hoeger Bement, PT, PhD
Assistant Professor
Physical Therapy Department
Marquette University
Milwaukee, Wisconsin

Robert E. Berg, MD, PT, MA
Radiologist
Department of Radiology
University of Nebraska Medical Center
Omaha, Nebraska
Instructor and Musculoskeletal Fellow
Department of Musculoskeletal Radiology
University of Nebraska Medical Center
Omaha, Nebraska

Cal Botterill, BPE, PhD
Professor
Department of Kinesiology and Applied Health
University of Winnipeg
Winnipeg, Manitoba

Lori Thein Brody, PT, PhD, SCS, ATC
Graduate Program Director
Orthopaedic and Sports Physical Therapy
Rocky Mountain University of Health Professions
Provo, Utah
Senior Clinical Specialist
Sports Medicine and Spine Physical Therapy
University of Wisconsin Health
Madison, Wisconsin

Marybeth Brown, PT, PhD, FAPTA
Professor, Physical Therapy Program
Professor, Biomedical Sciences
University of Missouri-Columbia
Columbia, Missouri

Brian D. Busconi, MD
Professor of Orthopaedic Surgery
University of Massachusetts Medical School
Worcester, Massachusetts

David S. Butler, BPhty, GDAMT, MAppSc
Adjunct Lecturer
University of South Australia
Australia
Director
Neuro Orthopaedic Institute
Australia

Judy T. Chen, PharmD, BCPS
Assistant Professor of Pharmacy Practice
School of Pharmacy and Pharmaceutical Sciences
Purdue University
West Lafayette, Indiana

Terese L. Chmielewski, PT, PhD, SCS
Assistant Professor
Department of Physical Therapy
University of Florida
Gainesville, Florida

Daniel J. Cipriani, BPT, PhD
Assistant Professor
Department of Exercise and Nutrition Sciences
San Diego State University
San Diego, California

Sandra L. Curwin, BScPT, PhD
Adjunct Associate Professor
School of Physiotherapy
Faculty of Health Professions
Dalhousie University
Halifax, Nova Scotia

Sérgio Teixeira da Fonseca, BPT, ScD
Associate Professor
Physical Therapy
Universidade Federal de Minas Gerais
Belo Horizonte, Minas Gerais, Brasil

Paula Lanna Pereira da Silva, BPT, MSc
Doctor Student
Center for the Ecological Studies of Perception and Action
University of Connecticut
Storrs, Connecticut

Cecília Ferreira de Aquino, BPT, MSc
Assistant Professor
Physical Therapy Department
Fundação Educacional de Divinópolis (FUNEDI/UEMG)
Divinópolis, Minas Gerais, Brasil

Juliana de Melo Ocarino, BPT, MSc
Assistant Professor
Departamento de Ciências Biológicas, Ambientais e da Saúde (DCBAS)
Centro Universitário de Belo Horizonte (UNI-BH)
Belo Horizonte, Minas Gerais, Brasil
Doctor Student
Rehabilitation Science Program
Universidade Federal de Minas Gerais (UFMG)
Belo Horizonte, Minas Gerais, Brasil

Bruce H. Dick, MD
Orthopaedic Associates of Saratoga
Saratoga Springs, New York

Jeffrey E. Falkel, PhD, PT, CSCSD
VDP Enterprises
Littleton, Colorado

Frances A. Flint, PhD, CAT(C), ATC
Faculty
Coordinator, Athletic Therapy Certificate
School of Kinesiology and Health Science
York University
Toronto, Ontario

Cyril B. Frank, MD, FRCS(C)
Professor and Alberta Heritage Scientist
Department of Surgery
University of Calgary
Calgary, Alberta
Scientific Director
Institute of Musculoskeletal Health and Arthritis
Canadian Institutes for Health Research
Ottawa, Ontario
Co-Vice Chair
Alberta Bone and Joint Health Institute
Calgary, Alberta

William E. Garrett, MD, PhD
Professor of Orthopaedic Surgery
Duke University Medical Center
Durham, North Carolina

Douglas P. Gross, BScPT, PhD
Assistant Professor
Department of Physical Therapy
University of Alberta
Edmonton, Alberta

David A. Hart, PhD
Professor of Surgery, Medicine, and Microbiology and Infectious Diseases
Chairman, Joint Injury and Arthritis Research Group
University of Calgary
Calgary, Alberta
Grace Glaum Professor in Arthritis Research
The Calgary Foundation
Calgary, Alberta

Mark J. Haykowsky, BPE, PhD
Assistant Professor
Canadian Institutes of Health Research (CIHR) New Investigator
Department of Physical Therapy
Faculty of Rehabilitation Medicine
University of Alberta
Edmonton, Alberta

Timothy E. Hewett, PhD, FACSM
Director, Sports Medicine Biodynamics Center
The Human Performance Laboratory
Cincinnati Children's Hospital Medical Center
Cincinnati, Ohio
Associate Professor, Departments of Pediatrics, Orthopaedic Surgery and Biomedical Engineering
Adjunct Associate Professor, Department of Rehabilitation Sciences
University of Cincinnati College of Medicine
Cincinnati, Ohio

Kevin A. Hildebrand, MD, FRCS(C)
Associate Professor
Department of Surgery
University of Calgary
Calgary, Alberta

Ellen A. Hillegass, EdD, PT, CCS
President
Cardiopulmonary Specialists, Inc.
Atlanta, Georgia

Wendy J. Hurd, PT, PhD, SCS
Department of Physical Therapy
University of Delaware
Newark, Delaware

Lydia Ievleva, PhD, MAPS
Lecturer
School of Leisure, Sport and Tourism
Faculty of Business
University of Technology, Sydney
Sydney, NSW, Australia
Chair
College of Sport Psychologists
Australian Psychological Society
Melbourne, VIC, Australia
Consultant
Integrated Medicine Clinic
YourHealth Manly
Manly, NSW, Australia

Joseph Jordan, PharmD
Assistant Professor of Pharmacy Practice
College of Pharmacy and Health Sciences
Butler University
Indianapolis, Indiana

Deanna S. Kania, PharmD, BCPS
Assistant Professor of Pharmacy Practice
School of Pharmacy and Pharmaceutical Sciences
Purdue University
Indianapolis, Indiana

William J. Kraemer, PhD
Professor
Human Performance Laboratory
Department of Kinesiology
Department of Physiology and Neurobiology
University of Connecticut
Storrs, Connecticut

Chandramouli Krishnan, PT, MA
Research Assistant
Musculoskeletal Research Laboratory
Graduate Program in Physical Therapy and Rehabilitation Science
University of Iowa
Iowa City, Iowa

Ai Choo Lee, BEd, MSc
PhD Student, Rehabilitation Science
Faculty of Rehabilitation Medicine
University of Alberta
Edmonton, Alberta

Barbara J. Loitz-Ramage, PT, PhD
Coordinator, C.H. Riddell Family Movement Assessment Centre
Alberta Children's Hospital
Research Associate, McCaig Centre for Joint Injury and Arthritis Research
University of Calgary
Calgary, Alberta

Katie Lundon, BSc(PT), MSc, PhD
Program Coordinator, Advanced Clinician Practitioner in Arthritis Care (ACPAC) Program
St. Michael's Hospital and The Hospital for Sick Children
Toronto, Ontario
Lundon Orthopaedic Physical Therapy Consulting
Oakville, Ontario

Lorrie L. Maffey, BMRPT, MPhty, DipManipPT
Clinical Physiotherapist
Researcher: Injury Prevention
Kinesiology, Sport Medicine Centre
University of Calgary
Calgary, Alberta

David J. Magee, BPT, PhD
Professor
Department of Physical Therapy
Faculty of Rehabilitation Medicine
University of Alberta
Edmonton, Alberta

Terry R. Malone, PT, EdD, ATC
Director
Physical Therapy Program
University of Kentucky
Lexington, Kentucky

Linda L. Marchuk, BSc
Research Associate
Department of Surgery
University of Calgary
Calgary, Alberta

Elizabeth Matzkin, MD
Department of Orthopaedic Sports Medicine
Duke University Medical Center
Durham, North Carolina

Laura A. May, BHScPT, PhD
Associate Professor
Department of Physical Therapy
University of Alberta
Edmonton, Alberta
Research Affiliate
Glenrose Rehabilitation Hospital
Edmonton, Alberta

Paula F. McFadyen, MSc
Department of Physical Education
University of Victoria
Victoria, British Columbia

Ross A. McFadyen, BScPT, FCAMT, CAFCI
Yates Orthopaedic and Sports Physiotherapy Clinic
Victoria, British Columbia

Mark A. Merrick, PhD, ATC
Associate Professor and Director
Division of Athletic Training
School of Allied Medical Professions
The Ohio State University
Columbus, Ohio

Laura Middleton, MSc
Department of Physical Education
University of Victoria
Victoria, British Columbia

Marilyn Moffat, DPT, PhD, FAPTA, CSCS
Physical Therapy Department
New York University
New York, New York
Private Practice
Locust Valley, New York

Jeffrey B. Noftz II, PT, MD
Head Team Physician Intercollegiate Athletics
Athletic Department
Bowling Green State University
Bowling Green, Ohio
Private Practice Physician
The Bowling Green Clinic
Bowling Green, Ohio

Brian R. Overholser, PharmD
Assistant Professor of Pharmacy Practice
School of Pharmacy and Pharmaceutical Sciences
Purdue University
Indianapolis, Indiana

Poonam K. Pardasaney, PT, DPT, MS
Physical Therapy Services
Massachusetts General Hospital
Boston, Massachusetts

Sachin K. Patel, MD
Assistant Professor of Orthopaedic Surgery
Albany Medical College
Albany, New York

Michael S. Puniello, DPT, MS, OCS, FAAOMPT
Clinical Assistant Professor
Graduate Programs in Physical Therapy
MGH Institute of Health Professions
Boston, Massachusetts
South Shore Physical Therapy Associates
Hingham, Massachusetts

William S. Quillen, PT, PhD, SCS, FACSM
Professor
Associate Dean, College of Medicine
Director, School of Physical Therapy and Rehabilitation Sciences
University of South Florida
Tampa, Florida

Jerome B. Rattner, PhD
Professor
Department of Anatomy and Cell Biology
University of Calgary
Calgary, Alberta

Ellen M. Schellhase, PharmD
Assistant Professor of Pharmacy Practice
School of Pharmacy and Pharmaceutical Sciences
Purdue University
Indianapolis, Indiana

Brian M. Shepler, PharmD
Assistant Professor of Pharmacy Practice
School of Pharmacy and Pharmaceutical Sciences
Purdue University
West Lafayette, Indiana

Kathleen A. Sluka, PT, PhD
Professor
Graduate Program in Physical Therapy and Rehabilitation Science
Pain Research Program
Neuroscience Graduate Program
College of Medicine
University of Iowa
Iowa City, Iowa

Lynn Snyder-Mackler, PT, ScD, FAPTA
Alumni Distinguished Professor, Department of Physical Therapy
Director, Graduate Program in Biomechanics and Movement Sciences
University of Delaware
Newark, Delaware

Kevin M. Sowinski, PharmD, BCPS, FCCP
Associate Professor of Pharmacy Practice
School of Pharmacy and Pharmaceutical Sciences
Purdue University
Indianapolis, Indiana

Barry A. Spiering, MS
Doctoral Fellow
Human Performance Laboratory
Department of Kinesiology
University of Connecticut
Storrs, Connecticut

Patricia E. Sullivan, DPT, PhD
Associate Professor
Graduate Programs in Physical Therapy
MGH Institute of Health Professions
Boston, Massachusetts

Jill M. Thein-Nissenbaum, MPT, SCS, ATC
Faculty Associate
Physical Therapy Program
Department of Orthopedics and Rehabilitation
University of Wisconsin-Madison
Madison, Wisconsin

John P. Tomberlin, MPhySt (Manip), PT, OCS, CSCS, FAAOMPT
North American Instructor
Neuro Orthopedic Institute
Cedar Rapids, Iowa

Jason D. Vescovi, PhD
Postdoctoral Fellow
Women's Exercise and Bone Health Laboratory
Faculty of Physical Education and Health
University of Toronto
Toronto, Ontario

Joan M. Walker, PT, PhD, FAPTA, FNZSP
Professor Emeritus
School of Physiotherapy
Dalhousie University
Halifax, Nova Scotia

Howard A. Wenger, PhD
Professor
Department of Physical Education
University of Victoria
Victoria, British Columbia

Craig D. Williams, PharmD, BCPS
Associate Professor of Pharmacy Practice
School of Pharmacy
Oregon State University
Corvallis, Oregon

Glenn N. Williams, PT, PhD, ATC, SCS
Assistant Professor, Physical Therapy and Rehabilitation Science
Assistant Professor, Department of Orthopaedics and Rehabilitation
Director of Research, University of Iowa Sports Medicine Center
University of Iowa
Iowa City, Iowa

James E. Zachazewski, PT, DPT, SCS, ATC
Clinical Director
MGH Sports Medicine
Massachusetts General Hospital
Boston, Massachusetts
Adjunct Assistant Clinical Professor
MGH Institute of Health Professions
Charlestown, Massachusetts

Ronald F. Zernicke, PhD
Professor, Faculty of Kinesiology
Wood Professor in Joint Injury Research, Faculty of Medicine
Professor, Schulich School of Engineering
University of Calgary
Calgary, Alberta

Dedicatória

"Ensinar é aprender duas vezes."

Àqueles que investiram em nós para que pudéssemos então passar adiante nosso conhecimento e sabedoria às futuras gerações de estudantes.

Apresentação

Os problemas musculoesqueléticos têm um impacto enorme na sociedade. Atualmente, constituem a causa mais comum de incapacidade e dor crônica grave no mundo industrializado. À medida que nos aproximávamos da segunda metade da "Década dos Ossos e Articulações", tornou-se aparente o aumento exponencial do conhecimento e das habilidades necessárias para a comunidade de prestadores de serviços de saúde, envolvida no manejo de comprometimentos e limitações funcionais resultantes de lesões ou enfermidades musculoesqueléticas agudas ou crônicas, aumento esse proporcional ao aumento na frequência das visitas aos consultórios clínicos com queixas relacionadas ao sistema musculoesquelético.

O início da arte e ciência da reabilitação musculoesquelética foi consequência das lesões sofridas nos campos de batalha da Europa durante a Primeira Guerra Mundial. Desde então, numerosos livros sobre reabilitação musculoesquelética têm sido publicados. Essas obras abrangem as áreas da ciência básica, avaliação e tratamento. Contudo, costumam ser desenvolvidas e escritas em "isolamento" profissional (i. e., a partir da perspectiva de uma única disciplina). Em consequência disso, ou os tópicos são tratados com grande profundidade mas com um foco muito restrito, ou são abordados de forma muito ampla e com pouca profundidade. Nosso objetivo ao desenvolver e produzir a série "Reabilitação musculoesquelética", na qual esta obra se enquadra, foi desenvolver um conjunto de livros que se complementem e sirvam de base uns para os outros, sendo úteis para o leitor que precise de informações aprofundadas e abrangentes nessa área fundamental do atendimento de saúde.

O primeiro volume da série é a 5ª edição do livro *Avaliação musculoesquelética*, de David Magee.* Esse livro, agora um clássico, oferece aos profissionais o texto mais abrangente disponível sobre o tópico. Foi publicado inicialmente em 1987, aprovado pelo teste do tempo e é a obra mais usada nessa área. Em 1996, desenvolvemos e publicamos uma obra intitulada *Athletic Injuries and Rehabilitation*. Com base no feedback de estudantes e profissionais, expandimos e ampliamos o escopo desse livro em dois novos volumes: *Prática da Reabilitação Musculoesquelética: Princípios e Fundamentos Científicos*, que fornece aos profissionais todo o material científico disponível hoje com relação a questões e princípios da prática que devem guiar os fisioterapeutas na intervenção terapêutica; e *Pathology and Intervention in Musculoskeletal Rehabilitation*, tentamos oferecer aos leitores um texto abrangente com informações sobre as patologias musculoesqueléticas mais comuns e as melhores evidências para embasar as intervenções contemporâneas dirigidas ao tratamento dos comprometimentos e limitações associados às condições musculoesqueléticas agudas, crônicas e congênitas que ocorrem ao longo da vida.

Colaboradores internacionais acrescentaram suas perspectivas únicas sobre as atuais metodologias diagnósticas, técnicas clínicas e questões associadas à reabilitação. Esperamos que nosso uso contínuo de equipes interdisciplinares de autores tenha derrubado com firmeza as barreiras territoriais profissionais existentes nas últimas décadas do atendimento de saúde. Os profissionais de saúde envolvidos no atendimento contemporâneo das condições musculoesqueléticas precisam continuar a compartilhar e aprender uns com os outros para levar adiante, na sociedade do século 21, a oferta de um atendimento que seja o mais eficiente possível em termos de tempo e de custo.

Cada volume da série mencionada apresenta ilustrações, e todos os capítulos trazem os conceitos-chave destacados em quadros com o intuito de reforçá-los para o leitor. Diversas tabelas resumem as informações do capítulo a fim de facilitar a localização das informações.

Em virtude da natureza abrangente da série de que este livro faz parte, cada texto, embora completo em si mesmo, foi editado de modo a completar e integrar a matéria de capítulos relacionados em outros volumes da série. Os editores esperam que a série seja usada pelas faculdades como base para os trabalhos formais do curso e seja também uma companhia agradável e uma referência a ser consultada com frequência pelos estudantes e por aqueles que se encontram na linha de frente do atendimento clínico.

Assim como em nossas colaborações anteriores, esperamos o feedback que somente vocês, nossos colegas, podem oferecer, de modo que possamos continuar o desenvolvimento e aperfeiçoamento da série "Reabilitação Musculoesquelética".

David J. Magee
James E. Zachazewski
William S. Quillen

* N.E.: Publicado pela Editora Manole, Barueri, 2010.

Prefácio

Como profissionais da saúde, examinamos e tratamos pacientes com diagnósticos semelhantes. Contudo, se olharmos com atenção, nenhum deles é igual. Há diferenças no modo como cada paciente se apresenta e no que eles esperam de nós para retornarem a um nível ótimo de saúde e função física. Cada paciente é de fato diferente. Dadas essas diferenças (algumas profundas, contudo a maioria sutis), como prosseguimos nas decisões de como avaliá-las, elaborar o programa de tratamento mais apropriado e implementá-lo do modo mais efetivo para aquele paciente em particular? Como decidir *quem* é o profissional de saúde mais apropriado, *qual* o atendimento mais apropriado para oferecer, *quando* iniciar e progredir o plano de atendimento, *onde* é o local mais apropriado para fornecer o atendimento, *por que* fazer o que fazemos e *como* nossa intervenção pode afetar os objetivos do paciente de modo mais eficiente?

A prática da reabilitação musculoesquelética precisa ser construída sobre um fundamento científico sólido, com princípios firmes que podem ser aplicados para uma ampla gama de pacientes que se apresentarão aos clínicos com doenças, disfunções e/ou lesões musculoesqueléticas. Neste volume, tentamos oferecer aos estudantes e profissionais da área uma soma de fundamentos científicos e princípios de prática que podem ser usados ao longo de suas carreiras.

Na Seção I, "Fundamentos científicos", reunimos autores excepcionais da área da ciência básica e da prática clínica. Acreditamos que o conteúdo desses capítulos e o estilo de escrita dos autores farão que o leitor entenda de modo rápido e fácil as informações complexas mais importantes, em geral derivadas de pesquisas em laboratório, e permitirão que o fisioterapeuta aplique essas informações no mundo real de atendimento do paciente.

Na Seção II, "Princípios da prática", reunimos autores capazes de apresentar os amplos conceitos básicos da prática clínica, apoiados pela literatura, fornecendo ao leitor uma base a partir da qual avaliar os pacientes e desenvolver estratégias e programas de intervenção adaptáveis de um paciente para o outro.

Esperamos ter desenvolvido um texto que permitirá ao estudante e ao profissional responder algumas de suas questões da reabilitação musculoesquelética relacionadas a *quem, o que, quando, onde, por que* e *como*. Desejamos sinceramente que nosso livro estimule o leitor a fazer mais perguntas e forneçam ao fisioterapeuta os fundamentos e princípios necessários para o desenvolvimento de sua prática clínica, respondendo a essas perguntas.

David J. Magee
James E. Zachazewski
William S. Quillen

Agradecimentos

Reconhecemos com gratidão a assistência profissional constante das seguintes pessoas, que têm firmemente apoiado a série em que se enquadra esta obra desde sua concepção.

Kathy Falk – Editora Sênior, Profissionais de Saúde, Elsevier
Marion Waldman – Ex-editora de Aquisições, Elsevier
Rich Barber – Gerente de Projetos, Elsevier
Bev Evjen – Assistente Editorial
Ted Huff – Artista

Sumário

SEÇÃO I
FUNDAMENTOS CIENTÍFICOS

SEÇÃO II
PRINCÍPIOS DA PRÁTICA

SEÇÃO I

FUNDAMENTOS CIENTÍFICOS

CAPÍTULO

1

Lesão, inflamação e reparo

A mecânica dos tecidos, o processo de cicatrização e seu impacto no sistema musculoesquelético

Ai Choo Lee, William S. Quillen, David J. Magee e James E. Zachazewski

INTRODUÇÃO

O estudo, o diagnóstico e o tratamento de lesões musculoesqueléticas transformaram-se em um campo multidisciplinar que envolve médicos, terapeutas e outros profissionais da saúde que têm interesse na área de prevenção e tratamento de lesões musculoesqueléticas. Desse modo, uma grande quantidade de profissionais de saúde, pesquisadores e educadores dedicam parte ou a totalidade de suas respectivas carreiras e práticas profissionais à prevenção, ao tratamento e à reabilitação de lesões musculoesqueléticas, bem como ao retorno do paciente ao mais alto nível de função possível.[1-15]

A meta do tratamento das lesões musculoesqueléticas é a restauração da função no maior grau e no menor tempo possível.[3-5,8,14,16-20] O retorno seguro e bem-sucedido de um paciente ao nível de função anterior à lesão continua sendo o resultado desejado por qualquer profissional. A prática exercida com embasamento científico, focada no gerenciamento temporal da reação inflamatória inicial e no processo de cicatrização subsequente, identificando as limitações de cicatrização dos tecidos moles neuromusculoesqueléticos e baseando-se em uma compreensão da mecânica articular, da fisiologia do desempenho e da psicologia do paciente com relação à lesão, tem acelerado a resolução de muitas lesões.[8,21,22]

TECIDO NORMAL

Os tecidos do corpo são estruturados para funcionar enquanto respondem às tensões da vida diária. Em circunstâncias normais, os tecidos humanos, cuja maior parte tem propriedades viscoelásticas, respondem às tensões ou cargas de maneiras diferentes dependendo da frequência com que a carga é aplicada, da sua magnitude e de sua duração. A manutenção no nível de homeostase e a permanência dentro da tolerância dos tecidos possibilita que eles se mantenham saudáveis e funcionais. Cada tecido é diferente em termos de constituição e no modo como responde às tensões. Por exemplo, o músculo geralmente é capaz de responder melhor às cargas do que o osso em virtude de suas propriedades contráteis. O tecido conjuntivo é feito sobretudo de colágeno e responde de modo diferente dependendo se é um colágeno frouxo ou denso (Tab. 1.1). A resposta do tecido é ditada pelo efeito de uma determinada carga aplicada sobre as propriedades físicas e mecânicas do tecido, tais como viscosidade, elasticidade, deformação e relaxamento. Se a tolerância do tecido é excedida por cargas internas ou externas excessivas, o tecido cede. Na reabilitação, os fisioterapeutas usam uma aplicação controlada de carga para aumentar a habilidade do corpo de suportar a tensão e para fortalecer os tecidos. Essa aplicação controlada

Tabela 1.1 Diferenças entre os tecidos conjuntivos

Tecido conjuntivo denso	Tecido conjuntivo frouxo
Suporta ou limita o movimento	Muito flexível
Encontrado nos ossos, ligamentos, tendões, aponeuroses	Encontrado em cápsulas, músculos, nervos, fáscias e pele (tecido areolar, tecido reticular, tecido adiposo, tecido fibroelástico)
Fibras paralelas, alinhadas de modo compacto	Orientação aleatória das fibras
Alongamento elástico → alongamento plástico → ruptura (10% de alongamento antes de romper)	Maior alongamento (≥ 80%) sem aumento de tensão

de carga pode ser produzida por meio de sustentação de peso, uso dos efeitos da gravidade, modificações das forças musculares e por fatores externos, como pesos, elásticos, bolsas de areia e aparelhos de musculação.

RESPOSTAS DE PROTEÇÃO TECIDUAL CONTRA A TENSÃO

Há vários mecanismos de proteção inerentes aos tecidos para ajudá-los a responder à tensão ou distensão, incluindo o nível de rigidez, viscoelasticidade, deformação, retificação da ondulação e relaxamento da tensão, os quais aumentam a flexibilidade articular em cerca de 6 a 8%.[23-26] Caso qualquer um desses mecanismos de proteção dos tecidos seja sobrecarregado ou a tolerância do tecido seja excedida, o resultado será a lesão.

As fibras de colágeno, vistas ao microscópio, em geral têm uma aparência levemente ondulada quando no estado relaxado.[27] Essa **ondulação** é a folga do tecido colágeno e, na realidade, é a primeira linha de resposta à tensão do tecido colágeno. As fibras de colágeno podem ser curvas ou onduladas e correm de forma oblíqua quando estão relaxadas, mas, com a carga, elas se alinham na direção da força aplicada.[25,28-30]

Esse realinhamento é chamado de "diminuir a folga microscópica" ou "desondular." Quando a tensão é imposta ao tecido, a ondulação é removida e, quando a tensão é removida, o colágeno retorna ao seu estado anterior. A ondulação é vista principalmente nos ligamentos, cápsulas e tendões e permite que o colágeno seja alongado cerca de 2% sem que haja alteração na sua estrutura. Esse alisamento da ondulação ocorre quando uma determinada articulação é movimentada na sua amplitude de movimento e quando uma tensão é aplicada ao tecido no início do movimento fisiológico. De fato, a ondulação é alisada na **zona neutra** (região inferior ou "*toe region*" da curva tensão-deformação),[27] de modo que, quando o tecido retifica a ondulação, a mudança na resistência pode ser chamada de **barreira da ondulação**, que é também o final da zona neutra[35] (Fig. 1.1).

A **viscoelasticidade** é o mecanismo primário usado pelos tecidos, incluindo ligamentos, cápsulas e músculos, para aumentar seu comprimento.[30-32] A **elasticidade**, parte do *continuum* viscoelástico, é a propriedade que possibilita ao tecido retornar à sua forma original quando uma força é removida, dando assim ao tecido um comportamento semelhante ao de uma mola.[33] Essa é a segunda linha de resposta à tensão apresentada pelos tecidos. A deformação elástica permite cerca de 4% de alongamento no colágeno, porém isso varia de acordo com a quantidade de tecido elástico presente[23] (ver Fig. 1.1). Como a ondulação, a elasticidade do tecido permite que o colágeno retorne ao seu comprimento e à sua dimensão normais quando a tensão é removida. Isso ocorre ao longo da amplitude ativa de movimento fisiológico. Os fisioterapeutas usam mobilização articular para aumentar a amplitude de movimento. A carga cíclica de oscilações permite a ocorrência de certa quantidade de relaxamento (histerese) nos tecidos.[24,27]

As propriedades elásticas podem ser vistas no osso assim como em outros tecidos de colágeno e músculo, porém a quantidade de elasticidade varia.[27,34] Se o limite elástico é excedido com a aplicação de uma carga grande demais, começa a ocorrer deformação plástica e o tecido não retorna mais à sua forma e ao seu tamanho originais, pois algumas das fibras de colágeno terão se partido.

Mecanismos de proteção dos tecidos

- "Desondulação"
- Deformação elástica
- Deformação
- Reação à tensão
- Relaxamento da tensão ou força

A **deformação**, a terceira linha de resposta, é a segunda parte do *continuum* viscoelástico. É a deformação contínua ou viscosa, ou o "fluxo plástico", em um tecido em resposta a uma carga mantida ou constante. A deformação permite que ocorra um alongamento constante no tecido em resposta à tensão, o que, por sua vez, aumenta sua rigidez.[27,30,31] Se uma carga grande demais for aplicada ao tecido, embora comece a ocorrer deformação, a carga excessiva faz com que as fibras de colágeno "cedam" (i. e., as ligações cruzadas de colágeno começam a falhar) e o tecido começa a se romper.[35] Nesse caso, ocorre deformação plástica ou ruptura/quebra do tecido. A habilidade do colágeno de responder a diferentes cargas depende de sua força tensiva, mas, em geral, cerca de 4% de aumento no comprimento pode ocorrer antes da falha.[23]

Com a alteração plástica, a deformação linear produzida pelo alongamento continua quando a força de alongamento é removida, o que resulta em alongamento permanente. Essa plasticidade pode ser vista nas cápsulas e nos ligamentos, assim como em outros tecidos colá-

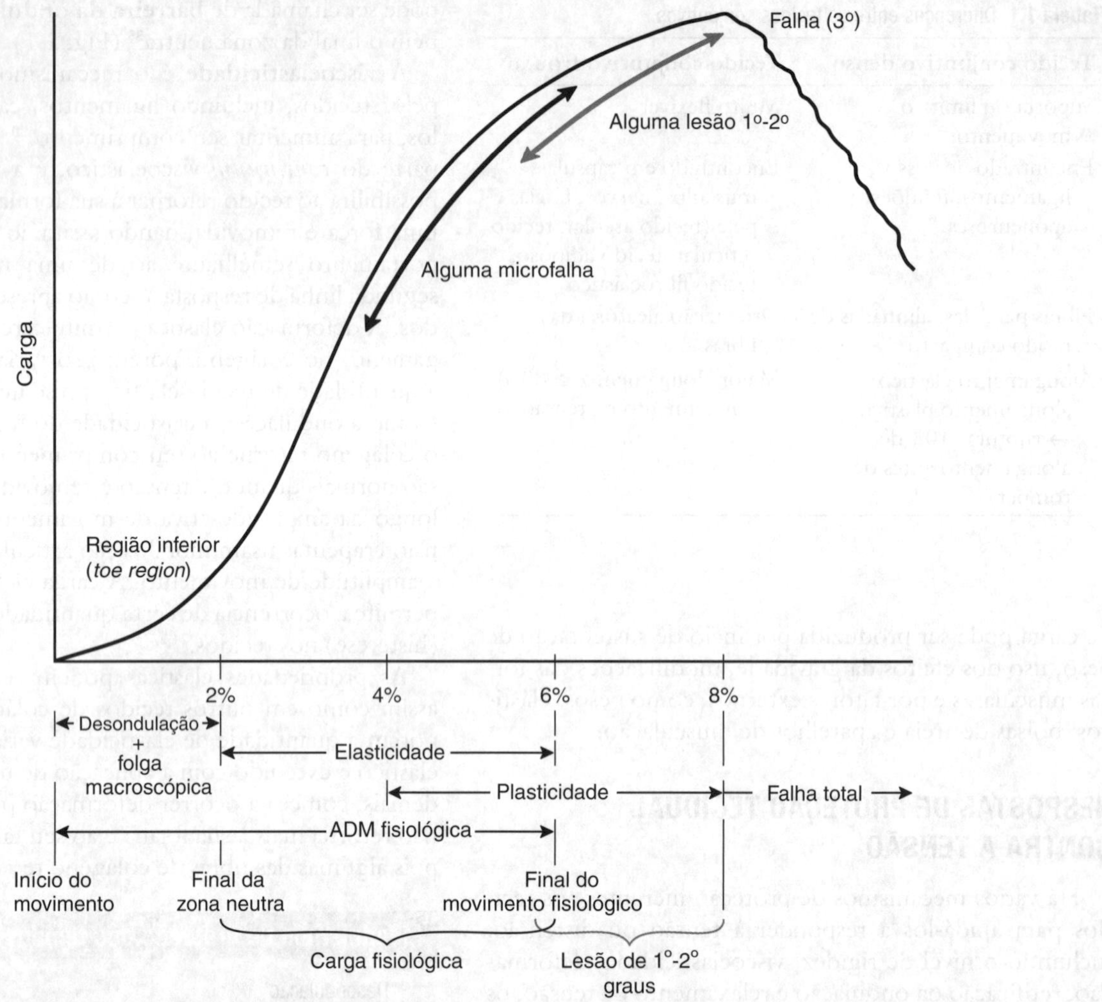

Figura 1.1 Papel das ondulações, da elasticidade e da plasticidade para permitir a adaptação do colágeno à tensão. Note que alguns autores afirmam que a fase da plasticidade (microfalhas) começa com 3% de alongamento, e outras com 4%. Essas diferenças são provavelmente decorrentes da constituição dos diferentes tecidos testados.

genos, embora a quantidade de plasticidade (e elasticidade) em cada tecido varie.[27,34] Quando uma pequena carga é aplicada durante um período longo (10 a 60 minutos) e o tecido é aquecido, o colágeno se alonga e permanece intacto, porém enfraquecido.[33,36] Esse mecanismo é usado pelos fisioterapeutas para alongar tecidos colágenos encurtados nas fases de fibroplasia e consolidação da cicatrização ou em casos de tecidos com hipomobilidade.[37] Esse tipo de alongamento é um resultado da **deformação do tecido** ou do **fluxo plástico** e, por fim, da deformação plástica se for aplicado por tempo ou repetições suficientes. Essa técnica de alongamento, quando feita de maneira apropriada, é muito dolorosa e é notada clinicamente à medida que passa pelos estágios de ser desconfortável, depois dolorida, depois algo que machuca, algo que causa dor, até ser quase intolerável, porém a dor então desaparece rapidamente após a remoção da tensão (após 1 a 2 minutos). Se, contudo, uma carga elevada ou súbita é aplicada excedendo a capacidade de carga do colágeno, os tecidos são sobrecarregados e se rompem. Isso pode ser chamado de **deformação plástica**. É importante entender que nos dois casos ocorrem mudanças plásticas permanentes no tecido. Na realidade, porém, o fluxo plástico e a deformação plástica são o mesmo processo. Eles são diferenciados aqui para ajudar a esclarecer as mudanças que ocorrem sob diferentes condições: ao passo que o fluxo plástico é usado pelos fisioterapeutas para alongar os tecidos, a deformação plástica resulta em lesão tecidual. Quando o primeiro método é usado de modo clínico, o fisioterapeuta precisa ser cuidadoso para que o tecido não seja sobrecarregado. A quantidade de tensão (a frequência e a intensidade com que é aplicada) precisa ser controlada. Assim que uma nova amplitude de movimento é alcançada, não deve ser tentado um alongamento adicional do fluxo plástico até que o paciente tenha ganhado controle muscular na nova amplitude, e o colágeno tenha se fortalecido e adaptado ao novo comprimento.[33,38] Essa aplicação do alongamento de forma repetida e controlada, com um período dedicado à aquisição de controle muscular, possibilita ao paciente criar força muscular suficiente para suportar o tecido recém-alongado, e proporciona tempo entre cada sessão de carga para que o colágeno alongado seja remodelado a fim de acomodar a tensão aplicada (Fig.

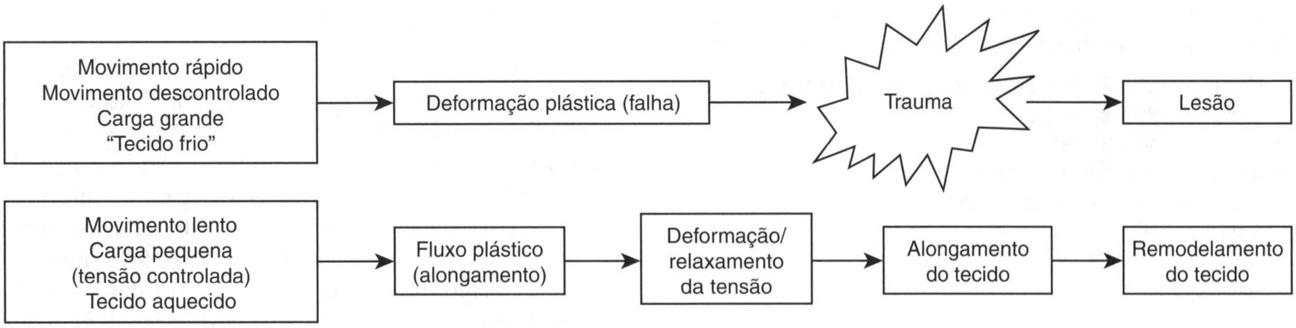

Figura 1.2 Resultados da tensão na zona plástica.

1.2). Desse modo, o alongamento prolongado aplicado de forma terapêutica precisa ser usado de maneira cuidadosa para prevenir sobrecarga e lesão ao tecido colágeno. O tipo de mudança plástica (fluxo ou deformação) que vai ocorrer depende de quanta força será aplicada e do estado dos tecidos quando a carga for aplicada.

O **relaxamento da tensão ou da força** é outro mecanismo de resposta visto com frequência no tecido viscoelástico quando este é alongado até o final de sua amplitude passiva dentro da zona fisiopatológica.[24,31,39] Esse fenômeno é uma das razões pelas quais o engessamento seriado é usado com frequência para tratar hipomobilidade e por que os gessos precisam ser refeitos de tempos em tempos para reajustar a carga e continuar o alongamento dos tecidos.[40] Para aumentar o comprimento, o fisioterapeuta precisa aplicar de modo contínuo pequenas cargas ao tecido até que se alcance o comprimento desejado. O maior relaxamento de tensão ocorre após 6 a 8 horas de carga.[25]

A **reação à tensão** é um método pelo qual o corpo responde a tensões repetidas em uma tentativa de se tornar mais forte de modo a poder responder de maneira adequada à tensão. A **lei de Wolff**[40,41] afirma que o osso ou o colágeno responderão às demandas físicas impostas, resultando no remodelamento ou no realinhamento ao longo das linhas de força tensiva ou tensão.[42] Para fortalecer o tecido, é crítico expô-lo a cargas cada vez maiores; para o tecido lesionado, isso é particularmente válido durante a fase de remodelamento do reparo da lesão.

A falta de progresso e o aumento dos sintomas durante o tratamento são dois sinais de tratamento excessivo que podem indicar uma reação de tensão exacerbada. O único modo de aliviar a reação de tensão excessiva é aliviar a causa. Essa é a primeira consideração quando se trata de lesões por uso excessivo ou esforço repetitivo.

Concluindo, quando uma carga é aplicada ao tecido colágeno, a primeira resposta do tecido é "desondular", seguida pelo alongamento das fibras elásticas. À medida que o alongamento progride para a zona linear da curva tensão-deformação (ver Fig. 1.4), pode haver alguma ruptura de pequenas fibras de colágeno, mas para a maior parte essa é uma resposta elástica, e o tecido retorna ao comprimento original quando a força deformante é removida. Finalmente, na fase plástica, que ocorre no final da parte linear da curva tensão-deformação, se uma carga apropriada é aplicada de forma controlada, o tecido assume um novo comprimento (**fluxo plástico**) por meio de cargas cíclicas (histerese), deformação e relaxamento da tensão. Algumas fibras de colágeno irão se romper e algumas ligações cruzadas serão destruídas, mas essas alterações tendem a ser microscópicas. Se a tensão aplicada for grande demais, o tecido falhará (**deformação plástica**), com ruptura ou laceração. Os dois últimos mecanismos são essencialmente o mesmo processo, mas recebem nomes diferentes para facilitar a compreensão.

LESÃO DOS TECIDOS

Podem ser aplicados diferentes tipos de cargas aos tecidos corporais. Nas circunstâncias certas, o corpo é capaz de responder a essas cargas. Contudo, se o corpo não é capaz de responder de modo apropriado às tensões, ocorre uma lesão. Cargas elevadas e aplicadas rapidamente têm mais possibilidade de causar dano aos tecidos. De fato, a deformação rápida é às vezes denominada de **ruptura** (i. e., entorse de terceiro grau, estiramento de terceiro grau). Do mesmo modo, repetições frequentes ou cargas tensivas cíclicas podem levar à falha do tecido por causa da fraqueza acumulada nele, por isso o termo **falha por fadiga**.

FATORES QUE AFETAM O GRAU DE LESÃO OU TENSÃO SOBRE OS TECIDOS

O grau de lesão ou tensão aplicada aos tecidos é afetado por muitos fatores que podem ser usados pelos fisioterapeutas para assegurar um tratamento apropriado e prevenir a recorrência de lesão.[31,43] Informações sobre o grau de lesão e tensão nos tecidos podem também ser usadas como parte de um programa educativo para ensinar o paciente a proteger-se de lesões enquanto está em recuperação.

O grau de lesão que um paciente sofre depende da magnitude, da duração e da velocidade da força aplicada, e se a força excedeu os limites de tolerância do tecido.

Um golpe de relance causa menos dano do que uma força que atinge o corpo diretamente (localizada). A rotação ou o movimento de afastamento de uma força pode minimizar a lesão por meio da absorção da força ao

Fatores que afetam a probabilidade de lesão

- Magnitude, duração, frequência e velocidade da força aplicada
- Limites de tolerância do tecido
- Direção da força aplicada
- Movimento relativo à força aplicada
- Comprimento do braço de alavanca
- Ação muscular
- Área de aplicação da força
- Percepção de lesão iminente

envolver toda a cadeia cinética. Por outro lado, a rotação com afastamento da força pode causar uma lesão distante do local real do golpe se os tecidos distais forem tensionados excessivamente pela rotação ou pelo movimento de afastamento da força. O aumento do comprimento do braço de alavanca pode causar lesões similares. Se a tolerância de um tecido é excedida, quanto mais tempo uma determinada força é aplicada (duração), maior a possibilidade de causar mais dano. Do mesmo modo, quanto mais uma força com potencial de exceder os limites de tolerância do tecido é aplicada (frequência), maior o potencial para uma lesão mais extensa decorrente de fadiga, como descrito anteriormente.

A taxa de desenvolvimento da força (velocidade) e a duração da sua aplicação podem afetar a tensão sobre os tecidos. O corpo e seus tecidos são mais tolerantes às forças que se desenvolvem lentamente com o tempo do que às forças aplicadas de maneira rápida, pois há uma maior absorção gradual da carga no primeiro caso. Dar mais tempo para o paciente ou aumentar a distância na qual ele deve parar ou diminuir a velocidade faz com que as forças de desaceleração aplicadas ao corpo diminuam, o ressalto seja menor e haja uma diminuição mais gradual na velocidade. Os músculos em contração, por meio de seus componentes passivos (tecido conjuntivo) e ativos (contráteis), agem como absorvedores de energia de choque ao trabalhar excentricamente para diminuir a tensão sobre os tecidos.

Quanto mais ampla for a área sobre a qual a força é propagada no corpo, menor será a probabilidade de dano, pois há menos força por unidade de área. Quanto mais pesado for um objeto e quanto mais rápido for seu movimento, maior será a probabilidade de causar dano. De modo similar, com um aumento na velocidade, o corpo tem menos chance de reagir e se preparar para a carga. Se um objeto áspero e irregular atinge o corpo, ele tem mais probabilidade de causar dano, assim como um objeto agudo, que penetrará mais fundo.

A percepção da lesão eminente pode também ter um papel na gravidade da lesão. Na maioria dos casos, a percepção permite que a pessoa se proteja de modo que, quando o impacto não for muito grande, ela seja capaz de dissipar as forças. Pessoas que se ferem em uma colisão automobilística traseira são um bom exemplo. Em geral, a pessoa atingida é que sofre a lesão, não a pessoa no veículo que causou o acidente.

MECANISMOS DE LESÃO

Há vários mecanismos pelos quais os tecidos podem ser lesionados. Esses mecanismos dão ao fisioterapeuta uma indicação muito forte de quais tecidos podem estar lesionados, como as lesões podem ter ocorrido e a gravidade potencial das lesões. Com todos esses mecanismos, o grau de lesão depende da capacidade do tecido de tolerar carga e deformação decorrentes de uma força imposta com certa magnitude, velocidade, em um determinado ângulo de aplicação, com uma dada duração e frequência. Essas forças podem resultar em uma sobrecarga de natureza dinâmica nos tecidos, proveniente de forças de aceleração ou desaceleração (p. ex., entorses e estiramentos), repetição e uso excessivo (esforço repetitivo), compressão ou esmagamento (contusões), ou transecção (rupturas ou incisões cirúrgicas).

Lesão macrotraumática *versus* microtraumática

O macrotrauma resulta da aplicação de uma força aguda, de uma só vez, com intensidade e duração suficiente para causar dano ao tecido naquele momento. As tensões aplicadas ao tecido excedem seus limites de tolerância ou são aplicadas rápido demais para que ele se adapte. Isso resulta em falha tensiva do tecido. Por exemplo, um tendão tem mais probabilidade de falhar quando a tensão é aplicada rapidamente em ângulo oblíquo. Esse tipo de falha é resultante da **sobrecarga dinâmica**. A sobrecarga dinâmica é o mecanismo de lesão mais comum em ossos, tendões, ligamentos e músculos. Ela pode ser resultado de uma lesão por aceleração ou desaceleração. O primeiro caso ocorre quando o corpo ou suas partes estão estacionários ou se movendo mais lentamente do que a força aplicada. A força que produz a lesão acelera o corpo ou sua parte além da capacidade do tecido de suportar a força. Esse tipo de lesão é vista com frequência quando alguém é atingido por trás, como nas lesões tipo chicote, ou quando o corpo está estacionário e é atingido por um objeto em movimento, tal como um jogador de futebol americano sendo agarrado. No caso de uma lesão por desaceleração, o corpo ou suas partes são rapidamente desacelerados. Um exemplo dessa lesão é o rompimento do ligamento cruzado anterior quando uma pessoa está correndo e tenta parar e mudar de direção.

Mecanismos de lesão

- Sobrecarga dinâmica (aceleração ou desaceleração)
- Microtrauma (sobrecarga cumulativa)

As lesões microtraumáticas são resultado de uma carga cumulativa ou de tensões repetitivas aplicadas sobre um tecido ao longo do tempo. Embora sejam forças pequenas, as quais sozinhas não causariam lesão, seu efeito cumulativo excede a tolerância de carga e a capacidade de reparo do tecido. Essa sobrecarga costuma resultar em um processo inflamatório agudo. Se não for tratada, pode tornar-se uma condição crônica, progredindo até o ponto de ruptura do tecido.

CLASSIFICAÇÃO DAS LESÕES

As lesões podem ser classificadas como agudas, subagudas, crônicas, agudas sobrepostas à lesão crônica ou adaptação subclínica. A duração e o "cronograma" usado para cada estágio de cicatrização são arbitrários, e o leitor precisa compreender que esses períodos de tempo costumam variar. Há pouca base objetiva para decidir quando uma lesão passa de um estágio para o outro. Essa determinação costuma basear-se na experiência do fisioterapeuta – uma decisão muito subjetiva.

As **lesões agudas** em geral são causadas por macrotraumas e indicam a fase inicial de lesão e cicatrização. Tipicamente, a fase aguda dura cerca de 7 a 10 dias. O comprometimento agudo do tecido com sangramento provê o melhor modelo para a fase inflamatória aguda clássica vista na cicatrização dos tecidos. Um macrotrauma súbito (p. ex., uma lesão por colisão ou contato direto) em geral resulta em uma lesão aguda. Contudo, a resposta inflamatória aguda pode também ser resultado de uso excessivo súbito com atividade repetitiva, o que é associado à peritendinite ou à bursite. À medida que o processo inflamatório começa, os sintomas se manifestam a partir de 8 horas após o evento. Os sintomas de dor intensa, espasmo muscular, redução na amplitude de movimento e comprometimento funcional vão cedendo gradualmente enquanto a inflamação diminui.

Em crianças, muitas lesões agudas resultam em fraturas da placa de crescimento ou avulsão na região fisária, pois essas áreas são mais fracas do que o osso propriamente dito, ao passo que as lesões sofridas por adultos se concentram mais nas articulações dos membros inferiores, de forma que joelho, tornozelo e coluna lombar são as regiões anatômicas envolvidas com maior frequência.[44] Em esportes que envolvem o membro superior, o ombro, em virtude da sua extensa mobilidade e mínima estabilidade inerente, é o principal foco das lesões.

Uma **lesão subaguda** é aquela que passou pela fase aguda e agora se encontra na fase de cicatrização (proliferação), ou regeneração e reparo. Dura tipicamente 5 a 10 dias depois da fase aguda (12 a 20 dias após a lesão).

O termo **lesão crônica** tem vários significados. Pode indicar o estágio final da cicatrização (dependente do tempo), no qual a lesão atingiu a fase de maturação e está passando para resolução de modo a completar o ciclo de cicatrização. O estágio final da cicatrização ocorre 26 a 34 dias após a lesão e em geral se encontra completo com cerca de 2 semanas, embora para alcançar a força que havia antes da lesão e a resolução do tecido para uma força quase normal possa levar até 2 anos. O termo *lesão crônica* pode também aplicar-se a uma lesão que dura mais de 1 mês e não parece estar melhorando (lesão ou estado de enfermidade). A isso se denomina **cronicidade**. Um exemplo é a ferida crônica. Uma organização de pesquisa clínica e básica na área de cicatrização (Wound Healing Society)[45] definiu arbitrariamente as feridas crônicas como "feridas que falharam em prosseguir no curso de um processo ordenado e cadenciado para produzir uma integridade anatômica e funcional, ou que prosseguiram pelo processo de reparo sem estabelecer um resultado permanente e funcional". Cronicidade implica formação excessiva de cicatrizes com aderências intra-articulares ou extra-articulares; diminuição na amplitude de movimento, na força e na função; e uma tendência de sofrer novas lesões, em geral com a presença de um componente psicológico sobreposto. A cronicidade resulta provavelmente da incapacidade do corpo de combater uma doença prolongada ou é decorrente da sobrecarga dos tecidos em um estado patológico causado por microtraumas cumulativos (esforço repetitivo) ou um macrotrauma. A cronicidade é um estado inflamatório persistente que promove fibroplasia e fibrogênese extensas.[8] Com a cronicidade, a cicatrização é muito mais lenta por causa do acúmulo de aderências cicatriciais repetitivas, alterações degenerativas e outros efeitos prejudiciais. Esse tipo de lesão crônica demonstra **adaptação subclínica**, que está associada a alterações fisiopatológicas. A adaptação subclínica é vista em lesões por esforço repetitivo quando o tecido não tem tempo para adaptar-se às tensões impostas. Uma **lesão aguda sobreposta a um quadro crônico** é a exacerbação aguda de uma lesão crônica – ou seja, uma nova lesão do tecido.

Certos tipos de lesões são mais prevalentes em diferentes populações uma vez que a prática de esportes e atividades de condicionamento físico em todas as faixas etárias têm se tornado mais comum. Por exemplo, Matheson et al.[46] reviram lesões ligadas aos esportes em uma série extensa de pacientes jovens e mais velhos que compareciam a uma clínica de medicina esportiva. Descobriram que a população de idade mais avançada sofria certos tipos de lesões com maior frequência, tais como metatarsalgia, fasciíte plantar e lesões degenerativas dos meniscos. Contudo, não foi demonstrada uma relação clara entre a lesão e um determinado esporte ou atividade física.

Lesões comuns em ossos, tecidos moles, nervos e articulações estão resumidas na Tabela 1.2.[46] As fraturas são simplesmente uma perda completa ou incompleta de continuidade do osso, da cartilagem ou de ambos. Várias descrições têm sido aplicadas para delinear ainda mais o grau de descontinuidade ou a estrutura específica envolvida.[47,48] As lesões de articulações envolvem sobretudo luxações e subluxações. As lesões de tecidos moles incluem trauma à pele (p. ex., laceração, abrasão),

Classificação das lesões

- Aguda
- Subaguda
- Crônica
- Aguda ou crônica
- Cronicidade

Tabela 1.2 Lesões comuns que envolvem os tecidos neuromusculoesqueléticos

Osso	Tecidos moles	Nervo	Articulação
Fraturas	Contusão	Neurapraxia	Luxação
Fechada	Hemorragia	Axonotmese	Subluxação
Aberta	Hematoma	Neurotmese	Desarranjo interno
Cominutiva	Distensão muscular		Menisco
Avulsão	Entorse ligamentar		Corpos soltos
Incompleta	Miosite ossificante		Pregas
Torus	Peritendinite		
Em galho verde	Tendinose		
Plástica	Bursite		
Por esforço	Osteocondrite		
Patológica			

tecido subjacente (p. ex., contusão), fáscia (p. ex., fasciíte), unidades musculotendíneas (p. ex., estiramento, peritendinite, tendinose) e ligamentos (p. ex., entorses). Com maior frequência, elas são avaliadas em termos clínicos como sendo leves (primeiro grau), moderadas (segundo grau) ou graves (terceiro grau [ruptura]) com base na gravidade e na extensão da perda de integridade estrutural.[1,12,47] Essas lesões resultam principalmente de forças macrotraumáticas impostas ao corpo. Estão entre as lesões vistas com maior frequência e são os clássicos "galos, pancadas e contusões" cuja morbidade que os acompanha é às vezes desproporcional à gravidade da lesão.[21,49] As lesões microtraumáticas envolvem estruturas ósseas e musculotendíneas e resultam de sobrecarga repetitiva no corpo decorrente de atividades repetitivas ou níveis funcionais elevados.[44,46,50] As lesões do sistema nervoso periférico ou central costumam ser resultado de forças macrotraumáticas, e aquelas que envolvem o sistema nervoso central são potencialmente catastróficas e ameaçam a vida.

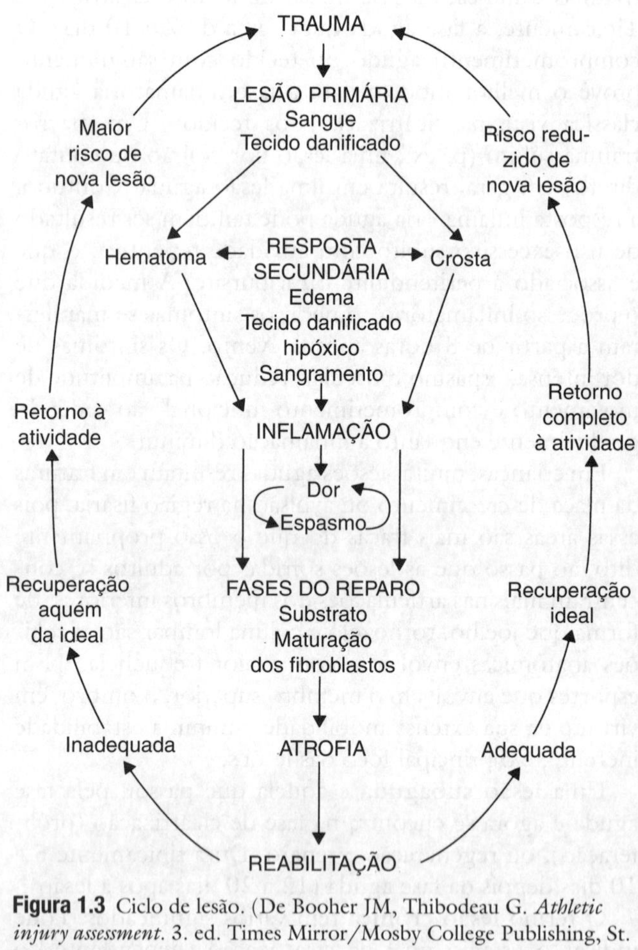

Figura 1.3 Ciclo de lesão. (De Booher JM, Thibodeau G. *Athletic injury assessment*. 3. ed. Times Mirror/Mosby College Publishing, St. Louis, 1994.)

PROCESSO DE CICATRIZAÇÃO

O processo de cicatrização dos tecidos moles é complexo e envolve vários passos. A Figura 1.3 resume o ciclo de uma lesão e os eventos relacionados. É necessária uma compreensão básica do processo para que ele seja levado em conta durante o desenvolvimento de um programa de reabilitação apropriado. O processo de cicatrização pode ser detido ou favorecido pelo fisioterapeuta, portanto, o profissional precisa ter uma compreensão e um conhecimento completos do processo. Essa compreensão envolve as diferentes fases da cicatrização e os eventos próprios de cada estágio, de modo a poder estabelecer um programa de tratamento que seja apropriado, eficiente e efetivo.

A cicatrização é um processo dinâmico que resulta na restauração da continuidade anatômica do tecido por meio de um processo biológico ordenado.[51,52] Dois tipos de cicatrização – **regeneração e reparo** – costumam ocorrer ao mesmo tempo, embora em geral o reparo predomine. A regeneração é uma forma de cicatrização que produz um tecido novo, idêntico ao tecido normal em termos estruturais e funcionais,[45,52,53] e pode ser considerada a resposta ideal de cicatrização da ferida. O reparo, por outro lado, é a restauração ou a substituição de células danificadas ou perdidas e das matrizes extracelulares por novas células e matrizes,[45] resultando principalmente na formação de uma cicatriz.

Fases da cicatrização

Ocorre lesão tecidual e celular quando há um trauma ou doença, externo ou interno, afetando o corpo. Depois da ocorrência de um microtrauma, macrotrauma ou processo de enfermidade, o corpo tenta se recuperar por meio de uma sequência rotineira de eventos que se sobrepõem. Seja uma lesão na pele, no músculo, no tendão, no ligamento ou na cápsula, o processo de cicatrização dos tecidos moles é similar, embora as células envolvidas possam ser diferentes. O processo geral de cicatrização é descrito aqui, ao passo que a cicatrização de estruturas específicas é descrita nos capítulos subsequentes (ligamento, Capítulo 2; tendão, Capítulo 3; músculo, Capítulo 5). O processo de cicatrização do osso é um pouco diferente, mas também passa por vários estágios e é discutido nos Capítulos 6 e 28.

O processo de cicatrização ou **reparo em cascata** pode ser subdividido em quatro fases: fase de coagulação, fase inflamatória, fase proliferativa ou de fibroplasia, e fase de maturação ou remodelamento. Na realidade, a cicatrização é um processo contínuo em que os estágios se combinam e se sobrepõem, de modo que não há pontos definidos de início e fim na cicatrização dos tecidos moles[54-56] (Fig. 1.4).

Fases da cicatrização

- Coagulação
- Inflamação
- Proliferação/fibroplasia
- Maturação/remodelamento/cicatrização

Fase de coagulação

Quando ocorre uma lesão, em especial decorrente de um macrotrauma, vasos sanguíneos e linfáticos são rompidos no local e os componentes celulares e plasmáticos do sangue e da linfa entram na ferida. O sangue e a linfa extravasados (forçados para fora) causam edema e os componentes celulares vasculares (i. e., plaquetas, células vermelhas e outras células transportadas pelo sangue) morrem. O edema mais o vasoespasmo inicial levam à anóxia (lesão secundária por hipóxia) decorrente da estase do sangue e do ambiente estranho fora dos vasos.[57]

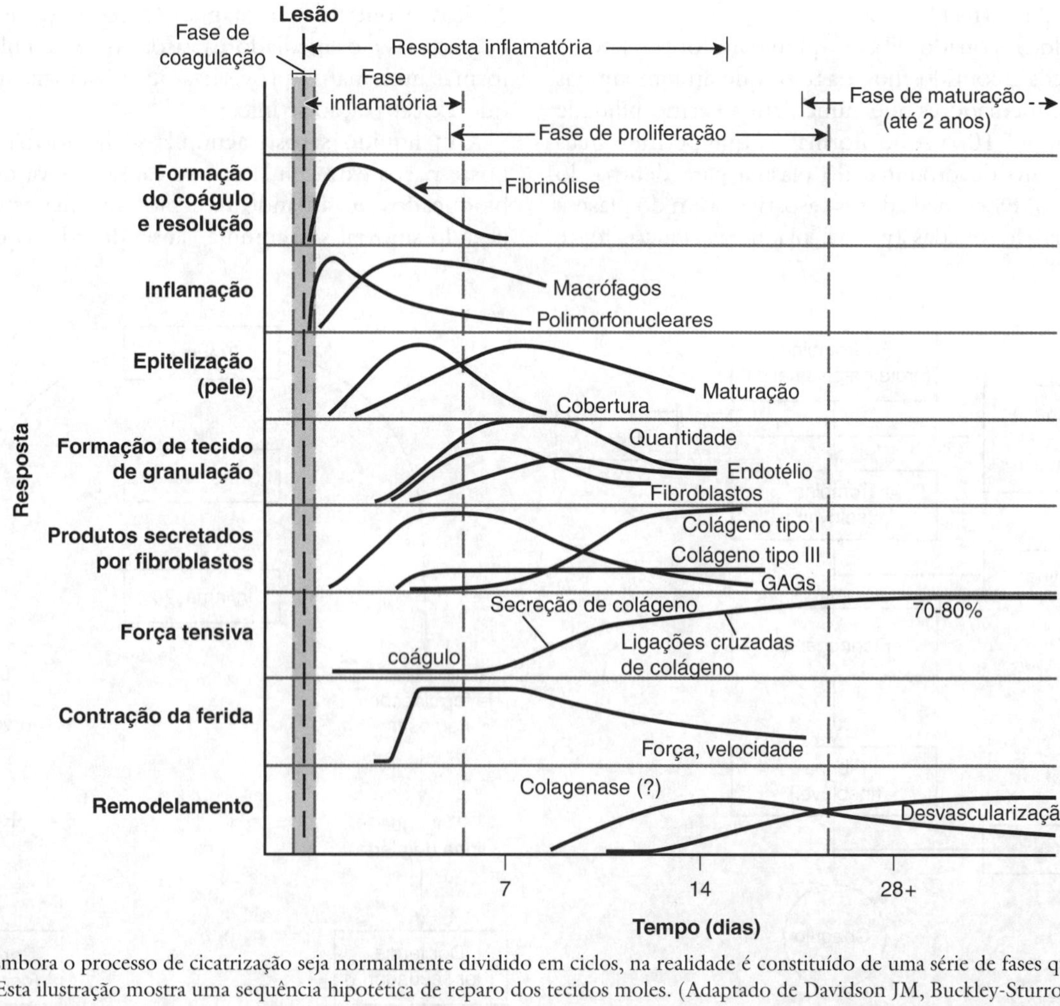

Figura 1.4 Embora o processo de cicatrização seja normalmente dividido em ciclos, na realidade é constituído de uma série de fases que se sobrepõem. Esta ilustração mostra uma sequência hipotética de reparo dos tecidos moles. (Adaptado de Davidson JM, Buckley-Sturrock A, Woodward SC. Growth factors and wound repair. In Abatangelo G, Davidson JM, editors. *Cutaneous development, aging and repair.* Liviane Press, Padova, Itália, 1989, p. 116.)

O sangue se solidifica e, por meio de vários passos, um coágulo é formado.

Entre os componentes de sangue e linfa, há exsudatos plasmáticos de fibrinogênio, fibronectina, protrombina e outras proteínas da coagulação. A coagulação é iniciada pela interação do plasma com os componentes do tecido assim que os constituintes do plasma entram nos espaços intersticiais. Duas enzimas, a protrombinase e a tromboplastina, causam a conversão de protrombina em trombina, uma enzima ativa. A trombina então, na presença de fibronectina, transforma o fibrinogênio em uma fibrina bem pegajosa, que se combina com as plaquetas e outros resíduos celulares para formar um tampão hemostático ou de plaquetas chamado de *coágulo* (Fig. 1.5). Esse tampão de plaquetas, um gel insolúvel que se liga à água, age como uma "cola" com baixa força tensiva para manter as margens da ferida juntas e a lesão localizada.[58-60] Sob a pele, o coágulo permanece macio e semelhante a um gel, ao passo que na superfície ele se desidrata e endurece e é mais comumente denominado de *crosta*. Na superfície da pele, o coágulo age como uma barreira contra corpos estranhos, agentes infecciosos e perda transcutânea de água; limita a hemorragia local; e provê para a ferida sua única fonte de força tensiva. Com o tempo, o gel é transformado em tecido de granulação e, por fim, em colágeno denso relativamente acelular (tecido cicatricial).[61]

O tecido lesionado libera quimioatratores (fatores quimiotáticos), contidos no coágulo, que atraem aminas vasoativas e mediadores que aumentam a permeabilidade vascular em até 10 vezes o normal, o que permite mais extravasamento de produtos do plasma para dentro do local da lesão. Esses mediadores vasoativos vêm do plasma e das células lesionadas (p. ex., plaquetas, leucócitos e mastócitos) e são a causa principal da resposta inflamatória dos tecidos moles, que consiste em vermelhidão (eritema), calor, edema ou inchaço, dor ou hipersensibilidade, espasmo muscular e, finalmente, disfunção, ao passo que nas articulações e estruturas periarticulares há efusão, vermelhidão, calor, hipertrofia sinovial, hemartrose ocasional, dor, perda de função e, se tais sinais não forem combatidos, degeneração. Imobilização inadequada, tratamento e atendimento impróprios, bem como traumas adicionais ou nova lesão, perpetuam o ciclo de lesão.

Os sinais e sintomas clínicos podem ter sua origem no nível químico, mas afetam o nível celular. Com a presença de exsudato nos espaços extracelulares como resultado de um aumento na vasodilatação e na permeabilidade vascular, bem como do vazamento de líquido dos tecidos lesionados, ocorrem os sinais de inflamação. A combinação de aumento de pressão nos tecidos e aumento da sensibilidade dos nociceptores às substâncias químicas na área resulta em dor. Acredita-se que a bradicinina, a histamina e as protaglandinas sensibilizem os nociceptores de modo que seu nível de ativação se torne mais baixo (limiar doloroso mais baixo) e eles se tornem mais facilmente excitáveis[62] (Fig. 1.6). Ao mesmo tempo, esses e outros mediadores ou quimioatratores (Tab. 1.3) atraem os neutrófilos, que por sua vez começam a atrair leucócitos e outros macrófagos. O coágulo, as plaquetas degradadas e os mediadores vasoativos se combinam para formar uma matriz provisória ou substância amorfa para que a cicatrização se inicie.

Um líquido seroso acumula-se na forma de edema nos espaços extracelulares por causa dos vasos linfáticos bloqueados ou, quando há lesão em uma articulação, o líquido sinovial se acumula causando edema em virtude

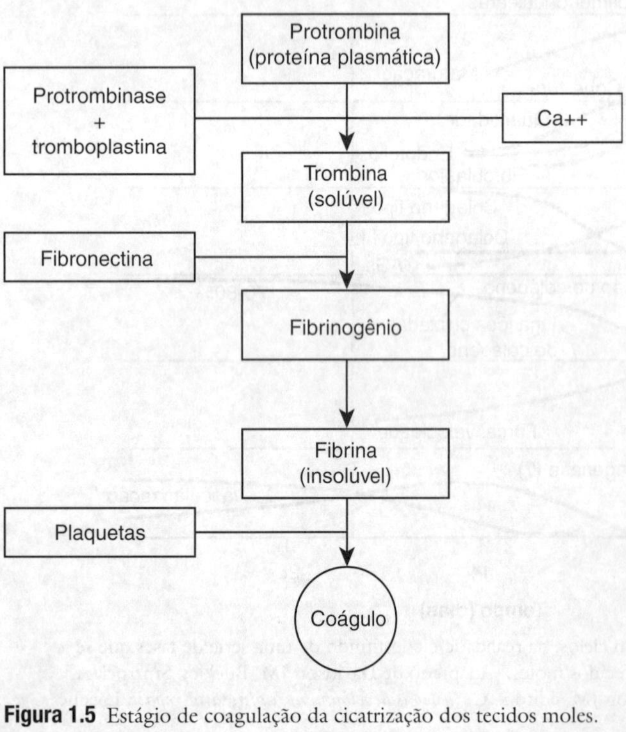

Figura 1.5 Estágio de coagulação da cicatrização dos tecidos moles.

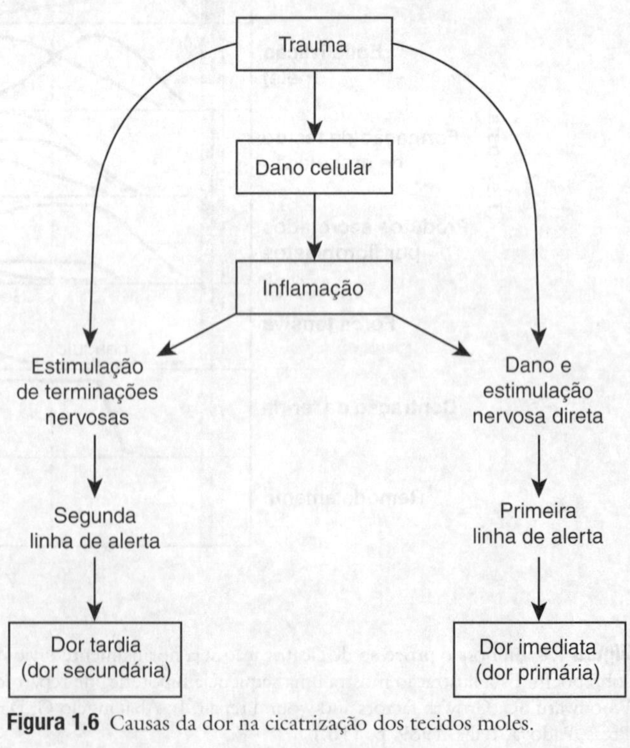

Figura 1.6 Causas da dor na cicatrização dos tecidos moles.

Tabela 1.3 Alguns fatores quimiotáticos e suas funções

Mediadores químicos	Funções
Histamina	Vasodilatador Causa um aumento de curta duração na permeabilidade das vênulas
Serotonina (5-hidroxitriptamina)	Vasodilatador Envolvida na proliferação de fibroblastos
Bradicinina	Vasodilatador (quinina plasmática) Causa aumento da permeabilidade da microcirculação
Calidina	Vasodilatador (quinina plasmática) Causa aumento da permeabilidade da microcirculação
Substância P (sP)	Sensibiliza receptores de dor
Prostaglandina E_1 (PGE_1)	Vasodilatador Causa aumento da permeabilidade vascular Sensibiliza os receptores de dor
Prostaglandina E_2 (PGE_2)	Vasodilatador Atrai leucócitos para a área inflamada Sensibiliza os receptores de dor
Leucotrienos	Aumenta a permeabilidade vascular Causa aderências celulares
Tromboxano A_2	Vasoconstritor Faz a mediação da agregação plaquetária
Leucotaxina	Causa marginalização na qual os leucócitos se alinham ao longo das paredes celulares Aumenta a permeabilidade celular Afeta a passagem de líquido por diapedese (passagem de células sanguíneas vermelhas ou brancas através das paredes dos vasos) para formar exsudatos; o grau de edema está diretamente relacionado com o grau de dano nos vasos.
Necrosina	Causa a atividade fagocitária
Ácido láctico	Subproduto do metabolismo energético
Plasmina	Dissolve os coágulos de fibrina
K^+	Mantém o equilíbrio acidobásico Mantém o equilíbrio de água
H^+	Mantém o equilíbrio acidobásico

da ação dos mediadores vasoativos na membrana sinovial. Quando os tecidos se expandem logo após a lesão, isso ocorre sobretudo por causa do sangue nos espaços intersticiais, e o sangramento é controlado pelos mecanismos já mencionados. Quando, porém, o dano é extenso (p. ex., fratura), mais sangue é liberado dentro dos tecidos ou articulação vizinhos porque o mecanismo de coagulação não consegue responder à lesão de forma suficiente. Assim, a presença de edema ou efusão significativa no início é um bom indício de uma lesão importante que pode requerer cuidados extras. O edema sinovial, em geral resultante de inflamação, é um processo que ocorre mais tarde (de modo geral 6 a 8 horas após a lesão) por causa da irritação da membrana sinovial pelas aminas vasoativas. Do mesmo modo, o edema decorrente de infecção se apresenta mais tarde, pois resulta de uma combinação da ação bacteriana direta e das células brancas do sangue que tentam conter as bactérias durante a fase inflamatória.

O mecanismo de coagulação normalmente se completa em 5 minutos após a lesão, mas pode levar até 48 horas.[60,63] O processo pode ser acelerado por meio de proteção, repouso, gelo, compressão e elevação (PRICE no acrônimo em inglês).

Fase inflamatória

Durante o processo de cicatrização, a inflamação não pode ser considerada uma ocorrência negativa e sim uma parte necessária da cascata de cicatrização.[52,55,56,64-66] A resposta inflamatória é necessária para que a cicatrização seja iniciada, porém, de modo paradoxal, a cicatrização não começa até que a resposta inflamatória comece a ceder. Essa resposta envolve um sistema complexo de eventos nos níveis bioquímico e celular, e é o primeiro estágio na recuperação de uma lesão.[58]

Com a lesão, muitos fatores localizados na área danificada são ativados. Muitos desses fatores quimiotáticos são induzidos pelo fator de Hageman (XIIa), uma enzima do sangue. Esse processo é conhecido como *quimiotaxia* e é essencial para o processo de inflamação. Como mostra a Tabela 1.3, muitos fatores ou substâncias quimiotáticas estão intimamente envolvidos no processo inflamatório. Por exemplo, a bradicinina, um vasodilatador potente produzido pelas enzimas do plasma, torna-se ativa na ferida, aumentando a permeabilidade vascular. Além disso, a bradicinina desencadeia a liberação de prostaglandinas, que estão entre as substâncias químicas mais potentes do corpo humano.[17] As prostaglandinas, por sua vez, exercem diversos efeitos dentro da área danificada, incluindo vasodilatação, aumento da permeabilidade vascular, dor e febre, assim como algumas ações relacionadas ao mecanismo de coagulação.[67,68] Duas prostaglandinas exercem seus efeitos predominantemente durante a fase inflamatória, a prostaglandina E_1 (PGE_1) e a PGE_2. Enquanto a PGE_1 aumenta a permeabilidade vascular, a PGE_2 atrai os leucócitos (Fig. 1.7).

Os leucócitos são células sanguíneas brancas migratórias que são atraídas para a área da ferida pela resposta inflamatória e pelas aminas vasoativas liberadas das células lesionadas. As células sanguíneas brancas mais comuns são os linfócitos, monócitos (macrófagos) e granulócitos (neutrófilos [mais comuns], basófilos e eosinófilos). Os macrófagos e granulócitos agem como fagócitos limpando a ferida dos tecidos mortos e removendo as proteínas tóxicas vistas na lesão celular e nas reações alérgicas. Esses leucócitos ganham acesso ao local da lesão em virtude da vasodilatação associada com a inflamação e liberam enzimas potentes que aceleram a decomposição das estruturas celulares lesionadas e do tecido lesionado fora das células por meio da degradação. Os macrófagos e granulócitos desbridam a área lesionada de tecido necrótico, resíduos e materiais estranhos nas primeiras 24 horas e continuam agindo nos dias subsequentes (em geral 2 a 5 dias). Os macrófagos são centrais para o processo de cicatrização, pois produzem substâncias (p. ex., fatores de crescimento, citocinas e quimiocinas) que modulam a resposta inflamatória. No início da inflamação, os neutrófilos, macrófagos e outros leucócitos limpam o local da ferida por meio da fagocitose, destruindo e degradando bactérias, matriz desnaturada e células danificadas.

À medida que a ferida é limpa de resíduos, ocorre uma mudança da fase inflamatória para a fase proliferativa ou de cicatrização, na qual os fibroblastos (para o reparo) e as células especializadas, como os mioblastos e tenoblastos (para a regeneração), migram para a área, o que é facilitado pelos quimioatratores e outras moléculas (p. ex., glicoproteínas). Enquanto o coágulo de fibrina se degrada, a matriz provisória original é substituída por uma matriz extracelular denominada de **tecido de granulação**. Este tecido consiste em capilares, miofibroblastos, macrófagos, matriz de fibrina, células endoteliais e uma matriz nutritiva. Ele é vermelho e composto por uma massa granular de tecido conjuntivo que preenche as lacunas na ferida durante o período de cicatrização. As células endoteliais no tecido de granulação começam a produzir novos brotos capilares (angiogênese). Na parte final da fase inflamatória, parece que as protaglandinas podem iniciar o reparo, assim como continuar a reação inflamatória.[69] A mudança da fase inflamatória para a proliferativa não é abrupta. Na realidade, uma **resposta inflamatória** pode avançar bastante na fase proliferativa (ver Fig. 1.4), porém, com a cicatrização normal, os efei-

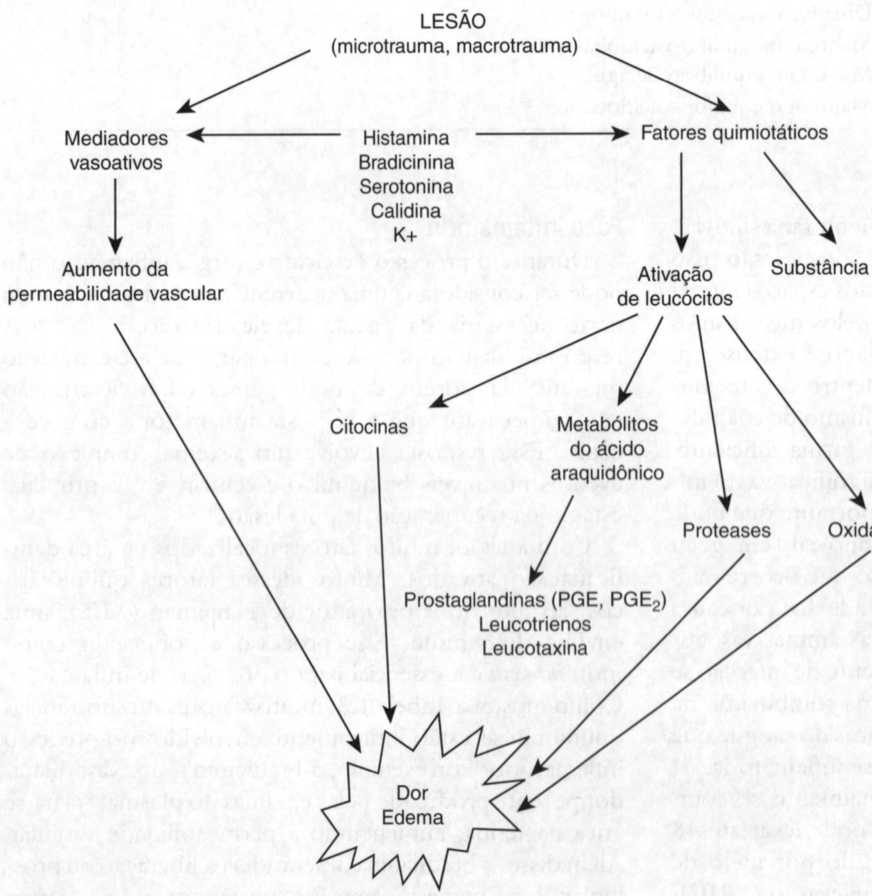

Figura 1.7 O processo inflamatório.

tos inflamatórios na fase proliferativa vão se tornando cada vez menos proeminentes.

Quando o processo inflamatório não cede, instala-se a cronicidade, muitas vezes com inflamação persistente de baixa intensidade e resistente ao tratamento. As tentativas de alterar de forma significativa o curso temporal da fase inflamatória aguda por meios farmacológicos ou físicos podem ser problemáticas[59,63,70] e requerem cuidados de observação da causa do problema e modificação do tratamento para lidar com ele.

O ciclo de lesão (Fig. 1.8) demonstra a necessidade absoluta de o fisioterapeuta moderar os sintomas da resposta inflamatória e manter a imobilização periódica no mínimo absoluto.[17,20,71,72] Sem um cuidado apropriado, ocorrerá uma "círculo vicioso" e a lesão seguirá para a cronicidade (Fig. 1.9). Nesse estágio, a ferida que deveria progredir para a fase de cicatrização ou proliferação passa para a cronicidade na ocorrência de certos fatores de risco (ver mais adiante; Fig. 1.10). Na resposta normal de cicatrização, tanto o reparo como a regeneração começam a ocorrer com a restauração do tecido "normal" e a formação de cicatriz; a dor desaparece; e a força, a resistência à fadiga e a amplitude de movimento são restauradas, levando à função normal.

Fase de proliferação/fibroplasia

À medida que o processo inflamatório cede, começam a ocorrer reparo e regeneração verdadeira do tecido.[52,55,56,64,65] O processo de cicatrização envolve uma "competição" ou "corrida" entre o reparo – que é a substituição do tecido original por tecido cicatricial e começa como um esforço emergencial para restaurar a integridade mecânica, algum grau de função de proteção e funcionalidade limitada para a área – e a regeneração, que é a substituição do tecido danificado pelo mesmo tipo de tecido, que tem a mesma função do tecido original. Os dois processos ocorrem ao mesmo tempo, porém invariavelmente o reparo "vence", pois tem mais apoio do processo inflamatório, de modo que a formação de tecido cicatricial ultrapassa a regeneração de tecido do tipo original.[21,73] Esse período de formação da cicatriz é conhecido como *fibroplasia* e pode durar de 4 a 6 semanas, em alguns casos até mais.

O crescimento de brotos capilares endoteliais para dentro da ferida é estimulado pela baixa tensão de oxigênio decorrente da falta de suprimento sanguíneo local. À medida que os brotos capilares formam capilares, a ferida torna-se capaz de fazer a cicatrização aeróbia em virtude do aumento no suprimento sanguíneo, o que por sua vez leva ao aumento da emissão de oxigênio e de nutrien-

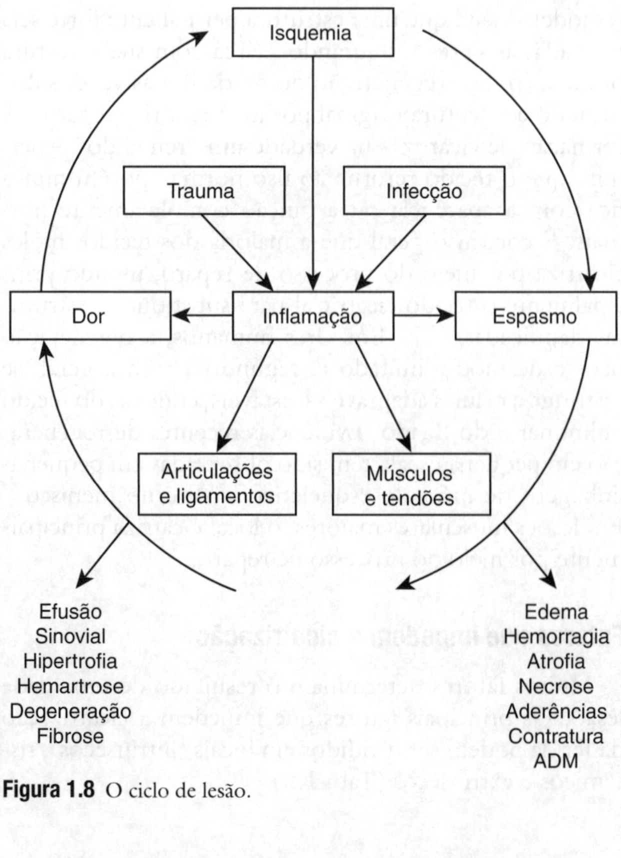

Figura 1.8 O ciclo de lesão.

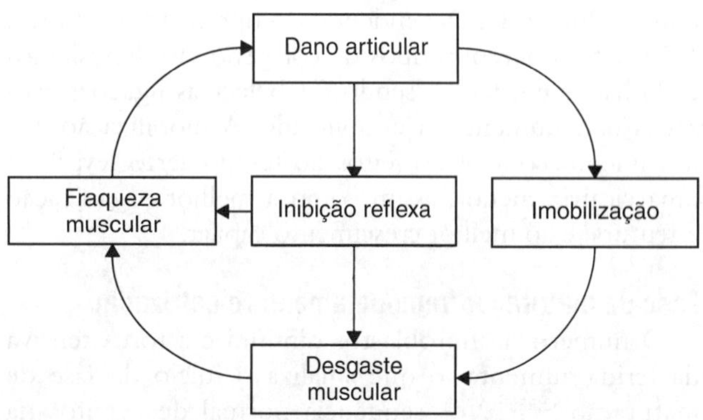

Figura 1.9 Círculo vicioso da lesão. (De Stokes M, Young A. The contribution of reflex inhibition to arthrogenous muscle weakness, *Clin Sci* 67:7-14, 1984.)

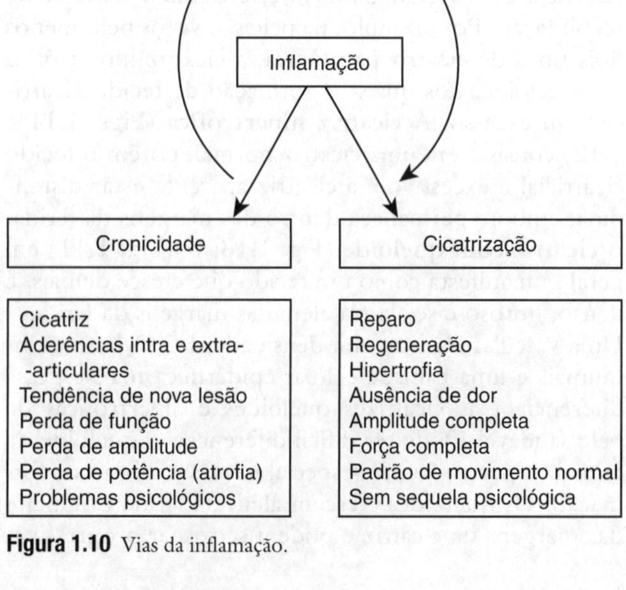

Figura 1.10 Vias da inflamação.

tes essenciais para a regeneração do tecido, bem como à melhor cicatrização na área.[74]

Os fibroblastos se acumulam no local da ferida à medida que os capilares continuam a crescer para dentro da área. As células fibroblásticas começam a sintetizar uma matriz extracelular que contém fibras proteicas de colágeno (que resistem às cargas tensivas), elastina, uma substância amorfa (que consiste em proteínas não fibrosas chamadas *proteoglicanos*, resistentes à compressão), glicosaminoglicanos e líquido. Os fibroblastos produzem fibras de colágeno (sobretudo colágeno tipo III) que são depositadas de modo aleatório, de maneira que a maior taxa de acúmulo de colágeno ocorre entre 7 e 14 dias. A força tensiva da ferida aumenta rapidamente na proporção da velocidade da síntese de colágeno à medida que este continua a se proliferar. O colágeno tipo III, que forma ligações cruzadas rápidas e estabiliza a ferida,[31,36] é gradualmente substituído pelo colágeno tipo I, que é um dos principais constituintes da cicatriz, de modo que a proporção de colágeno tipo III para tipo I diminui com o tempo (Tab. 1.4). Dependendo do tipo de tecido (Tabs. 1.5 e 1.6), diferentes tipos de colágeno são depositados e alinhados em feixes, sendo estabelecidas ligações cruzadas para aumentar a estabilidade. A mobilização e o movimento controlado feitos no tempo certo levarão a uma cicatriz menor, assim como à melhor organização estrutural e ao melhor crescimento capilar.

Fase de maturação/remodelamento/cicatrização

O número de fibroblastos diminui e a força tensiva da ferida aumenta, o que sinaliza o início da fase de maturação.[52,55,56,65] A sequência normal de eventos na fase de reparo leva à formação de mínimo tecido cicatricial. A quantidade e a extensão da cicatriz dependem de fatores como o local da lesão, o tecido ou órgão lesionado, a natureza da lesão, a direção da ruptura/incisão, fatores genéticos e etnia do paciente, os cuidados e o tratamento dado à ferida e ao tecido danificado e a presença ou ausência de complicações (p. ex., infecção). Em alguns casos, pode ser depositado tecido cicatricial em excesso, o que interfere com o processo de reabilitação. Por exemplo, na pele são vistos pelo menos dois tipos de cicatriz patológica, a cicatriz hipertrófica e o queloide, nos quais há formação de tecido cicatricial em excesso. A **cicatriz hipertrófica** (Figs. 1.11 e 1.12) consiste em uma cicatriz normal, porém o tecido cicatricial é excessivo e a cicatriz aparenta estar distendida, embora permaneça dentro das margens da ferida. A **cicatriz com queloide** (Fig. 1.13; ver Fig. 1.11) em geral se manifesta como um tecido que cresce demais, é denso, fibroso e se alastra além das margens da ferida.[75] Uma vasculatura rica, alta densidade de células mesenquimais e uma camada celular epidérmica mais espessa diferenciam as cicatrizes queloides e hipertróficas da pele saudável. Pode ser difícil diferenciar o queloide da cicatriz hipertrófica, em especial nas fases iniciais de formação. Os queloides crescem além da ferida original e das margens da cicatriz e podem se tornar progressivamente maiores, porém isso não ocorre com a cicatriz hipertrófica. Em termos histológicos, os queloides são diferenciados pela presença de feixes de colágeno queloide que são largos, rosados e sem brilho.[76]

A fase de maturação é um processo de longo prazo que se estende por 1 ano ou mais a partir do momento da lesão.[77] Após 12 meses, o tecido já recuperou cerca de 70 a 80% de sua força tensiva original.[26] Isso é importante ser lembrado, pois o potencial de nova lesão permanece alto e deve-se fazer com que os pacientes entendam que pode levar 1 ano ou mais até que eles se sintam "normais" novamente (Fig. 1.14).

O número de células na área da ferida, abundantes durante as fases de coagulação e inflamação, é diminuído. À medida que o colágeno torna-se mais denso, sua vascularidade é reduzida e a cicatriz, inicialmente vascularizada e vermelha, começa a tornar-se branca. Enquanto alguns capilares vão sendo "descartados" em virtude da maturação do tecido com o tempo, o novo tecido perde sua sensibilidade. Ao mesmo tempo, os miofibroblastos contribuem para a contração da ferida, que pode ser de até 40 a 80%, tornando a cicatriz muito menor do que era inicialmente. A maturidade do colágeno está relacionada com a força tensiva da cicatriz, já que as fibras se tornam mais organizadas ao longo das linhas de tensão. Mais colágeno tipo I é acrescentado e o número de ligações cruzadas aumenta, de modo que o tecido consegue responder melhor às tensões dentro dos limites normais de atividade. Esse é um exemplo do princípio de **adaptação específica à demanda imposta** (**SAID** na sigla em inglês). Nesse caso, demonstra um remodelamento em resposta à tensão.

Durante a fase final de cicatrização, o novo tecido é remodelado até que uma estrutura permanente forte seja formada, às vezes restaurando a área com sua estrutura original (p. ex., regeneração do tendão) e às vezes substituindo a estrutura original por uma cicatriz (reparo). A formação de cicatriz – na verdade um "remendo" – permite que o tecido retorne ao uso normal, porém nunca fica com a aparência ou a função completamente normais. É consenso geral que a maioria dos tecidos moles cicatriza por meio do processo de reparo, usando principalmente o tecido cicatricial para substituir as estruturas danificadas.[12,78,79] Em seres humanos, a regeneração ocorre de modo limitado e, segundo a crença geral, se restringe a células adaptáveis e estáveis, como as do tecido pulmonar e do fígado. Evidências recentes de regeneração em pequena escala têm sido observadas em pequenas linhagens de músculo esquelético[11,79-82] e no menisco.[83] Em lesões musculares maiores, o local cicatriza principalmente por meio do processo de reparo.

Fatores que impedem a cicatrização

Muitos fatores determinam o resultado de uma dada lesão. Os principais fatores que impedem a cicatrização da ferida podem ser divididos em locais (intrínsecos), sistêmicos e extrínsecos (Tab. 1.7).

Tabela 1.4 Tipos de colágeno suposta ou conhecidamente envolvidos de maneira direta na cicatrização de osso, tendão ou ligamento

Tipo de colágeno	Distribuição nos tecidos	Microscopia óptica	Ultraestrutura	Local de síntese	Função
I	Derme, osso, tendão, dentes, fáscia, esclera, cápsulas dos órgãos, cartilagem fibrosa	Fibras não argirofílicas espessas e bem compactadas; vermelho ou amarelo fortemente birrefringente	Fibrilas esspessas e densamente compactadas, com acentuada variação no diâmetro	Fibroblastos, osteoblastos, odontoblastos	Resistência à tensão
II	Cartilagem hialina e elástica, disco intervertebral, humor vítreo	Rede colagenosa frouxa visível somente na coloração com Picrosirius e microscopia polarizante	Sem fibras; fibrilas muito finas embebidas em substância amorfa abundante	Condroblastos	Resistência à tensão
III	Osso, pele, músculo liso, artérias, útero, fígado, baço, rim, pulmão, tendão, periósteo, endoneuro	Rede frouxa de fibras argirofílicas finas; verde pouco birrefringente; reticular	Fibrilas finas, ralas, com diâmetro mais uniforme	Fibroblastos, células musculares lisas, células de Schwann, hepatócitos, células precursoras mesenquimais	Manutenção estrutural em órgãos expansíveis; cicatrização de feridas; mediação das inserções de tendões, ligamentos e periósteo na cortical óssea
V	Pele, osso, tendão, membrana sinovial, fígado, tecido vascular, placenta, dentes	N/D	Forma fibrilas paralelas superpostas por um quarto do seu comprimento	Fibroblastos, osteoblastos	Controle do diâmetro da fibra
IX	Uniforme ao longo da matriz da cartilagem; humor vítreo	N/D	Ligações cruzadas covalentes com fibrilas de colágeno tipo II	Condrócitos	Contribui com estabilidade mecânica e resistência ao edema para a rede de colágeno tipo II
X	Esqueleto do feto e do adolescente; intermediário transitório na cartilagem substituído por osso; placa de crescimento	N/D	Semelhante a uma folha	Condrócitos hipertróficos durante a ossificação endocondral	N/D
XI	Esqueleto do feto e do adolescente; intermediário transitório na cartilagem substituído por osso; placa de crescimento	N/D	Forma fibrilas paralelas superpostas por um quarto do seu comprimento	Condrócitos	Controle do diâmetro da fibra
XII	Ligamento, tendão, pericôndrio, periósteo, ligamento periodontal, cartilagem bovina fetal, derme reticular	N/D	Ligações cruzadas covalentes com fibrilas de colágeno tipo I	Fibroblasto, mioblasto, osteoblasto, células endoneurais e perineurais	Controle do diâmetro da fibra e interação com proteoglicanos
XIV	Codistribuído com o tipo I em músculo esquelético e cardíaco, tendão, periósteo, derme, perineuro, placenta	N/D	Ligações cruzadas covalentes com fibrilas de colágeno	Fibroblasto, mioblasto, osteoblasto, células endoneurais e perineurais	Controle do diâmetro da fibra e interação com proteoglicanos

N/D: informação não disponível.

De Liu SH, Yang RS, al-Sheikh R et al. Collagen in tendon, ligament and bone healing: a current review, *Clin Orthop Relat Res* 318:267, 1995.

Tabela 1.5 Constituição das estruturas colagenosas que resistem à deformação tensiva

Cada estrutura de colágeno contém as seguintes substâncias, porém com quantidades diferentes:
Colágeno (força e rigidez; 5 × mais forte que a elastina)
Elastina (elasticidade)
Reticulina (volume)
Substância amorfa não fibrosa (reduz o atrito entre cada fibra)

Tabela 1.6 Comparação entre tendões e ligamentos

Tendões	Ligamentos	Ambos
Menos células Os feixes são mais alinhados Mais colágeno tipo I Mais ligações cruzadas de colágeno Melhor suprimento sanguíneo (bainha) Cor branca lustrosa	Colágeno denso mais compactado (70 a 80%) Mais elastina (3 a 5%) Presença de membrana periligamentar Cor branca mais opaca	Apresentam ondulações Suprimento sanguíneo precário em relação aos outros tecidos Taxas metabólicas relativamente baixas

Dados de Whiting WE, Zernicke RF. *Biomechanics of musculoskeletal injury*. Human Kinetics, Champaign, IL, 1998; e Butler DL, Grood ES, Noyes FR et al. Biomechanics of ligaments and tendons, *Exerc Sport Sci Rev* 6:125-181, 1978.

Fatores locais (intrínsecos)

A extensão ou quantidade de tecido danificado determinará a resposta inflamatória subsequente e a extensão do reparo. Microrrupturas de tecidos moles associadas ao uso excessivo envolvem apenas dano mínimo e uma resposta inflamatória prolongada, ao passo que macrorrupturas causam maior destruição de tecidos moles e resultam em sintomas clínicos mais significativos, com maiores limitações funcionais.[62]

Uma ferida clara e estéril provocada por um bisturi afiado (incisão) cicatriza mais rápido do que uma ferida causada por um instrumento cego, na qual as margens costumam também sofrer lesão (laceração). Feridas pequenas cicatrizam mais rápido do que as grandes, e feridas que ocorrem em áreas com suprimento de sangue rico (p. ex., face ou músculo esquelético) cicatrizam mais rápido do que feridas em áreas que têm vascularização ruim (p. ex., pé ou tendão). As aderências ou cicatrizes de superfícies ósseas podem impedir a contração da ferida e a aposição adequada de suas margens.

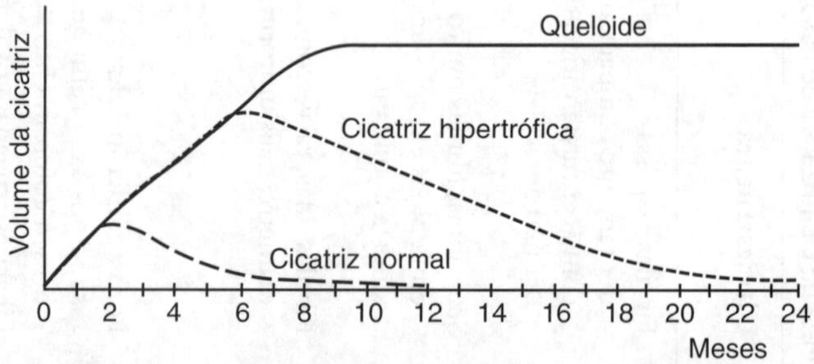

Figura 1.11 Crescimento dos tecidos cicatriciais. (De Nicoletis C, Bazin S, Le Lous M: Clinical and biochemical features of normal, defective, and pathologic scars, *Clin Plast Surg* 4:350, 1977.)

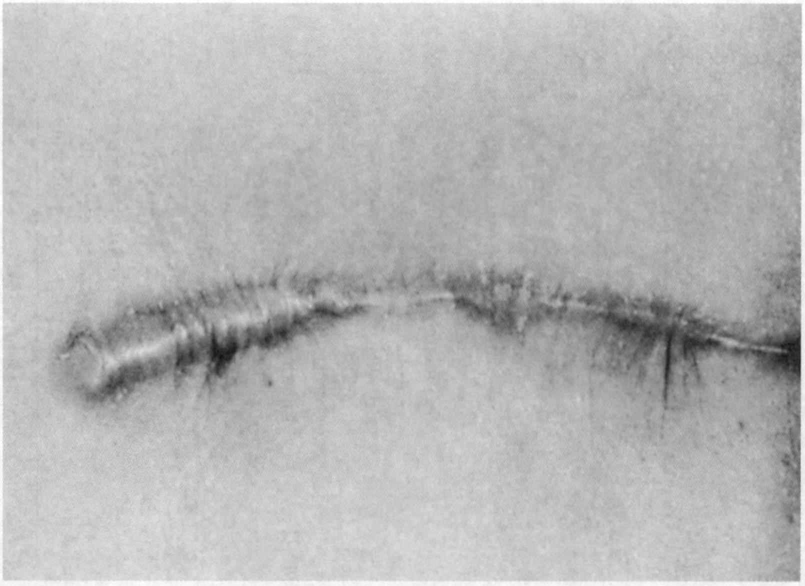

Figura 1.12 Uma cicatriz transversa sobre a parede torácica anterior após mastectomia simples que cicatrizou sem complicações. Note as áreas alternadas de cicatrização "normal" e hipertrófica na mesma ferida. (De Peacock EE. *Wound repair*. 3. ed. WB Saunders, Philadelphia, 1984, p. 234.)

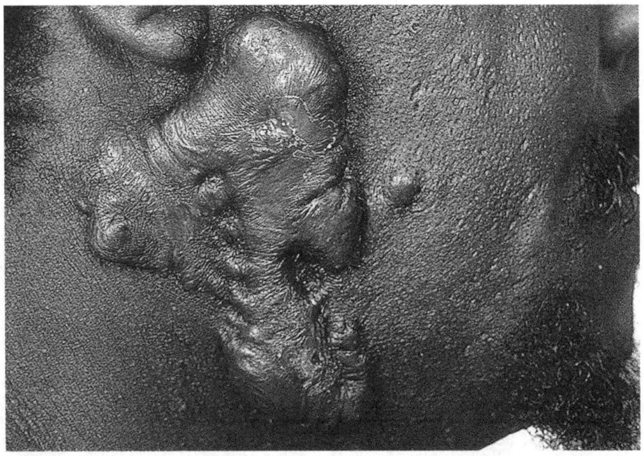

Figura 1.13 Cicatriz com queloide típica. Os queloides escuros se desenvolvem com maior frequência nos lóbulos da orelha e na face. (De Habif TP. *Clinical dermatology*. 4. ed. Mosby, St. Louis, 2004, p. 709.)

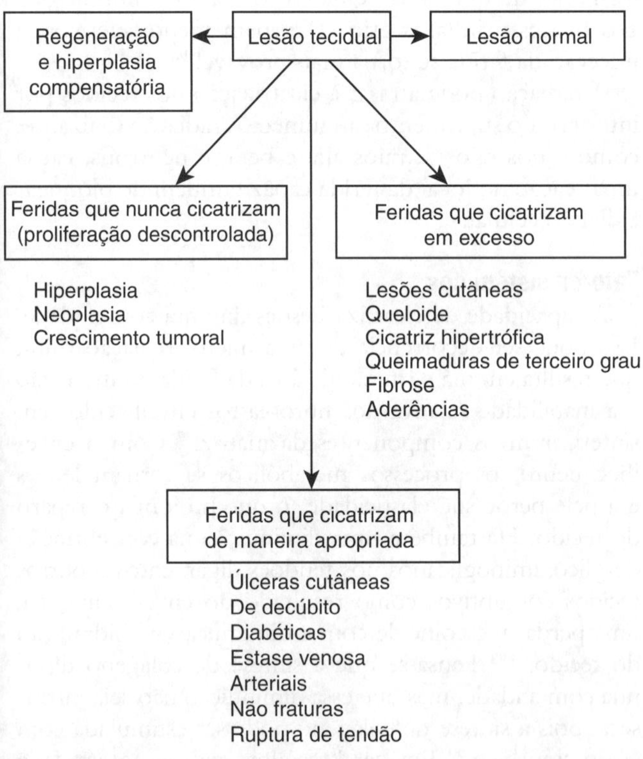

Figura 1.14 Diferentes respostas dos tecidos à lesão. O dano tecidual pode resultar em reparo funcional (reparo normal) ou, no caso de tecido do fígado ou fetal, regeneração. Numerosos estados patológicos podem ocorrer como resultado da lesão dos tecidos, incluindo uma proliferação má controlada ou descontrolada (feridas que nunca cicatrizam), acúmulo excessivo de tecido cicatricial e matriz extracelular (feridas que formam cicatrizes em excesso) e muitos exemplos de retardo na cicatrização de feridas. (Adaptado de Davidson JM. Wound repair. In Gallin JI, Goldstein IM, Snyderman R, editors. *Inflammation: basic principles and clinical correlates*. 2.ed. Raven Press, New York, 1992, p. 810.)

Tabela 1.7 Fatores que afetam a cicatrização

Locais	Sistêmicos	Extrínsecos
Grau de dano tecidual	Idade	Medicamentos
Tipo e tamanho da ferida	Enfermidade concorrente	Umidade
Suprimento sanguíneo	Estado nutricional	Temperatura
Quantidade de tensão aplicada ao tecido	Obesidade	
Presença de edema	Estresse	
Quantidade de dor		
Estabilização da ferida		
Características do tecido		
Presença de infecção		

Para que uma ferida cicatrize de maneira apropriada, há uma necessidade óbvia de um bom suprimento sanguíneo. As feridas cicatrizam mal e mais lentamente quando o suprimento sanguíneo é inadequado.[84] Um suprimento sanguíneo escasso leva a um estímulo inflamatório inicial fraco (menos plaquetas e macrófagos resultam em baixas concentrações do fator de crescimento; um baixo conteúdo de fibrina e fibronectina resulta em baixas taxas de quimiotaxia) e a uma haptotaxia comprometida (os fibroblastos se movimentam contra o gradiente de densidade da matriz extracelular). As complicações na cicatrização ocorrem quando há um suprimento sanguíneo inadequado para as altas necessidades metabólicas do tecido de granulação.[11] Acredita-se há muito tempo que a degeneração do tendão, em especial na porção supraespinal do manguito rotador, no tendão do calcâneo e nos locais de pressão óssea extrínseca, seja decorrente de uma vascularidade precária.[85,86]

Durante a fase inflamatória, uma tensão ou um movimento excessivo podem causar novo trauma à ferida. A ferida pode se abrir (deiscência) e começar a sangrar novamente ou pode ocorrer um aumento na síntese celular das enzimas de degradação da matriz, uma condição clinicamente conhecida como **degradação tecidual**.[87] Desse modo, o fisioterapeuta precisa ter extremo cuidado durante o estágio inflamatório para assegurar que o tecido lesionado seja protegido e não seja tensionado demais. Isso não significa necessariamente imobilização, embora ela possa ter seu papel no tratamento. Qualquer tratamento precisa ser controlado com cuidado de modo a não lesar novamente ou tensionar demais o tecido, e deve ser planejado com vistas à restauração da homeostase normal do tecido.

Uma efusão excessiva nas articulações ou um edema dos tecidos intersticiais faz com que o processo de cicatrização seja mais lento, independentemente de a causa ser sangramento ou aumento do líquido sinovial ou linfático. O aumento da pressão causa separação dos tecidos, inibe o controle neuromuscular, leva a alterações neurológicas reflexas e impede a nutrição da parte lesionada.

Em uma ferida, o grau e o tipo de separação do tecido têm impacto no curso de cicatrização. Feridas limpas, com as margens lisas, cicatrizam mais rápido e formam mínima cicatriz. Feridas com margens irregulares e serrilhadas cicatrizam com mais tecido de granulação preenchendo o defeito e resultam na formação de cicatriz excessiva.[88] Por exemplo, nas feridas de pele, a sutura imediata das margens da ferida é chamada de **fechamento primário** ou **intenção primária,** ao passo que o termo **fechamento primário tardio** é usado quando uma ferida havia cicatrizado parcialmente com tecido de granulação e depois foi suturada. A cicatrização por **intenção secundária** significa que a ferida foi deixada para cicatrizar sozinha, sem sutura.[64] A cicatrização por fechamento primário tem as vantagens de o tecido cicatrizar mais próximo do comprimento normal, de o suprimento sanguíneo ser restaurado antes e de haver maior probabilidade de cicatrização por progressão gradual do crescimento do tecido, o que permite uma melhor chance de regeneração, menos tecido cicatricial e um período menor de incapacidade. Com a cicatrização secundária, a cicatriz resultante costuma terminar tão pequena quanto a da cicatrização primária em virtude da contração da ferida. Contudo, se a cicatrização secundária ocorrer em áreas de tecido encurtado ou que cruze articulações, os resultados podem ser ruins por causa das contraturas.

O desgaste ou a atrofia muscular começam logo após a lesão por causa do desuso decorrente da dor ou da imobilização. Para retardar a atrofia, são necessários o fortalecimento precoce e a mobilização da estrutura lesionada. A imobilização prolongada (i. e., 6 a 12 semanas) pode levar à atrofia profunda dos músculos, assim como do tecido colágeno, e a recuperação pode levar meses ou até 1 ano ou 2. Um estudo de Noyes e McGinnis[89] mostrou que 12 semanas de imobilização do ligamento colateral medial no coelho em crescimento levaram à atrofia extrema. Houve uma diminuição de 30% na massa de colágeno como resultado do aumento da degradação do colágeno.

Houve poucas investigações sobre a causa da diminuição da força e da rigidez elástica do ligamento cruzado anterior associada com a imobilização, fora o estudo clássico de Noyes et al.[90] no qual foram estudados os efeitos da imobilização no ligamento cruzado anterior de um primata. Tipton et al.[91] relataram uma diminuição no número e no tamanho dos feixes de fibras de colágeno em cães imobilizados. Essa foi a causa sugerida para a diminuição na área de secção transversa vista nos ligamentos colaterais mediais de coelhos imobilizados.[3] Após 6 semanas de imobilização do ligamento colateral medial em ratos, houve uma diminuição no número de fibrilas de pequeno diâmetro.[92]

A variabilidade estrutural nos tecidos conjuntivos, conforme o que se observa em modelos animais e na clínica, pode explicar as diferenças na resposta à lesão e nas capacidades adaptativas. As demandas mecânicas e o suprimento nutricional local provavelmente são as principais razões para as diferenças estruturais e bioquímicas entre ligamentos e tendões[45] (ver Tab. 1.6). Os ligamentos tendem a ser compostos de colágenos densamente agrupados (70 a 80%) com cerca de 3 a 5% de elastina, ao passo que os tendões têm menos células, mais feixes alinhados de forma compacta, mais ligações cruzadas, mais colágeno tipo I e um melhor suprimento sanguíneo, ainda que, comparados a outros tecidos (p. ex., músculo), ambos tenham um suprimento sanguíneo precário e uma taxa metabólica mais baixa.[93] Estudos microscópicos de tendões do manguito rotador em cadáveres têm mostrado uma orientação complexa, entrelaçada, com múltiplas camadas tanto em tendões como em ligamentos.[94] Essas características afetam a recuperação da lesão assim como a localização da lesão original. Dependendo da taxa de estiramento imposta ao ligamento, seu padrão de falha pode variar de desinserção óssea até uma ruptura intrassubstância.

Microrganismos podem penetrar no corpo através das feridas e uma ferida muito infectada ou uma doença infecciosa preexistente podem atrasar, ou mesmo reverter, o processo de cicatrização. Isso se dá por causa da destruição dos tecidos pela ação bacteriana e enzimática, bem como pelo prolongamento da fase inflamatória da cicatrização.[95] As bactérias na ferida causam demora na cicatrização decorrente da granulação do tecido, e em geral resultam em cicatrizes largas e deformadas ou na formação de queloides. Quando o sistema imunológico e o processo inflamatório se tornam menos efetivos, a infecção da ferida se torna mais provável.[96]

A radiação pode atrasar a cicatrização dos tecidos por interferir no suprimento sanguíneo. A radiação ionizante, como a dos raios x, raios alfa e beta, e nêutrons, causa uma reação no local da ferida capaz também de bloquear a divisão celular.

Fatores sistêmicos

A capacidade de cicatrizar lesões diminui com a idade. Isso pode ser decorrência de uma microcirculação ruim, que resulta em má perfusão da área da ferida. Outra razão é a inabilidade relativa dos fibroblastos envelhecidos em sintetizarem os componentes da matriz.[97] Com o envelhecimento, os processos metabólicos se tornam lentos e a pele perde sua elasticidade, o que prolonga o reparo do tecido. Há também uma diminuição na concentração de glicosaminoglicanos nos tendões, ligamentos e outros tecidos conjuntivos como resultado do envelhecimento, uma perda que coincide com a diminuição na hidratação do tecido.[23,98] Pensa-se que a síntese de colágeno diminua com a idade, mas que essa diminuição não seja intrínseca, pois a síntese de colágeno pode ser estimulada com ácido ascórbico.[99] Em geral, as alterações na integridade da matriz e as taxas mais lentas de cicatrização da ferida andam lado a lado com o envelhecimento. Foi bem documentado que alterações morfológicas, imunológicas e bioquímicas estão associadas com o envelhecimento.[100] Com a idade, as fibras de colágeno se tornam mais espessas e há um aumento geral no colágeno insolúvel.[101] As alterações morfológicas correspondem às alterações bioquímicas, e incluem uma diminuição no conteúdo de água e proteoglicanos e alterações nas fibras elásticas.[100] Com a idade, o processo de adaptação requer um período mais longo de repouso e recuperação.[102] O envelhecimento, contudo, não impede uma cicatrização adequada da ferida.

Muitos pacientes idosos têm uma enfermidade crônica concomitante que requer terapia medicamentosa, dois fatores que podem atrasar a cicatrização. As doenças degenerativas, como diabetes e arteriosclerose, também afetam a cicatrização da ferida. O diabetes provoca atraso na cicatrização ao afetar tanto a macro como a microcirculação, o que resulta em menor oxigenação e perfusão nos tecidos.[103] Os pacientes diabéticos são mais propensos à infecção da ferida. Sua habilidade geral de combater a infecção é reduzida (i. e., estado alterado do sistema imunológico), pois o aumento dos níveis de glicose afeta a função dos leucócitos polimorfonucleares. Os padrões da dieta de um paciente diabético devem ser monitorados. Devem ser impostas restrições calóricas, balanceadas com vitaminas e nutrientes adicionais, para auxiliar o processo de cicatrização. O impacto psicológico do diabetes não deve ser esquecido; o estresse emocional, tal como depressão, frustração e tristeza, tem efeitos neuro-hormonais no nível microvascular local. O oxigênio é essencial para a cicatrização da ferida. Na presença de distúrbios cardiovasculares ou pulmonares, a cicatrização da ferida demora ainda mais, pois pode não haver oxigênio suficiente para que os tecidos cicatrizem. A uremia pode fazer com que uma ferida se abra por causa dos baixos níveis de depósitos de colágeno, o que pode atrasar a granulação. Taxas metabólicas lentas como resultado de deficiência da tireoide ou da hipófise também podem atrasar a cicatrização.

A obesidade e a má nutrição também podem atrasar a cicatrização da ferida. A pressão de oxigênio nos tecidos é mais baixa nos pacientes obesos.[104] A cicatrização da ferida costuma ser afetada por obesidade, nutrição precária ou desnutrição.[104] Em geral, o problema mais comum no tratamento da ferida é a má nutrição proteica e não a falta de um único nutriente ou a deficiência de vitaminas. A proteína é perdida nos exsudatos da ferida, e o processo de cicatrização pode impor uma demanda mais alta que a usual aos recursos energéticos do paciente. O idoso pode estar em desvantagem significativa por causa das alterações fisiológicas (p. ex., perda de apetite, dificuldades para comer e mastigar) e limitações sociais que impedem seu acesso à comida e à água. Pacientes com estado nutricional ruim podem precisar receber suplementos alimentares, seja na forma de comprimidos (p. ex., suplementos de zinco, multivitaminas), injeções (p. ex., hidroxocobalamina, ferro) ou suplementos e repositores alimentares. Em particular, a vitamina C (para síntese de colágeno e sistema imunológico), K (para coagulação) e A (para o sistema imunológico), o zinco (para os sistemas enzimáticos) e os aminoácidos têm papéis muitos importantes no processo de cicatrização.

Os hormônios afetam a composição e a estrutura de vários tecidos. Por exemplo, o estrógeno afeta o desenvolvimento de osso, músculo e tecido conjuntivo. Sabe-se que a cicatrização da ferida é bloqueada pelos efeitos bioquímicos do estresse psicológico. Do mesmo modo como o estresse cirúrgico, o estresse psicológico também pode causar disfunção celular.[105] Qualquer forma de estresse, seja relacionada à família, ao local de trabalho, ao estudo, aos relacionamentos ou às finanças, pode levar a alterações hormonais e resultar em uma cicatrização mais lenta.[106] As alterações hormonais são vistas em todas as situações estressantes e o sistema nervoso simpático é o responsável por elas. Sob estresse, são liberadas as catecolaminas norepinefrina e epinefrina, que causam vasoconstrição e diminuição na perfusão dos tecidos. Além de uma perfusão diminuída, há evidências de que um aumento nas catecolaminas interrompe o crescimento de fibroblastos, o que resulta na formação de menos tecido de granulação.[107] Os efeitos hormonais do estresse também exercem um efeito imunorregulador na atividade dos linfócitos.[108]

Algo que reconhecidamente ajuda os pacientes com lesões de tecidos moles é o repouso. Não se sabe exatamente como ele contribui para o bem-estar durante o processo de inflamação e reparo, e essa continua sendo uma observação empírica. Embora o repouso por si só não cure,[109] pode-se dizer que os esforços de reparo celular se intensificam durante os períodos de repouso. Os seus efeitos são múltiplos e podem incluir melhora do suprimento sanguíneo para o tecido em recuperação e melhora do equilíbrio estrutural de degradação e produção da matriz.[110]

Fatores extrínsecos

Os medicamentos podem ter um papel importante na cicatrização dos tecidos. Por exemplo, medicamentos anti-inflamatórios não esteroides (AINEs) e corticosteroides diminuem a inflamação e o edema, resultando em uma redução da dor. No entanto, esses medicamentos precisam ser usados com cuidado, pois seu uso prolongado pode produzir efeitos adversos e a perda da dor como mecanismo de proteção pode levar à tensão excessiva dos tecidos. Nos estágios iniciais da cicatrização, o uso de esteroides inibe a fibroplasia, o alastramento dos capilares e a síntese de colágeno. A efetividade dos esteroides nos estágios tardios da cicatrização com inflamação crônica é duvidosa. O uso excessivo pode tornar mais lenta a efetividade do sistema imunológico, causando complicações e mascarando potencialmente outros processos de enfermidade (p. ex., infecções).[111]

Com o uso de curativos absorventes, o grau de umidade afeta muito o processo de epitelização. Em um ambiente úmido, o epitélio regenera duas vezes mais rápido do que em um ambiente seco, já que não se forma "casca" ou crosta. As crostas se formam em feridas desidratadas; com a sua formação, a drenagem da ferida fica selada, desse modo encorajando a infecção. Em uma ferida úmida, as células mortas se movem mais prontamente para a superfície e são removidas. A tensão de oxigênio tem um papel importante na neovascularização da ferida, facilitando uma saturação ótima e o desenvolvimento de máxima força tensiva.[70]

A cicatrização da ferida também é afetada pela temperatura. A hipotermia, que é comum durante o período pré-cirúrgico, tem um efeito negativo na cicatrização. O estresse hipotérmico causa vasoconstrição, levando à diminuição do fluxo sanguíneo cutâneo e da tensão de oxigênio subcutânea.[111,112] A hipotermia também afeta o sistema imunológico, aumentando o potencial para infecção. Ela enfraquece a quimiotaxia e a fagocitose, além de comprometer a mobilidade dos macrófagos.[1132] Sabe-se também que a hipotermia causa anormalidades na coagulação, em especial disfunção plaquetária.[114]

Facilitação da cicatrização da ferida

Todas as feridas cicatrizam por meio de uma série de eventos biológicos organizados e complexos que levam à formação de tecido conjuntivo para recobrir a ferida e restaurar a força tensiva (reparo). Esses processos podem ser facilitados por vários fatores.

Nutrição

Em cada estágio de cicatrização da ferida, as proteínas são necessárias. As citocinas produzidas pelos macrófagos na fase inflamatória, as colagenases e integrinas na fase proliferativa, bem como a secreção e o remodelamento da matriz na fase final de maturação, requerem aminoácidos para a síntese e, mais tarde, para a angiogênese.[115] A falta prolongada de proteínas impõe o risco de deiscência da ferida decorrente do comprometimento da fibroplasia. A depleção proteica também resulta em hipoalbuminemia com edema secundário. O edema torna a cicatrização mais lenta porque a distância de difusão dos nutrientes aumenta, o que retarda o alcance das áreas visadas pelos nutrientes.[116] A depleção prolongada de proteínas acaba por reduzir a massa corporal magra, o que resulta em diminuição da força muscular cardíaca e respiratória, comprometimento da imunidade celular e aumento do risco de infecção, sepse e hipóxia dos tecidos.[117,118]

Os componentes estruturais e funcionais das membranas celulares são constituídos de gorduras. Os ácidos graxos poli-insaturados estão envolvidos na produção e na liberação de eicosanoides (qualquer substância biologicamente ativa derivada do ácido araquidônico, incluindo as prostaglandinas e os leucotrienos) durante a fase inflamatória. À medida que os ácidos graxos são metabolizados, as prostaglandinas são produzidas. O tipo de prostaglandina produzida depende da substância sobre a qual a enzima age no ácido graxo.[119] Os ácidos graxos ômega 3 são encontrados no óleo de peixe, ao passo que os ácidos graxos ômega 6 vêm dos óleos vegetais. Quando há uma predominância de ácidos graxos ômega 6, são formadas PGE_1 e PGE_2. Além de suas ações anti-inflamatórias, as PGE_1 e PGE_2 também agem como vasodilatadores. As PGE_3 e os leucotrienos são formados quando há uma predominância de ácidos graxos ômega 3 e funcionam como mediadores na resposta inflamatória, na vasoconstrição e na agregação plaquetária.[120] A gordura é também o principal provedor de energia, além de uma fonte primária de energia armazenada e ácidos graxos essenciais. A ingestão alimentar deve consistir em gordura adequada, bem como carboidratos para prover as necessidades energéticas. Com gorduras e carboidratos suficientes na dieta, os aminoácidos não serão oxidados, mas usados no reparo dos tecidos.

A principal fonte de energia para cicatrização é a glicose, que provê energia para a atividade leucocitária e a fagocitose. Os fibroblastos usam glicose para combinar hexosaminas e proteoglicanos para o reparo tecidual.[120]

A nutrição e as reservas adequadas de oligoelementos são necessárias para o processo fisiológico de cicatrização da ferida. Os minerais importantes na cicatrização da ferida são zinco, cobre e ferro. O zinco atua como um constituinte nos sistemas enzimáticos e no sistema imunológico, assim como na formação de colágeno. Também ajuda a interromper o crescimento bacteriano. Tem um papel importante na reconstrução da matriz em uma ferida.[121] Estudos experimentais têm mostrado que um aumento no zinco ajuda a cicatrização de feridas da pele.[122] Como uma das metaloenzimas, o cobre, assim como o zinco, influencia a cicatrização. Na enzima lisil oxidase, o cobre catalisa a oxidação de resíduos de lisil no colágeno, o que favorece as ligações cruzadas e, por fim, desenvolve a força da cicatriz. O cobre é também necessário para a produção da enzima superóxido dismutase, que está presente em cada célula do corpo.[120] A superóxido dismutase, uma enzima intracelular produzida de modo endógeno, reduz o tecido cicatricial, cicatriza feridas e queimaduras, ameniza a hiperpigmentação, tem propriedades anti-inflamatórias e protege contra raios ultravioletas prejudiciais do sol. Essa enzima regula a formação de colágeno e elastina, o que mantém a pele espessa, forte e maleável.[120] Finalmente, como um componente fundamental da hemoglobina, o ferro é necessário para o transporte de oxigênio. Em sistemas enzimáticos, ele também é necessário para oxidação de glicose, que provê energia na célula. É um cofator essencial para lisil e prolil hidroxilase. A síntese de colágeno por meio do procolágeno peptídio é comprometida pela deficiência de ferro.[120]

A ingestão nutricional adequada e boas reservas corporais de todas as vitaminas são essenciais para os processos fisiológicos envolvidos na cicatrização de feridas. A vitamina A, uma vitamina solúvel em gordura, produz um aumento na aderência celular e na microviscosidade das membranas. Ela estimula a deposição de glicosaminoglicanos na matriz,[123] além de ser um cofator essencial para a síntese de colágeno e de ligações cruzadas. Durante o estágio inflamatório da cicatrização, a vitamina A faz a mediação da resposta anti-inflamatória, agindo como um antagonista de glicocorticoide, e também estimula a diferenciação celular em fibroblastos e colágeno.[115] Ocorre um atraso na cicatrização e um aumento na suscetibilidade à infecção em pacientes com deficiência de vitamina A.[124]

As várias vitaminas B têm um efeito positivo na cicatrização da ferida. Como cofatores que agem em uma grande variedade de sistemas enzimáticos envolvidos na liberação de energia dos carboidratos, as vitaminas do complexo B são centrais para o metabolismo celular.

Essas vitaminas, que incluem tiamina, riboflavina e piridoxina, são cofatores importantes nas ligações cruzadas de colágeno. A riboflavina está envolvida na síntese e na oxidação de ácidos graxos, bem como na desaminação de aminoácidos.

Em todos os estágios de cicatrização da ferida, a vitamina C tem um papel essencial, mais importante ainda durante as fases de proliferação e maturação. Essa vitamina é um cofator para a hidroxilação de resíduos de prolina e lisina no procolágeno, o que é um pré-requisito para o desenvolvimento subsequente de colágeno. A vitamina C também protege as metaloenzimas que contêm ferro e cobre, além de ser essencial para as ligações cruzadas de colágeno. Na formação de glicosaminoglicanos, ela age como portadora para os grupos sulfato.[125] A sua função na remoção de radicais livres torna-se cada vez mais importante durante a cicatrização. Durante a lesão, podem ser gerados radicais livres de oxigênio que infligem dano por peroxidação dos componentes lipídicos das membranas celulares. Durante a resposta inflamatória, esses radicais podem causar degradação de colágeno e perturbação nos sistemas enzimáticos.[126]

Como antioxidante, a vitamina E também atua na remoção de radicais livres e age em sinergia com a vitamina C para prevenir a oxidação de fosfolipídios poli-insaturados da membrana celular. Algumas evidências sustentam a tese de que a força tensiva de feridas irradiadas pode ser melhorada com o uso de suplementos de vitamina E.[127]

Em resumo, um paciente que esteja se recuperando de uma lesão deve consumir uma dieta nutritiva, bem balanceada, que forneça as vitaminas e os minerais necessários para o reparo dos tecidos, além de calorias suficientes para suportar o gasto de energia durante o processo de reabilitação.

Farmacologia

Em muitas condições específicas de lesão, os medicamentos anti-inflamatórios orais podem ter um papel importante no regime terapêutico. O processo de cicatrização pode ser favorecido pelos AINEs, cuja maior importância pode ser a redução da incapacidade produzida pelo doloroso espasmo muscular reflexo. Os AINEs têm um efeito dominó em outros eventos que ocorrem na fase inflamatória e agem para inibir a produção de prostaglandinas.[128] Quando os nociceptores locais são estimulados por prostaglandinas, ocorre a sensação de dor. O efeito das prostaglandinas sobre a permeabilidade vascular pode aumentar o edema. Ao restringir a produção de prostaglandinas, os AINEs podem diminuir a dor e o edema. Portanto, esses medicamentos têm um impacto positivo na reação inflamatória inicial. Com a diminuição da dor e do edema local, a perda de função pode ser menor. O resultado geral da terapia com AINEs é uma reação inflamatória menos extensa, porém com o risco de enfraquecer o tecido e atrasar a cicatrização.[128,129]

Os AINEs têm várias indicações e menos efeitos colaterais potenciais do que os corticosteroides mais potentes, pois funcionam em uma área diferente do ciclo do ácido araquidônico. As fontes comuns de inflamação crônica incluem reações celulares inflamatórias, liberação de mediadores químicos e morte celular induzida mecanicamente. A ativação de células polimorfonucleares pode ser estimulada pela fibronectina e por produtos da degradação do colágeno, de modo a favorecer ainda mais a liberação de mediadores e a ativação de neutrófilos. Os AINEs entram nesse ciclo de várias maneiras para estabilizar as membranas celulares e reduzir os efeitos da liberação do ácido araquidônico. Embora haja alguma preocupação com o atraso da cicatrização da ferida pelos AINEs, ele é balanceado por sua falta de efeitos adversos na função dos fibroblastos e macrófagos teciduais. Como os AINEs interferem diretamente com a hiperatividade celular inflamatória, pode haver menos eficácia nos locais de lesão onde tal atividade não seja provocada. Isso explica sua relativa falta de efetividade no tratamento da inflamação causada por lesão aguda ao invés de crônica.

Há algumas evidências de que os AINEs aumentem a força do colágeno,[106,107,130] seja por meio de um aumento no número de ligações cruzadas entre as moléculas de colágeno ou de um aumento na quantidade de colágeno insolúvel. O resultado final de qualquer um desses processos é o aumento da força biomecânica do novo tecido.

Modalidades físicas

Várias modalidades físicas são recomendadas para promover um ambiente eficaz de cicatrização para uma lesão. Elas podem ser usadas de forma individual, em combinação com outras modalidades ou com exercício.

Os sintomas agudos podem ser reduzidos pela aplicação seletiva de frio. Pensa-se que isso seja decorrência de uma diminuição na atividade metabólica celular, o que diminui as necessidades oxidativas das células e assim reduz o nível de hipóxia dos tecidos. O resultado final é uma redução geral no processo inflamatório, no qual há menos edema, dor, resíduos e dano tecidual. Por causa do efeito do frio no processo inflamatório, o gelo pode ser o agente terapêutico de escolha após lesões agudas.[58]

A crioterapia pode aliviar os efeitos necróticos secundários do trauma inicial ao reduzir a temperatura local do tecido e o fluxo sanguíneo local para a área lesionada. As respostas celulares continuam a ser hipotéticas, embora tais processos sejam prontamente implicados na lesão aguda pela diminuição do edema e da dor resultante.[131]

Os efeitos fisiológicos produzidos pela termoterapia, ou aplicação de calor, incluem vasodilatação e aumento da temperatura muscular e do fluxo sanguíneo para estimular a analgesia. Essa modalidade pode também aumentar a nutrição no nível celular, bem como a atividade enzimática. Pode-se esperar, após a aplicação de calor, uma remoção dos metabólitos do processo inflamatório e uma redução do edema.[132] Há evidências de que a aplicação de calor exógeno aumente a síntese de colágeno.[133] Os sintomas secundários de inflamação, tais como espasmo, também podem ser aliviados com a termoterapia.[134]

Exercício

A "lei de Wolff dos tecidos moles" afirma que o remodelamento do tecido e a resposta ao exercício terapêutico são determinados pela adaptação específica do tecido ao nível de demanda imposta.[40] Estão documentadas respostas celulares e biomecânicas positivas ao exercício, incluindo mudanças no tamanho, na rigidez e na força das fibrilas de colágeno, em ligamentos, tendões e músculos.[131]

Estudos demonstram que, em geral, as células dos tendões, ligamentos, músculos, pele e cartilagem respondem ao aumento de carga por meio de um aumento na síntese de matriz, nas taxas de replicação, na atividade metabólica e por meio da modificação na produção dos componentes da matriz. Um conceito importante é que os efeitos da imposição patológica de cargas (excesso ou ausência de cargas) pode aumentar a atividade de degradação e/ou reduzir a síntese celular. Em modelos animais, tem sido mostrado que a mobilização controlada é superior à imobilização para a formação de cicatriz, a regeneração muscular, a revascularização e a reorientação das fibras musculares e propriedades tensivas.[73]

À medida que a cicatrização progride para a fase de reparo, a atividade controlada é dirigida para o retorno à força e à flexibilidade normais. Ao iniciar a fase de remodelamento, exercícios agressivos, porém controlados, de amplitude de movimento ativa e fortalecimento devem ser incorporados para facilitar o remodelamento e o realinhamento do tecido.

Cada pessoa responde de forma diferente ao exercício. A progressão, portanto, precisa ser baseada no desempenho. Alguns pacientes precisam ser alertados repetidamente por serem agressivos em excesso, enquanto outros precisam ser encorajados para se esforçarem mais. Muito da resposta individual está relacionado à resposta pessoal à dor e em "assumir a responsabilidade" por sua própria reabilitação. Se a dor é definida como um desconforto que altera a mecânica de movimento normal, então duas diretrizes para progressão podem ser estabelecidas: (1) o exercício terapêutico ativo deve ser indolor e a pessoa lesionada deve ser capaz de repetir no dia seguinte o que foi feito antes; e (2) a dor durante ou após o tratamento é um sinal de que foi imposta uma tensão excessiva na estrutura que estava cicatrizando e que a duração, a frequência e a intensidade da atividade devem ser reduzidas.[135]

CONCLUSÃO

A cicatrização dos tecidos moles é um processo contínuo que envolve coagulação, inflamação, proliferação e maturação ou remodelamento. Deve-se ter em mente que, em uma ferida, esses processos em geral se sobrepõem espacial e temporalmente (ver Fig. 1.4). Embora a fase de coagulação deva estar completa dentro de 5 minutos a 24 horas, a fase inflamatória pode durar algo entre 3 e 6 dias. É durante esse tempo que o corpo tenta minimizar e estabilizar a lesão. A fase seguinte da cicatrização pode ocorrer dos dias 6 ou 7 até o 21. Durante esse tempo, as estruturas celulares no local da lesão estão se modificando e substituindo estruturas temporárias, que foram formadas, durante a fase inflamatória, por estruturas mais permanentes. O processo de reparo para os tecidos moles lesionados envolve uma série complexa de atividades físicas e químicas inter-relacionadas. Como o processo de cicatrização normal ocorre de uma maneira regular e previsível, vários sinais e sintomas exibidos no local da lesão devem ser observados para monitorar o progresso da cicatrização. Na fase de maturação ou remodelamento, que é a fase final da cicatrização, o tecido continua a crescer e se desenvolver, passando por um processo de reparo, em que é formada uma cicatriz, ou por um processo de regeneração, no qual o tecido danificado é substituído por um tecido novo essencialmente funcional. Esse processo pode levar até 2 anos.

A reabilitação requer não somente a restauração completa do desempenho pré-lesão do membro ou articulação lesionado, mas também a manutenção do condicionamento cardiovascular do corpo como um todo.[3-5,7,9,10,17] A reabilitação da lesão é fundada na ciência da cicatrização controlada dos tecidos, em um conhecimento da biomecânica articular, da fisiologia da força e da resistência musculares, e na base neurofisiológica do retreinamento de habilidades. As mudanças físicas, tais como a hipertrofia muscular, acompanham a melhora do desempenho funcional durante muitas semanas. Todas as atividades, sejam elas da vida diária, de trabalho, recreação ou esporte, impõe demandas únicas sobre o corpo. Programas de reabilitação bem-sucedidos são construídos sobre uma compreensão do controle da cicatrização dos tecidos, que, quando propriamente aplicado, permite o esforço progressivo de articulações e músculos. A força, a resistência e a potência musculares podem ser desenvolvidas novamente enquanto são mantidas a flexibilidade estrutural e o preparo cardiovascular geral necessários.[5,9,12,17,19,20]

As metas para reabilitação de uma lesão devem ser estruturadas em uma sequência ordenada que seja construída alcançando-se de modo bem-sucedido cada estágio prévio;[20] cada passo deve contribuir para a meta maior de retorno ao ambiente de trabalho, casa ou esporte[5,9,17] (Fig. 1.15). Uma relação próxima entre o paciente e o fisioterapeuta, fundada sobre o estabelecimento e o alcance mútuo de metas, pode facilitar a atenção necessária para a "reabilitação emocional" do paciente.[11] Como uma lesão pode resultar em uma profunda perda de autoestima e mesmo de identidade para a pessoa, o suporte emocional durante os primeiros dias de reabilitação ajuda o paciente a recuperar um senso de competência, realização e aceitação. Os fisioterapeutas precisam transmitir uma sensação genuína de cuidado e interesse durante esse período.[11]

A restauração do controle proprioceptivo e do equilíbrio, aliada à recuperação das habilidades motoras, precede uma sequência planejada de habilidades específicas para a atividade – uma progressão de atividades funcionais.[121] Ao progredir do geral para o específico, do simples para o complexo, do fácil para o difícil, aumentando-se sempre o número de repetições e a intensidade,

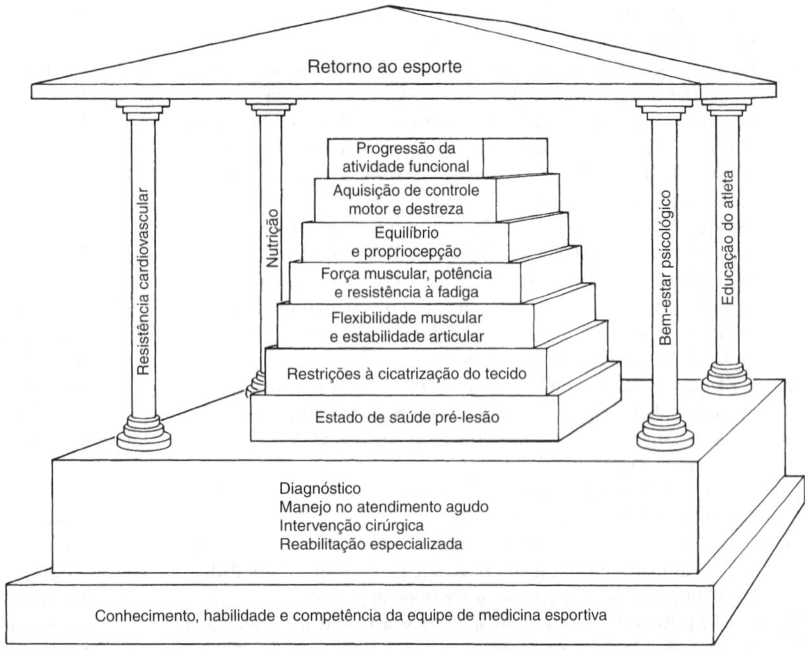

Figura 1.15 A pirâmide da reabilitação. (De Quillen WS, Magee DJ, Zachazewski JE. The process of athletic injury and rehabilitation. In Zachazewski JE, Magee DJ, Quillen WS, editors. *Athletic injuries and rehabilitation.* WB Saunders, Philadelphia, 1996, p. 7.)

o membro ou a articulação lesionados do paciente é reintroduzido às demandas de desempenho de seu ambiente de trabalho e lazer. Pode ser difícil determinar quando o ponto final foi atingido na reabilitação de uma lesão. Testes e medidas clínicas, ainda que sofisticados, não conseguem prever as interações complexas da articulação ou do membro reabilitado em resposta a demandas específicas impostas pelo ambiente do paciente.[12,20] A observação cuidadosa do controle corporal do paciente, a manutenção da postura ou forma e a confiança no desempenho da atividade podem ser fundamentais na determinação da prontidão para o retorno à atividade.[20]

A demanda para retornar aos níveis anteriores de desempenho ou atividade leva as pessoas a esperarem uma recuperação completa mesmo depois de lesões muito graves. A pressão para intensificar a cicatrização ou acelerar a recuperação pode levar o paciente ou o fisioterapeuta a adotar regimes de tratamento não convencionais. A reabilitação apropriada de lesões requer (1) diagnóstico inicial imediato e preciso da natureza e da gravidade da lesão, bem como dos tecidos específicos envolvidos; (2) início imediato de tratamentos apropriados dirigidos para a moderação dos efeitos secundários da reação inflamatória; (3) uma sequência ordenada de reabilitação, incluindo um regime de exercícios progressivos, para favorecer a cicatrização de estruturas de tecidos moles; (4) a integração de atividades funcionais para assistir na restauração de padrões de movimento coordenados; e (5) a realização bem-sucedida de tarefas específicas para a atividade com confiança e controle corporal.[12,20]

As metas devem ser estabelecidas em conjunto pelo paciente e pelo fisioterapeuta, sempre tendo em mente o estado psicológico do paciente.[11] A reabilitação bem-sucedida é um processo ativo e participativo, no qual o paciente é motivado a corresponder a requisitos sucessivos, progredindo assim por um *continuum* de reabilitação que é altamente estruturado, ainda que verdadeiramente individualizado.[9,12] A reabilitação contemporânea é um processo de equipe compartilhado por uma variedade de profissionais da saúde.[2] Para ser efetivo, o processo precisa ser baseado em evidências e fundado na anatomia, na biomecânica, na fisiologia aplicada, na fisiologia do desempenho e na terapêutica da reabilitação.

REFERÊNCIAS BIBLIOGRÁFICAS

1. Garrick J, Webb D: Sports injuries: diagnosis and management, Philadelphia, 1990, WB Saunders.
2. Mellion M, Walsh W, Shelton G, editors: The team physician's handbook, Philadelphia, 1990, Hanley & Belfus.
3. Torg J, Vegso J, Torg E, editors: Rehabilitation of athletic injuries, Chicago, 1987, Year Book Medical Publishers.
4. Bernhardt D, editor: Sports physical therapy, New York, 1986, Churchill Livingstone.
5. Prentice W, editor: Rehabilitation techniques in sports medicine, St. Louis, 1990, CV Mosby.
6. Cantu RC, Micheli L, editors: ACSM's guidelines for the team physician, Philadelphia, 1991, Lea & Febiger.
7. Peterson L, Renstrom P: Sports injuries: their prevention and treatment, Chicago, 1986, Year Book Medical Publishers.
8. Hubbel S, Buschbacher R: Tissue injury and healing: using medications, modalities and exercise to maximize recovery. In Buschbacher R, Braddom R, editors: Sports medicine and rehabilitation: a sports specific approach, Philadelphia, 1994, Hanley & Belfus.
9. Gould J, Davis G: Orthopaedic and sports rehabilitation. In Gould J, Davies G, editors: Orthopaedic and sports physical therapy, St. Louis, 1985, CV Mosby.
10. Reid DC: Sports medicine and therapy: sports injury assessment and rehabilitation, New York, 1992, Churchill Livingstone.
11. Kuland D: The athletic trainer and rehabilitation. In Gieck J, editor: The injured athlete, Philadelphia, 1982, JB Lippincott.
12. Roy S, Irvin R: Sports medicine prevention, evaluation, management and rehabilitation, Englewood Cliffs, NJ, 1983, Prentice-Hall.

13. Booher JM, Thibodeau GA: Athletic injury assessment, ed 3, St. Louis, 1994, Times Mirror/Mosby College.
14. Harrelson G: Physiologic factors of rehabilitation. Introduction to rehabilitation. In Andrews J, Harrelson G, editors: Physical rehabilitation of the injured athlete, Philadelphia, 1991, WB Saunders.
15. Marino M: Current concepts of rehabilitation in sports medicine. In Nicholas J, Hershman E, editors: The lower extremity in sports medicine, St. Louis, 1988, CV Mosby.
16. Buckley P, Grana WA, Pascale M: The biomechanical and physiological basis of rehabilitation. In Grana WA, Kalenak A, editors: Clinical sports medicine, Philadelphia, 1991, WB Saunders.
17. Ryan EJ, Stone J: Specific approaches to rehabilitation of athletic injury. In Grana WA, Kalenak A, editors: Clinical sports medicine, Philadelphia, 1991, WB Saunders.
18. Erriksson E: Rehabilitation of muscle function after sports injury: major problem in sports medicine, Int J Sports Med 2:1-6, 1981.
19. Cooper DL, Fair J: Reconditioning following athletic injuries, Phys Sports Med 4(9):125, 1976.
20. Knight KL: Guidelines for rehabilitation of sports injuries, Clin Sports Med 4:405-416, 1985.
21. Leadbetter WB, Buckwalter JA, Gordon SL, editors: Sports induced inflammation: clinical and basic science concepts, Park Ridge, IL, 1990, American Academy of Orthopedic Surgeons.
22. Cyr LM, Ross RG: How controlled stress affects healing tissues, J Hand Ther 11:125-130, 1998.
23. Chaffin DB, Andersson GB: Occupational biomechanics, ed 2, New York, 1991, Wiley Interscience.
24. Triano J: The mechanics of spinal manipulation. In Herzog W, editor: Clinical biomechanics of spinal manipulation, New York, 2000, Churchill Livingstone.
25. Carlstedt C, Nordin M: Biomechanics of tendons and ligaments. In Nordin M, Frankel V, editors: Basic biomechanics of the musculoskeletal system, ed 2, Philadelphia, 1989, Lea & Febiger.
26. Noyes FR: Functional properties of knee ligaments and alterations induced by immobilization: a correlative biomechanical and histological study in primates, Clin Orthop Relat Res 123:210-242, 1977.
27. Woo SL-Y, An K-N, Arnoczky SP et al: Anatomy, biology and biomechanics of tendon, ligament and meniscus. In Simon SR, editor: Orthopedic basic science, Rosemont, IL, 1994, American Academy of Orthopedic Surgeons.
28. Frank C, Woo SL-Y, Andriacchi T et al: Normal ligament: structure, function and composition. In Woo SL-Y, Buckwalter JA, editors: Injury and repair of musculoskeletal soft tissues, Park Ridge, IL, 1988, American Academy of Orthopedic Surgeons.
29. Gelberman R, Goldberg V, An K-N et al: Tendon. In Woo SL-Y, Buckwalter JA, editors: Injury and repair of musculoskeletal soft tissues, Park Ridge, IL, 1988, American Academy of Orthopedic Surgeons.
30. Neumann DA: Kinesiology of the musculoskeletal system, St. Louis, 2002, CV Mosby.
31. Whiting WE, Zernicke RF: Biomechanics of musculoskeletal injury, Champaign, IL, 1998, Human Kinetics.
32. Butler DL, Grood ES, Noyes FR et al: Biomechanics of ligaments and tendons, Exerc Sport Sci Rev 6:125-181, 1978.
33. Sapega AA, Quendenfeld TC, Moyer RA et al: Biophysical factors in range-of-motion exercise, Phys Sports Med 9:57-65, 1981.
34. Norkin CC, Levangie PK: Joint structure and function: a comprehensive analysis, Philadelphia, 1992, FA Davis.
35. Bailey AJ, Robins SP, Balian G: Biological significance of the intermolecular crosslinks of collagen, Nature 251:105-109, 1974.
36. Cummings GS, Tillman LJ: Remodelling of dense connective tissue in normal adult tissues. In Currier DP, Nelson RM, editors: Dynamics of human biologic tissues, Philadelphia, 1992, FA Davis.
37. Tillman LJ, Cummings GS: Biologic mechanisms of connective tissue mutability. In Currier DP, Nelson RM, editors: Dynamics of human biologic tissues, Philadelphia, 1992, FA Davis.
38. Delforge G: Musculoskeletal trauma: implications for sports injury management, Champaign, IL, 2002, Human Kinetics.
39. Alter MJ: Science of flexibility, Champaign, IL, 1988, Human Kinetics.
40. Forrester J, Zederfeldt B, Hayes T et al: Wolff's law in relation to the healing skin wound, J Trauma 10:770-779, 1970.
41. Amadio P: Tendon and ligament. In Cohen I, Diegelman R, Lindblad W, editors: Wound healing: biochemical and clinical aspects, Philadelphia, 1992, WB Saunders.
42. Prentice W: Therapeutic modalities for allied health professionals, New York, 1998, McGraw Hill.
43. Nicholas JA: Clinical observation in sports-induces soft-tissue injuries. Basic Concepts of Inflammation. In Leadbetter WB, Buckwalter JA, Gordon SL, editors: Sports induced inflammation: clinical and basic science concepts, Park Ridge, IL, 1990, American Academy of Orthopedic Surgeons.
44. Kannus P, Niitymakis S, Jarvinen M: Sports injuries in women: a one year prospective followup study at an outpatient sports clinic, Br J Sports Med 21:37-39, 1987
45. Lazarus G, Cooper D, Knighton D: Definitions and guidelines for assessment of wounds and evaluation of healing, Newsletter of the Wound Healing Society, p 7-14, 1992.
46. Matheson GO, MacIntyre JG, Taunton JE et al: Musculoskeletal injuries associated with physical activity in older adults, Med Sci Sports Exerc 21:379-385, 1989.
47. Berquist TH: Epidemiology and categories of sports injuries, Gaithersburg, MD, 1992, Aspen Publishers.
48. Muckle DS: An outline of fractures and dislocations, Bristol, United Kingdom, 1985, John Wright and Sons.
49. Puffer JC, Zachazewski JE: Management of overuse injuries, Pract Ther 38:225-232, 1988.
50. McKeag DB: The concept of overuse. The primary care aspects of overuse syndromes in sports, Prim Care 1:43-59, 1984.
51. Woo S-Y, Buckwalter J: Injury and repair of the musculoskeletal soft tissues, Rosemont, IL, 1990, American Academy of Orthopedic Surgeons.
52. Martinez-Hernandez A, Amenta P: Basic concepts in wound healing. In Leadbetter WB, Buckwalter JA, Gordon SL, editors: Sports induced inflammation: clinical and basic science concepts, Park Ridge, IL, 1990, American Academy of Orthopedic Surgeons.
53. Clark R, Henson P: The molecular and cellular biology of wound repair, New York, 1988, Plenum Press.
54. Prentice W: Arnheim's principles of athletic training: a competency-based approach, New York, 2003, McGraw Hill.
55. Davidson JM: Wound repair. In Gallin JI, Goldstein IM, Snyderman R, editors: Inflammation: basic principles and clinical correlates, ed 2, New York, 1992, Raven Press.
56. Davidson JM: Wound repair, J Hand Ther 11:80-94, 1998.
57. Knight K: Effects of hypothermia on inflammation and swelling, Athletic Training 11:7-10, 1976.
58. Prentice W: Therapeutic modalities for sports medicine and athletic training, New York, 2003, McGraw Hill.
59. Magee D: Mobilization techniques: an introduction to practice, Edmonton, Alberta, 1999, University of Alberta Book Store.
60. Gallin J, Snyderman R, Haynes B: Inflammation: basic principles and clinical correlates, Philadelphia, 1999, Lippincott Williams & Wilkins.
61. Dvorak H, Kaplan A, Clark R: Potential functions of the clotting systems in wound repair. In Clark R, Henson P: The molecular and cellular biology of wound repair, New York, 1988, Plenum Press.
62. Kibler W: Concepts in exercise rehabilitation of athletic injury. In Leadbetter WB, Buckwalter JA, Gordon SL, editors: Sports induced inflammation: clinical and basic science concepts, Park Ridge, IL, 1990, American Academy of Orthopedic Surgeons.
63. Fisher BD, Baracos VE, Shnitka TK et al: Ultrastructural events following acute muscle trauma, Med Sci Sports Exerc 22:185-193, 1990.

64. Irvin TT: The healing wound. In Bucknall TE, Ellis H, editors: Wound healing for surgeons, London, 1984, Bailliere Tindall.
65. Peacock EE: Wound repair, Philadelphia, 1984, WB Saunders.
66. Fantone, JC: Basic concepts of inflammation. In Leadbetter WB, Buckwalter JA, Gordon SL, editors: Sports induced inflammation: clinical and basic science concepts, Park Ridge, IL, 1990, American Academy of Orthopedic Surgeons.
67. Wilkerson G: Inflammation in connective tissue: etiology and management, Athletic Training 20:298-301, 1985.
68. Lachmann S, Jenner J: Soft tissue injuries in sport, Oxford, 1994, Blackwell Scientific Publications.
69. Salter RB, Simmonds DF, Malcolm BW et al: The biological effect of continuous passive motion on the healing of full-thickness defects in articular cartilage. An experimental investigation in the rabbit, J Bone Joint Surg Am 62:1232-1252, 1980.
70. Prentice W: Rehabilitation techniques for sports medicine and athletic training, New York, 2004, McGraw Hill.
71. Stokes M, Young A: The contribution of reflex inhibition to arthrogenous muscle weakness, Clin Sci 67:7-14,1984.
72. Fahrer H, Rentsch HU, Gerber NJ et al: Knee effusion and reflex inhibition of the quadriceps. A bar to effective retraining, J Bone Joint Surg Br 70:635-638, 1988.
73. Zachazewski JE, Magee DJ, Quillen WS: Athletic injuries and rehabilitation, Philadelphia, 1996, WB Saunders.
74. Cheng N, Van Hoof H, Bockx E et al: The effects of electric currents on ATP generation, protein synthesis, and membrane transport of rat skin, J Orthop Res 171:264-272, 1982.
75. Bernam B, Kappor S: Keloid and hypertrophic scar. Available at www.emedicine.com, 2003.
76. Murray J, Sheldon R: Keloids and excessive dermal scarring. In Cohen I, Diegelman R, Lindblad W, editors: Wound healing: biochemical and clinical aspects, Philadelphia, 1992, WB Saunders.
77. Schurman D, Goodman S, Smith R: Inflammation and tissue repair. In Leadbetter WB, Buckwalter JA, Gordon SL, editors: Sports induced inflammation: clinical and basic science concepts, Park Ridge, IL, 1990, American Academy of Orthopedic Surgeons.
78. Forrest L: Current concepts in soft connective tissue wound healing, Br J Surg 70(3):133-140, 1983.
79. Kellett J: Acute soft tissue injuries: a review of the literature, Med Sci 18:489-500, 1986.
80. Caplan A, Carlson B, Faulkner J: Skeletal muscle. In Woo S-Y, Buckwalter J, editors: Injury and repair of the musculoskeletal soft tissues, Park Ridge, IL, 1988, American Academy of Orthopedic Surgeons.
81. Stanish W, Curwin C, Bryson G: The use of flexibility exercises in preventing and treating sports injuries. In Leadbetter WB, Buckwalter JA, Gordon SL, editors: Sports induced inflammation: clinical and basic science concepts, Park Ridge, IL, 1990, American Academy of Orthopedic Surgeons.
82. Carlson BM, Faulkner JA: The regeneration of skeletal muscle fibers following injury: a review, Med Sci Sports Exerc 15:187-198, 1983.
83. O'Brien S, Arniczky S: Inflammation and healing of meniscal injury. In Leadbetter WB, Buckwalter JA, Gordon SL, editors: Sports induced inflammation: clinical and basic science concepts, Park Ridge, IL, 1990, American Academy of Orthopedic Surgeons.
84. Norris SO, Provo B, Stotts NA: Physiology of wound healing and risk factors that impede the healing process, AACN Clin Issues Crit Care Nurs 1:545, 1990.
85. Uhthoff HK, Sarkar K: Classification and definition of tendinopathies, Clin Sports Med 10:707-20, 1991.
86. Chansky HA, Iannotti JP: The vascularity of the rotator cuff, Clin Sports Med 10:807-822, 1991.
87. Leadbetter W: Physiology of tissue repair. In Hunter E, editor: Athletic training and sports medicine, ed 2, Park Ridge, IL, 1991, American Academy of Orthopedic Surgeons.
88. Robbins S, Contran R, Kumar V: Pathologic basis of disease, Philadelphia, 1984, WB Saunders.
89. Noyes FR, McGinnis GH: Controversy about treatment of the knee with anterior cruciate laxity, Clin Orthop Relat Res 198:61-76, 1985.
90. Noyes FR, Torvik PJ, Hyde WB, DeLucas JL: Biomechanics of ligament failure. II. An analysis of immobilization, exercise, and reconditioning effects in primates, J Bone Joint Surg Am 56:1406-1418, 1974.
91. Tipton CM, James SL, Mergner W, Tcheng TK: Influence of exercise on strength of medial collateral knee ligaments of dogs, Am J Physiol 218:894-902, 1970.
92. Binkley JM, Peat M: The effects of immobilization on the ultrastructure and mechanical properties of the medial collateral ligament of rats, Clin Orthop Relat Res 203:301-308, 1986.
93. Warwick R, Williams P: Gray's anatomy, ed 36, Edinburgh, 1980, Churchill Livingston.
94. Clark JM, Harryman DT 2nd: Tendons, ligaments, and capsule of the rotator cuff. Gross and microscopic anatomy, J Bone Joint Surg Am 74:713-725, 1992.
95. Cohen I, Diegelman R, Lindblad W: Wound healing: biomechanical and clinical aspects, London, 1992, WB Saunders.
96. Rainey J: Wound care, London, 2002, Whurr.
97. Duncan HJ, Faris IB: Skin vascular resistance and skin perfusion pressure as predictors of healing of ischemic lesion of the lower limb: influences of diabetes mellitus, hypertension, and age, Surgery 99:432-438, 1986.
98. Hayflick L: Cell aging, Ann Rev Gerontol Geriatr 1:26-67, 1980
99. Adzick N, Longaker M: Fetal wound healing, New York, 1992, Elsevier.
100. Ippolito E, Natali PG, Postacchini F et al: Morphological, immunological, and biochemical study of rabbit Achilles tendon at various ages, J Bone Joint Surg Am 62:583-598, 1980.
101. Menard D, Stanish WD: The aging athlete, Am J Sports Med 17:187-196, 1989.
102. Rubin E, Farber J: Pathology, Philadelphia, 1988, JB Lippincott.
103. Madden J, Arem A: Wound healing: biologic and clinical features. In Sabiston D, editor: Textbook of surgery, Philadelphia, 1991, WB Saunders.
104. Armstrong M: Obesity as an intrinsic factor affecting wound healing, J Wound Care 7:220-221, 1998.
105. Esterling BA, Kiecolt-Glaser JK, Bodnar JC, Glaser R: Chronic stress, social support, and persistent alterations in the natural killer cell response to cytokines in older adults, Health Psychol 13:291-298, 1994.
106. Kiecolt-Glaser JK, Marucha PT, Malarkey WB et al: Slowing of wound healing by psychological stress, Lancet 346:1194-1196, 1995.
107. Saito T, Tazawa K, Yokoyama Y, Saito M: Surgical stress inhibits the growth of fibroblasts through the elevation of plasma catecholamine and cortisol concentrations, Surg Today 27:627-631, 1997.
108. Landmann RM, Muller FB, Perini C et al: Changes of immunoregulatory cells induced by psychological and physical stress: relationship to plasma catecholamines, Clin Exp Immunol 58:127-135, 1984.
109. O'Connor F, Sobel J, Nirschl R: Five-step treatment for overuse injuries, Physiol Sports Med 20:128-142, 1992.
110. Leadbetter WB, Mooar PA, Lane GJ, Lee SJ: The surgical treatment of tendinitis. Clinical rationale and biologic basis, Clin Sports Med 11:679-712, 1992.
111. Flanigan N: What are corticosteroids? Available at mywebpage.netscape.com/rebeccacoleusa/steroids.html (accessed October 10, 2003).
112. Sheffield C et al: Centrally and locally mediated thermoregulatory responses after subcutaneous oxygen tension, Wound Repair Regen 4:339, 1996.
113. van Oss CJ, Absolom DR, Moore LL et al: Effect of temperature on the chemotaxis, phagocytic engulfment, digestion and O2 consumption of human polymorphonuclear leukocytes, J Reticuloendothel Soc 27:561-565, 1980.

114. Schmied H, Kurz A, Sessler DI et al: Mild hypothermia increases blood loss and transfusion requirements during total hip arthroplasty, Lancet 347:289-292, 1996.
115. Ruberg RL: Role of nutrition in wound healing, Surg Clin North Am 64:705-714, 1984.
116. Hunt T, Zelderfelt B: Nutrition and environmental aspects of wound healing. In Dunphy J, Van Winkle W, editors: Repair and regeneration, New York, 1969, McGraw Hill.
117. Young ME: Malnutrition and wound healing, Heart Lung 17:60-67, 1988.
118. Chandra RK: The relationship between immunology, nutrition and disease in elderly people, Age Ageing 19:25-31, 1990
119. Grimble RF: Interaction between nutrients, pro-inflammatory cytokines and inflammation, Clin Sci 91:121-130, 1996
120. Lewis B: Nutrition and wound healing. In Kloth L, McCulloch J, editors: Wound healing: alternatives in management, ed 3, Philadelphia, 2002, FA Davis.
121. Parisi AF, Vallee BL: Zinc metalloenzymes: characteristics and significance in biology and medicine, Am J Clin Nutr 22:1222-1239, 1969.
122. Lansdown AB: Zinc in the healing wound, Lancet 347:706-707, 1996.
123. Meyer NA, Muller MJ, Herndon DN: Nutrient support of the healing wound, New Horiz 2:202-214, 1994.
124. Thomas DR: Nutritional factors affecting wound healing, Ostomy Wound Manage 42:40-42, 1996.
125. Lacroix B, Didier E, Grenier JF: Role of pantothenic and ascorbic acid in wound healing processes: in vitro study on fibroblasts, Int J Vitam Nutr Res 58:407-413, 1988.
126. White MJ, Heckler FR: Oxygen free radicals and wound healing, Clin Plast Surg 17:473-484, 1990.
127. Penn ND, Purkins L, Kelleher J et al: Effect of dietary supplements with vitamins A, C, E, on cell-mediated immune function in elderly long stay patients: a randomized controlled trial. Age Ageing 20:169-174, 1991.
128. Abramson S: Nonsteroidal anti-inflammatory drugs: mechanism of action and therapeutic considerations. In Leadbetter WB, Buckwalter JA, Gordon SL, editors: Sports induced inflammation: clinical and basic science concepts, Park Ridge, IL, 1990, American Academy of Orthopedic Surgeons.
129. Boucek RJ: Factors affecting wound healing, Otolaryngol Clin North Am 17:243-264, 1984.
130. Dahners LE, Gilbert JA et al: The effect of a nonsteroidal anti--inflammatory drug on the healing of ligaments, Am J Sports Med 16:641-646, 1988.
131. Leadbetter W: Soft tissue athletic injury. In Fu F, Stone D, editors: Sports injuries: mechanisms, prevention, treatment, ed 2, Philadelphia, 2001, Lippincott Williams & Wilkins.
132. Prentice W: Therapeutic modalities in sports medicine, St. Louis, 1986, CV Mosby.
133. Andrews J, Harrelson G: Physical rehabilitation of the injured athlete, Philadelphia, 1991, WB Saunders.
134. Bell G, Prentice W: Infrared modalities (therapeutic heat and cold). In Prentice WE, editor: Therapeutic modalities for sports medicine and athletic training, ed 5, New York, 2003, McGraw Hill.
135. Tippet SR, Voight ML: Functional progressions for sport rehabilitation, Champaign, IL, 1995, Human Kinetics.
136. General References Abbott BC, Lowy J: Stress relaxation in muscle, Proc R Soc Lond 146:281-288, 1956.
137. Almekinders LC, Gilbert JA: Healing of experimental muscle strains and the effects of nonsteroidal antiinflammatory medication, Am J Sports Med 14:303-308, 1986.
138. Arvidsson I, Eriksson E: A double blind trial of NSAID versus placebo during rehabilitation, Orthopedics 10:1007-1014, 1987.
139. Behrens T, Goodwin J: Oral corticosteroids. In Leadbetter WB, Buckwalter JA, Gordon SL, editors: Sports induced inflammation: clinical and basic science concepts, Park Ridge, IL, 1990, American Academy of Orthopedic Surgeons.
140. Booth F, Gould E: Effect of training and disuse on connective tissue, Exerc Sports Sci Rev 3:83-112, 1975
141. Brooks CH, Revell WJ, Heatley FW: A quantitative histological study of the vascularity of the rotator cuff tendon, J Bone Joint Surg Br 74:151-153, 1992.
142. Bucknall T, Ellis H, editors: Wound healing for surgeons, London, 1984, Bailliere Tindall.
143. Buckwalter J, Cruess R: Healing of musculoskeletal tissues. In Rockwood C, Green D, editors: Fractures, Philadelphia, 1991, JB Lippincott.
144. Buckwalter J, Woo S-Y: Basic science of soft tissue. In DeLee J, Drez D, editors: Orthopaedic sports medicine: principles and practices, Philadelphia, 1994, JB Lippincott.
145. Cabaud HE, Chatty A, Gildengorin V et al: Exercise effects on the strength of the rat anterior cruciate ligament, Am J Sports Med 8:79-86, 1980.
146. Carlson, BM, Faulkner JA: The regeneration of skeletal muscle fibers following injury: a review, Med Sci Sports Exerc 15:187-198, 1983.
147. Christie A: The tissue injury cycle and new advances toward its management in open wounds, Athletic Training 26:274-277, 1991.
148. Deitch EA, Wheelahan TM, Rose MP et al: Hypertrophic burn scars: analysis of variables, J Trauma 23:895-898, 1983.
149. DeLee J: Tissue remodeling and response to therapeutic exercise. In Leadbetter WB, Buckwalter JA, Gordon SL, editors: Sports induced inflammation: clinical and basic science concepts, Park Ridge, IL, 1990, American Academy of Orthopedic Surgeons.
150. Denegar C: Therapeutic modalities for athletic injuries, Champaign, IL, 2000, Human Kinetics.
151. Ennis W, Meneses P: Factors impeding wound healing. In Kloth L, McCulloch J: Wound healing: alternatives in management, ed 3, Philadelphia, 2002, FA Davis.
152. Enwemeka CS: Inflammation, cellularity, and fibrillogenesis in regenerating tendon: implications for tendon rehabilitation, Phys Ther 69:816-825, 1989.
153. Eriksson E: Rehabilitation of muscle function after sport injury - major problem in sports medicine, Int J Sports Med 2:1-6, 1981.
154. Fick D, Johnson J: Resolving inflammation in active patients, Phys Sportsmed 21:55-63, 1993.
155. Frank C, Schachar N, Dittrich D: Natural history of healing in the repaired medial collateral ligament, Orthop Res 1:179-188, 1983.
156. Frank C, Hart D: Cellular response to loading. In Leadbetter WB, Buckwalter JA, Gordon SL, editors: Sports induced inflammation: clinical and basic science concepts, Park Ridge, IL, 1990, American Academy of Orthopedic Surgeons.
157. Frank C: Ligament injuries: pathophysiology and healing. In Zachazewski JE, Magee DJ, Quillen WS, editors: Athletic injuries and rehabilitation, Philadelphia, 1996, WB Saunders.
158. Garrett WE Jr: Muscle strain injuries: clinical and basic aspects, Med Sci Sports Exerc 22:436-443, 1990.
159. Garrett W, Lohnes J: Cellular and matrix response to mechanical injury at the myotendinous junction. In Leadbetter WB, Buckwalter JA, Gordon SL, editors: Sports induced inflammation: clinical and basic science concepts, Park Ridge, IL, 1990, American Academy of Orthopedic Surgeons.
160. Gehlsen GM, Ganion LR, Helfst R: Fibroblast responses to variation in soft tissue mobilization pressure, Med Sci Sports Exerc 31:531-535, 1999.
161. Herring SA: Rehabilitation of muscle injuries, Med Sci Sports Exerc 22:453-456, 1990.
162. Irvin T: Wound healing: principles and practice, London, 1981, Chapman and Hall.
163. Jozsa L, Kannus P: Healing and regeneration of tendon. In Jozsa L, Kannus P, editors: Human tendons: anatomy, physiology and pathology, Champaign, IL, 1997, Human Kinetics.
164. Jarvinen TA, Jarvinen TL, Kaariainen M et al: Muscle injuries: biology and treatment, Am J Sports Med 33:745-764, 2005.

165. Krisner R, Bogensberger G: The normal process of healing. In Kloth LC, McCulloch JM, editors: Wound healing: alternatives in management, ed 3, Philadelphia, 2002, FA Davis.
166. Larsen N, Parker A: Physical activity and its influence on the strength and elastic stiffness of knee ligaments. In Howell M, Parker A, editors: Sports medicine: medical and scientific aspects of elitism in sport, vol 8, Queensland, Australia, 1982, Australian Sports Medicine Federation.
167. Lazarus GS, Cooper DM, Knighton DR et al: Definition and guidelines for assessment of wounds and evaluation of healing, Arch Dermatol 130:489-493, 1994.
168. Lindsay WK, Birch JR: The fibroblast in flexor tendon healing, Plast Reconstr Surg 34:223-232, 1964.
169. Liu SH, Yang RS, al-Sheikh R et al: Collagen in tendon, ligament and bone healing: a current review, Clin Orthop Relat Res 318:265-278, 1995.
170. Michna H: Morphometric analysis of loading-induced changes in collagen-fibril populations in young tendons, Cell Tissue Res 236:465-470, 1984.
171. Nicoletis C, Bazin S, Lous ML: Clinical and biochemical features of normal, defective and pathologic scars, Clin Plast Surg 4:347-359, 1977.
172. Nirschl R: Patterns of failed healing in tendon injury. In Leadbetter WB, Buckwalter JA, Gordon SL, editors: Sports induced inflammation: clinical and basic science concepts, Park Ridge, IL, 1990, American Academy of Orthopedic Surgeons.
173. Oryan A: Role of collagen in soft connective tissue wound healing, Transplant Proc 27:2759-2761, 1995.
174. Parker A, Larsen N: Changes in the strength of bone and ligament in response to training. In Russo P, Gass G, editors: Human adaptation, Sydney, Australia, 1981, Cumberland College of Health Sciences.
175. Potenza A: Tendon and ligament healing. In Owen R, Goodfellow J, Bullough P, editors: Scientific foundations of orthopaedics and traumatology, London, 1980, William Heinemann.
176. Quillen W, Mohr T, Reed B: High-voltage pulsed galvanic stimulation as a modifier of sports-induced inflammation. In Leadbetter WB, Buckwalter JA, Gordon SL, editors: Sports induced inflammation: clinical and basic science concepts, Park Ridge, IL, 1990, American Academy of Orthopedic Surgeons.
177. Reddy GK, Gum SL, Stehno-Bittel L, Enwemeka CS: Combined ultrasound, electrical stimulation, and laser promote collagen synthesis with moderate changes in tendon biomechanics, Am J Phys Med Rehabil 76:288-296, 1997.
178. Saliba E, Foreman S: Low-power laser. In Prentice W, editor: Therapeutic modalities in sports medicine, New York, 1999, McGraw Hill.
179. Saltin B, Gollnick P: Skeletal muscle adaptability: significance for metabolism and performance. In Peachey L, Adrian R, Giger S, editors: Handbook of physiology: section 10, skeletal muscle, Bethesda, MD, 1983, American Physiological Society.
180. Stanber WT: Repair models and specific tissue responses in muscle injury. In Leadbetter WB, Buckwalter JA, Gordon SL, editors: Sports induced inflammation: clinical and basic science concepts, Park Ridge, IL, 1990, American Academy of Orthopedic Surgeons.
181. Steadman JR, Forster RS, Silferskiold JP: Rehabilitation of the knee, Clin Sports Med 8:605-627, 1989.
182. Taylor DC, Dalton JD Jr, Seaber AV, Garrett WE Jr: Viscoelastic properties of muscle-tendon units. The biomechanical effects of stretching, Am J Sports Med 18:300-309, 1990.
183. Tipton CM, Matthes RD, Maynard JA, Carey RA: The influence of physical activity on ligaments and tendons, Med Sci Sports 7:165-175, 1975.
184. Vailas AC, Tipton CM, Matthes RD, Gart M: Physical activity and its influence on the repair process of medial collateral ligaments, Connect Tissue Res 9:25-31, 1981.
185. Viidik A, Ekholm R: Light and electron microscopic studies of collagen fibers under strain, Zeitschrift Anatomie Entwicklungsgesch 127:154-164, 1968.
186. Viidik A: Functional properties of collagenous tissues, Int Rev Connect Tissue Res 6:127-215, 1973.
187. Westaby S: Wound care, London, 1985, William Heinemann.

CAPÍTULO

2

Lesões ligamentares

Fisiopatologia, cicatrização e considerações sobre o tratamento

Kevin A. Hildebrand, David A. Hart, Jerome B. Rattner, Linda L. Marchuk e Cyril B. Frank

LIGAMENTOS NORMAIS

Definição e anatomia

A palavra *ligamento* deriva do latim *ligare*, que significa "amarrar" ou "unir".[1] Os ligamentos esqueléticos são, portanto, definidos de maneira histórica como feixes inteiramente paralelos de tecido conjuntivo denso e fibroso que "prendem" ou "ligam" os ossos nas margens da articulação óssea ou próximo a elas.[2] Já que mais de 120 ossos móveis constituem as principais articulações diartrodiais ou sinoviais do corpo humano e há um grande número de ligamentos unindo cada articulação entre esses ossos, estima-se que existam várias centenas de ligamentos.[3]

Em sua maioria, os ligamentos definidos dessa maneira foram nomeados com referência aos ossos nos quais se inserem (p. ex., glenoumeral, escafoide-semilunar, coracoacromial). Contudo, outras características, como a forma (deltoide), relações com a articulação (colateral, ao lado) e relações com outros ligamentos (cruzado, atravessado), também são usadas. Esses ligamentos bem caracterizados são, por definição, bastante distintos do ponto de vista anatômico e, portanto, costumam ser retratados de modo esquemático como ligamentos típicos (Fig. 2.1). Tais descrições sugerem que os ligamentos são estruturas bastante simples em termos anatômicos e, como consequência, fisiológicos. Pode-se dizer quase com certeza que isso não é verdade.

A primeira evidência de que os ligamentos não são simples é a observação, após inspeção cuidadosa, de que cada um dos ligamentos "anatomicamente distintos" e "simples" mencionados anteriormente se insere nos ossos em áreas muito específicas e de complexidade geométrica.[4] Esses locais de inserção e os movimentos das inserções, uma com relação à outra no espaço tridimensional durante a função articular típica, exercem uma grande influência sobre partes do ligamento, de modo que diferentes partes parecem tensionar ou afrouxar durante o movimento. Essas observações durante o movimento articular tornam claro que os ligamentos contêm "subunidades funcionais", componentes que são tensionados ou afrouxados de acordo com a posição da articulação (Fig. 2.2). Essas subunidades funcionais foram descritas de maneira mais detalhada nos ligamentos da articulação do joelho, incluindo o ligamento cruzado anterior (LCA) e o ligamento colateral medial (LCM).[5-9] Há todas as razões para se crer que as subdivisões funcionais serão encontradas em todas as estruturas ligamentares. Portanto, cada ligamento aparentemente "simples" é elaborado para funcionar de modo efetivo em numerosas posições de sua articulação-mãe. Só esse fato já tem uma profunda importância funcional, diagnóstica e terapêutica.

A segunda evidência a favor da complexidade dos ligamentos é que muitos deles são partes de estruturas inseparáveis em termos anatômicos conhecidas como **cápsulas articulares**.[3] Essas cápsulas, parecidas com folhas, são assim denominadas pois claramente "encapsulam" uma articulação diartrodial. Algumas delas contêm feixes fibrosos relativamente distintos com papéis que podem ser separados em termos funcionais (p. ex., a inserção do tendão do semimembranáceo na face pos-

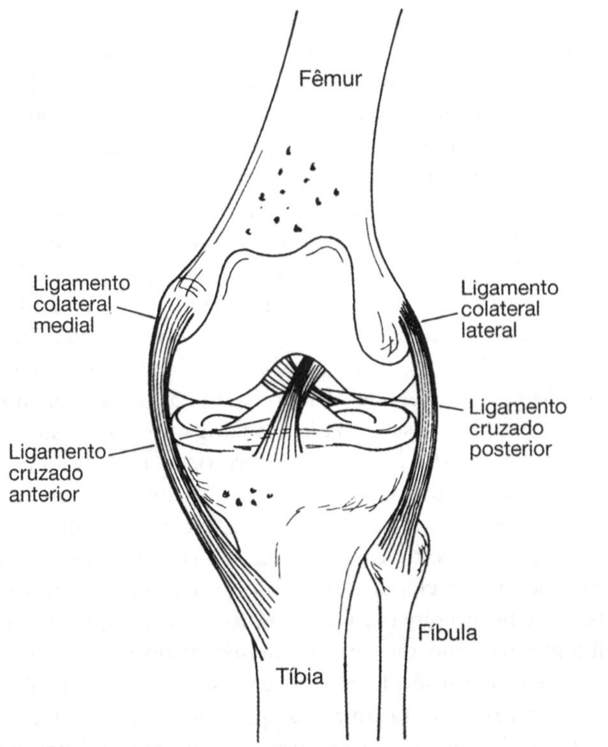

Figura 2.1 Representação esquemática mostrando os quatro ligamentos "anatomicamente distintos" da articulação do joelho. (De Frank CB. Ligament injuries: pathophysiology and healing. In Zachazewski JE, Magee DJ, Quillen WS, editors. *Athletic injuries and rehabilitation*. WB Saunders, Philadelphia, 1996, p. 10.)

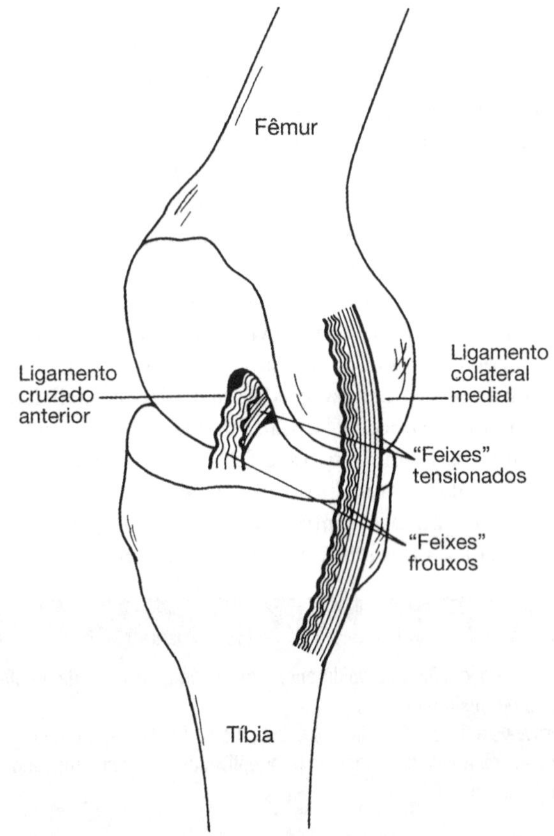

Figura 2.2 Representação esquemática das subunidades funcionais do ligamento cruzado anterior (LCA) e do ligamento colateral medial (LCM). Com cerca de 15° de flexão, as porções anteriores do LCA e do LCM ficam relativamente "frouxas" se comparadas com as partes posteriores "tensionadas". (De Frank CB. Ligament injuries: pathophysiology and healing. In Zachazewski JE, Magee DJ, Quillen WS, editors. *Athletic injuries and rehabilitation*. WB Saunders, Philadelphia, 1996, p. 10.)

teromedial da cápsula articular do joelho contribui com o chamado ligamento oblíquo posterior).[10] Contudo, em virtude da interdigitação complexa de fibras em outras partes dessas cápsulas, nenhuma tentativa foi feita para distinguir ligamentos individuais. Em vez disso, tem sido mais conveniente considerar a cápsula como uma unidade funcional. Como as cápsulas claramente são tensionadas ou afrouxadas em diferentes posições articulares, essa também é uma simplificação grosseira. Pelo menos até o presente momento, é provável que muitos dos "ligamentos" dentro das cápsulas articulares tenham escapado de uma definição anatômica específica uma vez que, sem dúvida, compartilham algumas de suas funções com seus vizinhos mais evidentes do ponto de vista anatômico.

A terceira evidência que confirma a complexidade dos ligamentos provém de várias fontes que mostram que muitos ligamentos compartilham funções.[11-13] O LCA, por exemplo, é o principal limitador da translação anterior da tíbia com relação ao fêmur (pois impede que a tíbia deslize para a frente).[14-16] Em menor extensão, os ligamentos colaterais do joelho e a cápsula posterior do joelho também compartilham essa função.[15,17,18] Em outras palavras, como há uma probabilidade de subunidades anatômicas de diversas estruturas ligamentares em torno de uma articulação serem orientadas de maneiras similares, os ligamentos trabalham juntos para estabilizar as articulações e controlar seus movimentos. Desse modo, em um sentido funcional, os ligamentos não são as unidades distintas percebidas durante a dissecção anatômica. Essa perspectiva tem um efeito profundo em nossa compreensão sobre a função, a lesão e a terapia dos ligamentos.

Funções dos ligamentos

Acredita-se há muito tempo que os ligamentos tenham dois papéis principais: a condução passiva da posição do osso durante a função articular normal e a estabilização da articulação (ou seja, a prevenção de deslocamentos ósseos anormais) durante a aplicação de uma carga extrínseca. Há pouca dúvida de que essas funções sejam exercidas por ligamentos, pois, quando estes são rompidos ou cortados, os ossos deixam de manter suas relações cinemáticas normais[15-18] e são observados deslocando-se em direções anormais durante a aplicação de forças externas.[15,16,19] Esse fato é um aspecto importante no diagnóstico clínico de lesões ligamentares; pesquisas em andamento continuam a explorar a relação entre essas alterações mecânicas complexas e o surgimento e a frequência do desenvolvimento de osteoartrite.

Além de seu papel mecânico óbvio na manutenção da estabilidade articular, os ligamentos têm funções sensoriais igualmente importantes como proprioceptores ou sensores de posição.[20-22] Os ligamentos contêm diversas terminações nervosas sensitivas (mecanorreceptores)[23,24] que, quando ativadas, transmitem o *feedback* por meio do sistema nervoso central até os músculos periarticulares, afetando desse modo a função muscular.[25] Estudos em animais[26-28] e seres humanos[29-31] documentaram a presença dessas terminações nervosas proprioceptivas na maioria dos ligamentos, bem como evidências de que o movimento articular pode causar sinais nervosos periarticulares. Além disso, a denervação de articulações deficientes em ligamentos parece aumentar a incidência de artrite.[32,33] Os ligamentos sozinhos não são responsáveis pela propriocepção articular, e trabalhos futuros nessa área precisarão focar a definição das contribuições proprioceptivas reais dos ligamentos no interior da articulação (ver Cap. 9).

Papel dos ligamentos

- Prover condução passiva durante o movimento ao longo da amplitude de movimento
- Prover estabilização articular, sobretudo no final da amplitude
- Prover *feedback* sensorial (proprioceptivo) por meio dos mecanorreceptores

Aparência macroscópica

Os ligamentos bem definidos em termos anatômicos são feixes ou cordões brancos densos de tecido conjuntivo que correm entre locais específicos dos ossos (Fig. 2.3). À primeira vista, parecem tendões justa-articulares, que também são densos e brancos, porém geralmente parecidos com cordões. Os tendões, naturalmente, ligam músculo a osso, ao passo que os ligamentos ligam osso a osso. Seus locais anatômicos e orientações são, portanto, quase sempre claramente distintos.

Olhando mais de perto, mesmo a olho nu, pode-se ver que muitos ligamentos são compostos de fibras razoavelmente paralelas que se tensionam ou afrouxam em diferentes posições articulares ou à medida que forças diferentes são aplicadas à articulação. Nem todos os ligamentos, contudo, têm fibras fáceis de serem distinguidas, pelo menos não sem uma dissecção fina considerável. A remoção dos tecidos ao redor dos ligamentos ou de camadas superficiais durante a dissecção anatômica nunca pareceu ter qualquer importância particular, pois se acreditava que esses tecidos não fossem ligamentares. Contudo, essas camadas obscuras na superfície podem, de fato, ser um componente muito importante do ligamento. Por exemplo, em alguns modelos mostrou-se que o LCM tem uma camada superficial muito fina de tecido presa a ele que obscurece a visão de sua arquitetura fibrosa.[34] Essa camada é análoga à camada sinovial na superfície do LCA, que é preso de maneira similar à sua superfície mais exterior e costuma obscurecer a visão grosseira da estrutura do LCA na articulação. O principal conceito que precisa ser considerado é que, mesmo no nível macroscópico, os ligamentos não são tecidos homogêneos. Como já foi colocado, há muitos ligamentos que são muito menos distintos do que os que costumam ser descritos. Esses ligamentos capsulares são dignos de nota uma vez que, apesar de sua relativa falta de definição, eles claramente têm papéis funcionais importantes.[10,35-37]

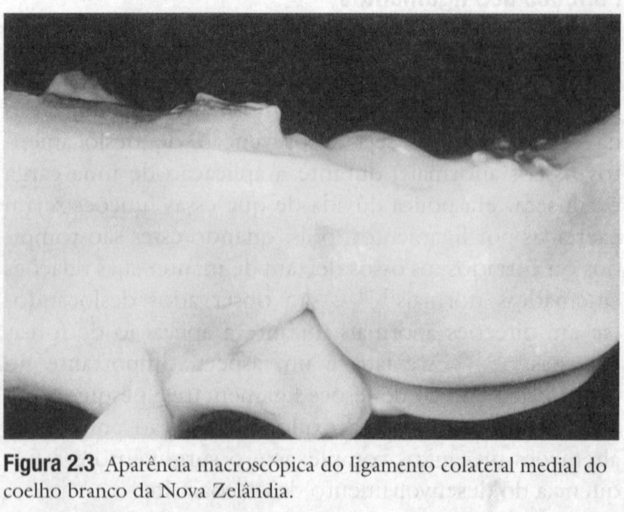

Figura 2.3 Aparência macroscópica do ligamento colateral medial do coelho branco da Nova Zelândia.

Irrigação sanguínea e inervação

Os ligamentos não são tão ricamente providos de vasos sanguíneos ou nervos como muitos outros tecidos, com uma estimativa de que apenas 1,5% da matriz extracelular no LCM do coelho seja ocupada por vasos sanguíneos.[38] Isso não significa que sua vascularidade ou sua inervação não sejam importantes. Os ligamentos têm uma irrigação sanguínea e nervosa específica que é importante para sua função normal e para a promoção da cicatrização.

A artéria poplítea dá origem a numerosos ramos que suprem a articulação tibiofemoral (Fig. 2.4). O LCA recebe seu suprimento arterial principal da artéria genicular média, enquanto o ligamento distal recebe alguma irrigação sanguínea da artéria genicular inferior.[38-40] Como ocorre na irrigação sanguínea de outros ligamentos, parece que esses vasos se ramificam para o tecido sinovial que cobre os cruzados. Alguns vasos sanguíneos originam-se desses ramos, penetram na substância do ligamento em uma direção centralizadora e fazem anastomose com a rede endoligamentar orientada longitudinalmente. A distribuição dos vasos sanguíneos para o LCA não é homogênea, de modo que a parte média do ligamento é um tanto avascular e as extremidades proximais e distais recebem uma irrigação sanguínea mais rica. A inervação dos ligamentos cruzados (Fig. 2.5) deriva do nervo tibial, que se ramifica para formar o nervo articular posterior. Os ramos desse nervo em geral acompanham os vasos sanguíneos que suprem os ligamentos e, de modo similar à distribuição dos vasos sanguíneos, as terminações das inserções do ligamento são mais altamente inervadas do que a parte média da substância.

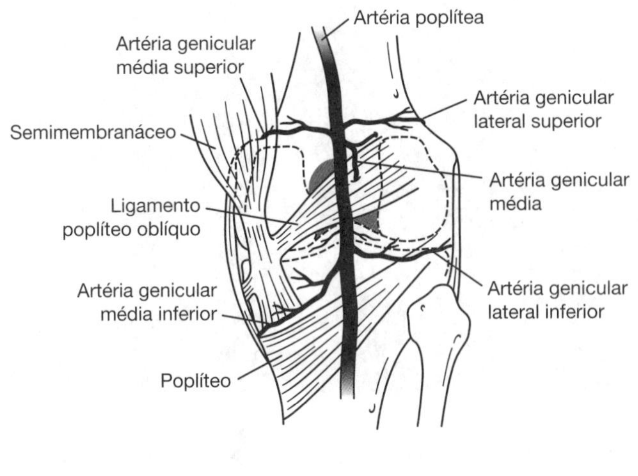

Figura 2.4 Desenho esquemático ilustrando o nível mais comum de origem da artéria genicular média (fechada) a partir da artéria poplítea e o ponto no qual ela costuma penetrar na articulação através do ligamento poplíteo oblíquo e da cápsula posterior. (Reproduzido de Scapinelli R. Vascular anatomy of the human cruciate ligaments and surrounding structures, *Clin Anat* 10:152, 1997; com permissão de John Wiley & Sons Canada, Ltd.)

O LCM recebe sua irrigação sanguínea de ramos das artérias geniculares superior e inferior. Sua microvasculatura, como a do LCA, parece entrar na substância do ligamento através da camada epiligamentar (superfície), ramificando-se mais profundamente dentro da substância do ligamento em feixes neurovasculares menores que correm paralelos à estrutura fibrosa dominante.[41-43] A superfície do LCM, incluindo sua camada epiligamentar (como a sinóvia do LCA) é portanto altamente vascular (Fig. 2.6). Níveis mais profundos do ligamento são menos vasculares, porém ainda parecem conter elementos neurovasculares a intervalos regulares (ver Fig. 2.6). A distribuição longitudinal dos vasos no LCM é um tanto similar à do LCA. Nenhum vaso cruza a interface óssea no ligamento maduro. Na parte do ligamento constituída de tecido mole, perto das inserções ósseas, os vasos penetram na superfície da substância do ligamento, tornando essas áreas relativamente bem vascularizadas. Os vasos entram na extensão restante do LCM em vários locais.[44] O LCM recebe sua inervação do nervo articular medial, que é um ramo do nervo safeno.[45] Como se dá com a irrigação sanguínea, a inervação do LCM é maior no epi-

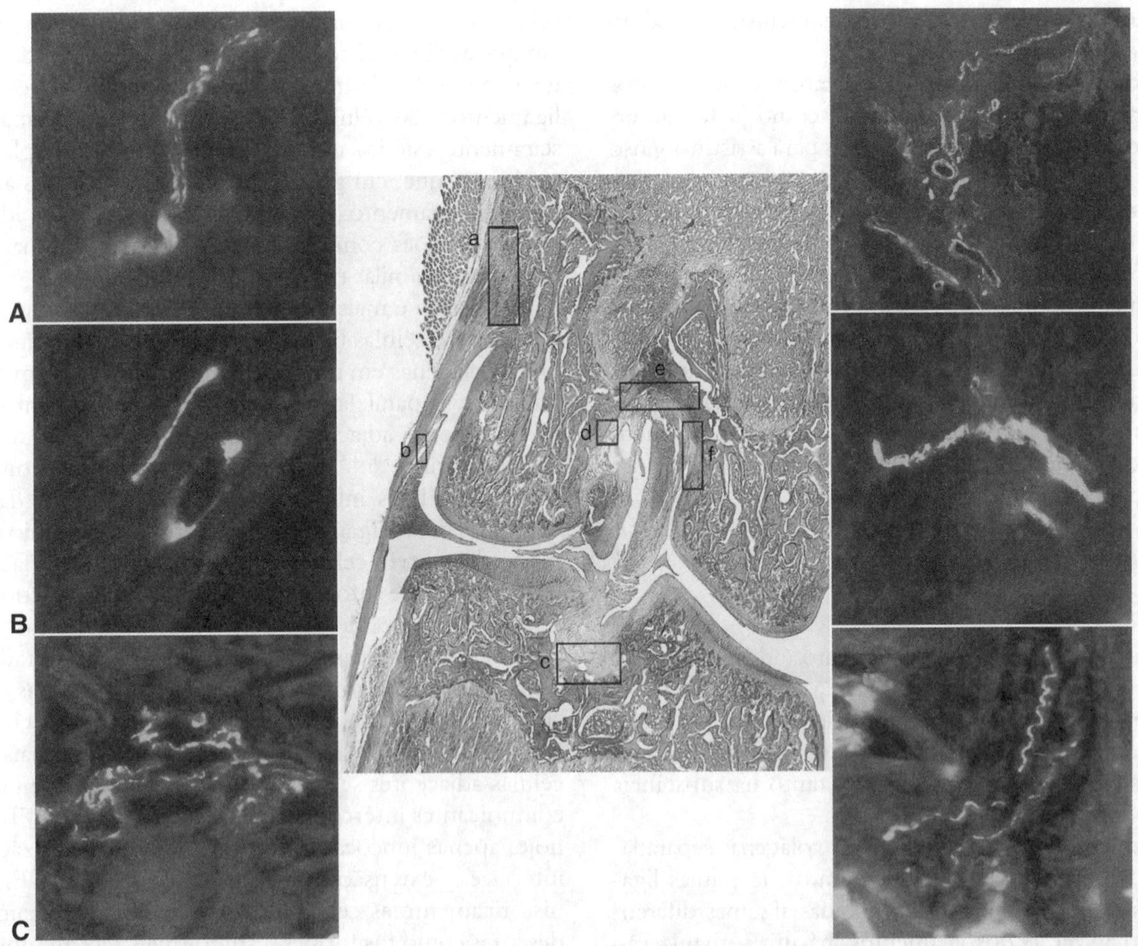

Figura 2.5 Secção coronal da articulação do joelho de rato mostrando as inserções femorais e tibiais dos ligamentos cruzados e a inserção femoral do ligamento colateral lateral (LCL; ampliação original ×25). Imagens laterais (A-F) mostram perfis típicos com marcação fluorescente do produto genético proteico (PGP). **A.** Inserção femoral do LCL; **B.** Inserção meniscal do LCL; **C.** Inserção tibial dos ligamentos cruzados; **D-F.** Pontos de inserção dos ligamentos cruzados no sulco femoral. (Seção corada com hematoxilina, safranina O e verde rápido; ampliação original ×400). Áreas correspondentes das imagens laterais imunofluorescentes (*a-f*) estão delineadas na imagem central. (Cortesia do dr. Paul Salo, University of Calgary, Alberta, Canada.)

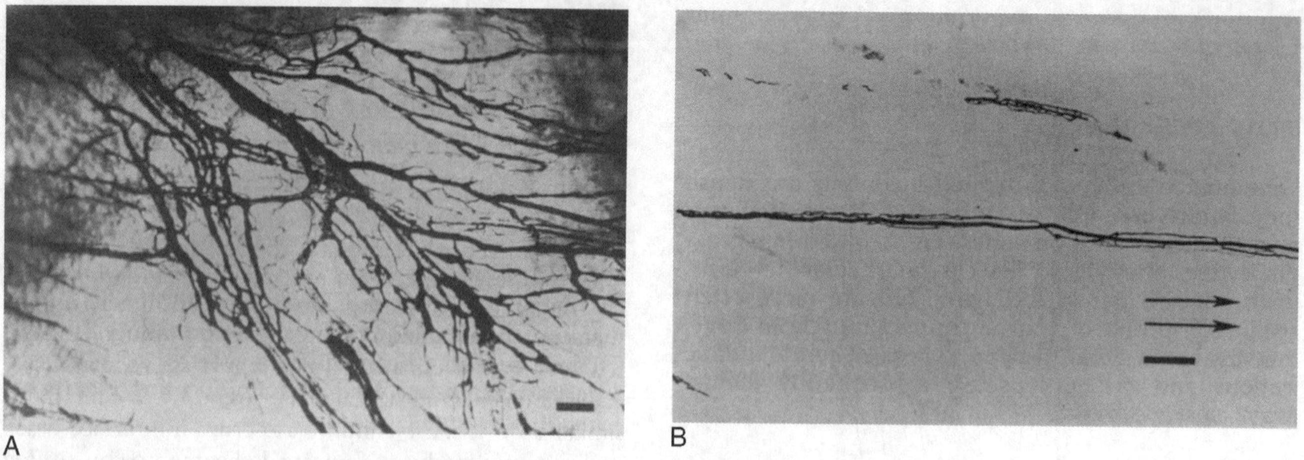

Figura 2.6 Perfusão vascular do ligamento colateral lateral do coelho branco da Nova Zelândia com uma solução corante/gelatina. O colágeno e a matriz não são corados e, portanto, não estão visíveis. Escala = 50 µm. **A.** A camada superficial (epiligamentar). Note o alto número de ramificações de vasos sanguíneos. **B.** Substância profunda. As duas setas indicam o eixo longo do ligamento; escala = 50 µm. Observe a grande área desprovida de vasos. (De Bray RC, Fisher AWF, Frank CB. Fine vascular anatomy of adult rabbit knee ligaments, *J Anat* 172:69-79, 1990.)

ligamento.[34] As inserções do LCM são mais inervadas do que a porção média da substância e os nervos geralmente ficam bem perto da vasculatura do ligamento, um padrão similar ao que se vê no LCA.

Do ponto de vista funcional, portanto, os ligamentos têm inervação para perceber dor e, como já foi observado, provavelmente possuem nervos para assistir o senso de posição e o *feedback* por meio de órgãos sensoriais especializados, como os mecanorreceptores (terminações de Ruffini, corpúsculos de Pacini, receptores de Golgi, terminações nervosas livres).[46-48] É provável que rupturas completas de ligamentos comprometam o padrão de inervação completamente. Os ligamentos também têm um número suficiente de vasos sanguíneos, tanto na substância como na superfície, para causar sangramento local (visto como hematoma ou uma hemartrose, dependendo se o sangramento segue para fora em direção à pele ou para dentro da articulação adjacente).

ORGANIZAÇÃO MICROSCÓPICA E ULTRAESTRUTURAL

No nível microscópico, o ligamento é definido como algo que se estende da inserção óssea em uma extremidade, por meio de sua porção principal de tecido mole, até o osso na outra extremidade. Os ligamentos são heterogêneos da superfície para dentro, tanto na substância como ao longo do seu comprimento.

O ligamento é composto de fibras colágenas separadas e cercadas por vários tipos de conjuntos de células ligamentares. Embora tenham sido notadas algumas diferenças na organização dos ligamentos, há uma organização geral que é comum à maioria deles, talvez a todos.[15,49-52] As fibras de colágeno compactadas (**fascículos**) são alinhadas paralelamente ao eixo longo do ligamento e arranjadas em uma série de feixes delineados por uma camada celular, o **endoligamento**, que é mais aparente em alguns ligamentos (p. ex., o LCA) do que em outros (p. ex., o LCM).[50] O ligamento inteiro é então encapsulado por uma camada celular neurovascularizada, o **epiligamento**, uma região em que as fibras de colágeno são menos organizadas e, em geral, alinhadas de modo perpendicular ao eixo longo do ligamento.[53] As células do epiligamento têm forma grosseiramente esférica e apresentam extensões citoplasmáticas longas que, em geral, correm perpendiculares ao eixo longo do ligamento. Essas extensões ligam células adjacentes por junções comunicantes. Acredita-se que haja uma organização similar na região do endoligamento.

O terceiro e mais proeminente tipo de arranjo celular consiste em células ligamentares que se misturam com as fibras colágenas em um feixe e são organizadas em fileiras que correm paralelas ao eixo longo do ligamento (Fig. 2.7A). Fileiras adjacentes são interligadas por extensões citoplasmáticas.[50,54-58] Esse arranjo produz uma complexa fileira de células interligadas que se estendem de uma extremidade do ligamento até a outra. Esse arranjo é chamado de **matriz celular**.[55] Acredita-se que ela facilite a transferência de informações pelo ligamento e coordene a resposta do tecido às informações bioquímicas e biomecânicas. As células na matriz celular são conectadas em dois locais: ao longo da fileira celular, na qual duas células adjacentes se tocam, e nos locais onde extensões citoplasmáticas impingem sobre outras células. Nos locais onde células adjacentes se tocam, junções aderentes e junções comunicantes interconectam as células[54] (Fig. 2.7B). Até hoje, apenas junções comunicantes foram localizadas na interface da extensão citoplasmática com a célula. Embora historicamente as células da matriz celular tenham sido descritas como fusiformes, estudos mais recentes indicam que a morfologia dessas células varia e, como resultado, o espaçamento centro a centro das células adjacentes pode variar (Fig. 2.7C). Além disso, uma fileira não se estende ao longo de um único plano dentro do tecido e, assim, é difícil acompanhar uma única fileira de células por lon-

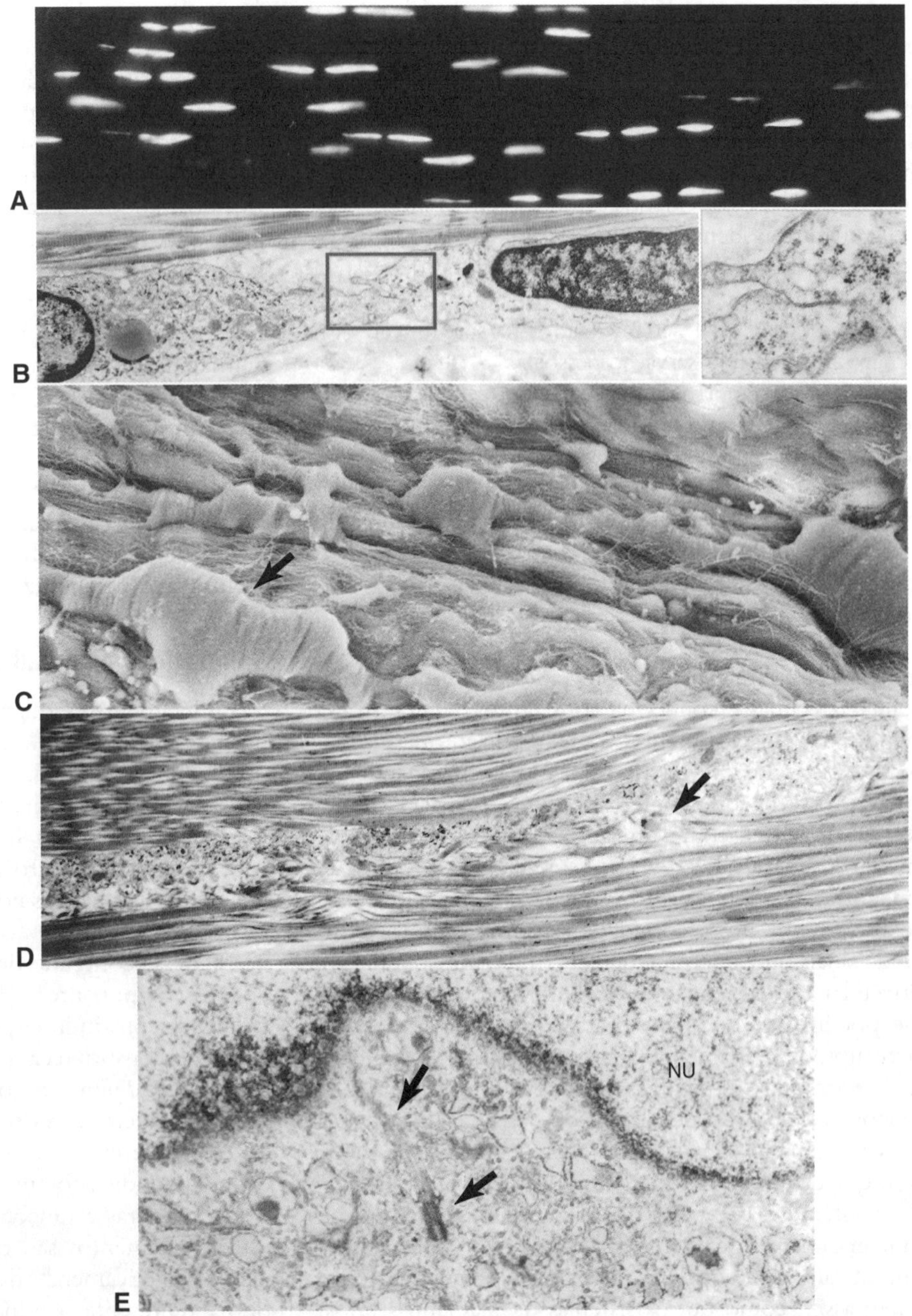

Figura 2.7 **A.** Um corte congelado do ligamento colateral medial de coelho corado com DAPI (4',6-diamino-2-fenilindol) ilustrando o arranjo dos núcleos e, portanto, das células enfileiradas; essas fileiras são alinhadas ao longo do eixo longo do ligamento. **B.** Eletromicrografia de transmissão do LCM de um coelho ilustrando duas células em uma fileira, conforme visto em A. As células são conectadas por uma junção comunicante (quadro), e essa região é mostrada com maior amplificação no quadro à direita. **C.** Eletromicrografia de varredura de uma porção de LCM de coelho que foi rompido para revelar várias fileiras de células alinhadas ao longo do ligamento e incrustadas nas fibras de colágeno. Cada célula (uma está indicada pela seta) tem uma forma extensiva e irregular. Note que as células passam para dentro e para fora do plano da ruptura. **D.** Eletromicrografia de transmissão de uma região do LCM de coelho ilustrando a presença de sulcos repletos de vesículas (*seta*) entre os feixes de fibras de colágeno. **E.** Eletromicrografia de transmissão de uma região de uma célula ligamentar próxima do núcleo (NU). Observe a presença de um centríolo (*seta grande*) associado a um cílio primário (*seta pequena*). O cílio estende-se para fora do plano do corte entrando em uma região associada à matriz extracelular.

Microestrutura dos ligamentos

- Fascículos
- Matriz celular
- Endoligamento
- Epiligamento

gas distâncias em cortes preparados pelo eixo longo do tecido (ver Fig. 2.7A e D). Também, de uma perspectiva histórica, os ligamentos foram descritos como hipocelulares. Por isso, as células eram consideradas apenas um componente de menor importância do tecido. Embora os ligamentos sejam hipocelulares em comparação com outros tecidos, esse tipo de descrição não transmite a natureza complexa e extensa das células matrizes extracelulares individuais (ver Fig. 2.7C). Percebe-se agora que as células se estendem ao longo de uma grande porção do ligamento e misturam-se a ele, sendo assim um componente importante do tecido ligamentar.

A relação entre as células e a **matriz extracelular** é complexa. Algumas superfícies da célula ligamentar apresentam firme aposição com as fibras de colágeno, ao passo que outras regiões da célula, incluindo as extensões citoplasmáticas, são cercadas por uma **matriz pericelular** (ver Fig. 2.7). Essa matriz contém tanto fibras de colágeno como vesículas abundantes. As fibras de colágeno variam em diâmetro, mas, em geral, são menores que as encontradas na matriz extracelular e similares às do tecido cicatricial do ligamento. As fibras não apresentam uma orientação consistente e representam somente um pequeno componente da matriz pericelular. Como já foi mencionado, a matriz também segue as extensões citoplasmáticas e assim estende-se dentro da região entre as fibras de colágeno e os feixes de fibras de colágeno. Essa região pode ser identificada em cortes finos como *emendas* cheias de vesículas (ver Fig. 2.7D). Essas emendas, que seguem as subdivisões do ligamento, podem ser locais de cisalhamento entre os feixes. Outro ponto de interesse é que as fibras de elastina também parecem correr ao longo das emendas, embora não esteja claro qual seria exatamente sua função (dr. Richard Boorman, observação pessoal).

Um exame de perto da superfície das células ligamentares e de suas extensões citoplasmáticas revela que elas são o local de endocitose e exocitose, sendo povoadas por cavéolas abundantes. Assim, parece ocorrer na matriz pericelular e nas emendas preenchidas por vesículas um intercâmbio de materiais entre a matriz celular e a extracelular. Esse arranjo estrutural pode formar o fundamento para a manutenção da homeostase do tecido.

Embora a biologia celular das células ligamentares ainda esteja na infância, a organização básica das células da matriz celular é conhecida com algum detalhe. Cada uma dessas células contém um único núcleo que é achatado e razoavelmente esférico. Há, adjacente ao núcleo, um centrossomo que contém dois centríolos. O centríolo-mãe funciona como um corpo basal e dá origem a um cílio primário (Fig. 2.7E). Esse cílio estende-se para fora, entrando na matriz extracelular. Acredita-se que essa estrutura tenha uma capacidade sensorial e de transdução de sinais que a permite perceber mudanças na matriz pericelular e extracelular.[59,60] As informações obtidas no cílio podem ser conduzidas para o núcleo por meio de microtúbulos e filamentos de actina que se estendem entre essas duas estruturas. O centríolo-filho em geral é encontrado há vários mícrons do centríolo-mãe e não apresenta uma íntima associação com este, uma configuração que é comum em outros tecidos. Essas células também contêm um complexo de Golgi proeminente que, de maneira característica, cerca o centrossomo. O citoplasma contém um citoesqueleto extenso de microtúbulos e actina, assim como outros sistemas de filamentos finos, como aqueles compostos de vimentina. Acredita-se ainda que esses elementos citoesqueléticos tenham um papel estrutural importante e também participem na transmissão de informações biomecânicas e químicas. Esses dois elementos citoplasmáticos estão presentes também nas extensões citoplasmáticas. Além de ser o local de endocitose e exocitose, a membrana plasmática dessas células é também dobrada em certas regiões para formar depressões ou enseadas que parecem ser os locais de fibrilogênese de colágeno.[61] Ocasionalmente, fibras de colágeno intracelulares de tamanhos variáveis, ligadas ou não à membrana, são também encontradas no citoplasma. Por fim, a membrana plasmática das células não é homogênea e contém vários tipos de balsas lipídicas.

Parece haver uma mudança gradual na arquitetura dos ligamentos à medida que eles se aproximam do osso. Essa mudança envolve uma modificação tanto da matriz celular como da extracelular.[47,62-66] As fibras de colágeno que constituem o ligamento parecem ser cimentadas no osso durante o crescimento e o desenvolvimento do ligamento,[64,67,68] formando as chamadas fibras de Sharpey nas inserções do ligamento. As células na interface osso-tecido mole nos ligamentos são diferentes daquelas da parte média da substância.[64] Parece que as células ligamentares passam por uma transição de fibroblastos (células que produzem e mantêm a substância média do ligamento), para células fibrocartilaginosas (que produzem material fibrocartilaginoso dentro de 100 μm da interface do osso) até uma área em que a fibrocartilagem se calcifica (na superfície do osso), finalmente unindo-se dentro de uma área com o osso (Fig. 2.8). Do ponto de vista funcional, essa transição permite um enrijecimento progressivo do ligamento, desse modo diminuindo a possibilidade de concentração de tensões na interface ligamento-osso e minimizando a chance de falha nesse local.

Composição bioquímica

Os ligamentos são, grosso modo, dois terços de água e um terço sólido (Tab. 2.1). A água é, portanto, um componente fundamental, contribuindo para a função celular (distribuição de nutrientes, remoção de dejetos e outras influências potenciais ligadas ao movimento), bem como para o comportamento viscoelástico.[69-71] A incrível habilidade dos ligamentos normais de se adaptarem a cargas e histórias de carga em poucos segundos é decorrente, em parte, desse conteúdo de água.

Dos componentes sólidos dos ligamentos, a principal família de constituintes proteináceos é a dos colágenos. O colágeno constitui cerca de 75% do componente seco. As estruturas e definições dos colágenos podem ser encontradas em numerosas revisões.[54-58,72-76] Em resumo, cerca de 27 tipos diferentes de colágeno com 42 cadeias distintas de polipeptídios foram caracterizados bioquimicamente com estruturas e funções especializadas. Demonstrou-se que os ligamentos são compostos de seis tipos de colágenos geneticamente distintos,[77] dos quais o colágeno tipo I representa o principal componente fibrilar (cerca de 85%). O colágeno tipo III (um tipo embriônico, vascular, mais microfibrilar) e o colágeno tipo V são componentes menores em termos quantitativos, além de uma porcentagem muito pequena de colágeno tipo VI (também microfibrilar, encontrado nos espaços pericelulares e interfibrilares).[78] Os colágenos tipo XII e XIV também foram descritos nos ligamentos e acredita-se que se localizem predominantemente nas inserções.

A segunda família de componentes sólidos, como nos outros tecidos conjuntivos, é a dos proteoglicanos.[79] Essas glicoproteínas têm grandes propriedades de ligação com a água e parecem ser pelo menos parcialmente responsáveis pelo controle da composição da água e de sua distribuição nos ligamentos. Além disso, parecem contribuir para a integridade estrutural da matriz extracelular e ter um papel importante na organização das redes de

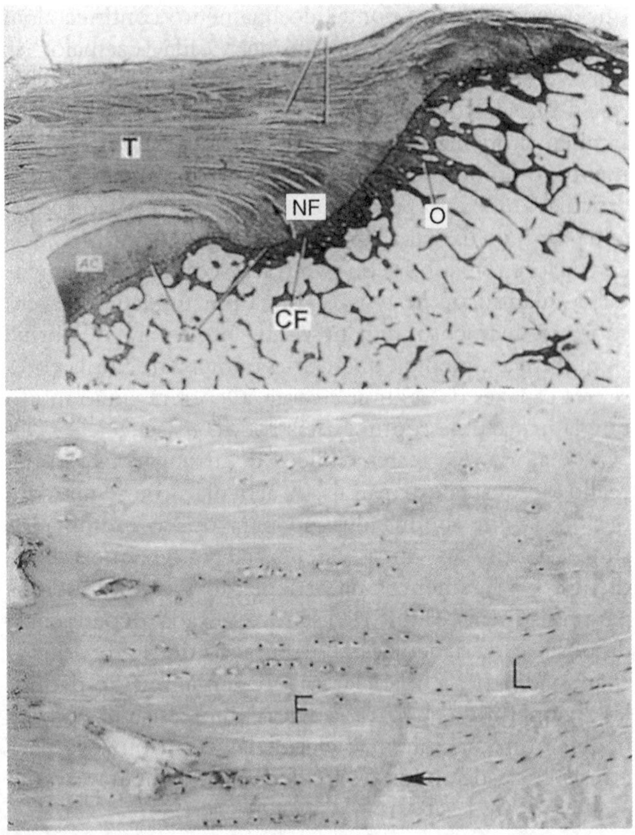

Figura 2.8 *Em cima*, uma inserção direta com suas quatro zonas morfológicas: tendão (T), fibrocartilagem não calcificada (NF), cartilagem calcificada (CF) e osso (O). A inserção femoral do ligamento colateral medial é um exemplo de inserção direta. *Embaixo*, uma inserção indireta onde as fibras profundas do ligamento (L) passam para dentro do osso por meio de uma zona de fibrocartilagem (F) bem definida. A *seta* representa a linha de calcificação. (De Woo SL-Y, Debski RE, Withrow JD et al. Biomechanics of knee ligaments, *Am J Sports Med* 27:537, 1999.)

colágeno microfibrilares que contêm colágeno tipo VI, fibrilina ou tropoelastina. Há agora evidências de que os proteoglicanos podem controlar a fibrilogênese do colágeno controlando o diâmetro das fibrilas e sua taxa de formação. Nos ligamentos são encontrados tanto proteoglicanos pequenos ricos em leucina, tais como decorina e biglicano, quanto proteoglicanos maiores, agregadores, como versicano e agregano. Embora a decorina seja o proteoglicano mais abundante encontrado nas regiões tensivas do ligamento, com quantidades menores de versicano nas regiões de fibrocartilagem, o proteoglicano largo agrecano é mais abundante. Juntos, os proteoglicanos largos e pequenos constituem uma proporção muito pequena do ligamento em termos de peso (<3%).

O terceiro componente sólido dos ligamentos, presente em proporções muito pequenas, é a elastina. A elastina constitui menos de 2% da maioria dos ligamentos, mas pode ser um fator contribuinte importante para sua recuperação de cargas baixas.

Outras proteínas e glicoproteínas foram descritas nos ligamentos, incluindo actina, laminina e integrinas, embora suas quantidades, qualidades e relações com outros componentes da matriz continuem sendo assuntos de pesquisas em andamento. Uma grande porcentagem do peso seco dos ligamentos continua sem caracterização.

Tabela 2.1 Composição bioquímica dos ligamentos

Constituinte	Porcentagem da composição
Água	65
Colágeno tipo I	20
Outros colágenos (III, V, VI, XII, XIV)	3-5
Proteoglicanos (90% decorina)	<3
Elastina	1-2
Fibronectina, outras glicoproteínas	1-2
Não caracterizado	~3

Constituintes bioquímicos do ligamento colateral medial do coelho (porcentagem de peso líquido). Note as grandes porcentagens de água e colágeno, que são os principais constituintes do ligamento.

Comportamentos biomecânicos

Os ligamentos são típicos dentre todos os tecidos conjuntivos do corpo por ter comportamentos biomecânicos muito complexos, porém muito importantes em termos funcionais. O leitor interessado pode consultar outras fontes para uma discussão detalhada desses comportamentos.[80-83] Nesta seção, somente os atributos com importância clínica são discutidos. Pretende-se familiarizar o leitor com parte da terminologia de engenharia usada com frequência na literatura para descrever as propriedades do tecido conjuntivo de modo a desmitificar um pouco a linguagem. Espera-se que aqueles habituados com a terminologia de engenharia perdoem a simplificação.

Há três atributos biomecânicos com importância clínica que são fundamentalmente diferentes nos tecidos conjuntivos: comportamento estrutural (carga-deformação), comportamento material (tensão-deformação) e comportamento viscoelástico (relaxamento e deformação).

Comportamento biomecânico do tecido conjuntivo

- Carga-deformação
- Tensão-deformação
- Viscoelasticidade (relaxamento e carga cíclica)

Comportamento estrutural (carga-deformação)

Comportamento estrutural refere-se ao modo como o ligamento se comporta como um todo, qualquer que seja sua composição ou sua geometria, quando é testado mecanicamente de um modo particular. Por exemplo, se um ligamento é isolado entre dois ossos que são tracionados, esse ligamento exibirá propriedades estruturais específicas. Ele resiste ao deslocamento com um aumento na rigidez até que alguma parte daquele complexo ligamentar falhe. O próprio ligamento pode falhar, assim como suas inserções no osso ou os próprios ossos. A força estrutural do complexo ligamentar não leva em consideração qual parte do complexo foi o elo fraco, mas refere-se apenas à carga e à deformação no ponto onde o ligamento falhou. Essa carga costuma ser o número citado por muitos autores como a força daquele tecido.[84,85]

O comportamento estrutural de um ligamento é, portanto, inteiramente dependente das "condições de contorno" do teste. A direção da carga (relativa ao ligamento ou eixo do osso) é uma determinante de importância particular na força aparente do complexo ligamentar. Em outras palavras, a direção na qual um ligamento é tracionado pode mudar sua força aparente em até 50 a 100%.[85] A importância clínica óbvia é que a força do complexo ligamentar depende, até certo ponto, da direção na qual a articulação (e seus ligamentos) recebe a carga. Isso também tem importância para a interpretação de qualquer comparação experimental de força entre ligamentos. Os resultados precisam ser normalizados ou, pelo menos, qualificados para as condições de contorno do teste, em que o ângulo articular é um fator de muita importância. Citar "forças de ligamentos" em termos absolutos é, portanto, algo arriscado!

A resistência tensiva (rigidez) crescente de ligamentos enquanto são tracionados é conhecida como **comportamento estrutural não linear**. Quanto mais o ligamento é tracionado, mais força é necessária para continuar o deslocamento (até o ponto em que ele cede e falha). Essa rigidez crescente decorre do recrutamento de partes do ligamento (i. e., as fibras são tensionadas) enquanto as extremidades do ligamento são tracionadas[86] (Fig. 2.9). Exatamente como e quando as partes do ligamento se tornam tensas depende de como o ligamento é tracionado. Se partes diferentes de cada ligamento ficam tensas em ângulos articulares diferentes, então está claro que tais partes serão as primeiras a receberem carga se as extremidades dos ligamentos forem tracionadas subitamente com a articulação fixada naquele ângulo de flexão ou rotação. As partes relativamente frouxas do ligamento então se tornarão tensas à medida que o deslocamento continuar. As partes do ligamento que estavam mais tensas quando a carga começou serão provavelmente as primeiras a falharem.

Até pouco tempo, as razões para os graus diferentes de tensão ou frouxidão das partes do ligamento não eram inteiramente claras. Agora está aparente que várias razões provavelmente respondem por esses comportamentos. A primeira razão para a relativa frouxidão de parte de um ligamento é a presença de ondulações, como já foi observado. A retificação das ondas das fibras de colágeno ocorre com distensões relativamente baixas e baixas quantidades de força. Portanto, há de modo efetivo uma quantidade pequena de folga relativa embutida no sistema fibrilar que permite a ocorrência de algum alongamento com pequenas quantidades de energia e sem qualquer dano às fibrilas propriamente ditas. Com cargas mais elevadas, há deslocamentos maiores e as próprias fibrilas começam a tomar cargas crescentes. À medida que a separação das pontas do ligamento continua além dessa região ondulada, um número cada vez maior de fibras do ligamento é recrutado na tensão. À medida que o número de fibras aumenta, a rigidez do ligamento também aumenta. No ponto de máxima rigidez do ligamento, o número máximo de fibras (para aquela posição articular) terá sido recrutado. O ligamento então cede e falha a partir da falha progressiva das suas fibrilas. Se as cargas forem mantidas ou se a tração continuar a aumentar, a quantidade de tensão (força por unidade de área) sobre o ligamento remanescente aumentará de forma significativa à medida que cair o número de fibrilas presentes capazes de assumir a carga. Ocorrerá então muito rapidamente uma ruptura catastrófica.

A maioria dos testes clínicos de articulações são, na realidade, testes estruturais. A articulação é segurada e deslocada em alguma direção para que o examinador sinta a sua rigidez (sua resistência à carga) naquelas condições. Os ligamentos da articulação serão recrutados para resistir à força que está sendo aplicada, dependendo da posição da articulação. A sensação de rigidez que o examinador percebe é claramente um agregado daqueles ligamentos (ou partes deles) que resistem à força naquela direção (além, é claro, das contribuições para a resistência de todos os tecidos não ligamentares, que

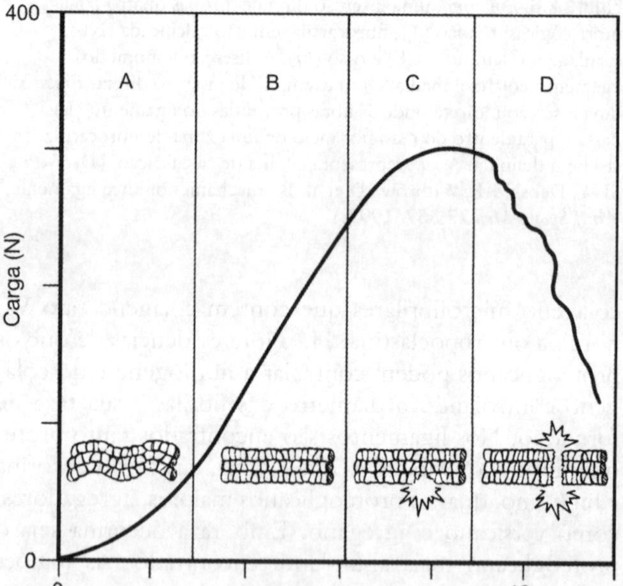

Figura 2.9 Gráfico ilustrando o comportamento estrutural de ligamentos sujeitos à deformação tensiva. À medida que o complexo ligamentar é tracionado, as fibras vão sendo recrutadas progressivamente na tensão (**A**) até que todas elas fiquem tensionadas (**B**). As partes do ligamento que ficaram tensionadas primeiro são provavelmente as primeiras a falhar (**C**) à medida que o ligamento atinge seu ponto de escoamento. A falha progressiva das fibras rapidamente resulta em uma ruptura catastrófica do ligamento (**D**). (De Frank CB. Ligament injuries: pathophysiology and healing. In Zachazewski JE, Magee DJ, Quillen WS, editors. *Athletic injuries and rehabilitation.* WB Saunders, Philadelphia, 1996, p. 15; adaptado de Curwin S, Stanish WD. *Tendinitis: its etiology and treatment.* Collamore Press, Lexington, Mass, 1984.)

podem ser consideráveis em algumas articulações e em certas posições articulares). O examinador simula forças que a articulação encontrará durante o desempenho da função, esperando revelar uma rigidez mais baixa que a normal da articulação naquele plano de deslocamento. As forças durante um exame clínico são, obviamente, muito mais baixas do que as forças que a articulação encontraria durante uma lesão (provavelmente na faixa de cerca de 10% de suas cargas de falha). Os exames clínicos são, portanto, conduzidos no que é chamado de **região inferior** (*toe region*) de uma curva carga-deformação para a articulação (ver Fig. 19.1).

Em resumo, tanto as articulações como os ligamentos isolados exibem um comportamento não linear de carga--deformação. No caso de testes de ligamentos isolados, enquanto as pontas do ligamento se afastam, o ligamento começa a assumir uma carga. Com o aumento da tração, a carga aumenta lentamente. Em algum ponto, a quantidade de aumento de carga no ligamento é linearmente proporcional à quantidade de deslocamento. Com uma tração adicional, contudo, o ligamento começa a ceder e ocorre a sua ruptura catastrófica. A quantidade de força e a quantidade de deslocamento necessárias para romper qualquer ligamento dependem do tamanho do ligamento (em geral relacionado ao tamanho da pessoa), da idade do hospedeiro (os ligamentos atingem o pico da capacidade de absorver energia na época da maturidade esquelética) e da posição da articulação quando as cargas são aplicadas (o que determina como e quando as fibras no ligamento serão recrutadas).[11,85,87-89] Quando articulações inteiras estão recebendo uma carga, o "padrão de compartilhamento da carga" dos ligamentos nas condições em que a carga é aplicada (direção, magnitude e velocidade) determinam quais ligamentos ou partes de ligamentos serão danificados. Assim, o comportamento não linear de carga-deformação dos ligamentos explica porque a maioria das lesões articulares são, na realidade, lesões combinadas, que envolvem partes de vários ligamentos (Fig. 2.10).

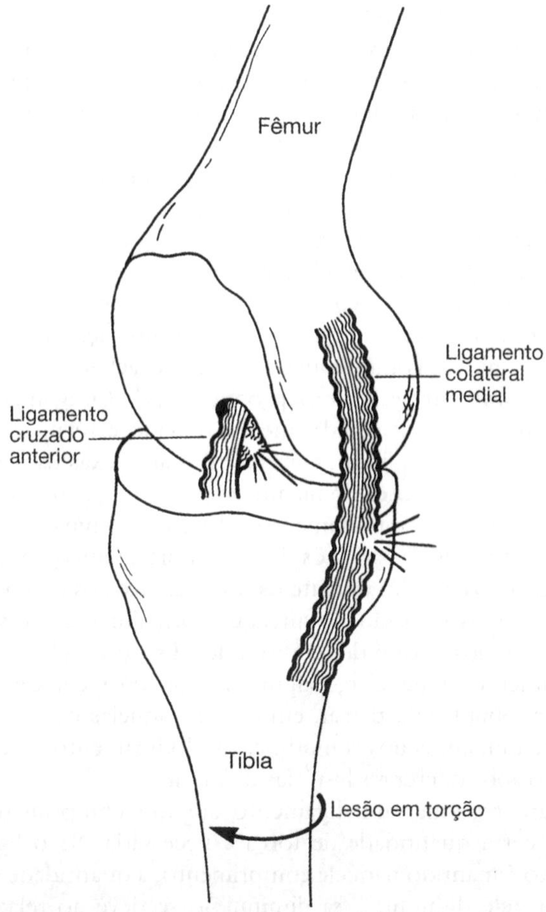

Figura 2.10 Alterações nos padrões de compartilhamento de carga no ligamento do joelho após uma lesão típica com o joelho em cerca de 15° de flexão. As porções dos ligamentos que estão tensionadas no momento da lesão (ver Fig. 2.2) são provavelmente as primeiras a romper-se. Assim que a ruptura ocorre, porções vizinhas dos ligamentos afetados precisam assumir as responsabilidades de sustentação da carga. Compare com a Figura 2.2. (De Frank CB. Ligament injuries: pathophysiology and healing. In Zachazewski JE, Magee DJ, Quillen WS, editors. *Athletic injuries and rehabilitation*. WB Saunders, Philadelphia, 1996, p. 16.)

Propriedades materiais

As propriedades materiais de um ligamento são os comportamentos de carga-deformação normalizados para o tamanho do ligamento e para as alterações locais no seu comprimento, conhecidas como comportamento tensão--deformação. Tensão é a quantidade de força por unidade de área do ligamento e, portanto, é derivada medindo-se as áreas de secção transversa e calculando-se a força (carga sendo aplicada) por unidade de área do ligamento. A deformação é a mudança no comprimento dividida pelo comprimento original da parte do ligamento sendo medida e é, portanto, uma medida bem localizada. Assim como o comportamento carga-deformação, o comportamento tensão-deformação do ligamento não é linear, de modo que o material apresenta rigidez crescente (conhecida como módulo de elasticidade do material) à medida que a tensão e a deformação aumentam.

A força e o deslocamento que os ligamentos podem suportar dependem de:

- Tamanho do ligamento
- Idade da pessoa
- Posição da articulação

As medidas do material permitem que o tecido ligamentar seja comparado com outros materiais biológicos (p. ex., tendões) ou materiais artificiais e, em geral, são de mais interesse para os pesquisadores (que buscam duplicar os comportamentos materiais dos ligamentos normais) do que para os profissionais da área clínica (que estão mais interessados nas propriedades estruturais reprodutivas). Um material inferior em grande quantidade pode produzir uma estrutura com rigidez e força estrutural razoáveis. Contudo, a duplicação dos comportamentos materiais do ligamento normal[90,91] permitiria que fossem alcançados comportamentos estruturais com um substituto do mesmo tamanho que o original.

Comportamento viscoelástico

Os ligamentos exibem uma combinação de comportamentos viscosos e elásticos, além de ter uma habilidade interessante de modificar as proporções de cada comportamento conforme a demanda das condições. Ser viscoso significa que o ligamento comporta-se como se contivesse um líquido espesso que está sendo espremido através de um meio poroso. Ser elástico significa que o ligamento pode recuperar-se completamente para o seu comprimento de repouso depois de ter sido alongado (como uma faixa elástica ou uma mola). A combinação produz uma gama de comportamentos que se acham em um *continuum* entre essas duas propriedades.[92] O ligamento absorve energia à medida que é alongado e recupera-se de um modo não linear; com cargas mais baixas os comportamentos viscosos dominam, ao passo que, com cargas mais altas, os comportamentos elásticos dominam. Em todos os níveis de carga, os dois comportamentos podem ser medidos, porém durante os testes clínicos os comportamentos viscosos são tão sutis que normalmente não são considerados. Contudo, como já foi discutido, eles provavelmente influenciarão algumas impressões clínicas de hipermobilidade articular, em especial aquelas decorrentes de mudanças nos comprimentos do ligamento ou das cargas após diferentes histórias de carga.

Para tracionar um ligamento até um comprimento fixo, certa quantidade de força é necessária. Se o ligamento é mantido naquele comprimento, a quantidade de carga nele diminui. Essa diminuição se deve ao relaxamento da carga (relaxamento da tensão) do componente viscoso daquele ligamento. O ligamento comporta-se como se algum componente do ligamento se ajustasse ao novo comprimento, fluindo para um novo local. Esse comportamento de relaxamento minimiza a quantidade de força no ligamento dentro de segundos a minutos (embora o fenômeno possa continuar em uma extensão menor por horas ou dias); isso tem importância clínica já que é provavelmente um meio pelo qual a articulação ajusta as cargas dentro de um tecido para diminuir suas chances de lesão. O mesmo comportamento ocorre com a deformação cíclica de um ligamento até uma conformação fixada. A carga no ligamento diminui com ciclos sucessivos até que a carga na estrutura como um todo alcance um novo equilíbrio.

Quando um ligamento sofre uma carga fixa, o seu comprimento continua a aumentar até alcançar um novo equilíbrio ou o ponto de falha do ligamento (dependendo da magnitude da carga), um comportamento conhecido como **deformação do ligamento** (aumento da distensão ao longo do tempo em um material a partir da distensão elástica inicial, quando o material é sujeito a uma distensão constante; Fig. 2.11).[20,93-95] A carga cíclica para um nível fixo aumenta de modo similar o comprimento do ligamento. Do ponto de vista clínico, pode-se observar que a carga cíclica de uma articulação durante o exercício altera de modo efetivo os comprimentos dos ligamentos que estavam sofrendo cargas e, portanto, altera as subsequentes impressões clínicas de seu comprimento (p. ex., folga articular). Felizmente, ainda do ponto de vista clínico, esses ajustes no comprimento provavelmente serão de apenas poucos milímetros nos casos normais e não influenciarão demais as impressões clínicas.

Contudo, a importância funcional do comportamento viscoelástico é que os ligamentos demonstram uma capacidade impressionante de ajustar seu comprimento (ou a carga intrínseca) de acordo com cargas reais ou com a história das cargas recebidas. O ajuste do equilíbrio entre o comportamento viscoso e elástico permite que os ligamentos funcionem dentro de uma amplitude relativamente larga de cargas sem serem danificados e é provável que contribuam de modo considerável para o equilíbrio homeostático das cargas em todos os tecidos articulares.

Efeitos do envelhecimento

Como ocorre com todos os tecidos conjuntivos, as propriedades estruturais, materiais e viscoelásticas dos ligamentos mencionadas anteriormente se modificam em função da idade. Em geral, os ligamentos atingem seu pico de desempenho, no sentido mecânico, logo após a época de maturidade esquelética (i. e., 18 a 20 anos de idade) em virtude de uma otimização de seus comportamentos celulares e matriciais.[85]

Antes da maturação esquelética, os ligamentos são um pouco mais viscosos.[96-98] Esses ligamentos têm áreas de secção transversa menores e são, portanto, relativamente maleáveis (baixa rigidez). Por isso, as articulações parecem ser relativamente frouxas à manipulação clínica. Na presença de cargas mais elevadas, as inserções são locais comuns de fraqueza porque os ligamentos não estão ainda firmemente consolidados nos ossos.[64,94,99] As inserções são, portanto, locais comuns de lesão nas crianças.

Após a maturação esquelética, as funções metabólicas celulares do ligamento começam a se tornar mais lentas, provavelmente resultando em uma reposição menos eficiente da substância do ligamento ao longo do tempo. Nesse ponto, os ligamentos atingem seu tamanho e sua

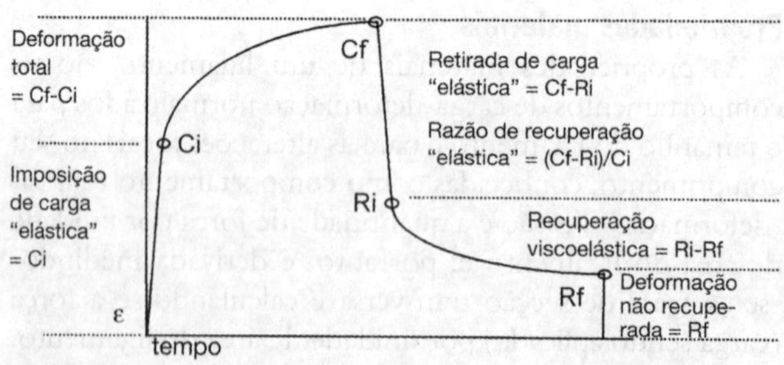

Figura 2.11 Uma deformação idealizada e a curva de recuperação de deformação por distensão (ε) marcada contra o tempo. O termo "elástica" é usado em vez de "inicial" e assim inclui tanto as respostas elásticas viscosas como as verdadeiras. Ci, pico de distensão do primeiro ciclo no teste de deformação cíclica; Cf, distensão no final do teste de deformação estática; Ri, distensão no início do período de recuperação; Rf, distensão no final do período de recuperação. (De Thornton GM, Boorman RS, Shrive NG et al. Medial collateral ligament autografts have increased creep response for at least two years and early immobilization makes this worse, *J Orthop Res* 20:348, 2002.)

rigidez estrutural máxima, e são menos viscosos (mais elásticos) do que seus correspondentes imaturos. Na meia-idade, tanto os ligamentos como os locais de inserção óssea começam a enfraquecer, o que resulta em perdas progressivas na força estrutural. A viscosidade do ligamento diminui ainda mais e o colágeno torna-se mais altamente constituído de ligações cruzadas.[100] Os ligamentos então se tornam ainda menos maleáveis e as articulações parecem tornar-se mais endurecidas com o tempo.

Na idade avançada, os ossos geralmente são mais frágeis do que os ligamentos e tornam-se locais de fraqueza com significância clínica nas lesões articulares. Os ligamentos perdem massa, rigidez, força e viscosidade no idoso. É provável que, em decorrência da diminuição das cargas sobre os ligamentos e da diminuição dos níveis de atividade no idoso, essas mudanças nos ligamentos normalmente não sejam parte de qualquer problema clínico óbvio. Contudo, se as articulações se deformam como resultado de mudanças no formato dos ossos e, como consequência, se os ligamentos sofrem cargas excessivas, estes podem deformar-se excessivamente e contribuir para frouxidões articulares patológicas.

Para uma descrição mais detalhada dos efeitos do crescimento, da maturação e do envelhecimento sobre as propriedades dos ligamentos, o leitor pode consultar referências bibliográficas específicas sobre o tópico.[101-103]

Influência do ambiente hormonal na regulação dos ligamentos

Tem sido mostrado que os ligamentos expressam receptores para hormônios tais como estrógeno, progesterona e andrógenos.[104,105] Essa informação sugere a possibilidade de que a função ligamentar em homens e mulheres pode ser regulada em parte por hormônios e que poderiam haver aspectos específicos em cada sexo para tal regulação. Como está representado na Figura 2.12, as mulheres e os homens passam por diferentes "pontos de transição" com relação ao seu ambiente hormonal. Tanto homens como mulheres são expostos aos hormônios no útero e ambos passam pela puberdade com diferentes hormônios sendo elaborados. Contudo, nas mulheres, os níveis dos hormônios são cíclicos durante a maturação sexual e alguns deles cessam após a menopausa. Depois da maturação sexual, os ligamentos das mulheres podem também ser sujeitos a influências hormonais únicas durante a gestação, tanto em termos quantitativos como qualitativos (i. e., relaxina).[106,107] Assim, os ligamentos em mulheres e homens são provavelmente regulados por variáveis hormonais de maneiras bastante diferentes, contribuindo para ambientes específicos a cada sexo que afetam o funcionamento dos tecidos.

As evidências a favor das possibilidades mencionadas vêm tanto de populações humanas como de modelos experimentais. Em seres humanos, a frouxidão ligamentar excessiva (também chamada de síndrome de hipermobilidade articular benigna [SHAB]) é muito mais comum em mulheres do que em homens.[108-111] A frequência de SHAB em mulheres comparada aos homens foi relatada como sendo de 5:1 em alguns estudos, com certas diferenças significativas na incidência entre diferentes populações étnicas. A incidência também varia entre mulheres de diferentes origens, e em algumas famílias parece haver um componente genético[112] responsável pela frouxidão que difere daquele responsável pelas síndromes de Marfan e Ehlers-Danlos. Alguns relatos[113] indicam que a SHAB pode ser decorrente de uma regulação alterada dos genes normais em vez de alterações nas sequências de codificação dos produtos genéticos, ao passo que outros estão focando outros genes candidatos que podem ter sofrido mutação na sequência de codificação.[114,115] O interessante é que a extensão de frouxidão pode diminuir durante o envelhecimento e, assim, há um intercâmbio aparente entre os fatores responsáveis pela SHAB e aqueles envolvidos nas alterações ligadas à idade, tais como a rigidez. Um papel direto para os hormônios na SHAB ainda não

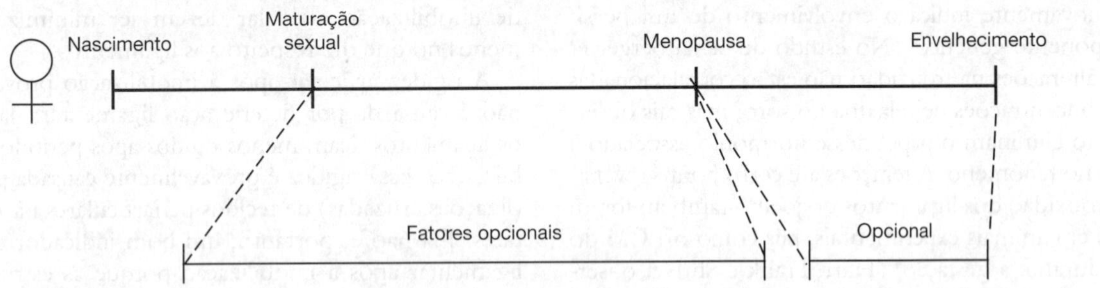

Figura 2.12 Esquema das possíveis influências específicas de cada sexo na saúde musculoesquelética ao longo da vida. Observe as diferentes influências hormonais em cada estágio da vida, tanto para homens como para mulheres, e os possíveis efeitos que podem exercer na função ligamentar.

foi definido, mas, pelo fato de a condição ser mais prevalente em mulheres, essa possibilidade é viável.

Um papel para o envolvimento hormonal na frouxidão ligamentar também tem sido implicado em estudos de frouxidão ligamentar durante diferentes fases do ciclo menstrual e durante a gestação. Embora haja ainda certas controvérsias, vários relatos[116-119] indicam que a frouxidão articular e ligamentar possa mudar durante fases diferentes do ciclo menstrual em um subgrupo de mulheres sexualmente maduras. Alterações na frouxidão foram notadas entre as fases folicular e lútea do ciclo.[119] O fato de tal variação ser evidente em apenas um subgrupo de mulheres pode indicar que a influência hormonal está sobreposta em alguma contribuição genética ainda indefinida. Até o momento, os mecanismos responsáveis pelas alterações dependentes do ciclo menstrual na frouxidão ligamentar não estão definidos. Contudo, alguns estudos com células ligamentares indicaram que certas concentrações suprafisiológicas de estrógeno podem influenciar a síntese de colágeno.[120] A relação de tais achados com a situação *in vivo* é incerta, pois os componentes de colágeno dos ligamentos geralmente estão associados aos comportamentos de alta carga dos tecidos em vez dos comportamentos de baixa carga e frouxidão, atribuídos mais aos proteoglicanos, de modo que é difícil entender como as alterações induzidas por estrógeno na síntese de colágeno poderiam relacionar-se com as mudanças rápidas na frouxidão durante o ciclo menstrual.[121] Seja qual for o mecanismo, está claro que ele é prontamente reversível e provavelmente não compromete o funcionamento geral dos tecidos. Os relatos que implicam a variação hormonal na regulação ligamentar também levantam a possibilidade de que a regulação ligamentar em mulheres que ingerem contraceptivos orais possa ser influenciada por esses "suplementos" hormonais.[122]

Também foi relatado que a frouxidão ligamentar e articular varia durante a gestação. Em seres humanos, diversos ligamentos e articulações podem ser afetados[123,124] e nem todas as mulheres são afetadas com a mesma intensidade (o que novamente indica o envolvimento de um possível componente genético). No estudo de Schauberger et al.,[123] as alterações na frouxidão não estão correlacionadas com as concentrações de relaxina no soro, mas tais observações não eliminam o papel desse hormônio associado à gestação no fenômeno. Alterações até certo ponto reversíveis na frouxidão dos ligamentos do joelho também foram relatadas em animais experimentais, tais como o LCM do coelho, durante a gestação[4] (Hart, Frank e Shrive, observações não publicadas). Essas alterações foram acompanhadas por mudanças nos padrões de expressão do RNA mensageiro (mRNA) nas células dos ligamentos do joelho,[125,126] porém uma associação entre alterações específicas na expressão dos genes e a frouxidão não pôde ser deduzida. É interessante notar que, no período pós-parto, as alterações moleculares não revertem aos níveis pré-gestação, o que possivelmente indica que os ligamentos não retornam ao estado pré-gestação, achados consistentes com relatos casuais de populações humanas. Portanto, a função ligamentar em mulheres que passaram por uma ou mais gestações pode ser regulada de modo diferente do que naquelas que nunca estiveram grávidas.

Embora ainda haja muitos detalhes a serem esclarecidos quanto às influências hormonais na regulação da função ligamentar, está evidente que fatores específicos ligados ao sexo afetam a regulação desses tecidos e a história hormonal dos ligamentos é um aspecto importante de seu funcionamento.

Efeitos da imobilização e do exercício

Ainda que os mecanismos não estejam claros, os complexos ligamentares são extremamente sensíveis à carga e à história de carga. A privação de carga (imobilização articular) causa uma rápida deterioração das propriedades bioquímicas e mecânicas dos ligamentos, em parte decorrente de atrofia (uma diminuição na massa ligamentar) que causa uma perda resultante na força e na rigidez.[127-130] Evidências experimentais sugerem que a imobilidade cause um desvio resultante no metabolismo celular ligamentar, passando de um estado equilibrado (homeostático) ou de um estado anabólico final (construtivo) para um estado mais catabólico (destrutivo).[131] Umas poucas semanas de imobilização fazem com que a matriz ligamentar diminua em quantidade. Parece também que as células dos ligamentos produzem um material de qualidade inferior, o que contribui para o enfraquecimento estrutural do complexo ligamentar. O osso começa a ser reabsorvido, causando uma fraqueza focal nos locais de inserção. Com a imobilização, parece ocorrer uma perda exponencial de força no complexo ligamentar com o tempo.[132-134] Embora haja apenas um leve enfraquecimento nas primeiras semanas, os complexos ligamentares que são completamente imobilizados por períodos de 6 a 9 semanas apresentam apenas cerca de 50% de força e rigidez em comparação com os controles normais.[135,136] De um ponto de vista terapêutico funcional, isso implica que, em termos ideais, os períodos de imobilização articular devem ser minimizados pelo menos no que diz respeito aos ligamentos.

A rigidez articular após a imobilização provavelmente não é causa da por deterioração ligamentar; na verdade, os ligamentos ficam menos rígidos após períodos de imobilização. Essa rigidez é provavelmente causada pela união (ligações cruzadas) de tecidos periarticulares não ligamentares. Ela não é, portanto, um bom indicador de função ligamentar após a imobilização porque as estruturas não ligamentares contribuem para essa impressão. De fato, a função ligamentar verdadeira não pode ser testada por um longo tempo em articulações intactas após o remodelamento desse tecido não ligamentar.

Prevenção de atrofia causada por imobilização

Até o momento, não está claro quanto movimento é necessário para manter o comportamento ligamentar normal. Se os ligamentos fossem análogos aos ossos, apenas um número mínimo de cargas cíclicas (i. e., apenas alguns ciclos de uma articulação por dia) seria necessário para manter os comportamentos ligamentares basais.[90-92]

Recuperação da imobilização

Evidências experimentais sugerem que diferentes partes do complexo ligamentar se recuperam com velocidades diferentes após um período significativo de imobilização.[135,137,138] As inserções ósseas parecem se recuperar mais rapidamente do que a substância do próprio ligamento. O primeiro ocorre em um período de semanas após a remoção da imobilização. A recuperação do segundo ocorre ao longo de muitos meses (Fig. 2.13).

Não está clara qual relação dose-resposta pode existir entre a recuperação do comportamento ligamentar após a imobilização e o protocolo de exercícios usado. Presume-se que haja uma quantidade ótima de carga, ainda indefinida, ou um número ideal de ciclos de carga que poderiam, por sua vez, otimizar a recuperação metabólica das células em cada ligamento. Até que essa informação esteja disponível, os protocolos para recuperação articular continuarão sendo empíricos.

Efeitos do exercício

Os ligamentos respondem ao exercício articular tornando-se um pouco mais fortes e rígidos.[139] Na maioria dos casos, contudo, os ligamentos recebem a quantidade mínima de estimulação mecânica necessária para que mantenham uma linha basal substancial (que parece ser em torno de 80 a 90% de seu potencial mecânico). É provável, portanto, que o exercício tenha um potencial para aumentar a força e a rigidez dos ligamentos em não mais que 10 a 20% adicionais (ver Fig. 2.13). Como no caso da imobilização, os efeitos do exercício podem ser específicos a cada ligamento. É provável que certa "janela de recepção de carga" seja positiva para cada ligamento, ao passo que as cargas fora dessa janela (em excesso ou menores que o suficiente) resultem em deterioração do ligamento.

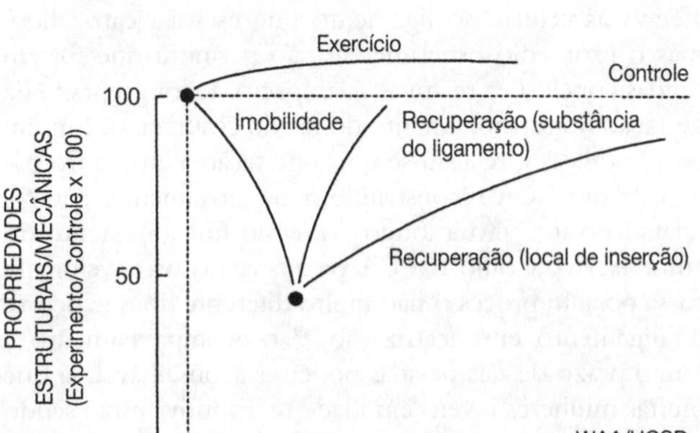

Figura 2.13 Diagrama esquemático ilustrando as respostas do ligamento à imobilização e ao exercício. (De Woo SL-Y, Gomez MA, Sites TJ et al. The biomechanical and morphological changes in the medial collateral ligament of the rabbit after immobilization and remobilization, *J Bone Joint Surg Am* 69:1200-1211, 1987.)

LESÃO LIGAMENTAR

Mecanismos de lesão

Com base na compreensão prévia das estruturas e funções dos ligamentos, agora é possível um entendimento mais claro de como os ligamentos são lesionados e como os métodos de diagnóstico clínico funcionam (ou falham).

Tendo uma determinada articulação em uma posição particular, fica claro que partes de vários ligamentos em torno dessa articulação provavelmente estarão no estado tensionado. Em outras palavras, determinada proporção de feixes de fibras ligamentares específicas terão sido recrutadas e estarão em algum ponto dentro da posição relativamente linear de sua curva carga-deformação (ver "Comportamentos biomecânicos" anteriormente). Como os ligamentos compartilham cargas em torno da articulação para manter um equilíbrio mecânico, é improvável que apenas um ligamento esteja recebendo a carga em qualquer ponto no tempo. Se uma carga extrínseca é então aplicada à articulação (p. ex., uma lesão por torção na articulação do joelho), as porções tensionadas (com carga) desses ligamentos que fazem a contensão absorverão a maior quantidade de energia. Eles irão se deformar além de seu limite elástico (de recuperação) e falharão. Outras fibras naquelas estruturas serão recrutadas de modo simultâneo para serem tensionadas. Dependendo da distância que se permita aos ossos se deslocarem (pelas forças que estão sendo aplicadas e pela resistência de outras estruturas periarticulares, como os músculos), certa proporção de vários ligamentos será danificada. O ligamento que for o fator principal de contenção da força aplicada (p. ex., o LCM é o principal limitador para uma força em valgo no joelho) será a principal estrutura danificada. Ligamentos que fazem a contenção secundária serão danificados em grau menor. Portanto, é improvável que ocorra alguma vez uma lesão ligamentar verdadeiramente "isolada". Há com frequência algum dano (possivelmente mínimo e subclínico) nos outros ligamentos em torno de uma articulação danificada, o que deve ser procurado em uma história e um exame físico cuidadosos. Mais de um ligamento pode ser rompido de forma parcial enquanto a parte funcional de uma estrutura anatômica é completamente rompida.

As "entorses" ligamentares precisam, portanto, ser reavaliadas nesse contexto. As lesões de ligamentos foram graduadas, ao longo da história, de acordo com a gravidade de uma ruptura, de modo que o grau I é uma ruptura incompleta (sem instabilidade articular observada), o grau II é uma ruptura mais significativa porém não completa (alguma instabilidade) e o grau III uma ruptura completa (instabilidade completa). O caso do grau III, quase por definição, envolve a ruptura de múltiplos ligamentos, o que torna a instabilidade articular óbvia ao exame clínico. Algumas estruturas têm a probabilidade de ser parcialmente rompidas nesses tipos de instabilidades (estruturas que faziam a contenção secundária das forças de lesão). As lesões grau II, que também têm alguma instabilidade clínica óbvia, podem ser decorrentes de uma ruptura completa de uma estrutura (p. ex., o LCM) somada a rupturas incompletas de outras estruturas (p. ex., ligamentos capsulares ou LCA). De forma alternativa, a instabilidade pode ser decorrente apenas de rupturas parciais de várias estruturas, o que pode ter um prognóstico clínico diferente do cenário prévio. As lesões grau I são as mais difíceis para se detectar. É possível que os ligamentos sejam tão minimamente danificados que a articulação não se mostre instável ao exame clínico. Por outro lado, parece possível que algumas dessas lesões apenas não sejam examinadas do modo certo com relação à posição articular ou à direção da força, fazendo com que uma instabilidade latente passe despercebida. É possível que esses tipos de lesão se transformem nas instabilidades crônicas vistas com frequência na clínica. Um alto índice de questionamento e um exame bem cuidadoso provavelmente levarão a refinamentos adicionais na definição das lesões ligamentares em todas as articulações.

A probabilidade de lesões ligamentares parciais serem muito comuns tem uma consequência clínica de extrema importância, tal que os profissionais de reabilitação precisam estar cientes de que as lesões parciais são comuns e que, para serem descobertas, o exame precisa ser feito com extremo cuidado. O princípio mais importante nesse aspecto é que a articulação ficará instável somente na posição na qual foi lesada. Portanto, é provável que um joelho que foi lesado com 20° de flexão irá se mostrar instável (i. e., o ligamento não oferecerá a resistência normal às forças) somente naquele grau de flexão e na direção em que as forças lesivas foram aplicadas. Essa é a base na qual o teste de Lachman[140,141] tem se mostrado um teste muito mais sensível para LCA rompidos do que o teste da gaveta anterior. O primeiro testa o joelho no grau de flexão no qual a maioria dos joelhos sofre lesão (leve flexão). Poucos joelhos são lesados com 90°de flexão (a posição da gaveta anterior). De fato, a porção do LCA que fica tensionada com 90°de flexão[142] normalmente não é lesada na maioria das lesões de joelho na primeira ocorrência e os joelhos irão se mostrar estáveis nessa posição quando testados clinicamente. O médico também deve estar ciente de que uma lesão secundária com frequência "destrói" um ligamento (i. e., a parte restante do LCA) quando este torna-se o principal elemento de contenção na direção necessária para o deslocamento ósseo patológico. A prevenção de lesões secundárias deve, portanto, tornar-se o foco do tratamento, tentando-se proteger a articulação dentro de sua faixa de estabilidade durante e após sua cicatrização.

Esse princípio é quase sempre válido para todas as lesões articulares e baseia-se no conhecimento de que ligamentos individuais (do modo como são vistos anatomicamente) não possuem funções únicas e simples.

> Ao testar ligamentos, deve-se testá-los sempre na posição na qual foram lesionados.

Fatores específicos de cada sexo nas lesões ligamentares e na resposta à lesão

A discussão inicial deste capítulo indicou que o ambiente hormonal pode afetar o funcionamento dos ligamentos e, portanto, é provável que existam aspectos específicos de cada sexo na regulação ligamentar. Uma extensão desse conceito é que tal variação hormonal parece contribuir para o risco de lesões ligamentares. Vários relatos indicaram que mulheres atletas sofreram uma taxa muito mais alta de lesões de LCA iniciadas sem contato do que homens atletas que participam dos mesmos esportes e no mesmo nível.[127,143-145] Estudos adicionais também indicaram que a incidência de tais lesões não ocorre de modo aleatório ao longo do ciclo menstrual.[127,146,147] Embora algumas das lesões em ligamentos do joelho possam ser decorrentes em parte de questões anatômicas ou do estilo das manobras ao correr e driblar, que é passível de ser corrigido, o fato de alterações nos níveis hormonais terem sido implicadas indica que tais flutuações contribuam para o ambiente de risco.[145] Além disso, pessoas com SHAB correm um risco maior de sofrerem lesões ligamentares de joelho, provavelmente por frouxidão ligamentar, talvez por questões proprioceptivas e por outras razões.[148] Ainda não é conhecido se tal risco para lesão é uma característica geral da condição ou se mulheres com SHAB também exibem variação na frouxidão dependente do ciclo menstrual mas, caso isso ocorra, certamente impõe um risco de lesão adicional.

É interessante notar que não há relatos de aumento na incidência de lesões ligamentares em mulheres grávidas com frouxidão ligamentar alterada. Isso pode ser decorrente da modificação no padrão das atividades durante os estágios avançados da gravidez, mas muitas mulheres continuam com altos níveis de atividade durante os estágios iniciais da gestação sem que haja um aumento aparente no risco de lesões ligamentares. Há alguns relatos da gestação afetando a resposta à lesão e à reconstrução ligamentar. Em um espécime de coelho, descobriu-se que a gestação afetava as células no ligamento que estava cicatrizando, mas o protocolo experimental não permitiu que fossem tiradas conclusões relativas ao impacto de longo prazo da gestação no funcionamento do tecido cicatrizado. Em um estudo de caso, relatou-se que a gestação afetou a frouxidão de um LCA reconstruído, mas, novamente, não foi relatado o impacto a longo prazo no funcionamento do autoenxerto. Como o LCA reconstruído provavelmente passa por um processo não muito diferente do que ocorre no ligamento em cicatrização,[149] o acompanhamento a longo prazo de tais pessoas pode ser aconselhável, já que muitas mulheres jovens em idade reprodutiva estão sendo submetidas à reconstrução de LCA danificados.

Embora haja uma relativa insuficiência de informações relativas à base mecanística da relação entre risco de lesões ligamentares e variáveis específicas de cada sexo, fica claro a partir de vários estudos que os processos inflamatórios e, por extensão, os processos de cicatrização, diferem entre mulheres e homens sexualmente maduros, e que tais diferenças são afetadas pela menopausa em mulheres.[150,151] Portanto, é muito provável que a resposta às lesões ligamentares exiba alguns aspectos específicos de cada sexo. Se essas diferenças afetam a velocidade de cicatrização ou a qualidade do tecido cicatrizado é algo que ainda precisa ser elucidado.

A partir da discussão anterior, está relativamente claro que variáveis específicas de cada sexo e relacionadas aos hormônios afetam tanto o risco de lesões ligamentares como possivelmente a resposta a tais lesões. Muito da ciência básica associada à identificação da base mecanística para o risco de lesão e a resposta à lesão, assim como o modo de manipular a lesão, ainda precisam ser investigados.

Fases da cicatrização

Sangramento e inflamação

Quando os ligamentos se rompem, há dor local imediata (em virtude de fibras nociceptivas no ligamento) e sangramento (por causa do rompimento de vasos dentro e em torno do ligamento). Como ocorre quando há sangramento em outras partes, inicia-se uma resposta inflamatória imediata. Nos ligamentos extra-articulares, ocorre sangramento dentro de um espaço subcutâneo, onde pode seguir-se o estancamento. Com os ligamentos intra-articulares (p. ex., ligamentos cruzados), o sangramento continua dentro do espaço articular sem ser interrompido até que ocorra coagulação espontânea ou a pressão aumente até o ponto da pressão vascular do ligamento ser excedida e ocorrer o estancamento. Os passos seguintes são, em alguma extensão, específicos a cada ligamento e ambiente.

Em todos os casos, as plaquetas promovem a coagulação. Um coágulo de fibrina é depositado e são liberadas substâncias (fatores de crescimento) que promovem uma cascata inflamatória. Vasos locais se dilatam, células inflamatórias agudas são infiltradas e começam a aparecer células cicatriciais fibroblásticas. A primeira fase da cicatrização do ligamento, que dura de horas a dias, compreende essa cascata de eventos agudos.

Estágios da cicatrização ligamentar

- Sangramento
- Inflamação
- Proliferação de material para religação (produção de matriz cicatricial)
- Remodelamento da matriz

Proliferação do material de religação

A segunda fase da cicatrização do ligamento envolve a produção da matriz cicatricial.[127] Infelizmente, não há evidências de que uma matriz ligamentar normal possa ser produzida durante essa fase da cicatrização para qualquer ligamento. Diferentes quantidades (e possivelmente qualidades) de matriz cicatricial podem ser produzidas (podendo ser alteradas por diferentes terapias, conforme discussão adiante), mas parece haver, nos ligamentos completamente comprometidos, alguma incapacidade fundamental para regenerarem uma matriz ligamentar normal. Desse modo, os fibroblastos cicatriciais que estão se proliferando (cuja fonte continua sendo desconhecida, mas provavelmente envolve alguma combinação de fibroblastos locais e a diferenciação de células circulantes, como os macrófagos) transformam-se em trabalhadores locais, tentando produzir uma nova matriz para religar o ligamento rompido. Células inflamatórias removem simultaneamente o ligamento danificado e os restos de coágulo, tentando deixar somente uma matriz cicatricial densa no lugar da falha no ligamento.

É provável que uma falha nos ligamentos extra-articulares (p. ex., LCM) seja preenchida com uma matriz cicatricial muito viscosa em alguns dias. A cicatriz torna-se cada vez menos viscosa e mais elástica ao longo de várias semanas à medida que a inflamação diminui.

Ao contrário da crença popular de que o LCA seja incapaz de qualquer resposta de cicatrização, aparentemente um tecido cicatricial é produzido em muitas lesões de LCA. Com base em observações, a religação pela cicatriz parece ocorrer com frequência entre o LCA rompido e o ligamento cruzado posterior (LCP) ou entre o LCA rompido e algum outro local da fossa intercondilar na articulação.[152] Infelizmente, o tecido cicatricial parece surgir em locais inúteis do ponto de vista funcional e provavelmente costuma envolver a mesma cicatriz de qualidade inferior encontrada na cicatrização dos ligamentos extra-articulares. A combinação de material de qualidade inferior e a posição errada na articulação provavelmente explica a alta incidência de não cicatrização no LCA. O princípio, contudo, é de que, nessa fase de cicatrização, o material da cicatriz precisa conectar as pontas rompidas do ligamento para os locais anatômicos corretos. A incapacidade de religar locais apropriados nos ossos (i. e., entre a inserções anatômicas que se presume terem sido otimizadas pela natureza para aquele ligamento) é uma causa de falha de cicatrização. A incapacidade de produzir cicatriz suficiente é uma segunda causa de falha (i. e., o tecido cicatricial é estruturalmente inadequado). A terceira causa é a incapacidade de produzir o material correto (provavelmente a causa de falha em ligamentos submetidos a reparo cirúrgico).

Remodelamento da matriz

Uma terceira fase da cicatrização ligamentar é o remodelamento da matriz. Assim que ocorreu a religação, a matriz cicatricial se contrai, torna-se menos viscosa, mais densa e mais ordenada. Os defeitos na cicatriz (p. ex., dejetos, células adiposas, matriz frouxa, áreas inflamatórias hipercelulares e áreas sem matriz) são preenchidos.[153,154] Embora com o tempo a matriz cicatricial ligamentar se torne mais parecida com o ligamento, ela ainda tem algumas diferenças importantes na composição e na arquitetura.[155-157] A melhora na qualidade da cicatriz ocorre com o tempo, dependendo de uma variedade de fatores como, por exemplo, a mobilização da articulação.

Para aqueles interessados em revisões mais detalhadas sobre eventos morfológicos, bioquímicos, metabólicos e biomecânicos que ocorrem durante a cicatrização ligamentar em modelos experimentais de cicatrização, são recomendados alguns artigos específicos.[158-162]

Diagnóstico

Dois métodos novos para avaliar a função fisiológica do ligamento ou os resultados biomecânicos/cinemáticos foram relatados recentemente.[163-168] A função fisiológica mede o fluxo sanguíneo para os tecidos intra-articulares, enquanto a metodologia biomecânica/cinemática descreve movimentos da articulação do joelho com deficiência/reconstrução de LCA. Embora esses métodos estejam em fase de desenvolvimento, aplicações futuras poderão incluir a determinação do potencial de cicatrização dos tecidos com medidas de fluxo sanguíneo e técnicas de avaliação para reconstrução de LCA.

O novo método usado para medir o fluxo sanguíneo nas estruturas articulares é chamado de **imagem de perfusão endoscópica com *laser speckle*** (eLSPI na sigla em inglês).[166,168] O método eLSPI é uma adaptação da imagem com *laser* Doppler que permite tempos de resolução mais rápidos, que são também mais sensíveis às respostas hiperêmicas nas estruturas articulares após a reperfusão da articulação com a liberação de um torniquete.[167] Estudos da cápsula articular de coelhos mostram uma resposta linear na detecção do fluxo sanguíneo de 0 a 800 μL/minuto, com altas resoluções e velocidades de resposta rápidas.[168] A oclusão da artéria femoral diminuiu o fluxo sanguíneo em 59% no LCM do joelho do coelho.[168] Um estudo em joelhos humanos usando eLSPI constatou que alterações na perfusão eram detectadas na sinóvia, no menisco medial e no côndilo femoral medial com a oclusão do fluxo sanguíneo com torniquete e a reperfusão após liberação do torniquete, assim como em resposta a concentrações crescentes de epinefrina (um vasoconstritor) no líquido artroscópico[166] (Fig. 2.14). As medidas nos joelhos humanos eram relativas e são necessários outros estudos para obter valores mais quantitativos.

Vários pesquisadores estão usando métodos e modelos diferentes para avaliar os resultados e técnicas de reconstrução do LCA. Os diferentes métodos usam marcadores presos no fêmur e na tíbia. Em um modelo em carneiro, o grupo dirigido por Tapper et al.[169] usa um sistema de marcadores ópticos presos a placas no fêmur e na tíbia. As forças cinemáticas e articulares do joelho são medidas antes e após a reconstrução do LCA. Instruções adicionais incluem a avaliação das reconstruções do LCA e a determinação das forças do ligamento *in situ* usando tecnologia robótica para reproduzir a cinemática obtida com os sistemas de rastreamento óptico.[170] Tashman et al.[165] têm usado videorradiografia biplanar de alta velocidade para monitorar o movimento de uma conta de tântalo implantada no fêmur e na tíbia de cães. Eles monitoram a cinemática do joelho e os momentos antes e após a transecção do LCA. Nos dois modelos animais, a cinemática e as forças/momentos em torno do joelho permanecem anormais por até 2 anos.[165,170,171] Tashman et al.[163,164] aplicaram seu sistema de videorradiografia biplanar de alta velocidade em seres humanos (Fig. 2.15). Contas de tântalo foram colocadas na tíbia e no fêmur bilateralmente durante a reconstrução unilateral do LCA. A avaliação cinemática (corrida em esteira inclinada para baixo) mostrou que os joelhos reconstruídos apresentavam em média maior rotação externa e mais adução em comparação com os membros contralaterais não lesados.[164] Os valores das diferenças eram pequenos (3,8° ± 2,3° para rotação externa e 2,8° ± 1,6°para adução), porém consistentes. Um modelo de elemento finito de membro inferior está sendo construído a partir desse trabalho.[163] Essas medidas cinemáticas oferecem a oportunidade de reunir dados durante atividades mais funcionais (p. ex., caminhar, correr), mas o trabalho é preliminar e requer mais investigação antes de ser introduzido na prática clínica cotidiana.

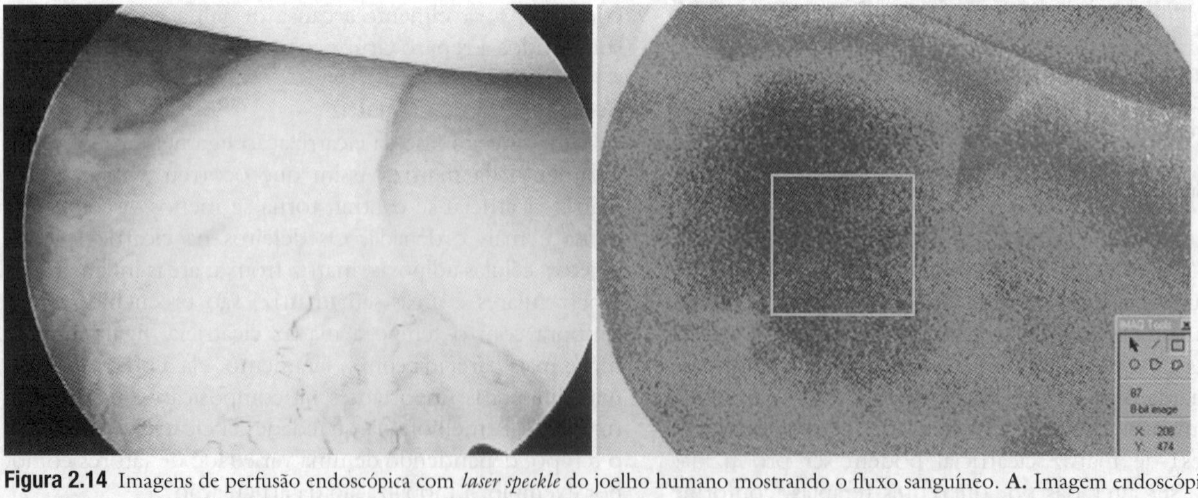

Figura 2.14 Imagens de perfusão endoscópica com *laser speckle* do joelho humano mostrando o fluxo sanguíneo. **A.** Imagem endoscópica padrão com câmera colorida. **B.** Imagem correspondente de perfusão codificada por cor mostrando fluxo lento para a zona central avascular do menisco e fluxo mais alto para a zona vascular no perímetro. (Cortesia de dr. R. B. Bray, dr. K. R. Forrester e C. Leonard, University of Calgary, Alberta, Canada.)

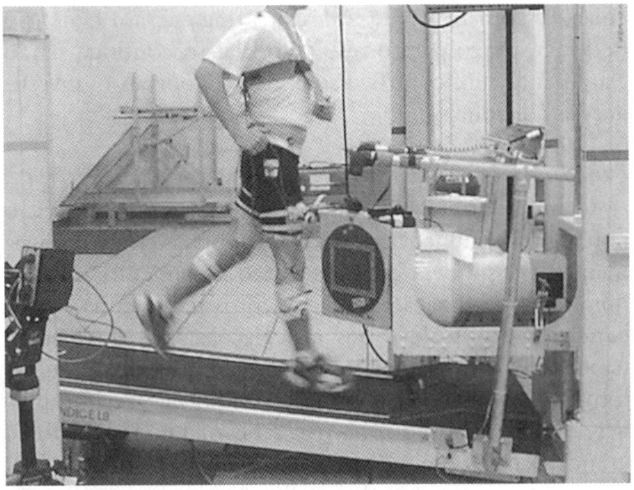

Figura 2.15 Cinemática do joelho associada com análise estereofotogramétrica radiográfica dinâmica, usando um sistema de radiografia biplanar de alta velocidade configurado para corrida em esteira inclinada para baixo. As imagens são obtidas de modo simultâneo com 250 quadros/segundo para as duas vistas (separação de 60°). (De Tashman S, Collon D, Anderson K et al. Abnormal rotational knee motion during running after anterior cruciate ligament reconstruction, *Am J Sports Med* 32:977, 2004.)

Efeitos de diferentes tratamentos na cicatrização ligamentar

Do ponto de vista clínico, para serem efetivos os tratamentos precisam melhorar a função articular e diminuir a incapacidade secundária causada pelas lesões ligamentares. Infelizmente, a prova quantitativa de que qualquer tratamento resulte em melhora verdadeira de qualquer uma dessas áreas é prejudicada pela falta de instrumentos de avaliação quantitativa, a miríade de variáveis clínicas que podem influenciar a história natural da cicatrização em qualquer caso individual e as contribuições desconhecidas de outras estruturas (que podem impor compensações em graus variáveis) no processo de cicatrização. O leitor, portanto, não deve ter ilusões falsas. Até o momento, não há um quadro claro do que qualquer tratamento realmente faz no ambiente clínico. Na melhor das hipóteses, há ideias gerais sobre o que algumas modalidades clínicas que costumam ser usadas fazem para alterar os processos de cicatrização dos tecidos ligamentares em algumas circunstâncias. Elas foram derivadas do uso de modelos animais em certas condições limítrofes e com alguns marcadores muito específicos usados como indicadores de melhora. Com base nas discussões já apresentadas sobre a estrutura e a função dos ligamentos, deve-se considerar que os ligamentos têm muitos elementos estruturais, uma composição e uma organização complexas, e um comportamento mecânico complicado. Além disso, eles nunca agem isoladamente em uma articulação. Somente algumas dessas características podem ser estudadas em qualquer experimento e nenhuma delas deve ser retratada como a característica mais importante do ligamento. Em outras palavras, o leitor deve ser alertado de que qualquer parâmetro dado (p. ex., força do ligamento), embora importante, pode não ser a medida de resultado mais importante. De modo similar, o conteúdo de colágeno ou os tipos de colágeno presentes podem não ter nenhum significado funcional. Como não é possível dizer quais comportamentos são mais importantes, as discussões costumam revolver em torno de quão "diferente a cicatrização está do normal".

A compreensão atual dos efeitos experimentais das várias terapias na cicatrização ligamentar está resumida adiante, mas o leitor deve ter o cuidado de ser crítico nas interpretações e consultar outras fontes para uma compreensão mais aprofundada desse assunto tão complexo.[4,6,172-174]

Imobilização

É quase certo que a imobilização de uma articulação lesada diminua a carga e a história de carga dos ligamentos lesados naquela articulação. Como já foi observado, a imobilização tem efeitos mecânicos prejudiciais sobre os ligamentos não lesados, tornando-os mais fracos e menos rígidos. Esse é um efeito de longa duração que leva meses para ser revertido após a remobilização.

Os efeitos da imobilização sobre os outros tecidos na articulação lesada também devem ser considerados. Foi demonstrado que a imobilidade rígida a longo prazo produz efeitos prejudiciais nas articulações diartrodiais.[175] As superfícies da cartilagem tornam-se danificadas, os ossos atrofiam e a articulação torna-se fibrosada (enrijecida). Uma articulação que foi desestabilizada por causa de uma lesão ligamentar significativa parece sofrer outros tipos de dano. Os ossos formam osteófitos, a cartilagem apresenta fibrilações e depois sofre erosão, e a articulação torna-se inflamada. Essas alterações são conhecidas como *osteoartrite*.[176] De fato, certas deficiências de ligamentos, como a deficiência do LCA, foram usadas para produzir osteoartrite em modelos animais.[177,178] Nesses casos, a imobilização da articulação tem alguns efeitos benéficos. Períodos curtos de imobilização diminuem essas alterações osteoartríticas.[178] Se a articulação não se move, é como se estivesse cineticamente estável e, portanto, relativamente protegida. Presume-se que os efeitos prejudiciais da imobilização estejam presentes, porém não parecem ser tão rápidos ou tão destrutivos quanto aqueles vistos nos mesmos modelos quando há instabilidade. Não se sabe da existência de efeitos protetores a longo prazo de tal imobilização sobre as articulações instáveis depois que essas são remobilizadas, pois esses experimentos, até onde é do conhecimento do autor, ainda não foram feitos. Pode-se supor, contudo, que, se o período de imobilização não facilitar o aumento da estabilidade da articulação (p. ex., permitindo que a estrutura danificada cicatrize ou produzindo algum enrijecimento compensatório em outras estruturas), a instabilidade causará da mesma forma osteoartrite subsequente.

A imobilização do tecido cicatricial do ligamento parece inibir a massa da cicatriz e sua qualidade.[155,179] Cicatrizes em pernas que foram imobilizadas são, portanto, menores, estruturalmente mais fracas e menos rígidas do que as cicatrizes mais largas em articulações do joelho em que o movimento foi permitido (Fig. 2.16). Cicatrizes imobilizadas também são menos viscosas (relaxam menos),

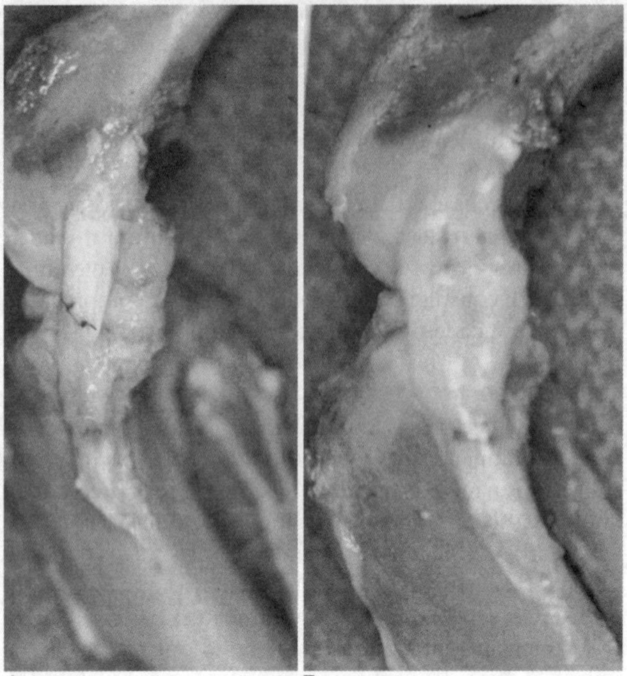

A B

Figura 2.16 Cicatrizes do ligamento colateral medial de um coelho branco da Nova Zelândia sujeitas à imobilização (**A**) e exercício (**B**). Note que a cicatriz do ligamento imobilizado é pequena em comparação com a cicatriz do ligamento exercitado. (De Frank CB. Ligament injuries: pathophysiology and healing. In Zachazewski JE, Magee DJ, Quillen WS, editors. *Athletic injuries and rehabilitation.* WB Saunders, Philadelphia, 1996, p. 21.)

deformam mais e são mais fracas em termos materiais do que seus pares não imobilizados.[93,180] Em pontos iguais no tempo, essas cicatrizes são, portanto, menos capazes de resistir à tensão sem se deformarem. Supõe-se que elas estariam mais sujeitas à nova lesão subsequente com níveis comparáveis de carga ou deformação na articulação.

O maior desconhecido no que diz respeito à imobilização (ou ao exercício) é seu efeito no comprimento do ligamento. Comprimento do ligamento refere-se à quantidade de deformação óssea que precisa ocorrer no plano normal do ligamento em questão antes que ele assuma qualquer carga. Isso corresponde ao termo clínico **frouxidão**. Está claro que, em certas instabilidades articulares, os ligamentos que estão cicatrizando são efetivamente muito "mais longos" do que seus pares normais. No joelho de coelho com uma combinação de LCM e LCA deficientes, por exemplo, o LCM que está cicatrizando é, no começo, muito mais frouxo.[178] A imobilização da articulação durante a fase inicial da cicatrização previne essa frouxidão e, assim, confere algum grau de estabilidade ao joelho sob baixas cargas. Por outro lado, a imobilização previne ao mesmo tempo a massa da cicatriz e inibe suas qualidades que permitiriam, no LCM, resistir a cargas mais elevadas. No balanço final, parece que esse benefício de curto prazo não compensa a incapacidade resultante. Isso parece ser confirmado por estudos clínicos, que até agora têm falhado em mostrar que a imobilização de articulações com LCM/LCA lesados traga algum benefício de longo prazo para o resultado.[181] Isso continua sendo claramente algo controverso e merece, portanto, investigações adicionais.

Exercício

Como ocorre com os ligamentos normais, o exercício tem algumas influências poderosas sobre as cicatrizes ligamentares. Está bem definido que o movimento articular durante a cicatrização dos ligamentos têm alguns efeitos benéficos nos tecidos das articulações, nos ligamentos não lesados e no ligamento em cicatrização, desde que as forças sobre os tecidos em cicatrização não sejam grandes demais. Contudo, não se sabe o que é uma força grande demais. Além disso, não fica claro, na maioria dos casos, como as cargas sobre os ligamentos em cicatrização podem ser modificadas, pois não está claro nem mesmo quanta carga um ligamento normal carrega em uma articulação, muito menos quando ele ou alguns de seus parceiros que compartilham a carga foram danificados.

O conceito atual é de que cargas cíclicas muito baixas sobre uma cicatriz ligamentar promovem a proliferação da cicatriz e o remodelamento do material, desse modo tornando a cicatriz mais forte e rígida em termos estruturais[160,173] e possivelmente materiais. Até onde se sabe, ainda não foi feito um experimento definitivo demonstrando que a carga sobre uma cicatriz ligamentar pode acelerar a velocidade de sua melhora material ou a aquisição de seu ponto final material. Contudo, foi demonstrado que animais que supostamente ficam mais ativos durante a cicatrização (cães) formam cicatrizes de melhor qualidade nos ligamentos colaterais do que os animais menos ativos (coelhos).[182,183] As cicatrizes do LCM canino aparentemente podem atingir 75% da força material normal, ao passo que aquelas de coelhos parecem atingir seu pico em 30 a 40% do normal. Se essas diferenças forem reais e decorrentes do movimento articular, há apoio experimental para o movimento controlado durante o reparo de ligamentos. Supõe-se que as cargas possam ser aumentadas de forma lenta, enquanto as cicatrizes ligamentares se tornam mais rígidas, em termos da habilidade de resistir à carga, ao longo de vários meses após a lesão.

Até que os limites de carga sejam definidos e que as cargas sobre os ligamentos de interesse na clínica possam ser determinadas sob condições tanto normais como patológicas (lesão), as formas empíricas atuais de movimento controlado devem ainda continuar a ser usadas.[184-187]

Gelo e calor

Baseando-se mais nas evidências clínicas do que nas experimentais, parece que o uso de gelo imediatamente após uma lesão ligamentar diminui o sangramento, o edema e a inflamação.[188-190] Isso com certeza é útil para minimizar os sinais de dor e edema que mascaram a condição. A inibição da inflamação pode também limitar o dano secundário de outras estruturas articulares, o que pode diminuir a rigidez secundária da articulação se a formação de cicatriz periarticular for inibida.

Os efeitos do gelo sobre a formação da cicatriz são desconhecidos. Se a massa da cicatriz depende dos mediadores inflamatórios, a inibição da cicatriz mediada pelo gelo pode também inibir a maturação estrutural de uma cicatriz ligamentar. O sangramento e a inflamação podem ser importantes para o processo de cicatrização propriamente dito. Do mesmo modo como muitos outros aspectos da intervenção terapêutica, isso requer mais estudo.

Os resultados casuais e experimentais a favor de que o gelo possa ser usado para manipular o fluxo sanguíneo de um tecido[191] poderiam ser invocados para sugerir que a cicatrização do ligamento seria influenciada por meio de tal mecanismo, mesmo durante as fases crônicas da cicatrização. Isso não foi estudado em ligamentos e continuamos sem saber se, afinal, o fluxo sanguíneo é um fator limitante na sua cicatrização.

O mesmo vale para o calor. Em poucas palavras, o calor aumenta a inflamação, o edema e o fluxo sanguíneo. Não se sabe quais as consequências dessas alterações na qualidade ou na quantidade da cicatrização ligamentar. Do mesmo modo, os efeitos do ultrassom sobre o tecido cicatricial continuam controvertidos e requerem mais estudo tanto no nível de ciência básica como clínica.[192-196]

Reparo cirúrgico

Observou-se no passado que o reparo cirúrgico das pontas do ligamento rompido induzia uma cicatrização mais rápida e mais forte por meio de um processo que foi comparado mais à regeneração do que à formação de cicatriz.[197,198] Trabalhos subsequentes, contudo, mostraram que, mesmo nos casos em que as pontas do ligamento eram submetidas à aposição cirúrgica imediata, ainda se formava tecido cicatricial entre as pontas, o qual poderia ou não suportar as cargas subsequentes. No caso do LCA, essa nova aposição costuma falhar tanto na clínica como experimentalmente.[198-201] No caso do LCM, a aposição das pontas torna o complexo LCM um pouco mais forte e rígido em fases de tempo comparáveis,[91] mas não causa uma regeneração verdadeira. Mesmo no melhor caso (reparo imediato com sobreposição usando-se uma incisão em zetaplastia feita no ligamento extra-articular do coelho), o complexo recupera apenas cerca de 80 a 90% da força estrutural normal. Espaços mais largos no modelo do coelho causam uma fraqueza relativa do complexo LCM decorrente do aumento na prevalência e no tamanho dos defeitos nas cicatrizes.[153] Esses defeitos fazem com que os espaços maiores na cicatriz sejam mais fracos do que os menores durante os primeiros meses de cicatrização.[91]

Se fosse possível mostrar que o reparo restaura a cinemática articular normal imediata enquanto a cicatriz se forma e é remodelada, provavelmente isso seria vantajoso. Contudo, como os reparos têm pouca probabilidade de prover resistência tensiva inicial suficiente, isso raramente ocorre. Além disso, como parece que na maioria dos casos (pelo menos para a maioria dos ligamentos extra-articulares) as pontas do ligamento estão em aposição razoável, é provável que o reparo não seja justificável para o pequeno grau de melhora estrutural que a minimização do espaço poderia criar.

Em situações nas quais se sabe que os espaços são largos (p. ex., as pontas são vistas bem separadas em uma imagem por ressonância magnética), nas quais grandes forças podem manter um espaço ligamentar (p. ex., o peso do braço separando as pontas dos ligamentos coracoclaviculares) ou nas quais possa existir um grande espaço anatômico (p. ex., o LCA), o reparo cirúrgico das pontas do ligamento pode ser justificado. Como parece que, em pelo menos alguns casos, as cicatrizes são capazes de se contraírem para minimizar a hipermobilidade articular[202] e a maioria das condições anteriores só ocorrem raramente, a abordagem cirúrgica de reparo de ligamento deve provavelmente continuar sendo restrita.

Substituição cirúrgica (enxerto)

Está sendo feita uma grande quantidade de trabalhos sobre a substituição cirúrgica de complexos ligamentares, tanto com substâncias não biológicas (i. e., artificiais) como biológicas (i. e., tendões, fáscia).[203] Está fora do escopo deste capítulo rever todos esses resultados. Contudo, alguns pontos são dignos de nota.

Jamais se mostrou que uma substituição ligamentar restaurasse totalmente a função normal. A maioria das substituições visa, em primeiro lugar, à restauração da força ou da rigidez do complexo ligamentar e, em segundo lugar, à restauração dos comportamentos sob cargas baixas, tais como a hipermobilidade articular. Nenhuma tem visado à restauração dos comportamentos viscoelásticos e nem mesmo começou-se a olhar para a possibilidade de restaurar as funções proprioceptivas. Mesmos as substituições ligamentares mais bem-sucedidas obtiveram apenas 80 a 90% da força e da rigidez ligamentar normal em circunstâncias ideais.[152-155] As melhores substituições de LCA em animais alcançaram apenas cerca de 50% da força normal do LCA, mesmo após muitos meses de cicatrização.[156,157]

Os enxertos de ligamentos, quando feitos de forma aguda e fixados com meios adequados para assegurar a mobilização articular imediata, oferecem uma vantagem distinta ao facilitar a cicatrização da articulação de acordo com os princípios já expostos. Se o enxerto controla a cinemática articular do mesmo modo como seu predecessor danificado fazia e se a articulação pode receber cargas cíclicas dentro da janela de forças aceitáveis após a substituição, presume-se que a cicatrização articular seja facilitada. As vantagens e desvantagens potenciais dessa abordagem são, obviamente, o tema de muitas investigações em curso.[158-160,201]

Tendências atuais em cicatrização ligamentar

Abordagens biológicas recentes para melhorar a cicatrização do reparo ligamentar ou enxerto ligamentar têm usado fatores de crescimento e terapia gênica. Algumas dessas pesquisas combinam as abordagens, de modo que as duas serão consideradas juntas aqui. Esta seção começa com os fatores de crescimento e depois progride para a terapia gênica.

Os fatores de crescimento são moléculas que modificam a proliferação celular ou a secreção de proteínas (matriz, outros fatores de crescimento). Foi mostrado que vários fatores de crescimento, tais como o fator de crescimento BB derivado das plaquetas, o fator de crescimento transformador BETA e o fator de crescimento da epiderme, modificam fibroblastos isolados dos ligamentos intra-articulares (LCA) e extra-articulares (LCM).[204-206] Vários estudos têm avaliado os efeitos dos fatores de crescimento nos reparos ou reconstruções ligamentares usando modelos animais.[207-213] Os resultados relatados são na maioria biomecânicos e histológicos. Eles também têm sido variáveis, a ponto de, em alguns estudos, certos parâmetros biomecânicos terem melhorado, ao passo que outros ficaram inalterados[207,211] ou não apresentaram melhoras.[213,214] Os efeitos dos fatores de crescimento foram dependentes da dose em alguns estudos,[209,211] mas não houve efeito da dose em outros.[213] Em termos histológicos, o alinhamento do colágeno foi alterado na microscopia óptica, assim como os diâmetros das fibrilas de colágeno na microscopia eletrônica.[207-209] Estudos de incorporação de enxerto ligamentar em túneis ósseos têm mostrado efeitos benéficos usando proteína morfogênica de osso (BMP-2).[210] É interessante que a administração intramuscular de BMP-13 leva à formação de tecido ligamentar e tendíneo dentro do músculo.[212]

Não é possível fazer uma caracterização que englobe a totalidade dos efeitos dos fatores de crescimento na cicatrização dos ligamentos ou enxertos; quanto muito é possível dizer no momento que a aplicação dos fatores de crescimento poderá modificar o reparo ligamentar ou as substituições com enxerto, porém várias influências nesse processo são desconhecidas e possivelmente contribuem para os resultados variáveis até agora relatados. Tais influências incluem o tipo de fator de crescimento, a dose, o método de aplicação, a complexidade do ambiente de cicatrização/remodelamento, o ligamento em questão, cargas biomecânicas sobre o ambiente de cicatrização (lesões ligamentares isoladas ou combinadas) e outros fatores ainda desconhecidos. A questão da transferência serve de ligação entre os fatores de crescimento e a terapia gênica.

Terapia gênica refere-se à modificação da expressão genética das células. Várias revisões recentes vão mais a fundo no assunto e aqui são enfatizados alguns destaques.[215-217] Gerich et al.[218] testaram vários vetores virais nos fibroblastos do LCM, do LCA e do LCP do coelho, mostrando que essas células eram susceptíveis à manipulação genética usando esses vetores. Vários grupos diferentes têm mostrado que genes marcadores podem ser expressos no LCM e no LCA de coelhos e camundongos.[219-221] A primeira transferência de fator de crescimento usando-se terapia gênica para favorecer a cicatrização ligamentar foi feita por Martinek et al.,[210] que mostraram que a transferência de BMP-2 melhorava a integração dos tecidos moles de enxertos semitendíneos nos túneis ósseos usados para reconstrução do LCA em um modelo de coelho.

Outras estratégias foram usadas para modificar a cicatrização dos ligamentos com terapia gênica. Os oligodeoxinucleotídeos (ODN), segmentos de DNA com cerca de 15 a 25 pares basais de comprimento, têm sido sintetizados para modificar a translação de mRNA para proteína[217,222,223] (Fig. 2.17). Um método para fazer isso é conjugar os ODNs a lipídios e então envolver essas vesículas lipídicas com um vírus inativado, que pode então ser transferido para o tecido-alvo (Fig. 2.18). Essa estratégia pode ser usada para fazer aumentar ou reduzir abaixo do normal a expressão de proteínas com o método ODN. Há vários outros métodos para obter o mesmo resultado (ver Fig. 2.18), No ligamento, o bloqueio ou a diminuição da expressão de moléculas com antissense ODN é promissor. Demonstrou-se que dois grupos diminuem a expressão de decorina e colágeno tipo V, duas moléculas cuja expressão aumentada foi associada com uma diminuição nos diâmetros das fibrilas de colágeno.[222,223] Foi mostrado em um modelo de reparo de LCM de coelho que a terapia gênica antissense com decorina estava associada ao retorno a uma histologia mais normal na matriz (Fig. 2.19) e à reversão dos diâmetros de pequenas fibrilas (Fig. 2.20) para uma distribuição bimodal mais normal dos diâmetros das fibrilas de colágeno[222] (Fig. 2.21). A terapia antissense com

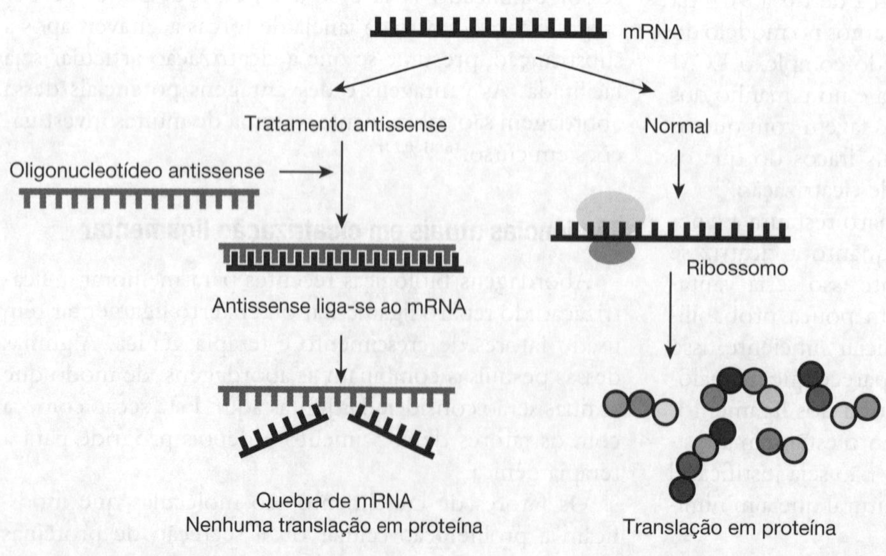

Figura 2.17 Diagrama esquemático de estratégia antissense usando oligonucleotídeos (ODNs) como intervenção na translação do RNA mensageiro.

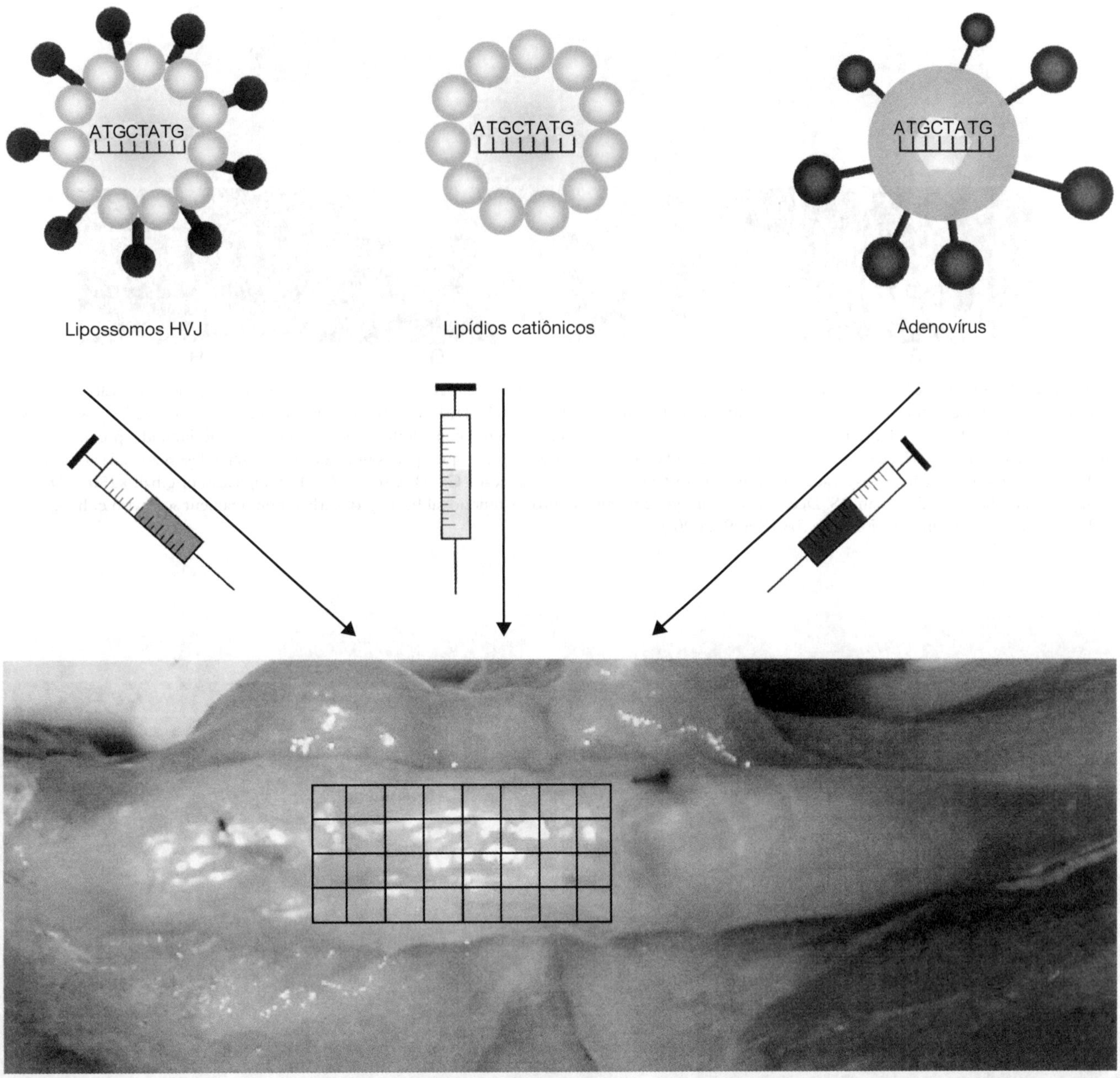

Figura 2.18 Diagrama esquemático mostrando metodologias que podem ser usadas para facilitar a emissão de oligonucleotídeo (ODN) antissense para o núcleo da célula de fibroblastos cicatriciais ligamentares, onde podem acoplar-se ao filamento sense do mensageiro RNA (mRNA) e bloquear a translação do mRNA. Exemplos de estratégias de transfecção incluem os lipossomos do vírus hemaglutinante do Japão (HVJ), lipídios catiônicos e preparações de adenovírus que podem ser injetadas em cicatrizes jovens de ligamentos por meio de seringa hipodérmica com um dispositivo de repetição usando-se uma grade de injeção colocada sobre a área da cicatriz ligamentar. (Cortesia do dr. Paul Sciore, University of Calgary, Alberta, Canada.)

decorina também melhorou as medidas biomecânicas, incluindo menos deformação com cargas baixas e aumento do pico das forças que produzem falha.[222]

Os fatores de crescimento e a terapia gênica oferecem novos métodos biológicos para favorecer o reparo ou a reconstrução dos ligamentos. O trabalho continua para determinar o melhor método de transferência, além da extensão e do momento da transferência, bem como para compreender melhor o ambiente de cicatrização. Está claro que os fatores de crescimento e a terapia gênica antissense têm múltiplos efeitos em um ambiente de cicatrização caracterizado por muitos sistemas metabólicos com algum grau de redundância.[224] Desse modo, uma intervenção específica focada em uma molécula pode ter múltiplos efeitos (imprevistos). Outras tendências usam terapia gênica, células e fatores de crescimento para fabricar substitutos de tecidos ou estruturas temporárias para mais tarde implantá-los em substituição ao tecido ausente ou disfuncional.[216,217,225] Uma área de interesse que atualmente está recebendo muita atenção é o uso de células-tronco mesenquimais, células adultas especializadas que têm o potencial de se diferenciarem em várias linhagens mesenquimais, incluindo ligamentos.[226] Essas células continuam a ser o foco da terapia gênica mediada por células

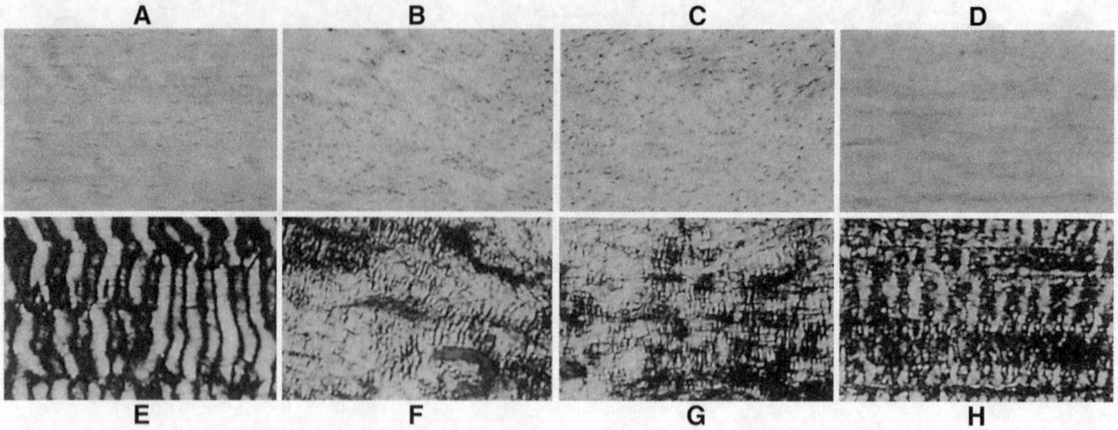

Figura 2.19 Coloração de hematoxilina e eosina do ligamento colateral medial normal (**A**), cicatriz controle com 6 semanas de injeção (**C**), cicatriz controle tratada com sense (**E**) e uma cicatriz tratada com antissense (**G**). **B**, **D**, **F**, **H** são imagens microscópicas polarizadas nos campos correspondentes a **A**, **C**, **E** e **G**, respectivamente. Uma matriz colágena relativamente bem alinhada (**G**) com restauração limitada, porém distinta do padrão de ondulação (**H**), é observada na cicatriz tratada com antissense, ao passo que apenas uma matriz colágena desorganizada com um padrão de micro-ondulações é observada nas cicatrizes controle tratadas com injeção (**C** e **D**) e sense (**E** e **F**) (ampliação original, ×250). (De Nakamura N, Hart DA, Boorman RS. Decorin antisense gene therapy improves functional healing of early rabbit ligament scar with enhanced collagen fibrillogenesis in vivo, *J Orthop Res* 18:519, 2000.)

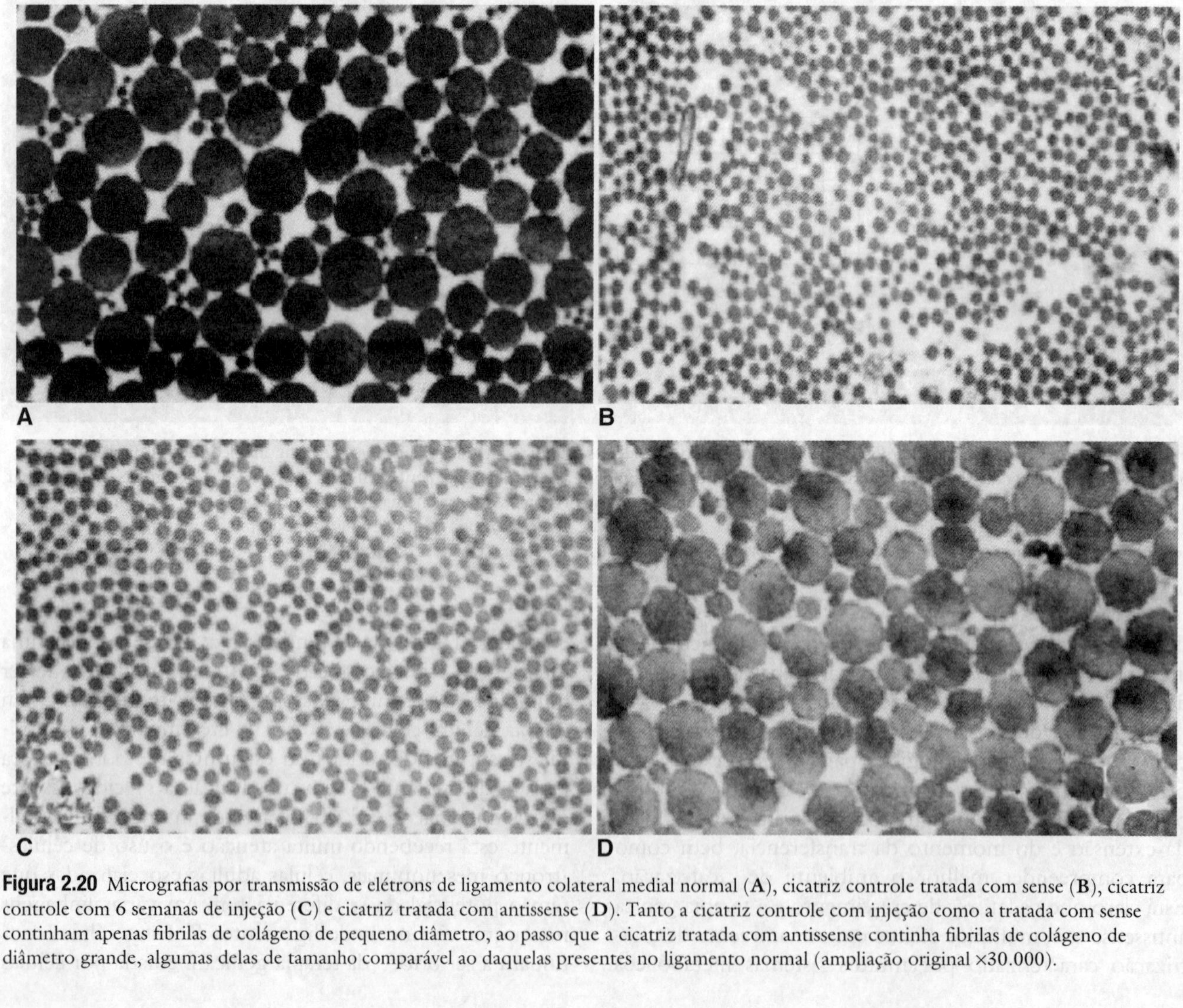

Figura 2.20 Micrografias por transmissão de elétrons de ligamento colateral medial normal (**A**), cicatriz controle tratada com sense (**B**), cicatriz controle com 6 semanas de injeção (**C**) e cicatriz tratada com antissense (**D**). Tanto a cicatriz controle com injeção como a tratada com sense continham apenas fibrilas de colágeno de pequeno diâmetro, ao passo que a cicatriz tratada com antissense continha fibrilas de colágeno de diâmetro grande, algumas delas de tamanho comparável ao daquelas presentes no ligamento normal (ampliação original ×30.000).

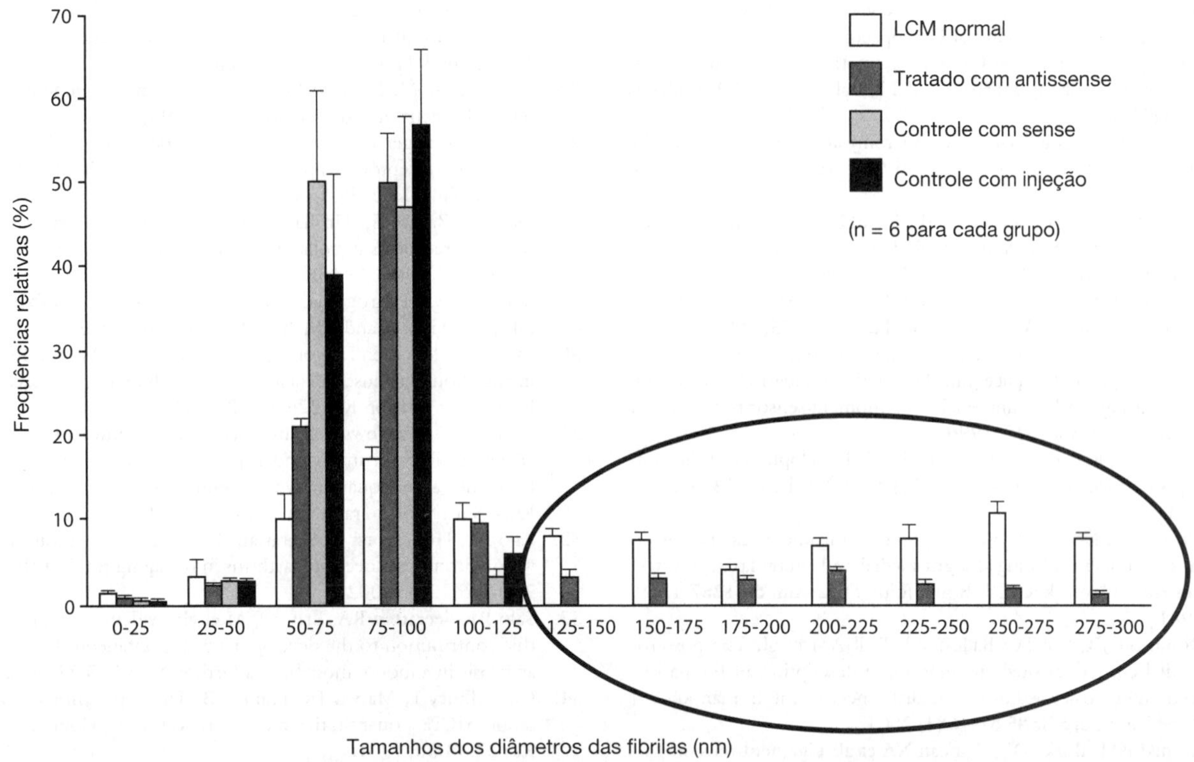

Figura 2.21 Distribuição dos diâmetros das fibrilas de colágeno em ligamentos colaterais mediais normais, controles tratados com 6 semanas de injeção, controles tratados com sense e cicatrizes tratadas com antissense. Note o desvio nos tamanhos do diâmetro das fibrilas nas cicatrizes tratadas com antissense (*área circulada no gráfico*) para as fibrilas mais largas, acima de 125 nm de diâmetro. Esse desvio não é visto naquelas cicatrizes tratadas com injeção e naquelas tratadas com sense.

para regeneração do tecido esquelético, em que poderiam ser produzidas para expressar e responder aos fatores de crescimento *in vivo* e possivelmente diferenciar-se em células esqueléticas especializadas que participariam ativamente na regeneração dos tecidos. Talvez, no futuro, o paciente possa tornar-se o doador de seus próprios tecidos de reposição reproduzidos, mas muito trabalho ainda precisa ser feito para que isso se torne realidade.

RESUMO

Os ligamentos são tecidos conjuntivos biologicamente complexos que estão apenas começando a ser compreendidos. São heterogêneos tanto na estrutura como na função e muitos compartilham funções com outros ligamentos em outra articulação.

Os ligamentos são metabolicamente ativos e estão em constante mudança ao longo do tempo. Os ligamentos normais respondem ao seu ambiente, incluindo às modalidades terapêuticas de imobilização e exercício.

Os ligamentos raramente são lesados de forma isolada e é comum que diferentes partes do ligamento sejam danificadas em uma lesão articular. Os ligamentos não se regeneram quando lesados. Eles parecem cicatrizar, quando são capazes, com variações na qualidade e na quantidade do tecido cicatricial.

As cicatrizes ligamentares respondem às modalidades terapêuticas. O exercício e a imobilização são modificadores poderosos da quantidade de cicatriz e provavelmente de sua qualidade. O movimento articular controlado, dentro de uma "janela" (ainda a ser definida) de tensão sobre os tecidos em cicatrização, parece ser o modo ideal de favorecer a cicatrização do ligamento. Outras modalidades têm mais efeitos especulativos.

Uma grande quantidade de trabalho clínico e experimental ainda precisa ser desenvolvida antes que seja possível uma abordagem terapêutica racional, em termos científicos, para todas as lesões ligamentares.

AGRADECIMENTOS

Os autores agradecem o suporte financeiro dos Institutos Canadenses de Pesquisa de Saúde (Institutes of Musculoskeletal Health and Arthritis and Gender Health), da Arthritis Society of Canada, da Alberta Heritage Foundation for Medical Research e da Health Research Foundation. David A. Hart é professor da Calgary Foundation Grace Glaum. Cy B. Frank é professor da McCaig.

REFERÊNCIAS BIBLIOGRÁFICAS

1. "Ligament" in Merriam-Webster Online Dictionary, 2004. Available at www.merriam-webster.com (accessed August 20, 2004).
2. Woo SLY, An KN, Frank CB et al: Anatomy, biology, and biomechanics of tendon and ligament. In Buckwalter JA, Einhorn TA,

Simon SR, editors: Orthopedic basic science, ed 2, Rosemont, Ill, 2000, American Academy of Orthopaedic Surgeons.
3. Basmajian JV, Slonecker CE: Grant's method of anatomy: a clinical problem-solving approach, ed 11, Baltimore, 1989, Williams & Wilkins.
4. Dienst M, Burks RT, Greis PE: Anatomy and biomechanics of the anterior cruciate ligament, Orthop Clin North Am 33:605-620, 2002.
5. Rudy TW, Livesay GA, Woo SL, Fu FH: A combined robotic/universal force sensor approach to determine in situ forces of knee ligaments, J Biomech 29:1357–1360, 1996.
6. Woo SL, Debski RE, Withrow JD, Janaushek MA: Biomechanics of knee ligaments, Am J Sports Med 27:533–543, 1999.
7. Sakane M, Woo S, Hildebrand K: The contribution of the anterior cruciate ligament to knee joint kinematics: evaluation of its in situ forces using a robot/universal force-moment sensor test system, J Orthop Sci 1:335–347, 1996.
8. Smith PN, Refshauge KM, Scarvell JM: Development of the concepts of knee kinematics, Arch Phys Med Rehabil 84:1895-1902, 2003.
9. Grood ES, Noyes FR, Butler DL et al: Ligamentous and capsular restraints preventing straight medial and lateral laxity in intact human cadaver knees, J Bone Joint Surg Am 63:1257-1269, 1981.
10. Robinson JR, Sanchez-Ballester J, Bull AM et al: The posteromedial corner revisited: an anatomical description of the passive restraining structures of the medial aspect of the human knee, J Bone Joint Surg Br 85:674-681, 2004.
11. Ahmed AM, Burke DL, Duncan NA et al: Ligament tension pattern in the flexed knee in combined passive anterior translation and axial rotation, J Orthop Res 10:854-867, 1992.
12. Chao TT, Lew WD, Lewis JL et al: Biomechanical effect of a two-segment anterior cruciate ligament graft with separate femoral attachments and differing levels of prescribed load sharing, J Orthop Res 10:868-877, 1992.
13. Sakane M, Livesay GA, Fox FJ et al: Relative contribution of the ACL, MCL and bony contact to the anterior stability of the knee, Knee Surg Sports Traumatol Arthrosc 7:93-97, 1999.
14. Ahmed AM, McLean C: In vitro measurement of the restraining role of the anterior cruciate ligament during walking and stair ascent, J Biomech Eng 124:768-779, 2002.
15. Shelburne KB, Pandy MG, Torry MR: Comparison of shear forces and ligament loading in the healthy and ACL-deficient knee during gait, J Biomech 37:313-319, 2004.
16. Goldstein J, Bosco JA III: The ACL-deficient knee: natural history and treatment options, Bull Hosp Joint Dis 60:173-178, 2001-2002.
17. Ma CB, Papageogiou CD, Debski RE, Woo SL: Interaction between the ACL graft and MCL in a combined ACL+MCL knee injury using a goat model, Acta Orthop Scand 71:387-393, 2000.
18. Davies H, Unwin A, Aichroth P: The posterolateral corner of the knee: anatomy, biomechanics and management of injuries, Injury 35:68-75, 2004.
19. Tashman S, Anderst W, Kolowich P et al: Kinematics of the ACL-deficient canine knee during gait: serial changes over two years, J Orthop Res 22:931-941, 2004.
20. Solomonow M: Ligaments: a source of work-related musculoskeletal disorders, J Electromyogr Kinesiol 14:49-60, 2004.
21. Krogsgaard MR, Dyhre-Poulsen P, Fischer-Rasmussen T: Cruciate ligament reflexes, J Electromyogr Kinesiol 12:177-182, 2002.
22. Sjolander P, Johansson H, Djupsjobacka M: Spinal and supraspinal effects of activity in ligament afferents, J Electromyogr Kinesiol 12:167-176, 2002.
23. Hogervorst T, Brand RA: Mechanoreceptors in joint function, J Bone Joint Surg Am 80:1365-1378, 1998.
24. Ackermann PW, Li J, Finn A et al: Autonomic innervation of tendons, ligaments and joint capsules: a morphologic and quantitative study in the rat, J Orthop Res 19:372-378, 2001.
25. Dyhre-Poulsen P, Krogsgaard MR: Muscular reflexes elicited by electrical stimulation of the anterior cruciate ligament in humans, J Appl Physiol 89:2191-2195, 2000.
26. Solomonow M, Lewis J: Reflex from the ankle ligaments of the feline, J Electromyogr Kinesiol 12:193-198, 2002.
27. Raunest J, Sager M, Burgener E: Proprioception of the cruciate ligaments: receptor mapping in an animal model, Arch Orthop Trauma Surg 118:159-163, 1998.
28. Delgado-Baeza E, Utrilla-Mainz V, Contreras-Porta J et al: Mechanoreceptors in collateral knee ligaments: an animal experiment, Int Orthop 23:168-171, 1999.
29. Solomonow M, Krogsgaard M: Sensorimotor control of knee stability: a review, Scand J Med Sci Sports 11:64-80, 2001.
30. Pyndt Diederichsen L, Norregaard J, Krogsgaard M et al: Reflexes in the shoulder muscles elicited from the human coracoacromial ligament, J Orthop Res 22:976-983, 2004.
31. Witonski D, Wagrowska-Danilewicz M: Distribution of substance--P nerve fibers in intact and ruptured human anterior cruciate ligament: a semiquantitative immunohistochemical assessment, Knee Surg Sports Traumatol Arthrosc 12:497-502, 2004.
32. Salo PT, Hogervorst T, Seerattan RA et al: Selective joint denervation promotes knee osteoarthritis in the aging rat, J Orthop Res 20:1256-1264, 2002.
33. Salo PT, Seeratten RA, Erwin WM et al: Evidence for a neuropathic contribution to the development of spontaneous knee osteoarthrosis in a mouse model, Acta Orthop Scand 73:77-84, 2002.
34. Chowdhury P, Matyas JR, Frank CB: The "epiligament" of the rabbit MCL: a quantitative morphological study, Connect Tissue Res 27:33-50, 1991.
35. Gupte CM, Bull AM, Thomas RD, Amis AA: A review of the function and biomechanics of the meniscofemoral ligaments, Arthroscopy 19:161-171, 2003.
36. Sims WF, Jacobson KE: The posteromedial corner of the knee: medial-sided injury patterns revisited, Am J Sports Med 32:337-345, 2004.
37. LaPrade RF, Ly TV, Wentorf FA et al: The posterolateral attachments of the knee: a qualitative and quantitative morphologic analysis of the fibular collateral ligament, popliteus tendon, popliteofibular ligament, and lateral gastrocnemius tendon, Am J Sports Med 31:854-860, 2003.
38. Petersen W, Tillmann B: Structure and vascularization of the cruciate ligaments of the human knee joint, Anat Embryol 200:325-334, 1999.
39. Unterhauser FN, Bail HJ, Jurgen H et al: Endoligamentous revascularization of an anterior cruciate ligament graft, Clin Orthop 414:276-288, 2003.
40. Scapinelli R: Vascular anatomy of the human cruciate ligaments and surrounding structures, Clin Anat 10:151-162, 1997.
41. Bray RC, Rangayyan RM, Frank CB: Normal and healing ligament vascularity: a quantitative histological assessment in the adult rabbit medial collateral ligament, J Anat 188:87-95, 1996.
42. Bray RC, Fisher AW, Frank CB: Fine vascular anatomy of adult rabbit knee ligaments, J Anat 172:69-79, 1990.
43. Bray RC: Blood supply of ligaments: a brief overview, Orthopaedics 3:39-48, 1995.
44. Bray RC, Rangayyan RM, Eng K et al: A study of vascular behaviour in normal and healing medial collateral ligaments, Trans Orthop Res Soc 18:57, 1993.
45. Wyland DJ, Dahners LE: The effects of nerve injury on ligament healing in a rat model, Clin Orthop 307:255-259, 1994.
46. Sharma L: Proprioception in osteoarthritis. In Brandt K, Doherty M, Lohmander SL, editors: Osteoarthritis, New York, 2003, Oxford University Press.
47. Raunest J, Sager M, Burgener E: Proprioception of the cruciate ligaments: receptor mapping in an animal model, Arch Orthop Trauma Surg 118:159-163, 1998.
48. McDougall JJ, Bray RC, Sharkey KA: Morphological and immunohistochemical examination of nerves in normal and injured

collateral ligaments of rat, rabbit and human knee joints, Anat Rec 248:29-39, 1997.

49. Amiel D, Frank CB, Harwood FL et al: Tendons and ligaments: a morphological and biochemical comparison, J Orthop Res 1:257-265, 1983.
50. Yahia L-H, Drouin G: Microscopical investigation of canine anterior cruciate ligament and patellar tendon: collagen fascicle morphology and architecture, J Orthop Res 7:243-251, 1989.
51. Kennedy JC, Weinberg HW, Wilson AS: Anatomy and function of the anterior cruciate ligament: as determined by clinical and morphologic studies, J Bone Joint Surg Am 56:223-235, 1974.
52. Frank CB, Woo SL-Y, Andriacchi TP et al: Normal ligament: structure, function and composition. In Woo SL-Y, Buckwalter JA, editors: Injury and repair of the musculoskeletal soft tissues, Park Ridge, Ill, 1988, American Academy of Orthopaedic Surgeons.
53. Frank CB, Hart DA: The biology of tendons and ligaments. In Mow VC, Ratcliffe A, Woo SL-Y, editors: Biomechanics of diarthrodial joints, New York, 1990, Springer-Verlag.
54. Benjamin M, Ralphs JR: Tendons and ligaments: an overview, Histol Histopathol 12:1135-1144, 1997.
55. Benjamin M, Ralphs JR: The cell and developmental biology of tendons and ligaments, Int Rev Cytol 196:85-130, 2000.
56. Lo IK, Rattner JP, Hart DA et al: The cellular networks of normal ovine medial collateral and anterior cruciate ligaments are not accurately recapitulated in scar tissue, J Anat 200:283-296, 2002.
57. Schwab W, Hofer A, Kasper M: Immunohistochemical distribution of connexin 43 in the cartilage of rats and mice, Histochem J 30:413-419, 1998.
58. Lo IK, Chi S, Ivie T et al: The cellular matrix: a feature of tensile bearing dense soft connective tissues, Histol Histopathol 17:523-537, 2002.
59. Poole CA, Jensen CG, Synder JA et al: Confocal analysis of primary cilia structure and colocalization with the Golgi apparatus in chondrocytes and aortic smooth muscle cells, Cell Biol Int 21:483-494, 1997.
60. Wheatley D: Primary cilia: new perspectives, Cell Biol Int 28:75-77, 2004.
61. Canty EG, Lu Y, Meadows RS et al: Coalignment of plasma membrane channels and protrusions (fibripositors) specifies the parallelism of tendon, J Cell Biol 165:553-563, 2004.
62. Cooper RR, Misol S: Tendon and ligament insertion: a light and electron microscope study, J Bone Joint Surg Am 52:1-20, 1970.
63. Woo SL-Y, Maynard J, Butler DL et al: Ligament, tendon and joint capsule insertions into bone. In Woo SL-Y, Buckwalter JA, editors: Injury and repair of the musculoskeletal soft tissues, Park Ridge, Ill, 1988, American Academy of Orthopaedic Surgeons.
64. Matyas JR, Bodie D, Andersen M et al: The developmental morphology of a "periosteal" ligament insertion: growth and maturation of the tibial insertion of the rabbit medial collateral ligament, J Orthop Res 8:412-424, 1990.
65. Matyas JR, Anton MG, Shrive NG et al: Stress governs tissue phenotype at the femoral insertion of the rabbit MCL, J Biomech 28:147-157, 1995.
66. Gao J, Messner K: Quantitative comparison of soft tissue–bone interface at chondral ligament insertions in the rabbit knee joint, J Anat 188:367-373, 1996.
67. Messner K: Postnatal development of the cruciate ligament insertions in the rat knee: morphological evaluation and immunohistochemical study of collagens types I and II, Acta Anat (Basel) 160:261-268, 1997.
68. Wei X, Messner K: The postnatal development of the insertions of the medial collateral ligament in the rat knee, Anat Embryol (Berl) 193:53-59, 1996.
69. Amiel D, Billings E, Akeson WH: Ligament structure, chemistry, and physiology. In Daniel DD, Akeson WH, O'Connor JJ, editors: Knee ligaments: structure, function, injury and repair, New York, 1990, Raven Press.
70. Thornton GM, Shrive NG, Frank CB: Altering ligament water content affects ligament pre-stress and creep behaviour, J Orthop Res 19:845-851, 2001.
71. Abramowitch SD, Woo SL, Clineff TD et al: An evaluation of the quasi-linear viscoelastic properties of the healing medial collateral ligament in a goat model, Ann Biomed Eng, 32:329-335, 2004.
72. Bray RC, Frank CB, Miniaci A: Structure and function of diarthrodial joints. In McGinty JB, editor: Operative arthroscopy, New York, 1991, Raven Press.
73. Prockop DJ, Kivirikko KI: Collagens: molecular biology, diseases, and potentials for therapy, Ann Rev Biochem 64:403-434, 1995.
74. Kadler K: Extracellular matrix 1: fibril-forming collagens, Protein Profile 2:491-619, 1995.
75. Myllyharju J, Kivirikko KI: Collagens and collagen-related diseases, Ann Med 33:7-21, 2001.
76. Kielty CM, Grant ME: The collagen family: structure, assembly, and organization in the extracellular matrix. In Royce PM, Steinmann B, editors: Connective tissue and its heritable disorders. molecular, genetic, and medical aspects, ed 2, New York, 2002, Wiley-Liss.
77. Niyibizi C, Visconti CS, Kavalkovich K, Woo SL: Collagens in an adult bovine medial collateral ligament: immunofluorescence localization by confocal microscopy reveals that type XIV collagen predominates at the ligament-bone junction, Matrix Biol 14:743-751, 1995.
78. Bland YS, Ashhurst DE: Changes in the distribution of fibrillar collagens in the collateral and cruciate ligaments of the rabbit knee joint during fetal and postnatal development, Histochem J 28:325-334, 1996.
79. Ilic MZ, Carter P, Tyndall A et al: Proteoglycans and catabolic products of proteoglycans present in ligament, Biochem J 385:381-388, 2005.
80. Shrive NG, Thornton GM, Hart DA et al: Ligament mechanics: structural behaviour and material properties of normal and healing ligaments. In Pedowitz RA, O'Connor JJ, Akeson WH, editors: Daniel's knee injuries: ligament and cartilage structure, function, injury and repair, ed 2, Philadelphia, 2003, Lippincott Williams & Wilkins.
81. Woo SL-Y, Debski RE, Withrow JD et al: Biomechanics of knee ligaments, Am J Sports Med 27:533-543, 1999.
82. Fleming BC, Beynnon BD: In vivo measurement of ligament/tendon strains and forces: a review, Ann Biomed Eng 32:318-328, 2004.
83. Dienst M, Burks RT, Greis PE: Anatomy and biomechanics of the anterior cruciate ligament, Orthop Clin North Am 33:605-620, 2002.
84. Murao T, Ochi M, Jitsuiki J et al: The adverse effects of sectioning the posterior cruciate ligament in rabbits: changes in the structural and morphological properties of the femur-anterior cruciate ligament–tibia complex, Arch Orthop Trauma Surg 116:1-5, 1997.
85. Woo SL, Hollis JM, Adams DJ et al: Tensile properties of the human femur–anterior cruciate ligament–tibia complex: the effects of specimen age and orientation, Am J Sports Med 19:217-225, 1991.
86. Thornton GM, Shrive NG, Frank CB: Ligament creep recruits fibres at low stresses and can lead to modulus-reducing fibre damage at higher creep stresses: a study in the rabbit medial collateral ligament model, J Orthop Res 20:967-974, 2002.
87. Arnold MP, Blankevoort L, ten Ham A et al: Twist and its effect on ACL graft forces, J Orthop Res 22:963-969, 2004.
88. Blevins FT, Hecker AT, Bigler GT et al: The effects of donor age and strain rate on the biomechanical properties of bone–patellar tendon–bone allografts, Am J Sports Med 22:328-333, 1994.
89. Tashman S, Collon D, Anderson K et al: Abnormal rotational knee motion during running after anterior cruciate ligament reconstruction, Am J Sports Med 32:975-983, 2004.
90. Musahl V, Lehner A, Watanabe Y et al: Biology and biomechanics, Curr Opin Rheumatol 14:127-133, 2002.

91. Chimich D, Frank C, Shrive N et al: The effects of initial end contact on medial collateral ligament healing: a morphological and biomechanical study in the rabbit model, J Orthop Res 9:37-47, 1991.
92. Abramowitch SD, Woo SL: An improved method to analyze the stress relaxation of ligaments following a finite ramp time based on the quasi-linear viscoelastic theory, J Biomech Eng 126:92-97, 2004.
93. Thornton GM, Boorman RS, Shrive NG et al: Medial collateral ligament autografts have increased creep response for at least two years and early immobilization makes this worse, J Orthop Res 20:346-352, 2002.
94. Adeeb S, Ali A, Shrive N et al: Modelling the behaviour of ligaments: a technical note, Comput Methods Biomech Biomed Eng 7:33-42, 2004.
95. Hingorani RV, Provenzano PP, Lakes RS et al: Nonlinear viscoelasticity in rabbit medial collateral ligament, Ann Biomed Eng 32:306-312, 2004.
96. Lam TC, Frank CB, Shrive NG: Changes in the cyclic and static relaxations of the rabbit medial collateral ligament complex during maturation, J Biomech 26:9-17, 1993.
97. Chimich D, Frank C, Shrive N et al: Water content alters viscoelastic behaviour of the normal adolescent rabbit medial collateral ligament, J Biomech 25:831-837, 1992.
98. Hawkins D: Ligament. In Biomechanics of musculoskeletal tissues, Davis, Calif, 2001, University of California-Davis.
99. Lam TC, Shrive NG, Frank CB: Variations in rupture site and surface strains at failure in the maturing rabbit medial collateral ligament, J Biomech Eng 117:455-461, 1995.
100. Amiel D, Kuiper SD, Wallace CD et al: Age-related properties of medial collateral ligament and anterior cruciate ligament: a morphologic and collagen maturation study in the rabbit, J Gerontol 46:B159-B165, 1991.
101. Frank CB, Matyas JR, Hart DA: Aging of the medial collateral ligament (MCL): interdisciplinary studies. In Buckwalter JA, Goldberg VM, Woo SL-Y, editors, Musculoskeletal soft-tissue aging: impact on mobility, Rosemont, Ill, 1994, American Academy of Orthopaedic Surgeons.
102. Sargon MF, Doral MN, Atay OA: Age-related changes in human PCLs: a light and electron microscopic study. Knee Surg Sports Traumatol Arthrosc, 12:280-284, 2004.
103. Osakabe T, Hayashi M, Hasegawa K et al: Age- and gender-related changes in ligament components, Ann Clin Biochem 38:527-532, 2001.
104. Hamlet H, Liu SH, Panossian V et al: Primary immunolocalization of androgen target cells in the human anterior cruciate ligament, J Orthop Res 15:657-663, 1997.
105. Sciore P, Frank CB, Hart DA: Identification of sex hormone receptors in human and rabbit ligaments of the knee by reverse transcription-polymerase chain reaction: evidence that receptors are present in tissue from both male and female subjects, J Orthop Res 16:604-610, 1998.
106. Sherwood OD: Relaxin's physiologic roles and other diverse actions, Endocr Rev 25:205-234, 2004.
107. Hart DA, Reno C, Frank CB, Shrive NG: Pregnancy affects cellular activity, but not tissue mechanical properties, in the healing rabbit medial collateral ligament, J Orthop Res 18:462-471, 2000.
108. Grahame R: 'The hypermobility syndrome', Ann Rheum Dis 49:199-200, 1990.
109. Baum J, Larsson L-G: Hypermobility syndrome: new diagnostic criteria, J Rheumatol 27:1586-1587, 2000.
110. Gurley-Green S: Living with the hypermobility syndrome, Rheumatology 40:487-489, 2001.
111. Hakim A, Grahame R: Joint hypermobility, Baillieres Best Pract Res Clin Rheumatol 17:989-1004, 2003.
112. Hakim AJ, Cherkas LF, Grahame R et al: The genetic epidemiology of joint hypermobility: a population study of female twins, Arthritis Rheum 50:2640-2644, 2004.
113. Child AH: Joint hypermobility syndrome: inherited disorder of collagen synthesis, J Rheumatol 13:239-243, 1986.
114. Zweers MC, Hakim AJ, Grahame R et al: Joint hypermobility syndromes: the pathophysiologic role of tenascin-X gene defects, Arthritis Rheum 50:2742-2749, 2004.
115. Grahame R: Heritable disorders of connective tissue, Baillieres Best Pract Res Clin Rheumatol 14:345-361, 2000.
116. Karageanes SJ, Blackburn K, Vangelos ZA: The association of the menstrual cycle with the laxity of the anterior cruciate ligament in adolescent female athletes, Clin J Sports Med 10:162-168, 2000.
117. Lebrun CM, Rumball JS: Relationship between athletic performance and menstrual cycle, Curr Womens Health Rep 1:232-240, 2001.
118. Belanger MJ, Moore DC, Crisco JJ III et al: Knee laxity does not vary with the menstrual cycle before or after exercise, Am J Sports Med 32:1150-1157, 2004.
119. Deie M, Sakamaki Y, Sumen Y: Anterior knee laxity in young women varies with their menstrual cycle, Int Orthop 26:154-156, 2002.
120. Yu WD, Panossian V, Hatch JD et al: Combined effects of estrogen and progesterone on the anterior cruciate ligament, Clin Orthop 383:268-281, 2001.
121. Seneviratne A, Attia E, Williams RJ et al: The effect of estrogen on ovine anterior cruciate ligament fibroblasts: cell proliferation and collagen synthesis, Am J Sports Med 32:1613-1618, 2004.
122. Arendt EA, Bershadsky B, Agel J: Periodicity of noncontact anterior cruciate ligament injuries during the menstrual cycle, J Gend Specif Med 5:19-26, 2002.
123. Schauberger CW, Rooney BL, Goldsmith L et al: Peripheral joint laxity increases in pregnancy but does not correlate with serum relaxin levels, Am J Obstet Gynecol 174:667-671, 1996.
124. Marnach ML, Ramin KD, Ramsey PS et al: Characterization of the relationship between joint laxity and maternal hormones in pregnancy, Obstet Gynecol 101:331-335, 2003.
125. Hart DA, Boykiw R, Sciore P, Reno C: Complex alterations in gene expression occur in the knee ligaments of the skeletally mature multiparous rabbit during pregnancy, Biochim Biophys Acta 1397:331-341, 1998.
126. Hart DA, Sciore P, Boykiw R, Reno C: Pregnancy induces complex changes in the the pattern of mRNA expression in knee ligaments of the adolescent rabbit, Matrix Biol 17:21-34, 1998.
127. Akeson WH, Woo SL-Y, Amiel D et al: The chemical basis of tissue repair: the biology of ligaments. In Hunter LY, Funk FJ, editors: Rehabilitation of the injured knee, St. Louis, 1984, CV Mosby.
128. Akeson, WH, Amiel D, Abel MF et al: Effects of immobilization on joints, Clin Orthop Relat Res 219: 28-37, 1987.
129. Amiel D, Akeson WH, Harwood FL et al: Stress deprivation effect on metabolic turnover of the medial collateral ligament collagen: a comparison between 9- and 12-week immobilization, Clin Orthop Relat Res 172:265-270, 1983.
130. Yasuda K, Hayashi K: Changes in biomechanical properties of tendons and ligaments from joint disuse, Osteoarthritis Cartilage 7:122-129, 1999.
131. Frank CB, Hart DA: The biology of tendons and ligaments. In Mow VC, Ratcliffe A, Woo SL-Y, editors: Biomechanics of diarthrodial joints, New York, 1990, Springer-Verlag.
132. Woo SL, Matthews JV, Akeson WH et al: Connective tissue response to immobility: correlative study of biomechanical and biochemical measurements of normal and immobilized rabbit knees, Arthritis Rheum 18:257-264, 1975.
133. Woo SL-Y, Wang CW, Newton PO et al: The response of ligaments to stress deprivation and stress enhancement: biomechanical studies. In Daniel DM, Akeson WH, O'Connor JJ, editors, Knee ligaments: structure, function, injury and repair, New York, 1990, Raven Press.
134. Amiel D, Woo SL, Harwood FL, Akeson WH: The effect of immobilization on collagen turnover in connective tissue: a biochemical-biomechanical correlation, Acta Orthop Scand 53:325-332, 1982.

135. Woo SL, Gomez MA, Sites TJ et al: The biomechanical and morphological changes in the medial collateral ligament of the rabbit after immobilization and remobilization, J Bone Joint Surg Am 69:1200-1211, 1987.
136. Noyes FR: Functional properties of knee ligaments and alterations induced by immobilization: a correlative biomechanical and histological study in primates, Clin Orthop Relat Res 123:210-242, 1977.
137. Harwood FL, Amiel D: Differential metabolic responses of periarticular ligaments and tendon to joint immobilization, J Appl Physiol 72:1687-1691, 1992.
138. Newton PO, Woo SL, Kitabayashi LR et al: Ultrastructural changes in knee ligaments following immobilization, Matrix 10:314-319, 1990.
139. Woo SL, Gomez MA, Woo YK, Akeson WH: Mechanical properties of tendons and ligaments II: the relationships of immobilization and exercise on tissue remodeling, Biorheology 19:397-408, 1982.
140. Malanga GA, Andrus S, Nadler SF et al: Physical examination of the knee: a review of the original test description and scientific validity of common orthopaedic tests, Arch Phys Med Rehabil 84:592-603, 2003.
141. Scholten RJ, Opstelten W, van der Plas CG et al: Accuracy of physical diagnostic tests for assessing ruptures of the anterior cruciate ligament: a meta-analysis, J Fam Pract 52:689-694, 2003.
142. Jackson RW: The torn ACL: Natural history of untreated lesions and rationale for selective treatment. In Feagin JA, editor: The cruciate ligaments, New York, 1988, Churchill Livingstone.
143. Arendt EA: Anterior cruciate ligament injuries, Curr Womens Health Rep 1:211-217, 2001.
144. Slauterbeck JR, Fuzie SF, Smith MP et al: The Menstrual Cycle, Sex Hormones, and Anterior Cruciate Ligament Injury, J Athl Train 37:275-278, 2002.
145. Griffen LY, Agel J, Albohm MJ et al: Noncontact anterior cruciate ligament injuries: risk factors and prevention strategies, J Am Acad Orthop Surg 8:141-150, 2000.
146. Wojtys EM, Huston LJ, Lindenfeld TN et al: Association between the menstrual cycle and anterior cruciate ligament injuries in female athletes, Am J Sports Med 26:614-619, 1998.
147. Wojtys EM, Huston LJ, Boynton MD et al: The effect of the menstrual cycle on anterior cruciate ligament injuries in women as determined by hormone levels, Am J Sports Med 30:182-188, 2002.
148. Grahame R: Pain, distress and joint hyperlaxity, Joint Bone Spine 67:157-163, 2000.
149. Belcher AM, Richmond JC: Transient laxity of an anterior cruciate ligament-reconstructed knee related to pregnancy, Arthroscopy 14:77-79, 1998.
150. Ashcroft GS, Greenwell-Wild T, Horan MA et al: Topical estrogen accelerates cutaneous wound healing in aged humans associated with an altered inflammatory response, Am J Pathol 155:1137-1146, 1999.
151. Ashcroft GS, Ashworth JJ: Potential role of estrogens in wound healing, Am J Clin Dermatol 4:737-743, 2003.
152. Lo IK, de Maat GH, Valk JW et al: The gross morphology of torn human anterior cruciate ligaments in unstable knees, Arthroscopy 15:301-306, 1999.
153. Shrive N, Chimich D, Marchuk L et al: Soft-tissue "flaws" are associated with the material properties of the healing rabbit medial collateral ligament, J Orthop Res 13:923-929, 1995.
154. Bray RC, Leonard C, Salo PT: Correlation of healing capacity with vascular response in the anterior cruciate and medial collateral ligaments of the rabbit, J Orthop Res 21:1118-1123, 2003.
155. Padgett LR, Dahners LE: Rigid immobilization alters matrix organization in the injured rat medial collateral ligament, J Orthop Res 10:895-900, 1992.
156. Frank C, Schachar N, Dittrich D: Natural history of healing in the repaired medial collateral ligament, J Orthop Res 1:179-188, 1983.
157. Frank C, Amiel D, Woo SL, Akeson W: Normal ligament properties and ligament healing, Clin Orthop Relat Res 196:15-25, 1985.
158. Akeson WH, Woo SL-Y, Amiel D et al: The chemical basis of tissue repair: the biology of ligaments. In Hunter LY, Funk FJ, editors: Rehabilitation of the injured knee, St. Louis, 1984, CV Mosby.
159. Frank CB: Ligament healing: current knowledge and clinical applications, J Am Acad Orthop Surg 4:74-83, 1996.
160. Hildebrand KA, Frank CB: Scar formation and ligament healing, Can J Surg 41:425-429, 1998.
161. Frank CB, Shrive NG, Lo IK et al: Form and function of tendon and ligament. In Buckwalter JA, Einhorn TA, Simon SR, editors: Orthopaedic basic science: biology and biomechanics of the musculoskeletal system, ed 3, Rosemont, Ill, 2007, American Academy of Orthopaedic Surgeons.
162. Woo SL-Y, Tkach LV: The cellular and matrix response of ligaments and tendons to mechanical injury. In Leadbetter WB, Buckwalter JA, Gordon SL, editors: Sports-induced inflammation, Rosemont, Ill, 1990, American Academy of Orthopaedic Surgeons.
163. Beillas P, Papaioannou G, Tashman S et al: A new method to investigate in vivo knee behavior using a finite element model of the lower limb, J Biomech 37:1019-1030, 2004.
164. Tashman S, Collon D, Anderson K et al: Abnormal rotational knee motion during running after anterior cruciate ligament reconstruction, Am J Sports Med 32:975-983, 2004.
165. Tashman S, Anderst W, Kolowich P et al: Kinematics of the ACL-deficient canine knee during gait: serial changes over two years, J Orthop Res 22:931-941, 2004.
166. Bray RC, Forrester KR, Reed J et al: Endoscopic laser speckle imaging of tissue blood flow: applications in the human knee, J Orthop Res 24:1650-1659, 2006.
167. Forrester KR, Stewart C, Tulip J et al: Comparison of laser speckle and laser Doppler perfusion imaging: measurement in human skin and rabbit articular tissue, Med Biol Eng Comput 40:687-697, 2002.
168. Forrester KR, Stewart C, Leonard C et al: Endoscopic laser imaging of tissue perfusion: new instrumentation and technique, Lasers Surg Med, 33:151-157, 2003.
169. Tapper JE, Ronsky JL, Powers MJ et al: In vivo measurement of the dynamic 3-D kinematics of the ovine stifle joint, J Biomech Eng 126:301-305, 2004.
170. Howard RA, Rosvold JM, Tapper JE et al: Measurement of loads in the ovine stifle joint during in-vitro robotic reproduction of in-vivo kinematics, International Symposium on Ligaments and Tendons IV, San Francisco, March 2004.
171. Tapper J, Funakoshi Y, Hariu M et al: Kinematic changes after ligament transection during walking, incline walking and trotting in an animal model of osteoarthritis, presented at the 19th Congress of the International Society of Biomechanics, Dunedin, New Zealand, 2003.
172. Vunjak-Novakovic G, Altman G, Horan R et al: Tissue engineering of ligaments, Annu Rev Biomed Eng 6:131-156, 2004.
173. Beynnon BD, Johnson RJ, Fleming BC: The science of anterior cruciate ligament rehabilitation, Clin Orthop Relat Res 402:9-20, 2002.
174. Benjamin M, Hillen B: Mechanical influences on cells, tissues and organs: "mechanical morphogenesis," Eur J Morphol 41:3-7, 2003.
175. Brandt KD: Response of joint structures to inactivity and to reloading after immobilization, Arthritis Rheum 49:267-271, 2003.
176. Sharma L: The role of proprioceptive deficits, ligamentous laxity, and malalignment in development and progression of knee osteoarthritis, J Rheumatol Suppl 70:87-92, 2004.
177. Bluteau G, Gouttenoire J, Conrozier T et al: Differential gene expression analysis in a rabbit model of osteoarthritis induced by anterior cruciate ligament (ACL) section, Biorheology 39:247-258, 2002.

178. Bray RC, Shrive NG, Frank CB et al: The early effects of joint immobilization on medial collateral ligament healing in an ACL-deficient knee: a gross anatomic and biomechanical investigation in the adult rabbit model, J Orthop Res 10:157-166, 1992.
179. Gomez MA, Woo SL, Inoue M et al: Medial collateral ligament healing subsequent to different treatment regimens, J Appl Physiol 66:245-252, 1989.
180. Thornton GM, Shrive NG, Frank CB: Healing ligaments have decreased cyclic modulus compared to normal ligaments and immobilization further compromises healing ligament response to cyclic loading, J Orthop Res 21:716-722, 2003.
181. Decoster LC, Vailas JC: Functional anterior cruciate ligament bracing: a survey of current brace prescription patterns, Orthopedics 26:701-706, 2003.
182. Woo SL, Inoue M, McGurk-Burleson E, Gomez MA: Treatment of the medial collateral ligament injury. II: Structure and function of canine knees in response to differing treatment regimens, Am J Sports Med 15:22-29, 1987.
183. Kamps BS, Linder LH, DeCamp CE et al: The influence of immobilization versus exercise on scar formation in the rabbit patellar tendon after excision of the central third, Am J Sports Med 22:803-811, 1994.
184. Wilk KE, Reinold MM, Hooks TR: Recent advances in the rehabilitation of isolated and combined anterior cruciate ligament injuries, Orthop Clin North Am 34:107-137, 2003.
185. Beynnon BD, Johnson RJ: Anterior cruciate ligament injury rehabilitation in athletes: biomechanical considerations, Sports Med 22:54-64, 1996.
186. Zoch C, Fialka-Moser V, Quittan M: Rehabilitation of ligamentous ankle injuries: a review of recent studies, Br J Sports Med 37:291-295, 2003.
187. Wren TAL, Beaupre GS, Carter DR: Tendon and ligament adaptation to exercise, immobilization, and remobilization, J Rehabil Res Dev 37:217-224, 2000.
188. Perryman JR, Hershman EB: The acute management of soft tissue injuries of the knee, Orthop Clin North Am 33:575-585, 2002.
189. Dumonski M, Mazzocca AD, Rios C et al: Evaluation and management of acromioclavicular joint injuries, Am J Orthop 33:526-532, 2004.
190. Bleakley C, McDonough S, MacAuley D: The use of ice in the treatment of acute soft-tissue injury: a systematic review of randomized controlled trials, Am J Sports Med 32:251-261, 2004.
191. Ho SS, Coel MN, Kagawa R et al: The effects of ice on blood flow and bone metabolism in knees, Am J Sports Med 22:537-540, 1994.
192. da Cunha A, Parizotto NA, Vidal Bde C: The effect of therapeutic ultrasound on repair of the Achilles tendon (tendocalcaneus) of the rat, Ultrasound Med Biol 27:1691-1696, 2001.
193. Warden SJ: A new direction for ultrasound therapy in sports medicine, Sports Med 33:95-107, 2003.
194. Takakura Y, Matsui N, Yoshiya S et al: Low-intensity pulsed ultrasound enhances early healing of medial collateral ligament injuries in rats, J Ultrasound Med 21:283-288, 2002.
195. Leung MC, Ng BY, Yip KK: Effect of ultrasound on acute inflammation of transected medial collateral ligaments, Arch Phys Med Rehabil 85:963-966, 2004.
196. Robertson VJ, Baker KG: A review of therapeutic ultrasound: effectiveness studies, Phys Ther 81:1339-1350.
197. O'Donoghue DH, Rockwood CA, Zaricznyi B et al: Repair of knee ligaments in dogs 1: the lateral collateral ligament, J Bone Joint Surg Am 43:1167-1178, 1961.
198. O'Donoghue DH, Rockwood CA Jr, Frank GR et al: Repair of the anterior cruciate ligament in dogs, J Bone Joint Surg Am 48:503-519, 1966.
199. O'Donoghue DH, Frank GR, Jeter GL et al: Repair and reconstruction of the anterior cruciate ligament in dogs: factors influencing long term results, J Bone Joint Surg Am 53:710-718, 1971.
200. Feagin JAJ, Cabaud HE, Curl WW: The anterior cruciate ligament: radiographic and clinical signs of successful and unsuccessful repairs, Clin Orthop Relat Res 164:54-58, 1982.
201. Feagin JA Jr, Blake WP: Postoperative evaluation and result recording in the anterior cruciate ligament reconstructed knee, Clin Orthop 172:143-147, 1983.
202. Frank C, Woo SL, Amiel D et al: Medial collateral ligament healing: a multidisciplinary assessment in rabbits, Am J Sports Med 11:379-389, 1983.
203. Woo SL-Y, Adams DJ: The tensile properties of human anterior cruciate ligament (ACL) and ACL graft tissues. In Daniel DM, Akeson WH, O'Connor JJ, editors, Knee ligaments: structure, function, injury and repair, New York, 1990, Raven Press.
204. Schering SC Jr, Schmidt CC, Georgescu HI et al: Effect of growth factors on the proliferation of ligament fibroblasts from skeletally mature rabbits, Connect Tissue Res 36:1-8, 1997.
205. Deie M, Marui T, Allen CR et al: The effects of age on rabbit MCL fibroblast matrix synthesis in response to TGF-beta 1 or EGF, Mech Ageing Dev 97:121-130, 1997.
206. Mauri T, Niyibizi C, Georgescu HI et al: Effect of growth factors on matrix synthesis by ligament fibroblasts, J Orthop Res 15:18-23, 1997.
207. Weiler A, Forster C, Hunt P et al: The influence of locally applied platelet-derived growth factor-BB on free tendon graft remodeling after anterior cruciate ligament reconstruction, Am J Sports Med 32:881-891, 2004.
208. Yasuda K, Tomita F, Yamazaki S et al: The effect of growth factors on biomechanical properties of the bone–patellar tendon–bone graft after anterior cruciate ligament reconstruction: a canine model study, Am J Sports Med 32:870-880, 2004.
209. Sakai T, Yasuda K, Tohyama H et al: Effects of combined administration of transforming growth factor-beta1 and epidermal growth factor on properties of the in situ frozen anterior cruciate ligament in rabbits, J Orthop Res 20:1345-1351, 2002.
210. Martinek V, Latterman C, Usas A et al: Enhancement of tendon–bone integration of anterior cruciate ligament grafts with bone morphogenetic protein-2 gene transfer: a histological and biomechanical study, J Bone Joint Surg Am 84:1123-1131, 2002.
211. Hildebrand KA, Woo SL, Smith DW et al: The effects of platelet--derived growth factor-BB on healing of the rabbit medial collateral ligament. An in vivo study, Am J Sports Med 26:549-554, 1998.
212. Helm GA, Li JZ, Alden TD et al: A light and electron microscopic study of ectopic tendon and ligament formation induced by bone morphogenetic protein-13 adenoviral gene therapy, J Neurosurg 95:298-307, 2001.
213. Spindler KP, Murray MM, Detwiler KB et al: The biomechanical response to doses of TFG-⊠2 in the healing rabbit medial collateral ligament, J Orthop Res 21:245-249, 2003.
214. Hildebrand KA, Hiraoka H, Hart DA et al: Exogenous transforming growth factor beta 1 alone does not improve early healing of medial collateral ligament in rabbits, Can J Surg 45:330-336, 2002.
215. Hildebrand KA, Frank CB, Hart DA: Gene intervention in ligament and tendon: current status, challenges, future directions, Gene Ther 11:368-378, 2004.
216. Huard J, Li Y, Peng H et al: Gene therapy and tissue engineering for sports medicine, J Gene Med 5:93-108, 2003.
217. Woo SL, Jia F, Zou L et al: Functional tissue engineering for ligament healing: potential of antisense gene therapy, Ann Biomed Eng 32:342-351, 2004.
218. Gerich TG, Kang R, Fu FH et al: Gene transfer to the rabbit patellar tendon: potential for genetic enhancement of tendon and ligament healing, Gene Ther 3:1089-1093, 1996.
219. Hildebrand KA, Deie M, Allen CR et al: Early expression of marker genes in the rabbit medial collateral and anterior cruciate ligaments: the use of different viral vectors and the effects of injury, J Orthop Res 17:37-42, 1999.
220. Day CS, Kasemkijwattana C, Menetrey J et al: Myoblast-mediated gene transfer to the joint, J Orthop Res 15:894-903, 1997.
221. Menetrey J, Kasemkijwattana C, Day CS et al: Direct-, fibroblast- and myoblast-mediated gene transfer to the anterior cruciate ligament, Tissue Eng 5:435-442, 1999.

222. Nakamura N, Hart DA, Boorman RS et al: Decorin antisense gene therapy improves functional healing of early rabbit ligament scar with enhanced collagen fibrillogenesis in vivo, J Orthop Res 18:517-523, 2000.
223. Shimomura T, Jia F, Niyibizi C et al: Antisense oligonucleotides reduce synthesis of procollagen α1(V) chain in human patellar tendon fibroblasts: potential application in healing ligaments and tendons, Connect Tissue Res 44:167-172, 2003.
224. Hart DA, Nakamura N, Marchuk L et al: Complexity of determining cause and effect in vivo after antisense gene therapy, Clin Orthop Relat Res 379(Suppl):S242-S251, 2000.
225. Pascher A, Steinert AF, Palmer GD et al: Enhanced repair of the anterior cruciate ligament by in situ gene transfer: evaluation in an in vitro model, Mol Ther 10:327-336, 2004.
226. Gafni Y, Turgeman G, Liebergal M et al: Stem cells as vehicles for orthopaedic gene therapy, Gene Ther 11:417-426, 2004.

CAPÍTULO

3

Patologias e lesões de tendão

Fisiopatologia, cicatrização e considerações sobre o tratamento

Sandra L. Curwin

INTRODUÇÃO

Os tendões são estruturas importantes no sistema musculoesquelético, que transmitem força entre músculo e osso,[1,2] e, quando alongados, armazenam energia elástica que contribui para o movimento.[3,4] São relativamente pequenos mas tremendamente fortes, tendo talvez a metade da força do aço. Apesar de sua força, os tendões podem ser lesados. Algumas lesões são resultado de acidentes, como a ruptura dos tendões flexores na mão. É mais comum, porém, que o surgimento gradual de dor e sensibilidade sinalize uma lesão menor do tendão. Vários nomes são usados para essas lesões; os mais comuns são tendinites, tendinoses e tendinopatias (esses termos são definidos adiante no capítulo). As lesões dos tendões podem causar incapacidade prolongada para o paciente competidor ou trabalhador e criar um dilema tanto para os pacientes como para os profissionais de saúde. Apesar dos avanços nas pesquisas sobre tendões desde a metade da década de 1990 (ou talvez em virtude desses avanços), continua havendo uma incerteza considerável sobre a fisiopatologia das lesões tendíneas e o melhor modo de tratá-las ou mesmo sobre qual nome usar para identificá-las.

Função do tendão

- Transmitir força entre músculo e osso
- Armazenar energia elástica

Este capítulo explora a estrutura, a fisiologia e a mecânica do tendão normal e lesado, explica como os tendões podem ser lesados, descreve as evidências a favor de diferentes abordagens de tratamento de lesões tendíneas por uso excessivo e fornece diretrizes para o tratamento de lesões tendíneas crônicas por meio de exercícios. Uma estratégia de tratamento ideal lidará com a lesão existente, prevenirá sua recorrência e será efetiva em termos de custo. A elaboração de uma estratégia assim requer conhecimento e compreensão da estrutura e da função do tendão, das alterações que ocorrem após a lesão, das taxas de sucesso e dos custos das várias intervenções. É possível então usar esse conhecimento para tratar com sucesso as lesões tendíneas. Para evitar confusão, o termo "tendinopatia crônica" será usado para referir-se às lesões tendíneas com surgimento incerto e sem sinais óbvios de inflamação.

ESTRUTURA E FUNÇÃO

Estrutura e elementos do tendão

Junções com osso

Os tendões são parte da subcategoria de tecido conjuntivo denominada "tecidos conjuntivos densos com fibras paralelas" que também inclui ossos e ligamentos.[1] Os tendões são compostos de células e matriz extracelular e são singulares, pois seu comportamento é determinado sobretudo pelas quantidades, pelos tipos e pela organização de seus componentes extracelulares (em contraste, p.

ex., com o tecido nervoso ou muscular). Embora os detalhes da estrutura fina dos tendões possam variar entre as espécies e mesmo entre diferentes tendões no mesmo animal,[1,2,5] todos os tendões são parecidos ao ligarem o músculo ao osso em cada extremidade do músculo. O tendão pode, portanto, ser dividido em três partes principais: (1) a junção músculo-tendão (JMT), (2) a junção osso-tendão (JOT) e (3) a substância média do tendão. Na maioria das interfaces tendão-osso, as fibras de colágeno inserem-se diretamente no osso, com uma transição gradual na composição do material (ao longo de uma distância de cerca de 1 mm) passando por quatro zonas: tendão, fibrocartilagem, fibrocartilagem mineralizada e osso.[6-8] Algumas fibras unem-se ao osso em ângulo reto, mesclando-se gradualmente com o periósteo.[6] A ultraestrutura da maioria das junções osso-tendão é similar, mas pode variar amplamente na aparência anatômica grosseira, de uma aponeurose achatada até um cordão arredondado. A estrutura da junção osso-tendão está ilustrada na Figura 3.1.

Junção músculo-tendão

A junção músculo-tendão (JMT) ou junção miotendínea compreende numerosas interdigitações de células musculares e tecido tendíneo, como dedos entrelaçados.[9,12] Essa sobreposição permite que os filamentos terminais de actina dentro dos sarcômeros se conectem, por meio da membrana celular, com as fibras de colágeno do tendão. Há pelo menos dois mecanismos para essa conexão: (1) por meio das proteínas transmembrana (integrinas) e (2) por meio de outras interações entre proteína-membrana celular-matriz extracelular.[13] As dobras aumentam a área de contato da superfície de modo que a tensão é reduzida, asseguram que as junções recebam carga em cisalhamento em vez de tensão (para prover fricção) e minimizam as áreas de concentração de tensão.[10] As células musculares também são cercadas por tecido colágeno, de modo que toda a superfície da fibra muscular e não apenas a extremidade afilada é capaz de transferir tensão por meio da membrana celular até o tendão; de outro modo, haveria uma concentração enorme de carga na ponta da célula muscular.[9,10,13] A geometria dessas inserções está ilustrada na Figura 3.2.

Composição do tendão

Os tendões são complexos formados de células e matriz, compostos principalmente de colágeno e outras proteínas, proteoglicanos, elastina, glicolipídios, células e água.[14-17] O colágeno é o principal componente para suportar a carga no tendão.[14] O colágeno constitui uma família de moléculas divididas em dois grupos principais, o colágeno formador de fibras e o colágeno não fibrilar. Há pelo menos 13 tipos de colágeno, numerados por algarismos romanos, que são produtos de mais de 30 genes distintos.[18] Em geral, o tipo de colágeno é único daquele tecido – por exemplo, a cartilagem contém basicamente colágeno tipo II, enquanto mais de 95% do colágeno nos tendões é do tipo I. O colágeno tipo III, encontrado em quantidades relativamente grandes nos tendões imaturos ou que estão cicatrizando, constitui menos de 5% do colágeno total encontrado nos tendões maduros.[18] Quantidades pequenas de outros tipos de colágeno também estão presentes (como o tipo VI e XI), em geral ligando as fibrilas largas do tipo I com as células fibroblásticas dentro do tendão. O tipo de colágeno indica os tipos de forças aplicadas ao tecido, de modo que o tipo II reflete cargas compressivas e o tipo I reflete cargas tensivas. Como o colágeno tipo I é o principal componente de suporte de carga nos tecidos conjuntivos densos,[19-21] os tendões e ligamentos propor-

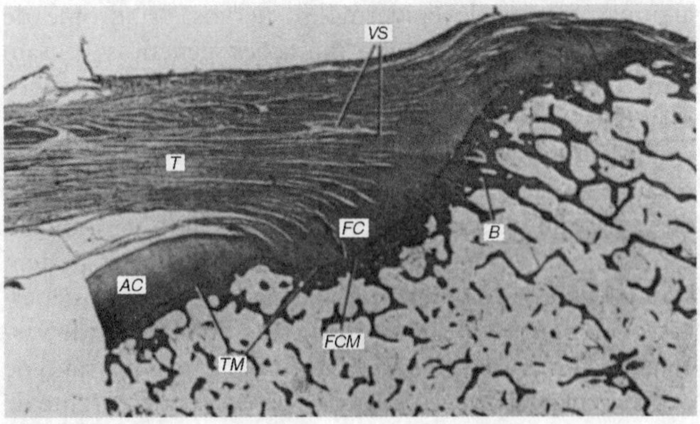

Figura 3.1 A junção osso-tendão do tendão supraespinal. Há quatro zonas distintas: tendão (T), fibrocartilagem (FC), fibrocartilagem mineralizada (FCM) e osso. Os vasos sanguíneos (VS) são observados no tendão, porém não nas áreas de fibrocartilagem. Há uma linha proeminente, a *tidemark* (TM) entre as duas áreas de fibrocartilagem. (De Benjamin M, Evans EJ, Copp L. The histology of tendon attachments to bone in man, *J Anat* 149:89, 1986.)

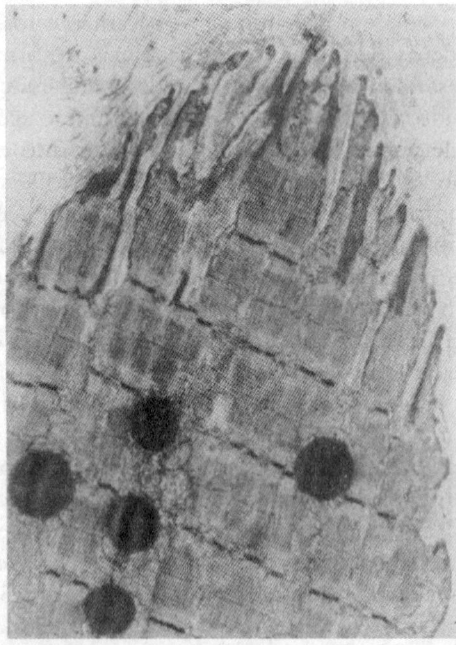

Figura 3.2 Secção longitudinal passando pela junção miotendínea de uma célula do músculo semitendíneo de uma rã. Note que a célula e o tecido conjuntivo ao redor parecem se interdigitar no final da célula. Observe também que o material fibrilar denso estende-se do disco terminal Z até a zona juncional da membrana plasmática. (De Tidball JG. Myotendinous junction: Morphological changes and mechanical failure associated with muscle cell atrophy, *Exp Mol Pathol* 40:1-12, 1984.)

cionam uma excelente oportunidade para exploração das propriedades mecânicas desse colágeno.

O tendão também contém **substância amorfa fundamental**, uma mistura de água e proteoglicanos. A substância amorfa fundamental circunda as fibras de colágeno, fornecendo o atrito que permite a aderência das fibras de colágeno entre si, ao mesmo tempo permitindo a lubrificação e o espaçamento de modo que as fibrilas possam deslizar umas sobre as outras.[15,17,22] Os proteoglicanos (PGs) são formados a partir de uma proteína central na qual se prendem açúcares dissacarídios com grupos amino denominados glicosaminoglicanos (GAGs). Os GAGs formam apenas cerca de 1% do material do tendão, mas são importantes por se ligarem à água, que forma 65 a 75% do peso total do tendão. Como o tipo de colágeno, a proporção e o tipo de GAG e PG em um tecido também parecem refletir seu ambiente mecânico. A cartilagem tem PGs muito largos com muitas cadeiras de GAG, atraindo grandes quantidades de água e possibilitando que a cartilagem resista à compressão. Os proteoglicanos (PGs) do tendão são muito menores do que os encontrados na cartilagem e têm uma composição de GAGs diferente.[22,23] Os PGs associam-se à superfície da molécula de colágeno,[22] provavelmente na zona do espaço perto de onde as moléculas de colágeno se sobrepõem no modo cabeça com cauda. Os PGs têm um papel, apesar de ainda não definido, na organização do colágeno em fibrilas por meio do direcionamento e da limitação de sua organização.[22,24]

Processamento celular e extracelular

Muitas proteínas são "processadas" dentro das células que as produzem e continuam basicamente inalteradas depois de as deixarem (p. ex., enzimas e hormônios). O processamento de proteínas pode incluir funções tais como hidroxilação ou glicosilação de aminoácidos, clivagem de peptídios terminais, desdobramento em uma formação terciária e ligações covalentes.[20] O colágeno passa por muitos desses mesmos processos intracelulares, mas também sofre várias modificações extracelulares que criam as propriedades mecânicas singulares dos tecidos conjuntivos, tais como pele, ligamentos e tendões.[18] As modificações extracelulares incluem a remoção de propeptídios e ligações cruzadas entre as moléculas, permitindo a organização em uma estrutura fibrilar que confere ao colágeno suas propriedades únicas de suporte de carga.[18-21,25] Essa é uma característica extremamente importante dos tecidos conjuntivos densos, como os tendões, pois a *quantidade* de tecido depende muito dos eventos intracelulares, ao passo que a *qualidade* do tecido final é determinada fora da célula (Fig. 3.3).

As ligações cruzadas entre as moléculas de colágeno e dentro delas impedem sua quebra enzimática, mecânica ou química, ajudam a direcionar a organização das moléculas de colágeno em estruturas fibrilares e contribuem para a habilidade do tecido de resistir ao estiramento.[25-29] Algumas ligações cruzadas têm uma função de curta duração, tais como as pontes dissulfeto nas terminações amino- e carboxi- da cadeia de procolágeno que mantém as cadeias de colágeno alfa perto o suficiente para permitir a formação do arranjo de tripla hélice da molécula.[25] Os propeptídios terminais da molécula de procolágeno são removidos fora da célula por enzimas peptidase, deixando a molécula de tropocolágeno. A remoção de propeptídios é essencial para a montagem extracelular subsequente das moléculas de tripla hélice de colágeno em estruturas fibrilares mais largas.

A maioria das ligações cruzadas de colágeno se forma depois que as moléculas deixam a célula e isso leva algum tempo. As primeiras ligações cruzadas (chamadas imaturas ou redutíveis) formam-se entre resíduos de aminoácido de lisina ou hidroxilisina nas cadeias de aminoácidos adjacentes provenientes das mesmas moléculas de colágeno ou de moléculas vizinhas.[25,29] Essas ligações cruzadas são rearranjos químicos dos aminoácidos adjacentes, facilitadas pela enzima lisil oxidase. As ligações cruzadas derivadas da lisina predominam em alguns tecidos, ao passo que ligações cruzadas derivadas de hidroxilisina predominam em outros como os tendões, que são sujeitos a cargas tensivas mais elevadas.[29] O número de ligações cruzadas baseadas na hidroxilisina é diretamente proporcional à carga sobre o tendão, sugerindo algum tipo de mecanismo de *feedback*.[29] As ligações cruzadas iniciais, derivadas de ligações cruzadas imaturas baseadas na hidroxilisina, rearranjam-se gradualmente ao longo de semanas ou meses para formar ligações cruzadas como o hidroxipiridinio, que une três moléculas de colágeno.[29] Essas ligações cruzadas refletem a habilidade de sustentação de peso do tendão maduro, conferindo-lhe sua habilidade de suportar deformação sob altos níveis de forças tensivas.[1,29]

Defeitos no processamento e na organização do colágeno

Alguns defeitos no metabolismo de colágeno podem causar distúrbios clínicos (Tab. 3.1). Alguns são distúrbios genéticos, como as várias formas da síndrome de Ehler-Danlos,[30] osteogênese imperfeita (OI), condrodisplasias, algumas formas de epidermólise nervosa, síndrome de Marfan e outras.[31] Certas mutações genéticas causam diminuição nas ligações cruzadas, resultando em tecidos mais fracos que se alongam prontamente quando a força é aplicada. Outras causam defeitos na estrutura ou na organização molecular do colágeno. Há um amplo espectro de gravidade nesses distúrbios, dependendo da localização da mutação genética.[31] Fenótipos mais leves podem surgir na forma dos distúrbios mais comuns de osteoartrite, osteoporose e alguns distúrbios de integridade vascular. O aumento das ligações cruzadas é mais provável de ocorrer em pacientes diabéticos e parece ser decorrente de um aumento nas ligações cruzadas não enzimáticas relacionadas à glicosilação de resíduos hidroxilisina à medida que cadeias de procolágeno alfa passam através do retículo endoplasmático rugoso ou do complexo de Golgi da célula. O aumento das ligações cruzadas cria tecidos mais rígidos que requerem mais força para serem alongados, o

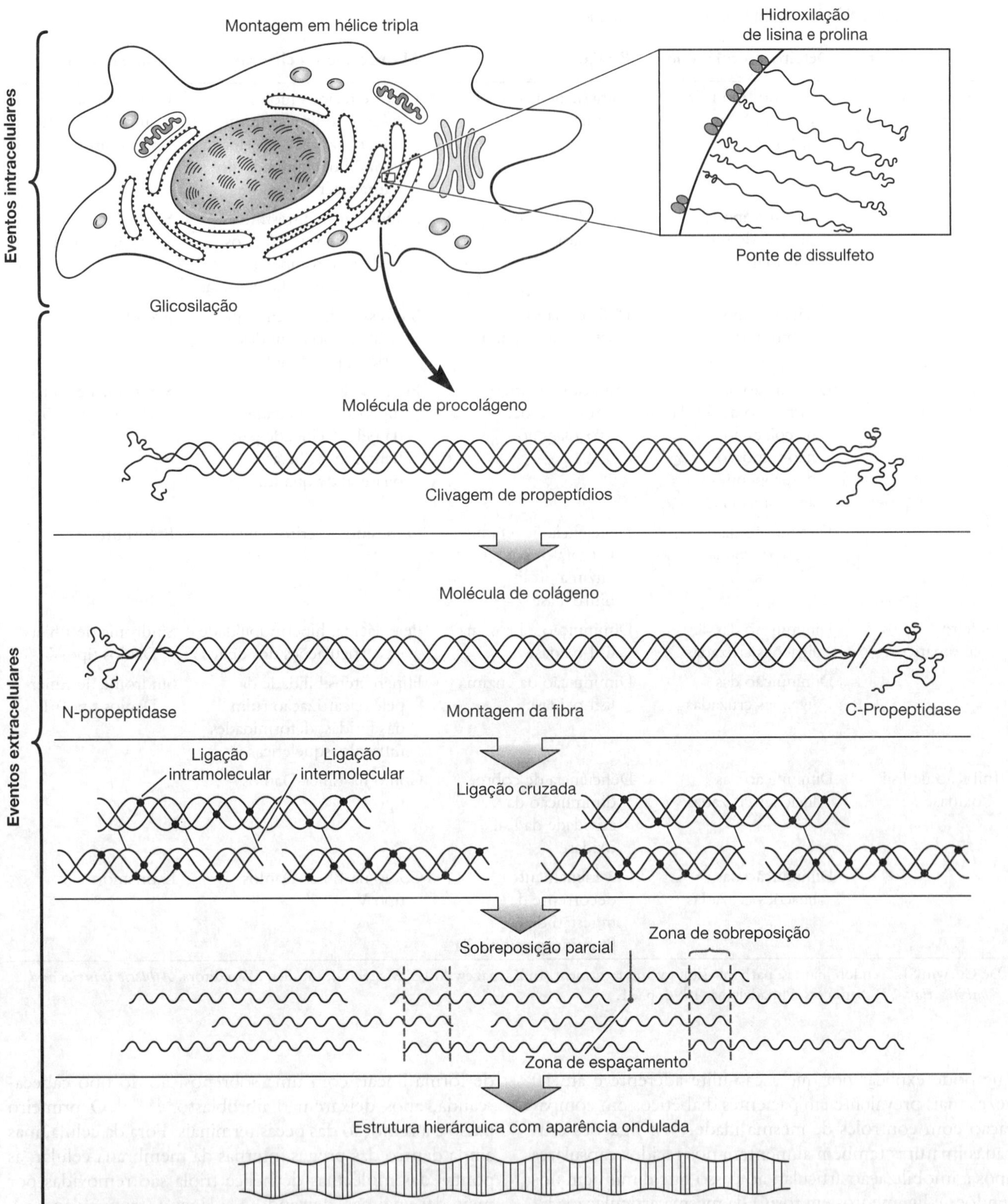

Figura 3.3 Modificações intra e extracelulares do colágeno. A síntese, a hidroxilação e a formação de hélice tripla do colágeno ocorrem dentro da célula. No espaço extracelular, ainda próximos da célula, os propeptídios terminais são removidos e as moléculas de colágeno então se sobrepõem de maneira cabeça-cauda ou cauda-cauda para formar microfibrilas de colágeno, fibrilas e assim por diante. A formação das ligações cruzadas ocorre dentro das fibrilas entre moléculas adjacentes. (Modificado de Curwin SL. Tendon injuries: pathophysiology and treatment. In Zachazewski JE, Magee DJ, Quillen SW, editors. *Athletic injuries and rehabilitation*. WB Saunders, Philadelphia, 1996, p. 30. Adaptado de Prockop D, Guzman Na. Collagen diseases and the biosynthesis of collagen, *Hosp Pract* 12:61-68, 1977.)

Tabela 3.1 Alguns distúrbios do metabolismo do colágeno

Níveis de defeito	Defeito do colágeno	Razão	Manifestações clínicas	Nome clínico
Regulação da síntese	Colágeno tipo I diminuído ou anormal	Falta de gene ou mutação	Ossos e tecidos moles frágeis, múltiplas fraturas, esclera azulada; gravidade variável dependendo do padrão genético	Osteogênese imperfeita (OI) (existem tipos graves)
	Colágeno tipo III diminuído ou anormal	Falta de gene ou mutação	Artérias, pele, intestino e útero fracos (os órgãos podem se romper); facilidade para hematomas	Síndrome de Ehler-Danlos tipo IV
	Colágeno tipo I diminuído	Deficiência grave de vitamina C, jejum	Supressão do crescimento, cicatrização ruim das feridas, pele frágil	Escorbuto
Defeitos estruturais	Diminuição da formação de fibrilas de colágeno, não remoção do propeptídio aminoterminal	Mutação estrutural em uma cadeia de procolágeno	Fragilidade e hiperextensibilidade da pele, facilidade para hematomas, luxação bilateral de quadril	Síndrome de Ehler-Danlos tipo VI
	Diminuição da hidroxiprolina	Deficiência de vitamina C (cofator para enzima prolil-hidroxilase)	O mesmo descrito acima	Escorbuto
Defeitos enzimáticos	Diminuição das ligações cruzadas	Diminuição da enzima lisil-oxidase	Pele flácida, hipermobilidade das articulações dos dedos	Síndrome de Ehler-Danlos tipo V
	Diminuição das ligações cruzadas	Diminuição da enzima lisil-oxidase	Hiperextensibilidade da pele, cicatrização ruim das feridas, deformidades musculoesqueléticas	Síndrome de Ehler-Danlos tipo VI
Inibição de lisil oxidase	Diminuição das ligações cruzadas	Deficiência de cobre, diminuição da atividade da lisil-oxidase	Como na Ehler-Danlos tipo V	
	Diminuição das ligações cruzadas	Envenenamento decorrente da ingestão de β-aminopropionitrila	Como na Ehler-Danlos tipo V	Latirismo

De Curwin SL. Tendon injuries: pathophysiology and treatment. In Zachazewski JE, Magee DJ, Quillen SW, editors. *Athletic injuries and rehabilitation.* WB Saunders, Philadelphia, 1996, p. 31.

que pode explicar por que a capsulite aderente é até 10 vezes mais prevalente em pacientes diabéticos em comparação com controles de mesma idade.[32] As ligações cruzadas imaturas também aumentam nos tecidos capsulares após a imobilização articular, ao passo que diminuem nos tendões e ligamentos em torno da mesma articulação.[33,34] Isso leva à diminuição na amplitude de movimento e ao aumento do atrito durante o movimento articular, de modo que é então necessário um esforço muscular maior para produzir a mesma amplitude de movimento.[33-35]

Montagem de uma estrutura fibrilar

A automontagem de uma estrutura fibrilar começa fora da célula quando as moléculas de colágeno se agregam de forma linear, com uma sobreposição do tipo cabeça-cauda, após deixarem o fibroblasto.[5,14,20,21] O primeiro passo é a remoção das peças terminais. Fora da célula, mas ainda dentro das pregas internas da membrana celular, as pontas das moléculas de hélice tripla são removidas por meio das enzimas, deixando o colágeno (tropocolágeno). Esse passo é essencial para a montagem subsequente em fibrilas; sem ele, o colágeno simplesmente se acumula, mas não forma uma estrutura capaz de suportar carga. Assim que os propeptídios se vão, começa a agregação linear e lateral das moléculas. As moléculas são montadas lateralmente em grupos de cinco (microfibrilas), sobrepostas de modo linear na formação cabeça-cauda que é ditada pela habilidade de fazer ligações cruzadas, pelo tipo e pela quantidade de GAGs já presentes.[5,14,22] Cada microfibrila tem cerca de 4 nm de largura. Um número variável de microfibrilas se associa para formar fibrilas de colágeno que variam de 30 a 40 nm de diâmetro. É nos níveis subfibrilares que normalmente ocorrem as ligações cruzadas intermoleculares.[14,25] O espaço entre as fibrilas costuma ser largo demais para permitir a formação de ligações cruzadas entre fibrilas adjacentes, embora isso possa ocorrer às vezes em condições atípicas tais como a imobilização do membro.[33] É provável que a matriz interfibrilar (substância amorfa fundamental) tenha um grande papel na aderência entre as fibrilas de colágeno.[17,21] A natureza exata da organização supramolecular varia entre os tecidos, mesmo quando o tipo de colágeno é o mesmo. As razões para as diferenças não são conhecidas.

As fibrilas de colágeno são as menores unidades de tendão capazes de resistir a carga em condições de laboratório.[14,21] A força do tecido, em especial durante a cicatrização, relaciona-se de perto com o conteúdo de colágeno, porém esse colágeno precisa estar organizado e formar ligações cruzadas antes que possa funcionar como uma unidade de suporte de carga.[36-38] As massas de moléculas de colágeno não organizadas são incapazes de resistir à aplicação de uma força tensiva.[38] Desse modo, mesmo se uma grande quantidade de procolágeno for produzida, mas as moléculas não forem modificadas por meio de enzimas para se transformarem em colágeno (tropocolágeno), nenhum benefício estrutural será obtido do colágeno recém-sintetizado (isso ocorre, p. ex., na síndrome de Ehler Danlos tipo VI). As moléculas da substância amorfa fundamental, em especial os pequenos proteoglicanos ricos em leucina como a decorina, ligam-se à superfície das fibrilas e tanto direcionam como limitam seu crescimento.[22,24] Novas microfibrilas podem ser acrescentadas às fibras existentes na região, aumentando seu tamanho, ou podem associar-se para formar novas fibrilas, que são tipicamente muito menores em diâmetro do que as fibrilas mais antigas.[37] Os fibroblastos são espremidos entre as fibrilas em crescimento e terminam como colunas de células achatadas em forma de fuso, com processos citoplasmáticos finos que se estendem entre as fibrilas. Os tendões mais fortes contêm grande número de fibrilas de diâmetro largo. Estas são normalmente as fibrilas mais antigas, que também contêm o maior número de ligações cruzadas maduras.[5,37,38] Os tecidos imaturos e em cicatrização contêm quantidades maiores de colágeno tipo III, que formam fibrilas com diâmetro menor do que o tipo I.

As fibrilas de colágeno agrupam-se para formar feixes primários cada vez mais largos, também conhecidos como fibras (Fig. 3.4). Elas são as menores unidades visíveis na microscopia óptica, com um diâmetro de 1 a 10 μm. Grupos de fibras são cercados por uma bainha de tecido conjuntivo frouxo chamada **endotendão**, que também envolve os nervos, vasos linfáticos e sanguíneos que suprem o tendão, formando um **fascículo** (feixe secundário).[5,14,39] Os fascículos são considerados as menores unidades funcionais (i. e., na prática) sustentadoras de carga dentro do tendão. Os fascículos individuais estão associados a grupos distintos de fibras musculares (ou unidades motoras) nas junções músculo-tendão. Vários fascículos podem formar um grupo maior (feixe terciário) cercado pelo **epitendão**, que também envolve todo o tendão. As bainhas são diferenciadas por sua localização e pelo tipo de conteúdo de colágeno. O endotendão contém mais colágeno tipo III, organizado como fibrilas de pequeno diâmetro, enquanto o epitendão, que contém mais colágeno tipo I, tem fibrilas de diâmetro mais largo. Uma bainha adicional com duas camadas de tecido areolar, o **peritendão** ou **paratendão**, prende-se de forma frouxa à superfície externa do epitendão. O peritendão pode tornar-se uma bainha cheia de líquido sinovial, a **tenossinóvia**, nos tendões sujeitos a atrito, por exemplo ao passarem sob um retináculo como nas articulações do punho e tornozelo. Uma versão simplificada da organização hierárquica do tendão está ilustrada na Figura 3.4.[5,14] Algumas evidências sugerem que a organização possa variar de local para local dentro do tendão ou entre tendões. Por exemplo, o tendão da cauda do rato mostrada na Figura 3.4 tem uma estrutura mais simples do que muitos outros tendões, pois contém menos subdivisões e é composto quase que 100% de colágeno tipo I. Essas variações podem explicar por que não há um modelo universalmente aceito de organização dos tendões.[5]

Microestrutura do tendão

- Fascículos
- Epitendão
- Endotendão
- Peritendão (paratendão)/tenossinóvia

COMPORTAMENTO MECÂNICO DO TENDÃO

A organização do tendão determina seu comportamento mecânico. O tendão em repouso tem uma aparência levemente ondulada ou sanfonada,[1-4] que se retifica sob a carga e reaparece assim que o tendão recupera o comprimento de repouso original depois que a carga é removida. A retificação da "ondulação" resulta na região inferior da curva força-alongamento (carga-deformação) conhecida como "região elástica", em que pouca força é necessária para mudar o comprimento do tendão.[40] Ocorre pouca ou nenhuma deformação física das fibrilas de colágeno. À medida que a carga aumenta além dessa região, as fibrilas de colágeno se alongam, criando a região linear da curva carga-deformação.[1,41] A curva força-alongamento pode ser transformada em uma curva tensão-deformação dividindo-se a força pela área de secção transversa do tecido e a mudança no comprimento pelo comprimento original do tecido (Fig. 3.5).[1,40]

Propriedades estruturais

A quantidade total de força (carga) a que o tendão pode resistir e a quantidade de alongamento ao receber a carga dependem do tamanho (área de secção trans-

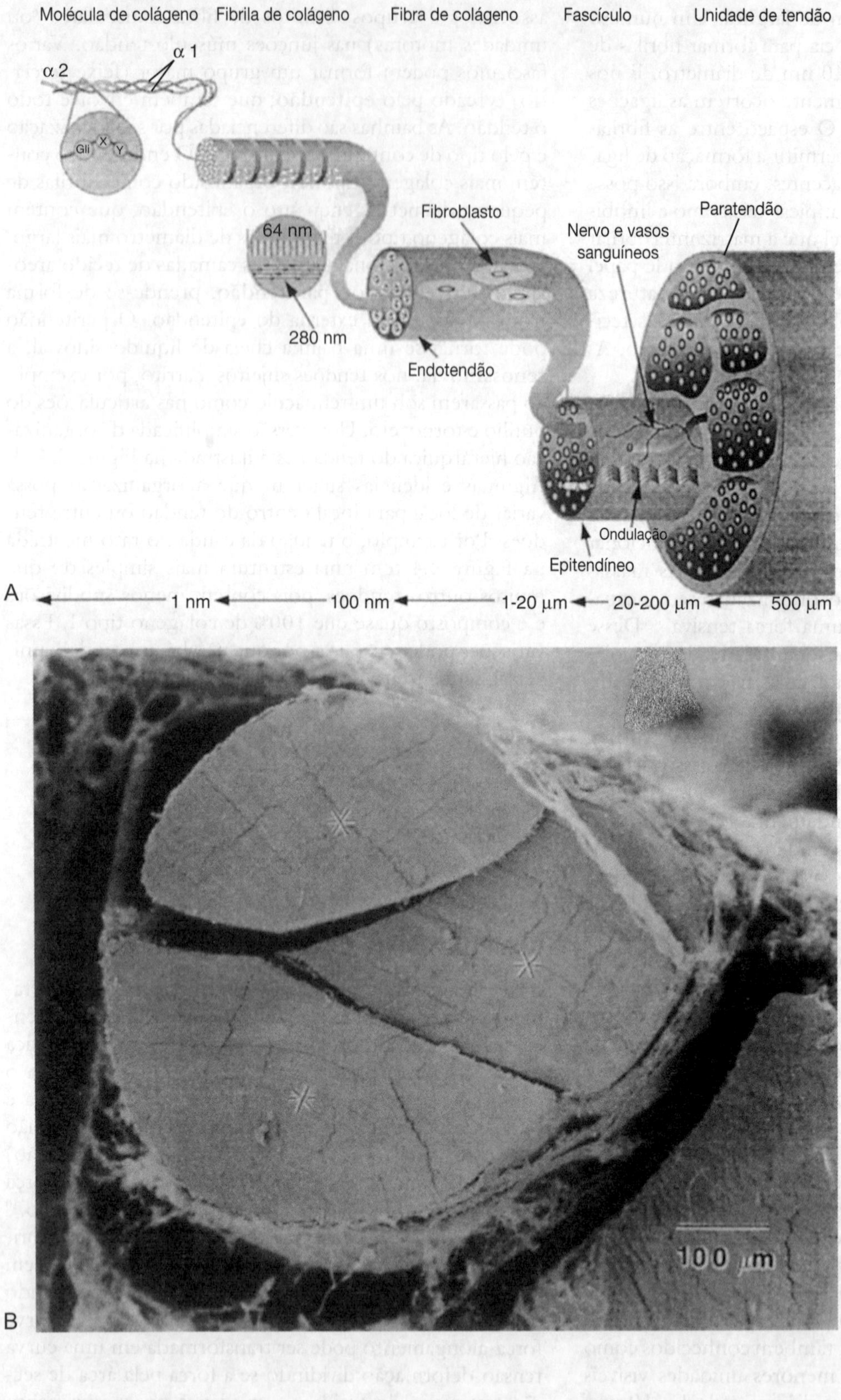

Figura 3.4 Hierarquia estrutural no tendão. **A.** Diagrama ilustrando a relação entre moléculas de colágeno, fibrilas, fibras, fascículos e unidades de tendão. Embora o diagrama não mostre as subunidades de fibrila, as fibrilas de colágeno parecem realizar uma automontagem a partir de intermediários que podem ser integrados no seu interior. **B.** Micrografia eletrônica de varredura do tendão da cauda de um rato mostrando unidades de fascículos (asterisco) que constituem o tendão. (De Silver FH, Freeman JW, Seehra GP. Collagen self-assembly and the development of tendon mechanical properties, *J Biomech* 36(10):1529-1553, 2003.)

versa), da composição e do comprimento do tendão, como mostra a Figura 3.6.[1,40,42] Em geral, tendões mais largos toleram forças maiores e tendões mais longos podem alongar-se mais antes que ocorra dano. Essas características dependentes do tamanho são denominadas propriedades estruturais do tendão.[1] Elas dependem das dimensões físicas do tendão. O tendão do calcâneo é muito mais forte do que, por exemplo, o tendão plantar. Por outro lado, se for cortado um pedaço do tendão do calcâneo com exatamente o mesmo tamanho (área) do plantar, talvez não haja diferença entre os dois quando testados de forma mecânica. Esse achado poderia indicar que as diferenças de carga e alongamento entre os tendões são apenas decorrentes de suas dimensões físicas.

Propriedades materiais

Para levar em conta as diferenças nas dimensões físicas entre os tendões, os pesquisadores fazem uma correção para o tamanho e o comprimento. A força é dividida pela área de secção transversa e a mudança no comprimento durante a carga é dividida pelo comprimento inicial do tecido. Isso remove a influência do tamanho físico do tecido. Se as novas variáveis forem marcadas no gráfico, o resultado será a curva tensão-deformação (ver Fig. 3.5). Como os efeitos do tamanho foram removidos, qualquer diferença nas curvas tensão-deformação de tecidos diferentes deve refletir outras características do tecido, as chamadas *propriedades materiais*,[1] que surgem de fatores como diferenças na organização das fibrilas de colágeno, diferenças nas ligações transversas, concentração variável de substância amorfa fundamental e, talvez, diferentes tipos de colágeno.[30,40] Elas dependem do material com que é feito o tendão, não de quanto material o tendão contém. Desse modo, após fazer a correção para o tamanho físico, os resultados do teste mecânico refletem a composição (ou a organização) do tecido.

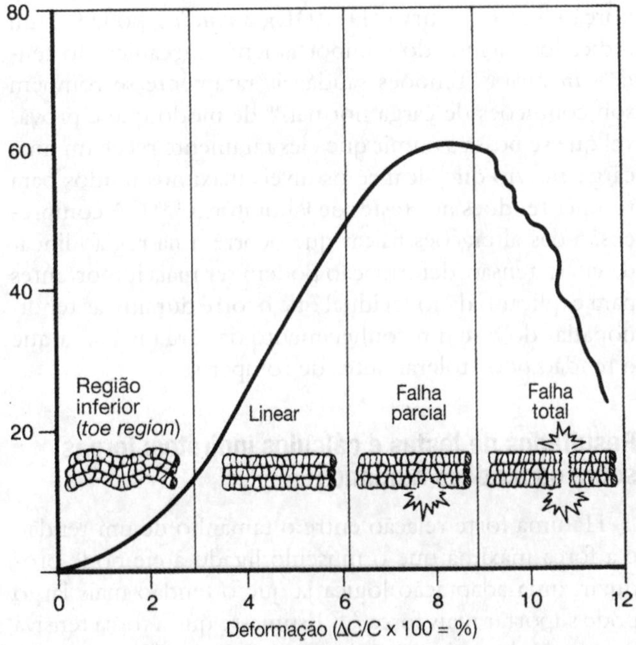

Figura 3.5 A curva tensão-deformação de um tendão submetido à carga até o ponto de falha. A carga (força) aplicada ao tecido foi dividida pela área de secção transversa para o cálculo da tensão, enquanto o aumento do comprimento foi dividido pelo comprimento original para dar a deformação (ΔC/C × 100). Na região inferior da curva, as fibras de colágeno onduladas se retificam, o que requer pouca força. Na região linear, o tendão resiste à deformação por meio das ligações cruzadas entre as moléculas e o atrito entre as fibrilas. A inclinação dessa parte da curva é a rigidez do tecido e reflete suas propriedades materiais. Menos deformação física deve reduzir a probabilidade de lesão, que ocorre na região de 6 a 10% de deformação. Depois da região linear, a curva tensão-deformação torna-se irregular à medida que as fibrilas começam a falhar. (De Curwin SL. Tendon injuries: pathophysiology and treatment. In Zachazewski JE, Magee DJ. Quillen SW, editors. *Athletic injuries and rehabilitation*. WB Saunders, Philadelphia, 1996, p. 33.)

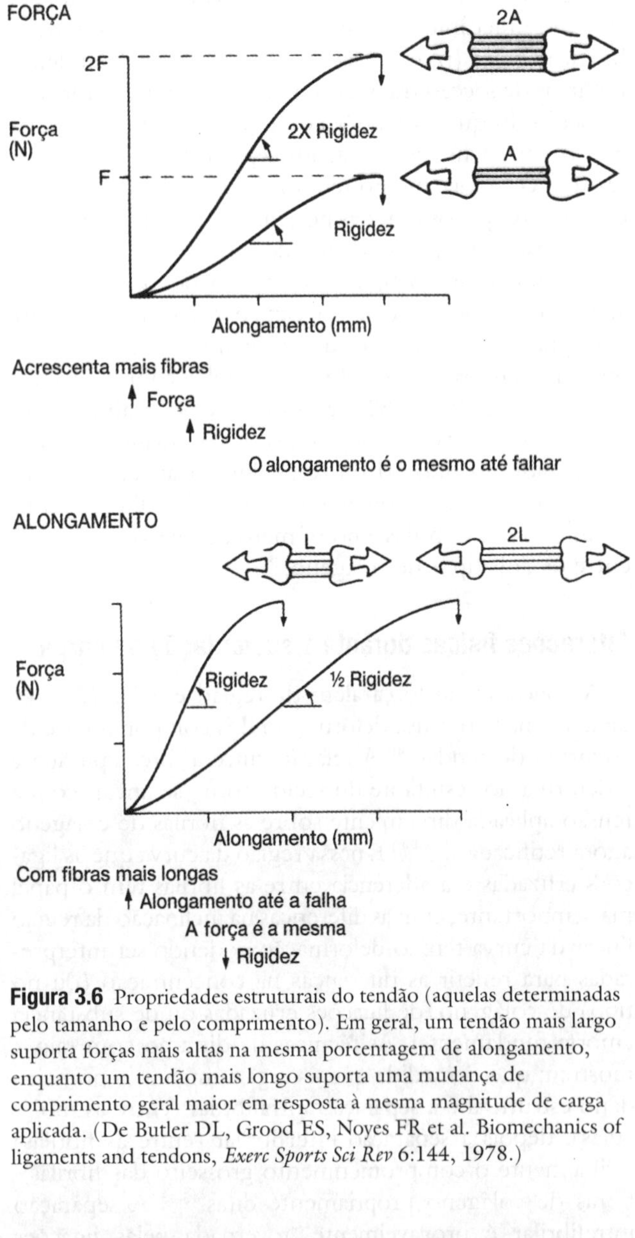

Figura 3.6 Propriedades estruturais do tendão (aquelas determinadas pelo tamanho e pelo comprimento). Em geral, um tendão mais largo suporta forças mais altas na mesma porcentagem de alongamento, enquanto um tendão mais longo suporta uma mudança de comprimento geral maior em resposta à mesma magnitude de carga aplicada. (De Butler DL, Grood ES, Noyes FR et al. Biomechanics of ligaments and tendons, *Exerc Sports Sci Rev* 6:144, 1978.)

Consideremos dois tendões, A e B. Se A é mais largo do que B, mas tem menos ligações cruzadas, A e B podem ter curvas força-alongamento similares, mas curvas tensão-deformação diferentes. A área de secção transversa mais larga de A permite que ele suporte tanta força quanto B, que é menor, mas quando o efeito do tamanho é removido, B mostra uma curva tensão-deformação mais inclinada. B é, portanto, mais rígido do que A, embora ambos possam suportar a mesma carga antes de se romperem. Um aumento nas ligações cruzadas altera as propriedades materiais de um tendão e o torna mais resistente ao alongamento do que um tendão do mesmo tamanho que contenha menos ligações cruzadas. Tanto um aumento na área sem mudança nas ligações cruzadas ou na concentração de colágeno como, por outro lado, um aumento nas ligações cruzadas ou concentração de colágeno sem alteração na área, podem criar tendões mais fortes. Em outras palavras, os tendões podem adaptar-se em termos estruturais ou materiais às mudanças no seu ambiente mecânico. Por exemplo, os tendões de músculos fusiformes (p. ex., bíceps ou isquiotibiais) tendem a ter áreas de secção transversa menores relativas à força do músculo do que os tendões de músculos peniformes (p. ex., o gastrocnêmio ou quadríceps) e tendões diferentes têm comportamento tensão-deformação diferente, o que sugere que os tendões podem diferir em composição como resultado das condições de carga.[2,40,42]

As diferenças no tipo de colágeno também parecem afetar o comportamento mecânico do tecido. Tecidos com grandes quantidades de colágeno tipo I costumam ser mais rígidos e fortes do que aqueles com mais colágeno tipo III.[19,21,38] Não é conhecido se realmente há alguma diferença na força tensiva do colágeno tipo I comparado ao tipo III ou se as diferenças na força dos tecidos estão mais intimamente ligadas às diferenças na arquitetura das fibrilas e no número de ligações cruzadas entre os dois tipos de colágeno.[38]

Alterações físicas durante a sustentação de carga

A aplicação de força além da região elástica (2 a 4% de deformação) causa deformação dos componentes e da estrutura do tendão.[40] A relação entre a força aplicada e a deformação resultante do tecido torna-se linear, com a tensão aplicada diretamente sobre as fibrilas de colágeno agora retificadas.[1,414,40] É nessa região da curva que as ligações cruzadas e a aderência entre as fibrilas têm o papel mais importante, com as diferenças na inclinação da região linear da curva tensão-deformação podendo ser interpretadas para refletir as diferenças na concentração (ou no tipo) de colágeno, de ligações cruzadas ou de substância amorfa fundamental. As técnicas de difração com raio x mostram que, à medida que a carga aumenta, o primeiro dano estrutural é a separação intrafibrilar (entre as moléculas), depois a separação interfibrilar (entre as fibrilas) e finalmente o comprometimento grosseiro das fibrilas/fibras de colágeno propriamente ditas.[43-45] A separação intrafibrilar é provavelmente governada pelas ligações cruzadas, a separação interfibrilar pela substância amorfa fundamental e o comprometimento grosseiro por esses fatores mais o tamanho das fibrilas. Depois que a primeira fibrila se rompe, a curva de força atinge um platô e depois cai rapidamente à medida que as fibrilas remanescentes falham na sequência. A falha mecânica total (i. e., rompimento do tendão) em geral ocorre com cerca de 8 a 10% de alongamento a partir do comprimento inicial.[40]

A maioria das lesões nos tendões, contudo, provavelmente resulta da carga que se estende para dentro da região linear, não das cargas máximas. O aumento da gravidade da lesão pode ser decorrente de um colapso progressivo da coesão lateral entre componentes iniciado no nível fibrilar, o que poderia causar uma maior redução na força tensiva do que a sugerida pelo número real de fibrilas ou fibras rompidas observadas no exame do tecido.[44,45] Em outras palavras, o dano do tecido é mais grave do que aparenta ser. Tal dano pode ocorrer não somente durante a imposição de carga ao tecido, mas também durante a retirada rápida da carga, talvez como resultado de cisalhamento dentro do tendão.[44] Isso pode explicar por que *tanto* a aplicação súbita de força *como* a liberação costumam estar associadas às tendinopatias.

Ordem de dano estrutural do tendão

- Separação intrafibrilar
- Separação interfibrilar
- Comprometimento das fibras (deformação plástica)

A força de quebra do tendão (i. e., a magnitude da força aplicada no ponto de ruptura do tendão) tem sido usada historicamente para se avaliar a força tensiva do tendão.[1,2] O valor observado é denominado de **força tensiva final** e pode ser usado para comparar diferentes tendões ou ligamentos, bem como para avaliar os efeitos de intervenções experimentais na cicatrização do tendão. Contudo, a força de quebra pode não refletir necessariamente as condições de carga do dia a dia, já que é provável que a maioria dos tendões funcione na região elástica e nas regiões lineares iniciais sob condições de carga fisiológica. Alguns autores sugeriram que a inclinação da porção linear da curva (DF/DL), a *rigidez*, pode ser um indicador melhor do comportamento mecânico do tendão *in vivo*.[40] Tendões saudáveis raramente se rompem sob condições de carga normal,[46] de modo que é provável que se possa assumir que eles raramente recebam uma carga *in vivo* que alcance os níveis máximos usados para romper tendões nos testes de laboratório.[1,40,47] A compreensão das alterações físicas que ocorrem na região linear da curva tensão-deformação podem ser mais importantes para explicar o dano tecidual que ocorre durante as tendinopatias do que um conhecimento da carga máxima que o tendão pode tolerar antes de romper-se.

Resultados de testes e cálculos indiretos: forças sobre os tendões humanos

Há uma forte relação entre o tamanho de um tendão e a força máxima que o músculo ligado a ele pode produzir, uma adaptação lógica já que o tendão mais largo pode suportar mais força.[2,47] Estima-se que a força tensiva de um tendão seja cerca de quatro vezes a força máxima produzida pelo músculo ligado a ele, de modo que os tendões *in vivo* raramente são tensionados além de um quarto de sua força fisiológica máxima,[2] provavelmente dentro da região elástica da curva tensão-deformação. Tais cargas não devem danificar um tendão normal.

As estimativas da força do tendão *in vivo* são extrapoladas a partir dos testes *in vitro*, mas é difícil calcular o comportamento tensão-deformação *in vivo*. Transdutores de vários tipos foram aplicados a tendões animais e humanos, e estudos usando esses transdutores implantados em tendões animais apoiam a teoria de que os tendões sejam distendidos somente dentro da região elástica da curva tensão-deformação durante as atividades cotidianas normais, tais como caminhada e corrida leve.[48,49] Se tais experimentos representam padrões de carga típicos, é difícil entender por que os tendões podem ser lesados durante as atividades considerando-se uma margem tão grande entre a carga fisiológica e a máxima. Uma explicação mais provável é que elas sejam cargas relativamente baixas, mesmo para animais. Estudos com cavalos de corrida e seres humanos sugerem que os tendões possam receber cargas até valores muito mais altos durante atividades extenuantes como corrida e salto.[49-57] Gregor et al. e Komi et al. colocaram transdutores presos no tendão do calcâneo de voluntários (incluindo eles próprios!) e registraram forças na faixa de 5.000 a 6.000 N durante o ciclismo e a corrida.[50,54] Forças no tendão do calcâneo de até 4.000 N foram registradas ao pular sobre um pé só.[55] Essas forças foram mais altas do que aquelas observadas durante outras atividades.[52-57]

Os transdutores são difíceis de serem inseridos e podem limitar a atividade, de modo que dados de cargas nos tendões humanos costumam ser adquiridos por meio de cálculos indiretos baseados em modelos mecânicos, dados de cinemática (filme ou vídeo) e cinética (plataforma de força). Barfred estimou forças máximas de cerca de 4.340 N em uma pessoa que, enquanto corria, subitamente mudou de direção e rompeu o tendão do calcâneo;[51] os impulsos ordinários foram calculados como sendo de cerca de 2.000 N. O valor mais alto foi similar aos dados obtidos no teste *in vitro* de tendões humanos isolados, que mostraram uma força tensiva máxima de cerca de 4.000 N e sugerem que os tendões possam ser submetidos a carga próxima da máxima durante algumas atividades.[56] Forças do tendão do calcâneo entre 2.000 a 5.000 N têm sido estimadas durante atividades como corrida e salto.[57] Outros exemplos de forças estimadas em vários tendões usando diferentes atividades sugerem que os tendões podem, com frequência, ser submetidos a cargas de mais de 4.000 N durante atividades esportivas (Tab. 3.2).[52-55] Contudo, estas são ainda apenas estimativas da força do tendão.

Os dados de estimativas e medidas diretas de forças de tendões humanos sugerem que estes podem realmente ser sujeitos a grandes cargas em condições do dia a dia, provavelmente dentro da região linear da curva tensão-deformação. A confusão pode originar-se da definição de "carga fisiológica", que depende das atividades consideradas fisiológicas para a maioria das pessoas. Forças durante a caminhada e o exercício leve podem ser de apenas 20 a 30% daquelas observadas durante o exercício vigoroso, como corrida rápida, salto, pulo ou mudanças súbitas de direção. Parece, então, que os tendões dos pacientes podem ser submetidos com frequência a cargas potencialmente lesivas, embora muitos não apresentem sintomas. A razão para esse paradoxo continua desconhecida. Talvez todos os pacientes tenham defeitos estruturais no nível submicroscópico de seus tendões e somente depois de terem acumulado dano suficiente ocorram os sintomas e a disfunção. Isso sugere uma fadiga da estrutura do tendão, levando por fim à disfunção. Tais alterações degenerativas sem sinais ou sintomas clínicos são descritas como **tendinose.**

EFEITOS DO EXERCÍCIO E DO DESUSO NOS TENDÕES

O exercício produz efeitos mecânicos e fisiológicos nas estruturas específicas envolvidas no exercício, assim como efeitos sistêmicos em outros sistemas do corpo. O fluxo sanguíneo aumenta sete vezes no tendão durante o exercício e até 20 vezes no músculo.[58] Os tendões são alongados, em especial sob condições de carga isométrica ou excêntrica, e ocorre deformação dentro das fibrilas e entre as moléculas. O exercício influencia o formato da célula e as funções fisiológicas, presumivelmente por meio de conexões diretas entre a matriz extracelular (MEC) e o interior da célula. Tem sido mostrado que mesmo séries curtas de exercício aumentam a síntese de colágeno no tendão.[59]

Tabela 3.2 Forças e tensões no tendão durante a atividade

Atividade	Tendão	Força (N)	Tensão (MPa)*	Referência
Correr	Calcâneo	5.000	80	Curwin, 1984[57]
	Patelar	7.500-9.000	60-75	Alexander e Vernon, 1975[52]
Saltar	Calcâneo	4.000-5.000	60-80	Curwin, 1984[57] Fukashiro et al., 1995[55]
	Patelar	8.000	70	Alexander e Vernon, 1975[52]
Pedalar	Calcâneo	5.500	88	Gregor et al., 1987[50]
Chutar	Patelar	5.000	42	Curwin e Stanish, 1984[136]
Contrações voluntárias	Calcâneo	4.000-5.000	60-80	Wren et al., 2001[53]
Exercício excêntrico	Calcâneo	2.000-4.000	30-60	Curwin, 1984[57]
Ruptura	Patelar	14.000	100	Zernicke et al., 1977[123]
Teste mecânico até a falha	Vários	5.000-10.000	80-100	Harkness, 1968[28]

*Tensões estimadas usando-se valores aproximados de 60 mm^2 para o tendão do calcâneo e 120 mm^2 para o tendão patelar. Valores de tensão reais dependeriam da medida acurada da área de secção transversa do tendão, provavelmente por meio de medida com IRM.

A resposta ao exercício varia entre os tecidos e depende da natureza do estímulo, assim como da quantidade, do tipo e da frequência da carga. O músculo responde ao aumento da carga mecânica aumentando a área de secção transversa das fibras musculares, sobretudo por meio da síntese de mais proteínas produtoras de força. Um aumento na frequência da carga (sem mudança na magnitude) resulta em alterações nos perfis de enzimas metabólicas.[60] O exercício excêntrico pode produzir dano muscular,[61] ao passo que o aumento mantido de carga aumenta o componente de tecido conjuntivo do músculo.[62] O programa molecular de adaptação muscular ao exercício de resistência física e do exercício resistido é muito diferente,[60,63] mas, em cada caso, a adaptação melhora a habilidade do músculo de funcionar sob as novas condições de carga. O tecido adapta-se de modo diferente a estímulos diferentes.

O mecanismo local de resposta ao exercício do tecido conjuntivo (osso, tendão, ligamento e cartilagem) parece envolver células que detectam a distensão do tecido e modificam o tipo e a quantidade de colágeno e PGs sintetizados.[16-24] O volume, a natureza e a frequência de deformação são importantes. As cargas compressivas induzem a formação de cartilagem,[16,23] enquanto as cargas tensivas resultam em um tecido semelhante ao encontrado no tendão ou ligamento.[23] Podem ocorrer variações na carga dentro de um tendão quando este circunda estruturas ósseas (p. ex., o tendão do fibular na parte posterior do maléolo lateral) e essas variações se refletem nas alterações na composição do tendão para assemelhar-se à cartilagem.[23]

A manutenção do estado mecânico normal dos tecidos conjuntivos parece requerer a ocorrência de cargas repetitivas no nível do limiar ou além dele.[64] Cargas abaixo desse nível resultam em tecidos mais fracos e essas alterações ocorrem muito rapidamente, em um período de dias ou semanas. Os efeitos do desuso e da imobilização sobre tecidos como músculos, ligamentos, cápsula articular e tendão têm sido bem estabelecidos.[33-35,65-71] Nos tendões, as concentrações de colágeno e as ligações cruzadas declinam e o tendão torna-se menor. Desse modo, o tecido torna-se mais fraco em virtude de alterações tanto estruturais como materiais. Esses achados têm levado ao uso clínico da mobilização precoce e à aplicação gradual de tensão para tratar lesões de ossos e tecidos moles.[72-75]

Os tecidos conjuntivos também se adaptam ao aumento das cargas tornando-se mais fortes, mas essas alterações ocorrem ao longo de um período de tempo mais longo (meses) do que com o desuso.[75-90] Tanto tendões cicatrizando como tendões normais adaptam-se ao aumento das cargas, seja estruturalmente ao tornarem-se mais largos e hipertrofiando como o músculo ou modificando suas propriedades materiais para tornarem-se mais fortes por unidade de área. Outros tecidos conjuntivos comportam-se de maneira similar.

Diferentes tecidos respondem de modo diferente ao exercício e há também variações na resposta de um determinado tecido a diferentes tipos de exercício. Regiões diferentes dos ligamentos respondem de forma diferente à imobilização e à recuperação,[69-71] de maneira que as áreas de junção dos ligamentos respondem de modo mais rápido à imobilização do que a substância média, porém recuperam-se mais lentamente. Os tendões podem comportar-se do mesmo modo,[90] o que talvez explique por que as lesões de tendão costumam ocorrer nas junções osso-tendão. A sobrecarga mecânica crônica (criada experimentalmente por meio de excisão cirúrgica do músculo e hipertrofia compensatória) em um tendão resultou em alterações tanto estruturais (aumento na área de secção transversa) como materiais (mudanças nos padrões e quantidade das ligações cruzadas).[29]

A corrida costuma ser usada experimentalmente como modelo de carga sobre o tendão, mas os resultados após tal exercício de condicionamento físico são variáveis, talvez porque a carga seja mais baixa ou haja uma resposta sistêmica além da resposta local. A corrida produziu pouco efeito no tamanho e na composição do tendão em alguns estudos,[35,81,83] ao passo que outros estudos encontraram alterações na força tensiva ou na rigidez.[82,84,90] O nado produziu pouco ou nenhum efeito na cicatrização do tendão de ratos,[85] o que talvez não seja surpresa, já que a magnitude da carga é muito mais baixa no nado em comparação com a locomoção.[86] O número de ciclos pode ser importante, assim como a carga por ciclo na adaptação do tendão ao exercício; o tecido examinado também pode ter um papel.[91] O treinamento com exercícios atenuou os aumentos ligados à idade nas ligações transversas do ventrículo esquerdo de ratos, porém não teve efeito no ventrículo direito.[87] O exercício de condicionamento físico, portanto, parece produzir resultados variáveis, talvez em virtude das variações em certos fatores como metodologia, magnitude da carga, número de ciclos e estresse fisiológico relacionado.

As lesões de tendões em seres humanos costumam estar associadas a certos exercícios como corrida, salto, mudanças súbitas de direção ou com o uso repetido. Algumas atividades ligadas aos esportes podem tensionar os tendões em altas porcentagens relativas ao máximo teórico de tendões de mamíferos (ver Tab. 3.2). A associação entre lesão de tendão e certos esportes (como badminton e ruptura do tendão do calcâneo) implica

Efeitos dos exercícios no tendão

Aumento da magnitude da carga (exercício de fortalecimento)

- Aumento das ligações cruzadas
- Aumento da área de secção transversa
- Aumento do conteúdo de colágeno
- Fortalecimento do material do tendão

Aumento do tempo/frequência de carga (exercícios de resistência física)

- Mesma área de secção transversa
- As ligações cruzadas podem diminuir
- O conteúdo de colágeno fica igual ou diminuído
- O material do tendão fica igual ou mais fraco

que altas demandas colocadas sobre os tendões durante muitos movimentos de esportes e dança podem causar lesão.[92-97] O aumento da incidência de lesões de tendão após aumentos súbitos na quantidade de treinamento ou quando o treinamento é retomado em um alto nível após um período de inatividade, sugere que o tendão esteja sendo sujeito a cargas lesivas.

A maioria dos modelos de lesão de tendão assume anormalidades na aplicação da força como parte da etiologia, o que claramente ocorre nas lesões agudas de tendão. Muitos pacientes, contudo, parecem desenvolver tendinopatia mesmo quando o ambiente de carga não se modificou (p. ex., corredores que treinam na mesma velocidade e distância ou trabalhadores que realizam a mesma tarefa). Isso leva à questão (em geral feita imediatamente pelo paciente) de por que cargas que previamente eram bem toleradas pelo tendão agora produzem lesão. Tem sido mostrado que cargas repetitivas em animais, mesmo cargas funcionais, induzem mudanças no comportamento motor (p. ex., recrutamento prolongado ou aumento de unidade motoras) que podem causar patologia do tendão.[98-102] Padrões de carga similares são comuns em trabalhadores, nos quais lesões por esforço repetitivo (LER) ou distúrbios musculoesqueléticos associados ao trabalho agora são responsáveis por uma grande porcentagem de gastos com saúde relacionados ao trabalho.[103] A presença ou natureza das alterações degenerativas dentro do tendão nesses casos não é conhecida, já que não foi ainda mostrada uma correlação entre a estrutura do tendão e a apresentação clínica.

O fato de que cargas normais repetidas com frequência parecem causar dano ao tendão sugere que a relação entre intensidade de treinamento, carga e fisiologia do tendão é mais complexa do que antes se pensava. Talvez a magnitude da carga mecânica não seja o único fator importante ou diferentes tipos de exercício possam induzir diferentes adaptações no tendão. Há evidências sugerindo que as ligações cruzadas no tendão do calcâneo possam ser aumentadas com cargas elevadas cronicamente, mas diminuídas com um programa de corrida extenuante intermitente (embora seja esperado que o segundo imponha carga ao tendão do calcâneo e seja de fato usado com frequência como modelo de aumento de carga do tendão).[29,81,83] Talvez outros fatores (metabólicos, nutricionais, imunológicos, hormonais) induzam alterações nos tendões de forma que níveis antes seguros de carga sejam agora capazes de danificar o tendão.[104-108] Estudos com animais sugerem que a duração da carga também é importante, e mesmo cargas submáximas são capazes de induzir uma tendinopatia se forem repetidas por um período prolongado.[98-101]

LESÃO DE TENDÃO

Forças que causam tendinopatia

Compreendendo-se a estrutura e a função normais do tendão é possível prever as alterações na sua estrutura ou na sua composição capazes de torná-lo suscetível à lesão (Tab. 3.3). O desenvolvimento de dor crônica nos

Tabela 3.3 Causas potenciais de disfunção do tendão

Estímulo	Resposta	Efeitos possíveis
Imobilização	Atrofia da junção miotendínea	Ruptura parcial, microlacerações
	Aumento das ligações cruzadas na cápsula articular	Aumento da resistência ao movimento articular, aumento do trabalho muscular
Exercício prolongado de resistência à fadiga	Alterações hormonais que levam ao aumento da renovação de colágeno	Tendão mais fraco, microlacerações
Exercício intenso	Ruptura das ligações cruzadas ou fibrilas de colágeno, liberação de componentes do colágeno na circulação	Incapacidade de suportar as forças durante atividades da vida diária, resposta inflamatória
Carga mecânica aumentada por tempo prolongado	Aumento das ligações transversas, diminuição do colágeno	Desconhecido o efeito sobre a função do tendão
Injeção	Comprometimento mecânico de fibrilas, diminuição da síntese de colágeno	Tendão mais fraco, possível ruptura
Medicamentos não esteroides	Diminuição da inflamação	Desconhecido o efeito sobre a função do tendão
Exercício de resistência intermitente	Desconhecida	Desconhecido o efeito sobre a função do tendão

De Curwin SL. Tendon injuries: pathophysiology and treatment. In Zachazewski JE, Magee DJ, Quillen SW, editors. *Athletic injuries and rehabilitation*. WB Saunders, Philadelphia, 1996, p. 37.

tendões humanos sujeitos a cargas prolongadas (p. ex., calcâneo, patelar, supraespinal, extensores do antebraço e os achados de estudos com animais) sugere que cargas repetitivas levam à lesão. O princípio básico na maioria dos modelos de etiologia da tendinopatia é que as cargas físicas causam dano ao tendão (i. e., o tendão não é forte o suficiente para suportar as cargas às quais é submetido). Poucos dados obtidos em seres humanos estão disponíveis para confirmar essa conclusão.[59,64] A natureza do dano real e a subsequente adaptação (ou falha em adaptar-se) do tendão provavelmente variam com o *tipo* de força (compressiva ou tensiva), assim como sua *magnitude* e o *padrão* de aplicação.

Forças compressivas: tendinopatia extrínseca

A tendinopatia pode resultar de forças externas aplicadas diretamente ao tendão, sendo chamada de tendinopatia "extrínseca". A causa em geral é uma força de compressão, atrito ou tensão excessiva aplicada ao tendão por meio de um objeto externo (extrínseco) ou por uma alteração no alinhamento anatômico. A compressão pode vir de um artigo usado pelo paciente; por exemplo, cadarços apertados em um tênis ou patim podem causar tenossinovite dos tendões extensores na articulação do tornozelo. O atrito pode vir de estruturas anatômicas justas raspando sobre projeções ósseas, tais como a síndrome de fricção da banda iliotibial ou a tenossinovite do flexor do hálux.[101] Uma combinação de compressão e atrito proveniente das estruturas anatômicas do próprio paciente e seus padrões de movimento também podem ser responsáveis. Um acrômio largo pode pressionar o tendão do supraespinal, levando à síndrome do impacto no ombro causada por movimento repetidos acima da cabeça. De modo similar, os retináculos no punho podem causar várias formas de tenossinovite, em geral combinadas com o uso repetido durante atividades ocupacionais ou recreativas.[109-111] Em alguns casos de compressão prolongada, o tendão pode mudar sua composição e tornar-se semelhante a uma cartilagem.[112,113] A tenossinovite também pode ser causada pelo alongamento excessivo durante o movimento[114,115] ou pode resultar de infecção.[116,117] Um alinhamento atípico do pé, tal como um varo de antepé ou valgo de retropé, pode aumentar a tensão no lado medial do tendão do calcâneo. Esses casos de tendinopatia são mais bem tratados pela remoção precoce da causa externa (Tab. 3.4).

Carga súbita ou força excessiva

Casos de lesão de tendão que não podem ser atribuídos diretamente a uma causa externa são às vezes denominados tendinopatias "intrínsecas". Esse tipo de tendinopatia parece ser causado por cargas aplicadas ao tendão durante atividades funcionais. Tudo indica que haja uma incompatibilidade entre as propriedades mecânicas do tendão (materiais e/ou estruturais) e as cargas que ele precisa suportar. Essa incompatibilidade pode originar-se de um aumento nas cargas aplicadas ao tendão (i. e., a composição da estrutura do tendão é a mesma, a carga se modifica), ou de alterações na composição do tendão que o tornam mais fraco em termos mecânicos enquanto a carga permanece a mesma. Os tendões humanos podem ser submetidos a cargas relativamente largas durante atividades normais (ver Tab. 3.2), e a associação das lesões de tendão com diferentes esportes implica uma relação entre a lesão do tendão e a carga tensiva. As lesões de tendão do calcâneo são comuns em corredores[94], e a incidência de ruptura de tendão do calcâneo é mais alta em jogadores de badminton,[97] nos quais parece haver uma ligação com mudanças rápidas de direção entre o movimento para trás e o movimento para a frente. A tendino-

Tabela 3.4 Exemplos de tendinite extrínseca

Natureza clínica	Causa	Soluções possíveis
Síndrome do impacto	As estruturas anteriores do ombro raspam no manguito rotador durante movimentos com as mãos acima da cabeça	Acromioplastia Mobilização articular para restaurar os deslizamentos na articulação GU Retreinamento dos músculos escapulares Correção postural
Síndrome da banda iliotibial	Atrito da banda IT no epicôndilo lateral do fêmur durante os movimentos do joelho	Alongamento do trato iliotibial Realinhamento do membro inferior com órtese
Síndrome de De Quervain	Atrito dos músculos do polegar que passam sob o retináculo do punho	Redução dos movimentos do polegar (tala) Redução do edema na bainha por meio de medicamentos ou modalidades fisioterapêuticas
Tenossinovite de calcâneo	Atrito proveniente do contraforte do calçado	Reconfiguração do contraforte do calçado
	Atrito do tendão contra a bainha	Gelo, modalidades fisioterapêuticas e medicamentos Redução da atividade até que os sintomas comecem a diminuir
Tenossinovite extensora	Atrito proveniente das estruturas anteriores na articulação do tornozelo	Distribuição das forças por meio de palmilhas Gelo, modalidades fisioterapêuticas e medicamentos

patia patelar é mais comum em atletas que saltam, como os jogadores de vôlei e basquete.[92,95]

Naturalmente, a carga sobre o tendão pode ser bastante diferente da tensão sobre ele. Esta última raramente é calculada, pois é difícil medir a área de secção transversa do tendão. Técnicas de imagem como o ultrassom (US) e imagem por ressonância magnética (IRM) permitem que a área de secção transversa seja medida, de modo que as tensões sobre músculo e tendão possam ser calculadas.[56,117-119] Observou-se uma variabilidade considerável no tamanho do tendão e, portanto, na tensão, entre diferentes pessoas, o que pode explicar por que algumas pessoas sofrem lesões e outras não.[56,90,91] A distribuição de tensão dentro de tendões individuais não é conhecida, embora geralmente se pressuponha que todas as áreas do tendão recebam carga de modo igual. É possível, contudo, que isso nem sempre ocorra. A força é transmitida ao tendão por meio de conexões de tecido conjuntivo com as fibras musculares. Assim, quando apenas algumas fibras musculares estão ativas, elas podem criar uma carga assimétrica sobre o tendão. Foi mostrado que ocorrem assimetrias de distensão na área do músculo-tendão durante a imposição de carga.[13,119]

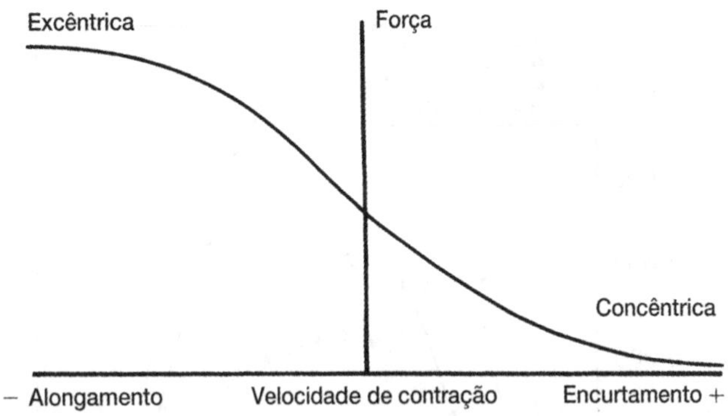

Figura 3.7 A relação força-velocidade para contrações musculares excêntricas e concêntricas. Conforme a velocidade de encurtamento aumenta, a força diminui; conforme a velocidade de alongamento aumenta, a força também aumenta. (De Curwin SL, Stanish WD. *Tendinitis: its etiology and treatment*. Lexington, Mass, 1984, DC Heath, 1984.)

Situações nas quais pode ocorrer dano ao tendão

- A quantidade ou o padrão de carga aumenta em virtude de modificações nas demandas funcionais *e*
- A composição e a estrutura do tendão permanecem estáveis

ou

- A composição do tendão se altera *e*
- A carga permanece estável

Papel da ativação muscular excêntrica

Experimentos de fisiologia muscular em músculos humanos isolados e *in vivo* mostraram que a força aumenta à medida que a velocidade de alongamento do músculo ativo aumenta, enquanto o oposto ocorre durante as ativações musculares concêntricas (encurtamento) (Fig. 3.7).[120-122] Isso pode explicar a conexão frequente entre cargas excêntricas e lesões de tendões.[51,95,96,98] O tendão é exposto a cargas maiores durante as cargas excêntricas, em especial quando o movimento ocorre rapidamente.[120,122] Isso é exatamente o que ocorre quando se aterrissa de um salto ou no preparo para o salto (tendinopatia patelar),[92,95] no apoio médio durante a corrida,[54,57] durante o *demi-plié* no balé[96] (tendinopatia de calcâneo) e ao atingir a bola com *backhand* no tênis (epicondilite lateral).

Quase todas as ativações com encurtamento (contrações concêntricas) de unidades músculo-tendão são precedidas de alongamento enquanto o músculo está ativo (contrações excêntricas).[122] Esse padrão de ativação alonga os elementos elásticos na unidade músculo-tendão (UMT), incluindo o tendão, e contribui para o movimento se o músculo puder encurtar imediatamente depois de ser alongado.[3,4,120-122] Essa armazenagem de energia elástica permite que o músculo produza mais força com menor gasto metabólico e é uma função importante do tendão. Estima-se que essa energia elástica contribua com cerca de 6% da energia total para a caminhada humana e até 60% no salto com os pés juntos (tipo canguru).[3] Esse padrão de carga também resulta em força máxima e máximo alongamento aplicado ao tendão, criando o cenário mais provável para dano físico ao tendão. A Figura 3.8 mostra os padrões de carga no tendão do calcâneo associados com algumas atividades diferentes. A combinação de força máxima e comprimento parece criar um potencial para dano ao tendão. A filmagem de um halterofilista competitivo durante um levantamento no qual seu tendão patelar rompeu-se revelou que o comprometimento ocorreu enquanto o halterofilista mudava do movimento para baixo para o movimento para cima (i.e., o final da fase excêntrica).[123] A força sobre o tendão patelar foi estimada como cerca de 14 kN, mais de 17 vezes o peso corporal!

A aplicação ou liberação rápida da força tem maior probabilidade de causar dano ao tendão do que a aplicação da mesma carga de modo gradual.[43-45,51] O alongamento súbito do músculo, em especial se a contração for próxima do máximo, resulta na aplicação rápida de uma força maior que a normal sobre o tendão, o que pode causar ruptura parcial ou completa. A força tem maior probabilidade de causar dano ao tendão se for aplicada de modo súbito, em vez de ser aumentada de modo gradual até o mesmo nível. A remoção súbita da força também tem maior probabilidade de causar comprometimento do que uma redução gradual da mesma força. Parece que ocorre um comprometimento da relação entre as fibrilas de colágeno e a matriz ao redor.[43-45]

A aplicação diferencial de carga na junção musculotendínea também pode estar relacionada com a variabilidade nos padrões de recrutamento de unidades motoras que causa diferentes padrões de distensão nos tecidos conjuntivos inseridos. Movimentos lentos, níveis baixos de força e a manutenção da postura usam unidades motoras pequenas compostas de fibras musculares lentas. Os fascículos

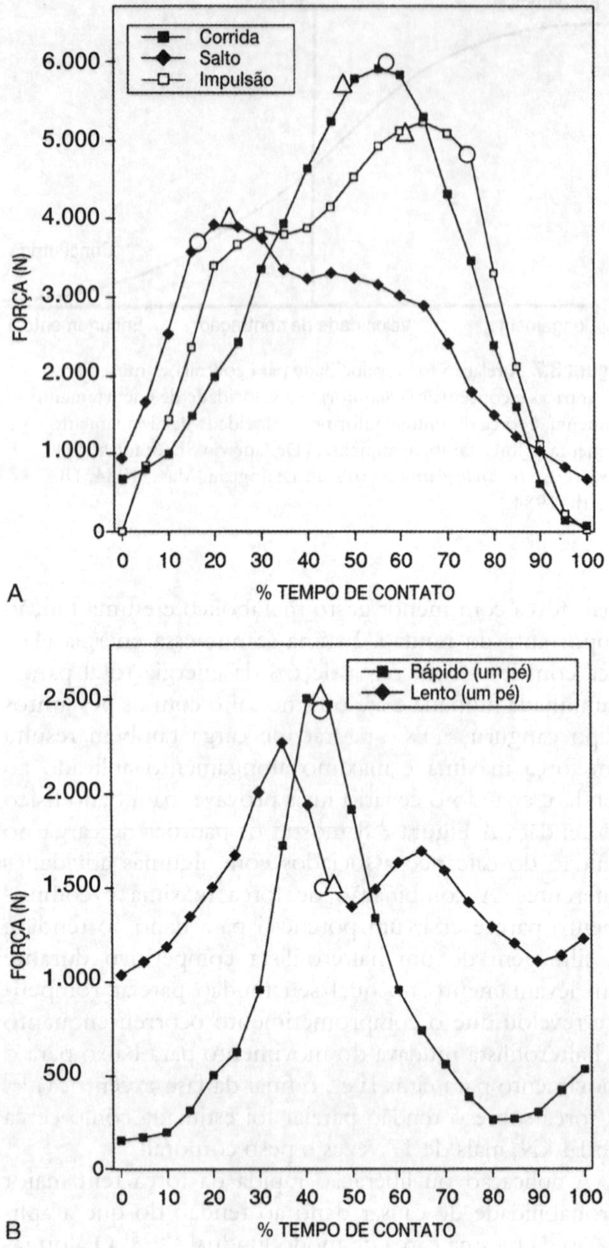

Figura 3.8 Forças no tendão do calcâneo durante três atividades ligadas ao esporte (**A**) e descida lenta e descida rápida do calcanhar na beira de um degrau. **B**, as forças podem ser estimadas de forma indireta usando-se uma plataforma de força e dados de filmagem; os comprimentos musculares para o sóleo e o gastrocnêmio foram também estimados a partir dos registros do filme. Comprimentos musculares máximos (sóleo máximo = Δ, gastrocnêmio máximo = ○) em geral ocorrem no pico de força observado durante a atividade ou perto dele. (De Curwin SL. Tendon injuries: pathophysiology and treatment. In Zachazewski JE, Magee DJ, Quillen SW, editors. *Athletic injuries and rehabilitation.* WB Saunders, Philadelphia, 1996, p. 40.)

do tendão associados a essas unidades motoras recebem as cargas, portanto, de modo regular durante as atividades cotidianas. A aplicação súbita de carga pode recrutar unidades motoras rápidas usadas com menor frequência. Se os fascículos do tendão associados a essas unidades motoras não foram expostos à mesma história de cargas que os outros fascículos dentro do tendão, talvez sejam mais fracos e, portanto, lesados com mais facilidade diante da imposição de uma demanda súbita para produção rápida de força pelo músculo. É bem conhecido que o dano muscular pode ser causado pela contração muscular excêntrica,[124] presumivelmente em virtude de níveis mais altos de carga, o que parece ser válido também para o tendão.

Situações em que há maior probabilidade de ocorrer lesão de tendão

- As cargas são aplicadas ou liberadas subitamente
- Uma unidade motora usada raramente é recrutada em resposta a um novo movimento ou carga

Diagnóstico, classificação e terminologia

Distúrbios sistêmicos, metabólicos e genéticos que podem causar disfunção do tendão não estão incluídos na classificação de distúrbios por uso excessivo, embora precisem ser considerados no diagnóstico diferencial de lesão tendínea.[104-108] A possibilidade de dor somática referida originada na estrutura espinal também deve ser considerada e excluída por meio de um exame minucioso.[125]

Lesões agudas de tendão

As lesões de tendão podem ser divididas em duas categorias amplas: (1) agudas e (2) crônicas. As lesões agudas incluem aquelas nas quais o tempo e o modo de lesão são conhecidos. Essas lesões costumam seguir um padrão de cicatrização "tradicional" e são tratadas de acordo com as fases de cicatrização (Tab. 3.5).[126] As lesões agudas incluem ruptura de tendão parcial ou completa, assim como outras lesões em que o tempo de surgimento é conhecido. A tendinite, definida como uma resposta inflamatória do tendão a cargas repetitivas, provavelmente se encaixa melhor na categoria de lesões agudas quando o surgimento dos sintomas é conhecido (Fig. 3.9). Essas lesões de tendão envolvem dor, edema e sensibilidade, podendo ser tratadas como outras lesões agudas.[94]

Lesões por uso excessivo: terminologia

Lesões crônicas dos tendões envolvem cargas repetitivas que danificam o tendão. A resposta é, em alguns casos, similar à vista nas lesões agudas. A bainha do tendão pode, por exemplo, inchar.[101] Uma diferença entre as lesões agudas e crônicas é que o momento de surgimento não é conhecido no segundo caso. O típico é que os sintomas comecem a aparecer de forma gradual depois de uma atividade que imponha carga ao tendão e progridam ao ponto de interferir com a função.[127] O paciente apresenta-se com dor durante atividades que envolvem carga, além de sensibilidade à palpação e espessamento do tendão. Em virtude da natureza gradual do surgimento e da falta de medidas diagnósticas quantitativas, a patologia exata das lesões crônicas de tendão continua

Tabela 3.5 Cicatrização do tendão com lesão aguda e terapia sugerida

	Estágio de cicatrização		
	Inflamatório	**Fibroblástico/proliferação**	**Remodelamento/maturação**
Tempo (dias)	0-6	5-21	20 dias ou mais Tensão progressiva no tecido
Terapia sugerida	Repouso, gelo Modalidades anti-inflamatórias Diminuição da tensão	Introdução gradual de tensão Modalidades para aumentar a síntese de colágeno	
Princípio fisiológico	Prevenir a inflamação prolongada Prevenir o comprometimento de novos vasos sanguíneos e fibrilas de colágeno Promover a síntese de substância amorfa fundamental	Aumentar o colágeno Aumentar as ligações cruzadas de colágeno Aumentar o tamanho e o alinhamento das fibrilas	Aumentar as ligações cruzadas (tendões e ligamentos) Diminuir as ligações cruzadas (cápsula articular) Aumentar o tamanho das fibrilas
Principais metas	Evitar o comprometimento do novo tecido	Prevenir atrofia muscular e articular excessiva	Otimizar a cicatrização do tecido

De Curwin SL. Tendon injuries: pathophysiology and treatment. In Zachazewski JE, Magee DJ, Quillen SW, editors. *Athletic injuries and rehabilitation*. WB Saunders, Philadelphia, 1996, p. 43.

desconhecida. Poucos ou nenhum sinal de inflamação são observados.[128-131]

As lesões tendíneas também podem ser classificadas pela localização da patologia dentro da estrutura geral do tendão (p. ex., substância do tendão ou bainha tendínea). As alterações degenerativas dentro do tendão que não são aparentes no exame visual ou que não causam sintomas eram denominadas *tendinose* no passado, ao passo que as lesões crônicas acompanhadas de dor eram chamadas de *tendinite*. Mais recentemente, como a presença e o papel da inflamação na tendinite crônica continuam sem esclarecimento, o uso do termo *tendinopatia* tem sido recomendado.[128-130] Na maioria dos casos de tendinopatia crônica, o processo inflamatório se encontra ausente, ou porque veio e se foi ou porque nunca ocorreu. O termo *tendinose* é usado para referir-se a essas formas de tendinopatia, em uma tentativa de desencorajar os médicos de tratarem uma resposta inflamatória ausente e para denotar que a sequência temporal normal de cicatrização não se aplica.[129] Uma visão geral da terminologia usada para descrever lesões de tendão é apresentada na Tabela 3.6.

Na maioria dos casos clínicos, é impossível determinar qual porção do tendão é a fonte da dor. A palpação envolve tanto o tendão como sua bainha e a contração muscular aplica força tanto na bainha inflamada como em seu tendão danificado. Pode-se talvez definir tendinopatia como uma "síndrome de dor e sensibilidade localizada sobre uma área do tendão, agravada por atividades que aplicam força tensiva ao tendão, causada por alterações degenerativas na estrutura do tendão ou seguidas dessas alterações".[127-130] A síndrome pode incluir inflamação da bainha tendínea, como na tenossinovite (tenovaginite), bem como a inflação real da própria substância do tendão. O grau de alteração degenerativa pode variar de microscópico até a ruptura completa.[123-130] É improvável que alterações patológicas possam ser determinadas na maioria dos pacientes, já que tal análise requer uma amostra do tecido do tendão. Isso significa que qualquer sistema de classificação para lesão crônica de tendão baseado apenas na patologia talvez não seja aplicável à maioria de casos clínicos de tendinopatia, já que os sinais de patologia não se correlacionam bem com o estado clínico.[131-135] Pode ser mais útil usar um sistema de classificação baseado na dor e na função, que podem ser determinadas de forma clínica, embora a relação exata entre os sintomas e a patologia continue desconhecida. Tal sistema está apresentado na Tabela 3.7.[136]

Modelo de lesão por uso excessivo: degeneração sem inflamação (tendinose)

A tendinopatia crônica é considerada uma lesão por uso excessivo, resultado de cargas tensivas prolongadas, que se estende talvez para dentro da região linear da curva tensão-deformação.[43] Pensa-se que essa carga repetitiva cause ruptura parcial (falha microscópica) de algumas fibrilas dentro do tendão ou separação entre as fibrilas, o que leva à lesão do tendão.[44,45] Tais lesões foram relacionadas às fraturas por estresse que ocorrem em ossos sujeitos a cargas crônicas.[44] Pensa-se que a lesão seja resultado de fadiga da estrutura sobrecarregada, assim como vigas metálicas fatigam-se ao serem repetidamente sobrecarregadas. As cargas individuais podem estar dentro da faixa fisiológica, mas são repetidas de forma tão frequente que a recuperação não chega a ocorrer e a estrutura se fatiga.[137] Esse conceito é confirmado por estudos animais.[35,40,45,68] Já que a estrutura do tendão recupera-se com o repouso mesmo depois de ser submetida a cargas que entram na região linear, é provável que o tempo seja um elemento importante na produção dessas lesões. O desenvolvimento da lesão crônica pode ser decorrente de

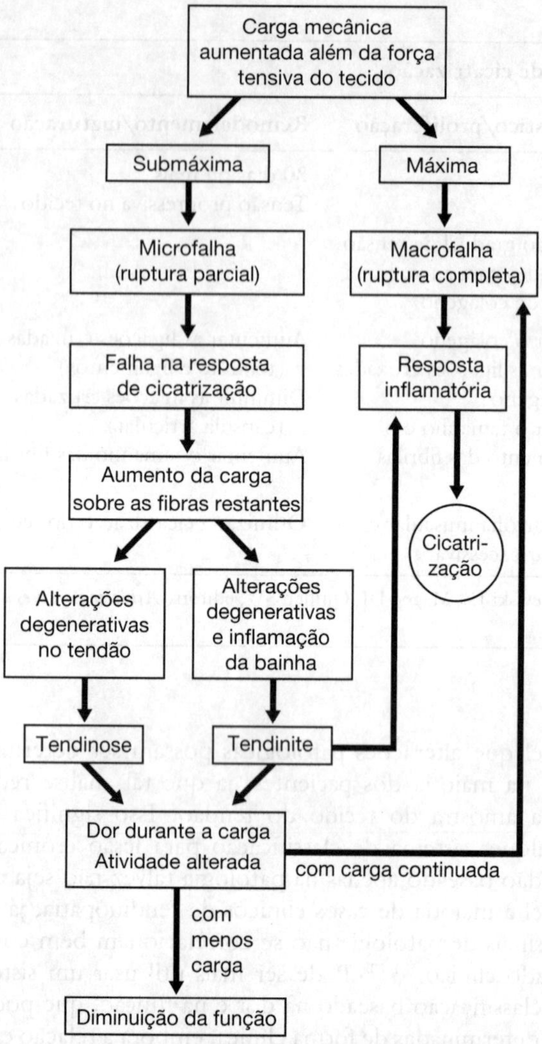

Figura 3.9 A possível progressão de uma lesão de tendão. A inflamação pode ser mínima ou ausente e o tendão pode mudar de forma gradual, sem apresentar sintomas. Por fim, acaba surgindo a dor e é possível que ela esteja relacionada a uma neovascularização e a um crescimento neural para dentro do tendão. Alguns tendões podem romper-se sem que haja sinal ou sintoma prévio. (Adaptado de Curwin SL. Tendon injuries: pathophysiology and treatment. In Zachazewski JE, Magee DJ, Quillen SW, editors. *Athletic injuries and rehabilitation*. WB Saunders, Philadelphia, 1996, p. 42.)

falha do tendão em cicatrizar o dano.[132] Esse é o tipo de tendinopatia que parece desenvolver-se de forma gradual e com frequência está relacionada a treinamentos de alto nível, como a corrida de longa distância.

Não são apenas os atletas de alto nível que são afligidos por esse tipo de tendinopatia, embora esse grupo responda por muitos dos epônimos, tais como cotovelo de tenista e joelho de saltador, que são usados para muitos casos de tendinopatia crônica.[92,95,131] Muitas pessoas mais velhas envolvidas em esportes recreativos também sofrem, assim como trabalhadores[109,111] envolvidos em atividades com cargas repetitivas. Certas atividades ocupacionais em particular estão associadas com lesões de tendão, as quais costumam ser denominadas distúrbios osteomusculares relacionados ao trabalho (DORT) e podem ser responsáveis por até 50% dos gastos com incapacidades associadas ao trabalho.[103]

As descrições de patologias de lesões tendíneas crônicas baseiam-se no exame de material proveniente de pacientes com cirurgia marcada para tendinopatia recalcitrante. Amostras de vários tendões mostraram um material macio e opaco, com aumento na substância amorfa fundamental e perda de estrutura fibrilar de colágeno.[131-134] O número de células fibroblásticas mostrou-se aumentado, porém não foram vistas células inflamatórias. Esses achados levaram à conclusão de que pacientes com tendinopatia crônica não exibem os sinais típicos de uma resposta inflamatória, e que um processo degenerativo é responsável pelo dano ao tendão e pelos sinais e sintomas clínicos. A falta de células inflamatórias levou à recomendação do nome *tendinose* para lesões crônicas de tendão.[129] A incerteza relativa a essa conclusão origina-se do fato de poucos pacientes com tendinopatia crônica requererem cirurgia (provavelmente menos de 3 a 5%) e aqueles que a requerem em geral tiveram uma disfunção de tendão de longa instalação. Como os tecidos desses pacientes representam distúrbios de tendão de longa duração que resistiram a outras formas de tratamento, deve-se ter cuidado ao extrapolar os achados de tais tendões para a vasta maioria de lesões que respondem ao tratamento conservador. Embora as lesões de tendão possam ser mais prováveis em pessoas mais velhas, não parece que isso seja consequência do envelhecimento propriamente dito e sim da duração geral da carga.

Nos casos de tendinopatia crônica, é possível que a resposta inflamatória possa ter ocorrido no início e se resolvido, deixando no lugar alterações degenerativas, algo análogo à situação da fibrose hepática, por exemplo. A resposta a essa questão exigiria o exame de tecidos provenientes da maioria dos pacientes com tendinopatia que não requerem cirurgia e a correlação entre a duração do problema e as alterações nos tecidos. Tais exames são desagradáveis para os pacientes não cirúrgicos. Foram colhidas biópsias dos tendões de pacientes que mostram sinais de tendinopatia e não foram observados sinais evidentes de inflamação.[138-140] Tem sido usadas técnicas de microdiálise para colher amostras de líquido dos tendões lesados, as quais não contêm indicadores de inflamação, como a presença de prostaglandinas que acompanham a inflamação (p. ex., PGE^2).[141] Em vez dos mediadores inflamatórios típicos têm sido encontradas substâncias como o glutamato, conhecidas por seu papel na geração de dor central. Técnicas de imagem como IRM e US podem indicar a presença de uma lesão no tendão, mas isso não tem correlação com os sinais e sintomas clínicos.[133] O conceito de um modelo não inflamatório de tendinopatia crônica foi discutido em artigos que encorajam o uso do termo diagnóstico *tendinose* em vez de *tendinite*.[128,129] Esses autores acreditam que a tendinite implica lesão aguda e autolimitada que requer mínima intervenção e pode ser baseada em medicamentos ou modalidades fisioterapêuticas, enquanto tendinose sugere

Tabela 3.6 Classificação das lesões crônicas de tendão[128-130]

Nome sugerido	Nome anterior	Patologia	Sinais e sintomas	Tratamento
Paratendinopatia	Paratenonite (antigamente uma das tenossinovites, peritendinites, tenovaginites)	Inflamação do paratendão	Edema, dor, crepitação, disfunção, sensibilidade, calor	Agentes anti-inflamatórios: AINEs tópicos ou orais, injeção de corticosteroides na bainha tendínea
Tendinopatia aguda	Tendinite	Ruptura de fibras tendíneas e vasos sanguíneos com resposta inflamatória	Edema, dor, disfunção, sensibilidade, calor	Repouso relativo, modalidades fisioterapêuticas para controlar os sintomas, carga progressiva
Tendinopatia crônica	Tendinose	Celularidade aumentada, distúrbio das fibrilas, neovascularização	Tamanho aumentado do tendão, dor, disfunção	Exercício excêntrico com carga progressiva
Pantendinopatia	Paratenonite com tendinose ou tendinite	Inflamação da bainha mais alterações degenerativas no tendão	Como acima	Como acima

Tabela 3.7 Classificação dos distúrbios tendíneos com base na dor e na incapacidade

Intensidade	Nível	Dor	Incapacidade
Leve	1*	Sem dor	Sem efeito nas atividades
	2	Dor com esforço extremo; para quando a atividade cessa	Sem efeito nas atividades
Moderada	3	Dor com esforço extremo; dura 1-2 horas depois	Pouco efeito nas atividades; pode limitar atividades físicas mais intensas
	4	Dor com qualquer esforço moderado; aumenta com a atividade; dura 4-6 horas depois	Nível de desempenho diminuído; incapacidade de realizar algumas tarefas necessárias
Grave	5	Dor com qualquer esforço; aumenta rapidamente em intensidade; dura 8-24 horas	Causa afastamento imediato das atividades
	6	Dor durante as atividades da vida diária	Incapacidade de participar de qualquer esporte; as atividades da vida diária também podem estar restritas

De Curwin SL. Tendon injuries: pathophysiology and treatment. In Zachazewski JE, Magee DJ, Quillen SW, editors. *Athletic injuries and rehabilitation.* WB Saunders, Philadelphia, 1996, p. 43. Adaptado de Curwin SL, Stanish WD. *Tendinitis: its etiology and treatment.* DC Heath, Lexington, Mass, 1984.

*Nível 1 é quase o mesmo que um tendão normal, mas pode ser alcançado apenas a partir de um dos níveis mais altos. Pode haver alguma força residual ou déficits funcionais, como explica o texto, o que deve ser excluído antes que o tendão seja considerado "normal".

um problema degenerativo que requer uma abordagem de exercícios para ser solucionado.

Modelo de lesão do tendão por uso excessivo: possível presença de inflamação

A possível presença de uma resposta inflamatória inicial nas lesões crônicas de tendão não pode ser descartada. Cetti et al. examinaram material de biópsia cirúrgica proveniente de tendões de calcâneo humanos rompidos e amostras de biópsia de tendões de calcâneo não afetados, encontrando sinais de degeneração e necrose em áreas diferentes do tendão rompido assim como no tendão contralateral não rompido, porém também encontraram sinais de inflamação nas primeiras horas após a lesão.[142] Esses sinais inflamatórios (presença de neutrófilos) diminuíram nos tendões com um lapso de tempo mais longo entre a lesão e a cirurgia, levando os autores a concluírem que a inflamação tinha sido disparada por alterações degenerativas preexistentes no tendão e não teriam ocorrido em resposta à ruptura. Apenas um dos tendões não afetados mostrou sinais de inflamação, ao passo que os sinais de degeneração e necrose foram encontrados na maioria. A conclusão foi que o nível limiar de alteração degenerativa causou uma resposta inflamatória que enfraqueceu ainda mais o tendão e o levou à ruptura.[142]

Uma das maiores dificuldades na avaliação da tendinopatia crônica é a falta de um modelo animal adequado para simular a tendinopatia crônica humana. Há modelos disponíveis para examinar lesões agudas de tendão, em geral baseadas no dano ao tendão induzido por injeção de colagenase em que a resposta inflamatória ocorre de modo evidente.[143] Tem sido mostrado que o uso repetitivo (uso excessivo) dos tendões em animais causa alterações inflamatórias no tendão.[98] Quatro semanas de exercícios em coelhos, que consistiram em flexão e extensão repetitiva do tornozelo produzida por estimulação elétrica do músculo tríceps sural, resultaram em espessamento irregular do tendão, alterações degenerativas dentro do tendão, espessamento da bainha tendínea (paratendão) e um aumento para o dobro no fluxo sanguíneo tanto para o paratendão como para o tendão.[99,100] A maioria das alterações celulares sugestivas de resposta inflamatória foram encontradas na bainha tendínea, com a ocorrência de alterações degenerativas na porção central do tendão. O movimento repetitivo de estender as patas e agarrar feito por ratos ao longo de um período de oito semanas resultou em diminuição do desempenho motor, assim como infiltração local e disseminada de macrófagos e aumento nos níveis séricos de interleucina 1 (sinais de inflamação).[98] Foi demonstrado que fibroblastos do tendão patelar humano produzem mediadores inflamatórios (fosfolipases, ciclo-oxigenases, prostaglandinas) quando alongados, em especial nas frequências mais altas.[144] Mostrou-se por meio de técnicas de microdiálise que tendões do calcâneo humanos saudáveis, quando exercitados, produzem mediadores inflamatórios, enquanto tendões do calcâneo com lesões crônicas não produzem esses mediadores.[145] A injeção de corticosteroides dentro de um tendão do calcâneo com lesão crônica produziu uma redução rápida na dor e no edema do tendão, sugerindo que havia um processo inflamatório em curso.[146] Sob condições reversas, mostrou-se que a administração de mediadores inflamatórios produzia tendinopatia.[147]

É difícil saber como interpretar esses achados. Talvez os tendões normais respondam com uma resposta inflamatória a cargas repetitivas e os tendões que não produzem essa resposta desenvolvem tendinopatia. Isso é análogo à não resposta de cicatrização proposta por Leadbetter como explicação para o desenvolvimento de lesões crônicas nos tendões.[137] Parece que os tendões que desenvolvem tendinose podem ter uma resposta fisiológica diferente daquela dos tendões normais mediante o dano induzido por cargas (i. e., não reparam o dano à medida que ele ocorre). Essa hipótese é difícil de avaliar sem estudos longitudinais de longo prazo em populações propensas a desenvolver lesões tendíneas.

A questão de se a inflamação participa ou não da tendinopatia crônica pode também depender do período de tempo no qual é feito o exame. Após a criação de uma lesão de tendão do calcâneo em ratos por meio da injeção de colagenase, neutrófilos e macrófagos aumentaram em 46 e 18 vezes, respectivamente, um dia depois da lesão, mas retornaram aos valores controle após 7 a 14 dias.[48] Assim, a presença ou ausência de inflamação, com base na população de células, pode muito bem depender do momento em que o tecido é examinado. Os resultados desse estudo sugerem que é pouco provável que a presença de células inflamatórias possa ser detectada semanas ou meses após a lesão. Como já foi mencionado, esses modelos de colagenase representam mais acuradamente a tendinite aguda, de modo que é desconhecido se uma resposta temporal similar ocorre nas lesões crônicas de tendão. Podem ser necessárias técnicas mais avançadas de análise bioquímica para responder se e quando a inflamação está presente na lesão crônica de tendão.[149,150]

Causa de dor na lesão de tendão

Estando ou não presente nos estágios iniciais da lesão por uso excessivo, parece que a inflamação não está presente nos estágios tardios de tendinopatia crônica e não deve ser o foco do tratamento. A dor sofrida pelos pacientes com tendinopatia crônica era atribuída antigamente à presença de mediadores inflamatórios, mas essa explicação agora parece improvável.[151,152] Agentes anti-inflamatórios não esteroides (AINEs) podem influenciar a dor sofrida pelos pacientes, mas isso ocorre provavelmente por meio de suas propriedades analgésicas e não anti-inflamatórias. O efeito rápido da injeção de corticosteroides na bainha tendínea com lesão crônica tem sido atribuído a outros mecanismos possíveis ou a uma alteração nos fatores neurais dentro do tendão.[152]

A aparente falta de sinais inflamatórios típicos no tendão tem levado a uma busca por outras explicações para a causa da dor sofrida por pacientes com tendinopatia crônica.[152-155] Talvez a dor na tendinopatia crônica seja proveniente do comprometimento físico do próprio tecido, por meio de substâncias bioquímicas não inflamatórias (p. ex., fragmentos de colágenos, PGs) que podem irritar as terminações nervosas livres dentro do tendão.[155-157] Talvez os neurotransmissores sejam liberados de nervos aferentes em resposta a sinais anormais vindos do tendão danificado ou os níveis de lactato aumentem e causem dor.[158] A liberação de peptídios neurais na periferia causa uma reação tecidual denominada inflamação neurogênica.[158,159] Em contraste com a resposta inflamatória clássica ao trauma tecidual ou ao dano celular mediado pela resposta imune, a inflamação neurogênica é movida por eventos no sistema nervoso central e não depende de granulócitos ou linfócitos no tecido. Os nervos aferentes podem tornar-se tão sensibilizados que um estímulo de baixa intensidade, como um movimento leve ou mínima deformidade dos tecidos ao redor, pode gerar dor. Esse fenômeno, a alodinia, é implicado na artrite degenerativa crônica, na dor lombar, na síndrome do intestino irritável e na cistite intersticial grave, e também pode ter um papel na síndrome de dor regional complexa. Esse mecanismo de dor, denominado modelo neurogênico de dor tendínea, parece (no momento) ser uma explicação possível para a dor na tendinopatia crônica.[152]

O modelo neurogênico de dor no tendão considera que neuropeptídios, como a substância P (SP), peptídios relacionados ao gene da calcitonina (CGRP na sigla em inglês) e glutamato, encontram-se aumentados nos casos de tendinopatia crônica e são responsáveis pelas respostas exacerbadas de dor durante estímulos mecânicos provenientes de carga no tendão. Essa teoria é confirmada pelo aumento do suprimento de nervos e vasos sanguíneos na tendinopatia crônica,[160] bem como pelo aumento do glutamato.[161] Sabe-se que o glutamato age como neurotransmissor de dor no sistema nervoso central e tem sido exposta a teoria de que a dor crônica do tendão possa ser de origem neurogênica. A injeção de glutamato no músculo causa aumento da sensibilidade à dor[159], e o papel do glutamato do sistema nervoso central na transmissão da dor é bem conhecido.[157] Mostrou-se que os neuropeptídios estão presentes no tendão em cicatrização e relacionam-se à nocicepção; eles também foram encontrados dentro e ao redor dos tendões humanos.[160-168] Níveis maiores de neuropeptídios parecem causar ou acompanhar a formação de novos vasos sanguíneos, o que parece ter uma correlação com a dor no tendão.[160,162,164]

Outros fatores na lesão de tendão

Há numerosos fatores metabólicos capazes de influenciar a fisiologia do tendão que continuam em grande parte inexplorados. Algumas pessoas desenvolvem tendinopatia apesar de um ambiente de carga aparentemente normal, o que sugere que possa haver outras razões para tendões que previamente não tinham dor tornarem-se sintomáticos. As respostas endócrinas ao estresse, tais como aumento da liberação de glucocorticoides e catecolaminas,[106,107] podem ter efeitos negativos no tecido conjuntivo,[169-173] aumentando sua reabsorção e resultando em diminuição das ligações cruzadas. Mostrou-se que o treinamento extenuante ou mesmo uma enfermidade leve sobreposta ao treinamento alteram o sistema imunológico e têm influências negativas em vários sistemas corporais. Os hormônios podem influenciar alguns tecidos conjuntivos como o tendão e parece que podem até causar tendinopatia, mas não foi ainda demonstrada uma relação clara nos casos esportivos de tendinopatia.[171] Contudo, a lesão de tendão está intimamente vinculada a outros distúrbios clínicos, tais como o transplante renal[172,173], e tem sido até sugerido que alguns grupos sanguíneos possam estar associados a uma incidência mais alta de tendinopatias.[174,175] É interessante especular que uma resposta endócrina aos níveis crônicos de treinamento em excesso pode ser pelo menos uma explicação parcial para casos de tendinopatia que se desenvolvem de modo espontâneo. Certos tendões podem ser afetados de forma dramática por alterações no seu meio metabólico ou bioquímico, como ilustra a relação entre o uso de fluoroquinolona e várias patologias de tendão.[176-180]

São necessárias quantidades adequadas de aminoácidos, supridas por uma dieta saudável normal, para toda a síntese proteica, incluindo o colágeno. Sabe-se que cofatores como vitamina A, vitamina C e cobre são importantes na síntese de colágeno e das ligações cruzadas.[2] A deficiência de ferro também pode ter uma influência negativa na cicatrização.[181] Há algumas evidências de que a síntese de colágeno é mais gravemente afetada do que a de algumas outras proteínas durante o jejum,[170,182] o que pode ter algumas implicações para pessoas envolvidas em esportes que enfatizam um corpo esguio, como ginástica olímpica e balé, ou mesmo pessoas que fazem dieta. Contudo, as influências nutricionais na tendinopatia crônica continuam basicamente inexploradas.

TRATAMENTO DO TENDÃO LESADO

Lesões agudas de tendão

Sabe-se bastante sobre a cicatrização de tendões rompidos, principalmente a partir de modelos em que o tendão foi seccionado, de modo cirúrgico ou acidental, e as pontas rompidas foram aproximadas e mantidas no lugar por meio de imobilização ou sutura.[26,183-189] Esses modelos deram uma explicação imensa sobre a cicatrização dos tendões nessas condições, em particular no momento das alterações bioquímicas e mecânicas que ocorrem no tendão em cicatrização. O estágio inflamatório inicial desencadeia um aumento na síntese de GAG nos primeiros dias, seguido rapidamente pela síntese de colágeno tipo I e III, de tal modo que a ferida em cicatrização já pode ser sujeita a baixos níveis de força dentro de uma questão de dias.[36,49,183,189] A aplicação criteriosa de força encoraja o alinhamento das novas fibrilas de colágeno na direção da aplicação da força. Os tecidos em cicatrização sujeitos a cargas graduadas são quase sempre mais fortes do que os que não são submetidos a carga, seja no caso de pele, ligamento ou tendão.[65,68,70,71,73,82] A aplicação desses princípios na cirurgia plástica tem levado à elaboração de programas de mobilização precoce após reparo de tendão, assim como programas de reabilitação baseados em princípios científicos.

A resposta de cicatrização precisa ser respeitada nos casos de tendinopatia aguda e o tratamento de escolha é o PRICEMM – *P*roteção, *R*epouso, *G*elo (*I*ce, em inglês), *C*ompressão, *E*levação, *M*odalidades fisioterapêuticas, *M*edicação – do mesmo modo que em qualquer lesão aguda. A resposta inflamatória deve ser limitada nos casos de paratendinopatia, já que alterações inflamatórias na bainha podem levar a alterações degenerativas dentro do tendão e o atrito entre a bainha e o tendão deve ser reduzido. Nos casos de tendinopatia crônica, é inapropriado colocar o foco terapêutico na limitação da inflamação. O esboço para o tratamento de lesões agudas de tendão está apresentado na Tabela 3.5.

Lesões crônicas de tendão

Algumas suposições sobre a tendinopatia crônica

Até o momento, a compreensão sobre a tendinopatia crônica se encontra incompleta, de modo que o desenvolvimento de uma estratégia de tratamento racional requer algumas suposições baseadas nas evidências disponíveis. Essas suposições podem ou não ser válidas, mas permitem o desenvolvimento de uma abordagem lógica e bem-sucedida no tratamento da tendinopatia.

Suposição 1: A inflamação não é o foco de tratamento na tendinopatia crônica. Apesar do debate ainda em curso considerar se o processo fisiológico da tendinopatia envolve um estágio inflamatório, parece claro que a inflamação, pelo menos no modo como é vista na cicatrização de feridas, não faz parte da tendinopatia crônica. Isso deve eliminar o uso da maioria das modalidades fisioterapêuticas ou medicamentos anti-inflamatórios e direcionar o profissional para uma reabilitação baseada na carga.

Suposição 2: A tendinopatia crônica pode tornar-se aguda e então ser tratada usando-se o modelo da cicatrização. As lesões agudas de tendão passarão, por definição, pelos estágios de cicatrização conforme a definição da Tabela 3.5 e, portanto, podem ser tratados usando essas diretrizes. Quase todos os casos de tendinopatia aguda se resolvem completamente em 6 semanas ou menos quando o momento da lesão é conhecido. A tendinopatia crônica ou passou pelo estágio agudo ou saltou esse estágio, mas, caso retorne a ele, poderá também ser tratada de modo apropriado. Em outras palavras, se um tendão com uma lesão crônica sofre dano adicional até o ponto de produzir uma resposta inflamatória, ele pode ser tratado como uma tendinite aguda. Isso talvez explique o sucesso das cirurgias ou incisões longitudinais de tendão que possivelmente provocam uma resposta clássica de cicatrização. A definição de uma lesão como aguda *não deve* depender apenas do tempo decorrido desde que a disfunção está presente, mas sim da natureza dos sinais e sintomas do paciente. Sempre que houver edema acentuado, sensibilidade, calor e rubor, a lesão deve ser tratada de acordo com as diretrizes de uma lesão aguda. Embora a maioria dos casos de tendinopatia por uso excessivo não seja de natureza inflamatória, o profissional da reabilitação não deve ignorar esses sinais quando presentes em um paciente com distúrbio de tendão de longa duração. Essa abordagem minimiza a chance de a condição do paciente piorar em virtude de um tratamento zeloso demais e a recusa em aceitar a possibilidade de um processo inflamatório em lesões de tendão de longa duração. Lesões agudas sobrepostas a lesões crônicas em geral levarão mais tempo para completar a recuperação, pois a progressão da carga precisará ser mais gradual.

A exacerbação que ocorre após um tratamento vigoroso demais costuma convencer o profissional da reabilitação de que uma abordagem mais conservadora é necessária. A vantagem é que o tempo de lesão do tendão é agora conhecido, a partir do último tratamento! Se uma lesão de tendão retornou de modo inadvertido ao estágio agudo, a progressão do tratamento torna-se mais fácil de visualizar. O uso apropriado de modalidades fisioterapêuticas e a progressão das cargas tensivas podem ser feitos de acordo com o estágio de cicatrização, produzindo uma estratégia de tratamento progressiva (ver Tabs. 3.5 e 3.6).

Suposição 3: A dor pode ser usada para monitorar a progressão do tratamento. A dor é monitorada para que a progressão da recuperação do tendão seja avaliada, e o tratamento é modificado conforme a dor se modifica. Há desvantagens nessa abordagem, pois a dor é uma percepção muito subjetiva, mas parece ser o modo mais útil do ponto de vista clínico de monitorar o progresso do paciente (ver Tab. 3.7). Embora os pacientes possam ter alterações degenerativas sem inflamação, todos têm dor, e as razões para isso ainda são desconhecidas. Não há uma correlação conhecida entre os sinais e sintomas clínicos e a patologia do tendão, de modo que essa suposição baseia-se puramente na observação.

Suposição 4: Os efeitos do exercício e do desuso serão os mesmos para os tendões com lesões crônicas e para as outras estruturas de tecido conjuntivo. O exercício deverá fazer com que o tendão se adapte a cargas progressivas se os efeitos do exercício e do desuso forem os mesmos para a tendinopatia crônica, bem como para os tendões e ligamentos normais ou em processo de cicatrização. Essas adaptações nas propriedades estruturais ou materiais permitem que o tendão suporte as forças às quais é sujeito durante as atividades.

Não há como saber no momento se essas suposições são corretas. São teorias que não foram testadas. Muita pesquisa precisa ainda ser feita para se determinar a sequência de eventos na cicatrização do tendão na tendinopatia e para examinar a correlação entre sintomas clínicos de lesões de tecidos moles e medidas quantitativas, tais como imagem dos tecidos com US ou IMR ou marcadores no soro ou urina do metabolismo do tecido conjuntivo.

Princípios gerais para o tratamento da tendinopatia

Há muitos princípios, fisiológicos e mecânicos, que devem ser considerados ao se tratar a tendinopatia crônica, tais como as possíveis causas do problema e a natureza do dano ao tendão. É útil desenvolver um esquema que possa ser aplicado a todas as formas de lesão crônica de tendão. Isso reduz a possibilidade de o profissional da reabilitação não notar algo que possa ser importante em um caso individual. As diretrizes adiante podem ser usadas para tratar todas as formas de tendinopatia.

1. Identificar e remover todos os fatores e forças externas negativos. Na tendinopatia extrínseca, a força exterior costuma ser a pressão sobre o tendão. O tratamento envolve a identificação e a remoção da fonte de pressão. Esse passo é essencial para se evitar dano adicional ao ten-

Princípios gerais de tratamento da tendinopatia

- Identificar e remover fatores e forças externas negativos
- Estabelecer uma base estável para o tratamento
- Determinar o ponto inicial para a carga tensiva
- Usar os sintomas para guiar o programa de carga
- Controlar a dor
- Abordar o uso da cadeia cinética inteira
- Empregar especificidade
- Usar carga máxima
- Progressão da carga

dão. Outras formas de tratamento, como as modalidades fisioterapêuticas, ainda que úteis para aliviar os sintomas de tendinopatia extrínseca, podem ser consideradas apenas temporárias ou adjuntas. A eliminação da causa é o tratamento fundamental. Um exemplo simples é a tenossinovite dos tendões extensores na articulação do tornozelo causada por pressão proveniente de cadarços apertados em um patim ou calçado. Afrouxar os cadarços ou usar um dispositivo para redistribuir a força pode remover a pressão. Um exemplo mais complicado é a síndrome do impacto no ombro, na qual o tratamento apropriado é a remoção da causa do impacto. Algumas causas de tendinopatia de ombro são apresentadas na Tabela 3.8. Uma etiologia de compressão também foi proposta para explicar alguns casos resistentes de tendinose patelar.[113]

Em certos casos, fatores externos podem estar contribuindo para a tendinopatia de modo mais indireto. A pronação excessiva do pé pode causar um alongamento excessivo da porção medial do tendão do calcâneo ou da unidade músculo-tendão do tibial posterior. Nessas circunstâncias, a porção medial do tendão do calcâneo é forçada a alongar-se mais do que a porção lateral, sendo necessário o uso de uma palmilha no calçado para redistribuir as forças.

O fator contribuinte mais comum na maioria dos casos de tendinopatia crônica pode ser a falta de flexibilidade da unidade músculo-tendão envolvida e talvez de outras também. Um programa minucioso e específico de alongamento é quase sempre parte essencial da estratégia de reabilitação quando o exame revela limitação na amplitude. Como o dano no tendão ocorre enquanto ele é distendido, a melhora do comprimento geral da unidade músculo-tendão pode diminuir a deformação dentro do tendão durante movimentos funcionais subsequentes.[190,191]

*2. **Estabelecer uma base estável para o tratamento.*** Os sintomas do paciente devem estar estáveis e serem previsíveis antes de iniciar-se o tratamento, caso contrário será difícil avaliar o efeito de qualquer intervenção. Isso pode requerer uma redução nas atividades que sobrecarregam a unidade músculo-tendão ou o uso de medicamentos analgésicos. Assim que uma base estável for alcançada (em geral dentro de 1 a 2 semanas), pode-se iniciar a intervenção com exercícios. Se os sintomas do paciente já estiverem estáveis, nenhuma modificação será necessária e a carga com exercícios poderá iniciar imediatamente.

*3. **Determinar a carga tensiva inicial.*** Esse é um processo impreciso, baseado no tamanho, na força e nos padrões de atividade do paciente, e requer um julgamento baseado na experiência clínica do examinador para tornar-se mais acurado. Em geral, quanto mais graves forem os sintomas do paciente, mais baixa será a carga inicial. Aqueles que trabalharam com um grande número de pacientes poderão identificar melhor o ponto de partida apropriado para a carga; contudo, não há risco em subestimar a carga e fazer correções ao longo de alguns dias ou uma semana. Se a condição piorar, o fisiotera-

Tabela 3.8 Exemplos de tendinite do ombro

Comprometimento	Mecanismo sugerido	Possível solução
Rotadores da escápula fracos	A falta de rotação lateral da escápula durante os movimentos acima da cabeça aumenta a demanda pela mobilidade glenoumeral para posicionar a mão acima da cabeça, possivelmente causando impacto anterior entre o acrômio e o úmero O encurtamento excessivo dos músculos glenoumerais cria uma produção de força diminuída, o que requer o recrutamento de mais unidades motoras e leva à fadiga	Fortalecer os rotadores laterais – trapézio (parte ascendente), serrátil anterior – ou ensinar o recrutamento apropriado durante movimentos acima da cabeça Avaliação por meio de observação e medida da rotação escapular durante o movimento
Capsulite adesiva	O encurtamento da cápsula impede o deslizamento da cabeça do úmero durante a elevação do membro superior, resultando em um movimento excessivo do úmero para cima e impacto contra o acrômio	Mobilizações articulares para aumentar o comprimento do tecido capsular; exercícios de alongamento da cápsula Avaliação por meio da medida da amplitude de movimento fisiológica e acessória
Ruptura do manguito rotador	A liberação capsular leva à hipermobilidade glenoumeral, permitindo deslizamento excessivo da cabeça do úmero para cima durante a ativação do deltoide na abdução do ombro	Fortalecer os músculos do manguito rotador para aumentar a estabilização da cabeça do úmero contra a glenoide; pode ser necessário o reparo cirúrgico Avaliação por meio dos sintomas durante movimentos acima da cabeça e do teste de força dos músculos do manguito rotador

peuta poderá reduzir a carga até que os sintomas estejam estabilizados. Por outro lado, se a dor for leve e a função estiver apenas levemente restrita, indica-se uma carga inicial maior. As recomendações para cargas iniciais em alguns exemplos representativos de tendinopatia crônica são apresentadas na Tabela 3.9.

4. Desenvolver o programa de carga de acordo com os sintomas do paciente. O tendão precisa ser submetido à carga para que a síntese de colágeno, alinhamento e maturação por meio de ligações cruzadas sejam ideais, e essa carga precisa ser progredida de modo que haja um estímulo para mais adaptação. Quanto mais grave for a lesão, mais baixa deve ser a força inicial e mais lenta a progressão.[136] Mesmo tendinopatias agudas devem ser tratadas com cargas progressivas. O movimento passivo produz pouca força tensiva, é seguro logo após a lesão e sabe-se que produz efeitos mecânicos benéficos sobre o tendão.[74] O alongamento suave será o passo seguinte, depois um aumento da força de alongamento e, por fim, o exercício ativo. Na tendinopatia crônica, deve ser usada carga tensiva progressiva por meio de exercícios resistidos.

5. Controlar a dor. Se a carga for progredida de modo apropriado, é improvável que seja produzida uma lesão aguda, porém isso pode ocorrer. Se a dor estiver interferindo com atividades da vida diária ou se uma base estável de dor e função não puder ser obtida, o fisioterapeuta deverá focar o controle da dor. Se estiverem presentes sinais de inflamação, uma ajuda adicional poderá ser necessária para reduzir uma resposta inflamatória prolongada. Nesses casos, medicamentos, gelo e modalidades fisioterapêuticas podem ser usados como adjuntos do tratamento.

6. Abordar a cadeia cinética inteira. O fisioterapeuta deverá examinar o resto do membro superior ou inferior para determinar déficits na amplitude, na força e no controle motor. O fortalecimento e o controle dos segmentos proximais, incluindo a "estabilidade central", poderão ser indicados. Uma mudança no padrão de aterrissagem costuma ser necessária para pacientes com tendinopatia de calcâneo ou patelar, ao passo que o retreinamento dos músculos do ombro e escapulares pode ser necessário para pacientes com epicondilite lateral. Como a cadeia cinética funciona como uma unidade multissegmentar, o mau funcionamento em um segmento pode aumentar as tensões nos outros segmentos.

Formas específicas de tratamento

Modalidades fisioterapêuticas

Os fisioterapeutas empregam uma grande variedade de modalidades físicas no tratamento de distúrbios dos tecidos moles, incluindo ultrassom, *laser*, gelo, calor, corrente eletromagnética pulsada, terapia com campo eletromagné-

Tabela 3.9 Exemplos de cargas iniciais no tratamento de tendinopatia crônica

Exemplo de paciente	Dor	Função	Carga inicial sugerida	Outros
Jogador de tênis e *squash* nível "A" de 45 anos de idade, dor no cotovelo × 3 meses	Cotovelo lateral 7/10 com >45 minutos de tênis ou *squash* Dura 2-3 horas após o início 0/10 durante atividades da vida diária	Tempo de jogo diminuído por causa da dor no cotovelo Não participa de torneios Sensação geral de que a condição está piorando	2,5 kg, mais baixo e aumentar o peso lentamente Se não ocorrer dor no cotovelo com 30 repetições, aumentar a velocidade de movimento, reduzir o peso rapidamente Se os sintomas forem provocados, fazer o movimento um pouco mais lento na sessão de exercícios seguinte	Tendinopatia leve a moderada, deverá ser capaz de progredir de modo relativamente rápido Sem necessidade de limitar especificamente as atividades; o paciente já ajustou sua participação de modo apropriado
Fisiculturista de 28 anos de idade com dor no tendão do calcâneo × 6 semanas	2/10 sem repouso 3/10 durante a caminhada lenta 6/10 durante a caminhada rápida 8/10 durante o exercício resistido	Trabalhando com 75% da carga pré-lesão em virtude da dor Incapaz de correr	Peso nos dois pés, calcanhares na beira de um degrau, descer lentamente Se a dor não se modificar com 30 repetições, fazer a descida de forma mais rápida porém ainda controlada Monitorar a dor com cuidado; deverá ser 2/10 até 20-30 repetições e depois aumentar para cerca de 6/10	Tendinopatia grave (dor em repouso) Reduzir ou evitar carga no tendão do calcâneo durante os exercícios até que não sinta mais dor em repouso Pode requerer uma progressão muito gradual da carga e o monitoramento cuidadoso do nível de dor
Jogador de basquete com 21 anos de idade	4/10 depois de prática vigorosa ou jogo Dura 2 horas	Normal	Sustentação de peso unilateral, descer rapidamente e interromper o movimento (abaixar e parar)	Tendinopatia leve Pode tolerar uma progressão mais rápida da carga

tico, estimulação galvânica de alta voltagem, acupuntura e corrente interferencial. A maioria se propõe a "diminuir a inflamação e promover a cicatrização". Até o momento, há apenas evidências limitadas que confirmem essas alegações.

O ultrassom é a modalidade física usada com maior frequência. Em geral, recomenda-se o ultrassom pulsado nas lesões agudas para evitar o efeito térmico e o ultrassom contínuo para as lesões mais duradouras.[192,193] Embora possa haver relatos de que o ultrassom não influencie a cicatrização do tendão,[194] estudos mostraram que ele aumenta a síntese de colágeno pelos fibroblastos,[195] acelera a cicatrização da ferida[192] e aumenta a força tensiva nos tendões em cicatrização.[196,197] O ultrassom tem pouco ou nenhum efeito na inflamação.[198] É provável que seu efeito mais importante seja quando a atividade de síntese dos fibroblastos é máxima (i. e., no estágio proliferativo da cicatrização).[192,195,199] Há pouca indicação para o uso de ultrassom por períodos de tempo prolongados. Apesar de haver alguma base teórica para o uso de ultrassom nas tendinopatias agudas, há evidências limitadas a favor de seu uso.[200] O uso de ultrassom para tendinopatia crônica não é indicado.

A estimulação elétrica é uma modalidade com a qual também tem sido demonstrada uma influência positiva sobre a cicatrização do tendão.[201-205] Como a maioria dos estudos sobre modalidades fisioterapêuticas, os resultados foram obtidos usando-se um modelo de cicatrização de tendão com lesão aguda e, portanto, pode não representar as lesões crônicas de tendão. Tanto a estimulação elétrica direta[202] como a corrente indireta por meio da indução de campo eletromagnético[201] parecem aumentar a cicatrização do tendão. Campos eletromagnéticos pulsados podem tratar tanto tecidos profundos como superficiais e cobrir áreas mais largas do que o ultrassom ou o *laser*.[201] As questões sobre momento e dosagem permanecem, mas parece que o tratamento precisa ser prolongado por várias horas diariamente para obter-se uma influência sobre o tecido, já que o uso clínico por períodos mais curtos não mostrou os mesmos efeitos positivos.[205]

Uma das modalidades fisioterapêuticas mais amplamente usadas para todas as lesões de tecidos moles é o gelo. Seu uso é recomendado logo após a lesão para prevenir edema excessivo dos tecidos moles. Acredita-se que o gelo aja principalmente diminuindo a atividade dos mediadores inflamatórios e a taxa metabólica geral do tecido lesado.[206] Outro efeito importante é a analgesia, que permite o uso de formas apropriadas de exercício tais como a mobilização passiva, que de outro modo seriam desconfortáveis para o paciente. A base teórica para o uso de gelo nas lesões crônicas não é tão claro, mas ele pode ser usado por seu efeito analgésico e para conter as alterações inflamatórias induzidas pela lesão mecânica do tendão durante o exercício.

Embora o uso de modalidades fisioterapêuticas seja disseminado, ele continua sendo basicamente especulativo no tratamento de lesões crônicas de tecidos moles. Estudos científicos sugerem que o aumento da atividade de síntese pelos fibroblastos possa ser o principal efeito da maioria das modalidades fisioterapêuticas, exceto do gelo. Os fisioterapeutas devem ter em mente que essa atividade de síntese ocorre principalmente durante a fase proliferativa da cicatrização, a qual provavelmente é a fase em que as modalidades fisioterapêuticas têm o maior efeito sobre a cicatrização dos tecidos. Os efeitos das modalidades fisioterapêuticas nas lesões crônicas continuam em grande parte inexplorados e ensaios clínicos mais bem elaborados são necessários para determinar sua eficácia na clínica.

Massagem transversa profunda

Esta técnica foi recomendada por Cyriax como tratamento para tendinopatia crônica e é usada com frequência pelos fisioterapeutas.[207,208] As aderências entre o tendão e o tecido ao redor podem causar irritação contínua do tecido e inflamação, e alguns acreditam que a massagem transversa profunda pode liberar essas aderências. Acredita-se também que ocorra um aumento no fluxo sanguíneo local decorrente da resposta hiperêmica à pressão dos dedos. A massagem transversa profunda pode criar uma força tensiva à medida que a pressão sobre o tendão cria um efeito de "corda de arco".[209] Os efeitos exatos da massagem transversa profunda não são conhecidos e, embora tenham sido relatados efeitos positivos e "ausência de efeitos", a técnica é amplamente recomendada por fisioterapeutas experientes.[207-210]

Manipulação e mobilização

O uso de manipulação ou mobilização para tratar tendinopatia crônica tem sido recomendado para epicondilite lateral, em que se mostrou a produção de fortalecimento imediato da preensão e uma diminuição dos sintomas.[211-213] A manipulação pode ser local ou vertebral, caso a dor seja considerada como referida da coluna.[211,214] Sugere-se que o mecanismo para o alívio da dor seja neural. Essas técnicas têm sido usadas para tratar outras formas de tendinopatia,[215] mas essa não é uma abordagem comum.

Terapia com ondas de choque extracorpóreas (ESWT)

A ESWT (*extracorporeal shock wave therapy*) é usada para tratar vários distúrbios dos tecidos conjuntivos, como fasciite plantar, tendinite de ombro, tendinopatia de calcâneo e epicondilalgia lateral. Foram relatados tanto resultados positivos como negativos.[216-225] Revisões sistemáticas apoiam o uso de ESWT para tendinite de ombro calcificada,[225] mas ainda faltam evidências para as outras aplicações. Há variabilidade considerável nos parâmetros de dosagem usados em diferentes estudos, o que pode responder pelos diferentes resultados observados. São necessários estudos adicionais sobre essa modalidade fisioterapêutica.

Acupuntura

A acupuntura tem sido recomendada para várias lesões crônicas, incluindo a tendinopatia. Foram relatados casos de sucesso no tratamento de epicondilalgia lateral[226-230], e revisões sistemáticas encontraram evidências moderadas a favor do uso de acupuntura para aliviar a dor crônica do cotovelo lateral.[229,230]

Órteses

Vários imobilizadores e suportes são usados comumente nos casos de tendinopatia crônica. Com maior frequência, o dispositivo é colocado e os sintomas do paciente são avaliados com relação à gravidade durante uma atividade funcional, tal como segurar objetos na epicondilalgia lateral ou saltar na tendinopatia patelar. Se os sintomas do paciente melhoram, o dispositivo pode ser usado para permitir que ele participe das atividades funcionais. Tem sido mostrado que o uso de fitas adesivas para dar suporte ao cotovelo reduz a dor e aumenta a força de preensão,[231] e dispositivos com faixas elásticas têm sido usados para epicondilite,[232] tendinopatia patelar[233] e dor de calcanhar.[234] Acredita-se que o mecanismo envolva uma pequena redução da força aplicada à junção osso-tendão.[235] Esses dispositivos têm sido recomendados de modo empírico,[236] mas até agora há pouca evidência a favor de seu uso.[237]

AINEs e medicamentos tópicos

Agentes anti-inflamatórios não esteroides (AINEs) são amplamente usados para tratar lesões agudas de tecidos moles, porém menos empregados no tratamento de lesões crônicas como as tendinopatias.[238-240] Eles limitam a inflamação por meio da inibição da síntese ou da liberação de prostaglandinas, dependendo do medicamento. Ao contrário dos corticosteroides, eles não inibem a atividade dos fibroblastos ou macrófagos.[239] Embora alguma evidência mostre que o uso preventivo de indometacina possa reduzir a lesão muscular subsequente nos casos de dor muscular tardia,[238] a maioria dos estudos clínicos não foi elaborada bem o suficiente para concluir com firmeza se o uso de AINEs tem um efeito benéfico na recuperação pós-lesão.[240,241] Há evidência moderada que apoia seu uso nas tendinopatias agudas.[241] Considerando-se a natureza não inflamatória da tendinopatia crônica, o sucesso dos AINEs na redução da dor crônica de tendão parece ser decorrente de suas propriedades analgésicas. Eles podem ser úteis na redução da dor ao estabelecer uma base estável para a introdução de exercícios suaves com carga, porém deve-se ter cuidado ao progredir a carga nos casos em que estejam sendo usados analgésicos para controlar a dor. O alongamento e os exercícios com cargas baixas podem ser mais apropriados do que os exercícios progressivos, por exemplo. Após 1 a 2 semanas de exercícios bem-sucedidos sem dor, o paciente deverá ser tirado aos poucos do medicamento antes que o exercício seja progredido. Os medicamentos tópicos também são usados com sucesso para tratar tendinose extensora crônica (epicondilalgia lateral).[242]

Iontoforese e fonoforese

Estas técnicas receberam um interesse renovado à medida que o equipamento e os métodos de aplicação se tornaram mais fáceis de usar.[243] Foi relatado que a iontoforese com utilização de corticosteroides diminui a dor na epicondilite lateral e no tendão do calcâneo,[244,245] mas não parece ser efetiva no tratamento de dor plantar no calcanhar.[246,247] A iontoforese pode ser uma alternativa à injeção nos casos em que a estrutura lesada localiza-se a 1 ou 2 cm da superfície da pele.[248] Essa técnica parece útil para aliviar a dor, porém tem pouco ou nenhum efeito no resultado a longo prazo.

A fonoforese, ou o uso de ultrassom para aumentar a penetração de medicamentos tópicos, também tem sido recomendada no tratamento de distúrbios de tendões.[249] Alguns pesquisadores relataram efeitos positivos na dor associada à epicondilite lateral[250] e na resolução de tendinite calcificada no ombro.[251] Outros relataram que a fonoforese não é mais efetiva do que o ultrassom regular[252] ou outras formas de intervenção como alongamento e exercício resistido.[253]

Parece que nem a fonoforese nem a iontoforese são efetivas no tratamento de longo prazo da tendinopatia crônica, embora ambas possam produzir algum benefício para o alívio da dor a curto prazo. Esse alívio pode ajudar a estabelecer uma base estável e permitir o início de cargas progressivas no tendão. Tais técnicas provavelmente não devem ser usadas de forma simultânea, pois os sintomas podem piorar.[254]

Injeções

Os medicamentos anti-inflamatórios mais potentes são os corticosteroides, que são às vezes injetados no local para tratar a tendinopatia crônica. Os efeitos negativos do uso sistêmico de corticosteroides são bem conhecidos,[95,98] mas os efeitos da injeção local não são tão claros. Foram relatados tanto efeitos negativos como "ausência de efeitos".[255-261] A injeção de corticosteroide tem mostrado resultados de curto prazo superiores no tratamento da epicondilite lateral em comparação com a fisioterapia, mas não quando examinada a longo prazo.[259] Parece haver um consenso geral de que a injeção dentro da substância tendínea de tendões mais largos deve ser evitada por causa dos efeitos do medicamento (que diminui a síntese de colágeno), do comprometimento mecânico causado pela agulha, do volume de líquido injetado e do efeito irritante da substância na qual o medicamento é dissolvido.[258,261] Como a maioria das alterações inflamatórias ocorre no paratendão, a injeção na bainha tendínea pode ser útil quando a inflamação é acentuada ou prolongada.[255,256,261] Os pesquisadores têm desafiado o tabu contra a injeção intratendínea injetando corticosteroides no tendão do calcâneo e demonstrando a rápida redução nos sinais e sintomas, pelo menos a curto prazo.[147] Uma técnica de injeção mais recente para o tratamento da tendinopatia crônica aborda a neovascularização observada em lesões crônicas de tendão.[262,263] Um agente esclerosante é injetado dentro do tendão e parece reduzir a dor.

Seja qual for a técnica de injeção escolhida, é prudente considerar que o tendão injetado tenha sofrido uma ruptura parcial. A força tensiva deve ser reduzida por 10 a 14 dias, o tendão deve ser tratado como se tivesse sofrido

Cuidados ao usar corticosteroides

- Injetar o medicamento na bainha e não no tendão
- Tratar o local injetado como uma lesão aguda de tendão
- Evitar injeções repetidas

uma lesão aguda (i. e., com gelo, repouso e modalidades fisioterapêuticas) e depois se deve aplicar cargas progressivas, começando após cerca de 2 semanas. É quase certo que injeções repetidas de esteroides dentro de um tendão resultem em comprometimento mecânico substancial; portanto devem ser evitadas.[240]

Cirurgia

É surpreendente que não tenham sido feitos ensaios controlados randomizados que avaliassem a eficácia da cirurgia como forma de tratamento da tendinopatia crônica. A cirurgia é usada tipicamente quando as abordagens conservadoras falharam e, em geral, são relatados bons resultados.[264-267] A maioria das técnicas envolve a remoção de tecido cicatricial e o reparo do tendão lesado, mas é possível que a resposta de cicatrização pós-operatória e a progressão cuidadosa do tratamento, e não a cirurgia propriamente dita, sejam responsáveis pela melhora na condição do paciente. Complicações, incluindo infecções, trombose venosa profunda (TVP) ou piora dos sintomas, ocorrem em cerca de 10% dos pacientes submetidos à cirurgia de tendão, enquanto apenas 60 a 80% dos pacientes vivenciam uma melhora de sua condição.[266] A maioria dos casos (>95%) de tendinopatia crônica pode ser tratada sem cirurgia e, já que é esperada uma taxa de sucesso de >90% com pouco ou nenhum risco de complicação, as abordagens conservadoras devem ser esgotadas antes de se realizar a cirurgia.

O papel do exercício no tratamento das lesões crônicas de tendão

Há algum tempo, Nirschl recomendou o uso regular do exercício resistido como tratamento para tendinopatia crônica (cotovelo de tenista).[267] Curwin e Stanish descreveram primeiro um "programa de exercícios excêntricos" (PEE) para o tratamento da tendinopatia crônica.[136,268,269] Esse programa foi desenvolvido no início da década de 1980 em resposta à frustração de pacientes com lesões crônicas de tendão tratadas sem sucesso. Curwin e Stanish tinham uma série ampla de pacientes, porém não usaram um grupo controle nem designaram os pacientes de forma aleatória para as diferentes intervenções de tratamento, sobretudo porque seus pacientes se recusavam a aceitar outras formas de tratamento que já tinham sido tentadas sem sucesso. Isso limitou a validade científica dos resultados. Contudo, desde que descreveram inicialmente o PEE, a abordagem de exercícios excêntricos tem sido usada por muitos profissionais e pesquisadores da área com sucesso no tratamento de tendinite de calcâneo, tendinite patelar e epicondilite lateral.[260-284]

Todos os estudos que examinaram o PEE mostraram que ele é efetivo no tratamento de tendinopatia crônica, embora o modelo do programa possa variar entre os estudos. Alfredson et al., por exemplo, usaram exercício excêntrico pesado, sem levar em consideração a dor, e obtiveram resultados excelentes em cerca de 85% dos pacientes.[274] Outros usaram aparelhos isocinéticos para produzir a carga excêntrica ou modificaram a posição do paciente para aumentar a carga sobre o tendão.[281] Na experiência dessa autora, a atenção cuidadosa ao nível de dor durante o PEE é imprescindível para a melhora geral. Um alto nível de dor (8/10 ou 9/10 na escala analógica visual) ou dor muito cedo no programa (antes de 20 repetições) podem causar piora dos sintomas durante atividades funcionais (Fig. 3.10). Por outro lado, se o paciente completa mais de 30 repetições sem dor, seus sintomas durante a atividade parecem atingir um platô (i. e., nem melhoram nem pioram). O equilíbrio ideal dor/carga, conforme o que foi originalmente descrito por Curwin e Stanish,[136] envolvia 3 séries de 10 repetições, com o surgimento de dor no tendão durante as 10 últimas repetições. Se essa atenção cuidadosa à dor é realmente necessária é algo que requer ser mais bem examinado.

Embora o PEE pareça dar bons resultados e seja amplamente usado na clínica, o número de estudos bem elaborados que comparam o PEE com outras formas de tratamento ainda é pequeno. Há ainda uma necessidade de estudos controlados maiores que comparem diferentes abordagens de tratamento para a tendinopatia crônica.

Princípios básicos de tratamento da tendinopatia crônica por meio de exercícios

Certos princípios básicos referentes aos exercícios precisam ser seguidos para que o programa seja bem-

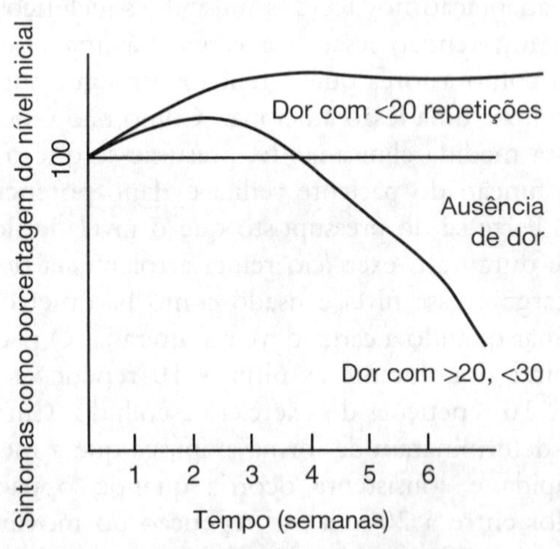

Figura 3.10 Intensidade dos sintomas com níveis diferentes de carga e provocação de sintomas. Se a dor for sentida cedo demais (<20 repetições), a condição em geral será agravada. Se não for sentida dor, a condição permanecerá no mesmo nível. Quando os sintomas são provocados entre 20 e 30 repetições, a condição melhora de forma gradual com o tempo, em geral levando 6 a 12 semanas para se resolver. (Adaptado de Curwin SL. The etiology and treatment of tendinitis. In Harries M, Williams C, Stanish WD et al., editors. *Oxford textbook of sports medicine*. 2.ed. Oxford University Press, New York, 1998, p. 624.)

-sucedido. No tratamento de tendinopatia crônica, os seguintes componentes são os mais importantes.

Especificidade de treinamento. O treinamento precisa ser específico tanto em termos anatômicos como motores. A unidade músculo-tendão correta precisa receber a carga, esta precisa ser imposta de modo que produza uma tensão controlada e o padrão motor deve ser semelhante ao usado na atividade do paciente. O exercício deve, por fim, simular de perto o padrão de carga durante a atividade funcional no **tipo** de carga (tensiva; excêntrica), na **magnitude** e na **velocidade** de imposição de carga. A especificidade se obtém por meio da simulação do padrão de movimento associado às forças máximas do tendão (i. e., um alongamento da unidade músculo-tendão ativa seguido por uma contração com encurtamento). A magnitude inicial e a velocidade de imposição da carga baseiam-se na estimativa do estágio de cicatrização. Quanto mais aguda for a lesão, mais baixa será a força e mais lenta a carga excêntrica. O tendão afetado precisa ser sujeito a uma carga tensiva controlada específica e não apenas a um exercício generalizado que envolva o uso da unidade músculo-tendão afetada. O tendão do calcâneo, por exemplo, é sujeito à carga com o paciente em pé na beira de um degrau deixando seus calcanhares descerem, e não ao correr, embora a corrida crie cargas elevadas sobre esse tendão (Fig. 3.11). O tendão patelar pode receber carga por meio de exercícios tipo agachamento, ao passo que os extensores de punho podem receber carga por meio da flexão/extensão de punho. A meta dessas cargas específicas é isolar os efeitos mecânicos do exercício sobre o tendão de outros efeitos potencialmente negativos associados ao treinamento extenuante, como a corrida.

Carga máxima. A carga máxima é essencial para induzir adaptação nos tecidos musculoesqueléticos. No caso de um tendão lesado, a carga máxima pode ser definida como a força que o tendão consegue suportar sem produzir uma lesão adicional. Como não é possível fazer essa medida clinicamente, presume-se que o nível de dor/função do paciente reflita o dano potencial ao tendão. Parte-se do pressuposto que o nível de dor do paciente durante o exercício reflita a tolerância do tendão à carga e esse nível é usado como barômetro para determinar quando a carga deve ser alterada. O paciente deve sofrer dor durante as últimas 10 repetições de 3 séries de 10 repetições do exercício escolhido. Curwin e Stanish determinaram de forma empírica que a melhora mais rápida e consistente ocorria quando o paciente sofria dor entre a 20ª e a 30ª repetição do movimento de carga específica.[136] Eles descobriram que a dor antes desse ponto (<20 repetições) era normalmente acompanhada pela piora geral da condição do paciente e presumiram que isso indicava sobrecarga. Contudo, pacientes que não sofriam dor ou desconforto durante as 30 repetições, mas continuavam a apresentar sintomas durante atividades funcionais, não mostravam qualquer alteração no estado geral (ver Fig. 3.10). Curwin e Stanish interpretaram isso como uma sugestão de que o estímulo de carga tinha sido inadequado para induzir uma alteração no tendão e recomendaram que a carga fosse aumentada para induzir mais adaptação.

Progressão da carga. À medida que o tendão torna-se mais forte, a carga precisa ser progredida de modo que continuem sendo aplicadas cargas máximas e o tecido continue tendo um estímulo para adaptação. Esse progresso pode ser feito aumentando-se a velocidade de movimento (com base na relação força muscular-velocidade) ou aumentando-se a magnitude da força tensiva por meio de alterações na resistência externa (Fig. 3.12). A progressão é do lento para o rápido com uma determinada carga (aumentando desse modo a força, já que o movimento é excêntrico), seguida pelo aumento da carga e repetindo-se a sequência de lento para rápido. Variações na velocidade em vez de variações na carga podem ser aplicadas desde que o fisioterapeuta esteja familiarizado com o programa e com a resposta do paciente à progressão do exercício.

Curwin e Stanish[136] estabeleceram as progressões da carga inicial nos exercícios excêntricos de distúrbios crônicos de tendão com base na suposição de que a dor poderia ser usada como indicador de quão apropriada é

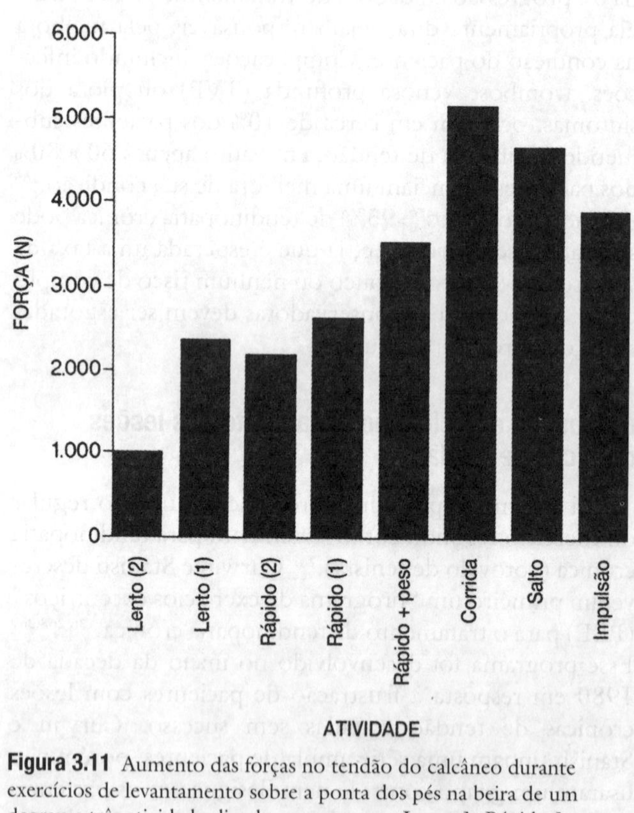

Figura 3.11 Aumento das forças no tendão do calcâneo durante exercícios de levantamento sobre a ponta dos pés na beira de um degrau e três atividades ligadas aos esportes. Lento 1, Rápido 1 = peso sobre um pé; velocidade lenta ou rápida. Lento 2, Rápido 2 = peso sobre os dois pés, velocidade lenta ou rápida. Rápido + peso = peso extra acrescentado ao corpo. Corrida = corrida de velocidade. Salto = aterrissar de uma altura de 50 cm. Impulsão = mudança de direção correndo para trás e para a frente. Os movimentos lentos e rápidos representam passos progressivos no programa de exercício clínico para tratar tendinite de calcâneo. (De Curwin SL. Tendon injuries: pathophysiology and treatment. In Zachazewski JE, Magee DJ, Quillen SW, editors. *Athletic injuries and rehabilitation.* WB Saunders, Philadelphia, 1996, p. 36.)

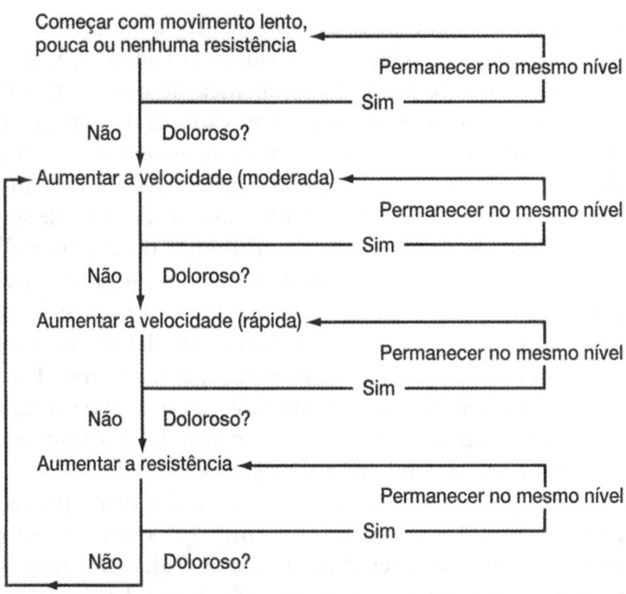

Figura 3.12 Organograma ilustrando a progressão do programa de exercícios excêntricos de acordo com os sintomas do paciente. A carga deve progredir sempre que a dor diminuir e não for sentida por 30 repetições. Por outro lado, o exercício não deve progredir até que o nível de dor diminua. (De Curwin SL, Stanish WD. *Tendinitis: its etiology and treatment.* DC Heath, Lexington, Mass, 1984.)

Programa de exercícios excêntricos para tendinopatia crônica

- Aquecer
- Empregar alongamento para flexibilidade
- Usar exercícios excêntricos específicos
- Repetir o alongamento com flexibilidade
- Aplicar gelo

a intensidade do exercício. A principal suposição era de que *os níveis de dor e disfunção sofridos pelo paciente são um reflexo do grau de lesão do tendão.* A dor é, portanto, usada para calcular indiretamente a quantidade de carga aplicada ao tendão; à medida que a dor diminui, a carga é aumentada. Não há evidência direta que apoie essa visão. Ela baseia-se em tentativa e erro no tratamento de centenas de pacientes diagnosticados com tendinite crônica.[136] Alguns autores usaram com sucesso exercícios que empregavam cargas pesadas para tratar tendinite sem basear a progressão no desconforto do paciente, o que sugere que tal atenção cuidadosa à dor pode não ser necessária em todas as populações.[274] Como a fonte e o mecanismo de dor tendínea continuam desconhecidos,[155] o uso da dor como indicador para o tratamento é empírico.

Exercício excêntrico para tendinopatia crônica

Os princípios e métodos do programa de exercícios excêntricos foram inicialmente descritos por Curwin e Stanish.[136] Embora outros tenham feito modificações, o programa geralmente reflete o processo descrito aqui. Pode ser aplicado a qualquer tendão lesado, mas parece conseguir melhores resultados nos casos em que o "uso excessivo" é parte da etiologia. As diretrizes para a progressão do tratamento estão na Figura 3.12. O programa geral tem cinco passos, executados nesta ordem:

1. *Aquecimento.* Um exercício geral do tipo bicicleta ou corrida leve é usado para aumentar a temperatura corporal e a circulação. Esse exercício não visa a impor uma carga ao tendão e não deve causar dor ou desconforto local. É possível que modalidades fisioterapêuticas de aquecimento, tais como compressas quentes ou ultrassom, possam ser usadas como opção para aquecer o tendão.
2. *Alongamento para aumentar a flexibilidade.* Como já foi comentado, a falta de flexibilidade é um achado comum na tendinopatia crônica. Recomenda-se que o paciente faça pelo menos dois alongamentos estáticos de 30 segundos da unidade músculo-tendão envolvida e seus antagonistas. Pode ser feito mais alongamento caso a falta de flexibilidade pareça ser uma causa importante dos sintomas do paciente (i. e., quando a amplitude de movimento funcional está distante da normal). Nesse caso, a flexibilidade e a restauração da amplitude de movimento podem tornar-se um foco separado de tratamento.
3. *Realização do exercício específico.* O PEE é feito seguindo-se as diretrizes apresentadas na Figura 3.12, com base nos princípios já apresentados. Sugere-se que o paciente realize 3 séries de 10 repetições, com um breve repouso ou alongamento entre cada série. Os sintomas deverão aparecer após 20 repetições (i. e., entre 20 e 30 repetições). O nível de desconforto deve ser similar ao sentido durante as atividades e não deve ocorrer um aumento grave ou rápido demais na intensidade com cada repetição (caso isso ocorra, o paciente deverá interromper o exercício). Se o paciente sentir dor antes da 20ª repetição, deve-se reduzir a velocidade de movimento ou a carga; se ele não sentir dor com cerca de 30 repetições, deve-se aumentar a velocidade ou a carga (não ambas).

Se essa for a primeira sessão de exercício e o nível inicial de carga estiver sendo determinado, a intensidade do exercício (carga) poderá ser aumentada até que os sintomas sejam reproduzidos. Se o paciente tiver feito >30 repetições quando isso ocorrer, interromper os exercícios naquele dia e usar a mesma carga (final) para a sessão de exercícios seguinte. Se o paciente tiver feito <20 repetições quando a dor ocorrer, reduzir levemente a carga e continuar. A quantidade de redução exigirá julgamento clínico baseado no nível dos sintomas e na carga inicial. Em geral, um ajuste de carga de 10 a 20% será apropriado.

A resposta ao tratamento inicial (gravidade da dor) determinará se o tratamento subsequente deverá ser mais ou menos vigoroso. O paciente deverá notar a gravidade de qualquer dor sentida e registrar sua duração. Um aumento na dor durante atividades sem exercício é um sinal para reduzir a carga. Como é muito mais fácil aumentar a intensidade do exercício em incrementos do que se recuperar de uma carga excessiva, os fisioterapeutas devem pender para o lado da carga insuficiente durante as sessões de tratamento iniciais. A carga pode ser aumentada nas sessões subsequentes até que seja obtido um equilíbrio apropriado entre as repetições e a dor. Isso em geral não leva mais de 2 a 3 sessões de tratamento.

4. *Repetição dos exercícios de flexibilidade* (ver passo 2).
5. *Aplicação de gelo.* O gelo é aplicado na área afetada (dolorosa à palpação) por 10 a 15 minutos. Espera-se que isso ajude a prevenir qualquer resposta inflamatória (hipotética) provocada pelo dano microscópico ao tendão que possa vir a ocorrer durante o exercício. Isso também diminuirá a dor.

Muitos pacientes com tendinopatia crônica são capazes de participar de atividades funcionais, mas acham sua participação dolorosa (nível 2/3) ou seu desempenho comprometido (nível 4/5). Usando-se o modelo da nova Classificação Internacional de Função, Saúde e Incapacidade (ICF, na sigla em inglês) da Organização Mundial da Saúde (OMS), considera-se que tais pacientes têm um comprometimento e uma limitação funcional e podem ter restrições na participação de certas atividades.[285] *Não é essencial que os pacientes parem de participar das atividades enquanto executam o programa de exercícios excêntricos, a menos que sejam incapazes de realizá-las de modo satisfatório ou que seus sintomas piorem.* De modo ideal, nada muda exceto pela adição do programa de exercícios. Isso significa que somente uma variável é alterada, permitindo que o efeito do tratamento seja avaliado com maior precisão. Uma diminuição na atividade física, modificando uma segunda variável, em geral causará uma diminuição paralela nos sintomas. Isso torna difícil distinguir se foi a redução na atividade ou a intervenção clínica o responsável por qualquer melhora. Contudo, os pacientes não devem participar de atividades extenuantes imediatamente antes ou depois do programa de exercícios terapêuticos (em especial antes), já que isso pode alterar sua resposta à dor durante o PEE. Por outro lado, pacientes que sintam dor durante uma atividade não devem forçar-se a continuar participando. Em vez disso, esses pacientes devem reduzir seu nível de atividade funcional até o ponto em que sejam capazes de impor ao tendão uma carga moderada durante o programa de exercícios excêntricos. Em geral, isso significa um padrão de carga razoavelmente rápido somado a alguma resistência externa. Nesse ponto, as atividades (p. ex., corrida, salto, caminhada rápida, preensão) podem ser reintroduzidas de modo graduado por meio do progresso no tempo ou na intensidade de participação.

Assim que a sequência inicial de carga é determinada, o que em geral leva 2 ou 3 sessões, muitos pacientes podem ser tratados com sucesso por meio de um programa domiciliar (na verdade, esse foi o principal ímpeto para o desenvolvimento do programa). O PEE pode ser executado e progredido com facilidade de modo independente, e os pacientes podem manter contato com o fisioterapeuta por telefone, e-mail ou consulta. A maioria das pessoas se torna assintomática dentro de 6 a 8 semanas, o que significa que serão capazes de participar de atividades ocupacionais ou recreativas sem dor e sem déficit no desempenho. Se a atividade havia sido reduzida inicialmente, o envolvimento nas atividades pode ser aumentado de modo gradual (no tempo ou na intensidade) à medida que os sintomas vão diminuindo. Essa progressão das atividades em geral é mais lenta quando o paciente precisa se abster completamente delas no início do tratamento. Recomenda-se uma supervisão cuidadosa nos estágios iniciais do programa até que o nível de carga, a taxa de progressão, a adesão às instruções e a resposta ao tratamento sejam bem estabelecidos.

O programa de exercícios é realizado diariamente, com progressão contínua, até que os sintomas não estejam mais presentes durante a atividade. O período total de tratamento geralmente varia de 6 a 12 semanas. Muitos pacientes sentirão um leve aumento nos sintomas nas primeiras duas semanas do programa e depois começarão a ver progresso (i. e., diminuição da dor durante atividades funcionais) à medida que o programa de exercícios progredir.

O teste de força máxima não deverá ser feito até que o tratamento esteja completo, e o paciente esteja assintomático e tenha retornado à atividade, já que os níveis de força máximos gerados durante o teste (em especial o teste isocinético excêntrico) podem danificar o tendão em cicatrização. Depois que os sintomas se resolveram e a atividade funcional está normal, o teste pode ser útil para detectar déficits residuais ou assimetrias entre o lado esquerdo e o direito. Déficits de força podem persistir mesmo depois que os sintomas de tendinopatia forem reduzidos, sugerindo que a testagem pode ser benéfica em alguns casos para determinar se o treino de força (carga progressiva) deve continuar.[286]

É possível que seja necessário modificar a atividade se os sintomas forem mais graves ou estiverem continuamente presentes. A maioria dos pacientes não buscará ajuda até que a função esteja afetada, de modo que muitas pessoas podem já ter sido forçadas a reduzir sua atividade. Sintomas no nível 5/6 (dor durante a atividade ou durante atividades da vida diária, ver Tab. 3.7), em especial, são interpretados como reflexo de um processo de tendinopatia aguda, embora os sintomas possam ser de longa duração. O tratamento é iniciado em um nível muito baixo – gelo, alongamento suave, movimento passivo, modalidades fisioterapêuticas para estimular a síntese de colágeno e medicamentos, se necessário – até que uma base estável seja estabelecida. O tratamento é progredido à medida que os sintomas forem reduzidos, de modo que, com cerca de 2 semanas, exercícios mais vigorosos geralmente podem ser introduzidos. A progressão contínua, conforme descrito na Figura 3.12, é então possível.

Se o paciente tiver cessado sua participação nas atividades, o estágio entre o final de um programa de reabilitação e a retomada da atividade completa é o maior desafio, tanto para o paciente lesado como para o fisioterapeuta. Contudo, quando o paciente tiver sido capaz de continuar a atividade paralelamente ao tratamento, isso em geral não é um problema muito grande. Não há regras estritas para guiar a reintrodução à atividade após a tendinopatia, mas recomenda-se que atividades não esportivas sejam indolores e que o paciente esteja realizando o exercício excêntrico apropriado de forma rápida. Quando o padrão de movimento (velocidade) e a carga começam a refletir o que ocorre durante a atividade, então é provavelmente apropriado que o paciente comece a participar de atividades funcionais com uma intensidade razoavelmente baixa. É mais seguro e mais satisfatório para o paciente e para o fisioterapeuta iniciar em um nível baixo e progredir em vez de tentar retomar a participação no nível pré-lesão e descobrir que não consegue. É provável que o retorno rápido demais aos níveis de envolvimento pré-lesão seja a causa mais comum de recorrência das lesões de tendão. Os pacientes podem começar a participar de atividades funcionais com cerca de 25% do nível pré-lesão (duração ou intensidade, dependendo da atividade e do movimento); no começo, eles devem participar em dias alternados para evitar dor muscular e para avaliar a resposta do tendão ao treinamento. Admitindo que sejam produzidos poucos ou nenhum sintoma, a progressão poderá ser feita em incrementos de cerca de 10% até que o treinamento completo seja retomado. Isso deve levar em torno de 8 semanas. O período total de tratamento para tendinopatia, portanto, varia de cerca de 2 semanas para os casos leves sem interrupção de atividade até 12 a 16 semanas para os casos graves, nos quais nenhuma atividade foi possível até terem decorrido 4 a 6 semanas de tratamento.

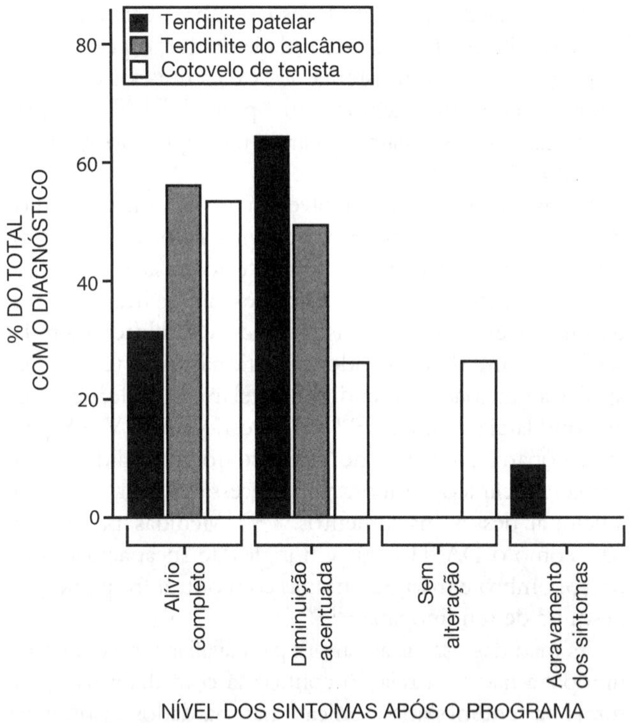

Figura 3.13 Resposta ao programa de exercícios excêntricos. Cerca de 90 a 95% dos pacientes sentiram alívio completo ou acentuado dos sintomas após 6 semanas de exercício. Alguns pacientes com cotovelo de tenista (20%) não perceberam mudança nos sintomas, talvez refletindo outras etiologias possíveis para o problema, ao passo que 5% dos pacientes com tendinopatia patelar sofreram aumento dos sintomas. (De Curwin SL. Tendon injuries: pathophysiology and treatment. In Zachazewski JE, Magee DJ, Quillen SW, editors. *Athletic injuries and rehabilitation*. WB Saunders, Philadelphia, 1996, p. 48. Dados de Curwin SL, Stanish WD. *Tendinitis: its etiology and treatment*. DC Heath, Lexington, Mass, 1984.)

AVALIAÇÃO DA EFICÁCIA DO PROGRAMA

Resposta ao tratamento

Curwin e Stanish elaboraram inicialmente o programa de exercícios excêntricos para tratar o grande número de pacientes com tendinopatia crônica que eram encaminhados após o fracasso de outras formas de tratamento. Eles elaboraram o programa, criaram uma estimativa de gravidade, determinaram de forma empírica a progressão do programa e depois reuniram dados sobre 200 pacientes com tendinopatia crônica. Eles relataram que 90 a 95% dos 200 pacientes com lesões crônicas de tendão de longa duração obtiveram resolução completa ou quase completa dos sintomas dentro de 6 a 8 semanas (Fig. 3.13). A maioria dos pacientes apresentava sintomas mínimos ou nenhum sintoma após 6 semanas. A maioria deles (85%) começou com tendinopatia moderada ou grave e a duração dos sintomas era de 6 meses a 10 anos. Todos tinham sido tratados antes com terapias baseadas em modalidades fisioterapêuticas, alguns várias vezes.[136,268,269]

Embora Curwin e Stanish tenham mostrado que o exercício excêntrico pode ser usado para tratar tendinopatias resistentes,[136] eles não usaram um grupo controle ou ensaio cego, tampouco designaram os pacientes de modo aleatório para as intervenções de tratamento. Essas falhas no modelo dificultam determinar se o sucesso foi realmente decorrente da intervenção com exercícios. Desde então, vários grupos usaram o programa de exercícios excêntricos com sucesso para tratar tendinopatia patelar, tendinopatia de calcâneo e epicondilalgia lateral. Embora também existam falhas nos modelos de pesquisa da maioria desses estudos, todos eles até agora mostraram que o exercício excêntrico é superior às outras intervenções de tratamento.[270-284]

Medidas dos resultados

Não há uma medida de resultados aceita por todos para a tendinopatia crônica. Em geral, as medidas de resultados podem ser divididas em três categorias: (1) aquelas usadas para medir o resultado geral (p. ex., excelente, bom, regular ou uma escala visual análoga), (2) aquelas usadas para medir a gravidade da tendinopatia (p. ex., VISA, sistema Level)[287,288] e (3) medidas padronizadas que podem ser usadas também para outros distúrbios (como DASH, PRFE).

A maioria dos pesquisadores usa uma escala analógica visual ou de Likert para intensidade da dor, ou classificam os pacientes com um sistema de "excelente-bom-regular-ruim" ou de "alta-melhora-igual-pior".[93,95,136,267,289] Essas classificações costumam basear-se na impressão geral do paciente.

Curwin e Stanish desenvolveram um sistema de medida dos resultados que incorporava tanto a dor como a função.[136] A dor foi definida pela interferência com as atividades e a duração desde que presente. Outros autores usaram esse sistema ou sistemas de classificação similares.[131] Foram desenvolvidos questionários e testes para avaliar a gravidade da tendinite patelar e do calcâneo e da epicondilalgia lateral.[287-290] Os questionários VISA para tendinopatia patelar e de calcâneo foram validados no ambiente clínico, embora seja necessária uma avaliação adicional desses instrumentos.[287,288] Medidas padronizadas, como o DASH (sigla em inglês de Incapacidades de braço, ombro e mão) são usadas com pouca frequência na pesquisa de tendinopatia.[291,292]

As medidas usadas até agora para avaliar o nível de tendinopatia não tem relação conhecida com defeitos estruturais na tendinopatia crônica e não há dados disponíveis sobre qualquer correlação entre as pontuações dos sistemas de classificação, achados de estudos com imagens e a gravidade dos sintomas ou o prognóstico de recuperação. Um acordo sobre as medidas aceitas para avaliação da gravidade das tendinopatias crônicas melhoraria muito a habilidade de comparar os resultados de estudos diferentes.

Razões para o insucesso no tratamento de tendinopatia por meio de exercícios excêntricos

- Diagnóstico incorreto
- Magnitude ou progressão incorreta da carga
- Não prestar atenção ao nível de dor
- Falta de adesão ao programa por parte do paciente
- Fatores externos não identificados

Razões para o sucesso ou fracasso do programa

A maioria dos pacientes (85 a 90%) que usam o programa de exercícios excêntricos provavelmente sentirá um alívio acentuado ou completo da dor e da disfunção dentro de 6 a 14 semanas.[136] Quando o exercício excêntrico não tem sucesso no tratamento da tendinopatia do paciente, várias explicações são possíveis:

1. *Magnitude ou progressão incorreta da carga.* Um leve aumento dos sintomas no início do programa é algo esperado e confirma que o problema está relacionado à carga. O aumento deverá ser temporário e atingir um platô, em vez de continuar. Deve-se reduzir um pouco a magnitude da carga, assegurar que o paciente evite fazer o programa de exercícios imediatamente antes ou depois de atividades extenuantes e encorajar o uso de gelo depois do PEE e das atividades. Para que o tratamento com exercícios tenha sucesso, os sintomas precisam estar relacionados com a carga tensiva, em geral durante a ativação muscular excêntrica (os sintomas podem nem mesmo ser provocados pelo teste concêntrico ou isométrico). A razão mais comum para falta de sucesso é uma progressão incorreta do programa (ver Fig. 3.10): ou o paciente começou em um nível muito alto (e piorou) ou não progrediu para o nível seguinte de intensidade (e permaneceu igual). Um aumento progressivo nos sintomas indica que foi escolhido um nível inapropriado de carga ou que o paciente está fazendo o exercício de modo incorreto. Dependendo do nível dos sintomas, a tendinopatia pode agora precisar ser tratada como uma lesão aguda. Em geral pouco terreno será perdido se o paciente compreender o significado do aumento dos sintomas ou se o fisioterapeuta ajustar imediatamente a intensidade do tratamento.
2. *Diagnóstico incorreto.* Depois das primeiras 2 a 3 semanas de execução do PEE, a carga deverá progredir de modo rápido e os sintomas durante a atividade deverão começar a melhorar. Caso se passem 2 semanas de atividade dirigida pelo paciente ou 1 semana de atividade dirigida pelo fisioterapeuta (2 a 3 sessões) sem que seja possível progredir a carga sobre o tendão, o fisioterapeuta deverá reavaliar cuidadosamente o paciente e reconsiderar seu diagnóstico. Se ele continuar convencido de que a carga tensiva é a causa (e a solução), o programa de carga precisará ser ajustado. É possível que o paciente não tenha tendinopatia ou que possa haver fatores externos não identificados causando ou perpetuando o problema. É necessária uma verificação cuidadosa da amplitude de movimento vertebral e das articulações periféricas (ativa, passiva e acessória), de seu alinhamento, de sua flexibilidade e dos movimentos resistidos na tentativa de reproduzir os sintomas do paciente. Como regra, se forem encontrados sinais articulares anormais, eles deverão ser tratados primeiro. Os leitores são encorajados a consultar outras fontes para mais informações sobre o exame e o tratamento detalhado da coluna e dos membros, assim como sobre o diagnóstico diferencial de vários distúrbios crônicos de tendões.[293,294] A não resposta ao tratamento após a eliminação de possíveis fatores externos deverá alertar o fisioterapeuta sobre a possibilidade de doenças sistêmicas, treinamento excessivo, ou desequilíbrio hormonal ou nutricional. Essas explicações alternativas para sintomas crônicos nos tendões não são comuns, mas devem ser consideradas.
3. *Não adesão ao programa.* O paciente precisa ser encorajado a aderir ao programa de exercícios prescrito. O fisioterapeuta pode descobrir, por exemplo, que um paciente está realizando 300 em vez de 30 repetições do programa de exercícios. Mais raramente, ele não está realizando nenhum exercício ou os está executando de forma incorreta. Os pacientes devem ser

monitorados de perto nas primeiras 2 semanas e depois a supervisão poderá ser reduzida. Alguns grupos têm usado >30 repetições de exercícios excêntricos e obtiveram bons resultados, de modo que pode ser possível alguma variabilidade nas repetições, porém 3 séries de 10 ou 20 repetições devem ser mais do que adequadas se feitas no nível de carga correto.

4. *Fatores externos não identificados.* O fisioterapeuta deixa de identificar uma causa externa para os sintomas do paciente, a qual pode ser um calçado, erros de treinamento ou outros fatores. O PEE não é indicado para todos os casos de tendinopatia crônica, somente para aqueles que estão claramente relacionados a cargas tensivas. Deve-se considerar também outros mecanismos de tendinopatia (p. ex., compressão na tendinopatia patelar).[113]

RESUMO

A tendinopatia crônica continua sendo um dilema para muitos fisioterapeutas e o melhor tratamento nem sempre é possível ou identificado. A visão geral no momento é que a inflamação não é um elemento importante no tratamento da tendinopatia crônica e o termo *tendinite* deve ser evitado por sugerir um processo fisiológico que pode levar os fisioterapeutas a tratarem seus pacientes de modo inapropriado. A visão predominante é de que as tendinopatias crônicas são mais provavelmente distúrbios degenerativos, sendo mais bem considerados como uma *tendinose*. De modo ideal, o tratamento deve combinar tanto a resolução como a prevenção dos sintomas e deve basear-se na boa ciência e no bom-senso. A fonte dos sintomas na tendinopatia crônica não é conhecida, embora haja a suspeita de que fatores neurais estejam envolvidos. O uso do exercício para tratar a tendinopatia crônica apoia-se na ciência relacionada à adaptação do tendão ao aumento de tensão, nas evidências clínicas até o momento de que o exercício excêntrico tem sucesso no tratamento da tendinopatia crônica e no senso comum de participação em atividades com base na habilidade de execução do paciente. As evidências até agora sugerem que o exercício excêntrico é o tratamento preferido para a tendinopatia crônica, embora existam problemas de metodologia na maioria dos estudos.[295,296] Alguns outros tratamentos assim como o exercício têm evidências moderadas a favor de seu uso no tratamento de epicondilalgia lateral.[250] O PEE não é a única abordagem a se considerar no tratamento da tendinopatia crônica e não deve ser usado isoladamente se outros fatores também estiverem envolvidos, mas um conhecimento dos efeitos benéficos da carga tensiva sobre o tendão pode ser usado para induzir a adaptação nos tendões lesados. A adoção de modelos comuns para lesões crônicas de tendão, bem como a avaliação e o tratamento dessas lesões, poderá favorecer o acúmulo de mais evidências e talvez levar a uma estrutura comum de diagnóstico, prognóstico e uma abordagem amplamente aceita de tratamento da tendinopatia crônica.

REFERÊNCIAS BIBLIOGRÁFICAS

1. Butler DL, Grood ES, Noyes FR et al: Biomechanics of ligaments and tendons, Exerc Sports Sci Rev 6:125-181, 1978.
2. Elliott DH: Structure and function of mammalian tendon, Biol Rev 40:392-421, 1965.
3. Alexander RM, Bennet-Clarke CH: Storage of elastic strain energy in muscle and other tissues, Nature 265:114-117, 1977.
4. Roberts TJ, Marsh RL, Weyand PG et al: Muscular force in running turkeys: the economy of minimizing work, Science 275:1113-1115, 1997.
5. Kastelic J, Galseki A, Baer E: The multicomposite structure of tendon, Connect Tissue Res 6:11-23, 1978.
6. Cooper RR, Misol S: Tendon and ligament insertion: a light and electron microscopic study, J Bone Joint Surg 52:1-20, 1970.
7. Benjamin M, Evans EJ, Copp L: The histology of tendon attachments to bone in man, J Anat 149:89-100, 1986.
8. Benjamin M, Kumai T, Milz S et al: The skeletal attachment of tendons—tendon "entheses," Comp Biochem Physiol Part A 133:931-945, 2002.
9. Trotter JA, Hsi K, Samora A et al: A morphometric analysis of the muscle-tendon junction, Anat Rec 213:26-32, 1985.
10. Trotter JA: Functional morphology of force transmission in skeletal muscle. A brief review, Acta Anat 146:205-222, 1993.
11. Tidball JG: The geometry of actin filament-membrane associations can modify adhesive strength of the myotendinous junction, Cell Motil 3:439-447, 1983.
12. Tidball JG: Myotendinous junction: Morphological changes and mechanical failure associated with muscle cell atrophy, Exp Mol Pathol 40:1-12, 1984.
13. Monti RJ, Roy RR, Hodgson JA et al: Transmission of forces within mammalian skeletal muscles, J Biomech 32:371-380, 1999.
14. Silver FH, Freeman JW, Seehra GP: Collagen self-assembly and the development of tendon mechanical properties, J Biomech 36:1529-1553, 2003.
15. Flint M: Interrelationships of mucopolysaccharide and collagen in connective tissue remodelling, J Embryol Exp Morphol 27:481-495, 1972.
16. Gillard GC, Reilly HC, Bell-Booth PG et al: A comparison of the glycosaminoglycans of weight-bearing and nonweight-bearing human dermis, J Invest Dermatol 69:257-261, 1977.
17. Scott JE, Hughes EW: Proteoglycan-collagen relationships in developing chick and bovine tendons: influence of the physiological environment, Connect Tissue Res 14:267-278, 1986.
18. Eyre DR: The collagens of the musculoskeletal soft tissues. In Leadbetter WB, Buckwalter JA, Gordon SL, editors: Sports-induced inflammation, Rosemont, Ill, 1990, American Academy of Orthopaedic Surgeons.
19. Evans JH, Barbenel JC: Structure and mechanical properties of tendon related to function, Equine Vet J 7:1-8, 1975.
20. Prockop D, Guzman NA: Collagen diseases and the biosynthesis of collagen, Hosp Pract 12:61-68, 1977.
21. Silver FH, Ebrahimi A, Snowhill PB: Viscoelastic properties of self-assembled type I collagen fibers: molecular basis of elastic and viscous behaviors, Conn Tiss Res 43:569-580, 2002.
22. Scott JE: The periphery of the developing collagen fibril: quantitative relationships with dermatan sulphate and other surface-associated species, Biochem J 218:229-233, 1984.
23. Koob TJ, Vogel KG: Proteoglycan synthesis in organ cultures from regions of bovine tendon subjected to different mechanical forces, Biochem J 246:589-598, 1987.
24. Vogel KG, Trotter JA: The effect of proteoglycans on the morphology of collagen fibrils formed in vitro, Collagen Relat Res 7:105-114, 1987.
25. Bailey AJ, Robins SP, Balian G: Biological significance of the intermolecular crosslinks of collagen, Nature 251:105-109, 1974.
26. Hardy MA: The biology of scar formation, Phys Ther 69:1014-1024, 1989.

27. Viidik A: Tensile strength properties of Achilles tendon systems in trained and untrained rabbits, Acta Orthop Scand 40:261-272, 1969.
28. Harkness RD: Mechanical properties of collagenous tissues. In Gold BS, editor: Treatise on collagen, vol 2. Biology of Collagen Part A, London, 1968, Academic Press.
29. Gerriets JE, Curwin SL, Last JA: Tendon hypertrophy is associated with increased hydroxylation of nonhelical lysine residues at two specific cross-linking sites in Type I collagen, J Biochem 268:25553-25560, 1993.
30. Ihme A, Krieg T, Nerlich A et al: Ehler-Danlos syndrome type VI: Collagen type specificity of defective lysyl hydroxylation in various tissues, J Invest Dermatol 83:161-165, 1984.
31. Byers PH, Pyertiz RE, Uitto J: Research perspectives in heritable disorders of connective tissues, Matrix 12:333-342, 1992.
32. Monnier VM, Vishwanth V, Frank KE et al: Relation between complications of type I diabetes mellitus and collagen-linked fluorescence, N Engl J Med 314:403-408, 1986.
33. Akeson WH, Amiel D, Abel MF et al: Effects of immobilization on joints, Clin Orthop 219:28-37, 1987.
34. Amiel D, Akeson WH, Harwood FL, Mechanic GL: The effect of immobilization on the types of collagen synthesized in periarticular connective tissue, Connect Tissue Res 8:27-32, 1980.
35. Amiel D, Woo SL, Harwood FL, Akeson WH: The effect of immobilization on collagen turnover in connective tissue: a biochemical-biomechanical correlation, Acta Orthop Scand 53:325-332, 1982.
36. Postacchini F, DeMartino C: Regeneration of rabbit calcaneal tendon: maturation of collagen and elastic fibers following partial tenotomy, Connect Tissue Res 8:41-47, 1980.
37. Michna H: Morphometric analysis of loading-induced changes in collagen-fibril populations in young tendons, Cell Tissue Res 236:465-470, 1984.
38. Doillon CJ, Dunn MG, Bender E et al: Collagen fiber formation in repair tissue: development of strength and toughness, Coll Relat Res 5:481-492, 1985.
39. Edwards DAW: The blood supply and lymphatic drainage of tendons, Anatomy 80:147-152, 1946.
40. Butler DL, Grood ES, Noyes FR et al: Effects of structure and strain measurement technique on the material properties of young human tendons and fascia, J Biomech 17:579-596, 1984.
41. Woo SL, Ritter MA, Amiel D et al: The biomechanical and biochemical properties of swine tendons—long-term effects of exercise on the digital extensors, Connect Tissue Res 7:177-183, 1980.
42. Elliott DH, Crawford GN: The thickness and collagen content of tendon relative to the strength and cross-sectional area of muscle, Proc R Soc Med 162:198-202, 1965.
43. Knorzer E, Folkhard W, Geercken W et al: New aspects of the etiology of tendon rupture: an analysis of time-resolved dynamic--mechanical measurements using synchrotron radiation, Arch Orthop Trauma Surg 105:113-120, 1986.
44. Mosler E, Folkhard W, Knorzer E et al: Stress-induced molecular rearrangement in tendon collagen, J Mol Biol 182:589-596, 1985.
45. Steven FS, Minns RJ, Finlay JB: Evidence for the local denaturation of collagen fibrils during the mechanical rupture of human tendons, Injury 6:317-319, 1975.
46. Barfred T: Experimental rupture of the Achilles tendon: comparison of various types of experimental rupture in rats, Acta Orthop Scand 42:528-543, 1971.
47. Ker RF, Alexander RM, Bennett MB: Why are mammalian tendons so thick? J Zool 216:309-324, 1988.
48. Barnes GR, Pinder DN: In vivo tendon tension and bone strain measurement and correlation, J Biomech 7:35-42, 1974.
49. Silver IA, Brown PN, Goodship AE et al: A clinical and experimental study of tendon injury, healing and treatment in the horse, Equine Vet J (suppl 1):1-43, 1983.
50. Gregor RJ, Komi PV, Jarvinen M: Achilles tendon forces during cycling, Int J Sports Med 8(suppl):9-14, 1987.
51. Barfred T: Kinesiological comments on subcutaneous ruptures of the Achilles tendon, Acta Orthop Scand 42:397-405, 1971.
52. Alexander R McN, Vernon A: The dimensions of knee and ankle muscles and the forces they exert, J Hum Movement Stud 1:115-123, 1975.
53. Wren TA, Yerby SA, Beaupre GS, Carter DR: Mechanical properties of the human Achilles tendon, Clin Biomech 16:245-251, 2001.
54. Komi PV, Fukashiro S, Jarvinen M: Biomechanical loading of Achilles tendon during normal locomotion, Clin Sports Med 11:521-531, 1992.
55. Fukashiro S, Komi PV, Jarvinen M et al: In vivo Achilles tendon loading during jumping in humans, Eur J Appl Physiol Occup Physiol 71:453-458, 1995.
56. Thorpe SK, Li Y, Crompton RH, Alexander RM: Stresses in human leg muscles in running and jumping determined by force plate analysis and from published magnetic resonance images, J Exp Biol 201:63-70, 1998.
57. Curwin SL: Force and length changes of the gastrocnemius and soleus muscle-tendon units during a therapeutic exercise program and three selected activities, Dalhousie University, MSc Thesis, 1984.
58. Kjaer M, Langberg H, Skovgaard D et al: In vivo studies of peritendinous tissue in exercise, Scand J Med Sci Sports 10:326-331, 2000.
59. Langberg H, Rosendal L, Kjaer M: Training-induced changes in peritendinous type I collagen turnover determined by microdialysis in humans, J Physiol 534 (Pt 1):297-302, 2001.
60. Chalmers GR, Roy RR, Edgerton VR: Variation and limitations in fiber enzymatic and size responses in hypertrophied muscle, J Appl Physiol 73:631-641, 1992.
61. Proske U, Morgan DL: Muscle damage from eccentric exercise: mechanism, mechanical signs, adaptation and clinical applications, J Physiol 537:333-345, 2001.
62. Blanchard O, Cohen-Solal L, Tardieu C et al: Tendon adaptation to different long-term stresses and collagen reticulation in soleus muscle, Connect Tiss Res 13:261-167, 1985.
63. Cameron-Smith D: Exercise and skeletal muscle gene expression, Clin Exp Pharm Physiol 29:209-213, 2002.
64. Mueller MJ, Maluf KS: Tissue adaptation to physical stress: a proposed "physical stress theory" to guide physical therapist practice, education, and research, Phys Ther 82:383-403, 2002.
65. Booth FW: Effect of limb immobilization on skeletal muscle, J Appl Physiol 52:1113-1118, 1982.
66. Booth FW, Gould EW: Effects of training and disuse on connective tissue, Exerc Sports Sci Rev 3:83-112, 1975.
67. Jozsa L, Kannus P, Thoring J et al: The effect of tenotomy and immobilization on intramuscular connective tissue: a morphometric and microscopic study in rat calf muscles, J Bone Joint Surg 72B:293-297, 1990.
68. Klein L, Dawson MH, Heiple KG: Turnover of collagen in the adult rat after denervation, J Bone Joint Surg 59A:1065-1067, 1977.
69. Noyes FR, Torvik PJ, Hyde WB et al: Biomechanics of ligament failure II: an analysis of immobilization, exercise, and reconditioning effects in primates, J Bone Joint Surg 56A:1406-1418, 1974.
70. Vailas AC, Deluna DM, Lewis LL et al: Adaptation of bone and tendon to prolonged hindlimb suspension in rats, J Appl Physiol 65:373-376, 1988.
71. Zuckerman J, Stull GA: Ligamentous separation force in rats as influenced by training, detraining and cage restriction, Med Sci Sports Exerc 5:44-49, 1973.
72. Hitchcock TF, Light TR, Bunch WH et al: The effect of immediate constrained digital motion on the strength of flexor tendon repairs in chickens, J Hand Surg 12A:590-595, 1987.
73. Maffulli N, Tallon C, Wong J et al: Early weightbearing and ankle mobilization after open repair of acute midsubstance tears of the Achilles tendon, Am J Sports Med 31:692-700, 2003.

74. Karpakka J, Vaananen K, Virtanen P et al: The effects of remobilization and exercise on collagen biosynthesis in rat tendon, Acta Physiol Scand 139:139-145, 1990.
75. Loitz BJ, Zernicke RF, Vailas AC et al: Effects of short-term immobilization versus continuous passive motion on the biomechanical and biochemical properties of the rabbit tendon, Clin Orthop Rel Res 244:265-271, 1989.
76. Matsuda JJ, Zernicke RF, Vailas AC et al: Structural and mechanical adaptation of immature bone to strenuous exercise, J Appl Physiol 60:2028-2034, 1986.
77. Becker H, Diegelman RF: The influence of tension on intrinsic tendon fibroplasia, Orthop Rev 13:65-71, 1984.
78. Tipton CM, Matthes RD, Maynard JA et al: The influence of physical activity on ligaments and tendons, Med Sci Sports Exerc 7:165-175, 1975.
79. Vailas AC, Zernicke RF, Curwin SL et al: Adaptation of rat knee meniscus to prolonged exercise, J Appl Physiol 60:1031-1034, 1986.
80. Vailas AC, Pedrini VA, Pedrini-Mille A et al: Patellar tendon matrix changes associated with aging and voluntary exercise, J Appl Physiol 58:1572-1576, 1985.
81. Curwin SL, Vailas AC, Wood J: Immature tendon adaptation to strenuous exercise, J Appl Physiol 65:2297-2301, 1998.
82. Viidik A: The effect of training on the tensile strength of isolated rabbit tendons, Scand J Plast Recontr Surg Hand Surg 1:141-147, 1967.
83. Buchanan CI, Marsh RL: Effects of long-term exercise on the biomechanical properties of the Achilles tendon of guinea fowl, J Appl Physiol 90:164-171, 2001.
84. Rosager S, Aagaard P, Dyhre-Poulsen P et al: Load-displacement properties of the human triceps surae aponeurosis and tendon in runners and non-runners, Scand J Med Sci Sports 12:90-98, 2002.
85. Simonsen EB, Kiltgaard H, Bojsen-Moller F: The influence of strength-training, swim training and ageing on the Achilles tendon and m. soleus of the rat, J Sports Sci 13:291-295, 1995.
86. Biewener AA, Corning WR: Dynamics of mallard (Anas platyrynchos) gastrocnemius function during swimming versus terrestrial locomotion, J Exper Biol 204:1745-1756, 2001.
87. Thomas DP, Cotter TA, Li X et al: Exercise training attenuates aging-associated increases in collagen and collagen crosslinking of the left but not the right ventricle in the rat, Eur J Appl Physiol 85:164-169, 2001.
88. Heikkinen E, Vuori I: Effect of physical activity on the connective tissue metabolism in mice, Scand J Clin Lab Invest (suppl) 113:36-41, 1979.
89. Kiiskinen A: Physical training and connective tissues in young mice: physical properties of Achilles tendons and long bones, Growth 41:123-137, 1977.
90. Magnusson SP, Kjaer M: Region-specific differences in Achilles tendon cross-sectional area in runners and non-runners, Eur J Apply Physiol 90:549-553, 2003.
91. Magnusson SP, Hansen P, Kjaer M: Tendon properties in relation to muscular activity and physical training, Scand J Med Sci Sports 13:211-223, 2003.
92. Blazina ME, Kerlan RK, Jobe FW et al: Jumper's knee, Orthop Clin North Am 2:665-678, 1973.
93. Casanova J, Casanova J: Nintendinitis, J Hand Surg 16:181, 1991 (Letter).
94. Clancy WG: Tendon trauma and overuse injuries. In Leadbetter WB, Buckwalter JA, Gordon SL, editors: Sports-induced inflammation, Rosemont, Ill, 1990, American Academy of Orthopaedic Surgeons.
95. Colosimo AJ, Bassett FH 3rd: Jumper's knee. Diagnosis and treatment, Orthop Rev 19:139-149, 1990.
96. Fernandez-Palazzi F, Rivas S, Mujica P: Achilles tendinitis in ballet dancers, Clin Orthop 257:257-261, 1990.
97. Jorgensen U, Winge S: Injuries in badminton, Sports Med 10:59-64, 1990.
98. Barbe MF, Barr AE, Gorlzany I et al: Chronic repetitive reaching and grasping results in decreased motor performance and widespread tissue responses in a rat model of MSD, J Orthop Res 21:167-176, 2003.
99. Backman C, Boquist L, Friden J et al: Chronic Achilles paratenonitis with tendinosis: an experimental model in the rabbit, J Orthop Res 8:541-547, 1990.
100. Backman C, Friden J, Widmark A: Blood flow in chronic Achilles tendinosis. Radioactive microsphere study in rabbits, Acta Orthop Scand 62:386-387, 1991.
101. Soslowsky LJ, Thomopoulos S, Tun S et al: Neer Award 1999. Overuse activity injures the supraspinatus tendon in an animal model: a histologic and biomechanical study, J Shoulder Elbow Surg 9:79-84, 2000.
102. Theodore GH, Kolettis GJ, Micheli LJ: Tenosynovitis of the flexor hallucis longus in a long-distance runner, Med Sci Sports Exer 28:277-279, 1996.
103. Bernard BP, editor: Musculoskeletal disorders and workplace factors: a critical review of epidemiologic evidence for work-related musculoskeletal disorders of the neck, upper extremity and low back, Cincinnati, 1997, US Department of Health and Human Services, National Institute for Occupational Safety and Health (NIOSH), Publication No. 97-141.
104. Bonen A, Keizer HA: Pituitary, ovarian and adrenal hormone responses to marathon running, Int J Sports Med 8(suppl 3):161-167, 1987.
105. Bosenberg AT, Brock-Utne JG, Gaffin SL et al: Strenuous exercise causes systemic endotoxemia, J Appl Physiol 65:106-108, 1988.
106. Kjaer M: Epinephrine and some other hormonal responses to exercise in man: with special reference to physical training, Int J Sports Med 10:2-15, 1989.
107. Davis JM, Pate RR, Burgess WA et al: Stress hormone response to exercise in elite female distance runners, Int J Sports Med 8(suppl 2):132-135, 1987.
108. Vailas AC, Morgan WP, Vailas JC: Physiologic and cellular basis of overtraining. In Leadbetter WB, Buckwalter JA, Gordon SL, editors: Sports-induced inflammation, Rosemont, Ill, 1990, American Academy of Orthopaedic Surgeons.
109. Anderson SE, Steinbach LS, De Monaco D et al: "Baby wrist": MRI of an overuse syndrome in mothers, Am J Roentgenol 182:719-724, 2004.
110. Lin JT, Stubblefield MD: De Quervain's tenosynovitis in patients with lymphedema: a report of 2 cases with management approach, Arch Phys Med Rehabil 84:1554-1557, 2003.
111. Sakai N: Hand pain attributed to overuse among professional pianists: a study of 200 cases, Med Problems of Performing Artists 17:178-180, 2002.
112. Almekinders LC, Weinhold PS, Maffulli N: Compression etiology in tendinopathy, Clin Sports Med 22(4):703-710, 2003.
113. Vogel KG: What happens when tendons bend and twist? Proteoglycans J Musculoskel Neuron Interact 4:202-203, 2004.
114. Gray JM, Alpar EK: Peroneal tenosynovitis following ankle sprains, Injury 32:487-489, 2001.
115. Matsui T: Acute nonspecific flexor tenosynovitis in the digits, J Orthop Sci 6:234-237, 2001.
116. Hooker MS, Schaefer RA, Fishbain JT et al: Tuberculous tenosynovitis of the tibialis anterior tendon: a case report, Foot Ankle Int 23:1131-1134, 2002.
117. Khan KM, Forster BB, Robinson J et al: Are ultrasound and magnetic resonance imaging of value in assessment of Achilles tendon disorders? A two year prospective study, Br J Sports Med 37:149-153, 2003.
118. Kasashima Y, Kuwano A, Katayama Y et al: Magnetic resonance imaging application to live horse for diagnosis of tendinitis, J Vet Med Sci 64:577-582, 2002.
119. Finni T, Hodgson JA, Lai AM et al: Nonuniform strain of human soleus aponeurosis-tendon complex during submaximal voluntary contractions in vivo, J Appl Physiol 95:829-837, 2003.

120. Komi PV: Measurement of the force-velocity relationship in human muscle under concentric and eccentric contractions, Med Sport 8:224-229, 1973.
121. Komi PV: Neuromuscular performance: factors influencing force and speed production, Scand J Sports Sci 1:2-15, 1979.
122. Bosco C, Komi PV: Potentiation of the mechanical behaviour of the human skeletal muscle through pre-stretching, Acta Physiol Scand 14:543-550, 1982.
123. Zernicke RF, Garhammmer J, Jobe FW: Human patellar tendon rupture, J Bone Joint Surg 59A:179-183, 1977.
124. Stauber WT: Eccentric action of muscles: Physiology, injury and adaptation, Exerc Sports Sci Rev 17:157-185, 1989.
125. Lundeberg T, Ekholm J: Pain: from periphery to brain, Disabil Rehabil 24(8):402-406, 2002.
126. Lin TW, Cardenas L, Soslowsky LJ: Biomechanics of tendon injury and repair, J Biomech 37:865-877, 2004.
127. Stanish WD, Rubinovich RM, Curwin SL: Eccentric exercise in chronic tendinitis, Clin Orthop Rel Res 208:65-68, 1986.
128. Maffulli N, Wong J, Almekinders LC: Types and epidemiology of tendinopathy, Clin Sports Med 22:675-692, 2003.
129. Khan KM, Cook JL, Taunton JE et al: Overuse tendinosis, not tendonitis. Part I: A new paradigm for a difficult clinical problem, Phys Sportsmed 28:38-48, 2000.
130. Puddu G, Ippolito E, Postacchini F: A classification of Achilles tendon disease. Am J Sports Med 4:145-150, 1976.
131. Kraushaar BS, Nirschl RP: Tendinosis of the elbow (tennis elbow). Clinical features and findings of histological, immunohistochemical, and electron microscopy studies, J Bone Joint Surg 81A:259-278, 1999.
132. Cook JL, Khan KM, Kiss ZS et al: Reproducibility and clinical utility of tendon palpation to detect patellar tendinopathy in young basketball players. Victorian Institute of Sport tendon study group, Br J Sports Med 35:65-69, 2001.
133. Khan KM, Bonar F, Desmond PM et al: Patellar tendinosis (jumper's knee): findings at histopathologic examination, US, and MR imaging, Radiology 200:821-827, 1999.
134. Kannus P, Jozsa L: Histopathological changes preceeding spontaneous rupture of a tendon. A controlled study of 891 patients, J Bone Joint Surg 73A:1507-1525, 1991.
135. Cook JL, Khan KM, Harcourt PR et al: Patellar tendon ultrasonography in asymptomatic active athletes reveals hypoechoic regions: a study of 320 tendons. Victorian Institute of Sport Tendon Study Group, Clin J Sports Med 8:73-77, 1998.
136. Curwin SL, Stanish WD: Tendinitis: its etiology and treatment, Lexington, Mass, 1984, DC Collamore Press.
137. Leadbetter WB: Cell-matrix response in tendon injury, Clin Sports Med 11:533-578, 1992.
138. Movin T, Gad A, Reinholt FP, Rolf C: Tendon pathology in long-standing achillodynia. Biopsy findings in 40 patients, Acta Orthop Scand 68:170-175, 1997.
139. Tallon C, Maffuli N, Ewen SWB: Ruptured Achilles tendons are significantly more degenerated than tendinopathic tendons, Med Sci Sports Exer 33:1983-1990, 2001.
140. Movin T: Tendon tissue sampling, Scand J Med Sci Sports 10:368-371, 2000.
141. Alfredson H, Forsgre S, Thorsen K et al: In vivo microdialysis and immunohistochemical analyses of tendon tissue demonstrated high amounts of free glutamate and glutamate NMDAR1 receptors, but no signs of inflammation, in Jumper's knee, J Orthop Res 19:881-886, 2001.
142. Cetti R, Junge J, Vyberg M: Spontaneous rupture of the Achilles tendon is preceded by widespread and bilateral tendon damage and ipsilateral inflammation: a clinical and histopathologic study of 60 patients, Acta Orthop Scand 74:78-84, 2003.
143. Wetzel BJ, Nindl G, Swez JA, Johnson MT: Quantitative characterization of rat tendinitis to evaluate the efficacy of therapeutic interventions, Biomed Sci Instrument 38:157-162, 2002.
144. Wang JH, Li Z, Yang G, Khan M: Repetitively stretched tendon fibroblasts produce inflammatory mediators, Clin Orthop Rel Res 422:243-250, 2004.
145. Langberg H, Skovgaard D, Karamouzis M et al: Metabolism and inflammatory mediators in the peritendinous space measured by microdialysis during intermittent isometric exercise in humans, J Physiol 515:919-927, 1999.
146. Koenig MJ, Torp-Pedersen S, Qvistgaard E et al: Preliminary results of colour Doppler-guided intratendinous glucocorticoid injection for Achilles tendonitis in five patients, Scand J Med Sci Sports 14:100-106, 2004.
147. Sullo A, Maffulli N, Capasso G et al: The effects of prolonged peritendinous administration of PGE1 to the rat Achilles tendon: a possible animal model of chronic Achilles tendinopathy, J Orthop Sci 6:349-357, 2001.
148. Marsolais D, Cote CH, Frenette J: Neutrophils and macrophages accumulate sequentially following Achilles tendon injury, J Orthop Res 19:1203-1209, 2001.
149. Ireland D, Harrall R, Curry V et al: Multiple changes in gene expression in chronic human Achilles tendinopathy, Matrix Biology 20:159-169, 2001.
150. Alfredson H, Lorentzon M, Backman S et al: cDNA-arrays and real-time quantitative PCR techniques in the investigation of chronic Achilles tendinosis, J Orthop Res 21:970-975, 2003.
151. Hargreaves KM: Mechanisms of pain sensation resulting from inflammation. In Leadbetter WB, Buckwalter JA, Gordon SL, editors: Sports-induced inflammation, Rosemont, Ill, 1990, American Academy of Orthopaedic Surgeons.
152. Hart DA, Frank CB, Bray RC: Inflammatory processes in repetitive motion and overuse syndromes: potential role of neurogenic mechanisms in tendons and ligaments. In Gordon SL, Blair SJ, Fine LJ, editors: Repetitive motion disorders of the upper extremity, Rosemont, Ill, 1995, American Academy of Orthopaedic Surgeons.
153. Hart DA, Archambault JM, Kydd A et al: Gender and neurogenic variables in tendon biology and repetitive motion disorders, Clin Orthop Rel Res 351:44-56, 1998.
154. Riley G: The pathogenesis of tendinopathy. A molecular perspective, Rheumatology 43:131-142, 2004.
155. Khan KM, Cook JL, Maffulli N et al: Where is the pain coming from in tendinopathy? It may be biochemical, not only structural, in origin, Br J Sports Med 34:81-83, 2000.
156. Alfredson H, Bjur D, Thorsen K et al: High intratendinous lactate levels in painful chronic Achilles tendinosis. An investigation using microdialysis technique, J Orthop Res 20:934-938, 2002.
157. High KW: Neurotransmitter Glutamate is a novel neurogenic initiator in arthritic inflammation. In Ludders JW, Mur P, Robertson S et al, editors, Proceedings of the Mayday conference: a cross--species approach to pain and analgesia, Warrenton, Va, 2002.
158. Cairns BE, Svensson P, Wang K et al: Activation of peripheral NMDA receptors contributes to human pain and rat afferent discharges evoked by injection of glutamate into the masseter muscle, J Neurophysiol 90:2098-2105, 2003.
159. Svensson P, Cairns BE, Wang K et al: Glutamate-evoked pain and mechanical allodynia in the human masseter muscle, Pain 101:221-227, 2003.
160. Alfredson H, Ohberg L, Forsgren S: Is vasculo-neural ingrowth the cause of pain in chronic Achilles tendinosis? An investigation using ultrasonography and colour Doppler, immunohistochemistry, and diagnostic injections, Knee Surg Sports Traumatol Arthrosc 11:334-338, 2003.
161. Alfredson H. Lorentzon R: Chronic tendon pain: no signs of chemical inflammation but high concentrations of the neurotransmitter glutamate. Implications for treatment? Current Drug Targets 3:43-54, 2002.
162. Alfredson H. Chronic tendon pain-implications for treatment: an update, Current Drug Targets 5:407-410, 2004.
163. Ljung BO, Alfredson H, Forsgren S: Neurokinin 1-receptors and sensory neuropeptides in tendon insertions at the medial and lateral epicondyles of the humerus, J Orthop Res 22:321-327, 2004.
164. Ackerman PW, Ahmed M, Kreicberg A: Early nerve regeneration after Achilles tendon rupture—a prerequisite for healing? A study in the rat, J Orthop Res 20:849-856, 2002.

165. Ackerman PW, Li J, Lundberg T et al: Neuronal plasticity in relation to nociception and healing of rat Achilles tendon, J Orthop Res 21:432-441, 2003.
166. Ljung B-O, Alfredson H, Forsgren S: Neurokinin 1-receptors and sensory neuropeptides in tendon insertions at the medial and lateral epicondyles of the humerus. Studies on tennis elbow and medial epicondylalgia, J Orthop Res 22:321-327, 2004.
167. Cook JL, Malliaras P, De Luca J et al: Neovascularization and pain in abnormal patellar tendons of active jumping athletes, Clin J Sport Med 14:296-299, 2004.
168. Zanetti M, Metzdorf A, Kundert HP et al: Achilles tendons: clinical relevance of neovascularization diagnosed with power Doppler US, Radiology 227:556-560, 2003.
169. Newman RA, Cutroneo KR: Glucocorticoids selectively decrease the synthesis of hydroxylated collagen peptides, Mol Pharmacol 14:185-198, 1978.
170. Oxlund H, Manthorpe R: The biomechanical properties of tendon and skin as influenced by long-term glucocorticoid treatment and food restriction, Biorheology 19:631-646, 1982.
171. Knopp WD, Bohm ME, McCoy JC: Hypothyroidism presenting as tendonitis, Phys Sportsmed 25:47-50, 1997.
172. Agarwal S, Owen R: Tendinitis and tendon ruptures in successful renal transplant recipients, Clin Orthop 252:270-275, 1990.
173. Murison MS, Eardley J, Slapak M: Tendinitis: a common complication after renal transplantation, Transplantation 48:587-589, 1990.
174. Kujala UM, Jarvinen M, Natri A et al: ABO blood groups and musculoskeletal injuries, Injury 23:131-133, 1992.
175. Jozsa L, Kannus P: Human tendons, Champaign, Ill, 1997, Human Kinetics.
176. Burkhardt O, Kohnlein T, Pap T et al: Recurrent tendinitis after treatment with two different fluoroquinolones, Scand J Infect Dis 36:315-316, 2004.
177. Kowatari K, Nakashima K, Ono A et al: Levofloxacin-induced bilateral Achilles tendon rupture: a case report and review of the literature, J Orthop Sci 9:186-190, 2004.
178. Khaliq Y, Zhanel GG: Fluoroquinolone-associated tendinopathy: a critical review of the literature, Clin Infect Dis 36:1404-1410, 2003.
179. Greene BL: Physical therapist management of fluoroquinolone--induced Achilles tendinopathy, Phys Ther 82:1224-1231, 2002.
180. Le Huec JC, Schaeverbeke T, Chauveaux D et al: Epicondylitis after treatment with fluoroquinolone antibiotics, J Bone Joint Surg 77B:293-295, 1995.
181. Andrews FJ, Morris CJ, Lewis EJ et al: Effect of nutritional iron deficiency on acute and chronic inflammation, Ann Rheum Dis 46:859-865, 1987.
182. Reiser K, McGee C, Rucker R et al: Effects of aging and caloric restriction on extracellular matrix biosynthesis in a model of injury repair in rats, J Gerontology Series A—Biological Sciences and Medical Sciences 50:40-47, 1995.
183. Abrahamsson S-O, Lundborg G, Lohmander LS: Tendon healing in vivo: an experimental model, Scand J Reconstr Surg 23:199-205, 1989.
184. Morcos MB, Aswad A: Histological studies of the effects of ultrasonic therapy on surgically split flexor tendons, Equine Vet J 10:267-268, 1978.
185. Nistor L: Surgical and non-surgical treatment of Achilles tendon rupture, J Bone Joint Surg 63A:394-399, 1981.
186. Enwemeka CS, Spielholz NI, Nelson AJ: The effect of early functional activities on experimentally tenotomized Achilles tendons in rats, Am J Phys Med Rehabil 67:264-269, 1988.
187. Enwemeka CS: Inflammation, cellularity and fibrillogenesis in regenerating tendon: implications for tendon rehabilitation, Phys Ther 69:816-825, 1989.
188. Watkins P, Auer JA, Gay S et al: Healing of surgically created defects in the equine superficial digital flexor tendon: collagen--type transformation and tissue morphologic reorganization, Am J Vet Res 46:2091-2096, 1985.
189. Watkins P, Auer JA, Morgan SJ et al: Healing of surgically created defects in the equine superficial digital flexor tendon: effects of pulsing electromagnetic field therapy on collagen-type transformation and tissue morphologic reorganization, Am J Vet Res 46:2097-2103, 1985.
190. Stanish WD, Curwin SL, Bryson G: The use of flexibility exercises in preventing and treating sports injuries. In Leadbetter WB, Buckwalter JA, Gordon SL, editors: Sports-induced inflammation, Rosemont, Ill, 1990, American Academy of Orthopaedic Surgeons.
191. Wtivrouw E, Mahieu N, Danneels L et al: Stretching and injury prevention: an obscure relationship, Sports Med 34:443-449, 2004.
192. Dyson M, Pond JB, Joseph J et al: The stimulation of tissue regeneration by means of ultrasound, Clin Sci 35:273-285, 1968.
193. Gieck JH, Saliba E: Therapeutic ultrasound: influence on inflammation and healing. In Leadbetter WB, Buckwalter JA, Gordon SL, editors: Sports-induced inflammation, Rosemont, Ill, 1990, American Academy of Orthopaedic Surgeons.
194. Morcos MB, Aswad A: Histological studies of the effects of ultrasonic therapy on surgically split flexor tendons, Equine Vet J 10:267-268, 1978.
195. Harvey W, Dyson M, Pond JB et al: The stimulation of protein synthesis in human fibroblasts by therapeutic ultrasound, Rheumatol Rehabil 14:237, 1975.
196. Enwemeka CS: The effects of therapeutic ultrasound on tendon healing: a biomechanical study, Am J Phys Med Rehabil 68:283-287, 1989.
197. Frieder S, Weisberg J, Fleming B et al: A pilot study: the therapeutic effect of ultrasound following partial rupture of Achilles tendons in male rats, J Orthop Sports Phys Ther 10:39-46, 1988.
198. Snow CJ, Johnson KA: Effect of therapeutic ultrasound on acute inflammation. Physiother Can 40:162-167, 1988.
199. Ng CO, Ng GY, See EK, Leung MC: Therapeutic ultrasound improves strength of achilles tendon repair in rats, Ultrasound Med Biol 29:1501-1506, 2003.
200. van der Windt DA, van der Heijden GJ, van der Berg SG et al: Ultrasound therapy for musculoskeletal disorders: a systematic review, Pain 81:257-271, 1999.
201. Frank C, Schachar N, Dittrich D et al: Electromagnetic stimulation of ligament healing in rabbits, Clin Orthop 175:263-272, 1983.
202. Nessler JP, Mass DP: Direct-current electrical stimulation of tendon healing in vitro, Clin Orthop 217:303-312, 1987.
203. Stanish WD, Rubinovich M, Kozey J et al: The use of electricity in ligament and tendon repair, Phys Sports Med 13:109-116, 1985.
204. Watkins JP, Auer JA, Morgan SJ et al: Healing of surgically created defects in the equine superficial digital flexor tendon: effects of pulsing electromagnetic field therapy on collagen-type transformation and tissue morphologic reorganization, Am J Vet Res 46:2097-2103, 1985.
205. Burssens P, Forsyth R, Steyaert A et al: Influence of burst TENS stimulation on the healing of Achilles tendon suture in man, Acta Orthop Belg 69:528-532, 2003.
206. Knight KL: Cold as a modifier of sports-induced inflammation. In Leadbetter WB, Buckwalter JA, Gordon SL, editors: Sports-induced inflammation, Rosemont, Ill, 1990, American Academy of Orthopaedic Surgeons.
207. Cyriax J: Textbook of orthopaedic medicine, vol. II treatment by manipulation, massage and injection, ed 11, London, 1984, Bailliere Tindall.
208. Stratford PW, Levy DR, Gauldie S et al: The evaluation of phonophoresis and friction massage as treatments for extensor carpi radialis tendinitis: a randomised controlled trial, Physiother Can 41:93-99, 1989.
209. Chamberlain GJ: Cyriax's friction massage: a review, J Orthop Sports Phys Ther 4:16-22, 1982.

210. Brosseau L, Casimiro L, Milne S et al: Deep transverse friction massage for treating tendinitis, Cochrane Database Systematic Reviews 2002(4):CD003528.
211. Paungmali A, Vicenzino B, Smith M: Hypoalgesia induced by elbow manipulation in lateral epicondylalgia does not exhibit tolerance, J Pain 4(8):448-454, 2003.
212. Vicenzino B, Paungmali A, Buratowski S et al: Specific manipulative therapy treatment for chronic lateral epicondylalgia produces uniquely characteristic hypoalgesia, Man Ther 6(4):205-212, 2001.
213. Vicenzino B: Lateral epicondylalgia: a musculoskeletal physiotherapy perspective, Man Ther 8(2):66-79, 2003.
214. Vicenzino B, Collins D, Wright A: The initial effects of a cervical spine manipulative physiotherapy treatment on the pain and dysfunction of lateral epicondylalgia, Pain 68(1):69-74, 1996.
215. Backstrom KM: Mobilization with movement as an adjunct intervention in a patient with complicated de Quervain's tenosynovitis: a case report, J Orthop Sports Phys Ther 32:86-94, 2002.
216. Orhan Z, Ozturan K, Guven A et al: The effect of extracorporeal shock waves on a rat model of injury to tendo Achillis: a histological and biomechanical study, J Bone Joint Surg 86:613-618, 2004.
217. Hsu RW, Hsu WH, Tai CL et al: Effect of shock-wave therapy on patellar tendinopathy in a rabbit model, J Orthop Res 22:221-227, 2004.
218. Chen YJ, Wang CJ, Yang KD et al: Extracorporeal shock waves promote healing of collagenase-induced Achilles tendinitis and increase TGF-beta1 and IGF-I expression, J Orthop Res 22:854-861, 2004.
219. Taunton KM, Taunton JE, Khan KM: Treatment of patellar tendinopathy with extracorporeal shock wave treatment, BC Medical J 45:500-507, 2003.
220. Ogden JA, Alvarez RG, Levitt RL et al: Electrohydraulic high--energy shock-wave treatment for chronic plantar fasciitis, J Bone Joint Surg 86A:2216-2228, 2004.
221. Melikyan EY, Shahin E, Miles J et al: Extracorporeal shock-wave treatment for tennis elbow: a randomised double-blind study, J Bone Joint Surg 85B:852-855, 2003.
222. Speed CA, Nichols D, Richards C et al: Extracorporeal shock wave therapy for lateral epicondylitis: a double-blind randomised controlled trial, J Orthop Res 20:895-898, 2002.
223. Rompe JD, Decking J, Schoellner C et al: Repetitive low-energy shock wave treatment for chronic lateral epicondylitis in tennis players, Am J Sports Med 32:734-743, 2004.
224. Buchbinder R, Green S, White M et al: Shock wave therapy for lateral elbow pain, Cochrane Database of Systematic Reviews 1, 2002.
225. Harniman E, Carette S, Kennedy C et al: Extracorporeal shock wave therapy for calcific and noncalcific tendonitis of the rotator cuff: a systematic review, J Hand Ther 17:132-151, 2004.
226. Birch S, Hesselink JK, Jonkman FA et al: Clinical research on acupuncture: part 1. What have reviews of the efficacy and safety of acupuncture told us so far? J Altern Complement Med 10:468-480, 2004.
227. Deignan CC: Acupuncture treatment of lateral epicondylitis in an occupational medicine clinic, Medical Acupuncture 13(1): www.medicalacupuncture.com/aama_marf/journal/index.html.
228. Davidson JH, Vandervoort A, Lessard L et al: The effect of acupuncture versus ultrasound on pain level, grip strength and disability in individuals with lateral epicondylitis: a pilot study, Physiother Can 53: 195-202, 2001.
229. Trinh KV, Phillips S-D, Ho E et al: Acupuncture for the alleviation of lateral epicondyle pain: a systematic review, Rheumatology 43:1085-1109, 2004.
230. Green S, Buchbinder R, Barnsley L et al: Acupuncture for lateral elbow pain, Cochrane Database of Systematic Reviews 1, 2002.
231. Vicenzino B, Brooksbank J, Minto J et al: Initial effects of elbow taping on pain-free grip strength and pressure pain threshold, J Orthop Sports Phys Ther 33:400-407, 2003.
232. Glazebrook MA, Curwin S, Islam MN et al: Medial epicondylitis: an electromyographic analysis and an investigation of intervention strategies, Am J Sports Med 22:674-679, 1994.
233. Puddu G, Cipolla M, Selvanetti A et al: Patellar tendinopathies, J Sports Traumatol Rel Res 21:41-48, 1999.
234. Wooten B, Uhl TL, Chandler J: Use of an orthotic device in the treatment of posterior heel pain, J Orthop Sports Phys Ther 11:410-413, 1990.
235. Meyer NJ, Walter F, Haines B et al: Modeled evidence of force reduction at the extensor carpi radialis brevis origin with the forearm support band, J Hand Surg 28:279-287, 2003.
236. O'Neil BA, Forsythe ME, Stanish WD: Chronic occupational repetitive strain injury, Can Fam Phys 47:311-316, 2001.
237. Struijs PA, Smidt N, Arola H et al: Orthotic devices for the treatment of tennis elbow, Cochrane Database of Systematic Reviews 1, 2002.
238. Salminen A, Kihlstrom M: Protective effect of indomethacin against exercise-induced injuries in mouse skeletal muscle fibers, Int J Sports Med 8:46-49, 1987.
239. Abramson SB: Nonsteroidal anti-inflammatory drugs: mechanisms of action and therapeutic considerations. In Leadbetter WB, Buckwalter JA, Gordon SL, editors: Sports-induced inflammation, Rosemont, Ill, 1990, American Academy of Orthopaedic Surgeons.
240. Green S, Buchbinder R, Barnsley L et al: Non-steroidal anti--inflammatory drugs (NSAIDs) for treating lateral elbow pain in adults, Cochrane Database of Systematic Reviews 3, 2004.
241. Stovitz SD, Johnson RJ: NSAIDs and musculoskeletal treatment: what is the clinical evidence? Phys Sportsmed 31:35-40, 2003.
242. Paolini JA, Appleyard RC, Nelson J et al: Topical nitric oxide application in the treatment of chronic extensor tendinosis at the elbow: a randomized, double-blinded, placebo-controlled trial, Am J Sports Med 31:915-920, 2003.
243. Li L, Scudds R: Iontophoresis: an overview of the mechanisms and clinical application, Arthritis Care Res 8:51-61, 1995.
244. Nirschl R, Rodin D, Ochai D et al: Iontophoretic administration of dexamethasone sodium phosphate for acute epicondylitis: a randomized, double-blind, placebo-controlled study, Am J Sports Med 31:189-195, 2003.
245. Neeter C, Thomee R, Silbernagel KG et al: Iontophoresis with or without dexamethazone in the treatment of acute Achilles tendon pain, Acand J Med Sci Sports 13:376-382.
246. Gudeman SD, Eisele SA, Heidt RS Jr et al: Treatment of plantar fasciitis by iontophoresis of 0.4% dexamethasone: a randomized, double-blind, placebo-controlled study, Am J Sports Med 25:312-316, 1997.
247. Crawford F, Thomson C: Interventions for treating plantar heel pain, Cochrane Database of Systematic Reviews 3, 2003.
248. Anderson CR, Morris RL, Boeh SD et al: Effects of iontophoresis current magnitude and duration on dexamethasone deposition and localized drug retention, Phys Ther 83:161-170, 2003.
249. Byl NN: The use of ultrasound as an enhancer for transcutaneous drug delivery: phonophoresis, Phys Ther 75:539-553, 1995.
250. Trudel D, Duley J, Zastrow I et al: Rehabilitation for patients with lateral epicondylitis: a systematic review, J Hand Ther 17:243-266, 2004.
251. Gimblett PA, Saville J, Ebrall P: A conservative management protocol for calcific tendinitis of the shoulder, J Manip Physiol Ther 22:622-627, 1999.
252. Klaiman MD, Shrader JA, Danoff JV et al: Phonophoresis versus ultrasound in the treatment of common musculoskeletal conditions, Med Sci Sports Exer 30:1349-1355, 1998.
253. Penderghest CE, Kimura IF, Gulick DT: Double-blind clinical efficacy study of pulsed phonophoresis on perceived pain associated with symptomatic tendinitis, J Sport Rehabil 7:9-19, 1998.
254. Panus PC, Hooper T, Padrones A et al: A case study of exacerbation of lateral epicondylitis by combined use of iontophoresis and phonophoresis, Physiother Can 48:27-31, 1996.

255. Richie CA 3rd, Briner WW Jr: Corticosteroid injection for treatment of de Quervain's tenosynovitis: a pooled quantitative literature evaluation, J Am Board Fam Pract 16:102-106, 2003.
256. Alvarez-Nemegyei J, Canoso JJ: Evidence-based soft tissue rheumatology: epicondylitis and hand stenosing tendinopathy, J Clin Rheumatol 10:33-40, 2004.
257. Kennedy JC, Willis RB: The effects of local steroid injections on tendons: a biomechanical and microscopic correlative study, Am J Sports Med 4:11-21, 1976.
258. Leadbetter WB: Corticosteroid injection therapy in sports injuries. In Leadbetter WB, Buckwalter JA, Gordon SL, editors: Sports-induced inflammation, Rosemont, Ill, 1990, Academy of Orthopaedic Surgeons.
259. Assendelft WJ, Hay EM, Adshead R et al: Corticosteroid injections for lateral epicondylitis: a systematic overview, Br J Gen Pract 46:209-216, 1996.
260. Smith AG, Kosygan K, Williams H, Newman RJ: Common extensor tendon rupture following corticosteroid injection for lateral tendinosis of the elbow, Br J Sports Med 33:423-424, 1999.
261. Cantin D, Marks R: Corticosteroid injections and the treatment of Achilles tendonitis: a narrative review, Res Sports Med 11:79-97, 2003.
262. Alfredson H: Chronic tendon pain—implications for treatment: an update, Curr Drug Targets 5:407-410, 2004.
263. Ohberg L, Alfredson H: Ultrasound guided sclerosis of neovessels in painful chronic Achilles tendinosis: pilot study of a new treatment, Br J Sports Med 36:173-175, 176-177, 2002.
264. Tallon C, Coleman BD, Khan KM, Maffulli N: Outcome of surgery for chronic Achilles tendinopathy. A critical review, Am J Sports Med 29:315-320, 2001.
265. Buchbinder R, Green S, Bell S et al. Surgery for lateral elbow pain, Cochrane Database of Systematic Reviews 1, 2002.
266. Paavola M, Orava S, Leppilahti J et al: Chronic Achilles tendon overuse injury: complications after surgical treatment—an analysis of 432 consecutive patients, Am J Sports Med 28:77-82, 2000.
267. Nirschl RP: The etiology and treatment of tennis elbow, J Sports Med 2:308-323, 1974.
268. Stanish WD, Curwin S, Mandell S: Tendinitis: its etiology and treatment, ed 2, Oxford, England, 2000, Oxford University Press.
269. Stanish WD, Rubinovich RM, Curwin S: Eccentric exercise in chronic tendinitis, Clin Orthop Rel Res 208:65-68, 1986.
270. Jensen K, DiFabio RP: Evaluation of eccentric exercise in treatment of patellar tendinitis, Phys Ther 69:211-216, 1989.
271. Cook J, Khan K, Maffuli N, Purdam C: Overuse tendinosis, not tendinitis: applying the new approach to patellar tendinopathy, Phys Sportsmed 28:31-46, 2000.
272. Niesen-Vertommen SL, Taunton JE et al: The effect of eccentric vs. concentric exercise in the management of Achilles tendonitis, Clin J Sport Med 2:109-113, 1992.
273. Mafi N, Lorentzon R, Alfredson H: Superior short-term results with eccentric calf muscle training compared to concentric training in a randomized prospective multicenter study on patients with chronic Achilles tendinosis, Knee Surg Sports Traumatol Arthrosc 9:42-47, 2001.
274. Alfredson H, Pietila T, Jonsson P et al: Heavy-load eccentric calf muscle training for the treatment of chronic Achilles tendinosis, Am J Sports Med 26:360-366, 1998.
275. Purdam CR, Jonsson P, Alfredson H et al: A pilot study of the eccentric decline squat in the management of painful chronic patellar tendinopathy, Br J Sports Med 38:395-397, 2004.
276. Stasinopoulos D, Stasinopoulos I: Comparison of effects of exercise programme, pulsed ultrasound and transverse friction in the treatment of chronic patellar tendinopathy, Clin Rehabil 18:347-352, 2004.
277. Silbernagel KG, Thomee R, Thomee P et al: Eccentric overload training for patients with chronic Achilles tendon pain: a randomized controlled study with reliability testing of the evaluation methods, Scand J Med Sci Sports 11:197-206, 2001.
278. Roos EM, Engström M, Lagerquist A et al: Clinical improvement after 6 weeks of eccentric exercise in patients with mid-portion Achilles tendinopathy: a randomized trial with 1-year follow-up, Scand J Med Sci Sports 14:286-295, 2004.
279. Svernlov B, Adolfsson L: Non-operative treatment regime including eccentric training for lateral humeral epicondylalgia, Scand J Med Sci Sports 11:328-334, 2001.
280. Croisier J-L, Forthomme B, Foidart-Dessalle M et al: Treatment of recurrent tendinitis by isokinetic eccentric exercises, Isokinetics Exerc Sci 9:133-141, 2001.
281. Purdam CR, Johnsson P, Alfredson H et al: A pilot study of the eccentric decline squat in the management of painful chronic patellar tendinopathy, Br J Sports Med 38:395-397, 2004.
282. Shlabai A, Kristoffersen-Wilberg M, Svensson L et al: Eccentric training of the gastrocnemius-soleus complex in chronic Achilles tendinopathy results in decreased tendon volume and intratendinous signal as evaluated by MRI, Am J Sports Med 32:1286-1296, 2004.
283. Ohberg L, Lorentzon R, Alfredson H: Eccentric training in patients with chronic Achilles tendinosis: normalized tendon structure and decreased thickness at follow up, Br J Sports Med 38:8-11, 2004.
284. Ohberg L, Alfredson H: Effects on neovascularisation behind the good results with eccentric-training in chronic mid-portion Achilles tendinosis? Knee Surg Sports Traumatol Arthrosc 12:465-470, 2004.
285. Steiner WA, Ryser L, Huber E et al: Use of the ICF model as a clinical problem-solving tool in physical therapy and rehabilitation medicine, Phys Ther 82:1098-1107, 2002.
286. Paavola M, Kannus P, Paakkala T et al: Long-term prognosis of patients with Achilles tendinopathy: an observational 8-year follow-up study, Am J Sports Med 28:634-642, 2000.
287. Visentini PJ, Khan KM, Cook JL et al: The VISA score: an index of severity of symptoms in patients with jumper' knee (patellar tendinosis). Victorian Institute of Sport Tendon Study Group, J Sci Med Sport 1:22-28, 1998.
288. Robinson JM, Cook JL, Purdam C et al: The VISA-A questionnaire: a valid and reliable index of the clinical severity of Achilles tendinopathy, Br J Sports Med 35:335-341, 2001.
289. Overend TJ, Wuori-Fearn JL, Kramer JF et al: Reliability of a patient-rated forearm evaluation questionnaire for patients with lateral epicondylitis, J Hand Ther 12:31-37, 1999.
290. Paoloni JA, Appleyard RC, Murrell GA: The Orthopaedic Research Institute—Tennis Elbow Testing System: a modified chair pick-up test-interrater and intrarater reliability testing and validity for monitoring lateral epicondylosis, J Shoulder Elbow Surg 13:72-77, 2004.
291. MacDermid JC, Tottenham V: Responsiveness of the Disability of the Arm, Shoulder, and Hand (DASH) and Patient-Rated Wrist/Hand Evaluation (PRWHE) in evaluating change after hand therapy, J Hand Ther 17:18-23, 2004.
292. Waugh EJ, Jaglal SB, Davis AM et al: Factors associated with prognosis of lateral epicondylitis after 8 weeks of physical therapy, Arch Phys Med Rehabil 85:308-318, 2004.
293. Magee DJ: Orthopedic physical assessment, ed 5, Philadelphia, 2007, Elsevier.
294. Dutton M: Orthopaedic examination, evaluation & intervention, New York, 2004, McGraw-Hill.
295. Boyer MI, Hastings H II: Lateral tennis elbow: "is here any science out there?" J Shoulder Elbow Surg 8:481-491, 1999.
296. McLauchlan GJ, Handoll HH: Interventions for treating acute and chronic Achilles tendinitis, Cochrane Database of Systematic Reviews, 2, 2001.

CAPÍTULO

4

Adaptabilidade do músculo esquelético

Respostas ao aumento e à diminuição do uso muscular

William J. Kraemer, Barry A. Spiering e Jason D. Vescovi

INTRODUÇÃO

O músculo esquelético proporciona estabilidade postural e impõe forças sobre os ossos de modo a criar movimento. Qualquer alteração no nível de carga durante certo período de tempo modifica a estrutura e a função do músculo esquelético. A compreensão das respostas ao aumento e à diminuição do uso muscular é, portanto, importante do ponto de vista clínico ao se desenvolver e implementar um plano elaborado para melhorar a função humana. Uma das metas deste capítulo é descrever a hierarquia estrutural do músculo esquelético, fornecendo um esboço da combinação de energia química e trabalho mecânico e discutindo como a função muscular depende da organização das proteínas dentro do sarcômero. O segundo propósito é fornecer uma visão geral das respostas agudas e crônicas do músculo esquelético ao uso aumentado (treinamento) e ao desuso (lesão, imobilização). A pesquisa básica aplicada, aqui apresentada, supre o fundamento de conhecimento necessário para elaboração de programas de treinamento avançados e reabilitação.

ESTRUTURA DO MÚSCULO ESQUELÉTICO

Ultraestrutura do músculo esquelético

O corpo humano contém mais de 600 músculos esqueléticos,[1] que são cercados por uma camada de tecido conjuntivo chamada **epimísio**. Cada ventre muscular contém muitas fibras arranjadas em paralelo e agrupadas em feixes denominados **fascículos**. O fascículo é envolvido por outra bainha de tecido conjuntivo, o **perimísio**, que permite o acesso de nervos e vasos ao músculo. O exame dos fascículos revela que esse é composto de células multinucleadas denominadas fibras musculares ou **miofibrilas**. As fibras musculares têm cerca de 80 a 100 μm de diâmetro e até vários centímetros de comprimento. Cada fibra também é cercada por tecido conjuntivo, o **endomísio**, que contém o leito capilar. Cada camada de tecido conjuntivo (endomísio, perimísio e endomísio) é contínua com os tendões inseridos no osso, fornecendo o elo entre as ações musculares e o movimento ósseo. A Figura 4.1 mostra a hierarquia estrutural do músculo esquelético.

A unidade funcional da fibra muscular é o **sarcômero.** A aparência estriada característica do músculo esquelético é decorrente de bandas alternadas A (escuras) e I (claras). As designações A e I derivam de anisotrópica e isotrópica, referindo-se à aparência dessas bandas quando vistas sob luz polarizada. As bandas escuras e claras resultam do arranjo de filamentos grossos e finos no interior do sarcômero (Fig. 4.2). O citoesqueleto no interior de cada sarcômero conecta e arranja os filamentos grossos e finos, ao mesmo tempo provendo estrutura, estabilidade e elasticidade ao músculo.

A banda A consiste em filamentos grossos, que são centrados no sarcômero sobre a linha M. Esta linha consiste em uma coleção de filamentos proteicos em que as pon-

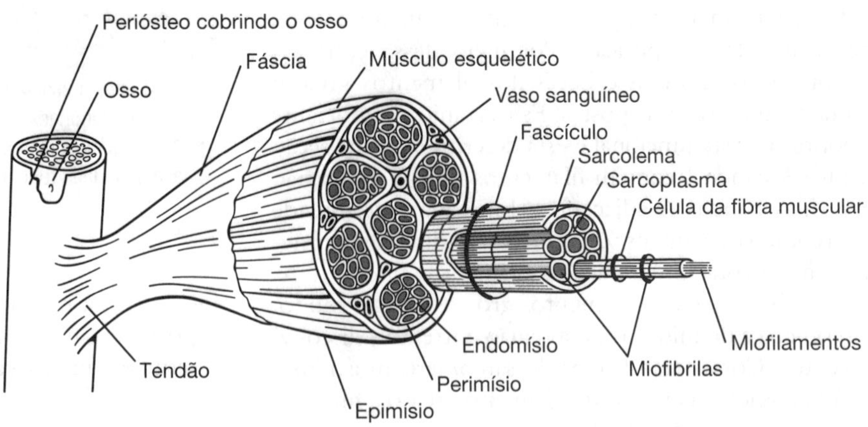

Figura 4.1 Hierarquia estrutural do músculo esquelético.

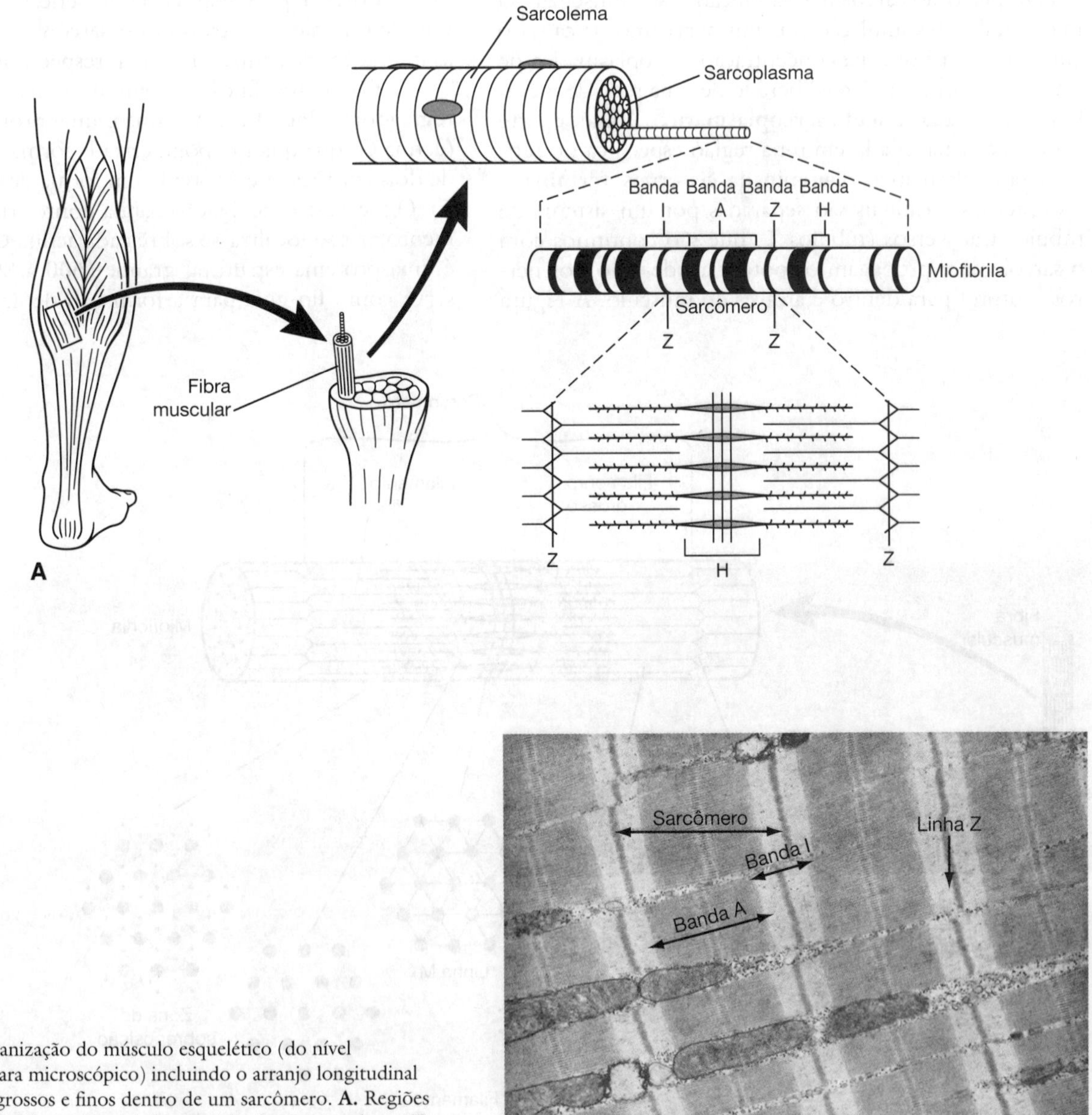

Figura 4.2 Organização do músculo esquelético (do nível macroscópico para microscópico) incluindo o arranjo longitudinal dos filamentos grossos e finos dentro de um sarcômero. **A.** Regiões do sarcômero. **B.** Vista microscópica de várias fibras musculares. (**B**, Adaptado de Fawcett DW. *The cell.* WB Saunders, Philadelphia, 1981.)

tas de dois filamentos grossos distintos se unem e agem para estabilizar sua posição. Por meio dessa conexão, as pontes cruzadas e as cabeças dos filamentos grossos apontam para direções opostas. Esse arranjo é importante do ponto de vista funcional e está descrito em uma seção adiante. A banda I contém filamentos finos e é a região entre duas bandas A adjacentes. Em cada extremidade do sarcômero há discos Z escuros. Os discos Z fornecem uma âncora direta para os filamentos finos e uma âncora indireta para os filamentos grossos. Desse modo, o sarcômero é definido como a região entre dois discos Z adjacentes. Cortes transversos do sarcômero mostram a relação geométrica entre cada filamento grosso e fino. Na zona de sobreposição, seis filamentos finos se associam a um filamento grosso (Fig. 4.3).

Localizadas logo abaixo do endomísio, as fibras musculares são cercadas por uma membrana plasmática chamada **sarcolema**. Neurônios motores somáticos terminam perto do sarcolema na junção neuromuscular ou mioneural. A estimulação por um nervo motor causa o aumento transitório na concentração sarcoplasmática de Ca^{+2}, que é armazenado e liberado de uma rede de membranas chamada **retículo sarcoplasmático**. A maior parte do Ca^{+2} é armazenado em uma região específica do retículo sarcoplasmático denominada **cisternas terminais**. As cisternas terminais são separadas por um sistema de túbulos transversos (túbulos T) que são contínuos com o sarcolema e propagam os potenciais de ação dos nervos motores para dentro e através do músculo. A Figura 4.4 mostra a relação organizacional dessas estruturas. A importância funcional dessas redes de membranas está descrita em uma seção mais adiante.

Pontos-chave: músculo

- Os grupos musculares são compostos de diversas células musculares denominadas miofibrilas ou fibras musculares.
- As fibras musculares consistem em uma série de sarcômeros, que são a unidade funcional de uma fibra muscular.

Microanatomia do músculo esquelético

Uma miofibrila pode conter vários milhares de sarcômeros unidos em série. Como já foi citado, os sarcômeros são compostos de filamentos grossos e finos. Além disso, existem proteínas citoesqueléticas e reguladoras que determinam a estrutura do sarcômero e controlam as interações de actina e miosina, respectivamente.

Os filamentos finos contêm proteínas estruturais e reguladoras (Fig. 4.5). A actina é uma proteína globular (actina G) que quando polimerizada forma um filamento de dois cordões que é torcido em forma de hélice (actina F). O local ativo de ligação para a ponte cruzada do filamento grosso localiza-se sobre cada actina G. A nebulina é uma proteína estrutural grande (600 a 800 kDa) que serve como fio-guia para a formação de actina F e pro-

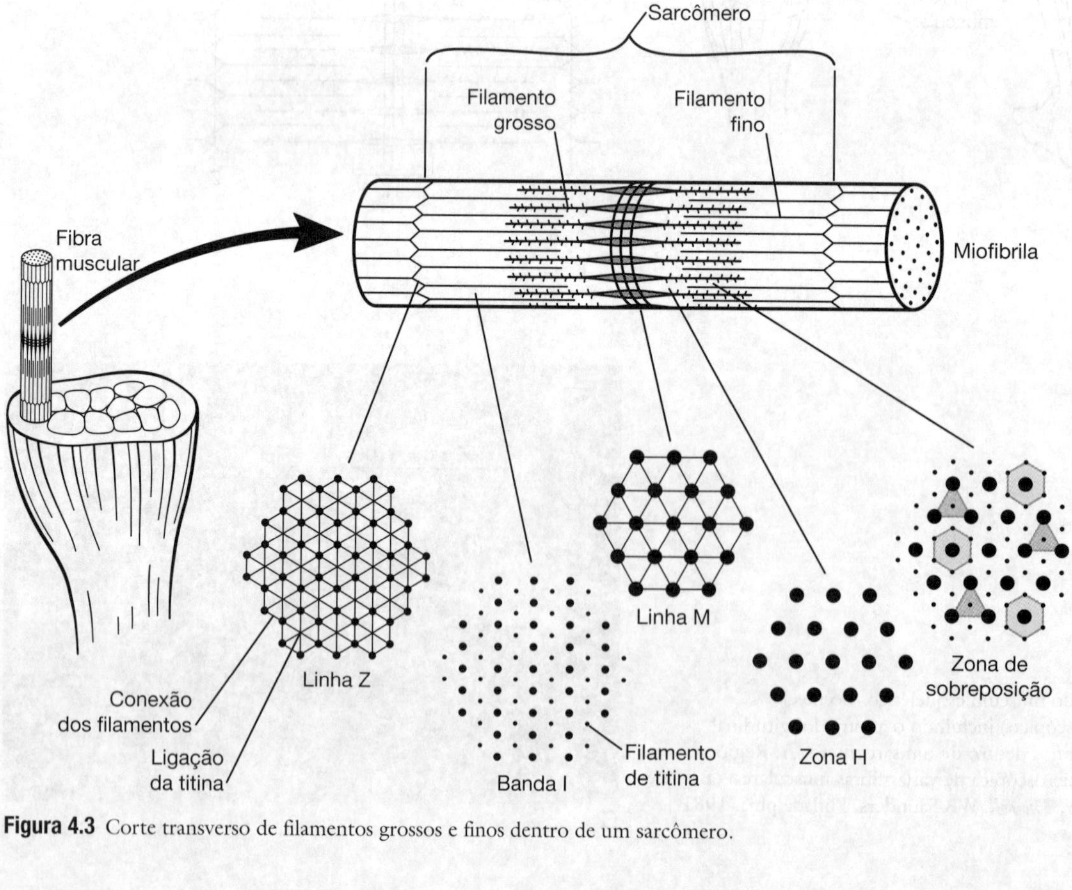

Figura 4.3 Corte transverso de filamentos grossos e finos dentro de um sarcômero.

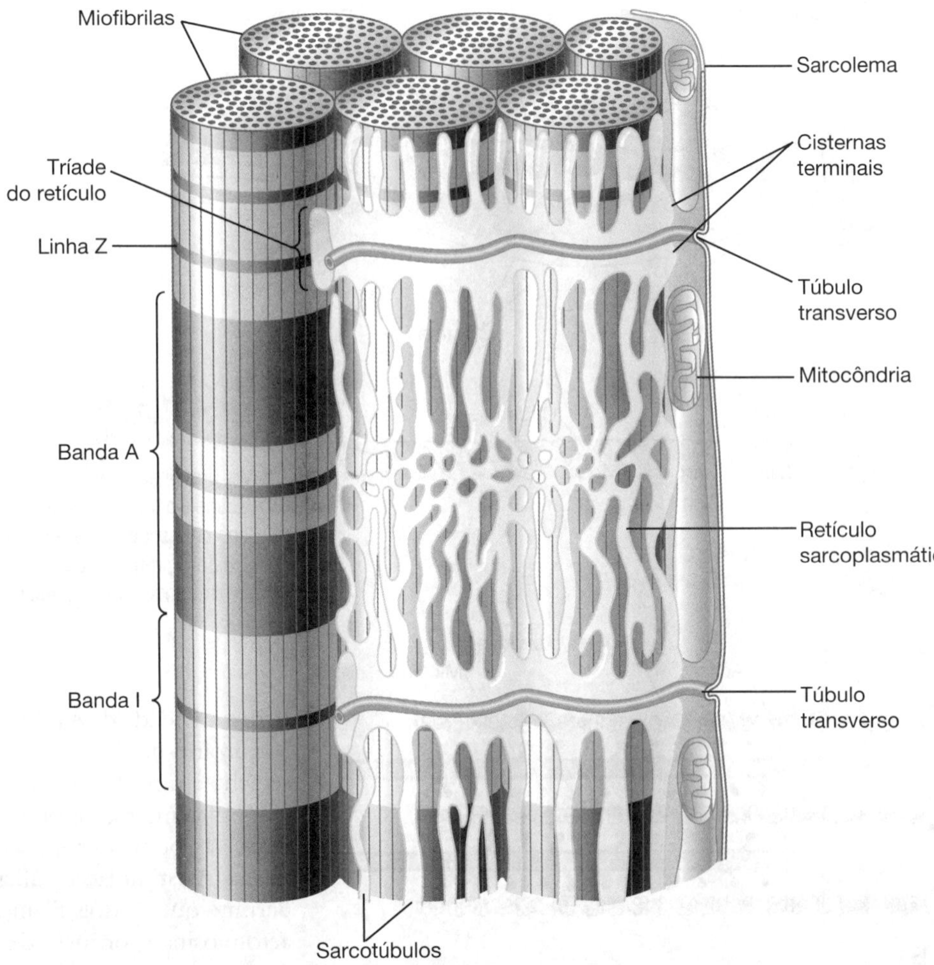

Figura 4.4 Relação organizacional da rede de armazenagem/liberação de cálcio dentro do músculo esquelético. (De Guyton AC. *Textbook of medical physiology*. 10.ed. Elsevier, Philadelphia, 2000, p. 84. Adaptado de Bloom W, Fawcett DW. *A textbook of histology*. WB Saunders, Philadelphia, 1986. Adaptado de Peachey LD. *J Cell Biol* 25:209, 1965. Desenho de Sylvia Colard Keene.)

vavelmente padroniza o comprimento do filamento fino. Achados recentes indicam que a nebulina pode ter papéis adicionais na transdução de sinais, regulação contrátil e geração de força.[2] A tropomiosina é uma proteína em forma de bastão posicionada no sulco da espiral da actina F. Várias tropomiosinas associam-se a cada filamento fino e estende-se por cerca de 6 a 7 unidades de actina G. O posicionamento da tropomiosina durante condições de repouso é tal que esta bloqueia fisicamente o local de ligação da actina com a ponte cruzada. Em virtude da relação espacial da tropomiosina com a actina, a tropomiosina precisa ser movida para que as ações musculares ocorram; esse processo é mediado pela troponina, uma proteína reguladora presa à tropomiosina e à actina, que consiste em 3 subunidades globulares. A principal função da troponina é ligar os íons de cálcio, causando uma alteração na conformação do complexo troponina-tropomiosina e expondo os locais de ligação da actina.

Os filamentos grossos têm cerca de 1,5 a 1,6 μm de comprimento e são compostos principalmente de moléculas de miosina. A miosina consiste em três pares de proteínas: um par de cadeias pesadas e dois pares de cadeias leves. As caudas da cadeia pesada têm uma estrutura alfa-helicoidal e duas caudas são torcidas juntas para formar uma espiral. A outra ponta da cadeia pesada é uma subunidade globular, a cabeça da miosina (Fig. 4.6A). A degradação proteolítica da miosina divide a molécula em um segmento longo e um curto, além da cabeça globular. Os dois locais de clivagem são onde a cauda e a cabeça podem flexionar. Esses pontos de flexão criam projeções, ou pontes cruzadas, e permitem que a miosina interaja com a actina. A agregação das caudas da cadeia pesada de miosina forma o filamento grosso. Seu arranjo começa com a cauda sendo colocada ponta a ponta com a linha M. Portanto, as pontes cruzadas de cada metade se projetam em direções opostas. A porção central dos filamentos grossos não contém pontes cruzadas (Fig. 4.6B).

A titina é a terceira proteína mais abundante no músculo esquelético, depois da actina e da miosina.[3] Durante a miogênese, a titina provavelmente age como um modelo para padronização da formação dos filamentos grossos. Ela também contribui para a manutenção do alinhamento correto entre actina e miosina. Cada proteína de titina liga-se em uma ponta à linha Z e na outra ponta à linha M, de modo que para cada filamento grosso há duas proteínas de titina associadas (Fig. 4.7). Pensava-se antes que essa proteína apenas provia elasticidade, prevenindo o alongamento excessivo e possível dano ao sarcômero. Evidências recentes indicam, contudo, que a titina tem domínios de quinase e sítios de fosforilação, apontando para seus possí-

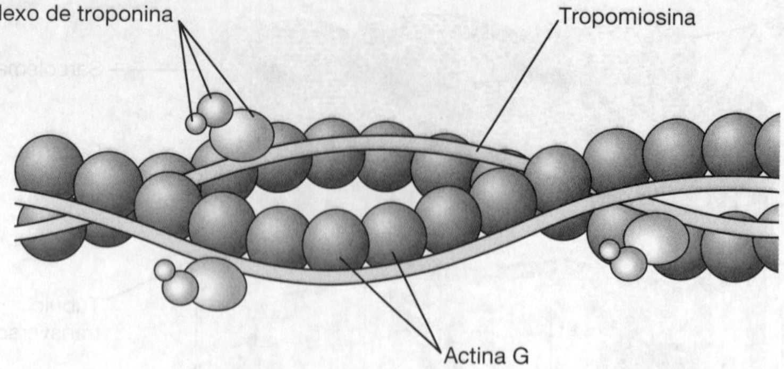

Figura 4.5 Estrutura do filamento fino. (Adaptado de Fox SI. *Human Physiology*. 8.ed. McGraw-Hill Higher Education, Boston, 2004, p. 336.)

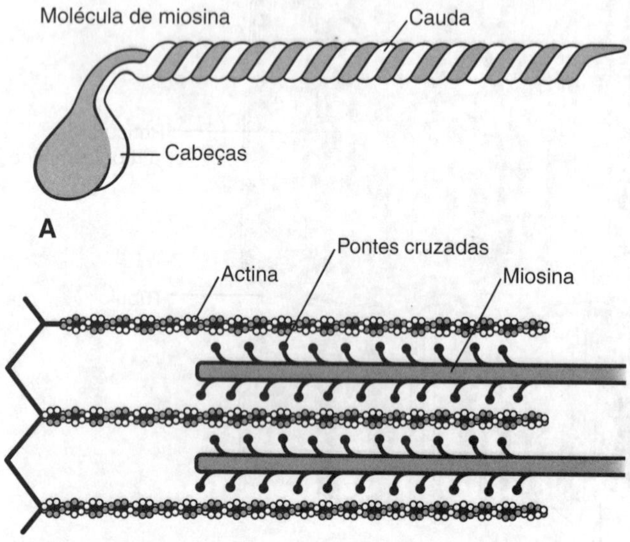

Figura 4.6 Filamentos de miosina. **A.** Estrutura das regiões da cabeça e do pescoço. **B.** Posição da miosina dentro do sarcômero.

> **Contração muscular**
>
> - As proteínas contráteis primárias dentro de um sarcômero são a actina e a miosina; contudo, existem também muitas outras proteínas citoesqueléticas e reguladoras.
> - Existem proteínas especializadas (p. ex., troponina, tropomiosina) dentro do sarcômero que regulam a contração muscular.

veis mecanismos de sinalização e funções catalíticas.[1] Desse modo, essa proteína é um elemento essencial para a estrutura e função apropriada do músculo esquelético.

FUNÇÃO DO MÚSCULO ESQUELÉTICO

Teoria do deslizamento dos filamentos

As contrações musculares segundo a teoria dos filamentos são causadas pelo encurtamento de cada miofibrila e, de modo mais específico, uma diminuição no comprimento de sarcômeros individuais. O comprimento do filamento grosso (banda A) e do filamento fino permanece constante durante as contrações; contudo, as bandas I diminuem de comprimento. Portanto, os discos Z são tracionados para mais perto em virtude da sobreposição dos filamentos de actina e miosina (Fig. 4.8). O arranjo antiparalelo das pontes cruzadas de miosina possibilita que sua ação faça com que cada actina F associada deslize em direção ao centro do sarcômero (linha M).

A cabeça globular da molécula de miosina contém sítios de ligação para ATP e actina. Além disso, há também a atividade da ATPase (miosina ATPase), que permite a hidrólise de ATP em ADP e P_i. Quando um músculo se acha em repouso, ADP e P_i estão ligados à miosina, a tropomiosina está bloqueando o local de ligação e, portanto, as pontes cruzadas não estão em contato com a actina. A estimulação suficiente feita por um nervo motor permite que os dois filamentos formem um complexo de actomiosina (por meio de processos que estão discutidos na próxima seção). Nesse momento, a cabeça da miosina libera fosfato inorgânico, iniciando um deslocamento de força (*power stroke*) e tracionando a actina F em direção ao centro do sarcômero. Muitas vezes isso é ilustrado com duas cabeças globulares de uma molécula de miosina realizando um deslocamento de força simultaneamente; contudo, evidências sugerem que existe um padrão de motilidade sequencial.[4] Depois do deslocamento de força, a ADP é liberada e a cabeça de miosina liga-se à molécula de ATP, o que reduz de modo significativo a afinidade entre a actina e a miosina. A energia liberada da hidrólise de ATP causa uma mudança conformacional na ponte cruzada, desacoplando o complexo de actomiosina à medida que a cabeça e o braço retornam à posição original. A Figura 4.9 mostra o padrão cíclico desse processo. As interações das pontes cruzadas continuam até a estimulação neuronal cessar, o Ca^{+2} ser removido do mioplasma, ocorrer depleção de ATP ou o sarcômero chegar ao limite de encurtamento.

Regulação das ações musculares

As contrações musculares ocorrem quando se permite que as pontes cruzadas de miosina liguem-se à actina de maneira cíclica. A ligação, separação e religação mecânica desse deslocamento de força é resultado de ações químicas e enzimáticas de proteínas reguladoras e estruturais. No estado de repouso, a tropomiosina reveste o local de

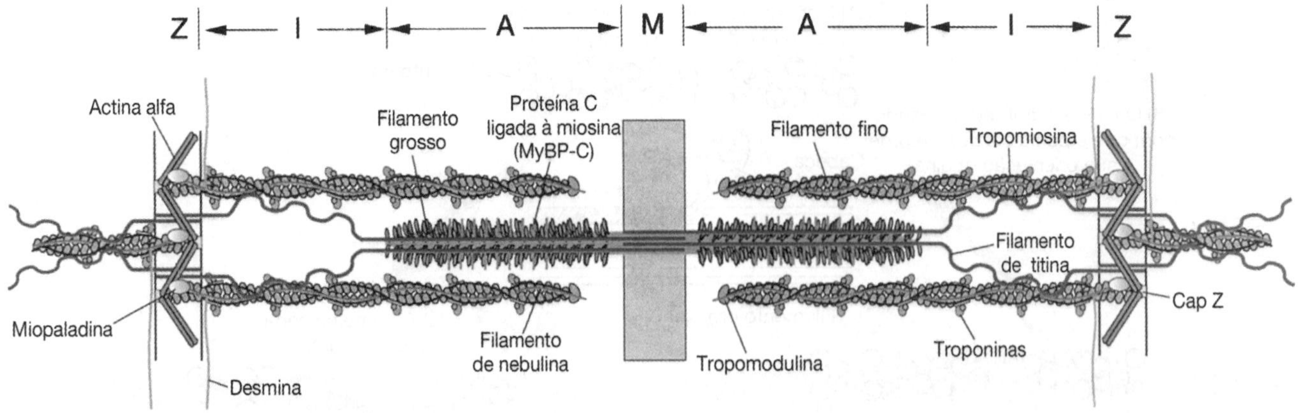

Figura 4.7 Proteínas citoesqueléticas no interior do sarcômero. (De McElhinny AS. The nebulous, multifunctional giant of striated muscle. *Trends Cardiovasc Med* 13[5]:196, 2003.)

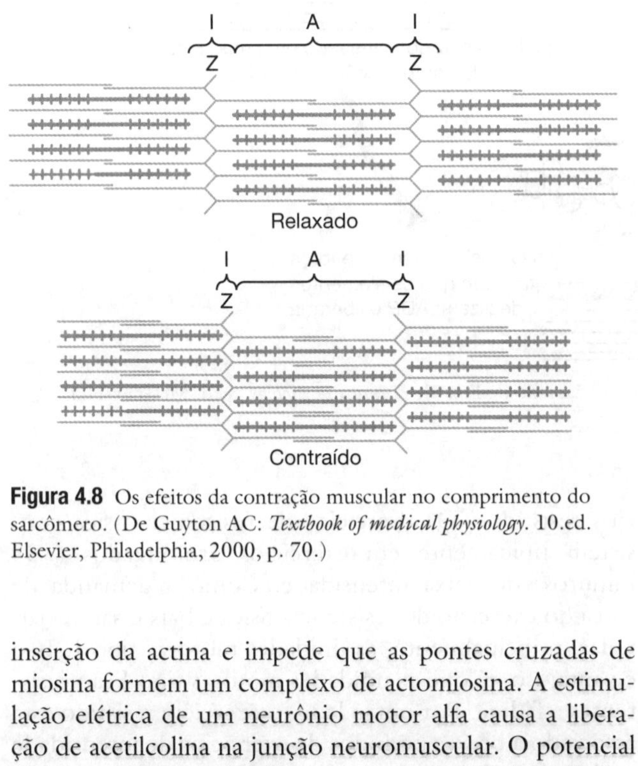

Figura 4.8 Os efeitos da contração muscular no comprimento do sarcômero. (De Guyton AC: *Textbook of medical physiology*. 10.ed. Elsevier, Philadelphia, 2000, p. 70.)

inserção da actina e impede que as pontes cruzadas de miosina formem um complexo de actomiosina. A estimulação elétrica de um neurônio motor alfa causa a liberação de acetilcolina na junção neuromuscular. O potencial de ação percorre a célula muscular por meio dos túbulos T. Em consequência disso, o retículo sarcoplasmático é despolarizado, fazendo com que as cisternas terminais liberem Ca^{+2}. Há um aumento agudo na concentração intracelular desse íon (Fig. 4.10). A troponina liga o Ca^{+2} de modo cooperativo e, ao fazer isso, induz uma mudança na tropomiosina, agindo como um interruptor e permitindo a interação de pontes cruzadas com a actina. Depois do término da estimulação neural, o cálcio é removido rapidamente do mioplasma, retornando às cisternas terminais, e o músculo retorna ao estado de repouso.

Controle neuromuscular e tipos de fibras

A estimulação do músculo esquelético origina-se nos neurônios motores superiores localizados no córtex cerebral. Vias motoras descendentes fazem sinapse com os neurônios motores inferiores no corno ventral da medula espinal, saem pelas raízes ventrais e, por fim, inervam o músculo esquelético. Os neurônios somáticos se ramificam e inervam múltiplas fibras musculares, terminando na junção neuromuscular. Um neurônio motor individual e todas as fibras musculares inervadas por ele são conhecidos coletivamente como uma unidade motora (Fig. 4.11). O número de fibras musculares que um neurônio somático inerva é ditado pela precisão necessária para controlar um movimento particular. Por exemplo, a proporção de neurônios para fibras nos músculos oculares é cerca de 1:10-20 em virtude do controle preciso, necessário para os movimentos do olho. Em contraste, a proporção de inervação no gastrocnêmio ou quadríceps pode exceder 1:1000. Esses músculos dependem mais da ativação grosseira, e a precisão do movimento é até certo ponto sacrificada.

A composição do tipo de fibra e das unidades motoras de um músculo inteiro é heterogênea; contudo, a composição do tipo de fibra de uma unidade motora individual é homogênea. As unidades motoras são classificadas como tipo I (oxidativas lentas) ou tipo II (glicolíticas rápidas). Essas unidades motoras contêm fibras musculares tipo I ou tipo II, respectivamente. Na verdade, é a inervação neural que determina o tipo final de fibra.

As unidades motoras são especializadas e seu padrão de recrutamento depende da graduação do desenvolvimento de força. As unidades motoras tipo I têm neurônios pequenos que são facilmente ativados em virtude de seu baixo limiar de excitação. Além disso, os neurônios motores tipo I contêm apenas poucos ramos terminais inervando uma quantidade mínima de células musculares. Como a atividade das unidades motoras tipo I é tipicamente sustentada, elas têm como característica a resistência à fadiga. Sendo assim, para atividades prolongadas e de baixa intensidade, como manter-se sentado ou caminhar, as unidades motoras tipo I são as unidades motoras primárias recrutadas. As unidades motoras tipo II, por outro lado, contêm mais ramos terminais neuronais e fibras musculares mais largas, o que aumenta sua capacidade de produzir força. A atividade da miosina ATPase é também maior nas fibras

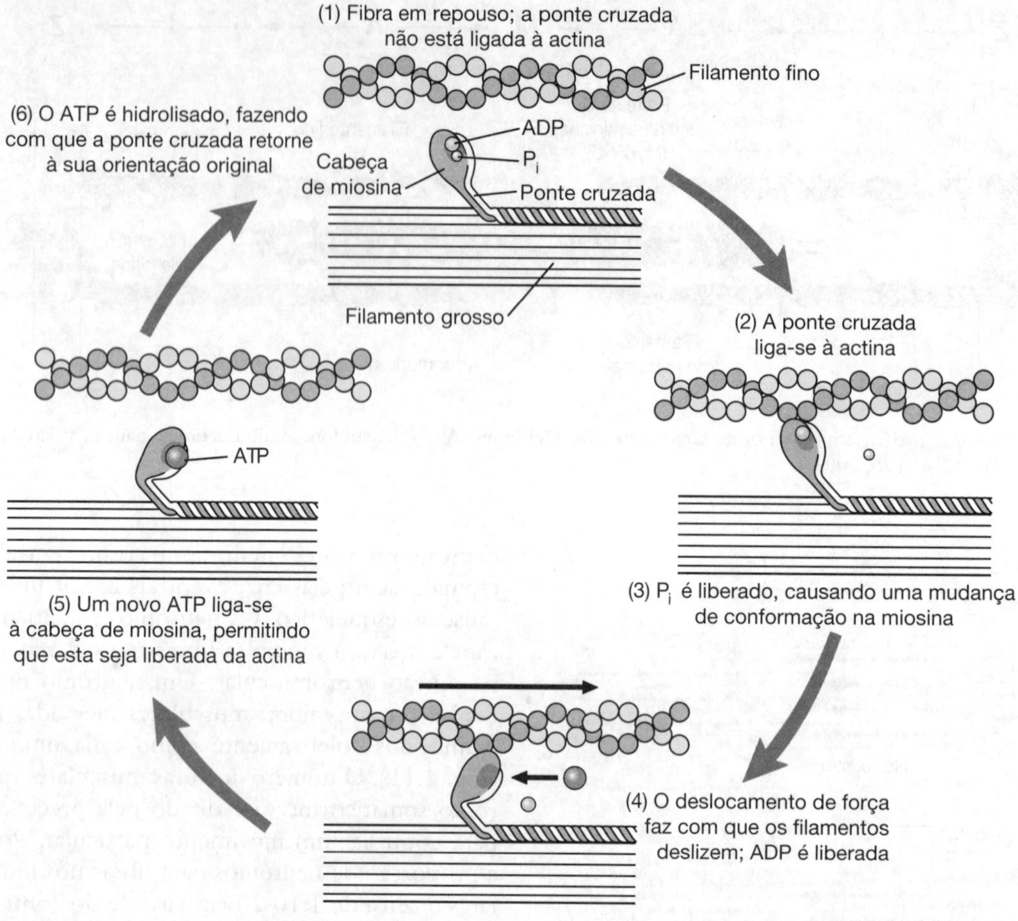

Figura 4.9 O papel dos nucleotídeos de adenina no ciclo das pontes cruzadas. (Adaptado de Fox SI. *Human Physiology*. 8.ed. McGraw-Hill Higher Education, Boston, 2004, p. 335.)

musculares das unidades motoras tipo II, de modo que sua velocidade de contração é aumentada quando uma estimulação apropriada é aplicada. Forças maiores geradas com velocidades mais rápidas requerem uma quantidade de energia maior; assim, a fadiga ocorre mais rápido por causa das unidades motoras tipo II.

O recrutamento de unidades motoras para completar uma determinada tarefa segue o princípio do tamanho. Unidades motoras menores, tipo I, são recrutadas primeiro. Sua atividade pode ser mantida por períodos de tempo prolongados em virtude de sua velocidade de contração mais lenta e seu alto conteúdo de mitocôndrias e capacidade oxidativa. Quando são necessárias quantidades maiores de força, as unidades motoras tipo II (rápidas) são recrutadas em seguida. Portanto, ao realizar uma tarefa particular durante condições que não envolvem fadiga, o impulso neural estimula unidades motoras suficientes para completar a tarefa. No começo, isso tipicamente se consegue pelo recrutamento de unidades motoras tipo I. Contudo, à medida que a demanda de força da tarefa aumenta, são ativadas unidades motoras com limiares cada vez mais altos; isso implica no recrutamento de unidades motoras tipo II.

O exemplo prático do princípio do tamanho é dado comparando-se exercícios de resistência física e exercícios resistidos. Os exercícios de resistência física consistem tipicamente em exercícios prolongados (>30 minutos) de baixa intensidade. Como a demanda de força do exercício de resistência física é baixa, são recrutadas, principalmente, as unidades motoras tipo I. Isso é vantajoso, já que as unidades motoras tipo I são resistentes à fadiga. Por outro lado, o exercício resistido está associado a breves períodos de exercícios de intensidade muito alta. Como a demanda de força é alta, todas as unidades motoras (tipo I e tipo II) precisam ser ativa-

Contração muscular

- As proteínas reguladoras (p. ex., troponina, tropomiosina) impedem a formação de pontes cruzadas de actina-miosina na ausência de estimulação neural; por outro lado, com a estimulação neural, a sinalização do íon cálcio promove uma alteração de conformação na relação troponina-tropomiosina com a actina, permitindo a formação da ponte cruzada.
- O ATP provê energia para a contração muscular. A energia é liberada do ATP por meio da enzima miosina ATPase.
- As fibras musculares são tipicamente subdivididas com base nas suas propriedades estruturais, funcionais e metabólicas como tipo I ("contração lenta") ou tipo II ("contração rápida").

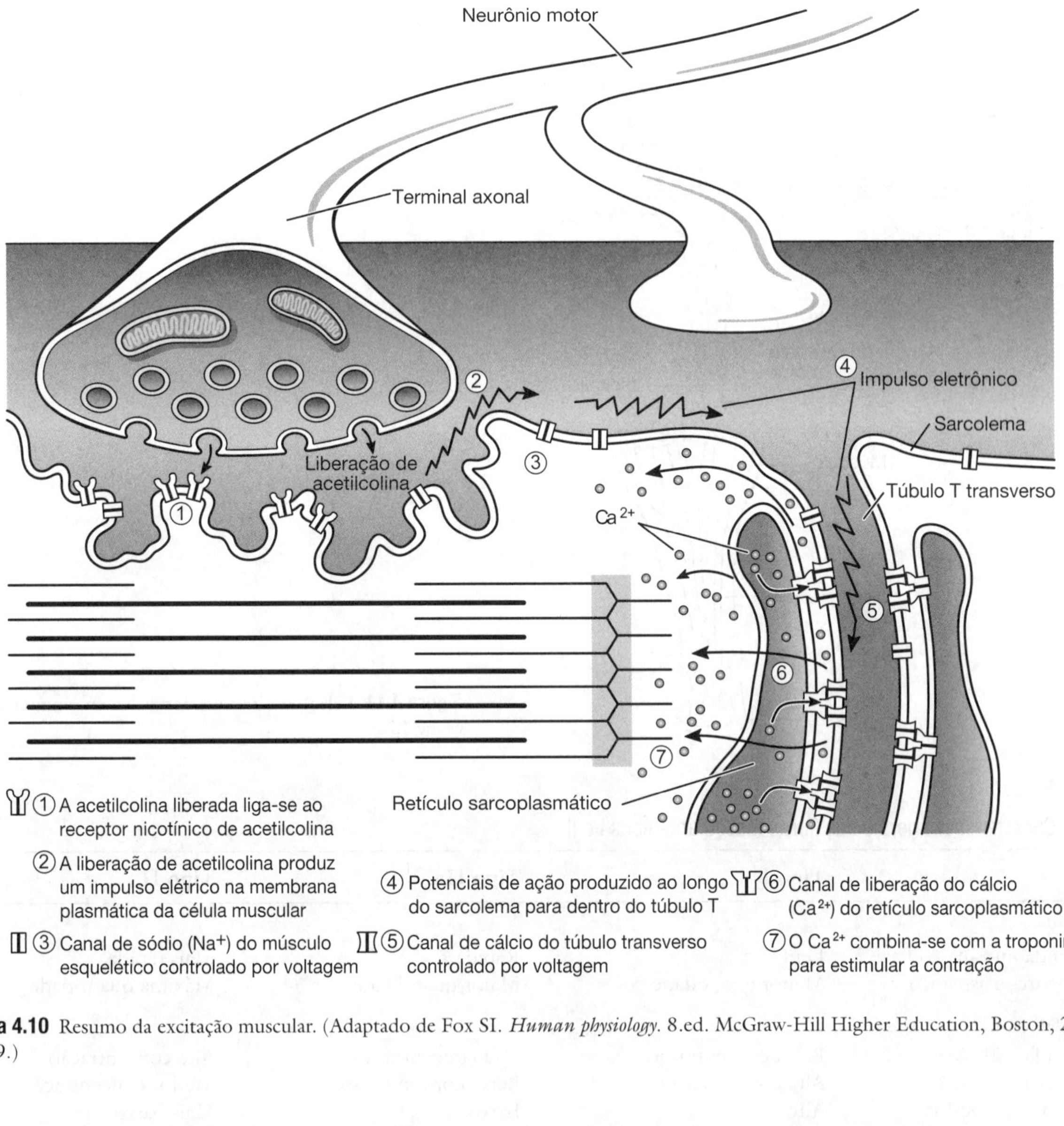

Figura 4.10 Resumo da excitação muscular. (Adaptado de Fox SI. *Human physiology*. 8.ed. McGraw-Hill Higher Education, Boston, 2004, p. 339.)

das para suprir a demanda de força. A necessidade de recrutar unidades motoras tipo II implica que a fadiga ocorrerá de modo relativamente rápido.

Como se pode ver, o músculo esquelético é uma mistura heterogênea de vários tipos de fibras musculares. Os tipos de fibras podem ser classificados com base nas capacidades estruturais, metabólicas, funcionais e nas estratégias de recrutamento neural. As características gerais das fibras tipo I e tipo II estão resumidas na Tabela 4.1.

ADAPTAÇÕES AO USO MUSCULAR AUMENTADO

Treinamento anaeróbio – treinamento resistido

Adaptações neurais

Embora a força possa ser melhorada de modo dramático com algumas semanas de treinamento, uma relação fraca entre o aumento de força e mudanças na área de secção transversa do músculo,[5] circunferência do membro[6,7] e área de secção transversa das fibras musculares[5,8,9] indicam que outros fatores são responsáveis pelos ganhos de força (i. e., a hipertrofia não é a principal adaptação no início de um programa de treinamento resistido). As pesquisas mostram claramente que os ganhos iniciais na força (2 a 6 semanas) após o treinamento resistido são mediados primariamente por adaptações neurais.[10] Por exemplo, um estudo em particular mostrou que o treinamento isométrico produzia um aumento de 92% na força estática máxima porém um aumento de apenas 23% na área de secção transversa do músculo.[11,12] Fatores neurais afetados pelo treinamento resistido incluem aumento dos impulsos neurais (i. e., recrutamento e frequência de disparo) para o músculo, aumento da sincronização das unidades motoras, aumento da ativação de agonistas, diminuição da ativação de antagonistas, coordenação de todas as unidades motoras e músculos envolvidos em um movimento e uma inibição dos mecanismos de proteção do músculo (ou seja, órgãos tendinosos de Golgi).

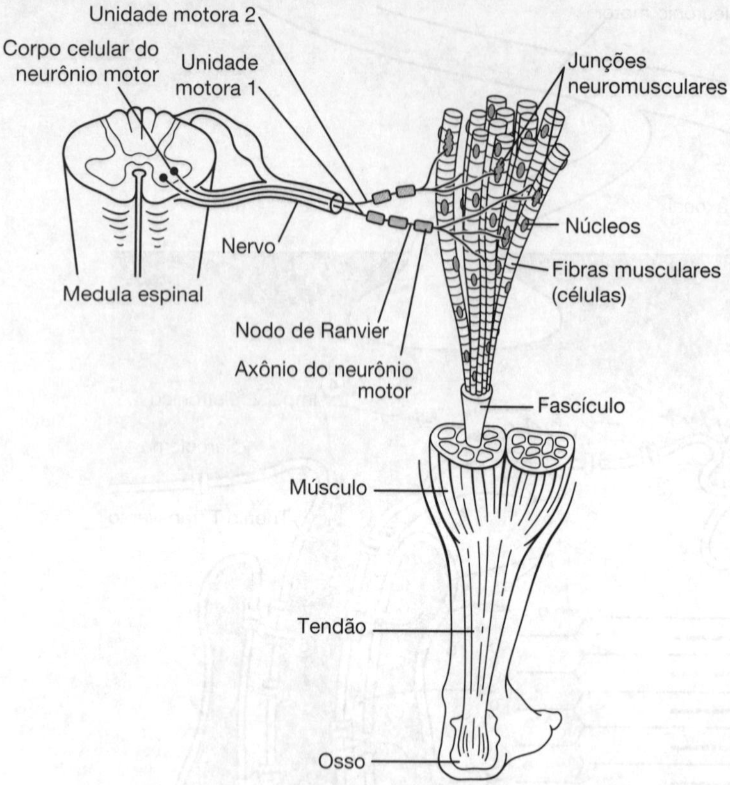

Figura 4.11 Relação do sistema nervoso com o músculo esquelético.

Tabela 4.1 Características gerais das fibras musculares tipos I e II

	Tipo I	Tipo IIa	Tipo IIx
Estruturais			
Isoforma da miosina ATPase	Lenta	Rápida	Mais rápida
Retículo sarcoplasmático	Menor quantidade	Maior quantidade	Máxima quantidade
Metabólicas			
Enzimas glicolíticas	Baixa concentração	Alta concentração	Alta concentração
Enzimas oxidativas	Alta concentração	Baixa concentração	Menor concentração
Conteúdo mitocondrial	Alto	Baixo	Mais baixo
Funcionais			
Pico de tensão	Baixo	Alto	Alto
Velocidade de contração	Lenta	Rápida	Mais rápida
Velocidade de relaxamento	Lenta	Rápida	Mais rápida
Fatigabilidade	Baixa	Alta	Muito alta
Neurais			
Ordem de recrutamento	Recrutadas primeiro	Recrutadas depois	Recrutadas por último
Número de fibras por unidade motora	Poucas	Muitas	Muitas

É importante enfatizar, contudo, que não é apenas no início de um regime de treinamento resistido que os fatores neurais são importantes. O componente neural tem um papel primordial na mediação dos ganhos de força também nos levantadores de peso avançados. Em um estudo de Häkkinen et al.,[12] os pesquisadores observaram alterações mínimas no tamanho das fibras musculares de levantadores de peso olímpicos competitivos durante 2 anos; contudo, a força e a potência aumentaram de modo significativo nesse período. A análise eletromiográfica (EMG) mostrou que o aumento da ativação voluntária do músculo foi um fator importante no aumento de força e potência. Desse modo, mesmo nos atletas avançados que faziam treinamento resistido, os mecanismos de melhora de força e potência foram relacionados aos fatores neurais.

Existem mecanismos para proteger os músculos de danos autoinduzidos durante ações musculares intensas. O órgão tendinoso de Golgi é um "sensor de tensão" que fica dentro do tendão. Se o limiar de tensão músculo-tendão é excedido, sinais inibitórios relaxam o músculo e impedem possíveis danos. Sabe-se que o treinamento com exercícios resistidos aumenta o limiar para ativação dos órgãos tendinosos de Golgi. Por exemplo, Ikai e Steinhaus descobriram que a força desenvolvida durante uma flexão de antebraço por pessoas que não passaram por treino resistido aumentava 17% durante a hipnose.[13] Contudo, no mesmo estudo, a força desenvolvida por pessoas altamente treinadas com exercícios resistidos não apresentava, sob hipnose, uma diferença significativa daquela desenvolvida no estado consciente normal. Os pesquisadores concluíram que o treinamento resistido pode causar a inibição voluntária desses mecanismos de proteção. Esses mecanismos de proteção parecem estar especialmente ativos quando grandes quantidades de força são desenvolvidas, como no desenvolvimento de força máxima durante o movimento em baixa velocidade.[14,15]

As informações concernentes aos mecanismos de proteção têm várias aplicações práticas. Muitos exercícios de treinamento resistido envolvem ações musculares bilaterais (que ativam os dois membros ao mesmo tempo). A força desenvolvida durante ações bilaterais é menor do que a soma da força desenvolvida por cada membro de forma independente.[6-18] Esse fenômeno é conhecido como "déficit bilateral." O déficit bilateral está associado principalmente com a redução na estimulação das unidades motoras de contração rápida.[18] A estimulação reduzida das unidades motoras e, desse modo, a menor produção de força, podem ser decorrentes da inibição pelos mecanismos de proteção, tais como os órgãos tendinosos de Golgi. O treinamento com ações bilaterais reduz o déficit bilateral,[19] aproximando, ou até tornando maior, a produção de força bilateral à soma da produção de força unilateral; contudo, isso não deve diminuir a importância do treinamento unilateral, já que muitos esportes requerem que a produção de força nos membros trabalhe de forma independente em cada um.

O conhecimento dos mecanismos neurais de proteção é também útil na compreensão da expressão de força máxima. Os mecanismos de proteção neural parecem ter seu maior efeito nos movimentos de baixa velocidade e alta resistência.[14,15,20] Um programa de resistência no qual os antagonistas são ativados imediatamente antes do exercício ser realizado é mais efetivo para aumentar a força em baixas velocidades do que um programa no qual a pré-contração dos antagonistas não é feita.[14] A pré-contração inibe de forma parcial os mecanismos neurais de autoproteção, permitindo assim uma ação mais vigorosa. A pré-contração dos antagonistas pode ser usada como método tanto para favorecer o efeito de treinamento quanto para inibir os mecanismos de proteção neural durante um levantamento máximo. Por exemplo, imediatamente antes de um supino (*bench press*) máximo, ações forçadas dos flexores do braço e músculos que aduzem a escápula (ou seja, tracionar a escápula em direção à coluna) devem tornar possível um levantamento máximo mais pesado do que sem a pré-contração dos antagonistas.

Adaptações estruturais

Tamanho do músculo. Conforme a duração do treinamento aumenta (>6 a 10 semanas), a hipertrofia muscular acaba ocorrendo e contribui mais do que as adaptações neurais para os ganhos de força e potência observados. Acredita-se que esse crescimento no tamanho muscular seja resultado primário da hipertrofia muscular ou de um aumento no tamanho de fibras musculares individuais.[21,22] Contudo, a hipertrofia muscular acaba atingindo seu máximo e mantém um platô.

Adaptação neural

- Os ganhos de força iniciais costumam ser decorrentes de fatores neurais, e não hipertróficos.
- Os órgãos tendinosos de Golgi agem como um "sensor de tensão" dentro do músculo esquelético. Se a tensão aumenta acima de um limiar específico, os órgãos tendinosos de Golgi inibem contração adicional para proteger o músculo do dano iminente.
- O treinamento resistido aumenta a coordenação muscular, o que é importante para as atividades cotidianas e recreativas, além de prevenir quedas em idosos.

O aumento no tamanho muscular tem sido observado tanto em estudos animais quanto humanos. O aumento no tamanho muscular de atletas submetidos a treino de força tem sido atribuído à hipertrofia de fibras musculares existentes.[23,24] Esse aumento na área de secção transversa das fibras musculares existentes é atribuído ao aumento no tamanho e no número de proteínas contráteis (actina e miosina) e a adição de sarcômeros no interior da fibra,[25] embora os pesquisadores tenham sugerido que um aumento nas proteínas não contráteis também possa ocorrer.[26] Isso se reflete por um aumento no volume miofibrilar que acompanha o treino resistido.[27]

Nem todas as fibras musculares passam pela mesma quantidade de alargamento. A hipertrofia depende do tipo de fibra muscular e do padrão de recrutamento.[22] A hipertrofia de fibras musculares tem sido demonstrada tanto em fibras tipo I quanto tipo II com o treinamento resistido.[28] Contudo, estudos em humanos[29] mostram maior hipertrofia de fibras tipo II do que tipo I.

Pesquisas têm indicado a possibilidade de ocorrer hipertrofia de forma seletiva nas fibras musculares tipo II ou tipo I, dependendo do regime de treinamento. Tem sido demonstrado que praticantes de levantamento de peso que treinam predominantemente com alta intensidade (i. e., resistências pesadas) e baixo volume (i. e., pequeno número de séries e repetições) têm fibras tipo II mais largas (área média de fibra do vasto lateral de 79 mm^2). Por outro lado, fisiculturistas que treinam de forma predominante com uma intensidade mais baixa, porém volume mais elevado, apresentam fibras tipo II com área média de 62 mm^2.[30] Além disso, foi mostrado que os fisiculturistas possuem uma porcentagem total mais baixa de área de fibras tipo II no vasto lateral que os praticantes de levantamento olímpico e levantamento de peso (50 *versus* 69%, respectivamente).[31]

A hipertrofia muscular é resultado de um aumento na síntese de proteínas, uma diminuição na degradação de proteínas ou uma combinação de ambas. Quando a quantidade de proteína sintetizada excede a que é degradada, o acréscimo de proteínas resultante é positivo e ocorre hipertrofia. A síntese de proteínas eleva-se de modo significativo até 48 horas após o exercício.[21,32-34] Phillips et al.[34] relataram que a síntese de proteínas apresentou elevação de 112, 65 e 34%, respectivamente, 3, 24 e 48 horas após o exercício resistido. Além disso, a taxa de degradação das proteínas estava elevada em apenas 31, 18 e 1% nesses mesmos pontos no tempo, indicando uma elevação de 23 a 48% no equilíbrio de proteínas musculares durante as 48 horas do período pós-exercício.

As condições de treinamento de cada indivíduo têm um papel nas mudanças que ocorrem na síntese de proteínas após o exercício resistido. Phillips et al. examinaram a taxa fracional de síntese e a degradação proteica em homens treinados com exercícios resistidos (pelo menos 5 anos de experiência) e homens não treinados.[26] Eles descobriram que a taxa de síntese de proteínas 4 horas após o exercício era mais alta nos não treinados, em comparação com as pessoas treinadas (118 *versus* 48%, respectivamente). Contudo, a taxa de degradação era também mais alta nos homens não treinados, levando a um equilíbrio de proteína resultante similar de 37 e 34%, respectivamente, para os homens não treinados e treinados. Sugeriu-se que o treinamento resistido crônico pode reduzir o dano muscular e como consequência o *turnover* de proteínas.

O transporte de aminoácidos através da membrana celular e a consequente captação pelo músculo esquelético é importante para favorecer a síntese proteica. Biolo et al. relataram um aumento no transporte de aminoácidos de 60 a 120% (dependendo do aminoácido) nas primeiras 3 horas após o exercício resistido.[35] O interessante é que as concentrações arteriais de aminoácidos não se modificaram, ao invés disso um aumento de 90% no fluxo sanguíneo muscular foi responsável por boa parte do aumento no transporte de aminoácidos. Há cada vez mais evidências mostrando a importância do fluxo sanguíneo na síntese de proteínas e hipertrofia muscular. Estudos que restringiram o fluxo sanguíneo e usaram cargas leves durante o exercício resistido (desse modo aumentando as concentrações de metabólitos e a natureza anaeróbia do estímulo de exercício) mostraram aumentos proeminentes comparáveis às cargas mais pesadas, demonstrando a importância do fluxo sanguíneo ou do acúmulo de metabólitos durante o treinamento resistido para produzir as adaptações.[36-38] Isso pode explicar, em parte, a eficácia dos programas de fisiculturismo que usam cargas moderadas e alto volume com curtos períodos de intervalo para aumentar a hipertrofia muscular.

A síntese de proteína muscular após o exercício resistido depende muito da disponibilidade de aminoácidos, do momento da ingestão de proteínas e das concentrações de insulina, além de outros fatores como regulação hormonal (p. ex., hormônio do crescimento, testosterona, fator de crescimento I tipo insulina, fator de crescimento mecânico), tensão mecânica e hidratação celular. Os aumentos agudos na síntese de proteínas parecem ser influenciados por mudanças no nível nuclear e por modificações pós-transcricionais (p. ex., aumento na síntese de proteínas independente das mudanças no RNA), pelo favorecimento da eficiência de translação ou aumento da abundância/ativação de fatores de iniciação da translação.[39,40]

Quando as concentrações de insulina são elevadas após o exercício resistido (seja por ingestão de glicose ou infusão de insulina), a aceleração da degradação de proteína mediada por exercícios é reduzida.[41,42] A concentração de insulina aumenta após o treinamento resistido seguido por suplementação de carboidratos-proteínas pós-exercício.[43] Um estudo mostrou que a síntese de proteínas é maior quando os aminoácidos são ingeridos antes do treino para otimizar a emissão e transporte de aminoácidos durante o treino em virtude de um fluxo sanguíneo maior.[44] Esses resultados indicam um efeito ergogênico potencial da ingestão de glicose/aminoácidos antes ou logo após o exercício resistido para maximizar a síntese proteica e recuperação. No nosso laboratório, descobrimos que a suplementação de aminoácidos atenua o dano muscular durante as fases iniciais estressantes de superação (possivelmente reduzindo a degradação de proteínas e favorecendo a recuperação), o que é crucial para manutenção da força e potência muscular (observações não publicadas do laboratório do Dr. Kraemer). Com base nos achados anteriores, Tipton e Wolfe propuseram um modelo de metabolismo proteico durante o exercício resistido:[45] (1) o exercício resistido estimula a síntese de proteínas, (2) a concentração intracelular de aminoácidos é reduzida, (3) a concentração diminuída de aminoácidos estimula a degradação de proteínas e o transporte de aminoácidos dentro da célula muscular, (4) o aumento da disponibilidade de aminoácidos estimula ainda mais a síntese proteica e (5) ocorre remodelamento do tecido. Portanto, parece que a ingestão ideal de proteínas é crucial para otimizar a recuperação e o desempenho, assim como para a adaptação subsequente ao treinamento resistido.

Hiperplasia. A hiperplasia das fibras musculares, que é o aumento no número de fibras, também tem sido considerada como um possível mecanismo para o aumento do tamanho do músculo. O conceito de hiperplasia após o treinamento resistido em humanos não tem sido comprovado de forma direta em decorrência das dificuldades metodológicas (por ex., não se pode retirar o músculo inteiro para exame), mas tem sido demonstrado em resposta a diferentes protocolos de exercícios em pássaros e mamíferos. (Ver revisão de Antonio e Gonyea.[46])

Vários estudos comparando fisiculturistas e praticantes de levantamento de peso concluíram que a área de secção transversa das fibras musculares individuais dos fisiculturistas não era significativamente maior do que a dos levantadores de peso; contudo esses atletas possuíam músculos mais largos do que o normal.[31] Isso indica que esses atletas têm um número total de fibras musculares maior, e a hiperplasia pode ser responsável por esse aumento. Contudo, outro estudo examinando fisiculturistas concluiu que os praticantes de levantamento de peso possuem o mesmo número de fibras musculares que o grupo controle, porém possuem músculos muito mais largos.[47] Esses resultados sugerem que o grande tamanho muscular dos fisiculturistas é decorrente da hipertrofia das fibras musculares existentes e não da hiperplasia.

Hipertrofia muscular

- As fibras musculares aumentam de tamanho (hipertrofiam) em resposta ao exercício resistido.
- A hipertrofia é resultado primário do aumento da síntese de proteínas contráteis (actina e miosina).
- A hipertrofia é mediada por aumentos agudos nos hormônios anabólicos (testosterona, hormônio do crescimento, IGF-1, insulina) após os exercícios resistidos.
- Aqueles que desejam ganhar massa muscular precisam aderir a um programa de treinamento resistido de pelo menos 6 semanas para obter ganhos notáveis.
- A hipertrofia em resposta ao exercício resistido produz aumento da massa muscular.
- O aumento de massa muscular está associado a uma redução no risco de certas doenças metabólicas (p. ex., diabetes).

McCall et al. usaram técnicas de IRM e biópsia para examinar a hipertrofia e o possível aumento no número de células musculares após um programa de treinamento resistido intenso de 12 semanas.[28] Os resultados mostraram evidências de hiperplasia no músculo bíceps; contudo, a hipertrofia foi responsável pela maior parte do aumento do músculo. Mais recentemente, descobriu-se que os praticantes de levantamento de peso têm maior numero de mionúcleos, células satélites e fibras de pequeno diâmetro que expressam marcadores para miogênese precoce, indicando assim hiperplasia.[48] Esses efeitos parecem ser favorecidos pelo uso de esteroides anabólicos,[49] o que potencialmente demonstra um mecanismo adicional (por ex., mais mionúcleos significa maior número de receptores androgênicos disponíveis para interação) de crescimento muscular favorecido por esteroides.

Embora dados limitados confirmem a hiperplasia em humanos, há indicações de que a hiperplasia pode ocorrer após o treinamento resistido. Em decorrência desses resultados conflitantes, esse tópico continua controverso e necessita ser mais pesquisado. Enquanto a hiperplasia em humanos talvez não seja a resposta primária de adaptação da maioria das fibras musculares, essa pode representar uma adaptação possível ao treinamento resistido quando certas fibras musculares atingem um "limite superior" teórico no tamanho celular. Pode-se propor a teoria de que o treinamento muito intenso de longo prazo tornaria algumas fibras musculares tipo II candidatas primárias a essa resposta adaptativa. Se a hiperplasia ocorre, provavelmente é responsável por apenas uma pequena porção (5 a 10%) do aumento no tamanho muscular.

Hiperplasia muscular

- Dados limitados confirmam a ocorrência de hiperplasia em humanos em resposta ao exercício resistido.
- Se a hiperplasia ocorre, esta contribui pouco para o aumento no tamanho muscular (ou seja, a hipertrofia é o mecanismo primário).

Transição dos tipos de fibras musculares. As proteínas miosina têm a capacidade de modificar seu perfil fenótipo com o treinamento resistido.[50] Muito da pesquisa sobre treinamento resistido enfoca a molécula de miosina e o exame dos tipos de fibras com base no uso de atividades de coloração histoquímica da adenosina trifosfatase da miosina (mATPase) em diferentes pHs. As alterações na mATPase muscular também indicam as alterações associadas ao conteúdo da cadeia pesada de miosina (MHC na sigla em inglês).[9] Sabemos agora que existe um *continuum* de tipos de fibras musculares e a transformação para um subtipo particular de fibra muscular (p. ex., do tipo IIX para IIA) é uma adaptação comum no treinamento resistido.[22,51,52] Parece que assim que as fibras musculares tipo IIX são estimuladas, elas iniciam um processo de transformação rumo ao perfil de tipo IIA, modificando a qualidade das proteínas e expressando diferentes tipos de mATPase.

Mudanças no tipo de fibra muscular com o exercício

- Ocorrem transições nos tipos de fibra muscular em resposta ao exercício.
- A transição observada com mais frequência é do tipo IIX para o tipo IIA.
- As transições de tipos de fibras são uma adaptação favorável, pois as fibras do tipo IIA são mais resistentes à fadiga do que as do tipo IIX.

Em um estudo de Staron et al.,[9] um protocolo de treinamento resistido de alta intensidade foi executado por homens e mulheres 2 vezes por semana durante 8 semanas. Esse protocolo focou a musculatura da coxa (usando agachamentos, *leg press* e exercícios de extensão do joelho) com múltiplas séries pesadas e repouso adequado entre as séries (2 minutos) para recuperação da função muscular. A força dinâmica máxima aumentou ao longo do período de 8 semanas de treinamento sem qualquer alteração significativa no tamanho da fibra muscular ou na massa muscular magra de homens e mulheres (apoiando o conceito de que as adaptações neuronais são o mecanismo predominante nas fases iniciais do treinamento). Contudo, foi observada uma redução significativa na porcentagem do tipo IIX em mulheres após apenas 2 semanas de treinamento (4 treinos) e nos homens após 4 semanas de treinamento (8 treinos). Durante o programa de treinamento de 8 semanas (16 treinos), as fibras musculares tipo IIX diminuíram de 21% para cerca de 7% do total das fibras musculares tanto em homens quanto em mulheres. A alteração nos tipos de fibras musculares foi confirmada pela análise da cadeia pesada de miosina (MHC). O estudo estabeleceu o tempo que leva para a ocorrência de adaptações musculares específicas na fase inicial de um programa de treinamento resistido para homens e mulheres.

Estudos mais longos de treinamento resistido pesado examinaram as alterações do tipo de fibra muscular e tamanho da secção transversa com o treinamento. Staron et al. examinaram mudanças no músculo esquelético de mulheres que treinaram durante 20 semanas, ficaram 2 semanas sem treinar e retomaram o treinamento por mais 6 semanas.[52] Foram vistos aumentos na secção transversa das fibras musculares com o treinamento. A porcentagem de fibras tipo IIX diminuiu de 16% para 0,9%. Esse estudo também demonstrou que nos períodos curtos sem treinamento as fibras musculares começam a voltar para os valores pré-treinamento de área de secção transversa (em especial as fibras tipo II) e há uma conversão das fibras tipo IIA de volta para o tipo IIX. Isso mostra que os tipos de fibras musculares retornam aos valores pré-treinamento durante o período sem treinar. Durante a retomada do treinamento, foi demonstrada uma mudança mais rápida no tamanho muscular e na conversão para as fibras tipo IIA em comparação com o início antes de qualquer treinamento. Portanto, o conceito que atletas e técnicos empregam como "memória muscular" tem alguma validade no retreinamento de uma pessoa após um período sem treinar.

Alterações na composição corporal. Ocorrem mudanças na composição corporal nos programas de treinamento resistido de curta duração (6 a 24 semanas). Os maiores aumentos na massa magra relatados de forma consistente são um pouco mais de 3 quilos (6,6 lb) em cerca de 10 semanas de treinamento sem o uso de drogas. Isso se traduz em um aumento na massa muscular magra de 300 gramas por semana. Quando os técnicos pedem aos atletas para ganharem peso corporal no período fora da temporada de jogos é importante que levem em consideração a quantidade máxima de massa muscular possível de ser ganha em um determinado período de tempo.

Outras alterações estruturais. As características estruturais das fibras musculares após o treinamento resistido têm sido pesquisadas em vários estudos. Apesar do aumento no número de miofilamentos, a proximidade das miofibrilas (p. ex., a distância entre os filamentos de miosina) e o comprimento do sarcômero parecem permanecer constantes após 6 semanas a 6 meses de treinamento resistido.[27,53] Além disso, a proporção de filamentos de actina para miosina não se altera após 6 semanas de treinamento resistido.[53] O volume relativo do sarcoplasma, dos túbulos T e de outros tecidos não contráteis não parece se modificar de modo significativo em resposta ao treinamento resistido.[23,27,47,54,55] Embora ocorram aumentos no número de miofilamentos, parece que a orientação espacial do sarcômero permanece intacta após o treinamento resistido. Desse modo os sarcômeros são acrescentados em paralelo, contribuindo para o aumento da área de secção transversa do músculo e da massa magra observados durante o treinamento resistido.

Tem sido demonstrado que o treinamento resistido aumenta o número de capilares em um músculo para ajudar a dar suporte ao metabolismo por meio do aumento no suprimento sanguíneo potencial. Com um treinamento resistido típico (3 séries de 10 repetições) durante 12 semanas, McCall et al. observaram aumentos significativos no número de capilares por fibra tipo I e tipo II;[28] contudo, por causa da hipertrofia das fibras, nenhuma alteração nos capilares por área de fibra ou área de músculo foi demonstrada. Por outro lado, Hather et al. mostraram que com tipos de treinamento diferentes (i. e., combinações de ações musculares concêntricas e excêntricas), os capilares por unidade de área e por fibra aumentavam de modo significativo em resposta ao treinamento resistido pesado, mesmo com a hipertrofia resultando no aumento das áreas de fibras.[57]

A taxa de mudança na densidade capilar pode depender do volume e períodos de repouso do treinamento com exercícios resistidos. Os praticantes do levantamento de peso e levantamento olímpico não exibem mudança no número de capilares por fibra muscular, primariamente em virtude da hipertrofia muscular.[30] Por outro lado, os fisiculturistas, que geralmente empregam alta intensidade, baixo volume e longos períodos de intervalo nos protocolos de treinamento, têm mostrado aumento da capilaridade.[58] Desse modo, pode-se propor a hipótese de que o treinamento de força com alta intensidade e baixo volume na verdade diminui a densidade capilar, ao passo que o treinamento de força com baixa intensidade e alto volume tem o efeito oposto.

O aumento da densidade capilar pode facilitar o desempenho de treinamento de peso de baixa intensidade ao aumentar a irrigação sanguínea para o músculo ativo. Os períodos de descanso curtos usados por muitos fisiculturistas durante seus treinos resultam em grandes aumentos nas concentrações sanguíneas de lactato (i. e., acima de 20 mmol L^{-1}).[59] Uma densidade capilar mais elevada pode aumentar a habilidade de remover o lactato do músculo para o sangue, permitindo assim uma maior tolerância ao treinamento sob tais condições de perturbação do equilíbrio acidobásico. Essa ideia é sustentada por dados que mostram que fisiculturistas podem usar uma resistência mais pesada sob as mesmas condições ácidas que os praticantes do levantamento de potência.[59]

Poucos estudos examinaram o efeito do treinamento resistido na densidade mitocondrial. Do mesmo modo que a densidade capilar, tem sido mostrado que a densidade mitocondrial diminui com o treinamento resistido por causa do efeito de diluição decorrente da hipertrofia das fibras musculares.[27,60] A observação da densidade mitocondrial diminuída é consistente com as demandas mínimas de metabolismo oxidativo impostas à musculatura durante a maioria dos programas de treinamento resistido. Chilibeck et al.,[61] usando 12 semanas de treinamento resistido, descobriram que o treinamento de força resultou no aumento significativo das áreas de secção transversa das fibras musculares tipos I e II, com aumentos de 26% e 28%, respectivamente. Sua análise das mitocôndrias demonstrou que o treinamento de força resulta em uma densidade reduzida das mitocôndrias distribuídas regionalmente (p. ex., a densidade mitocondrial do subsarcolema e do intermiofibrilar diminuem de modo similar). O efeito do treinamento resistido no número e na densidade de mitocôndrias requer estudo adicional. Contudo, semelhante à atividade enzimática e densidade capilar, a densidade mitocondrial parece diminuir em resposta ao treinamento resistido em virtude do efeito de diluição decorrente da hipertrofia da fibra muscular.

Ocorrem outras alterações estruturais dentro do músculo esquelético durante o treinamento resistido. Por exemplo, mostrou-se que a atividade da bomba de sódio-potássio ATPase (que mantém os gradientes dos íons sódio e potássio, além do potencial de membrana) aumenta em 16% após 11 semanas de treinamento resistido.[62] Algumas características estruturais parecem não se modificar durante o treinamento resistido de homens e mulheres jovens. Contudo, o treinamento resistido em idosos parece atenuar alguns dos declínios na morfologia muscular associados à idade.

Adaptações funcionais

Enquanto os requisitos de força concêntrica de uma determinada tarefa aumentam, a velocidade máxima de movimento diminui; isso é conhecido como relação força-velocidade (Fig. 4.12). Por exemplo, quando se pede a um atleta para executar um agachamento com salto usando 1 RM (resistência máxima), o peso será movido muito lentamente. Se essa carga for reduzida para, digamos, 50% de 1 RM, a velocidade do levantamento poderá aumentar de acordo. A velocidade máxima continuará a aumentar até que a força seja zero; contudo, a potência mecânica máxima (força x velocidade) ocorre com cerca de 30% a 45% de 1 RM.[63]

É importante considerar a relação entre força e velocidade ao treinar um paciente cuja atividade (trabalho ou lazer) depende da potência. Com o treinamento resistido, a curva força-velocidade desloca-se para cima e para a direita (ver Fig. 4.12); contudo, isso requer uma configuração de treinamento ideal (p. ex., periodização), de modo a obter mudanças em todas as fases da curva força-velocidade. Geralmente, estratégias de treinamento periodizadas que abordam cada um dos componentes da equação de potência (i. e., força e velocidade) são

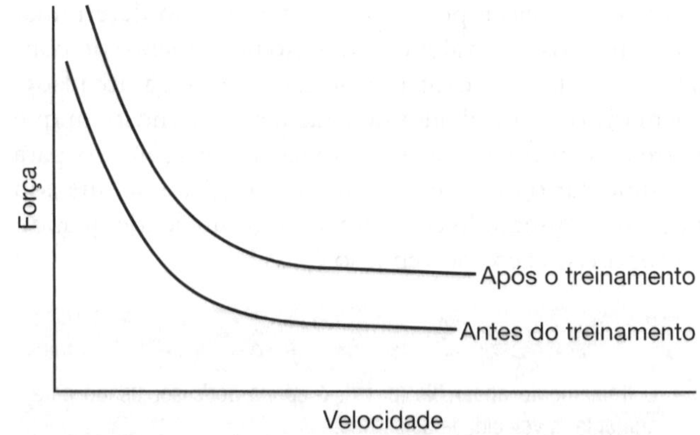

Figura 4.12 A relação força-velocidade antes e depois do treinamento resistido periodizado.

usadas para maximizar a força e desenvolver potência.[64] A potência é um determinante primário de sucesso em muitos eventos esportivos. Portanto, o treinamento para aumentar a potência muscular é obviamente importante para essas populações. Contudo, deve-se observar que o envelhecimento resulta na redução da capacidade de potência, e isso pode ser o fator responsável pelo comprometimento da função.[65]

> **Hipertrofia e mudanças musculares**
>
> - Além do aumento na quantidade de proteínas contráteis, o músculo esquelético passa por outras adaptações estruturais para dar suporte à hipertrofia.
> - O aumento do volume muscular, contudo, pode levar à diminuição na densidade dos capilares e das mitocôndrias, o que pode diminuir o potencial aeróbio das fibras musculares na ausência de um treinamento de resistência física concomitante.
> - O treinamento resistido melhora as qualidades funcionais do músculo (i. e., melhora a produção de força em qualquer velocidade considerada).

Treinamento anaeróbio – *sprint* e treino com intervalos

As adaptações à atividade anaeróbia dependem da intensidade e duração do treinamento e dos intervalos de repouso entre cada exercício. Portanto, é importante diferenciar entre treinamento anaeróbio de "qualidade" (intervalos de repouso longos para obter máxima velocidade) e exercícios de condicionamento em "quantidade" (intervalos de repouso curtos para alcançar resistência à velocidade e melhorar a capacidade de tamponar o ácido láctico). Por exemplo, Shealy et al. treinaram atletas usando *sprints* de alta intensidade/curta duração (45,7 a 91,4 m) com intervalos de repouso longos (90 segundos entre as repetições, 3 minutos entre as séries) durante 8 semanas.[66] Os resultados mostraram que os atletas aumentaram a velocidade do *sprint*; contudo, o consumo máximo de oxigênio não se alterou. Por outro lado, Kraemer et al. demonstraram que, quando múltiplos *sprints* são separados por curtos intervalos de repouso (60 segundos), observam-se aumentos significativos no consumo máximo de oxigênio durante 8 semanas de um programa de treinamento de 10 semanas.[67] Assim, a pro-

> **Potência muscular**
>
> - Para atletas, o aumento do rendimento da potência provavelmente favorece o desempenho esportivo.
> - Para outras populações, a habilidade de gerar potência melhora o desempenho de atividades da vida diária e reduz a incidência de quedas em idosos.[65]

porção exercício-repouso é um fator vital ao determinar os efeitos dos intervalos de exercício no aumento do consumo máximo de oxigênio ou na rapidez da atividade. Além disso, os resultados de Kraemer et al. mostram que o treinamento aeróbio tradicional não é requisito para se aumentar o pico de consumo de oxigênio, já que isso pode ser conseguido com intervalos de atividade quando a proporção exercício-repouso é alta.[67]

Músculo e treinamento anaeróbio

- O treinamento anaeróbio (p. ex., o *sprint*) pode ser usado para aumentar a velocidade de corrida.
- Além disso, a combinação do treinamento anaeróbio com intervalos curtos de repouso pode melhorar a capacidade aeróbia.

Treinamento aeróbio

As adaptações ao treinamento aeróbio (resistência física) têm sido estudadas de modo extensivo. Historicamente, a adaptação relatada com maior frequência é o aumento no consumo máximo de oxigênio (VO_2max). Para resumir as adaptações ao exercício de resistência física e para explicar por que há um aumento no VO_2max, é melhor começarmos com uma explanação matemática:

$$VO_2 = DC \times \text{dif a-v } O_2$$

VO_2 = consumo de oxigênio
DC = débito cardíaco
dif a-v O_2= diferença arteriovenosa de oxigênio

O VO_2max é limitado pela habilidade de captar, transportar e utilizar o oxigênio. Embora a habilidade de captar (ventilar) oxigênio não se modifique de modo significativo após o treinamento de resistência física, várias adaptações funcionam juntas para aumentar o transporte e a captação de oxigênio. Após o treinamento de resistência física, há um aumento no volume plasmático, o que aumenta o volume sistólico em repouso e durante o exercício. Um volume sistólico elevado, por sua vez, aumenta o débito cardíaco, desse modo provendo um mecanismo pelo qual o treinamento de resistência física aumenta o consumo máximo de oxigênio (i. e., aumento do transporte de oxigênio para o músculo).

A melhora da captação de oxigênio reflete-se no aumento da diferença arteriovenosa de oxigênio (que é a diferença entre o conteúdo de oxigênio do sangue arterial e venoso). Essa adaptação é secundária ao aumento da densidade mitocondrial e capilar junto à diminuição na área de secção transversa da fibra, que trabalha em conjunto para diminuir a distância de difusão do oxigênio e facilitar a captação. Além disso, o aumento da densidade mitocondrial também leva ao aumento das enzimas oxidativas, melhorando assim o uso do oxigênio após sua chegada ao músculo. A Tabela 4.2 mostra um resumo das adaptações que ocorrem com os exercícios de resistência.

Compatibilidade do treinamento

Como mostra a Tabela 4.3, em muitos aspectos o treinamento resistido e o treinamento aeróbio parecem ter efeitos opostos no músculo esquelético. O tópico da compatibilidade do exercício foi estudado primeiro por Hickson,[68] que mostrou que o treinamento resistido e de resistência física concomitante comprometia o desenvolvimento de força; contudo, a capacidade aeróbia não era comprometida quando comparada apenas ao grupo de treinamento aeróbio. Deve-se notar que nem o regime de treinamento resistido nem o de treinamento para resistência física usados nesse estudo foram periodizados; portanto, o volume de treinamento relativamente alto pode ter resultado em excesso de treinamento.

Músculo e treinamento aeróbio

- O treinamento aeróbio está associado a adaptações centrais (cardiovasculares) e periféricas (capilares e mitocondriais) que aumentam o consumo de oxigênio e melhoram a resistência física.
- O aumento da capacidade aeróbia melhora o desempenho durante atividades sustentadas, aumenta a taxa de recuperação durante e após o exercício e está associado a uma diminuição na incidência de certas doenças (doenças das artérias coronárias, diabetes etc.)

Usando uma frequência de treinamento mais convencional, Dudley e Djamil encontraram aumentos atenuados no pico de torque específico de cada ângulo apenas nas velocidades rápidas (160 a 278° s^{-1}) de movimento em um grupo treinado de modo simultâneo para força e resistência física comparado a um grupo treinado apenas para força.[69] Não foram observadas diminuições no pico de torque específico para cada ângulo em velocidades lentas (48 a 96° s^{-1}) de movimento no grupo treinado ao mesmo tempo para força e resistência física. Novamente, a potência aeróbia do grupo com treinamento combinado não foi comprometida em comparação com o grupo treinado apenas para resistência física. Esse estudo foi a primeira investigação que sugeriu que a potência é afetada primeiro pelo treinamento concomitante ao longo de um período curto. Em geral, estudos que investigam a compatibilidade do treinamento de força e do treinamento de resistência têm mostrado resultados similares (i. e., a

Tabela 4.2 Respostas durante o exercício máximo e após o treinamento de resistência

	Após o treinamento
Frequência cardíaca	Sem alteração
Volume sistólico	Aumenta
Débito cardíaco	Aumenta
Diferença arteriovenosa de oxigênio	Aumenta
Consumo de oxigênio	Aumenta

Tabela 4.3 Comparação das respostas musculares ao treinamento resistido (treinamento de força) e ao treinamento de resistência (*endurance*)

	Treinamento resistido	Treinamento de resistência
Estruturais		
Tamanho da fibra	Aumenta	Diminui
Densidade capilar	Sem mudança ou diminui	Aumenta
Densidade mitocondrial	Diminui	Aumenta
Transição de tipo de fibra	Tipo IIX para IIA	Tipo IIX para IIA
Metabólicas		
Enzimas oxidativas	Sem mudança	Aumentam
Enzimas glicolíticas	Aumentam	Variável
Funcionais		
Pico de tensão	Aumenta	Diminui
Velocidade de contração	Sem mudança	Diminui
Fatigabilidade	Sem mudança	Diminui

força e a potência são comprometidas pelo treinamento de resistência), enquanto a resistência não é afetada pelo treinamento de força.[70-72]

Embora o treinamento de resistência física possa ter um impacto no desenvolvimento de força, parece que o oposto não ocorre. Estudos têm mostrado que o treinamento resistido pode melhorar o condicionamento físico de atletas treinados. Bastiaans et al. substituíram parte do programa de condicionamento, normalmente dedicado ao treinamento de resistência física, por treinamento de força explosiva em ciclistas e relataram que o desempenho da resistência física não foi comprometido.[73] Além disso, a inclusão do treinamento de força explosiva anulou o decréscimo na habilidade de executar um *sprint* de 30 segundos que ocorre sem o treinamento de força explosiva. O desempenho do *sprint* é importante para os ciclistas durante várias partes de uma corrida, tal como o *sprint* do final. Paavolainen et al. igualaram o volume de treinamento entre dois grupos de corredores de elite (corrida em distância), porém em um grupo 32% do volume total foi dedicado ao treinamento de força explosiva e no outro apenas 3% foi dedicado ao treinamento de força explosiva durante um período de 9 semanas.[74] Somente o grupo que executou o treinamento de força explosiva adicional reduziu de forma significativa o tempo de corrida de 5 km sem mudança no pico de consumo de oxigênio. Esses estudos indicam que o treinamento resistido melhora o desempenho da resistência física por meio de mecanismos neuromusculares (p. ex., melhora da atividade cíclica de alongamento-encurtamento e reduz o tempo de contato com o solo) independente de mudanças na capacidade aeróbia. Desse modo, os programas de treinamento resistido que usam intensidades moderadas (5 a 15 RM) e enfatizam a prevenção de lesões são considerados apropriados para atletas que utilizam resistência física, não afetam de forma negativa o desempenho de resistência física e podem na verdade melhorar esse desempenho.

Existem poucos dados disponíveis sobre a função celular para fornecer uma compreensão das alterações no nível da fibra muscular que ocorrem com o treinamento concomitante de força e resistência.[71,75] A fibra muscular se depara com o dilema de tentar adaptar-se ao estímulo oxidativo, de modo a melhorar sua função aeróbia, e ao estímulo proveniente do programa resistido pesado, para melhorar sua habilidade de produzir força. Kraemer et al. examinaram mudanças na morfologia da fibra muscular ao longo de um programa de treinamento de 3 meses em homens com bom preparo físico.[76] Os programas de treinamento de força com alta intensidade e treinamento de resistência física foram periodizados para evitar o treinamento excessivo. Os participantes foram agrupados assim: o grupo de força (F) realizou um programa de treinamento de força corporal total; o grupo combinado (C) realizou o mesmo programa de treinamento de força corporal total, mas também executou um programa de treinamento de resistência física de alta intensidade; o grupo de membro superior (MS) realizou apenas um programa de treinamento de força para a parte superior do corpo e o programa de treinamento de resistência física de alta intensidade; o grupo de resistência física (RF) realizou apenas o programa de treinamento de resistência física de alta intensidade; e um grupo controle não realizou treinamento. Todos os grupos de treinamento apresentaram mudança dos tipos de fibras musculares IIX para o tipo IIA. O número de fibras musculares tipo IIX foi mais baixo após o treinamento de força de alta intensidade (grupo F) quando comparado ao treinamento de resistência física de alta intensidade incluindo o intervalo de treinamento (grupo RF). Isso pode ser por causa do maior recrutamento de unidades motoras de alto limiar que ocorre com o do treinamento resistido intenso.

De uma perspectiva aeróbia, é interessante notar as pequenas mudanças, porém significativas, na população de fibras musculares tipo IIC. Essa mudança indica que quando dois programas de treinamento de alta intensidade são usados (um focando o treinamento de resistência de alta intensidade e o outro o treinamento de força de alta intensidade), a resposta adaptativa no nível da fibra muscular não é a mesma que no modo de treinamento único. Nesse estudo, a potência da parte inferior do corpo ficou comprometida no grupo C e a taxa de desenvolvimento de força também mostrou uma tendência de comprometimento no grupo C. A resposta do grupo MS indicou claramente que o treinamento de força da parte superior do corpo não é afetado pelo treinamento de resistência da parte inferior do corpo, indicando que o treinamento de dois grupos musculares diferentes, um para resistência e outro para força, pode ser feito com sucesso. Consistente com vários outros estudos, o pico de consumo de oxigênio não diminuiu com o desempenho do programa de força de alta intensidade junto com o treinamento de resistência física.[69,72] Desse modo, os mecanismos de adaptação ao exercício resistido dependem dos estímulos globais do exercício apresentados à musculatura ativada. Além disso, o treinamento concomitante começará a impactar de forma negativa os aumentos de força em 2 a 3 meses. Portanto, parece que no nível celular ocorre uma resposta diferencial ao treinamento simultâneo e os modos de treinamento único resultam em alterações nas fibras musculares diferentes das observadas no treinamento concomitante.

ADAPTAÇÕES AO USO MUSCULAR DIMINUÍDO

Destreinamento

Uma redução ou perda na ativação das unidades motoras resulta em *destreinamento*. A extensão dessa perda depende do tipo de evento que estimula o destreinamento, como uma redução na atividade física, imobilização ou paralisia. Quanto maior a perda de estimulação neural para o tecido, maior a extensão do impacto nos mecanismos fisiológicos relacionados com as ações musculares por causa dos mecanismos estruturais. O nível de desempenho dita a magnitude da redução inicial no desempenho, tornando os atletas de alto nível ou as pessoas que trabalham em funções com demanda física elevada mais sensíveis às mudanças nos estímulos de treinamento do que atletas recreativos ou aqueles que não são fisicamente ativos. Desse modo, o exercício de destreinamento parece ser específico e demonstra um curso temporal diferente, que precisa ser considerado em um cenário de treinamento típico relacionado ao gerenciamento do treinamento do atleta e a reabilitação de lesões.

Estudos recentes indicaram que quando o treinamento cessa completamente ou é reduzido de modo drástico, a força declina de maneira mais lenta do que quando foi adquirida.[77-80] Em alguns casos, períodos breves de inatividade podem, na verdade, aumentar o desempenho. Por exemplo, homens ativos, após um período inicial de treinamento, mostraram um leve aumento na força isométrica durante o período de destreinamento de 2 semanas. Contudo, a magnitude das alterações iniciais na força durante um período curto de destreinamento varia dependendo de inúmeros fatores, como estado de treinamento, atletas competitivos *versus* recreativos e nível funcional.

Períodos mais longos de destreinamento (até 30 semanas) também resultam em uma redução de força; contudo, a força depois do período de destreinamento é ainda maior do que era antes do início do treinamento resistido. Tem se observado reduções relativamente rápidas na força durante um período de destreinamento seguido por um declínio mais lento na força.[81] Também tem sido relatado que a força isométrica máxima declina (0,3% por dia) na mesma velocidade com que foi ganha durante o treinamento isocinético.[82]

De modo coletivo, as informações disponíveis sobre períodos curtos (2 a 4 semanas), assim como mais longos de destreinamento, tendem a indicar que ocorrem diminuições na força, mas a perda varia bastante em magnitude e depende do estado anterior de treinamento, da idade e das técnicas de medida de força empregadas (p. ex., concêntrica *versus* excêntrica; isotônica *versus* isocinética) (ver a revisão de Mujika e Padilla[83]). A taxa de perda de força pode depender em parte da extensão do período de treinamento antes do destreinamento, do tipo de teste de força usado (supino, excêntrico, concêntrico etc.) e do grupo muscular específico examinado. Esses estudos indicam que o treinamento reduzido pode manter os níveis de força em vários grupos musculares se a intensidade do treinamento for mantida em alto nível, mas a ausência total de treinamento resulta em perda de força durante o destreinamento.

Pouco estudos têm examinado os efeitos do destreinamento nas variáveis do nível celular. Em geral, durante períodos de destreinamento, qualquer adaptação que ocorra em virtude do treinamento regride para o estado sem treinamento ou pré-treinamento. Durante períodos curtos (2 a 8 semanas) de destreinamento em homens, áreas de fibras tipo I e tipo II[84,85] podem diminuir em comparação com o estado treinado. Contudo, nenhuma alteração foi relatada .[86,87] Em homens, foi relatado que a proporção de área com fibras tipo I/tipo II diminuiu durante períodos de destreinamento,[85,86] indicando uma atrofia seletiva dessas fibras tipo II, ou permaneceu sem modificações em comparação com o estado treinado.[86] Em mulheres, foram mostradas diminuições pequenas porém não significativas na área do tipo I acompanhadas por uma diminuição significativa em áreas combinadas de fibras tipo IIAX e X.[52] De modo coletivo, essa informação indica que as fibras tipo II podem atrofiar-se em uma extensão maior do que as fibras tipo I durante períodos curtos de destreinamento, tanto em homens quanto em mulheres. Isso obviamente pode ocorrer somente se o treinamento induziu um aumento na área das fibras.

> **Treinamento de força e resistência**
>
> - Os exercícios resistidos (treinamento de força) e de resistência produzem adaptações divergentes.
> - Embora a combinação de exercícios resistidos e de resistência possa mediar ganhos absolutos de força, eles podem ser mais benéficos para o desempenho muscular geral (aumento da força e aumento da capacidade de resistência física).

Durante períodos curtos de destreinamento, a massa corporal magra e a porcentagem de gordura corporal mostram mudanças pequenas, não significativas.[52,84,85] Enquanto a área de secção transversa do músculo pode apresentar diminuições relevantes,[82] a falta de uma mudança significativa na massa corporal magra é provavelmente causada pela natureza grosseira das medidas usadas e a duração curta do período de destreinamento.

O efeito do destreinamento sobre o desempenho motor tem recebido muito menos atenção do que o efeito sobre a força. Após 24 semanas de treinamento resistido pesado, 3 vezes por semana, a habilidade no salto vertical aumentou 13%.[88] O treinamento consistiu primariamente em movimentos do tipo agachamento usando 70 a 100% de 1 RM. Doze semanas de destreinamento resultaram em uma diminuição na habilidade para o salto vertical, mas essa ainda estava 2% acima do valor pré-treinamento. Outro estudo mostrou que 24 semanas de treinamento com ciclos de alongamento-encurtamento (pliométrico) a habilidade do salto vertical aumentou 17%; após 12 semanas de destreinamento a habilidade do salto vertical tinha diminuído, mas ainda estava 10% acima do valor pré-treinamento.[89] O treinamento consistiu em vários saltos, com e sem peso. Durante os dois estudos precedentes, também ocorreram diminuições na habilidade de saltar (salto sem contramovimento) durante o período de destreinamento. Duas semanas de destreinamento em atletas submetidos a treino de força (praticantes do levantamento de peso e jogadores de futebol americano) resultaram em aumentos pequenos, não significativos, na habilidade do salto vertical (2,3%) e do salto com agachamento (3,6%).[87] Parece que os períodos de destreinamento de curto prazo podem não afetar de modo significativo a habilidade do salto vertical; contudo, períodos mais longos de destreinamento são prejudiciais para o desempenho do salto vertical.

As mudanças eletromiográficas (EMG) durante as ações musculares após o treinamento e destreinamento indicam mudanças na taxa de disparo e sincronização das unidades motoras. As mudanças EMG foram acompanhadas durante os períodos de destreinamento com duração variando de 2 a 12 semanas. Não foram apresentadas mudanças na atividade EMG acompanhadas por reduções, nem mudanças nas medidas de força/potência durante períodos curtos de destreinamento.[87,88] Ocorrem também mudanças na atividade EMG decorrentes de períodos curtos de destreinamento.[82,84] As diminuições no EMG têm mostrado correlações significantes com as diminuições na força.[84,89] Contudo, têm sido mostradas diminuições na atividade EMG de alguns músculos (como o vasto lateral), porém não em outros (como o vasto medial e reto femoral).[84] A informação EMG indica que a perda de força inicial, quando esta ocorre, nas primeiras semanas de destreinamento, é decorrente de mecanismos neurais e a atrofia muscular contribui para a perda adicional de força à medida que a duração do destreinamento se prolonga.[90]

Músculo e desuso

- O descondicionamento aeróbio ocorre mais cedo que as perdas de força em resposta à diminuição no uso.
- As perdas de força são decorrentes inicialmente de alterações nas ativações neurais, seguidas mais tarde por diminuições no tamanho muscular.
- Embora breves períodos de inatividade (1 a 2 dias) após uma atividade de longo prazo possam melhorar o desempenho, períodos extensos de desuso levam a uma rápida diminuição no desempenho de resistência, seguida por uma diminuição na força e perda de massa muscular.

Imobilização

A imobilização resulta em mudanças amplas e rápidas no tamanho, força e capacidade funcional do músculo esquelético. Hespel et al. mostraram que 14 dias de imobilização resultaram em uma diminuição de ~11% no tamanho muscular total, acompanhada por uma diminuição de 8% a 11% na área de tipos de fibras musculares individuais.[91] Como tamanho e força estão intimamente ligados, é lógico assumir que diminuições no tamanho muscular produzem quedas na força muscular. Mostrou-se que apenas 9 dias de imobilização diminuíram a força isométrica em 13%[92], enquanto 14 dias poderiam diminuir a força em 22%.[91] As diminuições na força após a imobilização parecem ser específicas para a velocidade empregada, já que a força nas velocidades angulares mais lentas cai mais do que nas velocidades mais rápidas.[93]

Músculo e imobilização

- A imobilização produz respostas similares ao desuso; contudo, em um ritmo muito acelerado.
- A potência muscular é bastante sensível à imobilização, já que a produção de força nas velocidades de contração rápida cai bem rapidamente.
- A reabilitação após períodos de imobilização deve focar a restauração da capacidade de potência muscular assim como aumentar o tamanho e a força geral do músculo.

REFERÊNCIAS BIBLIOGRÁFICAS

1. Brooks SV: Current topics for teaching skeletal muscle physiology, Adv Physiol Educ 27:171-182, 2003.
2. McElhinny AS, Kazmierski ST, Labeit S et al: Nebulin: the nebulous, multifunctional giant of striated muscle, Trends Cardiovasc Med 13:195-201, 2003.
3. Tskhovrebova L, Trinick J: Titin: properties and family relationships, Nat Rev Mol Cell Biol 4:679-689, 2003.
4. Yildiz A, Forkey JN, McKinney SA et al: Myosin V walks hand-over-hand: single fluorophore imaging with 1.5-nm localization, Science 300:2061-2065, 2003.
5. Ploutz LL, Tesch PA, Biro RL et al: Effect of resistance training on muscle use during exercise, J Appl Physiol 76:1675-1681, 1994.
6. Moritani T, deVries HA: Neural factors versus hypertrophy in the time course of muscle strength gain, Am J Phys Med 58:115-130, 1979.

7. Moritani T, deVries HA: Potential for gross muscle hypertrophy in older men, J Gerontol 35:672-682, 1980.
8. Costill DL, Coyle EF, Fink WF et al: Adaptations in skeletal muscle following strength training, J Appl Physiol 46:96-99, 1979.
9. Staron RS, Karapondo DL, Kraemer WJ et al: Skeletal muscle adaptations during early phase of heavy-resistance training in men and women, J Appl Physiol 76:1247-1255, 1994.
10. Sale DG: Neural adaptations to strength training. In Komi PV, editor: Strength and power in sports, Oxford, 1992, Blackwell Scientific.
11. Ikai M, Fukunaga T: A study on training effect on strength per unit cross-sectional area of muscle by means of ultrasonic measurement, Int Z Angew Physiol 28:173-180, 1970.
12. Häkkinen K, Pakarinen A, Alen M et al: Neuromuscular and hormonal adaptations in athletes to strength training in two years, J Appl Physiol 65:2406-2412, 1988.
13. Ikai M, Steinhaus AH: Some factors modifying the expression of human strength, J Appl Physiol 16:157-163, 1961.
14. Caiozzo VJ, Perrine JJ, Edgerton VR: Training-induced alterations of the in vivo force-velocity relationship of human muscle, J Appl Physiol 51:750-754, 1981.
15. Wickiewicz TL, Roy RR, Powell PL et al: Muscle architecture and force-velocity relationships in humans, J Appl Physiol 57:435-443, 1984.
16. Ohtsuki T: Decrease in grip strength induced by simultaneous bilateral exertion with reference to finger strength, Ergonomics 24:37-48, 1981.
17. Secher NH, Rorsgaard S, Secher O: Contralateral influence on recruitment of curarized muscle fibres during maximal voluntary extension of the legs, Acta Physiol Scand 103:456-462, 1978.
18. Jakobi JM, Chilibeck PD: Bilateral and unilateral contractions: possible differences in maximal voluntary force, Can J Appl Physiol 26:12-33, 2001.
19. Secher NH: Isometric rowing strength of experienced and inexperienced oarsmen, Med Sci Sports 7:280-283, 1975.
20. Dudley GA, Harris RT, Duvoisin MR et al: Effect of voluntary vs. artificial activation on the relationship of muscle torque to speed, J Appl Physiol 69:2215-2221, 1990.
21. MacDougall JD, Tarnopolsky MA, Chesley A et al: Changes in muscle protein synthesis following heavy resistance exercise in humans: a pilot study, Acta Physiol Scand 146:403-404, 1992.
22. Kraemer WJ, Fleck SJ, Evans WJ: Strength and power training: physiological mechanisms of adaptation, Exerc Sport Sci Rev 24:363-397, 1996.
23. Alway SE, Grumbt WH, Gonyea WJ et al: Contrasts in muscle and myofibers of elite male and female bodybuilders, J Appl Physiol 67:24-31, 1989.
24. Haggmark T, Jansson E, Svane B: Cross-sectional area of the thigh muscle in man measured by computed tomography, Scand J Clin Lab Invest 38:355-360, 1978.
25. Goldspink G, Scutt A, Loughna PT et al: Gene expression in skeletal muscle in response to stretch and force generation, Am J Physiol 262:R356-363, 1992.
26. Phillips SM, Tipton KD, Ferrando AA et al: Resistance training reduces the acute exercise-induced increase in muscle protein turnover, Am J Physiol 276:E118-124, 1999.
27. Luthi JM, Howald H, Claassen H et al: Structural changes in skeletal muscle tissue with heavy-resistance exercise, Int J Sports Med 7:123-127, 1986.
28. McCall GE, Byrnes WC, Dickinson A et al: Muscle fiber hypertrophy, hyperplasia, and capillary density in college men after resistance training, J Appl Physiol 81:2004-2012, 1996.
29. Gonyea WJ, Sale D: Physiology of weight-lifting exercise, Arch Phys Med Rehabil 63:235-237, 1982.
30. Tesch PA, Thorsson A, Kaiser P: Muscle capillary supply and fiber type characteristics in weight and power lifters, J Appl Physiol 56:35-38, 1984.
31. Tesch PA, Larsson L: Muscle hypertrophy in bodybuilders, Eur J Appl Physiol Occup Physiol 49:301-306, 1982.
32. Chesley A, MacDougall JD, Tarnopolsky MA et al: Changes in human muscle protein synthesis after resistance exercise, J Appl Physiol 73:1383-1388, 1992.
33. MacDougall JD, Gibala MJ, Tarnopolsky MA et al: The time course for elevated muscle protein synthesis following heavy resistance exercise, Can J Appl Physiol 20:480-486, 1995.
34. Phillips SM, Tipton KD, Aarsland A et al: Mixed muscle protein synthesis and breakdown after resistance exercise in humans, Am J Physiol 273:E99-107, 1997.
35. Biolo G, Maggi SP, Williams BD et al: Increased rates of muscle protein turnover and amino acid transport after resistance exercise in humans, Am J Physiol 268:E514-520, 1995.
36. Rooney KJ, Herbert RD, Balnave RJ: Fatigue contributes to the strength training stimulus, Med Sci Sports Exerc 26:1160-1164, 1994.
37. Shinohara M, Kouzaki M, Yoshihisa T et al: Efficacy of tourniquet ischemia for strength training with low resistance, Eur J Appl Physiol Occup Physiol 77:189-191, 1998.
38. Smith RC, Rutherford OM: The role of metabolites in strength training. I. A comparison of eccentric and concentric contractions, Eur J Appl Physiol Occup Physiol 71:332-336, 1995.
39. Baar K, Esser K: Phosphorylation of p70(S6k) correlates with increased skeletal muscle mass following resistance exercise, Am J Physiol 276:C120-127, 1999.
40. Jefferson LS, Kimball SR: Translational control of protein synthesis: implications for understanding changes in skeletal muscle mass, Int J Sport Nutr Exerc Metab 11 Suppl:S143-149, 2001.
41. Biolo G, Williams BD, Fleming RY et al: Insulin action on muscle protein kinetics and amino acid transport during recovery after resistance exercise, Diabetes 48:949-957, 1999.
42. Roy BD, Tarnopolsky MA, MacDougall JD et al: Effect of glucose supplement timing on protein metabolism after resistance training, J Appl Physiol 82:1882-1888, 1997.
43. Williams AG, Ismail AN, Sharma A et al: Effects of resistance exercise volume and nutritional supplementation on anabolic and catabolic hormones, Eur J Appl Physiol 86:315-321, 2002.
44. Tipton KD, Rasmussen BB, Miller SL et al: Timing of amino acid-carbohydrate ingestion alters anabolic response of muscle to resistance exercise, Am J Physiol Endocrinol Metab 281:E197-206, 2001.
45. Tipton KD, Wolfe RR: Exercise-induced changes in protein metabolism, Acta Physiol Scand 162:377-387, 1998.
46. Antonio J, Gonyea WJ: Skeletal muscle fiber hyperplasia, Med Sci Sports Exerc 25:1333-1345, 1993.
47. MacDougall JD, Sale DG, Alway SE et al JR: Muscle fiber number in biceps brachii in bodybuilders and control subjects, J Appl Physiol 57:1399-1403, 1984.
48. Kadi F, Eriksson A, Holmner S et al: Cellular adaptation of the trapezius muscle in strength-trained athletes, Histochem Cell Biol 111:189-195, 1999.
49. Kadi F, Bonnerud P, Eriksson A et al: The expression of androgen receptors in human neck and limb muscles: effects of training and self-administration of androgenic-anabolic steroids, Histochem Cell Biol 113:25-29, 2000.
50. Pette D, Staron RS: Transitions of muscle fiber phenotypic profiles, Histochem Cell Biol 115:359-372, 2001.
51. Adams GR, Hather BM, Baldwin KM et al: Skeletal muscle myosin heavy chain composition and resistance training, J Appl Physiol 74:911-915, 1993.
52. Staron RS, Leonardi MJ, Karapondo DL et al: Strength and skeletal muscle adaptations in heavy-resistance-trained women after detraining and retraining, J Appl Physiol 70:631-640, 1991.
53. Claassen H, Gerber C, Hoppeler H et al: Muscle filament spacing and short-term heavy-resistance exercise in humans, J Physiol 409:491-495, 1989.
54. Alway SE, MacDougall JD, Sale DG et al: Functional and structural adaptations in skeletal muscle of trained athletes, J Appl Physiol 64:1114-1120, 1988.

55. Sale DG, MacDougall JD, Alway SE et al: Voluntary strength and muscle characteristics in untrained men and women and male bodybuilders, J Appl Physiol 62:1786-1793, 1987.
56. Brechue WF, Abe T: The role of FFM accumulation and skeletal muscle architecture in powerlifting performance, Eur J Appl Physiol 86:327-336, 2002.
57. Hather BM, Tesch PA, Buchanan P et al: Influence of eccentric actions on skeletal muscle adaptations to resistance training, Acta Physiol Scand 143:177-185, 1991.
58. Schantz P: Capillary supply in hypertrophied human skeletal muscle, Acta Physiol Scand 114:635-637, 1982.
59. Kraemer WJ, Noble BJ, Clark MJ et al: Physiologic responses to heavy-resistance exercise with very short rest periods, Int J Sports Med 8:247-252, 1987.
60. MacDougall JD, Sale DG, Moroz JR et al: Mitochondrial volume density in human skeletal muscle following heavy resistance training, Med Sci Sports 11:164-166, 1979.
61. Chilibeck PD, Syrotuik DG, Bell GJ: The effect of strength training on estimates of mitochondrial density and distribution throughout muscle fibres, Eur J Appl Physiol Occup Physiol 80:604-609, 1999.
62. Green H, Dahly A, Shoemaker K et al: Serial effects of high-resistance and prolonged endurance training on Na+-K+ pump concentration and enzymatic activities in human vastus lateralis, Acta Physiol Scand 165:177-184, 1999.
63. Wilson GJ, Newton RU, Murphy AJ et al: The optimal training load for the development of dynamic athletic performance, Med Sci Sports Exerc 25:1279-1286, 1993.
64. Fleck SJ, Kraemer WJ: Designing resistance training programs, ed 2, Champaign, IL, 1997, Human Kinetics.
65. Runge M, Rittweger J, Russo CR et al: Is muscle power output a key factor in the age-related decline in physical performance? A comparison of muscle cross section, chair-rising test and jumping power, Clin Physiol Funct Imaging 24:335-340, 2004.
66. Shealy MJ, Callister R, Dudley GA et al: Human torque velocity adaptations to sprint, endurance, or combined modes of training, Am J Sports Med 20:581-586, 1992.
67. Kraemer WJ, Patton JF, Knuttgen HG et al: Hypothalamic-pituitary-adrenal responses to short-duration high-intensity cycle exercise, J Appl Physiol 66:161-166, 1989.
68. Hickson RC: Interference of strength development by simultaneously training for strength and endurance, Eur J Appl Physiol Occup Physiol 45:255-263, 1980.
69. Dudley GA, Djamil R: Incompatibility of endurance- and strength-training modes of exercise, J Appl Physiol 59:1446-1451, 1985.
70. Hennessy LC, Watson AWS: The interference effects of training for strength and endurance simultaneously, J Strength Cond Res 8:12-19, 1994.
71. Nelson AG, Arnall DA, Loy SF et al: Consequences of combining strength and endurance training regimens, Phys Ther 70:287-294, 1990.
72. McCarthy JP, Agre JC, Graf BK et al: Compatibility of adaptive responses with combining strength and endurance training, Med Sci Sports Exerc 27:429-436, 1995.
73. Bastiaans JJ, van Diemen AB, Veneberg T et al: The effects of replacing a portion of endurance training by explosive strength training on performance in trained cyclists, Eur J Appl Physiol 86:79-84, 2001.
74. Paavolainen L, Hakkinen K, Hamalainen I et al: Explosive-strength training improves 5-km running time by improving running economy and muscle power, J Appl Physiol 86:1527-1533, 1999.
75. Sale DG, Jacobs I, MacDougall JD et al: Comparison of two regimens of concurrent strength and endurance training, Med Sci Sports Exerc 22:348-356, 1990.
76. Kraemer WJ, Patton JF, Gordon SE et al: Compatibility of high-intensity strength and endurance training on hormonal and skeletal muscle adaptations, J Appl Physiol 78:976-989, 1995.
77. McMorris RO, Elkins EC: A study of production and evaluation of muscular hypertrophy, Arch Phys Med Rehabil 35:420-426, 1954.
78. Morehouse CA: Development and maintenance of isometric strength of subjects with diverse initial strengths, Res Q 38:449-456, 1967.
79. Rasch PJ, Morehouse LE: Effect of static and dynamic exercises on muscular strength and hypertrophy, J Appl Physiol 11:29-34, 1957.
80. Waldman R, Stull GA: Effects of various periods of inactivity on retention of newly acquired levels of muscular endurance, Res Q 40:396-401, 1969.
81. Ishida K, Moritani T, Itoh K: Changes in voluntary and electrically induced contractions during strength training and detraining, Eur J Appl Physiol Occup Physiol 60:244-248, 1990.
82. Narici MV, Roi GS, Landoni L et al: Changes in force, cross-sectional area and neural activation during strength training and detraining of the human quadriceps, Eur J Appl Physiol Occup Physiol 59:310-319, 1989.
83. Mujika I, Padilla S: Muscular characteristics of detraining in humans, Med Sci Sports Exerc 33:1297-1303, 2001.
84. Hakkinen K, Komi PV, Alen M: Effect of explosive type strength training on isometric force- and relaxation-time, electromyographic and muscle fibre characteristics of leg extensor muscles, Acta Physiol Scand 125:587-600, 1985.
85. Hakkinen K, Komi PV, Tesch PA: Effect of combined concentric and eccentric strength training and detraining on force-time, muscle fiber and metabolic characteristics of leg extensor muscles, Scand J Sports Sci 3:50-58, 1981.
86. Hather BM, Adams GR, Tesch PA et al: Skeletal muscle responses to lower limb suspension in humans, J Appl Physiol 72:1493-1498, 1992.
87. Hortobagyi T, Houmard JA, Stevenson JR et al: The effects of detraining on power athletes, Med Sci Sports Exerc 25:929-935, 1993.
88. Hakkinen K, Komi PV: The effect of explosive type strength training on electromyographic and force production characteristics of leg extensor muscles during concentric and various stretch-shortening cycle exercises, Scand J Sports Sci 7:65-76, 1985.
89. Hakkinen K, Komi PV: Changes in electrical and mechanical behavior of leg extensor muscles during heavy resistance strength training, Scand J Sports Sci 7:55-64, 1985.
90. Hakkinen K, Komi PV: Changes in neuromuscular performance in voluntary and reflex contraction during strength training in man, Int J Sports Med 4:282-288, 1983.
91. Hespel P, Op't Eijnde B, Van Leemputte M et al: Oral creatine supplementation facilitates the rehabilitation of disuse atrophy and alters the expression of muscle myogenic factors in humans, J Physiol 536:625-633, 2001.
92. Rozier CK, Elder JD, Brown M: Prevention of atrophy by isometric exercise of a casted leg, J Sports Med Phys Fitness 19:191-194, 1979.
93. Veldhuizen JW, Verstappen FT, Vroemen JP et al: Functional and morphological adaptations following four weeks of knee immobilization, Int J Sports Med 14:283-287, 1993.

CAPÍTULO

5

Músculo esquelético

Considerações sobre deformação, lesão, reparo e tratamento

Elizabeth Matzkin, James E. Zachazewski, William E. Garrett e Terry R. Malone

INTRODUÇÃO

À medida que a população norte-americana tenta incorporar a atividade física e os programas de condicionamento à sua vida diária e esses programas vão se popularizando, o tipo e o número de lesões relacionadas a tais atividades continuam aumentando. Com mais de 60 milhões de norte-americanos envolvidos em esportes organizados e mais da metade de toda a população participando de alguma forma de exercício regular, torna-se mais urgente nossa necessidade de compreender a função, a lesão e o reparo muscular.[1,2] Relatos afirmam que 20 milhões de pessoas por ano sofrem algum tipo de lesão muscular que resulta em perda de horas de trabalho.[2] As atividades ocupacionais e recreativas requerem graus variados de coordenação neuromuscular, resistência cardiovascular e muscular, velocidade, força e flexibilidade. Lesões traumáticas agudas da unidade músculo-tendão são muito comuns, em atletas e na população em geral. Esse tipo de lesão é responsável por até 50% de todas as lesões.[3-10] Uma das lesões mais comuns é o estiramento muscular.

A compreensão que se tem dessas lesões e do processo de reparo associado a elas ainda é bastante incompleta, mas vem melhorando de modo significativo desde o início da década de 1990. Os pesquisadores continuam investigando métodos para compreender os eventos fisiológicos, funcionais e biomecânicos que contribuem para o estiramento muscular, dor e regeneração. A maioria dos estudos de ciência básica que explorou a lesão por estiramento muscular usou alongamento passivo ou alongamento de um músculo estimulado eletricamente e em contração para induzir essas lesões. Na clínica, as lesões por estiramento muscular estão associadas com maior frequência ao alongamento do músculo durante uma ação muscular excêntrica forçada. O resultado é a lesão e o dano predominantes na região da junção musculotendínea, que ocorre com maior frequência nos músculos biarticulares, como o complexo dos isquiotibiais, gastrocnêmio ou reto femoral.

Embora a grande parte da literatura publicada sobre esse tema indique que novos conhecimentos científicos continuam sendo acrescentados, muitas áreas permanecem inexploradas e há perguntas que precisam ser respondidas pela ciência básica e pela pesquisa clínica aplicada. O propósito deste capítulo é descrever a anatomia e a fisiologia normal associadas à deformação muscular, a fisiopatologia associada à lesão por estiramento muscular e o processo de reparo.

ANATOMIA

O músculo é uma estrutura singular com proteínas contráteis (actina e miosina) e elementos colagenosos viscoelásticos não contráteis. O músculo precisa ser capaz de (1) encurtar-se e alongar-se e (2) recuperar-se ou retornar da posição encurtada e alongada. O músculo precisa ser capaz de ser alongado para permitir que uma articulação individual ou uma série de articulações se movam ao longo de toda sua amplitude de movimento possível. Essa característica do músculo costuma ser denominada *flexibilidade* e é específica da pessoa, da atividade em que se encontra envolvida e da articulação ou articulações envolvidas em determinada atividade.[11,12] A inabilidade do músculo de ser deformado e alongar-se prontamente pode ser descrita como rigidez ou resistência ao alongamento. Historicamente, Stolov e Weilepp[13] identificaram os seguintes elementos anatômicos como possíveis fatores contribuintes à rigidez muscular: aderência entre as fibrilas, aderência entre o músculo e o tecido subcutâneo que o envolve (i. e., epimísio, perimísio e endomísio) e os elementos contráteis dentro da fibra muscular. Mais recentemente, Garrett et al.[14-18] também identificaram a junção miotendínea como uma área anatômica envolvida de perto com a deformação muscular e as alterações fisiopatológicas resultantes da lesão.

Fibras musculares

Em termos anatômicos, o músculo é um arranjo complexo de filamentos proteicos contráteis e não contráteis. A habilidade dos músculos de contrair-se e encurtar-se ou de alongar-se/deformar-se e recuperar-se da deformação depende desse arranjo complexo.[19,20] A limitação da habilidade dos músculos para o alongamento depende predominantemente de seus componentes não contráteis. Tais elementos proteicos não contráteis são integrados em uma rede viscoelástica de tecido conjuntivo. Os elementos colagenosos, que constituem os componentes elásticos em série e em paralelo do músculo, fornecem rigidez funcional para favorecer a transmissão de tensão. Há uma grande quantidade de tecido conjuntivo associada ao músculo (Fig. 5.1). A maior parte desse tecido conjuntivo é composta de colágeno tipo I. Os colágenos tipos III e IV constituem o restante do tecido conjuntivo. O arranjo do tecido conjuntivo permite que o músculo seja dividido em três camadas diferentes: endomísio, perimísio e epimísio.

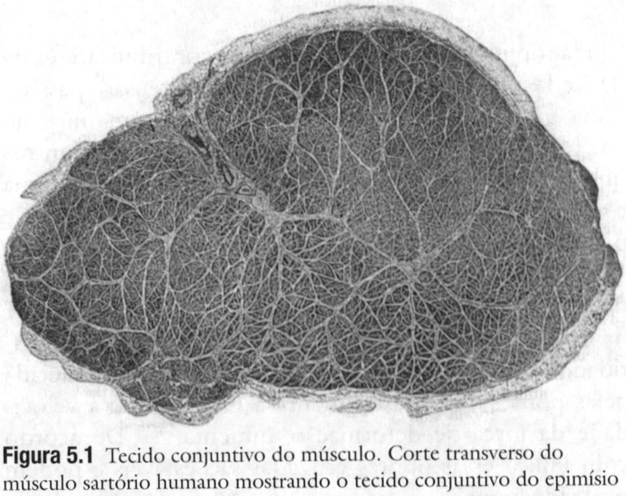

Figura 5.1 Tecido conjuntivo do músculo. Corte transverso do músculo sartório humano mostrando o tecido conjuntivo do epimísio que circunda todo o músculo e o perimísio que envolve feixes de fibras musculares de diferentes tamanhos. (De Fawcett DW: *Bloom and Fawcett: Textbook of histology*. Chapman & Hall, New York, 1986.)

O endomísio é uma bainha fina de tecido conjuntivo que envolve e separa cada fibra muscular individual. O endomísio proporciona as ligações miócito-miócito, miócito-capilar e uma trama de colágeno associada à lâmina basal dos miócitos.[17] Fora da lâmina basal e do sarcolema, o endomísio é composto primariamente de filamentos de colágeno de dois tamanhos diferentes. Nenhum desses filamentos penetra na lâmina basal do sarcolema (Figs. 5.2A e 5.2B).[21] As fibras de colágeno de filamento mais grosso (50 µm de diâmetro) são arranjadas principalmente no sentido longitudinal. Essa orientação pode refletir o papel do endomísio na provisão de suporte mecânico para a superfície das fibras e sua ação como um dispositivo elástico nos ciclos de contração-relaxamento. Os filamentos mais finos representam formas imaturas de colágeno e são entremeados com os filamentos mais grossos. As Figuras 5.2C e 5.2D ilustram as fibrilas de colágeno que constituem o endomísio. Embora sejam orientadas, de modo predominante, paralelamente às fibras musculares, essas fibrilas de colágeno também correm em várias direções, por cima e entre as diferentes fibras musculares. O curso e a distância entre as fibrilas variam, dependendo do grau de alongamento ou da contração do músculo. Quando o músculo está contraído, as fibrilas ficam mais próximas e formam ângulos retos entre si, e quando o músculo encontra-se alongado, elas ficam paralelas às fibras. Esse arranjo do tecido conjuntivo permite um deslocamento fácil das fibrilas musculares e oferece resistência crescente à deformação quando o alongamento é extremo.[21,22] O endomísio apresenta o arranjo de uma trama intimamente associada à lâmina basal, sendo um fator importante no componente passivo elástico em série do músculo.

O perimísio é um revestimento mais espesso de tecido conjuntivo que circunda cada grupo de 10 a 20 fibrilas musculares, formando coletivamente um fascículo. O perimísio pode ser orientado no sentido paralelo ou circunferencial em relação ao fascículo. O perimísio é composto de quantidades variáveis de fibras colágenas, elásticas e reticulares além de células adiposas.[22] O colágeno do perimísio consiste em feixes de fibras entremeados de forma justa, com 600 a 1.800 µm de diâmetro, que se ligam aos fascículos. Durante o alongamento passivo, a quantidade e o arranjo do tecido conjuntivo no perimísio podem ser mais importantes do que os do endomísio. Nagel, segundo resumo feito por Borg e Caulfield,[19] encontrou que o perimísio, que tem um arranjo espiral durante o relaxamento do músculo, fica ondulado durante a contração, o que indica pouca tensão. Esse relato permitiu que Borg e Caulfield concluíssem que o perimísio poderia ser o componente principal do componente elástico paralelo do músculo, demonstrando a importância da manutenção da posição correta dos feixes musculares e da distribuição da tensão associadas ao alongamento passivo. Os fascículos de músculos individuais são então agrupados e envolvidos pelo epimísio.

A porcentagem de elastina e colágeno no tecido conjuntivo associada ao músculo varia com a função de cada músculo. Nos membros, as fibrilas elásticas são limitadas

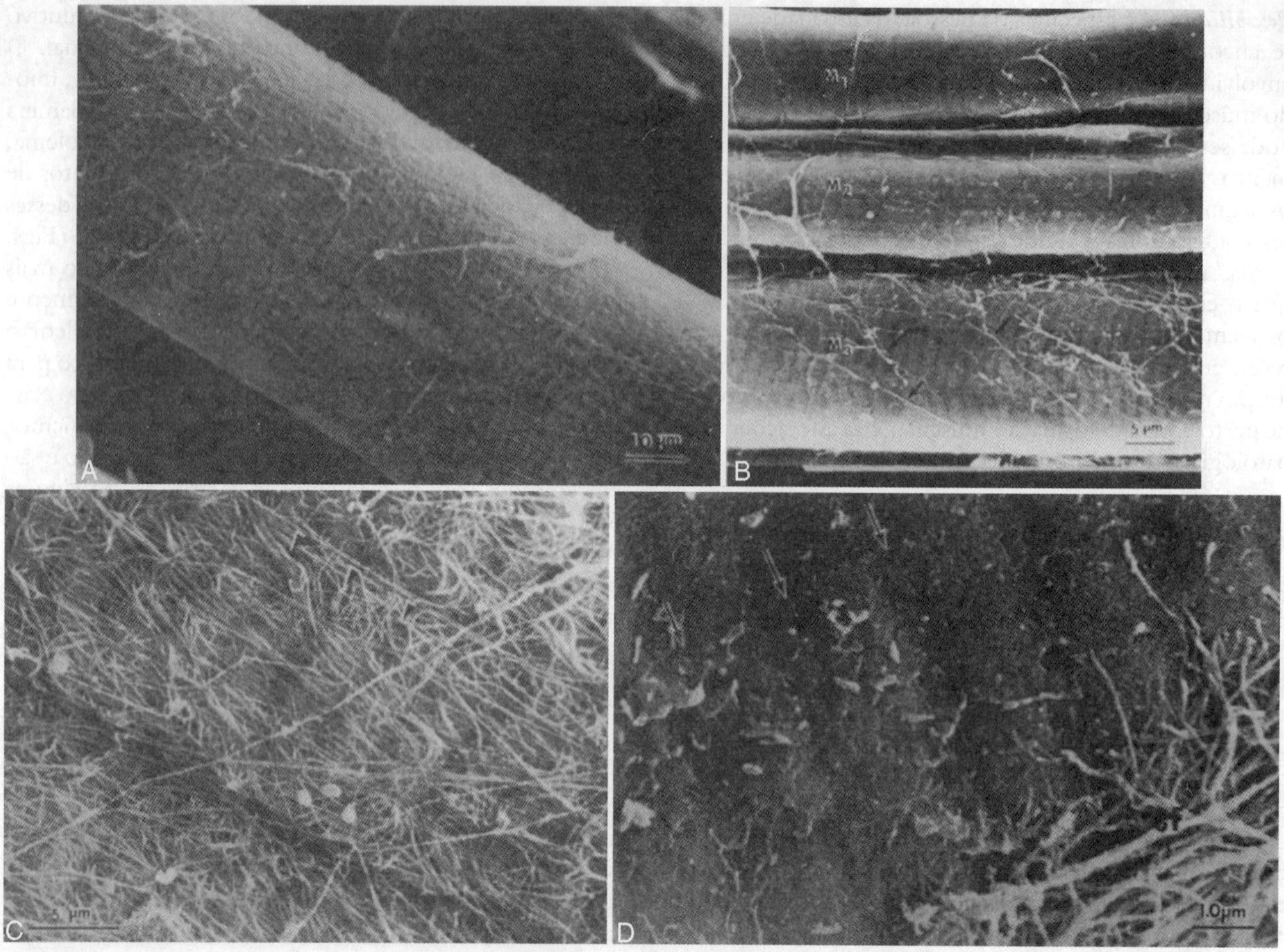

Figura 5.2 **A.** Endomísio fibroso. Fibra do músculo sartório de rã. A superfície da fibra é coberta por uma camada fibrosa, por meio da qual estriações transversas são visíveis. **B.** Preparação seccionada. Músculo sartório de rã (fixado com ácido tânico-OsO_4). As fibras do músculo esquelético (M1, M2, M3) têm a aparência de unidades cilíndricas alinhadas em feixes paralelos. Estriações transversas finas são visíveis ao longo de fibras individuais. Fibras colágenas mais grossas do endomísio se estendem em várias direções sobre as fibras musculares e entre elas (*setas*). **C.** Tecido conjuntivo fibroso do músculo. Camada fibrosa sobre a superfície da fibra do músculo sartório de rã. Fibrilas de colágeno cobrem a fibra muscular e tomam um rumo predominantemente longitudinal. As estriações transversas podem ser vistas através da camada fibrosa (*pontas de seta*). **D.** Aspecto externo da lâmina basal da fibra do músculo sartório de rã usando microscopia eletrônica de varredura (SEM, na sigla em inglês) de baixa potência. A lâmina basal está exposta onde a camada fibrosa (CF) foi retirada. As estriações transversas (*setas*) podem ser vistas com maior clareza na lâmina do que na camada fibrosa. (De Ishikawa H, Sawada H, Yamada E: Surface and internal morphology of skeletal muscle. In Peachey LD, Adrian RH, Geiger SR, editors. *Skeletal muscle*. American Physiological Society, Baltimore, 1983, pp. 1-22.)

de forma mais exclusiva aos septos entre os fascículos e o perimísio.

Elementos contráteis e rigidez muscular

As fibras musculares podem existir em três estados: relaxamento, ativação e rigor.[23] Cada um desses estados é caracterizado por tensão (dos elementos contráteis) e rigidez (a mudança na força ou tensão produzida pela alteração no comprimento). No estado de relaxamento, o músculo não gera força ativa e, portanto, não possui um grau elevado de rigidez na amplitude do comprimento muscular em que ocorre a maioria das ações fisiológicas. Com alongamento suficiente, mesmo o músculo relaxado se mostra mais rígido que o músculo ativado. Contudo, na amplitude fisiológica, na qual a tensão passiva não é alta, a ativação pode aumentar de modo significativo a rigidez.

Há opiniões variadas quanto à contribuição exata de cada um desses elementos para a tensão passiva. Uma grande parte da tensão passiva de um músculo em repouso pode ser decorrente do tecido conjuntivo que fica paralelo às fibras musculares, embora alguma tensão possa ser atribuída a uma pequena proporção de pontes cruzadas entre os filamentos de actina e miosina. Tem sido mostrado que essas pontes cruzadas resistem à deformação na fibra muscular dissecada (fibra muscular na qual todo o tecido conjuntivo foi removido). A quantidade de rigidez ou resistência à deformação fornecida pelas pontes cruzadas aumenta à medida que a velocidade da força de deformação aumenta.[24,25] De acordo com Hill,[26] essas pontes cruzadas são estáveis e podem ter “vida longa”.

Não se conhece a contribuição exata para a rigidez muscular, ou resistência à deformação de cada um dos elementos anatômicos. A contribuição dos elementos contráteis parece estar relacionada com a velocidade de deformação. Enquanto o músculo é deformado ou alongado, a contribuição dos elementos não contráteis para a rigidez aumenta.

Junção miotendínea

É importante um conhecimento básico da anatomia da junção miotendínea, pois investigações clínicas e laboratoriais da morfologia da lesão muscular resultante de deformação ou estiramento indicam que a lesão ocorre nesse local. Essa informação foi bem resumida por Garrett e Lohnes,[27] Garrett e Tidball[28] e Jarvinen et al.[29]

A junção músculo-tendão se dá na extremidade de cada fibra muscular cilíndrica longa. A localização dessa junção, onde as miofibrilas se prendem à membrana celular, confirma a proposição de que ela funciona como local de transmissão de força entre os elementos contráteis e o tecido colágeno não contrátil. Cada célula muscular origina-se e termina com conexões diretas com a junção miotendínea sobre a qual atua (Figs. 5.3A e 5.3B). Essa "conexão" precisa ser capaz de suportar uma força tensiva considerável de até 1.000 kg.[30,31]

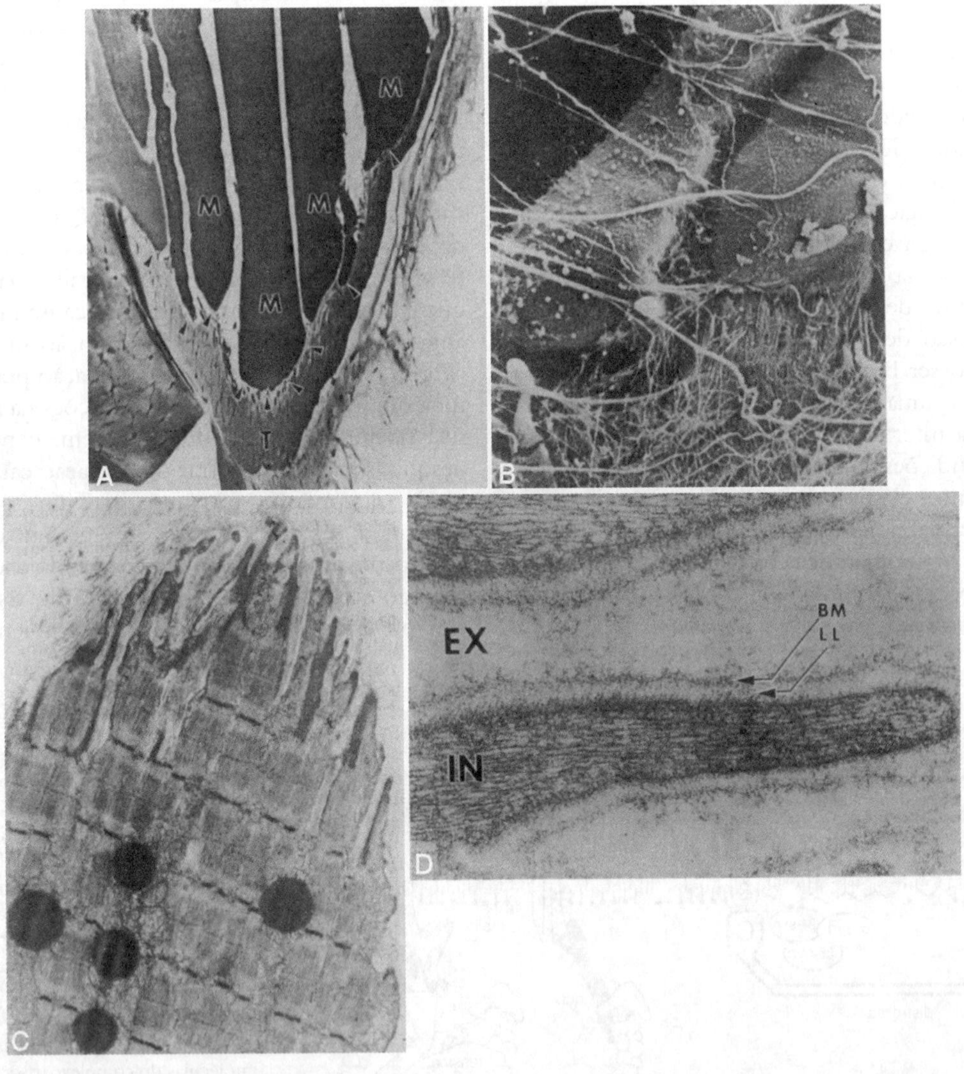

Figura 5.3 **A**. Micrografia óptica de corte longitudinal através de várias células musculares do semitendíneo de rã (*M*) presas ao seu tendão de inserção (*T*) nas junções miotendíneas (*pontas de seta*) (×250). **B**. Duas células musculares do semitendíneo de rã terminando no tendão. Os dois feixes de fibras de colágeno passam do tendão até as extremidades das células cilíndricas (microscopia eletrônica de varredura, *SEM*, ×600). **C**. Corte longitudinal através da junção miotendínea da célula muscular do semitendíneo de rã. Observe que a célula e o tecido conjuntivo ao redor parecem estar interdigitados no final da célula. Veja também que o material fibrilar denso estende-se do disco terminal Z até a zona juncional da membrana plasmática (microscopia eletrônica de transmissão – *TEM*, ×12.500). **D**. Processo único, semelhante a um dedo, do músculo esquelético na junção miotendínea em um corte longitudinal. Observe que os filamentos finos correm ao longo da extensão do processo (*IN*). Externa ao processo (*EX*), a membrana basal (*BM*) é separada da zona juncional da membrana plasmática pela lúcida basal (*LL*) (*TEM*, ×60.000). (*A* de Garrett WE, Tidball J: Myotendinous junction: structure, function and failure. In Woo SL-Y, Buckwalter JA, editors: *Injury and repair of the musculoskeletal soft tissues.* Park Ridge, 1988, American Academy of Orthopaedic Surgeons; *B* a *D* de Tidball JG: Myotendinous junction: morphological changes and mechanical failure associated with muscle cell atrophy, *Exp Mol Pathol* 40:1-12, 1984.)

Para que uma força tensiva tão elevada esteja disponível, cadeias específicas de moléculas denominadas *integrinas* e *complexos de distrofina-glicoproteína* são contidos dentro de cada miofibra. É função dessas integrinas (uma família de receptores de adesão localizados na membrana celular) e dos complexos distrofina-glicoproteína ligarem os elementos contráteis com a matriz extracelular por meio do sarcolema. A maioria das integrinas localiza-se nas junções músculo-tendão em uma estrutura específica chamada *complexo de integrinas associadas*. Isso ocorre em contraste com a distribuição dos complexos de distrofina-glicoproteína que se dá de modo relativamente regular ao longo do sarcolema, embora possam ser mais abundantes nas junções miotendíneas e neuromusculares (Fig. 5.4).[29]

A membrana celular na junção miotendínea é uma interface contínua entre os compartimentos intracelulares e extracelulares, possuindo pregas extensas de modo que a célula e o tecido conjuntivo extracelular parecem estar interdigitados (Fig. 5.3C). A superfície externa da junção miotendínea é coberta por uma membrana basal, contínua e morfologicamente idêntica à membrana basal das outras partes da célula. A região externa da membrana basal, a lâmina reticular, fornece conexões estruturais para as fibras de colágeno do tendão (Fig. 5.3D). Para a transmissão de força através da interface célula muscular-tendão ser bem-sucedida, a célula e o tendão precisam formar uma junção adesiva nesses locais. A carga imposta à interface não pode exceder a força da interface em condições de carga, e as propriedades mecânicas dos elementos elásticos e viscosos precisam permitir que alguma energia mecânica seja transmitida na junção. O papel da junção miotendínea como estrutura transmissora de força, portanto, parece ser confirmado por suas características morfológicas.

As pregas extensas na junção miotendínea são um correlato estrutural importante da magnitude de tensão imposta à junção. Essas dobras aumentam a área de contato de superfície da membrana, o que reduz a tensão sobre a membrana quando a junção é tensionada por contração ou deformação. Como o músculo e a junção miotendínea são estruturas viscoelásticas, seu comportamento sob carga varia com a magnitude, frequência, duração e velocidade da carga. Em virtude dos efeitos dessas forças sobre as estruturas viscoelásticas, pode ocorrer falha na junção com tensões diferentes durante cargas de longa duração e durante cargas de curta duração aplicadas rapidamente.

As pregas na junção miotendínea posicionam a membrana em ângulos baixos relativos aos vetores de força gerados pela contração ou deformação do músculo. Se a membrana não fosse pregueada, a carga ocorreria de maneira tensiva no ângulo reto. Em virtude do ângulo das pregas, ocorrem forças de cisalhamento na membrana. Essas pregas e forças de cisalhamento possibilitam que a junção miotendínea se comporte como uma articulação adesiva. A força de uma articulação adesiva varia com o ângulo da interface. Quanto mais próximo de zero for o ângulo da interface, como na junção miotendínea, mais forte a junção. Tidball e Daniel[32] notaram que a atrofia muscular por desuso causa um aumento no ângulo da interface e falha na junção musculotendínea (Fig. 5.5). Esse aumento na angulação pode resultar em uma diminuição na força ou alterações na superfície adesiva na junção miotendínea, porém, é necessário mais pesquisas para demonstrar uma relação causal.

Os sarcômeros próximos da junção miotendínea tendem a ser mais curtos do que outros sarcômeros dentro do músculo esquelético. Embora esses sarcômeros não sejam diferentes do ponto de vista anatômico, eles precisam funcionar em um "ambiente" diferente.

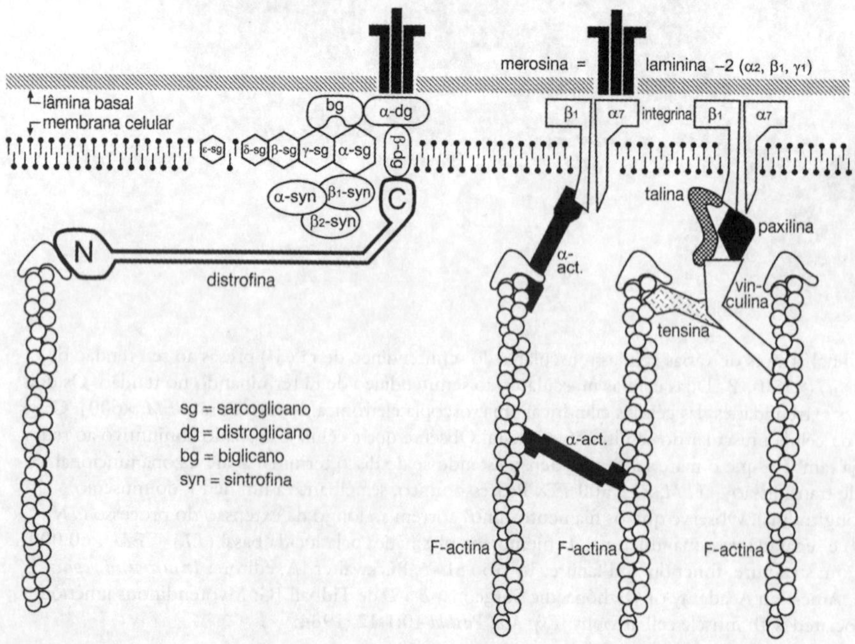

Figura 5.4 Uma representação esquemática da adesão da matriz extracelular (MEC) da miofibra. Cada miofibra contém cadeias específicas de moléculas chamadas *integrinas* e *distrofina*, que ligam o aparelho miofilamentar contrátil à MEC por meio do sarcolema. A maioria das integrinas localiza-se nas junções miotendíneas. A actina sarcomérica liga-se por meio de várias moléculas localizadas abaixo do sarcolema na subunidade β1 da integrina transmembrana específica do músculo α7β1, que liga as proteínas da MEC. As moléculas do complexo associado à distrofina são distribuídas de modo relativamente homogêneo ao longo de todo o sarcolema, embora sejam particularmente abundantes nas junções miotendíneas e nas junções neuromusculares. A proteína contrátil actina liga-se à distrofina, que é então associada a três complexos de proteínas: os distroglicanos, os sarcoglicanos e as sintrofinas. (De Jarvinen TA, Jarvinen TL, Kaariainen M et al. Muscle injuries: biology and treatment, *Am J Sports Med* 33:746, 2005.)

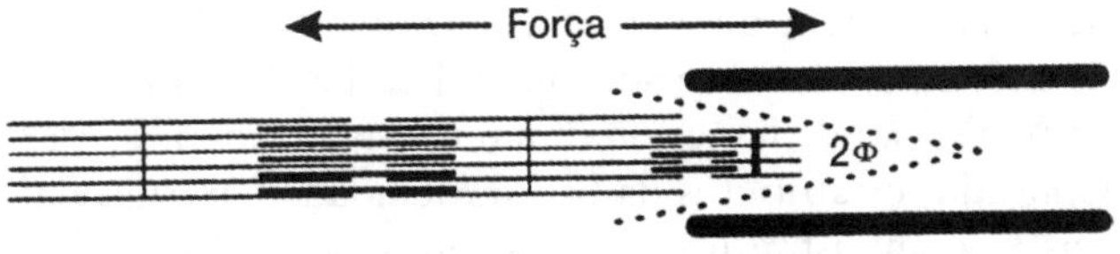

Figura 5.5 Diagrama de uma junção miotendínea. A força muscular é aplicada paralela ao eixo longitudinal dos miofilamentos e fibras de colágeno. A membrana juncional posiciona-se em ângulo com os miofilamentos. (De Tidball JG: The geometry of actin filaments—membrane associations can modify the adhesive strength of the myotendinous junction, *Cell Motil* 3:439-447, 1983. Copyright 1983 John Wiley & Sons, Inc. Reproduzido com permissão.)

Funcionando nesse ambiente (a junção miotendínea), suas propriedades biomecânicas podem ser diferentes daquelas dos sarcômeros que não estão adjacentes à junção miotendínea. Os sarcômeros mais curtos na junção miotendínea têm capacidade de gerar força diminuída, velocidade de contração aumentada e habilidade de modificar o comprimento (deformar-se) diminuída em comparação com outros sarcômeros dentro da mesma fibra muscular. As fibras mais próximas da junção miotendínea distal podem sofrer a maior parte da distensão durante o alongamento.[33] Essa correlação física sugere que a junção miotendínea é primeiro pré-carregada por forças geradas nos sarcômeros terminais e então sujeita a aumentos adicionais na tensão à medida que outros sarcômeros atingem o pico de tensão.[28]

HABILIDADE DE DEFORMAÇÃO E RECUPERAÇÃO

Propriedades do tecido

Como qualquer tecido colágeno, a unidade musculotendínea exibe propriedades físicas e mecânicas quando sofre deformação. Essas propriedades dão ao tecido alta força tensiva, o que permite que esse responda de modo apropriado à carga e à deformação.

Em termos mecânicos, a unidade músculo-tendão funciona como uma estrutura viscoelástica composta.[12,34,35] O comportamento viscoelástico do músculo é mais complexo em virtude dos componentes contráteis encontrados dentro do músculo; contudo, vários dos componentes colágenos não contráteis exibem propriedades viscoelásticas típicas. A propriedade elástica significa que a deformação resultante de uma mudança no comprimento é diretamente proporcional à carga ou força aplicada. Quando a carga é removida, a mudança no comprimento é recuperada completamente (Fig. 5.6A). As propriedades viscosas são caracterizadas por dependerem do tempo e da velocidade de mudança. A velocidade da deformação é diretamente proporcional à força aplicada quando se considera a propriedade viscosa do tecido conjuntivo (Fig. 5.6B). A unidade músculo-tendão combina esses dois padrões, funcionando como uma estrutura viscoelástica (Fig. 5.6C).[36-38] Os comportamentos viscoelásticos explicam muitas das características observadas na unidade músculo-tendão.[34,35]

As propriedades físicas de tensão-relaxamento, deformação e histerese estão intimamente relacionadas com as propriedades viscoelásticas dos tecidos colágenos. Um tecido exibe tensão-relaxamento quando é necessária uma diminuição na força para que ele seja mantido em um comprimento constante ao longo do tempo após ter sido alongado ou deformado; a deformação é caracterizada por uma continuação na deformação em resposta a uma carga mantida.[35,36,38] A resposta de histerese é a quantidade de relaxamento, ou variação na relação carga-deformação, que ocorre dentro de um único ciclo de carga e descarga (colocação e retirada da carga). Durante a histerese, uma quantidade maior de energia é absorvida pelo tecido durante a carga do que é dissipada na descarga, o que resulta em um aumento na temperatura do tecido. Os materiais e tecidos viscoelásticos também exibem dependência da velocidade de distensão, exibindo força tensiva mais elevada nas velocidades de distensão mais rápidas (Fig. 5.7).[35,39,40]

O efeito de cada uma dessas propriedades no músculo foi ilustrado por Taylor, Dalton, Seaber e Garrett[35] usando um modelo animal. O alongamento controlado das unidades músculo-tendão do músculo extensor longo dos dedos e o músculo tibial anterior foi usado no modelo de coelho. A Figura 5.8A apresenta dados

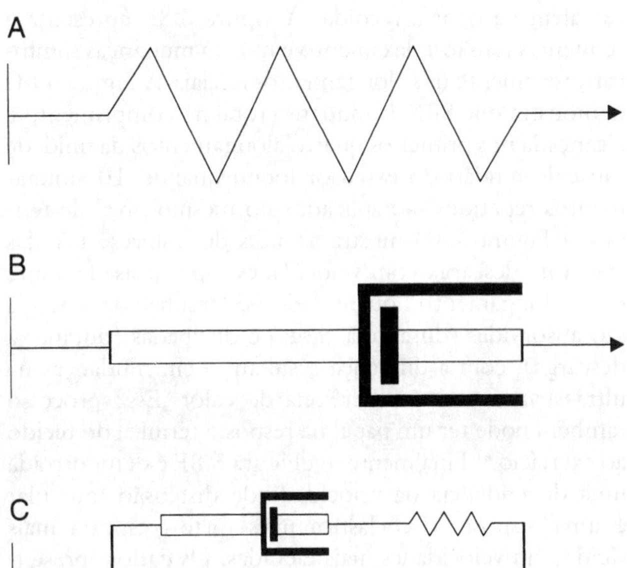

Figura 5.6 A. O corpo de Hooke. A mola perfeita provê um modelo de comportamento elástico. A deformação é proporcional à força. B. O corpo de Newton. O modelo de comportamento viscoso é representado por um pistão ou cilindro hidráulico que contém líquido viscoso. A velocidade de deslocamento do pistão é diretamente proporcional à força. C. O modelo viscoelástico. Uma mola e um pistão são combinados em paralelo ou em série para exibir o comportamento viscoelástico. (De Malone TR, Garrett WE Jr, Zachazewski JE: Muscle: deformation, injury, repair. In Zachazewski JE, Magee DJ, Quillen WS, editors. *Athletic injuries and rehabilitation*. Saunders, Philadelphia, 1996, p. 76.)

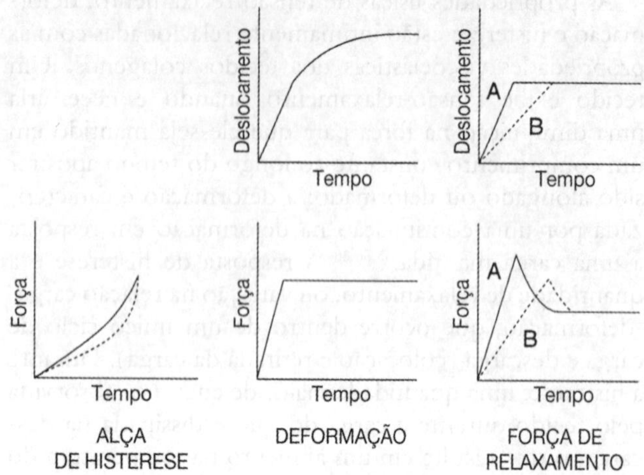

Figura 5.7 Propriedades físicas do colágeno. (De Butler DL, Grood ES, Noyes FR et al.: Biomechanics of ligaments and tendons, *Exerc Sports Sci Rev* 6:126-282, 1979.)

de 10 alongamentos controlados do músculo extensor longo. Cada alongamento atingiu até 10% além do comprimento de repouso. A tensão máxima gerada (resistência à deformação) foi registrada e é apresentada como uma porcentagem do alongamento inicial. As primeiras quatro curvas ou alongamentos mostram uma diferença considerável, porém não são vistas alterações significativas além da quarta medida. A Figura 5.8B apresenta a sequência tensão-relaxamento e mostra mudanças significativas somente nos alongamentos iniciais. A Figura 5.8C demonstra que 80% da mudança total no comprimento é alcançada nos primeiros quatro alongamentos da unidade músculo-tendão do extensor longo quando 10 alongamentos repetidos são aplicados no mesmo nível de tensão; a Figura 5.8D mostra as alças de histerese geradas via carga-descarga com velocidades específicas. Durante cada alongamento, quantidades diferentes de energia são absorvidas (durante a carga) e dissipadas (durante a descarga), com a diferença resultando em mudanças na ultraestrutura ou transferência de calor. Esse processo também pode ter um papel na resposta térmica do tecido ao exercício.[41] Finalmente, na Figura 5.8E é demonstrada uma dependência da velocidade de distensão muscular e uma resposta viscoelástica mais forte (resposta mais rígida) em velocidades mais elevadas. Os dados apresentados por Taylor, Dalton, Seaber e Garrett[35] demonstram que os ciclos iniciais de alongamento e deformação cíclicos são os mais críticos para causar mudanças.

Importância da flexibilidade: impacto na prevenção de lesões

A noção de que uma boa flexibilidade é vital para a saúde, para a função física eficiente e para o desempenho esportivo é uma crença amplamente aceita. Ao longo da história e segundo a tradição, os exercícios de alongamento são parte das rotinas de aquecimento e resfriamento nos esportes. De acordo com a literatura, uma boa flexibilidade tem inúmeros benefícios. Múltiplos relatos na literatura têm afirmado que a boa flexibilidade ajuda na prevenção de lesões ou diminui a sua incidência.[10,42-49] Contudo, os atributos da boa flexibilidade têm sido difíceis de demonstrar nos estudos clínicos quando estes são sujeitos a critérios de pesquisa rígidos. É difícil estabelecer uma verdadeira relação causa-efeito entre flexibilidade e incidência de lesões quando são aplicados critérios de pesquisa rigorosos.[50] Os resultados de estudos tentando demonstrar que a boa flexibilidade influi na eficiência do movimento e favorece o desempenho esportivo são também conflitantes ou inconclusivos.[51-55] O modelo do estudo, sua metodologia, coleta de dados e análise estatística confirmam as conclusões do autor? As questões concernentes a esses fatores e suas conclusões têm feito com que algumas dessas crenças tradicionais sejam desafiadas. Esses desafios foram bem resumidos pela meta-análise das publicações de 1966 a 2002 feita por Thacker, Gilchrist, Stroup et al.[56] e revisões de literatura de Shrier.[57,58]

As contradições na literatura fizeram com que Witvrouw, Mahieu, Daniel et al.[59] denominassem a relação entre alongamento e prevenção de lesões "uma relação obscura". No artigo de revisão, os autores apresentam sua discussão e argumentam que algumas dessas contradições podem ser explicadas considerando-se o tipo de esporte que a pessoa pratica. Eles apresentam uma discussão da literatura que parece confirmar os benefícios positivos do alongamento com respeito à prevenção de lesões nos esportes que requerem ciclos de alongamento-encurtamento de alta intensidade (atividades que envolvem ressaltos e saltos encontradas em esportes como futebol ou futebol americano) em comparação com esportes que têm ciclos de alongamento-encurtamento de baixa intensidade ou limitados (como corrida leve, ciclismo e natação). Uma discussão mais ampla sobre essa literatura está apresentada no Capítulo 25, Amplitude de Movimento Articular e Flexibilidade. A literatura histórica e atual indica que todas as questões relativas ao valor e à importância do alongamento, reais ou subjetivas, ainda não foram respondidas.

Tipos de flexibilidade muscular

É necessária flexibilidade estática e dinâmica nos esportes e em todos os níveis de atividade e função física. DeVries definiu flexibilidade estática como a medida da amplitude de movimento disponível em uma articulação ou série de articulações; e flexibilidade dinâmica como a medida da resistência ao movimento ativo em torno de uma articulação ou uma série de articulações.[11] A resistência do tecido à deformação (rigidez) diminui à medida que a flexibilidade dinâmica aumenta. Como regra geral, a boa flexibilidade estática é um pré-requisito para uma boa flexibilidade dinâmica. Uma boa flexibilidade estática, contudo, não assegura uma boa flexibilidade dinâmica. A flexibilidade dinâmica pode ser crítica para a maximização do desempenho e a eficiência humana, além de minimizar o risco de lesões, em especial nas atividades

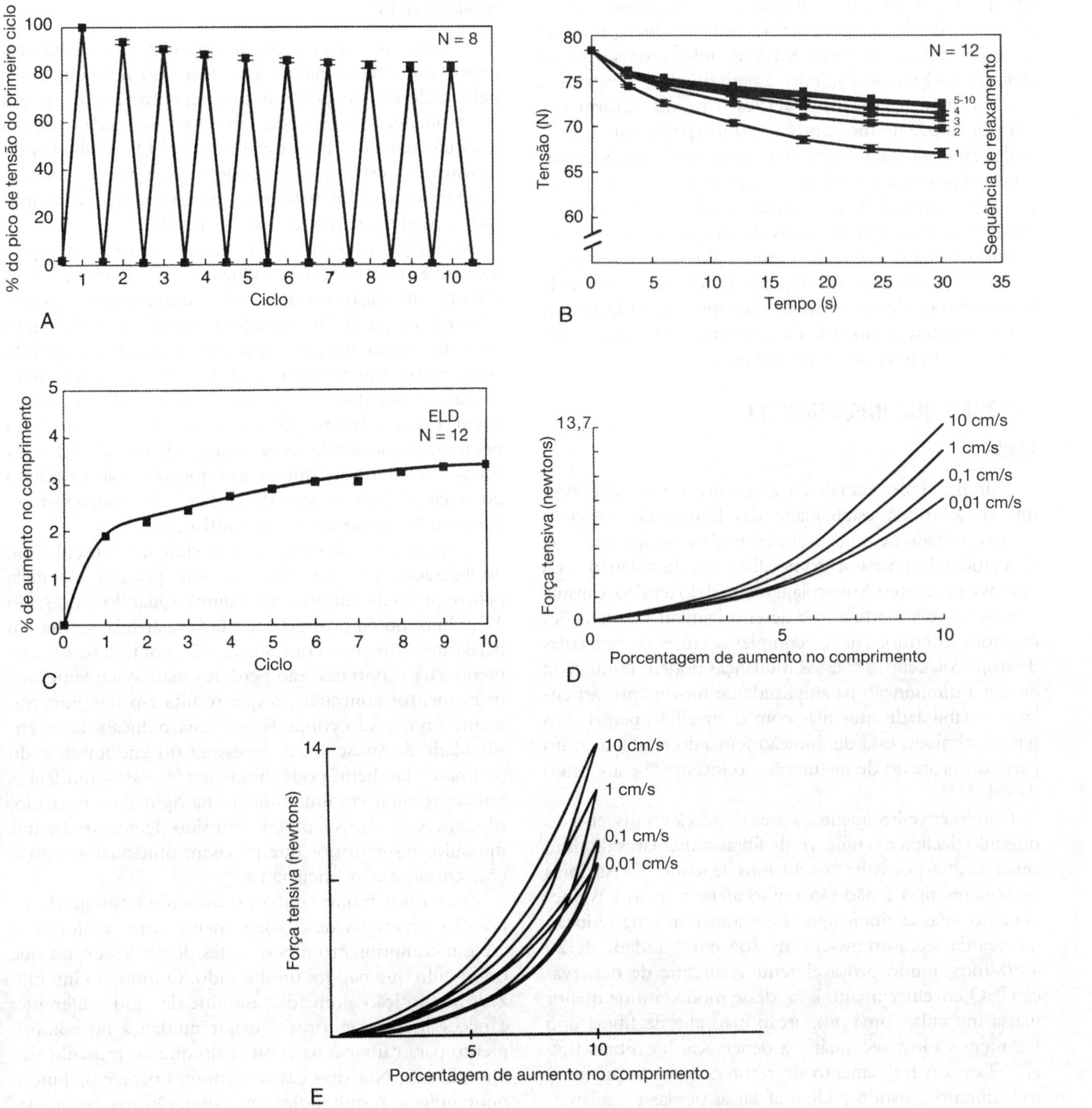

Figura 5.8 A. Curvas de tensão das unidades músculo-tendão do extensor longo dos dedos (ELD) alongadas repetidamente em 10% além do comprimento de repouso. Cada um dos picos de tensão nos primeiros quatro alongamentos mostraram uma diferença estatisticamente significativa ($p < 0{,}05$) dos outros picos de tensão. A diminuição geral da tensão foi de 16,6%. B. Curvas de relaxamento das unidades músculo-tendão do ELD alongadas repetidamente até 78,4 N. As curvas de relaxamento dos primeiros dois alongamentos demonstraram diferenças estatisticamente significativas das outras curvas. Não existem diferenças relevantes nas curvas 4-10. C. Representação gráfica de alongamentos repetidos do ELD com a mesma tensão. Cerca de 80% do aumento no comprimento ocorreu durante os primeiros quatro alongamentos. D. Relações representativas de força-comprimento demonstrando o efeito da velocidade de alongamento em uma única unidade músculo-tendão do tibial anterior (TA). E. Alças de histerese observadas no músculo TA durante a carga e a descarga com velocidades constantes de 0,01; 0,1; 1 e 10 cm/s. (De Taylor DC, Dalton JD, Seaber AV et al.: Viscoelastic properties of muscle-tendon units: the biomechanical effects of stretching, *Am J Sports Med* 18:300-309, 1990.)

des que empregam alta velocidade, como ginástica olímpica, corrida de obstáculos e de curta distância, mas são necessárias mais pesquisas antes de obter uma afirmação definitiva. O tecido conjuntivo periarticular e a estrutura músculo-tendão precisam ser capazes de deformar-se com facilidade no momento necessário para realizar atividades específicas e minimizar a chance de lesão. A importância disso está discutida na revisão de literatura feita por Witvrouw, Mahieu, Danneels et al[59], a qual envolve esportes que requerem ciclos de alongamento-encurtamento de alta intensidade, como a ginástica olímpica. A flexibilidade dinâmica é limitada pela habilidade do tecido conjuntivo de deformar-se rapidamente e com facilidade e pela integração do sistema neuromuscular (elementos contráteis do músculo e sua inervação).[12]

FATORES QUE INFLUENCIAM

Idade

Durante o processo de envelhecimento normal ocorre um aumento da estabilidade das fibrilas de colágeno como resultado de mudanças dentro da substância amorfa fundamental; um aumento no diâmetro do colágeno das fibrilas e no conteúdo de colágeno total do tendão, cápsula e músculo; e a maturação e desenvolvimento de ligações cruzadas intermoleculares complexas entre as moléculas de tropocolágeno.[60-66] Essas mudanças podem traduzir-se em uma diminuição na amplitude de movimento articular e flexibilidade muscular com o envelhecimento. Em termos clínicos, essa diminuição tem sido relatada como parte do processo de maturação no jovem[67,68] e ao longo da vida.[69-73]

Com o envelhecimento, a área de secção transversa do músculo declina e o número de fibras musculares diminui cerca de 39% por volta dos 80 anos de idade.[74,75] As fibras musculares tipo I não são muito afetadas pelo envelhecimento, mas as fibras tipo II demonstram uma redução na área da secção transversa de 26% entre a idade de 20 a 80 anos, muito provavelmente resultante de denervação.[74] O envelhecimento leva, desse modo, a uma menor massa muscular, uma proporção mais alta de fibras tipo I e menos força secundária à denervação de fibras tipo II.[75] Tanto o treinamento de resistência física quanto o treinamento resistido podem afetar as perdas e a adaptação muscular no idoso. O treinamento de resistência física possibilita que as fibras tipo II tornem-se mais aeróbias, enquanto o treinamento resistido feito de modo consistente ao longo do tempo mostra melhora na massa e na força.[75,76] Mudanças no músculo esquelético decorrentes do envelhecimento parecem ser secundárias ao declínio nas demandas sobre o músculo e a falta de atividade física e, portanto, podem ser minimizadas ou mesmo revertidas com o treinamento adequado.[73,75,77,78] Todas as mudanças se traduzem em um aumento no conteúdo de colágeno e tecido conjuntivo em relação aos complexos de actina-miosina e na capacidade de gerar força. Existe uma maior possibilidade de rigidez muscular e perda de flexibilidade com menos força e subsequente declínio na função física.

Imobilização

A duração e a posição da imobilização são fatores importantes relacionados à resposta do músculo e sua habilidade de recuperar as características contráteis e a flexibilidade. O efeito da imobilização rígida sobre o músculo tem sido bem detalhado.[79-83] Os resultados do movimento restrito, no qual não se permite que a articulação e os músculos associados se movimentem na amplitude completa, não estão bem estudados.

Na junção miotendínea tendem a ocorrer alterações induzidas pela tensão produzida pela imobilização.[28] Ocorre um ajuste no número e comprimento dos sarcômeros na junção miotendínea quando a imobilização imposta está na posição encurtada ou alongada. Quando o músculo é imobilizado na posição alongada, sarcômeros são acrescentados, e quando é imobilizado na posição encurtada, sarcômeros são perdidos.[79-81,83,84] A mudança no número de sarcômeros começa dentro de 12 a 24 horas e continua até que ocorra normalização da tensão por meio da recuperação da mobilidade. Ocorrem também mudanças no tecido conjuntivo.

A adaptação biológica ao crescimento muscular ou imobilização do músculo em uma posição alongada ocorre perto da junção miotendínea. Quando o músculo é imobilizado na posição encurtada, a atrofia resulta em perda de elementos contráteis e não contráteis. Os elementos não contráteis são perdidos mais lentamente que os elementos contráteis, o que resulta em um aumento relativo no tecido conjuntivo e uma redução na extensibilidade do músculo. A espessura do endomísio e do perimísio também pode aumentar.[66] Essas mudanças podem resultar em um aumento na rigidez do músculo. Mudanças similares também têm sido demonstradas nos músculos respiratórios que precisam funcionar em posições cronicamente encurtadas.[85]

Em termos biomecânicos, o músculo imobilizado na posição encurtada desenvolve menos força e alonga-se até um comprimento menor antes de ser lesado do que o músculo que não foi imobilizado. O músculo imobilizado na posição alongada responde de modo diferente; é necessária maior força e maior mudança no comprimento para causar uma ruptura do que no músculo não imobilizado. Nos dois casos, a ruptura ocorre na junção miotendínea, o que indica uma alteração nas propriedades mecânicas da junção. Claramente, o fator principal na determinação da natureza da mudança na junção miotendínea é a posição da imobilização.[28]

Temperatura

A temperatura tem um efeito profundo nas propriedades físicas e mecânicas do colágeno (Fig. 5.9). Os tecidos colágenos têm uma relação inversa de temperatura-módulo elástico, em especial nas temperaturas mais elevadas.[86-91] Historicamente, numerosos pesquisadores exploraram os efeitos das temperaturas terapêuticas (que têm um limite superior de 45°C) e da carga sobre a extensibilidade do colágeno, usando o tendão como

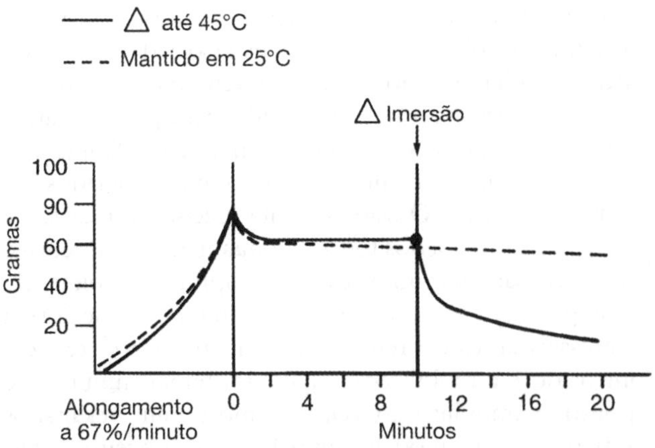

Figura 5.9 Efeito da temperatura na resposta ao relaxamento da força. (De Lehmann JF, Masock AJ, Warren CG et al.: Effect of therapeutic temperatures on tendon extensibility, *Arch Phys Med Rehab* 51:481-487, 1970.)

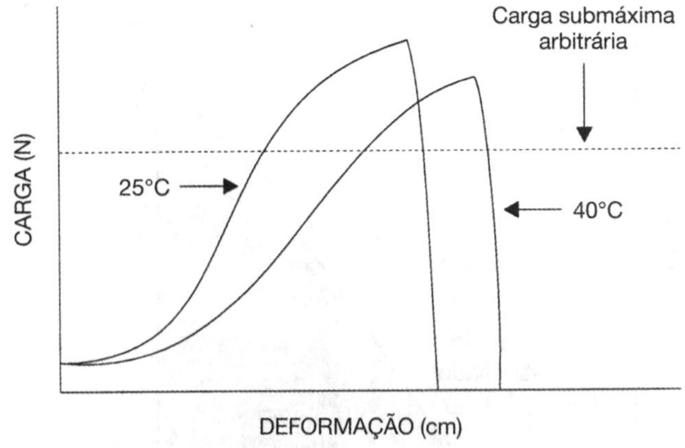

Figura 5.10 Os efeitos biomecânicos do aquecimento de um músculo. O músculo aquecido atinge uma carga submáxima arbitrária com um comprimento maior do que o músculo frio. (De Noonan TJ, Best TM, Seaber AV et al.: Thermal effects on skeletal muscle tensile behavior, *Am J Sports Med* 21:517-522, 1993.)

modelo. Todos demonstraram que a elevação da temperatura resulta em aumento da elasticidade e diminuição da rigidez ao tentar-se deformar o tecido conjuntivo.[92-96]

Estudos feitos em músculos mostram uma relação similar usando o músculo tibial anterior e extensor longo dos dedos em um modelo de coelho.[97,98] Embora cada estudo tenha usado uma temperatura de testagem diferente (39°C *versus* 35°C[92]; 25°C *versus* 40°C[93]), foi conseguido um aumento significativo no comprimento ou na deformação antes da falha pelos músculos mais aquecidos, nos dois estudos. Os efeitos térmicos no estudo completado por Noonan, Best, Seaber e Garrett[98] eram dependentes da velocidade de imposição da carga e do estado contrátil do músculo. A rigidez e a energia absorvida até a falha eram significativamente mais altas nos músculos mais frios, sugerindo que o aquecimento de um músculo pode conferir um efeito protetor contra lesão muscular por estiramento. Os músculos aquecidos precisam sofrer maior deformação antes da falha, o que é vantajoso na prevenção de lesão. Um músculo aquecido é menos rígido que um músculo frio e desenvolve menos força para uma determinada deformação. Assumindo que uma força crítica precisa ser alcançada para que uma lesão ocorra, pode-se adquirir alguma proteção com o músculo "quente" e sua habilidade de sofrer maior deformação (Fig. 5.10). Contudo, ainda não está claro se o fator crítico na causa da lesão é a distensão ou a carga. Se o fator crítico for a distensão, um músculo aquecido pode ser propenso à lesão, pois sofre maior deformação para atingir uma determinada carga. Mais pesquisa é necessária nessa área.

Um aumento na temperatura intramuscular pode ser produzido por diferentes formas de aquecimento externo (fatores ambientais ou usando modalidades terapêuticas)[99] ou por meio da contração muscular. As pesquisas mostram que o exercício pode aumentar a temperatura intramuscular[100-102]; contudo, tem sido mostrado que o exercício geral não aumenta a temperatura intramuscular acima de 39°C, porque o corpo mantém o equilíbrio de temperatura por meio dos mecanismos normais de produção e dissipação de calor. Desse modo, o exercício sozinho pode não ser suficiente para aumentar a temperatura intramuscular o suficiente para influenciar o comportamento viscoelástico e a absorção de energia passiva. Apesar desse fato, Safran, Garrett, Seaber et al.[41] foram capazes de alterar a quantidade de alongamento que um músculo pode suportar antes da falha em um modelo *in vitro* aquecendo o músculo 1°C e induzindo uma única contração isométrica.

Contração: impacto da força e resistência física

A força do músculo é definida como sua habilidade máxima de produzir uma força de contração. A força muscular por si não limita a flexibilidade ou a habilidade do músculo de alongar-se. O músculo forte pode prover um mecanismo de proteção pelo qual é minimizada a chance de uma lesão por estiramento muscular. Um equilíbrio apropriado de força e flexibilidade precisa ser obtido pela pessoa ativa para ter máxima proteção.

Garrett e associados[103] examinaram as propriedades biomecânicas do músculo passivo (relaxado) e ativo (estimulado) alongando-o rapidamente até a falha em um modelo animal. Foram examinados os parâmetros de força para falha, mudança no comprimento até a falha, local da falha e energia absorvida antes da falha. Em um modelo de coelho, o músculo extensor longo dos dedos foi tracionado até a falha enquanto era estimulado eletricamente (tétano ou somação de ondas – submáxima) ou enquanto estava em um estado relaxado ou passivo. O músculo estimulado requereu uma força significativamente maior para ocorrer a falha e absorveu mais energia antes da falha do que o músculo passivo, não estimulado. Todos os músculos foram lesados na junção miotendínea distal e não demonstraram diferença no comprimento para falha (Fig. 5.11). O músculo estimulado ao máximo

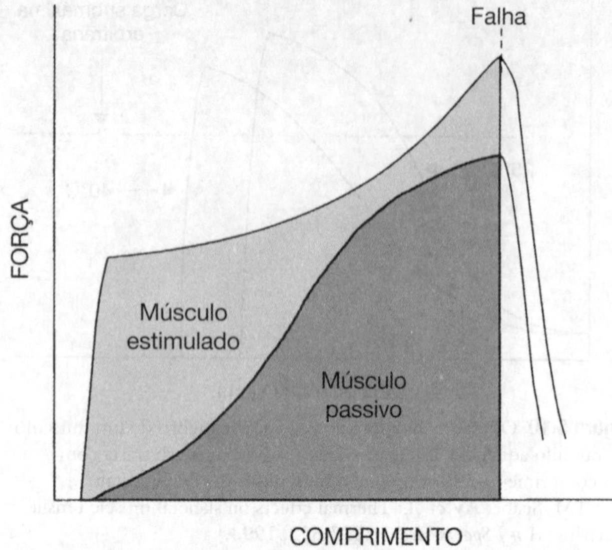

Figura 5.11 Diferenças na energia relativa absorvida até a falha no músculo estimulado *versus* passivo, mostradas de modo esquemático na área embaixo de cada curva comprimento-tensão. (De Garrett WE, Safran MR, Seaber AV et al.: Biomechanical comparison of stimulated and nonstimulated skeletal muscle pulled to failure, *Am J Sports Med* 15:448-454, 1987.)

absorveu mais energia antes da falha do que o músculo estimulado de forma submáxima. Um músculo que pode contrair-se de modo forte e efetivo é bem preparado para absorver energia. Um músculo que está desenvolvendo mais força está absorvendo mais energia enquanto se alonga no mesmo grau. Esse pode ser um fator na prevenção da lesão muscular por estiramento.[103]

Se um músculo forte é capaz de absorver maior energia e requer a imposição de maior força sobre ele antes da falha, aparentemente o treinamento de força e o treinamento de resistência muscular à fadiga têm um papel na prevenção de lesões musculares por estiramento. Embora um músculo que seja estimulado de modo submáximo requeira uma força maior para falha e absorva maior energia do que um músculo relaxado, sua capacidade de resistir à lesão não é tão grande quanto a de um músculo estimulado de forma tetânica.[104] Portanto, quanto maior a força e a capacidade de resistência à fadiga do músculo, menor a possibilidade de ser lesado. A leitura do trabalho de Hassleman, Best, Seaber e Garrett[104] também pode levar à hipótese de que a habilidade do músculo de suportar a carga excêntrica é um fator crítico na habilidade de prevenir lesões por estiramento parcial do músculo que ocorrem dentro da faixa fisiológica disponível. Com base nessa hipótese, a incorporação do exercício excêntrico e o treinamento de força parecem ser integrais na prevenção e no tratamento de lesões por estiramento muscular.

A força muscular não limita a flexibilidade muscular, desde que o atleta seja diligente em um programa de flexibilidade ativa. Alterações na força do tecido conjuntivo resultantes da hipertrofia das fibras de colágeno não diminuem a habilidade do tecido de deformar-se, mas aumentam sua rigidez e resistência à deformação.

Se ocorreu lesão, o fisioterapeuta precisa lembrar-se dos fatores fisiológicos e funcionais associados ao tecido lesado e a tolerância do tecido para tensão e deformação. O exercício resistido leve designado para prevenir atrofia muscular e perda de resistência muscular à fadiga e os exercícios de alongamento suave devem ser iniciados 3 a 4 dias após a lesão. O fisioterapeuta precisa lembrar-se de que após a lesão, menos força e alongamentos mais curtos podem causar uma nova lesão ou ruptura completa. As forças precisam ser controladas e aumentadas de forma progressiva antes do retorno à competição. O exercício controlado e a mobilização, após um tempo mínimo de repouso e imobilização relativa, mostraram resultados positivos em um modelo animal. Esses conceitos estão discutidos de forma mais profunda adiante neste capítulo.

LESÃO

Localização e fisiopatologia

Quando ocorre uma lesão por estiramento muscular, é porque a tensão gerada excedeu a capacidade tensiva do elemento estrutural mais fraco.[105] Tem-se mostrado que essas lesões musculares indiretas, causadas por alongamento ou por uma combinação de ativação muscular e alongamento, ocorrem perto da região da junção miotendínea[15-18,105] e, mais recentemente, dentro de áreas aleatórias do ventre muscular.[104] As lesões por estiramento muscular mais frequentes ocorrem nos músculos que cruzam duas articulações, tais como o gastrocnêmio, complexo dos isquiotibiais, grácil e reto femoral.[106,107]

Embora esses estudos *in vitro* tenham usado modelos animais, estudos subsequentes com tomografia computadorizada (TC) e imagem por ressonância magnética (IRM) mostraram resultados similares em mais de 50 pacientes (Fig. 5.12).[108] A IRM mostrou que um líquido visto com sinal de alta intensidade acumula-se no local do comprometimento (a junção miotendínea) e então penetra ao longo do epimísio, às vezes saindo através do epimísio ou do tecido subcuticular. O tecido muscular mais afastado da junção miotendínea também mostrou mudanças de sinal consistentes com edema e inflamação. Essas lesões podem resultar em ruptura completa ou incompleta.

O comprometimento das fibras ocorre perto da junção miotendínea e não necessariamente na própria junção (Fig. 5.13). O comprometimento em geral ocorre a uma curta distância do tendão, variando de 0,1 mm a vários milímetros.[27,28] A resposta à lesão na junção miotendínea é limitada à área da lesão e costuma ser de natureza extremamente focal. Pensa-se que o defeito estrutural inicial básico nesse tipo de lesão seja um comprometimento localizado no sarcolema da fibra muscular, criado pela força de alongamento.[109] Algumas pesquisas atuais também sugerem que após um estiramento muscular agudo, uma barreira intracelular pode restringir de modo efetivo a resposta à lesão para menos de 500 μm do local inicial de ruptura.[110,111]

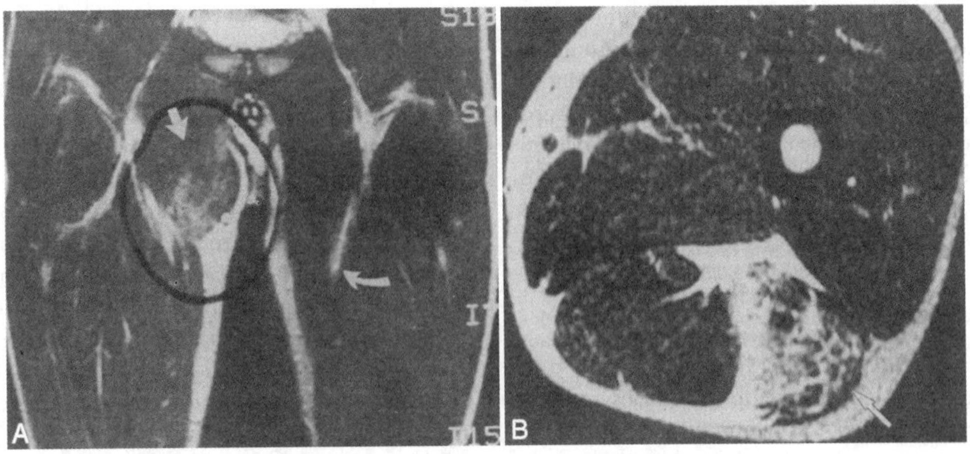

Figura 5.12 A. Uma imagem de RM coronal ponderada em T_2 (tempo de repetição, 2000 ms; tempo de eco, 70 ms) de um estiramento do músculo adutor longo distal grau III com retração proximal (*seta reta*). O contorno normal do adutor longo é mostrado pela seta curva. Observe o sinal intenso dentro do músculo retraído. **B.** Uma imagem de RM axial ponderada em T_2 (tempo de repetição, 2200 ms; tempo de eco, 70 ms) de um estiramento do bíceps femoral (*seta*). Está presente o envolvimento do músculo inteiro com edema e inflamação. O líquido com sinal de alta intensidade vazou do epimísio e fez contato com as estruturas adjacentes. Os músculos bíceps femoral e semitendíneo compartilham um tendão de origem comum situado entre os dois ventres musculares. As mudanças mais intensas no bíceps femoral podem ser vistas perto do tendão. (De Speer KP, Lohnes J, Garrett WE: Radiographic imaging of muscle strain injury, *Am J Sports Med* 21:89-96, 1993.)

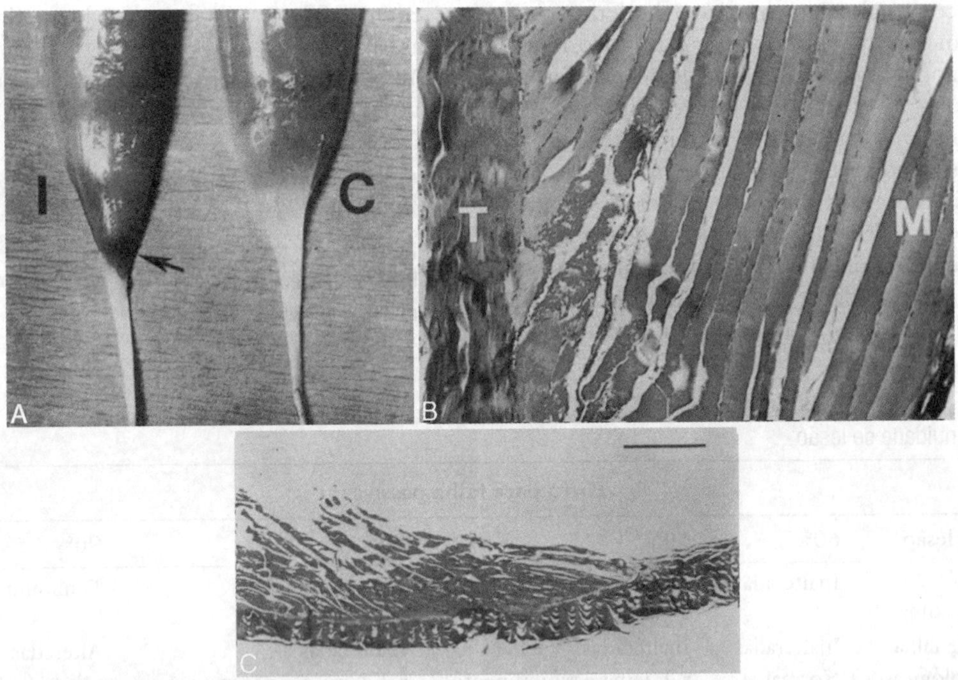

Figura 5.13 A. Aparência macroscópica do tibial anterior de um coelho após uma lesão por estiramento controlado. Uma pequena hemorragia (*seta*) é visível na ponta distal do músculo lesado com 24 horas. *I*, lesado; *C*, controle. **B.** Aparência histológica do tibial anterior imediatamente após a lesão por estiramento mostrando ruptura limitada das fibras mais distais perto da junção musculotendínea junto com a hemorragia. *T*, tendão; *M*, fibras musculares intactas. Coloração de Masson (×100). **C.** Avulsão completa das fibras musculares a partir da junção miotendínea. O tendão está na margem inferior. Cerca de 2 mm de fibra muscular permanecem presos ao tendão [bar (g) = 1 mm]. (*A e B* de Nikolaou PK, MacDonald BL, Glisson RR et al.: Biomechanics and histological evaluation of muscle after controlled strain, *Am J Sports Med* 5:9-14, 1987; *C* de Garrett WE, Tidball J: Myotendinous junction: structure, function and failure. In Woo SL-Y, Buckwalter JA, editors. *Injury and repair of the musculoskeletal soft tissues.* American Academy of Orthopaedic Surgeons, Park Ridge, 1988.)

Após a falha, as fibras musculares podem ainda ficar presas ao tendão. Não se sabe no momento como isso pode relacionar-se com as pregas da membrana, ângulo de carga da junção ou aumento na rigidez do sarcômero terminal na junção miotendínea. Embora a lesão ocorra dentro da região de extensibilidade limitada e sejam notadas diferenças estruturais, faltam estudos completos detalhados dessa área anatômica.

Limiar e continuidade

Hassleman, Best, Seaber e Garrett[104] mostraram que existe um limiar e uma continuidade nas lesões induzidas por alongamento ativo (alongamento do músculo estimulado e em contração) no modelo animal. Ocorre primeiro o comprometimento das fibras e o comprometimento do tecido conjuntivo se dá somente com uma deformação muscular mais ampla. Em coelhos, os músculos tibiais anteriores e os músculos longos dos dedos foram alongados ativamente a 10 cm por segundo até 60%, 70%, 80% ou 90% da força necessária para falha passiva. Os efeitos sobre a força contrátil isométrica máxima, propriedades tensivas e mudanças histológicas estão resumidos na Tabela 5.1 e nas Figuras 5.14, 5.15 e 5.16. Esse estudo, que induziu lesão parcial, fornece evidências de que a lesão com o alongamento ativo é seletiva, com o comprometimento das fibras musculares ocorrendo antes do dano ao tecido conjuntivo. A lesão ocorreu na junção miotendínea e dentro do ventre muscular. Foi demonstrado um limiar para lesão por alongamento ativo e, talvez o mais importante, a lesão foi produzida dentro da faixa fisiológica dos músculos extensores longos dos dedos testados. A lesão foi inicialmente demonstrada na junção miotendínea distal e nas fibras distais perto da junção. A gravidade do dano das fibras musculares progredia à medida que a força aumentava nos grupos de 70%, 80% e 90%. A lesão do ventre muscular estava associada às lesões com forças mais elevadas e sua gravidade também progredia à medida que a força aumentava. O comprometimento do tecido conjuntivo foi demonstrado somente na maior intensidade de força (90%).

O mecanismo de lesão usado nesse estudo simulou o mecanismo mais comum visto na clínica, o alongamento ativo, que normalmente não resulta em ruptura completa do músculo. A mudança histológica vista nas fibras musculares distais e parte média do ventre muscular podem explicar por que alguns atletas queixam-se de dor muscular difusa após uma lesão por estiramento muscular. O fato dos elementos contráteis terem sido envolvidos e lesados primeiro e a lesão dos elementos de tecido conjuntivo não ocorrer até forças mais elevadas serem impostas aos músculos pode ajudar a concentrar os esforços de prevenção e reabilitação nas estruturas apropriadas.[104]

Reparo e regeneração

Rupturas musculares incompletas são mais comuns do que rupturas completas.[28] O processo de lesão e reparo é similar ao encontrado em outros tecidos colágenos, com a exceção da ativação de células satélites.[18,112-117] Esse processo foi revisto e resumido por Huard, Li e Fu[118] e mais recentemente por Jarvinen, Jarvinen, Kaarianen et al.[29] (Figs. 5.17 e 5.18).

Após a lesão, o processo de cicatrização inicia dois eventos competitivos, a regeneração das fibras musculares

Estágios da cicatrização do músculo

- Destruição
- Reparo/regeneração
- Remodelamento

Tabela 5.1 Continuidade de lesão

	Força para falha passiva			
Parâmetro de lesão	**60%**	**70%**	**80%**	**90%**
Força contrátil isométrica máxima	Inalterada	Diminuiu 20%	Diminuiu 50%	Diminuiu 80%
Propriedades de falha	Inalteradas	Inalteradas	Inalteradas	Alteradas
Mudanças histológicas	Normal	▪ Edema e sangramento ▪ Células inflamatórias ▪ Comprometimento focal nas fibras da junção miotendínea ▪ Ventre muscular normal	▪ Edema e sangramento ▪ Células inflamatórias ▪ Comprometimento moderado nas fibras da junção miotendínea ▪ Comprometimento aleatório das fibras no ventre muscular	▪ Edema e sangramento ▪ Células inflamatórias ▪ Comprometimento importante nas fibras da junção miotendínea ▪ Comprometimento disseminado de fibras no ventre muscular ▪ Comprometimento do tecido conjuntivo

De Hasselman CT, Best TM, Seaber AV et al.: A threshold and continuum of injury during active stretch of rabbit skeletal muscle, *Am J Sports Med* 23:65-73, 1995.

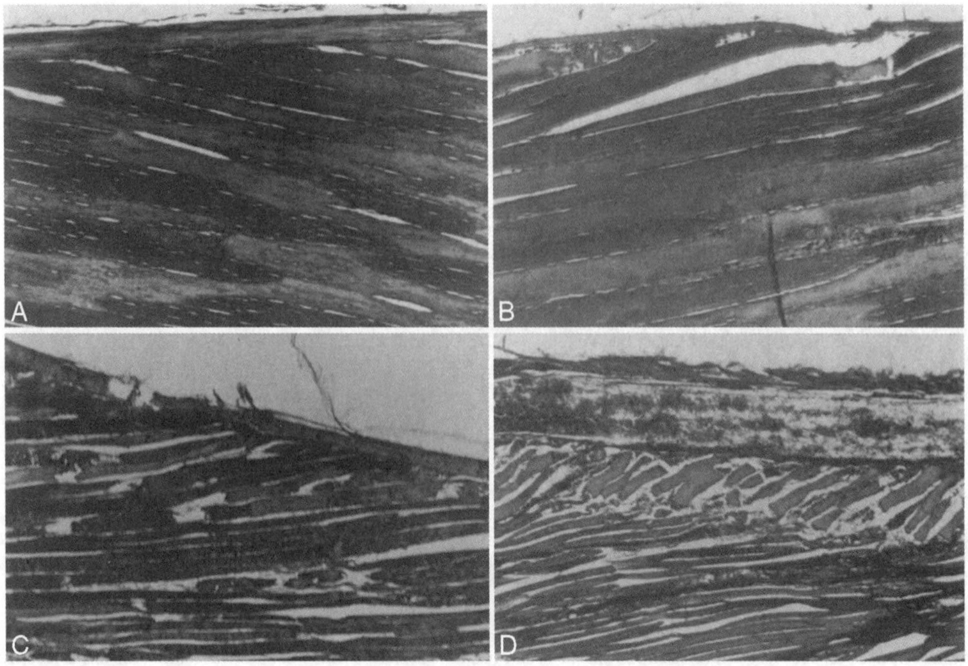

Figura 5.14 Micrografias ópticas longitudinais mostram a junção músculo-tendão distal para diferentes grupos de estiramento usando coloração tricrômica. Tanto o músculo tibial anterior quanto o extensor longo dos dedos têm características morfológicas similares em cada grupo. **A.** O grupo de 60% mostrou achados normais. **B.** O grupo de 70% mostrou hemorragia, edema, células inflamatórias e comprometimento focal das fibras. **C.** O grupo de 80% mostrou achados similares aos do grupo de 70%, porém o dano era mais disseminado. **D.** O grupo de 90% revelou dano ao tecido conjuntivo além de comprometimento significativo das fibras musculares. (De Hasselman CT, Best TM, Seaber AV et al.: A threshold and continuum of injury during active stretch of rabbit skeletal muscle, *Am J Sports Med* 23:65-73, 1995.)

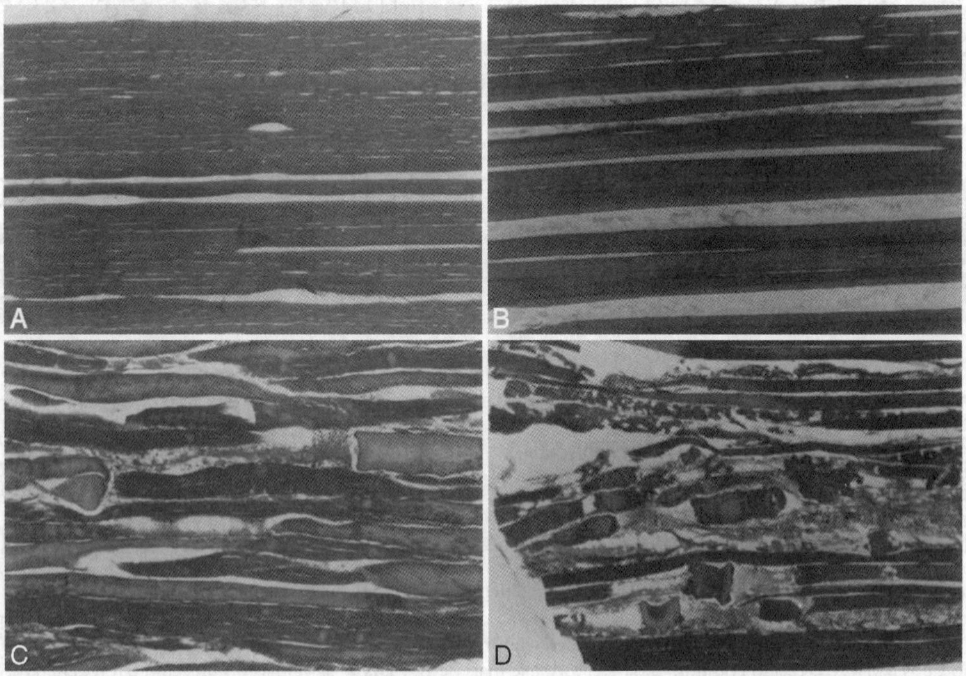

Figura 5.15 As micrografias ópticas longitudinais mostram o ventre muscular distal para os diferentes grupos de estiramento usando coloração tricrômica. Os tendões do extensor longo dos dedos e tibial anterior tinham morfologia similar nos diferentes grupos. **A.** O grupo de 60% mostrou achados normais. **B.** O grupo de 70% mostrou edema separando as fibras musculares. **C.** O grupo de 80% mostrou comprometimento aleatório das fibras, edema, células inflamatórias e hemorragia. **D.** O grupo de 90% revelou dano ao tecido conjuntivo junto com o dano das fibras musculares, edema, células inflamatórias e hemorragia. (De Hasselman CT, Best TM, Seaber AV et al.: A threshold and continuum of injury during active stretch of rabbit skeletal muscle, *Am J Sports Med* 23:65-73, 1995.)

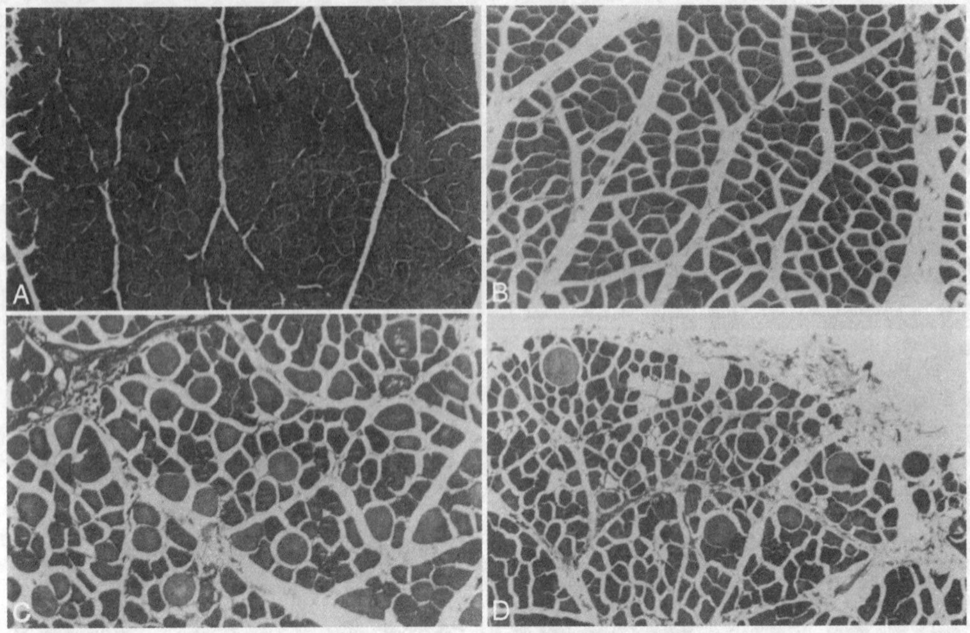

Figura 5.16 Micrografias ópticas da secção transversa mostram a porção média do ventre muscular do tibial anterior em diferentes grupos de estiramento usando coloração tricrômica. **A.** Uma anatomia normal foi observada no grupo de 60%. **B.** Foi notado edema no grupo de 70%. **C.** O grupo de 80% apresentou hemorragia, edema e numerosas células arredondadas levemente coradas que tinham duas a três vezes o tamanho normal. **D.** O grupo de 90% era similar ao grupo de 80%, exceto pelo fato de que foi também notado dano no tecido conjuntivo. (De Hasselman CT, Best TM, Seaber AV et al.: A threshold and continuum of injury during active stretch of rabbit skeletal muscle, *Am J Sports Med* 23:65-73, 1995.)

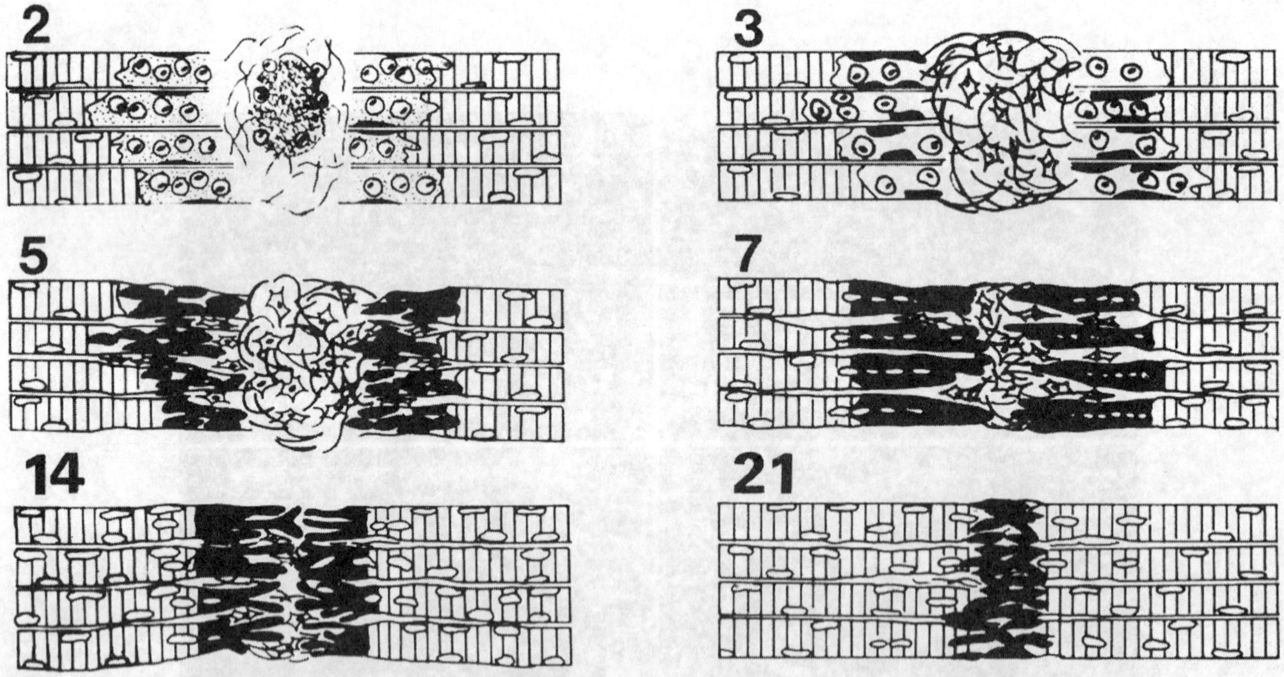

Figura 5.17 Ilustração esquemática da cicatrização do músculo esquelético. Dia 2: partes necrosadas das miofibras seccionadas estão sendo removidas por macrófagos enquanto, ao mesmo tempo, inicia-se na zona central (ZC) a formação da cicatriz de tecido conjuntivo pelos fibroblastos. Dia 3: células satélites tornaram-se ativadas dentro dos cilindros da lâmina basal na zona de regeneração (*ZR*). Dia 5: os mioblastos são fundidos em miotubos na ZR e o tecido conjuntivo da ZC torna-se mais denso. Dia 7: as células do músculo em regeneração estendem-se dos cilindros velhos da lâmina basal para dentro da ZC e começam a penetrar na cicatriz. Dia 14: a cicatriz da ZC condensa-se ainda mais e reduz de tamanho, enquanto as miofibras em regeneração fecham o espaço da ZC. Dia 21: as miofibras entrelaçadas estão praticamente fundidas com o tecido conjuntivo (cicatriz) interposto entre elas. (De Jarvinen TA, Jarvinen TL, Kaariainen M et al.: Muscle injuries: biology and treatment, *Am J Sports Med* 33:747, 2005.)

e a produção de tecido cicatricial fibroso (reparo).[113,114] Durante esse processo estão presentes três fases: destruição, reparo e remodelamento.

Destruição

Logo após a ruptura, ocorrem hemorragia e edema. Em seguida, são notadas alterações degenerativas e necrose, mas são confinadas ao local de lesão. Confinar a necrose à área de lesão é uma função crítica do material citoesquelético, que se condensa em uma banda de contração (Fig. 5.19).[110,111] É iniciada uma reação inflamatória à medida que a área necrótica vai sendo invadida por macrófagos para limpar resíduos e linfócitos T, que secretam citocinas e fatores de crescimento.[118] A resposta inflamatória é acelerada por moléculas adesivas (P, L e E-selectina) e citocinas (interleucinas e fator alfa de necrose tumoral). Os fatores de crescimento (fator de crescimento tipo insulina 1 [IGF-1], fator de crescimento de hepatócito [HGF], fator de crescimento epidermal [EGF], fatores de crescimento transformadores [TGF-A e TGF-B] e fatores de crescimento derivados de plaquetas [PDGF-AA e PDGF-BB] auxiliam na regulação da diferenciação e proliferação dos mioblastos para dar suporte ao reparo e regeneração muscular.[118] Ao mesmo tempo, células satélites tornam-se ativadas e são transformadas depois em células mioblásticas, miotubos e novas fibras musculares (Figs. 5.20 e 5.21).

Cicatrização e remodelamento

Assim que a "destruição" começa a diminuir, a regeneração e a fibrose (reparo), que são dois eventos competitivos, iniciam-se ao mesmo tempo. Esses eventos precisam permanecer em equilíbrio para que ocorra recuperação completa e foram bem resumidos por Jarvinen, Jarvinen, Kaariainen et al.[29] A Tabela 5.2 apresenta um cronograma para alguns desses eventos e seu impacto na habilidade muscular contrátil, pico de carga e alongamento para ruptura.

A regeneração em geral começa 3 a 6 dias após a lesão e atinge o pico por volta do 7º ao 14º dia. A regeneração das miofibras é resultado tanto das características intrínsecas da própria fibra quanto de um evento secundário, à medida que a fibra tem acesso a um conjunto de células satélites. Essas células satélites estão disponíveis para as miofibras embaixo da lâmina basal das fibras musculares além das células satélites "tronco". As células se proliferam e depois se diferenciam em mioblastos e por fim formam miotubos multinucleados. Essa ativação e regeneração das fibras musculares ocorre nos dois lados da falha/lesão. Os miotubos multinucleados então tentam unir a miofibra lesada no lado oposto da lesão para completar o reparo e permitir que a função seja recuperada.[117,119] São formados múltiplos ramos pelas miofibrilas sobreviventes de cada lado da falha da lesão e da cicatriz de tecido conjuntivo. Esses ramos tentam penetrar no tecido cicatricial que está entre eles (Fig. 5.22).[111] O que não se sabe até o momento é se as pontas dos miotubos seccionados fundem-se umas com as outras ou formam-se junções músculo-tendão em miniatura com algum tipo de tecido conjuntivo entre elas[119,120] Essa tentativa de recuperar a força e a integridade é reforçada lateralmente pela aderência das partes das miofibras em regeneração à

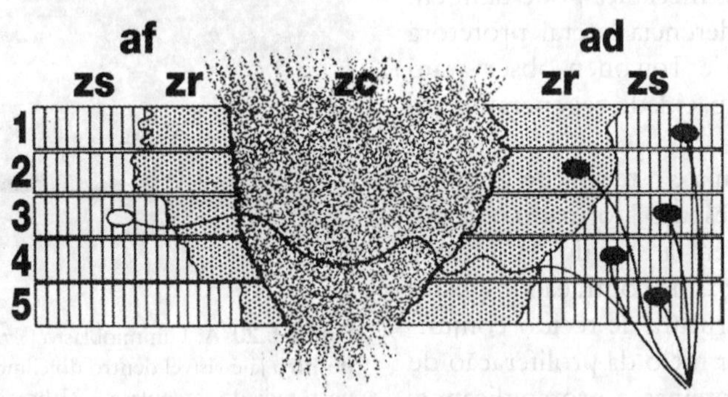

Figura 5.18 Representação esquemática de uma lesão por cisalhamento do músculo esquelético. As miofibras rompidas se contraem e a fenda entre os cotos (zona central, ZC) é preenchida inicialmente por um hematoma. As miofibras são necrosadas dentro da lâmina basal ao longo de uma distância de 1 a 2 mm, segmento onde costuma ocorrer regeneração completa com o tempo (zona de regeneração, ZR), enquanto somente mudanças reativas são vistas nas partes do músculo que sobrevivem ao trauma (zona de sobrevivência, ZS). Cada miofibra é inervada em um único ponto da junção neuromuscular (JNM; círculos pretos). Como as miofibras em geral são rompidas de cada lado da fileira das JNMs das fibras adjacentes, os cotos adjuntos às fibras 1 e 3 a 5 no lado "ad" (*à direita*) permanecem inervados, enquanto os cotos afastados no lado "af" (*à esquerda*) tornam-se denervados. Até o coto adjunto da fibra 3 ficou denervado, pois sua JNM localiza-se na ZR. A reinervação dos cotos afastados ocorre por meio da penetração de novos brotos axonais através da cicatriz da ZC e da formação de novas JNMs (mostrado aqui 1 broto e JNM, *círculo branco)*. A fibra 3 é reinervada quando se dá a regeneração na ZR adjunta. (De Jarvinen TA, Jarvinen TL, Kaariainen M et al.: Muscle injuries: biology and treatment, *Am J Sports Med* 33:748, 2005.)

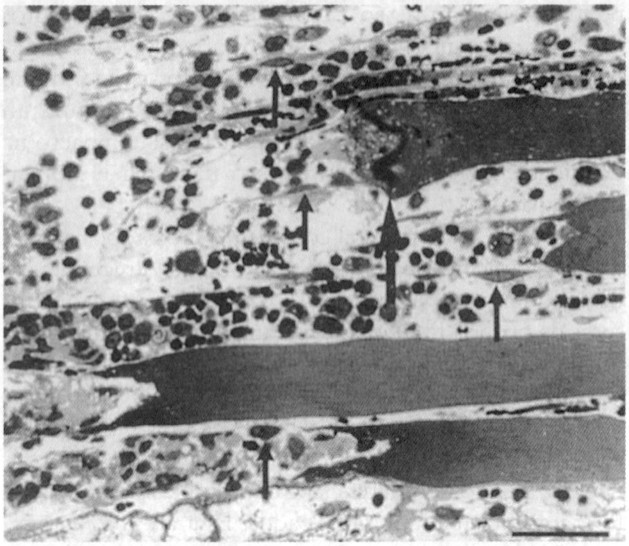

Figura 5.19 Corte semifino incluído em Epon de um músculo rompido 2 dias após uma lesão por cisalhamento. As partes sobreviventes das quatro miofibras estão nitidamente demarcadas a partir dos segmentos necrosados, que se transformaram nos cilindros da lâmina basal que contêm macrófagos (células arredondadas) que fazem a fagocitose dos resíduos necróticos. A banda de contração (*seta grossa*) que detém a propagação da necrose ainda é claramente visível na Fibra 1, mas desapareceu nas Fibras 2-4. O processo de regeneração já iniciou-se, como evidencia a existência de mioblastos dentro dos cilindros da lâmina basal (*setas finas*). Azul de toluidina. Escala 50 μm. (De Jarvinen TA, Jarvinen TL, Kaariainen M et al.: Muscle injuries: biology and treatment, *Am J Sports Med* 33:748, 2005.)

matriz extracelular (Fig. 5.23). Esse reforço lateral ajuda a proteger o processo de reparo e reduz o risco de uma nova ruptura antes que o processo de cicatrização esteja completo. Algum tipo de tensão mecânica pode também ser necessária para que essa aderência lateral protetora ocorra.[29] Jarvinen, Aho, Lehto e Toivonen observaram que há um declínio geral na capacidade regenerativa do músculo envelhecido.[121]

Durante o reparo, o hematoma e o tecido de granulação resultante que "preenche o espaço" formado na lesão por estiramento muscular provêm ao tecido da ferida a força inicial para suportar as forças de contração impostas a ele.[29, 114] A integridade da estrutura de tecido conjuntivo começa a ser restaurada por meio da proliferação de fibroblastos e da síntese de proteínas e proteoglicanos. Algumas dessas proteínas iniciais (fibronectina e tenascina-C [TN-C]) possuem propriedades elásticas pelas quais conferem força e elasticidade ao tecido de granulação que é formado primeiro. A formação do colágeno tipo III e tipo I, somente alguns dias depois, permanece elevada por várias semanas.[29] Embora Huard, Li e Fu[118] em uma revisão recente tenham proposto que ocorre fibrose geral no músculo em cicatrização, Jarvinen e Lehto[122,123] e Lehto, Duance e Restall[14] apresentaram evidências de que o tecido conjuntivo intramuscular não aumenta, a menos que o músculo fique imobilizado por um período de tempo substancial. Assim como para qualquer tecido em cicatrização, a força tensiva desse tecido aumenta ao longo do tempo à medida que o colágeno tipo I chega à área e amadurece. Cerca de 10 dias após o trauma, o tecido cicatricial atingiu um ponto em que deixa de ser o "elo fraco" do músculo lesado. Se for sobrecarregado até

A

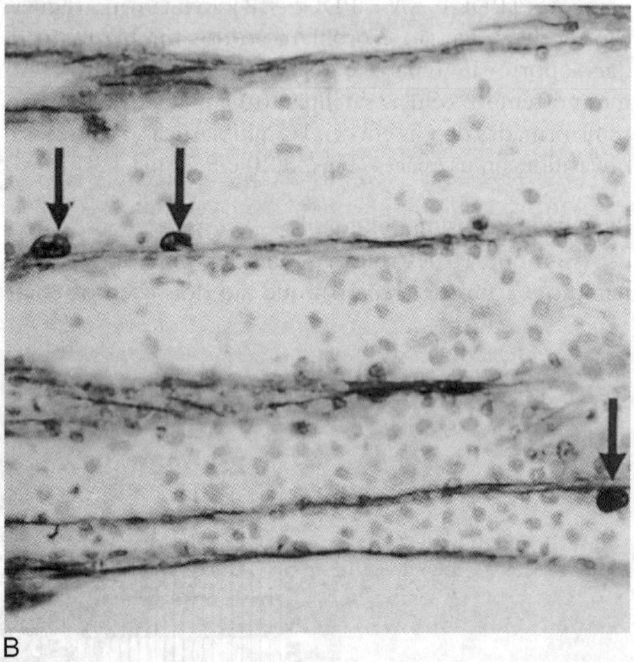

B

Figura 5.20 A. Um mioblasto (*seta*) com sarcoplasma desmina positivo já é visível dentro do cilindro da lâmina basal da parte necrosada do sarcoplasma 21 horas após a lesão, o que indica que deve ter se diferenciado de uma célula satélite quiescente (contracoloração antidesmina e hematoxilina). **B**. A primeira mitose das células satélites tronco (*setas*) são vistas cerca de 24 horas após a lesão, visualizadas aqui por imunocoloração para deoxiuridina (um análogo da timidina) incorporada no DNA nuclear durante a fase S do ciclo celular (contracoloração de antibromo deoxiuridina e hematoxilina; escala 30 μm). (De Jarvinen TA, Jarvinen TL, Kaariainen M et al.: Muscle injuries: biology and treatment, *Am J Sports Med* 33:750, 2005.)

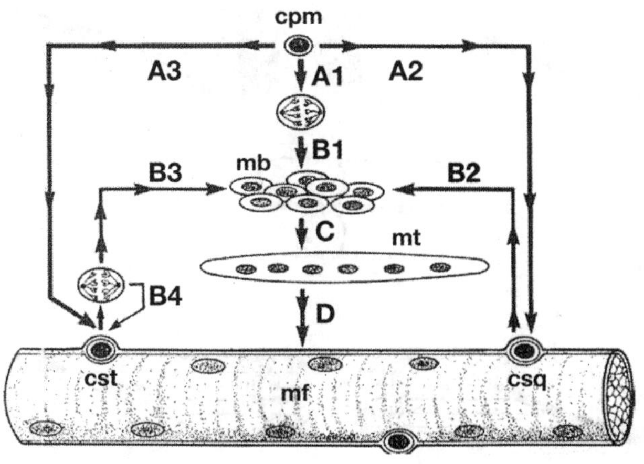

Figura 5.21 Uma apresentação esquemática do desenvolvimento fetal (A1-B1-C-D) e da regeneração de miofibras por meio da ativação de células satélites (A2-B2-C-D ou A3-B3-C-D). As células satélites foram reservadas embaixo da lâmina basal durante o desenvolvimento fetal (A2 e A3) para serem usadas no crescimento e no reparo. Após a lesão, as células satélites quiescentes (*csq*) começam imediatamente a diferenciar-se em mioblastos (*mb*) sem divisão celular prévia (*B2*), enquanto as células satélites tronco (*cst*) primeiro se dividem e somente depois uma das células filhas se diferencia em um mioblasto (*B3*), enquanto outra repõe o *pool* de células satélites (*B4*). Os mioblastos se fundem em miotubos (*mt*), que então crescem e amadurecem em miofibras, cujo sarcoplasma é preenchido com proteínas filamentares contráteis organizadas como miofibrilas e mionúcleos localizados no subsarcolema. *Cpm*, célula precursora miogênica. (De Jarvinen TA, Jarvinen TL, Kaariainen M et al.: Muscle injuries: biology and treatment, *Am J Sports Med* 33:749, 2005.)

a falha, a ruptura deverá ocorrer dentro do tecido muscular adjacente às minijunções músculo-tendão recém-formadas, entre as miofibras regeneradas e o tecido cicatricial.[29] Contudo, é necessário mais tempo para que ocorra a recuperação completa.

Embora na maioria dos casos o estiramento muscular cicatrize sem formação de tecido cicatricial excessivo, isso pode às vezes ocorrer, resultando em uma cicatriz fibrosa densa. Pode ocorrer nas rupturas grandes, rerrupturas ou casos crônicos, criando uma barreira mecânica que afeta a regeneração das miofibras através do local da lesão. Quando isso acontece, o tecido cicatricial fica sendo o resultado final do processo biológico de reparo muscular.[118] Não ocorre regeneração completa do tecido muscular. O desenvolvimento de métodos para favorecer a regeneração muscular e ao mesmo tempo prevenir a fibrose está sendo investigado no momento e será discutido brevemente adiante.

O processo inflamatório descrito aqui é uma parte vital do início do reparo tecidual. Os fisioterapeutas em geral tentam controlar o processo inflamatório limitando a quantidade de hemorragia e edema. Isso costuma ser feito com o uso de repouso, gelo, compressão e mobilização precoce. Medicamentos anti-inflamatórios não esteroides (AINEs) costumam ser dados em uma tentativa de controlar a dor e a inflamação. O uso de curto prazo diminui a reação celular inflamatória e não tem mostrado qualquer impacto adverso na cicatrização, força tensiva ou função muscular;[124-126] nem na capacidade de regeneração do músculo.[127] O efeito do AINE piroxicam (Feldene, Pfizer Inc., Groton, CT) nas características histológicas, biomecânicas, tensivas e contráteis dos músculos do rato e do coelho distendidos até a falha foi investigado por

Tabela 5.2 Reparo e regeneração do músculo

	Tempo de lesão						
Achado	**15 min**	**3 h**	**8 h**	**16 a 24 h**	**48 h**	**3 a 6 dias**	**7 dias**
Hemorragia[115-117,131]	+	+	+	+			
Picnose[115-117,131]		+	+				
Ruptura do sarcolema[115-117,131]		+	+				
Comprometimento mitocondrial[115-117,131]		+	+				
Comprometimento do retículo sarcoplasmático[115-117,131]		+	+				
Sarcolema interrompido[115-117,131]		+	+				
Fagocitose[115-117,131]				+		+	
Ativação de células satélites[115-117,131]				+	+	+	
Miotubos evidentes[115-117,131]						+	
Cicatriz e fibrose[18]							+
Habilidade contrátil (% de controle)[18,132]	67-80%			51,1%	74,5%		92,5%
Pico de carga (% do controle)[132]	63%						
Alongamento até a ruptura (% de controle)[132]	79%						

Atualizado e revisto de Malone TR, Garrett WE Jr, Zachazewski JE: Muscle: deformation, injury, repair. In Zachazewski JE, Magee DJ, Quillen WS, editors. *Athletic injuries and rehabilitation*. Saunders, Philadelphia, 1996, p. 85.

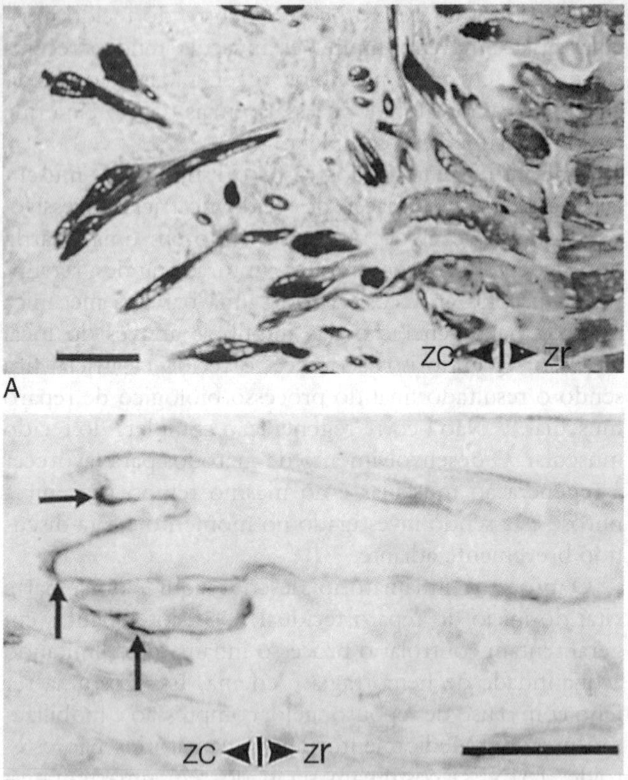

Figura 5.22 A. Sete dias após uma lesão por contusão, as pontas das células musculares em regeneração estendem-se para fora dos orifícios dos tubos velhos da lâmina basal e começam a penetrar no tecido cicatricial da zona central (contracoloração antidesmina e hematoxilina; escala 100 μm). **B.** Essa penetração é logo detida pela formação de novas junções minimiotendíneas nas pontas das miofibras, enquanto a adesão das miofibras à matriz extracelular é restabelecida. Essas novas junções miotendíneas aparecem como uma imunocoloração acentuada de anticorpos para a cadeia α7 específica do músculo da molécula de adesão integrina α7β1 (*setas*) (contracoloração anti-integrina α7 e hematoxilina; escala 30 μm). ZC, zona central; ZR, zona de regeneração. (De Jarvinen TA, Jarvinen TL, Kaariainen M et al.: Muscle injuries: biology and treatment, *Am J Sports Med* 33:751, 2005.)

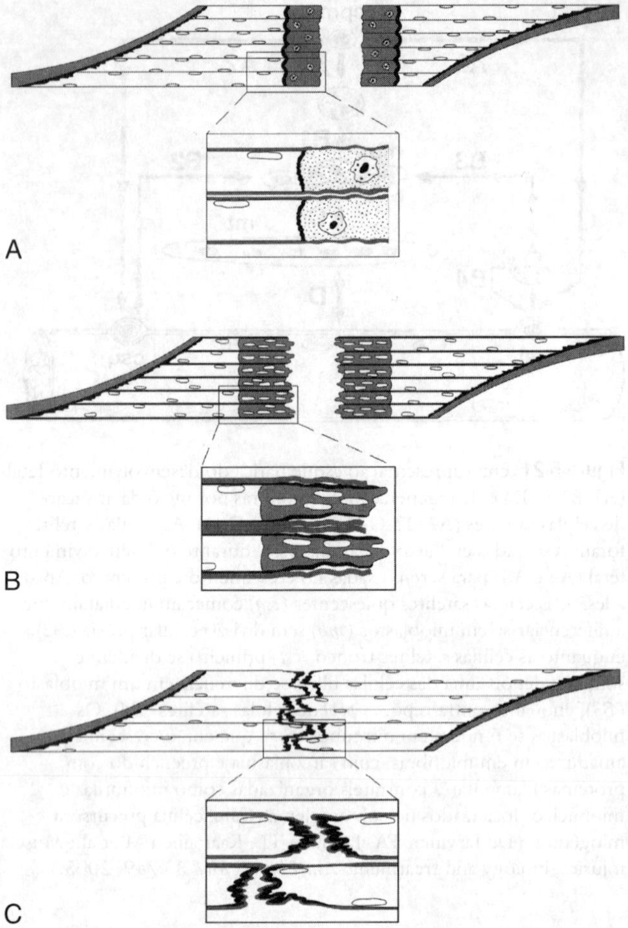

Figura 5.23 A. No início do processo de cicatrização do músculo esquelético lesado, a expressão da molécula de adesão celular integrina (α7β1) é enriquecida no final da parte em regeneração das fibras musculares lesadas, enquanto somente pequenas quantidades estão presentes nas faces laterais da miofibra. **B.** Ocorre um aumento dramático na expressão da integrina α7β1 ao longo da face lateral da membrana plasmática nas partes intactas e em regeneração das miofibras lesadas quando as fibras musculares em regeneração penetram no tecido ferido. Desse modo, a α7β1 provê estabilidade para as fibras musculares em regeneração que não têm adesão nas extremidades. **C.** A expressão da integrina α7β1 retorna ao nível normal no sarcolema lateral com redistribuição simultânea da integrina α7β1 para as pontas das miofibras em regeneração quando estas formam novas junções miotendíneas e se aderem à cicatriz. (De Jarvinen TA, Jarvinen TL, Kaariainen M et al.: Muscle injuries: biology and treatment, *Am J Sports Med* 33:753, 2005.)

Almekinders e Gilbert[125] e Obremsky, Seaber, Ribbeck e Garrett[126] com 1 a 7 dias e 1 a 11 dias após a lesão, respectivamente. No estudo de Almekinders e Gilbert, o membro de testagem do animal foi imobilizado após a lesão, enquanto os animais do estudo de Obremsky et al. podiam ter atividade livre na gaiola. A resposta inflamatória no grupo animal recebendo piroxicam atrasou nos dois estudos. A força tensiva do músculo não apresentou diferença significativa em nenhum dos estudos, porém houve uma tendência de diminuição da força tensiva. Embora não sejam aparentes efeitos deletérios significativos na força tensiva do músculo ou na habilidade contrátil, parece que ainda faltam estudos sobre a resposta ligada à dose. Uma observação interessante é que os músculos dos animais controle simulados no estudo de Almekinders e Gilbert[125] demonstraram uma diminuição progressiva na força tensiva com a imobilização apenas por um período de 11 dias. Mishra, Frieden, Schmitz e Lieber[128], usando também um modelo de lesão muscular em coelho, mostraram que um grupo tratado com AINE demonstrou ter alcançado benefício inicial com uma recuperação notável, porém um declínio significativo na geração de torque após 28 dias. Em resumo, o uso inicial de AINEs oferece alguns benefícios de analgesia e redução da inflamação sem qualquer efeito adverso na cicatrização. Contudo, o uso de longo prazo pode ser até certo ponto prejudicial para a regeneração do músculo esquelético em alguns modelos de lesão por estiramento.[128-130]

As injeções de corticosteroides têm sido usadas em atletas universitários e profissionais na tentativa de possibilitar a volta dos jogadores lesionados mais cedo à competição. O efeito das injeções de corticosteroides tem sido estudado e relatado na literatura usando-se modelos animais. Embora esses medicamentos possam bloquear a dor e resultar em um aumento na habilidade de gerar força muscular a curto prazo, o músculo pode ser submetido mais facilmente às forças tensivas acima do limiar de ruptura completa ou rerruptura, resultando em nova lesão.[125,131-133] As pesquisas ligadas aos efeitos da supressão no processo inflamatório após a lesão muscular ainda precisam de maior elucidação.

Múltiplas rotas de pesquisa têm sido exploradas para encontrar meios de melhorar a regeneração muscular e prevenir a fibrose muscular. Pensa-se que os fatores de crescimento têm um papel importante na regeneração muscular, em especial o IGF-1, que é particularmente mitogênico para os mioblastos.[118,134] Mostrou-se que o IGF-1 previne a perda de massa muscular em homens idosos saudáveis,[135] exibe hipertrofia muscular em camundongos transgênicos[136] e bloqueia a perda de massa muscular e função ligada à idade em camundongos após transferência de genes de IGF-1 por meio de vetor viral adenoassociado.[137] O uso de IGF-1 junto com o fator de crescimento básico de fibroblastos (bFGF) e o fator de crescimento nervoso (NGF) em um modelo de camundongo mostrou regeneração acelerada no músculo lesado.[138,139] Quinze dias após a injeção, os camundongos mostraram melhora na força geral (força de contração tetânica e rápida), provavelmente por causa do aumento no número e diâmetro das miofibras regeneradas em comparação com os controles.[138,139]

Embora os fatores de crescimento tenham o potencial de melhorar a cicatrização muscular, a habilidade de administrá-los ao músculo lesado e em concentrações efetivas é crítica. A terapia genética está sendo investigada como um método para administrar com segurança concentrações altas estáveis de fatores de crescimento aos músculos lesados.[118] A maior parte dessa pesquisa tem focado vetores adenovirais como veículos de emissão do fator de crescimento. Foi desenvolvido um adenovírus transportador de IGF-1, mas os estudos até agora falharam em demonstrar melhora na função muscular, embora demonstrem melhoras no processo de cicatrização.[118,140]

É necessário melhorar o processo de cicatrização e inibir a fibrose. As pesquisas têm focado na intervenção cirúrgica ou na terapia antifibrótica pelo bloqueio da expressão excessiva de TGF-B. Menetrey, Kasemkijwattana, Fu et al.[141] investigaram os efeitos do reparo cirúrgico com sutura comparados com a imobilização após laceração muscular em um modelo de camundongo. Esse estudo sugeriu que a imobilização leva a uma regeneração muscular mais lenta e maior quantidade de tecido cicatricial profundo e superficial dentro do músculo. A intervenção cirúrgica com sutura do músculo lacerado parece promover a cicatrização e prevenir o desenvolvimento de uma cicatriz profunda, embora isso não elimine o desenvolvimento de tecido superficial. Foi descoberto que o TGF-B1 é expresso em altos níveis na presença de lesão muscular e fibrose do músculo esquelético.[118] A antagonização do TGF-B1 ou de qualquer parte da cascata fibrótica são alvos atuais de pesquisa na prevenção da formação de cicatriz. Outros agentes antifibróticos como a decorina, interferon gama e suramina estão também sendo investigados para prevenção e eliminação de tecido cicatricial dentro do músculo esquelético em cicatrização.

Força contrátil e tensiva após a lesão

A força tensiva do tecido em cicatrização aumenta com o tempo. O tecido colágeno intramuscular normal tem uma maior proporção de colágeno tipo I do que colágeno tipo III.[112-114] Após a lesão, o colágeno tipo III apresenta um aumento significativo sobre o colágeno tipo I na área de reparo como uma função da resposta de granulação. À medida que o tecido amadurece, as ligações cruzadas de colágeno estabilizam e ganham força. A proporção de colágeno tipo I para tipo III retorna ao normal. A resposta para cicatrização e maturação do tecido leva tempo. Embora a tensão contrátil ativa que um músculo lesado é capaz de gerar pelas fibras musculares intactas remanescentes aumente com rapidez após a lesão por estiramento muscular, a maturação do tecido e a força do colágeno não aumentam tão rapidamente. O processo pelo qual a força do colágeno é recuperada pode levar semanas.

Nikolaou, Macdonald, Glisson et al[18] e Taylor, Dalton, Seaber e Garrett[132] examinaram a força estrutural e funcional do músculo logo após uma lesão por estiramento criada experimentalmente usando os músculos extensores longos dos dedos e os músculos tibiais anteriores em uma espécie de coelho. Uma lesão por estiramento sem produzir ruptura completa foi criada por meio do alongamento experimental do músculo exatamente antes da ruptura completa. Todas as falhas ocorreram na área da junção miotendínea. Imediatamente após a lesão, a habilidade contrátil dos músculos era 20 a 33% dos controles no experimento conduzido por Taylor e 70,5% dos controles nos dados apresentados por Nikolaou. Nikolaou continuou a testar a habilidade contrátil por até 7 dias após a lesão, demonstrando uma diminuição adicional de 51,1% com 24 horas, seguida por um retorno progressivo para 74,5% com 48 horas e 92,5% com 7 dias após a lesão (ver Tab. 5.2). Logo após a lesão, o pico de carga foi 63% do pico dos controles e o alongamento até a ruptura 79% do valor dos controles no experimento conduzido por Taylor.

Embora a força contrátil possa apresentar aumentos relativamente rápidos em um curto período de tempo após a lesão no modelo animal, a maturação e a integridade tecidual não ocorrem em um tempo tão curto. A mobilidade e a tensão controlada são considerações essenciais no período pós-lesão. Em um modelo animal, demonstrou-se um favorecimento da formação de cicatriz, regeneração muscular, orientação das novas fibras musculares e propriedades tensivas do músculo sujeitando-o à mobilização ou movimento controlado, em comparação com a imobilização.[141] Esse fato precisa ser considerado em relação aos resultados do grupo imobilizado simulado do estudo de Almekinders e Gilbert discutido anteriormente.[125]

Em termos clínicos, a cicatriz e a fibrose, com sua inabilidade de tolerar a tensão que os elementos contráteis não lesados podem gerar, podem explicar a recorrência frequente de lesão nos músculos estirados quando uma carga ou deformação excessiva é imposta cedo demais aos tecidos que estão cicatrizando.[18,132] Os achados apresentados demonstram que, mesmo no músculo gravemente lesado, uma força estrutural suficiente permanece, de modo que o músculo pode ser submetido a uma reabilitação funcional na forma de exercícios de baixa força designados para prevenir a atrofia muscular e manter o tônus muscular. O alongamento suave permite a manutenção da amplitude de movimento e a flexibilidade muscular. Um regime de tratamento de repouso completo e imobilização pode ser conservador demais, prolongando o tempo de recuperação.[132,142]

MECANISMO DE LESÃO

A lesão por estiramento muscular é uma lesão indireta causada pela produção de força intrínseca excessiva, alongamento extrínseco excessivo ou ambos. O músculo submetido a um alongamento extrínseco e uma contração excêntrica simultânea (força intrínseca) pode falhar em decorrência da carga excessiva que está sendo aplicada enquanto ele está no ponto de extrema deformação.

Os fatores que contribuem para a lesão por estiramento muscular – flexibilidade inadequada, força ou resistência física inadequada, dissinergia na contração muscular, aquecimento insuficiente ou reabilitação inadequada de uma lesão anterior – foram todos bem revistos e sumarizados.[50,143,144] Com base nesses fatores, Worrel e Perrin[50] propuseram um modelo de lesão de isquiotibiais multifatorial (Fig. 5.24). Esse modelo parece ser confirmado por estudos e informações apresentados anteriormente. Um comprometimento de um ou mais desses fatores poderia predispor um atleta a lesão ou aumentar a chance de lesão.

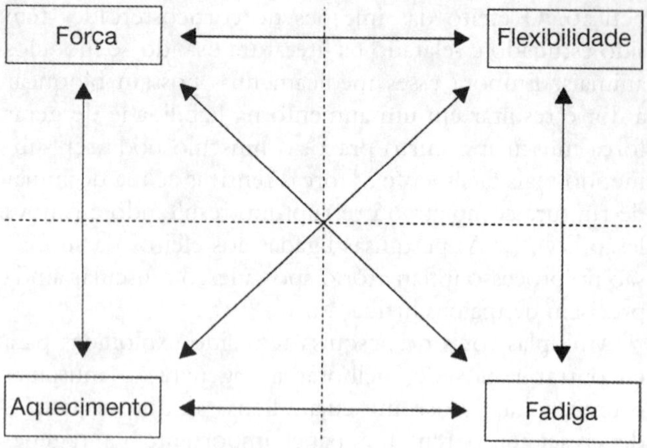

Figura 5.24 Modelo multifatorial de lesão dos isquiotibiais. (De Worrell TW, Perrin DH: Hamstring muscle injury: the influence of strength, flexibility, warm-up and fatigue, *J Orthop Sports Phys Ther* 16:12-18, 1992.)

IMPLICAÇÕES CLÍNICAS

Diagnóstico de lesão por estiramento muscular

Os sintomas das lesões por estiramento muscular (distensão) são dor durante a contração e alongamento, além do possível desenvolvimento de equimose e edema nas rupturas grandes ou completas. Às vezes, pode haver um defeito palpável após a resolução do edema na presença de rupturas grandes ou completas ou quando a lesão é palpada logo após a ocorrência. Várias modalidades de imagem, como a ultrassonografia, TC e IRM, também podem ser usadas no trabalho diagnóstico dessas lesões para visualizar com precisão a extensão da patologia e/ou a quantidade de cicatriz residual que pode estar presente no caso de lesões por estiramento muscular repetitivo crônico (ver Fig. 5.12). Os fatores anatômicos, fisiológicos e biomecânicos apresentados nos estudos de modelos animais discutidos no início deste capítulo, além de cada um dos fatores causais apresentados por Worrell e Perrin,[50] precisam ser abordados em todos os programas de flexibilidade. Essas considerações são válidas quando o programa é de natureza profilática, visando melhorar a flexibilidade e prevenir lesões, ou se ocorreu uma lesão e o programa tem a finalidade de retornar a pessoa à função. Quando ocorreu lesão, o fisioterapeuta precisa também levar em consideração o tempo necessário para o reparo e a regeneração do tecido. Quanto maior a gravidade da lesão, maior o tempo para recuperação e retorno completo à função pré-lesão. Esse tempo é calculado de acordo com a magnitude da lesão e a quantidade de dano, pois todas as lesões, independente da gravidade, precisam passar pelas mesmas fases de cicatrização.

Princípios de reabilitação e intervenção

Os princípios descritos a seguir devem servir como guia para os fisioterapeutas tratam de pacientes que sofreram algum tipo de lesão por estiramento ou ruptura muscular. Esses princípios são desenvolvidos com base no conhecimento da fisiologia, fisiopatologia, processo de cicatrização e de reparo associados com a lesão por estiramento muscular.

Princípios de reabilitação

- A prevenção é mais fácil que o tratamento.
- A intervenção depende do estágio de cicatrização.
- A mobilidade e a atividade controlada são melhores.
- Os medicamentos e as modalidades fisioterapêuticas são adjuntos importantes do atendimento.
- Desenvolvimento de tecido forte e flexível.
- O princípio da especificidade é vital.
- A dor é o fator de orientação.
- Não é possível um "tratamento rápido".

A prevenção é mais fácil que o tratamento

Um dos papéis primários que qualquer fisioterapeuta assume é o de educador. Deve ser enfatizado o ensino do paciente e/ou atleta sobre as melhores técnicas e estratégias de prevenção de lesões possíveis. Isso inclui instrução sobre os exercícios mais apropriados de aquecimento e alongamento e o desenvolvimento de programas de condicionamento e estratégias para aumentar a força e a resistência física de grupos musculares específicos que estiverem em risco. A manutenção de músculos fortes e flexíveis, com boas características de resistência física, é a melhor prevenção contra lesões.

A intervenção depende do estágio de cicatrização

O músculo, como qualquer estrutura que contém tecido conjuntivo, passa por quatro fases básicas de cicatrização.[18,112,115,116,122] Essas fases estão resumidas na Tabela 5.3. A duração de cada fase varia com a gravidade da lesão. Veja a seguir um guia geral de técnicas de intervenção e considerações para estiramentos de terceiro grau ou rupturas musculares:

Fase I: 1 a 3 dias
Fase II: 3 a 6 dias
Fase III: 6 a 18 dias
Fase IV: 18 dias em diante

O tempo necessário para cada fase é o mesmo, independente da gravidade do estiramento; contudo, a quantidade de dano é menor. O retorno à atividade deve basear-se nos estágios de cicatrização além dos sintomas, risco de nova lesão e habilidade de proteger o músculo lesado. As intervenções recomendadas estão resumidas na Tabela 5.4.

Mobilidade e atividade controlada *versus* imobilidade e repouso

A formação de colágeno é talvez a melhor ilustração da Lei de Wolff e isso é certamente válido para a lesão por estiramento muscular. A mobilidade controlada é uma consideração primordial para o tratamento da lesão por estiramento muscular. Evidências consideráveis existem para apoiar seu uso com base no trabalho de Jarvinen e outros iniciados já no ano 1975.[114,123,141,145-151] Essas mudanças afetam de maneira positiva a formação de cicatriz, revascularização, regeneração muscular, os processos metabólicos, a orientação das fibras musculares e sua habilidade de gerar tensão e tolerar forças tensivas. Contudo, o fisioterapeuta precisa aplicar essas tensões de forma criteriosa. Durante esse período, as fibrilas lesadas começam a adquirir força para tolerar forças contráteis e tensivas. Movimento demais e/ou tensão demais aplicada muito cedo podem resultar em uma formação excessiva de tecido cicatricial (o que dificulta a penetração das fibras musculares no tecido cicatricial formado) ou rerruptura. A mobilidade e o movimento controlado dentro da amplitude livre de dor, em vez de repouso absoluto e imobilização, são, portanto, considerações vitais nos primeiros dias (1 a 3 dias) depois de uma lesão aguda por estiramento muscular. O gelo e a compressão também devem ser usados durante esse período para minimizar o edema e a dor. A limitação da sustentação de peso deve ser mantida, se necessário, na lesão por estiramento muscular de membro inferior, para garantir que a dor e a tensão excessiva sejam evitadas, ao mesmo tempo que mantém a mobilidade.

Depois dos primeiros poucos dias de mobilidade e atividade controlada, a flexibilidade e a força devem começar a ser trabalhadas. Os limites da amplitude livre de dor devem ser abordados de modo progressivo e podem ser iniciados exercícios resistidos indolores. Essa técnica ajuda a promover a penetração das fibrilas musculares através da cicatriz que foi desenvolvida durante o período inicial pós-lesão. O treinamento de força e flexibilidade deve progredir com base na cicatrização do tecido e sob orientação do fisioterapeuta. Entre aproximadamente 7 a 10 dias pós-lesão, o músculo já recuperou boa parte de sua habilidade contrátil.[18,132] Resultados de experimentos mostraram que 10 dias após a lesão o músculo novamente tensionado até a falha demonstrava lesão na porção intacta do músculo, não na área lesada recentemente.[152] Toda a atividade dentro desse período (Fase II: 4 a 6+ dias pós-lesão) deve ser indolor. Modalidades terapêuticas (por ex., calor, gelo ou ultrassom) podem ser usadas para assistir na preparação do tecido para as tensões a serem impostas sobre ele, para controlar a dor, para conforto do paciente e para minimizar qualquer resposta inflamatória. Deve ser usado um exercício de aquecimento apropriado para que o benefício seja máximo.

Medicamentos e modalidades fisioterapêuticas: adjuntos importantes do atendimento

O uso de AINEs já foi discutido com detalhes neste capítulo. Sua utilização deve ser considerada no início do período pós-lesão para controle da dor e do desconforto. Em seguida devem ser interrompidos para minimizar a chance de comprometer o processo de cicatrização. Embora seu uso mais tarde no processo de cicatrização e o uso no longo prazo possam ser prejudiciais para o processo de cicatrização, não parece que seja conhecida uma verdadeira relação dose-resposta até o momento. Pode ser considerada a administração tópica de esteroides por meio de fonoforese ou iontoforese. Embora essas modalidades fisioterapêuticas tenham demonstrado efetividade no tratamento de condições inflamatórias superficiais como tendinite patelar, de calcâneo ou do epicôndilo lateral/medial,[153,154] o fisioterapeuta precisa considerar a profundidade de penetração necessária para as lesões por estiramento muscular mais comuns (isquiotibiais, adutores, reto femoral) e a capacidade dessas modalidades fisioterapêuticas transmitirem de modo efetivo o composto até tal profundidade. Não foram completadas pesquisas abordando essas questões na lesão por estiramento muscular. Entretanto, essas modalidades podem ser benéficas para uma população limitada de pacientes.

O ultrassom era e continua sendo usado no tratamento da lesão por estiramento muscular em todas as fases da cicatrização. Tem sido proposto que o ultrassom

Tabela 5.3 Estágios de cicatrização

Estágio	Descrição
I. Resposta inflamatória	Caracterizado por hemorragia e formação de hematoma, picnose (nos estiramentos de terceiro grau) e fagocitose. Essa resposta inicia o processo de reparo.
II. Proliferação da substância amorfa fundamental	Os fibroblastos começam a produzir uma matriz gelatinosa que circunda as fibrilas de colágeno. A fagocitose continua, porém mais lentamente. Uma tentativa de limitar o processo inflamatório deve ser feita caso ele aparente estar fora de controle. O tempo dedicado ao reparo e à reabilitação pode de algum modo depender da extensão do processo inflamatório.
III. Formação da proteína colágeno	O colágeno é produzido por fibroblastos da área. Inicialmente uma alta proporção de colágeno é solúvel ou imatura em virtude da falta de ligações cruzadas entre as moléculas de colágeno. O processo inflamatório precisa ser detido nesse estágio, pois o colágeno solúvel pode ser suscetível à degradação enzimática.
IV. Organização final	As fibrilas de colágeno iniciam seu processo de maturação. A mobilidade é importante, já que essas fibrilas reagem de acordo com a lei de Wolff e se orientam de acordo com a tensão imposta sobre elas.

pode ajudar no estágio inicial de regeneração muscular; porém, isso é difícil de demonstrar na perspectiva de uma pesquisa de lesão muscular.[155,156] Contudo, existem evidências experimentais de que isso ocorre no tendão.[157-161] O ultrassom pulsado também tem um efeito de micromassagem que pode ajudar na resolução do edema de tecido mole nas fases iniciais. Nas fases mais avançadas, o ultrassom contínuo pode ser usado para ajudar a elevar a temperatura do tecido, aproximando-a do limiar terapêutico (39,5°C) que permite uma deformação e alongamento mais fácil do tecido. O aumento da temperatura na junção músculo-tendão também pode ter um impacto positivo na sensibilidade à tensão dos órgãos tendinosos de Golgi.[162]

A terapia que utiliza frio, ou crioterapia, deve ser usada inicialmente após a lesão para limitar a dor, a inflamação e a formação de hematoma. Nas fases mais avançadas da reabilitação, o gelo pode ser usado de modo profilático para prevenir a inflamação causada por microtrauma. O frio pode reduzir a sensibilidade dos fusos musculares ao alongamento[162] e diminuir o espasmo associado com a dor.

Tabela 5.4 Intervenção no estiramento muscular

	Fase de cicatrização			
Considerações sobre o tratamento	**I – Dias 1-3**	**II – Dias 4-6**	**III – Dias 6-18**	**IV – Dia 18+**
Repouso/"imobilização"				
Controlado	X			
Progressivo		X	X	
Modalidades fisioterapêuticas				
Crioterapia	X	X	A	A
Termoterapia		B	B	B
Ultrassom	P	P	C	C
Estimulação elétrica	X	X		
Medicamentos				
AINEs	X	X		
Fonoforese/iontoforese		X	X	
Exercício				
Manutenção	X			
Alongamento			X	X
Fortalecimento			X	X
Suportes externos	X	X	X	X

A, Após o tratamento; profilático. B, Antes do tratamento para aumentar a temperatura do tecido. P, Ultrassom pulsado. C, Ultrassom contínuo. Adaptado de Zachazewski JE: Flexibility for sports. In Sanders B, editor. *Sports physical therapy*. Appleton and Lange, Norwalk, 1990.

A estimulação elétrica também tem se mostrado efetiva na redução do inchaço ou edema, em especial combinada com a compressão. Contudo, os estudos que demonstraram isso abordaram tipicamente o efeito da estimulação elétrica nas lesões articulares.[163-165]

Tecido flexível forte

Um tecido forte exibe maior força até a falha e aumento da rigidez.[166] Desde que a flexibilidade/amplitude de movimento/deformação do músculo seja mantida, não haverá mudança no alongamento até a falha do músculo. Os efeitos benéficos da manutenção da força muscular e da flexibilidade (AM) por meio do exercício têm sido bem documentados.

Não haverá mudança no alongamento até a falha desde que a AM seja também mantida. Os efeitos benéficos do exercício sobre o tecido conjuntivo têm sido bem documentados. O fortalecimento deve ser iniciado de maneira indolor o mais cedo possível (Fase II). O foco deve ser inicialmente na resistência física, colocando-se ênfase progressiva na força. A resistência física deve ser uma consideração crucial, de modo que uma capacidade contrátil forte permaneça ao longo de todas as atividades. Isso pode ajudar na prevenção de lesões por estiramento muscular. É algo especialmente importante na prevenção e tratamento de lesões esportivas. Os efeitos potenciais de proteção da ativação muscular e da força foram documentados por Garrett, Safran, Seaber et al.[103]

Um tecido flexível alonga-se mais até a falha e tem menor rigidez. Não ocorre nenhuma perda de força do tecido.[166] Isso é crítico no músculo que precisa ser submetido a uma grande amplitude de deformação (músculos biarticulares) e mudanças em alta velocidade (flexibilidade dinâmica) impostas por atividades atléticas balísticas.[59]

Princípio da especificidade

O *Princípio da especificidade* (ou Adaptação Específica às Demandas Impostas – SAID, na sigla em inglês) é vital para qualquer atividade, especialmente as esportivas. Assim como programas de treinamento específicos precisam ser elaborados para ajudar o atleta a suprir as demandas do seu esporte, programas de flexibilidade específicos precisam ser elaborados para ajudar a suprir os requisitos de flexibilidade do esporte ou outra atividade física. É preciso considerar as demandas de flexibilidade estática ou balística. Os programas e exercícios de alongamento específico precisam levar isso em consideração. Essas considerações estão discutidas com detalhes no Capítulo 25, Amplitude de Movimento Articular e Flexibilidade. Embora os princípios e conceitos básicos sejam constantes, os programas de tratamento desde o início da lesão até o retorno à atividade devem ser individualizados em todos os casos.

Dor: um fator de orientação

O fisioterapeuta precisa esforçar-se para usar o máximo de conhecimento atualizado fornecido pela ciência básica de modo a elaborar o tratamento e programa de intervenção mais apropriados. Contudo, ao lidar com lesões por estiramento muscular, os pacientes e seu feedback subjetivo devem sempre ser os fatores que orientam o programa.

Não existe tratamento rápido

O colágeno imaturo e o tecido em cicatrização não podem tolerar tensão e estiramento excessivo. Os fisioterapeutas são responsáveis pela elaboração do programa de reabilitação o mais apropriado possível, considerando seu conhecimento da fisiologia e fisiopatologia da lesão e cicatrização de um estiramento muscular. Se progredir rápido demais, a lesão poderá tornar-se crônica, prolongando o tempo de recuperação. Quanto maior a gravidade da lesão, maior o tempo esperado até a recuperação.

Outras considerações

Terapia com oxigênio hiperbárico

O uso dessa modalidade/equipamento tem sido proposto e estudado; um estudo mostrou sua habilidade de ajudar na regeneração do músculo esquelético lesado.[167] Contudo, com base nos comentários dos autores e comentários do Comitê de Pesquisa AOSSM,[168] recomenda-se cuidado na extrapolação desses achados experimentais para a prática clínica. Até agora, nenhum estudo clínico concernente à eficácia desse tipo de terapia foi publicado.[29]

Intervenção cirúrgica

Jarvinen et al.[29] recomendam extremo cuidado ao se considerar a intervenção cirúrgica para lesões por estiramento muscular com base no fato de que a maioria das lesões musculares desse tipo cicatrizam com o tratamento conservador. As indicações para cirurgia incluem hematoma intramuscular extenso, ruptura ou estiramento completo de um músculo com poucos ou nenhum agonista ou quando mais de 50% do ventre muscular está rompido.[107,169] A intervenção cirúrgica é mais fácil quando a lesão ocorre perto da junção musculotendínea, em vez de no meio do ventre muscular. Tentativas de religar os cotos rompidos do músculo não darão bons resultados, a menos que as suturas possam ser feitas através da fáscia que reveste o músculo. Essa dificuldade técnica pode afetar os resultados vistos nos modelos experimentais.[170] Estudos de Almekinders[169] e Menetrey, Kasemkijwattana, Fu et al[141] demonstraram resultados até certo ponto conflitantes sobre se o reparo cirúrgico é melhor do que a intervenção conservadora quando executados no modelo animal. A aplicabilidade nas situações clínicas é desconhecida. Todos os resíduos de hematoma e tecido necrótico devem ser removidos com cuidado. No pós-operatório, usa-se um envoltório compressivo e imobilização "relativa" na posição neutra (sem tensão). Uma tala ou órtese deve ser colocada de modo a prevenir a aplicação de carga no músculo reparado. A duração da imobilização depende da extensão e gravidade da ruptura e do reparo. Pacientes que foram submetidos a reparo de um músculo sustentador de peso (p. ex., gastrocnêmio ou reto femoral) não devem ter a permissão de apoiar o peso por 4 semanas. Contudo, com 2 semanas é possível iniciar ADM suave e alongamento dentro dos limites da dor. Após 4 semanas, a sustentação de peso é progredida e com cerca de 6 semanas todas as restrições à sustentação de peso são removidas.

RESUMO

Este capítulo provê o contexto científico básico sobre deformação, lesão e reparo muscular e a aplicação clínica possível dessas informações. Parece que a maioria das lesões por estiramento muscular ocorre na área da junção músculo-tendão e envolve uma ativação muscular excêntrica vigorosa junto com alongamento. Lesões por estiramento parcial menos graves podem envolver de forma predominante os elementos contráteis; lesões mais graves e rupturas musculares completas também causam lesão às estruturas associadas de tecido conjuntivo. Alterações significativas na extensibilidade da unidade musculotendínea podem ser produzidas por meio de mudanças na temperatura e no nível de ativação (contração), além da velocidade da carga ou força aplicada. A resistência ao alongamento é multifatorial, proveniente dos mecanismos neurais, elementos contráteis e resistência do tecido conjuntivo. Força, fadiga, aquecimento e flexibilidade são fatores críticos associados à lesão por estiramento muscular. Os fisioterapeutas devem concentrar-se na prevenção de lesões por meio do aumento da flexibilidade e do aumento da força, em particular enfatizando o padrão excêntrico de utilização muscular. É imperativo saber que o músculo funciona tipicamente como um sistema de absorção de energia, no qual as forças tensivas e demandas são muito elevadas. Estudos clínicos têm documentado a utilidade de intervenções específicas, porém são necessárias mais pesquisas básicas e clínicas aplicadas. O conhecimento do que acontece de uma perspectiva fisiológica orientará o fisioterapeuta no tratamento apropriado da lesão por estiramento muscular. As informações apresentadas neste capítulo são complementares às apresentadas no Capítulo 25, Amplitude de Movimento e Flexibilidade.

REFERÊNCIAS BIBLIOGRÁFICAS

1. Lieber RL, Shah S, Friden J: Cytoskeletal disruption after eccentric contraction-induced muscle injury, Clin Orthop 403:S90-99, 2002.
2. Sparling PB, Owen N, Lambert EV, Haskell WL: Promoting physical activity: the new imperative for public health, Health Educ Res 15:367-376, 2000.
3. Bass A: Injuries of the leg in football and ballet, Proc R Soc Med 60:527-532, 1967.
4. Garrick JG, Requa RK: Girls' sports injuries in high school athletics, J Am Med Assoc 239:2245-2248, 1978.
5. Garrick JG, Requa RK: Epidemiology of women's gymnastics injuries, Am J Sports Med 8:261-264, 1980.
6. Garrick J: Characterization of a patient population in a sports medicine facility, Phys Sports Med 13:73-75, 1985.
7. Apple D, O'Toole J, Annis C: Professional basketball injuries, Phys Sports Med 10:81-88, 1982.
8. Pritchett JW: High cost of high school football injuries, Am J Sports Med 8:197-199, 1980.
9. O'Donoghue D: Treatment of athletic injuries, Philadelphia, 1984, WB Saunders.
10. Glick J: Muscle strains: prevention and treatment, Phys Sports Med 8:73-77, 1980.
11. deVries HA: Flexibility. In deVries HA: Physiology of exercise for physical education and athletics, ed 3, Dubuque, 1980, WC Brown.
12. Zachazewski JE: Flexibility for sports. In Sanders B, editor: Sports physical therapy, Norwalk, 1990, Appleton and Lange.
13. Stolov WC, Weilepp TG Jr: Passive length-tension relationship of intact muscle, epimysium, and tendon in normal and denervated gastrocnemius of the rat, Arch Phys Med Rehabil 47:612-620, 1966.
14. Garrett W, Almekinders LC, Seaber AV: Biomechanics of muscle tears in stretching injuries, Trans Orthop Res Soc 9:384, 1984.
15. Almekinders L, Garrett WE, Seaber AV: Pathophysiologic response to muscle tears in stretching injuries, Trans Orthop Res Soc 9:307, 1984.
16. Almekinders L, Garrett WE, Seaber AV: Hisopathology of muscle tears in stretching injuries, Trans Orthop Res Soc 9:306, 1984.
17. Garrett WE Jr, Nikolaou PK, Ribbeck BM et al: The effect of muscle architecture on the biomechanical failure properties of skeletal muscle under passive extension, Am J Sports Med 16:7-12, 1988.
18. Nikolaou PK, Macdonald BL, Glisson RR et al: Biomechanical and histological evaluation of muscle after controlled strain injury, Am J Sports Med 15:9-14, 1987.
19. Borg TK, Caulfield JB: Morphology of connective tissue in skeletal muscle, Tissue Cell 12:197-207, 1980.
20. Maughan DW, Godt RE: A quantitative analysis of elastic, entropic, electrostatic, and osmotic forces within relaxed skinned muscle fibers, Biophys Struct Mech 7:17-40, 1980.
21. Ishikawa H, Sawada H, Yamada E: Surface and internal morphology of skeletal muscle. In Perchey LD, Adrian RH, Geiger SR et al, editors: Skeletal muscle, Baltimore, 1983, American Physiological Society.
22. Kakulas BA, Adams RD: Diseases of muscle: Pathophysiological foundations of clinical myology, ed 4, Philadelphia, 1985, Harper and Row.
23. Podalsky J, Schenberg M: Force generation and shortening in skeletal muscle. In Perchey LD, Adrian RH, Geiger SR et al, editors: Skeletal muscle, Baltimore, 1983, American Physiological Society.
24. Schoenberg M, Brenner B, Chalovich JM et al: Cross-bridge attachment in relaxed muscle, Adv Exp Med Biol 170:269-284, 1984.
25. Cecchi G, Griffiths PJ, Taylor S: The kinetics of cross-bridge attachment and detachment studied by high frequency stiffness measurements, Adv Exp Med Biol 170:641-655, 1984.
26. Hill DK: Tension due to interaction between the sliding filaments in resting striated muscle. The effect of stimulation, J Physiol 199:637-684, 1968.
27. Garrett W, Lohnes J: Cellular and matrix response to mechanical injury at the myotendinous junction. In Leadbetter WB, Buckwalter JA, Gordon SL, editors: Sports induced inflammation, Park Ridge, 1990, American Academy of Orthopaedic Surgeons.
28. Garrett W, Tidball J: Myotendinous junction: structure, function and failure. In Woo SLY, Buckwalter JA, editors: Injury and repair of the musculoskeletal soft tissues, Park Ridge, 1988, American Academy of Orthopaedics Surgeons.
29. Jarvinen TA, Jarvinen TL, Kaariainen M et al: Muscle injuries: biology and treatment, Am J Sports Med 33:745-764, 2005.
30. Tidball JG: Force transmission across muscle cell membranes, J Biomech 24(suppl 1):43-52, 1991.
31. Tidball JG, Daniel TL: Myotendinous junctions of tonic muscle cells: structure and loading, Cell Tissue Res 245:315-322, 1986.

32. Tidball JG: The geometry of actin filament-membrane associations can modify adhesive strength of the myotendinous junction, Cell Motil 3:439-447, 1983.
33. Best TM, McElhaney JH, Garrett WE Jr, Myers BS: Axial strain measurements in skeletal muscle at various strain rates, J Biomech Eng 117:262-265, 1995.
34. McHugh MP, Magnusson SP, Gleim GW, Nicholas JA: Viscoelastic stress relaxation in human skeletal muscle, Med Sci Sports Exerc 24:1375-1382, 1992.
35. Taylor DC, Dalton JD Jr, Seaber AV, Garrett WE Jr: Viscoelastic properties of muscle-tendon units. The biomechanical effects of stretching, Am J Sports Med 18:300-309, 1990.
36. Frankel V, Burstein AH: Orthopaedic biomechanics, Philadelphia, 1970, Lea and Febiger.
37. Wainwright S, Biggs WD, Currey JD et al: Mechanical design in organisms, Princeton, 1976, Princeton University Press.
38. Fung Y: Biomechanics: mechanical properties of living tissues, New York, 1981, Springer-Verlag.
39. Garrett WE Jr: Muscle strain injuries: clinical and basic aspects, Med Sci Sports Exerc 22:436-443, 1990.
40. Malone T, Garrett WE: Muscle strains: histology, cause, trauma and treatment, Surg Rounds Orthop 3:43-46, 1989.
41. Safran MR, Garrett WE Jr, Seaber AV et al: The role of warmup in muscular injury prevention, Am J Sports Med 16:123-129, 1988.
42. Ekstrand J, Gillquist J: The avoidability of soccer injuries, Int J Sports Med 4:124-128, 1983.
43. Ekstrand J, Gillquist J: The frequency of muscle tightness and injuries in soccer players, Am J Sports Med 10:75-78, 1982.
44. Corbin C, Noble L: Flexibility: a major component of physical fitness, J Phys Educ 51:23-60, 1980.
45. Schultz P: Flexibility: day of the static stretch, Phys Sports Med 7:109-117, 1979.
46. Hubley C, Kozey JW, Stanish WD: Can stretching prevent athletic injuries? J Musculoskel Med 1:25-32, 1984.
47. Ekstrand J, Gillquist J, Liljedahl SO: Prevention of soccer injuries. Supervision by doctor and physiotherapist, Am J Sports Med 11:116-20, 1983.
48. McHugh MP, Connolly DA, Eston RG et al: The role of passive muscle stiffness in symptoms of exercise-induced muscle damage, Am J Sports Med 27:594-599, 1999.
49. Witvrouow E, Danneels L, Assleman P et al: Muscle flexibility as a risk factor for developing muscle injuries in male professional soccer players. A prospective study, Am J Sports Med 31:41-46, 2003.
50. Worrell T, Perrin DH: Hamstring muscle injury: the influence of strength, flexibility, warm-up and fatigue, J Orthop Sports Phys Ther 16:12-18, 1992.
51. deVries H: The "looseness" factor in speed and oxygen consumption of an anaerobic 100 yard dash, Res Q Exerc Sport 34:305-313, 1963.
52. Godges J, MacRae H, Longdon C et al: The effects of two stretching procedures on hip range of motion and gait economy, J Orthop Sports Phys Ther 10:350-357, 1989.
53. Gleim GW, Stachenfeld NS, Nicholas JA: The influence of flexibility on the economy of walking and jogging, J Orthop Res 8:814-823, 1990.
54. Wilson GJ, Elliott BC, Wood GA: Stretch shorten cycle performance enhancement through flexibility training, Med Sci Sports Exerc 24:116-123, 1992.
55. Godges JJ, MacRae PG, Engelke KA: Effects of exercise on hip range of motion, trunk muscle performance, and gait economy, Phys Ther 73:468-477, 1993.
56. Thacker SB, Gilchrist J, Stroup DF et al: The impact of stretching on sports injury risk: A systemic review of the literature, Med Sci Sports Exerc 36:371-378, 2004.
57. Shrier I: Stretching before exercise does not reduce the risk of local muscle injury: A critical review of the clinical and basic science literature, Clin J Sports Med 9:221-227, 1999.
58. Shrier I: Does stretching help prevent injuries? In MacAuley D, Best T, editors: Evidence-based sports medicine, London, 2002, BMJ Publishing Group.
59. Witvrouw E, Mahieu N, Danneels L et al: Stretching and injury prevention: an obscure relationship, Sports Med 34:443-449, 2004.
60. Ippolito E, Natali PG, Postacchini F et al: Morphological, immunochemical, and biochemical study of rabbit achilles tendon at various ages, J Bone Joint Surg 62A:583-598, 1980.
61. Hama H, Yamamuro T, Takeda T: Experimental studies on connective tissue of the capsular ligament. Influences of aging and sex hormones, Acta Orthop Scand 47:473-479, 1976.
62. Mohan S, Radha E: Age related changes in muscle connective tissue: acid mucopolysaccharides and structural glycoprotein, Exp Gerontol 16:385-392, 1981.
63. Viidik A: Connective tissues–possible implications of the temporal changes for the aging process, Mech Ageing Dev 9:267-285, 1979.
64. Danielsen CC: Thermal stability of reconstituted collagen fibrils. Shrinkage characteristics upon in vitro maturation, Mech Aging Dev 15:269-278, 1981.
65. Balzas E: Intracellular matrix of connective tissue. In Finch C, Hayflick L, editors: Handbook of the Biology of Aging, New York, 1977, Van Nostrand Reinhold.
66. Alnaqeeb MA, Al Zaid NS, Goldspink G: Connective tissue changes and physical properties of developing and ageing skeletal muscle, J Anat 139:677-689, 1984.
67. Kendall H, Kendall FP: Normal flexibility according to age groups, J Bone Joint Surg 30A:690-694, 1948.
68. Hunter C, Etchison WC, Halpern BC: Standards and norms of fitness and flexibility in the high school athlete, J Athl Training 16:210-212, 1985.
69. Leighton JR: Flexibility characteristics of males ten to eighteen years of age, Arch Phys Med Rehabil 37:494-499, 1956.
70. Tucker J: Measurement of joint range of motion of older individuals (master's thesis), Palo Alto, 1964, Stanford University.
71. Smith J, Walker JM: Knee and elbow range of motion in healthy older individuals, Phys Occup Ther Geriatr 2:31-38, 1983.
72. Walker J, Sue D, Miles-Elkousy N et al: Active mobility of the extremities in older subjects, Phys Ther 61:919-923, 1984.
73. Boone DC, Azen SP, Lin CM et al: Reliability of goniometric measurements, Phys Ther 58:1355-1390, 1978.
74. Lexell J, Taylor CC, Sjostrom M: What is the cause of the ageing atrophy? Total number, size and proportion of different fiber types studied in whole vastus lateralis muscle from 15- to 83-year-old men, J Neurol Sci 84:275-294, 1988.
75. Kirkendall DT, Garrett WE Jr: The effects of aging and training on skeletal muscle, Am J Sports Med 26:598-602, 1998.
76. Russ DW, Kent-Braun JA: Is skeletal muscle oxidative capacity decreased in old age? Sports Med 34:221-229, 2004.
77. Misner J, Bassey BH, Bemben M et al: Long term effects of exercise on the range of motion of aging women, J Orthop Sports Phys Ther 16:37-42, 1992.
78. Raab DM, Agre JC, McAdam M, Smith EL: Light resistance and stretching exercise in elderly women: effect upon flexibility, Arch Phys Med Rehabil 69:268-272, 1988.
79. Williams PE, Goldspink G: The effect of immobilization on the longitudinal growth of striated muscle fibres, J Anat 116:45-55, 1973.
80. Williams PE, Goldspink G: Connective tissue changes in immobilised muscle, J Anat 138:343-350, 1984.
81. Griffin GE, Williams PE, Goldspink G: Region of longitudinal growth in striated muscle fibres, Nat New Biol 232:28-29, 1971.
82. Tabary JC, Tardieu C, Tardieu G, Tabary C: Experimental rapid sarcomere loss with concomitant hypoextensibility, Muscle Nerve 4:198-203, 1981.
83. Tardieu C, Tabary JC, Tabary C, Tardieu G: Adaptation of connective tissue length to immobilization in the lengthened and shortened positions in cat soleus muscle, J Physiol 78:214-220, 1982.
84. Tabary JC, Tabary C, Tardieu C et al: Physiological and structural changes in the cat's soleus muscle due to immobilization at different lengths by plaster casts, J Physiol 224:231-244, 1972.

85. Kelsen SG, Wolanski T, Supinski GS, Roessmann U: The effect of elastase-induced emphysema on diaphragmatic muscle structure in hamsters, Am Rev Respir Dis 127:330-334, 1983.
86. Aptar J: Influence of composition on thermal properties of tissues. In Fung Y, Perrone N, Akliker M, editors: Biomechanics: its foundations and objectives, Englewood Cliffs, 1970, Prentice-Hall.
87. Walker P, Amstutz HC, Rubinfeld M: Canine tendon studies. II. Biomechanical evaluation of normal and regrown canine tendons, J Biomed Mater Res 10:61-76, 1976.
88. Woo SL, Lee TQ, Gomez MA et al: Temperature dependent behavior of the canine medial collateral ligament, J Biomech Eng 109:68-71, 1987.
89. Rigby J: The effect of mechanical extension upon the thermal stability of collagen, Biochim Biophys Acta 79:334-363, 1964.
90. Mason T, Rigby JB: Thermal transitions in collagen, Biochim Biophys Acta 66:448-450, 1963.
91. Rigby J, Hirai N, Spikes JD: The mechanical properties of rat tial tendon, J Gen Physiol 43:265-283, 1959.
92. Kottke FJ, Pauley DL, Ptak RA: The rationale for prolonged stretching for correction of shortening of connective tissue, Arch Phys Med Rehabil 47:345-352, 1966.
93. Laban MM: Collagen tissue: implications of its response to stress in vitro, Arch Phys Med Rehabil 43:461-466, 1962.
94. Lehmann JF, Masock AJ, Warren CG, Koblanski JN: Effect of therapeutic temperatures on tendon extensibility, Arch Phys Med Rehabil 51:481-487, 1970.
95. Warren CG, Lehmann JF, Koblanski JN: Elongation of rat tail tendon: effect of load and temperature, Arch Phys Med Rehabil 52:465-474, 1971.
96. Warren CG, Lehmann JF, Koblanski JN: Heat and stretch procedures: an evaluation using rat tail tendon, Arch Phys Med Rehabil 57:122-126, 1976.
97. Strickler T, Malone T, Garrett WE: The effects of passive warming on muscle injury, Am J Sports Med 18:141-145, 1990.
98. Noonan TJ, Best TM, Seaber AV, Garrett WE Jr: Thermal effects on skeletal muscle tensile behavior, Am J Sports Med 21:517-522, 1993.
99. Lehmann JF, Delateur BJ: Therapeutic heat. In Lehmann JF, editor: Therapeutic heat and cold, Baltimore, 1982, Williams and Wilkins.
100. Asmussen B, Boje OVE: Body temperature and capacity for work, Acta Phys Scand 10:1-22, 1945.
101. Saltin B, Hermansen L: Esophageal, rectal, and muscle temperature during exercise, J Appl Physiol 21:1757-1762, 1966.
102. Saltin B, Gagge AP, Bergh U, Stolwijk JA: Body temperatures and sweating during exhaustive exercise, J Appl Physiol 32:635-643, 1972.
103. Garrett WE Jr, Safran MR, Seaber AV et al: Biomechanical comparison of stimulated and nonstimulated skeletal muscle pulled to failure, Am J Sports Med 15:448-454, 1987.
104. Hasselman CT, Best TM, Seaber AV, Garrett WE Jr: A threshold and continuum of injury during active stretch of rabbit skeletal muscle, Am J Sports Med 23:65-73, 1995.
105. Garrett WE Jr, Califf JC, Bassett FH III: Histochemical correlates of hamstring injuries, Am J Sports Med 12:98-103, 1984.
106. Garrett WE: Muscle strain injuries, Am J Sports Med 24:S2-S8, 1996.
107. Kujala UM, Orava A, Jarvinen M: Hamstring injuries: currents trends in treatment and prevention, Sports Med 23:397-404, 1997.
108. Speer KP, Lohnes J, Garrett WE Jr: Radiographic imaging of muscle strain injury, Am J Sports Med 21:89-95, 1993.
109. LeCroy C, Reedy MK, Seaber AV et al: Limited sarcomere extensibility and strain injury in rabbit skeletal muscle, Trans Orthop Res Soc 14:316, 1989.
110. Reddy AS, Reedy MK, Best TM et al: Restriction of the injury response following an acute muscle strain, Med Sci Sports Exerc 25:321-327, 1993.
111. Hurme T, Kalimo H, Letho M et al: Healing of skeletal muscle injury: An ultrastructural and immunohistochemical study, Med Sci Sports Exerc 23:801-810, 1991.
112. Lehto M, Jarvinen M, Nelimarkka O: Scar formation after skeletal muscle injury. A histological and autoradiographical study in rats, Arch Orthop Trauma Surg 104:366-370, 1986.
113. Lehto M, Jarvinen M: Collagen and glycosaminoglycan synthesis of injured gastrocnemius muscle in rat, Eur Surg Res 17:179-185, 1985.
114. Lehto M, Duance VC, Restall D: Collagen and fibronectin in a healing skeletal muscle injury. An immunohistological study of the effects of physical activity on the repair of injured gastrocnemius muscle in the rat, J Bone Joint Surg 67B:820-828, 1985.
115. Carlson BM, Faulkner JA: The regeneration of skeletal muscle fibers following injury: a review, Med Sci Sports Exerc 15:187-198, 1983.
116. Snow MH: Myogenic cell formation in regenerating rat skeletal muscle injured by mincing. I. A fine structural study, Anat Rec 188:181-199, 1977.
117. Hurme T, Kalimo H: Activation of myogenic precursor cells after muscle injury, Med Sci Sports Exerc 24:197-205, 1992.
118. Huard J, Li Y, Fu FH: Muscle injuries and repair: current trends in research, J Bone Joint Surg 84A:822-832, 2002.
119. Vaittinen S, Hurme T, Rantanen J, Kalimo H: Transected myofibers may remain permanently divided in two parts, Neuromuscul Disord 12:584-587, 2002.
120. Aarimaa V, Kaariainen M, Vaittinen S et al: Restoration of myofiber continuity after transection injury in the rat soleus, Neuromuscl Disord 14:421-428, 2004.
121. Jarvinen M, Aho AJ, Lehto M, Toivonen H: Age dependent repair of muscle rupture: a histological and microangiographical study in rats, Acta Orhop Scand 54:64-74, 1982.
122. Jarvinen M: Healing of a crush injury in rat striated muscle. 2. a histological study of the effect of early mobilization and immobilization on the repair processes, Acta Pathol Microbiol Scand 83A:269-282, 1975.
123. Jarvinen MJ, Lehto MU: The effects of early mobilisation and immobilisation on the healing process following muscle injuries, Sports Med 15:78-89, 1993.
124. Jarvinen M, Lehto M, Sorvari T et al: Effect of some anti-inflammatory agents on the healing of ruptured muscle: an experimental study in rats, J Sports Traumatol Rel Res 14:19-28, 1992.
125. Almekinders LC, Gilbert JA: Healing of experimental muscle strains and the effects of nonsteroidal anti-inflammatory medication, Am J Sports Med 14:303-308, 1986.
126. Obremsky WT, Seaber AV, Ribbeck BM, Garrett WE Jr: Biomechanical and histologic assessment of a controlled muscle strain injury treated with piroxicam, Am J Sports Med 22:558-561, 1994.
127. Thorsson O, Rantanen J, Hurme T, Kalimo H: Effects of nonsteroidal anti-inflammatory medication on satellite cell proliferation during muscle regeneration, Am J Sports Med 26:172-176, 1998.
128. Mishra DK, Friden J, Schmitz MC, Lieber RL: Anti-inflammatory medication after muscle injury. A treatment resulting in short--term improvement but subsequent loss of muscle function, J Bone Joint Surg 77A:1510-1519, 1995.
129. Baldwin Lanier A: Use of nonsteroidal anti-inflammatory drugs following exercise-induced muscle injury, Sports Med 33:177-186, 2003.
130. Lieber RL, Friden J: Mechanisms of muscle injury gleaned from animal models, Am J Phys Med Rehabil 81:S70-79, 2002.
131. Hurme T, Kalimo H, Lehto M, Jarvinen M: Healing of skeletal muscle injury: an ultrastructural and immunohistochemical study, Med Sci Sports Exerc 23:801-810, 1991.
132. Taylor DC, Dalton JD Jr., Seaber AV, Garrett WE Jr: Experimental muscle strain injury. Early functional and structural deficits and the increased risk for reinjury, Am J Sports Med 21:190-194, 1993.

133. Beiner JM, Jokl P, Cholewicki J, Panjabi MM: The effect of anabolic steroids and corticosteroids on healing of muscle contusion injury, Am J Sports Med 27:2-9, 1999.
134. Engert JC, Berglund EB, Rosenthal N: Proliferation precedes differentiation in IGF-I-stimulated myogenesis, J Cell Biol 135:431-440, 1996.
135. Papadakis MA, Grady D, Black D et al.: Growth hormone replacement in healthy older men improves body composition but not functional ability, Ann Intern Med 124:708-716, 1996.
136. Coleman ME, DeMayo F, Yin KC et al: Myogenic vector expression of insulin-like growth factor I stimulates muscle cell differentiation and myofiber hypertrophy in transgenic mice, J Biol Chem 270:12109-12116, 1995.
137. Barton-Davis ER, Shoturma DI, Musaro A et al: Viral mediated expression of insulin-like growth factor I blocks the aging-related loss of skeletal muscle function, Proc Natl Acad Sci U S A 95:15603-15607, 1998.
138. Kasemkijwattana C, Menetrey J, Bosch P et al: Use of growth factors to improve muscle healing after strain injury, Clin Orthop Relat Res 370:272-285, 2000.
139. Kasemkijwattana C, Menetrey J, Somogyl G et al: Development of approaches to improve the healing following muscle contusion, Cell Transplant 7:585-598, 1998.
140. Jones JI, Clemmons DR: Insulin-like growth factors and their binding proteins: biological actions, Endocr Rev 16:3-34, 1995.
141. Menetrey J, Kasemkijwattana C, Fu FH et al: Suturing versus immobilization of a muscle laceration. A morphological and functional study in a mouse model, Am J Sports Med 27:222-229, 1999.
142. Kvist M, Jarvinen M: Clinical, histochemical and biomechanical features in repair of muscle and tendon injuries, Int J Sports Med 3 Suppl 1:12-4, 1982.
143. Agre JC: Hamstring injuries. Proposed aetiological factors, prevention, and treatment, Sports Med 2:21-33, 1985.
144. Burkett LN: Causative factors in hamstring strains, Med Sci Sports 2:39-42, 1970.
145. Jarvinen M, Sorvari T: Healing of a crush injury in rat striated muscle. 1. Description and testing of a new method of inducing a standard injury to the calf muscles, Acta Pathol Microbiol Scand 83:259-265, 1975.
146. Jarvinen M: Healing of a crush injury in rat striated muscle. 2. A histological study of the effect of early mobilization and immobilization on the repair processes, Acta Pathol Microbiol Scand 83A:269-282, 1975.
147. Jarvinen M: Healing of a crush injury in rat striated muscle. 3. A microangiographical study of the effect of early mobilization and immobilization on capillary ingrowth, Acta Pathol Microbiol Scand 84A:85-94, 1976.
148. Jarvinen M: Healing of a crush injury in rat striated muscle. 4. Effect of early mobilization and immobilization on the tensile properties of gastrocnemius muscle, Acta Chir Scand 142:47-56, 1976.
149. Jarvinen M, Sorvari T: A histochemical study of the effect of mobilization and immobilizaion on the metabolism of healing muscle injury. In Landry F, editor: Sports medicine, Miami, 1978, Symposia Specialists.
150. Jarvinen M, Einola SA, Virtanen EO: Effect of the position of immobilization upon the tensile properties of the rat gastrocnemius muscle, Arch Phys Med Rehabil 73:253-257, 1992.
151. Kannus P, Parkkari J, Jarvinen TL et al: Basic science and clinical studies coincide: active treatment approach is needed after a sports injury, Scand J Med Sci Sports 13:150-154, 2003.
152. Kaariainen M, Kaariainen J, Jarvinen TL et al: Integrin and dysrophin associated adhesion protein complexes during regeneration of shearing-type muscle injury, Neuromuscl Disord 10:121-132, 2000.
153. Byl N: The use of ultrasound as an enhancer for transcutaneous drug delivery: phonophoresis, Phys Ther 75:539-553, 1995.
154. Costello CT, Jeske AH: Iontophoresis: Applications in transdermal medication delivery, Phys Ther 75:554-563, 1995.
155. Rantanen J, Thorsson O, Wollmer P et al: Effects of therapeutic ultrasound on the regeneration of skeletal myofibers after experimental muscle injury, Am J Sports Med 27:54-59, 1999.
156. Wilkin LD, Merrick MA, Kirby TE et al: Influence of therapeutic ultrasound on skeletal muscle regeneration following blunt contusion, Int J Sports Med 25:73-77, 2004.
157. Tokish JM, Schlegel TF, Hawkins RJ et al: The effect of low--intensity pulsed ultrasound on rotator cuff healing in a sheep model, AOSSM Annual Meeting Abstracts, 2005, p 96.
158. Enwemeka CS: The effects of therapeutic ultrasound on tendon healing: a biomechanical study, Am J Phys Med 68:283-286, 1989.
159. Enwemeka CS: Inflammation, cellularity, and fibrillogenesis in regenerating tendon: implications for tendon rehabilitation, Phys Ther 69:816-825, 1989.
160. Enwemeka CS: Connective tissue plasticity: ultrastructural, biomechanical and morphometric effects of physical factors on intact and regenerating tendons, J Orthop Sports Phys Ther 14:198-212, 1991.
161. Jackson BA, Schwane JA, Starcher BC: Effect of ultrasound therapy on the repair of Achilles tendon injuries in rats, Med Sci Sports Exerc 23:171-176, 1991.
162. Fukami Y, Wilkinson RS: Responses of isolated Golgi tendon organs of the cat, J Physiol 265:673-689, 1977.
163. Reed BV: Effect of high voltage pulsed electrical stimulation on microvascular permeability to plasma proteins. A possible mechanism in minimizing edema, Phys Ther 68:491-495, 1988.
164. Griffin JW, Newsome LS, Stralka SW, Wright PE: Reduction of chronic post-traumatic hand edema: A comparison of high voltage pulsed current, intermittent pneumatic compression and placebo treatments. Phys Ther 70:279-286, 1990.
165. Jarit GJ, Mohr KJ, Waller R, Glousman RE: The effects of home interferential therapy on post-operative pain, edema and range of motion, Clin J Sports Med 13:16-20, 2003.
166. Butler DL, Grood ES, Noyes FR, Zernicke RF: Biomechanics of ligaments and tendons, Exerc Sport Sci Rev 6:125-181, 1978.
167. Best TM, Loitz-Ramage B, Corr DT et al: Hyperbaric oxygen in the treatment of acute muscle stretch injuries: Results in an animal model, Am J Sports Med 26:367-372, 1998.
168. Research Committee of the AOSSM: Hyperbaric oxygen therapy in sports, Am J Sports Med 26:489-490, 1998.
169. Noonan TJ, Garrett WE Jr: Muscle strain injury: diagnosis and treatment, J Am Acad Orthop Surg 7:262-269, 1999.
170. Almekinders LC: Results of surgical repair versus splinting of experimentally transected muscle, J Orthop Trauma 15:173-176, 1991.

CAPÍTULO

6

Biologia e mecânica óssea

Barbara J. Loitz-Ramage e Ronald F. Zernicke

INTRODUÇÃO

Embora o osso tenha uma aparência inerte a olho nu, ele é uma estrutura dinâmica que se remodela continuamente em resposta às mudanças em cargas mecânicas, hormônios sistêmicos e níveis séricos de cálcio. A relação dinâmica entre estrutura e função do osso, a lei de Wolff, faz com que esse seja o foco primário dos especialistas em exercícios e reabilitação interessados nas pessoas fisicamente ativas que impõem demandas mecânicas e sistêmicas elevadas sobre seu esqueleto. A manutenção de um equilíbrio positivo entre as respostas esqueléticas adaptativas e aquelas com uma adaptação inadequada é vital para otimizar a participação, o desempenho e a consolidação.

Neste capítulo, após apresentar uma visão geral da estrutura óssea, os autores enfatizam as relações entre estrutura e função do osso e o que as mudanças relacionadas ao exercício e desuso na dinâmica óssea revelam sobre os mecanismos de fundo do remodelamento ósseo. A discussão truncada sobre as outras funções do osso reflete somente a necessidade de mantermos o foco neste capítulo e não conota uma hierarquia de importância funcional.

O esqueleto fornece alavancas, a partir das quais os músculos controlam os movimentos, protege os órgãos vitais, serve de reservatório mineral e aloja células hematopoiéticas na medula óssea.[1] Cada uma dessas funções está sinergicamente interligada; ou seja, a anatomia específica de um osso reflete a função específica daquele osso. Por exemplo, nas trabéculas delgadas do osso esponjoso, os osteócitos localizam-se perto dos canais vasculares, sugerindo que o osso esponjoso contribui de forma efetiva para a mobilização mineral.

Função do osso

- Fornece alavancas para o movimento
- Protege os órgãos vitais
- Serve como reservatório mineral
- Contém células hematopoiéticas

ORGANIZAÇÃO ESQUELÉTICA

O osso é descrito como um órgão, um tecido ou é classificado de acordo com suas células e é importante perceber que o osso é uma entidade funcional em cada um desses níveis de organização. Como órgão, o osso envolve uma porcentagem substancial da massa corporal total. Aqui não é feita distinção com respeito ao tamanho do osso, sua forma ou origem no desenvolvimento, mas é como órgão que os processos metabólicos ósseos (p. ex., hematopoiese) podem ser descritos. O tecido ósseo pode ser classificado como cortical ou esponjoso. Embora os ossos corticais e esponjosos compreendam as mesmas células, o comportamento mecânico e as respostas adaptativas são diferentes. Muitos tipos de células são nativas do tecido ósseo e essas células funcionam de forma interativa para manter o osso como um tecido e como um órgão.

DESENVOLVIMENTO DO OSSO

O desenvolvimento esquelético é um processo intricado, altamente refinado, cujos detalhes completos estão fora do escopo deste capítulo. Contudo, em um contexto de relevância clínica, são introduzidos os principais eventos e a terminologia geral associados ao desenvolvimento ósseo, com exemplos das fases do desenvolvimento que, se modificadas, podem produzir displasia esquelética (crescimento ou desenvolvimento anormal). Uma observação particular é feita sobre o papel da tensão mecânica no desenvolvimento do esqueleto. Para um discurso aprofundado sobre o desenvolvimento esquelético, várias revisões excelentes estão disponíveis.[2,3]

O desenvolvimento esquelético começa quando as células mesenquimais derivadas das camadas germinais primárias (células mesodérmicas) se condensam. Em alguns poucos ossos (ossos do crânio, da face e, em parte, as costelas, clavículas e mandíbula), as condensações celulares formam matrizes fibrosas que depois se ossificam diretamente (ossificação intramembranosa). Nesse processo, as células mesenquimais se diferenciam e começam a produzir a enzima fosfatase alcalina. Logo em seguida, ocorre a calcificação e ossificação da matriz fibrosa, que forma trabéculas ósseas individuais que juntas constituem um centro de ossificação primário. A deposição óssea continua na direção centrífuga a partir do centro primário até uma ilha óssea ser formada. À medida que a expansão centrífuga se torna mais lenta, o periósteo se espessa e desenvolve osteoblastos maduros na sua camada mais profunda. A camada periósteа profunda torna-se então o local primário do crescimento ósseo contínuo.

Nos ossos apendiculares e axiais, as condensações mesenquimais formam um molde cartilaginoso (primórdio) dos ossos, em vez de prosseguirem diretamente para a calcificação e ossificação. As células da cartilagem dentro do molde são organizadas em cinco zonas distintas que correspondem, em termos histológicos, às marcas de cartilagem da placa de crescimento.[2] Nas pontas do molde de cartilagem, as células da zona 1 são agrupadas bem próximas umas das outras, com pouca matriz extracelular. As células da zona 2 são achatadas e os eixos celulares orientam-se no sentido transverso ao eixo longitudinal do molde. Essa orientação reflete o crescimento diametral que ocorre no molde da cartilagem, em contraste com o crescimento longitudinal que predomina no osso em crescimento. As células da zona 3 têm forma cuboide e começam a apresentar vacúolos, indicação de síntese ativa dos componentes da matriz. As células vizinhas, da zona 4, são as maiores dentre os condrócitos. Elas produzem ativamente os componentes da matriz extracelular. No nível médio central do corpo do molde, as células da zona 5 estão rapidamente involuindo ou morrendo, deixando grandes espaços vazios ou lacunas. A deposição inicial de tecido osteoide ocorre nessa região. No sentido circunferencial, o pericôndrio que cerca a zona 5 se espessa e deposita uma camada fina de tecido osteoide, que depois se mineraliza e forma um colar ósseo no nível médio da diáfise. Canais vasculares penetram a região central e o colar ósseo, formando, por fim, o centro de ossificação primário. A ossificação prossegue de forma rápida em direção às pontas para formar a diáfise e a metáfise óssea (Fig. 6.1).

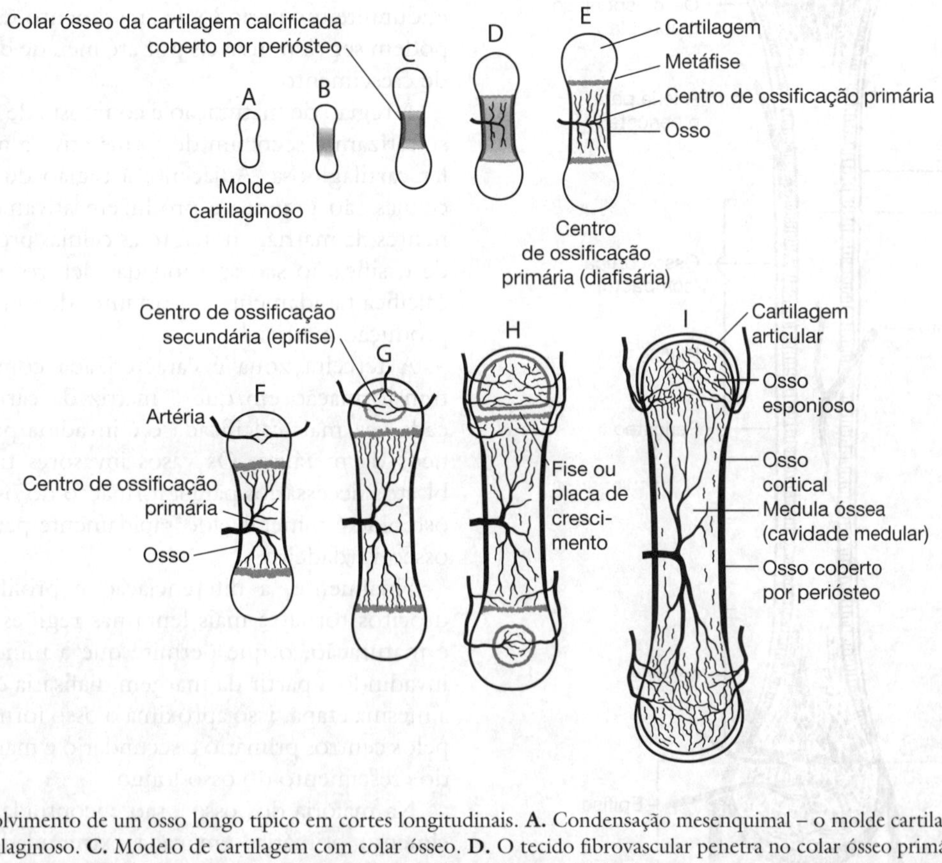

Figura 6.1 Desenvolvimento de um osso longo típico em cortes longitudinais. **A.** Condensação mesenquimal – o molde cartilaginoso básico. **B.** Modelo pré-cartilaginoso. **C.** Modelo de cartilagem com colar ósseo. **D.** O tecido fibrovascular penetra no colar ósseo primário. **E.** Substituição central de cartilagem por osso, com extensão do osso formando longitudinalmente o centro primário de ossificação, que se transformará em diáfise e metáfise. **F.** O tecido vascular entra na cartilagem epifisária distal. **G.** Desenvolve-se e aumenta o centro de ossificação epifisária (secundária) (primariamente um processo pós-natal). **H.** Desenvolve-se o segundo centro de ossificação epifisária. (Notar a diferença na velocidade de crescimento das duas extremidades. Cada osso longo tem uma "ponta de crescimento" que permite a ocorrência de maior crescimento naquele local.) **I.** À medida que a cartilagem epifisária desaparece, o osso para de crescer no comprimento e a cavidade da medula óssea torna-se contínua ao longo da extensão do osso.

Nas regiões epifisárias, os canais vasculares invadem diretamente a cartilagem, que depois ossifica-se e forma centros ossificados secundários (ver Fig. 6.1). O crescimento vascular para dentro do osso é um passo essencial na formação dos centros primário e secundário, pois o suprimento sanguíneo assegura a chegada das células precursoras osteogênicas e sua diferenciação subsequente.[4]

Entre o osso formado pelos centros ossificados primário e secundário, o molde da cartilagem persiste na forma de placas epifisárias (de crescimento) entre o corpo (diáfise) e as extremidades (epífises) do osso longo (Fig. 6.2). A placa de crescimento resulta de uma compactação das zonas celulares do molde cartilaginoso, desse modo, contém camadas análogas de condrócitos. Uma região anatômica importante dentro do osso longo em desenvolvimento é a zona de Ranvier, encontrada nas margens

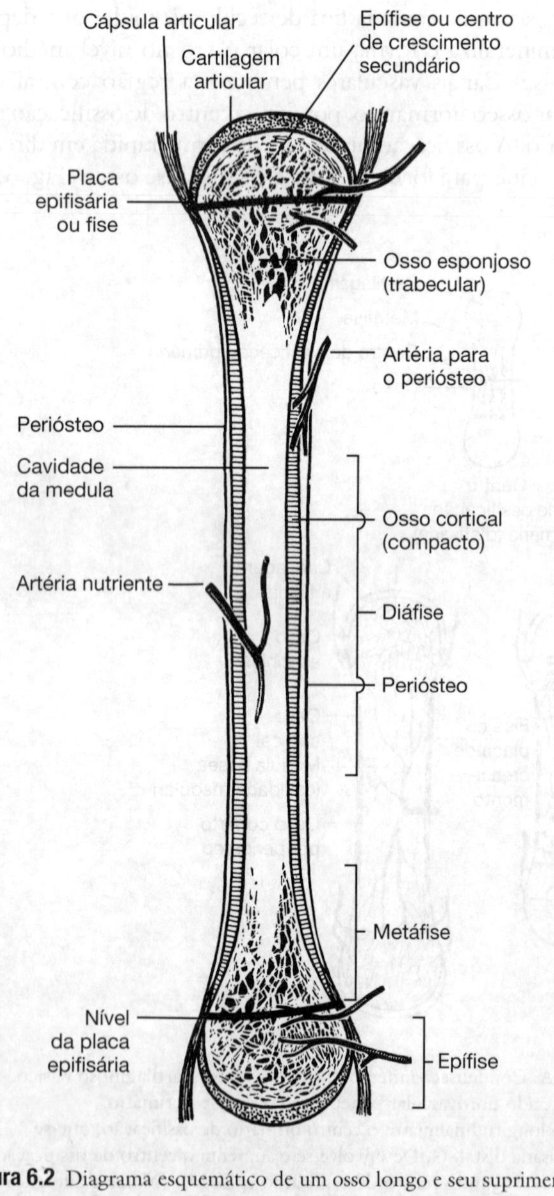

Figura 6.2 Diagrama esquemático de um osso longo e seu suprimento sanguíneo mostrando as diferentes partes do osso. (Adaptado de Gardner E, Gray DJ, O'Rahilly R: *Anatomy: a regional study of human structure*. WB Saunders, Philadelphia, 1975, p. 9.)

corticais da placa de crescimento em direção ao centro primário de ossificação.[2] A zona de Ranvier contém o colar perióteo do osso que está avançando a partir da diáfise óssea em direção à epífise, uma região de células mesenquimais não diferenciadas que dá origem aos condrócitos ao longo de sua superfície mais profunda, além da junção entre o periósteo, que cobre a diáfise óssea, e o pericôndrio, que cobre a cartilagem epifisária. Essa zona complexa é importante, pois é nesse lugar que ocorre o aumento do diâmetro da metáfise durante o crescimento. Portanto, um trauma que danifique a zona de Ranvier pode comprometer o crescimento circunferencial normal da metáfise do osso longo.

O crescimento longitudinal do osso ocorre por meio da atividade de condrócitos dentro de três regiões distintas, do ponto de vista funcional, da placa de crescimento: regiões de crescimento, de maturação e de transformação (Figs. 6.3 e 6.4A). A região de crescimento contém duas subpopulações de condrócitos. Células em repouso ficam próximas do centro de ossificação secundário. Essas células estão associadas às pequenas arteríolas e capilares provenientes dos vasos epifisários. Os vasos são importantes no transporte de células não diferenciadas que se somam ao conjunto de células em repouso. Afastada das células em repouso há uma área de divisão celular ativa. Nessa área, as células são organizadas em colunas longitudinais e, durante um período de crescimento rápido, as colunas podem ser responsáveis por até metade da altura da placa de crescimento.[3]

A região de maturação é composta de condrócitos que sintetizam e secretam de forma ativa a matriz extracelular cartilaginosa. Adjacente à região de crescimento, as células são grandes e produzem ativamente os componentes da matriz, enquanto as células próximas do fronte de ossificação são aprisionadas dentro da matriz que se calcifica rapidamente e, portanto, deixam de ser ativas na produção matricial.

A terceira zona é caracterizada como uma área de transformação em que a matriz da cartilagem torna-se cada vez mais calcificada e é invadida por vasos sanguíneos da metáfise. Os vasos invasores trazem os osteoblastos necessários para a formação do osteoide ósseo. O osteoide é mineralizado rapidamente para formar tecido ósseo verdadeiro.

Finalmente, a diferenciação e proliferação de condrócitos torna-se mais lenta nas regiões de crescimento e maturação, o que permite que a mineralização óssea, invadindo a partir da margem diafisária da placa, alcance a mesma etapa. Isso aproxima o osso formado no começo pelos centros primário e secundário e marca a culminação do crescimento do osso longo.

Na maioria dos ossos, são encontradas placas de crescimento primárias em cada extremidade do osso, que recebem cargas compressivas (Fig. 6.5), já que as cargas são transmitidas por meio da placa entre a diáfise e epífise óssea. Nos ossos maiores, como a tíbia e o fêmur, existem também pequenas placas de crescimento entre a diáfise óssea e os grandes processos ósseos, como o trocânter

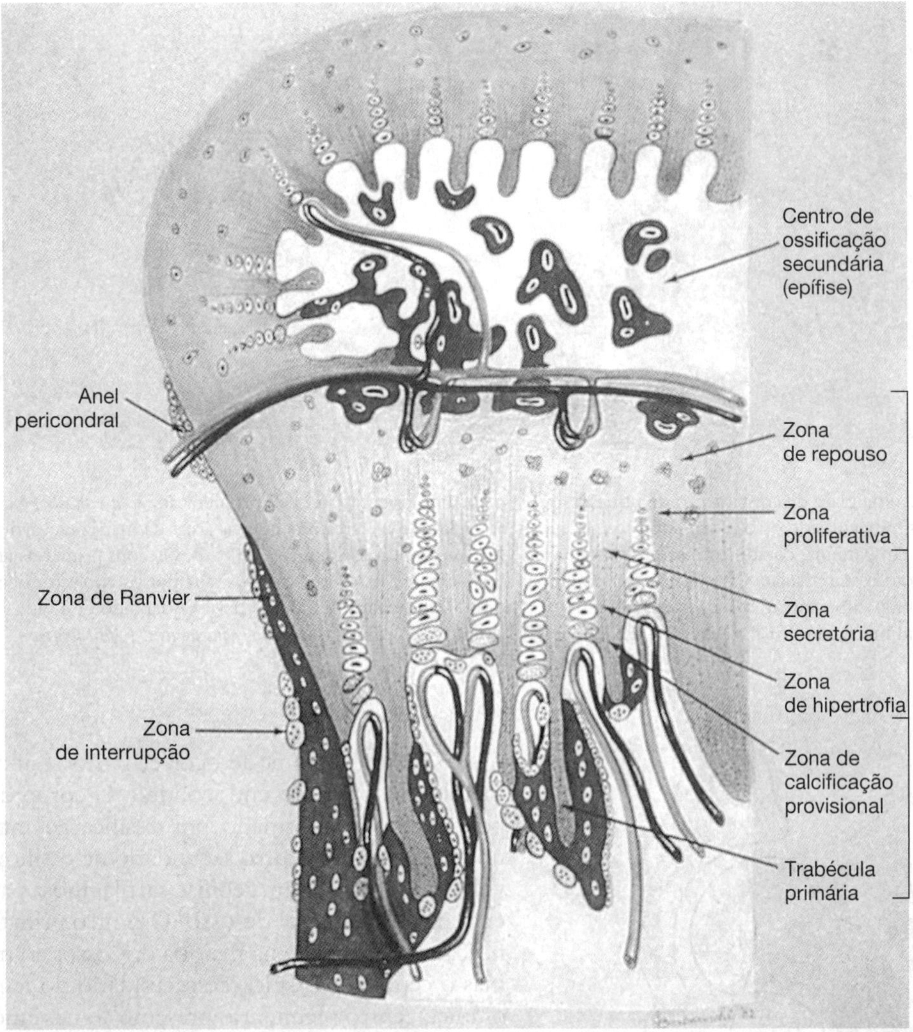

Figura 6.3 Extremidade do osso longo mostrando o crescimento no centro de crescimento distal. (Adaptado de Bogumill GP, Schwamm HA: *Orthopedic pathology*. WB Saunders, Philadelphia, 1984, p. 17.)

maior ou a tuberosidade da tíbia, nas quais os grandes músculos se inserem. Essas placas de crescimento "apofisárias" permitem que os processos continuem a crescer, independente do crescimento longitudinal do osso. As placas apofisárias são similares, em termos histológicos, às placas epifisárias primárias, embora resistam a cargas tensivas em vez de compressão. Em termos mecânicos, a cartilagem epifisária e, por fim, a cartilagem articular que permanece nas superfícies articulares dos ossos longos são bem apropriadas para suportar cargas compressivas. As placas apofisárias, contudo, são mais fracas em termos mecânicos quando recebem uma carga tensiva. Isso é relevante do ponto de vista clínico quando uma criança muito ativa apresenta-se com dor localizada. O exame radiológico pode revelar uma fratura da placa apofisária causada por forças musculotendíneas excessivamente elevadas que a placa não conseguiu tolerar. Isso é visto com mais frequência na tuberosidade da tíbia, por exemplo, em um adolescente participante de esportes envolvendo saltos, como o vôlei, no qual forças elevadas provenientes dos músculos quadríceps são transmitidas pelo tendão patelar até a tuberosidade da tíbia (doença de Osgood-Schlatter). Na maioria dos casos, prescreve-se modificação da atividade e repouso até ocorrer o fechamento da placa apofisária e a tuberosidade tornar-se contínua com a diáfise óssea.

Tipos de placas de crescimento secundárias

- Epífise de pressão
- Epífise de tração (apófise)
- Atávica

Um exemplo um tanto quanto raro, porém relevante do ponto de vista clínico, de outro tipo de placa epifisária é a placa atávica. O termo atavismo, derivado da palavra "bisavô", em latim, refere-se a um remanescente evolutivo que reaparece gerações depois de ter aparentemente desaparecido. Nesse caso, a placa representa o reaparecimento de um osso ou a proeminência óssea extra que não é visto tipicamente. Embora não sejam consideradas patológicas, as placas atávicas são importantes na clínica quando um paciente apresenta-se com dor localizada e

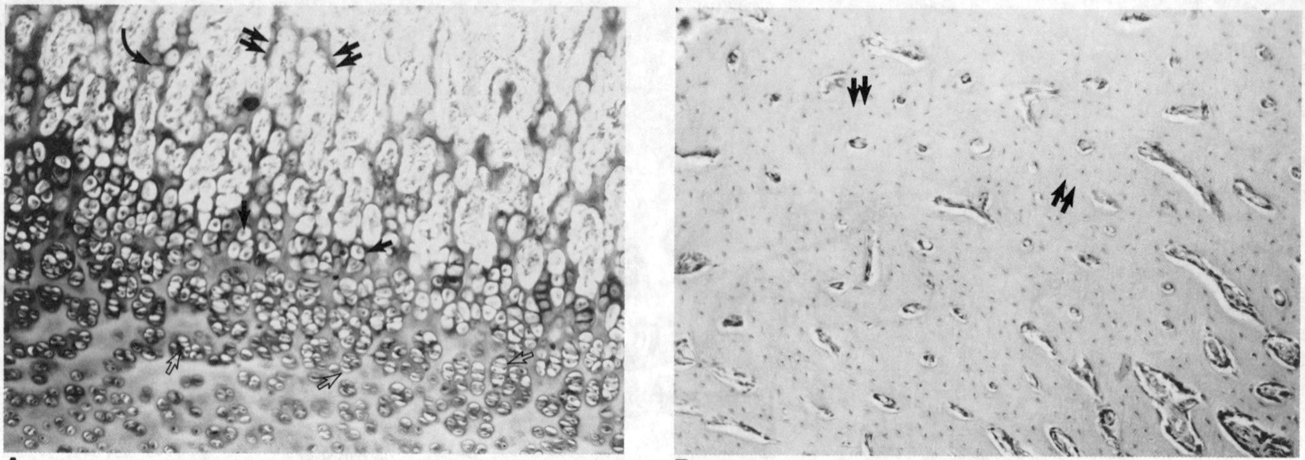

A B

Figura 6.4 A. Corte histológico da placa de crescimento de um acetábulo de coelho. Notar as áreas de proliferação (*seta vazada*) e condrócitos hipertrofiados (*seta sólida*). As trabéculas do osso reticulado recém-depositado (*seta dupla*) cercam pequenas áreas da matriz da cartilagem (*seta curva*). Corte embebido em parafina, corado com safranina-O e verde-luz; magnificação original = 10×. **B.** Osteons primários (*pontas de setas duplas*) estão substituindo o osso reticulado. Os osteócitos são embebidos na matriz óssea que é depositada por osteoblastos dentro dos canais vasculares. Corte embebido em parafina, corado com safranina-O e verde-luz; ampliação original = 25×. (Adaptado de Loitz-Ramage BJ, Zernicke RF: Bone biology and mechanics. In Zachazewski JE, Magee DJ, Quillen WS, editors: *Athletic injuries and rehabilitation.* WB Saunders, Philadelphia, 1996, p. 101.)

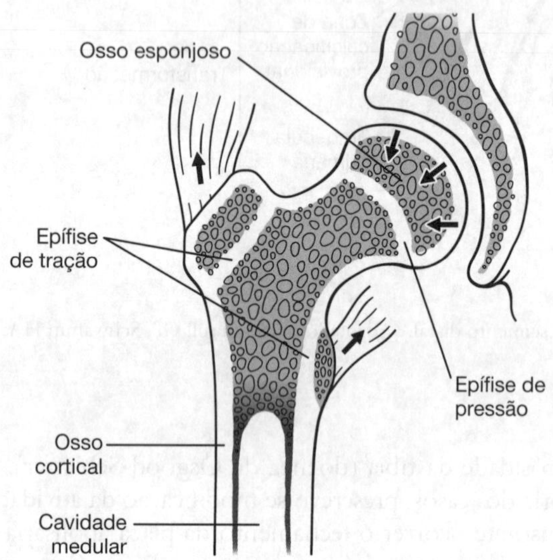

Figura 6.5 Fêmur superior mostrando tipos de placas de crescimento.

o raio X revela o que parece ser uma fratura. De fato, o exame mais cuidadoso pode revelar que a linha radiolucente é uma placa atávica ligando uma extremidade óssea e a diáfise. As placas atávicas podem persistir por toda a vida, o que fornece um desafio clínico adicional no exame de um adulto no qual não se espera encontrar placas de crescimento. O local mais comum de uma placa atávica é no pé, na base do quinto metatarsal.

Tipos de ossificação no desenvolvimento

- Intramembranosa
- Endocondral

No mesmo osso pode ocorrer tanto ossificação intramembranosa quanto endocondral. O corpo da clavícula, por exemplo, é formado por ossificação intramembranosa, porém, um centro secundário de ossificação desenvolve-se dentro de uma epífise cartilaginosa para formar a extremidade esternal do osso. O centro primário de ossificação está presente na maioria dos ossos ao nascimento, mas o centro de ossificação secundário do fêmur distal é o único centro secundário presente ao nascimento e com frequência é usado como ponto de referência para identificar um feto completamente formado. Tanto a ossificação endocondral quanto intramembranosa persistem no pós-natal durante o reparo de fraturas (endocondral) e na deposição de osso no periósteo (intramembranosa) que ocorre durante o aumento de diâmetro da diáfise média de um osso longo.

A condensação inicial das células mesodérmicas parece ser guiada por uma mensagem genética. Fatores epigenéticos, como a tensão mecânica, são incapazes de influenciar a estrutura em desenvolvimento até depois de a forma tridimensional fundamental estar completa. Contudo, depois que a forma inicial está presente, ocorrem alterações específicas, tais como tuberosidades ou locais de inserção muscular aumentados. A distinção entre esses processos é relevante em uma discussão sobre as origens das anormalidades esqueléticas. Quando um distúrbio genômico está presente, a forma fundamental do osso pode ser alterada e resultar em uma displasia esquelética específica. Em contraste, embora a forma fundamental do osso possa estar intacta em virtude de uma mensagem genética competente, fatores epigenéticos podem influenciar a forma funcional madura. A acondroplasia é um bom exemplo dos dois processos. O tamanho ósseo diminuído visto nessa condição reflete um defeito genético que influencia a forma fundamental do molde cartilaginoso em desenvolvimento. A deformidade em varo, vista com frequência no adulto acondroplásico, resulta das forças que agem sobre o osso depois da expressão do defeito genético. Desse modo, a deformidade óssea presente no adulto reflete influências genéticas e epigenéticas combinadas.

Foram desenvolvidos princípios mecanobiológicos para descrever as interações entre forças externas e a resposta biológica durante o desenvolvimento ósseo. Shefelbine e Carter[5] estudaram o desenvolvimento da cabeça femoral em crianças saudáveis e crianças com paralisia cerebral nas quais as forças impostas ao fêmur proximal eram anormais em decorrência da espasticidade muscular. Usando modelamento do elemento finito, os pesquisadores testaram uma hipótese prévia de que forças de cisalhamento octaedrais (forças tracionando para longe da superfície óssea) aumentariam a velocidade de crescimento e ossificação, enquanto forças hidrostáticas (forças empurrando em direção à superfície óssea) tenderiam a diminuir o crescimento.[66,7] Os resultados do modelo estão de acordo com anormalidades já documentadas no ângulo de anteversão entre o colo femoral e o corpo do fêmur vistas com frequência em crianças com paralisia cerebral. No geral, os achados ilustraram como os estímulos mecânicos influenciam a forma esquelética final e fornecem evidências vinculando as forças mecânicas no nível tecidual com respostas biomecânicas específicas no nível celular.

Fatores extrínsecos, como os hormônios, também influenciam na velocidade e extensão do crescimento dos ossos longos. A cartilagem em crescimento é estimulada pela tiroxina, hormônio do crescimento e testosterona. O estrógeno exerce uma influência estimuladora maior sobre o tecido ósseo ao mesmo tempo suprimindo o crescimento de cartilagem. Essas influências distintas da testosterona *versus* estrógeno podem ser responsáveis pelas diferenças na época de fechamento da fise entre meninos e meninas.[8]

O crescimento esquelético normal pode ser interrompido por trauma ou fratura. As lesões da fise são responsáveis por cerca de 15% de todas as fraturas em crianças.[8] As meninas são mais propensas à lesão da fise entre os 9 e 12 anos de idade e os meninos são mais propensos entre 12 e 15 anos.[8] Os períodos de maior incidência são paralelos aos momentos de crescimento rápido durante os quais as mudanças na placa de crescimento da cartilagem mediadas por hormônios podem alterar sua resposta à tensão mecânica.[9] A maior parte das fraturas pediátricas classifica-se de acordo com um sistema desenvolvido por Salter.[10] O sistema de classificação considera, de modo geral, a localização da fratura, se a fratura comprometeu a placa de crescimento e, em caso positivo, a extensão do dano à placa de crescimento. Pode ocorrer distúrbio do crescimento se a fratura e subsequente formação de calo estimularem o fechamento prematuro da placa de crescimento, o que impede o crescimento longitudinal normal do osso. Esse distúrbio pode ser maior dependendo da fise afetada (Tab. 6.1). As deformidades angulares podem ocorrer se apenas uma porção da placa de crescimento for danificada, com o crescimento normal ocorrendo na porção remanescente.

O desenvolvimento da anatomia muscular, vascular, neural e articular acontece ao mesmo tempo que o desenvolvimento e crescimento esquelético. Embora a compreensão das especificidades do desenvolvimento desses outros sistemas não seja vital neste contexto, é importante reconhecer a complexidade das interações no desenvolvimento musculoesquelético, em particular os fisioterapeutas que tratam de lesões musculoesqueléticas em crianças.

ANATOMIA DO TECIDO ÓSSEO

Microscópica

Componentes celulares

Os osteoblastos e osteócitos são responsáveis pela formação do osso. Esses dois tipos de células distinguem-se primariamente por sua localização e secundariamente por sua estrutura ou função.[11] O osteoblasto é a célula primária de formação do osso localizada na superfície óssea. Ela transforma-se em osteócito após produzir matriz mineralizada suficiente para cercar-se completamente. Foram identificadas células intermediárias na mudança de osteoblasto para osteócito (osteócito osteoide, osteoblasto osteocítico),[12] porém ainda não foram encontradas diferenças demonstráveis na função. As distinções, então, entre osteoblastos, osteócitos e as células intermediárias relacionam-se mais com seus diferentes estágios de desenvolvimento do que com diferentes fenótipos de células.

Micrografias eletrônicas de varredura do osso em crescimento revelam osteoblastos ativos cobrindo a maior parte da superfície óssea. Quanto mais ativas as células, mais aglomeradas se encontram. Os osteoblastos posicionam-se ao longo das superfícies criadas pela reabsorção ativa do osso existente, o que cria um acoplamento espacial e temporal entre reabsorção e deposição. Os osteoblastos

Células formadoras de osso

- Osteoblastos
- Osteócitos

Tabela 6.1 Contribuição de cada centro fisário para o crescimento dos ossos longos

Membro superior	Membro inferior
Úmero	Fêmur
Fise superior 80%	Fise superior 30%
Fise inferior 20%	Fise inferior 70%
Rádio	Tíbia
Fise superior 25%	Fise superior 55%
Fise inferior 75%	Fise inferior 45%
Ulna	Fíbula
Fise superior 60%	Fise superior 20%
Fise inferior 80%	Fise inferior 40%

De Connolly JF: *DePalma's The management of fractures and dislocations – an atlas.* WB Saunders, Philadelphia, 1981, p. 149.

identificados no esqueleto imaturo, em crescimento, têm uma origem diferente daqueles identificados no esqueleto adulto em remodelamento; contudo, no contexto atual, diferenças sutis entre eles podem ser ignoradas sem perda da compreensão básica. Os osteoblastos ativos são células roliças, arredondadas, com citoplasma abundante cheio de retículo endoplasmático rugoso, mitocôndrias e membranas de Golgi, uma indicação de que a síntese ativa de proteínas e polissacarídeos está sendo feita pela célula. Essas células apresentam uma coloração intensa com corante básico, o que indica a presença de grandes quantidades de RNA.[11] Quando os osteoblastos não estão produzindo ativamente a matriz (osteoblastos em repouso), seu tamanho diminui e há espaços entre as células adjacentes. A maior parte da diminuição de tamanho pode ser atribuída a uma diminuição no volume citoplasmático, com diminuição concomitante no número de organelas celulares. Quando o osteoblasto ativo começa a transição para osteócito, o volume celular diminui inicialmente em 30%, e à medida que a atividade metabólica do osteócito diminui gradualmente, o volume celular continua a decrescer. O osteócito aos poucos preenche com matriz os espaços ao redor e assim tanto a célula quanto o tamanho da lacuna diminuem.

Os osteócitos vizinhos comunicam-se entre si e os osteócitos mais profundos comunicam-se com os osteoblastos que recobrem a superfície por meio de processos de interligação alojados dentro de canais (canalículos) na matriz extracelular. As conexões entre os processos adjacentes são as junções comunicantes, que permitem a comunicação de uma célula com a outra ao possibilitar que íons e pequenas moléculas movam-se entre as células. A presença de junções comunicantes entre as células ósseas sugere que os osteoblastos, osteócitos e células que revestem o osso formam um sincício funcional que pode ter um papel integral em muitas funções fisiológicas, incluindo a conversão de sinais mecânicos em atividade de remodelamento e movimento mineral para dentro e para fora do osso.[13]

Os osteoclastos são identificados com facilidade usando-se microscopia óptica, pois são células multinucleadas grandes (duas a três vezes maiores que os osteoblastos), com muitas extensões citoplasmáticas que dão uma indicação de mobilidade celular. Na verdade, a microscopia com lapso de tempo revela que as células se movem ao longo da superfície e deixam um rastro de osso reabsorvido que tem a aparência de uma superfície impressa. Os múltiplos núcleos refletem a origem do osteoclasto como uma união de várias células mononucleares. O citoplasma do osteoclasto parece "espumoso" em virtude dos múltiplos vacúolos intracelulares e a função de lise da célula. A característica mais marcante do osteoclasto é a presença de pregas extensivas da membrana plasmática celular que dão origem a uma "borda enrugada". Essa borda tem significado funcional importante pois aumenta grandemente a área de superfície ao longo da qual a célula pode interagir com a matriz óssea ao redor. Adjacente à borda enrugada, há uma área de citoplasma com membrana plasmática lisa e sem organelas celulares. Essa "zona clara" sempre acompanha os osteoclastos e pode ser uma área onde a célula se liga à superfície óssea sendo submetida à reabsorção. Desse modo, a célula pode aderir-se à superfície enquanto a borda enrugada altamente móvel reabsorve o osso visado. Sem a zona clara, a célula não pode permanecer ancorada na superfície por tempo suficiente para que ocorra reabsorção.[11]

Como a reabsorção e deposição óssea apresentam tipicamente um acoplamento íntimo, os osteoclastos e osteoblastos são vistos com frequência perto um do outro. Teorias afirmam que, durante o remodelamento, os osteoblastos iniciam o sinal para que os osteoclastos comecem a reabsorção.[11] Em contraste, durante o modelamento, uma superfície cortical passa por reabsorção enquanto a superfície oposta está sendo depositada (acúmulo cortical, expansão medular) e os osteoclastos e osteoblastos não são encontrados perto um do outro.

Matriz extracelular

A matriz óssea compreende três elementos (Fig. 6.6): orgânico, mineral e fluido. Os componentes orgânicos constituem 39% do volume ósseo total, que contém 95% de colágeno tipo I e 5% de proteoglicanos. Os minerais incluem principalmente cristais de hidroxiapatita de cálcio e contribuem com cerca de metade do volume ósseo total. Canais vasculares e espaços celulares cheios de líquido constituem o volume restante.[14] O comportamento mecânico do osso reflete um equilíbrio entre as fases mineral e orgânica; os minerais contribuem para a rigidez e a matriz orgânica acrescenta força ao osso.

O colágeno merece atenção especial pois provê o principal suporte estrutural de todos os tecidos conjuntivos e porque, em um contexto clínico, as anormalidades de colágeno produzem efeitos de longo alcance na habilidade do esqueleto de resistir às forças mecânicas. O colágeno deriva sua força tensiva dos polipeptídeos arranjados em cadeias α. Cada cadeia α é composta de aminoácidos; a glicina, prolina e lisina são proeminentes. Três cadeias α

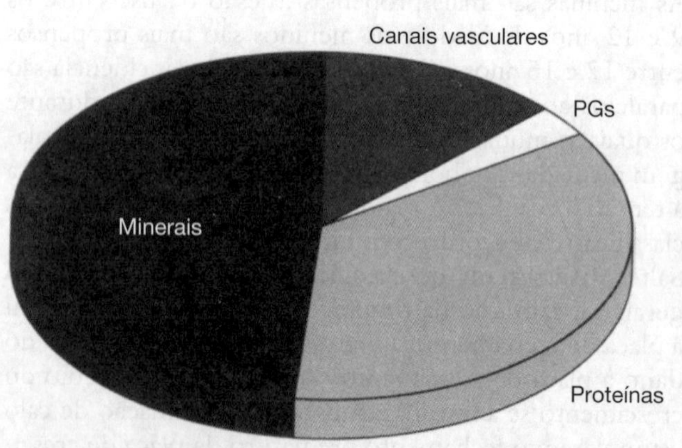

Figura 6.6 Quantidades relativas dos componentes da matriz extracelular óssea (PGs = proteoglicanos; as proteínas incluem colágeno e proteínas não colagenosas). (De Loitz-Ramage BJ, Zernicke RF: Bone biology and mechanics. In Zachazewski JE, Magee DJ, Quillen WS, editors: *Athletic injuries and rehabilitation*. WB Saunders, Philadelphia, 1996, p. 103.)

enrolam-se juntas para formar uma hélice tripla denominada *procolágeno*. Os osteoblastos secretam procolágeno para dentro da matriz ao redor, onde o peptídio terminal de cada cadeia α é clivado, o que permite que feixes de procolágeno se juntem. Os feixes de procolágeno ligados formam o tropocolágeno. A força tensiva do colágeno depende das ligações cruzadas entre as moléculas hidroxilisina do procolágeno. O grau das ligações cruzadas modifica-se com a idade e entre tipos de colágeno, com mais ligações cruzadas produzindo um tecido mais rígido.

A orientação do colágeno no osso imaturo (em crescimento) e maduro tem sido vinculada ao comportamento mecânico de camadas individuais do osso (lamelas), osteons individuais e seções corticais do osso inteiro.[15,16] Talvez a primeira questão a ser abordada seja: como o colágeno torna-se organizado inicialmente durante o desenvolvimento ósseo? Stopak et al.[17] injetaram colágeno dentro dos brotos dos membros de galinhas em desenvolvimento e viram a orientação do colágeno se modificar dentro de 24 horas e persistir por até 9 dias após a injeção. Eles concluíram que, mesmo nessa fase inicial do desenvolvimento, as forças de tração exercidas pelas células em proliferação eram suficientes para "organizar" as fibrilas de colágeno em um padrão sistemático. A relevância desse trabalho para o presente contexto é ilustrar que, embora as influências mecânicas sejam geradas de forma predominante pelas cargas aplicadas à estrutura, forças dentro da estrutura podem também afetar a forma final do tecido.

São ainda encontradas mais de 200 proteínas não colágenas dentro da matriz extracelular do osso,[18] embora em termos de concentração o colágeno ocupe a maior porção da matriz. Dentre as proteínas não colágenas estão a osteonectina, osteocalcina e sialoproteínas ósseas I e II. As proteínas não colágenas podem facilitar a diferenciação e o crescimento celular, a adesão celular e a organização da matriz e também podem modular os processos de reabsorção relacionados à manutenção da homeostase do cálcio. Portanto, a abundância dessas proteínas pode ser importante em termos diagnósticos nas disfunções e doenças ósseas metabólicas.[18]

O conteúdo mineral distingue o osso dos outros tecidos conjuntivos, dá ao osso sua rigidez característica e provê um local de armazenamento mineral. O mecanismo responsável pela calcificação da matriz extracelular do osso e não dos outros tecidos conjuntivos não é completamente entendido mas, aparentemente, a habilidade de ligar cristalitos minerais é própria do colágeno tipo I. Nem o colágeno tipo II nem o tipo III podem ligar minerais. Essa é uma área significativa e ativa da pesquisa básica, pois se o processo de calcificação for revelado, intervenções clínicas para aumentar ou diminuir a deposição mineral poderão ser úteis no tratamento de certas displasias esqueléticas.

Macroestrutura

Apesar das diferenças no tamanho e nas propriedades mecânicas, o tecido ósseo é similar em todos os ossos. As diferenças macroestruturais portanto são responsáveis em parte pelas diferenças funcionais entre os ossos. No nível do tecido, o osso pode ser dividido em osso reticulado (imaturo), primário e secundário. O osso reticulado é depositado rapidamente como um arranjo desorganizado de fibras de colágeno e osteócitos. Embora o conteúdo mineral do osso reticulado possa ser similar ao do osso lamelar, o padrão desorganizado e em geral proporções mais baixas de proteínas não colágenas (osteonectina e osteocalcina)[18] diminuem sua força mecânica em comparação com a do osso primário ou secundário.[19] Em termos de desenvolvimento, o osso reticulado é único pois pode ser depositado de novo, sem um modelo prévio duro ou cartilaginoso.[1] A proporção de volume célula-osso é alta no osso reticulado, o que confirma seu papel na provisão de um suporte mecânico temporário rápido, como após uma lesão traumática. No esqueleto do adulto saudável, o osso reticulado não está tipicamente presente mas pode ser encontrado em um calo de fratura, áreas passando por ossificação endocondral ativa e algumas patologias esqueléticas. Durante a maturação, o osso primário substitui de forma sistemática o osso reticulado, o que provê ao esqueleto maduro a rigidez funcional apropriada.[14]

Tipos de ossos

- Reticulado (imaturo)
- Lamelar (primário)
  - Esponjoso (trabecular)
  - Cortical (compacto)
- Lamelar (secundário)

O osso primário compreende vários tipos de osso, cada um com morfologia e função única. Um fator comum entre os tipos de ossos primários, contudo, é que, diferente do osso reticulado, o osso primário precisa substituir uma estrutura preexistente, seja um modelo cartilaginoso ou um osso reticulado depositado previamente. O osso lamelar primário é composto de camadas de matriz óssea e células organizadas de forma circunferencial em torno da superfície endosteal ou periosteal de um osso inteiro. Os canais vasculares não são frequentes no osso lamelar primário, de modo que ele pode ser muito denso. O osso esponjoso encontrado nos corpos vertebrais e nas epífises dos ossos longos é osso lamelar primário. Nesse caso, embora os canais vasculares não estejam envolvidos dentro da estrutura lamelar, os filamentos ou trabéculas individuais de osso esponjoso estão em íntimo contato com um suprimento vascular rico. Em virtude dessa íntima proximidade, o osso esponjoso assume um papel importante na homeostase mineral; as reservas de cálcio podem ser mobilizadas rapidamente em resposta a uma diminuição no cálcio sérico. As lamelas primárias formadas em torno de canais vasculares individuais (e não em torno da circunferência óssea inteira) são chamadas *lamelas concêntricas* (Fig. 6.4B). As lamelas concêntricas que circundam um canal vascular comum, ou canal de Havers, constituem um osteon primário. Nesse caso, as lamelas individuais são arranjadas em anéis concêntricos com 5 mm de espessura.[20] Em termos de desenvolvimento, os osteons primários são considerados canais vasculares modificados, em que camadas sequenciais foram depositadas dentro de canais vasculares existentes.

O osso secundário é depositado somente durante o remodelamento e substitui o osso primário. As diferenças entre o processo de desenvolvimento do osso primário e do secundário implicam em que um mecanismo de controle diferente pode ser responsável pela deposição endosteal ou periosteal do osso primário *versus* deposição intracortical de osso secundário durante o remodelamento. Com essa finalidade, a deposição de osteons secundários precisa ser vinculada temporalmente e espacialmente à reabsorção do osso existente por osteoclastos ativos. Em termos histológicos, os osteons secundários podem ser distinguidos dos osteons primários, pois as unidades secundárias são maiores, com canais de Havers mais largos e também são circundados por uma linha cimentante entre o osteon e a matriz óssea interosteonal ao redor (Fig. 6.7). A linha cimentante marca a fase reversa do remodelamento osteonal, à medida que a reabsorção cessa e a deposição é iniciada.[21]

Cada lamela primária ou secundária contém osteócitos alojados nas lacunas e cercados por matriz extracelular. A orientação do colágeno dentro de cada lamela é controversa; alguns pesquisadores sugerem que todas as fibrilas dentro de uma lamela assumem a mesma orientação.[15] Outros sugerem que embora existam feixes de fibras paralelas, os feixes propriamente dito não ficam necessariamente paralelos.[22] Do mesmo modo, a orientação do colágeno dentro dos espaços interlamelares pode diferir entre lamelas adjacentes e osteons adjacentes. Essas discrepâncias podem refletir artefatos de amostragem que ocorrem durante o processamento dos tecidos.[23] A orientação do colágeno é medida como a mais brilhante das imagens polarizadas da estrutura: as fibras de colágeno que ficam ortogonais à direção da luz polarizada aparecem escuras e as fibras orientadas longitudinalmente aparecem claras. Podem ocorrer artefatos de amostragem quando os cortes sendo comparados não estão orientados de forma similar ao serem cortados ou quando a orientação de osteons individuais difere entre as amostras. De uma perspectiva funcional, essa controvérsia não é trivial, pois a orientação do colágeno pode influenciar a habilidade das lamelas e osteons de resistir as cargas mecânicas.

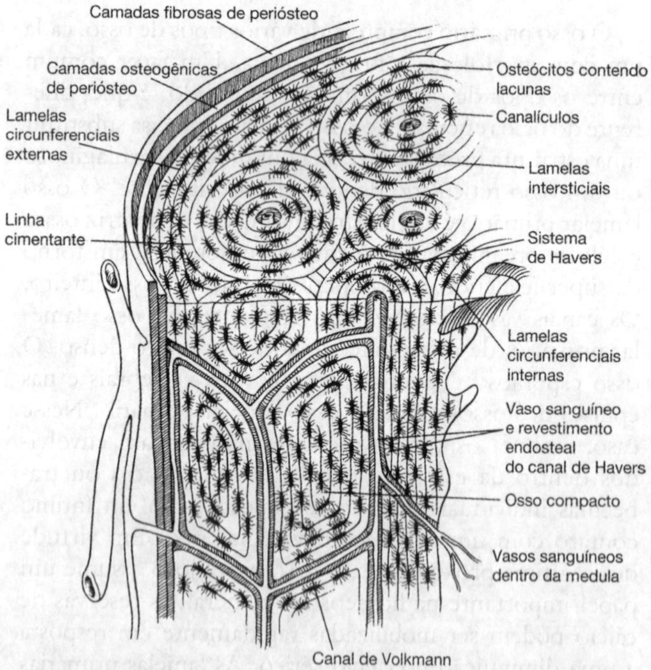

Figura 6.7 Corte longitudinal e transverso através de um osso de Havers secundário. Notar a orientação dos canais vasculares (canais de Havers e de Volkmann) com relação aos osteons secundários. As linhas cimentantes demarcam o limite de cada osteon secundário. (De Ham AW: Bone. In Ham AW, editor: *Histology*. 7.ed. JB Lippincott, Philadelphia, 1974.)

Riggs et al.[16,24] examinaram as relações entre a orientação do colágeno interosteonal, o comportamento mecânico e os padrões de deformação *in vivo*. Dados de extensometria de equinos durante a caminhada, coletados no rádio, revelaram que o córtex cranial sofria cargas tensivas, enquanto o córtex caudal recebia cargas compressivas. Amostras de cada córtex foram testadas mecanicamente em compressão e tensão e a orientação do colágeno foi medida a partir de imagens de luz circularmente polarizada (CPL na sigla em inglês) de cada amostra. Seus resultados revelaram uma correlação positiva elevada entre a orientação do colágeno (conforme medida pela CPL) e a força e rigidez cortical do rádio. O colágeno dentro do córtex caudal, recebendo carga compressiva *in vivo*, orientou-se de forma mais oblíqua ou transversa (com respeito ao eixo longitudinal do osso), enquanto o colágeno dentro do córtex cranial orientou-se quase paralelo ao eixo longo do osso. As amostras do córtex cranial eram mais rígidas porém absorviam menos energia durante a carga do que as amostras caudais. Esses achados dão uma confirmação importante sobre a forte relação existente entre a arquitetura óssea e as cargas funcionais a que é submetida. Esses dados também fortalecem o argumento sobre estrutura-função de que a arquitetura microscópica reflete o ambiente mecânico presente durante o crescimento ou remodelamento esquelético.

Suprimento sanguíneo

Todos os elementos do osso, incluindo medula, periósteo, metáfise, diáfise e epífise, têm um rico suprimento de sangue. Gross et al.[25] estimaram que, em cães em repouso, 11% do débito cardíaco era enviado para o esqueleto. O sangue alcança cada área do osso por meio de anastomoses arteriais extensivas que alimentam uma rede de sinusoides. Os sinusoides, por sua vez, esvaziam-se nos canais venosos centrais profundos do canal medular dos ossos longos ou canal central nos ossos chatos. O vaso nutriente primário entra no canal medular por meio de um forame orientado de forma oblíqua. Depois que se encontra dentro do endósteo, a artéria divide-se em ramos longitudinais que percorrem o comprimento do osso e então entram novamente no osso cortical. Essa distribuição vascular é condizente com os relatos de Singh et al.[26] de que a maior parte do fluxo sanguíneo nos ossos longos é na direção centrífuga (do endósteo para o periósteo) em vez de centrípeta. Nas epífises, os vasos longitudinais ramificam-se em galerias extensas que suprem as extremidades do osso. Os vasos medulares perfuram o córtex e fazem anastomose com os vasos do periósteo para suprir as superfícies exteriores do córtex.

Dentro do osso compacto, as artérias e veias primárias correm paralelas ao eixo longitudinal osteonal dentro dos canais de Havers. Os vasos de orientação transversa estão contidos dentro dos canais de Volkmann mas aparentemente não são distribuídos ramos provenientes de artérias nesse ponto.

O fluxo sanguíneo no osso foi quantificado em modelos animais de desuso e lesão articular. Gross et al.[27] relataram que a hiperemia precedia a perda de osso cortical em um modelo de desuso em aves, sugerindo uma provável ligação entre o comportamento das células ósseas e a vasorregulação. Ou seja, aparentemente a ausência de estímulos mecânicos do osso desencadeava uma mudança vascular que aumentava o fluxo sanguíneo local. Foram também relatadas mudanças no fluxo sanguíneo do fêmur distal de coelhos após transecção do ligamento cruzado anterior.[28] O fluxo aumentado mostrou alta correlação com diminuição na densidade mineral óssea, o que novamente sugere uma ligação entre o ambiente mecânico do osso e o fluxo sanguíneo. Embora esses estudos invasivos possam ser feitos somente em modelos animais, a melhora da tecnologia nos laboratórios de pesquisa tem permitido a quantificação do fluxo sanguíneo no osso sem destruição de tecido. Por exemplo, a imagem por Doppler *laser* pode medir de forma confiável a perfusão no osso[29,30] e é promissora na possibilidade dos pesquisadores estudarem de forma não invasiva as mudanças no fluxo sanguíneo em modelos humanos de exercício e lesão.

CONSOLIDAÇÃO DE FRATURAS

A consolidação de fraturas pode ser dividida em três fases: inflamação, união inicial das extremidades ósseas e remodelamento do calo. São de importância clínica os achados de que o tempo e a força da união inicial podem ser influenciados pela estabilidade mecânica através do local de fratura, o que é um ponto a favor da fixação interna das fraturas. A vantagem de um fixador interno é a redução da necessidade de imobilização externa, o que diminui a morbidade relacionada à imobilização (p. ex., contratura articular e perda de força). A fixação interna com compressão através da linha de fratura resulta em um calo externo insignificante, mas quando a fratura se acha instável do ponto de vista mecânico, a micromobilidade através da fenda resulta na formação de um calo externo grande.

Logo após a lesão, desenvolve-se um hematoma em torno do local de fratura. Dentro de 3 dias, células mesenquimais chegam à área e produzem um tecido fibroso que envolve as pontas ósseas fraturadas. A camada mais exterior do material fibroso começa a formar o novo periósteo. Até esse ponto, as fraturas estáveis e instáveis reagem de modo similar, mas entre os dias 3 a 5 após uma fratura, o grau de estabilidade influencia os passos de consolidação subsequentes. O exame microscópico do tecido fibroso revela que em uma fratura estável, o tecido é bem vascularizado, mas em uma fratura instável o tecido fibroso não contém vasos. No ponto onde o tecido fibroso encontra-se com o córtex ósseo original – tanto nas fraturas estáveis quanto nas instáveis – são formadas novas trabéculas ósseas pelos osteoblastos que ficam na superfície do osso antigo. Em uma fratura estável, forma-se novo osso ao longo da superfície perióstea da camada fibrosa, fazendo uma ponte no local de fratura. Em uma fratura instável, forma-se o novo osso ao longo da superfície perióstea do material fibroso mas não é feita a ponte na linha de fratura. Em coelhos, essa união ocorre 9 dias após a lesão mas em humanos apenas uma formação mínima de osso periósteo está presente com esse tempo de consolidação e a união do periósteo ainda demora para acontecer. Essa diferença, contudo, pode ser consequência do dano ao periósteo e da estimulação resultante dos osteoblastos no modelo de fratura em coelho, em vez de ser resultado do dano apenas ao osso.[31] À medida que as trabéculas ósseas vão sendo formadas, o colar ósseo torna-se mais compacto e o periósteo aumenta em espessura.

Fases de consolidação de fraturas

- Inflamação
- União inicial
- Remodelamento do calo

Na fenda entre as pontas ósseas (e não ao longo da superfície perióstea), as primeiras células a invadirem a região após a lesão (com cerca de 9 dias) são os macrófagos, seguidos por fibroblastos e capilares. Os macrófagos removem restos das células e matriz e os fibroblastos produzem a fundação estrutural para células e vasos. Os osteoblastos iniciam a deposição óssea cerca de 2 semanas após a fratura e é estabelecida a união óssea através das pontas fraturadas (em termos ideais) em aproximadamente 3 semanas. Se o osso adjacente ao local de fratura morrer secundariamente ao comprometimento do seu suprimento sanguíneo no momento da fratura, os osteoclastos poderão estar presentes para reabsorver o material morto. Em outras circunstâncias, contradizendo relatos anteriores, os osteoclastos não estão presentes rotineiramente em todas as fraturas.[32] Em fendas pequenas (<10 mm) ou quando as pontas da fratura se acham em contato, a consolidação se dá por meio de remodelamento de Havers direto: os osteoclastos reabsorvem um cone do osso, os osteoblastos depositam novo osso de Havers e os osteócitos mantêm o novo osso após a mineralização. Em fendas de 10 a 30 mm (largas demais para o remodelamento de Havers, porém pequenas demais para que as células se movam), os osteoclastos podem reabsorver o osso para aumentar a largura da fenda. Em seguida chegam os osteoblastos para depositar lamelas desorganizadas através da fenda. O osso desorganizado é então remodelado.

Em uma fratura instável, a formação de osso periosteal continua a partir das pontas de osso antigo em direção à linha de fratura, porém através da linha de fratura (onde o material fibroso é avascular) os condrócitos se proliferam e depositam uma matriz cartilaginosa. Na intersecção das camadas de cartilagem-osso, forma-se uma matriz com colágeno tipos I e II. Em 10 dias (em coelhos), a formação da cartilagem está completa, formando um V em cima do local da fratura (Fig. 6.8).

O local da fratura, agora com alguma estabilidade, é chamado de *união clínica*. Em uma sequência idêntica à que ocorre durante a ossificação endocondral dos ossos longos, a cartilagem formando a ponte nas extremidades da fratura é substituída gradualmente por osso. No coelho, com 3 a 4 semanas após a fratura o osso já substituiu a maior parte da cartilagem e o calo ósseo oferece estabilidade através do local de fratura. Em humanos, esse processo leva um pouco mais tempo, com a boa estabilidade em geral alcançada com 6 semanas. Com a melhora da estabilidade, os vasos sanguíneos e os fibroblastos proliferam na fenda da fratura. As principais etapas da consolidação de fraturas estão resumidas na Figura 6.9.

Pode ocorrer a formação de cartilagem em uma fratura instável porque a mobilidade através do local de fratura inibe a angiogênese (formação de vasos sanguíneos). Modelos matemáticos preveem onde as forças serão mais altas no calo da fratura e quais áreas correspondem às regiões nas quais a cartilagem se desenvolve.[33] Essa associação sugere que forças elevadas limitam a vascularização e a subsequente deposição de osso.

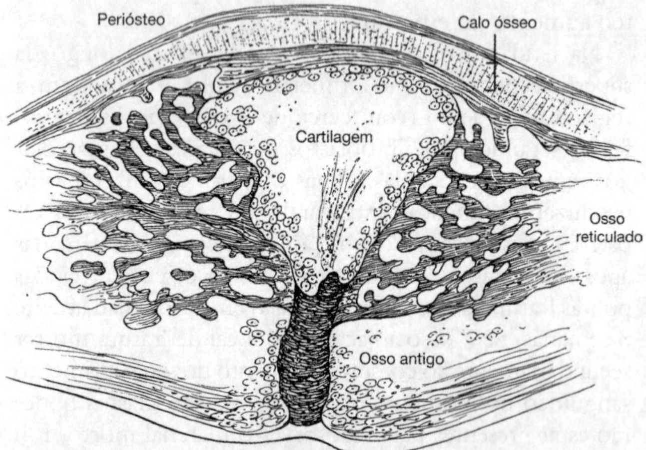

Figura 6.8 Calo ósseo de uma costela de coelho 14 dias após a fratura. O calo ósseo formou uma ponte na fratura. Os osteoblastos cobrindo as superfícies das espículas do osso reticulado estão assentando novo osso. Além disso, o osso está substituindo a cartilagem por meio de ossificação endocondral. Um hematoma persiste entre as extremidades do osso. (De Loitz-Ramage BJ, Zernicke RF: Bone biology and mechanics. In Zachazewski JE, Magee DJ, Quillen WS, editors: *Athletic injuries and rehabilitation*. WB Saunders, Philadelphia, 1996, p. 106. Adaptado de Ham AW, Harris WR: Repair and transplantation of bone. In Bourne GH, editor: *The biochemistry and physiology of bone*. 2.ed. vol III, Academic Press, New York, 1971.)

FASE INFLAMATÓRIA (0-3 dias)
- Células mesenquimais
- Macrófagos
- Forma-se o coágulo de fibrina entre as pontas da fratura
- Uma luva fibrosa envolve as pontas da fratura

FASE DE REPARO

ESTÁVEL
- Bem vascularizada
- Osteoblastos depositam novas trabéculas ósseas ao longo da superfície profunda da luva fibrosa na junção entre a luva e as pontas do osso antigo
- Novo osso depositado na superfície profunda da luva fibrosa forma uma ponte na fenda da fratura

3-14 dias

14-40 dias

INSTÁVEL
- Avascular
- Osteoblastos depositam novas trabéculas ósseas na superfície profunda da luva fibrosa na junção da luva com o osso antigo
- Os condrócitos produzem o calo de cartilagem entre as pontas fraturadas
- Novo osso depositado na superfície da luva fibrosa não forma uma ponte na fenda da fratura

FASE DE REMODELAMENTO
- O remodelamento começa quando o local de fratura está mecanicamente estável (+ 40 dias)

Figura 6.9 Etapas da consolidação da fratura, distinguindo como o processo difere entre fraturas estáveis e instáveis. (De Loitz-Ramage BJ, Zernicke RF: Bone biology and mechanics. In Zachazewski JE, Magee DJ, Quillen WS, editors: *Athletic injuries and rehabilitation*. WB Saunders, Philadelphia, 1996, p. 107.)

O remodelamento do calo da fratura começa assim que o local da fratura recupera a estabilidade. A dinâmica desse remodelamento é similar à que ocorre no remodelamento de Havers, já que o osso antigo é reabsorvido pelos osteoclastos e novo osso é depositado pelos osteoblastos. O processo é vigoroso na área em que o calo do periósteo encontra a superfície do osso antigo. Antes do remodelamento, essa linha se acha claramente visível porém, após o remodelamento, a junção entre o osso antigo e o calo é indistinguível.

Os fatores que contribuem para a pseudartrose não são claramente compreendidos, porém, pensa-se que a instabilidade resulta na persistência de material fibroso e colágeno tipo III, ambos sugerindo que a sequência de consolidação da fratura foi alterada. O colágeno tipo III está tipicamente presente somente durante o início da consolidação e é uma indicação de calo imaturo. Sua persistência sugere que os passos subsequentes para substituição do tecido inicial estão alterados. Além disso, o colágeno tipo III pode ser incapaz de ligar minerais; portanto, o colágeno tipo III persistindo pode bloquear a mineralização de uma matriz recém-formada.

COMPORTAMENTO MECÂNICO DO OSSO

Osso cortical

O comportamento mecânico de qualquer estrutura pode ser avaliado de diferentes maneiras, com cada método fornecendo detalhes úteis sobre o osso como estrutura. Aparentemente, o método de testagem é escolhido para avaliar mais de perto as situações de carga encontradas *in vivo* pela estrutura. Contudo, como o osso experimenta cargas multiaxiais, é difícil testar cada direção na qual um osso recebe carga. O osso cortical com frequência é tratado como uma viga elástica de dimensão uniforme e testado em três ou quatro pontos de curvamento, ou um pedaço de osso de dimensão conhecida é cortado de um pedaço maior e testado em tensão ou compressão uniaxial.

Nos testes de curvamento em três pontos, uma diáfise de osso longo ou uma tira de osso cortical fica apoiada sobre dois pontos de suporte, ao passo que uma carga vinda de cima é aplicada no ponto médio; isso cria três pontos de contato (Fig. 6.10). De modo alternativo, a carga que vem de cima pode ser aplicada sobre dois pontos de contato para produzir um curvamento em quatro pontos. À medida que a carga é aplicada, a amostra de osso curva-se com uma força compressiva na superfície superior (côncava) e uma força tensiva na superfície inferior (convexa). Durante os testes de curvamento, a distância entre os pontos de contato deve ser maximizada de modo que as cargas curvem a amostra de osso em vez de esmagá-la. Em um teste de curvamento típico (ver Fig. 6.10A), quando o osso recebe carga pela primeira vez, a curva carga-deformação é côncava em direção ao eixo da carga (ver Fig. 6.10B). À medida que a aplicação da carga continua, a carga e a deformação aumentam de forma linear (obedecendo a lei de Hooke). A inclinação dessa região linear representa a rigidez flexural do osso (uma medida de rigidez). O limite proporcional indica o final da região linear, além da qual pequenos aumentos na carga aplicada deformam com facilidade a amostra. Depois dessa área de deformação não linear, a amostra ou atinge sua carga máxima e falha abruptamente ou atinge sua carga máxima e então diminui levemente antes da falha catastrófica. A área embaixo da curva carga-deformação quantifica a energia absorvida pela amostra durante a carga. Cada uma dessas medidas (rigidez, cargas e energia no limite proporcional e os pontos máximo e de falha) constituem uma propriedade estrutural do osso. Se a geometria da amostra de osso testada for conhecida, as propriedades estruturais podem ser "normalizadas" (p. ex., força por unidade de área) para melhor compreensão do comportamento do material ósseo propriamente dito. Módulos elásticos e tensões no limite proporcional e nos pontos máximo e de falha são exemplos das propriedades materiais de um osso. Para compararmos, a Tabela 6.2 apresenta as tensões nos limites proporcionais e os módulos de elasticidade de diferentes materiais e ossos de diferentes espécies.

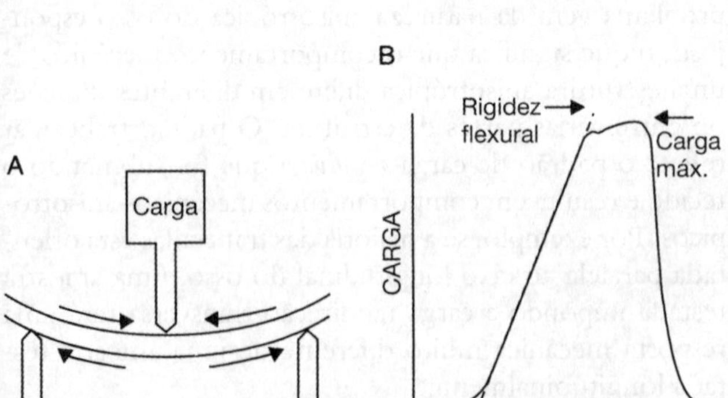

Figura 6.10 Uma estrutura recebe carga em curvamento de três pontos (**A**), gerando a curva carga-deformação (**B**). (De Loitz-Ramage BJ, Zernicke RF: Bone biology and mechanics. In Zachazewski JE, Magee DJ, Quillen WS, editors: *Athletic injuries and rehabilitation*. WB Saunders, Philadelphia, 1996, p. 107.)

Dados registrados de testes mecânicos isolados podem ser "traduzidos" em termos relevantes para o fisioterapeuta. Durante atividades cotidianas normais, os ossos são submetidos a cargas bem dentro da região linear da curva carga-deformação, com eventos ocasionais impondo cargas elevadas (porém não catastróficas) sobre ele. Quando recebe uma carga dentro da região linear, o osso curva-se porém não sofre deformação permanente. Contudo, mesmo dentro dessa região, se as cargas forem impostas de forma repetitiva durante um curto período, como em uma corrida de longa distância, o osso poderá sofrer dano relacionado à fadiga. Ou seja, embora cada ciclo de carga sozinho não seja suficiente para causar dano, o efeito cumulativo dos eventos de carga pode resultar em falha, tal como uma fratura por estresse. Quando as cargas ou tensões excedem o limite proporcional, o osso sofre deformação permanente por causa de um dano substancial na microarquitetura. O módulo elástico do osso é uma medida da resistência do material ósseo sendo deformado; uma matriz com maior mineralização possui um módulo elástico mais alto. Um equilíbrio mecânico ideal é criado variando-se as quantidades relativas dos vários componentes da matriz. O osso com um módulo elástico baixo deforma-se com facilidade mediante cargas relativamente baixas e pode resultar em deformidade esquelética permanente, como ocorre no raquitismo. Por outro lado, o osso que possui um módulo elástico elevado pode ser rígido demais para "ceder" com as cargas diariamente impostas ao esqueleto, o que aumenta o risco de fratura.

A geometria óssea influencia seu comportamento mecânico. Durante o curvamento, por exemplo, a distribuição do osso em torno do eixo de curvamento (segundo momento de área equivale a I) e a distância a partir do centroide até a superfície tensiva são pertinentes. Por exemplo, assumindo que duas amostras de osso com áreas de secção transversa do córtex idênticas são testadas (Fig. 6.11). Uma é perfeitamente circular (cilindro oco, com paredes espessas) com sua massa distribuída de modo uniforme em torno de um raio constante. A outra é uma amostra oval com a mesma massa total,

Tabela 6.2 Módulo de elasticidade e tensão no limite proporcional de vários ossos e outros materiais

Material testado	Módulo de elasticidade (GPa)	Tensão no limite proporcional (MPa)	Autor
Fêmur humano idade 20 anos*	17,0	120	Burstein et al.[34]
Fêmur humano idade 70 anos*	16,3	111	Burstein et al.[34]
Tíbia humana idade 20 anos*	18,9	126	Burstein et al.[34]
Tíbia humana idade 70 anos*	19,9	120	Burstein et al.[34]
TMT de galinha idade 8 semanas	–	113	Matsuda et al.[35]
TMT de galo adulto	12,8	153	Loitz e Zernicke[36]
Fêmur canino idade 16 semanas	7,1	60	Torzilli et al.[37]
Fêmur canino adulto	15,6	123	Torzilli et al.[37]
Tíbia de rato idade 18 semanas	11,4	146	Li et al.[38]
Aço inoxidável	190,0	500	Beer e Johnson[39]
Madeira	12,5	–	Beer e Johnson[39]

TMT, tarsometatarsal
*Amostras padronizadas, testadas em tensão.
De Loitz-Ramage BJ, Zernicke RF: Bone biology and mechanics. In Zachazewski JE, Magee DJ, Quillen WS, editors: *Athletic injuries and rehabilitation*. WB Saunders, Philadelphia, 1996, p. 108.

porém, sua massa está distribuída em torno de um eixo principal que é duas vezes mais longo que o eixo menor. Embora as massas das duas amostras sejam iguais, seu comportamento estrutural é diferente. Porém, como os dados coletados de cada teste diferem? Quando a amostra oval é testada com o curvamento em torno do eixo principal (menor I), a amostra de osso é menos rígida e carrega menos carga que a amostra circular, ou mesmo a amostra oval quando testada com o curvamento em torno do eixo menor (maior I) (ver Fig. 6.11).

Para ilustrar um pouco melhor como a distribuição da massa (I) afeta a resposta da estrutura durante o curvamento, consideremos o seguinte. Imagine que você está em pé em cima da parte média de uma prancha de madeira (2 m de comprimento por 4 cm de espessura e 30 cm de largura) apoiada apenas nas duas pontas; a prancha será muito mais rígida e carregará maior carga se você ficar em pé (ainda que precariamente) sobre a beira da prancha (superfície de 4 cm virada para baixo) do que se o lado com 30 cm for colocado para baixo. De modo comparável, a redistribuição do osso cortical após o remodelamento é significativa devido à influência que a geometria tem sobre o comportamento mecânico do osso.

Os testes tensivos de amostras corticais padronizadas também produzem dados para as mesmas variáveis mecânicas que o teste de curvamento. A vantagem de trabalhar com amostras padronizadas é que as variáveis estruturais podem ser comparadas diretamente entre as amostras porque a geometria de cada amostra é idêntica. A desvantagem das amostras padronizadas é que, embora um grande esforço possa ser feito para assegurar que o corte com máquina para padronização não danifique a amostra, qualquer alteração ou rachadura na superfície que aconteça como resultado do aquecimento da amostra ou de uma margem de corte cego ou imperfeita afetará o resultado.

Osso esponjoso

O comportamento mecânico do osso trabecular e o modo como esse comportamento modifica-se com o envelhecimento e a doença são de importância vital para os profissionais de saúde. Nos Estados Unidos, por exemplo, ocorrem anualmente mais de 500 mil fraturas vertebrais, 250 mil fraturas de quadril e 200 mil fraturas de rádio distal. As fraturas de quadril podem ser fatais em até 20% desses casos.[40] Essas estatísticas dão um tom de urgência aos esforços dirigidos para a compreensão da mecânica e fisiologia óssea.

Amostras de osso esponjoso costumam ser testadas em compressão. Em geral, uma amostra de osso trabecular é retirada do centro de uma amostra maior e então comprimida. As variáveis medidas são similares àquelas medidas nos testes de osso cortical. O desafio no teste do osso esponjoso consiste na identificação dos efeitos do padrão trabecular sobre os comportamentos mecânicos. O maior problema vem da natureza anisotrópica do osso esponjoso, o que significa que o comportamento mecânico de uma estrutura anisotrópica difere em diferentes direções ou entre várias partes da estrutura. O padrão trabecular reflete o padrão de carga *in vivo* a que foi submetido o tecido e resulta em comportamentos mecânicos anisotrópicos. Por exemplo, se a maioria das trabéculas está orientada paralela ao eixo longitudinal do osso, uma amostra testada impondo a carga na direção transversa terá uma resposta mecânica muito diferente de uma amostra testada longitudinalmente.

O osso esponjoso também pode ser testado em uma preparação usando-se o osso inteiro, tal como a que pode ser feita nas vértebras ou no colo femoral. Nesses casos, a contribuição da concha cortical *versus* o osso esponjoso pode ser quantificada por meio da digitalização de imagens fotográficas de cada corte transverso de osso. Essa

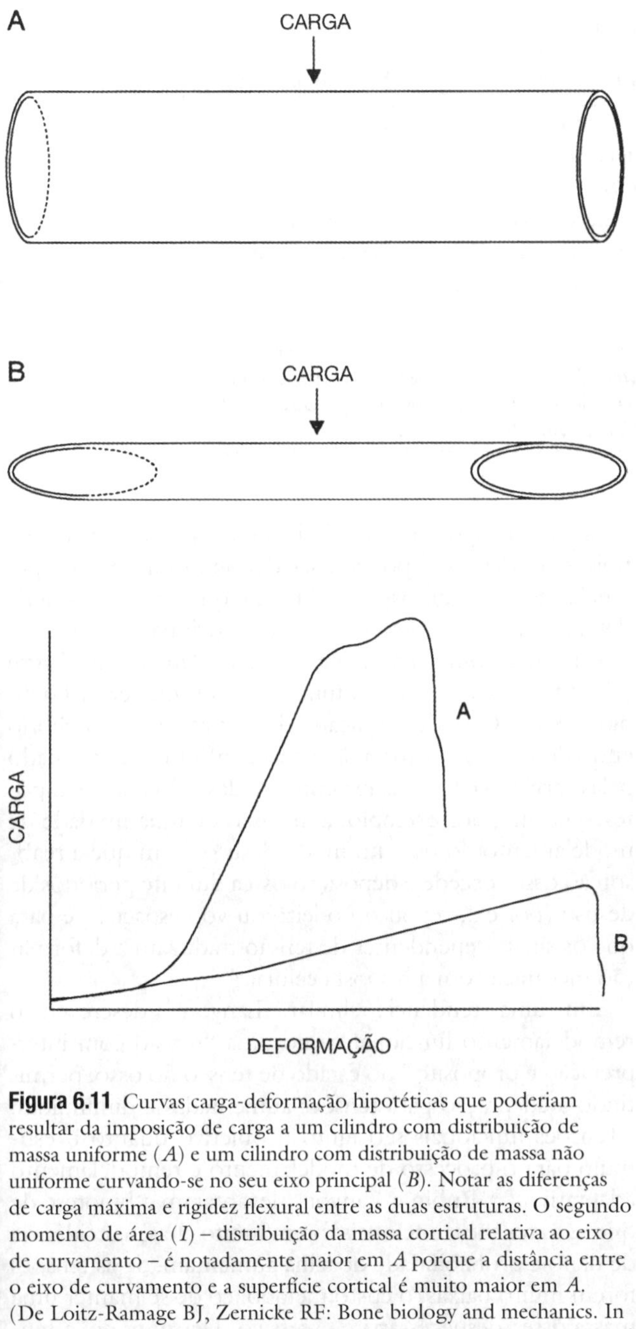

Figura 6.11 Curvas carga-deformação hipotéticas que poderiam resultar da imposição de carga a um cilindro com distribuição de massa uniforme (*A*) e um cilindro com distribuição de massa não uniforme curvando-se no seu eixo principal (*B*). Notar as diferenças de carga máxima e rigidez flexural entre as duas estruturas. O segundo momento de área (*I*) – distribuição da massa cortical relativa ao eixo de curvamento – é notadamente maior em *A* porque a distância entre o eixo de curvamento e a superfície cortical é muito maior em *A*. (De Loitz-Ramage BJ, Zernicke RF: Bone biology and mechanics. In Zachazewski JE, Magee DJ, Quillen WS, editors: *Athletic injuries and rehabilitation*. WB Saunders, Philadelphia, 1996, p. 108.)

abordagem pode ser mais relevante em termos clínicos, pois é possível avaliar o comportamento integrado da estrutura cortical e esponjosa. Contudo, é uma abordagem de uso limitado quando o interesse é apenas na contribuição do osso esponjoso.

Recentemente, a arquitetura do osso esponjoso foi quantificada com tomografia microcomputadorizada (microTC) para distinguir as mudanças na *estrutura* óssea das mudanças no *material* ósseo.[41] Depois da transecção do ligamento cruzado anterior, a microTC demonstrou perfurações aumentadas na placa óssea já com 3 semanas após a transecção, indicando que a adaptação arquitetônica predominou sobre as mudanças no módulo do tecido (materiais). A técnica e os achados são importantes na compreensão do papel da estrutura e do material do osso esponjoso na provisão de suporte ósseo à cartilagem articular.

REMODELAMENTO DO OSSO

A adaptação desencadeada pelas mudanças no estado de tensão mecânica, por exemplo em um repouso prolongado no leito, voo espacial ou exercício, forma a base de boa parte das pesquisas que estão sendo feitas sobre fisiologia e mecânica óssea, com a premissa de que se a função é alterada, a mudança resultante na estrutura pode ser examinada. Como acontece na maioria dos tecidos conjuntivos, o osso possui fortes interações estrutura-função.

Eventos celulares

O processo de remodelamento, por definição, é a reabsorção e reposição do osso existente. A sequência de eventos pode ser memorizada como ARF: ativação, reabsorção, formação (Tab. 6.3). O primeiro passo no remodelamento é a ativação de osteoclastos para reabsorver o osso existente. Uma linha de osteoclastos (frente osteoclástica) corta um cone longitudinal através do osso por meio da secreção de fosfatase ácida, colagenase e outras enzimas proteolíticas.[42] O "cone recortado" reabsorve cerca de três vezes seu volume e, quando completo, deixa um canal de reabsorção com 1 a 10 mm de profundidade.[19]

Um novo osso é depositado pelos osteoblastos que seguem a frente de reabsorção. A matriz mineralizada é primeiro depositada em torno das paredes do canal de reabsorção, que forma a linha cimentante. Os osteoblastos preenchem o volume restante que sofreu erosão pelos osteoclastos. A deposição de novo osso é um processo muito mais lento que a reabsorção. Leva 3 vezes mais tempo, apesar de os osteoblastos poderem ser mais numerosos que os osteoclastos em uma proporção acima de 200 para 1.[43] A distância entre os osteoclastos e os osteoblastos se traduz no lapso de tempo entre a reabsorção e a formação. Em geral, esse período de latência é de cerca de 1 semana.[19] No começo, os osteoblastos depositam uma matriz não mineralizada que se calcifica 8 a 10 dias depois. Fazendo isso, os osteoblastos aprisionam-se dentro da matriz e se tornam osteócitos.

Em geral, o remodelamento esquelético é desencadeado em três circunstâncias: para liberar o mineral armazenado no osso em resposta a um nível de cálcio sérico baixo, para reparar microdanos esqueléticos e para equilibrar as necessidades mecânicas e de massa do esqueleto.[44] Embora cada circunstância possa explicar o estímulo de remodelamento, faltam evidências experimentais descre-

Fatores desencadeantes do remodelamento ósseo

- Baixo nível de cálcio sérico
- Microdanos esqueléticos
- Estímulo mecânico
- Necessidades de massa do esqueleto

Tabela 6.3 Resumo das diferenças entre modelamento e remodelamento

Fator	Modelamento	Remodelamento
Tempo	Contínuo	Cíclico (ARF)
Superfícies de reabsorção e formação	Diferentes	Iguais
Superfícies afetadas	100%	20%
Ativação	Não necessária	Necessária
Equilíbrio	Ganho resultante	Perda resultante
Acoplamento de formação e reabsorção	Sistêmico? (sem ARF)	Perda

ARF, ativação-reabsorção-formação.
De Loitz-Ramage BJ, Zernicke RF: Bone biology and mechanics. In Zachazewski JE, Magee DJ, Quillen WS, editors: *Athletic injuries and rehabilitation*. WB Saunders, Philadelphia, 1996, p. 110. Adaptado de Parfitt AM: The cellular basis of bone remodeling: the quantum concept reexamined in light of recent advances in the cell biology of bone, *Calcif Tissue Int* 36:S37-45, 1984.

vendo o mecanismo de controle real em cada caso. É difícil conceber como as necessidades do corpo por cálcio, por exemplo, podem resultar no padrão de reabsorção óssea reprodutível, específico do local, que é visto.

Mais comumente, no remodelamento verdadeiro, a reabsorção e deposição óssea são eventos sequenciais e as células responsáveis (osteoclastos e osteoblastos) localizam-se dentro da mesma estrutura funcional, a unidade multicelular básica (UMB).[45] Essa "unidade funcional" reforça o conceito da interação fortemente acoplada entre reabsorção e deposição e as teorias atuais sugerem que osteoblastos em repouso (células que revestem o osso) são responsáveis pela iniciação do processo de remodelamento e recrutamento de osteoclastos para iniciar a reabsorção.[21] Em outro exemplo de atividade conjugada osteoclasto-osteoblasto, as células respectivas não ficam ativas ao longo da mesma superfície. No modelamento (mudança da arquitetura óssea quando a deposição óssea não acompanha a reabsorção óssea), a reabsorção ocorre ao longo de um córtex e a deposição ocorre ao longo do outro (ver Tab. 6.3). Como os osteoclastos e osteoblastos não ocupam as mesmas áreas ósseas, o estímulo que inicia esse processo não é claro.

Várias observações apoiam o papel dos estímulos mecânicos no remodelamento, incluindo as seguintes: (1) o osso é perdido quando os estímulos mecânicos são muito reduzidos ou eliminados (i. e., a magnitude da tensão é diminuída); (2) uma mudança na distribuição das tensões sobre o osso estimula o remodelamento adaptativo; e (3) embora a quantidade de osso em vários locais possa ser alterada por diferentes estímulos mecânicos, a qualidade da matriz óssea sendo depositada em geral permanece similar para todos os locais. Ou seja, em resposta aos estímulos mecânicos, o corpo modifica a quantidade de osso, mas não sua composição.

Uma das teorias prevalentes sobre o remodelamento ósseo é a "teoria mecanostática" postulada por Frost[46] e recentemente atualizada.[47] Frost sugere que, como um sistema biológico, o osso dos mamíferos desenvolve-se e adapta-se durante o período pós-natal para tornar os ossos que sustentam peso fortes o suficiente a fim de prevenir fraturas durante atividades voluntárias (i. e., não traumáticas). Ele propõe que a habilidade de suportar as cargas típicas do dia a dia poderia ser denominada de "competência mecânica do osso" (CMO), e que a CMO poderia definir a saúde do osso em termos funcionais, em vez de usar termos como *massa óssea* ou *densidade mineral óssea* (DMO), cuja significância funcional costuma ser mal definida. A CMO pode ser alcançada por meio do equilíbrio entre deposição e reabsorção óssea conforme determinado pelas cargas do dia a dia experimentadas pelo osso. A hipótese permite, por exemplo, a inclusão de uma unidade de modelamento do osso no modo desuso,[48] em que a reabsorção óssea excede a deposição óssea durante períodos de desuso (por ex., repouso no leito ou voo espacial), e para que os sinais dependentes de tensão traduzam a deformação mecânica com a resposta celular.[49]

Em uma tendência similar, Lanyon[50] descreveu o remodelamento funcional como uma "reação com interpretação e propósito" do estado de tensão do osso, permitindo a adaptação para tensões aumentadas e diminuídas. "Tensões funcionais são tanto o objetivo quanto o estímulo para o processo de modelamento e remodelamento adaptativo."[50] Rubin e Lanyon[51] levantaram a hipótese de que se as tensões funcionais forem muito altas, a incidência de dano e probabilidade de falha aumentam. Se as tensões forem muito baixas, o custo metabólico de se manter uma massa óssea desnecessária é excessivo. Desse modo, a tensão funcional parece ser um parâmetro relevante de controle. Contudo, permanece a questão de quais atributos da tensão (i. e., magnitude, velocidade de aplicação, frequência, distribuição ou gradiente) têm a maior sensibilidade.

Outra teoria sobre o remodelamento relacionada ao uso mecânico do osso sugere que o remodelamento é estimulado pelo dano por fadiga que ocorre durante a atividade física. No sentido usado pela engenharia, "fadiga" é a perda de força e rigidez que ocorre nos materiais sujeitos a cargas cíclicas repetidas. No osso, a fadiga tem sido atribuída a rachaduras microscópicas que se desenvolvem dentro dos osteons e entre eles.[1] No osso saudável, quando o dano não é excessivo, o remodelamento reabsorve o material em torno da rachadura e um novo osso é depositado. Quando o dano é excessivo e o processo normal de remodelamento não consegue acompanhar o reparo, pode ocorrer falha macroscópica e fratura. Em termos clínicos, o acúmulo de microdanos por fadiga pode resultar na fratura por estresse, uma lesão comum em atletas que participam de atividades que impõem cargas cíclicas altamente repetitivas aos ossos sustentadores de peso, como nos dançarinos de balé, ginastas e corredores de longa distância.

O mecanismo vinculando as microrrachaduras com a ativação celular e o remodelamento continua controverso. Martin e Burr[1] sugerem que quando uma rachadura se propaga ao longo de uma linha cimentante, o osteon cercado pela linha cimentante torna-se isolado das tensões mecânicas. A falta resultante de estímulos mecânicos pode ser comparada ao que ocorre durante o repouso no leito, imobilização ou voo espacial. O corte do cone poderá ser iniciado dentro do osteon e o novo osso será depositado. Em contraste, Frost[52] argumenta que as rachaduras comprometem a rede de canalículos e desencadeiam uma resposta na membrana celular. Os osteócitos então iniciam o sinal para começar o remodelamento da matriz danificada. Existem evidências apoiando os dois postulados e as pesquisas prosseguem visando resolver essa questão.

Evidências clínicas sugerem que fenômenos elétricos alteram o remodelamento e o reparo de fraturas e apoiam a premissa de que os efeitos elétricos podem ser importantes na transferência de informações entre a deformação mecânica e a resposta celular. Embora os mecanismos responsáveis pela produção dos potenciais elétricos sejam desconhecidos, existem duas fontes possíveis de fenômenos elétricos: a piezoeletricidade e os potenciais de fluxo.

Durante a deformação, cristais com uma estrutura reticular e sem simetria central desenvolvem uma carga resultante entre os ânions e os cátions. Essa separação de carga faz com que uma diferença de potencial desenvolva-se entre as pontas opostas do cristal. O colágeno úmido dentro do osso pode agir como uma treliça cristalina quando deformada, gerando assim potenciais piezoelétricos no osso. A direcionalidade acentuada do potencial piezoelétrico é consistente com os diferentes potenciais gerados no osso durante a compressão *versus* tensão.

Os potenciais de fluxo são gerados quando um líquido ionizado flui pelos canais em um sólido que carrega uma carga de superfície. À medida que o líquido flui, os íons do fluido são atraídos para a superfície oposta com carga e formam uma camada com carga ao longo da superfície. Os íons restantes no líquido criam uma carga de polaridade oposta e à medida que o líquido flui, uma corrente é gerada. Por exemplo, se a carga da superfície ao longo das paredes de um canal é negativa, os íons positivos do líquido serão atraídos e criarão uma camada de carga positiva movendo-se lentamente ao longo das margens externas do canal. Os íons negativos restantes no líquido ficarão acumulados no meio do canal, criando assim uma corrente com carga negativa dentro do canal. O líquido extracelular no osso possui carga e tende a mover-se durante a deformação, o que resulta no desenvolvimento de potenciais de fluxo.

Lanyon e Hartman[53] observaram que, ao curvar uma amostra de osso molhado, a superfície tensiva desenvolvia uma carga resultante positiva e a superfície compressiva desenvolvia uma carga negativa. A diferença entre as cargas da superfície dependiam tanto da velocidade quanto da magnitude da deformação. Quando a mesma magnitude de carga era aplicada de forma estática, ao invés de cíclica, o potencial decaía até zero dentro de poucos segundos.[54] Eriksson[55] postulou que a polarização criada durante o curvamento era resultado da diminuição nos diâmetros dos canais de líquido no lado compressivo, forçando o líquido extracelular com carga a fluir em direção aos canais abertos na superfície tensiva. Essa explicação é consistente com os primeiros dados de que o curvamento estático não gera potenciais e com as sensitividades diferenciais à velocidade e magnitude da tensão.

Rubi et al.[56] examinaram a efetividade de campos eletromagnéticos pulsados na prevenção da osteoporose por desuso. Quando a porção média da diáfise de uma ulna de peru era protegida de tensão por meio do isolamento das extremidades do osso, a massa cortical diminuía 13% em 8 semanas. Contudo, se o membro experimental protegido de tensão era exposto a uma dose diária de 1 hora de corrente eletromagnética, a massa da ulna aumentava 23% durante o mesmo intervalo de tempo. Os pesquisadores sugeriram que os potenciais elétricos gerados pela corrente eletromagnética podem ter influenciado a atividade celular, de modo similar às influências criadas por potenciais ligados à deformação gerados durante o curvamento. Esse foi o primeiro estudo publicado sobre uma relação dependente de dose descrevendo a osteogênese induzida eletricamente.

Depois da fratura, o calo em desenvolvimento torna-se eletronegativo com respeito às extremidades, o que sugere que correntes elétricas podem ser usadas para favorecer a consolidação de fraturas.[57] O primeiro relato de uso de corrente elétrica no tratamento de pseudoartrose foi feito por Brighton et al. em 1977.[58] Nesse estudo, eles relataram uma taxa de sucesso de 84% entre 164 pacientes com 171 fraturas. Desde esse primeiro relato, vários estudos foram conduzidos com taxas de sucesso relatadas acima de 50%.[59,60] Em cada estudo, a faixa osteogênica para estimulação ficou de forma consistente entre 1 e 10 mV/cm e 10 a 20 mA/cm^2. No momento, estudos em andamento focam o mecanismo responsável pela melhora na consolidação e em saber se os campos eletromagnéticos podem ser usados para favorecer a consolidação em fraturas recentes, além daquelas nas quais a consolidação está atrasada.[50]

MUDANÇAS NO OSSO INDUZIDAS PELO EXERCÍCIO

Os aumentos na espessura cortical[61,62] e no conteúdo mineral[63] relacionados ao exercício sugerem que esse pode ser um estímulo potente para o remodelamento ósseo. Ao longo de vários anos, os modelos de exercício têm se tornado o meio mais comum de estudo da influência da sobrecarga mecânica no remodelamento ósseo. É interessante que muitos estudos sugerem que respostas a protocolos de exercícios similares diferem entre animais maduros e imaturos (com as fises abertas).

Em galinhas em crescimento, 9 semanas de exercício moderadamente extenuante aumentaram a área da seção transversa cortical de um osso sustentador de peso (o tarso-metatarso, ou TMT) porém não aumentaram a força máxima do osso.[35] Além disso, o exercício aparentemente atrasou o crescimento ósseo longitudinal, já que os TMTs das galinhas exercitadas ficaram significativamente mais curtos que os dos controles sedentários de mesma idade. Forwood e Parker[64] descreveram achados similares em ratos em crescimento. Após um programa de treinamento de 1 mês, os comprimentos da tíbia e do fêmur eram consideravelmente menores nos animais exercitados em comparação com os controles sedentários. Além disso, a cartilagem epifisária proximal na tíbia era mais fina nos ratos exercitados e os ossos absorviam menos energia até a falha. Esses estudos sugerem que em animais em crescimento, a "competição" entre os estímulos do exercício e do crescimento pode alterar a taxa normal de calcificação e crescimento longitudinal; nesses modelos animais, o osso em crescimento não se beneficiou do exercício extenuante.

A sensibilidade diferencial do osso à velocidade de deformação também pode ser um fator na adaptação induzida pelo exercício. Judex e Zernicke[65] investigaram se saltos em profundidade com alto impacto poderiam aumentar a formação de osso no meio da diáfise do tarso-metatarso de galos em crescimento. Medidas de deformação *in vivo* revelaram um grande aumento (740%) no pico da taxa de deformação com apenas um aumento moderado (30%) na magnitude da deformação e sem diferença na distribuição da deformação. Depois de um programa de exercícios de 200 saltos em profundidade por dia durante 3 semanas, os animais exercitados tiveram um aumento significativo nas taxas de formação óssea na superfície do periósteo (40%) e endocorticais (370%). As taxas de deformação tinham uma correlação significativa com a taxa de formação óssea nos locais endocorticais, porém, não nas superfícies periósteas. Seus dados apoiam a conclusão de que o osso em crescimento é sensível a altas taxas de deformação. No osso esponjoso, Hou et al.[66] examinaram os efeitos do exercício extenuante no colo femoral e no corpo vertebral L-6 em ratos. Após 10 semanas de treinamento com 75 a 80% da capacidade aeróbia máxima, as propriedades materiais do colo femoral apresentavam uma diminuição significativa em comparação com os controles sedentários. Um aumento na porcentagem de osso trabecular, com uma diminuição concomitante na cobertura cortical nos colos femorais exercitados, aparentemente contribuíram para as mudanças prejudiciais. Em contraste, não foram observadas mudanças relacionadas ao exercício nas vértebras lombares.

Portanto, o exercício extenuante de resistência física pode afetar de modo adverso a integridade mecânica do osso imaturo, porém não está claro se um regime de exercícios mais moderado poderia ter um efeito positivo. Lucas et al.[67] examinaram os efeitos do exercício moderado na densidade mineral óssea, massa corporal magra *versus* gordurosa e idade da menarca em 42 meninas adolescentes. Os autores focaram especificamente se o exercício extenuante moderado atrasava a puberdade e, portanto, afetava de forma prejudicial o osso por atrasar a deposição óssea ligada ao estrógeno que tipicamente ocorre durante os anos peripuberais. Os resultados demonstraram que a composição corporal, atividade física e maturidade sexual eram determinantes significativos da densidade óssea durante a adolescência. Corredoras tinham gordura corporal mais baixa do que não corredoras, mas isso não perturbava os ciclos hormonais, sugerindo que o exercício não afeta de modo negativo a densidade óssea. Os autores concluíram que o exercício moderado não tem efeito negativo no aumento da massa óssea em mulheres adolescentes.

Em um estudo longitudinal, Slemenda et al.[68] arrolaram 59 pares de gêmeos (de 5,3 a 14 anos de idade) e obtiveram autorrelatos e relatos das mães com respeito aos padrões de atividades dos filhos. As densidades minerais ósseas do rádio distal, fêmur proximal e coluna lombar foram avaliadas com absorciometria de fóton único e duplo. Os autores relataram uma correlação positiva elevada entre as horas gastas em atividades com sustentação de peso e a densidade do fêmur e do rádio. A densidade vertebral também estava correlacionada com a atividade, porém não era uma relação tão forte. Slemenda et al.[68] concluíram que "crianças mais ativas podem emergir da adolescência com 5% a 10% mais massa óssea, dependendo do local no esqueleto. Isso pode representar uma vantagem importante em termos de pico de massa esquelética e essa vantagem pode persistir ao longo da vida adulta".

Lloyd et al.[69] acompanharam mulheres durante um intervalo de 10 anos para examinar as contribuições relativas da ingestão de cálcio, uso de contraceptivos orais e exercício sobre a massa óssea (medida com absorciometria com raio X de dupla energia) e força (estimada a partir de módulos de cortes de fêmur proximal). A ingestão de cálcio foi quantificada a partir de 45 dias de registros prospectivos da alimentação feitos em intervalos regulares durante a época em que os participantes tinham 12 a 22 anos de idade. O uso de contraceptivos orais e a atividade foram monitorados ao longo do mesmo intervalo por meio de questionários. Os autores não relataram associação entre massa óssea e ingestão de cálcio ou uso de contraceptivos, porém encontraram uma forte relação entre a massa óssea e o exercício durante a adolescência. Os dados confirmam a influência positiva do exercício moderado (nenhuma das participantes envolveu-se em exercício extenuante a longo prazo) durante o crescimento sobre a massa e força do osso maduro.

Os efeitos do exercício extenuante sobre o osso maduro (depois de cessado o crescimento longitudinal) são diferentes daqueles sobre o osso em crescimento. Na continuação de um estudo anterior que examinou os efeitos do exercício extenuante no osso de galinha em crescimento,[62] examinamos os efeitos de um programa de treinamento extenuante similar no tarso-metatarso (TMT) de galos maduros.[36] As aves exercitadas correram um total de mais de 150 km durante um programa de treinamento de 9 semanas. Quando comparadas aos controles sedentários de mesma idade, os TMT exercitados tinham áreas corticais similares, porém os córtex medial e anterior eram mais grossos que os dos controles. Nenhuma das propriedades mecânicas diferiu de forma significativa entre os grupos de exercícios e sedentários. Durante a marcha na esteira, contudo, as forças *in vivo* registradas ao longo do córtex anterior do TMT eram significativamente maiores (13%) nas aves exercitadas do que nos galos sedentários, o que sugere que a deformação pode não ser o objetivo primário do remodelamento ósseo. Embora o remodelamento possa ter sido estimulado pela necessidade de manter a deformação dentro de uma faixa ótima, a quantidade máxima de tecido ósseo que poderia ser depositada para atingir a meta talvez tenha sido balanceada pela necessidade de minimizar o gasto metabólico. Como o exercício foi o estímulo para o remodelamento nesse estudo, o gasto de energia durante a corrida era um parâmetro relevante a ser minimizado pela ave. Se não fosse colocado limite sobre a massa do osso, as aves exercitadas poderiam ter desenvolvido ossos pesados com paredes espessas em um esforço de diminuir a deformação. Em termos metabólicos, essa solução não seria a ideal. Portanto, a adaptação resultante pode ter representado um acordo entre o desejo de manter deformações ideais e a necessidade de minimizar o gasto de energia.

Jee et al.[70] realizaram um estudo abrangente examinando os efeitos da sobrecarga na tíbia do rato. Um membro posterior de cada rato (9 meses de idade) foi enfaixado junto ao abdome do animal de modo que não podia ser usado para sustentação de peso e o membro traseiro contralateral foi forçado a suportar todas as cargas que normalmente seriam compartilhadas pelos dois membros traseiros. A geometria, distribuição de massa e dinâmica de remodelamento da tíbia sobrecarregada foram avaliadas após 2, 10, 18 e 26 semanas. Durante esses intervalos, a área cortical aumentou gradualmente nos ossos sobrecarregados, com um aumento significativo (10%) após 26 semanas. Nos controles sedentários, a reabsorção endosteal resultou em um aumento significativo no diâmetro endosteal do osso a cada intervalo. Esse remodelamento normal relacionado à idade foi alterado nos ossos sobrecarregados, com o diâmetro endosteal remanescente similar à linha basal ao longo de todas as 26 semanas. Comparando as posições relativas e quantidade de marcadores fluorocromos incorporados ao osso, o grau de remodelamento subperiósteo foi também quantificado. Essa análise revelou que o estímulo de sobrecarga tornou mais lento o remodelamento do osso existente e aumentou a velocidade de deposição de osso novo, o que resultou em um aumento líquido no osso subperiosteal. Os autores sugerem que seus dados confirmam a hipótese mecanostática de Frost[46]: o uso mecânico aumentado do membro tornou mais lenta a perda óssea ligada à idade e aumentou a deposição do osso novo em torno da superfície do periósteo.

Fraturas por estresse

Embora o osso requeira cargas mecânicas para manter sua massa mineral e força, cargas repetitivas podem resultar em falha estrutural, apesar da magnitude de cada ciclo de carga estar dentro da faixa fisiológica. Historicamente, o termo *fratura de marcha* era usado para descrever a falha óssea resultante de ciclos de carga repetitivos.[71] Esse termo identifica a alta incidência da fratura entre recrutas militares que gastam muitas horas marchando sobre superfícies duras sem um calçado com amortecimento no solado.[72,73] Mais recentemente, dois termos têm sido usados para descrever fases distintas dessa lesão por uso excessivo. "Reação de estresse" descreve a série de alterações fisiopatológicas que ocorrem com cargas repetitivas e "fratura por estresse" é a falha estrutural do osso que pode ocorrer após uma reação de estresse e resulta em uma linha de fratura evidente no raio X.[74]

O American College of Sports Medicine publicou um artigo de posicionamento descrevendo a Tríade da Mulher Atleta,[75] uma síndrome que ocorre em meninas e mulheres fisicamente ativas. A pressão fora da realidade imposta às mulheres jovens para alcançar e manter um peso corporal muito baixo é o pano de fundo para o desenvolvimento da síndrome que inclui componentes de distúrbios alimentares, amenorreia e osteoporose. A combinação desses fatores sistêmicos, hormonais e emocionais com o treinamento empregando sustentação de peso extenuante pode predispor a mulher atleta a sofrer uma lesão musculoesquelética, tal como uma fratura por estresse. Nesses casos, a falta de um fator causador único dificulta a identificação prospectiva das atletas de risco. Além disso, muitas das pessoas propensas à fratura são atletas de elite altamente treinadas ou militares altamente motivadas que podem ter uma tendência de "correr em meio à dor", o que impede a equipe médica de tratar os sintomas de uma reação de estresse antes do desenvolvimento de uma fratura por estresse manifesta.

Jones et al.[74] propuseram um sistema de graduação para assistir no diagnóstico preciso da reação de estresse e fratura por estresse. Por meio da padronização da terminologia eles também buscaram facilitar a identificação da incidência real de tais lesões entre atletas. Nesse esquema (Tab. 6.4), vários instrumentos clínicos são usados na formação de um diagnóstico: cintilografia óssea, raio X plano, sintomas clínicos (dor e sensibilidade, massa palpável) e histórico recente de aumento na intensidade ou duração da atividade. Recentemente, Aoki et al.[76] relataram que a IRM pode diferenciar fraturas por estresse e canelites antes que as radiografias mostrem uma reação de periósteo detectável na tíbia. O diagnóstico precoce é claramente uma vantagem por permitir a intervenção clínica mais cedo e a modificação da atividade, o que aumenta o tempo perdido de treinamentos ou competições.

O tratamento de uma fratura por estresse em geral segue duas fases. A fase I consiste primariamente em modalidades fisioterapêuticas visando a redução da dor (p. ex., gelo e medicamentos anti-inflamatórios não este-

Tabela 6.4 Esquema de classificação para diagnóstico de reação de estresse e fratura por estresse

Grau 0	Grau 1	Grau 2	Grau 3	Grau 4
Remodelamento normal	Reação de estresse leve	Reação de estresse moderada	Reação de estresse grave	Fratura por estresse
Detectável na cintilografia óssea	Cintilografia óssea positiva; indetectável no raio X plano Sem comprometimento estrutural	Cintilografia óssea positiva; mínima alteração no raio X plano Sem comprometimento estrutural	Cintilografia óssea positiva; raio X plano positivo Alterações estruturais evidentes	Cintilografia óssea positiva; raio X plano positivo Falha estrutural
Assintomático	Dor local durante a atividade; sem dor em repouso	Dor local durante a atividade; sensível à palpação	Dor significante que não se reduz após cessar a atividade; massa palpável	Dor extrema com a sustentação de peso

De Loitz-Ramage BJ, Zernicke RF: Bone biology and mechanics. In Zachazewski JE, Magee DJ, Quillen WS, editors: *Athletic injuries and rehabilitation.* WB Saunders, Philadelphia, 1996, p. 114. Adaptado de Jones BH, Harris JM, Vinh TN et al.: Exercise-induced stress fractures and stress reactions of bone: epidemiology, etiology, and classifications, *Exerc Sport Sci Rev* 17:379-422, 1989; e Grimston SK, Zernicke RF: Exercise-related stress responses in bone, *J Appl Biomech* 9:2-14, 1993.

roides) e atividades aeróbias com sustentação de peso reduzida, tais como natação e corrida na água. Após 3 semanas de participação sem dor nas atividades da fase I, a pessoa inicia a fase II aumentando de forma gradual as atividades de sustentação de peso e continua usando modalidades fisioterapêuticas para manejo da dor. Matheson et al.[77] relataram que entre 320 atletas com fraturas por estresse, o tempo médio de reabilitação foi de 13 semanas desde o diagnóstico até a retomada plena das atividades. Whitelaw et al.[78] sugerem que o tempo de reabilitação pode ser reduzido de forma significativa para 3,6 semanas com o uso de imobilizadores de perna pneumáticos durante as atividades de sustentação de peso. O imobilizador parece agir como uma tala dinâmica que provê suporte suficiente para o membro lesado, permitindo a consolidação sem uma interrupção substancial das atividades com sustentação de peso. Estão em andamento estudos, em múltiplos centros, examinando o uso de imobilizadores pneumáticos.

ALTERAÇÕES NO OSSO RELACIONADAS AO DESUSO

As alterações no osso ligadas ao desuso estão em geral associadas ao repouso no leito, imobilização e voos espaciais. Estudos animais examinando as mudanças por desuso no osso sugerem que a falta de apoio de carga regular desencadeia o remodelamento de várias maneiras. As cargas podem ser diminuídas por meio de neurectomia, tenotomia, engessamento ou imobilização articular com pinos. Independente da metodologia específica, contudo, os efeitos do desuso são profundos. O desuso resulta em um aumento substancial da reabsorção e diminuição da deposição. Weinreb et al.[79] relataram que a reabsorção óssea em um modelo de rato aumentava de forma drástica dentro de 30 horas após a tenotomia ou neurectomia decorrente de um aumento significativo no número de osteoclastos por milímetro de superfície óssea. Uma diminuição mantida nas taxas de formação óssea e aposição mineral contribuíram para uma diminuição acentuada no volume de osso trabecular e no conteúdo mineral ósseo no final do experimento de 42 dias.

Como as alterações por desuso são comparativamente bem definidas e a imobilização pode ser inevitável em certas circunstâncias, o fato de maior relevância clínica é se as alterações ligadas ao desuso podem ser revertidas pela remobilização. Usando tíbia e fêmur de rato, Tuukkanen et al.[80] examinaram os efeitos de 1 a 3 semanas de imobilização seguidas por 3 semanas de remobilização. Após 3 semanas de imobilização, o peso dos resíduos de combustão da tíbia e do fêmur diminuíram (9 a 12%) em comparação com os controles não imobilizados, com a tíbia e o fêmur demonstrando perdas similares. Após a remobilização, a tíbia recuperou 62% de sua massa mineral e o fêmur recuperou apenas 38%. O período de imobilização mais curto resultou em melhor recuperação da massa mineral, embora o retorno completo não tenha sido demonstrado. Esses dados sugerem que a perda mineral desencadeada pela imobilização pode ser revertida até certo ponto, embora a recuperação não ocorra rapidamente. O grau de recuperação está relacionado com a duração da imobilização. Em termos clínicos, o impacto desses dados se reflete, em algum grau, na onda do uso de órteses para imobilização de fratura e mobilização precoce no manejo de traumas ortopédicos.

O voo espacial induz alterações dramáticas similares, tanto no osso cortical quanto trabecular. É também interessante a sugestão de que os ossos sustentadores de peso podem ser mais sensíveis à redução no uso mecânico do que os ossos não sustentadores de peso ou axiais. Os testes de curvamento em três pontos de tíbia e úmero de ratos após 1 semana de voo espacial revelaram uma diminuição na rigidez e força do osso, com as alterações na tíbia sendo mais dramáticas que aquelas do úmero.[81] Além disso, os animais usados nesse estudo estavam crescendo rapidamente e a ausência de cargas mecânicas parece ter atrasado a maturação do úmero, porém não a da tíbia. Esses achados dão apoio à teoria de que o limiar mecânico que desencadeia o remodelamento pode ser específico de cada osso, uma premissa apoiada pelo trabalho extensivo de Biewener et al.[82] que demonstraram deformações ótimas específicas do local em galinhas em crescimento.

O osso trabecular parece reagir ao voo espacial com diminuição na rigidez e força, conforme observado nas vértebras lombares de ratos após 12,5 dias no espaço.[83] A concentração de ligações cruzadas de colágeno maduro também diminuiu nos ratos do voo espacial em comparação com os controles que ficaram em terra, o que indica que a maturação do osso pode ter ficado mais lenta durante o voo. Similar à relevância da remobilização comentada anteriormente, a questão pertinente é se tais alterações prejudiciais acentuadas podem ser minimizadas durante o voo. Essa questão continua sendo investigada.

ALTERAÇÕES NO OSSO RELACIONADAS À DOENÇA

Diabetes

A osteopatia diabética foi relatada em estudos clínicos com humanos[84-89] e estudos experimentais com animais,[90-95] sendo os efeitos relacionados ao diabetes mais acentuados nos pacientes com diabetes dependente de insulina (tipo I). Os pacientes com diabetes não insulino-dependente (tipo II) apresentam resultados mais variáveis.[86,96] A deterioração mecânica do osso diabético foi relatada na diáfise femoral[91,97] e no colo femoral[92] mas a relação específica entre a gravidade do diabetes e a extensão da osteopatia continua controvertida. McNair et al.[98] encontraram uma correlação entre osteopenia e nível de glicose no sangue, mas outros estudos clínicos não encontraram tal relação.[99,100] Schwartz et al.[101] indicaram que o crescimento, formação e calcificação do osso diminuíam quando as concentrações de glicose ultrapassavam 200 mg/dL, mas as alterações atingiam gradualmente um estado estável. Esses achados confusos podem, em parte, ser consequência das diferentes gravidades e durações usadas nos estudos e as dificuldades no estabelecimento de um grupo controle clínico adequado, pois os pacientes diabéticos variam muito no tipo de dieta, regime de tratamento, ambiente e nível de atividade física. Os efeitos perniciosos do diabetes sobre o osso são de importância particular para os prestadores de serviços de saúde que cuidam de pessoas com risco de quedas.[102] Se o diabetes aumenta o risco de fratura, a educação das pessoas diabéticas e seus cuidadores é importante para reduzir a probabilidade de queda.

Estudos animais indicam que o diabetes grave pode retardar o crescimento e o desenvolvimento ósseo[103] e o soro de ratos diabéticos com altos níveis de glicose pode retardar o crescimento de fetos de rato em cultura.[104] Um estudo[92] demonstrou que o diabetes moderado tipo I pode afetar de modo deletério as propriedades mecânicas do colo femoral de ratos. A insulinopenia pode ser responsável por esses efeitos de retardo no crescimento;[97,105,106] estudos recentes mostraram que os efeitos potentes exercidos pelos fatores de crescimento sobre o osso (p. ex., fatores de crescimento tipo insulina I e II) são altamente similares aos da insulina.[107,108] Na verdade, em ratos moderadamente diabéticos, a terapia com insulina melhorou os efeitos de retardo no crescimento ósseo.[92]

Nós investigamos a relação entre a gravidade do diabetes e o grau de osteopenia em ratos.[93] Foram estudados os efeitos interativos do diabetes e a terapia com insulina sobre as características geométricas, biomecânicas e histomorfológicas do colo femoral em ratos com diabetes insulino-dependente (tipo I) induzida por estreptozotocina. Fêmeas de ratos Sprague-Dawley (8 semanas de idade) foram colocadas aleatoriamente em um dentre três grupos: controle (C), diabetes grave (DG) e diabetes grave com tratamento de insulina (DGI). Os ratos com diabetes grave insulino-dependente tinham massa corporal total notadamente mais baixa do que os controles, além de massa femoral, comprimento femoral, área de seção transversa total do osso e área de seção transversa da porção externa cortical consideravelmente menores. A terapia com insulina melhorou alguns dos efeitos deletérios do diabetes na geometria do colo femoral, mas não todos. Comparados com os ratos C e DGI, os ratos DG tinham propriedades estruturais do colo femoral mais baixas. Os ratos DG tinham porosidade significativamente maior no córtex do colo femoral do que os ratos controles. As diminuições nas propriedades materiais do colo femoral dos ratos apresentaram uma correlação linear com a gravidade do diabetes (nível de glicose no sangue) e a osteopatia diabética mitigada pela terapia com insulina (Fig. 6.12). Os dados sugerem que há alterações claras ligadas à gravidade no osso diabético; as propriedades materiais foram as mais diretamente afetadas de forma adversa.[92,93]

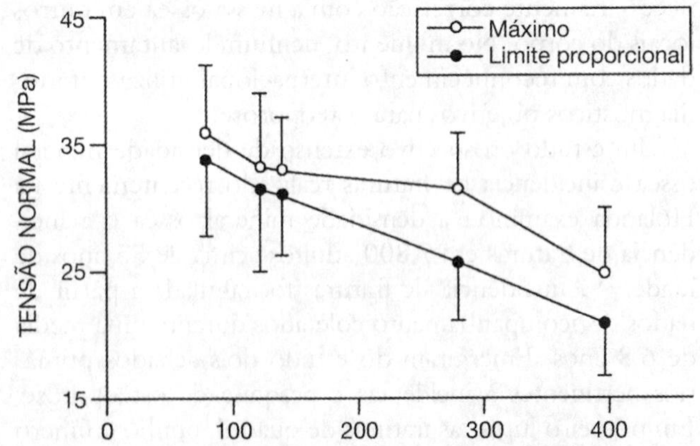

Figura 6.12 Relação entre tensão normal do colo femoral no limite proporcional e máximo e os níveis de glicose no sangue. Os valores são médias ± DG. (De Hou JC-H, Zernicke RF, Barnard J: Effects of severe diabetes and insulin on the femoral neck of the immature rat, *J Orthop Res* 11:263, 1993.)

Osteoporose

O envelhecimento, por si só, causa alterações nos ossos intracorticais das pessoas.[1] A maior parte dessas mudanças está associada ao sistema de remodelamento UMB e seus efeitos são encontrados nas alterações dependentes da idade vistas na geometria óssea, no tamanho do osso e seu número de osteons.[1] Como já foi indicado, o osso sofre remodelamento no nível do tecido; ele é continuamente reabsorvido e formado novamente.[109] O balanço negativo entre reabsorção e formação óssea (em muitos casos relacionado à reabsorção excessiva) é o mecanismo básico associado a muitas doenças ósseas.[109] Em geral, o aumento da idade está associado a um aumento na porosidade óssea, que, por sua vez, está relacionada com o aumento do número de canais de Havers, mais espaços de reabsorção com um preenchimento incompleto dos osteons e canais de Havers mais largos.[1] Além disso, o osso cortical torna-se tipicamente mais fraco e levemente mais quebradiço com o aumento da idade.[1]

A osteoporose é uma doença caracterizada pela redução na massa mineral óssea e alterações na geometria estrutural. Depois que o pico de massa óssea é alcançado por volta da terceira década, homens e mulheres experimentam uma perda de osso relacionada à idade de cerca de 0,7 a 1% anualmente.[110] Entre os anos da adolescência e a oitava ou nona década de vida, as mulheres perdem 42% da sua massa óssea vertebral e 58% do colo femoral.[110] Essa perda de osso está fortemente associada ao aumento da probabilidade de fraturas, primariamente de quadril, vértebras e punho.[111] Embora se reconheça que a osteoporose tem ampla prevalência, a incidência da doença não está bem documentada.[112] Praemer et al.[111] indicam que parte da dificuldade para determinar a prevalência da osteoporose é que (1) uma parcela da perda progressiva de massa óssea é função do processo normal de envelhecimento, (2) a perda de osso pode ser causada por outros processos de enfermidade e (3) a quantidade de perda óssea em um local não apresenta necessariamente correlação com a massa óssea em outros locais do corpo. No momento, nenhum levantamento de dados com reconhecimento internacional utiliza critérios diagnósticos objetivos para osteoporose.

Um estudo prospectivo extenso de densidade mineral óssea e incidência de fraturas realizado recentemente na Holanda examinou a densidade mineral óssea e a incidência de fraturas em 7.800 adultos acima de 55 anos de idade.[113] A incidência de fraturas foi tabulada a partir de dados de acompanhamento coletados durante uma média de 6,8 anos. Emergiram do estudo dois achados primários pertinentes à incidência e pesquisa de osteoporose. Em primeiro lugar, as fraturas de quadril, punho e úmero superior eram as mais frequentes em homens e mulheres, com uma taxa de incidência geral de 9,6 e 18,9 por 1.000 pessoas/ano para homens e mulheres, respectivamente. Em segundo lugar, somente 44% de todas as fraturas não vertebrais ocorreram em mulheres identificadas como osteoporóticas, apresentando DMO com T-score inferior a -2,5. Entre os homens, 18% daqueles que sofreram uma fratura não vertebral tinham um DMO normal. Os resultados identificaram a necessidade clara do desenvolvimento de técnicas de análise de risco mais sensíveis incorporando outras medidas clínicas além da densidade mineral óssea.

Embora possam ser usadas técnicas de radiografia convencionais para avaliar de forma qualitativa o grau de perda óssea osteoporótica, a quantificação do conteúdo mineral ósseo e a previsão subsequente do risco de fratura que resulta da osteoporose requerem o uso de tomografia computadorizada quantitativa (TCQ).[114] A TCQ fornece uma medida da massa de osso trabecular das vértebras ou outros locais com predominância de osso trabecular.

A massa mineral vertebral normal média para homens e mulheres jovens é 175 mg/cm³. Por volta dos 75 anos de idade, os homens já perderam em média 40% de sua massa mineral (110 mg/cm³); na mesma idade, as mulheres perderam 50% (cerca de 90 mg/cm³).[111] O limiar para fratura foi estimado em 110 mg/cm³, com o risco de fratura sendo mais baixo em pessoas com massa mineral acima do limiar. Embora essa seja apenas uma estimativa e exista sobreposição considerável entre a massa mineral vertebral de mulheres normais e aquelas que sofreram fraturas não traumáticas (não relacionadas a acidentes), pode ser usada como diretriz geral para avaliar o risco de fratura. A TCQ também é útil em estudos que comparam a massa mineral vertebral de atletas de elite amenorreicas e coortes com função menstrual normal.[115] Encontrou-se que as atletas amenorreicas têm 20 a 25% menos massa mineral do que as mulheres normais, sugerindo que a privação de estrógeno tem um efeito potente na massa mineral óssea.

As fraturas de quadril resultantes da osteoporose têm impacto social significativo em termos de incapacidade, gastos médicos e mortalidade.[111-116] Estima-se que ocorram 250 mil fraturas de quadril por ano apenas nos Estados Unidos.[111,116] Como a frequência de fraturas de quadril vem aumentando rapidamente entre a população, está se tornando uma grande preocupação da saúde pública.[111] Além das contribuições substanciais à morbidade e incapacidade da população idosa, as fraturas de quadril estão associadas a aumento da mortalidade nos anos após a fratura.[112] Depois dos 50 anos de idade, a incidência de fraturas de quadril aumenta quase exponencialmente, com uma duplicação aproximada da incidência da fratura para cada 5 a 6 anos de aumento na idade.[111,117] Dentre os que sobrevivem às fraturas de quadril, até 50% podem passar um tempo em um local de atendimento de longo prazo.[111,112] Daqueles que viviam em casa e de forma independente antes da fratura, cerca de 20% permaneceram em instituições de longo prazo por pelo menos um ano após a fratura. As pessoas que sofreram fraturas de quadril tinham uma taxa de mortalidade cerca de 15% mais alta no primeiro ano após a fratura em comparação com pessoas de idades comparáveis e a maioria dessas mortes ocorreu nos 4 primeiros meses após a fratura.[111,112]

Homens e mulheres experimentam alguma perda de massa óssea durante o envelhecimento normal, mas a osteoporose progride muito mais rápido nas mulheres após a menopausa.[118] Depois dos 30 anos de idade, os homens em geral perdem massa óssea com uma velocidade aproximadamente igual pelo resto da vida. Em mulheres, contudo, a perda de osso aumenta de forma significativa durante uns 5 anos após a menopausa e depois diminui para uma perda mais gradual.[118] Logo após a menopausa, a taxa de perda de massa óssea é até 10 vezes mais rápida em mulheres que em homens de mesma idade.[118] Para retardar a rápida perda de osso em mulheres pós-menopausa, têm sido propostas intervenções terapêuticas e exercício. Na mulher adulta pré-menopausa, as taxas de formação óssea e reabsorção óssea são mais ou menos iguais, o equilíbrio de cálcio é mantido e não ocorre uma perda efetiva de massa óssea.[119] Após a menopausa, contudo, a velocidade de formação e reabsorção óssea aumentam, porém, a velocidade de reabsorção óssea aumenta mais e produz desequilíbrio de cálcio e a perda resultante de osso.[118] Uma das metas da prevenção da osteoporose é restaurar a taxa de reabsorção e formação óssea aos níveis pré-menopausa.

Frost[120] discutiu a patogênese da osteoporose em termos de uso mecânico. Ele sugeriu que a diminuição no uso mecânico interrompe a deposição de osso por meio do modelamento e aumenta a remoção de osso endosteal por remodelamento. Mais dados vêm se tornando disponíveis indicando que o exercício regular pode ter um impacto positivo na massa óssea e que o aumento da densidade do osso trabecular em mulheres pós-menopausa pode ser conseguido com exercícios impondo carga especificamente nos ossos afetados.[121]

Snow-Harter e Marcus[122] escreveram um artigo extenso revendo as relações entre exercício, densidade mineral óssea e osteoporose. Entre os numerosos tópicos apresentados, eles sumarizaram informações sobre a atividade física e massa óssea de estudos transversais e intervencionais. Os estudos transversais em geral envolvem a avaliação de um grupo ativo *versus* sedentário de pessoas em um único ponto no tempo. Em geral, os dados transversais revelam uma correlação positiva entre nível de atividade e densidade mineral óssea,[123,124] embora a duração, frequência e intensidade do regime de exercícios em geral não sejam detalhados e muitos fatores confusos estejam associados às diferenças que são relatadas.

Os estudos intervencionais são estudos prospectivos que avaliam o efeito de um programa de exercícios na densidade mineral óssea. Snow-Harter e Marcus,[122] após reverem uma grande variedade de estudos, concluíram que em geral há uma boa indicação de que a densidade mineral óssea seja favorecida por programas de exercícios, porém os efeitos são "específicos do local". Além disso, ainda não se sabe qual exercício promove melhor a densidade óssea.[122] Corrida, *jogging* e caminhada são em geral os tipos de exercícios prescritos para melhorar a perda óssea relacionada à menopausa, mas Snow-Harter e Marcus[122] sugerem que exercícios com cargas elevadas em locais específicos podem prover uma resposta osteogênica maior.

Com o treinamento físico, a massa e a força muscular podem aumentar. A descoberta da interrelação entre força muscular e densidade mineral óssea tem se tornado um alvo de pesquisas mais recentes.[34,123] Embora seja aparente uma especificidade local entre força muscular e densidade mineral óssea, em alguns casos parece que os músculos posturais e axiais exercem forças benéficas sobre os ossos.[122]

Snow-Harter e Marcus[122] afirmam que a eficácia do exercício na prevenção e tratamento da osteoporose é desconhecida. Eles resumem as informações conhecidas, contudo, respondendo às seguintes perguntas: (1) O exercício pode maximizar o pico de massa óssea? (2) O exercício pode evitar ou reduzir as perdas ósseas ligadas à idade? (3) O exercício melhora a densidade mineral óssea nas pessoas que já têm osteoporose? (4) O exercício pode substituir a terapia de reposição de estrógeno durante os anos pós-menopausa? Dadas as evidências razoáveis existentes, a resposta é positiva para as três primeiras questões. A resposta para a última questão, contudo, é não. No momento, não existe base para se afirmar que o exercício sozinho seja superior à reposição de estrógeno para manutenção de massa óssea e redução do risco de fratura em mulheres pós-menopausa.[122]

RESUMO

A biologia esquelética é o foco de um número substancial de pesquisas em andamento, sendo impossível resumir a essência do campo em um único capítulo. Contudo, dentro do contexto de medicina esportiva e reabilitação, selecionamos tópicos específicos que são tanto pertinentes quanto de interesse para fisioterapeutas e especialistas em reabilitação. Em poucas palavras, o material apresentado aqui pode ser resumido da seguinte forma. O osso é um órgão dinâmico e altamente complexo que tem um papel integral em muitos dos processos metabólicos normais do corpo. O íntimo acoplamento que existe entre o osso e o ambiente mecânico externo dita que a mudança em um influenciará o outro; uma fratura óssea modifica a resposta do tecido à carga mecânica e, por outro lado, a mudança no ambiente mecânico estimula a adaptação. Tal interação tem relevância clínica particular, pois é nesse rumo que muitas intervenções terapêuticas estão direcionadas.

A meta deste capítulo é prover ao fisioterapeuta informações que possa consultar ao rever estudos de pesquisas descrevendo adaptação ou consolidação óssea. Além disso, o material ajudará o fisioterapeuta a fazer uma ligação entre seu conhecimento clínico e suas habilidades com a pesquisa básica em andamento nessa área. As referências bibliográficas deste capítulo são atuais e fornecem uma boa base à qual o leitor pode retornar caso deseje um estudo adicional mais aprofundado.

REFERÊNCIAS BIBLIOGRÁFICAS

1. Martin RB, Burr DB: Structure, function, and adaptation of compact bone, New York, 1989, Raven Press.
2. Ogden JA, Grogan DP: Prenatal development and growth of the musculoskeletal system. In Albright JA, Brand RA, editors: The scientific basis of orthopaedics, ed 2, Norwalk, 1987, Appleton-Lange.

3. Ogden JA, Grogan DP, Light TR: Postnatal development and growth of the musculoskeletal system. In Albright JA, Brand RA, editors: The scientific basis of orthopaedics, ed 2, Norwalk, 1987, Appleton-Lange.
4. Caplan AI: Bone development. In Wiley J, editor: Cell and molecular biology of vertebrate hard tissues, Chichester, 1988, CIBA Foundation Symposium.
5. Shefelbine SJ, Carter DR: Mechanobiological predictions of femoral anteversion in cerebral palsy, Ann Biomed Eng 32:297-305, 2004.
6. Carter DR, Beaupre G: Skeletal function and form, Cambridge, 2001, Cambridge University Press.
7. Shefelbine SJ, Tardieu C, Carter DR: Development of the femoral bicondylar angle in hominid bipedalism, Bone 30:765-770, 2002.
8. Ogden JA: Anatomy and physiology of skeletal development. In Ogden JA, editor: Skeletal injury in the child, ed 2, Toronto, 1990, WB Saunders.
9. Morscher E, Desaulles PA, Schenk R: Experimental studies on tensile strength of and morphology of the epiphyseal cartilage at puberty, Ann Pediatr 205:112-130, 1965.
10. Ogden JA: Injury to the growth mechanisms. In Ogden JA, editor: Skeletal injury in the child, ed 2, Toronto, 1990, WB Saunders.
11. Holtrop ME: Light and electron microscopic structure of bone--forming cells. In Hall BK, editor: Bone, vol 1, Boca Raton, 1992, CRC Press.
12. Vernon-Roberts B: Morphological and functional interrelationships of bone cells and matrix, Aust N Z J Med 9:1-8, 1979.
13. Miller SC, Jee WSS: Bone lining cells. In Hall BK, editor: Bone, vol 4, Boca Raton, 1992, CRC Press.
14. Frost HM: Mechanical determinants of skeletal architecture. In Albright JA, Brand RA, editors: The scientific basis of orthopaedics, ed 2, Norwalk, 1987, Appleton-Lange.
15. Ascenzi A, Bonucci E, Ripamonti A, Roveri N: X-ray diffraction and electron microscope study of osteons during calcification, Calcif Tissue Res 25:133-143, 1978.
16. Riggs CM, Vaughan LC, Evans GP et al: Mechanical implications of collagen fibre orientation in cortical bone of the equine radius, Anat Embryol 187:239-248, 1993.
17. Stopak D, Wessells NK, Harris AK: Morphogenetic rearrangement of injected collagen in developing chicken limb buds, Proc Natl Acad Sci USA 82:2804-2808, 1985.
18. Termine JD: Non-collagen proteins in bone. In Wiley J, editor: Cell and molecular biology of vertebrate hard tissues, Chichester, 1988, CIBA Foundation Symposium.
19. Albright JA, Skinner HC: Bone: structural organization and remodeling dynamics. In Albright JA, Brand RA, editors: The scientific basis of orthopaedics, ed 2, Norwalk, 1987, Appleton-Lange.
20. Currey JD: The mechanical adaptations of bones, Princeton, 1985, Princeton University Press.
21. Parfitt AM: The cellular basis of bone remodeling: the quantum concept reexamined in light of recent advances in the cell biology of bone, Calcif Tissue Int 36:S37-45, 1984.
22. Frasca P, Harper R, Katz JL: Collagen fiber orientations of human secondary osteons, Acta Anat 98:1-13, 1997.
23. Black J, Mattson R, Korostoff E: Haversian osteons: longitudinal variation of internal structure, J Biomed Mater Res 8:299-319, 1974.
24. Riggs CM, Lanyon LE, Boyde A: Functional associations between collagen fibre orientation and locomotor strain direction in cortical bone of the equine radius, Anat Embryol 187:231-238, 1993.
25. Gross PM, Heistad DD, Marcus ML: Neurohumoral regulation of blood flow to bones and marrow, Am J Physiol 237:H440-448, 1979.
26. Singh IJ, Sandhu HS, Herskovits MS: Bone vascularity. In Hall BK, editor: Bone, vol 3, Boca Raton, 1992, CRC Press.
27. Gross TS, Damji AA, Judex S et al: Bone hyperemia precedes disuse-induced intracortical bone resorption, J Appl Physiol 86:230-235, 1999.
28. Shymkiw RC, Bray RC, Boyd SK et al: Physiological and mechanical adaptation of periarticular cancellous bone after joint ligament injury, J Appl Physiol 90:1083-1087, 2001.
29. Chan RC, Forrester K, McDougall JJ et al: Dynamic measurement of bone blood perfusion with modified laser Doppler imaging, J Orthop Res 17:578-581, 1999.
30. Shymkiw RC, Zernicke RF, Forrester KR, Bray RC: Evaluation of laser-Doppler perfusion imaging for measurement of blood flow in cortical bone, J Appl Physiol 90:1314-1318, 2001.
31. Ashhurst DE: Macromolecular synthesis and mechanical stability during fracture repair. In Hall BK, editor: Bone, vol 5, Boca Raton, 1992, CRC Press.
32. McKibbon B: The biology of fracture healing in long bones, J Bone Joint Surg 60B:150-162, 1978.
33. Carter DR, Blenman PR, Beaupre GS: Correlations between mechanical stress history and tissue differentiation in initial fracture healing, J Orthop Res 6:736-748, 1988.
34. Burstein AH, Reilly DT, Martens M: Aging of bone tissue: mechanical properties, J Bone Joint Surg 58A:82-86, 1976.
35. Matsuda JJ, Zernicke RF, Vailas AC et al: Structural and mechanical adaptation of immature bone to strenuous exercise, J Appl Physiol 60:2028-2034, 1986.
36. Loitz BJ, Zernicke RF: Strenuous exercise-induced remodelling of mature bone: relationships between in vivo strains and bone mechanics, J Exp Biol 170:1-18, 1992.
37. Torzilli PA, Takebe K, Burstein AH et al: The material properties of immature bone, J Biomech Eng 104:12-20, 1982.
38. Li KC, Zernicke RF, Barnard RJ, Li AF: Effects of a high fat--sucrose diet on cortical bone morphology and biomechanics, Calcif Tissue Int 47:308-313, 1990.
39. Beer FP, Johnston ER: Mechanics of Materials, Toronto, 1981, McGraw-Hill.
40. Snyder BD, Hayes WC: Multiaxial structure-property relations in trabecular bone. In Mow VC, Ratcliffe A, Woo SL-Y, editors: Biomechanics of diarthrodial joints, vol 2, New York, 1990, Springer-Verlag.
41. Boyd SK, Muller R, Zernicke RF: Mechanical and architectural bone adaptation in early stage experimental osteoarthritis, J Bone Min Res 17:687-694, 2002.
42. Buckwalter JA, Cooper RR: The cells and matrices of skeletal connective tissue. In Albright JA, Brand RA, editors: The scientific basis of orthopaedics, ed 2, Norwalk, 1987, Appleton-Lange.
43. Jaworski ZFG: Lamellar bone turnover system and its effector organs, Calcif Tissue Int 36:S46-55, 1984.
44. Kahn AJ, Partridge NC: Bone resorption in vivo. In Hall BK, editor: Bone, vol 2, Boca Raton, 1992, CRC Press.
45. Frost HM: The laws of bone structure, Springfield, 1964, Charles C Thomas.
46. Frost HM: Perspectives: a proposed general model of the "mechanostat" (suggestions from a new skeletal-biologic paradigm), Anat Rec 244:139-147, 1996.
47. Frost HM: Bone's mechanostat: a 2003 update, Anat Rec 275A:1081-1101, 2003.
48. Jee WSS: Integrated bone tissue physiology: anatomy and physiology. In Cowin SC, editor: Bone mechanics handbook, ed 2, Boca Raton, 2001, CRC Press
49. Lanyon L, Skerry T: Postmenopausal osteoporosis as a failure of bone's adaptation to functional loading: a hypothesis, J Bone Mineral Res 16:1937-1947, 2001.
50. Lanyon LE: Functional strain in bone tissue as an objective and controlling stimulus for adaptive bone remodeling, J Biomech 20:1083-1093, 1987.
51. Rubin CT, Lanyon LE: Regulation of bone mass by mechanical strain magnitude, Calcif Tissue Int 37:411-417, 1985.
52. Frost HM: Bone remodeling and its relation to metabolic bone disease, Springfield, 1973, Charles C Thomas.
53. Lanyon LE, Hartman W: Strain related electrical potentials recorded in vitro and in vivo, Calcif Tissue Res 22:315-327, 1977.

54. Cochran GV, Pawluk RJ, Bassett CA: Electromechanical characteristics of bone under physiologic moisture conditions, Clin Orthop Rel Res 58:249-270, 1968.
55. Eriksson C: Electrical properties of bone. In Bourne GH, editor: The biochemistry and physiology of bone, ed 2, vol 4, New York, 1976, Academic Press.
56. Rubin CT, McLeod KJ, Lanyon LE: Prevention of osteoporosis by pulsed electromagnetic fields. J Bone Joint Surg 71A:411-417, 1989.
57. Yasuda I: Fundamental aspects of fracture treatment, Clin Orthop Rel Res 124:53-56, 1977.
58. Brighton CT, Friedenberg ZB, Mitchell EI, Booth RE: Treatment of nonunion with constant direct current, Clin Orthop Rel Res 124:106-123, 1977.
59. Aaron RK, Ciombor DM: Therapeutic effects of electromagnetic fields in the stimulation of connective tissue repair, J Cell Biochem 52:42-46, 1993.
60. Sharrard WJ: A double blind trial of pulsed electromagnetic fields for delayed union of tibial fractures, J Bone Joint Surg 72B:347-355, 1990.
61. Jones HH, Priest JD, Hayes WC et al: Humeral hypertrophy in response to exercise, J Bone Joint Surg 59A:204-208, 1977.
62. Woo SL, Kuei SC, Amiel D et al: The effect of prolonged physical training on the properties of long bone: a study of Wolff's Law, J Bone Joint Surg 63:780-787, 1981.
63. Krolner B, Toft B, Nielsen SP, Tondevold E: Physical exercise as prophylaxis against involutional vertebral bone loss: a controlled trial, Clin Sci 64:541-546, 1983.
64. Forwood MR, Parker AW: Effects of exercise on bone growth: mechanical and physical properties studied in the rat, Clin Biomech 2:185-190, 1987.
65. Judex S, Zernicke RF: High-impact exercise and growing bone: relation between high strain rates and enhanced bone formation, J Appl Physiol 88:2183-2191, 2000.
66. Hou JC, Salem GJ, Zernicke RF, Barnard RJ: Structural and mechanical adaptations of immature trabecular bone to strenuous exercise, J Appl Physiol 69:1309-1314, 1990.
67. Lucas JA, Lucas PR, Vogel S et al: Effect of sub-elite competitive running on bone density, body composition and sexual maturity of adolescent females, Osteoporos Int 14:848-856, 2003.
68. Slemenda CW, Miller JZ, Hui SL et al: Role of physical activity in the development of skeletal mass in children, J Bone Miner Res 6:1227-1233, 1991.
69. Lloyd TM, Petit MA, Lin HM et al: Lifestyle factors and the development of bone mass and bone strength in young women, J Pediatr 144:776-782, 2004.
70. Jee WSS, Li XJ, Schaffler MB: Adaptation of diaphyseal structure with aging and increased mechanical usage in the adult rat: a histomorphometrical and biomechanical study, Anat Rec 230:332-338, 1991.
71. Grimston SK, Zernicke RF: Exercise-related stress responses in bone, J Appl Biomech 9:2-14, 1993.
72. Giladi M, Milgrom C, Simkin A et al: Stress fractures: identifiable risk factors, Am J Sports Med 19:647-652, 1991.
73. Milgrom C, Giladi M, Stein M et al: Stress fractures in military recruits: a prospective study showing an unusually high incidence, J Bone Joint Surg 67B:732-735, 1985.
74. Jones BH, Harris JM, Vinh TN, Rubin C: Exercise-induced stress fractures and stress reactions of bone: epidemiology, etiology, and classification, Exerc Sport Sci Rev 17:379-422, 1989.
75. Otis CL, Drinkwater B, Johnson M et al: ACSM position stand: the female athlete triad, Med Sci Sport Exerc 29(5):i-ix, 1997.
76. Aoki Y, Yasuda K, Tohyama H, Ito H: Magnetic resonance imaging in stress fractures and shin splints, Clin Orthop Rel Res 421:260-267, 2004.
77. Matheson GO, McKenzie DC, Taunton JE et al: Stress fractures in athletes. A study of 320 cases, Am J Sports Med 15:46-58, 1987.
78. Whitelaw GP, Wetzler MJ, Levy AS et al: A pneumatic leg brace for the treatment of tibial stress fractures, Clin Orthop Rel Res 270:301-305, 1991.
79. Weinreb M, Rodan GA, Thompson DD: Osteopenia in the immobilized rat hind limb is associated with increased bone resorption and decreased bone formation, Bone 10:187-194, 1989.
80. Tuukkanen J, Wallmark B, Jalovaara P et al: Changes induced in growing rat bone by immobilization and remobilization, Bone 12:113-118, 1991.
81. Shaw SR, Vailas AC, Grindeland RE et al: Effects of a 1-wk spaceflight on morphological and mechanical properties of growing bone, Am J Physiol 254:R78-83, 1998.
82. Biewener AA, Swartz SM, Bertram JE: Bone modeling during growth: dynamic strain equilibrium in the chick tibiotarsus, Calcif Tissue Int 39:390-395, 1986.
83. Zernicke RF, Vailas AC, Grindeland RE et al: Spaceflight effects on biomechanical and biochemical properties of rat vertebrae, Am J Physiol 258:R1327-1332, 1990.
84. Griffiths HJ: Diabetic osteopathy, Orthopedics 8:401-406, 1985.
85. Hough FS: Alterations of bone and mineral metabolism in diabetes mellitus. Part I. An overview, S Afr Med J 72:116-119, 1987
86. Hough FS: Alterations of bone and mineral metabolism in diabetes mellitus. Part II. Clinical studies in 206 patients with type I diabetes mellitus, S Afr Med J 72:120-126, 1987.
87. Rosenbloom AL, Lezotte DC, Weber FT et al: Diminution of bone mass in childhood diabetes. Diabetes 26:1052-1055, 1977.
88. Shore RM, Chesney RW, Mazess RB et al: Osteopenia in juvenile diabetes, Calcif Tissue Int 33:455-457, 1981.
89. Soejima K, Landing BH: Osteoporosis in juvenile-onset diabetes mellitus: morphometric and comparative studies, Pediatr Pathol 6:289-299, 1986.
90. Dixit PK, Ekstrom RA: Decreased breaking strength of diabetic rat bone and its improvement by insulin treatment, Calcif Tissue Int 32:195-199, 1980.
91. Einhorn TA, Boskey AL, Gundberg CM et al: The mineral and mechanical properties of bone in chronic experimental diabetes, J Orthop Res 6:317-323, 1988.
92. Hou JC, Zernicke RF, Barnard RJ: Experimental diabetes, insulin treatment, and femoral neck morphology and biomechanics in rats, Clin Orthop Rel Res 264:278-285, 1991.
93. Hou JC, Zernicke RF, Barnard RJ: Effects of severe diabetes and insulin on the femoral neck of the immature rat, J Orthop Res 11:263-271, 1993.
94. Hough S, Avioli LV, Bergfeld MA et al: Correction of abnormal bone and mineral metabolism in chronic streptozotocin-induced diabetes mellitus in the rat by insulin therapy, Endocrinology 108:2228-2234, 1981.
95. Shires R, Teitelbaum SL, Bergfeld MA et al: The effect of streptozotocin-induced chronic diabetes mellitus on bone and mineral homeostasis in the rat, J Lab Clin Med 97:231-240, 1981.
96. McNair P: Bone mineral metabolism in human type I (insulin--dependent) diabetes mellitus, Dan Med Bull 35:109-121, 1988.
97. Dixit PK, Stern AM: Effect of insulin on the incorporation of citrate and calcium into the bones of alloxan-diabetic rats, Calcif Tissue Int 27:227-232, 1979.
98. McNair P, Madsbad S, Christiansen MS et al: Bone mineral loss in insulin-treated diabetes mellitus: studies on pathogenesis, Acta Endocrinol 90:463-472, 1979.
99. Frazer TE, White NH, Hough S et al: Alterations in circulating vitamin D metabolites in the young insulin-dependent diabetic, J Clin Endocrinol Metab 53:1154-1159, 1981.
100. Wiske PS, Wentworth SM, Norton JA et al: Evaluation of bone mass and growth in young diabetics, Metabolism 31:848-854, 1982.
101. Schwartz Z, Ornoy A, Soskolne WA: The effects of insulin and glucose on bone modeling in vitro, Diabetes Res 3:321-326, 1986.
102. Schwartz AV: Diabetes mellitus: does it affect bone? Cal Tissue Int 73:515-519, 2003.

103. Tattersall RB, Pyke DA: Growth in diabetic children. Studies in identical twins, Lancet 17:1105-1109, 1973.
104. Ornoy A, Zusman I, Cohen AM, Shafrir E: Effects of sera from Cohen, genetically determined diabetic rats, streptozotocin diabetic rats and sucrose fed rats on in vitro development of early somite rat embryos, Diabetes Res 3:43-51, 1986.
105. Sloan GM, Norton JA, Brennan MF: Influence of diabetes mellitus and insulin treatment on protein turnover in the rat, J Surg Res 28:442-448, 1980.
106. Weiss RE, Corn AH, Nimni ME: Abnormalities in the biosynthesis of cartilage and bone proteoglycans in experimental diabetes, Diabetes 30:670-677, 1981.
107. Frolik CA, Ellis LF, Williams DC: Isolation and characterization of insulin-like growth factor-II from human bone, Biochem Biophys Res Commun 151:1011-1018, 1988.
108. Hock JM, Centrella M, Canalis E: Insulin-like growth factor I has independent effects on bone matrix formation and cell replication, Endocrinology 122:254-260, 1988.
109. Rodan GA: Introduction to bone biology, Bone 13:S3-6, 1992.
110. Leboff M, Glowacki J: Mechanisms of age-related bone loss. In Rosen CJ, Glowacki J, Bilezikian JP, editors: The aging skeleton, San Diego, 1999, Academic Press.
111. Praemer A, Furner S, Rice DP: Musculoskeletal conditions in the United States, Park Ridge, 1992, American Academy of Orthopaedic Surgeons.
112. Cummings SR, Kelsey JL, Nevitt MC et al: Epidemiology of osteoporosis and osteoporotic fractures, Epidemiol Rev 7:178-208, 1985.
113. Schuit SC, van der Klift M, Weel AE et al: Fracture incidence and association with bone mineral density in elderly men and women: the Rotterdam Study, Bone 34:195-202, 2004.
114. Genant HK, Ettinger B, Harris ST et al: Quantitative computed tomography in assessment of osteoporosis. In Riggs BL, Melton LJ, editors: Osteoporosis: etiology, diagnosis, and management, New York, 1988, Raven Press.
115. Marcus R, Cann C, Madvig P et al: Menstrual function and bone mass in elite women distance runners. Endocrine and metabolic features, Ann Intern Med 102:158-163, 1985.
116. Lawrence RC, Hochberg MC, Kelsey JL et al: Estimates of the prevalence of selected arthritic and musculoskeletal disease in the United States, J Rheumatol 16:427-441, 1989.
117. Brody JA: Aging in the 20th and 21st centuries. In Proceedings of the National Center for Health Statistics Conference, Data for an Aging Population: Issues in Health Research and Public Policy, Now and into the 21st Century. DHHS Pub PHS:88, 1987.
118. Christiansen C: Prevention and treatment of osteoporosis: a review of current modalities, Bone 13:S35-39, 1992.
119. Nilas L, Christiansen C: Bone mass and its relationship to age and the menopause, J Clin Endocrinol Metab 65:697-702, 1987.
120. Frost HM: The role of changes in mechanical usage set points in the pathogenesis of osteoporosis, J Bone Miner Res 7:253-261, 1992.
121. Simkin A, Ayalon J, Leichter I: Increased trabecular bone density due to bone loading exercises in postmenopausal women, Calcif Tissue Int 40:59-63, 1987.
122. Snow-Harter C, Marcus R: Exercise, bone mineral density, and osteoporosis, Exerc Sport Sci Rev 19:351-388, 1991.
123. Nilsson BE, Westlin NE: Bone density in athletes, Clin Orthop Rel Res 77:179-182, 1971.
124. Pirnay F, Bodeux M, Crielaard JM et al: Bone mineral content and physical activity, Int J Sports Med 8:331-335, 1987.

CAPÍTULO

7

Cartilagem das articulações humanas e estruturas relacionadas

Katie Lundon e Joan M. Walker

INTRODUÇÃO

Este capítulo descreve a morfologia e a fisiologia da cartilagem articular e do tecido do osso subcondral, a fibrocartilagem e os tecidos sinoviais e líquido sinovial associados. Consideraremos a inervação, nutrição, lubrificação, alterações ligadas à idade, resposta à carga, destruição, reparo, engenharia do tecido e as implicações para reabilitação. A cartilagem articular hialina (CAH) que cobre as superfícies da articulação sinovial não pode ser analisada isoladamente. A CAH é parte da unidade de sustentação de carga que consiste na camada de CAH e no osso subcondral; tem interações importantes com o líquido sinovial e associações com outras estruturas articulares, tais como os meniscos da articulação do joelho. A estabilidade estática e dinâmica da articulação depende em grande parte do contorno das superfícies articulares, criado pela CAH em parceria com o osso subcondral e as estruturas de suporte – cápsula, tendões, ligamentos e músculos – que cercam a articulação; essas estruturas estão detalhadas em outros capítulos.

A CAH especializada tem muitas funções: prover uma estrutura viscoelástica capaz de distribuir e então transmitir cargas e forças de cisalhamento para o osso subjacente, proteger o osso subcondral subjacente e permitir que as articulações diartrodiais (sinoviais) tenham uma grande amplitude de movimento e quase nenhum atrito. A CAH é aneural, basicamente avascular e acelular, e tem um conteúdo de água de até 80%.[1] A matriz colágena da CAH é alvo de processos destrutivos nas doenças artríticas e degenerativas da articulação. Os esforços terapêuticos atuais visam ao desenvolvimento de arcabouços, por meio da engenharia de tecidos colágenos, capazes de agir como veículos para terapia de transporte de células e fatores de crescimento nos locais danificados do osso subcondral e da cartilagem. Tais lesões têm sido notoriamente difíceis ou impossíveis de cicatrizar com as modalidades ou abordagens cirúrgicas anteriores.

Funções da cartilagem articular

- Distribui e transmite cargas e forças de cisalhamento para o osso subjacente
- Possibilita o movimento praticamente sem atrito
- Permite que a articulação sinovial tenha uma ADM funcional e específica

COMPOSIÇÃO DA CARTILAGEM: CÉLULAS E MATRIZ

Todos os tecidos conjuntivos são feitos de células e matriz extracelular. Os elementos celulares são condroblastos, condrócitos, fibroblastos e fibrócitos (células semelhantes a condrócitos). Os condrócitos (2 a 5% do volume da cartilagem) são responsáveis pela síntese de proteoglicanos, fatores de crescimento e citocinas, assim como fibras colágenas, todos esses constituindo os principais elementos da matriz da cartilagem (95% do volume da cartilagem). Os condrócitos são essenciais para a manutenção da matriz extracelular (MEC) na qual estão embebidos. Os condrócitos têm tanto atividade anabólica, que contribui para a degradação equilibrada da matriz da MEC ao seu redor, quanto atividade catabólica, secretando as moléculas degradadoras de matriz que incluem membros da família das metaloproteinases matriciais (MMPs na sigla em inglês), tais como colagenases e estromelisina. Os condrócitos são a fonte de várias citocinas e fatores de crescimento que agem de maneira parácrina ou autócrina ao ativar e desativar esses processos anabólicos e catabólicos.[2] As células da cartilagem estão embebidas em uma matriz de textura fina, em zonas pequenas que se moldam à forma da célula. A matriz pericelular fina que cerca os condrócitos tem até 2 μm de espessura e contém poucas fibras de colágeno bem definidas. Os condrócitos e sua matriz pericelular têm sido denominados de "condron". Em contraste, as células cartilaginosas na fibrocartilagem ficam esmagadas entre as bandas espessas de fibras de colágeno e, assim, parecem estar alongadas, sem qualquer matriz pericelular significante ao redor, exceto perto da junção óssea. A célula jovem, ou condroblasto, é pequena e em geral achatada com um contorno regular e muitas projeções na superfície.

As principais características morfológicas dos condrócitos são que eles normalmente são arredondados ou poligonais, exceto nos limites do tecido onde podem ser achatados ou discoides, como na superfície das articulações.[3] Os núcleos são redondos ou ovais. São comuns células multinucleadas. Os condrócitos apresentam características típicas de uma célula metabolicamente ativa que precisa sintetizar e degradar um grande volume de matriz. O citoplasma de sua célula contém o aparelho de Golgi, mitocôndrias, retículo endoplasmático granular, alguns reservatórios de gordura, grânulos de pigmento e depósitos de glicogênio. Na cartilagem imatura, tanto o aparelho de Golgi quanto o retículo granular são particularmente proeminentes.[4] Cada condrócito tem um monocílio[5] que pode ter a função de mecanotransdução, detectando alterações causadas por efeitos mecânicos no ambiente da célula e possibilitando sua resposta a eles.

"A densidade celular atinge seu máximo na superfície articular e vai reduzindo de forma progressiva nas zonas média e profunda até cerca de metade ou um terço da camada superficial."[6] A densidade celular é também máxima nas cartilagens fetais e do recém-nascido, e diminui com o aumento da idade. A densidade celular é relativamente baixa na CAH e o número diminuído de células causado pelo envelhecimento e pelo movimento da superfície para o fundo reduz grandemente a capacidade de reparo da CAH. Ocorre troca de nutrientes e resíduos por meio de difusão. Os condrócitos têm uma capacidade única de existir em um ambiente com baixa tensão de oxigênio.

As células da cartilagem são capazes de modificar sua forma. Os condrócitos que vivem isolados modificam constantemente seu formato, exibindo ou recolhendo processos pseudopódicos. Quando células *in vitro* da camada superficial são transplantadas para uma camada mais profunda, elas modificam seu formato e tornam-se mais arredondadas.[7]

A proliferação, a diferenciação e a homeostase dos condrócitos não são governadas apenas por mediadores solúveis interagindo com a constituição genética dessas células, mas também a própria MEC provê sinais importantes para serem interpretados pelos condrócitos. Essa interação entre os condrócitos e a matriz é mediada em parte pelas integrinas, uma família de receptores transmembrana compostos de subunidades α e β.[8]

No embrião em desenvolvimento, condroblastos e condrócitos maduros derivam das células mesenquimais progenitoras. Depois do período embrionário, o mesênquima pré-condrogênico forma cartilagem, mesmo quando transplantado para outros locais.[9] Os condroblastos que amadurecerão como condrócitos de CAH são de origem similar aos do calo de fratura e das placas de crescimento. Estes últimos se desenvolvem em condrócitos hipertróficos e têm a capacidade de formar a cartilagem calcificada, que age como arcabouço para os osteoblastos depositarem osteoides.[10] As diferenças na função dos condrócitos de acordo com a localização podem estar relacionadas à presença ou ausência de um receptor para o fator de crescimento fibroblástico básico (bFGF na sigla em inglês), que todos os condroblastos possuem.[6] Sempre que o condrócito da CAH retém um receptor para bFGF, o condrócito hipertrófico encontrado na placa de crescimento ou calo de fratura fica sem o receptor bFGF. Os fatores que regulam o comprometimento dos condroblastos para que se desenvolvam em condrócitos hipertróficos ou condrócitos de CAH não estão completamente estabelecidos.[6] A morte de condrócitos na conversão da matriz circundante de cartilagem para osso ocorre por apoptose, por transdiferenciação ou por metáplase em osteoblasto, mas o fator determinante ainda é desconhecido.[11] Uma distinção adicional entre os condrócitos da placa de crescimento epifisária e aqueles da CAH é que os vasos sanguíneos geralmente são encontrados próximos da placa de crescimento e do calo da fratura. Poole comentou que "para que a cartilagem se calcifique durante a ossificação endocondral [em um reparo de fratura], parece ser necessária a angiogênese, que pode ser induzida pelos condrócitos".[6] Como a CAH é avascular mesmo durante o desenvolvimento, a angiogênese aparentemente não é induzida pelos condrócitos da CAH. É óbvio que a calcificação da CAH é prejudicial para sua função normal. Isso é evidente na cartilagem que está envelhecendo, na qual há expansão da camada calcificada profunda.

A angiogênese está sempre presente nas placas de crescimento em desenvolvimento e nos locais de fratura, com a hipertrofia dos condrócitos precedendo esse crescimento dos vasos para dentro nessas situações. Em contraste, embora a zona mais profunda da CAH contenha condrócitos hipertróficos, a invasão vascular da zona calcificada é limitada ou nem está presente. A ausência de vascularidade é um fator crítico na inabilidade da CAH de responder à lesão com os estágios típicos de inflamação e isso compromete de maneira séria sua capacidade de reparo.

As células das estruturas fibrocartilaginosas, tais como meniscos e anel fibroso do disco intervertebral, são um tipo de células condrocíticas (células maduras são denominadas fibrócitos) que sintetizam e secretam colágeno tipo I ao invés do tipo II, que é sintetizado e secretado pelas células semelhantes às da CAH. Nos pontos em que essas estruturas suportam cargas significativas, as células sintetizam o proteoglicano agrecano, o que aumenta a rigidez da fibrocartilagem.[6]

Matriz extracelular (MEC)

Tanto a cartilagem articular quanto o núcleo pulposo do disco intervertebral (DIV) são tecidos conjuntivos especializados, nos quais células residentes são distribuídas de forma relativamente esparsa dentro da matriz que as cerca. A MEC da CAH e o DIV são um gel resiliente com organização macromolecular complexa. É essa matriz amplamente avascular, aneural e alinfática que confere ao tecido suas propriedades especializadas biomecânicas e de apoio de carga, como a habilidade de suportar cargas tanto estáticas quanto dinâmicas. A matriz extracelular é composta de colágeno fibroso (principalmente colágeno tipo II), um componente não fibroso ou substância amorfa (proteoglicanos, proteínas não colágenas [PNCs]) e água. São formados grandes agregados de proteínas por proteoglicanos (PGs) e glicosaminoglicanos (GAGs) associados de modo variável. O conteúdo de água da MEC (65 a 80%) é maior nas camadas superficiais do que nas camadas mais profundas.[12]

Proteoglicanos

Os PGs e GAGs são responsáveis por cerca de 35% do peso seco na cartilagem articular hialina (CAH). Na CAH, os proteoglicanos existem como monômeros PG ou agregados PG. Essas poliaminas hidrofílicas (com afinidade por água) têm um papel importante na regulação do movimento da água na matriz e, assim, influenciam bastante as propriedades mecânicas e a lubrificação da cartilagem.[13] Ao ligar-se com a água, o conteúdo elevado de proteoglicanos confere à cartilagem uma permeabilidade hidráulica baixa, o que limita a perda de líquido quando ela recebe cargas compressivas. A cartilagem deforma-se de modo reversível, perde água para o espaço articular ao receber a carga e embebe água quando a carga é liberada. Contribuem para esse mecanismo os grandes agregados de proteínas, moléculas elásticas que podem expandir-se em solução e resistir à compressão em um pequeno volume.[14] É essa contenção feita pelos agregados proteoglicanos e a densa rede de fibras colágenas que conferem algumas propriedades mecânicas notáveis (resistência à carga compressiva, elasticidade e autolubrificação) à cartilagem articular.

Propriedades mecânicas da cartilagem articular

- Resistência às cargas compressivas
- Elasticidade
- Autolubrificação

A CAH tem três famílias de PGs principais. A primeira consiste em grandes agregados de proteínas que formam uma associação "não covalente" de monômeros de proteínas colágenas denominada *agrecano*, que compreende 50 a 58% da quantidade total de PGs encontrada na CAH. Os PGs não agregadores apresentam-se como 40% do conteúdo total de PG da CAH.[15] O agrecano é preso em intervalos por um único filamento central de hialuronato, que é estabilizado com proteínas de ligação (Fig. 7.1). Os agrecanos têm três domínios globulares conhecidos como G1, G2 e G3. O principal componente dos proteoglicanos consiste em cadeias laterais GAG de sulfato de condroitina (SC), que existem ou como SC-6 ou SC-4. As regiões ricas em sulfato de queratano (SQ) ficam entre os domínios G2 e G3.[14] SC e SQ são polímeros lineares que consistem em resíduos de açúcar, representando 87

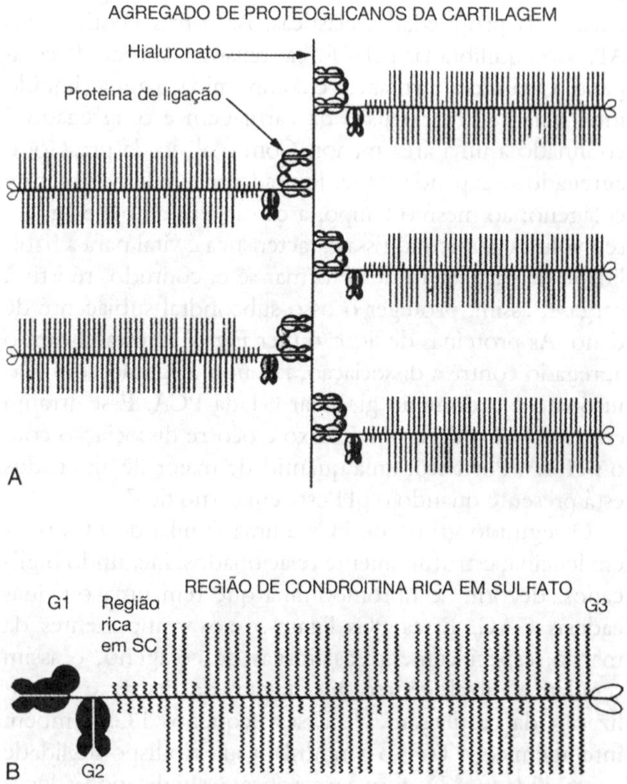

Figura 7.1 A. Diagrama com modelo dos agregados de proteoglicanos da cartilagem. O suporte filamentar principal do agregado é o hialuronato. Os monômeros de proteoglicanos (moléculas de agrecano) de comprimentos variáveis surgem em intervalos regulares a partir de lados opostos da cadeia de hialuronato. A proteína central do monômero de proteoglicano contém três domínios globulares designados G1, G2 e G3; G1 está localizado no término de NH_2 e contém a região de ligação do ácido hialuronato. Proteínas de ligação unem simultaneamente hialuronato e G1 e estabilizam o agregado contra associação. (De Walker JM: Cartilage of human joints and related structures. In Zachazewski JE, Magee DJ, Quillen WS, editors: *Athletic injuries and rehabilitation*. WB Saunders, Philadelphia, 1996, p. 122.) **B.** Diagrama com modelo da estrutura do monômero de proteoglicano da cartilagem (agrecano). (De Rosenberg L: Structure and function of cartilage proteoglycans. In McCarty DJ, Koopman WJ, editors: *Arthritis and allied conditions*. 12.ed. vol. 1, Lea & Febiger, Philadelphia, 1993, p. 230.)

e 6%, respectivamente, do grupo de polissacarídeos chamado GAGs, o qual é encontrado na substância amorfa de vários tecidos conjuntivos, incluindo a CAH. Uma molécula agrecano inteira tem peso molecular de 2 a 3 milhões (o centro de uma proteína molecular agrecano tem cerca de 220.000; as cadeias SC têm cerca de 20.000 a 30.000; e as cadeias SQ têm cerca de 5.000 a 10.000).[14] Uma característica importante da SC e da SQ é que as unidades de GAGs que se repetem contêm grupos com cargas negativas densamente agrupados, de modo que quando essas cadeias são vinculadas à proteína central do agrecano (PCA), elas se sobressaem como cerdas em um pincel. Essa concentração de carga negativa é denominada densidade de carga fixa.

As forças repelentes intensas dos milhares de grupos com carga negativa significam que os agregados de proteínas (AP) deveriam ocupar um volume maior de solução *in vitro*, porém, os APs *in vivo* são limitados pela rede de colágeno. É essa característica que dá à cartilagem articular suas propriedades elásticas. As forças elásticas dos APs são equilibradas pelas forças tensivas da rede de colágeno. Quando a cartilagem é comprimida, a água (líquido intersticial) sofre extrusão da cartilagem e o agregado é confinado a uma área menor. Com o alívio da pressão, o agregado se expande até ser limitado pela rede de fibras de colágeno; ao mesmo tempo, a cartilagem embebe água e seu volume aumenta. Essa característica é vital para a habilidade da cartilagem de deformar-se e, contudo, resistir à carga e, assim, proteger o osso subcondral subjacente de dano. As proteínas de ligação (ver Fig. 7.1) estabilizam o agregado contra a dissociação, fazendo a ligação com hialuronato e o domínio globular G1 da PCA. Esse arranjo é instável quando o pH é baixo e ocorre dissociação com o pH 4.[14] Portanto, uma quantidade maior de agregados está presente quando o pH está em torno de 7.

O segundo grupo de PGs é uma família de PGs ricos em leucina, estruturalmente relacionados, incluindo biglicanos, decorina e fibromodulina que têm uma ou duas cadeias GAG. Esses PGs ligam-se aos componentes da matriz, especificamente às fibrilas de colágeno, e assim regulam a fibrilogênese, montagem da matriz e estabilização da cartilagem.[16,17] Esses pequenos PGs também interagem com TGF-β e modulam sua biodisponibilidade e estabilidade.[16] De forma específica, os biglicanos e decorina inibem os processos envolvidos no desenvolvimento e reparo dos tecidos. Tem sido demonstrado que eles se ligam à superfície das fibras de colágeno inibindo a fibrilogênese de colágeno e ligam-se à fibronectina, inibindo a adesão celular e a atividade da trombina na formação de coágulo. Sua atividade poderia explicar por que as lesões de cartilagem não cicatrizam bem nem se reparam espontaneamente.[14] A cartilagem articular madura contém biglicanos e decorina em quantidade mais ou menos iguais "e tendem a ficar mais concentrados perto da superfície articular e menos na zona profunda".[6] A significância dessa distribuição ainda não foi determinada.

A terceira família de PGs na CAH é constituída de PGs da superfície celular. Essas moléculas interagem com vários componentes do ambiente celular, incluindo fatores de crescimento, proteases e componentes da matriz. Ocorre uma alteração na expressão desses PGs durante patologias degenerativas que, por fim, pode levar a uma mudança nas propriedades funcionais da CAH, assim como na biodisponibilidade de fator de crescimento.[16] Portanto, além de seu papel importante na manutenção da estrutura tecidual da CAH, alguns PGs operam na sinalização molecular como reservatórios e receptores de fatores de crescimento.[18]

Metaloproteinases da matriz (MMPs) e inibidores teciduais das metaloproteinases da matriz (TIMPs). As MMPs são um grupo de enzimas que digerem a MEC tanto das cartilagens articulares normais quanto degenerativas; elas são ativadas por meio de vias de sinalização e visam componentes específicos da matriz. Os condrócitos produzem uma proporção significante de moléculas catabólicas degradadoras de matriz, incluindo membros de MMPs tais como colagenases e estromelisinas.[2] Colágeno, agrecanos, fibronectina, laminina e elastina são degradados por colagenases (MMPs 1, 8 e 13), gelatinases (MMPs 2 e 9) e estromelisinas (MMP 3 e 10). As MMPs contém um íon Zn^{2+} no seu sítio ativo e são estabilizadas por íons Ca^{2+}.[19,20] Sua atividade é inibida por um grupo conhecido como inibidores teciduais das metaloproteinases da matriz (TIMPs). Níveis elevados de MMPs e TIMPs são observados em pacientes com osteoartrite e artrite reumatoide.[19,20]

Moléculas sinalizadoras na cartilagem articular: fatores de crescimento e citocinas. Vários fatores de crescimento e citocinas inflamatórias interagem para regular a função celular e manutenção de uma cartilagem saudável. Um comprometimento na homeostase desses sinais moleculares manifesta-se na forma de patologias da cartilagem.[21] O intercâmbio dessas vias sinalizadoras é importante para o desenvolvimento de novas terapias medicamentosas, visando impedir o dano à cartilagem articular.[22] Os principais fatores de crescimento incluem a família dos fatores de crescimento transformadores (TGF-βs: TGF-β1s, β2s e β3s) que regulam o crescimento e a diferenciação celular e estão envolvidos na cicatrização de feridas.[23] As proteínas morfogenéticas ósseas (BMPs) são uma subfamília da superfamília TGF e induzem a formação de osso e cartilagem.[23] A BMP-7 ou proteína osteogênica (OP-1) demonstra atividade anabólica forte,[24] apenas estimulando a síntese da maior parte das proteínas da MEC da cartilagem, assim como a expressão de TIMPs. A habilidade de induzir a proliferação celular poderia ter efeitos tanto positivos quanto negativos, já que as BMPs foram encontradas inicialmente na matriz óssea; contudo, a BMP 2, 7 e a TGF-β parecem induzir e aumentar a síntese e acúmulo de PG. Há registros contraditórios dos eventos catabólicos (proliferação celular e produção de osteófitos) estimulados pela administração de BMP 2 e TGF-β na cartilagem articular do adulto.[24] Fatores de crescimento tipo insulina (IGF1 e IGF2) agem de maneira anabólica para aumentar os PGs e a síntese de colágeno tipo II.[25] O fator de crescimento derivado de fibroblastos (FGF) é armazenado pelo sulfato de heparina na MEC da CAH. O FGF é crucial para atrair as células de origem mesodermal e tem um papel na angiogênese.[26] Além disso, mostrou-se que o FGF inibe a síntese de colágeno tipo II-PG[27] e induz a síntese de MMPs.[28] O fator de crescimento derivado das plaquetas (PDGF), o fator de crescimento epidermal (EGF) e o fator de crescimento endotelial vascular (VEGF) são também importantes para a cartilagem saudável e danificada. O PDGF estimula os macrófagos e fibroblastos nos processos de cicatrização de feridas[23] e tem um papel na diferenciação das células-tronco mesenquimais,[29] na ossificação[30] e na expressão MMP.[28] O EGF estimula a proliferação de condrócitos[31] e uma diminuição na expressão do colágeno tipo II.[32] O VEGF é detectado em níveis elevados na cartilagem osteoartrítica[33] e é necessário na formação de osso endocondral.[34]

As interleucinas (IL) são secretadas por condrócitos, fibroblastos, macrófagos e células sinoviais e têm um papel importante no reparo da cartilagem articular, já que interagem com vários fatores de crescimento durante os processos de inflamação e cicatrização de feridas.[35] A IL-1, por exemplo, tem um papel crítico na degeneração da cartilagem, com a IL-1β agindo para suprimir a expressão de PGs, colágeno tipo II e TIMP-1 em culturas de condrócitos CAH humanos.[36] O TNF-α, um membro de um grupo de citocinas conhecido por seus efeitos diferenciais citotóxicos e estimulantes, é expresso na cartilagem osteoartrítica, porém não na cartilagem articular normal,[37] e pode suprimir a síntese de PG, estimular a degradação de colágeno e induzir a expressão de MMP.[28,38]

Colágeno

A superfamília do colágeno inclui, atualmente, mais de 20 tipos de colágeno com pelo menos 38 classes distintas de polipeptídeos e mais de 15 proteínas adicionais que têm domínios semelhantes ao colágeno.[39] Este tem dois papéis importantes na CAH: o papel mecânico e a responsabilidade pelo direcionamento das ligações e liberações dos mediadores de crescimento celular. O colágeno tipo II é a forma predominante e fibrilar encontrada na CAH, sendo responsável por 50 a 90% do seu peso seco (Tab. 7.1). Os vários tipos de colágeno são cordões de cadeias α compostas de aminoácidos. Cada colágeno fibrilar é compostos de três polipeptídeos que formam uma estrutura de hélice tripla. As fibrilas, com vários milhares de moléculas de diâmetro, são dispostas em feixes para formar fibras grandes. A CAH também contém colágeno tipo IX (5 a 20%) e tipo XI associado com fibras, e dois tipos não fibrilares: colágeno tipo X e o tipo VI de cadeia curta, que é também encontrado nos ligamentos. O colágeno tipo X (1% do colágeno na CAH) é encontrado principalmente na cartilagem hipertrófica e calcificada, e é considerado importante no desenvolvimento da placa de crescimento.[40] O colágeno forma cerca de 55 g de cada 100 g do peso seco da CAH, enquanto os proteoglicanos formam cerca de 25 g por 100 g de peso seco.[41] Um alto grau de ligações cruzadas estabiliza as hélices triplas firmemente enroladas que constituem as fibras do colágeno fibrilar. Essa rede dá força tensiva à CAH dentro da rede de colágeno e resiste à pressão de expansão dos proteoglicanos, possibilitando à CAH suportar as cargas compressivas.

Tabela 7.1 Tipos de colágeno no tecido articular[6,40,41,43-45]

Tipo	Distribuição
I	Osso, ligamento, tendão, fibrocartilagem, cápsula, tecidos de revestimento sinovial, pele
II	Cartilagem, fibrocartilagem
III	Vasos sanguíneos, tecidos de revestimento sinovial, pele
IV	Membranas basais
V	Região pericelular da cartilagem articular quando presente,* osso, vasos sanguíneos
VI	Núcleo pulposo, cartilagem articular, ligamento
VII	Fibras de ancoragem de vários tecidos
VIII	Células endoteliais
IX	Matriz da cartilagem*
X	Zona hipertrófica da cartilagem* e cartilagem calcificada*
XI	Matriz da cartilagem*
XII	Tendão, ligamento, pericôndrio e periósteo da superfície articular
XIII	Pele, tendão
XIV	Associado com as fibras de colágeno na CAH

De Walker JM: Cartilage of human joints and related structures. In Zachazewski JE, Magee DJ, Quillen WS, editors: *Athletic injuries and rehabilitation*. WB Saunders, Philadelphia, 1996, p. 123.
*Quantidades pequenas (<20%).

A degradação metabólica do colágeno é contínua ao longo do crescimento até a maturidade, quando as fibras de colágeno tornam-se mais estáveis em termos metabólicos e têm meia-vida de semanas ou meses.[41] A degradação do colágeno aumenta em condições de desnutrição, fome, doença de Paget, hipoparatiroidismo e doenças metastáticas do osso.[41] A degradação do colágeno nessas condições ou doenças provê uma fonte de aminoácidos para o corpo. Os pesquisadores propõem a hipótese de que, nessas condições, a CAH fica mais vulnerável e não deve ser sujeita ao esforço de cargas pesadas. Suspeita-se que as forças mecânicas, ou as enzimas de degradação secretadas pelos próprios condrócitos como a colagenase e outras metaloproteinases incluindo estromelisina, podem degradar a "cola" que liga as fibras de colágeno em rede e ser um fator contribuinte na patogênese da osteoartrite.[42]

A Tabela 7.2 resume os eventos intracelulares e extracelulares na síntese de colágeno. Este alcança sua maturidade na matriz extracelular.

Fibras de elastina

Em contraste com as fibras de colágeno da CAH, acredita-se que os fibroblastos sejam responsáveis pela formação da proteína elastina, que compõem em grande

Tabela 7.2 Processo de múltiplos passos na síntese de colágeno

Eventos intracelulares
• Síntese de RNA mensageiro específico para o colágeno
• Formação de agrupamentos polirribossômicos
• Associação de polirribossomos e retículo endoplasmático
• Formação de um segmento alinhado de cadeias de polipeptídios
• Hidroxilação de resíduos específicos de prolina e lisina
• Glicosilação de resíduos selecionados de hidroxilisina
• Conversão de procolágeno em colágeno pela peptidase procolágeno e extrusão do tropocolágeno no meio extracelular
Eventos Extracelulares
Formação de aldeídos ligados a peptídios como lisina e hidroxilisina específica
Formação de ligações cruzadas intramoleculares por uma reação de condensação de aldol
Formação de ligações cruzadas intermoleculares, aldeídos ligados a peptídios e grupos amino não modificados de resíduos de lisina ou hidroxilisina como bases de Schiff
Agregação de fibras de colágeno na matriz extracelular para refletir as características estruturais específicas de um determinado tecido[46]

De Castor CW: Regulation of connective tissue metabolism. In McCarty DJ, Koopman WJ, editors: *Arthritis and allied conditions*. 12.ed. vol. 1, Lea and Febiger, Philadelphia, 1993, p. 246.

medida as fibras de elastina. As fibras de elastina são amareladas, tendem a ramificar-se livremente e costumam ser mais finas que as fibras de colágeno. Alongam-se facilmente, embora possam apresentar alguma calcificação e redução de elasticidade com o avanço da idade.[4] Embora Buckwalter et al. tenham demonstrado fibras de elastina nos discos intervertebrais humanos,[47] ainda há controvérsias quanto à existência de fibras de elastina na CAH. As fibras de elastina são encontradas na camada fibrosa do pericôndrio. Cotta-Pereira et al. usaram estudos ultraestruturais para demonstrar a presença de fibras de elaunina e oxitalana na CAH de ratos, porém não fibras de elastina.[48] A localização dessas fibras relacionadas à elasticidade sugere uma modulação de elasticidade a partir do pericôndrio para a CAH e pode refletir os requisitos de resistência desses tecidos às forças mecânicas. Os tecidos moles ao redor (cápsulas, ligamentos, aponeurose) também mesclam-se com o pericôndrio e o periósteo. A presença de fibras do tipo elástico deve facilitar o alongamento nos extremos da amplitude, o recuo no retorno para a amplitude neural e o alargamento do espaço articular quando há efusão articular.

OS TECIDOS

Na próxima seção analisaremos os dois subtipos principais de cartilagem nas articulações sinoviais – cartilagem hialina e fibrocartilagem – assim como os tecidos de revestimento sinoviais e o osso subcondral.

Cartilagem articular hialina

A CAH é um tipo especializado de cartilagem hialina que cobre as superfícies articulares, exceto nas articulações esternoclavicular e temporomandibular, que se ossificam em membrana. Essas articulações, junto com a articulação sacroilíaca, têm pelo menos uma superfície fibrocartilaginosa.[4,49,50] A Figura 7.2 mostra o arranjo

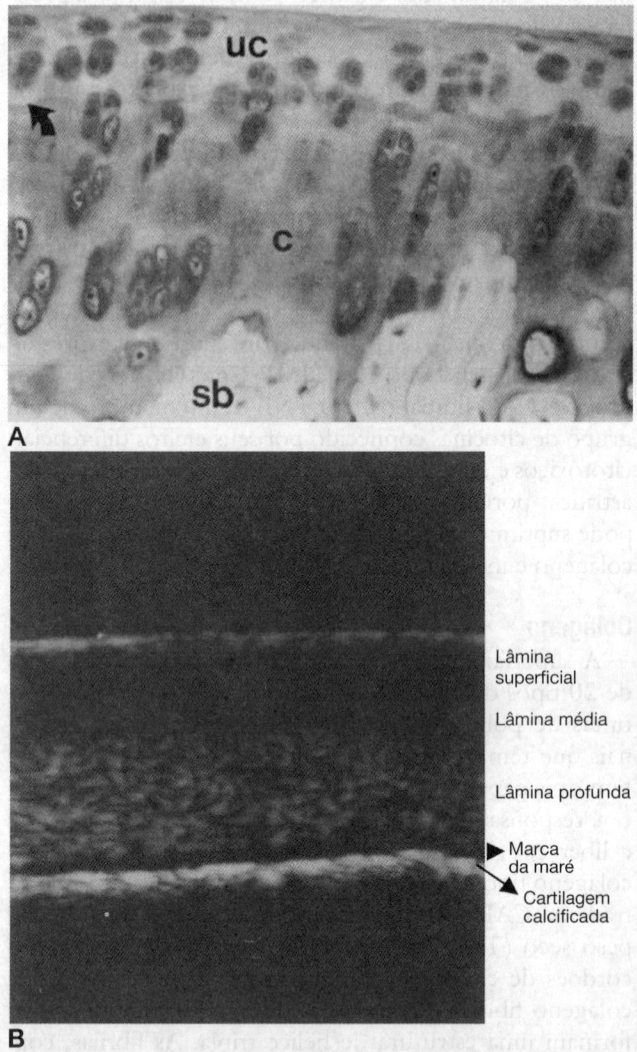

Figura 7.2 A. Vista em microscopia ótica da cartilagem articular: uc = camada não calcificada; c = camada calcificada; sb = osso subcondral; a *seta* indica a marca da maré. (De Walker JM: Cartilage of human joints and related structures. Em Zachazewski JE, Magee DJ, Quillen WS, editores: *Athletic injuries and rehabilitation*, WB Saunders, Philadelphia, 1996, p. 124.) B. Micrografia com retroespalhamento ultrassônico de cartilagem articular suína usando um transdutor de 50 MHz: localização de várias lâminas e a superfície hiperecoica do osso subcondral. (De Gahunia H: The nature of the dense connective tissues of the musculoskeletal system: structure, function, and biomechanics of articular cartilage and meniscus. In Lundon K: *Orthopaedic rehabilitation science: principles for clinical management of nonmineralized connective tissue*. Butterworth-Heinemann, Boston, 2003, p. 76.)

típico de duas camadas da CAH. A camada superficial é de cartilagem não calcificada, e a camada de cartilagem calcificada mais profunda fica integralmente ligada e mesclada com o osso subcondral. A marca da maré forma o limite entre essas duas camadas. Podem ser distinguidas três zonas, ou lâminas, dentro da cartilagem não calcificada: uma zona superficial (tangencial ou deslizante), uma zona média ou de transição e uma zona profunda ou radial (Fig. 7.3; ver também Fig. 7.2). Cada zona é única com respeito a número e distribuição das células, formato celular, orientação, arranjo das fibras de colágeno, composição de PG e concentração, e nutrição. A cartilagem é classificada por conveniência pelo tipo de matriz. São descritas três variedades: hialina, fibrocartilagem e cartilagem elástica.[4]

A força tensiva vem da rede de colágeno, que limita a expansão do componente viscoelástico de agrecanos e provê rigidez compressiva. Os agregados de agrecano hialuronano ligam altas quantidades de água intercelular, o que se atribui às suas cargas negativas fixas, que, por sua vez, são responsáveis pela elasticidade da CAH.

Marca da maré

A marca da maré é o limite em uma zona metabolicamente ativa entre a cartilagem articular não calcificada e a calcificada (ver Fig. 7.2).[51,52] Preparações não calcificadas de cabeças do fêmur humanas mostram que há três componentes estruturais na marca da maré: (1) uma marca da maré PAS-positiva que contém proteoglicanos adjacentes à cartilagem basal; (2) uma zona subliminar com coloração leve; e (3) uma linha de demarcação com a cartilagem calcificada.[52] Ao longo da vida, há atividade de calcificação na região da marca da maré, de modo que ela avança lentamente na direção da cartilagem não calcificada.[51] Acredita-se que variações no volume do osso subcondral influenciem a região da marca da maré e as alterações na cartilagem que levam à osteoartrose.[52] O número de marcas da maré aumenta de forma significativa após os 60 anos de idade.[53] Esse aumento relaciona-se com o remodelamento contínuo que parece ocorrer com a idade e as mudanças relacionadas com a ossificação endocartilaginosa, afetando a zona calcificada. Esta última torna-se mais fina com a idade.

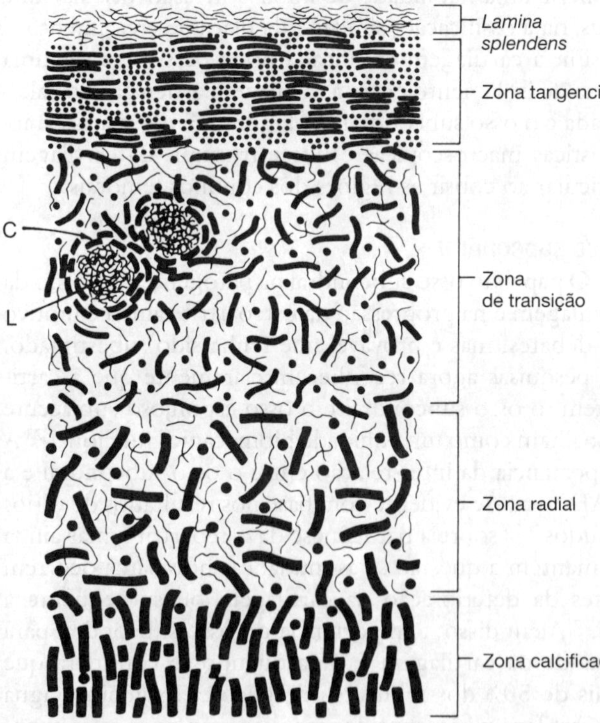

Figura 7.3 Diagrama da arquitetura fibrosa da cartilagem articular humana. A *lamina splendens* é a camada muito fina que cobre a superfície articular. Abaixo dessa camada fica a zona tangencial. Abaixo dessa zona se encontra a zona de transição. A camada mais profunda da cartilagem não calcificada é a zona radial. A zona calcificada é a camada basal da cartilagem articular. Ver no texto detalhes adicionais sobre essas camadas. (De Lane JM, Weiss C: Current comment: review of articular cartilage collagen research, *Arthritis Rheum* 18:558, 1975.)

Organização da CAH

Em estudos de microscopia óptica, alguns pesquisadores descreveram a CAH como tendo quatro zonas ou estratos, enquanto outros descreveram as duas camadas (conforme observado anteriormente) com três zonas ou lâminas dentro da cartilagem não calcificada (ver Fig. 7.3). Uma camada superficial chamada "lâmina esplêndida" foi descrita na superfície da camada mais externa, sendo uma camada de fibras finas (4 a 10 mm) que pode ser arrancada com pinça ou traumas por cisalhamento.[54,55] Outros pesquisadores não distinguem a "lâmina esplêndida" da zona superficial, que é fina e exibe maior quantidade de colágeno e menor concentração de PGs.[56] As células na zona superficial são condrócitos elipsoides pequenos orientados com seus eixos longos paralelos à superfície.[57] Na zona de transição, as células são ou arredondadas ou ovais.[57,58] Na zona radial, as células são mais largas e arredondadas e podem ser encontradas aos pares em colunas irregulares numeradas de quatro a oito. As variações nas descrições das formas das células na CAH podem estar relacionadas aos métodos de preparação dos tecidos e o plano de secção. A densidade celular diminui da camada superficial para a profunda.[59] As células na zona calcificada são pesadamente incrustadas com hidroxiapatita (cristais de sais de cálcio) e são cercadas por matriz calcificada na cartilagem madura. Essas células são consideradas relativamente inativas do ponto de vista metabólico.[60]

Enquanto a matriz da CAH pode ser subdividida de acordo com diferentes zonas cartilaginosas com base no arranjo das células e fibrilas da matriz, a matriz da cartilagem pode também ser dividida em compartimentos dependendo de sua relação com as células. Estudos da ultraestrutura revelam uma camada fina de matriz pericelular cercando de perto o condrócito, uma unidade denominada condron.[61] Este é considerado a unidade funcional ativa da CAH do ponto de vista microanatômico, micromecânico e metabólico.[62] Em torno da matriz pericelular há uma camada mais larga de matriz interterritorial de coloração mais leve denominada glicocálice, que é predominantemente colágeno tipo VI[63] e é envolta por uma cápsula fibrilar colagenosa. Adjacente à matriz interterritorial e fora dela há a matriz territorial[58] (Fig. 7.4), definida como a matriz associada à célula localizada entre os componentes pericelulares e interterritoriais. A matriz interterritorial é feita de dois componentes básicos: fibras de colágeno de diâmetro largo agrupadas mais próximas e uma matriz extrafibrilar, que consiste na maior parte em monômeros de agrecanos altamente sulfatados, assim como pequenos PGs não agregadores tais como decorina, biglicano e fibromodulina. Ela também é mais rígida em virtude de uma alta concentração de sulfato de queratano.[64] A concentração de SQ pode possibilitar à matriz interterritorial maior resistência contra a deformação compressiva.[58] Uma concentração anormal de SQ (diminuída com a imobilização, aumentada com o envelhecimento) pode contribuir para a patologia da cartilagem, pois as alterações na rigidez da matriz causam impacto no apoio de carga e na dissipação de forças através da cartilagem.

A zona superficial da cartilagem não calcificada tem sido descrita como fibrilar,[65] tipo hialina[66] e tipo membrana;[67] como uma camada densa, não fibrilada;[68] como uma camada de fibras dispostas de forma aleatória;[69] e

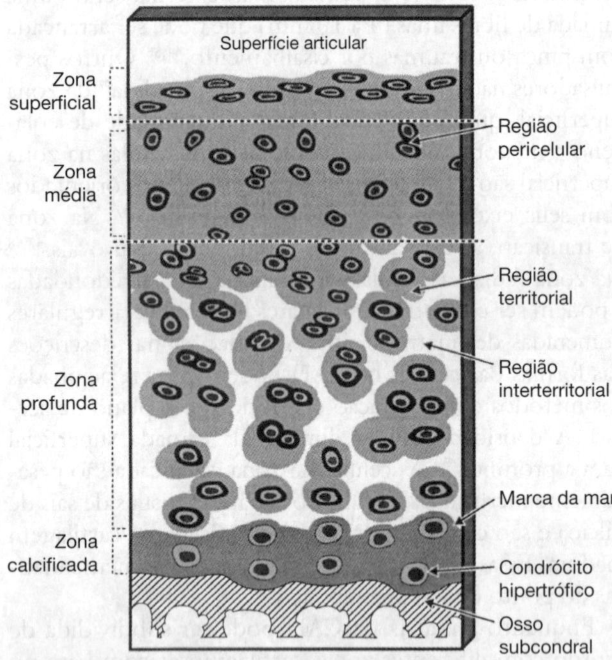

Figura 7.4 Organização regional da cartilagem articular baseada em estudos feitos com humanos e bovinos adultos. A região pericelular contém uma alta concentração de agrecanos, de proteoglicano decorina e de colágeno tipo VI. A zona superficial contém fibrilas de colágeno finas arranjadas paralelas com as superfícies articulares. A cartilagem parcialmente calcificada da zona calcificada está indicada. A zona interterritorial começa a ser identificável com cerca de 17 anos de idade em humanos, com base nas mudanças de distribuição do agrecano e das proteínas de ligação. (De Poole AR: Cartilage in health and disease. In McCarty DJ, Koopman WJ, editors: *Arthritis and allied conditions.* 12.ed. vol. 1. Lea & Febiger, Philadelphia, 1993, p. 282.)

como uma membrana de proteção biomecânica.[70] Há um acordo de que os feixes de fibras na zona superficial ficam em camadas paralelas à cavidade articular (ver Figura 7.3). Na zona de transição, as fibras são dispersas de forma mais aleatória. As fibras na zona superficial têm diâmetro de cerca de 35 nm; as fibras na zona de transição são um pouco maiores (cerca de 60 nm). Na zona radial, as fibras têm um padrão de arcada, com fileiras radiais nas regiões mais profundas. Essas fibras são mais grossas, cerca de 80 nm de diâmetro.[70] As fibras na zona calcificada têm mais de 100 nm de diâmetro e são orientadas de forma perpendicular à superfície.[55] O padrão das fibras de colágeno nas zonas mais profundas é similar ao descrito por Benninghoff.[71] As implicações da variação no tamanho das fibras não são completamente conhecidas. O tamanho parece estar relacionado com a estabilidade estrutural e a habilidade de suportar cargas horizontais, provendo uma estrutura justa para conter os componentes da matriz e, nas camadas profundas, oferecendo uma ligação firme com o osso subcondral. As fibras mais grossas podem ser mais estáveis, tendo uma taxa lenta de degradação.

As fibrilas agrupadas próximas na zona superficial constituem uma camada menos permeável do que a que está presente nas zonas subjacentes e pode funcionar como uma "pele" para a cartilagem hidratada.[61] A camada calcificada possui moléculas antiangiogênicas, que parecem conferir uma habilidade de inibir a invasão vascular que causaria a ossificação, similar à da placa de crescimento.[72] Assim, a cartilagem calcificada pode persistir e ser uma zona de isolamento entre a cartilagem articular não calcificada e o osso subcondral.[6] A Figura 7.5 mostra as características macroscópicas e ultraestruturais da cartilagem articular ao cobrir as regiões dos côndilos femorais.

Osso subcondral

O papel do osso subcondral na patogênese do dano da cartilagem e na progressão da osteoartrite ainda é motivo de debates, mas é provável que tenha sido subestimado. As pesquisas agora reconhecem claramente que a cartilagem, o osso subcondral e o osso esponjoso subjacente trabalham como uma unidade biomecânica funcional.[73] A importância da inter-relação entre o osso subcondral e a CAH torna-se evidente com base nos resultados de vários estudos[74-76] sobre a patogênese da osteoartrite, mas ainda se mantém a questão se as mudanças nessa área ocorrem antes da deterioração da cartilagem ou subsequente a ela.[77] Além disso, a importância do osso subcondral para a saúde da cartilagem é clara quando se considera que mais de 50% dos requisitos de glicose, oxigênio e água da cartilagem são supridos via vasos sanguíneos subcondrais terminais, que têm, em parte, contato direto com a camada mais profunda da CAH.[78] Alguns estudos apoiam a teoria de que as alterações no osso subcondral não são etiológicas para osteoartrite, mas são talvez secundárias à perda de CAH que precede a esclerose subcondral característica dessa condição.[79] Outra pesquisa apoia a ideia de que alterações na densidade relativa e na arquitetura

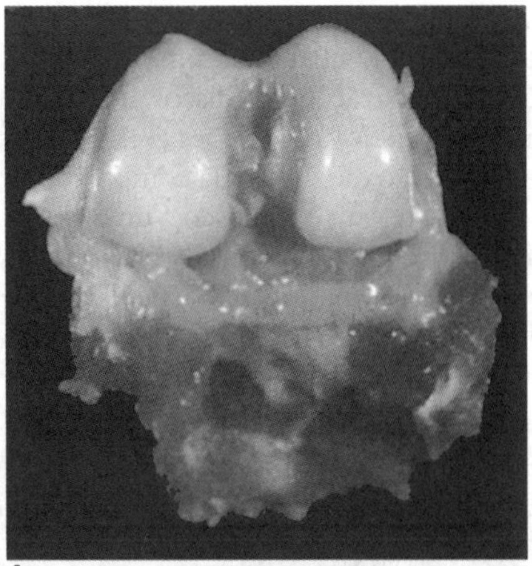

A

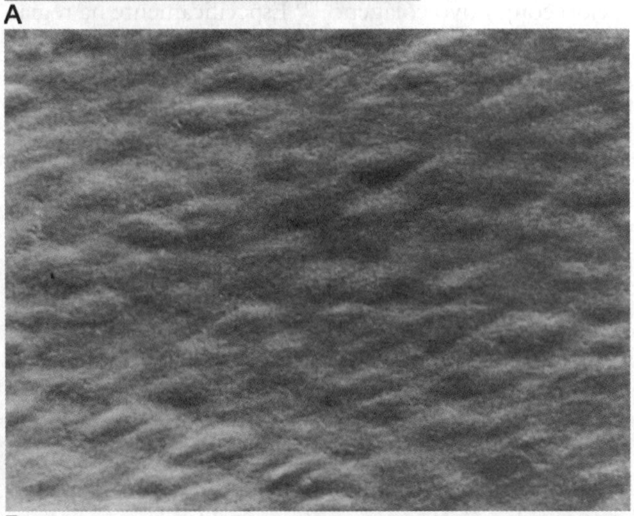

B

Figura 7.5 **A.** Superfície lisa normal da cartilagem que cobre os côndilos femorais do macaco reso. (De Gahunia H: The nature of the dense connective tissues of the musculoskeletal system: structure, function, and biomechanics of articular cartilage and meniscus. Em Lundon K: *Orthopaedic rehabilitation science: principles for clinical management of nonmineralized connective tissue.* Butterworth-Heinemann, Boston, 2003, p. 72.) **B.** Cartilagem articular normal de um coelho adulto mostrando numerosas depressões na superfície (× 400). (De Ghadially FN, Oryschak AF, Yong NK: Experimental production of ridges on rabbit articular cartilage: a scanning electron microscope study, *J Anat* 121:121, 1976.)

do osso subcondral subjacente podem ter um efeito profundo tanto na iniciação quanto na progressão do dano à cartilagem.[73] A análise da composição da placa mineralizada embaixo da cartilagem articular em primatas não humanos com osteoartrite identificaram cartilagem calcificada supermineralizada espessa ou osso subcondral, possivelmente por meio de um processo de ossificação endocondral reativada, o que pode levar a um ciclo de carga mecânica aumentada sobre a articulação e continuidade da progressão da osteoartrite.[80]

Alterações na CAH com o envelhecimento

Alterações grosseiras na CAH com o envelhecimento incluem aumento da congruência das superfícies articulares com uma fibrilação ou desgaste variável das superfícies. Goodfellow e Bullough[81] relacionaram esse segundo achado mais com o tipo de articulação (multiaxial ou uniaxial) e o osso subjacente e à mecânica articular, em que há um aumento da carga sobre a cartilagem que previamente não recebia carga,[82] do que ao envelhecimento. A aparência da CAH muda de azulado transparente para amarelo opaco. A significância funcional dessa mudança na pigmentação não é conhecida.

Com microscopia óptica e coloração histoquímica, numerosas mudanças têm sido reveladas na CAH, tais como aumento da aparência granulada ou fibrilar, que pensa-se ser causado pelo desmascaramento das fibras de colágeno. A fadiga dos feixes de colágeno com a depleção de GAGs da superfície também pode contribuir para as fissuras e desgaste das camadas superficiais.[83] O número de marcas de maré aumenta[53] e a espessura geral diminui,[84] o que é confirmado por estudos de IRM.[85] Com o avanço da idade, pode haver um desequilíbrio entre a extensão da zona calcificada para dentro da área não calcificada da CAH e a substituição do novo osso por meio de ossificação endocondral na junção osso-cartilagem.[86] Essas mudanças tornam a cartilagem articular susceptível à ossificação e à eventual reabsorção osteoclástica. Knets comentou que a "intensidade desse processo diminui com a idade",[70] algo positivo já que essas alterações não somente comprometem o apoio de carga normal, mas também podem contribuir para o desenvolvimento de osteoartrite.

Os componentes intercelulares podem apresentar mais alterações com o envelhecimento.[87] Embora o conteúdo total de colágeno possa não se modificar,[88] o colágeno mais velho permanece no estado estendido por mais tempo que o colágeno jovem, já que perde sua habilidade de retornar ao estado de repouso. Verzar demonstrou um aumento na formação de pontes cruzadas, o que altera a solubilidade do colágeno.[89] O aumento das pontes cruzadas envolve ligações transversas tanto inter quanto intramoleculares[90] e resulta em aumento da rigidez. Com fibras de colágeno mais grossas e menos resilientes e a calcificação nas zonas mais profundas, as propriedades de apoio de carga da cartilagem são afetadas. Teoricamente, há um comprometimento da nutrição dos condrócitos, o que contribui para deterioração adicional.

Com a histoquímica, a perda de proteoglicanos é demonstrada pela diminuição na reação da cartilagem articular à coloração por azul alciano e uma reação aumentada ao reagente de Schiff.[49] Vários estudos sobre envelhecimento têm relatado diminuição nos GAGs,[91,92] diminuição no SC-4, aumento no SC-6 e aumento no SQ de pequeno peso molecular. Contudo, há uma variabilidade nos relatos indicando se esses componentes – assim como as frequências celulares, lipídios[93] e conteúdo de água – realmente aumentam ou diminuem.[59,84,94-97] Livne et al. mostraram em camundongos que o número de células diminuía e que o crescimento intersticial era muito limitado.[98] A habilidade de síntese dos condrócitos diminui, assim como sua responsividade aos fatores de crescimento anabólicos.[83] O tamanho e a agregação dos agrecanos matriciais diminuem e menos proteínas de ligação funcionais são sintetizadas. Ziv et al. mostraram na cartilagem facetária humana envelhecida uma alta hidratação,[99] que aumentava a partir da quarta década e era indicação de dano no colágeno e degeneração da cartilagem.

O impacto dessas mudanças, indicando desequilíbrio entre síntese e degradação dos componentes da matriz, é uma diminuição na capacidade da cartilagem de suportar forças de cisalhamento e cargas impulsivas e um aumento da susceptibilidade ao trauma. A cartilagem é mais macia e, ao mesmo tempo, mais rígida nas camadas profundas; podem ocorrer microfraturas do osso subcondral decorrentes de uma menor dispersão das cargas.

Embora alguns pesquisadores considerem que as alterações degenerativas tipificam o processo de envelhecimento,[98] deve-se notar que é difícil distinguir entre alterações do envelhecimento natural, alterações adaptativas funcionais e alterações degenerativas que resultam de micro ou macro traumas ou doenças.[96] A imagem por ressonância magnética (IRM) tem possibilitado medir com precisão o volume e a espessura da CAH e o desenvolvimento de técnicas semiautomáticas possibilitará estudos de larga escala.[100] Laasanen et al. mostraram que os parâmetros acústicos das medidas de ultrassom podem ser usados para analisar as propriedades mecânicas da CAH.[101] Um dispositivo para medir a impedância elétrica quantitativa tem sido usado *in vitro* para mapear lesões focais da CAH.[102] Essas novas técnicas possibilitarão aos médicos avaliar a progressão da doença e poderão esclarecer a interface entre alterações causadas pelo envelhecimento e por doenças afetando a cartilagem articular.

Fibrocartilagem

Discos intra-articulares, meniscos e lábios

Discos intra-articulares, meniscos e lábios são encontrados em certas articulações em todas as espécies. Em humanos, podem tomar a forma de um disco completo que subdivide a cavidade em dois compartimentos separados, como nas articulações temporomandibular e esternoclavicular, ou podem ser estruturas incompletas, como os meniscos do joelho. Essas estruturas aumentam a congruência das superfícies articulares. Elas podem assistir na lubrificação articular e proteger as margens das articulações; no joelho, os meniscos funcionam como amortecedores de choque[103] e suportam as cargas.[104] Enquanto os discos articulares tendem a ser estruturas de modo geral circulares, possivelmente com uma perfuração central,[105] os meniscos são estruturas semilunares ou em forma de C com uma superfície inferior achatada e uma superfície superior côncava. O grau de fixação dos discos articulares e meniscos varia entre espécies e articulações (ver em Van Sickle e Kincaid[106] uma revisão de artrologia comparativa).

Função da fibrocartilagem intra-articular (disco – p. ex., temporomandibular, esternoclavicular –, menisco, lábio)

- Aumentar a congruidade articular
- Apoiar a lubrificação articular
- Proteger as margens da articulação
- Agir como amortecedor de choque
- Agir no suporte de peso (transmissão de cargas)

Similar ao disco intervertebral, o menisco é uma estrutura complexa que consiste em várias "zonas" relacionadas à distância a partir da inserção na cápsula articular, com células exibindo diferentes fenótipos que variam desde um mais condrocítico na região mais interna, até um mais fibroblástico na região exterior. Embora meniscos, lábios e discos articulares sejam com frequência denominados de "fibrocartilagens", muitos contêm pouca ou nenhuma fibrocartilagem, são constituídos principalmente de tecido conjuntivo colágeno.[106] Especificamente na região avascular interna, que recebe altas cargas no menisco em forma de cunha, o fenótipo do tecido assemelha-se ao de uma fibrocartilagem. Na região periférica vascularizada do menisco, onde ele liga-se à superfície interna da cápsula articular, as células e a matriz têm um fenótipo fibroso.[107] A aparência histológica dessas estruturas é uma dominância de fibras colágenas circunferenciais.

Poole definiu fibrocartilagem como sendo "caracterizada pela presença de células condrocíticas que sintetizam e secretam colágeno tipo I em vez de tipo II".[6] No exame macroscópico e na microscopia óptica, a matriz da CAH tem aparência translúcida, homogênea e desprovida de estruturas. A fibrocartilagem branca, contudo, é caracterizada pelas fibras de colágeno arranjadas em feixes abundantes de tecido fibroso denso, branco.[4] Grupos esparsos de células com núcleos ovoides ficam entre os feixes de fibras. A quantidade da matriz visível varia de forma considerável entre estruturas diferentes e com a idade. Os detalhes das chamadas estruturas cartilaginosas serão comentados a seguir.

As estruturas "fibrocartilaginosas" exibem tanto uma matriz territorial (antiga zona de "lacunas" em torno das células) quanto inter-territorial (geral). Esta última é composta de camadas de fibrilas e fibras de colágeno em uma matriz interfibrilar esparsa. São vistas algumas fibras radiais e oblíquas e acredita-se que se liguem às fibras circunferenciais dominantes. A orientação circunferencial primária das fibras colágenas do menisco pode funcionar para contrapor as forças tensivas às quais o menisco é exposto.[108] Tanto os discos meniscais quanto articulares têm força tensiva similar à da CAH.[108] Em comparação com a CAH, o colágeno é predominantemente tipo I ($2\alpha_1$, $1\alpha_2$), o que forma cerca de 60 a 90% dos sólidos orgânicos nos meniscos com quantidades variáveis de colágeno II, III, V e VI.[57,109] A água compreende cerca de 70 a 78% dos meniscos e os proteoglicanos são menos de 10% do peso seco, principalmente sulfatos de condroitina e sulfato de dermatano, com bem pouco sulfato de queratano e traços de sulfato de heparina (SH) e ácido hialurônico (AH).[57] As diferenças entre a estrutura e composição dos discos de cartilagem provavelmente refletem as funções primárias de resistir às cargas tensivas e agir como amortecedores de choque eficientes. As variações na espessura e na orientação das fibras permitem que essas estruturas respondam a uma grande variedade de vibrações criadas pelas forças compressivas.

Os discos articulares e meniscos são basicamente aneurais e desprovidos de vasos linfáticos, mas têm um suprimento vascular que tende a ser rico na periferia, em que há uma inserção óssea. Embora a porção mais interna dos meniscos seja avascular, os vasos podem penetrar o terço distal.[106,110,111] Os nervos parecem estar associados no menisco apenas com os vasos da periferia.[65] Citocinas pró-inflamatórias podem modular a resposta das células meniscais aos sinais mecânicos, sugerindo que tanto fatores biomecânicos quanto inflamatórios poderiam contribuir para a progressão da doença articular em resposta a alterações na carga sobre o menisco.[112]

Os lábios, que Van Sickle e Kincaid denominaram "fibrocartilagens marginais,"[106] localizam-se na articulação glenoumeral e na do quadril. Essas estruturas aprofundam o soquete e assistem na lubrificação articular, podendo proteger as margens da articulação. No quadril em desenvolvimento, a estrutura histológica assemelha-se a um ligamento sem matriz aparente. Os lábios são cobertos nas duas superfícies por tecidos de revestimento sinovial.[4] Em contraste, as superfícies sustentadoras de carga dos meniscos não são cobertas com tecidos de revestimento sinovial. Uma margem sinovial vascular, contudo, adere às superfícies e estende-se 1 a 3 mm sobre as margens superior e inferior.[113]

Mikic mostrou em discos radiulnares humanos que as perfurações centrais aumentam com a idade.[114] Observa-se que os discos entre o esterno e a primeira cartilagem costal e entre o manúbrio e o corpo esternal (articulação manubrioesternal [AME]) ossificam com a idade. A porção central do disco da AME pode ser absorvida em cerca de 30% das pessoas, convertendo a sínfise em um tipo de articulação mais próxima da sinovial.[4] Uma mudança similar pode ocorrer na sínfise púbica, onde o disco de fibrocartilagem é coberto com uma camada de cartilagem hialina e unido firmemente ao osso. A cavidade não é vista antes do décimo ano de idade e não é revestida por tecidos de revestimento sinovial.[4]

A espessura dos discos articulares varia entre as articulações e está relacionada com o contorno articular. Por exemplo, o disco da articulação temporomandibular é mais grosso perto do centro, onde fica alojado na parte mais profunda da fossa mandibular.[4] Em contraste, tanto os lábios quanto os meniscos dos joelhos são mais espessos na periferia. As rupturas costumam ocorrer na parte avascular mais central do menisco e, como consequência, não cicatrizam de forma espontânea.[107] Rupturas maiores, mais complexas, mostram um potencial de reparo limitado. Agora é amplamente aceito que a remoção do menisco leva à degeneração articular grave[115] e a meta atual é preservar o máximo de tecido possível (isto é, meniscectomia parcial). Ocorre regeneração parcial a partir do tecido fibroareolar vascular em torno da periferia do menisco e pensa-se que ela seja de uma variedade fibrosa. A periferia é provavelmente condrocítica "em origem e tipo".[57] Depois da lesão, a periferia vascular permite a cicatrização dentro dessa zona, que é similar à de outros tecidos e envolve a formação de um coágulo de fibrina. O tecido cicatricial fibroso forma-se dentro de 10 semanas, mas a modulação em tecido do tipo fibrocartilagem pode levar vários meses.[113,116,117] Esses períodos para regeneração dos tecidos devem ser considerados no planejamento dos programas de reabilitação e retorno à participação em treinamentos e atividades esportivas sérias (ver também Reparo da cartilagem articular, ainda neste capítulo). Transplantes de aloenxerto meniscal[118] e engenharia de tecidos – uma combinação de células, fatores de crescimento e arcabouços – é uma abordagem que visa regenerar as lesões de menisco ou de forma potencial, substituir sua parte degenerada.[117]

Discos intervertebrais (DIVs)

Com exceção dos primeiros dois níveis cervicais, as superfícies opostas das vértebras livres são separadas por discos intervertebrais, o que constitui entre um quinto e um terço do comprimento total da coluna. Os discos intervertebrais, em geral descritos como estruturas fibrocartilaginosas[4] pertencentes a um complexo triarticular [disco intervertebral e articulações facetárias (apofisárias)], são compostos de um núcleo pulposo (NP) no interior, um anel fibroso (AF) mais externo e a placa vertebral terminal – uma camada cartilaginosa que cobre as superfícies superior e inferior do seu DIV. Este é a maior estrutura avascular do corpo e depende da difusão através da placa vertebral terminal para receber seu suprimento nutricional.[119] Os discos ocupam uma maior proporção do comprimento das regiões cervical e lombar em comparação com a região torácica; assim, eles conferem maior mobilidade às regiões cervical e lombar. Os discos intervertebrais são firmemente unidos por conexões com os ligamentos longitudinais anterior e posterior e, na região torácica, pelos ligamentos intra-articulares. As dimensões e forma dos discos refletem a região na qual estão situados.

Os discos são mais grossos nas regiões cervical e lombar do que na região torácica e contribuem para o alinhamento convexo à frente dessas regiões; são mais finos na região torácica superior e mais grossos na região lombar.[4] Para mais detalhes consultar Holm e Urban,[120] Happey[121] e Lundon e Bolton.[122] Os discos têm a função de transmitir cargas através da coluna vertebral, agir como amortecedores de impacto ou choque, suportar forças de cisalhamento e resistir ao desgaste. O AF, em particular, absorve as forças naturais resistindo e modificando as pressões por meio do alongamento de sua estrutura de colágeno.

Anel fibroso (AF)

O AF é a camada laminada mais externa que contém o NP mais interno. Consiste em uma série de lâminas concêntricas visíveis a olho nu nos cortes horizontais. A zona mais externa é principalmente de fibras colágenas (na maioria tipo I) e a zona interna mais larga é fibrocartilaginosa: há também quantidades menores de colágeno tipo III, V, IX, X,[123] XI, XII e XIV.[124] Os feixes laminares formam colares dentro dos quais a maior parte das fibras de colágeno se acomoda em paralelo. As lâminas são convexas de superior para inferior e passam no sentido oblíquo entre duas vértebras adjacentes, subscrevendo um ângulo de 40 a 70 graus com as vértebras.[121,125] Bandas fibrosas fortes conectam as lâminas concêntricas. Entre feixes contíguos, as fibras se acham em ângulo obtuso e seguem em diferentes direções.[4,125] Estudos com microscopia eletrônica têm revelado a organização altamente especializada dessas fibras colágenas.[125] Há 15 a 20 lâminas concêntricas nos feixes paralelos com 10 a 50 µm de tamanho em média. Cada feixe tem fibrilas finas que variam entre 0,1 e 0,2 mm de diâmetro. As lâminas podem variar de 200 a 400 mm de largura, e as lâminas externas são mais espessas. Em comparação, as fibras colágenas no NP interno são mais finas (20 a 50 mm de diâmetro) e têm uma rede irregular frouxa.[125] O AF é ancorado firmemente nas placas terminais cartilaginosas, com as fibras na metade medial ancoradas mais profundamente do que aquelas da metade lateral.[126] Até 10% das fibras no AF dos discos lombares humanos são da variedade elástica.[127]

Núcleo pulposo (NP)

O NP é encapsulado pelo AF. Ele é demarcado por uma zona de transição e fica ligeiramente mais posterior dentro do disco. Essa estrutura demonstra alterações importantes com o desenvolvimento e o envelhecimento. O núcleo jovem é descrito como sendo semifluido, macio e gelatinoso. Consiste em material mucoide com umas poucas células da notocorda presentes que desaparecem no final da primeira década.[4] Gradualmente, o material mucoide é substituído por fibrocartilagem, que parece ser derivada das células no AF ou das placas terminais vertebrais adjacentes. O NP é unido ao AF por fibras que fazem ligação com a zona interna do AF; essa zona de transição é gradual. Comparado com a cartilagem articular, o NP é macio, mais compressível, deformável e capaz de alterações consideráveis em seu volume e forma durante o movimento espinal. As alterações decorrentes do envelhecimento, possivelmente já a partir da quarta década, reduzem gradativamente essa capacidade. A consequência dessas mudanças é uma menor dissipação de forças do núcleo para o AF, concentrando, dessa forma, as forças transmitidas para as vértebras e possibilitando a ocorrência de microfraturas das trabéculas vertebrais.

Com exceção do NP interno, os elementos celulares do disco e das placas vertebrais terminais são formados a partir de mesoderma embrionário no início da vida pré-natal; a porção central do NP deriva da notocorda. Como na cartilagem articular, a matriz do disco é produzida e mantida pelas células do disco, que são ou condrócitos ou células semelhantes a condrócitos. Elas são arredondadas no NP e mais alongadas no AF. Por essa razão, há uma predominância de colágeno tipo II no NP. Os discos são relativamente acelulares, com uma densidade de células similar entre o AF e o NP humano (4,3 células/mm^2 no NP; 5,0 no AF).[128] Os pesquisadores têm relatado que tanto em humanos quanto em animais o anel jovem não contém células de cartilagem; são vistos apenas fibroblastos.[129,130] Células tipo condroides, contudo, são vistas com frequência no AF mais velho.

Placa vertebral terminal

A placa vertebral terminal (Fig. 7.6) é uma parte integral da estrutura do disco e contribui para a sua função por ser importante no metabolismo do DIV adulto, no restante avascular.[131,132] A placa terminal cartilaginosa serve de âncora para as fibras mais finas do NP e as fibras mais grossas do AF.

Composição do disco

A água constitui cerca de 90% do conteúdo total do disco. Embora o conteúdo de água diminua com a idade, ainda permanece alto.[120] O AF tem cerca de 60 a 70% de água, enquanto o NP possui entre 90 e 70% (do mais jovem para o mais idoso). O conteúdo de colá-

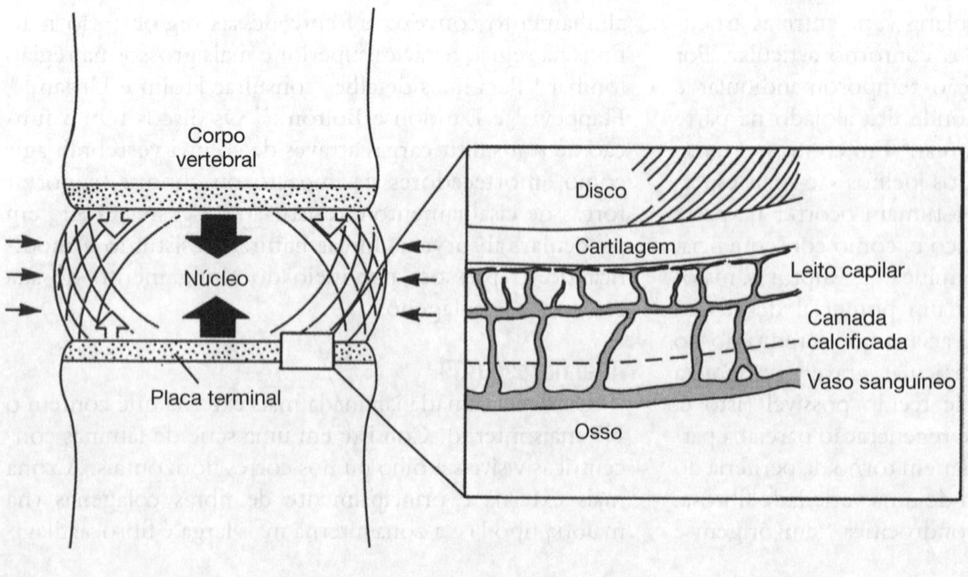

Figura 7.6 Diagrama esquemático das rotas de nutrição dentro do disco intervertebral e uma visão ampliada da área embaixo da cartilagem hialina. (De Holm S, Maroudas A, Urban JPG et al.: Nutrition of the individual disc: solute transport and metabolism, *Connect Tissue Res* 8:117, 1981.)

geno é mais alto no AF, sendo 50 a 55% do peso seco; no NP, representa entre 20 e 30% do peso seco.[133,134] O colágeno no AF é predominantemente tipo I; o do NP é quase todo tipo II. A proporção das fibras de colágeno tipo I diminui a partir da porção mais exterior do AF e a proporção do tipo II aumenta em direção ao centro do NP. A placa vertebral terminal contém colágeno intersticial tipo II e IX, mas nunca o tipo I, independente de alterações degenerativas.[123] O colágeno e os proteoglicanos são as principais macromoléculas estruturais do disco. Há quantidades mínimas de outras glicoproteínas, elastina e algumas proteínas séricas.[134] Os principais GAGs (parte dos proteoglicanos) são SC e SQ. Comparados com os da CAH, os proteoglicanos do disco são menores e mais ricos em SQ.[134] Com o envelhecimento ou degeneração, há uma perda maior de proteoglicanos pequenos enquanto os maiores permanecem. Na matriz intracelular, o conteúdo de colágeno é mais alto no anel mais externo, que diminui em direção ao centro do núcleo, enquanto nos proteoglicanos os valores são o reverso.[134]

Nutrição

O nível de hidratação confere propriedades mecânicas ao disco e mudanças no conteúdo de líquido afetam essas propriedades. A deformação ou perda de altura do disco (1 a 2 cm entre a manhã e a noite) relaciona-se com a perda de líquido.[135] Alterações na microcirculação afetam os padrões de fluxo de líquido no disco e sua nutrição.[134] Como a celularidade do disco é baixa, muito da água é interfibrilar e pode ser trocada livremente. Os proteoglicanos mantêm a hidratação do disco controlando a pressão osmótica e a resistência do tecido à perda de líquido. A concentração de proteoglicanos na rede de colágeno determina o tamanho dos poros da matriz e, dessa forma, o fluxo do líquido. Pelo fato de o disco ser avascular, os nutrientes são obtidos pelo transporte de solutos através do disco a partir dos vasos sanguíneos ao redor, incluindo, para o núcleo, os vasos próximos da porção central da placa vertebral terminal.

O principal mecanismo para transporte de metabólitos é a difusão e a principal rota para suprimento de nutrientes dentro do núcleo é via placa terminal (ver Figura 7.6).[131,132,136] Holm et al. demonstraram que a periferia da placa vertebral terminal é praticamente impermeável.[136] Na região do NP, contudo, numerosos vasos sanguíneos estão em contato com a placa terminal óssea e podem ser a única fonte pela qual o NP é nutrido. Calcula-se que apenas uma pequena quantidade de glicose seja suprida pelo transporte por convecção, já que a maioria dos solutos é transportada por difusão. As distâncias de difusão em humanos podem ser grandes; e durante cerca de 16 horas por dia, enquanto a pessoa está em pé, a direção geral do fluxo do líquido é para fora.[120] A retenção de oxigênio é consistente através do AF, mas é muito mais alta na porção central do NP.[136] Esse achado apoia a teoria da impermeabilidade da placa terminal exterior e implica que o AF precisa derivar sua nutrição quase apenas da vasculatura ao redor e não através da placa vertebral terminal.

Inervação

Em um disco, somente o terço exterior do AF é inervado.[137] Bogduk et al. encontraram nervos penetrando até um terço da espessura total do AF de discos lombares.[138] A maioria desses nervos era remota dos vasos sanguíneos; era de diâmetro largo; e era derivada dos nervos sinovertebrais lombares, dos ramos primários ventrais e ramos comunicantes cinzentos para inervar as porções posterior, póstero-lateral e lateral dos discos. Embora a maioria dos pesquisadores tenha relatado achados apenas de terminações nervosas livres,[139-142] Malinsky descreveu a presença tanto de terminações nervosas encapsuladas quanto não encapsuladas na superfície lateral do AF.[143]

Alterações com o envelhecimento

Com o envelhecimento, o NP fica mais difícil de ser distinguido do anel. O anel torna-se amorfo – uma placa fibrosa firme demonstrando menor elasticidade e habilidade de reter água. Tem sido observada uma degeneração progressiva das lâminas no AF da meia-idade em diante,[129] assim como nas fibras internas em particular.[144] Pode haver deposição de material condroide e as fibras de colágeno tornam-se desgastadas e rasgadas, diminuindo em número. Nos anéis de pessoas com mais de 70 anos de idade, poucas lâminas permanecem intactas e discerníveis[129] e a divisa entre o AF e o NP acaba se tornando indistinguível.[145] As fibras do AF interno se expandem à custa do NP, enquanto o tamanho do anel externo permanece praticamente inalterado.[144] Após a terceira década são visíveis fendas e fissuras.[120] Além disso, com o envelhecimento as placas terminais da cartilagem vertebral tornam-se calcificadas, o que leva à reabsorção e substituição por osso.[129,146] Há também um aparente enfraquecimento da ancoragem do AF na placa terminal óssea, já que as fibras de colágeno são embebidas apenas superficialmente na placa terminal.[129] Acredita-se que as lesões do AF associadas à idade predisponham a pessoa a protrusões de disco como resultado de rupturas na margem ou periferia,[147] circunferenciais[145] e radiais.[147] As alterações pela idade são muito prejudiciais à função dos discos intervertebrais, sugerindo que a imposição de cargas de alto impacto e a aplicação abrupta de torques devem ser reduzidas à medida que a pessoa envelhece.

Cápsula fibrosa

A cavidade articular é revestida por tecidos sinoviais que cobrem todas as superfícies da articulação, exceto as superfícies articuladoras, assim como as superfícies de contato das estruturas intra-articulares, como os meniscos. Os tecidos sinoviais estão intimamente ligados externamente com a cápsula fibrosa, que é principalmente de colágeno tipo I ($2\alpha_1$, $1\alpha_2$).[57] Esse colágeno tipo I é similar, porém não idêntico, ao da derme. É hiper-hidratado, com um conteúdo de água estimado em cerca de 70%.

Há variabilidade na espessura e inserção da cápsula.[4] Pode ser fina e redundante como na articulação do ombro, ou espessa e densa como no quadril e no joelho. O diâmetro das fibras varia entre 150 e 1.500 nm, e as fibras são organizadas principalmente em feixes paralelos. Os ligamentos articulares reforçam a cápsula e podem formar a maior parte dela. É único comparado com outros tecidos conjuntivos envolvidos nas articulações humanas.

A extensão da redundância na cápsula fibrosa, ou sua falta, tem consequências importantes na mobilidade da articulação (comparar a mobilidade da articulação do quadril e a glenoumeral). Após uma lesão, as características únicas daquela articulação precisam ser restauradas. Uma cápsula inflamada tem alto potencial para formação de aderências entre as pregas redundantes, o que indica que a mobilização precoce é necessária para prevenir tal ocorrência.

Deve-se lembrar que a patologia articular e o trauma envolvem de forma invariável a inflamação dos tecidos de revestimento sinovial. A fase da fibroplasia pode converter o tecido conjuntivo fibroadiposo proliferativo formado na inflamação em aderências que em particular, quando a parte está imobilizada, amadurecem formando cicatrizes fortes. Nas articulações pequenas onde os tecidos moles ficam muito próximos e em articulações tais como o ombro, em que podem estar presentes pregas capsulares redundantes, esse processo pode ter efeitos profundos na mobilidade e na função.

Quando uma articulação é privada de estímulos mecânicos, há uma concentração reduzida do conteúdo de GAG e água.[148] A perda da estrutura gel compromete o tecido conjuntivo. As distâncias entre as fibras e a lubrificação entre elas, que facilita o deslizamento normal, diminuem, favorecendo a formação de aderências e ligações transversas entre elas. O arranjo de colágeno é mais aleatório; as fibras podem ser mais grossas à medida que novas fibras são depositadas sem levar em consideração os requisitos mecânicos. É vital controlar o processo inflamatório e guiar as fases fibroblásticas (proliferativas) da cicatrização com uma mobilização apropriada. A terapia deve limitar o agravamento adicional até que esse controle seja alcançado, mas há evidências consideráveis de que a mobilização precoce deve ser encorajada. A movimentação passiva intermitente ou contínua, embora seja usada com menor frequência atualmente, tem se mostrado efetiva na manutenção da mobilidade e na restauração de uma estrutura e função tecidual mais normal.[149,150]

Inervação

A cartilagem articular é aneural; contudo, os condrócitos detectam e respondem à tensão mecânica. Nosso conhecimento do mecanismo mecanorreceptor na CAH vem crescendo lentamente.[83,151,152] Os pesquisadores têm demonstrado que é necessária uma carga mecânica para manter as células do citoesqueleto e que pode haver uma resposta anabólica de proteção por meio da célula para influenciar a estrutura da CAH.[153,154] Ainda não está claro como a tensão mecânica é transformada em resposta química. Cada condrócito tem pelo menos um cílio fixo único que pode ter a função de mecanotransdução[5], ou os diferentes processos celulares que têm conexões com a estrutura de colágeno podem estar envolvidos.[7] Outra possibilidade é que a tensão mecânica talvez produza uma onda de pressão que perturba a membrana celular.[155] Lammi considera a rota integrinas-interleucina-4 a via de mecanotransdução mais bem investigada, ativada nos condrócitos por meio da carga.[156] A substância P também está envolvida e associa-se com o glutamato, um transmissor excitatório tanto no SNC quanto no SNP[154] e em uma série de eventos que na CAH normal influencia a síntese de RNA mensageiro.

Embora a CAH seja aneural, os tecidos conjuntivos articulares (ligamento, cápsula etc.) são bem inervados com fibras mielínicas e amielínicas. A maior parte das terminações nervosas está localizada na porção fibrosa da cápsula e não nos tecidos de revestimento sinovial, exceto por aqueles que acompanham os vasos.[139,157-159] Mapp mostrou que a sinóvia é ricamente inervada por fibras finas, amielínicas, desprovidas de terminações especializadas, com baixa velocidade de condução e possibilidade de transmitir uma sensação de dor difusa.[160] As fibras nervosas simpáticas acompanham os vasos sanguíneos e contêm e liberam neurotransmissores clássicos, como a substância P. Há uma variabilidade na localização dentro das articulações e entre diferentes articulações e espécies.[139] Consulte os artigos de revisão sobre os reflexos artrocinéticos.[161-164]

Tecidos de revestimento sinovial

O tecido de revestimento sinovial (sinóvia) é o tecido conjuntivo mole encontrado nas bordas da cavidade articular que cobre todas as estruturas intra-articulares, exceto as porções centrais de sustentação de peso dos meniscos e a cartilagem articular. A íntima sinovial é a camada de células de revestimento que se acha em contato com a cavidade articular. Embaixo da íntima há uma camada de tecido de suporte subíntima esparsamente celular que se une na superfície externa com a cápsula fibrosa da articulação ou revestimento fibroso mais externo da bainha tendínea ou bolsa. A sinóvia é um tipo de mesotélio que deriva do esqueleto embrionário original.[165]

Funções dos tecidos de revestimento sinovial[168,170,171]

- Manter uma superfície de tecido não aderente intacta
- Sintetizar lubrificantes biológicos e lubrificar a cartilagem articular
- Controlar o volume e a composição do líquido sinovial
- Suprir nutrição para os condrócitos dentro das articulações
- Remover resíduos metabólicos
- Contribuir para a estabilidade e a saúde articular
- Assistir na regulação da temperatura intra-articular
- Podem ter um efeito antimicrobiano

Os tecidos de revestimento sinovial foram descritos em numerosos artigos.[166-168] A íntima sinovial consiste em uma camada com 1 a 3 células de profundidade estabelecidas em uma matriz (Fig. 7.7). Já que essa não é uma camada contínua, tanto os sinoviócitos quanto a matriz podem entrar em contato com o líquido sinovial. Entre as células da camada íntima, há fibras de colágeno e algum material amorfo com alta densidade de elétrons que inclui o hialuronato. Como não há uma membrana basal claramente definida, o termo *membrana sinovial* não é apropriado.[169,170] Os processos celulares – filamentos ramificados finos – parecem prover uma membrana de suporte para as células.

A camada subsinovial é uma estrutura de tecido conjuntivo vascular composta de tecidos fibrosos, areolares e adiposos (a predominância desses tecidos varia em diferentes locais dentro da articulação), com alguns elementos dos sistemas endotelial e linfático.[172] Onde o tecido fibroso predomina, há pouca diferença entre a quantidade de fibras de colágeno na íntima e aquela nos tecidos subsinoviais. Nas variedades adiposa e areolar, contudo, poucas fibras de colágeno são vistas na íntima.[170,171] Podem ser vistas fibras reticulares entre as células de revestimento e são encontradas fibras de elastina na camada profunda associada com os capilares. Os tecidos de revestimento sinovial são dotados de um plexo rico de vasos sanguíneos e linfáticos na camada subsinovial responsável pela transferência de nutrientes dentro da cavidade articular e pela formação do líquido sinovial (Fig. 7.8).

Figura 7.7 Sinóvia normal. A camada íntima consiste em células tipos A e B. A camada subíntima mostra as estruturas vasculares e vários tipos celulares vistos normalmente. A seta indica o caminho tomado pelo líquido sinovial quando é filtrado através dos capilares da subíntima e da matriz extracelular em seu percurso para o interior da articulação. (De Rodosky MW, Fu FH: Induction of synovial inflammation by matrix molecules, implant particles and chemical agents. In Leadbetter WB, Buckwalter JA, Gordon SL, editors. *Sports induced inflammation.* American Academy of Orthopaedic Surgeons, Park Ridge, Ill, 1990, p. 359.)

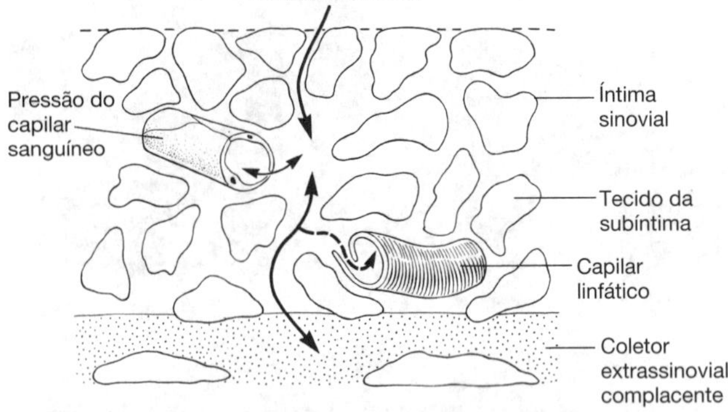

Figura 7.8 Diagrama mostrando vias para troca de líquido através da sinóvia. (De Levick JR: Synovial fluid dynamics. In Maroudes A, Holborow GJ, editors. *Studies in joint disease.* vol. 2. Pitman, London, 1983, p. 165.)

Os capilares da íntima são fenestrados (contêm pequenos poros cobertos com uma membrana fina), o que facilita o movimento de água e solutos para dentro dos tecidos (Fig. 7.9).[172] A vascularidade varia tanto entre as articulações quanto dentro de uma articulação.[173,174] A densidade capilar é baixa nos tecidos subsinoviais fibrosos e maior onde esses tecidos são areolares ou adiposos.[175] Enquanto os capilares alcançam a superfície da íntima, os sacos sanguíneos dos plexos linfáticos mais profundos penetram na íntima, porém não alcançam a superfície. Estão presentes anastomoses arteriovenosas que podem ter um papel importante no fluxo sanguíneo articular e na regulação hemodinâmica regional.[175]

Embora não haja terminações nervosas livres nos tecidos sinoviais, há muitas fibras autônomas na adventícia dos vasos sanguíneos. Corpúsculos de Pacini estão presente na borda da cápsula e nos tecidos de revestimento sinovial.[176] Embora não seja bem elucidado o modo preciso como a dor proveniente dos tecidos de revestimento sinovial é sentida,os tecidos ao redor afetados na sinovite são bem inervados por fibras nociceptivas.[177] A sensação de dor pode ser derivada da pressão transmitida pelas fibras mielínicas e amielínicas C, e pelas terminações nervosas livres próximas dos vasos sanguíneos dentro do líquido subsinovial.[177,178]

As articulações existem para prover mobilidade dentro das limitações dos tecidos moles ao redor. O revestimento sinovial precisa adaptar-se a uma variedade de posições sem ser pinçado. Um sistema efetivo de lubrificação é vital. O revestimento sinovial precisa ser capaz de expandir-se e contrair-se com movimento articular, processo de dobramento, desdobramento e alongamento elástico do tecido.

Células de revestimento sinovial

As células de revestimento sinovial (CRSs), também conhecidas como sinoviócitos, formam a camada íntima. Em termos morfológicos, é possível distinguir dois tipos, A e B. As células de transição (tipo C ou AB) são bastante comuns e podem ser células A e B em transição. As células

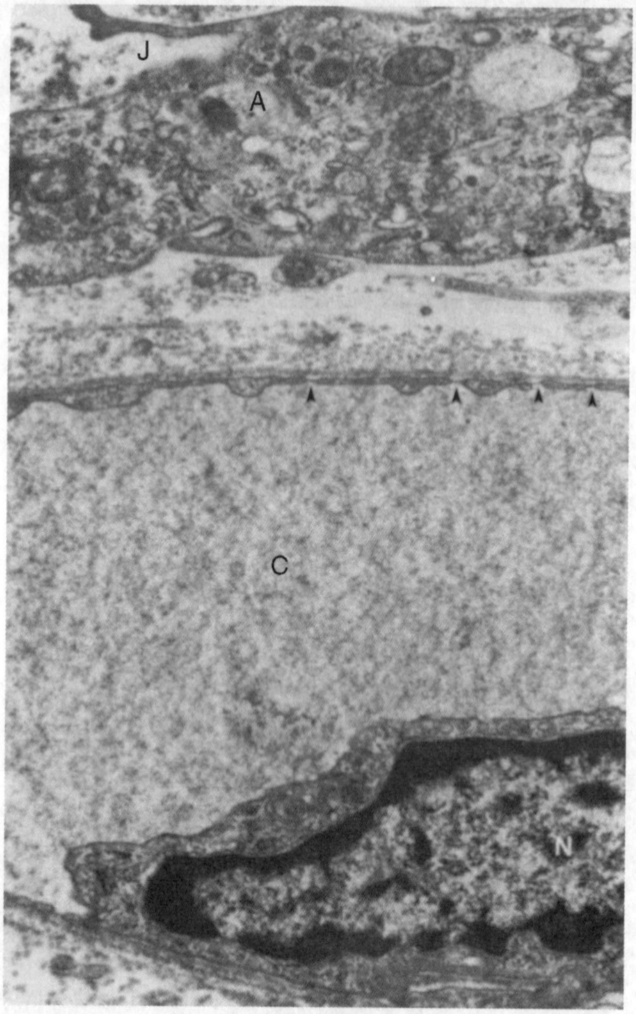

Figura 7.9 Membrana sinovial de coelho mostrando um grande capilar (C) sob uma célula sinovial tipo A (A). Um núcleo celular endotelial (N) é visto na face profunda do capilar. Aberturas (*pontas de seta*) são evidentes no revestimento endotelial. Espaço articular (J) (x 28.000). (De Ghadially FN: Fine structure of joints. In Sokoloff L, editor. *The joints and synovial fluid*. Academic Press, London, 1978, p. 148.)

tipo A derivadas dos macrófagos têm complexos de Golgi proeminentes, muitos vacúolos, vesículas, filopódios e mitocôndrias. As células tipo B derivadas dos fibroblastos têm nucléolos proeminentes, poucos vacúolos e processos citoplasmáticos longos.[170,179] Essa classificação inicial baseada na morfologia é considerada, hoje, de valor limitado, já que a citoquímica é agora o instrumento usado para identificação celular.[168] Neste texto as CRSs serão denominadas de acordo com sua função principal, como macrófagos ou fibroblastos.

As pesquisas sugerem que os macrófagos da íntima sinovial (MISs) são macrófagos verdadeiros derivados da medula óssea por meio de monócitos circulantes, porém, os fibroblastos iniciais (FISs) derivam localmente de células mesenquimais.[179] As células semelhantes aos fibroblastos (FIS) expressam uma molécula de adesão celular vascular (VCAM-1), um complemento do fator acelerador de decaimento (DAF) e enzimas da síntese de hialuronano.[179] As células FIS têm retículo endoplasmático rugoso abundante e é provável que sejam responsáveis pela secreção de proteínas e polipeptídeos dentro do líquido sinovial, assim como a secreção de enzimas capazes de degradar a CAH.[168,177] Essas células podem estar envolvidas primariamente na síntese e secreção de substâncias degradadoras de cartilagem: neutrófilos, proteinases neutras, colagenases, gelatinases e estromelisinas.[180]

As células semelhantes a macrófagos da íntima (MISs) são, em condições saudáveis, a minoria. Elas liberam citocinas, como a interleucina-1 e prostaglandina E_2. As citocinas têm um papel importante na perpetuação da sinovite.[181] A interleucina-1 é um mediador inflamatório que provoca os condrócitos para diminuírem a síntese da matriz e reabsorver a matriz ao redor. As células SIM também influenciam a resposta imune expressando altos níveis de receptores Fc de imunoglobulinas (RiIIa) e têm um papel na regulação do movimento dos leucócitos dentro dos tecidos.[168]

Com a demonstração de que as células FIS expressam enzimas sintetizadoras de hialuronano,[179] parece que ambos os tipos de células estão envolvidos na síntese de hialuronano que funciona de forma crítica no modelo de lubrificação por filme líquido e contribui para a viscoelasticidade do líquido sinovial. As células FIS parecem ser responsáveis pela síntese de um fator lubrificante de fosfolipídeos ativos da superfície (SAPF na sigla em inglês – inicialmente denominado lubricina)[182] e a secreção desse fator dentro da cavidade articular.[183] O SAPF parece ser o lubrificante que funciona no modelo de lubrificação de contorno. As células macrófagas removem resíduos, tais como fragmentos do desgaste de ligamentos artificiais ou depósitos de ouro, e assim limpam a cavidade articular.[1771]

Líquido sinovial

O líquido sinovial (LS) tem uma concentração de eletrólitos e moléculas pequenas praticamente igual à do plasma.[184] Contudo, não é um dialisado de plasma sanguíneo, já que contém moléculas filtradas provenientes do plasma e várias substâncias secretadas pelos sinoviócitos, como a glicoproteína hialuronato. É importante ter em mente que há somente pequenas quantidades (umas poucas gotas) de líquido livre nas articulações humanas e apenas um filme fino cobrindo as estruturas articuladoras. Ainda não há bons métodos para medir o volume de LS nas articulações humanas saudáveis e há valores relatados somente para o joelho (0,5 a 4 mL).[185] Volumes maiores do que aqueles encontrados no joelho são relatados no ombro ou no tornozelo, dependendo das espécies estudadas. A cavidade articular é um espaço potencial, não um espaço real, como com frequência é representado em diagramas. Tem sido mostrado que a espessura do LS entre superfícies articulares opostas é de cerca de 26 μm.[186] Uma análise grosseira do líquido articular normal é apresentada na Tabela 7.3.[187] O LS não tem força tensiva. A pressão do soluto (aquela exercida pelas substâncias dissolvidas, p. ex., cristaloides) é balanceada por forças extrínsecas (i. e., plasma hidrostático) e forças osmóticas (exercidas por pro-

Tabela 7.3 Análise básica do líquido articular

Parâmetro	Achados normais	
Volume (joelho humano)	<4mL	
Cor	Clara a amarelo claro	
Clareza	Transparente	
Viscosidade	Muito alta	
Coágulo de mucina	Bom	
Coágulo espontâneo	Nenhum	
Parâmetro	**Faixa**	**Média**
pH	7,2-7,43	7,38
Leucócitos/mm²	13-180	63
Proteína total (g/dL)	1.2-3,0	1,8
Hialuronato (g/dL)	-	0,3

De Walker JM: Cartilage of human joints and related structures. In Zachazewski JE, Magee DJ, Quillen WS, editors. *Athletic injuries and rehabilitation.* WB Saunders, Philadelphia, 1996, p. 134.

teínas que são normalmente mais elevadas no plasma do que no LS). O equilíbrio entre essas forças é importante no controle da troca de líquido entre o espaço articular e os vasos sinoviais; a efusão é resultado de um desequilíbrio.

O volume de LS depende de condições no interstício de revestimento, das forças agindo sobre ele e a permeabilidade da superfície do tecido a água e solutos. O LS contém ácido hialurônico, um GAG não sulfatado, em concentração mais elevada do que a encontrada em outros líquidos intersticiais de tecidos conjuntivos. O ácido hialurônico está presente no líquido como um complexo com proteínas. Há evidências de que as células, especificamente aquelas semelhantes a fibroblastos, sintetizam ácido hialurônico.[183]

O LS possui poucas proteínas e tem viscosidade. Possui numerosas moléculas com propriedades lubrificantes, principalmente glicoproteínas, e sua velocidade de depuração depende do tamanho molecular. Acredita-se que a glicoproteína-1 (denominada "lubricina") seja responsável pela habilidade de lubrificação do LS.[182] Embora o LS normal seja principalmente acelular,[185] a análise diferencial de células brancas no sangue mostra, em valores decrescentes, monócitos, linfócitos, plasmácitos e células polinucleares e de revestimento sinovial.[169] As proteínas são compostas de cerca de 60% da molécula pequena albumina e 40% da molécula grande globulina.[169] A concentração de albumina é responsável pela pressão osmótica coloide do LS. Como o LS não contém fibrinogênio ou qualquer outro fator de coagulação, ele não coagula. O hialuronato é responsável pela viscosidade. Moléculas pequenas, tais como a lactose, dióxido de carbono e pirofosfato inorgânico, são produzidas pelos tecidos da articulação e difundidas para dentro do LS; a glicose entra no LS por difusão facilitada. Apesar da grande quantidade de gordura na sinóvia, poucos lipídios estão presentes no LS.[169] Todas as proteínas do plasma podem cruzar o endotélio vascular, cruzar o interstício sinovial e entrar no LS (ver Fig. 7.8). O principal mecanismo é um processo de seleção por tamanho na difusão passiva; moléculas pequenas como a albumina entram com facilidade, enquanto moléculas maiores como o fibrinogênio são na maior parte excluídas.[183] O interstício ou espaço tecidual do revestimento sinovial parece ser um fator importante na troca transinovial de moléculas pequenas dentro do LS.

Em resumo, o líquido articular é o veículo de transporte de nutrientes, solutos e resíduos entre os tecidos de revestimento sinovial e a CAH. O líquido articular também age como lubrificante e possibilita a ação dos modelos de lubrificação por filme líquido na maioria das condições. Ele diminui o coeficiente de resistência nos movimentos de baixo impacto e promove a adesão das superfícies articulares, o que melhora a estabilidade da articulação e o percurso de uma superfície sobre a outra. O hialuronato assiste na adesão da superfície articular mediante forças de separação, junto da pressão subatmosférica que há dentro da cavidade.[185,187]

Pressão intra-articular

A pressão intra-articular (PIA) das articulações em cicatrização é subatmosférica, ficando na faixa de -3 a -6 cm Hg segundo relatos de valores obtidos tanto em repouso quanto durante o exercício.[188] No exercício ativo, a pressão hidrostática pode diminuir ainda mais, com valores relatados de -25 a -102 mg Hg em joelhos humanos durante o exercício isométrico simples.[189] Com a movimentação passiva da articulação, a PIA não se modifica.[190] Quando existe uma pressão baixa, os gases dissolvidos podem sair da solução e causar o "estalar das juntas" durante uma separação súbita das superfícies articulares, o que em geral ocorre durante a manipulação, apesar de não ser uma ocorrência necessária.[191]

A PIA mantém o alinhamento e a congruência das superfícies articulares, facilita a transferência de nutrientes entre os tecidos de revestimento sinovial e a CAH, e diminui a distensão de estruturas de suporte tais como os ligamentos. Na presença de efusão, a PIA pode tornar-se positiva (Fig. 7.10). Acredita-se que nem a contração muscular nem a ação de bombeamento dos vasos linfáticos tenham um papel na manutenção da PIA.[171] Os fisioterapeutas devem ter em mente que a PIA positiva compromete a estabilidade articular e interrompe o fluxo de sangue sinovial, assim como o fluxo de sangue para a placa subcondral. Esse efeito é maior durante o exercício nas articulações com inflamação crônica, porém não naquelas com inflamação traumática aguda.[192,193]

Temperatura intra-articular (TIA)

A temperatura da superfície intra-articular (TIA) costuma ser mais baixa do que a temperatura corporal e variações entre as duas dependem da localização da articulação. Articulações localizadas profundamente, como o quadril, são mais frias do que as articulações superficiais, como as das mãos. O exercício sem sustentação de peso pode elevar a TIA em até um grau, provavelmente em virtude do aumento do fluxo sanguíneo.[45,152]

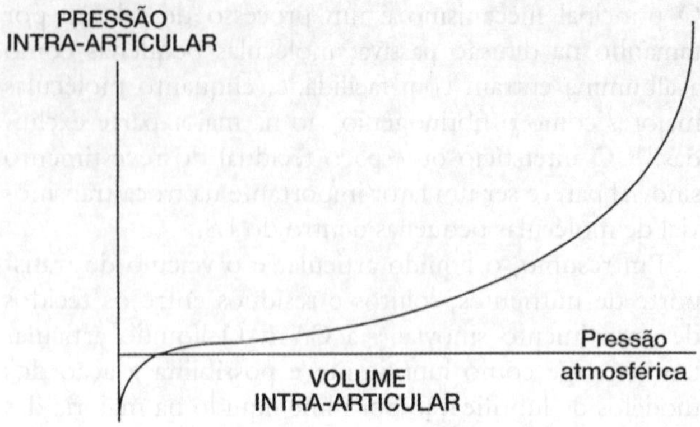

Figura 7.10 Relação pressão-volume em uma articulação diartrodial quando o volume intra-articular aumenta. (Adaptado de Levick JR: Synovial fluid dynamics. In Maroudes A, Holborow GJ, editors. *Studies in joint disease*. vol 2. Pitman, London, 1983, p. 165). (De Geborek P, Wollheim FA: Synovial fluid. In Wright V, Radin E, editors. *Mechanics of human joints*. Marcel Dekker, New York, 1993, p. 118. Reproduzido com permissão de Marcel Dekker, Inc.)

NUTRIÇÃO DA CARTILAGEM

Acredita-se que a nutrição da cartilagem derive de três fontes: a rede vascular no pericôndrio e o tecido sinovial perto de sua periferia; o líquido sinovial; e os vasos sanguíneos na cavidade subjacente da medula óssea. Há divergências sobre a importância dessas fontes.[4] Ekholm concluiu em 1951, a partir de estudos usando ouro radioativo na cartilagem articular de coelhos, que a nutrição da cartilagem vinha provavelmente em parte do líquido sinovial e em parte do contato direto entre os espaços medulares epifisários e as camadas basais da cartilagem.[194] Estudos subsequentes evidenciaram que a cartilagem articular imatura recebia alguma nutrição por meio da rota subcondral.[95,195,196]

Mow et al. notaram que embora a CAH seja bem hidratada (cerca de 75% de água), seus poros são de tamanho molecular.[197] Isso indica que as macromoléculas que constituem matriz sólida, colágenos, proteoglicanos e outras glicoproteínas ficam altamente dispersas no líquido intersticial. Esses autores propuseram que o movimento e o comportamento de deformação dos tecidos devem ser descritos por uma "teoria de deformação finita, bifásica, permeável de maneira não linear" genuinamente válida.[197] A frequência de carga sobre essa superfície ou tecido poroso, com drenagem livre, causa uma frequência variável de efluxo do líquido na superfície de carga ou, pelo menos, nas margens das zonas de contato. Embora o fluxo do líquido na cartilagem e discos intervertebrais seja influenciado pela carga, o maior volume de fluxo do líquido nesses tecidos é passivo.

O tamanho dos poros depende da concentração de proteoglicanos e controla a velocidade com que a água pode fluir pela cartilagem articular ou do disco intervertebral, e também controla a distribuição dos solutos largos nos tecidos. Solutos pequenos, como os íons simples, conseguem atravessar todos os poros, mas, conforme o tamanho molecular dos solutos aumenta, sua habilidade de passar pelos poros diminui. Quando há perda de proteoglicanos na cartilagem hialina, as proteínas mais largas podem entrar em concentrações crescentes. O conteúdo de proteoglicanos é responsável pela pressão osmótica. O coeficiente de permeabilidade hidráulica também é sensível ao conteúdo de proteoglicanos. A pressão osmótica depende mais da concentração de carga do que do tamanho do proteoglicano ou do grau de agregação. Cargas negativas fixas excluem ânions como Cl^- ou SO_4, havendo uma concentração mais elevada de cátions como o Na^+, Ca^{2+}, Mg^{2+} e K^+.

A microvasculatura subsinovial e seus vasos linfáticos têm, obviamente, um papel importante na nutrição da cartilagem, pois são a fonte de nutrientes e do mecanismo normal de depuração, respectivamente. Nas efusões ocorre desequilíbrio entre a permeabilidade microvascular, em especial nas proteínas, e o mecanismo normal de depuração do fluxo linfático para fora. Isso se reflete no aumento da concentração de proteínas no líquido sinovial. O movimento regular pode remover de forma adequada as proteínas que vazaram, mas repouso, sono ou imobilização permitem que os tecidos de revestimento sinovial tornem-se edemaciados; a pessoa experimenta dor e rigidez. Isso indica a importância do movimento regular diário por meio da amplitude disponível nas articulações sofrendo de efusão.

Os fisioterapeutas devem estar cientes da possível correlação entre um fluxo efetivo do plasma sinovial e a temperatura intra-articular.[198] Efusões mais frias, com fluxo lento, têm mais probabilidade de apresentar evidência metabólica de isquemia e baixos valores de glicose, pH e lactato.[199] Esse achado sugere que modalidades fisioterapêuticas empregando calor moderado devem ser mais efetivas na promoção de depuração que a crioterapia. Em articulações apresentando efusão – sejam essas quentes ou frias – os fisioterapeutas devem preocupar-se não apenas com o alívio da dor, mas também em alcançar a meta primária de controle da inflamação e redução da efusão.

A produção de matriz é responsabilidade dos condrócitos, de forma mais específica do condron, e a saúde das células depende de um suprimento adequado de nutrientes e da eficiência na remoção de resíduos metabólicos. A difusibilidade do soluto é importante nesse processo. Há uma correlação negativa entre a concentração de oxigênio no NP em função da distância, a partir da placa vertebral terminal.[136] Já que a placa terminal é quase totalmente impermeável, qualquer soluto entrando no NP precisa entrar nos vasos sanguíneos que circundam o anel na periferia.[136] Desse modo, as concentrações de oxigênio variam com a posição no disco intervertebral e são mais altas na periferia e mais baixas no centro do núcleo. Isso é similar na CAH, em que as concentrações de oxigênio são mais elevadas na superfície mais próxima do líquido sinovial, que é a fonte de oxigênio que se difunde do suprimento sanguíneo de dentro dos tecidos de revestimento sinovial; e mais baixas na zona calcificada da cartilagem adjacente à placa subcondral.

LUBRIFICAÇÃO ARTICULAR

As articulações sinoviais humanas saudáveis têm uma habilidade notável de permitir movimentos recíprocos dentro de uma ampla variedade de cargas e velocidades, ao mesmo tempo em que mantêm a estabilidade. Como rolamentos mecânicos, as articulações humanas devem funcionar com atrito muito baixo e mínimo desgaste, independente das condições de carga. O tipo de carga é um fator importante no mecanismo de lubrificação da articulação humana. As articulações humanas são sujeitas a cargas constantes (estáticas ou contínuas – como quando alguém se mantém em pé) e dinâmicas (cíclicas – como ao saltar ou durante a marcha). A carga pode variar de muito leve, como na fase de balanço da marcha (<500 N) até três a cinco vezes o peso corporal, como no golpe do calcanhar na fase de apoio da marcha quando as forças no quadril e no joelho alcançam cerca de 1.500 N (40 lb = 177 N).[200] Cargas elevadas tendem a ocorrer apenas por períodos curtos (0,01 a 0,15 segundos), enquanto as cargas baixas ocorrem por períodos mais longos (>5 segundos).

Na teoria, as articulações humanas têm duas categorias básicas de lubrificação: filme líquido e de contorno.[201] É descrito também um modelo misto (Tab. 7.4). A operação bem-sucedida desses modelos depende de certas variáveis críticas relacionadas na Tabela 7.5.

A complacência ou elasticidade da superfície é importante, já que quanto mais dura a superfície, maior o atrito; articulações saudáveis têm um atrito muito baixo. Em condições de ausência de carga ou baixa carga, como no movimento pendular, as superfícies articulares são incongruentes. Em virtude da complacência da superfície, sob cargas elevadas as superfícies ficam mais congruentes, há potencialmente uma maior área em contato e a estabilidade da articulação aumenta.

A aspereza da superfície, mostrada por todos os tipos de microscopia (ver Fig. 7.5B), permite que acúmulos de líquido fiquem aprisionados entre áreas de contato sob a carga. Como o líquido sinovial é tixotrópico – ou seja, a viscosidade se modifica com a mudança na velocidade – pode ocorrer uma lubrificação por filme líquido mais fino conforme a necessidade, em velocidades muito baixas.[202] O contato completo entre áreas de contato opostas é prevenido pelo fator fosfolipídico ativo de superfície (SAPF) do líquido sinovial (lubricina), que adere às superfícies articulares – daí o termo lubrificação de contorno.[183] A lubrificação de contorno pode funcionar melhor em condições de baixa carga[182] quando não se pode confiar na reposição de líquido pela compressão inadequada.

As articulações humanas são notavelmente escorregadiças e tal qualidade é medida pelo coeficiente de atrito (COF, na sigla em inglês). O COF é a força de cisalhamento necessária para fazer uma superfície deslizar sobre a outra, dividida pela força que pressiona uma contra a outra. Quanto mais baixo o COF, mais baixa a resistência ao deslizamento. Um patim sobre o gelo tem um COF de 0,03; na teoria, o COF de cartilagem sobre cartilagem é entre 0,02 e 0,001.[203] É necessária mais força para produzir movimento quando o COF é alto. No modelo de lubrificação por filme líquido, o COF é cerca de 0,01, com as camadas articulares separadas por um filme fino de líquido pressurizado. O COF é mais alto na lubrificação de contorno, 0,1 a 0,5, independente da velocidade do deslizamento ou da carga.[200] Nesse modelo, o SAPF e as macromoléculas grandes demais para penetrar na cartilagem formam uma camada fina aderida na superfície. Nas enfermidades em que ocorre fibrilação das superfícies a lubrificação de contorno fica comprometida, já que moléculas maiores podem entrar na cartilagem sob carga.

O mecanismo hidrostático é mais eficiente na geração de um filme líquido sob cargas elevadas quando a cartilagem é comprimida e o líquido sofre extrusão nas superfícies, em especial à frente da carga.[204] Os pesquisadores propõem a teoria de que um mecanismo de filme líquido pode operar em articulações humanas saudáveis na maioria das condições. No modelo de lubrificação mista, fases de transição envolvem os modelos *exsudação*[205] e *expansão*[206]. A cartilagem produz um exsudato nas áreas sem contato à frente da carga e as macromoléculas, tais como a proteína do ácido hialurônico, não podem penetrar a CAH e permanecem na superfície. Esses mecanismos podem não ser mutuamente exclusivos. O lubrificante de contorno reduz o atrito e o desgaste quando o movimento recomeça e um filme líquido é restaurado.[200]

A pesquisa sugere que durante a carga pode ser alcançado um platô de perda de líquido após o qual não ocorre diminuição adicional na espessura da cartilagem (revelado por IRM).[207] São necessários mais dados para determinar se esse efeito, observado em homens jovens, ocorre em outras idades, em especial na idade avançada. As forças compressivas mais altas na superfície da CAH e outras restrições ao fluxo do líquido mantêm uma camada pressurizada de líquido na superfície e reduzem a tensão sobre a matriz sólida, assim como o desgaste da CAH.

A Figura 7.11 mostra a teoria dos mecanismos de carga-lubrificação para a articulação do quadril durante o movimento dinâmico do ciclo da marcha.[200,217,218] Na fase de balanço há uma carga leve e um filme líquido separa as duas superfícies. No contato do calcanhar a carga é muito alta, com baixa velocidade de ajuste ao movimento, e o fluido líquido, embora reduzido, ainda separa as superfícies articulares. No apoio médio a carga é diminuída, a velocidade de ajuste ao movimento é aumentada e há deformação elástica da superfície; o mecanismo é de lubrificação elasto-hidrodinâmica (EHD; um movimento de rolamento ou deslizamento que pressuriza o líquido articular viscoso e espreme a cartilagem, o que modifica as pressões geradas no líquido), mantendo um fluido líquido pequeno. Na saída dos dedos, novamente há uma carga muito elevada e uma velocidade de ajuste ao movimento muito baixa. Os pesquisadores, contudo, propõem a teoria de que, com cargas elevadas, o mecanismo de espremer o filme (superfície complacente, deformável e líquido incompressível) pode manter um pequeno filme líquido entre as duas superfícies por uns poucos segundos. Portanto, como há

Tabela 7.4 Modelos de lubrificação das articulações humanas

Mecanismo	Autor	Ano	Definição
Hidrodinâmico	MacConnaill[208]	1932	SC, por filme líquido semelhante a uma cunha presente para separar as superfícies em um movimento unidirecional
Misto (por filme líquido e de contorno)	Jones[209,210]	1934, 1936	A/Cons, pontos rugosos em contato, porém fluido, presente em pequenas porções para prover filme líquido nesses locais
Hidrostático	Linn[211]	1968	
	McCutchen[212]	1959	Cargas elevadas, compressão da cartilagem, líquido sofre extrusão à frente das áreas com carga e nas pequenas áreas de acúmulo da superfície rugosa
	Mow e Mansour[204]	1977	
De contorno	Charnley[213]	1959	Cargas baixas, camada fina de moléculas grandes absorvidas na superfície, formando um gel para proteger os pontos rugosos em contato; compressão inadequada para extrusão do líquido da CAH
Exsudação	McCutchen[212]	1959	A/Cons, as superfícies se mantêm separadas em virtude do osso subcondral impenetrável, o que causa a saída de líquido durante a fase inicial da deformação da cartilagem
Elasto-hidrodinâmico	Ditenfass[214]	1963	SC-C, filme em cunha, o modelo reconhece a maleabilidade da CAH para reduzir o atrito
Filme comprimido	Fein[215]	1966-67	C, a maleabilidade e a deformabilidade da CAH reduz os picos de pressão e distribui as cargas quando elas são mantidas depois que o movimento cessa
Expansão	Walker et al.[206]	1968	A/Cons, a porosidade da cartilagem permite o efluxo de líquido para aumentar o filme líquido entre as superfícies
Micro-elasto-hidrodinâmico	Dowson e Jin[216]	1986	C, pressões locais nos pontos altos, dada a deformabilidade da CAH, alisam a superfície e permitem a existência do filme líquido

De Walker JM: Cartilage of human joints and related structures. In Zachazewski JE, Magee DJ, Quillen WS, editors. *Athletic injuries and rehabilitation*. WB Saunders, Philadelphia, 1996, p. 136.
A/Cons = carga alta e/ou constante; C = carga breve, sem movimento; SC = sem carga; SC-C = sem carga, balanço livre (fase de balanço da marcha).

Tabela 7.5 Variáveis críticas nos mecanismos de lubrificação articular

Variável	Efeito da alteração dos valores normais*
Complacência da superfície (elasticidade)	Quando ↓ dispersão da carga, concentração focal de forças que levam à microfratura do OSE, ↓ ajuste da superfície às cargas; portanto, EHD ou M-EHD menos efetiva, vulnerável às cargas de longa duração, alta tensão, cíclicas
Rugosidade da superfície	Quando ↑ há ↑ das tensões de contato e atrito, ↓ potencial de filme líquido
Baixo coeficiente de atrito	↑ força necessária para mover a articulação sob carga; mais provável a existência de lubrificação de contorno do que por filme líquido
Velocidades de rolamento e deslizamento	Normalmente sustém HD e filme líquido; ausência ↑ contato e, portanto, lubrificação de contorno, ↑ atrito e desgaste
Viscosidade do líquido sinovial	Em decorrência do hialuronato, lubrificante nato da sinóvia, não da cartilagem, confere tixotropia ao LS (com o fluxo mais lento, este fica mais viscoso); lubrificação inadequada do TRS onde ocorre o contato
Lubrificantes proteicos do líquido sinovial	Se ↓ perda dos lubrificantes de contorno, ↓ defesa contra a tração e ↓ estabilidade articular, ↑ atrito, ↑ deslizamento sob carga; lubrificação inadequada em estados de baixa carga
Permeabilidade da superfície	Se ↑ moléculas maiores que podem penetrar, ↓ habilidade de ter condições para lubrificação de contorno, portanto ↑ desgaste; se ↓ compromete a nutrição da cartilagem e a remoção de resíduos, ↓ rigidez, proteção inadequada de OSC nos picos de força
Contorno da superfície articular	A incongruência da articulação sem carga permite a deformação de OSC sob carga; a perda de variabilidade normal na CAH através das superfícies significa > área em contato inicial, ↓ dispersão de carga, mais condições de lubrificação de contorno, ↑ desgaste

De Walker JM: Cartilage of human joints and related structures. In Zachazewski JE, Magee DJ, Quillen WS, editors. *Athletic injuries and rehabilitation*. WB Saunders, Philadelphia, 1996, p 138.
EHD = lubrificação elasto-hidrodinâmica; CAH = cartilagem articular hialina; HD = lubrificação hidrodinâmica; M-EHD = micro-EHD; OSC = osso subcondral; LS = líquido sinovial; TRS = tecido de revestimento sinovial.
*As variáveis não atuam isoladamente para determinar o tipo de lubrificação e facilidade de movimento.

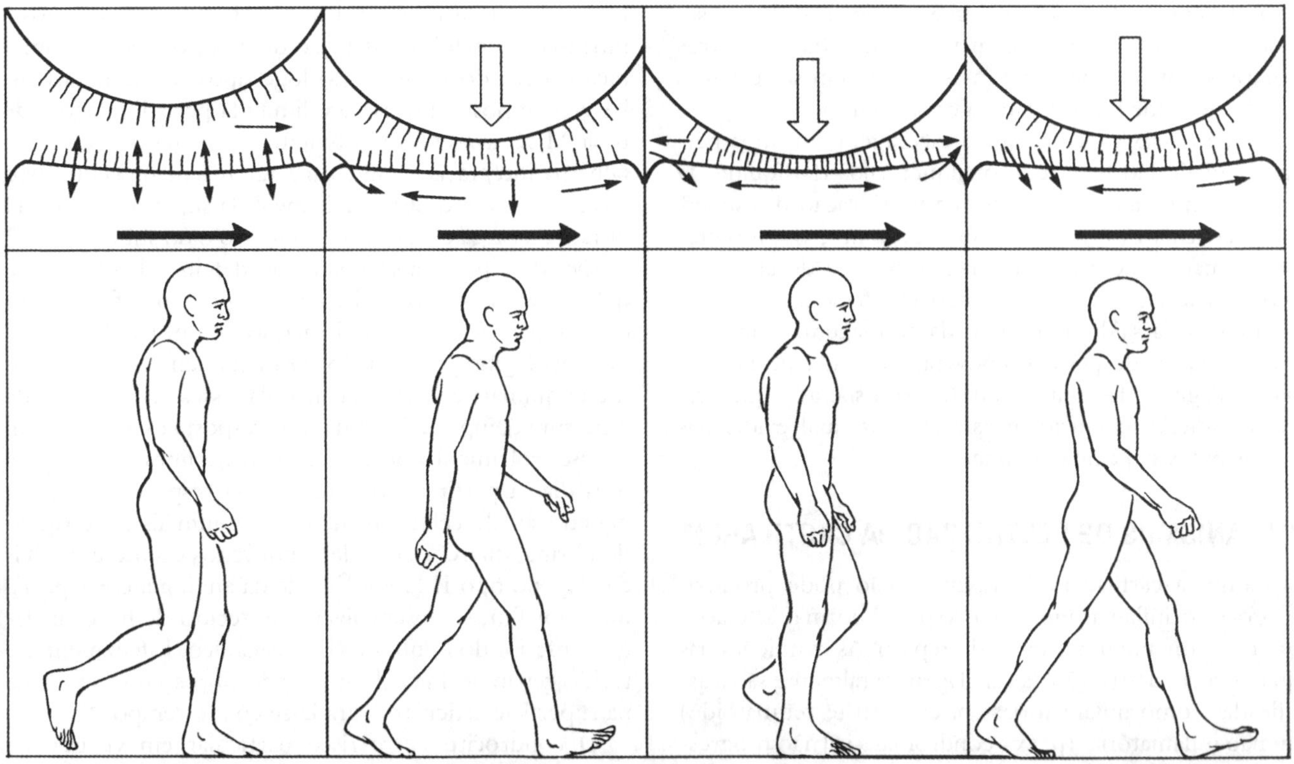

Figura 7.11 Mecanismos de lubrificação para a articulação do quadril direito. (De Unsworth A: Lubrication of human joints. In Wright V, Radin E, editors. *Mechanics of human joints.* Marcel Dekker, New York, 1993, p. 158. Reproduzido com permissão de Marcel Dekker, Inc.)

aplicações transitórias de cargas variáveis, um mecanismo de filme líquido pode operar em uma articulação humana saudável ao longo do ciclo da marcha.

As glicoproteínas e os fosfolipídeos ativos da superfície são mais importantes quando a viscosidade do líquido articular é reduzida por lesão ou doença e no envelhecimento, quando uma diminuição da deformabilidade da CAH sob a carga aumenta a congruência. Esse último caso compromete a manutenção de um filme líquido por meio do mecanismo microelasto-hidrodinâmico.

Lubrificação e exercício

Um foco maior das pesquisas em todos os aspectos da cartilagem deve fornecer dados que os fisioterapeutas poderão usar para planejar programas terapêuticos que forneçam e mantenham condições de filme líquido durante o exercício. Ainda não existem dados para prescrever programas de exercícios ideais que mantenham as condições de filme líquido e evitem danos à CAH. Contudo, a prudência sugere que, na presença de patologia, trauma ou efusão articular, o movimento passivo deve ser acompanhado por tração suave de modo a evitar a compressão da cartilagem amolecida e o alongamento excessivo de tecidos moles vulneráveis, tais como os ligamentos.

Movimentos pendulares provêm um filme líquido e mínimo ou nenhum desgaste. Cargas estáticas e exercícios isométricos, se usados, devem ser breves (poucos segundos), já que essas condições favorecem um modelo misto de lubrificação com atrito de contorno predominante. Cargas elevadas devem ser breves ou evitadas. Uma carga elevada é possivelmente menos prejudicial seguindo um movimento de baixa carga e alta velocidade, já que encoraja a presença de uma região de filme líquido. Se cargas elevadas forem mantidas por menos de 0,5 segundos, um mecanismo que espreme o filme deve assegurar a existência do filme líquido. Se a resistência for aplicada de qualquer forma, a pessoa deverá trabalhar por meio da amplitude, e os períodos de manutenção no

Fatores que os fisioterapeutas devem considerar ao planejar terapia para pacientes com dano confirmado ou provável da cartilagem articular

- O modo (tipo) de carga é mais importante do que a carga propriamente dita.
- O potencial para desgaste aumenta quando a articulação vai de cargas estáticas para cargas elevadas.
- O volume do líquido articular e a depuração linfática aumentam com o exercício.
- O atrito está inversamente relacionado à espessura prevista do filme líquido.
- A cartilagem se deteriora no estado sem carga.
- Cargas impulsivas repetitivas (CIR) – como ao digitar, saltar e usar uma britadeira – são prejudiciais, tanto para a cartilagem articular quanto para a placa do osso subcondral.

final da amplitude (p. ex., extensão de joelho) devem ser *muito* breves. A carga excêntrica controlada cria forças compressivas (de carga) intensas que devem ser evitadas nos locais onde houver dano à cartilagem.

As pesquisas sugerem que a cartilagem tem uma permeabilidade tão baixa que qualquer saída de líquido da cartilagem para contribuir com a lubrificação das superfícies articulares é insignificante. Portanto, os fisioterapeutas não podem prever quais exercícios de apoio de carga fornecerão um filme líquido adequado por meio da promoção da saída de líquido da cartilagem. Contudo, a sustentação de peso promoverá a entrada de líquido na cartilagem e facilitará sua nutrição. Espera-se que pesquisas adicionais elucidem essa área na qual evidências consistentes são ainda mínimas.

MECANISMOS DE DESTRUIÇÃO DA CARTILAGEM

Como a cartilagem é avascular, não pode produzir o processo inflamatório, uma resposta normal à lesão e um componente importante do reparo. As condições nas quais ocorre destruição da cartilagem geralmente são classificadas como inflamatórias (p. ex., artrite reumatoide) ou não inflamatórias (p. ex., condromalácia [não progressiva], osteoartrose [progressiva, levando à osteoartrite]). Múltiplos fatores estão envolvidos na destruição da cartilagem, no desequilíbrio entre a síntese e a degradação da matriz extracelular. Cargas impulsivas repetitivas podem ser o fator principal na destruição da cartilagem, levando à osteoartrose e à osteoartrite.[219] Outros fatores são privação de carga (imobilização, repouso no leito, ausência de peso), cargas excessivas (peso corporal), etiologias do desenvolvimento levando à transmissão anormal de forças (p. ex., displasia do desenvolvimento do quadril, coxa valga, geno valgo), incongruência da superfície articular e instabilidade articular (frouxidão ligamentar generalizada e lesão dos ligamentos cruzados). Na artrite reumatoide (AR), radicais livres, citocinas (em especial TNF-α e IL-1β), proteinases neutras e enzimas catabólicas (que podem ser derivadas de sinoviócitos, condrócitos ou leucócitos polimorfonucleares) têm um papel primário; são também um fator na destruição da cartilagem osteoartrítica.[6,19,84,105,220-228] Independente da causa da exsudação, proliferação ou infiltração, os tecidos de revestimento sinovial altamente vasculares podem responder com um processo inflamatório. Isso produz efusão articular variável e possível fibrose e espessamento eventual, o que pode afetar de modo adverso a produção de líquido sinovial, nutrição da cartilagem e liberação do espaço articular. Os tecidos de revestimento sinovial inflamados secretam enzimas e proteinases neutras, como a colinase, assim como liberam proteoglicanos neutros, o que pode diminuir a síntese de matriz da cartilagem, destruição e absorção da matriz, degradação da matriz colagenosa e talvez um papel na manutenção da sinovite.[6,199,224]

A resposta do corpo aos defeitos na cartilagem articular resultantes de trauma mediante impacto de carga depende da profundidade da lesão.[22] A resposta típica às lesões de espessura parcial da CAH leva a uma resposta intrínseca e inclui proliferação de condrócitos e aglomeração perto do local lesado logo após o trauma articular.[22] A resposta intrínseca é limitada pelas limitações de uma MEC avascular e a tentativa de reparo resulta em falha na integração com a cartilagem remanescente. Isso leva, por fim, a desgaste adicional da superfície da CAH durante a carga e a eventual efeito no osso subcondral.[229] Lesões de espessura completa são defeitos de cartilagem que penetram o osso subcondral e podem sofrer reparo espontâneo por meio da formação de um tecido fibroso ou cartilaginoso mediado primariamente por células mesenquimais a partir da medula óssea. Nas lesões de espessura completa é gerada uma resposta extrínseca com o desenvolvimento de um coágulo de fibrina dentro de dois dias a partir do trauma.[230] Essa resposta acarreta a penetração de células-tronco mesenquimais no coágulo de fibrina, diferenciação de condrócitos e síntese de PGs e colágeno tipo II (e em virtude da angiogênese, tipo I), que, por fim, se desenvolvem em tecido de fibrocartilagem inferior do ponto de vista mecânico. Infelizmente, o tecido reparado iniciado no tecido fibroso que se forma na superfície articular degrada-se com o tempo.[231]

O condrócito corre risco particular em virtude de sua localização na cartilagem avascular e a longa rota de trânsito de sua nutrição desde os capilares subsinoviais, passando pelos tecidos de revestimento sinovial, líquido sinovial e matriz da cartilagem. Portanto, se uma lesão da cartilagem articular é um defeito parcial que por definição não penetra no osso subcondral subjacente (lesão condral), as moléculas bioativas e células que residem na medula óssea não são afetadas e ocorre uma resposta intrínseca em uma tentativa de regenerar o novo tecido. Essas lesões não cicatrizam espontaneamente. Com um defeito de espessura completa da CAH, ocorre um contato com a medula óssea (defeito osteocondral) por meio da penetração do osso subcondral vascularizado, levando a uma resposta extrínseca e liberação de células-tronco mesenquimais, fibroblastos e células inflamatórias para o local lesado ou exposto e produzindo defeitos de espessura completa, reparo e formação de tecido fibroso.[230]

Radin propôs que cargas impulsivas repetitivas são o principal mecanismo de destruição da cartilagem na osteoartrose.[225] Ele propôs a teoria de que cargas com impulsos repetitivos levam a microfraturas do osso subcondral e à ativação do centro secundário de ossificação, o que faz que a marca da maré avance e seja duplicada, e a camada de cartilagem não calcificada afine, talvez totalmente. Esse processo aumenta as forças de cisalhamento nas camadas mais profundas, diminui a dispersão das cargas dentro da CAH e produz fissuras profundas horizontais e verticais, com fibrilação da superfície à medida que a cartilagem se deteriora. Ocorre perda de proteoglicanos e são encontrados detritos articulares no líquido sinovial. Isso pode perpetuar a efusão sinovial, levando os tecidos sinoviais a produzirem e liberarem mais substâncias degradadoras de cartilagem dentro do líquido sinovial.

A cartilagem osteoartrítica é caracterizada por condrócitos hipertróficos e pelo agrupamento de células. Isso reflete uma tentativa das células para aumentar a síntese de matriz. Com a perda de proteoglicanos, há um desmascaramento das fibras de colágeno dentro da matriz da cartilagem. Na osteoartrite, ocorre dano extensivo às fibras de colágeno tipo II, com eventual desenrolamento da hélice tripla e a aparência ondulada das fibrilas de colágeno. Esse processo começa nas camadas superficiais e progride até envolver as camadas mais profundas.[6,41] À medida que as fibras de colágeno tornam-se expostas na superfície, o movimento articular normal gradualmente produz uma superfície rugosa, encorajando a ocorrência de fissuras, desinserção da cartilagem e possível abrasão completa da cartilagem. Como a cartilagem não pode regenerar-se, sua destruição causa uma reação pelo osso subcondral que consiste em osteosclerose e osteófitos. Pode ocorrer calcificação da cartilagem e os detritos do líquido articular podem alojar-se nos espaços expostos da medula óssea, produzindo cistos. Esse processo terminal é similar tanto na osteoartrite quanto na artrite reumatoide. Todos os elementos estruturais que sofrem fagocitose, incluindo os cristais de apatita de cálcio ósseo, contribuem para os detritos do espaço articular, o que provoca sinovite (secundária na osteoartrite) ou sua perpetuação nas condições semelhantes à AR. Fassbender, contudo, enfatizou que o tecido sinovial na sinovite secundária da osteoartrose ou osteoartrite não destrói a CAH como ocorre na AR.[232] A exposição do osso subcondral provê vasos sanguíneos para a área, assim como fibras de colágeno, possibilitando a formação de *pannus* para prover uma medida de reparo.

Na AR há proliferação de tecidos de revestimento sinovial. As células mesenquimais migram por cima da superfície articular – um processo que se acredita ser facilitado pela fibronectina – e, por fim, formam um *pannus* fibroso.[181] Isso pode levar à anquilose fibrosa. É óbvio que, felizmente, nem todas as pessoas demonstram a degradação total da cartilagem descrita aqui.

Monitoramento das alterações na destruição e reparo da cartilagem

Convencionalmente, a radiografia permite imagens bidimensionais porém indiretas da CAH, inferidas pelo estreitamento do espaço articular, esclerose ou cistos subcondrais e a presença de osteófitos.[233] O ultrassom – uma técnica relativamente barata, não invasiva e rápida – é empregada para determinar a espessura da cartilagem articular, porém é limitada pela falta de reprodutibilidade e insuficiência de precisão, sendo aplicável às superfícies articulares apenas em localizações superficiais.[234] O uso de artrografia com tomografia computadorizada é limitada por sua natureza invasiva, já que requer a injeção de um agente de contraste dentro da articulação. Para o propósito de avaliar a superfície da cartilagem articular, a artroscopia diagnóstica é considerada o padrão ouro; contudo, é um procedimento invasivo.[235] A técnica de imagem não invasiva mais acurada para visualização da cartilagem articular inteira é a imagem por ressonância magnética (IRM). Imagens seccionais com alto contraste dos tecidos moles permitem atualmente a avaliação da macromorfologia da cartilagem, da interface osso-cartilagem e da superfície da cartilagem articular, tornando a IRM útil para detectar alterações degenerativas precoces na CAH e no osso subcondral.[207,236] Por exemplo, um estudo com IRM observou que o alinhamento do joelho causado pela degeneração da cartilagem está associado com a formação óssea no côndilo doente e reabsorção óssea no compartimento oposto.[237]

REPARO DA CARTILAGEM ARTICULAR

Potencial

É um fato bem estabelecido que a cartilagem articular tem baixo potencial de reparo, tanto para os componentes celulares quanto da matriz.[6,84,238,239] Quando ocorre trauma ou doença, o tecido precisa ter capacidade regenerativa para que o processo de reparo resulte na presença de um tecido idêntico ao tecido original. Esse processo de reparo é bem conhecido e envolve uma reação inflamatória e a formação de um coágulo de fibrina, que provê o arcabouço para as novas células chegarem e reconstituírem o tecido. Sledge notou que o reparo da cartilagem articular não é bem programado do ponto de vista intrínseco; a ênfase é na proteção do dano.[240] Nas lesões de espessura parcial ou completa da cartilagem articular, com as respostas intrínsecas ou extrínsecas precárias resultantes acaba ocorrendo regeneração tecidual incompleta e subsequente degeneração do tecido no local da lesão.

As limitações ao reparo da cartilagem articular são a baixa celularidade, que limita sua resposta de cicatrização intrínseca, a falta de uma população de células primitivas com potencial condrogênico dentro do tecido maduro, a avascularidade do tecido e a grande distância entre as células e suas fontes de nutrição.[232] A cicatrização da cartilagem articular parece depender da penetração da falha na placa subcondral. Quando ocorre penetração da placa subcondral, como nas lesões mais profundas, há uma proliferação extensiva de fibroblastos provenientes das células do osso adjacente, porém "raramente é produzida uma cartilagem hialina verdadeira".[240] Landells observou que essencialmente nenhum reparo era evidente pelas células sobreviventes ou remanescentes quando a falha envolvia apenas a cartilagem articular.[241]

Alguns poucos autores têm relatado a existência de atividade mitótica. Havdrup e Telhag demonstraram a mitose em coelhos com cartilagem traumatizada não operados e com operação simulada.[242] Não se soube se a atividade mitótica foi causada por uma diminuição nos inibidores celulares ou um aumento nos fatores de estimulação. Evidências de atividade mitótica foram também relatadas em coelhos sujeitos a pressão sustentada por meio do travamento do membro em uma posição anormal de extensão completa.[243]

Vários pesquisadores observaram que na presença de degeneração, como é característico na osteoartrite, os condrócitos da CAH parecem recuperar sua habilidade de dividir-se.[242] A capacidade dos condrócitos na osteoartrite para replicar seu DNA parece ser uma habilidade que as células da CAH saudável suprimem ou perdem.[244] Foi também demonstrado que a cartilagem pode sofrer mitose quando se desenvolve em um meio de cultura.[245] Poole notou que tanto em estudos *in vivo* quanto *in vitro* do periósteo adulto, moléculas morfogenéticas ósseas tais como a osteogenina podem fazer com que cartilagem seja formada; o periósteo adulto parece permanecer condrogênico.[6,246,247] Isso se reflete na formação de osteófitos na junção periósteo-cartilagem na osteoartrose. A cartilagem articular cultivada parece ter propriedades mais semelhantes às de fibrocartilagem do que de cartilagem articular.[245] Há diferenças entre as espécies no crescimento e no comportamento de condrócitos de mamíferos. Vários estudos têm relatado que a cartilagem articular, quando reparada, é similar à cartilagem hialina, em particular quando examinada com microscopia óptica. Estudos bioquímicos e biomecânicos, contudo, têm demonstrado claramente que a cartilagem formada no processo de reparo tem características que são mais semelhantes às de uma fibrocartilagem. Há uma porção mais alta de colágeno tipo I na cartilagem articular reparada do que na CAH.

O reparo é controlado por numerosos fatores, principalmente hormonais, sinoviais e por mediadores químicos derivados da cartilagem, assim como estímulos mecânicos. O conhecimento dos fatores que governam os processos anabólicos e catabólicos cruciais para o reparo potencial da cartilagem é crítico para a compreensão da responsividade da CAH à lesão. Akeson et al.[150] salientaram que numerosos estudos ao longo dos anos – primeiro por Convery et al.[248] e mais tarde por Salter et al.[149] – têm demonstrado amplamente que a cicatrização da CAH ocorre apenas em falhas pequenas (diâmetro com cerca de um oitavo de polegada) e não ocorre em falhas grandes ou de espessura completa, com ou sem movimento. Esse achado foi demonstrado por estudos histológicos, bioquímicos e biomecânicos do tecido substituto. Demonstra que os estímulos físicos, tais como movimento e carga, são críticos para o reparo da CAH e podem ou estimular ou inibir a capacidade de reparo. A rede de colágeno pode prover o substrato usado pelas células mesenquimais para migrar na superfície dos defeitos da cartilagem.[14] As revisões de Buckwalter et al.,[226] Caterson e Buckwalter,[249] Byers e Brown,[250] Akeson et al.,[150] Buckwalter e Mow,[239] Salter,[149] Risbud e Sittinger[251] e Holland e Mikos[22] oferecem descrições e discussões de estudos sobre lesão de cartilagem articular e métodos de facilitação para o seu reparo. Faremos uma breve descrição dessas abordagens.

Abordagens para facilitar o reparo

Atualmente, quando há dano articular grave, a prática é a substituição cirúrgica da articulação por uma prótese artificial. Os dispositivos para substituição articular têm uma tolerância limitada para cargas pesadas e desgaste intenso. Em particular nos pacientes mais jovens, nos quais os dispositivos implantados podem afrouxar com o crescimento, as artroplastias e a artrodese não fornecem uma simulação satisfatória das articulações naturais. Os pesquisadores continuam a buscar métodos para estimular o reparo da cartilagem danificada e prover uma superfície articuladora quase normal. Se puderem ser empregadas nos pacientes mais jovens técnicas para simular a cobertura das superfícies sustentadoras de carga com tecidos que tenham características de carga que permitam um funcionamento similar ao da CAH natural, os procedimentos de substituição articular poderão ser protelados até após a maturidade. Os métodos explorados para melhorar o reparo continuam a envolver melhores estratégias de emissão de medicamentos, biomecânica, biofísica, alterações no osso subcondral, enxerto, implante cirúrgico, engenharia genética e várias combinações dessas técnicas. Um dos focos é nas abordagens de engenharia dos tecidos para facilitar o reparo da CAH com a meta de restaurar tecidos alterados patologicamente usando células viáveis transplantadas associadas com matrizes de suporte e biomoléculas.

Estratégias de emissão de medicamentos

Na busca por favorecer a qualidade do reparo da CAH, uma área ativa de pesquisa baseia-se no avanço das terapias medicamentosas que visam e localizam os efeitos desses agentes nos tecidos.[22] A meta da emissão de agentes farmacológicos é regular as citocinas que desencadeiam a inflamação, regulam a degradação da matriz e o metabolismo dos condrócitos. Desse modo, as estratégias têm se concentrado nos meios para regular os efeitos destrutivos da IL-1, prevenir a perda de moléculas matriciais importantes e promover a proliferação de condrócitos nas falhas da cartilagem articular.[22] Os desafios para essas estratégias incluem efeitos colaterais patológicos associados aos fatores de crescimento/citocinas, garantia de métodos seguros de emissão localizada constante e aumento da compreensão das dosagens terapêuticas e cinéticas para liberação desses agentes.

Biomecânicas

As abordagens biomecânicas que têm apresentado sucesso variável envolvem:

1. Uso de osteotomias para alterar a distribuição da carga e melhorar a congruência ou alinhamento das superfícies articulares
2. Realização de transplantes de tendão ou liberações musculares,[252] alterando as forças que agem sobre a articulação
3. Diminuição da carga através das superfícies de sustentação de peso por meio do uso de diferentes auxílios de deambulação (p. ex., bengalas, muletas)
4. Uso de movimentação passiva contínua ou intermitente (MPC ou MPI)

A abordagem biomecânica de MPC tem mostrado certo grau de sucesso, conforme relatado principalmente por Salter et al.[253] A MPC pode ser aplicada de modo contínuo ou cíclico. Em coelhos adolescentes, Salter et al. mostraram a cicatrização de defeitos com espessura completa perfurados na cartilagem hialina após 4 semanas, com uma diferença significativa nos animais que foram tratados com MPC.[254] A porcentagem de CAH nos três grupos experimentais de coelhos foi: imobilizados, 8%; movimentação livre, 9%; MPC, 52%. O'Driscoll e Salter tiveram resultados similares usando enxertos livres de periósteo intra-articular.[255] Esses resultados foram menos acentuados nos coelhos maduros. Não foi estabelecido como a CAH recém-sintetizada responde à carga normal com o tempo. Esses dois estudos mostraram uma combinação de abordagens – MPC e envolvimento do osso subcondral com o uso de perfurações com espessura completa ou enxertos de periósteo. Consultar Salter[149] e Akeson et al.[150] para descrições e discussões mais detalhadas sobre o uso de mobilização passiva para promover a cicatrização da cartilagem.

Coutts et al. demonstraram nos côndilos médio-femorais de coelhos adultos com defeitos de espessura completa e enxertos pericondrais de costela, que uma CAH quase normal estava presente em 55% dos animais após 6 semanas; com 1 ano, 82% demonstraram colágeno tipo II.[256] Os módulos de cisalhamento não diferiam entre os dois grupos (aqueles expostos apenas à atividade na gaiola e aqueles submetidos à mobilização passiva seguida por atividade na gaiola). Esse estudo mostrou que a CAH, com suas propriedades biomecânicas, poderia desenvolver-se e não se degradar dentro de 1 ano após os defeitos de espessura completa terem sido criados. Além disso, a porcentagem de colágeno tipo II pode aumentar com o tempo.[257] Moran et al., usando coelhos com defeitos de espessura completa e enxertos de periósteo autógenos, utilizaram MPC ou MPI.[28] O tecido foi examinado com uma variedade de abordagens microscópicas e histoquímicas, porém não foram feitos testes biomecânicos. Eles mostraram a cicatrização com uma cartilagem hialina que continha colágeno tipo II, porém apresentava organização irregular. Esse resultado foi melhor nos animais que receberam enxerto e melhor nos animais submetidos à MPC em vez de MPI.

Estudos *in vitro* ou *in vivo* para simular, induzir ou melhorar o reparo da cartilagem articular devem incluir o teste biomecânico do comportamento funcional dos tecidos. Vários estudos usando microscopia têm mostrado que o tecido de reparo pode ter a aparência de cartilagem hialina, mas falha por não ter o mesmo desempenho da cartilagem articular, especialmente ao longo do tempo. Isso sugere que o retorno à atividade utilizando cargas impulsivas repetitivas (p. ex., corrida de obstáculos, corrida, patinação no gelo com saltos) provavelmente não é aconselhável. Como tem sido demonstrado em animais que o colágeno tipo II leva um ano ou mais para desenvolver-se, é prudente o retorno muito gradual a condições de cargas elevadas.

Biofísica

Têm sido mostrados efeitos variáveis dos campos eletromagnéticos sobre a cartilagem e os condrócitos. Nenhum efeito foi observado de campos eletromagnéticos pulsados sobre a síntese da matriz extracelular de condrócitos em culturas com alta densidade.[259] Contudo, ocorreu aumento da síntese de proteoglicanos e DNA com o crescimento de condrócitos em culturas com corrente direta constante.[260] Outros estudos revelaram um efeito estimulante dos campos eletromagnéticos na atividade dos condrócitos.[261-263] Dois estudos relataram melhora da cicatrização de defeitos osteocondrais em coelhos, com os animais mostrando tecido de reparo que se assemelhava à cartilagem hialina.[264,265] Os resultados a longo prazo e as características biomecânicas do tecido de reparo não são conhecidos, porém é razoável que os campos eletromagnéticos devam ter um efeito biológico. A intensidade da corrente pode ser um fator crítico. Em condrócitos da placa de crescimento que cresceram em campos elétricos, Armstrong et al. mostraram inibição do crescimento com campos elétricos fortes, mas aumento da proliferação com campos elétricos mais fracos.[266]

Osso subcondral

Métodos cirúrgicos que envolvem a penetração do osso subcondral são elaborados para perturbar a vascularidade e promover formação do coágulo de fibrina, assim como prover uma fonte de células novas e o contato com moléculas bioativas provenientes da medula óssea. O osso subcondral pode ser afetado por alguma forma de penetração ou microfratura, tal como perfuração de orifícios ou resseção da cartilagem através do osso esponjoso, um procedimento chamado esponjilização.[267] Esse último procedimento envolve a excisão da cartilagem danificada até abaixo da placa subcondral para promover o crescimento de fibrocartilagem. Essa técnica pode prover um recapeamento biológico, em particular onde a congruência articular é boa e a carga está bem distribuída sobre uma área grande.[267] Infelizmente, essas técnicas não restauram a estrutura nativa da cartilagem e, por fim, provocam a perda de mais tecido.[230,268,269]

Enxerto

As abordagens empregando enxerto têm usado enxertos de periósteo,[258] pericondrais[256] ou osteocondrais.[270] Os enxertos fornecem células que têm o potencial de sintetizar matriz, porém os osteocondrais (alo, auto e xenogênicos) tendem a produzir uma reação imunológica de rejeição grave.[270] Em geral, contudo, o enxerto tende a degenerar-se dentro de 1 a 2 anos, resultando em fibrilação e destruição das superfícies.[271]

Engenharia dos tecidos da cartilagem e implante cirúrgico

Procedimentos cirúrgicos convencionais envolvendo recapeamento articular com condrócitos autólogos (abrasão, perfuração, desbridamento, técnicas de microfratura ou raspagem artroscópica) ou autoenxertos biológicos resultam em reparo insuficiente e formação de fibrocartilagem inadequada do ponto de vista mecânico.[251] O problema recorrente nas terapias de transplante de tecidos para defeitos da cartilagem articular tem sido a falta de integração entre o implante e a cartilagem hospedeira, levando as estratégias terapêuticas atuais a visarem tanto os componentes extracelulares quanto as atividades biossintéticas celulares dos implantes e da cartilagem hospedeira.[272] A terapia com células envolve o isolamento enzimático de condrócitos a partir da biópsia da cartilagem articular saudável de uma área com mínima sustentação de peso (p. ex., de uma porção não sustentadora de peso da cartilagem articular do joelho), que são então expandidos em cultura de uma camada e reinjetados sob um retalho periósteo autólogo, suturado no defeito da cartilagem.[273] O implante cirúrgico é elaborado para prover uma nova população de células e pode envolver o uso de condrócitos cultivados ou colhidos,[270] células mesenquimais,[274] um coágulo de fibrina[275] ou uma matriz sintética artificial.[276] A engenharia de tecidos, contudo, é um campo que se concentra na emissão ou na mobilização *in situ* de células competentes para restaurar as características da CAH que estão patológicas em termos morfológicos e funcionais, sendo promissor nas ciências biomédicas ao mesclar avanços nos campos da biologia celular e molecular, e engenharia química e mecânica.[251] Agora prevalecem as abordagens bio-regenerativas que enfocam a reconstituição da estrutura do tecido por meio da restauração da cartilagem articular comprometida, com base no transplante de células, junto de matrizes de suporte e biomoléculas desenvolvidas *in vitro*.[251] Hoje a engenharia do tecido da cartilagem engloba três componentes críticos: a emissão e integração de células funcionalmente ativas e responsivas, um sistema carreador compreendendo uma matriz de suporte e moléculas bioativas que são conhecidas por promoverem a diferenciação celular e a regeneração dos tecidos. O desenvolvimento de novos sistemas de cultura consistindo em culturas tridimensionais de células em gel (p. ex., colágeno, agarose, alginato e fibrina)[277] ou arcabouços de polímeros degradáveis dentro de módulos biorreativos específicos permite um microambiente celular *in vitro* melhor simulado (Fig. 7.12). Esses "transplantes vitais" permitem uma interação crítica entre célula e célula e célula e matriz extracelular e, portanto, a sinalização das células por meio de moléculas de adesão celular incluindo integrinas e aderentes,[278] previamente não alcançadas por sistemas de cultura celular convencionais em uma camada. Esses esforços terapêuticos baseiam-se no conhecimento da interdependência crítica da MEC e dos condrócitos dentro da cartilagem articular.[8]

Engenharia do tecido da cartilagem. Células autólogas da cartilagem são colhidas por meio de biópsias de locais de tecido de cartilagem articular saudável, tipicamente contralaterais ao lado afetado; contudo, elas podem ter uma habilidade limitada de proliferar-se e diferenciar-se. As pesquisas pretendem determinar o precursor (progenitoras mesenquimais indiferenciadas ou células-tronco multipotenciais), possibilitando a regeneração do tecido. Há evidências de que tecidos já diferenciados contêm populações de células pluripotenciais não diferenciadas que retêm a capacidade de regenerar o tecido após trauma, doença ou envelhecimento.[279] O desafio da cartilagem produzida com engenharia de tecidos continua na determinação da estabilidade mecânica

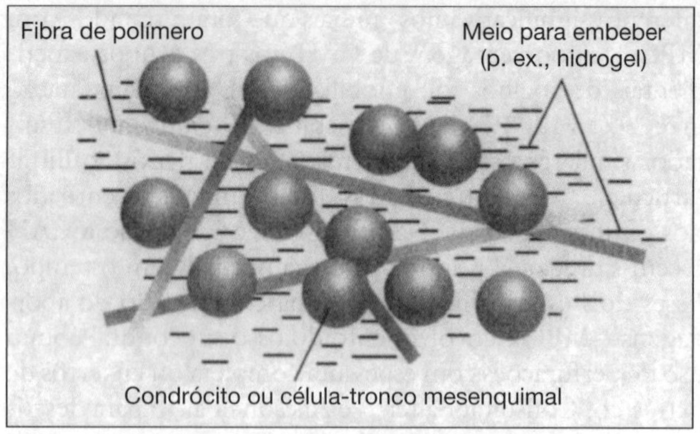

Figura 7.12 Desenho esquemático mostrando a estratégia de desenvolvimento de constructos de cartilagem por meio de engenharia dos tecidos usando fibras e substâncias embebidas. As substâncias embebidas oferecem imobilização 3D e distribuição uniforme de células na malha de fibras. (De Risbud MV, Sittinger M: Tissue engineering: advances in in vitro cartilage generation, *Trends Biotech* 20(8):351-356, 2002.)

final, fixação do enxerto e superação de aspectos imunológicos da CAH.[280] Continuam as diferenças na histologia da cartilagem regenerada comparada com a cartilagem nativa e transplantada, capacidade questionável de retenção de água e fixação do transplante de cartilagem no osso subcondral da articulação.[251] Tem sido dada muita atenção à obtenção de células-tronco mesenquimais adultas da medula óssea onde elas residem, tanto como fonte para hematopoiese quanto como um potencial reservatório e agrupamento de células regenerativas para tecidos baseados no mesênquima,[281] incluindo a CAH, em que elas se acham embebidas em um sistema de carreamento apropriado. Foram isoladas células com características de condro-ósteo-progenitoras de vários tecidos, incluindo periósteo, medula óssea, baço, timo, músculo esquelético, tecido adiposo, pele e retina.[282-285] Além disso, abordagens de silenciamento de genes, como a interferência no RNA, podem ser usadas para bloquear a expressão de genes que produzem inibidores de condrogênese.[286] Em virtude da contínua falha em gerar tecido idêntico à CAH do ponto de vista arquitetônico, os esforços da engenharia de tecidos estão, no momento, direcionados para a recriação do arranjo zonal da CAH, de modo a reproduzir a função com subpopulações específicas de condrócitos usados para replicar cada zona.[287]

Uso de arcabouços. O segundo componente-chave embasando a engenharia da CAH é a fabricação de arcabouços biorreabsorvíveis – tais como fibrina, ácido hialurônico, colágeno e alginato[288,289] – para guiar a forma e servir de padrão para o desenvolvimento do tecido da CAH *in vitro* e *in vivo*.[290]

Biorreatores. Enquanto o uso de arcabouços permite a imobilização 3D de condrócitos diferenciados, é necessário um arcabouço biorreabsorvível mais sólido (p. ex., um composto de poli α-hidróxi ésteres) para compensar as deficiências mecânicas.[291] É também necessário cultivar constructos de tecidos artificiais em vasos biorreatores rotativos ou sistemas de cultura por perfusão de modo a simular um ambiente natural característico da CAH, o que permitirá evitar a contaminação.[292]

Os fisioterapeutas devem estar cientes de que "as evidências disponíveis indicam que, no mínimo, o tecido de reparo gerado a partir de qualquer esforço terapêutico precisa ter uma proteção inicial contra a carga, seguido por um regime de carga e movimento que promova o remodelamento,[293] porém até aqui os estudos experimentais não definiram essa sequência ótima de alterações no ambiente mecânico".[226] É evidente que ainda não é possível dar uma direção definitiva aos fisioterapeutas relativa à progressão de um programa de reabilitação. Contudo, cargas elevadas repetitivas, como na corrida de longa distância, cargas de alto impacto (como nos esportes envolvendo movimentos com saltos vistos na patinação no gelo, saltos de distância e esqui) devem ser evitadas por talvez um ano e, quando forem experimentadas, devem ser aplicadas brevemente.

RESPOSTA AOS ESTÍMULOS MECÂNICOS

Desde a década de 1990, vários estudos histológicos, bioquímicos e biomecânicos, assim como modelos analíticos, têm documentado a resposta biológica da cartilagem articular ou condrócitos, tanto *in vitro* quanto *in vivo*, aos estímulos mecânicos. Usando uma análise de elemento finito, Wilson et al. determinaram que as cargas e tensões locais na CAH parecem ser influenciadas pela morfologia local da rede de fibrilas de colágeno.[294] Os microfilamentos e possivelmente os filamentos intermediários dentro do citoesqueleto do condrócito podem prover as propriedades viscoelásticas dos condrócitos, influenciando assim a interação mecânica entre o condrócito e a matriz do tecido ao redor.[295] Os condrócitos nas articulações de carga experimentam forças hidrostáticas compressivas, tensivas e de cisalhamento[296] e sabe-se agora que a aplicação apropriada dessas forças é necessária para a expressão fenotípica do condrócito e a produção de matriz.[297-299] Especificamente, acredita-se que a pressão hidrostática intermitente mantém a cartilagem saudável em contraste com as forças de cisalhamento, cargas estáticas prolongadas ou a ausência de cargas, que levam a cartilagem à destruição e ossificação.[144] As cargas podem influenciar as células de forma "indireta" (sistêmica, regional e pericelular) e "direta" (relacionada com a célula).[300] Estudos mostram que os condrócitos sofrem alterações específicas na forma e no volume e, por fim, na expressão genética e síntese de proteína de uma maneira coordenada em resposta à deformação da matiz induzida pela carga.[301] As alterações da matriz que são efetuadas por alterações na pressão hidrostática, composição iônica (valores do pH pericelular) e osmótica, líquido intersticial e potenciais fluxos são detectados pelos condrócitos.[301] O condron (o condrócito e sua matriz pericelular [MPC]) têm um papel como transdutor mecânico potencial por meio de uma interação do colágeno tipo VI com as integrinas ou o hialuronano da superfície celular.[278] As alterações nas propriedades da MPC com a osteoartrite podem ter uma influência importante no ambiente biomecânico do condrócito.[302] Sabe-se agora que os condrócitos respondem ao próprio ambiente local de tensão-deformação de um modo dependente do ponto de vista temporal e espacial. Especificamente, a compressão mecânica estática e oscilatória e o cisalhamento oscilatório do tecido podem favorecer ou inibir a síntese de matriz extracelular e a expressão genética dos condrócitos.[296] A aplicação de tensão oscilatória em um sistema de cultura de constructo de fibrina influenciou a proliferação e a produção de matriz na biossíntese de condrócitos e de fibrocondrócitos.[303]

Carga reduzida

A sugestão de que os condrócitos são sensíveis aos estímulos mecânicos tem o apoio de estudos feitos em articulações denervadas e imobilizadas.[7] Na atrofia por desuso (paraplegia, poliomielite)[304-306] e denervação,[307] os pesquisadores observaram que os condrócitos aumentavam sua atividade de síntese com as cargas mecânicas e, por outro lado, a atividade era reduzida com a diminuição da compressão nas superfícies de apoio. A diminuição na espessura da cartilagem articular (atrofia) e no SC observada nessas condições também foi observada em estudos usando modelos animais e amputações da pata traseira.[308,309] Comparada com condições de atrofia por desuso, a amputação parcial de um membro diminui a compressão mas ainda permite o movimento nas articulações remanescentes. Nessas condições, coelhos adultos podem mostrar alterações dentro de 1 semana. Em cachorros, alterações similares podem levar 11 semanas para serem detectáveis.[310,311] Alguns dos problemas no uso de modelos animais para esses estudos estão relacionados às diferenças nas idades e espécies. Outro problema é a variabilidade nos métodos, tais como a posição da imobilização, o grau de compressão das superfícies articulares e a extensão com que a mobilidade é limitada. Estudos com redução de carga confirmam a visão de que a manutenção de superfícies articulares saudáveis requer um programa regular de carga. Encorajar pessoas idosas a caminhar regularmente deve ser um procedimento benéfico.

Imobilização

A imobilização previne o movimento e, dependendo da posição, pode ou não prover um aumento ou diminuição na área de contato das superfícies articulares. Essa limitação no movimento resulta em alterações degenerativas que são similares às vistas na osteoartrite e podem resultar em necrose celular.[309,311-315]

Os pesquisadores têm usado grampos para induzir a imobilização, principalmente da articulação do joelho em pequenos animais, e intencionalmente ou não eles podem comprimir a cartilagem articular.[316-320] A morte celular ocorre com essa pressão sustentada rígida em pontos focais da cartilagem articular. Isso acontece, presumivelmente, em virtude de interferência na nutrição das células, que depende da compressão e expansão cíclica da cartilagem articular que ocorrem com cargas intermitentes normais.[7] Tomlinson[321] e Maroudas[322] consideraram que a difusão simples de pequenos solutos não era afetada pelas cargas cíclicas. Eles sugeriram que alterações tais como diminuição na quantidade de cartilagem articular, eram causadas pela ausência de estímulos mecânicos para serem detectados pelos condrócitos. A permeabilidade da cartilagem diminuía com a compressão.[197] Maroudas mostrou de forma indireta que a permeabilidade da cartilagem tinha uma correlação inversa com a hidratação.[322] A grande deformação da cartilagem regula a maneira e a velocidade de transporte de líquido; quanto mais rápida a carga é aplicada, mais rápido o efluxo na superfície de carga.

A imobilização simples, sem compressão ("ausência de peso"), também causa atrofia e aparente afinamento da cartilagem articular.[323,324] Nessas condições, foi relatado um aumento de 41% na espessura da camada calcificada, enquanto a espessura real da camada não calcificada diminuiu.[325] Nesse estudo, contudo, não houve alterações na espessura calcificada e não calcificada da CAH em ratos com suas articulações desprovidas de peso por meio de suspensão da cauda sem imobilização com gesso. A retirada de peso de uma articulação móvel parece acelerar o avanço da marca da maré em oposição à restrição de movimento que ativa a reabsorção apenas na interface condro-óssea.[306] O efeito sobre a CAH da retirada do peso em uma articulação móvel difere, portanto, da imobilização articular sem sustentação de peso. Outras alterações incluem uma diminuição nos GAGs e SC em comparação com o lado não operado ou não imobilizado,[326] enquanto a compressão intermitente da cartilagem articular causa o reverso.[327-329] Com a atrofia da cartilagem articular que tem sido observada na imobilização, há também um aumento na síntese de colágeno, porém não na quantidade total de colágeno. Tammi et al. usaram talas para imobilizar cachorros e mostraram um aumento de 53% na produção de colágeno.[330] Em comparação, houve um aumento de apenas 11 a 13% nos cachorros que correram na esteira rolante durante 15 semanas. Enquanto não foram relatadas alterações na quantidade de colágeno, a imobilização reduziu a quantidade de ligações cruzadas de colágeno após um período de 11 semanas de imobilização rígida nos fêmures de cachorros, uma condição que se revertia espontaneamente após a remobilização.[331] Apesar dessa perda poder ser transitória na integridade da CAH, enquanto o tecido fica vulnerável a cargas elevadas relativamente anormais após um período de imobilização, os resultados apoiam a introdução de cargas graduais após tal condição. Quando a imobilização é um componente essencial de, por exemplo, um tratamento de fratura ou após cirurgia, os fisioterapeutas devem aconselhar exercícios que proporcionem carga às superfícies articulares imobilizadas para manter da melhor forma possível a integridade condro-óssea e do osso subcondral. Infelizmente, por haver uma falta de métodos precisos que possam ser reproduzidos e não sejam invasivos para caracterizar a cartilagem articular, em especial *in vivo*, ainda não estão disponíveis dados quantitativos sobre alterações na CAH humana após um período estabelecido de imobilização.[306]

Reabilitação após reparo de cartilagem

- Cargas de alto impacto devem ser evitadas.
- As articulações imobilizadas devem passar por cargas cíclicas.
- Devem ocorrer cargas controladas ao longo da amplitude de movimento.
- Devem ser permitidos períodos suficientes de repouso entre as sessões de carga.
- Na fase inicial da reabilitação, devem ser usados movimentos rápidos sem carga.
- Exercícios mais longos, de baixa tensão, são melhores do que exercícios curtos, de alta tensão.
- A carga dinâmica é melhor do que a carga estática.
- Deve ser usada sustentação de peso graduada suave.
- Períodos sem carga devem ser minimizados.
- Em resumo, sempre considerar tipo, papel e quantidade de carga de acordo com a condição de fundo da articulação.

Carga excessiva

Há um bom número de experimentos nos quais as superfícies articulares recebem carga de forma anormal. Isso pode ser feito impedindo um membro de apoiar peso, criando, assim, uma carga aumentada e alterada sobre o lado que está apoiando peso. De modo alternativo, colocar pesos nas costas do animal ou simular um ganho de peso pode produzir cargas anormais.[332] Vários experimentos com carga excessiva têm empregado o procedimento "torre de impacto" para sujeitar a cartilagem articular a níveis elevados de carga. Esses estudos têm mostrado que os condrócitos podem sobreviver a uma deformação compressiva de até 30%, mas se a carga excede 25 MN/m^2 e produz uma deformação maior do que 40%, ocorre morte do tecido.[333] Esse tipo de carga com impacto resulta em uma perda de proteoglicanos, fibrilação das superfícies e morte celular.[227] A morte de condrócitos induzida pela carga se mostrou relacionada à duração e à magnitude da carga, com os condrócitos na zona tangencial superficial sendo mais vulneráveis à lesão induzida por carga do que aqueles nas zonas média e profunda.[334] Quando o tecido que recebeu carga apresenta extrusão do líquido intersticial torna-se menos hidratado, o que causa um aumento na concentração de proteoglicanos.[7] Isso por si só inibe a síntese de proteoglicanos. Parkkinen et al. observaram durante estudos *in vitro* que "pressões compressivas estáticas inibiam de forma consistente a síntese de PG [proteoglicanos] na cartilagem". A resposta à carga compressiva cíclica é mais variável.

Podem ser impostas cargas excessivas a certas pessoas, como patinadores do gelo que saltam e aterrissam repetitivamente sobre uma superfície dura, tanto no treino quanto na apresentação. Estudos sugerem que atividades como saltos devem ser intercaladas com períodos muito mais longos de cargas não impulsivas para permitir que a cartilagem se reconstrua após uma compressão intensa.

Efeito do exercício

Tem sido mostrado que o exercício ou movimento em animais e humanos causa edema da cartilagem articular. Observou-se que o exercício prolongado em animais produz hipertrofia dos condrócitos, um aumento da matriz pericelular e um aumento no número de células por condron, em particular nas zonas radial e de transição.[336] Em coelhos, as células superficiais tornaram-se mais esféricas por um período transitório após o exercício breve, o que resultou em uma mudança geral no tamanho das células.[194] O exercício ou carga de longa duração produziram um alargamento mais duradouro. Houve um aumento no volume do núcleo, mas não no tamanho geral das células nas camadas superficiais. Houve também um aumento na quantidade de retículo endoplasmático e outras organelas citoplasmáticas.[337] Essas alterações foram observadas em coelhos jovens submetidos a um programa de exercícios não extenuantes na esteira rolante durante 8 semanas. Foi também relatado um aumento no tamanho dos condrócitos em porcos-da-índia submetidos a um exercício de corrida.[338] Helminen et al. observaram um aumento no número de condrócitos, porém uma diminuição tanto no volume quanto na densidade destes após a corrida "extenuante" em cães beagle.[339] Após uma corrida moderada com beagles jovens, esse grupo finlandês também mostrou uma mudança positiva nos proteoglicanos da cartilagem articular[340] e ausência de degeneração da superfície após um período de 15 semanas.[341,342] Eckstein e colaboradores também mostraram com IRM que a espessura da CAH diminuiu após o exercício físico: 2,8% após 30 flexões de joelho e 4,9% após agachamentos com joelho em 90 graus durante 20 segundos.[343] Esse grupo também mostrou que a CAH absorveu líquido depois do exercício e a recuperação completa pôde ser obtida, porém podendo levar 90 minutos.[343-345] Tais estudos fornecem diretrizes para a programação terapêutica.

Outros pesquisadores têm mostrado alterações acentuadas tipo "desgaste e rupturas" após o exercício.[342,346] Houve mais alterações degenerativas na superfície das cabeças femorais de coelhos com o exercício máximo súbito comparado com a corrida submáxima.[346] Vários estudos *in vitro* têm mostrado que a resposta dos condrócitos à carga, em particular às cargas cíclicas, pode variar com a extensão do tratamento. Palmoski et al. sujeitaram plugs de cartilagem a cargas estáticas e cíclicas que eram equivalentes a cerca de 1,5 vezes o peso corporal.[347] Eles mostraram um aumento de 38% na síntese de GAGs com um ciclo de 4 segundos ligado e 11 segundos desligado, porém uma diminuição com um ciclo de 60 segundos ligado e 60 segundos desligado.[329] Essa resposta variada tem sido mostrada tanto em culturas de células quanto em culturas de condrócitos.[337] A resposta variava com a frequência de pressão, a duração da aplicação e o estado das células. A aplicação de 1,5 hora produziu uma forte reação inibitória, enquanto a exposição de 20 horas produziu estimulação da incorporação de sulfato.[335] A variabilidade da resposta pode relacionar-se com a observação de que a "síntese completa da molécula agrecano leva cerca de 1,5 a 2 horas".[335]

Quando explantes de cartilagem foram expostos a dois ciclos diferentes de alta frequência (2 segundos ligado/2 segundos desligado) e baixa frequência (60 segundos ligado/60 segundos desligado), houve uma diminuição na síntese de proteínas e proteoglicanos com baixa frequência e cargas estáticas, enquanto durante o ciclo de alta frequência houve um efeito de estimulação da síntese de proteínas e proteoglicanos.[348] A retirada da carga restaurou a síntese para os níveis pré-carga. Os resultados desses estudos sugerem que nos estágios iniciais da reabilitação devem ser usados movimentos mais rápidos, sem carga. Quando a carga estática é introduzida, deve ser seguida por um tempo empregando condições sem carga e esse prazo deve ser de um intervalo mais longo. São necessárias pesquisas para determinar como os diferentes regimes de exercícios afetam a cartilagem *in vivo*. Após uma revisão de estudos *in vivo* e *in vitro*, van Kampen e van de Stadt concluíram que a "nutrição do tecido tem apenas um papel mínimo nos processos" envolvidos na adaptação e na resposta da cartilagem articular à carga diminuída ou excessiva.[327]

Observe que os estudos *in vitro* expõem os tecidos a apenas um tipo de carga, com forças que são em geral mais baixas do que os níveis fisiológicos experimentados *in vivo*, tais como no contato do calcanhar e na retirada dos dedos no ciclo da marcha. As forças no quadril e joelho humano podem atingir 4 a 7 vezes o peso corporal durante a marcha.[349,350] Em termos quantitativos, a contração dos músculos pode resultar em forças maiores por meio da cartilagem articular do que a sustentação de peso normal.[224] Por exemplo, embora forças de 4 a 5 vezes o peso corporal possam ser transmitidas pelo joelho durante a caminhada, a força pode ser de até 10 vezes o peso corporal durante o agachamento.[351] As forças compressivas de reação articular do tornozelo durante a corrida atingem 9 vezes o peso corporal.[352] Estima-se que ocorram forças de reação similares na ginástica olímpica (balanço com braços estendidos sobre argolas: ombro, 6,5 a 9,2 vezes o peso corporal; forças verticais de impulsão, 3,4 a 5,6 vezes o peso corporal).[352] Podem ser previstas altas forças transarticulares para todas as atividades envolvendo salto. Estudos mostram que as superfícies articulares podem tolerar forças dinâmicas mais elevadas do que forças estáticas. O equipamento tem um papel importante no amortecimento das forças articulares. Um novo tatame de ginástica olímpica reduziu as acelerações da tíbia de 50 para 10 g e as acelerações no quadril de 20 para 8 g.[353] Radin et al. mostraram efeitos negativos sobre a cartilagem articular em articulações sustentadoras de peso de ovelhas que caminhavam por longas distâncias sobre pisos de concreto.[354] Aquelas que caminhavam sobre lascas de madeira não apresentaram efeitos similares. Pode ser previsto que as forças repetitivas são consideravelmente maiores quando um paraquedista aterrissa ou quando um patinador de gelo aterrissa após um salto triplo de frente. Se os tempos de salto na prática e no desempenho são somados, resultam em altas cargas impulsivas repetitivas nas superfícies articulares. O microtrauma é cumulativo.

Se a cartilagem é exposta à ausência de carga e depois exposta à carga, pode haver uma "falha funcional grosseira da matriz".[347] Uma redução na quantidade de ligações cruzadas de colágeno após 11 semanas de imobilização rígida no fêmur de cachorros[331] aponta para uma redução na habilidade dos PGs da matriz da CAH de lidar com as cargas compressivas, tornando a cartilagem vulnerável a lesões por cargas pesadas. Esses resultados sugerem que são necessários programas de sustentação de peso e atividades graduadas após um período extenso sem sustentação de peso ou com engessamento. Tammi et al. revisaram estudos de várias espécies animais envolvendo "aumento de carga", o que produziu resultados variados quanto a se exercícios de corrida lesam ou não lesam a cartilagem articular.[355] Eles sugeriram que um fator na variabilidade dos resultados pode ser a velocidade com que o programa começa. Um período de condicionamento parece ser importante. O grupo finlandês conduziu muitos estudos na cartilagem articular, tanto *in vitro* quanto *in vivo*, incluindo imobilização, retorno da carga e exercício moderado e extenuante. Os pesquisadores concluíram que os efeitos prejudiciais da retirada da carga (perda de rigidez, atrofia) podem ser revertidos com programas suaves, graduais, porém a restauração completa é incerta.[156,355] O aumento de carga na forma de corrida moderada tem efeitos positivos na cartilagem articular mas são revertidos pela corrida extenuante. Não foi ainda demonstrado se a resposta ao exercício não extenuante em atletas humanos é similar à dos animais. Os limites da "faixa fisiológica" precisam ser determinados, assim como o modo de resposta da cartilagem articular madura *in vivo* (Fig. 7.13). Estudos sugerem que o exercício envolvendo carga deve ser feito de modo gradual.

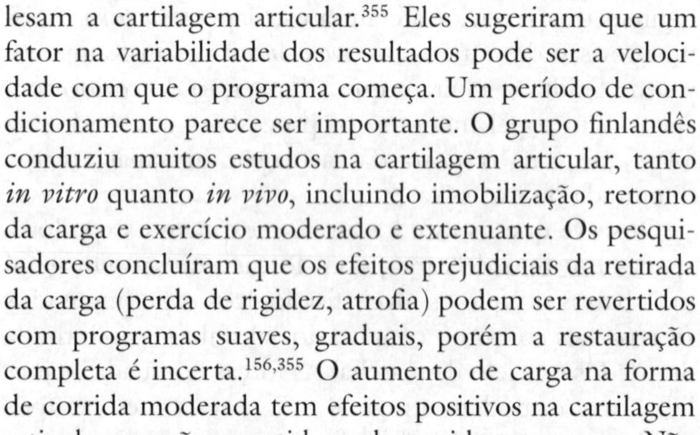

Figura 7.13 Hipótese do efeito do esforço físico intermitente nas propriedades biológicas da cartilagem articular. Tammi et al. sugeriram que a atrofia ou lesão ocorrem na cartilagem articular em decorrência de esforços físicos subótimos, enquanto esforços dentro dos limites fisiológicos estimulam o tecido a desenvolver propriedades biológicas melhores. O aumento do esforço além desse limite fisiológico causa deterioração progressiva de suas propriedades biológicas. (De Tammi M, Paukkonen K, Kiviranta I et al.. Joint loading-induced alterations in articular cartilage. In Helminen HJ, Kiviranta I, Tammi M et al., editors. *Joint loading*. Wright, Bristol, 1987, p. 82.)

O conhecimento da resposta da cartilagem articular à carga e aos estímulos mecânicos vem crescendo. Os resultados de estudos realizados desde a década de 1980 parecem desafiar o antigo dogma do "repouso", já que nas articulações que não recebem carga o repouso se mostra prejudicial para a saúde da cartilagem articular. Os pesquisadores têm proposto a hipótese de que um dos objetivos da fisioterapia, em particular em pacientes maduros que foram confinados ao leito por períodos prolongados, como no tratamento conservador de uma fratura de fêmur, deve ser prover experiências de carga para a perna não afetada de modo a manter a saúde da cartilagem articular. Pode ser um regime tão simples quanto a extensão da perna contra faixas elásticas ou molas, flexão dos joelhos e levantamentos pélvicos resistidos. É plausível que *todos* os profissionais de saúde devem visar minimizar o período sem carga e, sempre que possível, permitir pelo menos sustentação de peso parcial para prover algum estímulo mecânico à cartilagem articular. Adicionalmente, os fisioterapeutas precisam reconhecer que há um limite superior crítico desconhecido de carga que a cartilagem pode suportar sem efeitos adversos. Após uma lesão e períodos de imobilização, a cartilagem tem menor rigidez e menor capacidade de tolerar cargas elevadas.

RESUMO

A CAH é parte da unidade de sustentação de peso que consiste na camada de CAH e no osso subcondral; possui interações importantes com o líquido sinovial. Os nutrientes para os condrócitos precisam atravessar uma longa distância desde os vasos dos tecidos subsinoviais, tais como o osso subcondral de suporte, passando pelo espaço articular até a cartilagem. Os tecidos de revestimento sinovial vasculares também têm um papel importante na saúde da articulação e da cartilagem articular. Esses tecidos podem liberar, secretar ou permitir a passagem de muitas substâncias com a capacidade de degradar a cartilagem. Uma população única esparsa de condrócitos é responsável pela manutenção da matriz extracelular (MEC) desse tecido por meio de um equilíbrio de atividades anabólicas e catabólicas.

A CAH distribui e transmite cargas para o osso subcondral, que também sofre deformação significante mediante a carga. Tanto a estrutura de colágeno quanto a matriz de proteoglicanos são essenciais para a função normal da CAH. A força tensiva vem da rede de colágeno, que limita a expansão do componente agrecano viscoelástico e provê rigidez compressiva. Os agregados agrecano/hialuronano ligam altas quantidades de água intercelular, o que se atribui às suas cargas negativas fixas, e são, por sua vez, responsáveis pela elasticidade da CAH. O ambiente mecânico dos condrócitos e suas fortes inter-relações com a MEC, junto de fatores bioquímicos (fatores de crescimento e citocinas) contribuem amplamente para a homeostase da cartilagem. Os pesquisadores propõem a teoria de que cargas impulsivas repetitivas têm um papel importante na degradação da CAH, produzindo microtraumas que são cumulativos. As condições de privação de carga na CAH produzem uma alteração nas características morfológicas, bioquímicas e biomecânicas, tanto da CAH quanto do osso subcondral subjacente.

Por ser avascular, a cicatrização é imperfeita, a menos que a falha envolva o osso subcondral vascular. Os tempos de cicatrização para restauração da estrutura normal da CAH são extensos e não estão bem definidos em humanos. Os condrócitos têm uma habilidade limitada de reconstituir o tecido depois que é lesado. Tanto os esforços de reparo naturais quanto cirúrgicos para substituir a MEC altamente ordenada da CAH acabam resultando em um tecido fibroso que é mecanicamente inferior. A ciência da engenharia dos tecidos em desenvolvimento pode melhorar o reparo e a regeneração da cartilagem por meio de emissão *in situ* de células condrogênicas suficientes, em um meio que suporte a máxima diferenciação e deposição de MEC apropriada para regeneração subsequente da cartilagem. O sucesso clínico de tais terapias é de grande interesse para as pesquisas e é medido pela qualidade da integração na superfície ao redor, as propriedades biomecânicas do tecido e a durabilidade do tecido produzido por engenharia, sua biocompatibilidade e o resultado final de alinhamento apropriado com a superfície dos tecidos adjacentes.

Os avanços na tecnologia de imagem, como a IRM, estão começando a prover uma avaliação qualitativa da resposta da CAH à carga, algo crítico para a saúde continuada da CAH e sua recuperação após a inatividade ou imobilização. Essa tecnologia deve permitir uma abordagem mais bem fundamentada em evidências para a elaboração de programas de reabilitação ideais e o tratamento de casos envolvendo restrição prolongada de movimentos, imobilização e ausência de peso, e em condições nas quais o movimento é reintroduzido após imobilização e cirurgia em humanos. Há uma tolerância menor a cargas elevadas e cargas estáticas que podem ser prejudiciais; o microtrauma é cumulativo. Os fisioterapeutas precisam considerar o *tipo*, *papel* e *quantidade* de carga nos programas de tratamento.

REFERÊNCIAS BIBLIOGRÁFICAS

1. Mankin HJ, Trasher AZ: Water content and binding in normal and osteoarthritic human cartilage, J Bone Joint Surg 57A:76-80, 1975.
2. Aigner T, Stove J: Collagens-major component of the physiological cartilage matrix, major target of cartilage degeneration, major tool in cartilage repair, Adv Drug Deliv Rev 55(12):1569-1593, 2003.
3. Archer CW, Francis-West P: The chondrocyte, Int J Biochem Cell Biol 35(4):401-404, 2003.
4. Warwick R, Williams PL: Gray's anatomy, ed 35, London, 1973, Longman.
5. Wilsman NJ: Cilia of adult canine articular chondrocytes, J Ultrastructure Res 64:270-281, 1978.
6. Poole AR: Cartilage in health and disease. In McCarty DJ, Koopman WJ, editors: Arthritis and allied conditions, ed 12, vol 1, Philadelphia, 1993, Lea & Febiger.
7. Stockwell RA: Structure and function of the chondrocyte under mechanical stress. In Helminen HJ, Kiviranta I, Tammi M et al, editors: Joint loading: biology of articular structures, Bristol, 1987, Wright.
8. Van der Kraan PM, Buma P, van Kuppevelt T et al: Interaction of chondrocytes, extracellular matrix and growth factors: relevance for articular cartilage tissue engineering, Osteoarthritis Cartilage 10:631-637, 2002.
9. Caplan AI, Ordahl CP: Irreversible gene repression model for control of development, Science 201:120-130, 1978.
10. Poole AR, Matsui Y, Hinek A et al: Cartilage macromolecules and calcification of cartilage matrix, Anat Rec 224:167-179, 1989.
11. Zerega B, Cermelli S, Bianco P et al: Parathyroid hormone [PTH(1-34)] and parathyroid hormone-related protein [PTHrP(1-34)] promote reversion of hypertrophic chondrocytes to a prehypertrophic proliferating phenotype and prevent terminal differentiation of osteoblast-like cells, J Bone Miner Res 14:1281-1289, 1999.
12. Brocklehurst R, Bayliss MT, Maroudas A et al: The composition of normal and osteoarthritic articular cartilage from human knee joints. With special reference to unicompartmental replacement and osteotomy of the knee, J Bone Joint Surg 66:95-106, 1984.
13. Castor CW: Regulation of connective tissue metabolism. In McCarty DJ, Koopman WJ, editors: Arthritis and allied conditions, ed 12, vol 1, Philadelphia, 1993, Lea & Febiger.
14. Rosenberg L: Structure and function of cartilage proteoglycans. In McCarty DJ, Koopman WJ, editors: Arthritis and allied conditions, ed 12, vol 1, Philadelphia, 1993, Lea & Febiger.
15. Ratcliffe A, Mow VC: Articular cartilage. In Comper WD, editor: Extracellular matrix I: tissue function, Amsterdam, 1996, Harwood Academic Publisher.
16. Redini F: Structure and regulation of articular cartilage proteoglycan expression, Pathologie Biologie 49(4):364-375, 2001.
17. Scott JE: Proteoglycan–fibrillar collagen interactions in tissues: dermatan sulphate proteoglycan as a tissue organizer. In Scott JE, editor: Dermatan sulphate proteoglycans: chemistry, biology, chemical pathology, London, 1993, Portland Press.
18. Demoor-Fossard M, Galera P, Santra M et al: A composite element binding the vitamin D receptor and the retinoic X receptor alpha mediates the transforming growth factor-beta inhibition of decorin gene expression in articular chondrocytes, J Biol Chem 276:36983-36992, 2001.
19. Clark I, Murphy G: Matrix proteinases. In Seibel MJ, Robins SP, Bilezikian JP, editors: Dynamics of bone and cartilage metabolism, New York, 1999, Academic Press.
20. Martel-Pelletier J, McCollum R, Fujimoto N et al: Excess of metalloproteases over tissue inhibitor of metalloprotease may contribute to cartilage degradation in osteoarthritis and rheumatoid arthritis, Lab Invest 70:807-815, 1994.
21. Martin JA, Buckwalter JA: The role of chondrocyte-matrix interactions in maintaining and repairing articular cartilage, Biorheology 37:129-140, 2000.
22. Holland TA, Mikos AG: Advances in drug delivery for articular cartilage, J Control Release 86(1):1-14, 2003.
23. Pimentel E: Handbook of growth factors: peptide growth factors, vol 2, Boca Raton, 1994, CRC Press.
24. Chubinskaya S, Kuettner KE: Regulation of osteogenic proteins by chondrocytes, Int J Biochem Cell Biol 35(9):1323-1340, 2003.
25. Gooch KJ, Blunk T, Courter DL et al: IGF-1 and mechanical environment interact to modulate engineered cartilage development, Biochem Biophys Res Commun 286:909-915, 2001.
26. Vincent T, Hermansson M, Bolton M et al: Basic FGF mediates an immediate response of articular cartilage to mechanical injury, Proc Natl Acad Sci USA 99:8259-8264, 2002.
27. Bradham DM, Horton WE Jr: In vivo cartilage formation from growth factor modulated articular chondrocytes, Clin Orthop 352:239-249, 1998.
28. Borden P, Solymar D, Sucharczuk A et al: Cytokine control of interstitial collagenase and collagenase-3 gene expression in human chondrocytes, J Biol Chem 271:23577-23581, 1996.

29. Cassiede P, Dennis JE, Ma F et al: Osteochondrogenic potential of marrow mesenchymal progenitor cells exposed to TGF-beta 1 or PDGF-BB as assayed in vivo and in vitro, J Bone Miner Res 11:1264-1273, 1996.
30. Hulth A, Johnell O, Miyazono K et al: Effect of transforming growth factor-beta and platelet-derived growth factor-BB on articular cartilage in rats, J Orthop Res 14:547-553, 1996.
31. Vivien D, Galera P, Lebrun E et al: Differential effects of transforming growth factor-beta and epidermal growth factor on the cell cycle of cultured rabbit articular chondrocytes, J Cell Physiol 143:534-545, 1990.
32. Jakob M, Demarteau O, Schafer D et al: Specific growth factors during the expansion and redifferentiation of adult human articular chondrocytes enhance chondrogenesis and cartilaginous tissue formation in vitro, J Cell Biochem 81:368-377, 2001.
33. Pfander D, Kortje D, Zimmermann R et al: Vascular endothelial growth factor in articular cartilage of healthy and osteoarthritic human knee joints, Ann Rheum Dis 60:1070-1073, 2001.
34. Gerber HP, Vu TH, Ryan AM et al: VEGF couples hypertrophic cartilage remodeling, ossification and angiogenesis during endochondral bone formation, Nat Med 5:623-628, 1999.
35. Moo V, Sieper J, Herzog V, Muller BM: Regulation of expression of cytokines and growth factors in osteoarthritic cartilage explants, Clin Rheumatol 20:353-358, 2001.
36. Lum ZP, Hakala BE, Mort JS et al: Modulation of the catabolic effects of interleukin-1 beta on human articular chondrocytes by transforming growth factor beta, J Cell Physiol 166:351-359, 1996.
37. Patel IR, Attur MG, Patel RN et al: TNF-alpha convertase enzyme from human arthritis-affected cartilage: isolation of cDNA by differential display, expression of the active enzyme, and regulation of TNF-alpha, J Immunol 160:4570-4579, 1998.
38. Wilbrink B, Nietfeld JJ, den Otter W et al: Role of TNF alpha, in relation to IL-1 and IL-6 in the proteoglycan turnover of human articular cartilage, Br J Rheumatol 30:265-271, 1991.
39. Myllyharju J, Kivirikko KI: Collagens and collagen-related diseases, Ann Med 33:7-21, 2001.
40. Nerlich AG, Kirsch T, Wiest I et al: Localization of collagen X in human fetal and juvenile articular cartilage and bone, Histochemistry 98:275-281, 1992.
41. Prockop DJ, Williams CJ, Vandenburg P: Collagen in normal and diseased connective tissue. In McCarty DJ, Koopman WJ, editors: Arthritis and allied conditions, ed 12, vol 1, Philadelphia, 1993, Lea & Febiger.
42. Brandt KD, Mankin HJ: Osteoarthritis and polychondritis. In Kelley WN, Harris ED Jr, Ruddy S et al, editors: Textbook of rheumatology, Philadelphia, 1993, WB Saunders.
43. Miller EJ: The collagen of joints. In Sokoloff L, editor: The joints and synovial fluid, vol 1, New York, 1988, Academic Press.
44. Postlethwaite AE, Kang AH: Fibroblasts and matrix problems. In Gallin JI, Goldstein IM, Snyderman R, editors: Inflammation: basic principles and clinical correlates, New York, 1992, Raven Press.
45. Goldring SR, Goldring MB: Biology of the normal joint. In Harris ED Jr, Budd RC, Gerovese MC et al, editors: Kelley's textbook of rheumatology, ed 7, Philadelphia, 2005, Elsevier.
46. Nimni ME: Collagen: its structure and function in normal and pathological connective tissues, Semin Arthritis Rheum 4:95-150, 1974.
47. Buckwalter JA, Cooper RR, Maynard JA: Elastic fibers in human intervertebral discs, J Bone Joint Surg 58A:73-76, 1976.
48. Cotta-Pereira G, Del-Caro LM, Nantes GS: Distribution of elastic system fibers in hyaline and fibrous cartilages of the rat, Acta Anat 119:80-85, 1984.
49. Walker JM: Age-related differences in the human sacro-iliac joint: a histological study; implications for therapy, J Orthop Sports Phys Ther 7:325-334, 1986.
50. Bowen V, Cassidy JD: Macroscopic and microscopic anatomy of the sacroiliac joint from embryonic life until the eighth decade, Spine 6:620-682, 1981.
51. Revell PA, Pirie C, Amir G et al: Metabolic activity in the calcified zone of cartilage: observations on tetracycline labelled articular cartilage in human osteoarthritic hips, Rheumatol Int 10:143-147, 1990.
52. Oettmeier R, Abendroth K, Oettmeier S: Analyses of the tidemark on human femoral heads. I. Histochemical, ultrastructural and microanalytic characterization of the normal structure of the intercartilaginous junction, Acta Morphol Hung 37:155-168, 1989.
53. Lane LB, Bullough PG: Age-related changes in the thickness of the calcified zone and the number of tidemarks in adult human articular cartilage, J Bone Joint Surg 62B:372-375, 1980.
54. Hamerman D, Rosenberg LC, Schubert M: Diarthroidal joints revisited, J Bone Joint Surg 52A:725-774, 1970.
55. Lane JN, Weiss C: Current comment: review of articular cartilage collagen research, Arthritis Rheum 18:553-562, 1975.
56. Vanwanseele B, Lucchinetti E, Stussi E: The effects of immobilization on the characteristics of articular cartilage: current concepts and future directions, Osteoarthritis Cartilage 10:408-419, 2002.
57. Mankin HJ, Radin EL: Structure and function of joints. In McCarty DJ, Koopman WJ, editors: Arthritis and allied conditions, ed 12, vol 1, Philadelphia, 1993, Lea & Febiger.
58. Poole CA, Flint MH, Beamont BW: Morphological and functional interrelationships of articular cartilage matrices, J Anat 138:113-138, 1984.
59. Stockwell RA: Cell density of human articular and costal cartilage, J Anat 101:753-763, 1967.
60. Kenzora JE, Yosipovitch Z, Glimcher MJ: The calcified cartilage zone of adult articular cartilage: a viable functional entity, Orthop Trans 2:101, 1978.
61. Muir H, Bullough P, Maroudas A: The distribution of collagen in human articular cartilage with some of its physiological implications, J Bone Joint Surg 52B:554-563, 1970.
62. Gahunia H: The nature of the dense connective tissues of the musculoskeletal system: structure, function, and biomechanics of articular cartilage and meniscus. In Lundon K: Orthopaedic rehabilitation science: principles for clinical management of nonmineralized connective tissue, Boston, 2003, Butterworth-Heinemann.
63. Soder S, Hambach L, Lissner R et al: Ultrastructural localization of type VI collagen in normal adult and osteoarthritic human articular cartilage, Osteoarthritis Cartilage 10:464-470, 2002.
64. Meachim G, Stockwell RA: The matrix. In Freeman MAR, editor: Adult articular cartilage, New York, 1972, Grune & Stratton.
65. Davies DV, Barnett CH, Cochrane W Palfrey AJ.: Electron microscopy of articular cartilage in the young adult rabbit, Ann Rheum Dis 21:11-22, 1962.
66. MacConaill MA: The movement of bones and joints. IV. The mechanical structure of articular cartilage, J Bone Joint Surg 33B:251-257, 1951.
67. Meachim G, Sheffield SR: Surface ultrastructure of mature adult human articular cartilage, J Bone Joint Surg 51B:529-539, 1969.
68. Clarke IC: Articular cartilage: a review and scanning electron microscope study. 1. The interterritorial fibrillar architecture, J Bone Joint Surg 53:732-750, 1971.
69. Weiss C, Rosenberg L, Helfet AJ: An ultrastructural study of normal young adult human articular cartilage, J Bone Joint Surg 50A:663-674, 1968.
70. Knets IV: Adaptation and remodelling of articular cartilage and bone tissue. In Helminen HJ, Kiviranta I, Tammi M et al, editors: Joint loading, Bristol, 1987, Wright.
71. Helminen HJ, Jurvelin J, Kiviranta I et al: Joint loading effects on articular cartilage: a historical review. In Helminen HJ, Kiviranta I, Tammi M et al, editors: Joint loading, Bristol, 1987, Wright.
72. Moses MA, Sudhalter J, Langer R: Identification of an inhibitor of neovascularization from cartilage, Science 248:1408-1410, 1990.
73. van der Harst MR, Brama PA, van de Lest CH et al: An integral biochemical analysis of the main constituents of articular cartilage, subchondral and trabecular bone, Osteoarthritis Cartilage 12(9):752-761, 2004.

74. Lahm A, Uhl M, Edlich M et al: An experimental canine model for subchondral lesions of the knee joint, The Knee 12(1):51-55, 2005.
75. Burr DB, Schaffler MB: The involvement of subchondral mineralized tissues in osteoarthrosis: quantitative microscopic evidence, Microsc Res Tech 37(4):343-357, 1997.
76. Aigner T, McKenna L: Molecular pathology and pathobiology of osteoarthritic cartilage, Cell Mol Life Sci (59):5-18, 2002.
77. Bailey AJ, Mansell JP: Do subchondral bone changes exacerbate or precede articular cartilage destruction in osteoarthritis of the elderly? Gerontology 43(5):296-304, 1997.
78. Imhof H, Sulzbacher I, Grampp S et al: Subchondral bone and cartilage disease: a rediscovered functional unit, Invest Radiol 35:581-588, 2000.
79. Yamada K, Healey R, Amiel D et al: Subchondral bone of the human knee joint in aging and osteoarthritis, Osteoarthritis Cartilage 10:360-369, 2002.
80. Miller LM, Novatt JT, Hamerman D, Carlson CS: Alterations in mineral composition observed in osteoarthritic joints of cynomolgus monkeys, Bone 35(2):498-506, 2004.
81. Goodfellow JW, Bullough PG: The pattern of ageing of the articular cartilage of the elbow joint, J Bone Joint Surg 49:175-181, 1967.
82. Bullough PG: The geometry of diarthrodial joints, its physiologic maintenance, and the possible significance of age-related changes in geometry to load distribution and the development of osteoarthritis, Clin Orthop 156:61-66, 1981.
83. Carter DR, Beaupre GS, Wong M et al: The mechanobiology of articular cartilage development and degeneration, Clin Orthop Relat Res (427 suppl): S69-S77, 2004.
84. Freeman MAR, Meachim G: Ageing, degeneration and remodeling of articular cartilage. In Freeman MAR, editor: Adult articular cartilage, ed 2, Tunbridge Wells, 1979, Pitman.
85. Aurich M, Poole AR, Reiner A et al: Matrix homeostasis in aging normal human ankle cartilage, Arthritis Rheum 46:2903-2910, 2002.
86. Bullough PG: The role of joint architecture in the etiology of arthritis, Osteoarthritis Cartilage 12(1):2-9, 2004.
87. Hall DA: A biomedical basis of gerontology, Bristol, 1984, Wright.
88. Longmore RB, Gardner DL: Development with age of human articular cartilage surface structure. A survey by interference microscopy of the lateral femoral condyle, Ann Rheum Dis 34:26-37, 1975.
89. Verzar F: Lectures on experimental gerontology, Springfield, Ill, 1963, Thomas.
90. Viidik A: Functional properties of collagenous tissues, Int Rev Connect Tissue Res 6:127-215, 1973.
91. Mankin HJ, Lippiello L: Biochemical and metabolic abnormalities in articular cartilage from osteoarthritic human hips, J Bone Joint Surg 52A:424-434, 1970.
92. Bollet AJ, Nance JL: Biochemical Findings in Normal and Osteoarthritic Articular Cartilage. II. Chondroitin Sulfate Concentration and Chain Length, Water, and Ash Content, J Clin Invest 45:1170-1177, 1966.
93. Bonner WM, Jonsson H, Malanos C et al: Changes in the lipids of human articular cartilage with age, Arthritis Rheum 18:461-473, 1975.
94. Simunek Z, Muir H: Changes in the protein-polysaccharides of pig articular cartilage during prenatal life, development and old age, Biochem J 126:515-523, 1972.
95. Mankin HJ: The calcified zone (basal layer) of articular cartilage of rabbits, Anat Rec 145:73-87, 1963.
96. Tonna EA: Aging of skeletal-dental systems and supporting tissues. In Finch CE, Hayflick L, editors: Handbook of aging, New York, 1977, Van Nostrand-Reinhold.
97. Bonucci E, Dearden LC: Matrix vesicles in aging cartilage, Fed Proc 35:163-168, 1976.
98. Livne E, Weiss A, Silbermann M: Changes in growth patterns in mouse condylar cartilage associated with skeletal maturation in senescence, Growth Dev Aging 54:183-193, 1990.
99. Ziv I, Maroudas C, Robin G et al: Human facet cartilage: swelling and some physicochemical characteristics as a function of age. Part 2. Age changes in some biophysical parameters of human facet joint cartilage, Spine 18:136-146, 1993.
100. Waterton JC, Solloway S, Foster JE et al: Diurnal variation in the femoral articular cartilage of the knee in young adult humans, Magn Ressn Med 43:126-132, 2000.
101. Laasanen MS, Tsyrs J, Vasara AI et al: Mechanoacoustic diagnosis of cartilage degeneration and repair, J Bone Joint Surg 85A(suppl 2):78-84, 2003.
102. Frank E, Evans R, Lee C et al: Quantitative electrical impedance analysis of cartilage degradation, Biorheology 3-4:195-202, 2004.
103. Shrive NG, O'Connor JJ, Goodfellow JW: Load-bearing in the knee joint, Clin Orthop 131:279-287, 1978.
104. Fairbank TJ: Knee joint changes after meniscectomy, J Bone Joint Surg 30B:664-670, 1948.
105. Barnett CH, Davies DV, MacConnaill MA: Synovial joints, London, 1961, Longman.
106. Van Sickle DC, Kincaid SA: Comparative arthrology. In Sokoloff L, editor: The joints and synovial fluid, vol 1, London, 1978, Academic Press.
107. Buma P, Ramrattan NN, van Tienen TG, Veth RP: Tissue engineering of the meniscus, Biomaterials 25(9):1523-1532, 2004.
108. Bullough PG, Munuera L, Murphy J, Weinstein AM: The strength of the menisci of the knee as it relates to their fine structure, J Bone Joint Surg 52:564-567, 1970.
109. McDevitt CA, Webber RJ: The ultrastructure and biochemistry of meniscal cartilage, Clin Orthop 252:8-18, 1990.
110. Arnoczky SP, Warren RF: Microvasculature of the human meniscus, Am J Sports Med 10:90-95, 1982.
111. Davies DV, Edwards DAW: The blood supply to synovial membrane, Ann R Coll Surg Engl 2:142-156, 1948.
112. Fermor B, Jeffcoat D, Hennerbichler A et al: The effects of cyclic mechanical strain and tumor necrosis factor alpha on the response of cells of the meniscus, Osteoarthritis Cartilage 12(12):956-962, 2004.
113. O'Brien SJ, Arnoczky SP: Inflammation and healing of meniscal injury. In Leadbetter WB, Buckwalter JA, Gordon SL, editors: Sports-induced inflammation, Park Ridge, Ill 1990, American Academy of Orthopedic Surgeons.
114. Mikic ZD: Detailed anatomy of the articular disc of the distal radioulnar joint, Clin Orthop 7:123-132, 1989.
115. Hede A, Svalastoga E, Reimann I: Articular cartilage changes following meniscal lesions: repair and meniscectomy studied in the rabbit knee, Acta Orthop Scand 62:319-322, 1991.
116. Wirth CR: Meniscus repair, Clin Orthop 157:153-160, 1981.
117. Scott GA, Jolly BL, Henning CE: Combined posterior incision and arthroscopic intra-articular repair of the meniscus. An examination of factors affecting healing, J Bone Joint Surg 68:847-861, 1986.
118. Rijk PC: Meniscal allograft transplantation-part I: background, results, graft selection and preservation, and surgical considerations, Arthroscopy 20(7):728-743, 2004.
119. Chandraraj S, Briggs CA, Opeskin K: Disc herniations in the young and end-plate vascularity, Clin Anat 11:171-176, 1998.
120. Holm SH, Urban JPG: The intervertebral disc: factors contributing to its nutrition and matrix turnover. In Helminen HJ, Kiviranta I, Tammi M et al, editors: Joint loading: biology of articular structures, Bristol, 1987, Wright.
121. Happey F: Studies of the structure of the human intervertebral disc in relation to its functional and aging processes. In Sokoloff L, editor: The joints and synovial fluid, vol 2, London, 1980, Academic Press.
122. Lundon K, Bolton K: Structure and function of the lumbar intervertebral disk in health, aging, and pathologic conditions, J Orthop Sports Phys Ther 31(6):291-303, 2001.
123. Nerlich A, Boos N, Wiest I et al: Immunolocalization of major interstitial collagen types in human lumbar intervertebral discs of various ages, Virchows Arch 432:67-76, 1998.

124. Duance V, Crean JK, Sims TJ: Changes in collagen cross-linking in degenerative disc disease and scoliosis, Spine 23(23):2545-2551, 1998.
125. Inoue H, Takeda T: Three-dimensional observation of collagen framework of lumbar intervertebral discs, Acta Orthop Scand 46:949-956, 1975.
126. Bernick S, Walker JM, Paule WJ: Age changes to the anulus fibrosus in human intervertebral discs, Spine 16:520-524, 1991.
127. Johnson EF, Berryman H, Mitchell R et al: Elastic fibres in the anulus fibrosus of the adult human lumbar intervertebral disc: a preliminary report, J Anat 143:57-63, 1985.
128. Maroudas A, Stockwell RA, Nachemson A et al: Factors involved in the nutrition of the human lumbar intervertebral disc: cellularity and diffusion of glucose in vitro, J Anat 120:113-130, 1975.
129. Bernick S, Cailliet R: Vertebral end-plate changes with aging of human vertebrae, Spine 7:97-102, 1982.
130. Copius Peereboom JW: Some biochemical and histochemical properties of the age pigment in the human intervertebral disc, Histochemie 37:119-130, 1973.
131. Grignon B, Grignon Y, Mainard D et al: The structure of the cartilaginous end plates in elderly people, Surgic Radiol Anat 22(1):13-19, 2000.
132. Moore RJ: The vertebral end-plate: what do we know? European Spine J 9(2):92-96, 2000.
133. Naylor A: The biochemical changes in the human intervertebral disc in degeneration and nuclear prolapse, Orthop Clin North Am 2:343-358, 1971.
134. Urban JP, McMullin JF: Swelling pressure of the intervertebral disc: influence of proteoglycan and collagen contents, Biorheology 22:145-157, 1985.
135. Koeller W, Meier W, Hartmann F: Biomechanical properties of human intervertebral discs subjected to axial dynamic compression. A comparison of lumbar and thoracic discs, Spine 9:725-733, 1984.
136. Holm S, Maroudas A, Urban JP et al: Nutrition of the intervertebral disc: solute transport and metabolism, Connect Tissue Res 8:101-119, 1981.
137. Ashton IK, Roberts S, Jaffray DC et al: Neuropeptides in the human intervertebral disc, J Orthop Res 12:186-192, 1994.
138. Bogduk N, Tynan W, Wilson AS: The nerve supply to the human lumbar intervertebral discs, J Anat 132:39-56, 1981.
139. Dee R: The innervation of joints. In Sokoloff L, editor: The joints and synovial fluid, vol 1, New York, 1978, Academic Press.
140. Roofe PG: Innervation of the anulus fibrosus in posterior longitudinal ligament, Arch Neurol Psychiatry 44:110-123, 1940.
141. Taylor JR, Twomey LT: Innervation of lumbar intervertebral discs, Med J Aust 2:701-702, 1979.
142. Pedersen HE, Blunck CF, Gardner E: The anatomy of lumbosacral posterior rami and meningeal branches of spinal nerve (sinu--vertebral nerves); with an experimental study of their functions, J Bone Joint Surg 38A:377-391, 1956.
143. Malinsky J: The ontogenetic development of nerve terminations in the intervertebral discs of man. (Histology of intervertebral discs, 11th communication), Acta Anat 38:96-113, 1959.
144. Buckwalter JA: Osteoarthritis and articular cartilage use, disuse and abuse: experimental studies, J Rheum S43:13-15, 1995.
145. Pearce RH: Morphologic and chemical aspects of aging. In Buckwalter JA, Goldberg VM, Woo SL-Y, editors: Musculoskeletal soft-tissue aging: impact on mobility, Rosemont, Ill, 1992, American Academy of Orthopaedic Surgeons.
146. Peereboom JWC: Age-dependent changes in the human intervertebral disc, Gerontologia 17:236-252, 1971.
147. Osti OL, Vernon-Roberts B, Moore R et al: Annular tears and disc degeneration in the lumbar spine, J Bone Joint Surg 74B(5):678-682, 1992.
148. Akeson WH, Amiel D, LaViolette D: The connective tissue response to immobility: a study of chondroitin 4 and 6 sulfate and dermatan sulfate changes in periarticular connective tissue of control and immobilized knees of dogs, Clin Orthop 51:183-197, 1967.
149. Salter B: Continuous passive motion (CPM): a biological concept for the healing and the generation of articular cartilage, ligaments, and tendons: from its origination to research to clinical applications, Baltimore, 1993, Williams & Wilkins.
150. Akeson WH, Amiel D, Woo SL-Y: Physiology and therapeutic value of passive motion. In Helminen HJ, Kiviranta I, Tammi M et al, editors: Joint loading: biology of articular structures, Bristol, 1987, Wright.
151. Silver FH, Bradica G: Mechanobiology of cartilage: how do internal and external stresses affect mechanochemical transduction and elastic energy storage? Biomech Model Mechanobiol 1(3):219-238, 2002.
152. Wong M, Carter DR: Articular cartilage functional histomorphology and mechanobiology: a research perspective, Bone 33(1):1-13, 2003.
153. Durrant LA, Archer CW, Benjamin M, Ralphs JR: Organisation of the chondrocyte cytoskeleton and its response to changing mechanical conditions in organ culture, J Anat 194:343-353, 1999.
154. Salter DM, Wright MO, Millward-Sadler SJ: NMDA receptor expression and roles in human articular chondrocyte mechanotransduction, Biorheology 41:273-281, 2004.
155. Rodan GA, Bourret LA, Harvey A et al: Cyclic AMP and cyclic GMP: mediators of the mechanical effects on bone remodeling, Science 189:467-469, 1975.
156. Lammi MJ: Current perspectives on cartilage and chondrocyte mechanobiology, Biorheology 41(3-4):593-596, 2004.
157. Wyke B: The neurology of joints, Ann R Coll Surg Engl 41:25-50, 1967.
158. Freeman MA, Wyke B: The innervation of the knee joint: an anatomical and histological study in the cat, J Anat 101:505-532, 1967.
159. Freeman MA, Wyke B: The innervation of the ankle joint. An anatomical and histological study in the cat, Acta Anat 68:321-333, 1967.
160. Mapp PI: Innervation of the synovium, Ann Rheum Dis 54:398-403, 1995.
161. Zimny ML: Mechanoreceptors in articular tissues, Am J Anat 182:16-32, 1988.
162. Johansson H, Sjölander P: Neurophysiology. In Wright V, Radin E, editors: Mechanics of human joints, Philadelphia, 1993, Marcel Dekker.
163. Hogervorst T, Brand RA: Mechanoreceptors in joint function, J Bone Joint Surg 80A(9):1365-1378.
164. Sjolander P, Johansson H, Djupsjobacka M: Spinal and supraspinal effects of activity in ligament afferents, J Electromyogr Kinesiol 12(3):167-176, 2002.
165. Andersen H: Development, morphology and histochemistry of the early synovial tissue in human foetuses, Acta Anat 58:90-115, 1964.
166. Key JA: The synovial membrane of joints and bursae. In Special Cytology, II, ed 2, New York, 1932, Paul W. Hoeber.
167. Ghadially FN: Fine structure of synovial joints, London, 1983, Butterworth.
168. Edwards JCW: The synovium. In Hochberg M, Silman AJ, Smolen JS et al, editors: Practical rheumatology, ed 3, vol 1, Edinburgh, 2003, Mosby.
169. McCarty DJ: Synovial fluid. In McCarty DJ, Koopman WL, editors: Arthritis and allied conditions, ed 12, vol 1, Philadelphia, 1993, Lea & Febiger.
170. Henderson B, Edwards JCW: The synovial lining in health and disease, London, 1987, Chapman & Hall.
171. Simpkin PA: Synovial physiology. In McCarty DJ, Koopman WL, editors: Arthritis and allied conditions, ed 12, vol 1, Philadelphia, 1993, Lea & Febiger.
172. Ghadially FN: Fine structure of joints. In Sokoloff L, editor: The joints and synovial fluid, London, 1978, Academic Press.
173. Davies DV: The lymphatics of the synovial membrane, J Anat 80:21-23, 1946.

174. Knight AD, Levick JR: Effect of fluid pressure on the hydraulic conductance of interstitium and fenestrated endothelium in the rabbit knee, J Physiol 360:311-332, 1985.
175. Blake D, Mapp P, Stevens CR: The physiology of the joint and its disturbance in inflammation. In Isenberg DA, Maddison PJ, Woo P et al, editors: Oxford textbook of rheumatology, ed 3, Oxford, 2004, Oxford University Press.
176. Halata Z, Groth HP: Innervation of the synovial membrane of the cat's joint capsule, Cell Tissue Res 169:415-418, 1976.
177. Rodosky MW, Fu FH: Induction of synovial inflammation by matrix molecules, implant particles, and chemical agents. In Leadbetter WB, Buckwalter JA, Gordon SL, editors: Sports-induced inflammation, Park Ridge, Ill, 1990, American Academy of Orthopaedic Surgeons.
178. Gardner E: Physiology of movable joints, Physiol Rev 30:127-176, 1950.
179. Edwards JC: Fibroblast biology. Development and differentiation of synovial fibroblasts in arthritis, Arthritis Res 2:344-347, 2000.
180. Chatham WW, Swaim R, Frohsin H Jr et al: Degradation of human articular cartilage by neutrophils in synovial fluid, Arthritis Rheum 36:51-58, 1993.
181. Fox RI, Kang H: Structure and function of synoviocytes. In McCarty DJ, Koopman WJ, editors: Arthritis and allied conditions, ed 12, vol 1, Philadelphia, 1993, Lea & Febiger.
182. Swann DA, Slayter HS, Silver FH: The molecular structure of LGP-1, the boundary lubricant for articular cartilage, J Biochem 265:5921, 1981.
183. Hills BA: Boundary lubrication in vivo, Proc Inst Mech Eng 214:83-94, 2000.
184. Ropes NW, Bauer W: Synovial fluid changes in joint disease, Cambridge, 1953, Harvard University Press.
185. Geborek P, Wollheim FA: Synovial fluid. In Wright V, Radin E, editors: Mechanics of human joints, New York, 1993, Marcel Dekker.
186. Levick JR: Blood flow in mass transport in synovial joints. In Rankin EN, Michel CC, editors: Handbook of physiology: the cardiovascular system. IV The microcirculation, part 2, Bethesda, 1984, American Physiological Society.
187. Houk JL: Formation, composition and function of joint fluid. In Isenberg DA, Maddison PJ, Woo P et al, editors: Oxford textbook of rheumatology, ed 3, Oxford, 2004, Oxford University Press.
188. Blake DR, Merry P, Unsworth J et al: Hypoxic-reperfusion injury in the inflamed human joint, Lancet 1:289-293, 1989.
189. Jayson MI, Dixon AS: Intra-articular pressure in rheumatoid arthritis of the knee. 3. Pressure changes during joint use, Ann Rheum Dis 29:401-408, 1970.
190. Wood L, Ferrell WR, Baxendale RH: Pressures in normal and acutely distended human knee joints and effects on quadriceps maximal voluntary contractions, Q J Exp Physiol 73:305-314, 1988.
191. Unsworth A, Dowson D, Wright V: "Cracking joints": a bioengineering study of cavitation in the metacarpo-phalangeal joint, Ann Rheum Dis 30:348-358, 1971.
192. Merry P, Williams R, Cox N et al: Comparative study of intra-articular pressure dynamics in joints with acute traumatic and chronic inflammatory effusions: potential implications for hypoxic-reperfusion injury, Ann Rheum Dis 50:917-920, 1991.
193. Gaffney K, Williams RB, Jolliffe VA et al: Intra-articular pressure changes in rheumatoid and normal peripheral joints, Ann Rheum Dis 54:670-673, 1995.
194. Ekholm R: Articular cartilage nutrition, Acta Anat (Basel) 15-N2:1-76, 1955.
195. Brower TD, Akahoski Y, Orlic PL: The diffusion of dyes through articular cartilage in vivo, J Bone Joint Surg 44A:456-463, 1962.
196. McKibbin B, Holdsworth FW: The nutrition of immature joint cartilage in the lamb, J Bone Joint Surg 48B:793-803, 1966.
197. Mow VC, Holmes MH, Lai WM: Influence of load bearing on the fluid transport and mechanical properties of articular cartilage. In Helminen HJ, Kiviranta I, Tammi M et al, editors: Joint loading: biology of articular structures, Bristol, 1987, Wright.
198. Wallis WJ, Simkin PA, Nelp WB: Low synovial clearance of iodine provides evidence of hypoperfusion in chronic rheumatoid synovitis, Arthritis Rheum 28:1096-1104, 1985.
199. Simpkin P: Biology of joints. In Wright V, Radin EL, editors: Mechanics of human joints, New York, 1993, Marcel Dekker.
200. Unsworth A: Lubrication of human joints. In Wright V, Radin EL, editors: Mechanics of human joints, New York, 1993, Marcel Dekker.
201. Hasler EM, Herzog W, Wu JZ et al: Articular cartilage biomechanics: theoretical models, material properties, and biosynthetic response, Crit Rev in Biomed Eng 27:415-488, 1999.
202. Nordin M, Frankel VH: Biomechanics of the musculoskeletal system, ed 3, Philadelphia, 2001, Lippincott, Williams & Wilkins.
203. Radin EL, Paul IL: A consolidated concept of joint lubrication, J Bone Joint Surg 54:607-613, 1972.
204. Mow VC, Mansour JM: The nonlinear interaction between cartilage deformation and interstitial fluid flow, J Biomech 10:31-39, 1977.
205. McCutchen CW: Lubrication of joints. In Sokoloff L, editor: The joints and synovial fluid, vol 1, New York, 1978, Academic Press.
206. Walker PS, Dowson D, Longfield MD et al: "Boosted lubrication" in synovial joints by fluid entrapment and enrichment, Ann Rheum Dis 27:512-520, 1968.
207. Eckstein F, Gavazzeni A, Sittek H et al: Determination of knee joint cartilage thickness using three-dimensional magnetic resonance chondro-crassometry (3D MR-CCM), Magn Reson Med 36:256-265, 1996.
208. Macconaill MA: Function of intra-articular fibrocartilages with special reference to the knee and inferior-radio-ulnar joints, J Anat 66:210-227, 1932.
209. Jones ES: Joint lubrication, Lancet 1:1426-1427, 1934.
210. Jones ES: Joint lubrication, Lancet 1:1043-1044, 1936.
211. Linn FC: Lubrication of animal joints. II. The mechanism, J Biomech 1:193-205, 1968.
212. McCutchen CW: Sponge-hydrostatic and weeping bearings, Nature 184:1284-1285, 1959.
213. Charnley J: The lubrication of animal joints. In Symposium on biomechanics, London, 1959, Institute of Mechanical Engineers.
214. Dintenfass L: Lubrication in synovial joints: a theoretical analysis, J Bone Joint Surg 45:1241-1256, 1963.
215. Fein RS: Are synovial joints squeeze-film lubricated? Proc Inst Mech Eng [3J] 181:125-128, 1966-1967.
216. Dowson D, Jin Z-M: Micro-elastohydrodynamic lubrication of synovial joints, Eng Med 15:63-65, 1986.
217. Roberts BJ, Unsworth A, Mian N: Modes of lubrication in human hip joints, Ann Rheum Dis 41:217-224, 1982.
218. Unsworth A: The effects of lubrication in hip joint prostheses, Phys Med Biol 23:253-268, 1978.
219. Radin EL: Osteoarthrosis. In Wright V, Radin EL, editors: Mechanics of human joints, New York, 1993, Marcel Dekker.
220. Zvaifler NJ: Etiology and pathogenesis of rheumatoid arthritis. In McCarty DJ, Koopman WJ, editors: Arthritis and allied conditions, ed 12, vol 1, Philadelphia, 1993, Lea & Febiger.
221. Krane SM: Mechanisms of tissue destruction in rheumatoid arthritis. In McCarty DJ, Koopman WJ, editors: Arthritis and allied conditions, ed 12, vol 1, Philadelphia, 1993, Lea & Febiger.
222. Hough AJ: Pathology of osteoarthritis. In McCarty DJ, Koopman WJ, editors: Arthritis and allied conditions, ed 12, vol 1, Philadelphia, 1993, Lea & Febiger.
223. Pinals RS: Traumatic arthritis and allied conditions. In McCarty DJ, Koopman WJ, editors: Arthritis and allied conditions, ed 12, vol 1, Philadelphia, 1993, Lea & Febiger.
224. Brandt KD, Mankin HJ: Pathogenesis of osteoarthritis. In Kelley WN, Harris ED Jr, Ruddy S et al, editors: Textbook of rheumatology, Philadelphia, 1993, WB Saunders.
225. Radin EL: Mechanically induced periarticular and neuromuscular problems. In Wright V, Radin EL, editors: Mechanics of human joints, New York, 1993, Marcel Dekker.

226. Buckwalter JA, Rosenberg LC, Hunziker EB: Articular cartilage: composition structure, response to injury and methods of facilitating repair. In Ewing JJ, editor: Articular cartilage and knee joint function: basic science and arthroscopy, New York, 1990, Raven Press.
227. Radin EL, Ehrlich MG, Chernack R et al: Effect of repetitive impulsive loading on the knee joints of rabbits, Clin Orthop 131:288-293, 1978.
228. Tetlow LC, Adlam DJ, Woolley DE: Matrix metalloproteinase and proinflammatory cytokine production by chondrocytes of human osteoarthritic cartilage: associations with degenerative changes, Arthritis Rheum 44:585-594, 2001.
229. Minas T: The role of cartilage repair techniques, including chondrocyte transplantation, in focal chondral knee damage, AAOS Instr Course Lect 48:629-643, 1999.
230. Hunziker EB: Articular cartilage repair: are the intrinsic biological constraints undermining this process insuperable? Osteoarthritis Cartilage 7:15-28, 1999.
231. Kelly DJ, Prendergast PJ: Mechano-regulation of stem cell differentiation and tissue regeneration in osteochondral defects, J Biomech 38(7):1413-1422, 2005.
232. Fassbender HG: Significance of endogenous and exogenous mechanisms in the development of osteoarthritis. In Helminen HJ, Kiviranta I, Tammi M et al, editors: Joint loading: Biology of articular structures, Bristol, 1987, Wright.
233. Buckland-Wright JC, Macfarlane DG, Williams SA et al: Accuracy and precision of joint space width measurements in standard and macroradiographs of osteoarthritic knees, Ann Rheum Dis 54:872-880, 1995.
234. Castriota-Scanderbeg A, De Micheli V, Scarale MG et al: Precision of sonographic measurement of articular cartilage: inter- and intra-observer analysis, Skeletal Radiol 25:545-549, 1996.
235. Lyyra T, Niinimaki M, Toyras J et al: Optimization of the arthroscopic indentation instrument for the measurement of thin cartilage stiffness, Phys Med Biol 44:2511-2524, 1999.
236. Verstraete K, Almqvist F, Verdonk P et al: Magnetic resonance imaging of cartilage and cartilage repair, Clin Radiol 59(8):674-689, 2004.
237. Lindsey C, Narasimhan A, Adolfo J et al: Magnetic resonance evaluation of the interrelationship between articular cartilage and trabecular bone of the osteoarthritic knee, Osteoarthritis Cartilage 12(2):86-96, 2004
238. Havdrup T, Telhag H: Mitosis of chondrocytes in normal adult joint cartilage, Clin Orthop 153:248-252, 1980.
239. Buckwalter JS, Mow VC: Articular cartilage repair in osteoarthritis. In Howell DS, Mankin HJ, Moskowitz RW, editors: Osteoarthritis: diagnosis and management, ed 2, Philadelphia, 1990, WB Saunders.
240. Sledge CB: Biology of the joint. In Kelley WN, Harris ED, Ruddy S et al, editors: Textbook of rheumatology, ed 4, vol 1, Philadelphia, 1993, WB Saunders.
241. Landells JW: The reactions of injured human articular cartilage, J Bone Joint Surg 39B:548-562, 1957.
242. Havdrup T, Telhag H: Scattered mitosis in adult joint cartilage after partial chondrectomy. A histological, autoradiographical and biochemical study in rabbits, Acta Orthop Scand 49:424-429, 1978.
243. Crelin ES, Southwick WO: Changes induced by sustained pressure in the knee joint articular cartilage of adult rabbits, Anat Rec 149:113-133, 1964.
244. Mankin HJ, Brandt KD: Biochemistry and metabolism of cartilage in osteoarthritis. In Moskowitz RW, Hall DS, Goldberg VM et al, editors: Osteoarthritis: diagnosis and management, Philadelphia, 1984, WB Saunders.
245. Sokoloff L: In vitro culture of joint and articular tissues. In Sokoloff L, editor: The joints and synovial fluid, vol 2, New York, 1980, Academic Press.
246. O'Driscoll SW, Keeley FW, Salter RB: The chondrogenic potential of free autogenous periosteal grafts for biological resurfacing of major full thickness defects in joint surfaces under the influence of continuous passive motion: an experimental investigation in the rabbit, J Bone Joint Surg 68A:1017-1035, 1986.
247. O'Driscoll SW, Keeley FW, Salter RB: Durability of regenerated articular cartilage produced by free autogenous periosteal grafts in major full thickness defects in joint surfaces under the influence of continuous passive motion: a follow-up report at one year, J Bone Joint Surg 70:595-606, 1988.
248. Convery FR, Akeson WH, Keown GH: The repair of large osteochondral defects: an experimental study in horses, Clin Orthop 82:253-262, 1972.
249. Caterson B, Buckwalter J: Articular cartilage repair and remodelling: overview. In Maroudas A, Kuettner K, editors: Methods in cartilage research, Boston, 1989, Academic Press.
250. Byers PD, Brown RA: Reflections on the repair of articular cartilage. In Maroudas A, Kuettner K, editors: Methods in cartilage research, Boston, 1989, Academic Press.
251. Risbud MV, Sittinger M: Tissue engineering: advances in in vitro cartilage generation, Trends Biotechnol 20(8):351-356, 2002.
252. Radin EL, Maquet P, Park H: Rationale and indications for the "hanging hip" procedure: a clinical and experimental study, Clin Orthop 112:221-230, 1975.
253. Salter RB, Simmonds DF, Malcolm BW et al: The biological effect of continuous passive motion on the healing of full-thickness defects in articular cartilage, J Bone Joint Surg 62A:1232-1251, 1980.
254. Salter RB, Simmonds DF, Malcolm BW et al: The effects of continuous passive motion on the healing of articular cartilage defects, J Bone Joint Surg 57A:570 (Abstract), 1975.
255. O'Driscoll SW, Salter RB: The induction of neochondrogenesis in free intra-articular periosteal autografts under the influence of continuous passive motion: an experimental study in the rabbit, J Bone Joint Surg 66A:1248-1257, 1984.
256. Coutts RD, Woo SL, Amiel D et al: Rib perichondrial autografts in full-thickness articular cartilage defects in rabbits, Clin Orthop 275:263-273, 1992.
257. Amiel D, Coutts RD, Harwood FL et al: The chondrogenesis of perichondrial grafts for repair of full thickness articular cartilage defects in a rabbit model: a one year post-operative assessment, Connect Tissue Res 18:27-39, 1988.
258. Moran ME, Kim HK, Salter RB: Biological resurfacing of full--thickness defects in patellar articular cartilage of the rabbit. Investigation of autogenous periosteal grafts subjected to continuous passive motion, J Bone Joint Surg 74:659-667, 1992.
259. Elliott JP, Smith RL, Block CA: Time-varying magnetic fields: effects of orientation on chondrocyte proliferation, J Orthop Res 6:259-264, 1988.
260. Okihana H, Shimomura Y: Effect of direct current on cultured growth cartilage cells in vitro, J Orthop Res 6:690-694, 1988.
261. Brighton CT, Unger AS, Stambough JL: In vitro growth of bovine articular cartilage chondrocytes in various capacitively coupled electrical fields, J Orthop Res 2:15-22, 1984.
262. Aaron RK, Ciomber DM, Jolly G: Modulation of chondrogenesis and chondrocyte differentiation by pulsed electromagnetic fields, Trans Orthop Res Soc 12:272, 1987.
263. Aaron RK, Plaas AK: Stimulation of proteoglycan synthesis in articular chondrocyte cultures by a pulsed electromagnetic field, Trans Orthop Res Soc 12:273, 1987.
264. Lippiello L, Chakkalakal D, Connolly JF: Pulsing direct current--induced repair of articular cartilage in rabbit osteochondral defects, J Orthop Res 8:266-275, 1990.
265. Baker B, Becker RO, Spadaro J: A study of electrochemical enhancement of articular cartilage repair, Clin Orthop 102:251-267, 1974.
266. Armstrong PF, Brighton CT, Star AM: Capacitively coupled electrical stimulation of bovine growth plate chondrocytes grown in pellet form, J Orthop Res 6:265-271, 1988.
267. Ficat RP, Ficat C, Gedeon P, Toussaint JB: Spongialization: a new treatment for diseased patellae, Clin Orthop 144:74-83, 1979.

268. Mitchell N, Shepard N: The resurfacing of adult rabbit articular cartilage by multiple perforations through the subchondral bone, J Bone Joint Surg 58A:230-233, 1976.
269. Burkart A, Imhoff AB. Therapy of cartilage damage-more current than ever, Unfallcirurg 104:797, 2001.
270. Robinson D, Halperin N, Nevo Z: Use of cultured chondrocytes as implants for repairing cartilage defects. In Maroudas A, Kuettner K, editors: Methods in cartilage research, Boston, 1989, Academic Press.
271. Wong M, Carter DR: Articular cartilage functional histomorphology and mechanobiology: a research perspective, Bone 33(1):1-13, 2003.
272. Giurea A, DiMicco MA, Akeson WH et al: Development-associated differences in integrative cartilage repair: roles of biosynthesis and matrix, J Orthop Res 20:1274-1281, 2002.
273. Brittberg M, Lindahl A, Nilsson A et al: Treatment of deep cartilage defects in the knee with autologous chondrocyte transplantation, N Engl J Med 331:889-895, 1994.
274. Goto J, Goldberg V, Kaplan A: Osteochondral progenitor cells enhance repair of large defects in rabbit articular cartilage, Trans Orthop Res Soc 17:598, 1992.
275. Paletta GA, Arnoczky SP, Warren RF: The repair of osteochondral defects using an exogenous fibrin clot: an experimental study in dogs, Am J Sports Med 20:725-731, 1992.
276. Klompmaker J, Jansen HW, Veth RP et al: Porous polymer implants for repair of full-thickness defects of articular cartilage: an experimental study in rabbit and dog, Biomaterials 13:625-634, 1992.
277. Martin I, Suetterlin R, Baschong W et al: Enhanced cartilage tissue engineering by sequential exposure of chondrocytes to FGF-2 during 2D expansion and BMP-2 during 3D cultivation, J Cell Biochem 83:121-128, 2001.
278. Knudson W, Loeser RF: CD44 and integrin matrix receptors participate in cartilage homeostasis, Cell Mol Life Sci 59:36-44, 2002.
279. Bruder SP, Jaiswal N, Ricalton NS et al: Mesenchymal stem cells in osteobiology and applied bone regeneration, Clin Orthop 355:S247-S256, 1998.
280. Bujia J, Alsalameh S, Naumann A et al: Humoral immune response against minor collagens type IX and XI in patients with cartilage graft resorption after reconstructive surgery, Ann Rheum Dis 53:229-234, 1994.
281. Gerson SL: Mesenchymal stem cells: no longer second class marrow citizens, Nat Med 5:262-264, 1999.
282. Bosch P, Musgrave DS, Lee JY et al: Osteoprogenitor cells within skeletal muscle, J Orthop Res 18:933-944, 2000.
283. Levy MM, Joyner CJ, Virdi AS et al: Osteoprogenitor cells of mature human skeletal muscle tissue: an in vitro study, Bone 29:317-322, 2001.
284. Zuk P, Zhu M, Mizuno H et al: Multilineage cells from human adipose tissue: implications for cell-based therapies, Tissue Eng 7:211-228, 2001.
285. Huang JI, Beanes SR, Zhu M et al: Rat extramedullary adipose tissue as a source of osteochondrogenic progenitor cells, Plast Reconstr Surg 109:1033-1041, 2002.
286. Tuschl T, Borkhardt A: Small interfering RNAs: a revolutionary tool for the analysis of gene function and gene therapy, Mol Interventions 2:158-167, 2002.
287. Darling E, Hu J, Athanasiou K: Zonal and topographical differences in articular cartilage gene expression, J Orthop Res 22(6):1182-1187, 2004.
288. Atala A, Kim W, Paige KT et al: Endoscopic treatment of vesicoureteral reflux with a chondrocyte-alginate suspension, J Urol 152:641-643, 1994.
289. Risbud M, Ringe J, Bhonde R et al: In vitro expression of cartilage-specific markers by chondrocytes on a biocompatible hydrogel: implications for engineering cartilage tissue, Cell Transplant 10:755-763, 2001.
290. Honda M, Yada T, Ueda M et al: Cartilage formation by cultured chondrocytes in a new scaffold made of poly(L-lactide-epsilon--caprolactone) sponge, J Oral Maxillofac Surg 58:767-775, 2000.
291. Silverman RP, Passaretti D, Huang W et al: Injectable tissue-engineered cartilage using a fibrin glue polymer, Plast Reconstr Surg 103:1809-1818, 1999.
292. Minuth WW, Sittinger M, Kloth S: Tissue engineering: generation of differentiated artificial tissues for biomedical applications, Cell Tiss Res 291:1-11, 1998.
293. Buckwalter JA, Cruess R: Healing of musculoskeletal tissues. In Rockwood CA, Green DP, Bucholz RW, editors: Fractures in adults, ed 3, Philadelphia, 1991, JB Lippincott.
294. Wilson W, van Donkelaar C, van Rietbergen B et al: Stresses in the local collagen network of articular cartilage: a poroviscoelastic fibril-reinforced finite element study, J Biomech 37(3):357-366, 2004.
295. Trickey WR, Vail TP, Guilak F: The role of the cytoskeleton in the viscoelastic properties of human articular chondrocytes, J Orthop Res 22(1):131-139, 2004.
296. Leipzig ND, Athanasiou KA: Unconfined creep compression of chondrocytes, J Biomech 38(1):77-85, 2005.
297. Buschmann MD, Gluzband YA, Grodzinsky AJ et al: Mechanical compression modulates matrix biosynthesis in chondrocyte/agarose culture, J Cell Sci 108:1497-1508, 1995.
298. Lee DA, Noguchi T, Frean SP et al: The influence of mechanical loading on isolated chondrocytes seeded in agarose constructs, Biorheology 37:149-161, 2000.
299. Smith RL, Lin J, Trindade MC et al: Time-dependent effects of intermittent hydrostatic pressure on articular chondrocyte type II collagen and aggrecan mRNA expression, J Rehabil Res Dev 37(2):153-161, 2000.
300. Frank CB, Hart DA: Cellular response to loading. In Leadbetter WB, Buckwalter JA, Gordon SL, editors: Sports-induced inflammation, Park Ridge, Ill, 1990, American Academy of Orthopaedic Surgeons.
301. Mobasheri A, Carter SD, Martin-Vasallo P et al: Integrins and stretch activated ion channels: putative components of functional cell surface mechanoreceptors in articular chondrocytes, Cell Biol Int 26(1):1-18, 2002.
302. Alexopoulos LG, Williams GM, Upton ML et al: Osteoarthritic changes in the biphasic mechanical properties of the chondrocyte pericellular matrix in articular cartilage, J Biomech 38(3):509-517, 2005.
303. Vanderploeg EJ, Imler SM, Brodkin KR et al: Oscillatory tension differentially modulates matrix metabolism and cytoskeletal organization in chondrocytes and fibrochondrocytes, J Biomech 37(12):1941-1952, 2004.
304. Collins DH: The pathology of articular and spinal diseases, London, 1949, Arnold.
305. Eichelberger L, Miles JS, Roma M: The histochemical characterization of articular cartilages of poliomyelitis patients, J Lab Clin Med 40:284-296, 1952.
306. Vanwanseele B, Eckstein F, Knecht H et al: Knee cartilage of spinal cord-injured patients displays progressive thinning in the absence of normal joint loading and movement, Arthritis Rheum 46:2073-2078, 2002.
307. Akeson WH, Eichelberger L, Roma M: Biochemical studies of articular cartilage. II. Values following denervation of an extremity, J Bone Joint Surg 40A:153-162, 1958.
308. Threlkeld AJ, Smith SD: Unilateral hindpaw amputation causes bilateral articular cartilage remodeling of the rat hip joint, Anat Rec 221:576-583, 1988.
309. Helminen HJ, Jurvelin J, Kuusela T et al: Effects of immobilization for 6 weeks on rabbit knee articular surfaces as assessed by the semi-quantitative stereomicroscopic method, Acta Anat 115:327-335, 1983.
310. Jurvelin J, Helminen HJ, Lauritsalo S et al: Influences of joint immobilization and running exercise on articular cartilage surfaces of young rabbits. A semiquantitative stereomicroscopic and scanning electron microscopic study, Acta Anat 122:62-68, 1985.

311. Enneking WF, Horowitz M: The intra-articular effects of immobilization on the human knee, J Bone Joint Surg 54:973-985, 1972.
312. Evans EB, Eggers GWN, Butler JK et al: Experimental immobilization and remobilization of rat knee joints, J Bone Joint Surg 42A:737-758, 1960.
313. Hall MC: Articular changes in the knee of the adult rat after prolonged immobilization in extension, Clin Orthop 34:184-195, 1964.
314. Thompson RC Jr, Bassett CA: Histological observations on experimentally induced degeneration of articular cartilage, J Bone Joint Surg 52A:435-443, 1970.
315. Akeson WH, Woo SL, Amiel D et al: The connective tissue response to immobility: biochemical changes in periarticular connective tissue of the immobilized rabbit knee, Clin Orthop 93:356-362, 1973.
316. Crelin ES, Southwick WO: Changes induced by sustained pressure in the knee joint articular cartilage of adult rabbits, Anat Rec 149:113-133, 1964.
317. Trueta J: Osteo-arthritis: an approach to surgical treatment, Lancet 1:585-589, 1956.
318. Trias A: Effect of persistent pressure on articular cartilage: an experimental study, J Bone Joint Surg 43B:376-386, 1961.
319. Hall MC: Cartilage changes after experimental immobilization of the knee joint of the young rat, J Bone Joint Surg 45A:36-44, 1963.
320. Ely LW, Mensor MC: Studies on the immobilization of the normal joints, Surg Gynecol Obstet 37:212-215, 1933.
321. Tomlinson N, Maroudas A: The effect of cyclic and continuous compression on the penetration of large molecules into articular cartilage, J Bone Joint Surg 62B:251 (Abstract), 1980.
322. Maroudas A: Biophysical chemistry of cartilaginous tissues with special reference to solute and fluid transport, Biorheology 12:233-248, 1975.
323. Sood SC: A study of the effects of experimental immobilization on rabbit articular cartilage, J Anat 108:497-507, 1971.
324. Gritzka TL, Fry LR, Cheesman RL, LaVigne A: Deterioration of articular cartilage caused by continuous compression in a moving rabbit joint. A light and electron microscopic study, J Bone Joint Surg 55A:1698-1720, 1973.
325. O'Connor KM: Unweighting accelerates tidemark advancement in articular cartilage at the knee joint of rats, J Bone Miner Res 12:580-589, 1997.
326. Caterson B, Lowther DA: Changes in the metabolism of the proteoglycans from sheep articular cartilage in response to mechanical forces, Biochem Biophys Acta 540:412-422, 1978.
327. van Kampen GPJ, van de Stadt JR: Cartilage and chondrocyte responses to mechanical loading in vitro. In Helminen HJ, Kiviranta I, Tammi M et al, editors: Joint loading: biology of articular structures, Bristol, 1987, Wright.
328. Veldhuijzen JP, Bourret LA, Rodan GA: In vitro studies of the effect of intermittent compressive forces on cartilage cell proliferation, J Cell Physiol 98:299-306, 1979.
329. Palmoski MJ, Brandt KD: Effects of static and cyclic compressive loading on articular cartilage plugs in vitro, Arthritis Rheum 27:675-681, 1984.
330. Tammi M, Kiviranta I, Peltonen L et al: Effects of joint loading on articular cartilage collagen metabolism: assay of procollagen prolyl 4-hydroxylase and galactosylhydroxylysyl glucosyltransferase, Connect Tissue Res 17:199-206, 1988.
331. Haapala J, Arokoski JP, Hyttinen MM et al: Remobilization does not fully restore immobilization induced articular cartilage atrophy, Clin Orthop 218-229, 1999.
332. Simon MR, Holmes KR, Olsen AM: Effects of simulated increases in body weight on the growth of limb bones in hypophysectomized rats, Acta Anat (Basel) 121:1-6, 1985.
333. Repo RU, Finlay JB: Survival of articular cartilage after controlled impact, J Bone Joint Surg 59A:1068-1076, 1977.
334. Chen CT, Bhargava M, Lin PM et al: Time, stress, and location dependent chondrocyte death and collagen damage in cyclically loaded articular cartilage, J Orthop Res 21(5):888-898, 2003.
335. Parkkinen JJ, Ikonen J, Lammi MJ et al: Effects of cyclic hydrostatic pressure on proteoglycan synthesis in cultured chondrocytes and articular cartilage explants, Arch Biochem Biophys 300:458-465, 1993.
336. Engelmark VE: Functionally induced changes in articular cartilage. In Evans FG, editor: Biomechanical studies of the musculoskeletal system, Springfield, Ill, 1961, Charles C Thomas.
337. Paukkonen K, Selkainaho K, Jurvelin J et al: Cells and nuclei of articular cartilage chondrocytes in young rabbits enlarged after non-strenuous physical exercise, J Anat 142:13-20, 1985.
338. Sääf J: Effects of exercise on adult articular cartilage, Acta Orthop Scand (suppl 7):1-86, 1950.
339. Helminen HJ, Paukkonen K, Kiviranta I et al: Decrease of chondrocyte volume and volume density but increase in their number in the canine articular cartilage after a strenuous training program, Scand J Rheumatol (suppl 60):114, 1986.
340. Säämänen A-M, Tammi M, Kiviranta I et al: Moderate running increases but strenuous running prevents elevation of proteoglycan content in canine articular cartilage, Scand J Rheumatol (suppl 60):45, 1986.
341. Kiviranta I, Tammi M, Jurvelin J et al: Moderate running exercise augments glycosaminoglycans and thickness of articular cartilage in the knee joint of young beagle dogs, J Orthop Res 6:188-195, 1988.
342. Vasan N: Effects of physical stress on the synthesis and degradation of cartilage matrix, Connect Tissue Res 12:49-58, 1983.
343. Eckstein F, Lemberger B, Stammberger T et al: Patellar cartilage deformation in vivo after static versus dynamic loading, J Biomech 33:819-825, 2000.
344. Eckstein F, Tieschky M, Faber SC et al: Effect of physical exercise on cartilage volume and thickness in vivo: MR imaging study, Radiology 207:243-248, 1998.
345. Eckstein F, Tieschky M, Faber SC et al: Functional analysis of articular cartilage deformation, recovery, and fluid flow following dynamic exercise in vivo, Anat Embryol (Berl) 200:419-424, 1999.
346. Candolin T, Videman T: Effects of running on the scanning electron microscopic appearance of joint surfaces of rabbits, Scand J Rheumatol (suppl 60):39, 1986.
347. Palmoski M, Perricone E, Brandt KD: Development and reversal of a proteoglycan, aggregation defect in normal canine knee cartilage after immobilization, Arthritis Rheum 22:508-517, 1979.
348. Larsson T, Aspden RM, Heinegard D: Effects of mechanical load on cartilage matrix biosynthesis in vitro, Matrix 11:388-394, 1991.
349. Hodge WA, Fijan RS, Carlson KL et al: Contact pressures in the human hip joint measured in vivo, Proc Natl Acad Sci 83:2879-2883, 1986.
350. Finlay JB, Repo RU: Instrumentation and procedure for the controlled impact of articular cartilage, IEEE Trans Biomed Eng 25:34-39, 1978.
351. Sokoloff L: The biology of degenerative joint disease, Chicago, 1969, University of Chicago Press.
352. Rodgers MM: Biomechanics of the foot during locomotion. In Grabiner MD, editor: Current issues in biomechanics, Champaign, Ill, 1993, Human Kinetics.
353. Bruggemann GP: Biomechanics in gymnastics, Med Sci Sports 4:142-176, 1987.
354. Radin EL, Paul IL, Rose RM: Role of mechanical factors in pathogenesis of primary osteoarthritis, Lancet 1:519-522, 1972.
355. Tammi M, Paukkonen K, Kiviranta I et al: Joint loading induced alterations in articular cartilage. In Helminen HJ, Kiviranta I, Tammi M et al, editors: Joint loading: biology of articular structures, Bristol, 1987, Wright.

CAPÍTULO

8

Nervo periférico

Estrutura, função e fisiologia

David S. Butler e John P. Tomberlin

INTRODUÇÃO

O estado de saúde do tecido neural precisa sempre ser considerado ao se tratar de qualquer lesão ou doença. Este capítulo foca no sistema nervoso periférico, descrevendo sua fisiologia e dinâmica, fisiopatologia e patodinâmica, assim como as sequelas clínicas que podem acompanhar uma lesão nervosa. A incidência das lesões de nervos periféricos e seu impacto clínico podem muito bem estar sendo subestimados, como muitos autores têm argumentado.[1-4] O aumento na prevalência de neuropatia diabética e daquela associada à HIV/AIDS certamente contribui para isso. Além das consequências motoras e sensitivas da lesão nervosa, outros processos biopatológicos, como a inflamação neurogênica, aumento da expressão de receptores nos gânglios da raiz dorsal, sensibilização central, ativação imune e construção da dor – processos inicialmente adaptativos – podem acabar se tornando lesivos. Este capítulo também chama atenção para as lesões nervosas mínimas que os fisioterapeutas provavelmente encontrarão e que podem ficar evidentes com o teste diagnóstico físico, conforme descrito em outras obras.[4]

FIBRAS NERVOSAS

A unidade funcional do sistema nervoso é o neurônio. Um neurônio consiste do corpo celular e seus prolongamentos, o axônio envolvido por células de Schwann e os dendritos, que juntos são denominados fibra nervosa. Os neurônios que contribuem para o sistema nervoso periférico existem nos nervos cranianos e espinais, unindo o cérebro e a medula espinal aos tecidos periféricos.

Há três tipos funcionais de fibras nervosas nos troncos nervosos principais: aferentes (sensitivas), autonômicas (eferentes viscerais) e motoras (eferentes somáticas).

Partes da fibra nervosa

- Corpo celular
- Axônio
- Dendritos

Essas fibras existem em quantidades variadas dependendo do nervo em particular. Existem classificações alfabéticas e numéricas que, infelizmente, nem sempre se sobrepõem. As classificações mais comuns usadas, assim como as funções dos vários tipos de fibras dos nervos periféricos, estão apresentadas na Tabela 8.1. Deve-se ter cuidado ao classificar as fibras nervosas, em virtude de sua sobreposição funcional.

Tipos de fibras nervosas

- Aferentes (sensitivas)
- Motoras (eferentes somáticas)
- Autonômicas (eferentes viscerais)

As fibras nervosas mais rápidas, como as fibras delta A, estão mais relacionadas à velocidade e qualidade do movimento humano. As fibras C conduzem com velocidade bem menor e estão mais envolvidas à nocicepção e, por meio das substâncias que liberam, à saúde do tecido ao redor. Nas fibras mielínicas, há uma relação proporcional direta entre o seu diâmetro e velocidade de condução. Os axônios mielínicos, tais como os neurônios motores alfa e os neurônios sensitivos de diâmetro mais largo, possuem espaços não mielinizados (separados a cada 1 a 2 mm) que são cheios de canais iônicos no axolema, denominados nódulos de Ranvier. Esses nódulos permitem uma con-

Tabela 8.1 Tipo, função e velocidade das fibras nervosas periféricas

Tipo	Função	Diâmetro (μm)	Velocidade (m/s)	Velocidade (mph)
Aferentes				
PROFUNDAS				
I	Impulsos provenientes de receptores de músculos e tendões	12–20	70–120	160–272
II	Aferentes provenientes dos fusos musculares	6–12	30–70	68–160
III	Aferentes de pressão/nocicepção provenientes de articulações e aponeuroses	2–612–30 <20,5–2	27–68 1–4	
IV	Dor			
CUTÂNEAS				
Aα,β	Receptores táteis	6–12	30–70	68–160
A δ	Frio; nocicepção "rápida"	2–6	12–30	27–68
C	Calor; nocicepção de "dano tecidual"	0,5–1,0	0,5–1,0	1,0–2,5
Eferentes				
α	Fibras musculares extrafusais	12–20	60–100	135–225
γ	Fibras musculares intrafusais	2–8	10–30	23–68
B	Autonômica pré-ganglionar	<3	3–30	6–68
C	Autonômica pós-ganglionar	<1	0,5–2,0	1–4

Adaptado de Butler D: Nerve: structure, function, and physiology. In Zachazewski JE, Magee DJ, Quillen WS, editors: *Athletic injuries and rehabilitation.* WB Saunders, Philadelphia, 1996, p. 171.

dução rápida porque a despolarização em um deles pode "saltar" e iniciar uma despolarização no nódulo seguinte sem a ativação da membrana entre eles. A condução de impulsos nas fibras mielínicas pode ser de 6 a 8 vezes mais rápida que nas fibras amielínicas. A mielinização costuma ser alterada em doenças e lesões de nervos periféricos, seja por distorções mecânicas tais como alongamento excessivo ou compressão, perda de suporte metabólico ou presença de diversas substâncias inflamatórias.

Um elemento-chave da fibra nervosa é a célula de Schwann (Fig. 8.1). As células de Schwann são responsáveis por depositar a mielina e "envolvê-la" em torno dos axônios. Elas são também uma fonte de compostos imunes que podem ser pró-inflamatórios (p. ex., interleucinas) e relacionar-se com a regeneração do nervo, além de inflamação e dor.[5,6] Nos locais em que os axônios são amielínicos, como no caso das fibras C, uma célula de Schwann envolve um único axônio ou vários axônios; essa unidade é chamada de fibra de Remak. Uma membrana plasmática com duas lâminas, o axolema, ou membrana do axônio, fica na face interior da célula de Schwann. Essa membrana, por fim, circunda o citoplasma ou axoplasma do neurônio.

Os canais de sódio são "poros ou passagens" em complexos de proteínas ligados à membrana (receptores) que permitem a transferência de íons por meio do axolema e dão ao neurônio a propriedade da excitabilidade. Os canais possuem "portas" que podem ser abertas ou fechadas em resposta a vários estímulos (elétricos, químicos, mecânicos ou por mudanças de temperatura) para permitir a passagem ou bloqueio de íons (Fig. 8.2).[7,8] Os canais têm uma meia-vida de apenas poucos dias,[9] o que sugere que o sistema nervoso periférico é altamente autorregulador. A expressão dos canais de sódio altera-se durante uma lesão nervosa, criando um repertório

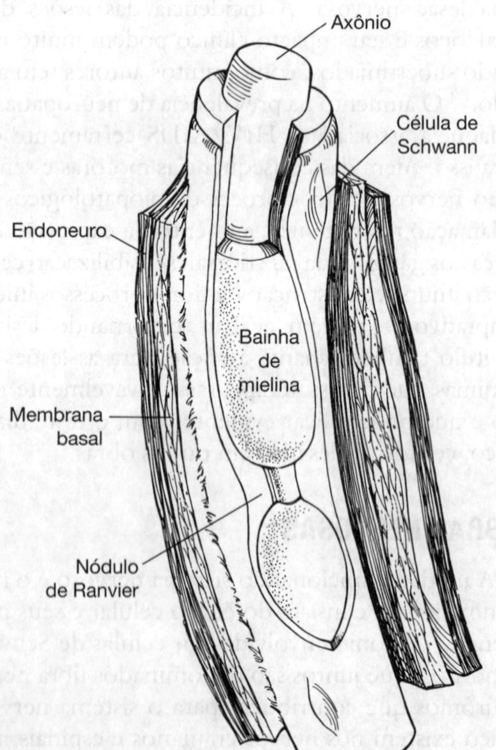

Figura 8.1 Diagrama da fibra nervosa periférica mielínica. (De Sunderland S: *Nerves and nerve injuries.* 2.ed. Churchill Livingstone, Edinburgh, 1978.)

diferente de canais nos gânglios da raiz dorsal (GRD) ou nos locais de lesão.[3,10,11] Os axônios e células de Schwann são envolvidos por uma membrana basal (ver Fig. 8.2) e então circundados por uma bainha de tecido conjuntivo, que será discutida adiante.

TRONCO NERVOSO PERIFÉRICO

As fibras nervosas, os vasos sanguíneos e diferentes tecidos conjuntivos constituem o tronco nervoso. Os tecidos conjuntivos são bastante especializados (Fig. 8.3). Em torno da membrana basal de cada fibra nervosa mielínica ou grupo de fibras amielínicas há um tubo endoneural. Feixes de tubos são cercados por camadas de perineuro que formam fascículos e esses fascículos são mantidos dentro de um epineuro interno e cercados por um epineuro externo. Uma membrana fina de tecido conjuntivo, o mesoneuro, circunda, então, o tronco nervoso. Esse tecido auxilia o deslizamento dos troncos nervosos contra os tecidos adjacentes.[12] Esse deslizamento provavelmente é inibido se os tecidos têm cicatrizes produzidas por lesão ou na presença de inflamação. O epineuro, perineuro e endoneuro fornecem uma rede de apoio rígida para as fibras nervosas neles contidas. As fibras de colágeno e umas poucas fibras de elastina fazem parte da estrutura e se interlaçam em todas as direções formando um padrão irregular, como uma treliça. A camada perineural é bastante especializada. As células do perineuro se dispõem em camadas, o que permite que o perineuro exerça alguma influência sobre os pequenos vasos que passam através dele, formando uma barreira hematoneural (Fig. 8.4). O endoneuro provê o envoltório intrafascicular e, por meio do arranjo tubular, também ajuda a manter o ambiente neuronal, incluindo uma pressão apropriada do líquido endoneural.[1,2,13]

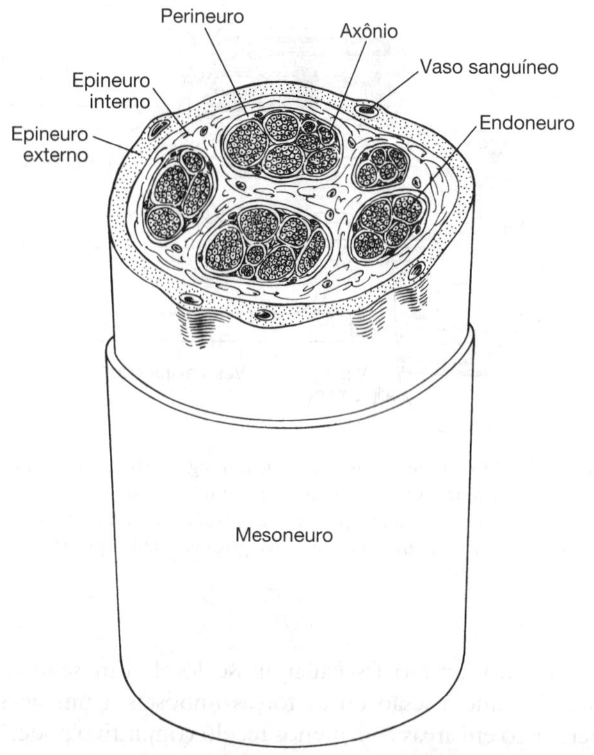

Figura 8.3 Tronco do nervo periférico. (De Butler DS: *Mobilisation of the nervous system.* Churchill Livingstone, Melbourne, 1991.)

Variações estruturais no complexo dos nervos periféricos

Os nervos não são estruturas homogêneas. Cerca de 50% de um nervo periférico é de tecido conjuntivo, embora essa quantidade varie dependendo do nervo e do nível, desde 80% (como no nervo isquiático na região glútea) até apenas 22% (no nervo ulnar no cotovelo).[14] Além dessas variações, há diferenças no arranjo fascicular. Os fascículos se dispõem de forma espiral e formam múltiplos elos, permitindo contribuições variáveis de fibras simpáticas, motoras e sensitivas ramificando-se do nervo de origem. O comprimento máximo de um segmento nervoso com um padrão fascicular consistente é 15 mm,[1] embora segmentos distais do nervo tenham menos interconexões internas.[15] Os padrões fasciculares podem variar de um fascículo a muitos fascículos de tamanhos variados; em geral, quanto mais fascículos, maior a proporção de tecido conjuntivo para tecido de condução (Fig. 8.5).[1] É provável que os nervos sejam mais resistentes à pressão quando há mais tecido conjuntivo e mais fascículos (p. ex., o nervo isquiático nas nádegas), enquanto nervos com menos tecido conjuntivo precisam deslizar mais para evitar forças potencialmente danosas (p. ex., o nervo ulnar no cotovelo).

Essas variações estruturais são significativas para o fisioterapeuta. Em primeiro lugar, significam que o resultado sensório-motor da lesão depende, em parte, do local da

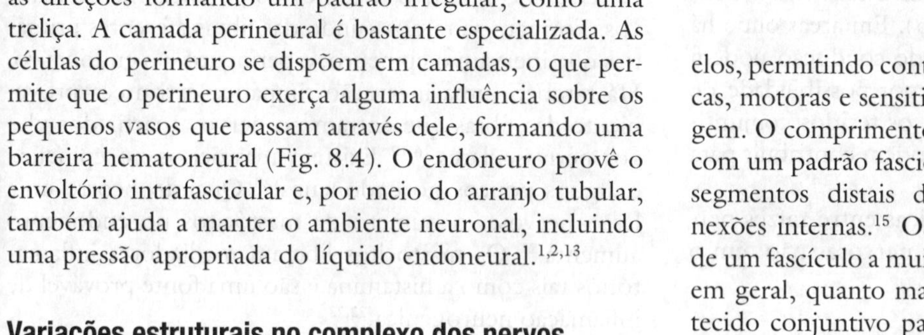

Figura 8.2 Quatro tipos diferentes de canais iônicos abertos. **A.** Canal controlado eletricamente. **B.** Canal controlado por ligante. Os neurotransmissores limitam a proteína, abrindo ou fechando a abertura. **C.** Canal controlado mecanicamente. O citoesqueleto pode tracionar o canal, fazendo-o abrir. **D.** Canal metabotrópico do canal controlado pela proteína G. O receptor é separado do canal iônico e a ativação da proteína G é necessária para abrir o canal.

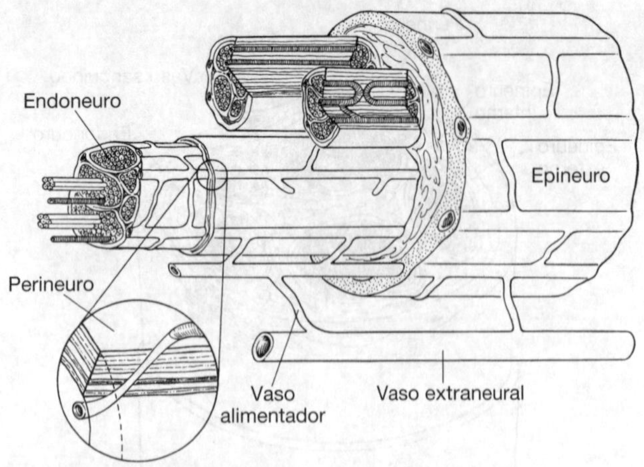

Figura 8.4 O suprimento sanguíneo de um segmento multifascicular do nervo periférico. Observe no destaque um vaso sanguíneo passando através das lâminas perineurais. (Adaptado de Lundborg G: *Nerve injury and repair*. Churchill Livingstone, Edinburgh, 1988.)

lesão e do arranjo fascicular nesse local. Em segundo, significa que a lesão ou as forças impostas a um nervo periférico em áreas com menos tecido conjuntivo poderão resultar em sintomas neurogênicos, como formigamento ou paralisia. Há, em geral, uma porcentagem mais alta de tecido conjuntivo onde os nervos cruzam as articulações (o nervo ulnar é uma exceção). Em áreas onde há mais tecido conjuntivo, os tecidos de condução podem estar mais bem protegidos e há menor possibilidade de sintomas neurogênicos. Nesse caso, os tecidos conjuntivos inervados (discutidos adiante) podem contribuir para os sintomas.

Existem variações neuroanatômicas entre raízes nervosas e troncos nervosos. As raízes nervosas não têm o

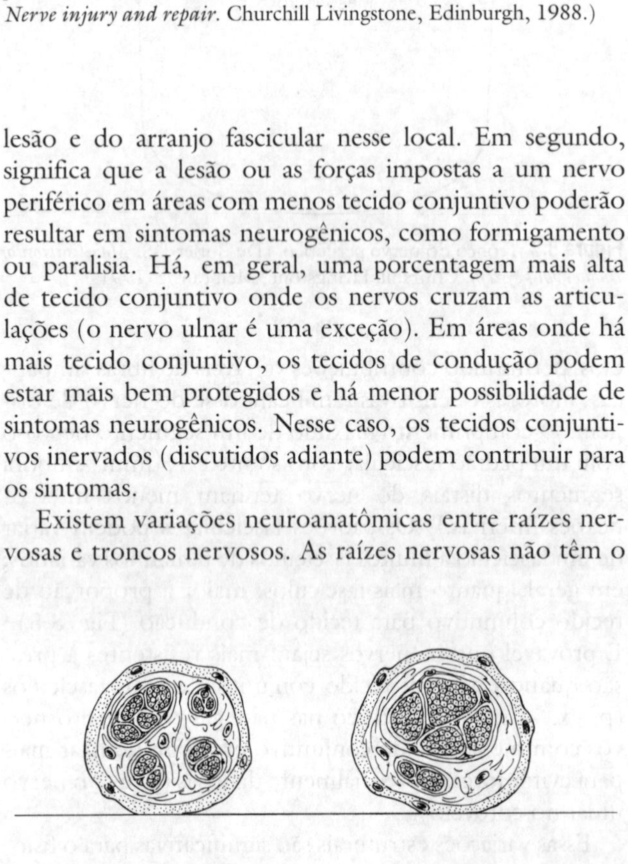

Figura 8.5 Efeito da pressão sobre um nervo periférico polifascicular e oligofascicular. No local em que um nervo periférico é multifascicular, é necessária uma pressão maior para afetar as fibras nervosas do que onde há um número pequeno de fascículos ou apenas um. (De Butler DS: ***Mobilisation of the nervous system***. Churchill Livingstone, Melbourne, 1991.)

epineuro e o perineuro de um nervo periférico, o que as torna mais vulneráveis às forças compressivas vindas de estruturas como um disco prolapsado ou à irritação por substâncias químicas, como os resíduos de uma lesão articular intervertebral e do núcleo pulposo no forame intervertebral. Contudo, elas podem suportar uma força tensiva considerável, já que os tecidos conjuntivos dos nervos periféricos dissipam forças para a dura-máter e os tecidos conjuntivos epidurais. A manga dural é um funil, mais largo na porção proximal do que na distal, e pode formar um "tampão" ao ser tracionado dentro do forame intervertebral, impedindo desse modo que a raiz nervosa alongue ainda mais.[1] Esse afunilamento pode ocorrer em uma posição excessivamente estendida do braço, como durante o teste neurodinâmico do membro superior.

A anatomia dos feixes axonais nas raízes nervosas é similar à dos axônios nos troncos nervosos. Contudo, há diferenças nos gânglios da raiz dorsal (GRD), como será discutido mais à frente.

Inervação do tecido conjuntivo

Os tecidos conjuntivos neurais são autoinervados por *nervi nervorum*.[16,18] Essa inervação, combinada com um suprimento sanguíneo imponente porém variável, torna os tecidos conjuntivos dos nervos potencialmente reativos. Formam-se ramos saindo das fibras aferentes primárias que inervam o epineuro, o perineuro e o endoneuro. Há também uma inervação simpática extrínseca proveniente das fibras que entram no nervo a partir dos plexos perivasculares.[16-19] Existem mastócitos no epineuro e alguns poucos no endoneuro.[20] Quando ocorre uma lesão nervosa, o número de mastócitos no endoneuro aumenta.[21] Os mastócitos liberam mediadores inflamatórios tais como a histamina e são uma fonte provável de inflamação neurogênica.[22,23]

Para o fisioterapeuta, isso significa que os nervos podem contribuir de forma importante para a experiência da dor, talvez mesmo quando não ocorre dano às fibras de condução. Os tecidos conjuntivos inervados são a fonte provável de sintomas de dor local, às vezes intensa, quando um nervo é palpado.[1] Isso também significa que a lesão nervosa não precisa estar associada com parestesia. O único sintoma pode ser a dor.

Vasa nervorum e barreiras de difusão

Os nervos periféricos possuem um suprimento sanguíneo rico, necessário porque sua função é altamente dependente de uma oxigenação adequada. A *vasa nervorum* consiste de um sistema complexo de vasos alimentadores extraneurais e um suprimento interconectado longitudinal intrínseco presente em todos os tecidos conjuntivos neurais (ver Fig. 8.4).[1,2,13] O sistema intraneural é extremamente bem desenvolvido e pode ainda preservar a função nervosa quando alguns alimentadores extraneurais são danificados.[2] Os vasos sanguíneos intraneurais possuem inervação simpática.[24,25] O suprimento nervoso para um vaso sanguíneo particular origina-se do tronco nervoso suprido pelo vaso.[25] Esse arranjo provavelmente permite um suprimento sanguíneo ajustável para as diferentes demandas funcionais impostas ao nervo.

Para manter o ambiente neuronal normal, o leito capilar endoneural e o perineuro adquiriram características especializadas. O leito capilar endoneural é similar ao dos capilares do SNC, em que há uma barreira para certas substâncias circulantes no sangue denominada de "barreira hematoneural" (em uma alusão à barreira hematoencefálica).[26,27] É também evidente que o perineuro apresenta uma barreira para algumas substâncias externas, tais como agentes inflamatórios e bactérias.[1] A função da barreira funciona tanto de dentro para fora como de fora para dentro, já que não é atravessada por nenhum canal linfático. Portanto, o edema nos espaços subperineurais pode demorar um longo tempo para dispersar-se ou resultar em edema endoneural persistente.[13,28]

Os pesquisadores têm observado que os nervos periféricos podem passar por locais de infecção sem que sua função seja comprometida.[1] Embora a barreira perineural seja bastante resistente à isquemia[29] e deformação mecânica,[30] a compressão e o pinçamento de longa duração irão violá-la. Depois que a patologia tornar-se intrafascicular, poderá ser difícil o movimento em virtude da barreira e poderão surgir aspectos irreversíveis no quadro clínico, tais como dor persistente e fraqueza muscular.

A conformação da *vasa nervorum* dá suporte ao sistema nervoso móvel para assegurar a função neuronal ótima. Os vasos alimentadores de um nervo periférico têm alguma folga, de modo que o nervo pode ser alongado e o vaso alimentador não é distendido excessivamente. Em termos anatômicos, o suprimento sanguíneo para as raízes nervosas se desenvolve em uma formação espiral[31] de modo que o alongamento não obstrui o fluxo e as raízes nervosas podem mover-se livremente no forame intervertebral. Esse suprimento sanguíneo não se "move" mas é disposto ou encontrado em um arranjo anatômico espiral de modo que pode alongar-se sem obstruir o fluxo sanguíneo. Em geral, a maioria dos vasos sanguíneos entra no nervo periférico em torno das articulações, onde há mais proteção e o movimento do nervo em relação aos tecidos vizinhos não é tão extremo quanto nas áreas mais afastadas das articulações.

Gânglio da raiz dorsal

O gânglio da raiz dorsal (GRD) é um alargamento ou dilatação da raiz dorsal, encontrado na saída do forame intervertebral da coluna espinal. O GRD é o local onde se encontram os corpos celulares dos neurônios sensoriais (aferentes) somáticos. Cada GRD aloja milhares de corpos celulares de neurônios somatossensoriais (aferentes). Esses corpos celulares estão densamente agrupados e envoltos em tecido conjuntivo firme (a dura-máter). Cada corpo celular é completamente coberto por uma camada de células satélite chatas; as pesquisas têm determinado que essas células satélite são um tipo de célula da glia que, segundo se acredita, têm um papel no processo de mielinização do sistema nervoso periférico.[32]

Os corpos celulares dos GRD podem ser classificados em células menores e maiores. As populações de células menores são especialmente dedicadas a funções nociceptivas (percepção do estímulo da dor); e as populações de células maiores são dedicadas principalmente a funções não nociceptivas (p. ex., percepção de estímulos não dolorosos tais como toque e temperatura). Os axônios desses corpos celulares são bifurcados e ligam-se perifericamente às terminações nervosas sensitivas da pele, articulações e órgãos. Eles fazem sinapse centralmente no corno dorsal da medula espinal (nocicepção e não nocicepção) e no fascículo grácil e cuneiforme (discriminação entre dois pontos, vibração e propriocepção consciente) das colunas laterais dorsais. Algumas fibras aferentes dos GRD foram encontradas no disco de L5-S1 e na pele da área da virilha. Esse achado sugere que a dor referida na área da virilha pode originar-se de um disco lombar, provavelmente vinculado por convergência de vias aferentes no nível do GRD do sistema nervoso.[33]

CONEXÕES CENTRAIS E PERIFÉRICAS

Compreender a função nervosa periférica normal e anormal requer algum conhecimento das conexões do sistema nervoso central (SNC) e dos tecidos-alvo, tais como os músculos, articulações e pele. As fibras motoras emergem via pequenas raízes provenientes das células no corno anterior da medula espinal e então unem-se às fibras sensitivas para formar o nervo espinal e depois os nervos periféricos. As fibras sensitivas vêm pelo nervo periférico e entram na medula espinal pelas raízes dorsais. Na medula, eles terminam dentro de 10 lâminas designadas. Os aferentes mielínicos de diâmetro largo (Aδ e β) passam dentro das colunas dorsais. As fibras de diâmetro menor (C e A α) entram na medula, sobem ou descem um ou dois segmentos no trato de Lissauer e então passam dentro do corno dorsal constituído de lâminas, em particular nas lâminas I, II e V-VII. As lâminas I e V são as origens das vias ascendentes principais relacionadas à nocicepção e recebem todas as formas de impulso nociceptivo.[34] Muito mais aferentes entram na medula do que seguem para o cérebro, o que resulta em uma convergência significante nas células do corno dorsal.

As fibras simpáticas pré-ganglionares emergem da substância cinzenta lateral dos segmentos C8-L3 da medula espinal e depois saem pelo corno anterior e ramos comunicantes brancos para se unirem ao tronco simpático. Esses neurônios passam por cima, por baixo ou através do tronco simpático antes de fazerem sinapse, a partir de onde emergem fibras pós-ganglionares que se unem aos nervos periféricos e inervam quase todos os tecidos do corpo. Os neurônios simpáticos periféricos, exceto aqueles para as vísceras, são apenas eferentes e inervam as glândulas, o músculo liso e o tecido conjuntivo dos nervos periféricos.

Na ponta distal do nervo periférico estão os botões terminais. Eles podem ser terminações nervosas livres ou terminações receptoras especializadas respondendo às contribuições de estímulos térmicos, mecânicos e químicos ou à placa motora terminal, no caso do músculo estriado. Há um debate entre os pesquisadores quanto à real existência de um nociceptor,[34] embora o termo seja usado aqui do modo encontrado na maior parte da literatura.

NEUROFISIOLOGIA BÁSICA

Potenciais de ação

Uma característica singular dos tecidos neurais é que eles podem gerar e propagar mensagens elétricas. Essa função está relacionada com a membrana celular. Existe uma diferença de concentração dos íons potássio (K^+), sódio (Na^+) e cloro (Cl^-). Esses íons podem permear de modo seletivo os canais iônicos na membrana de modo a ocorrer uma distribuição desigual de carga resultante. O potencial de repouso da membrana resulta de uma negatividade interna decorrente do transporte ativo de sódio do lado de dentro para o lado de fora da célula, e de potássio de fora para dentro da célula. O potencial de membrana varia entre –70 mv e –90 mv. A geração de um potencial de ação que ocorre no nível limiar de –55 mV acaba por converter o potencial de repouso negativo em uma despolarização positiva com cerca de +40 mv. O acúmulo de canais de sódio na membrana de nervos danificados tende a levar a uma despolarização mais fácil e aumento da excitabilidade, discutidos adiante neste capítulo.

Os axônios motores conduzem os potenciais de ação para a periferia em direção às junções sináptica e neuromuscular. Os neurônios sensitivos conduzem em direção ao corpo celular. Essas direções de condução são denominadas de condução ortodrômica. Contudo, as correntes podem seguir em ambas as direções ao longo do axônio. Os impulsos antidrômicos, estudados principalmente nas fibras C, percorrem no sentido oposto (para longe do corpo celular) aos ortodrômicos e são o sinal para liberação de substâncias vasoativas como os neuropeptídeos substância P e o peptídio relacionado ao gene da calcitonina armazenado nas vesículas dos botões terminais das fibras C.

Transporte axonal

Os neurônios são células notáveis pelo seu comprimento. Desde os dendritos no corno dorsal até os botões terminais no pé, por exemplo, um neurônio pode ter até 120 cm de comprimento. Quase toda a síntese de proteína neuronal ocorre nos ribossomos do corpo celular e dendritos proximais. Considerando que o axoplasma é produzido pelo corpo celular no gânglio da raiz dorsal ou corno anterior, o transporte de canais e transmissores até o pé, passando por cima e através de diferentes estruturas, e até mesmo recebendo um suprimento sanguíneo diferente, é um feito excepcional. Além disso, o axoplasma dos mamíferos é bastante viscoso, tem cerca de 5 vezes a viscosidade da água[35] e é tixotrópico; isso significa que requer agitação constante e quando para de fluir transforma-se em gel.[36] A energética do fluxo axoplasmático requer um sistema de neurofilamentos, microtúbulos, filamentos de actina e proteínas de ligação.[37] As mitocôndrias localizadas ao longo do axônio fornecem a fonte de energia para o transporte.

Dentro do cilindro axonal há um fluxo bidirecional de axoplasma (Fig. 8.6). Isso é óbvio, pois a compressão causa o represamento do axoplasma nos dois lados da constrição. No transporte anterógrado (do corpo celular em diante) há duas velocidades de fluxo. Os materiais destinados para sinapse, como os neurotransmissores, percorrem até 410 mm por dia.[38] Um fluxo mais lento carrega os materiais constituintes dos neurotúbulos e as proteínas estruturais, em essência o citoesqueleto do axônio; esse fluxo percorre não mais que 30 mm por dia.[39] Há também um fluxo retrógrado vindo dos terminais nervosos para o corpo celular, percorrendo de modo bastante rápido cerca de 300 mm por dia.[40] O axoplasma nesse fluxo transporta materiais não utilizados do fluxo anterógrado e fatores neuronotrópicos, proteínas que podem "informar" o corpo celular sobre o estado do axônio e dos tecidos-alvo. O fator de crescimento nervoso, o mais estudado desses fatores neuronotrópicos,

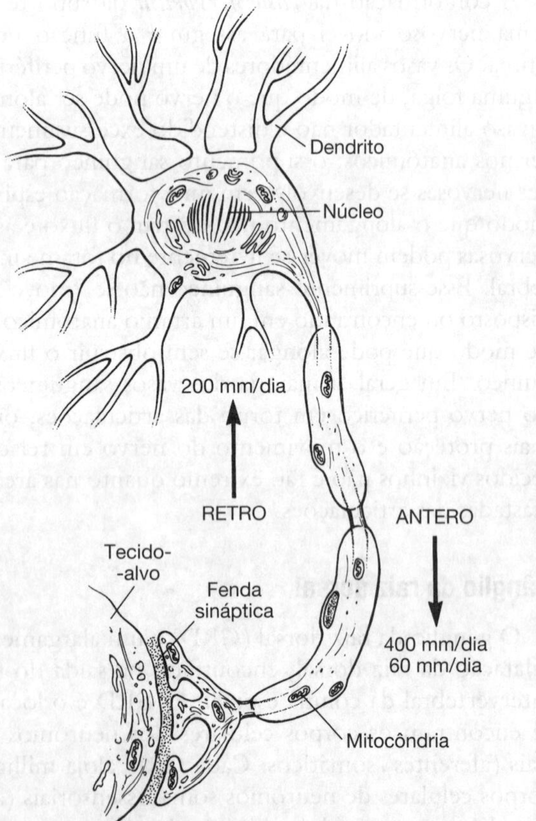

Figura 8.6 Fluxo axoplasmático bidirecional. (De Butler DS: *Mobilisation of the nervous system*. Churchill Livingstone, Melbourne, 1991.)

pode regular a produção de neuropeptídios tais como a substância P e somatostatina.[41] Desse modo, o material transportado pelo axoplasma é necessário para a saúde do neurônio e dos tecidos que esse inerva.

Tanto o potencial de ação quanto o fluxo axoplasmático requerem uma fonte de energia; eles têm acesso a um reservatório comum de adenosina trifosfato (ATP).[8,42] Em um nervo anóxico, tanto o fluxo axoplasmático quanto o potencial de ação param dentro de 15 minutos. A relação entre esses fenômenos elétricos e químicos é ainda mais salientada pelo fato do axoplasma transportar materiais essenciais para a condução elétrica, tais como os constituintes do axolema. A alteração no fluxo axoplasmático pode contribuir para as síndromes de dupla compressão e inflamação neurogênica, conforme será discutido adiante.

Pressão do líquido endoneural

Existe um líquido nos espaços endoneurais (espaços intrafasciculares ou subperineurais). A pressão nesse líquido endoneural (pressão do líquido endoneural) é sempre levemente maior do que nos tecidos ao redor, como o músculo.[2] O espaço endoneural é desprovido de canais linfáticos e o líquido endoneural move-se lentamente, como um todo. A pressão confere rigidez aos nervos e elasticidade ao perineuro. O aumento de edema intraneural após uma lesão nervosa têm um papel importante nas lesões nervosas aguda e crônica. Mesmo um aumento moderado de pressão pode interferir com o fluxo capilar endoneural,[43] causando hipóxia e desequilíbrio eletrolítico. Tanto a constrição mecânica quanto os produtos inflamatórios, tais como as citocinas pró-inflamatórias do núcleo pulposo[44] podem aumentar a pressão endoneural e diminuir o fluxo sanguíneo. O edema endoneural não pode ser evacuado rapidamente em virtude da barreira de difusão perineural, podendo persistir e ficar sujeito à invasão por fibroblastos.[13,28]

NEURODINÂMICA

A neurodinâmica é o estudo dos mecanismos e fisiologia do sistema nervoso.[45] Um teste neurodinâmico visa testar a mecânica e fisiologia de uma parte do sistema nervoso. Por exemplo, um componente mecânico do levantamento da perna estendida poderia ser a habilidade do nervo isquiático de mover-se e alongar-se em relação aos tecidos vizinhos, como os discos lombares inferiores. Os componentes fisiológicos podem relacionar-se ao fluxo sanguíneo, à atividade dos canais iônicos e à inflamação, assim como às alterações na representação do nervo isquiático, à perna e seus movimentos no SNC.[4]

Os nervos periféricos não são apenas condutos de impulsos e substâncias químicas; eles também são tecidos altamente móveis, como os músculos e as articulações. Junto com o SNC, o sistema nervoso periférico é designado para funcionar durante o alongamento, deslizamento e compressão que ocorrem na vida diária. O canal espinal é cerca de 7 cm mais longo em flexão do que em extensão[46,47] e como o centro do segmento móvel fica no meio do disco, as estruturas neuromeníngeas, em especial os elementos posteriores, recebem carga na flexão.[46,48] Os nervos periféricos localizam-se em lados opostos do eixo articular. Por exemplo, durante a flexão do cotovelo, o nervo ulnar no cotovelo alonga-se enquanto o nervo radial e o mediano relaxam. A maioria dos estudos neurodinâmicos têm focado os nervos mediano e ulnar.[12,49-55] No movimento diário normal, os nervos podem deslizar 2 cm em relação aos tecidos vizinhos e suportar uma distensão de 10%. O destino de todos os nervos periféricos, enquanto suportarem as excursões dos membros e tronco, deve ser de interesse dos fisioterapeutas. A adaptação do nervo periférico ao movimento também depende dos tecidos ao redor. Por exemplo, estando o ombro em abdução de 90 graus, da flexão de punho e cotovelo até a extensão de punho e cotovelo o nervo mediano precisa adaptar-se a um leito nervoso quase 20% mais longo.[12] Com a inclusão de processos patológicos no leito nervoso que podem interferir com o movimento, o nervo mecanossensitivo normal pode tornar-se hiperalgésico.

Atividades dos nervos durante o movimento normal

- Deslizam mais de 2 cm
- São distendidos em 10% ou mais

As seções a seguir esclarecem algumas das características-chave da neurodinâmica que têm relevância clinica para a avaliação e o tratamento dos problemas dos nervos periféricos.

Continuum mecânico e representação cerebral da lesão nervosa

Um princípio fundamental da neurodinâmica é que o sistema nervoso forma um *continuum* de tecido ao longo do corpo. Por exemplo, o movimento do punho e dos dedos afeta fisicamente os nervos mediano e ulnar no braço e no ombro.[51,52,56] A flexão do pescoço altera a mobilidade do joelho na postura sentada com as costas curvadas[57] e a dorsiflexão do tornozelo, estando a perna elevada estendida, afeta as raízes nervosas lombossacrais.[58] Esse *continuum* mecânico implica que a lesão ou doença de uma parte do corpo pode ter repercussões em outras partes. O fenômeno de dupla compressão[59] está relacionado com esse *continuum* mecânico e será discutido mais adiante.

A apresentação clínica de uma lesão de nervo periférico também precisa ser considerada em termos da representação do nervo, os tecidos supridos por ele, os movimentos orquestrados por ele e o significado de qualquer lesão dentro do sistema nervoso central. Sabe-se agora que o sistema somatossensorial no cérebro é notavelmente plástico e também tem habilidades marcantes de reorganização após uma lesão de nervo periférico.[60,61] Em termos clínicos, pode não ser o tecido local que determina os comportamentos de dor e movimento e sim os pensamentos, os sentimentos e a compreensão que a pessoa tem da lesão. Essas emoções e cognições são mantidas na neuromatriz do cérebro, em redes neurais associadas com a parte do corpo lesada.

Relações entre tecido neural e não neural

Durante o movimento, o tecido neural assume o comando do movimento de articulações e músculos. A carga física sobre um nervo depende da localização do nervo em relação ao eixo articular. Por exemplo, a extensão do punho impõe claramente uma carga ao nervo mediano no punho. Esse conceito levou ao desenvolvimento de testes neurodinâmicos.[4] A saúde dos tecidos ao redor, denominados de tecidos de interface ou "receptáculo neural" é, portanto, um conceito crítico na neuropatia periférica. O tecido neural precisa deslizar através de túneis nos músculos e pelas aberturas nas fáscias; ele é comprimido por várias estruturas, como o osso, e em virtude do *continuum* é influenciado por posições articulares remotas. A pesquisa tem mostrado que a adição de manobras de sensibilização nos testes neurodinâmicos não tem efeito na intensidade ou área de dor muscular induzida experimentalmente utilizando o teste do curvamento da coluna na posição sentada ou o levantamento da perna estendida.[62] Essa informação oferece algum apoio para a validade do teste neurodinâmico como um teste diagnóstico físico preferencial que pode influenciar os tecidos neurais mesmo na presença de uma lesão muscular dolorosa.

A neurodinâmica do nervo ulnar no túnel cubital tem sido muito estudada e provê um bom exemplo. Na flexão de cotovelo, o nervo ulnar é pressionado firmemente sobre o osso no cotovelo após 90 graus de flexão do cotovelo; chega até a diminuir o diâmetro em cerca de 50%.[63] Essa pressão aumenta quando o ombro está abduzido ou o punho estendido.[56,64] A interface que participa assim como o túnel ficam 50% menores em flexão do que em extensão.[63,65]

A neurodinâmica e, portanto, a neurofisiologia do nervo periférico, podem ser afetadas de modo adverso por anormalidades nos tecidos de interface, tais como o desenvolvimento de calos, formação de bandas de tecido cicatricial, pressões provenientes de hematoma ou tumores e gânglios aumentados. Para o fisioterapeuta que trata encarceramento ou irritação do nervo, talvez seja necessário o exame e tratamento das estruturas de interface.

Vulnerabilidade do sistema nervoso periférico

Apesar da força e arranjo dos tecidos conjuntivos, os nervos periféricos são vulneráveis a vários comportamentos humanos e a lesões em certos locais, emergindo dessa forma os padrões de lesão nervosa. Por exemplo, o nervo ulnar no canal de Guyon no punho é vulnerável em ciclistas;[66] o nervo peroneal superficial fica vulnerável nos entorses de tornozelo;[67] e a hiperextensão do quadril lesando o nervo femoral tem sido descrita em dançarinos.[68]

Os locais de vulnerabilidade do nervo periférico e raiz nervosa podem ser identificados:

1. *Túneis.* Nos locais em que o nervo está dentro de um túnel, em especial naqueles com laterais duras, como o túnel do carpo, o comprometimento espacial do nervo será uma possibilidade maior do que em outros lugares. Dentro de um túnel, o sistema nervoso contido sempre tem o potencial de raspar na estrutura do túnel, criando atrito. O trauma e as alterações nas estruturas do túnel, como os forames intervertebrais, podem comprometer de forma mecânica ou química as estruturas neurais contidas nele.
2. *Ramos.* Nos locais em que o nervo se ramifica, é mais difícil para ele afastar-se das forças (p. ex., nervo radial no cotovelo, união dos nervos medial e lateral plantar no antepé).
3. *Interfaces duras.* Onde um nervo fica sobre o osso ou passa através de uma fáscia, ele pode ser mais prontamente comprimido (p. ex., nervo radial no sulco espiral do úmero, ramos cutâneos dos ramos primários posteriores dos nervos torácicos ao passarem através da fáscia).
4. *Proximidade com a superfície.* Nervos, como o nervo radial no antebraço ou ramos do nervo fibular superficial no dorso do pé, são vulneráveis à compressão externa.
5. *Onde os nervos são fixados a estruturas de interface.* Algumas áreas do nervo são mais firmemente aderentes aos tecidos de interface do que outras – por exemplo, o nervo fibular comum na cabeça da fíbula e o nervo radial no cotovelo. Isso significa que o segmento aderente do nervo não pode mover-se ou deslizar perto de tecidos adjacentes durante o movimento.

Locais de vulnerabilidade do nervo periférico e raiz nervosa

- Túneis
- Ramos
- Interfaces duras
- Proximidade da superfície
- Onde os nervos são fixos às superfícies de interface

Alguns nervos têm várias dessas características vulneráveis. Por exemplo, no tornozelo, onde o nervo tibial se ramifica nos nervos plantares medial e lateral no túnel posterior do tarso, ele fica superficial e apoia-se sobre uma interface dura.

Certos processos de enfermidade afetam os nervos periféricos e os tornam mais vulneráveis à lesão. Doenças generalizadas, como o diabetes melito, hipotiroidismo, alcoolismo, síndromes de imunodeficiência e artrite reumatoide, afetam de modo adverso a função neuronal. Os nervos periféricos do diabético são mais susceptíveis à compressão do que aqueles dos não diabéticos,[69] talvez pela maior facilidade de bloqueio do transporte axonal nos diabéticos. Os textos sobre encarceramento nervoso invariavelmente relacionam áreas vulneráveis em nervos particulares e há referências que o leitor pode consultar para informações mais detalhadas.[1,4,66]

Extensão do alongamento e excursão neural

Os nervos que recebem carga física por meio do movimento funcional do tronco ou membros reagem movimentando-se ou absorvendo parte da pressão. Alguns estudos clássicos enfatizam isso. McLellan e Swash colocaram agulhas no epineuro do nervo mediano do braço de 15 voluntários e mediram a quantidade de deslocamento do nervo em relação aos tecidos vizinhos durante vários movimentos do membro superior.[50] Os resultados foram impressionantes. Entre eles, o movimento do punho deslocou 7 mm uma agulha posicionada no braço. Em um voluntário, os pesquisadores notaram deslocamentos de 2 a 3 cm, embora, infelizmente, eles não tenham registrado a posição do braço. Quantidades similares de deslocamento foram registradas em um estudo com cadáver.[70] Em pessoas magras, o nervo mediano pode ser observado ou palpado a mover-se em relação ao tecido ao redor quando o braço é movido de forma ativa ou passiva.

As raízes nervosas lombossacrais são tracionadas caudalmente em relação às estruturas pélvicas e espinais durante o levantamento da perna estendida.[71,72] Os deslocamentos em relação aos tecidos adjacentes ocorrem em toda a extensão até o pé.[73] É possível colocar uma tensão seletiva sobre um nervo periférico, como demonstrado em experimentos *in vivo*[74] e com cadáver.[51] Além disso, a carga sobre as meninges e a medula espinal influencia a carga sobre o sistema nervoso periférico. Com respeito a isso, o trabalho de Breig sobre a biomecânica do SNC[46] é altamente recomendado para os fisioterapeutas.

Por causa das bainhas de tecido conjuntivo, os nervos são estruturas fortes, capazes de resistir às forças compressivas e tensivas. O nervo mediano, por exemplo, pode suportar uma carga máxima de 70 a 220 N antes de romper-se,[1] embora o dano ocorra com forças muito menores do que essa. Esses números equivalem a um aumento no comprimento de 20% a 30%. Durante o movimento normal, enquanto o nervo se alonga, o perineuro é tensionado, a pressão intraneural aumenta e os capilares intrafasciculares param de fluir. Isso ocorre com cerca de 8% de alongamento[75,76] e a microcirculação intraneural cessa com cerca de 15%. Como o sistema nervoso é dinâmico, consegue lidar facilmente com forças que perturbam a circulação de modo temporário, como as que ocorrem de forma regular com atletas e nas atividades da vida diária.

Um atleta, por exemplo, pode impor uma carga ao nervo isquiático suficiente para comprometer de forma temporária a circulação durante um alongamento mantido dos isquiotibiais. Quando a carga persiste, como pode ocorrer nas posturas não fisiológicas mantidas ou pressões locais mantidas provenientes de um músculo piriforme edemaciado, por exemplo, há possibilidade de dano ao tecido neural.

Quando são impostas forças tensivas sobre um nervo, a pressão intraneural aumenta. É possível quadruplicar a pressão no nervo ulnar no cotovelo em uma posição de tensão do nervo ulnar[77] e o nervo pode estender-se até 15% no cotovelo.[56] A compressão também pode ocorrer em decorrência de alterações nos tecidos de interface, como mudanças no tamanho do túnel por onde um nervo passa e a introdução de materiais estranhos, como sangue, dentro do leito nervoso. Um nível crítico para função nervosa ocorre com uma compressão de 30 mmHg.[30] Essas pressões provavelmente ocorrem com frequência durante os movimentos humanos, mas se forem mantidas, a viabilidade do nervo poderá ser ameaçada[13] em virtude da formação de edema. São suficientes 30 milímetros de mercúrio para que a pressão diminua o fluxo do axoplasma e 80 mmHg são suficientes para interromper a circulação intraneural.[13] Essas alterações costumam ser reversíveis dentro de algumas horas. A lesão depende da magnitude da compressão (ou tensão) e a duração da carga. Na síndrome compartimental aguda, pode-se esperar lesão nervosa irreversível após 8 horas.[78]

Na ocorrência de forças compressivas externas que resultem em dano físico real aos neurônios, o dano ocorre em geral na margem da constrição,[2,79] em que a microscopia eletrônica revela mais distorção de mielina e vasos sanguíneos danificados do que no centro de uma força compressiva. Torniquetes e gessos podem ser exemplos dessas forças compressivas. Na lesão induzida por eventos vasculares ou mecânicos, as fibras de diâmetro mais largo costumam ser afetadas primeiro em virtude de suas demandas metabólicas mais elevadas.[79,80]

Assim, em uma lesão de nervo periférico, qualquer tipo de fibra ou parte de uma fibra pode ser envolvido de modo preferencial, com o potencial de um vasto conjunto de déficits sensório-motores. Os fisioterapeutas devem ser cuidadosos para não ignorar a possibilidade de envolvimento do tecido neural quando examinarem lesões periféricas nos membros.

Neurodinâmica do sistema nervoso simpático

O sistema nervoso simpático é parte do sistema nervoso periférico e os neurônios simpáticos dos nervos periféricos ficam sujeitos ao mesmo potencial de deformação e lesão durante o movimento que os neurônios somáticos. Áreas onde o sistema nervoso simpático é separado do sistema somático (i.e., nos troncos, ramos e gânglios) são também sujeitas a forças deformantes durante o movimento.[46,81,82] Experimentos em animais têm mostrado que a estimulação do tronco simpático tem o potencial de reduzir em grande quantidade o fluxo sanguíneo para o nervo periférico e desse modo, a função nervosa.[83] Testes muito usados, como o de inclinação anterior do tronco na posição sentada (teste *Slump*), induzem respostas simpáticas em humanos.[84,85] Os fisioterapeutas devem considerar a possibilidade de que a estrutura e a função dos neurônios simpáticos, seja no tronco ou nos nervos periféricos, possam ser afetadas de modo adverso, em particular quando as lesões forem de longa duração ou de natureza recorrente.

LESÃO NERVOSA

Conceitos modernos sobre dor

Não há aferentes de dor nos nervos periféricos. Os nociceptores enviam informação quantitativa, não qualitativa. A dor é construída no cérebro. Apesar de um nervo periférico danificado poder contribuir para a experiência de dor, isso nem sempre acontece, já que uma pessoa pode ter danificado os nervos e, contudo, não experimentar dor ou outros sintomas.[86] O fato de uma lesão doer ou não doer depende da lesão, dos estímulos disponíveis, do contexto da lesão e, de forma crítica, do estado do sistema nervoso central.[87] Este capítulo concentra-se nas contribuições neurogênicas periféricas às experiências dolorosas – ou seja, aquelas que se originam dos troncos, plexos e raízes nervosas (i. e., qualquer lugar periférico ao corno dorsal no caso de dor nos membros e tronco, ou à medula oblonga, no caso da dor facial).

Fatores que afetam a lesão e a dor

- Tipo de lesão
- Grau de lesão
- Estímulos disponíveis
- Contexto da lesão
- Estado do SNC

Um nervo periférico pode contribuir para a experiência da dor de duas maneiras. Em primeiro lugar, a bainha de tecido conjuntivo inervado de um nervo periférico pode ser sensibilizada por eventos mecânicos ou químicos. Segundo, com alterações patológicas no meio do axônio, pode ocorrer a produção de impulsos ectópicos. Os neurônios sensoriais são relativamente plásticos. Com uma lesão no meio do axônio, pode ocorrer alteração nos terminais nervosos, gânglios da raiz dorsal e até mesmo uma alteração na expressão genética do neurônio.[88,89] De forma indireta, assim que um nervo é danificado passa a contribuir com a inflamação no tecido alvo por meio do processo de inflamação neurogênica; pode também participar de alterações no sistema nervoso central, essencialmente amplificando qualquer impulso periférico. É provável que esse envolvimento quase inevitável do resto do sistema nervoso seja a principal razão de não haver um padrão constante de dor ou perda funcional após uma lesão nervosa. Para saber mais a respeito disso, o leitor pode consultar outras fontes.[90]

Categorias de lesão nervosa

As lesões nervosas têm sido classificadas de acordo com a gravidade por Seddon (neurapraxia, axonotmese, neurotmese)[91] e Sunderland (graus 1 a 5).[1] As similaridades e diferenças nas classificações e sua relação com os locais geradores de impulsos anormais estão resumidos na Tabela 8.2.

Para os fisioterapeutas que lidam com lesões de nervos periféricos, pode existir uma neuropatia periférica na qual a patologia não seja tão grave quanto nas categorias mostradas na Tabela 8.2; ou pode não ser possível demonstrar uma patologia leve com as técnicas atuais de medição. As classificações de Seddon e Sunderland baseiam-se na patologia grosseira e perda funcional e não registram dor, fenômenos sensoriais ou distúrbios menores na função motora. Essas categorias são mais relevantes para estados cirúrgicos. Certamente existe um estado de pré-neurapraxia tanto nas formas clínicas quanto subclínicas. Sunderland[1] denomina as lesões irritativas nas quais a condução é normal de "perversões de função". Lundborg define duas categorias

Tabela 8.2 Categorias de lesão nervosa

Gravidade crescente de dano neural	Local gerador de impulsos anormais (GIA)	Pré-neurapraxias	
↓		**Neurapraxia** Bloqueio de condução local, axônio contínuo, tecido inervado patente	**Sunderland I** Bloqueio de condução local, axônio contínuo, tecido inervado patente
	Excitabilidade aumentada	**Axonotmese** Perda de continuidade axonal, alguma degeneração dos axônios distais (p. ex., encarceramento grave ou lesão por tração)	**Sunderland II** Perda de continuidade axonal, alguma degeneração dos axônios distais (p. ex., encarceramento grave ou lesão por tração)
		Neurotmese Perda da continuidade por separação ou cicatriz	**Sunderland III** Perda de continuidade axonal e endoneural, perineuro intacto
			Sunderland IV Perda de perineuro com epineuro intacto
			Sunderland V Separação nervosa completa

Adaptado de Butler D: Nerve: structure, function, and physiology. In Zachazewski JE, Magee DJ, Quillen WS, editors: *Athletic injuries and rehabilitation*. WB Saunders, Philadelphia, 1996, p. 179.

de pré-neurapraxia.[2] A primeira é um bloqueio metabólico com reversão imediata; a segunda, um bloqueio que ocorre com o edema intraneural, reversível em alguns dias ou semanas. Os locais que geram impulsos anormais, discutidos adiante, são difíceis de incluir nas classificações de Seddon e Sunderland. A irritação e a formação de cicatrizes no tecido conjuntivo que envolve o *nervi nervorum* também não podem ser classificadas nessas linhas clássicas. Os fisioterapeutas devem expandir sua classificação de lesão nervosa para incluir a noção dos locais geradores de impulsos anormais.

PROCESSOS BIOPATOLÓGICOS

Diferentes dos botões terminais e talvez das células dos gânglios da raiz dorsal, nas quais o axolema é designado para gerar impulsos, a maioria das fibras nervosas é designada para transmitir impulsos, em vez de gerá-los. Para que o nervo seja uma fonte persistente de dor, precisa estar presente um local gerador de impulsos anormais (GIA), denominado às vezes de "ectopia".

Locais geradores de impulsos anormais (GIAs)

A maioria das lesões nervosas ocorre preservando a continuidade do nervo – ou seja, o nervo não é cortado. A geração de impulsos no meio do axônio relaciona-se a um aumento no número e tipos de canais iônicos na membrana (**aumento da expressão dos receptores**), em particular nas áreas onde a bainha de mielina é perturbada ou está ausente.[3,92,93] O número e os tipos de canais iônicos estão em constante remodelamento, de modo que os neurônios aferentes retêm o que o cérebro determina ser um nível apropriado de sensibilidade aos estímulos. Quando os nervos são lesados, surgem oportunidades adicionais para inserção de canais. Processos patológicos conhecidos, relacionados à atividade ectópica, incluem neuromas,[94] desmielinização,[95] brotos axonais imaturos presos nas cicatrizes,[3] excitação cruzada (conexões efáticas)[3] e hipóxia crônica (Fig. 8.7).[96,97]

Com um acúmulo de canais, normalmente uma atividade inócua envolvendo o alongamento ou pinçamento dos nervos pode produzir descargas ectópicas. Mesmo o posicionamento mantido pode evocar descargas de canais sensíveis à isquemia. Por exemplo, tem sido proposta a hipótese de alguns "pontos-gatilho" serem locais GIA.[3]

Alguns canais são sensíveis à adrenalina. Fibras nervosas danificadas podem tornar-se sensíveis à estimulação simpática.[3,98-101] Outro processo com a probabilidade de ter relevância clínica é o aumento dos canais sensíveis à adrenalina nos gânglios da raiz dorsal (GRD) e o brotamento associado de fibras simpáticas.[102-104] Esses processos podem explicar a observação de que o estresse emocional exacerba os sintomas de lesão nervosa.[4,105]

Alguns casos de ectopia exibem atividade espontânea, embora seja confinada principalmente aos axônios sensitivos.[106] Os gânglios da raiz dorsal são normalmente segmentos mecano e químiossensitivos do nervo, exibindo descarga ectópica rítmica e facilmente exacerbados por provas mecânicas e estimulação química.[6,106,107]

Gradientes de pressão alterados no nervo

Os neurônios são particularmente sensíveis à isquemia e existe uma série complexa de gradientes de pressão em torno dos neurônios para assegurar o suprimento sanguíneo ideal. Esse é o trabalho clássico de Sir Sydney Sunderland.[1] O nervo mediano no túnel do carpo pode ser usado como exemplo (Fig. 8.8). Para a nutrição ideal, a pressão precisa ser maior nas arteríolas epineurais e progressivamente menor nos capilares, fascículos (espaço endoneural), vênulas epineurais e o túnel em torno do nervo.[108] Essas diferenças de pressão permitem que o sangue flua dentro do túnel, forneça nutrição aos neurônios e então retorne para fora de modo que sangue oxigenado fresco possa entrar. Quando a pressão no túnel aumenta acima da pressão das veias, a drenagem venosa para. Essa interrupção pode ocorrer com pressões de apenas 20 a 30 mmHg.[13,109] Sunderland detalhou três estágios que podem resultar de uma pressão persistente em torno de um nervo: hipóxia, edema e fibrose.[108] Quando há estase venosa, a nutrição da fibra nervosa é comprometida e a neuroisquemia resultante pode causar dor e outros sintomas, como a parestesia. Se a hipóxia continua, segue-se o dano ao endotélio capilar sensível, criando uma situação de edema. As barreiras hematoneural e perineural, tão efetivas na proteção do nervo inicialmente, são agora uma desvantagem. A pressão do líquido endoneural e a pressão intrafascicular aumentam e, como não há vasos linfáticos intrafasciculares, o edema não consegue dispersar-se a não ser longitudinalmente pelo tronco, ocorrendo

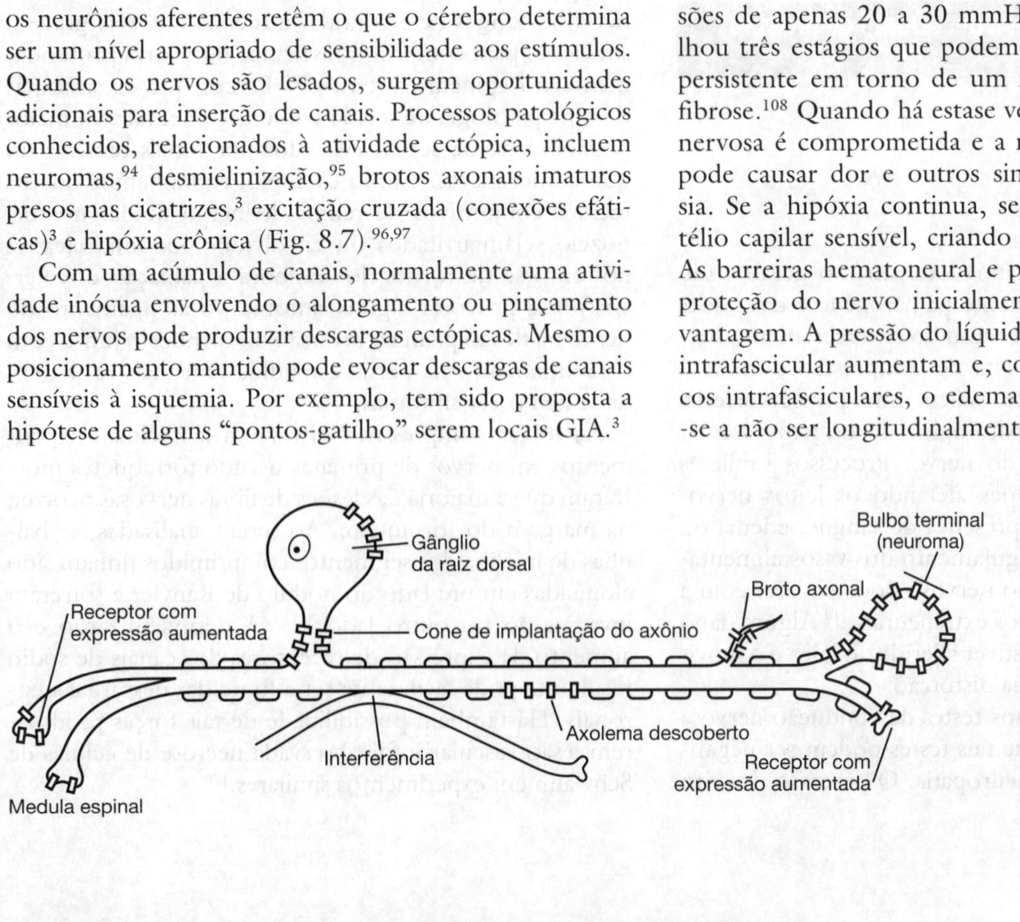

Figura 8.7 Possíveis locais geradores de impulsos anormais representados sobre um neurônio. As linhas paralelas representam um canal iônico. (De Butler DS: *The sensitive nervous system*. Noigroup, Adelaide, 2000.)

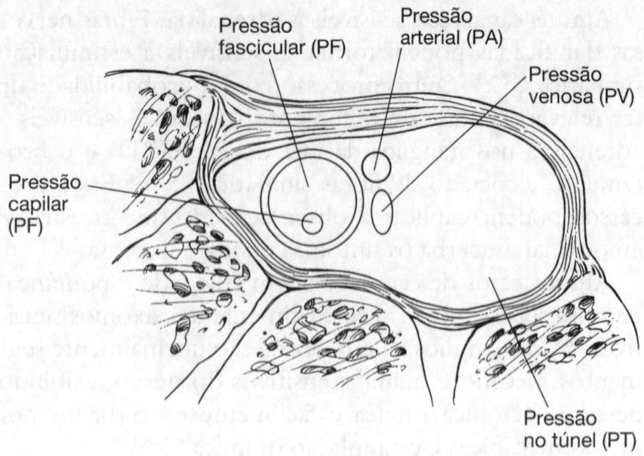

Figura 8.8 Diagrama representando o gradiente de pressão no túnel do carpo (secção transversa). Um fascículo é representado para facilitar a demonstração. Para a nutrição neural normal, o gradiente de pressão precisa ser PA > PC > PF > PV > PT. (De Sunderland S: *Nerves and nerve injury.* Churchill Livingstone, Edinburgh, 1978.)

edema no nervo. Esse estágio edematoso proporciona um ambiente ideal para a proliferação de fibroblastos e o início do estágio de fibrose intraneural. Quando as forças patológicas persistem, o resultado é a fibrose intraneural dentro do fascículo e nos tecidos epineurais. Sunderland observou o segmento transformando-se em um cordão fibroso e notou a possibilidade de ocorrer também fibrose por atrito em outras partes ao longo do tronco nervoso.[108]

Estágios da lesão nervosa decorrente de pressão persistente

- Hipóxia
- Edema
- Fibrose

A pressão sanguínea, tanto local quanto geral, é um fator determinante importante na patogênese das lesões nervosas. A dor noturna comum do encarceramento nervoso e a incidência mais alta de compressão durante a gestação podem, em parte, refletir uma pressão arterial mais baixa. O processo patológico de origem vascular descrito inicia-se dentro do nervo. Processos similares poderiam ocorrer em lesões afetando os leitos nervosos e túneis, tais como a presença de sangue, edema ou cicatrizes causando estrangulamento dos vasos alimentadores extraneurais. O dano nervoso pode ocorrer com a ruptura de vasos sanguíneos extraneurais.[110] Algum dano pode suceder se o nervo estiver aderido ao leito e o movimento repetitivo causar sua distorção.

Aqueles que confiam nos testes de condução nervosa devem estar cientes de que tais testes podem ser negativos na presença de uma neuropatia. O processo descrito aqui pode ocorrer em um fascículo e os testes de condução nervosa não são específicos para cada um deles; portanto, o teste de condução nervosa pode estar testando um fascículo "bom".[78] Além disso, os testes de condução nervosa não conseguem medir o envolvimento dos tecidos conjuntivos.

Traumas mecânicos dos nervos periféricos

Os traumas mecânicos podem tomar a forma de compressão (dor cervical aguda por compressão do plexo braquial, gesso apertado), tração (distensão do plexo braquial) ou atrito (p. ex., paralisia do nervo torácico longo sob a escápula). Os anestesistas conhecem há muito a importância de posicionar os membros sem tensão neural durante a cirurgia.[111,112] As forças compressivas ou tensivas agudas podem danificar as fibras nervosas e tornar menos relevante qualquer contribuição isquêmica aos sintomas. Contudo, na compressão crônica o componente vascular é óbvio, já que as fibras nervosas podem adaptar-se e as forças mecânicas presentes podem não ser suficientes para deformá-las.[113] As pesquisas têm mostrado que tensões microrrepetitivas sobre um nervo periférico podem ser mais lesivas do que uma tração lenta sustentada.[114] Isso pode ter relevância nos estados de trauma cumulativo.

Os tecidos conjuntivos do nervo são facilmente lesados. Um trauma leve, como uma compressão ou atrito suave, pode causar edema epineural.[115,116] As rupturas epineurais no nervo fibular comum são frequentes nas lesões de tornozelo, de acordo com Nitz.[117] Em virtude da barreira de difusão perineural, uma lesão no epineuro tem pouca probabilidade de afetar a condução de fibras nervosas longas nele contidas a menos que seja grave o suficiente para comprimir fascículos ou ocorra profundamente no epineuro interno.[118] Parece que os sintomas de uma patologia de tecido conjuntivo neural têm maior possibilidade de serem evocados por forças tensivas do que compressivas. Como exemplo, suponhamos que os tecidos conjuntivos de ramos do nervo fibular no tornozelo sejam irritados ou envolvidos por uma cicatriz pós-entorse de tornozelo. Embora a palpação dos nervos possa provocar alguns sintomas, o alongamento do nervo na flexão plantar/inversão do tornozelo junto com o levantamento da perna estendida tem mais probabilidade de evocar sintomas.

As forças compressivas distorcem a mielina. Experimentos em nervos de primatas usando torniquetes mostraram que a maioria das lesões de fibras nervosas ocorreu na margem do torniquete. Ao serem analisadas, as bainhas de mielina dos segmentos comprimidos tinham sido alongadas em um lado do nódulo de Ranvier e sofreram invaginação no outro lado.[79,119] A desmielinização e o aumento da expressão de receptores dos canais de sódio resultante pode facilmente ser a fonte das descargas neuronais. Há também possibilidade de tais forças produzirem lesão vascular e foi observada necrose de células de Schwann em experimentos similares.[120]

Os fisioterapeutas devem estar cientes da mecanossensibilidade potencial dos gânglios da raiz dorsal. A ocupação de espaço e o edema dos gânglios da raiz dorsal observados em estudos com imagem parecem ter uma boa correlação com a gravidade das pontuações de dor clínica nas pernas em pacientes com discos herniados e estreitamento do forame intervertebral.[121] Em comparação com o tronco nervoso, o gânglio da raiz dorsal é extremamente mecanossensitivo[107] e a compressão crônica de GRD após lesão ou doença pode contribuir para uma variedade de estados dolorosos, como dor lombar, dor ciática, hiperalgesia e alodinia tátil.[122]

Inflamação do sistema nervoso periférico

Medicamentos anti-inflamatórios podem ser úteis quando os nervos são lesados, em particular quando a lesão é aguda, o que sugere a existência de um mecanismo inflamatório. Desde a década de 1990 os conceitos antigos de predomínio da compressão física dos nervos estão dando lugar para etiologias mais inflamatórias e mistas. Muita evidência acumulou-se a partir desse período, sugerindo que o sistema imunológico tem um papel significante na lesão nervosa e na dor por meio da inflamação. Em particular, o sistema imunológico tem se mostrado um forte fator contribuinte para os estados de dor neurogênica periférica.[6,123] São de interesse particular as citocinas pró-inflamatórias, o fator de necrose tumoral, a interleucina 1 e a interleucina 6. Esses compostos derivados do sistema imunológico auxiliam na destruição de patógenos, mas podem também danificar de forma direta a mielina[124,125] e aumentar diretamente a excitabilidade nervosa.[123,126] Há evidências de que os sintomas de dor pós-discectomia,[127] neuropatias[128] e estenose espinal[129] têm relação com os níveis de citocinas pró-inflamatórias. O núcleo pulposo também parece ser uma fonte crítica dessas moléculas.[130]

Os gânglios da raiz dorsal podem ser um alvo farmacológico potencial. Por exemplo, a lidocaína reduz a hiperalgesia mecânica e a alodinia tátil nas síndromes de dor central decorrentes da compressão mecânica dos gânglios da raiz dorsal L_5;[131] os corticosteroides, por sua vez, suprimem de forma significante a substância P e inibem a liberação de citocinas nos gânglios da raiz dorsal para auxiliar a recuperação de raízes nervosas comprimidas mecanicamente.[132]

SEQUELAS DAS LESÕES NERVOSAS

Com estímulos apropriados e no limiar do sistema nervoso central, uma lesão ou o aumento da expressão de receptores no sistema nervoso periférico pode contribuir para uma experiência dolorosa. Contudo, o sistema nervoso é um *continuum* eletroquímico e uma lesão nervosa inicial pode potencializar problemas em outras partes. As repercussões incluem a possibilidade do enfraquecimento ou alteração do sistema nervoso causado pela lesão original permitir o desenvolvimento de outra lesão ao longo da via (dupla compressão), concentrações anormais de neurotransmissores e moduladores secretados nos tecidos-alvo (inflamação neurogênica), e respostas alteradas de células receptoras na medula espinal e no cérebro, levando à sensibilidade central.

Síndromes de dupla ou múltipla compressão

Muitos fisioterapeutas estão cientes de que após a lesão, os sintomas nem sempre localizam-se em um ponto. Com frequência, a dor ou outros sintomas ocorrem em outras partes, sendo que alguns sintomas são considerados insignificantes pelo paciente. Quando tais sintomas são neurogênicos, podem ser parte de um mecanismo de dupla compressão, hipótese formulada por Upton e McComas.[59] A base da hipótese foi seu estudo em 115 pacientes com síndrome do túnel do carpo ou lesão do nervo ulnar no cotovelo. Eles descobriram que 81 pacientes tinham evidências eletrofisiológica e clínica de lesões neurais no pescoço. A proposta foi que compressões seriadas mínimas ao longo de um nervo periférico podiam ter um efeito somatório e causar uma neuropatia distal. Upton e McComas sugeriram que um neurônio poderia "adoecer" em decorrência de compressões ou doenças como o diabetes[59] e por causa da ultraestrutura neuronal alterada, incluindo um transporte axonal mais lento, o resto do neurônio ficaria em uma posição mais susceptível em termos patológicos. Essas noções agora têm apoio experimental e clínico significante,[13,69,133-137] embora não universal.[138]

O "conceito" da síndrome de dupla compressão pode ser útil na clínica, em particular por encorajar os fisioterapeutas a examinarem o tronco nervoso inteiro e os tecidos ao redor.[4] Contudo, seria sábio aceitar que o alastramento dos sintomas pode ser causado por múltiplas alterações biopatológicas, que incluem lesões por atrito nervoso remoto,[113] aumento da expressão de citocinas pró-inflamatórias ao longo dos neurônios danificados[6,139] e a interação de descargas em múltiplos locais.[140] Além disso, se células de segunda e terceira ordem no SNC são sensibilizadas, impulsos mínimos ou mesmo normais provenientes da periferia podem ser interpretados como nocivos.

Dupla compressão é um termo inadequado, pois o termo *compressão* não descreve de forma apropriada pequenas neuropatias. Alguns têm sugerido o termo *dupla neuropatia*.[113] A literatura sobre síndromes de dupla compressão inclui síndrome do túnel do tarso e encarceramento em outras partes da perna,[141,142] lesões do plexo braquial e síndrome do túnel do carpo,[143] lesões cervicais, síndrome do túnel do carpo,[137,144] cirurgia lombar malsucedida e dor na perna.[145]

Mackinnon propôs o conceito de compressão dinâmica, valioso para a clínica (mesmo que não haja dor em repouso, certas posturas que costumam envolver o alongamento do nervo podem evocar os sintomas).[146] O nervo ulnar oferece um bom exemplo – a dor no punho experimentada por um golfista no final do *backswing* poderia ser proveniente do nervo ulnar no canal de

Guyon ou perto dele. Essa posição impõe uma carga ao nervo ulnar em todo o membro superior.

Inflamação neurogênica

Um nervo periférico danificado ou que esteja disparando pode inflamar os tecidos supridos por ele. Os terminais dos nociceptores aferentes primários, em particular os aferentes amielínicos (fibras C), liberam compostos vasoativos e inflamatórios nos tecidos inervados, via impulsos antidrômicos (disparo proximal para distal em um neurônio sensitivo). Isso evoca uma resposta tônica que é exacerbada quando um nervo periférico é lesado.[147,148] O mediador inflamatório neurogênico mais estudado é a substância P. Esse e outros peptídios são sintetizados nos gânglios da raiz dorsal e transmitidos para os terminais nervosos pelo transporte axoplasmático. A maioria vai para a periferia, mas alguns também são enviados ao longo dos dendritos para o SNC. A substância P é particularmente vasoativa, causa aquecimento e sua presença estimula a liberação de histamina dos mastócitos[22] e mediadores inflamatórios como as leucotrienas. Outros peptídios pró-inflamatórios são transportados nas fibras C, como as taquicininas (neurocininas A e B) e o peptídio relacionado ao gene da calcitonina (CGRP), um vasodilatador extremamente potente.[149]

Os impulsos antidrômicos podem originar-se da lesão ao longo do nervo, dos terminais nervosos ou dos gânglios da raiz dorsal.[150-152] Os impulsos antidrômicos podem também ter origem na medula espinal, onde são conhecidos como reflexos da raiz dorsal.[153]

Recomendamos que os fisioterapeutas considerem a possibilidade de lesão concomitante do nervo ou da raiz nas lesões que demoram um tempo maior que o esperado para cicatrizarem. O rubor, o edema mantido e os testes neurodinâmicos positivos vinculados podem ser uma indicação. Os fisioterapeutas devem lembrar ainda que esse processo é uma defesa que contribui para a saúde do tecido. É somente quando ocorre uma perturbação que podem emergir problemas persistentes.

Aumento da expressão de receptores no sistema nervoso central e perturbação dos sistemas homeostáticos

Em resposta à nocicepção repetitiva e na presença de sistemas de controle descendente lesados ou alterados, pode ocorrer sensibilização e mais tarde alterações biopatológicas nas células do corno dorsal e do cérebro; desse modo, é impressa no SNC uma representação de lesão, como na síndrome do túnel do carpo.[154-156] Os sistemas de controle descendente oferecem inibição e facilitação dos impulsos aferentes.[157,158] Esses sistemas são influenciados por fatores como tempo e ambiente. Por exemplo, pode ser que a lesão nervosa não seja crítica, e sim, o conceito de lesão do paciente. Portanto, entram em ação as influências dos pensamentos, crenças e terapias prévias. A dor e o cérebro são discutidos no Capítulo 10.

Quando o sistema nervoso central é sensibilizado, é provável que os sistemas homeostáticos sejam perturbados – por exemplo, os sistemas imune, endócrino, simpático e motor – o que por sua vez pode influenciar na cicatrização e descargas do nervo periférico. Esses sistemas, designados para lidar com ameaças agudas, não são apropriados para o uso de longo prazo. A ligação entre sistema imunológico, simpático e dor já foi discutida.

POTENCIAL DE CICATRIZAÇÃO DO NERVO PERIFÉRICO

Comparados com os nervos do SNC, os periféricos possuem um potencial de cicatrização muito maior. Quando um nervo é cortado ou gravemente esmagado, formando cicatrizes, as fibras nervosas distais à lesão se degeneram, um processo denominado degeneração walleriana. O complexo célula de Schwann-mielina colapsa e ocorre atividade dos macrófagos no tubo endoneural, degradando a mielina em gordura. As células de Schwann se proliferam, "esperando" por novo crescimento axonal. Embora as bainhas de tecido conjuntivo permaneçam intactas, o resultado é um nervo esquelético encolhido com colunas de células de Schwann. As tentativas de regeneração ocorrem algumas horas após uma lesão com separação, ou até uma semana depois se o nervo foi gravemente esmagado. Os brotos axonais emergem do lado proximal da lesão e tentam fazer contato com as células de Schwann do lado distal. Assim que é feito contato, cones de prolongamentos finos, ou filopódios, ancoram-se na membrana basal e então entram nos tubos endoneurais. Os resultados nunca são perfeitos. Se os axônios que estão brotando falham em fazer contato com a célula de Schwann, talvez por serem bloqueados por cicatrizes ou resíduos, forma-se um neuroma. Às vezes os brotos entram de forma inapropriada nos túbulos endoneurais de um tipo de fibra diferente. A regeneração pode ser rápida, com uma velocidade média de 1 a 2 mm por dia. Mesmo quando a separação é total, uma cirurgia habilidosa pode produzir bons resultados, embora a melhora funcional possa levar muitos meses.

Com uma lesão que preserve a continuidade, processos similares de degeneração-regeneração ocorrerão, ainda que em apenas uma parte do nervo – talvez um fascículo ou parte de um fascículo. Não há literatura nem dados sobre a cicatrização da lesão nas bainhas de tecido conjuntivo, mas considerando que são altamente inervadas e vascularizadas, presume-se que elas cicatrizam bem. Pelo que se sabe da estrutura do tecido nervoso, as alterações no fluxo axoplasmático e os problemas nos potenciais de ação ligados ao metabolismo também precisam se recuperar. Isso pode ocorrer simplesmente por remover as cargas mecânicas e emocionais impostas ao sistema nervoso.

A recuperação da função é extremamente variável e depende do tipo e gravidade da lesão e do atendimento pós-lesão. Desde que a continuidade axonal seja preservada, pode-se esperar recuperação funcional completa. Neurapraxias ou lesões categoria 1 de Sunderland (p. ex., dor cervical aguda por compressão do plexo braquial) têm boa chance de recuperação completa em semanas ou meses,[2] dependendo da área e gravidade do dano.

MOBILIZAÇÃO E IMOBILIZAÇÃO

A lesão nervosa decorrente do posicionamento intraoperatório enquanto o paciente está imobilizado é um lembrete da vulnerabilidade do sistema.[112] Há pouca literatura sobre os efeitos da imobilização do nervo. A possibilidade de efeitos prejudiciais após imobilização prolongada parece ser menos considerada do que deveria, em especial nos casos pós-operatórios. Contudo, a mobilização precoce após neurólise de nervo periférico tem sido encorajada[78] e ao longo dos anos têm havido apelos para a mobilização cuidadosa dos nervos e estruturas vizinhas após uma lesão ou cirurgia.[47,50,159] Considerando a continuidade do nervo, a mobilização do tecido neural pode ser conseguida sem movimento ou carga sobre os tecidos próximos. Por exemplo, movimentos de extensão do joelho com o quadril mantido em flexão irão mover e fazer deslizar os tecidos neurais na coluna com o mínimo movimento dos tecidos da interface. Isso significa que a mobilização precoce do tecido neural após uma cirurgia de coluna ou trauma grave é possível, sem que cause efeitos adversos sobre os tecidos vizinhos.

Vale a pena considerar que é quase impossível imobilizar o sistema nervoso. Mesmo com um gesso imobilizando punho e cotovelo, o movimento do ombro e pescoço ainda impõe carga aos tecidos neurais no punho. Do mesmo modo, o paciente que usa um colar pós dor cervical decorrente de compressão do plexo braquial será capaz de mover os tecidos neurais cervicais por meio de movimentos do ombro e do braço. Embora um ambiente livre de tensão seja melhor para a regeneração do nervo após uma sutura,[49] níveis modestos de tensão são tolerados[160] e devem ser considerados os efeitos benéficos de "microforças" suaves para polarizar o coágulo de fibrina e guiar os brotos do axônio que estão se regenerando.[2]

É evidente que os nervos periféricos podem ser mobilizados; durante os movimentos passivos e ativos isso sempre acontece, em geral de forma inadvertida. Isso torna-se claro com o conhecimento da estrutura do nervo e das características próprias de conformação que permitem sua mobilização. Quando as características de conformação não podem acomodar a carga imposta a ele, podem ocorrer sintomas ou mesmo uma lesão. Os alongamentos de isquiotibiais, por exemplo, mobilizam muitos tecidos, um deles sendo o trato isquiático. Os alongamentos de ombro mobilizam o plexo braquial, entre outros tecidos. As técnicas propostas para mobilizar o sistema nervoso são discutidas em outras fontes.[4]

Movimento e farmacologia não são as únicas terapias para nervos danificados e dolorosos. Quando o nervo torna-se sensível a certas substâncias inflamatórias (p. ex., citocinas) e relacionadas ao estresse (p. ex., adrenalina), a educação terapêutica[87] deve ser considerada uma modalidade terapêutica complementar crítica para recuperação, visando as ameaças, temores e desafios com que o paciente se depara.

CONCLUSÃO

Os nervos periféricos são muito mais do que condutores entre os tecidos e o sistema nervoso central. São notavelmente móveis e reativos a uma variedade de estímulos, como as forças mecânicas, adrenalina e substâncias imunes. O papel dos nervos periféricos danificados ou com expressão de receptores aumentada nos estados dolorosos pode estar sendo subestimado.

REFERÊNCIAS BIBLIOGRÁFICAS

1. Sunderland S: Nerves and nerve injuries, ed 2, Melbourne, 1978, Churchill Livingstone.
2. Lundborg G: Nerve injury and repair, Edinburgh, 1988, Churchill Livingstone.
3. Devor M, Seltzer Z: Pathophysiology of damaged nerves in relation to chronic pain. In Wall PD, Melzack R, editors: Textbook of pain, ed 4, Edinburgh, 1999, Churchill Livingstone.
4. Butler DS: The sensitive nervous system, Adelaide, 2000, Noigroup.
5. Rutkowski JL, Tuite GF, Lincoln PM: Signals for proinflammatory cytokine secretion by human Schwann cells, J Neuroimmunol 101:47-60, 1999.
6. Watkins LR, Maier SF: Beyond neurons: evidence that immune and glial cells contribute to pathological pain states, Physiol Rev 82:981-1011, 2002.
7. Waxman SG: The neuron as a dynamic electrogenic machine: modulation of sodium-channel expression as a basis for functional plasticity in neurons, Philos Trans R Soc Lond B Biol Sci 355:199-213, 2000.
8. Kandel E: Nerve cells and behavior. In Kandel E, Schwarz J, Jessel T, editors: Principles of neural science, ed 4, New York, 2000, McGraw-Hill.
9. Schmidt JW, Catterall WA: Biosynthesis and processing of the alpha subunit of the voltage-sensitive sodium channel in rat brain neurons, Cell 46:437-445, 1986.
10. Waxman SG, Dib-Hajj S, Cummins TR et al: Sodium channels and pain, Proc Natl Acad Sci USA, 96:7635-7639, 1999.
11. Chung JM, Chung K: Importance of hyperexcitability of DRG neurons in neuropathic pain, Pain Prac 2:87-97, 2002.
12. Millesi H, Zoch G, Riehsner R: Mechanical properties of peripheral nerves, Clin Orthop Relat Res 314:76-83, 1995.
13. Rempel D, Dahlin L, Lundborg G: Pathophysiology of nerve compression syndromes: response of peripheral nerves to loading, J Bone Joint Surg 81A(11):1600-1610, 1999.
14. Sunderland S, Bradley KC: The cross sectional area of peripheral nerve trunks devoted to nerve fibres, Brain 72:428-449, 1949.
15. Jabaley ME, Wallace WH, Heckler FR: Internal topography of major nerves of the forearm and hand: a current view, J Hand Surg 5:1-18, 1980.
16. Hromada J: On the nerve supply of the connective tissue of some peripheral nervous system components, Acta Anatomica 55:343-351, 1963.
17. Bove GM, Light AR: The nervi nervorum, Pain Forum 6:181-190, 1997.
18. Sauer SK, Bove GM, Averbeck B, Reeh PW: Rat peripheral nerve components release calcitonin gene-related peptide and prostaglandin E2 in response to noxious stimuli: evidence that nervi nervorum are nociceptors, Neuroscience 92:319-325, 1999.
19. Thomas PK: Pain in peripheral neuropathy: clinical and morphological aspects. In Culp WJ, Ochoa J, editors: Abnormal nerves and muscles as impulse generators, Oxford, 1982, Oxford University Press.

20. Makitie J, Teravainen H: Peripheral nerve injury and recovery after temporary ischaemia, Acta Neuropathologica (Berlin) 37:55-63, 1977.
21. Nitz AJ, Dobner JJ, Matulionis DH: Structural assessment of rat sciatic nerve following tourniquet compression and vascular manipulation, Anat Rec 225:67-76, 1989.
22. Fitzgerald M: Capsaicin and sensory neurones–a review, Pain 15:109-130, 1983.
23. Tal M, Liberman R: Local injection of nerve growth factor (NGF) triggers degranulation of mast cells in rat paw, Neurosci Lett 221:129-132, 1997.
24. Thomas PK, Olsson Y: Microscopic anatomy and function of the connective tissue components of peripheral nerve. In Dyck PJ, Thomas PK, Lambert EH et al, editors: Peripheral neuropathy, ed 2, Philadelphia, 1984, Saunders.
25. Appenzeller O, Dhital KK, Cowen T, Burnstock G: The nerves to blood vessels supplying blood to nerves: the innervation of vasa nervorum, Brain Res 304:383-386, 1984.
26. Waksman BH: Experimental study of diptheric polyneuritis in the rabbit and guinea pig III: the blood-nerve barrier in the rabbit, J Neuropathol Exp Neurol 21:35-77, 1961.
27. Olsson Y, Reese TS: Permeability of vasa nervorum and perineurium in mouse sciatic nerve studied by fluorescence and electron microscopy, J Neuropathol Exp Neurol 30:105-119, 1971.
28. Kobayashi S, Yoshizawa H, Nakai S: Experimental study on the dynamics of lumbosacral nerve root circulation, Spine 25:298-305, 2000.
29. Lundborg G: Intraneural microcirculation, Orthop Clin North Am 19:1-12, 1988.
30. Rydevik B, Lundborg G, Bagge U: Effects of graded compression on intraneural blood flow: an in-vivo study on rabbit tibial nerve, J Hand Surg 6:3-12, 1981.
31. Parke WW, Watanabe R: The intrinsic vasculature of the lumbosacral spinal nerve roots, Spine 10:508-515, 1985.
32. Svenningsen A, Colman DR, Perrazq IL: Satellite cells of dorsal root ganglia are multipotential glial precursors, Neuron Glia Biology 1:85-93, 2004.
33. Sameda H, Takahashi Y, Takahashi K et al: Dorsal root ganglion neurones with dichotomising afferent fibres to both the lumbar disc and the groin skin. A possible neuronal mechanism underlying referred groin pain in lower lumbar disc diseases, J Bone Joint Surg 85:600-603, 2003.
34. Craig A: How do you feel? Interoception: the sense of the physiological condition of the body, Nature Rev Neurosci 3:655-666, 2002.
35. Haak RA, Kleinhaus FW, Ochs S: The viscosity of mammalian nerve axoplasm measured by electron spin resonance, J Physiol 263:115-137, 1976.
36. Baker PF, Ladds M, Rubinson KA: Measurement of the flow properties of isolated axoplasm in a defined chemical environment, J Physiol 269:10-11, 1977.
37. Hirokawa N, Takemura R: Molecular motors and mechanisms of directional transport in neurons, Nat Rev Neurosci 6:201-214, 2005.
38. Droz B, Rambourg A, Koenig HL: The smooth endoplasmic reticulum: structure and role in the renewal of axonal membrane and synaptic vesicles by fast axonal transport, Brain Res 93:1-13, 1975.
39. Levine J, Willard M: The composition and organisation of axonally transported proteins in the retinal ganglion cells of the guinea pig, Brain Res 194:137-154, 1980.
40. Bisby MA: Functions of retrograde axonal transport, Fed Proc 41:2307-2311, 1982.
41. Otten U: Nerve growth factor and the peptidergic sensory neurons, Trends Pharmacol 7:307-310, 1984.
42. Delcomyn F: Foundations of neurobiology, New York, 1998, WH Freeman.
43. Myers RR, Powell HC: Galactose neuropathy: impact of chronic endoneurial edema on nerve blood flow, Ann Neurol 16:587-594, 1984.
44. Yabuki S, Onda A, Kikuchi S et al: Prevention of compartment syndrome in dorsal root ganglia caused by exposure to nucleus pulposus, Spine 26:870-875, 2001.
45. Shacklock M: Neurodynamics, Physiotherapy 81:9-16, 1995.
46. Breig A: Adverse mechanical tension in the central nervous system, Stockholm, 1978, Almqvist & Wiksell.
47. Louis R: Vertebroradicular and vertebromedullar dynamics, Anat Clin 3:1-11, 1981.
48. Yuan Q, Dougherty L, Margulies SS: In vivo human cervical spinal cord deformation and displacement in flexion, Spine 23:1677-1683, 1998.
49. Zoch G, Reihsner R, Beer R et al: Stress and strain in peripheral nerves, Neuro-Orthopedics 10:73-82, 1991.
50. McLellan DL, Swash M: Longitudinal sliding of the median nerve during movements of the upper limb, J Neurol Neurosurg Psychiatry 39:566-570, 1976.
51. Kleinrensink GJ, Stoeckart R, Mulder PG et al: Upper limb tension tests as tools in the diagnosis of nerve and plexus lesions: anatomical and biomechanical aspects, Clin Biomech 15:9-14, 2000.
52. Wright TW, Glowczewskie F, Wheeler D et al: Excursion and strain of the median nerve, J Bone Joint Surg 78A:1897-1903, 1996.
53. Byl C, Puttlitz C, Byl N et al: Strain in the median and ulnar nerves during upper extremity positioning, J Hand Surg 27A:1032-1040, 2002.
54. Dilley A, Lynn B, Greening J et al: Quantitative in vivo studies of median nerve sliding in response to wrist, elbow, shoulder and neck movements, Clin Biomech 18:899-907, 2003.
55. Okamato M, Abe M, Shirai H et al: Morphology and dynamics of the ulnar nerve in the cubital tunnel, J Hand Surg 25B:85-89, 2000.
56. Wright TW, Glowczewskie F Jr, Cowin D, Wheeler DL: Ulnar nerve excursion and strain at the elbow and wrist associated with upper extremity motion, J Hand Surg 26A:655-662, 2001.
57. Johnson EK, Chiarello CM: The slump test: the effects of head and lower extremity position on knee extension, J Orthop Sports Phys Ther 26:310-317, 1997.
58. Troup JD: Straight-leg-raising (SLR) and the qualifying tests for increased root tension: their predictive value after back and sciatic pain, Spine 6:526-527, 1981.
59. Upton AR, McComas AJ: The double crush in nerve entrapment syndromes, Lancet 18:359-362, 1973.
60. Druschky K, Kaltenhauser M, Hummel C et al: Alteration of the somatosensory cortical map in peripheral mononeuropathy due to carpal tunnel syndrome, Neuroreport 11:3925-3930, 2000.
61. Tecchio F, Padua L, Aprile I et al: Carpal tunnel syndrome modifies sensory hand cortical somatotopy: a MEG study, Hum Brain Mapp 17:28-36, 2002.
62. Coppieters MW, Kurz K, Mortensen TE et al: The impact of neurodynamic testing on the perception of experimentally induced muscle pain, Man Ther 10:52-60, 2005.
63. Apfelberg DB, Larson SJ: Dynamic anatomy of the ulnar nerve at the elbow, Plast Reconstr Surg 51:79-81, 1973.
64. Macnicol MF: Mechanics of the ulnar nerve at the elbow, J Bone Joint Surg 62B(4):S31-S32, 1980.
65. Gelberman RH, Yamaguchi K, Hollstein SB: Changes in interstitial pressure and cross-sectional area of the cubital tunnel and of the ulnar nerve with flexion of the elbow. An experimental study in human cadavera, J Bone Joint Surg 80:492-501, 1998.
66. Mumenthaler M, Schliack H: Peripheral nerve lesions, New York, 1991, Thieme.
67. Johnston EC, Howell SJ: Tension neuropathy of the superficial peroneal nerve: associated conditions and results of release, Foot Ankle Int 20:576-582, 1999.
68. Miller EH, Benedict FE: Stretch of the femoral nerve in a dancer: a case report, J Bone Joint Surg 67:315-317, 1985.
69. Dellon AL, Mackinnon SE, Seiler WA 4th: Susceptibility of the diabetic nerve to chronic compression, Ann Plast Surg 20:117-119, 1988.

70. Shaw Wilgis EF, Murphy R: The significance of longitudinal excursion in peripheral nerves, Hand Clin 2:761-766, 1986.
71. Breig A, Troup JD: Biomechanical considerations in the straight--leg-raising test. Cadaveric and clinical studies of the effects of medial hip rotation, Spine 4:242-250, 1979.
72. Goddard MD, Reid JD: Movements induced by straight leg raising in the lumbo-sacral roots, nerves and plexus, and in the intrapelvic section of the sciatic nerve, J Neurol Neurosurg Psychiatry, 28:12-18, 1965.
73. Smith CG: Changes in length and position of the segments of the spinal cord with changes in posture in the monkey, Radiology 66:259-265, 1956.
74. Kenneally M, Rubenach H, Elvey R: The upper limb tension test: the SLR of the arm. In Grant R, editor: Physical therapy of the cervical and thoracic spine, New York, 1988, Churchill Livingstone.
75. Lundborg G, Rydevik B: Effects of stretching the tibial nerve of the rabbit. A preliminary study of the intraneural circulation and the barrier function of the perineurium, J Bone Joint Surg 55:390-401, 1973.
76. Ogata K, Naito M: Blood flow of peripheral nerve: effects of dissection, stretching and compression, J Hand Surg 11B:10-14, 1986.
77. Pechan J: Ulnar nerve maneuver as diagnostic aid in its compression in the elbow region, Ceskoslovenska Neurologie 36:13-19, 1973.
78. Mackinnon SE, Dellon AL: Surgery of the peripheral nerve, New York, 1988, Thieme.
79. Ochoa JL, editor: Nerve fibre pathology in acute and chronic compression, ed 2, Philadelphia, 1998, WB Saunders.
80. Gasser HD, Erlanger J: The role of fibre size in the establishment of a nerve block by presure or cocaine, Am J Physiol 88:581-594, 1929.
81. Nathan H: Osteophytes of the spine compressing the sympathetic trunk and splanchnic nerves in the thorax, Spine 2(6):527-532, 1987.
82. Giles LGF: Paraspinal autonomic ganglion distortion due to vertebral body osteophytosis: a cause of vertebrogenic autonomic syndromes? J Manip Physiol Ther 15:551-555, 1992.
83. Selander D, Mansson LG, Karlsson L et al: Adrenergic vasoconstriction in peripheral nerves of the rabbit, Anesthesiology 62:6-10, 1985.
84. Kornberg C: The effect of neural stretching and sympathetic outflow to the lower limbs, J Orthop Sports Phys Ther 16:294-298, 1992.
85. Slater H, Vincenzino B, Wright A: "Sympathetic slump": the effect of a novel manual therapy technique on peripheral sympathetic nervous system function, J Man Manip Ther 2:156-162, 1994.
86. Neary D, Eames RA: The pathology of ulnar nerve compression in man, Neuropathol Appl Neurobiol 1:69-88, 1975.
87. Butler DS, Moseley LS: Explain pain, Adelaide, 2003, NOI.
88. Neumann S, Doubell TP, Leslie T, Woolf CJ: Inflammatory pain hypersensitivity mediated by phenotypic switch in myelinated primary sensory neurons, Nature 384:360-364, 1996.
89. Gold MS, Levine JD, Correa AM: Modulation of TTX-R INa by PKC and PKA and their role in PGE2-induced sensitization of rat sensory neurons in vitro, J Neurosci 18:10345-10355, 1998.
90. Wall PD, Melzack R, editors: Textbook of pain, ed 4, Edinburgh, 1999, Churchill Livingstone.
91. Seddon H: Three types of nerve injury, Brain 66:237-288, 1943.
92. Chen C, Cavanaugh JM, Song Z et al: Effects of nucleus pulposus on nerve root neural activity, mechanosensitivity, axonal morphology and sodium channel expression, Spine 29:17-25, 2004.
93. Campero M, Serra J, Marchettini P et al: Ectopic impulse generation and autoexcitation in single myelinated afferent fibres in patients with peripheral neuropathy and positive sensory symptoms, Muscle Nerve 21:1661-1667, 1998.
94. Wall PD, Gutnik M: Properties of afferent nerve impulses originating from a neuroma, Nature 248:740-743, 1974.
95. Calvin WH, Devor M, Howe JF: Can neuralgias arise from minor demyelination? Spontaneous firing, mechanosensitivity, and afterdischarge from conducting axons, Exp Neurol 75:755-763, 1982.
96. Howe JF, Calvin WH, Loeser JD: Impulses reflected from dorsal root ganglia and from focal nerve injuries, Brain Res 116:139-144, 1976.
97. Howe JF, Loeser JD, Calvin WH: Mechanosensitivity of dorsal root ganglia and chronically injured axons: a physiological basis for the radicular pain of nerve root compression, Pain 3:25-41, 1977.
98. Wall PD, Gutnick M: Ongoing activity in peripheral nerves: the physiology and pharmacology of impulses originating from a neuroma, Exp Neurol 43:580-593, 1974.
99. Ali Z, Ringkamp M, Hartke TV et al: Uninjured C-fiber nociceptors develop spontaneous activity and alpha-adrenergic sensitivity following L6 spinal nerve ligation in monkey, J Neurophysiol 81:455-466, 1999.
100. Birder LA, Perl ER: Expression of alpha2-adrenergic receptors in rat primary afferent neurones after peripheral nerve injury or inflammation, J Physiol (London) 515:533-542, 1999.
101. Baron R, Janig W: The role of the sympathetic nervous system in pain processing. In Villanueva L, Dickenson A, Ollat H, editors: The pain system in normal and pathological states: a primer for clinicians, Seattle, 2004, IASP Press.
102. Ramer MS, Thompson SW, McMahon SB: Causes and consequences of sympathetic basket formation in dorsal root ganglia, Pain (suppl 6):S111-S120, 1999.
103. McLachlan EM, Janig W, Devor M, Michaelis M: Peripheral nerve injury triggers noradrenergic sprouting within dorsal root ganglia, Nature 363:543-546, 1993.
104. Chung K, Kim HJ, Na HS et al: Abnormalities of sympathetic innervation in the area of an injured peripheral nerve in a rat model of neuropathic pain, Neurosci Lett 162:85-88, 1993.
105. Gifford L: Acute low cervical nerve root conditions: symptom presentations and pathobiological reasoning, Man Ther 6:106-115, 2001.
106. Howe JF, Loeser JD, Calvin WH: Mechanosensitivity of dorsal root ganglia and chronically injured axons: a physiological basis for the radicular pain of nerve root compression, Pain 3:25-41, 1977.
107. Sugawara O, Atsuta Y, Iwahara T et al: The effects of mechanical compression and hypoxia on nerve root and dorsal root ganglia. An analysis of ectopic firing using an in vitro model, Spine 21:2089-2094, 1996.
108. Sunderland S: The nerve lesion in the carpal tunnel syndrome, J Neurol Neurosurg Psychiatry 39:615-626, 1976.
109. Dahlin LB, McLean WG: Effects of graded experimental compression on slow and fast axonal transport in rabbit vagus nerve, J Neurol Sci 72:19-30, 1986.
110. Nobel W: Peroneal palsy due to hematoma in the common peroneal nerve sheath after distal torsional fractures and inversion ankle sprains, J Bone Joint Surg 48:1484-1495, 1966.
111. Coppieters MW, Van de Velde M, Stapaerts KH: Positioning in anesthesiology: toward a better understanding of stretch-induced perioperative neuropathies, Anesthesiology 97:75-81, 2002.
112. Winfree CJ, Kline DG: Intraoperative positioning nerve injuries, Surg Neurol 63:5-18, 2005.
113. Sunderland S: Nerve injuries and their repair: a critical appraisal, Edinburgh, 1991, Churchill Livingstone.
114. Watanabe M, Yamaga M, Kato T et al: The implication of repeated versus continuous strain on nerve function in a rat forelimb model, J Hand Surg 21:663-669, 2001.
115. Triano JJ, Lutthes MW: Nerve irritation: a possible model of sciatic neuritis, Spine 7:129-136, 1982.
116. Rydevik B, Brown MD, Lundborg G: Pathoanatomy and pathophysiology of nerve root compression, Spine 9:7-15, 1984.
117. Nitz AJ, Dobner JJ, Kersey D: Nerve injury and grades II and III ankle sprains, Am J Sports Med 13:177-182, 1985.

118. Rayan GM, Pitha JV, Wisdom P et al: Histologic and electrophysiologic changes following subepineurial hematoma induction in rat sciatic nerve, Clin Orthop Relat Res 229:257-264, 1988.
119. Fowler TJ, Ochoa J: Unmyelinated fibres in normal and compressed peripheral nerves of the baboon, Neuropathol Appl Neurobiol 1:247-265, 1975.
120. Powell HC, Myers RR: Pathology of experimental nerve compression, Lab Invest 55:91-100, 1986.
121. Aota Y, Onari K, An HS, Yoshikawa K: Dorsal root ganglia morphologic features in patients with herniation of the nucleus pulposus: assessment using magnetic resonance myelography and clinical correlation, Spine 26:2125-2132, 2001.
122. Song XJ, Hu SJ, Greenquist KW et al: Mechanical and thermal hyperalgesia and ectopic neuronal discharge after chronic compression of dorsal root ganglia, J Neurophysiol 82:3347-3358, 1999.
123. Sommer C: Cytokines and neuropathic pain. In Hansson PH, Fields HL, Hill RG et al, editors: Neuropathic pain: pathophysiology and treatment, Seattle, 2001, IASP Press.
124. Redford EJ, Hall SM, Smith KJ: Vascular changes and demyelination induced by the intraneural injection of tumour necrosis factor, Brain 118:869-878, 1995.
125. Smith KJ, Kapoor R, Felts PA: Demyelination: the role of reactive oxygen and nitrogen species, Brain Pathol 9:69-92, 1999.
126. Leem JG, Bove GM: Mid-axonal tumor necrosis factor-alpha induces ectopic activity in a subset of slowly conducting cutaneous and deep afferent neurons, J Pain 3:45-49, 2002.
127. Geiss A, Varadi E, Steinbach K et al: Psychoneuroimmunological correlates of persisting sciatic pain in patients who underwent discectomy, Neurosci Lett 237:65-68, 1997.
128. Sommer C: Cytokines and neuropathic pain. In Hansson PT, Fields HL, Hill RG et al, editors: Neuropathic pain: pathophysiology and treatment, Seattle, 2001, IASP Press.
129. Sekiguchi M, Kikuchi S, Myers RR: Experimental spinal stenosis: relationship between degree of cauda equina compression, neuropathology, and pain, Spine 29:1105-1111, 2004.
130. Cuellar JM, Montesano PX, Carstens E: Role of TNF-alpha in sensitization of nociceptive dorsal horn neurons induced by application of nucleus pulposus to L5 dorsal root ganglion in rats, Pain 110:578-587, 2004.
131. Zhang JM, Li H, Brull SJ: Perfusion of the mechanically compressed lumbar ganglion with lidocaine reduces mechanical hyperalgesia and allodynia in the rat, J Neurophysiol 84:798-805, 2000.
132. Wong HK, Tan KJ: Effects of corticosteroids on nerve root recovery after spinal nerve root compression, Clin Orthop Relat Res 403:248-252, 2002.
133. Nemoto K, Matsumoto N, Tazaki K et al: An experimental study on the double crush hypothesis, J Hand Surg 12A:552-559, 1987.
134. Dellon AL, Mackinnon SE: Chronic nerve compression model for the double crush hypothesis, Ann Plast Surg 26:259-264, 1991.
135. Simpson RL, Fern SA: Multiple compression neuropathies and the double-crush syndrome, Orthop Clin North Am 27:381-388, 1996.
136. Goldner JL, Hall RL: Nerve entrapment syndromes of the lower back and lower extremities. In Omer GE, Spinner M, Van Beek AL, editors: Management of peripheral nerve problems, ed 2, Philadelphia, 1997, WB Saunders.
137. Pierre-Jerome C, Bekkelund SI: Magnetic resonance assessment of the double crush phenomenon in patients with carpal tunnel syndrome, Scand J Plast Reconstr Surg 37:46-53, 2003.
138. Bednarik J, Kadanka Z, Vohanka S: Median nerve mononeuropathy in spondylotic cervical myelopathy: double crush syndrome?, J Neurol 246(7):544-551, 1999.
139. Yamamoto S, Ochi M, Shu N et al: Expression of cytokines in the dorsal root ganglion cell body in an experimental entrapment of entrapment neuropathy, Hand Surg 3:175-183, 1988.
140. Amir R, Kocsis JD, Devor M: Multiple interacting sites of ectopic spike electrogenesis in primary sensory neurons, J Neurosci 25:2576-2585, 2005.
141. Augustijn P, Vanneste J: The tarsal tunnel syndrome after a proximal lesion, J Neurol Neurosurg Psychiatry 55:65-67, 1992.
142. Sammarco GJ, Chalk DE, Feibel JH: Tarsal tunnel syndrome and additional nerve lesions in the same limb, Foot Ankle 14:71-77, 1993.
143. Dyro FM: Peripheral entrapments following brachial plexus lesions, Electromyogr Clin Neurophysiol 23:251-256, 1983.
144. Massey EW, Riley TL, Pleet AB: Coexistent carpal tunnel syndrome and cervical radiculopathy (double crush syndrome), South Med J 74:957-959, 1981.
145. Crotti FM, Carai A, Carai M et al: Entrapment of crural branches of the common peroneal nerve, Acta Neurochir (suppl 92):69-70, 2005.
146. Mackinnon SE: Double and multiple "crush" syndromes. Double and multiple entrapment neuropathies, Hand Clin 8:369-390, 1992.
147. Sann H, Pierau FK: Efferent functions of C-fiber nociceptors, Zeitschrift fur Rheumatologie, 57(suppl 2):8-13, 1998.
148. Lembeck F, Holzer P: Substance P as neurogenic mediator of antidromic vasodilation and neurogenic plasma extravasation, Naunyn Schmiedebergs Arch Pharmacol 310:175-183, 1979.
149. Brain SD, William TJ, Morris HR: Calcitonin gene related peptide is a potent vasodilator, Nature 313:54-55, 1986.
150. Chahl LA, Ladd RJ: Local oedema and general excitation of cutaneous sensory receptors produced by electrical stimulation of the saphenous nerve in the rat, Pain 2:25-34, 1976.
151. Wall PD, Devor M: Sensory afferent impulses originate from dorsal root ganglia as well as from the periphery in normal and nerve injured rats, Pain 17:321-339, 1983.
152. Daemen MA, Kurvers HA, Kitslaar PJ et al: Neurogenic inflammation in an animal model of neuropathic pain, Neurol Res 20:41-45, 1998.
153. Sluka KA, Willis WD, Westlund KN: The role of dorsal root reflexes in neurogenic inflammation, Pain Forum 4:141-149, 1995.
154. Doubell TP, Mannion RJ, Woolf CJ: The dorsal horn: state dependent sensory processing, plasticity and the generation of pain. In Wall PD, Melzack R, editors: Textbook of pain, ed 4, Edinburgh, 1999, Churchill Livingstone.
155. Woolf CJ, Salter MW: Neuronal plasticity: increasing the gain in pain, Science 288:1765-1768, 2000.
156. Druschky K, Kaltenhauser M, Hummel C et al: Alteration of the somatosensory cortical map in peripheral mononeuropathy due to carpal tunnel syndrome, Neuroreport 11:3925-3930, 2000.
157. Ossipov MH, Lai J, Malan TP et al: Tonic descending facilitation as a mechanisms of neuropathic pain. In Hansson PT, Fields HL, Hill RG et al, editors: Neuropathic pain: pathophysiology and treatment, Seattle, 2001, IASP Press.
158. Villaneuva L, Fields HL: Endogenous central mechanisms of pain modulation. In Villaneuva L, Dickenson A, Ollat H, editors: The pain system in normal and pathological states, Seattle, 2004, IASP Press.
159. Mackinnon SE: Pathophysiology of nerve compression, Hand Clin 18:231-241, 2002.
160. Sunderland IR, Brenner MJ, Singham J et al: Effect of tension on nerve regeneration in rat sciatic nerve transection model, Ann Plast Surg 53:382-387, 2004.

CAPÍTULO

9

Neurofisiologia articular e controle sensório-motor

Glenn N. Williams e Chandramouli Krishnan

INTRODUÇÃO

Uma das características que definem a reabilitação do sistema musculoesquelético é o foco no movimento e a restauração dos padrões de movimento funcional após uma lesão ou doença. O movimento requer uma interação complexa entre o sistema nervoso e os músculos, ossos e articulações do sistema musculoesquelético. Consequentemente, compreender em detalhes o sistema nervoso e suas interações com o sistema musculoesquelético na produção de movimentos seguros e funcionais é de fundamental importância para o especialista em reabilitação. Este capítulo concentra-se na atual teoria relacionada com a neurofisiologia articular, o controle sensório-motor, e as interações entre os sistemas nervoso e musculoesquelético em manter a estabilidade articular durante o movimento.

NEUROFISIOLOGIA ARTICULAR

Sistema somatossensorial

O sistema somatossensorial é um sistema sensorial único, pois medeia sinais relacionados a diversas modalidades sensoriais (p. ex., propriocepção, térmico e dor) que são propagadas por receptores distribuídos pelo corpo. Reciprocamente, outros sistemas sensoriais geralmente medeiam uma modalidade única resultante de uma entrada focalizada. Existem três categorias primárias de receptores especializados no sistema somatossensorial: (1) mecanorreceptores, que fornecem informações relacionadas ao estado mecânico dos músculos, tecidos articulares e pele; (2) termorreceptores, que fornecem informações relacionadas à temperatura; e (3) nociceptores, que são receptores de dor. Embora cada modalidade tenha seus próprios receptores especializados, toda informação somatossensorial é transmitida por neurônios originados nos gânglios da raiz dorsal. Neurônios associados a diferentes modalidades somatossensoriais variam em morfologia (Fig. 9.1) e sensibilidade ao estímulo. O sistema nervoso central (SNC) continuamente recebe impulsos aferentes de muitos receptores e os processa simultaneamente. Embora este capítulo enfatize a função dos mecanorreceptores, que são sensíveis aos parâmetros relacionados ao movimento, deve-se reconhecer que dor e temperatura anormal podem afetar a função sensório-motora e alterar sua estabilidade.[1,2] Por exemplo, pacientes com articulações inflamadas frequentemente têm inibição muscular, o que prejudica sua capacidade de gerar força.[3-6] Parte desta inibição é, sem dúvida, devido à dor, à temperatura elevada, e ao ambiente químico dentro da articulação inflamada. Tais fatores podem afetar a função da articulação mesmo que o paciente não os reconheça conscientemente. É fundamental que os profissionais da reabilitação reconheçam e tratem tais deficiências o mais cedo possível, pois os déficits de controle sensório-motor resultantes podem colocar o paciente em risco de agravamento da lesão. Além disso, é um desafio melhorar o controle do sistema sensório-motor sem antes abordar as deficiências que afetam negativamente a função sensório-motora.

Mecanorreceptores

Mecanorreceptores são geralmente classificados em três grupos: (1) receptores articulares, (2) receptores musculares e (3) receptores cutâneos. É um equívoco comum achar que o SNC lida com os sinais recebidos desses receptores separadamente. Este equívoco é compreensível, pois a função dos receptores é geralmente dis-

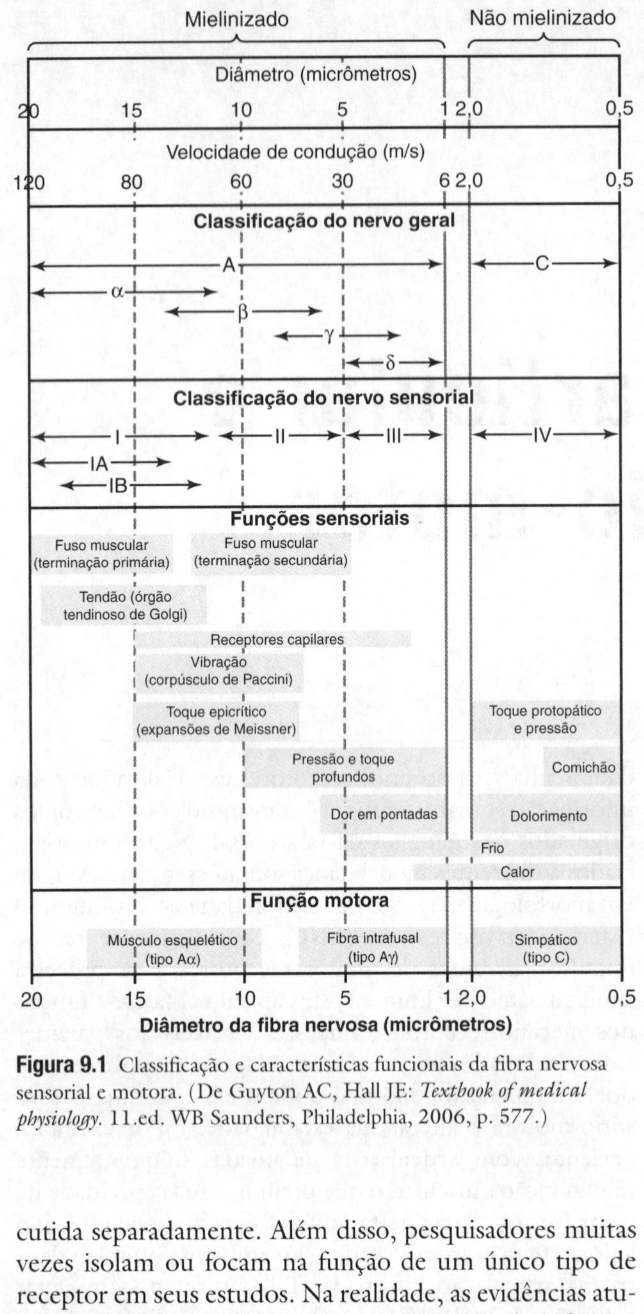

Figura 9.1 Classificação e características funcionais da fibra nervosa sensorial e motora. (De Guyton AC, Hall JE: *Textbook of medical physiology*. 11.ed. WB Saunders, Philadelphia, 2006, p. 577.)

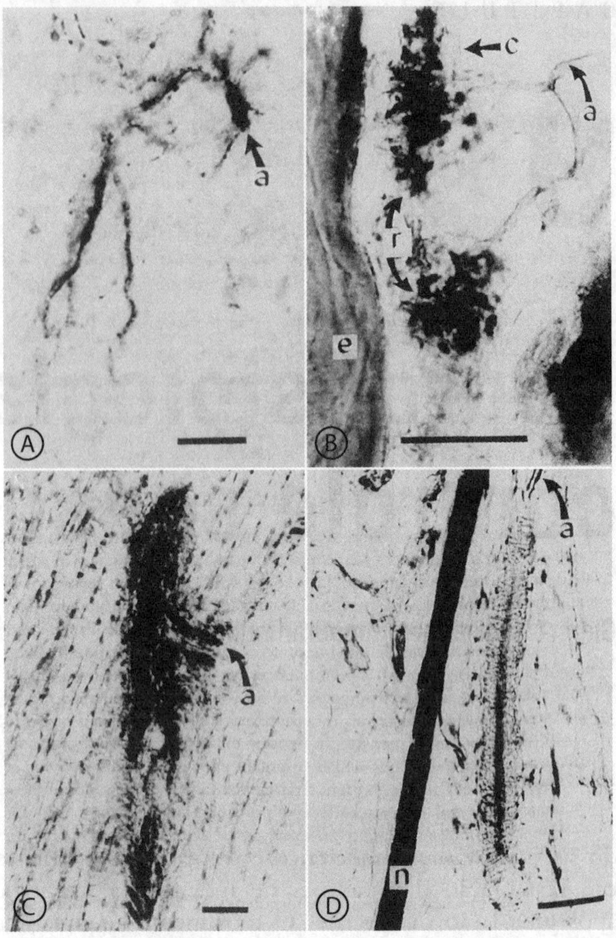

Figura 9.2 Microfotografia de diferentes tipos de receptores articulares encontrados nos ligamentos cruzados de um gato. **A.** Terminações nervosas de Bare no ligamento cruzado posterior, originadas de um axônio simples (a). **B.** Terminação de Ruffini (r) com cápsulas finas (c), decorrente de um axônio simples (a) no ligamento cruzado anterior localizado próximo à inserção na epífise (e). **C.** Terminação similar ao órgão tendinoso de Golgi com um axônio espesso (a) localizada na substância do ligamento cruzado anterior. **D.** Corpúsculo de Paccini localizado adjacente a um feixe nervoso (n) no ligamento cruzado posterior. (De Sjölander P, Johansson H, Sojka P et al.: Sensory nerve endings in the cat cruciate ligaments: a morphological investigation, *Neurosci Lett* 102:34, 1989.)

cutida separadamente. Além disso, pesquisadores muitas vezes isolam ou focam na função de um único tipo de receptor em seus estudos. Na realidade, as evidências atuais sugerem que o SNC processa conjuntos de informações sensoriais de muitos receptores simultaneamente.[7-9] **Processamento conjunto** permite que milhares de impulsos sejam processados a cada segundo, o que por sua vez permite ao sistema obter rapidamente uma imagem precisa sobre as condições na periferia. Como resultado, respostas efetivas para distúrbios potencialmente prejudiciais são geradas de forma eficaz, e o sistema permanece em relativa homeostase. Estas respostas são geradas com base no conjunto de informações de uma determinada região do corpo, em vez de em cada sinal individual vindo desta região. Processamento conjunto leva a respostas mais apropriadas, pois há um nível de redundância no sistema que lhe permite compensar erros referentes à informação.

Receptores articulares. Existem quatro tipos primários de receptores articulares (Fig. 9.2): terminações de Ruffini, corpúsculos de Paccini, terminações tipo órgãos tendinosos de Golgi e terminações nervosas de Bare.[10,11] Esses receptores são descritos (Tab. 9.1) através do estado articular no qual estão ativos (estático, dinâmico ou ambos), da intensidade do estímulo para ativação (limiar alto *versus* baixo) e se eles permanecem ativos ou não com estímulo persistente (adaptação lenta *versus* rápida). Cada tipo de receptor articular retransmite uma única informação sensorial para o sistema nervoso central. Embora os receptores articulares pareçam existir na maioria dos tecidos conjuntivos, pesquisas indicam que a cápsula é ricamente inervada, enquanto os ligamentos parecem ser mais bem descritos como escassamente inervados.[12-14] Receptores articulares em ligamentos estão mais densamente localizados próximo aos locais de inserção, e são mais ativos quando a articulação é rodada pró-

Tabela 9.1 Características funcionais dos quatro tipos de receptores articulares

Tipo de receptor	Localização	Estímulos	Estado ativo da articulação	Limiar de ativação	Resposta à estimulação persistente
Terminações de Ruffini	Cápsulas, ligamentos, meniscos	Estiramento/ posição articular de tensão	Estático ou dinâmico	Limiar baixo	Adaptação lenta
Corpúsculos de Paccini	Cápsulas, ligamentos, meniscos e coxins adiposos	Compressão, aceleração/ desaceleração	Somente dinâmico	Limiar baixo	Adaptação rápida
Receptores tipo órgãos tendinosos de Golgi	Cápsula, ligamentos e meniscos	Tensão, especialmente no final da amplitude de movimento	Somente dinâmico	Limiar alto	Adaptação lenta
Terminações nervosas de Bare	Amplamente distribuídas nas cápsulas, ligamentos e coxins adiposos; menos distribuídas nos meniscos	Dor de origem mecânica ou química	Inativo, a menos que estímulos nocivos estejam presentes, então será estático ou dinâmico	Limiar alto	Adaptação lenta

xima ao seu limite, o que sugere que o propósito primário desses receptores é sinalizar que a articulação está chegando ao fim de sua amplitude de movimento.[2,14-18] Sinais desses receptores podem desencadear reflexos protetores de músculos específicos que envolvem a articulação e atuam para resistir ao movimento e proteger a articulação.[2] Embora haja evidências de que alguns receptores articulares sejam ativos nas amplitudes de movimento medianas, a maioria das evidências sugere que uma minoria dos receptores funciona desta forma.[2,18-20] Portanto, embora os receptores articulares desempenhem algum papel em perceber a posição articular, esta não parece ser a função primária desses receptores.[2,14,21,22]

Receptores articulares

- Terminações de Ruffini
- Corpúsculos de Paccini
- Tipo órgãos tendinosos de Golgi ou órgãos ligamentares de Golgi
- Terminações nervosas livres

Terminações de Ruffini. As terminações de Ruffini estão localizadas principalmente no lado da "flexão" (o lado que é alongado com a extensão da articulação) da cápsula articular. Por exemplo, no joelho elas são encontradas na cápsula posterior.[23,24] As terminações de Ruffini também são encontradas em ligamentos, principalmente próximas de sua origem e inserção.[18,25] O axônio principal (5 a 9 μm de diâmetro) das terminações de Ruffini entra na cápsula articular e se divide em múltiplos ramos para formar uma terminação em forma de "spray" (ver Fig. 9.2B).[26] Os ramos nervosos fazem contato com um grande número de fibras colágenas,[27] as quais os encapsulam, criando uma aparência de cilindros (que podem ser completos ou incompletos). Há geralmente de dois a seis destes finos cilindros encapsulados em cada terminação de Ruffini. Terminações nervosas passam na cápsula articular ou ligamento no final dos cilindros, o que permite que sejam sensíveis às mudanças mecânicas nos tecidos conjuntivos de uma articulação.

Terminações de Ruffini são sensores de estiramento. Um alongamento mantido da cápsula produz uma resposta prolongada, lentamente adaptada na forma de um trem de potenciais de ação.[24] O neurônio é ativado principalmente pelo estiramento ao longo do eixo dos cilindros e não é muito sensível à compressão.[28] Assim, a orientação das fibras de colágeno e dos cilindros determina a direção do alongamento do tecido a qual um determinado aferente será mais sensível. Na maior parte das circunstâncias, as terminações de Ruffini respondem principalmente quando a articulação é rodada próximo aos limites de movimento, devido ao aumento da tensão sobre o tecido conjuntivo da articulação.[14,16,17] Movimento articular multiplanar pode levar os aferentes de Ruffini a uma excitação em posições nas quais, em outras situações, eles estariam em repouso, e ao aumento da sensibilidade desses receptores. Por exemplo, a resposta à rotação em extensão é reforçada se a articulação do joelho, além de estendida, estiver também rodada externamente.[17] Embora os aferentes de Ruffini geralmente não estejam ativos quando a articulação do joelho está rodada através da amplitude de rotação articular "intermediária",[15,17] algumas terminações de Ruffini se tornam ativas nesta amplitude com a ativação agressiva do músculo quadríceps.[29] Este efeito é observado somente em uma minoria de aferentes com cargas bastante grandes;[29] entretanto, também confirma que as terminações de Ruffini se tornam ativas quando a frouxidão intrínseca dos tecidos conjuntivos da articulação é retomada, tensionando os tecidos.

Corpúsculos de Paccini. A maior porcentagem de corpúsculos de Paccini está localizada no tecido fibroadiposo subescapular; entretanto, eles também são encontrados na maioria dos outros tecidos moles das articulações, incluindo cápsula, ligamentos e meniscos.[18,23,27,30] Os corpúsculos de Paccini são encapsulados, de formato cônico e um pouco menores (20 a 40 µm de largura, 150 a 250 µm de comprimento) que os localizados no tecido cutâneo (ver Fig. 9.2D). Sinais gravados da parte anteromedial da cápsula do joelho onde estes receptores são encontrados têm mostrado que eles são sensíveis à compressão, mas não ao estiramento.[30] Os corpúsculos de Paccini respondem à compressão articular e ao aumento da pressão hidrostática na articulação.[30] São relativamente silenciosos quando a articulação está em repouso ou rodando em uma velocidade constante (eles se adaptam rapidamente), mas são sensíveis à aceleração e desaceleração repentinas.[26]

Receptores tipo órgãos tendinosos de Golgi. Receptores tipo órgãos tendinosos de Golgi (também chamados órgãos ligamentares de Golgi) são receptores em forma de spray (ver Fig. 9.2C) como as terminações de Ruffini e, por esta razão, são algumas vezes agrupados com elas.[18,31-33] São maiores que as terminações de Ruffini, possuem um axônio principal mais largo (13 a 17 µm) e são encontrados na cápsula articular, ligamentos e meniscos.[18,32,34] Receptores tipo órgãos tendinosos de Golgi têm limiar elevado para estimulação e uma adaptação lenta.[26,33] Eles não estão ativos, a menos que a articulação esteja em movimento, e como as terminações de Ruffini, parecem funcionar principalmente como detectores de limite devido a seus limiares elevados.

Terminações nervosas de Bare. As terminações nervosas de Bare (livres) (ver Fig. 9-2A) são as mais amplamente distribuídas de todos os receptores articulares.[21,23,33] Estes receptores são muitas vezes denominados aferentes finos, pois são inervados por pequenas fibras nervosas dos grupos III e IV, em vez de fibras maiores do grupo II, que inervam outros receptores articulares.[12,14,35] As terminações nervosas de Bare são diferentes em diversos sentidos, incluindo o número de locais receptores, o diâmetro dos axônios, a estrutura do citoesqueleto e o número e comprimento das terminações ramificadas.[12] Sob condições gerais de movimento, estas fibras permanecem em repouso.[35] Pesquisas mostram que as terminações nervosas livres são mecanicamente estimuladas por nociceptores que frequentemente são quimiossensíveis.[36-39] Elas possuem limiar elevado e se tornam ativas quando os tecidos moles da articulação experimentam cargas potencialmente lesivas.[19,40] A sensibilidade das terminações nervosas livres geralmente aumenta quando as articulações estão inflamadas ou edemaciadas.[36,37,39] Por exemplo, aferentes finos são altamente sensíveis com artrite experimental.[41] Bloquear a informação dessas terminações é um dos mecanismos pelos quais agem os analgésicos.[36]

Receptores musculares. Dois tipos de receptores musculares são frequentemente descritos: órgãos tendinosos de Golgi e fusos musculares (Fig. 9.3). Órgãos tendinosos de Golgi estão embutidos no colágeno da junção musculotendinosa 90% do tempo, e no próprio tendão no restante do tempo.[42] Cada órgão tendinoso de Golgi está ligado a um pequeno número de fibras musculares extrafusais (10 a 20) de um pequeno número de unidades motoras (≤ 15); o número exato de fibras varia de acordo com a unidade musculotendinosa na qual o receptor está contido.[43-47] Uma mistura de tipos de unidades motoras pode ser incluída na inervação.[48] Os órgãos tendinosos

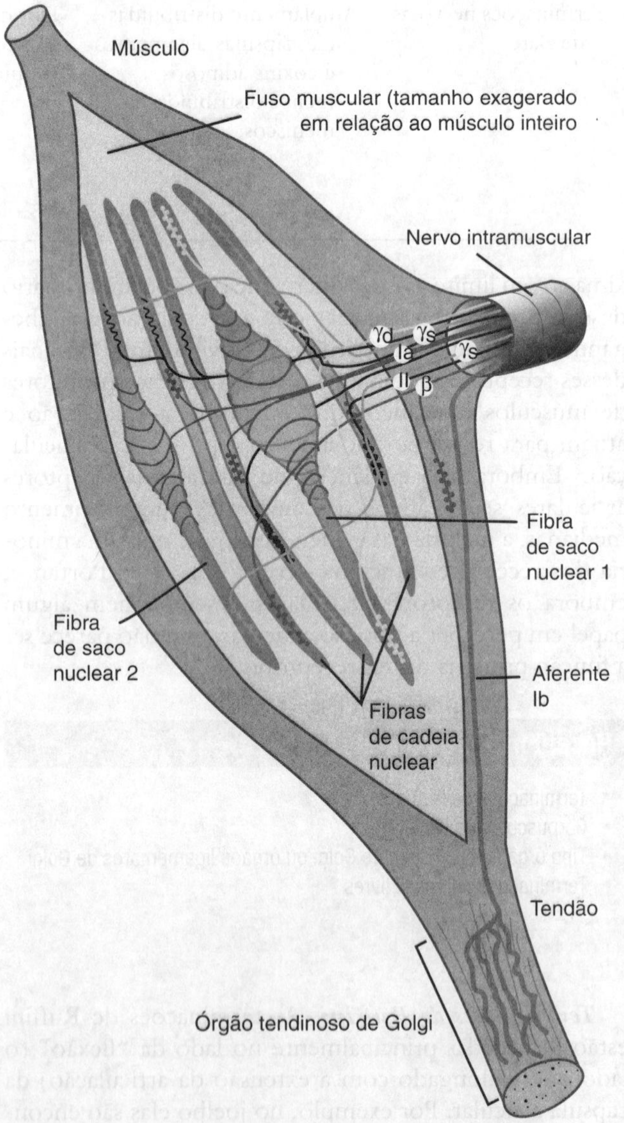

Figura 9.3 Estrutura e inervação de fusos musculares e órgãos tendinosos de Golgi. Esta inervação sensorial do fuso ocorre através dos fusos aferentes primários (Ia), que inervam tanto as fibras musculares intrafusais do saco nuclear quanto da cadeia nuclear, e aferentes secundários (II), que inervam as fibras da cadeia nuclear. A inervação motora dos fusos é suprida por neurônios motores γ estáticos e dinâmicos (γs e γδ) e por neurônios motores. (De Squire LR, Bloom FE, McConnell SK et al.: *Fundamental neuroscience*. 2.ed. Academic Press, Boston, 2003, p. 785.)

de Golgi estão em série com algumas fibras musculares e em paralelo com outras fibras inseridas nas proximidades.[49] Um grupo isolado de aferentes I entra na cápsula de cada órgão tendinoso de Golgi e se ramifica em diversas fibras desmielinizadas, que são entrelaçadas com as fibras de colágeno no tendão.[42,50] Quando uma contração muscular ou uma carga passiva elimina a folga dentro da rede de fibras colágenas, as terminações nervosas são estimuladas; entretanto, esses receptores são mais sensíveis à contração do que à carga passiva.[51] Tendões de Golgi são sensíveis a pequenas variações de força (a sensibilidade varia entre os receptores; é tão pouco como <0,1 g para algumas unidades tendinosas de Golgi), o que permite ao sistema nervoso fornecer respostas específicas às informações de força.[47,51] Embora esses receptores sejam sensíveis à força, é a tensão sobre os receptores que realmente os ativa.[52] Cada órgão tendinoso fornece uma imagem da carga estática e dinâmica nas fibras musculares às quais estão conectados.[42] O SNC, entretanto, parece depender do conjunto de informações dos órgãos tendinosos de Golgi em um músculo para obter uma imagem total da força muscular.[53,54] Funcionalmente, a informação-força destes receptores musculares é utilizada não somente para obter uma imagem da força muscular, mas também para reflexamente prevenir danos musculares, promover transições de fases na marcha, modular a rigidez articular e promover a coordenação interarticular.[55-57]

Receptores musculares

- Fusos musculares
- Órgãos tendinosos de Golgi
- Terminações nervosas livres

O segundo tipo de receptor muscular é chamado de fuso muscular. Os fusos musculares são receptores encapsulados (0,5 a 10 mm de comprimento) que correm em paralelo com as fibras musculares (Fig. 9.4).[58,59] O corpo humano contém de 25.000 a 30.000 fusos musculares (4.000 por braço, 7.000 por perna) e músculos individuais, cerca de 500 fusos.[58] A densidade é maior em músculos nos quais o controle fino é importante, tais como músculos intrínsecos da mão e músculos profundos do pescoço.[58,59] Fusos musculares são sensíveis a alterações em comprimento (alongamento) e velocidade.[45,59] Três tipos de fibras musculares intrafusais são encontradas dentro dos fusos musculares: fibras com cadeia nuclear e dois tipos de fibras com bolsa nuclear (estática e dinâmica).[45,58-60] Essas fibras musculares intrafusais são inervadas por axônios tanto sensitivos quanto motores (gama).[59,60] A porção capsular central do fuso contém um a dois grupos primários de aferentes I e um a cinco grupos secundários de aferentes II, que são espiralados em torno das fibras intrafusais.[59] Aferentes primários são altamente sensíveis a mudanças no comprimento, e informações desses aferentes variam com base na localização dos fusos dentro de um músculo, uma vez que nem todas

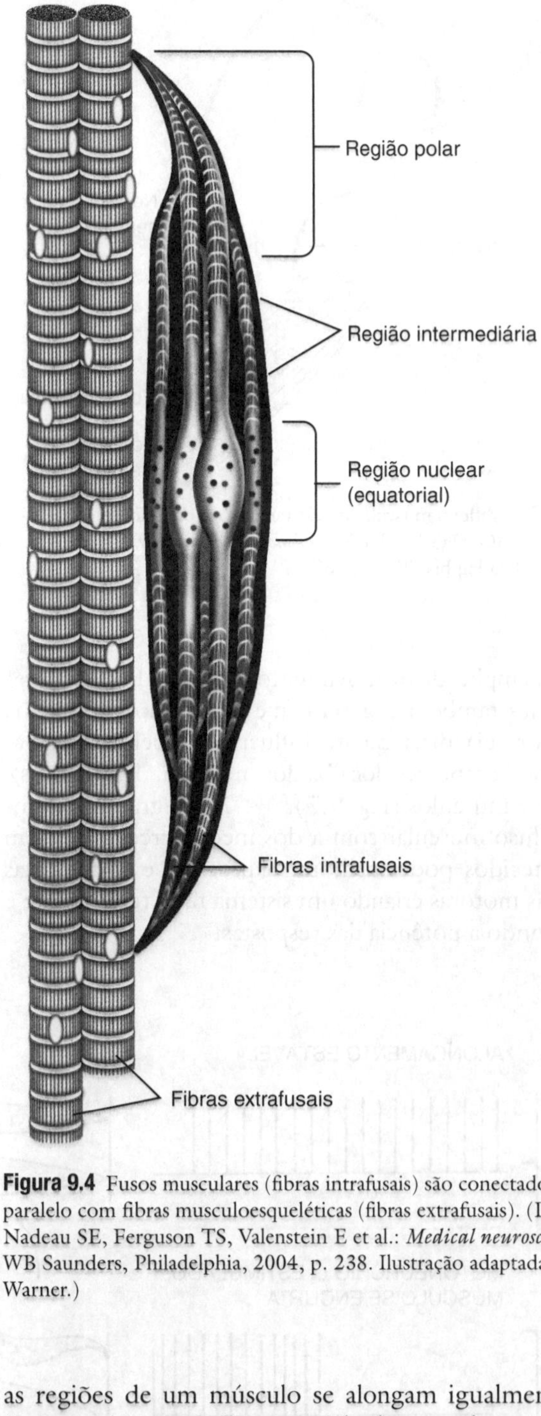

Figura 9.4 Fusos musculares (fibras intrafusais) são conectados em paralelo com fibras musculoesqueléticas (fibras extrafusais). (De Nadeau SE, Ferguson TS, Valenstein E et al.: *Medical neuroscience*. WB Saunders, Philadelphia, 2004, p. 238. Ilustração adaptada por JJ Warner.)

as regiões de um músculo se alongam igualmente.[42] A "compartimentação" sensorial dentro dos músculos supre o SNC com informações específicas sobre mudanças no comprimento muscular.[61] Ajustes rápidos no comprimento muscular são alcançados por meio de reflexos musculares de estiramento, que são produto de conexões monossinápticas entre esses axônios sensoriais e os neurônios motores alfa que inervam o músculo no qual os fusos são encontrados (Fig. 9.5).[45,62]

Os motoneurônios gama que inervam os fusos musculares são conhecidos como sistema fusimotor.[60] Coativação entre o sistema motor alfa e o sistema fusimotor permite que os fusos musculares permaneçam sensíveis a mudanças no comprimento e na velocidade,

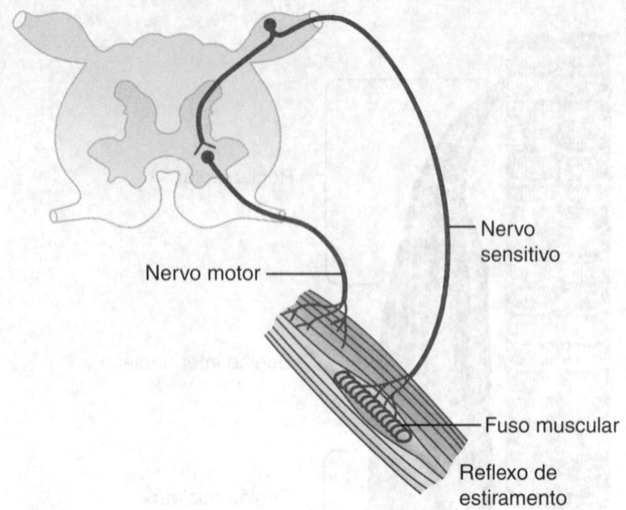

Figura 9.5 O reflexo muscular de estiramento monossináptico. (De Guyton AC, Hall JE: *Textbook of medical physiology*. 11.ed. WB Saunders, Philadelphia, 2006, p. 677.)

em toda amplitude de movimento articular (Fig. 9.6).[45,60] Evidências também sugerem que a ativação do sistema fusimotor seja diretamente influenciada pelas informações dos receptores localizados na pele, ligamentos/cápsulas e músculos (Fig. 9.7).[8,63,64] A integração da função do fuso muscular com a dos mecanorreceptores em outros tecidos pode melhorar a precisão e eficácia das respostas motoras criando um sistema mais redundante e aumentando a potência das respostas.

Receptores cutâneos. A pele humana desprovida de pelos (glabro) contém quatro tipos de receptores cutâneos (Fig. 9.8): corpúsculos de Meissner (adaptação rápida), corpúsculos de Pacinian (adaptação rápida), discos de Merkel (adaptação lenta) e terminações de Ruffini (adaptação lenta).[42] A pele humana com pelos contém receptores folículos capilares (adaptação rápida) e corpúsculos de Pacinian (adaptação rápida, principalmente na proximidade das articulações), bem como receptores celulares de Merkel (adaptação lenta) e terminações de Ruffini (adaptação lenta), que geralmente estão presentes próximo aos pelos.[42,65] Historicamente, as informações sensoriais de receptores cutâneos têm sido relativamente pouco discutidas quanto à estabilidade articular. Acredita-se que receptores cutâneos tenham um papel importante na sensação de movimento, tanto fornecendo informações diretamente quanto facilitando informações de outros receptores (p. ex., receptores musculares).[66-68] Existem evidências de que os receptores cutâneos fornecem informações sobre o movimento da articulação do joelho.[67] Isso pode ajudar a explicar as melhorias relatadas na acui-

Receptores cutâneos

- Corpúsculos de Meissner
- Corpúsculos de Paccini
- Discos de Merkel
- Terminações de Ruffini
- Terminações nervosas livres

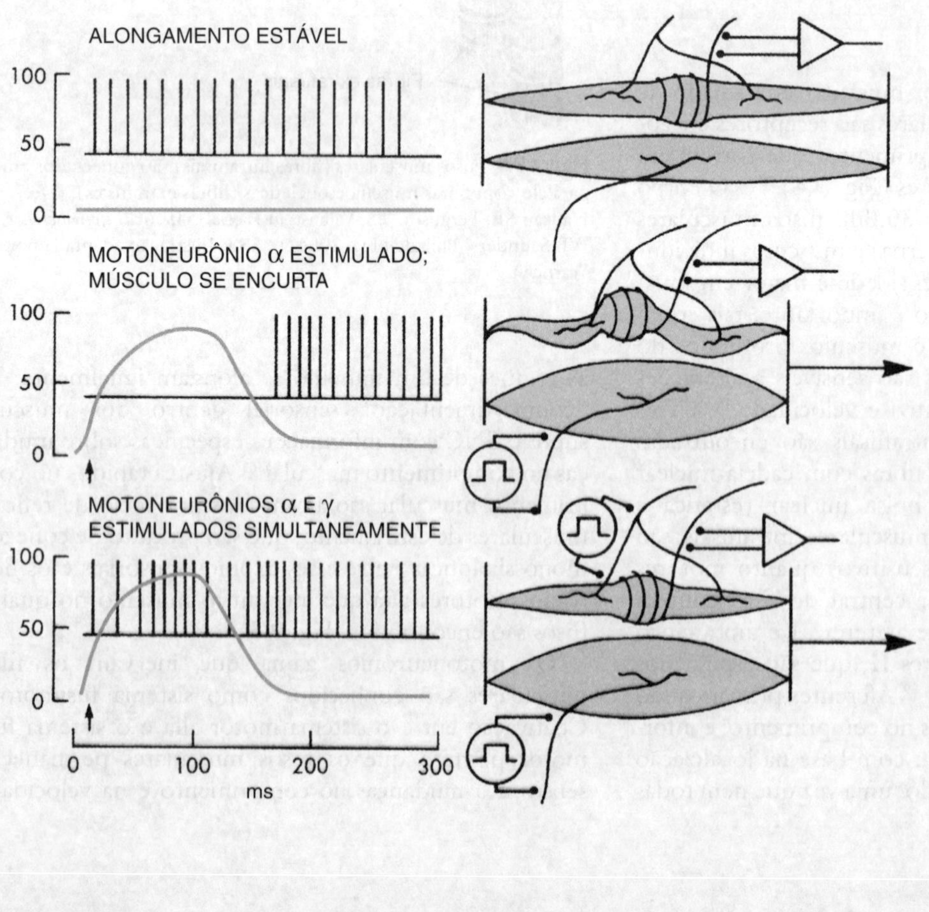

Figura 9.6 A atividade dos axônios motores γ pode neutralizar os efeitos de descargas de um fuso muscular aferente. **A.** A atividade de um fuso muscular aferente é mostrada durante um alongamento estável. **B.** O aferente para de excitar quando as fibras musculares extrafusais se contraem, devido a uma descarga do fuso muscular. **C.** A ativação do neurônio motor γ causa encurtamento do fuso muscular, neutralizando os efeitos da descarga. (De Berne RM, Levy MN: *Physiology*. 5.ed. Mosby, St. Louis, 2004, p. 190. Adaptado de Kuffler SW, Nicholls JG: *From neuron to brain*. Sinauer Associates, Sunderland, Mass, 1976.)

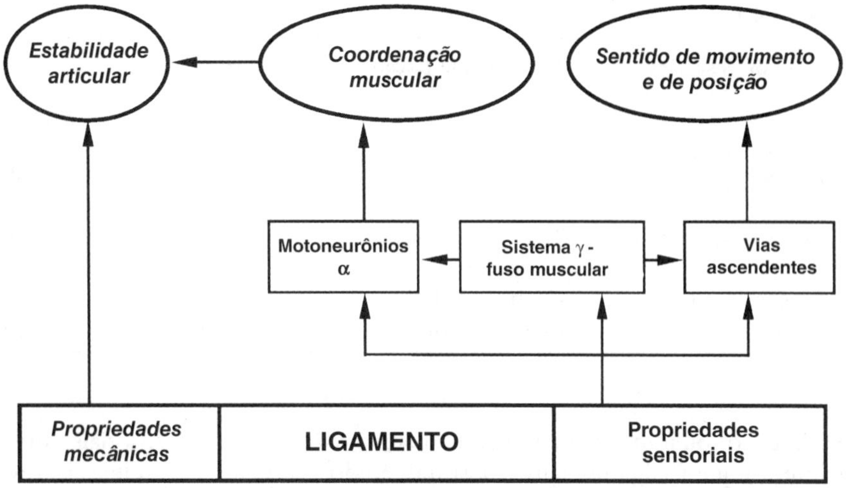

Figura 9.7 Plano de organização esquemático dos mecanismos e vias pelas quais as propriedades mecânicas e sensitivas dos ligamentos podem contribuir para estabilidade articular, coordenação muscular e propriocepção. (De Sjölander P, Johansson H, Djupsjöbacka M: Spinal and supraspinal effects of activity in ligament afferents, *J Electromyogr Kinesiol* 12:168, 2002.)

dade proprioceptiva associada com o uso de órteses ou luvas de neoprene.[69,70] Estudos adicionais são necessários para estabelecer o grau em que as informações dos receptores cutâneos contribuem para a estabilidade articular dinâmica.

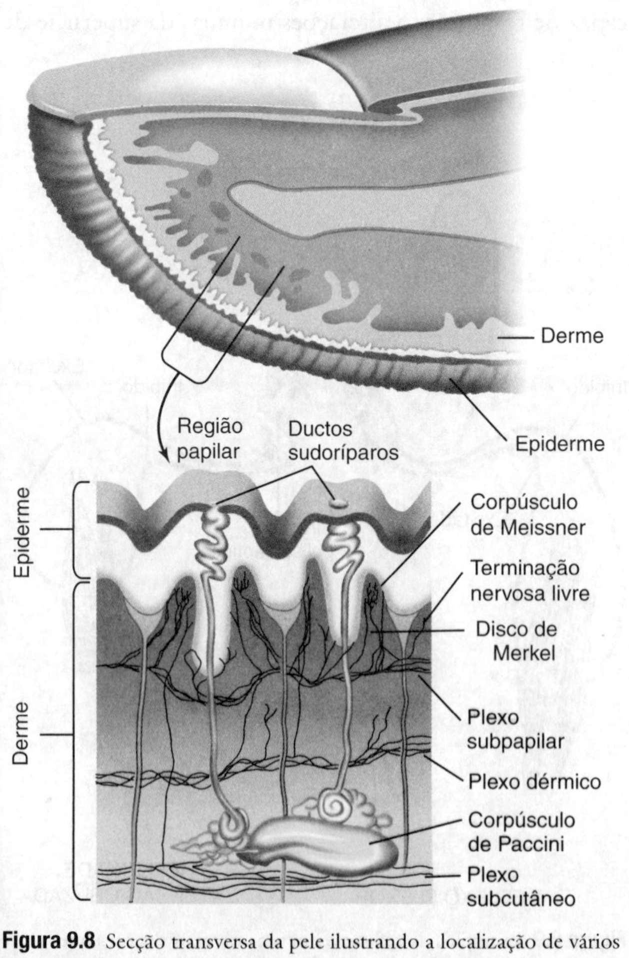

Figura 9.8 Secção transversa da pele ilustrando a localização de vários receptores cutâneos. (De Nadeau SE, Ferguson TS, Valenstein E et al. *Medical neuroscience*. WB Saunders, Philadelphia, 2004, p. 313.)

CONTROLE SENSÓRIO-MOTOR

O controle sensório-motor é um processo complexo, altamente integrado, que envolve a estrutura hierárquica do sistema nervoso e dos músculos, articulações e vários outros tecidos do sistema musculoesquelético. Um grande número de impulsos sensoriais carregando informações sobre as condições nas articulações, músculos e pele é recebido a cada segundo e processado por uma rede de neurônios, interneurônios e centros do SNC que utilizam um sistema igualmente complexo de vias e neurônios para ativar músculos e produzir respostas apropriadas e movimentos coordenados. A seção anterior discutiu os mecanismos por meio dos quais informações somatossensoriais são percebidas e transmitidas ao SNC. Esta seção discute como essa informação é processada e utilizada, de maneira funcional, para controlar a postura e o movimento.

Processamento sensorial no sistema nervoso central

O SNC é organizado em um modelo hierárquico, com centros corticais do cérebro sendo o local de processamento mais complexo e a medula espinal, o de processamento mais básico (Tab. 9.2). Respostas dos centros superiores do SNC levam mais tempo do que aquelas mediadas inferiormente no sistema, em razão da distância que o sinal precisa percorrer e da complexidade elevada do processamento. O tempo de resposta de processamento é também uma função da complexidade da informação recebida da periferia (Lei de Hick)[71-73]. O *feedback* somatossensorial é mediado em três níveis do SNC: (1) medula espinal, (2) tronco encefálico e cerebelo, e (3) córtex cerebral. Respostas motoras rápidas ao *feedback* somatossensorial mediadas na medula espinal são denominadas **reflexos espinais**. Enquanto alguns reflexos espinais são simples circuitos monossinápticos (p. ex.: reflexos de estiramento muscular), outros são mais complexos e envolvem sinapses com um ou mais interneurônios (Fig. 9.9). Estes reflexos espinais podem ser

Tabela 9.2 Respostas sensório-motoras

Tipo de resposta	Nível de mediação	Latência típica	Grau de flexibilidade	Desacelerou com maior demanda de processamento sensorial?
Reflexos espinais	Nível segmentar da medula espinal	30 a 50 ms	Baixo	Não
Reflexos de ciclo longo	Tronco encefálico e cerebelo	50 a 80 ms	Baixo	Não
Reações desencadeadas	Centros corticais	80 a 120 ms	Moderado	Sim
Tempo de reação	Centros corticais	>120 ms	Alto	Sim

excitatórios ou inibitórios e são parte de uma rede de distribuição que facilita um ajuste postural rápido e a regulação dos mecanismos dos membros em movimento.[56,57]

Locais para mediação de *feedback* somatossensorial

- Medula espinal
- Tronco encefálico e cerebelo
- Córtex cerebral

Respostas ao *feedback* sensorial mediado no tronco encefálico e cerebelo são denominadas **reflexos de ciclo longo**. Sinais somatossensoriais ascendem ao tronco encefálico e cerebelo através do sistema lemniscal da coluna medial dorsal e do sistema anterolateral (Fig. 9.10).[74] Respostas motoras descendem do tronco encefálico e cerebelo através da via medial (tratos vestibulospinal, reticulospinal e tetospinal) e lateral (principalmente rubrospinal), e ativam as musculaturas proximais e distais, respectivamente (Fig. 9.11).[74] Processamento no tronco encefálico e no cerebelo leva a uma maior flexibilidade nas respostas, que são capazes de se adaptar baseadas em experiências, sinais visuais ou instruções.[75-77] Pesquisadores têm descrito evidências sobre um arco reflexo de ciclo longo entre cápsula articular, ou ligamentos, e músculos isquiotibiais em pessoas com insuficiência do ligamento cruzado anterior (LCA).[78] Enquanto alguns têm questionado um reflexo de ciclo direto LCA-isquiotibiais,[79,80] é provável que respostas de ciclo longo similares a esta tenham um importante papel na manutenção da estabilidade articular dinâmica.[81]

Reações desencadeadas são respostas pré-programadas, coordenadas, que ocorrem em resposta a informações na periferia.[71,82] Estas reações parecem incluir processamento nos centros superiores do cérebro; entretanto, pré-programação como resultado de aprendizado motor permite que alguns dos passos típicos de processamento nos centros superiores sejam ignorados, o que resulta em respostas mais rápidas do que se esperaria com tempo de respostas de reações voluntárias típicas.[71,82] Uma vez que essas respostas são processadas nos níveis superiores, elas são mais complexas e integradas. Entretanto, estímulos sensoriais aumentados ou condições imprevistas podem resultar em respostas mais lentas ou errantes, pois a taxa de processamento associada com o formato "pré-programado" dessas respostas se dá à custa da adaptação da resposta. A tarefa de ultrapassar um limite ou etapa é um exemplo deste conceito. As pessoas ultrapassam limites ou etapas virtualmente todos os dias de suas vidas. Uma vez que etapas ou limites são bastante consistentes em termos de suas alturas, e nossa massa corporal não se modifica rapidamente, o SNC pode pré-programar nossa atividade muscular para retardar a progressão descendente, fazendo uma transição regular entre superfícies sem requerer atenção para a tarefa. Nosso sistema sensório-motor é capaz de responder a alterações mínimas da superfície de

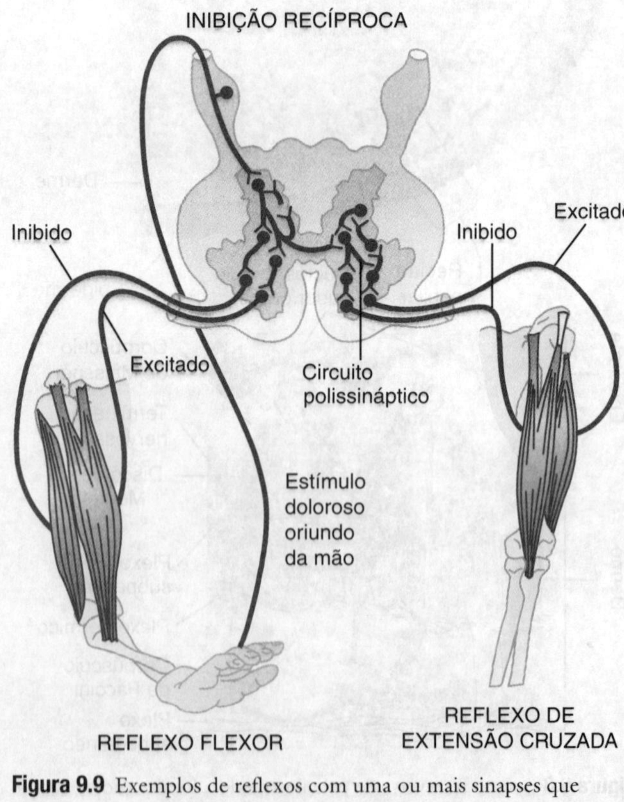

Figura 9.9 Exemplos de reflexos com uma ou mais sinapses que possuem interneurônios. (De Guyton AC, Hall JE: *Textbook of medical physiology*. 11.ed. WB Saunders, Philadelphia, 2006, p. 680.)

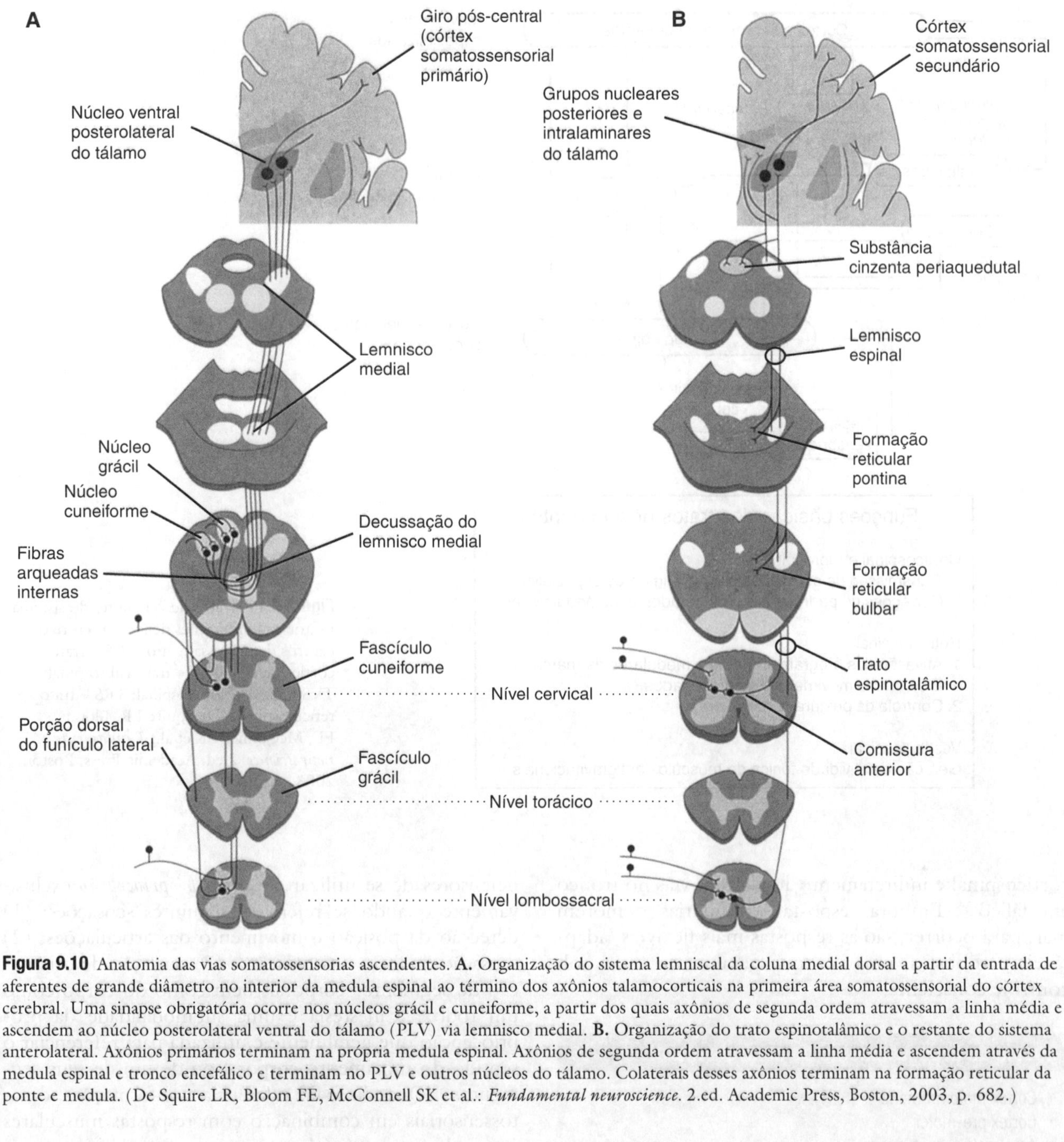

Figura 9.10 Anatomia das vias somatossensorias ascendentes. **A.** Organização do sistema lemniscal da coluna medial dorsal a partir da entrada de aferentes de grande diâmetro no interior da medula espinal ao término dos axônios talamocorticais na primeira área somatossensorial do córtex cerebral. Uma sinapse obrigatória ocorre nos núcleos grácil e cuneiforme, a partir dos quais axônios de segunda ordem atravessam a linha média e ascendem ao núcleo posterolateral ventral do tálamo (PLV) via lemnisco medial. **B.** Organização do trato espinotalâmico e o restante do sistema anterolateral. Axônios primários terminam na própria medula espinal. Axônios de segunda ordem atravessam a linha média e ascendem através da medula espinal e tronco encefálico e terminam no PLV e outros núcleos do tálamo. Colaterais desses axônios terminam na formação reticular da ponte e medula. (De Squire LR, Bloom FE, McConnell SK et al.: *Fundamental neuroscience.* 2.ed. Academic Press, Boston, 2003, p. 682.)

suporte (p. ex., superfícies ligeiramente irregulares) e de reduzir as diferenças de altura. Mas quando a superfície de suporte ou redução de altura é grosseiramente diferente do normal, ou quando outra informação sensorial está competindo para nosso processamento sensorial (p. ex., um veículo faz uma parada brusca na vizinhança; alguém grita, fazendo com que viremos nossa cabeça; ou estamos pensando profundamente sobre uma situação de estresse), o tempo da reação desencadeada pode aumentar ou quebrar, conduzindo a erros nas respostas que podem resultar em um tropeço, queda ou lesão.

As respostas mais complexas e flexíveis são respostas voluntárias, as quais são mediadas no córtex cerebral. Essas respostas são frequentemente denominadas respostas do tempo de reação. Informações somatossensoriais usadas em respostas voluntárias ascendem via coluna dorsal da medula espinal, fazem sinapse no tronco encefálico e continuam para o córtex somatossensorial primário via sistema lemniscal medial.[83] Os córtices sensorial e motor são somatotopicamente organizados, como é retratado com o homúnculo sensorial e motor (Fig. 9.12). O processamento do controle motor ocorre em três áreas especializadas do córtex motor: o córtex motor primário, o córtex pré-motor e a área motora suplementar.[84] Cada um desses centros corticais projeta diretamente para a medula espinal via trato

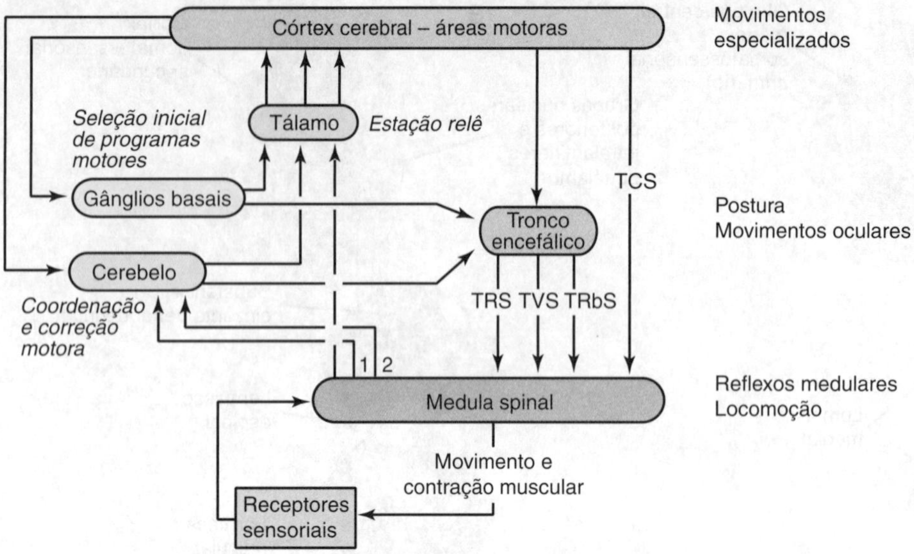

Funções básicas dos tratos descendentes

Corticospinal e rubrospinal
1. Transmissão de comandos para movimentos especializados.
2. Correções de padrões motores gerados pela medula espinal.

Reticulospinal
1. Ativação dos programas motores medulares da marcha e de outros movimentos estereotipados.
2. Controle da postura corporal ereta.

Vestibulospinal
Geração da atividade tônica de músculos antigravitacionais.

Figura 9.11 Tratos descendentes do sistema motor com interações delineadas entre os centros de processamento. TCS = trato corticospinal; TRbS = trato rubrospinal; TVS = trato vestibulospinal; TRS = trato reticulospinal. (De Squire LR, Bloom FE, McConnell SK et al.: *Fundamental neuroscience*. 2.ed. Academic Press, Boston, 2003, p. 763.)

corticospinal e indiretamente através das vias no tronco encefálico.[74] Embora respostas voluntárias demorem mais para ocorrer, são as respostas mais flexíveis, adaptáveis e robustas, uma vez que geralmente estão sob controle consciente.

Locais do processamento do controle motor

- Córtex motor primário
- Córtex pré-motor
- Área motora suplementar

Propriocepção e cinestesias

Charles Sherrington criou o termo **propriocepção** a um século, originado das palavras em latim *proprius* (próprio) e *(re) ceptus* (o ato de receber),[85] o que combinado define a modalidade de perceber a posição ou o movimento do próprio corpo. Na literatura médica contemporânea, o termo *propriocepção* é utilizado para a ampla gama de parâmetros relacionados à função sensório-motora, em vez de ser reservado para uma modalidade sensorial. Devido a esta ampla utilização, é melhor definir o termo sempre que for utilizado. Os autores são defensores de se utilizar o termo *propriocepção* exclusivamente quando se referir às seguintes sensações: (1) detecção da posição e movimento das articulações, (2) sensação de força e contração e (3) sensação de orientação de segmentos corporais bem como do corpo como um todo.[66] Cinestesia é uma submodalidade da propriocepção que geralmente é utilizada para referenciar o sentido do movimento corporal ou de um de seus segmentos.[50] Quando se faz referência às informações somatossensoriais em combinação com respostas musculares associadas, como é típico para as tarefas mais funcionais e na reabilitação, defendemos o uso do termo *controle sensório-motor* ou *controle neuromuscular*, e não propriocepção, pois este é mais específico e consistente com a neurociência moderna.

A fonte primária de modalidades proprioceptivas tem sido uma questão controversa e permanece assunto

Usos exclusivos do termo *propriocepção*[66]

- Detecção e movimento das articulações
- Sensação de força e contração
- Sensação de orientação de segmento corporal
- Sensação de orientação corporal como um todo

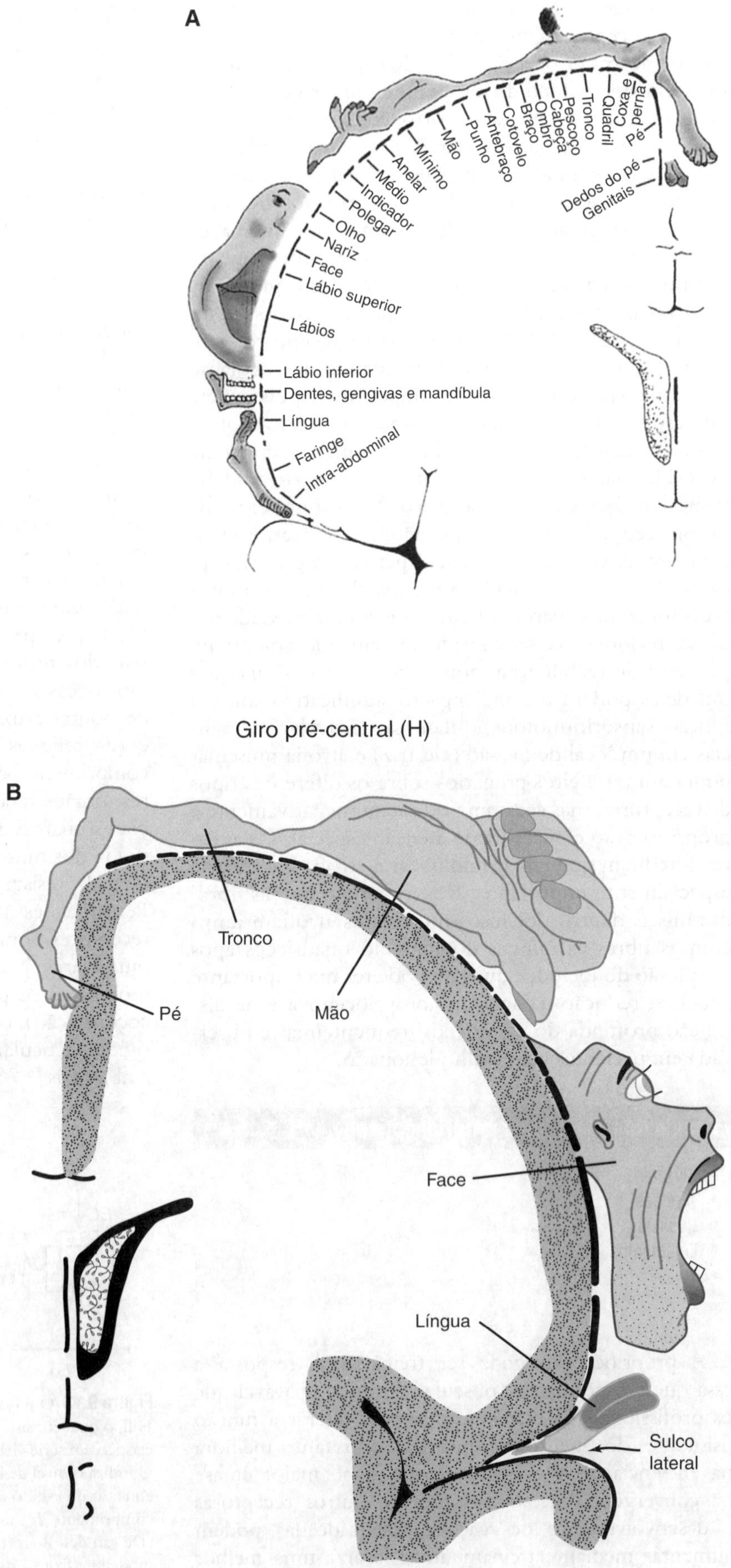

Figura 9.12 Organização somatotópica dos córtices sensorial e motor. **A.** O homúnculo sensorial. (Reproduzido com permissão de Penfield W, Rasmussen T: *The cerebral cortex of man: a clinical study of localization of function*. MacMillan Company, New York, 1950.) **B.** O homúnculo motor. (Adaptado de Penfield W, Rasmussen T: *The cerebral cortex of man: a clinical study of localization of function*. MacMillan Company, New York, 1950.)

de discussões.[42,58,86] A maioria dos especialistas afirma que os receptores musculares são as fontes predominantes de propriocepção.[42,58,86] Receptores articulares, que têm sido o foco de um grande número de estudos em literatura de medicina ortopédica-esportiva relacionados a lesões ligamentares, não são considerados como desempenhando um papel primário na propriocepção, devido à escassez de receptores nos ligamentos e a sua geral inatividade na amplitude média de movimento.[2,14,15] Não há dúvida, entretanto, que os receptores articulares contribuem em algum grau com *feedback* proprioceptivo, mesmo que esta não seja sua função primária.[42,86] O fato de que os receptores articulares se tornam mais sensíveis quando a articulação está inflamada é clinicamente importante, pois sugere que estes receptores alteram a função sensório-motora nessas circunstâncias.[19,36,37] Há um número crescente de evidências de que os receptores cutâneos também fornecem *feedback* proprioceptivo.[66-68] A fonte exata de propriocepção provavelmente não é importante clinicamente. A visão mais precisa é pensar na propriocepção como sendo resultado do *feedback* combinado dos receptores musculares, articulares e cutâneos. Cada um desses tecidos deve ser considerado cuidadosamente no processo de reabilitação, pois deficiências em qualquer um deles podem ter um impacto significativo sobre a função sensório-motora. Inflamação articular, aderências em um local de incisão (cicatriz) e atrofia muscular poderiam ter efeitos primários sobre os diferentes tipos de receptores, mas cada um pode afetar negativamente a propriocepção e necessita de atenção especial. Os autores acreditam que tentar minimizar a atrofia muscular é especialmente importante. Nossa teoria é que as fibras intrafusais dentro dos fusos musculares atrofiam junto com as fibras extrafusais do músculo quadríceps após uma lesão do joelho, e que isso pode ter um importante papel na redução da acuidade proprioceptiva e na disfunção profunda do quadríceps frequentemente observada em pacientes com joelho lesionado.

Locais dos receptores proprioceptivos

- Músculos
- Tendões
- Cápsulas
- Ligamentos
- Pele

A propriocepção pode ser treinada? A resposta a essa questão permanece obscura. É pouco provável que os profissionais da reabilitação possam alterar a função fisiológica dos mecanorreceptores,[87] entretanto melhora na eficiência do processamento do sinal, maior ênfase na convergência de informações de outros receptores e desenvolvimento de reações desencadeadas podem aumentar mediante treinamento e levar a uma melhor acuidade proprioceptiva.

Regulação da rigidez muscular e articular

A capacidade da articulação de permanecer estável depende em parte de sua resistência ao movimento quando submetida a cargas externas. Esta resistência ao movimento é um produto do controle sensório-motor e das propriedades materiais do tecido dentro e em torno da articulação. A **rigidez** é tipicamente determinada dividindo-se a mudança na força (tensão) pela mudança no comprimento. O conceito de rigidez é frequentemente comparado ao funcionamento de uma mola. Molas rígidas necessitam de uma grande quantidade de força para modificar seu comprimento, enquanto molas de baixa rigidez são muito complacentes. As propriedades materiais e mecânicas dos músculos lhes permitem serem as "molas" entre o sistema esquelético do indivíduo e seu meio. Assim, músculos são frequentemente modelados (Fig. 9.13) como molas ou uma combinação de molas e amortecedores (ou seja, abafadores ou pistões).[88,89] As seções seguintes discutem mecanismos teóricos por meio dos quais o sistema sensório-motor pode modular a rigidez muscular e a articular durante atividades funcionais.

A rigidez muscular é resultado de três componentes: (1) fatores passivos associados com propriedades materiais dos tecidos músculo-tendinosos, (2) propriedades intrínsecas ativas associadas com propriedade de ligações de pontes-cruzadas e comprimento-tensão do músculo e (3) reflexos associados a informações referentes ao comprimento e força provenientes dos fusos musculares, órgãos tendinosos e a influência de outras informações somatossensoriais do sistema fusimotor.[8,90-92] A rede rígida dos músculos que envolvem a articulação permite que ela resista a translações e rotações repentinas.[56,57] Perturbações alteram as informações provenientes dos receptores somatossensoriais (especialmente receptores musculares).[92] Respostas motoras a essas informações modificam os padrões de atividades musculares (p. ex., cocontração), o que por sua vez resulta em alterações na rigidez articular que são apropriadas para as condições ambientais.[56,57,92]

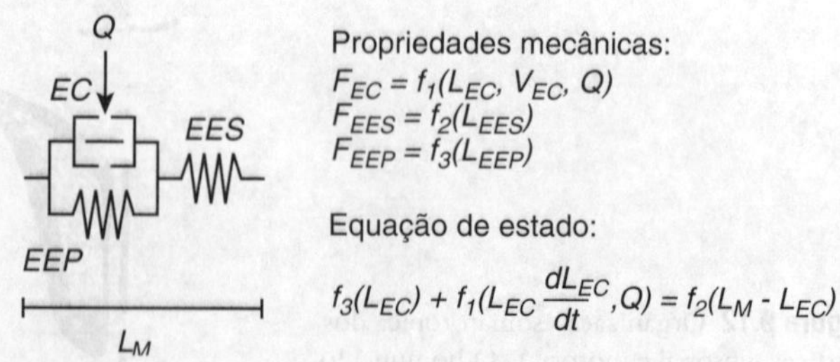

Figura 9.13 O modelo muscular tradicional de três componentes de Hill, o qual consiste em um elemento contrátil (EC), um elemento elástico em série (EES) e um elemento elástico em paralelo (EEP). Q indica o nível de ativação ("estado de ativação") do músculo. A equação do estado é uma equação diferencial de primeira ordem com comprimento L_{EC} do elemento contrátil com uma variável de estado. (De van den Bogert AJ, Gerritsen KGM, Cole GK: Human muscle modelling from a user's perspective, *J Electromyogr Kinesiol* 8:120, 1998.)

Componentes da rigidez muscular

- Fatores passivos
- Propriedades intrínsecas ativas
- Reflexos

Rigidez muscular intrínseca, associada com as propriedades materiais do músculo e do tendão, além de ligações de pontes cruzadas dentro dos músculos, parecem ser a primeira linha de defesa contra perturbações, pois estas propriedades estão sempre presentes, embora a rigidez resultante varie um pouco de acordo com o ângulo articular.[90,93] A rigidez reflexa parece desempenhar seu principal papel durante movimentos lentos ou posturais, porque durante movimentos mais rápidos a intensidade do estiramento reflexo é suprimida.[94,95] O sistema fusimotor desempenha um importante papel na regulação da rigidez muscular através da modulação da sensibilidade do fuso muscular.[8,64,93] Evidências de modelos animais sugerem que aferentes articulares no ligamento e na cápsula têm impacto direto sobre a atividade fusimotora.[96-98] Embora permaneça obscuro se vias diretas similares existem em humanos, os resultados desses estudos sugerem que informações de receptores articulares podem estar envolvidas na modulação da rigidez de músculos e articulações. É amplamente difundido que as respostas musculares reativas são improváveis de prevenir lesões articulares, a menos que a taxa de carga seja relativamente baixa ou haja suficiente rigidez presente da ativação muscular existente.[10,99] Contudo, este processo contínuo de regulação da rigidez muscular, embora debatido entre neurofisiologistas e ainda sob investigação, parece ser um fator crítico na estabilidade articular dinâmica. De forma interessante, pesquisadores têm demonstrado que mulheres têm menor rigidez muscular ativa que homens quando seus joelhos são submetidos a cisalhamento anterior ou cargas rotatórias.[99-102] Este achado pode ter implicações importantes relacionadas à predisposição feminina a lesões de ligamento de joelho.[103-105]

Controle de postura e movimento

Controle postural

O sistema nervoso usa três fontes de informação sensorial na manutenção da estabilidade postural (a habilidade de manter o centro de massa corporal dentro dos limites de estabilidade): (1) *feedback* somatossensorial, (2) *feedback* vestibular e (3) *feedback* visual.[106,107] Embora esses sistemas sensoriais sejam únicos, pesquisas sugerem que eles interagem na produção da estabilidade postural.[106,108] Quando a informação sobre qualquer uma dessas modalidades é prejudicada, a estabilidade postural sofre. Além disso, para este *feedback* sensorial, as propriedades mecânicas dos tecidos musculoesqueléticos do corpo e as propriedades da superfície de suporte podem também alterar a estabilidade postural.[106]

Fontes de *feedback* sensorial

- Somatossensorial (propriocepção)
- Vestibular (equilíbrio)
- Visual

Respostas à perturbação postural variam com a direção e a intensidade da perturbação (Figura 9.14).[77,109-111] Músculos na porção posterior do corpo (por exemplo, isquiotibiais, gastrocnêmios, eretor da espinha) geralmente são recrutados quando as perturbações induzem a balanço anterior, enquanto os músculos da porção anterior do corpo (por exemplo, quadríceps, tibiais anteriores e retos abdominais) são recrutados quando o balanço posterior é induzido.[77,109,112] Diferentes estratégias de controle são utilizadas com diferentes intensidades de perturbação. Com pequenas perturbações, uma **estratégia do tornozelo** é empregada, na qual os músculos em torno dessa articulação são utilizados para proporcionar estabilidade postural.[107,110] Com perturbações maiores, os músculos da coxa, quadril e tronco são recrutados (**estratégia do quadril**) e eventualmente um passo deve ser dado para manter o controle postural (**estratégia do pisar** ou **"de reforço"**).[107,110] Respostas a distúrbios posturais são geralmente previsíveis e automáticas, embora estratégias de controle postural sejam flexíveis às condições ambientais.[107] Evidências sugerem que as expectativas do indivíduo de impedir as perturbações e o treinamento podem ter um impacto significante sobre a magnitude e variabi-

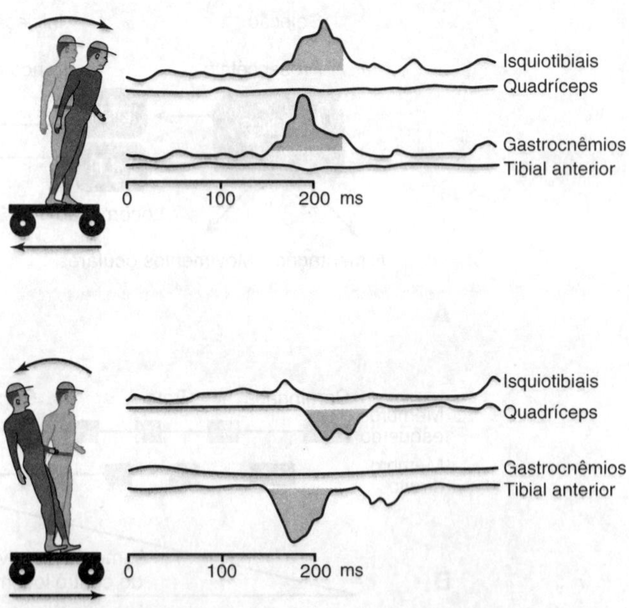

Figura 9.14 Sequenciamento da ativação muscular em resposta ao deslocamento de uma plataforma de suporte. Quando a superfície de suporte é deslocada para trás (a 0 ms), músculos flexores são excitados primeiro nos segmentos distais dos membros inferiores (gastrocnêmios, latência de cerca de 80 ms) e então no segmento proximal (isquiotibiais, latência de cerca de 100 ms). Deslocamento para frente da plataforma ativa extensores de membro inferior, novamente em uma sequência de distal (tibial anterior) para proximal (quadríceps). As setas pretas indicam a primeira resposta eletromiográfica ao deslocamento detectada. Baseada nos estudos de Horak e Nashner. (De Squire LR, Bloom FE, McConnell SK et al.: *Fundamental neuroscience.* 2.ed. Academic Press, Boston, 2003, p. 799.)

Estratégias de controle e intensidades de perturbação

- Estratégia do tornozelo
- Estratégia do quadril
- Estratégia do pisar

lidade das respostas.[111,113] Consequentemente, educação e exercícios de treinamento de equilíbrio são componentes importantes nos programas de prevenção de quedas.

Controle sensório-motor do movimento

Programas motores são códigos dentro do sistema nervoso que quando iniciados produzem sequências de movimentos coordenados.[114] Estes programas geralmente estão sob controle central, mas entradas sensoriais são usadas extensivamente na seleção de um programa motor apropriado, no monitoramento que distingue se o movimento é ou não consistente com as expectativas, e reflexivamente na modulação do movimento, de forma que ele seja específico às variações do meio.[114,115] Estudos em animais têm demonstrado que, uma vez iniciado, o padrão rítmico da marcha pode continuar na ausência de *feedback* dos membros ou de controle descendente do cérebro.[116-118] Isso é alcançado por circuitos neurais na medula espinal, que são referidos como geradores de padrão central (Fig. 9.15).[116-118]

A automação em nível espinal é importante, pois um movimento ágil e suave seria difícil se cada um dos graus de liberdade envolvidos no movimento fosse processado em centros superiores.[114,115] Estes circuitos neurais podem ser ativados e desativados através de vários estímulos, mas são geralmente iniciados ou finalizados por sinais originados no tronco encefálico.[116,117] Enquanto os padrões básicos de marcha (independentemente da velocidade) são programados, impulsos descendentes do cérebro e informações somatossensoriais desempenham o importante papel de manter os padrões de movimentos flexíveis, mas estáveis, quando situações inesperadas acontecem.[114,116-118] A complexidade das estratégias de controle neural típica durante o movimento torna difícil extrapolar os resultados dos estudos realizados sob condições estáticas, controladas ou simplificadas para condições altamente dinâmicas, tais como participação em esportes, pois não está claro como os resultados de tais estudos poderiam ser integrados com os programas motores e o processamento complexo que ativamente estão acontecendo. Por outro lado, a complexidade deste processamento neural e a biomecânica das atividades funcionais fazem a interpretação dos achados dos estudos dinâmicos ser um desafio, e frequentemente necessitam de modelos de estudo simplificados, altamente controlados. Assim, é a confluência de evidências de uma variedade de tipos de estudos que esclarecem o mais provável processo sensório-motor no movimento funcional.

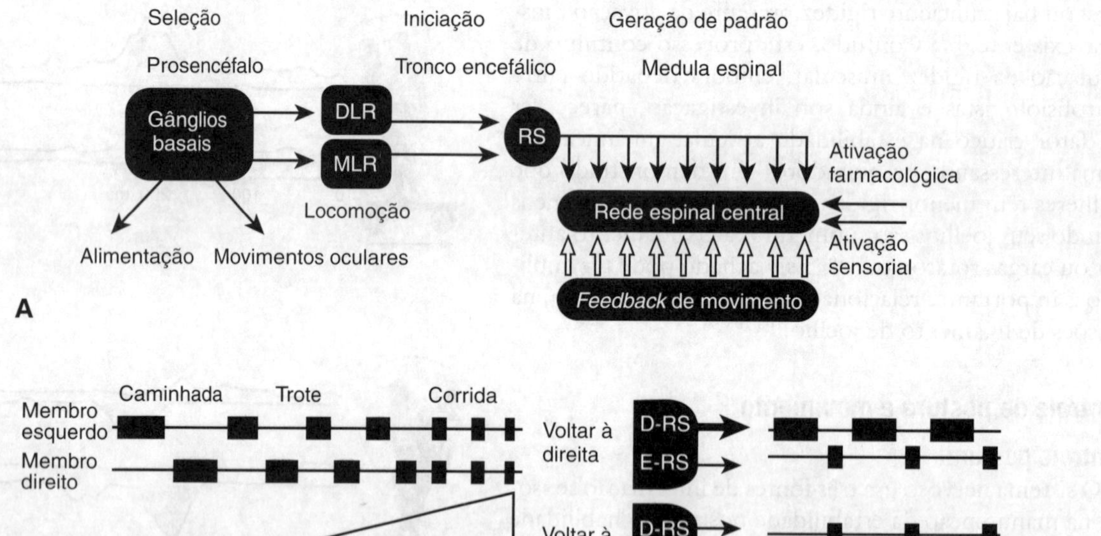

Figura 9.15 Visão geral do controle da locomoção dos vertebrados. **A.** Estratégia de controle geral. Os CPGs locomotores na medula espinal são ativados a partir do tronco encefálico através das vias reticulospinais. Desinibição dos impulsos aferentes dos gânglios basais para os centros locomotores mesencefálico (mesopontíneo, MLR) e diencefálico (DLR) resulta em atividade aumentada nos neurônios reticulospinais (RS), o que, em cooperação com o *feedback* sensorial, ativa a rede espinal central, que em troca produz um padrão de movimento. O gânglio basal exerce uma influência inibitória tônica sobre diferentes centros motores. Uma vez que o padrão de comportamento motor é selecionado, esta inibição é liberada, permitindo, neste caso, que os centros locomotores sejam ativados. **B.** Com ativação aumentada dos centros locomotores, a velocidade da locomoção aumenta. Em quadrúpedes, isto também leva a uma mudança na coordenação entre membros, da marcha ao trote e, finalmente, à corrida. Experimentalmente, a locomoção também pode ser provocada farmacologicamente pela administração de aminoácidos excitatórios agonistas combinados com impulsos aferentes sensoriais. **C.** Uma ativação assimétrica dos neurônios RS dá origem a uma resposta eferente assimétrica dos lados direito (D) e esquerdo (E). Isso resulta em movimento circular para um lado ou para outro. (Reproduzido, em parte, de Grillner S, Wallén, P: On the cellular bases of vertebrate locomotion. *Prog Brain Res* 123:297-309, 1999, com permissão de Elsevier Science. De Grillner S, Wallén P: Innate versus learned movements: a false dichotomy? *Prog Brain Res* 143:5, 2004.)

TÓPICOS ESPECIAIS NO CONTROLE SENSÓRIO--MOTOR

Testando o controle sensório-motor

Os profissionais de reabilitação devem ter métodos válidos e confiáveis para avaliar o controle sensório--motor e seus subcomponentes se quiserem entender o impacto das lesões, doenças e tratamentos. É a opinião do autor que as dificuldades associadas com avaliações válidas do controle sensório-motor são a principal razão para a relativa falta de entendimento sobre o papel que ele desempenha nas lesões ou doenças e sobre como os profissionais da área podem melhor modificá-lo. Esta seção faz uma revisão breve sobre alguns dos vários métodos utilizados na literatura e discute os benefícios e desafios de cada um deles. Os métodos de teste discutidos estão divididos em cinco categorias: (1) testes de acuidade proprioceptiva, (2) testes de estabilidade postural, (3) avaliação dos padrões de atividade muscular, (4) estudos da análise de movimento e (5) testes funcionais.

Testes de acuidade proprioceptiva

Testes para acuidade proprioceptiva são direcionados para avaliar o componente sensorial do controle sensório-motor, que inclui a avaliação da propriocepção e cinestesia. Os métodos principais para avaliar a acuidade proprioceptiva incluem o limite para detecção do movimento passivo, limite de detecção da direção do movimento passivo e estudos sobre senso de posição articular. Quando se avalia o limite para detecção do movimento passivo e a direção do movimento passivo, cientistas clínicos rotacionam a articulação a ser testada em um ritmo muito lento (entre 0,5 e 0,2 graus por segundo).[119-123] Indivíduos são vendados e um ruído branco é reproduzido através de fones de ouvido redutores de barulho para minimizar outras informações sensoriais que possam auxiliar o indivíduo a perceber o movimento articular (barulho do dispositivo de teste, informação visual). A extremidade sendo testada também é geralmente colocada em um manguito inflável para minimizar o *feedback* cutâneo associado à ligação com o dispositivo de teste. Estudos de laboratório geralmente utilizam equipamentos de teste personalizados com servomotores de baixa velocidade, mas os testes podem ser realizados de uma maneira menos sofisticada, utilizando-se um dinamômetro isocinético frequentemente presente no ambiente clínico (Fig. 9.16). Quando os indivíduos sentem o movimento articular, são instruídos a apertar um botão ou executar uma tarefa tal como abrir ou estender o dedo para sinalizar sua sensação (um potenciômetro ou um dispositivo similar é geralmente fixado ao dedo para fornecer um indicador eletrônico de suas respostas).[122-124]

Os testes de percepção do posicionamento articular podem ser feitos passiva ou ativamente. Reposicionamento articular ativo não pode ser considerado um teste de acuidade proprioceptiva isolado, pois o reposicionamento ativo envolve o sistema motor, e a função motora alterada pode causar erros por super ou subestimativa. Portanto, embora estudos sobre a percepção do posicionamento articular ativo possam sinalizar controle sensório-motor alterado, nós não podemos diferenciar se o indivíduo tem um déficit sensorial, motor ou uma combinação dos dois. Em estudos de percepção do posicionamento articular passivo, a articulação do indivíduo é passivamente rodada para ou através de certa posição-alvo e então retornada à posição inicial. Pede-se então ao indivíduo que sinalize quando a articulação retornar à posição-alvo, apertando um botão ou fazendo um gesto como abrir os dedos.[123,125,126]

Testes de acuidade proprioceptiva envolvem um processo de tempo de reação que é mediado nos centros superiores do cérebro, enquanto nas funções diárias o *feedback* proprioceptivo é frequentemente mediado em um nível segmentar da medula espinal ou no tronco encefálico e cerebelo. Consequentemente, esses métodos podem superestimar o atraso processado no movimento. Testes de acuidade proprioceptiva são geralmente realizados em baixas velocidades, mas com a articulação testada estabilizada. Este modelo é fundamental para a avaliação válida dos déficits sensoriais; entretanto, a participação esportiva e a maioria das atividades diárias requerem a coordenação de diversos segmentos articulares que estão se movimentando mais rapidamente. Essas divergências tornam difícil interpretar a significância clínica dos estudos de acuidade proprioceptiva, pois não está claro se os resultados observados a partir de testes em baixa velocidade são representativos do desempenho em tarefas de alta velocidade. Além disso, os achados dos testes de acuidade proprioceptiva são geralmente muito pequenos (0,5 a 5 graus) com alta variabilidade.[123,127,128] Considerando que as articulações giram em milhares de graus por segundo em muitas atividades esportivas,[129,130] deve-se questionar se diferenças tão pequenas são clinicamente relevantes. Apesar dessas dificuldades, testes de acuidade proprioceptiva têm um

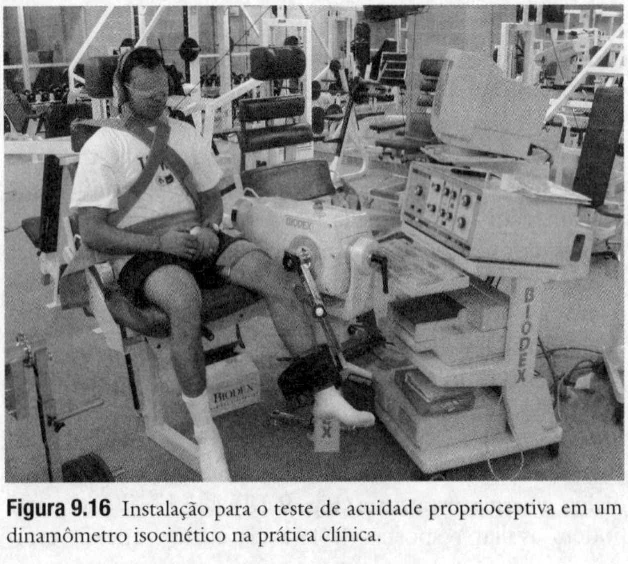

Figura 9.16 Instalação para o teste de acuidade proprioceptiva em um dinamômetro isocinético na prática clínica.

importante papel em definir as deficiências sensoriais após uma lesão ou doença, bem como definir a neurofisiologia sensório-motora.

Testes de estabilidade postural

Testes de estabilidade postural são frequentemente denominados testes de equilíbrio, estabilometria ou posturografia. O examinador pode permitir que todos os três sistemas forneçam informações posturais (visão, vestibular e somatossensorial) a serem utilizadas durante testes de estabilidade postural, ou um ou mais dos sistemas pode ser alterado ou eliminado. Por exemplo, o indivíduo pode ser vendado para eliminar a informação visual, ou a superfície em que o paciente está apoiado pode ser modificada para alterar a informação somatossensorial. Técnicas mais avançadas, como aplicar uma vibração na musculatura de sustentação do indivíduo, também podem ser utilizadas para alterar as informações dos fusos musculares.[131,132] Testes de estabilidade postural podem ser realizados em posicionamento estático, com o paciente permanecendo com suporte uni ou bipodal (Fig. 9.17), ou através da mudança da superfície de suporte para frente, para trás, lateralmente ou de forma rotatória.[120,133] Testar os sistemas pode incluir uma plataforma de força que é sensível a alterações na pressão, tapetes sensíveis à pressão, palmilhas sensíveis à pressão, ou plataformas móveis que fornecem *feedback* relacionado à sua mudança de posição. Cientistas clínicos utilizam esses testes para quantificar a oscilação postural e o controle do centro de pressão. Informações sobre sinergias posturais podem ser obtidas quando este teste é utilizado em conjunto com dados eletromiográficos.[77,109,110] Vários sistemas de teste de estabilidade postural com preço razoável estão disponíveis comercialmente para ambientes clínicos, enquanto sistemas mais sofisticados geralmente são utilizados em pesquisas laboratoriais. A maioria dos estudos de estabilidade postural é essencialmente estática, embora o paciente possa oscilar e a plataforma possa mudar de posição ou mover-se. A relação entre os resultados dos testes de postura estática e o controle do centro de massa durante o movimento ainda precisa ser melhor esclarecida.

Figura 9.17 Equilíbrio unipedal em um sistema de equilíbrio Biodex®. O nível de dificuldade é progressivo, diminuindo-se a estabilidade da plataforma ou removendo as informações visuais ao fazer com que o paciente feche os olhos. (De Andrews JR, Harrelson GL, Wilk KE. *Physical rehabilitation of the injured athlete.* 3.ed. WB Saunders, Philadelphia, 2004, p. 204.)

Avaliação dos padrões de atividade muscular

Estudos de controle sensório-motor que avaliam os padrões de atividade muscular podem ser divididos em três categorias principais: estudos que avaliam respostas a cargas de desestabilização, estudos que avaliam estratégias de controle muscular voluntário básico, e estudos que avaliam padrões de atividade muscular em movimento. Um componente central em cada uma dessas categorias é o uso da eletromiografia, embora outras técnicas tais como a mecanomiografia e ressonância magnética estejam se tornando mais prevalentes.[134,135]

Diversos estudos têm avaliado as respostas musculares a cargas de desestabilização aplicadas ao joelho, tornozelo ou ombro.[136-140] No joelho, os cientistas têm avaliado os efeitos de cargas de cisalhamento anterior, cargas varo-valgo e cargas rotatórias (Fig. 9.18).[81,136-138,141] Cientistas podem avaliar respostas de latência curta (reflexos espinais), de latência média (reflexos de ciclo longo) e de latência longa (voluntário) com este método de teste. No tornozelo, os cientistas têm avaliado respostas reflexas similares à inversão repentina em indivíduos com instabilidade funcional de tornozelo e aqueles sem histórico de lesão.[139,142] Finalmente, pesquisadores têm avaliado as respostas a perturbações em rotação externa no ombro.[140,143] Estudos como estes são importantes para explicar como as articulações respondem quando submetidas a cargas durante atividades funcionais, embora seja novamente importante reconhecer que o grau em que os resultados observados se assemelham aos que seriam observados em atividades esportivas ou em atividades cotidianas é atualmente desconhecido.

O controle voluntário do músculo se refere à habilidade de selecionar e controlar precisamente a ativação dos músculos que são específicos para a execução de uma tarefa. Acredita-se ser um importante componente para segurança e sucesso na execução de uma tarefa. A incapacidade de regular a força com precisão e o uso de estratégias de ativação contraproducente podem aumentar o risco de lesão ou prolongar a recuperação. Cientistas têm utilizado protocolos de meta correspondente que requerem controle rigoroso da força para testar estratégias de controle muscular voluntário em várias articulações.[144-147] O objetivo dos indivíduos nos testes de controle muscular voluntário é mover um cursor, projetado para uma tela em sua frente, sobre um alvo que aparece de forma aleatória em muitas variadas localizações. O movimento do cursor é controlado por um *feedback* de força a partir de uma célula de carga à qual a extremidade do indivíduo está firmemente fixada (Fig. 9.19). Os padrões de atividade de diversos músculos que envolvem a articulação testada são gravados enquanto os indivíduos acertam os alvos. Isso permite ao investigador ter acesso a um perfil dos músculos que o indivíduo usa para cada alvo acertado. Padrões de atividade muscular podem então ser avaliados através da suas representações gráficas em coordenadas polares, e do cálculo dos índices que descrevem a associação específica com a atividade muscular.[147] Como o teste de controle muscular voluntário geralmente é feito em uma configuração isométrica, com o indivíduo sentado, há novamente um desafio em extrapolar os resultados para o movimento. Assim como outros modelos de estudos discutidos, para a validade do teste é necessário controle cuidadoso (p. ex., posicionamento e fixação do indivíduo). Consequentemente, limitações na utilização dos resultados são prontamente aceitas para se obter informações válidas e significativas relacionadas às estratégias de controle muscular.

Padrões de atividade muscular foram avaliados enquanto indivíduos realizavam a maioria das tarefas esportivas.[129,148-150] Embora este método forneça informações significativas e pareça ser o mais aplicável às tarefas funcionais, é também o mais complexo de ser interpretado. A natureza dinâmica dos estudos aumenta a probabilidade de ruído e, portanto, erro de mensuração. Além disso, é difícil dissociar quais aspectos dos padrões de atividade muscular resultam das estratégias de movimentos principais, e quais de eventos mecânicos associados com lesões ou movimentos em outros segmentos articulares. Por essas razões, muitos pesquisadores utilizam mais de um método de avaliação sensório-motora, uma vez que desse modo eles conseguem obter dados gerais a partir dos testes que se assemelham à atividade funcional, além de dados fisiológicos específicos a partir de modelos de testes sensório-motores altamente controlados.

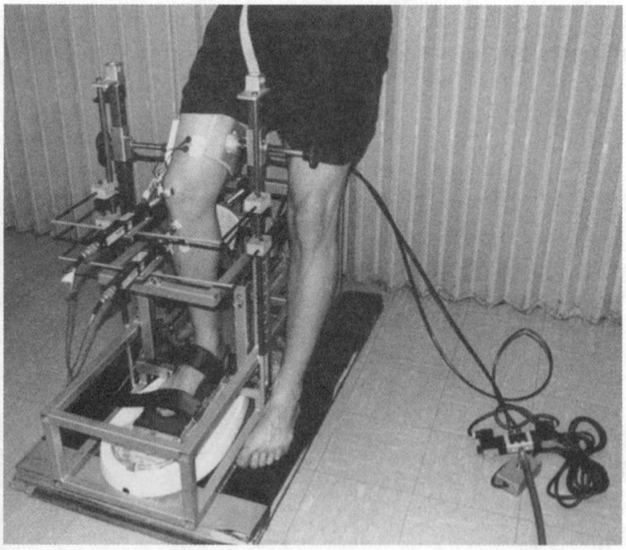

Figura 9.18 O dispositivo de perturbação do joelho utiliza um pistão pneumático que pode aplicar forças de translação tanto anterior quanto posterior à tíbia, sobre um fêmur fixo. O uso deste dispositivo é integrado com a mensuração eletromiográfica do quadríceps, isquiotibiais e gastrocnêmios. Dois potenciômetros e uma célula de carga de compressão marcam precisamente o início e a quantidade de translação tibial, bem como as características reflexas do músculo. (De DeLee JC, Drez D, Miller MD: *DeLee & Drez's orthopaedic sports medicine: principles and practice*. 2.ed. vol. 1. WB Saunders, Philadelphia, 2003, p. 402.)

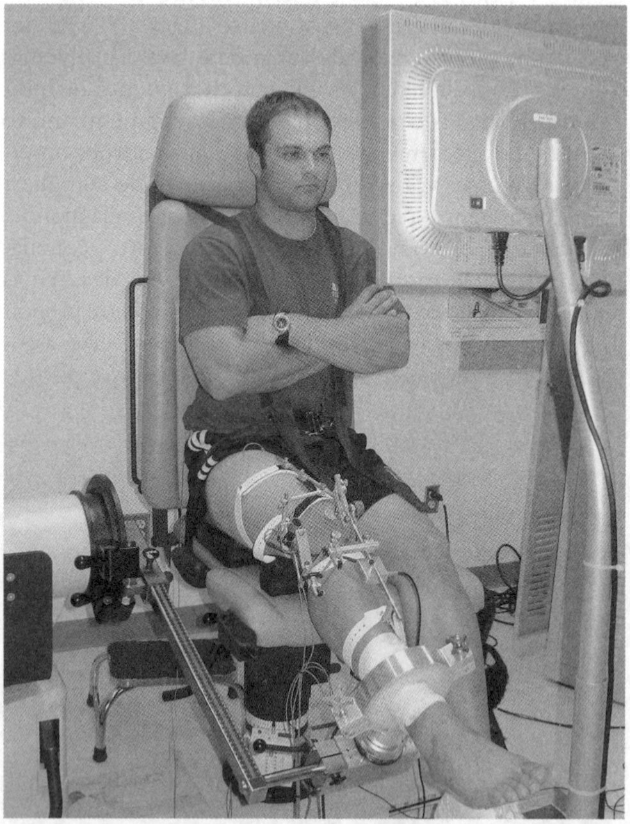

Figura 9.19 Paciente posicionado para o teste de controle muscular voluntário. A porção distal da perna do paciente é fixada a uma célula de carga de seis eixos com um cilindro de fibra de vidro moldado e apertado. Amplificadores eletromiográficos são posicionados sobre os músculos da coxa e cobertos com um envoltório autoaderente. Um eletroartrômetro e um eletrogoniômetro são colocados sobre a coxa para simular o efeito da translação tibial e mudança no ângulo articular. Durante o experimento, o paciente posiciona um cursor que se movimenta por *feedback* de força a partir da célula de carga sobre os alvos que aparecem em diversas localizações na tela em frente a ele. Padrões de atividade muscular em um alvo correspondente são avaliados para descrever o controle muscular voluntário.

Estudos de análise de movimento

A análise do movimento envolve o uso de câmeras, sistemas de monitoramento eletromagnético, sistemas de acoplamento instrumentado ou análise radioestereométrica (RSA) para avaliar a cinemática articular e a cinética em movimento.[151-154] Este método de estudo é importante na identificação de alterações nos padrões de movimento e de carga das articulações. Além disso, permite aos profissionais da reabilitação avaliar múltiplos segmentos articulares simultaneamente. Nós aprendemos sobre diferenças nas estratégias de aterrissagem de homens e mulheres, o impacto de lesões do LCA sobre a cinemática e cinética articular, mecânica de lançamento e muitas outras questões clinicamente relevantes utilizadas na análise do movimento.[129,152,155] Além de estudar diretamente o movimento humano, cientistas são capazes de usar dados de análise do movimento para desenvolver modelos biomecânicos preditivos, que podem ser usados para avaliar os fatores de risco de lesão ou do impacto de tratamentos.[156-158]

Há alguns erros inerentes à maioria dos métodos de análise de movimento, pois sensores ou marcadores são fixados à pele (Fig. 9.20), e frequentemente se movem de forma diferente dos ossos abaixo deles.[159,160] Apesar desse fato, o erro envolvido raramente leva a problemas notáveis, pois diferenças na cinemática e cinética de indivíduos lesionados e não lesionados são geralmente muito grandes. Infelizmente, a variabilidade nos padrões observados é algumas vezes substancial, o que pode complicar a análise, a menos que o tamanho da amostra seja grande. Estudar grupos com diferenças relativamente pequenas nos padrões de movimentos permanece um desafio. O uso de RSA tem fornecido uma visão adicional, pois este método possui alta precisão e elimina o erro associado com a movimentação da pele. Isso ocorre porque o movimento dos grânulos de tântalo inseridos nos ossos é controlado por videorradiografia, e não por marcadores externos.[151,161]

A análise do movimento fornece informação significativa sobre a movimentação articular; mas compreender os mecanismos por trás da biomecânica observada sem o uso concomitante de outras tecnologias, é um desafio. Fazer deduções relacionadas ao controle sensório-motor a partir da análise de dados isolados é difícil, pois é possível que as mesmas alterações na mecânica articular resultem de diferentes estratégias sensório-motoras. Consequentemente, o uso simultâneo de eletromiografia é importante se o controle motor for o foco principal do estudo.

Teste funcional

Na prática clínica típica, especialistas em reabilitação estão interessados em fazer uma avaliação rápida, mas correta, relacionada ao estado funcional do paciente. O uso da maioria dos métodos discutidos aqui é difícil e economicamente não vantajoso no ambiente clínico típico. Em vez disso, a maioria dos especialistas utiliza alguma forma de teste funcional para obter informações gerais relacionadas ao controle sensório-motor. Esses testes podem incluir desafios como um apoio unipedal (fechar os olhos e reduzir a estabilidade da superfície de suporte torna o teste mais complicado) (Fig. 9.21), pular no quadrado no qual a precisão é medida, ou a habilidade de responder rápida e apropriadamente enquanto se mantém em pé sobre uma plataforma com rodas (Fig. 9.22) ou placa de balancim em movimento.[162-164] A consideração mais importante em testes como esses não é se os indivíduos podem ou não completar o teste por uma duração específica, mas a qualidade do movimento ou a resposta que eles exibem. Os especialistas devem buscar

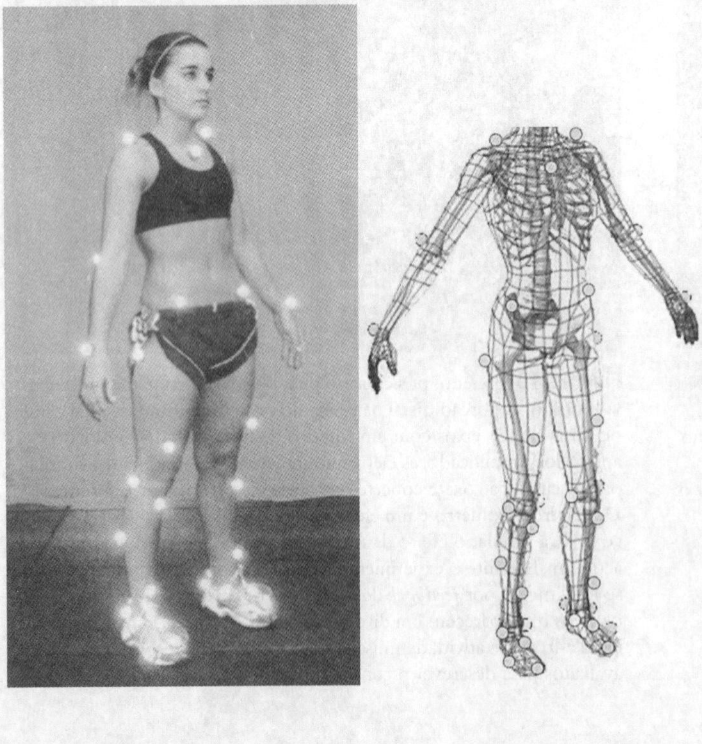

Figura 9.20 Um exemplo de marcadores de superfície reflexivos tipicamente utilizados em estudos de análise de movimento. Câmeras infravermelhas de alta precisão são usadas para acompanhar o movimento dos marcadores, que são posicionados para estabelecer um sistema coordenado anatomicamente. (De Ford KR, Myer GD, Smith Ret al: A comparison of dynamic coronal plane excursion between matched male and female athletes when performing single leg landings, *Clin Biomech* 21(1):35, 2006.)

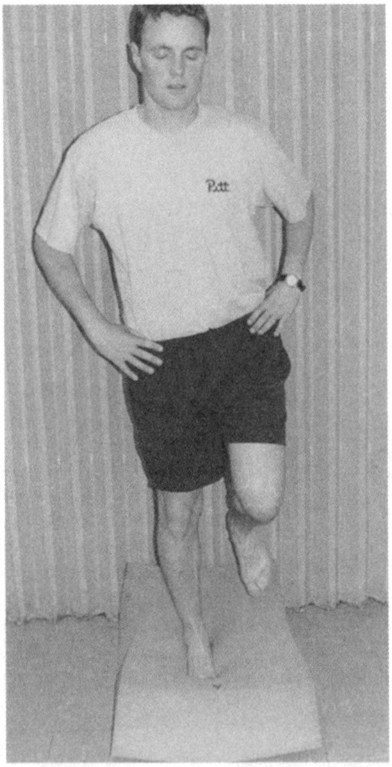

Figura 9.21 Equilíbrio unipedal sobre uma almofada de espuma com os olhos fechados. (De DeLee JC, Drez D, Miller MD: *DeLee & Drez's orthopaedic sports medicine: principles and practice*. 2.ed. vol. 1. WB Saunders, Philadelphia, 2003, p. 411.)

respostas que sejam específicas às perturbações em vez de cocontração generalizada, que não é funcional. Em treinos dinâmicos, o movimento deve ser rápido e preciso. Testes de estabilidade postural devem ser marcados por oscilação limitada, que é bem controlada sob condições de *feedback* limitado. Antes do retorno total ao esporte ou à atividade funcional, é ideal observar o paciente exercendo sua habilidade esportiva específica na velocidade específica de um jogo, ou habilidade cotidiana específica na velocidade funcional, para assegurar que o paciente possui novamente o controle sensório-motor necessário para participação segura.

Diferenças no controle sensório-motor por sexo

É claro que a incidência de algumas lesões (p. ex., lesões sem contato de LCA) são mais comuns em mulheres que em homens com similar exposição ao risco.[103-105] O aumento da incidência de lesões sem contato de LCA em mulheres é uma questão multifatorial que resulta de fatores anatômicos, hormonais, biomecânicos e neuromusculares.[104,105,165,166] Especialistas acreditam que diferenças no controle sensório-motor são especialmente importantes, pois o controle sensório-motor é modificável, o que dá esperanças de sucesso para programas de prevenção de lesões de LCA.[104,165] Vários estudos têm avaliado as diferenças entre o controle sensório-motor por sexo. Em alguns deles, os pesquisadores têm avaliado medidas indiretas de controle sensório-motor, como cinemáticas e cinéticas ao caminhar, correr, mudar de direção ou aterrissar de um salto;[155,167-170] enquanto em outros estudos, cientistas têm acessado medidas diretas, como acuidade proprioceptiva, padrões de ativação de atividade muscular e estabilidade postural.[148,171-175] A maioria dos estudos sobre este assunto tem relatado diferenças na função sensório-motora por sexo que podem ajudar a explicar a tendência feminina em lesões de LCA sem contato.

Mulheres geralmente têm demonstrado acuidade proprioceptiva reduzida quando comparadas a homens com idade e atividade correspondentes que realizaram as mesmas tarefas.[173,176] Essa redução na acuidade proprioceptiva parece ser mais significante quando a articulação de joelho estende, o que é significativo, pois a maioria das lesões de LCA ocorre entre 15 e 30 graus de flexão de joelho.[173] Reciprocamente, achados relacionados com a estabilidade postural têm sido considerados inconsistentes, uma vez que as mulheres frequentemente demonstram melhora na estabilidade quando comparadas a homens com idade e atividade correspondentes.[173,177]

Pesquisadores descobriram que algumas mulheres usam padrões de atividades musculares alterados ou exibem cinemática alterada quando apresentam alterações na postura ou marcha.[169,174,175,178] Em particular, tem sido demonstrado que mulheres frequentemente contraem seus quadríceps antes de seus músculos isquiotibiais quando uma carga desestabilizadora é aplicada sobre sua articulação de joelho.[169,171,175,179] Tal estratégia é potencialmente prejudicial, uma vez que pode aumentar a carga de cisalhamento anterior experimentada pelo LCA. Mulheres que apresentam lesão sem contato de LCA geralmente a aplicam quando aterrissam de um salto ou desaceleram rapidamente e mudam de direção.[103,104,165] Cientistas têm rotineiramente encontrado que mulheres aterrissam de um salto com seus joelhos mais em valgo do que é evidenciado nos homens, o que também aumenta a tensão no LCA (Fig. 9.23).[155,168,169,180] Além disso, para aterrissar com o joelho em maior valgo, a maioria dos pesquisadores acredita que as mulheres aterrissam com seus joelhos menos flexionados que os homens, o que reduz a capacidade de absorção de impacto dos grandes músculos da coxa;[155,165,169] entretanto, este achado não tem sido universal.[181] Pesquisadores também têm relatado que as mulheres exibem atividade do quadríceps aumentada, além de similar ou reduzida atividade dos isquiotibiais durante a aterrissagem quando comparadas com os homens, o que dá suporte à ideia de que alterações no controle sensório-motor contribuem para alta incidência de lesões sem contato de LCA em mulheres.[169,171] Alterações similares nos padrões de atividades musculares também têm sido observadas na comparação entre mulheres e homens realizando manobras de mudança de direção.[169] Assim, a confluência das evidências atualmente disponíveis sugere que o controle sensório-motor é um fator crítico na predisposição feminina para certas lesões de extremidades inferiores.

Figura 9.22 Perturbação em postura unipedal sobre uma plataforma com rodas. (De Chmielewski TL, Rudolph KS, Snyder-Mackler L: Development of dynamic knee stability after acute ACL injury, *J Electromyogr Kinesiol* 12:271, 2002.)

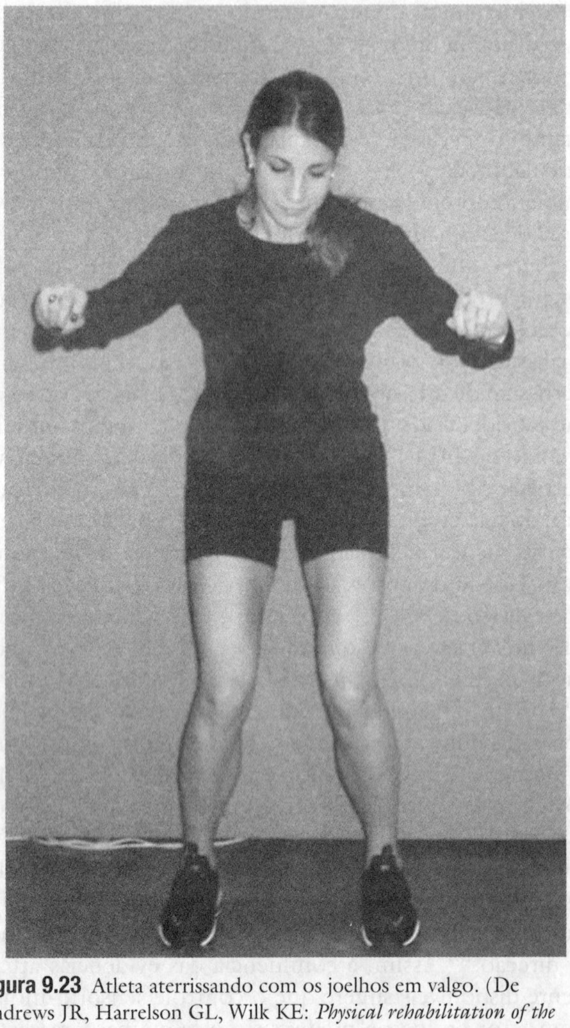

Figura 9.23 Atleta aterrissando com os joelhos em valgo. (De Andrews JR, Harrelson GL, Wilk KE: *Physical rehabilitation of the injured athlete.* 3.ed. WB Saunders, Philadelphia, 2004, p. 324.)

Será que estas diferenças sensório-motoras e biomecânicas nas mulheres podem ser modificadas? Evidências iniciais sugerem que sim. Mulheres que têm participado de programas de treinamento intenso, que incluem educação nos mecanismos de aterrissagem, treino de equilíbrio, treino de fortalecimento do joelho – incluindo pliométricos para melhorar a potência e o controle na aterrissagem –, fortalecimento "central", exercícios de agilidade e prática na aterrissagem com *feedback* sobre sua mecânica, demonstraram melhora na mecânica e no controle da aterrissagem.[182] Além disso, os resultados iniciais a partir de ensaios clínicos que avaliam programas de prevenção de LCA incluindo estes princípios têm sido bastante promissores.[155,183-186]

Lesão e controle sensório-motor

Existe um conjunto considerável de evidências que demonstra que lesões musculoesqueléticas têm profundo impacto sobre o sistema sensório-motor, afetando tanto o *feedback* somatossensorial quanto a função motora. Isso parece ser verdade independentemente da articulação lesionada. Cientistas clínicos têm descrito alterações na acuidade proprioceptiva, estabilidade postural, padrões de atividade muscular e cinemática e cinética articular associada com a lesão. Infelizmente, em geral é difícil determinar se o indivíduo que mantém lesões possuía um controle do sistema sensório-motor alterado antes da lesão que o predispôs a ela, ou se a extensão total do controle sensório-motor alterado em comparação com aquele do indivíduo correspondente sem lesão é devido à própria lesão. Lado a lado, as diferenças sugerem que uma grande parte das alterações é mais provavelmente resultado de lesão. Entretanto, sem dados pré-lesão é difícil excluir a ideia de que o controle sensório-motor estava alterado antes da lesão, visto que ambos os membros estão afetados por ela e pelas alterações nos níveis de atividade que geralmente acompanham o quadro.

Acuidade proprioceptiva

Muitos pesquisadores têm avaliado os efeitos das lesões ligamentares sobre a acuidade proprioceptiva.[122,123,128,187-194] A maioria desses estudos tem avaliado o impacto de uma lesão do LCA sobre a acuidade proprioceptiva[122,128,187,192], mas os estudos também têm sido feitos após lesões de ligamento cruzado posterior (LCP),[193] entorses de tornozelo[190,191] e eventos de instabilidade de ombro (Fig. 9.24).[189,194] Os achados desses estudos têm sido bastante consistentes em demonstrar a redução da acuidade proprioceptiva quando os resultados dos membros lesionados são comparados com aqueles de membros não lesionados ou aqueles de indivíduos sem lesão.[122,123,187,189-192,194] Um achado interessante é que as alterações na acuidade frequentemente dependem da direção da rotação articular.[123] Por exemplo, após uma lesão de LCA, os indivíduos têm maior dificuldade em detectar o movimento dentro da extensão do que de uma flexão.[123] Em termos de valores brutos em graus de limiar para detecção de movimento passivo ou senso de posição articular, o impacto da lesão é geralmente muito grande quando a diferença entre os grupos é comparada com as médias dos valores de indivíduos não lesionados (até 100% de mudança). Entretanto, quando esses valores são considerados com relação à excursão típica de uma articulação ou sua velocidade angular observada em uma participação esportiva, a importância desses achados com relação ao desempenho e ao risco de lesão não está muito clara.

A fonte exata da acuidade proprioceptiva diminuída após uma lesão é obscura e discutível. Derrame articular, dor e uma mudança na posição de repouso da articulação secundária à lesão podem desempenhar um papel importante. Além disso, atrofia e alterações na fisiologia muscular podem afetar as fibras intrafusais do fuso muscular, bem como alterar o *feedback* cutâneo da pele da coxa. Na realidade, a acuidade proprioceptiva reduzida provavelmente resulta de efeitos combinados dos fatores precedentes. A fonte exata não é importante para o clínico, pois a redução da dor, do edema e da atrofia são objetivos comuns na reabilitação. Os clínicos devem estar cientes, entretanto, que quanto mais dor, edema e atrofia o paciente apresentar, mais provavelmente ele apresentará déficits proprioceptivos, os quais podem ser difíceis de identificar até que as deficiências primárias sejam atenuadas.

Estabilidade postural

A maioria dos trabalhos relacionados ao impacto da lesão musculoesquelética sobre a estabilidade postural avalia os efeitos tanto das lesões de tornozelo em atletas como as lesões em indivíduos idosos que apresentam riscos de quedas.[195-198] Como os efeitos que o envelhecimento e a osteoartrite têm sobre o controle sensório-motor serão discutidos mais adiante, esta seção foca principalmente nas lesões em indivíduos jovens. A estabilidade postural de atletas com instabilidade funcional de tornozelo ("ceder" repetido do tornozelo na ausência de instabilidade estrutural mensurável) tem sido o foco principal de pesquisas relacionadas com estabilidade postural pós-lesão em atletas. Quase todos os estudos realizados em população com instabilidade de tornozelo funcional têm demonstrado oscilação postural aumentada e pior estabilidade postural. A evidência sugere que a estabilidade postural reduzida não é universal nesta população, mas a maioria dos estudos mostra que pelo menos 50% dos pacientes testados com instabilidade funcional de tornozelo têm demonstrado esse sintoma.[195-198] Pesquisadores relatam 20 a 65% de redução na estabilidade postural, sugerindo que os efeitos são amplos. A fonte exata da oscilação postural reduzida ainda precisa ser determinada. Embora o grau em que o controle sensório-motor alterado contribui para a lesão de tornozelo e para sua disfunção crônica não esteja claro, a maioria dos especialistas acredita que seja um fator importante.

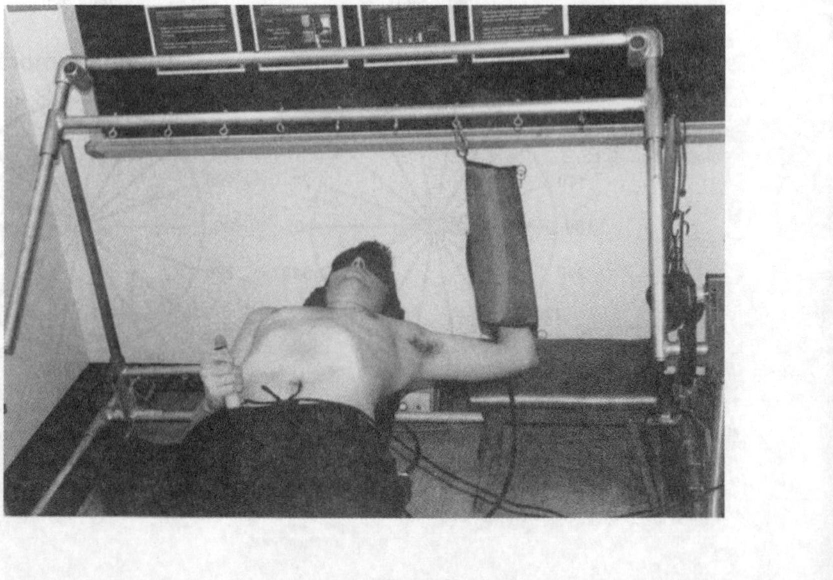

Figura 9.24 Um desempenho individual de sentido ou limiar de posição articular para detectar o movimento passivo em um instrumento de teste proprioceptivo. O indivíduo deita em posição supina com o membro superior sustentado a 90 graus de abdução e cotovelo em flexão. O indivíduo é vendado e usa uma tala inflável pneumática e fones de ouvido para eliminar informações visual, tátil e auditiva. Usando um controle manual, o indivíduo sinaliza quando as posições articulares são reproduzidas passivamente ou o movimento é detectado. (De DeLee JC, Drez D, Miller MD: *DeLee & Drez's orthopaedic sports medicine: principles and practice*. 2.ed. vol, 1. WB Saunders, Philadelphia, 2003, p. 401.)

Padrões de atividade muscular

Os resultados dos estudos avaliando os padrões de atividade muscular após uma lesão têm sido variáveis e às vezes contraditórios, o que ocorre provavelmente devido a diferenças metodológicas e dissimilaridades nas amostras estudadas. A maioria dos estudos indica que a lesão leva a padrões de atividade muscular alterados. Esta alteração pode ser resultado de uma disfunção ou de estratégias compensatórias associadas com a lesão.

Cientistas clínicos têm demonstrado que os indivíduos com lesão de LCA apresentam tempos de reação menores quando seus joelhos comprometidos são submetidos a cargas de cisalhamento anterior desestabilizadoras.[137,141] Além deste retardamento, há evidências de recrutamento alterado quando resultados de extremidades comprometidas são comparados com aqueles de extremidades não lesadas.[137] Logo após a lesão, a primeira resposta de um quadríceps foi observada, a qual aparece contraproducente, conforme se aumenta a carga de cisalhamento anterior e mais se desestabiliza o joelho. Uma **primeira estratégia do quadríceps** (especificamente do músculo vasto lateral) também tem sido observada quando os pesquisadores repentinamente mudam a posição da superfície de suporte na direção horizontal enquanto os pacientes permanecem sobre uma perna só.[138] Curiosamente, indivíduos que apresentam sinais de que serão capazes de superar suas lesões de LCA não exibem esta primeira estratégia do quadríceps; eles ativam seus músculos isquiotibiais laterais antes de seus vastos laterais.[138] Ao longo do tempo, os indivíduos com deficiência de LCA parecem aprender estratégias compensatórias que podem aumentar a estabilidade de seus membros.[137]

Controle voluntário do quadríceps reduzido também tem sido observado em indivíduos com deficiência do LCA.[147,199,200] Esta disfunção do quadríceps é especialmente aparente no músculo vasto lateral, o qual é conhecido por atrofiar em uma extensão maior que outros músculos do quadríceps após uma lesão (Fig. 9.25).[147,199,201] Controle voluntário alterado tem sido observado durante experimentos correspondentes com metas isométricas, bem como durante tarefas dinâmicas tais como extensões repetidas de joelho terminais.[147,199] A disfunção de quadríceps observada tem sido marcada pela dificuldade para desativar os músculos do quadríceps quando tal atividade é aparentemente contraproducente ou potencialmente desestabilizada.[147,199] Para compensar essa disfunção do quadríceps durante o movimento, os indivíduos com deficiência do LCA precisam aumentar as atividades de seus isquiotibiais (especialmente do lado lateral), o que tem sido um achado comum em estudos sobre análise de movimento.[152,202,203] Incapacidade de efetivamente compensar esta disfunção do quadríceps pode levar a episódios de instabilidade, que são o principal motivo para que indivíduos com lesões repetitivas de LCA sejam submetidos a procedimento cirúrgico.[147] É interessante notar que indivíduos capazes de lidar com lesões de LCA demonstram grande controle do músculo vasto lateral e possuem menos atrofia do quadríceps, o

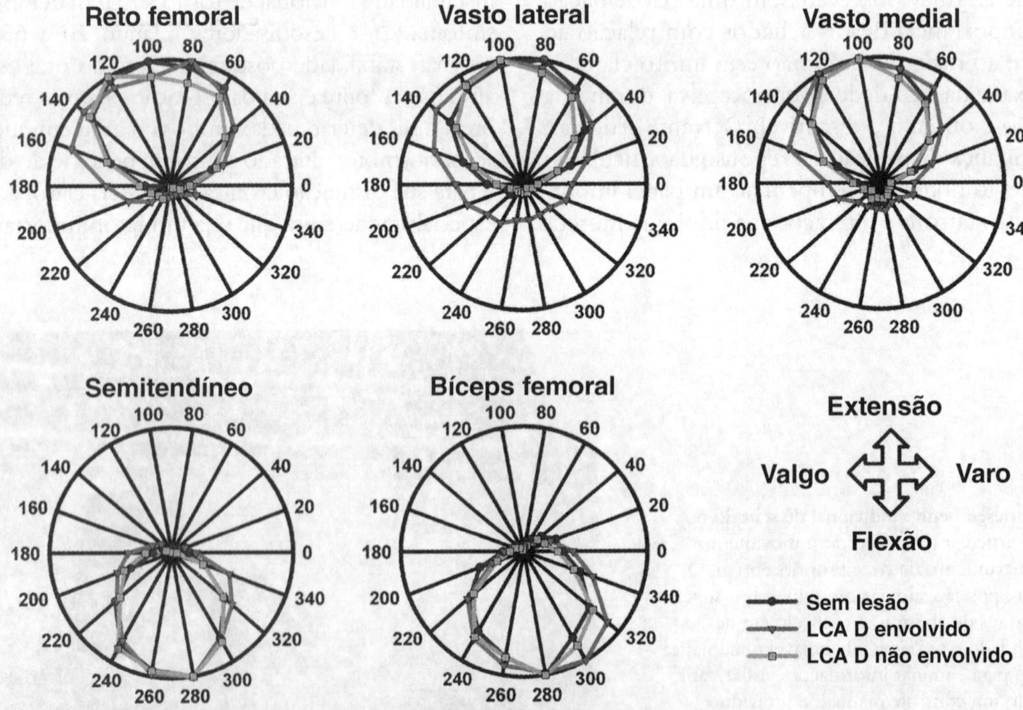

Figura 9.25 Representações gráficas dos padrões de atividade muscular do quadríceps e dos isquiotibiais gravados durante um teste de controle muscular voluntário. Os gráficos demonstram que os membros com LCA deficiente dos pacientes testados apresentavam especificidade reduzida da ação muscular em comparação com os respectivos músculos de seus membros não lesionados e aqueles do grupo controle não lesionados com a mesma idade e atividade. (De Williams GN, Barrance PJ, Snyder-Mackler L et al,: Specificity of muscle action after anterior cruciate ligament injury, *J Orthop Res* 21:1135, 2003.)

que também sustenta a importância clínica desta disfunção de quadríceps e a necessidade de reabilitação especializada para tratá-la.[200]

Como mencionado anteriormente, os padrões de atividade muscular de indivíduos com deficiência de LCA também têm sido avaliados durante atividades funcionais tais como caminhar, correr e saltar.[152,202,204-207] Padrões de atividade muscular alterados têm sido mais uma vez observados de forma consistente nesses estudos. Os padrões de atividades alterados durante a marcha ou salto são geralmente marcados pelo maior sincronismo dos isquiotibiais e maior coatividade dos músculos ao redor do joelho, os quais endurecem a articulação.[152,202,204,206] Embora o uso desta estratégia no curto prazo ajude a fornecer estabilidade dinâmica ao joelho, no longo prazo pode causar osteoartrite precoce devido a cargas compressivas recorrentes sobre a articulação.[152,205] Indivíduos que são capazes de lidar com sucesso com suas lesões de LCA e retornar à prática esportiva sem cirurgia não apresentam essa estratégia de rigidez, o que fornece ainda evidência de que ela é disfuncional para uso no longo prazo.[205]

Os resultados de estudos que têm avaliado os padrões de atividade muscular em indivíduos que possuem lesões crônicas de tornozelo são menos consistentes. Alguns pesquisadores têm descrito tempos de reação reduzidos do músculo fibular,[195,208] enquanto outros não observaram déficits nessa população.[139,209,210]

Estudos sobre padrões de atividade muscular em indivíduos com instabilidade de ombro têm demonstrado tempos de resposta reduzidos do manguito rotador quando cargas de rotação externa são repentinamente aplicadas à articulação.[140,211] Estratégias alteradas de ativação também têm sido observadas quando atletas aéreos com instabilidade de ombro atraumática realizam atividades como arremesso, elevação e exercícios de reabilitação.[212-215]

Cinemática e cinética

A análise da cinemática e da cinética articular durante o movimento fornece importantes informações relacionadas ao mecanismo articular e informações indiretas relacionadas ao controle sensório-motor. Pesquisadores têm investigado o efeito das lesões sobre os mecanismos das articulações de joelho, ombro e tornozelo.[129,154,205,216,217] Como nas outras categorias de estudos, o maior volume de trabalhos é relacionado às lesões de LCA. Os pesquisadores têm demonstrado de forma consistente que indivíduos com deficiência de LCA caminham com um momento aumentado de flexão de joelho e reduzido de sua extensão interna quando os resultados do membro lesionado são comparados com seus membros não lesionados ou com sujeitos testados sem histórico de lesão (Fig. 9.26).[152,207,217,218] Este momento reduzido de extensão interna de joelho não parece ser resultado da "anulação do quadríceps", pois coleções simultâneas de padrões de atividades musculares raramente demonstram atividade reduzida de quadríceps; ao invés disso, os momentos de extensão interna reduzida de joelho parecem ser resultado de uma atividade aumentada dos isquiotibiais e de uma mudança de controle, do joelho para o quadril.[205,207]

Alguns estudos têm avaliado a cinemática e a cinética após lesão de ombro e tornozelo. A maioria dos trabalhos relacionados à articulação de ombro avalia os padrões de movimento de indivíduos com síndrome de impacto subacromial.[154,219] Pesquisadores têm demonstrado rotação escapular alterada e inclinação anterior aumentada da escápula em elevação, com concomitantes alterações na atividade dos músculos trapézio e serrátil anterior desta população.[154] Em um estudo que comparava a biomecânica da marcha de indivíduos que apresentavam entorse em inversão de tornozelo crônico com aqueles sem histórico de lesão, os pesquisadores demonstraram que indivíduos com um histórico de entorse em inversão apresentam: centros de pressão mais laterais em contato inicial com carga medial aumentada durante a posição, primeiro raio mais móvel, período mais longo de pronação, flexão de joelho atrasada e maior tempo de contato total do pé.[216] Os resultados desses estudos de análise

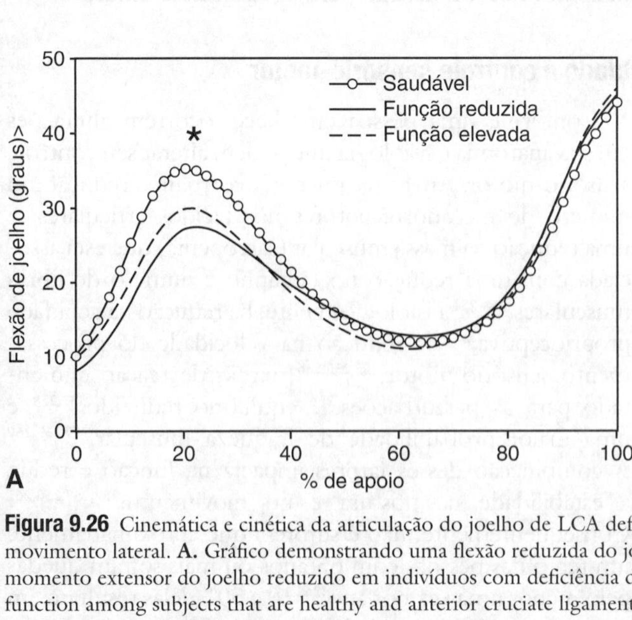

A

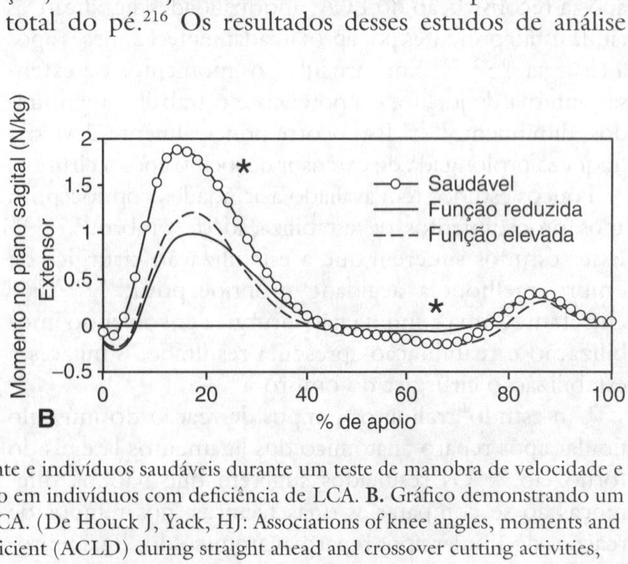

B

Figura 9.26 Cinemática e cinética da articulação do joelho de LCA deficiente e indivíduos saudáveis durante um teste de manobra de velocidade e movimento lateral. **A.** Gráfico demonstrando uma flexão reduzida do joelho em indivíduos com deficiência de LCA. **B.** Gráfico demonstrando um momento extensor do joelho reduzido em indivíduos com deficiência de LCA. (De Houck J, Yack, HJ: Associations of knee angles, moments and function among subjects that are healthy and anterior cruciate ligament deficient (ACLD) during straight ahead and crossover cutting activities, *Gait Posture* 18:134-135, 2003.)

de movimento sugerem que o controle sensório-motor é crítico para a estabilidade articular funcional e que é adversamente afetado pela lesão.

Cirurgia, reabilitação e controle sensório-motor

Poucos estudos têm avaliado o controle sensório-motor após cirurgia, quando comparados aos que o avaliam depois de lesões. A maioria dos estudos apresentados é relacionada ao controle sensório-motor após procedimentos de reconstrução de ligamento ou substituição articular total. A variabilidade nos sujeitos das populações e nas metodologias (p. ex., quando o teste pós-cirúrgico foi realizado) tem levado a resultados bastante diversos. Consequentemente, é difícil tirar conclusões consistentes a partir desses estudos. Também é um desafio diferenciar os efeitos da cirurgia daqueles da reabilitação, pois a maioria das pessoas é submetida à reabilitação após a cirurgia e não há ensaios clínicos randomizados comparando os efeitos da cirurgia isolada com aqueles com reabilitação pós-cirúrgica.

Os resultados dos estudos que avaliam a acuidade proprioceptiva após reconstrução de LCA são equivocados, com alguns pesquisadores relatando nenhuma alteração significativa na acuidade e outros relatando melhoras notáveis.[199,220,221] As melhoras parecem ser inicialmente observadas ao final das amplitudes de movimento, em vez de em amplitudes médias, e não são notáveis até cerca de 6 meses depois.[221] A estabilidade postural de indivíduos submetidos à reconstrução de LCA é melhor que a de indivíduos com deficiência de LCA, mas não tão boa quanto à daqueles sem histórico de lesão.[222] Os achados dos estudos avaliando as latências dos músculos isquiotibiais após carga de cisalhamento anterior também têm sido equivocados em relação ao seu aumento ou diminuição após a reconstrução do LCA.[223,224] O controle voluntário dos músculos parece melhorar após a reconstrução do LCA; entretanto, não está claro se este é um resultado da estabilização cirúrgica, da reabilitação ou da combinação dos dois.[225] Embora a cinemática na marcha pareça melhorar após a reconstrução do LCA, anormalidades significativas ainda estão presentes por aproximadamente 12 meses após a cirurgia.[207,226-228] Em particular, os momentos de extensão interna de joelho, e a potência e o trabalho mensurados, diminuem.[226,228] Isso ocorre principalmente devido à fraqueza prolongada do extensor de joelho após a cirurgia.

Poucos estudos têm avaliado a acuidade proprioceptiva após procedimentos de estabilização de ombro.[189,229,230] Esses estudos sugerem que a estabilização cirúrgica de ombro melhora a acuidade proprioceptiva;[189,194,229,230] entretanto, uma conduta não cirúrgica envolvendo imobilização e reabilitação apresenta resultados similares à estabilização cirúrgica do ombro.[230]

Um estudo avaliou os tempos de reação do músculo fibular após reparo anatômico dos ligamentos laterais do tornozelo.[231] Os resultados sugerem que não há diferenças ao se comparar as duas técnicas, nos tempos de reações do fibular após reparo anatômico dos ligamentos laterais do tornozelo.

Um grande número de pesquisas se refere à acuidade proprioceptiva após reposicionamento das articulações de joelho, quadril ou ombro. Os achados desses estudos também têm sido equivocados. Alguns pesquisadores têm relatado melhoras da acuidade proprioceptiva após o reposicionamento articular,[232-235] alguns relatam que a artroplastia não tem efeito algum sobre a propriocepção[236-239] e outros que a acuidade do membro tratado é pior que a de indivíduos normais com a mesma idade ou que a extremidade contralateral após o reposicionamento articular.[240] Manutenção da cápsula articular e dos ligamentos cruzados não têm grandes efeitos sobre a propriocepção.[232,236,239]

Surpreendentemente, poucos estudos têm investigado os efeitos da reabilitação sobre o controle sensório-motor. Resultados funcionais são avaliados frequentemente e têm sido o foco de diversos estudos na literatura; entretanto, em tais estudos geralmente é difícil diferenciar se o controle sensório-motor foi melhorado ou não, já que ele não pode ser avaliado diretamente. Diversos estudos demonstram que o treinamento sensório-motor utilizando pranchas de equilíbrio ou treinamento com perturbação melhora a função.[241-243] Pesquisadores também têm avaliado os efeitos do treinamento sensório-motor sobre a estabilidade postural,[244,245] acuidade proprioceptiva[245], padrões de atividade muscular[178,246,247] e padrões de movimento (cinemática e cinética).[247] Os resultados desses estudos confirmam que o treinamento sensório-motor tem efeitos positivos sobre estabilidade postural, padrões de atividade muscular e padrões de movimentos, mas apenas uma pequena alteração na acuidade proprioceptiva foi observada. Os resultados sugerem que o treinamento sensório-motor é importante e deve ser incluído como parte da rotina dos programas de fisioterapia direcionados para melhora da estabilidade postural ou articular. Neste momento, a melhor estratégia de treinamento, as relações dose-resposta e os efeitos específicos do treinamento neuromuscular permanecem desconhecidos.

Idade e controle sensório-motor

Conforme uma pessoa envelhece, ocorrem alterações em sua anatomia e fisiologia que podem alterar seu controle sensório-motor. Anatomicamente, ocorre uma redução no número de mecanorreceptores nos tecidos articulares, e uma redução na massa muscular (sarcopenia) que está associada com uma redução no tamanho e número de fibras musculares.[248-251] Fisiologicamente, há redução na acuidade proprioceptiva,[252-254] redução na velocidade do processamento sensório-motor,[252,255,256] tempo de reação aumentado para as perturbações,[256] equilíbrio reduzido[257,258] e uma maior probabilidade de fraqueza muscular.[249,259,260] A combinação desses fatores impacta na função e reduz a estabilidade na postura e no movimento.[257,258,260,261] Consequentemente, não é surpresa que aproximadamente um terço das pessoas com 65 anos ou mais sofram quedas pelo menos uma vez por ano;[262,263] e 50% delas resultam em internações e cuidados de longo prazo.[264]

A maioria dos estudos relacionados aos efeitos da idade sobre a acuidade proprioceptiva tem examinado a acuidade da articulação do joelho.[254,260,265] Entretanto, reduções de acuidade têm sido observadas em outras articulações,[252,253,266] sugerindo que a redução da acuidade proprioceptiva é um fenômeno generalizado em todo corpo. O estilo de vida afeta essa acuidade e, da mesma forma, quanto mais sedentária uma pessoa for, maior a possibilidade de déficits na acuidade proprioceptiva.[267] Além do nível da atividade, lesões e doenças tais como a osteoporose e o diabetes têm um profundo impacto sobre a propriocepção.[258,268-270] Felizmente, há evidências de que o treinamento pode melhorar significativamente a propriocepção, a estabilidade postural e a marcha em indivíduos idosos.[271-274] A "lição de casa" aqui é que o treino proprioceptivo deve ser um componente de rotina nos programas de reabilitação, especialmente em indivíduos idosos.

Os músculos passam por alterações significativas conforme envelhecem.[275] O número e o tamanho das fibras musculares diminuem (Fig. 9.27), e a quantidade de tecido não contrátil (gordura e outros tecidos conjuntivos) dentro do músculo aumentam.[250,251] Embora o número de fibras tipo I (lentas) e tipo II (rápidas) pareça diminuir de forma similar,[276] as fibras tipo II parecem passar por um tipo de atrofia seletiva.[276,277] Além desta sarcopenia, os indivíduos também apresentam redução dos motoneurônios α- e, consequentemente, com a idade, menos unidades motoras.[278-280] A ativação das unidades motoras existentes também pode sofrer alterações.[281,282] Finalmente, alterações metabólicas tais como liberação reduzida de cálcio e alterações relacionadas com a ligação excitação-contração também têm sido relatadas.[283,284] A expressão funcional dessas alterações fisiológicas no músculo esquelético é fraqueza, redução de potência e fadiga muscular aumentada. Da mesma forma que para a acuidade proprioceptiva, as dificuldades associadas com o envelhecimento relacionadas à força, potência e fadiga podem ser limitadas com medidas de treinamento apropriadas.[285,286] Para promover essas adaptações de treinamento positivas, é necessário que o treinamento seja aplicado de forma que seja consistente com os princípios fisiológicos relacionados com intensidade, frequência, duração e tempo de treinamento. Pelo fato de que indivíduos idosos são mais prováveis de apresentar danos musculares com o treinamento que indivíduos jovens,[285,287] é importante que os clínicos monitorem cuidadosamente os pacientes e suas progressões de exercícios. Isso não quer dizer que pessoas idosas não possam ser treinadas de forma intensa. Pacientes idosos podem realizar treinamento de alta intensidade, mas somente depois de treino preparatório apropriado e de demonstrarem aptidão para que a intensidade seja aumentada. Minha observação geral como autor é que muitos especialistas em reabilitação falham em treinar seus pacientes com suficiente intensidade, duração ou frequência para induzir a alterações ótimas na função muscular.

Além de avaliar a propriocepção e a função muscular, é importante que os clínicos considerem o processamento sensório-motor quanto tratam seus pacientes idosos. A taxa de processamento sensório-motor e o grau de flexibilidade dentro do sistema sensório-motor diminuem com a idade (Fig. 9.28).[255,256] A combinação da redução do tempo de reação e da probabilidade de respostas menos vigorosas aumenta o risco de quedas e lesões. Além disso, a complexidade das circunstâncias com as quais os idosos se deparam (número de obstáculos, dinâmica das condições) tem um impacto maior do que quando eles eram mais jovens.[255,256] Consequentemente, os clínicos precisam educar seus pacientes sobre princípios de movimentos seguros tais como planejar previamente os movimentos difíceis, realizá-los lentamente e pensar sobre situações potencialmente perigosas de modo que quando elas se apresentarem de forma inesperada, possam agir de uma forma segura.

Osteoartrite e controle sensório-motor

Embora geralmente presuma-se que a degeneração articular preceda e resulte em dor, fraqueza e incapacidade associada com osteoartrite, é igualmente plausível que

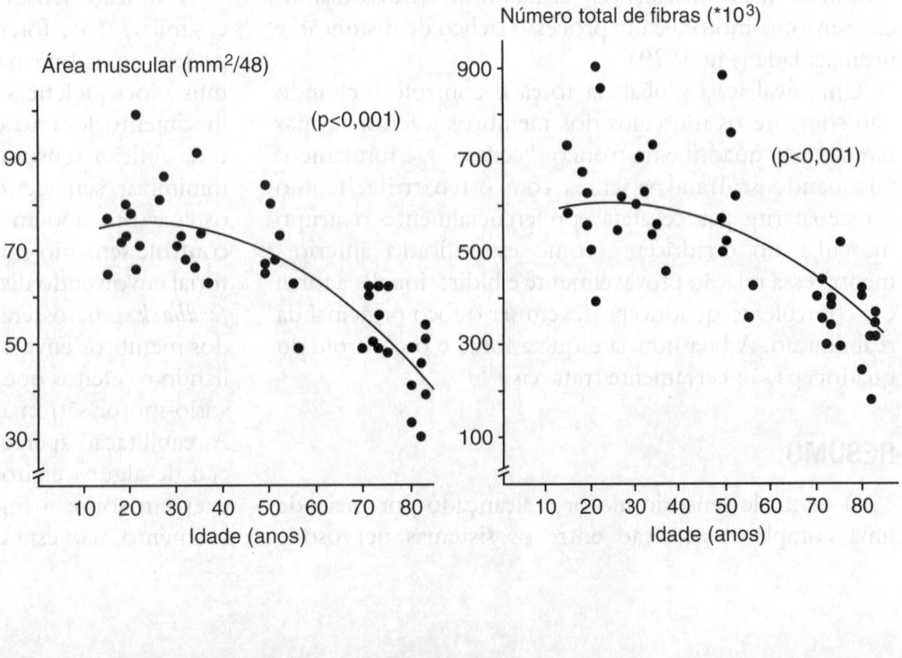

Figura 9.27 A relação entre idade e (A) área muscular transversal e (B) número total de fibras musculares. (De Lexell J, Taylor CC, Sjöström M: What is the cause of ageing atrophy? Total number, size and proportion of different fiber types studied in whole vastus lateralis muscle from 15-to 83-year-old-men, *J Neurol Sci* 84:284-285, 1988.)

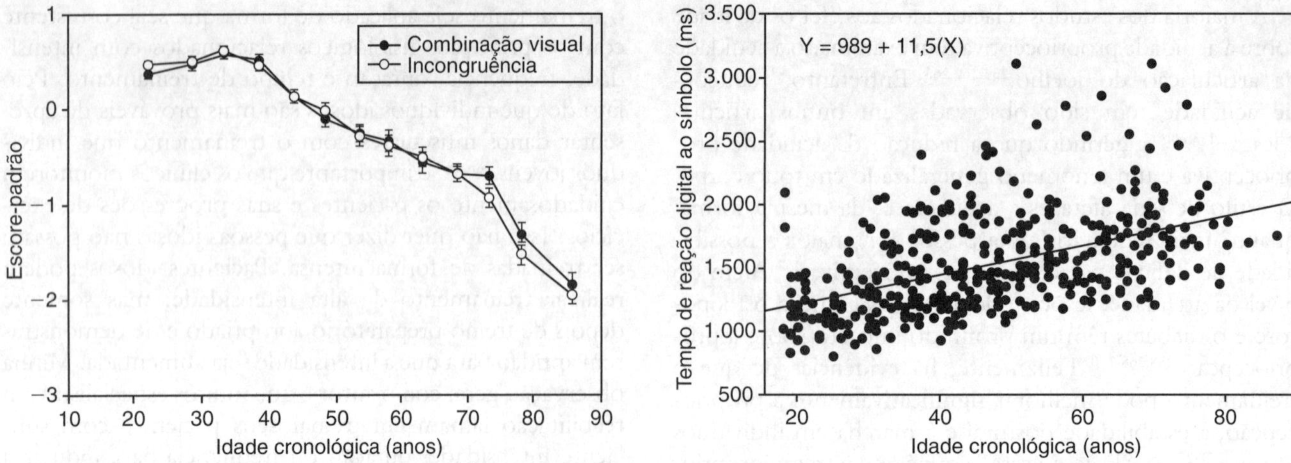

Figura 9.28 Efeito da idade sobre testes (A) de velocidade de percepção e (B) de tempo de reação. (De Salthouse TA: Aging and measures of processing speed, *Biol Psych* 54:37-38, 2000.)

o controle motor alterado desempenhe um importante papel na patogênese e na progressão da osteoartrite.[288] Independentemente de qual dessas vias seja conceitualmente mais precisa, está claro que a disfunção sensório-motora é prevalente em indivíduos com osteoartrite.[269,289]

Indivíduos com osteoartrite apresentam déficit tanto sensorial quanto motor, os quais combinados resultam em movimentos alterados, incapacidade e qualidade de vida reduzida.[269,288] Edema articular, dor e degeneração articular podem alterar a função dos receptores articulares, o que afeta a acuidade proprioceptiva e a função do sistema motor-α, do sistema motor-γ, da acuidade reflexa e do processo de controle descendente.[288] Diversos pesquisadores têm demonstrado acuidade proprioceptiva reduzida na presença de osteoartrite, por meio de estudos transversais.[233,265,269,290,291] Embora o foco primário desses estudos tenha sido pacientes com osteoartrite de joelho, é razoável esperar achados similares em outras articulações. Fraqueza muscular e déficit de ativação são comuns na osteoartrite,[288,292-294] o que pode alterar a magnitude e o tempo das respostas e potencialmente da função do fuso muscular. O resultado final dessa disfunção sensório-motora é um processo cíclico de disfunção e incapacidade (Fig. 9.29).

Uma avaliação global da força e controle incluindo não somente os músculos dos membros inferiores, mas também do quadril e do tronco ("centro"), é fundamental quando se trata pacientes com osteoartrite. Como a osteoartrite parece afetar preferencialmente o grupo muscular do quadríceps (como especificado anteriormente, essa relação provavelmente é bidirecional), a força e o controle do quadríceps devem ser o foco principal da reabilitação. A boa notícia é que a força e o controle do quadríceps são certamente tratáveis.[295,296]

RESUMO

O controle sensório-motor é alcançado por meio de uma complexa interação entre os sistemas nervoso e musculoesquelético. Os mecanorreceptores nos músculos, pele e tecidos conjuntivos das articulações fornecem um *feedback* somatossensorial que é mediado por meio de uma estrutura hierárquica do SNC. O SNC recebe e processa um grande número de sinais simultaneamente a cada segundo. Reflexos e comandos motores descendentes modificam a atividade muscular de forma que é específica para as condições do ambiente que o sistema somatossensorial detecta. Programas motores e reações desencadeadas expedem respostas complexas e reduzem o número de graus de liberdade com que o SNC deve lidar a qualquer momento. A locomoção é resultado de um tipo específico de programa motor que é mediado na medula espinal, mas iniciado e refinado por um *feedback* somatossensorial, e de comandos descendentes de centros superiores. A complexidade do controle do sistema sensório-motor descrita neste capítulo deve ser lembrada quando considerados os efeitos das perturbações na atividade funcional ou o impacto de uma lesão. A redundância e a plasticidade do controle sensório-motor permitem que ele se adapte a perturbações, lesões e ao treinamento.

A função sensório-motora de homens e mulheres é similar, mas, foram descritas algumas diferenças que podem contribuir para a predisposição feminina a lesões musculoesqueléticas em extremidades inferiores. O envelhecimento leva ao declínio da acuidade proprioceptiva e da função sensório-motora, mas o treinamento pode minimizar seu efeito e aperfeiçoar a função. Lesões e osteoartrite podem ter um profundo impacto sobre o controle sensório-motor, através de um processo multifatorial envolvendo disfunção muscular, dor e inflamação, e *feedback* somatossensorial alterado a partir dos receptores dos membros envolvidos. Os resultados dos estudos avaliando os efeitos que a cirurgia tem sobre o controle sensório-motor são mais bem descritos como equivocados. A reabilitação aparece como sendo efetiva para a atenuação de alguns efeitos que lesões, osteoartrite e cirurgia exercem sobre a função sensório-motora, mas até este momento, não está claro quais são os melhores métodos

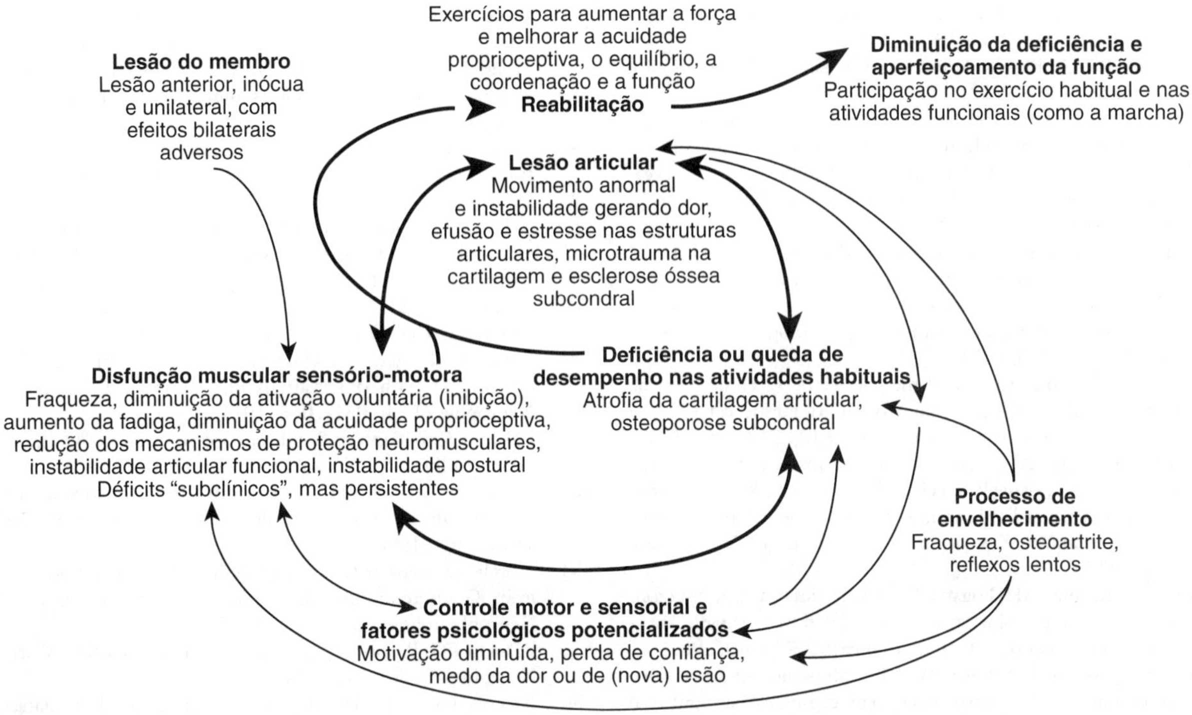

Figura 9.29 A complexa inter-relação entre a disfunção sensório-motora do músculo, a lesão articular e a incapacidade. (De Hurley MV: The role of muscle weakness in the pathogenesis of osteoarthritis, *Rheum Dis Clin North Am* 25(2):283-298, 1999.)

de treinamento, relações dose-resposta e os efeitos exatos. Embora tenhamos aprendido muito sobre a função sensório-motora no último meio século, nosso conhecimento sobre a fisiologia sensório-motora e o papel que o sistema sensório-motor desempenha na saúde musculoesquelética está em constante evolução. Além disso, as evidências sugerem que o controle sensório-motor é um componente crítico na estabilidade e saúde articular; portanto, o treinamento sensório-motor deve ser um componente de rotina nos programas de reabilitação.

REFERÊNCIAS BIBLIOGRÁFICAS

1. He X, Proske U, Schaible HG et al: Acute inflammation of the knee joint in the cat alters responses of flexor motoneurons to leg movements, J Neurophysiol 59:326-340, 1988.
2. Gandevia S, Burke D: Does the nervous system depend on kinesthetic information to control natural limb movements? Behav Brain Sci 15:614-632, 1992.
3. Hurley MV: The effects of joint damage on muscle function, proprioception and rehabilitation, Man Ther 2:11-17, 1997.
4. Hurley MV, Newham DJ: The influence of arthrogenous muscle inhibition on quadriceps rehabilitation of patients with early, unilateral osteoarthritic knees, Br J Rheumatol 32:127-131, 1993.
5. Chmielewski TL, Stackhouse S, Axe MJ et al: A prospective analysis of incidence and severity of quadriceps inhibition in a consecutive sample of 100 patients with complete acute anterior cruciate ligament rupture, J Orthop Res 22:925-930, 2004.
6. Snyder-Mackler L, De Luca PF, Williams PR et al: Reflex inhibition of the quadriceps femoris muscle after injury or reconstruction of the anterior cruciate ligament, J Bone Joint Surg 76A:555-560, 1994.
7. Bergenheim M, Johansson H, Pedersen J et al: Ensemble coding of muscle stretches in afferent populations containing different types of muscle afferents, Brain Res 734:157-166, 1996.
8. Johansson H, Pederson J, Bergenheim M et al: Peripheral afferents of the knee: their effects on central mechanisms regulating muscle stiffness, joint stability, and proprioception and coordination. In Lephart S, Fu F, editors: Proprioception and neuromuscular control in joint stability, Champaign, Ill, 2000, Human Kinetics.
9. Gandevia SC, McCloskey DI, Burke D: Kinaesthetic signals and muscle contraction, Trends Neurosci 15:62-65, 1992.
10. Williams GN, Chmielewski T, Rudolph K et al: Dynamic knee stability: current theory and implications for clinicians and scientists, J Orthop Sports Phys Ther 31:546-566, 2001.
11. Sjolander P, Johansson H, Sojka P et al: Sensory nerve endings in the cat cruciate ligaments: a morphological investigation, Neurosci Lett 102:33-38, 1989.
12. Heppelmann B, Heuss C, Schmidt RF: Fiber size distribution of myelinated and unmyelinated axons in the medial and posterior articular nerves of the cat's knee joint, Somatosens Res 5:273-281, 1988.
13. Schultz RA, Miller DC, Kerr CS et al: Mechanoreceptors in human cruciate ligaments: a histological study, J Bone Joint Surg 66A:1072-1076, 1984.
14. Grigg P: Articular neurophysiology. In Zachazewski JE, Magee DJ, Quillen WS, editors: Athletic injuries and rehabilitation, Philadelphia, 1996, WB Saunders.
15. Burgess PR, Clark FJ: Characteristics of knee joint receptors in the cat, J Physiol 203:317-335, 1969.
16. Clark FJ, Burgess PR: Slowly adapting receptors in cat knee joint: can they signal joint angle? J Neurophysiol 38:1448-1463, 1975.
17. Grigg P: Mechanical factors influencing response of joint afferent neurons from cat knee, J Neurophysiol 38:1473-1484, 1975.
18. Zimny ML: Mechanoreceptors in articular tissues, Am J Anat 182:16-32, 1988.
19. Grigg P, Schaible HG, Schmidt RF: Mechanical sensitivity of group III and IV afferents from posterior articular nerve in normal and inflamed cat knee, J Neurophysiol 55:635-643, 1986.
20. Ferrell WR, Gandevia SC, McCloskey DI: The role of joint receptors in human kinaesthesia when intramuscular receptors cannot contribute, J Physiol 386:63-71, 1987.

21. Hogervorst T, Brand RA: Mechanoreceptors in joint function, J Bone Joint Surg 80A:1365-1378, 1998.
22. Schaible HG, Grubb BD: Afferent and spinal mechanisms of joint pain, Pain 55:5-54, 1993.
23. Freeman MA, Wyke B: The innervation of the knee joint. An anatomical and histological study in the cat, J Anat 101:505-532, 1967.
24. Grigg P, Hoffman AH: Properties of Ruffini afferents revealed by stress analysis of isolated sections of cat knee capsule, J Neurophysiol 47:41-54, 1982.
25. Zimny ML, Schutte M, Dabezies E: Mechanoreceptors in the human anterior cruciate ligament, Anat Rec 214:204-209, 1986.
26. Boyd IA: The histological structure of the receptors in the knee-joint of the cat correlated with their physiological response, J Physiol 124:476-488, 1954.
27. Halata Z: The ultrastructure of the sensory nerve endings in the articular capsule of the knee joint of the domestic cat (Ruffini corpuscles and Pacinian corpuscles), J Anat 124:717-729, 1977.
28. Grigg P, Hoffman AH: Calibrating joint capsule mechanoreceptors as in vivo soft tissue load cells, J Biomech 22:781-785, 1989.
29. Grigg P, Greenspan BJ: Response of primate joint afferent neurons to mechanical stimulation of knee joint, J Neurophysiol 40:1-8, 1977.
30. Grigg A, Hoffman AH, Fogarty KE: Properties of Golgi-Mazzoni afferents in cat knee joint capsule, as revealed by mechanical studies of isolated joint capsule, J Neurophysiol 47:31-40, 1982.
31. Halata Z, Rettig T, Schulze W: The ultrastructure of sensory nerve endings in the human knee joint capsule, Anat Embryol (Berl) 172:265-275, 1985.
32. Schutte MJ, Dabezies EJ, Zimny ML et al: Neural anatomy of the human anterior cruciate ligament, J Bone Joint Surg 69A:243-247, 1987.
33. Wyke B: Articular neurology: a review, Physiotherapy 58:94-99, 1972.
34. Kennedy JC, Alexander IJ, Hayes KC: Nerve supply of the human knee and its functional importance, Am J Sports Med 10:329-335, 1982.
35. Schaible HG, Schmidt RF: Responses of fine medial articular nerve afferents to passive movements of knee joints, J Neurophysiol 49:1118-1126, 1983.
36. Schaible HG, Schmidt RF: Discharge characteristics of receptors with fine afferents from normal and inflamed joints: influence of analgesics and prostaglandins, Agents Actions Suppl 19:99-117, 1986.
37. Coggeshall RE, Hong KA, Langford LA et al: Discharge characteristics of fine medial articular afferents at rest and during passive movements of inflamed knee joints, Brain Res 272:185-188, 1983.
38. Sato Y, Schaible HG, Schmidt RF: Types of afferents from the knee joint evoking sympathetic reflexes in cat inferior cardiac nerves, Neurosci Lett 39:71-75, 1983.
39. Sato A, Sato Y, Schmidt RF: Changes in blood pressure and heart rate induced by movements of normal and inflamed knee joints, Neurosci Lett 52:55-60, 1984.
40. Schaible HG, Schmidt RF: Activation of groups III and IV sensory units in medial articular nerve by local mechanical stimulation of knee joint, J Neurophysiol 49:35-44, 1983.
41. Schaible HG, Schmidt RF: Effects of an experimental arthritis on the sensory properties of fine articular afferent units, J Neurophysiol 54:1109-1122, 1985.
42. Gandevia SC: Kinesthesia: roles for afferent signals and motor commands. In Rowell LB, Shepherd JT, editors: Handbook of physiology, section 12: exercise: regulation and integration of multiple systems, New York, 1996, Oxford University Press.
43. Jozsa L, Balint J, Kannus P et al: Mechanoreceptors in human myotendinous junction, Muscle Nerve 16:453-457, 1993.
44. Stuart D, Mosher C, Gerlack R et al: Mechanical arrangement and transducing properties of Golgi tendon organs, Exper Brain Res 14:274-292, 1972.
45. Matthews PBC: Mammalian muscle receptors and their central actions, Baltimore, 1972, Williams & Wilkins.
46. Bridgman CF: Comparisons in structure of tendon organs in the rat, cat and man, J Comp Neurol 138:369-372, 1970.
47. Houk J, Henneman E: Responses of Golgi tendon organs to active contractions of the soleus muscle of the cat, J Neurophysiol 30:466-481, 1967.
48. Jami L: Golgi tendon organs in mammalian skeletal muscle: functional properties and central actions, Physiol Rev 72:623-666, 1992.
49. Zelena J, Soukup T: The in-series and in-parallel components in rat hindlimb tendon organs, Neuroscience 9:899-910, 1983.
50. Martin J, Jessell T: Modality coding in the somatic sensory system. In Kandel E, Schwartz J, Jessell T, editors: Principles of neural science, New York, 1991, Elsevier Science.
51. Houk JC, Singer JJ, Henneman E: Adequate stimulus for tendon organs with observations on mechanics of ankle joint, J Neurophysiol 34:1051-1065, 1971.
52. Fukami Y, Wilkinson RS: Responses of isolated Golgi tendon organs of the cat, J Physiol 265:673-689, 1977.
53. Prochazka A, Gorassini M: Ensemble firing of muscle afferents recorded during normal locomotion in cats, J Physiol 507 (Pt 1):293-304, 1998.
54. Horcholle-Bossavit G, Jami L, Petit J et al: Ensemble discharge from Golgi tendon organs of cat peroneus tertius muscle, J Neurophysiol 64:813-821, 1990.
55. Pearson KG: Proprioceptive regulation of locomotion, Curr Opin Neurobiol 5:786-791, 1995.
56. Nichols TR, Cope TC, Abelew TA: Rapid spinal mechanisms of motor coordination, Exerc Sport Sci Rev 27:255-284, 1999.
57. Nichols TR: A biomechanical perspective on spinal mechanisms of coordinated muscular action: an architecture principle, Acta Anat 151:1-13, 1994.
58. Prochazka A: Proprioceptive feedback and movement regulation. In Rowell LB, Shepherd JT: Handbook of physiology, section 12: exercise regulation and integration of multiple systems, New York, 1996, Oxford University Press.
59. Boyd IA, Gladden MH, editors: The muscle spindle, New York, 1985, Macmillan.
60. Matthews PBC: Muscle spindles: their messages and their fusimotor supply. In Brooks V: Handbook of physiology, section 1: the nervous system, Bethesda, 1981, American Physiological Society.
61. Cameron WE, Binder MD, Botterman BR et al: "Sensory partitioning" of cat medial gastrocnemius muscle by its muscle spindles and tendon organs, J Neurophysiol 46:32-47, 1981.
62. Matthews PBC: Mammalian muscle receptors and their central actions, Baltimore, 1972, Williams & Wilkins.
63. Johansson H, Sjolander P, Sojka P: Receptors in the knee joint ligaments and their role in the biomechanics of the joint, Crit Rev Biomed Eng 18:341-368, 1991.
64. Johansson H, Sjolander P, Sojka P: A sensory role for the cruciate ligaments, Clin Orthop Relat Res 268:161-178, 1991.
65. Vallbo AB, Olausson H, Wessberg J et al: Receptive field characteristics of tactile units with myelinated afferents in hairy skin of human subjects, J Physiol 483 (Pt 3):783-795, 1995.
66. Gandevia SC, Refshauge KM, Collins DM: Proprioception: peripheral inputs and perceptual interactions. In Gandevia SC, Proske U, Stuart, DG, editors: Sensorimotor control of movement and posture, New York, 2002, Kluwer Academic/Plenum.
67. Edin B: Cutaneous afferents provide information about knee joint movements in humans, J Physiol 531:289-297, 2001.
68. Collins DF, Refshauge KM, Todd G, Gandevia SC: Cutaneous receptors contribute to kinesthesia at the index finger, elbow, and knee, J Neurophysiol 94:1699-1706, 2005.
69. McNair PJ, Stanley SN, Strauss GR: Knee bracing: effects of proprioception, Arch Phys Med Rehabil 77:287-289, 1996.
70. Perlau R, Frank C, Fick G: The effect of elastic bandages on human knee proprioception in the uninjured population, Am J Sports Med 23:251-255, 1995.
71. Schmidt R, Lee T: Motor control and learning, ed 3, Champaign, Ill, 1999, Human Kinetics.

72. Hick W: On the rate of gain information, Q J Exp Psychol 4:11-26, 1952.
73. Hyman R: Stimulus information as a determinant of reaction time, J Exp Psych 45:188-196, 1953.
74. Ghez C: The control of movement. In Kandel E, Schwartz J, Jessell T, editors: Principles of neural science, New York, 1991, Elsevier Science.
75. Evarts EV: Motor cortex reflexes associated with learned movement, Science 179:501-503, 1973.
76. Lee R, Tatton W: Long loop reflexes in man: clinical applications. In Desmedt J, editor: Cerebral motor control in man: long loop mechanisms. Prog Clin Neurophys, Basel, 1978, Karger.
77. Nashner LM: Adapting reflexes controlling the human posture, Exp Brain Res 26:59-72, 1976.
78. Di Fabio RP, Graf B, Badke MB et al: Effect of knee joint laxity on long-loop postural reflexes: evidence for a human capsular--hamstring reflex, Exp Brain Res 90:189-200, 1992.
79. Grabiner MD, Campbell KR, Hawthorne DL et al: Electromyographic study of the anterior cruciate ligament-hamstrings synergy during isometric knee extension, J Orthop Res 7:152-155, 1989.
80. Grabiner MD, Koh TJ, Miller GF: Further evidence against a direct automatic neuromotor link between the ACL and hamstrings, Med Sci Sports Exerc 24:1075-1079, 1992.
81. Shields RK, Madhavan S, Gregg E et al: Neuromuscular control of the knee during a resisted single-limb squat exercise, Am J Sports Med 33:1520-1526, 2005.
82. Crago PE, Houk JC, Hasan Z: Regulatory actions of human stretch reflex, J Neurophysiol 39:925-935, 1976.
83. Martin J, Jessell T: Modality coding in the somatic sensory system. In Kandel E, Schwartz J, Jessell T, editors: Principles of neural science, New York, 1991, Elsevier Science.
84. Ghez C: Voluntary movement. In Kandel E, Schwartz J, Jessell T, editors: Principles of neural science, New York, 1991, Elsevier Science.
85. Sherrington CS: The integrative action of the nervous system, New York, 1906, C Scribner's Sons.
86. Proske U: What is the role of muscle receptors in proprioception? Muscle Nerve 31:780-787, 2005.
87. Ashton-Miller JA, Wojtys EM, Huston LJ et al: Can proprioception really be improved by exercises? Knee Surg Sports Traumatol Arthrosc 9:128-136, 2001.
88. Winters JM, Woo SLY: Multiple muscle systems biomechanics and movement organization, New York, 1990, Springer-Verlag.
89. Zajac FE: Muscle and tendon: properties, models, scaling, and application to biomechanics and motor control, Crit Rev Biomed Eng 17:359-411, 1989.
90. Sinkjaer T, Toft E, Andreassen S et al: Muscle stiffness in human ankle dorsiflexors: intrinsic and reflex components, J Neurophysiol 60:1110-1121, 1988.
91. Nichols TR, Lin DC, Huyghues-Despointes CM: The role of musculoskeletal mechanics in motor coordination, Prog Brain Res 123:369-378, 1999.
92. Houk J, Rymer W: Neural control of muscle length and tension. In Brooks V: Handbook of physiology, section 1: the nervous system, volume 2: motor control, Bethesda, 1981, American Physiological Society.
93. Akazawa K, Milner TE, Stein RB: Modulation of reflex EMG and stiffness in response to stretch of human finger muscle, J Neurophysiol 49:16-27, 1983.
94. Gottlieb GL, Agarwal GC: Response to sudden torques about ankle in man. III. Suppression of stretch-evoked responses during phasic contraction, J Neurophysiol 44:233-246, 1980.
95. Kearney RE, Stein RB, Parameswaran L: Identification of intrinsic and reflex contributions to human ankle stiffness dynamics, IEEE Trans Biomed Eng 44:493-504, 1997.
96. Sojka P, Sjolander P, Johansson H et al: Influence from stretch--sensitive receptors in the collateral ligaments of the knee joint on the gamma-muscle-spindle systems of flexor and extensor muscles, Neurosci Res 11:55-62, 1991.
97. Johansson H, Sjolander P, Sojka P: Activity in receptor afferents from the anterior cruciate ligament evokes reflex effects on fusimotor neurones, Neurosci Res 8:54-59, 1990.
98. Sojka P, Johansson H, Sjolander P et al: Fusimotor neurones can be reflexly influenced by activity in receptor afferents from the posterior cruciate ligament, Brain Res 483:177-183, 1989.
99. Wojtys EM, Ashton-Miller JA, Huston LJ: A gender-related difference in the contribution of the knee musculature to sagittal-plane shear stiffness in subjects with similar knee laxity, J Bone Joint Surg 84A:10-16, 2002.
100. Granata KP, Wilson SE, Padua DA: Gender differences in active musculoskeletal stiffness. Part I. Quantification in controlled measurements of knee joint dynamics, J Electromyogr Kinesiol 12:119-126, 2002.
101. Wojtys EM, Huston LJ, Schock HJ et al: Gender differences in muscular protection of the knee in torsion in size-matched athletes, J Bone Joint Surg 85A:782-789, 2003.
102. Granata KP, Padua DA, Wilson SE: Gender differences in active musculoskeletal stiffness. Part II. Quantification of leg stiffness during functional hopping tasks, J Electromyogr Kinesiol 12:127-135, 2002.
103. Arendt E, Dick R: Knee injury patterns among men and women in collegiate basketball and soccer: NCAA data and review of literature, Am J Sports Med 23:694-701, 1995.
104. Griffin LY, Agel J, Albohm MJ et al: Noncontact anterior cruciate ligament injuries: risk factors and prevention strategies, J Am Acad Orthop Surg 8:141-150, 2000.
105. Uhorchak JM, Scoville CR, Williams GN et al: Risk factors associated with noncontact injury of the anterior cruciate ligament: a prospective four-year evaluation of 859 West Point cadets, Am J Sports Med 31:831-842, 2003.
106. Nashner LM, Shupert C, Horak F et al: Organization of posture controls: an analysis of sensory and mechanical constraints. In Allum J, Hulliger M, editors: Afferent control of posture and locomotion, New York, 1989, Elsevier.
107. Shumway-Cook A, Woollacott MH: Motor control: theory and practical applications, ed 2, Philadelphia, 2001, Lippincott Williams & Wilkins.
108. Allum J, Honegger F, Pfaltz C: The role of stretch and vestibulo--spinal reflexes in the generation of human equilibriating reactions. In Allum J, Hulliger M, editors: Afferent control of posture and locomotion, New York, 1989, Elsevier.
109. Nashner LM: Fixed patterns of rapid postural responses among leg muscles during stance, Exp Brain Res 30:13-24, 1977.
110. Horak FB, Nashner LM: Central programming of postural movements: adaptation to altered support-surface configurations, J Neurophysiol 55:1369-1381, 1986.
111. Adkin AL, Frank JS, Carpenter MG et al: Postural control is scaled to level of postural threat, Gait Posture 12:87-93, 2000.
112. Horak FB, Nashner LM: Central programming of postural movements: adaptation to altered support-surface configurations, J Neurophysiol 55:1369-1381, 1986.
113. Shumway-Cook A, Woollacott M: Motor control: theory and practical applications, Baltimore, 1995, Williams & Wilkins.
114. Schmidt R, Lee T: Motor control and learning: a Behavioral Emphasis, ed 3, Champaign, Ill, 1999, Human Kinetics.
115. Brooks V: The neural basis of motor control, New York, 1986, Oxford University Press.
116. Grillner S: Locomotion in vertebrates: central mechanisms and reflex interaction, Physiol Rev 55:247-304, 1975.
117. Grillner S, Wallen P: Central pattern generators for locomotion, with special reference to vertebrates, Annu Rev Neurosci 8:233-261, 1985.
118. Gordon J: Spinal mechanisms of motor coordination. In Kandel E, Schwartz J, Jessell T, editors: Principles of neural science, New York, 1991, Elsevier Science.
119. Cordo PJ, Gurfinkel VS, Brumagne S, Flores-Vieira C: Effect of slow, small movement on the vibration-evoked kinesthetic illusion, Exp Brain Res 167(3):324-334, 2005.

120. Henry SM, Fung J, Horak FB: EMG responses to maintain stance during multidirectional surface translations, J Neurophysiol 80:1939-1950, 1998.
121. Cordo PJ, Gurfinkel VS, Levik Y: Position sense during imperceptibly slow movements, Exp Brain Res 132:1-9, 2000.
122. Barrack RL, Skinner HB, Buckley SL: Proprioception in the anterior cruciate deficient knee, Am J Sports Med 17:1-6, 1989.
123. Borsa PA, Lephart SM, Irrgang JJ et al: The effects of joint position and direction of joint motion on proprioceptive sensibility in anterior cruciate ligament-deficient athletes, Am J Sports Med 25:336-340, 1997.
124. Skinner H, Barrack R: Joint position sense in the normal and pathologic knee, J Electromyogr Kinesiol 1:180-190, 1991.
125. Shields RK, Madhavan S, Cole K: Sustained muscle activity minimally influences dynamic position sense of the ankle, J Orthop Sports Phys Ther 35:443-451, 2005.
126. Cordo P, Bevan L, Gurfinkel V et al: Proprioceptive coordination of discrete movement sequences: mechanism and generality, Can J Physiol Pharmacol 73:305-315, 1995.
127. Skinner HB, Wyatt MP, Hodgdon JA et al: Effect of fatigue on joint position sense of the knee, J Orthop Res 4:112-118, 1986.
128. Beynnon BD, Ryder SH, Konradsen L et al: The effect of anterior cruciate ligament trauma and bracing on knee proprioception, Am J Sports Med 27:150-155, 1999.
129. Dillman CJ, Fleisig GS, Andrews JR: Biomechanics of pitching with emphasis upon shoulder kinematics, J Orthop Sports Phys Ther 18:402-408, 1993.
130. Dorge HC, Anderson TB, Sorensen H et al: Biomechanical differences in soccer kicking with the preferred and the non-preferred leg, J Sports Sci 20:293-299, 2002.
131. Hatzitaki V, Pavlou M, Bronstein AM: The integration of multiple proprioceptive information: effect of ankle tendon vibration on postural responses to platform tilt, Exp Brain Res 154:345-354, 2004.
132. Vuillerme N, Danion F, Forestier N et al: Postural sway under muscle vibration and muscle fatigue in humans, Neurosci Lett 333:131-135, 2002.
133. Henry SM, Fung J, Horak FB: Control of stance during lateral and anterior/posterior surface translations, IEEE Trans Rehabil Eng 6:32-42, 1998.
134. Takeda Y, Kashiwaguchi S, Matsuura T et al: Hamstring muscle function after tendon harvest for anterior cruciate ligament reconstruction: evaluation with T2 relaxation time of magnetic resonance imaging, Am J Sports Med, 34:281-288, 2006.
135. Madeleine P, Bajaj P, Sogaard K et al: Mechanomyography and electromyography force relationships during concentric, isometric and eccentric contractions, J Electromyogr Kinesiol 11:113-121, 2001.
136. Shultz SJ, Perrin DH, Adams JM et al: Assessment of neuromuscular response characteristics at the knee following a functional perturbation, J Electromyogr Kinesiol 10:159-170, 2000.
137. Wojtys EM, Huston LJ: Neuromuscular performance in normal and anterior cruciate ligament-deficient lower extremities, Am J Sports Med 22:89-104, 1994.
138. Chmielewski TL, Hurd WJ, Snyder-Mackler L: Elucidation of a potentially destabilizing control strategy in ACL deficient non--copers, J Electromyogr Kinesiol 15:83-92, 2005.
139. Fernandes N, Allison GT, Hopper D: Peroneal latency in normal and injured ankles at varying angles of perturbation, Clin Orthop Relat Res 375:193-201, 2000.
140. Myers JB, Ju YY, Hwang JH et al: Reflexive muscle activation alterations in shoulders with anterior glenohumeral instability, Am J Sports Med 32:1013-1021, 2004.
141. Beard DJ, Kyberd PJ, O'Connor JJ et al: Reflex hamstring contraction latency in anterior cruciate ligament deficiency, J Orthop Res 12:219-228, 1994.
142. Beckman SM, Buchanan TS: Ankle inversion injury and hypermobility: effect on hip and ankle muscle electromyography onset latency, Arch Phys Med Rehabil 76:1138-1143, 1995.
143. Myers JB, Riemann BL, Ju YY et al: Shoulder muscle reflex latencies under various levels of muscle contraction, Clin Orthop Relat Res 407:92-101, 2003.
144. Buchanan TS, Almdale DP, Lewis JL et al: Characteristics of synergic relations during isometric contractions of human elbow muscles, J Neurophysiol 56:1225-1241, 1986.
145. Buchanan TS, Lloyd DG: Muscle activation at the human knee during isometric flexion-extension and varus-valgus loads, J Orthop Res 15:11-17, 1997.
146. Flanders M, Soechting JF: Arm muscle activation for static forces in three-dimensional space, J Neurophysiol 64:1818-1837, 1990.
147. Williams GN, Barrance PJ, Snyder-Mackler L et al: Specificity of muscle action after anterior cruciate ligament injury, J Orthop Res 21:1131-1137, 2003.
148. Myer GD, Ford KR, Hewett TE: The effects of gender on quadriceps muscle activation strategies during a maneuver that mimics a high ACL injury risk position, J Electromyogr Kinesiol 15:181-189, 2005.
149. Illyes A, Kiss RM: Shoulder muscle activity during pushing, pulling, elevation and overhead throw, J Electromyogr Kinesiol 15:282-289, 2005.
150. Besier TF, Lloyd DG, Ackland TR: Muscle activation strategies at the knee during running and cutting maneuvers, Med Sci Sports Exerc 35:119-127, 2003.
151. Tashman S, Collon D, Anderson K et al: Abnormal rotational knee motion during running after anterior cruciate ligament reconstruction, Am J Sports Med 32:975-983, 2004.
152. Rudolph KS, Axe MJ, Buchanan TS et al: Dynamic stability in the anterior cruciate ligament deficient knee, Knee Surg Sports Traumatol Arthrosc 9:62-71, 2001.
153. Kvist J: Sagittal plane translation during level walking in poor--functioning and well-functioning patients with anterior cruciate ligament deficiency, Am J Sports Med 32:1250-1255, 2004.
154. Ludewig PM, Cook TM: Alterations in shoulder kinematics and associated muscle activity in people with symptoms of shoulder impingement, Phys Ther 80:276-291, 2000.
155. Hewett TE, Myer GD, Ford KR et al: Biomechanical measures of neuromuscular control and valgus loading of the knee predict anterior cruciate ligament injury risk in female athletes: a prospective study, Am J Sports Med 33:492-501, 2005.
156. Beillas P, Papaioannou G, Tashman S et al: A new method to investigate in vivo knee behavior using a finite element model of the lower limb, J Biomech 37:1019-1030, 2004.
157. McLean SG, Huang X, Su A, van den Bogert AJ: Sagittal plane biomechanics cannot injure the ACL during sidestep cutting, Clin Biomech (Bristol, Avon) 19:828-838, 2004.
158. McLean SG, Huang X, van den Bogert AJ: Association between lower extremity posture at contact and peak knee valgus moment during sidestepping: implications for ACL injury, Clin Biomech (Bristol, Avon) 20:863-870, 2005.
159. Manal K, Davis IM, Galinat B et al: The accuracy of estimating proximal tibial translation during natural cadence walking: bone vs. skin mounted targets, Clin Biomech (Bristol, Avon) 18:126-131, 2003.
160. Manal K, McClay I, Richards J et al: Knee moment profiles during walking: errors due to soft tissue movement of the shank and the influence of the reference coordinate system, Gait Posture 15:10-17, 2002.
161. Fleming BC, Peura GD, Abate JA et al: Accuracy and repeatability of Roentgen stereophotogrammetric analysis (RSA) for measuring knee laxity in longitudinal studies, J Biomech 34:1355-1359, 2001.
162. Fitzgerald GK, Lephart SM, Hwang JH et al: Hop tests as predictors of dynamic knee stability, J Orthop Sports Phys Ther 31:588-597, 2001.
163. McGuine TA, Greene JJ, Best T et al: Balance as a predictor of ankle injuries in high school basketball players, Clin J Sport Med 10:239-244, 2000.

164. Olmsted LC, Carcia CR, Hertel J et al: Efficacy of the star excursion balance tests in detecting reach deficits in subjects with chronic ankle instability, J Athl Train 37:501-506, 2002.
165. Hewett TE: Neuromuscular and hormonal factors associated with knee injuries in female athletes. Strategies for intervention, Sports Med 29:313-327, 2000.
166. Huston LJ, Greenfield ML, Wojtys EM: Anterior cruciate ligament injuries in the female athlete: potential risk factors, Clin Orthop Relat Res 372:50-63, 2000.
167. Ford KR, Myer GD, Toms HE et al: Gender differences in the kinematics of unanticipated cutting in young athletes, Med Sci Sports Exerc 37:124-129, 2005.
168. Hewett TE, Myer GD, Ford KR: Decrease in neuromuscular control about the knee with maturation in female athletes, J Bone Joint Surg 86A:1601-1608, 2004.
169. Malinzak RA, Colby SM, Kirkendall DT et al: A comparison of knee joint motion patterns between men and women in selected athletic tasks, Clin Biomech (Bristol, Avon) 16:438-445, 2001.
170. Yu B, McClure SB, Onate JA et al: Age and gender effects on lower extremity kinematics of youth soccer players in a stop-jump task, Am J Sports Med 33:1356-1364, 2005.
171. Urabe Y, Kobayashi R, Sumida S et al: Electromyographic analysis of the knee during jump landing in male and female athletes, Knee 12:129-134, 2005.
172. Shultz SJ, Perrin DH, Adams MJ et al: Neuromuscular response characteristics in men and women after knee perturbation in a single-leg, weight-bearing stance, J Athl Train 36:37-43, 2001.
173. Rozzi SL, Lephart SM, Gear WS et al: Knee joint laxity and neuromuscular characteristics of male and female soccer and basketball players, Am J Sports Med 27:312-319, 1999.
174. Huston LJ, Wojtys EM: Neuromuscular performance characteristics in elite female athletes, Am J Sports Med 24:427-436, 1996.
175. Carcia CR, Shultz SJ, Granata KP et al: Females recruit quadriceps faster than males at multiple knee flexion angles following a weight-bearing rotary perturbation, Clin J Sport Med 15:167-171, 2005.
176. Rozzi SL, Lephart SM, Fu FH: Effects of Muscular Fatigue on Knee Joint Laxity and Neuromuscular Characteristics of Male and Female Athletes, J Athl Train 34:106-114, 1999.
177. Nolan L, Grigorenko A, Thorstensson A: Balance control: sex and age differences in 9- to 16-year-olds, Dev Med Child Neurol 47:449-454, 2005.
178. Hurd WJ, Chmielewski TL, Snyder-Mackler L: Perturbation-enhanced neuromuscular training alters muscle activity in female athletes, Knee Surg Sports Traumatol Arthrosc, 14:60-69, 2006.
179. Hurd WJ, Chmielewski TL, Axe MJ et al: Differences in normal and perturbed walking kinematics between male and female athletes, Clin Biomech (Bristol, Avon) 19:465-472, 2004.
180. Ford KR, Myer GD, Hewett TE: Valgus knee motion during landing in high school female and male basketball players, Med Sci Sports Exerc 35:1745-1750, 2003.
181. Fagenbaum R, Darling WG: Jump landing strategies in male and female college athletes and the implications of such strategies for anterior cruciate ligament injury, Am J Sports Med 31:233-240, 2003.
182. Hewett TE, Lindenfeld TN, Riccobene JV et al: The effect of neuromuscular training on the incidence of knee injury in female athletes: a prospective study, Am J Sports Med 27:699-706, 1999.
183. Wedderkopp N, Kaltoft M, Lundgaard B et al: Prevention of injuries in young female players in European team handball: a prospective intervention study, Scand J Med Sci Sports 9:41-47, 1999.
184. Petersen W, Braun C, Bock W et al: A controlled prospective case control study of a prevention training program in female team handball players: the German experience, Arch Orthop Trauma Surg, 125:614-621, 2005.
185. Myklebust G, Engebretsen L, Braekken IH et al: Prevention of anterior cruciate ligament injuries in female team handball players: a prospective intervention study over three seasons, Clin J Sport Med 13:71-78, 2003.
186. Mandelbaum BR, Silvers HJ, Watanabe DS et al: Effectiveness of a neuromuscular and proprioceptive training program in preventing anterior cruciate ligament injuries in female athletes: 2-year follow-up, Am J Sports Med 33:1003-1010, 2005.
187. Corrigan JP, Cashman WF, Brady MP: Proprioception in the cruciate deficient knee, J Bone Joint Surg 74B:247-250, 1992.
188. Friden T, Roberts D, Zatterstrom R et al: Proprioception in the nearly extended knee: measurements of position and movement in healthy individuals and in symptomatic anterior cruciate ligament injured patients, Knee Surg Sports Traumatol Arthrosc 4:217-224, 1996.
189. Lephart S, Borsa P, Warner J et al: Proprioception of the shoulder joint in healthy, unstable and surgically repaired shoulders, J Shoulder Elbow Surg 3:371-380, 1994.
190. Konradsen L, Olesen S, Hansen HM: Ankle sensorimotor control and eversion strength after acute ankle inversion injuries, Am J Sports Med 26:72-77, 1998.
191. Refshauge KM, Kilbreath SL, Raymond J: Deficits in detection of inversion and eversion movements among subjects with recurrent ankle sprains, J Orthop Sports Phys Ther 33:166-173; discussion 173-176, 2003.
192. Roberts D, Friden T, Stomberg A et al: Bilateral proprioceptive defects in patients with a unilateral anterior cruciate ligament reconstruction: a comparison between patients and healthy individuals, J Orthop Res 18:565-571, 2000.
193. Safran MR, Allen AA, Lephart SM et al: Proprioception in the posterior cruciate ligament deficient knee, Knee Surg Sports Traumatol Arthrosc 7:310-317, 1999.
194. Zuckerman J, Gallagher M, Cuomo F et al: The effect of instability and subsequent anterior shoulder repair on proprioceptive ability, J Shoulder Elbow Surg 12:105-109, 2003.
195. Lofvenberg R, Karrholm J, Sundelin G et al: Prolonged reaction time in patients with chronic lateral instability of the ankle, Am J Sports Med 23:414-417, 1995.
196. Gauffin H, Tropp H, Odenrick P: Effect of ankle disk training on postural control in patients with functional instability of the ankle joint, Int J Sports Med 9:141-144, 1988.
197. Cornwall MW, Murrell P: Postural sway following inversion sprain of the ankle, J Am Podiatr Med Assoc 81:243-247, 1991.
198. Evans T, Hertel J, Sebastianelli W: Bilateral deficits in postural control following lateral ankle sprain, Foot Ankle Int 25:833-839, 2004.
199. Williams GN, Barrance PJ, Snyder-Mackler L et al: Altered quadriceps control in people with anterior cruciate ligament deficiency, Med Sci Sports Exerc 36:1089-1097, 2004.
200. Williams GN, Snyder-Mackler L, Barrance PJ et al: Quadriceps femoris muscle morphology and function after ACL injury: a differential response in copers versus non-copers, J Biomech 38:685-693, 2005.
201. Williams GN, Buchanan TS, Barrance PJ et al: Quadriceps weakness, atrophy, and activation failure in predicted noncopers after anterior cruciate ligament injury, Am J Sports Med 33:402-407, 2005.
202. Limbird TJ, Shiavi R, Frazer M et al: EMG profiles of knee joint musculature during walking: changes induced by anterior cruciate ligament deficiency, J Orthop Res 6:630-638, 1988.
203. Kalund S, Sinkjaer T, Arendt-Nielsen L et al: Altered timing of hamstring muscle action in anterior cruciate ligament deficient patients, Am J Sports Med 18:245-248, 1990.
204. Rudolph KS, Axe MJ, Snyder-Mackler L: Dynamic stability after ACL injury: who can hop? Knee Surg Sports Traumatol Arthrosc 8:262-269, 2000.
205. Rudolph KS, Eastlack ME, Axe MJ, Snyder-Mackler L: 1998 Basmajian Student Award Paper: Movement patterns after anterior cruciate ligament injury: a comparison of patients who compensate well for the injury and those who require operative stabilization, J Electromyogr Kinesiol 8:349-362, 1998.
206. McNair PJ, Marshall RN: Landing characteristics in subjects with normal and anterior cruciate ligament deficient knee joints, Arch Phys Med Rehabil 75:584-589, 1994.

207. Ferber R, Osternig LR, Woollacott MH et al: Gait mechanics in chronic ACL deficiency and subsequent repair, Clin Biomech (Bristol, Avon) 17:274-285, 2002.
208. Konradsen L, Ravn JB: Prolonged peroneal reaction time in ankle instability, Int J Sports Med 12:290-292, 1991.
209. Ebig M, Lephart SM, Burdett RG et al: The effect of sudden inversion stress on EMG activity of the peroneal and tibialis anterior muscles in the chronically unstable ankle, J Orthop Sports Phys Ther 26:73-77, 1997.
210. Johnson MB, Johnson CL: Electromyographic response of peroneal muscles in surgical and nonsurgical injured ankles during sudden inversion, J Orthop Sports Phys Ther 18:497-501, 1993.
211. Wallace DA, Beard DJ, Gill RH et al: Reflex muscle contraction in anterior shoulder instability, J Shoulder Elbow Surg 6:150-155, 1997.
212. McMahon PJ, Jobe FW, Pink MM et al: Comparative electromyographic analysis of shoulder muscles during planar motions: anterior glenohumeral instability versus normal, J Shoulder Elbow Surg 5:118-123, 1996.
213. Morris AD, Kemp GJ, Frostick SP: Shoulder electromyography in multidirectional instability, J Shoulder Elbow Surg 13:24-29, 2004.
214. Barden JM, Balyk R, Raso VJ et al: Atypical shoulder muscle activation in multidirectional instability, Clin Neurophysiol 116:1846-1857, 2005.
215. Glousman R, Jobe F, Tibone J et al: Dynamic electromyographic analysis of the throwing shoulder with glenohumeral instability, J Bone Joint Surg 70A:220-226, 1988.
216. Willems T, Witvrouw E, Delbaere K et al: Relationship between gait biomechanics and inversion sprains: a prospective study of risk factors, Gait Posture 21:379-387, 2005.
217. Berchuck M, Andriacchi TP, Bach BR et al: Gait adaptations by patients who have a deficient anterior cruciate ligament, J Bone Joint Surg 72A:871-877, 1990.
218. Houck J, Yack HJ: Associations of knee angles, moments and function among subjects that are healthy and anterior cruciate ligament deficient (ACLD) during straight ahead and crossover cutting activities, Gait Posture 18:126-138, 2003.
219. Ludewig PM, Cook TM: Translations of the humerus in persons with shoulder impingement symptoms, J Orthop Sports Phys Ther 32:248-259, 2002.
220. Reider B, Arcand MA, Diehl LH et al: Proprioception of the knee before and after anterior cruciate ligament reconstruction, Arthroscopy 19:2-12, 2003.
221. Fremerey RW, Lobenhoffer P, Zeichen J et al: Proprioception after rehabilitation and reconstruction in knees with deficiency of the anterior cruciate ligament: a prospective, longitudinal study, J Bone Joint Surg 82B:801-806, 2000.
222. Shiraishi M, Mizuta H, Kubota K et al: Stabilometric assessment in the anterior cruciate ligament-reconstructed knee, Clin J Sport Med 6:32-39, 1996.
223. Beard DJ, Dodd CA, Simpson HA: Sensorimotor changes after anterior cruciate ligament reconstruction, Clin Orthop Relat Res 372:205-216, 2000.
224. Bonfim TR, Jansen Paccola CA, Barela JA: Proprioceptive and behavior impairments in individuals with anterior cruciate ligament reconstructed knees, Arch Phys Med Rehabil 84:1217-1223, 2003.
225. Williams GN, Snyder-Mackler L, Barrance PJ et al: Neuromuscular function after anterior cruciate ligament reconstruction with autologous semitendinosus-gracilis graft, J Electromyogr Kinesiol 15:170-180, 2005.
226. DeVita P, Hortobagyi T, Barrier J: Gait biomechanics are not normal after anterior cruciate ligament reconstruction and accelerated rehabilitation, Med Sci Sports Exerc 30:1481-1488, 1998.
227. Timoney JM, Inman WS, Quesada PM et al: Return of normal gait patterns after anterior cruciate ligament reconstruction, Am J Sports Med 21:887-889, 1993.
228. Devita P, Hortobagyi T, Barrier J et al: Gait adaptations before and after anterior cruciate ligament reconstruction surgery, Med Sci Sports Exerc 29:853-859, 1997.
229. Lephart SM, Myers JB, Bradley JP et al: Shoulder proprioception and function following thermal capsulorraphy, Arthroscopy 18:770-778, 2002.
230. Edmonds G, Kirkley A, Birmingham TB, Fowler PJ: The effect of early arthroscopic stabilization compared to nonsurgical treatment on proprioception after primary traumatic anterior dislocation of the shoulder, Knee Surg Sports Traumatol Arthrosc 11:116-121, 2003.
231. Schmidt R, Benesch S, Friemert B et al: Anatomical repair of lateral ligaments in patients with chronic ankle instability, Knee Surg Sports Traumatol Arthrosc, 13:231-237, 2005.
232. Cash RM, Gonzalez MH, Garst J et al: Proprioception after arthroplasty: role of the posterior cruciate ligament, Clin Orthop Relat Res 331:172-178, 1996.
233. Barrett DS, Cobb AG, Bentley G: Joint proprioception in normal, osteoarthritic and replaced knees, J Bone Joint Surg 73A:53-56, 1991.
234. Warren PJ, Olanlokun TK, Cobb AG et al: Proprioception after knee arthroplasty: the influence of prosthetic design, Clin Orthop Relat Res 297:182-187, 1993.
235. Swanik CB, Lephart SM, Rubash HE: Proprioception, kinesthesia, and balance after total knee arthroplasty with cruciate-retaining and posterior stabilized prostheses, J Bone Joint Surg 86A:328-334, 2004.
236. Wada M, Kawahara H, Shimada S et al: Joint proprioception before and after total knee arthroplasty, Clin Orthop Relat Res 403:161-167, 2002.
237. Skinner HB, Barrack RL, Cook SD et al.: Joint position sense in total knee arthroplasty, J Orthop Res 1:276-283, 1984.
238. Ishii Y, Terajima K, Terashima S et al: Comparison of joint position sense after total knee arthroplasty, J Arthroplasty 12:541-545, 1997.
239. Ishii Y, Tojo T, Terajima K et al: Intracapsular components do not change hip proprioception, J Bone Joint Surg 81B:345-348, 1999.
240. Fuchs S, Thorwesten L, Niewerth S: Proprioceptive function in knees with and without total knee arthroplasty, Am J Phys Med Rehabil 78:39-45, 1999.
241. Fitzgerald GK, Axe MJ, Snyder-Mackler L: The efficacy of perturbation training in nonoperative anterior cruciate ligament rehabilitation programs for physical active individuals, Phys Ther 80:128-140, 2000.
242. Beard DJ, Dodd CA, Trundle HR et al: Proprioception enhancement for anterior cruciate ligament deficiency: a prospective randomised trial of two physiotherapy regimes, J Bone Joint Surg 76B:654-659, 1994.
243. Liu-Ambrose T, Taunton JE, MacIntyre D et al: The effects of proprioceptive or strength training on the neuromuscular function of the ACL reconstructed knee: a randomized clinical trial, Scand J Med Sci Sports 13:115-123, 2003.
244. Paterno MV, Myer GD, Ford KR et al: Neuromuscular training improves single-limb stability in young female athletes, J Orthop Sports Phys Ther 34:305-316, 2004.
245. Holm I, Fosdahl MA, Friis A et al: Effect of neuromuscular training on proprioception, balance, muscle strength, and lower limb function in female team handball players, Clin J Sport Med 14:88-94, 2004.
246. Chmielewski TL, Rudolph KS, Snyder-Mackler L: Development of dynamic knee stability after acute ACL injury, J Electromyogr Kinesiol 12:267-274, 2002.
247. Chmielewski TL, Hurd WJ, Rudolph KS et al: Perturbation training improves knee kinematics and reduces muscle co-contraction after complete unilateral anterior cruciate ligament rupture, Phys Ther 85:740-749; discussion 750-754, 2005.
248. Aydog ST, Korkusuz P, Doral MN et al: Decrease in the numbers of mechanoreceptors in rabbit ACL: the effects of ageing, Knee Surg Sports Traumatol Arthrosc, Epub ahead of print, 2005.

249. Brooks SV, Faulkner JA: Skeletal muscle weakness in old age: underlying mechanisms, Med Sci Sports Exerc 26:432-439, 1994.
250. Kent-Braun JA, Ng AV, Young K: Skeletal muscle contractile and noncontractile components in young and older women and men, J Appl Physiol 88:662-668, 2000.
251. Lexell J, Taylor CC, Sjostrom M: What is the cause of the ageing atrophy? Total number, size and proportion of different fiber types studied in whole vastus lateralis muscle from 15- to 83-year--old men, J Neurol Sci 84:275-294, 1988.
252. Madhavan S, Shields RK: Influence of age on dynamic position sense: evidence using a sequential movement task, Exp Brain Res 164:18-28, 2005.
253. Verschueren SM, Brumagne S, Swinnen SP et al: The effect of aging on dynamic position sense at the ankle, Behav Brain Res 136:593-603, 2002.
254. Skinner HB, Barrack RL, Cook SD: Age-related decline in proprioception, Clin Orthop Relat Res 184:208-211, 1984.
255. Rubichi S, Neri M, Nicoletti R: Age-related slowing of control processes: evidence from a response coordination task, Cortex 35:573-582, 1999.
256. Salthouse TA: Aging and measures of processing speed, Biol Psychol 54:35-54, 2000.
257. Lord SR, Lloyd DG, Li SK: Sensori-motor function, gait patterns and falls in community-dwelling women, Age Ageing 25:292-299, 1996.
258. Marchetti GF, Whitney SL: Older adults and balance dysfunction, Neurol Clin 23:785-805, 2005.
259. Lindle RS, Metter EJ, Lynch NA et al: Age and gender comparisons of muscle strength in 654 women and men aged 20-93 yr, J Appl Physiol 83:1581-1587, 1997.
260. Hurley MV, Rees J, Newham DJ: Quadriceps function, proprioceptive acuity and functional performance in healthy young, middle-aged and elderly subjects, Age Ageing 27:55-62, 1998.
261. Tinetti ME, Speechley M, Ginter SF: Risk factors for falls among elderly persons living in the community, N Engl J Med 319:1701-1707, 1988.
262. Hausdorff JM, Rios DA, Edelberg HK: Gait variability and fall risk in community-living older adults: a 1-year prospective study, Arch Phys Med Rehabil 82:1050-1056, 2001.
263. Hornbrook MC, Stevens VJ, Wingfield DJ et al: Preventing falls among community-dwelling older persons: results from a randomized trial, Gerontologist 34:16-23, 1994.
264. Sattin RW, Lambert Huber DA, DeVito CA et al: The incidence of fall injury events among the elderly in a defined population, Am J Epidemiol 131:1028-1037, 1990.
265. Pai YC, Rymer WZ, Chang RW et al: Effect of age and osteoarthritis on knee proprioception, Arthritis Rheum 40:2260-2265, 1997.
266. Ferrell WR, Crighton A, Sturrock RD: Age-dependent changes in position sense in human proximal interphalangeal joints, Neuroreport 3:259-261, 1992.
267. Petrella RJ, Lattanzio PJ, Nelson MG: Effect of age and activity on knee joint proprioception, Am J Phys Med Rehabil 76:235-241, 1997.
268. Lord SR, Caplan GA, Colagiuri R et al: Sensori-motor function in older persons with diabetes, Diabet Med 10:614-618, 1993.
269. Hurley MV, Scott DL, Rees J et al: Sensorimotor changes and functional performance in patients with knee osteoarthritis, Ann Rheum Dis 56:641-648, 1997.
270. Menz HB, Lord SR, St George R et al: Walking stability and sensorimotor function in older people with diabetic peripheral neuropathy, Arch Phys Med Rehabil 85:245-252, 2004.
271. Liu-Ambrose T, Khan KM, Eng JJ et al: Resistance and agility training reduce fall risk in women aged 75 to 85 with low bone mass: a 6-month randomized, controlled trial, J Am Geriatr Soc 52:657-665, 2004.
272. Lord SR, Castell S: Physical activity program for older persons: effect on balance, strength, neuromuscular control, and reaction time, Arch Phys Med Rehabil 75:648-652, 1994.
273. Lord SR, Lloyd DG, Nirui M et al: The effect of exercise on gait patterns in older women: a randomized controlled trial, J Gerontol A Biol Sci Med Sci 51:M64-M70, 1996.
274. Lord SR, Ward JA, Williams P: Exercise effect on dynamic stability in older women: a randomized controlled trial, Arch Phys Med Rehabil 77:232-236, 1996.
275. Williams GN, Higgins MJ, Lewek MD: Aging skeletal muscle: physiologic changes and the effects of training, Phys Ther 82:62-68, 2002.
276. Rogers MA, Evans WJ: Changes in skeletal muscle with aging: effects of exercise training, Exerc Sport Sci Rev 21:65-102, 1993.
277. Porter MM, Vandervoort AA, Lexell J: Aging of human muscle: structure, function and adaptability, Scand J Med Sci Sports 5:129-142, 1995.
278. Tomlinson BE, Irving D: The numbers of limb motor neurons in the human lumbosacral cord throughout life, J Neurol Sci 34:213-219, 1977.
279. McComas AJ, Galea V, de Bruin H: Motor unit populations in healthy and diseased muscles, Phys Ther 73:868-877, 1993.
280. Campbell MJ, McComas AJ, Petito F: Physiological changes in ageing muscles, J Neurol Neurosurg Psychiatry 36:174-182, 1973.
281. Erim Z, Beg MF, Burke DT et al: Effects of aging on motor-unit control properties, J Neurophysiol 82:2081-2091, 1999.
282. Roos MR, Rice CL, Vandervoort AA: Age-related changes in motor unit function, Muscle Nerve 20:679-690, 1997.
283. Delbono O, Renganathan M, Messi ML: Excitation-Ca2+ release--contraction coupling in single aged human skeletal muscle fiber, Muscle Nerve Suppl 5:S88-S92, 1997.
284. Balagopal P, Rooyackers OE, Adey DB et al: Effects of aging on in vivo synthesis of skeletal muscle myosin heavy-chain and sarcoplasmic protein in humans, Am J Physiol 273:E790-E800, 1997.
285. Frontera WR, Meredith CN, O'Reilly KP et al: Strength conditioning in older men: skeletal muscle hypertrophy and improved function, J Appl Physiol 64:1038-1044, 1988.
286. Hakkinen K, Kallinen M, Izquierdo M et al: Changes in agonist--antagonist EMG, muscle CSA, and force during strength training in middle-aged and older people, J Appl Physiol 84:1341-1349, 1998.
287. Manfredi TG, Fielding RA, O'Reilly KP et al: Plasma creatine kinase activity and exercise-induced muscle damage in older men, Med Sci Sports Exerc 23:1028-1034, 1991.
288. Hurley MV: The role of muscle weakness in the pathogenesis of osteoarthritis, Rheum Dis Clin North Am 25:vi, 283-298, 1999.
289. Hurley MV: Muscle, exercise and arthritis, Ann Rheum Dis 61:673-675, 2002.
290. Barrack RL, Skinner HB, Cook SD et al: Effect of articular disease and total knee arthroplasty on knee joint-position sense, J Neurophysiol 50:684-687, 1983.
291. Sharma L, Pai YC, Holtkamp K et al: Is knee joint proprioception worse in the arthritic knee versus the unaffected knee in unilateral knee osteoarthritis? Arthritis Rheum 40:1518-1525, 1997.
292. Stevens JE, Mizner RL, Snyder-Mackler L: Quadriceps strength and volitional activation before and after total knee arthroplasty for osteoarthritis, J Orthop Res 21:775-779, 2003.
293. Stevens JE, Stackhouse SK, Binder-Macleod SA et al: Are voluntary muscle activation deficits in older adults meaningful? Muscle Nerve 27:99-101, 2003.
294. Hurley MV: Quadriceps weakness in osteoarthritis, Curr Opin Rheumatol 10:246-250, 1998.
295. Hurley MV: Muscle dysfunction and effective rehabilitation of knee osteoarthritis: what we know and what we need to find out, Arthritis Rheum 49:444-452, 2003.
296. Hurley MV, Scott DL: Improvements in quadriceps sensorimotor function and disability of patients with knee osteoarthritis following a clinically practicable exercise regime, Br J Rheumatol 37:1181-1187, 1998.

CAPÍTULO

10

Dor

Percepção e mecanismos

Marie K. Hoeger Bement e Kathleen A. Sluka

INTRODUÇÃO

Este capítulo revisa a neurobiologia da dor. Por ser um assunto complexo, o capítulo somente esclarece os pontos principais. Para obter informações mais profundas sobre a neurobiologia da dor e seu manejo, consulte os seguintes textos: *Sensory Mechanisms of the Spinal Cord*, terceira edição;[1] *The Textbook of Pain*, quarta edição;[2] e *Bonica's Management of Pain*, terceira edição.[3] Além disso, quando apropriado, revisões e livros-texto serão citados para oferecer fontes adicionais de informações.

A dor é a razão mais comum pela qual os pacientes buscam assistência médica. No entanto, a dor é subtratada e seu manejo é difícil, particularmente quando crônica. A Associação Internacional para o Estudo da Dor (International Association for the Study of Pain, IASP) define a dor como uma experiência sensorial e emocional desagradável associada com dano tecidual real ou potencial, ou descrita em termos desse dano (Tab. 10.1).[4] Inerente a essa definição está a natureza tanto subjetiva como multidimensional da dor. Melzack e Casey propuseram três dimensões para a dor: sensório-discriminativa, motivacional-afetiva e cognitivo-avaliativa.[5] O componente **sensório-discriminativo** da dor é relacionado com a característica (i. e., em queimação, aguda, incômoda, dolorida), a localização, a duração e a intensidade. O componente **motivacional-afetivo** está relacionado com o incômodo e a tendência motivacional para a fuga ou o ataque. Finalmente, o **cognitivo-avaliativo** se baseia em experiências passadas e no resultado de diferentes estratégias de resposta. Todas as três dimensões são interligadas e interagem para afetar as consequências motoras e comportamentais responsáveis pelo complexo-padrão de respostas à dor (para revisão, ver o *Textbook of Pain*, Cap. 17[2]). Os aspectos multidimensionais da dor determinam uma abordagem biopsicossocial para determinar os fatores que afetam os relatos de dor (Fig. 10.1).

Dimensões da dor[5]

- Sensório-discriminativo
- Motivacional-afetivo
- Cognitivo-avaliativo

A dor pode ser aguda ou crônica. A aguda é protetora e serve como um sinal de alerta de que o corpo está sofrendo um dano tecidual real ou potencial. Clinicamente, a dor aguda geralmente resulta de uma lesão que pode ser localizada quanto ao tempo e ao local, tal como torcer um tornozelo, sofrer uma queimadura solar ou quebrar um osso. A dor, nesse caso, ocorre imediatamente na hora da lesão e desaparece uma vez que a cura esteja completa. Por outro lado, a dor crônica não é protetora e não serve a propósito biológico algum. A Associação Internacional para o Estudo da Dor propôs diversas definições de dor crônica. A dor pode ser considerada crônica se durar mais tempo do que a cura tecidual normal, for maior que o esperado para a extensão da lesão ou ocorrer na ausência de dano tecidual identificável.[4] Muitas vezes, no caso da dor crônica, o próprio relato da dor, considerado o padrão-ouro, é mais importante do que achados objeti-

Tipos de dor

- Aguda
- Crônica

Tabela 10.1 Definições de dor

Termo	Definição
Dor	Uma experiência desagradável sensorial e emocional associada a dano tecidual real ou potencial, ou descrita em termos de tais danos A dor é sempre subjetiva
Alodinia	Dor resultante de um estímulo que normalmente não provoca dor
Hiperalgesia	Resposta aumentada a um estímulo normalmente doloroso Primária: ocorre no local da lesão (dano tecidual) Secundária: ocorre fora do local da lesão
Hipoalgesia	Dor diminuída em resposta a um estímulo normalmente doloroso
Analgesia	Ausência de dor em resposta a estimulação que normalmente seria dolorosa
Dor referida	Dor fora da área de dano tecidual
Nociceptor	Receptor preferencialmente sensitivo a um estímulo nocivo ou a um estímulo que se tornaria nocivo se prolongado

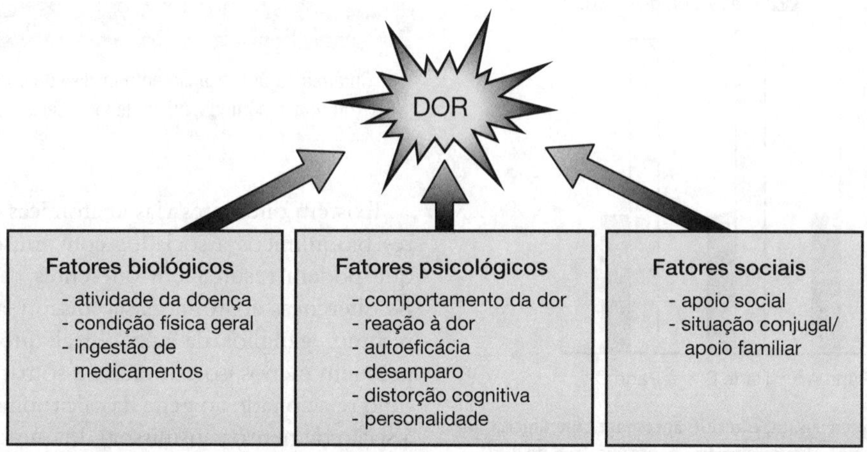

Figura 10.1 Fatores biológicos, fisiológicos e sociais envolvidos quando um indivíduo refere dor. (Adaptado de Keefe FJ, Bonk V: Psychosocial assessment of pain in patients having rheumatic diseases, *Rheum Dis Clin North Am* 25:81-103, 1999.)

vos. Assim, o conceito de dor como um sintoma, como ocorre com a dor aguda, muda para o conceito de dor como uma doença, como ocorre com a dor crônica.

Clínicos geralmente utilizam várias outras definições, sugeridas pela Associação Internacional para o Estudo da Dor, ao descrever os comportamentos da dor. A **hiperalgesia** é uma resposta aumentada a um estímulo nocivo. A hiperalgesia primária ocorre no local da lesão, ao passo que a secundária ocorre fora do local da lesão (Fig. 10.2). Acredita-se que a hiperalgesia primária reflita as alterações no sistema nervoso periférico e que a secundária seja mediada por alterações no sistema nervoso central. Tecidos profundos (i. e., músculos, articulações e vísceras) são comumente associados com a hiperalgesia secundária, sobretudo em locais distantes da lesão. Por exemplo, a hiperalgesia secundária ocorre em indivíduos com dor renal que apresentam sensibilidade à palpação sobre a região lombar inferior, enquanto a hiperalgesia primária é a dor aumentada sentida pelo indivíduo com osteoartrite mediante a pressão aplicada sobre a articulação comprometida.

A **alodinia**, por sua vez, é definida como uma dor em resposta a um estímulo previamente inócuo. A alodinia ocorre depois de uma queimadura solar ou em indivíduos com dor neuropática que têm dificuldade em vestir roupas ou que sentem que esfregar a pele é doloroso. É importante ressaltar que a hiperalgesia é diferente da dor referida. Indivíduos sentem a **dor referida** fora da área de lesão; ao contrário da hiperalgesia, a dor referida não é induzida por um estímulo doloroso no local da referência. O exemplo mais comum de dor referida é o da dor no braço esquerdo durante um infarto do miocárdio[4] ou pressão sobre um trajeto nervoso a partir de um disco herniado.

DOR NOS TECIDOS PROFUNDOS

A **dor muscular** pode originar-se de uma variedade de disfunções, incluindo dor miofascial, fibromialgia, miosite ou esforço excessivo.[6,7] A dor articular ocorre agudamente após lesão de ligamentos ou de cápsula articular, ou cronicamente após condições como osteoartrite ou artrite

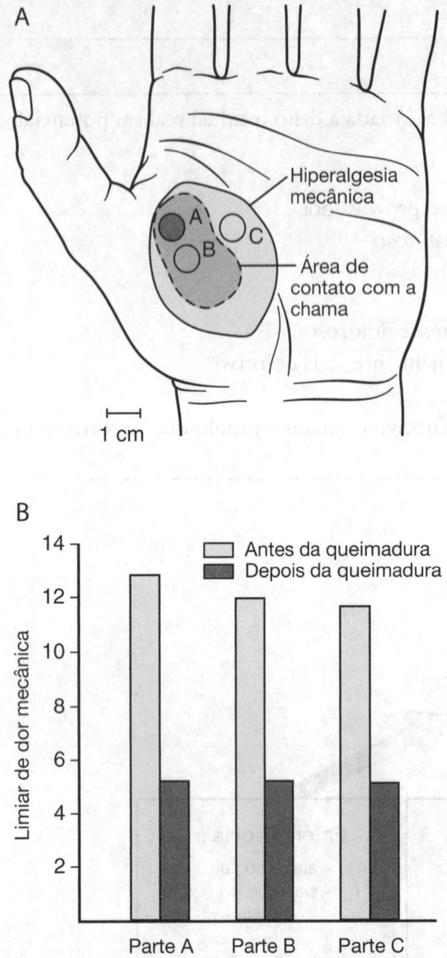

Figura 10.2 Após uma queimadura, o tecido apresenta hiperalgesia primária e secundária. A hiperalgesia primária ocorre na área de contato com a chama (*A,B*), indicando lesão tecidual com uma redução no limiar de dor mecânica. A hiperalgesia secundária ocorre fora da área de lesão tecidual (*C*) com uma redução similar no limiar de dor mecânica. (Adaptado de Kandel ER, Schwartz JH, Jessel TM: *Principles of neural science*. 4.ed. McGraw-Hill/Appleton Lange, New York, 2000.)

reumatoide.[8] Assim, a dor de tecidos profundos pode ser aguda ou crônica com ou sem eventos inflamatórios.

A característica da dor associada com a lesão a um músculo ou uma articulação difere daquelas associadas com lesões da pele. Lesões a estruturas profundas resultam em dor difusa e de difícil localização.[9,10] Em contraste, a lesão na pele geralmente produz uma dor bem localizada, aguda, cortante ou em queimação.[11] Utilizando a microneurografia, a estimulação intraneuronal dos fascículos músculo-nervosos produz somente a sensação de dor profunda tipo cãibra[10] em contraste com a estimulação das fibras C cutâneas (grupo IV), as quais produzem um dor em queimação.[11] A estimulação dos nociceptores musculares a uma baixa intensidade para ativar algumas fibras aferentes primárias produz dor bem localizada.[11] Entretanto, se a intensidade do estímulo for aumentada, ativando mais fibras aferentes primárias, a dor é menos localizada e se propaga para regiões fora da área de inervação.[12] Para a dor muscular, o tamanho da área da dor referida correlaciona-se com a intensidade e a duração da dor muscular primária.[13-15] Em contraste com os nociceptores musculares, a estimulação de alta intensidade dos nociceptores cutâneos permanece confinada à área de estimulação e não se expande para fora da área de inervação, a menos que se produza hiperalgesia secundária.[11,12] Em seres humanos, a dor muscular é avaliada como mais desagradável, de maior duração e é com mais frequência referida do que a dor cutânea.[16,17] Seria esperado que a dor associada com uma lesão ao tecido cutâneo se diferenciasse em qualidade de uma dor associada com uma lesão de tecidos mais profundos, tais como um músculo ou uma articulação. Em resumo, a dor cutânea é aguda, fácil de localizar e raramente referida, enquanto a dor de tecido profundo é incômoda, difícil de localizar e frequentemente referida.

Dor cutânea vs. profunda (muscular)

- Cutânea: aguda e facilmente localizada com mínima referência
- Profunda: incômoda, difícil de localizar e frequentemente referida

Existem diferentes vias anatômicas centrais e mediadores bioquímicos associados com músculos e articulações que podem resultar em diferentes padrões de respostas. As diferenças anatômicas são discutidas mais adiante. Em resumo, gânglios da raiz dorsal que inervam músculos possuem menos isolecitina B4 e somatostatina e mais peptídio relacionado ao gene da calcitonina e substância P (ver a seção de neurotransmissor) do que gânglios da raiz dorsal que inervam tecidos cutâneos.[18,19] É interessante que a injeção de neuropeptídios na pele ou no músculo resulta em diferentes respostas. Por exemplo, a substância P produz espontaneamente dor quando injetada na pele e uma redução no limiar de dor à pressão, sem dor espontânea, quando injetada no músculo.[20] O peptídio relacionado ao gene da calcitonina não produz dor quando injetado sozinho na pele ou no músculo, mas a produz quando injetado intramuscularmente com neurocinina A.[21]

MODELOS ANIMAIS DE NOCICEPÇÃO

A dor é uma medida subjetiva que envolve respostas afetivas, as quais não são quantificáveis em animais. Portanto, quando se usam modelos animais a terminologia mais precisa é nocicepção, que se refere à excitação de um nociceptor. Um nociceptor responde a um estímulo nocivo (térmico, mecânico ou químico), ativando assim fibras aferentes primárias de pequeno diâmetro.

Vários modelos animais de nocicepção simulam eventos clínicos utilizados para evidenciar os mecanismos por trás do desenvolvimento e da manutenção de diferentes condições de dor.[22] Modelos animais de nocicepção são usados para controlar a extensão da lesão, examinar o curso do tempo da lesão, bem como minimizar o componente afetivo motivacional e o efeito placebo do tratamento. Modelos animais também permitem aos pesquisadores investigar mecanismos potenciais que contribuem para o desenvolvimento e a manutenção da dor, particularmente aqueles que envolvem o sistema nervoso periférico e central. Além disso, investigadores podem examinar a eficácia e a segurança de tratamentos farmacológicos e não farmacológicos, bem como os mecanismos de ação desses tratamentos.

Os modelos animais existem para estudar dores agudas e mais persistentes, incluindo dores cutâneas, neuropáticas e musculoesqueléticas. Modelos nociceptivos (de dor) agudos, que medem respostas ao calor e à estimulação mecânica ou elétrica, são utilizados há décadas como ferramentas de triagem para testar a eficácia de agentes farmacológicos.[23] Modelos de lesão tecidual foram desenvolvidos mais tarde para mensurar mais diretamente dores que possam ser similares a síndromes clínicas. A carragenina pode ser injetada na pata (bem como na articulação ou no músculo) para produzir um evento de reação inflamatória aguda que resulta em hiperalgesia.[24,25] A injeção completa de adjuvante de Freund, tanto sistemicamente como dentro da articulação, é um modelo de inflamação crônica similar à artrite reumatoide e está associada à hiperalgesia mecânica e ao calor.[22,26] Outros irritantes incluem a injeção de formalina na pata, e de óleo de turpentina ou capsaicina na pele, no músculo ou na articulação.[22] Cada um desses modelos animais permite que tratamentos farmacológicos e não farmacológicos potenciais sejam testados antes de serem experimentados em seres humanos.

Os modelos atuais de dor musculoesquelética são de natureza tanto inflamatória como não inflamatória e produzem uma hiperalgesia aguda ou crônica.[7,8] É interessante notar que a injeção do inflamatório irritante capsaicina no tecido muscular ou articular resulta em hiperalgesia mecânica secundária bilateral de longa duração (semanas) quando comparada à injeção de capsaicina na pele, em que a hiperalgesia é unilateral e de curta duração (horas).[27] De forma similar, a injeção de carragenina nos músculos ou articulações produz hiperalgesia bilateral de longa duração dose-dependente.[28,29] Nesses modelos de profunda inflamação tecidual, há uma fase inicial da inflamação aguda que se converte em inflamação crônica em uma semana e dura cerca de oito semanas.[28] Um terceiro modelo de dor musculoesquelética induzida por repetidas injeções de ácido intramuscular é não inflamatório, mas produz hiperalgesia mecânica de longa duração. É importante, nesse modelo, que não há dano dentro do tecido muscular e a hiperalgesia é mantida por alterações no sistema nervoso central.[30] Assim, para o estudo da dor musculoesquelética, há modelos que reproduzem a inflamação aguda e crônica dos músculos ou articulações, bem como a dor muscular não inflamatória crônica.

Para estudar a dor pós-operatória, Brennan et al. desenvolveram um modelo animal em que uma incisão longitudinal é feita através da pele, da fáscia e do músculo na porção plantar da pata traseira.[31] Esse modelo reflete tanto as lesões teciduais superficiais como as profundas vistas em um tratamento cirúrgico.

Pesquisadores estudam a dor visceral usando modelos de dor que incluem distensão de cavidades de órgãos, inflamação da vesícula urinária e cálculo uretral artificial como modelo para dor visceral genérica, cistite e cálculos renais, respectivamente.[32] Distensão colorretal em ratos acordados, não anestesiados e sem restrições produz um comportamento aversivo quantificável, além de respostas cardiovasculares e visceromotoras indicativas de nocicepção visceral aguda.[33] O uso dos modelos animais ajuda a elucidar os mecanismos envolvidos e os tratamentos potenciais para a dor visceral.

Diversos modelos de dor neuropática foram desenvolvidos e são utilizados extensivamente. Os três modelos mais comuns são: (1) perda de ligações em torno do nervo ciático,[34] (2) ligações firmes em torno de metade a um terço do nervo ciático[35] e (3) ligações firmes em torno dos nervos espinais (L5 e L6).[36] Cada um desses modelos de dor neuropática produz uma hiperalgesia de longa duração mensurável e mudanças no sistema nervoso central.

Para resumir, existem diversos modelos animais de nocicepção usados para melhorar nosso entendimento sobre os mecanismos da dor, bem como sobre a eficácia de tratamentos farmacológicos e não farmacológicos. Esses modelos combinam pesquisa clínica e ciência básica, por fim permitindo aos clínicos interpretar os últimos avanços em pesquisas relacionados à dor musculoesquelética, neuropática, visceral e pós-operatória.

NEUROBIOLOGIA DA DOR

Vias periféricas

O componente aferente do sistema nervoso periférico é composto de receptores sensoriais que convertem energia mecânica, térmica e química em sinais elétricos, e levam essa informação para o sistema nervoso central.[1] Essas fibras aferentes primárias variam em tamanho e velocidade de condução, de fibras densamente mielinizadas (Ia) a desmielinizadas (C) (Tab. 10.2). Receptores sensórios cutâneos transmitem sinais elétricos de receptores de toque encapsulados para o SNC via fibras Aβ. Por outro lado, nociceptores são receptores não encapsulados, denominados terminações nervosas livres, respondem a estímulos intensos, e incluem fibras Aδ (axônios finamente mielinizados) e C (axônios desmielinizados). As fibras aferentes primárias contidas nos nervos musculares e articulares são classificadas nos grupos II, III e IV.[37,38] Além disso, para esses aferentes primários, nervos musculares também contêm axônios motores e aferentes primários dos grupos Ia, II e Ib, os quais levam informações para a medula espinal dos fusos musculares e dos órgãos tendinosos de Golgi, respectivamente.[7,39] Os aferentes primários do grupo II em nervos articulares são aferentes amplamente mielinizados que transmitem informações sobre propriocepção da articulação. As fibras aferentes primárias do grupo III são fibras finamente mielinizadas e as do grupo IV são desmielinizadas. Tanto as fibras do grupo III como as do grupo IV trans-

Tabela 10.2 Tipos de aferentes localizados na pele, no músculo ou na articulação

	Pele	Músculo	Articulação
Densamente mielinizada	Aβ receptores de toque VC = 25–70 m/s	Ia – fusos musculares Ib – GTO II – fusos musculares Propriocepção VC = 25–120 m/s	II Propriocepção VC = 25–70 m/s
Pouco mielinizada	Aδ Nociceptores VC = 2,5–25 m/s	III Nociceptor VC= 2,5–25 m/s	III Nociceptor VC = 2,5–25 m/s
Desmielinizada	C Nociceptor VC = <2,5 m/s	IV Nociceptor VC = <2,5 m/s	IV Nociceptor VC = <2,5 m/s

VC = Velocidade de condução

mitem informações nociceptivas a partir de terminações nervosas livres na periferia do corno dorsal da medula espinal. Alguns nociceptores são normalmente silenciosos e somente são ativados após lesão tecidual.[40,41]

Após a inflamação articular ou muscular, ocorre a "sensibilização" das fibras aferentes primárias.[40-43] A **sensibilização** se refere a aumento na atividade espontânea, aumento no limiar de resposta ao estímulo nocivo, aumento na capacidade de resposta ao mesmo estímulo nocivo ou alteração no tamanho do campo receptor. Registrando a atividade dos nervos periféricos antes e depois da indução de uma inflamação aguda, Schaible e Schmidt[40,41] mostraram aumento da atividade espontânea e da capacidade de resposta a movimentos articulares nocivos e inofensivos em fibras aferentes primárias, grupos II, III e IV (Fig. 10.3). Alterações similares ocorrem após inflamação do músculo com carragenina ou após isquemia do músculo.[42,44,45] Em inflamação tanto do músculo como da articulação, há um aumento na resposta dos aferentes primários ao estímulo mecânico fraco, tal como uma pressão local inócua. Após inflamação periférica, nociceptores silenciosos começam a responder a estímulos tanto nocivos quanto inofensivos, tais como pressão e movimento articular. Tomados em conjunto, há um aumento geral na atividade dos nociceptores, assim aumentando o número de aferentes estimulados em seguida ao estímulo periférico e aumentando a chegada de informação no sistema nervoso central.

Um grande número de substâncias é liberado de células inflamatórias e pode diretamente ativar ou sensibilizar as fibras aferentes primárias (Fig. 10.4). Essas substâncias incluem serotonina, bradicinina, prostaglandinas e citocinas. A serotonina é liberada de plaquetas, ativa nociceptores musculares e causa dor em seres humanos.[46,47] A

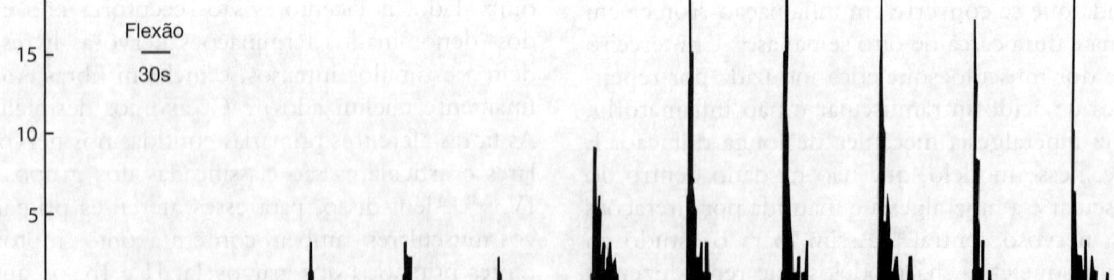

Figura 10.3 Fibra aferente primária do grupo III (i. e., nociceptor) registrada antes e depois da indução de inflamação articular por uma injeção de caulim e carragenina no joelho. Antes da inflamação, o nociceptor não respondia à flexão articular do joelho (barra). Aproximadamente 2 horas após a inflamação, o nociceptor começou a responder à flexão do joelho. (De Schaible H-G, Schmidt RF: Direct observation of the sensitization of articular afferents during an experimental arthritis. In Dubner R, Gebhart GF, Bond MR, editors: *Proceedings of the Fifth World Congress on Pain*. Elsevier, Amsterdam, 1988, pp 44-50.)

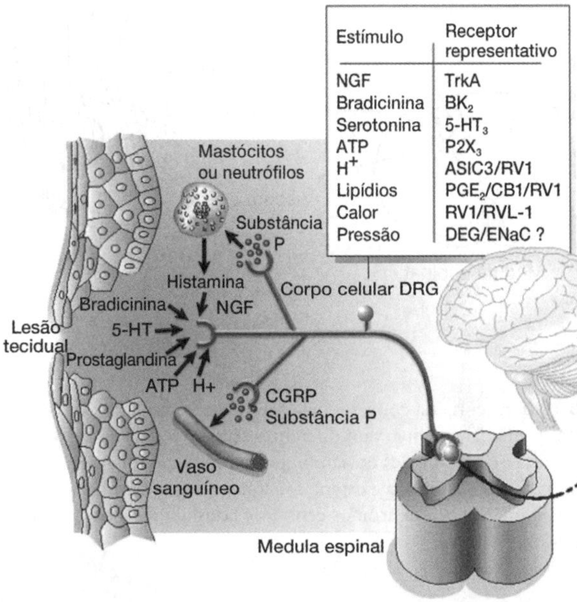

Figura 10.4 A inflamação induz a liberação de substâncias químicas no local da lesão, as quais sensibilizam os nociceptores. Esses mediadores inflamatórios, portanto, contribuem para a transmissão da dor. A inflamação neurogênica ocorre com a liberação de substância P e CGRP, que induzem vasodilatação e extravasamento de plasma. NGF = fator de crescimento nervoso; ATP = trifosfato de adenosina; H^+ = hidrogênio; TrkA = receptor de fator de crescimento nervoso; BK = bradicinina; 5-HT = serotonina; $P2X_3$ = receptor purinérgico para ATP; ASIC = canais iônicos sensíveis a ácidos; PGE_2 = prostaglandina E_2; RV = receptor vaniloide; DEG/ENaC = DEGenerin/canal de sódio epitelial; DRG = gânglio da raiz dorsal; CGRP = proteína relacionada ao gene de calcitonina. (De Julius D, Basbaum AI: Molecular mechanisms of nociception, *Nature* 413:203-210, 2001.)

bradicinina é liberada do plasma após lesão tecidual, está presente em exsudatos inflamatórios, sensibiliza nociceptores e produz dor e hiperalgesia térmica em seres humanos.[48-51] Além disso, após a inflamação, a sensibilidade dos nociceptores à bradicinina aumenta.[52] As prostaglandinas são metabólitos da cascata do ácido aracdônico e são produzidas em resposta a uma lesão tecidual. De forma importante, as prostaglandinas E_2 e I_2 excitam diretamente e sensibilizam fibras aferentes articulares.[53] Os anti-inflamatórios não hormonais (AINH) produzem seus efeitos reduzindo a produção de prostaglandinas por meio da inibição da enzima ciclo-oxigenase, a qual está envolvida na quebra do ácido aracdônico.

Durante a inflamação, os macrófagos liberam citocinas que incluem interleucinas (IL1β, IL-6) e fator de necrose tumoral (TNFα). Essas citocinas inflamatórias estão aumentadas no líquido sinovial de pacientes com artrite, sensibilizam os nociceptores aferentes primários, e produzem hiperalgesia mecânica e térmica.[54-60] O bloqueio dos receptores TNFα ou TNFα disponíveis reduz a hiperalgesia em modelos animais de inflamação e dor neuropática.[61-63] Embora a ação de cada um desses mediadores inflamatórios tenha sido descrita individualmente, muitos agem juntos para aumentar a inflamação ou a hiperalgesia produzindo uma resposta potencializada.

Vias centrais

O processamento de informação nociceptiva e dor no sistema nervoso central é complexo e envolve múltiplos locais no cérebro e vias anatômicas. As respostas a informações nociceptivas são coordenadas na medula espinal, nas vias nociceptivas ascendentes, nas vias facilitatórias descendentes e nas vias inibitórias descendentes. Todas estas estão inter-relacionadas e controlam o nível de dor em um dado momento. Assim, o processamento da dor é plástico e modificável. Embora não seja possível descrever em detalhes todos os sistemas da dor envolvidos no processamento nociceptivo, serão destacadas as vias mais importantes e mais bem estudadas.

O maior impulso para investigação do controle central da dor ocorreu como resultado da publicação da teoria das comportas da dor de Melzack e Wall (Fig. 10.5). De acordo com essa teoria, a estimulação de fibras aferentes de grande diâmetro inibe respostas das fibras nociceptivas evocadas no corno dorsal.[64] Melzack e Wall propuseram um modelo para a fisiologia da dor em termos de um sistema nervoso dinâmico que se adapta constantemente a estímulos de mudança, uma teoria em que a medula espinal é central.[64] A transmissão de informações de baixo limiar por aferentes primários afeta o fluxo de informação nociva através do corno dorsal por meio de inibição ou bloqueio de atividade em fibras aferentes pequenas que respondem a estímulos nocivos. A teoria das comportas também sugere que essa comporta espinal seja controlada pelos centros cerebrais superiores e afete tanto as atividades cognitivas como as subconscientes. Assim, essa teoria prevê que a ativação das fibras aferentes de baixo limiar fecharia a comporta espinal e evitaria a transmissão de sinais nociceptivos. Neurotransmissores específicos

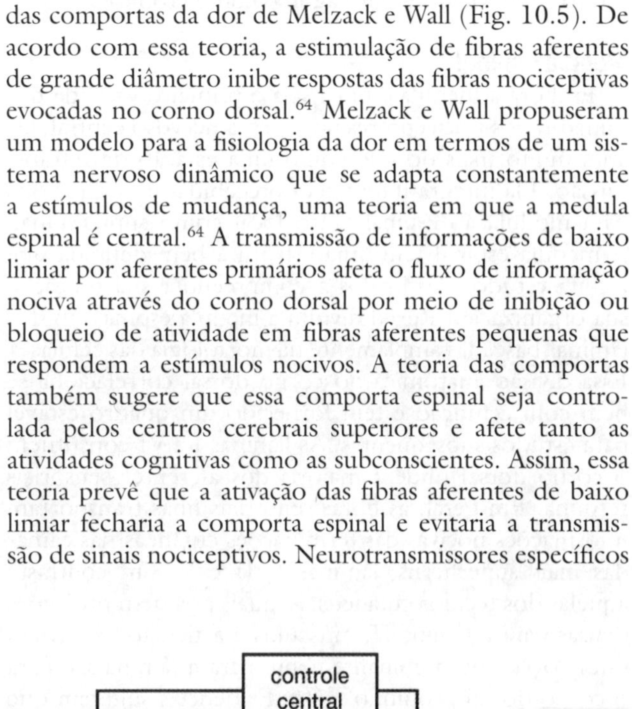

Figura 10.5 A teoria das comportas da dor afirma que a ativação de fibras aferentes de grande diâmetro, por pressão, propriocepção, toque ou vibração inibe a transmissão da dor por fibras aferentes pequenas. Especificamente, a ativação de fibras aferentes grandes excita um interneurônio inibitório na substância gelatinosa (lâmina II), o qual bloqueia a transmissão de dor para as fibras aferentes pequenas. Essa teoria demonstrou a importância da medula espinal na transmissão da dor e expandiu-se para incluir a contribuição dos locais supraespinais na percepção da dor. (De Melzack R, Wall PD: Pain mechanisms: a new theory. *Science* 150:971-978, 1965.)

ou seus receptores não foram sugeridos na época, uma vez que a farmacologia do sistema nervoso central estava somente começando a ser entendida. A teoria original sugeria que vias inibitórias descendentes existiam e que os neurônios espinais estavam sob influências descendentes. A teoria claramente enfatizava a importância dos neurônios da medula espinal e a farmacologia desses neurônios vem sendo estudada desde então de maneira exaustiva. Por exemplo, experimentos com animais visam à manipulação de neurônios espinais por meio da introdução de cateteres diretamente no espaço intratecal da medula espinal para a administração de drogas, como anestésicos locais e opioides.[65] O uso de administração epidural de drogas, para agirem sobre os neurônios espinais em seres humanos, agora tem se tornado comum para o alívio de muitos tipos de dor, tanto agudas como crônicas.

Medula espinal

Embora a medula espinal seja o primeiro local de terminação dos nociceptores no sistema nervoso central, ela atua muito mais do que como uma estação de retransmissão. Ela integra informações recebidas e as direciona para modulação espinal tanto local como supraespinal. A medula espinal tem uma estrutura bem definida que facilita estudos destinados a compreender sua função e sua organização. Rexed dividiu a medula espinal em dez lâminas baseadas amplamente na morfologia das células.[66] Essa divisão anatômica do corno dorsal correlaciona-se bem com a função e tem fornecido um quadro estável para estudos subsequentes. As lâminas I a VI constituem o corno dorsal onde a maioria dos aferentes sensoriais termina. Em geral, as fibras sensoriais finas transportam informações nocivas das terminações cutâneas nas camadas mais superficiais, lâminas I, II e V. Em contraste àquelas dos tecidos cutâneos, as quais possuem projeções densas para a lâmina II, músculos e articulações enviam informações predominantemente para a lâmina I e para o corno dorsal profundo.[7,8,67,68] Evidências sugerem que as fibras aferentes primárias dos músculos projetam-se sobretudo para a lâmina I e II.[69] Os terminais das fibras maiores que transportam informações táteis são dispersos entre as lâminas III e IV. Muitas dessas fibras terminam nos interneurônios espinais que retransmitem informações para células mais profundas da medula espinal. Fibras aferentes primárias de diferentes estruturas periféricas (pele, articulação, músculo e vísceras) convergem em um único neurônio. Essa **convergência** é considerada a base para a dor referida e a hiperalgesia secundária (Fig. 10.6). Assim, a dor sentida em um músculo é referida a outro músculo ou à pele, que envia projeções para o mesmo neurônio no corno dorsal.

A **dor referida** é sentida distante da área de lesão, de modo que a referência ocorre de modo predominantemente distal à área de lesão, ao invés de proximal.[70] A dor pode ser referida a partir de um músculo, articulação ou víscera[13,14,17,71] e raramente a partir da pele.[17] Em modelos experimentais de dor, a referida é correlacionada com a intensidade, a duração e a área do estímulo nocivo.[13-15,72]

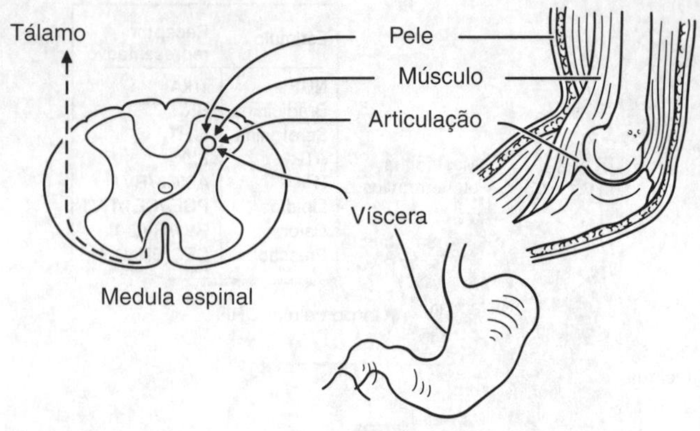

Figura 10.6 A teoria da convergência para a dor referida. As fibras aferentes primárias que inervam diferentes tecidos (i. e., músculo, articulação, víscera ou pele) enviam impulsos convergentes para neurônios simples na medula espinal. A convergência das fibras aferentes primárias nos neurônios centrais é considerada a base para a dor referida.

A dor referida envolve mecanismos de dor tanto central como periférica. Mecanismos de dor central são demonstrados pela redução na dor referida após a aplicação de creme anestésico no local da dor referida.[73] Nem todos os estudos mostram a continuidade da dor referida, uma vez que a área referida tenha sido anestesiada, o que pode se dever a diferenças na intensidade do estímulo nocivo.[74] Mecanismos centrais (i. e., sensibilização central) são observados após uma injeção intramuscular de bradicinina no músculo tibial anterior do rato (Fig. 10.7).[75] De maneira específica, novos campos receptores se desenvolvem após injeção intramuscular, o que pode explicar o desenvolvimento da dor referida após estímulos nocivos.

Os neurônios no corno dorsal da medula espinal são classificados como de alto limiar, de grande amplitude dinâmica e de baixo limiar. Os neurônios de alto limiar respondem somente à estimulação nociva, os de baixo limiar respondem somente a estímulos inócuos, já os neurônios de grande amplitude dinâmica respondem a estímulos tanto nocivos como inócuos. Assim, a transmissão de informação nociceptiva através do corno dorsal ativa neurônios de alto limiar e de grande amplitude dinâmica. Após uma lesão tecidual, ocorre a sensibilização de neurônios tanto de alto limiar como de grande amplitude dinâmica. Isso se manifesta como aumento no tamanho do campo receptivo, aumento na responsividade aos estímulos inócuos e nocivos ou diminuição do limiar aos estímulos inócuos ou nocivos (ver Fig. 10.7).[75-78] Essas alterações nos neurônios espinais são comumente referidas como uma sensibilização central.

Vias ascendentes

A partir da medula espinal, a informação sensorial é transmitida para o cérebro por meio de neurônios de projeção que recebem entradas de aferentes direta ou indiretamente através de interneurônios. As informações nocivas são consideradas em grande parte como retransmitidas por células que foram definidas como neurônios de alto

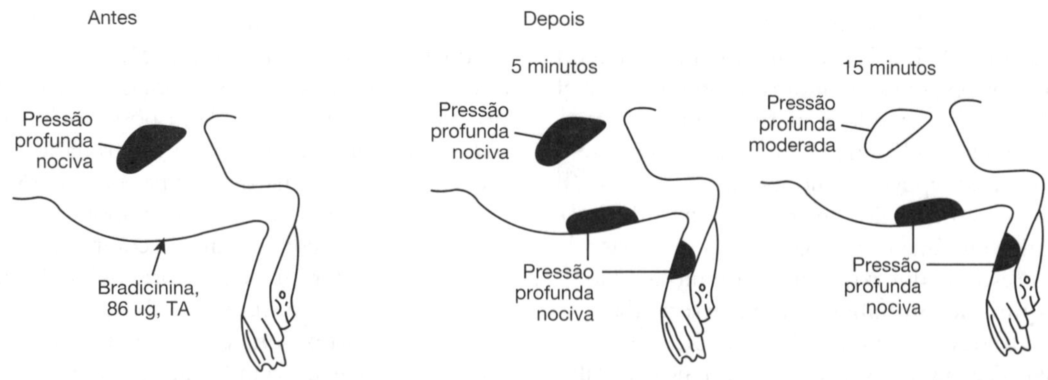

Figura 10.7 O campo receptivo de um neurônio do corno dorsal foi mapeado antes e após uma injeção intramuscular de bradicinina nos tibiais anteriores. Antes da injeção de bradicinina, o campo receptivo foi encontrado em uma área fora do local da injeção. Após a injeção intramuscular, o campo receptivo se expandiu e incluiu o local da injeção. O limiar de estimulação no campo receptivo original diminuiu de pressão profunda nociva para pressão profunda inofensiva 15 minutos após a injeção. (De Hoheisel U, Mense S, Simons DG et al: Appearance of new receptive fields in rat dorsal horn neurons following stimulation of skeletal muscle: a model for referral of muscle pain? *Neurosci Lett* 153:9-12. 1993.)

limiar ou neurônios de grande amplitude dinâmica.[1] Os neurônios espinais que projetam para o cérebro mostram um padrão distinto de organização. Existem diversas vias ascendentes que transmitem informações nociceptivas a partir de tecidos somáticos e viscerais.[1,79] O trato espinotalâmico é a principal via de transmissão de informação nociceptiva para centros superiores (retransmitidas através do tálamo) envolvidos no processamento cortical e, por fim, na percepção da dor (Fig. 10.8). A via pós-sináptica da coluna dorsal transmite estímulo nociceptivo visceral para os centros superiores. As vias espinomesencefálica e espinorreticular integram informação nociceptiva com áreas envolvidas na inibição descendente, na facilitação e na resposta autonômica associada com a dor.

Trato espinotalâmico. Muitos consideram o trato espinotalâmico como o mais importante para a percepção da dor. Esse trato transmite informações para os neurônios no núcleo ventroposterior lateral (VPL) e nos núcleos talâmicos mediais, que incluem o central lateral, o central medial, o parafascicular, o medial dorsal e o complexo posterior do tálamo. A partir desse ponto, o VPL projeta para o córtex somatossensório (SI e SII) e essa via parece estar envolvida no componente sensório-discriminativo da dor (i. e., localização, duração, qualidade e intensidade). Neurônios no VPL recebem entradas convergentes da via da coluna dorsal que transmitem informações relativas à sensação de toque, e o trato espinotalâmico transmite informações sobre as sensações de dor e temperatura.[80,81] As projeções ascendentes do núcleo talâmico medial e do complexo posterior são mais difusas e incluem áreas como o cingulado anterior e o córtice insular. Assim, essa via parece ser a base para o componente motivacional-afetivo da dor (i. e., incômodo). Uma vez que as células do trato espinotalâmico são consideradas como sinalizadoras da dor, supõe-se que, ao se lesionar essa via, poderia haver alívio da dor prevenindo-se que o sinal alcançasse o cérebro. De fato, a cordotomia anterolateral, que lesionaria o trato espinotalâmico, causa analgesia. Entretanto, em alguns pacientes, a dor retorna após alguns meses, o que limita a utilidade desse procedimento. Em muitos casos, esse procedimento é utilizado para pacientes com dor do câncer, como último recurso.[82]

As células do trato espinotalâmico (STT) originam-se sobretudo nas lâminas I e V, de modo que a maioria cruza a linha média para ascender no funículo contralateral anterolateral. As células do STT da lâmina I projetam-se via funículo lateral e dorsolateral para o núcleo talâmico medial. Essas células respondem quase exclusivamente a estímulos nocivos térmicos e mecânicos, e podem desempenhar um importante papel na nocicepção térmica.[83] Também se sugeriu que essa via possa ser responsável

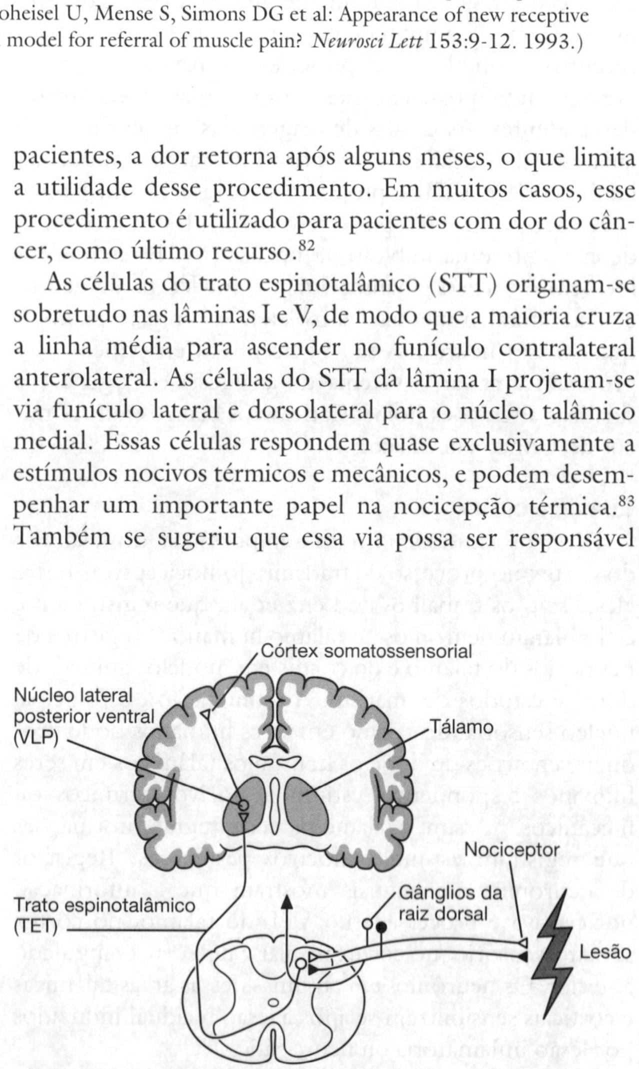

Figura 10.8 Desenho esquemático da transmissão de informação nociceptiva do local da lesão através da medula espinal para locais supraespinais. A informação nociceptiva viaja nas aferentes pouco mielinizadas (Aδ ou grupo III) para o corno dorsal e faz sinapses nas células do trato espinotalâmico localizadas nas lâminas I ou V. Esses neurônios do trato espinotalâmico então enviam impulsos para o tálamo, tanto para o núcleo lateral posterior ventral (VPL) como para o núcleo medial (ver texto). O núcleo VPL do tálamo, por sua vez, envia projeções para o córtex somatossensorial (SI) para a percepção da dor. Acredita-se que essa via clássica (i. e., nociceptores STT-VPL-SI) medeie o componente discriminativo sensorial da dor.

pela ativação do próprio sistema de controle do corpo para limitar a dor.[84-86] Entretanto, alguns questionaram esse modelo.[87] Diversos pesquisadores sustentam o papel das células do STT de grande amplitude dinâmica, particularmente aquelas da lâmina V, as quais respondem a estímulos tanto nociceptivos como mecanorreceptivos.[87] A sensibilização dos neurônios de grande amplitude dinâmica a estímulos mecânicos inócuos podem ser a base da alodinia, uma resposta dolorosa a um estímulo inócuo.

Tratos espinomesencefálico e espinorreticular. As células do trato espinomesencefálico se originam nas lâminas I, IV e V, e enviam projeções para o mesencéfalo, particularmente para a substância cinzenta periaquedutal, para o núcleo cuneiforme e para o núcleo pré-tectal.[1,79] Essas células são classificadas como neurônios de alto limiar e grande amplitude dinâmica, e possuem campos receptivos complexos. A projeção à substância cinzenta periaquedutal possivelmente ativa sistemas modulatórios descendentes. As células de origem das vias espinorreticulares estão localizadas no corno dorsal profundo, nas lâminas VII e VIII, e projetam-se para áreas do tronco encefálico conhecidas por serem envolvidas na facilitação descendente e na inibição da nocicepção. Esses núcleos incluem o núcleo gigantocelular, o núcleo paragigantocelular lateral, a medula ventrolateral e a região parabraquial. Esses neurônios são nociceptivos específicos e se propõem a ativar o sistema de analgesia endógena e a sinalizar alterações homeostáticas aos centros autonômicos do tronco encefálico.

Tálamo e córtex

Diversos estudos mostram a importância do tálamo e do córtex no processo de transmissão nociceptiva. Entre eles, estão os trabalhos de Lenz et al., que registraram e estimularam neurônios no tálamo humano,[88] registros de neurônios do tálamo e do córtex em modelos animais de dor,[89] e estudos de imagem. A estimulação do principal núcleo sensorial do tálamo em seres humanos pode produzir sensações de dor e os neurônios talâmicos em seres humanos respondem a estímulos nocivos térmicos ou mecânicos.[88] Assim, o tálamo parece integrar informações que registram estímulos nocivos periféricos. Registros de neurônios em animais mostram que a informação nociceptiva é processada no VPL do tálamo, no córtex somatossensório, no córtex insular e no córtex cingulado anterior. Os neurônios em algumas dessas áreas talâmicas e corticais sensibilizam-se após a lesão tecidual induzidos por lesão inflamatória ou neuropática.[90,91]

O processamento central da dor tem sido avaliado por meio de técnicas de imagem, tais como as varreduras PET, que observam as alterações do fluxo sanguíneo cerebral após estímulos específicos. Imagina-se que o fluxo sanguíneo aumente em uma área com atividade neuronal aumentada. Estudos de imagem do fluxo sanguíneo cerebral em seres humanos revelam que estímulos cutâneos táteis/toque ou estímulos dolorosos ativam regiões separadas do córtex cerebral.[92-94] A partir desses dados, as regiões corticais seguramente mais ativadas pelos estímulos dolorosos são SI e SII, o córtex cingulado anterior e o córtex insular anterior. Estimulação tátil inócua também ativa os córtices somatossensoriais primário e secundário, além do córtex cingulado posterior.[92] Considera-se que os córtices somatossensoriais primário e secundário estejam envolvidos na discriminação e na localização de um estímulo doloroso (i. e., o componente sensório-discriminativo). Acredita-se que o componente motivacional-afetivo da dor envolva o córtex cingulado anterior e o insular anterior. Estudos de Bushnell et al. avaliaram o papel do córtex somatossensorial e dos córtices cingulado e insular utilizando hipnose para fazer sugestões que modulassem o componente sensório-discriminativo da dor ou o seu componente motivacional-afetivo.[95,96] Esses estudos demonstraram que o córtex somatossensorial medeia o componente sensório-discriminativo da dor, enquanto os córtices cingulado anterior e insular medeiam o componente motivacional-afetivo da dor.

Modulação descendente da dor

A modulação descendente da informação nociceptiva ocorre através de diversos núcleos, incluindo a substância periaquedutal, a medula medial ventral rostral (MVR) e o tegmento da ponte lateral (Fig. 10.9). Esses locais foram inicialmente descobertos e encontrados para inibir a nocicepção através de projeções tanto direta como indiretamente para a medula espinal.[97] Estudos posteriores mostraram o papel dessas estruturas na facilitação descendente da nocicepção.[98] Do ponto de vista anatômico, a substância cinzenta periaquedutal envia projeções para a MVR e para o tegmento da ponte lateral, mas não diretamente para a medula espinal. A MVR e o tegmento da ponte lateral se projetam então para a medula espinal e modulam a atividade do neurônio do corno dorsal e, por fim, a informação nociceptiva.

Facilitação descendente da dor

Os centros supraespinais podem aumentar a nocicepção, resultando em dor referida, hiperalgesia secundária e "imagem espelhada" ou dor contralateral.[98] A transecção da medula espinal, que remove as conexões supraespinais, impede o término mediado das fibras A e C dos motoneurônios flexores após injeção de carragenina na articulação do joelho.[99] A inativação da medula ventral rostral (MVR) por lidocaína reversa e lesões da MVR com ácido ibotênico bloqueiam completamente a hiperalgesia térmica secundária produzida na articulação do joelho pela injeção de carragenina.[100] É interessante que essas manipulações no MVR não afetam a hiperalgesia primária produzida pela carragenina injetada na região plantar.[100] Mais rostralmente, o córtex cingulado anterior (CCA) parece ter um papel na facilitação descendente, pois a estimulação elétrica do CCA aumenta a resposta de retirada da cauda ao estímulo nocivo.[101] A facilitação através do CCA é mediada pela MVR, enquanto o bloqueio de lidocaína impede a facilitação produzida pela estimulação do CCA.[101] Após a amputação dos dedos da pata

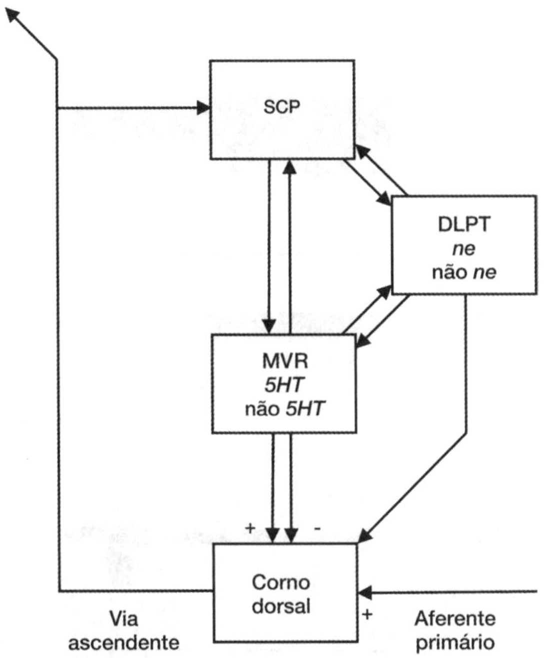

Figura 10.9 Locais do tronco encefálico envolvidos na percepção da dor. A MVR contém tanto neurônios serotonérgicos como não serotonérgicos, enquanto os neurônios adrenérgicos são encontrados no DLPT. Tanto o DLPT como a MVR enviam projeções diretamente para a medula espinal. A SCP indiretamente envia projeções para a medula espinal via DLPT e MVR. 5HT = serotonina; DLPT = tegumento pontomesencefálico dorsolateral; ne = noradrenérgico; SCP = substância cinzenta periaquedutal; MVR = medula ventral rostral. (De Melzack R, Wall PD. *Textbook of pain*. 4.ed. Churchill Livingstone, Edinburgh, 1999.)

do rato, as respostas do CCA são potencializadas para a estimulação elétrica periférica.[102] A manipulação genética, tal como a superexpressão do prosencéfalo ao NR2B e a supressão de adenilato ciclase em camundongos, posteriormente demonstraram o papel do CCA nas respostas às lesões teciduais.[103,104] Assim, os centros supraespinais desempenham um importante papel na produção e na manutenção da hiperalgesia.

Inibição descendente da dor

Via SCP-MVR. O controle inibitório central da dor foi inicialmente descoberto por Reynolds, que encontrou que a estimulação elétrica da substância cinzenta periaquedutal (SCP) no mesencéfalo produz analgesia em ratos.[105] Isso levou a uma explosão de trabalhos sobre os chamados **sistemas de analgesia endógenos**.[97] O trabalho focava principalmente em dois campos, que eram as SCP mesencefálicas e um local na medula ventral, o núcleo magno da rafe (NRM na sigla em inglês). Estudos subsequentes mostraram que outros núcleos na medula medial ventral rostral (MVR) eram similarmente envolvidos na modulação descendente da informação nociceptiva. Esses núcleos incluem a MVR, a SCP, o núcleo pré-tecal anterior, o grupo de células do *locus ceruleus*/A7, o hipotálamo, o córtex somatossensório, o tálamo, o núcleo rubro, a habenula medial, a região parabraquial, o córtex pré-frontal, a amígdala, o trato reticuloespinal e o trato rubrospinal.[79,97,106-112] A maioria desses locais transmite tanto direta como indiretamente através da MVR, que atua como uma via para a medula espinal.

A estimulação elétrica da SCP ou da MVR causa analgesia em ratos, gatos e em seres humanos.[113-115] A estimulação elétrica da SCP e da MVR inibe os neurônios espinais que respondem aos estímulos nocivos.[116] A SCP não se projeta diretamente para a medula espinal, mas para a MVR,[117] a qual, por sua vez, se projeta para a medula espinal via fibras que correm no funículo dorsolateral (FDL). As esperanças de que a ativação desses sistemas de analgesia endógena que conduzem à analgesia produzida pela estimulação se tornasse uma terapia clínica útil não foram concretizadas. A estimulação cerebral profunda da SCP geralmente produz efeitos colaterais desagradáveis e, por isso, não é usada rotineiramente.

A MVR inclui diversos núcleos, entre os quais o núcleo magno da rafe, o núcleo gigantocelular reticular (parte alfa) e o núcleo reticular paragigantocelular lateral.[97,118] Projeções eferentes da MVR para a medula espinal estão envolvidas na inibição da nocicepção, e algumas das projeções contêm serotonina.[119,120] A estimulação elétrica ou química da MVR inibe respostas reflexas e comportamentais a estímulos nocivos, além de inibir neurônios no corno dorsal da medula espinal que recebem entradas nociceptivas.[121-125]

Estão localizados na MVR três tipos de neurônios que desempenham um papel na modulação nociceptiva descendente: (1) células ON, que aumentam suas taxas de ativação logo antes ou no momento da retirada da cauda ao estímulo térmico; (2) células OFF, que reduzem a taxa de ativação logo antes ou no momento da retirada da cauda ao estímulo térmico; e (3) células neutras, que não respondem consistentemente aos estímulos térmicos da cauda (Fig. 10.10).[97,118] Acredita-se que as células OFF estejam envolvidas na inibição descendente, enquanto as células ON estejam envolvidas na facilitação descendente e na informação nociceptiva. A morfina excita as células OFF e reduz comportamentos ofensivos quando aplicada diretamente aos neurônios na MVR, na SCP ou sistematicamente. A deltorfina, agonista δ-opioide, também inibe a ativação de células ON ativadas.[126] A morfina, agonista do μ-opioide, e a deltorfina II, agonista receptor do δ2-opioide, suprimem a ativação celular e as células ON, assim atenuando a responsividade nociceptiva.[126]

Núcleos da ponte. Os terminais de norepinefrina (i. e., noradrenalina) na medula espinal surgem principalmente de núcleos pontinérgicos descendentes, sobretudo o *locus ceruleus* e o núcleo subcerúleo. A estimulação química e elétrica desses núcleos causa antinocicepção, reduz a hiperalgesia e diminui a atividade dos neurônios espinais.[127-131] A norepinefrina pode produzir inibição ou facilitação de um estímulo nociceptivo dependendo da ativação de receptores adrenérgicos específicos na medula espinal (ver seção sobre neurotransmissores).

Núcleo pré-tectal anterior. A estimulação do núcleo pré-tectal anterior resulta em antinocicepção prolongada

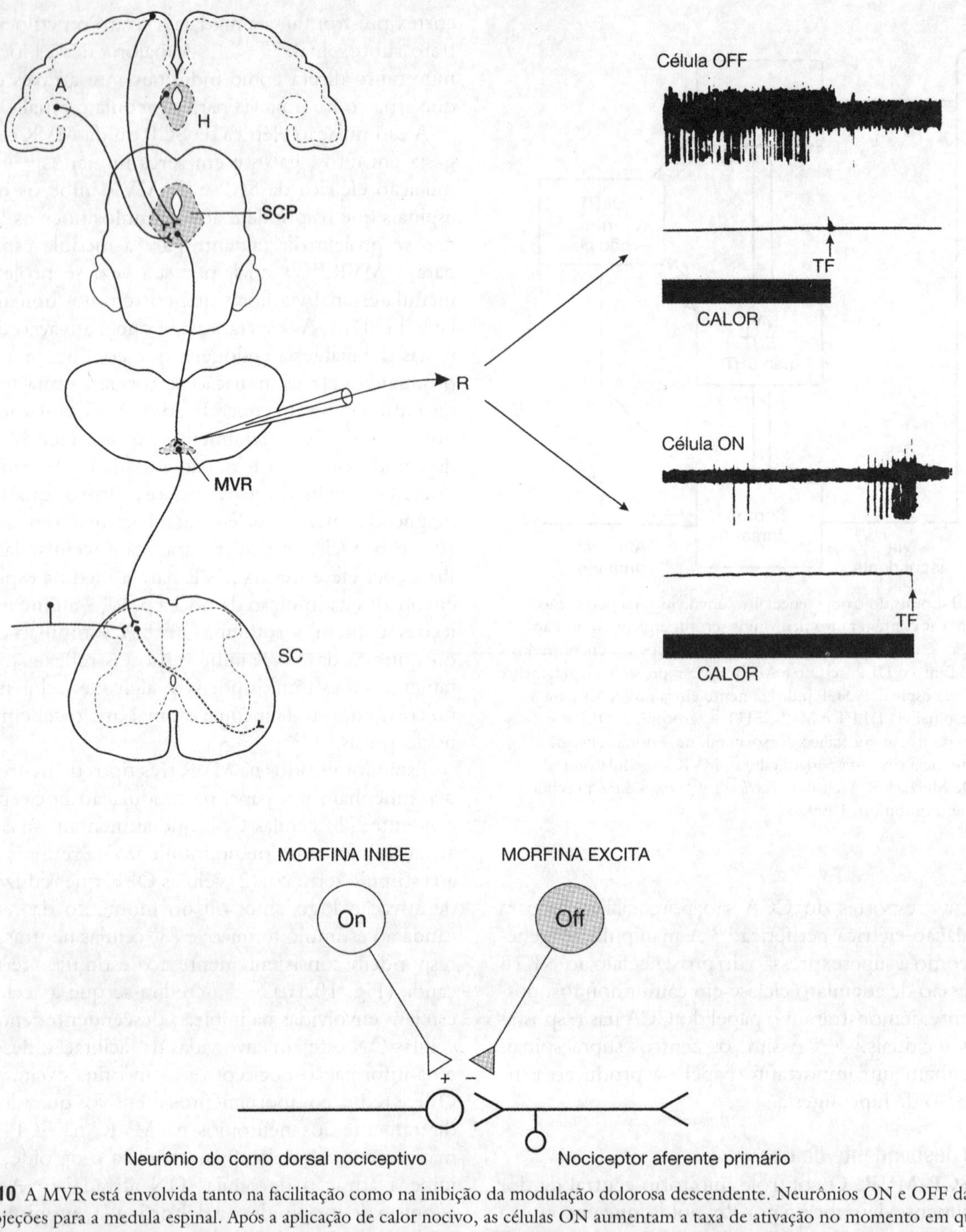

Figura 10.10 A MVR está envolvida tanto na facilitação como na inibição da modulação dolorosa descendente. Neurônios ON e OFF da MVR enviam projeções para a medula espinal. Após a aplicação de calor nocivo, as células ON aumentam a taxa de ativação no momento em que a cauda responde (reflexo da dor) ou logo antes disso, enquanto as células OFF reduzem a taxa de ativação no momento em que a cauda responde ou logo antes disso. (De Melzack R, Wall PD. *Textbook of pain*. 4.ed. Churchill Livingstone, Edinburgh, 1999.)

sem o efeito adverso adicional visto com a estimulação da SCP.[132,133] O núcleo grácil, que leva impulsos de fibras aferentes largas, e o córtex somatossensório projetam-se para o núcleo pré-tectal anterior.[110,134] Este se projeta para a medula ventrolateral, para a MVR e para os grupos de células noradrenérgicas.[110] Lesões ou bloqueio por anestésicos locais do MVR parcialmente reduzem a antinocicepção do núcleo pré-tectal anterior.[135,136] Opiáceos, norepinefrina e serotonina estão envolvidos na analgesia produzida pela estimulação do núcleo pré-tectal anterior.[133,137] De forma interessante, Rees e Roberts demonstraram que a estimulação elétrica das colunas dorsais a uma intensidade que ativa somente fibras aferentes largas (1) produz analgesia que supera a estimulação, (2) excita células no núcleo pré-tectal anterior, (3) resulta em analgesia abolida pela transecção da medula espinal rostral à estimulação e (4) resulta em efeitos antinociceptivos inibidos pelo GABA microinjetado no núcleo pré-tectal anterior.[138] Assim, a analgesia por estimulação elétrica, como a neuroestimulação elétrica transcutânea (TENS, na sigla em inglês), pode envolver um circuito supraespinal que inclui o núcleo pré-tectal anterior.

O método mais confiável para se ativar a SCP, a MVR ou os grupos celulares da ponte é por meio de estimulação nociva com entradas a partir da medula espinal através das vias espinomesencefálica e espinorreticular. O hipotálamo, o córtex e o sistema límbico também podem ativar esses sistemas inibitórios. Assim, a estimulação nociva que evoca a ativação de sistemas inibitórios descendentes pode explicar o uso de certos tratamentos considerados "contrairritantes".

Trato corticoespinal. Além de o córtex somatossensório receber a entrada de informações nociceptivas para a discriminação da dor, esse córtex também envia fibras para inibir a transmissão da nociccepção através do trato corticoespinal diretamente para a medula espinal ou indiretamente através do tálamo ou da SCP. A estimulação do córtex somatossensório inibe os neurônios espinais diretamente.[139] Além disso, a estimulação desse córtex causa uma despolarização aferente primária, que resulta em inibição pré-sináptica.[140] Lesões do trato corticoespinal bloqueiam as despolarizações aferentes primárias produzidas pela estimulação do córtex somatossensório, demonstrando que a inibição pré-sináptica dos terminais centrais das fibras aferentes primárias pode ser mediada pela ativação do trato corticoespinal.[140] Assim, a estimulação do trato corticoespinal (como com exercício) pode reduzir os impulsos de entrada nociceptivos por meio da inibição descendente dos neurônios espinais ou das fibras aferentes primárias.

Neurotransmissores

Diversos neurotransmissores, receptores e canais iônicos localizados no sistema nervoso central e periférico são capazes de produzir dor e inflamação. Perifericamente, os neurotransmissores nas fibras aferentes primárias têm sido identificados predominantemente em neurônios localizados no gânglio da raiz dorsal (DRG, na sigla em inglês) que envia axônios para a periferia. Em alguns casos, neurotransmissores e receptores foram localizados dentro de terminais periféricos. Mediadores do processo inflamatório também podem ser ativados por nociceptores aferentes primários para iniciar a resposta nociceptiva ou dolorosa à lesão. Centralmente, foram identificados neurotransmissores que intermedeiam vias ascendentes, vias inibitórias descendentes e vias facilitatórias descendentes. Esse campo tem se expandido muito desde os anos de 1990 e os avanços continuam ocorrendo de maneira exponencial. Por isso, somente o envolvimento da área da farmacologia do sistema nervoso central ou periférico será abordado aqui para esclarecer alguns mecanismos bem estabelecidos.[1,141]

Neuropeptídios

Embora fatores transmissíveis pelo sangue sejam considerados como o principal desencadeador da inflamação, uma quantidade substancial de literatura iniciada na virada do século é dedicada ao envolvimento do sistema nervoso central e periférico nesse processo.[142,143] *Inflamação neurogênica* é um termo utilizado para descrever o papel do sistema nervoso no desenvolvimento e na manutenção da inflamação periférica. Neuropeptídios como a substância P e o peptídio relacionado ao gene da calcitonina (CGRP) estão contidos em aferentes de pequeno diâmetro (grupo III e IV) e, quando liberados das fibras aferentes primárias na periferia, produzem uma resposta inflamatória.[144-146] Essas substâncias intensificam os eventos inflamatórios na periferia, produzindo extravasamento de plasma e vasodilatação.[144-145,147-150] De fato, a substância P e o CGRP também são encontrados no exsudato inflamatório e em fibras aferentes primárias que inervam as articulações inflamadas tanto em seres humanos como em animais.[144,151-155] A eliminação das fibras aferentes primárias por meio de neurectomia ou capsaicina (a qual mata aferentes do grupo IV) reduz a resposta inflamatória.[156-158] De forma interessante, o componente neurogênico da inflamação envolve o sistema nervoso central, especificamente os reflexos da raiz dorsal gerados na medula espinal.[143]

Neuropeptídios

- Substância P
- Peptídio relacionado ao gene da calcitonina

A substância P e o CGRP também são localizados nos terminais centrais das fibras aferentes primárias e estão compactamente localizados nas lâminas I e II.[159] A substância P exerce seus efeitos por meio da ativação do receptor de neurocinina 1 (NK1), localizado no corno dorsal superficial. A ativação do receptor da substância P produz comportamentos ofensivos,[160] aumenta a atividade e a responsividade dos neurônios do corno dorsal,[161] e aumenta o receptor de glutamato NMDA.[162] Em contraste, um bloqueio dos receptores de neurocinina reduz a hiperalgesia associada com lesão tecidual e reduz a sensibilização dos neurônios do corno dorsal.[163-167] A perda adicional de neurônios que contenham neurocinina 1 na medula espinal também reduz a hiperalgesia após uma lesão tecidual e sensibiliza os neurônios do corno dorsal.[168,169] Antagonistas do CGRP reduzem a sensibilização dos neurônios do corno dorsal.[170] Além disso, CGRP retarda a degradação da substância P na medula espinal,[41] resultando em potencialização dos efeitos da substância P.[87] Tanto SP como CGRP são receptores acoplados à proteína G que produzem efeitos por meio da ativação de mensageiros intracelulares tais como proteína quinase C e A. Existe um papel claro tanto para a proteína quinase A como para a proteína quinase C na nocicepção.[159]

Opioides

Após a inflamação periférica, em animais e seres humanos, ocorre uma regulação dos receptores opioides nos terminais periféricos das fibras aferentes primárias.[171-173] Além disso, macrófagos, monócitos e linfócitos contêm peptídios opioides,[174] e há um aumento na quantidade de peptídios opioides endógenos nessas células no tecido inflamado.[172] Assim, parece haver um mecanismo endógeno periférico para reduzir a dor em tecidos inflamados. Os efeitos dos agonistas opioides, tais como a morfina, podem produzir suas ações por meio da ativação de receptores de opioides periféricos.

Peptídios opioides

- β-endorfinas
- Encefalina metionina (met)
- Encefalina leucina (leu)
- Endomorfina 1 e 2
- Dinorfina A e B

A analgesia opioide tem sido amplamente estudada nos mecanismos de controle da dor endógena. Os opioides endógenos incluem β-endorfinas, encefalina metionina (met) e leucina (leu), endomorfina 1 e 2, e dinorfina A e B.[97] Cada um possui distribuição anatômica distinta e ativa receptores específicos. As β-endorfinas são encontradas em neurônios hipotalâmicos, bem como nos lobos anterior e intermediário da pituitária.[97] Os neurônios localizados no hipotálamo enviam projeções de β-endorfina para a SCP e podem "ativar" o **sistema de analgesia endógena**.[175] A liberação de β-endorfina a partir da pituitária ocorre com o exercício e o estresse, e níveis mensuráveis na corrente sanguínea aumentam.[176,177] As β-endorfinas não atravessam a barreira sanguínea cerebral e, por isso, seu papel na analgesia induzida pelo estresse ou induzida pelo exercício não é conhecida. Entretanto, a remoção da pituitária reduz a efetividade da analgesia induzida pelo estresse.[178] Uma vez que existe uma alta regulação dos receptores opioides sobre os terminais periféricos das fibras aferentes primárias e que as β-endorfinas não atravessam facilmente a barreira sanguínea cerebral, é provável que, após a inflamação, as aumentadas concentrações plasmáticas de β-endorfinas produzam efeitos perifericamente.

Encefalinas, endomorfinas e dinorfinas estão localizadas em neurônios no cérebro e no corno dorsal em áreas conhecidas por estarem envolvidas na analgesia, tais como SCP, MVR e corno dorsal da medula espinal.[97] A ativação de receptores opioides com agonistas seletivos, sistêmica ou localmente na SCP, na MVR ou na medula espinal, produz analgesia e reduz a hiperalgesia em diversos modelos de dor, incluindo inflamatória, muscular induzida por ácido e neuropática.[179,180]

A maioria dos opioides disponíveis clinicamente produz seus efeitos por intermédio da ativação de receptores μ-opioides. Diferenças na efetividade são baseadas na potência da droga. Opioides clinicamente disponíveis incluem codeína, tramadol, dipanona, percodan, oxicodon, levorfanol, metadona, hidramorfona, buprenorfina, fentanil e morfina (ver Cap. 12).[181] O uso clínico em longo prazo dos opioides é limitado em razão do desenvolvimento de tolerância.

Glutamato

O glutamato, um importante neurotransmissor excitatório no sistema nervoso, é encontrado em fibras aferentes primárias, e receptores de glutamato são encontrados nos terminais aferentes primários dos nociceptores.[182,183] Injeção de glutamato perifericamente produz hiperalgesia e sensibiliza fibras aferentes primárias.[184-186] O glutamato é regulado nos aferentes articulares após a inflamação e o glutamato aumenta em tecidos inflamados de seres humanos e animais.[187-189] Além disso, há um aumento na proporção de nociceptores que expressam receptores de glutamato após inflamação.[190]

O glutamato medeia a transmissão sináptica excitatória entre nociceptores aferentes primários e neurônios do corno dorsal.[191,192] O papel dos receptores de glutamato ionotrópico espinal na hiperalgesia resultante da lesão tecidual foi bem estabelecido.[193] Em particular, receptores de glutamato N-metil-D-aspartato (NMDA), canais de cálcio com um bloqueio de Mg^{++} voltagem-dependente, estão envolvidos na plasticidade sináptica em uma variedade de sistemas, incluindo na transmissão da dor.[194] A aplicação espinal de antagonistas de receptor de glutamato NMDA reduz a hiperalgesia associada com inflamação da pata posterior, inflamação articular, dor muscular induzida por ácido e modelos de dor neuropática.[25,195-199] O bloqueio dos receptores de glutamato NMDA previne a "terminação" tanto dos neurônios do corno dorsal como dos neurônios β-motores resultantes da energia das fibras C, por estímulos condicionados.[200-202] Além disso, antagonistas dos receptores de NMDA previnem a sensibilização dos neurônios do corno dorsal, incluindo das células do trato espinotalâmico, o que ocorre após inflamação articular, formalina, capsaicina ou irradiação ultravioleta.[203-205]

Os receptores de glutamato ionotrópicos não NMDA e cainatos (AMPA/KA) formam um complexo com canais de cátion que permitem a passagem de íons sódio, mas alguns também são permeáveis ao cálcio dependendo da composição das subunidades.[206] Acredita-se que esses receptores AMPA/KA medeiem a transmissão sináptica excitatória rápida entre as fibras aferentes primárias e os neurônios do corno dorsal em respostas à estimulação nociva. Há dados confusos sobre o papel dos antagonistas de receptores de AMPA/KA no desenvolvimento e na manutenção da hiperalgesia. Os antagonistas de receptores de AMPA/KA têm um efeito sobre a hiperalgesia após a inflamação na pata por carragenina uma vez desenvolvida.[25,207] Em contraste, para inflamação de joelho ou hiperalgesia induzida por ácido, a hiperalgesia secundária é reduzida pela administração espinal de antagonistas de receptores de AMPA/KA após o desenvolvimento da hiperalgesia.[198,199,208] Além disso, antagonistas de receptores de AMPA/KA inibem a hiperalgesia associada com neuropatia periférica, lesão por queimadura ou inflamação na pata por carragenina se administrados antes ou logo depois da lesão.[197,207] Por fim, Brennan et al.[209,210] mostraram que a hiperalgesia associada com a incisão é preferencialmente reduzida pelos antagonistas de receptores de AMPA/KA, mas não por antagonistas de receptores de glutamato NMDA quando administrados após o desenvolvimento da hiperalgesia. Portanto, diversos modelos e condições são sensíveis aos antagonistas de receptores de AMPA/KA.

Embora existam vários antagonistas de receptores de NMDA seletivos, esses agentes não podem ser usados clinicamente em razão dos efeitos adversos. Entretanto, existem inúmeras drogas clinicamente disponíveis com atividade antagonista de NMDA, incluindo cetamina, dextrometorfan e memantina. Essas drogas não são antagonistas seletivas, mas bloqueiam o receptor de NMDA de forma não competitiva.[211] Clinicamente, Bell mostrou em três estudos de caso que baixas doses de cetamina antagonista de NMDA previnem o desenvolvimento de tolerância analgésica aos opioides.[212]

GABA

O ácido gama-aminobutírico (GABA) é um neurotransmissor inibitório localizado nos corpos celulares neuronais do corno dorsal que exerce sua ação ativando o receptor ionotrópico, $GABA_A$, e o receptor metabotrópico, $GABA_B$. Ocorre uma regulação do GABA após a inflamação periférica e uma diminuição desse ácido após neuropatia periférica.[213] Um mecanismo potencial que pode contribuir para a hiperalgesia é a redução na inibição. De fato, células do trato espinotalâmico mostram uma responsividade reduzida aos agonistas do GABA após a indução da inflamação com capsaicina.[214] Além disso, a ativação dos receptores GABAérgicos na medula espinal causa uma antinocicepção e reduz a hiperalgesia.[215,216] Clinicamente, diversos relaxantes musculares (p. ex., baclofen e benzodiazepínicos) exercem seus efeitos por meio da ativação de receptores de GABA (ver Cap. 12).

Células gliais e dor

As células gliais no sistema nervoso central, particularmente na medula espinal, desempenham um papel imprescindível no processamento das informações nociceptivas.[113,117] A glia expressa receptores para muitos neurotransmissores, incluindo receptores de glutamato, e está envolvida na liberação de neurotransmissores da fenda sináptica. A ativação dos astrócitos e da microglia ocorre em um grande número de modelos de dor, incluindo o neuropático e o inflamatório.[106,109,180] De forma interessante, a glia libera uma variedade de substâncias neuroativas conhecidas por sensibilizar os neurônios, tais como glutamato, óxido nítrico e citocinas pró-inflamatórias. As citocinas pró-inflamatórias administradas espinalmente produzem comportamentos ofensivos e sensibilizam os neurônios do corno dorsal, e o bloqueio espinal de citocinas pró-inflamatórias reverte a hiperalgesia.[181,217,218]

Serotonina

A serotonina é um neurotransmissor encontrado na MVR em neurônios que enviam projeções para a medula espinal e em neurônios da SCP que se projetam para a MVR.[219,220] O bloqueio de receptores de serotonina evita espinalmente a analgesia. Além disso, a aplicação de serotonina à medula espinal reduz a atividade do neurônio do corno dorsal, produzindo analgesia.[221] Assim, parece que a via SCP produzindo analgesia usa serotonina como neurotransmissor na medula espinal.

Na medula espinal, três famílias de receptores estão presentes: receptores 5-HT1 (5-HT1A e 5-HT1B), 5-HT2 e 5-HT3.[222,223] O papel dos receptores individuais de serotonina na transmissão nociceptiva é controverso e os receptores de serotonina estão implicados tanto na facilitação como na inibição da nocicepção. Os receptores 5-HT3 estão localizados nas fibras aferentes primárias e nos neurônios do corno dorsal, e estão envolvidos na inibição descendente a partir da estimulação da MVR, mas não da facilitação descendente.[222,224-226] Os receptores 5-HT1A, por outro lado, não são encontrados em fibras aferentes primárias, e medeiam a facilitação descendente e a inibição.[225,227-230] Os receptores 5-HT2 incluem um grande número de subtipos que parecem estar envolvidos na inibição mas não na facilitação das respostas nociceptivas.[230]

Norepinefrina

Os terminais de norepinefrina (i. e., noradrenalina) na medula espinal originam-se inicialmente dos núcleos pontinérgicos descendentes, incluindo o *lócus ceruleus*, o núcleo subcerúleo e o núcleo parabraquial.[231,232] Espinalmente, a norepinefrina produz a inibição dos estímulos nociceptivos por meio da ativação dos receptores $\alpha 2$ adrenérgicos.[233-236] Por sua vez, no corno dorsal da medula espinal, os receptores $\alpha 1$ adrenérgicos medeiam a facilitação descendente da nocicepção.[218] Assim, a norepinefrina está envolvida nas sinalizações nociceptivas descendentes facilitatória e inibitória, dependendo da ativação do receptor.

Antidepressivos tricíclicos ou inibidores seletivos da recaptação da serotonina (SSRIs, na sigla em inglês) são comumente utilizados para condições de dor crônica. Esses inibidores podem não ser seletivos (amitriptilina, imipramina) e exercer seus efeitos por meio da redução da captação de noradrenalina e serotonina, ou seletivos (fluoxetina, paroxetina, ritanserin, clomipramina), exercendo seus efeitos por meio da redução da captação de serotonina. Como resultado, mais neurotransmissores estariam disponíveis e a inibição da informação nociceptiva seria aumentada. SSRIs, clomipramina e fluoxetina aumentam a antinocicepção e reduzem a dor em animais e seres humanos.[237-239] Além disso, agonistas de 5HT1, tais como sumatriptan, zolmitriptan, naratriptan e rizatriptan, são efetivos para o tratamento de migrâneas.[217,240]

Adenosina

A adenosina é um neurotransmissor localizado no corno dorsal da medula espinal que exerce ações inibitórias através do receptor A1.[177] A administração espinal de adenosina, agonistas do receptor A1 ou drogas com o objetivo de reduzir a degradação da adenosina é analgésica e reduz a hiperalgesia em condições inflamatórias e de dor neuropática.[168,169,176,241,242] Estudos apontaram a modulação de adenosina em seres humanos como um método de redução da dor.[243]

Canais de íons

Diversos canais de íons, encontrados em terminais periféricos, podem também ser importantes na resposta aos estímulos nocivos. Baixo pH é encontrado em tecidos inflamados e produz dor em seres humanos e animais.[244] Canais de íons de ácido sensível estão localizados em neurônios DRG, são ativados pelo pH baixo e estão envolvidos na dor muscular.[245,246] O receptor vaniloide, TrpV1, é ativado pela capsaicina ligante exógena, localizada no DRG, responde a baixo pH e medeia hiperalgesia a estímulo térmico.[247,248]

Os canais de sódio estão envolvidos na transmissão sináptica rápida e na propagação do potencial de ação. Os neurônios dos gânglios da raiz dorsal (DRG, na sigla em inglês) expressam seis diferentes canais de sódio, incluindo canais sódio específicos de neurônios sensoriais não presentes dentro de outras partes do sistema nervoso. O envolvimento dos canais de sódio no sistema nervoso periférico é complexo, mas importante para a dor inflamatória e para a dor neuropática.[249,250] Uma alteração na composição do canal de sódio ocorre após uma neuropatia periférica, resultando em alterações fisiológicas que contribuem para a hiperexcitabilidade nos neurônios do DRG. Uma variedade de mediadores inflamatórios sensibiliza os neurônios do DRG e, assim, pode mediar a sensibilização das fibras aferentes primárias que ocorre após a inflamação. Anestésicos locais, tais como lidocaína, medeiam seus efeitos por meio do bloqueio dos canais de sódio, e agentes farmacêuticos futuros podem dirigir-se para canais específicos (ver Cap. 12).

Terapia combinada

Muitos neurotransmissores produzem efeitos aditivos e supra-aditivos (sinergísticos) quando administrados simultaneamente. A terapia farmacêutica combinada pode, portanto, aumentar o alívio da dor reduzindo os efeitos colaterais. O tratamento médico da dor é complexo e multidisciplinar. Tratamentos iniciais são baseados em terapias não farmacológicas que incluem exercícios, modalidades de calor e de frio, e TENS (discutido adiante). Um tratamento farmacológico comum para a dor são os anti-inflamatórios não esteroides (AINEs), que incluem tanto inibidores da ciclo-oxigenase-1 (COX-1) como da ciclo-oxigenase-2 (COX-2).[251] Os AINEs produzem seus efeitos interferindo na síntese de prostaglandinas via inibição da ciclo-oxigenase (ver Cap. 12). Esses efeitos ocorrem na periferia, interferindo na inflamação. Entretanto, os AINEs também têm efeitos no sistema nervoso central, particularmente na medula espinal, para produzir analgesia através de receptores de prostaglandinas.[252,253] Estudos clínicos e bases científicas mostram que os AINEs, quando combinados com agonistas μ-opioides, reduzem sinergisticamente a hiperalgesia e a dor em seres humanos e em animais. Tanto a administração sistêmica como a intratecal de AINEs, cetorolac, ácido acetilsalicílico, piroxicam e NS-398 (COX-2) mostram sinergismo com a morfina (sistêmica, intratecal), produzindo analgesia aumentada.[252-256]

Os agonistas μ-opioides, morfina, combinam-se com SSRIs, clomipramina e fluoxetina, para aumentar a antinocicepção e reduzir a dor em animais e seres humanos.[237-239] A potencialização da antinocicepção, como mensurado pelo teste da placa quente, ocorre com a coadministração tanto de agonistas μ-, como δ-opioides e SSRIs, fluvoxamine.[257] Além disso, agonistas opioides (μ- e δ-) combinam-se com agonistas α-adrenérgicos, como clonidina, em estudos farmacológicos em animais.[258,259]

A tolerância é farmacologicamente definida como um efeito analgésico reduzido de uma droga depois de administração repetida. Clinicamente, o desenvolvimento de tolerância a opioides é um fator importante e restritivo para o tratamento em longo prazo com opioides. A tolerância é prevenida combinando-se antagonistas de receptores de colecistoquinina (CCK) ou antagonistas de receptores de NMDA com opioides (discutidos adiante). CCK, um neuropeptídio amplamente distribuído no sistema nervoso central de mamíferos,[260] está envolvido na reversão dos efeitos analgésicos dos opioides[261] e antagonistas de CCK previnem a tolerância analgésica induzida pelo opioide.[262] A administração espinal de antissoro CCK-8 reverte a tolerância analgésica produzida pela morfina, implicando que uma aumentada liberação endógena de CCK-8 pode ser a causa mais provável para o desenvolvimento de tolerância a opioides.[263-265]

A administração sistêmica ou espinal de antagonistas de receptores de NMDA previne o desenvolvimento de tolerância à morfina em animais.[266-269] Uma vez desenvolvidos, os antagonistas receptores de NMDA revertem essa tolerância.[270,271] Embora exista um grande número de antagonistas de receptores de NMDA seletivos, esses agentes não podem ser usados clinicamente em virtude dos efeitos colaterais adversos. Entretanto, existem diversas drogas clinicamente disponíveis com atividade antagonista ao NMDA, incluindo cetamina, dextrometorfano e memantina.[211] Clinicamente, Bell mostrou em três estudos de caso que baixas doses do antagonista de NMDA cetamina previnem o desenvolvimento de tolerância analgésica aos opioides.[212] Assim, o bloqueio de receptores de NMDA tanto espinal como sistemicamente previne o desenvolvimento de tolerância opioide.

TRATAMENTO NÃO FARMACOLÓGICO DA DOR

Clínicos utilizam diversas intervenções terapêuticas não farmacológicas para controlar a dor (para uma revisão, ver Wright e Sluka[272]). Essas modalidades terapêuticas são brevemente revisadas aqui. As evidências para sustentar o uso dessas modalidades serão dadas, porém várias dessas intervenções frequentes não têm evidências de suporte sólidas, principalmente em razão da falta de estudos desenvolvidos de forma apropriada. Assim, mecanismos de ação hipotéticos podem ser discutidos, os quais serão indicados como apropriados.

Estimulação elétrica

Estimulação nervosa elétrica transcutânea (TENS)

A Associação Norte-Americana de Fisioterapia define a estimulação nervosa elétrica transcutânea (TENS, na sigla em inglês) como a aplicação de estimulação elétrica sobre a pele para o controle da dor (Fig. 10.11) (para uma revisão, ver Sluka e Walsh[273]). A TENS é frequentemente usada para tratar um grande número de condições dolorosas, incluindo osteoartrite, dor lombar e fibromialgia, para citar algumas. A área médica não aceitava completamente a estimulação elétrica para o alívio da dor até Wall e Sweet[274] publicarem o primeiro artigo sobre TENS em resposta direta à teoria das comportas de controle da dor.[64]

Clinicamente, a TENS é aplicada em várias frequências, intensidades e durações de pulso para estimulação. A frequência para estimulação é amplamente classificada como TENS de alta frequência (>50Hz), baixa frequência (<10Hz) ou *"burst"* (explosões de estimulação de alta frequência aplicadas em uma frequência muito menor). A intensidade é determinada pela resposta do paciente tanto no nível sensorial da TENS como no seu nível motor. Alguns clínicos podem utilizar a estimulação abaixo da intensidade sensorial, denominada estimulação elétrica microcorrente. Até agora, não há dados que sustentem a estimulação elétrica microcorrente. Em geral, a TENS de alta frequência é aplicada em intensidade sensorial e referida como **TENS convencional**. Em contraste, a TENS de baixa frequência é comumente aplicada em altas intensidades para produzir uma contração motora. Esse modo de estimulação é referido como intenso, de baixa taxa ou **TENS tipo acupuntura**.

Os efeitos da TENS foram analisados em diversos modelos animais. A atividade espontânea e as informações aferentes nocivas às células do trato espinotalâmico são inibidas pela TENS de baixa e de alta frequência.[275-277] Garrison e Foreman fizeram registros de neurônios do corno dorsal em gatos e examinaram o efeito de várias frequências, intensidades e pulsos de duração na inibição de atividade de células do corno dorsal por meio da TENS.[276] Especificamente, o aumento da intensidade, da frequência ou da duração do pulso aumenta a quantidade de inibição dos neurônios do corno dorsal produzida pela TENS. Além disso, os efeitos da TENS sobre as células do corno dorsal apresentam curta duração, retornando ao normal depois que a TENS é removida. Esses dados sugerem que a TENS de alta e baixa frequência é efetiva, que o aumento da intensidade aumenta a inibição e que os efeitos da TENS são de curta duração.

Em um estudo, pesquisadores avaliaram o efeito do posicionamento do eletrodo colocando os eletrodos dentro do campo receptivo para um neurônio do trato espinotalâmico, do lado de fora do campo receptivo do neurônio, mas sobre o mesmo membro, e do lado contrário.[277] O maior grau de inibição da atividade das células do trato espinotalâmico ocorreu com os eletrodos posicionados dentro do campo receptivo para o neurônio e somente uma mínima inibição ocorreu quando posicionados sobre o mesmo membro mas fora do campo receptivo.[277] Do ponto de vista comportamental, em animais sem lesão tecidual, a aplicação de TENS na articulação do joelho não tem efeito sobre a latência de retirada da pata.[278] Esses dados sugerem que o posicionamento dos eletrodos é importante e que o maior efeito ocorrerá se aplicado no local da lesão onde seria esperado que afetasse o campo de receptividade dos neurônios sensibilizados.

Diversas teorias são utilizadas para apoiar o uso da TENS. A teoria das comportas do controle da dor é comumente utilizada para explicar a inibição da dor pela TENS. Diversos estudos sustentam a inibição mediada segmental na analgesia por TENS. Hoje existem dados muito mais detalhados sobre os mecanismos de ação da TENS, que incluem vias anatômicas, neurotransmissores e seus receptores, e tipos de neurônios envolvidos na inibição. A inibição por TENS de alta frequência é parcialmente evitada pela espinalização, a qual remove influências inibitórias descendentes.[279] Entretanto, uma quantidade significativa de inibição permanece após a

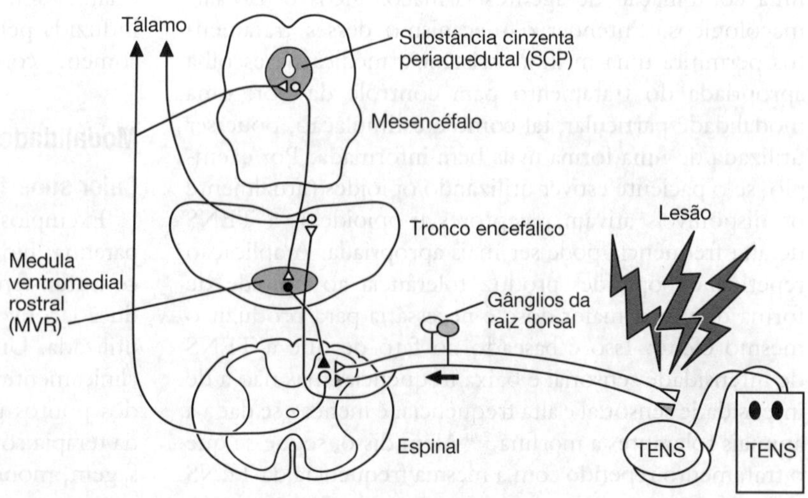

Figura 10.11 Desenho esquemático representando as vias inibitórias descendentes mais comuns. A substância cinzenta periaquedutal (SCP) envia impulsos para a medula ventromedial rostral (MVR), a qual projeta para o corno dorsal da medula espinal. Foi demonstrado que essa via utiliza serotonina, faz mediação da analgesia opioide e também está envolvida na facilitação descendente da dor. A TENS produz seu efeito ativando fibras aferentes de grande diâmetro no local da lesão, bem como ativando receptores opioides na medula espinal e na MVR. Para mais detalhes sobre a farmacologia da TENS, ver texto.

espinalização. Assim, a TENS parece produzir inibição tanto segmentar como descendente.

A liberação de opioides endógenos é usada para explicar as ações da TENS, particularmente da estimulação de baixa frequência. Dados recentes sustentam essa teoria tanto para a estimulação de baixa como para a de alta frequência.[280,281] As concentrações de β-endorfinas aumentam na corrente sanguínea e no fluido cerebroespinal de indivíduos saudáveis após a administração de TENS de baixa e de alta frequência.[282,283] Concentrações aumentadas de encefalina metionina, um agonista δ-opioide, e dinorfina A, um agonista δ-opioide, são observadas no fluido cerebroespinal lombar após tratamento de pacientes com TENS de baixa e de alta frequência, respectivamente.[284] Isso sugere que, no nível espinal, diferentes opioides são liberados com diferentes frequências de estimulação e, assim, possivelmente, diferentes receptores opioides se ativam para produzir analgesia com TENS de alta ou de baixa frequência. Tomados em conjunto, esses dados indicam que diversos opioides e seus receptores podem estar envolvidos na capacidade da TENS de aliviar a dor. Além disso, modelos de dor animais e humanos demonstram que os receptores μ-opioides estão envolvidos na anti-hiperalgesia produzida por baixa frequência, e receptores δ-opioides estão envolvidos na anti-hiperalgesia produzida por TENS de alta frequência.[279,280,281,285,286] A ativação de receptores opioides ocorre no sistema nervoso central e envolve vias descendentes inibitórias da MVR e da medula espinal.[280,281]

Além dos receptores opioides, a TENS de baixa frequência ativa receptores muscarínicos M1 e M3, bem como receptores serotonérgicos 5-Ht2 e 5-Ht3 na medula espinal.[287,288] A TENS de alta frequência ativa receptores muscarínicos M1 e M3, mas não receptores serotonérgicos na medula espinal.[287,288] Além disso, nem a TENS de baixa nem a de alta frequência utilizam receptores noradrenérgicos no sistema nervoso central para produzir sua analgesia.[288,289] Entretanto, perifericamente, receptores δ-2 noradrenérgicos parcialmente medeiam a analgesia produzida tanto pela TENS de alta como pela de baixa frequência.[289]

Pacientes com dor crônica tendem a ser tratados com uma combinação de agentes farmacológicos e não farmacológicos. Entender o mecanismo desses tratamentos permitirá uma melhor assistência médica na escolha apropriada do tratamento para controle da dor; uma modalidade particular, tal como a estimulação, pode ser utilizada de uma forma mais bem informada. Por exemplo, se o paciente estiver utilizando opioides (atualmente os disponíveis ativam receptores μ-opioides), a TENS de alta frequência pode ser mais apropriada. A aplicação repetida de opioides produz tolerância ao opioide de forma que uma maior dose é necessária para produzir o mesmo efeito. Isso é baseado no fato de que a TENS de intensidade sensorial e baixa frequência, mas não a de intensidade sensorial e alta frequência, é ineficaz se dada a animais tolerantes a morfina.[290] Além disso, segue-se que o tratamento repetido com a mesma frequência da TENS produziria uma tolerância a seus efeitos analgésicos. De fato, atualmente, o tratamento com TENS de baixa ou de alta frequência em animais com inflamação na articulação do joelho produz tolerância à TENS e uma tolerância cruzada à administração espinal tanto de μ- como de δ-opioides, respectivamente.[291] Assim, a TENS é inefetiva se a tolerância à morfina estiver presente e produz tolerância opioide com o uso repetitivo.

Uma alternativa é a combinação de tratamentos farmacêuticos com TENS, que pode aumentar o alívio da dor. De suporte, a combinação de clonidina agonista a-2 adrenérgica ou morfina com TENS de alta ou de baixa frequência resulta na potencialização dos efeitos da TENS.[273,291] Assim, uma menor dose de medicamento produz o mesmo grau de alívio da dor.

Corrente interferencial

A corrente interferencial é a aplicação de duas correntes de alta frequência que geram uma corrente de interferência. A terapia por corrente interferencial aumenta o fluxo sanguíneo e a temperatura da pele.[292] Dados que registram a efetividade da terapia com corrente interferencial são contraditórios. Indivíduos sem qualquer condição patológica conhecida tratados com 15 minutos de terapia com corrente interferencial não demonstraram alterações no limiar mecânico da dor.[293] Em contraste, estudos adicionais em indivíduos saudáveis demonstraram que a corrente interferencial reduziu a intensidade da dor isquêmica e aumentou o limiar da dor induzida pelo frio.[294,295] Clinicamente, a terapia por corrente interferencial é benéfica para o tratamento de condições dolorosas como dor por osteoartrite (para uma revisão, ver Belanger[296]). Outras pesquisas não encontraram benefícios no tratamento de dor lombar, maxilar e disfunções nos tecidos moles do ombro, tampouco na dor por osteoartrite, citada anteriormente.[296]

Potenciais mecanismos de ação na hipoalgesia induzida pela corrente interferencial incluem os mesmos mecanismos da TENS, entre os quais, inibição segmental e ativação das vias inibitórias descendentes. O aumento do fluxo sanguíneo demonstrado com a terapia interferencial também pode promover aquecimento tecidual. Assim, os mecanismos específicos para hipoalgesia induzida pela corrente interferencial são desconhecidos, somente com mecanismos especulativos propostos.

Modalidades térmicas

Calor superficial

Exemplos de calor superficial incluem bolsas quentes, parafina, hidroterapia, lâmpada infravermelha e turbilhão com transferência de energia térmica que ocorre por condução, convecção ou radiação, dependendo da modalidade utilizada. Uma grande variedade de resultados é relatada clinicamente. O calor úmido é efetivo para o alívio da dor dos pontos gatilhos sensitivos.[297] Em contraste, a adição da terapia com turbilhão ao tratamento-padrão (i. e., massagem, mobilização articular e exercícios) de uma fratura de Colles não proporciona benefícios quando comparada ao grupo que não a recebeu.[298] Em um modelo animal de artrite, um tratamento com banho quente reduziu espontaneamente o comportamento doloroso.[299]

Os efeitos fisiológicos da termoterapia incluem os que seguem: vasodilatação, relaxamento e aumento da extensibilidade do tecido mole e da taxa metabólica.[300] Os efeitos hipoalgésicos da termoterapia permanecem especulativos. É concebível que a remoção de produtos residuais e o aquecimento do tecido lesado possam eliminar os sinais de produção da dor que ativam os nociceptores. Uma alternativa é que o aumento da extensibilidade tecidual possa remover a ativação mecânica dos nociceptores criada pelos tecidos constritos.

Outra hipótese para os efeitos térmicos hipoalgésicos envolve mudanças na atividade das fibras aferentes. O aumento na temperatura dos músculos aumenta a atividade de fusos musculares dos grupos Ia e fibras aferentes dos órgãos tendinosos de Golgi tipo Ib, enquanto a atividade das fibras aferentes dos fusos musculares do tipo II diminui.[301] É possível que a ativação das fibras aferentes dos órgãos tendinosos de Golgi tipo IB diminua o espasmo muscular e a dor.

Calor profundo

Ultrassom e diatermia por ondas curtas são as duas formas de calor profundo mais comuns. A diatermia por ondas curtas emite energia eletromagnética, causando aquecimento tanto nos tecidos superficiais como nos profundos. Em indivíduos saudáveis, limiares de dor por pressão aumentam após 20 minutos de diatermia por ondas curtas.[302] Resultados similares são demonstrados em condições de dor. A diatermia por ondas curtas é mais efetiva do que o calor úmido no alívio da dor em pontos gatilhos sensitivos.[297] Colares cervicais equipados com um gerador de diatermia por ondas curtas tratam efetivamente pacientes com dor cervical ou síndrome de chicote aguda, com melhora na dor e na amplitude de movimento.[303,304] A diatermia por ondas curtas é benéfica no tratamento de osteoartrite, entorses de tornozelo, bursite calcificada de subdeltoide, dor cervical crônica, dor lombar, lesões ligamentares e de tecidos moles, pontos gatilhos e disfunções temporomandibulares (para uma revisão, ver Belanger[296]). Por outro lado, pesquisas encontraram que a diatermia por ondas curtas não é útil no tratamento de osteoartrite, entorse de tornozelo e dor lombar.[296] Dados mais conclusivos são necessários para fazer recomendações específicas sobre o uso da diatermia de ondas curtas no tratamento de condições dolorosas.

É possível que a hipoalgesia induzida por calor profundo envolva os mesmos mecanismos da terapia com calor superficial. Esses mecanismos potenciais incluem aquecimento tecidual, aumento da extensibilidade tecidual e alterações na atividade da fibra aferente. Como demonstrado com modalidades de calor superficial, pesquisas adicionais são necessárias para melhorar a compreensão dos mecanismos de alívio da dor, bem como as aplicações mais apropriadas no tratamento das condições dolorosas.

O ultrassom é uma modalidade terapêutica com frequências maiores do que 20.000 ciclos por segundo, resultando em efeitos térmicos e não térmicos.[300] Os supostos efeitos térmicos incluem o aumento do fluxo sanguíneo, da atividade metabólica e da extensibilidade do tecido colágeno, enquanto os efeitos não térmicos incluem o aumento da permeabilidade celular, da degranulação dos mastócitos, da síntese proteica e do cálcio intracelular.[300,305] Muitas das evidências biológicas que descrevem os efeitos do ultrassom foram realizadas *in vitro*, portanto, precauções devem ser tomadas ao se inferir os efeitos do ultrassom em condições clínicas.[305]

O ultrassom é usado no tratamento de uma variedade de condições musculoesqueléticas, que incluem bursite, tendinite calcificada, dor lombar, dor muscular de início tardio e dor miofascial (para uma revisão, ver Van der Windt et al.[306]). Infelizmente, a efetividade do ultrassom no tratamento dessas condições não é clara. Muitos dos estudos compreendem falhas metodológicas que incluem discrepâncias no diagnóstico, nos parâmetros do ultrassom (área de tratamento, duração do tratamento, intensidade), na dosimetria, controles fracos e saída funcional desconhecida do equipamento de ultrassom.[307] Como consequência, esses estudos clínicos fornecem evidências que tanto suportam como rejeitam o uso do ultrassom em condições dolorosas musculoesqueléticas. Por exemplo, pacientes com bursite subacromial não demonstraram alterações no relato de dor ou na amplitude de movimento em um estudo duplo-cego que comparou o ultrassom com tratamento placebo, enquanto revisões sistemáticas sustentam o uso para tendinites.[306,308] Pacientes diagnosticados com dor lombar demonstraram melhora na amplitude de movimento e no controle de dor após tratamento com ultrassom comparado com tratamento placebo.[309] O ultrassom é usado com frequência para tratar dor musculoesquelética; entretanto, são necessários mais estudos que utilizem melhor metodologia para determinar a eficácia do tratamento.

A quantidade de efeitos térmicos induzidos pelo ultrassom pode ser manipulada pelo aumento da intensidade, do ciclo completo (contínuo ou intermitente) e da duração do tratamento. Assim, é provável que os mecanismos de hipoalgesia sejam similares aos sistemas previamente mencionados para o calor superficial e profundo. Além dos mecanismos térmicos, o ultrassom tem supostos efeitos não térmicos. Esses efeitos incluem alteração na atividade celular e promoção da cicatrização de tecidos, tais como o reparo tendíneo, ósseo e nervoso (para uma revisão, ver Nussbaum[310]). Os parâmetros específicos e a interpretação de estudos em animais continuam a ser alvos de debate. A hipoalgesia induzida pelo ultrassom provavelmente tem efeitos tanto térmicos como não térmicos.

Crioterapia

A crioterapia resulta em vasoconstrição, a qual limita hemorragia, inflamação e edema; diminui o espasmo muscular; e produz anestesia.[311,312] Em indivíduos saudáveis, gelo triturado aplicado sobre o ombro aumenta o limiar à dor por pressão, o que foi mais efetivo do que a diatermia por ondas curtas aplicada nessa mesma região.[302] O uso de gelo no tratamento de dores musculoesqueléticas está bem estabelecido. O gelo é usado com frequência no tratamento de diversas condições musculoesqueléticas, incluindo entorses, condições pós-operatórias, espasmos e artrites.

Os efeitos analgésicos do gelo foram relatados, e o gelo é usado no tratamento da dor há séculos. Em 1945, Parsons e Goetzl propuseram pela primeira vez a teoria contrairritante utilizando o estímulo frio.[313] Especificamente, a aplicação do frio utilizando o spray de cloreto de etila aumentava o limiar de dor produzido por estimulação elétrica da polpa dentária.[313] A teoria contrairritante implica em um estímulo nocivo que ativa um mecanismo inibitório endógeno e, assim, diminui a percepção da dor de um segundo estímulo nocivo.

Uma teoria alternativa sobre os efeitos hipoalgésicos da crioterapia é baseada na redução da velocidade de condução nervosa induzida pelo frio.[314,315] Reduzir a velocidade de condução nervosa pode diminuir a atividade nociceptora incluindo a entrada de sinais para os centros supraespinais. Consequentemente, a redução nos sinais da dor sendo transmitidos afetaria as informações dolorosas.

Terapia manual

Massagem

A massoterapia é a manipulação e a mobilização da pele e do tecido muscular. Supostos efeitos fisiológicos incluem aumento na circulação, na amplitude de movimento, no aquecimento tecidual e no relaxamento/humor. Apesar do apelo universal da massagem, poucos ensaios controlados avaliaram a efetividade da massagem no alívio da dor. Ernst publicou duas revisões sistemáticas sobre massoterapia como tratamento para dor muscular de início tardio e dor lombar.[316,317] Ambas as revisões relataram grandes falhas metodológicas nos estudos pesquisados. Apesar das deficiências, Ernst concluiu que a massoterapia pode aliviar sintomas da dor muscular de início tardio.[316] No caso da dor lombar, um estudo encontrou que a massagem é superior ao não tratamento, enquanto dois estudos inferiram que a massoterapia é tão efetiva quanto as manipulações espinais ou a TENS.[317] Finalmente, um estudo encontrou que a massoterapia foi menos efetiva do que a manipulação espinal.[317] Ernst avaliou as revisões sistemáticas sobre massoterapia, concluindo que a massagem como uma intervenção terapêutica efetiva para o controle da dor não foi comprovada por ensaios clínicos.[318] Assim, pesquisas clínicas sobre massoterapia revelam uma variedade de recomendações terapêuticas.

Uma hipótese sobre os efeitos da massagem no alívio da dor envolve a teoria das comportas do controle da dor. A massagem ativa fibras aferentes largas, desse modo bloqueando os sinais nociceptivos na medula espinal. Assim, a massagem potencialmente fecha as comportas para a transmissão da dor.

O aumento da circulação e da extensibilidade tecidual após a massagem provavelmente afeta os relatos de dor (para uma revisão, ver Goats[319]). O aumento do fluxo sanguíneo pode levar ao aquecimento tecidual, assim reduzindo os sinais de condução dolorosa. O aumento da extensibilidade tecidual poderia reduzir a ativação mecânica do nociceptor. Além da redução da ativação do nociceptor, o aumento da amplitude de movimento pode aumentar a ativação de fibras aferentes na articulação, colocando em ação a teoria de controle das comportas.

Uma hipótese alternativa sobre os efeitos da massagem no alívio da dor envolve alterações na tensão muscular. A massagem reduz o reflexo H, que mede a atividade do motoneurônio, assim reduzindo o espasmo muscular. Este causa isquemia tecidual local, a qual ativa os nociceptores.[320-322] Diminuindo a atividade do motoneurônio, o espasmo é aliviado, o que, desse modo, reduz a ativação dos nociceptores. De forma interessante, nem todos os estudos demonstram uma redução na atividade do motoneurônio.[323] Essa perda de redução pode ser devida ao tipo de massagem e de ativação de receptores teciduais profundos. A massagem profunda resulta em uma maior redução na atividade do motoneurônio comparada com a massagem superficial.[320] Além disso, o bloqueio dos receptores cutâneos com um anestésico tópico não preveniu a redução no reflexo H causado pela massagem[321] e, assim, os efeitos são provavelmente um resultado da manipulação do tecido profundo.

Mobilização e manipulação articular

A mobilização e a manipulação articular são frequentemente utilizadas para tratar condições de dor aguda e crônica. Uma revisão sistemática de ensaios clínicos randomizados indicou que ~50% dos artigos revisados mostraram resultados favoráveis para a manipulação tanto na dor lombar aguda como na crônica.[324] Entretanto, a revisão foi inconclusiva sobre os efeitos da terapia de manipulação vertebral e dor lombar em virtude da metodologia deficiente dos artigos revisados. Em contraste, uma meta-análise concluiu que a terapia de manipulação da coluna foi consistentemente mais eficaz do que os tratamentos de comparação no tratamento da dor lombar.[325] Barr realizou uma revisão sistemática sobre a manipulação da coluna cervical e concluiu que podem ocorrer benefícios em curto prazo para pacientes com dor no pescoço e dores de cabeça.[326] Uma revisão sistemática concluiu positivamente o uso de manipulação no tratamento tanto de dor lombar como de dor cervical.[327] Ernst avaliou ensaios clínicos randomizados e concluiu que a manipulação vertebral era mais eficaz do que o tratamento com exercício no tratamento da dor cervical.[328] A efetividade da terapia de manipulação cervical no alívio da dor continua sendo debatida.

A hipoalgesia produzida pela mobilização articular e pela manipulação vertebral pode se dar em virtude de alterações na função do sistema nervoso simpático. Wright et al. demonstraram, em um estudo randomizado, duplo-cego e controlado por placebo, uma forte relação entre a hipoalgesia produzida pela manipulação vertebral e a excitação do sistema nervoso simpático em indivíduos diagnosticados com epicondilite lateral.[329]

Outro mecanismo de ação potencial envolve a ativação das vias descendentes. Para sustentar essas hipótese, o bloqueio espinal de serotonina, 5-HT1 e 5-HT2, previne a anti-hiperalgesia por meio da manipulação articular em inflamação aguda da articulação do tornozelo; além disso, é demonstrada redução parcial com o bloqueio espinal dos receptores de noradrenalina com ioimbina.[330] Assim, a anti-hiperalgesia produzida pela manipulação articular provavelmente envolve mecanismos inibitórios descendentes do MVR e do núcleo da ponte.

Uma hipótese final envolve alterações na tensão muscular. A manipulação vertebral reduz a ativação do motoneurônio como mensurado pelo reflexo H.[323,331] Essa redução na atividade do motoneurônio pode se refletir em uma redução no espasmo, eliminando, assim, as condições isquêmicas e a ativação dos nociceptores. Entretanto, as alterações no reflexo H são de curta duração, 20 a 30 segundos, e, portanto, são um mecanismo improvável.

Exercício

Clinicamente, o exercício é usado para tratar diversas condições dolorosas, incluindo dor neuropática, dor lombar, osteoporose, fibromialgia e dor musculoesquelética crônica.[3,332-336] Um grande número de estudos demonstra os benefícios do exercício no tratamento das dores musculoesqueléticas. Por exemplo, idosos diagnosticados com osteoartrite que realizaram treinamento de força e aeróbio relataram uma redução na dor (para uma revisão, ver Koltyn[337]). A conclusão no Banco de Dados Cochrane de Revisões Sistemáticas comprovou que os exercícios terapêuticos reduzem a dor e melhoram a função física em indivíduos com diagnóstico de osteoartrite de quadril ou joelho.[338]

O exercício é usado com frequência para tratar indivíduos com dor lombar. Revisões sistemáticas sobre exercícios e dor lombar fornecem evidências de que o exercício terapêutico é efetivo no tratamento de dor lombar crônica, mas não aguda.[336,339] O tipo de exercício usado no tratamento de dor lombar foi avaliado por outra revisão, em que os autores concluíram que o treino de força é frequentemente incorporado aos exercícios para dor lombar com resultados benéficos.[340]

Pesquisas adicionais precisam ser realizadas para encontrar a dosagem ideal (i. e., intensidade, duração, tipo) de exercícios necessários para se obter benefícios. Um grande número de estudos corrobora o uso de exercícios como instrumento no tratamento da dor; entretanto, esses estudos utilizaram uma ampla gama de parâmetros que não podem ser combinados em uma única prescrição de exercício. Talvez uma grande variedade de parâmetros seja aceitável quando se utilizam exercícios como instrumento para tratar a dor.

Pesquisadores continuam estudando os mecanismos de ação para a analgesia induzida pelo exercício. O conceito mais amplamente aceito envolve a ativação do sistema opioide endógeno com a ativação dos opioides endógenos associados com exercícios de alta intensidade (para uma revisão, ver Koltyn[341,342]). Além da ativação dos opioides endógenos, parece haver mecanismos de ação não opioides em virtude da pesquisa realizada usando-se nalaxone. Essas hipóteses incluem: ativação de fibras aferentes largas, que incorpora a teoria de controle das comportas, o retorno da função e a remoção das forças mecânicas e de cisalhamento, eliminando, assim, a irritação, além de aumento do bem-estar fisiológico, alterando a dimensão motivacional-afetiva da dor.

Educação

Educar os indivíduos sobre os mecanismos da dor e as técnicas de tratamento provavelmente afeta os componentes cognitivo-avaliativos e motivacional-afetivos da dor. Indivíduos que são bem informados sobre procedimentos cirúrgicos necessitam de menos medicação para dor do que indivíduos que não receberam informações.[343] A educação dos pacientes inclui a incorporação de estratégias de comportamento como parte do tratamento da dor. Por exemplo, estratégias de comportamento, tais como relaxamento ou *biofeedback*, são frequentemente usadas como mecanismos de enfrentamento no tratamento da dor.[344] Abordagens comportamentais cognitivas são efetivas no tratamento de dores de cabeça, artrite, fibromialgia, dor lombar e dor crônica (para uma revisão, ver Melzack e Wall[2]). A educação das crianças sobre técnicas de distração durante coletas sanguíneas de rotina faz que elas sintam menos dor e exibam menor angústia comportamental.[345] Adultos que utilizam estratégias cognitivas, tais como mecanismos de enfrentamento, durante um estímulo doloroso, relatam menor percepção da dor e tolerância elevada.[346] Assim, educar os indivíduos sobre eventos potencialmente dolorosos, intervenções terapêuticas e estratégias de comportamento pode afetar significativamente o comportamento da dor.

AGRADECIMENTOS

Gostaríamos de agradecer os subsídios da Arthritis Foundation, da Associação Norte-Americana de Fisioterapia (Mary Mcmillan, doutoranda) e do Instituto Nacional de Saúde dos Estados Unidos – (NIH) K02 AR 02201 e R01 NS 39735 – pelo suporte financeiro. Também gostaríamos de agradecer todos os nossos colegas (alunos de graduação, pós-doutores e colaboradores) que contribuíram muito para o conteúdo apresentado neste capítulo: drs. Westlund, Willis, Ma, Radhakrishnan, Skyba, bem como a sra. Gopalkrishnan, Kalra e o sr. Chandran

REFERÊNCIAS BIBLIOGRÁFICAS

1. Willis WD, Coggeshall RE: Sensory mechanisms of the spinal cord, ed 3, New York, 2004, Plenum.
2. Melzack R, Wall PD: Textbook of pain, ed 4, Edinburgh, 1999, Churchill Livingstone.
3. Loeser JD: Bonica's management of pain, ed 3, Philadelphia, 2001, Lippincott Williams & Wilkins.

4. Merskey H, Bogduk N: Classification of chronic pain: description of chronic pain syndromes and definition of pain terms, Seattle, 1994, IASP Press.
5. Melzack R, Casey KL: Sensory, motivational, and central control determinants of pain: a new conceptual model. In Kenshalo D, editor: The skin senses, Springfield, Ill, 1968, Thomas.
6. Marchettini, P: Muscle pain: animal and human experimental and clinical studies, Muscle Nerve 16:1033-1039, 1993.
7. Mense S: Nociception from skeletal muscle in relation to clinical muscle pain, Pain 54:241-289, 1993.
8. Schaible H-G, Grubb BD: Afferent and spinal mechanisms of joint pain, Pain 55:5-54, 1993.
9. Kellgren JH: Observations on referred pain arising from muscle, Clin Sci 3:175-190, 1938.
10. Simone DA, Marchettini P, Caputi G, Ochoa JL: Identification of muscle afferents subserving sensation of deep pain in humans, J Neurophysiol 72:883-889, 1994.
11. Ochoa J, Torebjork E: Sensations evoked by intraneural microstimulation of single mechanoreceptor units innervating the human hand, J Physiol 342:633-654, 1983.
12. Marchettini P, Cline M, Ochoa JL: Innervation territories for touch and pain afferents of single fascicles of the human ulnar nerve. Mapping through intraneural microrecording and microstimulation, Brain 113:1491-1500, 1990.
13. Graven-Nielsen T, Arendt-Nielsen L, Svensson P et al: Quantification of local and referred muscle pain in humans after sequential i.m. injections of hypertonic saline, Pain 69:111-117, 1997.
14. Graven-Nielsen T, Arendt-Nielsen L, Svensson P et al: Stimulus-response functions in areas with experimentally induced referred muscle pain: a psychophysical study, Brain Res 744(1):121-128, 1997.
15. Marchettini P, Simone DA, Caputi G et al: Pain from excitation of identified muscle nociceptors in humans, Brain Res 740(1-2):109-116, 1996.
16. Svensson P, Beydoun A, Morrow TJ et al: Human intramuscular and cutaneous pain: psychophysical comparisons, Exp Brain Res 114:390-392, 1997.
17. Witting N, Svensson P, Gottrup H et al: Intramuscular and intradermal injection of capsaicin: a comparison of local and referred pain, Pain 84:407-412, 2000.
18. O'Brien C, Woolf CJ, Fitzgerald M et al: Differences in the chemical expression of rat primary afferent neurons which innervate skin, muscle or joint, Neurosci 32:493-502, 1989.
19. Plenderleith MB, Snow PJ: The plant lectin Bandeiraea simplicifolia I-B4 identifies a subpopulation of small diameter primary sensory neurones which innervate the skin in the rat, Neurosci Lett 159:17-20, 1993.
20. Jensen K, Tuxen C, Pedersen-Bjergaard U et al: Pain, tenderness, wheal and flare induced by substance-P, bradykinin and 5-hydroxytryptamine in humans, Cephalalgia 11:175-182, 1991.
21. Pedersen-Bjergaard U, Nielsen LB, Jensen K et al: Calcitonin gene-related peptide, neurokinin A and substance P: effects on nociception and neurogenic inflammation in human skin and temporal muscle, Peptides 12:333-337, 1991.
22. Dubner R, Ren K: Assessing transient and persistent pain in animals. IN Wall PD, Melzack R, editors: Textbook of pain, ed 3, New York, 1999, Churchill Livingstone.
23. Feldman RS, Meyer JS, Quenzer LF: Principles of neuropsychopharmacology, Sunderland, 1997, Sinauer Associates.
24. Radhakrishnan R, Bement M, Skyba D et al: Models of muscle pain: carrageenan model and acidic saline model. In Enna SJ, Willimas M, Ferkany J et al, editors: Current protocols in pharmacology, Hoboken, NJ, 2004, John Wiley & Sons.
25. Ren K, Williams GM, Hylden JL et al: The intrathecal administration of excitatory amino acid receptor antagonists selectively attenuated carrageenan-induced behavioral hyperalgesia in rats, Eur J Pharmacol 219:235-243, 1992.
26. Ren K, Hylden JLK, Williams GM et al: The effects of a noncompetitive NMDA receptor antagonist, mk-801, on behavioral hyperalgesia and dorsal horn neuronal-activity in rats with unilateral inflammation, Pain 50:331-344, 1992.
27. Sluka KA: Stimulation of deep somatic tissue with capsaicin produces long-lasting mechanical allodynia and heat hypoalgesia that depends on early activation of the cAMP pathway, J Neurosci 22:5687-5693, 2002.
28. Radhakrishnan R, Moore SA, Sluka KA: Unilateral carrageenan injection into muscle or joint induces chronic bilateral hyperalgesia in rats, Pain 104:567-577, 2003.
29. Sluka KA, Westlund KN: Behavioral and immunohistochemical changes in an experimental arthritis model in rats, Pain 55:367-377, 1993.
30. Sluka KA, Kalra A, Moore SA: Unilateral intramuscular injections of acidic saline produce a bilateral, long-lasting hyperalgesia, Muscle Nerve 24:37-46, 2001.
31. Brennan TJ, Vandermeulen E, Gebhart GF: Characterization of a rat model of incisional pain, Pain 64:493-501, 1996.
32. Ness TJ, Gebhart GF: Methods in visceral pain research. In Kruger L, editor: Methods in pain research, Boca Raton, FL, 2001, CRC Press.
33. Ness TJ, Gebhart GF: Colorectal distension as a noxious visceral stimulus: physiologic and pharmacologic characterization of pseudaffective reflexes in the rat, Brain Res 450(1-2):153-169, 1988.
34. Bennett GJ, Xie YK: A peripheral mononeuropathy in rat that produces disorders of pain sensation like those seen in man, Pain 33:87-107, 1988.
35. Seltzer Z, Dubner R, Shir Y: A novel behavioral model of neuropathic pain disorders produced in rats by partial sciatic nerve injury, Pain 43:205-218, 1990.
36. Kim SH, Chung JM: An experimental-model for peripheral neuropathy produced by segmental spinal nerve ligation in the rat, Pain 50:355-363, 1992.
37. Gardner E, Lenn NJ: Fibers in monkey posterior articular nerves, Anat Rec 187:99-106, 1977.
38. Hepplemann B, Heuss C, Schmidt RF: Fiber size distribution of myelinated and unmyelinated axons in the medial and posterior articular nerves of the cat's knee joint, Somatosensory Res 5:273-281, 1988.
39. Stacey MJ: Free nerve endings in skeletal muscle of the cat, J Anat 105:231-254, 1969.
40. Schaible H-G, Schmidt RF: Effects of an experimental arthritis on the sensory properties of fine articular afferent units, J Neurophysiol 54:1109-1122, 1985.
41. Schaible H-G, Schmidt RF: Direct observation of the sensitization of articular afferents during an experimental arthritis. In Dubner R, Gebhart GF, Bond MR, editors: Proceedings of the Vth World Congress on Pain, Amsterdam, 1988, Elsevier.
42. Berberich P, Hoheisel U, Mense S: Effects of a carrageenan induced myositis on the discharge properties of group III and IV muscle receptors in the cat, J Neurophysiol 59:1395-1409, 1988.
43. Schaible H-G, Schmidt RF: Time course of mechanosensitivity changes in articular afferents during a developing experimental arthritis, J Neurophysiol 60:2180-2194, 1988.
44. Diehl B, Hoheisel U, Mense S: Histological and neurophysiological changes induced by carrageenan in skeletal muscle of cat and rat, Agents Actions 25:210-213, 1988.
45. Mense S, Stahnke M: Responses in muscle afferent fibres of slow conduction velocity to contractions and ischaemia in the cat, J Physiol 342:383-397, 1983.
46. Fock S, Mense S: Excitatory effects of 5-hydroxytryptamine, histamine and potassium ions on muscular group IV afferent units: a comparison with bradykinin, Brain Res 105:459-469, 1976.
47. Richardson BP, Engel G: The pharmacology and function of 5-HT3 receptors, Trends Neurosci 9:424-428, 1986.
48. Di Rosa M, Giroud JP, Willoughby DA: Studies of the mediators of the acute inflammatory response induced in rats in different sites by carrageenan and turpentine, J Pathol 104:15-29, 1971.
49. Koltzenburg M, Kress M, Reeh PW: The nociceptor sensitization by bradykinin does not depend on sympathetic neurons, Neurosci 46:465-473, 1992.

50. Manning DC, Raja SN, Meyer RA et al: Pain and hyperalgesia after intradermal injection of bradykinin in humans, Clin Pharmacol Ther 50:721-729, 1991.
51. Petho G, Derow A, Reeh PW: Bradykinin-induced nociceptor sensitization to heat is mediated by cyclooxygenase products in isolated rat skin, Eur J Neurosci 14:210-218, 2001.
52. Kirchhoff C, Jung S, Reeh PW et al: Carrageenan inflammation increases bradykinin sensitivity of rat cutaneous nociceptors, Neurosci Lett 111:206-210, 1990.
53. Schaible H-G, Schmidt RF: Excitation and sensitization of fine articular afferents from cat's knee joint by prostaglandin E2, J Physiol 403:91-104, 1988.
54. Cunha FQ, Poole S, Lorenzetti BB et al: The pivotal role of tumour necrosis factor alpha in the development of inflammatory hyperalgesia, Br J Pharmacol 107:660-664, 1992.
55. Feldmann M, Brennan FM, Elliott MJ et al: TNF alpha is an effective therapeutic target for rheumatoid arthritis, Ann NY Acad Sci 766:272-278, 1995.
56. Ferreira SH, Lorenzetti BB, Bristow AF et al: Interleukin-1 beta as a potent hyperalgesic agent antagonized by a tripeptide analogue, Nature 334:698-700, 1988.
57. Kaneko S, Satoh T, Chiba J et al: Interleukin-6 and interleukin-8 levels in serum and synovial fluid of patients with osteoarthritis, Cytokines Cell Mol Ther 6:71-79, 2000.
58. Kaneyama K, Segami N, Nishimura M et al: Importance of proinflammatory cytokines in synovial fluid from 121 joints with temporomandibular disorders, Br J Oral Maxillofac Surg 40:418-423, 2002.
59. Watkins LR, Maier SF, Goehler LE: Immune activation: the role of pro-inflammatory cytokines in inflammation, illness responses and pathological pain states, Pain 63:289-302, 1995.
60. Watkins LR, Wiertelak EP, Goehler LE et al: Characterization of cytokine-induced hyperalgesia, Brain Res 654:15-26, 1994.
61. Sommer C, Schmidt C, George A: Hyperalgesia in experimental neuropathy is dependent on the TNF receptor 1, Exp Neurol 151:138-142, 1998.
62. Sommer C, Schmidt C, George A et al: A metalloprotease-inhibitor reduces pain associated behavior in mice with experimental neuropathy, Neurosci Lett 237:45-48, 1997.
63. Sorkin LS, Xiao WH, Wagner R et al R: Tumour necrosis factor--alpha induces ectopic activity in nociceptive primary afferent fibres, Neurosci 81:255-262, 1997.
64. Melzack R, Wall PD: Pain mechanisms: a new theory, Science 150:971-979, 1965.
65. Yaksh TL, Rudy TA: Chronic catheterization of the spinal subarachnoid space, Physiol Behav 17:1031-1036, 1976.
66. Rexed B: The cytoarchitectonic organization of the spinal cord in the cat, J Comp Neurol 96:414-495, 1952.
67. Craig AD, Hepplemann B, Schaible HG: The projection of the medial and posterior articular nerves of the cat's knee to the spinal cord, J Comp Neurol 276:279-288, 1988.
68. Mense S, Craig AD Jr: Spinal and supraspinal terminations of primary afferent fibers from the gastrocnemius-soleus muscle in the cat, Neurosci 26:1023-1035, 1988.
69. Ling L-J, Honda T, Shimada Y et al: Central projection of unmyelinated C primary afferent fibers from gastrocnemius muscle in the guinea pig, J Comp Neurol 461:140-150, 2003.
70. Arendt-Nielsen L, Svensson P: Referred muscle pain: basic and clinical findings, Clin J Pain 17:11-19, 2001.
71. McCall IW, Park WM, O'Brien JP: Induced pain referral from posterior lumbar elements in normal subjects, Spine 4(5):441-446, 1979.
72. Laursen RJ, Graven-Nielsen T, Jensen TS, Arendt-Nielsen L: Quantification of local and referred pain in humans induced by intramuscular electrical stimulation, Eur J Pain 1(2):105-113, 1997.
73. Laursen RJ, Graven-Nielsen T, Jensen TS, Arendt-Nielsen L: Referred pain is dependent on sensory input from the periphery: a psychophysical study, Eur J Pain 1(4):261-269, 1997.
74. Coda BA, Bonica JJ: General considerations of acute pain. In Loeser JD, Butler SH, Chapman CR et al, editors: Bonica's management of pain, Philadelphia, 2001, Lippincott Williams & Wilkins.
75. Hoheisel U, Mense S, Simons DG, Yu XM: Appearance of new receptive fields in rat dorsal horn neurons following noxious stimulation of skeletal muscle: a model for referral of muscle pain? Neurosci Lett 153:9-12, 1993.
76. Hylden JL, Nahin RL, Traub RJ, Dubner R: Expansion of receptive fields of spinal lamina I projection neurons in rats with unilateral adjuvant-induced inflammation: the contribution of dorsal horn mechanisms, Pain 37:229-243, 1989.
77. Palecek J, Dougherty PM, Kim SH et al: Responses of spinothalamic tract neurons to mechanical and thermal stimuli in an experimental model of peripheral neuropathy in primates, J Neurophysiol 68:1951-1966, 1992.
78. Schaible H-G, Schmidt RF, Willis WD: Enhancement of the responses of ascending tract cells in the cat spinal cord by acute inflammation of the knee joint, Exp Brain Res 66:489-499, 1987.
79. Willis WD, Westlund KN: Neuroanatomy of the pain system and of the pathways that modulate pain, J Clin Neurophysiol 14:2-31, 1997.
80. Jones SL, Light AR: Serotoninergic medullary raphespinal projection to the lumbar spinal-cord in the rat: a retrograde immunohistochemical study, J Comp Neurol 322:599-610, 1992.
81. Ralston HJ 3rd, Ralston DD: Medial lemniscal and spinal projections to the macaque thalamus: an electron microscopic study of differing GABAergic circuitry serving thalamic somatosensory mechanisms, J Neurosci 14:2485-2502, 1994.
82. Garber JE, Hassenbusch SJ: Neurosurgical operations on the spinal cord. In Loeser JD, Butler SH, Chapman CR et al, editors: Bonica's management of pain, ed 3, New York, 1999, Lippincott Williams & Wilkins.
83. Craig AD, Bushnell MC, Zhang E-T et al: A thalamic nucleus specific for pain and temperature sensation, Nature 372:770-773, 1994.
84. McMahon SB, Wall PD: Descending excitation and inhibition of spinal cord lamina I projection neurons, J Neurophysiol 59:1204-1219, 1988.
85. Rees H, Roberts MH: The anterior pretectal nucleus: a proposed role in sensory processing, Pain 53:121-135, 1993.
86. Wall PD: The biological function and dysfunction of different pain mechanisms. In Sicuteri F, editor: Advances in pain research and therapy, vol 20, New York, 1992, Raven Press.
87. Willis WD Jr, Zhang X, Honda CN, Giesler GJ Jr: A critical review of the role of the proposed VMpo nucleus in pain, J Pain 3:79-94, 2002.
88. Lenz FA, Lee JI, Garonzik IM et al: Plasticity of pain-related neuronal activity in the human thalamus, Prog Brain Res 129:259-273, 2000.
89. Treede RD: Transduction and transmission properties of primary nociceptive afferents, Ross Fiziol Zh Im I M Sechenova 85:205-211, 1999.
90. Guilbaud G: 15 years of explorations in some supraspinal structures in rat inflammatory pain models, some information, but further questions, Pain Forum 3:168-179, 1994.
91. Guilbaud G, Benoist JM, Levante A et al: Primary somatosensory cortex in rats with pain-related behaviors due to a peripheral mononeuropathy after moderate ligation of one sciatic-nerve: neuronal responsivity to somatic stimulation, Exp Brain Res 92:227-245, 1992.
92. Coghill RC, Talbot JD, Evans AC et al: Distributed processing of pain and vibration by the human brain, J Neurosci 14:4095-4108, 1994.
93. Davis KD, Taylor SJ, Crawley AP et al: Functional MRI of pain- and attention-related activations in the human cingulate cortex, J Neurophysiol 77(6):3370-3380, 1997.
94. Kwan CL, Crawley AP, Mikulis DJ, Davis KD: An fMRI study of the anterior cingulate cortex and surrounding medial wall acti-

vations evoked by noxious cutaneous heat and cold stimuli, Pain 85(3):359-374, 2000.
95. Hofbauer RK, Rainville P, Duncan GH et al: Cortical representation of the sensory dimension of pain, J Neurophysiol 86(1):402-411, 2001.
96. Rainville P, Duncan GH, Price DD et al: Pain affect encoded in human anterior cingulate but not somatosensory cortex, Science 277(5328):968-971, 1997.
97. Fields HL, Basbaum AI: Central nervous system mechanisms of pain modulation. In Wall PD, Melzack R, editors: Textbook of pain, ed 3, New York, 1999, Churchill Livingstone.
98. Porreca F, Ossipov MH, Gebhart GF: Chronic pain and medullary descending facilitation, Trends Neurosci 25:319-325, 2002.
99. Herrero JF, Cervero F: Changes in nociceptive reflex facilitation during carrageenan-induced arthritis, Brain Res 717:62-68, 1996.
100. Urban MO, Zahn PK, Gebhart GF: Descending facilitatory influences from the rostral medial medulla mediate secondary, but not primary hyperalgesia in the rat, Neurosci 90:349-352, 1999.
101. Calejesan AA, Kim SJ, Zhuo M: Descending facilitatory modulation of a behavioral nociceptive response by stimulation in the adult rat anterior cingulate cortex, Eur J Pain 4:83-96, 2000.
102. Wei F, Zhuo M: Potentiation of sensory responses in the anterior cingulate cortex following digit amputation in the anaesthetised rat, J Physiol 532:823-833, 2001.
103. Wei F, Wang GD, Kerchner GA et al: Genetic enhancement of inflammatory pain by forebrain NR2B overexpression, Nat Neurosci 4(2):164-169, 2001.
104. Wei F, Qiu CS, Kim SJ et al: Genetic elimination of behavioral sensitization in mice lacking calmodulin-stimulated adenylyl cyclases, Neuron 36:713-726, 2002.
105. Reynolds DV: Surgery in the rat during electrical analgesia induced by focal brain stimulation, Science 164(878):444-445, 1969.
106. Dafny N, Dong WQ, Prieto-Gomez C et al: Lateral hypothalamus: site involved in pain modulation, Neurosci 70:449-460, 1996.
107. DeSalles AA, Katayama Y, Becker DP, Hayes RL: Pain suppression induced by electrical stimulation of the pontine parabrachial region. Experimental study in cats, J Neurosurg 62:397-407, 1985.
108. Gray BG, Dostrovsky JO: Red nucleus modulation of somatosensory responses of cat spinal cord dorsal horn neurons, Brain Res 311:171-175, 1984.
109. Hardy SG: Analgesia elicited by prefrontal stimulation, Brain Res 339:281-284, 1985.
110. Roberts MH, Rees H: The antinociceptive effects of stimulating the pretectal nucleus of the rat, Pain 25:83-93, 1986.
111. Segal M, Sandberg D: Analgesia produced by electrical stimulation of catecholamine nuclei in the rat brain, Brain Res 123:369-372, 1977.
112. Sluka KA, Rees H: The neuronal response to pain, Physiother Theory Prac 13:3-22, 1997.
113. Dubuisson D, Melzack R: Analgesic brain stimulation in the cat: effect of intraventricular serotonin, norepinephrine, and dopamine, Exp Neurol 57:1059-1066, 1977.
114. Liebeskind JC, Guilbaud G, Besson JM, Oliveras JL: Analgesia from electrical stimulation of the periaqueductal gray matter in the cat: behavioral observations and inhibitory effects on spinal cord interneurons, Brain Res 50:441-446, 1973.
115. Mayer DJ, Wolfe TL, Akil H et al: Analgesia from electrical stimulation in the brainstem of the rat, Science 174:1351-1354, 1971.
116. Guilbaud G, Besson JM, Liebeskind JC, Oliveras JL: Analgesia induced by stimulation of periaqueduc gray matter in cats: behavioral data and modifications of dorsal horn interneuron activity in the spinal cord, C R Acad Sci Hebd Seances Acad Sci D 275:1055-1057, 1972.
117. Abols IA, Basbaum AI: Afferent connections of the rostral medulla of the cat: a neural substrate for midbrain-medullary interactions in the modulation of pain, J Comp Neurol 201:285-297, 1981.
118. Heinricher MM: Organizational characteristics of supraspinally mediated responses to nociceptive input. In Yaksh TL, editor: Anesthesia: biologic foundations, Philadelphia, 1997, Lippincott-Raven.
119. Jones BE, Holmes CJ, Rodrignez-Veiga E et al: GABA-synthesizing neurons in the medulla: their relationship to serotonin-containing and spinally projecting neurons in the rat, J Comp Neurol 313:349-367, 1991.
120. Skagerberg G, Bjorklund A: Topographic principles in the spinal projections of serotonergic and non-serotonergic brainstem neurons in the rat, Neurosci 15:445-480, 1985.
121. Aimone LD, Gebhart GF: Stimulation-produced spinal inhibition from the midbrain in the rat is mediated by an excitatory amino acid neurotransmitter in the medial medulla, J Neurosci 6(6):1803-1813, 1986.
122. Aimone LD, Gebhart GF: Spinal monoamine mediation of stimulation-produced antinociception from the lateral hypothalamus, Brain Res 403:290-300, 1987.
123. Dickenson AH, Oliveras JL, Besson JM: Role of the nucleus raphe magnus in opiate analgesia as studied by the microinjection technique in the rat, Brain Res 170:95-111, 1979.
124. Rossi GC, Pasternak GW, Bodnar RJ: Mu and delta opioid synergy between the periaqueductal gray and the rostro-ventral medulla, Brain Res 665:85-93, 1994.
125. Zorman G, Belcher G, Adams JE et al: Lumbar intrathecal naloxone blocks analgesia produced by microstimulation of the ventromedial medulla in the rat, Brain Res 236:77-84, 1982.
126. Harasawa I, Fields HL, Meng ID: Delta opioid receptor mediated actions in the rostral ventromedial medulla on tail flick latency and nociceptive modulatory neurons, Pain 85:255-262, 2000.
127. Holden JE, Schwartz EJ, Proudfit HK: Microinjection of morphine in the A7 catecholamine cell group produces opposing effects on nociception that are mediated by alpha1- and alpha2--adrenoceptors, Neurosci 91:979-990, 1999.
128. Jones SL, Gebhart GF: Spinal pathways mediating tonic, coeruleospinal, and raphe-spinal descending inhibition in the rat, J Neurophysiol 58:138-159, 1987.
129. Li W, Zhao ZQ: Yohimbine reduces inhibition of lamina X neurones by stimulation of the locus coeruleus, Neuroreport 4:751-753, 1993.
130. Tsuruoka M, Willis WD: Descending modulation from the region of the locus coeruleus on nociceptive sensitivity in a rat model of inflammatory hyperalgesia, Brain Res 743:86-92, 1996.
131. Zhao Z-Q, Duggan AW: Idazoxan blocks the action of noradrenaline but not spinal inhibition from electrical stimulation of the locus coeruleus and nucleus Kolliker-fuse of the cat, Neurosci 25:997-1005, 1988.
132. Prado WA, Roberts MHT: An assessment of the antinociceptive and aversive effects of stimulating identified sites in the rat brain, Brain Res 340:219-228, 1985.
133. Rees H, Roberts MHT: Anterior pretectal stimulation alters the responses of spinal dorsal horn neurones to cutaneous stimulation in the rat, J Physiol 385:415-436, 1987.
134. Wiberg M, Blomqvist A: The spinomesencephalic tract in the cat: its cells of origin and termination pattern as demonstrated by the intra-axonal transport method, Brain Res 291:1-18, 1984.
135. Chiang CY, Dostrovsky JO, Sessle BJ: Periaqueductal gray matter and nucleus raphe magnus involvement in anterior pretectal nucleus-induced inhibition of jaw-opening reflex in rats, Brain Res 544:71-78, 1991.
136. Terenzi MG, Rees H, Morgan SJ et al: The antinociception evoked by anterior pretectal nucleus stimulation is partially dependent upon ventrolateral medullary neurones, Pain 47:231-239, 1991.
137. Mamede Rosa ML, Prado WA: Antinociception induced by opioid or 5-HT agonists microinjected into the anterior pretectal nucleus of the rat, Brain Res 757:133-138, 1997.
138. Rees H, Roberts MHT: Antinociceptive effects of dorsal column stimulation in the rat: involvement of the anterior pretectal nucleus, J Physiol 417:375-388, 1989.
139. Yezierski RP, Gerhard KD, Shrock BJ et al: A further examination of effects of cortical stimulation on primate spinothalamic tract cells, J Neurophysiol 49:424-441, 1983.

140. Carpenter D, Lundberg A, Norrsell U: Primary afferent depolarization evoked from the sensorimotor cortex, Acta Physiologica Scandinavica 59:126-142, 1963.
141. Raja SN, Meyer RA, Ringkamp M et al: Peripheral neural mechanisms of nociception. In Melzack R, Wall PD, editors: Textbook of pain, ed 4, New York, 1999, Churchill Livingstone.
142. Bayliss SW: The vaso-motor system, London, 1923, Longmans, Green and Co.
143. Sluka KA, Willis WD, Westlund KN: The role of dorsal root reflexes in neurogenic inflammation, Pain Forum 4:141-149, 1995.
144. Larsson J, Ekblom A, Henriksson K et al: Concentration of substance P, neurokinin A, calcitonin gene-related peptide, neuropeptide Y and vasoactive intestinal polypeptide in synovial fluid from knee joints in patients suffering from rheumatoid arthritis, Scand J Rheumatol 20:326-335, 1991.
145. White DM, Helme RD: Release of substance P from peripheral nerve terminals following electrical stimulation of the sciatic nerve, Brain Res 336:27-31, 1985.
146. Yaksh TL, Bailey J, Roddy DR et al: Peripheral release of substance P from primary afferents. In Gebhardt GF, Bond MR, editors: Proceedings from the Fifth World Congress on Pain, Amsterdam, 1988, Elsevier.
147. Barnes PJ: Neurogenic inflammation and asthma, J Asthma 29:165-180, 1992.
148. Bethel RA, Brokaw JJ, Evans TW et al: Substance P-induced increase in vascular permeability in the rat trachea does not depend on neutrophils or other components of circulating blood, Exp Lung Res 14:769-779, 1988.
149. Brain SD, Williams TJ: Inflammatory oedema induced by synergism between calcitonin gene-related peptide (CGRP) and mediators of increased vascular permeability, Br J Pharmacol 86:855-860, 1985.
150. Levine JD, Clark R, Devor M et al: Intraneuronal substance P contributes to the severity of experimental arthritis, Science 226:547-549, 1984.
151. Appelgren A, Applegren B, Eriksson S et al: Neuropeptides in temporomandibular joints with rheumatoid arthritis: a clinical study, Scand J Dent Res 99:519-521, 1991.
152. Larsson J, Ekblom A, Henriksson K et al: Immunoreactive tachykinins, calcitonin gene-related peptide and neuropeptide Y in human synovial fluid from inflamed knee joints, Neurosci Lett 100:326-330, 1989.
153. Mapp PI, Kidd BL, Gibson SJ et al: Substance P-, calcitonin gene-related peptide- and C-flanking peptide of neuropeptide Y-immunoreactive fibres are present in normal synovium but depleted in patients with rheumatoid arthritis, Neurosci 37:143-153, 1990.
154. Marshall KW, Chiu B, Inman RD: Substance P and arthritis: analysis of plasma and synovial fluid levels, Arthritis Rheum 33:87-90, 1990.
155. Pereira da Silva JA, Carmo-Fonesca M: Peptide containing nerves in hyman synovium: immunohistochemical evidence for decreased innervation in rheumatoid arthritis, J Rheumatol 17:1592-1599, 1990.
156. Colpaert FC, Donnerer J, Lembeck F: Effects of capsaicin on inflammation and on substance P content of nervous tissues in rats with adjuvant arthritis, Life Sci 32:1827-1834, 1983.
157. Lam FY, Ferrell WR: Inhibition of carrageenan induced inflammation in the rat knee joint by substance P antagonists, Ann Rheum Dis 48:928-932, 1989.
158. Levine JD, Moskowitz MA, Basbaum AI: The contribution of neurogenic inflammation in experimental arthritis, J Immunol 135:843s-847s, 1985.
159. Millan MJ: The induction of pain: an integrative review, Prog Neurobiol 57:1-164, 1999.
160. Wilcox GL: Pharmacological studies of grooming and scratching behavior elicited by spinal substance P and excitatory amino acids, Ann NY Acad Sci 525:228-236, 1988.
161. Radhakrishnan V, Henry JL: Novel substance P antagonist, CP-96345, blocks responses of cat spinal dorsal horn neurons to noxious cutaneous stimulation and substance P, Neurosci Lett 132:39-43, 1991.
162. Dougherty PM, Willis WD: Enhancement of spinothalamic neuron responses to chemical and mechanical stimuli following combined micro-iontophoretic application of N-methyl-D-aspartic acid and substance-P, Pain 47:85-93, 1991.
163. Fleetwood-Walker SM, Mitchell R, Hope PJ et al: The involvement of neurokinin receptor subtypes in somatosensory processing in the superficial dorsal horn of the cat, Brain Res 519:169-182, 1990.
164. Neugebauer V, Weiretter F, Schaible H-G: Involvement of substance P and neurokinin-1 receptors in the hyperexcitability of dorsal horn neurons during development of acute arthritis in rat's knee joint, J Neurophysiol 73:1574-1583, 1995.
165. Radhakrishnan V, Henry JL: Antagonism of nociceptive responses of cat spinal dorsal horn neurons in vivo by the NK-1 receptor antagonists CP-96,345 and CP-99,994, but not by CP-96,344, Neurosci 64:943-958, 1995.
166. Sluka KA, Milton MA, Westlund KN et al: Differential roles of neurokinin 1 and neurokinin 2 receptors in the development and maintenance of heat hyperalgesia induced by acute inflammation, Br J Pharmacol 120:1263-1273, 1997.
167. Yashpal K, Radhakrishnan V, Coderre TJ et al: CP-96,345, but not its stereoisomer, CP,96,344, blocks the nociceptive responses to intrathecally administered substance P and to noxious thermal and chemical stimuli in the rat, Neurosci 52:1039-1047, 1993.
168. Khasabov SG, Rogers SD, Ghilardi JR et al: Spinal neurons that possess the substance P receptor are required for the development of central sensitization, J Neurosci 22:9086-9098, 2002.
169. Suzuki R, Morcuende S, Webber M et al: Superficial NK1-expressing neurons control spinal excitability through activation of descending pathways, Nature Neurosci 5:1319-1326, 2002.
170. Neugebauer V, Ruemenapp P, Schaible H-G: Calcitonin gene-related peptide is involved in the spinal processing of mechanosensory input from the rat's knee joint and in the generation and maintenance of hyperexcitability of dorsal horn neurons during development of acute inflammation, Neurosci 71:1095-1109, 1996.
171. Stein C: The control of pain in peripheral tissue by opioids, Mechanisms of Disease 332:1685-1690, 1995.
172. Stein C, Hassan AH, Przewlocki R et al: Opioids from immunocytes interact with receptors on sensory nerves to inhibit nociception in inflammation, Proceedings of the National Academy of Science USA 87:5935-5939, 1990.
173. Stein C, Millan MJ, Shippenberg TS et al: Peripheral opioid receptors mediating antinociception in inflammation: evidence for involvement of mu, delta and kappa receptors, J Pharmacol Exp Ther 248:1269-1275, 1989.
174. Przewlocki R, Hassan AH, Lason W et al: Gene expression and localization of opioid peptides in immune cells of inflamed tissue: functional role in antinociception, Neurosci 48:491-500, 1992.
175. Watson SJ, Akil H: alpha-MSH in rat brain: occurrence within and outside of beta-endorphin neurons, Brain Res 182:217-223, 1980.
176. Schedlowski M, Fluge T, Richter S et al: Beta-endorphin, but not substance-P, is increased by acute stress in humans, Psychoneuroendocrinology 20:103-110, 1995.
177. Schwarz L, Kindermann W: Changes in beta-endorphin levels in response to aerobic and anaerobic exercise, Sports Med 13:25-36, 1992.
178. Basbaum AI, Fields HL: Endogenous pain control systems: brainstem spinal pathways and endorphin circuitry, Ann Rev Neurosci 7:309-338, 1984.
179. Sluka KA, Rohlwing JJ, Bussey RA et al: Chronic muscle pain induced by repeated acid injection is reversed by spinally administered μ-, and δ-, but not κ-, opioid receptor agonists, J Pharmacol Exp Ther 302:1146-1150, 2002.
180. Yaksh TL: Central pharmacology of nociceptive transmission. In Wall PD, Melzack R, editors, Textbook of pain, ed 4, New York, 1999, Churchill Livingstone.

181. Twycross RG: Opioids. In Wall PD, Melzack R, editors: Textbook of pain, ed 4, New York, 1999, Churchill Livingstone.
182. Carlton SM, Hargett GL, Coggeshall RE: Localization and activation of glutamate receptors in unmyelinated axons of rat glabrous skin, Neurosci Lett 197:25-28, 1995.
183. Westlund KN, Sun YC, Sluka KA et al: Neural changes in acute arthritis in monkeys. II. Increased glutamate immunoreactivity in the medial articular nerve, Brain Res Rev 17:15-27, 1992.
184. Du J, Koltzenburg M, Carlton SM: Glutamate-induced excitation and sensitization of nociceptors in rat glabrous skin, Pain 89:187-198, 2001.
185. Jackson DL, Graff CB, Richardson JD et al: Glutamate participates in the peripheral modulation of thermal hyperalgesia in rats, Eur J Pharmacol 284:321-325, 1995.
186. Lawand NB, Willis WD, Westlund KN: Excitatory amino acid receptor involvement in peripheral nociceptive transmission in rats, Eur J Pharmacol 324:169-177, 1997.
187. Lawand NB, McNearney T, Westlund KN: Amino acid release into the knee joint: key role in nociception and inflammation, Pain 86:69-74, 2000.
188. McNearney T, Speegle D, Lawand N et al: Excitatory amino acid profiles of synovial fluid from patients with arthritis, J Rheumatol 27:739-745, 2000.
189. Westlund KN, Lu Y, Coggeshall RE et al: Serotonin is found in myelinated axons of the dorsolateral funiculus in monkeys, Neurosci Lett 141:35-38, 1992.
190. Carlton SM, Coggeshall RE: Inflammation-induced changes in peripheral glutamate receptor populations, Brain Res 820:63-70, 1999.
191. Schneider SP, Perl ER: Selective excitation of neurons in the mammalian spinal dorsal horn by aspartate and glutamate in vitro: correlation with location and synaptic input, Brain Res 360:339-343, 1985.
192. Schneider SP, Perl ER: Comparison of primary afferent and glutamate excitation of neurons in the mammalian spinal dorsal horn, J Neurosci 8:2062-2073, 1988.
193. Coderre TJ, Fisher K, Fundytus ME: The role of ionotropic and metabotropic glutamate receptors in persistent nociception. In Jensen TJ, Turner JA, Wiesenfeld-Hallin Z, editors: Proceedings of the 8th World Congress on Pain, Seattle, 1997, IASP Press.
194. Coderre TJ, Katz J, Vaccarino AL et al: Contribution of central neuroplasticity to pathological pain: review of clinical and experimental evidence, Pain 52:259-285, 1993.
195. Calcutt NA, Chaplan SR: Spinal pharmacology of tactile allodynia in diabetic rats, Br J Pharmacol 122:1478-1482, 1997.
196. Coderre TJ, Melzack R: The role of NMDA receptor-operated calcium channels in persistent nociception after formalin-induced tissue injury, J Neurosci 12:3671-3675, 1992.
197. Mao J, Price DD, Hayes RL et al: Differential roles of NMDA and non-NMDA receptor activation in induction and maintenance of thermal hyperalgesia in rats with painful peripheral mononeuropathy, Brain Res 598:271-278, 1992.
198. Skyba DA, King EW, Sluka KA: Effects of NMDA and non-NMDA ionotropic glutamate receptor antagonists on the development and maintenance of hyperalgesia induced by repeated intramuscular injection of acidic saline, Pain 98:69-78, 2002.
199. Sluka KA, Westlund KN: Centrally administered non-NMDA but not NMDA receptor antagonists block peripheral knee joint inflammation, Pain 55:217-225, 1993.
200. Davies SN, Lodge D: Evidence for involvement of N-methylaspartate receptors in "wind-up" of class 2 neurons in the dorsal horn of the rat, Brain Res 424:402-406, 1987.
201. Dickenson AH, Sullivan AF: Subcutaneous formalin-induced activity of dorsal horn neurones in the rat: differential response to an intrathecal opiate administered pre or post formalin, Pain 30:349-360, 1987.
202. Woolf CJ, Thompson SW: The induction and maintenance of central sensitization is dependent on N-methyl-D-aspartic acid receptor activation: implications for the treatment of post injury pain hypersensitivity, Pain 44:293-299, 1991.
203. Chapman V, Dickenson AH: Time-related roles of excitatory amino acid receptors during persistent noxiously evoked responses of rat dorsal horn neurones, Brain Res 703:45-50, 1995.
204. Dougherty PM, Palecek J, Paleckova V et al: The role of NMDA and non-NMDA excitatory amino-acid receptors in the excitation of primate spinothalamic tract neurons by mechanical, chemical, thermal, and electrical stimuli, J Neurosci 12:3025-3041, 1992.
205. Neugebauer V, Lucke T, Schaible H-G: N-Methyl-D-Aspartate (NMDA) and non-NMDA receptor antagonists block the hyperexcitability of dorsal horn neurons during development of acute arthritis in rats knee joint, J Neurophysiol 70:1365-1377, 1993.
206. Hollmann M, Hartley M, Heinemann S: Ca2+ permeability of KA-AMPA—gated glutamate receptor channels depends on subunit composition, Science 252:851-853, 1991.
207. Sorkin LS, Yaksh TL, Doom CM: Pain models display differential sensitivity to Ca2+-permeable non-NMDA glutamate receptor antagonists, Anesthesiology 95:965-973, 2001.
208. Sluka KA, Jordan HH, Westlund KN: Reduction in joint swelling and hyperalgesia following post treatment with a non-NMDA glutamate receptor antagonist, Pain 59:95-100, 1994.
209. Zahn PK, Brennan TJ: Lack of effect of intrathecally administered N-methyl-D-aspartate receptor antagonists in a rat model for postoperative pain, Anesthesiology 88:143-156, 1998.
210. Zahn PK, Umali E, Brennan TJ: Intrathecal non-NMDA excitatory amino acid receptor antagonists inhibit pain behaviors in a rat model of postoperative pain, Pain 74:213-223, 1998.
211. Wiesenfeld-Hallin Z: Combined opioid-NMDA antagonist therapies: what advantages do they offer for the control of pain syndromes? Drugs 55:1-4, 1998.
212. Bell RF: Low-dose subcutaneous ketamine infusion and morphine tolerance, Pain 83:101-103, 1999.
213. Castro-Lopes JM, Tavares I, Tolle TR et al: Increase in GABAergic cells and GABA levels in the spinal-cord in unilateral inflammation of the hindlimb in the rat, Eur J Neurosci 4:296-301, 1992.
214. Lin Q, Peng YB, Willis WD: Inhibition of primate spinothalamic tract neurons by spinal glycine and GABA is reduced during central sensitization, J Neurophysiol 76:1005-1014, 1996.
215. Hammond DL, Drower EJ: Effects of intrathecally administered THIP, baclofen, and muscimol on nociceptive threshold, Eur J Pharmacol 103:121-125, 1984.
216. Stewart PE, Hammond DL: Activation of spinal delta-1 or delta-2 opioid receptors reduces carrageenan-induced hyperalgesia in the rat, J Pharmacol Exp Ther 268:701-708, 1994.
217. Munglani R, Hill RG: Other drugs including sympathetic blockers. In Wall PD, Melzack R, editors: Textbook of pain, ed 4, New York, 1999, Churchill Livingstone.
218. Nuseir K, Proudfit HK: Bidirectional modulation of nociception by GABA neurons in the dorsolateral pontine tegmentum that tonically inhibit spinally projecting noradrenergic A7 neurons, Neurosci 96:773-783, 2000.
219. Beitz AJ: The sites of origin brain stem neurotensin and serotonin projections to the rodent nucleus raphe magnus, J Neurosci 2:829-842, 1982.
220. Bowker RM, Westlund KN, Coulter JD: Origins of serotonergic projections to the lumbar spinal cord in the monkey using a combined retrograde transport and immunocytochemical technique, Brain Res Bull 9:271-278, 1982.
221. Headley PM, Duggan AW, Griersmith BT: Selective reduction of noradrenaline and 5-hydroxytryptamine of nociceptive responses of cat dorsal horn neurones, Brain Res 145:185-189, 1978.
222. Hamon M, Gallisot MC, Menard F et al: 5-HT3 receptor binding sites are on capsaicin-sensitive fibers in the rat spinal cord, Eur J Pharmacol 164:315-322, 1989.
223. Marlier L, Teilhac J-R, Cerruti C et al: Autoradiographic mapping of 5-HT1, 5-HT1A, 5-HT1B and 5-HT2 receptors in the rat spinal cord, Brain Res 550:15-23, 1991.
224. Alhaider AA, Lei SZ, Wilcox GL: Spinal 5-HT3 receptor-mediated antinociception: possible release of GABA, J Neurosci 11:1881-1888, 1991.

225. Calejesan AA, Ch'ang MHC, Zhuo M: Spinal serotonergic receptors mediate facilitation of a nociceptive reflex by subcutaneous formalin injection into the hindpaw in rats, Brain Res 798:46-54, 1998.
226. Glaum SR, Proudfit HK, Anderson EG: 5-HT3 receptors modulate spinal nociceptive reflexes, Brain Res 510:12-16, 1990.
227. Alhaider AA, Wilcox GL: Differential roles of 5-hydroxytryptamine1A and 5- hydroxytryptamine1B receptor subtypes in modulating spinal nociceptive transmission in mice, J Pharmacol Exp Ther 265:378-385, 1993.
228. Chen CC, England S, Akopian AN et al: A sensory neuron--specific, proton-gated ion channel, Proceedings of the National Academy of Science USA 95:10240-10245, 1998.
229. Eide PK, Joly NM, Hole K: The role of spinal cord5-HT1A and 5-HT1B receptors in the modulation of a spinal nociceptive reflex, Brain Res 536:195-200, 1990.
230. Solomon RE, Gebhart GF: Mechanisms of effects of intrathecal serotonin on nociception and blood pressure in rats, J Pharmacol Exp Ther 245:905-912, 1988.
231. Clark FM, Proudfit HK: The projection of locus coeruleus neurons to the spinal cord in the rat determined by anterograde tracing combined with immunocytochemistry, Brain Res 538:231-245, 1991.
232. Westlund KN, Bowker RM, Ziegler MG et al: Descending noradrenergic projections and their spinal terminations, Prog Brain Res 57:219-238, 1983.
233. Goldin SM, Subbarao K, Sharma R et al: Neuroprotective use--dependent blockers of Na+ and Ca2+ channels controlling presynaptic release of glutamate, Ann NY Acad Sci 765:210-229, 1995.
234. Kuraishi Y, Hirota N, Sato Y et al: Noradrenergic inhibition of the release of substance P from primary afferents in the rabbit spinal cord dorsal horn, Brain Res 359:177-182, 1985.
235. Proudfit HK: Pharmacologic evidence for the modulation of nociception by noradrenergic neurons, Prog Brain Res 77:357-370, 1988.
236. Yaksh TL: Pharmacology of spinal adrenergic systems which modulate spinal nociceptive processing, Pharmacol Biochem Behav 22:845-858, 1985.
237. Erjavec MK, Coda BA, Nguyen Q et al: Morphine-fluoxetine interactions in healthy volunteers: analgesia and side effects, J Clin Pharmacol 40:1286-1295, 2000.
238. Rosland JH, Hunskaar S, Hole K: Modification of the antinociceptive effect of morphine by acute and chronic administration of clomipramine in mice, Pain 33:349-355, 1988.
239. Singh VP, Jain NK, Kulkarni SK: On the antinociceptive effect of fluoxetine, a selective serotonin reuptake inhibitor, Brain Res 915:218-226, 2001.
240. Monks R, Merskey H: Psychotropic drugs. In Wall PD, Melzack R, editors: Textbook of pain, New York, 1999, Churchill Livingstone.
241. Jarvis MF, Mikusa J, Chu KL et al: Comparison of the ability of adenosine kinase inhibitors and adenosine receptor agonists to attenuate thermal hyperalgesia and reduce motor performance in rats, Pharmacol Biochem Behav 73:573-581, 2002.
242. Willis WD Jr: Dorsal root potentials and dorsal root reflexes: a double-edged sword, Exp Brain Res 124:395-421, 1999.
243. Eisenach JC, Curry R, Hood DD: Dose response of intrathecal adenosine in experimental pain and allodynia, Anesthesiology 97:938-942, 2002.
244. Reeh PW, Steen KH: Tissue acidosis in nociception and pain, Prog Brain Res 113:143-151, 1996.
245. Price MP, McIlwrath SL, Xie J et al: The DRASIC cation channel contributes to the detection of cutaneous touch and acid stimuli in mice, Neuron 32:1071-1083, 2001.
246. Sluka KA, Price MP, Breese NM et al: Chronic hyperalgesia induced by repeated acid injections in muscle is abolished by the loss of ASIC3, but not ASIC1, Pain 106:229-239, 2003.
247. Caterina MJ, Leffler A, Malmberg AB et al: Impaired nociception and pain sensation in mice lacking the capsaicin receptor, Science 288:306-313, 2000.
248. Caterina MJ, Rosen TA, Tominaga M et al: A capsaicin-receptor homologue with a high threshold for noxious heat, Nature 398:436-441, 1999.
249. Baker MD, Wood JN: Involvement of Na+ channels in pain pathways, Trends Pharmacol Sci 22:27-31, 2001.
250. Waxman SG, Dib-Hajj S, Cummins TR et al: Sodium channels and their genes: dynamic expression in the normal nervous system, dysregulation in disease states (1), Brain Res 886:5-14, 2000.
251. Towheed TE, Hochberg MC: A systematic review of randomized controlled trials of pharmacological therapy in osteoarthritis of the knee, with an emphasis on trial methodology, Sem Arthritis Rheum 26:755-770, 1997.
252. Lashbrook JM, Ossipov MH, Hunter JC et al: Synergistic antiallodynic effects of spinal morphine with ketorolac and selective, Pain 82:65-72, 1999.
253. Malmberg AB, Yaksh TL: Pharmacology of the spinal action of ketorolac, morphine, ST-91, U50,488, and L-PIA on the formalin test and an isobolographic analysis of the NSAID interaction, Anesthesiology 79:270-281, 1993.
254. Maves TJ, Pechman PS, Meller ST et al: Ketorolac potentiates morphine antinociception during visceral nociception in the rat, Anesthesiology 80:1094-1101, 1994.
255. Picard P, Bazin JE, Conio N et al: Ketorolac potentiates morphine in postoperative patient-controlled analgesia, Pain 73:401-406, 1997.
256. Sandrini M, Ottani A, Vitale G et al: Acetylsalicylic acid potentiates the antinociceptive effect of morphine in the rat: involvement of the central serotonergic system, Eur J Pharmacol 355:133-140, 1998.
257. Schreiber S, Backer MM, Yanai J et al: The antinociceptive effect of fluvoxamine, Eur Neuropsychopharmacol 6:281-284, 1996.
258. Fairbanks CA, Nguyen HO, Grocholski BM et al: Moxonidine, a selective imidazoline-alpha2-adrenergic receptor agonist, produces spinal synergistic antihyperalgesia with morphine in nerve--injured mice, Anesthesiology 93:765-773, 2000.
259. Fairbanks CA, Posthumus IJ, Kitto KF et al: Moxonidine, a selective imidazoline/alpha(2) adrenergic receptor agonist, synergizes with morphine and deltorphin II to inhibit substance P-induced behavior in mice, Pain 84:13-20, 2000.
260. Beinfeld MC, Meyer DK, Eskay RL et al: The distribution of cholecystokinin immunoreactivity in the central nervous system of the rat as determined by radioimmunoassay, Brain Res 212:51-57, 1981.
261. Faris PL, Komisaruk BR, Watkins LR et al: Evidence for the neuropeptide cholecystokinin as an antagonist of opiate analgesia, Science 219:310-312, 1983.
262. Kellstein DE, Mayer DJ: Spinal co-administration of cholecystokinin antagonists with morphine prevents the development of opioid tolerance, Pain 47:221-229, 1991.
263. Bian JT, Sun MZ, Han JS: Reversal of electroacupuncture tolerance by CCK-8 antiserum: an electrophysiological study on pain-related neurons in nucleus parafascicularis of the rat, Int J Neurosci 72:15-29, 1993.
264. Ding XZ, Fan SG, Zhou JP et al: Reversal of tolerance to morphine but no potentiation of morphine-induced analgesia by antiserum against cholecystokinin octapeptide, Neuropharmacol 25:1155-1160, 1986.
265. Han JS, Ding XZ, Fan SG: Cholecystokinin octapeptide (CCK-8): antagonism to electroacupuncture analgesia and a possible role in electroacupuncture tolerance, Pain 27:101-115, 1986.
266. Mao J, Price DD, Mayer DJ: Thermal hyperalgesia in association with the development of morphine tolerance in rats: roles of excitatory amino acid receptors and protein kinase C, J Neurosci 14:2301-2312, 1994.
267. Marek P, Ben Eliyahu S, Gold M et al: Excitatory amino acid antagonists (kynurenic acid and MK-801) attenuate the development of morphine tolerance in the rat, Brain Res 547:77-81, 1991.
268. Price DD, Mao J, Lu J et al: Effects of the combined oral administration of NSAIDS and dexomethorphan on behavioral symptoms indicative of arthritic pain in rats, Pain 68:119-127, 1996.

269. Trujillo KA, Akil H: Inhibition of morphine tolerance and dependence by the NMDA receptor antagonist MK-801, Science 251:85-87, 1991.
270. Elliott K, Hynansky A, Inturrisi CE: Dextromethorphan attenuates and reverses analgesic tolerance to morphine, Pain 59:361-368, 1994.
271. Tiseo PJ, Cheng J, Pasternak GW et al: Modulation of morphine tolerance by the competitive N-methyl-D-aspartate receptor antagonist LY274614: assessment of opioid receptor changes, J Pharmacol Exp Ther 268:195-201, 1994.
272. Wright A, Sluka KA: Nonpharmacological treatments for musculoskeletal pain, Clin J Pain 17:33-46, 2001.
273. Sluka KA, Walsh DM: TENS: basic science mechanisms and clinical effectiveness, J Pain 4:109-121, 2003.
274. Wall PD, Sweet WH: Temporary abolition of pain in man, Science 155:108-109, 1967.
275. Garrison DW, Foreman RD: Decreased activity of spontaneous and noxiously evoked dorsal horn cells during transcutaneous electrical nerve stimulation (TENS), Pain 58:309-315, 1994.
276. Garrison DW, Foreman RD: Effects of prolonged transcutaneous electrical nerve stimulation (TENS) and variation of stimulation variables on dorsal horn cell activity, Eur J Phys Med Rehabil 6:87-94, 1997.
277. Lee KH, Chung JM, Willis WD Jr: Inhibition of primate spinothalamic tract cells by TENS, J Neurosurg 62:276-287, 1985.
278. Sluka KA, Bailey K, Bogush J et al: Treatment with either high or low frequency TENS reduces the secondary hyperalgesia observed after injection of kaolin and carrageenan into the knee joint, Pain 77:97-102, 1998.
279. Woolf CJ, Mitchell D, Barrett GD: Antinociceptive effect of peripheral segmental electrical stimulation in the rat, Pain 8:237-252, 1980.
280. Kalra A, Urban MO, Sluka KA: Blockade of opioid receptors in rostral ventral medulla prevents antihyperalgesia produced by transcutaneous electrical nerve stimulation (TENS), J Pharmacol Exp Ther 298:257-263, 2001.
281. Sluka KA, Deacon M, Stibal A et al: Spinal blockade of opioid receptors prevents the analgesia produced by TENS in arthritic rats, J Pharmacol Exp Ther 289:840-846, 1999.
282. Hughes GS, Lichstein PR, Whitlock D et al: Response of plasma beta-endorphins to transcutaneous electrical nerve stimulation in healthy subjects, Phys Ther 64:1062-1066, 1984.
283. Salar G, Job I, Mingrino S et al: Effect of transcutaneous electrotherapy on CSF β-endorphin content in patients without pain problems, Pain 10:169-172, 1981.
284. Han JS, Chen XH, Sun SL et al: Effect of low and high frequency TENS on met-enkephalin-arg-phe and dynorphin A immunoreactivity in human lumbar CSF, Pain 47:295-298, 1991.
285. Han JS, Xie GX, Ding ZX et al: High and low frequency electroacupuncture analgesia are mediated by different opioid peptides, Pain 2(suppl):543, 1984.
286. Sjolund BH, Eriksson MB: The influence of naloxone on analgesia produced by peripheral conditioning stimulation, Brain Res 173:295-301, 1979.
287. Radhakrishnan R, Sluka KA: Spinal muscarinic receptors are activated during low or high frequency TENS-induced antihyperalgesia in rats, Neuropharmacol 45:1111-1119, 2003.
288. Radhakrishnan R, King EW, Dickman J et al: Spinal 5-HT(2) and 5-HT(3) receptors mediate low, but not high, frequency TENS-induced antihyperalgesia in rats, Pain 105:205-213, 2003.
289. King EW, Audette KM, Athman GA et al: Transcutaneous electrical nerve stimulation activates peripherally located alpha-2a adrenergic receptors, Pain, in Press.
290. Sluka KA, Judge MA, McColley MM et al: Low frequency TENS is less effective than high frequency TENS at reducing inflammation induced hyperalgesia in morphine tolerant rats, Eur J Pain 4:185-193, 2000.
291. Chandran P, Sluka KA: Development of opioid tolerance with repeated TENS administration, Pain 102:195-201, 2003.
292. Noble JG, Henderson G, Cramp AFL et al: The effect of interferential therapy upon cutaneous blood flow in humans, Clin Physiol 20:2-7, 2000.
293. Alves-Guerreiro JA, Noble JG, Lowe AS et al: The effect of three electrotherapeutic modalities upon peripheral nerve conduction and mechanical pain threshold, Clin Physiol 21:704-711, 2001.
294. Johnson MI, Tabasam G: A single-blind placebo-controlled investigation into the analgesic effects of interferential currents on experimentally induced ischaemic pain in healthy subjects, Clin Physiol Func Imaging 22(3)187-196, 2002.
295. Johnson MI, Tabasam G: A single-blind investigation into the hypoalgesic effects of different swing patterns of interferential currents on cold-induced pain in healthy volunteers, Arch Phys Med Rehabil 84:350-357, 2003.
296. Belanger A-Y: Evidence-based guide to therapeutic physical agents, Baltimore, 2002, Lippincott Williams & Wilkins.
297. McCray RE, Patton NJ: Pain relief at trigger points: a comparison of moist heat and shortwave diathermy, J Orthop Sports Phys Ther 5:175-178, 1984.
298. Toomey R, Grief-Schwartz R, Piper MC: Clinical evaluation of the effects of whirlpool on patients with Colles' fractures, Physiother Can 38:280-284, 1986.
299. Sluka KA, Christy MR, Peterson WL et al: Reduction of pain-related behaviors with either cold or heat treatment in an animal model of acute arthritis, Arch Phys Med Rehabil 80:313-317, 1999.
300. Cameron MH: Physical agents in rehabilitation from research to practice, ed 2, St. Louis, 2003, Saunders.
301. Mense S: Effects of temperature on the discharges of muscle spindles and tendon organs, Plufger Arch 374:159-166, 1978.
302. Benson TB, Copp EP: The effects of therapeutic forms of heat and ice on the pain threshold of the normal shoulder, Rheumatol Rehab 13:101-104, 1974.
303. Foley-Nolan D, Barry C, Coughlan RJ et al: Pulsed high frequency (27 MHz) electromagnetic therapy for persistent neck pain, Orthopedics 13:445-451, 1990.
304. Foley-Nolan D, Moore K, Codd M et al: Low energy high frequency pulsed electromagnetic therapy for acute whiplash injuries, Scand J Rehab Med 24:51-59, 1992.
305. Baker KG, Robertson VJ, Duck FA: A review of therapeutic ultrasound: biophysical effects, Phys Ther 81:1351-1358, 2001.
306. van der Windt DA, van der Heijden GJ, van den Berg SG et al: Ultrasound therapy for musculoskeletal disorders: a systematic review, Pain 81:257-271, 1999.
307. Robertson VJ, Baker KG: A review of therapeutic ultrasound: effectiveness studies, Phys Ther 81:1339-1350, 2001.
308. Downing DS, Weinstein A: Ultrasound therapy of subacromial bursitis: a double blind trial, Phys Ther 66:194-199, 1986.
309. Nwuga VC: Ultrasound in treatment of back resulting from prolapsed intervertebral disc, Arch Phys Med Rehabil 64:88-89, 1983.
310. Nussbaum E: The influence of ultrasound on healing tissues, J Hand Ther 11:140-147, 1998.
311. Barnes L: Cryotherapy-putting injury on ice, Phys Sports Med 7(6):130-136, 1979.
312. Ho SS, Coel MN, Kagawa R, Richardson AB: The effects of ice on blood flow and bone metabolism in knees, Am J Sports Med 22:537-540, 1994.
313. Parsons CM, Goetzl FR: Effect of induced pain on pain threshold, Proc Soc Exp Biol Med 60:327-329, 1945.
314. Abramson DI, Chu LS, Tuck S Jr et al: Effect of tissue temperatures and blood flow on motor nerve conduction velocity, JAMA 198(10):1082-1088, 1966.
315. Lee JM, Warren MP, Mason SM: Effects of ice on nerve conduction velocity, Physiother 64:2-6, 1978.
316. Ernst E: Does post-exercise massage treatment reduce delayed onset muscle soreness? A systematic review, Br J Sports Med 32:212-214, 1998.
317. Ernst E: Massage therapy for low back pain: a systematic review, J Pain Symptom Management 17:65-69, 1999.

318. Ernst E: Manual therapies for pain control: chiropractic and massage, Clin J Pain 20:8-12, 2004.
319. Goats GC: Massage—the scientific basis of an ancient art: part 2. Physiological and therapeutic effects, Br J Sp Med 28:153-156, 1994.
320. Goldberg J, Sullivan SJ, Seaborne DE: The effect of two intensities of massage on H-reflex amplitude, Phys Ther 72:449-457, 1992.
321. Morelli M, Chapman CE, Sullivan SJ: Do cutaneous receptors contribute to the changes in the amplitude of the H-reflex during massage? Electromyogr Clin Neurophysiol 39:441-447, 1999.
322. Sullivan SJ, Williams LR, Seaborne DE, Morelli M: Effects of massage on alpha motorneuron excitability, Phys Ther 71:555-560, 1991.
323. Dishman JD, Bulbulian R: Comparison of effects of spinal manipulation and massage on motoneuron excitability, Electromyogr Clin Neurophysiol 41:97-106, 2001.
324. Koes BW, Assendelft WJ, van der Heijden GJ, Bouter LM: Spinal manipulation for low back pain: an updated systematic review of randomized clinical trials, Spine 21:2860-2873, 1996.
325. Anderson R, Meeker WC, Wirick BE et al: A meta-analysis of clinical trials of spinal manipulation, J Manip Physiol Therap 15:181-194, 1992.
326. Barr JS: Point of view: manipulation and mobilization of the cervical spine: a systematic review of the literature, Spine 21:1759-1760, 1996.
327. Bronfort G, Haas M, Evans RL et al: Efficacy of spinal manipulation and mobilization for low back pain and neck pain: a systematic review and best evidence synthesis, Spine 4:335-356, 2004.
328. Ernst E: Chiropractic spinal manipulation for neck pain: a systematic review, J Pain 4:417-421, 2004.
329. Vicenzino B, Collins D, Benson H et al: An investigation of the interrelationship between manipulative therapy-induced hypoalgesia and sympathoexcitation, J Manip Physiol Ther 21:448-453, 1998.
330. Skyba DA, Radhakrishnan R, Rohlwing JJ et al: Joint manipulation reduces hyperalgesia by activation of monoamine receptors but not opioid or GABA receptors in the spinal cord, Pain 106:159-168, 2003.
331. Dishman JD, Burke J: Spinal reflex excitability changes after cervical and lumbar spinal manipulation, Spine 3:204-212, 2003.
332. Clark SR: Prescribing exercise for fibromyalgia patients, Arthritis Care Res 7:221-225, 1994.
333. Ferrell AB, Josephson KR, Pollan AM et al: A randomized trial of walking versus physical methods for chronic pain management, Aging Clin Exp Res 9:99-105, 1997.
334. Malmros B, Mortensen L, Jensen MB et al: Positive effects of physiotherapy on chronic pain and performance in osteoporosis, Osteoporos Int 8:215-221, 1998.
335. McCain GA, Bell DA, Mai FM et al: A controlled study of the effects of a supervised cardiovascular fitness training program on the manifestations of primary fibromyalgia, Arthritis Rheum 31:1135-1141, 1988.
336. van Tulder MW, Koes BW, Bouter LM: Conservative treatment of acute and chronic nonspecific low back pain: a systematic review of randomized controlled trials of the most common interventions, Spine 22:2128-2156, 1997.
337. Koltyn KF: Using physical activity to manage pain in older adults, J Aging Physical Activity 10:226-239, 2002.
338. Fransen M, McConnell S, Bell M: Exercise for osteoarthritis of the hip or knee, Cochrane Database for Systematic Reviews, 3, 2003.
339. van Tulder MW, Malmivaara A, Esmail R, Koes BW: Exercise therapy for low back pain, Cochrane Database of Systematic Reviews, 2, 2000.
340. Liddle SD, Baxter GD, Gracey JH: Exercise and chronic low back pain: what works? Pain 197:176-190, 2004.
341. Koltyn KF: Analgesia following exercise: a review, Sports Med 29:85-98, 2000.
342. Koltyn KF: Exercise-induced hypoalgesia and intensity of exercise, Sports Med 32:477-487, 2002.
343. Schmitt FE, Wooldridge PJ: Psychological preparation of surgical patients, Nursing Res 22:108-115, 1973.
344. DePalma MT, Weisse CS: Psychological influences on pain perception and non-pharmacologic approaches to the treatment of pain, J Hand Ther 10:183-191, 1997.
345. Vessey JA, Carlson KL, McGill J: Use of distraction with children during an acute pain experience, Nursing Res 43:369-372, 1994.
346. Williams DA, Thorn BE: Can research methodology affect treatment outcome? A comparison of two cold pressor test paradigms, Cognit Ther Res 10:539-546, 1986.

CAPÍTULO

11

Bases fisiológicas dos agentes físicos

Mark A. Merrick

INTRODUÇÃO

Com a notória exceção dos exercícios ativos, as modalidades terapêuticas são provavelmente as ferramentas mais utilizadas na reabilitação musculoesquelética. Considerando-se que o termo *modalidades terapêuticas* é, na realidade, muito amplo e tecnicamente abrange uma grande variedade de tratamentos, incluindo exercícios e até mesmo cirurgia, este capítulo está focado somente em agentes físicos.

Os agentes físicos, que incluem frio, calor, som, luz, diatermia, correntes elétricas, *laser*, massagem e compressão terapêuticos, compreendem um conjunto de ferramentas formidáveis nas mãos de profissionais experientes e bem informados. Utilizadas com a técnica adequada e sob circunstâncias corretas, essas ferramentas têm o potencial de afetar significativamente os resultados do paciente. Mesmo assim, muitos profissionais não maximizam os benefícios do uso de agentes físicos, de modo que alguns conseguem poucos benefícios a partir deles ou mesmo se negam a utilizá-los em suas práticas de assistência ao paciente.

Modalidades terapêuticas comuns

- Frio e crioterapia
- Calor superficial
- Ultrassom
- Infravermelho
- Diatermia
- Corrente elétrica
- *Laser*
- Massagem
- Compressão

Embora os agentes físicos certamente sejam comuns e familiares aos profissionais da reabilitação, é surpreendente como são usados de forma inapropriada em grande parte do tempo. Eles são muitas vezes usados pela razão errada, no momento errado, com os parâmetros errados ou como substitutos de um tratamento mais efetivo. Com frequência, esses erros levam a uma eficácia deficiente, a qual, por sua vez, pode tornar difícil justificar o uso desses agentes aos profissionais da saúde, pacientes ou seguradoras.

Conhecimentos necessários para o uso correto das modalidades terapêuticas

- Seus efeitos fisiológicos
- Seus benefícios
- Seus propósitos específicos de uso
- Que elas são ferramentas no processo total de reabilitação
- Que a patologia de cada paciente é única
- Que a resposta de cada paciente ao tratamento é única

O uso incorreto de agentes físicos geralmente decorre de uma compreensão incompleta ou inadequada de seus efeitos fisiológicos e, portanto, de seus benefícios e limitações. O ultrassom terapêutico é o melhor exemplo disso. Existem algumas controvérsias sobre a efetividade do ultrassom terapêutico, a qual é analisada em uma revisão conduzida por Robertson e Baker.[1] Em sua revisão, os autores examinaram 35 estudos publicados sobre ultrassom terapêutico e foram forçados a descartar 25 deles em virtude da fraca metodologia de pesquisa. Então, analisaram os dez artigos restantes e concluíram que não existia nenhuma evidência de que o ultrassom fosse clinicamente efetivo na melhora da amplitude de movimento ou no alívio da dor. Na verdade, somente em dois dos dez artigos examinados o ultrassom era melhor do que o placebo. À primeira vista, esse estudo parece ser uma condenação do uso clínico do ultrassom e, de fato, essa é a única conclusão razoável que Robertson e Baker obtiveram com base nos artigos publicados que examinaram.

Um exame mais detalhado, entretanto, revela que esse estudo é um exemplo de obtenção de conclusões problemáticas em virtude da escassez de dados. Oito dos dez estudos avaliados nessa revisão apresentavam graves falhas em seu uso do ultrassom, de modo que ninguém poderia esperar que os tratamentos tivessem sucesso.[2] Uma vez que os profissionais e os pesquisadores participantes naqueles estudos aparentemente não possuíam um conhecimento sobre os efeitos fisiológicos e as limitações dessa modalidade, os tratamentos oferecidos perderam a capacidade de beneficiar seus pacientes. Sua pesquisa com falhas, mas publicada, na verdade leva a conclusões dúbias em uma revisão que agora se tornou a principal razão para muitos profissionais se tornarem hesitantes no uso dessa modalidade.

Claramente, compreender as bases fisiológicas para o uso de agentes físicos é fundamental se os profissionais pretendem utilizar esses agentes de maneira eficaz. Neste capítulo, serão analisadas as bases para o uso de agentes físicos durante cada uma das principais fases do processo de reabilitação. Em cada uma dessas fases, problemas e objetivos que podem ser lidados com o uso científico dos agentes físicos são tratados de maneira específica. Este não é um capítulo que discute em detalhes como usar os agentes físicos, mas sim por que e quando utilizá-los.

Em uma discussão sobre as bases fisiológicas para o uso dos agentes físicos, alguns princípios básicos devem ser observados. Primeiro, os agentes físicos são ferramentas de reabilitação e não substitutos para um programa de reabilitação abrangente. Agentes físicos podem ser utilizados para auxiliar profissionais e seus pacientes a atingir objetivos específicos, mas geralmente não podem alcançar objetivos isoladamente. Segundo, os agentes físicos devem ser utilizados somente quando os profissionais têm um propósito ou objetivo específico identificado para o seu uso. Uma ferramenta é efetiva somente quando é utilizada para fazer o trabalho ao qual é designada. Chaves de fenda são boas para apertar parafusos, mas são péssimas para cortar tábuas. O mesmo pode ser dito sobre as compressas quentes úmidas, as quais são úteis para combater a dor, mas não para inibir a formação de um edema agudo. Combinar os efeitos fisiológicos de um agente físico ao objetivo de tratamento é fundamental. Terceiro, a patologia e a resposta ao tratamento de cada paciente são únicas. Embora o profissional deva escolher os agentes físicos com base em seus efeitos fisiológicos e nos objetivos terapêuticos específicos que deseja alcançar, ele deve reconhecer que a natureza única de cada paciente requer uma abordagem individualizada. Protocolos de "livros de receitas" para agentes físicos devem ser evitados e, geralmente, não são eficazes. Por exemplo, o uso de bolsa de gelo para produzir níveis similares de resfriamento em pacientes com diferentes camadas adiposas requer tratamentos com durações muito diferentes (Fig. 11.1).[3,4]

Para tornar o uso de agentes físicos verdadeiramente efetivo, o profissional deve ser capaz de combinar os efeitos fisiológicos específicos do agente com os objetivos imediatos da reabilitação. Do mesmo modo, essa abordagem também esclarece o ponto em que, no processo de reabilitação, cada modalidade pode ser descontinuada. Em outras palavras, o profissional deve descontinuar o uso de uma modalidade quando o objetivo for atingido ou quando estiver aparente que a modalidade não está funcionando ou está produzindo efeitos indesejados. Dizendo de um modo geral, os agentes físicos oferecem um enorme potencial benéfico na fase inflamatória e de reparo/proliferação de uma lesão, e normalmente oferecem uma contribuição muito menor na fase de remodelação. Neste capítulo não será abordada a discussão sobre agentes físicos na fase de remodelação, pois eles geralmente são usados apenas para evitar o reinício do processo inflamatório.

Estágios em que as modalidades terapêuticas são mais efetivas

- Coagulação
- Inflamação
- Reparo/proliferação

AGENTES FÍSICOS DURANTE A FASE INFLAMATÓRIA

Talvez não exista nenhuma oportunidade maior para influenciar o resultado de uma lesão pelo uso de agentes físicos do que durante a fase inflamatória, pois esta é a única hora em que o clínico pode influenciar a lesão em si e não somente a sequela dessa lesão.[5] Embora a inflamação seja com certeza um estímulo necessário para o reparo e a regeneração tecidual, não ocorre sem seus próprios problemas recém-criados.[6-8] Os problemas fisiológicos que surgem nesse ponto geralmente levam semanas para se resolverem e podem impedir o progresso da reabilitação dos pacientes. A dificuldade de resolver os problemas específicos associados com a fase inflamatória geralmente significa que eles vão demorar muito tempo para chegar à fase reparativa, em que eles interferem na velocidade e na qualidade do reparo. Pior ainda, se ignorados, a sequela da inflamação aguda pode levar a uma inflamação crônica ou recorrente, a qual pode afetar significativamente o resultado do paciente.

Para serem mais efetivos durante a fase inflamatória, os clínicos precisam iniciar intervenções com agentes físicos o mais cedo possível após a lesão.[5,7,9-11] O ideal é que os clínicos estejam presentes e possam intervir assim que uma lesão ocorre, de forma que os tratamentos possam atuar no combate às sequelas indesejáveis da infla-

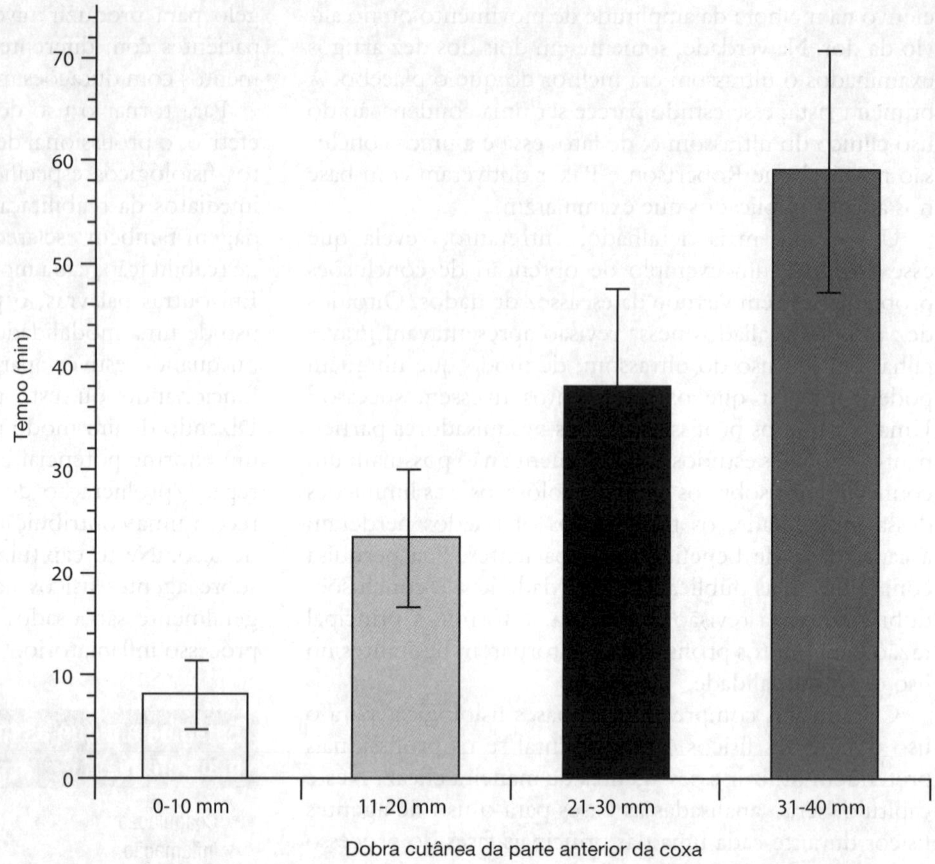

Figura 11.1 Tempo necessário para produzir um resfriamento uniforme (abaixo de 7°C) com a aplicação de bolsas de gelo em pacientes com diferentes espessuras de tecido adiposo. (De Otte J, Merrick M, Ingersoll C, Cordova M: Subcutaneous adipose tissue thickness alters cooling time during cryotherapy, *Arch Phys Med Rehabil* 83 (11): 1501-1505, 2002.)

mação.[5,7,12,13] Em muitos casos, entretanto, isso não é possível e os clínicos são incapazes de intervir até que a resposta da fase aguda esteja em andamento ou mesmo quase completa. O uso de agentes físicos no tratamento da inflamação já presente é ainda útil, pois ajuda a resolver os sintomas; entretanto, não é tão útil quanto seria se tivesse sido iniciado imediatamente após a lesão, quando existia a chance de influenciar a própria lesão.

Problemas fisiológicos e objetivos

Conforme discutido no Capítulo 1 deste livro, a lesão aguda resulta em diversos problemas fisiológicos. Visto que a maioria das lesões musculoesqueléticas é asséptica, fechada e, portanto, não possui risco associado de infecção, a resposta fisiológica do corpo a elas, a inflamação, é uma faca de dois gumes. A inflamação fornece um claro benefício limitando os danos e iniciando o reparo. Entretanto, ao mesmo tempo, isso tem um efeito negativo, pois causa danos adicionais ao tecido que são desnecessários na ausência de um "exército bacteriano" invasor. A severidade dos danos e dos problemas fisiológicos durante essa fase pode ser minimizada com o uso de agentes físicos. Entendendo os problemas, os clínicos podem identificar qual agente físico usar, como e por que usá-lo.

Lesão secundária

O primeiro e talvez mais importante dos problemas fisiológicos é a lesão secundária.[7,9,13] Quando uma lesão ocorre, ela imediatamente envolve dano tecidual ultraestrutural, tal como a fratura de um osso, o qual é chamado de *lesão primária*.[7,9,13,15,16] Esse dano envolve a ruptura macro e microscópica de uma variedade de estruturas como tecido ligamentar, muscular, tendinoso, nervoso, vascular e ósseo.[9,13,14] Como a lesão primária é o próprio trauma inicial, ela já ocorreu antes de qualquer tratamento ou intervenção possível. Portanto, os clínicos não podem fazer absolutamente nada para impedir uma lesão primária, uma vez que ela já ocorreu.[16] Por exemplo, os clínicos não podem "desquebrar" um osso que acabou de ser fraturado. Se a lesão primária fosse a única a ocorrer, os clínicos não teriam papel algum no tratamento de lesões agudas além de promover alívio sintomático e imobilização para prevenir adicionais mecanismos de dano. Os clínicos podem e devem fazer mais do que isso, e claras evidências subjetivas e empíricas existem para apoiar os efeitos positivos dos tratamentos agudos, particularmente da crioterapia.[5,17-21]

As respostas fisiológicas à lesão primária podem levar a uma lesão adicional dos tecidos não lesados. Esses danos resultantes são denominados *lesões secundárias*.[7,9,13,15,16]

Knight,[9] que originalmente aplicou essa teoria às lesões musculoesqueléticas em meados dos anos 1970, sugeriu que as lesões secundárias ocorrem a partir de mecanismos enzimáticos e hipóxicos. Uma recente atualização dessa teoria[7] aponta que provavelmente é mais correto pensar nesses mecanismos como imunológicos e isquêmicos em vez de enzimáticos e hipóxicos. Em termos imunológicos, as ações do sistema complemento[22] e, mais profundamente, as ações dos leucócitos, assim como dos neutrófilos,[23,24] são fatores contribuintes importantes para a lesão secundária. Esses eventos celulares da inflamação são marcados pela atividade precoce dos neutrófilos, os quais gradualmente dão lugar, ao longo de um período de horas, à atividade dos macrófagos.[6,8,35] Os neutrófilos representam cerca de 60 a 70% de todas as células brancas circulantes, não se reproduzem e possuem somente de 12 a 20 horas de vida.[6,8,35,36] Têm como função primária combater uma infecção bacteriana em expansão por meio da fagocitose das bactérias e da "explosão respiratória", na qual liberam uma grande variedade de enzimas tóxicas e radicais livres, o equivalente no sistema imunológico a granadas de mão, para destruir bactérias adicionais.[6-8,35] Eles também são ativos na amplificação da resposta imune como um todo por meio da liberação de uma variedade de mensageiros químicos e parecem ser o fator-chave na iniciação do reparo.[37,38] Como a maioria das lesões musculoesqueléticas não envolve feridas abertas e infecção, a atividade dos neutrófilos com essas lesões é provavelmente maior do que o fisiologicamente necessário e pode levar a dano secundário indesejado a outros tecidos não lesionados.[6-8,22-35] Durante a resposta inflamatória na fase aguda, os seres humanos apresentam uma forte resposta neutrofílica independentemente de o trauma envolver um patógeno invasor.[6,8,35]

Com relação à isquemia, observa-se que as células não lesionadas se tornam danificadas em virtude da combinação de hipóxia, distribuição inadequada de nutrientes e remoção inadequada de resíduos.[6-8] Infelizmente, a morte celular adicional por qualquer um desses mecanismos leva à liberação de ácido aracdônico a partir da porção de ácidos graxos da bicamada fosfolipídica das recém-destruídas membranas celulares. Além de ser metabolizado na inflamação ampliando leucotrienos, prostaglandinas e tromboxanos (os alvos das drogas anti-inflamatórias não esteroides), demonstrou-se que o ácido aracnoide também interfere na função mitocondrial, que resulta na perda de produção de energia aeróbia.[39-41] Esse é ainda outro exemplo de lesão secundária às células não danificadas.

Atualmente não é conhecida a contribuição global da lesão secundária para o total de dano tecidual em lesões musculoesqueléticas. Teorias geralmente aceitas afirmam, entretanto, que o tempo necessário para a cicatrização tecidual (a fase reparativa) é parcialmente dependente da quantidade total de tecido danificado e destruído. Uma menor quantidade de tecido danificado deveria traduzir-se em maior rapidez tanto no reparo como no retorno às atividades. Embora não existam estimativas para a quantidade de dano da lesão secundária, seu tempo está começando a ser compreendido.[11] A partir de trabalhos preliminares, parece que o processo de lesão secundária se inicia imediatamente; ele se torna mensurável dentro de 30 minutos de lesão e então continua a se agravar por pelo menos 5 horas após a lesão (Fig. 11.2). Isso implica que, quanto antes a intervenção possa ser iniciada, maior será a oportunidade de um resultado terapêutico positivo.

Sequelas da inflamação

Embora a inibição da lesão secundária seja provavelmente o objetivo mais importante para o uso dos agentes físicos durante a fase inflamatória de uma lesão, ela certamente não é a única. Um segundo problema importante durante a fase inflamatória são os sinais clássicos da resposta inflamatória aguda: rubor, calor, dor, edema e perda da função. Considerando-se que a inflamação ocorre em toda lesão aos tecidos perfundidos, os clínicos podem esperar observar todos os cinco sinais inflamatórios em alguma extensão.[6] Embora o rubor e o calor não sejam necessariamente problemas que necessitem de objetivos de tratamento específicos, edema, dor e perda de função certamente são.

Papel das modalidades terapêuticas na fase inflamatória

- Inibir lesão secundária
- Reduzir a resposta inflamatória
- Limitar a formação de edema
- Controlar a dor
- Reduzir a perda funcional

Quando uma lesão produz um hematoma, alguns de seus fluidos são provenientes da hemorragia dos vasos sanguíneos lesionados e o restante deve-se ao aumento de exsudato induzido pela inflamação. O aumento de

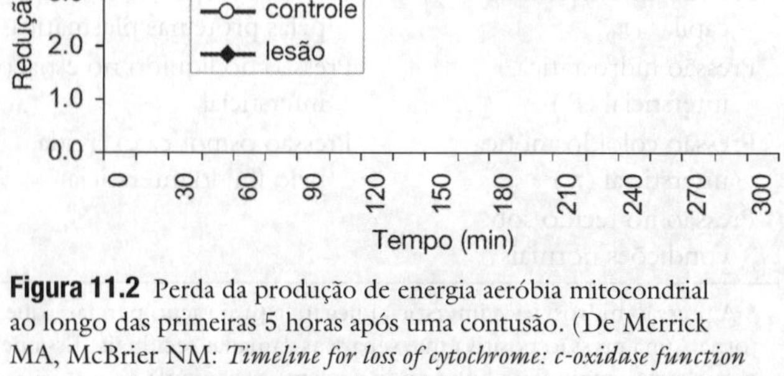

Figura 11.2 Perda da produção de energia aeróbia mitocondrial ao longo das primeiras 5 horas após uma contusão. (De Merrick MA, McBrier NM: *Timeline for loss of cytochrome: c-oxidase function following blunt injury in skeletal muscle* (submetido para publicação).

exsudato após um trauma agudo é explicado pela alteração[6,16,42-44] das forças transcapilares que regem o movimento dos fluidos através das paredes dos capilares, o qual inicialmente foi descrito por Starling em 1896.[45] Em uma dinâmica normal dos fluidos, estes saem do sistema vascular através de paredes de capilares no final das arteríolas do leito capilar e são completamente reabsorvidos através das paredes no final das vênulas do leito.[42] O líquido sai e a reabsorção em cada terminação do leito capilar é resultado de desequilíbrios relativos das forças de Starling nesses pontos. Normalmente, três forças de Starling, pressão do líquido (hidrostática) capilar, pressão do líquido (hidrostática) intersticial e pressão coloidosmótica do tecido, levam o líquido a migrar do capilar para o espaço extravascular, onde somente uma força, pressão coloidosmótica capilar, resiste a essa migração de fluido extravascular. Um desequilíbrio global é criado ao longo de todo o comprimento do leito capilar, em que as forças de escape do líquido são ligeiramente maiores que as forças de retenção.[6,42,43] Esse desequilíbrio global resulta em um escape de líquido ligeiramente maior dos capilares do que é reabsorvido por eles. Essa pequena perda de líquido, que totaliza cerca de 3 L por dia,[46] é em seguida coletada pelo sistema linfático em circunstâncias normais.[6,42,46] Com inflamação, uma das forças de escape (pressão coloidosmótica intersticial) deve aumentar substancialmente em virtude da liberação de proteínas livres e outras moléculas do tecido lesado e das células imunes ativadas (Tab. 11.1).[6,8,16,44] O resultado seria um balanço de forças ainda maior que favoreceria o escape de líquidos. Essa perda adicional de líquidos dos capilares durante a inflamação excede a capacidade de remoção imediata do sistema linfático, resultando na formação do edema. Agentes físicos que ajudam a limitar as alterações nas forças de Starling e/ou a hemorragia dos vasos comprometidos que acompanham a lesão seriam candidatos lógicos para o tratamento do edema agudo.

Embora a limitação da formação do edema seja muitas vezes vista como uma razão importante para o uso de agentes físicos durante a fase aguda, os clínicos também não devem negligenciar a importância do tratamento da dor aguda. O tratamento da dor pós-lesão pode se apresentar como um enigma para o clínico, pois a dor é prolongada e multifacetada.[47-56] A dor nos primeiros minutos ou horas após uma lesão musculoesquelética típica resulta de fontes químicas e mecânicas. Nesses casos, a dor inicial (epicrítica ou "primeira" dor) é geralmente mecânica em natureza, bem localizada, acentuada e transportada por fibras aferentes Aδ mielinizadas.[49,55] Conforme a inflamação progride, é vista uma contribuição muito maior para a dor total a partir de fontes químicas, incluindo principalmente prostaglandinas e outros mediadores inflamatórios.[49,52,56-61] Essa dor (protopática ou "segunda dor") é geralmente vaga ou em queimação, sendo mal localizada e transmitida através de fibras aferentes C desmielinizadas. Embora a dor "rápida" predomine inicialmente, por um período de horas, a dor "lenta" se torna a primeira variedade de dor. Considerando-se que a dor é causada e transmitida de diferentes formas em diferentes tempos, uma variedade de agentes físicos pode ser usada para o seu tratamento. A chave para a eficácia clínica é combinar a modalidade específica à fonte e/ou à via de transmissão específica que controlam a dor do paciente no momento do uso do agente físico.

Embora os clínicos costumem se referir aos quatro sinais cardinais da inflamação (i. e., edema, dor, rubor e calor), um quinto sinal, a perda de função, também é fundamental no tratamento agudo. A perda funcional é algumas vezes negligenciada como um problema para tratamento agudo, pois é, sobretudo, um fenômeno indireto. Ou seja, a perda da função geralmente é vista como resultado de outros problemas inflamatórios. Por exemplo, muitos clínicos aprenderam[15,16,62-64] sobre o ciclo dor-espasmo que acompanha uma lesão. Dor e espasmo servem como impedimentos psicológicos para o uso da parte do corpo lesada. O espasmo desempenha um papel adicional como um impedimento biomecânico, tornando a função incoordenada e difícil. Talvez uma causa ainda mais importante da perda

Tabela 11.1 Lei de Starling[45]: forças que controlam o movimento dos fluidos através da membrana capilar[6,16,42,45,118]

Força	Descrição	Direção	Valor normal	Efeito da lesão
Pressão hidrostática capilar (P_C)	Pressão do líquido dentro do capilar	Perda de líquido	−17.3 mm Hg	−17.3 mmHg (sem alteração)
Pressão coloidosmótica capilar (π_P)	Pressão osmótica exercida pelas proteínas plasmáticas	Retenção de líquido	+28 mm Hg	+14 mmHg
Pressão hidrostática intersticial (P_i)	Pressão do líquido no espaço intersticial	Perda de líquido*	−3 mmHg	+4 mmHg
Pressão coloidosmótica intersticial (π_i)	Pressão osmótica exercida pelo fluido intersticial	Perda de líquido	−8 mmHg	−28 mmHg
Pressão no tecido sob condições normais		Perda de líquido	−0,3 mmHg	−27,3 mmHg

* A pressão hidrostática intersticial negativa (um vácuo parcial), que mantém as camadas do tecido juntas, se inverte com a lesão para se tornar uma pressão positiva que separa as camadas teciduais. Essa perda do vácuo cria um espaço real do que havia sido um espaço potencial, o qual serve como uma bolsa onde o edema se acumula.

de função seja a inibição neuromuscular, na qual o sistema nervoso central ativamente restringe a função dos nervos motores. A dor é considerada há tempos uma importante causa de inibição neuromuscular.[15,16,62-64] Trabalhos mais recentes demonstraram claramente que derrames articulares também são causas significativas de inibição neuromuscular, mesmo na ausência de dor.[65,67-72] O tempo poupado pela limitação da perda da função durante a fase aguda é importante, pois irá pagar dividendos em termos de tempo poupado durante a reabilitação tanto nas fases reparativa como de maturação da lesão. Como foi o caso com os outros objetivos da fase inflamatória, estratégias para limitar a perda da função centralizam-se na limitação de suas causas. Os principais alvos de dor, edema e desuso voluntário devem ajudar o clínico a selecionar os agentes físicos para o uso agudo.

Tratamento com agentes físicos

Como já foi enfatizado, o uso de agentes físicos durante qualquer fase do processo de reabilitação da lesão deve ser direcionado por objetivos específicos baseados em problemas fisiológicos de fato presentes durante aquela fase. Durante o estágio inflamatório, o mais importante desses objetivos é limitar a quantidade total de tecido danificado associado com a lesão e limitar as sequelas debilitadoras da inflamação. Diversos agentes físicos parecem úteis para esse propósito (Tab. 11.2).

Lesão secundária

Em tese, seria fácil dizer que limitar uma lesão secundária seria útil do ponto de vista clínico. Por outro lado, outro argumento teórico diz que limitar a resposta inflamatória possivelmente comprometeria o processo de reparo e levaria a um resultado pior. A realidade é que

Tabela 11.2 Modalidades comuns para o tratamento de lesões agudas

Modalidade	Objetivo fisiológico
Crioterapia	Reduzir a dor Evitar a lesão secundária Evitar a formação de edema Evitar hemorragia Evitar inflamação aguda
Compressão	Evitar a formação de edema Melhorar a eficácia do resfriamento da crioterapia
Elevação	Evitar a formação do edema (não comprovado)* Evitar hemorragia
Estimulação elétrica de alta voltagem	Evitar a formação de edema†

* Nenhuma evidência publicada afirma que a elevação evita a formação de edema em lesão aguda além do que documenta ocorrer com crioterapia e compressão. Seu uso permanece muito mais histórico do que baseado em evidências.
† Requer um protocolo específico descrito por Dolan et al.

> **Modalidades para reduzir a lesão secundária**
> - Medicação
> - Frio e crioterapia

mesmo a melhor abordagem para limitar a lesão secundária provavelmente não previne uma resposta inflamatória significativa e que pode ser visto um reparo clinicamente adequado com seu uso.

Estratégias potencialmente úteis no combate à lesão secundária incluem: limitar a entrega de células do sistema imunológico danificadas ao local da lesão; limitar a capacidade das células do sistema imunológico de migrar a partir dos vasos; limitar suas atividades fagocíticas, enzimáticas e quimiotáticas; e aumentar a capacidade dos tecidos não lesados de resistir ao ataque imunológico e ao cerco metabólico que ocorre com a isquemia. Atualmente, existem duas abordagens clínicas para limitar uma lesão secundária.

Uso imediato de medicação. O menos comum e mais controverso dos dois não é um agente físico, mas o uso imediato de drogas/medicamentos para suprimir a resposta inflamatória. Embora o uso de medicações anti-inflamatórias certamente não seja incomum após uma lesão, o uso imediato de medicações AINEs de ação rápida, tais como trometamina de cetorolaco (Toradol) injetável[58,73-76] dentro de minutos após a lesão, é menos comum, mas pode ter alguma vantagem do ponto de vista terapêutico. Essa abordagem tem o potencial de minimizar a atração e a ativação de células imunes que respondem à lesão e por extensão. Isso pode ajudar a minimizar a lesão secundária e muitas das sequelas da inflamação. A controvérsia é se essa abordagem pode fornecer tanta imunossupressão que, por fim, vai interferir na fase reparativa.[38,75-77] Se sim, podem ocorrer consequências indesejadas, tais como um atraso no reparo ou, mais provavelmente, uma qualidade inferior de reparo. Essa é uma nova área e requer pesquisas mais substanciais antes que se possa traçar uma conclusão fundamentada.

Crioterapia. A abordagem mais comum e mais amplamente estudada para o tratamento da lesão secundária é o uso de crioterapia. A crioterapia, terapia com a utilização do frio, assume diferentes formas, todas destinadas a produzir um resfriamento dos tecidos afetados que seja significativo do ponto de vista fisiológico. Embora as técnicas de aplicação sejam diferentes, a fisiologia subjacente é basicamente a mesma. Alguns dados sugerem qual é a forma mais efetiva de crioterapia.[78-86] Embora ainda não tenha sido confirmado empiricamente, os clínicos partem do princípio de que as modalidades que produzem maior resfriamento sem de fato congelar os tecidos são as mais efetivas no combate às lesões secundárias e à inflamação aguda.[5]

Até agora, existem poucas pesquisas sobre lesão secundária em tecidos musculoesqueléticos. Embora a literatura seja esparsa, algumas evidências sugerem que a lesão secundária possa ser reduzida ou talvez até mesmo evitada com a crioterapia (Fig. 11.3).[5] Na luta contra a lesão secundária, o efeito fisiológico mais importante da crioterapia pode ser a redução na taxa metabólica do tecido resfriado. Uma taxa metabólica reduzida leva à menor demanda de ATP e, portanto, melhor capacidade de sobreviver à condição isquêmica que se segue à lesão aguda.[5,7,9,15,16,87] Como a isquemia leva a um suprimento inadequado de oxigênio e substratos energéticos, as células rapidamente se tornam dependentes de metabolismo anaeróbio durante a isquemia. Os subprodutos do metabolismo anaeróbio, particularmente o lactato, se acumulam em virtude da falta de remoção de resíduos induzida pela isquemia. Esses subprodutos inibem a via glicolítica, que reduz a já limitada produção de ATP.[42] Esse quadro por si só já representa uma perda metabólica; contudo, quando associado à disponibilidade de suprimento inadequado pela isquemia,[6] a produção de ATP pode rapidamente declinar ao ponto em que a sobrevivência é questionável. Uma redução induzida pelo resfriamento na demanda do ATP então poderia ter um benefício óbvio.

Além de seus efeitos poupadores de ATP, a hipotermia induzida que reduz a taxa de reações químicas ajudaria a minimizar a atividade das enzimas lesivas e dos radicais livres liberados pelas células inflamatórias.[5,7,9,15,16] Essas enzimas e esses radicais livres levam a danos às células e às suas organelas[6-8,35,39-41,59] e podem ser um fator contribuinte para a lesão secundária ainda mais importante do que a isquemia.[7] A taxa de reações químicas é reduzida em baixas temperaturas e descrita por um conceito físico-químico chamado de Q_{10}.[6,42] O Q_{10} de uma reação química é simplesmente a magnitude da variação na taxa de reação que ocorre com uma variação de 10°C na temperatura. Os clínicos geralmente falam sobre Q_{10} em fisiologia para descrever taxa metabólica, geralmente determinada pela avaliação tanto do consumo de O_2 como da excreção de NH_3.[6,42] Embora seja sugerido com frequência que, em termos fisiológicos, $Q_{10} = 2$ (i. e., a taxa de reação dobra a cada aumento de temperatura de 10°C), Q_{10} é, na verdade, um pouco variável[88-91] e depende da amplitude de temperatura específica, da via metabólica e do organismo estudado. Geralmente, Q_{10} cai entre 1,2 e 2,5, o que significa que uma redução na temperatura de 10°C leva a uma redução na taxa de reação de 1,2 a 2,5 vezes (i. e., uma redução de 20 a 150%). Embora a redução na taxa metabólica seja claramente um importante aspecto do uso agudo da crioterapia, muito ainda é desconhecido nessa área. Por exemplo, não se sabe o que o real Q_{10} significa para as vias bioenergéticas ou para as reações enzimáticas imunes durante a crioterapia. Do mesmo modo, embora as evidências sobre o papel das enzimas lesivas e dos radicais livres na lesão secundária estejam se tornando mais fortes, a maioria das pesquisas tem sido realizada em órgãos e tecidos nervosos.[7] Muito pouco se sabe sobre a progressão da lesão secundária em tecidos musculoesqueléticos[7] e teorias sobre isquemia pós-lesão ainda não foram bem esclarecidas.

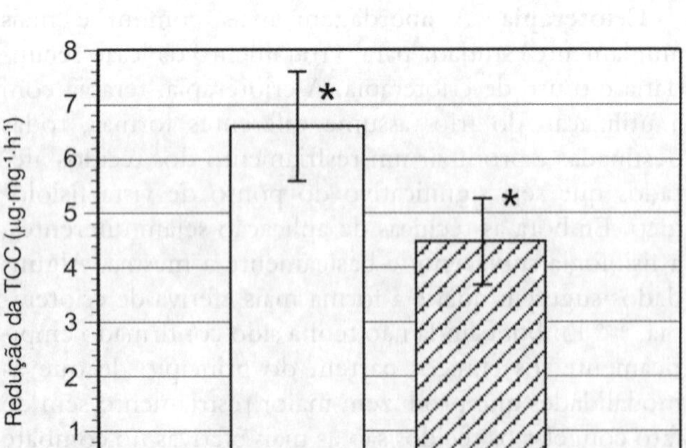

Figura 11.3 A crioterapia retarda lesão secundária após uma contusão. (De Merrick M, Rankin J, Andres F, Hinman C: A preliminary examination of cryotherapy and secondary injury in skeletal muscle, *Med Sci Sports Exerc* 31:1516-1521, 1999.)

Edema e derrame

Edema e derrame resultam da combinação de sangramento a partir de dano vascular e de alterações nas forças de Starling já descritas. Três abordagens não farmacológicas amplamente utilizadas existem para limitá-los: elevação, crioterapia e compressão. A eletroterapia, uma abordagem que não é muito utilizada, também pode ser efetiva.[44,92-100]

Modalidades para controlar edema e derrame

- Elevação
- Frio e crioterapia
- Compressão
- Estimulação elétrica
- Exercício terapêutico

Elevação. Fortes evidências apoiam o uso da crioterapia e da compressão no combate à formação do edema. É surpreendente que as evidências a favor da elevação para qualquer propósito sejam muito limitadas[101-104] e que quase não exista literatura que especifique seus efeitos em lesões musculoesqueléticas agudas. Na verdade, a limitada literatura sobre elevação indica seu uso para a remoção do edema pós-agudo.[101,102,104] A elevação pós-aguda para redução do edema é descrita apenas como minimamente efetiva (uma redução de menos de 20 mL de líquido) e, mesmo assim, a redução dura apenas até que uma posição dependente da gravidade seja assumida.[104] Os efeitos da elevação são melhorados por exercícios ativos ou outros tratamentos,[101-103] mas a elevação pós-aguda não parece ter muito valor e não existem dados para descrever a eficácia da elevação aguda.

Crioterapia. Embora existam alguns dados conflitantes a partir de modelos animais,[10,105] o frio geralmente é aceito como útil para limitar o sangramento e o aumento da inflamação induzida pelas forças de extravasamento de

Starling.[5,10,13,16-19,85,94,105-107] O sangramento é controlado pela redução da perfusão local. Como acontece com a taxa metabólica, a perfusão também é reduzida conforme a temperatura do tecido diminui.[85,108,110-112] A redução no fluxo sanguíneo é resultado de uma vasoconstrição local induzida por hipotermia.[18,108,110-112] Conforme os vasos sanguíneos se resfriam, a camada de musculatura lisa em suas paredes começa a se contrair, o que faz com que o diâmetro dos vasos se reduza. Provas convincentes[113] sugerem que essa vasoconstrição seja resultado da atividade da norepinefrina nos receptores adrenérgicos no interior dos músculos lisos. Embora a vasoconstrição seja bem documentada com crioterapia, ela não ocorre em capilares. As paredes dos capilares possuem um endotélio com uma única camada celular e não contêm tecido muscular contrátil.

Embora o declínio hipotérmico na perfusão por meio da vasoconstrição seja uma certeza fisiológica bem documentada,[108,110-115] alguma confusão ainda existe sobre um fenômeno conhecido com *vasodilatação induzida pelo frio* (VDIF).[15,16,108] Quando um vaso sanguíneo não capilar é resfriado, a atividade do sistema nervoso simpático faz com que sua parede de músculo liso se contraia, o que resulta em vasoconstrição que leva à redução no fluxo sanguíneo.[42,108,110-113] Se é permitido que permaneçam hipotérmicos, os vasos em estado constrito relaxam levemente após alguns minutos em virtude de um declínio cíclico na liberação de norepinefrina. Isso resulta em uma leve dilatação do vaso relativa ao seu estado constrito, mas essa dilatação nem mesmo retorna o vaso ao seu diâmetro normal de repouso[113-115] e o fluxo sanguíneo ainda é consideravelmente menor do que o normal.[108,110-113] Essa leve vasodilatação é cíclica, ou seja, o vaso irá alternar entre um estado severamente constrito e um parcialmente constrito enquanto permanecer hipotérmico.[113] Esse fenômeno cíclico, algumas vezes conhecido como *resposta de Hunting*,[113,114,116] é muitas vezes mal interpretado como uma hiperperfusão induzida pelo frio, na qual a vasodilatação é um fenômeno ativo que produz maior diâmetro do vaso e maior fluxo sanguíneo do que os observados em repouso.[15,16,108] Esse conceito errôneo é algumas vezes usado como justificativa para limitar o uso de tratamentos crioterápicos a menos de 20 a 30 minutos de duração, supostamente para que o fluxo sanguíneo não aumente ou amplie os problemas inflamatórios.

Essa noção é uma interpretação errônea de um estudo de Lewis de 1930,[117] que descreveu a flutuação cíclica na temperatura do dedo durante a imersão em água gelada. Ele observou que a temperatura do dedo flutuava durante a imersão e efetivamente se tornava mais quente do que a temperatura basal. O erro de interpretação veio do fato de que Lewis não examinou o fluxo sanguíneo nem o diâmetro do vaso e de que os participantes iniciaram o estudo um pouco hipotérmicos, pois estavam despidos em uma sala muito fria. A temperatura basal dos dedos dos participantes foi ainda reduzida bem abaixo do normal e é mais provável que as flutuações descritas por Lewis tenham sido a resposta de Hunting. Na realidade, a crioterapia não causa uma perfusão maior do que o normal e o volume de publicações que documenta essa certeza fisiológica é extenso. Em vez disso, o frio causa um declínio na perfusão.

A queda na perfusão induzida pela hipotermia cria um dilema teórico para o tratamento da lesão.[118] Do lado positivo, a perfusão reduzida implicaria menor hemorragia, menor formação de edema e redução no acúmulo de células inflamatórias que podem causar lesão secundária. Tudo isso pode levar a melhores resultados da lesão. Do lado negativo, a redução da perfusão também significa menor aporte de O_2 e nutrientes, além de menor remoção de resíduos de produtos metabólicos. Isso potencialmente agravaria a lesão secundária. Considerando-se que o fluxo sanguíneo com a crioterapia não é cessado completamente, os clínicos podem especular que os prós superem os contras. Entretanto, isso continua a ser um argumento teórico, pois há uma evidente falta de dados para construir um forte argumento para cada lado.

Compressão. O uso de compressão externa para limitar a formação de edema e derrame é baseado em dois efeitos distintos. O primeiro e mais óbvio é a capacidade da compressão de alterar as forças de Starling transcapilares.[12,119] A compressão externa aumenta a pressão hidrostática, a qual, por sua vez, reduz a magnitude do gradiente de pressão pró-edema presente durante a inflamação aguda.[12,119] Durante o repouso, a pressão hidrostática tecidual é, na verdade, ligeiramente negativa (i. e., vácuo).[42] Essa pressão negativa contribui para a pequena perda de líquido do sistema vascular e também ajuda a manter as camadas teciduais unidas. Essa é uma das razões pelas quais a pele do paciente se adere aos contornos das estruturas subjacentes. Durante a formação do edema, essa pressão se reverte de negativa para positiva, e o resultado é que o espaço potencial que existe entre as camadas teciduais durante o repouso se torna um espaço físico real e serve como um local coletor para o exsudato. A compressão externa aumenta drasticamente essa pressão[119] e faz com que ela resista à perda de líquido do sistema vascular, o que retarda a formação do edema.

Infelizmente, a pressão externa não compensa por completo o aumento na pressão osmótica do tecido durante a inflamação, de maneira que algum edema ainda se forma mesmo com o uso da compressão externa. Do mesmo modo, o edema não é formado somente pelo vazamento de líquido através de paredes capilares intactas. Uma considerável porção do edema ou do derrame associado à lesão é formada a partir do sangramento dos vasos danificados durante a lesão. Isso explica por que o edema induzido pelo trauma (exsudato + sangramento) está associado com equimose e o edema alérgico (exsudato somente) não. A compressão superior a 30 a 40 mmHg reduz o fluxo sanguíneo[120-122] e, portanto, pode ser usada para limitar esse sangramento. A compressão também reduz a taxa do fluxo, o que permite um desenvolvimento mais rápido da rede de fibrina que, com o tempo, forma um coágulo, detém a perda sanguínea[6,42] e serve como fundação para o tecido granulomatoso que leva ao reparo.[6] Essa redução no fluxo sanguíneo também pode ajudar a explicar o segundo efeito útil da compressão no tratamento da lesão aguda.[80] Foi demonstrado que a compressão aumenta a taxa de resfriamento e produz temperaturas teciduais mais frias quando usada com a crioterapia (Fig. 11.4).[78,80] O fluxo sanguíneo reduzido provavelmente levaria à redução do fluxo de sangue aquecido na área resfriada e, portanto, explica a melhora no resfriamento durante a crioterapia.[80]

Estimulação elétrica. Embora a abordagem com gelo, compressão e elevação (GCE) para o tratamento da lesão aguda seja bastante usada, o modelo agudo de eletroterapia geralmente é menos familiar para a maioria dos clínicos. Mesmo assim, alguns dados convincentes apoiam essa abordagem para combater a formação de edema[44,92-94,98,100] e ela merece sérias considerações. Essa abordagem usa um protocolo eletroterápico específico usando uma corrente pulsada de alta voltagem catódica (CPAVC) a 120 pulsos por segundos e uma voltagem que é 90% do limiar motor visível.[92,94,99] Dados sugerem que o protocolo é mais eficaz se aplicado continuamente durante todo o período agudo no qual o edema está se formando.[93] Outros protocolos e formas de ondas elétricas podem não ser tão efetivos.[99] Alguns dados sugerem que a eletroterapia, a imersão em água fria e suas combinações também são efetivas.[93,94] Conceitualmente, a explicação mais provável para a eficácia da CPAVC na contenção da formação do edema é que ela altera a permeabilidade capilar, as forças de Starling[44,92-94,99] ou talvez o diâmetro arteriolar.[98]

Dor aguda

Embora um grande número de agentes físicos seja efetivo no tratamento da dor, a escolha específica durante a fase aguda se limita àqueles que não irão agravar a inflamação ou a lesão. Por esse motivo, nenhum agente é utilizado com mais frequência no tratamento da dor aguda do que a crioterapia.[13,21,53,107,123] Três teorias sobrepostas podem explicar a capacidade do frio de aliviar a dor durante a fase aguda. Primeiro, a aplicação do frio estimula os receptores de temperatura, causando a estimulação das fibras nervosas aferentes Aβ. Isso pode inibir a transmissão da dor em neurônios de segunda ordem por meio da propagação na substância gelatinosa no gânglio da raiz dorsal da medula espinal como explicado pela teoria de controle das comportas.[124] Uma segunda possibilidade é que a condução do impulso doloroso ao longo dos nervos aferentes possa ter sua velocidade reduzida pela crioterapia. Demonstrou-se que o frio reduz a velocidade de condução em torno de 30%,[125] o que pode interferir na sinalização da dor. Uma terceira possibilidade é que o frio possa afetar os próprios receptores da dor. A aplicação de frio local pode reduzir a sensibilidade dos receptores da dor da mesma maneira que reduz a sensibilidade dos receptores de toque e pressão.[16,42]

Modalidades para controlar a dor aguda e crônica

- Frio e crioterapia
- Estimulação elétrica
- Acupuntura
- Medicação
- Massagem
- Calor

Embora a crioterapia seja um excelente agente para o controle da dor, sua aplicação pode ser dolorosa. Isso é particularmente verdadeiro no caso de tratamentos de crioterapia que envolvem imersão em água gelada ou de pacientes não acostumados a essa modalidade terapêutica. A dor gerada pela aplicação do gel é inicialmente intensa, mas costuma cessar após alguns minutos. Uma aplicação repetida em um período de dias ou semanas geralmente leva a uma melhor tolerância pelo paciente conforme ele se acostuma ao tratamento. O uso de uma junção isolante

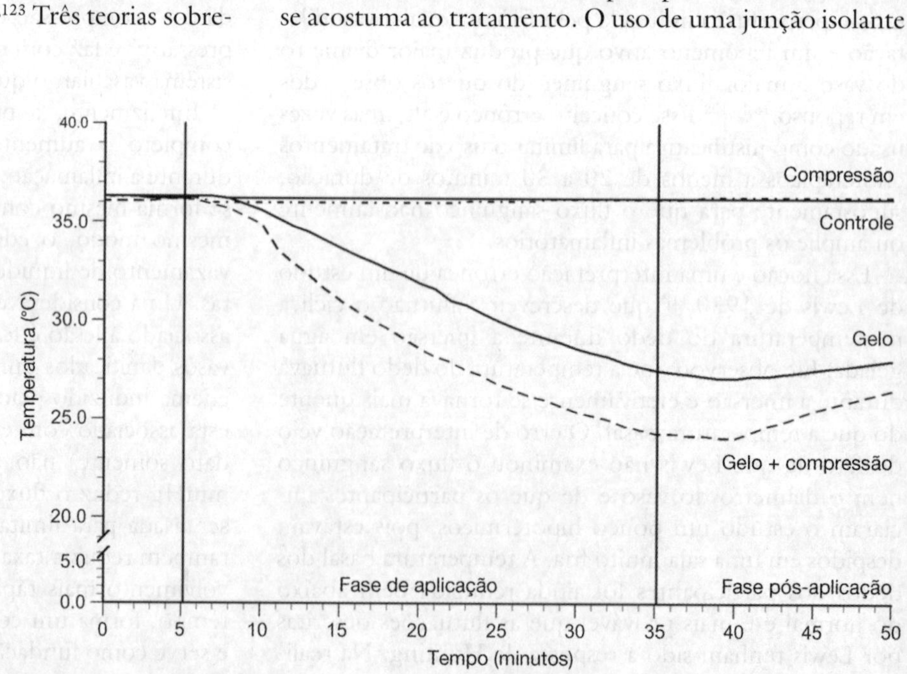

Figura 11.4 A crioterapia com compressão produz temperaturas intramusculares mais frias do que as obtidas com a crioterapia isolada. (De Merrick M, Knight K, Ingersoll C, Potteiger J: The effects of ice and compression wraps on intramuscular temperatures at various depths, *J Athl Train* 28(3):236-245, 1993.)

ou de uma informação sensorial para confundir demonstrou reduzir a dor na aplicação de frio.[126,127]

Perda de função

A perda de função com uma lesão aguda é um alvo relativamente novo do uso de agentes físicos. É provável que isso ocorra pelo fato de, historicamente, a perda de função não ter sido considerada importante ou, pelo menos, não uma meta terapêutica urgente em comparação com outras sequelas inflamatórias ou a lesão secundária. Os clínicos tradicionalmente atribuíam a perda de função a esses outros problemas agudos e mais ou menos partiam do princípio de que a função voltaria uma vez que eles fossem aliviados. Agora, os clínicos estão começando a pensar sobre a perda da função como uma entidade própria conforme mais se aprende sobre a inibição neuromuscular que acompanha a lesão.[16,67,68,70] A inibição neuromuscular claramente se deve a derrame articular,[65,67,69,70] mas também pode resultar de outras causas. O uso de agentes físicos para impedir a formação de derrame articular seria, portanto, útil. À medida que os clínicos aprenderem mais sobre as causas e sobre o início da inibição, as intervenções agudas específicas passarão a desenvolver-se. Até então, os clínicos tendem a abordar a inibição sobretudo como uma questão da fase reparativa. No entanto, esse é um potencial alvo de atenção durante a intervenção na fase aguda, pois tem o potencial de economizar o tempo do paciente no processo de reabilitação.

AGENTES FÍSICOS DURANTE A FASE REPARATIVA

Durante a fase reparativa, os problemas fisiológicos e os objetivos clínicos enfrentados pelo paciente mudam e, portanto, também deve mudar o uso dos agentes físicos. Como a fase aguda e a fase reparativa são parte de um processo contínuo, a transição entre elas é confusa e não existe nenhum ponto de definição claro entre elas. Essa transição indistinta entre as fases inflamatória e reparativa cria oportunidades e armadilhas. As oportunidades encontram-se na iniciação precoce de atividades controladas e em seu potencial de auxiliar a superar a inibição e a perda da função, ao mesmo tempo em que ajuda a resolver sequelas inflamatórias, particularmente o edema. A armadilha é que, se os clínicos forem muito agressivos, os efeitos terapêuticos desejados não serão produzidos, e a inflamação aguda pode ser agravada e prolongada. Uma transição indistinta também existe da fase reparativa para a de maturação. Também se deve tomar cuidado nesse ponto para evitar danos às estruturas recém-reparadas, que podem ainda não estar prontas para estresse funcional intenso, enquanto, ao mesmo tempo, deve-se promover a adequação progressiva da força, a fim de fortalecer ao máximo esses tecidos. A porção inicial da fase reparativa é um pouco diferente da porção final. Por isso, o uso de agentes físicos durante a fase reparativa é um pouco diferente, uma vez que os problemas e objetivos são diversos.

Problemas fisiológicos e objetivos

Diferentemente da fase aguda, na fase reparativa com trauma musculoesquelético fechado o alvo é atingido quando o equilíbrio dos eventos fisiológicos pende a favor dos benefícios em vez dos danos. No início dessa fase, o sistema imunológico está finalizando seu papel de "organizador da casa", limpando os restos de tecido do local da lesão. Simultaneamente, ele está estimulando o mecanismo anaeróbio do corpo a entrar em ação, de forma que o dano será reparado por meio da combinação de regeneração do tecido lesado e reparo esclerótico dos tecidos que não se regeneram. Portanto, os objetivos iniciais durante essa fase concentram-se na resolução do que restou da inflamação, tal como o edema residual e a dor, bem como na facilitação do arranque para as fases de reparo e regeneração. Mais tarde nessa fase, o reparo e a regeneração estão em pleno andamento, e os objetivos terapêuticos mudam o foco para maximizar a qualidade do reparo enquanto minimizam o tempo necessário para ele. Ao mesmo tempo, deve ocorrer o trabalho para prevenir perdas adicionais na mobilidade articular, na força ou na resistência muscular.

Resíduos de inflamação

No início da fase reparativa, os pacientes ainda têm muitos problemas relacionados à inflamação. De um ponto de vista do uso de agentes físicos, o edema residual e a dor são os principais entre eles e todos estão inter-relacionados. Ou seja, a resolução de um contribui para a resolução do outro.

Edema pós-agudo. Embora os clínicos lutem para limitar a formação aguda de edema, a realidade é que algum edema será formado, o que tem efeitos positivos e negativos. Do lado positivo, algum grau de edema é necessário, pois forma um meio através do qual os macrófagos e fibroblastos podem mais facilmente transportar-se para onde são necessários à resolução e ao reparo.[6] Do lado negativo, edema excessivo pode interferir na restauração da função com a resolução e a reabilitação da lesão pós-aguda. De fato, se for permitido que o edema em excesso permaneça por mais do que algumas semanas, o tecido conjuntivo produz células e fibras adicionais para preencher o espaço edematoso e o edema se torna permanente.[6] Do mesmo modo, uma vez presente, acredita-se que o edema aumente a dor, cause inibição neuromuscular e reduza o nível funcional.[16,67,68,70] Embora o edema leve a alterações neuromusculares mensuráveis,[65,69,70] algumas evidências recentes mostram que o nível funcional alterado não se correlaciona tão bem com a quantidade de edema quanto inicialmente se imaginava.[128]

A reabsorção do edema e do derrame pós-agudo é uma meta importante do tratamento inicial, de modo que o alvo fisiológico é a maximização da função do sistema linfático periférico, um sistema cuja anatomia e cuja fisiologia são pouco descritas na maior parte da literatura sobre reabilitação. Sob condições normais, na ausência de lesão, o sistema vascular perde de maneira constante uma pequena quantidade de líquido (transudato) em virtude da reabsorção incompleta de líquido que vazou dos leitos capilares como resultado do desequilíbrio das forças de Starling.[6,42,43] Sem o sistema linfático, esse líquido perdido acabaria por se acumular e formaria um edema periférico maciço, como visto em alguns pacientes cujos nodos linfáticos foram removidos por meio de cirurgia. Felizmente, esse líquido não costuma se acumular, pois, em vez disso, é reabsorvido pelo sistema linfático.[6,42,46,129-131] Quando o edema se acumula após trauma e inflamação, sua remoção também é realizada pelo funcionamento do sistema linfático, embora os mecanismos exatos para absorção do líquido intersticial por esse sistema ainda não tenham sido esclarecidos.

Em termos anatômicos, o sistema linfático é um sistema "aberto", no qual o líquido pode entrar a partir dos espaços intersticiais. Isso não quer dizer que os vasos linfáticos tenham as terminações abertas (como um canudo), mas sim que, em vez disso, possuem ramos terminais fechados (becos sem saída) com junções entre células que funcionam como perfurações. O líquido intersticial, incluindo o edema, é reabsorvido pela entrada para esses ramos terminais, clinicamente descritos como *capilares linfáticos*,[17,46] ou como "vasos linfáticos iniciais" na literatura sobre microcirculação.[129-131] Esses vasos linfáticos iniciais têm paredes compostas por camadas únicas de endotélio fino, o qual as recobre, formando microválvulas endoteliais (válvulas primárias) nas junções entre as células individuais.[130-131] Essas válvulas evitam refluxo de líquido do vaso linfático para o espaço intersticial (Fig. 11.5). Os vasos linfáticos iniciais não possuem válvulas que evitem o refluxo ao longo de seus lúmens (i. e., válvulas secundárias).[130,131] Os vasos linfáticos iniciais se unem (anastomose) para formar redes (plexos) a partir das quais vasos linfáticos aferentes maiores originam-se e, por fim, terminam em nodos linfáticos. Ao longo dos vasos linfáticos aferentes, algumas vezes chamados *vasos linfáticos secundários*, as paredes se tornam multicamadas, além de ganhar válvulas secundárias e camadas de músculo liso.[132] Os vasos linfáticos eferentes que deixam os nodos linfáticos acabam por se juntar formando vasos linfáticos ainda maiores, que, por fim, descarregam em um dos dois ductos linfáticos através do qual o líquido retorna para o sistema vascular.

O líquido entra nos vasos linfáticos iniciais através das junções entre as células endoteliais, e as válvulas primárias evitam que ele escape.[130,131,133] Como os vasos linfáticos iniciais não possuem uma camada muscular em suas paredes, eles não podem se contrair, se dilatar, tampouco gerar pressão ativamente para mover o líquido em direção aos vasos linfáticos aferentes. Em vez disso, a pressão para mover o líquido vem inteiramente de fontes externas, sobretudo da contração dos músculos esqueléticos (a bomba muscular) que envolvem os vasos linfáticos. Uma vez que o líquido alcança os vasos linfáticos aferentes, ele não pode mais refluir, por causa das válvulas secundárias. Do mesmo modo, a camada de músculo liso permite aos vasos linfáticos gerar pressão e contribuir ativamente para o fluxo do líquido. Mesmo assim, a contribuição da pressão de constrição para o fluxo linfático é provavelmente menor quando comparada à contribuição da pressão externa.

Dor residual. Na fase reparativa, a dor evolui de sua forma aguda, nítida e epicrítica para uma forma mais difusa, incômoda e protopática. A dor protopática durante a fase reparativa é resultado da estimulação de

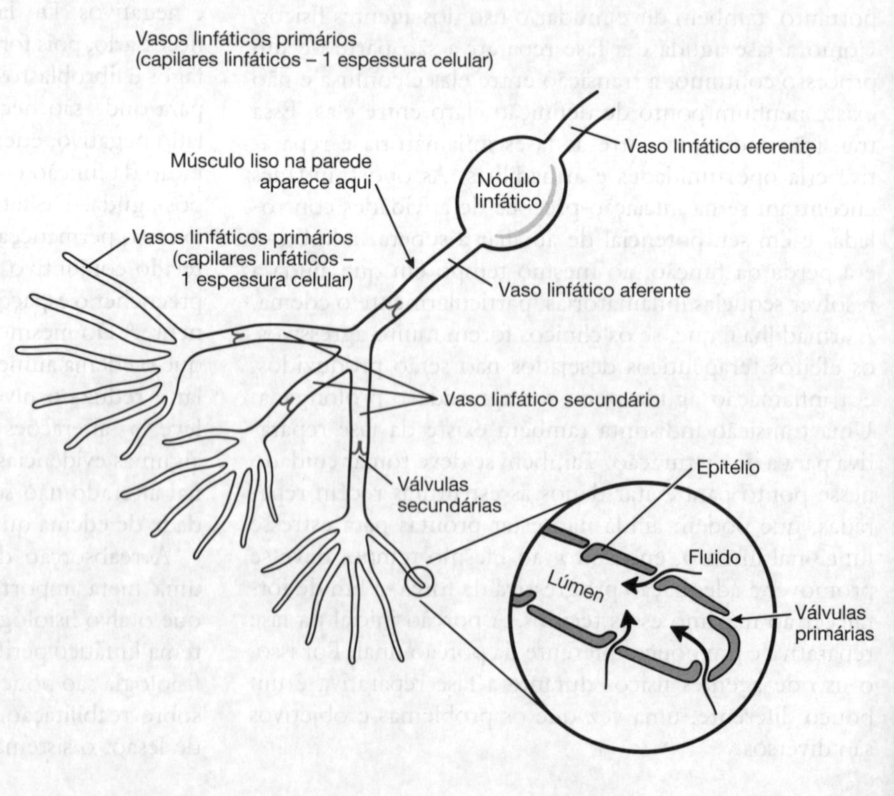

Figura 11.5 Microanatomia linfática. Os fluidos entram através dos vasos linfáticos primários e são impedidos de escapar por células epiteliais sobrepostas (válvulas primárias). Válvulas secundárias surgem nos vasos linfáticos secundários, os quais impedem o refluxo. Os vasos linfáticos aferentes contam com músculos lisos em suas paredes, os quais geram uma pequena quantidade de pressão, que promove o retorno linfático.

receptores químicos dolorosos por mediadores químicos inflamatórios, tais como bradicininas e prostaglandinas,[6,49,50,54,55] embora a dor também tenha origem em outras fontes, incluindo trauma neurológico. A dor protopática também é diferente da dor aguda epicrítica, uma vez que ela é predominantemente carreada por fibras nervosas aferentes C desmielinizadas.[49,50,54,55] Como a dor é predominantemente química e inflamatória nesse ponto do processo de reabilitação, os objetivos devem concentrar-se em resolver a inflamação, algo que é mais fácil de conceitualizar do que de fato alcançar.

Promoção de reparo/regeneração

Uma das marcas da reabilitação musculoesquelética contemporânea é a busca por maximizar a qualidade do reparo tecidual após um trauma e, ao mesmo tempo, tentar minimizar o tempo necessário para esse reparo. A dura realidade, entretanto, é que os clínicos têm poucas evidências que digam se eles realmente podem fazer isso. Antes da descoberta dos fatores de crescimento, era amplamente aceito que as feridas cicatrizavam em suas taxas máximas por si mesmas.[6] Os clínicos agora têm evidências convincentes de que adicionar fatores de crescimento ao seu meio celular pode acelerar o processo.[6,134,135] Infelizmente, o custo desse procedimento é muito desestimulador para o uso na rotina clínica e resta aos clínicos tentar estimular a liberação local de fatores de crescimento em vez de suplementá-los externamente.

A cura dos tecidos é, na realidade, um equilíbrio entre dois processos distintos e simultâneos. O primeiro é a regeneração, a substituição das células danificadas por células do mesmo tipo, enquanto o segundo é o reparo, a substituição das células por esclerose (cicatriz) (ver Cap. 1). O tecido esclerótico tem uma resistência à tensão consideravelmente menor do que o tecido que está substituindo[6,140] e tende a aderir de maneira indiscriminada e prejudicial as camadas de tecido umas as outras. Por essas razões e considerando que o tecido regenerado mantém propriedades funcionais, os clínicos preferem a regeneração ao reparo esclerótico.

Infelizmente, fora dos tecidos epiteliais, os seres humanos não são muito dotados no que concerne à regeneração. A capacidade regenerativa nos seres humanos parece estar relacionada com a idade[141] (crianças possuem maior capacidade do que os adultos), provavelmente em razão do número relativamente grande de células-tronco (células satélites) presentes na criança. Para regenerar um tecido não epitelial, tal como o tecido musculoesquelético, as células satélites localizadas nas adjacências das células musculares lesadas devem ser ativadas, proliferar-se e então diferenciar-se em tecido muscular.[136,142] Esse processo parece ser completado em um primeiro momento dentro de alguns dias após a lesão,[6,142] embora os clínicos sem dúvida não observem restauração total da função com músculos lesados nesse prazo. A razão para essa discrepância é que os seres humanos são capazes de regenerar somente uma pequena porção do tecido lesado, ao passo que o restante é reparado por tecido esclerótico, um processo que leva muito mais tempo.

O reparo esclerótico do tecido segue um de dois caminhos, dependendo se a ferida é incisional (bordas próximas) ou excisional (uma lacuna entre as bordas).[6] Com feridas incisionais, as bordas próximas são temporariamente "coladas" com uma malha fina de fibrina produzida durante a coagulação sanguínea. Essa malha age como um andaime sobre o qual os fibroblastos se depositam na ferida e se aderem a ela de forma permanente. Na cicatrização de feridas excisionais, as bordas estão muito distantes para serem unidas com uma malha de fibrina e, em vez disso, a ferida deve ser preenchida com tecido de granulação. Esse processo então envolve a maturação do tecido cicatricial, na qual ele se contrai, reabsorve quase todas as suas células e deixa uma massa fibrótica, um processo que pode levar mais de um ano a partir da ocorrência da lesão para se completar.

Os objetivos para a cicatrização de feridas são simples de entender e, ainda assim, difíceis de atingir. Os clínicos simplesmente querem facilitar a regeneração enquanto reduzem o reparo esclerótico para a menor quantidade possível. Até hoje, isso tem envolvido, sobretudo, tentativas de manter feridas incisionais fechadas (suturas e fitas cirúrgicas), promover a mobilidade precoce e minimizar os fatores que interferem na cicatrização, tais como infecção, presença de corpos estranhos, nutrição deficiente e doença crônica (p. ex., diabetes). Essas tentativas são razoáveis para promover a cicatrização, mas fazem pouco para influenciar o equilíbrio entre reparo e regeneração.

Minimização das sequelas do desuso

O desuso pode ser uma faca de dois gumes após uma lesão. Como regra geral, os clínicos precisam reduzir o estresse potencialmente prejudicial a uma lesão para prevenir danos posteriores e permitir que as bordas da ferida se aproximem a fim de maximizar a cicatrização.[143] Por outro lado, o desuso causa uma série de problemas inteiramente novos. O principal entre esses problemas é a perda da amplitude de movimento (ADM) somada ao "amolecimento" das superfícies articulares.[66] Todos esses problemas podem prolongar o processo de reabilitação[144] e interferir de maneira significativa no retorno à função normal.

Embora a imobilização antigamente fosse o tratamento de escolha para a maioria das lesões musculoesqueléticas, o tratamento contemporâneo de lesões envolve a mobilização precoce.[143,144] Infelizmente, mesmo com a mobilização precoce, alguns pacientes ainda desenvolvem limitações no movimento articular. Embora algumas limitações de movimento que são resultado de dor excessiva sejam mais bem solucionadas com tratamentos analgésicos, a maioria dos déficits de movimento persistentes é resultado do desuso relacionado ao encurtamento tecidual, às adesões escleróticas ou às formas de retração cicatricial. Todos os tecidos do corpo são remodelados com base em estresse ou cargas repetitivos, e a relativa perda dessas cargas com a imobilização pode causar um encurtamento posicional indesejado dos tecidos que não são mais alongados. Esse encurtamento pode ser remediado por meio de alongamento e aumento das demandas funcionais. Mais insidiosas, entretanto, são as limitações por adesão e retração cicatricial. O reparo esclerótico envolve a deposição de fibras colágenas produzidas pelos fibroblastos que estão localizados de maneira indiscriminada ao longo da trama de fibrina de uma ferida em cicatrização. A aleatoriedade dos fibroblastos na ferida em cicatrização[6,140,141] praticamente garante que o colágeno produzido vá aderir e, assim, unir múltiplos tecidos, mesmo quando esses tecidos não estão normalmente aderidos uns aos outros. Se mobilizadas precocemente no processo de cicatrização, essas fibras colágenas desorganizadas podem ser quebradas antes que se proliferem e tenham a chance de se ligarem. Uma vez que essas fibras são ligadas, entretanto, torna-se uma tarefa muito mais difícil para o clínico liberar os tecidos restritos. Do mesmo modo, com a cicatrização de feridas excisionais, nas quais uma fenda no tecido deve ser preenchida, a retração da ferida é certamente biológica.

De uma perspectiva fisiológica, a retração da ferida por meio da contração dos miofibroblastos é benéfica, uma vez que torna a ferida menor (mais incisional quanto ao formato) e diminui o tempo necessário para preencher o espaço vazio com tecido esclerótico. A consequência desagradável é que, em alguns casos, especialmente em queimaduras graves, a retração da ferida é tão profunda a ponto de interferir em praticamente qualquer movimento do tecido.[6] A retração cicatricial com grandes feridas excisionais pode limitar a mobilidade profundamente. Para esse fim, o objetivo terapêutico é minimizar o desuso além do que é absolutamente necessário, a fim de assegurar a aproximação dos tecidos de forma que eles possam se reconectar o mais rápido possível. Em casos nos quais as limitações de movimento do paciente já tenham se desenvolvido, o objetivo passa a ser a alteração das propriedades das adesões e retrações de forma que os pacientes possam melhorar sua mobilidade. Isso é conseguido com maior facilidade logo no início e torna-se exponencialmente mais difícil se os clínicos permitirem que as limitações de movimento persistam por um longo período.

Outro problema comum com o desuso é a atrofia dos músculos, tendões, ligamentos e cartilagens (ver Caps. 2 a 7). Praticamente todos os tecidos dos mamíferos passam por um estado de remodelação quase constante, a qual é específica ao estresse imposto sobre esses tecidos.[6,42] Na presença de estresse repetitivo com períodos de repouso intercalados, esses tecidos são submetidos a alterações anabólicas que os tornam mais fortes e mais capazes de resistir ao estresse. Se o estresse for aplicado sem a oportunidade adequada de recuperação, esses tecidos passam por alterações catabólicas que os tornam incapazes de resistir a esses estresses, o que resultará em uma lesão por excesso de uso. No caso de desuso, os clínicos também observam alterações catabólicas que enfraquecem esses tecidos. Isso geralmente não é problemático durante o período de desuso; entretanto, apresenta um maior desafio na reabilitação no momento em que os pacientes tentam retomar a atividade.

Tratamento com agentes físicos

Uma variedade de agentes físicos é comumente usada na fase reparativa (Tab. 11.3), alguns com eficácia bem demonstrada, e outros não. Esta seção não se aprofunda no uso específico de cada modalidade, mas abordagens fisiológicas comuns durante esta fase serão discutidas.

Resíduos de inflamação

Remoção de edema. O uso de agentes físicos para favorecer a remoção do edema deve ser baseado na fisiologia linfática normal. A resolução do edema é um processo lento e nenhum agente promove alívio imediato em ampla escala; entretanto, vários agentes são promissores em certa medida. Agentes físicos cujas ações são baseadas no aumento da pressão externa local, tais como tratamentos por compressão,[95,145] provavelmente terão sucesso, pois fornecem uma força maior (pressão do líquido intersticial) que irá empurrar o líquido para dentro dos vasos linfáticos iniciais e movê-lo dentro desses capilares linfáticos em direção aos vasos linfáticos secundários. Do mesmo modo, agentes que estimulam a propagação do edema sobre uma grande superfície, tal como a massagem,[146-149] são teoricamente úteis, pois expõem o líquido a um maior número de capilares linfáticos iniciais, de modo que ele pode entrar no sistema linfático.

Há dados controversos a respeito da eficácia da massagem na redução do edema.[146-149] Essa literatura deve ser examinada cautelosamente, pois a maior parte dela examina o linfedema causado por dano ao sistema linfático e pode não ser aplicável ao edema traumático associado à lesão musculoesquelética em situações nas quais os vasos linfáticos ainda estão intactos. Os agentes físicos que alteram a permeabilidade dos vasos linfáticos, tais como a estimulação elétrica, também podem ser úteis para resolução do edema pós-agudo;[95] entretanto, a maior parte da literatura examina seus efeitos sobre a formação do edema agudo em vez de sua resolução.[44,92-94,98,100] Embora não envolva um agente físico, talvez a parte mais importante da estratégia de remoção do edema seja o exercício ativo controlado. É o exercício que produz as ondas de pressão pulsátil que causam o movimento do líquido dentro do sistema linfático. Sem o exercício ativo, o edema apenas se move ao redor dos tecidos periféricos em vez de se mover ao longo da via para ser removido.

Por outro lado, a terapia com banho de contraste, um tratamento comum, tem pouco suporte teórico. O banho de contraste, ou a alternância entre o agente quente e frio, baseia-se na vasodilatação e na vasoconstrição causadas alternadamente nos vasos na tentativa de se criar um efeito de bombeamento que mova os líquidos. Geralmente é considerado com foco no bombeamento venoso, o que ignora a fisiologia do edema, pois o edema pós-agudo não é absorvido pelo sistema vascular. Aqueles

Tabela 11.3 Modalidades comuns na fase reparativa

Modalidade	Objetivo fisiológico
Crioterapia	Reduzir a inibição neuromuscular Reduzir a dor Minimizar a reiniciação da inflamação
Ultrassom (térmico/contínuo) Diatermia por ondas curtas	Aumentar a perfusão Aumentar o metabolismo Facilitar o aquecimento (não comprovado) Reduzir a dor Aumentar a extensibilidade colágena
Ultrasssom (não térmico/pulsado)	Promover regeneração tecidual (não comprovado) Promover resolução do edema (não comprovado)
Estimulação elétrica	Reduzir a dor Reeducação neuromuscular Retardar a atrofia Reduzir o espasmo muscular Remover o edema pós agudo Transportar drogas através da pele (iontoforese)*
Laser de baixa potência	Promover cicatrização (esclerótica) Reduzir a dor
Oxigênio hiperbárico	Promover aquecimento (literatura inconclusiva)
Massagem	Promover resolução do edema Reduzir a dor Retardar a formação de aderência Aumentar a perfusão (amplamente refutado)
Compressão intermitente	Promover redução do edema

* A iontoforese requer uma forma de onda monofásica contínua disponível somente em um estimulador especialmente projetado.

que conhecem bem a fisiologia poderiam argumentar que o contraste criaria uma constrição alternante e uma dilatação dos vasos linfáticos secundários e maiores, o que criaria um bombeamento linfático útil. Entretanto, isso também não sustenta um exame minucioso, pois se demonstrou repetidas vezes que o banho de contraste não produz flutuações de temperatura nos tecidos subcutâneos.[150-152] Essas flutuações, porém, são a base teórica para o suposto efeito de bombeamento com banho de contraste. Embora, do ponto de vista fisiológico, seja um erro usar o banho de contraste para a resolução do edema, esse tratamento pode ter algum valor terapêutico para o tratamento da dor pós-aguda.

Dor residual. Um grande número de agentes físicos se mostrou eficaz no tratamento da dor protopática. De fato, os agentes físicos provavelmente são mais efetivos com as dores protopáticas do que com as epicríticas. Deve-se lembrar de que existem três estratégias para o alívio da dor epicrítica: interferir na função dos receptores da dor,[16,42] interferir na condução nervosa[125] e inibir a transmissão por meio da estimulação das vias neurológicas ascendentes.[124] Essas mesmas estratégias se tornam verdadeiras quando se utilizam os agentes físicos para tratar a dor protopática, e a elas os clínicos podem adicionar influência central e estratégias de controle da dor descendentes.[47,55,127,153-155] Dessas estratégias, interferir nos receptores da dor e na condução nervosa são provavelmente os mecanismos menos comuns para os agentes físicos usados na fase reparativa; a crioterapia é a única candidata provável para cada uma delas. Considerando-se que a crioterapia pode causar um desconforto adicional,[126,127] seu uso é normalmente descartado uma vez que os sinais e sintomas da inflamação aguda tenham diminuído.

Um grande número de agentes físicos parece participar nas estratégias de controle da dor ascendente, incluindo crioterapia, termoterapia, massagem e estimulação elétrica em suas variadas formas. Todas essas estratégias produzem informações sensoriais que possuem a capacidade de interferir na transmissão da dor na substância gelatinosa presente no interior do corno dorsal da medula espinal por meio do mecanismo de controle das comportas classicamente descrito por Melzack e Wall em 1965.[156] A literatura começou a refletir explicações mais complexas sobre a formação e o controle da dor, como a teoria da neuromatriz,[55] em que a dor é conceituada como multifacetada e é modulada por estímulos somáticos e não somáticos.

Promoção do reparo/regeneração

Embora existam inúmeros agentes físicos cujos responsáveis por seu desenvolvimento e defensores considerem eficientes na promoção de reparo tecidual, na verdade existem muito poucos com evidências suficientes que sustentem tais afirmações. Infelizmente, muitas das afirmações que foram feitas sobre cicatrização sequer chegaram a considerar o exame direto da cicatrização tecidual microscópica.[134,137,139,157,158] Em vez disso, muitas se basearam em variáveis indiretas, tais como massa tecidual. A massa pode ser aumentada pela cicatrização, mas também pode ser aumentada por edema, hematoma ou por um influxo de células inflamatórias, e nenhum desses fatores representam a cicatrização. Por esse motivo, estudos mais antigos usados como evidências em favor do uso de agentes físicos para acelerar a cicatrização tecidual podem não demonstrá-la efetivamente.

Modalidades para aumentar a taxa metabólica e a perfusão

- Ultrassom térmico
- Diatermia por ondas curtas
- Compressas quentes úmidas
- Banheira de hidromassagem aquecida
- Banho de parafina
- Exercícios terapêuticos

Acredita-se que muitos agentes físicos melhorem a cicatrização indiretamente por suas habilidades em aumentar a taxa metabólica ou a perfusão. Embora isso certamente seja verdade sobre as modalidades hipertérmicas, incluindo ultrassom, diatermia por ondas curtas, compressas quentes úmidas, banheira de hidromassagem aquecida e banho de parafina, modalidades como essas, que aumentam a temperatura dos tecidos, têm mostrado muito claramente aumentar o metabolismo dos tecidos via efeito Q10 e aumentar a perfusão por meio da vasodilatação. Embora pareça lógica a ideia de que qualquer agente físico que promova aumento do metabolismo e da perfusão também promova a cicatrização, poucas evidências existem para sugerir que a melhora da cicatrização realmente ocorre a partir de qualquer uma dessas formas de calor terapêutico. Na realidade, nenhuma evidência sugere que o reparo esclerótico ou a regeneração do tecido estejam totalmente limitados pela perfusão ou pelo metabolismo no caso da maioria das lesões musculoesqueléticas e, portanto, melhorar essas variáveis não necessariamente promoveria uma cicatrização mais rápida. Embora um período de hipóxia se siga a um trauma no qual a tensão de oxigênio no espaço do ferimento seja próxima a zero,[6,159] ela tipicamente é resolvida pela formação de tecido de granulação, o qual é extraordinariamente rico em redes capilares temporárias.[6] De fato, essa hipóxia, que é resolvida muito prontamente, é uma das mais importantes forças de condução na formação dessas redes capilares de granulação. Elas não se formam se a tensão do oxigênio estiver elevada artificialmente.[159]

O reparo e a regeneração são limitados por outros fatores além da perfusão e do metabolismo. Um dos prováveis fatores para limitar a regeneração incluem o número extremamente baixo de células satélites em adultos.[141] Alguns agentes físicos, especificamente o ultrassom atérmico, têm mostrado causar ativação e proliferação das células satélites.[160] Embora isso seja muito promissor para melhor cicatrização, as células satélites ainda são limitadas por outro fator para limitar a regeneração, isto é, a diferenciação dessas células satélites em tecido regenerado de fato.[136,160] Até que essa relação possa ser estabelecida, o ultrassom permanece sendo um pouco mais do que um fator interessante para melhorar a regeneração. De fato, uma grande gama de controvérsias ainda existe sobre a possibilidade de o ultrassom atérmico produzir proliferação celular,[160] pois há registros das dificuldades de reprodução desses resultados.[136]

Ao contrário do relativamente rápido processo de regeneração, o reparo esclerótico começa rapidamente, mas matura de maneira lenta.[6] O aumento da taxa de formação de cicatriz apresenta um enigma clínico. A rápida formação de cicatriz normalmente leva a adesões e limitação no movimento, e os clínicos devem trabalhar para prevenir que isso aconteça em pacientes com cicatrização normal. O aumento da taxa de formação de cicatriz apresenta um perigo potencial na exacerbação do problema de adesão; entretanto, traz a possibilidade de um reparo tecidual mais rápido. Algumas modalidades, tais como o *laser* terapêutico[158,161,162] e a microcorrente[138,163-165] demonstraram aumentar a atividade fibroblástica e, assim, elevar a taxa de síntese de colágeno, particularmente na pele. A profundidade de penetração desses agentes físicos é muito pequena, e eles provavelmente não são de uso terapêutico na melhora de cicatrização em tecidos com uma profundidade maior do que alguns milímetros.

Modalidades para aumentar a formação de cicatriz superficial

- *Laser*
- Microcorrente

Minimização das sequelas do desuso

A principal sequela do desuso que pode ser melhorada com agentes físicos é a limitação de movimento secundária a aderências. Limitações decorrentes de retrações de feridas extensas são prevenidas de maneira efetiva apenas com o uso de enxerto de pele.[6] Com aderências, a melhor abordagem consiste em interromper conexões indesejadas entre camadas de tecidos à medida que elas se formam, o que é realizado mais facilmente com a mobilidade articular precoce e a mobilização de tecidos moles. Nos casos em que se instala a limitação de movimento e as fibras colágenas formam pontes cruzadas, a abordagem mais comum para liberá-las é aumentar a elasticidade dessas fibras antes da mobilização. Isso é realizado mais facilmente com o aumento da temperatura dessas fibras antes da intervenção com terapia manual ou outras formas de exercício.

Diversos artigos publicados detalharam o estudo dessa "amplitude terapêutica". A maioria dos trabalhos iniciais foi completada por Lehman et al.[166-169] Em diversos artigos, esses e outros autores[170] tentaram identificar a temperatura de amplitude para alterações na elasticidade do tecido colágeno. Em conjunto, eles observaram que a amplitude terapêutica situava-se entre 39°C ou 40°C e 45°C. Temperaturas abaixo de 39°C ou 40°C não produziram alterações significativas na elasticidade, ao passo que temperaturas acima de 45°C foram observadas causando danos. Um aspecto de importância capital e muitas vezes negligenciado desse primeiro trabalho de definição de amplitude terapêutica[170] era que ele não era estudado *in vivo* ou em seres humanos. Em vez disso, a amplitude de temperatura terapêutica foi determinada usando-se partes extirpadas do tendão da cauda de ratos imersas em uma solução-tampão aquecida em várias temperaturas. Embora os clínicos geralmente apliquem os achados desse trabalho ao ultrassom terapêutico e à diatermia, nem um nem outro foram usados na identificação da amplitude, e tampouco esse trabalho foi realizado em tecidos patológicos *in vivo*. Coletivamente, realiza-se um ato de fé um tanto quanto significativo, o qual a maioria dos clínicos não percebe que está fazendo.

Curiosamente, Lehman mais tarde descreveu essa amplitude em termos relativos, ou seja, ele a descreveu em termos de variação de temperatura a partir de uma linha de base em vez de temperaturas absoluta, e se referiu a ela como "aquecimento vigoroso".[168] Essa descrição relativa se tornou popular recentemente, sobretudo em razão do trabalho prolífico de Draper et al.,[171-183] cujos artigos citam, com frequência, que o aumento de temperatura de 3°C a 4°C do "aquecimento vigoroso" de Lehman é necessário para alterações na elasticidade.

Entretanto, o uso de variação de temperatura relativa como um protocolo clínico pode ser problemático. Tecidos nas extremidades tratados comumente com ultrassom possuem temperaturas basais em suas adjacências de 35,5°C, e foram registradas algumas temperaturas basais inferiores a 35°C.[184] Para esses tecidos, uma mudança de temperatura de 4°C mal chega ao limite inferior da variação terapêutica ou pode não atingi-la.[118] Em um artigo recente,[185] indivíduos neurologicamente saudáveis relataram uma sensação de aquecimento perceptível com o ultrassom térmico. Essa sensação se tornou desconfortável a ponto de o tratamento ser interrompido quando a temperatura excedeu 41°C. Essa observação subjetiva pode, no futuro, formar as bases de um protocolo clínico para tratamentos com ultrassom térmico nos quais o início do desconforto do paciente possa servir como um indicador de que a temperatura atingiu a amplitude terapêutica.[118,184]

Outro aspecto do desuso que pode ser abordado com agentes físicos é a perda da função e a atrofia dos tecidos danificados. Certamente, a melhor e mais fácil abordagem para o tratamento da atrofia é preveni-la em primeiro lugar. Sempre que possível os exercícios ativos são a forma mais eficiente de prevenção da atrofia. Entretanto, nem sempre os exercícios ativos são possíveis e, mesmo quando são, o clínico deve contar com algum nível de atrofia, pois a intensidade do exercício e sua duração tipicamente não estão no mesmo nível apresentado antes da lesão. Quando o exercício não é possível, a eletroterapia oferece uma possibilidade de minimizar a atrofia.[186,187] Protocolos de eletroterapia que produzem contração muscular ativa, particularmente contrações tetânicas, produzem estresse adequado para manter algum grau de massa e contratilidade muscular que poderiam ser perdidas.[186,187] Do mesmo modo, a força muscular gerada também pode ajudar a manter algum grau de densidade óssea além da força do tecido conjuntivo.

A eletroterapia não é capaz de prevenção total da atrofia muscular por três razões. Primeiro, a eletroterapia tipicamente é usada para retardar a atrofia durante imobilização prolongada e intencional. Em tais situações, contrações musculares fortes costumam ser evitadas de modo que o deslocamento das estruturas imobilizadas não ocorra. Assim, os clínicos tendem a usar contrações isométricas moderadas para retardar a atrofia, mas não para preveni-la. Segundo, o recrutamento de unidades motoras com estimulação elétrica não é o mesmo que ocorre com uma contração voluntária. Em contrações volitivas, neurônios motores de menores diâmetros que suprem fibras musculares pequenas de unidade motoras pequenas são recrutados, o que inicialmente resulta em um controle motor mais fino. Como há a necessidade de aumentar a força ou superar a fadiga, neurônios maiores com unidades motoras maiores e mais fortes são recrutados. Durante a eletroterapia, essa ordem é invertida, de modo que os neurônios motores de diâmetro maior são recrutados primeiro e as fibras de diâmetros menores são menos recrutadas e somente o são quando uma voltagem suficientemente alta é usada. Isso leva a uma ordem inversa de atrofia, na qual unidades motoras de neurônios motores menores, responsáveis por tarefas motoras finas, atrofiam mais do que unidades motoras de neurônios maiores responsáveis por tarefas motoras grosseiras. A terceira razão pela qual os clínicos não conseguem prevenir completamente a atrofia é que os pacientes, especialmente atletas, possuem altos níveis de treinamento e habilidade esportiva. Mesmo desconsiderando as consequências do deslocamento do tecido imobilizado com fortes contrações induzidas eletricamente, é improvável que as correntes elétricas disponíveis produzam contrações fortes o suficiente para prevenir a maior parte da perda muscular em pacientes lesionados. Como os atletas são submetidos a programas de treinamento e condicionamento extensos, eles possuem massas musculares e capacidade de produzir forças muito maiores do que o público em geral. Uma vez que a estimulação elétrica tende a recrutar as mesmas unidades motoras repetidamente, a atrofia nas unidades motoras menos recrutadas ainda é observada.

Um último conceito envolve a inibição neuromuscular. Após uma lesão musculoesquelética, é verificado um período de inibição neuromuscular, que resulta em fraqueza muscular, coordenação comprometida das atividades motoras e propriocepção articular prejudicada. Esses comprometimentos são observados mesmo antes de o paciente ter tido tempo suficiente para que a atrofia muscular ocorresse. Essas perdas funcionais não são resultado de perda por meio da atrofia muscular. Em vez disso, resultam de inibição neurológica da atividade muscular. Inicialmente, a teoria predominante sobre essa inibição era a de que ela era mediada pela dor.[16] Agora, um conjunto crescente de evidências que examinam essa inibição sugere outra fonte: inibição muscular artrogênica.[68,71,188,189] Essa pesquisa examina a viabilidade do *pool* de neurônios motores e como eles mudam com a lesão. Em circunstâncias normais, os pacientes podem recrutar voluntariamente apenas uma porção do total de seu *pool* de neurônios motores, pois o recrutamento total do *pool* produziria forças musculares e articulares que retirariam por completo os músculos de suas inserções ósseas e causariam fraturas e outras lesões. Durante uma lesão e o subsequente período de reabilitação pós-lesão, a porcentagem do *pool* de neurônios motores que podem ser recrutados é menor do que o normal e pode ser quantificada pela medida do reflexo de Hoffman (reflexo H).[68,71,188,189]

Em muitos estudos recentes, a criação de um derrame articular artificial com a injeção de uma solução salina estéril no interior do espaço sinovial demonstrou diminuir o *pool* dos neurônios motores disponíveis e, assim, produzir inibição na ausência de lesão real.[68,71,188,189] Achados demonstram que a inibição neuromuscular está relacionada com a dor e com o derrame articular. Curiosamente, demonstrou-se que o uso de crioterapia neutraliza essa redução induzida pelo derrame na viabilidade do *pool* dos neurônios motores e leva à facilitação do *pool* dos neurônios motores.[68,71,189] Ou seja, a aplicação do frio realmente aumenta a quantidade de *pool* dos neurônios motores disponíveis para recrutamento. Isso potencialmente torna a crioterapia um adjunto útil para a reabilitação pós-aguda, pois pode permitir uma iniciação mais precoce do exercício do que seria possível de outra forma. Outra abordagem possível para a superação da inibição envolve a reeducação neuromuscular, na qual a estimulação muscular elétrica pode ser usada para causar contração no músculo inibido. Isso pode permitir ao paciente aprender a recrutar unidades motoras não disponíveis de outra forma.

Os agentes físicos são usados com frequência em intervenções para reabilitação musculoesquelética e compreendem um conjunto de ferramentas formidáveis nas mãos de profissionais experientes e bem informados. Desde que usadas com técnica adequada e sob circunstâncias corretas, essas ferramentas terapêuticas têm o potencial de influenciar significativamente o resultado do paciente.

REFERÊNCIAS BIBLIOGRÁFICAS

1. Robertson VJ, Baker KG: A review of therapeutic ultrasound: effectiveness studies, Phys Ther 81:1339-1350, 2001.
2. Draper DO: Don't disregard ultrasound yet—the jury is still out, Phys Ther 82(2):190-191, 2002.
3. Otte JW, Merrick MA, Ingersoll CD, Cordova ML: Subcutaneous adipose tissue thickness alters cooling time during cryotherapy, Arch Phys Med Rehabil 83(11):1501-1505, 2002.
4. Jutte LS, Merrick MA, Ingersoll CD, Edwards JE: The relationship between intramuscular temperature, skin temperature, and adipose thickness during cryotherapy and rewarming, Arch Phys Med Rehabil 82(6):845-850, 2001.
5. Merrick MA, Rankin JM, Andres FA, Hinman CL: A preliminary examination of cryotherapy and secondary injury in skeletal muscle, Med Sci Sports Exerc 31:1516-1521, 1999.
6. Majno G, Joris I: Cells, tissues, and disease: principles of general pathology, Cambridge, 1996, Blackwell Scientific.
7. Merrick MA: Secondary injury after musculoskeletal trauma: a review and update, J Athl Train 37(2):209-217, 2002.
8. Sell S: Immunology, immunopathology and immunity, ed 6, Washington, 2001, American Society Microbiology Press.
9. Knight KL: Effects of hypothermia on inflammation and swelling, Athl Train, JNATA 11:7-10, 1976.
10. McMaster WC, Liddle S: Cryotherapy influence on posttraumatic limb edema, Clin Orthop Relat Res 150:283-287, 1980.
11. Merrick M, McBrier N: Timeline for loss of cytochrome-c oxidase function following blunt injury in skeletal muscle, J Athl Training (in press).
12. Dawson D: Pathophysiology of focal ischemic injury: an overview, Top Emerg Med 19(1):63-78, 1997.
13. Knight K, Brucker J, Stoneman P, Rubley M: Muscle injury management with cryotherapy, Athl Ther Today 5(4):26-30, 2000.
14. Fisher BD, Baracos VE, Schnitka TK et al: Ultrastructural events following acute muscle trauma, Med Sci Sports Exerc 22:185-193, 1990.
15. Knight KL: Cryotherapy: theory, technique, and physiology, Chattanooga, 1985, Chattanooga Corporation Education Division.
16. Knight KL: Cryotherapy in sport injury management, Champaign, 1995, Human Kinetics.
17. Angus J: Intermittent compression and cold and their effects on edema in postacute ankle sprains, Eugene, 1993, Microform Publications, University of Oregon.
18. Curl WW, Smith BP, Marr A et al: The effect of contusion and cryotherapy on skeletal muscle microcirculation, J Sports Med Phys Fitness 37:279-286, 1997.
19. Dolan MG, Thornton RM, Fish DR, Mendel FC: Effects of cold water immersion on edema formation after blunt injury to the hind limbs of rats, J Athl Train 32(3):233-237, 1997.
20. Hubbard TJ, Aronson SL, Denegar CR: Does cryotherapy hasten return to participation? A systematic review, J Athl Training 39(1):88-94, 2004.
21. Ohkoshi Y, Ohkoshi M, Nagasaki S et al: The effect of cryotherapy on intraarticular temperature and postoperative care after anterior cruciate ligament reconstruction, Am J Sports Med 27(3):357-362, 1999.
22. Frenette J, Cai B, Tidball JG: Complement activation promotes muscle inflammation during modified muscle use, Am J Pathol 156:2103-2110, 2000.
23. Armstrong RB: Initial events in exercise-induced muscular injury, Med Sci Sports Exerc 22:429-435, 1990.
24. Brickson S, Ji LL, Schell K et al: M1/70 attenuates blood-borne neutrophil oxidants, activation, and myofiber damage following stretch injury, J Appl Physiol 95(3):969-976, 2003.
25. Cannon JG, Meydani SN, Fielding RA et al: Acute phase response in exercise. II. Associations between vitamin E, cytokines, and muscle proteolysis Am J Physiol 260:R1235-R1240, 1991.
26. Cannon JG, Orencole SF, Fielding RA et al: Acute phase response in exercise: interaction of age and vitamin E on neutrophils and muscle enzyme release, Am J Physiol 259:R1214-R1219, 1990.
27. Frenette J, St Pierre M, Cote CH et al: Muscle impairment occurs rapidly and precedes inflammatory cell accumulation after mechanical loading, Am J Physiol Regul Integr Comp Physiol 282:R351-R357, 2002.

28. Kasperek GJ, Snider RD: Increased protein degradation after eccentric exercise, Eur J Appl Physiol Occup Physiol 54:30-34, 1985.
29. McCully KK, Faulkner JA: Injury to skeletal muscle fibers of mice following lengthening contractions, J Appl Physiol 59:119-126, 1985.
30. Pizza FX, Hernandez IJ, Tidball JG: Nitric oxide synthase inhibition reduces muscle inflammation and necrosis in modified muscle use, J Leukoc Biol 64:427-433, 1998.
31. Pizza FX, Peterson JM, Baas JH, Koh TJ: Neutrophils contribute to muscle injury and impair its resolution after lengthening contractions in mice, J Physiol 562(Pt 3):899-913, 2005.
32. Quindry JC, Stone WL, King J, Broeder CE: The effects of acute exercise on neutrophils and plasma oxidative stress, Med Sci Sports Exerc 35:1139-1145, 2003.
33. Stauber WT, Fritz VK, Vogelbach DW, Dahlmann B: Characterization of muscles injured by forced lengthening. I. Cellular infiltrates, Med Sci Sports Exerc 20:345-353, 1988.
34. Tidball JG: Interactions between muscle and the immune system during modified musculoskeletal loading, Clin Orthop Relat Res 403:S100-S109, 2002.
35. Ainsworth T, Lynam E, Sklar L: Neutrophil function in inflammation and infection. In Sirica A, editor: Cellular and molecular pathogenesis, Philadelphia, 1996, Lippincott-Raven Publishers.
36. Peake JM: Exercise-induced alterations in neutrophil degranulation and respiratory burst activity: possible mechanisms of action, Exerc Immunol Rev 8:49-100, 2002.
37. Grounds MD: Phagocytosis of necrotic muscle in muscle isografts is influenced by the strain, age, and sex of host mice, J Pathol 153:71-82, 1987.
38. Teixeira CF, Zamuner SR, Zuliani JP et al: Neutrophils do not contribute to local tissue damage, but play a key role in skeletal muscle regeneration, in mice injected with Bothrops asper snake venom, Muscle Nerve 28:449-459, 2003.
39. Bernardi P, Penzo D, Wojtczak L: Mitochondrial energy dissipation by fatty acids. Mechanisms and implications for cell death, Vitam Horm 65:97-126, 2002.
40. Gellerich FN, Trumbeckaite S, Chen Y et al: Energetic depression caused by mitochondrial dysfunction, Eur Cytokine Netw 13(4):395-397, 2002.
41. Petronilli V, Penzo D, Scorrano L et al: The mitochondrial permeability transition, release of cytochrome c and cell death. Correlation with the duration of pore openings in situ, J Biol Chem 276(15):12030-12034, 2001.
42. Guyton AC: Textbook of medical physiology, ed 8, Philadelphia, 1991, WB Saunders.
43. Lee JS: Tissue fluid pressure, lymph pressure, and fluid transport in rat intestinal villi, Microvascular Res 31(2):170-183, 1986.
44. Taylor K, Mendel FC, Fish DR et al: Effect of high-voltage pulsed current and alternating current on macromolecular leakage in hamster cheek pouch microcirculation, Phys Ther 77(12):1729-1740, 1997.
45. Starling EH: On the absorption of fluids from the connective tissue spaces, J Physiol 19:312-326, 1986.
46. McCance K: Structure and function of the cardiovascular and lymphatic systems. In Huether S, McCance K, editors: Understanding pathophysiology, ed 3, Philadelphia, 2004, Mosby.
47. Carroll D, Moore RA, McQuay HJ et al: Transcutaneous electrical nerve stimulation (TENS) for chronic pain, Cochrane Database Syst Rev (3):CD003222, 2001.
48. Clancy J, McVicar A: Subjectivity of pain, Br J Nurs 1(1):8-10, 12, 1992.
49. Greer KR, Hoyt JW: Pain: theory, anatomy, and physiology, Crit Care Clin 6(2):227-234, 1990.
50. Hedenberg-Magnusson B, Ernberg M, Alstergren P, Kopp S: Pain mediation by prostaglandin E2 and leukotriene B4 in the human masseter muscle, Acta Odontol Scand 59(6):348-355, 2001.
51. Janig W, Levine JD, Michaelis M: Interactions of sympathetic and primary afferent neurons following nerve injury and tissue trauma, Prog Brain Res 113:161-184, 1996.
52. Kral JG: Analgesic effects of prostaglandin synthesis inhibition by diclofenac sodium, Semin Arthritis Rheum 15(2 Suppl 1):93-96, 1985.
53. Lachmann E: Low back pain evaluation and conservative treatment (videocassette), Clifton, NJ, 1997, Network for Continuing Medical Education.
54. Melzack R: Pain: past, present and future, Can J Exp Psychol 47(4):615-629, 1993.
55. Melzack R: Pain—an overview, Acta Anaesthesiol Scand 43(9):880-884, 1999.
56. Nishimura M, Segami N, Kaneyama K et al: Relationships between pain-related mediators and both synovitis and joint pain in patients with internal derangements and osteoarthritis of the temporomandibular joint, Oral Surg Oral Med Oral Pathol Oral Radiol Endod 94(3):328-332, 2002.
57. Durrenberger PF, Facer P, Gray RA et al: Cyclooxygenase-2 (Cox-2) in injured human nerve and a rat model of nerve injury, J Peripher Nerv Syst 9(1):15-25, 2004.
58. Lundell JC, Silverman DG, Brull SJ et al: Reduction of postburn hyperalgesia after local injection of ketorolac in healthy volunteers, Anesthesiology 84(3):502-509, 1996.
59. Ma W, Eisenach JC: Cyclooxygenase 2 in infiltrating inflammatory cells in injured nerve is universally up-regulated following various types of peripheral nerve injury, Neuroscience 121(3):691-704, 2003.
60. McCormack K, Brune K: Dissociation between the antinociceptive and anti-inflammatory effects of the nonsteroidal anti--inflammatory drugs. A survey of their analgesic efficacy, Drugs 41(4):533-547, 1991.
61. Syriatowicz JP, Hu D, Walker JS, Tracey DJ: Hyperalgesia due to nerve injury: role of prostaglandins, Neuroscience 94(2):587-594, 1999.
62. Cameron M: Physical agents in rehabilitation: from research to practice, Philadelphia, 1999, WB Saunders.
63. Denegar C: Therapeutic modalities for athletic injuries, Champaign, 2000, Human Kinetics.
64. Starkey C: Therapeutic modalities, ed 3, Philadelphia, 2004, FA Davis.
65. Hopkins JT, Ingersoll CD, Edwards JE, Cordova ML: Changes in soleus motoneuron pool excitability after artificial knee joint effusion, Arch Phys Med Rehabil 81(9):1199-1203, 2000.
66. Nyland J: Rehabilitation complications following knee surgery, Clin Sports Med 18(4):905-925, 1999.
67. Palmieri RM, Ingersoll CD, Edwards JE et al: Arthrogenic muscle inhibition is not present in the limb contralateral to a simulated knee joint effusion, J Athl Train 38(suppl):910-916, 2003.
68. Hopkins J, Ingersoll CD, Edwards J, Klootwyk TE: Cryotherapy and transcutaneous electric neuromuscular stimulation decrease arthrogenic muscle inhibition of the vastus medialis after knee joint effusion, J Athl Train 37(1):25-31, 2002.
69. Hopkins JT, Ingersoll CD, Krause BA et al: Effect of knee joint effusion on quadriceps and soleus motoneuron pool excitability, Med Sci Sports Exerc 33:123-126, 2001.
70. Hopkins JT, Palmieri R: Effects of ankle joint effusion on lower leg function, Clin J Sports Med 14(1):1-7, 2004.
71. Hopkins JT, Stencil R: Ankle cryotherapy facilitates soleus function, J Orthop Sports Phys Ther 32(12):622-627, 2002.
72. Stevens JE, Mizner RL, Snyder-Mackler L: Quadriceps strength and volitional activation before and after total knee arthroplasty for osteoarthritis, J Orthop Res 21(5):775-779, 2003.
73. Litvak KM, McEvoy GK: Ketorolac, an injectable nonnarcotic analgesic, Clin Pharm 9(12):921-935, 1990.
74. Isik F: Ketorolac may control more than pain, Clin Sci (Lond) 105(5):549-550, 2003.
75. Powell ET, Tokish JM, Hawkins RJ: Toradol use in the athletic population, Curr Sports Med Rep 1(4):191, 2002.
76. Turturro MA, Paris PM, Seaberg DC: Intramuscular ketorolac versus oral ibuprofen in acute musculoskeletal pain, Ann Emerg Med 26(2):117-120, 1995.

77. Dietzel DP, Hedlund EC: Injections and return to play, Curr Pain Headache Rep 9(1):11-16, 2005.
78. Barlas D, Homan CS, Thode HC Jr: In vivo tissue temperature comparison of cryotherapy with and without external compression, Ann Emerg Med 28(4):436-439, 1996.
79. Merrick MA, Jutte LS, Smith ME: Cold modalities with different thermodynamic properties produce different surface and intramuscular temperatures, J Athl Train 38(1):28-33, 2003.
80. Merrick MA, Knight KL, Ingersoll CD, Potteiger JA: The effects office and compression wraps on intramuscular temperatures at various depths, J Athl Train 28(3):236-245, 1993.
81. Higgins D, Kaminski TW: Contrast therapy does not cause fluctuations in human gastrocnemius intramuscular temperature, J Athl Train 33(4):336-340, 1998.
82. Myrer JW, Measom G, Fellingham GW: Temperature changes in the human leg during and after two methods of cryotherapy, J Athl Train 33(1):25-29, 1998.
83. Tsang K, Buxton B, Guion W et al: The effects of cryotherapy applied through various barriers, J Sport Rehabil 6(4):343-354, 1997.
84. Weber MD, Servedio FJ, Woodall WR: The effects of three modalities on delayed onset muscle soreness, J Orthop Sports Phys Ther 20(5):236-242, 1994.
85. Whitelaw GP, DeMuth KA, Demos HA et al: The use of the Cryo/Cuff versus ice and elastic wrap in the postoperative care of knee arthroscopy patients, Am J Knee Surg 8(1):28-31, 1995.
86. Zemke JE, Andersen JC, Guion WK et al: Intramuscular temperature responses in the human leg to two forms of cryotherapy: ice massage and ice bag, J Orthop Sports Phys Ther 27(4):301-307, 1998.
87. Cryotherapy for First Aid (videocassette), Champaign, Ill, 1996, Human Kinetics.
88. Chaui-Berlinck JG, Navas CA, Monteiro LH, Bicudo JE: Temperature effects on a whole metabolic reaction cannot be inferred from its components, Proc Biol Sci 271(1546):1415-1419, 2004.
89. Guppy M, Withers P: Metabolic depression in animals: physiological perspectives and biochemical generalizations, Biol Rev Camb Philos Soc 74(1):1-40, 1999.
90. Klementavicius R, Nemoto EM, Yonas H: The Q10 ratio for basal cerebral metabolic rate for oxygen in rats, J Neurosurg 85(3):482-487, 1996.
91. McCullough JN, Zhang N, Reich DL et al: Cerebral metabolic suppression during hypothermic circulatory arrest in humans, Ann Thorac Surg 67(6):1895-1899; 1999.
92. Bettany JA, Fish DR, Mendel FC: High-voltage pulsed direct current: effect on edema formation after hyperflexion injury, Arch Phys Med Rehabil 71(Aug):677-681, 1990.
93. Dolan MG, Mychaskiw AM, Mattacola CG, Mendel FC: Effects of cool-water immersion and high-voltage electric stimulation for 3 continuous hours on acute edema in rats, J Athl Train 38(4):325-329, 2003.
94. Dolan MG, Mychaskiw AM, Mendel FC: Cool-water immersion and high-voltage electric stimulation curb edema formation in rats, J Athl Train 38(3):225-230, 2003.
95. Cook HA, Morales M, La Rosa EM et al: Effects of electrical stimulation on lymphatic flow and limb volume in the rat, Phys Ther 74(11):1040-1046, 1994.
96. Holcomb W: A practical guide to electrical therapy, J Sport Rehabil 6(3):272-282, 1997.
97. Holcomb WR, Mangus BC, Tandy R: The effect of icing with the Pro-Stim Edema Management System on cutaneous cooling, J Athl Train 31(2):126-129, 1996.
98. Karnes JL, Mendel FC, Fish DR, Burton HW: High-voltage pulsed current: its influence on diameters of histamine-dilated arterioles in hamster cheek pouches, Arch Phys Med Rehabil 76(4):381-386, 1995.
99. Mendel FC, Fish DR: New perspectives in edema control via electrical stimulation, J Athl Train 28(1):63-74, 1993.
100. Thornton RM, Mendel FC, Fish DR: Effects of electrical stimulation on edema formation in different strains of rats, Phys Ther 78(4):386-394, 1998.
101. Thordarson DB, Greene N, Shepherd L, Perlman M: Facilitating edema resolution with a foot pump after calcaneus fracture, J Orthop Trauma 13(1):43-46, 1999.
102. Faghri P, Hovorka C, Trumbower R: From the field. Reducing edema in the lower extremity of hemiplegic stroke patients: a comparison of non-pharmacological approaches, Clin Kinesiol 56(4):51-60, 2002.
103. Giudice ML: Effects of continuous passive motion and elevation on hand edema, Am J Occup Ther 44(10):914-921, 1990.
104. Tsang KK, Hertel J, Denegar CR: Volume decreases after elevation and intermittent compression of postacute ankle sprains are negated by gravity dependent positioning, J Athl Train 38:320-324, 2003.
105. Matsen FA 3rd, Questad K, Matsen AL: The effect of local cooling on postfracture swelling. A controlled study, Clin Orthop Relat Res 109:201-206, 1975.
106. Brewer KD: The effects of intermittent compression and cold on edema in postacute ankle sprains, unpublished thesis/dissertation, 1990.
107. Dervin GF, Taylor DE, Keene GC: Effects of cold and compression dressings on early postoperative outcomes for the arthroscopic anterior cruciate ligament reconstruction patient, J Orthop Sports Phys Ther 27(6):403-406, 1998.
108. Knight KL, Aquino J, Johannes SM, Urban CD: A re-examination of Lewis' cold-induced vasodilatation in the finger and the ankle, Athl Train 15:238-250, 1980.
109. Barcroft H, Edholm OG: The effect of temperature on blood flow and deep temperature in the human forearm, J Physiol 102:5-20, 1943.
110. Ho SS, Coel MN, Kagawa R, Richardson AB: The effects of ice on blood flow and bone metabolism in knees. Including commentary by Johnson RJ with author response, Am J Sports Med 22(4):537-540, 1994.
111. Ho SS, Illgen RL, Meyer RW et al: Comparison of various icing times in decreasing bone metabolism and blood flow in the knee, Am J Sports Med 23(1):74-76, 1995.
112. Karunakara RG, Lephart SM, Pincivero DM: Changes in forearm blood flow during single and intermittent cold application, J Orthop Sports Phys Ther 29(3):177-180, 1999.
113. Gardner CA, Webb RC: Cold-induced vasodilatation in isolated, perfused rat tail artery, Am J Physiol 251:H176-181, 1986.
114. Daanen HA, Van de Linde FJ, Romet TT, Ducharme MB: The effect of body temperature on the hunting response of the middle finger skin temperature, Eur J Appl Physiol Occup Physiol 76:538-543, 1997.
115. Taber C, Contryman K, Fahrenbruch J et al: Measurement of reactive vasodilation during cold gel pack application to nontraumatized ankles, Phys Ther 72(4):294-299, 1992.
116. Brown RT, Baust JG: Time course of peripheral heterothermy in a homeotherm, Am J Physiol 239:R126-129, 1980.
117. Lewis T: Observations upon the reactions of the vessels of the human skin to cold, Heart 15:177-208, 1930.
118. Merrick M: Therapeutic modalities as an adjunct to rehabilitation. In Andrews J, Harrelson G, Wilk K, editors: Physical rehabilitation of the injured athlete, ed 3, Philadelphia, 2004, WB Saunders.
119. Gilbart MK, Oglivie-Harris DJ, Broadhurst C, Clarfield M: Anterior tibial compartment pressures during intermittent sequential pneumatic compression therapy, Am J Sports Med 23(6):769-772, 1995.
120. Dai G, Gertler JP, Kamm RD: The effects of external compression on venous blood flow and tissue deformation in the lower leg, J Biomech Eng 121(6):557-564, 1999.
121. Markel DC, Morris GD: Effect of external sequential compression devices on femoral venous blood flow, J South Orthop Assoc 11(1):2-10, 2002.

122. Mayrovitz HN, Sims N: Effects of ankle-to-knee external pressures on skin blood perfusion under and distal to compression, Adv Skin Wound Care 16(4):198-202, 2003.
123. Lessard LA, Scudds RA, Amendola A, Vaz MD: The efficacy of cryotherapy following arthroscopic knee surgery, J Orthop Sports Phys Ther 26(1):14-22, 1997.
124. Melzack R: Pain modulation. Theory and techniques, J Can Dent Assoc 51(12):904, 1985.
125. Knight K, Okuda I, Ingersoll C, Edwards J: The effects of cold applications on nerve conduction velocity and muscle force, J Athl Train 32(suppl):S-5, 1997 (abstract).
126. Misasi S, Morin G, Kemler D et al: The effect of a toe cap and bias on perceived pain during cold water immersion, J Athl Train 30(1):49-52, 1995.
127. Streator S, Ingersoll CD, Knight KL: Sensory information can decrease cold-induced pain perception, J Athl Train 30(4):293-296, 1995.
128. Pugia ML, Middel CJ, Seward SW et al: Comparison of acute swelling and function in subjects with lateral ankle injury, J Orthop Sports Phys Ther 31(7):384-388, 2001.
129. Aukland K, Reed RK: Interstitial-lymphatic mechanisms in the control of extracellular fluid volume, Physiol Rev 73:1-78, 1993.
130. Mendoza E, Schmid-Schonbein GW: A model for mechanics of primary lymphatic valves, J Biomech Eng 125(3):407-414, 2003.
131. Trzewik J, Mallipattu SK, Artmann GM et al: Evidence for a second valve system in lymphatics: endothelial microvalves, FASEB J 15(10):1711-1717, 2001.
132. Castenholz A: Functional microanatomy of initial lymphatics with special consideration of the extracellular matrix, Lymphology 31:101-118, 1998.
133. Ikomi F, Hunt J, Hanna G, Schmid-Schonbein GW: Interstitial fluid, plasma protein, colloid, and leukocyte uptake into initial lymphatics, J Appl Physiol 81(5):2060-2067, 1996.
134. Kloth LC, McCulloch JM: Promotion of wound healing and electrical stimulation, Adv Wound Care 9(5):42-45, 1996.
135. Greenhalgh DG, Sprugel KH, Murray MJ, Ross R: PDGF and FGF stimulate wound healing in the genetically diabetic mouse, Am J Pathol 136:1235-1246, 1990.
136. Wilkin LD, Merrick MA, Kirby TE, Devor ST: Influence of therapeutic ultrasound on skeletal muscle regeneration following blunt contusion, Int J Sports Med 25(1):73-77, 2004.
137. Byl NN, McKenzie A, Wong T et al: Incisional wound healing: a controlled study of low and high dose ultrasound, J Orthop Sports Physical Therapy 18(Nov):619-628, 1993.
138. Byl NN, McKenzie AL, West JM et al: Pulsed microamperage stimulation: a controlled study of healing of surgically induced wounds in Yucatan pigs, Phys Ther 74(Mar):201-213; discussion 213-208, 1994.
139. Byl NN, McKenzie AL, West JM et al: Low-dose ultrasound effects on wound healing: a controlled study with Yucatan pigs, Arch Phys Med Rehabil 73(Jul):656-664, 1992.
140. Levenson SM, Geever EF, Crowley LV et al: The healing of rat skin wounds, Ann Surg 161:293-308, 1965.
141. Goodson WH 3rd, Hunt TK: Wound healing and aging, J Invest Dermatol 73:88-91, 1979.
142. Chen JC, Goldhamer DJ: Skeletal muscle stem cells, Reprod Biol Endocrinol 1:101, 2003.
143. Birkett J: Soft tissue healing and the physiotherapy management of lower limb soft tissue injuries, Phys Ther Rev 4(4):251-263, 1999.
144. Nash CE, Mickan SM, Del Mar CB, Glasziou PP: Resting injured limbs delays recovery: a systematic review, J Fam Pract 53:706-712, 2004.
145. Meeusen R, Van der Veen P, Joos E et al: The influence of cold and compression on lymph flow at the ankle, Clin J Sports Med 8:266-271, 1998.
146. Badger C, Preston N, Seers K, Mortimer P: Physical therapies for reducing and controlling lymphoedema of the limbs, Cochrane Database Syst Rev(4):CD003141, 2004.
147. Kriederman B, Myloyde T, Bernas M et al: Limb volume reduction after physical treatment by compression and/or massage in a rodent model of peripheral lymphedema, Lymphology 35(1):23-27, 2002.
148. Eliska O, Eliskova M: Are peripheral lymphatics damaged by high pressure manual massage? Lymphology 28(1):21-30, 1995.
149. Goats GC: Massage—the scientific basis of an ancient art: Part 2. Physiological and therapeutic effects, Br J Sports Med 28(3):153-156, 1994.
150. Higgins D, Kaminski TW: Contrast therapy does not cause fluctuations in human gastrocnemius intramuscular temperature, J Athl Train 33(4):336-340, 1998.
151. Myrer JW, Measom G, Durrant E, Fellingham GW: Cold- and hot-pack contrast therapy: subcutaneous and intramuscular temperature change, J Athl Train 32(3):238-241, 1997.
152. Myrer JW, Draper DO, Durrant E: Contrast therapy and intramuscular temperature in the human leg, J Athl Train 29(4):318-322, 1994.
153. Ardic F, Sarhus M, Topuz O: Comparison of two different techniques of electrotherapy on myofascial pain, J Back Musculoskel Rehabil 16(1):11-16, 2002.
154. Johnson M, Tabasam G: A double-blind placebo controlled investigation into the analgesic effects of inferential currents (IFC) and transcutaneous electrical nerve stimulation (TENS) on cold-induced pain in healthy subjects, Physiother Theory Prac 15(4):217-233, 1999.
155. Hou CR, Tsai LC, Cheng KF et al: Immediate effects of various physical therapeutic modalities on cervical myofascial pain and trigger-point sensitivity, Arch Phys Med Rehabil 83(10):1406-1414, 2002.
156. Melzack R, Wall PD: Pain mechanisms: a new theory, Science 150(699):971-979, 1965.
157. Busse JW, Bhandari M, Kulkarni AV, Tunks E: The effect of low--intensity pulsed ultrasound therapy on time to fracture healing: a meta-analysis, Can Med Assoc J 166(4):437-441, 2002.
158. Houghton P: Effects of therapeutic modalities on wound healing: a conservative approach to the management of chronic wounds, Phys Ther Rev 4(3):167-182, 1999.
159. Knighton DR, Silver IA, Hunt TK: Regulation of wound-healing angiogenesis—effect of oxygen gradients and inspired oxygen concentration, Surgery 90:262-270, 1981.
160. Rantanen J, Thorsson O, Wollmer P et al: Effects of therapeutic ultrasound on the regeneration of skeletal muscle injury, Am J Sports Med 27:54-59, 1999.
161. Gum SL, Reddy GK, Stehno-Bittel L, Enwemeka CS: Combined ultrasound, electrical stimulation, and laser promote collagen synthesis with moderate changes in tendon biomechanics, Am J Phys Med Rehabil 76(4):288-296, 1997.
162. Tam G: Low power laser therapy and analgesic action, J Clin Laser Med Surg 17(1):29-33, 1999.
163. Chapman-Jones D, Hill D: Novel microcurrent treatment is more effective than conventional therapy for chronic Achilles tendinopathy: randomised comparative trial, Physiother 88(8):471-480, 2002.
164. Lambert MI, Marcus P, Burgess T, Noakes TD: Electro-membrane microcurrent therapy reduces signs and symptoms of muscle damage, Med Sci Sports Exerc 34(4):602-607, 2002.
165. Baker L, Rubayi S, Villar F, DeMuth S: Effect of electrical stimulation waveform on healing of ulcers in human beings with spinal cord injury, Wound Repair Regen 4(1):21-28, 1996.
166. Lehmann JF, Delateur BJ, Stonebridge JB, Warren CG: Therapeutic temperature distribution produced by ultrasound as modified by dosage and volume of tissue exposed, Arch Phys Med Rehabil 47:662-666, 1967.
167. Lehmann JF, Masock AJ, Warren CG, Koblanski JN: Effect of therapeutic ultrasound on tendon extensibility, Arch Phys Med Rehabil 51:481-487, 1970.
168. Lehmann JF: Therapeutic heat and cold, ed 3, Baltimore, 1982, Williams and Wilkins.

169. Lehmann JF, DeLateur BJ, Warren CG, Stonebridge JS: Heating produced by ultrasound in bone and soft tissue, Arch Phys Med Rehabil 48(8):397-401, 1967.
170. Gersten JW: Effect of ultrasound on tendon extensibility, Am J Phys Med 34:362, 1955.
171. Draper DO, Castel JC, Castel D: Rate of temperature increase in human muscle during 1 MHz and 3 MHz continuous ultrasound, J Orthop Sports Phys Ther 22(4):142-150, 1995.
172. Draper DO, Schulthies S, Sorvisto P, Hautala AM: Temperature changes in deep muscles of humans during ice and ultrasound therapies: an in vivo study, J Orthop Sports Phys Ther 21(3):153-157, 1995.
173. Draper DO, Sunderland S, Kirkendall DT, Ricard M: A comparison of temperature rise in human calf muscles following applications of underwater and topical gel ultrasound, J Orthop Sports Phys Ther 17(5):247-251, 1993.
174. Peres SE, Draper DO, Knight KL, Ricard MD: Pulsed shortwave diathermy and prolonged long-duration stretching increase dorsiflexion range of motion more than identical stretching without diathermy, J Athl Train 37(1):43-50, 2002.
175. Draper DO, Miner L, Knight KL, Ricard MD: The carry-over effects of diathermy and stretching in developing hamstring flexibility, J Athl Train 37(1):37-42, 2002.
176. Draper DO, Harris ST, Schulthies S et al: Hot-pack and 1-MHz ultrasound treatments have an additive effect on muscle temperature increase, J Athl Train 33(1):21-24, 1998.
177. Rimington SJ, Draper DO, Durrant E, Fellingham G: Temperature changes during therapeutic ultrasound in the precooled human gastrocnemius muscle, J Athl Train 29(4):325-327, 1994.
178. Draper D: Guidelines to enhance therapeutic ultrasound treatment outcomes, Athl Ther Today 3(6):7-11, 28-19, 55, 1998.
179. Draper DO, Knight K, Fujiwara T, Castel JC: Temperature change in human muscle during and after pulsed short-wave diathermy, J Orthop Sports Phys Ther 29(1):13-22, 1999.
180. Chan AK, Myrer JW, Measom GJ, Draper DO: Temperature changes in human patellar tendon in response to therapeutic ultrasound, J Athl Train 33:130-135, 1998.
181. Draper DO, Anderson C, Schulthies SS, Ricard MD: Immediate and residual changes in dorsiflexion range of motion using an ultrasound heat and stretch routine, J Athl Train 33(2):141-144, 1998.
182. Draper DO, Ricard MD: Rate of temperature decay in human muscle following 3 MHz ultrasound: the stretching window revealed, J Athl Train 30(4):304-307, 1995.
183. Rose S, Draper DO, Schulthies SS, Durrant E: The stretching window part two: rate of thermal decay in deep muscle following 1-MHz ultrasound, J Athl Train 31(2):139-143, 1996.
184. Merrick M: Research digest. Ultrasound and range of motion examined, Athl Ther Today 5(3):48-49, 2000.
185. Merrick MA, Bernard KD, Devor ST, Williams MJ: Identical 3-MHz ultrasound treatments with different devices produce different intramuscular temperatures, J Orthop Sports Phys Ther 33(7):379-385, 2003.
186. Oldham J, Howe T, Petterson T et al: Electrotherapeutic rehabilitation of the quadriceps in elderly osteoarthritic patients: a double blind assessment of patterned neuromuscular stimulation, Clin Rehabil 9(1):10-20, 1995.
187. Baldi JC, Jackson RD, Moraille R, Mysiw WJ: Muscle atrophy is prevented in patients with acute spinal cord injury using functional electrical stimulation, Spinal Cord 36(7):463-469, 1998.
188. Krause B, Hopkins J, Ingersoll C et al: The relationship of ankle temperature during cooling and rewarming to the human soleus H reflex, J Sport Rehabil 9(3):253-262, 2000.
189. Krause B, Hopkins J, Ingersoll C et al: The effects of ankle and axillary cooling on the human soleus Hoffman reflex, J Athl Train 35(suppl):S-58, 2000 (abstract).

CAPÍTULO

12

Farmacologia e seu impacto no processo de reabilitação

Ellen M. Schelhase, Judy T. Chen, Joseph Jordan, Deanna S. Kania, Brian R. Overholser, Brian M. Shepler, Kevin M. Sowinski e Craig D. Williams

INTRODUÇÃO

A farmacologia e o estudo das drogas e da terapia farmacológica são práticas em constante crescimento e modificação. A terapia farmacológica tem um impacto amplo nos serviços de saúde e nos processos de reabilitação. Em virtude dos avanços nos serviços de saúde, as considerações sobre o impacto da terapia farmacológica têm se tornado cada vez mais importantes em todas as áreas de atendimento ao paciente, inclusive no processo de reabilitação. Os efeitos terapêuticos e adversos da terapia farmacológica podem influir na reabilitação. Este capítulo fornece esclarecimentos sobre a farmacologia e seus efeitos na reabilitação de modo que se possa prestar o melhor atendimento ao paciente. A visão geral dos princípios de farmacologia é seguida de discussões sobre terapias farmacológicas para doenças específicas.

PRINCÍPIOS GERAIS[1-4]

Definições

A **farmacologia** abrange o estudo de drogas. A **farmacoterapia** amplia essa disciplina referindo-se ao uso específico de drogas destinadas a prevenir, tratar ou diagnosticar doenças. A meta da terapêutica é alcançar um efeito desejado e ao mesmo tempo minimizar os efeitos adversos. O foco principal do restante desta seção inclui os conceitos de farmacocinética e farmacodinâmica (a Fig. 12.1 ilustra a inter-relação da farmacocinética com a farmacodinâmica). **Farmacocinética** refere-se ao estudo das ações do corpo sobre a droga. Por outro lado, a **farmacodinâmica** refere-se às ações da droga sobre o corpo e como o corpo responde à droga.

Nomenclatura dos fármacos

Na maioria dos casos, um único composto farmacológico tem três nomes distintos: químico, *genérico* e comercial. Os fármacos vendidos com prescrição têm nomes comerciais ou marcas que os distinguem, em razão de serem produzidos e comercializados por um fabricante em particular. Nos Estados Unidos, os fármacos em geral possuem uma "marca registrada", o que confere certos direitos legais a respeito de seu uso. Uma substância química vendida por diversos fabricantes pode ter vários nomes comerciais. Além disso, uma droga pode ser vendida com nomes comerciais variados em diferentes países. Os fármacos vendidos com prescrição nos Estados Unidos também recebem nomes genéricos, que são aprovados pelo órgão regulador americano, o Food and Drug Administration (FDA). Os fármacos podem ser produzidos e vendidos com o nome genérico por outras companhias que não sejam o fabricante original depois de expirarem os direitos legais associados à descoberta da droga. A Tabela 12.1 mostra exemplos de dois nomes químicos, genéricos e comerciais para fármacos discutidos neste capítulo.

Rotas de administração de fármacos

Os fármacos são administrados de numerosas maneiras; a mais comum é a extravascular. Contudo, como a maioria das drogas age de forma sistêmica, é necessário que elas passem dos espaços extravasculares para o intravascular para que cheguem à circulação sistêmica. Esse modo inclui a **rota oral** ou **enteral**, que é a via de administração mais comum dos fármacos. Drogas administradas por ela podem ser absorvidas em qualquer local ao

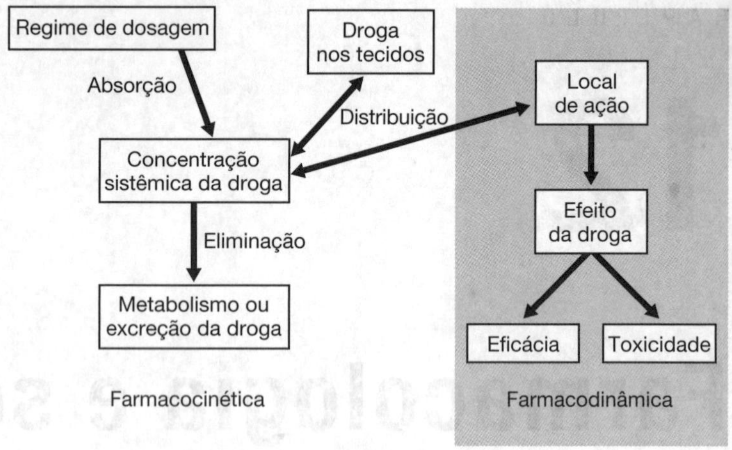

Figura 12.1 Relação entre farmacocinética e farmacodinâmica.

Tabela 12.1 Denominação dos fármacos.

Química	Nome genérico	Nome comercial ou marca
N-(4-hidrofenil) acetamida	Paracetamol	Tylenol etc.
N,N,6-trimetil-2-(4-metilfenil)-imidazo(1,2,-a) piridina-3-acetamida L-(+)-tartrato	Zolpidem	Ambien

longo do trato gastrointestinal, inclusive o sublingual (i. e., embaixo da língua) ou bucal, o retal e, a mais comum, a oral. Numerosas rotas extravasculares de administração incluem a subcutânea, a tópica etc.

O segundo método mais comum de administração de fármacos é via **rota parenteral**. Esse tipo de administração costuma ser usado no ambiente hospitalar. A rota mais comum de administração parenteral de fármacos é a intravenosa. Drogas administradas por ela vão direto para a circulação sistêmica. O local de aplicação pode ser uma veia ou uma artéria, embora a maioria dos fármacos tenha administração venosa em virtude da melhor acessibilidade. Os fármacos são aplicados pela rota intravenosa por inúmeras razões, mas principalmente porque a emissão é mais rápida e evita a passagem pelo trato gastrointestinal, ou simplesmente porque determinado fármaco não pode ser administrado por via oral. As formas de dosagem e rotas de administração dos fármacos estão resumidas na Tabela 12.2.

Farmacocinética

Os quatro componentes principais da farmacocinética são absorção, distribuição, metabolismo e excreção.

Farmacocinética

- Absorção
- Distribuição
- Metabolismo
- Excreção

Absorção

Processos de absorção e transporte de fármacos. A absorção sistêmica de uma droga pelo trato gastrointestinal, pulmão ou outro local é determinada por muitos fatores, entre os quais estão as propriedades fisioquímicas da droga (p. ex., pKa, solubilidade); área de superfície do local de absorção; anatomia, fisiologia e fisiopatologia do local de absorção; fluxo sanguíneo para o local de absorção; forma de dosagem usada (p. ex., comprimido, cápsula, xarope, inalante); e, no caso de absorção gastrointestinal, a motilidade do trato gastrointestinal. As membranas têm um papel importante como barreiras para o transporte dos compostos.

Os processos passivos representam mecanismos pelos quais os fármacos são absorvidos sem requerer energia. *A difusão passiva é um mecanismo importante de absorção de fármacos* e é o processo pelo qual eles apenas se movem de uma concentração mais alta para uma mais baixa, às vezes denominado "a favor do gradiente de concentração". Para que a difusão passiva ocorra, a membrana através da qual a droga é transportada deve ser permeável a ela. Fatores importantes que afetam a permeabilidade são a solubilidade lipídica, grau de ionização e tamanho molecular. Por exemplo, a maioria das drogas existe na forma de bases fracas ou ácidos fortes. No pH fisiológico de 7.4 (i. e., plasma/sangue), a maioria dos ácidos e bases fracos está na forma não ionizada ou neutra, o que permite que as substâncias se difundam mais prontamente do que na sua forma ionizada.

A **difusão facilitada**, como a difusão passiva, é um processo que não requer energia e envolve o movimento das drogas de concentrações mais altas para mais baixas.

Tabela 12.2 Formas de dosagem e rotas de administração dos fármacos

Rota		Dosagem
Enteral		
Sublingual e bucal	Fármacos colocados sob a língua ou na bochecha; evita o metabolismo de primeira passagem	Comprimidos, spray
Oral	Fármacos administrados pela boca e absorvidos no trato gastrointestinal; sujeita ao metabolismo de primeira passagem	Soluções, suspensões, comprimidos, cápsulas
Retal	Fármacos administrados no reto como supositório ou enema; útil em pacientes que não podem ingerir medicamentos pela boca	Supositórios, soluções, suspensões
Parenteral		
Intravenosa (IV) em bolo, infusão	Fármacos administrados diretamente em uma veia (i. e., circulação sistêmica), rapidamente, na forma de bolo, ou lentamente, como uma infusão. Os fármacos evitam o trato gastrointestinal e não ficam sujeitos ao metabolismo de primeira passagem	Soluções
Intramuscular (IM)	Fármacos administrados no músculo	Soluções
Subcutânea (SC)	Fármacos administrados sob a derme	Soluções
Intradérmica (ID)	Fármacos administrados na derme	Soluções
Intra-articular	Fármacos administrados diretamente no líquido sinovial de uma articulação	Soluções
Intratecal	Fármacos administrados diretamente nos espaços subaracnoides ou subdurais. A rota evita a barreira hematoencefálica	Soluções
Epidural	Fármacos administrados dentro do espaço epidural, o espaço fora da dura-máter na coluna vertebral	Soluções
Outras rotas		
Tópica	Fármacos em formulações são aplicados na pele; na córnea; na membrana mucosa do nariz, olho, boca, orofaringe, reto, uretra e vagina	Cremes, géis, unguentos, suspensões, soluções
Oftálmica	Fármaco administrado no olho	Soluções, suspensões
Intranasal	Fármacos administrados na forma aerossolizada dentro da cavidade nasal	Soluções, suspensões
Transdérmica	Fármacos lipossolúveis administradas sobre a pele; em geral, a administração é via um disco ou adesivo que permite a administração controlada	Adesivos, cremes, unguentos
Ótica	Administração do fármaco dentro do canal auditivo da orelha, seja externa ou interna	Soluções, suspensões
Inalação	Fármacos administrados de modo aerossolizado dentro dos pulmões	Soluções, suspensões

Contudo, é um processo mediado por um transportador que precisa "auxiliar" ao transporte da molécula através da membrana celular. Esse processo não depende de energia, mas sim das concentrações da droga e do transportador, exibindo capacidade limitada similar a dos sistemas de transporte ativo. O transporte de insulina é um exemplo desse método.

Os processos de **transporte ativo** diferem dos processos passivos pelo fato de as drogas se moverem contra o gradiente de concentração, ou seja, moverem-se das concentrações mais baixas para as mais altas. Esses processos requerem energia e são mediados por um transportador, sendo responsáveis pela regulação da absorção de um grande número de fármacos e nutrientes a partir do trato gastrointestinal. Além disso, esse tipo de transporte também possui um papel importante na excreção das drogas via secreção dos túbulos renais e secreção biliar. Outro método de absorção, o **transporte vesicular**, é o processo pelo qual uma partícula ou material dissolvido é engolfado pela célula. Esse método de transporte é importante para proteínas mais largas, tais como a vacina de pólio administrada via oral, que é absorvida dessa maneira. Finalmente, dois outros modos de absorção de fármacos são o **transporte por convecção**, tipicamente importante para moléculas pequenas, e a **formação de pares iônicos**.

Biodisponibilidade. Biodisponibilidade se refere à extensão de emissão da droga dentro da circulação sistêmica. É a quantidade de uma dose administrada de forma extravascular (p. ex., via oral, retal ou subcutânea) que realmente alcança a circulação sistêmica. Por outro lado, a velocidade de absorção, ao invés da extensão da absorção, influencia a velocidade com que a droga é absorvida. Os parâmetros da farmacocinética que avaliam a velocidade de absorção são as concentrações máxima (ou pico – C_{max}) e o tempo necessário até que se atinja a concentração máxima (T_{max}).

Distribuição

A distribuição da droga descreve o processo pelo qual ela deixa a circulação sistêmica e é transportada para os espaços extravasculares do corpo. "Volume de distribuição" é um termo aparente que relaciona a quantidade da droga no corpo à sua concentração no plasma ou no sangue.

A velocidade e a extensão da distribuição da droga pelo corpo são determinadas por vários fatores: fluxo sanguíneo e permeabilidade dos tecidos, ligações de proteínas plasmáticas e ligações nos tecidos. Os tecidos com fluxo sanguíneo mais alto, como os do coração e rins, em geral são mais acessíveis às drogas. Além disso, para uma droga ter acesso a um tecido ou órgão, ela precisa atravessar as membranas que "circundam" esses tecidos.

Os principais determinantes da extensão de distribuição de um fármaco são a força relativa e a extensão da ligação dos componentes teciduais (proteínas) *versus* proteínas plasmáticas. Por exemplo, se uma droga é altamente ligada aos tecidos e em menor extensão às proteínas do plasma, ela terá um volume de distribuição elevado. Um exemplo é a droga digoxina. Essas drogas são amplamente distribuídas pelo corpo. O oposto é uma droga com volume de distribuição relativamente pequeno, que é altamente ligada às proteínas plasmáticas, mas não ao tecido. A varfarina (Coumadin) é um exemplo desse tipo de droga.

Eliminação

A *eliminação da droga* se refere à remoção irreversível da droga do corpo por meio de todas as rotas de eliminação. Esse conceito costuma ser dividido em dois componentes fisiológicos principais: metabolismo ou biotransformação e excreção. **Biotransformação** é o processo pelo qual as drogas são modificadas ou transformadas em um metabólito. Tipicamente, os metabólitos resultantes são substâncias mais polarizadas ou ionizáveis, que podem ser excretadas do corpo mais prontamente. O principal órgão de metabolização no corpo é o fígado, embora vários outros locais (i. e., intestino, rins e pulmões) tenham capacidade de metabolização. Existem dois tipos principais de metabolismo de fármacos: metabolismo fase I e fase II. A *biotransformação fase I* refere-se às modificações químicas da droga original, como as reações de oxidação, redução e hidrólise. O modo predominante de metabolismo fase I é a oxidação pelo sistema enzimático do citocromo P450. O *metabolismo fase II* se refere a uma reação na qual um composto endógeno, um conjugado (p. ex., glucuronido), é acrescentado à molécula.

A **excreção** se refere à remoção da droga do corpo em uma forma inalterada. O meio mais comum de excreção de fármacos é pelos rins. A excreção de drogas não voláteis também se dá pela secreção biliar, pelas glândulas sudoríparas e salivares e pelo sistema reticuloendotelial. Drogas altamente voláteis, como os anestésicos, são eliminadas através dos pulmões.

Os rins têm um papel importante na excreção de drogas e metabólitos do corpo. Tipicamente, substâncias solúveis em água e com baixo peso molecular podem ser excretadas pelos rins. Três processos principais estão envolvidos na excreção renal de drogas ou seus metabólitos e podem incluir qualquer combinação de filtração glomerular, secreção tubular e reabsorção tubular. Outro modo de excreção é a excreção biliar.

Parâmetros de farmacocinética descrevendo a eliminação e a excreção das drogas. A decisão quanto à dose de um regime particular de fármacos baseia-se parcialmente na velocidade com que a droga é eliminada. Dois parâmetros farmacocinéticos que refletem, pelo menos em parte, a eliminação e a excreção das drogas são a constante da taxa de eliminação e a depuração (ou *clearance*). A constante da taxa de eliminação é um parâmetro híbrido determinado pelo volume de distribuição e depuração. A constante da taxa de eliminação está inversamente relacionada com o volume de distribuição e diretamente relacionada com a depuração. A meia-vida de eliminação é uma função recíproca da constante da taxa de eliminação e descreve o tempo necessário para que as concentrações plasmáticas de uma droga diminuam para a metade. A **meia-vida** é útil para determinar quanto tempo uma droga leva para atingir concentrações estáveis ou a duração de sua ação. A meia-vida é importante na construção dos regimes de dosagem dos fármacos para evitar grandes flutuações de concentração durante o intervalo entre as doses.

Importância da meia-vida

- Auxilia na determinação do tempo necessário para que o fármaco alcance concentrações estabilizadas
- Auxilia na determinação da duração de ação do fármaco

Assim como o volume de distribuição, a depuração é um parâmetro farmacocinético primário e independente. **Depuração** descreve a eficiência da eliminação irreversível da droga do corpo (por biotransformação e/ou excreção). No sentido fisiológico, depuração é o volume de sangue limpo de uma droga por unidade de tempo (p. ex., mL/min, L/h). A depuração é representada tipicamente como depuração total ou sistêmica ou a soma de todas as vias de eliminação e excreção, renais (rins) e não renais (p. ex., fígado, pulmões). É esse parâmetro que determina a dose de manutenção necessária para alcançar a concentração plasmática média de uma droga.

Importância do tempo de depuração

- Auxilia na determinação da dosagem necessária para manter a concentração média do fármaco

Farmacodinâmica: a resposta farmacológica às drogas

Conforme descrito na seção anterior, o campo da farmacocinética incorpora uma descrição teórica da absorção, distribuição e eliminação de uma droga no corpo. Em muitos casos, a farmacocinética de uma droga dita a quantidade da droga que atinge o local de ação e assim influencia a resposta farmacológica. Contudo, ela não inclui a estrutura teórica ou matemática pela qual as drogas desencadeiam seus efeitos no corpo humano. O campo da farmacodinâmica caracteriza a quantidade de uma droga em um organismo vivo com sua resposta farmacológica correspondente, delineando a teoria da ação da droga. Simplificando, o **perfil farmacodinâmico** de uma determinada droga descreve o efeito que ela exerce no corpo, tal como a percepção de sedação ou de alívio da dor. As manipulações matemáticas envolvidas na farmacodinâmica estão fora do escopo deste capítulo. Todavia, o amplo campo da farmacodinâmica inclui tópicos como os mecanismos de ação da droga, sensibilidade à droga e o desenvolvimento de tolerância a ela. Esses mecanismos serão discutidos no restante desta seção.

Mecanismos de ação das drogas

A resposta observada a uma droga pode ser ou o efeito desejado (positivo) ou um resultado tóxico (negativo). Em geral, as drogas exercem esses efeitos por meio de interações específicas com os receptores. O receptor é o componente de uma célula que, no contato físico com uma droga, pode atenuar ou intensificar uma resposta biológica. Essa teoria da ação da droga implica em que as drogas não criam novos fenômenos biológicos e sim alteram a fisiologia presente. Os receptores são, portanto, endógenos em todos os organismos vivos e em geral têm um alto grau de especificidade para compostos endógenos que circulam naturalmente. Quando uma substância endógena entra em contato com seu receptor, a estrutura dele costuma ser alterada, o que leva a uma cascata de eventos bioquímicos que se propagam para a resposta fisiológica observada.

Na maioria dos casos, as drogas são desenvolvidas e designadas para simular compostos endógenos e, portanto, atenuar ou intensificar o efeito fisiológico por meio da ligação a um receptor. Por exemplo, a classe de drogas denominada bloqueadores de receptores beta-adrenérgicos tem sido designada para simular estruturalmente substâncias endógenas circulantes conhecidas como *catecolaminas*, que exercem seus efeitos ligando-se a receptores nas membranas celulares de uma variedade de células e fazendo sua modulação, mais notavelmente nas células do miocárdio. Quando ligadas a seus receptores, as catecolaminas propagam uma cascata de eventos celulares que põem fim às consequências fisiológicas observadas, tais como o aumento na frequência cardíaca. Contudo, quando um bloqueador de receptor beta-adrenérgico liga-se ao seu receptor, o receptor ocupado pela droga não pode mais ser ativado pelas catecolaminas endógenas. O resultado é uma diminuição na frequência cardíaca, resultante do bloqueio da droga aos efeitos da atividade endógena da catecolamina.

As proteínas de superfície da membrana são os receptores mais importantes, em termos de números reais de drogas que interagem com eles. Os receptores, contudo, não se limitam às proteínas de superfície localizadas nas membranas celulares. Certas drogas ligam-se e alteram a atividade de proteínas no citoplasma, mitocôndrias e núcleo, entre outros locais da célula. Os receptores de drogas ficam dispersos em células através do corpo e podem ser localizados circulando na corrente sanguínea, nos órgãos e em todos os tecidos.

Interações fármaco-receptor. Os receptores têm uma alta especificidade para substâncias químicas endógenas e drogas exógenas que causam sua ativação. A especificidade do receptor se refere à alta afinidade para ligar um composto endógeno ou droga específica com estruturas moleculares ou propriedades químicas similares. Como os receptores têm alta especificidade, as estruturas químicas das drogas precisam conter componentes moleculares específicos que permitam seu contato com o sítio ativo no receptor e liguem-se a ele. Um complexo fármaco-receptor é formado quando uma droga entra em contato físico com seu receptor específico. Essa formação fármaco-receptor pode ser estabilizada por interações físicas (p. ex., eletrostáticas) ou químicas entre um fármaco e o receptor da proteína reativa. Essas interações fármaco-proteína levam direta ou indiretamente (por meio de uma cascata de eventos bioquímicos) à resposta observada a uma droga (p. ex., redução na frequência cardíaca).

A teoria básica por trás desse conceito de interação fármaco-receptor baseia-se na lei de ação das massas. Aplicada à farmacologia, a teoria supõe que a intensidade da resposta a uma droga é proporcional ao número de moléculas que ela tem e aos sítios receptores ativos disponíveis que entram em contato físico uns com os outros. Assim, quanto maior o número de complexos fármaco-receptor formados, maior a resposta observável.

A formação de um complexo fármaco-receptor pode ter várias consequências biológicas, separadas em dois conceitos fundamentais: **ativação do receptor (agonismo)** e **inibição do receptor (antagonismo)**. Os agonistas são fármacos ou substâncias químicas endógenas que ativam os receptores e intensificam uma resposta biológica. Os antagonistas inibem a ativação do receptor, em geral promovendo uma mudança na conformação da proteína ou por meio de um bloqueio direto do sítio ativo, o que inibe a ativação do receptor por meio da ligação com o agonista. As drogas antagônicas, portanto, reduzem ou atenuam uma resposta biológica. Os agonistas parciais ligam-se aos receptores e causam sua ativação mas não têm o potencial de conferir uma resposta biológica completa. A resposta biológica a um agonista parcial é algo entre a resposta observada a um agonista "completo" e um antagonista. Foram descritos exemplos de um efeito agonista e antagonista para os bloqueadores de catecolaminas e receptores beta-adrenérgicos, respectivamente. Um exemplo de agonista parcial que age nos receptores adrenérgicos é o pindolol (Visken). O pindolol ativa os receptores adrenérgicos, mas não na mesma extensão que as catecolaminas endógenas. Isso resulta em mudanças na frequência cardíaca que ficam entre aquelas dos bloqueadores dos receptores beta-adrenérgicos (antagonistas) e as das catecolaminas (agonistas).

Outros mecanismos das drogas. As interações fármaco-receptor englobam os mecanismos de fundo da maioria das drogas, embora o termo "receptor" em geral seja limitado às estruturas proteicas macromoleculares. Contudo, as drogas podem agir por vários outros mecanismos, como ao ser incorporadas em entidades não proteicas essenciais. Por exemplo, certos agentes quimioterapêuticos exercem seus efeitos simulando de modo estrutural os nucleotídeos e interferindo com a síntese de ácido desoxirribonucleico (DNA). Um análogo de nucleotídeo usado com frequência no tratamento de câncer é o 5-fluorouracil, Adrucil. Quando incorporado ao DNA, o 5-fluorouracil pode interferir no crescimento de células malignas de divisão rápida, que são destruídas.

Os mecanismos de ação dos fármacos descritos até aqui são amplamente determinados pela estrutura molecular específica da droga e sua habilidade de interagir com um sítio ativo em um receptor ou sequência específica de DNA e ter uma alta afinidade por eles. Contudo, certas drogas desencadeiam seus efeitos, na maioria das vezes, por causa de suas propriedades físicas, e não pela estrutura molecular específica. Um exemplo inclui certos antiácidos (como carbonato de cálcio, Tums) que diminuem a acidez do líquido gástrico, secundária às suas propriedades de neutralização no trato gastrointestinal. A resposta observada, portanto, não é mediada por um receptor biológico, mas depende da habilidade da droga de ligar-se e de neutralizar íons ácidos na secreção gástrica.

Sensibilidade às drogas

Duas drogas diferentes do ponto de vista funcional modulando o mesmo receptor podem necessitar de quantidades diferentes no sítio de ação para que a mesma resposta biológica seja observada. O receptor é mais sensível à droga que exerce o maior efeito com o mesmo número de complexos fármaco-receptor formados. A sensibilidade de um receptor pode, em alguns casos, ser descrita pela potência de uma determinada droga. **Potência** refere-se à quantidade necessária de uma droga para exercer uma resposta observável. O efeito pode ser um resultado desejado ou um evento tóxico. A potência pode ser classificada pela dose necessária para exercer uma resposta farmacológica. Contudo, é mais apropriado relacionar a resposta às concentrações da droga no sítio ativo (p. ex., plasma) do que classificar verdadeiramente a potência de uma determinada droga. Isso permite controlar melhor as variabilidades farmacocinéticas, como a absorção da droga.

Importância da potência

- Determina a quantidade necessária do fármaco para se obter um efeito observável

Índice terapêutico. Em termos ideais, as drogas são designadas de modo que sejam mais potentes para os efeitos desejados em comparação aos efeitos tóxicos. Ou seja, para exercer a resposta preferida, é necessária uma concentração mais baixa da droga do que a necessária para a ocorrência um evento tóxico. As drogas mais desejáveis são aquelas, para uma determinada condição, na qual existe uma faixa larga de concentração da droga que ainda propaga o resultado desejado sem toxicidade. As drogas nas quais existe uma diferença pequena entre as concentrações efetivas e tóxicas podem ser definidas como tendo um índice terapêutico estreito. Drogas com índice terapêutico estreito precisam ser monitoradas de perto na prática clínica em virtude da variabilidade farmacocinética e farmacodinâmica existente entre as pessoas. Um exemplo de droga com índice terapêutico estreito é o agente anticoagulante varfarina (Coumadin). Pacientes recebendo varfarina precisam ser monitorados de perto, pois essa terapia apresenta potencial para a ocorrência de complicações hemorrágicas sérias. Os eventos adversos podem ocorrer com doses de varfarina muito próximas das necessárias para exercer o efeito desejado. Além disso, a resposta à varfarina é altamente variável entre as pessoas, sendo necessário um programa intensivo de monitoramento.

Importância do índice terapêutico

- Determina a faixa de concentração do fármaco necessária para alcançar um efeito terapêutico sem o efeito tóxico
- Varia entre as pessoas

Tolerância. A sensibilidade de um receptor, e assim o índice terapêutico de uma droga, não costuma ser idêntica entre as pessoas e pode modificar-se com o tempo em determinado indivíduo. Diferenças intrapessoais comuns na resposta à droga podem desenvolver-se com o envelhecimento, progressão da doença ou exposição continuada à droga. Um exemplo bem característico de mudança intraindividual na resposta à droga é o fenômeno chamado de **tolerância à droga**. Tolerância refere-se à diminuição na resposta biológica observável ao longo do tempo com a exposição repetida ou contínua a uma droga ou substância química.

A tolerância pode desenvolver-se a drogas antagonistas e agonistas e, na maioria dos casos, é resultado do aumento na expressão de um receptor (aumento da quantidade do receptor) ou diminuição na expressão do receptor (diminuição da quantidade do receptor), respectivamente. Esses fenômenos são possíveis porque

Fatores que afetam a resposta aos fármacos

- Idade
- Progressão da doença
- Interações do fármaco
- Exposição continuada ao fármaco

a expressão do receptor não é estática numa determinada célula e a quantidade expressa pode ser regulada por um sortimento de sistemas fisiológicos. A **diminuição na expressão (dessensibilização do receptor)** pode acontecer quando um mecanismo de *feedback* biológico intracelular entra em ação como resultado da contínua ativação do receptor pelo agonista. Isso pode alterar o mecanismo da célula, levando a uma diminuição na produção de receptores e, portanto, a uma diminuição no número total de receptores. Uma diminuição no número de receptores expressos em uma célula é chamada de *diminuição na expressão do receptor*. Isso resulta em perda da ativação completa do receptor e, por fim, em uma diminuição observável no efeito. Contudo, a exposição continuada a um antagonista pode levar ao efeito oposto e a um aumento na produção celular de receptores ou a um **aumento na expressão (sensibilização do receptor)**. As propriedades antagônicas da droga são mascaradas após um aumento na expressão do receptor, porque um número maior de receptores está disponível para ativação por agonistas endógenos que circulam naturalmente. Quando a droga antagonista é interrompida, pode ser observado o fenômeno de abstinência em virtude do número aumentado de receptores disponíveis (ver sedativos barbitúricos-hipnóticos).

As seções restantes deste capítulo abordam medicamentos e classes de fármacos importantes que podem afetar a reabilitação musculoesquelética. É impossível abordar todas as áreas da terapia farmacológica em um capítulo. Desse modo, as terapias ligadas às doenças e os medicamentos auxiliares aqui discutidos são aqueles vistos com maior frequência nos pacientes submetidos à reabilitação musculoesquelética.

AGENTES SEDATIVO-HIPNÓTICOS

Os agentes sedativo-hipnóticos são medicamentos usados no **tratamento de insônia.** Há no momento uma variedade de classes diferentes de agentes sedativo-hipnóticos disponíveis, e o propósito desta seção é classificar os diferentes medicamentos sedativos e rever algumas informações básicas sobre os agentes, incluindo seu mecanismo de ação, indicações, efeitos adversos e dosagem. Outros medicamentos indicados para o tratamento de distúrbios diferentes, como ansiedade, depressão e psicose, também têm o potencial de produzir sedação; eles são mencionados brevemente na conclusão desta seção. Os agentes sedativo-hipnóticos são divididos em duas classes gerais: barbitúricos e não barbitúricos. Os não barbitúricos, especificamente as benzodiazepinas, têm substituído largamente os barbitúricos como agentes hipnóticos em virtude de seu perfil mais favorável de efeitos colaterais e do risco mais baixo de desenvolvimento de dependência física e psicológica associada a esses agentes.[5]

Sedativo-hipnóticos não barbitúricos

Benzodiazepinas

A maior subfamília de medicamentos que constitui os sedativo-hipnóticos não barbitúricos é a das benzodiazepinas. Nos Estados Unidos há cinco benzodiazepinas com indicação da FDA para o tratamento de insônia, embora outras também funcionem.[5] Os sedativo-hipnóticos não barbitúricos estão relacionados na Tabela 12.3. Os cinco primeiros da lista são benzodiazepinas, as quais induzem o sono por meio da diminuição no número de vezes que a pessoa desperta entre os diferentes estágios do sono e permitem um tempo de sono total mais contínuo.[6] Os clínicos escolhem a benzodiazepina mais apropriada com base nos perfis farmacocinéticos de cada agente individual. Por exemplo, aqueles agentes com meia-vida mais curta são eliminados do corpo mais rapidamente, e a duração do efeito farmacológico é diminuída. Como esses agentes tendem a funcionar de maneira mais rápida, e seu efeito, a durar menos, são em geral preferíveis para um paciente com dificuldade em adormecer inicialmente. Aqueles com meia-vida mais longa continuam no corpo e produzem efeitos mais duradouros, sendo ideais para pacientes que experimentam dificuldade em permanecer dormindo ou em acordar cedo. Infelizmente, esses agentes com meia-vida longa também têm o potencial de produzir alguma sedação indesejada durante o dia e prejudicar o desempenho da pessoa.[5,7] A meia-vida de diferentes benzodiazepinas também está relacionada na Tabela 12.3. Os efeitos adversos associados com a classe de medicamentos das benzodiazepi-

Tabela 12.3 Sedativo-hipnóticos não barbitúricos

Nome genérico	Nome comercial	Classificação	Dosagem (mg/dia)	Meia-vida (horas)
Estazolam	Noctal	BZD*	1-2	12-15
Flurazepam	Dalmane	BZD	15-30	8
Quazepam	Doral	BZD	7,5-15	39
Temazepam	Restoril	BZD	15-30	10-15
Triazolam	Halcion	BZD	0,125-0,25	2
Zolpidem	Ambien	Imidazolpiridina	10	2,6
Zaleplona	Sonata	Pirazolopirimidina	10	1
Zopiclona	Imovane	Ciclopirrolone	7,5	5

*Benzodiazepina.

nas incluem sonolência excessiva, comprometimento da coordenação psicomotora, diminuição da concentração e déficits cognitivos.[5] Além disso, alguns pacientes podem experimentar alguma insônia de rebote após interromper o uso desses medicamentos. Embora todas as benzodiazepinas tenham o potencial de produzir este fenômeno, ele é mais comum com o triazolam, graças ao seu perfil farmacocinético.[6]

Zolpidem

A imidazopiridina, zolpidem, não tem relação química com as benzodiazepinas; contudo, age no mesmo receptor que elas e compartilha algumas das mesmas propriedades farmacológicas. O zolpidem liga-se ao receptor de modo um pouco diferente; essa é uma explicação possível para o fato de a droga não possuir propriedades ansiolíticas ou miorrelaxantes (relaxante muscular) além de seu efeito hipnótico.[5] Quando comparado com as benzodiazepinas e a zopiclona, o zolpidem parece comprometer a memória recente e tardia em maior grau.[8] A meia-vida do zolpidem é de cerca de 2,5 horas e pode produzir um efeito farmacológico que dura de 6 a 8 horas. Efeitos adversos comuns associados ao zolpidem, quando administrado na dose convencional, incluem sonolência, tontura e diarreia.[5] Contudo, quando comparado com as benzodiazepinas, o zolpidem tem menor probabilidade de afetar o desempenho psicomotor no dia seguinte.[5]

Zaleplona

Similar ao zolpidem, a zaleplona também se liga de forma seletiva ao mesmo receptor que as benzodiazepinas para exercer seu efeito farmacológico.[5] Em virtude de seu efeito rápido e de curta duração, a zaleplona é indicada para ajudar os pacientes que têm dificuldade para adormecer, não ocorrendo comprometimento significativo de desempenho psicomotor, despertar, memória ou função cognitiva na manhã seguinte. Os efeitos colaterais mais comuns associados à zaleplona são tontura e cefaleia, mas em geral não são graves.[6] Mesmo na população idosa (65 anos ou mais), um estudo de 422 pacientes tratados com 5 mg e 10 mg de zaleplona não demonstrou diferença nos efeitos adversos quando comparado com o placebo.[7] A meia-vida é de cerca de 1 hora e a duração da ação varia de 0,9 a 1,5 hora.[5]

Zopiclona

Outro hipnótico não benzodiazepínico similar ao zolpidem é a zopiclona; contudo, esse agente é um pouco menos seletivo que o zolpidem na ligação com seu receptor, onde exerce o efeito farmacológico.[7] Embora a zopiclona tenha o potencial de produzir sedação residual, esse efeito foi visto apenas com doses acima de 7,5 mg.[9] Quando comparado com as benzodiazepinas, a zopiclona produziu menos comprometimento do desempenho psicomotor e físico.[10] Um estudo revelou que ela também pode ter algum efeito no armazenamento da memória durante o sono: pacientes tratados com a droga na hora de dormir eram capazes de lembrar menos palavras ao acordar, em comparação com aqueles tratados com placebo.[11]

Sedativo-hipnóticos barbitúricos

A classe de medicamentos barbitúricos não costuma ser usada por seus efeitos sedativo-hipnóticos em virtude da superioridade das benzodiazepinas e dos novos agentes, como zolpidem, zaleplona e zopiclona. Os barbitúricos são associados com um rápido desenvolvimento de tolerância, em geral após somente duas semanas de terapia. Eles também trazem um alto risco de dependência física e psicológica, síndromes de abstinência, fatalidades por *overdose* e interações significativas com outras drogas.[5] Alguns dos barbitúricos orais mais comuns estão relacionados na Tabela 12.4.

Outros medicamentos sedativos

Como já foi mencionado, outras benzodiazepinas não são classificadas como sedativo-hipnóticos, porém ainda têm o potencial de causar alguma sonolência. Estas são as benzodiazepinas aprovadas para o tratamento de ansiedade e incluem alprazolam, clordiazepóxido, clonazepam, clorazepato, diazepam, halazepam, lorazepam e oxazepam. Os efeitos adversos desses agentes seriam similares àqueles já mencionados para as benzodiazepinas sedativo-hipnóticas. Muitos medicamentos usados para o tratamento de depressão também podem causar sedação. Os agentes dignos de nota são amitriptilina, clomipramina, doxepina, trimipramina, mirtazapina e trazodona. Certos anti-histamínicos também podem causar sedação por sua habilidade de cruzar a barreira hematoencefálica, onde podem bloquear a histamina, um dos muitos neuroquímicos capazes de afetar o sono na região hipotalâ-

Tabela 12.4 Barbitúricos

Nome genérico	Nome comercial	Dose sedativa (mg/dia)	Dose hipnótica (mg/dia)
Mefobarbital	Mebaral	32-200	–
Fenobarbital	Barbita	30-120	100-320
Aprobarbital	Alurate	120	40-160
Pentobarbital	Nembutal	40-120	100
Secobarbital	Seconal	–	100

mica do cérebro. Eles incluem difenidramina, clemastina, carbinoxamina, tripelenamina, prometazina e azatadina.[5]

Implicações para o fisioterapeuta

Pacientes que tomam medicamentos sedativo-hipnóticos o fazem à noite, antes de ir para a cama, e deveriam acordar sentindo-se renovados e energizados. Contudo, em virtude dos perfis farmacocinéticos de alguns agentes e de diferenças farmacodinâmicas entre as pessoas, alguns pacientes podem experimentar sedação ou sonolência durante o dia. Os fisioterapeutas devem verificar se o paciente está tomando algum agente sedativo-hipnótico que possa afetar seu desempenho. Além disso, alguns medicamentos antidepressivos e remédios para tosse e gripe, vendidos sem prescrição médica, têm o potencial de produzir sonolência.

CORTICOSTEROIDES

As drogas esteroides são derivadas de corticosteroides adrenais secretados naturalmente e têm muitos usos na prática clínica.[12] Os mineralocorticoides naturais estão envolvidos na manutenção do equilíbrio de líquidos e eletrólitos e não são o tema desta seção. Os glucocorticoides, representados pelo cortisol endógeno e drogas como a prednisona (Tab.12.5), são usados primariamente por seus **efeitos anti-inflamatórios**. Contudo, por interferirem na síntese de proteína celular, eles afetam uma ampla variedade de órgãos sistêmicos, o que tem implicações para uso terapêutico e eventos adversos. Como leva tempo para alterar a produção de proteínas nas células, em geral ocorre um atraso até que essas drogas comecem a ter ação completa e uma persistência de seus efeitos depois da interrupção. Essa persistência pode durar dias, em particular no caso de agentes de ação mais prolongada (ver Tab. 12.5).

Os glucocorticoides afetam fundamentalmente quase todos os sistemas orgânicos importantes, mas seu papel primário é **regular a glicose sanguínea**. Isso é alcançado, em grande parte, por meio do aumento da produção de glicose no fígado, o que reduz a utilização da glicose periférica e aumenta a degradação de gordura periférica e proteínas. Esses processos asseguram um suprimento de glicose para os órgãos vitais (p. ex., cérebro, coração) em momentos de jejum ou estresse fisiológico extremo. É notável que os glicocorticoides também suprimem a inflamação resultante de uma grande variedade de eventos desencadeantes (p. ex., lesão mecânica ou química, infecção, radiação). Doses mais altas em geral são mais efetivas que doses mais baixas, mas existe um limite máximo para os efeitos anti-inflamatórios.[12] Em geral, doses acima de 100 mg/dia de prednisona ou seu equivalente (ver Tab. 12.5) têm pouco efeito anti-inflamatório adicional.

As drogas glucocorticoides podem ser usadas de forma sistêmica (oral ou intravenosa) ou tópica (ocular, inalada, instilação nasal, dermatológica). Por causa da fisiopatologia inflamatória de muitos estados de enfermidade, o uso terapêutico dos corticosteroides é amplo e inclui casos de osteoartrite e artrite reumatoide, asma, doenças autoimunes, como lúpus e psoríase, hepatite, miocardite, e quimioterapia para o câncer. Esse uso amplo significa que o fisioterapeuta pode encontrar um grande espectro de pacientes usando uma droga glucocorticoide.

O impacto na reabilitação do uso de esteroides tópicos é mínimo, pois os efeitos adversos são minimizados pela emissão desses agentes no local de ação desejado. Contudo, pacientes que usam esteroides inalados (p. ex., beclometasona [Beclovent, QVAR], triancinolona [Azmacort] ou fluticasona [Flovent]) estão tratando uma inflamação pulmonar de asma ou bronquite. Quando essas condições são mal controladas, os pacientes podem ficar dispneicos rapidamente, a um esforço mínimo, o que impõe limitações óbvias a um regime de reabilitação. O uso de agentes esteroides inalados deve, portanto, ser observado pelo fisioterapeuta, e o estado pulmonar do paciente, considerado na elaboração de um regime de reabilitação.

Diferente da preocupação em limitar a doença ao usar esteroides inalados, a preocupação da reabilitação com pacientes que usam esteroides sistêmicos é a toxicidade a longo prazo. Os efeitos adversos que ocorrem com o uso de esteroides a longo prazo são extensões de suas ações fisiológicas, incluindo piora do controle de glicemia nos pacientes diabéticos, aumento da pressão arterial leve ou acentuado, supressão do sistema imunológico e diminuição da capacidade de trabalho por causa da perda de músculo esquelético e massa óssea.

Tabela 12.5 Potências e doses equivalentes de glucocorticoides representativos

Fármaco (nome genérico)	Potência anti-inflamatória	Duração da ação	Dose equivalente
Cortisol (hidrocortisona)	1	C	20 mg
Prednisona	4	I	5 mg
Prednisolona	4	I	5 mg
Triancinolona	5	I	4 mg
Metilprednisolona	5	I	4 mg
Betametasona	25	L	~1 mg
Dexametasona	25	L	~1 mg

C, curta (<12 horas); I, intermediária (12-26 horas); L, longa (36-48 horas).

Efeitos adversos do uso prolongado de esteroides

- Piora do controle glicêmico no diabetes
- Aumento na pressão arterial
- Supressão do sistema imunológico
- Diminuição da capacidade de trabalho
- Osteoporose
- Diminuição da massa muscular
- Aumento da suscetibilidade para lesões
- Fragilização da pele
- Fragilização do tecido conjuntivo subcutâneo

A perda de massa óssea e muscular a longo prazo é uma preocupação da medicina reabilitativa. Uma falta de atividades gerais pelo paciente piora os efeitos catabólicos dessas drogas.[12] Por outro lado, treinos de força e atividades de sustentação de peso ajudam a minimizar as perdas induzidas por elas. Os fisioterapeutas devem ter cuidado particular no início do trabalho com pacientes que podem ter sofrido lesões como consequência, em parte, do uso prolongado de esteroides. A diferença entre um treino de força útil e um prejudicial será menor nesses pacientes em virtude de sua massa musculoesquelética reduzida e maior suscetibilidade a lesões adicionais com o exercício vigoroso.

A termoterapia tópica, seja calor ou frio, também deve ser empregada com cuidado nesses pacientes, pois a pele está mais fina e pode haver colapso do tecido conjuntivo subcutâneo. Por fim, os fisioterapeutas podem ajudar a assegurar bons resultados a longo prazo certificando-se de que a pressão arterial seja monitorada em todos os pacientes que usam glucocorticoides e que o controle glicêmico seja observado nos pacientes com diabetes.

TRATAMENTO DA DOR

Visão geral

A dor continua sendo um dos sintomas mais comuns e devastadores de muitas doenças e condições. Mais de 50 milhões de pessoas estão parcial ou totalmente incapacitadas por causa da dor, e seu custo anual na sociedade é estimado em 79 bilhões de dólares.[13] Ela tem um efeito significativo na qualidade de vida da pessoa e é um peso para a sociedade em virtude dos custos com serviços de saúde, auxílio-doença e perda de produtividade.[14] A dor com frequência recebe um tratamento abaixo do necessário, em especial em idosos ou pacientes cirúrgicos, ou ainda naqueles com câncer, HIV ou AIDS.[15] O tratamento da dor costuma ser difícil, pois ela é afetada por vários fatores físicos, psicológicos e sociais. As barreiras para o tratamento efetivo da dor incluem aquelas associadas com o paciente (relutância em relatar a dor, medo de ficar dependente e a não adesão ao uso dos medicamentos) e com a pessoa que o atende (falta de conhecimento, subestimação da necessidade de analgésicos para o paciente e medo da regulamentação de substâncias controladas).[13,15,16] Para uma visão mais abrangente da dor, ver o Capítulo 10.

Como a dor é um fenômeno complexo que envolve sensações periféricas e centrais, seu tratamento efetivo deve visar a diferentes mecanismos de ação.[17] Por essa razão, muitos pacientes terminam com uma combinação de analgésicos não opioides e opioides, além de terapias adjuntas para dor. Uma revisão dos medicamentos adjuntos está fora do escopo deste capítulo, mas os analgésicos opioides e não opioides serão discutidos.

Analgésicos opioides

Os analgésicos opioides são agentes naturais, semissintéticos ou sintéticos, usados para alívio de dor moderada a intensa.[18] Eles costumam ser usados para tratar dores decorrentes de câncer, condições crônicas e pós-cirúrgicas, traumas ou infarto do miocárdio. São **mais efetivos contra dores de duração constante *versus* dor intermitente aguda**. A quantidade de opioide necessária para aliviar a dor depende da exposição prévia do paciente, gravidade da dor, função hepática e renal, e rota de administração.[18]

Mecanismo de ação

A atividade farmacológica dos opioides depende de sua afinidade com vários receptores opioides localizados no cérebro, medula espinal e sistema nervoso periférico.[13] Os opioides são classificados como agonistas opioides, agonistas parciais ou agonistas-antagonistas, com base na sua atividade nos receptores opioides. Um agonista estimula os receptores opioides, um agonista parcial estimula alguns receptores, mas não têm qualquer qualidade antagônica, e um agonista-antagonista estimula alguns receptores ao mesmo tempo que antagoniza outros.[19,20]

A eficácia e perfil de efeitos colaterais dos diferentes analgésicos opioides depende de sua atividade em vários receptores opiáceos. Os receptores primários responsáveis por uma resposta analgésica são os receptores μ, κ e δ, cada um com subtipos diferentes.[13,20,21] O receptor μ é o mais importante na mediação dos efeitos analgésicos dos opioides, mas sua estimulação também pode levar à habituação e efeitos de abstinência, depressão respiratória, constipação, miose, sedação e euforia.[13,16,18,21] O receptor δ causa menos depressão respiratória comparado com o receptor μ mas tem maior probabilidade de causar efeitos alucinógenos e distróficos.[13,16,18] O receptor d também pode causar euforia, alucinações e disforia,[18] enquanto o receptor s pode causar disforia, alucinações e confusão.[16,20] O efeito analgésico da ativação de receptores opiáceos ocorre como resultado da diminuição na liberação de neurotransmissores inflamatórios provenientes dos neurônios, uma diminuição na atividade dos neurônios ao longo de suas vias e uma inibição da atividade neuronal via ácido gama-aminobutírico (GABA). No geral, os pacientes costumam relatar que a dor ainda está presente enquanto estão tomando analgésicos opioides, mas que sua intensidade e a sensação desagradável estão menores.[13,19]

Efeitos adversos dos analgésicos opioides

- Sedação (sonolência, letargia)
- Depressão respiratória
- Complicações gastrointestinais
- Hipogonadismo
- Mioclonia
- Prurido (coceira)
- Disfunção cognitiva
- Retenção urinária

Efeitos adversos

Os pacientes podem experimentar diversos efeitos adversos com os analgésicos opioides. Um dos mais comuns é a sedação, que afeta 20 a 60% dos pacientes.[22] A sedação em geral manifesta-se em sonolência, letargia e uma inabilidade para concentrar-se, mas em geral ocorre tolerância aos efeitos sedativos com o uso contínuo. Um efeito adverso preocupante é a depressão respiratória, em especial naqueles pacientes que estão gravemente enfermos, têm problemas pulmonares preexistentes ou receberam *overdose* do medicamento. Para evitar um aumento no risco de depressão do sistema nervoso central (SNC) por opiáceos, os analgésicos opioides não devem ser usados em combinação com álcool ou outros depressores do SNC.

Podem também ocorrer complicações gastrointestinais. A constipação resulta da atividade antiperistáltica dos opiáceos e costuma ser um dos efeitos adversos mais debilitantes, levando o paciente a não aderir ao tratamento. Infelizmente, não se desenvolve tolerância para a constipação. Náusea e vômitos são outros efeitos GI decorrentes da estimulação direta dos opioides na zona de disparo quimiorreceptora e a diminuição na motilidade gástrica.

Outros efeitos adversos podem incluir hipogonadismo (diminuição da atividade funcional das gônadas resultando em deficiências de crescimento e desenvolvimento sexual), mioclonia (espasmos ou contrações musculares), prurido (coceira), disfunção cognitiva e retenção urinária.[19,22]

Além desses efeitos adversos, os analgésicos opioides podem causar tolerância e dependência física. **Tolerância é a necessidade de mais droga para alcançar o mesmo efeito**, e isso pode acontecer se uma droga for usada por um período de tempo prolongado. A dependência física consiste no surgimento de sintomas de abstinência depois que a droga for removida de forma abrupta. Pacientes experimentando síndrome de abstinência podem sentir dores no corpo, diarreia, insônia, irritabilidade, tremores, desconforto gastrointestinal, sudorese, rinorreia e taquicardia. Para os opioides, os sinais e sintomas costumam ocorrer dentro de 6 a 10 horas depois da última dose da medicação, atingindo o pico no dia 2 ou 3 e continuando por até 5 dias após a conclusão. Felizmente, o risco de tolerância e dependência é muito baixo quando os opioides são usados para dor crônica de modo correto.[21]

Agentes individuais

A Tabela 12.6 relaciona agentes analgésicos opioides disponíveis, dose inicial, doses equivalentes para auxiliar agentes que se modificam, e o surgimento, pico e duração da ação.[13,18,20]

Agonistas opioides fortes. Esses agentes são usados mais comumente para **dor aguda ou crônica intensa**. Essas drogas têm efeitos farmacodinâmicos fortes sobre os receptores μ e κ. Exemplos de agentes nesse grupo incluem morfina, hidromorfona (Dilaudid), fentanil (Duragesic), meperidina (Demerol), metadona (Dolophine) e levorfanol (Levo-Dromoran). Apesar do desenvolvimento de agentes mais novos, a morfina continua sendo o analgésico opioide prototípico. Ela é com frequência a droga de primeira escolha por causa de sua eficácia e disponibilidade e por suas múltiplas rotas de administração. A hidromorfona tem eficácia comparável à da morfina, com menos potencial para causar náusea, vômito, constipação ou sedação.[23] O levorfanol tem uma duração de ação mais longa quando comparado com a morfina, embora provoque um pouco mais de sedação.[23] A meperidina é menos potente que a morfina e tem a habilidade de acumular-se nos pacientes com função renal diminuída.[13,20] Isso pode aumentar o risco de convulsões com esse agente em particular. A metadona, mais conhecida por seu uso na desintoxicação de narcóticos, está agora sendo usada mais para analgesia. Tem uma ação de longa duração, o que permite doses menos frequentes. A metadona é equivalente à morfina; contudo, esta se acumula com o uso repetido do produto, requerendo ajuste da dosagem.

Agonistas opioides leves. Esses agentes são usados para **dor leve a moderada**. Eles têm menos afinidade pelos receptores opioides em comparação com os outros agentes já discutidos. Exemplos nessa categoria incluem a codeína e seus derivados hidrocodona (Vicodin, Lorcet, Lortab) e oxicodona (Percocet, Oxycontin), propoxifeno (Darvon, Darvocet) e tramadol (Ultram). O tramadol demonstra atividade receptora opioide fraca e também inibe a captação de norepinefrina e serotonina. As vantagens do tramadol são a menor possibilidade de abuso e depressão respiratória, embora possa causar efeitos adversos como tontura, sedação, constipação e aumento do risco de convulsões.[20,23]

Agonistas/antagonistas mistos. Esses agentes têm efeitos variados nos diferentes receptores opioides. Suas vantagens são o menor risco de depressão respiratória e de dependência. Podem causar mais efeitos psicotomiméticos, incluindo alucinações e sonhos vívidos, além de poderem apresentar efeito teto da analgesia, aumentando os níveis de dor com o passar do tempo.[13] Exemplos de agentes mistos incluem o butorfanol (Stadol), a nalbufina (Nubain) e a pentazocina (Talwin).

Antagonistas. A naloxona (Narcan) e a naltrexona (Revia) são antagonistas narcóticos que bloqueiam todos os receptores opioides usados para tratar *overdose* ou dependência de opioides.[20] A naltrexona é um agente de ação mais duradoura e início de ação mais lento. Ambos

Tabela 12.6 Analgésicos opioides

Fármaco (produto)	Dose inicial usual	Dose de equivalência analgésica (mg)	Início da analgesia (minutos)	Pico da analgesia (horas)	Duração da analgesia (horas)
AGONISTAS					
Morfina	VO: 10-30 mg IR a cada 3-4h VO: 15-30 mg SR a cada 12h IM: 5-10 mg a cada 3-4h IV: 1-2,5 mg a cada 5 min PR: 10-20 mg a cada 3-4h	30-60 mg VO 10 mg IM 30 mg PR	15-30	0,5-1 3-4 (formulação SR)	4-5 (IR) 12 (SR)
Hidromorfona (Dilaudid)	VO: 2-4 mg a cada 3-4h IM: 0,5-1 mg a cada 3-4h IV: 0,1-0,5 mg a cada 5 min PR: 2-4 mg a cada 3-4h	7,5 mg VO 1,5 mg IM	15-30	0,5-1	4-5
Oximorfona (Numorfan)	PR: 5 mg a cada 3-4h IM: 1-1,5 mg a cada 3-4h	5-10 mg PR 1-1,5 mg IM	5-15	0,5-1	3-6
Levorfanol (LevoDromoran)	VO: 2-4 mg a cada 6-8h IM/IV: 2 mg a cada 6-8h	4 mg VO 2 mg IM	30-90	0,5-1	6-8
Hidrocodona (Vicodin, Lorcet, Lortab etc.)	VO: 5-10 mg a cada 3-4h	20 mg VO	15-30	1	4-5
Codeína	VO: 15-60 mg a cada 3-4h IM/IV: 15-60 mg a cada 3-4h	65 mg VO	15-30	0,5-1	4-5
Oxicodona (Oxycontin, Percocet, Percodan, Tylox)	VO: 5-10 mg IR a cada 3-4h VO: 10-20 mg SR a cada 12h	20-30 mg VO	15-30 (IR)	0,5-1 (IR) 3-4(SR)	4-5 (IR) 12 (SR)
Merperidina (Demerol)	VO: 50-150 mg a cada 3-4h IM: 75-100 mg a cada 3-4h IV: 5-10 mg a cada 5 min	200-300 mg VO 75-100 mg IM	10-45	0,5-1	3-4
Fentanil (Duragesic, Sublimaze)	IM: 0,05-0,1 mg a cada 1-2h Transdérmico: 25 mcg/h	0,15 mg IM 25 mcg/h adesivo	7-8		1-2
Metadona (Dolofina)	VO: 10-20 mg a cada 6-8h	2,5-20 mg VO 2,5-10 mg IM	30-60	0,5-1	4-5
Propoxifeno (Darvon, Darvocet)	VO: 65-100 mg a cada 3-4h	65 mg VO	30-60	2-2,5	4-6
Tramadol (Ultram)	VO: 50-100 mg a cada 4-6h	50-100 mg VO	<60	2-3	6
AGONISTAS ANTAGONISTAS					
Pentazocina (Talwin)	VO: 50-100 mg a cada 3-4h IM: 30 mg a cada 3-4h	50-200 mg VO 30-60 mg IM	15-20	0,25-1	3-4
Butorfanol (Stadol)	IM: 1-4 mg a cada 3-4h IV: 0,5-2 mg a cada 3-4h Intranasal: 1mg a cada 3-4h	2-3 mg IM 1 mg intranasal	<10	0,5-1	3-4
Nalbufina (Nubain)	IV/IM: 10 mg a cada 3-6h	10-20 mg IV/IM	<15	1	4-6
Buprenorfina (Buprenex, Transtec)	IM/IV: 0,3 mg a cada 6h Transdérmica: 35 mcg/h SL: 0,15-0,8 mg a cada 4-6h	0,3 mg IM	15	1	4-6
Dezocina (Dalgan)	IV: 2,5-10 mg a cada 2-4h IM: 10 mg a cada 3-6h	10 mg IV/IM	15-30	0,17-1,5	3-5

VO, via oral; *IM*, intramuscular; *IV*, intravenoso; *PR*, pelo reto; *IR*, liberação imediata – *immediate release*; *SR*, liberação prolongada – *sustained release*; SL, sublingual podem precipitar síndrome de abstinência se usados de maneira excessiva.

Analgésicos não opioides

Os analgésicos não opioides, que incluem salicilatos, paracetamol e drogas anti-inflamatórias não esteroides (AINEs), são alguns dos medicamentos disponíveis prescritos com maior frequência.[24] Eles têm propriedades analgésicas, antipiréticas e anti-inflamatórias. Nas dosagens mais baixas, os analgésicos não opioides proveem maior alívio da dor, enquanto nas mais altas eles alcançam uma resposta anti-inflamatória mais forte.[24,25] Diferente dos analgésicos opioides, esses agentes não produzem dependência física ou tolerância, nem estão associados à drogadição. Os não opioides costumam ser usados para condições dolorosas leves ou moderadas e combinados com opioides para a dor mais intensa. A Tabela 12.7 relaciona agentes individuais, doses comuns, início e duração da analgesia, e características únicas, quando aplicável.[13]

Tabela 12.7 Analgésicos não opioides

Fármaco (produto)	Dosagem usual	Dose máxima diária	Início da analgesia (horas)	Duração da analgesia (horas)	Comentários
Paracetamol (Tylenol)	325-1.000 mg a cada 4-6h	4,0 g	0,5-1	3-6	Dosagens mais elevadas necessárias para efeito anti-inflamatório
Salicilatos					
Aspirina	325-650 mg a cada 4-6h	4,8 g	0,5	3-6	Também efeito antipirético e anticoagulante
Salicilato de magnésio e colina (Trilisate)	1.000-1.500 mg a cada 12h	4,8 g	–	4	Melhor tolerada do que a aspirina com mínimos efeitos GI e sem efeito na agregação plaquetária
Salsalato (Disalcid)	500-1.000 mg a cada 8-12h	4,8 g	–	–	Melhor tolerada do que a aspirina com mínimos efeitos GI e sem efeito na agregação plaquetária
Diflunisal (Dolobid)	250-500 mg a cada 8-12h	1,5 g	1	8-12	↑ risco de comprometimento renal, porém sem efeito na agregação plaquetária
Salicilato de sódio (Uracel)	325-650 mg a cada 6-8h	4,8 g	–	4	Melhor tolerado do que a aspirina com mínimos efeitos GI e sem efeito na agregação plaquetária
Ácidos Acéticos					
Diclofenaco (Voltaren)	50 mg a cada 8-12h	150 mg	0,5	6-8	Mais potente que o naproxeno; risco intermediário para sangramento GI
Etodolac (Lodine)	200-400 mg a cada 6-12h	1,2 g	0,5-1	6-8	Menos risco de perturbações GI e úlceras; efeito uricosúrico
Indometacina (Indocin)	25-50 mg a cada 8-12h	200 mg	–	–	20% a 25% dos pacientes experimentam ↑cefaleia, tontura e perturbação GI; ↑risco de comprometimento da função renal
Trometamina de cetorolaco (Toradol)	10 mg a cada 4-6h (oral) 15-30 mg a cada 6h (parenteral)	40 mg	0,5-1	4-6	↑risco de sangramento, esp. com uso prolongado (evitar usar por >5 dias; evitar o uso pré-operatório e intraoperatório se for necessário controlar sangramento)
Nabumetona (Relafen)	500-1.000 mg, 1 ou 2×/dia	2 g	–	–	Menos ulceração e sangramento GI
Sulindac (Clinoril)	150-200 mg 2×/dia	400mg	–	–	Menos possibilidade de causar toxicidade renal porém > efeitos GI
Tolmetin (Tolectin)	200-600 mg 3×/dia	1,8 g	–	–	Risco aumentado de reações anafiláticas; meia-vida curta

(*continua*)

Tabela 12.7 Analgésicos não opioides *(continuação)*

Fármaco (produto)	Dosagem usual	Dose máxima diária	Início da analgesia (horas)	Duração da analgesia (horas)	Comentários
Ácidos Propiônicos					
Fenoprofeno (Nalfon)	300-600 mg a cada 6-8h	3,2 g	0,25-0,5	4-6	Tão efetivo quanto naproxeno; ↑chance de erupções e alguns efeitos no SNC; melhor no estômago vazio
Flurbiprofeno (Ansaid)	50-100 mg a cada 8-12h	300 mg	–	–	Similar ao cetoprofeno
Ibuprofeno (Motrin)	200-800 mg a cada 6-8h	3,2 g	0,5	4-6	Menos efeitos colaterais GI mas atividade anti-inflamatória mais fraca
Cetoprofeno (Orudis)	25-50 mg a cada 6-8h	300 mg	1	4-8	Risco intermediário para sangramento GI; eficácia = ibuprofeno; pode causar retenção de líquidos e ↑creatinina sérica
Naproxeno (Naprosyn)	250-500mg a cada 12h	1 g	1	até 12	Efeito anti-inflamatório maior que o do ibuprofeno porém mais efeitos colaterais
Naproxeno sódico (Anaprox)	275-550 mg a cada 12h	1,373 g	0,5-1	Até 12	Efeito anti-inflamatório maior que o do ibuprofeno porém mais efeitos colaterais
Oxaprozin (Daypro)	600-1.200 mg	1,8 g	–	–	Meia-vida longa que se acumula com a dosagem crônica (pode alcançar 40-60 horas)
Fenamatos					
Meclofenamato (Meclomen)	50 mg a cada 4-6h	400 mg	–	4-6	Menos efeito na agregação plaquetária
Ácido mefenâmico (Ponstel)	250 mg a cada 6h	1 g	–	6	Agente menos efetivo; ↑risco de diarreia e anemia hemolítica
Pirazol					
Fenilbutazona (Butazolidina)	100-200 mg a cada 6-8h	400 mg	–	–	Uso prolongado limitado pelo ↑ dos efeitos colaterais
Oxicanas					
Piroxicam (Feldene)	20 mg/dia	20 mg	–	–	↑efeitos colaterais GI
Meloxicam (Movatec)	7,5-15 mg/dia	15 mg	–	–	–
Inibidores de COX-2					
Celecoxibe (Celebrex)	100-200 mg a cada 12h	400 mg	1	12-24	Sensibilidade cruzada com alergias a sulfa ou aspirina
Valdecoxibe (Bextra)	10 mg/dia	10 mg	1	até 24	

GI, gastrointestinal

Mecanismo de ação

A aspirina inibe a síntese e a liberação de prostaglandinas, uma causa importante de inflamação e dor. A aspirina também inibe a formação de agregados plaquetários, inibindo a prostaciclina, sendo essa a razão do seu efeito cardioprotetor e do aumento no **risco de hemorragias.**[20] Os salicilatos não acetilados têm os mesmos efeitos analgésicos da aspirina, sem afetar a agregação plaquetária.

Como a aspirina, os AINEs inibem a ciclo-oxigenase, a enzima que converte o ácido araquidônico em prostaglandina. Além de causar inflamação e dor, as prostaglandinas são importantes na proteção da mucosa gástrica, no suporte da função renal e na hemostasia por meio da ativação plaquetária. A ciclo-oxigenase existe em duas formas, COX-1 e COX-2. A COX-1 produz prostaglandinas que fazem a mediação da gastroproteção, perfusão renal e agregação plaquetária, enquanto a COX-2 produz prostaglandinas que levam a uma resposta anti-inflamatória.[25] Certos AINEs são mais seletivos para COX-2 e têm alguma tolerância gastrointestinal melhorada em comparação com outros agentes.[17,25] Alguns AINEs, em especial a indometacina (Indocin) e o flurbiprofeno (Ansaid), também podem inibir a migração de leucócitos, o que contribui para o efeito anti-inflamatório.[20,25]

Seleção de agentes

Nenhum AINE tem mostrado analgesia superior aos outros.[13,16,24-27] A resposta do paciente varia de modo considerável entre os agentes. Se um AINE falha, pode se tentar outro e obter sucesso. A escolha de qual agente usar em geral depende do custo, da segurança e da eficácia.[13,16,24-27]

Efeitos adversos

Os AINEs podem causar complicações gastrointestinais (GI) e renais sérias, inibir a agregação plaquetária e produzir efeitos no sistema nervoso central (SNC).[24] A taxa de complicações tende a aumentar quando são usadas dosagens mais altas por períodos de tempo mais longos.[16] O efeito colateral GI mais comum é a dispepsia, mas os AINEs também podem produzir úlceras. Tem ocorrido perfurações, obstruções e hemorragias GI importantes em cerca de 4% de todos os pacientes que tomam AINEs por mais de 1 ano.[28] Cerca de 5% dos pacientes podem desenvolver toxicidade renal secundária a um AINE como resultado da diminuição nas prostaglandinas renais e uma diminuição no fluxo renal, o que pode causar retenção de líquidos e insuficiência renal aguda. Efeitos comuns no SNC incluem disfunção cognitiva, tontura e sonolência, em especial no idoso.[16,24] Os agentes COX-2 causam menos problemas para a mucosa intestinal, mas produzem outros efeitos comparáveis, incluindo o efeito nas prostaglandinas renais e retenção de líquido.[16] Estudos recentes têm mostrado um aumento nas complicações cardiovasculares com o uso de agentes COX-2, em especial quando usados em pacientes com história ou risco de eventos cardiovasculares e/ou cerebrovasculares.[29,30] No presente momento, como com qualquer medicamento, os profissionais devem pesar os riscos e benefícios do uso e se os agentes COX-2 forem usados, deve ser prescrita a dose efetiva mais baixa por um período de tempo muito curto.

Efeitos adversos dos anti-inflamatórios não esteroides

- Perturbação gastrointestinal (dispepsia, úlceras)
- Toxicidade e insuficiência renal
- Inibição da agregação plaquetária
- Disfunção cognitiva
- Tontura
- Sonolência

Implicações para o fisioterapeuta

Os fisioterapeutas trabalham com pacientes que tomam diferentes medicamentos para controlar a dor. Se o regime analgésico é efetivo, o paciente tem uma habilidade maior de completar uma sessão de tratamento minuciosa, mas isso depende do momento da sessão de terapia e do início e duração da ação dos medicamentos que o paciente usa contra a dor. As desvantagens dos analgésicos são os possíveis efeitos colaterais, em especial sedação, depressão respiratória, constipação e dispepsia/náusea. Os fisioterapeutas podem ajudar a identificar problemas que os pacientes estejam experimentando precocemente e prover educação para eles e seus cuidadores. Além disso, podem alertar outros profissionais de saúde para otimizarem regimes de terapia ideais de uma maneira apropriada e eficiente.

MEDICAMENTOS PARA ARTRITE REUMATOIDE

Visão geral

A artrite reumatoide é um distúrbio crônico, sistêmico, imunológico, que afeta primariamente o líquido sinovial e os tecidos articulares.[31] A etiologia exata dessa doença é desconhecida. A artrite reumatoide afeta cerca de 1% da população.[31] Algumas das características da doença são edema simétrico, rigidez e dor nas articulações. Também podem estar presentes manifestações extra-articulares, que incluem nódulos reumatoides, vasculite, inflamação ocular, disfunção neurológica e doença cardiopulmonar. A terapia farmacológica é o foco do tratamento da doença e visa a tratar os sintomas, manter a função articular e prevenir destruição e deformidade articular adicionais. Além disso, recomenda-se repouso, reabilitação e, em alguns casos graves, cirurgia. Os avanços no tratamento da artrite reumatoide incluem novos medicamentos e evidências de que o tratamento precoce e mais agressivo é benéfico.[32] O tratamento da artrite reumatoide enfatiza o uso de terapia agressiva precoce com agentes anti-inflamatórios, corticosteroides e drogas antirreumáticas modificadoras da doença (DMARDs).[31]

Drogas anti-inflamatórias não esteroides

A terapia inicial para artrite reumatoide inclui AINEs, salicilatos ou inibidores de ciclo-oxigenase (COX-2). Esses medicamentos reduzem a inflamação, a dor e o edema, porém não revertem ou previnem o dano e a destruição articular.[31] Portanto, não devem ser os únicos agentes usados para tratamento.[31] Para discussão sobre AINEs, incluindo mecanismo de ação e efeitos adversos, ver a discussão anterior. Para informações sobre agentes específicos, ver Tabela 12.7.

Corticosteroides

Os corticosteroides são efetivos no controle da doença, porém podem ter sérios efeitos adversos associados, em especial, com o uso prolongado. Seu papel no tratamento da artrite reumatoide, principalmente durante os períodos de exacerbação, é o de aliviar os sintomas como terapia de ligação ao iniciar o uso de DMARDs ou modificar os regimes.[33] À medida que a doença progride, muitos pacientes acabam usando uma dose baixa, crônica, de corticosteroides.[31] Outro papel para o uso de corticosteroides é a injeção intra-articular direta. Essa é efetiva quando ocorre exacerbação em uma única articulação, já que diminui a necessidade de corticosteroides sistêmicos. Eles não devem ser administrados com frequência maior do que a cada 3 meses, pelo risco de se aumentar o dano articular.[31] A técnica asséptica é importante para administração de modo a prevenir infecção. As injeções intra-articulares podem prover alívio dos sintomas e melhorar a habilidade do paciente para participar dos programas de reabilitação.[31] Para discussão adicional sobre corticosteroides, incluindo mecanismo de ação e efeitos adversos, ver a seção anterior. Para informação sobre agentes específicos, ver a Tabela 12.5.[31]

Drogas antirreumáticas modificadoras da doença

As DMARDs são a base da terapia da artrite reumatoide pela sua habilidade de prevenir dano e destruição articular adicionais.[31] Esses agentes agem lentamente e levam de semanas a meses antes que seus benefícios sejam vistos. Podem ser usados sozinhos mas, em geral, são usados em combinação com outra DMARD.[32] A terapia combinada pode ser sinérgica sem aumentar os efeitos adversos,[34] o que é muito importante, já que o uso desses medicamentos costuma ser limitado pela toxicidade. No caso das DMARDs, a abordagem em geral é usá-las cedo e de modo agressivo, por causa de seu efeito sobre a inflamação e destruição articular.[34] Existem DMARDs sintéticas e biológicas. As DMARDs sintéticas (tradicionais) usadas com maior frequência são o metotrexato, sulfassalazina e hidroxicloroquina.[31] A dosagem para os diferentes agentes pode ser encontrada na Tabela 12.8.[13,31]

Drogas sintéticas antirreumáticas modificadoras da doença

Metotrexato. O metotrexato é a DMARD escolhida e o "padrão-ouro" no tratamento da artrite reumatoide. Isso se deve à sua eficácia, demonstrada em numerosos ensaios clínicos, e à sua disponibilidade.[31] O metotrexato é um antagonista do ácido fólico que suprime os leucócitos e diminui a inflamação.[35]

Os efeitos adversos mais comuns são perturbação gastrointestinal, mucosite e mielossupressão,[35] e podem ser reduzidos com a suplementação diária de ácido fólico.[31] Os efeitos adversos adicionais incluem disfunção hepática, alterações pulmonares e alopecia.[35] O metotrexato é teratogênico e **contraindicado durante a gestação.**[35]

Hidroxicloroquina. A hidroxicloroquina é menos efetiva que as outras DMARDs.[31] Portanto, costuma ser usada no início da terapia para uma doença mais leve ou em combinação com outras DMARDs.[31] Embora o medicamento tenha atividade anti-inflamatória, o mecanismo de ação exato é desconhecido.[35]

Uma vantagem da hidroxicloroquina é a ausência de efeitos hematológicos, vistos com a maioria das outras DMARDs. Existe o potencial de toxicidade ocular, que pode levar a comprometimento visual, mas no geral a medicação é bem tolerada e requer menos monitoramento que as outras DMARDs.[36]

Sulfassalazina. A sulfassalazina costuma ser usada no início da terapia para uma doença mais branda.[31] É usada com frequência em combinação com metotrexato e/ou hidroxicloroquina.[32,33,37] A sulfassalazina é um pró-produto clivado para o ácido 5-aminossalicílico (5-ASA) no cólon. O mecanismo de ação exato é desconhecido.[13]

O uso desse agente é limitado por efeitos adversos como perturbações gastrointestinais (p. ex., náusea, vômito, diarreia e anorexia), erupções na pele, fotossensibilidade e mielossupressão.[31,36] Esse medicamento não deve ser usado em pacientes com alergia a medicamentos com sulfa.[31,36]

Ouro. Os compostos de ouro não são usados de maneira tão rotineira por causa dos efeitos adversos.[31,35] O ouro, sozinho ou combinado com outras DMARDs, é usado em pacientes que não respondem a outros regimes de tratamento. O ouro pode ser usado nas formas

Tabela 12.8 Medicamentos para artrite reumatoide

Nome genérico	Nome comercial	Rotas de administração	Dosagem
Metotrexato	Miantrex cs	Oral Injetável	7,5-20 mg 1×/semana 7,5-20 mg 1×/semana
Auranofina (ouro)	Ridaura	Oral	3 mg 2×/dia
Tiomalato sódico de ouro	Aurolate	Injetável	25-50 mg a cada 2-4 semanas
Azatioprina	Imuran	Oral	50-150 mg 1×/dia
Sulfassalazina	Azulfidine	Oral	1.000 mg 2 ou 3×/dia
Hidroxicloroquina	Plaquinol	Oral	200 mg 2×/dia
Leflunomida	Arava	Oral	100 mg/dia por 3 dias depois 20 mg/dia
Etanercepte	Enbrel	Subcutânea	50 mg 1×/semana ou 25 mg 2×/semana
Infliximabe	Remicade	Intravenoso	3-10 mg/semana nas semanas 0,4,6; depois a cada 4-8 semanas
Adalimumabe	Humira	Subcutânea	40 mg em semanas alternadas
Anakinra	Kineret	Subcutânea	100 mg 1×/dia

de dosagem oral e injetável. A forma oral é preferível por ser menos tóxica mas, infelizmente, é menos eficaz.[35] O mecanismo de ação não é claro. Os compostos de ouro afetam a atividade de linfócitos, monócitos e neutrófilos.[35]

Os efeitos adversos mais comuns são a dermatite (erupções e prurido), perturbações gastrointestinais (diarreia e indigestão) e mucosite/estomatite.[13] As principais preocupações com o uso do ouro são seus efeitos adversos hematológicos e renais.[13] As preocupações mais sérias são a síndrome nefrótica e a anemia aplástica.[36]

Azatioprina. Esse medicamento em geral é reservado para casos mais refratários de artrite reumatoide.[38] O mecanismo de ação exato é desconhecido. O medicamento suprime a função das células-T e, portanto, inibe os processos imunes.[35]

Os efeitos adversos mais comuns incluem perturbações gastrointestinais (náusea e vômito) e erupções.[36] A mielossupressão e suas complicações são efeitos potenciais do uso da azatioprina.[31] Existe também potencial para uma reação de hipersensibilidade.[38] Esses efeitos adversos costumam limitar o uso desse agente.

Leflunomida. A leflunomida é a DMARD sintética mais recente.[33] O mecanismo consiste na inibição da síntese de pirimidina, que resulta na inibição da proliferação de linfócitos e redução na inflamação.[13]

Os efeitos adversos mais comuns são perturbação gastrointestinal e alopecia.[13] O medicamento não deve ser usado em pacientes com doença hepática preexistente, pois pode causar toxicidade hepática.[31] A leflunomida é teratogênica (causa deformidades em embriões em desenvolvimento) e, portanto, a contracepção é recomendada para todos os pacientes, homens e mulheres. Em virtude de sua meia-vida longa, a droga permanece no sistema durante meses. A colestiramina pode ser usada para eliminar o medicamento mais rápido se estiver sendo considerada uma gestação.[13]

Efeitos adversos das drogas sintéticas antirreumáticas modificadoras da doença

- Perturbação gastrointestinal
- Mielossupressão
- Disfunção hepática
- Comprometimento visual
- Fotossensibilidade
- Dermatite
- Alopecia
- Disfunção renal

Drogas biológicas antirreumáticas modificadores da doença

As DMARDs mais novas são agentes biológicos e, como grupo, têm vantagens sobre os agentes tradicionais, tais como resultados mais previsíveis e um início de ação mais rápido.[34,39] As DMARDs biológicas visam e bloqueiam de forma específica a interleucina-1 (IL-1) ou o fator de necrose tumoral (TNF). O TNF e a IL-1 são citocinas que têm um papel no processo inflamatório da artrite reumatoide.[39]

Etanercepte. O etanercepte é indicado para uso sozinho ou em combinação com o metotrexato.[40] O etanercepte é um antagonista solúvel dos receptores do fator de necrose tumoral (TNF). O medicamento funciona ligando-se ao TNF circulante, tornando-o inativo e impedindo que se ligue aos receptores da superfície celular, o que evita a ocorrência da resposta inflamatória.[39]

O efeito adverso mais comum é uma reação na pele no local de injeção. O TNF participa do combate às infecções. Portanto, os antagonistas do TNF podem interferir com a habilidade de combater infecções. O etanercepte não deve ser usado em pacientes com infecção preexistente ou naqueles com alto risco de infecção.[31] Seu uso deve ser interrompido em pacientes que desenvolvem infecções graves durante sua utilização.[40,41] Outros efeitos adversos incluem o risco de distúrbios desmielinizantes no SNC, raros porém graves, e de malignidades.[40]

Infliximabe. O infliximabe é indicado apenas para uso combinado com metotrexato. Esse medicamento é intravenoso, o que significa que não pode ser autoadministrado, como todas as outras DMARDs biológicas. O infliximabe é um anticorpo anti-TNF que contém porções humanas e de camundongo para interação com os receptores TNF nas células inflamatórias. A ligação se dá com o TNF solúvel e com aquele ligado à membrana.[39] Uma reação relacionada à infusão pode resultar em febre, calafrios, prurido e erupções.[31]

Esse medicamento pode aumentar o risco de infecções, incluindo sepse, tuberculose e infecções fatais. O medicamento traz uma recomendação de alerta para que os pacientes sejam avaliados quanto à presença de tuberculose latente antes do início da terapia.[42] Como ocorre com o etanercepte, existe uma preocupação com respeito a condições desmielinizantes e malignidades.[42]

Adalimumabe. O adalimumabe é o antagonista de TNF mais recente no mercado. É indicado para uso sozinho ou em combinação com outras DMARDs em pacientes que tiveram uma resposta ruim a um ou mais regimes de DMARDs,[43] É um anticorpo monoclonal que se liga ao TNF e desse modo afeta o processo inflamatório.[44]

Seus efeitos adversos são similares aos dos outros antagonistas de TNF disponíveis. As reações no local de injeção são o efeito adverso mais comum. Existe um risco aumentado de infecção durante o uso de adalimumabe. O medicamento deve ser interrompido caso ocorra infecção séria, e traz um alerta sugerindo que os pacientes sejam avaliados quanto à presença de tuberculose latente com um teste dérmico de tuberculina antes do início da terapia. Além disso, existe a preocupação quanto a distúrbios desmielinizantes raros e malignidades.[43]

Anakinra. Anakinra é o único agente disponível que tem como alvo a interleucina-1 (IL-1). É indicada para pacientes que tiveram falha com o uso de uma ou mais DMARDs. Pode ser usada sozinha ou em combinação com outras DMARDs que não sejam antagonistas do TNF. Estudos do uso de anakinra com etanercepte demonstraram um aumento na incidência de infecção grave, sem aumento no benefício clínico.[45]

Efeitos adversos das drogas biológicas antirreumáticas modificadoras da doença

- Reações no local da injeção
- Maior chance de infecção
- Distúrbios desmielinizantes do SNC
- Malignidade

A anakinra inibe a atividade de IL-1, uma citocina pró-inflamatória.[44] O efeito adverso mais frequente é uma leve reação cutânea no local da injeção.[44] Existe um risco de neutropenia ao tomar anakinra, para o qual é recomendado monitoramento.[45] Como ocorre com outras DMARDs biológicas, existe uma preocupação quanto ao risco de infecção séria e malignidades.[41,45]

Outras drogas antirreumáticas modificadoras da doença

Outras DMARDs são indicadas no tratamento da artrite reumatoide. Elas incluem d-penicilamina, ciclosporina e minociclina. Esses medicamentos são reservados tipicamente para pacientes refratários, já que apresentam toxicidade significativa e menor eficácia em comparação com as outras DMARDs disponíveis, cuja discussão está fora do escopo deste capítulo.[31,33]

Implicações para o fisioterapeuta

O impacto desses medicamentos na artrite reumatoide é crítico para o processo de reabilitação. Os medicamentos podem permitir o alívio de sintomas, melhora no progresso da reabilitação e prevenção de destruição articular adicional.[21] A eficácia dos medicamentos pode permitir uma reabilitação mais extensiva e intensiva.[21]

A influência dos medicamentos na reabilitação depende dos medicamentos usados. O regime terapêutico, momento do início da terapia, e efeitos adversos desses agentes devem ser considerados no desenvolvimento de um programa de reabilitação. O início da ação dos diferentes medicamentos usados é variável e deve ser considerado no começo da reabilitação, quando forem estabelecidas as metas e expectativas de progresso.

Finalmente, o fisioterapeuta pode identificar pacientes que necessitam de ajustes na medicação por causa de preocupações com a eficácia, efeitos adversos ou controle inadequado da dor/inflamação.

MEDICAMENTOS PARA OSTEOPOROSE

Visão geral

A osteoporose é conhecida também como "doença silenciosa," já que a perda óssea costuma ocorrer sem qualquer sintoma. A doença é caracterizada por baixa massa óssea e deterioração estrutural do tecido ósseo, o que faz com que os ossos tornem-se frágeis e mais propensos à fratura,[46] que pode afetar qualquer osso no corpo. As principais preocupações são as fraturas de quadril, coluna e punho.

Para manter a integridade óssea, os ossos passam por contínuo remodelamento, um processo combinado que envolve a reabsorção (degradação) e formação (construção) do osso. Os osteoclastos são as células responsáveis pela reabsorção óssea; os osteoblastos são as células responsáveis pela formação óssea. A perda óssea ocorre quando há um desequilíbrio entre remoção e reposição óssea, fazendo com que seja reposto menos osso do que o que foi removido.[47] Embora não exista uma cura conhecida para a osteoporose, há vários medicamentos disponíveis para sua prevenção e/ou tratamento visando a reduzir o risco de fraturas (Tabela 12.9).

Terapias farmacológicas para osteoporose

Agentes antirreabsortivos são medicamentos que afetam a reabsorção óssea osteoclástica, enquanto agentes anabólicos visam à formação osteoblástica de osso. A seleção da terapia farmacológica para osteoporose envolve os efeitos a longo prazo no osso, as preocupações com segurança e os efeitos potencialmente benéficos sobre outros tecidos. Como a adesão às terapias farmacológicas costuma ser difícil nos pacientes com doenças assintomáticas, a dose semanal de bifosfonatos (alendronato ou risedronato) é no momento o regime farmacológico preferido para prevenção e tratamento de osteoporose. Esse tem demonstrado eficácia na redução de fraturas da coluna e do quadril. Outras terapias para osteoporose são reservadas para pacientes que não podem tolerar os bifosfonatos e para aqueles com alto risco de fratura, que podem desejar um tratamento com um agente anabólico. O consumo adequado de cálcio (pelo menos 1.200 mg de cálcio elementar por dia) e de vitamina D (400 a 800 unidades internacionais por dia) é essencial para maximizar o efeito de todas as terapias farmacológicas para osteoporose.[47]

Agentes antirreabsortivos

Bifosfonatos

Os bifosfonatos são a classe mais comum de medicamentos usados para prevenção e tratamento da osteoporose. Os três bifosfonatos aprovados pela FDA são o alendronato (Fosamax), risedronato (Actonel) e ibandronato (Boniva). O bifosfonato é o análogo estrutural do pirofosfato (o componente normal do osso). Ele exerce seus efeitos por meio da autoincorporação óssea, tornando-se mais tarde parte permanente da estrutura óssea. Os bifosfonatos inibem a reabsorção óssea diminuindo a atividade dos osteoclastos e induzindo a apoptose (morte celular). O resultado é a diminuição no remodelamento ósseo, aumentando de modo indireto a massa óssea e reduzindo o risco de fraturas.[48]

Tabela 12.9 Agentes aprovados pelo FDA para uso na prevenção ou tratamento de osteoporose

Nome genérico	Nome comercial	Prevenção	Tratamento	Efeitos adversos
Agentes antirreabsortivos				
Alendronato sódico	Fosamax	5 mg diários VO 35 mg VO semanais	10 mg diários VO 70 mg VO semanais	Náusea, vômito, dor abdominal, ulceração esofágica, dor óssea
Alendronato sódico + colecalciferol	Fosamax plus D	–	70 g + 2.800 UI VO semanais	
Risedronato sódico	Actonel	5 mg VO diários 35 mg VO semanais	5 mg VO diários 35 mg VO semanais	
Ibandronato de sódio	Bonviva	2,5 g VO diários* 150 mg VO mensais*	2,5 g VO diários 150 mg VO mensais 3mg IV a cada 3 meses	
Cloridrato de raloxifeno	Evista	60 mg VO diários	60 mg VO diários	Ondas de calor, cefaleia, distúrbios GI, dor articular ou muscular, cãibras nas pernas, ganho de peso, edema, sintomas de gripe
Calcitonina	Miacalcin	–	200 UI (1 spray) intranasal diário 100 UI SC/IM dias alternados	Intranasal: secura nasal, dor, irritação, sangramento do nariz SC/IM: rubor, náusea, erupções, reação alérgica
Estrógeno	Várias formas	Equivalente a 0,3-0,625 mg de estrógeno conjugado oral por dia	–	Náusea, vômito, cefaleia, dor abdominal, edema, sensibilidade nas mamas
Agente Anabólico				
Teriparatida	Fortéo	–	20 mcg SC diários	Dor articular, tontura, náusea, fraqueza, aumento dos níveis séricos de cálcio

– não indicado; VO, via oral; UI, unidades internacionais; SC, subcutâneo; GI, gastrointestinal; IM, intramuscular
*Segurança e eficácia do ibandronato 150 mg/mês em mulheres pós-menopausa sem osteoporose estão sendo estudadas; não há dados disponíveis ainda.

Os efeitos adversos que costumam estar associados aos bifosfonatos limitam-se a problemas GI como náusea, vômito e dor abdominal. O efeito adverso mais sério é a ulceração esofágica.[48] Além disso, foi relatada osteonecrose mandibular em pacientes que tomavam bifosfonatos.[48a] Os sintomas incluíram a não cicatrização de um soquete de extração ou um osso da mandíbula exposto. Devem ser feitos exames dentários e odontologia preventiva antes de colocar em tratamento pacientes com fatores de risco para osteonecrose, como câncer, quimioterapia, radioterapia ou corticosteroides concomitantes, anemia, infecção ou doença dentária preexistente. O alendronato mostrou efeitos terapêuticos sustentados e segurança a longo prazo após 10 anos de uso em mulheres pós-menopausa.[49]

Os bifosfonatos são mal absorvidos (0,7% ou menos) quando administrados por via oral. Na presença de alimento, ingerido 1 hora antes ou até 2 horas depois, a biodisponibilidade fica ainda mais reduzida, sobrando uma quantidade insignificante.[48] Para facilitar a emissão do medicamento para o estômago e reduzir o potencial de irritação esofágica, os pacientes que tomam bifosfonatos precisam ser aconselhados a seguir diretrizes de administração rígidas. O medicamento precisa ser administrado ao acordar, com estômago vazio, com um copo cheio de água pura, e os pacientes precisam permanecer eretos por pelo menos 30 minutos após a administração. Além disso, precisam esperar pelo menos 30 minutos antes de comer, beber ou tomar outros medicamentos. O paciente medicado com ibandronato deve permanecer ereto por pelo menos 60 minutos e esperar este mesmo período antes de comer.

Estrógeno

A menopausa é acompanhada por perda óssea acelerada, e está bem estabelecido o papel central da deficiência de estrógeno na osteoporose pós-menopausa. As mulheres que tomam estrógeno após a menopausa recebem estrógeno isolado (terapia de reposição de estrógeno [TRE]) ou em combinação com progesterona (terapia de reposição hormonal [TRH]). O componente progesterona da TRH é necessário para mulheres com útero intacto de modo a prevenir câncer endometrial. A TRE e TRH são as terapias mais efetivas para reduzir os sintomas vasomotores associados com a menopausa. Estão disponíveis várias formulações, tais como produtos orais e transdérmicos.

O estrógeno diminui o remodelamento ósseo e aumenta de forma indireta a massa óssea por meio da inibição da reabsorção óssea e subsequente redução do risco de fraturas.[48]

Efeitos adversos comuns associados ao estrógeno incluem cefaleia, dor abdominal, náusea, vômito, edema e sensibilidade nas mamas.[48] Um estudo do Women's Health Initiative (WHI) – (órgão governamental americano focado na saúde das mulheres pós-menopausa) sugeriu que os riscos do uso de TRH em mulheres pós-menopausa excediam seus benefícios em decorrência do pequeno aumento no risco de infarto do miocárdio, AVC, câncer de mama, embolia pulmonar (EP) e trombose venosa profunda (TVP) detectado ao longo de 5 anos de tratamento.[50] O Women's Health Initiative Memory Study, um estudo ramificado do WHI, relatou um aumento no risco de desenvolvimento de demência provável, sem efeitos significativos na função cognitiva global em mulheres pós-menopausa na idade de 65 anos ou mais durante 4 a 5,2 anos de tratamento com TRH ou TRE comparadas com placebo.[51,52] Desse modo a TRE ou TRH são recomendadas apenas para uso na dose efetiva mais baixa e pelo tempo de duração mais curto, caso a terapia de reposição hormonal seja necessária.

Modulador seletivo dos receptores de estrógeno

O modulador seletivo dos receptores de estrógeno (SERM, na sigla em inglês) é um medicamento não hormonal que age como agonista do estrógeno no osso para suprimir seu remodelamento sem a estimulação desfavorável dos receptores de estrógeno localizados no tecido mamário ou útero.[48] O Raloxifeno (Evista) é o único SERM indicado para prevenção e tratamento da osteoporose pós-menopausa. O raloxifeno diminui a reabsorção óssea, o que aumenta a massa óssea e reduz o risco de fraturas.

O efeito adverso mais comum associado à terapia com raloxifeno é a ocorrência de ondas de calor.[48] Em mulheres perimenopausa ou pós-menopausa que já estão experimentando sintomas vasomotores, esse medicamento pode causar sua piora. Os efeitos adversos do uso de raloxifeno relatados com menor frequência incluem dor articular ou muscular, câibras nas pernas, cefaleia, distúrbios GI, ganho de peso, edema periférico e sintomas de gripe. Similares aos estrógenos, esses medicamentos estão associados a um aumento no risco de tromboembolia (i. e., embolia pulmonar, trombose venosa profunda) e AVC fatal,[53] embora reduzam o risco de câncer de mama invasivo.[53,54]

Calcitonina

A calcitonina é um hormônio hipocalcêmico secretado pela glândula tireoide em resposta a concentrações séricas de cálcio elevadas. A calcitonina de salmão exerce seus efeitos pela inibição direta da atividade osteoclástica, promoção da excreção renal de cálcio e outros minerais relacionados e aumento na massa óssea com redução do risco de fraturas.[48] Esse medicamento atualmente é aprovado para o tratamento de osteoporose pós-menopausa em mulheres que estejam há mais de 5 anos na menopausa. A calcitonina pode ser utilizada somente como injeção ou spray nasal, já que os ácidos gástricos facilmente destroem as formulações orais.

Embora a calcitonina não afete outros órgãos ou sistemas do corpo, a calcitonina injetável pode causar efeitos adversos desagradáveis que incluem rubor da face e mãos, reações locais, náusea, erupções na pele e reações sistêmicas alérgicas raras, o que têm limitado seu uso. Os efeitos adversos são raros com o spray nasal e consistem principalmente em queixas de secura nasal, dor, irritação e sangramento do nariz.[48]

A calcitonina pode ter algum efeito analgésico em pacientes que estejam experimentando dor como resultado de fraturas agudas por compressão. O mecanismo exato desse efeito analgésico ainda não é completamente entendido. Se um paciente não está respondendo às intervenções tradicionais de tratamento da dor, o uso da calcitonina pode ser considerado. Contudo, essa não é a terapia de primeira linha para osteoporose em pacientes de alto risco.

Agente anabólico

Hormônio da paratireoide (teriparatida)

A teriparatida é uma formulação recombinante do hormônio endógeno da paratireoide (PTH). É o primeiro medicamento aprovado para tratamento de osteoporose e visa a estimular a formação de osso novo por meio da atividade osteoblástica, aumento da absorção de cálcio no intestino e aumento da reabsorção renal de cálcio, de modo a aumentar a massa óssea de forma efetiva e reduzir o risco de fraturas.[48] Esse medicamento tem a finalidade de ser usado por mulheres pós-menopausa e homens com osteoporose primária ou hipogonadal com alto risco de fraturas. A teriparatida está disponível apenas na forma de injeção subcutânea.

Reações adversas comuns associadas à teriparatida são dor articular, tontura, náusea, fraqueza e um aumento transitório nos níveis séricos de cálcio. Embora não tenham sido observados casos de osteossarcoma (um tumor ósseo maligno) em estudos humanos ou em macacos, foi notado um aumento na incidência do risco de osteossarcoma em estudos com ratos.[55] Portanto esse medicamento deve ser evitado em pacientes com risco aumentado de osteossarcoma, incluindo pacientes com doença de Paget óssea ou elevação inexplicada de fosfatase alcalina, epífises abertas, radioterapia prévia, história de metástases ósseas ou outras doenças ósseas metabólicas. Pacientes que recebem teriparatida precisam ser orientados de modo extensivo sobre o uso apropriado e armazenagem das seringas.

Agente duplo antirreabsortivo e anabólico

Ranelato de estrôncio

O ranelato de estrôncio (Protos), um agente único com alta afinidade por osso, é o primeiro medicamento para osteoporose que oferece mecanismos duplos de ação ao combinar o efeito antirreabsortivo com o efeito anabólico. Age como um agente desacoplador, porém o mecanismo exato de ação ainda não é conhecido. Sua eficácia é similar à de outros agentes antirreabsortivos. O estrôncio é aprovado no tratamento de osteoporose pós-menopausa em vários países para reduzir o risco de fraturas vertebrais. O efeito adverso mais comum associado é a diarreia.[56] Contudo, esse produto atualmente não está disponível nos Estados Unidos.

Implicações para o fisioterapeuta

A osteoporose é prevalente na prática clínica. Embora a maioria dos pacientes com osteoporose talvez não experimente dor, muitos são encaminhados para programas de terapia em decorrência de suas complicações. Certos pacientes que experimentam dor óssea podem necessitar de alteração das atividades terapêuticas. Aqueles que sofrem fraturas com frequência são desafiados por comprometimentos físicos e incapacidades significativas. Desse modo são essenciais intervenções de reabilitação abrangentes que ajudem os pacientes a restaurar a função física máxima, reduzir sua incapacidade e o risco de quedas subsequentes.[47] Os fisioterapeutas podem ajudar a prover regimes de exercícios orientados para metas, modalidades fisioterapêuticas para alívio da dor e vários dispositivos de auxílio para pacientes com osteoporose.[47] Os pacientes com fraturas vertebrais devem evitar exercícios com flexão e rotação espinal. Várias estratégias para reduzir o risco de quedas (como o uso de roupas de baixo com protetores de quadril) devem ser consideradas quando se trabalha com pacientes de alto risco para fraturas de quadril. As diretrizes governamentais americanas recomendam atividades físicas de rotina para melhorar a agilidade, força, equilíbrio e reduzir o risco de quedas.[47] Vários estudos têm sugerido que exercícios regulares com sustentação de peso e fortalecimento muscular podem causar aumentos modestos na massa óssea e complementar as terapias farmacológicas para osteoporose.[57-61] A reabilitação ambulatorial estendida, incorporando treinamento resistido progressivo por 6 meses, tem mostrado mais benefícios do que exercícios domiciliares de baixa intensidade para pacientes idosos com fratura de quadril que vivem na comunidade, resultando em melhora da função física e qualidade de vida com menor incapacidade.[62]

Estar ciente dos efeitos adversos associados aos medicamentos para osteoporose também pode ajudar o fisioterapeuta a informar os pacientes sobre as possíveis causas de suas dificuldades. Além disso, os fisioterapeutas podem ajudar a minimizar os efeitos adversos da terapia farmacológica agendando as atividades físicas em função da administração das drogas. Atividades que requerem que os pacientes fiquem deitados devem ser evitadas 60 minutos após a ingestão de ibandronato (Boniva) ou 30 minutos após ingestão de alendronato (Fosamax) ou risedronato (Actonel). Para pacientes que experimentam ondas de calor ingerindo raloxifeno (Evista), é importante que o ambiente seja mantido refrigerado para assegurar o conforto do paciente.

RELAXANTES DOS MÚSCULOS ESQUELÉTICOS

Visão geral

Esta seção enfoca os relaxantes de músculos esqueléticos de ação central administrados via oral, indicados com maior frequência no tratamento de espasticidade decorrente de esclerose múltipla, para alívio de rigidez muscular e/ou como adjuntos ao repouso e fisioterapia no tratamento de condições musculoesqueléticas dolorosas, como a dor lombar. O tratamento médico em geral é recomendado quando a condição musculoesquelética começa a interferir em postura, capacidade motora ou atividades da vida diária.[63] De acordo com dados de um levantamento feito nos Estados Unidos pelo órgão governamental responsável (National Health and Nutrition Examination Survey – NHANES III), que estudou o uso de relaxantes de músculos esqueléticos entre os anos de 1988 e 1995, um número estimado de 2 milhões de americanos relataram seu uso. Não foram relatadas diferenças entre homens e mulheres, e a idade média dos usuários era de 42 anos. Dor lombar e distúrbios musculares foram as condições mais comuns responsáveis pelo uso de relaxantes musculares, sendo relatadas em 85% da população.[64] Os relaxantes orais de ação central para músculos esqueléticos estão relacionados na Tabela 12.10 com as diretrizes de dosagem e efeitos adversos.[3,5] Adiante, uma breve visão de cada relaxante muscular.

Baclofeno

O baclofeno é indicado para o alívio de sinais e sintomas da espasticidade decorrente de esclerose múltipla, incluindo o alívio de espasmos flexores, clono e rigidez muscular, e pode ainda oferecer algum benefício para pacientes com lesões e doenças da medula espinal. Em pacientes com esclerose múltipla, tem se mostrado especificamente que o baclofeno reduz a espasticidade, dimi-

Tabela 12.10 Relaxantes dos músculos esqueléticos

Fármaco (produto)	Dosagem inicial	Dosagem máxima	Efeitos adversos
Baclofeno (Lioresal)	5 mg/dia	80 mg/dia em doses divididas	Fraqueza muscular, sedação, fadiga, tontura, náusea
Carisoprodol (Soma)	350 mg 3 a 4×/dia	–	Taquicardia, rubor facial, tontura, sonolência, vertigem, ataxia, náusea
Clorfenesina (Maolate)	800 mg 3×/dia inicialmente, depois 400 mg 4×/dia	–	Sonolência, tontura, confusão, insônia, aumento da irritação, cefaleia, náusea
Clorzoxazona (Paraflex)	250-500 mg 3 a 4×/dia	750 mg 3 a 4×/dia	Sonolência, tontura, vertigem, mal estar, alguma perturbação GI
Ciclobenzaprina (Flexeril)	10 mg 3×/dia	60 mg/dia em doses divididas	Sonolência, taquicardia, síncope, boca seca
Dantroleno (Dantrium)	25 mg/dia	400 mg/dia e doses divididas	Hepatotoxicidade, fraqueza, sedação, diarreia
Diazepam (Valium)	2 mg 2×/dia ou 5mg antes de dormir	40-60 mg/dia em doses divididas	Sedação, comprometimento cognitivo, depressão
Metaxalona (Skelaxin)	800 mg 3 a 4×/dia	–	Sonolência, tontura, cefaleia, náusea
Metocarbamol (Robaxin)	1,5 g 4×/dia	8 g/dia	Vertigem, tontura, sonolência, náusea, urticária
Orfenadrina (Norflex)	100 mg a cada manhã e noite	–	Boca seca, taquicardia, fraqueza, cefaleia, tontura, náusea
Tizanidina (Sirdalud)	2-4 mg/dia	36 mg/dia em doses divididas	Sonolência, boca seca, tontura, elevação das transaminases no fígado reversível e relacionada à dose

nui a frequência e gravidade dos espasmos musculares súbitos, e aumenta a amplitude de movimento articular.[65] Um pequeno estudo recente com homens veteranos tratados com baclofeno sugere que a droga pode também trazer algum benefício no tratamento de distúrbios de estresse pós-traumático.[66] O baclofeno é iniciado com uma dose baixa (i. e., 5 mg três vezes ao dia) e então titulado para cima, porém nunca excedendo 80 mg por dia. Essa droga é similar, do ponto de vista estrutural, ao ácido gama-aminobutírico (GABA), que é um neurotransmissor inibidor. Ele estimula o subtipo do receptor $GABA_B$ e pode inibir os reflexos no nível espinal. O baclofeno tem o potencial de produzir alguma depressão no SNC, incluindo sedação, sonolência, ataxia e alguma depressão respiratória e cardiovascular.[67,68]

Ciclobenzaprina

A ciclobenzaprina é usada para tratar espasmos musculares dolorosos originados de alguma lesão musculoesquelética aguda e também apresenta um uso "não autorizado" para distúrbios de sono na síndrome de fibromialgia.[67,69] A ciclobenzaprina, em geral, é indicada para uso de curto prazo e não recomenda-se um tratamento por mais de 2 a 3 semanas. A droga costuma ser bem tolerada e não produz reações adversas sérias. A droga é dosada em 10 mg três vezes ao dia e pode ser aumentada para até 60 mg por dia; contudo, a sedação pode ser um problema mesmo com a dose inicial de 10 mg.

A sedação é o efeito adverso mais comum relatado com o uso de ciclobenzaprina e tem uma incidência de 39% no início de ensaios clínicos controlados e de 16% nos programas de vigilância pós-comercialização. Um estudo amplo relatou que dosagens baixas de apenas 5 mg três vezes ao dia podiam controlar de maneira efetiva os sinais e sintomas de dor e rigidez muscular, ao mesmo tempo produzindo menos sedação.[70] Por causa do perfil farmacocinético da droga, pacientes idosos em geral experimentam concentrações plasmáticas de até o dobro daquelas encontradas nos controles saudáveis normais, o que pode impor a esses pacientes um risco adicional de sedação e sonolência.[71]

Dantroleno

A forma oral de dantroleno é indicada para o controle da espasticidade resultante de lesão medular, AVC, paralisia cerebral e esclerose múltipla. Os usos "não autorizados" do dantroleno incluem casos de dor muscular induzida por exercício, síndrome neuroléptica maligna e insolação.[67,72] O mecanismo de ação do dantroleno é diferente daqueles previamente mencionados. Ele age diretamente nos elementos contráteis do músculo, em especial diminuindo a liberação de cálcio do retículo sarcoplasmático e assim reduzindo a habilidade de contração muscular. O dantroleno é dosado em 25 mg por dia e então pode ser aumentado para até duas a quatro vezes por dia. A dosagem máxima recomendada é 400 mg por dia.

Como a droga atua diretamente nos músculos periféricos, seu efeito adverso mais comum é a fraqueza, podendo assim não ser o agente mais apropriado para pacientes ambulatoriais. O dantroleno é metabolizado pelo fígado e também tem o potencial de produzir hepatotoxicidade, que pode ser irreversível. Por essa razão, os médicos devem fazer testes de função hepática antes da terapia e a cada 3 meses durante o uso para todos os pacientes recebendo dantroleno.[65]

Diazepam

Diazepam é uma benzodiazepina e é indicado para o tratamento de distúrbios de ansiedade, síndrome do pânico, estados epilépticos e síndromes de abstinência do álcool. Também pode ser usado como relaxante de músculos esqueléticos. A dose típica de diazepam é de 2 a 10 mg, duas a quatro vezes ao dia.[65,67] Pensa-se que as propriedades de relaxamento muscular do diazepam ocorram no nível espinal por meio da inibição pré-sináptica mediada pelo GABA e nos sítios supraespinais. O diazepam difere do baclofeno por visar ao subtipo de receptor $GABA_A$.[65,67] Como ocorre com a maioria das benzodiazepinas, os efeitos adversos mais comuns são sedação e comprometimento cognitivo.

Tizanidina

A tizanidina é um agonista α_2-adrenérgico e exerce seu efeito inibindo a liberação de aminoácidos excitatórios nos interneurônios espinais.[65] Em um estudo clínico aberto de titulação de dose envolvendo 47 pacientes com espasticidade, o tratamento com tizanidina resultou em melhora significativa ao mesmo tempo em que preservou a força muscular.[73] A tizanidina é dosada em 2 a 4 mg três vezes ao dia (embora em geral inicie com apenas 4 mg uma vez ao dia e depois aumente) com uma dosagem máxima recomendada de 36 mg por dia.[65,67]

Os efeitos adversos mais comuns relatados com o uso dessa droga incluem sonolência, fadiga e tontura.[73,74] A tizanidina também tem o potencial de causar hepatotoxicidade. Os níveis de aminotransferase devem ser medidos durante os primeiros 6 meses (i. e., a linha basal, e com 1, 3 e 6 meses) de tratamento e depois periodicamente para monitorar quaisquer sinais de dano ao fígado.[67]

Outros relaxantes musculares

Carisoprodol, clorfenesina, clorzoxazona, metaxalona, metocarbamol e orfenadrina são outros relaxantes musculares usados juntamente ao repouso e à terapia para ajudar a aliviar músculos doloridos. Nenhum dos agentes acima relaxa diretamente o músculo esquelético tenso, e seus mecanismos de ação não faram completamente determinados.[67] As informações sobre dosagem e efeitos adversos associados com cada agente podem ser encontradas na Tabela 12.10.

Implicações para o fisioterapeuta

Como quase todos os relaxantes de músculos esqueléticos administrados por via oral têm o potencial de produzir sonolência, sedação ou fraqueza muscular, esses agentes podem afetar a habilidade do paciente de executar tarefas motoras ou de participar de programas terapêuticos. Alguns agentes, como a ciclobenzaprina, têm mais probabilidade de produzir um efeito observável em pacientes geriátricos por causa das características farmacocinéticas da droga, enquanto outros agentes, como o dantroleno, podem produzir fraqueza muscular em quase todos os pacientes. Talvez o fisioterapeuta deva perguntar aos pacientes se eles estão tomando algum relaxante de músculo esquelético ou rever sua lista de medicamentos antes de iniciar qualquer programa de reabilitação, já que eles podem afetar o desempenho do paciente.

ANESTÉSICOS LOCAIS

Visão geral

A anestesia geral ou local (regional) é usada para alívio da dor em condições agudas e crônicas, cirúrgicas e clínicas. Os anestésicos locais são administrados de modo seletivo no local da cirurgia ou da dor e têm permitido aos pacientes um tempo de recuperação mais rápido dos procedimentos, assim como alívio efetivo da dor.[75,76] Tem sido demonstrada uma redução na necessidade perioperatória de analgésicos opioides com o uso de anestesia local ou regional, resultando em uma incidência mais baixa de náuseas e vômito pós-operatório.[75,77,78] O controle da dor, náuseas e vômito pós-operatórios possivelmente leva a um tempo mais curto nas salas de recuperação e a uma menor possibilidade de readmissões hospitalares.[76,78-80]

Os anestésicos locais diminuem a sensação em uma parte do corpo, sem a perda de consciência nem comprometimento das funções vitais que ocorrem com o uso de anestésicos gerais.[81,82] Existem vários métodos diferentes de administração dos anestésicos locais, como o tópico, por infiltração, espinal (subaracnoide), epidural ou por bloqueio de nervo periférico (regional) ou de campo[75,83] Esses agentes podem prover alívio da dor em muitos tipos diferentes de cirurgias articulares. Quando se opta pela anestesia local, a escolha do anestésico baseia-se no local da cirurgia, tipo de anestesia local desejada, tamanho e estado geral do paciente e duração necessária da anestesia.[84-91] Recomenda-se uma atenção maior ao mecanismo de ação e efeitos adversos desses agentes por parte de todos os fisioterapeutas atuando em áreas onde são utilizados.

Noções básicas sobre anestésicos locais

Os anestésicos locais são usados para bloquear a transmissão nervosa de modo que o procedimento ou a atividade desejada possam ser feitos sem dor. Em termos de funcionamento, todos os anestésicos têm o mesmo mecanismo de ação, resultante em parte de suas estruturas similares. Os componentes lipofílicos e hidrofílicos constituem a estrutura comum, tendo uma ligação éster ou amida unindo os dois grupos. Os anestésicos locais com ligação éster podem ser degradados rapidamente no plasma pelas esterases, enquanto as ligações amida requerem transformação no fígado, resultando em uma ação mais prolongada.[92]

A lipofilicidade correlaciona-se com a potência e toxicidade desses agentes. O componente lipofílico provavelmente é necessário para que a droga seja separada dentro da membrana celular, onde se liga a um canal de sódio e impede a geração e condução de impulsos nervosos.[92] O efeito resultante é uma diminuição na propagação do potencial de ação e falha resultante na condução nervosa. Em geral, agentes altamente lipofílicos podem ser dados em concentrações mais baixas, mas também são potencialmente mais tóxicos se ocorrer o seu acúmulo sistêmico. Alguns anestésicos locais não penetram intactos na pele, e são usados apenas de modo tópico.[93]

O diâmetro do nervo dita, em parte, o grau de bloqueio neuronal que resulta de uma determinada concentração da droga. Em geral, as fibras de diâmetro mais largo (tipo C) requerem concentrações maiores de uma droga para atingir o mesmo grau de bloqueio que as fibras de diâmetro menor (tipo A).[93] A ação dos anestésicos locais causa primeiro perda da sensação de dor, depois de temperatura, toque, pressão profunda e função motora.

Muitos anestésicos locais são combinados com um vasoconstritor (p. ex., epinefrina) para diminuir a taxa de metabolismo e assim aumentar a duração do bloqueio nos canais de sódio. A cocaína, um dos anestésicos locais originais, tem propriedades vasoconstritoras que potencializam os efeitos da norepinefrina. Contudo, essa vantagem aparente também significa que ela é tóxica em quantidades sistêmicas. Outros anestésicos locais têm propriedades vasoconstritoras leves, porém muito menos que a cocaína. Os efeitos adversos que podem ser vistos com o uso de um agente vasoconstritor como a epinefrina são a demora na cicatrização da ferida, edema tecidual e necrose por causa do aumento no consumo de oxigênio. A epinefrina não é recomendada para uso concomitante em áreas que tenham circulação colateral limitada.[94]

Efeitos adversos

Os efeitos adversos são preocupações importantes para qualquer pessoa que trabalhe com anestésicos locais. As reações adversas podem ser divididas em sistêmicas ou locais. Vários anestésicos locais foram descobertos nos últimos anos, mas um uso mais amplo não foi encontrado por causa de sua toxicidade, ou estão sendo usados apenas como agentes tópicos (p. ex., benzocaína, pramoxina, dibucaína) por sua toxicidade potencial caso entrem na circulação sistêmica. A maioria dos efeitos sérios resulta da distribuição na circulação sistêmica, onde os efeitos cardiovasculares e cerebrovasculares podem ser fatais. Eles podem ter um efeito tóxico no miocárdio, o que resulta em diminuição na excitabilidade, velocidade de condução e contrações. Os efeitos desses agentes no sistema nervoso central podem variar de sonolência a tremores e, por fim, depressão respiratória dependendo da concentração sistêmica. Os fatores que aumentam o risco de introdução sistêmica incluem a dose da droga, a velocidade com que é injetada, o local injetado (vascularidade) e a idade (o idoso tem um volume menor no qual a droga pode acumular-se).[95,96]

Efeitos adversos dos anestésicos locais

- Efeito tóxico sobre o miocárdio
- Depressão respiratória
- Hipersensibilidade

As reações locais em geral são representadas por hipersensibilidade, que pode ser expressa como dermatite alérgica ou crises asmáticas. É visto principalmente no tipo éster, embora se saiba que a causa pode estar ligada aos conservantes, como o metilparabeno. As alergias relatadas com o uso de anestésicos locais provavelmente não são resultado da estrutura original da droga, mas de um metabólito do tipo ácido para-aminobenzoico (PABA). As alergias aos anestésicos tipo amida são muito mais raras, e eles são a opção para pessoas com alergia verdadeira ao metabólito PABA dos anestésicos éster.[97]

Exemplos de agentes específicos e sua potência relativa, duração e toxicidade são apresentados na Tabela 12.11.

Implicações para o fisioterapeuta

O profissional de reabilitação precisa estar ciente dos analgésicos usados para dor e terapia adjunta que podem ter sido dados no intra e pós-operatório. O uso de anestésicos locais, ele pode diminuir a dosagem de agentes analgésicos que um paciente requer. O local e o grau de bloqueio que o agente anestésico está exibindo terá provavelmente um impacto na sessão de terapia do paciente. Uma redução na dor pode permitir que o paciente tenha um nível mais alto de desempenho e por isso se recupere mais rápido de seu procedimento ou enfermidade. O horário das sessões de terapia perto da hora de administração dos anestésicos pode assegurar que o paciente experimente uma sessão sem dor. De modo alternativo, dependendo do grau de bloqueio experimentado pelo paciente, certos movimentos podem não ser exequíveis ou apropriados para o paciente.

AGENTES AUXILIARES

Esta seção trata de classes de drogas auxiliares que não se encaixam necessariamente em algum dos estados de doenças já abordados, mas que são de importância para o profissional de reabilitação. Considerar o estado de doença subjacente é em geral tão importante quanto os próprios medicamentos. Os fisioterapeutas devem tentar olhar para os medicamentos prescritos como um guia sobre as doenças subjacentes com que eles terão que

Tabela 12.11 Propriedades farmacodinâmicas e farmacocinéticas dos anestésicos locais

Anestésicos locais	Velocidade do início da ação	Potência	Duração da ação	Toxicidade	Usos
Ésteres					
Cocaína	Lenta	Alta	Longa	Muito alta	Apenas uso tópico
Procaína (Novocaine)	Lenta	Baixa	Curta	Baixa	Infiltração, bloqueio de nervo periférico, espinal
Cloridrato de procaína (Nesacaine)	Rápida	Intermediária	Curta	Baixa	Infiltração, bloqueio de nervo periférico, epidural
Tetracaína (Pontocaine)	Lenta	Intermediária	Intermediária	Intermediária	Tópico, espinal
Amidas					
Lidocaína (Xylocaína)	Rápida	Intermediária	Intermediária	Lenta	Infiltração, bloqueio de nervo periférico, epidural, espinal, transdérmico, tópico, bloqueio simpático, bloqueio regional intravenoso
Mepivacaína (Carbocaine, Polocaine)	Lenta	Intermediária	Intermediária	Baixa	Infiltração, bloqueio de nervo periférico, epidural, bloqueio regional intravenoso
Bupivacaína (Marcaine, Sensorcaine)	Lenta	Alta	Longa	Alta	Infiltração, bloqueio de nervo periférico, epidural, espinal, bloqueio simpático
Levobupivacaína (Chirocaine)	Lenta	Alta	Longa	Intermediária	Infiltração, bloqueio de nervo periférico, epidural
Ropivacaína (Naropin)	Lenta	Intermediária	Longa	Intermediária	Bloqueio regional intravenoso, epidural, bloqueio de nervo periférico, infiltração
Etidocaína (Duranest)	Rápida	Intermediária	Longa	Intermediária	Infiltração, bloqueio de nervo periférico, epidural
Prilocaína (Citanest)	Rápida	Intermediária	Intermediária	Baixa	Infiltração, bloqueio de nervo periférico, (procedimentos dentários)

lidar naquele paciente, além de pensar sobre os efeitos dos medicamentos.

Medicamentos para doença de Parkinson

A doença de Parkinson é marcada por uma perda seletiva dos neurônios envolvidos na coordenação das habilidades motoras.[98] A perda resultante do neurotransmissor inibidor dopamina e o excesso relativo resultante do neurotransmissor excitatório acetilcolina produzem uma disfunção progressiva da coordenação motora. Embora não afete a cognição de forma direta, a disfunção motora por fim torna-se tão grave (i. e., comprometendo a deglutição, perda de expressão facial) que a doença de Parkinson com frequência é tomada erroneamente por uma doença cognitiva. Contudo, os pacientes com Parkinson não têm comprometimento auditivo nem da capacidade de compreensão.[98] Portanto, não é necessário repetir as instruções múltiplas vezes, falar lentamente ou elevar a voz. Tratar pacientes com Parkinson avançado como se tivessem um distúrbio cognitivo causa frustrações para eles e para o fisioterapeuta.

Embora uma discussão completa dos medicamentos para doença de Parkinson esteja fora do escopo deste capítulo, uma observação importante é que as terapias atuais são designadas para repor a dopamina ou prevenir sua degradação.[99] O resultado das duas abordagens é um aumento nos impulsos dopaminérgicos, o que costuma resultar em efeitos adversos nos sistemas cardiovascular e nervoso central.[99]

Os efeitos adversos cardiovasculares podem incluir palpitações, arritmias e hipotensão ortostática. A hipotensão ortostática aumenta o risco de queda em pacientes com Parkinson quando eles se movem subitamente de uma posição mais deitada para outra mais ereta, e é muito comum com uma classe de medicamentos denominada *agonistas dopaminérgicos.*[100] Esses são representados pela pergolida (Permax), bromocriptina (Parlodel), pramipexol (Mirapex) e ropinirol (Requip). Os efeitos no sistema nervoso central são também comuns em virtude do aumento da estimulação dopaminérgica. Confusão, tontura, sonolência, e mesmo alucinações, são efeitos que podem ocorrer, principalmente com os agonistas dopaminérgicos.

O medicamento para doença de Parkinson mais comum e mais efetivo é a levodopa.[99] A levodopa é um pró-fármaco dopamina, significando que, depois de ingerida, é convertida em dopamina por vias fisiológicas. Isso ocorre nos tecidos periféricos e no sistema nervoso central. Como o excesso de dopamina periférica está associado a efeitos colaterais cardiovasculares e gastrointestinais, a levodopa sempre é dosada com carbidopa, a qual inibe a dopa-descarboxilase, enzima que converte a levodopa em dopamina. Como a carbidopa não pode cruzar a barreira hematoencefálica (BHE), essa não inibe a conversão de levodopa em dopamina no SNC. Isso realmente permite que doses mais baixas de levodopa sejam usadas, pois essa é capaz de penetrar no SNC antes de ser convertida em dopamina na periferia (a dopamina também não pode cruzar a BHE). Nos Estados Unidos, combinações fixas de levodopa e carbidopa estão disponíveis, como a droga Sinemet, que pode ser encontrada nas formulações de liberação controlada (Sinemet CR) e liberação não controlada. As combinações podem ser encontradas em proporções fixas de 1:4 e 1:10 de carbidopa para levodopa. É importante que em doses diárias totais abaixo de 500 mg de levodopa seja usado o Sinemet na proporção 1:4 (tipicamente a dose 25 mg/100 mg). Isso permite que carbidopa suficiente seja ingerida para inibir de forma adequada a dopa-descarboxilase.

Uma consideração importante na reabilitação de pacientes com Parkinson é individualizar o horário das sessões para considerar as flutuações sintomáticas nas habilidades motoras que costumam ocorrer no manejo da doença. Independente da combinação de drogas usada, os pacientes tipicamente têm horas do dia em que estão com o controle sintomático melhor ou pior. À medida que esses momentos vão se tornando mais extremos, o que é comum após vários anos de terapia com levodopa ou Sinemet, eles são descritos como tempos "*on*" e tempos "*off*".[99] O tempo "*on*" refere-se ao período em que o medicamento tem efeitos quase ótimos e o paciente está perto da função motora ideal. Os tempos "*off*", quando o controle motor é ruim, podem impor problemas óbvios para uma sessão de reabilitação que requer envolvimento ativo do paciente. Assim, é importante discutir com o paciente ou seu cuidador qual pode ser o melhor horário para a sessão de fisioterapia. Em particular, deve-se notar que a melhora dos sintomas com a formulação de liberação controlada, o Sinemet CR, é mais demorada quando comparada com a formulação sem liberação controlada, pois a absorção é mais lenta. Assim, muitos pacientes também tomam uma dose de Sinemet de liberação imediata para ajudar a controlar os sintomas no início da manhã. Quando isso não ocorre, uma sessão de reabilitação nesse período pode ser especialmente problemática para pacientes usando Sinemet CR.

Medicamentos para doença cardíaca

Várias classes de medicamentos usados para doença cardíaca também merecem uma menção especial. Os beta-bloqueadores e nitratos costumam ser usados por pacientes com angina crônica estável. A angina resulta de um descompasso entre o suprimento de oxigênio e a demanda de oxigênio do tecido do miocárdio quando as artérias coronárias se acham estreitadas em decorrência de aterosclerose.[101] As drogas nitrato, representadas por nitroglicerina (administrada via sublingual ou tópica), dinitrato de isossorbida (Isordil, Sorbitrate, Dilatrate-SR) e mononitrato de isossorbida (ISMO, Imdur) agem dilatando os vasos coronários para ajudar a melhorar o suprimento de oxigênio.[101] Os beta-bloqueadores atuam reduzindo a frequência e contratilidade cardíaca, o que resulta em uma redução na demanda de oxigênio.[102] Os beta-bloqueadores usados comumente incluem o metoprolol (Lopressor, Toprol XL), atenolol (Tenormin), carvedilol (Coreg), bisoprolol (Zebeta) e propranolol (Inderal). Como a reabilitação física aumenta a demanda de oxigênio, ela tem o potencial de desencadear angina. A angina que ocorre enquanto o paciente está em repouso é conhecida como angina instável e é uma emergência médica.[103]

Pacientes que sabidamente necessitam usar nitroglicerina sublingual ou tópica para alívio ocasional de dor de angina devem ter esses medicamentos prontamente acessíveis durante todas as sessões de reabilitação. O fisioterapeuta também deve estar ciente do limiar físico de angina desses pacientes. O exercício repetido aumenta esses limiares e é de grande valor para a reabilitação cardiovascular do paciente.[101]

Embora os nitratos com frequência aumentem a capacidade de exercício dos pacientes em reabilitação ao prevenirem sua angina, os beta-bloqueadores podem reduzi-la. Como os beta-bloqueadores reduzem a habilidade do paciente de aumentar sua frequência e contratilidade cardíaca, eles reduzem sua habilidade de responder à demanda física.[104] Isso pode ter efeitos óbvios em qualquer sessão ou regime de reabilitação que aumente a demanda cardiovascular do paciente. Isso é válido também quando os pacientes estão ingerindo beta-bloqueadores para hipertensão.

Quando essas drogas são usadas para insuficiência cardíaca crônica (ICC), contudo, a relação é diferente. Na ICC os pacientes já têm a função cardíaca comprometida, resultando em uma capacidade reduzida de débito cardíaco.[105] Essa característica é notavelmente melhorada com a terapia crônica que usa beta-bloqueadores, embora possa piorar de forma aguda durante um período que varia de semanas a alguns meses quando esses agentes são iniciados.[106] Portanto, embora pacientes com ICC tenham uma capacidade reduzida para esforço físico, isso é decorrente da doença cardíaca preexistente, e não do uso da droga beta-bloqueadora. As limitações nos aspectos físicos da reabilitação, contudo, são as mesmas.

Medicamentos para doenças pulmonares

Drogas broncodilatadores inaladas, usadas para tratar doenças pulmonares, também merecem consideração especial do fisioterapeuta que atua na reabilitação. Além de reconhecer que os pacientes que usem esses medicamentos têm alguma redução na capacidade pulmonar, o exercício também pode desencadear broncoconstrição em pacientes com doenças pulmonares obstrutivas de fundo.[107]

As drogas broncodilatadoras mais comuns são ipratrópio (Atrovent) e beta-agonistas. Ambos funcionam relaxando diretamente os músculos lisos dos brônquios e podem abrandar de forma aguda a broncoconstrição induzida por exercícios, se usada antes deles. Essas drogas também podem aliviar em parte a broncoconstrição induzida por exercícios depois da sua ocorrência. Embora sejam usadas com frequência por pacientes com DPOC para prover broncodilatação crônica, em geral devem ser usadas somente "conforme a necessidade" por pacientes com asma. Caso se observe que um paciente com asma requer rotineiramente agentes broncodiladores durante a reabilitação ou os utiliza diariamente na sua rotina regular, esse é um sinal de controle inadequado da doença de fundo e deve ser comunicado ao médico responsável. Em geral, um uso otimizado de esteroides inalados melhora o controle da asma e diminui a necessidade de terapia com broncodilatadores. Drogas beta-agonistas usadas comumente incluem albuterol (Ventolin, Proventil), metaproterenol (Alupent), salmeterol (Serevent) e terbutalina (Brethine). Esses agentes costumam ser administrados por um inalador de bolso, na forma de vapor aerosol (nebulímetro) ou pó seco. Embora o exercício possa melhorar a função pulmonar a longo prazo,[107] a possibilidade de reações imediatas de broncoconstrição significa que os pacientes devem ter seus medicamentos por perto durante as sessões de reabilitação.

RESUMO

A terapia com drogas tem amplas implicações para o tratamento contemporâneo de condições musculoesqueléticas, incluindo o processo de reabilitação. O fisioterapeuta precisa estar ciente dos efeitos terapêuticos desejados e dos efeitos adversos que podem acompanhar a terapia com drogas. Uma compreensão dos princípios gerais da farmacologia e dos medicamentos comuns usados no tratamento de condições musculoesqueléticas agudas e crônicas preparará o fisioterapeuta para prestar ao paciente o melhor atendimento possível.

REFERÊNCIAS BIBLIOGRÁFICAS

1. Birkett DJ: Pharmacokinetics made easy, ed 2, Roseville, 2002, McGraw-Hill Australia.
2. Ross EM, Kenakin TP: Pharmacodynamics: mechanisms of drug action and the relationship between drug concentration and effect. In Hardman JG, Limbird LE, Gilman AG, editors: Goodman & Gilman's The pharmacological basis of therapeutics, New York, 2001, McGraw-Hill.
3. Holford NHG: Pharmacokinetics and pharmacodynamics: rationale dosing and the time course of drug action. In Katzung BG, editor: Basic and clinical pharmacology, ed 8, New York, 2003, Lange Medical Books/McGraw-Hill.
4. Shargel L, Wu-Pong S, Yu ABC: Applied biopharmaceutics and pharmacokinetics, ed 5, New York, 2005, Appleton & Lange Reviews/McGraw-Hill Medical Publishing Division.
5. Katrup E, editor: Sedatives and hypnotics. In Drug facts and comparisons, St Louis, 2002, Wolters Kluwer Health.
6. Hemmeter U, Muller M, Bischof R et al: Effect of zopiclone and temazepam on sleep EEG parameters, psychomotor and memory functions in healthy elderly volunteers, Psychopharmacology (Berl) 147(4):384-396, 2000.
7. Hedner J, Yaeche R, Emilien G et al: Zaleplon shortens subjective sleep latency and improves subjective sleep quality in elderly patients with insomnia. The Zaleplon Clinical Investigator Study Group, Int J Geriatr Psychiatry 15(8):704-712, 2000.
8. Mattila MJ, Vanakoski J, Kalska H, Seppala T: Effects of alcohol, zolpidem, and some other sedatives and hypnotics on human performance and memory, Pharmacol Biochem Behav 59(4):917-923, 1998.
9. Long PW: Internet mental health. Accessed May 21, 2004, from http://www.mentalhealth.com, accessed May 21, 2004.
10. Grobler LA, Schwellnus MP, Trichard C et al: Comparative effects of zopiclone and loprazolam on psychomotor and physical performance in active individuals, Clin J Sport Med 10(2):123-128, 2000.
11. Silva A, Collao A, Orellana M et al: Zopiclone, but not brotizolam, impairs memory storage during sleep, Neurosci Res 47(2):241-243, 2003.
12. Schimmer B, Parker KL: Adrenocorticotropic hormone; adrenocorticoal steroids and their syntheritc analogs; inhibitors of the synthesis and actions of adrenocortical hormones. In Harkman JG and Limbird LE, editors: The pharmacologic basis of therapeutics, New York, 1996, McGraw Hill.
13. DiPiro JT: Pharmacotherapy: a pathophysiologic approach, ed 5, New York, 2002, McGraw-Hill Medical Publishing Division.
14. Vallerand AH: The use of long-acting opioids in chronic pain management, Nurs Clin North Am 38(3):435-445, 2003.
15. Cleeland CS, Reyes-Gibby CC, Schall M et al: Rapid improvement in pain management: the Veterans Health Administration and the institute for healthcare improvement collaborative, Clin J Pain 19(5):298-305, 2003.
16. Koda-Kimble MA, Young LY: Applied therapeutics: the clinical use of drugs, ed 8, Baltimore, 2004, Lippincott Williams & Wilkins.
17. Camu F, Shi L, Vanlersberghe C: The role of COX-2 inhibitors in pain modulation. Drugs 63(suppl 1):1-7, 2003.
18. Herfindal ET: Textbook of therapeutics: drug and disease management, ed 6, Baltimore, 1997, Williams & Wilkins.
19. Kuhn MA: Pharmacotherapeutics: a nursing process approach, ed 4, Philadelphia, 1998, FA Davis.
20. McKenry LM, Salerno E: Mosby's pharmacology in nursing, ed 20, St Louis, 1998, Mosby.
21. Ciccone CD: Pharmacology in rehabilitation, ed 3, Philadelphia, 2002, FA Davis.
22. Christo PJ: Opioid effectiveness and side effects in chronic pain, Anesthesiol Clin North Am 21(4):699-713, 2003.
23. Herfindal ET: Textbook of therapeutics: drug and disease management, ed 6, Baltimore, 1997, Williams & Wilkins.
24. Gordon DB: Nonopioid and adjuvant analgesics in chronic pain management: strategies for effective use, Nurs Clin North Am 38(3):447-464, 2003.
25. Fernandes C, Bird H: Prescribing NSAIDs in practice, Practitioner 247:796-799, 2003.

26. McNicol E, Strassels S, Goudas L et al: Nonsteroidal anti-inflammatory drugs, alone or combined with opioids, for cancer pain: a systematic review, J Clin Oncol 22(10):1975-1992, 2004.
27. Redmond M, Florence B, Glass PS: Effective analgesic modalities for ambulatory patients, Anesthesiol Clin North Am 21(2):329-346, 2003.
28. Bell GM, Schnitzer TJ: Cox-2 inhibitors and other nonsteroidal anti-inflammatory drugs in the treatment of pain in the elderly, Clin Geriatr Med 17(3):489-502, 2001.
29. Topol EJ: Failing the public health—rofecoxib, Merck, and the FDA, N Engl J Med 351(17):1707-1709, 2004.
30. Topol EJ: Arthritis medicines and cardiovascular events—"house of coxibs", J Am Med Assoc 293(3):366-368, 2005.
31. American College of Rheumatology Subcommittee on Rheumatoid Arthritis Guidelines: Guidelines for the management of rheumatoid arthritis: 2002 update, Arthritis Rheum 46(2):328-346, 2002.
32. Weinblatt ME: Rheumatoid arthritis in 2003: where are we now with treatment? Ann Rheum Dis 62 Suppl 2:ii94-96, 2003.
33. O'Dell JR: Therapeutic strategies for rheumatoid arthritis, N Engl J Med 350(25):2591-2602, 2004.
34. Breedveld FC, Kalden JR: Appropriate and effective management of rheumatoid arthritis, Ann Rheum Dis 63(6):627-633, 2004.
35. Goodman LS, Hardman JG, Limbird LE, Gilman AG: Goodman and Gilman's The pharmacological basis of therapeutics, ed 10, New York, 2001, McGraw-Hill.
36. Guidelines for monitoring drug therapy in rheumatoid arthritis. American College of Rheumatology Ad Hoc Committee on Clinical Guidelines, Arthritis Rheum 39(5):723-731, 1996.
37. O'Dell JR, Leff R, Paulsen G et al: Treatment of rheumatoid arthritis with methotrexate and hydroxychloroquine, methotrexate and sulfasalazine, or a combination of the three medications: results of a two-year, randomized, double-blind, placebo-controlled trial, Arthritis Rheum 46(5):1164-1170, 2002.
38. Paget SA, Gibofsky A, Beary JF: Manual of rheumatology and outpatient orthopedic disorders: diagnosis and therapy, ed 4, Philadelphia, 2000, Lippincott Williams & Wilkins.
39. Louie SG, Park B, Yoon H: Biological response modifiers in the management of rheumatoid arthritis, Am J Health Syst Pharm 60(4):346-355, 2003.
40. Enbrel® (etanercept) package insert, Thousand Oaks, Calif, 2004, Immunex Corporation.
41. Furst DE, Breedveld FC, Kalden JR et al: Updated consensus statement on biological agents for the treatment of rheumatoid arthritis and other immune mediated inflammatory diseases (May 2003), Ann Rheum Dis 62 Suppl 2:ii2-9, 2003.
42. Remicade® (infliximab) package insert, Malvern, Penn, 2004, Centecor.
43. Humira® (adalimumab) package insert, North Chicago, Ill, 2004, Abbott Laboratories.
44. Olsen NJ, Stein CM: New drugs for rheumatoid arthritis, N Engl J Med 350(21):2167-2179, 2004.
45. Kineret® (anakinra) package insert, Thousand Oaks, Calif, 2004, Amgen.
46. Disease statistics, Washington, DC, 2004, National Osteoporosis Foundation.
47. Physician's guide to prevention and treatment of osteoporosis, Washington, DC, 2003, National Osteoporosis Foundation. Available at: http://www.nof.org/professionals/clinical.htm.
48. O'Connell MB, Seaton TL: Osteoporosis and osteomalacia. In Dipiro JT, Talbert RL, Yee GC, editors: Pharmacotherapy: a pathophysiologic approach, ed 6, New York, 2005, McGraw-Hill.
48a. Woo SB, Hellstein JW, Kalmar JR: Bisphosphonates and osteonecrosis of the jaws, Ann Intern Med 144(10): 753-761, 2006.
49. Bone HG, Hosking D, Devogelaer JP et al: Ten years' experience with alendronate for osteoporosis in postmenopausal women, N Engl J Med 350(12):1189-1199, 2004.
50. Rossouw JE, Anderson GL, Prentice RL et al: Risks and benefits of estrogen plus progestin in healthy postmenopausal women: principal results. From the Women's Health Initiative randomized controlled trial, J Am Med Assoc 288(3):321-323, 2002.
51. Rapp SR, Espeland MA, Shumaker SA et al: Effect of estrogen plus progestin on global cognitive function in postmenopausal women: the Women's Health Initiative Memory Study: a randomized controlled trial, J Am Med Assoc 289(20):2663-2672, 2003.
52. Shumaker SA, Legault C, Rapp SR et al: Estrogen plus progestin and the incidence of dementia and mild cognitive impairment in postmenopausal women: the Women's Health Initiative Memory Study: a randomized controlled trial, J Am Med Assoc 289(20):2651-2662, 2003.
53. Barrett-Connor E, Mosca L, Collins P et al: Effects of raloxifene on cardiovascular events and breast cancer in postmenopausal women, N Engl J Med 355(2):125-137, 2006.
54. Vogel VG, Costantino JP, Wickerham DL et al: Effects of tamoxifen vs raloxifene on the risk of developing invasive breast cancer and other disease outcomes: the NSABP Study of Tamoxifen and Raloxifene (STAR) P-2 trial, J Am Med Assoc 295(23):2727-2741, 2006.
55. Dobnig H: A review of teriparatide and its clinical efficacy in the treatment of osteoporosis, Expert Opin Pharmacother 5(5):1153-1162, 2004.
56. Meunier PJ, Roux C, Seeman E et al: The effects of strontium ranelate on the risk of vertebral fracture in women with postmenopausal osteoporosis, N Engl J Med 350(5):459-468, 2004.
57. Bravo G, Gauthier P, Roy PM et al: Impact of a 12-month exercise program on the physical and psychological health of osteopenic women, J Am Geriatr Soc 44(7):756-762, 1996.
58. Danz AM, Zittermann A, Schiedermaier U et al: The effect of a specific strength-development exercise on bone mineral density in perimenopausal and postmenopausal women, J Womens Health 7(6):701-709, 1998.
59. Going S, Lohman T, Houtkooper L et al: Effects of exercise on bone mineral density in calcium-replete postmenopausal women with and without hormone replacement therapy, Osteoporos Int 14(8):637-643, 2003.
60. Kerr D, Ackland T, Maslen B et al: Resistance training over 2 years increases bone mass in calcium-replete postmenopausal women, J Bone Miner Res 16(1):175-181, 2001.
61. Milliken LA, Going SB, Houtkooper LB et al: Effects of exercise training on bone remodeling, insulin-like growth factors, and bone mineral density in postmenopausal women with and without hormone replacement therapy, Calcif Tissue Int 72(4):478-484, 2003.
62. Binder EF, Brown M, Sinacore DR et al: Effects of extended outpatient rehabilitation after hip fracture: a randomized controlled trial, J Am Med Assoc 292(7):837-846, 2004.
63. Abbruzzese G: The medical management of spasticity, Eur J Neurol 9(Suppl 1):30-34; 53-61, 2002.
64. Dillon C, Paulose-Ram R, Hirsch R, Gu Q: Skeletal muscle relaxant use in the United States: data from the Third National Health and Nutrition Examination Survey (NHANES III), Spine 29(8):892-896, 2004.
65. Kita M, Goodkin DE: Drugs used to treat spasticity, Drugs 59(3):487-495, 2000.
66. Drake RG, Davis LL, Cates ME et al: Baclofen treatment for chronic posttraumatic stress disorder, Ann Pharmacother 37(9):1177-1181, 2003.
67. Katrup E, editor: Skeletal Muscle Relaxants. In Drug facts and comparisons, St Louis, 2002, Wolters Kluwer Health.
68. Noth J: Trends in the pathophysiology and pharmacotherapy of spasticity, J Neurol 238(3):131-139, 1991.
69. Kobayashi H, Hasegawa Y, Ono H: Cyclobenzaprine, a centrally acting muscle relaxant, acts on descending serotonergic systems, Eur J Pharmacol 311(1):29-35, 1996.
70. Borenstein DG, Korn S: Efficacy of a low-dose regimen of cyclobenzaprine hydrochloride in acute skeletal muscle spasm: results of two placebo-controlled trials, Clin Ther 25(4):1056-1073, 2003.

71. Winchell GA, King JD, Chavez-Eng CM et al: Cyclobenzaprine pharmacokinetics, including the effects of age, gender, and hepatic insufficiency, J Clin Pharmacol 42(1):61-69, 2002.
72. Pinder RM, Brogden RN, Speight TM, Avery GS: Dantrolene sodium: a review of its pharmacological properties and therapeutic efficacy in spasticity, Drugs 13(1):3-23, 1977.
73. Gelber DA, Good DC, Dromerick A et al: Open-label dose--titration safety and efficacy study of tizanidine hydrochloride in the treatment of spasticity associated with chronic stroke, Stroke 32(8):1841-1846, 2001.
74. Nance PW, Bugaresti J, Shellenberger K et al: Efficacy and safety of tizanidine in the treatment of spasticity in patients with spinal cord injury. North American Tizanidine Study Group, Neurology 44(11 Suppl 9):S44-51; S51-52, 1994.
75. White PF: The role of non-opioid analgesic techniques in the management of pain after ambulatory surgery, Anesth Analg 94(3):577-585, 2002.
76. Williams BA, Kentor ML, Vogt MT et al: Economics of nerve block pain management after anterior cruciate ligament reconstruction: potential hospital cost savings via associated postanesthesia care unit bypass and same-day discharge, Anesthesiology 100(3):697-706, 2004.
77. Eriksson H, Tenhunen A, Korttila K: Balanced analgesia improves recovery and outcome after outpatient tubal ligation, Acta Anaesthesiol Scand 40(2):151-155, 1996.
78. Michaloliakou C, Chung F, Sharma S: Preoperative multimodal analgesia facilitates recovery after ambulatory laparoscopic cholecystectomy, Anesth Analg 82(1):44-51, 1996.
79. Gold BS, Kitz DS, Lecky JH, Neuhaus JM: Unanticipated admission to the hospital following ambulatory surgery, J Am Med Assoc 262(21):3008-3010, 1989.
80. Pavlin DJ, Chen C, Penaloza DA, Buckley FP: A survey of pain and other symptoms that affect the recovery process after discharge from an ambulatory surgery unit, J Clin Anesth 16(3):200-206, 2004.
81. Hartrick CT: Multimodal postoperative pain management, Am J Health Syst Pharm 61(Suppl 1):S4-10, 2004.
82. Stone JG, Cozine KA, Wald A: Nocturnal oxygenation during patient-controlled analgesia, Anesth Analg 89(1):104-110, 1999.
83. Rudkin GE, Rudkin AK: Ambulatory surgery acute pain management: A review of the evidence, Acute Pain 7:41-49, 2005.
84. Brown AR, Weiss R, Greenberg C et al: Interscalene block for shoulder arthroscopy: comparison with general anesthesia, Arthroscopy 9(3):295-300, 1993.
85. Casati A, Cappelleri G, Fanelli G et al: Regional anaesthesia for outpatient knee arthroscopy: a randomized clinical comparison of two different anaesthetic techniques, Acta Anaesthesiol Scand 44(5):543-547, 2000.
86. Dahl MR, Dasta JF, Zuelzer W, McSweeney TD: Lidocaine local anesthesia for arthroscopic knee surgery, Anesth Analg 71(6):670-674, 1990.
87. Klein SM, Greengrass RA, Steele SM et al: A comparison of 0.5% bupivacaine, 0.5% ropivacaine, and 0.75% ropivacaine for interscalene brachial plexus block, Anesth Analg 87(6):1316-1319, 1998.
88. Mulroy MF, Larkin KL, Batra MS et al: Femoral nerve block with 0.25% or 0.5% bupivacaine improves postoperative analgesia following outpatient arthroscopic anterior cruciate ligament repair, Reg Anesth Pain Med 26(1):24-29, 2001.
89. Ritchie ED, Tong D, Chung F et al: Suprascapular nerve block for postoperative pain relief in arthroscopic shoulder surgery: a new modality? Anesth Analg 84(6):1306-1312, 1997.
90. Smith I, Van Hemelrijck J, White PF, Shively R: Effects of local anesthesia on recovery after outpatient arthroscopy, Anesth Analg 73(5):536-539, 1991.
91. Tierney E, Lewis G, Hurtig MB, Johnson D: Femoral nerve block with bupivacaine 0.25 per cent for postoperative analgesia after open knee surgery, Can J Anaesth 34(5):455-458, 1987.
92. Butterworth JF 4th, Strichartz GR: Molecular mechanisms of local anesthesia: a review, Anesthesiology 72(4):711-734, 1990.
93. McLure HA, Rubin AP: Review of local anaesthetic agents, Minerva Anestesiol 71(3):59-74, 2005.
94. Antrum RM, Kersley JB: An unusual case of skin necrosis due to an adrenaline-containing cream, Br J Clin Pract 38(5):191, 1984.
95. Naguib M, Magboul MM, Samarkandi AH, Attia M: Adverse effects and drug interactions associated with local and regional anaesthesia, Drug Saf 18(4):221-250, 1998.
96. Scott DB: Toxicity caused by local anaesthetic drugs, Br J Anaesth 53(6):553-554, 1981.
97. Finucane BT: Allergies to local anesthetics—the real truth, Can J Anaesth 50(9):869-874, 2003.
98. Lang AE, Lozano AM: Parkinson's disease. First of two parts, N Engl J Med 339(15):1044-1053, 1998.
99. Lang AE, Lozano AM: Parkinson's disease. Second of two parts, N Engl J Med 339(16):1130-1143, 1998.
100. Gottwald MD, Bainbridge JL, Dowling GA et al: New pharmacotherapy for Parkinson's disease, Ann Pharmacother 31(10):1205-1217, 1997.
101. Gibbons RJ, Abrams J, Chatterjee K et al: ACC/AHA 2002 guideline update for the management of patients with chronic stable angina–summary article: a report of the American College of Cardiology/American Heart Association Task Force on practice guidelines (Committee on the Management of Patients With Chronic Stable Angina), J Am Coll Cardiol 41(1):159-168, 2003.
102. Kazierad DJ, Schlanz SK, Bottorff MB: Beta blockers. In Evans SJ, Schentag JJ, Jusko WJ, editors: Applied pharmacokinetics, Vancouver, 1992, Applied Therapeutics.
103. Braunwald E, Antman EM, Beasley JW et al: ACC/AHA guideline update for the management of patients with unstable angina and non-ST-segment elevation myocardial infarction–2002: summary article: a report of the American College of Cardiology/American Heart Association Task Force on Practice Guidelines (Committee on the Management of Patients With Unstable Angina), Circulation 106(14):1893-1900, 2002.
104. Wolfel EE, Hiatt WR, Brammell HL et al: Effects of selective and nonselective beta-adrenergic blockade on mechanisms of exercise conditioning, Circulation 74(4):664-674, 1986.
105. Hunt SA, Baker DW, Chin MH et al: ACC/AHA Guidelines for the Evaluation and Management of Chronic Heart Failure in the Adult: Executive Summary A Report of the American College of Cardiology/American Heart Association Task Force on Practice Guidelines (Committee to Revise the 1995 Guidelines for the Evaluation and Management of Heart Failure): Developed in Collaboration With the International Society for Heart and Lung Transplantation; Endorsed by the Heart Failure Society of America, Circulation 104(24):2996-3007, 2001.
106. Gheorghiade M, Colucci WS, Swedberg K: Beta-blockers in chronic heart failure, Circulation 107(12):1570-1575, 2003.
107. Fitch KD, Blitvich JD, Morton AR: The effect of running training on exercise-induced asthma, Ann Allergy 57(2):90-94, 1986.

CAPÍTULO

13

Efeitos das mudanças com o avanço da idade e suas relações ao longo da vida (0–40 anos)

Lori Thein Brody e Jill M. Thein-Nissenbaum

INTRODUÇÃO

Várias mudanças ocorrem no corpo humano ao longo da vida. Mudanças na força muscular, no equilíbrio, no controle motor, na potência e na flexibilidade são normais durante o desenvolvimento. Qualquer clínico que ajude a reabilitar um paciente lesionado deve estar preparado para examinar e oferecer intervenções efetivas para pacientes ao longo de suas vidas. Sendo assim, é imperativo que os clínicos tenham uma boa compreensão do desenvolvimento físico normal.

Este capítulo oferece uma visão geral do desenvolvimento físico normal e das mudanças desde o nascimento até os 40 anos de idade. Apesar de cada indivíduo crescer e desenvolver suas habilidades motoras em diferentes velocidades, este capítulo explora o desenvolvimento geral e sua progressão. Além disso, são discutidas considerações especiais específicas a vários grupos etários.

DE 0 A 3 ANOS

O bebê passa por várias mudanças desde o nascimento até os 3 anos de idade. Habilidades que duram por toda a vida, como o desenvolvimento da linguagem e habilidades psicomotoras como se vestir, se arrumar, andar e correr, são alcançadas durante esse período. Apesar de as etapas gerais serem estabelecidas, o clínico deve ter em mente que as crianças atingem tais etapas em ritmos diferentes. A progressão do desenvolvimento de habilidade de uma criança geralmente passa por estágios de altos e baixos; todas as crianças, mesmo gêmeos idênticos, se desenvolvem de maneira diferente. Clínicos ou pais só devem se preocupar quando o bebê ou a criança apresentar um atraso significativo ou atrasos em mais de uma área do desenvolvimento de habilidades. A maneira como esses atrasos são definidos ou mensurados varia de acordo com a medida ou escala usada, mas estas devem ser consistentes com todo o sistema de tratamento de saúde do paciente.

Esta seção apresenta os sistemas e habilidades que sofrem as mudanças mais significativas do nascimento até os 3 anos de idade. É também discutido o torcicolo, uma condição musculoesquelética específica desse grupo etário.

Crescimento físico e desenvolvimento fisiológico

Sistema musculoesquelético

Antes de se discutir as posições dos vários ossos e articulações no recém-nascido, o leitor deve ter um entendimento geral da modelagem óssea em recém-nascidos e bebês. O esqueleto do bebê é composto sobretudo de tecido cartilaginoso, o que o torna altamente maleável.[1] Essa cartilagem é muito mais fraca do que a formação óssea final e, portanto, é capaz de um movimento muito maior do que o osso. A maioria dos ossos é formada pela destruição e pelo reposicionamento da cartilagem hialina, um processo chamado de ossificação endocondral. No osso longo, essa ossificação ocorre em centros de ossificação primária e secundária. O centro de ossificação primária está presente após o segundo mês de vida fetal.

Entretanto, os centros secundários não aparecem antes do nascimento.

A coluna do recém-nascido é cifótica, formando uma curva em C, com a coluna lombar em flexão, o que evidencia a cifose do pescoço até o sacro.[2] A pelve está inclinada posteriormente, como reflexo da posição cifótica da coluna.[3] O teto acetabular do quadril é raso ao nascimento e está inclinado para baixo, 7° a partir do plano sagital. Aos 3 anos de idade, o teto está angulado 17° para baixo e é considerado maduro.[1] Essas mudanças sofridas pelo acetábulo são causadas por tensão muscular e peso corporal aplicados em magnitude e direção apropriadas.

Os quadris do recém-nascido são mantidos em uma posição de flexão e rotação lateral por uma combinação de contratura de estruturas capsulares e tensão nos músculos flexores e rotadores laterais.[3] Ao nascimento, a contratura em flexão de quadril gira em torno de 30° e a quantidade total de rotação disponível é de 120°, de modo que a rotação lateral excede a rotação medial nos primeiros 18 a 24 meses de vida.[3,4] Em crianças com menos de 6 meses de idade, a rotação lateral é três vezes maior do que a rotação medial. Entretanto, aos 3 anos de idade essa discrepância se normaliza.[4] A abdução do quadril no recém-nascido é medida em 90° de flexão e normalmente é em torno de 76° em cada quadril. Aos 9 meses a abdução diminui para 59°, mantendo-se assim até os 24 meses. Após essa fase, uma amplitude de 45° de abdução em cada quadril é normal.[5]

O fêmur do recém-nascido tem três características estruturalmente únicas, que são decorrentes da posição exigida pelo confinamento intrauterino durante os últimos dois meses de gestação. As características incluem coxa valga, anterotorção (também chamada de retroversão) e arqueamento varo moderado.[3,6] O ângulo de inclinação entre o eixo e o colo do fêmur aumenta quando comparado aos valores no adulto, e gira em torno de 150°.[6] Entre o nascimento e os 18 meses, o ângulo diminui para 145°. A maior influência na redução da coxa valga é a ação muscular em torno da articulação do quadril.[7] A anterotorção, o desvio medial do eixo femoral distal sobre o eixo proximal, é de 40° ao nascimento. Apesar dessa torção medial, a cabeça e o colo femoral do recém-nascido estão anterovertidos por contratura de tecidos moles.[3,7,8] A redução da torção femoral está relacionada com a diminuição da contratura em flexão do quadril, com o aumento da atividade dos extensores de quadril e com a carga dos músculos que estendem o quadril, bem como com o crescimento ósseo longitudinal. Isso ocorre predominantemente durante os dois primeiros anos de vida.[8]

Uma contratura em flexão do quadril de até 30° está presente no recém-nascido quando medido com os quadris totalmente estendidos.[9] A contratura em flexão é decorrente da maturação do sistema nervoso, que aumenta a atividade flexora, e também do encurtamento adaptativo causado pela posição no útero. Aos 6 meses de idade, a maioria dos bebês começa a brincar com os pés e colocá-los na boca, o que alonga os isquiotibiais, diminuindo assim a contratura em flexão de joelho.[3] Além disso, o geno varo está presente no recém-nascido, apesar de sua presença estar usualmente mascarada pela contratura em flexão de joelho. Entretanto, a combinação de coxa valga, rotação lateral do quadril, arqueamento femoral lateral moderado e rotação tibial medial resulta em um ângulo tibiofemoral de até 17°. Aos 2 anos de idade, o geno varo se resolve e o geno valgo está presente. Isso é causado pela variação de cargas de compressão nos côndilos medial e lateral do fêmur, na posição em pé e ao caminhar.[3,10]

A tíbia e a fíbula do recém-nascido estão retas, sem arqueamento ou torção.[1,3,8] A tíbia pode parecer rodada porque a contratura em flexão do quadril permite que a tíbia rode medialmente sobre o fêmur, o que pode causar a aparência de torção tibial medial no eixo do osso. Como a tíbia e a fíbula são altamente cartilaginosas, elas são muito responsivas a forças. À medida que o recém-nascido se desenvolve, os eixos da tíbia e da fíbula rodam lateralmente de forma gradual em resposta a forças musculares. Isso ocorre para mover os maléolos à posição de estabilização do tálus durante a descarga de peso. Com frequência, o terço distal da perna parece arquear lateralmente de 15° a 20°, mas os ossos longos estão, na verdade, retos. É interessante o fato de que o aparente arqueamento lateral seja causado pelo deslocamento lateral do compartimento muscular posterior, o que decorre do encurtamento da musculatura medial da articulação do joelho e do tecido conjuntivo. À medida que a articulação do joelho ganha mobilidade, o deslocamento lateral do compartimento posterior se resolve. Na idade de 1 ano, o varo da tíbia diminui para 6°; na idade de 2 anos é de 2°.[3,10] O platô tibial proximal é retrovertido em até 27° ao nascimento, o que coloca o platô tibial anterior mais proximal do que o platô tibial posterior. A

Crescimento musculoesquelético normal de 0 a 3 anos de idade

- A coluna é cifótica ao nascimento; o alongamento das estruturas anteriores reduz essa curva.
- A contratura em flexão do quadril e a rotação lateral aumentada estão presentes no recém-nascido. Isso é causado sobretudo pelo posicionamento no útero.
- O fêmur do recém-nascido se apresenta com coxa valga, anterotorção e arqueamento varo. A atividade aumentada dos músculos em torno da articulação do quadril causa a redução dessas características aos 2 anos de idade.
- A contratura em flexão do joelho, presente ao nascimento, é causada pela maturação do sistema nervoso, que aumenta a atividade flexora. O movimento normal das extremidades inferiores alonga os isquiotibiais e diminui esse ângulo aos 6 meses de idade.
- A tíbia e a fíbula giram em resposta às forças musculares; isso move os maléolos para a posição apropriada, a fim de estabilizar o tálus com a descarga de peso.
- O recém-nascido nasce com dorsiflexão excessiva; isso rapidamente diminui durante as primeiras semanas de vida.
- O pé do recém-nascido é longo e hipermóvel ao nascimento.

contratura em flexão do joelho mascara esse ângulo, que se reduz para 5° ao final da adolescência.[1]

A articulação talocrural do recém-nascido pode estar passivamente dorsifletida em até 70°, com plantiflexão limitada em 30°. A posição de repouso do tornozelo de um recém-nascido é de 15° de dorsiflexão. Essa hipermobilidade excessiva parece ser causada pelo posicionamento intrauterino. Essa mobilidade diminui rapidamente nas primeiras semanas de vida, resultando em uma amplitude normal de dorsiflexão passiva no bebê por volta de 50°.[3,9]

O comprimento do pé do recém-nascido tem em torno de 8 a 10 centímetros, o que, comparado com o tamanho da perna, é longo. O primeiro raio é alcançado medialmente e é abduzido para fora a partir do segundo metatarso em 10°. O recém-nascido também tem 10° de varo na parte posterior do pé e o antepé é invertido em mais 15° de varo em relação à parte posterior do pé. Isso é causado pela posição intrauterina do bebê e é o motivo por que o recém-nascido é capaz de fazer com que ambas as suas superfícies plantares se toquem.[1] O varo posterior se desvia para valgo com 1 ano à medida que o pé prona na posição em pé. As estruturas dos tecidos moles no lado medial do pé, que estavam encurtadas durante o confinamento intrauterino, podem ser alongadas em virtude da tensão imposta sobre elas na posição em pé. O varo do antepé se reduz para 5° no primeiro ano e continua a diminuir até os 5 anos de idade. Essa redução é causada pelo crescimento do navicular e pelo fortalecimento do fibular longo.[1] Por último, apesar de os dedos estarem hipermóveis no bebê, eles estão usualmente em uma posição fletida em virtude da falta de oportunidade para estendê-los. A primeira tentativa do bebê de utilizar a hiperextensão dos dedos pode ser vista no engatinhar sobre o abdome. O bebê utiliza a superfície plantar dos dedos para se empurrar. Em torno de 7 a 8 meses, quando estável em pé, o bebê se ergue na ponta dos dedos, o que também requer hiperextensão das articulações metatarsofalângicas.

Sistema cardiorrespiratório

O sistema cardiorrespiratório e a circulação do feto são bem diferentes da circulação do adulto. Inúmeras modificações ocorrem no sistema cardiovascular imediatamente após o nascimento. Uma das maiores mudanças é o fechamento do ducto arterial, que é uma união vascular fora do coração, entre a artéria pulmonar e a aorta. Essa ligação permite que o sangue saia da artéria pulmonar e vá diretamente à aorta para circulação sistêmica. O ducto arterial se fecha com poucas semanas de vida. Após o fechamento, apenas uma rota de circulação sanguínea permanece, aquela similar à circulação do adulto.[11] O bebê continua a sofrer alterações nas pressões e nas forças na caixa torácica em desenvolvimento durante os primeiros meses de vida. Várias dessas alterações, tais como um sopro cardíaco transitório, são consideradas benignas se não acompanhadas de sintomatologia. Em virtude das várias mudanças que ocorrem durante os primeiros meses de vida, o sistema cardíaco do bebê é avaliado rotineiramente durante o crescimento. Qualquer anormalidade merece documentação e acompanhamento.[11]

Mudanças normais no sistema cardiorrespiratório de 0 a 3 anos de idade

- O ducto arterial se fecha durante as primeiras semanas de vida; a circulação então é similar a de um adulto.
- O sistema pulmonar começa a funcionar com a primeira respiração pós-natal, a qual força o fluido a sair das vias aéreas para o sistema linfático.
- Os bebês nascem com a laringe mais alta do que a do adulto, permitindo que eles respirem melhor enquanto se alimentam.
- O diafragma do bebê é facilmente predisposto à fadiga em virtude de sua composição de fibras; os músculos acessórios da coluna cervical ajudam na ventilação do bebê.
- Os sinais vitais do bebê incluem frequências cardíaca e respiratória mais altas e pressão arterial mais baixa quando comparadas às de um adulto.

O sistema respiratório passa também por várias mudanças após o nascimento. O sistema pulmonar não é funcional até a primeira respiração pós-natal.[11] Durante as primeiras respirações, o bebê deve gerar grandes pressões inspiratórias para inflar os pulmões e forçar o fluido de dentro das vias aéreas e das unidades alveolares para o sistema linfático. Nas primeiras horas após o nascimento, esse processo de difusão ocorre naturalmente. Uma taquipneia transitória do recém-nascido ou um rápido aumento ocasional da frequência respiratória não é incomum, mesmo nos bebês mais saudáveis.[11]

Existem diferenças importantes entre o sistema pulmonar de um adulto e o de um bebê. Os bebês nascem com uma laringe que é estruturalmente mais alta do que a de um adulto, o que permite ao bebê respirar melhor enquanto é amamentado. Entretanto, isto o torna um respirador nasal, o que pode acarretar um problema caso o bebê tenha congestão ou obstrução nasal. O músculo liso dentro dos bronquíolos é menos desenvolvido, levando a um maior risco de colapso bronquiolar, até aproximadamente os 5 anos de idade.[11]

A complacência, a configuração e a ação muscular da parede torácica de um bebê diferem daquelas de crianças maiores. Os músculos da parede torácica de um bebê são os principais estabilizadores do tórax para contrapor a pressão pleural negativa do diafragma durante a inspiração. No adulto, essa ação é feita pelas costelas, mas, no bebê, o aumento da complacência da caixa torácica resulta em diminuição da estabilidade do tórax. O diafragma do bebê está também alinhado de forma diferente do diafragma do adulto e tem menor eficiência ventilatória e maior distorção da parede torácica. Além disso, somente 20% das fibras do diafragma do recém-nascido são resistentes à fadiga, uma porcentagem que, no adulto, chega a 50%. Tal fato predispõe o bebê à fadiga diafragmática precoce. O alongamento da coluna cervical, observado cedo na vida, aumenta a relação de comprimento-tensão de alguns músculos acessórios da inspiração, o que ajuda a superar a fadiga diafragmática. À medida que a criança é exposta a mais posições antigravitacionais e eretas, forças musculares e gravitacionais ajudam a moldar a forma do tórax para uma configuração mais típica do adulto.[11]

Os sinais vitais do bebê são significativamente diferentes daqueles encontrados na criança e no adulto. A frequência cardíaca do bebê é de 100 a 140 bpm, a pressão arterial é de 80/40 mmHg e a frequência respiratória é de 30 a 40.[11]

Sistema nervoso

Embora a maturação cerebral seja uma força propulsora significativa no desenvolvimento do recém-nascido e do bebê, ela provavelmente não é mais importante do que qualquer outro sistema. A experiência leva ao desenvolvimento cerebral, e existe uma hierarquia de funções importantes.[12] Níveis inferiores do sistema nervoso, como a medula espinal, são capazes de controlar vários movimentos delicadamente coordenados e não somente simples reflexos. Nos primeiros 3 a 4 meses de vida, os bebês passam de movimentos organizados subcorticalmente para um aumento do envolvimento de circuitos corticais, dos 4 aos 5 meses de idade. Aos 6 meses, um bebê é capaz de segurar, manipular e soltar um objeto de sua mão. Isso é decorrente da combinação de maturação de sistema corticais, modificações antropométricas e aprendizagem adquirida de experiências.[12] Aos 8 meses, as áreas frontais do cérebro também se desenvolvem de maneira acentuada. Essa área processa informações relacionadas a comportamentos com objetivos direcionados e consequências antecipadas; atinge um máximo aos 2 anos de idade.[12,13]

Mudanças normais no sistema nervoso de 0 a 3 anos de idade

- O bebê passa de movimentos organizados subcorticalmente para movimentos que envolvem circuitos corticais aos 4 a 5 meses de idade. Tal fato permite que um bebê de 6 meses manipule um objeto em sua mão.
- Aos 8 meses, conexões monossinápticas entre o córtex motor e a medula espinal permitem que o bebê mova seus dedos seletivamente. Isso ocorre quase ao mesmo tempo em que se dá a coordenação recíproca da atividade muscular.

Composição corporal

A composição corporal refere-se às proporções relativas da massa corporal magra e da massa corporal gorda. A proporção do corpo que é massa gorda é referida como **porcentual de massa gorda**. A gordura é o componente mais variável da composição corporal durante a primeira e a segunda infância. Parte dessa mudança é causada por maturação química, como resultado de um aumento da massa mineral e da hidratação do tecido adiposo.[14,15] A contribuição desproporcional do conteúdo de gordura gera um aumento de massa corporal por toda parte durante os 8 primeiros meses de vida, causando nos bebês uma relativa fraqueza durante o tempo em que eles estão desenvolvendo controle motor e habilidades coordenadas. Do nascimento até os 6 meses de idade, a gordura corporal de um bebê se eleva de 12% para 25% da massa corporal. À medida que a idade e a mobilidade aumentam o conteúdo de gordura diminui e a massa muscular aumenta. Em torno dos 4 meses de idade, o conteúdo de água se estabiliza em torno de 60 a 65%, mantendo-se nesse nível até a puberdade.[14,15]

Mudanças normais na composição corporal de 0 a 3 anos de idade

- Do nascimento até os 6 meses, a gordura corporal aumenta de 12% para 25%.
- Os recém-nascidos pesam aproximadamente 3 a 4 kg ao nascerem.

Ao nascer, o recém-nascido do sexo masculino pesa, em média, apenas 3,6 kg. Aos 12 meses, ele pesa aproximadamente 10 kg; aos 2 anos, a média de peso é de 12,7 kg e, aos 3, 14 kg (Fig. 13.1.) A média de ganho de peso para as meninas é similar, embora elas costumem pesar ligeiramente menos do que os meninos (Fig. 13.2). A média de tamanho de um recém-nascido do sexo masculino é de 50 cm; aos 12 meses, ele tem 75 cm de altura e, aos 3 anos de idade, tem em média 96,5 cm de altura (Fig. 13.3). As meninas progridem de forma similar (Fig. 13.4). Cinquenta por cento da altura do adulto é alcançada entre 2 e 2,5 anos de idade.[12,16]

Desenvolvimento do desempenho

Desenvolvimento motor e de habilidades

O desenvolvimento motor e de habilidades no recém-nascido ocorre em uma direção cefalocaudal, da cabeça para os pés. Na posição de prono, o alcance dos primeiros componentes antigravitacionais aparecem como extensão de pescoço seguida de extensão dos membros superiores, do tronco e dos quadris.[2] À medida que o bebê progride dos 2 aos 6 meses de idade, o ponto de estabilidade desloca-se caudalmente, o que lhe permite erguer primeiro a cabeça e, em seguida, seu tronco e seu tórax.[12] A contração ativa dos extensores da coluna também reduz a cifose vista na coluna. A contratura em flexão do quadril continua a se reduzir por meio da contração dos extensores de quadril. Aos 5 meses de idade, o bebê é capaz de usar seus membros superiores para empurrar seu ponto de estabilidade distalmente para a pelve. Com o tempo, ele pode transferir o peso para um dos lados da pelve e aliviar o peso do outro lado, o que lhe permite iniciar os estágios preliminares de engatinhar sobre o abdome. Aos 6 meses, o bebê pode usar os membros superiores e inferiores, em combinação com transferência de peso, para engatinhar sobre o abdome a fim de se locomover em prono. Aos 7 meses, o bebê pode atingir a posição de quatro apoios.[2]

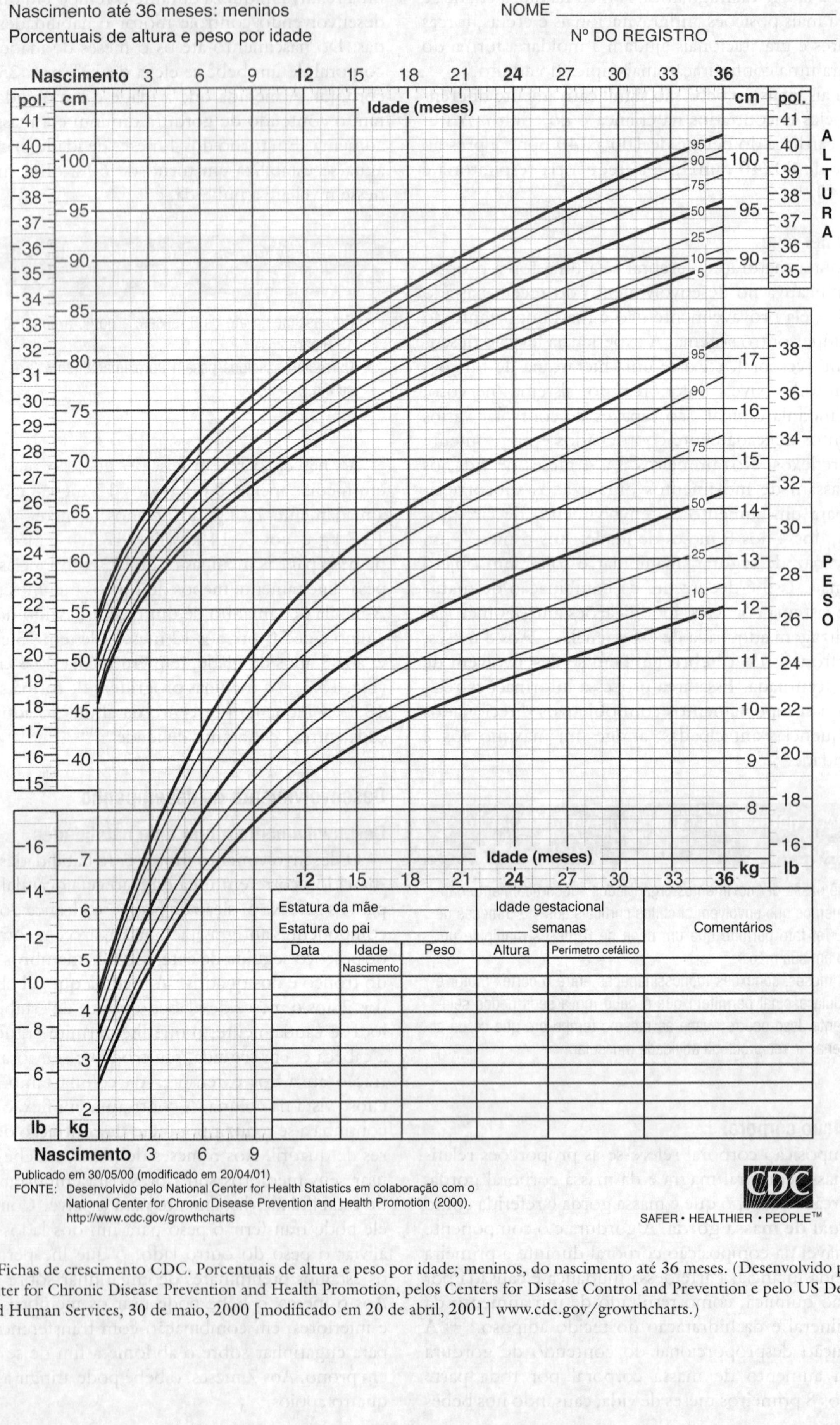

Figura 13.1 Fichas de crescimento CDC. Porcentuais de altura e peso por idade; meninos, do nascimento até 36 meses. (Desenvolvido pelo National Center for Chronic Disease Prevention and Health Promotion, pelos Centers for Disease Control and Prevention e pelo US Department of Health and Human Services, 30 de maio, 2000 [modificado em 20 de abril, 2001] www.cdc.gov/growthcharts.)

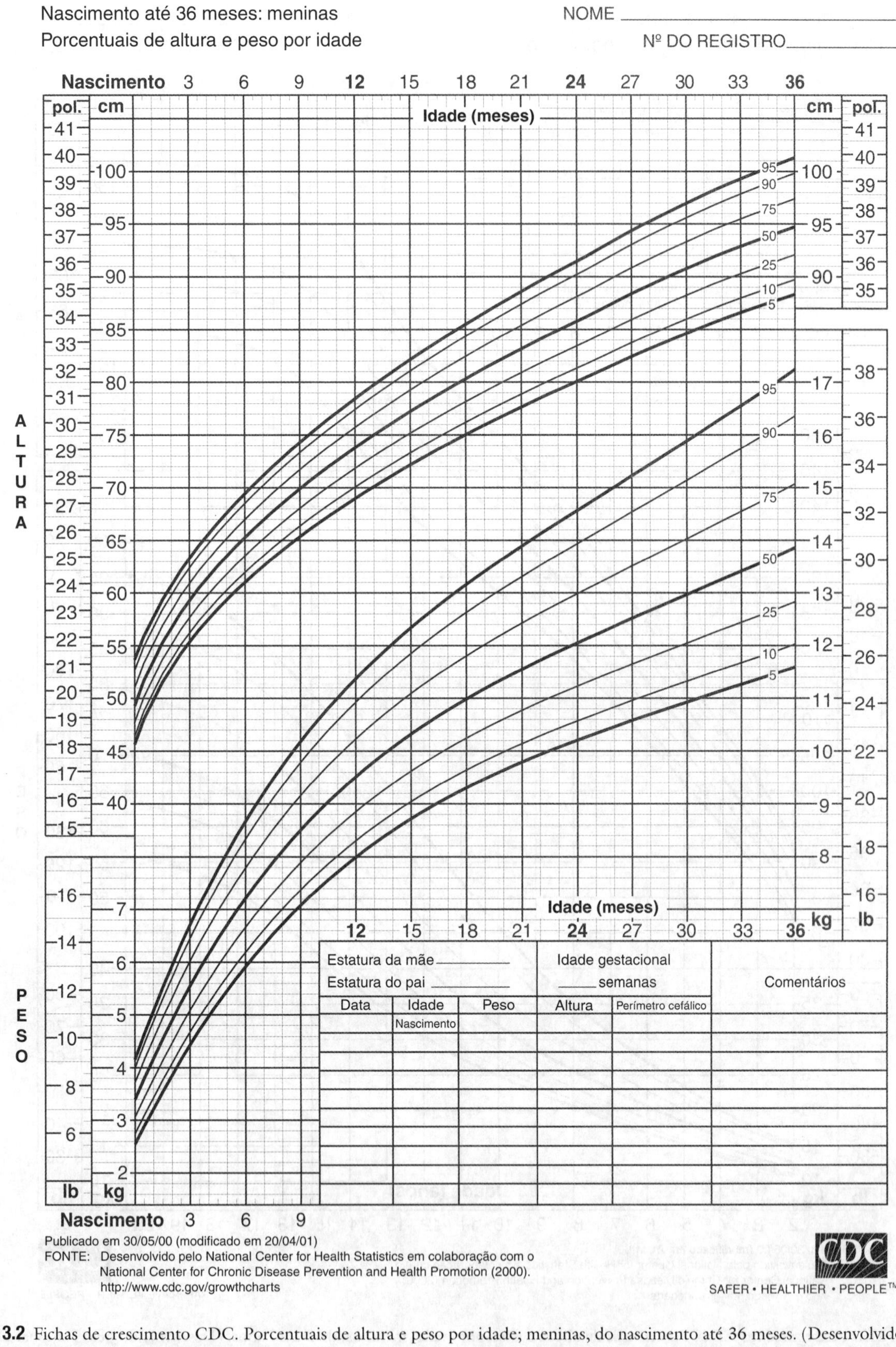

Figura 13.2 Fichas de crescimento CDC. Porcentuais de altura e peso por idade; meninas, do nascimento até 36 meses. (Desenvolvido pelo National Center for Chronic Disease Prevention and Health Promotion, pelos Centers for Disease Control and Prevention e pelo US Department of Health and Human Services, 30 de maio, 2000 [modificado em 20 de abril, 2001] www.cdc.gov/growthcharts.)

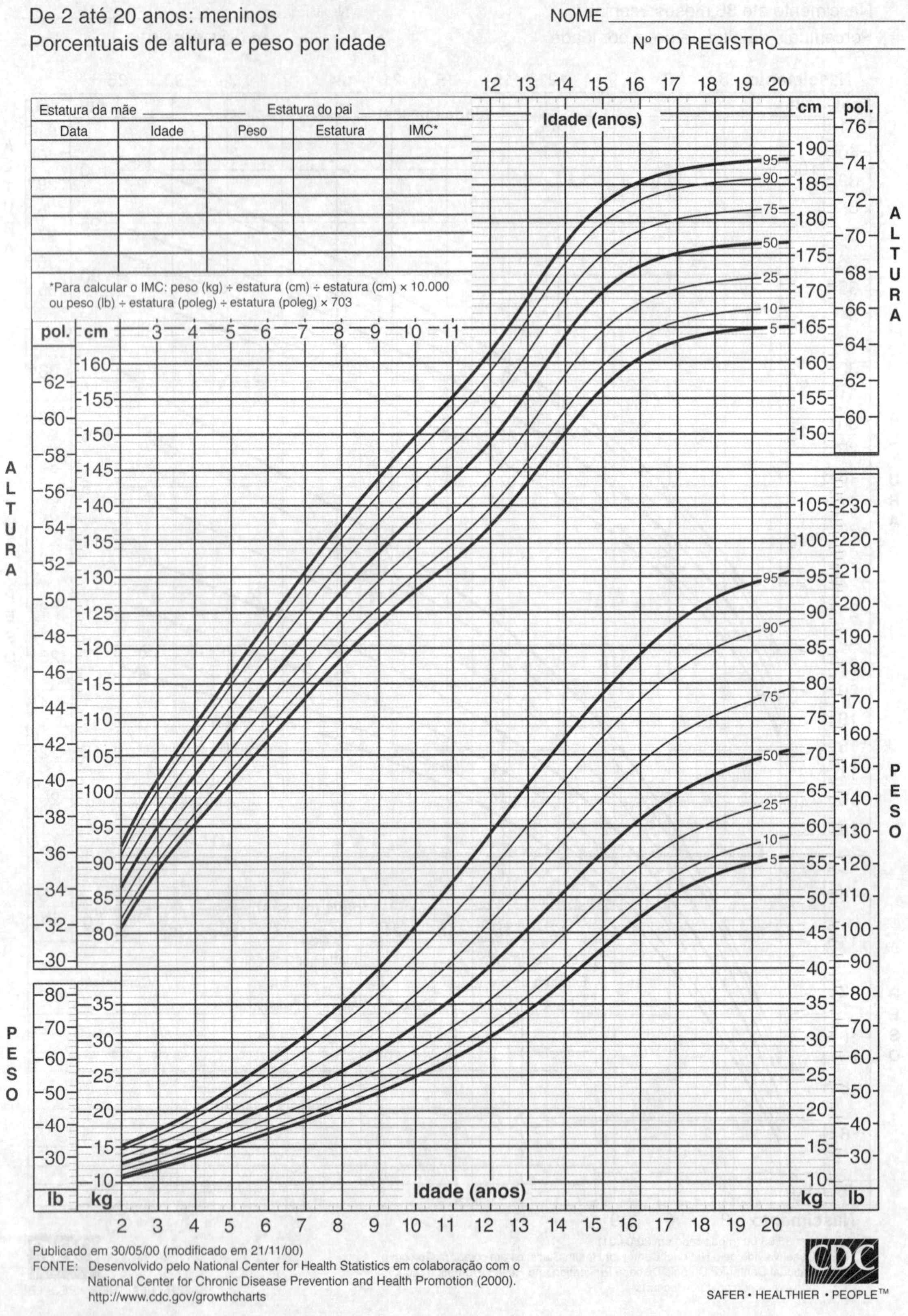

Figura 13.3 Fichas de crescimento CDC. Porcentuais de altura e peso por idade; meninos, de 2 a 20 anos. (Desenvolvido pelo National Center for Chronic Disease Prevention and Health Promotion, pelos Centers for Disease Control and Prevention e pelo US Department of Health and Human Services, 30 de maio, 2000 [modificado em 20 de abril, 2001] www.cdc.gov/growthcharts)

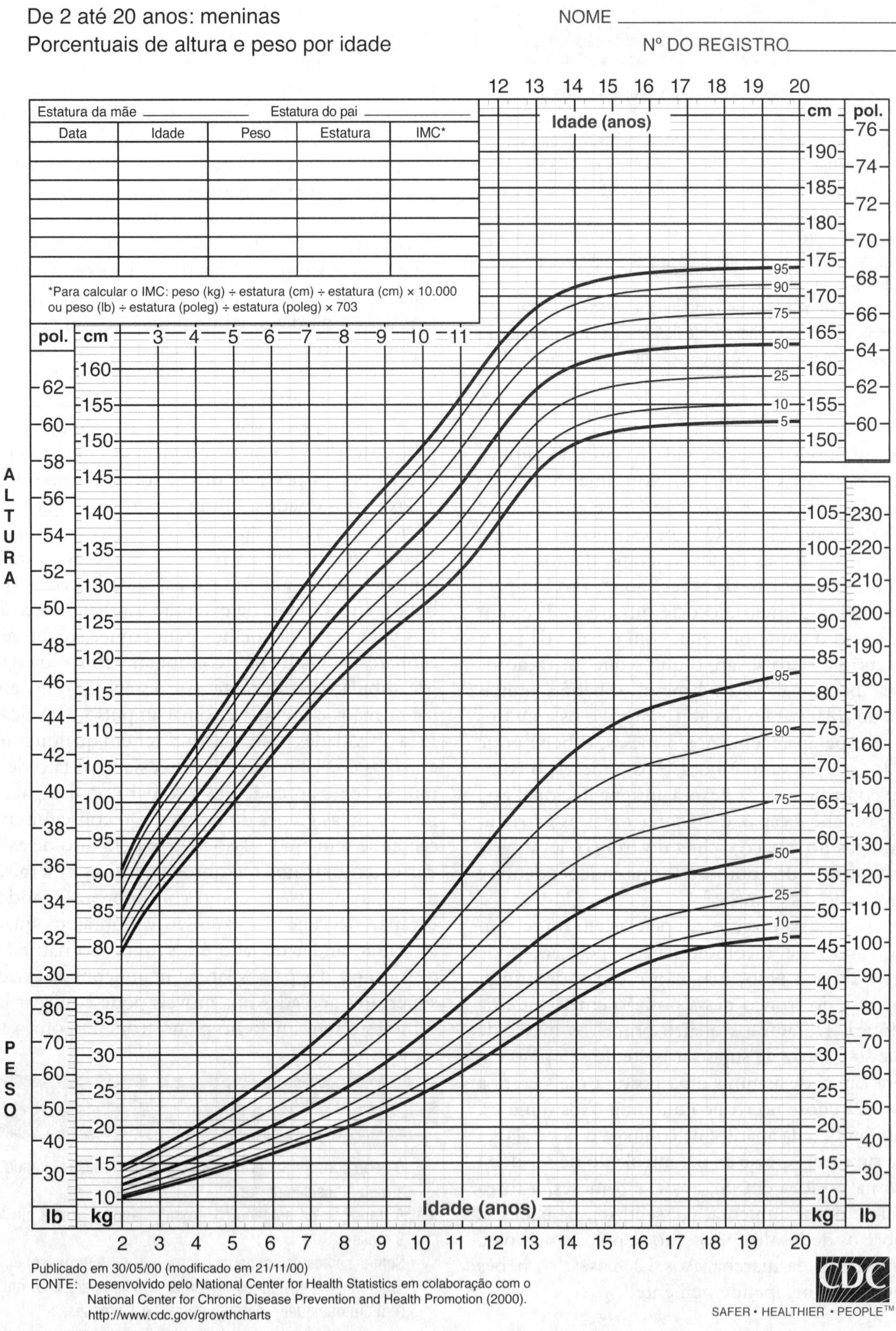

Figura 13.4 Fichas de crescimento CDC. Porcentuais de altura e peso por idade; meninas, de 2 a 20 anos. (Desenvolvido pelo National Center for Chronic Disease Prevention and Health Promotion, pelos Centers for Disease Control and Prevention e pelo US Department of Health and Human Services, 30 de maio, 2000 [modificado em 20 de abril, 2001] www.cdc.gov/growthcharts)

Desenvolvimento motor e de habilidades normal de 0 a 3 anos de idade

- O desenvolvimento de habilidade motora evolui na direção cefalocaudal.
- Em prono, os bebês são capazes de erguer primeiro a cabeça e, em seguida, os membros superiores, o tronco e os quadris. Aos 6 meses, ele pode usar os membros superiores e inferiores para engatinhar sobre o abdome.
- Em supino, o bebê progride da posição de flexão das extremidades para a extensão. Aos 6 meses, ele pode erguer a cabeça da superfície e rodar a pelve sobre os ombros.
- O bebê é capaz de ficar em pé com suporte já aos 4 meses de idade; a posição em pé melhora à medida que a cifose na coluna diminui. Aos 12 meses, o bebê pode ficar em pé de forma independente.

Nos primeiros seis meses de vida na posição supina, o bebê passa por várias mudanças. No primeiro mês, os cotovelos, os quadris e o tronco mantêm-se em flexão, e ocorrem chutes esporádicos. O bebê está no seu estágio mais "mole" aos 2 meses de idade, como demonstrado por um pendurar completo da cabeça ao ser puxado para a posição sentada. A simetria ocorre durante o 3º e o 4º mês, assim como o chute bilateral, com o rolar da pelve em anteroversão e retroversão, o que requer ativação da musculatura abdominal.[12] Aos 4 meses, o bebê é muitas vezes capaz de rolar para o decúbito lateral e os contatos olho-pé e mão-pé aparecem. Aos 5 meses, o bebê pode pegar um dos pés e levá-lo à boca. Aos 6 meses, o componente de controle e força flexora antigravitacional está completo, e o bebê é capaz de manter todas as extremidades estendidas no espaço, acima do tronco, levantar a cabeça da superfície de apoio de forma independente e rodar a pelve sobre os ombros.[2]

As características da posição em pé existem no recém-nascido. Quando ele é colocado nessa posição, pode receber parte do seu peso, mas não é capaz de atingir a extensão ereta do tronco nessa posição em virtude da postura cifótica. Durante os quatro primeiros meses de vida, o bebê só é capaz de suportar parte do seu peso em pé, mas será capaz de assumir uma postura mais ereta à medida que sua cifose no tronco diminuir. Aos 6 meses, uma lordose moderada aparece na coluna e o bebê alarga sua base de suporte. Apesar de o controle do pé ser débil nessa idade na posição em pé, aos 7 e 8 meses, a força do tornozelo e do pé aumenta. Nessa idade, os bebês se erguem sobre os dedos dos pés como se preparando para a fase de impulsão da marcha. Aos 12 meses, os bebês podem ficar em pé independentemente.[2]

Equilíbrio e marcha

Nos primeiros 6 meses, o bebê gradualmente alcança a habilidade para se manter sentado quando colocado nessa posição.[12] O bebê senta-se tipicamente em uma posição de "anel", com as pernas posicionadas como um anel e as solas dos pés viradas uma para a outra. Esse posicionamento fornece estabilidade posicional e ajuda a prevenir uma queda.[2] À medida que o bebê aprende a controlar o tronco contra a gravidade na posição sentada, ocorrem transições entre essa posição e a de quatro apoios. Isso ocorre em torno dos 9 meses. Essa transição acontece quando o tronco se desloca sobre os membros inferiores, quando o bebê está sentado passando para uma posição de quatro apoios. O bebê precisa deslocar seu peso corporal e sustentá-lo com as extremidades superiores. À medida que ele continua a adquirir força e equilíbrio na musculatura das extremidades e do tronco, ele então evolui para o engatinhar. Engatinhar é locomover-se sobre as mãos e os joelhos, e consiste em balançar para a frente, para trás e na diagonal na posição em quatro apoios. É a posição precursora do levantar-se em urso, que pode ocorrer já aos 6 meses de idade, mas tipicamente ocorre mais tarde em razão da necessidade de força na extremidade superior e do controle pélvico exigidos para manter a posição.[12] O levantar-se em urso consiste em o bebê ficar sobre os pés e as mãos, com extensão dos joelhos e flexão dos quadris. Outra progressão lógica a partir da posição em quatro apoios é a posição sentada nos calcanhares, que ocorre entre os 8 e 9 meses. A transição de sentado nos calcanhares para ajoelhado ocorre quando os bebês têm controle da extensão lombar e força adequada nos extensores de joelhos para erguer sua pelve dos calcanhares.[12] Os bebês continuam com atividades pré-deambulatórias durante esse estágio, como engatinhar sobre mãos e joelhos e tomar impulso para ficar em pé. Essas atividades podem acontecer em qualquer momento entre os 6 e 12 meses.[2] É interessante o fato de os bebês muitas vezes aprenderem a tomar impulso para ficar em pé usando as grades do berço e não conseguirem voltar a sentar-se sem ajuda. Isso ocorre pelo fato de as habilidades extensoras nos membros inferiores emergirem antes da flexão necessária como contraforça. Quando o bebê é capaz de vencer a extensão e dobrar os quadris para se sentar, andar de lado é a progressão natural.[12] Andar de lado ou dar passos lateralmente com as extremidades superiores apoiadas nos móveis pode começar já aos 8 a 9 meses e tem início no plano frontal. Com o tempo, o

Equilíbrio e mudanças normais na marcha de 0 a 3 anos de idade

- O bebê pode sentar ereto com cerca de 6 meses quando colocado em uma posição de "anel".
- A transição de sentado para quatro apoios ocorre em torno dos 9 meses.
- Sentar-se nos calcanhares ocorre entre 8 e 9 meses.
- Engatinhar e atividades de tomar impulso para ficar em pé ocorrem em qualquer momento entre 6 e 12 meses.
- Andar de lado ocorre em torno dos 8 para 9 meses no plano frontal.
- A deambulação ocorre em qualquer momento dos 9 aos 15 meses de idade.
- Aos 2,5 anos, a criança pode andar com balanço recíproco dos braços e um passo mais longo, além de poder pular com ambos os pés.

movimento de rotação é adicionado ao andar de lado. Escalar é o auge da dissociação entre as extremidades inferiores e a força antigravitacional no quadríceps e nos extensores de quadril. Todas essas atividades preparam o bebê para caminhar.[12]

A deambulação pode começar desde 9 até 15 meses de idade na criança com desenvolvimento normal.[14] Com 1 ano de idade, o bebê tem tipicamente estrutura esquelética, alinhamento articular e postura que são conducentes à deambulação. Além disso, os bebês possuem equilíbrio dinâmico e controle postural. Os primeiros poucos passos do bebê costumam ser lentos e deliberados, mantendo uma base ampla de suporte. O corpo e os membros são mantidos em uma postura ereta.[14] Com frequência, os bebês também se agacham durante o primeiro mês de deambulação, o que fortalece o quadríceps excentricamente e abaixa o seu centro de gravidade. Após o bebê estar caminhando de maneira independente por três meses (em torno dos 15 meses de idade), a base de suporte se estreita, o bebê se agacha menos e fica mais ereto em pé.[14] Como as crianças têm uma boa musculatura estabilizadora do tronco, elas erguem e pegam objetos enquanto caminham. A deambulação continua a ser refinada durante todo o ano seguinte, à medida que a criança se torna mais forte e as habilidades motoras continuam a evoluir.

Com 2,5 anos, ocorre a transição de um caminhar imaturo para um mais evoluído no plano sagital. O balanço recíproco dos braços é também evidente. Além disso, ocorre também um aumento na velocidade da marcha, sobretudo como resultado de um comprimento de passo mais longo.[14] A criança de 2 anos pode chutar uma bola e dirigir um brinquedo de empurrar. Aos 2,5 anos, a criança pode andar nas pontas dos pés, pular com ambos os pés e se manter em uma perna só. Nessa idade, a criança é capaz de usar 35% do ciclo da marcha com suporte em um membro, o que é um aumento comparado ao 32% observado com 1 ano de idade. (O valor normal do adulto é de 40%.[2]) A mecânica da marcha continua a se aperfeiçoar até os 3 anos de idade.[14]

Problemas musculoesqueléticos mais comumente vistos na faixa etária de 0 a 3 anos

- Torcicolo congênito
- Desenvolvimento de displasia de quadril
- Pé torto congênito
- Lesão do plexo braquial

Problemas musculoesqueléticos comuns

Torcicolo

O torcicolo é definido como uma postura assimétrica da cabeça e do pescoço; o termo é derivado dos termos em latim *tortus*, que significa torcido, e *collum*, que significa pescoço.[17] O tipo mais comum de torcicolo é o torcicolo muscular congênito (TMC), apesar de existirem outras formas. O torcicolo muscular congênito é causado pela fibrose unilateral do esternocleidomastóideo.[17] Apesar de a etiologia da fibrose do esternocleidomastóideo ser desconhecida, há várias teorias. A incidência publicada de TMC vai de 0,084 a 1,9% e afeta igualmente homens e mulheres.

A maioria dos pacientes com TMC apresenta evidência de um nódulo ou tumor benigno no esternocleidomastóideo nos três primeiros meses de vida; o tumor desaparece gradualmente em torno dos 4 a 6 meses.[17,18] Biópsias dos tumores revelam a aparência histológica de um fibroma.

A fibrose unilateral do esternocleidomastóideo vista com TMC leva a cabeça a ficar inclinada para o lado do tumor e o queixo rodado para o lado oposto.[17] O esternocleidomastóideo oposto é alongado e fraco, e a escoliose cervical é convexa para o lado oposto ao tumor (convexo para o lado do esternocleidomastóideo alongado).[18] Os bebês podem também apresentar problemas associados, incluindo displasia de quadril, pé torto, metatarso aduzido e lesão do plexo braquial.[17] Além disso, vários bebês com TMC se apresentam como bebês nervosos e irritáveis com poucas habilidades de se acalmar e baixa tolerância a mudanças posturais e estimulação.[18]

O diagnóstico de TMC é usualmente feito nos primeiros meses de vida. Uma avaliação ampla inclui palpação do esternocleidomastóideo bilateralmente. É provável que estejam presentes achados de um nódulo fibrótico no lado envolvido. O tumor é duro, indolor e com 1 a 3 centímetros de diâmetro.[18] Além disso, podem estar presentes elevação do ombro do lado afetado ou inclinação lateral da cabeça para o lado afetado.[18]

O tratamento do bebê com TMC inclui alongamento do esternocleidomastóideo, do trapézio superior e dos músculos ipsilaterais do tronco. O clínico deve ter em mente que a criança pode perder amplitude de movimento (ADM) do esternocleidomastóideo durante o estirão de crescimento, uma vez que o esternocleidomastóideo do lado afetado não cresce na mesma velocidade que o músculo do lado não afetado.[18,19] Outras intervenções utilizadas nas fases iniciais da reabilitação incluem exercícios de fortalecimento de tronco, mobilização de tecido mole e uso de um colar, se necessário.[18] O colar costuma ser acrescentado ao tratamento conservador dos bebês com TMC se eles tiverem a partir de 4 meses de idade e apresentarem uma inclinação da cabeça consistente a partir de 5°. O bebê deve ter ADM , controle de cabeça e força adequados para erguer a cabeça para o lado oposto do colar.[20] Os colares podem ser feitos de PVC ou espuma. O leitor deve buscar outras referências para desenhos específicos de colares (Fig. 13.5).[20]

Menos de 16% das crianças tratadas de modo conservador antes de 1 ano de idade requerem cirurgia, mas, quando o tratamento conservador do TCM não obtém sucesso, a intervenção cirúrgica é compensadora. A verdadeira técnica cirúrgica envolve dissecção do esternocleidomastóideo no nível onde o esterno e a cabeça da clavícula convergem; a porção central do músculo é removida. A fisioterapia é retomada em 1 a 2 semanas após a cirurgia e a ortetização pós-operatória pode ser recomendada.[21]

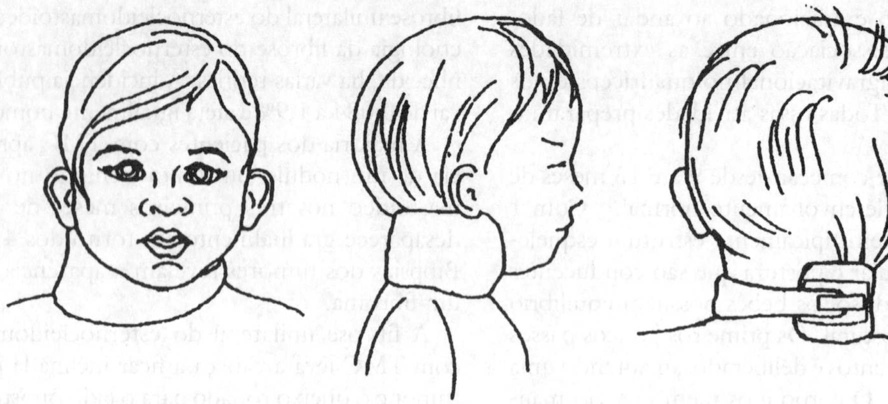

Figura 13.5 Criança utilizando um colar de espuma. (De Jacques C, Karmel-Ross K: The use of splinting in conservative and post-operative treatment on congenital muscular torticollis, *Phys Occup Ther Pediatr* 17[2]:81-90, 1997.)

Pesquisadores avaliaram os resultados em bebês com TMC.[22,23] Estudos mostraram que crianças tratadas no primeiro ano de vida tiveram melhores resultados do que aquelas tratadas mais tarde, independentemente da intervenção. Além disso, a duração da condição, bem como a severidade da deformidade antes da cirurgia, teve maiores efeitos nos resultados pós-operatórios.[22,23]

Displasia de desenvolvimento do quadril

O termo *displasia de desenvolvimento do quadril (DDQ)* é o termo que substitui *displasia congênita do quadril*. Displasia significa desenvolvimento ou crescimento anormal. Para o desenvolvimento normal do quadril, são necessários equilíbrio muscular normal e uma cabeça femoral congruente e bem posicionada no acetábulo. O acetábulo côncavo se desenvolve em resposta à cabeça femoral esférica.[24]

A etiologia da DDQ é multifatorial. A predisposição de um bebê à DDQ inclui fatores mecânicos, fisiológicos e ambientais. Fatores mecânicos envolve um espaço intrauterino pequeno, apresentação pélvica e posicionamento do quadril fetal contra o sacro da mãe no útero. Fatores fisiológicos incluem influência de hormônios maternos de estrogênio e relaxina, que resultam em frouxidão ligamentar do bebê do sexo feminino. Acredita-se que tal fato determine a razão na incidência de 6:1 de meninas para meninos da DDQ.[24]

O exame físico de um bebê com DDQ revela limitação da abdução do quadril, ou uma assimetria na quantidade de abdução disponível no quadril afetado. A ADM típica de abdução em um neonato é de 75° a 90° em cada quadril. Se houver uma diferença de um lado para o outro de 5° a 10°, a DDQ deve ser considerada. Outros achados físicos típicos incluem assimetria nas pregas cutâneas, pistonamento ou uma discrepância aparente no comprimento do membro inferior.[25] Além disso, os sinais de Ortolani e Barlow são usados para avaliar a estabilidade do quadril. O sinal de Ortolani é a sensação palpável da cabeça femoral escorregando sobre a crista cartilaginosa ao se mover para trás dentro do acetábulo. O teste é realizado com o quadril do bebê flexionado a 90°; a coxa é, então, lentamente abduzida, o que traz a cabeça femoral da sua posição deslocada posterior para a frente e para dentro do acetábulo. Em um teste positivo, ocorre tipicamente um estalo audível. Na manobra de Barlow,

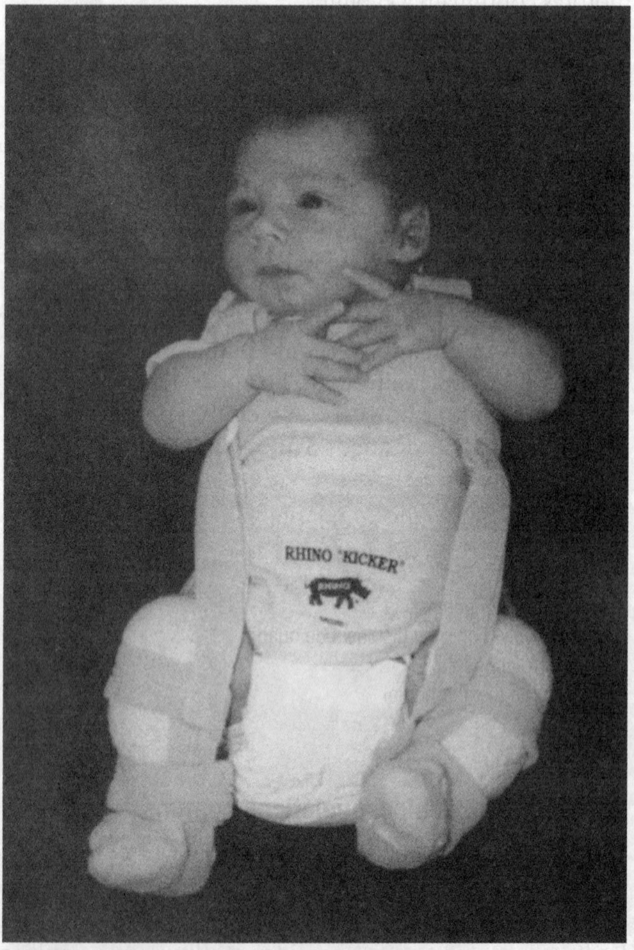

Figura 13.6 A armadura de Pavlik pode ser usada para reduzir o deslocamento do quadril. (De Campbell S, VanderLinden D, Palisano R, editors: *Physical therapy for children*. WB Saunders, Philadelphia, 2000, p. 409.)

um teste mais agressivo, o quadril é flexionado e a coxa aduzida enquanto é puxada posteriormente na linha do eixo do fêmur, levando a cabeça do fêmur a se deslocar posteriormente. Ambos os testes devem ser realizados em um membro inferior de cada vez.[25]

A intervenção mais comum para DDQ em um neonato ou bebê é a armadura de Pavlik, a qual mantém o quadril em uma posição de flexão e abdução que pode promover o desenvolvimento acetabular ao mesmo tempo em que evita as posições de subluxação (extensão e adução) (Fig. 13.6). Essa armadura tem uma taxa de sucesso de 85 a 95%, se usada corretamente. O monitoramento frequente dos quadris é necessário para evitar necrose vascular ou paralisia do nervo femoral.[24,25]

Pé torto congênito (pé equinovaro)

O pé torto congênito, cuja forma mais comum é o pé equinovaro, ocorre em aproximadamente 1 a cada 1.000 nascimentos vivos e em uma proporção de 2:1 de meninos para meninas.[24] O pé equinovaro é caracterizado por adução do antepé, varo do pé e tornozelo em equino. O calcâneo, o pé e a panturrilha costumam ser menores no lado afetado do que no lado não afetado. Embora a etiologia precisa seja desconhecida, essa condição parece resultar de uma restrição intrauterina anormal em alguém que é geneticamente predisposto. A predisposição genética é corroborada pelo achado de que, em várias crianças, o pé torto congênito é somente uma manifestação de achados congênitos mais sérios.[24] Entretanto, pesquisas epidemiológicas sugerem outros fatores de contribuição. Um estudo baseado na população encontrou uma forte associação entre tabagismo materno e pé equinovaro idiopático.[26] Outro estudo avaliou os efeitos da história familiar (genética) e o tabagismo, separadamente e em associação. Os resultados mostraram um forte e significativo efeito para a combinação de história familiar e história de tabagismo.[27]

Em geral, a intervenção para o pé torto congênito consiste em manipulação e imobilização seriada iniciada imediatamente após o nascimento e seguida de correção cirúrgica em algum momento posterior ainda no primeiro ano de vida. O método Ponseti de tratamento para pé equinovaro tem sido defendido. Esse tratamento requer a aplicação de uma imobilização inicial com o antepé supinado, de tal forma que o plano das cabeças dos metatarsos esteja paralelo ao eixo longo da tíbia. Um componente importante desse tratamento é tratar a deformidade do cavo imediatamente para prevenir rigidez persistente e correção incompleta.[28] O método Ponseti utiliza manipulação e imobilização seriada, com correção cirúrgica limitada.[29] Acompanhamento de longo prazo desse tratamento mostrou que ele é eficaz na maioria dos casos, e que a não obediência e a educação parental são fortes fatores de influência nos resultados.[30-32]

Lesão do plexo braquial (paralisia de Erb e de Klumpke)

A lesão do plexo braquial (LPB) pode ocorrer em vários traumas do ombro e da coluna, mas é frequente que ocorra em razão de uma dificuldade de saída vaginal. Em uma apresentação pélvica, a tração no ombro do recém-nascido pode lesar as raízes cervicais. A tração e a rotação forçadas durante um parto podem lesar as raízes nervosas C5 e C6. Outros fatores que podem contribuir para a LPB incluem parto prolongado, peso excessivo ao nascimento, uma mãe profundamente sedada e uma cesariana difícil.[33]

A paralisia de Erb, que envolve C5 e C6, é o tipo mais comum de LPB e representa cerca de 73% dos casos. No exame, o ombro da criança é mantido em extensão, rotação interna e adução, com o cotovelo estendido e o antebraço pronado. Vários músculos escapulares também são afetados. Isso cria a clássica posição da "gorjeta do garçom". Em contraste, a paralisia de Klumpke é rara e somente afeta 2% dos casos. Ela envolve as raízes inferiores, C7, C8 e T1. A criança apresenta bons movimentos de ombro e cotovelo, mas o antebraço fica relaxado em supinação e os músculos do punho e da mão ficam paralisados.[33]

O exame físico para crianças com LPB inclui avaliação da amplitude de movimento, da função motora, da sensibilidade, do estado funcional e, ocasionalmente, eletromiografia. A maioria dos bebês (90 a 95%) com LPB ocorrida ao nascimento necessita somente de fisioterapia, sem intervenção cirúrgica. Intervenções eficazes incluem amplitude de movimento, percepção sensorial, posicionamento ou ortetização e, ocasionalmente, estimulação elétrica.[33]

DE 3 A 5 ANOS

Na fase de pré-escola, dos 3 aos 5 anos de idade, ocorrem várias mudanças no desenvolvimento. Estudantes da pré-escola já desenvolveram várias de suas habilidades nos três primeiros anos de vida, as quais serão então refinadas ente os 3 e os 5 anos. As crianças podem também passar por mudanças em seu nível de confiança em relação às suas habilidades motoras; crianças de 3,5 anos podem parecer hesitantes em relação a elas, mas readquirem sua confiança aos 4 anos. O pêndulo pode, na verdade, balançar na direção oposta e a criança de 4 anos de idade pode parecer exuberante![12]

Esta seção discute as mudanças que são relevantes para a fisioterapia musculoesquelética. Além disso, são discutidas as questões de marcha com os pés para dentro, com os pés para fora e na ponta dos pés, todas as quais podem ser vistas em crianças na pré-escola.

Crescimento físico e desenvolvimento fisiológico

Sistema musculoesquelético

O sistema musculoesquelético continua a se desenvolver. A atividade física, incluindo as brincadeiras, causa um aumento na força das crianças na pré-escola. A força é necessária para habilidades adquiridas durante esse tempo, incluindo andar de triciclo, saltar, pular e escalar. Nas crianças dessa idade, manobras para avaliar força incluem levantar do chão de uma forma madura, pular, manter-se em um pé só, subir e descer escadas, e ficar na ponta dos pés.[34]

A força de crianças de 3 a 4 anos de idade pode ser testada de forma confiável com um dinamômetro manual padrão desde que elas entendam as instruções e recebam incentivo verbal para ajudá-las a empenharem-se ao máximo. Crianças de 4 anos de idade podem gerar 65 N de força com seus deltoides e 74 N com seus bíceps. Na extremidade inferior, elas podem gerar aproximadamente 102 N de força com seus isquiotibiais e 73 N de força com seus dorsiflexores de tornozelo.[34] Apesar de existirem variações entre meninos e meninas, isso parece se dever mais ao desenvolvimento de uma habilidade com a tarefa e não, na verdade, a diferenças de força. Não costumam ser vistas diferenças de força causadas por mudanças hormonais até a puberdade. Até então, a força de meninos e meninas se mantém similar.[34]

Mudanças vistas na faixa etária de 3 a 5 anos

- Aumento da confiança
- Melhora nas habilidades motoras
- Aumento da força
- Destreza no uso da mão bem estabelecida
- Melhora do débito cardíaco
- Melhora da ventilação
- Diminuição do índice de massa corporal

Sistema cardiorrespiratório

O sistema cardiorrespiratório continua a se desenvolver nas crianças em idade pré-escolar. Assim como nos adultos, a resposta de uma criança a exercícios inclui mudanças fisiológicas nos sistemas cardiovascular e pulmonar, bem como efeitos metabólicos. Nas crianças, entretanto, as respostas dependem da velocidade de crescimento da musculatura esquelética, do esqueleto por si só e, obviamente, do miocárdio.[15]

Vários testes usados para avaliar a capacidade aeróbia de um indivíduo são aplicáveis em crianças a partir de 5 anos de idade; poucas informações existem sobre crianças com menos de 5 anos de idade. O consumo máximo de oxigênio (VO_2máx) é de aproximadamente 1 L/min aos 5 anos e irá aumentar para 3 a 4 L/min na puberdade. O débito cardíaco, um resultado da frequência cardíaca e do volume de pulsação, é similar ao dos adultos, apesar do fato de que o volume de pulsação em uma criança de 5 anos ser 25% do volume de um adulto. Tal fato resulta na frequência cardíaca maior observada durante a infância.[15]

A ventilação, a frequência de troca de ar entre os pulmões e o ar ambiente, aumenta com a idade. É normalizada pelo peso corporal e é a mesma para crianças e adultos quando a atividade é máxima. Entretanto, em níveis submáximos, a ventilação é mais alta em crianças e diminui com a idade. Tal fato sugere que as crianças têm uma reserva ventilatória mais baixa do que a dos adultos.[15,35] A capacidade vital em uma criança de 5 anos de idade é em torno de 20% da capacidade do adulto e aumenta com a idade. Está altamente correlacionada com o tamanho da criança, em particular com a altura.[15]

Os sinais vitais de uma criança na idade pré-escolar também passam por mudanças quando comparados aos de um bebê. A frequência cardíaca de uma criança mais nova é de 80 a 120 bpm, a pressão arterial é de 100/60 mmHg e a frequência respiratória é de 25 a 30.[11]

Composição corporal

A criança em idade pré-escolar passa por uma mudança na composição corporal quando comparada a um bebê ou uma criança menor. O índice de massa corporal, ou IMC, é determinado dividindo-se o peso corporal (em quilogramas) pela altura^2 (em metros). O IMC, na verdade, diminui entre os 3 e os 5 anos de idade. Um menino de porte médio sofrerá uma diminuição do IMC de 16 aos 3 anos de idade para 15,5 aos 5 anos. Meninas nessa idade apresentarão um declínio similar. Após os 5 anos de idade, o IMC aumenta de forma lenta.[36]

Desenvolvimento do desempenho

Desenvolvimento motor e de habilidades

A criança entre os 3 e 5 anos de idade passa por inúmeras mudanças rápidas no desenvolvimento motor e de habilidades. Crianças de 3 anos de idade têm habilidades motoras finas avançadas, que as permite colar, colorir e desenhar.[36] Elas podem alternar facilmente os pés quando sobem escadas e podem controlar a velocidade do movimento. Elas são capazes de guiar um triciclo com sucesso. Podem ser capazes de pular, mas somente na perna de preferência. Crianças de 3 anos de idade podem se alimentar e se vestir sozinhas, porém abotoar pode ser uma atividade difícil.[12]

Aos 4 anos, a autoconfiança parece não ter fim. Crianças nessa idade conseguem descer escadas com um pé por degrau, pegar somente com as mãos e aprender a andar em uma bicicleta pequena. Elas gostam de correr, pular e escalar, e também conseguem galopar. Podem ser capazes de se vestir sozinhas, com a exceção de amarrar os sapatos.[12,36]

As crianças de 5 anos de idade parecem ser mais adaptadas do que as de 4. A criança de 5 anos é capaz de saltar, pular em torno de 0,61 m, pular corda e pular em uma linha reta. A destreza manual está bem estabelecida e a criança pode atirar por cima da cabeça. As crianças podem se alimentar sozinhas usando talheres, com exceção de cortar carne. São independentes para se vestir e se despir, com a exceção ocasional em amarrar os sapatos.[12,36]

Problemas musculoesqueléticos mais comumente vistos na faixa etária de 3 a 5 anos

- Alinhamento da perna
- Marcha idiopática na ponta dos pés

Questões especiais

Marcha com os pés para dentro, marcha com os pés para fora e marcha idiopática na ponta dos pés

Uma das razões mais comuns para o encaminhamento eletivo de uma criança a um ortopedista diz respeito à marcha com os pés para dentro ou para fora. Deve-se colher uma história ampla, que inclua história do nascimento, idade em que a alteração se iniciou e história familiar; além disso, determinar as posições em que a criança se deita e se senta é um importante primeiro passo antes do exame físico.[24] O exame clínico deve incluir documentação do ângulo de progressão do pé na posição em pé, ADM de rotação do quadril, eixo coxa-pé e alinhamento do pé.

O ângulo de progressão do pé é definido como o ângulo entre o eixo longitudinal do pé e uma linha reta da progressão do corpo na marcha, similar ao ângulo de Fick em adultos. Os pés para dentro são expressos como um valor negativo e os pés para fora como um valor positivo. Durante a infância e a vida adulta, esse ângulo mostra pequenas mudanças, com uma média de +10° e uma amplitude normal de -3° a +20°.[24]

A rotação do quadril é mais bem mensurada na posição prona e os clínicos examinam a relação entre a cabeça femoral e o joelho (patela). Se a cabeça do fêmur está apontando anteriormente com o joelho reto ou paralelo à mesa, o quadril está anterovertido e os pés para dentro parecem ser mais evidentes. Na retroversão, a cabeça do fêmur está direcionada posteriormente quando o joelho está paralelo à mesa e os pés para fora parecem mais evidentes. Essa técnica de avaliação é uma variação do teste de Craig usado em adultos. Até os 2 anos de idade, a rotação interna (RI) e a rotação externa (RE) totais do quadril é de 120°. Acima de 2 anos, é de 95° a 110°.[24]

A torção tibial é avaliada medindo-se o eixo coxa-pé, que é a diferença angular entre o eixo longitudinal da coxa e do pé, como medido na posição prona com o joelho flexionado. Uma posição alternativa é ter a criança sentada com o joelho flexionado a 90°. A torção tibial interna é expressa como um valor negativo e é correlacionada com os pés para dentro, ao passo que a torção tibial externa, expressa como um valor positivo, e correlacionada com os pés para fora. Em geral, a tíbia está rodada internamente nos bebês em razão do posicionamento intrauterino, mas a rotação de volta espontânea ocorre durante o crescimento. Durante os primeiros seis meses de vida, a tíbia roda para torção tibial externa. O ângulo coxa-pé normal fica entre 0° e 30° de torção tibial externa, e a média é de 10°.[24]

O alinhamento do pé envolve a avaliação em busca de metatarso aduzido, pé torto e calcâneo valgo. Com o metatarso aduzido, o antepé está curvado medialmente e a porção posterior está em leve valgo. Quando a criança caminha, ocorre um varo dinâmico do antepé com rotação medial do hálux . Essa condição não aparece sem descarga de peso. A situação está presente de 4 a 6 meses de idade e os casos leves geralmente se resolvem sozinhos.

Há várias diferenças de opiniões em como tratar deformidades em torção, como medi-las ou se devem mesmo ser tratadas. A maioria dos tratamentos com calçados, órteses ou imobilizações não tem eficácia comprovada.[24] A maioria das condições se corrige por si só, de modo que deformidades persistentes no esqueleto maduro são raras. Entretanto, a criança com uma deformidade de torção deve ser monitorada de perto para o caso de qualquer mudança.[24]

Um grande número de crianças tende a andar na ponta dos pés em algum momento quando começam a caminhar independentemente. O caminhar idiopático na ponta dos pés, quando não relacionado a outras condições (como paralisia cerebral), costuma responder bem a um programa de tratamento conservador que consiste no alongamento do gastrocnêmio.[37,38] Com contraturas severas do tendão do calcâneo, as crianças podem precisar de imobilização seriada. O tratamento cirúrgico raramente é necessário.[24,37,38]

SEGUNDA INFÂNCIA À ADOLESCÊNCIA (6 A 18 ANOS)

Como todo pai pode declarar, as crianças crescem em uma velocidade surpreendente. A **segunda infância**, a idade de aproximadamente 6 a 9 anos, é marcada por mudanças significativas na organização física, emocional e psicológica. Apesar de ser normalmente linear, os sistemas se modificam em frequências diferentes, resultando em discrepâncias aparentes entre os estados em relação ao tempo. Apesar de ser por vezes desafiador, a maioria das crianças e de seus cuidadores suporta a tempestade para ver o resultado final de um adolescente e, na sequência, de um adulto saudável e bem ajustado.

Enquanto a segunda infância é um período em que as crianças crescem e se desenvolvem em um ritmo de certa forma previsível, a adolescência é um momento de mudanças profundas. A maioria dos adultos se lembra, muitas vezes com pesar, das experiências da adolescência. Mudanças físicas, emocionais e sociais ocorrem de maneira rápida e acentuada. Embora os pais tentem preparar os filhos para a adolescência, é difícil lhes descrever o que eles sentirão quando tais mudanças ocorrerem.

A **adolescência** é uma fase cronológica que dura cerca de 6 a 7 anos, em torno dos 10 aos 16 anos de idade. Apesar de ocorrerem mudanças antes e depois desse período, a maioria delas acontece nessa janela de 6 a 7 anos.

À medida que essas mudanças acontecem, é importante distinguir os conceitos de *crescimento* e *maturação*. O termo **crescimento** é usado para descrever as mudanças reais em tamanho que ocorrem durante um período. O crescimento acontece em diferentes frequências ao longo da vida e alguns podem notar algumas partes corporais crescerem em uma velocidade diferente de outros, bem como diferenças em relação ao corpo como um todo.[39,40] A progressão em direção a um estágio de maturidade biológica (não emocional ou psicológica) é conhecida como **maturação**. Este é um termo relativo, visto que a maturidade biológica varia de acordo com os tecidos, órgãos ou sistemas específicos considerados. Por exemplo, na adolescência, considera-se geralmente a maturação sexual, esquelética e somática.[39,40] Tanto o momento dos eventos de maturação (p. ex., progressão para um diferente estágio de Tanner de maturidade sexual) como a velocidade da maturação desse sistema podem variar fortemente entre indivíduos. Tal fato é particularmente importante quando se comparam pré-adolescentes e jovens adolescentes para esportes de competição.

Crescimento físico e desenvolvimento fisiológico

Crescimento musculoesquelético

O crescimento musculoesquelético ao longo da vida é normalmente definido pelas medidas de altura, peso e dimensões dos membros. As mudanças na altura são geralmente caracterizadas em quatro fases.[41] A primeira vai de 0 a 2 anos, quando ocorre um crescimento longitudinal significativo. A segunda fase ocorre durante a segunda infância até pouco antes da puberdade. Durante essa fase, as mudanças na altura são relativamente lineares e ocorrem em aproximadamente 5 centímetros por ano.[41] Logo antes da puberdade, a altura acelera (fase 3) até atingir no final da adolescência quase a altura do adulto (fase 4). Durante a segunda infância, meninos e meninas têm proporções corporais aproximadamente iguais, e os aumentos no peso seguem os aumentos na altura.

Fases de mudanças na altura

- Fase 1: de 0 a 2 anos
- Fase 2: segunda infância até pouco antes da puberdade
- Fase 3: puberdade
- Fase 4: final da adolescência até a fase adulta

As mudanças musculoesqueléticas durante a adolescência são significativas. Ao contrário de outros grupos etários, há diferenças importantes entre homens e mulheres quando atingem a puberdade. O estirão de crescimento da adolescência costuma ocorrer entre os 13 e os 15 anos de idade, apesar de, nas meninas, poder começar até dois anos antes, durando dos 11 aos 13 anos.[42,43] A média do desvio-padrão em torno do acontecimento do estirão de crescimento é de cerca de 1 ano.[42]

A altura aumenta em uma velocidade relativamente constante durante a segunda infância (fase 2) até pouco antes da puberdade (fase 3). Logo antes da puberdade, a velocidade de mudança na altura aumenta significativamente de cerca de 5 centímetros por ano para 10 a 12 centímetros por ano.[41] O aumento da velocidade de crescimento nas meninas é um pouco mais lento do que nos meninos, em cerca de 8 centímetros por ano.[42] A velocidade de mudança diminui nos 4 a 5 anos seguintes e a altura adulta costuma ser alcançada em torno de 16 anos nas meninas e 18 nos meninos.[41] A maioria das meninas atinge 98% de sua altura adulta até os 14 anos.[42] O crescimento em altura ocorre sobretudo pelo tronco.[43] Um estudo em adolescentes e jovens adultos suecos revelou que os meninos são 5% mais altos do que as meninas aos 16 anos de idade.[44] As mudanças em peso ocorrem paralelamente a esse padrão, seguindo de perto o crescimento na altura. Aos 16 anos, um grupo de meninos era 11% mais pesado do que as meninas na mesma idade cronológica (ver Figs. 13.3 e 13.4).[44] Durante essa fase, o crescimento em altura e em peso não é linear. Há períodos de crescimento rápido e momentos em que o crescimento desacelera; além disso, a velocidade de crescimento das partes corporais pode não ser sincrônica. A fase de crescimento rápido na altura durante a adolescência é chamada de **pico de velocidade de altura (PVA)** e refere-se à idade em que ocorre a *velocidade* máxima de crescimento. Geralmente, o PVA ocorre cerca de 1 ou 2 anos após o acontecimento da maturação sexual.[41] O pico de velocidade de peso ocorre em torno de 6 meses após o PVA.[45]

Composição corporal

A composição corporal refere-se às proporções relativas de massa corporal magra e massa corporal gorda. Ao nascerem, os bebês possuem cerca de 10 a 12% de gordura corporal, a qual aumenta para cerca de 20% durante a infância.[41] Essa proporção é a mesma em meninos e meninas, e é consistente com as várias semelhanças entre os sexos na pré-puberdade.

Há diferenças significativas na composição corporal de homens e mulheres quando passam pela adolescência. Essas diferenças são aparentes na massa corporal magra (especialmente na massa muscular) e no porcentual de gordura corporal. Um homem médio é 10,16 cm mais alto e 13,15 kg mais pesado do que uma mulher média.[46] O esqueleto do homem pesa, em média, 3,63 kg a mais e tem aproximadamente 11,34 kg mais massa muscular. Durante a puberdade, o aumento da testosterona nos meninos causa um aumento na massa corporal magra, enquanto o aumento do estrogênio nas meninas causa um aumento na deposição de gordura, desenvolvimento dos seios e alargamento dos quadris. Em geral, meninos na pós-puberdade apresentam cerca de 15 a 17% de gordura corporal, enquanto as meninas, 25 a 27%.

Mudanças vistas na faixa etária de 6 a 18 anos

- Aumento na altura
- Diferenças entre homens e mulheres
- Aumento do peso
- Composição corporal
- Mudanças na massa corporal
- Aumento da massa muscular
- Maturação do esqueleto
- Maturação sexual
- Desenvolvimento das habilidades motoras
- Diminuição da frequência cardíaca
- Aumento da pressão arterial
- Diminuição da frequência respiratória

Entretanto, mulheres atletas tendem a ter gordura corporal mais baixa em comparação a controles sedentários.

Os músculos representam somente cerca de 25% do peso corporal total na infância. Aumentos na massa muscular são relativamente lineares em relação aos aumentos no peso. Quando os meninos passam pela adolescência, sua massa muscular atinge cerca de 40 a 54% de sua massa corporal na idade de 17 anos, enquanto, nas meninas, a massa muscular é de cerca de 40 a 45% da massa corporal aos 13 anos e, então, declina em relação à massa de gordura.[41,47] No final da adolescência as meninas têm somente cerca de 79% da massa muscular dos membros inferiores de seus homólogos do sexo masculino.[48]

Em termos de distribuição e tamanho de fibras, parece não haver diferenças relativas ao sexo durante a infância. Entretanto, da segunda infância para a adolescência, o tamanho das fibras aumenta 3,5 vezes nas meninas e 4,5 vezes nos meninos.[48] O aumento no tamanho muscular transversal é quase linear da infância até a adolescência.[49] Isso é resultado de aumentos no tamanho da fibra muscular, e não de aumentos no número de fibras.[41] As meninas atingem o pico no diâmetro de fibras durante a adolescência, enquanto os meninos atingem esse pico no início da fase adulta.[49] A composição do tipo de fibra parece não diferir entre os sexos aos 16 anos de idade, mas a área transversal em um estudo era 13% maior em meninos do que em meninas.[44] As meninas tinham aproximadamente 51% de fibras tipo I e 48% de fibras tipo II, enquanto os meninos apresentavam 55% de fibras tipo I e 45% de fibras tipo II.[44] Isso é típico nos adultos, cuja distribuição de fibras tipo I é em média 50 a 60%.[49]

Em um estudo longitudinal de meninos e meninas de 13 a 27 anos de idade, Van Mechelen e Kemper descobriram um aumento significativo no **índice de massa corporal (IMC)** em meninos e meninas nessa faixa etária.[50] O padrão longitudinal foi diferente entre os sexos, de modo que as meninas apresentaram um IMC mais alto durante a adolescência, enquanto os meninos apresentaram o IMC mais elevado aos 27 anos. As medidas de pregas cutâneas também seguiram um padrão diferente entre os sexos, de modo que, nos meninos, ocorreu um aumento constante na soma das pregas cutâneas dos 16 aos 27 anos de idade, enquanto, nas meninas, se apresentou uma diminuição entre as idades de 21 a 27 anos.[50] Em geral, a gordura corporal tem média em torno de 20% durante a infância até a puberdade. À medida que os níveis de estrogênio aumentam nas meninas, são depositadas grandes quantidades de gordura corporal.[41] Os meninos, embora também continuem a depositar gordura, contrabalançam com um depósito maior de massa muscular, o que reduz assim o valor relativo de gordura corporal.

Há algumas questões sobre a validade da medição do IMC em crianças.[51] Apesar de as correlações entre IMC e porcentual de gordura medidos por absortometria de fóton duplo variarem de 0,50 a 0,83, mudanças e diferenças no IMC parecem ter significância clínica. Em crianças e adolescentes, foram encontradas associações entre IMC ou mudanças no IMC e aumento da pressão arterial, perfis deficientes de lipídios no sangue, diabetes melito não dependente de insulina e lesões ateroscleróticas precoces.[51-53] Um estudo com adolescentes hipertensivos mostrou que o treinamento reduz tanto a pressão arterial sistólica como a diastólica, apesar de não atingirem níveis normais.[54] Nove meses após a interrupção do treinamento, a PA sistólica retornou aos níveis pré-treinamento, enquanto a PA diastólica continuou baixa. Existem também variações étnicas importantes. A Terceira Pesquisa Nacional de Avaliação de Saúde e Nutrição (NHANES) descobriu que os níveis de pressão sanguínea eram mais altos em meninas negras do que em meninas brancas de todos as faixas etárias.[55] Os níveis de hemoglobina glicosilada foram mais altos em meninas e meninos negros e de ascendência mexicana do que em meninas e meninos brancos. Todas essas diferenças permanecem após se considerar o estado socioeconômico e a idade.[55]

Dados do Youth Risk Behavior Surveillance System (YRBS) sugerem que existem disparidades em adolescentes acima do peso. Um maior porcentual de mulheres negras está acima do peso ou em risco de ter sobrepeso do que as mulheres brancas (Tab. 13.1). Além disso, mudanças nos padrões de atividade, especialmente em mulheres e negros, já são evidentes entre os 14 e 15 anos de idade.[56] A NHANES descobriu que os níveis de IMC foram significativamente mais altos em meninas negras e de ascendência mexicana do que em meninas brancas.[55] Além disso, tais diferenças eram evidentes nas idades de 6 a 9 anos e se ampliavam ainda mais até os 18 a 24 anos de idade. Tal fato coloca essas populações em risco de uma série de problemas de saúde anos mais tarde. A obesidade infantil é um preditor da obesidade na fase adulta e a taxa de obesidade aumenta à medida que a criança cresce. Um estudo com meninos adolescentes acima do peso descobriu que aqueles com IMC maior do que o 75º percentil tinham maior risco de morte por todas as causas, e que meninos e meninas acima do peso têm um maior risco de morbidades associadas à obesidade em comparação aos demais na mesma faixa etária.[57]

Muitas dessas tendências são causadas por atividade insuficiente na juventude atual. Estudos mostraram, de forma consistente, diminuição na atividade, especialmente atividade moderada e vigorosa, começando cedo na juventude.[58] As Tabelas 13.2, 13.3 e 13.4 destacam os baixos níveis de atividade em estudantes do ensino médio. Em uma população com níveis baixos de atividade, pode-se esperar um aumento contínuo de problemas crônicos de saúde, tais como diabetes, hipertensão e níveis elevados de colesterol.

Maturação esquelética e somática

A maturação somática, ou maturação do corpo como um todo, é geralmente avaliada pela idade em que ocorre o pico de velocidade de altura (PVA) e varia de forma parecida com a marca musculoesquelética.[39] A maturação esquelética costuma ser avaliada por meio de radiografias padronizadas da mão e do punho.[40] O nível de maturação esquelética da criança é referido como **idade**

Tabela 13.1 Estudantes do ensino médio com risco de sobrepeso

	Com risco de sobrepeso*						Sobrepeso†					
Categoria	**Mulher**		**Homem**		**Total**		**Mulher**		**Homem**		**Total**	
	%	CI (±)	%	CI (±)	%	CI (±)	%	CI (±)	%	CI (±)	%	CI (±)
Raça/etnia												
Branca§	13,8	3,0	14,3	1,8	14,1	1,9	7,8	3,1	16,2	4,9	12,2	4,0
Negra§	21,2	4,2	15,5	3,1	18,3	1,9	15,6	3,8	19,5	3,4	17,6	3,0
Hispânica	15,7	2,5	19,0	2,9	17,3	2,0	11,8	3,0	21,7	3,3	16,8	2,6
Grau												
9	15,6	2,9	15,3	3,3	15,4	2,7	11,2	2,6	19,0	3,9	15,3	3,1
10	15,3	2,7	14,7	2,0	15,0	1,6	9,3	3,1	17,9	5,1	13,7	3,9
11	16,9	2,9	16,6	2,4	16,8	1,6	8,6	2,7	17,0	3,9	12,9	3,0
12	13,2	3,1	15,6	2,0	14,4	1,7	8,0	3,4	14,7	4,1	11,4	3,5
Total	15,3	2,0	15,5	1,3	15,4	1,3	9,4	2,6	17,4	3,7	13,5	3,1

De Grumbaum JA, Kann L, Kinchen S et al: Youth risk behavior surveillance—United States, 2003, *Morbidity and Mortality Weekly Report Surveillance Summary* 53(2):1-96, 2004.

*Estudantes que estavam ≥85º percentil mas <95º percentil para o índice de massa corporal, por idade e sexo, com base nos dados de referência.

†Estudantes que estavam ≥95º percentil para o índice de massa corporal, por idade e sexo, com base nos dados de referência.

‡95% intervalo de confiança.

§Não hispânico.

Tabela 13.2 Estudantes do ensino médio que participam da aula de educação física (EF)

	Inscritos na aula de EF*						Participaram da aula de EF diariamente†						Exercitaram-se ou praticaram esportes >20 minutos durante a média de aulas de EF‡					
Categoria	**Mulher**		**Homem**		**Total**		**Mulher**		**Homem**		**Total**		**Mulher**		**Homem**		**Total**	
		CI§		CI		CI		CI		CI		CI		CI		CI		CI
	%	(±)	%	(±)	%	(±)	%	(±)	%	(±)	%	(±)	%	(±)	%	(±)	%	(±)
Raça/etnia																		
Branca¶	51,5	10,4	55,9	9,3	53,7	9,7	23,1	7,3	26,8	7,1	24,9	7,0	76,6	5,4	85,8	4,0	81,5	4,4
Negra¶	49,3	8,8	63,1	4,8	56,0	6,2	29,0	7,5	37,1	6,0	33,0	6,3	66,7	5,8	80,0	4,0	74,0	4,3
Hispânica	56,1	5,7	61,4	6,3	58,8	5,0	34,0	8,5	39,5	9,0	36,7	8,0	73,5	4,9	82,5	4,5	78,2	3,9
Grau																		
9	71,2	7,1	70,8	7,5	71,0	6,9	38,0	9,7	37,7	8,5	37,9	8,6	75,7	5,0	84,8	3,3	80,3	3,6
10	58,3	10,8	63,0	7,9	60,7	9,0	29,1	8,8	33,5	7,9	31,3	8,0	77,0	4,3	83,2	4,3	80,3	4,0
11	40,8	9,8	50,5	8,8	45,7	8,8	19,2	4,8	26,0	5,0	22,6	4,6	71,6	6,7	83,7	5,7	78,4	5,4
12	34,6	9,8	44,5	9,3	39,5	8,9	15,2	4,0	21,4	4,9	18,2	4,0	74,9	5,4	87,2	4,4	81,8	4,5
Total	52,8	7,7	58,5	7,2	55,7	7,3	26,4	6,1	30,5	5,7	28,4	5,7	75,3	4,0	84,5	2,8	80,3	3,2

De Grumbaum JA, Kann L, Kinchen S et al: Youth risk behavior surveillance—United States, 2003, *Morbidity and Mortality Weekly Report Surveillance Summary* 53(2):1-96, 2004.

*Em um ou mais dias em uma semana habitual quando estavam na escola.

†5 dias em uma semana habitual quando estavam na escola.

‡55,7% dos estudantes se matricularam na aula de EF.

§95% intervalo de confiança.

¶Não hispânico.

Tabela 13.3 Estudantes do ensino médio que participam de atividade física moderada ou vigorosa

	Participou em atividade física vigorosa suficiente*						**Participou em atividade física moderada suficiente†**					
Categoria	**Mulher**		**Homem**		**Total**		**Mulher**		**Homem**		**Total**	
	%	CI‡ (±)	%	CI (±)	%	CI (±)	%	CI (±)	%	CI (±)	%	CI (±)
Raça/etnia												
Branca§	58,1	3,8	71,9	2,9	65,2	3,0	23,3	2,5	28,9	1,7	26,2	1,8
Negra§	44,9	4,6	65,0	3,5	54,8	3,5	17,5	2,4	25,8	2,7	21,7	2,1
Hispânica	51,8	4,1	66,7	4,3	59,3	2,9	20,6	2,9	23,3	3,6	22,0	2,6
Grau												
9	63,6	4,2	73,1	3,2	68,5	3,0	22,3	2,5	28,3	2,6	25,4	2,1
10	58,2	4,0	71,5	4,0	64,9	3,5	25,3	2,7	26,2	1,9	25,7	1,7
11	49,4	3,5	70,4	2,8	60,1	2,7	20,0	2,6	28,1	2,9	24,2	2,3
12	46,4	3,6	63,7	3,8	55,0	2,5	20,0	2,6	26,3	3,2	23,2	2,4
Total	55,0	2,9	70,0	2,3	62,6	2,3	22,1	1,6	27,2	1,4	24,7	1,3

De Grumbaum JA, Kann L, Kinchen S et al: Youth risk behavior surveillance—United States, 2003, *Morbidity and Mortality Weekly Report Surveillance Summary* 53(2):1-96, 2004.

*Exercício ou participação em atividades físicas que fizeram os estudantes suar ou respirar intensamente por ≥20 minutos em ≥3 dos 7 dias antes da pesquisa (p. ex., basquetebol, futebol, corrida, natação, ciclismo rápido, dança rápida ou atividades aeróbicas similares).

†Atividades físicas que não fizeram os estudantes suar ou respirar intensamente por ≥20 minutos em ≥3 dos 7 dias antes da pesquisa (p. ex., caminhada rápida, ciclismo lento, andar de skate, empurrar um cortador de grama, esfregar o chão).

‡95% intervalo de confiança.

§Não hispânico.

Tabela 13.4 Porcentual de estudantes do ensino médio com participação insuficiente em atividade

	Participação em uma quantidade insuficiente de atividade física*						**Sem atividade física vigorosa ou moderada†**					
Categoria	**Mulher**		**Homem**		**Total**		**Mulher**		**Homem**		**Total**	
	%	CI‡ (±)	%	CI (±)	%	CI (±)	%	CI (±)	%	CI (±)	%	CI (±)
Raça/etnia												
Branca§	37,5	3,9	24,8	2,6	31,0	2,9	11,1	3,3	9,3	2,7	10,2	2,8
Negra§	50,4	4,6	31,8	3,9	41,2	3,6	20,0	3,2	12,6	2,6	16,3	2,3
Hispânica	42,6	4,5	30,3	3,8	36,5	2,8	15,4	3,1	10,6	2,8	13,0	2,0
Grau												
9	32,7	4,0	23,8	2,9	28,1	2,9	9,7	3,2	8,4	2,3	9,1	2,5
10	35,9	3,7	25,6	3,6	30,8	3,2	10,2	2,4	10,0	2,7	10,1	2,2
11	46,2	3,7	27,0	2,8	36,5	2,7	16,7	4,0	10,8	2,7	13,7	2,8
12	48,4	3,5	32,1	3,3	40,2	2,7	17,0	4,3	10,9	2,6	14,0	3,2
Total	40,1	2,9	26,9	2,1	33,4	2,1	13,1	2,6	10,0	1,9	11,5	2,0

De Grumbaum JA, Kann L, Kinchen S et al: Youth risk behavior surveillance—United States, 2003, *Morbidity and Mortality Weekly Report Surveillance Summary* 53(2):1-96, 2004.

*Não participou em atividade física vigorosa suficiente e não participou em atividade física moderada suficiente durante os sete dias antes da pesquisa.

†Não participou em atividade física vigorosa ou moderada durante os sete dias que precederam a pesquisa.

‡95% intervalo de confiança.

§Não hispânico.

esquelética quando comparado com **a idade cronológica**. Até a puberdade, o crescimento longitudinal dos ossos ocorre através de centros de ossificação primária e secundária. Os centros de ossificação primária geralmente estão localizados no eixo, ou corpo, dos ossos longos, enquanto os centros secundários existem nas placas epifisárias proximais e distais. Na puberdade, esses centros de ossificação começam a se fundir e o crescimento longitudinal dos ossos cessa. A maioria dos ossos está ossificada aos 20 anos de idade; as meninas geralmente completam o crescimento antes dos meninos. Em geral, as meninas completam a sua maturação esquelética aos 18 anos de idade, enquanto os meninos a completam aos 22 anos.

A puberdade é um momento decisivo para o alcance do pico de massa óssea. Entre os 8 e 20 anos de idade, está depositado cerca de 90% do conteúdo mineral ósseo dos adultos, do qual 30% ocorre nos 3 anos em torno do PVA.[41] Tal fato é especialmente importante para mulheres jovens, que precisam maximizar a deposição óssea a fim de antecipar a perda óssea que ocorrerá mais tarde, durante a menopausa. O problema da tríade feminina (distúrbio alimentar, disfunção menstrual, osteopenia) é especialmente problemático porque essa condição resulta em diminuição do conteúdo mineral ósseo durante o período crucial da adolescência.

Maturação sexual

A maturação sexual é influenciada sobretudo por fatores endócrinos e ambientais. Apesar de os mecanismos que contribuem para o início da puberdade não serem totalmente conhecidos, a liberação do hormônio gonadotrófico (GnRH) parece ser associada com a idade óssea e a composição corporal.[43] Cerca de 6 meses após os níveis apropriados de hormônios folículo estimulante (FSH) e luteinizante (LH) serem alcançados, a criança começa a mostrar sinais externos de maturação sexual.[43]

Muito do trabalho na classificação da maturação sexual foi feito por James Tanner (Figs. 13.7, 13.8 e 13.9). Tanner classificou a maturação sexual em cinco estágios, do pré-pubertal (estágio 1) até o adulto (estágio 5). Cada estágio dura cerca de 4,5 anos. Nas meninas, os estágios são definidos pelo desenvolvimento dos pelos pubianos e dos seios, ao passo que, nos meninos, são definidos pelo desenvolvimento dos pelos pubianos e da genitália. A progressão ao longo dos cinco estágios deve ser linear e previsível.[43] É incorreto classificar um indivíduo em um único estágio de Tanner, visto que meninos e meninas têm duas áreas distintas para consideração. A classificação apropriada para meninas inclui o estágio do desenvolvimento dos pelos pubianos e o do desenvolvimento dos seios, enquanto a classificação para os meninos inclui o estágio do desenvolvimento dos pelos pubianos e o do desenvolvimento da genitália. Os dois estágios não são necessariamente os mesmos, o que evidencia diferentes taxas de maturação até no mesmo indivíduo. Essa variação de taxas de maturação entre indivíduos ou no mesmo indivíduo pode ser uma fonte de ansiedade e frustração para adolescentes que não entendem por que seus pares podem ser mais ou menos desenvolvidos do que eles. Está dentro de amplitudes normais para adolescentes na mesma idade cronológica diferir em até dois estágios de Tanner.[43]

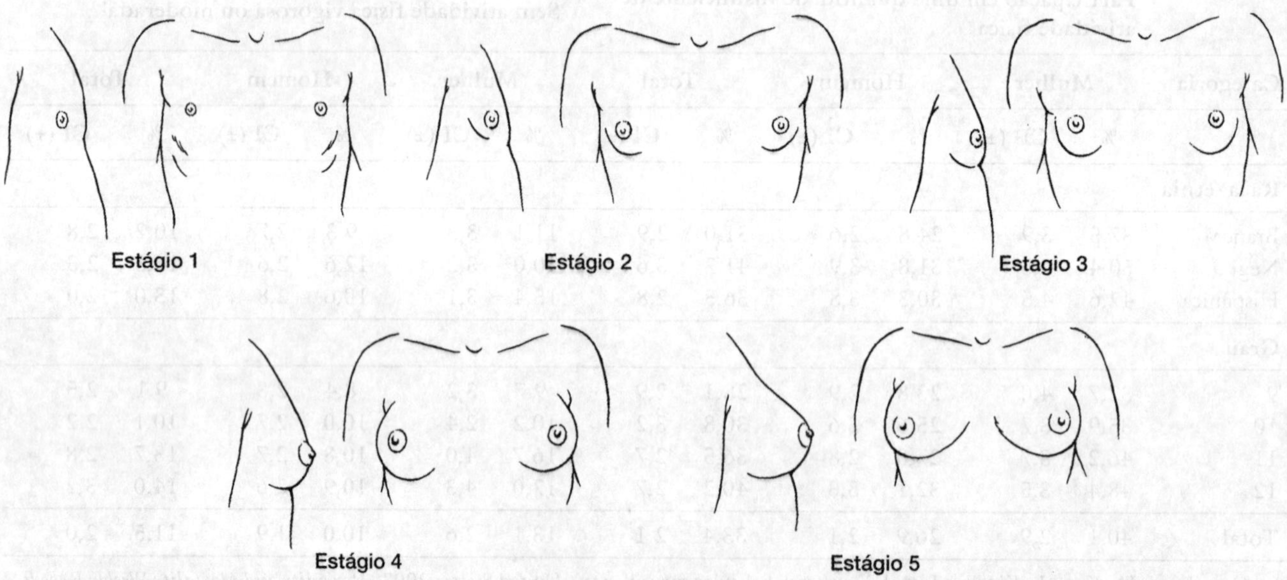

Figura 13.7 Desenvolvimento dos seios nas meninas. O desenvolvimento da mama pode ser dividido em cinco fases. No estágio 1, somente o mamilo está elevado acima do nível do seio (como na criança). No estágio 2, o estágio do brotamento, há uma elevação da aréola em forma de broto. Na palpação, um botão razoavelmente duro pode ser sentido, em forma de disco ou cereja. A aréola aumenta de diâmetro e a área ao redor se eleva levemente. No estágio 3, há uma elevação ainda maior da mama; o diâmetro areolar aumenta ainda mais e a forma da mama é visivelmente feminina. No estágio 4, o depósito de gordura aumenta, e a aréola forma uma elevação secundária acima daquela sobre o seio. Essa elevação secundária ocorre em aproximadamente metade de todas as meninas e em alguns casos persiste até a idade adulta. No estágio 5, o estágio adulto, a aréola geralmente baixa até o nível do seio e é fortemente pigmentada. (De Halpern B, Blackburn T, Incremona B et al: Preparticipation sports physicals. In Zachazewski JE, Magee DJ, Quillen WS, editors: *Athletic injuries rehabilitation*. WB Saunders, Philadelphia, 1996, p. 855.)

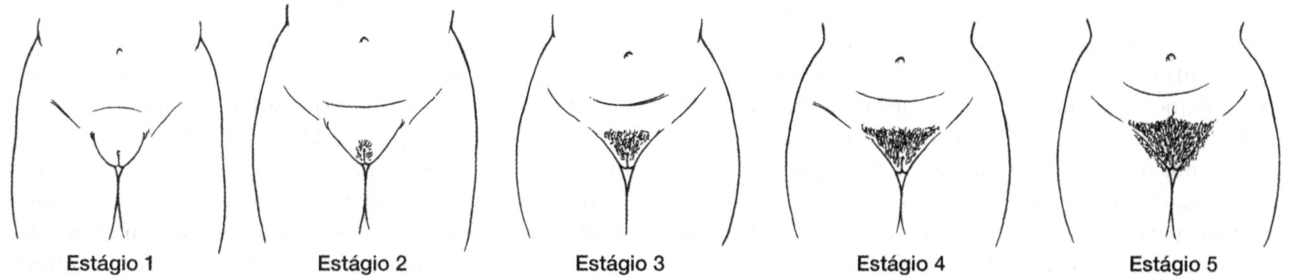

Figura 13.8 Desenvolvimento dos pelos pubianos em meninas. No desenvolvimento dos pelos pubianos, cinco estágios são bem distintos. No estágio 1, não há nenhum crescimento de pelos pubianos. No estágio 2, inicial, poucos pelos pigmentados estão presentes, especialmente ao longo dos lábios (não visíveis em fotografia preta e branca). No estágio 3, pelos esparsos, escuros, visivelmente pigmentados e encaracolados estão presentes nos lábios. No estágio 4, pelos adultos no tipo, mas não na extensão, estão presentes. No estágio 5, há uma expansão lateral (tipo e extensão dos pelos são de adulto). (De Halpern B, Blackburn T, Incremona B et al: Preparticipation sports physicals. In Zachazewski JE, Magee DJ, Quillen WS, editors: *Athletic injuries rehabilitation.* WB Saunders, Philadelphia, 1996, p. 855.)

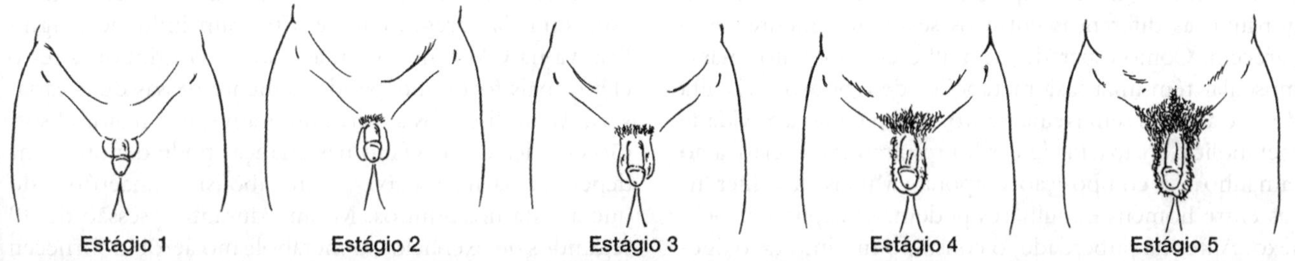

Figura 13.9 Desenvolvimento genital e de pelos pubianos em meninos. O desenvolvimento da genitália externa e dos pelos pubianos pode ser dividido em cinco fases. No estágio 1, os testículos, escroto e o pênis são do mesmo tamanho e forma de uma criança pequena e não há crescimento de pelos pubianos (pelos na região púbica não são diferentes daqueles no resto do abdome). No estágio 2 há um aumento do escroto e dos testículos. A pele do escroto torna-se mais vermelha, mais fina e enrugada. O pênis ainda não cresceu ou cresceu levemente. O pelo pubiano é levemente pigmentado. No estágio 3, há um aumento do pênis, especialmente em comprimento, além de aumento dos testículos e descida do escroto. Pelos pubianos escuros, definidamente pigmentados e enrolados estão presentes em torno da base do pênis. O estágio 3 pode ser fotografado. No estágio 4, continua o aumento do pênis e escultura da glande com aumento da pigmentação do escroto. Esse estágio é algumas vezes mais bem descrito como quase adulto. O pelo pubiano é definitivamente de adulto em tipo, mas não em extensão (não além da prega inguinal). No estágio 5, o estágio adulto, o escroto é grande e o pênis atinge quase o fundo do escroto. Os pelos pubianos se espalham para as superfícies mediais das coxas, mas não para cima. Em 80% dos homens, os pelos se espalham ao longo da linha Alba. (De Halpern B, Blackburn T, Incremona B et al: Preparticipation sports physicals. In Zachazewski JE, Magee DJ, Quillen WS, editors: *Athletic injuries rehabilitation.* WB Saunders, Philadelphia, 1996, p. 855.)

No caso dos meninos, o início do estágio 1 é entre os 9 e os 13 anos de idade, o PVA ocorre entre os estágios 3 e 4, e o pico de força é atingido entre os estágios 4 e 5. No caso das meninas, o início do estágio 1 é entre os 8 e os 13 anos de idade, o PVA ocorre no estágio 2 e a menarca (início da menstruação) ocorre em torno dos 12 anos de idade.[43]

Desenvolvimento do desempenho

Assim como na maioria dos aspectos de crescimento e desenvolvimento, o tempo e a sincronia de desenvolvimento do desempenho também variam. As crianças geralmente não têm habilidades motoras da maioria dos domínios de desempenho físico de correr, apanhar e lançar.[59] Essas habilidades se desenvolvem à medida que os sistemas neurológico e musculoesquelético amadurecem e crescem. Em algum momento entre os 6 e os 10 anos de idade, as crianças adquirem a forma adulta dessas habilidades.[59] A habilidade é bem dependente do sistema nervoso. A massa das células nervosas pode aumentar em até 200 mil vezes e o diâmetro das células nervosas mielinizadas aumenta significativamente durante o crescimento.[60] O sistema nervoso atinge em torno de 90% do seu tamanho adulto aos 6 anos de idade e, na puberdade, está quase totalmente maturado.[60] Nesse ponto, o desenvolvimento final das habilidades depende de prática e treinamento. Há também diferenças entre meninos e meninas que começam a aumentar na adolescência. Tais diferenças serão exploradas em relação aos vários sistemas.

Capacidade cardiorrespiratória

Medidas da capacidade cardiorrespiratória geralmente incluem medidas de desempenho durante atividades de resistência e outras medidas de base, tais como pressão sanguínea, frequência respiratória, frequência cardíaca e níveis de colesterol. Em geral, à medida que as crianças passam da infância para a idade adulta, sua frequência cardíaca cai de uma média de 120 bpm para o normal de um adulto, em torno de 80 bpm. A diminuição da frequência cardíaca a níveis de adulto ocorre em torno dos 16 anos de idade e é parcialmente resultado do aumento da eficiência e de um maior volume de ejeção. O coração menor e o baixo volume sanguíneo de uma criança resultam em um volume de ejeção mais baixo, o que é compensado por um aumento na frequência cardíaca. Como a pressão sanguínea é diretamente relacionada ao tamanho do corpo, ela é mais baixa em crianças do que em adultos. Com o crescimento, ela passa de 90/60 mmHg na criança para aproximadamente 110/70 mmHg aos 18 anos de idade.[41] A frequência respiratória diminui de 20 incursões/minuto na infância, para níveis de adulto de 12 incursões/minuto. O coração e os pulmões crescem de forma linear ao crescimento de outros órgãos e sistemas do corpo.

Como a atividade metabólica em repouso está relacionada à massa muscular, as mulheres têm a taxa metabólica de repouso de 5 a 10% mais baixa do que os homens.[61] Quando expressa em relação à massa sem gordura, as diferenças entre os sexos geralmente desaparecem. Como esperado, as mulheres com maior massa muscular têm uma taxa metabólica de repouso mais alta do que aquelas sem treinamento. Assim como a atividade metabólica, a capacidade cardiorrespiratória é relativa ao tamanho e à composição corporal. Muitas das diferenças entre homens e mulheres podem ser explicadas pelo sexo. Antes da puberdade, o consumo máximo de oxigênio (VO_2máx) é igual entre meninos e meninas. Após a puberdade, quando o VO_2máx é descrito em termos de mL/kg de massa sem gordura/min, as diferenças entre os sexos diminuem para cerca de 15%.[61]

Durante a puberdade, o VO_2máx aumenta linearmente com os aumentos no peso corporal. Os meninos atingem seu pico em torno dos 16 anos de idade, ao passo que, nas meninas, o VO_2máx atinge seu pico em torno de 13 a 15 anos e, então, declina gradualmente.[41] Do mesmo modo, quando normalizado em relação ao peso corporal ou à massa corporal magra, os meninos apresentam poucas mudanças entre os 6 anos de idade e o começo da vida adulta, enquanto as meninas mostram uma diminuição gradual durante o período da adolescência, o que parece ser um reflexo da diminuição nos níveis de atividade.[41] Apesar de o VO_2máx absoluto mudar pouco durante a infância até a puberdade, o desempenho em esportes de resistência obviamente aumenta de forma substancial. Tal fato parece ser resultado de melhora na força, na resistência e na eficiência musculares. Estudos com crianças e adultos desempenhando atividades similares mostraram que os adultos são 30 a 42% eficientes, enquanto as crianças são somente 15 a 22% eficientes.[62]

Capacidade anaeróbia

A capacidade anaeróbia é frequentemente usada como outra medida da capacidade cardiorrespiratória. A medição direta da capacidade anaeróbia em crianças e adolescentes não é atualmente possível, visto que as técnicas são muito invasivas; sendo assim, a maioria das pesquisas foca em determinar a potência a curto prazo. A maioria dos estudos usa o teste anaeróbio de Wingate para avaliar o pico da capacidade (PC) e a capacidade média (CM) em um período específico de tempo. Infelizmente, os dados são conflitantes, de modo que alguns estudos encontram que a CM é maior em meninos, outros acham que a CM e o PC são mais altos nas meninas, e outros ainda não detectam diferenças por sexo.[48,63,64] Tais discrepâncias talvez sejam resultado de diferenças em métodos, uma vez que a maioria dos estudos é de natureza transversal. Estudos longitudinais em busca de diferenças por idade também demonstraram resultados conflitantes, talvez em razão da forma como a massa corporal foi controlada.[47,65] Armstrong et al. mediram a potência de curto prazo longitudinalmente em meninos e meninas controlando massa corporal, estatura e idade.[48] Eles descobriram que os valores das meninas foram significativamente mais baixos do que os dos meninos, com divergência progressiva com o aumento da idade. Tanto a massa corporal como a espessura das pregas cutâneas tiveram influência significativa na CM e no PC, mas a idade continuou a ter o efeito mais forte, independentemente dessas duas variáveis. Além disso, os autores notaram que a maior absorção cinética de oxigênio nas crianças pode denotar uma dependência mais baixa no metabolismo anaeróbio do que a vista nos adultos. Mesmo durante a sessão de 30 segundos de exercícios, o metabolismo aeróbio forneceu amplo suporte para a CM em crianças. Demonstrou-se que essa contribuição varia de 18 a 44%.[66] Como a força é relativa às áreas transversais do músculo e ao seu comprimento, especula-se que o volume muscular possa ser um importante preditor da CM e do PC nessa faixa etária.[48,67] Descobriu-se que as meninas se exercitaram em resistência mais alta do que os meninos durante o teste de Wingate quando a resistência foi expressa em relação ao volume muscular da coxa.[68]

Expandindo esses resultados, Martin et al. olharam o efeito da idade, da massa corporal e do volume de massa magra do membro inferior na potência de curto prazo em meninos e meninas de 7,5 a 17,5 anos de idade.[69] Eles também controlaram a força ótima e a frequência do pedalar durante o teste. Os autores encontraram que o PC não depende da idade até os 14 anos. A partir de então, o PC é significativamente mais baixo nas meninas, sendo o volume da massa magra do membro inferior o maior preditor do PC, responsável por 68% da sua variância. Em contraste, o maior preditor do PC nos meninos é a idade, responsável por 57% da variância nos valores do PC. Os autores consideraram que os fatores musculares qualitativos, tais como tipo de fibra muscular, coordenação motora e ativação de unidades motoras, devem ser responsáveis pelo maior valor visto em meninos do que em meninas.[69] A ativação de unidades motoras deve ser um fator significativo nos valores de potência, uma vez que pesquisas demonstraram que indivíduos com 16 anos de idade podem ativar seu quadríceps em maior extensão do que aqueles com 10 anos de idade. Isso pode ser em função do desenvolvimento de habilidades e da maturação do sistema nervoso.[48]

Força muscular

O desempenho da força muscular é uma interação complexa entre tipo de fibra muscular, recrutamento neurológico e tamanho transversal. Os dois últimos fatores dependem bastante do treinamento. Estudos de desempenho muscular em adolescentes normalmente demonstraram maior desempenho de força em homens do que em mulheres. Um estudo com adolescentes de 16 anos mostrou que os homens tiveram um desempenho 26% melhor no teste do salto de Sargent e 60% melhor na elevação com as duas mãos do que as mulheres.[44] Quando os dados foram ajustados por altura e peso, os homens continuaram melhores do que as mulheres, 13% no teste do salto de Sargent e 42% na elevação com as duas mãos. A força foi correlacionada com um índice de atividade (questionário sobre atividade durante o período de lazer) nas mulheres, mas foi correlacionada com a altura e a massa corporal nos homens.[44]

Estudos com outras atividades de desempenho de força mostraram que homens jovens (de 13 a 27 anos de idade) desempenham consistentemente melhor do que as mulheres, em atividades como salto em altura, corrida de velocidade, queda de braço (em relação ao peso corporal), flexões em elevação e elevações de membros inferiores.[50] Na maioria dos casos, os homens continuam a mostrar melhoras durante o período da adolescência (medido dos 13 aos 16 anos de idade), enquanto as mulheres melhoram levemente ou permanecem sem modificações.

A composição corporal específica das mulheres contribui para as diferenças na força entre os sexos, embora não a explique por completo. A área transversal muscular total das mulheres é em média 60 a 85% dos seus pares masculinos homólogos.[61] O pico de ganho de força ocorre aproximadamente 14 meses após o pico de velocidade de altura (cerca de 1 a 2 anos após o início da maturação sexual) e 9 meses após o pico de velocidade do peso (em torno de 6 meses após o pico de velocidade da altura). Nas meninas, a força muscular aumenta linearmente durante a infância até em torno dos 15 anos de idade. Não há aumento aparente de força com a puberdade como visto nos seus pares masculinos. Entre os 15 e os 16 anos de idade, a força das meninas é cerca de 75% da força dos meninos.[61] As diferenças de força são mais aparentes na parte superior do corpo do que nas extremidades inferiores.

Desempenho motor

O desempenho motor em diversas tarefas melhora durante a infância até o início da fase adulta. De modo geral, os meninos têm melhor desempenho do que as meninas em várias tarefas físicas, incluindo correr, saltar e arremessar. Os meninos continuam a mostrar avanços no desempenho motor até o final da adolescência ou até mesmo em torno dos 20 anos.[59] Em contraste, os aumentos no desempenho motor nas meninas, consideradas como uma população, tendem a diminuir em torno dos 14 anos de idade, talvez em virtude das mudanças no nível de atividade física de várias garotas.[59] Um estudo de níveis de atividade em crianças e adolescentes do ensino fundamental ao médio mostrou que meninos eram consistentemente mais ativos do que as meninas em todos as faixas etárias.[58] A maioria dessa diferença estava relacionada ao tempo gasto em ***atividade física vigorosa*** (AFV) (uma diferença de 45% entre meninos e meninas) comparada a ***atividade física moderada a vigorosa*** (ATMV) (11% de diferença). Tais achados são consistentes com outros estudos sobre atividade física.[70] O mais importante é que toda atividade diminuiu à medida que os estudantes ficavam mais velhos e a participação em sessões de 20 minutos de atividade física era quase inexistente.[58] A maior diminuição foi entre a 1ª e a 3ª série e entre a 4ª e a 6ª série do ensino fundamental. Essa diminuição significativa da atividade deve afetar o desempenho das meninas em várias habilidade motoras. A única área em que as meninas tendem a ter melhor desempenho do que os meninos é na área de habilidades motoras finas. Em um estudo de golpeio de placas, as meninas tiveram pontuações consistentemente mais rápidas do que os meninos, apesar de as diferenças não serem significativas.[50]

As características de desempenho muscular parecem diferir entre homens e mulheres, o que pode ser significativo na epidemiologia das lesões. Embora pareça não haver uma diferença no tempo de reação muscular, algumas atletas aparentemente têm padrões de ativação diferentes quando comparadas com seus pares masculinos.[45] Em resposta a uma perturbação no tibial anterior, as atletas contraíram preferencialmente seus quadríceps, o que diferiu de controles dos não atletas de ambos os sexos, que contraíram primeiro seus músculos isquiotibiais.[71] Além disso, existem diferenças na rigidez muscular. Após a normalização do peso corporal e da altura, as mulheres foram menos capazes de voluntariamente enrijecer a articulação do joelho no plano anteroposterior. Os homens foram capazes de aumentar a rigidez no joelho em uma média de quatro vezes, enquanto as mulheres só foram capazes de dobrar o enrijecimento.[45] Essas diferenças no desempenho motor podem ter implicações significativas na incidência de lesões do ligamento cruzado anterior.

INÍCIO DA FASE ADULTA (19 A 40 ANOS)

O início da fase adulta é a fase que vai aproximadamente dos 19 aos 40 anos de idade. A essa altura, o crescimento físico cessou, apesar de ainda poder ocorrer maturação esquelética em determinadas partes do corpo de alguns indivíduos. Sendo assim, quaisquer mudanças nessa faixa etária geralmente são o resultado de opções de estilos de vida e não de processos fisiológicos.

Algumas das maiores preocupações nessa faixa etária relacionam-se a opções de estilos de vida que têm impacto na saúde do indivíduo por vários anos à frente. Por exemplo, a prevalência de diabetes em grupos de 20 a 39 anos de idade aumentou de 1,6% da população de 1988 a 1994 para 2,2% da população de 1999 a 2000.[72] Entre aqueles de 18 a 44 anos de idade, o porcentual com atividade limitada causada por condições crônicas foi de 6,3% da população e foi similar em ambos os sexos. Entretanto, houve diferenças por situação socioeconômica, de modo que 23% das pessoas de baixa renda e somente 10% daquelas de renda mais elevada apresentaram tais limitações de atividade.[72] Cerca de 25% da população de 20 a 74 anos de idade tem hipertensão, um aumento significativo em relação ao último relatório do período de 1988 a 1994.[72] O porcentual da população com hipertensão é também significativamente mais alto em homens e mulheres negros, 37% e 39%, respectivamente.[72] Medidas aproximadas para o intervalo de idade do início da fase adulta mostraram níveis baixos de hipertensão, com somente 8,1% dos homens de 20 a 34 anos de idade com diagnóstico de hipertensão. Entretanto, esse número aumenta para 17,1% entre os 35 e os 44 anos de idade. Uma tendência similar é vista nas mulheres, com uma prevalência de 2,7% no grupo de 20 a 34 anos de idade e 15,1% no grupo de 35 a 44 anos de idade.[72]

O sobrepeso e a obesidade continuam a ser fatores significantes no início da fase adulta, com aumento da prevalência do sobrepeso na população. O porcentual de pessoas com sobrepeso (de 20 a 74 anos, ajustado por idade) de 1999 a 2002 variou por sexo e raça. Os porcentuais ajustados por idade foram 69% entre os homens e 62% entre as mulheres.[72] Quando controlados por raça, cerca de 78% das mulheres negras estavam acima do peso, e 73% dos homens de origem mexicana e 71% das mulheres de origem mexicana foram considerados acima do peso. Quando se examinaram os dados por sexo e faixa etária, 57% dos homens entre 20 e 34 anos estavam acima do peso (acima de 48% de 1988 e 1994), e 71% dos homens de 35 a 44 anos (acima de 66%).[72] A mesma tendência é vista nas mulheres, com 53% daquelas entre 20 e 34 anos acima do peso (acima de 37%), e 61% das mulheres entre 35 e 44 anos acima do peso (acima de 50%).[72]

Tais achados são todos consistentes com Winkleby et al.,[55] que encontraram que as diferenças étnicas no índice de massa corporal, no porcentual de energia consumida em forma de gordura, na pressão sanguínea e nos níveis de hemoglobina glicosilada foram maiores em meninos negros e de origem mexicana do que em meninas e meninos brancos. Essas diferenças encontradas na adolescência persistiram até a faixa etária de 25 a 34 anos de idade.

Tais tendências são todas preocupantes e reforçam a importância do exercício físico regular. Como observado anteriormente, a diminuição na atividade física começa a diminuir no começo da segunda infância e se expande à medida que a criança entra na adolescência. Hábitos ruins são iniciados precocemente e carregados até o início da fase adulta, criando um problema de saúde sério para o país uma vez que esses indivíduos envelhecem. É imperativo que os prestadores de serviços de saúde tomem medidas proativas para reverter essa tendência alarmante. Envolver-se na prevenção e no bem-estar na escola ou na comunidade é um importante dever dos prestadores de serviços de saúde.

RESUMO

Este capítulo explorou as inúmeras mudanças normais que ocorrem no corpo humano durante a vida. Foram destacados os marcos específicos, bem como as questões e preocupações das quais o fisioterapeuta musculoesquelético deve estar ciente. Mudanças na força muscular, no equilíbrio, no controle motor, na potência e na flexibilidade são normais durante o desenvolvimento. A realização de novas habilidades motoras e tarefas é altamente variável. Os clínicos envolvidos na reabilitação musculoesquelética devem ter um bom entendimento geral das realizações e das questões durante a vida para avaliar e tratar efetivamente o paciente desde o nascimento até os 40 anos de idade.

REFERÊNCIAS BIBLIOGRÁFICAS

1. Bernhardt DB: Prenatal and postnatal growth and development of the foot and ankle, Phys Ther 68(12):1831-1839, 1988.
2. LeVeau BF, Bernhardt DB: Developmental biomechanics. Effect of forces on the growth, development, and maintenance of the human body, Phys Ther 64(12):1874-1882, 1984.
3. Hensinger RN, Jones ET: Developmental orthopaedics. I: the lower limb, Dev Med Child Neurol 24(1):95-116, 1982.
4. Pitkow RB: External rotation contracture of the extended hip: a common phenomenon of infancy obscuring femoral neck anteversion and the most frequent cause of out-toeing in gait in children, Clin Orthop 110:139-145, 1975.
5. Haas SS, Epps CH Jr, Adams JP: Normal ranges of hip motion in the newborn, Clin Orthop 91:114-118, 1973.
6. Siffert RS: Patterns of deformity of the developing hip, Clin Orthop 160:14-29, 1981.
7. Beals RK: Developmental changes in the femur and acetabulum in spastic paraplegia and diplegia, Dev Med Child Neurol 11(3):303-313, 1969.
8. Bleck EE: Developmental orthopaedics. III: toddlers, Dev Med Child Neurol 24(4):533-555, 1982.
9. Hoffer MM: Joint motion limitation in newborns, Clin Orthop 148:94-96, 1980.
10. McDade W: Bow legs and knock knees, Pediatr Clin North Am 24(4):825-839, 1977.
11. Starr J, Tucker C: The cardiopulmonary system. In Effgen S, editor: Meeting the physical therapy needs of children, Philadelphia, 2005, FA Davis.
12. Campbell S: The child's development of functional movement. In Campbell S, VanderLinden D, Palisano R, editors: Physical therapy for children, Philadelphia, 2000, WB Saunders.
13. Hoover JE, Strick PL: Multiple output channels in the basal ganglia, Science 259:819-821, 1993.
14. Stout J: Gait: Development and analysis. In Campbell S, VanderLinden D, Palisano R, editors: Physical therapy for children, Philadelphia, 2000, WB Saunders.
15. Stout J: Physical fitness during childhood and adolescence. In Campbell S, VanderLinden D, Palisano R, editors: Physical therapy for children, Philadelphia, 2000, WB Saunders.
16. Colson ER, Dworkin PH: Toddler development, Pediatr Rev 18(8):255-259, 1997.
17. Cooperman D: The differential diagnosis of torticollis in children, Phys Occup Ther Pediatr 17(2):1-11, 1997.
18. Karmel-Ross K, Lepp M: Assessment and treatment of children with congenital muscular torticollis, Phys Occup Ther Pediatr 17(2):21-67, 1997.
19. Hylton N: Infants with torticollis: the relationship between asymmetric head and neck positioning and postural development, Phys Occup Ther Pediatr 17(2):91-117, 1997.

20. Jacques P, Karmel-Ross K: The use of splinting in conservative and post-operative treatment of congenital muscular torticollis, Phys Occup Ther Pediatr 17(2):81-90, 1997.
21. Rajput A, Gauderer M: The surgical management of congenital muscular torticolis, Phys Occup Ther Pediatr 17(2):69-80, 1997.
22. Canale ST, Griffin DW, Hubbard CN: Congenital muscular torticollis: a long-term follow-up, J Bone Joint Surg 64A:810-816, 1982.
23. Ippolito E, Tudisco C, Massobrio M: Long-term results of open sternocleidomastoid tenotomy for idiopathic muscular torticollis, J Bone Joint Surg 67A:30-38, 1985.
24. Leach J: Orthopaedic conditions. In Campbell S, VanderLinden D, Palisano R, editors: Physical therapy for children, Philadelphia, 2000, WB Saunders.
25. Lowes L, Orlin M: Musculoskeletal system: considerations and interventions for specific pediatric pathologies. In Effgen S, editor: Meeting the physical therapy needs of children, Philadelphia, 2005, FA Davis.
26. Skelly AC, Holt VL, Mosca VS, Alderman BW: Talipes equinovarus and maternal smoking: a population-based case-control study in Washington state, Teratology 66(2):91-100, 2002.
27. Honein MA, Paulozzi LJ, Moore CA: Family history, maternal smoking, and clubfoot: an indication of a gene-environment interaction, Am J Epidemiol 152(7):658-665, 2000.
28. Frick SL: The Ponseti method of treatment for congenital clubfoot: importance of maximal forefoot supination in initial casting, Orthopaedics 28(1):63-65, 2005.
29. Morcuende JA, Dolan LA, Dietz FR, Ponseti IV: Radical reduction in the rate of extensive corrective surgery for clubfoot using the Ponseti method, Pediatrics 113(2):376-380, 2004.
30. Dobbs MB, Rudzki JR, Purcell DB et al: Factors predictive of outcome after use of the Ponseti method for the treatment of idiopathic clubfeet, J Bone Joint Surg 86A:22-27, 2004.
31. Colburn M, Williams M: Evaluation of the treatment of idiopathic clubfoot by using the Ponseti method, J Foot Ankle Surg 42(4):259-267, 2003.
32. Ippolito E, Farsetti P, Caterini R et al: Long-term comparative results in patients with congenital clubfoot treated with two different protocols, J Bone Joint Surg 85A:1286-1294, 2003.
33. Norton E: Developmental muscular torticollis and brachial plexus injury. In Campbell S, VanderLinden D, Palisano R, editors: Physical therapy for children, Philadelphia, 2000, WB Saunders.
34. Orlin M, Lowes L: Musculoskeletal system: structure, function and evaluation. In Effgen S, editor: Meeting the physical therapy needs of children, Philadelphia, 2005, FA Davis.
35. Bar-Or O: Physical conditioning in children with cardiorespiratory disease, Exerc Sports Sci Rev 13:305-334, 1985.
36. Effgen S: Child development and appraisal. In Effgen S, editor: Meeting the physical therapy needs of children, Philadelphia, 2005, FA Davis.
37. Kelly I, Oregan J, Jensinson A et al: The quality assessment of walking in cerebral palsy, Gait and Posture 5(1):70-74, 1997.
38. Katz MM, Mubarak SJ: Hereditary tendo Achillis contractures, J Pediatr Orthop 4(6):711-714, 1984.
39. Malina RM: Performance in the context of growth and maturation. In Ireland ML, Nattiv A, editors: The female athlete, Philadelphia, 2002, WB Saunders.
40. Malina RM, Beunen G: Monitoring of growth and maturation. In Bar-Or O, editor: The child and adolescent athlete, Oxford, 1996, Blackwell Science.
41. Servedio FJ: Normal growth and development. In Brody LT, editor: The young athlete, Part 1, Philadelphia, 1997, WB Saunders.
42. Strickland SM, Metzl JD: Growth and development. In Ireland ML, Nattiv A, editors: The female athlete, Philadelphia, 2002, WB Saunders.
43. Patton D, Harris J: Adolescent development and screening. In South-Paul J, Matheny S, Lewis E, editors: Current diagnosis and treatment in family medicine, New York, 2004, McGraw-Hill.
44. Glenmark B, Hedberg G, Kaijser L, Jansson E: Muscle strength from adolescence to adulthood: relationship to muscle fibre types, Eur J Appl Physiol 68:9-19, 1994.
45. Huston L, Wojtys E: Neuromuscular differences between male and female athletes contributing to anterior cruciate ligament injuries. In Kirkendall D, editor: Women's health in sports and exercise, Rosemont, Ill, 1999, American Academy of Orthopaedic Surgeons.
46. Malina R: Growth, performance, activity, and training during adolescence. In Mirkin G, editor: Women and exercise: physiology and sports medicine, Philadelphia, 1988, FA Davis.
47. Armstrong N, Welsman JR, Williams CA, Kirby BJ: Longitudinal changes in young people's short-term power output, Med Sci Sports Exerc 32:1140-1145, 2000.
48. Armstrong N, Welsman JR, Chia MY: Short term power output in relation to growth and maturation, Br J Sportsmed 35(2):118-124, 2001.
49. Oertel G: Morphometric analysis of normal skeletal muscles in infancy, childhood and adolescence: an autopsy study, J Neurologic Sci 88:303-313, 1988.
50. van Mechelen W, Kemper H: Body growth, body composition, and physical fitness. In Kemper H, editor: The Amsterdam growth study: a longitudinal analysis of health, fitness, and lifestyle, Champaign, Ill, 1995, Human Kinetics.
51. Dietz WH, Robinson TN: Use of the body mass index (BMI) as a measure of overweight in children and adolescents, J Pediatr 132(2):191-193, 1998.
52. Gutin B, Basch C, Shea S et al: Blood pressure, fitness, and fatness in 5- and 6-year old children, JAMA 264:1123-1127, 1990.
53. Zwiauer K, Widhalm K, Kerbl B: Relationship between body fat distribution and blood lipids in obese adolescents, Int J Obes 14:271-277, 1990.
54. Hagberg JM, Goldring D, Ehsani AA et al: Effect of exercise training on the blood pressure and hemodynamic features of hypertensive adolescents, Am J Cardiol 52(7):763-768, 1983.
55. Winkleby MA, Robinson TN, Sundquist J, Kraemer HC: Ethnic variation in cardiovascular disease risk factors among children and young adults: findings from the Third National Health and Nutrition Examination Survey, 1988-1994, JAMA 281(11):1006-1013, 1999.
56. Heath GW, Pratt M, Warren CW, Kann L: Physical activity patterns in American high school students. Results from the 1990 Youth Risk Behavior Survey, Arch Pediatr Adolesc Med 148(11):1131-1136, 1994.
57. Must A, Jacques PF, Dallal GE et al: Long-term morbidity and mortality of overweight adolescents: a follow-up of the Harvard growth study of 1922 to 1935, N Eng J Med 327:1350-1355, 1992.
58. Trost SG, Pate RR, Sallis JF et al: Age and gender differences in objectively measured physical activity in youth, Med Sci Sports Exerc 34(2):350-355, 2002.
59. Porter R: Normal development of movement and function: child and adolescent. In Scully R, Barnes M, editors: Physical therapy, Philadelphia, 1989, JB Lippincott.
60. Mero A: Power and speed training during childhood. In Van Praagh E, editor: Pediatric anaerobic performance, Champaign, Ill, 1998, Human Kinetics.
61. Sanborn C, Jankowski C: Gender-specific physiology. In Agostini R, editor: Medical and orthopedic issues of active and athletic women, St. Louis, 1994, CV Mosby.
62. Ebbeling C, Hamill J, Freedson P: An examination of the efficiency during walking in children and adults, Pediatr Exerc Sci 4:36-42, 1992.
63. Docherty D, Gaul CA: Relationship of body size, physique, and composition to physical performance in young boys and girls, Int J Sports Med 12:525-532, 1991.
64. Van Praagh E, Fellmann N, Bedu M: Gender differences in the relationship of anaerobic power output to body composition in children, Pediatr Exerc Sci 2:336-348, 1990.

65. Falk B, Bar-Or O: Longitudinal changes in peak aerobic and anaerobic mechanical power of circumpubertal body, Pediatr Exerc Sci 5:318-331, 1993.
66. Chia M, Armstrong N, Childs D: The assessment of children's anaerobic performance using modifications of the Wingate anaerobic test, Pediatr Exerc Sci 9:80-89, 1997.
67. Dore E, Bedu M, Franca NM, Van Praagh E: Anaerobic cycling performance characteristics in prepubescent, adolescent and young adult females, Eur J Appl Physiol 84:476-481, 2001.
68. Welsman JR, Armstrong N, Kirby BJ et al: Exercise performance and magnetic resonance imaging determined thigh muscle volume in children, Eur J Appl Physiol 76:92-97, 1997.
69. Martin RJ, Dore E, Twisk J et al: Longitudinal changes of maximal short-term peak power in girls and boys during growth, Med Sci Sports Exerc 36(3):498-503, 2004.
70. van Mechelen W, Twisk JW, Post GB et al: Physical activity of young people: the Amsterdam longitudinal growth and health study, Med Sci Sports Exerc 32:1610-1616, 2000.
71. Huston LJ, Wojtys EM: Neuromuscular performance characteristics in elite female athletes, Am J Sports Med 24:427-436, 1996.
72. Centers for Disease Control and Prevention, United States, 2004. U.S. Department of Health and Human Services [website], available at www.cdc.gov/nchs/data/hus/hus04trend.pdf. Accessed February 7, 2005.

CAPÍTULO

14

Efeitos das mudanças com o avanço da idade e suas relações ao longo da vida (acima de 40 anos)

Marybeth Brown

MUDANÇAS FÍSICAS COM O ENVELHECIMENTO: MEIA-IDADE ATÉ A VELHICE

O envelhecimento não é um dos eventos que ocorrem em consequência da aposentadoria. O processo na verdade começa na terceira década e continua inexoravelmente até a morte. O declínio que ocorre entre as idades de 25 e 55 anos é modesto, correspondendo de 15 a 20% do declínio total, mas após a idade de 55, o ritmo da perda se acelera.[1-25] Assim, a avaliação e as considerações de tratamento para o idoso variam consideravelmente, apenas com base na idade cronológica. Os seres humanos passam cerca de 70% da vida sob a ação do declínio relativo à idade. Como explicam as páginas a seguir, os sistemas podem declinar em velocidades variadas, o que torna a seleção adequada de ferramentas de avaliação e o planejamento terapêutico mais desafiadores para esta população do que para qualquer outro grupo de pacientes tratados por clínicos. Coincidente com a variada velocidade de declínio do sistema com o envelhecimento, é a emergência de doenças, que complica ainda mais a questão do tratamento apropriado.[20,26-32]

Para esclarecer a expressão "adulto mais velho", os termos a seguir, do Instituto Nacional em Envelhecimento dos Estados Unidos, são os usados ao longo deste capítulo: meia-idade, 45 a 55 anos; meia-idade avançada, 55 a 65 anos; jovem idoso, 65 a 75 anos; idoso, 75 a 85 anos; e muito idoso, 85 anos ou mais. As preocupações com exercícios geralmente diferem para cada uma dessas categorias de idade, de modo que se referir a alguém acima dos 50 anos simplesmente como "idoso" não será suficiente. As expectativas e o planejamento terapêutico para alguém de 55 anos de idade, que não tem condicionamento, não devem ser aqueles considerados para alguém de 85 anos de idade, que também não tem condicionamento, mas apresenta déficits de equilíbrio, de força, sensoriais, visuais e de amplitude de movimentos, além de diabetes e doença cardíaca coronariana.

Processo de envelhecimento

- O envelhecimento começa na terceira década de vida
- Entre as idades de 25 e 55 anos o declínio é de aproximadamente 15 a 20% do declínio total
- Após a idade de 55 anos, o declínio acelera

Classificações de idade do Instituto Nacional de Envelhecimento dos Estados Unidos

Meia-idade:	45-55 anos
Meia-idade avançada:	55-65 anos
Jovem idoso:	65-75 anos
Idoso:	75-85 anos
Muito idoso:	85 anos ou mais

Mudanças esqueléticas e articulares

Osteoporose

A perda de massa óssea (osteoporose) com o envelhecimento é inevitável, e ocorre tanto em homens quanto em mulheres, começando na meia-idade (Fig.14.1). A taxa de perda óssea é de cerca de 1% ao ano, e, em razão de as mulheres terem menos osso do que os homens durante toda a vida, elas correm maior risco de osteoporose.[9,20,23-25,33,34] As mulheres têm uma fase de aceleração de perda óssea durante os anos da menopausa, quando a taxa de perda é de cerca de 2% ao ano por aproximadamente 5 anos. Sendo assim, a perda total de massa óssea em mulheres excede tipicamente a dos homens, o que as coloca em maior risco de falha óssea. Foi determinado que metade de todas as mulheres acima de 50 anos tem osteopenia; uma estatística aterradora como esta indica que as norte-americanas não estão fazendo nada para melhorar a massa óssea durante os anos de crescimento (de acordo com a National Osteoporosis Foundation, dos EUA). As pessoas jovens, particularmente mulheres e meninas, apresentam maior tendência a pegar um copo de refrigerante do que um copo de leite e, sendo assim, o consumo diário de cálcio dos jovens de hoje em dia é menor do que o requerido. A maioria da perda óssea ocorre nas áreas trabeculares, tais como as vértebras e a cabeça/colo do fêmur.[35] Sendo assim, em indivíduos osteoporóticos, há uma prevalência mais alta de fraturas vertebrais e de colo de fêmur do quadril.

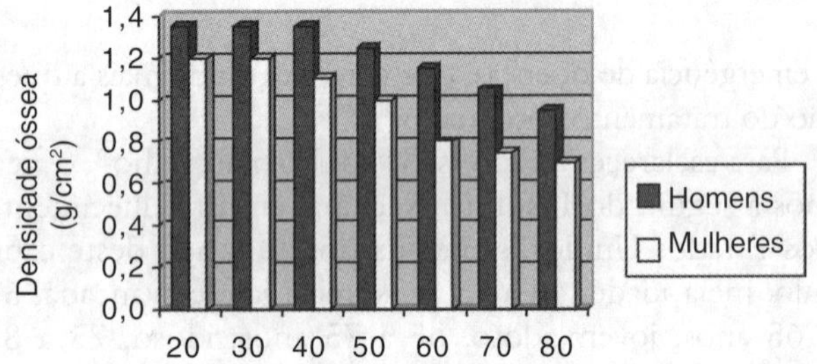

Figura 14.1 Mudanças da massa óssea com a idade, medidas por DEXA em homens e mulheres. O osso declina em uma taxa de ~1% ao ano em homens e mulheres, começando na quinta década. Uma aceleração no declínio ósseo é observada durante a menopausa nas mulheres. (Dados de Smith DM, Khairi MR, Norton J, Johnston CC Jr. Age and activity effects on rate of bone mineral loss. *J Clin Invest* 58(3): 716-721, 1976.)

Apesar de, como mencionado anteriormente, a perda óssea começar tipicamente na meia-idade (em torno dos 40 anos), ela pode ocorrer em qualquer momento da vida. Crianças e adolescentes que não ingerem cálcio suficiente falham em desenvolver uma completa estrutura óssea. Adultos jovens que falham em suprir as demandas diárias de cálcio perdem o osso necessário ao fornecimento de cálcio suficiente para a contração muscular e para outras funções vitais. O osso é um reservatório de cálcio e, se a ingestão de cálcio na dieta é inadequada, o cálcio necessário é tirado dos ossos. Tal fato leva então a uma perda geral de tecido ósseo. Há várias histórias de mulheres jovens, na maioria atletas de corrida, que treinaram tão forte que se tornaram amenorreicas, após apresentar baixos índices de estrogênio (a tríade da atleta). O efeito da perda de estrogênio nos ossos, associado à ingestão inadequada de cálcio (cerca de 1.500 mg/dia é a requerida) nessas atletas, finalmente resulta em profunda perda óssea. Sob essas condições, não é incomum encontrar uma estrutura esquelética de uma mulher de 70 anos de idade em um corpo de 20 anos.[36] Essa magnitude de declínio esquelético pode ocorrer dentro de 1 a 2 anos. O triste é que a recuperação óssea raramente ocorre nas atletas jovens. Prevenir a perda óssea é a chave para um envelhecimento saudável.

Taxa de perda óssea

- 1% ao ano começando na meia-idade (em torno dos 40 anos de idade)
- 2% ao ano em mulheres pós-menopausa por 5 anos
- Perda óssea pode ser vista em crianças e adultos jovens se as demandas diárias de cálcio não forem mantidas

Osteoartrite

Mudanças nas articulações também ocorrem como parte natural do envelhecimento; o que não é causado por envelhecimento natural é decorrente de desenvolvimento de osteoartrite. Ao longo dos anos ocorre uma sutil alteração do conteúdo de glicosaminoglicano (GAG) dentro da cartilagem (condroitinossulfato para sulfato de queratina) articular. Isto resulta em uma cartilagem articular menos resiliente e tolerante ao estresse imposto a ela. O sulfato de condroitina retém a água e é o conteúdo de água que fornece à cartilagem articular (e discos intervertebrais) sua resiliência. A perda de água da cartilagem e dos discos é particularmente pronunciada entre as idades de 60 e 70 anos, resultando na perda de altura que muitos idosos experimentam. Esta perda em altura é de 5,08 a 6,35 cm tanto para homens quanto para mulheres.[37,38] A perda em altura de mais de 6,35 cm pode indicar osteoporose, e uma perda excessiva deve ser investigada profundamente durante a avaliação clínica. A osteoporose deve ser considerada no planejamento e na execução de um programa apropriado de tratamento (ver o capítulo Tratamento da Osteoartrite e da Artrite Reumatoide, do livro *Pathology and Intervention*).

A mudança no conteúdo de GAG e a perda de água da cartilagem articular são os fatores principais que predispõem a cartilagem à deterioração, um processo referido como osteoartrose ou osteoartrite (OA). A OA leva à erosão das superfícies articulares, as quais são normalmente macias e menos atritantes que o gelo, e as torna irregulares. Podem se desenvolver fissuras, e o material cartilaginoso pode se deteriorar a tal ponto que osso fique em contato com osso, produzindo uma condição dolorosa. O material cartilaginoso perdido que está interagindo com a membrana sinovial ou com a cápsula articular pode levar a inflamação adicional, dor e edema

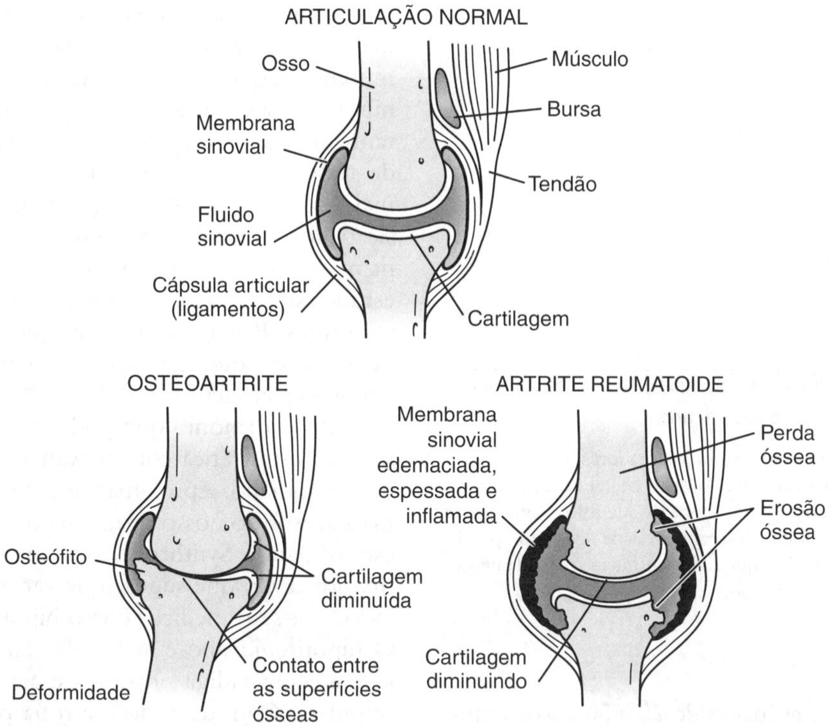

Figura 14.2 Mudanças osteoartríticas típicas que podem ocorrer com o avanço da idade. Erosão severa da cartilagem articular resulta em contato osso com osso, biomecânica articular alterada, e aumento da fricção articular ou resistência ao movimento e, frequentemente, dor e edema.

(Fig. 14.2). A OA é a condição clínica mais prevalente em idosos, afetando cerca de três quartos de toda a população de adultos mais idosos, mais frequentemente no joelho, seguido pelo quadril.[13,20,28,29,34,39-45] Dor, perda de movimento, fraqueza muscular em torno da articulação e edema são queixas comuns e bastante justificáveis para tratamento. Além dos sintomas clínicos mencionados, uma articulação deteriorada pela OA experimenta um grande aumento no coeficiente de fricção, o que contribui para a vagarosidade observada com a idade e a redução nas amplitudes finais de movimento.

Os tecidos moles em torno das articulações (p. ex.: tendões, ligamentos, cápsula) também passam por mudanças que incluem uma modificação no conteúdo de GAG, uma perda de água, e um aumento das ligações cruzadas de colágeno. Essas mudanças relativas à idade resultam em tecidos que são mais rígidos, menos flexíveis, e mais suscetíveis a lesões. A rigidez é a queixa mais ubíqua dos adultos mais idosos, e é provável que a mudança no conteúdo de GAG, resultando em perda de água, e o aumento das ligações cruzadas do colágeno contribuam substancialmente para a redução significativa da amplitude de movimento articular, vista nas principais articulações com o avanço da idade, e para as queixas de dificuldade de iniciar o movimento.

Músculo esquelético

A maioria dos textos que descreve o envelhecimento do músculo esquelético indica que, após cerca de 30 anos, a massa muscular declina em uma taxa de 1% ao ano.[1,36,46-55] Sendo assim, na idade de 80, os idosos possuem metade da massa muscular que tinham quando eram adultos jovens. Como indicado anteriormente, a perda muscular não ocorre de maneira súbita aos 65 anos; o processo se inicia em adultos jovens. Apesar de a mudança muscular durante os 20 e os 30 anos ser modesta, a consequência do declínio muscular é evidente em atletas, como Kareem Abdul Jabbar, que ainda é um atleta espetacular, mas que não consegue ter um desempenho do mesmo nível de antes. Seu declínio em desempenho não é exclusivamente resultado de reduções no tecido muscular relativas à idade, embora a perda muscular contribua bastante para que ele não salte tão alto ou corra tão rápido. Com o envelhecimento, essas perdas em desempenho, apesar de diminuídas em razão de seu excelente condicionamento original, são irreversíveis.

Declínio de massa muscular

- 1% por ano após 30 anos de idade
- Declínio no número de fibras musculares
- Atrofia, especialmente de fibras de contração rápida (tipo II)

Perda de massa muscular é a consequência de dois fenômenos: um declínio real no número de fibras musculares presentes, e uma atrofia de várias das fibras remanescentes, particularmente entre a população de fibras de contração rápida ou do tipo II.[1,52-54] Uma perda modesta de fibras

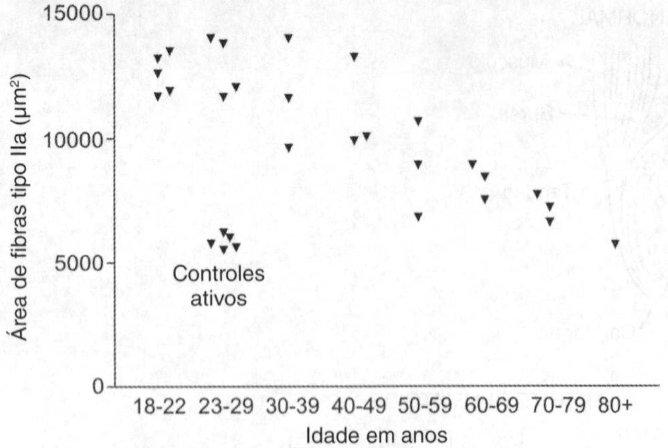

Figura 14.3 Área de fibras musculares em levantadores de peso experientes. Biópsia muscular do músculo vasto lateral de 22 atletas experientes entre 18 e 82 anos, e de 5 estudantes de fisioterapia que se exercitavam de forma recreacional. Somente áreas de fibras do tipo IIa são indicadas como o tipo de fibra que representou aproximadamente 75% do total nos levantadores de peso.

musculares ocorre entre as idades de 25 e 50 anos, secundária à desnervação (a causa primária) e possivelmente também à morte celular (apoptose). A perda de fibras ocorre em todas as pessoas, independente do seu nível de aptidão ou aderência a treinamentos. Entretanto, a magnitude da perda de massa muscular parece ser bem maior naqueles que são sedentários.[56-65] A atrofia é evidente na meia-idade, particularmente entre homens e mulheres com uma longa história de inatividade. Não está claro se a atrofia começa a ocorrer antes dos 50 anos de idade porque a maioria dos estudos inclui indivíduos que não se exercitam. O curioso é que levantadores de peso que estão entre seus 40 e 50 anos não aparentam estar atrofiados.

Curiosamente, em um estudo de atletas experientes – levantadores de peso entre 18 e 82 anos – a atrofia de fibras emergiu como uma falha para manter a hipertrofia.[66] Não está claro se a falha para manter a hipertrofia envolve o mesmo processo molecular que a atrofia, o qual decorre de imobilização ou repouso no leito. Na Figura 14.3, a área de perda de fibras está representada em relação à idade em 22 competidores olímpicos levantadores de peso. É aparente que após os 50 anos de idade, ocorra uma perda consistente no tamanho das fibras musculares. Destaca-se o levantador de peso mais velho, que tinha áreas de fibras que eram comparáveis àquelas observadas na biópsia dos cinco estudantes de fisioterapia que participaram como controles. Estes dados sugerem que a maior parte da atrofia de fibras que surge na idade avançada é causada por inatividade. Os dados também suscitam a seguinte questão: por que esses homens não conseguem manter a hipertrofia de fibras, com o avanço da idade, mesmo treinando rigorosamente?

Os efeitos hormonais na musculatura esquelética com o envelhecimento são muito pouco entendidos. Começando na meia-idade, é evidente uma redução nos valores séricos dos hormônios sexuais (testosterona e estrogênio). O declínio em ambos os hormônios sexuais, masculino e feminino, está associado a perdas na massa muscular esquelética e na força relativas à idade. Homens hipogonodais mostram um aumento rápido importante na massa e na força muscular quando os valores de testosterona retornam para as fisiologicamente normais.[6,7,18,19,27,67] Mulheres que realizam terapia de reposição hormonal não apresentam a melhora significativa na massa muscular que os homens adquirem, mas não há estudos suficientes em mulheres para chegar a conclusões relevantes. Existem evidências que sugerem que o estrogênio, direta ou indiretamente, afeta a massa muscular e a função contráctil.[6,7,23,28,68]

Outro hormônio que pode afetar a massa e a função musculoesquelética com o avanço da idade é o hormônio tireoidiano. Aproximadamente um terço dos adultos mais idosos do nosso programa de exercícios para idosos está tomando Synthroid® ou outra marca de hormônio tireoidiano, o que sugere que vários idosos são considerados por seus médicos como hipotireoidianos.[39,47,67,69-71] O hipotireoidismo é associado, em homens e mulheres jovens, com fadiga profunda e atrofia das fibras tipo II (rápidas). Considerando a atrofia preferencial das fibras tipo II em adultos mais idosos, é tentador especular que uma causa da mudança em atrofia com o envelhecimento seja o hipotireoidismo. Isto dito, é provável que a maioria das mudanças em atrofia em adultos idosos seja decorrente de inatividade.

Cardiovascular

A mudança fundamental que ocorre com a idade, afetando o desempenho humano, é o declínio na frequência cardíaca máxima (FC). A FC declina cerca de 1 batimento/ano, começando na terceira década, independente do nível de condicionamento.[53,72-77] Em razão da diminuição na FC máxima com a idade, a intensidade de exercícios (FC de zona de treinamento) pode ser estimada usando a fórmula 220-idade. Outras mudanças cardiovasculares ocorrem com a idade, mas é o declínio na FC que mais contribui para a redução na capacidade de exercício à medida que se envelhece.

O indicador-chave da capacidade de exercício é o VO_2máx, que traduz a capacidade do sistema cardiovascular de fornecer oxigênio aos músculos ativos e aos órgãos. Outro aspecto do VO_2máx é a quantidade de oxigênio que pode ser consumida pelos tecidos em trabalho, principalmente a massa muscular. Sendo assim, o declínio da FC máxima associado à redução na massa muscular resulta em uma perda na capacidade aeróbia máxima de cerca de 50% entre 30 e 80 anos. Enquanto correr e andar de bicicleta de forma intensiva constituem um trabalho aeróbio para adultos jovens em seus 20 anos, a caminhada em uma velocidade preferida pode constituir um trabalho aeróbio para um indivíduo de 80 anos de idade, particularmente se o indivíduo não estiver condicionado. O declínio no VO_2máx com o envelhecimento é descrito na Figura 14.4 para ambos, homens e mulheres. Observe que o homem começa com uma capacidade máxima de oxigênio mais alta, e sendo assim a perda de VO_2máx em homens, com a idade, não deve ter o mesmo impacto funcional que nas mulheres. As mulheres são mais susceptíveis a perder a independência na sociedade, secundária à perda de capacidade aeróbia, do que os homens.[53,74-77]

Os valores apresentados no gráfico da Figura 14.4 são representativos para homens e mulheres sedentários, como o é a maioria das pessoas na sociedade norte-americana. Se o indivíduo mantiver um programa de treinamento de atividade aeróbia durante o curso de sua vida, os valores de VO_2máx serão cerca de 25% mais altos do que aqueles representados na Figura 14.4 em todas as idades.[74,75] Sendo assim, a prática de exercícios é uma opção poderosa para maximizar a independência e a capacidade funcional através da vida, mas particularmente na idade avançada.

Pequenas mudanças ocorrem dentro do coração com o avanço dos anos, tal como a taxa de enchimento ventricular, que diminui cerca de 50% entre as idades de 20 e 75 anos.[68] A espessura da parede do ventrículo esquerdo aumenta em razão do aumento da resistência periférica, que também ocorre com a idade.[75] Estas mudanças não afetam significativamente a função do coração em geral. As mudanças patológicas secundárias à doença e a inatividade são os fatores que afetam marcadamente a função e a competência do coração em idosos.

A resistência periférica aumenta em uma taxa de 1% por ano, o que tem um impacto significativo no coração.[53,75-77] A resistência aumenta porque a complacência dos vasos periféricos diminui. Artérias e arteríolas se enrijecem com a idade, sendo assim, o coração tem de bombear mais forte para superar o aumento na resistência periférica. Em conjunto ao aumento na resistência periférica há um aumento na resistência aórtica. O aumento na carga de trabalho (demanda) no coração causa o aumento do espessamento da parede ventricular esquerda. Em razão do aumento da resistência aórtica e periférica, a pressão sanguínea sistólica de repouso sobe com a idade e pode levar à hipertensão.

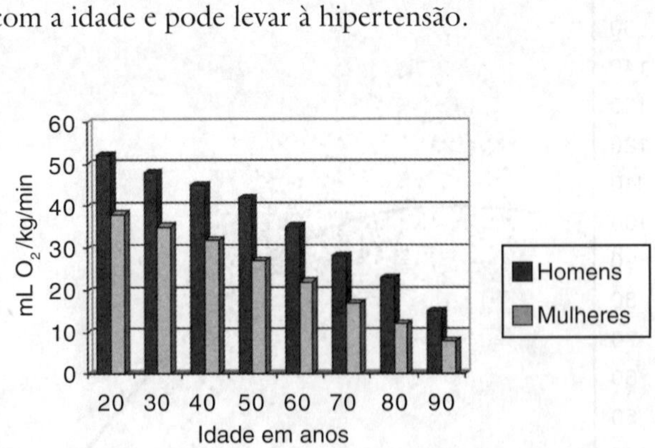

Figura 14.4 Declínio do VO_2máx com a idade. A absorção máxima de oxigênio declina com a idade em homens e mulheres, aproximadamente na mesma velocidade de perda para ambos os sexos. Os homens têm uma capacidade aeróbia significativamente mais alta do que as mulheres em todas as idades. (Dados de Hawkins AS, Marcell TJ, Victoria Jaque S, Wiswell RA. A longitudinal assessment of change in VO_2max and maximal heart rate in master athletes. *Med Sci Sport Exerc* 33(10): 1744-1750, 2001.)

Efeitos do envelhecimento no coração e na circulação

- Diminuição da frequência cardíaca máxima
- Diminuição da capacidade aeróbia máxima
- Diminuição da taxa de enchimento ventricular
- Aumento da resistência periférica

Sistema nervoso

As mudanças no sistema nervoso são bastante extensas, e esta parte do capítulo trata das mudanças que afetam o músculo esquelético. O evento primário que causa impacto na função muscular com o avanço da idade é a perda de axônios. A morte axonal deixa fibras musculares sem inervação. Algumas das fibras remanescentes morrem e algumas são "adotadas" por neurônios adjacentes. Sendo assim, o resultado final é menos fibras musculares (e menos força) e menos unidades motoras. As unidades motoras remanescentes contêm mais fibras musculares do que possuíam quando eram mais jovens, o que sugere que o recrutamento não é tão afinado ou graduado como era nos anos anteriores. Assim, os músculos dos adultos mais idosos têm menos fibras secundárias à desnervação, e menos unidades motoras, mas as remanescentes dessas últimas são bem grandes.

Efeitos do envelhecimento no sistema nervoso

- O número de axônios diminui
- Menos unidades motoras

Composição corporal

Em nossa sociedade relativamente sedentária, é típico ganhar cerca de 450 g por ano entre as idades de 25 e 65 anos. Posteriormente, o peso corporal se estabiliza na maioria dos indivíduos. O aumento na circunferência é massa de gordura. A redução da massa magra ocorre concomitantemente no começo da meia-idade, junto ao aumento da cintura, sobretudo no músculo esquelético e nos ossos. Mesmo naqueles indivíduos que não ganham peso com a idade, há uma mudança na composição corporal no sentido de menos musculatura esquelética e osso e mais gordura. Esta perda na massa magra ou massa sem gordura é representada na Figura 14.5. Neste caso hipotético, o peso corporal permaneceu o mesmo durante o curso de 50 anos.

Mesmo em homens e mulheres que são rigorosamente ativos ao longo do curso de suas vidas (p. ex.: atletas

Efeitos do envelhecimento na composição corporal

- Ganho de peso
- Diminuição da massa corporal magra
- Aumento da gordura

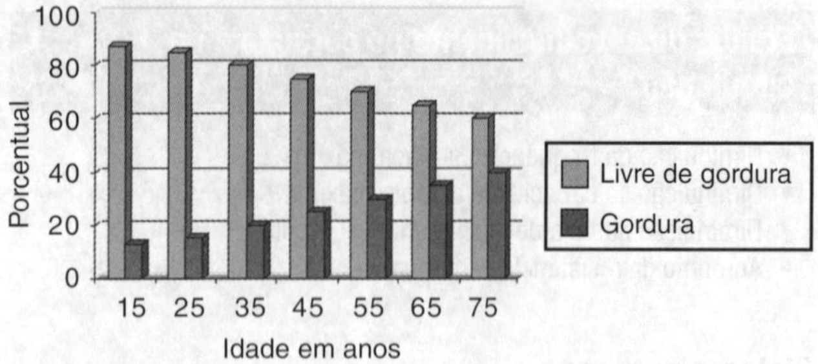

Figura 14.5 Mudanças na composição corporal com o envelhecimento, em homens. Com o avanço dos anos, a proporção de massa magra para massa de gordura se modifica. Homens e mulheres razoavelmente condicionados, em seus 20 anos, têm uma massa corporal composta de aproximadamente 15 a 22% de gordura com o restante de massa magra (na maioria, músculo e osso). A razão de massa de gordura para massa magra aumenta gradualmente a cada década. Não é incomum encontrar uma proporção de 50/50 em homens e mulheres em seus 80 anos. (Adaptado de Nuti R, Martini G, Gennari C. Age-related changes of whole skeleton and body composition in healthy men. *Calcif Tissue Int* 57(5): 336-339, 1995.)

experientes), há uma mudança na composição corporal, refletindo o aumento esperado na massa de gordura e a perda concomitante de massa magra.[70,78-81] Atletas experientes não ganham tanta massa de gordura quanto indivíduos sedentários, mas o padrão é o mesmo: adiposidade central aumentada. Infelizmente, a maioria do aumento de gordura ocorre no peritônio, o que coloca os idosos em maior risco de diabetes e doença cardíaca.

DESEMPENHO DECLINA COM O ENVELHECIMENTO

Músculo esquelético

A Figura 14.6 apresenta o declínio no desempenho físico que é tipicamente observado com o avanço da idade. Apesar de os homens e mulheres que representam os pontos de dados neste gráfico parecerem ser bem treinados e ter boa condição física, a queda no desempenho reflete o declínio provável relativo à idade, em massa muscular, força e potência que estava ocorrendo nesses indivíduos.[82-90] Deve-se notar, entretanto, que existem homens e mulheres de até 100 anos de idade que são capazes de realizar arremesso de peso, o que sugere que nossa percepção do que mulheres e homens mais velhos podem fazer está desviada em direção à inatividade.

O aspecto mais marcante das mudanças musculoesqueléticas com a idade é provavelmente sua variabilidade fenomenal. A Figura 14.7 representa a preensão manual como um reflexo da força corporal geral. Vários aspectos deste gráfico são impressionantes. Primeiro, há uma enorme quantidade de diferenças na força de preensão em qualquer idade. Aos 35 anos, por exemplo, a preensão em alguns homens foi tão baixa quanto 60 kg e tão alta quanto 150 kg. Segundo, os baixos valores de preensão para homens de 35 anos de idade são equivalentes aos valores de alguns homens de 80 e 90 anos de idade. Até

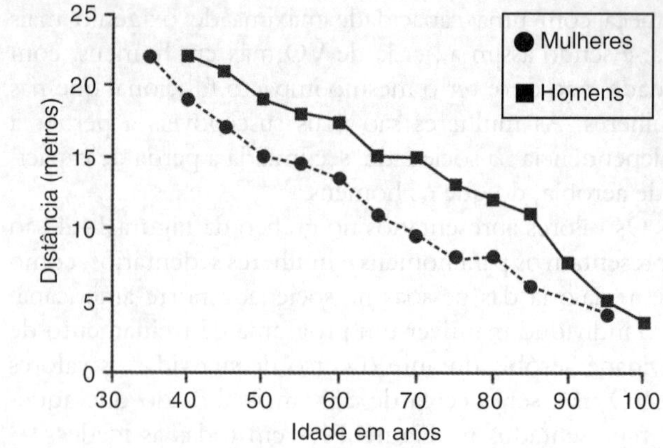

Figura 14.6 Mudanças no desempenho da distância de arremesso de peso com a idade. (Adaptado de Spirduso WW: *Physical dimensions of aging*. Human Kinectics, Chicago, 1995. A edição brasileira foi publicada pela Editora Manole sob o título: *Dimensões físicas do envelhecimento*, em 2004)

mesmo dados de um grupo muscular (o quadríceps), que é o mais crítico para a função da extremidade inferior, mostra a mesma variabilidade. Dados do Estudo Longitudinal em Envelhecimento de Baltimore (www.grc.nia.nih.gov/branches/blsa/blsa.htm) indica que o torque do quadríceps (teste de Cybex) a amplitudes de 180°/s, de 101 a 248 pés/libra para homens de 20 a 29 anos de idade e de 16 a 239 pés/libra para homens de 80 a 96 anos de idade. Por que alguns homens têm tanta tendência à perda de força com a idade enquanto outros são poupados? O estilo de vida é o fator que mais contribui para a saúde e o bem-estar de qualquer sistema corporal com o avanço da idade. O provérbio antigo de "use-o ou perca-o" certamente se aplica ao tecido muscular. Não obstante, existem outros fatores além do estilo de vida que impactam a qualidade e a quantidade de músculo esquelético em um organismo em envelhecimento ou envelhecido.

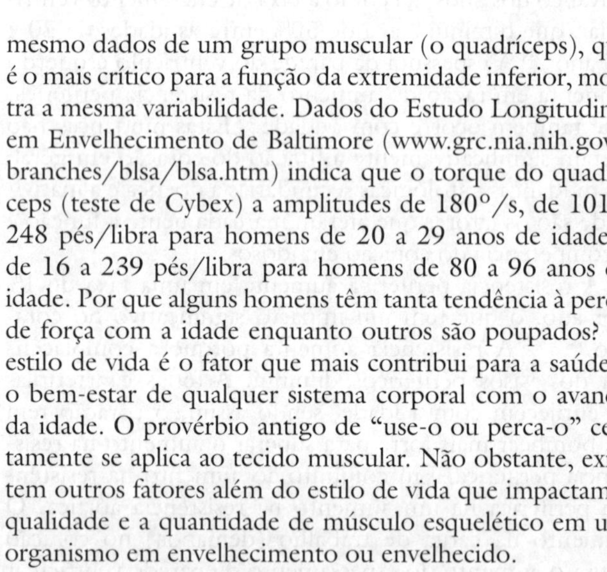

Figura 14.7 Forma de pulso de força em 874 homens. (De Kullman DA, Platão CC, Tobin JD: O papel da perda de massa muscular no declínio relacionado à idade da força de preensão: perspectivas transversal e longitudinal, *J Gerontol* 45: M83, 1990.)

Fatores que impactam a qualidade e a quantidade de músculo esquelético com o envelhecimento

- Estilo de vida
- Herança genética
- Grupo muscular
- Função contrátil
- Tipo de ação muscular
- Perda de força (p. ex.: a quantidade de torque produzido/unidade muscular)
- Velocidade de movimento
- Susceptibilidade para lesão (extensibilidade diminuída)
- Susceptibilidade para fadiga

A herança genética conta com 50 a 60% da massa muscular total (e força) que um indivíduo possui, o que deixa uma grande margem para melhora. Há ampla evidência para indicar que até mesmo indivíduos que não são geneticamente presenteados com grandes quantidades de massa muscular, podem ganhar força substancial (25 a 30%) e aumentar a massa muscular em 10% com treinamento de força.[36,47-51,69,78,82,87,91-110] Independente do tamanho corporal ou do tamanho muscular inicial, os indivíduos têm ampla massa muscular para se manter independentes durante suas vidas, se eles escolherem usar seus músculos. Este tópico será discutido mais profundamente neste capítulo.

Curiosamente, a taxa e a magnitude do declínio na massa e na força muscular diferem de um grupo muscular para outro. A extremidade superior e os músculos dominantes de contração rápida tendem a ser poupados em maior extensão do que os músculos da extremidade inferior. Para colocar esta afirmação de forma diferente, os indivíduos perdem massa muscular e força em velocidade maior nas extremidades inferiores do que nas superiores.[33,66,111-126] Os músculos mais necessários (glúteo máximo postural, quadríceps, eretores da espinha, tríceps sural) são aqueles que tendem a mostrar a maior magnitude de declínio,[127-145] uma faceta do envelhecimento que não é bem entendida. Poderia se esperar que os músculos mais necessários teriam a menor quantidade de mudança com a idade, mas considerando nosso estilo sedentário de vida, talvez não utilizemos esses músculos suficientemente para mantê-los. Os músculos posturais são altamente susceptíveis à atrofia e precisam de estimulação mecânica rotineira (p. ex.: gravidade e peso corporal) para prevenir o declínio. Os astronautas, por exemplo, perdem até 1% da força da musculatura da panturrilha por dia na estação espacial, enquanto os músculos não posturais, como os extensores dos artelhos, são relativamente improváveis de apresentar mudanças de trofismo.

Um aspecto interessante do envelhecimento muscular é a mudança que ocorre na função contrátil. Reduções da massa muscular relativas à idade obviamente levam à redução concomitante de força. Como ocorre com o declínio na massa muscular, a magnitude e a velocidade da mudança na força não são uniformes. Conforme esperado, a perda de força na extremidade inferior é maior do que na superior, pelo menos nos primeiros anos de idade avançada.[1,6] Para alguns músculos, a perda de força pode ser coincidente com a perda de massa muscular. Em outras instâncias, a perda em força excede a perda em massa.Vários relatos indicam que a qualidade muscular (relação massa/força) está diminuída em adultos mais idosos[3,33,50,51,66,86,88,113,146-150] por causa da redução na liberação do cálcio pelo retículo sarcoplasmático, uma interrupção nas proteínas estruturais ou de suporte na linha Z, e uma inabilidade neurológica de acionar um músculo. O aumento da força do quadríceps em 200%, em resposta a um programa de treinamento de peso, é evidência de "fatores neurais" levando a mudanças em músculos envelhecidos.[47-49, 97]

Nem todas as formas de "força" são igualmente afetadas pelo envelhecimento. Há evidência de que a força excêntrica é mantida em maior extensão do que a força isométrica ou isotônica, o que é curioso levando-se em consideração a tendência dos idosos de eliminar as contrações excêntricas de seu repertório. É comum observar homens e mulheres idosos despencando em cadeiras, por exemplo, ao invés de lentamente se baixarem excentricamente para o móvel, e desce de um degrau para o outro na escada. As contrações excêntricas são mais prováveis de produzir lesão em um músculo envelhecido do que em um músculo jovem e, como um mecanismo de proteção, os idosos podem não gerar força ou torque excêntrico. Em resumo, a força excêntrica é a melhor mantida, seguida da força isométrica e, então, da concêntrica. Assim, uma avaliação ampla da força para adultos idosos deve incluir uma análise das habilidades concêntrica, isométrica e excêntrica.

A perda de força específica é outro aspecto do envelhecimento que foi identificado.[3,6,7,10,49,92,112,113,127] Força específica refere-se a quantidade de torque ou força produzida por unidade de músculo. Como adultos jovens, a relação entre força e massa muscular é muito próxima. Existem equações para determinar a quantidade de força ou torque que pode ser produzida por meio da massa muscular magra disponível.[113] Em vários adultos idosos, a perda de força excede o declínio em massa, alterando a proporção de força específica.[3,6,7,10,16,49,92,112,113,127] Parte do declínio em força pode ser causado pela redução da liberação de cálcio do retículo sarcoplasmático para a célula muscular. Apesar da redução na liberação de cálcio poder ser parte do problema, ela não é o total da explicação. Células musculares individuais que foram isoladas de adultos idosos e muito idosos também mostraram um déficit na tensão específica, e estas células tinham todo o cálcio necessário para gerar pico de força. Assim, perda de força muscular específica é um evento complicado que é exacerbado pela inatividade. Não é incomum observar melhora na força específica com um tipo de programa de exercício de resistência.[47,78,86,92,95,96,106,108,151,152]

A velocidade do movimento muscular também declina (torna-se lenta) com a idade.[86,153-168] A lentidão de movimento é uma consequência natural de diversos fenômenos fisiológicos: uma maior redução no tamanho das fibras tipo II (rápidas) com a idade, do que das fibras musculares tipo I (lentas), possível remodelamento da junção neuromuscular, perda de unidades motoras com um aumento no tamanho das unidades motoras remanescentes, e lentificação da transmissão axonal. A diminuição na velocidade do movimento é evidente em tarefas funcionais, tais como ao pegar um objeto ou ao caminhar rápido. As mudanças musculares não são exclusivamente responsáveis pela lentificação dos movimentos. Rigidez de tecidos moles, modificações articulares, lentidão na transmissão axonal, diminuição do processamento central e tempo motor, perda sensorial,[169-171] e perda de força, todos contribuem para a diminuição inevitável na velocidade de movimento, que ocorre com o envelhecimento.

Músculos envelhecidos são mais susceptíveis a lesões do que músculos jovens, e as consequências são muito mais severas. Rupturas musculares em tarefas que parecem triviais, tal como se inclinar para pegar um objeto, não são incomuns por causa da redução da extensibilidade dos tecidos conjuntivo e do aumento da demanda da musculatura remanescente. Uma vez que a lesão ocorre, adultos idosos não se recuperam tão bem ou tão rápido quanto adultos jovens. Em uma série de estudos clássicos, Brooks e Faulkner lesaram o músculo extensor longo dos dedos (ELD) de ratos jovens e idosos e acompanharam a recuperação da massa muscular e da função até 60 dias após a lesão.[172] A lesão muscular foi realizada através da imposição de contrações excêntricas no ELD. Como esperado, o declínio na força muscular com a lesão foi de cerca de 60% nos ratos jovens e idosos, mas a recuperação em força ocorreu bem mais lentamente nos animais mais velhos. Os ratos jovens recuperaram quase 100% da força de seu músculo ELD 30 dias pós-lesão, enquanto os ratos idosos recuperaram somente 80% da força muscular normal no final de 60 dias. Nenhuma melhora além ocorreu depois (até 120 dias), sugerindo que uma vez que o músculo envelhecido é lesado, a força talvez nunca retorne ao mesmo nível. Estudos mecanicistas adicionais revelaram que a ativação de células satélites em músculos envelhecidos é insuficiente para recuperar a função muscular.[173] Quando as células satélites são isoladas de músculos de ratos idosos e colocadas em média de crescimento, as células jovens se diferenciam e se proliferam rapidamente, mas as células mais velhas são lentas para se diferenciar e iniciar a reprodução.

Outra queixa comum do idoso é a fadiga muscular. Em um ambiente de reabilitação, pode-se ver com frequência adultos mais idosos tentando atingir um alvo ou levantar um peso pequeno, a uma certa distância. Eles podem apresentar um tremor muscular e o que parece ser sinais físicos de fadiga. Curiosamente, os poucos estudos em fadiga que foram realizados com adultos de meia-idade e idosos não mostraram um aumento da susceptibilidade para fadiga com o avanço da idade. Um modelo para induzir a fadiga muscular é fazer um sujeito apertar um dinamômetro manual e manter a contração máxima o maior tempo possível. O teste termina quando a força de preensão cai para 50% da máxima e o tempo é registrado. Outro protocolo envolve múltiplas contrações máximas repetidas do quadríceps a 180°/s e quando a força atinge 50% da máxima, o teste é interrompido.[156] Em ambos os testes, adultos idosos desempenharam-se tão bem quanto os adultos jovens, quando a perda de força é normalizada para diferenças no ponto de início (adultos jovens têm tipicamente mais força). O que então conta para a fadiga observada em homens e mulheres idosos? Fadiga central (neural) é uma possibilidade, particularmente quando superposta em músculos que têm uma longa história de inatividade. A maioria dos indivíduos em um ambiente de reabilitação e hospitalar é bastante inativa antes de iniciarem o tratamento.

Resistência cardiovascular

A queda do VO_2máx com a idade é altamente significativa, e o impacto da perda na capacidade aeróbia reflete-se nas atividades de rotina, bem como nas atividades do tempo de lazer. Não é aerobiamente possível para a maioria dos idosos escalar montanhas altas ou participar de um triátlon. Para vários idosos, o processo de caminhar somente meia milha está abaixo de suas condições. Em um estudo anterior com mulheres idosas, foi realizada testagem aeróbia para determinar o gasto de energia na caminhada.[72] A velocidade da marcha preferida, que foi cerca de 1mph mais lenta do que a velocidade em adultos jovens, requereu cerca de 70% da capacidade aeróbia máxima. Sendo assim, o processo de caminhar para essas mulheres foi um desafio aeróbio. Em contraste, caminhar a 3.5 mph aos 20 anos de idade requer entre 20 e 40% da capacidade aeróbia máxima.[174] Qualquer atividade que possa ser realizada a menos da metade da máxima aeróbia pode ser desempenhada por várias horas, e o caminhar é usualmente uma dessas atividades. Em contraste, caminhar a 70% da capacidade aeróbia máxima resulta em fadiga dentro de 20 a 30 minutos. Pelo fato de o gasto energético da marcha ser tão alto, é raro ver idosos em locais que requerem caminhadas de longas distâncias, como em um *shopping*.

Deve ser enfatizado que a capacidade aeróbia pode ser otimizada com prática de exercícios em qualquer momento da vida. Um indivíduo sedentário pode aumentar sua capacidade aeróbia em cerca de 25% com treinamento.[75,76,80,85,146,152,163,175] Para dar um exemplo da importância do treinamento aeróbio, as mulheres idosas no estudo mencionado anteriormente têm um VO_2máx de cerca de 12,5 mL O_2/kg/min e a caminhada a 2,5 mph requereu 70% da capacidade aeróbia disponível. Se estas mulheres fossem treinadas (e treinamento é possível em adultos idosos, mesmo com doença cardíaca) e aumentassem seu VO_2máx para 16 mL O_2/kg/min, caminhar a 2.5 mph não requereria 55% das reservas disponíveis. Após o treinamento, uma caminhada sustentada seria bem mais confortável e razoável e resultaria em menos fadiga.

Equilíbrio/coordenação

Equilíbrio é um evento complexo, e um "bom" equilíbrio requer informação da periferia (fusos musculares e receptores articulares), do aparato vestibular e dos olhos, para ser então integrado e refinado rapidamente pelo sistema nervoso. Em razão das mudanças no processamento central (atrasos), mudanças no sistema vestibular, a perda de fusos musculares e mudanças nos receptores articulares periféricos (particularmente quando doença vascular ou neuropatia está presente), o equilíbrio declina com a idade. Uma discussão completa das mudanças no equilíbrio com a idade está fora do alcance deste capítulo. Sugere-se ao leitor o tópico especial de equilíbrio de *Physical Therapy*, publicado em 1997, o site da Seção de Geriatria da Associação Americana de Fisioterapia, e *Hooked on Evidence,* da Associação Americana de Fisioterapia. Informação dessas fontes pode ser acessada através do site www.apta.org.

QUESTÕES ESPECIAIS

Fragilidade/sarcopenia

A incidência de sarcopenia (perda na massa muscular) está aumentando à medida que a sociedade está vivendo mais.[19,54]

A sarcopenia é comumente definida como dois desvios padrões abaixo da massa muscular média para adultos jovens. Grosseiramente, 20% dos homens e mulheres em seus 70 anos tem sarcopenia, mas o porcentual aumenta exponencialmente após a idade de 80 anos, especialmente para mulheres. A sarcopenia é o maior fator de risco para a fragilidade física.[28,32,176-178] Nem todos os idosos frágeis têm sarcopenia, mas uma grande proporção tem fraqueza muscular como uma deficiência maior.[90,179] Pelo fato de vários idosos terem fraqueza, e a incidência de sarcopenia e fragilidade estar aumentando, o treinamento de força deveria ser incluído como uma abordagem de tratamento fundamental em quase todas as condições.[11,15,36,47-49,51,52,82,85,86,91,97,104,180-186]

Predisposição à doença

As mudanças na composição corporal que ocorrem com o envelhecimento incluem um aumento na massa de gordura, particularmente no abdome, e o declínio óbvio na massa magra, de forma tal que a proporção de massa sem gordura para a massa de gordura vai de 80/20 em adultos jovens para cerca de 50/50 em adultos muito idosos.[23,112,154,187] O aumento da gordura abdominal predispõe muitos idosos ao diabetes, e um alto porcentual de pacientes apresenta essa condição. A ativação muscular é a melhor ferramenta em nossa abordagem de tratamento para a modificação da intolerância à glicose.[56] De fato, para a maioria dos adultos no início da doença, a melhor abordagem para o diabetes é o exercício, e para vários pacientes, doses mínimas ou a não utilização de insulina ou de outras medicações são requeridas, se a atividade física é parte da rotina diária.

Diabetes e doença vascular periférica, ambas resultam em redução da circulação para as extremidades.[1,27,36] A perda no fluxo sanguíneo predispõe os músculos à perda adicional em fibras e à perda em fusos musculares e outras fibras sensoriais. Associada com a perda nervosa está a redução de sensibilidade na planta dos pés.[170,188] Com ou sem diabetes, cerca de dois terços de todos os idosos que entram em nossa clínica apresentam diminuição de sensibilidade nos pés, o que provavelmente tem um papel no equilíbrio diminuído. A redução de sensação, os tempos de reação lentificados e a fraqueza muscular se combinam para predispor os idosos a quedas. Atividades para melhorar a força muscular têm implicações óbvias para melhorar o equilíbrio e diminuir a probabilidade de quedas.

Efeitos de drogas

Um número de drogas para condições clínicas tem efeitos colaterais no músculo esquelético. Betabloqueadores e drogas estatina, por exemplo, têm a fraqueza muscular como uma consequência secundária. Qualquer medicação que contenha uma substância similar à cortisona resultará em enfraquecimento muscular. Já existem textos mais conclusivos que se aprofundam na interação de desempenho, massa muscular e força, resistência e velocidade de desempenho (p. ex.: Guccione, Bottomley e Lewis e Ciccone). O leitor é remetido a estas fontes excelentes, bem como ao Capítulo 12 deste livro.

SUMÁRIO

O declínio relativo à idade é evidente em todos os tecidos que exercem um efeito direto no desempenho. Frequentemente, lentificação de movimentos, diminuição das funções de atividades de vida diária (AVD) e inabilidade para completar tarefas de compras, exaustão, e desequilíbrio, são evidentes. Nem todos esses declínios são presentes em todas as pessoas, mas a maioria dos adultos idosos apresenta comprometimento. Exercício é altamente benéfico para a modificação de todas as mudanças que ocorrem com a idade, levando-se em conta que o que mais os clínicos veem é causado por inatividade superposta ao declínio relativo à idade. Os clínicos têm o potencial de afetar o bem-estar de quase todos os idosos.

REFERÊNCIAS BIBLIOGRÁFICAS

1. Cartee GD: Aging skeletal muscle: response to exercise, Exerc Sci Rev 22:91-120, 1994.
2. Choy NL, Brauer S, Nitz J: Changes in postural stability in women aged 20 to 80 years, J Gerontol A Biol Sci Med Sci 58(6):525-530, 2003.
3. Dancewicz TM, Krebs DE, McGibbon CA: Lower-limb extensor power and lifting characteristics in disabled elders, J Rehabil Res Dev 40(4):337-347, 2003.
4. Era P, Avlund K, Jokela J et al: Postural balance and self-reported functional ability in 75-year-old men and women: a cross-national comparative study, J Am Geriatr Soc 45:21-29, 1997.
5. Frank JS, Patla AE: Balance and mobility challenges in older adults implications for preserving community mobility, Am J Prev Med 25:157-163, 2003.

6. Fried LP, Tangen CM, Walston J et al: Cardiovascular Health Study Collaborative Research Group: Frailty in older adults: evidence for a phenotype, J Gerontol A Biol Sci Med Sci 56(3):M146-M156, 2001.
7. Frontera WR, Meredith CN, O'Reilly KP et al: Strength conditioning in older men: skeletal muscle hypertrophy and improved function, J Appl Physiol 64:1038-1044, 1988.
8. Gill TM, Allore HG, Holford TR et al: Hospitalization, restricted activity, and the development of disability among older persons, JAMA 292(17):2115-2124, 2004.
9. Gill TM, Allore HG, Holford TR et al: The development of insidious disability in activities of daily living among community--living older persons, Am J Med 117(7):484-491, 2004.
10. Gold DT, Shipp KM, Pieper CF et al: Group treatment improves trunk strength and psychological status in older women with vertebral fractures: results of a randomized, clinical trial, J Am Geriatr Soc 52:1471-1478, 2004.
11. Helbostad JL, Sletvold O, Moe-Nilssen R: Home training with and without additional group training in physically frail old people living at home: effect on health-related quality of life and ambulation, Clin Rehabil 18(5):498-508, 2004.
12. Herman S, Kiely DK, Leveille S et al: Upper and lower limb muscle power relationships in mobility-limited older adults, J Gerontol A Biol Sci Med Sci 60:476-480, 2005.
13. Hicks GE, Simonsick EM, Harris TB et al: Cross-sectional associations between trunk muscle composition, back pain, and physical function in the health, aging and body composition study, J Gerontol A Biol Sci Med Sci 60:882-887, 2005.
14. Holloszy JO, Spina RJ, Kohrt WM: Health benefits of exercise in the elderly, Med Sport Sci 37:91-108, 1992.
15. Latham NK, Bennett DA, Stretton CM, Anderson CS: Systematic review of progressive resistance strength training in older adults, J Gerontol A Biol Sci Med Sci 59(1):48-61, 2004.
16. Menz HB, Lord SR, St George R et al: Walking stability and sensorimotor function in older people with diabetic peripheral neuropathy, Arch Phys Med Rehabil 85:245-252, 2004.
17. Mold JW, Vesely SK, Keyl BA et al: The prevalence, predictors and consequences of peripheral sensory neuropathy in older patients, J Am Board Fam Pract 17:309-318, 2004.
18. Mueller MJ: Identifying patients with diabetes mellitus who are at risk for lower-extremity complications: use of Semmes-Weinstein monofilaments, Phys Ther 76:68-71, 1996.
19. Roubenoff R: Sarcopenia: effects on body composition and function, J Gerontol A Biol Sci Med Sci 58A(11):1012-1017, 2003.
20. Schneider JK, Eveker A, Bronder DR et al: Exercise training program for older adults: incentives and disincentives for participation, J Gerontol Nurs 29:21-31, 2003.
21. Schneider EL, Guralnik JM: The aging of America: impact on health care costs, JAMA 263:2335-2340, 1990.
22. Schroll M, Avlund K, Davidson M: Predictors of five-year functional ability in a longitudinal survey of men and women aged 75 to 80: the 1914-population in Glostrup, Denmark, Aging (Milano) 9:143-152, 1997.
23. Skelton DA, Greig CA, Davies JM et al: Strength, power and related functional ability of healthy people aged 65-89 years, Age Ageing 23:371-377, 1994.
24. Spina RJ, Meyer TE, Peterson LR et al: Absence of left ventricular and arterial adaptations to exercise in octogenarians, J Appl Physiol 97(5):1654-1659, 2004.
25. Tinetti ME, Speechley M, Ginter SF: Risk factors for falls among elderly persons living in the community, N Engl J Med 319(26):1701-1707, 1988.
26. Boyd CM, Xue QL, Guralnik JM et al: Hospitalization and development of dependence in activities of daily living in a cohort of disabled older women: the women's health and aging study I, J Gerontol A Biol Sci Med Sci 60:888-893, 2005.
27. Buchner DM, Wagner EH: Preventing frail health, Clin Geriatr Med 8(1):1-17, 1992.
28. Fried LP, Bandeen-Roche K, Williamson JD et al: Functional decline in older adults: expanding methods of ascertainment, J Gerontol 51A:M206-M214, 1996.
29. Gill TM, Williams CS, Tinetti ME: Assessing risk for the onset of functional dependence among older adults: the role of physical performance, J Am Geriatr Soc 43:603-609, 1995.
30. Legters K: Fear of falling, Phys Ther 82:264-272, 2002.
31. Metter EJ, Conwit R, Tobin J, Fozard JL: Age-associated loss of power and strength in the upper extremities in women and men, J Gerontol A Biol Sci Med Sci 52(5):B267-B276, 1997.
32. Panton LB, Graves JE, Pollock ML et al: Effect of aerobic and resistance training on fractionated response time and speed of movement, J Gerontol A Biol Sci Med Sci 45:M26-M31, 1990.
33. Kronhed AC, Moller M: Effects of physical exercise on bone mass, balance skill and aerobic capacity in women and men with low bone mineral density, after one year of training: a prospective study, Scand J Med Sci Sports 8:290-298, 1998.
34. Rockwood K, Howlett SE, MacKnight C et al: Prevalence, attributes, and outcomes of fitness and frailty in community-dwelling older adults: report from the Canadian study of health and aging, J Gertonol A Biol Sci Med Sci 59(12):1310-1317, 2004.
35. Vincent KR, Braith RW, Feldman RA et al: Resistance exercise and physical performance in adults aged 60 to 83, J Am Geriatr Soc 50:1100-1107, 2002.
36. American College of Sports Medicine Position Stand. Exercise and physical activity for older adults, Med Sci Sports Exerc 30(6):992-1008, 1998.
37. Bonner FJ Jr, Sinaki M, Grabois M et al: Health professional's guide to rehabilitation of the patient with osteoporosis, Osteoporos Int 14:S1-S22, 2003.
38. Simonsick EM, Lafferty ME, Phillips CL et al: Risk due to inactivity in physically capable older adults, Am J Public Health 83:1443-1450, 1993.
39. Elosua R, Bartali B, Ordovas JM et al: InCHIANTI Investigators: association between physical activity, physical performance, and inflammatory biomarkers in an elderly population: the InCHIANTI study, J Gerontol A Biol Sci Med Sci 60:760-767, 2005.
40. Ory M, Hoffman MK, Hawkins M et al: Challenging aging stereotypes: strategies for creating a more active society, Am J Prev Med 25:164-171, 2003.
41. Perry J: Gait analysis, Thorofare, NJ, 1992, Charles Slack.
42. Petrella JK, Cress ME: Daily ambulation activity and task performance in community-dwelling older adults aged 63-71 years with preclinical disability, J Gerontol A Biol Sci Med Sci 59A(3):264-267, 2004.
43. Proctor DN, Joyner MJ: Skeletal muscle mass and the reduction of VO_2max in trained older subjects, J Appl Physiol 85(5):1411-1415, 1997.
44. Villareal DT, Steger-May K, Schechtman KB et al: Effects of exercise training on bone mineral density in frail older women and men: a randomised controlled trial, Age Ageing 33(3):309-312, 2004.
45. Wolinsky FD, Callahan CM, Fitzgerald JF et al: The risk of nursing home placement and subsequent death among older adults, J Gerontol 47:S173-S182, 1992.
46. Buchner DM: Preserving mobility in older adults, West J Med 167:258-264, 1997.
47. Fielding RA: Effects of exercise training in the elderly: impact of progressive-resistance training on skeletal muscle and whole-body protein metabolism, Proc Nutr Soc 54:665-675, 1995.
48. Faulkner JA, Brooks SV, Zerba E: Muscle atrophy and weakness with aging: contraction-induced injury as an underlying mechanism, J Gerontol A Biol Sci Med Sci 50 Spec No:124-129, 1995.
49. Faulkner JA, Brooks SV, Zerba E: Skeletal muscle weakness and fatigue in old age: underlying mechanisms, Annu Rev Gerontol Geriatri 10:147-166, 1990.
50. Ivey FM, Roth SM, Ferrell RE et al: Effects of age, gender, and myostatin genotype on the hypertrophic response to heavy resistance strength training, J Gerontol A Biol Sci Med Sci 55(11):M641-M648, 2000.

51. LaStayo PC, Ewy GA, Pierotti DD et al: The positive effects of negative work: increased muscle strength and decreased fall risk in a frail elderly population, J Gerontol A Biol Sci Med Sci 58(5):419-424, 2003.
52. Lord SR, Ward JA, Williams P et al: The effect of a 12-month exercise trial on balance, strength, and falls in older women: a randomized controlled trial, J Am Geriatr Soc 43:1198-1206, 1995.
53. Phelan EA, Williams B, Penninx BW et al: Activities of daily living function and disability in older adults in a randomized trial of the health enhancement program, J Gerontol A Biol Sci Med Sci 95(8):838-843, 2004.
54. Roth SM, Ferrell RE, Peters DG et al: Influence of age, sex, and strength training on human muscle gene expression determined by microarray, Physiol Genomics 10:181-190, 2002.
55. Studenski S, Hayes RP, Leibowitz RQ et al: Clinical global impression of change in physical frailty: development of a measure based on clinical judgment, J Am Geriatr Soc 52:1560-1566, 2004.
56. Blair SN, Cheng Y, Holder JS: Is physical activity or physical fitness more important in defining health benefits? Med Sci Sports Exerc 33:S379-399, 2001.
57. Brown DR, Yore MM, Ham SA et al: Physical activity among adults >or=50 yr with and without disabilities, BRFSS 2001, BRFSS 2001, Med Sci Sports Exerc 37(4):620-629, 2005.
58. Buchner DM, Beresford SA, Larson EB et al: Effects of physical activity on health status in older adults II: intervention studies, Ann Rev Publ Health 13:469-488, 1992.
59. Holland GJ, Tanaka K, Shigematsu R et al: Flexibility and physical functions of older adults: a review, J Aging Phys Act 10:169-206, 2002.
60. Kervio G, Carre F, Ville NS: Reliability and intensity of the six--minute walk test in healthy elderly subjects, Med Sci Sport Exerc 35:169-174, 2003.
61. Lan C, Lai JS, Chen SY et al: 12-month Tai Chi training in the elderly: its effect on health fitness, Med Sci Sports Exerc 30(3):345-351, 1998.
62. O'Keeffe ST, Lye M, Donnellan C et al: Reproducibility and responsiveness of quality of life assessment and six minute walk test in elderly heart failure patients, Heart 80(4):377-382, 1998.
63. Saliba D, Orlando M, Wenger NS et al: Identifying a short functional disability screen for older persons, J Gerontol A Biol Sci Med Sci 55(12):M750-M756, 2000.
64. Shumway-Cook A, Patla AE, Stewart A et al: Environmental demands associated with community mobility in older adults with and without mobility disabilities, Phys Ther 82(7):670-681, 2002.
65. Steffen TM, Hacker TA, Mollinger L: Age- and gender-related test performance in community-dwelling elderly people: six--minute walk test, berg balance scale, timed up and go test, and gait speeds, Phys Ther 82(2):128-137, 2002.
66. Brown M, Sinacore DR, Host HH: The relationship of strength to function in the older adult, J Gerontol 50A:55-59, 1995.
67. Fried LP, Ferrucci L, Darer J et al: Untangling the concepts of disability, frailty, and comorbidity: implications for improved targeting and care, J Gerontol A Biol Sci Med Sci 59(3):255-263, 2004.
68. Spiers NA, Matthews RJ, Jagger C et al: Diseases and impairments as risk factors for onset of disability in the older population in England and Wales: findings from the medical research council cognitive function and ageing study, J Gerontol A Biol Sci Med Sci 60:248-254, 2005.
69. Brose A, Parise G, Tarnopolsky MA: Creatine supplementation enhances isometric strength and body composition improvements following strength exercise training in older adults, J Gerontol A Biol Sci Med Sci 58:11-19, 2003.
70. Buchner DM, Hornbrook MC, Kutner NG et al: FICSIT Group: development of the common data base for the FICSIT trials, J Am Geriatr Soc 41:297-308, 1993.
71. Rockwood K, Fox RA, Stolee P et al: Frailty in elderly people: an evolving concept, Can Med Assoc J 150(4):489-495, 1994.
72. Binder EF, Birge SJ, Spina R et al: Peak aerobic power is an important component of physical performance in older women, J Gerontol 54A:M353-M356, 1999.
73. Gillick M: Pinning down frailty, J Gerontol A Biol Sci Med Sci 56(3):M134-M135, 2001.
74. Hamdorf PA, Withers RT, Penhall RK et al: Physical training effects on the fitness and habitual activity patterns of elderly women, Arch Phys Med Rehabil 73:603-608, 1992.
75. Hauer K, Pfisterer M, Schuler M et al: Two years later: a prospective long-term follow-up of a training intervention in geriatric patients with a history of severe falls, Arch Phys Med Rehabil 84(10):1426-1432, 2003.
76. Keysor JJ: Does late-life physical activity or exercise prevent or minimize disablement? A critical review of the scientific evidence, Am J Prev Med 25:129-136, 2003.
77. Marcell TJ: Sarcopenia: causes, consequences and preventions, J Gerontol A Biol Sci Med Sci 58(10):911-916, 2003.
78. Evans WJ: Effects of exercise on body composition and functional capacity of the elderly, J Gerontol A Biol Sci Med Sci 50 Spec No:147-150, 1995.
79. Singh MAF: Exercise in the oldest old: some new insights and unanswered questions, J Am Geriatr Soc 50:2089-2091, 2002.
80. Singh MAF, Ding W, Manfredi TJ et al: Insulin-like growth factor I in skeletal muscle after weight-lifting exercise in frail elders, Am J Physiol 277:E135-E143, 1999.
81. Symons TB, Vandervoort AA, Rice CL et al: Effects of maximal isometric and isokinetic resistance training on strength and functional mobility in older adults, J Gerontol A Biol Sci Med Sci 60:777-781, 2005.
82. Adams KJ, Swank AM, Berning JM et al: Progressive strength training in sedentary, older African American women, Med Sci Sports Exerc 33(9):1567-1576, 2001.
83. Cress ME, Buchner DM, Questad KA et al: Exercise: effects on physical functional performance in independent older adults, J Gerontol A Biol Sci Med Sci 54:M242-M248, 1999.
84. Cress ME, Conley KE, Balding SL et al: Functional training: muscle structure, function, and performance in older women, J Orthop Sports Phys Ther 24(1):4-10, 1996.
85. Cress ME, Thomas DP, Johnson J et al: Effect of training on VO2 max, thigh strength, and muscle morphology in septuagenarian women, Med Sci Sports Exerc 23:752-758, 1991.
86. Cuoco A, Callahan DM, Sayers S et al: Impact of muscle power and force on gait speed in disabled older men and women, J Gerontol A Biol Sci Med Sci 59(11):1200-1206, 2004.
87. Frontera WR, Hughes VA, Fielding RA et al: Aging of skeletal muscle: a 12-yr longitudinal study, J Appl Physiol 88:1321-1326, 2000.
88. Siu AL, Reuben DB, Hays RD: Hierarchical measures of physical function in ambulatory geriatrics, J Am Geriatr Soc 38:1113-1119, 1990.
89. Vellas BJ, Wayne SJ, Romero L et al: One-leg balance is an important predictor of injurious falls in older persons, J Am Geriatr Soc 45:735-738, 1997.
90. Whipple RH: Improving balance in older adults: identifying the significant training stimuli. In Masdeu JC, Sudarsky L, Wolfson L, editors: Gait disorders of aging: falls and therapeutic strategies, Philadelphia, 1997, Lippincott Williams & Wilkins.
91. Agre JC, Pierce LE, Raab DM et al: Light resistance and stretching exercise in elderly women: effect upon strength, Arch Phys Med Rehabil 69:273-276, 1988.
92. Bamman MM, Hill VJ, Adams GR et al: Gender differences in resistance-training-induced myofiber hypertrophy among older adults, J Gerontol A Biol Sci Med Sci 58(2):108-116, 2003.
93. Barry BK, Carson RG: The consequences of resistance training for movement control in older adults, J Gerontol A Biol Sci Med Sci 59(7):730-754, 2004.
94. Brown AB, McCartney N, Sale DG: Positive adaptations to weight-lifting training in the elderly, J Appl Physiol 69(5):1725-1733, 1990.

95. Deschenes MR, Kraemer WJ: Performance and physiologic adaptations to resistance training, Am J Phys Med Rehabil 81:S3-S16, 2002.
96. de Vos NJ, Singh NA, Ross DA et al: Optimal load for increasing muscle power during explosive resistance training in older adults, J Gerontol A Biol Sci Med Sci 60:638-647, 2005.
97. Fiatarone MA, Marks EC, Ryan ND et al: High-intensity strength training in nonagenarians. Effects on skeletal muscle, JAMA 263:3029-3034, 1990.
98. Frontera WR, Hughes VA, Krivickas LS et al: Strength-training in older women: early and late changes in whole muscle and single cells, Muscle Nerve 28:601-608, 2003.
99. Guyatt GH, Sullivan MJ, Thompson PJ et al: The 6-minute walk: a new measure of exercise capacity in patients with chronic heart failure, Can Med Assoc J 132(8):919-923, 1985.
100. Haley SM, Jette AM, Coster WJ et al: Late life function and disability instrument: II. development and evaluation of the function component, J Gerontol A Biol Sci Med Sci 57(4):M217-M222, 2002.
101. Hortobagyi T, Mizelle C, Beam S, DeVita P: Old adults perform activities of daily living near their maximal capabilities, J Gerontol A Biol Sci Med Sci 58(5):M453-460, 2003.
102. Hortobagyi T, Tunnel D, Moody J et al: Low- or high-intensity strength training partially restores impaired quadriceps force accuracy and steadiness in aged adults, J Gerontol A Biol Sci Med Sci 56(1):B38-B47, 2001.
103. Hruda KV, Hicks AL, McCartney N: Training for muscle power in older adults: effects on functional abilities, Can J Appl Physiol 28(2):178-189, 2003.
104. Landi F, Cesari M, Onder G et al: Physical activity and mortality in frail, community-living elderly patients, J Gerontol A Biol Sci Med Sci 59(8):833-837, 2004.
105. Leveille SG, Fried LP, McMullen W et al: Advancing the taxonomy of disability in older adults, J Gerontol A Biol Sci Med Sci 59(1):86-93, 2004.
106. Mihalko SL, Wickley KL: Active living for assisted living: promoting partnerships within a systems framework, Am J Prev Med 25:193-203, 2003.
107. Nelson ME, Layne JE, Berstein MJ et al: The effects of multidimensional home-based exercise on functional performance in elderly people, J Gerontol A Biol Sci Med Sci 59(2):154-160, 2004.
108. Rogers MW, Johnson ME, Martinez KM et al: Step training improves the speed of voluntary step initiation in aging, J Gerontol A Biol Sci Med Sci 58:46-51, 2003.
109. Roman WJ, Fleckenstein J, Stray-Gundersen J et al: Adaptations in the elbow flexors of elderly males after heavy-resistance training, J Appl Physiol 74:750-754, 1993.
110. Wolinsky FD, Miller DK, Andresen EM et al: Further evidence for the importance of subclinical functional limitation and subclinical disability assessment in gerontology and geriatrics, J Gerontol B Psychol Sci Soc Sci 60(3):S146-S151, 2005.
111. Brown M, Sinacore DR, Binder EF et al: Physical and performance measures for the identification of mild to moderate frailty, J Gerontol A Biol Sci Med Sci 55(6):M350-M355, 2000.
112. Davis JW, Ross PD, Preston SD et al: Strength, physical activity, and body mass index: relationship to performance-based measures and activities of daily living among older Japanese women in Hawaii, J Am Geriatr Soc 46:274-279, 1998.
113. Ferrucci L, Guralnik JM, Buchner D et al: WHAS Research Group: Departures from linearity in the relationship between measures of muscular strength and physical performance of the lower extremities: the women's health and aging study, J Gerontol A Biol Sci Med Sci 52(5):M275-M285, 1997.
114. Foldvari M, Clark M, Laviolette LC et al: Association of muscle power with functional status in community-dwelling elderly women, J Gerontol A Biol Sci Med Sci 55(4):M192-M199, 2000.
115. Gauchard GC, Gangloff P, Jeandel C et al: Influence of regular proprioceptive and bioenergetic physical activities on balance control in elderly women, J Gerontol A Biol Sci Med Sci 58(9):846-850, 2003.
116. Gunter KB, White KN, Hayes WC et al: Functional mobility discriminates nonfallers from one-time and frequent fallers, J Gerontol A Biol Sci Med Sci 55(11):M672-M676, 2000.
117. Guralnik JM, Ferrucci L: Assessing the building blocks of function: utilizing measures of functional limitation, Am J Prev Med 25:112-121, 2003.
118. Guralnik JM, Ferrucci L, Simonsick EM: Lower-extremity function in persons over the age of 70 years as a predictor of subsequent disability, N Engl J Med 332(9):556-561, 1995.
119. Guralnik JM, Seeman TE, Tinetti ME et al: Validation and use of performance measures of functioning in a non-disabled older population: MacArthur studies of successful aging, Aging Clin Exp Res 4:410-419, 1994.
120. Guralnik JM, Simonsick EM, Ferrucci L et al: A short physical performance battery assessing lower extremity function: association with self-reported disability and prediction of mortality and nursing home admission, J Gerontol 49:M85-M94, 1994.
121. Guralnik JM, Winograd CH: Physical performance measures in the assessment of older persons, Aging Clin Exp Res 6:303-305, 1994.
122. American college of sports medicine position stand: exercise and physical activity for older adults, Med Sci Sports Exerc 30(6):992-1008, 1998.
123. Nichols JF, Hitzelberger LM, Sherman JG et al: Effects of resistance training on muscular strength and functional abilities of community-dwelling older adults, J Aging Phys Act 3:238-250, 1995.
124. Nied RJ, Franklin B: Promoting and prescribing exercise for the elderly, Am Fam Physician 65(3):419-426, 2002.
125. O'Brien SJ, Vertinsky PA: Unfit survivors: exercise as a resource for aging women, Gerontologist 31:347-357, 1991.
126. Rubenstein LZ, Josephson KR, Trublood PR et al: Effects of a group exercise program on strength, mobility, and falls among fall-prone elderly men, J Gerontol A Biol Sci Med Sci 55(6):M317-M321, 2000.
127. Bassey EJ, Fiatarone MA, O'Neil EF et al: Leg extensor power and functional performance in very old men and women, Clin Sci 82:321-327, 1992.
128. Bean JF, Kiely DK, Leveille SG et al: The 6-minute walk test in mobility-limited elders: what is being measured? J Gerontol A Biol Sci Med Sci 57(11):M751-M756, 2002.
129. Berg KO, Maki BE, Williams JI et al: Clinical and laboratory measures of postural balance in an elderly population, Arch Phys Med Rehabil 73:1073-1083, 1992.
130. Brauer SG, Burns YR, Galley P: A prospective study of laboratory and clinical measures of postural stability to predict community-dwelling fallers, J Gerontol A Biol Sci Med Sci 55(8):M469-M476, 2000.
131. Buchner DM, Cress ME, Wagner EH et al: The Seattle FICSIT/MoveIt study: the effect of exercise on gait and balance in older adults, J Am Geriatr Soc 41:321-325, 1993.
132. Chandler JM, Duncan PW, Kochersberger G et al: Is lower extremity strength gain associated with improvement in physical performance and disability in frail, community-dwelling elders? Arch Phs Med Rehabil 79(1):24-30, 1998.
133. Creditor MC: Hazards of hospitalization of the elderly, Ann Intern Med 118:219-223, 1993.
134. Cress ME, Buchner DM, Questad KA et al: Continuous-scale physical functional performance in healthy older adults: a validation study, Arch Phys Med Rehabil 77:1243-1250, 1996.
135. Ferrucci L, Guralnik JM, Studenski S et al: Designing randomized, controlled trials aimed at preventing or delaying functional decline and disability in frail, older persons: a consensus report, J Am Geriatr Soc 52:625-634, 2004.
136. Ivey FM, Tracy BL, Lemmer JT et al: Effects of strength training and detraining on muscle quality: age and gender comparisons, J Gerontol A Biol Sci Med Sci 55(3):B152-B159, 2000.

137. Lord SR, Lloyd DG, Nirui M et al: The effect of exercise on gait patterns in older women: a randomized controlled trial, J Gerontol A Biol Sci Med Sci 51(2):M64-M70, 1996.
138. Lord SR, Menz HB, Tiedemann A: A physiological profile approach to falls risk assessment and prevention, Phys Ther 83(3):237-252, 2003.
139. Reuben DB, Seeman TE, Keeler E et al: Refining the categorization of physical functional status: the added value of combining self-reported and performance-based measures, J Gerontol A Biol Sci Med Sci 59(10):1056-1061, 2004.
140. Richardson JK, Thies SB, DeMott TK et al: A comparison of gait characteristics between older women with and without peripheral neuropathy in standard and challenging environments, J Am Geriatr Soc 52:1532-1537, 2004.
141. Roubenoff R, Hughes VA. Sarcopenia: current concepts, J Gerontol A Biol Sci Med Sci 55(12):M716-M724, 2000.
142. Sayers SP, Bean J, Cuoco A et al: Changes in function and disability after resistance training: does velocity matter? A pilot study, Am J Phys Med Rehabil 82:605-613, 2003.
143. Seeman TE, Charpentier PA, Berkman LF et al: Predicting changes in physical performance in a high-functioning elderly cohort: MacArthur studies of successful aging, J Gerontol 49:M97-M108, 1994.
144. Shumway-Cook A, Gruber W, Baldwin M et al: The effect of multidimensional exercises on balance, mobility, and fall risk in community-dwelling older adults, Phys Ther 77:46-57, 1997.
145. Tinetti ME: Performance-oriented assessment of mobility problems in elderly patients, J Amer Geriatr Soc 34:119-126, 1986.
146. Ory MG, Schechtman KB, Miller JP et al: Frailty and injuries in later life: the FICSIT trials, J Am Geriatr Soc 41:283-296, 1993.
147. Sauvage LR Jr, Myklebust BM, Crow-Pan J et al: A clinical trial of strengthening and aerobic exercise to improve gait and balance in elderly male nursing home residents, Am J Phys Med Rehabil 71:333-342, 1992.
148. Seguin R, Nelson ME: The benefits of strength training for older adults, Am J Prev Med 25:141-149, 2003.
149. Sinaki M, Brey RH, Hughes CA et al: Significant reduction in risk of falls and back pain in osteoporotic-kyphotic women through a Spinal Proprioceptive Extension Exercise Dynamic (SPEED) program, Mayo Clin Proc 80(7):849-855, 2005.
150. Suzuki T, Bean JF, Fielding RA: Muscle power of the ankle flexors predicts functional performance in community-dwelling older women, J Am Geriatr Soc 49:1161-1167, 2001.
151. Christmas C, Andersen RA: Exercise and older patients: guidelines for the clinician, J Am Geriatr Soc 48:318-324, 2000.
152. Satariano WA, McAuley E: Promoting physical activity among older adults: from ecology to the individual, Am J Prev Med 25:184-192, 2003.
153. Binder EF, Brown M, Craft S et al: Effects of a group exercise program on risk factors for falls in frail older adults, J Phys Activ Aging 2:25-37, 1994.
154. Binder EF, Schechtman KB, Ehsani AA et al: Effects of exercise training on frailty in community-dwelling older adults: results of a randomized, controlled trial, J Am Geriatr Soc 50(12):1921-1928, 2002.
155. Brown M, Holloszy JO: Effects of a low intensity exercise program on selected physical performance characteristics of 60- to 71-year olds, Aging (Milano) 3:129-139, 1991.
156. Brown M, Sinacore DR, Ehsani AA et al: Low-intensity exercise as a modifier of physical frailty in older adults, Arch Phys Med Rehabil 81:960-965, 2000.
157. Duncan PW, Chandler J, Studenski S et al: How do physiological components of balance affect mobility in elderly men? Arch Phys Med Rehabil 74(12):1343-1349, 1993.
158. Frontera WR, Suh D, Krivickas LS et al: Skeletal muscle fiber quality in older men and women, Am J Physiol Cell Physiol 279:C611-C618, 2000.
159. Grimby G: Muscle performance and structure in the elderly as studied cross-sectionally and longitudinally, J Gerontol 50:17-22, 1995.
160. Haykowsky M, McGavock J, Muhll IV et al: Effect of exercise training on peak aerobic power, left ventricular morphology, and muscle strength in healthy older women, J Gerontol A Biol Sci Med Sci 60:307-311, 2005.
161. Jette AM, Haley SM, Coster WJ et al: Late life function and disability instrument: I. development and evaluation of the disability component, J Gerontol A Biol Sci Med Sci 57(4):M209-M216, 2002.
162. Judge JO, Schechtman K, Cress E: The relationship between physical performance measures and independence in instrumental activities of daily living. The FICSIT Group. Frailty and Injury: Cooperative Studies of Intervention Trials, J Am Geriatr Soc 44(11):1332-1341, 1996.
163. Kohrt WM, Malley MT, Coggan AR et al: Effects of gender, age, and fitness level on response of VO_2max to training in 60-71 yr olds, J Appl Physiol 71:2004-2011, 1991.
164. McCarthy EK, Horvat MA, Holtsberg PA et al: Repeated chair stands as a measure of lower limb strength in sexagenarian women, J Gerontol A Biol Sci Med Sci 59(11):1207-1212, 2004.
165. Mühlberg W, Sieber C: Sarcopenia and frailty in geriatric patients: implications for training and prevention. Gertonol Geriatr 37:2-8, 2004.
166. Pendergast DR, Fisher NM, Calkins E: Cardiovascular, neuromuscular, and metabolic alterations with age leading to frailty, J Gerontol 48:61-67, 1993.
167. Rockwood K, Stolee P, McDowell I: Factors associated with institutionalization of older people in Canada: testing a multifactorial definition of frailty, J Am Geriatr Soc 44:578-582, 1996.
168. Whipple R, Wolfson L, Derby C et al: Altered sensory function and balance in older persons, J Gerontol 48:71-76, 1993.
169. Morgan RO, Virnig BA, Duque M et al: Low-intensity exercise and reduction of the risk for falls among at-risk elders, J Gerontol A Biol Sci Med Sci 59(10):1062-1067, 2004.
170. Richards M, Marder K, Cote L et al: Interrater reliability of the Unified Parkinson's Disease Rating Scale motor examination, Mov Disord 9:89-91, 1994.
171. Tinetti ME, deLeon CFM, Doucette JT et al: Fear of falling and fall-related efficacy in relationship to functioning among community-living elders, J Gerontol A Biol Sci Med Sci 49:M140-M147, 1994.
172. Brooks SV, Faulkner JA: The magnitude of the initial injury induced by stretches of maximally activated muscle fibres of mice and rats increases in old age, J Physiol 497:573-580, 1996.
173. Lees SJ, Rathbone CR, Booth FW: Age-associated decrease in muscle precursor cell differentiation, Am J Physiol Cell Physiol 290(2):C609-C615, 2006.
174. Perrin PP, Gauchard GC, Perrot C et al: Effects of physical and sporting activities on balance control in elderly people, Br J Sports Med 33:121-126, 1999.
175. Morey MC, Dubbert PM, Doyle ME et al: From supervised to unsupervised exercise: factors associated with exercise adherence, J Aging Phys Act 11:351-368, 2003.
176. Robertson MC, Campbell AJ, Herbison P: Statistical analysis of efficacy in falls prevention trials, J Gerontol A Biol Sci Med Sci 60:530-534, 2005.
177. Stewart AL: Conceptual challenges in linking physical activity and disability research, Am J Prev Med 25:137-140, 2003.
178. Wolfson L, Whipple R, Amerman P et al: Gait assessment in the elderly: the gait abnormality rating scale and its relation to falls, J Gerontol 42:12-19, 1990.
179. Whipple RH, Wolfson LI, Amerman PM: The relationship of knee and ankle weakness to falls in nursing home residents: an isokinetic study, J Am Geriatr Soc 35:13-20, 1987.
180. Jette A, Davies A, Cleary P et al: The Functional Status Questionnaire: reliability and validity when used in primary care, J Gen Intern Med 1:143-149, 1986.
181. Li F, Harmer P, Fisher KJ et al: Tai chi and fall reductions in older adults: a randomized controlled trial, J Gerontol A Biol Sci Med Sci 60:187-194, 2005.

182. Liu-Ambrose T, Eng JJ, Khan KM et al: Older women with osteoporosis have increased postural sway and weaker quadriceps strength than counterparts with normal bone mass: overlooked determinants of fracture risk? J Gerontol A Biol Sci Med Sci 58(9):862-866, 2003.
183. Liu-Ambrose T, Khan KM, Eng JJ et al: Resistance and agility training reduce fall risk in women aged 75 to 85 with low bone mass: a 6-month randomized, controlled trial, J Am Geriatr Soc 52(5):657-665, 2004.
184. Murphy SL, Dubin JA, Gill TM: The development of fear of falling among community-living older women: predisposing factors and subsequent fall events, J Gerontol A Biol Sci Med Sci 58(10):943-947, 2003.
185. Seynnes O, Fiatarone S, Hue O et al: Physiological and functional responses to low-moderate versus high-intensity progressive resistance training in frail elders. J Gerontol A Biol Sci Med Sci 59(5):503-509, 2004.
186. Sharpe PA, Jackson KL, White C et al: Effects of a one-year physical activity intervention for older adults at congregate nutrition sites, Gerontologist 37(2):208-215, 1997.
187. Binder EF, Brown M, Sinacore DR et al: Effects of extended outpatient rehabilitation after hip fracture: a randomized controlled trial, JAMA 292:837-846, 2004.
188. Wagner EH, LaCroix AZ, Buchner DM, et al: Effects of physical activity on health status in older adults I: observational studies, Annu Rev Publ Health 13:451-468, 1992.
189. Suggested Readings Barnett A, Smith B, Lord SR et al: Community-based group exercise improves balance and reduces falls in at risk older people: a randomized controlled trial, Age Ageing 32:407-414, 2003.
190. Borg G, Linderholm H: Perceived exertion and pulse rate during exercise in various age groups, Acta Med Scand (suppl) 472:194-206, 1967.
191. Cohen-Mansfield J, Marx MS, Biddison JR et al: Socio-environmental exercise preferences among older adults, Prev Med 38(6):804-811, 2004.
192. Day L, Fildes B, Gordon I et al: Randomized factorial trial of falls prevention among older people living in their own homes, Brit Med J 325(7356):128, 2002.
193. Engels HJ, Drouin J, Zhu W et al: Effects of low-impact, moderate-intensity exercise training with and without wrist weights on functional capacities and mood states in older adults, Gerontology 44:239-244, 1998.
194. Gerety MB, Mulrow CD, Tuley MR et al: Development and validation of a physical performance instrument for the functionally impaired elderly: the physical disability index (PDI), J Gerontol 48:M33-38, 1993.
195. Gill TM, Kurland B: The burden and patterns of disability in activities of daily living among community-living older persons, J Gerontol A Biol Sci Med Sci 58(1):70-75, 2003.
196. Gobel FL, Nordstrom LA, Nelson RR et al: The rate-pressure product as an index of myocardial oxygen consumption during exercise in patients with angina pectoris, Circulation 57(3):549-556, 1978.
197. Hakkinen K, Kraemer WJ, Newton RU, Alen M: Changes in electromyographic activity, muscle fibre and force production characteristics during heavy resistance/power strength training in middle-aged and older men and women, Acta Physiol Scand 171(1):51-62, 2001.
198. Harridge S, Magnusson G, Saltin B: Life-long endurance-trained elderly men have high aerobic power, but have similar muscle strength to non-active elderly men, Aging (Milano) 9:80-87, 1997.
199. Hatch J, Gill-Body KM, Portney LG: Determinants of balance confidence in community-dwelling elderly people, Phys Ther 83:1072-1079, 2003.
200. Jette AM: Assessing disability in studies on physical activity, Am J Prev Med 25:122-128, 2003.
201. Judge JO: Balance training to maintain mobility and prevent disability, Am J Prev Med 25:150-156, 2003.
202. Judge JO, Lindsey C, Underwood M, Winsemius D: Balance improvements in older women: effects of exercise training, Phys Ther 73(4):263-265, 1993.
203. Judge JO, Underwood M, Gennosa T: Exercise to improve gait velocity in older persons, Arch Phys Med Rehabil 74:400-406, 1993.
204. Kado DM, Huang MH, Barrett-Connor E et al: Hyperkyphotic posture and poor physical functional ability in older community-dwelling men and women: the Rancho Bernardo study, J Gerontol A Biol Sci Med Sci 60:633-637, 2005.
205. Kendall HO, Kendall FP, Wadsworth GE: Muscles: testing and function, ed 4, Baltimore, 1986, Williams & Wilkins.
206. Kuh D, Bassey EJ, Butterworth S et al: Grip strength, postural control, and functional leg power in a representative cohort of British men and women: associations with physical activity, health status, and socioeconomic conditions, J Gerontol A Biol Sci Med Sci 60(2):224-231, 2005.
207. Lexell J, Robertsson E, Stenstrom E: Effects of strength training in elderly women, J Am Geriatr Soc 40(2):190-191, 1992.
208. Liu-Ambrose T, Khan KM, Eng JJ et al: Both resistance and agility training reduce back pain and improve health-related quality of life in older women with low bone mass, Osteoporos Int 16(11):1321-1329, 2005.
209. Medell JL, Alexander NB: A clinical measure of maximal and rapid stepping in older women, J Gerontol A Biol Sci Med Sci 55(8):M429-M433, 2000.
210. Miszko TA, Cress ME, Slade JM et al: Effect of strength and power training on physical function in community-dwelling older adults, J Gerontol A Biol Sci Med Sci 58(2):171-175, 2003.
211. Mor V, Murphy J, Masterson-Allen S et al: Risk of functional decline among well elders, J Clin Epidemiol 42(9):895-904, 1989.
212. Morey MC, Schenkman M, Studenski SA et al: Spinal-flexibility-plus-aerobic versus aerobic-only training: effects of a randomized clinical trial on function in at-risk older adults, J Gerontol 54A:M335-M342, 1999.
213. Morey MC, Sullivan RJ: Medical Assessment for health advocacy and practical strategies for exercise initiation, Am J Prev Med 25:204-208, 2003.
214. Oida Y, Kitabatake Y, Nishijima Y et al: Effects of a 5-year exercise-centered health-promoting programme on mortality and ADL impairment in the elderly, Age Ageing 32:585-592, 2003.
215. Rejeski WJ, Focht BC: Aging and physical disability: on integrating group and individual counseling with the promotion of physical activity, Exer Sport Sci Rev 30(4):166-170, 2002.
216. Reuben DB, Siu AL: An objective measure of physical function of elderly outpatients: the physical performance test, J Am Geriatr Soc 38:1105-1112, 1990.
217. Reuben DB, Valle LA, Hays RD et al: Measuring physical function in community-dwelling older persons: a comparison of self--administered, interviewer-administered, and performance-based measures, J Am Geriatr Soc 43:17-23, 1995.
218. Ringsberg K, Gerdehm P, Johansson J et al: Is there a relationship between balance, gait performance and muscular strength in 75-year-old women? Age Ageing 28:289-293, 1999.
219. Sallis JF: New thinking on older adults' physical activity, Am J Prev Med 25:110-111, 2003.
220. Schenkman M, Hughes MA, Samsa G et al: The relative importance of strength and balance in chair rise by functionally impaired older individuals, J Am Geriatr Soc 44:1441-1446, 1996.
221. Sipila S, Suominen H: Effects of strength and endurance training on thigh and leg muscle mass and composition in elderly women, J Appl Physiol 78:334-340, 1995.
222. Spina RJ: Cardiovascular adaptations to endurance exercise training in older men and women, Exerc Sport Sci Rev 27:317-332, 1999.

223. Strawbridge WJ, Camacho TC, Cohen RD et al: Gender differences in factors associated with change in physical functioning in old age: a 6-year longitudinal study, Gerontologist 33:603-609, 1993.
224. Taaffe DR, Pruitt L, Guido D et al: Comparative effects of high- and low-intensity resistance training on thigh muscle strength, fiber area, and tissue composition in elderly women, Clin Physiol 16:381-392, 1996.
225. Tinetti ME, Baker DI, McAvay G et al: A multifactorial intervention to reduce the risk of falling among elderly people living in the community, N Eng J Med 331(13)821-827, 1994.
226. Torrey BB, Kinsella K, Taeuber CM: An aging world. International Population Reports, ed 95, Washington, 1987, US Bureau of the Census.
227. VanSwearingen JM, Brach JS: Making geriatric assessment work: selecting useful measures, Phys Ther 81(6):1233-1252, 2001.
228. Wolf SL, Barnhart HX, Ellison GL, Coogler CE: The effect of Tai Chi Quan and computerized balance training on postural stability in older subjects. Atlanta FICSIT group. Frailty and injuries: cooperative studies on intervention techniques, Phys Ther 77(4):371-384, 1997.
229. Yarasheski KE, Pak-Loduca J, Hasten DL et al: Resistance exercise training increases mixed muscle protein synthesis rate in frail women and men ≥76 yr old, Am J Physiol 277:E118-E125, 1999.

SEÇÃO II

PRINCÍPIOS DA PRÁTICA

CAPÍTULO

15

Desenvolvimento do programa de reabilitação

Tomada de decisão clínica, priorização e integração do programa

Patricia E. Sullivan, Michael S. Puniello e Poonam K. Pardasaney

INTRODUÇÃO

A tomada de decisão efetiva e eficiente é fundamental para o tratamento do paciente. A tomada de decisão envolve a seleção de testes no processo de avaliação, interpretação dos dados a partir da história detalhada e do exame, definição do diagnóstico, estimativa do prognóstico, determinação das estratégias de intervenção, sequência dos procedimentos terapêuticos e estabelecimento dos critérios de alta.[1] Com a análise dos processos efetivos de tomada de decisão usados na prática clínica, que refletem em nossas decisões e consequências clínicas, desenvolvemos nosso entendimento desse complexo processo.[2-4] Entender os componentes do raciocínio clínico e os processos de tomada de decisões, assim como usar as estratégias aplicadas pelos terapeutas especialistas, pode aumentar a eficácia clínica.[2,5,6] A integração dos conceitos de tomada de decisão com o conteúdo de conhecimento e prática baseado em evidências em programas de graduação, pós-graduação e de educação continuada é essencial para o crescimento contínuo da profissão de fisioterapeuta.[7,8]

Este capítulo descreve a aplicação de estratégias de tomada de decisões para melhorar os resultados do tratamento do paciente, bem como os erros comuns e as formas de evitá-los. Na condição de profissionais de saúde, os médicos são responsáveis pelas decisões clínicas para pacientes, para outros profissionais de saúde, para os contribuintes e para a sociedade.[9] Sendo assim, aumentar as habilidades clínicas nas tomadas de decisões é tão importante para melhorar o tratamento do paciente quanto é aumentar a habilidade na avaliação e no tratamento. A tomada de decisão não é um processo estático. À medida que a amplitude do conteúdo de conhecimento se expande, também se modificará a tomada de decisão. Avanços futuros em genética e a disponibilidade de tais informações no ambiente clínico podem dar condições aos clínicos para identificar pessoas com uma predisposição genética a determinadas disfunções, o que aumenta o papel da tomada de decisão do clínico na intervenção preventiva. O conhecimento da composição genética de uma pessoa pode ajudar os clínicos a identificar pacientes com uma predisposição hereditária para frouxidão articular ou osteoporose e, desse modo, oferecer exercícios preventivos e orientação.

Este capítulo segue a sequência do modelo de tratamento do paciente.[1] Durante a fase de exame, o clínico formula hipóteses do problema clínico e, em seguida, escolhe e implementa medidas para testar as hipóteses. Durante a fase de avaliação, o clínico reúne os achados do exame e desenvolve o diagnóstico, o prognóstico e o plano de tratamento. A fase de intervenção combina a implementação de várias estratégias de tratamento com reavaliação contínua para avaliar a eficácia do plano.

A tomada de decisão é multifacetada, com vários fatores cognitivos, afetivos e psicomotores considerados simultaneamente em uma forma de processamento paralelo. Trata-se de um processo fluido que não ocorre de uma forma fixa ou com uso de um simples método de análise. A escrita, porém, ocorre em um formato linear e não pode duplicar a integração complexa que acontece no ambiente terapêutico. Considerando isso, este capítulo aplica estratégias de tomada de decisão para as definições do tratamento do paciente.

MARCAS DE HABILIDADE E PROCESSOS DE TOMADA DE DECISÃO

Os clínicos envolvidos em reabilitação estão continuamente melhorando sua prática, o que requer expansão do conhecimento efetivo de anatomia, fisiologia, patologia e procedimentos de intervenção, além de uma ótima aplicação desse conhecimento.[2,5] Os especialistas aplicam o conhecimento real ou essencial utilizando um processo de tomada de decisão colaborativo, centrado no paciente, para tomar decisões eficientes e efetivas.[3,10]

ORGANIZAÇÃO DO CONHECIMENTO

A organização sistemática do conhecimento diagnóstico e da intervenção em uma memória bem estruturada, com associações facilmente acessíveis, é a chave para a recordação e o uso preciso.[6] O conhecimento usado para diagnosticar uma condição difere do conhecimento usado para determinar e implementar o plano de tratamento. A informação diagnóstica que abrange os processos de exame e avaliação parece ser mais bem organizada em categorias de sistemas, incluindo fatores ambientais, sociais e culturais; fatores médicos e psicológicos; e fatores relativos aos sistemas físicos. O conhecimento diagnóstico dentro dos sistemas físicos abrange a anatomia e a biomecânica normal e patológica, componentes do controle de movimento, parâmetros da capacidade de movimento e um entendimento de relatos subjetivos, bem como de testes e medidas objetivas, para avaliar tais fatores.[11] A base do conhecimento diagnóstico do clínico inclui as inter-relações entre grupos de deficiências físicas, fatores sociais, culturais e ambientais, fatores médicos e psicológicos, estresses ocupacionais e recreativos, e tensões físicas que resultam e que combinam essas patologias ou disfunções comuns.

Um conhecimento diferente é usado para determinar e implementar a intervenção. O conhecimento intervencionista inclui: (1) fases temporais de recuperação tecidual, deficiências comuns em cada fase e tensões que os tecidos podem tolerar com segurança durante cada fase; (2) características de movimento incluindo quantidade de amplitude, controle e capacidade requerida para várias atividades funcionais; (3) quantidade de estratégias e procedimentos de intervenção para promover essas características de movimento e resultados correspondentes em populações variadas de pacientes; (4) sequenciamento de várias intervenções para desafiar apropriadamente tecidos envolvidos e o paciente como um todo; e (5) estratégias de intervenção para promover saúde e prevenir disfunção secundária. As categorias de sistemas de conhecimento diagnóstico e a classificação do conhecimento intervencionista são representadas em dois modelos da Estrutura de Prática Clínica (Fig. 15.1).[11]

Categorias de sistemas diagnósticos

- Fatores ambientais, sociais e culturais
- Fatores médicos e psicológicos
- Fatores relativos a sistemas físicos

A evolução da organização do conhecimento pode ser alcançada pela análise das similaridades e diferenças esperadas entre problemas parecidos e o desenvolvimento de uma avaliação analítica dos aspectos do tratamento. Durante o exame, o clínico pode ter dificuldade na diferenciação de disfunção que é anatomicamente parecida em origem. Durante a intervenção, clínicos iniciantes podem ter dificuldades em relação à quantidade de mudança necessária em cada deficiência para as necessidades funcionais do paciente e também em relação às expectativas da quantidade de mudança da deficiência para procedimentos específicos de tratamento. Completar tabelas como a Tabela 15.1 com achados esperados e observados pode ajudar no esclarecimento e na organização desse conhecimento. A pergunta a ser feita durante esse exercício é: "quais são os achados esperados em dois diagnósticos patológicos diferentes e quais são as expectativas das intervenções?".

O PACIENTE COMO UM TODO

À medida que os clínicos praticantes adquirem destreza e desenvolvem habilidades no tocante ao que eles "veem" no paciente, a identificação de alguns achados incertos além dos achados óbvios torna-se mais fácil. O clínico experiente examina o paciente como um todo em vez de somente uma estrutura ou função específica que parece ser a fonte direta das queixas apresentadas. Enxergar o paciente como um todo em seu contexto de vida implica incorporar a influência dos fatores ambientais, culturais e psicológicos na recuperação natural do tecido, bem como nos sinais e sintomas do paciente.[12]

O clínico experiente reconhece a implicação da tensão psicológica causada pelo desemprego e da tensão ergonômica causada por mau posicionamento no ambiente de trabalho, assim como da biomecânica e da tensão física nos tecidos somáticos.[13] Além do tratamento direto da dor e de outros sintomas, o **clínico experiente trata o paciente como um todo**, fornecendo uma intervenção multifacetada que modifica agentes irritantes ambientais e ergonômicos, além de oferecer educação para prevenir ou diminuir lesões por esforço repetitivo. Exemplos do tratamento do paciente como um todo incluem o reconhecimento da recuperação do tecido subjacente e de distúrbios de equilíbrio em um paciente com estado pós-fratura tibial com diabetes melito, a necessidade de condicionamento aeróbio em um paciente com disfunção lombar, a importância da orientação biomecânica em

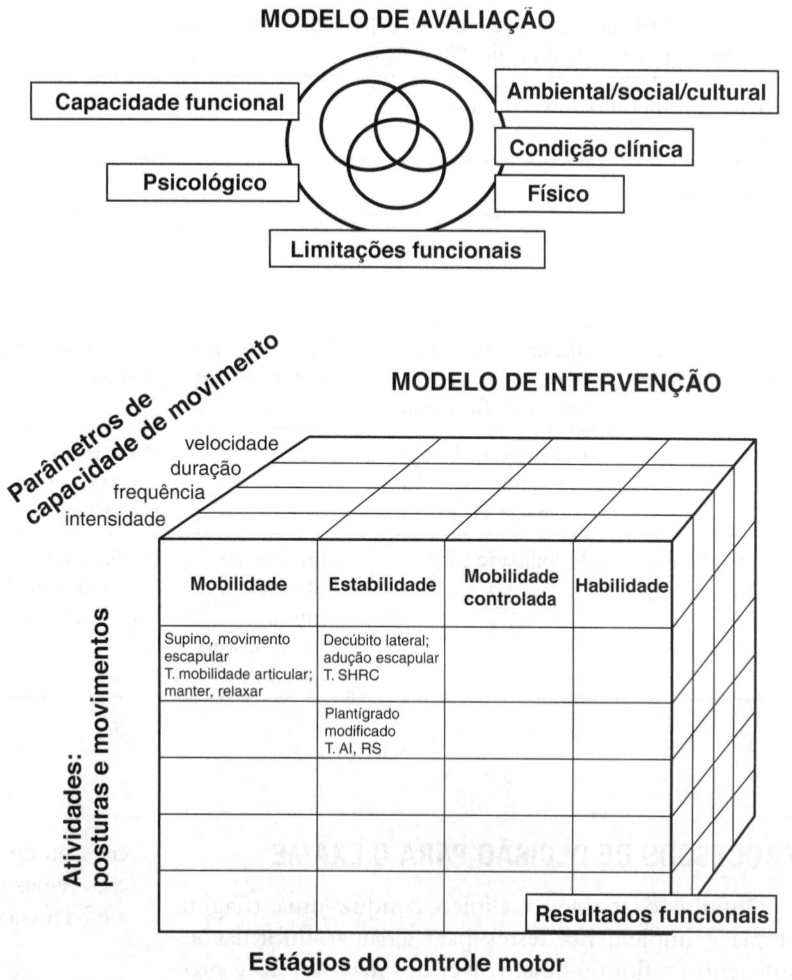

Figura 15.1 Os dois modelos clínicos da Estrutura de Prática Clínica. O Modelo de Avaliação foca nos fatores a serem considerados durante o exame e a avaliação. O Modelo de Intervenção guia o planejamento terapêutico e o desenvolvimento dos procedimentos de intervenção.

classes de exercícios pré-natal e pós-natal, bem como o incentivo ao retorno em tempo hábil de atletas à atividade total antes que os tecidos possam tolerar a tensão. Tratar o paciente como um todo inclui orientação para prevenir disfunção adicional e para promover a saúde e o desempenho ideais.

Por exemplo, o senhor B. é um homem destro que recentemente completou 6 semanas de terapia para uma síndrome do impacto no ombro direito e está em fase de transição para participar de competições de tênis. Trabalhando como carteiro, o senhor B. carrega uma bolsa de cartas sobre o ombro direito e repetidamente levanta a mão para alcançar caixas de correio de diferentes alturas enquanto entrega as correspondências. Ele relata dor de leve a moderada no ombro após o trabalho que cede dentro de 1 hora com uso de gelo e AINEs sem prescrição. Em alguns dias, o senhor B. pode praticar tênis por 1 hora, sem exacerbação do sintoma, enquanto, em outros, a dor é agravada por 4 horas após a prática. Considerando que essas tensões relacionadas ao trabalho combinadas com o retorno ao tênis podem causar aumento da tensão nos tecidos conjuntivos do complexo do ombro, o clínico deve fazer recomendações para minimizar a tensão relacionada ao trabalho, bem como para um treinamento de tênis mais seguro. As recomendações para o senhor B. podem incluir a utilização de uma mala de rodinhas em vez de uma bolsa de carteiro, o uso da mão esquerda ou de um suporte para alcançar caixas de correio altas no trabalho e a limitação da prática de tênis quando a dor no ombro estiver agravada. O paciente deve ser orientado em relação ao tempo de recuperação da dor "patológica" pelo trabalho ou pela prática de tênis, uma vez que a dor persistente por mais de 1 hora sugere aumento da tensão tecidual que resulta em microtrauma e inflamação do tecido.[14] O paciente também deve ser aconselhado a graduar a intensidade do treinamento com base no tempo de recuperação da dor. Ele deve poder continuar o treinamento de tênis com baixo nível de dor se o tempo de recuperação estiver dentro dos limites aceitáveis e se ele não apresentar aumento da dor no repouso ou em atividade no dia seguinte. Ensinar o paciente a identificar de maneira correta um nível de dor aceitável com o qual trabalhar e a necessidade de modificação ou limitação da atividade como resultado dos sintomas é importante para um retorno seguro ao trabalho e aos esportes.

Tabela 15.1 Exemplo do uso de achados esperados e observados a fim de organizar o conhecimento para o diagnóstico diferencial e para delinear as expectativas da intervenção

Achados esperados no exame	L4, L5	S1	Similar/diferente
Mobilidade			
Força			
Dor			

Deficiências para retificar	*Mudanças necessárias para alcançar resultado funcional*	*Procedimentos de tratamento*	*Medida durante o tratamento*	*Efeito do tratamento esperado com cada sessão*	*Efeito do tratamento observado*
Dor	Diminuição da dor relatada de 6/10 para 2/10		Pedir relato da dor na escala de 1-10	Resposta imediata na redução da dor em 2 pontos	
Mobilidade articular	Mobilidade total	Mobilização do tecido mole, mobilização articular	Avaliação da mobilidade de deslizamento	Menor desconforto com movimento, a mobilidade melhora antes no tratamento ao longo do tempo	

PROCESSOS DE DECISÃO PARA O EXAME

Durante o exame, o clínico conduz uma triagem ampla e implementa testes para agrupar informações suficientes a fim de desenvolver um diagnóstico e projetar um plano de intervenção.[1] Um dos objetivos do exame é estreitar a amplitude de condições prováveis, o que é chamado de *estreitamento do espaço do problema*. O clínico toma decisões continuamente em relação a que perguntas fazer ao colher a história, que testes usar e como conduzir meticulosamente os diferentes aspectos do exame. Algumas dessas decisões podem ser consideradas antes da interação real com o paciente. Por exemplo, os clínicos podem examinar as medidas de amplitude disponíveis para avaliar disfunção da coluna lombar e determinar o grupo de testes e medidas que oferecem as informações mais confiáveis, válidas, sensatas e específicas para estabelecer um diagnóstico e planejar a intervenção.[15] Um exemplo específico é explorar as várias ferramentas de medidas desenvolvidas para avaliar dor ou função. Além de analisar as propriedades das medidas, os clínicos podem considerar as ferramentas que avaliam as características do paciente mais comumente vistas em sua prática. A análise das ferramentas de avaliação também considera a base do desempenho *vs.* autorrelato e medidas genéricas *vs.* específicas do diagnóstico. O uso padronizado de ferramentas de medida permite comparação de dados dentro da prática e com a literatura especializada.

Além das decisões relativas às ferramentas de avaliação, as decisões diagnósticas são tomadas em vários pontos do processo, com uma variedade de quantidade de informações ou em condições de incertezas.[15-17] Foram descritas estratégias de avaliação que podem aumentar a eficácia e a eficiência diagnóstica, bem como reduzir erros.

Determinando testes e medidas

As ferramentas de exame podem ser divididas em medidas baseadas no desempenho ou medidas de autorrelato. As **medidas baseadas no desempenho (BD)** envolvem a execução do teste pelo clínico ou a observação do desempenho do paciente. Em geral, o teste pode ser desempenhado somente 1 ou 2 vezes em um ambiente clínico. Exemplos de testes BD incluem avaliação de mobilidade articular, força muscular, equilíbrio, velocidade da marcha, subir escadas ou características do saque no tênis. Nas **medidas de autorrelato (AR)** o paciente avalia seu desempenho durante atividades como caminhar, subir escadas ou em esportes recreativos. A avaliação das medidas de AR inclui capacidade para desempenhar a tarefa, dificuldade com a tarefa, dor durante o desempenho ou necessidade de assistência. Considera-se que as medidas de autorrelato sejam mais relacionadas a fatores psicológicos do que as medidas BD. As medidas baseadas no desempenho são mais sensíveis a mudanças físicas e são mais relacionadas à função física do que as medidas de AR.[18] No processo de tomada de decisão, o clínico escolhe medidas que reflitam a deficiência real e a capacidade funcional do paciente, bem como medidas que sejam sensíveis às mudanças que possam ocorrer no decorrer natural da condição e da terapia. Os testes são escolhidos para avaliar o desempenho de atividades, a função e as deficiências.

Estratégias de avaliação

Diferentes estratégias de avaliação, como reconhecimento de padrão, atualização a partir de uma âncora e raciocínio hipotético-dedutivo, são úteis para melhorar a habilidade diagnóstica do clínico. Cada estratégia é discutida com sugestões para reduzir a chance de erro.[19]

Reconhecimento de padrão

O reconhecimento de padrão é o processo de relacionar uma série de sinais e sintomas a um fenômeno particular observado.[6,20,21] Um padrão pode ser identificado pela percepção de um grupo de sintomas ou pela observação dos padrões de posturas estáticas e em movimento. Um clínico experiente reconhece rapidamente esses padrões e, assim, melhora a eficiência do tempo de exame e a eficácia da intervenção. O reconhecimento de padrão é uma estratégia altamente carregada de teoria.[20] A teoria descreve o padrão ou grupo de deficiências comuns em um diagnóstico ou condição particular. O clínico tende a ver, observar ou interpretar achados de acordo com descrições teóricas.

O uso exclusivo de reconhecimento de padrão pode levar a erros que resultam de não avaliar outras probabilidades diagnósticas ou não explorar outras estratégias de intervenção que, para um paciente em particular, poderiam ser mais efetivas. Um erro comum é o profissional testar somente o que é esperado, o qual é chamado de **teste positivo** ou **predisposição para confirmação**, e interpretar os resultados do teste tal como a teoria direciona.[22] As habilidades de observação e interpretação inerentes ao profissional são anuladas pela confiança nas descrições teóricas. Apesar de o conhecimento de padrões comuns entre pacientes ser essencial para desenvolver habilidade em uma área, o clínico deve ter cuidado para não confiar apenas no reconhecimento de padrão. O paciente individual é sempre diferente do exemplo do livro e a descrição geral difere de uma dada manifestação.[23] O clínico deve identificar semelhanças entre os pacientes e reconhecer diferenças que tornam um determinado paciente único. Além de reconhecer o padrão, o clínico deve avaliar outras probabilidades de diagnóstico diferencial ou deficiências que possam existir no paciente. O especialista considera todas as condições *prováveis* e não as possíveis.

Atualização a partir de uma âncora

O padrão reconhecido durante a observação inicial geralmente coloca uma "âncora" no processo de avaliação. A primeira estimativa do problema ancora o clínico a uma hipótese inicial. Com base na força relativa da crença dos clínicos de que a hipótese inicial seja correta, eles escolhem testes e medidas para avaliar a precisão da hipótese e gerar um diagnóstico. À medida que os dados são colhidos, os clínicos continuamente pesam o valor de achados emergentes para confirmar ou não a hipótese inicial.[4,16] Os clínicos podem ter a tendência de persistir com a ideia original, apesar da presença de dados que a refutem ou vacilar excessivamente apesar da presença de dados consistentes com o diagnóstico. Cada clínico deve tornar-se consciente de sua tendência para persistir ou vacilar de modo excessivo porque tais atitudes podem levar a erros diagnósticos. O processo de continuamente aplicar resultados da cada teste ou medida para confirmar ou não a opinião inicial, ou "âncora", é chamado de **atualização a partir de uma âncora**. A importância relativa de cada achado é comparada com a força relativa da crença inicial.

Por exemplo, um clínico observa uma paciente de 35 anos caminhando para a área de exame e nota que ela tem uma marcha antálgica com uma leve inclinação lateral do seu tronco superior. O clínico pode admitir a hipótese de que se trata de um padrão de origem discal. Os resultados de todos os testes são examinados tendo em vista se eles suportam ou refutam a hipótese inicial. A paciente então afirma que a dor é sobretudo na área do quadril em virtude de uma queda. Esse achado não se adequa à hipótese inicial. Três opções estão disponíveis enquanto o clínico continua a avaliação. O clínico pode persistir com a opinião de que o problema é discal, acreditando que um achado negativo não invalida a hipótese inicial, e continua a avaliação com a hipótese inicial ancorando o processo. Por outro lado, o clínico pode escolher desistir da hipótese inicial, acreditando que ela estava baseada em uma premissa falsa, e focar a avaliação mais no quadril. Por fim, o clínico pode explorar a possibilidade de que os dois problemas coexistam.

Raciocínio hipotético-dedutivo

O processo de raciocínio hipotético-dedutivo é um processo de tomada de decisão diagnóstica amplamente descrito.[6,24,25] De acordo com esse conceito, o clínico faz uma suposição inicial do problema, podendo utilizar reconhecimento de padrões, e desenvolve uma lista de 5 a 7 hipóteses, razões, causas ou deficiências prováveis a serem associadas com a condição do paciente ou que a causem. Para qualquer clínico que seja o ponto inicial de contato com o sistema de saúde, é importante que bandeiras vermelhas e amarelas sejam identificadas como hipóteses prováveis para a condição, quando aplicáveis. A hipótese do diagnóstico diferencial e das bandeiras vermelhas e amarelas são baseadas na evidência de conhecimento existente quanto à idade, ao sexo, à região corporal envolvida, às comorbidades e às medicações.[26] O clínico refina a hipótese durante a coleta da história e escolhe testes e medidas objetivas para descartar ou confirmar tais hipóteses. Em vários casos, o clínico cria a hipótese da condição apresentada: por exemplo, a razão pela qual um paciente teve uma queda, bem como as consequências da condição (p. ex., sequelas físicas da queda ou da lesão). O uso efetivo dessa metodologia de raciocínio gera um máximo de 5 a 7 hipóteses. Se uma lista mais longa de hipóteses for gerada, o clínico deve agrupá-las para facilitar o processo de inclusão/exclusão. Por exemplo, sob a frase **mobilidade deficiente** o clínico deve agrupar todos os tecidos e condições que contribuem para limitar a ADM.

Por exemplo, com base na afirmação inicial do paciente "Eu machuquei meu tornozelo quando caí", o clínico gera a hipótese inicial em relação aos problemas que podem existir. Os problemas musculoesqueléticos podem ser distensão muscular, distensão ligamentar, fratura do tornozelo-pé, dependendo da natureza, da intensidade e das circunstâncias da queda; da idade do paciente; de lesões prévias e de comorbidades. A queda pode ter sido "causada" por forças aplicadas externamente, diminuição das respostas de equilíbrio como resultado de propriocepção deficiente ou fraqueza dos estabilizadores de tornozelo, calçados mal adaptados ou perigos do ambiente. Durante a avaliação, o clínico seleciona questões, testes e medidas para avaliar adequadamente e descartar ou confirmar cada hipótese.

Combinação de raciocínio hipotético-dedutivo com múltiplos subsistemas

Um bom clínico avalia múltiplos fatores associados com a disfunção física e oferece diversas estratégias de intervenção para remediar esses fatores. Os múltiplos fatores associados com a disfunção musculoesquelética podem ser classificados em três subgrupos: fatores ambientais, sociais e culturais; fatores clínicos e psicológicos; e fatores físicos (Fig. 15.2).

Examinar os fatores físicos (Fig. 15.3) envolve a avaliação dos sistemas comumente associados com disfunção de movimento, incluindo sistema musculoesquelético, controle de movimento e capacidade de movimento. Nessas áreas sobrepostas, o clínico considera os tecidos conjuntivos nas regiões afetadas, na região proximal e na região distal mais provavelmente envolvidos, incluindo pele, fáscia, músculo, tendão, nervo, ligamento, cápsula e osso. As patologias que afetam esses tecidos conjuntivos, tais como inflamação, edema, torção, distensão, rigidez e dor (dor seria um sintoma, não uma patologia), são agrupadas sob as classificações de deficiências comuns, incluindo hipomobilidade/hipermobilidade, estabilidade e alinhamento deficientes, fraqueza, controle de movimento deficiente

Exemplos de exame de subsistemas múltiplos durante a criação da hipótese incluem avaliação do seguinte:

- A extensão em que a profissão, as atividades recreativas e a situação socioeconômica do paciente influenciam seu bem-estar geral, a condição apresentada e o funcionamento físico geral
- A probabilidade de que a depressão e a ansiedade do paciente relacionadas à perda recente de emprego possam afetar a atividade do sistema autonômico, incluindo limiar de dor, circulação de tecidos, sinais vitais e respostas ao exercício
- A extensão em que o diabetes melito e a falta de exercício e de condicionamento aeróbio podem influenciar na recuperação tecidual
- A probabilidade de uma paciente jovem de origem estrangeira que não domine o idioma local poder relatar sintomas de maneira precisa para um clínico mais velho de origem asiática
- Os efeitos da privação de sono, da fadiga psicológica e da fadiga física nas estruturas musculoesqueléticas de uma mãe jovem, em seu bem-estar físico geral e em sua habilidade para erguer e segurar sua criança de 9 kg por períodos longos
- Os efeitos de motivação excessiva, consumo nutricional limitado e anorexia no sistema musculoesquelético de uma jovem ginasta

nas posições com e sem descarga de peso, e capacidade aeróbia e anaeróbia diminuídas.

A maioria dos pacientes apresenta grupos de deficiências com mais frequência do que disfunções isoladas e muitos pacientes têm mais de um diagnóstico ou condição. Sendo assim, ao desenvolver as hipóteses prováveis, é importante levar em consideração os grupos de múltiplos subsistemas. A seguir, há um exemplo de inter-relação entre subsistemas múltiplos, hipóteses extrínsecas e intrínsecas durante a avaliação.

Um clínico ao examinar uma mulher de 45 anos com uma queixa principal de lombalgia gera as cinco hipóteses prováveis a seguir:

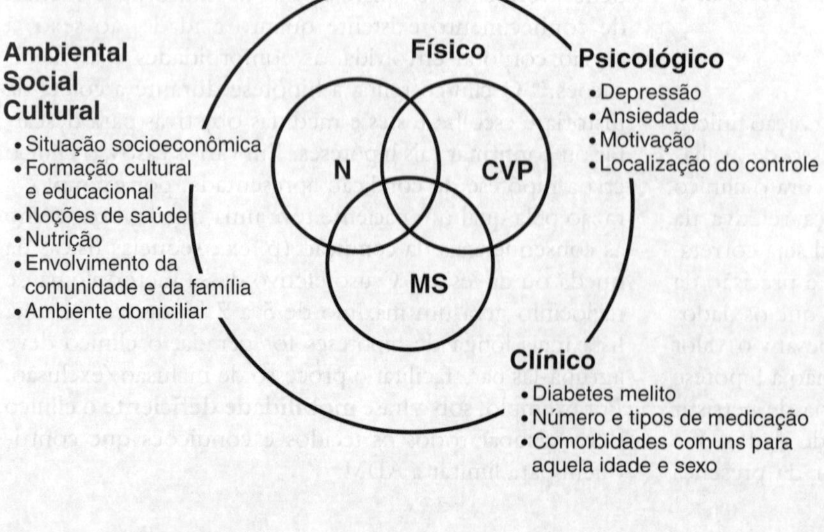

Figura 15.2 O modelo de exame/avaliação e os fatores que normalmente devem ser considerados durante o exame e a avaliação. *N*, sistema nervoso central (propriocepção); *CVP*, sistemas cardiovascular e pulmonar; *MS*, sistema musculoesquelético (inclui ADMP: mobilidade articular e capsular, ADM segmentar/articular regional/muscular; dor e alinhamento postural).

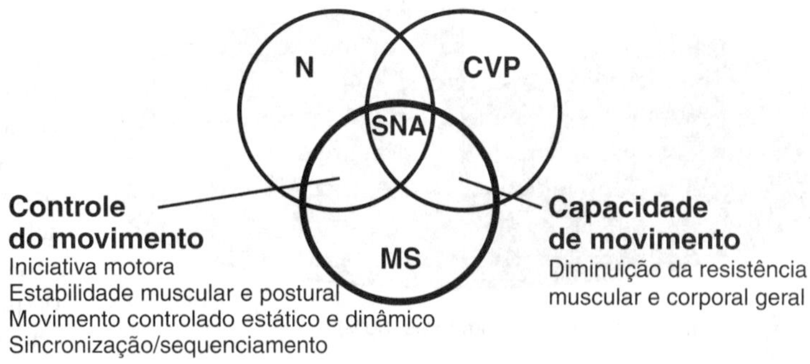

Figura 15.3 Os sistemas físicos do modelo de avaliação. *SNA*, sistema nervoso autônomo (simpático); *SNC*, sistema nervoso central (propriocepção); *CVP*, sistemas cardiovascular e pulmonar; *MS*, sistema musculoesquelético (inclui ADMP: mobilidade articular e capsular, ADM segmentar/articular regional/muscular; dor e alinhamento postural).

Inter-relações dos múltiplos subsistemas físicos podem incluir o seguinte:

- Fraqueza muscular resultante de edema e inflamação, e inibição reflexa da dor
- Diminuição da amplitude passiva de movimento (ADMP) resultante de edema, restrições capsulares e tensão muscular
- Diminuição da estabilidade postural resultante de frouxidão ligamentar, inibição muscular e propriocepção diminuída
- Diminuição do controle do movimento estático e dinâmico em posturas com descarga de peso associada com alinhamento anormal e diminuição da resistência muscular, ou seja, capacidade para desempenhar efetivamente movimentos repetidos

1. Tensão repetitiva relacionada às atividades diárias da paciente, ocupacionais ou recreativas, que resulta em um ciclo de tensão musculoesquelética, causando flexibilidade deficiente, cinemática articular e desempenho muscular, sustentando além do tecido tenso anormal
2. Processo inflamatório em tecidos profundos que inibem os tecidos musculares superficiais de modo reflexo, reduzindo a estabilidade local
3. Flexibilidade dos tecidos moles alterada, incluindo músculo, fáscia e nervo, ou mobilidade articular nas regiões torácica, lombar, sacroilíaca ou do quadril
4. Estabilidade muscular deficiente nas regiões abdominal e/ou lombar, ou frouxidão ligamentar resultante de múltiplas gestações que contribuem para disfunção articular
5. Dor referida de estruturas viscerais da região lombar, história de câncer ou uso prolongado de esteroides que garantam excluir bandeiras vermelha e amarela, como consideração de referência para outros profissionais

Se o problema existe há longo tempo ou é recorrente, é mais provável que o clínico confirme alguns dos grupos de deficiência ou patologias teciduais citadas. Uma síndrome da inter-relação de controle de movimento e capacidade de deficiências pode ser uma melhor descrição do problema da paciente do que um único termo patológico ou anatômico. Um erro comum é concentrar todos os achados da avaliação em um diagnóstico e descartar os achados que não se agrupem. Achados que não se agrupam geralmente refletem bandeiras vermelha ou amarela que requerem consideração especial. Por exemplo, um paciente com diagnóstico de fratura de tornozelo apresenta edema e dor persistente acima das expectativas. Esses sintomas podem refletir trombose venosa profunda até mesmo em pessoas que não estão em risco para essa condição, bem como outros diagnósticos possíveis. Esses sinais ou sintomas não podem ser desconsiderados somente porque não se agrupam aos achados esperados.

Relação funcional

A relação funcional é uma estratégia que enfatiza a relação entre patologia, deficiência e estado/limitação funcional. Utilizando a estratégia de relação funcional, o clínico estima a **contribuição proporcional** da patologia tecidual e dos grupos de deficiências às limitações funcionais do paciente.[11] Por exemplo, uma limitação funcional comumente relatada é a diminuição da tolerância à posição sentada em um local de trabalho associada com dor. Grupos de patologias/deficiências que contribuem para essas limitações funcionais incluem inflamação das facetas lombares, hipomobilidade de quadril e da região lombar, diminuição da propriocepção, e diminuição da estabilidade muscular e postural na posição sentada. O clínico estima a contribuição relativa desses fatores na diminuição da tolerância à posição sentada, incorporando influências ergonômicas e ambientais à estimativa (Fig. 15.4). Estimar a relação funcional contribui no estabelecimento de um diagnóstico e na determinação das prioridades da intervenção. A literatura fornece um guia em relação à contribuição relativa dos grupos de deficiências às limitações funcionais.

Formulação concorrente

A formulação concorrente é uma estratégia de avaliação que ajuda a evitar erros de omissão. Razões opostas, contrastantes ou não similares para um problema são pareadas com a estimativa de suas contribuições relativas à limitação de atividade. Pares contrastantes podem ser o envolvimento de tecidos contráteis ou não contráteis, a ocorrência de dor no repouso ou durante a atividade, a fonte da dor como mecânica ou não mecânica, ou a "causa" do problema como disfunção física ou tensão ambiental. O uso da estratégia de formulação concor-

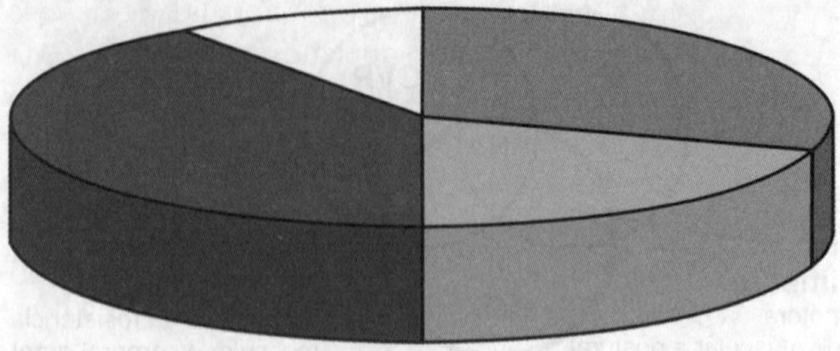

Figura 15.4 Proporção estimada da contribuição das deficiências físicas nas limitações funcionais de tolerância diminuída à posição sentada.

rente ajuda a evitar suposições de reconhecimento de padrão. Várias formulações concorrentes não são exclusivas; é possível que o paciente tenha envolvimento de tecidos contráteis e não contráteis, por exemplo. Ao considerar pares como os listados, o clínico tem menor probabilidade de omitir achados.

Erro de fechamento prematuro

O erro de diagnóstico mais comum que pode ser evitado pelo uso dessas estratégias de avaliação é o *fechamento prematuro*.[4,27,28] Esse erro descreve a prática de concluir a investigação ou completar o exame assim que um resultado positivo for encontrado, ou aceitar uma hipótese baseada em dados mínimos. Concorrente com o fechamento prematuro está o erro de *teste positivo*, por exemplo, testar somente o que é esperado.[22]

Por exemplo, um paciente é encaminhado para tratamento com uma queixa principal de dor no joelho direito. Quando o paciente se levanta de uma cadeira, o clínico observa uma postura antálgica com uma transferência de peso corporal em direção à extremidade inferior esquerda não envolvida. O paciente descreve um desconforto patelar anterior generalizado, particularmente quando desce escadas. Esses sintomas combinam com um padrão de síndrome femoropatelar. O clínico sabe que é provável que a compressão da patela cause dor e aplica o teste de compressão femoropatelar. Com base em um achado positivo, o clínico conclui a avaliação, estabelece um diagnóstico de disfunção femoropatelar e estrutura um plano de tratamento para melhorar o alinhamento patelar.

Reconhecer um padrão de disfunção femoropatelar é uma decisão eficiente. Entretanto, erros feitos nesse exemplo incluem *teste positivo*, ou avaliação somente por resultados positivos, e *fechamento prematuro*, ou conclusão da avaliação após um achado positivo. Apesar de o paciente poder ter síndrome femoropatelar, ele também pode ter outras disfunções musculoesqueléticas concorrentes na extremidade inferior, bem como alinhamento distal e proximal anormal que contribuem para o problema. Para considerar adequadamente todos os achados prováveis, o clínico precisa avaliar a área envolvida e as regiões acima e abaixo, avaliar os múltiplos subsistemas teciduais, comparar os achados com o membro contralateral e com os achados de referência normais de idade e sexo.

Ao longo do processo de avaliação, o clínico compara o que era esperado com o que é observado.[29] A hipótese ou o padrão fornece ao clínico uma expectativa de resultados da análise das características funcionais e do movimento. Se as expectativas forem alcançadas, a probabilidade de confirmação da hipótese é alta. Entretanto, se os achados de observação da avaliação não se encaixarem na faixa esperada de limitações que considere idade, sexo e número de comorbidades ou se os achados não se agruparem em deficiências significativas, então a hipótese diagnóstica deve ser reconsiderada.

AVALIAÇÃO

Durante a avaliação, o clínico dá um *valor* aos achados do exame, considerando achados ambientais, sociais, culturais, psicológicos, clínicos e físicos relevantes. Na maioria dos pacientes, os achados se agrupam em diagnósticos, disfunções ou síndromes de classificação reconhecíveis, compreensíveis ou identificáveis. Os achados que não se agruparem podem representar comorbidades e problemas indiretos, tais como: mudanças fisiológicas decorrentes de comportamento sedentário ou bandeiras vermelhas e amarelas; tais achados requerem consideração cuidadosa. Padrões de dor que não pareçam ser de natureza mecânica ou déficits sensoriais que não sejam consistentes com outros achados podem exigir referência a um médico para investigação adicional.

Os achados da avaliação são agrupados em classificações de deficiências que incluem mobilidade, estabilidade, mobilidade controlada e habilidade para efetivamente aplicar a informação a fim de determinar o diagnóstico, o prognóstico e o plano de tratamento.[11] **Mobilidade** inclui ADMP (osteocinemática e artrocinemática) e amplitude de movimento ativa (ADMA). As deficiências de mobilidade podem ser hipermobilidade ou hipomobilidade. Tanto a mobilidade passiva como a ativa podem ser limitadas por fatores como dor ao movimento, edema, restrições capsulares, tensão muscular e fraqueza.[30] Essas informações, incorporadas com o grau de restrição e provável envolvimento tecidual, contribuem para a formulação de um diagnóstico e de um plano de tratamento. Se a restrição de mobilidade não for significativa e se os tecidos que limitam o movimento forem passíveis de mudanças, então o prognóstico para melhorar a mobilidade e consequentemente a função em relação àquela deficiência é considerada boa. Entretanto, restrição tecidual significativa com potencial limitado de modificação resultante de fatores como mudanças relacionadas à idade ou cronicidade pode necessitar de estratégias alternativas, como fornecer subsídios compensatórios ou modificar o ambiente. A **estabilidade** inclui a sustentação muscular em amplitudes de encurtamento e a manutenção do alinhamento em cadeia cinética fechada em posturas de descarga de peso. A estabilidade pode ser afetada por fatores como propriocepção diminuída, edema, fraqueza muscular, atraso ativo, cocontração deficiente dos músculos intrínsecos estabilizadores e dor na descarga de peso. Força muscular menor do que 3/5 é insuficiente para fornecer suporte articular em posturas de descarga de peso, de modo que pode ser necessário o uso de acessórios compensatórios ou órteses até que a força muscular aumente o bastante para fornecer estabilidade postural. Relacionada com a estabilidade está a resistência muscular, a capacidade para manter uma posição ou contração de baixa intensidade por um longo período. A **mobilidade controlada**, também chamada de estabilidade dinâmica, inclui amplitude de movimento contínua e transferência de peso em posturas de descarga de peso. Exemplos de mobilidade controlada incluem controle do ritmo escapuloumeral e equilíbrio dinâmico na posição em pé. A **habilidade** abrange estabilidade dinâmica proximal e destreza distal para desempenhar atividades como as da vida diária, locomoção, recreação e esportes.

Com o agrupamento dos achados da avaliação nas classificações de deficiências citadas, o clínico pode identificar inter-relações e desenvolver estratégias de intervenção mais apropriadas.

Proporcionalidade de evidência

A *proporcionalidade de evidência* é um conceito que afirma que nenhum diagnóstico deve ser mais geral ou específico do que o suporte dos dados. A força da convicção do clínico na precisão do diagnóstico ou na adequação da intervenção deve ser proporcional à força da evidência existente.[31,32] Conhecer a confiabilidade, a validade, a sensibilidade e a especificidade dos testes e medidas comuns permite ao clínico estimar com mais precisão o valor dos achados da avaliação no diagnóstico de condições específicas.[33] Além disso, os clínicos devem considerar a habilidade individual no desempenho ou na interpretação de um procedimento ao determinarem a força de suas convicções nos achados.

Por exemplo, um paciente do sexo masculino com 20 anos de idade apresenta-se com equilíbrio deficiente após múltiplas fraturas do membro inferior ocorridas em um acidente de motocicleta. O clínico pode escolher a Escala de Equilíbrio de Berg (EEB)[34] para avaliar o equilíbrio do paciente e estimar a probabilidade de quedas. O clínico deve admitir que os registros de limiares normativos validados em pacientes idosos e com envolvimento neurológico[34] podem não se traduzir para um adulto jovem. Assim, de acordo com o conceito de proporcionalidade de evidência, o clínico deve saber que a EEB pode não oferecer uma informação precisa sobre o risco de quedas nesse paciente de 20 anos de idade e deve colocar uma crença limitada no achado.

Dois exemplos clássicos de proporcionalidade de evidência na avaliação musculoesquelética incluem o uso da escala de seis pontos para avaliação da mobilidade articular[35] e a avaliação dos seis descritores da sensação final para implicar tecidos que limitam a mobilidade.[36,37] A confiabilidade da avaliação de mobilidade articular deve ser melhorada pela redução da escala de seis pontos para três categorias, a saber: hipomobilidade, mobilidade normal e hipermobilidade. Da mesma forma, limitar os descritores da sensação final para categorias mais discerníveis pode aumentar a confiabilidade e a validade.[38] Portanto, ao usar resultados desses testes no desenvolvimento de um diagnóstico e no planejamento terapêutico, o clínico deve considerar as propriedades das medidas do teste, além da habilidade individual no desempenho. O cume da fase de avaliação inclui o ponto em que o clínico determina o diagnóstico, o prognóstico e o plano terapêutico abrangente do paciente.

O ***diagnóstico*** deve abranger a patologia e as deficiências, incluindo estruturas teciduais e segmentos corporais envolvidos, bem como limitações, incapacidades e deficiências nas funções e nas atividades, caso aplicável.[39] Um diagnóstico deve descrever o grupo de deficiências e limitações de atividades associadas com a síndrome. Para ser abrangente, ele identifica as áreas do problema a fim de planejar a intervenção de maneira integral. O diagnóstico pode determinar os precursores e as consequências da patologia.

Por exemplo, o senhor K. é encaminhado para tratamento com um diagnóstico de herniação discal L4-L5 e uma queixa principal de incapacidade para permanecer sentado por mais de uma hora em virtude de dor. Achados da avaliação incluem dor lombar com irradiação para o joelho, hipomobilidade dos segmentos vertebrais L4-L5 e das articulações do quadril bilateralmente, diminuição da estabilidade e da resistência dos abdominais e dos extensores da coluna, e diminuição da sensibilidade proprioceptiva na região lombopélvica. Um exemplo de afirmação diagnóstica é "tolerância limitada à posição sentada em associação com patologia discal, mobilidade deficiente dos segmentos vertebrais L4-L5 e dos quadris, e diminuição do desempenho dos músculos do tronco".

Os clínicos cada vez mais estão desenvolvendo sistemas de classificação que descrevem grupos diagnósticos.[40-44] Apesar de tal classificação ajudar a definir a patologia básica, ela reforça a suposição de que determinar a classificação patológica é o objetivo do processo diagnóstico e forma a base para o seu fechamento. A classificação baseada na patologia pressupõe que uma patologia em particular resulte em níveis similares de disfunção entre diferentes pacientes e justifica prescrições terapêuticas equivalentes em diferentes pacientes com base no diagnóstico patológico. Essa suposição não considera manifestações variadas de patologias em pacientes diversos que se devem à influência de idade, sexo, comorbidades, raça, recorrência, e fatores externos e internos, tampouco considera a variedade de estratégias de intervenção que podem ser empregadas para tratar a disfunção.

Estimativa do prognóstico

À medida que os clínicos evoluem e padronizam os processos diagnósticos, os prognósticos e as prescrições terapêuticas, aumenta a necessidade de levar em conta a "pessoa por trás do paciente". A estimativa do prognóstico leva em conta a idade do paciente, a extensão da patologia, a capacidade das estruturas teciduais circundantes para compensar a curto ou longo prazo, as condições pré-mórbidas, as condições funcionais e a motivação. Pesquisas básicas[45] e estudos populacionais fornecem evidência de estruturas de tempo de recuperação estimadas e melhora da força muscular em condições patológicas diferentes,[46] além de mudanças esperadas durante o curso natural de recuperação, com e sem intervenção.[47] Estudos de casos e pesquisas mostram evidências em certos pacientes de vários grupos de deficiências e sua trajetória de resultados.[48-51]

O prognóstico inclui a estimativa do **resultado funcional** alcançável em uma estrutura de tempo estimada. A seguir, apresentam-se alguns exemplos de afirmações prognósticas estimadas:

- "Em 8 semanas, o paciente será capaz de sentar por ≥2 horas sem aumento significativo da dor."
- "Em 3 meses, o paciente será capaz de levantar 7 kg do chão."
- "Em 4 meses, o paciente com estenose do canal central será independente no controle da dor e no automanejo das AVDs."
- "Em 2 meses, o paciente que está se recuperando de uma fratura no quadril será capaz de andar 30 metros em 30 segundos usando uma bengala em J."

Essas afirmações são prognósticos sobre a capacidade física do paciente e sobre os resultados funcionais no final do curso do tratamento, e presumem uma mudança favorável nas deficiências. Entender a quantidade de mudança necessária no nível de deficiências, para alcançar o resultado funcional é imprescindível para determinar o prognóstico e o plano terapêutico.

Por exemplo, o senhor K. apresenta tolerância limitada à posição sentada como resultado de patologia discal, mobilidade restrita da coluna lombar e dos quadris (a rigidez é percebida à 80° de flexão) e diminuição da estabilidade e da resistência dos músculos do tronco. Para manter a postura ereta sentada, com a coluna lombar em uma posição neutra, ele precisa de pelo menos 100° de flexão de quadril, propriocepção desenvolvida e consciência postural, bem como estabilidade muscular capaz de manter o posicionamento neutro. Com base na avaliação da mobilidade da articulação do quadril e da sensação final, o clínico pode estimar o tempo e os tipos de intervenção necessários para atingir o aumento de 20° na flexão do quadril. Saber a quantidade de melhora na estabilidade muscular e postural necessária para suprir as necessidades do paciente para a posição sentada, sem aumento da dor, permite ao clínico estimar o tempo necessário para alcançar o resultado funcional.

O clínico deve limitar as expectativas prognósticas e os resultados funcionais estimados em afirmativas sobre o estado físico do paciente. A extensão da prática é permitir que o paciente alcance a capacidade física para várias atividades funcionais. Os clínicos, entretanto, não podem ser capazes de predizer ou garantir a real participação e adesão do paciente. Retornar à função pré-mórbida, seja trabalhando em tempo integral, jogando em uma equipe esportiva ou participando de atividades comunitárias, incorpora vários fatores psicológicos, força de trabalho e satisfação que ultrapassam a abrangência da prática clínica.

Ao determinar o *plano terapêutico*, o clínico considera a combinação de estratégias de intervenção que melhor tratem os grupos de deficiências, a sequência dos procedimentos de intervenção em particular, bem como a frequência e a duração do tratamento. O plano de tratamento inclui as medidas provisórias de resultados, para determinar se os objetivos do tratamento e os resultados prognósticos funcionais estão sendo alcançados. Escolher testes sensíveis às mudanças que avaliam de forma válida as características físicas focadas pela terapia pode refletir melhor o efeito terapêutico real.

Mudanças alcançáveis em uma deficiência de um paciente traduzem-se em objetivos de tratamento, e modificações realísticas em limitações funcionais traduzem-se em resultados funcionais.

ESTRATÉGIAS DE INTERVENÇÃO

O objetivo do processo de intervenção é alcançar resultados funcionais desejados por meio de redução das deficiências existentes, prevenção de deficiências secundárias, aumento da habilidade funcional, promoção de saúde ideal e redução de obstáculos ambientais.[12] A determinação do plano terapêutico mais efetivo e eficiente requer a inter-relação de achados do exame e resultados da avaliação prognóstica com a gama de estratégias de intervenção disponíveis. As estratégias de intervenção com eficácia mais provável são consideradas em relação ao custo–benefício para pacientes individuais ou grupos de pacientes. Objetivos de tratamento a curto e longo prazo são sequenciados de acordo com as mudanças esperadas nas deficiências, necessárias para se alcançar os resultados funcionais. Os procedimentos de tratamento são desenvolvidos, sequenciados e implementados para se alcançar objetivos terapêuticos e resultados funcionais (ver Fig. 15.1).

Nessa parte do processo de tomada de decisão, o clínico traduz os achados do exame e das avaliações clínicas em um plano de intervenção abrangente. Tendo estimado a proporção de contribuição das barreiras ambientais como influência causal na condição do paciente, o clínico estima a proporção de resultado funcional que pode ser alcançada pela modificação ambiental. A avaliação da compreensão do paciente de sua condição, precauções de segurança e medidas preventivas determinam a extensão da necessidade de orientação do paciente e o tempo apropriado para se transmitir a orientação no processo de tratamento. A percepção do clínico da motivação, da ansiedade, do medo e da depressão do paciente é usada para se determinar estratégias motivacionais. O benefício potencial da incorporação do tratamento individual em exercícios de grupo e a extensão do desafio e da progressão do tratamento apropriado para o paciente são estimadas para se determinar o tratamento direto. Preocupações além da abrangência da prática refletem a necessidade de encaminhamento para outros serviços profissionais.

Teoria da falibilidade clínica

A teoria da falibilidade clínica determina uma diferença universal entre o entendimento geral de uma condição e sua expressão particular em um paciente.[24] Apesar de a generalização entre pacientes ser importante, o clínico deve ter consciência de que o tratamento específico garantido em um determinado paciente e sua resposta ao tratamento podem não corresponder ao entendimento geral. As questões de tomada de decisão a seguir ajudam a conjugar o entendimento geral com as necessidades de um determinado paciente:

1. O paciente consegue atingir as alterações e em que período? Modificações no ambiente ou auxílios compensatórios somados ao tratamento direto ou substituindo esse tratamento ajudam a alcançar resultados funcionais em menor tempo e com menor custo?
2. Quais são os grupos de mudanças de deficiências necessários e qual a quantidade de mudanças necessária em cada deficiência para que uma modificação funcional seja percebida e o resultado geral seja atingido? Por exemplo, um paciente após artroplastia total de quadril pode apresentar mobilidade, propriocepção, estabilidade muscular, equilíbrio e capacidade aeróbia deficientes. Para que esse paciente retorne à velocidade de marcha requerida e volte a jogar golfe, quanto de mudança é necessária em cada uma das deficiências listadas? Como a recuperação das características de movimento e deficiências progride ao longo do tempo e da intervenção, é importante determinar o mínimo de auxílios compensatórios restritivos que pode ser usado para que a propriocepção, a estabilidade e o equilíbrio estejam dentro de limites seguros e funcionais.
3. A produção de mudanças nas deficiências do paciente é a estratégia mais efetiva e eficiente para se escolher? É provável que várias pessoas possam se apresentar com uma condição similar, requerendo tipos parecidos de intervenção? Se assim for, será possível que a eficácia pudesse ser aumentada pela modificação do ambiente em substituição ao oferecimento de terapia individual ou somada a essa terapia para se corrigir uma deficiência em particular? Por exemplo, se um grande número de corredores for diagnosticado com síndrome de estresse medial da tíbia, modificar a trajetória, o calçado usado ou a rotina de treinamento pode ser considerada uma estratégia mais efetiva e duradoura do que a terapia individual para se prevenir lesões repetitivas.

A marca registrada de um bom profissional é saber integrar o *raciocínio passado* com o raciocínio futuro.[6] O raciocínio futuro, comum entre clínicos principiantes, segue uma sequência de exame, avaliação, plano terapêutico e intervenção. Os profissionais experientes incorporam o raciocínio passado nessa sequência. Eles têm conhecimento da gama de intervenções disponíveis e apropriadas, e utiliza os dados do exame para estreitar o número de intervenções. A eficácia de várias opções de intervenção é avaliada como parte do exame. A integração entre o raciocínio futuro e o passado aproveita melhor o tempo e pode resultar em uma melhor relação entre deficiências e intervenções.

Estratégias de intervenção incluem:

- Tratamento direto
- Modificação ambiental
- Assistência compensatória
- Orientação do paciente

Tratamento direto

O tratamento direto tem por objetivo a melhora das características do controle do movimento e da capacidade, utilizando modalidades como agentes termais, alívio de dor, mobilização/manipulação articular, exercício manual e mecânico, retreinamento funcional e condicionamento aeróbio. O clínico pode oferecer terapia manual, instruções em casa ou exercícios e programas independentes.

Modificação ambiental

A modificação ambiental pode ser um tratamento provisório de curto prazo ou uma adaptação funcional permanente de longo prazo. A seguir, há alguns exemplos de modificações ambientais que podem ser prescritas para um paciente individual ou para um grupo de pacientes:

1. Adicionar uma rampa ou balaústre para facilitar o acesso a casa
2. Oferecer alterações ergonômicas em locais de trabalho, como cadeira de dentista para reduzir a tensão dos músculos posteriores do tronco
3. Aumentar a iluminação para pessoas que têm equilíbrio ruim em áreas escuras
4. Aumentar a altura de cadeiras comumente usadas e assentos de banheiros para pessoas com limitações de ADM ou diminuição da força dos extensores dos membros inferiores
5. Alterar a superfície do trajeto de corrida de uma equipe cujos membros costumam ter disfunções na perna, no tornozelo ou no pé
6. Alterar o tempo do semáforo para pedestre nas ruas da cidade
7. Mudar os assentos do carro para oferecer melhor suporte para as costas

8. Mudar a pontuação de esportes competitivos para reduzir manobras que possam levar à instabilidade de longo prazo
9. Exigir proteção de cabeça e face em esportes de contato ou potencialmente perigosos

Assistência compensatória

A assistência compensatória pode ser temporária ou permanente, dependendo do grau de reversibilidade das deficiências existentes, e inclui órteses (suportes externos tais como coletes lombares e auxílios para marcha) para oferecer estabilidade articular até que a estabilidade muscular suficiente seja readquirida.

Orientação do indivíduo, da família e da comunidade

A orientação do indivíduo, da família e da comunidade pode incluir material educativo sobre os processos patológicos e de recuperação, sugestões para melhorar a mecânica corporal e proteger as estruturas musculoesqueléticas, formas para progredir parâmetros de um programa de exercícios domiciliares, uso efetivo de equipamentos de academia e serviços comunitários, tais como grupos de exercícios para gestantes e idosos. A orientação também pode ser oferecida para fabricantes de equipamento quanto ao projeto de seus produtos de ginástica para alcançar as necessidades de uma população mais variada. Por exemplo, muitos pacientes, incluindo aqueles com disfunção femoropatelar ou após fratura/artroplastia de quadril, precisam de fortalecimento de abdutores com o quadril em extensão. Entretanto, a maioria dos equipamentos fortalece os abdutores com os quadris a 90° de flexão.

Nas ciências aplicadas, como a reabilitação, não se podem estabelecer regras absolutas. Entretanto, intervenções guiadas por heurísticas gerais ou princípios de tomada de decisão permitem a aplicação de conceitos gerais para situações específicas. A discussão de princípios e formas de implementação no tratamento ajuda os clínicos a determinar melhores diretrizes para a prática.

Formulação de princípios para um plano de intervenção

Os princípios a seguir podem guiar os clínicos na formulação de um plano de intervenção:

Princípio 1: proteger e posicionar o tecido lesado para permitir recuperação precoce em um comprimento de relaxamento apropriado. Após colocar na posição mais apropriada, introduza gradualmente uma tensão no tecido para promover a recuperação com formação de colágeno organizada, maximizar a força do tecido cicatricial e reproduzir obstáculos funcionais em um ambiente controlado. Ao mesmo tempo em que se protegem os tecidos envolvidos, também se oferece o tratamento para reduzir as deficiências existentes, prevenir deficiências antecipadas e promover saúde ideal. Questões importantes que o clínico deve considerar nesse primeiro princípio são as seguintes:

1. O tecido envolvido precisa ser protegido de estresse para permitir a recuperação? O tecido precisa ser protegido de todos os movimentos, incluindo forças com e sem descarga de peso? Então, iniciam-se a imobilização e o estado sem descarga de peso.
2. Durante a fase de imobilização parcial ou completa, o membro contralateral e as regiões proximal e distal à área envolvida podem ser exercitados? Quais são os objetivos do exercício?

   Se a extremidade inferior estiver envolvida, podem-se prever deficiências de equilíbrio. Os músculos não envolvidos essenciais para atividades de equilíbrio com descarga de peso, tais como glúteo médio, glúteo máximo, quadríceps e plantiflexores e eversores do tornozelo são fortalecidos bilateralmente.

   Se a extremidade superior estiver envolvida, podem-se prever deficiências do ritmo escapuloumeral, bem como promover a estabilidade dos adutores e dos depressores escapulares.
3. Se o tecido mais envolvido for articular, capsular ou ligamentar, os músculos intrínsecos adjacentes oferecem estabilidade suficiente?

   Se os músculos intrínsecos estiverem inibidos por dor e edema, ou foram envolvidos na lesão ou na cirurgia, podem ser necessários suportes externos compensatórios, incluindo órteses.

   Um programa de exercícios isométricos de baixa intensidade é iniciado para aumentar a capacidade muscular para oferecer estabilidade às estruturas articulares subjacentes.

Princípio 2: o movimento funcional requer um equilíbrio entre mobilidade do tecido conjuntivo, estabilidade muscular e postural para dar suporte aos segmentos com descarga de peso e reduzir a tensão nas estruturas articulares, e movimentos controlados pela amplitude por meio de todas as regiões envolvidas a fim de dissipar a tensão e assegurar um movimento suave e coordenado. Questões importantes que o clínico deve considerar nesse princípio são as seguintes:

1. A área envolvida se apresenta com redução de mobilidade? Há aumento da mobilidade indicado nesse momento? Quanto de mobilidade é necessário para função?

   Se a dor estiver limitando a mobilidade, devem-se considerar medicações e modalidades para alívio da dor.

   Qual combinação de tecidos e achados está limitando a mobilidade?
2. Há edema e rigidez nos tecidos superficiais? Caso afirmativo, devem-se considerar compressão, elevação e procedimentos específicos para os tecidos, tais como mobilização do tecido mole e manter-relaxar.
3. Se estiver presente hipomobilidade articular, devem-se considerar procedimentos de mobilização articular.

Princípio 3: a tolerância à atividade requer a integração de capacidade aeróbia, circulação periférica e força anaeróbia. Questões importantes que o clínico deve considerar nesse princípio são os seguintes:

1. Durante o processo de recuperação, o paciente irá se tornar mais sedentária do que seu estilo de vida usual?
2. Se o paciente precisar de mais exercício aeróbio, devem-se incluir orientação e prescrição de exercícios aeróbios no plano geral para que o resultado de promoção de saúde seja atingido.
3. O paciente apresenta força ou potência para desempenhar atividades como subir escadas, entrar e sair do ônibus, ou realizar uma flexão de braço ou elevações em barra fixa? Então, é preciso incorporar exercícios de potência anaeróbia no programa.

Princípio 4

1. É necessária estabilidade muscular fundacional para todos os movimentos subsequentes de estabilidade postural e controle ao longo da amplitude.

A tomada de decisão baseada em princípios permite uma expressão individual do entendimento generalizado.

O conceito de subsistemas múltiplos, aplicado durante a discussão de estratégias de avaliação, também se aplica ao processo de intervenção. Um paciente com disfunção lombar é usado como exemplo. Um gerente de escritório pode se queixar de incapacidade de trabalhar no computador por mais de duas horas em virtude de aumento da dor lombar quando sentado. Apesar de o problema estar em curso há algum tempo, ele foi agravado 3 semanas antes enquanto o paciente cuidava do jardim. Um resumo breve da avaliação inclui: local de trabalho precário do ponto de vista ergonômico, que coloca tensão excessiva na lombar; estilo de vida sedentário; fraqueza dos abdominais e dos extensores da coluna; e hipomobilidade na região lombar e dos quadris. Uma abordagem multissistêmica pode incluir modificação do local de trabalho, programa de exercício aeróbio que encoraje o paciente a caminhar pelo menos 20 minutos por dia após uma avaliação cardiovascular geral, outro programa de exercícios que consista em atividades para melhorar a resistência dos abdominais e dos extensores da coluna, além de mobilização manual e manter-relaxar para aumentar a mobilidade lombar e do quadril. Ao oferecer esse tipo de intervenção multissistêmica, o clínico não pode determinar de forma precisa a eficácia de aspectos individuais da intervenção. Entretanto, a maioria dos pacientes não apresenta envolvimento de um único sistema ou apenas uma deficiência. Tensões ambientais agravam influências culturais, sociais e psicológicas nos sistemas físicos com flexibilidade, força, resistência, nutrição ou hidratação desequilibrada. Considerar que um tipo de procedimento de tratamento resultará em benefícios de longo prazo não leva em conta os múltiplos achados de avaliação na maioria dos pacientes. Um grande número de pacientes que apresentam disfunção lombar recorrente, entorses crônicas de tornozelo ou envolvimento recorrente do ombro pode atestar a necessidade de intervenções multissistêmicas abrangentes.

O tempo de interação do clínico com cada paciente é limitado. Portanto, desenvolver algoritmos ou caminhos terapêuticos de tomada de decisão para pacientes vistos com frequência em uma prática em particular pode ajudar na tomada de decisão no momento de trabalhar com um paciente, desde que o clínico tenha em mente que todos os pacientes têm diferenças e que deve estar preparado para modificar o tratamento adequadamente. Modificar o conceito de caminhos terapêuticos pelo sequenciamento da gama de estratégias de intervenção durante as sessões de tratamento pode melhorar o oferecimento de procedimentos de tratamento, a adesão e o entendimento do paciente. Oferecer uma gama de estratégias de intervenção, a qual inclua materiais educacionais que correspondam e reforcem os procedimentos de tratamento direto implementados pelos clínicos também pode melhorar a adesão. Uma tabela como a representada a seguir pode ser completada para oferecer um guia geral para intervenção, que pode ser adaptado para cada paciente (Tab. 15.2).

Ao usar esse tipo de tabela, o clínico determina em que ponto das sessões de tratamento variadas combinações de estratégias de intervenção seriam indicadas. Os clínicos também podem indicar quem irá oferecer esse tratamento, que tipo de tratamento específico será e quais são os resultados esperados. Essas diretrizes de tomada de decisão *a priori*, isto é, prévias ao tratamento dos pacientes individuais, são baseadas na evidência, na experiência e na trajetória comum da condição. Elas podem ajudar a assegurar uma prática melhor.

A reflexão é uma forma eficaz para desenvolver a prática. Refletir sobre os pacientes com quem se obteve sucesso pode ser uma experiência de aprendizagem tão enriquecedora quanto refletir sobre aqueles cujos resultados não foram previstos ou foram malsucedidos. Adaptar as Tabelas 15.3 e 15.4 às necessidades particulares de um

Tabela 15.2 Caminhos terapêuticos modificados descrevendo intervenções em grupos de sessões de tratamento

	Tx 1–3	Tx 4–8	Tx 9–12
Tratamento direto para aumentar:			
ADM			
Estabilidade			
Força			
Equilíbrio			
Material educacional			
Acessórios compensatórios			
Modificação ambiental			

Tabela 15.3 Comparação de expectativas a observações

Lesão primária		Comorbidades	
Deficiências esperadas	Deficiências observadas	Deficiências esperadas	Deficiências observadas

Tabela 15.4 Delineando expectativas e observações durante condição comum de um paciente

	Deficiência	Teste/medida	Objetivo	Tratamento realizado	Resultados reais do tratamento
Deficiências esperadas					
Deficiências observadas					

ambiente de prática individual pode ajudar na reflexão organizada e sistemática. Ao utilizar essas tabelas, o clínico deve se questionar: "Se as observações não atingem as expectativas, quais podem ser as razões? O paciente, a lesão, o grupo de comorbidades e/ou o nível de irritabilidade podem ter contribuído para os resultados inesperados?". Além disso, refletir sobre os resultados da avaliação e da intervenção pode ajudar o profissional a compreender as decisões clínicas, de modo que decisões futuras possam ser mais bem ponderadas.

O objetivo da prática clínica é oferecer o tratamento mais efetivo e eficaz possível. A melhor prática exige dos profissionais tomadas de decisões clínicas que considerem a escolha dos procedimentos de avaliação, a interpretação dos achados encontrados, a determinação das estratégias de intervenção e a implementação de tais estratégias. Este capítulo aplicou conceitos de tomada de decisão clínica dentro do processo de tratamento do paciente, permitindo que os clínicos integrem como a informação é usada com o que ela significa.

REFERÊNCIAS BIBLIOGRÁFICAS

1. American Physical Therapy Association: Guide to Physical Therapist Practice. Second Edition. American Physical Therapy Association, Phys Ther 81(1):9-746, 2001.
2. Jensen GM, Gwyer J, Shepard KF: Expert practice in physical therapy, Phys Ther 80(1):28-52, 2000.
3. Resnik L, Jensen GM: Using clinical outcomes to explore the theory of expert practice in physical therapy, Phys Ther 83:1090-1106, 2003.
4. Sutherland DC: Improving medical diagnoses by understanding how they are made, Intern Med J 32:277-280, 2002.
5. Edwards I, Jones M, Carr J et al: Clinical reasoning strategies in physical therapy, Phys Ther 84:312-330; 331-335, 2004.
6. Jones MA: Clinical reasoning in manual therapy, Phys Ther 72:875-884, 1992.
7. Higgs J: A programme for developing clinical reasoning skills in graduate physiotherapists, Med Teach 15:195-205, 1993.
8. Neistadt ME: Teaching strategies for the development of clinical reasoning, Am J Occup Ther 50:676-684, 1996.
9. Corliss DA: A comprehensive model of clinical decision making, J Am Optom Assoc 66:362-371, 1995.
10. Shepard KF, Hack LM, Gwyer J, Jensen GM: Describing expert practice in physical therapy, Qual Health Res 9:746-758, 1999.
11. Sullivan PE, Markos PD: Clinical decision making in therapeutic exercise, Norwalk, CT 1995, Appleton Lange.
12. Jette DU, Grover L, Keck CP: A qualitative study of clinical decision making in recommending discharge placement from the acute care setting, Phys Ther 83:224-236, 2003.
13. Cairns MC, Foster NE, Wright CC, Pennington D: Level of distress in a recurrent low back pain population referred for physical therapy Spine 28(9):953-9, 2003.
14. Garfield FB, Garfield JM: Clinical judgment and clinical practice guidelines, Int J Technol Assess Health Care, 16:1050-1060, 2000.
15. Rothstein JM, Echternach JL: Primer on measurement: an introductory guide to measurement issues, Alexandria, 1993, American Physical Therapy Association.
16. Elstein AS: Heuristics and biases: selected errors in clinical reasoning, Acad Med 74:791-794, 1999.
17. Moskowitz AJ, Kuipers BJ, Kassirer JP: Dealing with uncertainty, risks, and tradeoffs in clinical decisions. A cognitive science approach, Ann Intern Med 108:435-449, 1988.
18. Reneman MF, Jorritsma W, Schellekens JM, Goeken LN: Concurrent validity of questionnaire and performance-based disability measurements in patients with chronic nonspecific low back pain, J Occup Rehabil 12:119-129, 2002.
19. Croskerry P: The cognitive imperative: thinking about how we think, Acad Emerg Med 7:1223-1231, 2000.
20. Noll E, Key A, Jensen G: Clinical reasoning of an experienced physiotherapist: Insight into clinician decision-making regarding low back pain, Physiother Res Int 6:40-51, 2001.
21. Oppenheimer DM: Not so fast! (and not so frugal!): Rethinking the recognition heuristic, Cognition 90:B1-9, 2003.
22. Eli I: Reducing confirmation bias in clinical decision-making, J Dent Educ 60:831-835, 1996.
23. Gorovitz S, MacIntyre A: Toward a theory of medical fallibility, Hastings Cent Rep 5:13-23, 1975.

24. Croskerry P: Achieving quality in clinical decision making: Cognitive strategies and detection of bias, Acad Emerg Med 9:1184-1204, 2002.
25. Offredy M: The application of decision making concepts by nurse practitioners in general practice, J Adv Nurs 28:988-1000, 1998.
26. Manek NJ, Macgregor AJ: Epidemiology of back disorders: Prevalence, risk factors, and prognosis, Curr Opin Rheumatol 17:134-140, 2005.
27. McSherry D: Avoiding premature closure in sequential diagnosis, Artif Intell Med 10:269-283, 1997.
28. Voytovich AE, Rippey RM, Suffredini A: Premature conclusions in diagnostic reasoning, J Med Educ 60:302-307, 1985.
29. Parmigiani G: Measuring uncertainty in complex decision analysis models, Stat Methods Med Res 11:513-537, 2002.
30. Abbott JH, Mercer SR: Lumbar segmental hypomobility: Criterion-related validity of clinical examination items (a pilot study), N Z J Physiother 31:3-9, 2003.
31. Walter SD, Mitchell A, Southwell D: Use of certainty of opinion data to enhance clinical decision making, J Clin Epidemiol 48:897-902, 1995.
32. Goldman A: Epistemology and cognition, Cambridge, 1986, Harvard University Press.
33. Hayes KW: The effect of awareness of measurement error on physical therapists' confidence in their decisions, Phys Ther 72(7):515-531, 1992.
34. Berg KO, Wood Dauphinee SL, Williams JI, Maki B: Measuring balance in the elderly: Validation of an instrument, Can J Public Health 83(suppl 2):S7-11, 1992.
35. Magee DJ: Orthopedic physical assessment, ed 5, Philadelphia, 2007, Elsevier.
36. Patla CE, Paris SV. Reliability of interpretation of the paris classification of normal end feel for elbow flexion and extension, J Man Manip Ther 1:60-66, 1993.
37. Maitland ME, Kawchuk GN: Towards the quantification of end--feel for the assessment of passive joint motion, Phys Ther Rev 2:217-226, 1997.
38. Hayes KW, Petersen CM: Reliability of assessing end-feel and pain and resistance sequence in subjects with painful shoulders and knees, J Orthop Sports Phys Ther 31:432-445, 2001.
39. Guccione AA: Physical therapy diagnosis and the relationship between impairments and function, Phys Ther 71(7):499-504, 1991.
40. Delitto A, Erhard RE, Bowling RW: A treatment-based classification approach to low back syndrome: identifying and staging patients for conservative treatment, Phys Ther 75(6):470-489, 1995.
41. Fritz JM, Delitto A, Erhard RE: Comparison of classification--based physical therapy with therapy based on clinical practice guidelines for patients with acute low back pain: a randomized clinical trial, Spine 28:1363-1371, 2003.
42. Fritz JM, Delitto A, Erhard RE: Comparison of classification--based physical therapy with therapy based on clinical practice guidelines for patients with acute low back pain: a randomized clinical trial, Spine 28:1363-1371, discussion 1372, 2003.
43. Petersen T, Olsen S, Laslett, M et al: Inter-tester reliability of a new diagnostic classification system for patients with non-specific low back pain, Aust J Physiother 50:85-94, 2004.
44. Zimny NJ: Diagnostic classification and orthopaedic physical therapy practice: what we can learn from medicine, J Orthop Sports Phys Ther 34:105-115, 2004.
45. Frank CB, Loitz BJ, Shrive NG: Injury location affects ligament healing: a morphologic and mechanical study of the healing rabbit medial collateral ligament, Acta Orthop Scand 66:455-462, 1995.
46. Kvist J: Rehabilitation following anterior cruciate ligament injury: current recommendations for sports participation, Sports Med 34:269-280, 2004.
47. Moffet H, Collet JP, Shapiro SH et al: Effectiveness of intensive rehabilitation on functional ability and quality of life after first total knee arthroplasty: a single-blind randomized controlled trial, Arch Phys Med Rehabil 85:546-556, 2004.
48. Walsworth MK, Mills JT III, Michener LA: Diagnosing suprascapular neuropathy in patients with shoulder dysfunction: a report of 5 cases, Phys Ther 84:359-372, 2004.
49. Childs JD, Fritz JM, Piva SR, Erhard RE: Clinical decision making in the identification of patients likely to benefit from spinal manipulation: a traditional versus an evidence-based approach, J Orthop Sports Phys Ther 33:259-272, 2003.
50. Childs JD, Fritz JM, Flynn TW et al: A clinical prediction rule to identify patients with low back pain most likely to benefit from spinal manipulation: a validation study, Ann Intern Med 141:920-928, 2004.
51. Flynn T, Fritz J, Whitman J et al: A clinical prediction rule for classifying patients with low back pain who demonstrate short-term improvement with spinal manipulation, Spine 27:2835-2843, 2002.

CAPÍTULO

16

O papel do terapeuta em promoção de saúde, bem-estar e aptidão física

Marilyn Moffat

HISTÓRIA

A evolução da promoção da saúde, da prevenção, do bem-estar e das atividades de aptidão física tem sido inextricavelmente tecida na fábrica da vida e na cultura dos tempos. Os impactos das necessidades da vida, da guerra e da tecnologia têm exercido efeitos positivos e negativos na saúde, no bem-estar e na aptidão física da humanidade ao longo dos séculos. Marcos na história da atividade fazem um paralelo das condições sociais e políticas existentes à época. Da Pré-História ao presente, a busca da aptidão física tem sido o ponto alto e o baixo da vida dos seres humanos. Povos primitivos necessitavam caçar para obter comida para a subsistência diária, e muitas vezes compartilhavam o sucesso da caça com comunidades tribais vizinhas.[1,2] Em contraste com a necessidade de atividade física dos povos pré-históricos, veio a domesticação de animais e as invenções de implementos agrícolas, os quais levaram a formas mais sedentárias de vida.[3]

Analisando as grandes civilizações, observam-se muitas abordagens que reconheceram a importância da aptidão física e do bem-estar. Confúcio encorajava a atividade física regular como parte da vida.[4] A prática da yoga, desenvolvida originalmente por sacerdotes hindus, existe há mais de 5 mil anos e vem sendo reconhecida por seu impacto no bem-estar geral.[5] Líderes do Império Persa exigiam altos níveis de atividade física, com propósitos militares.[6] Os cidadãos da Grécia antiga não apenas observaram a beleza e a perfeição física do corpo, mas também incluíram a importância do desenvolvimento da mente e do corpo nessa observação. A aptidão física com o propósito apenas de condicionamento caracterizou os atenienses na Grécia antiga, enquanto a aptidão física com propósitos militares caracterizou os espartanos.[7] Em seu apogeu, a civilização romana requeria condicionamento físico de todos os homens elegíveis para o serviço militar.[8] Com a derrocada do Império Romano, os bárbaros da Idade Média precisavam ser aptos fisicamente de novo para sobreviver, o que exigia o desempenho de atividades relacionadas à obtenção e à caça de alimentos.[9]

A Renascença professava o desenvolvimento das habilidades intelectuais com o aumento dos níveis de aptidão física.[10] Nos séculos XVIII e XIX, os povos da Europa seguiram reconhecendo a importância da aptidão física conforme muitos programas de educação física e de ginásios evoluíam.[4] Esses programas serviram como base dos programas e da prática educacionais de Fisioterapia no início do século XX na Europa e nos Estados Unidos.

A aptidão física relacionada à saúde – em oposição à aptidão física para a caça e obtenção de alimentos, para a participação na atividade esportiva, ou para o serviço militar – tem sido uma área de mudanças de foco influenciada pelas mudanças na sociedade do século XX nos Estados Unidos. As grandes guerras levaram à percepção de que os indivíduos devem estar aptos para o combate.[11,12]

Após a II Guerra Mundial, os povos tornaram-se muito mais cientes dos efeitos negativos da falta de condicionamento físico, bem como dos benefícios do exercício regular relacionados à saúde, conforme um conjunto crescente de dados de pesquisa que fundamentava as relações entre a atividade física e a saúde.[13,14]

CONCEITOS DE PROMOÇÃO DE SAÚDE, BEM-ESTAR E APTIDÃO FÍSICA

Promoção de saúde

A promoção de saúde tem sido definida de várias formas; porém, em cada caso, seu objetivo é melhorar a condição humana pela obtenção da melhor condição corporal possível, como evidenciado pela ausência de enfermidade ou doença, lesão, prejuízo ou incapacidade. A Organização Mundial da Saúde (OMS) definiu promoção de saúde como o "processo de possibilitar aos povos a melhora do controle sobre sua saúde e seus determinantes e, desse modo, melhorar sua saúde".[15]

Green e Kreuter definiram promoção de saúde como "a combinação de suportes educacionais e ecológicos para ações e condições de vida favoráveis à saúde".[16]

O'Donnel expandiu a definição de promoção de saúde como:

> a ciência e a arte de ajudar pessoas a mudarem seu estilo de vida para avançarem rumo a um estado de saúde ótima. Saúde ótima é definida como um equilíbrio de saúde física, emocional, social, espiritual e intelectual. A mudança do estilo de vida pode ser facilitada por meio de uma combinação de esforços para melhorar a compreensão, mudar o comportamento e criar ambientes que apoiem práticas de boa saúde. Dos três, os ambientes de apoio provavelmente terão o melhor impacto na produção de mudanças duradouras.[17]

Bem-estar

Definição de bem-estar

Bem-estar tem sido definido como "um estado saudável de bem-estar livre de doença",[18] e, de uma forma mais profunda, como um processo ativo de tornar-se consciente e de fazer escolhas para uma existência bem-sucedida.[19]

Para vivenciar o bem-estar e melhorá-lo, devem-se gerar oportunidades para que pacientes e clientes adotem escolhas saudáveis e abracem estilos de vida de bem-estar para toda a vida por meio da educação, modelação e aconselhamento, conduzindo-os assim a um estilo de vida bem-sucedido. O Nacional Wellness Institute delineou seis componentes do bem-estar: social (contribuir para o ambiente e a comunidade do indivíduo, enfatizando a interdependência entre outros e a natureza), ocupacional (satisfação e vida enriquecedora por meio do trabalho), espiritual (apreciação da profundidade e vastidão da vida, tendo significado na vida de outro), físico (consciência da necessidade de atividade física regular, boa dieta e nutrição, evitando hábitos que são prejudiciais ao bem-estar), intelectual (ser capaz de resolver problemas, expandir conhecimento e habilidade, abertura para novas ideias), e emocional (consciência e aceitação dos sentimentos de outro, pensando positivamente sobre si mesmo).[20]

Componentes do bem-estar[20]

- Social
- Ocupacional
- Espiritual
- Físico
- Intelectual
- Emocional

Aptidão física

Para os propósitos deste capítulo, aptidão é definida como aptidão física. De acordo com o Department of Health and Human Services, aptidão física é um conjunto de atributos que uma pessoa possui em relação a uma habilidade para realização de atividades físicas que requerem aptidão aeróbia, resistência, força ou flexibilidade, sendo determinada por uma combinação de atividade regular e habilidade geneticamente herdada.[21]

Aptidão física abrange capacidade aeróbia/resistência (habilidade de realizar trabalho ou de participar de atividades ao longo do tempo utilizando os mecanismos corporais de captação e liberação de oxigênio e de liberação de energia),[22] força muscular (habilidade dos músculos para exercer ou resistir a uma força), resistência muscular (habilidade do músculo para realizar um trabalho sustentado), potência (habilidade do músculo para exercer altos níveis de força em alta velocidade), equilíbrio (habilidade de manter o equilíbrio quando o corpo está estático ou em movimento), agilidade (habilidade de realizar movimentos potentes em direções opostas) e flexibilidade (habilidade de se alongar).

Componentes de aptidão física

- Capacidade aeróbia (resistência)
- Força muscular
- Resistência muscular
- Potência
- Equilíbrio
- Agilidade
- Flexibilidade

A promoção de saúde, o bem-estar e as atividades para aptidão física providas pelo clínico para pacientes ou clientes podem passar por todos os seis domínios do bem-estar, por todos os sete domínios da aptidão física, e podem incluir muitas das seguintes atividades: atividades de aptidão física ao longo de toda a vida, controle de peso, segurança no ambiente de trabalho, eliminação de comportamentos não saudáveis, tais como o fumo ou o estresse, cuidado pré-parto, e conhecimento de fontes de referência apropriadas para saúde espiritual, saúde ambiental, abuso de substâncias e saúde social.

CUSTOS ECONÔMICOS DA FALTA DE PROMOÇÃO DE SAÚDE, DO BEM-ESTAR E DA APTIDÃO FÍSICA

As surpreendentes estatísticas relacionadas tanto com a incidência quanto com o custo da falta de saúde ou doença proveem dados fortes quanto à importância do papel que os clínicos exercem na promoção de saúde, no bem-estar e na aptidão física. Estima-se que entre 50 a 70% de todas as doenças sejam possíveis de prevenir, e que o risco de doenças mais severas pode ser reduzido a algo entre 25 e 50% apenas com a melhora da aptidão física, sem quaisquer outras ações de saúde intervenientes.[23,24]

O American College of Sports Medicine indicou que por volta do ano 2030 o número de indivíduos nos Estados Unidos com 65 anos ou mais alcançará a casa dos 70 milhões, e que o segmento etário de crescimento mais acelerado da população norte-americana será aquele de 85 anos ou mais.[25]

A fragilidade – definida como uma síndrome clínica na qual o indivíduo apresenta dificuldade em um ou mais domínios funcionais (físico, nutritivo, cognitivo e sensorial) ou possui três ou mais critérios (perda de peso não intencional – 4,5 kg no último ano –, velocidade lenta de marcha, e baixo nível de atividade física) – também aumenta em populações cada vez mais idosas. Modificando fatores de risco (inatividade física, saúde percebida como razoável ou pobre, prevalência de sintomas e de condições crônicos, hábito de fumar, hábito de beber, depressão e isolamento social), pode ser possível postergar o início da fragilidade ou melhorar seu desenvolvimento contínuo.[26,27]

O Centers for Disease Control and Prevention (CDC) estima que mais da metade de todas as mortes prematuras de adultos nos Estados Unidos e em outros países desenvolvidos é devida a causas relacionadas a estilos de vida que poderiam ser alterados com a aderência de estilos de vida saudáveis.[28] Muitas dessas mortes poderiam mesmo ser prevenidas, e vidas poderiam ser melhoradas se os indivíduos pudessem ser levados a "exercitarem-se regularmente, consumirem alimentos nutritivos, evitarem o tabaco e o excesso de álcool, aprenderem a gerenciar o estresse, melhorarem suas redes de contato social e condições econômicas, esclarecerem valores de estilos de vida e desenvolverem um senso de completude em suas atividades intelectuais".[29]

Fatores de risco para fragilidade

- Inatividade física
- Saúde notavelmente debilitada
- Prevalência de sintomas crônicos
- Prevalência de condições crônicas
- Tabagismo
- Alcoolismo
- Depressão
- Isolamento social

Há também evidências de que o comportamento individual e as escolhas de estilo de vida influenciam o desenvolvimento e o curso de condições crônicas, tais como doenças cardiovasculares, diabetes e obesidade. Comportamentos não saudáveis, incluindo a falta de atividade física, uma dieta deficiente e o tabagismo, são fatores de risco para muitas doenças e condições crônicas. Adotar práticas e hábitos saudáveis será essencial para diminuir a carga de muitas doenças crônicas sobre a sociedade.[30]

O exercício e a atividade física são cada vez mais importantes na manutenção ou na melhoria da saúde, do bem-estar, da aptidão física, da capacidade funcional, da qualidade de vida e da independência, e são igualmente importantes na prevenção de doenças, prejuízos, limitações funcionais e incapacidade. Isso será especialmente verdade na medida em que a população envelhece substancialmente, a prevalência potencial de doenças crônicas e seus impactos sobre os custos com saúde aumentam se passos corretivos não são tomados, e os segmentos frágeis da população continuam a viver cada vez por mais tempo.

Ao longo das últimas décadas, os Estados Unidos testemunharam custos crescentes nos serviços relacionados à saúde sustentados por clientes de todos os níveis sociais, por empregadores e por indivíduos.

> Gastos com cuidados da saúde estão crescendo mais rapidamente que o produto interno bruto (PIB), e projeta-se que corresponderão a 17,7% do PIB em 2012, acima dos 14,1% de 2001. Um pequeno número de doenças crônicas – tais como diabetes e doenças cardiovasculares – responde pela maioria das mortes a cada ano, e os custos com cuidados médicos de pessoas com esse tipo de doença atingem mais de 75% dos custos com cuidados médicos da nação.[31]

O National Center for Health Statistics (NCHS) levantou que "menos de um terço dos adultos dos Estados Unidos engajam-se em uma atividade física em seu tempo de lazer de forma regular, e apenas cerca de um quinto dos adultos se engajam em uma atividade física geral de alto nível".[32]

O Department of Health and Human Services (HHS) reconheceu que a prevenção é menos custosa, e notou os fatos detalhados na Tabela 16.1 sobre promoção de saúde, que fornecem evidência sólida para se alterar os comportamentos em saúde por meio da promoção de saúde, do bem-estar e de programas de aptidão física. Além disso, o HHS estimou que os programas de promoção de saúde e de prevenção de doenças resultaram em uma economia média de $3,14 para cada dólar gasto.[30]

A reforma da atenção em saúde veio para a linha de frente das prioridades do Legislativo, que tem levado a um interesse crescente na promoção da saúde e do bem-estar por parte da população americana. "Healthy People 2010" tornou-se o principal documento de saúde pública da nação, com suas metas de aumentar a quantidade e a qualidade de vida e de eliminar disparidades na saúde entre a população americana.[33] Contudo, o inte-

Tabela 16.1 Fatos e dados em promoção de saúde

Os Estados Unidos gastam $ 1 trilhão em custos com saúde; 95% desse valor é dirigido para diagnóstico e tratamento de doenças. Este número pode subir para $ 2 trilhões em 10 anos

Ao menos 50 a 70% de todas as doenças podem ser prevenidas, mas apenas uma pequena fração do orçamento para atenção em saúde é dedicado a promoção, prevenção ou pesquisa em saúde

"Nós estamos secando o chão e nos esquecendo de fechar a torneira da pia". Custos médicos podem consumir 50% dos lucros de uma empresa

Altos riscos para saúde estão associados com o aumento dos gastos médicos em uma população economicamente ativa saudável

Alterações de custo acompanham alterações no risco

Estudos mostram consistentemente que pessoas saudáveis tornam as empresas saudáveis

Programas de promoção de saúde custam menos que intervenções médicas

Programas de promoção da saúde para empregados têm se mostrado tanto efetivos como rendáveis nas seguintes áreas:

- Aumento na produtividade (cada 1% no aumento da produtividade equivale, no mínimo, a uma economia de custo de $ 150, podendo chegar a $ 200 para muitos empregadores)
- Melhora na condição de saúde
- Melhora na satisfação profissional/valorização do empregador
- Melhora na satisfação moral/pessoal
- Diminuição nos custos de cuidados com a saúde
- Diminuição dos pedidos de indenização por trabalhadores
- Diminuição dos pedidos de seguro de vida
- Diminuição das alegações de incapacidade física
- Diminuição do absenteísmo

Programas de promoção de saúde/gerenciamento de doenças retornam uma média de $ 4 para cada $ 1 investido (podendo atingir até $ 12)

Adaptado de US Department of Health and Human Services: Prevention makes common "cents", set. 2003. Disponível em: <http://www.aspe.hhs.gov/health/prevention>. Acesso em julho de 2005.

resse na promoção de saúde, no bem-estar e na aptidão física, além das metas do Healthy People 2010, precisam ser convertidos em ações que irão requerer uma mudança de paradigma por parte dos consumidores, os quais estão muito mais acostumados a viver no modelo de prestação de serviço de saúde do que no de assistência ao bem--estar, prevenção e aptidão física. Esse último modelo vai requerer um conhecimento detalhado a respeito do impacto da raça, da classe e do gênero na promoção de saúde, uma vez que todos eles possuem um impacto potencial na conquista de uma população saudável.

Muitas doenças, algumas delas referidas como "doenças da civilização", têm exercido certo efeito de custo, morbidade e mortalidade sobre os recursos de saúde por todo o país. Uma breve revisão dessas condições é fornecida a seguir.

Doenças cardiovasculares

A primeira e a terceira maiores causas de morte nos Estados Unidos, tanto para homens quanto para mulheres, são as doenças cardiovasculares e o acidente vascular encefálico. O índice de mortalidade de acordo com a idade para doenças cardiovasculares (DCV) de 2000 entre a população em geral foi de 343,1 para cada 100.000 pessoas, com índices de prevalência variando de acordo com a raça e a etnia.[34,35] Quase um quarto da população dos Estados Unidos, ou cerca de 61 milhões de pessoas, convive com alguma forma de DCV, incluindo doença arterial coronariana, acidente vascular encefálico, hipertensão arterial, falência cardíaca congestiva, defeitos cardíacos congênitos e outras doenças do sistema circulatório.[36]

A doença cardiovascular, incluindo a doença cardíaca e o acidente vascular encefálico, resulta em cerca de seis milhões de hospitalizações a cada ano, e em significativa incapacidade entre adultos em fase produtiva. Vítimas de acidente vascular encefálico respondem por mais da metade dos pacientes que são hospitalizados por uma doença neurológica, embora, mais corretamente, essa hospitalização devesse ser atribuída a uma doença vascular, e não a uma neurológica. Aproximadamente um milhão de norte-americanos, dentre os quatro milhões e meio que sofreram um acidente vascular encefálico, possui alguma forma de incapacidade de longa duração.[37]

A American Heart Association conduziu a primeira grande análise econômica dos custos relacionados às DCV em 2000-2001. Esses custos vêm crescendo constantemente e se aproximam da marca dos $ 400 bilhões.[38-40]

O CDC identificou cinco fatores-chave de risco para doenças cardiovasculares. Eles são falta de atividade física, tabagismo, altos níveis de colesterol, hipertensão arterial, e nutrição deficiente. Interessantemente, eles encontraram que o risco relativo de doença arterial coronariana associado à falta de atividade física variou de 1,5 a 2,4.

Esse aumento no risco foi comparável àquele observado para altos níveis de colesterol no sangue, hipertensão arterial e fumo.[41]

Fatores de risco para doença cardiovascular[41]

- Falta de atividade física
- Uso de tabaco
- Altos níveis de colesterol
- Hipertensão arterial
- Nutrição deficiente

Obesidade

A obesidade nos Estados Unidos alcançou proporções epidêmicas e é o fator que mais contribui para o aumento dos custos com a saúde. O CDC vê a obesidade, atualmente, como um dos maiores desafios à saúde no país.[42] A obesidade é, em grande parte, resultado de dietas errôneas e falta de atividade física. Embora algumas vezes fatores genéticos tenham um papel na obesidade, a maior causa da incidência de obesidade resulta no desequilíbrio entre calorias consumidas e calorias gastas.[42]

Estima-se que aproximadamente 129 milhões de adultos estejam acima do peso ou obesos, e os custos associados com a obesidade variam de $ 69 bilhões a $ 117 bilhões por ano.[30] Os custos em saúde diretos com sobrepeso e obesidade variam de 4,3% a 9,1% dos gastos anuais com essa área nos Estados Unidos.[43,44] Grossman observou que, para indivíduos com obesidade mórbida, os custos em saúde são 36% mais altos e os medicamentos custam 77% a mais que para pessoas não obesas.[45] Finkelstein et al. notaram que pessoas obesas que alcançam 65 anos de idade possuem gastos anuais com plano de saúde muito mais altos que pessoas não obesas.[44]

Diabetes

Estima-se que 1 a cada 3 americanos, 2 a cada 5 negros e hispânicos e 1 a cada 2 hispânicos nascidos nos Estados Unidos no ano 2000 possuem um risco de desenvolver diabetes ao longo da vida, a menos que mudanças significativas ocorram nos padrões de alimentação e no hábito de se exercitar. Em 2050, uma população estimada de 39 milhões de pessoas, nos Estados Unidos, poderá ter diabetes.[46]

A American Diabetes Association (ADA) indicou que os custos nacionais com o diabetes para 2002 foram de aproximadamente $ 132 bilhões. Esse total inclui: $ 91,8 bilhões em gastos médicos diretos ($ 23,2 bilhões para atenção em diabetes, $ 24,6 bilhões para complicações crônicas atribuíveis ao diabetes e $ 44,1 bilhões para a prevalência excessiva de condições médicas gerais), com dias de internação, atendimento domiciliar de enfermagem e visitas a consultórios, configurando as categorias de maior gasto por quadro de serviço. Gastos indiretos totalizaram $ 39,8 bilhões e resultaram de perda de dias de trabalho, dias de atividade restringida, mortalidade e incapacidade permanente devidos ao diabetes.[47]

Ajustando para diferenças em idade, sexo e raça/etnia, a ADA ainda notou que os custos médicos para aqueles com diabetes foram 2,4 vezes maiores do que com aqueles que haviam sido classificados no mesmo grupo se eles não tivessem diabetes.[47] Pesquisa conduzida pelo CDC mostrou que pessoas com diabetes perdem 8,3 dias de trabalho por ano, contabilizando 14 milhões de dias de incapacidade, comparados aos 1,7 dias para pessoas sem diabetes.[46]

Sarcopenia

Conforme o número de americanos mais velhos cresce, os custos econômicos da sarcopenia (perda de massa muscular) também continuarão a crescer, a menos que programas efetivos de saúde pública objetivando a redução da ocorrência de sarcopenia sejam instituídos. Os custos em saúde estimados atribuíveis à sarcopenia nos Estados Unidos em 2000 foram de $ 18,5 bilhões ($ 10,8 bilhões para homens, $ 7,7 bilhões para mulheres), os quais representaram cerca de 1,5% dos gastos totais em saúde para aquele ano.[48]

Osteoporose

Conforme a população envelhece, a osteoporose pós-menopausa (perda de massa óssea) é associada de forma crescente à morbidade significativa, mortalidade, redução na qualidade de vida do indivíduo e aumento nos custos em saúde. Nos Estados Unidos, uma população estimada de 1,5 milhões de mulheres terá uma ou mais fraturas relacionadas à osteoporose anualmente. Embora fraturas possam ocorrer em qualquer local, as fraturas vertebrais e de quadril são as mais comuns.[49] O National Institute of Health não mais considera que a osteoporose seja idade ou gênero-dependente. Enquanto estudos prévios focalizaram na população feminina pós-menopausa, um número crescente de pesquisas com homens vêm sendo publicadas. Um a cada oito homens acima dos 50 anos de idade experimenta uma fratura relacionada à osteoporose durante a vida. Homens respondem por 30% de todas as fraturas de quadril, e perdem densidade mineral óssea (DMO) em um ritmo superior a 1% ao ano com o avanço da idade.[50]

A alteração postural cifótica não apenas desfigura fisicamente como traz danos psicológicos. Alterações posturais cifóticas progressivas podem predispor o indivíduo à dor lombar, ao aumento do risco de quedas, a um equilíbrio alterado, ao aumento do risco de fraturas vertebrais, à alteração da função respiratória, à ansiedade, à depressão e ao isolamento social.[51-53]

Murphy et al. reportaram que estudos longitudinais demonstraram uma diminuição na expectativa de vida associada tanto a fraturas vertebrais como a não vertebrais.[49] Uma vez que uma fratura inicial ocorra, o risco de uma segunda fratura dentro do período de 1 ano aumenta em cinco vezes. O gerenciamento da osteoporose foca-se na prevenção da ocorrência da primeira fratura e inclui a detecção precoce por meio de estudos de densidade óssea, educação do paciente, exercícios de fortalecimento e de levantamento de peso, suplementação nutricional e terapias medicamentosas.[49]

ALTERAÇÕES FISIOLÓGICAS ASSOCIADAS AO ENVELHECIMENTO

Essa seção revê a miríade de alterações que ocorrem conforme o corpo humano envelhece. Muitas dessas alterações podem ser minimizadas com um comprometimento de toda uma vida a um programa de promoção em saúde, bem-estar e aptidão física.

Sistemas cardiovascular e pulmonar

Alterações cardíacas

Muitas alterações podem ocorrer com o coração envelhecido. Uma vez que o coração é um músculo, sua força diminui com o avanço da idade, resultando em uma atividade muscular menos intensa. Seu tamanho também diminui, de forma geral, de 30 a 40%, a menos que o indivíduo tenha continuado a se manter engajado em um treinamento físico pesado. A massa do ventrículo esquerdo e a espessura da parede aumentam, resultando em um enchimento diastólico precoce, e as dimensões internas diastólica e sistólica do ventrículo esquerdo diminuem discretamente. Assim, o volume final sistólico provavelmente também diminuirá. O átrio esquerdo e a raiz da aorta tornam-se, por algum motivo, dilatados. O septo interatrial torna-se mais espesso e mais rígido. Os folhetos das estruturas valvulares se espessam. As células marcapasso no nodo sinusal diminuem. A gordura epicárdica aumenta.[54-56] A distensibilidade das grandes artérias na circulação cardiotorácica diminui.[67]

A função cardíaca declina com o avanço da idade, o que significa que o débito cardíaco, o volume ejetado, o pico de frequência cardíaca e o consumo máximo de oxigênio diminuem.[58] Os valores de absorção máxima de oxigênio declinam de 42 para 50mL/kg.min em homens e de 35 para 40mL/kg.min em mulheres adultas jovens para 25 a 30mL/kg.min em ambos os sexos por volta dos 65 anos de idade.[59] A diminuição do pico de volume ejetado é o resultado das alterações progressivas na composição química do miocárdio, implicando contrações ventriculares mais lentas e menos vigorosas. O enchimento ventricular se torna lento e a pós-carga ventricular se acentua. Há uma diminuição na secreção e na liberação de catecolaminas, na ativação nervosa simpática e na sensibilidade do receptor.[55,56]

A modulação tônica vagal do ciclo cardíaco e a sensibilidade do barorreflexo cardiovagal diminuem. Enquanto a atividade tônica (basal) do sistema nervoso autônomo simpático aumenta, o suporte beta-adrenérgico da frequência metabólica de repouso do sistema nervoso autônomo simpático diminui.[60]

Além de tudo, o aumento na frequência cardíaca durante o exercício se torna menor com o envelhecimento, provavelmente em razão tanto da menor redução do tônus vagal cardíaco quanto da responsividade beta-adrenérgica diminuída.[61]

Alterações vasculares

As alterações na quantidade e na natureza da elastina e do colágeno nas paredes das artérias, observadas no envelhecimento, levam os vasos sanguíneos a se tornarem mais retesados, espessos, enrijecidos e dilatados e, assim, menos distensíveis. Essas alterações levam a uma perda da habilidade de ajuste a alterações súbitas na pressão arterial. O revestimento liso dos vasos torna-se rugoso com a idade. A resistência periférica vascular aumenta, resultando em aumento na pós-carga. As paredes dos vasos, então, enfraquecem-se e se estiram, levando a uma redução da competência valvular, a qual, por sua vez, pode resultar no desenvolvimento de veias varicosas. Os importantes barorreceptores, localizados no arco aórtico e no seio carotídeo, tornam-se menos sensíveis, diminuindo desse modo a resposta corporal a alterações da pressão arterial.[62]

Alterações pulmonares

Ao longo do processo de envelhecimento, os pulmões sofrem alterações que diminuem as trocas gasosas de oxigênio e de dióxido de carbono. A parede do tórax torna-se dura e enrijecida, como resultado das alterações na forma da caixa torácica e da diminuição da amplitude de movimento das articulações do gradil costal. Os músculos respiratórios tendem a enfraquecer, provavelmente por causa das alterações decorrentes do envelhecimento que ocorrem nos próprios músculos e do impacto das alterações na parede torácica (mais em forma de barril), as quais afetam a capacidade de geração de força do diafragma.[63]

Uma diminuição nas fibras elásticas e um aumento no colágeno do tipo III, quantitativos, ocorrem nos pulmões com o envelhecimento. Também ocorre a formação de pontes cruzadas e alterações na orientação da fibra.[64-66] Com a diminuição das propriedades elásticas do parênquima pulmonar e das vias aéreas, o recolhimento elástico diminui. A área superficial total dos alvéolos é reduzida como resultado da diminuição do número de alvéolos e do aumento no tamanho dos ductos alveolares.[67] A vascularidade alveolar também diminui, e quando acompanhada pela diminuição no número de alvéolos, reduz tanto a frequência quanto a quantidade de trocas gasosas.[64]

A capacidade vital declina conforme aumentam o volume residual e o desequilíbrio na relação ventilação-perfusão.[58] Volumes correntes menores e frequências mais altas de respiração são observados.[63] Pico de fluxo de ar e troca gasosa diminuem. A capacidade de reserva capaz de se adaptar às demandas ventilatórias é reduzida.[69]

Dessa forma, as alterações associadas às mudanças dependentes da idade resultam em capacidade reduzida para o exercício e em demanda de oxigênio aumentada pelos músculos respiratórios em qualquer nível de exercício.[63]

Sistema musculoesquelético

Alterações musculares

Os músculos atrofiam e enfraquecem com o avanço da idade. O início do declínio da força varia, mas, em geral, a força muscular é adequadamente mantida ao longo dos 40 e 50 anos.[70,71] Depois da sexta década de vida, a força muscular declina gradualmente, com o decremento total na força muscular voluntária variando de 30 a 45%.[72] A área muscular é reduzida em aproximadamente 40% entre a segunda e a sétima década de vida.[73] A força contrátil do músculo reduz com o avanço da idade e se acredita ser o resultado, principalmente, de perdas de unidades motoras levando a uma perda quantitativa na área da secção muscular.[74-75]

A sarcopenia (redução relativa da massa muscular esquelética) é uma ocorrência comum em pessoas mais velhas.[76] A perda de massa muscular é, em parte, o resultado de um declínio significativo no número de fibras musculares tanto do tipo I como do tipo II, somado a uma diminuição no tamanho das células musculares, com as fibras do tipo II mostrando uma destacada atrofia. A atividade enzimática oxidativa muscular e a capilarização muscular diminuem em cerca de 25%.[73]

Observou-se que os músculos das extremidades de homens e mulheres eram 25 a 35% menores e possuíam, de forma significativa, mais gordura e tecido conjuntivo que aqueles de indivíduos mais jovens. Encontrou-se que as fibras do tipo II (contração rápida) eram menores em pessoas mais velhas. Embora o tamanho das fibras do tipo I (contração lenta) tenha sido menos afetado, também foram observadas reduções no porcentual de fibras do tipo I e na razão capilares por fibras no músculo em envelhecimento. A área da fibra do tipo II diminuiu e o agrupamento por tipo de fibra aumentou com o avanço da idade. Um processo neurogênico lentamente progressivo pode também ser responsável pela diminuição na massa muscular.[75,77] A taxa de abstinência da síntese de proteína de cadeia mista e da cadeia pesada da miosina reduz com o avanço da idade e é um fator que contribui para a debilidade proteica muscular.[78] Com o avanço da idade, as taxas de metabolismo proteico corporal e muscular declinam, indicando um declínio progressivo nos processos de remodelamento corporais.[79]

A potência muscular anaeróbia de pico tanto de membros superiores quanto de membros inferiores diminui progressivamente com o avanço da idade, e essa diminuição é mais evidente quando uma pessoa executa tarefas que requerem movimentos potentes e complexos. Essa diminuição é maior em mulheres que em homens nos movimentos de potência explosiva e complexa.[80] As forças máxima isométrica, concêntrica e excêntrica também diminuem. A força muscular isométrica parece ser perdida aproximadamente de 1 a 1,5% por ano após a sexta década de vida. A força concêntrica pode declinar até 56% pela nona década. A força muscular excêntrica parece ser menos afetada que a força isométrica ou a força concêntrica.[81-87]

"Idade e gordura corporal também possuem uma significativa associação inversa com a força e a qualidade muscular. Tanto a preservação da massa magra quanto a prevenção de ganho de gordura podem ser importantes na manutenção da força e da qualidade muscular na idade avançada".[88]

Schwendner et al. notaram que mulheres mais velhas, especialmente aquelas com histórico de quedas, demonstraram resistência muscular diminuído e requereram um tempo maior para se recuperarem do exercício fatigante, quando comparadas a mulheres mais jovens.[89]

Alterações na flexibilidade

A diminuição na amplitude de movimento associada à perda da flexibilidade é onipresente em adultos mais velhos e está diretamente relacionada ao declínio na função.[90-92] A atrofia muscular resulta em diminuição da amplitude de movimento e, desse modo, em diminuição da flexibilidade. As alterações nas estruturas de colágeno do corpo e a inatividade são as duas principais razões para a diminuição da flexibilidade de articulações, de ligamentos e de tecidos circundantes. As fibras colágenas normalmente possuem uma formação em paralelo, mas, com o avanço da idade, essa formação em paralelo diminui.[93] Assim, as propriedades viscoelásticas do tecido conjuntivo diminuem, levando-o a se tornar menos elástico e menos flexível.

O revestimento das articulações espessa-se com o avanço da idade. Também ocorre degeneração nos ligamentos que circundam a articulação. Uma alteração idade-dependente profunda que afete a flexibilidade se relaciona ao aumento do tecido fibroso circundando as articulações, resultando em perda da elasticidade e da flexibilidade, movimentos menos precisos, perda da habilidade em produzir movimentos fluídicos e harmoniosos, diminuição na amplitude de movimento e, possivelmente, até mesmo contraturas ou anquilose das articulações. O fato de a cápsula articular contribuir com aproximadamente 47% da resistência ao movimento articular, o músculo e a fáscia, com 41%, os ligamentos e tendões, com 10%, e a pele, com 10%, é digno de nota.[94]

A mobilidade articular periférica e vertebral diminui na idade avançada.[95-98] A flexibilidade geralmente diminui de 20 a 30% entre os 30 e 70 anos de idade, porém esse declínio varia significativamente com a área corporal. A mobilidade vertebral pode diminuir acima de 50% em indivíduos no final de seus 70 anos,[94,99] enquanto a flexibilidade de membros superiores declina em uma taxa menor que a flexibilidade de membros inferiores.[88]

Alterações ósseas

Com a idade, os ossos tornam-se desmineralizados. A reabsorção óssea lentamente começa a exceder à formação, independentemente do sexo, após 30 de idade, levando a uma menor massa muscular. Estudos prévios se concentraram na população feminina e encontraram que a perda óssea é mais rápida nos primeiros anos após a menopausa, mas persiste nos anos pós-menopausa.[100] Contudo, pesquisas cada vez mais frequentes com homens encontraram que um em cada oito homens com mais de 50 anos de idade experimenta fraturas relacionadas à osteoporose e perda de densidade mineral óssea (DMO) a uma taxa superior a 1% por ano.[101]

As alterações na atividade hormonal e idade-dependente das células responsáveis pela manutenção da fisiologia do osso resultam em afinamento da matriz óssea. Na osteoporose pós-menopausa, ou do tipo I (15 a 20 anos após a menopausa), a diminuição dos níveis de estrógeno aumenta a atividade osteoclástica, resultando na diminuição da espessura e na calcificação da matriz óssea, especialmente no osso esponjoso. Os locais de perda do osso trabecular incluem o corpo vertebral, a porção distal do antebraço, o tornozelo, a mandíbula e a maxila.[102]

Tipos de osteoporose

- Tipo I: pós-menopausa
- Tipo II: idade-dependente (tipo senil)

A osteoporose do tipo II, ou idade-dependente (senil, acima dos 70 anos de idade), inicia-se na terceira década com alterações na densidade óssea, geralmente ocorrendo em níveis osteopênicos/osteoporóticos.[103] Enquanto a osteoporose do tipo I é duas vezes mais comum em mulheres, ela também ocorre em homens.[102] A perda óssea gradual nesse tipo de osteoporose deve-se à diminuição na síntese de vitamina D (o que leva a uma falta de absorção de cálcio) ou ao aumento na atividade paratireoide (o que aumenta a atividade osteoclástica).[104] A perda óssea ocorre tanto no osso cortical como no osso esponjoso.[102] Os locais comuns de fratura associados à osteoporose do tipo II são o quadril, a pelve, a porção proximal do úmero ou a porção proximal da tíbia.[102]

Alterações na gordura corporal

Conforme alguém envelhece de meados de seus 20 até os de seus 50 anos, ocorre um aumento gradual na massa gorda corporal, em razão do acúmulo e do depósito aumentado de tecido adiposo. De meados de seus cinquenta em diante, geralmente a massa gorda corporal começa a declinar lentamente. O aumento porcentual médio de gordura corporal em homens entre 20 e 60 anos de idade é de 15 a 28%, enquanto em mulheres é de 25 a 39%.[69]

Junto a esse aumento absoluto na gordura corporal ocorre um declínio na massa livre de gordura, ou massa magra. Somado a isso, com o envelhecimento, também ocorre um alteração na distribuição da gordura corporal, levando a um aumento na gordura intra-abdominal e a uma diminuição na gordura subcutânea das extremidades.

O aumento na gordura corporal no envelhecimento é atribuído ao declínio da taxa metabólica, o qual também ocorre com o envelhecimento. A taxa metabólica diminui aproximadamente 10% entre os 20 e os 60 anos e, a partir de então, há outra diminuição aproximada de 10%.[69] Vários fatores causam impacto no declínio da taxa metabólica, incluindo alterações endócrinas, alterações cardiovasculares, diminuição na atividade física, e de modo mais significativo, o aumento da sarcopenia. Essa última, a massa muscular esquelética relativa reduzida, indica que o músculo ativo metabolicamente – o qual normalmente ajuda a aumentar a massa magra corporal – está perdido, levando a um aumento na gordura corporal. O aumento idade-dependente da gordura abdominal também está associado ao aumento idade-dependente nas concentrações plasmáticas ácidas gordurosas livres, as quais, por sua vez, relacionam-se à resistência à insulina idade-dependente.[105]

Sistema nervoso

As alterações relacionadas à idade no sistema nervoso começam por volta dos 30 anos, com uma diminuição no número de neurônios. Uma vez que ocorrem com todos os outros sistemas, as alterações no sistema nervoso variam enormemente de pessoa a pessoa, tanto em termos de tipos de alterações que ocorrem como em termos do grau ou da severidade dessas alterações.

Alterações no encéfalo e na medula espinal

Ocorre uma diminuição no número de células nervosas no encéfalo. Enquanto ocorrem perdas mínimas em algumas áreas do encéfalo (p. ex., nos núcleos do tronco encefálico e nos núcleos supraóticos e paraventriculares), as perdas em outras regiões podem variar significativamente de 10 a 60% (p. ex., no hipocampo). O giro temporal superior do córtex também sofre uma perda de cerca de 55% de suas células nervosas, enquanto a extremidade do lobo temporal sofre uma perda de apenas 10 a 35%. O peso do encéfalo diminui cerca de 10% mais ou menos entre os 20 e os 90 anos de idade. Os ventrículos cerebrais podem aumentar de três a quatro vezes. O fluxo sanguíneo cerebral diminui cerca de 20%.[106]

A atrofia do encéfalo e da medula espinal ocorre como resultado da perda de massa celular nervosa. A transmissão de impulsos cai lentamente por causa da diminuição no número de células nervosas e de dendritos. O período de latência na transmissão do impulso aumenta. Pode ocorrer desmielinização. A formação de placas e de emaranhados neurofibrilares pode ser notada no encéfalo. Com a degeneração dos nervos, pode haver um envolvimento conjugado dos sentidos. Os reflexos podem estar diminuídos.[107]

As alterações ocorrem nos sistemas neurotransmissores, particularmente no nível de enzimas, receptores e neurotransmissores. Essas enzimas que sofrem diminuição incluem a acetilcolinesterase, a anidrase carbônica e a colina O-acetiltransferase. O rol de enzimas que apresentam aumento inclui a catecol O-metiltransferase e a monoamino oxidase. O receptor de dopamina 2 aumenta, enquanto receptores muscarínicos e de serotonina diminuem. Os neurotransmissores neurotensina e substância P diminuem, enquanto o polipeptídeo vasoativo intestinal aumenta.[108]

Alterações em órgãos sensoriais

O sistema sensorial torna-se menos acurado. A audição é alterada pela lesão cumulativa das células ciliares no órgão de Corti no ouvido após os 60 anos, o que leva a uma perda da habilidade para ouvir sons altos – agudos – e certas consoantes. As alterações visuais incluem a perda da elasticidade da lente, a formação de catarata, a perda gradual no número de bastonetes, e o desenvolvimento de degeneração macular. O tamanho e a reatividade da pupila diminuem como resultado da diminuição da atividade nervosa autonômica. A sensibilidade tátil e os receptores táteis e da dor diminuem em número e sensitividade. O olfato é alterado com o declínio da função dos nervos cranianos e pela diminuição das células receptoras olfatórias. O paladar também é afetado com o declínio da função dos nervos cranianos, pela diminuição no número e na sensitividade das papilas gustativas e pelo afinamento das membranas mucosas.[109]

Alterações nervosas periféricas

Estudos têm demonstrado que, com o avanço da idade, ocorre certa perda de neurônios motores periféricos, redução no número de unidades motoras, alterações nas junções neuromusculares e uma denervação seletiva das fibras musculares do tipo II.[110] O tempo de reação e o equilíbrio diminuem.[96] Pesquisas sugerem que adultos mais velhos experimentam certo desequilíbrio no tempo e na sequência de atividade muscular e na coordenação funcional de seus reflexos posturais, com oscilação voluntária.[111]

Alterações da função mental

De modo interessante, essa é uma área em que o envelhecimento parece apresentar um menor número de problemas do que em outras alterações corporais. A maior parte dos indivíduos mais velhos enfrenta alterações cognitivas e outros estressores mentais e psicológicos que os confrontam. Esses estressores incluem os estressores médicos, que ocorrem nas idades mais avançadas, e as frequentes condições de comorbidade,[112] os psicológicos, inclusive o isolamento e o luto, e os relacionados às drogas, que resultam do número frequentemente elevado de medicamentos que eles possam estar tomando.[113]

Embora grande parte dos indivíduos idosos enfrente esses estressores, cerca de um terço dos adultos mais velhos experimentam prejuízos cognitivos moderados. Esse prejuízo não interfere na vida diária do indivíduo, mas pode incluir uma diminuição na velocidade do processamento cognitivo, memória prejudicada, e diminuição na habilidade de aprender.[114,115] O prejuízo cognitivo moderado pode estar relacionado às alterações físicas ocorrendo no encéfalo, inclusive a diminuição no número de células nervosas e nos níveis de acetilcolina (neurotransmissor primário para memória e aprendizagem) e serotonina.[116]

Contudo, estima-se que a depressão menor, a qual pode exercer um dos maiores impactos na vida de adultos mais velhos, ocorra em 8 a 20% dos adultos asilados.[117,118]

Alterações endócrinas

Alterações idade-dependentes no sistema hormonal geralmente não são suficientes para impedi-lo de funcionar adequadamente. As deficiências hormonais mais sérias tendem a ser mais patológicas que idade-dependentes. Poucas alterações significantes ocorrem com o avanço da idade. Entre as que ocorrem, as alterações nos hormônios sexuais, pancreáticos, do sistema urinário e o do crescimento são, talvez, as mais importantes clinicamente.

Ocorre um declínio nos níveis dos hormônios sexuais femininos estrógeno e progesterona e no hormônio masculino testosterona. Em termos de pâncreas e das Ilhotas de Langerhans, a concentração de insulina aumenta, enquanto a tolerância ao glucagon diminui. As alterações endócrinas urinárias incluem um declínio nos níveis de vasopressina e um aumento nos níveis de peptídio natriurético atrial. Esse último pode ocasionar notúria, uma vez que o peptídio tende a aumentar a produção de urina. O hormônio do crescimento, que, interessantemente, pode reverter o declínio na massa muscular observado com o aumento da idade, declina.[119]

O PAPEL DO CLÍNICO EM PROMOÇÃO DE SAÚDE, BEM-ESTAR E APTIDÃO FÍSICA

Os clínicos, especialmente os fisioterapeutas, estão em uma posição única para servir como principais provedores no campo da promoção de saúde, bem-estar e aptidão física. Para fazer isso, o profissional deve compreender os conceitos de promoção de saúde, bem-estar e aptidão física e então partilhá-los com seus pacientes e clientes, tornando-os mais conscientes da importância de mudanças de estilo de vida, particularmente nas áreas de atividade física, ajudando-os a realizar mudanças comportamentais, especialmente na adoção da promoção de saúde, bem-estar e programas de aptidão ao longo da vida; e criando um ambiente que dará suporte a práticas de saúde que levem a um estilo de vida saudável.

A promoção de saúde ou a prevenção de problemas de saúde podem complementar os aspectos de serviços de saúde que, tradicionalmente, têm enfatizado o tratamento.[120] A diferença entre as abordagens de promoção e de prevenção é que a primeira busca diminuir os fatores de risco e promover comportamentos saudáveis, enquanto a última não o faz. De modo igualmente importante, a abordagem de promoção e de prevenção desloca uma grande dose de responsabilidade pela boa saúde, do provedor para o paciente.[120] Há evidências de que, quando os profissionais de saúde aconselham seus pacientes sobre a redução de riscos, eles têm maior probabilidade de modificar hábitos insatisfatórios de saúde, acentuando,

Objetivos da promoção de saúde

- Diminuir fatores de risco
- Promover esforços de cura
- Tornar o paciente responsável por sua boa saúde

desse modo, um estilo de vida mais saudável.[121] Somado a isso, a satisfação simultânea e equilibrada das necessidades pessoais, interpessoais e coletivas também facilitam a adoção de estilos de vida saudáveis.[122]

O *Guide to Physical Therapist Practice* reconheceu esses objetivos de promoção, bem-estar e aptidão física e o efeito desses serviços na diminuição de custos:

> Em ajudar pacientes/clientes a (1) alcançar e restaurar a capacidade funcional ótima; (2) minimizar prejuízos, limitações e incapacidades; (3) manter a saúde (desse modo prevenindo o intensificação da deterioração ou futura doença); e (4) a criar adaptações ambientais apropriadas para melhorar a função independente.[22]

Os papéis da prevenção primária, secundária e terciária são aspectos inerentes à prática na qual os fisioterapeutas estão envolvidos.[22] A Tabela 16.2 descreve atividades de investigação de prevenção e possíveis programas de intervenção para direcionar questões de bem-estar. Sempre que possível, os programas de promoção de saúde, bem-estar e aptidão física devem ser baseados em resultados mensuráveis e suportados por pesquisa.

BENEFÍCIOS DA PROMOÇÃO DE SAÚDE, BEM-ESTAR E APTIDÃO FÍSICA

Os benefícios de um programa regular de exercícios se aplicam a quase todos os sistemas corporais e a todas as faixas etárias, da infância à velhice. Como Menard e Stanish pontuaram, há não muito tempo observávamos nossos avós inativos e sentados em cadeiras de balanço.[119] Felizmente, tal imagem mudou drasticamente, e nós agora sabemos que o corpo que está engajado em atividade física regular sofre alterações para impedir as alterações atróficas que têm lugar com o desuso. O exercício regular, que "é realmente uma fonte de juventude na qual todos nós podemos rejuvenescer", como eles apontam, pode desacelerar ou retardar o declínio fisiológico idade-dependente descrito previamente em até 50%. Assim, embora a vida não comece aos 40, ela não tem que ter um fim nessa idade, ou aos 70, ou 80, ou 90.[123]

Tradicionalmente, o indivíduo é aconselhado a consultar um médico antes de embarcar em um programa de exercício. Essa noção cria uma imagem de que o exercício possa ser potencialmente danoso, uma imagem que nega o papel dos profissionais de saúde na promoção de saúde, no bem-estar e na aptidão física. Ainda que esse conselho

Tabela 16.2 Estratégias de investigação de prevenção e intervenção para questões de bem-estar

Investigação de prevenção	Estratégias de intervenção
Identificação dos fatores de estilo de vida (p. ex., quantidade de exercício, estresse, peso) que podem levar a fatores de risco aumentados para problemas sérios de saúde	Programa de reeducação postural, readequação do local de trabalho, fortalecimento, alongamento, programas de exercício de resistência e treinamento postural para prevenir e controlar a dor lombar
Identificação de crianças que possam necessitar de exame da escoliose idiopática	Readequação ergonômica; fortalecimento, alongamento e programas de exercícios de resistência; treinamento postural para a prevenção de incapacidades relacionadas ao trabalho, incluindo traumas e lesões por estresse repetitivo
Identificação de indivíduos idosos em um centro comunitário ou sob acompanhamento domiciliar de enfermagem que estejam sob alto risco de quedas	Programas de exercício, incluindo levantamento de pesos e treinamento com pesos, para aumentar a massa e a densidade ósseas (especialmente em adultos mais velhos com osteoporose)
Identificação de fatores de risco para lesões neuromusculares em ambiente de trabalho	Programas de exercício, treino de marcha e atividades de equilíbrio e coordenação para redução do risco de quedas – e do risco de fraturas por quedas – em adultos mais velhos
Execução de testes de pré-desempenho de indivíduos que praticam esportes	Programas de exercício e instrução em atividades de vida diária (AVD) (habilidades de autocuidado, comunicação e mobilidade requeridas para independência na vida diária) e atividades de vida diária instrumental (AVDi) (atividades que são componentes importantes na manutenção da vida independente, tais como fazer compras e cozinhar) para diminuir a utilização dos serviços de saúde e melhorar a função em pacientes com distúrbios cardiovasculares/pulmonares
	Programas de exercício, condicionamento cardiovascular, treinamento postural e instruções de AVD e AVDi para prevenir incapacidades e disfunções em mulheres gestantes
	Programas de educação do consumidor abrangente e jurídico para prevenção de problemas (p. ex., prevenção de lesão da cabeça pela promoção do uso de capacetes, prevenção de doenças pulmonares pelo encorajamento da cessação do hábito de fumar)
	Programas de exercício para prevenir ou reduzir o desenvolvimento de sequelas em indivíduos com condições permanentes por toda a vida

Adaptado da Associação Americana de Fisioterapia. Guide to physical therapist practice. *Phys Ther* 81(1)9-746, 2001.

deva ser garantido especialmente para indivíduos de alto risco, os clínicos, especialmente os fisioterapeutas, devem remodelar seus papéis como defensores da atividade física e do exercício.[124]

Os benefícios do exercício regular para a saúde são incontáveis, incluindo a diminuição na mortalidade e na morbidade idade-dependente, a melhoria da função e da qualidade de vida, e melhorias nos sistemas cardiovascular/pulmonar, musculoesquelético, neuromuscular e endócrino, e da função neurocognitiva. Contudo, foi estimado que mais de 75% dos idosos americanos não são ativos o bastante para alcançar esses benefícios de saúde.[58] Eles sofrem de hipocinesia, ou daquilo que tem sido chamado de doença da inatividade.[125]

Desse modo, o desafio para os terapeutas é ensinar a pacientes, independentemente de sua idade ou do diagnóstico presente, os benefícios da atividade física regular, e incorporar em todas as intervenções aquelas estratégias que aumentam a participação e a aderência à atividade e ao exercício ao longo da vida.[126] Tais programas de atividade física e exercício são essenciais para prevenir o declínio na função fisiológica e no desempenho funcional que muitas vezes também leva a uma perda da autonomia e ao aumento da carga na prestação dos serviços de saúde. Existem amplas evidências de diversos benefícios do exercício, e eles são revistos nas seções seguintes.

Efeitos sobre a mortalidade e a morbidade

Embora os benefícios de saúde da atividade física e do exercício regular sejam abundantemente claros, é importante notar que tal atividade está inversamente associada à diminuição da mortalidade e da morbidade idade-dependente.[127-129] Blair et al., em seu estudo prospectivo, concluíram que altos níveis de aptidão física parecem retardar a mortalidade, independentemente da causa, primeiramente como resultado da diminuição da taxa de doenças cardiovasculares e de câncer,[130] enquanto baixos níveis de aptidão física mostraram-se como antecedentes de mortalidade.[131]

Adotar estilos de vida saudáveis – tal como engajar-se em atividade física moderadamente intensa, parar de fumar, ser normotenso e evitar a obesidade – foi associado às menores taxas de mortalidade em todas as causas.[132] Entretanto, o efeito protetor de níveis moderados de aptidão física parece diminuir o risco de morte prematura independentemente do quanto o indivíduo não tenha sido saudável, tenha fumado ou tenha tido níveis elevados de colesterol ou de pressão arterial.[133] Mesmo indivíduos com doenças crônicas têm demonstrado possuir um efeito benéfico de longa duração sobre a mortalidade por meio de programas de exercícios aeróbios, de fortalecimento, de flexibilidade e de equilíbrio.[133]

A redução na mortalidade associada ao exercício regular tem sido atribuída à habilidade do exercício em prover reservas fisiológicas e funcionais por meio do fortalecimento muscular precoce;[134] da sarcopenia reversa, uma vez que a força e o seu declínio exercem impacto sobre a mortalidade;[135-136] do aumento do tônus parassimpático em repouso;[137] da melhora da capacidade aeróbia, a qual é um preditor independente da mortalidade de por todas as causas; e em reduzir a mortalidade em aproximadamente 10% a cada aumento equivalente metabólico no condicionamento cardiovascular.[138]

Efeitos sobre as habilidades funcionais/qualidade de vida

As evidências fundamentam que a participação regular em programas de exercício consistindo em condicionamento aeróbio e treinamento de força ajudam a aumentar as capacidades funcionais e manter a independência e, assim, melhorar a qualidade de vida do indivíduo.[139] A qualidade de vida compreende o constructo psicológico de satisfação de vida e as dimensões da condição de saúde ou a qualidade de vida saúde-dependente.[140] Os benefícios de saúde pública subsequentes dessas melhorias funcionais e de qualidade de vida, com a atividade física e o exercício, são especialmente importantes para as populações cada vez mais idosas.[141] O declínio funcional que tem sido tradicionalmente aceito como parte do processo de envelhecimento pode ser retardado,[54] reduzindo, desse modo, a carga de prejuízos em indivíduos idosos e seu custo resultante para a sociedade.[142,143]

Mazzeo notou que, em indivíduos mais velhos, tanto a qualidade como a quantidade de exercícios necessárias para melhorar a qualidade de vida diferem daquelas necessárias para aumentar significativamente a aptidão física.[126] Estudos têm mostrado que a função, a qualidade de vida e a independência obtidas por meio de programas multidimensionais de fortalecimento, resistência e treino de equilíbrio podem ser melhoradas em qualquer idade, desde que a intensidade, a duração e a frequência do exercício sejam suficientes para sobrecarregar o sistema de forma consistente. Em adição ao treino de exercício, promover um estilo de vida fisicamente ativo previne ou trata a incapacidade funcional profundamente.[144-146] O treino de força com resistência de alta ou baixa progressão de longa duração resulta não apenas em uma melhora da moral e da qualidade de vida,[147] mas também em melhorias substanciais na velocidade de marcha, habilidade em subir escadas, habilidade de se levantar a partir do chão,[148-151] e habilidade de carregar as compras do supermercado.[148]

O treino de potência (ou treino de força a alta velocidade) melhora a função física de modo ainda mais efetivo que o treino de força em adultos asilados,[152] e acredita-se que exerça maior influência que outros tipos de exercício na melhora da redução do funcionamento físico idade-dependente.[153] A potência de extremidades inferiores em mulheres idosas tem sido apresentada como um forte preditor do *status* funcional autorrelatado.[154] Têm-se mostrado que os exercícios de condicionamento aeróbio melhoram a saúde geral, protegem contra a incapacidade e estendem o tempo de vida livre de incapacidade.[155,156]

A capacidade funcional (medida pela força muscular, amplitude de movimento, resistência muscular, velocidade de contração muscular, velocidade de marcha e equilíbrio em pé) melhora com treinos que consistem em exercícios de fortalecimento de baixa intensidade, de flexibilidade e de capacidade aeróbia de intensidade moderada/resistência.[157] Programas que combinam treino de força funcional (p. ex., o uso de pesos enquanto se sobe uma escada) e condicionamento aeróbio também resultam em melhora do desempenho muscular, especialmente das extremidades inferiores, e da função.[160]

Os efeitos de um programa de *tai chi* de 12 meses resultaram em uma melhora geral na aptidão física em idosos,[159] bem como em aumento na amplitude de movimento e no equilíbrio, melhora do humor e uma diminuição da percepção da dor. Espera-se que essas mudanças potencialmente afetem a incidência de quedas e a qualidade de vida.[160]

Um programa de exercício de intensidade moderada consistindo em aeróbia de baixo impacto e marcha resultou em melhora da qualidade de sono em adultos mais velhos.[161] Exercícios de resistência também foram apontados como capazes de melhorar a qualidade do sono.[162]

Efeitos em idosos mais velhos

O número crescente de estudos realizados com idosos mais velhos e pessoas frágeis e com doenças crônicas apoia intensamente o papel da atividade física ao longo da vida. A incapacidade é postergada e a vida independente é mantida.[163] Adultos mais velhos com prejuízo da função física e da captação de oxigênio têm mostrado melhoras em sua função física com exercício intenso.[164]

Indivíduos de 85 anos que sofreram oito meses de reativação física e treino regular parecem ter apresentado aumento na velocidade de marcha e captação máxima de oxigênio e uma diminuição na pressão arterial, levando à redução de risco e à melhora da independência.[165] Indivíduos na décima década de vida melhoraram seu desempenho em atividade funcional com um simples treino de exercício de potência muscular progressivo.[166] Um programa de intensidade moderada de 10 semanas de um treino de baixo impacto para adultos mais velhos, bem desenvolvido, melhorou a capacidade aeróbia, a força de extremidades inferiores e o sentimento de vigor.[167]

Meuyleman et al. encontraram que pacientes idosos debilitados que passaram por treino de força haviam melhorado sua função.[168] De interesse particular foi a descoberta de que aqueles que estavam mais prejudicados ganharam mais função.

A vida independente e o desempenho e a força funcionais adequados podem ser o resultado da condução do treino funcional de cada dia (p. ex., caminhar, trabalhar com jardinagem, realizar trabalhos domésticos) dos 75 aos 80 anos.[169]

Efeitos em idosos frágeis

Os dados sugerem que a fragilidade pode ser minimizada ou mesmo revertida por meio do exercício de baixa intensidade.[170,171] Evans indicou que nenhum segmento da população pode beneficiar-se mais do exercício que os idosos frágeis.[171] Aqueles que possuem baixas habilidades funcionais e altas incidências de doenças crônicas têm sido mostrados como capazes de fazerem melhorias em múltiplas áreas da sua saúde física por meio de programas de exercício. Programas de exercício abrangentes podem melhorar a aptidão física e o desempenho físico nessa população.[172] Os ganhos obtidos por idosos frágeis são influenciados por seu nível de fragilidade anterior ao treino de exercício e pela especificidade do programa de exercício. Chandler et al. demonstraram que um programa de fortalecimento para extremidade inferior leva a melhora da marcha, da velocidade da marcha e da habilidade em se levantar de uma cadeira, no desempenho em transferências e na subida de escadas.[173] Aqueles idosos frágeis com tolerância limitada ao exercício têm sido mostrados como capazes de melhorar sua função com exercícios excêntricos para extremidades inferiores.[174]

A despeito dos dados apoiando o uso do exercício terapêutico com idosos frágeis, esta é uma intervenção subutilizada, de acordo com Heath e Stuart,[175] os quais atribuíram essa subutilização às barreiras criadas pelos pacientes, cuidadores, e provedores de atenção em saúde. Eles propuseram que essas barreiras podem ser superadas com um programa de exercícios seguro e sustentável, elaborado para alcançar as necessidades funcionais do idoso frágil, bem como suas preferências. Somado a isso, prover essa população com a motivação e a conscientização apropriadas dos benefícios do programa de exercício pode ser parte da abordagem total para a participação.[175]

Efeitos sobre os sistemas cardiovascular/pulmonar

Pesquisas têm mostrado que as adaptações do sistema cardiovascular ao treino de resistência prolongado são similares, quer em indivíduos jovens, quer em idosos.[176] Engels et al. mostraram que mesmo treinos de exercícios de baixo impacto, bem desenvolvidos e de intensidade moderada, irão melhorar a aptidão física aeróbia.[167]

O treino de exercício cardiovascular resulta em aumento no débito cardíaco, no volume ejetado, na frequência cardíaca máxima,[58] no VO_2máx, no pulso máximo de O_2, pressão arterial sistólica,[176,177] resistência, [126] no limiar anaeróbio,[178] na capacidade de fluxo arterial, como resultado do aumento do calibre das vasos arteriais colaterais,[179] e distensibilidade arterial central.[57] O treino de exercício cardiovascular resulta na diminuição da frequência cardíaca, do esforço percebido durante o exercício submáximo,[176] da hipertensão, da distensibilidade arterial, do metabolismo energético,[126] e do nível de catecolaminas plasmáticas a uma mesma carga de trabalho submáxima absoluta.[61]

O treino de exercício cardiovascular resulta em melhoria no desempenho do ventrículo esquerdo durante o pico de exercício em homens e no perfil lipídico,[128] embora o tempo requerido para se alcançar uma mudança no colesterol HDL (dois anos) possa ser maior em populações mais velhas.[180] O exercício cardiovascular reduz significativamente o risco de doença arterial coronariana.[126] As atividades de condicionamento aeróbio (correr, remar e caminhar) e os exercícios de resistência (treino com pesos) foram apresentados como sendo inversamente associados ao risco de doença arterial coronariana.[181]

As respostas do sistema nervoso autonômico são melhoradas com o exercício aeróbio regular. Isso inclui o aumento da modulação tônica vagal do ciclo cardíaco, minimizando o declínio da sensitividade do barorreflexo cardiovagal e mantendo o suporte beta-adrenérgico do sistema nervoso simpático da taxa de repouso metabólico.[60] De interesse são os estudos de atletas mais velhos que não apresentam o declínio no volume máximo ejetado e a diferença de VO_2 que são observados em indivíduos idosos sedentários.[182]

Programas de treino de força também têm sido mostrados como capazes de aumentar o desempenho de resistência e diminuir a pressão arterial em indivíduos hipertensos.[183,184] Um programa de treinamento de força de alta intensidade (85 a 90% 1RM) duas vezes por semana, três séries até a falha concêntrica muscular (*leg press*, meio agachamento, extensão de perna) resultou em aumento da capacidade de trabalho máxima, do VO_2máx e do perfil de lipídios séricos.[185] Exercícios utilizando sobrecarga excêntrica em indivíduos idosos foram significativamente menos estressantes sobre o sistema cardiovascular em termos de frequência cardíaca, pressão arterial média, duplo-produto e esforço percebido.[186]

Um programa de exercício aquático de 70 minutos por dia e 3 dias por semana tem sido mostrado como capaz de melhorar significativamente a aptidão cardiorrespiratória e os níveis de colesterol em mulheres. O programa consistiu em 20 minutos de aquecimento e alongamento, 10 minutos de exercício de resistência, 30 minutos de condicionamento aeróbio (caminhada e dança) e 10 minutos de resfriamento.[187] D'Acquisto et al. também mostraram os benefícios cardiovasculares do exercício em água rasa.[188]

A participação prolongada em exercícios de *tai chi* regular tem sido apresentada como capaz de produzir alterações cardiovasculares significativas sobre a frequência cardíaca de repouso e na frequência cardíaca no teste de *step* de 3 minutos em adultos mais velhos (65+ anos).[189]

A idade não é uma barreira para se melhorar o sistema cardiovascular por meio do exercício. Indivíduos de 80 anos e ainda mais velhos que participaram de um programa de exercícios de intensidade moderada (com frequência de duas a três vezes por semana, com duração de 20 a 30 minutos por sessão, e um modelo de esteira ou de bicicleta estacionária) tiveram um aumento em seu pico de VO_2 e uma diminuição da pressão arterial sistólica.[190]

Estudos mostram que as mudanças na função respiratória são menos profundas que na função cardíaca.[58] Contudo, o treino de exercício aumenta a ventilação.[176]

Patologia cardíaca

Pesquisas indicam que a atividade física (1.600 kcal por semana) pode deter a progressão da arteriopatia coronariana. A regressão real da arteriopatia coronariana pode ser alcançada com uma atividade física que requer um gasto energético bruto de 2.200 kcal por semana.[138]

Insuficiência cardíaca congestiva. Os benefícios do treino de exercício e da aptidão física melhorada em pacientes com insuficiência cardíaca congestiva (ICC) são cada vez mais suportados por dados. Doze semanas de treino de exercício com pacientes com ICC produziram melhoras significativas na capacidade de exercício máximo, submáximo e de resistência.[191] A distensibilidade arterial sistêmica também foi mostrada como capaz de melhorar com o treino de exercício.[192] O exercício para esses paciente também aumenta sua qualidade de vida e diminui a mortalidade.[193]

Maiorana et al. encontraram que a combinação de treino de exercício aeróbio e treino de circuito de peso para pacientes com ICC resultou no aumento da força muscular, no pico de captação de oxigênio no exercício, na duração do teste de exercício e no limiar ventilatório.[194] Eles também encontraram uma diminuição na frequência cardíaca e no duplo-produto no exercício submáximo dos pacientes.[194]

As mudanças significativas na capacidade de exercício que são observadas em pacientes com ICC podem ser resultado do aumento do débito cardíaco, da melhoria do metabolismo muscular esquelético, do aumento no pico de fluxo sanguíneo para o membro em exercício por causa da redução da resistência vascular,[195] e em parte da melhoria da função arterial.[192]

Claudicação intermitente. Pesquisas têm mostrado os benefícios da atividade física para pacientes com claudicação intermitente leve a moderada. A habilidade de marcha, a distância de caminhada de 6 minutos, a economia da marcha e as distâncias para claudicação são melhoradas.[196,198] Gardner et al. mostraram que, após 6 meses de exercício as melhorias na habilidade de marcha, no nível de atividade física e na circulação periférica em pacientes com claudicação intermitente mantiveram-se por mais 12 meses.[198] Langbein et al. usaram uma técnica chamada passada de bastão (24 semanas de caminhada com bastões de esqui modificados) para treinar indivíduos com claudicação intermitente, e encontraram melhorias quantitativas e qualitativas significantes na tolerância ao exercício.[199]

Hipertensão. O exercício é um meio efetivo de reduzir a pressão arterial em indivíduos hipertensos.[200] Usando a recomendação de atividade física do American College of Sports Medicine e dos Centers of Disease Control and Prevention (ACSM-CDC) de 30 minutos de atividade física de intensidade moderada, Moreau et al. encontraram que um programa de caminhada de 24 semanas efetivamente diminuiu a pressão arterial de pacientes limítrofes ao estágio 1 da hipertensão.[201]

AVE. Dados apoiam que o uso da atividade física incluindo exercícios em intensidade moderada, tais como marcha, diminuem o risco de AVE e também funcionam como um meio de intervenção para diminuir o fluxo de sangue e reduzir a lesão cerebral durante uma isquemia cerebral.[202] O treino de força isolado melhorou a qualidade da função física em sobreviventes de AVE.[203] Combinando exercícios de condicionamento aeróbio e treino de força muscular em uma frequência de 3 dias por semana acima de 10 semanas para pacientes com AVE agudo resultou em ganhos em todas as medições de prejuízo e de incapacidade.[204] Mesmo 1 ano depois do AVE, o treinamento físico e de resistência podem melhorar a habilidade de sentar-levantar e aumentar a velocidade de marcha.[205]

Ouellette et al. mostraram os efeitos do treino de força progressiva de alta intensidade (consistindo em 12 semanas de *leg press* bilateral, dorsiflexão de tornozelo e exercícios de flexão plantar de tornozelo) em indivíduos que apresentaram um AVE de moderado a grave em algum ponto de 6 meses antes a 6 anos depois.[206] Eles encontraram melhora das forças tanto nas extremidades inferiores paréticas como nas não paréticas, aumento na redução nas habilidades funcionais e diminuição na incapacidade.[206]

Patologia pulmonar

Doença pulmonar obstrutiva crônica. Dados apoiam o uso do treino de exercício crescente e da atividade física em pacientes com DPOC como meio de não apenas melhorar a tolerância a exercícios e diminuir a disciplina, como também de aprimorar as melhorias funcionais na atividade diária e na qualidade de vida relacionada à saúde.[207]

Ortega et al. estudaram os efeitos do treino de força, do treino de resistência e de ambos os treinos em pacientes com DPOC.[208] O grupo de força aumentou significativamente sua força; o de resistência, sua capacidade de exercício submáximo, e o grupo combinado aumentou em ambos os parâmetros. As melhoras nas medidas de falta de ar e de dispneia também foram significativas.[208]

Pacientes com DPOC que estiveram em um programa de treinamento de capacidade aeróbia e foram treinados com exercícios de fortalecimento de resistência progressiva mostraram melhorias em seus resultados funcionais,[209] em sua função muscular e em sua resistência na caminhada na esteira.[210]

Efeitos no sistema musculoesquelético

Força muscular

O músculo esquelético tem habilidade surpreendente para se adaptar, e a extensão das mudanças no músculo depende de vários fatores, incluindo a especificidade e o tipo de atividade, idade e a composição do tipo de fibra muscular. As adaptações incluem modificações das variáveis morfológicas, bioquímicas e moleculares. Essas modificações levam a alterações dos atributos funcionais e do tipo de fibra muscular.[211] Os dados agora apoiam o fato de que o declínio da capacidade metabólica e de produção de força do músculo possa não mais ser considerado como consequência inevitável do processo de envelhecimento.[73] O músculo esquelético, mesmo no envelhecimento, permanece com um alto grau de capacidade residual.[212]

Força muscular com o treino de capacidade aeróbia/resistência. O uso de um programa de treino de capacidade aeróbia/resistência ou *jogging* em uma intensidade de 80% da frequência cardíaca máxima, com uma duração de 45 minutos por dia, e uma frequência de 4 dias por semana em um período de 9 a 12 meses, resultou em significativas adaptações musculoesqueléticas, que incluíram um aumento nas fibras do tipo IIa, na área seccional das fibras do tipo I e do tipo IIa, na densidade capilar, nas enzimas mitocondriais (succinato desidrogenase, citrato sintase e beta-hidroxiacil-CoA desidrogenase). Foram encontradas diminuições nas fibras do tipo IIb e na atividade do lactato desidrogenase.[213]

O treino de capacidade aeróbia/resistência progressivo e vigoroso resultou em uma proliferação de capilares musculares e no aumento da atividade enzimática oxidativa no músculo esquelético.[73] A síntese de proteínas musculares é melhorada com o exercício aeróbio independentemente da idade.[79]

Força muscular com treino de exercícios de resistência (treinamento de força). O treino de exercícios de resistência resultou no aumento da capacidade oxidativa, da densidade do volume mitocondrial, do tamanho do músculo,[214] e no *turnover* das proteínas miofibrilares.[215] O treino de força resistiva progressiva consistindo em alta e baixa intensidade e em alta e baixa velocidade aumenta significativamente a força, a potência e a resistência e resulta na hipertrofia muscular tão logo o treino sobrecarregue os músculos de forma consistente e a intensidade e a duração sejam suficientes.[73,149,151,215-219] Conforme a força muscular melhora com os exercícios do treino de força a gordura pode ser substituída por massa magra muscular.[58]

Os protocolos DeLorme (10 reps de 10 repetições máximas [RM] a 50, 75 e 100%) e Oxford (usando o protocolo reverso de 10 reps de 10 RM a 100, 75 e 50%) para exercícios resistivos progressivos foram equivalentes em melhorar a força.[220,221] O treino de fortalecimento e resistência progressiva pesada resultou em um aumento na força funcional que aparece ser específico ao tipo de exercício, assim apoiando o princípio de especificidade para intervenções projetadas. O treino de exercícios de resistência, que melhora a força, foi considerado incapaz de alterar significativamente atividades habituais, especialmente o sono.[162]

Força muscular em idosos. Homens jovens e idosos têm a mesma capacidade para aumentar a força e a potência muscular com um programa de treinamento periodizado incluindo exercícios rápidos de alta potência.[222] Contudo, o treino de força em alta velocidade mostrou ser mais capaz de aumentar a força e a potência de pico que o treino de força em baixa velocidade em mulheres idosas.[153] Uma vez que o treino de força em idosos aumenta a força, a hipertrofia (e desse modo a potência das fibras musculares do tipo I e do tipo II) a massa muscular, a potência, a resistência, a velocidade contrátil, a qualidade do músculo esquelético, a frequência de síntese da cadeia pesada da miosina e os níveis de transcrição da isoforma da cadeia pesada lenta da miosina, ele é considerado uma intervenção efetiva contra a sarcopenia[78,144,150,167,183,23-225] O treino de força de alta intensidade (60% de uma repetição máxima) para idosos também tem sido mostrado como capaz de aumentar significativamente a ação da insulina.[226]

Tanto o treino de exercícios de resistência e capacidade aeróbia quanto o treino de resistência aumentaram as vias energéticas (capacidade oxidativa, demanda contrátil por ATP e o suprimento glicolítico de ATP) do músculo no idoso (69,2 +/- 0,6 anos).[214] Um programa de exercício de resistência de baixa intensidade resultou em ganhos na força muscular e na resistência muscular, enquanto melhorias significativas na velocidade da contração muscular resultaram de um programa de treinamento de capacidade aeróbia/resistência de intensidade moderada.[157] Maiores níveis de função física são associados ao treino de força em idosos,[227,228] os quais Slade et al.[228] postularam ser talvez o resultado de maiores níveis de potência anaeróbia alcançados com o treino de força.

Jozsi et al. notaram que os homens, em sua sexta década de vida, podem efetuar maiores ganhos de força absoluta que mulheres com treino de força progressiva.[229] Contudo, as pesquisas indicam que as mulheres idosas (60+) podem se engajar em treinos de peso de alta resistência agradáveis e seguros com ganhos de resultados na força muscular e na composição corporal.[230] As pesquisas também indicam que indivíduos em sua décima década de vida podem participar de treinos de exercício progressivo simples, que resultam em uma maior potência muscular.[166]

O exercício de resistência de alta intensidade (em uma intensidade de 85 a 90% de 1 RM de três séries até a falência, em uma frequência de duas vezes por semana com duração de 16 semanas e um modo de *leg press* e meio agachamento, extensão de perna) em idosos não tratados resultou em ganhos insignificantes de força e do tamanho da fibra e da densidade capilar.[185]

Idosos (de 78 a 84 anos de idade) que realizaram treino de força com dinamômetro usando exercícios isométricos voluntários máximos, concêntricos e excêntricos, aumentaram a ativação neural com seu aumento na força muscular ao menos durante as contrações excêntricas.[231] Somado a isso, atletas idosos (de 70 a 81 anos) que treinaram para força, velocidade e resistência tiveram uma melhor função muscular que não atletas da mesma idade. Enquanto os atletas de força e velocidade mostraram melhores ganhos na força muscular, os atletas de resistência também apresentaram uma força excelente.[232] O *tai chi* também tem sido mostrado como capaz de aumentar a força muscular e o controle da força em idosos.[233]

Força muscular no idoso frágil. Singh et al. observaram que idosos frágeis responderam robustamente ao treino de exercícios de resistência, o qual resultou em aumentos significativos na área muscular e no remodelamento musculoesquelético.[234] A hipertrofia muscular significativo que ocorre em idosos frágeis com o treino de força indica que a idade não diminui a capacidade de se adaptar a tais programas de treinamento.[226] O treino de exercícios de resistência progressiva em indivíduos frágeis resultou na adaptação das vias de síntese de proteínas contráteis musculares à atividade contrátil aumentada associada com o treinamento.[235]

LaStayo et al. também descobriram que o exercício excêntrico para as extremidades inferiores aumenta a estrutura muscular e pode ser de grande benefício para o idoso frágil incapaz de realizar exercícios de treinamento de resistência tradicional que requeiram altas forças musculares.[174] Hortobagyi e DeVita também encontraram ganhos de força 1,8 vezes maior com um programa de sobrecarga excêntrica de curta duração (7 dias) quando comparado a um programa de distribuição de carga padrão.[186] Eles também encontraram estresse cardiovascular significativamente menor (frequência cardíaca, pressão arterial média, duplo produto, esforço percebido) com sobrecarga excêntrica, desse modo suportando o seu tipo de treino de força para idosos, os descondicionados e aqueles com doenças crônicas.[186]

O treino de exercícios de resistência progressiva é um método tanto seguro quanto efetivo para aumento de força de pacientes debilitados e frágeis, de alto risco e com história de queda resultando em lesão.[168,236] Fiatarone et al. encontraram um aumento significativo na força muscular e no tamanho do músculo em residentes frágeis de casas de repouso com mais de 96 anos de idade, depois que eles participaram de um treino de alta resistência com pesos.[237] Os exercícios aquáticos (70 minutos por dia e 3 dias por semana por 12 semanas) também foram apontados como capazes de aumentar significativamente a força muscular em indivíduos idosos frágeis.[187]

Flexibilidade

A flexibilidade melhora, mesmo em idosos saudáveis com idade entre 60 e 71 anos, como resultado de programas de exercício de baixa intensidade.[238] A mobilidade da coluna foi melhorada significativamente em mulheres idosas por meio do uso de exercícios de flexibilidade de coluna realizados três vezes por semana com uma duração de 20 a 30 minutos por sessão no curso de 10 semanas.[239]

Um achado interessante mostra que a amplitude de movimento pode ser aumentada em adultos idosos e inativos por meio do treino do exercício de resistência.[240] Indivíduos que participaram em um programa de exercícios regular de longa duração de *tai chi* mostraram aumento significativo na flexibilidade. Esses aumentos foram medidos utilizando-se um teste modificado de sentar-e-alcançar e um teste de rotação corporal total.[189]

Densidade óssea

Exercícios de levantamento de peso ou de carga óssea realizados com treino de força/resistência de alta intensidade afetam positivamente três aspectos do osso – massa, tamanho e microarquitetura – ao longo da vida.[241] Mulheres jovens que participaram de um programa de treinamento de condicionamento aeróbio/resistência e um treinamento de peso/força por um período de 2 anos tiveram a DMO melhorada.[242] O exercício não só age sobre o osso, como também previne ou retarda a perda óssea mineral que ocorre gradualmente depois dos 40 anos de idade. O exercício aumenta a atividade osteoblástica, a massa muscular e força, e a osteocalcina sérica. Somado a isso, leva a uma atividade elétrica endógena, induzindo a formação óssea, e promove a liberação de hormônios de crescimento da hipófise, aumentando, assim, a formação óssea.[243,244]

Vinte e um testes controlados randomizados foram analisados, sugerindo que a diminuição fisiológica da densidade mineral óssea com o avanço da idade pode ser retardada por meio de exercício físico regular, reduzindo o risco de osteoporose[245] e prevenindo fraturas osteoporóticas.[241] O exercício foi considerado capaz de aumentar a densidade óssea da coluna lombar de mulheres com osteopenia.[246]

O nível individual de atividade física prévia somado a um nível moderado de atividade física corrente parece ter um efeito protetor sobre os ossos e diminuir o risco de fratura de quadril em mulheres pós-menopausadas.[247] As evidências epidemiológicas sugerem que a incidência de fraturas de quadril na população idosa pode ser diminuída aproximadamente à metade com a atividade física ao longo da vida.[248] Vincent e Braith encontraram que em sujeitos idosos saudáveis (60 a 83 anos de idade), o treino de exercícios de resistência de alta intensidade melhora a densidade mineral óssea do colo do fêmur e sugere um aumento do *turnover* ósseo.[249] Wolff et al. encontraram que a perda óssea de 1% ao ano do colo do fêmur e da coluna lombar foi revertida com programas de treinamento de exercício.[250]

Os exercícios de longa duração previnem a osteoporose porque possuem um impacto sobre a mobilidade, sobre a estrutura óssea por meio do fortalecimento muscular e sobre o risco de queda com o avanço da idade.[251] A saúde óssea ao longo da vida é melhorada com exercício que maximiza o pico de massa óssea alcançado na juventude, mantendo a massa óssea e reduzindo a perda óssea idade-dependente.[252]

Programas de exercício de tipos variados têm sido estudados quanto a seu efeito sobre a densidade óssea. Exercícios de alto impacto de movimentos versáteis que sobrecarregam os ossos com forças crescentes rapidamente melhoraram a integridade esquelética em mulheres pré-menopausadas.[253] Em mulheres pós-menopausadas a atividade física de intensidade moderada por um período prolongado de tempo foi associada a uma maior DMO do que fora a atividade física de baixa intensidade.[254] O exercício aeróbio combinado com exercício de alto impacto em uma intensidade moderada irá compensar o declínio na DMO em mulheres pós-menopausadas com osteopenia.[178,255]

Dois diferentes protocolos de exercício – o primeiro, uma classe de aeróbios gerais, e o segundo, uma classe de aeróbios gerais somados a um treinamento de força/peso para membros superiores – aumentaram significativamente tanto o conteúdo mineral ósseo como o conteúdo mineral ósseo/espessura óssea em mulheres pós-menopausadas (57 a 83 anos de idade) quando comparada àquelas que não se exercitavam.[256]

Um programa de treino de cinco exercícios de força de alta intensidade realizado duas vezes por semana foi efetivo na preservação da densidade óssea bem como no aumento da massa muscular e da força em mulheres pós-menopausadas.[257] Um programa de exercícios resistivos progressivo focalizando grandes grupos musculares e utilizando três séries de oito repetições a 75% de 1 RM por um período de 1 ano resultou em alterações significativas da força, as quais, acredita-se, foram paralelas às alterações na DMO em mulheres pós-menopausadas idosas (idade média de 68,8 anos).[258]

Um programa de exercícios terapêuticos de longa duração realizados regularmente podem mesmo lentificar a perda óssea em mulheres sedentárias pós-menopausadas.[259] Em mulheres pós-menopausadas recentes, o *tai chi* tem se mostrado capaz de retardar a perda óssea em ossos levantadores de peso.[260-262]

Os dados indicam que os níveis de atividade física e a força dos músculos das costas podem contribuir para a densidade mineral óssea dos corpos vertebrais em mulheres pós-menopausadas.[263] Sinaki et al. encontraram que a força dos extensores do dorso estava negativamente correlacionada ao número de fraturas vertebrais por compressão[264] e à extensão da cifose torácica.[265] O fortalecimento dos músculos extensores do dorso, tanto em mulheres saudáveis deficientes de estrógeno (49 a 54 anos de idade) como em mulheres com osteoporose e coluna torácica cifótica, ajudou a diminuir a cifose torácica e e a melhorar a força dos extensores do dorso.[264,266]

Osteoartrite

Têm-se mostrado que o exercício é efetivo e seguro para indivíduos com osteoartrite (OA), e que muitos dos benefícios do exercício (treino de condicionamento aeróbio/resistência, treino de força, treino de flexibilidade) discutidos inicialmente aplicam-se a esses indivíduos. Digno de nota foi o achado de que parece não existir nenhuma associação entre corridas de longa distância moderadas e o desenvolvimento futuro de OA. Os dados também sugerem que grandes quilometragens e o número de anos de corrida não contribuem para o futuro desenvolvimento de OA.[267]

Tanto o treino de capacidade aeróbia/resistência como os exercícios de fortalecimento parecem ser igualmente efetivos na redução da dor e no aumento da função em indivíduos com OA.[268] O treino de exercícios aeróbios aquáticos por mais de 12 semanas para pessoas com OA aumentou significativamente a capacidade aeróbia, o tempo de caminhada de 50 pés e a atividade física. A depressão e a ansiedade foram reduzidas.[269] A inclinação postural foi significativamente melhorada em indivíduos com OA que tiveram treino de peso de longa duração e participaram de programas aeróbios de caminhada. A probabilidade de distúrbios de inclinação postural maiores levando a quedas potenciais diminuiu.[270] Exercícios manuais somados a técnicas de proteção articular aumentaram a força de pinça e a função manual em pessoas com OA da mão.[271]

O desempenho das 12 formas de *tai chi sun-style* por mulheres idosas com OA por 12 semanas diminuiu os sintomas artríticos e melhorou o equilíbrio e a função física.[272] Um programa moderado de *tai chi* mostrou-se capaz de aumentar a mobilidade funcional e melhorar a autoeficácia e a qualidade de vida em idosos com OA (idade média de 68 anos). [273]

Muitos estudos têm se focalizado nas articulações do joelho de indivíduos com OA. As informações seguintes sumarizam estas descobertas. O treinamento de força de alta intensidade aumenta substancialmente a força e a função física, diminuindo a dor e melhorando a qualidade de vida para pessoas que apresentam essa condição.[183,274] Os idosos que participaram em treinamentos de condicionamento aeróbio/resistência ou treinamento de exercícios de resistência aumentaram o desempenho físico, diminuíram a dor e melhoraram as medidas de incapacidade.[273,276] A caminhada supervisionada de aptidão física e a educação mostraram-se capazes de melhorar o *status* funcional desses indivíduos sem piorar a dor ou exacerbar os sintomas.[277] Um programa de caminhada e exercício teve efeito positivo na qualidade de vida de indivíduos idosos com OA de joelho.[278]

O ciclismo de baixa e alta intensidade foi igualmente efetivo em melhorar a marcha e a função, aumentando a capacidade aeróbia e diminuindo a dor em idosos com OA de joelho. O ciclismo pode, assim, ser considerado como uma modalidade alternativa de exercício para esses indivíduos.[279]

Exercícios combinados com perda de peso foram mostrados como capazes de aumentar o desempenho físico e diminuir a dor e a incapacidade em idosos com OA de joelho.[280] Os dados de tendência biomecânicos sugerem que o exercício combinado com a perda de peso pode adicionalmente melhorar a marcha, quando comparado com o exercício isolado.

Artrite reumatoide

Indivíduos com artrite reumatoide (AR) inicial que passaram por um programa de treinamento de força dinâmica regular (50 a 70% de 1RM para todos os grupos musculares maiores das extremidades superior e inferior e do tronco) combinado com treino de condicionamento aeróbio/resistência e atividades recreacionais tiveram melhora da força muscular e da função física. Não houve efeitos adversos na atividade da doença.[281] Pessoas com AR inicial também sofreram um programa de treinamento de força de 2 anos em casa. Os resultados indicaram que a força e a função foram melhoradas e se mantiveram por 3 anos.[282]

Um treino de exercícios de força de alta intensidade levou a um aumento significativo na força e diminuição na dor e na fadiga em indivíduos com AR bem controlada. Desse modo, essa forma de exercício mostrou-se ser praticável e segura, e não exacerbou a atividade da doença ou a dor articular.[283] Em pessoas com AR bem controlada, um regime de exercício para o músculo quadríceps aumentou a função sensório-motora do músculo, diminuiu a incapacidade do membro inferior e não exacerbou a atividade da doença ou a dor.[284]

Indivíduos com AR ativa participaram em programas de exercício intensivo de curta duração (consistindo em exercícios de fortalecimento muscular e resistência isométrica e dinâmica para ombros e joelhos cinco vezes por semana, e um programa de treinamento de condicionamento aeróbio/resistência três vezes por semana) que foram oferecidos em adição ao programa de exercícios de fisioterapia conservadora de amplitude de movimento e exercícios isométricos. O programa de exercício intensivo mostrou-se mais efetivo que o programa conservador em melhorar a força muscular sem nenhum efeito adverso sobre a atividade da doença.[285] Mesmo indivíduos com AR funcional das classes II e III que participaram em treinamentos de exercício resistivos de baixa carga aumentaram sua capacidade funcional.[286]

Pessoas com AR que participaram de fisioterapia em instituição asilar 4 horas por semana por um período de seis semanas tiveram melhoria significativa na rigidez matinal, no conhecimento do trato da doença e na autoeficácia.[287] Programas de exercício de caminhada e aquático de doze semanas para pessoas com AR levaram a uma melhoria similar na capacidade aeróbia, no tempo de caminhada, e na atividade física. Somado a isso, a depressão e a ansiedade diminuíram.[269]

De particular interesse é o achado de que, a despeito dos dados existentes da efetividade e da segurança dos programas de exercício de alta intensidade para pessoas com AR, os fisioterapeutas acreditam que os programas de exercício convencionais oferecem mais do que os programas de exercício de alta intensidade.[288]

Efeitos na gordura corporal

Os exercícios aeróbios e os exercícios de resistência parecem ser benéficos para redução de gordura corporal, enquanto os exercícios de resistência também parecem aumentar a massa livre de gordura.[289] Um programa de exercícios aquáticos bem distribuído de 12 semanas, 3 dias por semana (20 minutos de aquecimento e alongamento, 10 minutos de exercícios de resistência, 30 minutos de treino de exercício de condicionamento aeróbio/resistência de dança e caminhada, e 10 minutos de exercício de resfriamento) levaram à melhoria significativa na massa gorda em mulheres idosas.[187] O treino de força em idosos levou a uma diminuição na gordura total e intra-abdominal.[183]

Efeitos no sistema neuromuscular

Colcombe et al. estudaram idosos e encontraram uma base biológica forte para os benefícios do exercício aeróbio na saúde cerebral.[290] O desempenho motor parece estar relacionado de forma mais intensa à quantidade de atividade física ao longo da vida do que à idade.[291] O papel da atividade física e o da aptidão física na população idosa para melhoria do desempenho neuromuscular é totalmente suportado pelos dados da pesquisa. Os exercícios melhoraram a função neurocomportamental (como medido pelo teste Up & Go e pelo teste de alcance funcional) em indivíduos com mais de 75 anos de idade.[292]

Um programa de caminhada regular pode melhorar a estabilidade na terceira idade. Sujeitos idosos saudáveis que caminhavam regularmente mostraram uma melhora do controle postural, especialmente do equilíbrio estático, quando comparados a indivíduos que não caminhavam regularmente. Indivíduos idosos que caminhavam regularmente não sofriam de quedas.[293]

As adaptações neuromusculares funcionais e estruturais têm sido demonstradas com exercícios de treinamento de força com resistência pesada progressiva tanto bilateral como unilateral.[221] O trabalho negativo na forma de exercício de resistência excêntrica para membros inferiores melhorou o equilíbrio e a descida de escadas.[174]

Um programa de exercícios de 12 meses para indivíduos idosos (60 a 85 anos) resultou em melhorias funcionais sensório-motoras de longa duração. Eles aumentaram a força e melhoraram o tempo de reação, o controle neuromuscular e a inclinação corporal (em uma superfície firme com olhos abertos, e inclinação corporal em uma superfície confiável, com olhos abertos e fechados).[294] Mulheres idosas que participaram de um programa de exercício aeróbio regular melhoraram seu tempo pré-motor, o tempo de reação tanto a estímulos simples como discriminatórios, o tempo contrátil e a velocidade do movimento após respostas de reação.[295]

A participação regular no exercício e na atividade física parecem estar correlacionados à preservação das habilidades de atenção visual ao longo da vida.[296]

Indivíduos idosos que participaram de um programa de *tai chi* regular de longa duração mostraram um aumento na descarga rítmica corporal para frente e para trás, uma melhoria significativa na postura em pé sobre as pernas esquerda e direita com olhos fechados, e uma estabilidade postural aumentada em posições de desafio (olhos fechados e com superfície inclinada, visão inclinada com superfície inclinada) quando comparados com aqueles que não praticavam *tai chi*.[189,297]

Equilíbrio

Um programa de exercícios para uma instituição asilar para mulheres idosas de 65 a 75 anos com osteoporose melhorou sua força e seu equilíbrio dinâmico. Ambos os fatores são determinantes para o risco de quedas nessa população.[298] O treino de equilíbrio melhora a força muscular e iguala os desequilíbrios musculares.[299]

Programas de exercício para mulheres idosas resultam em uma inclinação postural em apoio único melhorada.[300] Idosos com vertigem não periférica e oscilação que participaram de treino de equilíbrio parecem ter melhorado o equilíbrio objetivo, bem como o percebido.[301] Indivíduos que participaram de um treino de estratégia de equilíbrio usando exercícios variados em postos de trabalho reduziram significativamente suas quedas, quando comparados com aqueles que participaram em classes de exercício tradicional para a melhoria do equilíbrio.[302] Idosos dementes e frágeis com histórico de queda que participaram de programas de treinamento de exercício de atividade física, 2 sessões por semana por 16 semanas, mostraram ser capazes de melhorar a habilidade de caminhada e o equilíbrio estático.[303]

Idosos que participaram em *tai chi* e golfe mostraram acuidade proprioceptiva articular e um controle de equilíbrio em pé dinâmico melhorados.[304] Idosos que praticavam *tai chi* regularmente não apenas mostraram uma melhor propriocepção nas articulações do joelho e tornozelo quando comparados a seus controles sedentários, mas também mostraram melhor cinestese do tornozelo quando comparados a nadadores e corredores. A melhora na propriocepção observada nesses indivíduos pode ter-lhes permitido manter seu controle de equilíbrio.[305] Também foi observado que idosos que praticavam *tai chi* regularmente tinham melhor estabilidade postural do que aqueles que não praticavam.[262]

Marcha

A velocidade da marcha foi melhorada significativamente em idosos (idade média de 82.1 anos) que realizaram exercícios de controle postural e treino de força para fadiga para extensão do joelho, abdução do quadril, dorsiflexão do tornozelo, extensão do quadril e flexão do joelho três vezes por semana.[306] A velocidade da marcha e os parâmetros relacionados com a marcha aumentaram em mulheres idosas que participaram de treinamento de força para a musculatura da extremidade inferior.[148,307]

Programas combinados de treino de força e de resistência também resultaram no aumento da velocidade da marcha em mulheres idosas.[308] A resistência da marcha melhorou com um programa de treino de força e resistência de 3 meses em idosos saudáveis.[309]

Um treino de força de baixa intensidade resultou no aumento da estabilidade da marcha e especialmente na constância mediolateral em idosos que estavam incapacitados. O desempenho da marcha melhorou mesmo quando os idosos alcançavam ganhos de força apenas moderados.[310]

Risco de quedas

O risco de quedas é o principal problema em nossa população idosa. As quedas respondem por 87% de todas as fraturas entre os idosos e contribuem para muitas admissões em casas de repouso.[311] Existem muitos fatores de risco para quedas na população idosa. Eles incluem os prejuízos na força das extremidades superior e inferior e na marcha, na locomoção e no equilíbrio. As limitações funcionais, particularmente nas áreas da transferência da cama para a cadeira, ou para o banheiro ou chuveiro, também aumentam o risco de quedas. Somado a isso, o uso de ao menos quatro medicações prescritas, o uso de sedativos e hipotensão postural acompanhando algumas das limitações físicas colocam os idosos sob risco de quedas.[312] Tinetti et al. também encontraram que, somados aos prejuízos na marcha, na locomoção, no equilíbrio e na cognição, a presença de ao menos duas condições crônicas e um índice baixo de massa corporal também estão associados com o potencial para sérias lesões resultantes de quedas.[313]

Uma vez que o risco de quedas está relacionado diretamente aos prejuízos no equilíbrio e na marcha, os benefícios do exercício da atividade física se tornam importantes na manutenção da mobilidade e da independência em nossa população cada vez mais idosa, e na redução dos custos para a sociedade das sequelas de quedas entre os idosos.[314]

O equilíbrio e a mobilidade melhoram com o exercício regular e têm sido demonstrados como capazes de reduzir a probabilidade de quedas de idosos com histórico de quedas em instituições asilares.[315] A participação desses idosos em atividades de exercícios em grupo (incluindo exercícios de treino de força, de agilidade e de equilíbrio), conjugadas a exercícios domiciliares adicionais, melhorou o equilíbrio e reduziu o risco para quedas.[316,317]

Ryushi et al. postularam que a percepção de um indivíduo idoso quanto a sua habilidade para evitar as quedas pode ser o resultado do aumento da força no quadríceps femoral,[318] a qual facilita o movimento acurado do centro de gravidade do corpo mais distante do centro em direção ao dorso.

As sessões de exercício que levam ao aumento da força, da resistência, da marcha e da função, e que reduzem o risco de quedas em indivíduos idosos têm consistido em variados modos de exercício, incluindo exercícios de resistência progressiva, exercícios excêntricos para extremidade inferior, treino de força ambulatório, treino de resistência, treino de mobilidade, treino de agilidade, treino de equilíbrio e treino funcional progressivo. Exercícios de dança aeróbia e *tai chi* também têm sido utilizados para reduzir o risco de quedas uma vez que melhoram componentes seletivos do equilíbrio e da locomoção/agilidade. Os programas de exercício têm sido compostos de 45 a 90 minutos de atividade de intensidade variada com aquecimento e resfriamento, usualmente três vezes por semana.[174,297,311,319-321]

Mesmo a caminhada em uma base regular mostrou ter seu benefício para os indivíduos idosos. Aqueles que caminhavam regularmente não sofriam de quedas e exibiam melhor controle postural que aqueles que não caminhavam, especialmente quanto ao equilíbrio estático.[293] Exercícios de levantamento de peso para idosos frágeis (62 a 95 anos) mostraram-se capazes de prevenir a queda enquanto mantinham a função física.[322]

Programas de exercícios domiciliares ajustados individualmente consistindo em exercícios de fortalecimento muscular e retreinamento de equilíbrio para idosos e idosas (65 a 97 anos) mostraram-se capazes de reduzir quedas e lesões (especialmente naqueles com 80+ anos), e os benefícios do programa se mantiveram por mais de 2 anos para aqueles com histórico de quedas. Houve uma maior redução absoluta nas quedas levando à lesão.[323-325] O treino de força também diminuiu o risco para quedas em idosos com osteoartrite de joelhos.[183]

Doença de Parkinson

Embora tenha se mostrado que a atividade física, o exercício e a aptidão física são eficazes em muitos indivíduos com doenças neuromusculares, essa seção revisa os dados acessíveis para aquelas pessoas com doença de Parkinson e esclerose múltipla.

A despeito dos déficits neurológicos resultantes dessas doenças, indivíduos com doença de Parkinson de leve a moderada têm potencial para manter a capacidade normal com exercício aeróbios regulares.[326] Programas de exercícios para indivíduos com doença de Parkinson aumentam a independência funcional percebida e a qualidade de vida.[327]

O treino de exercícios de resistência em indivíduos com a doença de Parkinson de leve a moderada resulta em um aumento de força similar ao de adultos normais.[328] O treino de força de alta intensidade também mostrou-se capaz de melhorar a força muscular e o equilíbrio em indivíduos com doença de Parkinson idiopática.[329] Um programa de exercícios de 10 semanas produziu melhoras na mobilidade da coluna e no desempenho físico para pessoas nos estágios iniciais e médios da doença de Parkinson.[330] Um programa de exercício intensivo (duas vezes por semana por 14 semanas) para indivíduos com a doença de Parkinson nos estágios inicial a médio não apenas aumentou a função motora como também melhorou o humor e o bem-estar subjetivo.[331]

Esclerose múltipla

Pesquisas agora sugerem que programas de exercícios apropriadamente modificados podem prover os indivíduos que sofrem de esclerose múltipla com todos os benefícios que são alcançados por indivíduos saudáveis. Tal como ocorre com qualquer outro indivíduo, os clínicos devem designar programas de exercícios baseados individualmente nos prejuízos da pessoa, em suas limitações funcionais, incapacidades e restrições de atividade. A despeito das limitações, os indivíduos com esclerose múltipla e incapacidade leve a moderada que participaram em um programa de exercício aeróbio (em uma frequência de três vezes por semana e uma duração de 40 minutos por 15 semanas) mostraram um aumento no VO_2max e na capacidade de trabalho físico e diminuíram os níveis de triglicérides, lipoproteínas de densidade muito baixa e medidas de pregas cutâneas.[332] Os achados de desuso muscular em indivíduos com esclerose múltipla destacam a necessidade de treinamento muscular a fim de melhorar a capacidade oxidativa diminuída, o aumento da fadiga e o prejuízo da resposta metabólica ao exercício.[333]

Petajan e White criaram um modelo de "pirâmide da atividade física" (Fig. 16.1) para alcançar um nível ideal de atividade física para indivíduos com esclerose múltipla. Na base da pirâmide estão as atividades de vida diária e as atividades instrumentais de vida diária (vestir-se, usar o banheiro, fazer compras). Sobre ela estão as "ineficiências embutidas" (estacionar longe do local de trabalho e caminhar), seguida pela "recreação ativa" (30 minutos de caminhada de intensidade moderada, ciclismo, jardinagem, tênis de mesa, boliche); no topo está o "programa aeróbio estruturado", que pode oscilar de levantar-se da cadeira de rodas a caminhar ou a usar uma esteira ou ergômetro de braços ou pernas, e exercício aquático. Os indivíduos entre 30-40 anos de idade que têm esclerose múltipla com prejuízos mínimos foram capazes de se engajar em atividade aeróbia com uma intensidade de exercício de 60 a 85% do seu pico de frequência cardíaca ou 50 a 70% do seu pico de VO_2, três ou mais vezes por semana, por 20 a 30 minutos. O aquecimento e o resfriamento de 5 minutos foram aumentados caso necessário para reduzir o superaquecimento e a espasticidade.[334-337]

Petajan e White também desenvolveram uma "pirâmide de aptidão física muscular" (Fig. 16.2), que consistia em "amplitude de movimento passiva" na base, seguida por "exercício de resistência e flexibilidade ativa" (incluindo aqueles exercícios e também *tai chi*, yoga e exercícios com bolas suíças), "fortalecimento muscular específico" (faixas, pesos, exercícios de resistência na água, que foram modificados de acordo com a incapacidade) e finalmente "programa de treinamento muscular intensivo" no topo (treinamento de peso três vezes por semana, 3 séries de 10 a 12 repetições ao longo da amplitude de movimento total).[334]

Os programas de exercício para indivíduos com esclerose múltipla devem considerar vários fatores. Quando e se ocorrem exacerbações, e dependendo da severidade, a atividade pode ser modificada/suspensa, ou a pessoa ainda pode realizar alongamento, caminhada e exercícios na água.[338,339]

A espasticidade ou a fraqueza muscular devem ser avaliadas quanto a seu impacto no programa de exercício, e os ajustes, feitos conforme o necessário. Os exercícios podem ser adaptados, e a intensidade e a duração podem ser modificadas. Aparelhos ou equipamentos de suporte ou de assistência podem facilitar a participação continuada.[336]

Indivíduos com esclerose múltipla podem experimentar desautonomia cardiovascular, a qual pode levar à aceleração cardíaca e hipotensão. O monitoramento contínuo da frequência cardíaca, da pressão arterial e da frequência do esforço percebido durante o exercício é essencial, e os ajustes e a intensidade devem ser feitos de acordo.[336-340]

Para ir de encontro aos problemas de superaquecimento, os exercícios devem ser realizados em ambientes frios. Os exercícios aquáticos e a natação (com a temperatura da água em 82° F ou menos) são modos excelentes de exercício. Em adição, a bicicleta Schwinn Air-Dyne provê resfriamento enquanto se pratica o ciclismo. A hidratação adequada deve ser mantida.[336]

O indivíduo que experimentar fadiga pode fazer períodos de repouso ou agendar atividades mais extenuantes logo cedo pela manhã, quando a temperatura do corpo é menor. Os indivíduos também podem usar equipamentos de adaptação ou de suporte, e o tipo de fadiga (muscular normal cardiovascular, de substituição) pode ser diferenciada.[341]

Problemas com equilíbrio e coordenação podem ser mais bem trabalhados com exercícios aquáticos. As bolas suíças e as atividades de *tai chi* também podem ser utilizadas.[336]

Efeitos na saúde mental

Tem se mostrado que os exercícios possuem muitos benefícios positivos sobre a saúde mental, particularmente em indivíduos idosos. A falta de exercício físico regular em idosos (64 a 84 anos) tem sido associada significativamente à prevalência de depressão, conforme esses indivíduos têm reportado que encontram menor significado na vida e têm uma visão subjetiva inferior de sua saúde.[342] O treino de exercício produz um efeito tranquilizante em sujeitos idosos[58,343] e foi encontrado ser significativamente relacionado a uma ansiedade menor e a menos sintomas de depressão.[343] O aumento do autorrespeito pode ser desenvolvido com o exercício, especialmente conforme a tolerância aos esforços aumenta.[58]

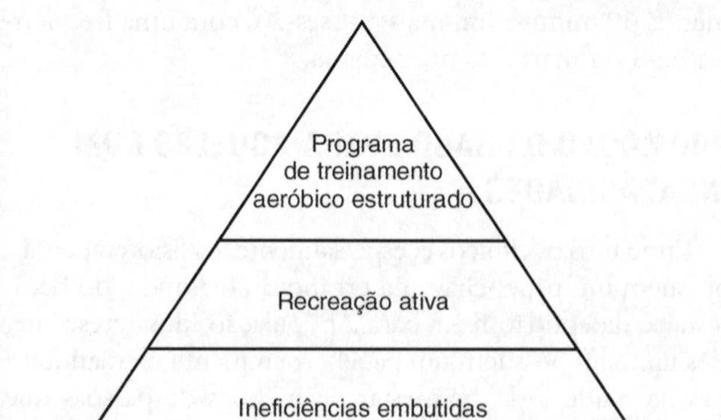

Figura 16.1 Pirâmide de atividade física. (De Petajan JH, White AT. Recommendations for physical activity in patients with MS, *Sports Med* 27(3):186, 1999.)

Figura 16.2 Pirâmide de atividade física. (De Petajan JH, White AT. Recommendations for physical activity in patients with MS, *Sports Med* 27(3):186, 1999.)

Os exercícios aeróbios reduzem significativamente os sintomas depressivos em idosos (60+ anos).[344] Indivíduos que participaram no treino de exercício aeróbio perceberam melhorias em um número de dimensões comportamentais e psicológicas.[178] O treino de força progressiva mostrou-se ser um antidepressivo efetivo em idosos deprimidos.[147,162]

Yaffe et al. constataram que mulheres em instituições asilares que participaram em altos níveis de atividade física foram menos propensas a desenvolver declínios da cognição.[345] Desse modo, tais achados suportam o papel da atividade física na prevenção do declínio cognitivo. As classes de exercício (a uma frequência de três vezes por semana por uma duração de 3 anos, em intensidade de acordo com as diretrizes da ACSM) reverteram ou diminuíram certos declínios idade-dependente na velocidade do processamento cognitivo.[96] Os programas de treinamento de aptidão física melhoraram a cognição, especialmente nos processos de controle executivo.[346] O exercício em grupo também pode ter efeitos benéficos sobre a função cognitiva de indivíduos idosos.[347] Por outro lado, Hill et al. encontraram pouco, senão nenhum, efeito do treino de exercício de longa duração na função cognitiva nos idosos de sua amostra.[348]

Um programa de exercício aeróbio que dure mais de 10 semanas tem um efeito positivo nos processos de atenção, particularmente na velocidade de alternância e na eficiência no tempo de compartilhamento em idosos.[349] O exercício aeróbio submáximo (acima de 60 minutos) melhorou aspectos do processamento da informação.[350]

Efeitos no sistema endócrino

Diabetes

O treinamento aeróbio com uma intensidade moderada realizado por idosos tem um efeito positivo na tolerância à glicose.[351] O treino regular de condicionamento aeróbio/resistência e o treino de força com resistência foram mostrados como significativamente capazes de reduzir o risco de diabetes e de resistência à insulina em indivíduos idosos, ao mesmo tempo que os capacita a manter sua independência por meio de níveis aumentados de atividade física e de sua habilidade em realizar atividades da vida diária.[126,183]

Evans encontrou um risco reduzido do desenvolvimento de diabetes do tipo II por meio de exercício aeróbio e uma ação aumentada da insulina com treino de força com resistência de alta intensidade (60% de 1 RM) em idosos.[226] A atividade física crescente, moderadamente em conjunto com uma diminuição no peso corporal e uma mudança na dieta, pode prevenir ou retardar o início do diabetes do tipo II.[352]

Diferenças significativas na resposta metabólica (equilíbrio acidobásico, potássio, triglicerol, glicose, colesterol, ácidos graxos livres (FFA), glicerol livre, lactato e ácido úrico) foram encontradas em indivíduos com diabetes do tipo I e II após um programa de bicicleta ergométrica de condicionamento aeróbio/capacidade aeróbia. Rybka notou que o exercício deve ser um componente básico no manuseio de indivíduos com diabetes.[353]

O endurecimento da carótida comum e da artéria femoral diminuíram significativamente, o que foi associado a uma resistência à insulina melhorada em pacientes com diabetes do tipo II que submeteram-se a um programa de exercícios de treinamento de condicionamento aeróbio/resistência.[354]

O equilíbrio foi melhorado em pacientes com neuropatia diabética por meio de um programa de exercícios de três semanas focado em um equilíbrio rapidamente crescente e no fortalecimento da extremidade distal.[355] A mobilidade e a força em pacientes com diabetes aumentaram quando eles participaram de um programa de treinamento de força com resistência de intensidade moderada.[356]

Hormônios

Homens e mulheres (60 a 75 anos de idade) que participaram de um treinamento pesado de força e resistência usando agachamento, por 2 semanas por um período de 24 semanas, apresentaram níveis aumentados de hormônio do crescimento sérico; em homens a relação testosterona/cortisol também aumentou.[151] Também se mostrou que tal treinamento produz um aumento significativo na testosterona total e uma diminuição similar no cortisol de repouso em homens idosos.[357]

Efeitos sobre o câncer

O risco de câncer de mama e de cólon para adultos pode ser reduzido por meio da participação em atividade física de intensidade moderada com uma duração de 30 minutos ou mais por sessão, com uma frequência de 5 ou mais dias por semana. Uma maior redução do risco pode ser alcançada por meio da participação em atividade física de moderada a vigorosa intensidade com uma duração de 45 minutos ou mais por sessão, com uma frequência de 5 ou mais dias por semana. Para crianças e adolescentes, a recomendação é a participação em atividade física de moderada a vigorosa intensidade com uma duração de ao menos 60 minutos ou mais por sessão, com uma frequência de 5 ou mais dias por semana.[358]

PROMOÇÃO DA SAÚDE PARA AQUELES COM INCAPACIDADES

Enquanto os clínicos e, especialmente, os fisioterapeutas, possuem um papel-chave na promoção da saúde, do bem-estar e da aptidão física para a população idosa crescente, eles também possuem um papel proeminente na manutenção da saúde e do bem-estar de milhões de pessoas que vivem com incapacidades. Promover um estilo de vida saudável de longa duração para esses indivíduos é de suprema importância na redução dos impactos de longa duração em seus prejuízos quanto a funções de vida diária.[359,360]

Os adultos com incapacidades são referenciados em uma menor proporção para prevenção e manutenção da saúde e bem-estar que os não incapacitados. Krahn et al. propuseram vários caminhos da atividade necessária para aumentar a participação dos clínicos em programas de saúde e bem-estar para aqueles com incapacidades, incluindo avaliar tanto os incentivos como as barreiras para as práticas clínicas que promovem a prevenção, a manutenção da saúde, do bem-estar e da aptidão física; explorar o reembolso do seguro para o suporte de programas de saúde, bem-estar e aptidão física pelos clínicos; suportar a inclusão do conhecimento e da habilidade na promoção de comportamentos saudáveis por provedores de cuidados de saúde em programas educacionais clínicos; e tornar a informação acessível a pessoas com incapacidade, a fim de ajudar no planejamento, junto a seus clínicos, das intervenções para alcançar e manter a saúde, o bem-estar e a aptidão física.[361]

Os clínicos devem entender que, para pessoas com incapacidade, estar bem e saudável depende não apenas do próprio indivíduo e de sua própria motivação, mas também dos seus ambientes social, cultural e arquitetural. A saúde e o bem-estar nessa população são facilitados por meio da participação em atividades de exercício e de esporte e em atividades físicas continuadas ao longo do tempo. Os clínicos são responsáveis pela educação de seus pacientes/clientes com incapacidades no que diz respeito aos caminhos para promover estilos de vida saudáveis, para prevenir condições secundárias, para usar fontes de bem-estar e para manter um compromisso com a aptidão física ao longo do tempo. Os clínicos precisarão ter um extenso conhecimento dos caminhos que possibilitam a participação fácil e continuada em um programa de exercício por toda vida, conhecer as fontes de exercício local e facilitar a acessibilidade a eles.[33,362-366]

PROMOÇÃO DE SAÚDE NO LOCAL DE TRABALHO

Os clínicos têm desempenhado papéis na promoção de saúde, no bem-estar e na aptidão física no local de trabalho, particularmente nas áreas de prevenção do início de lesões. Agora o papel deve incluir a promoção de saúde, o bem-estar e a aptidão física, conforme mais corporações percebem a importância desses programas. A promoção de saúde no local de trabalho é uma abordagem tomada por uma corporação para melhorar a saúde da companhia e de seus empregados. Como Thomsson e Menckel notaram, "isto inclui todos os esforços feitos em todos os contextos em que o indivíduo trabalha" que "são designados para aumentar o bem-estar e a saúde. A promoção de saúde no local de trabalho preocupa-se com as causas da saúde-doença, mas foca-se nas oportunidades para a boa saúde."[367]

Outros têm feito essa observação:

> Um local de trabalho saudável provê benefícios mútuos para empregadores e empregados dentro de uma fé comum de que as práticas de boa saúde por parte de ambos levará a uma autorrealização e produtividade individual e organizacional. A promoção de saúde é o processo de capacitar empregados a melhorar e aumentar o controle sobre sua saúde física, emocional e social.[368]

Esses esforços de promoção de saúde podem incluir educação de consciência, mudanças no comportamento e estilo de vida, e criação de ambientes de suporte.

Tem se reportado que mais de 80% dos locais de trabalho com 50 ou mais empregados e quase todos os locais de trabalho com mais de 750 empregados possuem programas de melhoria da saúde.[369] Centros completos de bem-estar são encontrados em quase todas as grandes corporações, e muitas corporações pequenas e de médio porte também têm algum tipo de programa de bem-estar.[370]

Os programas no local de trabalho para melhorar o bem-estar, a promoção de saúde e a aptidão física podem incluir programas de classificação, programas de estilo de vida saudável (p. ex., perda de peso e cessação do hábito de fumar) e programas que proveem acesso a clubes de saúde ou a academias no próprio local de trabalho ou ainda a uma academia próxima com uma taxa de desconto.[28] O Departamento de Trabalho norte-americano constatou que 18% de todos os empregados (inclusive aqueles em tempo parcial) eram elegíveis para programas de bem-estar, e 9%, para programas de centros de aptidão física.[371]

As corporações acumulam muitos benefícios oferecendo programas de bem-estar no trabalho. A Johnson & Johnson estimou que, por prover programas de bem-estar em seu ambiente corporativo, a companhia auferiu uma economia de pelo menos $ 1,9 milhões por meio de custos médicos reduzidos, redução da ausência por doença e aumento da produtividade.[372] Os programas de saúde e bem-estar da Johnson & Johnson focalizam a prevenção, o autocuidado, a redução dos fatores de risco e o manuseio da doença. Constatou-se que muitos dos benefícios desses programas ocorrerão mais tarde na vida.[373]

Mais de 8.000 funcionários da Procter & Gamble que participaram do programa de promoção de saúde da companhia por um período de 3 anos apresentaram custos de cuidados com saúde significativamente menores quando comparados a não participantes.[374] Outras companhias com maiores economias de custo em programas de promoção e prevenção de saúde incluem a Motorola's Wellness Iniciative, a qual constatou que, para empregados que usavam regularmente os centros de bem-estar da empresa ou usavam o benefício de reembolso para membros em centros de aptidão física externos, houve uma economia de $ 3,93 para cada $ 1 investido, uma economia total de mais de $ 6,4 milhões para a companhia; o Northeast Utilities WellAware Program, em seus primeiros 24 meses, reduziu as reivindicações comportamentais e de estilo de vida em $1,4 milhões; o programa Caterpillar's Healthy Balance foi projetado para resultar em uma economia de longo prazo de 700 milhões até 2015; e a Union Pacific Railroad classificou a saúde e o bem-estar como um "grande acordo financeiro" e agora tem mais de 450 academias que não cobram taxas a seus empregados, patrocinadas pela companhia.[375]

BARREIRAS/FALTA DE ADERÊNCIA AO EXERCÍCIO

A habilidade para continuar a prover programas de promoção de saúde, bem-estar e aptidão física dependerá do reconhecimento pelos clínicos das barreiras ao exercício. Os clínicos devem reconhecer que a motivação para mudar comportamentos e adotar um estilo de vida saudável está frequentemente associada ao conhecimento, às atitudes e às crenças. Sendo assim, devem estar cientes de como e por que as pessoas pensam, e das barreiras que elas encontram e que as desencorajam a mudanças na atividade física.[376]

Em uma amostra de quase 3.000 mulheres (40+ anos de idade), vários fatores pessoais e ambientais foram notados como sendo significativamente associados com a inatividade. Esses incluem a idade avançada, um nível de educação reduzido, etnia indígena americana, falta de energia, falta de um cenário agradável, ausência de colinas na vizinhança e a infrequente observação de outros se exercitando em sua vizinhança. Duas das quatro barreiras mais frequentemente reportadas por todos os participantes foram responsabilidades com cuidados de outros indivíduos e a falta de energia para o exercício.[377]

Em outro estudo com mais de 8.000 pessoas, a participação na atividade foi associada a ser jovem, ser homem, ter uma boa visão de longa distância, não ser diabético e não ter medo de cair, bem como viver em um ambiente rural e comer mais alimentos nutritivos (mais frutas e vegetais). As barreiras primárias identificadas para atividade física regular foram problemas de saúde (72%), falta de tempo (7%), e dor (4%).[378]

Barreiras ao exercício

- Pessoal
- Ambiental

Em mulheres idosas a participação diminuída na atividade física também foi associada a uma maior adiposidade.[379] Nied e Franklin pontuaram 12 fatores que determinaram como barreiras comuns ao exercício em idosos.[128] Esses incluíam autoeficácia diminuída, atitude negativa, desconforto gerado pelo exercício, nível de incapacidade, presença de um equilíbrio fraco, medo de lesão, incapacidade para fazer do exercício um hábito, renda fixa, falta de fatores ambientais (p. ex., *shoppings centers* por onde caminhar e centros para idosos) declínio na cognição e presença de doenças e fadigas.[128]

Outras barreiras ambientais ao exercício e à atividade física incluem a poluição do ar e da água, as condições climáticas, o crime, e o tráfego automobilístico perigoso. O CDC iniciou um programa chamado Active Community Environment Initiatives (ACES) para promover o desenvolvimento de locais comunitários para participação em atividade segura e mais acessível.[380]

Outras barreiras pessoais incluem não crer ser conveniente exercitar-se, não achar um exercício agradável ou achá-lo chato, falta de habilidade, agenda de viagem relacionada ao trabalho, obrigações familiares, incontinência urinária e falta de encorajamento de família, amigos ou outros significantes.[381]

Barreiras ao exercício em idosos[128]

- Autoeficiência diminuída
- Atitude negativa em relação ao exercício
- Desconforto gerado pelo exercício
- Nível de incapacidade
- Equilíbrio fraco
- Medo de lesão
- Incapacidade para fazer do exercício um hábito
- Renda fixa
- Falta de fatores ambientais
- Declínio cognitivo
- Presença de doença
- Presença de fadiga

Certamente, os clínicos armados com uma consciência dessas múltiplas barreiras devem designar uma atividade física crescente e multifacetada que encoraje pacientes e clientes a adotar um estilo de vida saudável que promova a aptidão física. Superar barreiras pode ser mais bem trabalhado prescrevendo exercícios de um modo similar a uma prescrição farmacológica, requerendo do indivíduo manter uma gravação do seu novo comportamento, incorporando o exercício em atividades de vida diária e oferecendo educação de exercício para uma equipe de cuidado de saúde.[382]

Outras técnicas que os clínicos podem utilizar para superar as barreiras incluem começar os exercícios lentamente, progredi-los lentamente e dar encorajamento frequentemente. Se a cognição é um problema, os clínicos devem manter os exercícios de forma simples. Podem, também, encontrar atividades agradáveis e descrever os benefícios pessoais a serem alcançados com uma atividade física maior. É importante para os pacientes variar a intensidade e utilizar treinamento cruzado, evitar uma superdosagem, usar equipamentos de assistência, se necessário, trabalhar antes o equilíbrio e a força para superar o medo da queda, fazer dos exercícios e da atividade física uma parte de sua rotina diária, usar atividades que não requeiram compromisso financeiro e utilizar instalações comunitárias, especialmente quando o clima é inclemente.[128]

A aderência ao exercício está relacionada a diversos fatores. A melhoria autorreportada na força, a força muscular real e a habilidade de raciocínio estão todas associadas à aderência ao programa de exercício, enquanto a força muscular diminuída, um tempo de reação lento e o uso de drogas psicoativas estão associados à não aderência.[383]

PRESCRIÇÃO DE EXERCÍCIO

O exercício e a atividade física devem ser prescritos em uma base tão científica quanto possível. As agências governamentais e as organizações relacionadas à saúde têm feito recomendações. O CDC e a ACSM recomendaram originalmente que todos os adultos se engajassem ao menos 30 minutos por dia em atividade física de intensidade moderada, 7 dias por semana.[41] Correntemente, a recomendação é a participação em 5 ou mais dias da semana. Os programas de atividade física para idosos devem incluir treinamento de condicionamento aeróbio/resistência, treino de força, treino de equilíbrio e exercícios de flexibilidade. Essas recomendações dão apoio ao fato de que nenhum tipo de atividade simples irá produzir todos os benefícios da atividade física. Sendo assim, é essencial incluir todos os aspectos da aptidão física na prescrição de um exercício, especialmente para idosos. As recomendações para cada tipo de atividade incluem as seguintes: treinamento de condicionamento aeróbio/resistência de intensidade moderada a uma frequência de 3 a 5 dias por semana, com cada sessão tendo uma duração de ao menos 30 minutos; exercícios de resistência/treino de força feitos 2 a 3 dias por semana; e exercícios de flexibilidade/alongamento feitos diariamente.[384] As recomendações para crianças e adolescentes são a participação em atividade física de intensidade moderada com a duração de ao menos 60 minutos, e uma frequência da maior parte dos dias da semana, de preferência, diariamente.[385]

O CDC também provê diretrizes de como progredir a atividade baseada na participação corrente, ou na falta da mesma. Se alguém não participa de atividade física regular, alguns poucos minutos de atividade devem ser incorporados em sua vida diária, e a duração deve ser gradualmente aumentada até 30 minutos ou mais de atividade de intensidade moderada. Se alguém participa em alguma atividade física, mas não nos níveis recomendados pelo CDC/ACSM, o indivíduo deve atentar para participar em atividade física de moderada intensidade (com duração de 30 minutos ou mais e frequência de 5 ou mais dias por semana) ou de atividade física de intensidade vigorosa (com duração de 20 minutos ou mais e frequência de 3 ou mais dias por semana). Se alguém participa em atividades de intensidade moderada (com duração de ao menos 30 minutos e frequência de 5 ou mais dias por semana), a intensidade ou a duração deve ser aumentada. Finalmente, se alguém participa de atividades de intensidade vigorosa (com duração de 20 minutos e uma frequência de 3 ou mais dias por semana), continuar esta rotina é importante.[386]

Ainsworth et al. definiram a atividade física de intensidade moderada como aquela que queima de 3,5 a 7 calorias por minuto, e a atividade física de intensidade vigorosa como aquela que queima mais de 7 calorias por minuto. A Tabela 16.3 detalha muitas atividades físicas de acordo com seu nível de intensidade.[387,388] A Tabela 16.4 provê uma ampla lista de atividades físicas e seus níveis de intensidade.[389] Para queimar mil calorias por semana o indivíduo deve queimar no mínimo 150 calorias por dia, por meio da participação regular em uma ou mais atividade física de intensidade moderada ou vigorosa. Se alguém se engaja em atividade de intensidade moderada, requererá 30 minutos por dia para queimar 150 calorias, enquanto a atividade de intensidade vigorosa pode requerer apenas 22 minutos ou menos por dia.[386]

As pesquisas têm demonstrado que a composição corporal (peso total, porcentagem de gordura corporal, circunferência abdominal) de mulheres de meia-idade que executam ao menos dez mil passos por dia teve uma maior probabilidade de estar dentro dos limites recomendados. Ao passo que as mulheres que executavam menos de seis mil passos por dia foram mais aptas a ser classificadas como com sobrepeso ou obesas, com maiores circunferências abdominais, que são preditores de risco aumentado para doenças cardiovasculares.[390]

Existem controvérsias sobre o quanto a contagem de passos fornecida por pedômetros deve ser utilizada para guiar os indivíduos no alcance de seus objetivos de atividade física diária. A ACSM recomenda que os pedômetros de contagem de passos devem ser utilizados para capacitar os indivíduos a alcançar suas diretrizes de atividade física diária (30 minutos de atividade física moderada, na maior parte, se não em todos, os dias da semana) e não apenas para alcançar metas de passos por dia.[391] Le Masurier notou que a contagem de passos é o melhor para iniciantes, mas, depois dessa fase, a ênfase deve estar em alcançar a dose diária recomendada de atividade física moderada.[392]

A prescrição de exercícios para a população idosa deve ser precedida por um amplo exame dos sistemas musculoesquelético e cardiovascular e por uma avaliação da tolerância ao calor e da motivação da pessoa. Então, a prescrição de exercício deve ser individualizada e de intensidade e duração apropriadas para que desafie o indivíduo fisicamente, de acordo com os resultados do exame.[58] A prescrição de exercícios para os idosos deve incorporar o treino de força e condicionamento aeróbio de resistência simples e divertido. A prescrição de exercício também deve objetivar as necessidades, metas e crenças de saúde do indivíduo.[128] Tem-se recomendado que a prescrição de exercícios para os idosos enfatize as atividades gradualmente progressivas, que vão de baixa a moderada intensidade e de baixo impacto, e que evitem o levantamento pesado estático e dinâmico. A frequência cardíaca de treinamento prescrita é de 40 a 80% da frequência cardíaca máxima de reserva (comparada com 50 a 85% do recomendado para jovens e indivíduos de meia-idade).[393]

Os programas de exercício podem ser prescritos em uma variedade de formatos, de programas realizados individualmente em casa a programas em centros comunitários ou de academias. Programas baseados na comunidade tendem a melhorar os resultados funcionais e de bem-estar.[394] Um programa de treinamento de força gravado em fitas de vídeo (intitulado "Forte para vida") para uso em casa resultou em aumento da força, função social e vigor percebido, bem como do controle da tensão e da ira percebidas.[395]

Os pesquisadores também têm investigado a frequência da prescrição de exercício. Foi prescrita uma hora de exercício por 12 semanas para três diferentes grupos de mulheres idosas (60 a 75 anos de idade) que realizaram exercícios uma, duas ou três vezes por semana. Um quarto grupo serviu como controle. Todos os três grupos tiveram aumentos significativos no equilíbrio, na coordenação e na resistência muscular, e na flexibilidade de sentar e alcançar. As melhorias encontradas em cada um dos três grupos experimentais foi proporcional à frequência do programa.[396]

Tabela 16.3 Requisitos de atividade física para queimar 150 Kcal

Número de minutos de atividade requerida para queimar 150 Kcalorias (atividades físicas mais vigorosas requerem menor duração temporal. Atividades físicas menos vigorosas requerem mais tempo).

0-15 min	0-20 min	0-30 min	0-35 min	30-40 min	30-45 min	0-45 min	45-60 min
Caminhar em escadas	Basquetebol	Aeróbica na água	Caminhar 4,5-1,5/6 km (1,5 km em 20 minutos)	Andar sozinho de cadeira de rodas	Jardinagem (em pé)	Jogar voleibol	Lavar pisos ou janelas
Cavar neve	Basquetebol em cadeira de rodas	Caminhar 3 km (1,5 km em 20 minutos)			Jogar futebol americano de toques (*touch football*, versão sem empurrões do futebol americano)		Lavar e encerar um carro ou um bote
Correr 2 km (1,5 km em 10 minutos)	Dar voltas na piscina	Varrer folhagem					
Pular corda		Dançar rápido (social)					
Andar de bicicleta por 6 km		Andar de bicicleta por 7,5 km					
		Praticar arremessos de basquete					

De Centers for Disease Control and Prevention, US Department of Health and Human Services: Physical activity for everyone: recommendations: how active do adults need to be to gain some benefit? Disponível em: <http://www.cdc.gov/needphp/dnpa/physical/recommendations/calories_text.htm>.

Tabela 16.4 Nível de intensidade das atividades físicas

Atividades físicas gerais definidas pelo nível de intensidade, de acordo com as diretrizes do CDC e do ACSM	
Atividade moderada* 3,0 a 6,0 METs† (3,5 a 7 kcal/min)	**Atividade vigorosa* maior que 6,0 METs†** (mais de 7 kcal/min)
Caminhar em um ritmo moderado ou acelerado de 4,5 a 6,5 km/h em uma superfície nivelada interna ou externa, tais como: • caminhar para a escola, trabalho, ou loja, • caminhar por prazer, • caminhar com um cachorro, • caminhar como uma pausa do trabalho Caminhar descendo escadas ou descendo uma colina Caminhada de competição — menos de 7,5 km/h Usar uma vara de apoio Caminhada Skate *inline* ou *rollerblade* em um ritmo de lazer	Marcha atlética e caminhada aeróbia — 7,5 km/h ou mais *Jogging* ou corrida Conduzir sua cadeira de roda Caminhar e subir uma colina de modo acelerado Viajar como mochileiro Subir montanhas, subir rochas, rapel Skate *inline* ou *rollerblade* em um ritmo acelerado
Andar de bicicleta de 7,5 a 13,5 km/h, em terreno nivelado, ou com poucas colinas Bicicleta ergométrica — usando esforço moderado	Andar de bicicleta a mais de 15 km/h ou andar de bicicleta em um terreno íngreme morro acima Bicicleta ergométrica — usando esforço vigoroso
Dança aeróbica — alto impacto Aeróbica aquática	Dança aeróbia — alto impacto Aeróbica de *step* Corrida na água Ensinar uma classe de dança aeróbica
Calistenia — leve Yoga Ginástica olímpica Exercícios domiciliares em geral, de esforço leve ou moderado, elevando-se e abaixando-se do chão Pular em um trampolim Usar uma máquina de subir degraus em um ritmo leve a moderado Usar uma máquina de remo — com esforço moderado	Calistenia — *pushups*, *pullups*, esforço vigoroso Caratê, judô, *tae kwon do*, *jiu-jitsu* Pular corda Fazer estrela Usar uma máquina de subir degraus em ritmo rápido Usar uma máquina de remo — com esforço vigoroso Usar uma máquina de movimentos cíclicos para braços — com esforço vigoroso
Treino de peso e fisiculturismo usando pesos livres do tipo Nautilus® ou universal	Treino de circuito de peso
Boxe — utilizando saco de pancada Dança de salão Dança coreografada Quadrilha Dança folclórica Dança moderna, disco Balé	Boxe — no ringue ou como *sparring* Luta livre — competitiva Dança de salão profissional — energicamente Quadrilha — energicamente Dança folclórica — energicamente Sapateado
Tênis de mesa — competitivo Tênis — duplas	Tênis — individual Tênis de cadeira de rodas
Golfe, conduzindo ou carregando clubes	—
Softball — tom rápido ou lento Basquetebol — praticando arremessos Treinar adultos e crianças Voleibol — competitivo	A maior parte dos esportes competitivos Jogo de futebol americano Jogo de basquetebol Basquetebol em cadeira de rodas Futebol *Rugby* *Kickball* Hóquei de campo ou *rollerblade* *Lacrosse* Vôlei de praia em quadra de saibro

(continua)

Tabela 16.4 Nível de intensidade das atividades físicas *(continuação)*

Atividades físicas gerais definidas pelo nível de intensidade, de acordo com as diretrizes do CDC e do ACSM	
Atividade moderada 3,0* a 6,0 METs† (3,5 a 7 kcal/min)	**Atividade vigorosa* maior que 6,0 METs† (mais de 7 kcal/min)**
Jogar *frisbee*	Handebol — geral ou profissional
Fazer malabarismos	Raquetebol
Curling	*Squash*
Críquete — bastão ou boliche	
Badminton	
Arco e flecha (não como caça)	
Esgrima	
Esqui *downhill* — com esforço leve	Esqui *downhill* — em disputa ou com esforço vigoroso
Patinação no gelo com ritmo de lazer (13,5 km/h ou menos)	Patinação no gelo — ritmo rápido ou com velocidade de *skate*
Snowmobiling	Esqui *cross-country*
Navegar no gelo	Andar de trenó
	Descer de tobogã
	Jogar hóquei no gelo
Natação — recreacional	
Caminhar na água — lentamente, com esforço moderado	Natação — ritmo de voltas constantes
Mergulho — de trampolim ou plataforma	Nado sincronizado
Aeróbica aquática	Caminhar na água — rápido, esforço vigoroso
Esqui aquático	Correr na água
Mergulho com *snorkel*	Polo aquático
Surfar, com a prancha ou o corpo	Basquetebol aquático
Remo ou canoagem a menos de 6 km/h	Mergulho com escuba
Rafting — em rios	Remo ou canoagem — 6 km/h ou mais
Navegação — recreacional ou de competição	Caiaque em corredeiras
Barco a remo	
Caiaque — em um lago, águas calmas	
Lavar ou encerar uma lancha ou o casco de um barco	
Pescar enquanto caminha ao longo da margem de um rio ou enquanto caminha nas águas de um riacho — vestindo botas de pesca	—
Caçar veados, de grande ou pequeno porte	
Caçar faisões ou tetrazes	—
Caçar com arco e flecha ou com balestra — caminhando	
Andar a cavalo — geral	Andar a cavalo — trotar, galopar, saltar, ou em competição
Selar ou treinar um cavalo	Jogar polo
Brincar em equipamentos de *playground* da escola, passear no *playground*, em ziguezague ou escalando	Correr
	Saltar
Brincar de amarelinha, queimada, espiribol e outras atividades recreativas com bola	Pular corda
	Fazer estrela
Skateboard	Patinação *inline* ou *rollerblade* — ritmo rápido
Patinação *inline* ou *rollerblade* — ritmo de lazer	
Tocar instrumentos enquanto se move ativamente; tocar em uma fanfarra; tocar guitarra ou bateria em uma banda de rock	Tocar um instrumento musical pesado enquanto corre ativamente em uma fanfarra
Executar manobras com um bastão em uma fanfarra	
Cantar enquanto se move ativamente — como em um palco ou em uma igreja	
Jardinagem e trabalhos de quintal; revolver a grama, ensacar a grama ou folhagem, escavar, usar a enxada, arar levemente (menos que 5 kg por minuto), arrancar ervas daninhas em pé ou curvado	Jardinagem e trabalho de quintal: aparar de forma intensa ou rápida (mais de 5 kg por minuto), escavar valas, ou carregar cargas pesadas
Plantar árvores, podar arbustos e árvores, arrastar ramos, empilhar madeira	Derrubar árvores, carregar grandes troncos, utilizar um machado, quebrar troncos com a mão, ou elevar e aparar árvores
Empurrar um cortador de grama motorizado	Empurrar um cortador de grama não motorizado

(continua)

Tabela 16.4 Nível de intensidade das atividades físicas *(continuação)*

Atividades físicas gerais definidas pelo nível de intensidade, de acordo com as diretrizes do CDC e do ACSM	
Atividade moderada* 3,0 a 6,0 METs† (3,5 a 7 kcal/min)	**Atividade vigorosa* maior que 6,0 METs† (mais de 7 kcal/min)**
Cavar em neve leve	Cavar em neve pesada
Trabalhos de casa moderados: esfregar o chão ou o piso do banheiro com as mãos e de joelhos, colocar as roupas lavadas em um varal, varrer uma área externa, limpar a garagem, lavar as janelas, mover mobílias leves, embalar ou desembalar caixas, caminhar e colocar os itens de casa no lugar, carregar para fora sacos pesados de lixo ou recicláveis (p. ex., vidros, jornais e plásticos), ou carregar água ou madeira para ser queimada	Trabalho de casa pesado: mover ou empurrar uma mobília pesada (38 kg ou mais), carregar itens de casa pesando 12 kg ou mais acima por um lance de escadas, colocar carvão em um fogão com o uso de uma pá Ficar em pé, caminhar, ou caminhar abaixo por um lance de escadas enquanto carrega objetos pesando 25 kg ou mais
Colocar as compras no lugar — caminhar e carregar especialmente itens grandes ou pesados com menos de 25 kg	Carregar várias sacolas pesadas (12 kg ou mais) de compras de uma só vez acima por um lance de escadas Fazer compras enquanto carrega uma criança jovem *e* empurra um carrinho de compras cheio ou empurra dois carrinhos de compra de uma só vez
Brincar ativamente com crianças — caminhar, correr ou subir enquanto brinca com crianças Caminhar enquanto carrega uma criança pesando menos de 25 kg Caminhar enquanto empurra ou puxa uma criança em um carrinho de bebê ou um adulto em uma cadeira de rodas Carregar uma criança pesando menos de 12 kg para cima em um lance de escadas Cuidado com crianças: lidar com crianças jovens não cooperativas (p. ex., direcionando, vestindo, levantando para a cadeira do carro), ou lidar com várias crianças ao mesmo tempo Banhar e vestir um adulto	Brincar vigorosamente com crianças — correr longas distâncias ou jogar jogos extenuantes com crianças Marcha atlética ou *jogging* enquanto empurra um carrinho de bebê para uso esportivo Carregar um adulto ou uma criança pesando 12 kg ou mais acima por um lance de escadas Ficar em pé ou caminhar enquanto carrega um adulto ou uma criança pesando 25 kg ou mais
Cuidado com animais: mover grãos com uma pá, alimentar animais de fazenda ou animais de treinamento Brincar com ou treinar animais Ordenhar vacas manualmente ou prender vacas para ordenha mecânica	Cuidar de animais: mover com o forcado fardos de feno ou palha, limpar um celeiro ou estábulo, ou carregar animais pesando mais de 25 kg Lidar ou carregar equipamentos ou meios de fixação pesados relacionados a animais
Reparos domésticos: limpar calhas, calafetar, dar acabamento em mobílias, jogar areia nos pisos com máquina de jato de areia, ou assentar ou remover carpetes ou azulejos Trabalho de construção geral no lar: arrumar telhado, pintar do lado de dentro ou de fora da casa, aplicar papel de parede, raspagem, emboçamento ou remodelamento	Reparo doméstico ou construção: trabalho físico muito pesado, ficar em pé ou caminhar enquanto carrega cargas pesadas de 25 kg ou mais, levar cargas de 12 kg ou mais acima por um lance de escadas ou ladeira (p. ex., carregar materiais de telhado para o telhado), ou concreto ou trabalho de alvenaria
Carpintaria externa, serrar madeira com uma serra elétrica Manutenção de carros Lavar e encerar manualmente um carro	Serrar manualmente madeiras de lei Empurrar um carro danificado
Ocupações que requerem extensos períodos de caminhada, empurrar, ou puxar objetos pesando menos de 38 kg, ficar em pé enquanto eleva objetos pesando menos de 25 kg, ou carregar objetos de menos de 12 kg acima por um lance de escadas Tarefas que frequentemente requerem esforço moderado e considerável uso dos braços, pernas ou movimentos corporais totais ocasionais, por exemplo: • Caminhada acelerada em uma superfície nivelada enquanto carrega uma maleta ou carga pesando acima de 25 kg • Serviços domésticos ou de limpeza	Ocupações que requerem extensos períodos de corrida, movimentos rápidos, empurrar ou puxar objetos pesando 38 kg ou mais, ficar em pé enquanto eleva objetos pesados de 25 kg ou mais, caminhar enquanto carrega objetos pesados de 12 kg ou mais Tarefas que frequentemente requerem esforços extenuantes e movimentos corporais totais extensivos, por exemplo: • Correr acima por um lance de escadas enquanto carrega uma mala ou uma carga pesando 12 kg ou mais

(continua)

Tabela 16.4 Nível de intensidade das atividades físicas *(continuação)*

Atividades físicas gerais definidas pelo nível de intensidade, de acordo com as diretrizes do CDC e do ACSM	
Atividade moderada* 3,0 a 6,0 METs† (3,5 a 7 kcal/min)	**Atividade vigorosa* maior que 6,0 METs† (mais de 7 kcal/min)**
Servir mesas ou efetuar lavagem de pratos	Ensinar uma classe ou habilidade que requeira atividade e participação extenuantes, tais como instrutor de educação física ou aeróbica
Dirigir ou manobrar veículos pesados (p. ex., *semitruck*, ônibus escolares, tratores, colheitadeira) — não totalmente automatizados e requerendo uso extensivo de braços e pernas	Bombeiros
Operar ferramentas elétricas pesadas (p. ex., furadeiras e britadeiras)	Alvenaria e trabalho de construção pesada
Muitas tarefas de construção doméstica (p. ex., trabalho elétrico, encanamento, carpintaria, parede de gesso e pintura)	Minas de carvão
Trabalho em fazenda — alimentar e treinar animais, ordenhar vacas, mover grãos com uma pá, coletar frutas de árvores ou coletar vegetais	Usar a pá manualmente ou cavar valas
Empacotar caixas para despacho ou mudança	Usar ferramentas não elétricas pesadas
Trabalho em linha de montagem — tarefas requerendo movimento do corpo inteiro, braços ou pernas com esforço moderado	A maior parte do trabalho florestal
Carteiros — caminhar enquanto carrega uma mala de cartas	Trabalho na fazenda — mover palha com o forcado, fazer fardos de feno, limpar celeiro ou trabalhar com aves domésticas
Cuidados com paciente — banhar, vestir e mover pacientes, ou fisioterapia	Mover itens profissionalmente
	Carregar e descarregar um caminhão

Do U.S. Department of Health and Human Services, Public Health Service, Centers for Disease Control and Prevention, National Center for Chronic Disease Prevention and Health Promotion, Division of Nutrition and Physical Activity: *Promoting physical activity: a guide for community action*. Human Kinetics, Champaign, Ill, 1999. (Tabela adaptada de Ainsworth BE, Haskell WL, Leon AS, et al.: Compendium of physical activities: classification of energy cost of human physical activities. *Medicine and Science in Sports and Exercise* 1993; 25(1):71-80. Adaptado com a assistência técnica da Dra. Barbara Ainsworth. Disponível em: Centers for Disease Control Prevention, US Departament of Health and Human Services: Physical activity for everyone: recommendations, <http://www.cdc.gov/needphp/dnpa/physical/pdf/PA_Intensity_table_2_1.pdf>.)

*Para uma pessoa mediana, definida aqui como tendo 70 kg ou 154 libras. Os níveis de intensidade da atividade retratados nesta tabela são melhor aplicados a homens com idade entre 30 e 50 anos e mulheres com idade entre 20 e 40 anos. Para indivíduos mais velhos, a classificação da intensidade da atividade pode ser maior. Por exemplo, o que é de intensidade moderada para um homem de 40 anos de idade pode ser vigoroso para um homem em seus 70. A intensidade é uma classificação subjetiva.

†A razão da taxa metabólica de exercício. Um MET é definido como o gasto de energia para sentar-se quieto, o qual, para um adulto médio, aproxima-se de 3,5 mL de consumo de oxigênio por quilograma de peso corporal por minuto (1,2 kcal/min para um indivíduo de 70 kg). Por exemplo, 2 MET de atividade requerem duas vezes o gasto de energia metabólica para se sentar quieto.

Os dados desta tabela estavam disponíveis apenas para adultos. Sendo assim, quando são listados jogos com crianças, a intensidade é estimada para adultos participando em atividades de crianças.

Para computar a quantidade de tempo necessária para acumular 150 kcal, faça o seguinte cálculo: 150 kcal divididos pelo nível de MET da atividade equivalem aos minutos necessários para gastar 150 kcal. Por exemplo, 150/3 MET = 50 minutos de participação. Geralmente, as atividades na amplitude de intensidade moderada requerem de 25 a 50 minutos para gastar uma quantidade moderada de atividade, e atividades na amplitude de intensidade vigorosa requerem ao menos 25 minutos para fazer o mesmo. Cada atividade listada é categorizada como leve, moderada ou vigorosa com base no conhecimento corrente do nível geral de intensidade requerido para uma pessoa mediana se engajar nela, tomando em conta períodos breves quando o nível de intensidade requerido para a atividade pode aumentar ou diminuir consideravelmente.

Pessoas com incapacidades, incluindo limitações na função motora (p. ex., quadriplegia), podem desejar consultar-se com um fisiologista do exercício ou com um fisioterapeuta para classificar apropriadamente o tipo de atividade física da qual ela pode participar, inclusive exercício assistido. Certas atividades classificadas nessa listagem como moderadas podem ser vigorosas para pessoas que devam superar desafios físicos ou incapacidades.

Nota: Quase toda ocupação requer alguma mistura de atividades leves, moderadas ou vigorosas, dependendo da tarefa em mão. Para categorizar o nível de atividade de sua própria posição, pergunte a si mesmo: quantos minutos a cada dia de trabalho eu gasto fazendo os tipos de atividades descritas como leves, moderadas ou vigorosas? Para chegar a um gasto calórico total por dia de trabalho, multiplique os minutos gastos em atividades dentro de cada nível de intensidade pelas quilocalorias correspondendo a cada nível de intensidade. Então, adicione o total de quilocalorias gastas realizando atividades leves, moderadas e vigorosas para chegar ao seu gasto total de energia em um dia típico.

MOTIVAÇÃO

Os clínicos devem desenvolver estratégias que estressem os benefícios intrinsecamente motivadores da atividade física e do exercício, e devem, em suas intervenções, construir esses aspectos do exercício que os pacientes e clientes valorizam. Nied e Franklin encontraram que, a fim de motivar os indivíduos a começar os exercícios, deve se focalizar nos objetivos de cada indivíduo, nas barreiras ao exercício e nas preocupações.[128] Eles sugerem utilizar uma terapia comportamental individualizada, estilo de vida ativo e o modelo de "estágios de mudança" como estratégias para a adoção da atividade física e do exercício como compromisso para a vida.[128] O modelo de "estágios de mudanças" mostrou uma mudança gradual no comportamento, por meio do qual o indivíduo vai do estágio da pré-contemplação (estando não desejoso, não consciente ou desinteressado em fazer uma mudança), para um estágio de contemplação (considerando uma mudança), para o estágio de preparação, (decidindo e preparando-se para fazer uma mudança), e finalmente para o estágio de ação (fazendo uma mudança). A manutenção e a prevenção do relapso são partes do processo, conforme o indivíduo tenta manter um novo comportamento ao longo do tempo.[397]

Motivadores do exercício[128]

Para motivar os indivíduos a se exercitarem, deve-se focalizar em:
- Objetivos do indivíduo
- Determinar as barreiras ao exercício
- Preocupações do indivíduo

Estágios de mudança[397]

- Pré-contemplação
- Contemplação
- Preparação
- Ação
- Manutenção e prevenção do relapso

Uma conformidade de longa duração com um programa de promoção de saúde, bem-estar e aptidão física é mais bem alcançada quando a prescrição de exercício é agradável, direta e baseada nas necessidades, crenças e objetivos de saúde do indivíduo.[128] O foco nos objetivos, o uso dos testes de exercícios para caracterizar o progresso, a supervisão apropriada e uma prescrição do exercício ótima são todos os fatores que precisam ser considerados para que um programa seja implementado com sucesso.[398]

CONCLUSÃO

Os benefícios de se promover um estilo de vida saudável, aumentar a atividade física, encorajar a prescrição de exercícios progressivos e alcançar a série de atributos incluído na aptidão física são vigorosamente suportados por uma multidão de pesquisas. Os efeitos da atividade física e do exercício sobre vários parâmetros fisiológicos e psicológicos ao longo da vida suportam seus papéis na prevenção de doenças e na melhoria da função e da saúde. Os efeitos da atividade física e do exercício na mobilidade e na independência dos idosos, dos idosos velhos e dos idosos frágeis, devem ser de suprema importância para todos os clínicos, conforme a nossa população continua a envelhecer. Amplas evidências pontuam a necessidade de se desafiar as noções preconcebidas de baixa expectativa sobre a atividade física e sobre os níveis de exercícios para os idosos e para aqueles com prejuízos pelas limitações funcionais e incapacidade. Um número sempre crescente de dados apoia a necessidade de, contínua e cientificamente, sobrecarregar o sistema independentemente de quão baixo seja o ponto de início, e manter a aptidão física é o fundamento da habilidade funcional, independentemente da idade.

O papel dos clínicos

- O conhecimento dos clínicos, especialmente os fisioterapeutas, como cientistas do movimento, posiciona-os estrategicamente para oferecer uma maior contribuição para alterar os custos surpreendentes da atenção em saúde e reverter as diminuições de funções muitas vezes vistas na sociedade sedentária de hoje.
- Abraçar o modelo de bem-estar para todos os pacientes requer uma mudança que vai além do modelo de doença e requer dos clínicos imaginar programas de atividade física e exercício que irão superar as barreiras potenciais à atividade e ao exercício e irão de encontro às necessidades e objetivos do indivíduo.

Para parafrasear Evans e Campbell, nenhuma intervenção farmacológica abraça uma possibilidade tão grande de melhorar a saúde e promover a independência dos idosos como o fazem o aumento da atividade física e do exercício, ambos os quais irão levar ao aumento da aptidão física.[144] Com seus conhecimentos e habilidades, os clínicos, especialmente os fisioterapeutas, devem abraçar, declarar publicamente e prover programas de promoção de saúde, bem-estar e aptidão física ao longo de toda a vida como parte de sua responsabilidade inerente de melhorar as vidas de nossos cidadãos.

REFERÊNCIAS BIBLIOGRÁFICAS

1. Anderson JK: Hunting in the ancient world, Berkeley, 1985, University of California Press.
2. Eaton SB, Shostak M, Konner M: The paleolithic prescription: a program of diet and exercise and a design for living, New York, 1988, Harper & Row.
3. Garnsey P: Food and society in classical antiquity, New York, 1999, Cambridge University Press.
4. Matthews DO: A historical study of the aims, contents, and methods of Swedish, Danish, and German gymnastics, Proceedings National College Physical Education Association for Men, January 1969.

5. Wuest DA, Bucher CA: Foundations of physical education and sport, St. Louis, 1995, Mosby.
6. Green P: Classical bearings: interpreting ancient history and culture, London, 1989, Thames & Hudson.
7. Grant M: A short history of classical civilization, London, 1991, Weidenfeld & Nicolson.
8. Grant M: The birth of western civilization: Greece and Rome, New York, 1964, McGraw-Hill.
9. Randers-Pehrson JD: Barbarians and Romans: the birth struggle of Europe, A.D. 400-700, Norman, 1993, University of Oklahoma Press.
10. Hale J: The civilization of Europe in the renaissance, New York, 1994, Maxwell Macmillan International.
11. Jenkins P: A history of the United States, New York, 1997, St. Martin's Press.
12. Welch PD: History of American physical education and sport, ed 2, Springfield, Ill, 1996, Charles C. Thomas.
13. Nieman DC: Fitness and sports medicine: an introduction, Palo Alto, 1990, Bull.
14. Barrow HM, Brown JP: Man and movement: principles of physical Education, ed 4, Philadelphia, 1988, Lea & Febiger.
15. Available at http://w3.whosea.org/EN/Section1174Section1458/Section2057.htm, accessed September 2005.
16. Green LW, Kreuter MW: Health promotion and a framework for planning. In Green LW, Kreuter MS, editors: Health promotion planning: an educational and ecological approach, Mountain View, Ca, 1999, Mayfield.
17. O'Donnell MP: Definition of health promotion: part III: expanding the definition, Am J Health Promot 3(3):5, 1989.
18. Available at www.wordreference.com/definition/wellness, accessed September 2005.
19. Available at www.nus.edu.sg/uhwc/wellness/wellness_defintion.htm, accessed September 2005.
20. Available at www.nationalwellness.org/index.php?id=166&id_tier=81, accessed September 2005.
21. U.S. Department of Health and Human Services: Physical activity and health: a report of the surgeon general, Atlanta, 1996, U.S. Department of Health and Human Services, Centers for Disease Control and Prevention, National Center for Chronic Disease Prevention and Health Promotion.
22. American Physical Therapy Association: Guide to Physical Therapist Practice. Second Edition. American Physical Therapy Association, Phys. Ther 81(1):9-746, 2001.
23. Available at www.wellsolutions.com/health_facts.php, accessed July 2005.
24. Gaesser G: Big fat lies: the truth about your weight and your health, Carlsbad, Ca, 2002, Gurze Books.
25. American College of Sports Medicine Position Stand. Exercise and physical activity for older adults, Med Sci Sports Exerc 30(6):992-1008, 1998.
26. Strawbridge WJ, Shema SJ, Balfour JL et al: Antecedents of frailty over three decades in an older cohort, J Gerontol B Psychol Sci Soc Sci 53(1):S9-S16, 1998.
27. Fried LP, Tangen CM, Walston J et al: Frailty in older adults: evidence for a phenotype, J Gerontol A Biol Sci Med Sci 56(3):M146-M56, 2001.
28. Finkel ML: Health care: a basic guide: cost management, ed 3, Brookfield, Wis, 1996, International Foundation of Employee Benefit Plans.
29. Available at www.healthpromotionjournal.com, accessed September 2005.
30. US Department of Health and Human Services: Prevention makes common "cents," September 2003, http://aspe.hhs.gov/health/prevention, accessed July 2005.
31. Available at www.cdc.gov/nccdphp, accessed January 2005.
32. Barnes PM, Schoenborn CA: Physical activity among adults: United States, 2000. Advance data from vital and health statistics; no. 333, Hyattsville, Md, 2003, National Center for Health Statistics.
33. US Department of Health and Human Services: Healthy people 2010: with understanding and improving health and objectives for improving health, ed 2, vols 1-2, Washington, DC, 2000, US Government Printing Office.
34. Heart disease and stroke statistics—2003 Update, American Heart Association, 2003.
35. Heart facts 2002: All Americans, American Heart Association, 2002.
36. Preventing heart disease and stroke: addressing the nation's leading killers, Centers for Disease Control and Prevention, April 2002.
37. Cardiovascular Diseases, Stanford Health Library, 2002.
38. Heart disease and stroke statistics—2001 Update, American Heart Association, 2001.
39. Heart disease and stroke statistics—2002 Update, American Heart Association, 2002.
40. Heart disease and stroke statistics—2003 Update, American Heart Association, 2003.
41. Pate RR, Pratt M, Blair SN et al: Physical activity and public health: a recommendation from the Centers for Disease Control and Prevention and the American College of Sports Medicine, JAMA 273:402-407, 1995.
42. Flegal KM, Carroll MD, Ogden CL, Johnson CL: Prevalence and trends in obesity among US adults, 1999-2000, JAMA 288(14):1723-1727, 2002.
43. Allison DB, Zannolli R, Narayan KM: The direct health care costs of obesity in the United States, Am J Public Health 89(8):1194-1199, 1999.
44. Finkelstein EA, Fiebelkorn IC, Wang G: National medical spending attributable to overweight and obesity: how much, and who's paying? Health Affairs-Web Exclusive, Project Hope, 2003.
45. Grossman R. Countering a weight crisis, HR Magazine, 49(3):42-51, 2004.
46. Centers for Disease Control and Prevention: Diabetes at a Glance, www.cdc.gov/diabetes/pubs/factsheets/atwork.html, accessed December 2004.
47. Hogan P, Dall T, Nikolov P; American Diabetes Association: Economic costs of diabetes in the U.S. in 2002, Diabetes Care 26(3):917-932, 2003.
48. Janssen I, Shepard DS, Katzmarzyk PT, Roubenoff R: The healthcare costs of sarcopenia in the United States, J Am Geriatr Soc 52(1):80-85, 2004.
49. Murphy FT, Kivitz AJ, Sands EE: Management of postmenopausal osteoporosis, J Am Osteopath Assoc 103(10 Suppl 6):S6-S11, 2003.
50. Amin S, Felson DT: Osteoporosis in men, Rhem Dis Clin North Amer 27(1):19-47, 2001.
51. Gold DT, Bales CW, Lyles KW, Drezner MK: Treatment of osteoporosis: the psychological impact of a medical education program on older patients, J Am Geriatr Soc 37(5):417-422, 1989.
52. Lydick E, Zimmerman SI, Yawn B et al: Development and validation of a discriminative quality of life questionnaire for osteoporosis (the OPTQoL), J Bone Miner Res 12:456, 1997.
53. Gold DT: The nonskeletal consequences of osteoporotic fractures; psychological and social outcomes, Rhem Dis Clin North Amer 27(1):255-262, 2001.
54. Kitzman DW: Normal age-related changes in the heart: relevance to echocardiocraphy in the elderly, Am J Ger Cardiology 9(6):311-320, 2000.
55. Niinimaa V, Shephard RJ: Training and oxygen conductance in the elderly. II. The cardiovascular system, J Gerontol 33:362-367, 1978.
56. Tate CA, Hyek MF, Taffet GE: Mechanisms for the response of cardiac muscle to physical activity in old age, Med Sci Sports Exerc 26:561-567, 1994.
57. Seals DR: Habitual exercise and the age-associated decline in large artery compliance, Exerc Sport Sci Rev 31(2):68-72, 2003.
58. Landin RJ, Linnemeier TJ, Rothbaum DA et al: Exercise testing and training of the elderly patient, Cardiovasc Clin 15(2):201-218, 1985.

59. Shephard RJ: Aerobic fitness and health, Champaign, Ill, 1994, Human Kinetics.
60. Seals DR, Monahan KD, Bell C et al: The aging cardiovascular system: changes in autonomic function at rest and in response to exercise, Int J Sport Nutr Exerc Metab 11 (suppl):S189-S195, 2001.
61. Seals DR, Taylor JA, Ng AV, Esler MD: Exercise and aging: autonomic control of the circulation, Med Sci Sports Exerc 26(5):568-576, 1994.
62. Available at www.innvista.com/health/anatomy/cardage.htm, accessed November 2005.
63. Krumpe PE, Knudson RJ, Parsons G, Reiser K: The aging respiratory system, Clin Geriatr Med 1:143-175, 1985.
64. Crapo RO: The aging lung. In Mahler DA, editor: Pulmonary disease in the elderly patient, New York, 1993, Marcel Dekker.
65. Verbeken E, Cauberghs M, Mertens I et al: The senile lung. Comparisons with normal and emphysematous lungs. I. Structural aspects, Chest 101:793-799, 1992.
66. D'Errico A, Scarani P, Colosimo E et al: Changes in alveolar connective tissue of the aging lung: an immunohistochemical study, Virchows Archiv 415:137-144, 1989.
67. Gillooly M, Lamb D: Airspace size in lungs of lifelong nonsmokers: effect of age and sex, Thorax 48:39-43, 1993.
68. Available at www.merck.com/mmhe/sec04/ch038/ch038g.html, accessed September 19, 2005.
69. Brooks GA, Fahey TD, White TP: Aging and exercise. In Brooks GA, Fahey TD, White TP, editors: Exercise physiology, ed 3, Mountainview, Ca, 2000, Mayfield Press.
70. Porter MM, Vandervoort AA, Lexell J: Aging of human muscle: structure, function and adaptability, Scand J Med Sci Sports 5:129-142, 1995.
71. Doherty TJ, Vandervoort AA, Brown WF: Effects of ageing on the motor unit: a brief review, Can J Appl Physiol 18(4):331-358, 1993.
72. Vandervoort AA: Aging of the human neuromuscular system, Muscle Nerve 25:17-25, 2002.
73. Rogers MA, Evans WJ: Changes in skeletal muscle with aging: effects of exercise training, Exerc Sport Sci Rev 21:65-102, 1993.
74. Doherty TJ, Vandervoort AA, Taylor AW, Brown WF: Effects of motor unit losses on strength in older men and women, J Appl Physiol 74:868-874, 1993.
75. Frontera WR, Hughes VA, Fielding RA et al: Aging of skeletal muscle: a 12-yr longitudinal study, J Appl Physiol 88(4):1321-1326, 2000.
76. Janssen I, Heymsfield SB, Ross R: Low relative skeletal muscle mass (sarcopenia) in older persons is associated with functional impairment and physical disability, J Am Geriatr Soc 50(5):889-896, 2002.
77. Lexell J: Human aging, muscle mass, and fiber type composition, J Gerontol A Biol Sci Med Sci 50 Spec No:11-16, 1995.
78. Yarasheski KE: Exercise, aging, and muscle protein metabolism, J Gerontol A Biol Sci Med Sci 58(10):M918-M922, 2003.
79. Short KR, Vittone JL, Bigelow ML et al: Age and aerobic exercise training effects on whole body and muscle protein metabolism, Am J Physiol Endocrinol Metab 286(1):E92-E101, 2004.
80. Anton MM, Spirduso WW, Tanaka H: Age-related declines in anaerobic muscular performance: weightlifting and powerlifting, Med Sci Sports Exer 36(1):143-147, 2004.
81. Thompson LV: Effects of age and training on skeletal muscle physiology and performance, Phys Ther 74(1):71-81, 1994.
82. Vandervoort AA, McComas AJ: Contractile changes in opposing muscles of the human ankle joint with aging, J Appl Physiol 61:361-367, 1986.
83. Sale DC, Spriet LL: Skeletal muscle metabolism and energy. In Bar-Or O, Lamb DR, Clarkson PM, editors: Perspectives in exercise science and sports medicine, volume 9: exercise and the female—a lifespan approach, Carmel, Ca, 1996, Cooper Publishing Group.
84. Poulin MJ, Vandervoort AA, Patterson DH et al: Eccentric and concentric torques of knee and elbow extension in young and older men, Can J Sport Sci 17:3-7, 1992.
85. Porter MM, Myint A, Kramer JF, Vandervoort AA: Concentric and eccentric knee extension strength in older and younger men and women, Can J Appl Physiol 20:429-439, 1995.
86. Vandervoort AA, Kramer JF, Wharram ER: Eccentric knee strength of elderly females, J Gerontol A Bio Sci Med Sci 45:B125-B128, 1990.
87. Bellew JW, Yates JW: Concentric versus eccentric strength of the quadriceps femoris in elderly and young women, Strength Cond Res 14:419-425, 2000.
88. Newman AB, Haggerty CL, Goodpaster B et al: Strength and muscle quality in a well-functioning cohort of older adults: the Health, Aging and Body Composition Study, J Am Geriatr Soc 51(3):323-330, 2003.
89. Schwendner KI, Mikesky AE, Holt WS Jr et al: Differences in muscle resistência and recovery between fallers and nonfallers, and between young and older women, J Gerontol A Biol Sci Med Sci 52(3):M155-M160, 1997.
90. Bergstrom G, Bjelle A, Sorenson LB et al: Prevalence of symptoms and signs of joint impairment at age 79, Scand J Rehabil Med 17:173-182, 1985.
91. Lung MW, Hartsell HD, Vandervoort AA: Effects of aging on joint stiffness: implications for exercise, Physiother Can 48:96-106, 1996.
92. Bell RD, Hoshizaki TB: Relationships of age and sex with range of motion of seventeen joint actions in humans, Can J Appl Sport Sci 6:202-206, 1981.
93. Houck JC, Dehesse C, Jacob K: The effect of aging on collagen catabolin, Surg Soc Exp Biol 21:403-425, 1967.
94. Johns RJ, Wright V: Relative importance of various tissues in joint stiffness, J Appl Physiol 17:824-828, 1962.
95. Einkauf DK, Gohdes ML, Jensen GM, Jewell MJ: Changes in spinal mobility with increasing age in women, Phys Ther 67(3):370-375, 1987.
96. Rikli RE, Edwards DJ: Effects of a three-year exercise program on motor function and cognitive processing speed in older women, Res Q Exerc Sport 62(1):61-67, 1991.
97. Svenningsen S, Terjesen T, Auflem M, Berg V: Hip motion related to age and sex, Acta Orthop Scand 60(1):97-100, 1989.
98. Moll JM, Wright V: Normal range of spinal mobility. An objective clinical study, Ann Rheum Dis 30:381-386, 1971.
99. Chapman EA, deVries HA, Swezey R: Joint stiffness: effects of exercise on young and old men, J Gerontol 27:218-221, 1972.
100. Meunier PJ, Delmas PD, Eastell E et al: Diagnosis and management osteoporosis in postmenopausal women; clinical guidelines: International Committee for Osteoporosis Clinical Guidelines, Clin Ther 21(6):1025-1044, 1999.
101. Amin S, Felson DT: Osteoporosis in men, Rheum Dis Clin North Am 27(1);19-47, 2001.
102. Riggs L, Khosla S, Melton LJ: The type I/type II model for involuntional osteoporosis: update and modification based on new observations. In Marcus R, Feldman D, Kesley J, editors: Osteoporosis, ed 2, vol 2, San Diego, 2001, Academic Press.
103. Salter RB: Textbook of disorders and injuries of the musculoskeletal system, ed 3, Baltimore, 1999, Lippincott.
104. Guyton AC, Hall JE: Textbook of medical physiology, ed 10, Philadelphia, 2000, WB Saunders.
105. Paolisso G, Barbieri M, Bonafe M, Franceschi C: Metabolic age modeling: the lesson from centenarians, Eur J Clin Invest 30:888-894, 2000.
106. Available at www.merck.com/mrkshared/mmg/sec6/ch42/ch42a.jsp, accessed November 2005.
107. Available at www.nlm.nih.gov/medlineplus/ency/article/004023.htm, accessed November 2005.
108. Reuben DB, Yoshikawa TT, Besdine RW, editors: American Geriatric Society: Geriatrics review syllabus, ed 3, New York, 1996, American Geriatrics Society.

109. Available at www.innvista.com/health/anatomy/nervage.htm, accessed November 2005.
110. Carmeli E, Reznick AZ: The physiology and biochemistry of skeletal muscle atrophy as a function of age, Proc Soc Exp Biol Med 206(2):103-113, 1994.
111. Stelmach GE, Phillips J, DiFabio RP et al: Age, functional postural reflexes, and voluntary sway, J Gerontol 44(4):B100-B106, 1989.
112. Blazer DG: Epidemiology of psychiatric disorders in late life. In Busse EW, Blazer DG, editors: The American psychiatric press textbook of geriatric psychiatry, ed 2, Washington, DC, 1996, American Psychiatric Press.
113. Nemeroff CB, DeVane CL, Pollock BG: Newer antidepressants and the cytochrome P450 system, Am J Psychiatry 153:311-320, 1996.
114. Low LF, Brodaty H, Edwards R: The prevalence of "cognitive impairment no dementia" in community-dwelling elderly: a pilot study, Aust N Z J Psychiatry 38(9):725-731, 2004.
115. Busse A, Bischkopf J, Riedel-Heller SG, Angermeyer MC: Mild cognitive impairment: prevalence and incidence according to different diagnostic criteria. Results of the Leipzig Longitudinal Study of the Aged (LEILA75+), Bt J Psychiatry 182:449-454, 2003.
116. Beers MH, Jones TV, editors: The Merck manual of health & aging, Whitehouse Station, 2005, Merck Research Laboratories.
117. Unutzer J, Katon W, Sullivan M et al: Treating depressed older adults in primary care: narrowing the gap between efficacy and effectiveness, The Milbank Quart 77(2):225-256, 1999.
118. Gallo JJ, Lebowitz BD: The epidemiology of common late-life mental disorders in the community: themes for the new century, Psychiatric Serv 50:1158-1166, 1999.
119. Available at www.healthandage.com/html/res/primer/hormones.htm, accessed October 2005.
120. Scrimshaw SC, White L, Koplan JP: The meaning and value of prevention research, Public Health Reps 116(Suppl 1):4-9, 2001.
121. Available at www.healthwellness.org/archive/research/study5.htm, accessed November 2004.
122. Available at www.staff.vu.edu.au/PsychDept/wellnesspromotion.html, accessed September 2004.
123. Menard D, Stanish WD: The aging athlete, Am J Sports Med 17(2):187-196, 1989.
124. Morey MC, Sullivan RJ Jr: Medical assessment for health advocacy and practical strategies for exercise initiation, Am J Prev Med 25(3 suppl 2):204-208, 2003.
125. O'Brien SJ, Vertinsky PA: Unfit survivors: exercise as a resource for aging women, Gerontologist 31(3):347-357, 1991.
126. Mazzeo RS, Tanaka H: Exercise prescription for the elderly: current recommendations, Sports Med 31(11):809-818, 2001.
127. Kushi LH, Fee RM, Folsom AR et al: Physical activity and mortality in postmenopausal women, JAMA 277(16):1287-1292, 1997.
128. Nied RJ, Franklin B: Promoting and prescribing exercise for the elderly, Am Fam Physician 65(3):419-426, 2002.
129. Gregg EW, Cauley JA, Stone K et al: Relationship of changes in physical activity and mortality among older women, JAMA 289(18):2379-2386, 2003.
130. Blair SN, Kohl HW 3rd, Paffenbarger RS Jr et al: Physical fitness and all-cause mortality: a prospective study of healthy men and women, JAMA 262(17):2395-2401, 1989.
131. Blair SN, Kampert JB, Kohl HW 3rd et al: Influences of cardiorespiratory fitness and other precursors on cardiovascular disease and all-cause mortality in men and women, JAMA 276(3):205-210, 1996.
132. Paffenbarger RS Jr, Hyde RT, Wing EL et al: The association of changes in physical-activity level and other lifestyle characteristics with mortality among men, N Engl J Med 328(8):538-545, 1993.
133. Morey MC, Pieper CF, Crowley GM et al: Exercise adherence and 10-year mortality in chronically ill older adults, J Am Geriatr Soc 50(12):1929-1933, 2002.
134. Rantanen T, Harris T, Leveille SG et al: Muscle strength and body mass index as long-term predictors of mortality in initially healthy men, J Gerontol A Biol Sci Med Sci 55(3):M168-M173, 2000.
135. Janssen I, Heymsfield SB, Ross R: Low relative skeletal muscle mass (sarcopenia) in older persons is associated with functional impairment and physical disability, J Am Geriatr Soc 50(5):889-896, 2002.
136. Metter EJ, Talbot LA, Schrager M et al: Skeletal muscle strength as a predictor of all-cause mortality in healthy men, J Gerontol A Biol Sci Med Sci 57(10):B359-B365, 2002.
137. Levy WC, Cerqueira MD, Harp GD et al: Effect of resistência exercise training on heart rate variability at rest in healthy young and older men, Am J Cardiol 82(10):1236-1241, 1998.
138. Franklin BA, Swain DP, Shephard RJ: New insights in the prescription of exercise for coronary patients, J Cardiovasc Nurs 18(2):116-123, 2003.
139. Ellingson T, Conn VS: Exercise and quality of life in elderly individuals, J Gerontol Nurs 26(3):17-25, 2000.
140. Rejeski WJ, Mihalko SL: Physical activity and quality of life in older adults, J Gerontol Biol A Sci Med Sci 56 Spec No 2:23-35, 2001.
141. Cress ME, Buchner DM, Questad KA et al: Exercise: effects on physical functional performance in independent older adults, J Gerontol A Biol Sci Med Sci 54(5):M242-M248, 1999.
142. Chandler JM, Hadley EC: Exercise to improve physiologic and functional performance in old age, Clin Geriatr Med 12(4):761-784, 1996.
143. McAlindon TE, Cooper C, Kirwan JR, Dieppe PA: Determinants of disability in osteoarthritis of the knee, Ann Rheum Dis 52(4):258-262, 1993.
144. Evans WJ, Campbell WW: Sarcopenia and age-related changes in body composition and functional capacity, J Nutr 123(2 Suppl):465-468, 1993.
145. Nelson ME, Layne JE, Bernstein MJ et al: The effects of multidimensional home-based exercise on functional performance in elderly people, J Gerontol A Biol Sci Med Sci 59(2):154-160, 2004.
146. Singh MA: Exercise to prevent and treat functional disability, Clin Geriatr Med 18(3):431-462, 2002.
147. Singh NA, Clements KM, Fiatarone MA: A randomized controlled trial of progressive resistance training in depressed elders, J Gerontol A Biol Sci Med Sci 52(1):M27-M35, 1997.
148. Hunter GR, Treuth MS, Weinsier RL et al: The effects of strength conditioning on older women's ability to perform daily tasks, J Am Geriatr Soc 43(7):756-760, 1995.
149. Vincent KR, Braith RW, Feldman RA et al: Resistance exercise and physical performance in adults aged 60 to 83, J Am Geriatr Soc 50(6):1100-1107, 2002.
150. Brandon LJ, Boyette LW, Lloyd A, Gaasch DA: Resistive training and long-term function in older adults, J Aging Phys Act 12(1):10-28, 2004.
151. Hakkinen K, Kraemer WJ, Pakarinen A et al: Effects of heavy resistance/power training on maximal strength, muscle morphology, and hormonal response patterns in 60-75-year-old men and women, Can J Appl Physiol 27(3):213-231, 2002.
152. Miszko TA, Cress ME, Slade JM et al: Effect of strength and power training on physical function in community-dwelling older adults, J Gerontol A Biol Sci Med Sci 58(2):171-175, 2003.
153. Fielding RA, LeBrasseur NK, Cuoco A et al: High-velocity resistance training increases skeletal muscle peak power in older women, J Am Geriatr Soc 50(4):655-662, 2002.
154. Foldvari M, Clark M, Laviolette LC et al: Association of muscle power with functional status in community-dwelling elderly women, J Gerontol A Biol Sci Med Sci 55(4):M192-M199, 2000.
155. Morey MC, Schenkman M, Studenski SA et al: Spinal-flexibility-plus-aerobic versus aerobic-only training: effect of a randomized clinical trial on function in at-risk older adults, J Gerontol A Biol Sci Med Sci 54(7):M335-M342, 1999.

156. Wang BW, Ramey DR, Schettler JD et al: Postponed development of disability in elderly runners: a 13-year longitudinal study, Arch Intern Med 162(20):2285-2294, 2002.
157. Brown M, Holloszy JO: Effects of walking, jogging and cycling on strength, flexibility, speed and balance in 60- to 72-year olds, Aging (Milano) 5(6):427-434, 1993.
158. Cress ME, Conley KE, Balding SL et al: Functional training: muscle structure, function, and performance in older women, J Orthop Sports Phys Ther 24(1):4-10, 1996.
159. Lan C, Lai JS, Chen SY, Wong MK: 12-month tai chi training in the elderly: its effect on health fitness, Med Sci Sports Exerc 30(3):345-351, 1998.
160. Ross MC, Bohannon AS, Davis DC, Gurchiek L: The effects of a short-term exercise program on movement, pain, and mood in the elderly: results of a pilot study, J Holist Nurs 17(2):139-147, 1999.
161. King AC, Oman RF, Brassington GS et al: Moderate-intensity exercise and self-rated quality of sleep in older adults: a randomized controlled trial, JAMA 277(1):32-37, 1997.
162. Singh MA, Clements KM, Fiatarone MA: A randomized controlled trial of the effect of exercise on sleep, Sleep 20(2):95-101, 1997.
163. Spirduso WW, Cronin DL: Exercise dose-response effects on quality of life and independent living in older adults, Med Sci Sports Exerc 33(6 Suppl):S598-S608, 2001.
164. Binder EF, Schechtman KB, Ehsani AA et al: Effects of exercise training on frailty in community-dwelling older adults: results of a randomized, controlled trial, J Am Geriatr Soc 50(12):1921-1928, 2002.
165. Puggaard L, Larsen JB, Stovring H, Jeune B: Maximal oxygen uptake, muscle strength and walking speed in 85-year-old women: effects of increased physical activity, Aging (Milano) 12(3):180-189, 2000.
166. Hruda KV, Hicks AL, McCartney N: Training for muscle power in older adults: effects on functional abilities, Can J Appl Physiol 28(2):178-189, 2003.
167. Engels HJ, Drouin J, Zhu W, Kazmierski JF: Effects of low--impact, moderate-intensity exercise training with and without wrist weights on functional capacities and mood states in older adults, Gerontology 44(4):239-244, 1998.
168. Meuleman JR, Brechue WF, Kubilis PS, Lowenthal DT: Exercise training in the debilitated aged: strength and functional outcomes, Arch Phys Med Rehabil 81(3):312-318, 2000.
169. Rantanen T, Era P, Heikkinen E: Physical activity and the changes in maximal isometric strength in men and women from the age of 75 to 80 years, J Am Geriatr Soc 45(12):1439-1445, 1997.
170. Brown M, Sinacore DR, Ehsani AA et al: Low-intensity exercise as a modifier of physical frailty in older adults, Arch Phys Med Rehabil 81(7):960-965, 2000.
171. Evans WJ: Exercise training guidelines for the elderly, Med Sci Sports Exerc 31(1):12-17, 1999.
172. Chin A, Paw MJ, de Jong N et al: Physical exercise and/or enriched foods for functional improvement in frail, independently living elderly: a randomized controlled trial, Arch Phys Med Rehabil 82(6):811-817, 2001.
173. Chandler JM, Duncan PW, Kochersberger G, Studenski S: Is lower extremity strength gain associated with improvement in physical performance and disability in frail, community-dwelling elders? Arch Phys Med Rehabil 79(1):24-30, 1998.
174. LaStayo PC, Ewy GA, Pierotti DD et al: The positive effects of negative work: increased muscle strength and decreased fall risk in a frail elderly population, J Gerontol A Biol Sci Med Sci 58(5):M419-M424, 2003.
175. Heath JM, Stuart MR: Prescribing exercise for frail elders, J Am Board Fam Pract 15(3):218-228, 2002.
176. Hagberg JM, Graves JE, Limacher M et al: Cardiovascular responses of 70- to 79-yr-old men and women to exercise training, J Appl Physiol 66(6):2589-2594, 1989.
177. Malbut KE, Dinan S, Young A: Aerobic training in the "oldest old": the effect of 24 weeks of training, Age Ageing 31(4):255-260, 2002.
178. Blumenthal JA, Emery CF, Madden DJ et al: Cardiovascular and behavioral effects of aerobic exercise training in healthy older men and women, J Gerontol 44(5):M147-M157, 1989.
179. Prior BM, Lloyd PG, Yang HT, Terjung RL: Exercise-induced vascular remodeling, Exerc Sport Sci Rev 31(1):26-33, 2003.
180. King AC, Haskell WL, Young DR et al: Long-term effects of varying intensities and formats of physical activity on participation rates, fitness, and lipoproteins in men and women aged 50 to 65 years, Circulation 91(10):2596-2604, 1995.
181. Tanasescu M, Leitzmann MF, Rimm EB et al: Exercise type and intensity in relation to coronary heart disease in men, JAMA 288(16):1994-2000, 2002.
182. Hagberg JM, Allen WK, Seals DR et al: A hemodynamic comparison of young and older resistência athletes during exercise, J Appl Physiol 58(6):2041-2046, 1985.
183. Hurley BF, Roth SM: Strength training in the elderly: effects on risk factors for age-related diseases, Sports Med 30(4):249-268, 2000.
184. Martel GF, Hurlbut DE, Lott ME et al: Strength training normalizes resting blood pressure in 65- to 73-year-old men and women with high normal blood pressure, J Am Geriatr Soc 47(10):1215-1221, 1999.
185. Hagerman FC, Walsh SJ, Staron RS et al: Effects of high-intensity resistance training on untrained older men. I. Strength, cardiovascular, and metabolic responses, J Gerontol A Biol Sci Med Sci 55(7):B336-B346, 2000.
186. Hortobagyi T, DeVita P: Favorable neuromuscular and cardiovascular responses to 7 days of exercise with an eccentric overload in elderly women, J Gerontol A Biol Sci Med Sci 55(8):B401-B410, 2000.
187. Takeshima N, Rogers ME, Watanabe E et al: Water-based exercise improves health-related aspects of fitness in older women, Med Sci Sports Exerc 34(3):544-551, 2002.
188. D'Acquisto LJ, D'Acquisto DM, Renne D: Metabolic and cardiovascular responses in older women during shallow-water exercise, J Strength Cond Res 15(1):12-19, 2001.
189. Hong Y, Li JX, Robinson PD: Balance control, flexibility, and cardiorespiratory fitness among older tai chi practitioners, Br J Sports Med 34(1):29-34, 2000.
190. Vaitkevicius PV, Ebersold C, Shah MS et al: Effects of aerobic exercise training in community-based subjects aged 80 and older: a pilot study, J Am Geriatr Soc 50(12):2009-2013, 2002.
191. Larsen AI, Aarsland T, Kristiansen M et al: Assessing the effect of exercise training in men with heart failure: comparison of maximal, submaximal and resistência exercise protocols, Eur Heart J 22(8):684-692, 2001.
192. Parnell MM, Holst DP, Kaye DM: Exercise training increases arterial compliance in patients with congestive heart failure, Clin Sci (Lond) 102(1):1-7, 2002.
193. Lloyd-Williams F, Mair FS, Leitner M: Exercise training and heart failure: a systematic review of current evidence, Br J Gen Pract 52(474):47-55, 2002.
194. Maiorana A, O'Driscoll G, Cheetham C et al: Combined aerobic and resistance exercise training improves functional capacity and strength in CHF, J Appl Physiol 88(5):1565-1570, 2000.
195. Aronow WS: Exercise therapy for older persons with cardiovascular disease, Am J Geriatr Cardiol 10(5):245-249, 2001.
196. Ambrosetti M, Salerno M, Tramarin R, Pedretti RF: Efficacy of a short-course intensive rehabilitation program in patients with moderate-to-severe intermittent claudication, Ital Heart J 3(8):467-472, 2002.
197. Brandsma JW, Robeer BG, van den Heuvel S, et al: The effect of exercises on walking distance of patients with intermittent claudication: a study of randomized clinical trials, Phys Ther 78(3):278-286; discussion 286-288, 1998.

198. Gardner AW, Katzel LI, Sorkin JD et al: Improved functional outcomes following exercise rehabilitation in patients with intermittent claudication, J Gerontol A Biol Sci Med Sci 55(10):M570-M577, 2000.
199. Langbein WE, Collins EG, Orebaugh C et al: Increasing exercise tolerance of persons limited by claudication pain using polestriding, J Vasc Surg 35(5):887-893, 2002.
200. Blumenthal JA, Sherwood A, Gullette EC et al: Exercise and weight loss reduce blood pressure in men and women with mild hypertension: effects on cardiovascular, metabolic, and hemodynamic functioning, Arch Intern Med 160(13):1947-1958, 2000.
201. Moreau KL, Degarmo R, Langley J et al: Increasing daily walking lowers blood pressure in postmenopausal women, Med Sci Sports Exerc 33(11):1825-1831, 2001.
202. Endres M, Gertz K, Lindauer U et al: Mechanisms of stroke protection by physical activity, Ann Neurol 54(5):582-590, 2003.
203. Weiss A, Suzuki T, Bean J, Fielding RA: High intensity strength training improves strength and functional performance after stroke, Am J Phys Med Rehabil 79(4):369-376, 2000.
204. Teixeira-Salmela LF, Olney SJ, Nadeau S, Brouwer B: Muscle strengthening and physical conditioning to reduce impairment and disability in chronic stroke survivors, Arch Phys Med Rehabil 80(10):1211-1218, 1999.
205. Monger C, Carr JH, Fowler V: Evaluation of a home-based exercise and training programme to improve sit-to-stand in patients with chronic stroke, Clin Rehabil 16(4):361-367, 2002.
206. Ouellette MM, LeBrasseur NK, Bean JF et al: High-intensity resistance training improves muscle strength, self-reported function, and disability in long-term stroke survivors, Stroke 35(6):1404-1409, 2004.
207. Hirata K, Okamoto T, Shiraishi S, Ohtsuka T: The efficacy and practice of exercise training in patients with chronic obstructive pulmonary disease (COPD), Nippon Rinsho 57(9):2041-2045, 1999.
208. Ortega F, Toral J, Cejudo P et al: Comparison of effects of strength and resistência training in patients with chronic obstructive pulmonary disease, Am J Respir Crit Care Med 166(5):669-674, 2002.
209. Panton LB, Golden J, Broeder CE et al: The effects of resistance training on functional outcomes in patients with chronic obstructive pulmonary disease, Eur J Appl Physiol 91(4):443-449, 2004.
210. Clark CJ, Cochrane LM, Mackay E, Paton B: Skeletal muscle strength and resistência in patients with mild COPD and the effects of weight training, Eur Respir J 15(1):92-97, 2000.
211. Thompson LV: Skeletal muscle adaptations with age, inactivity, and therapeutic exercise, J Orthop Sports Phys Ther 32(2):44-57, 2002.
212. Taaffe DR, Marcus R: Musculoskeletal health and the older adult, J Rehabil Res Dev 37(2):245-254, 2000.
213. Coggan AR, Spina RJ, King DS et al: Skeletal muscle adaptations to resistência training in 60- to 70-yr-old men and women, J Appl Physiol 72(5):1780-1786, 1992.
214. Jubrias SA, Esselman PC, Price LB et al: Large energetic adaptations of elderly muscle to resistance and resistência training, J Appl Physiol 90(5):1663-1670, 2001.
215. Frontera WR, Meredith CN, O'Reilly KP et al: Strength conditioning in older men: skeletal muscle hypertrophy and improved function, J Appl Physiol 64(3):1038-1044, 1988.
216. Charette SL, McEvoy L, Pyka G et al: Muscle hypertrophy response to resistance training in older women, J Appl Physiol 70(5):1912-1916, 1991.
217. Humphries B, Newton RU, Bronks R et al: Effect of exercise intensity on bone density, strength, and calcium turnover in older women, Med Sci Sports Exerc 32(6):1043-1050, 2000.
218. Earles DR, Judge JO, Gunnarsson OT: Velocity training induces power-specific adaptations in highly functioning older adults, Arch Phys Med Rehabil 82(7):872-878, 2001.
219. Sayers SP, Bean J, Cuoco A et al: Changes in function and disability after resistance training: does velocity matter?: a pilot study, Am J Phys Med Rehabil 82(8):605-613, 2003.
220. Fish DE, Krabak BJ, Johnson-Greene D, DeLateur BJ: Optimal resistance training: comparison of DeLorme with Oxford techniques, Am J Phys Med Rehabil 82(12):903-909, 2003.
221. Hakkinen K, Kallinen M, Linnamo V et al: Neuromuscular adaptations during bilateral versus unilateral strength training in middle-aged and elderly men and women, Acta Physiol Scand 158(1):77-88, 1996.
222. Newton RU, Hakkinen K, Hakkinen A et al: Mixed-methods resistance training increases power and strength of young and older men, Med Sci Sports Exerc 34(8):1367-1375, 2002.
223. Pyka G, Lindenberger E, Charette S, Marcus R: Muscle strength and fiber adaptations to a year-long resistance training program in elderly men and women, J Gerontol 49(1):M22-M27, 1994.
224. Trappe S, Williamson D, Godard M et al: Effect of resistance training on single muscle fiber contractile function in older men, J Appl Physiol 89(1):143-152, 2000.
225. Short KR, Nair KS: Muscle protein metabolism and the sarcopenia of aging, Int J Sport Nutr Exerc Metab 11 Suppl:S119-S127, 2001.
226. Evans WJ: Effects of exercise on body composition and functional capacity of the elderly, J Gerontol A Biol Sci Med Sci 50 Spec No:147-150, 1995.
227. Capodaglio P, Capodaglio EM, Ferri A et al: Muscle function and functional ability improves more in community-dwelling older women with a mixed-strength training programme, Age Ageing 34(2):141-147, 2005.
228. Slade JM, Miszko TA, Laity JH et al: Anaerobic power and physical function in strength-trained and non-strength-trained older adults, J Gerontol A Biol Sci Med Sci 57(3):M168-M172, 2002.
229. Jozsi AC, Campbell WW, Joseph L et al: Changes in power with resistance training in older and younger men and women, J Gerontol A Biol Sci Med Sci 54(11):M591-M596, 1999.
230. Nichols JF, Omizo DK, Peterson KK, Nelson KP: Efficacy of heavy-resistance training for active women over sixty: muscular strength, body composition, and program adherence, J Am Geriatr Soc 41(3):205-210, 1993.
231. Grimby G, Aniansson A, Hedberg M et al: Training can improve muscle strength and resistência in 78- to 84-yr-old men, J Appl Physiol 73(6):2517-2523, 1992.
232. Sipila S, Viitasalo J, Era P, Suominen H: Muscle strength in male athletes aged 70-81 years and a population sample, Eur J Appl Physiol Occup Physiol 63(5):399-403, 1991.
233. Christou EA, Yang Y, Rosengren KS: Taiji training improves knee extensor strength and force control in older adults, J Gerontol A Biol Sci Med Sci 58(8):763-766, 2003.
234. Singh MA, Ding W, Manfredi TJ et al: Insulin-like growth factor I in skeletal muscle after weight-lifting exercise in frail elders, Am J Physiol 277(1 Pt 1):E135-E143, 1999.
235. Yarasheski KE, Pak-Loduca J, Yarasheski KE et al: Resistance exercise training increases mixed muscle protein synthesis rate in frail women and men ≥76 yr old, Am J Physiol 277(1 Pt 1):E118-E125, 1999.
236. Hauer K, Rost B, Rutschle K et al: Exercise training for rehabilitation and secondary prevention of falls in geriatric patients with a history of injurious falls, J Am Geriatr Soc 49(1):10-20, 2001.
237. Fiatarone MA, Marks EC, Ryan ND et al: High-intensity strength training in nonagenarians. Effects on skeletal muscle, JAMA 263(22):3029-3034, 1990.
238. Brown M, Holloszy JO: Effects of a low intensity exercise program on selected physical performance characteristics of 60- to 71-year olds, Aging (Milano) 3(2):129-139, 1991.
239. Rider RA, Daly J: Effects of flexibility training on enhancing spinal mobility in older women, J Sports Med Phys Fitness 31(2):213-217, 1991.
240. Fatouros IG, Taxildaris K, Tokmakidis SP et al: The effects of strength training, cardiovascular training and their combination on flexibility of inactive older adults, Int J Sports Med 23(2):112-119, 2002.
241. Mosekilde L: Age-related changes in bone mass, structure, and strength—effects of loading, Z Rheumatol 59(suppl) 1:1-9, 2000.

242. Friedlander AL, Genant HK, Sadowsky S et al: A two-year program of aerobics and weight training enhances bone mineral density of young women, J Bone Miner Res 10(4):574-585, 1995.
243. Snow-Harter C, Bouxsein ML, Lewis BT et al: Effects of resistance and resistência exercise on bone mineral status of young women: a randomized exercise intervention trail, J Bone Miner Res 7(7):761-769, 1992.
244. Margulies JY, Simkin A, Leichter I et al: Effect of intense physical activity on the bone mineral content in the lower limbs of young adults, J Bone Joint Surg 68(7):1090-1093, 1986.
245. Ernst E: Exercise for female osteoporosis: a systematic review of randomised clinical trials, Sports Med 25(6):359-368, 1998.
246. Kemmler W, Engelke K, Weineck J et al: The Erlangen fitness osteoporosis prevention study: a controlled exercise trial in early postmenopausal women with low bone density-first-year results, Arch Phys Med Rehabil 84:673-682, 2003.
247. Jaglal SB, Kreiger N, Darlington G: Past and recent physical activity and risk of hip fracture, Am J Epidemiol 138(2):107-118, 1993.
248. Rutherford OM: Is there a role for exercise in the prevention of osteoporotic fractures? Br J Sports Med 33(6):378-386, 1999.
249. Vincent KR, Braith RW: Resistance exercise and bone turnover in elderly men and women, Med Sci Sports Exerc 34(1):17-23, 2002.
250. Wolff I, van Croonenborg J, Kemper HC et al: The effect of exercise training programs on bone mass: a meta-analysis of published controlled trials in pre- and postmenopausal women, Osteoporosis Int 9:1-12, 1999.
251. Bischoff HA, Conzelmann M, Lindemann D et al: Self-reported exercise before age 40: influence on quantitative skeletal ultrasound and fall risk in the elderly, Arch Phys Med Rehabil 82(6):801-806, 2001.
252. Beck BR, Snow CM: Bone health across the lifespan—exercising our options, Exerc Sport Sci Rev 31(3):117-122, 2003.
253. Heinonen A, Kannus P, Sievanen H et al: Randomised controlled trial of effect of high-impact exercise on selected risk factors for osteoporotic fractures, Lancet 348(9038):1343-1347, 1996.
254. Hagberg JM, Zmuda JM, McCole SD et al: Moderate physical activity is associated with higher bone mineral density in postmenopausal women, J Am Geriatr Soc 49(11):1411-1417, 2001.
255. Chien MY, Wu YT, Hsu AT et al: Efficacy of a 24-week aerobic exercise program for osteopenic postmenopausal women, Calcif Tissue Int 67(6):443-448, 2000.
256. Rikli RE, McManis BG: Effects of exercise on bone mineral content in postmenopausal women, Res Q Exerc Sport 61(3):243-249, 1990.
257. Nelson ME, Fiatarone MA, Morganti CM et al: Effects of high--intensity strength training on multiple risk factors for osteoporotic fractures: a randomized controlled trial, JAMA 272(24):1909-1914, 1994.
258. Rhodes EC, Martin AD, Taunton JE et al: Effects of one year of resistance training on the relation between muscular strength and bone density in elderly women, Br J Sports Med 34(1):18-22, 2000.
259. Preisinger E, Alacamlioglu Y, Pils K et al: Exercise therapy for osteoporosis: results of a randomised controlled trial, Br J Sports Med 30(3):209-212, 1996.
260. Qin L, Au S, Choy W et al: Regular tai chi chuan exercise may retard bone loss in postmenopausal women: a case-control study, Arch Phys Med Rehabil 83(10):1355-1359, 2002.
261. Chan K, Qin L, Lau M et al: A randomized, prospective study of the effects of tai chi chuan exercise on bone mineral density in postmenopausal women, Arch Phys Med Rehabil 85(5):717-722, 2004.
262. Lin YC, Wong AM, Chou SW et al: The effects of tai chi chuan on postural stability in the elderly: preliminary report, Chang Gung Med J 23(4):197-204, 2000.
263. Sinaki M, Offord KP: Physical activity in postmenopausal women: effect on back muscle strength and bone mineral density of the spine, Arch Phys Med Rehabil 69(4):277-280, 1988.
264. Sinaki M, Wollan PC, Scott RW, Gelczer RK: Can strong back extensors prevent vertebral fractures in women with osteoporosis? Mayo Clin Proc 71:951-956, 1996.
265. Sinaki M, Itoi E, Rogers JW et al : Correlation of back extensor strength with thoracic kyphosis and lumbar lordosis in estrogen--deficient women, Am J Phys Med Rehabil 75(5):370-374, 1996.
266. Itoi E, Sinaki M: Effect of back-strengthening exercise on posture in healthy women 49 to 65 years of age, Mayo Clin Proc 69(11):1054-1059, 1994.
267. Sohn RS, Micheli LJ: The effect of running on the pathogenesis of osteoarthritis of the hips and knees, Clin Orthop Relat Res 198:106-109, 1985.
268. Bischoff HA, Roos EM: Effectiveness and safety of strengthening, aerobic, and coordination exercises for patients with osteoarthritis, Curr Opin Rheumatol 15(2):141-144, 2003.
269. Minor MA, Hewett JE, Webel RR et al: Efficacy of physical conditioning exercise in patients with rheumatoid arthritis and osteoarthritis, Arthritis Rheum 32(11):1396-1405, 1989.
270. Messier SP, Royer TD, Craven TE et al: Long-term exercise and its effect on balance in older, osteoarthritic adults: results from the Fitness, Arthritis, and Seniors Trial (FAST), J Am Geriatr Soc 48(2):131-138, 2000.
271. Stamm TA, Machold KP, Smolen JS et al: Joint protection and home hand exercises improve hand function in patients with hand osteoarthritis: a randomized controlled trial, Arthritis Rheum 47(1):44-49, 2002.
272. Song R, Lee EO, Lam P, Bae SC: Effects of tai chi exercise on pain, balance, muscle strength, and perceived difficulties in physical functioning in older women with osteoarthritis: a randomized clinical trial, J Rheumatol 30(9):2039-2044, 2003.
273. Hartman CA, Manos TM, Winter C et al: Effects of T'ai Chi training on function and quality of life indicators in older adults with osteoarthritis, J Am Geriatr Soc 48(12):1553-1559, 2000.
274. Baker KR, Nelson ME, Felson DT et al: The efficacy of home based progressive strength training in older adults with knee osteoarthritis: a randomized controlled trial, J Rheumatol 28(7):1655-1665, 2001.
275. Ettinger WH Jr, Burns R, Messier SP et al: A randomized trial comparing aerobic exercise and resistance exercise with a health education program in older adults with knee osteoarthritis: the Fitness Arthritis and Seniors Trial (FAST), JAMA 277(1):25-31, 1997.
276. Fransen M, McConnell S, Bell M: Therapeutic exercise for people with osteoarthritis of the hip or knee: a systematic review, J Rheumatol 29(8):1737-1745, 2002.
277. Kovar PA, Allegrante JP, MacKenzie CR et al: Supervised fitness walking in patients with osteoarthritis of the knee: a randomized, controlled trial, Ann Intern Med 116(7):529-534, 1992.
278. Dias RC, Dias JM, Ramos LR: Impact of an exercise and walking protocol on quality of life for elderly people with OA of the knee, Physiother Res Int 8(3):121-130, 2003.
279. Mangione KK, McCully K, Gloviak A et al: The effects of high-intensity and low-intensity cycle ergometry in older adults with knee osteoarthritis, J Gerontol A Biol Sci Med Sci 54(4):M184-M190, 1999.
280. Messier SP, Loeser RF, Mitchell MN et al: Exercise and weight loss in obese older adults with knee osteoarthritis: a preliminary study, J Am Geriatr Soc 48(9):1062-1072, 2000.
281. Hakkinen A, Sokka T, Kotaniemi A, Hannonen P: A randomized two-year study of the effects of dynamic strength training on muscle strength, disease activity, functional capacity, and bone mineral density in early rheumatoid arthritis, Arthritis Rheum 44(3):515-522, 2001.
282. Hakkinen A, Sokka T, Hannonen P: A home-based two-year strength training period in early rheumatoid arthritis led to good long-term compliance: a five-year followup, Arthritis Rheum 51(1):56-62, 2004.
283. Rall LC, Meydani SN, Kehayias JJ et al: The effect of progressive resistance training in rheumatoid arthritis: increased strength without changes in energy balance or body composition, Arthritis Rheum 39(3):415-426, 1996.

284. Bearne LM, Scott DL, Hurley MV: Exercise can reverse quadriceps sensorimotor dysfunction that is associated with rheumatoid arthritis without exacerbating disease activity, Rheumatology (Oxford), 41(2):157-166, 2002.
285. van den Ende CH, Breedveld FC, le Cessie S et al: Effect of intensive exercise on patients with active rheumatoid arthritis: a randomised clinical trial, Ann Rheum Dis 59(8):615-621, 2000.
286. Komatireddy GR, Leitch RW, Cella K et al: Efficacy of low load resistive muscle training in patients with rheumatoid arthritis functional class II and III, J Rheumatol 24(8):1531-1539, 1997.
287. Bell MJ, Lineker SC, Wilkins AL et al: A randomized controlled trial to evaluate the efficacy of community based physical therapy in the treatment of people with rheumatoid arthritis, J Rheumatol 25(2):231-237, 1998.
288. Munneke M, de Jong Z, Zwinderman AH et al: High intensity exercise or conventional exercise for patients with rheumatoid arthritis? Outcome expectations of patients, rheumatologists, and physiotherapists, Ann Rheum Dis 63(7):804-808, 2004.
289. Toth MJ, Beckett T, Poehlman ET: Physical activity and the progressive change in body composition with aging: current evidence and research issues, Med Sci Sports Exerc 31(11 suppl):S590--S596, 1999.
290. Colcombe SJ, Erickson KI, Raz N et al: Aerobic fitness reduces brain tissue loss in aging humans, J Gerontol A Biol Sci Med Sci 58(2):176-180, 2003.
291. Rikli R, Busch S: Motor performance of women as a function of age and physical activity level, J Gerontol 41(5):645-649, 1986.
292. Okumiya K, Matsubayashi K, Wada T et al: Effects of exercise on neurobehavioral function in community-dwelling older people more than 75 years of age, J Am Geriatr Soc 44(5):569-572, 1996.
293. Melzer I, Benjuya N, Kaplanski J: Effects of regular walking on postural stability in the elderly, Gerontology 49(4):240-245, 2003.
294. Lord SR, Ward JA, Williams P, Strudwick M: The effect of a 12-month exercise trial on balance, strength, and falls in older women: a randomized controlled trial, J Am Geriatr Soc 43(11):1198-1206, 1995.
295. Baylor AM, Spirduso WW: Systematic aerobic exercise and components of reaction time in older women, J Gerontol 43(5):P121-P126, 1988.
296. Roth DL, Goode KT, Clay OJ, Ball KK: Association of physical activity and visual attention in older adults, J Aging Health 15(3):534-547, 2003.
297. Wong AM, Lin YC, Chou SW et al: Coordination exercise and postural stability in elderly people: effect of tai chi chuan, Arch Phys Med Rehabil 82(5):608-612, 2001.
298. Carter ND, Khan KM, McKay HA et al: Community-based exercise program reduces risk factors for falls in 65- to 75-year-old women with osteoporosis: randomized controlled trial, CMAJ 167(9):997-1004, 2002.
299. Heitkamp HC, Horstmann T, Mayer F et al: Gain in strength and muscular balance after balance training, Int J Sports Med 22(4):285-290, 2001.
300. Judge JO, Lindsey C, Underwood M, Winsemius D: Balance improvements in older women: effects of exercise training, Phys Ther 73(4):254-262; discussion 263-265, 1993.
301. Kammerlind AS, Hakansson JK, Skogsberg MC: Effects of balance training in elderly people with nonperipheral vertigo and unsteadiness, Clin Rehabil 15(5):463-470, 2001.
302. Nitz JC, Choy NL: The efficacy of a specific balance-strategy training programme for preventing falls among older people: a pilot randomised controlled trial, Age Ageing 33(1):52-58, 2004.
303. Toulotte C, Fabre C, Dangremont B et al: Effects of physical training on the physical capacity of frail, demented patients with a history of falling: a randomised controlled trial, Age Ageing 32(1):67-73, 2003.
304. Tsang WW, Hui-Chan CW: Effects of exercise on joint sense and balance in elderly men: tai chi versus golf, Med Sci Sports Exerc 36(4):658-667, 2004.
305. Xu D, Hong Y, Li J, Chan K: Effect of tai chi exercise on proprioception of ankle and knee joints in old people, Br J Sports Med 38(1):50-54, 2004.
306. Judge JO, Underwood M, Gennosa T: Exercise to improve gait velocity in older persons, Arch Phys Med Rehabil 74(4):400-406, 1993.
307. Lord SR, Lloyd DG, Nirui M et al: The effect of exercise on gait patterns in older women: a randomized controlled trial, J Gerontol A Biol Sci Med Sci 51(2):M64-M70, 1996.
308. Sipila S, Multanen J, Kallinen M et al: Effects of strength and resistência training on isometric muscle strength and walking speed in elderly women, Acta Physiol Scand 156(4):457-464, 1996.
309. Ades PA, Ballor DL, Ashikaga T et al: Weight training improves walking resistência in healthy elderly persons, Ann Intern Med 124(6):568-572, 1996.
310. Krebs DE, Jette AM, Assmann SF: Moderate exercise improves gait stability in disabled elders, Arch Phys Med Rehabil 79(12):1489-1495, 1998.
311. Morgan RO, Virnig BA, Duque M et al: Low-intensity exercise and reduction of the risk for falls among at-risk elders, J Gerontol A Biol Sci Med Sci 59(10):1062-1067, 2004.
312. Tinetti ME, Baker DI, McAvay G et al: A multifactorial intervention to reduce the risk of falling among elderly people living in the community, N Engl J Med 331(13):821-827, 1994.
313. Tinetti ME, Doucette J, Claus E, Marottoli R: Risk factors for serious injury during falls by older persons in the community, J Am Geriatr Soc 43(11):1214-1221, 1995.
314. Daley MJ, Spinks WL: Exercise, mobility and aging, Sports Med 29(1):1-12, 2000.
315. Shumway-Cook A, Gruber W, Baldwin M et al: The effect of multidimensional exercises on balance, mobility, and fall risk in community-dwelling older adults, Phys Ther 77(1):46-57, 1997.
316. Barnett A, Smith B, Lord SR et al: Community-based group exercise improves balance and reduces falls in at-risk older people: a randomised controlled trial, Age Ageing 32(4):407-414, 2003.
317. Liu-Ambrose T, Khan KM, Eng JJ et al: Resistance and agility training reduce fall risk in women aged 75 to 85 with low bone mass: a 6-month randomized, controlled trial, J Am Geriatr Soc 52(5):657-665, 2004.
318. Ryushi T, Kumagai K, Hayase H et al: Effect of resistive knee extension training on postural control measures in middle aged and elderly persons, J Physiol Anthropol Appl Human Sci 19(3):143-149, 2000.
319. Rubenstein LZ, Josephson KR, Trueblood PR et al: Effects of a group exercise program on strength, mobility, and falls among fall-prone elderly men, J Gerontol A Biol Sci Med Sci 55(6):M317-M321, 2000.
320. Shigematsu R, Chang M, Yabushita N et al: Dance-based aerobic exercise may improve indices of falling risk in older women, Age Ageing 31(4):261-266, 2002.
321. Province MA, Hadley EC, Hornbrook MC et al: The effects of exercise on falls in elderly patients: a preplanned meta-analysis of the FICSIT trials. Frailty and injuries: cooperative studies of intervention techniques, JAMA 273(17):1341-1347, 1995.
322. Lord SR, Castell S, Corcoran J et al: The effect of group exercise on physical functioning and falls in frail older people living in retirement villages: a randomized, controlled trial, J Am Geriatr Soc 51(12):1685-1692, 2003.
323. Campbell AJ, Robertson MC, Gardner MM et al: Randomised controlled trial of a general practice programme of home based exercise to prevent falls in elderly women, Br Med J 315(7115):1065-1069, 1997.
324. Campbell AJ, Robertson MC, Gardner MM et al: Falls prevention over 2 years: a randomized controlled trial in women 80 years and older, Age Ageing 28(6):513-518, 1999.
325. Robertson MC, Campbell AJ, Gardner MM, Devlin N: Preventing injuries in older people by preventing falls: a meta-analysis of individual-level data, J Am Geriatr Soc 50(5):905-911, 2002.

326. Canning CG, Alison JA, Allen NE, Groeller H: Parkinson's disease: an investigation of exercise capacity, respiratory function, and gait, Arch Phys Med Rehabil 78(2):199-207, 1997.
327. Baatile J, Langbein WE, Weaver F et al: Effect of exercise on perceived quality of life of individuals with Parkinson's disease, J Rehabil Res Dev 37(5):529-534, 2000.
328. Scandalis TA, Bosak A, Berliner JC et al: Resistance training and gait function in patients with Parkinson's disease, Am J Phys Med Rehabil 80(1):38-43, 2001.
329. Hirsch MA, Toole T, Maitland CG, Rider RA: The effects of balance training and high-intensity resistance training on persons with idiopathic Parkinson's disease, Arch Phys Med Rehabil 84(8):1109-1117, 2003.
330. Schenkman M, Cutson TM, Kuchibhatla M et al: Exercise to improve spinal flexibility and function for people with Parkinson's disease: a randomized, controlled trial, J Am Geriatr Soc 46(10):1207-1216, 1998.
331. Reuter I, Engelhardt M, Stecker K, Baas H: Therapeutic value of exercise training in Parkinson's disease, Med Sci Sports Exerc 31(11):1544-1549, 1999.
332. Petajan JH, Gappmaier E, White AT et al: Impact of aerobic training on fitness and quality of life in multiple sclerosis, Ann Neuro 34:432-441, 1996.
333. Ng AV, Kent-Braun JA: Quantitation of lower physical activity in persons with multiple sclerosis, Med Sci Sports Exerc 29(4):517-523, 1997.
334. Petajan JH, White AT: Recommendations for physical activity in patients with multiple sclerosis, Sports Med 27(3):179-191, 1999.
335. Winnick JP: Adapted physical education and sport, Champaign, Ill, 1995, Human Kinetics.
336. Ponichtera-Mulcare JA, Mathews T, Barrett PJ et al: Change in aerobic fitness of patients with multiple sclerosis during a 6-month training program, Sports Med Training Rehabil 7:265-272, 1997.
337. Peterson JL, Bell GW: Aquatic exercise for individuals with multiple sclerosis, Clin Kines 49(3):69-71, 1995.
338. Sherrill C: Adapted physical activity, recreation and sport: crossdisciplinary and lifespan, Boston, 1998, McGraw-Hill Higher Education.
339. Benyas P: Don't be afraid to ask: yoga and multiple sclerosis, Real Living with Multiple Sclerosis 6(6):6, 1999.
340. Pepin EB, Hicks RW, Spencer MK et al: Pressor response to isometric exercise in patients with multiple sclerosis, Med Sci Sports Exerc 28:656-660, 1996.
341. Harmon M: Redefining exercise: no fun, no gain, Inside Multiple Sclerosis 16(1):14-20, 1998.
342. Ruuskanen JM, Ruoppila I: Physical activity and psychological well-being among people aged 65 to 84 years, Age Ageing 24(4):292-296, 1995.
343. King AC, Taylor CB, Haskell WL: Effects of differing intensities and formats of 12 months of exercise training on psychological outcomes in older adults, Health Psychol 12(4):292-300, 1993.
344. Penninx BW, Rejeski WJ, Pandya J et al: Exercise and depressive symptoms: a comparison of aerobic and resistance exercise effects on emotional and physical function in older persons with high and low depressive symptomatology, J Gerontol B Psychol Sci Soc Sci 57(2):P124-P132, 2002.
345. Yaffe K, Barnes D, Nevitt M et al: A prospective study of physical activity and cognitive decline in elderly women: women who walk, Arch Intern Med 161(14):1703-1708, 2001.
346. Colcombe S, Kramer AF: Fitness effects on the cognitive function of older adults: a meta-analytic study, Psychol Sci 14(2):125-130, 2003.
347. Williams P, Lord SR: Effects of group exercise on cognitive functioning and mood in older women, Aust N Z J Public Health 21(1):45-52, 1997.
348. Hill RD, Storandt M, Malley M: The impact of long-term exercise training on psychological function in older adults, J Gerontol 48(1):P12-P17, 1993.
349. Hawkins HL, Kramer AF, Capaldi D: Aging, exercise, and attention, Psychol Aging 7(4):643-653, 1992.
350. Tomporowski PD: Effects of acute bouts of exercise on cognition, Acta Psychol (Amst) 112(3):297-324, 2003.
351. DiPietro L, Seeman TE, Stachenfeld NS et al: Moderate-intensity aerobic training improves glucose tolerance in aging independent of abdominal adiposity, J Am Geriatr Soc 46(7):875-879, 1998.
352. Centers for Disease Control and Prevention: Preventing heart disease and stroke: addressing the nation's leading killers 2003, www.ndep.nih.gov/get-info/dpc.htm#basis, accessed November 2005.
353. Rybka J: Diabetes mellitus and exercise, Acta Univ Carol Med Monogr 118:1-133, 1987.
354. Yokoyama H, Emoto M, Fujiwara S et al: Short-term aerobic exercise improves arterial stiffness in type 2 diabetes, Diabetes Res Clin Pract 65(2):85-93, 2004.
355. Richardson JK, Sandman D, Vela S: A focused exercise regimen improves clinical measures of balance in patients with peripheral neuropathy, Arch Phys Med Rehabil 82(2):205-209, 2001.
356. Brandon LJ, Gaasch DA, Boyette LW, Lloyd AM: Effects of long--term resistive training on mobility and strength in older adults with diabetes, J Gerontol A Biol Sci Med Sci 58(8):740-745, 2003.
357. Kraemer WJ, Hakkinen K, Newton RU et al: Effects of heavy--resistance training on hormonal response patterns in younger vs. older men, J Appl Physiol 87(3):982-992, 1999.
358. Available at www.cancer.org/docroot/PED/content/PED_6_1X_Be_Physically_Active_Achieve_and_Maintain_a_Healthy_Weight.asp, accessed February 2006.
359. Pope AM, Tarlov AR, editors: Disability in America: toward a national agenda for prevention, Washington, DC, 1991, National Academy Press.
360. Brandt EN, Pope AM, editors: Enabling America: assessing the role of rehabilitation science and engineering, Washington, DC, 1997, National Academy Press.
361. Krahn GL, Wile N et al: Physician practices to promote wellness in adults with physical disabilities, The 130th Annual Meeting of APHA, Monday, November 11, 2002.
362. Putnam M, Geenen S, Powers L et al: Health and wellness: people with disabilities discuss barriers and facilitators to well being, J Rehabil 69(1):37-45, 2003.
363. Benyamini Y, Idler EL, Leventhal H et al: Positive affect and function as influences on self-assessments of health: expanding our view beyond illness and disability, J Geront Psych Sci 55B(2):107-116, 2000.
364. Nosek MA, Hughes RB, Howland CA et al: The meaning of health for women with physical disabilities: a qualitative analysis, J Family Community Health 27(1):6-21, 2004.
365. Cardinal BJ, Kosma M, McCubbin JA: Factors influencing the exercise behavior of adults with physical disabilities, Med Sci Sports Exerc 36:868-875, 2004.
366. Kaplan D, Litvak S: Barriers to health and wellness from a disability perspective, J Gender-Specific Med 5(2):9-12, 2002.
367. Thomsson H, Menckel E: What is workplace health promotion? Stockholm, Sweden, 1997, Prevent.
368. Available at www.hrsdc.gc.ca/en/lp/spila/wlb/wppp/04worklife_stress_management.shtml, accessed February 2005.
369. Riedel JE, Lynch W, Baase C et al: The effect of disease prevention and health promotion on workplace productivity: a literature review, Am J Health Promotion 15(3):167-191, 2001.
370. Gemignani J: Best practices that boost productivity, Business and Health 3:37-42, 1998.
371. Department of Labor: National compensation survey: employee benefits in private industry in the United States, 2000, Washington, DC, 2003, Department of Labor.
372. DeMoranville CW, Schoenbachler DD, Przytulski J: Wellness at work: boost wellness center participation with target marketing strategies, Mark Health Serv 18(2):14-24, 1998.

373. Ozminkowski RJ, Ling D, Goetzel RZ et al: Long-term impact of Johnson & Johnson's health & wellness program on health care utilization and expenditures, J Occup Environ Med 44:21-29, 2002.
374. Goetzel RZ, Jacobson BH, Aldana SG et al: Health care costs of worksite health promotion participants and non-participants, J Occup Environ Med 40(4):341-346, 1998.
375. Available at healthproject.stanford.edu/koop/work.html, accessed November 2004.
376. Green L, Daniel M, Novick L: Partnerships and coalitions for community-based research, Public Health Reps 116 (suppl 1):20-31, 2001.
377. King AC, Castro C, Wilcox S et al: Personal and environmental factors associated with physical inactivity among different racial--ethnic groups of U.S. middle-aged and older-aged women, Health Psychol 19(4):354-364, 2000.
378. Lim K, Taylor L: Factors associated with physical activity among older people: a population-based study, Prev Med 40:33-40, 2005.
379. Bohannon RW, Brennan PJ, Pescatello LS et al: Adiposity of elderly women and its relationship with self-reported and observed physical performance, J Geriat Phys Ther 28:10-13, 2005.
380. Available at www.cdc.gov/nccdphp/dnpa/physical/health_professionals/active_environments/aces.htm, accessed December 2005,
381. Available at www.cdc.gov/nccdphp/dnpa/physical/life/overcome.htm, accessed November 2005.
382. Fiatarone Singh MA: Exercise for disease prevention in the geriatric population, Nut in Crit Care 4:296-305, 2001.
383. Williams P, Lord SR: Predictors of adherence to a structured exercise program for older women, Psychol Aging 10(4):617-624, 1995.
384. Available at www.cdc.gov/nccdphp/dnpa/physical/recommendations/older_adults.htm, accessed June 2005.
385. Available at www.cdc.gov/nccdphp/dnpa/physical/recommendations/young.htm, accessed June 2005.
386. Available at www.cdc.gov/nccdphp/dnpa/physical/recommendations/adults.htm, accessed June 2005.
387. Ainsworth BE, Bassett DR Jr, Strath SJ et al: Comparison of three methods for measuring the time spent in physical activity, Med Sci Sports Exer 32(9):S457-S464, 2000.
388. Ainsworth BE, Haskell WL, Whitt MC et al: Compendium of physical activities: an update of activity codes and MET intensities, Med Sci Sports Exer 32(9):S498-S516, 2000.
389. Available at www.cdc.gov/search.do?action=search&queryText=general+physical+activities+defined+by+level+of+intensity, accessed January 2006.
390. Available at www.acsm.org/AM/Template.cfm?Section=Search&template=/CM/HTMLDisplay.cfm&ContentID=1675, accessed June 2005.
391. Available at www.acsm.org/publications/ newsreleases2004/pedometers011204.htm, accessed June 2005.
392. Le Masurier GC: Walk which way? ACSM'S Health & Fitness J 8(1):7-10, 2004.
393. Pollock ML, Graves JE, Swart DL, Lowenthal DT: Exercise training and prescription for the elderly, South Med J 87(5):S88-S95, 1994.
394. King AC, Pruitt LA, Phillips W et al: Comparative effects of two physical activity programs on measured and perceived physical functioning and other health-related quality of life outcomes in older adults, J Gerontol A Biol Sci Med Sci 55(2):M74-M83, 2000.
395. Jette AM, Harris BA, Sleeper L et al: A home-based exercise program for nondisabled older adults, J Am Geriatr Soc 44(6):644-649, 1996.
396. Ourania M, Yvoni H, Christos K, Ionannis T: Effects of a physical activity program: the study of selected physical abilities among elderly women, J Gerontol Nurs 29(7):50-55, 2003.
397. Prochaska JO, DiClemente CC, Norcross JC: In search of how people change. Applications to addictive behaviors, Am Psychol 47(9):1102-1114, 1992.
398. Kraemer WJ, Ratamess NA: Fundamentals of resistance training: progression and exercise prescription, Med Sci Sports Exerc 36(4):674-688, 2004.

CAPÍTULO

17

Princípios fisiológicos do condicionamento para pacientes lesionados e incapacitados

Howard A. Wenger, Paula F. McFadyen, Laura Middleton e Ross A. McFadyen

INTRODUÇÃO

Este capítulo apresenta os princípios que formam a base para a elaboração de programas de condicionamento e que fornecem diretrizes para a prescrição de exercícios que irão melhorar tanto a função fisiológica quanto o desempenho em diferentes atividades, ocupações e esportes. A aplicação desses princípios varia de acordo com a atividade, o indivíduo, o estágio de desenvolvimento e o período do ano. Esses princípios devem ser integrados em um programa de treinamento para que se alcance uma função fisiológica ótima e o pico de desempenho.

Princípios de condicionamento

- Princípio do desempenho
- Princípio da aptidão física
- Princípio da otimização
- Princípio da homeostase
- Princípio da individualização
- Princípio da sobrecarga
- Princípio da subcarga
- Princípio da progressão
- Princípio da variedade
- Princípio da habilidade
- Princípio da especificidade
- Princípio do estímulo
- Princípio do repouso
- Princípio da manutenção
- Princípio da interferência
- Princípio do carregamento/descarregamento
- Princípio do *overtraining*
- Princípio da recuperação
- Princípio da preparação
- Princípio da redução gradativa
- Princípio da avaliação/monitoramento
- Princípio da periodização

PRINCÍPIO DO DESEMPENHO

Muitos fatores contribuem para melhorar ou prejudicar o desempenho humano (Fig. 17.1). A extensão dessas contribuições varia em diferentes indivíduos, diferentes esportes ou atividades e diferentes estágios do desenvolvimento. A importância desses fatores deve ser identificada, priorizada, avaliada e modificada para alcançar o desempenho ideal. Em determinados momentos, alguns fatores devem ser menos enfatizados para se dedicar tempo a outros que possam estar comprometendo o desempenho. É importante, ainda, estar ciente das interações de múltiplos fatores e de seu impacto sobre o desempenho. Alguns deles podem complementar, suplementar ou aumentar os efeitos de outros, de modo que o efeito completo é maior do que a soma das partes.

A Figura 17.1A ilustra cada fator de desempenho como uma engrenagem em uma máquina (o corpo humano).

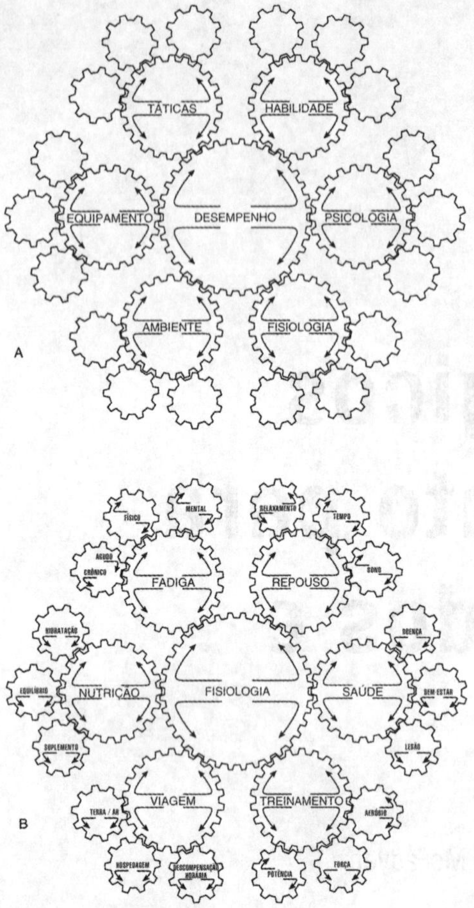

Figura 17.1 Os fatores de desempenho. (De Wenger HA, McFadyen PF, McFadyen RA. Physiological principles of conditioning. In Zachazewski JE, Magee DJ, Quillen WS, editors. *Athletic injuries and rehabilitation*. WB Saunders, Philadelphia, 1996, p. 191.)

Para que as engrenagens do desempenho funcionem em níveis ideais, cada uma delas também deve estar operando efetivamente. Muitas vezes é necessário retirar a ênfase de uma engrenagem a fim de desenvolver ou fortalecer outra mais fraca.

Diferentes indivíduos trazem diferentes forças para cada empreendimento físico. Muitas vezes um desenvolvimento excepcional de uma área contribui para desempenhos de sucesso, mas em prejuízo do desenvolvimento em outras áreas. Portanto, é necessário que os fisioterapeutas avaliem o estado de cada um desses fatores e determinem as condições ideais para alcançar um desempenho do indivíduo ou seus objetivos de aptidão física. Isso é também importante em diferentes estágios do crescimento, do desenvolvimento e da maturação. Por exemplo, em pessoas jovens, pode ser mais importante focalizar o desenvolvimento de habilidades e usar atividades divertidas para construir uma aptidão física suficiente para desempenhar essas habilidades. À medida que amadurecem, mais e mais ênfase pode ser colocada nas habilidades mentais, táticas e no desenvolvimento fisiológico.

A Figura 17.1A sugere uma interação entre fatores, de modo que o bom desenvolvimento das habilidades mentais melhora a habilidade do indivíduo para treinar e desenvolver aptidão física e vice-versa. A Figura 17.1B ilustra algumas das variáveis que afetam a fisiologia e demonstra que, para cada um dos principais fatores descritos na Figura 17.1A, há muitas variáveis que influenciam sua efetividade e melhoram a aptidão física e o desempenho. A engrenagem fisiológica é melhorada pela boa saúde, pelo equilíbrio ideal entre treinamento, repouso e nutrição, mas pode ser comprometida por lesão, fadiga ou viagens. Outros fatores, como habilidades, táticas, psicologia, equipamento e ambiente, têm seus próprios conjuntos de variáveis que melhoram ou diminuem a efetividade daquele fator na produção de um desempenho ideal.

Em muitos esportes ou atividades recreacionais, habilidades altamente desenvolvidas podem permitir altos níveis de desempenho, a despeito dos baixos níveis de desempenho em outras áreas. Por exemplo, altos níveis de habilidade, mas um desempenho insatisfatório do sistema energético aeróbio pode limitar o desempenho de um paciente ao causar fadiga. De modo similar, desequilíbrios de força podem resultar em lesão, e a seleção inapropriada do equipamento, como o tipo de cera para esquis ou o tipo de calçado, pode levar a um desempenho mais insatisfatório. Dado que muitos fatores influenciam o desempenho, é importante que sejamos capazes de priorizar e combinar os fatores que mais afetam nossos objetivos e determinar quais variáveis devem ser alteradas para compensar as fraquezas e melhorar as forças.

PRINCÍPIO DA APTIDÃO FÍSICA

A aptidão física possui muitas conotações na sociedade. Embora muitas vezes seja associada com o estado do sistema cardiorrespiratório (aptidão aeróbia), ela deve abranger um número mais amplo e mais inclusivo de atributos físicos (Fig. 17.2). A extensão na qual cada atributo afeta o nível específico de aptidão física necessária para alcançar os objetivos de desempenho depende da atividade, das forças e fraquezas do indivíduo, de seu histórico de treinamento e do nível de desempenho desejado.

A Figura 17.2 mostra que a aptidão física é um conjunto de muitos componentes diferentes: sistemas energéticos, sistema cardiorrespiratório, sistema neuromuscular, composição corporal e flexibilidade. O nível de desenvolvimento de cada um desses componentes varia de acordo com as exigências físicas da atividade e dependendo de como a aptidão física afeta o desempenho, como mostrado na Figura 17.1.

Sistemas energéticos

A potência e a capacidade dos três sistemas energéticos devem ser combinadas com as exigências das atividades diárias, do rigor do treinamento e dos requisitos dessas atividades. Diferentes esportes ou atividades diárias dependem de diferentes sistemas energéticos em diferentes graus.[1] Além disso, a inter-relação entre os siste-

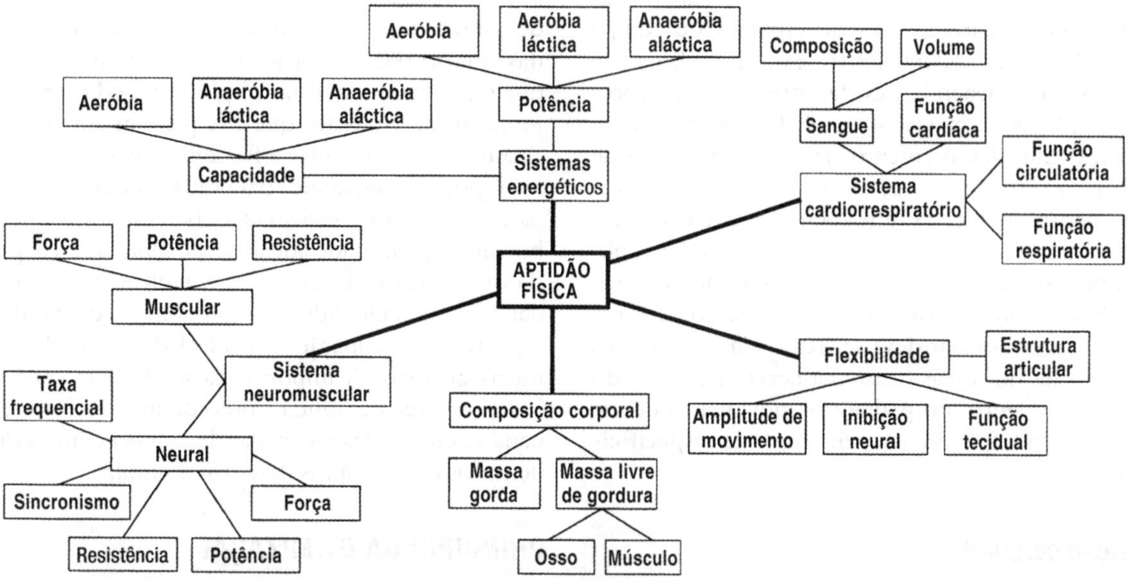

Figura 17.2 Componentes da aptidão física. (De Wenger HA, McFadyen PF, McFadyen RA. Physiological principles of conditioning. In Zachazewski JE, Magee DJ, Quillen WS, editors. *Athletic injuries and rehabilitation.* WB Saunders, Philadelphia, 1996, p. 192.)

mas é evidenciada pela importância do desenvolvimento aeróbio para recuperação do exercício anaeróbio de alta intensidade.[2] Esportes como hóquei no gelo, futebol, basquetebol e hóquei na grama demandam esforços de alta intensidade, seguidos por períodos de trabalho de baixa intensidade, durante o qual as reservas de combustível são refeitas e os metabólitos são removidos. O desempenho nessas atividades tem alta dependência dos sistemas de energia anaeróbia. Contudo, a recuperação durante o treino, os jogos e a reabilitação, bem como entre jogos e ao longo de um dia de trabalho, demanda um sistema energético aeróbio bem desenvolvido, pois esse sistema é responsável pela restauração das reservas alácticas e é fundamental na facilitação da remoção do ácido láctico.

Sistema cardiorrespiratório

A necessidade de desenvolver o sistema cardiorrespiratório, seja central ou perifericamente, depende de sua importância para a recuperação, a suplementação de oxigênio e combustível, a remoção de produtos para descarte e a dissipação ou retenção de calor tanto durante a atividade como durante o treino. A aptidão cardiorrespiratória é importante para as atividades recreacionais, as ocupações que demandam esforço físico e os esportes, os quais sobrecarregam o sistema de suprimento energético aeróbio por maiores períodos de tempo. Os níveis altamente desenvolvidos de aptidão aeróbia facilitam a remoção dos produtos de descarte, a manutenção do equilíbrio térmico e a necessidade de recuperação rápida. A melhor medição isolada do componente de aptidão é o consumo máximo de oxigênio (VO_2máx).[3] O esqui *cross-country*, a corrida de média e longa distância e o remo são exemplos excelentes de esportes em que o desempenho depende de um sistema cardiorrespiratório altamente treinado (mais de 70 mL/kg/min) para o consumo, liberação e utilização de energia e oxigênio. É necessário muito treinamento para desenvolver um VO_2máx ou a habilidade para trabalhar com uma alta porcentagem de VO_2máx. Propósitos recreacionais e atividades diárias em geral requerem geralmente o sistema cardiorrespiratório para recuperação, e demandam apenas um nível ideal nesse sistema, e não níveis máximos. Quando a saúde é o objetivo primário, o exercício que melhora o sistema cardiorrespiratório melhora o perfil lipídico do sangue, diminui a pressão arterial, eleva a taxa metabólica e melhora o sistema imunológico.[1]

Sistema neuromuscular

Adaptações no sistema neuromuscular para melhorar a força, a potência e a resistência são obrigatórias em muitos esportes, atividades recreacionais e ocupações que demandam esforço físico. O sistema neuromuscular é importante para superar as forças externas, bem como para acelerar cargas relativas à massa corporal. Envolve não apenas a produção de força e de potência pelos músculos, mas também a aplicação precisa da força e da potência para movimentos simples e complexos. Portanto, em alguns esportes e ocupações, o sistema neuromuscular é desenvolvido para atingir altos níveis de força, potência e resistência absolutas, enquanto em outros, a força, a potência e a resistência relativas à massa corporal são os determinantes críticos da eficácia neuromuscular. Para levantadores de peso, jogadores da linha ofensiva do futebol americano, participantes em esportes de combate e esquiadores de *downhill*, altas quantidades de força e potência *absolutas* são cruciais para o pico de desempenho. Contudo, ginastas, corredores de velocidade, saltadores e participantes de esportes de equipe que demandam altas acelerações (p. ex., futebol, tênis e lacrosse) são mais dependentes de altos níveis de força e potência *relativas* à massa corporal. De modo similar, em esportes como levantamento de peso, arremesso de peso e lançamento de dardo, os movimentos são fixos e relativamente simples. Outros esportes, entretanto, envolvem situações de "análise-e-reação" que criam aplicações imprevisíveis de potência e requerem movimentos poliarticulares coordenados. Assim, a aquisição de força e potência neuromuscular deve ser realizada em quadros similares àqueles nos quais o sistema nervoso é utilizado especificamente dentro do padrão de movimento necessário para o desempenho (o **princípio da especificidade**).[4]

Composição corporal

O grau no qual a composição corporal – massa gorda e massa magra – contribui para o desempenho varia de acordo com diferentes esportes, atividades e ocupações. Alguns esportes requerem alta massa corporal para estabilidade ou inércia (como aquelas requeridas de um atacante no futebol americano e dos lutadores de sumô). Nesses exemplos, a natureza da massa não tem a mesma importantância que a quantidade. De modo similar, em atividades nas quais a massa corporal não tem de ser movida ou nas quais ela é suportada, como no ciclismo e no remo, a natureza da massa também não é tão crítica quanto as outras variáveis. Contudo, quando a massa corporal deve ser acelerada rapidamente ou girada usando força e potência, o excesso de gordura é prejudicial (como no tênis, squash e na ginástica olímpica). Pelo fato de a gordura requerer fluxo sanguíneo, a habilidade de perfusão efetiva do músculo, tanto durante o exercício como durante a recuperação, pode ser comprometida quando os níveis ideais de gordura corporal são excedidos. As propriedades isolantes da gordura também podem prejudicar a termorregulação, e os níveis aumentados de gordura estão altamente associados com a pressão arterial elevada e o diabetes do tipo II. Assim, com níveis excessivos de gordura corporal, o desempenho, o treinamento e o funcionamento diário podem ser comprometidos como resultado de fluxo sanguíneo muscular reduzido, de uma recuperação ineficaz, de superaquecimento ou de desidratação.

Flexibilidade

A flexibilidade envolve a amplitude de movimento de uma articulação ou de uma série de articulações e reflete a habilidade das unidades musculotendíneas de se alongarem dentro das restrições físicas da articulação.[5] Uma relação causal entre a flexibilidade e o desempenho não foi claramente estabelecida, mas os indivíduos devem se mover na amplitude requerida do movimento para se sobressaírem esteticamente e funcionalmente. Contudo, a hipermobilidade ou a instabilidade podem fazer com que a articulação se torne mais suscetível à lesão em esportes de contato ou quando altas velocidades e forças são geradas em torno da articulação, e existe alguma evidência de que o alongamento estático possa impedir a produção de força em movimentos que a requeiram em grande quantidade.[6] A relação entre a flexibilidade, o desempenho e a lesão pode ser específica para cada articulação e específica para cada esporte/atividade.[7] Isso significa que deve-se buscar a quantidade ideal de flexibilidade (o **princípio da otimização**). É preciso desenvolver um perfil de aptidão para cada indivíduo que combine as demandas de seu esporte, sua ocupação, seu nível de atividade e de suas metas pessoais. A importância relativa de cada um dos componentes de aptidão precedentes deve ser determinada e, então, desenvolvida, de acordo com as diretrizes de todos os princípios descritos a seguir.

PRINCÍPIO DA OTIMIZAÇÃO

Em muitos esportes, atividades e ocupações, os fatores que mais influenciam o desempenho são o nível de habilidade, as táticas, o equipamento, o ambiente, a função fisiológica e as habilidades mentais (o **princípio do desempenho**). Em algumas ocupações e esportes, não é necessário que se desenvolva sempre o máximo das capacidades em cada componente da aptidão física. Em vez disso, é necessário apenas alcançar um nível ideal ou suficiente para atender às demandas da atividade, permitir uma recuperação suficiente para treinar e viajar, e minimizar as chances de lesão. Como mostrado na Figura 17.3, os níveis ideais de um componente de aptidão física são muitas vezes menores que o máximo que um indivíduo pode alcançar. Dado que se pode dedicar menor frequência, intensidade e tempo para alcançar esses níveis ideais, o tempo pode ser então alocado ao desenvolvimento de outros fatores que possam influenciar o desempenho.

Diferentes ocupações e esportes possuem diferentes necessidades energéticas.[1] Por exemplo, jogadores de

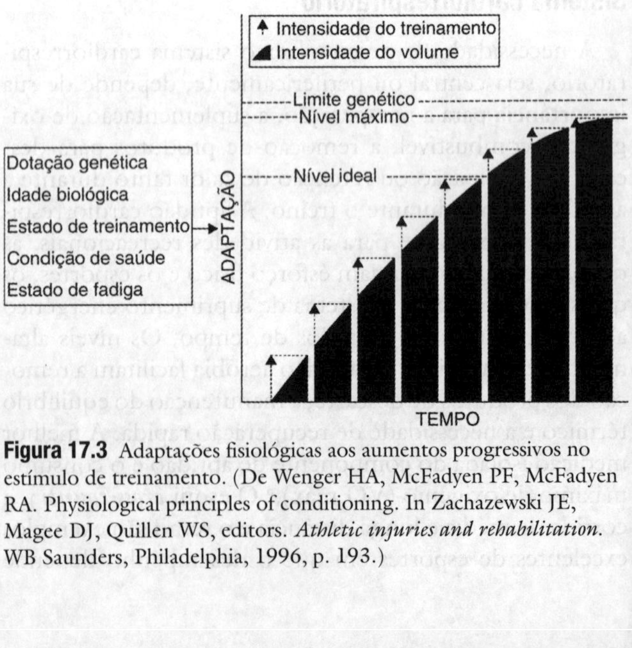

Figura 17.3 Adaptações fisiológicas aos aumentos progressivos no estímulo de treinamento. (De Wenger HA, McFadyen PF, McFadyen RA. Physiological principles of conditioning. In Zachazewski JE, Magee DJ, Quillen WS, editors. *Athletic injuries and rehabilitation*. WB Saunders, Philadelphia, 1996, p. 193.)

meio-campo no futebol precisam que 80% de sua energia venha dos sistemas energéticos anaeróbios e 20% do suprimento energético aeróbio, enquanto os esquiadores *cross-country* derivam 85% de sua energia do sistema aeróbio e apenas 15% das fontes anaeróbias. Em uma ocupação que demanda esforço físico, como a dos bombeiros, seus participantes muitas vezes trabalham de 65 a 70% de sua potência aeróbia por intervalos repetidos de dez minutos e utilizam acima de 80% de sua força máxima em intervalos repetidos.

Em situações em que o suprimento energético for um fator determinante para o desempenho, então são necessários níveis próximos do valor máximo desses sistemas energéticos. Contudo, se outros fatores, como a habilidade ou a tática, forem predominantes para o sucesso, então apenas os níveis ideais dos sistemas de produção energética apropriados serão requeridos. Embora o sistema energético primariamente usado em esportes e em ocupações intermitentes como futebol, basquetebol, hóquei no gelo e o trabalho dos bombeiros seja predominantemente anaeróbio, um sistema cardiorrespiratório e aeróbio altamente desenvolvido é mandatório para recuperação de um trabalho de alta intensidade, durante pausas na sua execução, entre jogos e ao longo do dia; durante altos volumes de treinamento; e para lidar com demandas adicionais de viagens e mudanças no trabalho. Embora não haja uma grande quantidade de evidências que delineiem um nível específico de desenvolvimento aeróbio suficiente para permitir a recuperação em atividades que requeiram níveis intermitentes de atividade ou para prover recuperação que permita lidar com altos volumes de treinamento anaeróbio, um VO_2máx de 60 mL/kg/min para homens e de 56 mL/kg/min para mulheres frequentemente é utilizado. Como esse componente da aptidão física é a base que permite o tempo suficiente para desenvolver outros componentes da aptidão física, e também a habilidade e a tática, deve ser enfatizado precocemente durante o ano de treinamento (o **princípio da periodização**). Uma vez que esse nível ideal é alcançado, o VO_2máx pode então ser mantido (o **princípio da manutenção**), e outros componentes da aptidão física ou fatores de desempenho podem ser enfatizados.

Níveis aeróbios de base

- 60 mL/kg/minuto (homens)
- 56 mL/kg/minuto (mulheres)

Além desses requerimentos para o desenvolvimento aeróbio ideal, a força máxima pode não ser necessária. Por exemplo, a força da parte superior do corpo pode não ser essencial em alguns esportes para alcançar o pico de desempenho, porém níveis ideais de força em torno da cintura escapular e das regiões lombar e abdominal podem reduzir o risco de lesão durante o impacto ou durante as altas cargas de treinamento, além de permitir que o treinamento e o desempenho não sejam interrompidos.

PRINCÍPIO DA HOMEOSTASE

A homeostase refere-se à necessidade do corpo de manter um ambiente interno saudável no qual as células possam funcionar melhor. O equilíbrio do corpo fica perturbado durante o exercício, viagens e doença, bem como no calor, no frio e em altitudes extremas. Para um desempenho ideal, é essencial que o corpo enfrente tais agentes estressores e o ambiente interno retorne às condições ideais.

Em condições ideais, o corpo está em equilíbrio. Existe uma harmonia entre a função fisiológica e as demandas impostas pelas cargas físicas diárias (ver Fig. 17.1A). Qualquer tensão cria um desequilíbrio no curto prazo (ver Fig. 17.1B) e estimula nossa fisiologia a fazer com que o ambiente interno retorne ao normal. A exposição repetida a uma sobrecarga específica inicia uma adaptação nas estruturas anatômicas e nas funções fisiológicas envolvidas. Este efeito de treinamento permite que lidemos mais efetivamente com o estímulo (ver Fig. 17.3).

À medida que a aptidão física melhora, o corpo fica mais bem capacitado para enfrentar as tensões ambientais, para adaptar-se mais rapidamente e para suportar cargas maiores. Por exemplo, uma pessoa altamente treinada sua mais rapidamente[8] e em maior quantidade[9] em altas temperaturas. Atletas altamente treinados e aclimatizados também podem suportar o calor por períodos maiores, a despeito de aumentos similares na temperatura central.[10]

PRINCÍPIO DA INDIVIDUALIZAÇÃO

De acordo com o princípio da individualização, cada pessoa responde de forma única ao mesmo estímulo de treinamento. Uma resposta individual depende das seguintes variáveis:[11] dotação genética, idade biológica, estado de treinamento, condição de saúde e estado de fadiga. Os programas de treinamento devem considerar todas essas variáveis para maximizar as adaptações para cada indivíduo.

Aptidão física e variáveis individuais

- Dotação genética
- Idade biológica
- Estado de treinamento
- Condição de saúde
- Estado de fadiga

Dotação genética

Os fatores genéticos são responsáveis por cerca de 40% da variação na aptidão aeróbia.[12] Cada indivíduo possui um determinado potencial genético para cada elemento da aptidão física, e isso irá limitar a extensão na qual cada componente pode ser desenvolvido por meio do treinamento físico. Quanto mais distante um indivíduo estiver do seu limite genético, maiores serão as melhorias para uma dada carga (estímulo). Conforme ele chega mais próximo do seu limite, um ganho menor pode ser obtido, mesmo com o aumento do estímulo (ver Figura 17.3).[11] Se o limite genético de um indivíduo para o VO_2máx é de 5 L/min e seu nível atual é de 3 L/min, ocorrerão grandes aumentos entre a sexta e oitava semanas iniciais do treinamento. Contudo, quando o VO_2máx alcançar 4,5 L/min, um aumento menor será obtido, mesmo com maior intensidade de treinamento. Embora intensidade e volumes de treinamento maiores sejam requeridos conforme o indivíduo se aproxima do seu limite genético, é importante estar ciente do risco de lesões por *overuse* ou *overtraining* (sobretreinamento) – o **princípio do *overtraining***. Assim, períodos de carregamento de alto volume e alta qualidade devem ser intercalados com períodos de descarregamento (o **princípio do carregamento/descarregamento**).

Outra implicação do impacto genético nas adaptações fisiológicas ao treinamento é que alguns indivíduos respondem muito precocemente a um estímulo de treinamento, enquanto outros respondem tardiamente.[13] Sendo assim, para alguns indivíduos, a carga de treinamento deve ser aumentada frequentemente; para outros, os passos devem ser mais prolongados. A avaliação do progresso (o **princípio da avaliação/monitoramento**) deve ser planejada ao longo de cada ciclo de treinamento, tanto para determinar como para contabilizar as diferenças no tempo de adaptação.

O gênero também está relacionado à dotação genética. Mulheres pós-púberes tendem a ter menos massa muscular e mais gordura corporal em um determinado nível de treinamento. Em homens e mulheres de tamanho similar, a potência aeróbia é, normalmente, no mínimo 30 a 40% menor em mulheres.[14] Contudo, a resposta tanto ao treinamento aeróbio[14] como ao treinamento de força[15] é similar em homens e mulheres.

Idade biológica

A idade biológica de um indivíduo pode restringir o grau com que ele pode se adaptar a certos estímulos de treinamento; além disso, alguns estímulos podem ser prejudiciais ou perigosos. Por exemplo, em garotos pré-púberes, a falta de testosterona restringe a quantidade de massa muscular que pode ser desenvolvida com treino de força e cargas maiores podem lesar o esqueleto ou impedir o crescimento. A força pode ser aumentada com o crescimento da massa muscular ou com a melhoria das adaptações neuromusculares (sincronia ou recrutamento). Dessa forma, quando os ganhos de força são desejáveis nessa população para permitir o desenvolvimento de habilidades ou prover proteção, protocolos de resistência devem focalizar na técnica apropriada e em resistências baixas para evitar os riscos e facilitar as adaptações neuromusculares. Adultos jovens e idosos também têm respostas diferentes ao treinamento. Adultos mais jovens têm melhor resposta ao treinamento que adultos mais velhos.[15]

Estado de treinamento

O estado de treinamento pode determinar a taxa de melhoria da maior parte das variáveis da aptidão física. Indivíduos com baixos níveis de aptidão física responderão com maior taxa e maior magnitude de adaptação do que aqueles que possuem maiores níveis de aptidão física.[16] Essa tendência pode ser vista na Figura 17.3 e é delineada nas seções que exploram a otimização e o princípio da sobrecarga.

Condição de saúde

A condição de saúde do indivíduo pode afetar a qualidade tanto do treinamento como do desempenho. Durante os períodos de doença ou lesão, a quantidade de energia adaptativa é reduzida, assim como a habilidade para trabalhar em intensidades e volumes ideais. Portanto, durante a doença ou a lesão, a prescrição de exercício e de recuperação deve ser reduzida para permitir que o indivíduo restaure a saúde antes de restabelecer o regime de treinamento.

Estado de fadiga

A fadiga de curto prazo gerada pela depleção dos combustíveis, substratos, acúmulo de metabólitos, estresse pelo calor ou desidratação limita a habilidade do indivíduo para trabalhar sob intensidades ou durações ideais. Portanto, para maximizar o estímulo de treinamento e, assim, maximizar a adaptação ao treinamento, a recuperação após a fadiga deve ser acompanhada de dieta apropriada, reidratação e estratégias de recuperação ativa e passiva.

PRINCÍPIO DA SOBRECARGA

Quando as células, os tecidos e os órgãos são carregados além do que são solicitados normalmente, eles se adaptam para lidar com as novas cargas de modo mais efetivo (Fig. 17.4). Os estímulos externos, como o ambiente ou o exercício, causarão um distúrbio no ambiente interno do corpo. As exposições repetidas causam adaptações que reduzem o grau de distúrbios e melhoram a taxa de retorno às condições ideais. As adaptações capacitam o corpo a enfrentar as novas condições e podem tomar muitas formas, desde o aumento de proteínas específicas e a divisão celular, até o armazenamento de combustível e a mudança nos fluidos.

As cargas físicas estimulam o aumento das capacidades fisiológicas. Quando cargas são aplicadas, elas devem ser específicas para o efeito desejado (o **princípio da especificidade**), ser apropriadas ao indivíduo (o **princípio da individualização**), considerar o tempo no calendário sazonal (o **princípio da periodização**), e ser apropriadas em termos do tipo de estímulo (frequência, intensidade e duração) (o **princípio do estímulo**). Por exemplo, quando o tamanho do músculo está sendo aumentado por meio de um treino de resistência de força, a prescrição pode ser de 8 a 12 repetições para 2 ou 3 séries, realizadas

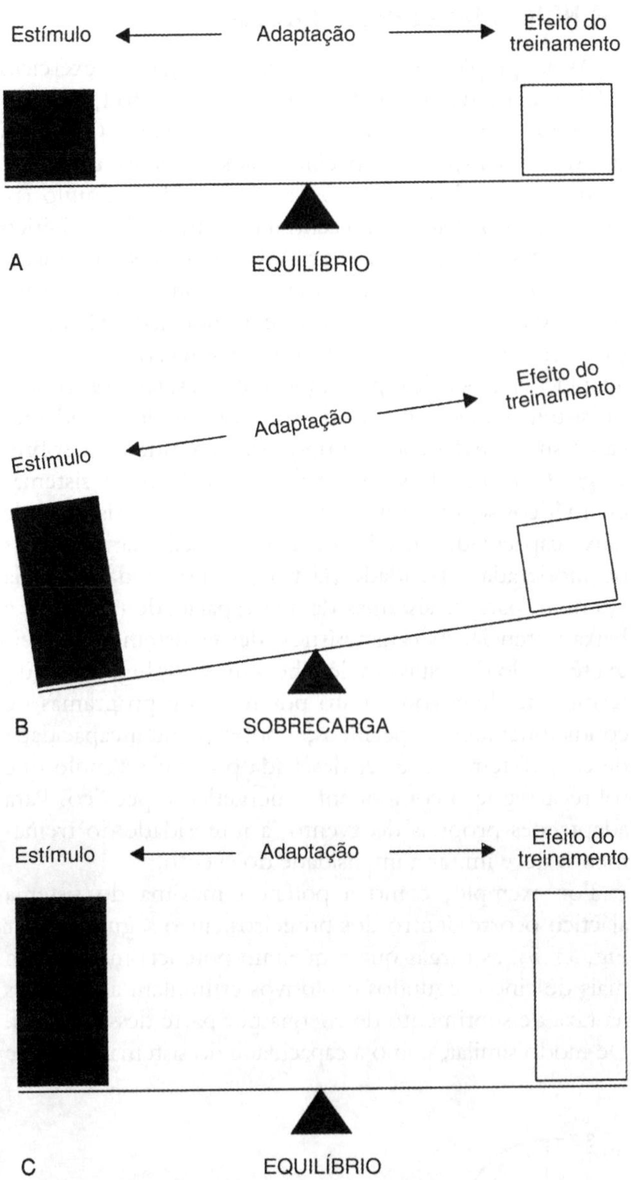

Figura 17.4 O efeito da sobrecarga na estimulação da adaptação para permitir aumento no efeito do treinamento. (De Wenger HA, McFadyen PF, McFadyen RA. Physiological principles of conditioning. In Zachazewski JE, Magee DJ, Quillen WS, editors. *Athletic injuries and rehabilitation*. WB Saunders, Philadelphia, 1996, p. 194.)

aproximadamente 3 vezes por semana. Se o levantamento de peso em supino é um exercício prescrito, e 70 kg permitem o número apropriado de repetições na primeira série, então quando 10 a 12 repetições puderem ser completadas na terceira série, a carga poderá ser aumentada em até 5% para trazer o número de repetições de volta à amplitude desejada e garantir a sobrecarga (o **princípio da progressão**). Quando a potência aeróbia está sendo desenvolvida, a prescrição deve envolver intervalos aeróbios de 1 a 3 minutos de duração com uma relação trabalho-repouso de 1:1 e a 90 a 100% da VO_2máx realizada com 6 a 10 repetições.[17] Pode-se progredir a carga aumentando a duração do intervalo de trabalho, diminuindo a duração do intervalo de repouso ou aumentando o número de repetições. Deve-se lembrar de que a sobrecarga crônica sem repouso (ver o princípio do repouso) e descarregamento (ver o princípio do carregamento/descarregamento) suficientes pode resultar em *overtraining* (ver o princípio do *overtraining*) ou em lesão e, assim, pode ser contraprodutivo para o treinamento ou para o desempenho.

PRINCÍPIO DA SUBCARGA

Quando um corpo é sobrecarregado, ele se adapta de tal modo que a capacidade fisiológica é aumentada. Se a carga é reduzida abaixo do que é normalmente realizado (subcarregado), o corpo irá se adaptar diminuindo sua habilidade no componente subcarregado (destreinamento). Similar ao sobrecarregamento, o destreinamento será específico ao estímulo.

O subcarregamento pode ocorrer por causa de doença, viagem, trabalho, feriados ou outros fatores que venham a interferir. A aptidão física pode ser mantida por menos tempo do que leva para ser construída (o **princípio da manutenção**). Se o treinamento aeróbio é reduzido em um ou dois terços apenas na frequência e na duração do treinamento, o VO_2máx e o desempenho podem ser mantidos. Contudo, se a intensidade é reduzida de um a dois terços, o VO_2máx e o desempenho diminuem.[18]

O destreinamento ocorre rapidamente após a cessação do treinamento. A redução no VO_2máx pode ser detectada dentro de quatro semanas de destreinamento. Essa diminuição inicial parece dever-se à redução no volume ejetado pelo coração. Uma maior redução após quatro semanas corresponde à redução no oxigênio absorvido pelo músculo a partir do sangue.

Dentro do músculo, o destreinamento também ocorre quando o treinamento cessa. Contudo, há pouca diminuição nas quatro semanas iniciais do subcarregamento. Mesmo após oito semanas de destreinamento, o músculo ainda é mais forte do que se ele nunca tivesse sido treinado. A despeito dos efeitos do destreinamento, as pessoas que tenham treinado manterão maiores níveis de aptidão física do que os indivíduos não treinados, independentemente dos anos que tenham se passado desde o último período de treinamento.[19]

PRINCÍPIO DA PROGRESSÃO

Uma carga apenas estimulará a adaptação quando as capacidades corporais funcionais existentes forem forçadas. Uma vez que a adaptação ocorra como resultado de uma carga ou um estímulo específico, essa carga não é mais uma "sobrecarga". Para alcançar maiores desenvolvimentos, a carga deverá ser progressivamente aumentada (ver Fig. 17.3).[20,21]

O aumento na carga pode se dar na frequência, na intensidade ou na duração. A progressão pode variar pelo aumento no número de sessões de treinamento por semana, pelo aumento da frequência ou da carga em cada sessão, ou pelo aumento do tempo de treinamento ou do número de repetições ou séries em uma sessão de treinamento. Para corredores de fundo, a melhoria no desempenho geral pode resultar da sobrecarrega na duração para aumentar a velocidade média de corrida ou para mudar para um treino intervalado de maior intensidade a fim de melhorar a potência aeróbia máxima.[22]

PRINCÍPIO DA VARIEDADE

Para obter a maior amplitude de benefícios a partir das cargas de treinamento, diferentes atividades e movimentos podem ser incluídos nas seções de treinamento. Como cada carga demanda uma adaptação específica (o **princípio da especificidade**), uma variedade de cargas estimulará uma variedade de adaptações. Quanto mais similares forem as variações, mais sobreposição ocorrerá nas adaptações.

O treino cruzado pode adicionar variedade para um programa de treinamento aeróbio. Esportes como a corrida, o ciclismo, a natação e o remo são métodos efetivos de treinamento cruzado para melhoria aeróbia; contudo, a adaptação pode não ser uma atividade específica. Mudanças nos componentes centrais do sistema de transporte de oxigênio tais como o débito cardíaco e o volume sanguíneo podem ser alcançadas de modo similar com diferentes métodos de treino.

A variedade pode ser incluída no treino de força ao mudar a preensão, as ações articulares, a posição do corpo ou o tipo de contração, os quais estressarão músculos diferentes, mudarão os padrões de recrutamento e alterarão o centro de gravidade. Por exemplo, no exercício rosca para bíceps, uma preensão em supinação estressa o bíceps braquial, enquanto uma preensão em pronação coloca mais tensão sobre o braquiorradial (o **princípio da especificidade**). Além de alcançar uma adaptação mais extensiva, a variedade também desperta interesse e entusiasmo com o regime de treinamento.

PRINCÍPIO DA HABILIDADE

A habilidade está associada com a eficiência mecânica melhorada e com um risco reduzido de lesão. A habilidade em ações específicas ao exercício deve ser estabelecida antes que a carga do treinamento seja aumentada, para reduzir a possibilidade de lesão.

Otimizar a habilidade pode melhorar o desempenho sem qualquer mudança na capacidade fisiológica. Executores habilidosos são, muitas vezes, capazes de superar seus competidores, mesmo com capacidades fisiológicas similares ou inferiores. Por exemplo, corredores quenianos têm obtido um desempenho superior em relação aos seus competidores europeus nas décadas recentes, a despeito de variáveis fisiológicas similares.[23] Esse desempenho superior deve-se à eficiência mecânica melhorada. Atletas de elite são capazes de cobrir distâncias similares com menor gasto energético[24,25] e menor fadiga. Uma aplicação habilidosa de forças pode resultar também em movimentos mais efetivos e poderosos sem melhoria nas capacidades de geração de força dos músculos esqueléticos. Independentemente da eficiência, a técnica também pode reduzir o esforço sobre as articulações e os ligamentos.

PRINCÍPIO DA ESPECIFICIDADE

As adaptações que o corpo faz às cargas de exercício (efeito de treinamento) são, em um amplo nível, específicas às estruturas e funções que foram carregadas. Os efeitos do treinamento são específicos aos sistemas de suprimento energético utilizados, aos locais do estímulo (p. ex., o quanto a circulação central ou o músculo periférico tenha sido carregado), aos grupos musculares específicos, à(s) ação(ões) articular(es), ao tipo de contração (concêntrica, excêntrica ou isométrica), e à velocidade de contração. Esse princípio determina que a sobrecarga resulta em adaptações específicas para aquelas células, tecidos, órgãos ou sistemas que tenham sido sobrecarregados. A adaptação resultante depende do tipo e da quantidade de sobrecarga. Como pode ser visto na Figura 17.5, os sistemas energéticos seguem um *continuum* a partir de sistemas de baixa capacidade (aláctico) e alta potência, para sistemas de moderada capacidade (láctico) e moderada potência e, então, para os sistemas de alta capacidade (aeróbio) e baixa potência. As características desses sistemas de energia têm sido descritas em detalhes em vários lugares.[1,2] Em termos de desenvolvimento por meio de programas de condicionamento específicos, a potência ou a capacidade de cada sistema deve ser desafiada por um estímulo que sobrecarregue o componente energético específico. Para adaptações próprias do evento, a intensidade do treinamento deve imitar a intensidade do evento.[22]

Por exemplo, como a potência máxima do sistema aláctico ocorre dentro dos primeiros cinco segundos (ver Fig. 17.5), as cargas que requeiram potência máxima em mais de cinco segundos explosivos estimulam adaptações na taxa de suprimento de energia por parte desse sistema. De modo similar, como a capacidade do sistema láctico se

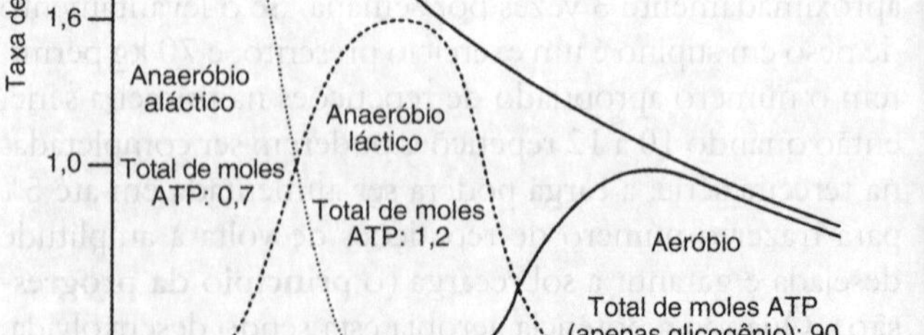

Figura 17.5 A potência e a capacidade máximas de três sistemas energéticos. (De Wenger HA, McFadyen PF, McFadyen RA. Physiological principles of conditioning. In Zachazewski JE, Magee DJ, Quillen WS, editors. *Athletic injuries and rehabilitation.* WB Saunders, Philadelphia, 1996, p. 195.)

Aplicações da especificidade

- Sistemas energéticos
- Locais de estímulo (central/periférico)
- Grupo muscular
- Ação(ões) articular(es)
- Tipo de contração
- Velocidade de contração
- Intensidade da atividade

estende de 45 a 180 segundos, o exercício que maximamente desafia o músculo além dessa faixa de tempo provê o estímulo ideal para a adaptação. Deve-se notar que a potência do sistema aeróbio também é desafiada durante o mesmo período de tempo que a capacidade lática. Assim, o intervalo de exercício projetado para desafiar a potência aeróbia pode também estimular adaptações significativas na capacidade lática. Isso é consistente com o princípio da especificidade: quando ambos os sistemas de suprimento de energia são sobrecarregados, ambos se adaptarão.

A estimulação prolongada do sistema cardiorrespiratório (central) resulta em alterações cardíacas, vasculares e na função sanguínea. As alterações na circulação central melhoram a liberação de oxigênio, combustíveis, hormônios e água; a remoção dos descartes metabólicos, como o lactato, a amônia e o dióxido de carbono; e a manutenção do equilíbrio térmico. Todas essas adaptações melhoram o desempenho prolongado em atividades como o esqui *cross-country*, o remo ou a marcenaria. Melhoram também a recuperação a partir de intervalos de alta intensidade durante atividades intermitentes como o basquetebol, o hóquei no gelo, o futebol, a atividade de bombeiros ou durante treinamentos de intervalo ou de resistência de alta intensidade. O estímulo prolongado pode ser tanto contínuo com intensidades moderadas, quanto em intervalos repetidos, com intensidades correspondendo ao VO_2máx.

No músculo esquelético, diferentes tipos de unidades motoras (oxidativa lenta [tipo I], oxidativa-glicolítica rápida [tipo IIa], e glicolítica rápida [tipo IIb]) são recrutadas com intensidades e duração de carga e estímulo diferentes. As características dessas unidades motoras e a natureza de seus padrões de recrutamento têm sido descritas em detalhes por vários autores.[26,27] Durante o exercício prolongado de intensidade moderada, as unidades motoras de contração lenta são recrutadas primeiramente. Quando elas começam a fadigar, depois de aproximadamente 1 hora de atividade, o recrutamento das unidades motoras de contração rápida oxidativas-glicolíticas (tipo IIa) é aumentado, seguido pelo *pool* de glicolíticas rápidas (tipo IIb). Contudo, os programas intervalados aeróbios de alta intensidade, com duração de um a três minutos, requerem uma contribuição significativa das unidades motoras de contração rápida, estimulando, dessa forma, as mudanças aeróbias nesses músculos de modo muito mais rápido do que poderia acontecer com o treinamento contínuo prolongado de baixa intensidade. Para melhorar a potência aeróbia, esses programas devem ser tanto de longa duração (com excesso de uma ou mais horas) ou consistir em intervalos de alta intensidade para iniciar as adaptações máximas em nível celular em todos os três tipos de fibras.

A adaptação do músculo esquelético também é específica aos grupos musculares utilizados e à(s) ação(ões) articular(es). Por exemplo, a sobrecarga de força alcançada por meio do exercício de rosca de bíceps desafia o bíceps braquial ao máximo quando o antebraço está supinado. Quando em posição pronada, o bíceps é menos recrutado, mas uma demanda maior é colocada no músculo braquiorradial. De modo similar, em muitas ações, os estabilizadores para os músculos de suporte ou circundantes e sinergistas também são críticos para a técnica apropriada e para o desempenho ideal. Assim, isolar grupos musculares durante o treino de força pode ser menos efetivo para transferir a força para movimentos complexos ou poliarticulares do que realizar tais movimentos sobre condições carregadas. Contudo, em movimentos poliarticulares, cada grupo muscular individual não é carregado de forma máxima. Portanto, se um grupo muscular está mais fraco por causa de uma lesão ou pelo desuso, é mais sábio carregá-lo de forma independente para construir força e então combinar ações em movimentos poliarticulares específicos do esporte.

De modo similar, o tipo de contração (isométrica, concêntrica ou excêntrica) e a velocidade de contração também afetam o tipo de adaptação e, assim, a habilidade para realizar diferentes tipos e velocidades de movimento. Portanto, quando o desempenho requer movimentos concêntricos em ações simples ou poliarticulares, a carga de treinamento deve ser aplicada de forma concêntrica para o retorno máximo do tempo investido. Da mesma forma, quando contrações excêntricas contribuem para o desempenho muscular, as cargas excêntricas devem ser incorporadas na prescrição de treinamento.[28] Contudo, deve-se usar de precaução na prescrição do exercício excêntrico porque a **síndrome da dor muscular tardia** (DMT), que ocorre de 24 a 72 horas após o exercício, pode limitar severamente a duração do treinamento e o entusiasmo.[29,30] Portanto, para minimizar os efeitos da DMT, as cargas excêntricas devem ser aplicadas gradualmente e utilizadas combinadas às contrações concêntricas e a uma preparação apropriada (o **princípio da preparação**); e as estratégias de recuperação devem ser empregadas (o **princípio da recuperação**).

Embora uma tensão significativa possa ser imposta sobre o músculo em modos isométricos, as adaptações são específicas ao ângulo articular treinado, e um ganho menor é evidente em ângulos articulares diferentes do ângulo de treinamento. Contudo, durante a reabilitação, esse tipo de treinamento pode iniciar mudanças significativas em determinados pontos da amplitude de movimento, que são limitadores do desempenho devido à lesão.

A velocidade de contração também causa mudanças que são específicas à velocidade, de modo que o treino de força em baixa velocidade produz maiores alterações na força em baixa velocidade, enquanto o treinamento em alta velocidade causa o máximo de benefício em contrações de alta velocidade. A transferência do treinamento de uma velocidade para outra é menos clara, mas o treinamento em alta velocidade mostrou ser capaz de prover uma melhoria maior em baixa velocidade do que ao contrário. O mecanismo neural por trás dele ainda não foi determinado. Para um benefício máximo no desempenho que envolva a velocidade ou requerimentos específicos dessa velocidade, o estilo de treinamento deve ser aplicado na ou acima da velocidade requerida.[31]

PRINCÍPIO DO ESTÍMULO

Muitas características da carga de exercício agem como estímulos para o tipo e a magnitude dos efeitos de treinamento. As características são a intensidade (velocidade, resistência), duração da sessão de exercício, a frequência (número de sessões por semana), a duração (número de semanas ou meses), o padrão (contínuo *versus* intervalado) e a modalidade (p. ex., corrida, ciclismo).

Características do exercício a considerar na concepção de programas

- Intensidade
- Duração
- Frequência
- Duração total do programa
- Padrão de atividade
- Modo

Vários programas prescritivos têm sido destinados à combinação desses diferentes estímulos. A indústria da aptidão física tem adotado o **princípio FITT**, que incorpora frequência (F), intensidade (I), tempo (T) e tipo (T) de exercício para alcançar os níveis ideais de saúde e aptidão física para o público em geral. Esses mesmos estímulos também são ingredientes críticos do processo adaptativo para o paciente ou o atleta. A sobrecarga que alcança um efeito de treinamento é uma função da combinação desses estímulos. A progressão na carga total (volume) pode ser alcançada aumentando-se a intensidade, o tempo ou a frequência, ou uma combinação dos três. Contudo, a natureza da adaptação difere se o volume tem sido aumentado por causa de mudanças na intensidade ou mudanças no tempo e na frequência (o **princípio da especificidade**). O tipo de exercício dependerá da acessibilidade do equipamento, do lugar de treinamento e da especificidade da adaptação requerida pelo desempenho.

Para mudanças no sistema energético aeróbio, as intensidades que abordam o VO_2máx agem como estímulo para a adaptação na potência aeróbia quando a taxa máxima de produção de energia de um sistema é crítica. Contudo, nessas intensidades, a duração é limitada a 5–10 minutos de esforço contínuo. Sendo assim, para aumentar o volume desse tipo de treinamento, períodos intermitentes de recuperação devem ser interpostos com intervalos de trabalho de 1 a 3 minutos. A intensidade desses intervalos de VO_2máx pode ser monitorada pela medição da frequência cardíaca e ao garantir que ela seja mantida dentro de até cinco batimentos do valor máximo durante o intervalo de treinamento. Deve-se permitir que a frequência cardíaca durante o intervalo de recuperação diminua em 30 batimentos por minuto abaixo da frequência cardíaca máxima.[1] Nos estágios iniciais desse tipo de treinamento, quatro a cinco intervalos podem ser completados. O número de repetições pode ser elevado de modo progressivo para oito ou dez ao longo do ano de treinamento. Mudanças no volume total de energia de um determinado sistema aeróbio, melhorias na função cardiovascular e altos níveis de gasto calórico são desejados no treinamento da capacidade aeróbia. Para treinar essa capacidade, recomenda-se um trabalho de intensidade menor (70 a 85% da frequência cardíaca máxima) e uma duração de trabalho mais prolongada (acima de 35 minutos), com uma frequência de 3 a 6 vezes por semana.[16]

Maneiras de melhorar a capacidade aeróbia de pacientes

- Trabalhar em 70 a 85% da frequência cardíaca máxima
- Fazer atividades por 35 minutos ou mais
- Fazer atividades de 3 a 6 vezes por semana

O componente intensidade, para desafiar os sistemas energéticos anaeróbios, é alterado pelo aumento da velocidade ou da resistência do movimento. Desse modo, as ações explosivas de curta duração, tanto em altas velocidades como em altas resistências, desafiam a potência do suprimento aláctico ou láctico, dependendo do intervalo de tempo durante o qual esses sistemas de suprimento energético são designados para operar (ver Fig. 17.5). Atualmente, é melhor monitorar essas intensidades pela carga (velocidade ou resistência) do que permitir o esforço máximo além do tempo apropriado. Por exemplo, corridas de 20 m realizadas por mais de 2,5 a 3 segundos de velocidade máxima desafiam a potência a anaeróbia aláctica. Essa mesma potência também pode ser desafiada por um esforço máximo a um ritmo relativamente mais lento contra alta resistência utilizando um *leg press*. Se intervalos repetidos resultam na diminuição da velocidade ou da carga movida, então o suprimento energético aláctico não está mais sendo desafiado. Assim, a recuperação suficiente deve ser incorporada entre os intervalos para permitir o esforço máximo, usualmente em uma taxa de trabalho-repouso de 1:6 (i. e., cinco segundos de trabalho para 30 segundos de recuperação). A recuperação deve consistir de repouso e/ou de exercício de intensidade muito baixa para permitir o reabastecimento dos estoques de fosfágeno.[1] Esse tipo de treinamento deve ser feito no início, em uma sessão de treinamento na qual o indivíduo esteja bem descansado. De modo similar, desafios à potência láctica devem forçar as taxas máximas de suprimento energético desse sistema, as quais usualmente ocorrem dos 15 a 25 segundos de esforço total (ver Fig. 17.5). Taxas de trabalho-repouso de 1:3 ou 1:4 são, muitas vezes, prescritas para garantir um volume de treinamento suficiente.

A intensidade da carga requerida para mudanças ótimas na força muscular depende da magnitude da resistência oferecida ao músculo. Maiores resistências requerem maior desenvolvimento de tensão no músculo, o qual age conforme o estímulo para as mudanças na força. Algumas evidências sugerem que as cargas que permitem de quatro a oito repetições antes da falência invocam mudanças de força máxima sem hipertrofia, ao passo que as cargas que permitem de 9 a 12 repetições estimulam mudanças tanto na força como no tamanho muscular.[28,29] Quando as repetições excedem esses limites, a intensidade (carga) deve ser aumentada para prover o estímulo ideal.

A relação inversa entre a intensidade e a duração foi delineada previamente (com treinamento de alta intensidade, a duração é reduzida, e vice-versa). A capacidade (ou o volume) de energia que pode ser produzida em qualquer um dos sistemas é refletida na quantidade de tempo em que o sistema pode produzir a sua energia. Dessa forma, o estímulo para o aumento da capacidade dos sistemas aláctico, láctico e aeróbio é uma duração aumentada, além da qual o sistema específico é requerido para prover sua energia. Para estender a capacidade do suprimento energético aláctico, deve-se fazer intervalos de esforço total de 20 a 30 segundos de duração. De modo similar, a capacidade de suprimento energético láctico é desafiada com intervalos de trabalho que excedam 45 segundos. Os limites da capacidade aeróbia são estendidos quando a intensidade é reduzida a um nível suficiente para permitir entre uma a duas horas de atividade contínua envolvendo grandes grupos musculares.

Muitas atividades requerem que grupos musculares realizem contrações submáximas por períodos extensos de tempo. Essa capacidade é muitas vezes denominada de **resistência da força**. O estímulo é imposto pelo aumento do número de repetições para ir de encontro às demandas do desempenho. A adaptação consiste do aumento da produção de força (força) ou da resistência (suprimento energético).

A frequência de sessões de treinamento está inversamente relacionada tanto à intensidade como à duração das cargas de treinamento. Quando células, tecidos, órgãos ou sistemas particulares são sobrecarregados com um treino de alta intensidade ou de longas durações, eles requerem tempos estendidos para adaptação, recuperação e regeneração. Desse modo, a aplicação de sessões de treinamento repetidas é uma arte, bem como uma ciência, que requer um senso de quão efetivamente o indivíduo está adaptado para as cargas de treinamento. Em geral, sessões de treinamento de alta intensidade ou de longa duração requerem 48 horas entre as sessões, porém, quando o volume ou a intensidade do treinamento são reduzidos, a frequência pode ser aumentada para sessões diárias ou de duas vezes ao dia. Durante os períodos nos quais a intensidade, a duração e a frequência são altas, períodos de descarregamento são mandatórios (o **princípio do carregamento/descarregamento**) para evitar o *overtraining* (o **princípio do *overtraining***).

O tempo (número de semanas) devotado ao desenvolvimento de qualquer um dos componentes de aptidão física depende da importância do componente para o desempenho ou para treinar (o **princípio do desempenho**) uma ocupação, atividade ou esporte particular. Isso também depende de quão prontamente o indivíduo responde ao estímulo de treinamento (o **princípio da individualização**) e, para esportes competitivos, da agenda da competição e do nível de competição (o **princípio da periodização**).

O modo de treinamento (tipo de atividade) também dita a extensão na qual as adaptações afetam o desempenho. Por exemplo, mudanças no sistema cardiorrespiratório podem ser alcançadas por meio de estímulos apropriados em uma variedade de atividades que envolvem grandes massas musculares (corrida, ciclismo, natação, esqui). Essas atividades podem ser tomadas individualmente ou combinadas em uma mesma sessão de treinamento (treinamento cruzado). Contudo, nos casos em que sejam necessárias mudanças em grupos musculares específicos e em modalidades específicas (p. ex., remo) ou se a adaptação máxima naquela modalidade (remo) é desejada, o estímulo deve ser específico para permitir alterações tanto para a circulação central como para os músculos periféricos específicos.

PRINCÍPIO DO REPOUSO

Em resposta ao estímulo de treinamento, os componentes que foram sobrecarregados sofrerão alguma lesão em nível subcelular, celular ou tecidual, o que irá reduzir temporariamente a habilidade funcional da célula, tecido, órgão ou sistema. Um período de repouso em seguida ao exercício permitirá que o corpo se adapte por ressintetizar a proteína associada com esses componentes em um nível maior do que antes da sobrecarga.[32] Esse processo de síntese ou construção leva entre 12 e 48 horas, dependendo da intensidade (qualidade) do exercício e do volume (quantidade total) da carga. Intensidades menores ou volumes menores de sessões de treinamento podem tomar apenas 12 horas de repouso, enquanto sessões de treinamento de alta intensidade podem requerer mais de 48 horas para construir o efeito de treinamento.

Período de recuperação após exercício

- 12 a 48 horas, dependendo da intensidade do exercício e do volume da carga

Se a fase de repouso entre duas sessões de treinamento for muito longa, a adaptação fará um platô, e o desempenho pode se estabilizar. Se a fase de repouso for muito curta, não ocorrerá a regeneração completa, e o atleta irá treinar fatigado. É crítico estabelecer um equilíbrio entre o trabalho e o repouso para desenvolver um programa de treinamento efetivo.

PRINCÍPIO DA MANUTENÇÃO

O efeito do treinamento é frágil. Se o estímulo do treinamento for parado, reduzido ou alterado, o efeito do treinamento irá declinar. Contudo, o efeito do treinamento pode ser mantido, ao menos por alguns meses, se a frequência for reduzida a um terço e a intensidade e a duração forem mantidas.[33] Por períodos de duas ou três semanas, o efeito pode permanecer se a duração for reduzida a dois terços, mas a intensidade e a frequência forem mantidas no nível que produz o efeito de treinamento.[34] A intensidade do treinamento é crítica para a manutenção do desempenho.[35]

Manutenção

- Para manter o nível de aptidão física, a intensidade e a frequência devem ser mantidas. A duração pode ser reduzida em um terço

Muitas vezes é necessário durante os treinos em um ano competitivo mudar o foco do treinamento para algum outro componente da aptidão física ou para otimizar o desempenho para a competição, ou para um retorno à ocupação prévia do paciente. Durante esses períodos, ignorar o desenvolvimento prévio de um componente de aptidão física particular levará a um decréscimo que pode causar redução do desempenho a longo prazo. Dessa forma, a habilidade para manter os níveis estabelecidos de aptidão física, por meio da frequência ou da duração reduzidas, fornece oportunidades para enfatizar o desenvolvimento de diferentes componentes de aptidão física. Por exemplo, quando a potência aeróbia é desenvolvida a um nível ideal de 60 mL/kg/minuto por meio da frequência de treinamento de cinco vezes por semana em um jogador de futebol de elite, o VO_2máx pode ser mantido pela redução da frequência a duas vezes por semana ou por reduzir o número de intervalos aeróbios por sessão de treinamento a dois terços. Isso permitirá que o indivíduo se concentre no desenvolvimento da força enquanto mantém seu nível crítico de potência aeróbia. Concomitantemente, se as mudanças na força são desenvolvidas por meio de um programa de resistência progressiva três vezes por semana, os níveis adquiridos podem ser mantidos com uma sessão por semana ou uma redução no número de séries por sessão a um terço. Um exemplo de frequência reduzida requerida para a manutenção da potência aeróbia ou da força é ilustrada nos dias 15 a 28 da Figura 17.6.

PRINCÍPIO DA INTERFERÊNCIA

Quando se treina para dois tipos diferentes de adaptação (p. ex., potência aeróbia e força), os estímulos de treinamento podem interferir um no outro e resultar num ganho menor em um ou ambos os efeitos. Quando se tenta treinar dois componentes de aptidão física diferentes durante um mesociclo, existe o risco de reduzir a quantidade de adaptação quando diferentes estímulos são impostos durante o mesmo dia ou mesmo em dias subsequentes.[36] Parece que a adaptação aos estímulos aeróbios de baixa intensidade levam menos tempo do que a adaptação ao treinamento de potência ou força de maior intensidade, e que diferentes tipos de unidades motoras são recrutadas. Quando as cargas de força são combinadas com treino aeróbio, a adaptação aeróbia não sofre declínio, mas existe um impacto negativo no desenvolvimento de força pelo treinamento aeróbio concorrente.[36,37] Quando a força e o treinamento aeróbio ocorrem em dias alternados, as adaptações na força não são prejudicadas pelo treinamento aeróbio nos dias prévios ou subsequentes acima de oito semanas. Contudo, em períodos de tempo maiores do que oito semanas, mesmo dias entrepostos de treinamento aeróbio e de força podem exercer um efeito danoso no desenvolvimento da força.[38] Quando o treinamento de força e o treinamento aeróbio são bloqueados em períodos de treinamento separados, não existe um efeito de interferência aparente. Contudo, efeitos aeróbios alcançados previamente são prontamente perdidos durante o treinamento de força subsequente, mas os ganhos de força adquiridos previamente não são tão fragilizados quando seguidos por um período de treinamento aeróbio.[38]

O efeito de interferência torna-se uma questão relevante quando alguém deve treinar diferentes componentes de aptidão física nos mesmos microciclos dentro de uma fase de treinamento (pesquisas mostram que o efeito é mais pronunciado quando se treina a força e a aptidão física aeróbia concorrentemente).[36] Os benefícios da força são reduzidos se o treinamento aeróbio precede o trabalho de força em até oito horas e ocorre nos mesmos grupos musculares. Também é provável que a interferência possa afetar os benefícios anaeróbios de alta intensidade quando esse tipo de treinamento é precedido por um trabalho aeróbio ou de força. Independentemente de que o mecanismo de interferência seja uma tensão sobre os processos adaptativos no músculo ou a fadiga que reduz o volume de treinamento e a qualidade, a solução é realizar um trabalho de alta intensidade em um estado tão repousado quanto possível. O treinamento deve ser agendado de forma que o trabalho de alta intensidade em grupos musculares similares ocorra com um distanciamento de 24 a 48 horas, e as sessões de treinamento intervenientes devem usar grupos musculares diferentes ou ser menores em volume. Se o treinamento aeróbio precede o treinamento de força, ele deve ser agendado no mínimo 8 horas mais cedo e usar grupos musculares completamente diferentes. Se o treinamento aeróbio segue o treino da força, então deve envolver grupos musculares diferentes e ser menor, tanto em volume (<45 minutos) como em intensidade (<70% do VO_2máx).[39]

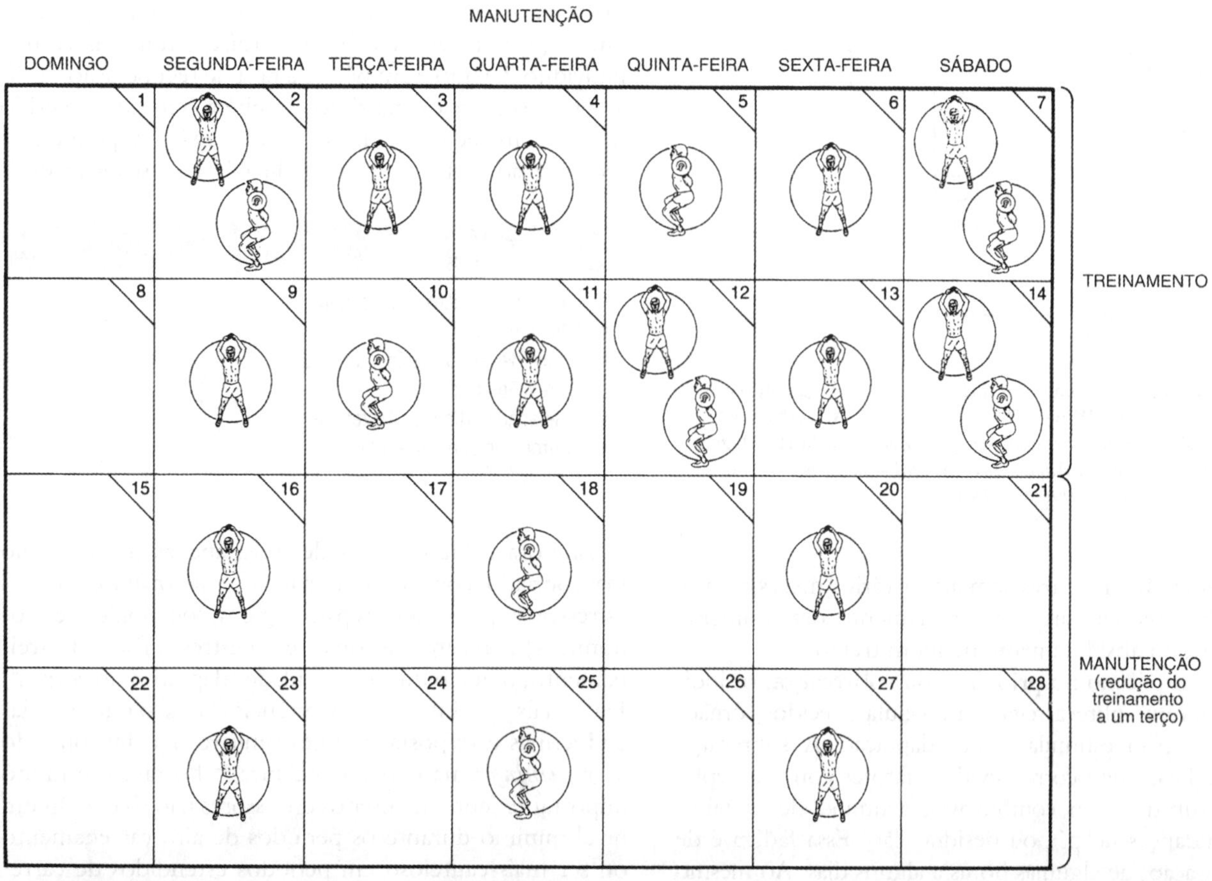

Figura 17.6 Um exemplo da redução na frequência do treinamento para manter o efeito do treinamento. Note que a intensidade e a duração são mantidas durante o período de frequência reduzida; apenas o número de sessões muda. (De Wenger HA, McFadyen PF, McFadyen RA. Physiological principles of conditioning. In Zachazewski JE, Magee DJ, Quillen WS, editors. *Athletic injuries and rehabilitation.* WB Saunders, Philadelphia, 1996, p. 199.)

PRINCÍPIO DO CARREGAMENTO/ DESCARREGAMENTO

Para o corpo se adaptar efetivamente a períodos de carregamento progressivo, é necessário que ele tenha um período de carga reduzida para garantir a recuperação apropriada, as adaptações efetivas e uma redução no risco de *overtraining*. Existem muitas maneiras diferentes de se organizar os períodos de carregamento e descarregamento (**ciclos**). Um formato comum é de três períodos curtos (**microciclos**) de uma semana cada, no qual as cargas são progressivamente aumentadas, seguido por um microciclo de uma semana de volume e intensidade reduzidos (Fig. 17.7). Esse período de quatro semanas tem sido denominado **mesociclo**, e tem objetivos específicos para o desenvolvimento de um componente de aptidão física particular (o **princípio da periodização**).[21] Mesociclos adicionais para o desenvolvimento mais completo dos mesmos componentes de aptidão física ou um mesociclo para uma transição entre o desenvolvimento de um componente para outro terão seus próprios microciclos de carregamento e descarregamento.

Embora o princípio da sobrecarga afirme que a progressão é necessária para alcançar adaptações ótimas (o **princípio da otimização**), essas progressões devem ser interpostas com períodos curtos de descarregamento para facilitar o processo adaptativo por meio da combinação da regeneração fisiológica, psicológica e emocional. Períodos de sobrecarga entrepostos com períodos de recuperação permitem a regeneração e a melhoria da capacidade física.[40]

PRINCÍPIO DO OVERTRAINING

O *overtraining*, também denominado de *overstress*, reflete a inabilidade para se recuperar do exercício, resistência diminuída à lesão e fadiga crônica ou exaustão. O *overtraining* é causado pela perda da capacidade adaptativa do corpo após um carregamento de alto volume crônico ou em resposta a um aumento muito grande na duração ou na intensidade do treinamento. Trata-se de um fenômeno pouco compreendido, que inclui sintomas como a perda de apetite, inabilidade para dormir, letargia, dor muscular, fadiga crônica, declínio do desempenho[38] e um metabolismo alterado.[41] Não se trata da fadiga aguda associada a uma sessão única ou a poucas sessões de treinamento, que pode ser superada com um pequeno repouso, dieta apropriada e nutrição adequada. Essa sín-

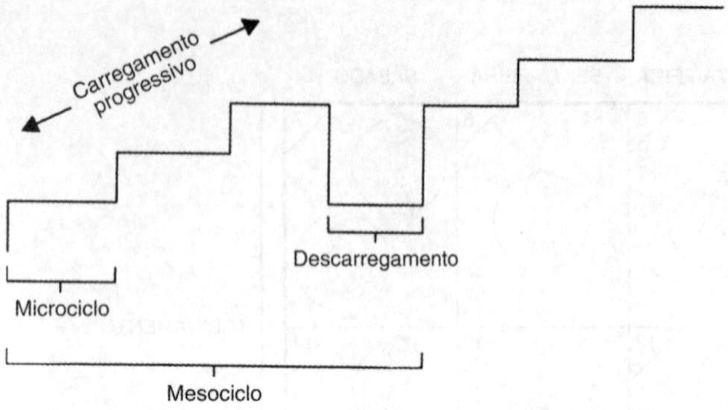

Figura 17.7 Sequenciamento dos microciclos de carregamento e de descarregamento. (De Wenger HA, McFadyen PF, McFadyen RA. Physiological principles of conditioning. In Zachazewski JE, Magee DJ, Quillen WS, editors. *Athletic injuries and rehabilitation*. WB Saunders, Philadelphia, 1996, p. 198.)

drome pode levar de três semanas a vários meses para se dissipar[42] e requer cargas de treinamento drasticamente reduzidas, ou absolutamente nenhum treino.

Como explicado no **princípio da sobrecarga**, os indivíduos devem sobrecarregar suas células, tecidos, órgãos e sistemas para estimular uma adaptação. A sobrecarga gera a fadiga, que ocorre devido a fatores como a depleção de substrato ou combustível, acúmulo de metabólitos, mudanças no pH ou desidratação. Essa fadiga é de curta duração, de algumas horas a alguns dias. Ao mesmo tempo, também deve ocorrer a adaptação ao estímulo de treinamento (supercompensação). Durante a adaptação, a proteína é sintetizada para construir uma nova proteína estrutural ou enzimática de modo que o treinamento faça efeito. Os períodos de recuperação e de adaptação podem levar de algumas horas a 2 dias. Para obter a adaptação máxima, vários tipos de esportes usam uma estratégia de "superalcance" para sobrecarga, que pode ser aplicada quando se estiver considerando retornar um paciente ao seu nível prévio de atividades. Esse processo envolve aplicar cargas de treinamento antes que a recuperação e a adaptação à carga prévia sejam completadas. Pelo fato de que esse processo de superalcance estressa a capacidade adaptativa do organismo, ocorre uma quebra, resultando em uma suave dormência, e se continuada, resulta na síndrome do *overtraining*. A solução é iniciar a quantidade apropriada de repouso (o **princípio do repouso**), recuperação (o **princípio da recuperação**), descarregamento (o **princípio do carregamento/descarregamento**) e progressão (o **princípio da otimização**) em um plano anual periodizado (o **princípio da periodização**). O uso da periodização para evitar o *overtraining* foi revisto por Fry et al.[40]

Diversos preditores fisiológicos foram sugeridos para antecipar o estado de *overtraining* e incluem o aumento da frequência cardíaca matutina de repouso, a diminuição do peso corporal no estado hidratado, a elevação da frequência cardíaca de recuperação após carga máxima, o aumento da pressão arterial, o aumento da relação cortisol-testosterona e a alteração dos padrões de sono.[42-44] As duas variáveis mais relacionadas são a frequência cardíaca matutina de repouso, tanto na posição supina quanto a diferença entre as frequências cardíacas tomadas com o indivíduo deitado e em pé,[42] e a taxa de recuperação cardíaca após o exercício máximo. Também tem sido sugerido que essas medidas podem ser obtidas após um período de recuperação, ao fim do qual a fadiga deve ter se dissipado.[40]

Sinais de *overtraining*

- ↑ Frequência cardíaca matutina
- ↓ Peso corporal
- ↑ Taxa de recuperação cardíaca
- ↑ Pressão arterial
- ↑ Relação cortisol-testosterona
- Padrões de sono alterados

Embora a Figura 17.8 descreva apenas um estímulo inapropriado contribuindo para o *overtraining*, outros estressores (p. ex.,fatores psicológicos, sociológicos e econômicos) parecem adicionar-se ao estresse físico do treinamento, o que reduz a capacidade adaptativa do corpo.[45] Há sinais e sintomas, ocorrências neurológicas, vias endócrinas e respostas imunes similares na síndrome do *overtraining* e na depressão clínica.[44] Portanto, é muito importante tentar manter os estressores não físicos em um nível mínimo durante os períodos de alto carregamento ou ser mais cauteloso em períodos estendidos de carregamento de alto volume quando outros extensores estão presentes.

PRINCÍPIO DA RECUPERAÇÃO

O propósito da fase de recuperação é restaurar os músculos e o corpo aos níveis pré-exercício. Depois do treinamento ou da competição, uma recuperação ativa promove o retorno venoso e a remoção de metabólitos do músculo, o restabelecimento do equilíbrio de fluidos,

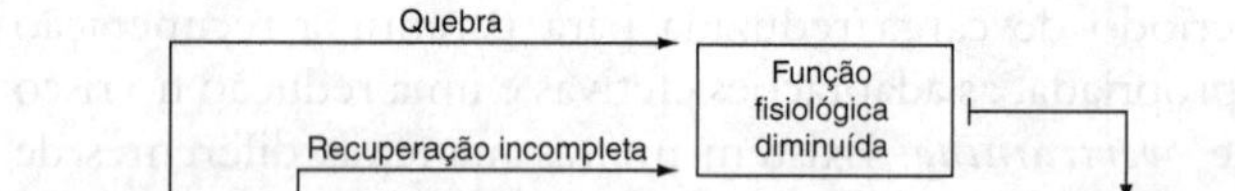

Figura 17.8 Modelo para descrever os efeitos dos estímulos de treinamento ideal ou excessivo. (De Wenger HA, McFadyen PF, McFadyen RA. Physiological principles of conditioning. In Zachazewski JE, Magee DJ, Quillen WS, editors. *Athletic injuries and rehabilitation*. WB Saunders, Philadelphia, 1996, p. 200.)

a recolocação das reservas de energia e de combustível e o relaxamento nos músculos que estiveram ativos. Após o exercício, um curto resfriamento (de cinco a dez minutos) de baixa intensidade (30 a 65% do VO_2máx) ajudará na manutenção do retorno venoso e na remoção dos metabólitos em níveis superiores ao repouso passivo.[46-48] A ingestão de fluidos (água, eletrólitos, e até 20% de carboidrato) irá começar a restabelecer o equilíbrio de fluidos,[49] e alimentos ricos em carboidratos ajudarão no rápido reabastecimento dos depósitos de glicogênio.[50]

O período de recuperação também é necessário para restaurar o glicogênio muscular após o exercício prolongado, tanto de natureza contínua quanto intervalada. A taxa de reabastecimento difere de acordo com a extensão da depleção, do tipo de exercício e da quantidade de carboidrato disponível, bem como do tempo de ingestão de carboidrato após o exercício.

Após um trabalho prolongado contínuo ou intermitente, a suplementação de antioxidantes como o ácido ascórbico (vitamina C), alfatocoferol (vitamina E) e betacaroteno (vitamina A) mostrou-se efetiva na remoção de produtos de descarte do estresse oxidativo (radicais livres).[50,51]

Várias modalidades, como a massagem, a hidroterapia e a eletroestimulação, têm sido utilizadas para melhorar a recuperação, com um suporte incidental, mas pouco científico. Os atletas se sentem bem recuperados após a massagem, embora os níveis de lactato sanguíneo sejam os mesmos ou maiores depois dela do que após o repouso passivo.[47,52] Contudo, os banhos frios, a massagem e a recuperação ativa mostraram-se igualmente efetivos em acelerar a recuperação a partir da atividade intermitente de alta intensidade.[53]

As técnicas de alongamento têm sido utilizadas para alterar a amplitude de movimento (ADM) em uma articulação, tanto aguda quanto cronicamente. Somado a isso, elas têm sido usadas após o exercício para diminuir a tensão muscular e facilitar a recuperação por meio do aumento do fluxo sanguíneo. As três técnicas de alongamento mais comuns são o alongamento balístico (mudanças rápidas no comprimento no fim da ADM), o alongamento estático (SS) (alongamento passivo no final da ADM) ou a facilitação neuromuscular proprioceptiva (FNP). Existem dois tipos primários de alongamento por FNP: contração-relaxamento (CR), no qual o músculo é contraído isometricamente e então relaxado enquanto é alongado passivamente até o fim da ADM; e contração-relaxamento-contração do agonista (CRCA), no qual o alongamento CR é realizado, seguido pela contração dos músculos agonistas para auxiliar no alongamento dos músculos-alvo até o fim da ADM. Em ambas as técnicas de FNP, os fisioterapeutas muitas vezes aumentam o torque de alongamento. O alongamento balístico tem sido apresentado como inefetivo, senão contraprodutivo, para a ADM.[54,55] Mas ele pode ter alguma utilidade, à medida que o paciente retorna aos níveis funcionais de sua ocupação. A técnica SS mostrou-se capaz de diminuir a contração muscular na eletromiografia (EMG), em uma abrangência maior do que o CR e o CRCA.[56] Assim, para recuperação pós-exercício, o SS é a técnica que deve ser empregada. Deve-se observar, contudo, que para o aumento agudo na ADM, tanto o SS como o CRCA são igualmente efetivos, enquanto o CRCA é mais efetivo para aumentos crônicos de longa duração na ADM.[55] Isso se deve, provavelmente, a uma redução em outros componentes da resistência muscular além da contração, conforme constatado pelo EMG. Dessa forma, para aumento único na ADM antes do exercício, tanto o SS como o CRCA são preferidos, enquanto o CRCA é o método de escolha para aumentos crônicos na flexibilidade.

A recuperação é um processo multidimensional que requer do atleta bastante repouso, dieta balanceada, resfriamento e alongamento apropriados após uma atividade para facilitar a restauração rápida.

PRINCÍPIO DA PREPARAÇÃO

É importante estar adequadamente aquecido e alongado antes do treinamento e da competição. O propósito do aquecimento é elevar a temperatura do músculo, do sangue e do tecido conjuntivo, tanto para melhorar o desempenho como para proteger o tecido mole de lesões. Alongar também ajuda no relaxamento do músculo e permite um fluxo sanguíneo e uma ativação neural melhorados, embora o pico de força possa ser reduzido.

O aquecimento envolve exercício de baixa intensidade (<60% do VO_2máx ou 70% da frequência cardíaca máxima), de duração relativamente curta (<15 minutos). O principal objetivo do aquecimento é aumentar a temperatura central (1° a 2°F) e a temperatura muscular (em até 5°F), o que proporciona as seguintes condições:[57-59]

1. Melhor taxa de relaxamento muscular e de contração.
2. Redução da resistência viscosa no músculo e, dessa forma, aumento da eficiência mecânica.
3. Permissão para que a hemoglobina e a mioglobina dissociem mais oxigênio no tecido de trabalho.
4. Diminuição da resistência no leito vascular por meio da vasodilatação.
5. Aumento da velocidade de condução nervosa.
6. Redução do risco de anormalidades no eletrocardiograma (ECG).
7. Aumento da taxa dos processos metabólicos.

Todas essas alterações fisiológicas têm potencial para melhorar o desempenho. Contudo, se a intensidade do exercício for muito elevada, se a duração for muito longa, ou se o período de recuperação for muito curto, o desempenho pode ser afetado negativamente pela fadiga.[59] O aquecimento deve ser suficiente para melhorar o VO_2máx no início do desempenho, mas leve o bastante para prevenir a fadiga.

Existem três tipos principais de aquecimento: passivo, geral e específico. O aquecimento passivo envolve o aumento da temperatura central por meios externos, como o turbilhão, o banho ou a massagem. Esse tipo de aquecimento não produz uma mudança significativa no fluxo sanguíneo ou na redistribuição do sangue aos músculos de trabalho, mas os nadadores têm utilizado essa técnica antes de um evento de natação quando o aquecimento não é possível.[58] O aquecimento geral (não relacionado) envolve realizar movimentos que não estão diretamente associados com os movimentos musculares e com o recrutamento neural executado durante as atividades.[60] O aquecimento específico ou relacionado é o tipo mais comum. Ele consiste em realizar movimentos similares à atividade que o indivíduo executa. O tipo de aquecimento escolhido depende do indivíduo, da ocupação, do tipo de atividade e das facilidades.

Tipos de aquecimento

- Passivo
- Geral
- Específico

Um aquecimento de 5 a 10 minutos de 40 a 60% do VO_2máx parece ser ideal para o desempenho de curto prazo. Deve-se permitir um período de repouso de cinco minutos para a recuperação suficiente antes do desempenho. Para desempenhos intermediários ou de longa duração, o aquecimento de cinco a dez minutos de 60 a 70% do VO_2máx é apropriado e deve terminar menos de cinco minutos antes do início do desempenho.[59]

O alongamento balístico ou dinâmico é muitas vezes denominado de aquecimento específico e é realizado durante a fase de preparação antes do trabalho, de treinamento ou de competição. O alongamento dinâmico prepara o músculo para a amplitude de movimento necessária durante a atividade, alonga os músculos temporariamente, aumenta a amplitude de movimento em uma articulação e estimula a ativação neural. Além de aquecido e alongado, é necessário que o músculo esteja adequadamente hidratado, e os estoques de combustível devem ser reabastecidos antes da competição ou do treino. A hidratação adequada facilita o transporte de combustíveis, a remoção dos descartes e a regulação da temperatura corporal. Nos esportes, 24 horas antes da competição, deve-se ingerir de 2 a 3 L de água, e mais de 2 L de água devem ser ingeridos duas horas antes do evento.[50] De modo similar, uma dieta bem balanceada, rica em carboidratos, deve ser ingerida 24 horas antes da competição para restaurar os estoques energéticos, e uma refeição pré-jogo deve ser feita 4 horas antes da competição para suprir de energia adicional durante os eventos de resistência ou de trabalho intermitente prolongado.[50]

PRINCÍPIO DA REDUÇÃO GRADATIVA

As sessões de treinamento resultam em descontrole subcelular, celular e tecidual, bem como em fadiga aguda. Embora o efeito do treinamento esteja sendo estabelecido em resposta à sessão de treinamento, a melhora pode ser mascarada pela fadiga de curta duração causada por uma depleção dos estoques energéticos, pela desidratação, pelo acúmulo de metabólitos ou por mudanças na acidez resultantes da produção de amônia e ácido láctico. Assim, é difícil produzir desempenhos de alta qualidade durante o treino pesado. Contudo, se o indivíduo para de treinar para reduzir a fadiga, o efeito do treinamento também começará a diminuir. Dessa forma, para ajudar a alcançar o pico de desempenho, a fadiga deve ser aliviada, mas o efeito do treinamento, mantido (Fig. 17.9). Felizmente, a fadiga possui um decaimento mais acelerado que o efeito do treinamento.[42,61] Assim, para remover a fadiga, o volume do treinamento (duração e frequência) deve ser reduzido, enquanto se mantém o efeito do treinamento mantendo-se constante a intensidade da carga de treinamento.[62] A redução no volume deve ser feita progressivamente, de 7 a 14 dias antes da competição (Fig. 17.10).[62,63] O volume deve ser diminuído em 50% ao final da redução gradativa,[64] e o programa deve incluir quantidades elevadas de carboidrato e de fluidos na dieta, em conjunto com bom sono e repouso.[64,65] Como esse protocolo reduz a fadiga enquanto tenta manter o efeito do treinamento em seu nível presente, ele não produz melhoria. A redução gradativa é realizada à custa do treinamento; portanto, as prioridades na redução devem ser configuradas para aquelas competições mais importantes, com o objetivo de otimizar o treinamento e alcançar o pico do desempenho.

Esse princípio também tem sido adaptado na prática em esportes que possuem uma temporada de competição estendida (de 6 a 8 meses), na qual os jogos ou a competição ocorrem de duas a três vezes por semana. Os volumes mais altos de treinamento são impostos tão logo quanto possível após o desempenho prévio. Nos dias que precedem a competição seguinte, o volume de trabalho é reduzido, enquanto a intensidade é estabelecida em níveis competitivos.

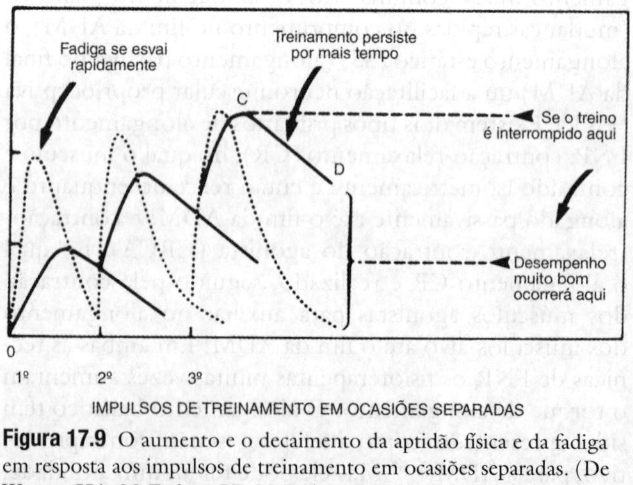

Figura 17.9 O aumento e o decaimento da aptidão física e da fadiga em resposta aos impulsos de treinamento em ocasiões separadas. (De Wenger HA, McFadyen PF, McFadyen RA. Physiological principles of conditioning. In Zachazewski JE, Magee DJ, Quillen WS, editors. *Athletic injuries and rehabilitation*. WB Saunders, Philadelphia, 1996, p. 201.)

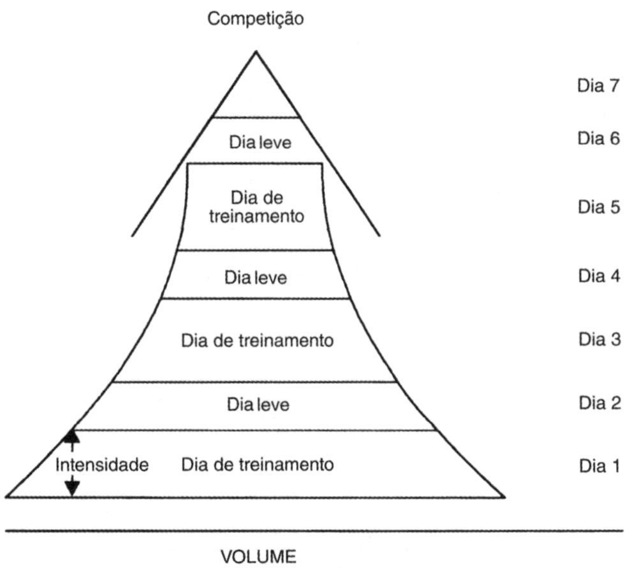

Figura 17.10 Representação da redução no volume de treinamento com a variação da intensidade (dia pesado/dia leve) em uma redução gradativa antes da competição. (De Wenger HA, McFadyen PF, McFadyen RA. Physiological principles of conditioning. In Zachazewski JE, Magee DJ, Quillen WS, editors. *Athletic injuries and rehabilitation*. WB Saunders, Philadelphia, 1996, p. 201.)

PRINCÍPIO DA AVALIAÇÃO/MONITORAMENTO

Os programas de treinamento são elaborados com objetivos específicos. Dessa forma, é necessário avaliar regularmente o quanto os programas têm sido efetivos, de forma que possam progredir ou ser alterados. Essa avaliação pode consistir em testes laboratoriais sofisticados com alto grau de precisão ou, de vez em quando, em testes de campo menos rigorosos, mas ainda efetivos.[66] Em cada caso, é necessário tomar tanto cuidado quanto possível para tornar as condições (p. ex., momento do dia, locação e ambiente do teste, equipamento, calibração e pessoal) tão similares quanto possível em todas as sessões de testes para garantir a confiabilidade. Para uma lista de testes de aptidão física, protocolos e valores normativos, ver McDougall et al.[67] e Heyward.[68]

Um programa de teste efetivo promove uma avaliação das forças e fraquezas do indivíduo verificando se pertencem ao trabalho, ao esporte ou à atividade; os dados de base antes do treinamento; a medida da efetividade da prescrição do programa de treinamento; um índice da condição de saúde; e uma medida única para educar um indivíduo a respeito de sua composição fisiológica e de sua resposta individual ao treinamento.[66] Embora um teste simples que forneça um perfil do nível de aptidão física em componentes selecionados seja, muitas vezes, de interesse, testes repetidos que isolem períodos de treino específicos (ou de competição) ao longo do ano ou de vários anos fornecem uma visão mais profunda da efetividade dos programas e da resposta individual ao ambiente de treinamento. Para obter meios objetivos de quantificar as mudanças no treinamento, os testes e as avaliações devem ser específicos à ocupação, ao esporte ou às atividades; ser válidos e confiáveis; e ser administrados por pessoal qualificado. Os testes de laboratório que isolam componentes de aptidão física específicos muitas vezes não permitem a avaliação no desempenho de alguns exercícios específicos. Contudo, oferecem precisão e a avaliação de uma característica fisiológica específica. Quando esses testes são combinados com testes de campo próprios da atividade ou do desempenho, ambos os tipos de testes proverão um quadro mais completo dos componentes isolados e de sua aplicação em um ambiente específico à atividade. Contudo, sempre que possível, os testes laboratoriais devem utilizar modelos de exercício que desafiem a fisiologia da pessoa da maneira mais parecida possível com as demandas particulares do esporte que ele ou ela irá encontrar. Exemplos específicos de procedimentos de teste para os diferentes componentes da aptidão física têm sido documentados.[67]

Ao escolher uma bateria de testes, deve-se considerar a localização, as facilidades, o custo, o pessoal e a informação desejada. Independentemente de que tipos de testes sejam escolhidos, é importante padronizar as condições dos testes em todas as sessões para garantir resultados confiáveis.

PRINCÍPIO DA PERIODIZAÇÃO

Os períodos de treinamento e de competição dentro de um ano devem ser organizados e sequenciados com metas e objetivos específicos para permitir o desenvolvimento efetivo dos componentes de aptidão física apropriados (o **princípio da aptidão física**), bem como de outros fatores que determinam o desempenho (o **princípio do desempenho**). Este capítulo focaliza os fatores fisiológicos, mas os fisioterapeutas devem considerar a integração de todos os fatores algumas vezes.

Um programa de treinamento anual é dividido em diferentes fases caracterizadas por mudanças nas metas, objetivos, tarefas e conteúdos, bem como volume e intensidade de treinamento (Fig. 17.11). O modelo clássico de periodização foi desenvolvido por Mateveyev e incorpora as seguintes fases de treinamento: preparação, competição (funcional) e transição. Cada uma dessas três fases é denominada **macrociclo**. Macrociclos delineiam a sequência de treinamento ótima para um programa de um ano.[21,40,69] Cada macrociclo tem metas específicas: a fase preparatória focaliza no desenvolvimento tanto da aptidão física geral como no treinamento específico da ocupação ou do esporte; a fase funcional ou de competição focaliza na melhoria do desempenho do indivíduo e prepara o indivíduo para alcançar o pico para as atividades menores e principais ou para as competições; e a fase de transição, que usualmente se estende por 2 a 6 semanas, e permite a regeneração fisiológica e psicológica por meio do repouso e da recuperação ativa. Quando se planeja cada um desses ciclos, os seguintes fatores devem ser considerados:

1. As metas do indivíduo e do fisioterapeuta, ou do atleta, time e treinador.

Instrumento de planejamento anual

Metas/objetivos para o ano ________________

Nome do atleta: ________________ Nível: ________ Data: ________

1.	Datas	Meses	
2.		Data na semana	
3.	Eventos	Datas	
4.			
5.	Detalhes		
6.			
7.			
8.	Treinamento	Períodos	
9.		Fases	
10.		Macrociclos	
11.		Microciclos	1 2 3 4 5 6 7 8 9 10 11 12 13 14 15 16 17 18 19 20 21 22 23 24 25 26 27 28 29 30 31 32 33 34 35 36 37 38 39 40 41 42 43 44 45 46 47 48 49 50 51 52
12.	Des. de habilidades	Técnicas	
13.			
14.			
15.			
16.		Táticas/estratégias	
17.			
18.			
19.	Treinamento mental	Estágio 1 Ambiente positivo	
20.		Estágio 2 Controle emocional	
21.		Estágio 3 Controle da atenção	
22.		Estágio 4 Estratégias	
23.		Estágio 5 Aplicação	
24.		Avaliação	
25.	Prep. física	Aeróbia	
26.		Anaeróbia	
27.		Velocidade	
28.		Força	
29.		Potência	
30.		Flexibilidade	
31.		Nutrição	
32.		Teste, monitoração, avaliação	
33.			
34.	Índice de pico	Volume* (A, M, B)	
35.		Intensidade* (A, M, B)	
36.	% ênfase	Físico	
37.		Mental	
38.		Técnicas	
39.		Táticas/estratégias	
40.	Total de Horas/ Semana		

*A= Alto, M= Médio, B= Baixo

Figura 17.11 Modelo de treinamento anual. (De Wenger HA, McFadyen PF, McFadyen RA. Physiological principles of conditioning. In Zachazewski JE, Magee DJ, Quillen WS, editors. *Athletic injuries and rehabilitation*. WB Saunders, Philadelphia, 1996, p. 203.)

2. A duração da agenda de competição e o número de competições, ou o que o indivíduo estará fazendo funcionalmente.
3. O estágio de desenvolvimento do indivíduo.

Por alocar a quantidade apropriada de tempo para cada macrociclo, haverá tempo adequado para treinar todos os componentes fisiológicos da atividade e alcançar o pico de desempenho, embora isso possa não ser possível em um único ano de treinamento.

Os macrociclos são divididos em segmentos menores chamados **mesociclos**. Esses ciclos, junto com os microciclos (discutido na sequência), são de maior interesse para o fisioterapeuta ao tratar pacientes. Os mesociclos permitem ao indivíduo/fisioterapeuta estruturar períodos de sobrecarga progressiva porque aumentam o volume de treinamento e incorporam períodos de treinamento reduzido para facilitar a regeneração. Um mesociclo médio dura de duas a cinco semanas, durante as quais os objetivos de treinamento específicos são realizados. Por exemplo, para um corredor, um mesociclo pode focalizar em melhorar a potência aeróbia no início da temporada, e outro mesociclo pode focalizar em melhorar a largada. Os mesociclos incorporam o **princípio do carregamento/descarregamento**, com as primeiras poucas semanas focalizando no desenvolvimento, a próxima no supercarregamento, e a última semana, na recuperação (ver Fig. 17.7). A regeneração completa não ocorre necessariamente ao fim de cada mesociclo. O acúmulo de fadiga ao longo do tempo pode facilitar as adaptações de treinamento, mas não deve violar o **princípio do *overtraining***. É importante planejar cada ciclo para cada indivíduo, bem como para o time, para permitir que haja tempo de adaptação ao estímulo de treinamento e para fazer uma transição suave de um ciclo para outro.

Os mesociclos são subdivididos em **microciclos**.[21,40] Microciclos são períodos de treinamento de até 7 dias de duração que permitem ao profissional coordenar o treinamento em conjunto com todos os outros fatores que possam influenciar a lesão, o treinamento e o desempenho (o **princípio do desempenho**), bem como ocorrências imprevistas no dia a dia do indivíduo. A sequência de carregamento pode mudar diariamente ao longo do ciclo, e o mesmo microciclo pode ser repetido de duas a quatro vezes ao longo de um mesociclo. Os dias de repouso e de recuperação estão incorporados no microciclo (o **princípio do repouso**) para permitir adaptações ótimas ao estímulo de treinamento.

Alguns treinadores utilizam outra terminologia para a hierarquia de ciclos de treinamento (p. ex., macro, meso, e micro), mas os princípios são consistentes e devem ser considerados pelo fisioterapeuta ao tratar seus pacientes. No momento, os macrociclos tradicionais são muitas vezes denominados *fases*, o termo *mesociclo* é usado para descrever os períodos de treinamento especializados de 2 a 5 semanas; e o termo *microciclo* ainda é utilizado para descrever os blocos de treinamento de até 1 semana.

DIRETRIZES DE CONDICIONAMENTO

A lista seguinte resume os passos que o fisioterapeuta deve seguir para integrar os princípios do condicionamento:

1. Decidir quais fatores afetam o nível de funcionamento ideal e o desempenho do indivíduo (o **princípio do desempenho**) (ver Fig. 17.1). Priorizar esses fatores.
2. Com base nas demandas físicas únicas da ocupação, da atividade ou do esporte do indivíduo, determinar os componentes específicos de aptidão física (ver Fig. 17.2) que devem ser desenvolvidos (o **princípio da aptidão física**). Priorizar cada componente.
3. Decidir qual o nível ideal de aptidão física necessário em cada componente de aptidão física para que o indivíduo funcione otimamente em sua ocupação e em suas atividades diárias (o **princípio da sobrecarga**, o **princípio da subcarga**).
4. Periodizar o calendário de treinamento para trabalhos e competições, incluindo a preparação geral e a específica (o **princípio da periodização**).
5. Para cada microciclo, decidir o tipo de sobrecarga (o **princípio da otimização**). Decidir sobre os requerimentos do indivíduo (o **princípio da individualização**); selecionar o estímulo apropriado (o **princípio da progressão**, o **princípio da variedade**, o **princípio da habilidade**, o **princípio da especificidade** e o **princípio do estímulo**); e permitir o repouso (o **princípio do repouso**), a preparação (o **princípio da preparação**) e a recuperação (o **princípio da recuperação**) apropriados.
6. Decidir a progressão para o próximo microciclo e o descarregamento apropriado dentro do mesociclo (o **princípio do carregamento/descarregamento**). Estar consciente do efeito de interferência ao treinar mais de um componente físico (o **princípio da interferência**), e lembrar que o descarregamento e a variação do treinamento são críticos para otimizar o desempenho, reduzir as lesões por *overuse*, e evitar o *overtraining* (o **princípio da variedade**, o **princípio do descarregamento** e o **princípio do *overtraining***).
7. Após cada mesociclo, avaliar ou monitorar os componentes que foram enfatizados (o **princípio da avaliação/monitoramento**).
8. Quando a ênfase de treinamento mudar para um outro componente, manter os efeitos adquiridos previamente (o **princípio da manutenção**).
9. Avaliar o estado do paciente/cliente para cada um dos componentes de aptidão física (o **princípio da avaliação/monitoramento**).
10. Conforme aproximar-se do retorno às atividades funcionais, reduzir o volume de treinamento (o **princípio da redução gradativa**).
11. Aplicar habilidades e arte na reabilitação, de acordo com esses princípios científicos, para ajudar os pacientes/clientes a retornar aos níveis funcionais ideais.

REFERÊNCIAS BIBLIOGRÁFICAS

1. Foss ML, Keteyian, SJ: Fox's physiological basis for exercise and sport, ed 6, Madison, Wis, 1998, McGraw-Hill.
2. Tomlin D, Wenger HA: The relationships between aerobic fitness, power maintenance, and oxygen consumption during intense intermittent exercise, J Sci Med Sport 5:194-203, 2002.
3. Green HJ: What do tests measure? In MacDougall JD, Wenger HA, Green HJ, editors: Physiological testing of the high-performance athlete, ed 2, Champaign, Ill, 1992, Human Kinetics.
4. Sale D, MacDougall D: Specificity in strength training: a review for the coach and athlete, Can J Appl Sport Sci 6(2):87-92, 1981.
5. Hubley-Kozey CL: Testing flexibility. In MacDougall JD, Wenger HA, Green HJ, editors: Physiological testing of the high-performance athlete, ed 2, Champaign, Ill, 1992, Human Kinetics.
6. McNeal JR, Sands WA: Acute static stretching reduces lower extremity power in trained children, Pediatr Exerc Sci 15:139-145, 2003.
7. Gleim GW, McHugh MP: Flexibility and its effects on sports injury and performance, Sports Med 24(5):289-299, 1997.
8. Roberts MF, Wenger CB, Stolwijk JA, Nadel ER: Skin blood flow and sweating changes following exercise training and heat acclimation, J Appl Physiol 43(1):133-137, 1977.
9. Avellini BA, Shapiro Y, Fortney SM et al: Effects on heat tolerance of physical training in water and on land, J Appl Physiol 53:1291-1298, 1982.
10. Cheung K, Hume, PA, Maxwell L: Delayed onset muscle soreness: treatment strategies and performance factors, Sports Med 33:145-164, 2003.
11. Singh H: Principles of sports training, SNIPES J 4(4):14-28, 1981.
12. Skinner JS, Jaskoloski A, Jaskoloska A et al: Age, sex, race, initial fitness and response to training: the HERITAGE Family Study, J Appl Physiol 90(5):1770-1776, 2001.
13. Bouchard C, Lortie G: Heredity and endurance performance, Sports Med 1:38-64, 1984.
14. Shephard RJ: Exercise and training in women. Part 1. Influence of gender on exercise and training responses, Can J Appl Physiol 24:19-34, 2000.
15. Lemmer J, Hurlbut D, Martel G et al: Age and gender responses to strength training and detraining, Med Sci Sports Exerc 32:1505-1512, 2003.
16. Wenger HA, Bell GJ: The interactions of intensity, frequency, and duration of exercise training in altering cardiorespiratory fitness, Sports Med 3:346-356, 1986.
17. MacDougall D, Sale D: Continuous vs. interval training: a review for the athlete and the coach, Can J Appl Sport Sci 6(2):93-97, 1981.
18. Neufer, PD: The effect of detraining and reduced training on the physiological adaptation to aerobic exercise training, Sports Med 8(5):302-320, 1989.
19. Smith K, Winegard K, Hicks AL, McCartney N: Two years of resistance training in older males and females: the effects of three years detraining on the retention of dynamic strength, Can J Appl Physiol 28(3):462-474, 2003.
20. Fry RW, Morton AR, Keast D: Periodisation and the prevention of overtraining, Can J Sport Sci 17(3):241-248, 1992.
21. Bompa T: Theory and methodology of training, Dubuque, Iowa, 1983, Kendall/Hunt.
22. Kubekeli ZN, Noaks TD, Dennis SC: Training techniques to improve endurance exercise performances, Sports Med 32(8):489-509, 2002.

23. Saltin B, Kim CK, Terrados N et al: Morphology, enzyme activities and buffer capacity in leg muscles of Kenyan and Scandinavian runners, Scand J Med Sci Sports 5: 222-230, 1995.
24. Lucia A, Hoyos J, Perez M et al: Inverse relationship between VO_2max and economy/efficiency in world-class cyclists, Med Sci Sports Exerc 34:2079-2084, 2002.
25. Pendergast DR, Bushnell D, Wilson DW, Cerretelli P: Energetics of kayaking, Eur J Appl Physiol Occup Physiol 59:342-350, 1989.
26. Saltin B, Henriksson J, Nygaard E et al: Fiber types and metabolic potentials of skeletal muscle in sedentary man and endurance runners, Ann NY Acad Sci 301:3-29, 1977.
27. Scott W, Stevens J, Binder-Macleod SA: Human skeletal muscle fiber type classifications, Phys Ther 81(11):1810-1816, 2001.
28. Tesch PA: Skeletal muscle adaptations consequent to long-term heavy resistance exercise, Med Sci Sport Exerc 20(5):S132-S134, 1988.
29. Tesch PA: Training for bodybuilding. In Komi PV, editor: Strength and power in sport, Oxford, 1991, Human Kinetics.
30. Hickson RC: Interference of strength development by simultaneously training for strength and endurance, Eur J Appl Physiol 45:255-263, 1980.
31. Pereira MI, Gomes PS: Movement velocity in resistance training, Sports Med 33(6):427-438, 2003.
32. Lundin P: The monitoring of recovery in endurance athletes, JNSCA 7(6):41, 1985.
33. Hickson RC, Rosenkoetter MA: Reduced training frequencies and maintenance of increased aerobic power, Med Sci Sports 13(1):13-16, 1981.
34. Hickson RC, Kanakis C, Davis JR et al: Reduced training duration effects on aerobic power, endurance, and cardiac growth, J Appl Physiol 53(1):225-229, 1982.
35. McConell GK, Costill DL, Widrick JJ et al: Reduced training volume and intensity maintain aerobic capacity but not performance in distance runners, Int J Sports Med 14:33-37, 1993.
36. Sporer BC, Wenger HA: Effects of aerobic exercise on strength performance following various periods of recovery, J Strength Cond Res 17(4):638-644, 2003.
37. Hickson RC: Interference of strength development by simultaneously training for strength and endurance, Eur J Appl Physiol Occup Physiol 45(23):255-263, 1980.
38. Bell GJ, Petersen SR, Wessel J et al: Physiological adaptations to concurrent endurance training and low velocity resistance training, Int J Sports Med 12(4):384-390, 1991.
39. Wenger HA, Sporer BC: The interference effect: an issue when training multiple fitness components, Coaches Report 7(3):20-21, 2002.
40. Fry RW, Morton AR, Keast D: Periodisation of training stress: a review, Can J Sport Sci 17(3):234-240, 1992.
41. Petibois C, Cazorla G, Poortmans JR, Deleris G: Biochemical aspects of overtraining in endurance sports: the metabolism alteration process syndrome, Sports Med 32:83-94, 2003.
42. Roundtable: Overtraining of athletes, Phys Sports Med 11(6):93-109, 1983.
43. Dressendorfer RH, Wade C, Scaff JH: Increased morning heart rate in runners: a valid sign of overtraining? Phys Sports Med 13(8):77-86, 1985.
44. Armstrong L, Maresh C: Effects of training, environment, and host factors on the sweating response to exercise, Int J Sports Med 19:S103-S105, 1998.
45. Selye H: The stress of life, London, 1957, Longmans Green.
46. Belcastro AN, Bonen A: Lactic acid removal rates during controlled and uncontrolled recovery exercise, J Appl Physiol 39(6):932-936, 1975.
47. Dolgener FA, Morien A: The effect of massage on lactate disappearance, J Strength Cond Res 7:159-162, 1993.
48. McMaster WC, Stoddard T, Duncan W: Enhancement of blood lactate clearance following maximal swimming: effect of velocity of recovery swimming, Am J Sports Med 17:472-477, 1989.
49. Gisolfi CV, Duchman SM: Guidelines for optimal replacement beverages for different athletic events, Med Sci Sport Exerc 24(6):679-687, 1992.
50. Bucci L: Nutrients as Ergogenic Aids for Sports and Exercise, Boca Raton, Fla, 1993, CRC Press.
51. Keith RE: Vitamins in sport and exercise. In Hickson J, Wolinsky I, editors: Nutrition in exercise and sport, Boca Raton, Fla, 1989, CRC Press.
52. Hemmings B, Smith M, Graydon J, Dyson R: Effects of massage on physiological restoration, perceived recovery and repeated sports performance, Brit J of Sports Med 34(2):109-114, 2000.
53. Lane K, Wenger HA: Effect of selected recovery conditions on performance of repeated bouts of intermittant cycling separated by 24 hours, J Strength Cond Res 18(4):855-860, 2004.
54. Wallin D, Ekblom B, Grahn R, Nordenborg T: Improvement of muscle flexibility: a comparison between two techniques, Am J Sports Med 13(4):263-268, 1985.
55. Hutton RS: Neuromuscular basis of stretching exercises. In Komi PV, editor: Strength and power in sport, Oxford, 1992, Blackwell Scientific.
56. Moore MA, Hutton RS: Electromyographic investigation of muscle stretching techniques, Med Sci Sport Exerc 12:322-329, 1980.
57. Shellock FG: Physiological benefits of warm-up, Phys Sports Med 11(10):134-139, 1983.
58. Ingjer F, Stromme SB: Effects of active, passive or no warm-up on the physiological response to heavy exercise, Eur J Appl Physiol 40:273-282, 1979.
59. Bishop D: Warm up II: Performance changes following active warm up and how to structure the warm up, Sports Med 33:483-498, 2003.
60. deVries HA, Housch TJ: Physiology of exercise for physical education, athletics, and exercise science, ed 5, Madison, Wis, 1994, WCB Brown & Benchmark.
61. Banister EW, Calvert TW: Planning for future performance: implications for long term training, Can J Appl Sport Sci 5(3):170-176, 1980.
62. Shepley B, MacDougall JD, Cipriano N et al: Physiological effects of tapering in highly trained athletes, J Appl Physiol 72(2):706-711, 1992.
63. Costill DL, King DS, Thomas R et al: Effects of reduced training on muscular power in swimmers, Phys Sports Med 13(2):94-101, 1985.
64. Neary J, Bhambhani Y, McKenzie D: Effects of different stepwise reduction taper protocols on cycling performance, Can J Appl Physiol 28:576-587, 2003.
65. Houmard JA, Costill DL, Mitchell JB et al: Reduced training maintains performance in distance runners, Int J Sports Med 11(1):46-52, 1990.
66. MacDougall D, Wenger HA: The purpose of physiological testing. In MacDougall JD, Wenger HA, Green HJ, editors: Physiological testing of the high-performance athlete, ed 2, Champaign, Ill, 1992, Human Kinetics.
67. MacDougall JD, Wenger HA, Green HJ, editors: Physiological testing of the high-performance athlete, ed 2, Champaign, 1992, Human Kinetics.
68. Heyward, VH: Fitness assessment and exercise prescription, Champaign, Ill, 2002, Human Kinetics.
69. Harre D: Principles of sports training: introduction to the theory and methods of training, Berlin, 1982, Sportverlag.

CAPÍTULO

18

Princípios do controle neuromuscular para prevenção de lesões e reabilitação

Terese L. Chmielewski, Timothy E. Hewett, Wendy J. Hurd e Lynn Snyder-Mackler

INTRODUÇÃO

O sistema neuromuscular é responsável pela atividade muscular coordenada, que fornece estabilidade articular dinâmica, ajuda no controle postural e produz padrões de movimentos ideais. Ele depende das interações complexas entre os órgãos sensoriais, o sistema nervoso central e periférico e musculoesquelético para produzir essa atividade muscular coordenada. Na maior parte do tempo, as interações complexas resultam na nossa habilidade para completar efetivamente as tarefas que escolhemos.

Algumas vezes, entretanto, há disfunção em um componente do sistema neuromuscular. A disfunção no sistema neuromuscular é também referida como diminuição ou alteração no controle neuromuscular. Deficiências no controle neuromuscular podem modificar os padrões de movimento e aumentar o risco de lesões musculoesqueléticas. Em contrapartida, lesões musculoesqueléticas, por causa da perturbação das interações dentro do sistema neuromuscular, podem ser uma causa de controle neuromuscular alterado.

Os propósitos deste capítulo são: (1) revisar a função do sistema sensório-motor e como ele contribui para o controle neuromuscular; (2) explicar as teorias, a classificação e os estágios do desenvolvimento das habilidades motoras; e (3) descrever os componentes, o desenvolvimento e a implementação de um programa de treinamento neuromuscular.

O SISTEMA SENSÓRIO-MOTOR

Os receptores sensoriais no sistema neuromuscular são referidos como *mecanorreceptores* e são sensíveis a várias formas de deformação mecânica, como tensão, compressão e movimento. A informação sensorial (ou aferente) captada pelos mecanorreceptores é enviada para a medula espinal por vias aferentes, para processar e finalmente resultar na regulação de reflexos e atividade muscular (Fig. 18.1). Existem quatro mecanorreceptores localizados nos tecidos moles e em torno das articulações (**receptores articulares**)[1-5] e dois mecanorreceptores localizados dentro das unidades musculotendinosas[6] (**receptores musculares**; Tab. 18.1). Além disso, existem receptores cutâneos (pele) que contribuem para o conjunto de informações que o sistema nervoso processa. Não há, entretanto, nenhuma evidência de que os receptores cutâneos contribuem para a estabilidade dinâmica articular.[7] Nesta seção, focamos no papel dos mecanorreceptores no controle neuromuscular da articulação do joelho, embora os conceitos se apliquem para outras articulações do corpo. A distribuição e concentração dos receptores articulares, entretanto, variam de articulação para articulação.

A propriocepção e o controle postural são dois componentes do controle neuromuscular que dependem de informação aferente. A propriocepção é um produto da informação sensorial captada pelos mecanorreceptores.[8]

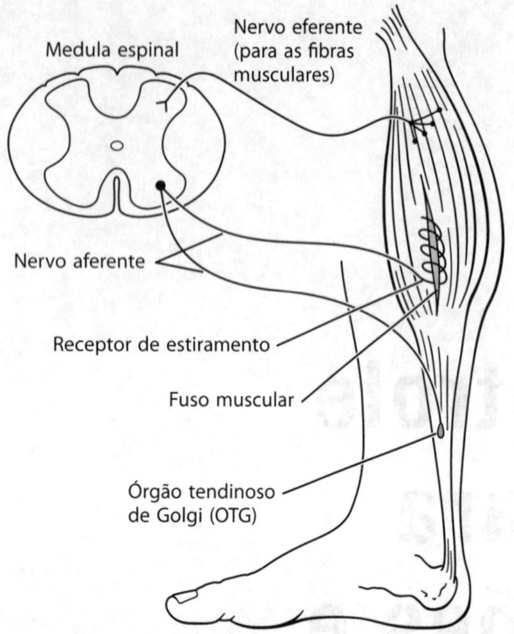

Figura 18.1 Esquema de receptores sensoriais captando informação, informação ao longo das vias aferentes (do fuso muscular, ativado pelo estiramento muscular, e órgão tendinoso de Golgi, ativado pela compressão no tendão causada pela contração muscular) para a medula espinal e comandos de retorno ao longo das vias eferentes.

Essa definição vê a propriocepção primariamente como uma atividade sensorial. Mais recentemente, autores expandiram a definição de sistema proprioceptivo para incluir a complexa interação entre as vias sensoriais e a via motora[9] (sistema eferente; ver Fig. 18.1). O sentido de movimento articular (**cinestesia**) e o **sentido de posição articular** são processos fisiológicos no sistema sensório-motor e são geralmente descritos pelo termo *propriocepção*.[10] O controle postural (ou equilíbrio) resulta da integração das informações de entrada visuais, vestibulares e proprioceptivas.[11,12] Entretanto, qualquer perturbação nas informações de entrada dos mecanorreceptores, que afeta a propriocepção, afeta negativamente a postura.

Os receptores articulares e musculares têm um papel significativo na modulação da rigidez dos músculos extrínsecos[13,14] e consequentemente devem contribuir para a estabilidade articular dinâmica. Os receptores musculares contribuem diretamente para a modulação da rigidez muscular, por meio de dois mecanismos: (1) *feedback* de força, que é modulado pelos órgãos tendinosos de Golgi;[15-17] e (2) *feedback* de comprimento, que é mediado pelas vias do fuso muscular e facilita a atividade motora.[6,18,19] Dois mecanismos possíveis foram também propostos para os receptores articulares na contribuição para a estabilidade articular. O primeiro mecanismo é um

Tabela 18.1 Mecanorreceptores no sistema sensório-motor

Tipo de receptor	Localização	Sensíveis à	Ativado	Limiar de ativação	Resposta a estímulo persistente
Receptores articulares					
Terminações de Ruffini	Cápsula e ligamentos	Posição articular Pressão intra-articular Amplitude de movimento Velocidade de movimento	Estático ou dinâmico	Baixo	Adaptação lenta
Corpúsculos de Paccini	Cápsula e ligamentos	Aceleração ou desaceleração	Somente dinâmico	Baixo	Adaptação rápida
Corpúsculos de Golgi-Mazzoni	Cápsula articular	Compressão	Compressão aplicada perpendicular à superfície interna	Baixo	Adaptação lenta
Tipo órgão tendinoso de Golgi	Ligamentos	Tensão em ligamentos (especialmente no final da amplitude de movimento)	Somente dinâmico	Alto	Adaptação lenta
Terminações nervosas livres	Cápsula e ligamentos	Dor de origem mecânica ou química	Presença de estímulo nocivo (estático ou dinâmico)	Alto	Adaptação lenta
Receptores musculares					
Órgão tendinoso de Golgi	Em série com as junções musculotendinosas	Força muscular	Contração muscular	Baixo	Adaptação lenta
Fuso muscular	Paralelo às fibras musculares	Posição articular e velocidade por meio da amplitude de movimento	Estiramento muscular e aceleração	Baixo	Adaptação lenta

"reflexo protetor ligamento-muscular" direto. Ele tem sido questionado porque a informação de saída muscular resultante é inadequada para proteger contra lesão articular.[20-22] O segundo mecanismo é a contribuição *indireta* dos receptores articulares para a estabilidade articular dinâmica. Johansson e Sjölander[23] descobriram evidências de uma ligação direta entre os nervos aferentes dos ligamentos cruzados e os fusos musculares em uma série de experimentos com gatos. Johansson[14] propôs que, pelo fato de os fusos musculares participarem primariamente na regulação da rigidez muscular, os receptores articulares provavelmente contribuem para os ajustes preparatórios (também referidos como de **pré-definição**) da rigidez muscular e estabilidade articular dinâmica. A prática e a experiência pregressa influenciam na sincronia e no tipo de ajustes preparatórios feitos.

A rigidez muscular é modulada por

- *Feedback* de força (órgãos tendinosos de Golgi)
- *Feedback* de comprimento (fuso muscular)

As respostas motoras dependem do nível de processamento das informações aferentes no sistema nervoso central. O processamento pode ocorrer em três diferentes níveis: a medula espinal, o tronco cerebral e o cerebelo e o córtex cerebral[24] (Tab. 18.2). O nível de processamento afeta a velocidade das respostas motoras. Os reflexos espinais representam as vias neuronais mais curtas, e, consequentemente, as respostas mais rápidas aos estímulos aferentes. A velocidade dos reflexos espinais é mais rápida do que as falhas ligamentares, ainda assim os reflexos não são considerados modificáveis por meio de treinamento para auxiliar na estabilidade articular dinâmica.[25,26] Em contrapartida, a informação sensorial mediada no tronco cerebral, cerebelo e níveis corticais inclui vias mais longas e de respostas ligeiramente mais lentas. Estudos mostraram que a informação sensorial processada nos níveis do sistema nervoso central acima da medula espinal pode ser modificada com treinamento.[25,27] Em razão da velocidade e da adaptabilidade das respostas mediadas no tronco cerebral e cerebelo, acredita-se que essas vias são importantes na manutenção da estabilidade dinâmica do joelho.[28]

Tabela 18.2 Intervalos de resposta motora

Tipo de resposta motora	Nível de mediação	Capaz de ser modificado
Reflexos espinais	Nível segmentar da medula espinal	Não
Reflexos de ciclo longo	Tronco cerebral e cerebelo	Não
Reações em gatilho	Centros corticais	Sim
Reações voluntárias	Centros corticais	Sim

Após uma lesão, as complexas interações no sistema neuromuscular são alteradas, e vários problemas diferentes podem ocorrer, incluindo diminuição da cinestesia e padrões anormais de atividade muscular. Pelo fato de o sistema neuromuscular ser altamente dependente das informações aferentes normais vindas dos receptores musculares e articulares, uma modificação ou perda dessa informação de entrada afeta a resposta motora e a propriocepção e, consequentemente, o controle postural, a estabilidade articular dinâmica e o movimento serão também modificados (Fig. 18.2). Os esforços da reabilitação devem, portanto, ser direcionados para a criação de um ambiente que promova a recuperação e o desenvolvimento das respostas motoras e da propriocepção, na presença de informação sensorial alterada.

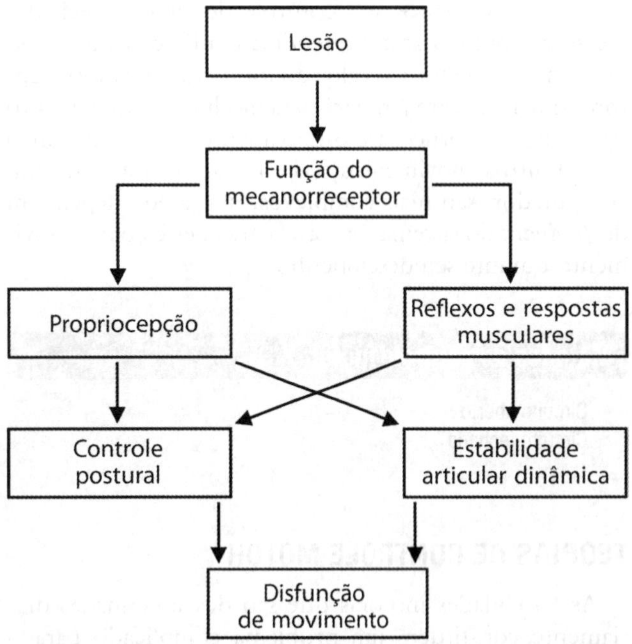

Figura 18.2 Interação entre lesão, sistema de controle neuromuscular e disfunção de movimento resultante.

MÉTODOS DE CONTROLE MOTOR

O controle motor pode ser classificado com base na contribuição do sistema sensorial para o movimento. Um movimento que é breve, previsível e produzido em um ambiente imutável não requer informação sensorial para modificação. Diz-se que esses movimentos estão sob **controle de circuito aberto** (um tipo de controle que envolve o uso de comandos determinados centralmente, pré-estruturados, enviados para o sistema eferente e executados sem *feedback*; Fig. 18.3).[26] Escrever o nome de uma pessoa em um pedaço de papel é um movimento que é desempenhado sob controle de circuito aberto. Em contrapartida, considera-se que movimentos que dependem do *feedback* do sistema sensorial estão sob **controle de circuito fechado**, por causa do circuito de *feedback* formado entre a informação sensorial, a ação pretendida

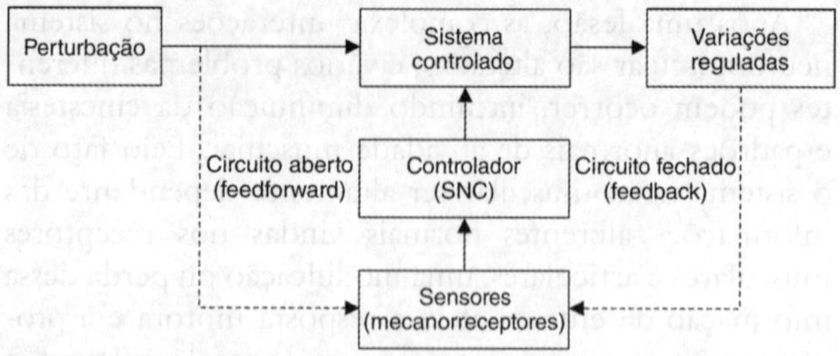

Figura 18.3 Diagrama ilustrando as contribuições de *feedback* e *feedforward* para o controle do movimento. (Adaptado de Williams GN, Chmielewski T et al.: Dynamic knee stability, current therapy and implications for clinicans and scientists, *J Orthop Sports Phys Ther* 31(10): 546-566, 2001.)

e o movimento final (ver Fig. 18.3). Movimentos simples, reativos, tais como quando alguém, por reflexo, retira sua mão após tocar um forno quente, são considerados movimentos sob controle de circuito fechado. Nesse exemplo, a ação pretendida é a de colocar a mão no forno; entretanto, o calor do forno ativa termorreceptores que fornecem *feedback* para modificar o movimento de alcançar o forno para o movimento de afastar a mão dele. Outros movimentos, como usar o mouse de um computador, são mais complexos, mas ainda dependem do *feedback* do sistema sensorial para aperfeiçoar o movimento durante seu desempenho.

Métodos de controle motor

- Circuito aberto
- Circuito fechado

TEORIAS DE CONTROLE MOTOR

As habilidades motoras que são desempenhadas diariamente constituem um problema complicado para o sistema neuromuscular, porque vários músculos que cruzam múltiplas articulações devem estar coordenados para produzir um dado resultado. Bernstein[29] chamou essa situação de "graus de problema de liberdade". Isto é, há quase um número infinito de estratégias disponíveis para executar as tarefas mais simples. O problema que o sistema neuromuscular deve superar é escolher a estratégia mais apropriada, baseado tanto no movimento eficiente como na realização bem-sucedida da tarefa. Seria um problema, do ponto de vista clínico, se fosse necessário ensinar indivíduos a controlar cada músculo isolado e articulação, para desempenhar um movimento ou tarefa. Felizmente isso não é necessário, e duas teorias predominantes têm sido propostas para explicar como os graus de problema de liberdade são gerenciados pelo sistema neuromuscular.

A primeira teoria é baseada no conceito de **programas motores**. A atualização mais recente dessa teoria, publicada por Schmidt e Lee,[26] sustenta que características que não variam entre habilidades diferentes – o tempo relativo, a força ou sequência dos componentes – são armazenadas na memória como programas motores, enquanto os parâmetros que variam (p. ex., velocidade ou duração) são especificados de acordo com a tarefa à mão. Usando a marcha como exemplo, o programa motor incluiria o sequenciamento de acionamento muscular e movimento articular, mas um parâmetro tipo cadência dependeria das demandas do ambiente. As regras que formam a base para a escolha de parâmetros específicos, como cadência, são chamados **esquemas**.[26] Uma vez que um esquema tenha sido desenvolvido, uma pessoa pode escolher corretamente variações de um parâmetro para a realização bem-sucedida de uma tarefa, mesmo que a tarefa não tenha sido previamente executada usando essa variação – por exemplo, selecionar a força requerida para atirar uma bola à uma nova distância usando essa variação de parâmetro. A prática é essencial para a formação de programas motores e esquemas.

Teorias de controle motor

- Programa motor
- Padrão dinâmico

A teoria do **padrão dinâmico** (ou sistemas dinâmicos) é também usada para explicar como os graus de problema de liberdade estão reduzidos.[29,30] O ponto crucial dessa teoria é que o movimento resulta espontaneamente a partir da interação entre o ambiente e as propriedades dinâmicas do corpo, controlado por um parâmetro específico. Por exemplo, um parâmetro como força ou um déficit na amplitude de movimento se manifestará em uma compensação específica na marcha. A interação entre o corpo e o ambiente ajuda na formação das sinergias funcionais entre músculos e articulações. A prática pode, entretanto, induzir à formação de novas sinergias funcionais. Além disso, se alguma coisa no ambiente perturba o corpo, ele espontaneamente retornará a um estado preferido estável. Pela natureza de autorregulação inerente à teoria de padrão dinâmico, o armazenamento de programas motores não é necessário; entretanto, é importante expor o sistema neuromuscular a condições nas quais uma solução de movimento seja necessária.

Pesquisas e debates continuarão com o intuito de refinar as teorias de controle motor anteriormente mencionadas. É perfeitamente possível que o controle motor resulte de uma combinação de aspectos de ambas as teorias. Independentemente, a pesquisa de suporte para essas teorias fornece evidência de que há simplificação no sistema neuromuscular para produzir movimento e aprender habilidades motoras.

CLASSIFICAÇÃO DE HABILIDADES MOTORAS

Todos os dias, desempenhamos uma variedade de habilidades motoras que impõem diferentes demandas ao sistema neuromuscular. Para descrever essas demandas, Schmidt e Lee[26] desenvolveram os esquemas de classificação a seguir, baseados em características específicas das habilidades motoras. Apesar de esse tópico estar além da abrangência deste capítulo para discutir os esquemas de classificação a fundo, é importante evidenciar estes aspectos que são importantes na criação de um programa de treinamento neuromuscular.

Em primeiro lugar, habilidades motoras podem ser classificadas pela sua organização. Algumas das habilidades que realizamos são breves e compreendem um movimento com um começo e fim definidos. Essas habilidades são chamadas **habilidades discretas**. Estender o braço para pegar algo em um armário é um exemplo. Em contrapartida, outras habilidades têm um começo e um fim mais arbitrários e envolvem uma série de vários movimentos; estas são chamadas **habilidades contínuas**. Tais habilidades, como caminhar, são mais complicadas e de duração mais longa. Uma habilidade contínua é mais difícil de aprender porque vários movimentos diferentes são requeridos para produzi-lá.

Classificação de habilidades motoras

- Habilidades discretas
- Habilidades contínuas
- Habilidades fechadas
- Habilidades abertas

O movimento também pode ser categorizado em relação à previsibilidade do ambiente. Algumas habilidades motoras, como subir escadas, são realizadas em um ambiente relativamente estável. Estas são chamadas **habilidades fechadas**. Outras habilidades, chamadas **habilidades abertas**, são realizadas em um ambiente que se modifica e é imprevisível. Um exemplo é sair de uma escada rolante. As habilidades fechadas permitem ao indivíduo avaliar o ambiente e realizar o movimento sem muita modificação. Por outro lado, habilidades abertas requerem mais processamento cognitivo e ajustes do movimento. Muitas vezes, uma habilidade motora específica pode ser classificada variavelmente como habilidade aberta ou fechada, dependendo das características do ambiente naquela ocasião.

ESTÁGIOS DO DESENVOLVIMENTO DE HABILIDADES MOTORAS

Os indivíduos progridem em três estágios ao aprender uma habilidade motora nova. Inicialmente, uma nova tarefa requer grande concentração, e o desempenho é variável e cheio de erros; essa fase tem sido designada de **estágio cognitivo**.[31] Durante esse estágio, os movimentos parecem ser presos ou rígidos, enquanto o indivíduo está adquirindo novas habilidades motoras.[29] O segundo estágio é chamado de **estágio associativo**. No estágio associativo, menos tempo é gasto pensando sobre cada detalhe; entretanto, os movimentos ainda não são automáticos. Os movimentos começam a parecer mais suaves e são mais consistentes. O estágio associativo começa quando o aprendiz determina a forma mais efetiva de realizar a tarefa. Com a prática, quando o movimento torna-se mais automático e eficiente, o aprendiz atingiu o **estágio autônomo**.[31] Esse estágio é alcançado quando a aprendizagem é quase completa, embora um indivíduo possa continuar a refinar a habilidade por meio da prática. Esse estágio é chamado *autônomo* porque o aprendiz não precisa mais depender do *feedback* de um instrutor.

Estágios do desenvolvimento de habilidades motoras

- Estágio cognitivo
- Estágio associativo
- Estágio autônomo

Na reabilitação, os pacientes estão frequentemente no estágio associativo, porque estão familiarizados com as habilidades que precisam realizar, mas o movimento para uma habilidade em particular pode estar alterado e precisar ser reaprendido em razão da disfunção neuromuscular. Por exemplo, um paciente com instabilidade glenoumeral geralmente demonstra a habilidade para desempenhar atividades da vida diária (AVDs), mas com estratégias de estabilização glenoumeral e escapular alteradas. Esse paciente estaria em um estágio associativo de aprendizagem até que ele pudesse demonstrar estratégias de estabilização normalizadas durante todas as AVDs. Algumas vezes, entretanto, as habilidades podem ser novas, tais como fornecer estabilidade dinâmica a uma articulação após uma ruptura ligamentar ou realizar um exercício de descer um degrau de lado. Por outro lado, indivíduos saudáveis que treinam para prevenir lesões estão frequentemente no estágio autônomo da aprendizagem para uma tarefa em particular, mas podem precisar refinar seus movimentos para minimizar riscos de lesões. Pela identificação do estágio correto da aprendizagem, os clínicos podem manipular certas variáveis, tais como os tipos de exercícios desempenhados ou o tipo de *feedback* fornecido para melhorar o desenvolvimento da habilidade motora.

FATORES QUE INFLUENCIAM E AUMENTAM O DESENVOLVIMENTO DE HABILIDADES MOTORAS

Condições de prática

De acordo com o "princípio da especificidade da prática", o desempenho motor é superior quando as condições de prática correspondem às condições na qual a habilidade motora será usada.[26] Em particular, condições do contexto visual e ambiental, bem como as características da pessoa, devem ser imitadas. A visão deve ser permitida durante a prática somente se estiver disponível durante o ambiente de desempenho. De forma similar, os indivíduos deveriam idealmente praticar em seu ambiente de desempenho e com as mesmas demandas físicas (p. ex., fatigado), mentais e emocionais encontradas durante o desempenho. É particularmente importante imitar o ambiente que se modifica (o qual pode ser imprevisível e desafiador, e que mais se assemelhe ao ambiente diário e esportivo), presente em habilidades abertas. Como criar condições práticas que correspondam exatamente ao ambiente de desempenho é frequentemente difícil em reabilitação, algumas vezes é necessário envolver os membros da família ou outros profissionais (p. ex., treinadores de atletas ou *personal trainers*) para ajudar com a prática no ambiente de desempenho.

O plano das sessões práticas pode afetar fortemente o quão bem uma nova habilidade ou movimento é aprendido. As sessões de prática devem ser **bloqueadas**, de tal forma que uma habilidade em particular ou um componente específico de uma habilidade seja praticado repetidamente antes de passar para a nova habilidade, ou eles devem ser configurados de uma forma **randomizada**, de forma que diferentes habilidades motoras sejam executadas alternadamente durante a sessão de prática.[26] Como um exemplo, driblar e chutar são habilidades motoras necessárias para um jogador de basquete. Na prática bloqueada, essas habilidades deveriam ser praticadas separada e sequencialmente, permitindo ao jogador se concentrar em uma habilidade de cada vez.Na prática randomizada, o indivíduo pode alternar entre driblar e lançar diversas vezes dentro de uma única sessão de prática. Em cada caso, as mesmas habilidades devem ser praticadas, mas a ordem de apresentação seria diferente. A prática bloqueada mostrou promover melhor desempenho inicial quando os indivíduos estão no primeiro estágio da aprendizagem de uma nova habilidade. Entretanto, a prática randomizada demonstrou promover melhora da aprendizagem a longo prazo, o que significa que há melhor retenção da habilidade, quando os indivíduos desempenham a habilidade novamente em um momento posterior.[32]

Desenvolvimento de habilidades motoras

Prática
- Bloqueada
- Randomizada
- Constante
- Variada

***Feedback* externo (aumentado)**
- Conhecimento dos resultados
- Conhecimento do desempenho
- Verbal
- Visual
- Auditivo
- Tempo

Uma habilidade em particular deve ser também praticada em diferentes formas. A **prática constante** ocorre quando a habilidade é praticada repetidamente, sem nenhuma modificação, e a **prática variada** ocorre quando um parâmetro é modificado durante a sessão de prática.[26] Usando a habilidade de lançar no basquete e o parâmetro de distância, lançar somente da linha de fundo seria um exemplo de prática constante, e a prática variada envolveria lançar da linha de fundo, do perímetro e sob a cesta. A prática variada ajuda os indivíduos a aprender como selecionar parâmetros para tarefas (p. ex., desenvolver esquemas), promovendo competência em diferentes contextos.[26]

Uma combinação de prática randomizada e variada, com características similares ao contexto alvo é, portanto, ideal para a aprendizagem motora. A prática randomizada permite que uma memória de uma habilidade específica seja formada, e a prática variada promove o desenvolvimento de variações de movimentos que podem reportar a tarefas não realizadas previamente. Finalmente, emular as características inerentes ao contexto alvo melhora a transferência de desempenho da prática para esse contexto.

Feedback externo

O *feedback* a partir de fontes fora do corpo, como a instrução de um clínico, é denominado *feedback* externo ou aumentado. Diferentes aspectos do *feedback* externo podem influenciar na velocidade e na qualidade da aprendizagem de uma habilidade motora. Um grande número de pesquisas tem sido conduzido nessa área; sendo assim, é apresentada somente a sinopse de alguns pontos relevantes.

O *feedback* externo pode ser dado tanto sobre o sucesso de um indivíduo em desempenhar uma habilidade motora (**conhecimento dos resultados**) quanto sobre a qualidade do movimento (**conhecimento do desempenho**).[26] Receber o resultado de um salto ou de um teste isocinético é um exemplo de conhecimento de resultados, ao passo que ser informado de que o joelho estava na posição valga enquanto descia um degrau lateralmente é um exemplo de conhecimento de desempenho. Ambos os tipos de *feedback* podem melhorar o desenvolvimento da habilidade motora, mas o conhecimento do desempenho facilita mais a aprendizagem da habilidade motora.[33,34] O conhecimento dos resultados deve primariamente ser reservado para situações em que os indivíduos são incapazes de gerar esse tipo de informação por conta própria ou quando a informação puder servir como ferramenta motivacional.[26]

O *feedback* externo deve ser fornecido usando diferentes formatos ou vias sensoriais: verbal, visual ou auditivo. O *feedback* verbal pode incluir informações sobre os erros durante o desempenho e possivelmente instruções para corrigir o erro. Instruções para correção do erro são úteis no início do estágio de aprendizagem, mas afirmações que somente apontam os erros podem ser suficientes nos últimos estágios.[33] Fornecer *feedback* visual usando filmagem pode ser benéfico, se os componentes cruciais do desempenho são facilmente observáveis. Os iniciantes se beneficiarão mais se um instrutor está presente para apontar os componentes críticos enquanto a filmagem está sendo vista. O *feedback* auditivo é menos comum e requer que um som seja ligado ao desempenho. Todas as três formas de *feedback* têm sido usadas efetivamente para diminuir o pico de força vertical de reação ao solo ao aterrissar de um pulo.[35]

O tempo do *feedback* também pode ser manipulado. O *feedback* sobre o desempenho deve ser fornecido quando um indivíduo realiza uma tarefa ou após a tarefa ser completada. Ambos podem ser benéficos, mas é importante notar que se o *feedback* é fornecido durante o desempenho, deve chamar os indivíduos para informações críticas que eles podem adquirir da própria tarefa; do contrário, o aprendiz torna-se dependente do *feedback* externo.[26] A dependência do *feedback* também ocorre se este é fornecido após cada tentativa de prática. Tanto oferecer um sumário após várias tentativas como fornecer o *feedback* somente se o desempenho sair dos parâmetros aceitáveis reduz a frequência do *feedback* e melhora a aprendizagem da habilidade.[26]

Em conclusão, o *feedback* externo deve ser adaptado à complexidade da tarefa e à experiência do aprendiz. Se o aprendiz é experiente, o *feedback* externo pode não ser necessário porque o indivíduo tem consciência do que constitui a execução bem-sucedida de uma habilidade. Entretanto, se o aprendiz é novo para a habilidade, o *feedback* externo deve ser fornecido, mas deve ser monitorado para que não cause dependência.

DESENVOLVIMENTO E IMPLEMENTAÇÃO DE UM PROGRAMA DE TREINAMENTO NEUROMUSCULAR

Fatores que podem limitar a eficácia do treinamento

A participação em um programa de treinamento neuromuscular pode trazer benefícios máximos se o participante inicia o treinamento com mínima ou nenhuma limitação física. Antes de iniciar um programa de treinamento neuromuscular, os indivíduos devem ter força muscular adequada para realizar os exercícios físicos corretamente. A fraqueza muscular é comum após uma lesão e influencia diretamente nos padrões de movimento, os quais podem impedir a correção da deficiência do movimento até que os déficits de força ou desequilíbrios sejam resolvidos.[36] Uma base sólida de força é preferível para indivíduos sem lesão que participam de um programa de prevenção de lesões. Entretanto, se houver fraqueza, as atividades de treinamento podem começar em um nível mais básico para assegurar que a técnica correta esteja sendo usada. Exemplos de atividades de treinamento de nível mais básico incluem treinamento com peso, instrução de técnica e realização de movimentos em um único plano e em multiplanos. Pouca resistência também pode interferir no desenvolvimento de estratégias de controle neuromuscular bem-sucedidas. Estudos têm demonstrado que a fadiga muscular, em geral, pode adversamente alterar a informação sensorial, resultando em alterações de propriocepção e movimento.[37-43] O que não foi determinado a partir dos estudos que avaliam propriocepção e movimento após fadiga é como o papel de pequenas mudanças (uma questão de poucos graus) em propriocepção pode afetar resultados nos ambientes clínicos e de esportes.

Para aqueles indivíduos que sofreram lesões e estão participando de um programa de treinamento neuromuscular como um componente de sua reabilitação, existem barreiras adicionais que devem ser resolvidas para que possam se beneficiar ao máximo do treinamento. Efusão da articulação, amplitude de movimento limitada e dor são comuns após lesão e cirurgia.[44-48] A presença de qualquer uma dessas deficiências pode também resultar na detecção de informação sensorial inapropriada a partir das articulações e mecanorreceptores musculares. Consequentemente, o paciente está em risco de desenvolver estratégias deficientes de controle motor.

Avaliação

Antes de desenvolver um programa de treinamento neuromuscular, o padrão de movimento deficiente ou ausência de habilidade motora deve ser identificada. Apesar de ser possível usar um programa de treinamento neuromuscular para desenvolver uma habilidade motora, isso não é comum na prevenção e reabilitação de lesões. A maioria dos programas de prevenção e reabilitação de lesões foca na mudança dos padrões de movimento para habilidades motoras que já foram aprendidas. Técnicas para melhora ou modificação de padrões de movimento são abordadas mais adiante neste capítulo.

A maioria das deficiências de movimento é identificada clinicamente por meio de análise observacional. Essa análise, apesar de imediatamente disponível, requer que o clínico tenha conhecimento sobre o que constitui o movimento apropriado. Considerando o amplo número de habilidades que realizamos durante o dia a dia e nas atividades esportivas, especialistas em reabilitação devem achar útil consultar a literatura atual para se guiar durante a avaliação de habilidades.

Além da análise observacional, outras técnicas podem ser usadas para avaliar os déficits de controle neuromuscular, incluindo eletromiografia, equipamentos de avaliação de equilíbrio, equipamentos de teste de força e análise de movimento. Essas técnicas não estão sempre imediatamente disponíveis para os clínicos, mas elas oferecem meios mais objetivos de quantificação de componentes do sistema neuromuscular.

Fatores que afetam a aprendizagem motora

- Avaliação apropriada
- Método de treinamento

Métodos de treinamento

Uma variedade de métodos de treinamento está disponível para clínicos, para a utilização em programas de treinamento neuromuscular. Esses métodos podem ser usados de modo isolado, mas geralmente são combinados em um programa de treinamento neuromuscular. Todos os métodos de treinamento oferecem um estímulo para melhorar o controle neuromuscular; entretanto, o estímulo deve ser iniciado pelo paciente ou por uma força externa. As várias técnicas de treinamento diferem nas demandas impostas aos sistemas neuromuscular e musculoesquelético; entretanto, o estágio da aprendizagem motora e a fase da reabilitação (p. ex., agudo, movimento controlado, retorno à função, retorno à atividades de alta demanda[49]) determinam a adequação da técnica de treinamento neuromuscular. A literatura também pode ser usada para avaliar a eficácia de uma técnica ou programa de treinamento na melhora do resultado funcional para um déficit específico de controle neuromuscular.

Uma breve visão geral das técnicas mais comuns usadas para treinamento neuromuscular e prevenção e reabilitação de lesões é apresentada aqui. Também são fornecidos fatores a serem considerados ao escolher as técnicas.

Técnicas de treinamento neuromuscular

- Treinamento de equilíbrio
- Treinamento de perturbação
- Exercício pliométrico
- Treinamento de técnica
- Treinamento multifacetado

Treinamento de equilíbrio

Os exercícios de equilíbrio são usados para facilitar o componente proprioceptivo do controle postural e assim reduzir a oscilação postural. Esses exercícios podem ser realizados no chão ou em algum tipo de equipamento, tais como uma tábua oscilante, uma tábua BAPS ou uma tábua de balanço. Usando uma parte do equipamento, o indivíduo deve simplesmente tentar manter uma posição de equilíbrio no equipamento ou deve tentar manter o equilíbrio enquanto não vê a parte do equipamento.

Variações na superfície e na base de suporte são usadas para alterar a dificuldade de atividades de equilíbrio. Superfícies estáveis oferecem menor desafio ao controle postural comparados com superfícies instáveis como tatames complacentes ou tábuas oscilantes. De forma similar, o apoio bilateral é menos desafiador do que o apoio com os pés em linha ou o apoio unilateral (Fig. 18.4).

Treinamento de perturbação

O treinamento de perturbação,[50] como o treinamento de equilíbrio, enfatiza o componente proprioceptivo do controle postural. Entretanto, tal treinamento envolve a adição de uma força aplicada, direcionada para a pessoa ou para a superfície na qual a pessoa está posicionada, com o propósito de melhorar a resposta motora reativa, que é particularmente útil na melhora da estabilidade articular dinâmica.

O nível de dificuldade experimentado durante o treinamento de perturbação é relativo às diferenças de perturbação aplicadas, a presença de atividades simultâneas e alterações na base de suporte. Perturbações que são previsíveis, com pouca força ou aplicadas de forma vagarosa são menos desafiadoras para o controle postural do que as perturbações imprevisíveis, fortes ou rápidas. As perturbações da superfície de suporte em um único plano cardinal são menos desafiadoras do que as perturbações em múltiplos planos de movimento. Perturbações aplicadas sem a adição de atividades específicas de esportes (p. ex., chutar ou atirar uma bola) são também menos desafiadoras quando comparadas com a adição de tais atividades ou outro distrator. Modificar a configuração do ato de ficar de pé produz um efeito comparável ao treinamento de equilíbrio.

Exercício pliométrico

O exercício pliométrico é também conhecido como um *treinamento de salto* ou exercício de *treinamento neuromuscular reativo*,[51] e pode ser usado para treinar tanto as extremidades superiores como as inferiores. O exercício pliométrico é comumente usado nos programas de prevenção de lesões ou em fases avançadas da reabilitação para indivíduos que estão retornando às atividades esportivas. Os pliométricos não são usados nas fases iniciais da reabilitação em razão de sua natureza balística. O componente pliométrico de um programa de treinamento exercita o sistema neuromuscular para executar o ciclo alongamento-encurtamento de forma efetiva.[52] Além disso, o treinamento pliométrico que foca na técnica apropriada e na biomecânica pode reduzir sérias lesões ligamentares e pode induzir a adaptações para corrigir os desequilíbrios neuromusculares.[53] Tais adaptações preparam melhor um indivíduo para atividades esportivas multidirecionais e podem reduzir posicionamentos que sobrecarregam a articulação.[54]

A dificuldade do exercício pliométrico para as extremidades resulta principalmente das mudanças nas forças, apesar de a adição de atividades simultâneas também poder ser usada (p. ex., pegar uma bola enquanto se executa a atividade de pular). A demanda nos sistemas neuromuscular e musculoesquelético é menor com atividades de duplo apoio em vez de atividades de apoio unipedal quando os exercícios são realizados sem dispositivos externos, tais como cordas de esportes ou bolas terapêuticas, e quando a amplitude de movimento é reduzida.

Treinamento de técnica

O treinamento de técnica envolve o desempenho de movimentos específicos com ênfase na técnica apropriada. O movimento escolhido pode ser aquele que resulta em um grande porcentual de lesões, tal como aterrissar de um pulo ou executar uma manobra de corte, ou pode ser um movimento que está deficiente após uma lesão, tal como a fase de apoio na marcha.

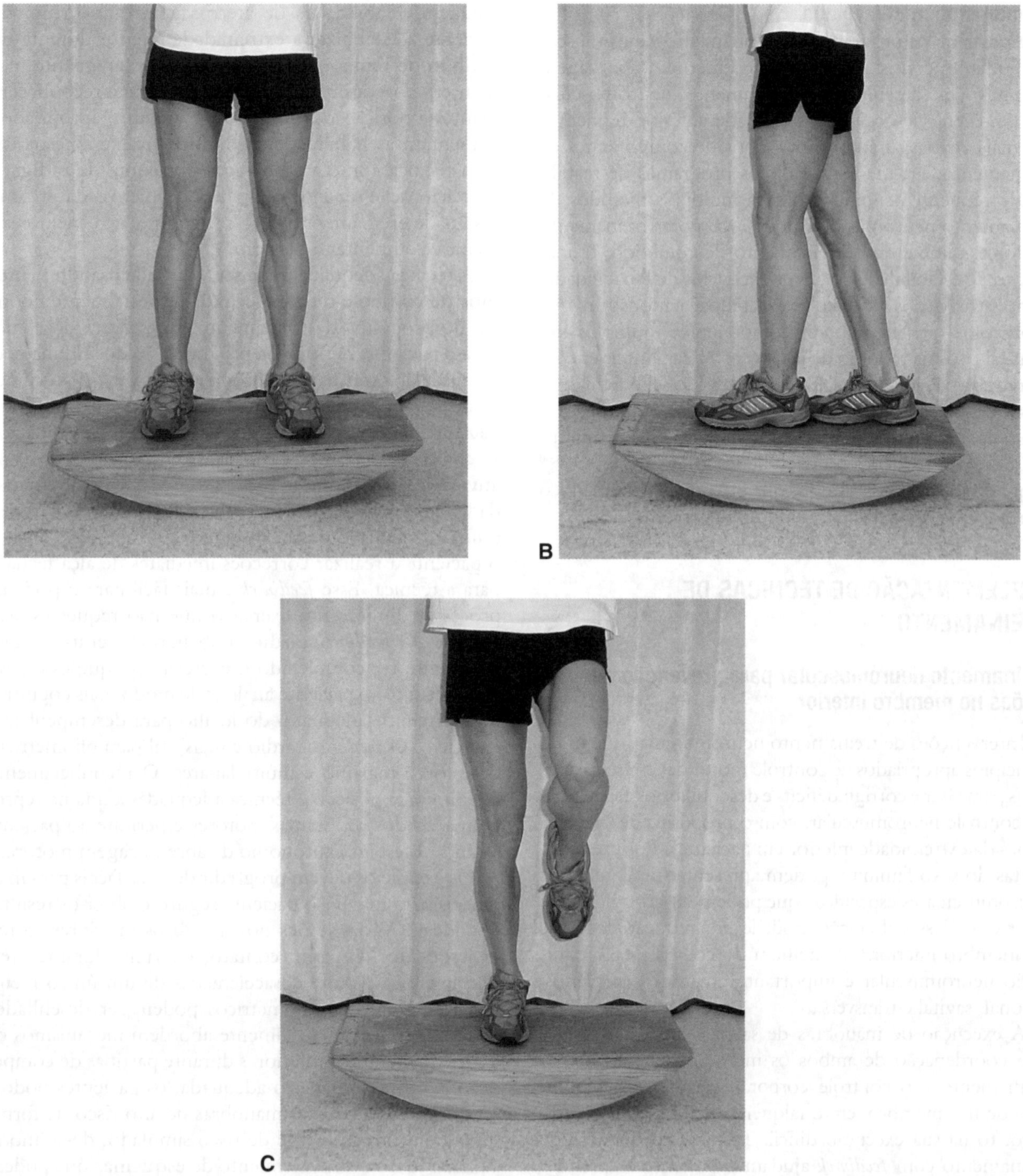

Figura 18.4 Apoio em uma tábua oscilante, bilateral (A), com um pé na frente do outro (B) e unilateral (C).

Os clínicos podem oferecer *feedback* verbal e visual a um paciente durante e após o treinamento. Hewett et al.[54] usaram frases como "aterrisse leve como uma pluma", "seja um absorvedor de choque" e "recolha como uma mola" para pistas de visualização durante cada fase do salto. No treinamento de técnica, os atletas são encorajados a desempenhar os movimentos até a fadiga ou até eles não serem capazes de executar o movimento com a biomecânica correta. Myklebust et al.[55] usaram treinamento com pares para fornecer *feedback* ao atleta em treinamento. Os pares encorajam uns aos outros para focar na qualidade dos seus movimentos, especificamente na posição do joelho sobre o artelho. Tanto Hewett et al.[54] como Myklebust et al.[55] citaram a análise crítica do clínico e tanto o *feedback* imediato quanto o tardio como fatores contribuintes para melhorar a biomecânica e reduzir lesões do ligamento cruzado anterior (LCA) em seus respectivos estudos. Esses estudos enfatizam a importância da análise da biomecânica das atividades de movimento e do tempo efetivo de *feedback* para o paciente em relação à técnica apropriada.

Treinamento multifacetado

Apesar de os programas de treinamento neuromuscular poderem consistir em um único método, abordagens recentes aos desenhos de treinamento neuromuscular para prevenir lesões da extremidade inferior tendem a ser mais amplas, usando vários tipos de componentes de treinamento. Da mesma forma, os programas de reabilitação frequentemente incorporam múltiplos métodos. O treinamento neuromuscular pode incorporar treinamento de força, pliométricos, treinamento de equilíbrio, treinamento de estabilidade do eixo e exercícios de flexibilidade. Uma revisão dos protocolos relatados demonstrou que protocolos que incorporam componentes múltiplos são mais efetivos na redução de lesões.[53,55-59] Para intervenções de redução de lesões de LCA em atletas do sexo feminino, três de quatro estudos que incorporaram componentes múltiplos nos protocolos de treinamento neuromuscular relataram reduções no risco de lesões de LCA,[53,55,56,60] enquanto dois de dois estudos que incorporaram um único componente não relataram redução de lesão.[57,61]

IMPLEMENTAÇÃO DE TÉCNICAS DE TREINAMENTO

Treinamento neuromuscular para prevenção de lesões no membro inferior

Intervenções de treinamento neuromuscular que usam princípios apropriados de controle motor devem ser planejadas para visar e corrigir déficits e desequilíbrios específicos do controle neuromuscular, com o propósito de prevenir lesões da extremidade inferior em pacientes. Por exemplo, atletas do sexo feminino podem apresentar desequilíbrios neuromusculares específicos que podem ser corrigidos,[54] e a correção dessas alterações pode levar à redução de lesões do membro inferior.[53] A melhora do controle e do equilíbrio neuromuscular é importante em todos os planos: coronal, sagital e transversal.

A execução de manobras de saltar e aterrissar requerem coordenação de ambos os membros para manter o alinhamento e o controle corporal. Qualquer desequilíbrio de um membro, em qualquer passo da sequência do salto, torna sua execução difícil. Técnicas apropriadas de treinamento com *feedback* ajudam o paciente a aprender o controle bilateral dos membros. O paciente será recompensado com uma tarefa realizada mais facilmente e de forma mais apropriada.

Os pliométricos devem ser ensinados e realizados com posicionamento corporal e técnica próximos do ideal. O clínico e o paciente devem focar na aterrissagem, sem movimento excessivo no plano coronal. Se for permitido que os pacientes saltem de forma imprópria, eles podem criar programas motores para uma técnica inadequada. É importante que os clínicos sejam habilidosos em reconhecer a técnica desejada para cada salto pliométrico usado. O clínico deve encorajar o paciente a manter a técnica excelente durante toda a sequência de salto e aterrissagem. Habilidades de aterrissagem que forçam um paciente a estabilizar a extremidade inferior durante um período de tempo, apesar de não necessariamente pliométricas por natureza, forçam o paciente a reconhecer e manter a posição e o controle do membro apropriado e aumentam as habilidades proprioceptivas e cinestésicas. Se a técnica começa a degradar por conta da **fadiga**, o exercício deve ser interrompido. O objetivo da próxima sessão de treinamento deve ser continuar a melhorar a técnica e aumentar a duração.

A técnica adequada pode ser alcançada usando **princípios de controle de alça fechada**, especialmente no início do programa de treinamento. O *feedback* do clínico para o paciente é crítico na programação do sistema neuromuscular. A instrução apropriada requer que o clínico forneça tanto ***feedback* imediato** como **tardio** para o paciente, ambos durante e após cada turno de exercícios. O clínico deve começar o processo de fornecer *feedback* ativo ao paciente, mesmo durante exercícios de intensidade baixa para moderada, como saltos perto da parede e pulos que incorporam aterrissagens com apoio. Isso ajuda o paciente a realizar correções imediatas de alça fechada para a técnica. Esse *feedback* é mais fácil para o paciente processar durante um exercício que não requer esforço máximo. O ***feedback* tardio** também pode ser usado após o paciente ter completado o exercício porque esse *feedback* permite ao paciente analisar de modo mais cognitivo o movimento adequado do joelho para desempenhar o exercício. O *feedback* tardio é mais útil para pliométricos de esforço máximo e multiplanares. O reconhecimento cognitivo da posição e técnica adequadas ajuda na reprogramação dos programas motores e permite ao paciente alcançar o estágio autônomo da aprendizagem motora.

Os exercícios devem progredir de mais fáceis para mais difíceis para manter o paciente seguro e obter os resultados ideais. Várias lesões dos membros inferiores, como as lesões de LCA sem contato, ocorrem durante aterrissagens ou durante desacelerações de um único membro. Os exercícios pliométricos podem ser desenhados de forma que sequencialmente abordem mecanismos de lesões de membros inferiores durante partidas de competição. Com a preparação adequada, os pacientes podem ser ensinados a realizar manobras de alto risco de forma segura em um ambiente de risco simulado, desse modo auxiliando no desenvolvimento de **esquemas** que podem ajudar a prevenir futuras lesões. Por meio do treinamento do sistema neuromuscular para manter o controle durante manobras relativamente de alto risco, o paciente pode "expandir o envelope de controle neuromuscular" e estar mais preparado para posições e forças similares às experimentadas durante os esportes.

Os pacientes devem ser ensinados a coordenar ações de múltiplas articulações e movimentos multiplanares (Tab. 18.3). A incorporação de movimentos multiplanares melhora tanto o desempenho da tarefa como o controle neuromuscular. Padrões de movimentos complexos requerem maior sincronização e coordenação entre os membros inferiores, o que leva a um maior equilíbrio em

Tabela 18.3 Progressão de treinamento pliométrico

	Progressão de treinamento pliométrico	Exemplos de exercícios
1	Dois membros inferiores (baixa intensidade)	Saltos na mureta Saltos em linha
2	Dois membros inferiores (rotatório)	Saltos de 180° Saltos multidirecionais com barreiras
3	Dois membros inferiores (força)	Saltos com agachamento Saltos encolhido
4	Dois para um membro inferior (transicional)	Saltos em tesoura Pulos em linha
5	Um membro inferior (pulos)	Pulos para distância Pulos cruzados
6	Um membro inferior (força)	Pulos Único plinto passos de força
7	Saltos profundos (específico para esporte)	Salto vertical máximo do plinto Reação de queda do plinto

recrutamento muscular lado a lado e força, coordenação e potência. A progressão de saltos com ambos os pés para com um pé só ajuda a corrigir os desequilíbrios lado a lado tanto no controle neuromuscular como na técnica de movimento. Os pacientes devem ser ensinados a reconhecer e controlar forças rotacionais usando pliométricos que incorporam movimentos de torção, tais como saltos de 180° ou saltos multiplanares com barreiras. A consciência corporal adquirida é similar àquela usada durante partidas de competição ou atividades do dia a dia. O paciente não pode focar completamente na técnica porque um esforço cognitivo é requerido para controlar e manter a posição corporal durante as manobras pliométricas mais difíceis. Além disso, ensinar um paciente a controlar as forças de aterrissagem em superfícies instáveis irá prepará-lo melhor para calcular a quantidade de flexão articular necessária no impacto e para diminuir o impulso de pico enquanto estabiliza as articulações dos membros inferiores dinamicamente durante partidas de competição.

Os exercícios pliométricos devem também ser incorporados de forma que requeiram ao paciente transferir o *momentum* horizontal para movimento vertical, de forma similar às habilidades usadas durante partidas de compe-

Tabela 18.4 Treinamento neuromuscular dinâmico: pliométricos

Exercício	Repetições ou tempo	
Fase inicial	**Semanas 1-2**	**Semanas 2-3**
1. Saltos na mureta	10-20 seg.	15-25 seg.
2. Saltos fletidos	20 seg.	25 seg.
3. Saltos largos *stick land*	5 reps.	10 reps.
4. Saltos agachados	10 seg.	15 seg.
5. Saltos com 2 MMIIs e cones	20-30 seg.	20-30 seg.
6. Saltos de 180°	20 seg.	25 seg.
7. Pulos com um pé de cada vez	20 seg.	25 seg.
Fase de progressão	**Semanas 3-4**	**Semanas 4-5**
1. Aquecimento	30 seg.	30 seg.
2. Saltos fletidos	30 seg.	30 seg.
3. Salto na vertical	5 reps.	8 reps.
4. Saltos agachados	20 seg.	20 seg.
5. Com 1 pé de cada vez para distância	1 corrida	2 corridas
6. Saltos com 2 MMII e cones	20-30 seg.	20-30 seg.
7. Saltos em tesoura	30 seg.	30 seg.
8. *Hop, hop, stick*	5 reps./MI	5 reps./MI
Fase final	**Semanas 5-6**	**Semanas 6-8**
1. Saltos na mureta	25 seg.	20 seg.
2. Passo, salto para cima, para baixo, vertical	5 reps.	10 reps.
3. Saltos no colchão	20-25 seg.	20-25 seg.
4. Saltos unipodais em distância	5 reps./MI	5 reps./MI
5. Saltos agachados	25 seg.	25 seg.
6. Salto para um pé de cada vez	3 corridas	4 corridas
7. Pulo unipedal, pulo com vara	14 reps./MI	14 reps./MI

tição. Exemplos incluem o jogador de basquete que realiza um arremesso de bandeja, o jogador de futebol que corre e então cabeceia a bola para o gol ou o jogador de vôlei que usa sua abordagem horizontal para ganhar *momentum* em altura para uma cortada.

As sessões de treinamento neuromuscular devem durar aproximadamente 1 hora e meia e devem ocorrer em 2 a 3 dias por semana, em dias alternados. Essa dosagem recomendada tem por objetivo maximizar os benefícios do treinamento sem sobrecarregar (psicológica e fisicamente) o paciente. Cada sessão de treinamento começa com um aquecimento. Após o aquecimento, o treinamento pliométrico é implementado (Tab. 18.4).

Reabilitação

A reabilitação de perturbação aumentada, um exemplo de como implementar princípios de controle motor para aumentar a estabilidade dinâmica articular, é um programa de treinamento multifacetado que tem sido usado na reabilitação de pacientes com deficiência no LCA[62] (ver Tab. 18.4). Junto à estabilidade ligamentar do joelho diminuída, após lesão do LCA, há também **diminuição da informação de entrada do mecanorreceptor** para o sistema nervoso central associada à lesão ligamentar. Consequentemente, vários pacientes com deficiência de LCA apresentam uma **estratégia motora alterada**, incluindo um padrão de cocontração muscular rígida não responsiva, que resulta em um movimento truncado do joelho e em **estabilidade articular dinâmica** deficiente.[63-65] O objetivo da reabilitação é criar um ambiente que aumente a estabilidade articular dinâmica e restaure o movimento funcional do joelho por meio de ativação muscular *seletiva*. A reabilitação de perturbação aumentada tem se mostrado efetiva em atingir tais objetivos em um estudo de coorte entre pacientes com deficiência de LCA.[66]

A reabilitação de perturbação aumentada é um programa de 10 sessões (Tab. 18.5) que incorpora treinamento de força, exercícios de agilidade e três tarefas de **perturbação** (p. ex., manter o equilíbrio em uma superfície de suporte instável, enquanto o especialista em reabilitação manobra essa superfície). Uma variedade de exercícios de resistência progressiva é implementada e sistematicamente intensificada para atingir a fraqueza dos músculos da extremidade inferior. Agilidade e exercícios

Tabela 18.5 Protocolo de treinamento de perturbação

Técnica	Séries/duração	Direção do movimento da tábua	Aplicação
Tábua de balanço	2 a 3 séries, 1 min/cada	AP, ML	Comece em apoio bilateral para a primeira sessão. Execute em apoio unipedal para as sessões restantes.
Tábua/plataforma de rolamento	2 a 3 séries, 1 min/cada, realizado bilateralmente	Inicial: AP, ML Progressão: diagonal, rotação	A força do sujeito é contra-resistência oposta à tábua de rolamento, se adaptando à intensidade e à velocidade de aplicação, sendo o movimento da tábua de rolamento mínimo. Os músculos dos membros inferiores não devem estar contraídos em antecipação à perturbação, nem a resposta deve ser em cocontração rígida.
Tábua de rolamento	2 a 3 séries, de 30 seg. a 1 min/cada	Inicial: AP, ML Progressão: diagonal, rotação	Comece em apoio bilateral para a primeira sessão. Execute em apoio unipedal para as sessões restantes. As distâncias de perturbações são de 1 a 2 polegadas.

Fase inicial (sessões 1 a 4)
Objetivos do tratamento:
- Expor o atleta a perturbações em várias direções
- Elicitar uma resposta muscular apropriada a perturbações aplicadas (sem cocontração rígida)
- Minimizar pistas verbais

Fase intermediária (sessões 5 a 7)
Objetivos do tratamento:
- Adicionar atividades esportivas específicas leves durante as técnicas de perturbação
- Melhorar a precisão do atleta em adequar as respostas musculares à intensidade, à direção e à velocidade de perturbação

Fase final (sessões 8 a 10)
Objetivos de tratamento:
- Aumentar a dificuldade das perturbações por meio da utilização de apoios para esportes específicos
- Obter precisão, respostas musculares seletivas a perturbações em qualquer direção e de qualquer intensidade, magnitude ou velocidade

AP, anteroposterior; ML, mediolateral.

de perturbação são também incluídos e intensificados, baseados no sucesso de execução de cada tarefa. **Pistas verbais** tais como "mantenha seus joelhos suaves", "mantenha seu tronco ereto" e "relaxe entre as perturbações" são fornecidas precocemente durante o programa de treinamento de perturbação, para oferecer ao paciente uma estrutura para completar a tarefa com sucesso. O foco do treinamento não é no desenvolvimento de padrões específicos de ativação muscular; preferencialmente permite-se aos pacientes desenvolverem padrões individualizados, contanto que a tarefa se complete com sucesso (p. ex., manter o **equilíbrio** e a **estabilidade articular dinâmica** sem cocontração muscular rígida). Durante as primeiras cinco sessões, são iniciadas perturbações de uma forma **bloqueada**, em planos anteroposterior, mediolateral ou rotacional e **pistas verbais** são gradualmente diminuídas à medida que o paciente torna-se mais competente com a tarefa. Durante os últimos cinco tratamentos, as direções das perturbações são aplicadas **aleatoriamente** enquanto o paciente realiza uma tarefa esportiva específica (p. ex., chutar uma bola). A intensidade, a velocidade e a força das perturbações são aumentadas durante o programa.

RESUMO

Déficits no controle neuromuscular alteram a atividade muscular coordenada responsável pela estabilidade articular dinâmica, controle postural e padrões de movimento. Esses déficits podem levar a lesões musculoesqueléticas ou podem ser o resultado de uma lesão. Um entendimento do sistema sensório-motor e do desenvolvimento de habilidades motoras fornece o alicerce no qual os programas de treinamento neuromuscular para prevenção de lesões e reabilitação estão baseados. A implementação desses conceitos em um programa de treinamento neuromuscular ajuda a atingir os melhores resultados possíveis.

REFERÊNCIAS BIBLIOGRÁFICAS

1. Halata Z: The ultrastructure of the sensory nerve endings in the articular capsule of the knee joint of the domestic cat (Ruffini corpuscles and pacinian corpuscles), J Anat 124(Pt 3):717-729, 1977.
2. Boyd IA: The histological structure of the receptors in the knee-joint of the cat correlated with their physiological response, J Physiol (Lond) 124:476-488, 1954.
3. Freeman MA, Wyke B: The innervation of the knee joint: an anatomical and histological study in the cat, J Anat 101(Pt 3):505-532, 1967.
4. Grigg P: Peripheral neural mechanisms in proprioception, J Sport Rehabil 3:1-17, 1994.
5. Halata Z, Haus J: The ultrastructure of sensory nerve endings in human anterior cruciate ligament, Anat Embryol (Berl) 179:415-421, 1989.
6. Gordon J, Ghez C: Muscle receptors and spinal reflexes: the stretch reflex. In Kandel ER, Schwartz JH, Jessel TM, editors: Principles of neural science, New York, 1991, Elsevier.
7. Burgess PR, Wei JY, Clark FJ, Simon J: Signaling of kinesthetic information by peripheral sensory receptors, Annu Rev Neurosci 5:171-187, 1982.
8. Sherrington CS: The integrative action of the nervous system, New Haven, Conn, 1906, Yale University Press.
9. Hewett TE, Paterno MV, Myer GD: Strategies for enhancing proprioception and neuromuscular control of the knee, Clin Orthop Relat Res 402:76-94, 2002.
10. Lephart SM, Riemann BL, Fu F: Introduction to the sensorimotor system. In Lephart SM, Fu F, editors: Proprioception and neuromuscular control in joint stability, Champaign, Ill, 2000, Human Kinetics.
11. Ghez C: Posture. In Kandel E, Schwartz J, Jessell T, editors: Principles of neural science, New York, 1991, Elsevier.
12. Shumway-Cook A, Woollacott M: Motor control: theory and practical applications, Baltimore, 1995, Williams & Wilkins.
13. Johansson H, Sjölander P, Sojka P: Receptors in the knee joint ligaments and their role in the biomechanics of the joint, Crit Rev Biomed Eng 18:341-368, 1991.
14. Johansson H: Role of knee ligaments in proprioception and regulation of muscle stiffness, J Electromyogr Kinesiol 1:158-179, 1991.
15. Houk J, Henneman E: Responses of Golgi tendon organs to active contractions of the soleus muscle of the cat, J Neurophysiol 30:466-481, 1967.
16. Nichols TR, Houk JC: Improvement in linearity and regulation of stiffness that results from actions of stretch reflex, J Neurophysiol 39:119-142, 1976.
17. Solomonow M, Baratta R, Zhou BH et al: The synergistic action of the anterior cruciate ligament and thigh muscles in maintaining joint stability, Am J Sports Med 15:207-213, 1987.
18. Matthews PB: Recent advances in the understanding of the muscle spindle, Sci Basis Med Annu Rev pp 99-128, 1971.
19. Matthews PB: Evolving views on the internal operation and functional role of the muscle spindle, J Physiol (Lond) 320:1-30, 1981.
20. Rack PM: Limitations of somatosensory feedback in posture and movement. In Brooks VB, editor: Handbook of physiology. Section 1: The nervous system, Vol II, Bethesda, Md, 1981, American Physiological Society.
21. Pope MH, Johnson RJ, Brown DW, Tighe C: The role of the musculature in injuries to the medial collateral ligament, J Bone Joint Surg Am 61:398-402, 1979.
22. Buchanan TS, Kim AW, Lloyd DG: Selective muscle activation following rapid varus/valgus perturbations at the knee, Med Sci Sports Exerc 28:870-876, 1996.
23. Johansson H, Sjölander P, Sojka P et al: Reflex actions on the gamma-muscle-spindle systems of muscles acting at the knee joint elicited by stretch of the posterior cruciate ligament, Neuro-Orthopedics 8:9-21, 1989.
24. Biedert R: Contribution of the three levels of nervous system motor control: spinal cord, lower brain, cerebral cortex. In Lephart SM, Fu F, editors: Proprioception and neuromuscular control in joint stability, Champaign, Ill, 2000, Human Kinetics.
25. Brooks VB: The neural basis of motor control, New York, 1986, Oxford University Press.
26. Schmidt R, Lee T: Motor control and learning: a behavioral emphasis. Champaign, Ill, 1999, Human Kinetics.
27. Evarts EV: Motor cortex reflexes associated with learned movement, Science 179:501-503, 1973.
28. Di Fabio RP, Graf B, Badke MB et al: Effect of knee joint laxity on long-loop postural reflexes: evidence for a human capsular-hamstring reflex, Exp Brain Res 90:189-200, 1992.
29. Bernstein NA: The coordination and regulation of movements, London, 1967, Pergamon Press.
30. Kelso JA: Dynamic patterns: the self-organization of the brain and behavior, Cambridge, Mass, 1995, MIT Press.
31. Fitts PM, Posner MI: Human performance, Belmont, 1967, Brooks/Cole.
32. Shea J, Morgan R: Contextual interference effects on the acquisition, retention and transfer of a motor skill, J Exp Psychol Learn Mem Cogn 5:179-187, 1979.

33. Magill R: Motor learning and control: concepts and applications, New York, 2004, McGraw-Hill.
34. Kernodle MW, Carlton LG: Information feedback and the learning multiple-degree-of-freedom activities, J Mot Behav 24:187-196, 1992.
35. McNair PJ, Prapavessis H, Callender K: Decreasing landing forces: effect of instruction, Br J Sports Med 34:293-296, 2000.
36. Lewek M, Rudolph K, Axe M, Snyder-Mackler L: The effect of insufficient quadriceps strength on gait after anterior cruciate ligament reconstruction, Clin Biomech (Bristol, Avon) 17:56-63, 2002.
37. Hiemstra LA, Lo IK, Fowler PJ: Effect of fatigue on knee proprioception: implications for dynamic stabilization, J Orthop Sports Phys Ther 31:598-605, 2001.
38. Lattanzio PJ, Petrella RJ, Sproule JR, Fowler PJ: Effects of fatigue on knee proprioception, Clin J Sport Med 7:22-27, 1997.
39. Marks R, Quinney HA: Effect of fatiguing maximal isokinetic quadriceps contractions on ability to estimate knee-position, Percept Mot Skills 77(3 Pt 2):1195-1202, 1993.
40. Miura K, Ishibashi Y, Tsuda E et al: The effect of local and general fatigue on knee proprioception, Arthroscopy 20:414-418, 2004.
41. Sterner RL, Pincivero DM, Lephart SM: The effects of muscular fatigue on shoulder proprioception, Clin J Sport Med 8:96-101, 1998.
42. Voight ML, Hardin JA, Blackburn TA et al: The effects of muscle fatigue on and the relationship of arm dominance to shoulder proprioception, J Orthop Sports Phys Ther 23:348-352, 1996.
43. Wojtys EM, Wylie BB, Huston LJ: The effects of muscle fatigue on neuromuscular function and anterior tibial translation in healthy knees, Am J Sports Med 24:615-621, 1996.
44. Guido J Jr, Voight ML, Blackburn TA et al: The effects of chronic effusion on knee joint proprioception: a case study, J Orthop Sports Phys Ther 25:208-212, 1997.
45. Deandrade JR, Grant C, Dixon AS: Joint distension and reflex muscle inhibition in the knee, J Bone Joint Surg Am 47:313-322, 1965.
46. Hopkins JT, Ingersoll CD, Krause BA et al.: Effect of knee joint effusion on quadriceps and soleus motoneuron pool excitability, Med Sci Sports Exerc 33:123-126, 2001.
47. Jensen K, Graf BK: The effects of knee effusion on quadriceps strength and knee intraarticular pressure, Arthroscopy 9:52-56, 1993.
48. Spencer JD, Hayes KC, Alexander IJ: Knee joint effusion and quadriceps reflex inhibition in man, Arch Phys Med Rehabil 65:171-177, 1984.
49. Kisner C, Colby LA: Therapeutic exercise: foundations and techniques, Philadelphia, 2002, FA Davis.
50. Fitzgerald GK, Axe MJ, Snyder-Mackler L: Proposed practice guidelines for nonoperative anterior cruciate ligament rehabilitation of physically active individuals, J Orthop Sports Phys Ther 30:194-203, 2000.
51. Wilk KE, Voight ML, Keirns MA et al: Stretch-shortening drills for the upper extremities: theory and clinical application, J Orthop Sports Phys Ther 17:225-239, 1993.
52. Verkhoshansk Y: Perspectives in the improvement of speed--strength preparation of jumpers, Yessis Rev Sov Phys Educ Sports 4:28-29, 1969.
53. Hewett TE, Lindenfeld TN, Riccobene JV, Noyes FR: The effect of neuromuscular training on the incidence of knee injury in female athletes: a prospective study, Am J Sports Med 27:699-706, 1999.
54. Hewett TE, Stroupe AL, Nance TA, Noyes FR: Plyometric training in female athletes: decreased impact forces and increased hamstring torques, Am J Sports Med 24:765-773, 1996.
55. Myklebust G, Engebretsen L, Braekken IH et al: Prevention of anterior cruciate ligament injuries in female team handball players: a prospective intervention study over three seasons, Clin J Sport Med 13:71-78, 2003.
56. Mandelbaum BR, Silvers HJ, Watanabe DS et al: Effectiveness of a neuromuscular and proprioceptive training program in preventing the incidence of ACL injuries in female athletes: year two (abstract). Presented at American Orthopaedic Society for Sports Medicine (AOSSM) Specialty Day, New Orleans, 2005.
57. Wedderkopp N, Kaltoft M, Lundgaard B et al: Prevention of injuries in young female players in European team handball: a prospective intervention study, Scand J Med Sci Sports 9:41-47, 1999.
58. Caraffa A, Cerulli G, Projetti M et al: Prevention of anterior cruciate ligament injuries in soccer: a prospective controlled study of proprioceptive training, Knee Surg Sports Traumatol Arthrosc 4:19-21, 1996.
59. Cerulli G, Benoit DL, Caraffa A, Ponteggia F: Proprioceptive training and prevention of anterior cruciate ligament injuries in soccer, J Orthop Sports Phys Ther 31:655-660; discussion 661, 2001.
60. Heidt RS Jr, Sweeterman LM, Carlonas RL et al: Avoidance of soccer injuries with preseason conditioning, Am J Sports Med 28:659-662, 2000.
61. Soderman K, Werner S, Pietila T et al: Balance board training: prevention of traumatic injuries of the lower extremities in female soccer players? A prospective randomized intervention study, Knee Surg Sports Traumatol Arthrosc 8:356-363, 2000.
62. Fitzgerald GK, Axe MJ, Snyder-Mackler L: A decision-making scheme for returning patients to high-level activity with nonoperative treatment after anterior cruciate ligament rupture, Knee Surg Sports Traumatol Arthrosc 8:76-82, 2000.
63. Rudolph KS, Eastlack ME, Axe MJ, Snyder-Mackler L: 1998 Basmajian Student Award Paper: Movement patterns after anterior cruciate ligament injury: a comparison of patients who compensate well for the injury and those who require operative stabilization, J Electromyogr Kinesiol 8:349-362, 1998.
64. Rudolph KS, Axe MJ, Snyder-Mackler L: Dynamic stability after ACL injury: who can hop? Knee Surg Sports Traumatol Arthrosc 8:262-269, 2000.
65. Rudolph KS, Axe MJ, Buchanan TS et al: Dynamic stability in the anterior cruciate ligament deficient knee, Knee Surg Sports Traumatol Arthrosc 9:62-71, 2001.
66. Chmielewski TL, Hurd WJ, Rudolph KS et al: Perturbation training improves knee kinematics and reduces muscle co-contraction after complete unilateral anterior cruciate ligament rupture, Phys Ther 85:740-754, 2005.

CAPÍTULO

19

Princípios do treino de estabilização

David J. Magee e James E. Zachazewski

INTRODUÇÃO

Os clínicos em reabilitação falam muitas vezes sobre "instabilidade", mas essa terminologia pode significar diferentes coisas para diferentes pessoas. Por exemplo, dizer que o ombro é "instável" pode significar que esta instabilidade esteja relacionada à lesão nos ligamentos, da cápsula e do lábio com deslocamento anterior do ombro. De maneira similar, o ombro pode ser chamado de "instável" em razão da fraqueza dos músculos controladores da escápula, levando a um impacto secundário. O foco e o propósito do treino de estabilização de qualquer articulação (p. ex., o ombro) ou grupo de articulações (p. ex., a coluna lombar) são permitir a restauração de tecidos de suporte, como os ligamentos, o fortalecimento da musculatura circundante e o restabelecimento do controle motor e dos padrões apropriados de movimento daquela articulação.

O propósito deste capítulo é fornecer ao leitor um entendimento do que é a instabilidade, o que ela não é, os tipos de instabilidade vistos comumente pelos profissionais envolvidos na reabilitação de pacientes, os princípios do treino de estabilização, a sequência desse tipo de treino e o lugar em que ele "figura" no *continuum* do cuidado clínico.

HIPOMOBILIDADE E HIPERMOBILIDADE

A *hipomobilidade* e a *hipermobilidade* são dois termos comumente usados por clínicos no treinamento de pacientes e de clientes. A **hipomobilidade** implica movimento diminuído. As técnicas de mobilização e de manipulação aplicadas diretamente à articulação ou às estruturas circundantes são direcionadas para restaurar as características da mobilidade articular normal, o que se denomina amplitude de movimento (ADM) e movimento acessório. A disfunção em razão da hipomobilidade muitas vezes pode ser detectada pela observação de padrões alterados de movimento, ADM diminuída, edema tecidual ou articular, diminuição nos movimentos acessórios, sensação terminal anormal, músculos hipertônicos ou inibição dos músculos antagonistas. Os conceitos e métodos do tratamento da hipomobilidade articular são abordados no Capítulo 24.

A **hipermobilidade**, por outro lado, implica ADM articular excessiva, que pode ser normal (frouxidão) ou patológica (instabilidade). A **frouxidão** pressupõe que a pessoa tem a ADM articular excessiva, mas tem a habilidade para controlar o movimento da articulação naquela amplitude. Não se trata de um estado patológico. Os fatores que podem levar a um aumento da frouxidão podem ser genéticos ou familiares, ocupacionais ou fatores de atividades muitas vezes relacionadas ao esporte. A **instabilidade** implica que a pessoa tem a ADM articular aumentada, mas não tem a habilidade para estabilizar e controlar o movimento da articulação. Desse modo, pode ser associada a um estado patológico potencial ou real. O potencial para um estado patológico existe quando muitos dos sinais de instabilidade estão presentes (p. ex., movimento mal coordenado, inabilidade para estabilizar as estruturas ou ação acoplada à força anormal). Contudo, a articulação não é estressada a ponto de os sintomas se manifestarem (p. ex., o movimento não é rápido o bastante, nem a carga é de magnitude suficiente para exceder a tolerância da articulação ou dos tecidos/estruturas associados). Como exemplo, pode-se citar o paciente que possui uma articulação glenoumeral instável no exame, mas que não apresenta dor ou apreensão ao movimento. Em um estado patológico real, o qual é mais comumente visto pelo clínico, tantos os sinais como os sintomas estão presentes. A disfunção em razão da hipermobilidade pode ser detectada pela observação de movimentos assincrônicos ou anormais, ADM aumentada, edema articular sem uma razão aparente, espasmos musculares de proteção antes do fim da ADM ("a articulação não parece estar normal"), apreensão, "falha", ou uma sensação terminal anormal.

Em alguns casos, a hipomobilidade e a hipermobilidade podem ser encontradas em grande proximidade, ou até na mesma articulação. Por exemplo, a articulação pode ser hipomóvel em uma direção e hipermóvel na direção oposta, como é visto comumente na articulação glenoumeral com impacto secundário do ombro (translação anterior excessiva, mas translação posterior restrita). Quando essa situação se apresenta, o clínico muitas vezes enfrenta o dilema de decidir qual a causa do problema: a hipomobilidade ou a hipermobilidade. Independentemente do tipo de mobilidade que esteja causando o problema, o clínico deve tratar a *hipomobilidade primeiro*, para restaurar o "jogo" normal na articulação e para permitir a artrocinemática articular normal. Somente então a hipermobilidade pode ser apropriadamente abordada.

ZONAS E BARREIRAS NORMAIS AO MOVIMENTO

Quando se consideram a mobilização e a estabilização, um número de conceitos deve ser examinado. O primeiro é o entendimento das zonas de movimento normal em uma ADM, bem como as barreiras normais que podem ser sentidas durante esse movimento. Durante a amplitude de movimento normal, em qualquer movimento osteocinemático ou fisiológico (p. ex., flexão, rotação), três zonas de movimento devem ser conceituadas. São elas a zona neutra, a zona elástica e a zona plástica (Fig. 19.1). A **zona neutra** é aquela em que existe pouca ou nenhuma resistência interna oferecida pelos tecidos ao movimento. Nessa zona, a ondulação do tecido está sendo estressada.[1,2] Assim, ela compreende o começo da ADM, relativo à posição de repouso da articulação. Conforme se alcança o fim da zona neutra, pode se sentir uma resistência. Essa resistência inicial ao movimento é o resultado da ondulação do tecido sendo estressado. A tensão (primariamente elástica) começa a ser construída dentro dos tecidos. Ela é muito sutil, ocorrendo muito precocemente na amplitude, e é virtualmente equivalente a "estressar a frouxidão" no movimento acessório. Essa resistência indica a primeira barreira ou sensação de restrição ao movimento, e pode ser chamada de **barreira da ondulação**. Aumentos no tamanho da zona neutra (i. e., resultando na sensação ou na percepção de que a

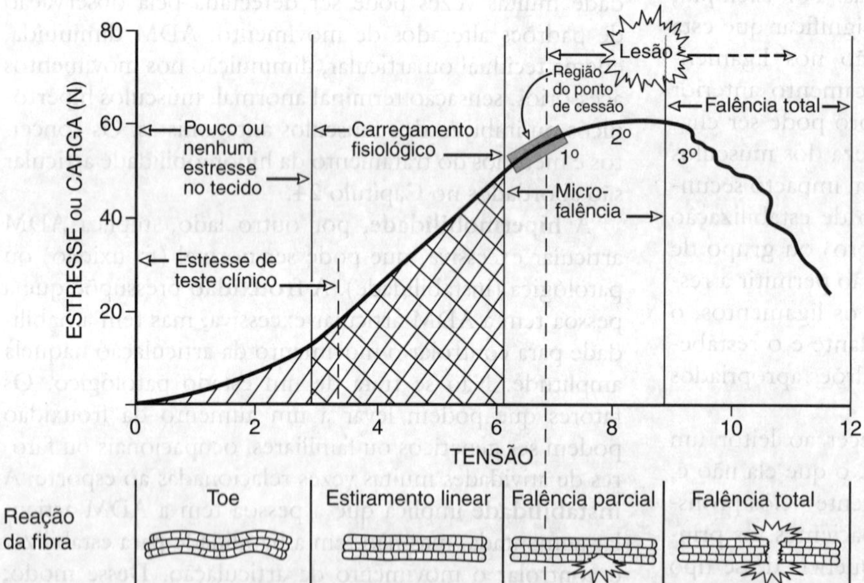

Figura 19.1 Integração da reação da fibra, zonas de movimento, barreiras ao movimento e propriedades do movimento conforme elas se relacionam à curva de estresse-tensão. (Desenho fora de escala.)

ondulação está sendo "estressada" tardiamente na ADM) podem ocorrer em razão da lesão, da instabilidade articular, da degeneração articular ou da disfunção muscular (levando à perda do controle muscular do movimento).[2,3] Por outro lado, o tamanho da zona neutra pode ser diminuído pela formação de osteófitos, fusão cirúrgica, espasmo muscular, fortalecimento muscular (hipertrofia) ou encurtamento tecidual oriundo da imobilização ou da perda da flexibilidade do tecido.

A **zona elástica** é a zona na qual a tensão tecidual começa a aumentar, conforme a articulação se move ao longo da ADM.[1] Ela se estende da barreira da ondulação até a **barreira fisiológica** (fim do movimento ativo) e em direção à **barreira anatômica** (fim do movimento passivo). A zona elástica é aquela em que a elasticidade do tecido está sendo estressada. Dentro dela, a deformação elástica ocorre de modo que, se a força de deformação for removida, ocorrerá o recolhimento elástico nos tecidos. Quando isso acontece, o tecido retorna a seu estado descarregado normal na zona neutra, sem lesão tecidual.[4,5] A zona elástica pode ser aumentada pela lesão das estruturas articulares (i. e., o limite da zona é alcançado com menos esforço ou avança-se muito na amplitude em razão da perda de alguma resistência provida pela magnitude da elasticidade encontrada no tecido sem lesão; uma analogia poderia ser um elástico que se tornou frouxo), anormalidades do colágeno, técnicas de mobilização e alongamento muscular. A zona elástica pode ser diminuída (i. e., o limite da zona é alcançado com maiores esforços ou mais rapidamente) pela adaptação tecidual e pelo encurtamento em razão da formação de osteófitos, fusão ou reparo cirúrgico, hipertrofia muscular ou imobilização.

A terceira zona é a **zona plástica**, em que a deformação do tecido se estende além do recolhimento elástico tecidual e o tecido começa a se deformar. A deformação plástica não permite que o tecido retorne prontamente à sua forma original quando o estresse é removido. Na realidade, a zona plástica pode se estender além da barreira anatômica. Dependendo da magnitude da carga ou da força – a duração do tempo de aplicação e a velocidade de aplicação –, duas coisas podem ocorrer na zona plástica. Primeiramente, pode ocorrer **fluxo plástico** ou **deslizamento**. Em segundo lugar, dentro dela, algumas das fibras experimentam certo grau de microfalência, a qual, se suficiente, pode resultar em lesão, levando à falência do tecido, denominada deformação plástica. Na realidade, de uma perspectiva clínica, o fluxo plástico e a **deformação plástica** são a mesma coisa. São dados nomes diferentes apenas com o objetivo de facilitar o entendimento. A zona plástica pode ser aumentada pela lesão tecidual, por anormalidades no tecido conjuntivo ou por meio de técnicas de mobilização. Ela pode ser diminuída pela formação de osteófitos, fusão ou reparo cirúrgico ou pela imobilização.

Como mencionado anteriormente, são observadas três barreiras normais durante o movimento osteocinemático. São as barreiras da ondulação, fisiológica e anatômica. Na presença de patologia, qualquer uma das três pode estar

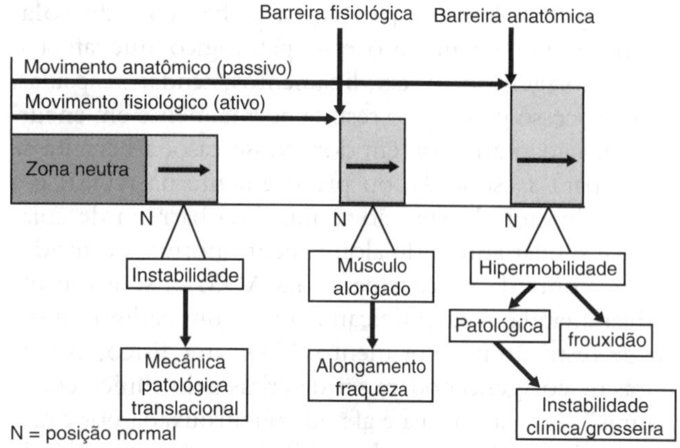

Figura 19.2 Hipermobilidade e instabilidade. Note o quanto as barreiras fisiológica e anatômica da ondulação normal se movem para a direita (i. e., aumentam). (Desenho fora de escala. Normalmente, as barreiras fisiológica e anatômica são muito próximas entre si. A zona neutra é geralmente muito pequena.)

diminuída (hipomobilidade) ou aumentada (hipermobilidade). A Figura 19.2 ilustra essas barreiras e por que elas podem aumentar, resultando em instabilidade.[5]

BARREIRAS PATOLÓGICAS AO MOVIMENTO

As **barreiras patológicas** são restrições ao movimento que ocorrem como resultado de um processo patológico. Elas podem ser barreiras de hipomobilidade, restritivas em sua natureza, que causam uma diminuição na ADM, ou de hipermobilidade, ocorrendo como resultado de movimento excessivo. As barreiras patológicas podem ocorrer em qualquer ponto da ADM, antes da barreira da ondulação ou além, onde a barreira anatômica existiria normalmente; elas podem até ocorrer entre as duas. Comumente, são encontradas dentro do que pode ser considerada a ADM normal, especialmente no caso de barreiras restritivas (hipomobilidade). As barreiras patológicas podem ser resultado de macrotrauma ou de microtrauma, espasmo muscular, edema, dor, encurtamento ou alongamento adaptativo do tecido. A barreira patológica pode ser de três tipos: de movimento, de colágeno e neurodinâmicas.

A **barreira de movimento** resulta de uma condição patológica do tecido contrátil (músculo) relacionada ao hipertônus muscular, ao espasmo muscular comum, ao encurtamento muscular adaptativo/perda da flexibilidade muscular ou à dor muscular. O termo *barreira de movimento* foi originalmente utilizado por Mitchell et al.[6] para denotar uma barreira restritiva, de modo que, quando o movimento passivo é realizado, é descrita pelo paciente como uma "sensação de resistência alterada" ou "mudança na tensão muscular"; ela também pode aparecer como um espasmo muscular de proteção, ou ser o resultado de um músculo encurtado ou "contraturado".[6] O movimento ativo e a ADM também podem estar diminuídos.

A segunda barreira patológica, a **barreira de colágeno**, resulta de um processo patológico que afeta o tecido colagenoso (p. ex., ligamentos, tendão, cápsula). Esse processo patológico resulta normalmente em encurtamento adaptativo ou em dor. Nesse caso, a barreira se move para a esquerda, ou precocemente na ADM, e a ADM diminui. A sensação terminal da barreira de colágeno é similar àquela do alongamento normal do tecido, mas encontrada precocemente na ADM e, se a cápsula estiver afetada, resulta tipicamente em um padrão capsular de restrição no movimento. No exame físico, as barreiras de colágeno podem ser descritas pelo clínico como "duras" (i. e., a cápsula é afetada ou afrouxada por causa da sinovite ou do edema do tecido mole). Se a barreira de colágeno aumentar além da barreira anatômica normal, como no caso de um deslocamento com ruptura capsular, a sensação final é mais semelhante ao espasmo muscular (de proteção) ou "vazio" (sem sensação terminal), em razão da apreensão do paciente ou da dor excessiva.

A **barreira neurodinâmica** restritiva é o resultado de um processo patológico do tecido neural que deve sofrer alongamento e encurtamento no curso da ADM. Essa barreira é manifestada pela presença de sinais neurológicos (p. ex., dor nervosa, parestesia) que comumente restringem o movimento.

As barreiras de instabilidade patológica normalmente levam cada barreira a ser encontrada mais tardiamente no movimento (ver Fig. 19.2), de modo que as barreiras são movidas para a direita ou avançam mais na ADM. Por exemplo, com instabilidade, a barreira da ondulação pode aumentar em razão de o paciente ter perdido o controle do movimento artrocinemático da articulação (instabilidade translacional). Igualmente, a barreira fisiológica pode aumentar por causa do músculo alongado, resultando no que é conhecido como *fraqueza de superalongamento* do músculo. A barreira anatômica pode aumentar em função do trauma da articulação, tal como uma luxação ou um deslocamento (instabilidade clínica ou grosseira).[7]

INSTABILIDADE CLÍNICA

Em um contexto clínico, a instabilidade é a condição na qual existe perda do controle neuromuscular, rigidez muscular, resistência à rigidez articular ou uma combinação desses elementos, de forma que as cargas externas aplicadas causam movimento artrocinemático excessivo (p. ex., rotação, deslizamento, rolamento) em uma articulação. O movimento das superfícies articulares opostas não pode ser "controlado" pelo paciente, resultando em dor, deformidade transitória (instabilidade, subluxação associada a falha ou no agarre) e fraqueza, colocando os tecidos em risco de serem superestressados.[8-11] Os estabilizadores estáticos da articulação (p. ex., ligamentos, cápsulas, lábios) e os estabilizadores dinâmicos (músculos) e seu respectivo suprimento nervoso são incapazes de limitar o movimento macroscópico ou microscópico anormal ou excessivo da articulação.[7,8]

A instabilidade torna-se mais óbvia se o movimento for executado muito rapidamente ou se a carga colocada na articulação for muito grande para que o paciente a controle. Em muitos casos, o paciente pode não estar consciente do movimento em particular (i. e., o paciente não está prestando atenção ou não está concentrado no movimento), pode assumir certas posições que colocam a articulação em uma posição provocativa, ou os músculos que controlam ou resistem às posições ou movimentos provocativos estão fatigados. Por exemplo, durante um exame normal, um clínico pode achar que o paciente não demonstra sinais ou sintomas associados com alguma queixa funcional. Contudo, se um nadador é convidado a demonstrar seu movimento em velocidade funcional, os sintomas podem aparecer. De maneira similar, se um paciente é convidado a se mover funcionalmente com um peso específico de um modo particular (mecanismo de instabilidade) ou assume certa posição (síndrome do braço morto), os sintomas podem aparecer. A instabilidade decorrente da perda do controle dos estabilizadores dinâmicos (muscular) resulta de uma inabilidade dos músculos em responder a um comando neural, ou de uma inabilidade do sistema neurológico em prover o *feedback* proprioceptivo ou cinestésico acurado do posicionamento da articulação no espaço.[9,10] Para um movimento coordenado normal, os músculos devem produzir e coordenar a tensão adequada para realizar o movimento desejado, enquanto a restrição guia, limita ou para o movimento. Uma disfunção de instabilidade também pode ocorrer em razão de problemas de recrutamento. Nesse caso, os músculos que controlam o movimento específico ou uma série de movimentos não são recrutados na ordem correta ou com força suficiente.[12,13] Isso é um **problema de controle motor**; o paciente é incapaz de produzir o tipo, a taxa ou a velocidade de contração apropriada nos músculos individuais para realizar o movimento corretamente (ver Cap. 18 para mais informações sobre o controle motor).

Comumente, a instabilidade dinâmica deve-se ao desequilíbrio muscular, ou à inabilidade dos músculos estabilizadores em estabilizar estruturas "de base" (i. e., pelve, escápula) de forma que os movimentos funcionais das extremidades superiores ou inferiores possam ser realizados adequadamente. As estruturas de base, ou centrais, são as que ancoram a origem dos músculos, controlando o movimento em um segmento apendicular. De maneira similar, a lesão de contentores estáticos pode compor o problema do controle motor.

Sistemas de estabilização

A estabilidade normalmente envolve a interação de três sistemas – o sistema de controle central ou neurológico, o sistema tecidual passivo ou inerte (i. e., ligamentos, cápsula)[14-16] e o sistema ativo ou contrátil (muscular)[15,16] (Fig. 19.3). Esses três elementos do sistema estabilizador, ou subsistemas, estão intimamente envolvidos na estabilização.

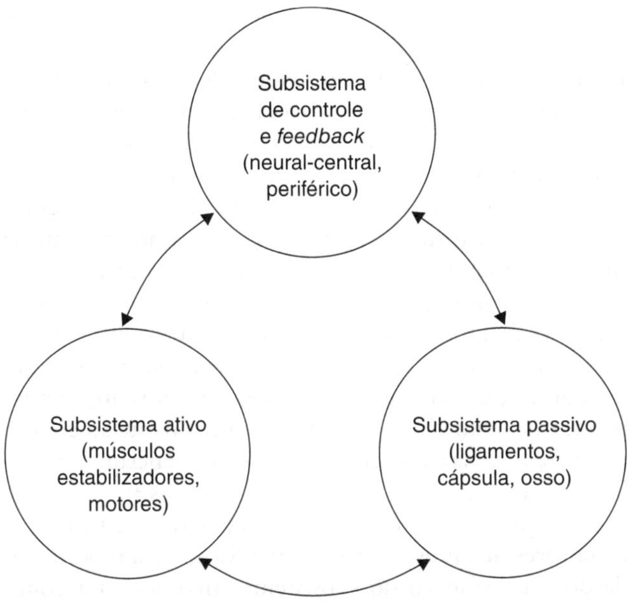

Figura 19.3 Elementos (subsistemas) de estabilização.

Componente neural

O componente neural do sistema estabilizador consiste nos sistemas nervosos central e periférico, que proporcionam o controle por meio de mecanismos de *feedfowards* e *feedbacks* neurais.[17,18] O sistema nervoso central inclui o encéfalo e a medula espinal, mantendo as vias de controle central para o movimento, enquanto o sistema nervoso periférico envolve raízes nervosas, nervos periféricos e os mecanorreceptores teciduais encontrados na pele, nas articulações, nos músculos e no tecido articular circundante, e provê as vias de controle periférico para o movimento. O subsistema neural provê *feedbacks* por meio do sistema ativo (fusos musculares, órgão tendinoso de Golgi) e do sistema passivo (aferentes articulares), ajudando a determinar a posição, a carga e as demandas articulares. Ele também direciona e controla o sistema contrátil para iniciar os movimentos consciente e inconsciente.[17-20] A disfunção do subsistema neural pode ser resultado de uma lesão nervosa periférica, de uma neuropatia periférica decorrente de uma doença, como o diabetes, de lesão da raiz nervosa, de lesão medular, de lesão cerebral, de uma doença neurológica, do envelhecimento, da imobilização prolongada ou do desuso.[14]

Os fatores neurológicos que afetam a estabilização incluem a somação espacial e os reflexos de estiramento autogênicos e heterogênicos.[20,21] O sistema neurológico também afeta a interação músculo-articulação e músculo-tendão por meio dos reflexos. A somação espacial é demonstrada por meio do recrutamento progressivo de fibras musculares que ocorre à medida que aumenta a força necessária para estabilizar uma articulação. O reflexo de estiramento autogênico ou monossináptico envolve *feedbacks* interfusais do fuso muscular quando um músculo é alongado, o que pode modular o número de fibras musculares ativadas no músculo em um dado momento.[21] O reflexo de estiramento pode aumentar a rigidez muscular por um fator de um a três. O reflexo de estiramento heterogênico é influenciado pelo reflexo autogênico de um músculo modulando o ganho do reflexo de estiramento em um músculo antagonista.[21] A interação músculo-articulação é demonstrada pela força muscular gerada, e a interação resultante depende do ângulo articular e da velocidade angular a um dado momento.[21] A interação músculo-tendão envolve a ação do tendão de absorver o choque e o estiramento, mediada pelo papel proprioceptivo exercido pelo órgão tendinoso de Golgi.[21]

Papel do subsistema neural[14,17-19]

- Ativar o movimento consciente e inconsciente
- Prover controle motor (centros de controle neural–central)
- Prover *feedback* e controle sensório-neural (periféricos–reflexos)
- Prover controle proprioceptivo por meio de:
  - Músculos, ligamentos, cápsula e pele
  - Mecanorreceptores
- Prover modulação da dor
- Coordenar posição, carga e demandas articulares

Causas de disfunção no subsistema neural[14,17-19]

- Lesão nervosa periférica
- Neuropatia periférica (doença, p. ex., diabetes)
- Lesão da raiz nervosa
- Lesão medular
- Lesão cerebral
- Doença neurológica
- Envelhecimento
- Imobilização/desuso prolongado

Componente passivo

O subsistema passivo consiste em ligamentos, cápsulas, pele, articulações, ossos e outros tecidos colagenosos. O papel desse subsistema é prover a estabilidade estática ao final da ADM (i. e., na barreira anatômica), enquanto fornece alguma estabilidade na barreira fisiológica. O subsistema passivo fornece estabilização mínima na zona neutra. Em conjunto com as superfícies articulares, as estruturas passivas direcionam o movimento das

Papel do subsistema passivo[14,17,18,20]

- Prover estabilidade ao final da amplitude (barreira anatômica)
- Prover alguma estabilidade na barreira fisiológica
- Prover estabilidade mínima na zona neutra
- Em conjunto com a superfície articular, direcionar a articulação em posições de máxima estabilidade e estabilidade reduzida
- Agir estática e dinamicamente no papel proprioceptivo (*feedback* neural)
- Prover modulação da dor

Causas de disfunção do subsistema passivo[20,22-24]

- Lesão mecânica (mais comum)
- *Overuse* (estresse repetitivo)
- Degeneração (p. ex., osteoartrite)
- Doença (p. ex., artrite reumatoide)

superfícies articulares ao longo da ADM. O subsistema passivo, por meio das informações captadas pelos mecanorreceptores e direcionadas ao sistema nervoso, provê o *feedback* proprioceptivo e cinestésico estático e dinâmico. Esses receptores, que podem ser modulados pela rapidez e pela velocidade das alterações do movimento, proveem o *feedback* neural da posição e da direção do movimento articular e alguma modulação da dor. A disfunção do subsistema passivo deve-se comumente à lesão mecânica, *overuse* ou estresse de repetição, degeneração (p. ex., osteoartrite) ou um processo patológico (p. ex., artrite reumatoide).[14]

Componente ativo

O subsistema ativo consiste nos músculos, seus tendões e suas inserções. Ele provê a estabilidade de ação isotônica dinâmica e de ação isométrica estática a uma articulação ao longo da ADM. Os músculos agem como transdutores de força dinâmica, contraindo concentricamente para fornecer potência para o movimento e, contraindo excentricamente, para prover a ação de contenção a fim de parar ou abrandar um movimento, ou agir como absorvente de choque dinâmico, com a estabilização dada por meio da compressão articular. Eles interagem com o subsistema neural e possuem um papel proprioceptivo por prover o *feedback* neural do posicionamento e do movimento. Esse significante papel proprioceptivo é mediado pelos fusos musculares e pelos órgãos tendinosos de Golgi, os quais ajudam a definir a posição, o ritmo e a ADM.[14,17,18,20]

Os fatores musculares intrínsecos que afetam a estabilização incluem a somação temporal, a relação comprimento-tensão, a relação força-velocidade e a arquitetura muscular.[21] A somação pode aumentar a força muscular por aumentar a frequência de ativação muscular. A relação comprimento-tensão mostra que, em um comprimento ideal do sarcômero, os músculos geram tensão máxima. A tensão muscular provê a estabilização estática

Papel do subsistema ativo[14,17,18,20]

- Prover a estabilidade dinâmica e estática ao longo da amplitude
- Agir como transdutor de força dinâmica para prover potência ao movimento, à contenção e à estabilização
- Prover absorção e contenção do choque dinâmico
- Agir dinamicamente (alongamento, contração no papel proprioceptivo – *feedback* neural)
- Prover modulação da dor
- Prover compressão articular aumentada

(contração isométrica) e a estabilização dinâmica (contrações concêntrica do agonista e excêntrica do antagonista).[21] A relação força-velocidade influencia o subsistema ativo porque, conforme a velocidade aumenta, a força muscular diminui. Durante a estabilização dinâmica, se a velocidade do movimento aumenta, a habilidade dos músculos em estabilizar e prover regulação suficiente da rigidez diminui ou se torna mais difícil, de forma que o controle muscular pode ser perdido em velocidades maiores.[21] A arquitetura muscular diz respeito às diferentes formas de músculo. Muitos músculos possuem uma arquitetura longitudinal, com as fibras musculares orientadas ao longo do eixo de força, enquanto outros possuem uma arquitetura peniforme, com fibras orientadas angularmente ao eixo da força. Essas diferenças de arquitetura influenciam a estabilização e o controle dos diferentes músculos.[21]

Tal como ocorre com o sistema passivo, os mecanorreceptores dos músculos ajudam a fornecer a modulação da dor. A disfunção do subsistema ativo pode ter como causa uma inabilidade em conduzir um comando neural (lesão dos músculos, de seus tendões ou de sua inserção, ou na junção neuromuscular) em prover um *feedback* acurado por meio da propriocepção ou da cinestesia, em produzir a tensão muscular adequada, ou uma falha em produzir uma contração coordenada (equilíbrio muscular).[14,17,18,20] O subsistema ativo é comumente comprometido pela lesão mecânica, *overuse* ou fadiga, doença, envelhecimento, perda do *input* neurológico, imobilização prolongada ou desuso.

Disfunção do subsistema ativo[14,17,18,20]

- Causas
  - Lesão mecânica
  - *Overuse* ou fadiga
  - Doença
  - Envelhecimento
  - Perda de *input* neurológico
  - Imobilização prolongada/desuso
- Incapacidade para
  - Conduzir um comando neural
  - Prover *feedback* acurado (propriocepção)
  - Produzir tensão muscular adequada
  - Produzir contração coordenada

Músculos motores e estabilizadores. Para propósitos de estabilização, o subsistema ativo pode ser funcionalmente dividido em **músculos estabilizadores** e **músculos motores.**[17,18] Normalmente, os músculos estabilizadores se contraem primeiro para prover uma base estável, a partir da qual os músculos motores podem funcionar e posicionar uma extremidade para o uso funcional (p. ex., movimento de elevação). Eles podem se contrair individual ou sincronicamente, funcionando como parte de uma dupla de força para controlar o movimento. Se existe contração insuficiente dos músculos estabilizadores para agir como um contraequilíbrio ao movimento de um componente ou de uma articulação de extremidade distal, ou se a atividade de contraequilíbrio dos estabilizadores é tardia, ocorrerão padrões incorretos de movimento.

Nas articulações periféricas existe um grupo de músculos estabilizadores, mas na coluna eles são divididos em dois grupos: estabilizadores locais e estabilizadores globais.[22] Geralmente, os músculos estabilizadores periféricos e os músculos estabilizadores locais da coluna trabalham sobre uma articulação (monoarticular) ou sobre um segmento (unisegmentar), possuem inserções mais amplas com tendões pequenos e são principalmente tônicos ou posturais. Eles são compostos, primariamente, de fibras musculares de contração lenta (tipo I), provendo uma pequena força e por períodos mais longos. Tendem a controlar a zona neutra e exercem um papel proprioceptivo maior em prover *feedback* ao subsistema neurológico.[20]

Músculos estabilizadores – características[22,24,25]

- Trabalhar sobre uma articulação
  - Junto à articulação (profundo; alavancas curtas e pequenos braços de movimento)
  - Estabilizar segmentos individuais (estabilização segmentar)
  - Controle da zona neutra
  - Ação isométrica/concêntrica/excêntrica dependendo do tipo de contração necessária para estabilizar; a ação é independente da direção do movimento
  - Movimento tônico (contínuo) (tendência a carga baixa)
  - Grande papel proprioceptivo (posição, taxa e ADM)
- Causar compressão articular
- Tender à fraqueza
- Disfuncional se:
  - Existir um recrutamento tônico/de limiar baixo inadequado
  - Forem funcionalmente longos

Os músculos estabilizadores periféricos tendem a trabalhar excentricamente, provendo desaceleração ou ação de contenção, ou permitindo movimentos controlados ou a estabilização de estruturas "de base" (i. e., pelve, escápula), a partir das quais outros músculos agem para permitir a função. A estabilização que eles fornecem é o resultado da rigidez muscular em razão da compressão articular causada pela contração desses músculos. As forças compressivas articulares que resultam da contração desses músculos têm sido demonstradas como capazes de aumentar a rigidez articular com apenas 25% da contração voluntária máxima (CVM) de um músculo.[21]

Os músculos estabilizadores locais da coluna vertebral (p. ex., multífidos, rotadores, transversais) estão próximos à articulação e possuem alavancas curtas e pequenos braços de movimento.[17,21] Esses músculos são pequenos, correndo entre segmentos individuais ou até dois ou três segmentos. Eles são os "elementos básicos e essenciais" que mantêm a coluna ereta. Eles estabilizam segmentos individuais e controlam a zona neutra.[17,21] Agem, de início, de maneira isométrica ou excêntrica, dependendo do tipo de contração que deve ser estabilizada. Sua ação é, muitas vezes, independente da direção do movimento.

A disfunção dos músculos estabilizadores periféricos e dos estabilizadores locais da coluna vertebral é demonstrada por diversos meios [22] (Tab. 19.1). Pode haver dois tipos de déficits de controle motor – "disparo" muscular retardado (uma deficiência temporal, ou seja, uma contração atrasada) e uma **deficiência de recrutamento**, na qual os músculos não se tornam "ativados", ou contraídos (o limiar para o recrutamento muscular é muito elevado).[17,18,20] Os processos patológicos e a dor podem causar a disfunção por meio da inibição reflexa, levando à atrofia muscular e à fraqueza. A rigidez muscular diminuída, por sua vez, pode levar à perda do controle do movimento na zona neutra, o que leva a um controle segmentar baixo. Com a disfunção, esses músculos se tornam funcionalmente alongados, especialmente se o limiar para o recrutamento muscular estiver muito elevado.[17,18,22]

Os músculos estabilizadores globais da coluna vertebral são músculos longos que se estendem por vários segmentos e podem ser mais bem compreendidos como os "cabos de força" que como os "elementos básicos e essenciais", fixam a coluna como um todo, e não seus segmentos individuais. Esses músculos são os "motores" principais da coluna (p. ex., abdominais, eretores da espinha).

Disfunção do músculo estabilizador[22-25]

- Déficit do controle motor
  - Tempo atrasado (contração tardia ou ausente)
  - Deficiência do recrutamento (o músculo não se torna "ativo" ou possui recrutamento de baixo limiar ineficiente [duração, força])
- Processos patológicos e dor causam *inibição* (inibição reflexa e atrofia muscular)
- Perda do controle da zona neutra (rigidez muscular diminuída nos estabilizadores locais)
- Controle segmentar baixo (movimento aberrante ou "agarre")

Os músculos motores tendem a trabalhar sobre duas articulações (biarticular) ou vários segmentos (multisegmentar), são superficiais e possuem inserções estreitas e longos tendões.[23-26]

Eles são primariamente aceleradores do movimento, agindo concentricamente. Quando se contraem, tendem a causar a distração articular. Como possuem longos braços de alavanca, os músculos motores geram torque para

Músculos motores – características[23,24,26]

- Trabalhar sobre uma articulação
  - Inserções estreitas com tendões longos
  - Primariamente aceleradores
  - Causar compressão articular
  - Tender à rigidez
- Disfuncionais se:
  - Existir um recrutamento tônico/de limiar baixo inadequado
  - Estiverem funcionalmente muito curtos ou longos

Tabela 19.1 Exemplos de estabilizadores e motores controlando a pelve e a escápula

	Pelve/coluna	Escápula
Estabilizadores locais (coluna)	Multífidos Rotadores Intertransversários Transversários	
Estabilizadores globais (coluna)	Eretor da espinha* Transverso do abdome* Quadrado lombar	
Estabilizadores (escápula)		Serrátil anterior Trapézio (3 partes) Romboides (maior e menor) Elevador da escápula Peitoral menor
Motores (coluna)	Reto abdominal Oblíquos interno/externo Psoas Latíssimo do dorso	
Motores (ombro)		Manguito rotador (supraespinal, infraespinal, subescapular, redondo menor) Bíceps Tríceps

*Dependendo do movimento, pode ser um estabilizador ou motor global

produzir o movimento ativo. Eles também podem prover alguma absorção de choque por meio da ação excêntrica. Esses músculos podem contribuir para a estabilidade quando a articulação está sujeita a cargas maiores ou se movendo com maiores velocidades. São músculos fásicos, e tendem a ser funcionalmente curtos e propensos à contratura.[7] A disfunção dos músculos motores é observada com encurtamento muscular (encurtamento adaptativo) ou encurtamento do colágeno (hipomobilidade) de estruturas passivas, as quais limitam os movimentos fisiológico e acessório, gerando músculos encurtados em síndromes cruzadas.[7,27,28] Esse encurtamento adaptativo tecidual é, muitas vezes, acompanhado de compensação, resultando em hipermobilidade em uma articulação adjacente ou situada no lado oposto da mesma articulação.

Antes de considerar o retreinamento de músculos motores, o clínico deve garantir que uma "base" ou "centro" estável está presente, a partir da qual os músculos motores possam agir. Isso é feito ao se garantir que os estabilizadores funcionem adequadamente. Uma vez que o clínico tenha garantido que os músculos estabilizadores estão funcionando de maneira adequada, o treino dos músculos motores pode começar. Este deve progredir por meio de várias fases, da contração isométrica para a concêntrica, excêntrica, e **econcêntrica** (pseudoisométrica), até o movimento funcional. Esteja trabalhando com os estabilizadores ou com os motores, o trabalho sempre é realizado na amplitude livre de dor, mas progride para a ADM completa quando o paciente pode controlar e estabilizar a "base" (a pelve para o movimento do membro inferior e do tronco, a escápula para um movimento do membro superior). Ao garantir que os músculos estabilizadores estejam aptos a realizar sua função e ensinando o paciente a controlar a "base" (pelve e escápula), tanto estática como dinamicamente, o paciente tem tempo para desaprender os padrões de movimento incorretos e aprender os padrões de movimento corretos em um modelo controlado. É de interesse clínico a observação de que muitos pacientes possuem mais dificuldade em desaprender o movimento incorreto, o qual se tornou um padrão habitual, do que em aprender o padrão correto. Isso é demonstrado, muitas vezes, quando o paciente volta a utilizar um padrão incorreto de movimento, na medida em que os músculos específicos que controlam o padrão correto entram em fadiga.

Retreinando os músculos motores

- Garantir uma base estável
- Progredir do movimento isométrico para o concêntrico, para o excêntrico, para o ecocêntrico e para o funcional
- Trabalhar na ADM livre de dor, mas progredir até a ADM completa
- Fortalecimento (sobrecarga – alta carga, baixo número de repetições)
- Treino de resistência (baixa carga, alto número de repetições)
- Equilíbrio muscular
- Ir das posições estáveis para as instáveis
- Pliométrico (recrutamento preferencial de fibras do tipo II)
- Padrões de movimento corretos (deve desaprender o padrão incorreto)
- Treino cinestésico (proprioceptivo)

Os músculos motores são treinados principalmente usando o princípio da sobrecarga para garantir o fortalecimento (alta carga, baixo número de repetições) e para aumentar a resistência (baixa carga, alto número de repetições). O clínico deve tentar alcançar o equilíbrio entre os diferentes grupos e duplas de forças musculares, e, na medida em que a força e a resistência melhoram, o clínico pode mover o paciente de posições estáveis para instáveis, utilizando, finalmente, treino de exercícios funcionais de maiores níveis, tais como os pliométricos, os quais envolvem, preferencialmente, o recrutamento das fibras musculares do tipo II.

Sequência de contração muscular. Durante o movimento articular periférico, os músculos estabilizadores periféricos normalmente contraem-se primeiro para estabilizar a base (i. e., a pelve e a escápula), a partir da qual os músculos motores trabalham.[24-26] A partir desse momento, os músculos motores se contraem, resultando em um padrão controlado de movimento. Como exemplo, temos os estabilizadores da escápula (p. ex., trapézio, serrátil anterior) contraindo-se primeiro para estabilizar a escápula, seguidos pelos músculos do manguito rotador, que contraem-se em conjunto a outros músculos do ombro (p. ex., bíceps, deltoide) para mover a extremidade superior em uma posição funcional. Na coluna, os estabilizadores monoarticulares locais contraem-se primeiro (p. ex., multifídios), estabilizando os segmentos individuais da coluna. Os estabilizadores globais multiarticulares (p. ex., eretor da espinha) contraem-se, atuando como sinergistas para reforçar a estabilização da base de suporte (pelve). Desse modo, os estabilizadores globais agem como "cabos de força" para estabilizar a coluna como um todo ou controlar a velocidade do movimento de toda a coluna, iniciada pelos motores globais (p. ex., abdominais em flexão). Com a lesão, um processo patológico ou outra anormalidade, um **padrão anormal de recrutamento de estabilizador** pode se desenvolver.[24-26] Nesse caso, os motores multiarticulares (em uma articulação periférica) ou os estabilizadores globais (em uma articulação da coluna) contraem-se em conjunto aos motores globais, de modo que estes dominam o movimento. O resultado é um padrão de movimento incorreto, em razão de uma sequência incorreta de contração muscular, e que, ao longo do tempo, levará à fraqueza dos estabilizadores locais. A fraqueza dos estabilizadores locais é, muitas vezes, acompanhada pela perda da extensibilidade desses músculos e pela hipomobilidade nas articulações associadas. Ao mesmo tempo, os estabilizadores monoarticulares demonstram um padrão de disparo, ou uma "fraqueza de posição", tardio ou retardado, que fica mais fraco quando testado em uma nova amplitude.[7] O atraso na contração dos estabilizadores monoarticulares e a fraqueza resultam em um aumento da amplitude da zona neutra.

Síndromes cruzadas. A fraqueza e o desequilíbrio muscular, além da hipomobilidade são, em geral, vistos na presença do processo patológico e são, algumas vezes, chamados de **síndromes cruzadas**.[27,28] As duas síndromes cruzadas mais comuns são a síndrome cruzada pélvica e a síndrome cruzada superior, como elucidado por Janda[27] e Janda e Jull[28] (Fig. 19.4). Na realidade, uma síndrome

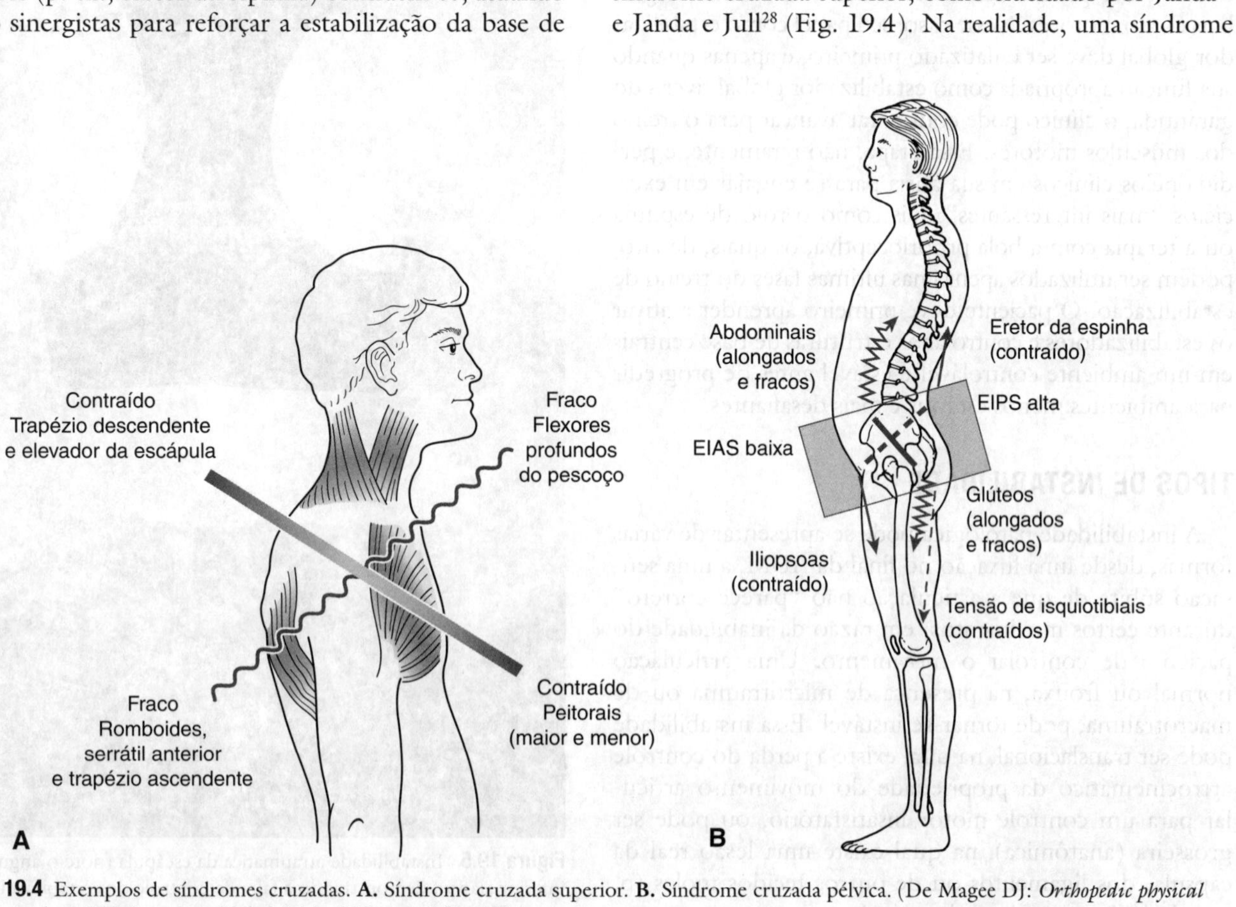

Figura 19.4 Exemplos de síndromes cruzadas. **A.** Síndrome cruzada superior. **B.** Síndrome cruzada pélvica. (De Magee DJ: *Orthopedic physical assessment*. 5.ed. WB Saunders, Philadelphia, 2002, pp. 132, 482.)

cruzada pode se desenvolver em qualquer articulação na qual a disfunção do movimento esteja presente. O fator chave do conceito de síndrome cruzada é o padrão muscular alongado e fraco *versus* músculos encurtados e fortes. Saber que tais padrões existem torna mais fácil para o clínico identificar as estruturas hipomóveis e encurtadas, que precisam ser alongadas, e as estruturas hipermóveis e fracas, que precisam ser fortalecidas.

Os processos patológicos e a dor desencadeiam limiares baixos e superativos, recrutamento de baixa-carga precoce e espasmos musculares precoces com fibras musculares do tipo I superativas.[24-26] Isso leva ao desequilíbrio muscular de "músculos fracos" visto nas síndromes cruzadas.[27,28] Para ganhar o controle da zona neutra, o clínico deve treinar os estabilizadores locais para que se contraiam primeiramente, e construir sua força e resistência enquanto garante que não haja ativação dos músculos globais. Este é um conceito de extrema importância para relembrar quando realizar o treino de estabilização. A menos que os estabilizadores sejam reabilitados adequadamente no início do processo de reabilitação, será mais difícil alcançar um treino de estabilização de sucesso. Esse processo inicial é lento, requer esforço fisiológico e concentração psicológica por parte do paciente, e observação cuidadosa e correção por parte do clínico. A menos que os estabilizadores locais estejam funcionando adequadamente, o clínico não deve progredir para o treino dos músculos motores. Em alguns casos, especialmente com a coluna, os músculos podem agir tanto como estabilizadores globais como motores. Nesse caso, seu papel como estabilizador global deve ser enfatizado primeiro, e apenas quando sua função apropriada como estabilizador global tiver sido garantida, o clínico pode considerar avançar para o treino dos músculos motores. Essa etapa, não raramente, é perdida pelos clínicos em sua ânsia para se engajar em exercícios "mais interessantes", tais como o rolo de espuma ou a terapia com a bola proprioceptiva, os quais, de fato, podem ser utilizados apenas nas últimas fases do treino de estabilização. O paciente deve primeiro aprender a ativar os estabilizadores e controlar as estruturas de base centrais em um ambiente controlável e estável antes de progredir para ambientes menos estáveis e mais desafiantes.

TIPOS DE INSTABILIDADE

A instabilidade patológica pode se apresentar de várias formas, desde uma luxação no final da ADM, a uma sensação súbita de que a articulação não "parece correto" durante certos movimentos, em razão da inabilidade do paciente de controlar o movimento. Uma articulação normal ou frouxa, na presença de microtrauma ou de macrotrauma, pode tornar-se instável. Essa instabilidade pode ser translacional, na qual existe a perda do controle artrocinemático da propriedade do movimento articular para um controle motor insatisfatório, ou pode ser grosseira (anatômica), na qual existe uma lesão real da cápsula, dos ligamentos ou de outros tecidos moles (p. ex., do lábio no ombro) da articulação.

Instabilidade translacional (atraumática)

A **instabilidade translacional (atraumática)** pode ser definida como a inabilidade do paciente em controlar os movimentos artrocinemáticos e parte dos movimentos osteocinemáticos de uma articulação (perda da rigidez do segmento em movimento) por meio da ativação muscular coordenada, conforme a articulação se move ao longo da ADM.[7,29] Nesse caso, o fim da ADM é, usualmente, normal, e os tecidos muscular e inertes possuem, todos, um comprimento normal. Contudo, em parte da amplitude, o paciente sente que a articulação não está se movendo corretamente. Um exemplo poderia ser o nadador que reclama do ombro "não parecer correto" durante a fase de agarre do nado crawl. Para piorar o problema, a avaliação musculoesquelética regular pode ser negativa, com a única indicação da existência de problemas sendo o fato de a articulação não "parecer correta", e os sinais e sintomas tornarem-se óbvios apenas quando testados em velocidades e cargas funcionais, ou em posições articulares específicas. A instabilidade atraumática ocorre em razão da falência dos estabilizadores contráteis (músculo) em suportar completamente as estruturas de base (escápula,

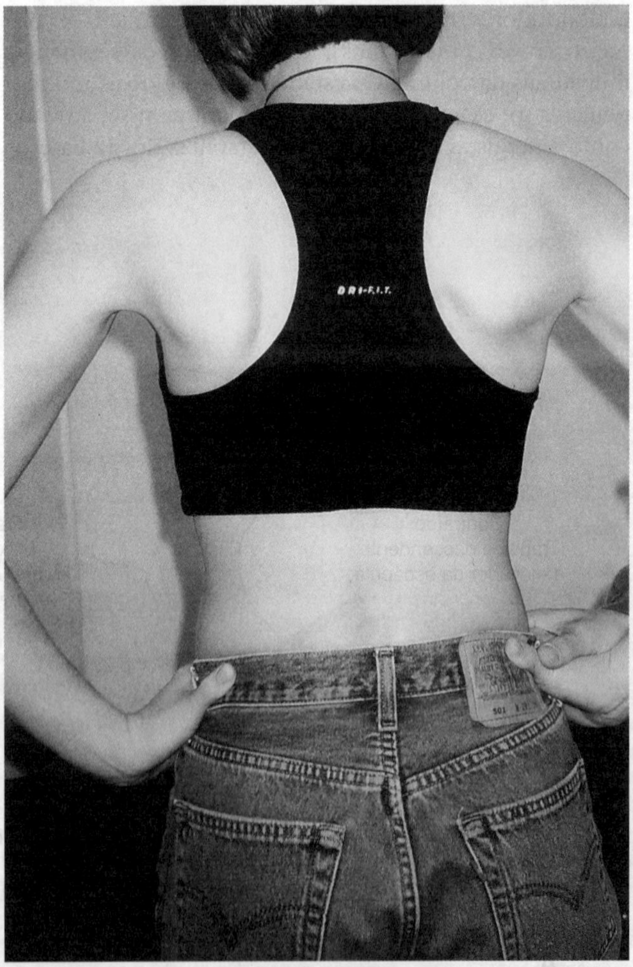

Figura 19.5 Instabilidade atraumática da escápula (note o ângulo inferior alado), demonstrando a falta de controle dos estabilizadores escapulares.

pelve), ou da perda do controle do movimento em razão de uma disfunção muscular ou nervosa. Inicialmente, o tecido inerte é normal, mas ao longo do tempo ele também se torna patológico (Fig. 19.5). Normalmente não terá ocorrido o macrotrauma da estrutura, e a instabilidade é, em geral, bilateral, mesmo quando o paciente se queixa de sintomas apenas de um lado.

A instabilidade atraumática pode ocorrer em qualquer lugar na ADM. De forma mais comum, a instabilidade ocorre em uma direção, com a hipomobilidade ocorrendo na direção oposta. Como exemplo, temos um ombro que demonstra instabilidade anterior, mas apresenta um encurtamento posterior da cápsula. Como mencionado, a instabilidade atraumática torna-se mais óbvia em altas velocidades ou cargas, durante movimentos funcionais particulares, ou em certas posições. O clínico deve se lembrar de levar esses fatores em conta quando estiver testando a instabilidade. A causa usual desse tipo de instabilidade é a perda muscular ou a rigidez articular combinada com uma ação conjugada anormal (músculos de força conjugada trabalhando juntos) dos músculos estabilizadores e motores. Esse tipo de instabilidade responde melhor ao programa de reabilitação por passos (discutido adiante). A instabilidade atraumática é, primariamente, um problema do tecido contrátil. Há alguns casos em que a cirurgia pode ser necessária; contudo, deve ser considerada apenas como uma última opção. Com esse tipo de instabilidade, a perda de controle funcional em parte da ADM, muitas vezes resultando em um movimento aberrante muito sutil é, com frequência, descrita pelo paciente como um "agarre" ou uma "falha" em algum ponto da ADM. A dor não é um sinal comum, embora os tecidos possam estar sensíveis à palpação. Se presente, a dor ocorre no movimento e desaparece com o repouso, quando os músculos não estão se contraindo.

Com a instabilidade atraumática, frequentemente existe um aumento na zona neutra, enquanto que a barreira fisiológica e a anatômica permanecem normais. Esse tipo de instabilidade está mais claramente associado à atividade. É comum a pessoa levar um tempo maior para se aquecer para atividades esportivas. O paciente também irá ficar cansado mais rapidamente, o que se manifestará como perda de controle.[30] Os músculos circundantes de uma articulação não estão tão fortes como normalmente, ou não possuem a mesma resistência. Os padrões de movimento anormal são vistos conforme outros músculos começam a se contrair precocemente para compensar aqueles que não estão disparando de forma correta. Um exemplo disso pode ser a contração precoce excessiva do trapézio superior para prevenir a protração escapular excessiva ou precoce na elevação em razão da fraqueza do trapézio inferior e do serrátil anterior.

Curiosamente, muitas pessoas mostram alguma inabilidade para estabilizar as estruturas de base (i. e., a pelve e a escápula) e demonstram padrões de movimento anormal. A grande maioria dessas pessoas não se queixa de sintomas (instabilidade patológica potencial). A razão para isso é que a maior parte das pessoas não tensiona essas estruturas de maneira funcional e realiza apenas aquelas atividades que não levam à sobrecarga dos tecidos muscular, inerte ou neurológico. Eles realizam atividades em um nível no qual o controle motor máximo, a força e a resistência, não são uma questão. Se essas pessoas forem solicitadas a realizar ações em um nível funcional máximo em posições vulneráveis, a instabilidade poderá começar a se manifestar.

Sinais de fadiga/perda do controle

- Movimento errático
- Padrões incorretos de movimento
- Movimento espasmódico (fásico)
- Movimentos compensatórios
- Perda do controle da base (pelve ou escápula)
- Movimento aberrante ou "agarre"
- O paciente prende a respiração

Instabilidade traumática

A **instabilidade traumática** envolve uma subluxação ou um deslocamento da articulação em razão de um evento traumático. A instabilidade traumática (também chamada *instabilidade anatômica* ou *grosseira*) implica que o paciente perdeu o controle do movimento no final da ADM. Como exemplo, pode-se citar uma articulação deslocada aguda ou cronicamente. Nesse caso, o paciente pode controlar o movimento articular ao longo da maior parte da ADM, mas, em razão de as estruturas no final da amplitude estarem lesadas (geralmente as estruturas capsulares inertes, mas os músculos também podem estar estirados, ou os nervos, comprimidos), a articulação é instável ao final de um movimento particular. A instabilidade ocorre no final da amplitude, e sob avaliação, a apreensão é o principal sinal clínico, conforme a articulação alcança o final da amplitude. Embora a dor possa estar presente, ela não é o principal sintoma, exceto quando a articulação está deslocada.

De maneira geral, esse tipo de instabilidade ocorre em uma direção, com a lesão primária dos estabilizadores passivos da articulação – a cápsula, os ligamentos, o lábio e o osso. O exemplo comum é o deslocamento do ombro com a saída do úmero da fossa glenoidal. Tal lesão é comumente acompanhada por uma torção do lábio (lesão de Bankart, ou anteroposterior superior do lábio), possível lesão nervosa (nervo axilar ou plexo braquial), e lesão óssea (lesão de Hill Sachs). A causa de tal deslocamento se deve, geralmente, ao macrotrauma, mas a fraqueza muscular adquirida, a fraqueza congênita do tecido inerte e contrátil, a paralisia nervosa ou a deformidade ou a frouxidão articular congênita podem contribuir para o problema ou levá-lo a um estado crônico. Com esse tipo de instabilidade, a zona neutra usualmente encontra-se normal, mas a barreira patológica e a anatômica estão aumentadas (ver Fig. 19.2), ao menos nos estágios iniciais. Se a articulação está imobilizada por tempo suficiente, as barreiras fisiológica e anatômica geralmente diminuem (ou

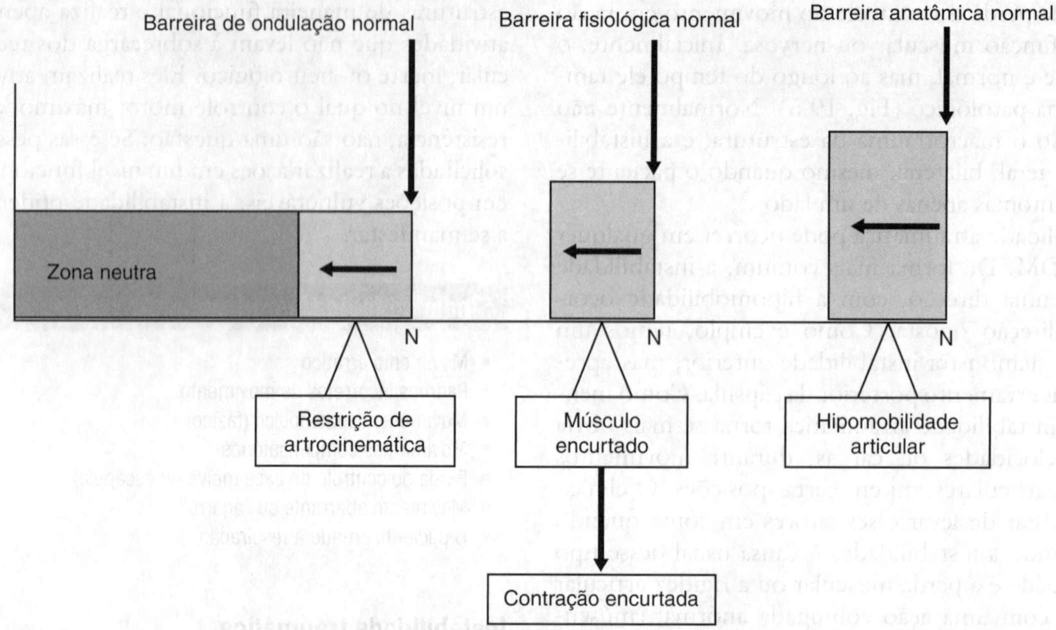

Figura 19.6 Movimento e hipomobilidade normais. Note como as barreiras normais se movem para a esquerda (i. e., diminuem). (Desenho fora de escala. Normalmente, a zona neutra é muito curta, e as barreiras fisiológica e anatômica são muito próximas entre si.)

se movem para a esquerda, conforme na Fig. 19.6), em razão do encurtamento adaptativo, provido pelos tecidos inertes que tenham sido apenas alongados, e não torcidos.

Se os tecidos inertes foram torcidos, a instabilidade e a hipermobilidade predominam. Se o tecido – especialmente o inerte – é torcido, a cirurgia pode ser requerida, principalmente se a pessoa é ativa. Com a instabilidade traumática, a deformidade está presente apenas enquanto a articulação encontra-se deslocada. Uma vez que o deslocamento é reduzido, a deformidade e a dor aguda desaparecem, embora a articulação ainda permaneça ferida e sensível. O espasmo muscular, se presente, está mais relacionado ao final da ADM e sua ocorrência é, muitas vezes, determinada pelo quão rapidamente o final da amplitude é alcançado.

Esse tipo de lesão geralmente está associado ao **conceito circular de instabilidade**. O conceito circular de instabilidade significa que, embora a lesão possa ser óbvia principalmente em uma direção, na verdade todas as partes da articulação podem ter sido afetadas, de forma que, com o deslocamento anterior do ombro, as estruturas posteriores também podem estar lesionadas.[31]

Tal como ocorre com a instabilidade atraumática, reabilitar os músculos estabilizadores primeiro exerce um papel primário na proteção da articulação tanto quanto possível. Geralmente, essas instabilidades requerem correção cirúrgica seguida por um programa de reabilitação que seja similar àquele utilizado na instabilidade atraumática (discussão adiante).

Instabilidade voluntária

A instabilidade voluntária, um terceiro tipo de instabilidade, ocorre no paciente que possui uma articulação frouxa e é capaz de subluxar a articulação voluntariamente. Exemplo disso pode ser o paciente que se apresenta ao clínico dizendo "o que significa quando eu faço isso" e procede à subluxação do ombro voluntariamente (Fig. 19.7). Nesses casos, há pouco a fazer por parte do clínico, embora o paciente possa ser desencorajado a subluxar sua articulação para alegrar (ou horrorizar) seus amigos ou suas amigas. Tal ação acelera as mudanças degenerativas articulares que acompanham qualquer subluxação. Na maior parte das vezes, essas pessoas vivem vidas normais com poucos problemas. Se o problema existe, ele deve ser tratado como em casos de instabilidade atraumática.

Instabilidade involuntária

A instabilidade involuntária, um quarto tipo de instabilidade, ocorre porque os músculos e outros tecidos moles não funcionam por tempo bastante para suportar a propriedade articular frente a uma doença ou a outro processo patológico. Um paciente com acidente vascular cerebral que tenha uma subluxação de ombro em razão da atração na gravidade é um exemplo de instabilidade involuntária (Fig. 19.8). Nesse caso, o tratamento gira em torno de proteger as estruturas estressadas e preveni-las de serem estiradas.

Síndrome da hipermobilidade

A síndrome da hipermobilidade articular, ou a síndrome da hipermobilidade articular benigna, é uma das numerosas desordens relacionadas ao tecido conjuntivo, incluindo a síndrome de Marfan e a síndrome de Ehlers-Danlos – tipo hipermóvel (tipo III), que possui um forte componente genético (familiar), com uma ampla variedade de

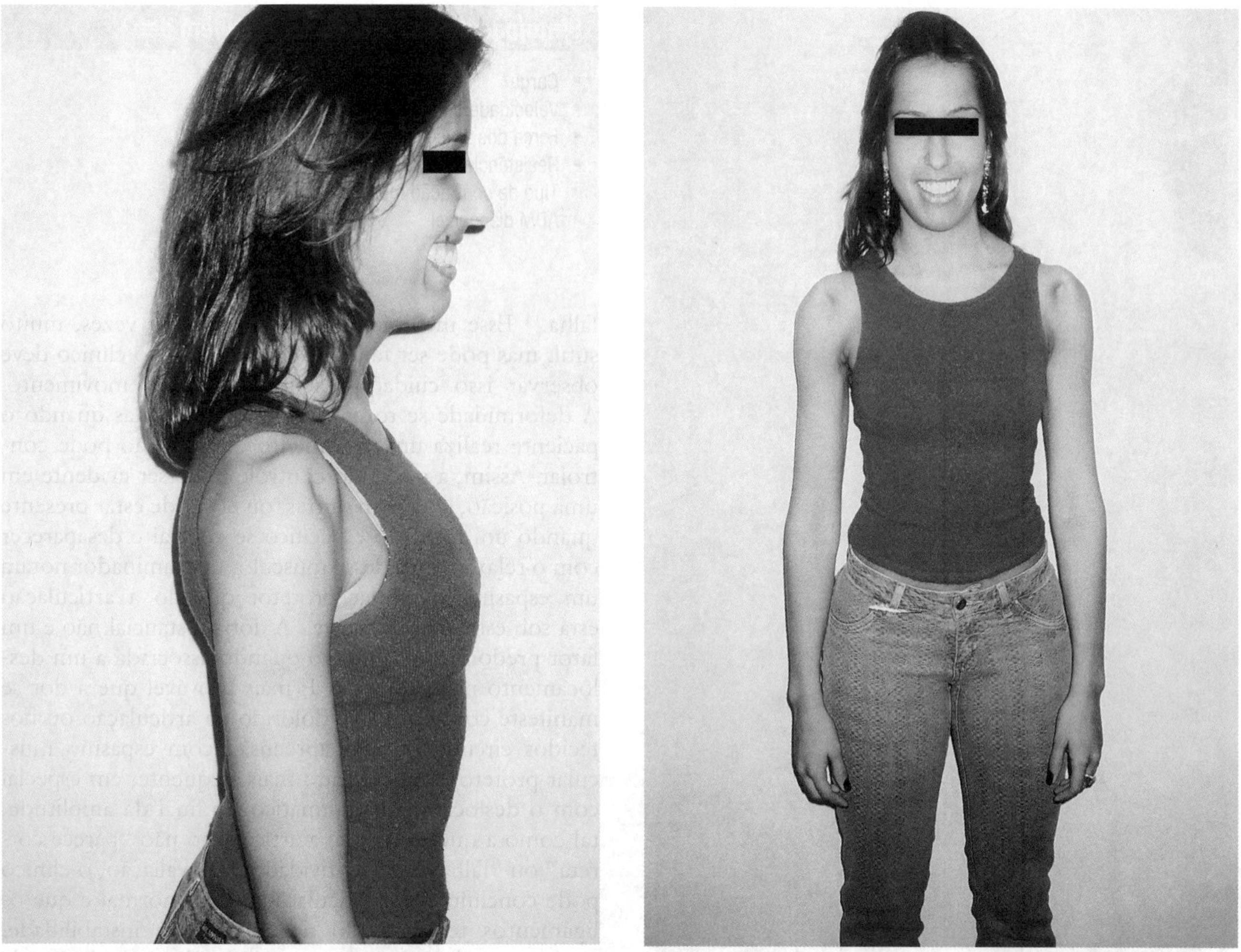

Figura 19.7 Subluxação voluntária do ombro.

apresentações clínicas e graus variados de severidade.[32-36] Alguns autores[34] têm reportado a síndrome de hipermobilidade articular e a síndrome de Ehlers-Danlos do tipo III como sendo uma mesma condição, a qual é, algumas vezes, associada à doença reumática e à fibromialgia.[34,35] A hipermobilidade é comum, mas a síndrome é evidente ou classificada como tal somente se a hipermobilidade está associada à dor crônica em múltiplas articulações, pele hiperextensível, cicatrizes hipertróficas, e estrias atróficas.[34]

A despeito de outras instabilidades notadas previamente a síndrome da hipermobilidade articular ainda não possui um tratamento conhecido de sucesso, embora algumas tentativas tenham sido feitas para aplicar os métodos de tratamento de instabilidade delineados nesse Capítulo.[34] Para informações mais detalhadas, ver Kerr e Grahame.[34]

FATORES DE INSTABILIDADE

Diversos fatores de predisposição podem contribuir para qualquer tipo de instabilidade. Eles incluem a lesão (tanto o macro como o microtrauma), a perda de força muscular ou de resistência muscular, o estirão de crescimento, o envelhecimento, um aumento abrupto na atividade que leve à lesão por esforço repetitivo, a inflexibilidade, a deficiência na técnica ao realizar alguma atividade, o nível baixo de aptidão física, a postura incorreta, a inabilidade para controlar as estruturas centrais ou de base (pelve ou escápula) e a perda de controle motor.

Instabilidade – fatores de predisposição

- Lesão
- Perda de força/resistência muscular
- Estirão de crescimento
- Envelhecimento
- Aumento abrupto na atividade
- Inflexibilidade
- Técnica insatisfatória
- Baixa aptidão física
- Postura
- Perda de controle (muito rápido, muita carga)

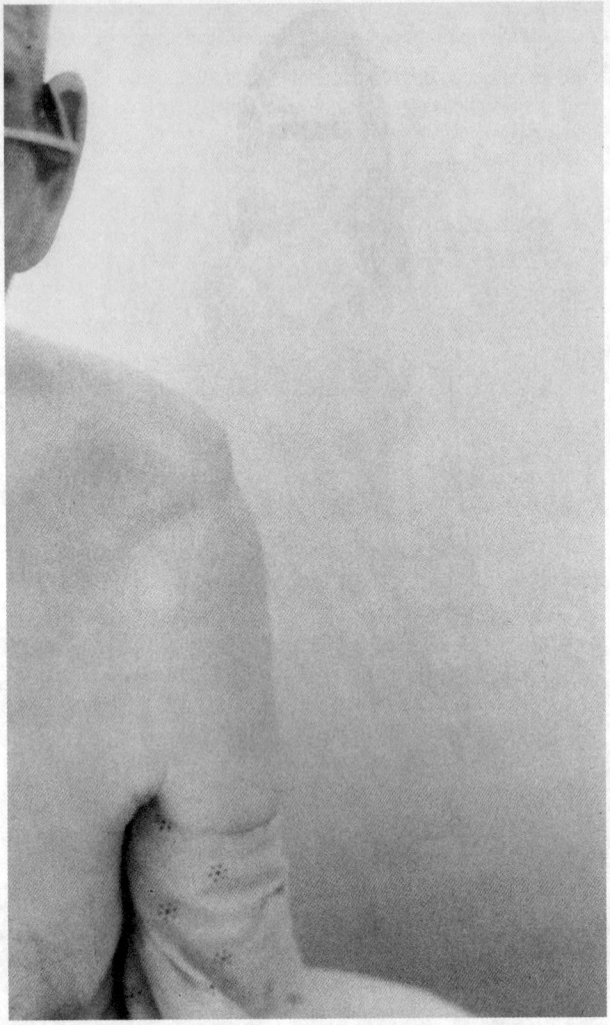

Figura 19.8 Subluxação involuntária.

Os sinais e sintomas da instabilidade podem variar. Em muitos casos, exceto quando a articulação se desloca, não existe uma deformidade óbvia, embora exista movimento anormal por parte da ADM, que se apresenta como **movimento aberrante**, espasmo, agarre ou falha.[14] Esse movimento aberrante é, por vezes, muito sutil, mas pode ser também substancial, e o clínico deve observar isso cuidadosamente durante o movimento. A deformidade se torna incapacitante apenas quando o paciente realiza um movimento que ele não pode controlar. Assim, a perda do controle pode ser evidente em uma posição, e não em outras, ou ele pode estar presente quando um músculo específico se contrai e desaparecer com o relaxamento desse músculo. O examinador notará um espasmo muscular protetor quando a articulação está sob estresse ou instável. A dor substancial não é um fator predominante, exceto quando associada a um deslocamento não reduzido. É mais provável que a dor se manifeste como um leve dolorido na articulação ou nos tecidos circundantes. A apreensão com espasmo muscular protetor é um achado mais frequente, em especial com o deslocamento traumático no final da amplitude, tal como a queixa de que a articulação não "parece correta" ou "falha" com a atividade. Na avaliação, o clínico pode concluir que a articulação parece normal e que os ligamentos testados são negativos para instabilidade, ainda que a dor possa ser provocada. Em articulações de aparência normal, o clínico pode concluir que a articulação deva receber tensão em diferentes posições. Se um problema de controle motor existe, o clínico deve procurar por padrões de movimento incorretos (ordem correta de contração muscular), ou por movimentos anormais, durante a atividade funcional (p. ex., alta velocidade, alta carga, posição particular). A instabilidade pode estar evidente apenas quando as atividades funcionais estão além do controle consciente do paciente e ele se move sem pensar. Os sintomas de um paciente com uma articulação instável dependem da carga sendo aplicada à articulação, da velocidade do movimento, da força e da resistência dos músculos, do tipo de contração muscular requerida (p. ex., isométrica, isotônica, excêntrica, concêntrica) e da ADM acessível, bem como da posição da articulação. Somado a isso, o movimento acessório pode ser encontrado apenas em uma direção. Tal hipermobilidade em uma direção aumenta a zona neutra, o que pode levar ao potencial para a instabilidade artrocinemática.

Instabilidade – sinais e sintomas

- Sem deformidade incapacitante
- A deformidade pode estar presente em uma posição e não em outras
- A deformidade pode estar presente com a contração muscular e desaparecer com o relaxamento
- Espasmo muscular quando a articulação está sob estresse ou instável
- Contração espasmódica muscular pode ser evidente durante o movimento (movimento aberrante)
- Pode ser evidente apenas quando a atividade funcional está além do controle do paciente (muito rápido, muita carga, falta de concentração)
- Aumento excessivo do movimento acessório na zona neutra (pode ser em apenas uma direção)

Sintomas de instabilidade dependem de:

- Carga
- Velocidade do movimento
- Força dos músculos
- Resistência dos músculos
- Tipo de contração muscular requerida
- ADM disponível

PRINCÍPIOS DA ESTABILIZAÇÃO

A estabilização resulta da habilidade do indivíduo em controlar, consciente ou inconscientemente, os movimentos macroscópicos ou microscópicos da articulação ao longo da ADM. Isso significa que o paciente deve demonstrar uma ativação controlada de músculos individuais que mantenham as superfícies articulares em uma relação funcional correta; pode realizar atividades que não causem sobrecarga tecidual; e estabelece padrões de controle motor corretos (engramas). A chave para a estabilização articular ativa é uma base, ou um centro, estável (i. e., a pelve ou a escápula), a partir da qual os músculos motores possam funcionar. Essa base estável é provida pelos músculos estabilizadores, permitindo que os músculos motores posicionem a extremidade para a função. Embora essas bases sejam consideradas "estáveis", elas ainda podem ser movidas, com os músculos provendo a estabilização em diferentes posições. Assim, os músculos trabalham de forma dinâmica, funcionando como cabos de força "ativos" que trabalham concentricamente para encurtar, excentricamente para alongar, ou isometricamente para estabilizar a articulação de maneira estática.

No corpo existem duas bases dinâmicas principais, ou estruturas centrais – a pelve e a escápula –, as quais necessitam ser estabilizadas estática e dinamicamente para capacitar os músculos motores originados nelas, ou próximo a elas, a funcionar adequadamente. A pelve funciona como uma base para o corpo todo, e especialmente para a coluna e para os membros inferiores, enquanto que cada escápula age como uma base para o respectivo membro superior. Se o paciente não pode manter ou controlar essa base, então um processo patológico finalmente irá se manifestar. O paciente pode ser incapaz de manter uma base estável caso haja disfunção muscular dos estabilizadores locais, restrições teciduais (hipomobilidade) ou dor, se a ADM e a carga são muito altas para o paciente mover-se adequadamente, se a velocidade da atividade é muito alta, ou se a atividade é muito avançada para o paciente realizá-la. Assim, o clínico deve ser capaz de avaliar e providenciar intervenções apropriadas (exercício e conscientização) para corrigir uma base instável durante o treino de instabilidade. A falha em seguir tais procedimentos leva à frustração por parte tanto do paciente como do clínico, e, em última instância, a uma falência do plano de tratamento.

O corpo possui vários métodos naturais de estabilização. Eles incluem a contração e o espasmo muscular, a formação de osteófitos e de tecido cicatricial, e o encurtamento adaptativo do tecido inerte ou do músculo. A forma mais comum de estabilização natural é o espasmo muscular na presença de lesão. Contudo, ao longo do tempo, a formação de osteófitos, a cicatrização, a contratura do tecido inerte ou o encurtamento muscular podem contribuir para a estabilização.

Se o paciente não consegue manter uma base estável:

- Existe disfunção dos estabilizadores locais
- Existem restrições teciduais (hipomobilidade)
- Existe dor
- A ADM da atividade é muito grande
- A carga é muito grande
- A velocidade da atividade é muito elevada
- A atividade é muito avançada

Os fatores de controle motor ou de disfunção do movimento exercem um papel principal na estabilidade.[20,24,26] Eles podem envolver os sistemas neurológico, contrátil e o inerte, ou qualquer combinação dos três.

Ao longo do tempo, a presença da instabilidade pode levar a vários tipos de adaptação, incluindo a adaptação clínica, a subclínica, a funcional ou biomecânica, e a neurológica.[15,24,26] A **adaptação clínica** ou a mudança clinicamente evidente pode resultar em dor, apreensão, ADM articular diminuída ou aumentada, perda da potência e da função muscular ou edema em articulações, combinados com um funcionamento normal do tecido em falta (Tab. 19.2). A **adaptação subclínica** é uma alteração que, muitas vezes, não é clinicamente evidente. A adaptação subclínica pode levar a padrões alterados de movimento (i. e., a pessoa ainda pode se mover, mas "trapaceia" ao realizar o movimento incorretamente), velocidade reduzida de movimento, acurácia diminuída, adaptação ou remodelamento tecidual, e alteração no nível de aptidão física. Na adaptação **funcional** ou **biomecânica**, as mudanças resultam de um processo patológico ou de alterações no processo de recuperação que podem levar à inflexibilidade, ao desequilíbrio na força ou na resistência muscular, à perda do controle motor e em déficits não estruturais, que podem progredir para déficits estruturais ao longo do tempo. As **adaptações neurológicas** ou

Tabela 19.2 Adaptações clínicas à instabilidade

Clínica	Subclínica	Funcional/Biomecânica	Neurológica
Dor Amplitude de movimento diminuída Perda de potência Perda de função Edema Alteração patológica do tecido em falta	Movimento alterado (p. ex., marcha) Velocidade diminuída Acurácia a diminuída Adaptação tecidual (remodelamento) Nível de aptidão física alterado Complicações	Inflexibilidade Desequilíbrio de força Perda de resistência Instabilidade Estrutural (anatômico) Defeitos não estruturais (biomecânicos) Falta de especificidade	Movimento não sequencial Movimento não coordenado Padrões de movimento anormal (dependente da força) Captação de sinal receptora anormal (dependente do comprimento) Padrões de disparo anormal Propriocepção alterada

Adaptado das referências 15, 24, 26 e 59

Fatores de disfunção do movimento

- Incapacidade do sistema nervoso central de recrutar e direcionar as unidades motoras (padrões incorretos de movimento)
- Coativação de músculos antagonistas (padrões anormais de disparo)
- Capacidade contrátil diminuída (atrofia)
- Rigidez muscular diminuída (alongamento muscular)
- Perda de ADM (hipomobilidade)
- Tempo de atividade muscular insuficiente ou inapropriado (disfunção do binário de força e dos estabilizadores/motores)
- Desequilíbrio muscular
- Desorganização sensorial (propriocepção/cinestesia)
- Demandas metabólicas alteradas
- Condicionamento anaeróbio/aeróbio

A instabilidade pode levar a:

- Adaptação clínica
- Adaptação subclínica
- Adaptação funcional/biomecânica
- Adaptação neurológica

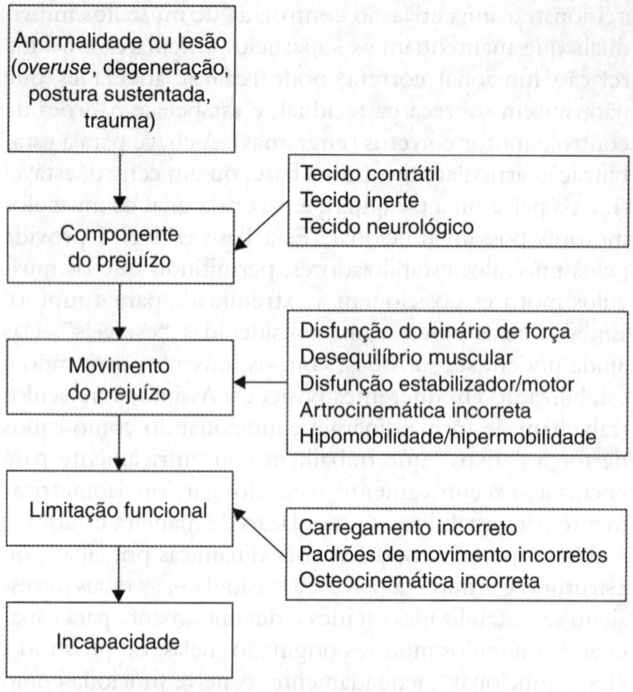

Figura 19.9 Via de instabilidade.

motoras incluem movimentos que tenham se tornado não sequenciais ou não coordenados, padrões de movimento anormais que possam depender da força ou da velocidade, movimentos que tenham uma captação de sinal receptora anormal que seja tempo-dependente, ou movimentos que demonstrem padrões de disparo anormais, levando a uma propriocepção alterada, bem como a padrões de movimento incorretos.

Os movimentos corretos dependem de quatro fatores, qualquer um deles podendo causar um problema.[24,26] Primeiro, a articulação deve possuir a liberdade para se mover de modo artrocinemático normal. Segundo, deve haver o recrutamento sequencial apropriado dos músculos. Isso pode envolver um músculo particular realizando uma ação particular, ou garantindo que o movimento seja feito corretamente, com os estabilizadores contraindo-se primeiro, seguidos pelos motores. Terceiro, os músculos devem, enfim, demonstrar mobilidade para alcançar a velocidade requerida e ter a força e a resistência apropriados para desempenhar as atividades funcionalmente. Quarto, deve haver coordenação e controle muscular adequados para permitir sequências de movimento habilidosos, sincronizados, por meio de equilíbrio e de integração dos binários de forças agindo sobre uma articulação.

A lesão ou a anormalidade em uma articulação ou em várias articulações pode levar a uma via de instabilidade[5,7] (Fig. 19.9). A anormalidade ou a lesão podem ser causadas por *overuse*, degeneração, postura particular sustentada, ou trauma. Essas lesões, por sua vez, levam a uma incapacidade envolvendo os tecidos contrátil, inerte ou neurológico. Se um ou mais componentes desses tecidos é afetado, isso leva a um prejuízo no controle motor ou no movimento, como evidenciado pela disfunção ou pela alteração no binário de forças normais, no desequilíbrio de força, na disfunção dos estabilizadores ou motores, e na hipomobilidade/hipermobilidade articular. Essas alterações de movimento, por sua vez, levam a limitações funcionais, resultando em padrões e artrocinemática incorretos de movimento. Finalmente, a limitação funcional leva à incapacidade da qual o paciente se queixa.

PRINCÍPIOS DO TRATAMENTO DE ESTABILIZAÇÃO

O treino de estabilização é um programa multifacetado que corrige uma incapacidade ao melhorar o movimento, por meio do controle neuromuscular e da coordenação de músculos específicos e da correção de restrições, para restaurar o movimento normal em qualquer articulação instável, seja na coluna, ombro, joelho ou no tornozelo.[24,26] Assim, ele corrige os fatores mecânicos que predispõem à contribuição para padrões de movimento anormal. Para

Estabilização do treinamento

- Um programa multifacetado
- Corrige o prejuízo por melhorar o controle neuromuscular e a coordenação de músculos e movimentos específicos
- Corrige os fatores mecânicos que predispõem ou contribuem para padrões anormais de movimento
- Requer cooperação e participação ativas do paciente
- Necessita de diagnóstico acurado sobre quais músculos estão em falta e quais movimentos estão incorretos

fazer isso, a cooperação ativa do paciente e sua participação são componentes essenciais. O paciente deve ser uma parte integral do *continuum* do treinamento, e deve estar preparado para exercer um papel ativo em seu tratamento, a fim de alcançar um resultado de sucesso, que será determinado pelo paciente e seu desejo de melhorar, muito mais do que pelo clínico. Um programa de estabilização nunca é um "conserto rápido". Ele exige tempo (muitas vezes, de 4 a 6 meses), bem como dedicação da parte do paciente.[37] Para aprender os movimentos corretos, os pacientes progridem por meio de três fases de prática – uma **fase cognitiva**, na qual eles aprendem como fazer os movimentos corretamente; uma **fase associativa**, na qual eles aprendes os padrões de movimento; e, finalmente, uma **fase autônoma**, na qual eles farão os movimentos automaticamente, prestando pouca ou nenhuma atenção consciente ao que estão fazendo.[37] A reabilitação adequada para a instabilidade envolve ter cuidado ao desafiar os limites e compreender o papel do paciente e do clínico a respeito das diferenças entre as expectativas e a realidade. O clínico precisa realizar uma avaliação acurada de quais tecidos estão com carência e quais movimentos são realizados incorretamente, para garantir um programa de tratamento adequado.

A meta do tratamento de estabilização é obter o controle adequado do movimento, particularmente por meio da ação muscular, para prevenir a lesão óssea e nas estruturas de tecidos moles. O clínico deve especificar o trabalho dentro de uma ADM que permita ao paciente mover-se sem dor ou apreensão e com pouco ou nenhuma reserva muscular, e garantir, ao mesmo tempo, que o paciente realize os padrões de movimento corretos. O objetivo do programa de estabilização é capacitar o paciente para alcançar, em primeiro lugar, o controle estático e isométrico das estruturas de base, para então manter o controle durante os movimentos dinâmicos, garantindo que os padrões de movimento incorretos sejam eliminados enquanto o paciente progride para movimentos funcionais. Com os movimentos dinâmicos, o paciente começa com a contração concêntrica e progride para a contração excêntrica. Em última instância, o componente excêntrico é o mais importante, mas também é, em geral, o mais difícil para o paciente dominar.

A instabilidade ou o treino de controle motor envolvem o uso coordenado de três subsistemas básicos, o subsistema tecidual contrátil, o tecidual neurológico e o tecidual inerte, para garantir a função apropriada.[14,15] O treino de instabilidade envolve estabelecer um centro ou uma base estável antes de trabalhar em um segmento móvel distal, independentemente de qual articulação esteja em falta.[7,24,26] Assim, o treinamento envolve o desenvolvimento de um centro, ou uma base, estável em torno do qual uma cadeia cinética móvel possa funcionar. Uma vez que uma base estável esteja estabelecida, o movimento sequencial de segmentos, de proximal para distal, requerendo a ativação sucessiva de cada segmento da cadeia cinética, pode ser iniciado. A ativação sequencial da cadeia cinética é desejada porque os padrões de

O treinamento do controle motor envolve:

- Concentração psicológica máxima
- Resistência mínima
- Especificidade (padronização apropriada)
- Controle da base estável
- Velocidade mínima
- Controle da ADM (trabalhar apenas na ADM que o paciente seja capaz de controlar)

controle motor específicos estabilizam cada segmento, geram forças controladas para os padrões de movimento corretos ou para os movimentos de parada/cessação, e posicionam cada articulação de modo a permitir a transferência energética eficiente para os segmentos móveis terminais. O padrão de movimento apropriado ao desenvolvimento depende do *feedback* da articulação, dos músculos, da pele e da posição e do movimento do membro, de modo que o treino proprioceptivo exerce um papel dominante no programa.[37]

Para aprender a controlar o movimento, o paciente deve, em primeiro lugar, "desaprender" os padrões de movimento incorretos ou aberrantes, seguido de uma aprendizagem sequencial dos padrões de movimento corretos.[24] Embora isso pareça simples, é o componente da desaprendizagem o mais difícil, porque o paciente é facilmente fatigado pelo treino de controle motor e rapidamente reverte ao seu padrão de movimento original incorreto (habitual), a menos que ele seja supervisionado e apoiado com cuidado, muitas vezes em razão da frustração ou da chateação em despender tanto tempo para aprender novos padrões. Reaprender um padrão de movimento coordenado requer entender o que está sendo realizado, além de um esforço muito consciente por parte do paciente de saber quais músculos está contraindo e quando tais músculos devem se contrair. O paciente deve trabalhar apenas na amplitude em que controla o movimento. Por exemplo, exercícios de arco curto, em geral, são usados no início do treinamento, com muitas repetições. Seu propósito é desenvolver o engrama do movimento apropriado e o próprio movimento enquanto constrói a força e a resistência. Os padrões de desequilíbrio devem ser corrigidos precocemente para garantir que os músculos funcionem de modo coordenado.[7,24,26]

Uma vez que os padrões de desequilíbrio tenham sido corrigidos, o próximo passo é a ativação primária dos estabilizadores locais e a diminuição da superatividade não desejada dos músculos motores. O paciente deve desenvolver uma percepção melhorada do padrão de movimento e a precisão requerida para realizar o padrão de movimento. Para fazer isso, o movimento deve ser repetido e corrigido de forma contínua pelo clínico. De modo geral, isso requer um grande compromisso da concentração do paciente que, especialmente nos primeiros estágios, está psicológica e fisiologicamente fatigado. Quando estiver realizando exercícios de estabilização, o clínico nunca deve recomendar um número específico de repetições do exercício porque o que importa é ter certeza de que o paciente realiza o movimento de maneira correta. O clínico deve atentar para a fadiga, e ensinar o paciente a reconhecer seus sinais de fadiga, e parar quando qualquer um deles se tornar evidente. Para o clínico, *atentar para os padrões de movimento incorretos e para a fadiga toma a precedência* nos estágios iniciais do tratamento. Assim, a educação neuromuscular ou o treino de controle neuromuscular precoce envolvem concentração psicológica máxima por parte tanto do paciente como do clínico.

No início, uma resistência mínima é oferecida a um movimento particular. A ênfase está em corrigir os padrões de desequilíbrio e facilitar a contração primária dos estabilizadores (especificidade de atividade/contração). Uma vez que o clínico esteja certo de que os padrões de desequilíbrio estão corrigidos e os músculos estabilizadores podem se contrair isometricamente de forma isolada, o paciente pode ir adiante, combinando contrações dos músculos estabilizadores e motores em movimentos dinâmicos padronizados, usando apenas a amplitude e a velocidade na qual ele pode manter o controle. A atividade é interrompida tão logo o paciente perde o controle, porque ele reverterá ao seu padrão antigo e incorreto com a perda do controle ou com o início da fadiga. Nesse caso, o clínico poderá passar para exercícios com outros músculos.

O movimento correto depende da liberdade do movimento articular, do controle neural, do recrutamento muscular correto, da velocidade de movimento apropriada, da força apropriada para a velocidade da atividade, da resistência, da coordenação do movimento e da sincronização da sequência de movimento, de forma a haver um padrão correto de movimento e a integração do equilíbrio e das forças necessárias para o movimento funcional correto.[7,24,26] O controle motor implica ativação consciente de músculos individuais ou iniciação consciente de um engrama pré-programado. O clínico deve ser cuidadoso para que o paciente recrute apenas aqueles músculos que estão sendo treinados, a fim de corrigir o desequilíbrio de binários de força. Como os estabilizadores tendem à fraqueza e à atrofia, o clínico ensina primeiro os exercícios de controle discreto para conseguir que esses músculos contraiam-se individualmente. Isso é, muitas vezes, feito na posição de "teste muscular", ou dentro da amplitude, com uma contração menor que a máxima, para isolar os músculos o tanto quanto possível. Sendo assim, o treino é muito específico para os músculos que o clínico quer que o paciente recrute. A especificidade é a questão-chave. Não se deve permitir qualquer substituição (padrões de movimento incorretos) ou sinais de fadiga. O recrutamento de músculos individuais é a prioridade. Conforme os músculos individuais aprendem a se contrair e a se estabilizar, os músculos motores podem ser incluídos, enquanto não houver perda do controle dos estabilizadores em razão da fadiga. Depois, para desenvolver o controle da zona neutra, o clínico deve se lembrar de treinar os estabilizadores locais a se contrair, a princípio, de forma isométrica. Isso é feito pela ativação de baixo nível dos músculos estabilizadores, usando de 10 a 30% da CVM.[24,26] Esse tipo de contração favorece as fibras musculares do tipo I, que são as fibras predominantes nos músculos estabilizadores, e também ajudam a isolar o músculo contraído.

SEQUÊNCIA DO TREINO DE ESTABILIZAÇÃO

A sequência do treino de estabilização envolve aproximadamente seis estágios com doze passos [19,22,24,26,38-40] (Tab. 19.3). Cada passo exerce um papel significante no treino de estabilização, e o clínico deve garantir que cada estágio e passo sejam considerados e acordados, muitas vezes antes de proceder ao próximo. Se um estágio ou passo é perdido, a estabilização se torna muito mais difícil de ser obtida, e o paciente terá dificuldade em retornar à função normal. Com o treino de estabilização, o clínico está tentando ensinar ao paciente o controle voluntário dos diferentes padrões de movimento. O clínico deve iniciar com movimentos precisos e lentos, e parar o exercício quando o paciente ficar cansado. Os padrões de movimento devem ser continuamente corrigidos, e se deve apenas avançar nos exercícios quando o padrão de movimento estiver correto. O paciente deve ser capaz de realizar exercícios musculares individuais, independentemente de ter realizado antes movimentos mais avançados. O clínico deve tentar conectar as tarefas simples, feitas inicialmente, com as ações mais complexas que o paciente, por fim, realiza de maneira funcional. Para aumentar a consciência do paciente a respeito dos padrões de movimento corretos, o clínico deve dividir os movimentos complexos em componentes simples e trabalhar cada nível do componente até que o controle do movimento esteja assegurado.

Tabela 19.3 Sequência do treino de estabilização

Estágios	Passos	Propósito
Estágio 1	1,1	Diminuir a dor
	1,2	Permitir liberdade de movimento
Estágio 2	2,1	Garantir a função muscular apropriada
	2,2	Garantir o recrutamento muscular apropriado
	2,3	Corrigir o desequilíbrio muscular
Estágio 3	3,1	Corrigir discrepâncias de resistência
	3,2	Corrigir discrepâncias de força
Estágio 4	4,1	Retreinar a propriocepção
Estágio 5	5,1	Reeducar estaticamente o músculo em estabilização
	5,2	Ensinar exercícios de estabilização estática avançada
	5,3	Ensinar exercícios de estabilização dinâmica
	5,4	Ensinar exercícios de estabilização dinâmica avançada
	5,5	Ensinar estabilização funcional
Estágio 6	6,1	Manter ou restaurar a aptidão física

Estágio 1: controle da dor e restauração do movimento articular normal por meio da restauração da artrocinemática articular normal

Primeiro, a dor deve ser controlada e a artrocinemática normal, restaurada (Passo 1.1). Para fazer isso, o clínico pode considerar tratamentos como as técnicas de relaxamento muscular, ensino de posições de repouso articular, educação do paciente, uso de agentes eletrofísicos, instrução em mecanismos corporais próprios, trabalho na amplitude livre de movimento, e uso de medicações.[41] É importante lembrar que, com a instabilidade, a dor não é o sintoma primário, mas se ela estiver presente, terá efeito no desempenho do paciente. Desse modo, todos os movimentos devem ser realizados na ADM livre de dor.[41]

Para permitir a liberdade de movimento e o movimento artrocinemático apropriados da articulação (Passo 1.2), o clínico pode considerar técnicas como a mobilização do movimento acessório (cápsula articular), alongamento passivo prolongado (tecido inerte e músculo), técnicas de energia muscular (músculo), técnicas de alívio ativo (músculo), manipulação (articulação) e técnicas neurodinâmicas (nervo), dependendo do tecido que esteja causando a restrição. O propósito é restaurar a artrocinemática e a osteocinemática articulares normais, de forma que a articulação seja capaz de se mover adequadamente quando o treino de estabilização é iniciado. Assim, quando realizar o treino de estabilização, é importante que a *hipomobilidade seja tratada antes da hipermobilidade.*

Estágio 2: função muscular individual

O estágio 2 é um estágio essencial que muitas vezes é perdido ou pulado pelo clínico por que é o mais difícil, tanto para o clínico como para o paciente. Ele envolve três passos. Em primeiro lugar, o clínico deve garantir que os músculos individuais irão se contrair quando e como devem, começando com a contração isométrica do músculo isolado (estabilizadores primeiro) para garantir a função muscular apropriada (Passo 2.1).[20,26,39]

Uma vez que o músculo esteja se contraindo da maneira devida, institui-se o recrutamento muscular apropriado e a reeducação, de forma que os músculos se contraiam na ordem correta (primeiro os estabilizadores, então os motores; Passo 2.2). O clínico e o paciente trabalham juntos para garantir o equilíbrio muscular entre os vários grupos musculares e os binários de forças (Passo 2.3). Os três passos podem ser feitos ao mesmo tempo, mas cada um requer ênfase especial para garantir uma boa função estabilizadora isométrica antes de seguir para a função estabilizadora dinâmica e, então, para a função combinada estabilizadora e motora.

Para a função muscular individual (Passo 2.1), a ênfase é direcionada primeiro para os músculos estabilizadores fracos a fim de garantir uma base forte e estável, porém móvel, a partir da qual outros músculos possam agir. *A especificidade é a chave* para garantir a função muscular apropriada. O clínico e o paciente devem se concentrar primeiro na fraqueza muscular individual, com o paciente aprendendo a realizar contrações musculares isoladas (especificidade) em uma amplitude livre de dor.[26] Isso é realizado com mais frequência dentro da amplitude ou em uma posição de "teste muscular". Envolve um esforço focalizado e consciente por parte do paciente, de forma que o clínico deve sempre estar alerta à fadiga psicológica (perda de concentração) e à fisiológica (padrão de movimento incorreto) por parte dele. Para realizar os exercícios de forma correta, o paciente logo aprende que é necessário um alto nível de concentração, e o clínico deve garantir que o paciente realize a contração ou o movimento como é especificamente requerido e de forma que os músculos individuais se contraiam sem o suporte sinergístico. Para tanto é comum o movimento ser dividido em componentes. Inicialmente, uma CVM isométrica mínima (10 a 30%) é usada para iniciar as fibras musculares do tipo I dos músculos estabilizadores, e para isolar esses músculos.[26,41]

Uma vez que o paciente seja capaz de contrair o músculo isometricamente, pode se iniciar o movimento concêntrico utilizando os músculos motores, mas apenas se os músculos estabilizadores funcionarem de maneira apropriada. Novamente, o movimento é, muitas vezes, quebrado em componentes controláveis. A ADM é limitada àquela na qual o paciente tem controle, e os exercícios de cadeia cinética fechada são, em geral, feitos no início (Passo 2.2). Conforme o paciente ganha controle, a ADM, a carga (resistência) e a velocidade podem ser aumentadas. É essencial que, seja qual for a amplitude na qual o clínico peça para o paciente a trabalhar, algum padrão de movimento correto seja enfatizado, com o clínico sempre atento à fadiga ou aos padrões de movimento incorretos, e suspendendo as atividades do paciente tão logo qualquer um desses sintomas seja evidente. Conforme se ganha controle, os tipos de contração movem-se da ação isométrica para a concêntrica, então para a excêntrica e, quando apropriado, para a ação econcêntrica. O treinamento excêntrico é importante para os estabilizadores porque ele permite que se mantenha o controle na base ao alongar em movimentos funcionais. Ele também treina os músculos a agirem como freios excêntricos para reduzir ou parar o movimento, ou para agir como amortecedores de choque dinâmico. A

Retreinando os músculos estabilizadores

- Começar trabalhando na posição de "teste muscular"
- Utilizar contração isométrica baixa (10 a 30% da CVM)
- Atentar para a *fadiga* – parar tão logo ela seja evidente
- Trabalhar na amplitude interna
- Garantir o padrão correto de movimento
- Mover para a contração isotônica de carga baixa (preferência para o recrutamento de fibras do tipo I)
- Progredir para o carregamento excêntrico (amortecimento e frenagem)
- Treinar proprioceptivamente por todo o segmento

ação econcêntrica permite que os músculos biarticulares (motores) funcionem (encurtando em uma extremidade, alongando em outra – p. ex., isquiotibiais) tal como eles fazem nas atividades funcionais de cada dia.

O clínico deve se lembrar de que, se um músculo age concentricamente em uma direção para acelerar o movimento, ele age excentricamente na direção oposta para desacelerar o movimento, atuando como um freio ou como um amortecedor de choque; assim, tanto o treinamento excêntrico quanto o concêntrico se tornam importantes na medida em que o treino de estabilização progride. A ação muscular concêntrica inicia o movimento, fornecendo a velocidade e a força necessárias para que o movimento ocorra. O movimento excêntrico, por outro lado, ajuda a controlar a velocidade do movimento por fornecer a liberação controlada em um padrão particular, bem como por agir como um freio para reduzir o movimento e como amortecedor de choque para reduzir o estresse aplicado à articulação e às estruturas adjacentes.

Uma vez que os músculos estabilizadores funcionem adequadamente, o treino de músculo motor pode começar. O equilíbrio muscular (Passo 2.3) envolve primeiro o treinamento de vários binários de força, para garantir que eles trabalhem juntos adequadamente e funcionem de maneira apropriada para capacitar o controle do movimento apropriado e diminuir ou eliminar a incoordenação. Ele pode envolver o treinamento de binários de força entre agonistas e antagonistas, agonistas e estabilizadores, antagonistas e estabilizadores, estabilizadores e motores ou agonistas e sinergistas. A Tabela 19.4 traz exemplos de desequilíbrios musculares vistos normalmente com síndromes cruzadas. Em geral, para corrigir o comprimento muscular, deve se exercitar os músculos alongados dentro da amplitude para encurtá-los, e realizar o alongamento dos músculos encurtados para alongá-los. A equalização da força e do equilíbrio entre os membros direito e esquerdo também deve ser considerada. O treino de músculo motor se move de isométrico para concêntrico, para excêntrico, para econcêntrico e para movimento funcional. Conforme este melhora, o clínico pode avançar com o paciente das posições estáveis para as instáveis, trabalhar sob maiores velocidades de cargas, trabalhar no tempo de reação e instituir exercícios pliométricos.

Estágio 3: treino de força e resistência

Nesse estágio, o clínico trabalha com o paciente para corrigir qualquer discrepância de resistência (Passo 3.1) ou de força (Passo 3.2), sempre tendo em mente o objetivo funcional final.[42] Esse estágio deve ser iniciado apenas quando o paciente já tenha aprendido a controlar estaticamente as estruturas da base. Tanto os músculos estabilizadores quanto os motores estão incluídos, mas o clínico deve garantir que o paciente possa manter a postura correta e os músculos estabilizadores possam manter a base estável, mas ainda permitir que ela se movimente. Os exercícios para os músculos estabilizadores podem envolver treino com alta carga e baixo número de repetições para fortalecimento, mas a ênfase principal para esses músculos é o treino de resistência (baixas cargas, alto número de repetições). Quando estiver corrigindo discrepâncias de resistência, o clínico deve considerar a repetição do movimento funcional, o treino do sistema energético apropriado, e diminuir a fadiga e melhorar a recuperação. Para as discrepâncias de força, o clínico deve considerar a velocidade do movimento, a carga e o número de repetições quando estiver realizando atividades funcionais. Embora tanto a força como a resistência sejam importantes nesse estágio, *a resistência tem precedência* na construção da resistência à fadiga.

Estágio 4: propriocepção e cinestesia

Nesse estágio, o clínico deve considerar estimular os diferentes mecanorreceptores na pele, articulações, ligamentos e músculos para melhorar o tempo de reação e desenvolver engramas mais eficientes. Esse estágio pode ser iniciado ao mesmo tempo que o estágio 3, desde que o paciente tenha completado os estágios 1 e 2 com sucesso e possa demonstrar controle da base (pelve ou escápula). Norris[20] desenvolveu uma tabela (Tab. 19.5) que ilustra claramente os diferentes aspectos do treina-

Tabela 19.4 Padrões de desequilíbrio muscular

Ação muscular	Músculo encurtado, contraído	Músculo alongado, fraco
Elevadores e depressores da escápula	Elevador da escápula	Trapézio, porção descendente
Depressores da escápula	Romboides	Trapézio, porção ascendente
Rotadores mediais glenoumerais	Peitoral maior	Subescapular
Flexores do tronco/rotadores posteriores pélvicos	Reto abdominal	Oblíquo externo
Flexores de quadril	Tensor da fáscia lata	Iliopsoas
Abdutores de quadril	Tensor da fáscia lata	Glúteo médio (especialmente a porção posterior)
Extensores de quadril e flexores de joelho	Isquiotibiais mediais	Isquiotibiais laterais
Dorsiflexores de tornozelo	Extensor longo dos dedos	Tibial anterior

De Sahrmann SA: *Diagnosis and treatment of movement impairment syndromes.* St. Louis, 2002, Mosby.

Tabela 19.5 Treino proprioceptivo no treino de controle motor

Aumento de consciência do padrão correto de movimento	Ganho de controle voluntário do padrão de movimento
Dividir uma sequência complexa de movimentos em componentes simples	Utilizar estimulação multissensorial durante a demonstração e a realização do exercício
Aumentar a consciência por meio do movimento passivo, utilizando *input* multissensorial	Começar com movimentos lentos e precisos
	Parar a execução do exercício quando o paciente sentir-se cansado
	Corrigir contínua e passivamente o padrão de movimento
	Progredir o exercício apenas quando o padrão de movimento estiver correto
	O paciente deve ser capaz de realizar o exercício de forma independente antes de seguir para ações mais avançadas
	Ligar tarefas simples para formar ações mais complexas

De Norris CM: Spinal stabilization. 1: Active lumbar stabilization – concepts, *Physiotherapy* 81:61-64, 1995.

mento proprioceptivo e cinestésico que podem ser incluídos em qualquer programa de estabilização.

Para treinar novamente a propriocepção (consciência da posição estática) e a cinestesia (consciência consciente do movimento), o clínico deve considerar quais ações estimulam os diferentes mecanorreceptores, bem como os sistemas de *feedback* e de *feedfoward* pertinentes, os mecanismos de equilíbrio, os tempos de reação, os padrões de movimento e a velocidade do movimento.[43-46] Inicialmente, os exercícios devem se preocupar em utilizar uma base estável e cocontração em cadeia cinética fechada,[46,47] mas podem progredir para uma base instável, realizando diferentes tipos de exercícios concêntricos. O paciente, então, progride para a desaceleração excêntrica e as atividades pliométricas envolvidas na cadeia cinética completa. A propriocepção está implicada em uma consciência elevada dos padrões de movimento corretos e em manter o controle voluntário daqueles padrões de movimento. Um novo treinamento da propriocepção pode envolver o trabalho temporal, tempo de reação, desaceleração excêntrica, e a realização de movimentos padronizados em velocidades controladas.

Os mecanorreceptores musculares (fusos musculares e órgãos tendinosos de Golgi) exercem o papel mais significante na propriocepção e na cinestesia.[18,19,48,49] Os fusos musculares são estimulados pelo estiramento muscular, enquanto os órgãos tendinosos de Golgi são estimulados pela contração muscular e, assim, os dois estão sempre ativos com o movimento e exercem um papel importante na estabilização. O fuso muscular é único para o músculo e é responsivo ao estiramento, sendo sensível tanto ao alongamento estático do músculo como à taxa de mudança do comprimento.[36] Eles são encontrados, predominantemente, no ventre muscular, entre as fibras musculares e paralelos a elas. Quanto mais preciso o movimento, maior o número de fusos musculares. Os órgãos tendinosos de Golgi são receptores encapsulados encontrados na junção musculotendínea. Esses receptores de adaptação lenta detectam a tensão ativa no músculo quando ele se contrai. Os órgãos tendinosos de Golgi e os fusos musculares trabalham juntos para controlar a tensão e o comprimento do músculo. Com uma contração isométrica, os órgãos tendinosos de Golgi disparam em resposta ao estiramento, mas os fusos musculares não disparam porque o comprimento muscular não se alterou. Se um músculo relaxado é estirado, o fuso muscular dispara, mas o órgão tendinoso de Golgi não.

Vários outros receptores articulares exercem um papel significante na propriocepção[19,36,50-56] (Tab. 19.6). As terminações ligamentares de Golgi são encontradas principalmente em ligamentos, e são terminações finas encapsuladas que são sensíveis ao estiramento ou à tensão do ligamento (Fig. 19.10). São mecanorreceptores de alto limiar e de adaptação dinâmica muito lenta, que estão inativos em articulações imóveis. Eles respondem à tensão e são ativos até o final da ADM, com alguns sendo ativos em cada posição da articulação, mesmo quando ela está imóvel, ou quando é colocada tensão nos ligamentos. Esses mecanorreceptores sinalizam a posição articular estática, mudanças na pressão intra-articular e mudanças na direção, amplitude e velocidade dos movimentos articulares passivos e ativos.

Os equivalentes dos corpúsculos de Ruffini são encontrados na cápsula articular. Eles são de adaptação lenta e sensíveis à tensão e a mudanças na pressão intra-articular, bem como a mudanças na direção, velocidade e amplitude do movimento. Eles são ativados pela deformação mecânica e são bons receptores para pressão constante. Eles também são estimulados pelo movimento articular súbito, sendo capazes de detectar a posição articular e as mudanças no ângulo articular.

Os equivalentes aos corpúsculos pacinianos são similares aos corpúsculos pacinianos na pele. Eles são encontra-

(*O texto continua na p. 488.*)

Treinamento proprioceptivo no treino do controle motor

- Fusos musculares – estiramento muscular
- Órgão tendinoso de Golgi – contração muscular
- Terminações ligamentares de Golgi – final da amplitude de estiramento
- Equivalentes dos corpúsculos de Ruffini – tensão do final da amplitude; direção, amplitude e velocidade do movimento articular ativo
- Corpúsculos de Golgi-Mazzoni – direção, amplitude e velocidade do movimento articular passivo e ativo

Tabela 19.6 Receptores articulares

Receptor	Localização	Descrição	Sensibilidade	Distribuição (do tipo de receptor)	Classificação funcional	Família de axônios (diâmetro da fibra, velocidade de condução)
Equivalentes dos corpúsculos de Paccini	Lâmina fibrosa da cápsula, na margem cápsula-sinóvia, próximo a pequenos vasos sanguíneos	Terminal único dentro de uma encapsulação em lamelas; aparece em grupos de cinco ou menos (20–40 × 150–250 µm cilíndrico)	Sensível à vibração de alta frequência (> 60 hertz), à aceleração e a mudanças de alta velocidade na posição articular; possível sensibilidade a hemo-hidráulica, eventos transitórios e eventos contráteis rápidos ou músculos adjacentes	Encontrado em todas as articulações examinadas; receptor corpuscular único nas articulações do ouvido médio e da laringe; maior densidade nas articulações distais do que nas proximais	Adapta-se muito rapidamente; limiar mecânico muito baixo	Grupo II (8–12 µm, 49 ms); ramo terminal em 3–5 µm de diâmetro)
Corpúsculos de Golgi-Mazzoni	Superfície interna da cápsula articular entre a lâmina fibrosa e o tecido fibroadiposo subcapsular	Múltiplas terminações que acabam dentro de uma encapsulação fina (30 × 200 µm cilíndrico)	Sensível à compressão da cápsula articular no plano perpendicular à sua superfície interna; insensível ao estiramento da cápsula	Articulação do joelho e de, provavelmente, muitos outros lugares; pode ter distribuição específica dentro da cápsula articular	Adapta-se lentamente; a resposta é função linear do estresse compreensivo sobre a cápsula; limiar mecânico baixo	Grupo II–III (5–8 µm; 30 ms estimados)
Terminações de Ruffini (complexos pilo-Ruffini)	Lâmina fibrosa da cápsula; pouco presente em ligamentos extrínsecos	Terminações tipo *spray* dentro de uma encapsulação fina, com investimento de fibras colágenas (300 × 300–800 µm, 2–6 terminações por axônio)	Sensível ao alongamento da cápsula ao longo de qualquer um de seus eixos longos dentro do plano capsular, direção e velocidade do estiramento da cápsula, mudança na pressão do fluido intracapsular, amplitude e velocidade da mudança da posição articular	Pouco presente em articulações distais; maior densidade em articulações proximais; concentrado nas regiões de maior estresse da cápsula	Adapta-se lentamente; limiar mecânico de baixo a alto; a resposta é função linear de componentes axiais do plano de estresse capsular	Grupo I–II (13–17 ou 8–12 µm; 51 ms)

(continua)

Tabela 19.6 Receptores articulares (continuação)

Receptor	Localização	Descrição	Sensibilidade	Distribuição (do tipo de receptor)	Classificação funcional	Família de axônios (diâmetro da fibra, velocidade de condução)
Terminações ligamentares de Golgi (semelhantes aos órgãos tendinosos de Golgi)	Ligamentos intrínsecos e extrínsecos; adjacente às ligações ósseas dos ligamentos	Encapsulação espessa, ramificação profusa (100 × 600 μm; arborização terminal total)	Sensível a tensão ou estiramento de ligamentos	Presente na maior parte das articulações, exceto nas vertebrais cervicais, na laringe e nos ligamentos ossiculares	Adapta-se lentamente; limiar mecânico de baixo a alto	Grupo I (13–17 μm; +51 ms estimados)
Terminações nervosas livres (nociceptivas e não nociceptivas)	Cápsula fibrosa, ligamentos, cápsula subsinovial, sinóvia, coxins adiposos	Terminações nervosas finas e descobertas de pequenos axônios mielinizados ou não mielinizados; arborização profusa	Um tipo, sensível ao estresse mecânico não nociceptivo; outro tipo, sensível a estímulos mecânicos ou biomecânicos nociceptivos	Presente em todas as articulações examinadas, mas a densidade varia de acordo com o componente articular; a maior parte das articulações possui densidade relativamente mais alta em ligamentos	Adapta-se lentamente; limiar mecânico de baixo a alto	Grupo III–IV (2–5 μm, <2 μm; 2,5-20 ms)

De Rowinski MF: Afferent neurobiology of the joint. In: Gould JA, editor: *Orthopedic and sports physical therapy.* Mosby, St. Louis, 1990.

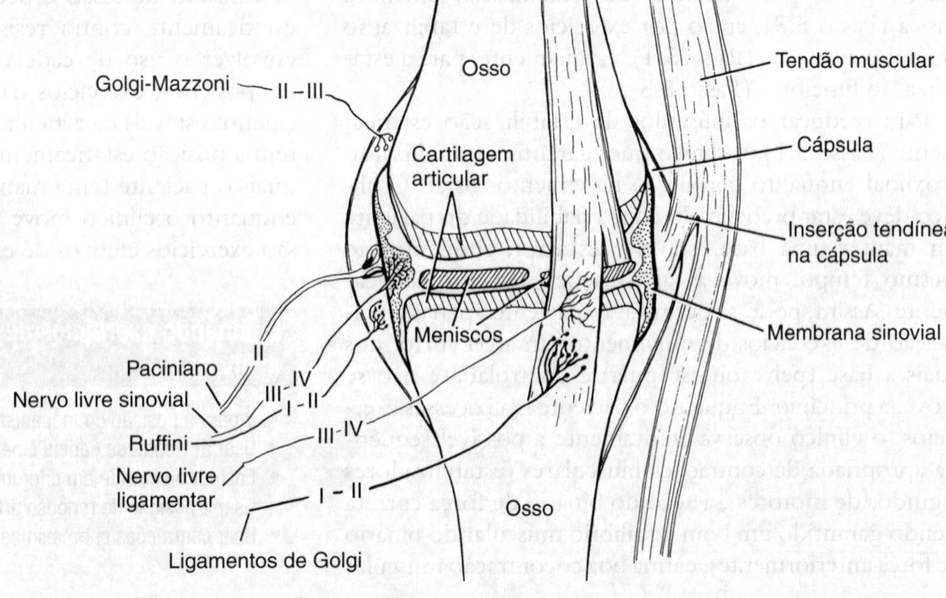

Figura 19.10 Inervação proprioceptiva articular. (De Rowinski MF: Afferent neurobiology of the joint. In: Gould JA, editor: *Orthopedic and sports physical therapy.* Mosby, St. Louis, 1990.)

dos em cápsulas articulares e são sensíveis às mudanças rápidas na estimulação mecânica. São órgãos terminais encapsulados detectores da taxa de movimento que sinalizam a aceleração e a desaceleração articular. Eles estão mais densamente distribuídos nas articulações distais que nas proximais. Esses receptores são mecanorreceptores dinâmicos de baixo limiar e rápida adaptação, que estão inativos nas articulações imóveis. Eles são ativos apenas no início do movimento ou quando ocorrem mudanças ou movimentos súbitos, e durante a desaceleração. Esses mecanorreceptores agem como "amplificadores", ajudando a superar a inércia na articulação imóvel por disparar no início do movimento. Eles também são ativados por pressão, na forma de compressão ou distorção da cápsula, e pelas alterações angulares rápidas da articulação. Esses mecanorreceptores tendem a disparar por períodos muito curtos de tempo.

Os corpúsculos de Golgi-Mazzoni são encontrados na superfície interna da cápsula articular. Esses receptores encapsulados são mecanorreceptores estáticos e dinâmicos de baixo limiar e adaptação lenta, que respondem a mudanças no estresse mecânico na porção da cápsula na qual são encontrados. Eles estão distribuídos de forma mais compacta nas articulações proximais que nas distais.

Para estimular os vários mecanorreceptores, o clínico deve considerar suas diferentes funções, quando eles disparam, e o que os estimula, para garantir que o treino proprioceptivo cubra toda a abrangência da captação de sinal proprioceptivo e cinestésico. A Tabela 19.6 delineia a atividade dos vários mecanorreceptores.[56]

Estágio 5: estágio do verdadeiro treino de estabilização

Nesse estágio, os cinco passos diferentes de estabilização são integrados ao programa.[20] O passo inicial é usado para reeducar os músculos estabilizadores a agirem estaticamente (Passo 5.1), após o qual o paciente progride para exercícios de estabilização estática avançada (Passo 5.2), seguido por exercícios de estabilização dinâmica básica (Passo 5.3), então por exercícios de estabilização dinâmica avançada (Passo 5.4), e, finalmente, para a estabilização funcional (Passo 5.5).

Para reeducar os músculos de estabilização estaticamente (Passo 5.1), o clínico quer garantir a estabilização proximal enquanto permite o movimento distal. O clínico deve estar preocupado com a habilidade do paciente em manter uma base estável e **estática**, enquanto, ao mesmo tempo, move as articulações distais dinamicamente. Assim, pode-se permitir ao paciente apenas a realização de exercícios de movimento em arco curto, nos quais a base (pelve ou escápula) é controlada e não se move, a princípio. Enquanto o paciente realiza esses exercícios, o clínico observa atentamente a possível sequência apropriada de contrações musculares (estabilizadores seguidos de motores), a ação do binário de força correta (tendo garantido um bom equilíbrio muscular do binário de força anteriormente), e uma boa cocontração muscular (estabilização estática). Para realizar isso, o clínico utiliza, inicialmente, atividades de cadeia cinética fechada para uma melhor estabilização estática.[46,47] Para garantir a ação do binário de força muscular correta, o clínico deve considerar o recrutamento muscular apropriado e a sincronização dos músculos responsáveis para aquela ação durante as atividades carregadas e descarregadas.

Reeducando estaticamente os músculos estabilizadores

- Posicionar estaticamente
- Trabalhar de proximal para distal (necessita de base estável)
- Atentar para a ação correta do binário de forças
- Realizar a atividade de cocontração
- Inicialmente, usar atividades de cadeia cinética fechada

O equilíbrio muscular também é crítico quando se projeta um programa específico para o paciente, tendo em mente as atividades funcionais que o paciente irá, finalmente, retornar. Nesse estágio inicial, a ação do binário de força envolve a coativação coordenada dos grupos musculares, de forma que o torque muscular na articulação é mantido em um nível baixo para garantir um maior controle articular. *Os estabilizadores locais próximos à articulação são os músculos de atenção primária*, devendo-se utilizar as contrações isométricas para garantir a alteração mínima no comprimento dos músculos estabilizadores. Realiza-se isso ao levar o paciente a realizar atividades de cocontração ou coativação, as quais consistem na contração simultânea dos músculos agonistas, antagonistas e sinergistas. Isso aumenta a rigidez estática da articulação, levando à compressão articular e à estabilização tecidual passiva, que auxilia o paciente a aprender a regular a distribuição do estresse na articulação.[47]

O próximo passo no estágio 5 é ensinar exercícios de estabilização estática avançada (Passo 5.2)[26] Esses exercícios envolvem colocar o paciente na posição do mecanismo de lesão e pedir para ele manter a posição estaticamente contra resistência. Eles também podem envolver o uso de cadeia cinética fechada em diferentes posições, exercícios na posição de repouso articular (menos estável) da articulação enquanto o paciente mantém a posição estaticamente. "Quebras" excêntricas, nas quais o paciente tenta manter a posição isometricamente enquanto o clínico move o segmento excentricamente, são exercícios efetivos de estabilização estática avançada.

Ensinando exercícios de estabilização estática avançada

- Ir para a posição do mecanismo de lesão
- Usar atividade de cadeia cinética aberta
- Ensinar o controle em diferentes posições
- Usar a posição de repouso articular
- Usar contrações submáximas

Exercícios de estabilização dinâmica básica (Passo 5.3) envolvem o uso de padrões de movimento controlados para garantir o desenvolvimento dos padrões de movimento apropriados (engramas) e seu controle voluntário. Esses exercícios envolvem movimentos da base, com os músculos de controle agindo excentricamente enquanto as articulações distais são movidas concentricamente. Nesse caso, os exercícios de amplitude completa de movimento são usados para que os estabilizadores "aprendam" a trabalhar excentricamente, enquanto os músculos distais funcionam concentricamente. Realizar exercícios ou atividade desse modo capacita os músculos estabilizadores a desenvolver a habilidade de controlar e suportar os grandes torques produzidos pelo movimento excêntrico e ensina o paciente a controlar a interação de seus músculos estabilizadores e motores. Controlar a interação desses músculos capacita o paciente a controlar a base tanto com a atividade dos músculos agonistas como dos antagonistas, bem como a aumentar o torque articular. Esse estágio requer um melhor sequenciamento coordenado por parte do paciente para controlar o movimento, e depende do controle da força e da velocidade. Garantir os padrões de movimento corretos agora se torna o principal foco de atenção.

Os exercícios dinâmicos avançados (Passo 5.4) incluem o treino de estabilidade multidirecional, requerendo controle em velocidades funcionais, exercícios excêntricos progressivos em velocidades funcionais, e o estresse dos padrões diagonais funcionais utilizados nas atividades para as quais a pessoa pode retornar em sua vida diária.[26] É nesse estágio que vários aparatos de exercício, tais como os rolos de espuma (atividades bidimensionais) e as bolas (atividades tridimensionais), são incluídos. Outras atividades podem incluir as funcionais de cadeia cinética fechada e aberta, exercícios com *medicine balls* e pliometria.[57]

Ensinando exercícios de estabilização dinâmica

- Usar padrões de movimento específicos (estabelecer os engramas mais eficientes)
- Garantir o controle voluntário
- Usar atividades agonista-antagonista (controle tanto concêntrico como excêntrico)
- Realizar atividades com base estável proximal e segmento distal móvel

O último Passo do estágio 5 consiste no ensino da estabilização funcional (Passo 5.5).[58] As atividades funcionais devem ser divididas conforme o início do programa de treinamento de estabilização (similar ao processo feito no Passo 4), para que os componentes de habilidades motoras sejam desenvolvidos. O clínico deve ajudar o paciente a desenvolver sequências de movimento habilidosas e sincronizadas que sejam específicas de cada atividade. Durante os programas funcionais, o clínico deve atentar para o suporte apropriado do corpo, o que envolve o levantamento e a recepção do peso, a simetria e o controle do movimento, de forma que ocorram movimentos suaves, restritos e automáticos, em que a cadeia cinética de todo o corpo seja usada para modificar os estressores das articulações lesadas[58] (Tab. 19.7). Somado a isso, a execução habilidosa e a forma apropriada, demonstradas pela confiança do paciente, são componentes importantes da estabilização funcional. O clínico deve garantir os padrões de movimento apropriados para monitorar a velocidade e o grau de liberação com o qual o paciente realiza a atividade. Durante o treino de estabilização funcional, o clínico também deve considerar um programa domiciliar para o paciente e a modificação da atividade, se necessário. O treino de habilidades progride do suporte bilateral para o unilateral e do não suporte bilateral para o unilateral. As atividades de aceleração e de desaceleração e a função específica da atividade também são focos primários de atenção.

Ensinando a estabilização funcional

- Quebrar (habilidades motoras) em partes componentes
- Usar sequência de movimento habilidoso sincronizada
- Realizar atividades específicas às atividades para as quais o paciente irá retornar

Estágio 6: mantendo ou estabilizando um nível de aptidão física adequado

Um paciente cuja frequência cardíaca leve não mais do que 5 minutos para retornar aos níveis de repouso após 2 minutos de exercício, possui uma função cardiovascular deficiente.[59] Nesse caso, o clínico deve considerar o sistema energético (sistema aláctico, sistema glicolítico anaeróbio, ou sistema aeróbio), a especificidade da atividade funcional para a qual o paciente retornará e o estabelecimento de uma base aeróbia para uma boa recuperação da fadiga. Para esse último ponto, o paciente deve ser capaz de se exercitar de 70 a 85% da frequência cardíaca máxima

Tabela 19.7 Observações durante os programas funcionais

Carregamento	Controle	Confiança
Levantamento de peso	Movimento suave	Fadiga/ apreensão
Recepção do peso	Movimento irrestrito	Velocidade de atividade
Simetria do movimento	Movimento automático	Deliberação da atividade
	Aceleração/ desaceleração	Bom carregamento
	Movimento multiplano	Bom controle
	Habilidade e forma apropriadas	
	Execução	

por, pelo menos, 20 minutos.[59] Esse estágio pode ser instituído precocemente no programa do paciente, quase desde o início. Se o paciente possui uma lesão de tronco ou de membro superior, as atividades de aptidão física para membros inferiores (p. ex., ciclismo caminhada) podem ser instituídas. Se existe uma lesão de um membro inferior, então as atividades para membros superiores (p. ex., ergômetro de braços) podem ser instituídas. Nos estágios iniciais, o objetivo é estabelecer ou restaurar a base aeróbia para capacitar a melhor recuperação a partir da atividade. Conforme o paciente progride, os sistemas energéticos individuais podem ser estressados, dependendo das necessidades de atividade funcional do paciente.

RETORNO À ATIVIDADE

Para que o paciente retorne à atividade, existem vários critérios que o clínico pode considerar. Deve haver a resolução completa dos sinais e sintomas agudos relacionados à lesão, de forma que não haja dor ou edema com a atividade. Deve haver ADM funcional dinâmica suficiente em todas as articulações, a fim de capacitar o paciente a fazer o que ele deseja, com a força, a resistência e o sentido proprioceptivo e o cinestésico adequados para realizar, com sucesso, as habilidades esperadas. Não deve haver alteração da mecânica normal do paciente que possa predispô-lo a uma nova lesão. O paciente deve ser capaz de realizar com sucesso tarefas atividades específicas no nível pré-lesão, ou acima desse nível.

Critérios para o completo retorno à atividade

- Resolução completa dos sinais e sintomas agudos relacionados à lesão
- ADM dinâmica completa de todas as articulações, com força e propriocepção adequadas para realizar as habilidades esperadas com sucesso
- Não deve haver alteração na mecânica normal do paciente, a qual poderia predispô-lo a uma nova lesão
- Capacitar a realizar com sucesso tarefas específicas da atividade no nível pré-lesão ou acima dele

CONCLUSÃO

O treino de estabilização pode ser difícil e fonte de consumir o tempo do clínico e do paciente. Ele requer um esforço muito concentrado de ambos. Existem várias armadilhas possíveis que podem ocorrer durante o treino de estabilização se o clínico não for diligente. Essas armadilhas estão relacionadas, sobretudo, ao fracasso em seguir uma progressão gradual no programa de reabilitação, de modo que podem incluir o fracasso ao tratar da dor ou da hipomobilidade iniciais, e o fracasso em seguir os passos progressivos, especialmente em garantir a função muscular individual. Outra armadilha é o fracasso em garantir os padrões de movimento corretos e o disparo muscular ou a sequência de contração apropriados, o que pode levar a padrões de movimento incorretos e, assim, a um regime de tratamento de insucesso. Outras armadilhas podem incluir o fracasso em considerar e envolver a cadeia cinética completa quando restaurando a função, bem como o fracasso em entender os mecanismos dos padrões de movimento selecionados que o paciente irá requerer para realizar de maneira funcional quando ele retornar às suas atividades diárias. Também pode haver o fracasso da parte do clínico em entender as demandas da atividade, ou em reabilitar os componentes de aceleração e desaceleração dos diferentes movimentos.

Armadilhas da reabilitação da estabilidade

- Fracasso em direcionar a dor e a hipomobilidade
- Fracasso em seguir a progressão por passos
- Fracasso em garantir os padrões de movimento apropriados
- Fracasso em garantir as sequências de disparo muscular apropriadas
- Permitir padrões de movimento incorretos
- Fracasso em entender os mecanismos de movimentos selecionados
- Fracasso em atender às demandas das atividades funcionais do paciente
- Fracasso em envolver a cadeia cinética completa
- Fracasso em reabilitar os componentes de desaceleração e de aceleração do movimento

REFERÊNCIAS BIBLIOGRÁFICAS

1. Oxland TR, Panjabi MM: The onset and progression of spinal injury: a demonstration of neutral zone sensitivity, J Biomech 25:1165-1172, 1992.
2. Keer R: Physiotherapy assessment of the hypermobile adult. In Keer R, Grahame R, editors: Hypermobility syndrome, Edinburgh, 2003, Butterworth-Heinemann.
3. Behrsin JF, Andrews FJ: Lumbar segmental instability: manual assessment findings supported by radiological measurement (a case study), Austr J Physiol 37:171-173, 1991.
4. Panjabi M, Abumi K, Duranceau J, Oxland T: Spinal stability and intersegmental muscle forces: a biomechanical model, Spine 14(2):194-200, 1989.
5. Gossman MR, Sahrman SA, Rose SJ: Review of length-associated changes in muscle: experimental evidence and clinical implications, Phys Ther 62:1799-1808, 1982.
6. Mitchell FL, Moran PS, Pruzzo NA: An evaluation and treatment manual of osteopathic muscle energy procedure, Valley Park, Mo, 1979, Mitchell, Moran & Pruzzo.
7. Sahrmann SA: Diagnosis and treatment of movement impairment syndromes, St. Louis, 2002, CV Mosby.
8. McGill SM: Low back exercises: evidence for improving exercise regimes, Phys Ther 78:754-765, 1998.
9. Paris SV: Physical signs of instability, Spine 10:277-279, 1985.
10. Panjabi MM, Lydon C, Vasavada A et al: On the understanding of clinical instability, Spine 23:2642-2650, 1994.
11. Nachemson A: Lumbar spinal instability - a critical update and symposium summary, Spine 10:290-291, 1985.
12. Hodges PW, Richardson CA: Inefficient muscular stabilization of the lumbar spine associated with low back pain: a motor control evaluation of transversus abdominis, Spine 21:2640-2650, 1996.
13. Hodges PW, Richardson CA: Contraction of the abdominal muscles associated with movement of the lower limb, Phys Ther 77(2):132-142, 1997.

14. Panjabi MM: Low back pain and spinal instability. In Weinstein JN, Gordon SL, editors: Low back pain: a scientific and clinical overview, Rosemont, Ill, 1996, American Academy of Orthopaedic Surgeons.
15. Panjabi MM: The stabilizing system of the spine. Part I: function, dysfunction, adaptation and enhancement, J Spinal Disord 5(4):383-389, 1992.
16. Panjabi MM: The stabilizing system of the spine. Part II. Neutral zone and instability hypothesis, J Spinal Disord 5(4):390-396, 1992.
17. Lephart SM, Henry TJ: Restoration of proprioception and neuromuscular control of the unstable shoulder. In Lephart SM, Fu FH, editors: Proprioception and neuromuscular control in joint stability, Champaign, Ill, 2000, Human Kinetics.
18. Johansson H, Pedersen J, Bergenheim M et al: Peripheral afferents of the knee: their effects on central mechanisms regulating muscle stiffness, joint stability, and proprioception and coordination. In Lephart SM, Fu FH, editors: Proprioception and neuromuscular control in joint stability, Champaign, Ill, 2000, Human Kinetics.
19. Biedert RM: Contribution of the three levels of nervous system motor control, spinal cord, lower brain, cerebral cortex. In Lephart SM, Fu FH, editors: Proprioception and neuromuscular control in joint stability, Champaign, Ill, 2000, Human Kinetics.
20. Norris CM: Spinal stabilization. 1: Active lumbar stabilization—concepts, Physiotherapy 81:61-64, 1995.
21. Lieber RL, Friden J: Neuromuscular stabilization of the shoulder girdle. In Matsen FA, Fu FH, Hawkins RH, editors: The shoulder: a balance of mobility and stability, Rosemont, Ill, 1993, American Academy of Orthopaedic Surgeons.
22. Comerford MJ, Mottram SL: Functional stability retraining principles and strategies for managing mechanical dysfunction, Man Ther 6:3-14, 2001.
23. Gibbons SG, Comerford MJ: Strength versus stability. Part I: concepts and terms, Orthop Division Rev Mar/Apr:21-33, 2001.
24. Comerford MJ, Mottram SL: Movement and stability dysfunction: contemporary developments, Man Ther 6:15-26, 2001.
25. Richardson CA, Jull GA: Muscle control–pain control: what exercises would you prescribe? Man Ther 1:2-10, 1995.
26. Richardson C, Hides J, Hodges P: Principles of the "segmental stabilization" exercise model. In Richardson C, Hodges P, Hides J, editors: Therapeutic exercise for lumbopelvic stabilization, Edinburgh, 2004, Churchill-Livingstone.
27. Janda V: Muscles and motor control in cervicogenic disorders: assessment and management. In Grant R, editor: Physical therapy of the cervical and thoracic spine, New York, 1994, Churchill Livingstone.
28. Jull GA, Janda V: Muscles and motor control in low back pain: assessment and management. In Twomey LT, Taylor JR, editors: Physical therapy of the low back, New York, 1987, Churchill Livingstone.
29. O'Driscoll SW: Atraumatic instability: pathology and pathogenesis. In Matsen FA, Fu FH, Hawkins RJ, editors: The shoulder: a balance of mobility and stability, Rosemont, Ill, 1993, American Academy of Orthopaedic Surgeons.
30. Rozzi S, Yuktanandana P, Pincivero D et al: Role of fatigue on proprioception and neuromuscular control. In Lephart SM, Fu FH, editors: Proprioception and neuromuscular control in joint stability, Champaign, Ill, 2000, Human Kinetics.
31. Wilk KE, Arrigo C: Current concepts in the rehabilitation of the athletic shoulder, J Orthop Sports Phys Ther 18:365-378, 1993.
32. Zweers MC, Hakim AJ, Grahame R, Schalkwijk J: Joint hypermobility syndromes: the pathophysiologic role of tenascin-X gene defects, Arthritis Rheum 50(9):2742-2749, 2004.
33. Gurley-Green S: Living with the hypermobility syndrome, Rheumatology 40:487-489, 2001.
34. Keer R, Grahame R: Hypermobility syndrome: recognition and management for physiotherapists, Edinburgh, 2003, Butterworth-Heinemann.
35. Russek LN: Examination and treatment of a patient with hypermobility syndrome, Phys Ther 80:386-398, 2000.
36. Hakim AJ, Cherkas LF, Grahame R et al: The genetic epidemiology of joint hypermobility: a population study of female twins, Arthritis Rheum 50:2640-2644, 2004.
37. Kibler WB: Determining the extent of functional deficit. In Kibler WB, Herrig SA, Press MJ et al, editors: Functional rehabilitation of sports and musculoskeletal injuries, Gaithersburg, Md, 1993, Aspen.
38. Robinson R: The new back school prescription: stabilization training part I, Occup Med 7:17-31, 1992.
39. Timm KE: Therapeutic exercise guidelines for rehabilitating lumbar spine injuries in athletes, Athletic Ther Today 4:17-21, 1999.
40. Wilk KE: Restoration of functional motor patterns and functional testing in the throwing athlete. In Lephart SM, Fu FH, editors: Proprioception and neuromuscular control in joint stability, Champaign, Ill, 2000, Human Kinetics.
41. Hides J: Joint injury. In Richardson C, Hodges P, Hides J, editors: Therapeutic exercise for lumbopelvic stabilization, Edinburgh, 2004, Churchill-Livingstone.
42. Manniche C, Hesselsoe G, Bentzen L et al: Clinical trial of intensive muscle training for chronic low back pain, Lancet 2:1473-1476, 1988.
43. Schmidt RA, Lee TD: Motor control and learning: a behavioral emphasis, Champaign, Ill, 1999, Human Kinetics.
44. Basmajian JV: Motor learning and control: a working hypothesis, Arch Phys Med Rehabil 58:38-41, 1977.
45. Hides J, Richardson C, Hodges P: Local segmental control. In Richardson C, Hodges P, Hides J, editors: Therapeutic exercise for lumbopelvic stabilization, Edinburgh, 2004, Churchill-Livingstone.
46. Irrgang JJ, Neri R: The rationale for open and closed kinetic chain activities for restoration of proprioception and neuromuscular control following injury. In Lephart SM, Fu FH, editors: Proprioception and neuromuscular control in joint stability, Champaign, Ill, 2000, Human Kinetics.
47. Richardson C, Hides J: Closed chain segmental control. In Richardson C, Hodges P, Hides J, editors: Therapeutic exercise for lumbopelvic stabilization, Edinburgh, 2004, Churchill-Livingstone.
48. McClosley DI: Kinesthetic sensibility, Physiol Rev 58:763-820, 1978.
49. Grigg P, Hoffman AH, Fogarty KE: Properties of Golgi-Mazzoni afferents in cat knee joint capsule, as revealed by mechanical studies of isolated joint capsule, J Neurophysiol 47:31-40, 1982.
50. Eklund G, Skoglund S: On the specificity of the Ruffini-like joint receptors, Ceta Physical Scand 49:184-191, 1960.
51. Burke D, Gandevia SC, Macefield G: Responses to passive movement of receptors in joint, skin and muscle of the human hand, J Physiol (Lond) 402:347-361, 1988.
52. Hutton RS, Atwater SW: Acute and chronic adaptations of muscle proprioceptors in response to increased use, Sports Med 14(6): 406-421, 1992.
53. Clarke FJ, Grigg P, Chapin JW: The contributions of articular receptors to proprioception with the fingers in humans, J Neurophysiol 61:186-193, 1989.
54. Grigg P: The role of capsular feedback and pattern generates in shoulder kinematics. In Matsen FA, Fu FH, Hawkins RJ, editors: The shoulder: a balance of mobility and stability, Rosemont, Ill, 1993, American Academy of Orthopaedic Surgeons.
55. Guanche CA, Solomonow M, D'Ambrosia RD: Peripheral afferents of the shoulder: relationship between active and passive restraints regulating muscle activation. In Lephart SM, Fu FH, editors: Proprioception and neuromuscular control in joint stability, Champaign, Ill, 2000, Human Kinetics.
56. Rowinski MF: Afferent neurobiology of the joint. In Gould JA, editor: Orthopedic sports physical therapy, St. Louis, 1990, CV Mosby.
57. Lavender SA, Tsuang YH, Anderson GB et al: Trunk muscle cocontraction: the effects of moment direction and moment magnitude, J Orthop Res 10:691-700, 1992.

58. Tippett SR, Voight ML: Functional progressions for sport rehabilitation, Champaign, Ill, 1995, Human Kinetics.
59. Nutter P: Aerobic exercise in the treatment and prevention of low back pain, Occup Med 3:137-145, 1988.
60. General References Anatomy and Biomechanics Committee of the International Federation of Societies for Surgery of the Hand: Position statement: definition of carpal instability, J Hand Surg Am 24:866-867, 1999.
61. Beighton P, Grahame R, Bird H: Hypermobility of joints, Berlin, 1983, Springer-Verlag.
62. Carey JR, Bhatt E, Nagpal A: Neuroplasticity promoted by task complexity, Exerc Sport Science Rev 33:24-31, 2005.
63. Cholewicki J, Panjabi MM, Khachatryan A: Stabilizing function of trunk flexor-extensor muscles around a neutral spine posture, Spine 22(19):2207-2212, 1997.
64. Diederichsen L, Krogsgaard M, Voigt M, Dyhre-Poulsen P: Shoulder reflexes, J Electromyogr Kinesiol 12(3):183-191, 2002.
65. Dobbs AG: Evaluation of instabilities of the lumbar spine, Orthop Phys Ther Clin North Am 8:387-400, 1999.
66. Farfan HF, Gracovetsky S: The nature of instability, Spine 9:714-719, 1984.
67. Freeman MA, Wyke B: Articular reflexes at the ankle joint: an electromyographic study of normal and abnormal influences of ankle-joint mechanoreceptors upon reflex activity in the leg muscles, Br J Surg 54(12):990-1000, 1967.
68. Garrett WE, Kirkendall DT: Motor learning, motor control and knee injuries. In Lephart SM, Fu FH, editors: Proprioception and neuromuscular control in joint stability, Champaign, Ill, 2000, Human Kinetics.
69. Granata KP, Wilson SE: Trunk posture and spinal stability, Clin Biomech 16:650-659, 2001.
70. Hodges PW, Richardson CA: Contraction of the abdominal muscles associated with movement of the lower limb, Phys Ther 77(2):132-142, 1997.
71. Hodges PW: Core stability exercise in chronic low back pain, Orthop Clin North Am 34(2):245-254, 2003.
72. Keer R, Grahame R: Hypermobility syndrome, Edinburgh, 2003, Butterworth-Heinemann.
73. King MA: Core stability: creating a foundation for functional rehabilitation, Athletic Ther Today 5(2):6-13, 2002.
74. Konradsen L, Bohsen Ravn J: Prolonged peroneal reaction time in ankle instability, Int J Sports Med 12:290-292, 1991.
75. Lewek MD, Chmielewski TL, Risberg MA, Snyder-Mackler L: Dynamic knee stability after anterior cruciate ligament rupture, Exerc Sport Sci Rev 31:195-200, 2003.
76. McGill SM: Low back exercises: evidence for improving exercise regimes, Phys Ther 78:754-765, 1998.
77. Morgan D: Concepts in functional training and postural stabilization for the low-back-injured, Topics Acute Care Trauma Rehabil 2(4): 8-17, 1988.
78. Norris CM: Back stability, Champaign, Ill, 2000, Human Kinetics.
79. O'Sullivan PB: Lumbar segmental "instability": clinical presentation and specific stabilizing exercise management, Man Ther 5:2-12, 2000.
80. Pope MH, Panjabi M: Biomechanical definitions of spinal instability, Spine 10:255-256, 1985.
81. Ryan L: Mechanical stability, muscle strength and proprioception in the functionally unstable ankle, Austr J Physiother 40:41-47, 1994.
82. Sanchis-Alfonso V, Rosello-Sastre E, Martinez-Sanjuan V: Pathogenesis of anterior knee pain syndrome and functional patellofemoral instability in the active young: a review, Am J Knee Surg 12:29-40, 1999.
83. Schamburger W: The malalignment syndrome, New York, 2002, Churchill Livingstone.
84. Shumway-Cook A, Woolacott MH: Motor control: theory and practical applications, Baltimore, 1995, Williams & Wilkins.
85. Verson H, Mrozek J: A revised definition of manipulation, J Manip Physiol Ther 28:68-72, 2005.
86. White AA, Panjabi MM: Clinical biomechanics of the spine, Philadelphia, 1978, JB Lippincott.
87. Zehr EP: Neural control of rhythmic human movement: the common core hypothesis, Exerc Sport Sci Rev 33:54-60, 2005.

CAPÍTULO

20

Integração do sistema cardiovascular na reabilitação musculoesquelética

Avaliação e intervenções

Mark J. Haykowsky e Ellen A. Hillegass

INTRODUÇÃO

Com o conhecimento de que a principal causa de morte, tanto de homens como de mulheres, é a doença cardiovascular (38% de todas as mortes),[1] os profissionais de saúde devem perceber a importância da avaliação do sistema cardiovascular antes de oferecer qualquer intervenção que possa afetar esse sistema. Ao avaliar o sistema cardiovascular, o profissional decidirá se irá monitorar ou não as atividades durante a reabilitação do indivíduo, ou promover modificações na prescrição do exercício. Somado a isso, as intervenções fornecidas devem incluir componentes para manter ou melhorar a condição biológica do paciente ou, em alguns casos, prevenir o descondicionamento fisiológico. Sendo assim, o objetivo deste capítulo é fornecer uma visão geral da avaliação do sistema cardiovascular, bem como ferramentas para se oferecer um condicionamento cardiovascular efetivo e seguro na reabilitação musculoesquelética.

Os profissionais de saúde que atuam na reabilitação de lesões musculoesqueléticas precisam avaliar o indivíduo com relação à segurança do exercício, além de oferecer um programa de exercício efetivo e seguro. Este capítulo discute a avaliação clínica de risco para doença cardiovascular, a resposta normal aos exercícios aeróbios e de fortalecimento, o papel que o monitoramento fisiológico exerce na reabilitação musculoesquelética e os componentes da prescrição de um exercício. Os clínicos devem ser versados no efeito agudo que o exercício aeróbio ou de resistência provoca ao alterar a função cardiovascular. Os clínicos também precisam estar conscientes do efeito de certas condições atuais da aptidão física cardiorrespiratória do indivíduo, tais como o efeito de envelhecimento, o efeito do descondicionamento e o efeito da doença cardíaca não diagnosticada, bem como do papel que o exercício terapêutico exerce ao afetar essas condições. Finalmente, são fornecidas as diretrizes que podem ser utilizadas pelo clínico de reabilitação na elaboração de um programa de exercício que vise a melhorar a aptidão física geral de seus pacientes.

Avaliação cardiovascular

- Ajuda a determinar se as atividades que podem afetar o sistema cardiovascular precisam ser monitoradas durante a reabilitação
- Permite a modificação do exercício caso exista uma preocupação cardiovascular
- Ajuda a manter ou melhorar a condição fisiológica do paciente
- Previne o descondicionamento fisiológico

A avaliação inicial de todos os pacientes com uma lesão musculoesquelética deve incluir uma avaliação sistemática da segurança para o exercício, utilizando um qua-

Preocupações cardiovasculares

- Efeito agudo do exercício aeróbio no sistema cardiovascular
- Efeito agudo do exercício de resistência no sistema cardiovascular
- Efeito do envelhecimento
- Efeito do descondicionamento
- Efeito da doença cardíaca

dro de questões para o direcionamento do clínico. Essas questões podem ser incorporadas em todas as avaliações e são demonstradas por meio de estudos de caso ao longo deste capítulo para exemplificar a facilidade com que essa avaliação pode ser integrada na reabilitação de pacientes com lesões musculoesqueléticas.

Perguntas que os médicos devem se fazer ao avaliar pacientes

- A pessoa está apta para o exercício? Qual é o seu risco de doença cardiovascular?
- Se o paciente estiver apto para o exercício, o que deve ser monitorado durante a avaliação?
- As respostas avaliadas são normais ou anormais?
- Com base nessas descobertas, como o paciente deve ser monitorado durante as intervenções?
- Quais modificações/precauções devem ser fornecidas na prescrição do exercício?

A PESSOA ESTÁ APTA PARA O EXERCÍCIO? QUAL É O SEU RISCO DE DOENÇA CARDIOVASCULAR?

Antes de começar qualquer programa de exercício, o profissional de saúde deve realizar uma checagem geral de saúde ou uma avaliação de fator de risco como parte da avaliação inicial. Uma ferramenta de checagem é o questionário de prontidão para atividade física (Physical Activity Readiness Questionnaire, PAR-Q; Tab. 20.1). A razão para a checagem de saúde é a necessidade de identificar os indivíduos que devem se consultar com seus médicos antes de iniciar um programa de exercícios em razão do risco aumentado de doença cardiovascular. Como a doença cardiovascular é a causa de mortalidade e de morbidade número um em homens e mulheres, todos os indivíduos para os quais são prescritos exercícios devem ser checados quanto ao risco de doença cardiovascular. Especificamente, se um paciente responde "sim" para qualquer uma das questões, ele deve consultar seu médico antes de iniciar um programa de exercício.

A American Heart Association (AHA) publicou um grande número de declarações científicas que fornecem diretrizes importantes para o teste e o treinamento do exercício,[2] a avaliação cardiovascular, a alocação de pessoal de trabalho e as políticas de emergência em saúde/equipamentos de aptidão física;[3] o clínico de reabilitação norte-americano deve estar familiarizado com isso. Uma alternativa para o PAR-Q é a Avaliação de Risco da AHA (Tab. 20.2). A Avaliação de Risco quantifica o risco individual para o desenvolvimento de doença cardiovascular.

Os fatores de risco para doença cardiovascular são definidos pelo clássico Estudo Framingham e são encontrados na Tabela 20.3.[3,4] Na falta de acesso ao PAR-Q, à Avaliação de Risco da AHA ou a qualquer outro perfil formal de fator de risco, o clínico pode determinar se o paciente possui fatores de riscos ao obter sua história com as questões simples fornecidas na Tabela 20.4. Embora as questões não sejam capazes de quantificar o nível do risco para doença, o clínico pode determinar se existem fatores de risco significativos presentes na história do paciente e determinar se uma avaliação médica mais completa deve ser indicada. Se o indivíduo possui os três principais fatores de risco para doença cardíaca (pressão arterial elevada, colesterol elevado, fumante) ou apresenta sintomas durante as atividades, seu médico deve ser contatado antes de se promover um programa de exercício.[4,5]

Evidências atuais apontam os fatores de risco adicionais que podem definir ou elevar o risco para doença cardiovascular.[6,7]

Fatores de risco emergentes para doença cardíaca[6,7]

- Níveis elevados de:
  - Homocisteína
  - Proteína C-reativa
  - Lipoproteína
- Fatores trombolíticos (coagulação ou adesão aumentadas)
- Disfunção endotelial (reatividade aumentada)
- Obesidade
- Síndrome metabólica

SE O PACIENTE ESTIVER APTO PARA O EXERCÍCIO, ELE DEVE SER MONITORADO DURANTE A AVALIAÇÃO?

Todos os pacientes devem ser monitorados (i. e., frequência cardíaca, pressão arterial e sintomas) durante a avaliação inicial caso eles tenham sido considerados aptos para o exercício com base em qualquer avaliação de fator de risco ou de estilo de vida saudável. Essa deve ser a prática-padrão em todas as clínicas e ambientes, e é discutida no *Guide to Physical Therapist Pratice*.[8] Uma vez que o indivíduo tenha demonstrado sinais vitais normais e ausência de sintomas com a atividade, pode não ser necessário monitorar as atividades seguintes. Contudo, as respostas à avaliação inicial devem ser documentadas para justificar qualquer necessidade de monitoramento no futuro.

Tabela 20.1 Questionário de prontidão para atividade física (PAR-Q)

Questionário de prontidão para atividade física – PAR-Q (revisado em 2002)

PAR-Q & VOCÊ

(Questionário para pessoas entre 15 e 69 anos)

A atividade física regular é agradável e saudável, e a cada dia mais pessoas estão se tornando mais ativas. Ser mais ativo é bastante seguro para a maior parte das pessoas. Contudo, algumas delas devem consultar um médico antes de se tornarem muito mais ativas fisicamente.

Se você está planejando se tornar muito mais ativo fisicamente do que é agora, comece por responder as sete questões no quadro abaixo. Se você tiver entre 15 e 69 anos de idade, o PAR-Q lhe dirá se você deve consultar um médico antes de começar. Se você tiver mais de 69 anos de idade e não costuma ser muito ativo, consulte um médico.

O bom-senso será o seu melhor guia quando estiver respondendo as questões. Por favor, leia-as com cuidado e responda a cada uma delas honestamente: marque SIM ou NÃO.

SIM	NÃO	
☐	☐	**1. Seu médico alguma vez já lhe disse que você tem uma condição cardíaca e que você deve praticar apenas atividades físicas recomendadas por um médico?**
☐	☐	**2. Você sente dor no peito quando realiza atividade física?**
☐	☐	**3. No último mês, você teve dor no peito quando não estava realizando atividade física?**
☐	☐	**4. Você perde seu equilíbrio por tontura ou alguma vez já perdeu a consciência?**
☐	☐	**5. Você possui algum problema ósseo ou articular (p. ex., nas costas, no joelho ou no quadril) que possa se agravar por uma mudança em sua atividade física?**
☐	☐	**6. Seu médico atualmente prescreve medicamentos (p. ex., diuréticos) para sua pressão arterial ou condição cardíaca?**
☐	☐	**7. Você conhece qualquer outra razão pela qual você não deva realizar atividade física?**

Se você respondeu

SIM para uma ou mais questões

Fale com seu médico por telefone ou pessoalmente ANTES que você comece a se tornar muito mais ativo fisicamente ou ANTES que faça uma avaliação de aptidão física. Fale com seu médico sobre o PAR-Q e sobre quais questões você respondeu SIM.

- Você pode ser capaz de realizar qualquer atividade desejada, desde que comece lentamente e desenvolva gradualmente. Ou pode necessitar restringir suas atividades àquelas que são seguras para você. Fale com seu médico sobre os tipos de atividade de que deseja participar e siga seus conselhos.
- Descubra quais programas comunitários são seguros e úteis para você.

NÃO a todas as questões

Se você respondeu NÃO honestamente a todas as questões do PAR-Q, você pode ter uma certeza razoável de que é capaz de:

- Começar a se tornar muito mais ativo fisicamente, desde que comece lentamente e desenvolva gradualmente. Esse é o modo mais seguro e mais fácil de prosseguir.
- Realizar uma avaliação de aptidão física; essa é uma maneira excelente para determinar sua aptidão física básica, de modo que você possa planejar o melhor modo para viver ativamente. Também é altamente recomendado que você tenha sua pressão arterial avaliada. Se sua pressão estiver acima de 144/94, fale com seu médico antes de começar a se tornar muito mais ativo fisicamente.

ESPERE PARA SE TORNAR MUITO MAIS ATIVO:

- Se você não estiver se sentindo bem por causa de alguma condição temporária, tal como um resfriado ou uma febre, espere até sentir-se melhor; ou
- Se você está ou pode estar grávida, fale com seu médico antes de começar a se tornar mais ativa.

POR FAVOR, NOTE: se a sua saúde se alterar de forma que você responda SIM para qualquer uma das questões acima, converse com um profissional de saúde ou de aptidão física. Pergunte se você deve mudar seu plano de atividade física.

O uso informado do PAR-Q: a Canadian Society for Exercise Physiology, Health Canada, e seus agentes, não se responsabilizam por pessoas que realizem atividade física, e, em caso de dúvida após completar esse questionário, consulte seu médico antes de realizar a atividade física.

Mudanças não são permitidas. Você é encorajado a copiar o PAR-Q, mas apenas se for utilizar o formulário completo.

Observação: se o PAR-Q tiver sido fornecido a uma pessoa antes que ela participe de um programa de atividade física ou de uma avaliação de aptidão física, esta seção pode ser utilizada para fins legais ou administrativos.

"Eu li, entendi e completei este questionário. Quaisquer dúvidas que tive foram respondidas e estou plenamente satisfeito."

NOME ______________________

ASSINATURA ______________________ DATA ______________________

ASSINATURA DE UM DOS PAIS ou RESPONSÁVEL (para participantes menores de idade) ______________________ TESTEMUNHA ______________________

Observação: esta declaração de atividade física é válida pelo período máximo de 12 meses a partir da data em que foi completada e se torna inválida se suas condições se alterarem de modo que você responda SIM para qualquer uma das sete questões.

 Apoiado por: Health Canada Santé Canada

Continua do outro lado...

Tabela 20.1 Questionário de prontidão para atividade física (PAR-Q) *(continuação)*

...continuação

PAR-Q & VOCÊ

Questionário de prontidão para atividade física – PAR-Q (revisado em 2002)

CANADA'S Physical Activity Guide to Healthy Active Living

A atividade física melhora a saúde

Toda atividade conta, mas quanto mais melhor.
Todo mundo pode fazer!

Seja ativo do seu jeito: desenvolva a atividade física em sua vida diária...

- em casa
- na escola
- no trabalho
- no tempo livre
- no caminho

... isso
é vida ativa!

Escolha uma variedade de atividades destes três grupos:

Resistência
4-7 dias por semana
Atividades contínuas para seu coração, seus pulmões e seu sistema circulatório

Flexibilidade
4-7 dias por semana
Atividades de alcance leves, de flexão e alongamento para manter seus músculos relaxados e suas articulações móveis

Força
2-4 dias por semana
Atividades contra resistência para fortalecer músculos e ossos e melhorar a postura

Começar lentamente é o mais seguro para a maior parte das pessoas. Tem dúvidas? Consulte seu profissional de saúde.

Para uma cópia do manual e mais informações: www.paguide.com

Alimentar-se bem também é importante. Siga o *Canada's Food Guide to Healthy Eating* para escolher alimentos sabiamente

Seja ativo do seu jeito, a cada dia, por toda vida!

Os cientistas recomendam 60 minutos de atividade física por dia para permanecer saudável ou melhorar a saúde. Conforme você progride para atividades moderadas, você pode diminuir para 30 minutos, 4 dias por semana. Acrescente suas atividades em períodos de, no mínimo, 10 minutos cada. Comece lentamente e desenvolva de modo gradual.

O tempo necessário depende do esforço

Esforço muito leve	Esforço leve *60 minutos*	Esforço moderado *30-60 minutos*	Esforço vigoroso *20-30 minutos*	Esforço máximo
• Passeio • Tirar pó	• Caminhada leve • Voleibol • Jardinagem leve • Alongamento	• Caminhada revigorante • Andar de bicicleta • Varrer folhas • Natação • Dança • Hidroginástica	• Aeróbia • *Jogging* • Hóquei • Basquete • Natação de velocidade • Dança de velocidade	• Corrida • Corrida de competição

É necessária amplitude para se estar saudável

Você pode fazer isso – Começar é mais fácil do que você pensa.

Uma atividade física não precisa ser difícil. Inclua-a em sua rotina diária.

- Caminhe sempre que puder: desça do ônibus antes, use as escadas em vez do elevador.
- Reduza a inatividade por longos períodos, como ao assistir TV.
- Levante-se do sofá, se alongue e se movimente por alguns minutos a cada hora.
- Brinque ativamente com suas crianças.
- Escolha caminhar ou andar de bicicleta em viagens curtas.
- Comece com uma caminhada de dez minutos; aumente gradualmente o tempo.
- Encontre vias de caminhada e de ciclismo próximas a você e as use.
- Assista a uma aula de atividade física para ver se desperta interesse.
- Tente fazer algumas aulas; não se trata de um compromisso de longa duração.
- Aumente a frequência das atividades que você está fazendo agora.

Benefícios da atividade regular	Riscos de saúde da inatividade
• melhor condição de saúde • melhor aptidão física • melhor postura e equilíbrio • melhor autoestima • controle do peso • ossos e músculos mais fortes • sensação de mais energia • relaxamento e redução do estresse • manutenção da vida independente com o avanço da idade	• morte prematura • doença cardíaca • obesidade • pressão arterial elevada • diabetes de início na idade adulta • osteoporose • acidente vascular cerebral • depressão • câncer de cólon

Health Canada Santé Canada — Canadian Society for Exercise Physiology

Fonte: Canada's Physical Guide to Healthy Active Living, Health Canada, 1998.

OS PROFISSIONAIS DE APTIDÃO FÍSICA E SAÚDE PODEM ESTAR INTERESSADOS NAS INFORMAÇÕES ABAIXO:

Os seguintes formulários de acompanhamento estão acessíveis para o uso médico contatando a Canadian Society for Exercise Physiology (endereço abaixo):

Exame médico de prontidão para atividade física ou (PARmed-X): para ser usado por médicos responsáveis por pessoas que responderam SIM para uma ou mais questões do PAR-Q.

Exame médico de prontidão para atividade física para gestantes (PARmed-X para gestantes): para ser usado por médicos responsáveis por pacientes gestantes que desejam se tornar mais ativas.

Referências:

Arraix, G.A., Wigle, D.T. Mao Y. (1992). Risk Assessment of Physical Activity and Physical Fitness in the Canada Health Survey Follow-up Study. **J. Clin. Epidemiol.** 45:4 419-428.

Mottola, M. Wolfe. L.A. (1994). Active Living and Pregnancy. In: A. Quinney, L. Gauvin, T. Wall (eds.), **Toward Active Living: Proceedings of the International Conference on Physical Activity, Fitness and Health.** Champaign, IL: Human Kinetics.

PAR-Q Validation Report, British Columbia Ministry of Health, 1978.

Thomas, S., Reading, J., Sheppard, R.J. (1992). Revisão de Physical Activity Readiness Questionnaire (PAR-Q). **Can. J. Spt. Sci.** 17;4 338-345.

Para mais informações, favor contatar:

Canadian Society for Exercise Physiology
202-185 Somerset Street West
Ottawa, ON K2P 0j2, Canadá
Tel. (877) 651-3755 - FAX (613) 234-3565
Site: www.csep.ca

O PAR-Q original foi desenvolvido pelo Departamento de Saúde de British Columbia. Foi revisado pelo Comitê de Conselheiros Especialistas da Canadian Society for Exercise Physiology, conduzido pelo Dr. N. Gledhill (2002).

Disponível em francês sob o título "Questionnaire sur l'aptitude à l'activité physique – Q –AAP (revisé 2002).

Apoiado por: Health Canada Santé Canada

Tabela 20.2 Avaliação de risco da American Heart Association

Responder as seguintes questões pode ajudar a estimar o seu risco de sofrer um infarto do miocárdio ou vir a falecer em virtude de uma doença cardíaca coronariana nos próximos 10 anos.

Você passou por qualquer um dos seguintes eventos, condições ou procedimentos?
(Assinale todos que se aplicarem)

❑ Acidente vascular encefálico
❑ Ataque isquêmico transitório (AIT)
❑ Infarto do miocárdio
❑ Angioplastia ou balão de angioplastia
❑ Procedimento de *stent*
❑ Enxerto de *bypass* de artéria coronária (EBAC)
❑ Angina
❑ Diabetes
❑ Doença arterial periférica ou cirurgia para um problema circulatório em suas pernas
❑ Aneurisma de aorta abdominal
❑ Doença da artéria carótida sintomática (acúmulo de placa em suas artérias carótidas [pescoços]), causando sintomas ou levando à cirurgia para remoção de placa de suas artérias carótidas
❑ Nenhum

Observação importante

Esta avaliação de risco não pretende fornecer conselho ou tratamento médico. A American Heart Association recomenda que você consulte seu médico ou outro profissional de saúde para conselho ou tratamento médico antes de participar em qualquer programa de atividade física.

© 2005 American Heart Association, Inc, http://www.americanheart.org/presenter.jhtml?identifier=3003499

Tabela 20.3 Fatores de risco para doença cardíaca

Pressão arterial elevada: >140 mmHg sistólico ou >90 mmHg diastólico aumenta a pressão e o trauma na camada íntima da parede arterial
Tabagismo: o monóxido de carbono é irritante da camada íntima da parede arterial; aumenta a liberação de fator de liberação endotelial
Colesterol sérico elevado: especialmente um nível sérico total >200, LDL >160 (indivíduos sem doença cardíaca, >100 em indivíduos com doença cardíaca), ou HDL <40 em homens ou <50 em mulheres. Também, uma relação nível sérico total: HDL >4:1
Falta de exercício regular (três ou mais vezes por semana de exercício regular ou atividade física moderada)
História familiar (mãe ou pai com doença cardíaca ou acidente vascular encefálico antes dos 60 anos de idade)
Estresse (particularmente fatores de personalidade, como ira e hostilidade)
Diabetes
Obesidade
Sexo: homens correm um risco maior do que mulheres até elas alcançarem a menopausa, quando o risco se iguala
Idade: o aumento da idade aumenta o risco

HDL, lipoproteína de alta densidade; LDL, lipoproteína de baixa densidade
De Hurst W: *The heart, arteries and veins.* 10.ed. McGraw-Hill, New York, 2002.

Tabela 20.4 Questões simples para avaliar o risco de doença cardíaca

Você foi alguma vez diagnosticado com pressão arterial elevada? Você está utilizando medicações para a pressão arterial? Você sabe qual é a sua pressão arterial?
Você já fumou? Se sim, quanto maços/dia e por quantos anos? Quando você parou?
Você conhece seu colesterol sanguíneo? Faz uso de medicações para colesterol? Ingere em grande quantidade alimentos como queijo, carne vermelha, frituras, *fast-food* etc.?
Alguém de sua família (mãe/pai/irmãos) tem alguma história de doença cardíaca, infarto do miocárdio ou acidente vascular encefálico (e em qual idade)?
Você foi diagnosticado com açúcar elevado no sangue ou diabetes?
Você se exercita regularmente?

AS RESPOSTAS AO EXERCÍCIO OU À AVALIAÇÃO SÃO NORMAIS OU ANORMAIS?

Respostas cardiovasculares agudas durante o exercício aeróbio

O exercício aeróbio de aumento progressivo (i. e., ciclismo, corrida) está associado com um aumento no consumo de oxigênio (existe uma relação linear), resultado de um aumento no débito cardíaco, bem como de um aumento na diferença de oxigênio arteriovenoso ($DAVO_2$).[9,10] O aumento no débito cardíaco ocorre em razão de um aumento na frequência cardíaca[10-12] e no volume de ejeção.[11-13] O aumento na $DAVO_2$ (ou a diferença entre o conteúdo de oxigênio nas artérias e o conteúdo de oxigênio nas veias) ocorre por causa de uma diminuição da resistência vascular sistêmica,[9] e de um aumento no fluxo sanguíneo esquelético[9] e na extração de oxigênio pelos músculos em exercício[9,10] (Fig. 20.1, Tab. 20.5).

As respostas clínicas normais ao exercício aeróbio de aumento progressivo são aumentos lineares na frequência cardíaca relacionados ao trabalho do exercício, bem como ao aumento linear na pressão arterial sistólica (relacionados ao trabalho de exercício), com pouca ou nenhuma mudança na pressão arterial diastólica (Fig. 20.2, Tab. 20.6; ver Tab. 20.5).

Resposta clínica normal ao exercício

- Aumento linear na frequência cardíaca
- Aumento linear na pressão arterial sistólica
- Pouca ou nenhuma alteração na pressão arterial diastólica

A *magnitude* da mudança nas respostas cardiovasculares durante o exercício aeróbio está relacionada à condição de atividade física do paciente. Especificamente, um aumento de duas vezes na capacidade aeróbia encontrado em atletas em relação a indivíduos não treinados[14] se deve a um volume de ejeção em exercício máximo elevado, uma vez que o débito cardíaco e a frequência cardíaca não são diferentes entre atletas e indivíduos sedentários.[15] O mecanismo responsável pelo volume de ejeção elevado se deve, em parte, à habilidade do "coração atlético" de se preencher de sangue com maior facilidade (i. e., reservas de pré-carga aumentada) e à habilidade melhorada dos ventrículos para ejetar uma maior quantidade de sangue do coração (i. e., uma reserva contrátil ventricular esquerda aumentada).

Ao prescrever exercícios terapêuticos para a manutenção da aptidão cardiorrespiratória de seus pacientes, os profissionais de saúde devem estar conscientes do curso temporal da mudança do desempenho cardíaco associado

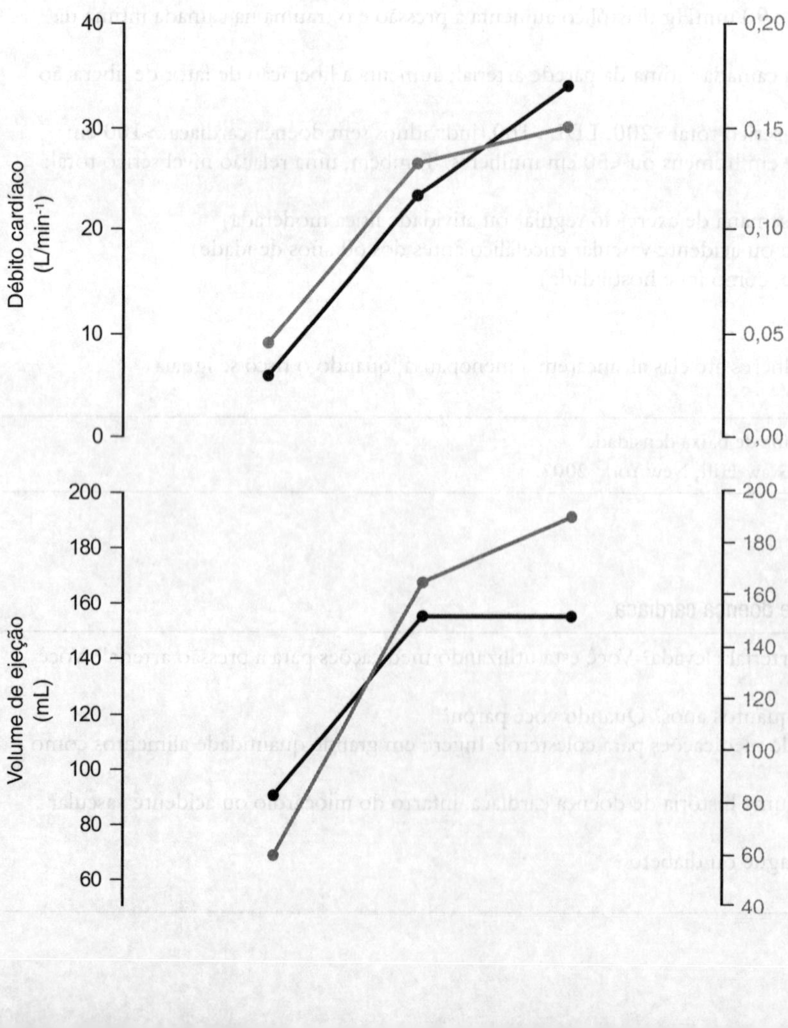

Figura 20.1 Efeito normal do exercício aeróbio em um atleta treinado. Linhas negras mostram o débito cardíaco e o volume de ejeção. Linhas cinzas mostram a $DAVO_2$ e a frequência cardíaca.

Tabela 20.5 Respostas cardiovasculares agudas durante o exercício aeróbio de pico em indivíduos saudáveis

Variável	Mudança a partir do repouso
Frequência cardíaca	↑
Volume diastólico final	↑
Volume sistólico final	↓
Volume de ejeção	↑
Débito cardíaco	↑
Diferença arteriovenosa de oxigênio	↑
Resistência vascular sistêmica	↓
Pressão arterial média	↑

↑, aumento a partir do repouso; ↓, diminuição a partir do repouso

ao treino aeróbio. As poucas investigações realizadas até então fornecem evidências que sugerem a ocorrência de melhorias favoráveis na aptidão cardiorrespiratória de 5 a 10 dias após o início de um programa de exercícios. Por exemplo, Mier et al.[16] encontraram que dez dias de exercícios de bicicleta (i. e., 60 min/dia de 65 a 95% do consumo máximo de oxigênio) resultaram em um aumento significativo no volume de ejeção no exercício de pico, no débito cardíaco e na capacidade aeróbia em indivíduos previamente saudáveis, jovens e sedentários (idade média de 26 anos).

Sumário e implicações para o profissional de saúde

O aumento no consumo de oxigênio durante o exercício aeróbio é mediado por alterações da função cardíaca, dos vasos sanguíneos e do músculo esquelético que resultam em aumento do suprimento de oxigênio e da utilização de oxigênio pelos músculos. Sendo assim, a avaliação das respostas fisiológicas ao exercício deve ser realizada em todos os indivíduos e documentada como normal ou anormal. As respostas normais ao exercício devem ser documentadas para justificar a decisão de não monitorar o exercício no futuro. As respostas anormais devem ser avaliadas para a continuação apropriada com o exercício ou para justificar a necessidade de monitorar

Tabela 20.6 Sinais/sintomas da intolerância ao exercício: Sinais de instabilidade clínica

PA sistólica >200 a 210 mmHg
PA diastólica >110 mmHg
Aumento na frequência cardíaca >50 batimentos/minuto com atividade de baixo nível
Diminuição da PA sistólica >20 mmHg
Arritmias significativas (contrações ventriculares prematuras complexas, taquicardia ventricular, bloqueio de ramo de 2° ou 3° grau, qualquer arritmia acompanhada pela diminuição da PA)
Tontura moderada ou próxima de síncope
Síncope
Angina de início recente ou angina de nível 2+/4+
Náusea, vômito
Fadiga severa ou não usual
Dispneia marcada
Ataxia, desequilíbrio persistente, confusão mental
Claudicação severa (grau III/IV)
Expressão facial de aflição severa
Cianose ou palidez severa
Suor frio
Perda de vigor sustentável ou de pulso palpável
Desenvolvimento de estertores e crepitações pulmonares

PA, pressão arterial

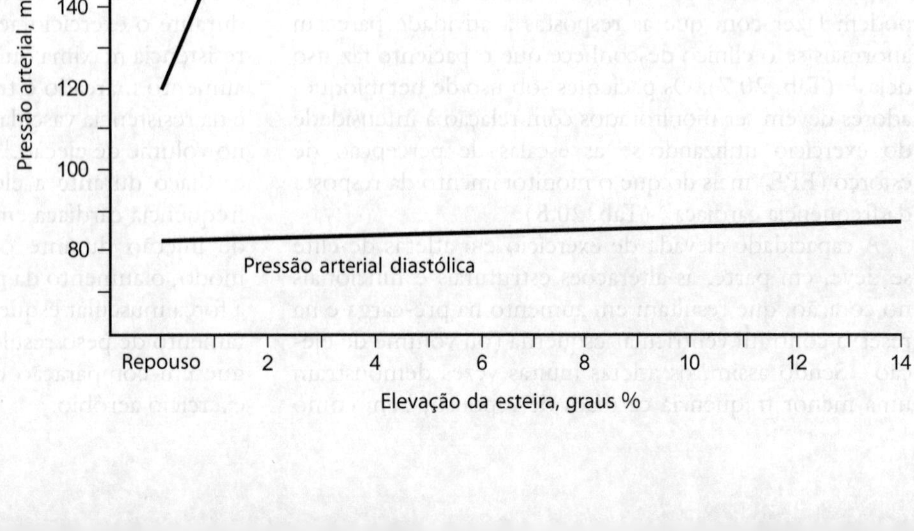

Figura 20.2 Respostas da pressão arterial normal à atividade.

Estudo de caso 1: exercício aeróbio para um atleta

Cenário

Um corredor de longa distância de 20 anos de idade está agendado para cirurgia eletiva em duas semanas para uma redução aberta de fixação interna de uma fratura de platô tibial. Como resultado da sua lesão, ele está incapaz de realizar qualquer exercício aeróbio de levantamento de peso; contudo, o paciente está preocupado com o declínio de sua aptidão física como resultado de estar impossibilitado de realizar qualquer treino aeróbio. A frequência cardíaca máxima do paciente é de 190 batimentos/minuto.

Questões a descobrir

1. O paciente está apto para o exercício? Qual é o seu risco para doença cardiovascular?
2. Se o paciente estiver apto para o exercício, o que deve ser monitorado durante a avaliação?
3. As respostas que foram avaliadas são normais ou anormais?
4. Com base nessas descobertas, como o paciente deve ser monitorado durante as intervenções?
5. Quais modificações/precauções devem ser fornecidas na prescrição do exercício?

Objetivo

O objetivo importante de uma perspectiva cardiovascular é manter a capacidade aeróbia do paciente em um nível ideal antes (e depois) da cirurgia. Para atingir esse objetivo, o clínico pode prescrever o seguinte programa de exercícios:

Modo de exercício

Exercício com ergômetro de braço.

Frequência de exercício

O exercício é realizado de 3 a 5 dias por semana.

Intensidade do exercício

Exercício de 70 a 90% da frequência cardíaca máxima (equivale a um exercício de intensidade "pesado"), o qual pode ter uma frequência cardíaca de 133 a 171 batimentos/min para esse atleta.

Duração do exercício

60 minutos por sessão.

Comentário

Esse programa de treinamento atenuará o declínio da capacidade aeróbia que poderia ocorrer se o atleta aderisse ao estilo de vida sedentário após sustentar sua lesão.

sessões futuras. Quando são detectadas respostas anormais, mas o paciente acredita que está apto para realizar o exercício, as respostas identificadas como anormais devem ser monitoradas em toda a atividade.

O clínico também deve tomar conhecimento caso o paciente esteja tomando quaisquer medicações, especialmente aquelas que possam afetar as respostas da frequência cardíaca ou da pressão arterial à atividade. Os clínicos devem estar cientes, em especial, do uso de medicações bloqueadoras beta-adrenérgicas (betabloqueadores), as quais são utilizadas com frequência no tratamento da hipertensão, de arritmias ou da doença arterial coronariana.[15] Essas medicações afetam a frequência cardíaca e a pressão arterial em repouso e durante o exercício, e podem fazer com que as respostas à atividade pareçam anormais se o clínico desconhece que o paciente faz uso delas[17] (Tab. 20.7). Os pacientes sob uso de betabloqueadores devem ser monitorados com relação à intensidade do exercício utilizando-se as escalas de percepção de esforço (EPE) mais do que o monitoramento da resposta da frequência cardíaca[18] (Tab. 20.8).

A capacidade elevada de exercício em atletas de elite se deve, em parte, às alterações estruturais e funcionais no coração, que resultam em aumento na pré-carga e na reserva contrátil ventricular esquerda (ou volume de ejeção). Sendo assim, os atletas muitas vezes demonstram uma menor frequência cardíaca de repouso, bem como uma resposta de frequência cardíaca mais abrupta (com menor taxa de elevação) à carga de trabalho aumentada.

Respostas cardiovasculares agudas durante o exercício de resistência

Atualmente, apenas poucos estudos examinam o efeito agudo do exercício de resistência sobre a função cardiovascular.[19,20] Isso se deve, em parte, à dificuldade em quantificar de maneira precisa o volume ou a função do ventrículo esquerdo durante o exercício de resistência. A mudança direcional e de magnitude no volume e na função cardíacos durante o exercício de resistência são, em sua maior parte, opostas àquelas que ocorrem durante o exercício aeróbio (Tab. 20.9). O exercício de resistência máxima ou submáxima está associado com um aumento marcado e transitório na pressão arterial média e na resistência vascular sistêmica, com declínio associado no volume de ejeção.[19] Além disso, o aumento no débito cardíaco durante a elevação se deve a um aumento na frequência cardíaca em função da diminuição do volume de injeção durante o exercício de resistência.[20] Desse modo, o aumento da resistência vascular que ocorre com a força muscular esquelética elevada associada com levantamento de peso resulta em uma ejeção reduzida de sangue em comparação com aquela que ocorre durante o exercício aeróbio.

Tabela 20.7 Antagonistas beta-adrenérgicos: betabloqueadores

Categoria	Medicação	Variável fisiológica	Resposta comparada com a normalidade
Não seletivo	Propranolol (Inderal)	FC	
	Timolol (Blocadren)	Repouso	Menor
	Nadolol (Corgard)	FCs de exercício	
	Pindolol (Visken)	FC máxima	Menor
	Labetalol (Normodyne)		
	Cloridrato de sotalol (Sotacor)		
	Carteolol (Cartrol)		
$Beta_1$ seletivo	Tartarato de metoprolol (Lopressor)	PA	
	Atenolol (Ritcor),	Repouso	Menor
	Acebutolol (Sectral)	PAs de exercício	
	Esmolol (Brevibloc)		
	Alprenolol		
Alfa e beta seletivo	Carvedilol (Coreg)		

PA, pressão arterial; FC, frequência cardíaca

As respostas fisiológicas ao treino de força que o clínico observa são a resposta elevada da frequência cardíaca (na ausência de um volume de ejeção aumentado) e a resposta elevada da pressão arterial (especialmente a pressão arterial diastólica).[21-23]

Tabela 20.8 Escala de percepção de esforço de Borg

6	
7	Muitíssimo leve
8	
9	Muito leve
10	
11	Razoavelmente leve
12	
13	Pouco pesado
14	
15	Pesado
16	
17	Muito pesado
18	
19	Muitíssimo pesado

De Borg G. *Borg's Perceived Exertion and Pain Scales.* Human Kinetics, Champaign, 1998, p. 31.

O efeito do treino de força de longa duração na alteração das respostas cardiovasculares durante uma sessão aguda de exercício aeróbio ou de resistência recebeu atenção mínima. Fleck e Dean[23] descobriram que fisiculturistas experientes possuem pico sistólico, pressão arterial diastólica e frequência cardíaca significativamente menores quando comparados a levantadores de peso inexperientes ou controles sedentários durante o exercício de resistência para o membro inferior ou superior. A melhoria favorável na função cardiovascular associada com o treino de força pode ser estendida para a realização de exercício aeróbio. Por exemplo, Fisman et al.[24] mostraram que as respostas cardíacas agudas (i. e., a frequência cardíaca, o volume de ejeção, o débito cardíaco e a fração ejetada) durante o exercício de bicicleta de pico não foram diferentes entre levantadores de peso de elite e corredores. Essas descobertas sugerem que o treino de força pode levar a adaptações cardíacas favoráveis que melhoram o desempenho do ventrículo esquerdo durante o exercício aeróbio.[25]

Sumário e implicações para o profissional de saúde

O treino de força está associado com respostas cardiovasculares e pulmonares agudas que diferem daquelas associadas ao treino aeróbio. A frequência cardíaca e a pressão arterial elevada como respostas não estão diretamente associadas com a tarefa realizada. Mudanças favoráveis na pressão arterial também podem ocorrer com o treino de força de longa duração, o qual pode reduzir a tensão na parede do ventrículo esquerdo durante o exercício. O treino de força regular pode induzir adaptações morfológicas favoráveis no ventrículo esquerdo, as quais resultam em aumento no volume de ejeção e no débito cardíaco durante o exercício aeróbio. Sendo assim, profissionais de saúde devem incorporar esse modo de treinamento como parte de um programa de exercício terapêutico para indivíduos com lesão musculoesquelética a fim de manter sua aptidão física geral. Cuidados devem ser tomados com indivíduos que possuem respostas de pressão arterial elevada em repouso e com a atividade, e o monitoramento pode ser indicado quando esses indivíduos realizam novas atividades.

Tabela 20.9 Respostas cardiovasculares agudas durante o exercício de resistência máxima e submáxima em indivíduos saudáveis

Variável	Mudança a partir do repouso
Frequência cardíaca	↑
Volume diastólico final	↓
Volume sistólico final	↓
Volume de ejeção	↓
Débito cardíaco	↑
Resistência vascular sistêmica	↑
Pressão arterial média	↑

↑, aumento a partir do repouso; ↓, diminuição a partir do repouso

Respostas cardiovasculares agudas durante o exercício aeróbio: efeito do repouso no leito ou do descondicionamento

Como algumas lesões musculoesqueléticas podem necessitar de um período de pouco ou nenhum exercício, ou mesmo de repouso no leito, é importante que o clínico possa conhecer os efeitos deletérios que o descondicionamento e o repouso no leito exercem sobre a função cardiovascular (Tab. 20.10). O destreinamento é muitas vezes visto em pacientes com lesões musculoesqueléticas significativas que prejudicam os seus movimentos e os confinam ao leito ou à cadeira de rodas por um período prolongado enquanto eles se recuperam. Esses são fatores fundamentais a serem considerados pelo clínico envolvido na reabilitação aguda ou de internação, enfermeiros ou cuidadores de longo período.

Uma das investigações mais extensas que examinou os efeitos do repouso no leito sobre a função cardiovascular foi realizado por Saltin et al.[26] Esses investigadores examinaram o efeito de 20 dias de repouso restrito ao leito no desempenho aeróbio (i. e., no débito cardíaco e na $DAVO_2$) em cinco homens jovens e saudáveis. A principal descoberta dessa investigação foi que 20 dias de repouso no leito foram associados com uma diminuição de 28% na capacidade aeróbia.[26] Muito mais preocupante, o declínio na capacidade aeróbia após 20 dias de repouso no leito foi maior do que aquele encontrado após 3 décadas de envelhecimento em alguns indivíduos.[27] O declínio na capacidade aeróbia deveu-se à redução no volume de ejeção e no débito cardíaco porque não houve alteração na $DAVO_2$ durante exercício máximo.[26]

De grande importância para o clínico é o declínio rápido na aptidão cardiorrespiratória e o que ocorre durante as primeiras poucas semanas de descondicionamento (como pode ocorrer em um indivíduo antes apto fisicamente que sofreu uma lesão musculoesquelética e aderiu ao estilo de vida sedentário durante o período de recuperação). Em particular, Coyle et al.[28] avaliaram a capacidade aeróbia de atletas de resistência antes e depois de 3 meses de descondicionamento. O principal achado desse estudo foi que 3 meses de descondicionamento resultaram em um declínio de 16% no consumo máximo de oxigênio. Além do mais, quase metade do declínio na aptidão física ocorreu após 12 dias de destreinamento e foi atribuído ao declínio no volume de ejeção e no débito cardíaco. De modo interessante, o consumo máximo de oxigênio de atletas previamente treinados, depois de 3 meses de destreinamento, foi 17% maior do que aquele encontrado em controles saudáveis. Esse achado crucial possui implicações importantes para o clínico. Especificamente, se um paciente estiver agendado para um procedimento ortopédico ou uma cirurgia ortopédica que será seguida de um período de inatividade, deve-se encorajá-lo (dentro dos limites seguros da condição de base) a realizar um regime de exercício para garantir que o nível mais alto de aptidão física seja mantido durante o período de inatividade ou antes da cirurgia.

Reabilitação e treino cardiovascular

- O treino cardiovascular deve ser parte integral de qualquer programa de reabilitação para prevenir ou diminuir a taxa de descondicionamento em um paciente.

As intervenções capazes de prevenir o declínio na função cardiovascular exercerão um papel importante na manutenção da capacidade aeróbia durante o repouso no leito. Um número significativo de investigadores compararam o efeito de 21 a 30 dias de repouso no leito apenas,[29,30] repouso no leito mais exercício de bicicleta[29,30] e repouso no leito mais exercício isocinético para a perna[30] sobre a aptidão cardiorrespiratória em homens saudáveis de 19 a 42 anos de idade. A principal descoberta desses estudos foi que 21 a 30 dias de repouso no leito resultaram em 9 a 18% de diminuição na capacidade aeróbia, a qual permaneceu inalterada no grupo de repouso no leito somado ao exercício de bicicleta. Greenleaf et al.[30] também encontraram que o declínio relativo na capacidade aeróbia do grupo de repouso no leito somado ao exercício isocinético para a perna foi 50% menor do que no

Tabela 20.10 Efeito do envelhecimento, da doença cardiovascular e do descondicionamento por repouso no leito sobre a função cardiovascular durante o exercício aeróbio de pico

Variável	Alteração mediada pela idade	Alteração mediada pelo repouso	Alteração mediada pela doença cardíaca*
Frequência cardíaca	↓	↑	↓
Volume de ejeção	↔	↓	↓
Débito cardíaco	↓	↓	↓
Diferença arteriovenosa de oxigênio	↓	↔	↓
Resistência vascular sistêmica	↑	↑	↑
Pressão arterial média	↑	↓	↓
Capacidade aeróbia	↓	↓	↓

↓, diminuição; ↑, aumento; ↔, sem alteração

*Comparada com indivíduos saudáveis de mesma idade

grupo de repouso no leito apenas. Assim, tanto o exercício aeróbio como o de resistência parecem ser modos efetivos de treinamento capazes de atenuar ou prevenir a perda na capacidade aeróbia que ocorre com o repouso no leito.

Sumário e implicações para o profissional de saúde

Os clínicos de reabilitação precisam estar conscientes de que ocorre um declínio acentuado na capacidade aeróbia nas primeiras semanas após se tornar sedentário em função de uma lesão ou doença. Três semanas de repouso no leito estão associadas com um declínio maior na capacidade aeróbia do que aquele que ocorre após 3 décadas de envelhecimento. Assim, o treino de exercício deve ser incorporado (dentro dos limites da condição de base) para manter a aptidão cardiorrespiratória ótima. O treino de força e o aeróbio são modos efetivos de exercício que podem atenuar o declínio na capacidade aeróbia associado com o repouso no leito ou com o descondicionamento. Desse modo, os clínicos devem prescrever exercícios de fortalecimento ou exercícios aeróbios para manter a aptidão física geral.

Respostas cardiovasculares agudas durante o exercício aeróbio: efeito do envelhecimento

O aumento da idade está associado com alterações estruturais e funcionais no sistema cardiovascular que levam a um declínio na capacidade aeróbia. Fitzgerald et al.[31] e Wilson e Tanaka[32] mostraram que a capacidade aeróbia declina em até 55% em homens e mulheres sedentários saudáveis entre a 3ª e a 9ª décadas de vida. A capacidade aeróbia reduzida está relacionada ao declínio no pico de débito cardíaco[10,32] secundário a um prejuízo na frequência cardíaca e na reserva contrátil ventricular esquerda,[32] bem como a um aumento no tônus vascular[10,32] (ver Tab. 20.9). Uma anormalidade na utilização do oxigênio pelos músculos ativos também pode resultar em uma reduzida $DAVO_2$ durante o exercício de pico.[10]

A perda da função cardiovascular associada com o envelhecimento pode ser secundária a uma adesão ao estilo de vida sedentário na medida em que a pessoa envelhece.[31,32] Um exemplo dos efeitos do treinamento em um indivíduo à medida que ele envelhece é demonstrado pelo aumento da capacidade aeróbia em atletas seniores de resistência em relação a indivíduos sedentários de mesma idade. A melhor capacidade aeróbia encontrada nos atletas seniores de resistência é devida a maior volume diastólico final,[33] maior volume de ejeção,[33,34] maior débito cardíaco,[33,34] maior $DAVO_2$ de exercício de pico[34] e a uma resistência vascular sistêmica menor.[34] A capacidade aeróbia desses atletas é aproximadamente 40% maior do que aquela de indivíduos sedentários idosos da mesma idade. Sendo assim, o treino de exercício parece ser uma intervenção importante, que pode atenuar a perda da capacidade aeróbia associada ao envelhecimento (ver Estudo de caso 2).

A melhoria na aptidão cardiorrespiratória com treinamento de curta duração não parece ser afetada pelo processo de envelhecimento, pois o treino aeróbio de 5 a 10 dias resultou em um aumento no consumo máximo de oxigênio em homens e mulheres saudáveis entre a 7ª e a 8ª décadas de vida.[35-37] Sendo assim, indivíduos idosos que requeiram reabilitação para uma lesão musculoesquelética também podem se beneficiar de um programa de exercício de resistência geral, particularmente se eram sedentários antes da lesão.

Sumário e implicações para o profissional de saúde

A idade avançada está associada com alterações estruturais e funcionais no sistema cardiovascular que levam a um declínio na capacidade aeróbia; contudo, o mecanismo responsável por esse declínio é, ao menos em parte, a adesão a um estilo de vida sedentário com o avanço da idade. Essas descobertas reforçam que o treino de exercício é uma intervenção importante capaz de atenuar o declínio da capacidade aeróbia que ocorre com o avanço da idade e capaz de melhorar os efeitos da inatividade em pessoas mais idosas que sofram uma lesão musculoesquelética.

Respostas cardiovasculares agudas durante o exercício aeróbio: efeito da doença cardíaca

Indivíduos com doença cardíaca possuem uma aptidão cardiorrespiratória reduzida relacionada a anormalidades na função cardíaca e na função musculoesquelética. Indivíduos com doença arterial coronariana possuem uma capacidade aeróbia de 38 a 50% menor do que aquela encontrada em indivíduos saudáveis.[38,39] A capacidade aeróbia anormal é secundária a uma redução na função cardiovascular. Em particular, indivíduos com doença arterial coronariana possuem frequência cardíaca,[38,39] volume de injeção,[38] fração ejetada[38,39] e débito cardíaco[38] de exercício de pico menores, e volume diastólico final[38] e resistência vascular sistêmica maiores[39], comparados com indivíduos saudáveis (ver Tab. 20.10). Além disso, as anormalidades na atividade enzimática oxidativa e no fluxo sanguíneo no músculo esquelético levam a uma redução na liberação e na extração de oxigênio nos músculos em exercício. Finalmente, o declínio na força muscular encontrado em indivíduos com doença arterial coronariana leva a uma habilidade prejudicada para realizar atividades profissionais e recreativas da vida diária que requeiram certo nível de força.

Indivíduos com doença arterial coronariana também podem utilizar medicamentos que afetem não apenas as respostas fisiológicas ao exercício (ver Tab. 20.7), mas também a contratilidade do músculo cardíaco. Uma boa tomada da história na avaliação inicial pode incluir uma lista de todos os medicamentos que o paciente esteja tomando, bem como qualquer história de doença arterial coronariana. Somado a isso, o clínico deve ter conhecimento sobre os efeitos de todos os medicamentos sobre qualquer exercício que tenha sido ou que será prescrito.

O treino de exercício é uma intervenção segura e efetiva que pode restaurar parcialmente a capacidade aeró-

Estudo de caso 2: treino aeróbio na nona década de vida

Cenário

O senhor Lake é um homem saudável de 89 anos que escorregou em um trecho de gelo enquanto caminhava e sofreu uma fratura de Colles, a qual foi tratada com redução fechada e engessamento no setor de emergência. Ele foi encaminhado para seu fisioterapeuta clínico para melhorar a amplitude do movimento e a força muscular em seu braço afetado. Contudo, quando o clínico discutiu o plano de tratamento com o senhor Lake, ele perguntou ao clínico se este poderia ajudá-lo a caminhar por distâncias mais longas, porque ele se tornava fatigado quando caminhava um quarteirão.

Questões a descobrir

1. O paciente está apto para o exercício? Qual é o seu risco para doença cardiovascular?
2. Se o paciente estiver apto para o exercício, o que deve ser monitorado durante a avaliação?
3. As respostas que foram avaliadas são normais ou anormais?
4. Com base nessas descobertas, como o paciente deve ser monitorado durante as intervenções?
5. Quais modificações/precauções devem ser fornecidas na prescrição do exercício?

Objetivo

Embora o encaminhamento do senhor Lake esteja relacionado à reabilitação da fratura de Colles, um objetivo importante de uma perspectiva cardiovascular é melhorar a capacidade de exercício do senhor Lake. Como o paciente possui uma lesão no membro superior e possui uma aptidão física muito baixa, o modo de exercício inicial deve consistir em exercícios de baixa intensidade realizados em um cicloergômetro, enquanto o paciente é monitorado.

Modo de exercício

Inicialmente, ele pode realizar o exercício de bicicleta; uma vez que seu gesso tenha sido removido, ele pode retornar à caminhada em uma esteira no centro de reabilitação.

Frequência de exercício

O exercício é realizado de 3 a 5 dias por semana.

Intensidade do exercício

O senhor Lake possui uma aptidão física muito baixa e, como resultado, uma intensidade de exercício leve (classificação na escala de percepção de esforço de Borg 10 a 11) deve ser prescrita.

Duração do exercício

Inicialmente, devem ser realizados de 3 a 5 minutos de exercício contínuo seguidos por um repouso de 2 a 3 minutos. Esse ciclo deve ser repetido até que 20 a 30 minutos de exercício sejam completados. O objetivo desse programa de exercício é lentamente aumentar a duração do exercício, mais do que sua intensidade.

Comentário

Melhorar a aptidão cardiorrespiratória do senhor Lake lhe permitirá realizar com maior facilidade atividades funcionais e recreativas da vida diária que possuam um componente aeróbio.

bia[40-42] e a força muscular[42-45] reduzidas em indivíduos com doença arterial coronariana. Tal como ocorre com todos os pacientes para quem são prescritos exercícios, esses indivíduos devem ser inicialmente monitorados para se avaliarem suas respostas à atividade. Do mesmo modo, indivíduos clinicamente estáveis com doença arterial coronariana devem ser encorajados a realizar treino de exercício para manter o nível ideal de aptidão física (ver Estudo de caso 3).

Sumário e implicações para o profissional em saúde

Indivíduos com doença arterial coronariana muitas vezes demonstram uma capacidade aeróbia diminuída em razão de anormalidades nas estruturas e nas funções cardíaca e muscular, e podem fazer uso de medicações que afetem suas respostas ao exercício. Os clínicos devem estar conscientes de qualquer história médica e de doença arterial coronariana e revisar as medicações do indivíduo, de forma que o paciente possa ser monitorado corretamente. A escala de percepção de esforço de Borg (ver Tab. 20.8) deve ser utilizada para monitorar a intensidade do exercício em indivíduos que estejam sob efeito de medicação betabloqueadora.

CONSIDERAÇÕES ESPECIAIS

Respostas cardiovasculares agudas durante o exercício aeróbio aquático

A terapia aquática é uma intervenção efetiva que pode ser utilizada na reabilitação de indivíduos com lesões ortopédicas.[46,47] O uso do ambiente aquático permite que o condicionamento ocorra enquanto minimiza o impacto de atividades de levantamento de peso e de carga gravitacional para o paciente com requerimentos complexos na reabilitação musculoesquelética. Contudo, as respostas cardiovasculares agudas durante o exercício aeróbio realizado na água são diferentes daquelas obtidas durante o exercício aeróbio realizado em solo. Por exemplo, a maior pressão hidrostática associada com a imersão em pé com a cabeça fora d'água resulta em uma mudança central no volume sanguíneo e em um aumento concomitante no volume diastólico final,[48,49] no volume de ejeção,[48-50] na fração ejetada,[48,49] e no débito cardíaco,[48-50] com concomitante redução na resistência vascular sistêmica.[47-50] A carga de volume também está aumentada durante o exercício aeróbio realizado na água. Especificamente, o exercício

Estudo de caso 3: treino aeróbio para indivíduo com doença arterial coronariana clinicamente estável

Cenário

A senhora Plasty é uma mulher de 65 anos que foi encaminhada à clínica para reabilitação por uma lesão de primeiro grau do manguito rotador. A senhora Plasty sofreu um infarto do miocárdio cinco anos antes e não teve qualquer dificuldade com sua condição cardíaca desde então. Ela tem se exercitado desde que recebeu alta de um programa de reabilitação cardíaca há cinco anos. Contudo, está preocupada que esteja "perdendo seu nível de aptidão física", porque está insegura se pode se exercitar com sua lesão no manguito rotador. Em seu teste de esforço com exercício anual duas semanas antes, a frequência cardíaca de repouso da senhora Plasty foi de 75 batimentos/minuto e sua frequência cardíaca máxima foi de 130 batimentos/minuto. Além disso, ela possui uma resposta de frequência cardíaca e de pressão arterial normal durante o estresse de exercício e não tem qualquer desconforto torácico.

Questões a descobrir

1. O paciente está apto para o exercício? Qual é o seu risco para doença cardiovascular?
2. Se o paciente estiver apto para o exercício, o que deve ser monitorado durante a avaliação?
3. As respostas que foram avaliadas são normais ou anormais?
4. Com base nessas descobertas, como o paciente deve ser monitorado durante as intervenções?
5. Quais modificações/precauções devem ser fornecidas na prescrição do exercício?

Objetivo

Demonstrou-se que o treino de exercício aeróbio como parte de um extenso programa de reabilitação cardíaca resulta em melhoria nas taxas de mortalidade em indivíduos com doença cardíaca. Portanto, os clínicos devem incorporar o treino aeróbio quando reabilitarem tais indivíduos com uma condição musculoesquelética. A senhora Plasty está clinicamente estável e vinha exercitando-se regularmente antes de sua lesão no ombro. Assim, é importante prescrever o exercício aeróbio como parte de seu programa de reabilitação geral.

Modo de exercício

A senhora Plasty pode realizar seu programa de treino aeróbio em uma esteira; se necessário, ela pode segurar no corrimão com seu braço não lesado.

Frequência de exercício

O exercício é realizado de 3 a 5 dias por semana.

Intensidade do exercício

Como o clínico de reabilitação possui uma cópia recente do teste de esforço com exercício da senhora Plasty (i. e., frequência cardíaca de repouso e máxima), a intensidade do exercício pode ser prescrita utilizando-se o método da frequência cardíaca de reserva. Especificamente, a intensidade do exercício pode ser configurada de 40 a 60% da frequência cardíaca de reserva (i. e., um exercício de intensidade leve a moderada). Nesse caso, a frequência cardíaca da senhora Plasty deve situar-se entre 97 e 108 batimentos/minuto.

Duração do exercício

A duração de exercício pode ser definida em 30 minutos e aumentada gradualmente, ao longo de 1 a 2 meses, para 60 minutos de exercício aeróbio contínuo.

Comentário

O clínico de reabilitação deve monitorar a frequência cardíaca da senhora Plasty continuamente com um monitor de frequência cardíaca. Além disso, ele deve aferir a pressão arterial dela a cada 5 minutos. A frequência cardíaca e a pressão arterial dessa paciente devem permanecer constantes ao longo do programa de treino de exercício quando ela tiver alcançado a zona de frequência cardíaca alvo. A chave para realizar a reabilitação de exercício para indivíduos com doença cardíaca clinicamente estáveis está em iniciar e progredir lentamente. Um objetivo importante é aumentar a capacidade de exercício do paciente aumentando a duração do exercício em vez de aumentar a sua intensidade. Se o paciente se torna mais fatigado ou se sua respiração se torna curta além do normal durante o programa, ele deve consultar seu clínico geral.

de bicicleta realizado na piscina resulta em um grande aumento no volume diastólico final,[47,50] no volume sistólico final[47,50] e no volume de ejeção[47] comparados com o exercício de bicicleta realizado em solo. Uma consequência da capacidade do coração de ejetar uma maior quantidade de sangue a cada contração durante o exercício na piscina é que o coração não tem de bater tão rapidamente para suprir o músculo com oxigênio durante o exercício. Assim, a frequência cardíaca durante o exercício aeróbio de alta intensidade realizado na piscina (>75% do consumo máximo de oxigênio) é de 10 a 16 batimentos por minuto menor do que aquela vista durante o exercício aeróbio realizado em solo. Por causa das diferenças na frequência cardíaca entre o solo e a água, os clínicos devem utilizar a escala de percepção de esforço de Borg quando prescreverem exercícios aquáticos para seus pacientes.

Frequência cardíaca alvo na água

- A resposta da frequência cardíaca ao exercício aeróbio de alta intensidade realizado na água é de 10 a 16 batimentos/minuto menor do que aquela alcançada com o mesmo exercício realizado no solo. Assim, a frequência cardíaca de treinamento deve ser calculada de 10 a 16 batimentos/minuto menor do que aquela no solo.

O papel que um programa de exercício aeróbio pode exercer na alteração do desempenho cardiovascular em indivíduos saudáveis não foi bem estudado. Contudo, Sheldahl et al.[51] mostraram que a melhoria na capacidade aeróbia após 3 meses de exercício de bicicleta (3 dias/semana, de 60 a 80% do consumo máximo de oxigênio, por 30 minutos/sessão) realizados na água foi tão grande quanto aquela encontrada com o mesmo tipo de treinamento realizado em solo. Assim, o treino aeróbio realizado em piscina parece ser um modo útil de treinamento para melhorar a capacidade aeróbia em indivíduos com lesão ortopédica agravada pelo suporte de peso (ver Estudo de caso 4).

Sumário e implicações para o profissional de saúde

O exercício aeróbio realizado na água é uma intervenção efetiva que pode melhorar a capacidade aeróbia. Contudo, a imersão na água está associada com uma mudança central no volume sanguíneo que leva a um aumento no volume diastólico final, no volume de ejeção e no débito cardíaco. Uma consequência do volume de ejeção aumentado é que a frequência cardíaca durante o exercício aeróbio de alta intensidade é menor que aquela encontrada durante o exercício similar realizado em solo. Assim, o clínico de reabilitação deve utilizar a Escala de Percepção de Esforço quando prescrever exercícios aeróbios na piscina.

COM BASE NOS ACHADOS DA AVALIAÇÃO, COMO OS PACIENTES DEVEM SER MONITORADOS DURANTE AS INTERVENÇÕES?

Os clínicos devem monitorar a frequência cardíaca, a pressão arterial e os sintomas em todos os pacientes durante a avaliação inicial. Uma vez que o clínico tenha determinado que as respostas são normais, pode não mais haver qualquer indicação para continuar a monitorar a frequência cardíaca e a pressão arterial; contudo, há alguns indicadores clínicos que justificam o monitoramento contínuo. Esses indicadores incluem alto risco ou história de doença arterial coronariana, história de pressão arterial elevada ou sintomas anormais demonstrados durante a atividade. O clínico, nesses casos, deve utilizar seu julgamento profissional para determinar a necessidade da continuação do monitoramento com as intervenções.

Quando as respostas à atividade durante a avaliação inicial forem identificadas como anormais, a primeira decisão

Indicadores de que o paciente deve ser monitorado de perto durante o exercício

- História de doença arterial coronariana
- História de pressão arterial elevada
- Sintomas anormais (p. ex., sentir-se fraco) durante a atividade

Estudo de caso 4: treino aeróbio na piscina

Cenário

A senhora Jones é uma mulher saudável de 70 anos de idade com osteoartrite bilateral, que foi encaminhada ao departamento de fisioterapia de uma clínica externa ao hospital. Sua queixa principal é a dor severa ao carregar peso, o que a tem condicionado a um estilo de vida sedentário. Como resultado, ela agora se torna excessivamente fatigada quando caminha.

Questões a descobrir

1. O paciente está apto para o exercício? Qual é o seu risco para doença cardiovascular?
2. Se o paciente estiver apto para o exercício, o que deve ser monitorado durante a avaliação?
3. As respostas que foram avaliadas são normais ou anormais?
4. Com base nessas descobertas, como o paciente deve ser monitorado durante as intervenções?
5. Quais modificações/precauções devem ser fornecidas na prescrição do exercício?

Objetivo

O objetivo do tratamento é melhorar a tolerância ao exercício da senhora Jones enquanto minimiza sua dor ao esforço. O treino de exercício aeróbio aquático é uma intervenção efetiva que irá permitir à senhora Jones realizar o exercício aeróbio enquanto minimiza a carga sobre seu joelhos.

Modo de exercício

O exercício consiste de caminhada ou corrida na piscina.

Frequência de exercício

O exercício é realizado de 3 a 5 dias por semana.

Intensidade do exercício

A intensidade deve ser prescrita em um nível leve a moderado utilizando-se a escala de percepção de esforço de Borg (i. e., uma classificação na escala de Borg de 10 a 13 é considerada uma intensidade de exercício de leve a moderada).

Duração do exercício

A duração do exercício é definida em 20 a 30 minutos por sessão.

Comentário

A senhora Jones pode não ser capaz de realizar 20 minutos de exercício aeróbio contínuo durante as primeiras semanas do programa de treinamento de reabilitação. Se esse for o caso, ela deve realizar 5 minutos de exercício seguidos de alguns minutos de repouso e, então, repetir esse ciclo até que 20 a 30 minutos de exercício aeróbio tenham sido completados.

a ser tomada é se o paciente está demonstrando sinais ou sintomas de intolerância ao exercício ou de instabilidade clínica. Se as respostas forem consideradas clinicamente instáveis (ver Tab. 20.6), as atividades devem ser cessadas e o médico, notificado, antes do retorno à atividade na reabilitação. Contudo, se as respostas forem consideradas anormais, mas se a alteração ou a diminuição da intensidade da atividade melhorar a resposta, o paciente pode continuar a realizar atividade nas visitas subsequentes enquanto os sinais e sintomas são monitorados. Novas atividades introduzidas também devem ser monitoradas.

O médico deve documentar todos os sinais e sintomas anormais durante cada sessão e interpretá-los na cartela do paciente (na seção de avaliação), porque isso fornece a justificativa para a monitoração das sessões de terapia. Quando as respostas às atividades são consideradas normais, essas respostas também devem ser documentadas e interpretadas para justificar a decisão de se conduzir sessões não monitoradas.

DESENVOLVIMENTO DA PRESCRIÇÃO DO EXERCÍCIO: INDIVÍDUOS SAUDÁVEIS EM REABILITAÇÃO

O programa de exercício terapêutico deve incluir os seguintes componentes:[52]

1. *Frequência do exercício*: o componente aeróbio do programa de exercício pode se realizar de 3 a 5 dias por semana, enquanto o treino de força pode ser realizado de 2 a 3 vezes por semana.
2. *Duração do exercício:* a fase aeróbia do programa de treinamento deve consistir em 20 a 60 minutos de exercício contínuo. Além disso, deve ocorrer um aquecimento de 5 a 10 minutos e um período similar de resfriamento, com alongamento e exercício aeróbio de baixa intensidade (i. e., bicicleta ou caminhada e esteira), antes e depois da fase de treinamento aeróbio. A duração da fase aeróbia do programa depende da intensidade do exercício prescrita e do nível de aptidão física do paciente. Por exemplo, a duração do exercício será menor quando for realizado exercício de alta intensidade (>85% do consumo máximo de oxigênio; anaeróbio). Por outro lado, indivíduos com níveis muito baixos de aptidão física podem necessitar realizar certo número de séries de repetições, consistindo em 3 a 5 minutos de exercícios aeróbios seguidos por alguns minutos de repouso.
3. *Modo de exercício:* o modo de treinamento aeróbio e de resistência depende da localização da lesão musculoesquelética. Por exemplo, se o paciente sofreu uma lesão no ombro, o treino aeróbio para o membro inferior pode ser realizado usando uma bicicleta ergométrica (Fig. 20.3), ao passo que o treino de força pode ser realizado utilizando-se a extensão de perna ou o *leg press*. De modo semelhante, exercícios de força para o membro superior não lesado podem ser realizados com rosca para bíceps ou exercícios de *press* para ombro. Se o paciente possui uma lesão na coluna lombar, o treino aeróbio pode ser realizado em uma bicicleta ergométrica horizontal (Fig. 20.4) ou em uma esteira. Finalmente, se o paciente tiver sofrido uma lesão de membro inferior unilateral, ele pode realizar exercícios aeróbios para o membro superior (ergômetro de braço; Fig. 20.5), *press* bilaterais de ombro, *pulldown* de latíssimo de dorso (desenvolvimento) e rosca para braço, bem como exercícios de extensão de perna para o membro inferior não lesado.

Componentes de um programa de exercícios terapêuticos

- Frequência do exercício
- Duração do exercício
- Modo de exercício
- Intensidade do exercício

4. *Intensidade do exercício:* a intensidade do treino aeróbio pode ser prescrita usando-se uma porcentagem da frequência cardíaca máxima (55 a 90% da frequência cardíaca máxima; Tab. 20.11) ou a frequência cardíaca de reserva máxima (40 a 85% da frequência cardíaca de reserva) para uma frequência cardíaca alvo. A intensidade do exercício inicial depende da aptidão física do paciente. Para indivíduos descondicionados ou sedentários, a intensidade inicial do exercício pode ser prescrita na extremidade inferior da amplitude da intensidade de exercício (55 a 60% da frequência cardíaca de reserva é a amplitude normal; mesmo de 40 a 55% é considerado moderado para indivíduos sedentários), enquanto indivíduos atléticos são capazes de tolerar exercícios de intensidade mais alta (>80% da frequência cardíaca de reserva) já de princípio. Como exemplo, se a frequência cardíaca máxima do paciente é de 190 batimentos/minuto e a intensidade prescrita do exercício está entre 55 e 90% da frequência cardíaca máxima, então a amplitude de frequência cardíaca alvo do paciente estará entre 105 e 171 batimentos/minuto (ver Tab. 20.11). Infelizmente, em muitas clínicas de reabilitação ortopédica, é improvável que o clínico tenha o conhecimento ou os equipamentos necessários para realizar um teste de exercício máximo a fim de obter a frequência cardíaca máxima do paciente. Nessa situação, a frequência cardíaca máxima pode ser estimada. Muitos clínicos estão familiarizados com a estimativa da frequência cardíaca máxima que utiliza a fórmula **frequência cardíaca estimada máxima = 220 – idade**. Contudo, Tanaka et al.[53] revelaram há pouco tempo que essa fórmula comumente utilizada subestima a frequência cardíaca real de 6 a 15 batimentos/minuto para indivíduos entre 60 e 90 anos de idade. Esses pesquisadores também revisaram os achados de 351 estudos com 18.712 participantes e, usando uma técnica especial de estatística, derivaram uma nova fórmula para estimar a frequência cardíaca máxima predita por idade. Especificamente, a nova fórmula que os clínicos devem usar é **frequência cardíaca máxima estimada = 208 – (0,7 × idade)**.[54] Uma vez que a frequência cardíaca máxima estimada seja obtida, a frequência cardíaca alvo

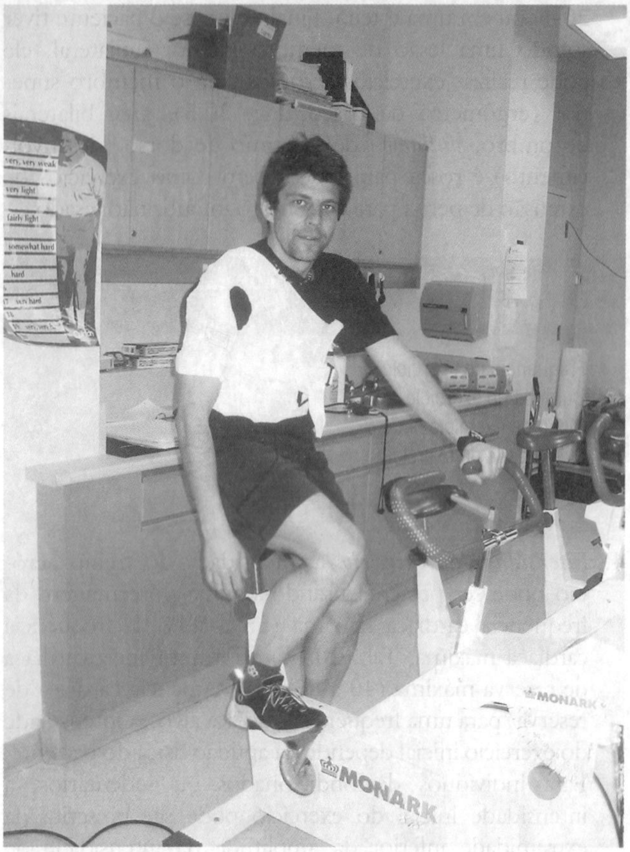

Figura 20.3 Treino aeróbio utilizando uma bicicleta ergométrica para um paciente com lesão no membro superior.

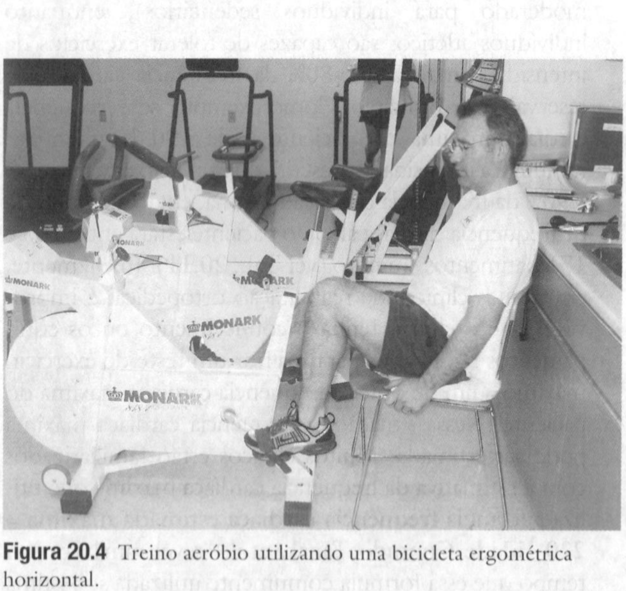

Figura 20.4 Treino aeróbio utilizando uma bicicleta ergométrica horizontal.

de treinamento pode ser calculada como previamente descrito, utilizando-se essa frequência cardíaca máxima estimada.

Um segundo método que pode ser utilizado para se prescrever a intensidade do exercício é o **método da frequência cardíaca de reserva** (ver Tab. 20.11). Utilizando-se esse método, a frequência cardíaca de repouso é subtraída da frequência cardíaca máxima para se obter a frequência cardíaca de reserva. O valor reserva é multiplicado

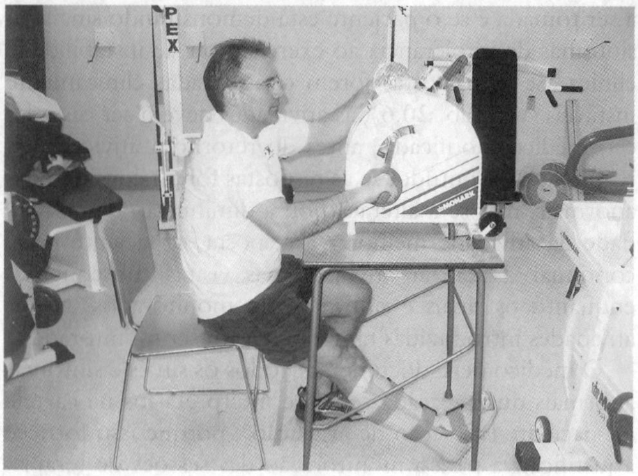

Figura 20.5 Treino aeróbio utilizando um ergômetro de braço para um paciente com lesão no membro inferior.

Tabela 20.11 Prescrição de exercício utilizando a frequência cardíaca máxima ou a frequência cardíaca de reserva

Frequência cardíaca alvo utilizando a frequência cardíaca máxima
Frequência cardíaca máxima = 190 batimentos/minuto. Se a intensidade do exercício prescrito é de 55 a 90% da frequência cardíaca máxima, então a frequência cardíaca alvo está entre **105** batimentos/minuto e **171** batimentos/minuto.
Frequência cardíaca alvo utilizando a frequência cardíaca de reserva
Frequência cardíaca de repouso = 70 batimentos/minuto e frequência cardíaca máxima = 190 batimentos/minuto. Se a intensidade do exercício prescrito é de 55 a 90% da frequência cardíaca de repouso, então a frequência cardíaca alvo está entre 0,55 × (190 – 70) + 70 = **136** batimentos/minuto e 0,90 × (190 – 70) + 70 = **178** batimentos/minuto

pela intensidade prescrita do exercício, a qual é, então, somada à frequência cardíaca de repouso ([0,40 a 0,85] × [frequência cardíaca máxima – frequência cardíaca de repouso] + frequência cardíaca de repouso). A despeito de qual forma seja utilizada, o clínico deve ter em mente que as **fórmulas são estimativas** e, por isso, é mais importante ser conservador ao prescrever a intensidade do exercício para qualquer indivíduo sedentário, idoso ou com risco moderado ou alto para doença cardiovascular. Além disso, se o paciente fizer uso de medicações que possam afetar as respostas da frequência cardíaca e da pressão arterial (betabloqueadores), todas as fórmulas de frequência cardíaca são imprecisas e **não devem** ser utilizadas para se prescrever a intensidade. Para pacientes que utilizam betabloqueadores, o único método de prescrição da intensidade do exercício é baseado na escala de percepção de esforço de Borg (ver Tab. 20.8). A intensidade de exercício para a fase aeróbia deve estar entre 12 e 14 na escala de Borg. Esse método pode ser utilizado em todos os indivíduos com os quais se tenha dificuldade em aferir o pulso ou que sejam sintomáticos com o exercício e não podem ser monitorados por meio de um método de frequência cardíaca alvo. Ao se determinar a frequência cardíaca alvo, o meio (i. e., ar ou água) também deve ser considerado.

Para aumentar a força muscular e a resistência, o treino de força deve ser realizado em uma série de exercícios para os membros superior e inferior com peso tal que irá permitir a realização de 10 a 15 repetições.

QUAIS MODIFICAÇÕES OU PRECAUÇÕES DEVEM SER CONSIDERADAS NA PRESCRIÇÃO DE EXERCÍCIOS?

Modificações ou precauções na prescrição de um exercício podem ser necessárias para indivíduos sedentários, idosos ou sob risco elevado para doença cardíaca, ou que tenham alguma outra doença ou disfunção. As modificações incluem intensidade inicial de exercício reduzida, duração inicial de exercício mais curta, frequências diferenciadas ou mesmo uma escolha diferenciada do modo de exercício. As considerações a seguir são fornecidas para os profissionais clínicos a fim de auxiliar no desenvolvimento das prescrições de exercício para essa população.

Modificações de exercício para idosos, sedentários, ou pacientes cardíacos "sob risco"

- Intensidade diminuída (40 a 55%)
- Duração mais curta
- Períodos de repouso
- Frequência diferenciada
- Modo de exercício diferenciado
- Realizar mais exercícios de resistência (carga menor, maior número de repetições)

Considerações especiais: idosos saudáveis

Em função do aumento da expectativa de vida da população, é certo que os clínicos tratarão um número substancial de idosos em suas clínicas ortopédicas. Os princípios da prescrição de exercício discutidos previamente para indivíduos jovens saudáveis também se aplicam aos idosos saudáveis. Contudo, o especialista em reabilitação pode necessitar realizar algumas modificações no programa de exercício. Especificamente, a intensidade aeróbia no princípio deve ser prescrita em um limite inferior ao discutido previamente (mesmo incluindo 40 a 55% da frequência cardíaca de reserva) e aumentada de maneira gradual conforme for tolerada pelo idoso descondicionado. Do mesmo modo, alguns idosos sedentários podem não ser capazes de realizar 30 minutos de exercício aeróbio contínuo quando iniciam um programa de exercício terapêutico (ver Estudo de caso 2). Portanto, eles podem necessitar que se diminua a duração do exercício e se adicionem pequenos períodos de repouso entre os momentos de exercício, os quais irão permitir que se alcance a duração desejada de exercício. Indivíduos mais velhos também podem ter outras comorbidades que os limitem na realização de exercícios de levantamento de peso. Nessa situação, podem ser realizados exercícios que não utilizem levantamento de peso, tais como ciclismo ou exercício aquático (ver Estudo de caso 4). Finalmente, indivíduos idosos saudáveis também devem ser encorajados a realizar exercícios de resistência leve (uma série de 10 a 15 repetições utilizando grandes grupos musculares) e de flexibilidade como parte do programa de reabilitação.

Sumário e implicações para o profissional de saúde

O treino aeróbio realizado de 3 a 5 dias por semana por 20 a 60 minutos em uma intensidade de exercício de moderada a alta pode melhorar a aptidão cardiorrespiratória em indivíduos saudáveis. Somado a isso, o treino de força pode aumentar a força muscular máxima e a massa muscular. Assim, os clínicos devem (dentro de limites seguros da lesão musculoesquelética de base) prescrever os dois modos de exercício para levar a uma melhoria mais favorável na aptidão física de seu paciente. Antes de iniciar um programa de treinamento de exercício, o clínico deve realizar uma checagem de saúde, a qual, no mínimo, deve incluir a avaliação PAR-Q & YOU e a avaliação de risco da AHA.

Treino de exercícios para indivíduos de baixo risco com doença arterial coronariana estável

O programa de exercício fornecido nesta seção foca em indivíduos que podem ter uma lesão musculoesquelética, mas, o que é mais importante, possuem algum tipo de doença arterial coronariana de base (i. e., infarto do miocárdio, cirurgia de *bypass* de artéria coronária, angioplastia transluminal, angina peitoral). Esses indivíduos podem ou não ser clinicamente estáveis (Tab. 20.12). Se existe uma história prévia de doença cardiovascular, o indivíduo pode consultar seu médico de atenção primária e obter informação médica clara antes de participar de um programa de reabilitação de exercício. Os princípios gerais de prescrição de exercício discutidos previamente para os indivíduos saudáveis também são utilizados para se elaborar um programa de exercícios para indivíduos clinicamente estáveis com doença arterial coronariana. Contudo, as seguintes considerações devem ser incorporadas na elaboração do programa:

1. *Frequência do exercício:* o treino de exercício aeróbio para indivíduos com doença arterial coronariana clinicamente estável pode ser realizado 3 dias por semana,[1] enquanto o treino de força pode ser realizado de 2 a 3 dias por semana[1] (ver Estudo de caso 3).
2. *Duração do exercício:* o exercício aeróbio contínuo pode ser realizado durante 30 minutos por sessão (não incluindo os períodos de aquecimento e de resfriamento).[1] O treino de força pode ser realizado por uma série de 10 a 15 repetições como resistência leve.[1]

Tabela 20.12 Sinais de estabilidade clínica em indivíduos com história de doença cardiovascular

Sem evidência de falência cardíaca[2]
Capacidade aeróbia >6 METS (i. e., sentado em repouso é igual a 1 MET)[2]
Ausência de isquemia ou angina (i. e., sem dor no peito) em repouso ou durante um teste de exercício em ≤6 METS[1]
Aumento apropriado na pressão arterial sistólica durante o exercício[2]
Ausência de taquicardia ventricular sustentada/não sustentada[2]
Capacidade de automonitorar a intensidade do exercício[2]
MET, equivalente metabólico

3. *Modo de exercício:* o treino aeróbio pode ser realizado utilizando-se grandes grupos musculares (i. e., ciclismo ou esteira), enquanto o treino de força pode incluir exercícios para a extremidade superior (tórax, dorso e braços) e inferior (quadríceps, isquiotibiais). Contudo, conforme discutido previamente sobre indivíduos saudáveis, o modo do exercício aeróbio e de resistência depende da lesão musculoesquelética de base. Especificamente, o treino aeróbio e de resistência deve se focar nas extremidades não lesadas.
4. *Intensidade do exercício:* o exercício aeróbio pode ser realizado em uma intensidade moderada (40 a 60% da frequência cardíaca de reserva). Contudo, indivíduos com doença arterial coronariana podem estar fazendo uso de medicações (bloqueadores beta-adrenérgicos) que diminuem as frequências cardíacas e as pressões arteriais de repouso e de exercício. Nessa situação, a intensidade do exercício prescrito pode variar de 11 a 13 (razoavelmente leve a um pouco leve) na escala de percepção de esforço de Borg.

Considerações especiais

Indivíduos descondicionados com doença arterial coronariana clinicamente estável podem não ser capazes de realizar 30 minutos de exercício aeróbio contínuo. Em vez disso, eles devem ser encorajados a se exercitar por 3 a 5 minutos seguidos por alguns minutos de repouso e esse ciclo de exercício-repouso pode ser repetido até que 30 minutos de exercícios sejam completados. É importante que o clínico monitore a frequência cardíaca, a pressão arterial e a escala de percepção de esforço desses indivíduos durante a sessão de exercício. Do mesmo modo, a manobra de Valsalva deve ser evitada durante o exercício de resistência em indivíduos com doença arterial coronariana por causa do efeito que ela pode exercer na pressão arterial e, em última instância, por causa da tensão sobre o coração.

Sumário e implicações para o profissional de saúde

Indivíduos clinicamente estáveis com doença arterial coronariana podem realizar treino aeróbio de intensidade moderada, bem como treino de força leve para manter o nível ideal de aptidão física enquanto são atendidos em programas de reabilitação ortopédica.

RESUMO

Um dos principais objetivos do clínico a respeito da reabilitação de um indivíduo com lesão musculoesquelética, do ponto de vista cardiovascular, é prevenir o declínio na aptidão cardiorrespiratória que ocorre com o desuso ou com o descondicionamento. O clínico deve estar ciente da redução significativa e marcante na capacidade aeróbia que ocorre dentro das primeiras poucas semanas após indivíduos altamente aptos fisicamente aderirem a um estilo de vida sedentária. Um dos achados mais alarmantes é que o declínio da capacidade aeróbia associado a 3 semanas de repouso no leito é maior do que aquele que ocorre com 3 décadas de envelhecimento. Assim, os especialistas em reabilitação devem (quando possível e dentro dos limites do processo de doença de base) prescrever treino aeróbio e de resistência para indivíduos que estarão sujeitos a um período de inatividade ou de repouso no leito após uma intervenção (i. e., procedimentos cirúrgicos ou imobilização de um membro). De maneira alternativa, eles podem incorporar o treino aeróbio e de resistência no programa de reabilitação para melhorar a aptidão física geral e o potencial de recuperação de seus pacientes. Por fim, o treino de exercício aeróbio e de resistência pode manter a aptidão física geral de indivíduos idosos saudáveis ou de indivíduos com doença arterial coronariana clinicamente estável enquanto eles participam de um programa de reabilitação ortopédica ambulatorial.

REFERÊNCIAS BIBLIOGRÁFICAS

1. Fletcher GF, Balady GJ, Amsterdam EA et al: Exercise standards for testing and training: a statement for healthcare professionals from the American Heart Association, Circulation 104:1694-1740, 2001.
2. Balady GJ, Chaitman B, Driscoll D et al: Recommendations for cardiovascular screening, staffing, and emergency policies at health/fitness facilities, Circulation 97:2283-2293, 1998.
3. Hurst W: The heart, arteries and veins, ed 10, New York, 2002, McGraw-Hill.
4. Yusuf S, Hawken S, Ounpuu S et al: Effect of potentially modifiable risk factors associated with myocardial infarction in 52 countries (the INTERHEART Study): case control study, Lancet 364:937-952, 2004.
5. Manolio TA, Chen J, Sorlie P et al: US trends in prevalence of lower coronary risk: National Health and Nutrition Examination Surveys, Circulation 109(7):108, 2004.
6. Wood D: Established and emerging cardiovascular risk factors, Am Heart J 141(2 Suppl):S49-S57, 2001.
7. Nguyen VH, McLaughlin MA: Coronary artery disease in women: a review of emerging cardiovascular risk factors, Mt Sinai J Med 69:338-349, 2002.
8. American Physical Therapy Association: Guide to Physical Therapist Practice. Second Edition. American Physical Therapy Association, Phys Ther 81(1):9-746, 2001.
9. Astrand PO, Cuddy TE, Saltin B, Stenberg J: Cardiac output during submaximal and maximal work, J Appl Physiol 19:268-274, 1964.

10. Beere PA, Russell SD, Morey MC et al: Aerobic exercise training can reverse age-related peripheral circulatory changes in healthy older men, Circulation 100:1085-1094, 1999.
11. Kao AC, Van Trigt P 3rd, Shaeffer-McCall GS GS et al: Central and peripheral limitations to upright exercise in untrained cardiac transplant recipients, Circulation 89(6):2605-2615, 1994.
12. Poliner LR, Dehmer GJ, Lewis SE et al: Left ventricular performance in normal subjects: a comparison of the responses to exercise in the upright and supine positions, Circulation 62:528-534, 1980.
13. Sullivan MJ, Cobb FR, Higginbotham MB: Stroke volume increases by similar mechanisms during upright exercise in normal men and women, Am J Cardiol 67:1405-1412, 1991.
14. Saltin B, Astrand PO: Maximal oxygen uptake in athletes, J Appl Physiol 23:353-358, 1967.
15. Zhou B, Conlee RK, Jensen R et al: Stroke volume does not plateau during graded exercise in elite male distance runners, Med Sci Sports Exerc 33:1849-1854, 2001.
16. Mier CM, Turner MJ, Ehsani AA, Spina RJ: Cardiovascular adaptations to 10 days of cycle exercise, J Appl Physiol 83:1900-1906, 1997.
17. Grimes K, Cohen M: Cardiovascular medications. In Hillegass EA, Sadowsky HS, editors: Essentials of cardiopulmonary physical therapy, ed 2, Philadelphia, 2001, WB Saunders.
18. Borg G: Borg's perceived exertion and pain scales, Champaign, Ill, 1998, Human Kinetics.
19. Haykowsky M, Taylor D, Teo K et al: Left ventricular wall stress during leg-press exercise performed with a brief Valsalva maneuver, Chest 119:150-154, 2001.
20. Lentini AC, McKelvie RS, McCartney N et al: Left ventricular response in healthy young men during heavy-intensity weight-lifting exercise, J Appl Physiol 75:2703-2710, 1993.
21. McArdle WD, Katch FI, Katch VL: Exercise physiology, ed 4, Baltimore, 1996, Williams & Wilkins.
22. Huggett DL, Elliott ID, Overend TJ, Vandervoort AA: Comparison of heart-rate and blood-pressure increases during isokinetic eccentric versus isometric exercise in older adults, J Aging Phys Act 12:157-169, 2004.
23. Fleck SJ, Dean LS: Resistance-training experience and the pressor response during resistance exercise, J Appl Physiol 63:116-120, 1987.
24. Fisman EZ, Pelliccia A, Motro M et al: Effect of intensive resistance training on isotonic exercise Doppler indexes of left ventricular systolic function, Am J Cardiol 89:887-891, 2002.
25. Baum K, Ruther T, Essfeld D: Reduction of blood pressure response during strength training through intermittent muscle relaxations, Int J Sports Med 24:441-445, 2003.
26. Saltin B, Blomqvist G, Mitchell JH et al: Response to exercise after bed rest and after training, Circulation 38(5 Suppl):VII 1-78, 1968.
27. McGuire DK, Levine BD, Williamson JW et al: A 30-year follow-up of the Dallas Bedrest and Training Study: I. Effect of age on the cardiovascular response to exercise, Circulation 104:1350-1357, 2001.
28. Coyle EF, Martin WH 3rd, Sinacore DR et al: Time course of loss of adaptations after stopping prolonged intense endurance training, J Appl Physio 57(6):1857-1864, 1984.
29. Sullivan MJ, Binkley PF, Unverferth DV et al: Prevention of bedrest-induced physical deconditioning by daily dobutamine infusions: implications for drug-induced physical conditioning, J Clin Invest 76:1632-1642, 1985.
30. Greenleaf JE, Bernauer EM, Ertl AC et al: Work capacity during 30 days of bed rest with isotonic and isokinetic exercise training, J Appl Physiol 67:1820-1826, 1989.
31. Fitzgerald MD, Tanaka H, Tran ZV, Seals DR: Age-related declines in maximal aerobic capacity in regularly exercising vs. sedentary women: a meta-analysis, J Appl Physiol 83:160-165, 1997.
32. Wilson TM, Tanaka H: Meta-analysis of the age-associated decline in maximal aerobic capacity in men: relation to training status, Am J Physiol Heart Circ Physiol 278:H829-H834, 2000.
33. Fleg JL, O'Connor F, Gerstenblith G et al: Impact of age on the cardiovascular response to dynamic upright exercise in healthy men and women, J Appl Physiol 78:890-900, 1995.
34. Hagberg JM, Goldberg AP, Lakatta L et al: Expanded blood volumes contribute to the increased cardiovascular performance of endurance-trained older men, J Appl Physiol 85:484-489, 1998.
35. Fleg JL, Schulman SP, O'Connor FC et al: Cardiovascular responses to exhaustive upright cycle exercise in highly trained older men, J Appl Physiol 77:1500-1506, 1994.
36. Petrella RJ, Cunningham DA, Paterson DH: Effects of 5-day exercise training in elderly subjects on resting left ventricular diastolic function and VO2max, Can J Appl Physiol 22(1):37-47, 1997.
37. Katyal S, Freeman M, Miller JA, Thomas SG: Short-term aerobic training and circulatory function in women: age and hormone-replacement therapy, Clin Sci (Lond) 104:267-273, 2003.
38. Foster C, Gal RA, Murphy P et al: Left ventricular function during exercise testing and training, Med Sci Sports Exerc 29:297-305, 1997.
39. Karlsdottir AE, Foster C, Porcari JP et al: Hemodynamic responses during aerobic and resistance exercise, J Cardiopulm Rehabil 22:170-177, 2002.
40. Ades PA, Waldmann ML, Meyer WL et al: Skeletal muscle and cardiovascular adaptations to exercise conditioning in older coronary patients, Circulation 94(3):323-330, 1996.
41. Ades PA, Grunvald MH: Cardiopulmonary exercise testing before and after conditioning in older coronary patients, Am Heart J 120:585-589, 1990.
42. Hung C, Daub B, Black B et al: Exercise training improves overall physical fitness and quality of life in older women with coronary artery disease, Chest 126:1026-1031, 2004.
43. Ades PA, Savage PD, Cress ME et al: Resistance training on physical performance in disabled older female cardiac patients, Med Sci Sports Exerc 35:1265-1270, 2003.
44. Fragnoli-Munn K, Savage PD, Ades PA: Combined resistive-aerobic training in older patients with coronary artery disease early after myocardial infarction, J Cardiopulm Rehabil 18(6):416-420, 1998.
45. Frangolias DD, Taunton JE, Rhodes EC et al: Maintenance of aerobic capacity during recovery from right foot Jones fracture: a case report, Clin J Sport Med 7:54-58, 1997.
46. Prins J, Cutner D: Aquatic therapy in the rehabilitation of athletic injuries, Clin Sports Med 18(2):447-461, 1999.
47. Park KS, Choi JK, Park YS: Cardiovascular regulation during water immersion, Appl Hum Sci 18:233-241, 1999.
48. Christie JL, Sheldahl LM, Tristani FE et al: Cardiovascular regulation during head-out water immersion exercise, J Appl Physiol 69:657-664, 1990.
49. Yun SH, Choi JK, Park YS: Cardiovascular responses to head-out water immersion in Korean women breath-hold divers, Eur J Appl Physiol 91(5-6):708-711, 2004.
50. Sheldahl LM, Wann LS, Clifford PS et al: Effect of central hypervolemia on cardiac performance during exercise, J Appl Physiol 57:1662-1667, 1984.
51. Sheldahl LM, Tristani FE, Clifford PS et al: Effect of head-out water immersion on response to exercise training, J Appl Physiol 60:1878-1881, 1986.
52. American College of Sports Medicine: Position stand: The recommended quantity and quality of exercise for developing and maintaining cardiorespiratory and muscular fitness, and flexibility in healthy adults, Med Sci Sports Exerc 30:975-991, 1998.
53. Tanaka H, Monahan KD, Seals DR: Age-predicted maximal heart rate revisited, J Am Coll Cardiol 37:153-156, 2001.
54. Taylor RS, Brown A, Ebrahim S et al: Exercise-based rehabilitation for patients with coronary heart disease: systematic review and meta-analysis of randomized controlled trials, Am J Med 116(10):682-692, 2004.

CAPÍTULO

21 Princípios fisiológicos do treino de força e da integração funcional para o paciente lesionado e para o paciente incapacitado

Daniel J. Cipriani e Jeffrey E. Falkel

INTRODUÇÃO

Um dos aspectos mais importantes da reabilitação após qualquer lesão é garantir que o paciente possa ganhar novamente a força que foi perdida em função dela, da doença, ou do estado de doença. Ganhar força novamente requer o uso de algumas formas de treino de força. O treino de força está incluso no programa de reabilitação para prover a sobrecarga necessária ao paciente, a fim de desenvolver a força para as atividades funcionais ou relacionadas ao esporte. É fundamental que o clínico possa entender os conceitos, os princípios e a fisiologia do treino de força para fornecer a prescrição ótima do exercício para cada um de seus pacientes. Este capítulo mune o clínico com uma revisão dos conceitos e dos princípios fisiológicos do treino de força, e de como eles podem se aplicar à arte e à ciência da reabilitação.

Ao longo deste capítulo, os autores utilizam o termo **treino de força** para descrever qualquer forma de força de sobrecarga aplicada especificamente para melhorar e desenvolver a força, a resistência e a potência muscular. O treino de força utiliza diferentes tipos ou modalidades de fortalecimento, passando do levantamento de peso clássico para produtos de borracha elástica, chegando aos pesos livres convencionais e máquinas de movimento fixas. Vários outros termos devem ser definidos para deixar claros os conceitos apresentados neste capítulo. **Força muscular** é a força máxima que um músculo ou grupo muscular pode gerar a uma velocidade de contração específica.[1] Resistência é a habilidade do músculo em realizar um número particular de contrações com a forma apropriada, até que o músculo fatigue ou a degradação da técnica apropriada ocorra. **Potência** é o produto da força exercida sobre um objeto e a velocidade do objeto na direção em que a força é exercida.[2] Com exceção da contração máxima simples, todos os exercícios realmente envolvem o conceito de potência, conforme ele se relaciona à força e à velocidade. Sendo assim, o componente velocidade da potência deve sempre ser levado em consideração no desenvolvimento de um programa de treino de força para reabilitação. Isso é de particular importância para a reabilitação após uma debilidade de longa duração, tal como a osteoartrite, na qual uma das perdas funcionais primárias que necessitam ser desenvolvidas novamente é a velocidade do movimento. Os clínicos e os profissionais de saúde em geral devem cuidar atentamente da velocidade de movimento durante a fase de reabilitação e esforçarem-se em ajudar seus pacientes a ganhar uma velocidade mais normativa de movimento com a qual eles possam realizar as atividades de vida diária ou recreacionais. De um ponto de vista funcional, muitos pacientes que possuam uma disfunção neurológica ou ortopédica estão incapacitados de se mover tão rapidamente quanto uma vez o fizeram. Contudo, o mundo em que eles vivem se move a uma velocidade cada vez maior. Por exemplo, atravessar um cruzamento lotado pode demorar tanto quanto o sinal de "siga" permitir. Pressionar o acelerador ou o freio do seu carro pode não ser rápido o bastante para evitar um acidente. O paciente pode não ser capaz de sair do caminho de um carrinho de compras em um mercado ou um *shopping* lotado rápido o bastante para evitar ser atropelado por ele. Embora seja essencial que os clínicos trabalhem para inserir seus pacientes de volta à sociedade, é comum muitos falharem em treiná-los de modo adequado a se moverem rápido o bastante para que se sintam seguros e funcionais no mundo real.

Termos críticos no treino de força

- Força: a força máxima que um músculo ou um grupo muscular pode gerar a uma velocidade de contração específica.
- Resistência: a habilidade de um músculo realizar um número particular de contrações de forma apropriada até que ele fatigue ou que haja a degradação da técnica apropriada.
- Potência: o produto da força exercida sobre um objeto e a velocidade do objeto na direção na qual a força é exercida.[2]
- Intensidade: a produção de potência (taxa de trabalho realizado) do exercício.[3]
- Volume de treinamento: a quantidade de trabalho realizada é calculada ao se multiplicar a resistência (força x distância) pelo número total de repetições realizadas em um determinado período de tempo.[3] O volume pode ser calculado ao se adicionar a frequência e a duração das sessões de treinamento ou de reabilitação.

Dois outros termos – *intensidade* e *volume do treinamento* – são utilizados ao longo deste capítulo, na medida em que se relacionam ao treino de força. A **intensidade** é a produção de potência (taxa de trabalho realizado) do exercício.[3] Em termos práticos, refere-se à carga ou à resistência sob a qual o paciente se exercita. O **volume de treinamento** é estimado pela determinação da quantidade de trabalho realizado. Ele é calculado ao se multiplicar a resistência (força x distância) pelo número total de repetições realizadas em um período específico de tempo.[3] O volume pode ser calculado ao se adicionar a frequência e a duração da reabilitação ou das sessões de treinamento. Sugere-se que os clínicos de reabilitação utilizem esses termos para descrever e documentar o treino de força e os programas de reabilitação estabelecidos para cada paciente. Seu uso permitirá ao clínico prover uma documentação mais objetiva e quantificável do progresso.

BIOENERGÉTICA DO TREINO DE FORÇA

A bioenergética, ou o fluxo de energia em um sistema biológico, é a conversão da energia alimentar ou da energia química em formas biologicamente utilizáveis, e diz respeito às fontes de energia para a contração muscular.[3,4] A quebra ou a conversão de ligações químicas nas moléculas de alimentos – carboidratos, gorduras e proteínas – libera a energia necessária para realizar o exercício envolvendo contrações musculares.[4]

Em uma excelente revisão de bioenergética, Conley[4] forneceu um modelo para a quebra de grandes moléculas em pequenas moléculas (catabolismo) e a síntese de moléculas maiores a partir de moléculas menores por meio da utilização de energia produzida das reações catabólicas (anabolismo). A Figura 21.1 mostra esse modelo, demonstrando como as reações exergônicas (liberadoras de energia) e endergônicas (consumidoras de energia) formam um esquema geral de metabolismo (o total de todas as reações catabólicas/exergônicas e anabólicas/endergônicas em um sistema biológico).[4]

A fonte final de energia para a contração muscular é a molécula trifosfato de adenosina (ATP). O suprimento adequado de ATP é necessário para a contração muscular.[3] A quebra catabólica de todas as ligações químicas das moléculas de ATP fornece a energia necessária para permitir que as pontes cruzadas de miosina tracionem os filamentos de actina sobre os filamentos de miosina, o que resulta na contração muscular.[3,5,6] Para realizar a contração muscular de várias intensidades e durações, uma fonte de ATP deve estar prontamente disponível para o músculo. As células musculares possuem três fontes de disponibilidade de ATP. As primeiras duas, o ATP-fosfocreatina (ATP-PC) e o ácido láctico, que são formados sem necessidade de fontes diretas de oxigênio, são *fontes de energia anaeróbia*. A terceira fonte de ATP para a contração muscular requer oxigênio e é uma *fonte de energia aeróbia*.[3] A Tabela 21.1 fornece uma visão geral da bioenergética e do esforço máximo baseado na duração do evento de exercício. Embora esteja além do propósito deste capítulo fornecer uma descrição detalhada dos sistemas energéticos biológicos e dos suprimentos de ATP, uma breve revisão é necessária para apreciar a justifi-

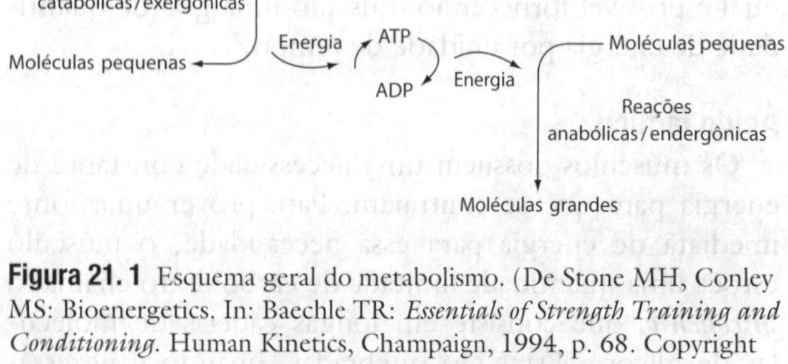

Figura 21.1 Esquema geral do metabolismo. (De Stone MH, Conley MS: Bioenergetics. In: Baechle TR: *Essentials of Strength Training and Conditioning*. Human Kinetics, Champaign, 1994, p. 68. Copyright 1994 by the National Strength and Conditioning Association. Reproduzido com permissão.)

Tabela 21.1 Bioenergética e duração máxima do esforço

Sistema primário	Duração do evento
ATP-PC	0-10 segundos
ATP-PC + glicólise anaeróbia	10-30 segundos
Glicólise anaeróbia	30 seg-2 minutos
Glicólise anaeróbia + sistema oxidativo	2-3 minutos
Sistema oxidativo	>3 minutos e repouso

ATP-PC, adenosina trifosfato – fosfocreatina.

De Stone MH, O'Bryant HS. *Weight Training: A Scientific Approach*. Burgess International, Minneapolis, 1987, p. 32.

cação biológica para o uso do treino de força dos programas de reabilitação para atletas, bem como para outros pacientes. Muitas implicações quanto aos sistemas de energia surgem na elaboração de programas de treino de força e de condicionamento para pacientes; dessa forma, é importante para o clínico e para o profissional de reabilitação compreender como esses sistemas são treinados, e as consequências do destreinamento. O leitor é referido a várias excelentes fontes para uma explicação detalhada da bioenergética e do metabolismo de energia.[4-6]

Fontes de Energia

ATP- fosfocreatina

Uma quantidade limitada de energia está disponível para uso imediato pelo músculo por meio do sistema energético ATP-PC para a contração. A molécula de ATP é quebrada em adenosina difosfato (ADP), fósforo (P) e energia para contração. Quando a PC é quebrada em creatina, P e energia, a energia dessa reação é utilizada para "reconstruir" o ADP e o P em ATP, o qual pode ser utilizado para uma contração muscular adicional.[3] Vários estudos têm demonstrado que as fontes de energia ATP-PC são exauridas em 30 segundos ou menos após um exercício de esforço total.[3,7,8] Contudo, a despeito da quantidade limitada de ATP-PC disponível para a contração muscular, existem duas vantagens distintas nessa fonte de energia: trata-se de uma fonte imediata de energia para a contração muscular, e a fonte energética de ATP-PC possui uma grande capacidade de potência, pela qual é possível fornecer ao músculo uma grande quantidade de energia por unidade de tempo.[3]

Ácido láctico

Os músculos possuem uma necessidade constante de energia para que se contraiam. Para prover uma fonte imediata de energia para essa necessidade, o músculo estoca uma quantidade limitada de carboidrato chamado *glicogênio*, que consiste em longas cadeias de moléculas de glicose. Estas são quebradas, quando é necessária energia imediata, em piruvato, provendo a energia necessária para fornecer ATP para a contração muscular.[3] O piruvato é, então, transformado em ácido láctico, e esse processo completo, que não requer a presença de oxigênio, é chamado de glicólise anaeróbia, como visto na Figura 21.2.[3,9]

O acúmulo de ácido láctico no músculo em contração provavelmente é mais conhecido no esporte e no treino de força pela sensação inicial ou de "comichão" nas mãos, dedos das mãos ou dos pés, seguida pela sensação de dor na musculatura local como resultado das altas concentrações de lactato, suficientes para afetar as terminações nervosas. Conforme o exercício continua com a mesma intensidade, ou mesmo maior, e mais ácido láctico é produzido, há uma mudança na acidez, o pH, do músculo. Quando o pH do músculo cai até certo nível, e a fosfatofrutoquinase (PFK), que é uma das enzimas limitantes da taxa do processo de glicólise, decai, a produção de energia local cessa rapidamente, até ser restaurada pelos estoques de oxigênio. Também tem sido sugerido que o excesso de ácido láctico no músculo interfere com sítios de ligação de cálcio, limitando, dessa forma, a contração muscular e a produção útil de potência.[10] Sendo assim, a quantidade de energia que pode ser produzida pelo sistema energético do ácido láctico é limitada em razão de vários efeitos colaterais causados em função do acúmulo de ácido láctico no músculo.[3]

O ácido láctico é a principal fonte de energia, por prover o músculo com ATP durante os períodos de exercício que durem de 1 a 3 minutos (p. ex., uma longa série de repetições durante o treino de força, ou a corrida de 400 a 800 m). Este também é o tempo de duração da maior parte das atividades de vida diária funcional (p. ex., carregar sacolas, jogar o lixo); sendo assim, a elaboração de programas de treino de força e condicionamento como parte de um programa de reabilitação total, para a maior parte da população de pacientes, deve incluir trabalhos que durem de 1 a 3 minutos, a fim de desenvolver o sistema de ácido láctico para um desempenho ideal das atividades funcionais. O sistema de ácido láctico produz uma maior quantidade de energia que o sistema ATP-PC, embora ele não possa suprir o músculo com a mesma quantidade de energia por unidade de tempo que o sistema ATP-PC. Consequentemente, o sistema do ácido láctico não é mais potente do que o sistema ATP-PC.[3]

Fonte de energia do oxigênio

O sistema energético do oxigênio é a principal fonte de ATP para a contração muscular prolongada (por períodos de exercícios maiores que 5 a 10 minutos). Esse sistema de energia utiliza o oxigênio diretamente para produzir a energia e é, dessa forma, considerado fonte de energia aeróbia.[3] O sistema energético do oxigênio tem a habilidade de metabolização tanto de carboidratos como de gorduras para a produção de energia. A quantidade máxima de energia que pode ser suprida pelo sistema energético do oxigênio, ou aeróbio, é determinada pela habilidade do corpo em obter e utilizar o oxigênio em nível dos tecidos locais em exercício. A potência aeróbia

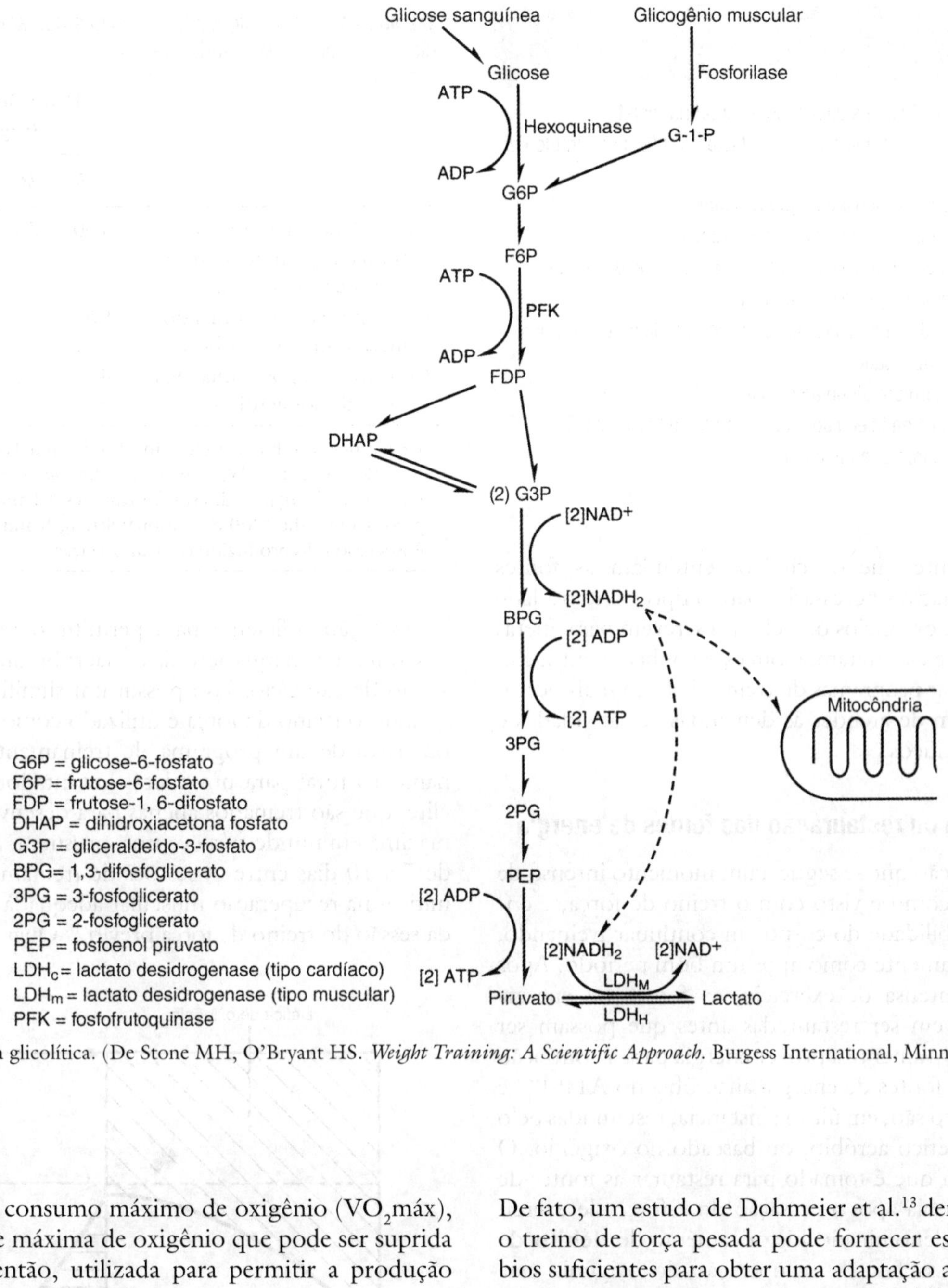

Figura 21.2 A via glicolítica. (De Stone MH, O'Bryant HS. *Weight Training: A Scientific Approach.* Burgess International, Minneapolis, 1987.

máxima, ou o consumo máximo de oxigênio (VO_2máx), é a quantidade máxima de oxigênio que pode ser suprida ao corpo e, então, utilizada para permitir a produção aeróbia contínua de energia.

Embora as atividades aeróbias como corrida de longa distância, natação, ciclismo e remo sejam bem conhecidas como tipos primários de atividades que estressam o sistema energético aeróbio, tem sido demonstrado que o treino de força também pode, efetivamente, imprimir uma demanda sobre as fontes de energia aeróbias. Em função do grande gasto calórico e energético associado com o exercício aeróbio, a maior parte dos programas de treinamento elaborados para gastar grandes quantidades de calorias para perda de peso tem focado no treino aeróbio. Contudo, vários estudos têm demonstrado claramente que o treino de força, particularmente no período de recuperação entre séries, pode levar o atleta a consumir grandes quantidades de oxigênio e, consequentemente, ser efetivo nos programas de redução calórica.[11-15]

De fato, um estudo de Dohmeier et al.[13] demonstrou que o treino de força pesada pode fornecer estímulos aeróbios suficientes para obter uma adaptação aeróbia similar àquela vista com o exercício na esteira.[9,13] A quantidade de contribuição aeróbia para o treino de força depende de vários fatores, como a intensidade, o intervalo de repouso e o volume ou o número de repetições, e a duração da sessão do treino de força. Embora o sistema energético do oxigênio não seja normalmente considerado como o principal fator contribuinte para as necessidades energéticas do treino de força, ele pode ainda contribuir de alguma maneira que seja específica ao tipo, à intensidade e ao volume de treinamento. Contudo, durante o treino de circuito para pacientes cardíacos e na reabilitação de condições ortopédicas, todos esses sistemas energéticos são utilizados, fazendo com que esse tipo de treinamento seja vantajoso para muitas populações de pacientes. O treino de circuito é discutido em detalhes, posteriormente, neste capítulo.

Possíveis fatores para o aumento no consumo de excesso de oxigênio pós-exercício (EPOC)[4,16,17]

- Ressíntese do ATP e dos depósitos de creatina fosfato
- Ressíntese de glicogênio a partir do lactato (20% do acúmulo de lactato)
- Ressaturação do oxigênio da água tecidual
- Ressaturação do oxigênio e do sangue venoso
- Ressaturação do oxigênio do sangue do músculo esquelético
- Ressaturação do oxigênio da mioglobina
- Redistribuição de íons dentro de vários compartimentos corporais
- Reparo do tecido lesado
- Trabalho cardiorrespiratório adicional
- Efeitos residuais da liberação e do acúmulo de hormônio
- Temperatura corporal aumentada

É importante que os clínicos entendam as fontes energéticas relativas necessárias para o tipo, a intensidade e o volume de exercícios que eles prescrevem para atletas e pacientes que eles tratam. Com esse conhecimento, eles podem elaborar programas de treino de força mais personalizados a fim de atender as demandas das atividades e esportes específicos.

Recuperação ou restauração das fontes de energia

A recuperação que se segue a um momento intenso de exercício, tal como é visto com o treino de força, é crítica para a habilidade do corpo em continuar treinando, tanto imediatamente como após um bom período. Após uma sessão intensa de exercício, as fontes de energia anaeróbia devem ser restauradas antes que possam ser requisitadas novamente a prover energia para a contração muscular.[3] As fontes de energia anaeróbia do ATP-PC e do ácido láctico são, em última instância, restauradas pelo sistema energético aeróbio, ou baseado no oxigênio. O oxigênio extra que é tomado para restaurar as fontes de energia anaeróbia após a cessação do esforço de exercício tem sido denominado historicamente de **débito de oxigênio**.[11] Essa fase de recuperação do oxigênio está geralmente relacionada de uma maneira mais acurada ao **consumo de excesso de oxigênio pós-exercício** (EPOC),[12] o qual é o consumo de oxigênio acima dos níveis de repouso necessário para restaurar as fontes energéticas.[4,12] Diversos fatores podem influenciar o EPOC; esses fatores estão listados na Tabela 21.2 e mostrados esquematicamente na Figura 21.3. A recuperação após o exercício ocorre ao longo do tempo; o tempo requerido é baseado na intensidade e na duração do exercício. O exercício aeróbio de nível baixo tem um período muito curto de EPOC, enquanto o treino de força pesado pode resultar em um EPOC prolongado, muito acima do consumo de oxigênio de repouso, por períodos maiores que 30 minutos após a cessação do exercício.[14,15]

De um ponto de vista prático, na elaboração de programas de treino de força, é importante prover tempo de recuperação suficiente para permitir o reabastecimento das fontes de energia aeróbia e anaeróbia antes da próxima sessão de exercício. Isso possui um significado adicional quando o treino de força é utilizado como complemento ou parte de um programa de treinamento e condicionamento total para um atleta. Levantadores de peso de elite, que são treinados apenas para desenvolver potência máxima em um de três eventos, possuem, algumas vezes, de 7 a 10 dias entre as sessões de treinamento para permitir uma recuperação muscular adequada das demandas da sessão do treino de força prévio.[18] Quando uma sessão

Tabela 21.2 Contribuições dos mecanismos aeróbios e anaeróbios ao esforço sustentado máximo

	Duração do esforço (segundos)			
	0-5	30	60	90
Intensidade do exercício (porcentagem de produção de potência máxima)	100	55	35	31
Contribuição porcentual dos mecanismos anaeróbios	96	75	50	35
Contribuição porcentual dos mecanismos aeróbios	4	25	50	65

De Conley MS. Bioenergetics in Exercise and Training. In Baechle TR, Earle RW, editors. *Essentials of Strength Training and Conditioning*. 2.ed. Human Kinetics, Champaign, 2000, p. 87. Copyright 2000 by National Strength and Conditioning Association. Reproduzido com autorização.

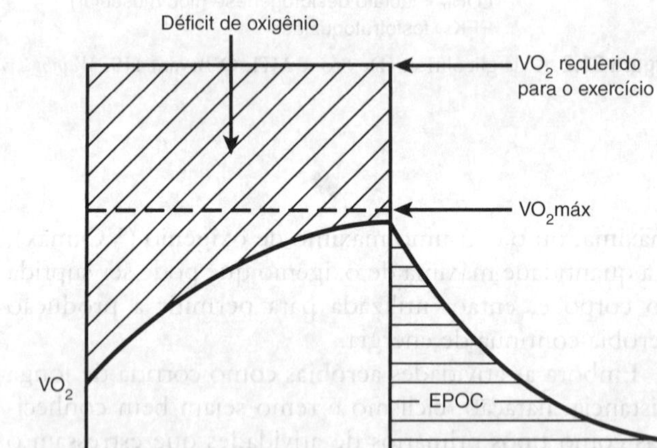

Figura 21.3 Metabolismo no exercício de alta intensidade em estado não fixo (80% da produção de potência máxima). O VO_2 necessário é o oxigênio captado que pode ser requerido para sustentar o exercício caso tal captação fosse possível de se manter. Como não é, o déficit de oxigênio perdura ao longo da duração do exercício. EPOC, consumo de excesso de oxigênio pós-exercício; VO_2máx, consumo máximo de oxigênio. (De Stone MH, Conley MS: Bioenergetics. In Baechle TR, Earle RW, editors. *Essentials of Strength Training and Conditioning*. Human Kinetics, Champaign, 1994, p. 77. Copyright 1994 by National Strength and Conditioning Association. Reproduzido com permissão.)

do treino de força é apenas uma de várias sessões de treinamento em um dado dia para um atleta, torna-se fundamental que a intensidade e o volume relativos do treino de força sejam levados em conta na elaboração total do programa. O fracasso em permitir a recuperação suficiente de qualquer sessão de treinamento, particularmente dos momentos de exercício do treino de força, pode resultar não apenas no fracasso do sistema, mas também em uma elevada probabilidade de lesão. O clínico deve trabalhar muito próximo ao paciente e, no caso do atleta de competição, com o treinador específico do esporte, para garantir a elaboração apropriada do programa de treinamento, bem como do programa de recuperação.

Pode ser ainda mais importante para o clínico levar em conta tanto o repouso como a recuperação em suas populações de pacientes. Por exemplo, é quase um fenômeno universal para os pacientes que recebem artroplastia total de articulações do membro inferior exibir fadiga excessiva por muitas semanas mesmo após um exercício mínimo.[19] O mecanismo fisiológico para essa fadiga excessiva está atualmente sob investigação.[20] Ela pode se dever a alguma disfunção neurológica relacionada ao procedimento cirúrgico, ou a uma depleção localizada da capacidade de armazenamento de glicogênio. Em todo o caso, ela acontece na maior parte dos pacientes, e o clínico de reabilitação precisa ter consciência de que isso ocorre. Os clínicos precisam garantir que os períodos adequados de recuperação e de repouso estejam incluídos entre as séries de exercícios, bem como entre as sessões de exercícios, quando da elaboração dos programas de reabilitação de seus pacientes.

TREINO DE FORÇA PARA A ELABORAÇÃO DE UM PROGRAMA DE REABILITAÇÃO

Os clínicos devem se envolver no desenvolvimento de programas de treino de força de várias perspectivas. Eles devem assistir os treinadores na elaboração de programas específicos de treinamento de resistência que vão de encontro às demandas de um dado esporte. Eles também devem desenvolver programas de treino de força como parte de um programa de reabilitação total de um atleta ou de qualquer outro paciente após uma lesão. Esta seção trata de algumas das adaptações básicas que ocorrem com o treino de força, tipos de treino, metodologia para sua documentação, vários sistemas de treino e a elaboração de programas individualizados de resistência e de reabilitação.

Adaptações básicas que ocorrem com o treino de força

A elaboração de um programa de treinamento de resistência para qualquer paciente, seja ele atleta ou não, deve facilitar os processos sistêmicos que permitem a adaptação fisiológica de um sistema ao longo do tempo.[21] A adaptação que ocorre com o treino de força depende do volume de adaptação potencial existente no paciente, bem como do processo e da elaboração do programa e do treino de força.[21] Os fatores fisiológicos e genéticos determinam a adaptação final que ocorre com o treino de força e com os programas de condicionamento. Kraemer[21] constatou que existe um ápice genético para cada função fisiológica, e os ganhos de desempenho na maior parte dos esportes e em outras atividades funcionais estão relacionadas às adaptações fisiológicas em muitos sistemas. Cada indivíduo recebe um programa de condicionamento e de fortalecimento, seja um treino específico a um esporte ou reabilitação, com sua própria predisposição genética; potencial para a melhoria; disponibilidade para treinar adequadamente; e, com o estado de base de condicionamento, descondicionamento e da patomecânica da lesão que todos interagem para determinar a adaptação que ocorrerá como resultado de um treino de força e condicionamento.[21] Essa seção se concentra na adaptação que ocorre no sistema musculoesquelético com o treino de força.

Diversas revisões excelentes e abrangentes sobre os efeitos fisiológicos do treino de força têm sido publicadas.[23-27] A Tabela 21.3 fornece um sumário das adaptações fisiológicas contrastantes que ocorrem com o treino de força e com o treino de resistência.[21] Uma das principais adaptações que ocorre com o treino de força é a alteração da fibra muscular. Por muitos anos, pensou-se que a adaptação inicial ao treino de força fosse a modificação ou a adaptação do sistema nervoso para a aquisição de uma habilidade e ativação máxima do músculo.[28-30] Também especulou-se que as adaptações e mudanças na força vistas nas primeiras 6 a 8 semanas fossem resultado dessas adaptações neurais. Contudo, Staron et al.[31] demonstraram que as adaptações esqueléticas podem ocorrer em vários tipos de fibras musculares esqueléticas em apenas 2 semanas, se a intensidade do treino é suficientemente alta. Embora uma descrição detalhada da fisiologia muscular humana esteja além do escopo deste capítulo, os autores revisaram as bases dos tipos de fibras musculares e as alterações e transformações que ocorrem em diferentes tipos de fibras musculares com o treino de força.

O músculo esquelético é mais bem descrito como compreendendo dois tipos de fibras diferentes, que são classificadas por suas características contráteis e metabólicas.[32,33] As fibras do tipo I (também denominadas **fibras de contração lenta**) são mais adequadas para o desempenho de atividades de resistência ou aeróbias. Essas fibras contêm altas concentrações de mitocôndrias, mioglobinas, e a enzima necessária para permitir que sejam resistentes à fadiga. As fibras do tipo II (ou de **contração rápida**) são mais adequadas para a produção anaeróbia, ou de potência, vista nos momentos de exercício intenso de curta duração. As fibras do tipo II são maiores, podem disparar com maior velocidade e desenvolvem uma melhor produção de força. No entanto, a pesquisa de Staron et al.[31,34-37] identificou vários subtipos das fibras do tipo I e das fibras do tipo II, e parece que muitas das adaptações fisiológicas que ocorrem com o treino de força acontecem nesse subtipos.

Tabela 21.3 Comparação das adaptações fisiológicas ao treino de força e ao treino aeróbio

Variável	Resultado após o treino de força	Resultado após o treino de resistência
Desempenho		
Força muscular	Aumenta	Sem alteração
Resistência muscular	Aumenta para produção de potência alta	Aumenta para produção de potência baixa
Potência aeróbia	Nenhuma mudança, ou aumento ligeiro	Aumenta
Taxa máxima de produção de força	Aumenta	Sem alteração ou diminui
Salto vertical	A habilidade aumenta	Habilidade inalterada
Potência anaeróbia	Aumenta	Sem alteração
Velocidade de partida	Melhora	Sem alteração ou melhora discretamente
Fibras musculares		
Tamanho da fibra	Aumenta	Sem alteração ou aumenta discretamente
Densidade capilar	Sem alteração ou diminui	Aumenta
Densidade mitocondrial	Diminui	Aumenta
Miosina rápida de cadeia pesada	Aumenta em quantidade	Sem alteração ou diminui em quantidade
Atividade enzimática		
Creatina fosfoquinase	Aumenta	Aumenta
Mioquinase	Aumenta	Aumenta
Fosfofrutoquinase	Aumenta	Variável
Lactato desidrogenase	Sem alteração, ou variável	Variável
Reservas de energia metabólica		
ATP armazenado	Aumenta	Aumenta
Creatina fosfato armazenada	Aumenta	Aumenta
Glicogênio armazenado	Aumenta	Aumenta
Triglicérides armazenadas	Pode aumentar	Aumenta
Tecido conjuntivo		
Resistência do ligamento	Pode aumentar	Aumenta
Resistência do tendão	Pode aumentar	Aumenta
Conteúdo de colágeno	Pode aumentar	Variável
Densidade óssea	Sem alteração ou aumenta	Aumenta
Composição corporal		
Porcentual de massa gorda	Diminui	Diminui
Massa livre de gordura	Aumenta	Sem alteração

De Kraemer WJ. Physiological Adaptations to Anaerobic and Aerobic Endurance Training Programs. In Baechle TR, Earle RW, editors. *Essentials of Strength Training and Conditioning.* 2.ed. Human Kinetics, Champaign, 2000, p. 144. Copyright 2000 by National Strength and Conditioning Association. Reproduzido com autorização.

Parece haver um *continuum* nas capacidades e qualidades de aeróbia para anaeróbia no músculo esquelético.[34] Junto a esse *continuum*, três subtipos são identificados: tipo A, que possui boas características aeróbias e anaeróbias; tipo B, que possui razoáveis características aeróbias e anaeróbias; e o tipo C, que parece ser uma alteração intermediária entre o tipo A e o tipo B um tanto rara em humanos.[34,35] Existe também uma fibra AB que serve como um passo intermediário entre a fibra do tipo A e a fibra do tipo B. Esses tipos de fibra, identificados a partir de uma amostra muscular por biópsia, foram amplamente caracterizados por análises histoquímicas e bioquímicas de uma enzima muscular, a adenosina trifosfatase miofibrar (mATPase), e um total de seis subtipos de fibras (I, IC, IIA, IIB, IIAB e IIC) puderam ser distinguidos, baseados em sua intensidade de coloração e no nível de pH da análise.[34]

A Figura 21.4 fornece uma ilustração esquemática das intensidades de coloração dos seis tipos de fibras em três níveis de pH.[34] É importante saber o nível de pH em que as fibras são testadas, porque as do tipo I são estáveis em amplitudes ácidas (com coloração escura), mas instáveis em amplitudes alcalinas (coloração clara). As fibras do tipo II são estáveis nas amplitudes alcalinas (coloração escura), mas instáveis nas colorações ácidas (coloração clara). As três amplitudes de pH são utilizadas para mostrar as transformações e as conversões do tipo de fibra que ocorrem com o treino de força.[31]

Dentro desse *continuum* de tipos de fibras, parece haver uma ordem consistente de recrutamento, baseado na intensidade do exercício.[34,38] As fibras do tipo I primeiro, seguidas pelas fibras do tipo IC, IIC, IIA, IIAB e, finalmente, as IIB. As pequenas unidades motoras são

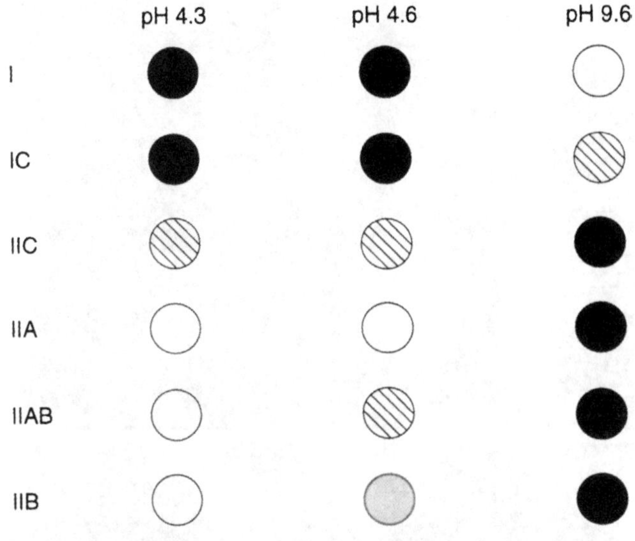

Figura 21.4 Esquema da tipificação histoquímica das fibras baseado na intensidade de coloração da adenosina trifosfatase miofibrilar (mATPase) após a pré-incubação em vários valores de pH. (De Staron RS, Hikida RS. Histochemical, biochemical and ultrastructural analysis of single human muscle fibers with special reference to the C fiber population, *J Histochem Cytochem,* 40:564, 1992.)

recrutadas em primeiro lugar porque elas são mais fáceis de ser estimuladas, e as unidades motoras maiores são estimuladas baseadas na quantidade total de força necessária a ser realizada pela contração muscular. Como as fibras do tipo II são recrutadas por último, tem se *especulado* que as fibras IIB são as fibras "de força", e possuem o maior potencial anaeróbio.[32] Contudo, a pesquisa de Staron et al. demonstrou que as fibras IIB não são as fibras de força, e seu desempenho durante o exercício está inversamente relacionado ao condicionamento aeróbio e anaeróbio.[39] Entretanto, como o músculo é uma estrutura extremamente dinâmica, os tipos de fibra podem realmente ser transformados ao longo do *continuum* de recrutamento. Uma das adaptações primárias iniciais do treino de força é a transformação e a redução do número de fibras do tipo IIB.

A Figura 21.5 apresenta dados de um indivíduo antes e após o treino de força de alta intensidade.[31] Ao longo do tempo, houve uma adaptação no tamanho das fibras musculares e uma transformação das fibras do tipo II. O treino de força de alta intensidade causou uma transformação das fibras do tipo IIB em fibras 2AB e 2A. De fato, isso ocorreu em alguns dos indivíduos dessa investigação, e em outro estudo com treino de força de alta intensidade com indivíduos do sexo feminino,[38] nenhum tipo de fibra IIB pôde ser encontrado na conclusão do programa de treinamento.[31,38] Essa adaptação do músculo esquelético ao treino de força ocorre rapidamente com a iniciação do treino de alta intensidade e, na medida em que o atleta continua a incorporar alguns componentes do treino de força em seu programa de condicionamento e na sua força total, as adaptações permanecem.

Outra grande adaptação que ocorre no músculo esquelético com o treino de força é a mudança na área de secção do músculo, resultando em hipertrofia do tecido muscular. Parece que esse aumento na área de secção resulta de um aumento do volume miofibrilar das fibras musculares individuais, e não de um aumento do número de fibras por unidade de área.[21,26,32,40,41] Permanece algum debate sobre a habilidade do músculo em alterar o número de miofibrilas (hiperplasia) com alguns pesquisadores dando suporte[42-44] e alguns[45,46] rejeitando o conceito de que a hiperplasia ocorra em humanos.

As adaptações fisiológicas também ocorrem em nível celular, hormonal, conjuntivo e esquelético com o treino de força. A magnitude dessas adaptações é o resultado de vários fatores: (1) intensidade e volume do treinamento, (2) *status* fisiológico pré-treino, (3) extensão das limitações fisiopatológicas, e (4) idade do paciente. Kraemer et al.[21,22] e Bandy et al.[26] forneceram revisões excelentes dessas adaptações sistêmicas, conforme está sumarizado na Tabela 21.3.

O descondicionamento, como esperado, resulta na reversão de muitas das adaptações dos efeitos de treinamento e dos ganhos resultantes do treino de força. Vários estudos reportam uma redução na área de secção, uma redução das enzimas musculares, alterações histoquímicas e bioquímicas e a regressão das fibras musculares para valores de pré-treino.[47-52] Duas investigações examinaram o efeito da imobilização sobre a bioquímica e a área de secção de músculos esqueléticos após um período de treino de força pesado.[53,54] Esses estudos encontraram que as adaptações no músculo esquelético que ocorrem com o treino de força pesado foram negados e, realmente, revertidos após um período de desuso induzido pela imobilização; as mudanças foram particularmente marcadas nas fibras do tipo II. O descondicionamento é um problema significativo para os clínicos, não apenas em relação aos indivíduos que precisam reduzir ou descontinuar o treinamento como resultado de uma lesão, mas (e talvez mais ainda) em relação aos indivíduos que estão iniciando um programa de condicionamento para aptidão física, atividade física ou alguma atividade esportiva. Como estes últimos indivíduos têm estado descondicionados por um tempo significativo, o clínico deve ter precaução e cuidado na elaboração do seu programa de treino de força.

O descondicionamento pode ser uma preocupação maior ainda para os clínicos de reabilitação, cujos pacientes podem ter suas incapacidades ou disfunções por tanto tempo que o grau de seu descondicionamento pode realmente ser descrito como não condicionamento.[19] Isso é particularmente verdade para o paciente com doença articular degenerativa, em que a doença progride por tanto tempo que seu *status* fisiológico no momento da cirurgia de substituição articular é extremamente insatisfatório. Esses pacientes têm se mantido descondicionados por anos, e pode levar um tempo significativo para que eles retornem ao seu nível normal de desempenho e de habilidade funcional de atividades de vida diária.

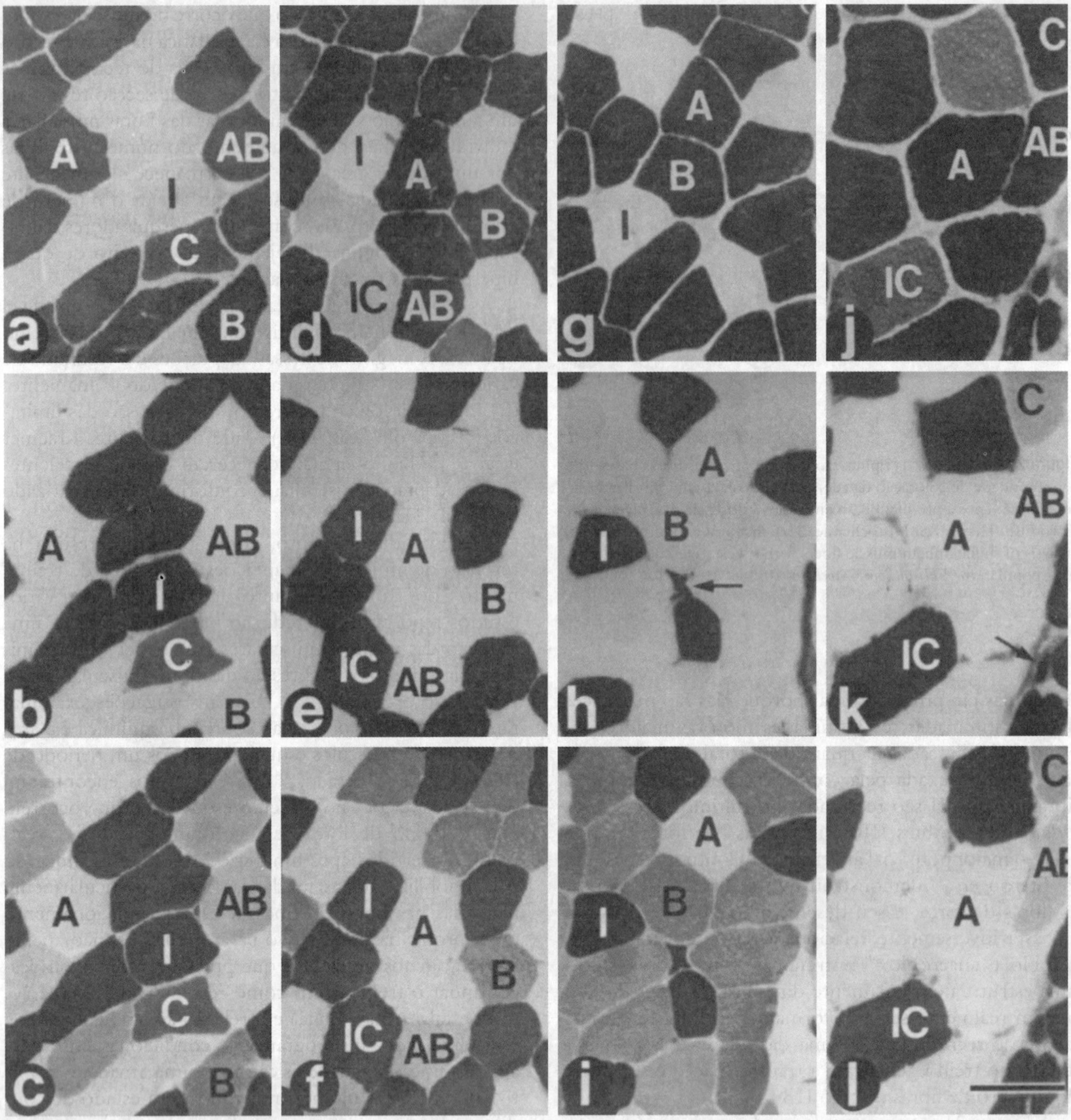

Figura 21.5 Seções seriais de amostras musculares tomadas de um indivíduo controle do sexo masculino no início (**a-c**) e no final (**d-f**) do estudo, e de um indivíduo do sexo masculino treinado para força no início (**g-i**) e após oito semanas de treino de alta intensidade (**j-l**). As seções foram analisadas para a atividade da adenosina trifosfatase miofibrilar (mATPase) após a pré-incubação em valores de pH de 10,2 (*fileira superior*), 4,3 (*fileira central*) e 4,6 (*fileira inferior*). As setas indicam fibras atróficas isoladas. I, tipo I; IC, tipo IC; C, tipo IIAC; A, tipo IIA; AB, tipo IIAB; B, tipo IIB. Barra = 100 μm. (De Staron RS et al. Skeletal muscle adaptations during early phase of heavy resistance training in men and women, *J Appl Physiol* 76:1247–1255, 1994.)

ADAPTAÇÕES AO TREINO DE FORÇA EM POPULAÇÕES SELECIONADAS

As adaptações fisiológicas ao treino de força têm sido bem documentadas em indivíduos do sexo masculino saudáveis, tanto atletas como não atletas. Contudo, um número crescente de atletas infantis, femininas e idosos tem encontrado o benefício acentuado do treino de força, na medida em que ele se aplica a suas atividades esportivas e diárias.

Crianças

Kraemer e Fleck[55] e Faigenbaum e Westcott[56] têm pesquisado extensivamente a área do treino de força para crianças e jovens e constataram que ele é seguro e efetivo, se feito de maneira adequada. As crianças podem melhorar a força, a potência, a resistência muscular local, o equilíbrio e a propriocepção, podem tornar-se mais resistentes à lesão e desenvolver uma imagem corporal e uma perspectiva de desempenho esportivo mais positivas com o uso do treino de força apropriado. A Tabela 21.4 fornece algumas diretrizes básicas para o treino de força para crianças.[55,56] É importante para o clínico perceber que, antes da puberdade, as crianças e jovens ganharão força e potência significativas sem o aumento concomitante na hipertrofia muscular. Até que a criança alcance a puberdade, ela não possui níveis hormonais suficientes para permitir que um músculo esquelético hipertrofie como é visto em atletas que realizam treino de força.[55-57]

Para permitir que um indivíduo jovem realize um programa de treino de força, o clínico deve garantir que o programa seja elaborado especificamente para ele e que usa o peso corporal e as *medicine balls* ou tubos como resistência. As crianças devem progredir em seu próprio

Tabela 21.4 Diretrizes básicas para a progressão do exercício de resistência com crianças

Idade (anos)	Considerações
≤7	Introduzir a criança aos exercícios básicos com pouco ou nenhum peso; desenvolver o conceito de uma sessão de treinamento; ensinar as técnicas de exercício; progredir a partir da calistenia do peso corporal, exercícios com parceiro, exercícios levemente resistivos; manter o volume baixo.
8-10	Aumentar gradualmente o número de exercícios; praticar a técnica do exercício em todas as elevações; iniciar com uma carga progressiva gradual dos exercícios; manter os exercícios simples; aumentar gradualmente o volume de treinamento; monitorar cuidadosamente a tolerância ao estresse do exercício.
11-13	Ensinar todas as técnicas básicas de exercício; continuar a carga progressiva de cada exercício; enfatizar as técnicas do exercício; introduzir exercícios mais avançados com pouca ou nenhuma resistência.
14-15	Progredir para programas voltados para jovens mais avançados no exercício de resistência; adicionar componentes específicos de esportes; enfatizar as técnicas do exercício; aumentar o volume.
≥16	Direcionar a criança para programas de nível iniciante de adultos depois que todo o conhecimento de base tenha sido dominado e a experiência de um treino de nível básico tenha sido adquirida.

Nota: se uma criança de qualquer idade começar um programa sem experiência prévia, inicie a criança nos níveis básicos e a direcione para os níveis mais avançados conforme a tolerância, a habilidade, a duração de treinamento e o entendimento do exercício o permitam.

De Kraemer WJ, Fleck SJ. *Strength Training for Young Athletes.* Human Kinetics, Champaign, 1993, p. 5. Copyright 1993 by William J. Kraemer e Steven J. Fleck. Reproduzido com autorização.

Considerações para o treino de força com crianças

- Não impor um programa de treinamento de adultos para uma criança.
- Utilizar o peso corporal ou as *medicine balls* para resistência nas fases iniciais do treino de fortalecimento para crianças.
- Ter certeza de que o aparato de resistência se adapta adequadamente à criança.
- Não permitir que a criança progrida muito rapidamente. É preciso um tempo maior para que as crianças se adaptem às cargas do treino de força.
- Não forçar a criança a participar do treino de força: elas estarão prontas quando *elas* estiverem prontas.
- A instrução adequada das técnicas de treino de força é fundamental.
- A supervisão adequada para garantir a técnica de levantamento apropriada é crítica.

Elaboração do programa e dos equipamentos para o treino de força com crianças de Faigenbaum e Westcott[56]

- O equipamento deve ter um *design* apropriado para acomodar o tamanho e o grau de maturidade da criança ou do adolescente.
- Ele deve ter um custo adequado.
- O equipamento deve ser seguro, livre de defeitos e inspecionado frequentemente.
- Ele deve estar localizado em área livre de aglomerações e obstruções, com iluminação e ventilação adequadas.
- A criança deve ter a maturidade emocional para aceitar o treinamento e a instrução.
- É necessária a supervisão adequada por técnicos/clínicos, que devem ter conhecimento sobre treino de força e de resistência.
- O treino de força deve ser parte de um programa abrangente para melhorar as habilidades motoras e a aptidão física.
- Deve haver períodos de aquecimento e de resfriamento adequados após a sessão de força e condicionamento.
- O programa deve enfatizar as contrações dinâmicas concêntricas e excêntricas ao longo da amplitude de movimento.

Diretrizes para um treino de força seguro com crianças de Faigenbaum e Westcott[56]

- Treino de força de duas a três vezes por semana por 20 a 30 minutos por sessão.
- A criança não deve aplicar resistência até que demonstre a técnica e a forma apropriadas para qualquer exercício de treinamento de força.
- 6 a 15 repetições equivalem a uma série de um dado exercício, e a criança deve realizar de 1 a 3 séries por exercício.
- Aumentar o peso ou a resistência em incrementos de 1 a 3 libras após a criança ser capaz de realizar 15 repetições de forma apropriada.

ritmo, e trabalhar apenas com equipamentos de resistência que possam ser adaptados ao seu tamanho. A instrução apropriada é muito importante, tal como a supervisão adequada.

Faigenbaum e Westcott[56] sugeriram várias considerações em relação aos equipamentos e programas para o momento da elaboração de programas de resistência para crianças, a fim de garantir que o treino de força seja fornecido de um modo adequado à criança. Baseado na pesquisa disponível, Faigenbaum e Westcott[56] estabeleceram diretrizes para o desenvolvimento de programas de treinamento de força efetivos e seguros para crianças, visando garantir a segurança e a progressão adequadas.

Mulheres

As mulheres também têm aumentado de modo significativo a quantidade de treino de força que realizam. Independentemente se o treino de força é usado como complemento ao treino de um determinado esporte, ou sozinho, para melhorar a força e o tônus muscular, ou para reabilitação, as mulheres estão envolvendo-se com o treino de força em números recordes. As mulheres também estão envolvidas em esportes de treino de força competitivos de fisiculturismo, levantamento de peso e, mais recentemente, levantamento olímpico. Staron et al.[31,38] demonstraram de forma dramática que as adaptações musculares experimentadas pelas mulheres são similares àquelas vistas nos homens, permitindo que treinem com um programa similar de resistência de alta intensidade. A National Strength and Conditioning Association (NSCA) publicou um artigo a respeito do treino de força para atletas femininas,[58] fornecendo 162 referências focadas nas adaptações hormonais e fisiológicas de mulheres quanto ao treino de força, bem como em considerações para a elaboração de um programa de treino de força para atletas femininas. Esse artigo é uma referência de excelente posição e de inestimável valor para muitos clínicos de medicina do esporte que trabalham com atletas do sexo feminino.

Embora homens e mulheres tendam a responder de forma similar ao treino de força, as mulheres podem estar sob maior risco de lesão ao utilizar treino muscular excêntrico quando comparadas aos homens, particularmente se realizarem um programa de resistência máximo padrão com treino excêntrico.[59] Em um estudo recente, contudo, Schroeder et al.[59] demonstraram que mulheres jovens podem alcançar ganhos de força e adaptações musculares/ósseas com treino excêntrico submáximo comparáveis àqueles obtidos com treino excêntrico máximo. De fato, após um programa de treinamento de 16 semanas, mulheres que realizaram exercícios resistivos progressivos excêntricos de baixa intensidade (ou seja, 75% da repetição máxima única concêntrica [ou 1-RM]) demonstraram maiores ganhos no conteúdo ósseo mineral do que mulheres realizando exercício excêntrico de alta intensidade (ou seja, 100% de 1-RM concêntrico). Somado a isso, ambos os grupos demonstraram ganhos de força comparáveis. Assim, a atleta pode ser mais bem aconselhada a realizar o exercício excêntrico submáximo como parte do programa de exercício de resistência, tanto pelos benefícios quanto pela segurança.

Junto aos benefícios gerais do treino de força (ou seja, o desenvolvimento da força, as mudanças na composição corporal, a melhora do desempenho), o treino de força provê benefícios únicos para mulheres. As mulheres são suscetíveis a lesões e condições específicas do sexo feminino. Essas condições incluem uma maior incidência de osteoporose e taxas mais elevadas de lesão do ligamento cruzado anterior (LCA) do joelho quando comparadas aos homens. Como exemplo, conforme reportado por Paterno et al.,[60] as mulheres exibem uma taxa de lesão do LCA de quatro a seis vezes maior que os homens. Cussler et al.[61] demonstraram os efeitos do exercício de resistência sobre a densidade mineral óssea (DMO) em mulheres pós-menopausadas. O declínio na DMO é a questão principal que afeta primariamente mulheres, muitas vezes resultando em osteoporose na idade avançada. Cussler et al.[61] demonstraram os efeitos positivos do exercício resistivo sobre a DMO em mulheres após um programa de treino de força de um ano. Sua pesquisa é apoiada por diversos outros estudos que examinam a efetividade do exercício de resistência em reduzir o risco de osteoporose em mulheres.[62,63]

De acordo com a incidência de lesões de LCA em mulheres, o treino de força e o treino neuromuscular fornecem caminhos para a prevenção da lesão. Ford et al.[64] e Malinzak et al.[65] reportaram um aumento do genovalgo observado em mulheres, o qual é acentuado com atividades de salto e aterrissagem. Essa força em valgo coloca o joelho feminino sob maior risco de lesão de LCA comparado aos homens. Paterno et al.[60] demonstraram que os benefícios do treino neuromuscular no joelho melhoram a estabilidade mediolateral em mulheres. Esse tipo de exercício de treino de força pode render dividendos como uma medida preventiva para mulheres no intuito de protegê-las de lesões do LCA. Somado a isso, os benefícios adicionais da melhoria de força do quadríceps e dos isquiotibiais têm sido demonstrados como capazes de reduzir o risco de lesão do LCA em atletas.[60]

Benefícios do exercício durante a gestação

- Aptidão muscular e cardiovascular melhoradas
- Recuperação do trabalho facilitada
- Retorno mais rápido aos níveis de peso, força e flexibilidade pré-gestação
- Frouxidão abdominal pós-parto reduzida
- Dor lombar durante a gestação reduzida
- Melhor reserva de energia
- Menor número de intervenções obstétricas
- Menor ganho de peso
- Maior bem-estar e redução de sentimentos de estresse

Contraindicações ao exercício durante a gestação

- Hipertensão induzida pela gestação (pré-eclâmpsia)
- Doença cardiovascular ou pulmonar restritiva significativa
- Anemia severa
- Membranas rompidas
- Parto prematuro
- Sangramento persistente após 12 semanas
- Dilatação cervical prematura (cérvix incompetente)
- Gestação múltipla que tenha risco de parto prematuro
- Diabetes insatisfatoriamente controlado
- Obesidade extrema
- Peso corporal extremamente baixo (IMC <12)
- Histórico de tabagismo
- Limitações ortopédicas

Diretrizes do American College of Obstetricians and Gynecologists para o exercício seguro durante a gestação[68,69]

- Realizar 30 minutos ou mais de exercício moderado na maior parte, senão em toda a semana.
- Evitar exercício na posição de decúbito dorsal após o primeiro trimestre.
- O exercício não deve continuar além do ponto de fadiga e nunca deve alcançar os níveis de exaustão.
- Exercícios sem descarga de peso, tais como a natação e o ciclismo, são favorecidos em relação à corrida para o condicionamento aeróbio, particularmente após o primeiro trimestre.
- Maiores aumentos na temperatura corporal devem ser minimizados por meio da hidratação adequada, da vestimenta apropriada e do ambiente circundante ideal.
- O treino de força com pesos leves pode ser continuado com precaução ao longo da gestação.
- O treino de força pesado deve ser evitado.
- O treino de força utilizando máquinas cujos pesos possam ser apropriadamente adequados à mulher é mais seguro do que a utilização de pesos livres.
- Evitar a manobra de Valsalva com as técnicas respiratórias apropriadas.

O exercício e o treino de força também são seguros para mulheres gestantes.[66-69] Muitas mulheres que seguem as recomendações de seus médicos podem se exercitar de forma segura durante a gestação. Existem benefícios distintos do exercício durante a gestação, incluindo a melhora da aptidão física, a recuperação facilitada, tempos e sintomas de recuperação reduzidos, menor ganho de peso, mais fontes de energia e melhor bem-estar.

Existe, contudo, situações nas quais o treino de força e o exercício são contraindicados durante a gestação. Elas incluem a hipertensão e outros sintomas cardiovasculares, problemas gestacionais e relacionados ao parto, diabetes não controlado, obesidade excessiva e baixo peso corporal. O American College of Obstetricians[68,69] sugeriu vários critérios para a segurança do exercício durante a gestação, incluindo itens a se fazer e itens a se evitar.

Idosos

O treino de força também tem sido estudado em relação aos seus efeitos e adaptações no idoso. O declínio na força em indivíduos idosos é acompanhado por aumento no número de quedas, declínio funcional e mobilidade prejudicada.[70-72] Fiatarone et al.[73] estudaram os efeitos do treino de força em idosos acima de 70 anos de idade. Esses indivíduos treinaram 45 minutos por dia, 3 dias por semana, por 10 semanas, a 80% de 1-RM estabelecido. Essa investigação encontrou um aumento significativo na força muscular e na área de secção muscular. Grimby et al.[74] também utilizaram o treino de força em um grupo de homens entre 78 e 84 anos de idade, e encontraram um aumento significativo na força e na resistência musculares desses indivíduos. Tal como ocorre com qualquer programa de treino de força, a instrução adequada, a adequação do equipamento apropriado e a supervisão apropriada permitem que o treino de força seja uma ferramenta efetiva para aumentar a força, a resistência e a potência musculares, mesmo naqueles muito idosos.

A pesquisa junto ao idoso considera a noção de que os exercícios contribuem para habilidades funcionais.[75-77] Por exemplo, Cress et al.[76] estudaram os efeitos de um programa de exercício padrão para o fortalecimento e resistência corporal total. Eles avaliaram dois grupos de idosos saudáveis. Um grupo realizou exercícios enquanto o grupo controle não realizou. Os exercícios para o grupo treinado incluíram halteres de peso livre, máquinas de subir degrau, máquinas de leg-press e exercícios de peso para rotadores. Após um programa de treinamento de 6 meses, o grupo de exercício reportou ganhos significativos na função, como medido pelo teste de Escala Contínua – Desempenho Físico Desempenho Funcional

Diretrizes de Westcott e Faigenbaum para o treino de força do idoso[66]

- Realizar o treino de força de 2 a 3 dias não consecutivos por semana.
- Limitar a intensidade de 60 a 90% do valor máximo com uma amplitude de repetição correspondente a 4 a 16 repetições.
- Utilizar movimentos articulares únicos e múltiplos para os seguintes grupos musculares principais: quadríceps, isquiotibiais, glúteos, peitorais, latíssimo do dorso, deltoide, bíceps, tríceps, eretor da espinha e músculos abdominais.
- Controlar a velocidade do movimento (tipicamente de 2 a 4 segundos por repetição).
- Exercitar ao longo da amplitude de movimento.
- As chaves para um treino de força seguro e de sucesso com a população idosa são a boa instrução, a adequação apropriada do equipamento e a supervisão adequada.

(CP-PFP). Somado a isso, esse grupo demonstrou ganhos significativos no consumo máximo de oxigênio (11%) e na força muscular (33%).

A investigação de Cress et al.[76] apoia os resultados de investigações prévias sobre o impacto do fortalecimento do membro inferior na função do idoso. Estudos de Ades et al.[77] e de Judge et al.[75] demonstraram que o treino de força para os membros inferiores melhora de modo significativo a resistência e a velocidade da marcha em populações idosas.

Outras investigações têm demonstrado os benefícios do treino de força para o idoso não atlético. A diminuição da pressão arterial após o treino de força tem sido reportada.[78-81] Também tem sido demonstrada a ocorrência de *melhora* do perfil lipídico em idosos após o treino de força,[82-87] e, mais importante, tem sido demonstrado que o treino de força reduz dramaticamente os efeitos da osteoporose, tanto em mulheres como em homens.[88-95] Westcott e Faingenbaum[66] forneceram diretrizes para o treino de força no idoso.

Pacientes cardiovasculares

O treino de força não provou ser apenas seguro, mas também extremamente efetivo com uma ferramenta na reabilitação de pacientes com doença cardiovascular. [87,96-102] Se o treino de força é realizado com uma progressão lenta de volume e intensidade, e se a instrução e a supervisão são dadas para limitar a retenção respiratória ou a manobra de Valsalva nesses pacientes, demonstrou-se que ele é capaz de melhorar dramaticamente a aptidão e o desempenho físicos, bem como de manter o peso corporal desejável em um autoconceito positivo em pacientes com doença cardiovascular. A intensidade do treino de força deve ficar abaixo do limiar de angina, e o volume de exercício deve ser maior (p. ex., 3 a 57 de 10 a 15 repetições por exercício). A Tabela 21.5 fornece recomendações, ou diretrizes, para o treino de força, oferecidas pelo American College of Sports Medicine (ACSM), pela American Association of Cardiopulmonary Rehabilitation (AACPR), e pela American Heart Association.[67]

Outra forma de treino de exercícios de resistência que tem se provado de grande sucesso em pacientes com doença cardiovascular é o treino de circuito.[96-102] Com ele, a razão trabalho-repouso é controlada com base nas respostas cardiovasculares do paciente. Antes de se iniciar um programa de treino de circuito, um paciente cardíaco deve ter um mínimo de 3 meses de treino de exercício cardiovascular, estar, ao menos, há 4 meses de qualquer forma de cirurgia cardíaca, ter uma pressão arterial diastólica de repouso menor que 100 mmHg, ter uma capacidade funcional de, ao menos, seis equivalentes metabólicos e não ter qualquer arritmia descontrolada.

Recomendações para o treino de força de circuito para pacientes cardiovasculares

- Utilizar de 8 a 12 estações
- Progredir para três circuitos, 2 a 3 vezes por semana
- Máquinas trabalham melhor do que pesos livres para facilitar a mudança de resistência
- As respostas cardiovasculares da frequência cardíaca e da pressão arterial devem ser monitoradas várias vezes durante o circuito, bem como antes e depois do exercício
- A intensidade deve ser de, aproximadamente, 30 a 50% de uma repetição máxima estimada
- A razão trabalho-repouso aumentará na medida em que a aptidão física melhora:
  - Inicia com 15 segundos de trabalho para 45 segundos de repouso (1:3)
  - Progride para 15:30 segundos (1:2)
  - Progride para 30:30 segundos (1:1)
  - Progride para 45:30 segundos (2:1,5)
  - Finalmente, 45:15 segundos (3:1)

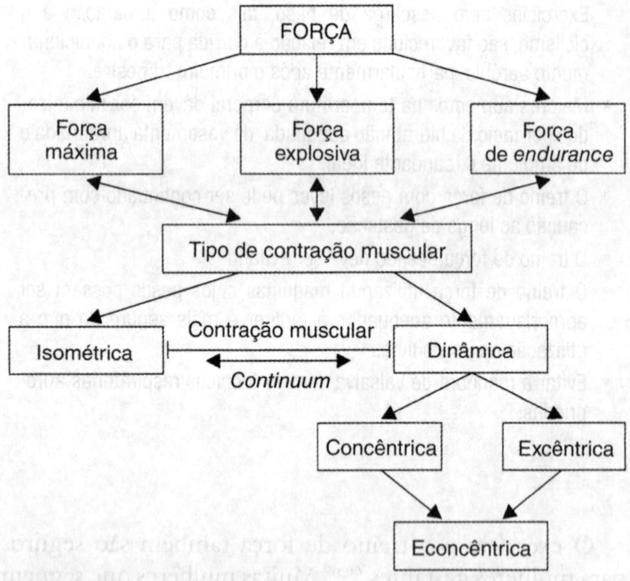

Figura 21.6 Modelo teórico da força e da contração muscular. (De Falkel JE, Cipriani DJ: Physiological principles of resistance training and rehabilitation. In Zachazewski JE, Magee DJ, Quillen SW, editors. *Athletic Injuries and Rehabilitation.* WB Saunders, Philadelphia, 1996, p. 214.)

Tabela 21.5 Diretrizes para o treino de força com pessoas com doença cardíaca

	Séries	Repetições	Exercícios	Frequência
American College of Sports Medicine (ACSM)	1	8-15	8-10	2 dias/semana
American Association of Cardiopulmonary Rehabilitation (AACPR)	1-2	12-15	8-10	2-3 dias/semana
American Heart Association (AHA)	1-2	8-15	8-10	2-3 dias/semana

TIPOS DE TREINO DE FORÇA

A Figura 21.6 apresenta um modelo de força para o clínico que elabora programas de treino de força para atletas e não atletas. Como discutido anteriormente, a força é definida tradicionalmente como a força máxima que um músculo ou grupo muscular pode gerar em uma velocidade específica de contração.[1] A Figura 21.6 divide a força em três componentes: força máxima, força explosiva e força de resistência. Empenhos atléticos e habilidades esportivas específicas requerem um ou mais desses tipos de força, e um programa de treino de força deve ser elaborado para se endereçar a um ou a todos os tipos de fortalecimento.

Tipos de contração muscular

Baseado na quantidade de força necessária para a aplicação de força, o tipo de contração muscular irá variar ao longo de um *continuum* do isométrico ao dinâmico. As contrações dinâmicas são, então, divididas em três componentes: contrações musculares concêntricas, excêntricas e econcêntricas. As **contrações musculares concêntricas** são definidas como as contrações de encurtamento nas quais a tensão é desenvolvida conforme a inserção do músculo se move em direção à origem, capacitando o músculo a iniciar e a conduzir um movimento[103] (Fig. 21.7). As **contrações musculares excêntricas** são aquelas nas quais o músculo é alongado sob tensão, com a inserção movendo-se para longe da origem, resistindo ou diminuindo a resistência contra a gravidade, e permitindo ao músculo agir como um amortecedor de choque, um freio excêntrico para reduzir ou parar o movimento, ou um estabilizador dinâmico durante o movimento[103] (Fig. 21.8). As contrações concêntricas requerem significativamente mais unidades motoras e, assim, mais força para se mover contra a mesma resistência do que as contrações

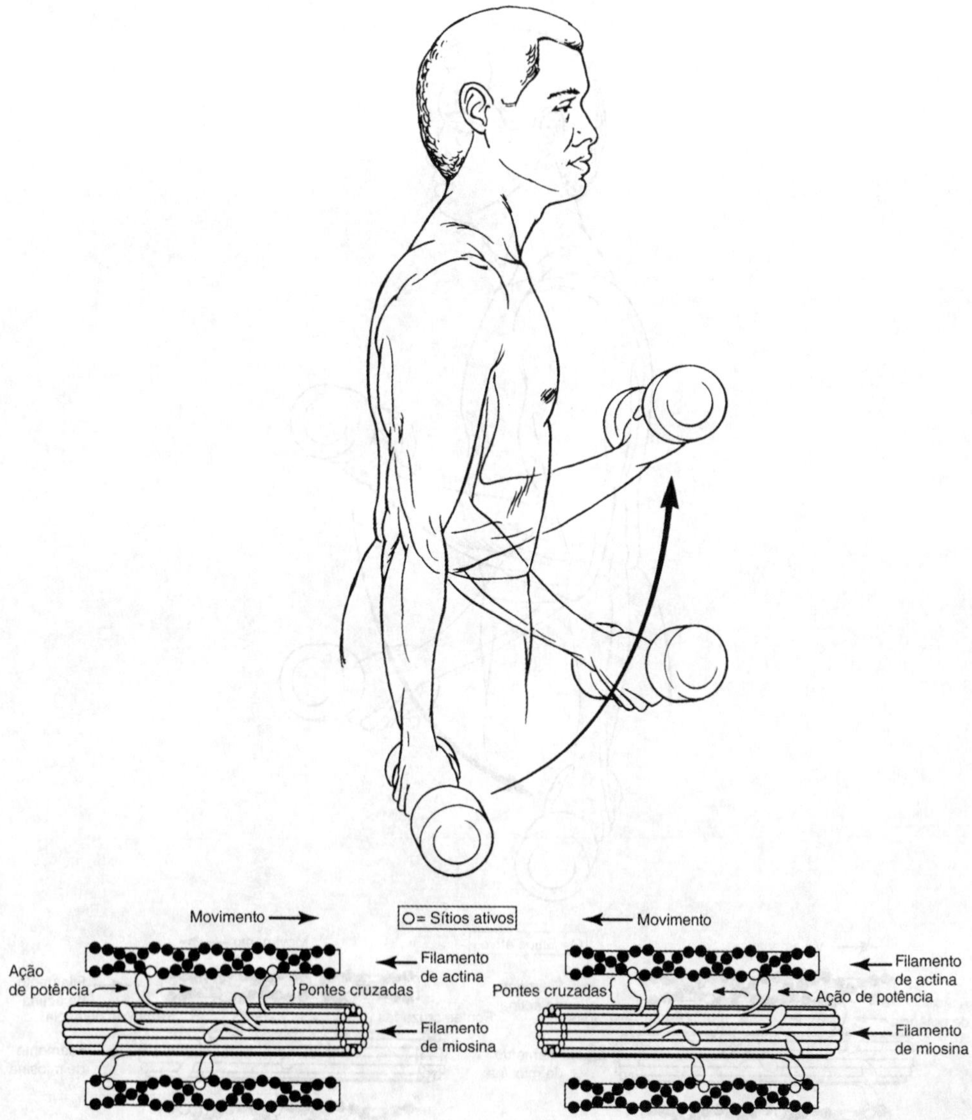

Figura 21.7 Modelo de contração muscular concêntrica. (De Falkel JE, Cipriani DJ. Physiological principles of resistance training and rehabilitation. In Zachazewski JE, Magee DJ, Quillen SW, editors. *Athletic Injuries and Rehabilitation.* WB Saunders, Philadelphia, 1996, p. 215.)

excêntricas. As contrações excêntricas requerem menor gasto energético, embora se acredite que estejam relacionadas a alguns aspectos da dor muscular pós-exercício que se desenvolve após um exercício novo ou não familiar.

Gray et al.[104] introduziram o conceito de uma contração muscular que combina a contração excêntrica e a concêntrica, chamada contração muscular econcêntrica. Deusinger[65] identificou uma contração muscular pseudoisométrica, hipotética, que envolve uma contração concêntrica controlada de um músculo junto à contração excêntrica concorrente do mesmo músculo, conforme o movimento ocorre em duas ou mais articulações. Esse tipo de contração é possível apenas para músculos poliarticulares. Como a contração muscular concêntrica ocorre em uma articulação simultaneamente com a contração excêntrica em uma segunda articulação, Deusinger[105] acreditou que esse tipo de contração se deve a uma falta aparente de comprimento no músculo poliarticular durante a atividade. Gray et al.[104] definiram esse tipo de contração como "econcêntrica" porque ela envolve tanto a contração excêntrica como a concêntrica, mas também porque ela é um tipo econômico de contração muscular em músculos poliarticulares. *Funcionalmente, o movimento econcêntrico é importante porque essa é a forma como os músculos biarticulares, os quais são os músculos mais comumente lesionados, agem no dia a dia.* Dessa forma, quando treinar músculos poliarticulares, o clínico deve incluir esse tipo de exercício, caso espere uma recuperação funcional real.

A Figura 21.9 apresenta um modelo de contração econcêntrica. O bíceps braquial é um músculo biarticular que cruza tanto a articulação do cotovelo como a do ombro. O bíceps é capaz de produzir a flexão de cada articulação ou de controlar a extensão de cada articulação. Durante uma atividade, tal como o levantamento de um haltere (ver Fig. 21.9), o bíceps trabalha concentri-

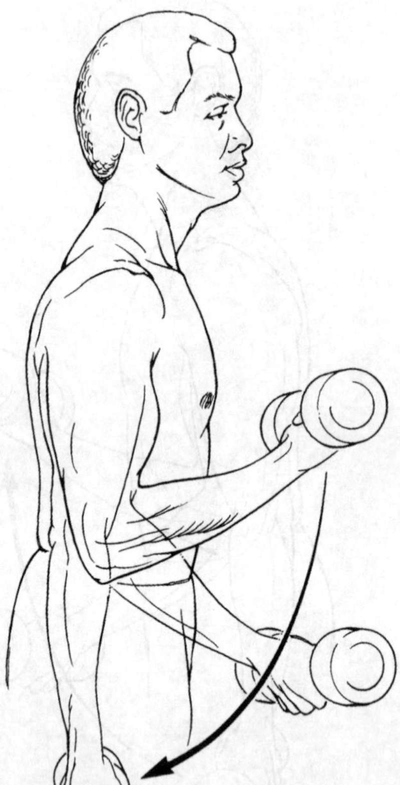

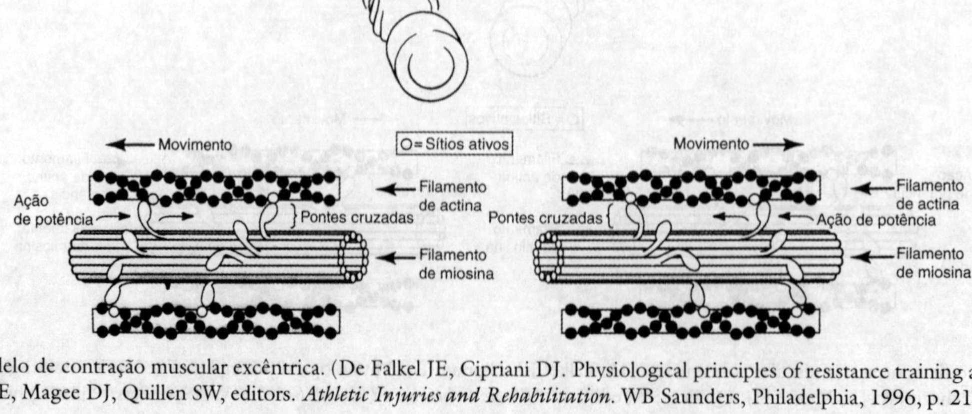

Figura 21.8 Modelo de contração muscular excêntrica. (De Falkel JE, Cipriani DJ. Physiological principles of resistance training and rehabilitation. In Zachazewski JE, Magee DJ, Quillen SW, editors. *Athletic Injuries and Rehabilitation*. WB Saunders, Philadelphia, 1996, p. 216.)

camente para flexionar o cotovelo, trazendo a resistência para mais próximo do corpo. Ao mesmo tempo, o ombro é estendido a partir de uma posição flexionada anteriormente para trazer o haltere para cima em uma via mais curta. Essa extensão do ombro é controlada excentricamente pelo bíceps no ombro. Assim, enquanto o bíceps é ativamente encurtado no cotovelo durante a flexão, ele é ativamente alongado no ombro durante a extensão excêntrica. Aparentemente, o bíceps não alterou seu comprimento real, produzindo uma contração do tipo pseudoisométrica.

No membro inferior, a contração do músculo sóleo durante a marcha, seja na caminhada ou na corrida, é o principal exemplo de uma contração muscular econcêntrica. O sóleo é um músculo biarticular, que cruza tanto a articulação talocrural como a subtalar. Durante o "período de transição" da marcha, ou apoio unipodálico, o sóleo atua na articulação talocrural para desacelerar a tíbia excentricamente, conforme ele efetua a dorsiflexão sobre o pé fixado. Ao mesmo tempo, essa tensão muscular trabalha concentricamente para causar a inversão do calcâneo, ajudando a transição da pronação da articulação subtalar para a supinação. Novamente, o sóleo trabalha excentricamente no tornozelo e concentricamente na articulação subtalar, resultando em uma contração econcêntrica.

O conceito de contração econcêntrica torna-se cada vez mais importante nos ambientes de reabilitação e de treinamento. Os músculos e os proprioceptores se adaptam conforme são treinados. A reabilitação muscular típica e a realização de testes têm se baseado em movimentos uniarticulares e na avaliação de reabilitação isolada de um músculo em uma única de suas articulações por vez. O exercício de rosca com haltere é um exemplo típico: o bíceps é normalmente reabilitado apenas em suas funções

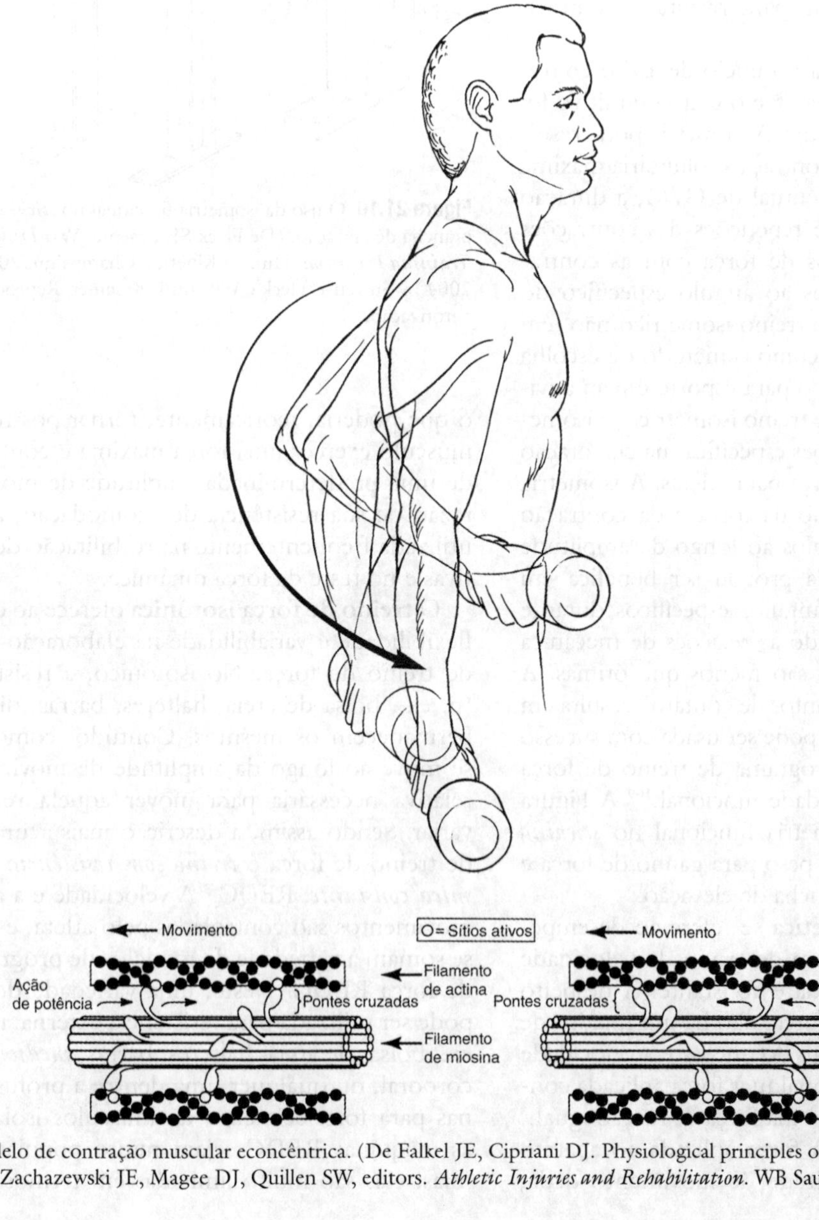

Figura 21.9 Modelo de contração muscular econcêntrica. (De Falkel JE, Cipriani DJ. Physiological principles of resistance training and rehabilitation. In Zachazewski JE, Magee DJ, Quillen SW, editors. *Athletic Injuries and Rehabilitation.* WB Saunders, Philadelphia, 1996, p. 217.)

no cotovelo. Contudo, pode ser mais bem servido se ele for reabilitado em suas funções tanto no cotovelo como no ombro. Como os músculos poliarticulares são capazes de função pseudoisométrica, a reabilitação e a elaboração de programa para treino de força devem incluir exercícios econcêntricos para esses músculos. A especificidade do treinamento demanda que o músculo seja treinado e reabilitado econcentricamente.

Treino isométrico, isocinético e isotônico

Tradicionalmente, três formas de contração muscular têm sido utilizadas durante os exercícios de treino de força: as contrações isométricas, as isocinéticas e as "isotônicas".

Algumas das pesquisas mais recentes com o treino de força foram realizadas com contrações isométricas. O **treino isométrico**, ou **de resistência estática**, refere-se à contração muscular na qual não há alteração aparente no comprimento do músculo.[3] O músculo não gera força suficiente contra a resistência para resultar em movimento de resistência.

A isometria foi introduzida no início de 1950 com o trabalho de Hettinger e Muller,[106] e o texto definitivo foi escrito em 1961 por Hettinger.[107] A isometria pode resultar em ganhos de 5 a 30% na contração voluntária máxima (CVM) dependendo do porcentual de CVM, a duração da contração e o número de repetições das contrações isométricas.[3, 106-108] Os ganhos de força com as contrações isométricas são limitados ao ângulo específico do exercício e, como resultado, o treino isométrico não tem sido visto de modo favorável como o método de escolha para o fortalecimento dinâmico para esporte e para atividade. Contudo, uma forma de treino isométrico, a isometria funcional possui implicações específicas na elaboração de programas de treino de força para atletas. A isometria funcional consiste na aplicação da força e da contração isométrica em múltiplos ângulos ao longo da amplitude de movimento funcional. Ela provou ser benéfica em prover ganhos de força em ângulos específicos durante o movimento funcional quando as relações de mecânica articular e de força muscular são menos que ótimas. A isometria funcional nesses "pontos de contato" resulta em uma melhor força funcional e pode ser usada com sucesso como componente de um programa de treino de força esporte-específico ou de atividade funcional.[109] A Figura 21.10 mostra o uso da isometria funcional no *sticking point* de um levantamento de peso para ganho de força e melhora geral da força na prancha de elevação.

O **treino de força isocinética** se refere ao desempenho da contração muscular em determinada velocidade de movimento predeterminada e constante. A despeito de outros tipos de treino de força, não há um quadro de resistência a ser alcançado; mais do que isso, a velocidade do movimento é projetada e qualquer força aplicada contra o equipamento resulta em uma força de reação igual.[3] A força de reação é similar à força aplicada ao aparato por meio de qualquer amplitude de movimento dada,

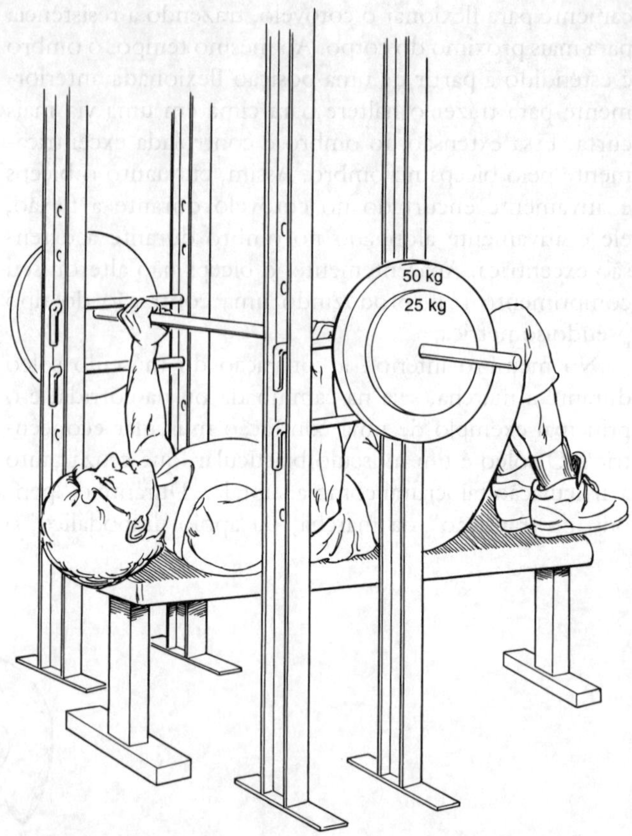

Figura 21.10 O uso da isometria funcional no *sticking point* em uma prancha de elevação. (De Fleck SJ, Kraemer WJ. *Designing Resistance Training Programs.* Human Kinetics, Champaign, 2004. Copyright 2004 by Steven J. Fleck e William J. Kraemer. Reproduzido com autorização.)

o que poderia, teoricamente, tornar possível a qualquer músculo exercer uma força máxima e contínua ao longo de uma predeterminada amplitude de movimento.[3] Em razão de sua resistência de acomodação, a isocinética é utilizada frequentemente na reabilitação de lesões esportivas e no teste da força dinâmica.

O **treino de força isotônica** oferece ao clínico a maior flexibilidade e variabilidade na elaboração de programas de treino de força. No isotônico, a resistência externa (p. ex., bolsa de areia, halteres, barras, discos de peso) permanecem os mesmos. Contudo, como a resistência se move ao longo da amplitude de movimento, a força relativa necessária para mover aquela resistência deve variar. Sendo assim, a descrição mais acurada desse tipo de treino de força é *treino com resistência externa dinâmica constante*, REDC.[3] A velocidade e a amplitude dos movimentos são controladas pelo atleta, e essas variáveis se somam à variedade de modelos de programa no treino de força REDC. Neste, uma variedade de modalidades pode ser utilizada para resistência externa: pesos livres (p. ex., bolsas de areia, halteres, barras, *medicine balls*), peso corporal, ou qualquer uma dentre a profusão de máquinas para fortalecimento de músculos isolados. Embora as máquinas REDC sejam muito populares em academias, elas são muito limitadas em termos de amplitude de movimento e, a menos que elas realmente "se adaptem" apropriadamente ao indivíduo, são restritas em sua habilidade de melhorar a força. Os pesos livres são verdadeiramente livres quando não restringem a amplitude de movimento, a velocidade de movimento ou o uso do treino de força multiplanar. Os movimentos funcionais e as habilidades esportivas são raramente uniplanares ou unidirecionais e são raramente limitados ao movimento de uma única articulação ou função muscular. Dessa forma, permitem a incorporação dos padrões de movimentos e das velocidades de movimento da atividade ou do esporte específico. Com instrução adequada e técnicas focais corretas, os exercícios de peso podem prover o indivíduo com um programa de treino de força ideal para se dedicar a qualquer forma de fortalecimento que seja requerida para um esporte específico ou uma atividade.

Como exercício, o agachamento e o levantamento de pesos são, provavelmente, duas das elevações mais comuns realizadas em qualquer treino de suporte, e são utilizados como um barômetro da força por qualquer treinador. O agachamento, quando feito de forma correta, é um exercício excelente e seguro para aumentar a força geral do membro inferior e do tronco. Trata-se de uma de nossas atividades de vida diária mais funcional, e muitos clínicos ainda estão temerosos e preocupados sobre utilizar essa elevação nos programas de treino de força de seus atletas e pacientes. A NSCA (Associação Nacional de Força e Condicionamento) escreveu uma declaração de posicionamento e uma revisão de literatura sobre o agachamento como um exercício no condicionamento atlético.[110]

O agachamento é um exercício seguro e de valor, e pode ser incluído na elaboração de um programa para a maior parte dos pacientes com problemas em membros inferiores. A instrução e a técnica apropriadas podem ser aprendidas em uma variedade de fontes,[18,111] e o clínico deve aprender as aplicações e as técnicas adequadas do agachamento e compartilhá-las com seus atletas e pacientes.

O levantamento-terra é outra forma de levantamento, que, como o agachamento, quando realizado corretamente e do modo adequado, é um exercício de treino de força de valor, com muitas aplicações, não apenas no esporte, mas também em atividades normais de vida diária. Hatfield[18] e Garhammer[111] forneceram instruções excelentes na técnica e na biomecânica do levantamento terra, e o clínico deve encorajar o seu uso como um dos levantamentos centrais da maior parte dos programas de treino de força.

Uma última forma de levantamento competitivo que possui alguma aplicação para a população geral é o olímpico. Esses levantamentos consistem no arremesso e no arranque. Embora a descrição detalhada do levantamento olímpico esteja além do objetivo deste capítulo, tem função na reabilitação de pacientes que necessitarão elevar objetos acima de sua cabeça quando retornarem aos seus trabalhos e às atividades funcionais da vida diária. Para aqueles clínicos de reabilitação não familiarizados com a potência do levantamento olímpico, recomendamos procurar a NSCA (HTTP://www.nsca-lift.org) para materiais educacionais e instrução.

Questões de segurança da NSCA com o exercício de agachamento[110]

- O agachamento, quando realizado corretamente e com a supervisão apropriada, não apenas é seguro, mas também pode ser um fator impeditivo de lesões de joelho.
- O exercício de agachamento pode ser um componente importante de um programa de treinamento para melhorar a habilidade do atleta de estender intensamente os joelhos e os quadris, e pode melhorar consideravelmente o desempenho em muitos esportes.
- O treino excessivo, as lesões por *overuse* e os problemas relacionados à fadiga de fato ocorrem com o agachamento. No entanto, a probabilidade de tais lesões e problemas é substancialmente diminuída pela aderência aos princípios estabelecidos no modelo de programa de exercício.
- Quando desempenhado corretamente, o exercício de agachamento não age contra a estabilidade articular do joelho.
- O treino de peso, incluindo o exercício de agachamento, fortalece o tecido conjuntivo, incluindo músculos, ossos, ligamentos e tendões.
- A forma apropriada depende do estilo de agachamento e dos músculos a serem condicionados.
- Embora o agachamento resulte em alto impacto na coluna, o potencial de lesão é baixo com a técnica e a supervisão apropriadas.
- Existem informações conflitantes quanto ao tipo, à frequência e à severidade das lesões no treino com pesos. Algumas informações de altas taxas de lesão podem ser baseadas em amostras com viés. Outras informações atribuem lesões ao treino com pesos, incluindo agachamento, que poderiam ter sido causadas por outros fatores.
- As lesões atribuídas ao agachamento podem ser resultado não do próprio exercício, mas da técnica inadequada, de anormalidades estruturais preexistentes, de outras atividades físicas, de fadiga ou de treinamento excessivo.

Treino pliométrico

O termo **pliométrico** (derivado do grego, que significa "aumentos mensuráveis") foi introduzido em 1975 por Wilt,[112] que o utilizou para descrever o que era uma técnica de treinamento do leste europeu conhecida simplesmente como **treino de salto**.[113] Pliométricos são exercícios que capacitam o músculo a alcançar sua força máxima tão rápido quanto possível.[113,114] Eles permitem a exploração do ciclo de alongamento e encurtamento do músculo para aumentar a potência.[115]

Os exercícios pliométricos começam com o alongamento rápido do músculo por meio de uma contração excêntrica, seguido pelo encurtamento do mesmo músculo em uma contração concêntrica.[114] Esses exercícios são baseados no uso das propriedades elásticas em série e das propriedades estiramento-reflexo do músculo.[114] Quando o músculo é carregado durante a contração excêntrica, existe um aumento na tensão muscular, que permite uma contração muscular concêntrica maior. Os proprioceptores dos fusos musculares e dos ligamentos e tendões ao redor da ação da articulação também são utilizados durante o treino pliométrico, uma vez que eles exercem um papel na pré-configuração da tensão muscular e na retransmissão da captação sensorial do músculo sob rápido alongamento para ativação do reflexo de estiramento.[114-116]

O treino pliométrico é similar a qualquer outra forma de treino de força, já que utiliza o princípio da sobrecarga para impor adaptações graduais sobre os músculos e as articulações.[115] A pliometria pode ser feita com o hemicorpo inferior, o tronco e o hemicorpo superior, mas antes que um programa pliométrico de sucesso seja implementado, o atleta, ou o paciente, deve desenvolver um nível de base de força.[113-116] Atividades tão básicas e simples como a marcha e a corrida incorporam princípios pliométricos, e sendo assim, o exercício pliométrico deve ser incluído em todos os programas de treino de força tanto para atletas como para pacientes.

Como as demandas do treino pliométrico são maiores, muitos clínicos recomendam apenas de uma a três sessões por semana.[113,115] A intensidade do exercício pliométrico é quase sempre alta, e dessa forma deve progredir dos exercícios de baixa intensidade, para localizados, para exercícios de média intensidade, e então para exercícios de alta intensidade.[115,117] A recuperação entre séries, entre os exercícios e as sessões de treinamento é essencial. A recuperação entre as séries deve ser longa o bastante para permitir o esforço máximo na próxima (de 5 a 10 segundos até 2 a 4 minutos), e a recuperação entre as sessões de treinamento deve ser no mínimo de 2 dias, e muitas vezes de até 4 dias.[115]

Os exercícios pliométricos podem e devem ser feitos em todos os três planos de movimento, usando movimentos multiplantares tanto quanto possível. A maior parte dos movimentos funcionais e das habilidades esportivas envolve, ao menos, dois planos de movimento, e dessa forma o treino pliométrico deve ser feito em ao menos dois e, de preferência, em todos os três planos de movimento.

Um dos principais objetivos do treino pliométrico é maximizar a força em uma mínima quantidade de tempo.[116] A fase de transição entre a aterrissagem excêntrica e o movimento concêntrico na direção desejada, ou a fase de amortização, deve ser tão curta quanto possível, de forma que mais força seja gerada na fase concêntrica para alcançar maior distância ou potência. De modo realista, o exercício pliométrico precisa ser incluído em todo programa de reabilitação e para a maior parte dos pacientes, bem como para atletas e clientes saudáveis. Um dos maiores temores para o paciente que utiliza um acessório auxiliar para deambulação é ter de parar de repente, mudar a direção rapidamente, e sair do caminho de outro objeto ou pessoa (p. ex., em uma loja ou em um *shopping*). Para fazer isso com sucesso, esses pacientes precisam estar previamente treinados com exercícios pliométricos de menor intensidade ou estresse para permitir que ganhem o equilíbrio, a coordenação e o controle corporal necessários para realizar essas manobras durante a marcha sem aumentar seu risco de queda.[19] O carregamento e o descarregamento simples do membro inferior em diferentes planos com peso corporal parcial, total ou com adição pode dar ao paciente a força e a velocidade pliométricas necessárias para uma deambulação segura em qualquer situação. O treino pliométrico para populações de pacientes pode ser realizado na água de maneira fácil e segura.[117] A flutuabilidade da água permite que os pacientes com *status* de suporte de peso limitado estimulem os tipos de movimentos pliométricos (p. ex., alterações rápidas na direção, carregamento e descarregamento rápido do membro afetado), e todos esses tipos de exercício atuam extremamente bem em uma variedade de pacientes, mesmo naqueles com artroplastia total de joelho.[19] O treino pliométrico na água é de extremo valor e efetividade no auxílio de pacientes que apresentam uma ampla variedade de disfunções a preparar a si mesmos para as necessidades funcionais das demandas pliométricas em suas vidas diárias.

Treino com *medicine balls*

Medicine ball, ou o treino e exercícios com bolas de peso, uma das formas mais antigas de treino de força, ressurgiu nos últimos anos.[114,118] As *medicine balls* fornecem a oportunidade de melhorar a força, o equilíbrio e a coordenação por meio de movimentos dinâmicos com equipamento mínimo. Ao contrário de máquinas de resistência ou de peso que treinam músculos individuais, os exercícios com *medicine ball* treinam o corpo como uma unidade funcional, aumentando e melhorando a velocidade do movimento corporal total e melhorando o equilíbrio dinâmico. Esses movimentos dinâmicos podem ser os mesmos utilizados em atividades funcionais de vida diária, bem como muitos movimentos esportivos, oferecendo um método de treinamento de grande especificidade ao exercício. O treino com *medicine ball* pode ser feito por pessoas de todas as idades e habilidades, dos atletas mais jovens (de 4 a 6 anos de idade), a pacientes com limitações ortopédicas, e atletas competitivos de elite.[118] Os exercícios com *medicine ball* para o hemicorpo superior e inferior também podem trabalhar diretamente no centro e na musculatura do tronco em todos os planos de movimento, treinando os músculos centrais em seu papel como estabilizadores dinâmicos.

Outra vantagem do treino com *medicine ball* é a habilidade de permitir que pacientes, clientes e atletas desenvolvam movimentos de alta velocidade de um modo seguro e funcional. Mover rapidamente uma barra durante um exercício do treino de força, muitas vezes, leva à lesão, e é contraindicado. Os exercícios com *medicine ball*, contudo, permitem que as fibras de contração rápida sejam ativadas, permitindo, dessa forma, velocidades, agilidade e potência maiores.[118] Ao utilizar *medicine balls* de diferentes pesos e tamanhos, pode-se desenvolver um programa de condicionamento total que envolva todos os aspectos do movimento funcional.

Na elaboração de um programa com *medicine ball*, a intensidade pode ser controlada ao se alterar as variáveis do treino selecionado, tais como o peso da bola, o número de repetições e o tipo de exercício. Os princípios dos exercício com *medicine ball*, como todas as formas do treino de força, podem ser facilmente lembrados pelo acrônimo PRES – progressão, regularidade, sobrecarga e especificidade.[118] A *progressão* refere-se ao crescente desafio ao músculo em cada sessão de treinamento ao se adicionar maior distância entre os parceiros, aumentar a complexidade do exercício ou modificar o número de séries e repetições. A *regularidade* significa que, como a maior parte de outros treinos de exercícios de resistência com *medicine ball*, devem ser feitos ao menos 2 vezes por semana em dias não consecutivos. Treinar de 3 a 4 vezes por semana é recomendado para otimizar os ganhos no desempenho. A *sobrecarga* significa que o estresse maior deve ser colocado nos músculos a cada sessão de treinamento para alcançar uma adaptação de treinamento positiva. Isso pode ser acompanhado mais facilmente ao se utilizar bolas de peso progressivamente maior à medida que o músculo se torna mais forte. A *especificidade* é o princípio que se aplica a todas as formas de treino de força, ou seja, o corpo responderá à forma em que for treinado. Por exemplo, se uma pessoa executa apenas exercícios com *medicine ball* para o membro superior, a força de seu membro inferior não melhorará. Como as atividades esportivas e funcionais da vida diária são realizadas em todos os três planos, os exercícios com *medicine ball* são uma das melhores maneiras para treinar o corpo especificamente para as demandas do dia a dia.[118] A Tabela 21.6 mostra uma comparação entre *medicine ball* e outros métodos do treino de força.

Elaborando um programa com *medicine ball*

- Ordem do exercício: a despeito de outras formas do treino de força, nas quais os exercícios poliarticulares devem ser realizados antes de exercícios de articulação isolada, os exercícios com *medicine balls* podem ser feitos em praticamente qualquer ordem.
- Peso de treinamento: utilizar uma bola mais pesada por 3-5 repetições melhorará a força, enquanto uma bola mais leve por 15-20 repetições desenvolverá a resistência muscular. Mediate e Faigenbaum[118] recomendam um peso que possa ser utilizado corretamente de 7-10 vezes por série (2-4 libras para participantes iniciantes, 4-8 libras para intermediários e 8-12 libras para avançados). O peso aumenta conforme a força aumenta.
- Intervalos de repouso: o repouso entre as séries influencia tanto a recuperação energética quanto as adaptações do treinamento. Intervalos de repouso maiores são necessários para exercícios de fortalecimento, enquanto períodos de repouso mais curtos são desejáveis para se melhorar a resistência muscular. Em geral, é recomendado um período de repouso de 30-45 segundos.
- Velocidade do exercício: a velocidade do movimento com as *medicine balls* é controlada pela pessoa, mas a velocidade natural ou taxa de movimento é utilizada na maior parte das vezes.

Treino com tubos e faixas elásticas

Outra forma muito comum de treino de força, vista em quase todas as clínicas, é o uso de tubos ou faixas elásticas. Eles são relativamente sem custo, podem ser utilizados pela maior parte dos pacientes sem assistência significativa, e permitem exercitar um músculo em um plano de movimento mais funcional, o qual muitas vezes não pode ser realizado com formas tradicionais de treino de força. O uso de tubos tem sido aplicado por muitos anos em atletas como nadadores e golfistas para lhes permitir realizar o treino de força em planos de movimento que simulam de maneira mais precisa os movimentos do nado e o *swing* do golfe.[119,120] Embora a resistência aumente apenas durante a fase concêntrica da contração muscular com os tubos e faixas elásticas, existe uma sobrecarga progressiva colocada sobre o músculo, e a melhoria na força com esse tipo de treino de força tem sido demonstrada como efetiva particularmente em populações de pacientes.[121-124] Eles também podem ser efetivos em ajudar pacientes a iniciar um movimento de seus braços ou pernas enquanto sentados, aumentando assim o gasto energético e preparando o paciente muito descondicionado para exercícios mais agressivos e extenuantes. Os tubos elásticos também têm sido utilizados de forma bastante efetiva em pacientes com substituição total de joelho para ajudar no ganho de velocidade

Tabela 21.6 Comparação de diferentes modos de treino de força

	Medicine balls	Máquina de peso	Peso livre	Peso corporal
Custo	Muito baixo	Alto	Moderado	Nenhum
Portabilidade	Excelente	Limitada	Variável	Excelente
Facilidade de uso	Excelente	Excelente	Variável	Variável
Funcionalidade	Excelente	Limitada	Limitada	Excelente
Variedade	Excelente	Limitada	Boa	Excelente
Aprendizagem motora	Excelente	Limitada	Alta	Variável
Necessidades espaciais	Baixas	Altas	Moderadas	Baixas

Adaptado de Mediate P, Faigenbaum AD. *Medicine Ball for All Training Handbook*. Healthy Learning, Monterey, Calif, 2004. Copyright 2004. Reproduzido com autorização.

de movimento para atividades funcionais, como ao mover os pés rapidamente do acelerador para os freios enquanto dirige.[19]

PERIODIZAÇÃO DO TREINO DE FORÇA

Vorobyev[125] e Matveyev,[126] fisiologistas do leste europeu, desenvolveram um modelo para um treino de 1 ano para levantadores de peso, denominado **modelo de periodização.** A teoria por trás desse modelo foi baseada, em parte, na síndrome de adaptação geral de Selye, e propõe a existência de três fases de adaptação quando o corpo é confrontado com estímulos de estresse de resistência oriundos do treino de força: choque, adaptação e latência.[3] Na primeira fase, o novo treinamento resulta em dor muscular, e o desempenho realmente diminui. O corpo, então, adapta-se ao novo estímulo de estresse e de treinamento, e o desempenho aumenta. Na terceira fase, o corpo já se adaptou ao novo estresse, e nenhuma nova adaptação acontece. A periodização é utilizada para evitar a fase de latência e para manter o estresse de exercício efetivo em criar novos níveis de desempenho e de adaptação.[3,9,127]

Um modelo de periodização é constituído de vários ciclos. Um **microciclo**, o menor período no modelo, consiste em 1 semana de treinamento. **Mesociclos** contêm múltiplos microciclos, e o modelo de periodização contém vários mesociclos distintos. O maior é o **macrociclo**, que normalmente se refere a 1 ano inteiro de treinamento. O número de mesociclos em um macrociclo depende das metas de treinamento, do número de competições principais e do nível inicial de treinamento e aptidão física do atleta. Stone e O'Bryant[9] adaptaram o modelo de periodização de Matveyev, como mostrado na Figura 21.11 e na Tabela 21.7.[9] O estágio de hipertrofia é um período de preparação precoce elaborado para permitir ao atleta realizar as adaptações fisiológicas necessárias

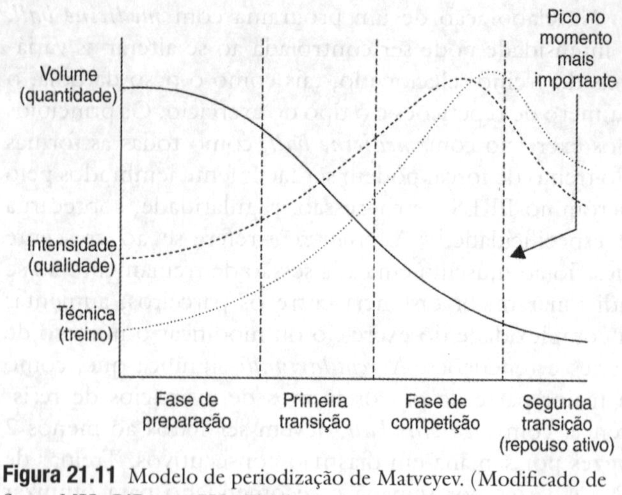

Figura 21.11 Modelo de periodização de Matveyev. (Modificado de Stone MH, O'Bryant HS. *Weight Training: A Scientific Approach.* Burgess International, Minneapolis, 1987.)

para se preparar para a temporada vindoura. O volume de exercício é alto e a intensidade é baixa; a ênfase na técnica e nos aspectos técnicos do esporte também é baixa.

O segundo é o estágio de força básica, um período posterior de preparação para a temporada, no qual a ênfase está no desenvolvimento da força próxima ao nível máximo, a qual serve como fundamentação para os estágios vindouros do desenvolvimento de potência. O volume começa a diminuir, ao passo que a intensidade e a técnica passam a ter papéis maiores e mais importantes.

O terceiro é o estágio de potência/força, que age como um período de transição entre as fases preparatória e a de competição. A ênfase nesse estágio é a geração de potência máxima; dessa forma, o volume é diminuído para prevenir a fadiga e o *overtraining*, a intensidade é muito alta, e os aspectos técnicos são de máxima importância.

Tabela 21.7 Modelo teórico do treino de força (associado com o modelo de periodização de Matveyev)

Fase	Preparação		Transição 1: força e potência	Competição: pico ou manutenção*	Transição 2: repouso ativo
	Hipertrofia	Força básica			
Séries[1]	3–10	3–5	3–5	1–3	Atletas realizam outras atividades durante esse período
Repetições	8–12	4–6	2–3	1–3	
Dias/semana	3–4	3–5	3–5	1–5	
Vezes/dia	1–3	1–3	1–2	1	
Ciclo de intensidade[2]	2–3/1	2–4/1	2–3/1	–	
Intensidade	Baixa	Alta	Alta	Muito alta a baixa	
Volume	Alto	Moderado a alto	Baixo	Muito baixo	

* Pico para esportes com clímax definitivo ou manutenção para esportes com temporada longa, como o futebol-americano.

[1] Não inclui as séries de aquecimento.

[2] A razão do número de semanas de treinamento pesado e de semanas de treinamento leve.

De Stone MH, O'Bryant HS. *Weight Training: A Scientific Approach.* Burgess International, Minneapolis, 1987, p. 123.

A quarta fase é o estágio de competição ou de pico/manutenção, em que o estresse está em se preparar para o esforço competitivo, maximizar a técnica e manter o volume baixo, a fim de prevenir lesão e fadiga. A quinta fase, que foi adicionada ao modelo original de Mateveyev, é a de repouso ativo. No ambiente competitivo corrente, não existe de fato um período fora de temporada, mas o atleta necessita de algum tempo para focar-se em outros interesses esportivos e para "fugir" do rigor do treinamento. O repouso ativo é elaborado para permitir que o atleta mantenha algum nível de aptidão física, força e potência ao participar de outros esportes ou atividades não relacionadas ao seu esporte de competição.

Os conceitos de periodização devem ser incorporados na elaboração de cada programa de treinamento, tanto para atletas como para não atletas. O clínico deve trabalhar de forma muito próxima com o treinador ou com outro clínico na elaboração dos microciclos e dos mesociclos necessários para assistir o atleta ou o não atleta no melhor preparo para a temporada de competição ou para retornar ao trabalho e às atividades normais de vida diária no nível funcional apropriado. Um modelo de periodização pode necessitar ser modificado para adaptar-se às necessidades individuais do atleta ou do não atleta, mas a base do modelo pode ser adaptada para alcançar cada indivíduo conforme seja necessário.

METODOLOGIA PARA DOCUMENTAÇÃO DOS EXERCÍCIOS DO TREINO DE FORÇA

Dada a especificidade do treinamento e a necessidade de individualização dos programas de treinamento, torna-se imperativo que seja estabelecido um método de documentação dos exercícios do treino de força para cada atleta. O sistema de documentação deve ser tal que qualquer clínico de medicina esportiva possa interpretá-lo, entendê-lo e utilizá-lo para direcionar o atleta ou o não atleta na técnica e na execução apropriada de seu programa de treinamento de resistência.

CARTELA DE EXERCÍCIO DE PESO LIVRE
© Gary Gray and Associates Physical Therapy Clinic, Inc.

Postura/ Equipamento	# /Tipo	Posições	Movimentos /Exercício

Figura 21.12 Cartela de exercício de peso livre. (De Gray GW. *Chain reaction*. Wynn Marketing, Fort Wayne, 1993.)

Definições de Gray para documentação[128]

- A *posição anatômica* é a referência relativa ao plano de movimento e à posição inicial.
- O *movimento de peso livre* pode ser paralelo à gravidade, perpendicular à gravidade ou uma combinação desses dois movimentos.
- A *postura é em decúbito dorsal*, decúbito ventral, decúbito lateral, de joelhos, em sedestação, em bipedestação, posição de avanço, em apoio unipodálico, com base alargada ou com base reduzida.
- O *equipamento* é qualquer aparato que facilite a postura a ser utilizada, como uma prancha inclinada ou uma prancha para rosca
- A *quantidade de peso* é o peso a ser utilizado por qualquer tipo de equipamento que esteja sendo empregado no exercício.
- O *tipo de peso* pode ser, por exemplo, um haltere, uma barra, uma *medicine ball*, o peso corporal, ou qualquer combinação.
- As *posições fixas* são aquelas diferentes da anatômica e devem ser descritas com incrementos de 20°, 45°, 70°, 90°, 110° e 135°.
- Ao se descrever o movimento do exercício, os *movimentos ocorrem* de proximal para distal e de inferior para superior.
- Os *movimentos combinados* são documentados com uma barra (/) (p. ex., flexão/abdução/rotação lateral do ombro).
- *Movimentos transicionais* são documentados com uma seta (→) (flexão do cotovelo à flexão do ombro).

Grey[128] estabeleceu um sistema de documentação para exercícios de treino de força que fornece informações sobre a postura, o equipamento, o volume, a intensidade, as posições corporais, os movimentos de exercício e os planos de movimento (Fig. 21.12).

Ao aplicar essas regras simples à documentação dos exercícios do treino de força, qualquer exercício pode ser documentado e, mais importante, reproduzido ou replicado por qualquer clínico que possa supervisionar o atleta ou o não atleta durante a sessão do treino de força. Com sua ênfase na documentação do exercício reprodutível e acurado, esse sistema fornece um sistema de documentação simples, fácil e reprodutível para qualquer clínico.

SISTEMAS DO TREINO DE FORÇA

A maior parte dos estudantes de atenção em saúde são introduzidos no sistema DeLorme do treino de força, desenvolvido por DeLorme e Watkins em 1948, no qual o paciente determina suas 10 repetições máximas (10-RM).[129] A primeira série consiste em 10 repetições a 50% da resistência de 10-RM, a segunda em 10 repetições a 75% de 10-RM e a terceira em 10 repetições a 100% de 10-RM. Embora tenha sido provado que esse sistema de treino de força é efetivo no desenvolvimento da força e da resistência, existem inúmeros outros sistemas de treino de força. Essa seção apresenta e descreve uma variedade de sistemas de treino de força para proporcionar ao clínico mais escolhas na elaboração de programas e permitir que o paciente prossiga além das "3 séries de 10".

Uma modificação do sistema DeLorme, desenvolvido por Knight,[130,131] é denominado **sistema de exercício de resistência progressiva ajustável diariamente** (DAPRE). O programa DAPRE garante que o atleta trabalhe ou próximo da capacidade ótima para cada série, ganhando, assim, adaptação gradual ao estímulo do treino de força.

O sistema DAPRE consiste em 4 séries. A primeira série de 10 repetições ocorre com "peso de trabalho", o qual é uma estimativa baseada no estágio de condicionamento ou de descondicionamento após uma lesão. A resistência é ajustada na série, de forma que 6 repetições são completadas contra aproximadamente 75% da resistência de trabalho. A terceira e a quarta série são contra a resistência de trabalho completa, e nesse ponto acontece o ajuste diário da resistência progressiva. Na terceira série tenta-se o número máximo de repetições e, baseado no número de repetições completadas, o peso de trabalho é aumentado ou diminuído para permitir aproximadamente 5 a 6 repetições na quarta série. A resistência é, dessa forma, ajustada diariamente com base no desempenho. O sistema DAPRE tem se mostrado ferramenta de sucesso na produção de ganhos de força significativos na população de pacientes.[125]

Fleck e Kraemer[3] escreveram o texto definitivo na elaboração de programas de treino de força, descrevendo em detalhes vários sistemas que se provaram bem-sucedidos tanto no ambiente de pesquisa como no esportivo. O quadro de acompanhamento descreve alguns dos sistemas mais populares de treino de força. Para mais detalhes e para referências científicas sobre esses temas, ver Fleck e Kraemer.[3]

Esses são apenas alguns sistemas do treino de força. A chave para a elaboração de um sistema é fornecer um estímulo adequado para iniciar a adaptação ao treino, baseado nas necessidades de demandas do atleta ou do não atleta. O clínico deve entender a progressão e a modificação do programa para impedir que fique obsoleto ou que o atleta ou o não atleta se lesionem ou fiquem entediados com o treinamento. Ao se modificar os programas ou sistemas do treino de força, pode-se manter a variedade e a adaptação, e o atleta, ou o não atleta, continuará a obter progresso e a usufruir do programa do treino de força.

INDIVIDUALIZAÇÃO DOS PROGRAMAS DE TREINO DE FORÇA

Antes que o clínico possa elaborar um programa de treino de força para um atleta ou um não atleta, ele deve primeiro conduzir uma "análise de necessidades" para determinar os movimentos de exercício necessários para a habilidade esportiva específica, o sistema metabólico necessário para o suprimento energético e os exercícios apropriados para a prevenção da lesão ou para a reabilitação.[3] A análise de necessidades será diferente para cada paciente. Uma função importante do clínico é ajudar o treinador esportivo ou o indivíduo na elaboração personalizada de programas de treino de força específicos.

Sistemas populares de treino de força

- Sistema de série única: é realizada apenas uma série por exercício, com 8 a 12 repetições máximas.
- Sistema de séries múltiplas: 2 a 3 séries de aquecimento são realizadas com resistência crescente, seguidas por 2 a 5 séries de 5 a 6 repetições máximas (RM). Esse sistema parece alcançar ótimos resultados para o aumento da força.
- Sistema leve-pesado: esse é o sistema DeLorme (ver discussão no texto).
- Sistema pesado-leve: após uma série de aquecimento, é realizada uma série de 3 a 6 repetições com peso pesado, seguido por séries com um peso mais leve, mantendo o mesmo número de repetições a cada série sucessiva.
- Programa triangular ou piramidal: uma série de aquecimento de 10 repetições é seguida por séries sucessivas, nas quais a resistência é aumentada e o número de repetições é diminuído. Uma vez que se alcance 1-RM, a sequência é revertida, com o peso crescendo e as repetições diminuindo até que sejam alcançadas a resistência inicial e de 10 a 12 repetições.
- Super-séries: dois exercícios distintos realizados com o mesmo segmento corporal, um após outro, sem repouso entre eles.
- Programa de circuito: são séries de exercícios de treino de força realizados um após o outro com repouso mínimo (de 10 a 15 segundos) entre as séries. São realizadas, normalmente, de 10 a 15 repetições em cada série, com aproximadamente 40 a 60% de 1-RM estabelecido. Os exercícios no circuito podem ser feitos por algum fator de tempo (p. ex., 30 segundos de exercício, 15 segundos de repouso) e o circuito é normalmente repetido de duas a quatro vezes. Para pacientes com doença cardiovascular, alguns programas de treinamento de resistência de circuito permitirão incluir várias estações aeróbias, como bicicleta estacionária, esteira ou máquina de remo. Os mesmos princípios da razão trabalho-repouso aplicam-se quando se incorpora essas estações aeróbias às estações de treino de força.
- Programa de ação cardíaca periférica: essa é uma variação do programa de circuito, na qual são realizadas várias séries de cinco a seis exercícios, cada uma para uma região diferente do corpo. A sessão de treinamento consiste em quatro a seis sequências, cada uma contendo diferentes exercícios para cada porção corporal.
- Sistema de série tripla: são realizados três exercícios para a mesma parte do corpo em sucessão, com pouco ou nenhum repouso entre os três exercícios.
- Sistema de pesos múltiplos: esse sistema requer dois observadores para ajudar na remoção da quantidade de peso após cada série de repetições. O atleta realiza tantas repetições quanto possível a uma dada resistência, os observadores removem uma parte da resistência, e outra série é tentada.
- Programa de blitz: esse sistema exercita apenas uma parte do corpo em uma sessão de exercícios (p. ex., coluna na segunda-feira, tronco na quarta-feira, pernas no sábado).
- Sistema de série de exaustão: o objetivo do sistema é realizar cada série até a exaustão ou a degradação da forma apropriada, mais do que um dado número de repetições.
- Sistema de repetição forçada: após completar uma série até a exaustão, um observador assiste o levantador o suficiente para permitir várias outras repetições.

Como ocorre muitas vezes nos esportes, um time inteiro realiza o mesmo trabalho de treino de força, sem modificação de volume ou de intensidade. Isso é similar para todos os pacientes lesionados recebendo um protocolo dado ou configurado como parte da reabilitação após uma lesão ou cirurgia. Cada paciente progride, cura-se e responde de forma diferente ao estresse da lesão. Forçar um paciente a progredir muito rapidamente pode ser um risco para maiores danos ou complicações; de outra forma, impedir o paciente de progredir mais rapidamente é prolongar o processo de reabilitação e trará resultado menor do que o ideal. O treino de força e os programas de reabilitação não devem ser configurados em formato de protocolos, mas devem possuir diretrizes gerais, tais como quando progredir, adicionar exercícios e aumentar o volume intensidade. Deve ser elaborado para o indivíduo, que, dessa forma, obterá o máximo do programa de treino de força.

Uma consideração final na elaboração de um programa de treino de força específico para um esporte ou atividade: em termos de elaboração de exercícios de fortalecimento para membros inferiores, o clínico deve avaliar a função muscular conforme ela seja pertinente às atividades de marcha daquele esporte ou atividade. Em função da forte influência da especificidade do exercício, os movimentos e os músculos dos membros inferiores devem ser fortalecidos e treinados baseados em suas funções durante a marcha.[132] O termo *marcha-habilitação* foi introduzido para encorajar os clínicos a elaborar exercícios para os membros inferiores baseados na função muscular durante as diferentes fases de apoio/oscilação da marcha.[133] Mais especificamente, a marcha-habilitação é designada para treinar os músculos a trabalhar nas amplitudes em que estarão trabalhando durante a marcha do esporte ou da atividade.

As estratégias de reabilitação para os membros inferiores sofreram uma mudança gradual no foco de exercício para reabilitação, de um foco em exercícios isolados para o foco em exercícios integrados.[134,135] Mais especificamente, os clínicos desenvolveram uma maior apreciação para os exercícios orientados funcionalmente, comparados com as abordagens de exercícios orientadas aos músculos ou às articulações. Em outras palavras, a reabilitação do membro inferior coloca uma grande ênfase nos exercícios que incorporam atividades de sustentação de peso e mimetiza tarefas específicas do membro inferior (p. ex., exercícios de subida de escada, agachamento, arremetida, treinos de equilíbrio em pé). Esses exercícios "funcionais" são acrescidos aos exercícios isolados para articulação e músculo. Dessa forma, a reabilitação do membro inferior, de uma perspectiva clínica, pode ser vista como um *continuum* que progride do menos funcional – a maior parte das articulações ou dos músculos isolados – para uma mais funcional – a maior parte dos movimentos integrados.[104]

A função do glúteo médio na marcha fornece um exemplo da necessidade de especificidade no treinamento. Durante a marcha, o glúteo médio funciona excentricamente para estabilizar a pelve no plano frontal.[136] A função desse músculo ocorre durante o carregamento inicial do apoio inicial, bem como durante o apoio médio. A amplitude de movimento na qual o glúteo médio funciona é de, aproximadamente, 5° a 10° de abdução de quadril. Contudo, em um ambiente clínico, o quadril é normalmente fortalecido em posição de abdução ao longo de uma amplitude de zero a 20°. Com relação à função real do glúteo médio, isso exerce uma ação muscular reversa na pelve durante a marcha. Durante a fase de apoio, o glúteo médio controla a queda no plano frontal da pelve sobre o quadril ao estabilizar a pelve. O glúteo médio deve ser treinado para estabilizar a pelve no fêmur, não para abduzir o fêmur no quadril.

Fortalecer músculos e articulações baseado na marcha segue, simplesmente, o conceito de especificidade do exercício. Os músculos do membro inferior devem ser treinados em termos de sua função (p. ex., marcha, corrida, salto) e nas amplitudes na qual trabalharão durante essas atividades. O clínico é encorajado a examinar de maneira mais próxima a biomecânica da marcha do esporte do atleta ou da atividade de vida diária do paciente e a elaborar exercícios que repliquem intimamente essas funções. Isso requer uma apreciação e um entendimento constante da cinemática articular e da posição articular durante a marcha. Manter a marcha em mente pode garantir a especificidade do treinamento como um adjunto ao treino de força e aos programas de reabilitação.

Os exercícios tradicionais para o membro inferior se direcionam à patomecânica específica envolvida na disfunção do membro inferior. Com a reabilitação tradicional, os especialistas em reabilitação em medicina esportiva aplicam abordagens de exercício que tendem a isolar a área da disfunção, implementando exercícios focados na deficiência específica do músculo, ou da articulação, envolvido. Por exemplo, no caso da reabilitação após uma fratura de quadril, o clínico objetiva questões específicas da amplitude do movimento do quadril e da força muscular em torno do complexo do quadril, e se foca exclusivamente nessas questões. Exercícios como extensão do quadril em decúbito dorsal, decúbito ventral com levantamento de perna, configuração isométrica para glúteo máximo, e abdução para o quadril do lado de repouso em decúbito lateral são alguns exemplos de programas de exercício que dominam a reabilitação para o membro inferior tradicional. Mais ainda, como os indivíduos realizam exercícios em uma posição sem descarga de peso, com segmento distal livre (ou seja, o pé) os clínicos aplicam o rótulo de **cadeia cinética aberta** a esses exercícios.[135,137-139]

Esses exercícios isolados focam a deficiência medida do membro inferior. Como no exemplo precedente do plano de reabilitação para fratura de quadril, os programas de exercício tentam restaurar a força e a mobilidade da articulação do quadril envolvida. Na medida em que a força e a mobilidade melhoram, o programa de reabilitação dirige o indivíduo para exercícios de sustentação de peso como treino de marcha, subir escadas e treino de transferência.[140] Contudo, os indivíduos necessitarão demonstrar, primeiramente, o desempenho adequado nos exercícios sem descarga de peso, antes que progridam para o programa com descarga de peso.

No final da década de 1980 e no início da década de 1990, os clínicos começaram a questionar o papel dos exercícios isolados.[104,141] Os cursos de educação continuada e pesquisa começaram a se dirigir para a questão da eficácia do exercício e da especificidade do exercício.[104,132] Exercícios com descarga de peso (ou seja, exercícios de progressão funcional) começaram a ganhar popularidade como a fonte primária de exercício. A pesquisa sustentou a noção de que exercícios com descarga de peso, como o agachamento e os exercícios de step, podiam ser tão efetivos para o ganho de força e mobilidade como as versões mais tradicionais sem descarga de peso (p. ex., extensões de joelho e de quadril).

Por exemplo, Augustsson et al.[142] demonstraram com sucesso que os exercícios de sustentação de peso eram realmente mais efetivos para o fortalecimento do músculo quadríceps do que os exercícios sem descarga de peso. Eles compararam o exercício de agachamento em bipedestação tradicional (grupo de exercício de cadeia cinética fechada) com os exercícios tradicionais de extensão de joelho e de abdução de quadril em sedestação (grupo de exercícios de cadeia cinética aberta). Embora a força após teste tenha aumentado em ambos os grupos de indivíduos, o grupo que realizou exercícios de agachamento em bipedestação demonstrou maior ganho de força que o grupo de exercícios em sedestação (ganho de 31% *versus* ganho de 13%, $p < 0,05$). Eles ainda notaram que os exercícios de descarga de peso reproduziram de forma mais próxima a função do quadríceps (ou seja, controlar a flexão do joelho em apoio) do que os exercícios sem descarga de peso.

Tabela 21.8 Exercícios para o membro inferior simulando função

Exercício	Estimulação Funcional
Agachamento	Replica os movimentos encontrados na marcha, na subida/descida de degraus e no sentar-e-levantar/levantar-e-sentar
Arremetidas	Replica movimentos encontrados durante a carga inicial na marcha; podem ser realizadas nos planos sagital, frontal e transverso
Simulador de degraus automatizado	Replica forças similares às produzidas para subir escadas
Sistema de plataforma biomecânica para tornozelo (BAPS *board*)	Replica forças no plano transverso do membro inferior como um todo
Máquina de esqui *cross-country*	Replica forças no plano sagital, sem as principais forças de reação do solo
Versa climber®	Replica forças similares às produzidas na subida de escadas e ladeiras, incluindo os movimentos recíprocos do braço
Esteira	Permite o treino de marcha para frente, para trás e para o lado no ambiente clínico
Prancha inclinada	Agachamento com uma ou duas pernas para replicar forças similares às produzidas pelo agachamento a partir da bipedestação em uma posição protegida

Somado a isso, a pesquisa suporta a noção de que os exercícios com descarga de peso podem preparar melhor o indivíduo para retornar às atividades normais de vida diária comparado com os exercícios sem descarga de peso.[142-144] Worrell et al.[144] examinaram os efeitos de um programa de fortalecimento progressivo de 4 semanas para os membros inferiores em indivíduos saudáveis. O programa consistiu em um exercício de descarga de peso comum, o exercício lateral de subir e descer degraus. Os indivíduos realizaram múltiplas repetições de subir e descer sobre o step enquanto mantinham uma quantidade prescrita de peso em cada mão para resistência externa. O componente peso foi aumentado gradualmente durante o curso do programa de fortalecimento utilizando o protocolo DAPRE. Todos os sujeitos foram pré-testados e pós-testados para força sem descarga de peso por meio de um dinamômetro isocinético, bem como para força funcional utilizando testes de salto e testes de step. Na conclusão do programa de treinamento, todos os indivíduos demonstraram ganhos significativos nas habilidades de salto e de step ($p \leq 0,05$). Os investigadores não observaram ganhos significativos com o teste de força isocinética (sem descarga de peso). Finalmente, os estudos de Greenberger e Paterno[145] falharam em mostrar qualquer relação forte entre o teste de força sem descarga de peso e as habilidades funcionais de desempenho.

Os especialistas em medicina esportiva e em reabilitação agora classificam os exercícios funcionais em uma escala contínua. Os exercícios sem descarga de peso representam uma extremidade da escala, em geral a extremidade inferior da função, enquanto os exercícios com descarga de peso representam a extremidade oposta da escala, qual seja, a mais funcional. Essencialmente, embora a extensão do quadril em decúbito dorsal não replique qualquer movimento típico de função, ele está no *continuum* da função. Esse exercício provoca o esforço muscular do glúteo máximo e dos isquiotibiais, e requer o movimento do quadril ao longo da amplitude disponível. Contudo, o exercício de agachamento também provoca esforço do glúteo máximo e dos isquiotibiais e requer o movimento de quadril ao longo da amplitude disponível. Além disso, o exercício de agachamento requer movimento dos tornozelos, joelhos e da pelve, bem como o esforço dos músculos posteriores da panturrilha (ou seja, os gastrocnêmios e o sóleo), do quadríceps e dos extensores da coluna. Assim, o exercício de agachamento integra todo o membro inferior ao invés de isolar a articulação do quadril. Os clínicos consideram agora que o exercício de descarga de peso é mais funcional do que o exercício de extensão de quadril. Somado a isso, o exercício de agachamento assemelha-se mais aos componentes de movimento envolvidos no processo de sentar-e-levantar e de levantar-e-sentar. Dessa forma, o exercício de agachamento é classificado como mais funcional do que o exercício de extensão de quadril, o qual não se assemelha a qualquer atividade diária típica do membro inferior. A Tabela 21.8 lista os exercícios comuns de sustentação de peso e as atividades funcionais que eles replicam.

Dessa forma, parece que a solução mais provável para a reabilitação do membro inferior é uma combinação de exercícios de hábitos de rotina e de exercícios orientados à tarefa. Em acréscimo, parece muito apropriado começar os exercícios orientados à tarefa tão logo quanto possível, simultaneamente com os exercícios de hábitos de rotina. O programa de hábitos de rotina deve focar principalmente no fortalecimento e na amplitude de movimento do músculo puro necessário para realizar as tarefas funcionais, direcionando-se às deficiências isoladas. O componente orientado à tarefa deve focar na educação neuromuscular, no desenvolvimento de habilidades e na construção da confiança.

SUMÁRIO

O profissional de reabilitação tem uma responsabilidade maior em relação ao atleta, ao treinador e ao paciente na elaboração de um programa de treino de força específico e apropriado para maximizar as habilidades e o potencial do cliente. Tendo em consideração a bioenergética da contração muscular, a fisiologia e a adaptação do músculo durante o treino de força, e a implementação de um programa de treinamento de resistência específico do esporte e individualizado, o atleta ou o não atleta obterão mais de um programa de treino de força e terão habilidades funcionais máximas.

REFERÊNCIAS BIBLIOGRÁFICAS

1. Knuttgen HG, Kraemer WJ: Terminology and measurement in exercise performance, J Appl Sport Sci Res 1:1-10, 1987.
2. Harman E: The biomechanics of resistance training. In Baechle TR, Earle RW, editors: Essentials of strength training and conditioning, ed 2, Champaign, Ill, 2000, Human Kinetics.
3. Fleck SJ, Kraemer WJ: Designing resistance training programs, Champaign, Ill, 2004, Human Kinetics.
4. Conley MS: Bioenergetics of exercise and training. In Baechle TR, Earle RW, editors: Essentials of strength training and conditioning, ed 2, Champaign, Ill, 2000, Human Kinetics.
5. Astrand PO: Textbook of work physiology, New York, 1986, McGraw-Hill.
6. O'Shea JP: Scientific principles and methods of strength fitness, Reading, Mass, 1976, Addison-Wesley.
7. Goldspink G, Larson RE, Davies RE: The immediate energy supply and cost of maintenance of isometric tension for different muscles in the hamster, Z Verg Physiol 66:389-397, 1970.
8. Meyer RA, Terjung RL: Differences in ammonia and adenylate metabolism in contracting fast and slow muscle, Am J Physiol 237(3):C111-C118, 1979.
9. Stone MH, O'Bryant H: Weight training: a scientific approach, Minneapolis, Minn, 1987, Burgess International.
10. Nakamaru Y, Schwartz A: The influence of hydrogen ion concentration on calcium binding and release by skeletal muscle sarcoplasmic reticulum, J Gen Physiol 59(1):22-32, 1972.
11. Magaria R, Edwards HT, Dill DB: The possible mechanism of contracting and paying oxygen debt and the role of lactic acid in muscular contraction, Am J Physiol 106:687-714, 1933.
12. Brooks GA, Fahey TD: Exercise physiology: human bioenergetics and its applications, New York, 1984, Wiley.
13. Dohmeier TE, Farrel PA, Foster C et al: Metabolic responses to submaximal and maximal timed interval squats, Med Sci Sport Exerc 16:126, 1984.
14. Scala D: Oxygen uptake, oxygen debt and energy cost of high volume non-circuit Olympic style weight lifting, Master's thesis, Auburn University, 1984.
15. Stone MH, Wilson GD, Blessing D et al: Olympic weight-lifting: metabolic consequences of a workout. In Terauds T, editor: Science of weightlifting. Del Mar, Calif, 1979, Academic Press.
16. Vandewalle H, Peres G, Monod H: Standard anaerobic exercise tests, Sports Med 4:268-289, 1987.
17. Withers RT, Sherman WM, Clark DG et al: Muscle metabolism during 30, 60 and 90 seconds of maximal cycling on an airbraked ergometer, Eur J Appl Physiol 63:354-362, 1991.
18. Hatfield FC: Powerlifting: a scientific approach, Chicago, 1981, Contemporary Books.
19. Brugioni DA, Falkel JE: Total knee replacement and rehabilitation: the knee owner's manual, Alameda, Calif, 2004, Hunter House.
20. Hoffman J: Physiologic aspects of sport training and performance, Champaign, Ill, 2002, Human Kinetics.
21. Kraemer WJ: Physiological adaptations to anaerobic and aerobic resistência training programs. In Baechle TR, Earle RW, editors: Essentials of strength training and conditioning, ed 2, Champaign, Ill, 2000, Human Kinetics.
22. Kraemer WJ, Deschenes MR, Fleck SJ: Physiological adaptations to resistance exercise. Implications for athletic conditioning, Sports Med 6(4):246-256, 1988.
23. Kraemer WJ, Fleck SJ, Deschenes MR: Factors in exercise prescription of resistance training, Natl Strength Conditioning Assoc J 10:36-41, 1988.
24. Kraemer WJ, Daniels WL: Physiological effects of training. In Bernhardt DB: Sports physical therapy, New York, 1986, Churchill Livingstone.
25. Stone MH, Fleck SJ, Triplett NT, Kraemer WJ: Health and performance related potential of resistance training, Sports Med 11:210-231, 1991.
26. Bandy WD, Lovelace-Chandler V, McKitrick-Bandy B: Adaptation of skeletal muscle to resistance training, J Orthop Sports Phys Ther 12:248-255, 1990.
27. Costill DL, Coyle EF, Fink WF et al: Adaptations in skeletal muscle following strength training, J Appl Physiol 46:96-99, 1979.
28. Enoka RM: Muscle strength and its development. New perspectives, Sports Med 6(3):146-168, 1988.
29. Jones DA, Rutherford OM, Parker DF: Physiological changes in skeletal muscle as a result of strength training, Q J Exp Physiol 74:233-256, 1989.
30. Moritani T: Time course of adaptations during strength and power training. In Komi PV, editor: Encyclopedia of sports medicine: strength and power in sports, London, 1992, Blackwell Scientific.
31. Staron RS, Karapondo DL, Kraemer WJ et al: Skeletal muscle adaptations during early phase of heavy resistance training in men and women, J Appl Physiol 76:1247-1255, 1994.
32. McArdle WD, Katch FI, Katch VL: Exercise physiology: energy, nutrition and human performance, Philadelphia, 1991, Lea & Febiger.
33. Armstrong RB: Muscle fiber recruitment patterns and their metabolic correlates. In Horton ES, Terjung RL, editors: Exercise nutrition and energy metabolism, New York, 1988, Macmillan.

34. Staron RS, Hikida RS: Histochemical, biochemical and ultrastructural analyses of single human muscle fibers with special reference to the C fiber population, J Histochem Cytochem 40:563-568, 1992.
35. Staron RS, Malicky ES, Leonardi MJ et al: Muscle hypertrophy and fast fiber type conversions in heavy resistance-trained women, Eur J Appl Physiol Occup Physiol 60(1):71-79, 1990.
36. Staron RS, Johnson P: Myosin polymorphism and differential expression in adult human skeletal muscle, Comp Biochem Physiol B 106:463-475, 1993.
37. Staron RS: Correlation between myofibrillar ATPase activity and myosin heavy chain composition in single human muscle fibers, Histochemistry 96:21-24, 1991.
38. Staron RS, Leonardi MJ, Karapondo DL et al: Strength and skeletal muscle adaptations in heavy resistance trained women after detraining and retraining, J Appl Physiol 70:631-640, 1991.
39. Prince FP, Hikida RS, Hagerman FC et al: A morphometric analysis of human muscle fibers with relation to fiber types and adaptations to exercise, J Neurol Sci 49:165-179, 1981.
40. Luthi JM, Howald H, Claassen H et al: Structural changes in skeletal muscle tissue with heavy resistance exercise, Int J Sports Med 7:123-127, 1986.
41. MacDougall JD, Sale DG, Elder GCB et al: Ultrastructural properties of human skeletal muscle following heavy resistance training and immobilization, Med Sci Sports 8:72, 1976.
42. Schoutens A, Laurent E, Poortmans JR: Effects of inactivity and exercise on bone, Sports Med 7:71-81, 1989.
43. MacDougall JD, Sale DG, Elder GCB et al: Muscle ultrastructure characteristics of elite powerlifters and bodybuilders, Med Sci Sports Exerc 2:131, 1980.
44. Tesch PA, Larsson L: Muscle hypertrophy in bodybuilders, Eur J Appl Physiol 49:310, 1982.
45. MacDougall JD, Sale DG, Alway SE, Sutton JR: Muscle fiber number in biceps brachii in bodybuilders and control subjects, J Appl Physiol 57:1399-1403, 1984.
46. Chi MY, Hintz CS, Coyle EF et al: Effects of detraining on enzymes of energy metabolism in individual human muscle fibers, Am J Physiol 244:C276-C287, 1983.
47. Staron RS, Hagerman FC, Hikida RS: The effects of detraining on an elite power lifter. A case study, J Neurol Sci 51(2):247-257, 1981.
48. Graves JE, Pollock ML, Leggett SH et al: Effect of reduced training frequency on muscular strength, Int J Sports Med 9:316-319, 1988.
49. Thorstensson A: Observations on strength training and detraining, Acta Physiol Scand 100:491-493, 1977.
50. Hakkinen K, Komi PV: Electromyographic changes during strength training and detraining, Med Sci Sports Exerc 15:455-460, 1983.
51. Simoneau JA, Lortie G, Boulay MR et al: Effects of two high--intensity intermittent training programs interspaced by detraining on human skeletal muscle and performance, Eur J Appl Physiol 56:516-521, 1987.
52. Moore RL, Thacker EM, Kelley GA et al: Effect of training/detraining on submaximal exercise response in humans, J Appl Physiol 63:1719-1724, 1987.
53. MacDougall JD, Elder GC, Sale DG et al: Effects of strength training and immobilization on human muscle fibres, Eur J Appl Physiol Occup Physiol 43(1):25-34, 1980.
54. MacDougall JD, Ward GR, Sale DG, Sutton JR: Biochemical adaptation of human skeletal muscle to heavy resistance training and immobilization, J Appl Physiol 43(4):700-703, 1977.
55. Kraemer WJ, Fleck SJ: Strength training for young athletes, Champaign, Ill, 1993, Human Kinetics.
56. Faigenbaum AD, Westcott WL: Strength and power for young athletes, Champaign, Ill, 2000, Human Kinetics.
57. Kraemer WJ, Fry AC, Frykman PN et al: Resistance training and youth, Pediatr Exerc Sci 1:336-350, 1989.
58. National Strength and Conditioning Association: Position paper on strength training for female athletes, Lincoln, Neb, 1990, National Strength and Conditioning Association.
59. Schroeder ET, Hawkins SA, Jaque SV: Musculoskeletal adaptations to 16 weeks of eccentric progressive resistance training in young women, J Strength Conditioning Res 18:227-235, 2004.
60. Paterno MV, Myer GD, Ford KR, Hewett TE: Neuromuscular training improves single-limb stability in young female athletes, J Orthop Sports Phys Ther 34: 305-316, 2004.
61. Cussler EC, Lohman TG, Going SB et al: Weight lifted in strength training predicts bone changes in postmenopausal women, Med Sci Sports Exerc 35:10-17, 2003.
62. Swezey RL: Exercise for osteoporosis: is walking enough? The case for site specificity and resistance exercise, Spine 21:2809-2813, 1996.
63. Wolff I, van Croonenborg JJ, Kemper HC et al: The effect of exercise training programs on bone mass: a meta-analysis of published controlled trials in pre- and postmenopausal women, Osteoporos Int 9:1-12, 1999.
64. Ford KR, Myer GD, Hewett TE: Valgus knee motion during landing in high school female and male basketball players, Med Sci Sports Exerc 35:1745-1750, 2003.
65. Malinzak RA, Colby SM, Kirkendall DT et al: A comparison of knee joint motion patterns between men and women in selected athletic tasks, Clin Biomech (Bristol, Avon) 16:438-445, 2001.
66. Westcott WL, Faigenbaum AD: Clients who are pregnant, older, or preadolescent. In Earle RW, Baechle TR, editors: NSCA's essentials of personal training, Champaign, Ill, 2004, Human Kinetics.
67. American College of Sports Medicine: ACSM's guidelines for exercise testing and prescription, Philadelphia, 2000, Lippincott Williams & Wilkins.
68. Committee on Obstetric Practice: ACOG committee opinion. Exercise during pregnancy and the postpartum period. Number 267, January 2002. American College of Obstetricians and Gynecologists, Int J Gynaecol Obstet 77(1):79-81, 2002.
69. Mittelmark RA, Wiswell RA, Drinkwater BL, editors: Exercise in pregnancy, Baltimore, 1991, Williams & Wilkins.
70. Fiatarone MA, Evans WJ: Exercise in the oldest old, Top Geriatr Rehabil 5:63-77, 1990.
71. Bendall MJ, Bassey EF, Pearson MB: Factors affecting walking speed of elderly people, Age Ageing 18:327-332, 1989.
72. Vellas B, Baumgartner RN, Wayne SJ et al: Relationship between malnutrition and falls in the elderly, Nutrition 8(2):105-108, 1992.
73. Fiatarone MA, O'Neill EF, Ryan ND et al: Exercise training and nutritional supplementation for physical frailty in very elderly people, N Engl J Med 330:1769-1775, 1994.
74. Grimby G, Aniansson A, Hedberg M et al: Training can improve muscle strength and resistência in 78- to 84-yr-old men, J Appl Physiol 73:2517-2523, 1992.
75. Judge JO, Underwood M, Gennosa T: Exercise to improve gait velocity in older persons, Arch Phys Med Rehabil 74:400-406, 1993.
76. Cress ME, Buchner DM, Questad KA et al: Exercise: effects on physical functional performance in independent older adults, J Gerontol A Biol Sci Med Sci 54:M242-M248, 1999.
77. Ades PA, Ballor DL, Ashikaga T et al: Weight training improves walking resistência in healthy elderly persons, Ann Intern Med 124:568-572, 1996.
78. Harris KA, Holly RG: Physiological response to circuit weight training in borderline hypertensive subjects, Med Sci Sports Exerc 19(3):246-252, 1987.
79. Hurley BF, Hagberg JM, Goldberg AP et al: Resistive training can reduce coronary risk factors without altering VO2 max or percent body fat, Med Sci Sports Exerc 20:150-154, 1988.
80. Kelley G: Dynamic resistance exercise and resting blood pressure in adults: a meta-analysis, J Appl Physiol 82(5):1559-1565, 1997.

81. Wilmore J, Parr R, Vodak R et al: Strength, resistência, BMR, and body composition changes with circuit weight training, Med Sci Sports Exerc 8:59-60, 1976.
82. Kokkinos PF, Hurley BF, Smutok MA et al: Strength training does not improve lipoprotein-lipid profiles in men at risk for CHD, Med Sci Sports Exerc 23(10): 1134-1139, 1991.
83. Kokkinos PF, Hurley BF, Vaccaro P et al: Effects of low-and high--repetition resistive training on lipoprotein-lipid profiles, Med Sci Sports Exerc 20:50-54, 1988.
84. Smutok MA, Reece C, Kokkinos PF et al: Aerobic versus strength training for risk factor intervention in middle-aged men at high risk for coronary heart disease, Metabolism 42(2):177-184, 1993.
85. Goldberg L, Elliot DL, Schutz RW, Kloster FE: Changes in lipid and lipoprotein levels after weight training, JAMA 252:504-506, 1984.
86. Stone M, Blessing D, Byrd R et al: Physiological effects of a short term resistance training program on middle-aged untrained men, Natl Strength Conditioning Assoc J 4:16-20, 1982.
87. Ullrich IH, Reid CM, Yeater RA: Increased HDL-cholesterol levels with a weight lifting program, South Med J 80(3):328-331, 1987.
88. Bell NH, Godsen RN, Henry DP et al: The effects of muscle--building exercise on vitamin D and mineral metabolism, J Bone Miner Res 3:369-373, 1988.
89. Colletti LA, Edwards J, Gordon L et al: The effects of muscle--building exercise on bone mineral density of the radius, spine and hip in young men, Calcif Tissue Int 45:12-14, 1989.
90. Layne JE, Nelson ME: The effects of progressive resistance training on bone density, Med Sci Sports Exerc 31:25-30, 1999.
91. Lemmer JT, Ivey FM, Ryan AS et al: Effect of strength training on resting metabolic rate and physical activity: age and gender comparisons, Med Sci Sports Exerc 33(4):532-541, 2001.
92. Snow-Harter C, Bouxsein ML, Lewis BT et al: Effects of resistance and resistência exercise on bone mineral status of young women: a randomized exercise intervention trial, J Bone Miner Res 7:761-769, 1992.
93. Menkes A, Mazel S, Redmond RA et al: Strength training increases regional bone mineral density and bone remodeling in middle--aged and older men, J Appl Physiol 74:2478-2484, 1993.
94. Nelson ME, Fiatarone MA, Morganti CM et al: Effects of high--intensity strength training on multiple risk factors for osteoporotic fractures. A randomized controlled trial, JAMA 272(24):1909-1914, 1994.
95. Taunton JE, Martin AD, Rhodes EC et al: Exercise for older women: choosing the right prescription, Br J Sports Med 31:5-10, 1997.
96. Butler R, Baierwalter W, Rogers F: The cardio-vascular response to circuit weight training in patients with cardiac disease, J Cardiopulm Rehabil 7:402-409, 1987.
97. Faigenbaum AD, Skrinar GS, Cesare WF et al: Physiologic and symptomatic responses of cardiac patients to resistance exercise, Arch Phys Med Rehabil 70:395-398, 1990.
98. Ghilarducci LE, Holly RG, Amsterdam EA: Effects of high resistance training in coronary artery disease, Am J Cardiol 64(14):866-870, 1989.
99. Haennel RG, Quinney HA, Kappagoda CT: Effects of hydraulic circuit training following coronary artery bypass surgery, Med Sci Sports Exerc 23:158-165, 1991.
100. Kelemen MH, Stewart KJ, Gillilan RE et al: Circuit weight training in cardiac patients, J Am Coll Cardiol 7:38-42, 1986.
101. Stewart K, Mason M, Kelemen M: Three year participation in circuit weight training improves muscular strength and self-efficacy in cardiac patients, J Cardiopulm Rehabil 8:292-296, 1988.
102. Vander L, Franklin B, Wrisley D et al: Acute cardiovascular responses in cardiac patients: implications for exercise training, Ann Sports Med 2:165-169, 1986.
103. Edington DW, Edgerton VR: The biology of physical activity, Boston, 1976, Houghton Mifflin.
104. Gray GW: Chain reaction: successful strategies for closed chain and open chain testing and rehabilitation, Adrian, Mich, 1993, Wynn Marketing.
105. Deusinger RH: Biomechanics in clinical practice, Phys Ther 64:1860-1868, 1984.
106. Hettinger R, Muller E: Muskelleistung und Muskeltraining, Arbeits Physiol 15:111-126, 1953.
107. Hettinger R: Physiology of strength, Springfield, Ill, 1961, Charles C Thomas.
108. Petrofsky JS: Isometric exercise and its clinical implications, Springfield, Ill, 1982, Charles C Thomas.
109. Jackson A, Jackson T, Hnatek J et al: Strength development: using functional isometrics in an isotonic strength training program, Res Q 56:234-237, 1985.
110. National Strength and Conditioning Association: The squat exercise in athletic conditioning: a position statement and review of the literature, Lincoln, Neb, 1992, National Strength and Conditioning Association.
111. Garhammer J: Weight lifting and training. In Vaughn CL, editor: Biomechanics of sport, Boca Raton, Fla, 1989, CRC Press.
112. Wilt F: Plyometrics: what it is and how it works, Athlet J 55:89-90, 1975.
113. Chu DA: Jumping into plyometrics, Champaign, Ill, 1998, Human Kinetics.
114. Chu DA: Plyometric exercises with the medicine ball, Livermore, Calif, 1989, Bittersweet.
115. Potach DH, Chu DA: Plyometric training. In Baechle TR, Earle RW, editors: Essentials of strength training and conditioning, ed 2, Champaign, Ill, 2000, Human Kinetics.
116. Radcliffe JC, Farentinos RC: Plyometrics: explosive power training, Champaign, Ill, 1985, Human Kinetics.
117. Miller MG, Berry DC, Gilders R et al: Recommendations for implementing an aquatic plyometric program, Strength Conditioning J 23:28-35, 2001.
118. Mediate P, Faigenbaun AD: Medicine ball for all training handbook, Monterey, Calif, 2004, Healthy Learning.
119. Falkel JE, Murphy TC: Shoulder injuries, Baltimore, 1988, Williams & Wilkins.
120. Falkel JE, Small L, Falkel MI: GolfCordz: the power source, Pacific Grove, Calif, 1992, MJF Publishers.
121. Treiber FA, Lott J, Duncan J et al: Effects of Theraband and lightweight dumbbell training on shoulder rotation torque and serve performance in college tennis players, Am J Sports Med 26:510-515, 1998.
122. Topp R, Mikesky A, Dayhoff NE, Holt W: Effect of resistance training on strength, postural control and gait velocity among older adults, Clin Nurs Res 5:407-427, 1996.
123. Thomas VS, Hageman PA: Can neuromuscular strength and function in people with dementia be rehabilitated using resistance-exercise training? Results from a preliminary intervention study, J Gerontology 58(8):746-751, 2003.
124. Hageman PA, Thomas VS: Gait performance in dementia: the effects of a 6 week resistance training program in an adult day-care setting, Int J Geriatr Soc 17:329-334, 2002.
125. Vorobyev AN: A textbook of weightlifting, Budapest, 1978, International Weightlifting Federation.
126. Matveyev L: Fundamentals of sport training, Moscow, 1981, Progress Press.
127. Wathan D, Baechle TR, Earle RW: Training variation: periodization. In Baechle TR, Earle RW, editors: Essentials of strength training and conditioning, ed 2, Champaign, Ill, 2000, Human Kinetics.
128. Gray GW: Chain reaction, Fort Wayne, Ind, 1993, Wynn Marketing.
129. DeLorme TL, Watkins AL: Techniques of progressive resistance exercise, Arch Phys Med 29:263-273, 1948.
130. Knight KL: Knee rehabilitation by the daily adjustable progressive resistive exercise technique, Am J Sports Med 7:336-337, 1979.

131. Knight KL: Quadriceps strengthening with the DAPRE technique: case studies with neurological implications, Med Sci Sports Exerc 17:646-650, 1985.
132. Cipriani DJ: Gait re-defined. Gait-abilitation: a basic approach to rehabilitation, Toledo, Ohio, 1994, MCO.
133. Winter D: The biomechanics and motor control of human gait, Waterloo, Ontario, 1988, University of Waterloo Press.
134. Morrissey MC, Harman EA, Johnson MJ: Resistance training modes: specificity and effectiveness, Med Sci Sports Exerc 27:648-660, 1995.
135. Duscha B, Cipriani D, Roberts C: A review of open vs. closed kinetic chain exercise for lower extremity rehabilitation, Clin Exerc Physiol 1:57-63, 1999.
136. Jenkins W, Bronner S, Mangine R: Functional evaluation and rehabilitation of the lower extremity. In Brownstein B, Bronner S, editors: Functional movement in orthopaedic and sports physical therapy: evaluation, treatment, and outcomes, New York, 1997, Churchill Livingstone.
137. Fitzgerald GK: Open versus closed kinetic chain exercises: issues in rehabilitation after anterior cruciate ligament reconstructive surgery, Phys Ther 77:1747-1754, 1997.
138. Yack HJ, Collins CE, Whieldon TJ: Comparison of closed and open kinetic chain exercise in the anterior cruciate ligament-deficient knee, Am J Sports Med 21:49-54, 1993.
139. Fu F, Woo S, Irrgang J: Current concepts for rehabilitation following anterior cruciate ligament reconstruction, J Orthop Sports Phys Ther 15:270-278, 1992.
140. Russell TA, Palmieri AK: Fractures of the pelvis, acetabulum, and lower extremity. In Brotzman SB, editor: Clinical orthopaedic rehabilitation. St. Louis, 1996, Mosby.
141. Cipriani D, Vermillion R: Knee rehabilitation: the challenge of function, Training Conditioning, 5:15-24, 1995.
142. Augustsson J, Esko A, Thomee R, Svantesson U: Weight training of the thigh muscles using closed vs. open kinetic chain exercises: a comparison of performance enhancement, J Orthop Sports Phys Ther 27:3-8, 1998.
143. Blackburn JR, Morrissey MC: The relationship between open and closed kinetic chain strength of the lower limb and jumping performance, J Orthop Sports Phys Ther 27:430-435, 1998.
144. Worrell TW, Borchert B, Erner K et al: Effect of a lateral step-up exercise protocol on quadriceps and lower extremity performance, J Orthop Sports Phys Ther 18(6):646-653, 1993.
145. Greenberger HB, Paterno MV: Relationship of knee extensor strength and hopping test performance in the assessment of lower extremity function, J Orthop Sports Phys Ther 22:202-206, 1995.

CAPÍTULO

22

Psicologia do paciente lesionado

Cal Botterill, Frances A. Flint e Lydia Ievleva

INTRODUÇÃO

A dinâmica psicológica na e em torno da lesão e da doença tem se tornado incrivelmente complexa e significativa. Na correria do dia a dia, é fácil acreditar que está tudo bem com nossa saúde e não nos preocuparmos com ela. Como resultado, quando encaramos situações que desafiam a saúde, muitas vezes estamos mal preparados e somos muito afetados. As necessidades humanas básicas, não raramente, disparam dinâmicas psicológicas e emocionais poderosas.

O estudo e a prática da medicina esportiva possuem implicações interessantes para a atenção em saúde e a reabilitação em geral. Como a saúde é uma parte essencial do desempenho esportivo, sua perda pode ser um golpe traumático para a identidade e os sonhos do paciente. Por outro lado, as abordagens multidisciplinares e proativas da reabilitação utilizada nos esportes parecem ter implicações importantes para a reabilitação de todos esses pacientes.

Parece haver uma consciência crescente a respeito da significância e do potencial dos fatores psicológicos e emocionais na reabilitação médica e na atenção em saúde.[1-3] Para otimizar a saúde, o desempenho e a resposta à reabilitação, todos os fatores humanos e ambientais precisam ser considerados. Achterberg articulou claramente quão significante a relação "psico-fisiologia" pode ser na saúde e na medicina.[1] Este capítulo tenta explorar de maneira aberta os fatores e as estratégias psicológicas que podem ser valiosas na reabilitação do paciente.

REAÇÕES PSICOLÓGICAS À LESÃO

Quando ocorre uma lesão e o alcance de objetivos e de atividades da vida diária, como o esforço físico e a interação social com outros, é afetado, o indivíduo com lesão pode experimentar um severo transtorno psicológico. O que ocorre psicologicamente quando o paciente sofre uma lesão (ou doença) importante, que produz um longo hiato em suas atividades normais? Quando Drake Berehowski, um jogador da liga norte-americana de hóquei, rompeu seu ligamento cruzado anterior e esteve fora de competição por 9 meses, ele expressou os sentimentos de perda que a lesão criou. "Você não pode estar mais com os colegas. Você tem de voltar e fazer sua terapia, e essa é, provavelmente, a coisa mais dura com a qual eu tive de lidar, estar distante de todos, estar distante da ação, e não ser capaz de jogar".[4] Quando um jogador de basquete universitário do primeiro ano sofreu uma lesão de terceiro grau do seu ligamento cruzado anterior, ele declarou, "No princípio, você só pode pensar que isso é o fim do mundo; eu pensei".[5] Um jogador de basquete colegial que experimentou a mesma lesão concordou e comentou, "Eu pensei que tivesse apenas torcido o pé... quando eu realmente percebi que estaria fora por meses, foi quando o medo trouxe o desencorajamento".[6] Os testemunhos fornecem profundidade à experiência psicológica e ao começo de uma fundamentação empiricamente baseada do conhecimento, na qual se constroem os programas de reabilitação psicológica.

A pesquisa quantitativa e qualitativa começa a contribuir para o conhecimento a respeito das reações psicofisiológicas dos indivíduos à lesão.[7-9] Na busca para entender como as pessoas respondem psicologicamente à lesão, duas abordagens primárias têm sido propostas. A primeira é emprestada da literatura sobre a morte e o morrer e tem sido denominada **modelo de estágio**.

- Tem sido sugerido que pessoas lesionadas apresentam reações psicológicas semelhantes àquelas que perderam um ente querido.[10,11]

Kübler-Ross,[12] em *On Death and Dying*, descreveu a progressão sequencial por estágios específicos na reação à morte; que são a negação, a ira, a barganha, a depressão e, finalmente, a aceitação. Foi levantada a hipótese de que as pessoas com lesão (especialmente os atletas) poderiam, inicialmente, negar a lesão; então, tornarem-se iradas; tentar barganhar a respeito da lesão; progredir para a depressão; e então, finalmente, aceitar a lesão. As linhas do tempo não foram esclarecidas para essas reações; porém, sugere-se que pode ser prejudicial aos pacientes com lesão se eles não progredirem ao longo dos estágios a fim de, finalmente, aceitar a lesão. Essas emoções e comportamentos específicos parecem ser relativamente comuns entre atletas com lesão. Contudo, tem havido um suporte empírico limitado para a premissa de que esses pacientes entram no paradigma da morte e do morrer. Como, tipicamente, os indivíduos com lesão têm a intenção de retornar ao esporte, ou a seu trabalho, após a reabilitação, seu senso de "perda" é, geralmente, temporário. Assim, não parece razoável extrapolar totalmente da literatura sobre a morte e o morrer para o domínio das pessoas com lesão, na medida em que isto pode restringir como nós vemos as reações psicológicas à lesão. Por outro lado, uma forte reação emocional a uma lesão e disfunção musculoesquelética séria é provável. As preocupações emocionais sobre si mesmo, a família e a carreira não são incompreensíveis. Processar e responder aos medos deve ser uma prioridade.

A segunda abordagem das reações psicológicas à lesão envolve o **modelo de apreciação cognitiva**, o qual parece reconhecer a individualidade e a interação potencial do atleta com a situação.[13-15] A base para o modelo é o trabalho de Lazarus e Folkman,[16] que lida com o estresse e a resposta a ele. O trabalho sugere que as reações ao estresse envolvem um processo pelo qual o indivíduo interage com as demandas situacionais e pessoais. Esse modelo de apreciação cognitiva (Fig. 22.1)[17] não nos informa se as reações e emoções psicológicas serão evidentes após a lesão, mas ele delineia como as emoções e as reações psicológicas podem se desenvolver e ocorrer.

O modelo de apreciação cognitiva mostra o estressor com que o indivíduo se depara (lesão), incluindo todos os fatores que podem influenciar na lesão (p. ex., a severidade e a duração da lesão). O paciente agora processa e aprecia a lesão como ameaçadora ou não ameaçadora, com base em sua percepção de quão ruim é a lesão. Em acréscimo, o paciente avalia as fontes de enfrentamento acessíveis (p. ex., terapeutas) que podem estar disponíveis para ajudar. Nesse ponto, uma conversa negativa consigo mesmo (eu estraguei meu joelho e eu nunca mais vou jogar novamente. Eu lesei minha coluna, poderei voltar a fazer trabalho físico? O que mais poderei fazer, já que eu nunca fiz outra coisa? Como eu vou sustentar a mim mesmo e a minha família?) pode se tornar evidente. Adicionalmente, o indivíduo considera quão séria é a lesão e qual impacto ela terá nos objetivos e nas decisões da carreira futura. Esse processamento, ou apreciação, estabelece como o indivíduo responderá emocionalmente, e isso é resultado direto da percepção do paciente de sua habilidade para

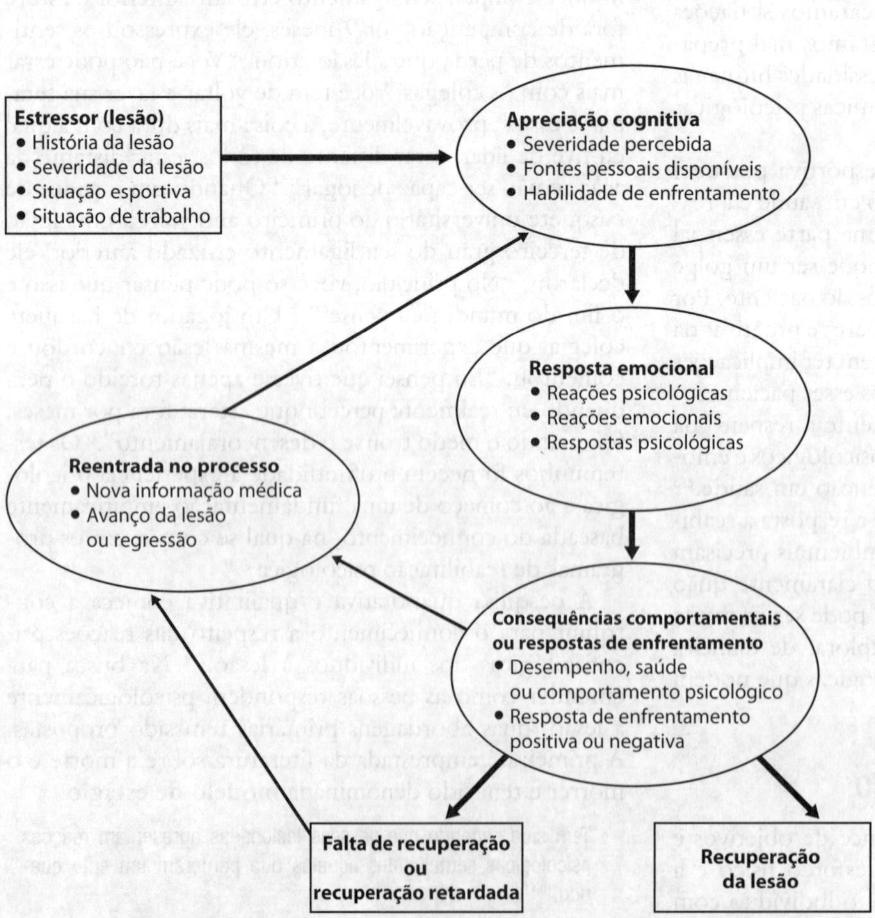

Figura 22.1 Modelo de avaliação cognitiva relacionado à lesão esportiva. (Adaptado de Flint FA. *Psychology of sport injury.* Human Kinetics, Champaign, Ill, 1998, p. 4.)

enfrentar e dos custos ou benefícios da lesão. Finalmente, nós vemos as consequências dessa apreciação à medida que o paciente mostra se enfrentará ou não a lesão apropriadamente. Cada indivíduo demonstrará habilidades de enfrentamento positivas ao aderir à reabilitação, manter uma perspectiva positiva e mostrar determinação para se recuperar, ou haverá consequências negativas, resultando em uma recuperação fracassada. Observando como o paciente responde comportamentalmente, podemos determinar quais estratégias podem ser necessárias para ajudá-lo a obter sucesso no processo de recuperação.

Evidências de mecanismos de enfrentamento positivo

- Aderência à reabilitação
- Perspectiva positiva
- Determinação para se recuperar

A despeito de qual modelo é utilizado para avaliar as respostas psicológicas à lesão, é importante lembrar que cada paciente é diferente, assim como cada situação de lesão. A lesão foi um evento macrotraumático, no qual um único episódio de trauma causou a lesão física, como demonstrado por uma fratura de perna decorrente de um único golpe principal? Ou o mecanismo de lesão foi o trauma menor repetido (microtrauma), construído ao longo do tempo, como pode ser visto em corredores de longas distâncias com fratura de estresse? Cada um desses mecanismos de lesão, macrotrauma e microtrauma, pode resultar em reações psicológicas muito diferentes nos pacientes. A interação entre paciente e situação de lesão pode ser influenciada por uma série de fatores que, geralmente, se classificam em quatro grupos principais: influências de atividade/trabalho/esporte, influências da lesão, influências pessoais e influências sociais (Fig. 22.2).

Cada um dos fatores listados no cenário de interação do paciente com a lesão, apresentado na Figura 22.2, pode exercer seu papel em influenciar a apreciação cognitiva do paciente e no comportamento resultante. As influências externas, como a natureza da atividade (p. ex., expressar a dor no futebol), a cultura de riscos na qual o indivíduo vai além dos limites razoáveis,[18] e o interesse público, contribuem para uma resposta à lesão individual. Os supervisores (ou treinadores) possuem influência considerável nas respostas psicológicas e comportamentais, uma vez que eles determinam quais concessões serão feitas como resultado da lesão e, muitas vezes, influenciam a natureza da atividade durante e após a lesão. Um treinador universitário de rúgbi muitas vezes mostrou a seus jogadores uma bala de revólver declarando que eles poderiam ser resistentes como ela e jogar ainda que lesionados ou desistir e utilizá-la para acabar com sua dor. A mensagem enviada por treinadores, supervisores, familiares, amigos e profissionais de atenção em saúde são mediadores poderosos do comportamento.

- A maneira como profissionais da saúde agem com o paciente pode ser um poderoso mediador do comportamento.

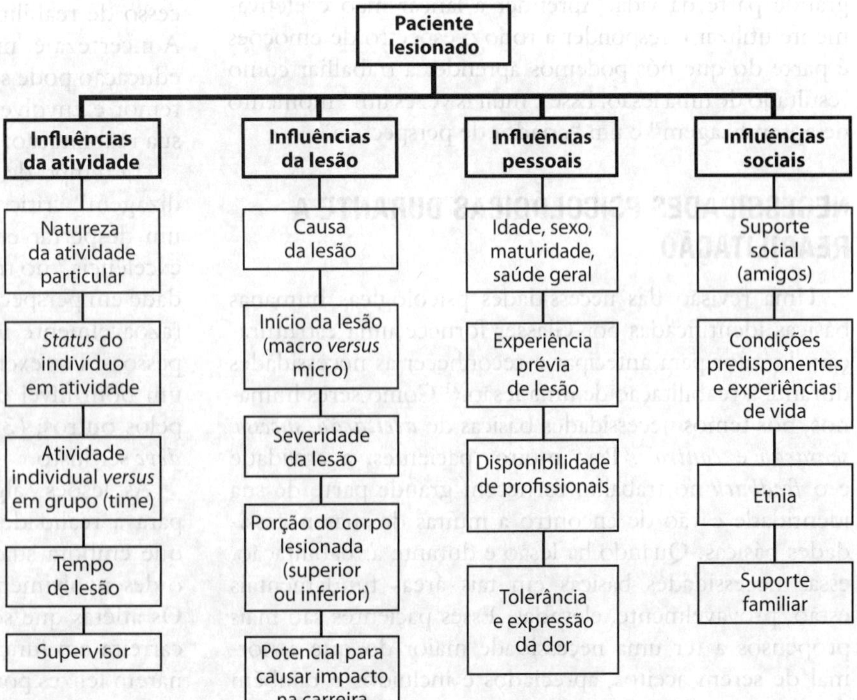

Figura 22.2 Cenário de interação do paciente lesionado. (Adaptado de Flint FA. Integrating sport psychology and sports medicine in research: the dilemmas. *J Appl Sport Psych* 10(1):83-102, 1998.)

A mensagem-chave a respeito das reações psicológicas à lesão é que o indivíduo é o fator mais importante a ser considerado. Cada paciente possui um perfil único envolvendo fatores situacionais e de lesão, apresentando uma série de possibilidades para as respostas comportamentais. Os profissionais de atenção em saúde devem se direcionar às respostas e às necessidades individuais na elaboração de um programa de reabilitação.

Uma revisão de pesquisa e literatura de Vallerand pode ajudar os profissionais de saúde a apreciar o espectro das emoções humanas que os atletas experimentam comumente.[19] De sete categorias de emoção identificadas por Vallerand e listadas aqui, é interessante notar que cinco podem ser identificadas como possuidoras de dimensões "negativas": medo, ira, vergonha, surpresa, tristeza, alegria e interesse/excitação. As habilidades de administração e de preparação emocional podem exercer uma grande diferença em como responderemos às emoções.[20]

Embora seja desejável operar tanto quanto possível nos domínios emocionais positivos, claramente se torna importante aprender a apreciar e responder às dimensões funcionais das outras emoções. Os pacientes com lesão muitas vezes experimentarão o espectro total das emoções negativas, e aqueles ao seu redor podem, muitas vezes, ajudar, ao enfatizar e ao auxiliá-los a identificar, a aceitar e a responder construtivamente a esses sentimentos.

As emoções, com a possível exceção da tristeza e do luto, tendem a produzir energia que, quando respondida ou desviada, pode ter um retorno funcional. Mesmo a tristeza (sentimento para baixo, pesar por si mesmo ou por outros) pode, eventualmente, levar à recuperação e a um sentimento de gratidão, mas ela pode ser a emoção menos funcional e, possivelmente, a emoção mais disfuncional, se alguém permitir a si mesmo mergulhar nela.

O fato de aceitar e de responder às nossas emoções é grande parte da vida. Aprender a lançar mão e efetivamente utilizar e responder a todo o espectro de emoções é parte do que nós podemos aprender a trabalhar como resultado de uma lesão. Esse é muitas vezes um "momento de aprendizagem" e um "criador de perspectiva".

NECESSIDADES PSICOLÓGICAS DURANTE A REABILITAÇÃO

Uma revisão das necessidades psicológicas humanas básicas identificadas por Glasser fornece uma estruturação de valor para antecipar e reconhecer as necessidades durante a reabilitação de uma lesão.[21] Como seres humanos, nós temos necessidades básicas de *aceitação*, *sucesso*, *sensação* e *controle*. Para muitos pacientes, a atividade e o *feedback* no trabalho fornecem grande parte de sua identidade e vão de encontro a muitas de suas necessidades básicas. Quando há lesão e durante a reabilitação, essas necessidades básicas em tais áreas fundamentais estão, provavelmente, elevadas. Esses pacientes são mais propensos a ter uma necessidade maior do que a normal de serem aceitos, apreciados e incluídos e também de serem considerados seres humanos dignos, capazes e importantes. Eles podem ter necessidades aumentadas de sensação, prazer e estimulação por novos meios quando a mobilidade e a capacidade são afetadas. E, mais importante, os indivíduos envolvidos provavelmente possuem necessidades maiores de controle, direção e segurança. A maioria dos atletas de elite são indivíduos assertivos e de mente forte, com uma grande necessidade de controle, que aprenderam a "se encarregar" de sua própria vida tanto quanto podem. É extremamente frustrante para eles quando, em função de uma lesão, uma grande parte de seu destino e de suas perspectivas de futuro se apresenta além de seu controle. É crítico salientar as áreas importantes que estão dentro do controle do paciente ao responder a uma lesão e à reabilitação, e os elementos que precisam ser respeitados para otimizar a saúde e o bem-estar de curto e longo prazo.[22-24]

- **É importante que os profissionais da saúde ajudem os pacientes a entender o que está além de seu controle e o que está razoavelmente sob o seu controle.**

Atletas de elite muitas vezes possuem uma tremenda consciência corporal e uma necessidade acima do normal de saber o que está acontecendo no seu corpo e o que é possível acontecer. Na ausência de iniciativas educacionais e de conselhos e evidências fortes, os atletas com lesão podem, em função da frustração, tentar "se encarregar" de sua prescrição de reabilitação e criar seu próprio diagnóstico e prognóstico, baseado em necessidades pessoais, imaginárias ou reais. Os fisioterapeutas devem reconhecer que o controle compartilhado no plano de reabilitação pode fazer uma grande diferença na resposta do atleta. Os esforços para aumentar a consciência corporal e o entendimento individual da lesão (e do processo de reabilitação) podem ajudar todos os pacientes. A incerteza é, muitas vezes, a maior fonte de temor, e a educação pode ser um passo importante para reduzir esse temor e envolver ativamente o paciente para que facilite sua reabilitação.

O tempo de lesão pode ser um "momento de aprendizagem" crítico na vida dos pacientes. Ele pode trazer um despertar em termos de colocar "a necessidade da excelência" no trabalho/na escola e a própria vulnerabilidade em perspectiva. Com demasiada frequência, crenças razoavelmente irracionais têm se imiscuído na vida das pessoas. Por exemplo, (1) minha *autoconfiança* estará em um bom nível dentro de instantes; (2) eu *devo* realizar pelos outros; (3) eu *devo* ser perfeito; ou (4) o mundo *deve* ser justo.

As lesões, algumas vezes, sensibilizam os pacientes para a realidade de que existe vida após o trabalho, e que embora sua carreira seja um veículo excitante para o desenvolvimento e a realização, é melhor relativizá-la. Os atletas que se deparam com a ameaça da vida ou da carreira em função da lesão podem terminar por se tornarem felizes por estarem vivos e mais capazes de colocar as pressões percebidas em perspectiva.

As crenças irracionais e as pressões que elas criam podem, algumas vezes, ser corrigidas e aliviadas em resposta à lesão. Caso contrário, elas podem contribuir para que o indivíduo se renda à lesão e à doença por causa do estresse, da pressão, da distração e da "bagagem" psicoemocional inerentes, associadas a uma perspectiva irracional.

- O período de lesão/doença pode fornecer o momento de aprendizagem para sensibilizar os indivíduos para a dinâmica crítica de sua psicofisiologia.

Glasser salientou que, a qualquer momento, os seres humanos podem ter quatro componentes interativos de comportamento total:[21] (1) fazer, (2) pensar, (3) sentir, e (4) fisiologia. Dos quatro componentes, sentir é, provavelmente, o mais difícil de ser diretamente controlado, mas certamente é afetado de forma dinâmica pelo comportamento, pelos pensamentos e pela fisiologia. O uso do equipamento de *biofeedback* é, às vezes, o melhor meio de demonstrar o profundo efeito que os pensamentos e o comportamento podem ter sobre os sentimentos ou sobre a fisiologia, ou vice-versa.

Esse modelo altamente dinâmico que todos nós influenciamos e ao qual respondemos a cada dia é a chave para a nossa saúde e bem-estar, bem como para o nosso potencial de desempenho. Certamente, se nos entregarmos aos medos e aos pensamentos negativos, a tensão produzida pode interferir com a circulação e com a cura fisiológica, bem como com o desempenho.

A maior parte dos atletas de elite também reconhece que, se eles não mirarem além de sua fisiologia (com exercício, dieta, repouso e hidratação apropriados), sua habilidade para se sentir bem, pensar positivamente e se comportar efetivamente será, finalmente, influenciada. Os desafios de saúde são, frequentemente, momentos de aprendizagem para os pacientes, com respeito a manejar ativamente essas influências. Quando o atleta experimentar a frustração e o estresse de uma lesão, é importante para o profissional de reabilitação encorajar o exercício funcional terapêutico com outros segmentos corporais, para estender possíveis hábitos de dieta, repouso e hidratação, e para promovê-los e monitorá-los, quando efetivos. Os hábitos cognitivos e comportamentais e as habilidades dirigidas, que podem ajudar a otimizar a psicofisiologia e o desempenho, podem ser ensinados e trabalhados como resultado de um desafio de reabilitação de lesão.

Muitos atletas que experimentam sua primeira lesão importante têm pouco entendimento do que o futuro lhes reserva. Já que o conhecimento pessoal prévio da lesão e da reabilitação normalmente não está disponível, o paciente pode se sentir perdido e sozinho em um território não familiar.[25] Para alguém que batalha para controlar seu próprio corpo e se desenvolver na busca da excelência, essa perda de controle pode criar sentimentos de desamparo e de frustração.

De máxima importância nesse estágio é o medo do desconhecido. Nesse caso, alguns dos fatores desconhecidos incluem um conhecimento do processo de cura, quanta dor haverá, qual cirurgia e reabilitação estão envolvidas, se o atleta pode retornar aos níveis de habilidade pré-lesão, o medo de desfiguração e se o *status* do indivíduo, ou seu lugar na vida, está assegurado.

O que os pacientes devem saber sobre sua lesão

- Conhecimento do processo de cura
- Quanta dor existirá
- O que a cirurgia envolve
- O que a reabilitação envolve
- Se eles podem retornar aos níveis de atividade pré-lesão
- Se haverá desfiguração
- Como sua vida será afetada

O nível de temores expresso por um paciente com lesão pode ser fortemente influenciado pela quantidade de controle que ele percebe ter sobre seu futuro.[26] Se o indivíduo com lesão tem um sentimento de controle sobre o processo de reabilitação e seu retorno à ação, ele pode experimentar um temor menor e ter um forte impressão de que os efeitos fisiológicos da lesão podem ser superados. O melhor tipo de informação a ser dada a um paciente com lesão é uma combinação de detalhes sensoriais e de procedimento que possam ajudar o indivíduo a adotar expectativas acuradas e a formar uma interpretação cognitiva correta das sensações que ele irá experimentar.[27]

Por meio dessa informação, o estresse processual (aspectos imediatos, tais como reabilitação) e o estresse de resultado (fatores de longa duração, tais como o retorno à carreira) podem ser reduzidos.[28] A despeito da especificidade da informação, é vital que existam linhas abertas de comunicação para que o indivíduo com lesão possa expressar seus medos e ter o retorno para ajudá-lo a tornar claras suas questões.[29,30] Na ausência de informação acurada, honesta e otimista, geralmente desenvolvem-se as más percepções e os comportamentos complicados.

Quando o indivíduo com lesão é encaminhado à reabilitação, a sequência normal da organização e da agenda de trabalho diário deixa de existir. As rotinas são interrompidas, algumas funções são impossíveis, as responsabilidades com a família se tornam complicadas, os papéis podem ter de se alterar e os relacionamentos podem ser estressados. Isso é particularmente significativo se o paciente nunca esteve lesionado antes e não sabe o que significa a reabilitação. Nesse ponto, é vital que o paciente ganhe novamente um impressão de ordem ao estar envolvido no planejamento da recuperação.[31] Esse planejamento pode dar ao paciente um sentimento de estar no controle novamente, e pode fornecer a segurança de uma estrutura na qual o indivíduo possa trabalhar para superar a lesão. Um método de demonstrar ao indivíduo com lesão que ele pode ganhar controle sobre o processo de recuperação física é por meio de exemplos de outros pacientes que sofreram lesão.[32,33] Berehowski recebeu informação valorosa de atletas que haviam sofrido lesão anteriormente, em retorno à competição depois de uma grande reconstrução ligamentar.[4] "Eu me identifiquei muito com as pessoas que haviam sofrido lesão, e percebi que as pessoas saíram disso". Desde que Berehowski não sabia o que esperar de sua lesão, ele precisou ganhar um sentido de controle sobre o futuro, e os atletas que haviam sofrido lesão anteriormente o ajudaram, fornecendo uma base para o conhecimento e o entendimento.

MODELAMENTO NA REABILITAÇÃO DA LESÃO

Como os clínicos podem garantir que o paciente com lesão está recebendo a informação apropriada sobre o processo de recuperação? Um dos melhores métodos de comunicação de atitudes, comportamentos e habilidades é por meio da aprendizagem observacional, ou modelamento.[34] O **modelamento** é considerado, já há muito tempo, uma ferramenta instrutiva de influência nos esportes, para aprendizagem da habilidade motora e dos comportamentos sociais.[35] A teoria predominante da relação modelamento-comportamento vem de Bandura,[34,36,37] sendo o modelamento social-cognitivo a teoria mais popular.

A teoria de Bandura propõe que o modelamento, ou a aprendizagem observacional, facilita a transmissão da informação de socialização e de habilidades cognitivas por meio de sinais comportamentais e verbais fornecidos pelo modelo.[34] Conforme um observador vê o modelo, a representação simbólica, ou o código verbal, esses sinais se estabelecem e são armazenados na memória. Por meio dessa informação ganhada vicariamente, os critérios de tomada de decisão são formados, e novos padrões comportamentais podem ser apreendidos. Como nós tendemos a comparar nossas capacidades com as de outros, ver alguém semelhante completar uma nova tarefa ou demonstrar um comportamento particular nos fornece a informação de que também temos capacidade de recriar a ação.[34] Exemplos do efeito do modelamento são evidentes no esporte, e os mestres e os técnicos muitas vezes se apoiam nessa ferramenta de ensino para melhorar a aprendizagem de novas habilidades físicas.[35,38]

A aprendizagem observacional também tem um impacto no contexto médico, e é utilizada com pacientes cardíacos,[39] crianças que sofrem cirurgias[40] e pacientes de endoscopia.[41] Dentro da configuração da reabilitação esportiva, a intervenção de modelamento por meio de videotape tem se mostrado capaz de ajudar na recuperação de jogadoras de basquete feminino após a cirurgia do ligamentos cruzado anterior.[25] A extensão dessa técnica no domínio do manuseio da lesão fornece informações, incentivo e dicas comportamentais de reabilitação da lesão para a recuperação individual. Dessa forma, pacientes que já tenham se recuperado de uma lesão e retornado para suas carreiras são modelos ideais.

- **Observar alguém em uma situação parecida superar com sucesso a lesão pode ajudar o indivíduo a acreditar que a sua recuperação é possível.**

Dentro do cenário esportivo, existem numerosos exemplos de efeito de modelamento com atletas notáveis tais como Wayne Gretzky (hóquei), Silken Laumann (remo), Mike Foligno (hóquei) e Kerrin Lee-Gartner (esqui), todos os quais se recuperaram de grandes debilidades por lesão. No caso de Lee-Gartner, vencedora da medalha de ouro dos Jogos Olímpicos de Inverno de 1992 na categoria feminina de *downhill*, sua recuperação de cinco cirurgias de joelho e um tornozelo quebrado serviu de exemplo para outros esquiadores canadenses. O técnico do time de esqui canadense notou: "Eu os farei acreditar novamente. Isso fará com que esquiadores com lesão como Kate Pace e Lucie LaRoche digam 'Eu posso vencer novamente.'"[42] De fato, o exemplo de Kerrin Lee-Gartner ajudou Kate Pace a ganhar uma medalha de ouro na Copa Mundial de competição *downhill* de 1993 na qual competiu com o punho fraturado. O exemplo da recuperação de Pace agora a estabelece como modelo para outros esquiadores com lesão.

Em muitos casos, esses exemplos de modelamento de esportes fornecem a motivação e o incentivo para os indivíduos com lesão, mas eles expressam pouca informação sobre os detalhes da superação da lesão. O observador geralmente percebe o final de sucesso de meses de reabilitação e não é exposto à complexidade do processo de recuperação. As estratégias psicológicas utilizadas para superar obstáculos, os métodos de manutenção de motivação ao longo do platô de reabilitação e as técnicas de estabelecimento de meta para a inserção na carreira não são comunicados. Nesse sentido, então, a experiência do modelamento é informal e pode apenas ter um benefício motivacional. Para garantir que os detalhes pertinentes do processo real de recuperação sejam passados para os pacientes com lesão, a exposição ao modelamento deve ser formalizada. "No modelamento formal, uma situação é criada a cada vez que um ou mais modelos apresentam pistas verbais ou visuais específicas que exponham o observador à experiência vicária, à persuasão verbal e à exortação emocional".[25] Assim, uma situação modelo-observador é criada para que as pistas de conhecimento e comportamento e as estratégias psicológicas possam ser transmitidas.

Kulik e Mahler forneceram um exemplo de modelamento formalizado dentro de um cenário médico.[39] Os modelos de enfrentamento foram utilizados para demonstrar a progressão a partir das dificuldades das condições pós-cirúrgicas imediatas até a autossuficiência vários dias após a cirurgia. Pacientes cardíacos hospitalizados recentemente foram pareados com parceiros de quarto cardíacos pós-cirúrgicos, e então expostos às sensações e aos eventos pós-operatórios por meio desse modelo de enfrentamento. Os novos pacientes aprenderam o que esperar imediatamente após a cirurgia, e seus possíveis medos sobre o processo real foram reduzidos pelo exemplo em uma situação de modelamento formal.

Um caminho para garantir que seja fornecido ao observador uma quantidade ótima de informação a respeito da recuperação de um processo de lesão e das possíveis estratégias psicológicas para trabalhar com os problemas é por meio de filmes ou videoteipes.[25,40,43] Flint usou um modelo de enfrentamento por vídeo como intervenção psicológica com jogadoras de basquete,[25] que consistiu em entrevistas com sete jogadores de basquete, todos os quais haviam se recuperado de uma cirurgia de ligamento cruzado anterior. Um jogador foi acompanhado desde algumas semanas até 16 meses após a cirurgia, e demonstrou o processo de recuperação completa e o retorno à competição. Os outros seis jogadores foram entrevistados em vários estágios da recuperação desde a cirurgia e se estendendo de 2 semanas a 7 anos após a cirurgia. Todos demonstraram uma recuperação completa e total da lesão e da cirurgia. Dentro das entrevistas, os modelos discutiram os problemas que eles encontraram, como eles superaram esses obstáculos e quão bem eles se sentiram ao retornar à ação. Cada entrevista culminou em cenas da função física e da capacidade para jogar basquete dos modelos. Esse processo de modelamento por videoteipe parece ter um potencial tremendo para todas as principais condições médicas.

O modelamento por videoteipe foi apresentado a atletas do sexo feminino que haviam sofrido cirurgia de reconstrução para lesão de ligamento cruzado anterior. Essas atletas em recuperação viram o videoteipe imediatamente após a cirurgia, 2 meses depois e 4 meses após a cirurgia. Ao longo desse processo, elas foram chamadas a identificar qualquer coisa ou qualquer pessoa no videoteipe que tivesse chamado sua atenção. Uma atleta notou, "Uma parte diferente de cada pessoa chamou minha atenção, seja sua determinação ou quão rapidamente eles se recuperaram. Eu penso que isso irá afetar meu progresso na reabilitação, positivamente, claro".[5] Nesse caso, uma afinidade entre os modelos e as atletas individualmente forneceu motivação e incentivo durante o processo de reabilitação. Esses indivíduos foram encorajados por meio de sua reabilitação pelo pensamento de que se eles puderam fazer isso, então elas também poderiam.

Em outro caso, um dos modelos forneceu informação específica sobre o estabelecimento de meta, e isso foi de relevância particular para uma das atletas que assistiam ao videoteipe. Bev Smith, uma das primeiras All-American e membro do time de basquete nacional do Canadá, foi o modelo no videoteipe, e sua experiência de superação de várias cirurgias no joelho causou na atleta um *insight* sobre as dificuldades da reabilitação. A atleta notou Smith e comentou, "Ela fala de cenários de objetivos diários durante a reabilitação e em tentar manter as coisas em perspectiva. Ela também fala de canalizar a energia em outras coisas. Essa abordagem certamente fez meu tempo de reabilitação ser menos frustrante".[5] Aqui é possível notar que a informação fora fornecida em uma estratégia psicológica específica de superação da frustração dos longos meses de reabilitação. Enquanto encarava os obstáculos no processo de recuperação, essa atleta foi capaz de relembrar-se das palavras e das ações de Bev Smith e de usá-las para sua vantagem.

Foi interessante que os observadores notaram características, ações ou verbalizações específicas dos modelos. Em geral, imediatamente após a cirurgia, a maior parte dos comentários dos modelos identificados pelos observadores relacionou-se com **a dor e a resposta emocional à cirurgia**. Parece haver uma ligação entre alguns dos modelos e os observadores, por causa da experiência de dor e de liberação emocional compartilhadas. Dois meses depois, as observadoras abandonaram a emoção da cirurgia e tenderam a notar **os aspectos específicos do processo de reabilitação**. Elas se identificaram com o modelo que progrediu de pedalar uma bicicleta com uma perna para o trabalho completo na bicicleta. Finalmente, após 4 meses de reabilitação, as observadoras começaram a notar detalhes como modelos que utilizavam gesso enquanto **retornavam à ação** e **o grau de dedicação** dos modelos ao longo do processo de reabilitação. Por meio da informação qualitativa retida pelas atletas em recuperação, ficou evidente que elas haviam se identificado e dado atenção aos exemplos mostrados pelos modelos no videoteipe.

O formato de videoteipe fornece uma oportunidade para reconstruir as cenas e condições mais desejáveis que possam ser difíceis ou irreais de ser capturadas em um ambiente clínico.[44] Ao utilizar modelos de enfrentamento, o paciente com lesão pode obter a informação da qual precisa para promover os aspectos psicológicos da recuperação. Observar um indivíduo semelhante lutando ao longo da reabilitação, ou ver um atleta recuperado, tal como Bev Smith, falar sobre cenários de objetivos diários para sua recuperação e do seu compromisso com os pequenos detalhes da reabilitação, ou ouvir um atleta similar falar sobre a frustração da lesão e do processo de recuperação e a alegria relacionada ao retorno à ação, podem ter um efeito significativo em atletas que tenham sofrido lesão recentemente.

- O conhecimento ganho de forma vicária por meio de modelos de enfrentamento pode fornecer ao indivíduo com lesão um sentido de crença e controle sobre a situação.

Para o paciente que nunca experimentou uma grande lesão e não sabe o que esperar do processo de reabilitação, isso pode ser particularmente pertinente. Nesse sentido, o paciente com lesão ganha um entendimento das tarefas pela frente e, mais importante, quais estratégias podem ser utilizadas para superar qualquer obstáculo durante o processo de reabilitação.

O que garantirá a ligação mais forte possível entre o observador com lesão e o modelo, de forma que o primeiro seja encorajado a prestar atenção no segundo? Bandura[37] e McCullagh et al[35] frisaram a importância do modelo e das características do observador. É esperado que este se relacione com o modelo e forme uma ligação ao identificar as similaridades e, assim, que o observador tenha um incentivo para prestar atenção às ações ou verbalizações do modelo.[35] Na reabilitação esportiva de lesão, as características mais pertinentes do modelo e do observador parecem ser a similaridade da lesão ou da cirurgia, a emoção compartilhada (p. ex., dor), os sentimentos de frustração, a dedicação à recuperação e o alcance da reabilitação.[5]

Indivíduos que têm suportado uma lesão importante pela primeira vez em suas carreiras podem não saber se possuem a capacidade para se recuperar completamente e retornar à ação. Uma vez que eles não têm a experiência de reabilitação da lesão sobre a qual se apoiar, podem tender a julgar seus próprios prognósticos com base na experiência de outras pessoas que tenham sofrido a mesma lesão. Assim, a provisão de modelos que tenham se recuperado com sucesso da lesão (ou da doença) pode ajudar a formar uma fundação psicológica forte sobre a qual se construa confiança no processo de recuperação. O uso do modelamento, individualmente ou em combinação com outras estratégias de intervenção psicológica, é um domínio relativamente novo na reabilitação. Modelos de sucesso "em pessoa" são ideais, mas cenas em videoteipes de credibilidade podem ajudar com a educação, a preparação, o enfrentamento e a inspiração. As estratégias são simples, mas multidimensionais em efeitos. Elas ajudam com as crenças e o entendimento a respeito das realidades e das possibilidades da reabilitação.

PACIENTES EXCEPCIONAIS

Esta seção discute os atributos e as habilidades mentais que se mostraram associadas a casos excepcionais de recuperação da lesão. A maior parte da informação é trazida da experiência de consultório extensiva, de informação não formalizada, somada ao resultado de dois estudos de pesquisa abrangentes que examinaram um número de fatores psicológicos relacionados à reabilitação da lesão do tornozelo e do joelho.[45,46] Os escores de sujeitos identificados como de recuperação rápida ou lenta, com base no tempo de recuperação, foram comparados. No estudo original de Ievleva e Orlick,[45] encontrou-se que a taxa de recuperação está significativamente relacionada à quantidade de práticas de certas atividades mentais, com destaque para o **cenário de objetivo, a imagem mental de cura** e o **pensamento positivo**. O estudo de acompanhamento, por Loundagin e Fischer, revelou um padrão semelhante de resultados, e adicionou **foco de atenção e redução do estresse** como fatores que também estavam significativamente relacionados com o tempo de recuperação.[46]

Fatores que podem afetar o tempo de reabilitação

- Planejamento de metas (diário e de longo prazo)
- Imagem mental de cura
- Pensamento e atitude positivos
- Foco de atenção
- Redução de estresse (relaxamento)
- Comprometimento com a reabilitação
- Paciência
- Tenacidade

Comprometimento e crença

O comprometimento e a crença, assim como fatores centrais dos atributos e atividades mentais na busca da excelência,[47] também são chaves para alcançar a recuperação ótima da lesão. **A paciência e a tenacidade** são requisitos necessários quando se confronta qualquer desafio, e se aplicam ao esforço necessário para alcançar a recuperação completa da lesão (ou da doença). Sem fé e crença na capacidade de autocura e nas habilidades do clínico, é difícil mobilizar as potências mentais de cura em sua capacidade total. Essa dificuldade pode ser especificamente pronunciada em casos de lesão severa, na qual uma grande coragem é requerida para se comprometer com esforço total em direção a um resultado incerto. Para muitos pacientes, algumas vezes se requer um salto de fé para tentar dar um chute nas probabilidades, a fim de superar as limitações autoimpostas ou externas. A raiz da palavra "coragem" vem do latim *cor*, que significa "coração". Sendo assim, agir com coragem é agir com o coração, a despeito das consequências desconhecidas. Aqueles que transcendem as probabilidades nunca são totalmente livres do medo e da dúvida. O que distingue os atletas e curadores excepcionais é que eles não permitem que o medo ou a dúvida sobrepuje seus desejos do coração. Eles desconhecem a sombra, e avançam de qualquer maneira, mobilizando esforços positivos para alcançar seu objetivo.

Steve Nicholson, um homem corajoso de Winnipeg, Canadá, de algum modo sobreviveu e se recuperou de um dos mais sérios incêndios industriais de que já se teve notícia.[48] Por várias semanas a vida de Nicholson esteve na balança, enquanto médicos e profissionais de saúde trabalhavam contra o relógio e a família e os amigos oravam por sua sobrevivência. A crença de Nicholson e seu comprometimento pareciam ser salvadores. Mesmo o cirurgião que o atendia mostrou-se lacrimoso em descrever a coragem de Nicholson. Surpreendentemente, Nicholson emergiu com uma perspectiva mais forte sobre a vida e o poder da fé.

Oportunidades e ganhos potenciais

Ver as oportunidades para aprendizagem e crescimento pessoal é o que conduz à melhora no processo de recuperação de uma lesão. Embora a lesão possa impor uma crise na vida do indivíduo, ela pode ser abordada de duas maneiras. Tal como a palavra para *crise* em chinês tem dois significados, *perigo* e *oportunidade*, mais do que ver uma lesão como um obstáculo importante e um contratempo que destrói as chances para um futuro de sucesso, pode-se, por outro lado, *ver a lesão como um desafio a se superar, uma oportunidade de aprendizagem de crescimento, ou um fator de fortalecimento.*

As lesões (ou doenças), muitas vezes, produzem "tempos de descanso", não planejados, mas algumas vezes benéficos, das demandas de desempenho. A quebra das demandas pode resultar em um indivíduo mais descansado, de mente clara e com melhor foco e perspectiva. Em adição à quebra das demandas de desempenho, o paciente pode ajustar suas prioridades e retornar revigorado à ação com uma melhor perspectiva, um sentido de missão aumentada, e pressões e expectativas diminuídas. Em alguns casos, o estresse construído, a fadiga, as pressões e uma perspectiva questionável podem ter contribuído com a "tendência" à lesão ou à doença.

Tal como um osso quebrado se cura mais forte após a reabilitação adequada, os pacientes devem ser assegurados de que podem sair dessa situação mentalmente mais fortes e resistentes ao contratempo da lesão. Pacientes excepcionais usam o desafio da reabilitação da lesão como uma oportunidade para aplicar e desenvolver as atitudes, as habilidades mentais e os comportamentos que possam fazer a diferença na reabilitação e no resto de suas vidas.

Quando perguntados no estudo de Ievleva e Orlick se o tempo fornecido pela lesão resultou em quaisquer lições ou perspectivas de valor que contribuíram para uma realização posterior, os sujeitos do grupo de cura rápida relataram melhor entendimento e satisfação derivados de sua busca, enquanto aqueles no grupo de cura lenta não encontraram qualquer benefício.[45] Esses pacientes mostraram uma maior determinação em ver os fatos positivos do que os negativos. Esses achados são suportados pelo estudo de Fischer,[46] no qual os atletas no grupo de cura rápida reportaram sentimentos mais positivos sobre o tempo fora e reconheceram maiores benefícios da oportunidade, enquanto o grupo de cura lenta viu a experiência como completamente negativa. Isso é consistente com as observações de atletas de classe mundial que tiveram recuperações marcantes de lesões sérias e com potencial para encerrar uma carreira, nas quais sempre houve alguma forma de ganho em termos de entendimento ou de abordagem do treinamento, e que melhoraram substancialmente o treino subsequente do atleta, o seu desempenho, ou ambos.

- Aqueles que aceitam sua lesão como um desafio e uma oportunidade e tiram lições dessa experiência demonstram períodos de recuperação mais curtos.

De acordo com Ievleva e Orlick: "Para melhorar o processo de recuperação, os atletas excepcionais aceitam a lesão, e fazem qualquer coisa dentro de suas capacidades para iniciar uma recuperação completa e positiva. Eles também tomam vantagem do que podem aprender da experiência (sobre si mesmos e com relação ao seu esporte)".[30] Os cuidadores e outros na rede de suporte ao paciente com lesão estão em uma excelente posição para assistir esse processo de exploração e crescimento, o que pode, em última instância, levar o atleta, posteriormente, a um nível maior do que aquele que ele poderia ter alcançado sem a experiência da lesão.

Outra vítima de queimadura em Winnipeg (Lars Wennberg) sofreu queimaduras severas em um acidente com uma motocicleta quando tinha 14 anos de idade. Wennberg foi um excelente atirador esportivo, e ele rapidamente descobriu que as habilidades mentais que tinha aprendido no esporte poderiam ajudá-lo a responder aos desafios de sua reabilitação. Ele aprendeu que suas habilidades de relaxamento poderiam ajudar na regulação da temperatura corporal, e suas habilidades de formação de imagem, foco e preparação poderiam ajudá-lo com os tratamentos dolorosos. Ele rapidamente percebeu que estava saindo da reabilitação mais forte e com atributos melhorados. Após vários meses de hospitalização (e ainda encarando uma reabilitação prolongada), Wennberg foi homenageado em um encontro de tiro esportivo e quebrou um recorde pessoal. Wennberg claramente descobriu perspectivas e habilidades melhoradas.

Habilidades mentais

As habilidades ou atividades mentais associadas à preparação e ao desempenho de sucesso podem ser igualmente aplicadas à recuperação excepcional da lesão. Algumas das habilidades-chave incluem o estabelecimento de metas, o pensamento positivo, o relaxamento e a imagem mental.

Estabelecimento de meta

O estabelecimento e a visualização das metas sendo alcançadas constituem o primeiro passo em direção a aplicar as habilidades do treino mental, tanto se os objetivos são orientados para o desempenho quanto para a recuperação. Os resultados de vários estudos de lesão indicam que os que se curam mais rápido praticam muito mais o estabelecimento de metas do que os que se curam de maneira mais lenta.[45,46,49,50] Esse foi especialmente o caso no estabelecimento de meta diária.[45,46] Muitos recomendam que as metas específicas e objetivamente mensuráveis relacionadas à reabilitação sejam configuradas para cada sessão de fisioterapia e para cada dia, semana ou mês.

Tendo caracterizado as metas, a prática da imagem mental pode ser aplicada para aprofundar e promover a convicção do final desejado. O estabelecimento de meta pode ser uma ligação indireta com a prática da imagem de afirmação e de resultado final. Estabelecer uma meta é uma declaração de expectativa, assim como uma conceituação de sucesso. Inerente ao estabelecimento de meta é à contemplação periódica, ou à imagem do alcance daquela meta. O simples fato de estabelecer uma meta conjura uma imagem de sucesso, de controle, ou daquelas atividades nas quais uma pessoa pode se engajar que são consistentes com o alcance daquela meta. As metas que são, na sua maior parte, imediatamente alcançáveis também são mais facilmente concebidas e vistas na imaginação. Isso é consistente com os achados do estudo de Ievleva e Orlick,[45] no qual as metas diárias e a imagem de cura foram mais intimamente relacionadas ao tempo de recuperação do que outras categorias de estabelecimento de metas e práticas de imagem. Orlick, contudo, identificou vários tipos de metas que podem ser benéficas em desenvolver a motivação, o foco e a perspectiva do paciente ou do atleta.[47]

- Metas dos *sonhos* podem, muitas vezes, ter um grande valor motivacional e de focalização, embora os indivíduos precisem combiná-los com metas realísticas de curto prazo.

O desafio de alcançar ou exceder a melhor reabilitação ou desempenho pós-lesão pode, algumas vezes, produzir uma tremenda energia, convicção e persistência. Isso foi exemplificado no caso de Jana Pittman, a campeã mundial nos 400 m com obstáculos em 2003, que lesionou o joelho semanas antes de sua primeira participação nos jogos olímpicos de Atenas em 2004, e a quem foi dada apenas 1% de chance de competir. Pittman não estava desejosa de desistir de seu sonho olímpico e se preparou para superar as probabilidades. Ela aplicou a mesma determinação e comprometimento que já possuía, trazendo suas habilidades mentais bem afinadas de meditação e visualização bem como o melhor cuidado médico. Ela não apenas foi capaz de correr, como chegou às finais e terminou em quinto lugar. Um *continuum* de possibilidades alvos do *excepcional* através do *típico* até o *complicado* ajuda o paciente a respeitar e apreciar o espectro de possibilidades, mas, muitas vezes, também dispara metas de sonhos e altas aspirações.

Provavelmente o objetivo mais importante é aquele do **processo** diário – melhorar o foco, a atitude, os exercícios da reabilitação e os relacionamentos. Alguns pacientes tomam vantagem das oportunidades da lesão para desenvolver novos atributos (p. ex., flexibilidade do hemicorpo inferior ou força do hemicorpo superior). Somado à melhoria das habilidades mentais, o indivíduo pode emergir da reabilitação com novas capacidades físicas.

As metas na escola, os interesses externos, o tempo e gerenciamento dos relacionamentos também podem ser importantes durante a reabilitação. Orlick também encoraja as metas de **autoaceitação** e de **autoapreciação** em eventos em que alguns dos sonhos são temporariamente postergados ou impossíveis.[51] Isso ajuda as pessoas a separar seu próprio valor e as libera para batalhar sem ter de fazê-lo com cargas.

Em um caso, a rápida ascensão de uma jovem tenista no ranking foi interrompida pela necessidade de reconstrução do ligamento cruzado anterior (LCA), e ela descobriu que a estrada para a recuperação era desencorajadora. Durante uma conversa, salientou-se que estava em boa companhia, uma vez que a jogadora no topo do ranking que ela mais admirava também estava fora do Campeonato de Wimbledon naquele momento, por causa de uma lesão no joelho. Isso teve pouco poder de aliviar seus medos de não retornar à forma. Quando o único objetivo é a recuperação final e quando o retorno do indivíduo à competição (um objetivo de grande figura) está tão distante, é natural sentir-se desencorajado. Essa tenista foi aconselhada a mirar em metas mais imediatamente alcançáveis (metas de pequena figura) na estrada para a recuperação, bem como para visualizar cada passo ao longo do caminho. Ao fazer isso, a jogadora foi mais prontamente capaz de observar e reconhecer seu progresso, o qual ela encontrou ser muito encorajador; isso a inspirou a se engajar mais intensamente no processo de recuperação e finalmente a levou ao retorno de sucesso às quadras de tênis.[52]

Pensamento e atitude positivos

Pensar de forma positiva contribui para o bem-estar pessoal e para uma saúde melhor. Uma **perspectiva positiva** indica ajuste à nova condição e uma orientação em direção à melhora. Em contraste, uma perspectiva negativa indica a preocupação com a implicação da lesão, a qual pode reduzir o esforço de alguém em direção a melhoria.

O diálogo interno é uma reflexão da atitude e da supervisão do indivíduo. Como tal, o grau no qual o falar consigo mesmo é positivo pode ser o grau no qual a cura é potencializada. Essa teoria foi confirmada em um estudo de lesão demonstrando que aqueles cujo pensamento era positivo, autoencorajador e determinado curaram-se mais rapidamente do que aqueles cujo pensamento tendia a ser totalmente negativo, autodepreciativo e não perdoador.[45] Somado a isso, o estudo de Loundagin e Fisher supostamente encontrou que a maior incidência do controle do pensamento ocorreu durante o exercício.[46] Veja a Tabela 22.1 para exemplos representativos.

É geralmente aceito que o sucesso em qualquer empreitada depende da extensão em que se tem uma atitude positiva. Isso pode ser particularmente desafiador em reabilitações prolongadas, nas quais a estrada pode parecer sem fim. A qualidade da recuperação, contudo, depende da manutenção de uma perspectiva positiva para permitir que os processos fisiológicos de cura ocorram sem obstrução. Embora não se possa controlar o fato de que se está com uma lesão e possivelmente se deparando com uma longa reabilitação, pode-se controlar e dirigir os pensamentos a respeito disso. Mais do que focalizar em tudo que está errado e mergulhar no negativo, *é efetivo focalizar nas possibilidades positivas* – aquelas dentro do controle pessoal – e o que pode ser feito para melhorar a situação e a recuperação. No seu livro *Full Catastrophe Living*, Kabat-Zinn discutiu seu trabalho com pacientes seriamente prejudicados fisicamente que vieram à sua clínica de redução de estresse como uma fonte final após terem exaurido as fontes do sistema médico.[53] Durante o curso de sua classe de 8 semanas em meditação, eles aconselharam os participantes a reconhecer que existe muito mais de *certo* dentro do corpo do que existe de *errado*. Assim, é muito mais fácil conduzir a cura ao apreciar o que está indo bem do que se focalizar no que não está.

O pensamento positivo pode influenciar a crença e a perspectiva, e a crença é, muitas vezes, transladada em ação por meio do falar consigo mesmo positivo. Monitorar o diálogo interno pode ser um efetivo controle do falar, guiando os pensamentos positivos e reduzindo os negativos. Para fazer isso, a pessoa com lesão primeiramente planeja pensar em termos positivos, e então responde a qualquer pensamento negativo que possa ainda ocorrer,

Tabela 22.1 Exemplos de pensamento positivo de um grupo de cura rápida e de pensamento negativo de um grupo de cura lenta

Pensamento positivo	Pensamento negativo
Como posso conseguir o melhor que posso fazer agora?	Isso provavelmente vai levar uma eternidade para ficar melhor.
Eu posso superar esse problema	Eu nunca vou compensar o tempo perdido.
Eu posso fazer qualquer coisa.	Que coisa estúpida de se fazer – erro ridículo.
Eu posso fazer isso. Eu posso superar as probabilidades e me recuperar mais rápido do que o normal.	Nunca serei tão forte novamente.
	Que corpo inútil.
Eu quero esquiar na primavera. Estarei totalmente curado até lá.	Tolo estúpido. Lesão estúpida. Perna estúpida.
	Eu falava para mim mesmo quão frustrado eu estava.
Eu tenho de trabalhar para ter a minha perna tão forte quanto a outra.	Não há nada de bom nisso, e não há nada que eu possa fazer sobre isso.
Estou muito bem.	Por que comigo?
Está melhorando cada vez mais.	

De Botterill C, Flint FA, Ievleva L. Psychology of the injured athlete. In Zachazewski JE, Magee DJ, Quillen WS, editors. *Athletic injuries and rehabilitation.* WB Saunders, Philadelphia, 1996, p. 798. Adaptado de Ievleva L, Orlick T. Mental paths to enhanced recovery from a sports injury. In Pargman D, editor. *Psychological bases of sport injuries.* Fitness Information Technology, Morgantown, WV, 1993.

utilizando-o como pista para chegar aos pensamentos positivos. Os pacientes com lesão invariavelmente passam por momentos em que fazem observações depreciativas à parte do corpo lesionada (p. ex., "joelho estúpido e inútil"). O clínico pode pedir a esses indivíduos que reflitam sobre como se sentiriam e responderiam se lhes fosse falado em tais termos, e então convidá-los a considerar falar de maneira positiva, gentil e com amor para com sua parte lesionada, tal como alguém pode falar para uma criança com lesão ("Está certo, joelho. Eu vou tomar conta de você; você vai tomar conta de mim; você está se tornando mais forte todo o tempo. Juntos nós faremos você se sentir tão bem como se fosse novo").[30]

Permanecer positivo pode ser desafiador para indivíduos de alto perfil que estão constantemente sendo questionados a respeito de sua lesão e de como se lesionaram. Esse tipo de atenção pode levar o indivíduo a voltar continuamente a imaginar a lesão original, o que é contraproducente para o processo de recuperação. Como exemplo, o capitão de um time profissional começou a evitar a pressão e os fãs porque estava se tornando incrivelmente angustiante para ele se focalizar na lesão enquanto tentava se recuperar. Contudo, após embarcar em um programa de aplicação da habilidade mental à reabilitação, ele começou a olhar além das perguntas sobre sua lesão, e se alegrou em voltar o foco para seus objetivos e metas e para como sua reabilitação estava indo.

Relaxamento

A prática do relaxamento em qualquer uma de suas várias formas – por exemplo, o relaxamento físico, a meditação, o relaxamento progressivo, o controle da respiração ou a yoga – exerce um papel integral na medicina comportamental e nos programas de redução de estresse. Os benefícios na saúde e no bem-estar acrescentados ao se engajar no relaxamento com uma base regular são bem documentados. Numerosos estudos têm estabelecido uma lista de efeitos do relaxamento (Tab. 22.2), que são os meios específicos pelos quais os benefícios de saúde acontecem.

O relaxamento ajuda a abrir os canais mente-corpo que regulam o corpo. Por meio da prática de relaxamento, a consciência e a conexão com o corpo podem ser aumentadas, capacitando, dessa forma, o controle interno sobre ele. Ao se utilizar o relaxamento em combinação com a formação de imagem, também é possível iniciar a mudança física e comportamental.[54-56]

É comum que o nível de tensão do indivíduo aumente, especialmente na área da lesão, em razão do estresse de estar lesionado e dos processos corporais para se proteger da lesão.[57,58] Praticar regularmente uma rotina de relaxamento pode ser efetivo em relaxar a área e aliviar a tensão. Permanecer solto e relaxado facilita a recuperação. Quando o corpo está mais relaxado, a circulação sanguínea melhora. Quanto maior o fluxo sanguíneo, mais rapidamente os tecidos lesionados são reparados.[30,59-61] Além do mais, o fato de os níveis de cortisol aumentarem com o estresse[62,63] e o reparo da fibra muscular ser inibido[64] sugere fortemente a necessidade da redução do estresse na forma de relaxamento, e o bene-

Tabela 22.2 Efeitos do relaxamento

Frequência cardíaca diminuída
Pressão arterial diminuída
Respiração e hipertensão reduzidas
Consumo de oxigênio melhorado
Redução do lactato
Redução no colesterol
Tensão muscular reduzida
Reatividade ao estresse melhorada
Resposta galvânica da pele diminuída
Cortisol reduzido
Redistribuição do fluxo sanguíneo
Sistema imunológico melhorado

Nota: o estresse tende a reverter os efeitos de cada um desses itens.

Tabela 22.3 Tipos de imagem que podem ser parte da reabilitação

Imagem de recuperação, resultado final ou de afirmação	Imaginar as metas de recuperação do indivíduo sendo alcançadas ou imaginar a si mesmo com a capacidade de alcançar todas as metas
Imagem de cura	Visualizar e sentir a cura acontecendo
Imagem de redução da dor	Imaginar a dor sendo aliviada ou uma bolsa de gelo
Imagem de tratamento	Imaginar o tratamento de fisioterapia promovendo a recuperação rápida e eficiente
Imagem de desempenho	Ensaiar mentalmente as habilidades de desempenho

fício se torna mais evidente porque se tem demonstrado que ele reduz os níveis de cortisol.[65-71] O grupo de cura rápida no estudo de Loundagin e Fisher utilizou técnicas de relaxamento para gerenciar os níveis de estresse em uma maior extensão do que o fez o grupo de cura lenta.[46]

Imagem mental

É importante reconhecer que os potenciais de cura do corpo estão continuamente em progresso, caso o indivíduo escolha ou não exercer o controle consciente da cura. Empregar imagens positivas de cura e imagens de se estar totalmente recuperado, contudo, é estratégia útil para melhorar a crença do indivíduo e mobilizar suas próprias potências de cura para maximizar o potencial já existente dentro dele. Cinco tipos básicos de imagem podem ser aplicados durante a reabilitação da lesão (Tab. 22.3).

Ambos os estudos sobre lesão mencionados a seguir encontraram uma relação significativa entre a prática da imagem e o tempo de recuperação. No estudo de Ievleva e Orlick,[45] a imagem de cura foi mais intimamente relacionada à recuperação rápida, enquanto no estudo de Loundagin e Fischer,[46] tanto as imagens de cura como as de recuperação estiveram igualmente relacionadas à recuperação rápida. Somado a isso, imagens negativas, ou em que a pessoa revive a lesão inicial, tendiam a suspender os benefícios da imagem de cura positiva.[30,45]

Imagem de afirmação ou de resultado final. Para aqueles que têm dificuldade em ver ou sentir suas metas sendo alcançadas, ou que tenham imagens negativas, os pesquisadores sugerem que parem e reconheçam suas dúvidas e temores, e então façam uma lista de todos os atributos positivos que os ajudarão a alcançar sua meta (talento, tratamento, tenacidade etc.) (Tab. 22.4). Esse pensamento afirmativo os auxilia a acreditar ou a reconhecer que possuem as ferramentas necessárias para ir de encontro às metas, e que estão no controle. Ievleva e Orlick desenvolveram audioteipes para facilitar o domínio da habilidade psicológica.[30]

Imagem de cura. O valor da imagem para a cura está ganhando aceitação na medicina moderna. Existem muitos relatos clínicos de benefícios terapêuticos resultantes da imagem. Enquanto a maior parte é de natureza informal, um número crescente de casos documentados suportam os benefícios da cultura de se engajar na imagem de cura.[1,52,72-81]

No trabalho revolucionário de Simonton et al.[82] foram relatados resultados positivos da implementação de um programa de relaxamento e de imagem com pacientes com câncer diagnosticados como medicamente incuráveis. Um total de 41% mostrou melhora, dos quais 22,2% experimentaram remissão completa e 19,1%, regressão dos tumores. Um estudo subsequente de Hall deu continuidade e apoio a essa pesquisa.[83]

É mais efetivo para o clínico estimular o relaxamento de seus pacientes e clientes antes de começar com a prática de imagem. O estado de calma e quietude permite uma maior receptividade e flexibilidade da mente para dirigir e controlar a imagem. De fato, um estado de relaxamento mental e corporal é considerado, geralmente, um pré-requisito para todos os trabalhos com imagem guiada terapeuticamente. As formas comuns de relaxamento

Tabela 22.4 Imagem de recuperação, resultado final ou de afirmação

1. Selecione uma meta.
2. Relaxe.
3. Veja a si mesmo com a meta já alcançada.
4. Imagine, com tantos detalhes quanto possível, seus sentimentos, uma vez tendo alcançado sua meta.
5. Veja a resposta dos outros, próximos a você, a respeito do que alcançou.
6. Visite cada passo necessário para alcançar sua meta e experimente a satisfação em cada nível.
7. Permita a si mesmo sentir-se feliz sobre alcançar sua meta.
8. Gradualmente retorne ao presente.
9. Então abra seus olhos e comece a ação naquele primeiro passo.

Adaptado de Ievleva L, Orlick T. Mental paths to enhanced recovery from a sports injury. In Pargman D, editor. *Psychological bases of sport injuries*. Fitness Information Technology, Morgantown, WV. Para lesões esportivas derivadas da aplicação para o tratamento de câncer encontrado em *Getting Well Again* por Simonton et al.[82]

incluem o foco na respiração diafragmática, a meditação, ou alguma forma de técnica de relaxamento progressivo.

Conhecer precisamente com o que o processo de cura se parece fisiologicamente pode melhorar a habilidade do indivíduo em imaginá-lo. Não é essencial que a imagem seja realística, mas ela deve simbolizar uma mudança positiva.[30,82,84,85] O que cada indivíduo imaginará precisamente será determinado por ele. Uma imagem que funciona bem para uma pessoa pode não ser tão efetiva para outra. Por exemplo, dentre os pacientes com câncer de Simonton, um disse que suas células brancas eram como "tubarões assassinos" atacando as células cancerígenas, enquanto outro disse que as células brancas eram como cavaleiros brancos.[82] A característica importante é ver as próprias fontes corporais como poderosas e efetivas.[30] Um atleta recuperando-se de uma fratura pode imaginar o fluxo sanguíneo para a área da lesão e "sentir" a cura, fortalecendo seus efeitos. Os pacientes podem se tornar muito criativos no processo de imaginar a recuperação. Um jogador de rúgbi que teve uma placa de metal inserida após uma fratura da fíbula e da tíbia não apenas abraçou totalmente a prática de relaxamento e de imagem de cura, mas também implementou o sonho lúcido para aumentar sua recuperação.[52]

Enquanto a evidência empírica é limitada por causa da natureza do processo de documentação da imagem, a combinação da pesquisa subsistente, de revisões e de evidências não documentais suportam a efetividade da imagem de cura na reabilitação.[86-88]

Imagem de redução da dor. O relaxamento isolado é efetivo na redução da percepção da dor de um indivíduo, e tem recebido aprovação consensual por um grupo de médicos especialistas (organizado pelo National Institutes of Health e pelo U.S. Department of Health and Human Services), que revisou todos os estudos documentados. Também se sabe que a imagem tem efeitos de relaxamento, mas ela pode ser direcionada com sugestões específicas para a redução da dor – por exemplo, imaginar uma inflamação sendo reduzida por uma bolsa de gelo, sentir a dor sendo levada embora por um fluxo de água gelada, ou visualizar cores frescas tranquilizando e reduzindo a inflamação.[81]

As estratégias de imagem para a redução da dor recaem em duas categorias: aquelas elaboradas para tirar a atenção da dor (ou seja, a **imagem dissociativa**) e aquela que é direcionada para a área da lesão (ou seja, a **imagem associativa**). A forma associativa é favorecida, primeiro para garantir que as pistas da dor da lesão estejam sendo cuidadas, e segundo para reter o maior sentido de controle sobre a dor e a reabilitação do indivíduo, o que, em última instância, melhora a autoeficácia, que por sua vez leva à conformidade com o tratamento e com os programas de reabilitação.[89,90]

- Um estudo com pacientes em recuperação de reconstrução de LCA encontrou que aqueles que praticaram o relaxamento combinado com imagem guiada experimentaram redução significativa da dor em relação aos grupos placebo e controle 24 semanas após a cirurgia.[91]

O uso da imagem guiada aplicando sugestões associativas foi encontrado como capaz de ser efetivo em indivíduos que sofrem de dor lombar. Em outro estudo de Ievleva et al.,[79] ouvir a uma gravação de imagens de cura[92] reduziu significativamente os índices de dor em pacientes com relação à linha de base e ao grupo controle. Além disso, encontrou-se que a efetividade da redução da dor do exercício de imagem foi significativamente melhorada depois de um período de 4 semanas de estudo. Um caso excepcional nesse estudo foi o de um homem em seus 40 anos que havia sido inicialmente o pior em termos de submissão e conformidade. De fato, ele foi considerado o mais teimoso e cético de toda a amostra com respeito à utilidade da imagem de cura. Depois de ter sido aconselhado de que não tinha nada a perder e encorajado a somente "deixar acontecer", ele se tornou o maior advogado dos benefícios da imagem. Depois de experimentar os resultados positivos iniciais, ele começou a praticar a audição da gravação *Cura Interior* até duas vezes por dia, 7 dias por semana. Durante a primeira semana, ele não ouviu a fita; na segunda semana, ele ouviu uma vez por dia, e ouviu duas vezes por dia daí em diante. Embora no primeiro momento ele tenha imergido em sua dor e seus significados e consequências calamitosas, começou a focalizar mais no que ele tinha controle, que era poder retornar ao trabalho como um gerente de varejo em tempo integral. Ele se tornou o caso de maior sucesso no estudo em termos de retorno ao trabalho. O trabalho de um gerente de varejo requer estar em pé a maior parte do dia – algo desafiante para alguém experimentando problemas de dores nas costas. Esse paciente atribuiu seu sucesso à gravação, a qual lhe forneceu um sentido de maior controle, bem como de responsabilidade, o que levou a aumentar sua crença e sua confiança em sua capacidade para retornar à forma. Esse resultado é consistente com pesquisas a respeito da relação entre a autoeficácia e a reabilitação.[31,90]

Imagem de tratamento. As sugestões de que os tratamentos de quimioterapia e de radiação são efetivos estão incorporadas no programa de imagem conduzido por Simonton. A ênfase, contudo, está nas próprias fontes do corpo que levam à batalha contra o câncer. Esse princípio pode muito bem ser aplicado ao ambiente de fisioterapia – por exemplo, ver e sentir o tratamento, minimizar o tecido cicatricial, aumentar o fluxo sanguíneo, ou fortalecer um músculo ou um tecido.

- Os pacientes devem ser claramente informados sobre o que está planejado para o tratamento, de forma que eles possam imaginar os efeitos acontecendo.[31]

Os praticantes de medicina esportiva progressiva Arnheim,[93] Swearingen,[94] e Steadman[95] salientam a importância do paciente ser educado sobre metas e processos de cura e de tratamento, de modo que imagens detalhadas repletas de significações possam ser facilitadas. O paciente, então, pode exercer um papel mais ativo em otimizar as respostas de reabilitação e, dessa forma, aumentar os sentimentos de controle e de influência.

Imagem de desempenho. Uma vez que os pacientes com lesão são, muitas vezes, incapazes de desempenhar fisicamente, a prática mental se torna muito mais importante se eles são chamados a manter certo nível de habilidade. A imagem de desempenho pode ser uma ferramenta poderosa a esse respeito. Ela não apenas fornece um meio no qual as habilidades são estimuladas, como também auxilia os pacientes a se prepararem para situações que são encontradas de modo infrequente na prática física ou na competição. A prática de imagem pode ser efetiva na preparação de indivíduos com lesão para qualquer número de situações iminentes e, dessa forma, pode ajudá-los a manter a confiança em sua habilidade e a dissipar quaisquer temores incessantes que eles tenham de sofrer uma nova lesão em seu retorno à atividade.[31] A dessensibilização progressiva utilizando a imagem e a estimulação pode ser necessária para ajudá-lo a eliminar temores de dúvidas que possam levar a uma tendência de lesão.[96]

Na pesquisa de Johnson,[97] indivíduos que se engajaram na imagem de cura e de desempenho ao longo de sua reabilitação encontraram-se mais preparados a retornar à ação que aqueles na condição controle. Essa prontidão foi baseada não apenas nas classificações do paciente, mas também em outras conferidas pelos fisioterapeutas. Esse achado é suportado por estudos de casos de Evans et al.,[98] que encontraram que a prática guiada da imagem de desempenho aumentou a confiança do indivíduo sobre o retorno à ação e reduziu a ansiedade sobre uma nova lesão. Tal confiança capacitou ainda mais os indivíduos a relaxar e a estarem mais motivados para aderir com vigor ao programa de reabilitação.[91]

O foco na execução da habilidade diminui a probabilidade de uma nova lesão. É natural, no entanto, ficar preocupado a respeito de se um corpo recuperado recentemente será capaz de suportar condições de desempenho. Tal temor pode distrair o indivíduo, aumentando a probabilidade de concretizar uma profecia negativa. Esses medos precisam ser reconhecidos e trabalhados antes do retorno às condições de competição. Em um caso, um jogador de rúgbi estava esperando ansiosamente seu retorno ao campo após a reconstrução do LCA. A primeira pergunta que lhe fora dirigida foi "O que pode melhor prevenir uma nova lesão?", ao que o jogador respondeu: "Se eu me concentrar melhor na execução". Então, foi lhe perguntado sobre o pior cenário possível, e ele respondeu "Seria arrebentar o joelho de novo". Foi perguntado a ele em que extensão sentia que poderia enfrentar tal resultado e então se referiu à sua primeira resposta, incluindo uma avaliação sobre em que extensão estava dentro de seu controle focalizar-se na execução. Para esse jogador extremamente talentoso, permanecer focalizado em cada ação do jogo não era um problema. Foi, então, perguntado por que ele jogava, ao que ele respondeu o quanto amava o jogo, a competição e tudo o mais. A seguir, foi perguntado se, considerando o quanto ele amava jogar, ele ainda o faria mesmo se soubesse ser provável que agindo assim ele poderia acabar lesionando seu joelho novamente, ao que ele respondeu: "Com certeza!" Em poucas e curtas questões, os medos desse atleta foram aliviados e ele se libertou e focalizou no que estava dentro de seu controle para canalizar sua dedicação em preparar-se bem, incluindo a prática da imagem do desempenho. Não apenas o joelho desse jogador continuou muito bem, como ele brilhou no jogo.[52]

Cada esforço deve ser feito antes de um retorno à ação para se sentir individualmente recuperado física, psicológica e emocionalmente, e de forma oposta a um atleta em recuperação. A evidência de testes físicos, *biofeedbacks*, imagens e relatos de campo podem contribuir com essa crença.

Ao abordar o retorno ao treinamento e à competição, é importante incorporar na imagem do desempenho detalhes do uso de equipamentos de proteção como faixas ou órteses, na medida em que eles são necessários para a atividade real. Omitir esses detalhes da imagem pode resultar no tipo de dor, lesão ou desconforto que tipicamente ocorreria se o indivíduo desempenhasse fisicamente a atividade sem o equipamento de proteção. Essa circunstância ocorreu com um jogador de basquete universitário com o qual os autores trabalharam, e que, habitualmente, colocava fitas em seu tornozelo previamente lesionado antes de cada prática de jogo, em um esforço para evitar a dor muscular. Inadvertidamente ele tinha, contudo, negligenciado agir desse modo em sua imagem. Uma vez que as fitas estavam incluídas na imagem subsequente, a dor muscular não ocorreu novamente.

O tempo é uma consideração importante na prontidão do indivíduo para praticar certas formas de imagem. Por exemplo, pode ser aconselhável focalizar de forma individual no relaxamento e no manuseio da dor logo após a cirurgia de reconstrução do joelho antes de se começar com a imagem de cura. Pode não ser fácil praticar a imagem de desempenho até que tenha havido suficiente cura para que o paciente se sinta pronto para se contemplar

Resumo de aplicação da imagem mental durante a reabilitação[30]

- Visualizar a cura acontecendo na área da lesão
- Aplicar a imagem de redução da dor
- Imaginar o tratamento sendo o mais efetivo possível
- Imaginar movendo-se livre e eficientemente por meio de movimentos e situações específicas que imponham maior demanda sobre a área lesionada
- Reexperimentar ou imaginar habilidades individuais requeridas para o melhor desempenho – permanecer em forma e mentalmente conectado com o seu esporte
- Investigar os sentimentos emocionais e físicos que caracterizam o seu melhor desempenho
- Visualizar-se retornando à competição e desempenhando o melhor novamente
- Imaginar sentindo-se positivo, entusiasmado e confiante sobre o retorno ao treinamento e à competição

ativo e com bom desempenho novamente. Em alguns casos, a lesão pode ter sido tão dramática ou traumática que, se não houve oportunidade bastante para o repouso, talvez não seja razoável esperar que o atleta tenha se recuperado psicológica, nem fisicamente, de forma suficiente para aplicar a energia mental requerida para implementação da cura autodirecionada.[30,84,91]

Permanecer ativo

Pacientes excepcionais são aqueles que são extraordinariamente ativos dentro das limitações de sua lesão. A despeito da lesão, o paciente deve estar ativo. Com uma lesão de membro superior, o paciente pode andar de bicicleta, caminhar ou usar uma esteira, por exemplo. Um paciente que tem uma lesão no hemicorpo inferior pode utilizar exercícios para o hemicorpo superior. Tão rápido quanto possível, o paciente deve iniciar trabalhos com os membros não afetados e afetados. Alguns mesmo se dirigem para novos meios (tais como a natação) como veículos para permanecer tão ativos quanto possível. A atividade não só ajuda a prevenir a perda de aptidão física e a atrofia, como também é extremamente terapêutica. Os efeitos terapêuticos do exercício regular na bioquímica e na psicofisiologia têm sido bem documentados.[99] Esses efeitos podem ser revertidos caso os indivíduos sejam mantidos inativos por muito tempo, e a inatividade pode levá-los a uma tendência maior que o normal à depressão, à tensão e à frustração.

Indivíduos que experimentam uma lesão são especialmente capazes de permanecer ativos e trabalhar através de suas frustrações por meio do exercício físico. Benefícios tais como a dissipação do excesso de energia, a manutenção do sentido de controle, a redução do estresse e a retenção da autoimagem têm sido identificadas.[95,99-102]

CARACTERÍSTICAS DE ATLETAS DE ELITE

Casos de reabilitação de lesão excepcionais – tais como os de Silken Laumann (remador canadense) que teve um retorno milagroso após um sério acidente com o remo em tempo de alcançar uma medalha de prata nos Jogos Olímpicos de Barcelona de 1992 – são memórias de qualidades dos atletas de pico. Os atributos inicialmente identificados por Garfield,[103] e reconhecidos nos atletas de elite em muitos campos,[104] fornecem uma estrutura para otimizar o potencial humano em circunstâncias de demanda. A Tabela 22.5 mostra as características dos atletas de elite. Esses atributos e habilidades envolvidas resumem as atitudes dos melhores pacientes e dos profissionais da saúde.

Os pacientes excepcionais não são exatamente "pacientes". Eles respondem ao conhecimento médico e fisiológico, mas são proativos em sua busca para uma resposta ótima. Eles servem como modelos de inspiração para outros pacientes e para profissionais da saúde.

Profissionais da saúde que mostram esses atributos muitas vezes exercem um efeito profundo em pacientes e profissionais que estão ao seu redor. Seu entusiasmo, profissionalismo e natureza cuidadosa exercem uma influência poderosa na crença, na confiança e na motivação. É importante alimentar esses atributos dos atletas de elite em pacientes, e modelá-los sempre que possível.

OTIMIZANDO CONDIÇÕES E SERVIÇOS DE REABILITAÇÃO

Como resultado da progressiva pesquisa em medicina esportiva, Gordon identificou áreas e procedimentos de habilidades importantes para treinadores, terapeutas e outros profissionais da saúde.[105] O treinamento nessas áreas pode ajudar as equipes profissionais a otimizar as respostas do paciente à lesão.

Tabela 22.5 Características dos atletas de elite

Motivado pela "missão"	Atletas de elite não apenas possuem sonhos e metas, eles investem apaixonadamente em vê-los, senti-los e realizá-los. Seu sentido de missão inspira o foco e a energia.
Orientado pela ação	Atletas de elite possuem um forte trabalho ético. Eles permanecem assertivos, vão atrás de seus objetivos e resumem o *slogan "Just do it"* (simplesmente faça).
Automaestria	Pessoas que alcançam e permanecem no topo estão sempre trabalhando na excelência pessoal e situacional. Eles querem ver o quão bons podem ser e tem prazer em trabalhar no desenvolvimento das metas técnicas, práticas, físicas e mentais.
Flexível e no controle	Atletas de elite são criativos e podem ver soluções e manter a perspectiva quando outros não o podem. Eles também são mentalmente fortes e podem focalizar efetivamente, e refocalizar quando necessário. Essa flexibilidade e controle normalmente se devem à sua preparação superior – física, mental e emocional.
Desafiado pela mudança	Atletas de elite se preparam não apenas para o esperado, mas também para o inesperado. Eles veem a demanda ou a mudança das condições como um último desafio e oportunidade para testar e desenvolver a si mesmos. Eles gostam de rivalidades positivas e de ser testados, e acreditam no dizer "Tempos duros não perduram, pessoas duras, sim."
Orientado pelo time	Atletas de elite são pessoas "de time". Eles se preocupam bastante em encorajar, desafiar e suportar os parceiros de time quando necessário. Eles permanecem respeitosos e apreciativos dos muitos papéis dos jogadores e dos atributos necessários para criar e manter um time efetivo.

Habilidades

1. Clínicos precisam ter habilidades de comunicação efetiva e escuta ativa, e são muitas vezes minados por agendas de tratamento sobrecarregadas em clínicas lotadas.
2. Os clínicos podem ser ensinados a utilizar as habilidades de reestruturação cognitiva, tais como o treinamento de autoinstrução e de interrupção de pensamentos para ajudar os pacientes a combater o racionalismo negativo ou para promover o desempenho da reabilitação.
3. Moldar o comportamento por meio de agendas de reforço positivo pode combater comportamentos disfuncionais, tais como gemidos, argumentações, falta de atenção e não aderência. Lidar com problemas comportamentais em geral melhora a efetividade do clínico, cuja condução profissional é muitas vezes refletida em suas reações características a esses problemas.
4. Técnicas de relaxamento e de visualização podem promover a cura interna e se opor à dor. O relaxamento em geral também ajuda a conservar a energia vital requerida para enfrentar períodos de desconforto prolongados.
5. Muitos indivíduos utilizam planejamento de metas, o que pode ser prontamente aplicado ao processo de recuperação pelos clínicos.

Procedimentos

1. Modelamento de grupo é uma forma de terapia de grupo na reabilitação que é conhecida por promover o desempenho, particularmente quando faltam motivação e entusiasmo.
2. O conhecimento a respeito da lesão e as explicações relacionadas à sua causa, a extensão do dano e o que está acontecendo internamente para que a cura ocorra é uma parte importante do papel do clínico. Os pacientes devem ser encorajados a levantar questões sobre sua lesão.
3. Os pacientes apreciam quando os clínicos fornecem informação sensorial de uma forma específica e clara (compreensível). Essa informação – por exemplo, a respeito do que a pessoa sentirá e por quanto tempo – reduz os sentimentos de desamparo e de falta de controle pessoal durante o tratamento.
4. Finalmente, os clínicos podem fornecer todo tipo de suporte social identificados na literatura. Esses incluem a escuta ativa, o suporte emocional, o desafio emocional, a realidade social compartilhada, a aplicação técnica e o desafio técnico. Com pouco esforço, os clínicos podem contribuir de forma significativa com todos os tipos de suporte sem comprometer sua função de auxiliar a recuperação dos pacientes, como ação oposta ao "cuidar" deles.

Os profissionais da saúde criativos, cuidadosos e dedicados, bem como as pessoas de suporte, podem ter um efeito tremendo em otimizar a recuperação e o crescimento psicológicos, emocionais e físicos. A ausência dessas habilidades e procedimentos provavelmente complicou e limitou muitas reabilitações no passado. Ao reagir aos profissionais da saúde que dizem de forma evasiva que eles não querem dar "falsa esperança", um atleta/paciente de atendimento ambulatorial da Suíça, Egon Oosteren, sugeriu que "O oposto de esperança é falta de esperança, o que é totalmente inaceitável". Claramente, aqueles que se deparam com desafios de saúde querem honestidade, otimismo e cuidado. Aqueles em posição para ajudar não devem deixar que suas agendas, medos ou fundos os impeçam de fornecer o que seus pacientes realmente precisam.

TENDÊNCIA À LESÃO E PREVENÇÃO

O estudo da dinâmica psicofisiológica durante a reabilitação da lesão sensibiliza o indivíduo para a importância desses fatores na prevenção da lesão. A confiança, a preparação, o foco e o desenvolvimento, todos eles podem exercer um papel na prevenção da lesão. O indivíduo sagaz tem as fontes físicas, técnicas, táticas e mentais para encarar as demandas de sua carreira, o que pode ajudar a prevenir o estresse, a tensão e a tendência à lesão (Fig. 22.3). Não há substituto para a preparação e desenvolvimento meticulosos quando se atua nas áreas técnica, tática, física e mental. Conforme as demandas dos ambientes de desempenho crescem, é importante fazer o melhor trabalho de desenvolvimento e de preparação.

Contudo, se as demandas percebidas em uma situação começam a exceder as fontes percebidas, é razoavelmente fácil apreciar como os efeitos *físicos* ou *psicológicos* do estresse podem interferir no desempenho e contribuir para com o estresse e a tendência à lesão crescentes.

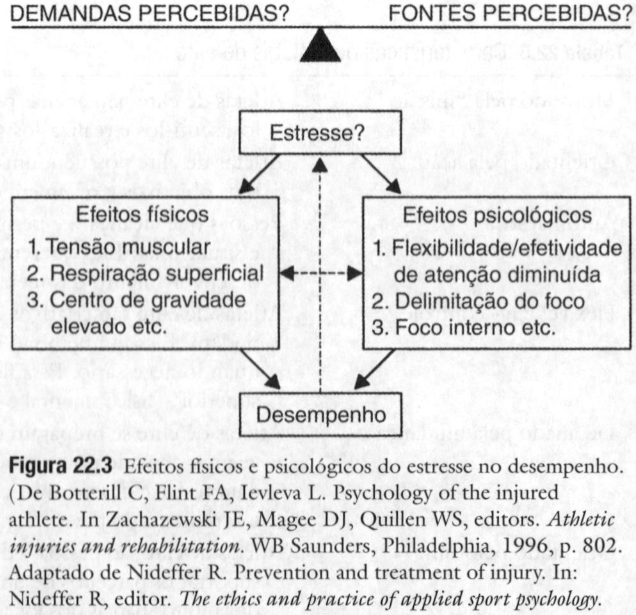

Figura 22.3 Efeitos físicos e psicológicos do estresse no desempenho. (De Botterill C, Flint FA, Ievleva L. Psychology of the injured athlete. In Zachazewski JE, Magee DJ, Quillen WS, editors. *Athletic injuries and rehabilitation.* WB Saunders, Philadelphia, 1996, p. 802. Adaptado de Nideffer R. Prevention and treatment of injury. In: Nideffer R, editor. *The ethics and practice of applied sport psychology.* Mouvement Publications, Ithaca, NY, 1991.)

Uma adaptação do modelo de Nideffer (ver Fig. 22.3) demonstra como o estresse pode interferir física ou psicologicamente com o funcionamento efetivo.[106]

A propensão à lesão pode estar relacionada à aptidão física, à genética, à técnica, à tática, equipamentos ou a fatores psicológicos, como o estresse, a confiança e o foco. Mesmo as necessidades, as dúvidas ou os medos subconscientes sobre a capacidade de desempenho podem produzir os efeitos físicos e psicológicos delineados na Figura 22.3, que podem tornar um atleta propenso à lesão.

Algumas vezes, os indivíduos progridem ao longo de suas carreiras virtualmente livres de lesões e de preocupações em sua abordagem ao esporte ou trabalho e, subitamente, deparam-se com um "ano de lesão", frustrante e complicado, no qual eles têm uma lesão após a outra. A lesão inicial, algumas vezes, dispara uma reação emocional e psicológica complexa que envolve uma sensibilidade aumentada ao risco de lesão e à falibilidade pessoal. Então, os indivíduos geralmente começam a superanalisar as demandas com que se deparam e qualquer limitação potencial nas fontes que os levam à competição. No processo, eles perdem a clareza mental, o foco confiante que os ajuda a otimizar o desempenho e a minimizar o risco de lesão.

Cada esforço deve ser feito para garantir que os pacientes não tendam à lesão quando retornarem à ação. A reabilitação completa da lesão envolve as considerações psicológicas tanto quanto as físicas, técnicas, táticas e de equipamentos. As simulações progressivas sistemáticas e os testes de desempenho podem exercer um papel crítico na reconquista individual de confiança de foco. Evidências de melhoria de força, flexibilidade, velocidade, coordenação ou resistência podem ser importantes para a mudança de percepção de um atleta em recuperação para a de um atleta recuperado. Treinadores e clínicos devem tomar vantagem de cada oportunidade para construir confiança e fornecer *feedback*.

O trabalho pessoal do paciente nas habilidades de relaxamento, imagem, foco, pensamento positivo e de ensaio, descritos previamente no capítulo, facilitam tanto a reabilitação psicológica como a física. A confiança e o controle, oriundos da aplicação progressiva dessas habilidades mentais, podem exercer um grande papel na prevenção ou na superação da tendência à lesão. O pensamento racional positivo de reforço e um sentido de humor daqueles ao redor do indivíduo também podem ajudar a dessensibilizar medos, dúvidas e superanálises, e encorajar o foco e o estado mental otimista e relevante para tarefa.

Se existem preocupações de que um paciente possa ainda tender à lesão, medições simples de *biofeedback* durante simulações reais ou imaginárias podem detectar respostas psicofisiológicas de complicação. O treino progressivo, a dessensibilização e a ressensibilização para um foco otimista relevante para a tarefa pode ser necessário. Caso se suspeite de que os medos, as dúvidas, as necessidades ou o sentimento de culpa subconscientes possam estar contribuindo para a tendência à lesão, cada esforço deve ser feito para arregimentar a ajuda de alguém treinado em psicologia clínica, psiquiatria ou hipnose.

Esse mesmo modelo pode, dessa forma, ser importante para avaliar se o paciente está pronto para retornar ao trabalho ou para outras atividades após a lesão. É importante que o indivíduo sinta-se pronto técnica, tática, física e mentalmente para trabalhar com as demandas da atividade.

A aptidão física é um elemento importante na prevenção da lesão. O vigor, a flexibilidade e a força, todos aumentam a confiança, reduzem as lesões e aumentam as capacidades. Também é importante lembrar que aptidão física é um estado, bem como um conjunto de capacidades, e que o repouso, a dieta e a hidratação são igualmente importantes para otimizar o potencial e minimizar a tendência à lesão.

A aptidão mental e emocional também envolve um "estado", bem como um conjunto de "capacidades" – de processamento mental e emocional – que podem ser mascarados por um estado de sobrecarga, fadiga ou estresse, físicos, mentais ou emocionais. A recuperação pode ser tão importante quanto a preparação.[107] Uma "perspectiva" e um estado claros de saúde podem ser as chaves para o desempenho ideal e o retorno à forma. Para ideias adicionais de como ajudar pessoas com a perspectiva, ver Botterill e Patrick.[48] *Life Lessons*, de Kubler-Ross e Kessler, está altamente relacionado.[108]

As habilidades mentais, junto a uma perspectiva racional, podem ajudar os indivíduos a "estacionar" ou colocar de lado as necessidades e as pressões excessivas criadas por outros. Indivíduos em recuperação são sensatos o bastante para, deliberadamente, reduzir demandas e expectativas que tenham sido intensificadas ou exageradas irracionalmente por outros. Isso é especialmente importante quando o indivíduo está retornando após uma lesão e é complementado por um foco primário no plano de jogo, na excelência e na execução pessoal e situacional de alguém.

SIMULAÇÃO E GANHO SECUNDÁRIOS

Para os pacientes altamente motivados e responsáveis, a simulação nunca é um problema. Na maior parte das vezes, os indivíduos ambiciosos precisam ser um pouco contidos para evitar que exijam de si mesmos muito rapidamente e compliquem o processo de reabilitação. Na medida em que as pressões e as demandas do mundo de hoje têm aumentado, os ganhos secundários de se estar lesionado podem, súbita e subconscientemente, tornar-se fatores na resposta do paciente.

Heil identificou uma atenção aumentada de outros significantes, simpatia e suporte social, liberação das responsabilidades do dia a dia, escape de situações estressantes e uso de medicação, como ganhos potenciais secundários para indivíduos com lesão.[31]

Rotella et al. identificaram uma lista de razões potenciais para a simulação (Tab. 22.6).[96] Na maior parte, a

Tabela 22.6 Razões para a simulação no esporte

Utilizar uma lesão insignificante para racionalizar a perda do estado inicial, a redução no tempo de jogo e o desempenho competitivo insatisfatório.
Utilizar uma incapacidade relacionada à lesão para evitar a perda de bolsa de estudos por esporte.
Utilizar a lesão para contabilizar a diminuição ou a mudança aparente na motivação por participação.
Utilizar a lesão para compensar a percepção pessoal de habilidade (talento) insuficiente para competir com sucesso.
Utilizar a lesão para atrair a atenção necessária ou desejada dos outros que não tenha sido oferecida em outra ocasião.
Utilizar a lesão para demonstrar coragem pessoal ao "jogar machucado".
Utilizar a lesão para compensar as expectativas de treinadores, parceiros de time e familiares.
Utilizar a lesão como uma razão para desistir do desempenho, não contribuindo assim com habilidade, talento e capacidade para os esforços do time, e expressando hostilidade ou ira para com os treinadores, parceiros de time ou familiares
Utilizar a lesão para evitar o rigor da prática, mas ainda ser capaz de competir, já que o treinador pode precisar dos serviços do atleta no dia do jogo (o atleta não deseja "desperdiçar" seu corpo).
Utilizar uma lesão menor para evitar jogar a fim de preservar seu corpo para uma competição interuniversitária ou profissional, na qual a recompensa material é maior do que a presente
Utilizar a lesão como um meio de fugir de algo indesejável, mas que também é inevitável (todos os homens na família tradicionalmente jogam futebol).

De Botterill C, Flint FA, Ievleva L. Psychology of the injured athlete. In Zachazewski JE, Magee DJ, Quillen WS, editors. *Athletic injuries and rehabilitation.* WB Saunders, Philadelphia, 1996, p. 803. Adaptado de Rotella R, Ogilvie B, Perrin D. The malingering athlete: psychological consideration. In Pargman D, editor. *Psychological bases of sport injuries.* Fitness Information Technology, Morgantown, WV, 1993.

chave para prevenir a simulação no esporte pode ser manter o entusiasmo para os dividendos primários e o potencial da reabilitação efetiva e do retorno à ação. Muitas dessas razões podem ser aplicadas para os pacientes a cada dia. Um ambiente claro, entusiástico e profissional ao redor da clínica, bem como da reabilitação e das práticas, pode ajudar a garantir que os motivos primários e o comportamento proativo mantenham a precedência sobre quaisquer motivos secundários ou subconscientes em competição. Estabelecer e revisar as metas de longo prazo, curto prazo e situacionais pode ajudar a prevenir tendências à simulação.

Um bom ambiente de reabilitação envolve um misto de empatia, suporte e desafios saudáveis para maximizar o potencial de reabilitação do paciente. As expectativas comportamentais para otimizar a reabilitação devem ser claras, e deve-se fazer todo o esforço para manter um alto nível de confiança, respeito e otimismo. Dedicação e profissionalismo são muitas vezes necessários para ajudar as pessoas ao longo das fases difíceis de suas vidas. Um misto de empatia, suporte, crença e desafios pode, na maior parte das vezes, ajudar as pessoas a passar pelo sentimento de pena por si mesmos e a continuar com respostas efetivas.

Honestidade e abertura sobre possíveis influências psicossomáticas que possam complicar a reabilitação e o retorno à forma podem ser necessárias. Ao mesmo tempo, o respeito pelas habilidades do paciente de conhecer seu corpo deve ser mantido junto a uma confiança de que os envolvidos realmente querem fazer o que é correto.

RECONSTRUINDO A CONFIANÇA

Os componentes da confiança identificados por Gill fornecem uma excelente estrutura aos esforços para reconstruí-la: (1) experiências passadas, (2) experiências vicárias, (3) persuasão verbal, e (4) estado emocional.[99] Para reconstruir a confiança, os pacientes podem revisar experiências de sucesso do passado para contra-atacar as dúvidas temporárias, e trabalhar com atividades práticas intensas que realizem com confiança. Também podem ter empatia ou experimentar vicariamente altos desempenhos de outros, e ver e sentir a grandeza com que eles mentalmente ensaiam e utilizam a imagem criativa. Ser positivo e fornecer suporte a outros muitas vezes leva ao suporte e à confiança recíproca, e todos os esforços devem ser feitos para que atletas com a necessidade de confiança tenham ao seu redor pessoas de fé, confiantes e energizantes.[109,110] Pode-se tentar também usar pensamentos mais positivos, convincentes e persuasivos caso eles tenham decaído. Finalmente, tornar-se emocional, energizado ou desperto muitas vezes leva a maiores sentimentos de confiança e de capacidade (reação de luta ou fuga). A maior parte das emoções, com exceção da tristeza, produz energia; assim, se alguém se torna apaixonado e se engaja em atividades ou pensamentos energizantes, a confiança pode ser aumentada, e a intensidade, canalizada em um foco primário positivo.

Em resumo, a confiança está relacionada em sua maior parte à *preparação de qualidade*. Uma revisão rápida de pontos marcantes do passado e de prospectos futuros é mais bem seguida por um foco total no aqui e no agora – o plano de jogo corrente. A fase final na preparação de qualidade é ensaiar e manter o foco em algumas das condições-chaves contrastantes que possam ocorrer na ação.

SUMÁRIO

A dinâmica psicológica envolvida na prevenção de lesão e em ajudar pacientes a trabalhar ao longo do processo de reabilitação da lesão é geralmente complexa e extremamente significativa. A relação mente-corpo é uma conexão altamente interativa e de duas vias, que influencia cada elemento da prontidão para os desafios e a responsividade às situações. A lesão, ou a ameaça física à saúde e à capacidade, possui um efeito profundo nas emoções e nos pensamentos, e agora existem poucas dúvidas de que os pensamentos e sentimentos podem ter uma influência profunda na habilidade de desempenhar ou de recuperar.

- Tratar o paciente como um "atleta" e mobilizar os fatores psicológicos e ambientais pode fazer uma grande diferença.

Os profissionais da saúde informados podem ser de extremo valor em sensibilizar os pacientes, parceiros de time, familiares e administradores para essa poderosa psicofisiologia e suas implicações muito *práticas*. A empatia de um familiar, o interesse (e o desafio) de um parceiro de time, o cuidado de um administrador, junto às habilidades dos profissionais de atenção em saúde, podem fazer uma grande diferença nas vidas afetadas. A psicologia não é mágica, mas ela pode ser uma parte poderosa de uma reabilitação holística e multidisciplinar.

REFERÊNCIAS BIBLIOGRÁFICAS

1. Achterberg J: Mind and medicine: the role of imagery in healing, J Am Social Psychic Res 83(2):93-100, 1989.
2. Justice B: Who gets dick, Los Angeles, 1987, JP Tarcher.
3. Moyers B: Healing and the mind, New York, 1993, Doubleday.
4. Berehowski D: Personal interview with F. Flint, September 1993.
5. Flint FA: The psychological effects of modeling in athletic injury rehabilitation, Doctoral dissertation, University of Oregon, 1991. Microform Publications No. BF 357.
6. Townsend L: Personal interview with F. Flint, August 1993.
7. Tracey J: The emotional response to the injury and rehabilitation process, J Appl Sport Psychol 15(4):279-293, 2003.
8. Kontos P, Collins M, Russo A: An introduction to sports concussion for the sport psychology consultant, J Appl Sport Psychol 16(4):220-235, 2004.
9. Pedersen P: The grief response and injury: a special challenge for athletes and athletic trainers, Athletic Training 21:312-314, 1986.
10. Rotella RJ, Heyman SR: Stress, injury and the psychological rehabilitation of athletes. In Williams JM, editor: Applied sport psychology: personal growth to peak performance, Palo Alto, Ca, 1986, Mayfield.
11. Mainwaring L, Bisschop SM, Green R et al: Emotional reaction of varsity athletes to sport-related concussion, J Sport Exerc Psychol 26(1):119-135, 2004.
12. Kübler-Ross E: On death and dying, New York, 1969, MacMillan.
13. Brewer BW: Review and critique of models of psychological adjustment to athletic injury, J Appl Sport Psychol 6:87-100, 1994.
14. Udry EM: Coping and social support among injured athletes following surgery, J Sport Exerc Psychol 19:71-90, 1997.
15. Weise MR, Troxel R: Psychology of the injured athlete, Athletic Training 21:104-109, 154, 1986.
16. Lazarus RS, Folkman S: Stress, appraisal, and coping, New York, 1984, Springer.
17. Flint FA: Psychology of sport injury, Champaign, Ill, 1998, Human Kinetics.
18. Frey JH: Social risk and the meaning of sport, Sociol Sport J 8:136-145, 1991.
19. Vallerand R: Emotion in sport. In Straub W, Williams J, editors: Cognitive sport psychology, Lansing, NY, 1984, Sport Science Associates.
20. Botterill C: Emotional preparation for the Olympics, Coaches Report, 3(1):26-30, 1996.
21. Glasser W: Control theory, New York, 1984, Harper & Row, 1984.
22. Gutkind S: Using solution-focused brief counseling to provide injury support, The Sport Psychologist 18(1):75-88, 2004.
23. Quinn O, Fallon B: The changes in psychological characteristics and reactions of elite athletes from injury onset until full recovery, J Appl Sport Psychol 11(2):210-229, 1999.
24. Flint F: Integrating sport psychology and sports medicine in research: the dilemmas, J Appl Sport Psychol 10:83-102, 1998.
25. Flint FA: Seeing helps believing: modeling in injury rehabilitation. In Pargman D, editor: Psychological bases of sport injuries, Morgantown, WV, 1999, Fitness Information Technology.
26. Johnson M: Dimensions of recovery from surgery, Int Rev Appl Psychol 33:505-520, 1984.
27. Anderson KO, Masur FT 3rd: Psychological preparation for invasive medical and dental procedures, J Behav Med 6(1):1-40, 1983.
28. Weinman J, Johnston M: Stressful medical procedures: an analysis of the effects of psychological interventions and of the stressfulness of the procedures. In Maes S, Spielberger CD, Defares PB et al, editors: Topics in health psychology, New York, 1988, Wiley & Sons.
29. Fisher AC, Hoisington LL: Injured athletes' attitudes and judgements toward rehabilitation adherence, Athletic Training 28:48-53, 1993.
30. Ievleva L, Orlick T: Mental paths to enhanced recovery from a sports injury. In Pargman D, editor: Psychological bases of sport injuries, ed 2, Morgantown, WV, 1999, Fitness Information Technology.
31. Heil J: A comprehensive approach to injury management. In Heil J, editor: Psychology of sport injury, Champaign, Ill, 1993, Human Kinetics.
32. Hardy CJ, Crace RK: The dimensions of social support when dealing with sport injuries. In Pargman D, editor: Psychological bases of sport injuries, Morgantown, WV, 1993, Fitness Information Technology.
33. Wiese DM, Weiss MR: Psychological rehabilitation and physical injury: the role of the sports medicine team, The Sport Psychologist 1:318-330, 1987.
34. Bandura A: Social foundations of thought and action: a social cognitive theory, Englewood Cliffs, NJ, 1986, Prentice-Hall.
35. McCullagh P, Weiss MR, Ross D: Modeling considerations in motor skill acquisition and performance: an integrated approach. In Pandolf KB, editor: Exercise and sport sciences reviews, vol 17, Baltimore, 1989, Williams & Wilkins.
36. Bandura A: Principles of behavior modification, New York, 1969, Holt, Rinehart & Winston.
37. Bandura A: Self-efficacy: toward a unifying theory of behavioral change, Psychol Rev 84:191-215, 1977.

38. Weiss MR, Klint KA: "Show and tell" in the gymnasium: an investigation of developmental differences in modeling and verbal rehearsal of motor skills, Res Q Exerc Sport 58:234-241, 1987.
39. Kulik JA, Mahler HI: Effects of preoperative roommate assignment on postoperative anxiety and recovery from coronary-bypass surgery, Health Psychol 6:525-543, 1987.
40. Melamed BG, Siegel LJ: Reduction of anxiety in children facing hospitalization and surgery by use of filmed modeling, J Consult Clin Psychol 43:511-521, 1975.
41. Shipley RH, Butt JH, Horwitz B, Farbry JE: Preparation for a stressful medical procedure: effect of amount of stimulus preexposure and coping style, J Consult Clin Psychol 46:499-507, 1978.
42. Byers J: Canadian ski gold and inspiration to others, The Toronto Star, Feb 16, 1992.
43. Thelen MH, Fry RA, Fehrenbach PA, Frautschi NM: Therapeutic videotape and film modeling: a review, Psychol Bull 86:701-720, 1979.
44. Anderson LA, DeVellis BM, DeVellis RF: Effects of modeling on patient communication, satisfaction, and knowledge, Med Care 25:1044-1056, 1987.
45. Ievleva L, Orlick T: Mental links to enhanced healing: an exploratory study, The Sport Psychologist 5(1):25-40, 1991.
46. Loundagin C, Fisher L: The relationship between mental skills and enhanced injury rehabilitation (poster presentation), Annual Meeting of the Association for the Advancement of Applied Sport Psychology (AAASP), Montreal, 1993.
47. Orlick T: The psychology of human excellence, Contemp Thought Sport Psychol Hum Perform 1(1):112-127, 1992.
48. Botterill C, Patrick T: Perspective: the key to life, Winnipeg, 2003, Lifeskills.
49. Theodorakis Y, Beneca A, Malliou P et al: Examining psychological factors during injury rehabilitation, J Sport Rehabil 6:355-363, 1997.
50. Theodorakis Y, Malliou P, Papaioannou A et al: The effect of personal goals, self-efficacy, and self-satisfaction on injury rehabilitation, J Sport Rehabil 5:214-223, 1996.
51. Orlick T: Psyching for sport, Champaign, Ill, 1986, Human Kinetics.
52. Ievleva L: Mental skills applied to rehabilitation. In Gordon S, editor: Psychology of rehabilitation, Symposium presented to Annual Sports Medicine Australia Conference, Canberra, October 2003.
53. Kabat-Zinn J: Full catastrophe living: using the wisdom of your body and mind to face stress, pain, and illness, New York, 1990, Delacorte.
54. Green EE, Green AM, Walters ED: Biofeedback for mind/body self-regulation: healing and creativity. In Peper E, Ancoli S, Quinn M, editors: Mind/body integration: essential readings in biofeedback, New York, 1979, Plenum.
55. Patterson DM: Progressive relaxation training: overview, procedure and implication for self-regulation. In Peper E, Ancoli S, Quinn M, editors: Mind/body integration: essential readings in biofeedback, New York, 1979, Plenum.
56. Rossman ML: Imagine health! Imagery in medical self-care. In Sheikh A, editor: Imagination and healing, Farmingdale, NJ, 1984, Berkley Books.
57. Brewer B, Raalte J, Linder D: Role of the sport psychologist in treating injured athletes: A survey of sport medicine providers, J Appl Sport Psychol 3:183-190, 1991.
58. Yukelson D: Psychology of sports and the injured athlete. In Bernhardt D, editor: Sports physical therapy, New York, 1986, Churchill Livingstone.
59. Benson H: The Relaxation Response, New York, 1975, William Morrow.
60. Bresler DE: Conditioned relaxation: the pause that refreshes. In Gordon JS, Jaffe DT, Bresler DE, editors: Mind, body, and health: toward an integral medicine, New York, 1984, Human Sciences.
61. Bresler DE: Mind-controlled analgesia: the inner way to pain control. In Sheikh AA, editor: Imagination and healing, Farmingdale, NJ, 1984, Berkley Books.
62. Selye H: Stress without distress, New York, 1974, Harper & Row.
63. Borysenko M, Borysenko J: Stress, behavior, and immunity: animal models and mediating mechanisms, Gen Hosp Psychiatry 4(1):59-67, 1982.
64. Perna F, McDowell S: The association of life-stress and cognitive coping strategy with symptoms, immunosuppression and injury among Olympic athletes (lecture presentation), Annual Meeting of the Association for the Advancement of Applied Sport Psychology (AAASP), Montreal, 1993.
65. Bevan AJ: Endocrine changes in transcendental meditation, Clin Exp Pharmacol Physiol 7(1):75-76, 1980.
66. DeGood DE, Redgate ES: Interrelationship of plasma cortisol and other activation indices during EMG biofeedback training, J Behav Med 5(2):213-223, 1982.
67. Green RG, Green ML: Relaxation increases salivary immunoglobulin A1, Psychological Report 61:623-629, 1987.
68. McGrady A, Woerner M, Bernal GA, Higgins JT Jr: Effect of biofeedback-assisted relaxation on blood pressure and cortisol levels in normotensives and hypertensives, J Behav Med 10(3):301–310, 1987.
69. McGrady A, Turner JW, Fine TH et al: Effects of biobehaviorally--assisted relaxation training on blood pressure, plasma renin, cortisol, and aldosterone levels in borderline essential hypertension, Clin Biofeedback Health 10(1):16-25, 1987.
70. Holden-Lund C: Effects of relaxation with guided imagery on surgical stress and wound healing, Res Nurs Health 11:235-244, 1988.
71. Jin P: Changes in heart rate, noradrenaline, cortisol and mood during tai chi, J Psychosom Res 33(2):197-206, 1989.
72. Cousins N: Head First: The biology of hope and the healing power of the human spirit, New York, 1989, Penguin Books.
73. Cousins N: Belief becomes biology, Advances 6(3):20-29, 1989.
74. Epstein G: The image in medicine: notes of a clinician, Advances 3(1):22-31, 1986.
75. Epstein G: Healing visualizations: creating health through imagery, New York, 1989, Bantam Books.
76. Krippner S: The role of imagery in health and healing: a review, Saybrook Review 5(1):32-41, 1985.
77. Achterberg J, Dossey B, Kolkmeier L: Rituals of healing: using imagery for health and wellness, New York, 1994, Bantam Books.
78. Brewer B, Jeffers K, Petitpas A et al: Perceptions of psychological interventions in the context of sport injury rehabilitation, The Sport Psychologist 8:176-188, 1994.
79. Ievleva L, Campfield K, Isaac J et al: Effects of guided imagery on back pain (paper presentation), Annual Australian Psychological Society (APS) Conference, Gold Coast, 2002.
80. Richardson PA, Latuda LM: Therapeutic imagery and athletic injuries, J Athletic Training 30:10-13, 1995.
81. Ievleva L, Orlick T: Mental paths towards enhanced healing of sport injuries. In Pargman D, editor: Psychological bases of sport injuries, Morgantown, WV, 1999, Fitness Information Technology.
82. Simonton OC, Matthews-Simonton S, Creighton JL: Getting Well Again, New York, 1978, Bantam Books.
83. Hall HR: Hypnosis and the immune system: a review with implications for cancer and the psychology of healing, Am J Clin Hypnosis 25(3):92-103, 1983.
84. Green EE, Green AM: Beyond biofeedback, New York, 1977, Delacorte/Seymour Lawrence.
85. Jaffe DT, Bresler DE: Guided imagery. In Gordon JS, Jaffe DT, Bresler DE, editors: Mind body, and health: toward an integral medicine, New York, 1984, Human Sciences.
86. Green LB: The use of imagery in the rehabilitation of injured athletes. In Pargman D, editor: Psychological bases of sport Injuries, ed 2, Morgantown, WV, 1999, Fitness Information Technology.

87. Taylor J, Taylor S: Psychological approaches to sports injury rehabilitation, Gaithersburg, Md, 1997, Aspen.
88. Morris T, Spittle M, Watt AP: Imagery in sport, Champaign, Ill, 2005, Human Kinetics.
89. Kolt GS: Doing sport psychology with injured athletes. In Andersen MD, editor: Doing sport psychology, Champaign, Ill, 2000, Human Kinetics.
90. Taylor AH, May S: Threat and coping appraisal as determinants of compliance with sports injury rehabilitation: an application of Protection Motivation Theory, J Sports Sci 14(6):471-482, 1996.
91. Cupal DD, Brewer BW: Effects of relaxation and guided imagery on knee strength, reinjury anxiety, and pain following anterior cruciate ligament reconstruction, Rehab Psychol 46:28-43, 2001.
92. Ievleva L (Speaker), Stillwell L (Composer/Musician): Inner sports: psychological skills for peak performance (double-cassette recordings), Champaign, Ill, 1997, Human Kinetics.
93. Arnheim DD: Modern principles of athletic training, St Louis, 1985, Times Mirror/Mosby College Publishing.
94. Swearingen RL: The physician as the basic instrument. In Gordon JS, Jaffe DT, Bresler DE, editors: Mind, body, and health: toward an integral medicine, New York, 1984, Human Sciences.
95. Steadman JR: Rehabilitation of skiing injuries, Clin Sports Med 1(2):289-294, 1982.
96. Rotella RJ, Campbell MS: Systematic desensitization: psychological rehabilitation of injured athletes, Athletic Training 18(2):140-142, 1983.
97. Johnson U: Short-term psychological intervention: A study of long-term injured athletes, J Sport Rehab 9:207-218, 2000.
98. Evans L, Hardy L, Fleming S: Intervention strategies with injured athletes: an action research study, The Sport Psychologist 14:188-206, 2000.
99. Gill D: Psychological dynamics in sport, Champaign, Ill, 1985, Human Kinetics.
100. Crossman J: Psychological and sociological factors supporting athletic injury, Coaching Review, May/June:54-58, 1986.
101. Salisbury N: The comeback trail, New body 3(6):56-58, 1984.
102. Willis H: Some psychological effects of athletic injuries, Physiotherapy and Sport, 5(3):16-17, 1983.
103. Garfield C: Peak performers, New York, 1986, Books.
104. Botterill C, Friesen R: Peak performer attributes (paper presentation), Canadian Association of Sport Sciences, Saskatoon, Canada, 1992.
105. Gordon S: Sport psychology and the professional training of health care professionals, Association for the Advancement of Applied Sport Psychology (AAASP) Newsletter, Summer, 1991.
106. Nideffer R: Injury prevention and rehabilitation. In Nideffer R, editor: The ethics and practice of applied sport psychology, Ithaca, 1981, Movement Publications.
107. Kellmann M, editor: Enhancing recovery, Champaign, 2002, Human Kinetics.
108. Kubler-Ross E, Kessler D: Life lessons, New York, 2000, Scribner.
109. Magyar M, Duda J: Confidence restoration following athletic injury, The Sport Psychologist 14(4):372-390, 2000.
110. Bianco T, Eklund R: Conceptual considerations for social support research in injury cases, J Sport Exerc Psychol 23(2):85-107, 2001.

CAPÍTULO

23

Integração dos estresses e sua relação com a cadeia cinética

Sérgio Teixeira da Fonseca, Juliana de Melo Ocarino, Paula Lanna Pereira da Silva e Cecília Ferreira de Aquino

INTRODUÇÃO

No curso das atividades diárias, o corpo humano está constantemente sujeito a forças de reações, bem como a forças de inércia, provenientes dos segmentos corporais em movimento. Durante a corrida, por exemplo, a coluna vertebral lombar está exposta a forças de reação do solo que chegam a até 5,7 vezes o peso corporal,[1] enquanto na marcha essas cargas são reduzidas à metade.[2] Essas forças externas são equilibradas por forças internas produzidas ou conservadas por músculos, ligamentos, tendões, fáscias e estruturas articulares. Contudo, as forças externas e internas excessivas que fluem através dos segmentos corporais (cadeia cinética) (Tab. 23.1) devem ser dissipadas para produzir um comportamento coordenado ou para proteger de lesão os tecidos biológicos.[3] As forças aplicadas aos tecidos humanos dividida pela área de secção transversal dos tecidos são definidas como estresses. Quando os estresses que alcançam um tecido ou estrutura particular excedem um limite crítico, pode ocorrer lesão. Consequentemente, os mecanismos de dissipação da cadeia cinética são cruciais na manutenção da integridade dos tecidos e das estruturas do corpo humano.

O desempenho de qualquer atividade requer certa capacidade do sistema musculoesquelético de lidar com os estresses resultantes causados pelo fluxo de forças através da cadeia cinética. Essa capacidade intrínseca de gerar, transferir e dissipar as forças define os recursos do indivíduo.[4] A relação entre o volume de estresse aplicado ao sistema musculoesquelético (i. e., a demanda) e os recursos do indivíduo (i. e., a capacidade) determina se resultará ou não em patologia. Assim, um entendimento de como otimizar as capacidades do indivíduo ou minimizar as demandas nos tecidos e estruturas corporais deve ser a base da reabilitação musculoesquelética.

DEMANDA E CAPACIDADE

A abordagem clássica da investigação dos fatores de risco dos processos patológicos tem sido a identificação de fatores intrínsecos e extrínsecos associados à frequência da ocorrência de lesões.[5,6] Embora essa abordagem tenha oferecido uma compreensão substancial das causas das lesões musculoesqueléticas, ela apresenta algumas limitações. A natureza multifatorial dessas lesões impede o estabelecimento de relações causais inequívocas entre os fatores de risco e a patologia.[5,7] Por exemplo, acredita-se que as lesões por *overuse* estejam relacionadas a vários fatores possíveis, como fraqueza, diminuição da flexibilidade, desequilíbrios musculares, fadiga, idade e erros de treinamento.[7,8] Frequentemente, indivíduos dentro de certo grupo com atributos físicos e cargas de trabalho similares apresentam diferentes resultados em termos de ocorrência de lesão.[5] As diferenças entre indivíduos a respeito de como o alinhamento dos membros afeta a biomecânica e a artrocinemática articular, a rigidez muscular e do tecido conjuntivo, as capacidades de estabilização muscular dinâmicas e os padrões de movimento podem explicar por que alguns indivíduos são mais suscetíveis a lesões do que outros. Assim, o entendimento das capacidades individuais e das demandas de estresse específico aplicadas às estruturas corporais pode provar ser uma abordagem

Tabela 23.1 Definição de cadeia cinética/cinemática

Parâmetro	Definição
Cadeia cinética	Segmentos mecanicamente ligados, nos quais as forças provenientes de um segmento são transferidas para outros segmentos
Cadeia cinemática	Segmentos mecanicamente ligados, nos quais o movimento de um segmento pode resultar no movimento de outros segmentos
Cadeia aberta	Segmentos ligados, nos quais o movimento de um segmento é independente do movimento de outros segmentos
Cadeia fechada	Segmentos ligados, nos quais os movimentos dos segmentos são interdependentes

mais produtiva na prevenção e tratamento das lesões musculoesqueléticas. Nas próximas seções deste capítulo, o conceito de demanda de estresse e os fatores relacionados às capacidades individuais são discutidos em mais detalhes.

Demanda de estresse

A demanda de estresse é definida como a quantidade de estresse aplicado ao sistema musculoesquelético durante uma dada atividade. Em biomecânica, os estresses aplicados a um tecido biológico causam uma deformação (ou estiramento) que pode ser reversível (deformação elástica) ou irreversível, levando a uma alteração permanente do comprimento (deformação plástica) (Tab. 23.2).[9] Embora a aplicação de forças continuamente crescentes tenha sido utilizada para investigar as propriedades materiais dos tecidos biológicos, ela raramente representa situações da vida real. Em atividades funcionais, as forças de uma fonte contínua não são normalmente aplicadas ao sistema musculoesquelético. Em vez disso, uma quantidade fixa de energia, a qual é representada como a área sob a curva de tensão-alongamento (ver Fig. 3.5), é transferida ao corpo e flui através da cadeia cinética.[9] Nesse ponto de vista, a quantidade de energia que alcança uma dada estrutura, e não o estresse propriamente dito, é a principal causa da lesão. Para entender o papel da demanda de estresse na produção da lesão, este capítulo examina o conceito de fluxo de energia através da cadeia cinética e os fatores que podem levar a quantidades aumentadas de energia/estresse aplicados ao sistema musculoesquelético.

Tabela 23.2 Definições de estresse e de estiramento

Parâmetro	Definição
Estresse	Resistência interna de um corpo à aplicação de uma força externa, dado pela magnitude da força dividida pela área de aplicação (N/m)
Estiramento	Deformação de um corpo físico sob a ação das forças aplicadas, dado pela porcentagem de seu comprimento inicial

Fluxo de energia

O fluxo de energia refere-se ao conceito de que as forças que agem em qualquer ponto do corpo contribuem com as observadas em todos os segmentos corporais, porque as articulações transmitem forças de um segmento para o outro.[10] A energia transferida entre os segmentos corporais e as estimativas do trabalho mecânico durante diferentes atividades são tópicos importantes na biomecânica.[11,12] Energia é a habilidade que o corpo possui de realizar trabalho em virtude de sua posição ou movimento. Durante qualquer atividade do dia a dia, forças de reação do solo, intersegmentais articulares, de impacto, musculares ou de inércia do movimento dos segmentos corporais geram movimentos ou causam alterações na posição desses mesmos segmentos (Tab. 23.3).[10] Assim, em qualquer atividade, a energia de uma região corporal pode aplicar estresse em qualquer outra região que, por causa da alteração resultante na posição ou no estado de movimento, alterará o estado energético. Essa alteração contínua no estado energético dos segmentos corporais em resposta a um evento inicial gera um fluxo de energia.[10,13] Por exemplo, Neptune et al. identificaram a contribuição da ação do músculo sóleo para a aceleração e a potência dos segmentos da perna e do tronco.[13] Eles descobriram que, durante a fase de apoio unipodálico da marcha, esse músculo não apenas desacelera a perna na qual ele está situado como também desacelera a coxa e acelera o tronco, embora não tenha qualquer inserção direta nesses segmentos (Fig. 23.1). Em outras palavras, a ação do sóleo causa um fluxo de energia a partir da perna para o tronco por meio da cadeia cinética durante

Tabela 23.3 Tipos de forças e definições

Tipo de força	Definição
Força de reação do solo	Força reativa proveniente do solo em resposta a todas as forças aplicadas a ele
Forças articulares intersegmentais	Forças reativas, as quais são forças transferidas de um segmento ao outro por meio de articulações
Forças de impacto	Forças aplicadas externamente que agem sobre segmentos corporais
Forças musculares	Forças geradas internamente pela ação dos músculos
Forças inerciais	Forças geradas pelas massas e movimentos dos segmentos corporais

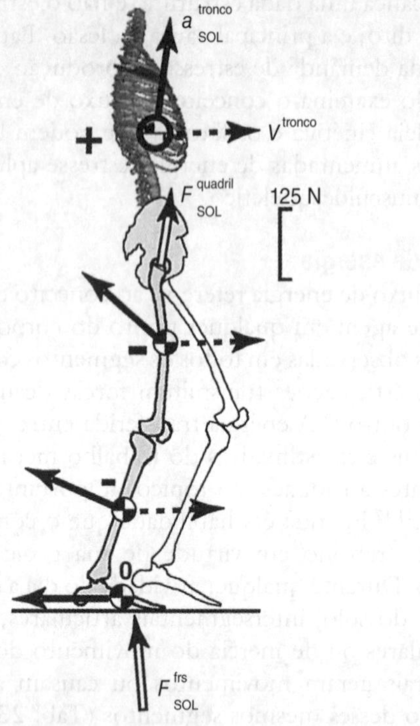

Figura 23.1 Redistribuição da energia segmental pelo músculo sóleo (SOL) na posição de apoio unipodálico em comprimento constante aproximado. *Setas não preenchidas*: contribuição para a força intersegmental do $F_{SOL}^{quadril}$ e a força de reação do solo F_{SOL}^{frs}. A barra de calibração se aplica a essas forças. A contribuição das forças intersegmentais do tornozelo e do joelho são similares à contribuição da força de reação do solo (não mostrada). *Setas preenchidas*: contribuição das acelerações lineares dos segmentos (apenas o tronco indicado, a_{SOL}^{tronco}. As magnitudes não estão em escala. *Setas tracejadas*: velocidade linear dos segmentos (apenas o tronco indicado, v^{tronco}). As magnitudes não estão em escala. Notar que o movimento dos segmentos é sobretudo para a frente. Como a_{SOL}^{tronco} tem um componente colinear com v^{tronco}, o SOL age para acelerar o tronco para a frente a fim de causar o fluxo de energia para tronco ("+"). A aceleração SOL-induzida da coxa e da perna possuem um componente para trás a fim de desacelerar esses segmentos ("–"; fluxo de energia <0). O efeito líquido do SOL sobre o pé é pequeno ("0"). Assim, enquanto estiver agindo quase isometricamente, o SOL redistribui a energia da perna para o tronco na posição unipodálica. (De Zajac FE, Neptune RR, Kautz SA. Biomechanics and muscle coordination of human walking. Part I: introduction to concepts, power transfer, dynamics and simulations, *Gait Posture* 6:215-232, 2002.)

a fase de apoio unipodálico da marcha. Embora o entendimento do fluxo de energia seja crucial na biomecânica, o foco da investigação tem sido o desempenho do indivíduo.[12] Contudo, o fluxo de energia excessivo através dos segmentos corporais (cadeia cinética) está entre os principais fatores responsáveis pela produção de lesão.

Quando um indivíduo está realizando uma atividade simples tal como a marcha, as forças de reação do solo a cada passo produzem um fluxo de energia através da cadeia cinética. No contato do pé, a força de reação do solo aplicada lateralmente (Fig. 23.2) leva o pé a se mover em pronação.[14] Essa pronação, em virtude da adução resultante do tálus em relação ao calcâneo, deve ser acompanhada pela rotação medial da tíbia quando a articulação do joelho flexiona ou pela rotação medial da extremidade inferior quando a flexão do joelho não é suficiente para acomodar a demanda rotacional produzida pelo pé (Fig. 23.3).[15] Na presença da flexão do joelho, a energia produzida pelas forças de reação do solo é dissipada ou conservada (transferida) pela contração excêntrica do músculo quadríceps femoral, minimizando o fluxo de energia através da cadeia cinética.[16] Como resultado, os níveis inferiores de estresse repetitivo alcançam as articulações mais proximais, tais como a pelve e a coluna vertebral lombar, as quais têm seu risco de lesão diminuído. Contudo, quando essa energia não é dissipada, a rotação medial resultante da extremidade inferior produz forças de reações articulares (forças intersegmentais articulares) que compelem as outras articulações na cadeia cinética a se mover em resposta à força de reação aplicada. Esse processo pode causar movimentos compensatórios ou excessivos de articulações particulares da cadeia cinética. Por exemplo, conforme o quadril roda medialmente, a pelve pode ser trazida em anteversão e antepulsão, levando à extensão, à rotação e à flexão lateral da coluna vertebral lombar (ver Fig. 23.3). Os músculos e o tecido conjuntivo dessas articulações dissiparão gradualmente a energia que flui através do corpo, até que nenhuma energia originada no contato inicial possa produzir movimentos na cadeia cinética. Embora essas

Dissipação de força

- O sistema musculoesquelético é organizado para tirar vantagem das forças reativas, a fim de proteger de lesão os tecidos biológicos.

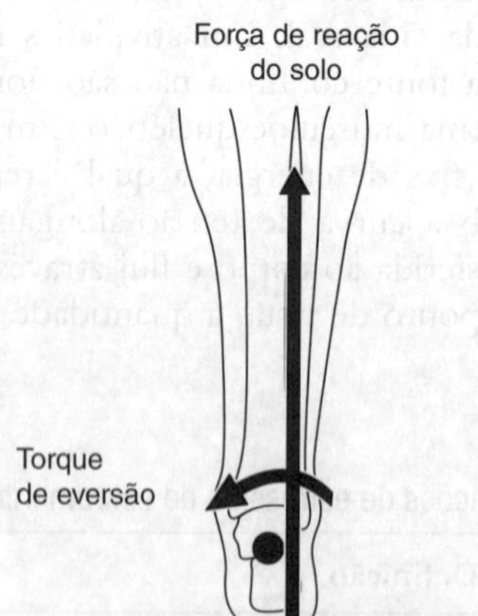

Figura 23.2 Torques gerados por forças de reação do solo ao contato do calcanhar. A localização lateral da força de reação do solo no calcâneo produz a eversão da articulação subtalar e, assim, a pronação do pé. (Adaptado de Adams JM, Perry J. Gait analysis: clinical application. In Rose J, Gamble JG, editors. *Human walking*. 2.ed. Williams & Wilkins, Philadelphia, 1994.)

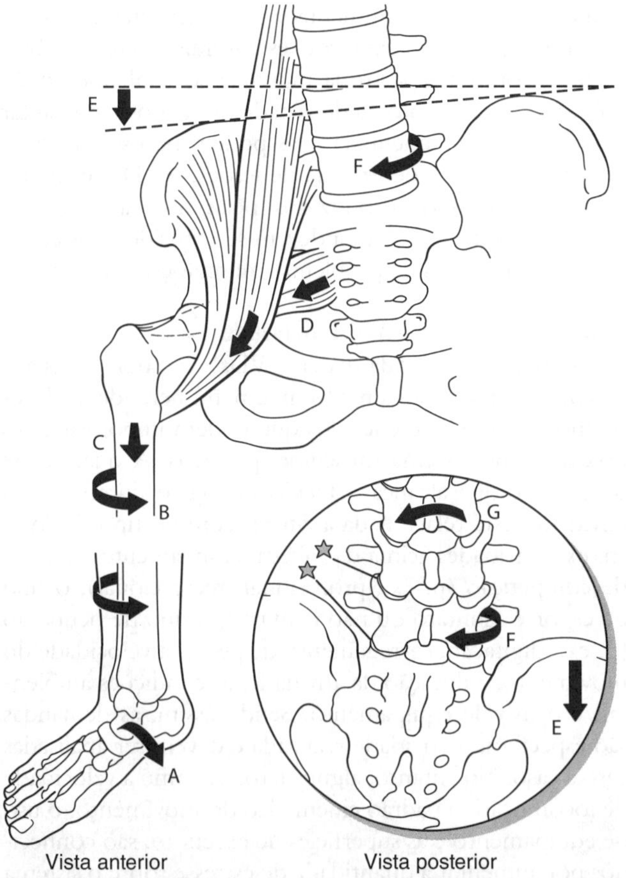

Figura 23.3 Efeitos da pronação da articulação subtalar na cadeia cinética. A pronação excessiva da articulação subtalar (**A**) leva a extremidade inferior a rotacionar medialmente (**B**) e a decair inferiormente (**C**). Isso, por sua vez, aumenta o estiramento tênsil dos músculos iliopsoas e piriforme (**D**), e leva a um estreitamento da incisura isquiática maior (predispondo, dessa forma, a compressão do nervo isquiático). Ainda, conforme a extremidade inferior decai inferiormente, o osso inominado ipsolateral é rebaixado (**E**) e, como consistente com a lei de Fryette, o corpo de L5 rotaciona em direção à perna funcionalmente encurtada (**F**). Como resultado, a coluna lombar tenta alinhar-se por si mesma, flexionando lateralmente em direção à perna alongada (**G**, em destaque), o que comprime os aspectos laterais dos discos daquele lado e força as facetas do lado côncavo em uma posição hiperestendida ou de maior contato (*estrelas*). Ao longo de um período de anos, essas ações podem levar a uma variedade de lesões por *overuse*. (Adaptado de Michaud TC. *Foot orthoses and other forms of conservative foot care*. Williams & Wilkins, Baltimore, 1993.)

forças frequentemente sejam de pequena magnitude, elas levam a estresses aumentados no tecido, nas áreas de movimento excessivo ou compensatório. Dependendo do nível das forças nessas áreas, isso pode levar à macro ou microtraumas.

A demanda de estresse produzida durante a locomoção tem sido bem documentada.[17] Acredita-se que o choque transmitido ao corpo durante o contato do pé na marcha e na corrida esteja relacionado à ocorrência de problemas musculoesqueléticos degenerativos e inflamatórios. A energia gerada no contato do pé é dissipada (atenuação do choque) pela deformação dos tecidos biológicos no corpo e pela ação excêntrica dos músculos. No entanto, a quantidade de atenuação do choque é altamente dependente de fatores, como a velocidade de imposição de carga,[18] o comprimento do passo[19] ou a cinemática do padrão de movimento (p. ex., o ângulo de flexão inicial do joelho).[20] A despeito da influência desses fatores, tem se mostrado que a energia que alcança a cabeça durante a marcha e a corrida é sempre mantida em um nível baixo.[3,21] A dissipação de forças por meio das várias articulações e tecidos demonstra que o sistema musculoesquelético é organizado de modo a minimizar os efeitos das forças reativas, a fim de produzir comportamentos coordenados e proteger os tecidos biológicos de lesão.

Fatores que afetam as demandas de estresse e a atenuação de choque

- Anormalidades estruturais
- Nível de atividade
- Velocidade de movimento
- Padrão cinemático
- Uso de equipamento (calçados)
- Superfície de contato (força de reação do solo)

Anormalidades estruturais

Embora o sistema musculoesquelético apresente mecanismos eficientes para dissipação de energia, as anormalidades estruturais vistas com frequência no ambiente clínico podem aumentar as demandas de estresse nos tecidos e estruturas da cadeia cinética. Essas anormalidades estruturais estão normalmente relacionadas a alterações do alinhamento da extremidade inferior e incluem (mas não são limitadas a) o retropé e o antepé em varo/valgo, a tíbia vara, a torção tibial e a retroversão/anteversão femoral. O grau desses problemas varia de indivíduo a indivíduo e pode estar relacionado a vários processos patológicos, dependendo do tipo de atividade realizada.

Um exemplo típico de demanda de estresse aumentada em resposta a uma anormalidade estrutural pode ser um retropé ou antepé em varo causando movimentos compensatórios ou quebra de sincronia entre os movimentos das articulações da extremidade inferior durante a marcha ou a corrida.[22-24] Conforme mencionado previamente, no contato do pé, a força de reação do solo localizada lateralmente leva as articulações subtalar e mediotarsal a pronarem até que o calcâneo e o antepé estejam em total contato com o solo (ver Fig. 23.2). Na presença da deformidade em varo, a quantidade de tempo ou de excursão da eversão do calcâneo ou da pronação articular subtalar e mediotarsal necessária para trazer o pé ao solo aumenta.[14,15,24] A pronação excessiva resultante durante a marcha leva a uma quebra de sincronia das articulações do membro inferior (p. ex., rotação medial do tálus/tíbia simultaneamente com extensão paradoxal do joelho), que requer movimentos compensatórios do joelho, dos quadris, da pelve ou da coluna vertebral.[15] Esses movimentos compensatórios geram um aumento no fluxo de energia através da cadeia cinética, que terá de ser dissipado pela ação muscular ou pelos tecidos inertes ao redor da articulação. As ações repetitivas sobre essas estruturas podem levar ao estabelecimento de condições patológicas da cadeia cinética. Esse comportamento pode ser exemplificado por uma sensibilidade do músculo piriforme comumente encontrada, causada pela ação excessiva do músculo na tentativa de controlar a rotação medial da extremidade inferior resultante da pronação articular subtalar excessiva.[15]

Embora as forças de reação do solo devam ser consideradas como uma causa importante das demandas de estresse aumentadas nos tecidos biológicos, a interação das anormalidades estruturais com as forças iniciais geradas pelos segmentos corporais em movimento também exerce um papel na produção de lesão. Por exemplo, a pronação tardia (pronação articular subtalar e mediotarsal durante a fase de impulsão da marcha) causa um desvio na linha de progressão corporal em direção ao lado oposto durante a marcha.[15] A força inercial corporal dirigida lateralmente, em combinação com um retropé em varo contralateral, leva o pé a supinar durante o contato com o solo. A supinação resultante impede uma absorção efetiva do choque pelo músculo quadríceps (flexão de joelho diminuída), permitindo que uma quantidade aumentada de energia alcance as estruturas localizadas lateralmente na extremidade inferior e as articulações do quadril, da pelve ou da coluna vertebral.[15,24] Para manter o equilíbrio e prevenir uma supinação maior, é necessária a ação aumentada dos eversores do tornozelo, do tensor da fáscia lata e do glúteo médio do mesmo lado. A ação contínua desses músculos, a fim de dissipar a energia excessiva e estabilizar os movimentos no plano frontal da extremidade inferior, pode levar a lesões por *overuse* das estruturas localizadas lateralmente. Isso muitas vezes está relacionado a processos patológicos, como a bursite trocantérica e a síndrome de fricção da banda iliotibial.[25] Uma lista das alterações musculoesqueléticas potenciais produzidas pela pronação excessiva é apresentada na Tabela 23.4.

A interação da reação do solo e das forças inerciais com as anormalidades estruturais leva, frequentemente, a uma

Tabela 23.4 Distúrbios musculoesqueléticos potenciais que podem ser produzidos pela pronação excessiva da articulação subtalar

Membro ipsolateral	Membro contralateral
Fascite plantar	Tendinopatias (p. ex., músculos fibulares)
Esporão de calcâneo	Dor patelofemoral
Tendinopatias (p. ex., do tibial posterior)	Síndrome de fricção da banda iliotibial
Síndrome compartimental	Bursite trocantérica
Metatarsalgia	
Sesamoidite	
Canelite	
Dor patelofemoral	
Sacroileíte	
Síndrome do piriforme	

demanda de estresse aumentada nas estruturas da cadeia cinética. Embora as adaptações estruturais dos tecidos biológicos, como a hipertrofia muscular, o alinhamento do colágeno e o aumento da densidade óssea, possam resultar dessa demanda aumentada, elas podem não ser suficientes para impedir a ocorrência de lesões.[26,27] Desse modo, estresses contínuos produzidos pelas atividades envolvendo a marcha e a corrida devem ser considerados como causas importantes de problemas musculoesqueléticos.

Demandas relacionadas à atividade

As atividades de vida diária (AVDs), o esporte e as atividades ocupacionais envolvem um número de padrões de movimentos diferenciados que podem impor estresses excessivos no sistema musculoesquelético. A quantidade de estresse que alcança o tecido biológico durante essas atividades está relacionada a fatores como o tipo de AVD (p. ex., atividades acima da cabeça, alongamento), o nível de competição (p. ex., profissional, recreacional), o tipo de esporte (contato ou não contato), o tipo de ocupação (p. ex., digitação, carregamento de peso), a velocidade do movimento, a duração da atividade, as condições ambientais e o uso de equipamento. Sendo assim, as demandas são específicas à atividade realizada e devem ser analisadas caso a caso. No entanto, alguns fatores, como a velocidade de locomoção, o padrão cinemático do movimento, o uso de equipamento e as superfícies de execução, são conhecidos por aumentar a quantidade de estresse sobre o sistema musculoesquelético, independente da atividade realizada.

A velocidade do movimento está muito relacionada às demandas de estresse aplicadas à cadeia cinética. Na corrida, por exemplo, os pesquisadores têm demonstrado que a quantidade de atenuação do choque aumenta linearmente com a velocidade da atividade.[18] Embora a maior demanda causada por um aumento na velocidade de locomoção afete a cadeia cinética inteira, os pesquisadores têm demonstrado que aumentos na velocidade são seguidos, principalmente, por alterações na rigidez da articulação do joelho.[28] Assim, a necessidade de atenuação do choque na corrida impõe uma demanda aumentada sobre as articulações da extremidade inferior.[18] Muitas das alterações na absorção de energia durante as atividades dinâmicas, incluindo a corrida em diferentes velocidades, são seguidas por alterações nos padrões cinemáticos de movimento. Os pesquisadores têm demonstrado que a quantidade de absorção de energia na corrida,[18] na aterrissagem de um salto[29] ou durante a descida de degraus[30] é altamente influenciada pelo padrão cinemático adotado durante a atividade. Desse modo, a velocidade do movimento e o padrão cinemático são fatores importantes relacionados ao aumento das demandas de estresse sobre o sistema musculoesquelético.

As demandas de estresse originadas no esporte e nas atividades ocupacionais podem ser modificadas pelo uso de equipamentos ou pela superfície sobre a qual a atividade é executada. Tem sido demonstrado que a superfície de execução e os tipos de calçados ou de órteses utilizadas afetam significativamente a quantidade de estresse que alcança o sistema musculoesquelético. Ferris et al. descobriram que corredores ajustam a rigidez de suas pernas para acomodar as alterações na rigidez da superfície.[31] Esse ajuste na rigidez da perna altera o estresse que alcança os tecidos da cadeia cinética, mas permite ao indivíduo manter sua mecânica de corrida típica em diferentes superfícies (Fig. 23.4). Almofadas mais leves, por exemplo, produziram reduções na rigidez da perna e na severidade do impacto experimentado pelo membro inferior durante impactos controlados.[20] Por outro lado, superfícies mais rígidas ou irregulares são reportadas como capazes de aumentar a demanda de estresse na cadeia cinética.[32] Parece que o ajuste dos sujeitos a diferentes superfícies depende não apenas da rigidez destas, mas também da intensidade do movimento realizado.[33] Além disso, o mecanismo de adaptação varia entre indivíduos, provavelmente por causa das diferenças de alinhamento das extremidades inferiores e das capacidades individuais. Isso enfatiza a necessidade de os clínicos fornecerem uma análise personalizada das demandas de estresse colocadas sobre o sistema musculoesquelético de cada paciente.[34]

Tem se assumido que calçados bem projetados podem ajudar na redução do número de lesões de membro inferior resultantes das atividades físicas.[35] Contudo, o efeito de calçados esportivos na redução dos estresses na extremidade inferior parece ser específico a cada indivíduo, e depende de vários fatores, incluindo a interação entre os calçados esportivos e as superfícies de execução.[36] Por exemplo, as alterações nas características dos materiais do calcanhar (elástica e viscoelástica) de calçados de corrida têm sido associadas a alterações específicas ao indivíduo no consumo de oxigênio e na intensidade da ativação muscular antes da recepção do calcanhar nas extremidades inferiores.[37] Um efeito similar específico ao indivíduo tem sido reportado quanto ao uso de calçados ortopédicos.[38] Esses estudos indicam que o efeito dos calçados e solados ortopédicos na redução da demanda da cadeia cinética depende de fatores como a superfície de execução, o alinhamento da extremidade inferior e as capacidades individuais.

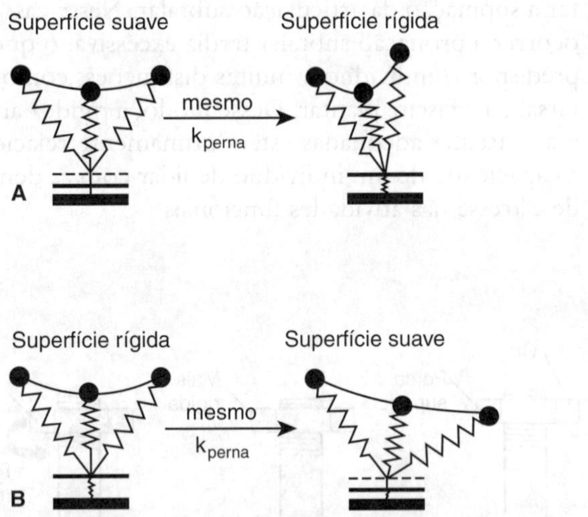

Figura 23.4 Representação esquemática dos resultados em simulação computadorizada. Cada uma das ilustrações mostra o modelo mola-massa em três momentos durante o apoio: no toque inicial de recepção, no meio do período de contato com o solo e no final do contato com o solo. **A.** Quando a rigidez da perna não estava ajustada à superfície rígida, a via do centro de massa foi assimétrica. O centro de massa estava em uma altura maior no final do contato com solo. **B.** Quando a rigidez da perna não estava ajustada à superfície suave, a via do centro de massa durante o contato com o solo também foi simétrica. Contudo, o centro de massa estava em uma altura menor no final do contato com o solo. (De Ferris DP, Liang K, Farley CT. Runners adjust leg stiffness for their first step on a new running surface, *J Biomech* 32(8):787–794, 1999.)

Capacidade individual

Durante a execução de atividades funcionais, como a marcha ou a corrida, o sistema musculoesquelético tem que lidar com forças reativas e inerciais para produzir o movimento coordenado dos segmentos corporais.[39] Em outras palavras, o sistema musculoesquelético precisa ser capaz não apenas de gerar energia para mover os segmentos corporais,[40] mas também de lidar com o efeito de forças não musculares para produzir o movimento desejado e minimizar os estresses aplicados aos tecidos biológicos, a fim de e impedir que eles sejam lesados.

A interação entre as forças inerciais e reativas produz transferências de energia, as quais, em algumas situações, diminuem a quantidade de trabalho muscular necessária para produzir o movimento desejado.[39] Por outro lado, essas forças não musculares podem ter um efeito desestabilizador sobre as articulações e os segmentos corporais.[39] Quando esse é o caso, essas forças devem ser equilibradas para manter a estabilidade articular e, ao mesmo tempo, gerar os padrões de movimento desejados. Assim, para produzir um comportamento coordenado e proteger os tecidos biológicos de lesão, o sistema musculoesquelético deve ter a capacidade de gerar, transferir e dissipar a energia.[40,41] Essa capacidade constitui os recursos dinâmicos disponíveis para lidar com estresses.[4] Desse modo, a compreensão de como as estruturas do sistema musculoesquelético, como os músculos e os tecidos passivos (ligamentos, cápsulas e fáscias), são organizadas para preencher esses requerimentos pode guiar os esforços de reabilitação direcionados em melhorar a capacidade dinâmica (força, resistência, comprimento muscular e rigidez), a fim de impedir e tratar lesões. O item a seguir discute os fatores relacionados à geração, à dissipação e à transferência de energia, e indica intervenções que podem ser elaboradas para modificar a capacidade do sistema musculoesquelético.

Fatores relacionados à geração, à transferência e à dissipação de energia

A habilidade dos tecidos biológicos de lidar com as diferentes forças envolvidas na execução de atividades funcionais por meio da geração, dissipação e transferência de energia depende de fatores como a rigidez tecidual e a função muscular. Embora esses fatores estejam relacionados uns aos outros, eles serão descritos separadamente.

Fatores que afetam a geração, a transferência e a dissipação de energia

- Rigidez tecidual
- Função/ativação muscular

Rigidez tecidual. A rigidez tecidual é uma propriedade mecânica relacionada à resistência oferecida por um tecido a sua deformação.[42] Essa propriedade é graficamente representada pelo aclive da curva tensão-alongamento – quanto maior a rigidez, maior a inclinação da curva (ver Fig. 3.5). A área sob essa curva corresponde à quantidade de energia que o tecido pode absorver, a qual é influenciada por sua rigidez. Quanto maior for essa área, maior o potencial do tecido em absorver energia antes de ser lesado.[41] Consequentemente, sua suscetibilidade à lesão é menor.[43] Um tecido com uma rigidez muito baixa suporta maior deformação antes da ruptura, mas suporta uma carga muito baixa (Fig. 23.5). Assim, ele absorve pequenas quantidades de energia e está mais inclinado à lesão. Em contrapartida, um tecido excessivamente rígido também possui uma habilidade limitada em absorver e dissipar a energia, uma vez que ele suporta muito pouca deformação (ver Fig. 23.5). Embora um tecido excessivamente rígido suporte forças maiores, seu baixo potencial em absorver energia pode aumentar a demanda sobre outros tecidos para dissipar a energia, os quais podem ter seu risco de lesão aumentado. Por exemplo, Williams et al. mostraram que corredores com pé cavo exibiram maior rigidez na perna e apresentaram maior incidência de lesões ósseas comparadas a corredores com pé plano.[44] Assim, idealmente, os tecidos devem permitir deformação suficiente para garantir a mobilidade articular normal, e possuir rigidez suficiente para resistir a essa deformação, o que resulta em uma capacidade de absorção de energia adequada.[41]

Níveis adequados de rigidez tecidual e articular são necessários para garantir a transferência energética eficiente entre segmentos da cadeia cinética. Essa transferência de energia é importante para gerar padrões de movimento apropriados com um gasto mínimo de energia, enquanto se mantém os estresses articular e tecidual em um nível mínimo. Por exemplo, o nível adequado de rigidez articular de quadril permite que a energia gerada pela rotação da pelve durante a locomoção seja transferida para a extremidade inferior, a fim de facilitar a rotação lateral do fêmur e da tíbia e, consequentemente, a supinação da articulação subtalar. Visto que, em uma cadeia cinética, os segmentos de rigidez inferior se movem antes sobre os segmentos de maior rigidez, se a rigidez da articulação do quadril é menor do que a rigidez do pé, o movimento da pelve durante a fase de duplo apoio da marcha leva o quadril a rodar medialmente, enquanto mantém a articulação subtalar em uma posição pronada. A relação entre o movimento pélvico e o movimento da articulação subtalar pode ser ilustrado por um sistema "parafuso de duas roscas e porcas" (Fig. 23.6). A porca superior representa a articulação do quadril e a porca inferior representa a articulação subtalar. Quando a porca superior é girada, sua rigidez aumenta. Assim que a rigidez da porca superior se torna maior do que a da inferior, a energia é transferida para baixo, gerando movimento na porca inferior. Se a porca superior possui uma rigidez menor quando girada, ela irá dissipar a maior parte da energia antes que ela possa transferir para a inferior. O mesmo acontece com o quadril e a articulação subtalar durante a marcha. Se o quadril possuir uma rigidez inferior, a maior parte da energia gerada pelo movimento pélvico é dissipada na rotação medial da articulação do quadril, diminuindo a transferência de energia que é necessária para facilitar a supinação da articulação subtalar. Nesse caso, pode ocorrer a pronação subtalar tardia excessiva, o que pode predispor o indivíduo a muitas disfunções, como metatarsalgia e fascite plantar. Desse modo, a rigidez articular e a muscular adequadas estão intimamente relacionadas à capacidade de um indivíduo de lidar com as demandas de estresse nas atividades funcionais.

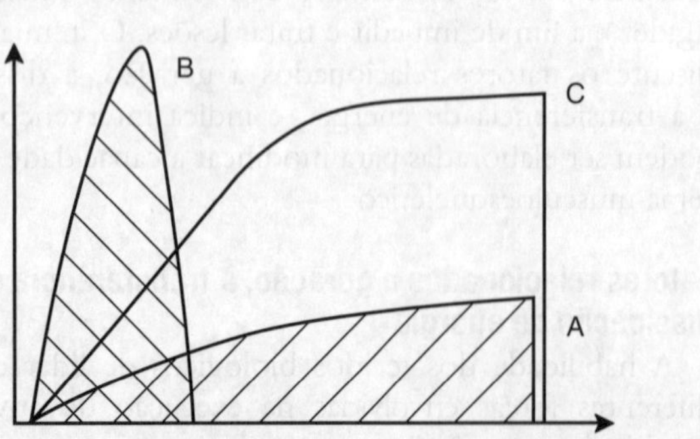

Figura 23.5 Comportamento de deformação de carga de tecidos de diferente rigidez. **A.** Um tecido de baixa rigidez e de baixa absorção de energia. **B.** Um tecido de alta rigidez e de baixa absorção de energia. **C.** Um tecido de rigidez moderada e alta absorção de energia.

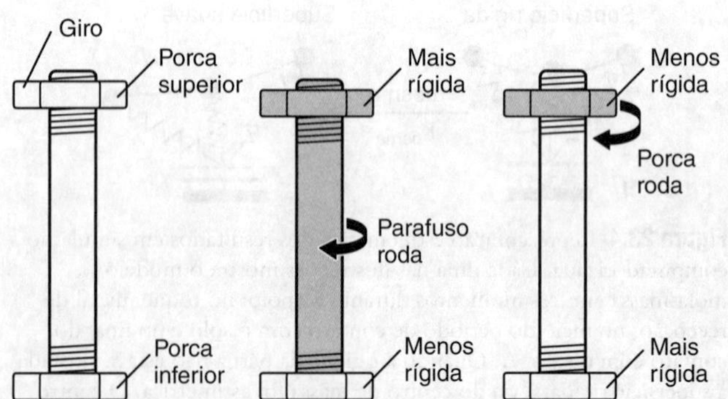

Figura 23.6 **A.** Sistema "parafuso de duas roscas e porcas". A porca superior é girada. Se a porca superior for mais rígida que a inferior, o parafuso roda e a porca inferior é apertada. **B.** Se a porca superior é menos rígida que a inferior, a porca superior é apertada (**C**).

A rigidez muscular e a rigidez articular são propriedades mecânicas que podem ser reguladas por meio da modificação na intensidade da ativação muscular. A regulação da rigidez dinâmica tem sido reportada frequentemente durante a realização de atividades funcionais diferenciadas, permitindo ao indivíduo adaptar-se às forças impostas nas articulações durante a realização dessas atividades.[45-47] Johansson et al. propuseram um mecanismo para regular a rigidez muscular e a articular via sistema gama-músculo-fuso.[48] Esses autores sugeriram que os mecanorreceptores influenciam a atividade muscular por meio de ajustes contínuos na responsividade do sistema de fuso muscular. Aumentos na ativação muscular resultam em incrementos na rigidez muscular e, consequentemente, influenciam a rigidez articular. Assim, esse mecanismo contribui para modificar continuamente a rigidez muscular e a articular de acordo com as demandas funcionais requeridas para absorver e transferir energia, melhorando a capacidade do sistema musculoesquelético de lidar com o fluxo de energia através da cadeia cinética.

Função muscular. A função muscular, neste capítulo, é definida como a habilidade dos músculos de gerar e dissipar a energia por meio de sua ativação. O padrão de ativação é capaz de modificar dinamicamente a geração e a dissipação de energia. A soma temporal e espacial (aumentos na frequência de ativação e no número de fibras recrutadas, respectivamente) são propriedades fisiológicas disponíveis para aumentar a força muscular.[49] Essas propriedades contribuem com a adaptação dos indivíduos às várias demandas impostas sobre as articulações durante a realização de atividades funcionais. Além disso, o arranjo das fibras musculares dentro de um músculo afeta a produção de força.[50] Por exemplo, músculos penados (p. ex., gastrocnêmio) são adaptados a gerar altos níveis de força, enquanto músculos longitudinais (p. ex., isquiotibiais) são mais especializados em grandes excursões musculares e maiores velocidades.[49] Embora as propriedades estruturais e fisiológicas do músculo contribuam com a produção de força, a interação dos músculos com as articulações que eles cruzam pode afetar a maneira como essa força é utilizada.[51] Se uma força interna ou externa (força muscular ou gravidade, respectivamente) acelera uma articulação na direção da flexão, a contração de um músculo extensor dissipa a energia gerada por essa força. Por outro lado, se articulação está estacionária, o mesmo nível de contração gera energia para mover a articulação. A quantidade de torque que o músculo produz para dissipar ou gerar energia é proporcional ao comprimento do seu braço de momento e ao seu nível de ativação.[49] Desse modo, fatores como a arquitetura muscular, a sincronização no padrão de ativação das unidades motoras e a interação entre o músculo e a articulação influenciam diretamente na função muscular.[49]

A ação concêntrica dos músculos é um mecanismo eficiente do sistema musculoesquelético para gerar a força necessária (energia) para realizar as atividades funcionais. A força ou a energia gerada por um músculo acelera diretamente os segmentos aos quais ele está ligado e as articulações que ele cruza. Contudo, por causa das forças de reação articular produzidas pela ação muscular nos segmentos corporais ou tecidos passivos, um músculo específico também pode modificar instantaneamente a aceleração linear e angular dos segmentos e de articulações distantes de suas inserções.[13] Por exemplo, quando um atleta habilidoso arremessa uma bola, todo o corpo está claramente envolvido no movimento. O movimento de arremesso envolve um movimento coordenado e sequencial dos segmentos corporais, o que resulta em um fluxo de energia das pernas para os quadris, tronco, braços, antebraços, mãos e, finalmente, para a bola.[52] Assim, ao arremessar, as pernas, a pelve e o tronco, os quais são os sítios de inserção para os maiores músculos do corpo, geram uma grande porção da energia mecânica necessária para acelerar a bola, a qual é, então, transferida para os segmentos distais menores. Na ausência dessa transferência, há uma grande demanda sobre as articulações dos membros superiores, aumentando sua suscetibilidade à lesão. A produção de força insuficiente em um segmento corporal para ir ao encontro das demandas da atividade funcional pode resultar em estresses aumentados nos tecidos de outras regiões corporais. Sendo assim, não apenas a capacidade dos músculos em gerar energia mecânica por meio de contrações concêntricas, mas também sua capacidade em transferir a energia mecânica líquida entre os segmentos corporais devem ser consideradas no processo de reabilitação.

A capacidade de absorção de energia do tecido muscular está associada, entre outros fatores, a seu nível de ativação.[42,53,54] Quando o estresse é aplicado a um músculo, a quantidade de energia que ele absorve é proporcional ao seu nível de ativação. De acordo com Garrett et al.,[55] a área sob a curva tensão-alongamento de um músculo ativado é duas vezes maior do que a área de um relaxado (Fig. 23.7). Entre os tipos de contração muscular, ape-

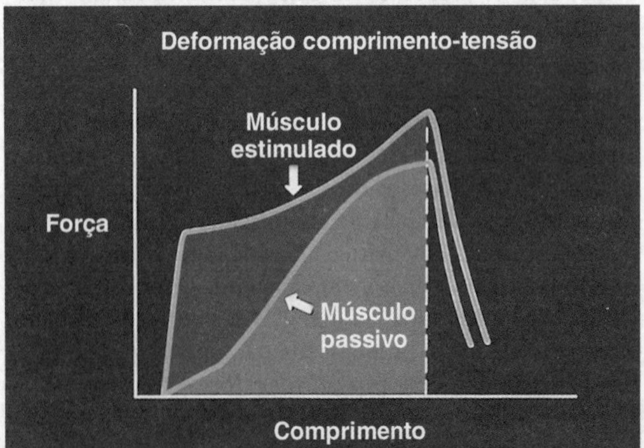

Figura 23.7 Absorção de energia pelos músculos passivo e estimulado. (De Garrett WE Jr., Safran MR, Seaber AV et al.: Biomechanical comparison of stimulated and nonstimulated skeletal muscle pulled to failure, *Am J Sports Med* 15(5):452, 1987.)

nas as contrações excêntricas permitem que um músculo absorva energia (p. ex., durante a absorção de choque) e a dissipe como calor.[26,40]

Essa dissipação de energia deve-se, possivelmente, à quebra de pontes cruzadas, secundárias às reações químicas que promovem a produção de calor.[56] Simulações biomecânicas têm demonstrado que a ação excêntrica dos músculos dos membros inferiores dissipam 79% da energia de impacto sobre o quadril durante uma queda.[57] Além disso, Neptune et al. demonstraram que, no início da fase de duplo apoio da marcha, durante a qual a energia gerada pela recepção do calcanhar deve ser dissipada, os vastos do quadríceps femoral se alongam ativamente, reduzindo a quantidade de energia possuída pela perna.[13] Esses estudos suportam o papel da contração excêntrica na dissipação das forças impostas sobre o sistema musculoesquelético durante as atividades funcionais. A incapacidade dos músculos de gerar níveis adequados de força excêntrica pode resultar em padrões de movimento que produzem dissipação ineficiente de energia. Por exemplo, durante a corrida e na aterrissagem de um salto, a diminuição da flexão do joelho pode ser o resultado da fraqueza do quadríceps femoral.[58] Na presença de um joelho mais estendido, o impacto é aplicado durante um curto período de tempo, menos força é dissipada nessa articulação e mais energia é transmitida através da cadeia cinética. Consequentemente, maiores demandas de dissipação são impostas sobre outros tecidos e articulações, aumentando sua suscetibilidade à lesão. Por exemplo, Lephart et al. mostraram que mulheres apresentam amplitudes de flexão de joelho menores durante a aterrissagem de um salto.[58] Eles associaram esse fator à observação de uma fraqueza relativa do músculo quadríceps femoral de mulheres, normalizada pelo peso corporal, quando comparada a de homens. Os autores argumentaram que, sem força suficiente do quadríceps femoral para desacelerar o corpo, as mulheres avaliadas tenderam a aterrissar com o joelho em uma posição mais estendida, em vez de absorver o impacto com a flexão controlada de joelho. Além disso, elas mostraram maiores amplitudes de rotação medial de quadril. De acordo com Lephart et al.,[58] essa rotação medial do quadril aumentada, combinada a uma posição mais estendida de joelho, estava associada provavelmente à maior vulnerabilidade das mulheres à lesão do ligamento cruzado anterior (LCA). Desse modo, a dissipação insuficiente de energia causada pela força muscular diminuída pode resultar em uma cinemática alterada, a qual parece estar relacionada a uma maior incidência de lesões.[58] A capacidade dos músculos de gerar, transferir e dissipar a energia mecânica é influenciada não apenas pela rigidez tecidual, mas também por outros fatores, como a relação comprimento-tensão e o nível de resistência. Esses fatores são apresentados a seguir.

Relação comprimento-tensão. As modificações no comprimento muscular alteram a relação comprimento--tensão do músculo. Em outras palavras, o músculo altera o comprimento ideal no qual ele é capaz de produzir a tensão máxima e, como resultado, modifica sua capacidade de gerar energia em certos pontos da amplitude de movimento.[59] Quando uma força é aplicada ao músculo em seu comprimento ideal, um maior número de pontes cruzadas podem ser formadas e quebradas quando ele é ativamente alongado, o que resulta em maior dissipação de energia. Isso pode ser contrastado com um músculo que se adaptou tanto a uma posição encurtada como alongada ao longo do tempo. Essas adaptações alteram a relação comprimento-tensão em razão da adição ou eliminação de um número de sarcômeros em série em qualquer fibra muscular isolada.[59] Sendo assim, as modificações estruturais do comprimento muscular que levam ao deslocamento da curva comprimento-tensão podem diminuir a capacidade dos músculos de gerar ou de dissipar a energia caso eles precisem agir em uma porção desfavorável da curva. Por exemplo, os romboides agem excentricamente, desacelerando o movimento escapular durante a fase de aceleração do arremesso.[52] No início da fase de aceleração, a escápula está aduzida e os romboides estão dentro da amplitude. Na presença de um aumento no comprimento desses músculos, em razão de uma cifose torácica acentuada ou de uma protração de ombros exagerada,[60] pode haver uma superposição excessiva dos miofilamentos musculares, resultando em sua insuficiência ativa. Como consequência, os romboides podem não ser capazes de absorver eficientemente a energia durante a fase de aceleração do arremesso, resultando em protração escapular excessiva e perda do controle escapular, o que pode levar a condições como tendinopatia do manguito rotador e estresse anterior na articulação glenoumeral.[52]

Nível de resistência. A habilidade dos músculos de gerar, transferir ou dissipar a energia por meio da contração excêntrica é influenciada por seu nível de resistência. Um músculo apresentando fadiga prematura pode não ser capaz de gerar níveis adequados de força (concêntrica ou excêntrica) ao longo de uma atividade específica para responder às suas demandas. Essa fadiga pode diminuir a eficiência dos mecanismos de dissipação,[61,62] o que pode levar a maiores riscos de lesão e a um aumento da demanda para as estruturas tendíneas, contribuindo com processos degenerativos e inflamatórios.[63] Além disso, a ineficiência no mecanismo de dissipação pode resultar em uma transferência indesejada de forças para outras articulações na cadeia cinética, causando movimentos excessivos ou compensatórios (padrões de movimento anormais).[61]

RELAÇÃO DEMANDA/CAPACIDADE

Para garantir o funcionamento apropriado do sistema musculoesquelético, as capacidades individuais para dissipar, gerar e transferir a energia devem ser suficientes para lidar com as demandas de estresse aplicadas sobre as estruturas corporais durante a realização de atividades funcionais. As alterações nessa relação capacidade/demanda podem resultar no desenvolvimento de disfunções musculoesqueléticas ou em patologias. Desse modo, é possível tratar processos patológicos ou prevenir a sua ocorrência com intervenções terapêuticas direcionadas a minimizar as demandas de estresse aplicadas à cadeia cinética ou à otimização da capacidade do sistema musculoesquelético de responder a essas demandas. As intervenções específicas que podem ser utilizadas para aumentar a capacidade da cadeia cinética e para trabalhar na relação demanda/capacidade são discutidas a seguir.

Aumentando a capacidade da cadeia cinética

A capacidade dos músculos de gerar energia pode ser melhorada por meio do treino de força que enfatize sua ação concêntrica. A incapacidade de músculos específicos de gerar força pode levar a padrões de movimento alterados e a demandas aumentadas em outros músculos e estruturas do sistema musculoesquelético, facilitando o desenvolvimento de condições patológicas.[60] Por exemplo, a tendinopatia bicipital é um processo patológico que pode estar associado à fraqueza do serrátil anterior.[60] Essa fraqueza pode diminuir a quantidade de rotação superior da escápula durante a elevação do braço. Uma vez que a rotação escapular reduzida pode não garantir uma relação comprimento-tensão ideal para que o deltoide anterior gere força, uma demanda aumentada é imposta sobre o bíceps braquial. Nesse caso, a tendinopatia bicipital pode ser o resultado da demanda aumentada sobre o músculo bíceps, secundária à fraqueza do músculo serrátil anterior. Sendo assim, a identificação de fraquezas em músculos específicos e a modificação de sua capacidade de gerar energia por meio do treino concêntrico pode ser parte do programa de reabilitação para prevenir e tratar condições musculoesqueléticas.

O treino de força que enfatiza a ação excêntrica dos músculos pode melhorar a habilidade do indivíduo de absorver e dissipar a energia durante o movimento e, consequentemente, de controlar a quantidade de forças relativas fluindo através da cadeia cinética.[63] Por exemplo, a ação excêntrica do músculo quadríceps femoral dissipa as forças reativas no joelho em inúmeras atividades diferentes, como a marcha,[13] a corrida[63] ou a aterrissagem de um salto.[64] Se a habilidade desse músculo de dissipar a energia for alterada, forças excessivas fluirão para outras articulações, como a do quadril, as sacroilíacas e a coluna vertebral, e para os tendões do quadríceps femoral e da patela. O treino excêntrico do quadríceps femoral pode aumentar a habilidade desse músculo de dissipar a energia na articulação do joelho, diminuindo a demanda em outras partes da cadeia cinética durante a execução de atividades. Sendo assim, o treino excêntrico pode ser parte da prevenção e do tratamento de lesões musculoesqueléticas, uma vez que ele não apenas aumenta a capacidade dos músculos de dissipar a energia, mas também minimiza os estresses sobre as articulações e o tecido conjuntivo, diminuindo sua demanda de dissipação.[26]

Além da melhoria da habilidade dos músculos de gerar e dissipar energia, o treino de força, resultando na hipertrofia dos músculos, induz a aumentos na sua rigidez, permitindo uma maior quantidade de absorção de energia e de transferência pelos músculos.[65,66] Esse tipo de treinamento, embora aumente a rigidez tecidual, melhora a habilidade muscular de suportar os estresses impostos sobre a cadeia cinética durante a realização de atividades funcionais, diminuindo o risco de lesão. Além disso, maiores quantidades de energia absorvida pelos músculos podem ser transferidas para uma contração concêntrica subsequente para otimizá-la. Essa propriedade da unidade músculo-tendão em absorver e retornar a energia para o sistema é fortemente tempo-dependente, e pode ser melhorada por meio do treino pliométrico. Lindstedt et al. mostraram que, dentro de 6 semanas, esse tipo de treinamento aumentou a frequência de saltos autosselecionados e a altura dos saltos.[40] Os autores associaram esses ganhos à melhoria nos depósitos de energia elástica e à recuperação durante a execução de tarefas de saltos simples ou repetidos.[40] Assim, o treino pliométrico é uma maneira de melhorar a conservação de energia, diminuindo a demanda de geração de força do tecido contrátil.

O treino muscular realizado em pontos específicos da amplitude de movimento pode alterar o comprimento ideal no qual o músculo é capaz de gerar tensão máxima, por meio de modificações estruturais no comprimento muscular.[53,59] Por exemplo, o treino de fortalecimento realizado na amplitude externa (Tab. 23.5) pode resultar em um aumento estrutural do comprimento muscular em virtude da adição de sarcômeros em série, levando a um deslocamento da curva tensão-alongamento para a direita.[67] De maneira similar, o treino muscular feito na amplitude interna pode resultar em um deslocamento da curva comprimento-tensão para a esquerda.[68] Portanto, esse tipo de treinamento pode contribuir no tratamento de patologias influenciadas pelo alongamento ou encurtamento muscular adaptativo.

Os programas de treino de resistência também podem ajudar a melhorar a habilidade muscular de lidar com as forças (energia) envolvidas na realização de atividades funcionais. Os músculos que demonstram resistência à fadiga podem manter uma rigidez adequada[41] e são capazes de produzir forças maiores ao longo da atividade. Sugere-se que a maior incidência de lesões no fim da temporada ou próxima ao fim do jogo está relacionada à fadiga muscular em atletas que não tenham se submetido a um regime de

Tabela 23.5 Definições de amplitude de movimento de trabalho relativas ao treino muscular

Amplitudes de trabalho	Definições
Amplitude interna	Parte da amplitude na qual os músculos trabalham na posição encurtada
Amplitude externa	Parte da amplitude na qual os músculos trabalham na posição alongada

treinamento específico para aumentar a resistência muscular.[63] Sendo assim, a melhoria no comprimento muscular e na resistência é um modo efetivo para otimizar a dissipação, a geração e a transferência de energia.

Trabalhando a relação demanda/capacidade: treino funcional

As intervenções dirigidas à melhoria da capacidade da cadeia cinética devem ser feitas em associação ao treino funcional específico. O treino funcional pode ser elaborado para fornecer ao indivíduo os meios para explorar e utilizar sua "alteração" nas propriedades musculoesqueléticas no contexto das demandas impostas pela atividade realizada. Esse tipo de treinamento pode envolver toda a cadeia cinética e levar ao desenvolvimento de padrões de movimento eficientes para garantir a transferência de energia adequada durante a realização de atividades funcionais. Adicionalmente, os padrões de movimento podem ser melhorados para otimizar a dissipação das forças de reação ao solo durante a corrida ou na aterrissagem de um salto. Por exemplo, Hewett et al. elaboraram um programa de treinamento de salto enfatizando as técnicas corretas de aterrissagem para reduzir a magnitude das forças externas aplicadas às articulações.[69] Eles instruíram os atletas a flexionarem seu joelhos e a não permitirem que eles entrassem em valgo ou varo durante a aterrissagem. Esse tipo de treino funcional produziu modificações na cinemática do salto e reduziu as forças de pico envolvidas nessa atividade,[69] resultando em uma redução significante no número de lesões de ligamentos do joelho.[70] Dessa forma, o treino funcional parece ser um caminho para impor, de uma maneira segura e progressiva, estresses funcionais à cadeia cinética, a fim de treinar o indivíduo a utilizar suas capacidades em um tempo correto para responder a esses estresses. A quantidade de carga imposta, a velocidade do movimento e o número de repetições podem ser controlados para garantir que o indivíduo possa realizar a atividade utilizando movimentos corretos e eficientes sem sinais de fadiga. Esse treinamento promove um equilíbrio entre a demanda e a capacidade, minimizando o estresse aplicado aos tecidos biológicos e prevenindo-os de serem lesados.

As intervenções terapêuticas previamente discutidas têm o objetivo de modificar a capacidade do sistema musculoesquelético de dissipar, gerar e transferir energia. Esses recursos dinâmicos são essenciais para o desempenho de atividades funcionais. Uma vez que todo o corpo está envolvido nessas atividades, a disfunção de um segmento ou articulação pode resultar em demandas aumentadas sobre outras partes da cadeia cinética. Se essas demandas superam a capacidade de indivíduos de lidar com elas, poderá ocorrer lesão ou a função ficará prejudicada. Desse modo, os programas de reabilitação devem sempre envolver a cadeia cinética completa e sempre que possível devem estar direcionados para a melhora dos recursos dinâmicos do indivíduo e para a diminuição das demandas de estresse sobre o sistema musculoesquelético.

REFERÊNCIAS BIBLIOGRÁFICAS

1. Cappozzo A, Berme N: Loads on the lumbar spine during running. In Winter DA, Norman RW, Wells RP et al, editors: Biomechanics IXB, Champaign, Ill, 1985, Human Kinetics.
2. Andriacchi TP, Ogle JA, Galante JO: Walking speed as a basis for normal and abnormal gait measurements, J Biomech 10:261-268, 1977.
3. Ratcliffe RJ, Holt KG: Low frequency shock absorption in human walking, Gait Posture 5(2):93-100, 1997.
4. Fonseca ST, Holt KG, Fetters L, Saltzman E: Dynamic resources used in ambulation by children with spastic hemiplegic cerebral palsy: relationship to kinematics, energetics, and asymmetries, Phys Ther 84(4):344-354; discussion 355-358, 2004.
5. Meeuwisse WH: Athletic injury etiology: distinguishing between interaction and confounding, Clin J Sport Med 4(3):171-175, 1994.
6. Renstrom AF: Mechanism, diagnosis, and treatment of running injuries, Instr Course Lect 42:225-234, 1993.
7. Dvorak J, Junge A, Chomiak J et al: Risk factor analysis for injuries in football players: possibilities for a prevention program, Am J Sports Med 28(5 suppl):S69-S74, 2000.
8. Duffey MJ, Martin DF, Cannon DW et al: Etiologic factors associated with anterior knee pain in distance runners, Med Sci Sports Exerc 32(11):1825-1832, 2000.
9. Curwin SL: Tendon injuries: pathophysiology and treatment. In Zachazewiski JE, Magee DJ, Quillen WS, editors: Athletic injuries and rehabilitation, Philadelphia, 1996, WB Saunders.
10. Zajac FE, Neptune RR, Kautz SA: Biomechanics and muscle coordination of human walking. Part I: introduction to concepts, power transfer, dynamics and simulations, Gait Posture 16:215-232, 2002.
11. Eng JJ, Winter DA: Kinetic analysis of the lower limbs during walking: what information can be gained from a three-dimensional model? J Biomech 28(6):753-758, 1995.
12. McGibbon CA, Krebs DE, Puniello MS: Mechanical energy analysis identifies compensatory strategies in disabled elders' gait, J Biomech 34(4):481-490, 2001.
13. Neptune RR, Kautz SA, Zajac FE: Contributions of the individual ankle plantar flexors to support, forward progression and swing initiation during walking, J Biomech 34(11):1387-1398, 2001.
14. Simoneau GG: Kinesiology of walking. In Neumann DA, editor: Kinesiology of the musculoskeletal system: foundations for physical rehabilitation, St. Louis, 2002, Mosby.
15. Michaud TC: Abnormal motion during the gait cycle. In Michaud TC, editor: Foot orthoses and other forms of conservative foot care, Baltimore, 1993, Williams & Wilkins.
16. Mizrahi J, Verbitsky O, Isakov E: Fatigue-induced changes in decline running, Clin Biomech (Bristol, Avon) 16(3):207-212, 2001.
17. Lafortune MA, Lake MJ, Hennig EM: Differential shock transmission response of the human body to impact severity and lower limb posture, J Biomech 29(12):1531-1537, 1996.
18. Mercer JA, Vance J, Hreljac A, Hamill J: Relationship between shock attenuation and stride length during running at different velocities, Eur J Appl Physiol 87(4-5):403-408, 2002.
19. Derrick TR, Hamill J, Caldwell GE: Energy absorption of impacts during running at various stride lengths, Med Sci Sports Exerc 30(1):128-135, 1998.
20. Lafortune MA, Hennig EM, Lake MJ: Dominant role of interface over knee angle for cushioning impact loading and regulating initial leg stiffness, J Biomech 29(12):1523-1529, 1996.
21. Hamill J, Derrick TR, Holt KG: Shock attenuation and stride frequency during running, Hum Mov Sci 14(1):45-60, 1995.
22. Hamill J, Bates BT, Holt KG: Timing of lower extremity joint actions during treadmill running, Med Sci Sports Exerc 24(7):807-813, 1992.
23. Stergiou N, Bates BT, Kurz MJ: Subtalar and knee joint interaction during running at various stride lengths, J Sports Med Phys Fitness 43(3):319-326, 2003.
24. Brown LP, Yavorsky P: Locomotor biomechanics and pathomechanics: a review, J Orthop Sports Phys Ther 9(1):3-10, 1987.

25. Anderson GS: Iliotibial band friction syndrome, Aust J Sci Med Sport 23:81-83, 1991.
26. LaStayo PC, Woolf JM, Lewek MD et al: Eccentric muscle contractions: their contribution to injury, prevention, rehabilitation, and sport, J Orthop Sports Phys Ther 33(10):557-571, 2003.
27. Mueller MJ, Maluf KS: Tissue adaptation to physical stress: a proposed physical stress theory to guide physical therapist practice, education and research, Phys Ther 82(4):383-403, 2002.
28. Arampatzis A, Bruggemann GP, Metzler V: The effect of speed on leg stiffness and joint kinetics in human running, J Biomech 32(12):1349-1353, 1999.
29. Decker MJ, Torry MR, Wyland DJ et al: Gender differences in lower extremity kinematics, kinetics and energy absorption during landing, Clin Biomech (Bristol, Avon) 18(7):662-669, 2003.
30. Hortobagyi T, DeVita P: Altered movement strategy increases lower extremity stiffness during stepping down in the aged, J Gerontol A Biol Sci Med Sci 54(2):B63-B70, 1999.
31. Ferris DP, Louie M, Farley CT: Running in the real world: adjusting leg stiffness for different surfaces, Proc R Soc Lond B Biol Sci 265(1400):989-994, 1998.
32. Menz HB, Lord SR, Fitzpatrick RC: Acceleration patterns of the head and pelvis when walking on level and irregular surfaces, Gait Posture 18(1):35-46, 2003.
33. Arampatzis A, Stafilidis S, Morey-Klapsing G, Bruggemann GP: Interaction of the human body and surfaces of different stiffness during drop jumps, Med Sci Sports Exerc 36(3):451-459, 2004.
34. Dixon SJ, Collop AC, Batt ME: Surface effects on ground reaction forces and lower extremity kinematics in running, Med Sci Sports Exerc 32(11):1919-1926, 2000.
35. Barnes RA, Smith PD: The role of footwear in minimizing lower limb injury, J Sports Sci 12(4):341-353, 1994.
36. Dixon SJ, Batt ME, Collop AC: Artificial playing surfaces research: a review of medical, engineering and biomechanical aspects, Int J Sports Med 20(4):209-218, 1999.
37. Nigg BM, Stefanyshyn D, Cole G et al: The effect of material characteristics of shoe soles on muscle activation and energy aspects during running, J Biomech 36(4):569-575, 2003.
38. Nigg BM, Stergiou P, Cole G et al: Effect of shoe inserts on kinematics, center of pressure, and leg joint moments during running, Med Sci Sports Exerc 35(2):314-319, 2003.
39. Schenau GJVI, VanSoest AJ: On the biomechanical basis of dexterity. In Latash ML, Turvey MT, editors: Dexterity and its development. Mahwah, 1996, Lawrence Erlbaum Associates.
40. Lindstedt SL, Reich TE, Keim P, LaStayo PC: Do muscles function as adaptable locomotor springs? J Exp Biol 205(Pt 15):2211-2216, 2002.
41. Butler RJ, Crowell HP 3rd, Davis IM: Lower extremity stiffness: implications for performance and injury, Clin Biomech (Bristol, Avon) 18(6):511-517, 2003.
42. Latash ML, Zatsiorsky VM: Joint stiffness: Myth or reality? Hum Mov Sci 12:653-692, 1993.
43. Akeson WH, Woo SLY, Amiel D: The chemical basis of tissue repair. In Hunter LY, Funk FJ Jr., editors: Rehabilitation of the injured knee, St. Louis, 1984, Mosby.
44. Williams DS 3rd, Davis IM, Scholz JP et al: High-arched runners exhibit increased leg stiffness compared to low-arched runners, Gait and Posture 19:263-269, 2004.
45. Ferris DP, Liang K, Farley CT: Runners adjust leg stiffness for their first step on a new running surface, J Biomech 32(8):787-794, 1999.
46. Duan XH, Allen RH, Sun JQ: A stiffness varying model of human gait, Med Eng Phys 19(6):518-524, 1997.
47. Holt KG, Wagenaar RC, LaFiandra ME et al: Increased musculoskeletal stiffness during load carriage at increasing walking speeds maintains constant vertical excursion of the body center of mass, J Biomech 36(4):465-471, 2003.
48. Johansson H, Sjolander P, Sojka PA: A sensory role for the cruciate ligaments, Clin Orthop Relat Res 268:161-178, 1991.
49. Lieber RL, Fridën J: Neuromuscular stabilization of the shoulder girdle. IN Matsen FA, Fu FH, Hawkins RJ, editors: The Shoulder: A Balance of Mobility and Stability, Rosemont, 1993, American Academy of Orthopaedic Surgeons.
50. Spector SA, Gardiner PF, Zernicke RF et al: Muscle architecture and force-velocity characteristics of the cat soleous and medial gastrocnemius: implications for motor control, J Neurophysiol 44(5):951-960, 1980.
51. Turvey MT, Fitch HL, Tuller B: The Bernstein perspective: I. The problems of degrees of freedom and context-conditioned variability. In Kelso JAS, editor: Human motor control, Hillsdale, NJ, 1982, Lawrence Erlbaum Associates.
52. Fleisig GS, Escamilla RF, Andrews JR: Biomechanics of throwing. In Zachazewski JE, Magee DJ, Quillen WS, editors: Athletic injuries and rehabilitation, Philadelphia, 1996, WB Saunders.
53. Herbert R: The passive mechanical properties of muscle and their adaptations to altered patterns of use, Aust J Physiother 34(3):141-149, 1988.
54. Hoffer JA, Andreassen S: Regulation of soleus muscle stiffness in premammillary cats: intrinsic and reflex components, J Neurophysiol 45(2):267-285, 1981.
55. Garrett WE Jr., Safran MR, Seaber AV et al: Biomechanical comparison of stimulated and nonstimulated skeletal muscle pulled to failure, Am J Sports Med 15(5):448-454, 1987.
56. Matsumoto Y, McPhedran AM: Rate of heat production related to degree of filament overlap in chick ALD muscle, Am J Physiol 233(1):C1-C7, 1977.
57. Sandler R, Robinovitch S: An analysis of the effect of lower extremity strength on impact severity during a backward fall, J Biomech Eng 123(6):590-598, 2001.
58. Lephart SM, Ferris CM, Riemann BL et al: Gender differences in strength and lower extremity kinematics during landing, Clin Orthop 401:162-169, 2002.
59. Gossman MR, Sahrmann SA, Rose SJ: Review of length-associated changes in muscle: experimental evidence and clinical implications, Phys Ther 62(12):1799-808, 1982.
60. Sahrmann SA: Diagnosis and treatment of movement impairment syndromes, St. Louis, 2002, Mosby.
61. Mizrahi J, Verbitsky O, Isakov E: Shock accelerations and attenuation in downhill and level running, Clin Biomech (Bristol, Avon) 15(1):15-20, 2000.
62. Voloshin AS, Mizrahi J, Verbitsky O, Isakov E: Dynamic loading on the human musculoskeletal system: effect of fatigue, Clin Biomech (Bristol, Avon) 13(7):515-520, 1998.
63. McPoil TG, Cornwall MW: Applied sports biomechanics in rehabilitation: running. In Zachazewski JE, Magee DJ, Quillen WS, editors: Athletic injuries and rehabilitation, Philadelphia, 1996, WB Saunders.
64. Zhang SN, Bates BT, Dufek JS: Contributions of lower extremity joints to energy dissipation during landings, Med Sci Sports Exerc 32(4):812-819, 2000.
65. Klinge K, Magnusson SP, Simonsen EB et al: The effect of strength and flexibility training on skeletal muscle electromyographic activity, stiffness, and viscoelastic stress relaxation response, Am J Sports Med 25(5):710-716, 1997.
66. Chleboun GS, Howell JN, Conatser RR, Giesey JJ: The relationship between elbow flexor volume and angular stiffness at the elbow, Clin Biomech (Bristol, Avon) 12(6):383-392, 1997.
67. Lynn R, Talbot JA, Morgan DL: Differences in rat skeletal muscles after incline and decline running, J Appl Physiol 85(1):98-104, 1998.
68. Ocarino JM: Alterações da rigidez e da posição de repouso da articulação do cotovelo através de dois modelos de treinamento de hipertrofia muscular [master thesis], Belo Horizonte, Brazil, 2004, Universidade Federal de Minas Gerais.
69. Hewett TE, Stroupe AL, Nance TA, Noyes FR: Plyometric training in female athletes: decreased impact forces and increased hamstring torques, Am J Sports Med 24(6):765-773, 1996.
70. Hewett TE, Lindenfeld TN, Riccobene JV, Noyes FR: The effect of neuromuscular training on the incidence of knee injury in female athletes: a prospective study, Am J Sports Med 27(6):699-706, 1999.

CAPÍTULO

24

Artrocinemática e mobilização do tecido musculoesquelético

Princípios

Lorrie L. Maffey

INTRODUÇÃO

A observação das estruturas abrange uma compreensão do movimento e, dessa forma, da função. Esse entendimento permite uma exploração profunda da disfunção, a qual capacita o clínico a resolver problemas e, muitas vezes, a utilizar soluções criativas. Uma demonstração muito simples desse tipo de observação e processo de racionalização é a criança que vê e explora todos os aspectos de um brinquedo encontrado pela primeira vez: ela o chacoalha, gira, toca e, agindo dessa forma, descobre sua estrutura e função. Um clínico utiliza a informação observada de uma estrutura macroanatômica e microanatômica de um paciente de forma regular na avaliação e no tratamento, para ajudar os pacientes a melhorar sua função. Este capítulo é dedicado a uma exploração da macroestrutura dos tecidos corporais humanos articulares, ou articulações.

Um dos maiores desafios de qualquer exploração é obter um mapa detalhado. Neste caso, o mapa é a terminologia relevante. Falando a mesma linguagem, usando e entendendo a mesma nomenclatura, cria-se o *mapa* que permite ao clínico utilizar o restante do conteúdo deste capítulo, os princípios do exame biomecânico, para explorar mais detalhadamente a estrutura e a função do tecido articular.

BIOMECÂNICA

Na avaliação de um paciente, o clínico utiliza os princípios da biomecânica para determinar se o complexo articular sob exame está funcionando normalmente. Uma compreensão geral da terminologia e das definições dos princípios biomecânicos auxilia o clínico em sua avaliação, além de melhorar a comunicação futura a respeito do diagnóstico do paciente.

Planos de movimento

Para aplicar os princípios da Cinesiologia à avaliação da mobilidade articular, é necessária uma definição do padrão do movimento do corpo no espaço. De um modo geral, o movimento pode ser descrito sob um de quatro títulos ou princípios:

1. Rotação
2. Translação
3. Curvilinear (uma combinação dos movimentos de rotação e de translação)
4. Os planos de movimento[1]

Todos os movimentos do corpo podem ser descritos, de forma geral, como rotações ou translações. A **rotação** descreve o movimento no qual um corpo rígido se move em uma via circular sobre um pivô, e leva todos os pontos do corpo a se moverem na mesma direção simultaneamente.[2] A **translação** descreve o movimento no qual todas as partes de um corpo rígido se movem na mesma direção e em paralelo a cada outra parte do corpo.[2] (ver as seções Osteocinemática e Artrocinemática neste capítulo).

Planos de movimento são um sistema de descrição de movimentos retirado do sistema de coordenadas universal tridimensional x-y-z da matemática (Fig. 24.1). Cada um dos três planos únicos de movimento possui

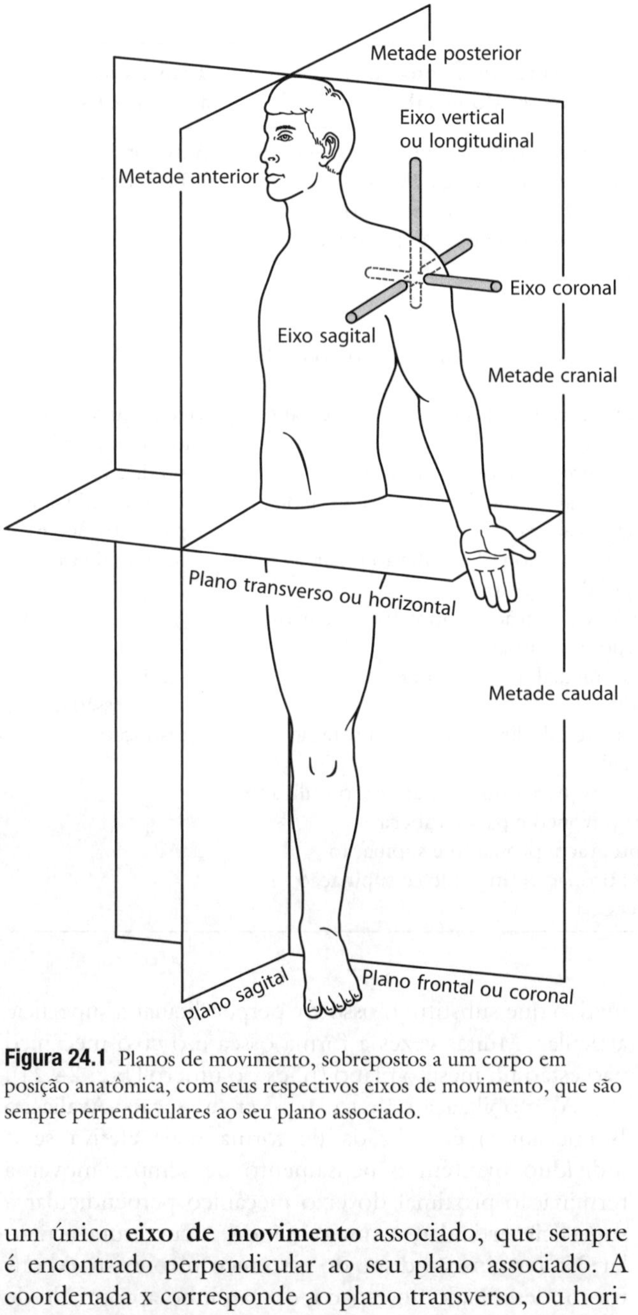

Figura 24.1 Planos de movimento, sobrepostos a um corpo em posição anatômica, com seus respectivos eixos de movimento, que são sempre perpendiculares ao seu plano associado.

um único **eixo de movimento** associado, que sempre é encontrado perpendicular ao seu plano associado. A coordenada x corresponde ao plano transverso, ou horizontal, que divide o corpo em uma metade superior (cranial) e inferior (caudal). O movimento rotacional nesse plano ocorre em torno do eixo vertical, ou longitudinal (o último termo é utilizado quando o eixo passa pelo corpo de um osso longo). A coordenada y corresponde ao plano frontal, ou coronal, que divide o corpo em metades frontal (anterior) e dorsal (posterior). O movimento rotacional nesse plano ocorre em torno de um eixo sagital. A coordenada z corresponde ao plano sagital, que divide o corpo nas metades esquerda e direita. O movimento rotacional nesse plano ocorre em torno de um eixo coronal.

A posição anatômica é o corpo em bipedestação, voltado para a frente, com as palmas das mãos também voltadas para a frente. Embora a verdadeira posição anatômica do corpo seja com o tornozelo em dorsiflexão, a nomenclatura do movimento no mediopé e no antepé é mais facilmente compreendida se o pé e o tornozelo são visualizados em uma posição plantar flexionada.

Embora muito da nomenclatura já tenha sido discutida, ela ainda é inadequada para descrever a totalidade dos movimentos do corpo e de seus complexos articulares associados. Uma terminologia independente da posição anatômica do corpo e, dessa forma, independente da perspectiva do observador, é requerida. Esses termos de movimento rotacionais ou angulares são delineados na Tabela 24.1. As descrições individuais do movimento angular e da amplitude de movimento (ADM) normal associada serão revistas em detalhes no Capítulo 25. O movimento osteocinemático rotacional também pode ser chamado **movimento fisiológico ativo** (movimento que um indivíduo pode produzir ativamente *sob controle voluntário*) ou **movimento fisiológico passivo** (**MFP**) (*movimento que, caso tivesse sido feito ativamente, poderia ser feito sob controle voluntário*). O movimento artrocinemático também pode ser avaliado como **movimento acessório passivo** (**MAP**). MAP é o movimento não fisiológico que uma pessoa não é capaz de produzir ativamente por si própria, e assim não está sob controle voluntário (ver as seções Osteocinemática, Artrocinemática e Avaliação Biomecânica).

A **biomecânica** é o estudo da mecânica do corpo humano, e consiste na cinemática e na cinética.[3] A **cinemática** é o estudo do movimento sem observar as forças que produzem movimento, e a *cinética* é o estudo dessas forças (Tab. 24.2).[3] As variáveis cinemáticas incluem o tipo e a localização do movimento que está ocorrendo, somados à magnitude e à direção do movimento. A cinemática inclui a **osteocinemática** e a **artrocinemática**.[4]

Os clínicos utilizam o princípio da cinemática sempre que analisam e tratam os músculos e articulações de um paciente. O propósito da seção seguinte é fornecer ao leitor a nomenclatura biomecânica em relação aos ossos e às articulações. Uma compreensão dessa nomenclatura é importante para aplicar esses princípios na avaliação biomecânica ou de mobilização e no tratamento do sistema articular humano.

Em uma articulação funcionando normalmente, a osteocinemática e a artrocinemática trabalham em conjunto. Uma não pode ocorrer sem que a outra a siga. Se a articulação não está livre para se mover, então a terminação distal do osso associado não pode se mover. Reciprocamente, se a terminação distal do osso não pode se mover de uma maneira normal, então as superfícies articulares da articulação associada são incapazes de se mover da maneira normal e prescrita. A proporção de osteocinemática e artrocinemática em cada articulação varia entre as articulações do corpo humano. Compreender os princípios delineados abaixo, somados à amplitude normal dos movimentos ativo e passivo disponíveis em cada articulação, ajuda o leitor a interpretar os resultados do exame biomecânico (p. ex., o teste de mobilidade articular).

Tabela 24.1 Eixos e planos de movimento[3-5]

Eixo de movimento	Plano de movimento	Movimento rotacional (angular) fisiológico associado usual	Translação associada usual
Transverso, também denominado coronal e frontal (do sentido medial para lateral)	Sagital Mediano Divide esquerda/direita	Flexão: aproximação das superfícies ventrais Extensão: direção oposta à flexão No punho: flexão volar e flexão dorsal No tornozelo: dorsiflexão e flexão plantar Exemplos de exceção: Flexão e extensão da primeira articulação carpometacarpal Flexão e extensão da articulação do joelho	Anterior ou posterior
Sagital, também denominado anteroposterior (do sentido anterior para posterior)	Frontal Coronal Divide anterior/posterior Divide ventral/dorsal Divide palmar (volar)/dorsal Divide dorsal/plantar	Abdução: alavanca distal movendo-se para longe do corpo Adução: direção oposta à abdução Flexão lateral: termo utilizado para o tronco e para a cabeça No punho: flexão radial e flexão ulnar Exemplo de exceção: Adução e abdução da primeira articulação carpometacarpal	Medial ou lateral Lateral: esquerda ou direita quando utilizado para o tronco e para a cabeça
Vertical, também denominado longitudinal (do sentido cranial para caudal)	Transverso Horizontal Divide cranial/caudal Divide superior/inferior	Rotação medial: rotação em direção à linha média Rotação lateral: direção oposta à rotação medial Rotação esquerda ou direita: termo utilizado para o tronco e para a cabeça No antebraço: pronação e supinação No pé: pronação (inversão) e supinação (eversão)	Vertical: compressão ou distração

Osteocinemática

A **osteocinética** é o estudo das forças que tendem a produzir o movimento de um osso.[6] No corpo humano, a forma óssea possui uma grande gama de variações. Além dessas variações, existe pouca relação simétrica entre a forma óssea e sua terminação óssea, ou forma articular, correspondente.

Para fazer uma discussão cinemática aplicável ao longo dessas variações, o *eixo mecânico* representa um osso quando os movimentos articulares são discutidos. Esse eixo mecânico é uma linha esquemática através do osso ou uma linha de referência para o movimento osteocinemático que substitui o osso e é perpendicular à superfície articular. Muitas vezes a forma óssea e o eixo mecânico não estão no mesmo plano (p. ex., o úmero [Fig. 24.2]).

Tabela 24.2 Terminologia biomecânica e definições

Prefixo latino	Cinemática (movimentos)	Cinética (forças)
Osteo-, osso	Osteocinemática	Osteocinética
Artro-, articulação	Artrocinemática	Artrocinética
Mio-, músculo	Miocinemática	Miocinética

Adaptado de Williams P. *Gray's anatomy.* 38.ed. Churchill Livingstone, Edinburgh, 1995.

A mobilização articular (ver a seção Avaliação Biomecânica) é realizada de forma mais efetiva se o indivíduo mantém o pensamento de sempre mover a terminação proximal do eixo mecânico perpendicular à superfície articular, assim seguindo a curvatura articular. Na terminação distal do eixo mecânico existe o contorno, desenhado no espaço, do caminho apropriado de movimento do eixo mecânico.

A **osteocinemática** é o estudo do movimento ósseo no espaço independente de qualquer parceiro ósseo associado ou sem qualquer referência às forças que produzem esse movimento.[7] Todo movimento osteocinemático se refere aos movimentos fisiológicos do corpo (movimentos que podem ser feitos sob controle voluntário), com o movimento ocorrendo nos planos anatômicos de movimento (ver Tab. 24.1). A flexão e a abdução do quadril são exemplos do movimento osteocinemático. O movimento de um complexo articular pode ser considerado sob duas perspectivas. A flexão do quadril pode ocorrer secundária ao movimento anterior do fêmur no plano sagital em uma pelve fixa (inonimado), ou a flexão do quadril pode ocorrer secundária ao movimento anterior da pelve no plano sagital em um fêmur fixo. Em geral,

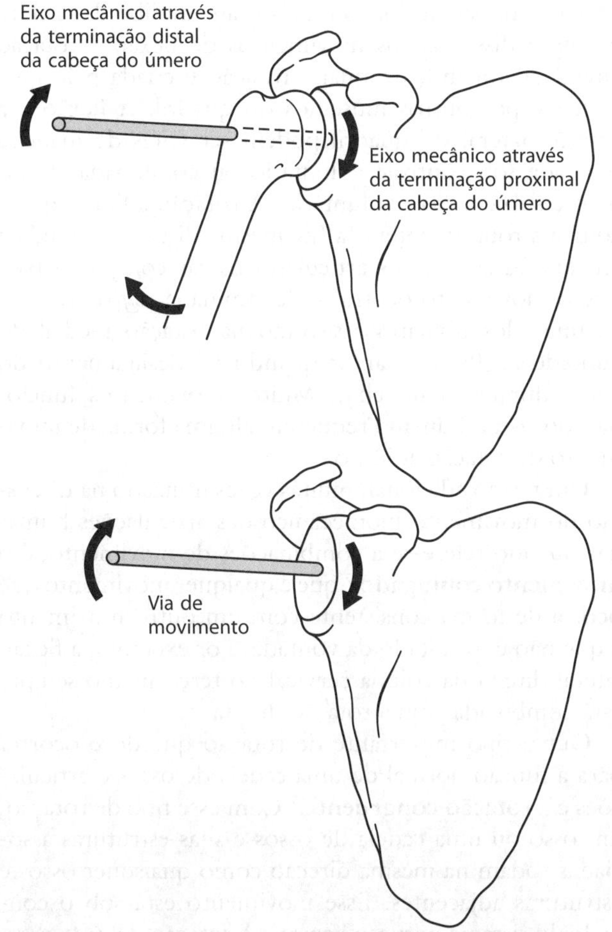

Figura 24.2 A terminação proximal do eixo mecânico do úmero move-se perpendicularmente à superfície articular da cavidade glenoidal e, dessa forma, segue a curvatura da articulação. Na terminação distal do eixo mecânico está o delineamento da via apropriada de movimento.

nas articulações periféricas do quadrante superior, o movimento envolve o osso distal rodando sobre um osso proximal relativamente fixo, e o reverso ocorre nas articulações da coluna. Nas articulações periféricas do quadrante inferior, o movimento muitas vezes pode ocorrer em qualquer ordem.

Os termos osteocinemáticos incluem a rotação, na forma de *giro osteocinemáticos* e de *oscilações osteocinemáticas.*[7] Os giros e as oscilações definem o movimento ósseo em torno do eixo mecânico.[7] O movimento é descrito tipicamente em um dos três planos de movimento e em torno de um dos três eixos de movimento ou como um movimento angular (ver Tab. 24.1).

Um **giro** é um movimento não linear, ou um movimento de rotação pura, que ocorre em torno do eixo mecânico de um osso (chamado *giro osteocinemático*) (Fig. 24.3).[7] Sempre existe um componente móvel e um componente estacionário, assemelhando-se ao giro de um pião. Todo movimento ocorre em torno de um ponto, de modo que não ocorre translação. Esse é um movimento raro no corpo humano, porque muitas vezes um giro é acompanhado de uma oscilação. Um exemplo

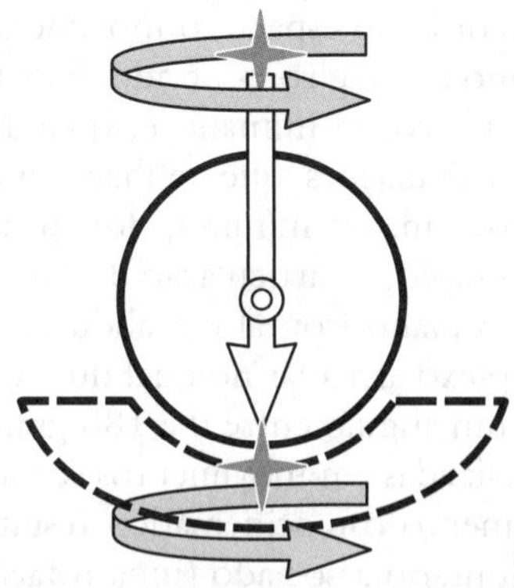

Figura 24.3 A bola convexa (*linha sólida*) gira osteocinematicamente (como mostra a seta curva no alto) ao redor do eixo instantâneo de rotação (EIR), representado pela seta reta. A articulação gira artrocinematicamente (como mostra a seta curva embaixo) na superfície articular. Nenhuma translação osteocinemática ou artrocinemática ocorre, como representado pela estrela.

de giro osteocinemático em humanos é o rádio proximal com meia amplitude de movimento de pronação e supinação.

Qualquer outro movimento além de um giro puro (cardinal) é chamado de **oscilação.**[7] A familiaridade com os termos *corda* e *arco* é um pré-requisito para se compreender as oscilações. A distância mais curta entre dois pontos definidos em uma superfície articular forma uma linha curva, ou uma **corda**, e qualquer distância maior representada por uma linha desenhada em uma superfície articular entre esses dois pontos é denominada **arco** (Fig. 24.4).[4]

Uma **oscilação cordal** osteocinemática[7] (também referida como *oscilação cardinal*) é uma oscilação pura, o que significa que a terminação distal do eixo mecânico

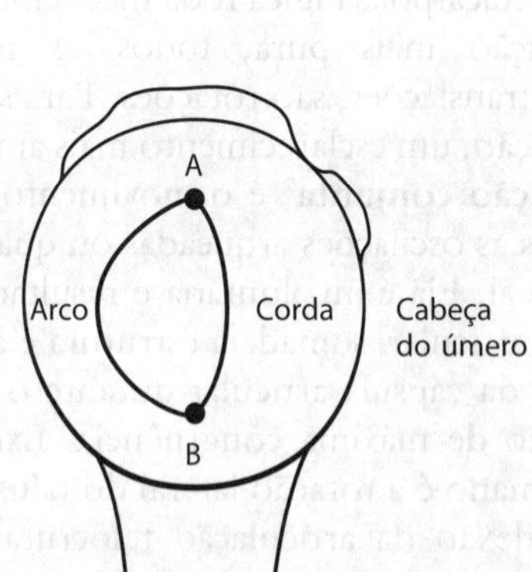

Figura 24.4 A distância mais curta entre dois pontos definidos em uma superfície articular forma uma linha curva, ou uma corda, e qualquer distância mais longa, como representado por uma linha definida na superfície articular entre esses dois pontos, é denominada *arco.* (Adaptado de Williams P. *Gray's anatomy.* 38.ed. Churchill Livingstone, Edinburgh, 1995.).

desenha uma corda no espaço; o movimento ocorre em apenas um plano e sem giro associado. Esse tipo de movimento é raro no corpo humano e, quando ele ocorre, acontece em articulações que tenham um movimento voluntário ativo em, no mínimo, dois planos de movimento; por exemplo, na articulação do quadril uma oscilação cordal no plano frontal é a abdução femoral. Em qualquer complexo articular no qual duas oscilações cordais estão em um ângulo entre 0 e 180 graus uma com a outra e são realizadas em movimentos seriados ou sucessivos, o movimento osteocinemático resultante contém um giro involuntário associado (uma rotação conjunta). Esse tipo de oscilação cordal realizada em uma série é denominada **movimento diadocal**.[4] O *movimento diadocal fechado* (ou *ciclo ergonômico*) é uma série de oscilações cordais que movem o osso de sua posição original e então o retornam novamente, mas ele não necessariamente volta à sua postura original.[4] Exemplo disso no corpo humano é o Paradoxo de Codman[5] que ocorre no ombro, no qual o movimento do braço, partindo da lateral do corpo para a flexão de ombro e a rotação neutra, é seguido pela adução que retorna o braço ao lado do corpo. Quando o braço retorna, fica em rotação lateral. Esse tipo de rotação conjunta que ocorre como resultado de uma sucessão de movimentos também é chamado de *movimento sequencial.* O *movimento diadocal aberto* é aquele em que o osso não retorna à sua posição original[4] (p. ex., realizando apenas os dois primeiros dos movimentos acima).

Uma **oscilação arqueada** osteocinemática[7] é uma oscilação impura, o que significa que o movimento do osso no espaço é descrito por uma linha que é um arco. Uma oscilação arqueada possui um componente de giro (rotação conjunta), que permite o movimento do eixo mecânico em, ao menos, dois planos (p. ex., com a flexão, a primeira articulação metacarpofalângica roda medialmente).

Na definição mais pura, todos os movimentos, excluindo as translações, são rotações. Para ser mais preciso na descrição, um esclarecimento mais amplo é necessário. A **rotação conjunta**[7] é o movimento que ocorre durante todas as oscilações arqueadas ou qualquer movimento diadocal. Ela é involuntária e resultado da forma da superfície articular, somada à estrutura e à tensão dos ligamentos e da cápsula articular durante o movimento para a posição de máxima congruência. Exemplo disso no corpo humano é a rotação lateral do tálus que ocorre com a dorsiflexão da articulação talocrural. Todos os movimentos das articulações selares e da maioria das articulações ovoides incluem rotações conjuntas.

A **rotação adjunta**[7] também pode acompanhar qualquer oscilação arqueada, mas esse tipo de rotação ocorre sob controle voluntário, criado pelo recrutamento muscular ativo quando o movimento está ocorrendo em torno de um eixo de movimento independente. A rotação adjunta é considerada um grau de liberdade à parte. Esse tipo de rotação pode ocorrer apenas em articulações que são capazes de se mover voluntariamente em torno de dois ou mais planos de movimento, ou, em outras palavras, possuem dois ou mais graus de liberdade. Um exemplo disso são os movimentos de flexão e rotação lateral do quadril, no qual a rotação é criada pelo piriforme e por outros músculos do quadril. A flexão e a rotação lateral do quadril podem ser feitas de maneira separada sob controle voluntário ou combinadas novamente sob controle voluntário. A rotação adjunta que é aditiva à rotação conjunta (na mesma direção na medida em que as superfícies articulares ósseas conspiram para que o movimento ocorra) é denominada *cogiro*[7] (p. ex., os músculos fibulares assistindo na rotação medial do cuboide na flexão plantar quando há desligamento do hálux durante a marcha). Muitos movimentos funcionais do corpo humano requerem alguma forma de movimento de rotação adjunto.

Um termo adicional, muitas vezes utilizado na discussão do movimento biomecânico das articulações humanas quando refere-se a combinações de movimento, é o **movimento conjugado**,[7] que é qualquer movimento que ocorra de forma consistente com um outro movimento e que não é resultado da vontade. Por exemplo, a flexão lateral direita da coluna cervical no terço médio sempre está combinada com a rotação direita.

Outro tipo importante de rotação que deve ocorrer para a função normal de uma cadeia de ossos e articulações é a **rotação congruente**.[7] Com esse tipo de rotação, um osso ou uma cadeia de ossos e suas estruturas associadas rodam na mesma direção como quaisquer ossos e estruturas adjacentes. Esse movimento está sob o controle do sistema nervoso central. A rotação de cada osso, embora na mesma direção, não necessita ter a mesma taxa ou amplitude. Um exemplo disso pode ser visto durante a fase de oscilação da marcha, posicionando adiante o toque do calcanhar. Todos os ossos apresentam quantidades diferentes de rotação lateral, desde o calcâneo até o quadril. Normalmente, é mais fácil realizar a rotação congruente do que mover cada alavanca óssea e o complexo articular associado individualmente. O oposto da rotação congruente poderia então ser a **rotação incongruente**.[7] Essa forma de rotação envolve uma rotação do osso e de suas estruturas associadas que não estão na mesma direção, como outros ossos adjacentes. Isso é importante porque o clínico muitas vezes utiliza o princípio de criar uma "alavanca de movimento" durante a mobilização passiva. O clínico cria tensão em uma série de ossos e articulações da coluna, o qual realizou uma alavanca de movimento para focalizar a força de mobilização em um segmento de movimento. Por exemplo, o segmento de movimento da coluna cervical esquerda de C6-C7 pode ser mobilizado em extensão, flexão lateral esquerda e rotação esquerda, enquanto os ossos adjacentes, desde o occipício até C6, são colocados em extensão, flexão lateral esquerda e rotação direita. Nesse exemplo, as rotações para o segmento a ser mobilizado (C6-C7) são opostos à rotação da série de ossos de alavanca. A rotação incongruente que ocorre em qualquer situação (como dentro de um osso longo individual), quando levada ao extremo da amplitude de movimento, é uma posição comum para fraturá-lo. Por exemplo, a fratura do corpo médio ao terço inferior do rádio pode ocorrer secundariamente à tração do músculo supinador em uma direção e à tração do músculo pronador quadrado na direção oposta.

Durante qualquer amplitude de movimento completa ou total que envolva a oscilação osteocinemática, a terminação distal do eixo mecânico de um osso desenha uma série de cordas (oscilação cordal ou cardinal) e arcos (oscilação arqueada), que caminham juntos e formam o que é chamado **ovoide do movimento** (Fig. 24.5),[4] o qual descreve a via curva da superfície articular, uma ferramenta útil porque permite ao examinador do complexo articular "visualizar" a superfície articular representada no espaço. A osteocinemática descreve o movimento em termos mais precisos que apenas uma descrição do movimento fisiológico, tal como a flexão do ombro. Isso permite ao clínico comunicar de forma mais efetiva o que ele observa ocorrer com um paciente durante o movimento ativo, somado ao que pode ser induzido ao paciente com o movimento passivo secundário aos efeitos das forças externas, tais como a gravidade ou as mãos do clínico.

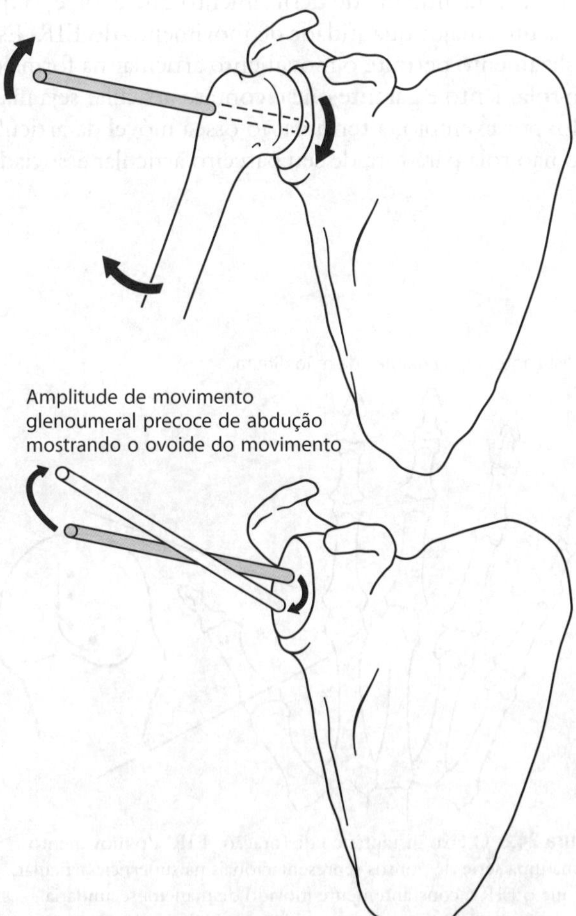

Figura 24.5 O ovoide do movimento descreve a via curva da superfície articular. Esta é uma ferramenta útil, porque permite ao examinador do complexo articular "visualizar" a superfície articular representada no espaço.

Artrocinemática

A **artrocinemática** é o estudo do movimento articular de uma terminação óssea (superfície articular) sobre uma outra terminação óssea relativamente fixa sem levar em conta o movimento do osso ou as forças que produzem aquele movimento.[7] A artrocinemática também pode ser vista como o estudo do **movimento acessório articular**.[5] Na periferia, o movimento é denominado após a direção do movimento da terminação óssea ou da superfície articular distal. Na coluna, o movimento é denominado pelo movimento da terminação óssea superior. Testar a qualidade e a quantidade, em adição à sensação final desse movimento acessório articular, é uma das principais metas de uma análise biomecânica (ver detalhes na seção Análise Biomecânica deste capítulo).

Nenhum movimento artrocinemático pode ocorrer sem que algum movimento osteocinemático ocorra ao mesmo tempo, e vice-versa. A análise dos movimentos artrocinemáticos permite que o clínico determine a estrutura da articulação e, assim, sua função, por sentir o oposto ao movimento osteocinemático observado. A **artrocinemática** é o estudo das forças tendendo a produzir um movimento em uma determinada articulação, tal como a tração, a distração, e o cisalhamento.[8]

Os termos artrocinemáticos incluem os ***deslizamentos artrocinemáticos***, os ***rolamentos artrocinemáticos*** e os ***giros artrocinemáticos***.[7] Uma **translação** define o movimento no qual todos os pontos ou partículas de um osso ou sua terminação óssea em um dado momento possuem a mesma direção do movimento em relação a um ponto fixo.[9] Na translação pura o centro de rotação em movimento não ocorre ao longo de um plano, em vez de através dele (Fig. 24.6).[4] O movimento é perpendicular ao eixo do movimento fisiológico e paralelo ao plano da articulação.[4] Um exemplo não humano disso é quando um carro freia e os pneus param de rodar e deslizam sobre uma superfície congelada, ou uma superfície de deslizamento de esqui *cross-country* coberta com neve. Em uma articulação humana esse tipo de movimento translatório é impossível, por causa das superfícies articulares não serem planas, mas côncavas ou convexas. Somado a isso, elas não são 100% congruentes em todas as posições articulares, porque uma superfície normalmente possui um raio menor de curvatura que seu parceiro articular. Dessa forma, em seres humanos, todas as translações são impu-

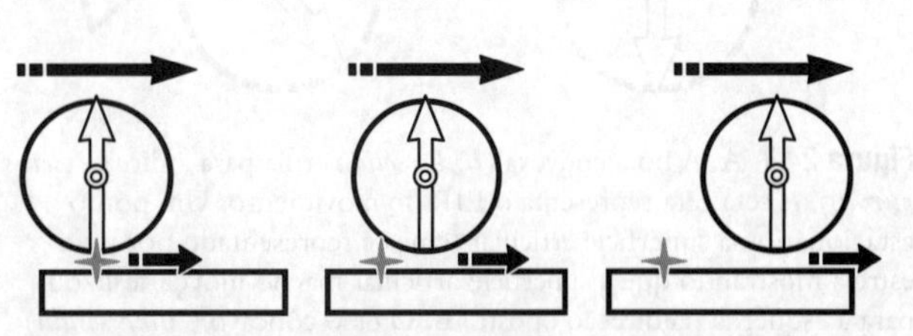

Figura 24.6 A bola convexa (*linha sólida*) desliza para a direita; a seta preta representa o eixo instantâneo de rotação (EIR) do movimento; um ponto estacionário no parceiro articular planar (*estrela*). O movimento demonstrado aqui é uma translação pura (*setas sólidas na vertical*).

ras, porque algumas rotações ocorrem com a translação, e são definidas como um *deslizamento artrocinemático*.[7] Um deslizamento artrocinemático é um movimento de translação no qual uma terminação óssea (superfície articular) escorrega ou desliza sobre seu parceiro articular relativamente fixo.

Na articulação humana, um deslizamento normalmente está associado ao *rolamento artrocinemático*.[7] Um rolamento artrocinemático[7] se refere à amplitude de movimento médio e à amplitude final do movimento de inclinação ou de oscilação da superfície articular convexa macho sobre sua parceira fêmea relativamente fixa, ou uma superfície articular móvel fêmea sobre sua parceira macho relativamente fixa. Caso se trate de uma superfície móvel macho movendo-se sobre uma superfície fixa fêmea, o movimento que sucede está sempre em direção oposta ao deslizamento, ou, em outras palavras, o rolamento e o deslizamento ocorrem em direções opostas (Fig. 24.7A). Um exemplo não humano é um pneu de carro rolando em uma estrada, quando o deslizamento ocorre em uma direção (para trás), mas os pneus se movem na direção oposta (para frente). Um exemplo em humanos é o movimento articular de abdução e de adução no quadril. Se a fêmea é a superfície móvel em um macho fixo, o movimento subsequente é sempre na mesma direção do deslizamento, ou, em outras palavras, o rolamento e o deslizamento ocorrem na mesma direção (Fig. 24.7B). Um exemplo em humanos é o movimento articular do joelho de flexão e extensão. Alguns instrutores de biomecânica articular referem-se incorretamente a uma fêmea movendo-se em um macho fixo como uma *oscilação* artrocinemática em vez de utilizar o termo correto de *rolamento* artrocinemático.

Embora o componente de translação do movimento nem sempre seja facilmente visto ou avaliado pelo clínico que examina a mobilidade articular humana, ele é considerado um componente tão importante da mobilidade articular que White e Panjabi adicionaram a translação aos três planos de movimento angular já bem conhecidos e descritos previamente. Isso resultou na descrição por parte desses autores de seis graus de liberdade articular ao invés do modelo articular previamente descrito de, no máximo, três graus de liberdade articular.[10]

A compreensão dos conceitos terminológicos da osteocinemática e da artrocinemática repousa no conhecimento de que o eixo mecânico do osso móvel durante o movimento é denominado **eixo instantâneo do movimento de rotação (EIR)** ou **centro instantâneo de rotação (CIR)** na superfície articular.[3] Esse EIR forma uma série de pontos representacionais na superfície articular porque se move constantemente de modo secundário à forma articular, o que gera uma combinação de deslizamentos e rolamentos (Fig. 24.8). Quanto maior a diferença de tamanho entre os parceiros articulares, maior é a quantidade de deslizamento que ocorre, o que causa uma maior quantidade de movimento do EIR. Esse deslizamento permite o movimento articular na forma de um rolamento e garante que o contato articular seja mantido; por exemplo, a terminação óssea móvel da articulação não rola para fora de seu parceiro articular associado.

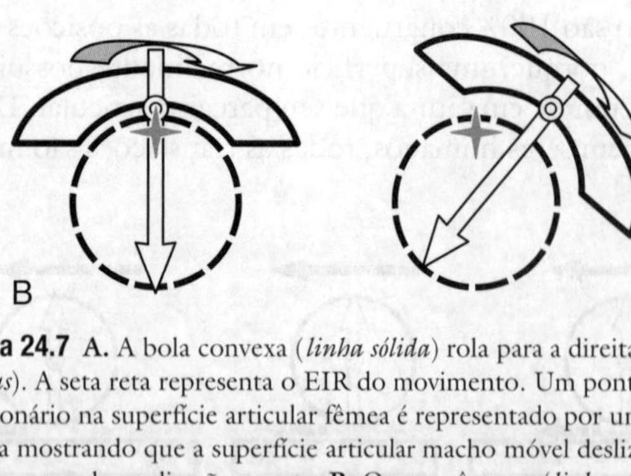

Figura 24.7 **A.** A bola convexa (*linha sólida*) rola para a direita (*setas curvas*). A seta reta representa o EIR do movimento. Um ponto estacionário na superfície articular fêmea é representado por uma estrela mostrando que a superfície articular macho móvel deslizou para a esquerda na direção oposta. **B.** O osso côncavo (*linha sólida*) rola para a direita, representado pelas setas curvas, com a seta reta representando o eixo instantâneo de rotação (EIR) do movimento. Um ponto estacionário na superfície articular macho é representado pela estrela, e mostra que a superfície articular fêmea móvel também se moveu para a direita, a qual é um ponto na superfície articular.

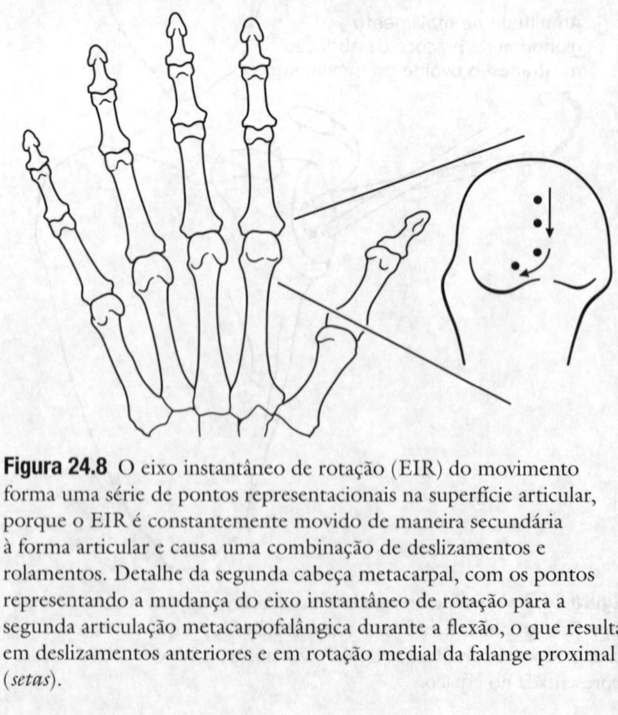

Figura 24.8 O eixo instantâneo de rotação (EIR) do movimento forma uma série de pontos representacionais na superfície articular, porque o EIR é constantemente movido de maneira secundária à forma articular e causa uma combinação de deslizamentos e rolamentos. Detalhe da segunda cabeça metacarpal, com os pontos representando a mudança do eixo instantâneo de rotação para a segunda articulação metacarpofalângica durante a flexão, o que resulta em deslizamentos anteriores e em rotação medial da falange proximal (*setas*).

Essa é uma maneira engenhosa de aumentar a mobilidade articular e a estabilidade.

Um *giro artrocinemático* refere-se à situação na qual uma superfície articular roda sobre outra superfície articular. O movimento de giro ocorre em torno do eixo mecânico do osso em movimento, e o EIR permanece estacionário. Um exemplo disso no corpo humano é a cabeça do rádio girando no capítulo durante a meia amplitude do movimento de pronação e de supinação.

O **deslizamento acessório**[11] refere-se ao deslizamento artrocinemático, ao rolamento artrocinemático e ao giro artrocinemático que podem ocorrer sob controle voluntário, mas devem ocorrer sob meios involuntários. Por exemplo, isso ocorre quando o carpo está em repouso na beira de uma mesa e o rádio e a ulna estão fora da beirada da mesa, e a pressão (resistência) em direção ao solo é feita ativamente na mesa, a qual cria o deslizamento acessório palmar involuntário da ulna distal. Outra forma de deslizamento acessório ocorre quando os músculos ao redor do complexo articular estão relaxados e a terminação proximal do osso relacionada àquela articulação está fixa por uma fonte externa, e a outra terminação proximal, do parceiro ósseo, é movida por uma fonte externa (deslizamento acessório passivo): por exemplo, quando a cabeça do úmero é deslizada posteriormente na cavidade glenoide com a escápula estabilizada. Esse tipo de deslizamento pode ser classificado e graduado, e é discutido na seção Avaliação Biomecânica.

A osteocinemática e a artrocinemática devem ocorrer juntas, em perfeita precisão, para que ocorram os mecanismos normais do complexo articular. Se a quantidade de movimento ou a sincronia do movimento combinado não está precisa, então pode ocorrer uma patologia, tal como ocorre com o deslizamento superior excessivo da cabeça do úmero na abdução do ombro, o que resulta em um impacto da bolsa subacromial (Fig. 24.9). O papel do clínico durante o exame biomecânico do paciente é avaliar se o paciente tem osteocinemática e artrocinemática ótimas.

ARTROLOGIA

Artrologia significa literalmente "o estudo das articulações".[4] Para o clínico ser capaz de avaliar e tratar um paciente, é necessário uma compreensão da anatomia e da biomecânica da articulação. A consideração de uma articulação repousa na compreensão das estruturas associadas ao seu redor (p. ex., nervos, vasos sanguíneos, músculos e ligamentos). Contudo, esta seção do livro é dedicada apenas ao tópico das articulações.

Uma *artrose*, ou juntura, é uma *articulação*, ou conexão, entre uma terminação óssea e o osso ligado a ela.[4] A terminação óssea possui diversas formas, além de ser coberta por várias formas de cartilagem, e pode mesmo possuir inclusões interarticulares entre as terminações. Externamente, a articulação pode ser reforçada e suportada com tecido conjuntivo, cápsula articular, ligamentos e/ou tendões. Uma articulação permite movimento e estabilidade, com a taxa, a qualidade e a quantidade desses dois componentes sendo determinados pelas estruturas internas e externas da articulação. As articulações são classificadas com base nessas qualidades estruturais.

Classificação articular

Os diferentes tipos de classificação articular humana são as articulações **não sinoviais**, ou **sinartroses**, e as articulações **sinoviais**, ou **diartroses** (Tab. 24.3). Os clínicos devem conhecer a classificação anatômica da arti-

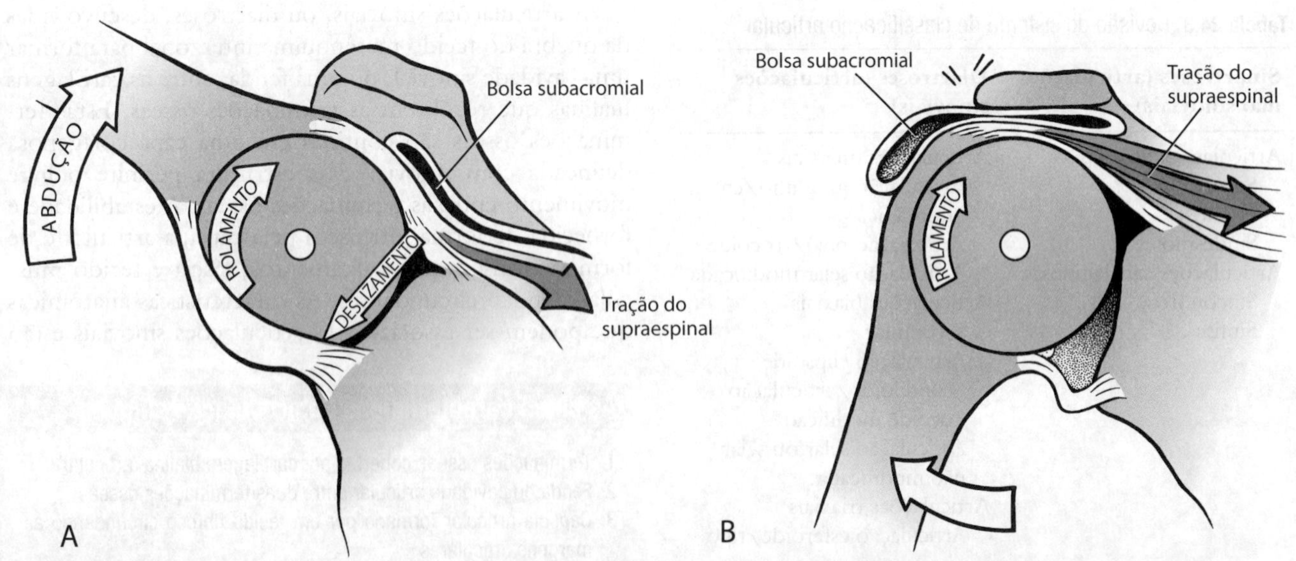

Figura 24.9 Artrocinemática na articulação glenoumeral durante a abdução. A cavidade glenoidal é côncava e a cabeça do úmero é convexa. **A.** Artrocinemática do rolamento e deslizamento típica de uma superfície articular convexa sobre uma superfície articular côncava relativamente estacionária. **B.** Consequências de um rolamento ocorrendo sem um deslizamento de compensação suficiente. (De Neumann D. *Kinesiology of the musculoskeletal system: foundations for physical rehabilitation*. Mosby, St Louis, 2002, p. 10)

culação que eles estão examinando, porque a anatomia determina a possível patologia de base. Por exemplo, encontrar uma sinovite de uma articulação cartilaginosa, como a sínfise púbica, é impossível.

Sinartroses (articulações não sinoviais)

As sinartroses possuem a terminação óssea conectada e reforçada com tecido conjuntivo interósseo sólido e especializado, na forma de material fibroso ou cartilaginoso, sendo subdivididas em *articulações fibrosas* e *articulações cartilaginosas*. Essas articulações não possuem uma fenda entre as duas terminações ósseas. Se essas junções ósseas se tornam fundidas posteriormente na vida, a articulação passa a ser denominada *sinostose*. Sendo assim, o termo *junção temporária* é dado por alguns autores como exemplos de articulações sinartroses.

Articulações fibrosas

Essas articulações são estáveis e permitem movimento mínimo ou pequeno entre as terminações ósseas individuais, as quais estão conectadas por tecido conjuntivo fibroso denso. As articulações fibrosas estão representadas em uma das três formas em humanos; suas diferenças são determinadas pela forma das terminações ósseas.

1. Uma *sutura* possui uma lâmina fina de tecido conjuntivo fibroso entre as duas terminações ósseas intertravadas ou sobrepostas. Um exemplo desse tipo de articulação é encontrado nas suturas dos ossos do crânio.
2. Uma *gonfose* possui a forma de eixo e soquete. Um exemplo desse tipo de articulação é encontrado nas articulações do dente (eixo) com a mandíbula ou a maxila (soquete).
3. Uma *sindesmose* possui duas terminações ósseas, ou seus componentes, unidas por um ligamento, corda ou membrana aponeurótica. Um exemplo desse tipo de articulação é encontrado entre o corpo da tíbia e da fíbula ou da ulna e do rádio, com sua membrana interóssea interposta.

Articulações cartilaginosas (anfiartroses)

Essas articulações também são estáveis e permitem um movimento mínimo ou pequeno como resultado de uma terminação óssea individual conectada por cartilagem hialina ou por fibrocartilagem, unindo as duas terminações ósseas uma a outra. Esse tipo de estrutura permite crescimento e estabilidade ósseos e uma mobilidade controlada. Essas articulações cartilaginosas existem em humanos em uma de duas formas, sincondroses ou sínfises, com suas diferenças determinadas pelo tipo de cartilagem entre as terminações ósseas em contato.

1. A *sincondrose* possui cartilagem de crescimento hialina entre as terminações ósseas. Exemplos desse tipo de articulação são encontrados no crânio e em outras partes do corpo (p. ex., a primeira articulação externocostal [da primeira costela com o manúbrio], a articulação manubriosternal [no início da vida] e articulação xifosternal).
2. A *sínfise* possui cartilagem hialina recobrindo as terminações ósseas, com um disco fibrocartilaginoso entre essas duas terminações. Essas articulações podem suportar grandes estresses na forma de compressão, tensão, cisalhamento e torção. Exemplos desse tipo de articulação são encontrados na sínfise púbica, na articulação sacrococcígea, nas articulações intercoccígeas, na articulação manubriosternal (tardiamente na vida), e na sínfise intervertebral (a articulação entre o disco vertebral e as cartilagens hialinas).

Tabela 24.3 Revisão do sistema de classificação articular

Sinartroses (articulações não sinoviais)	Diartroses (articulações sinoviais)
Articulações fibrosas	Articulações uniaxiais
Sutura	Articulação gínglimo/em dobradiça
Gonfose	Articulação pivô/trocoide
Sindesmose	Articulação selar modificada
Articulações cartilaginosas	Articulações biaxiais
Sincondrose	Bicondilar
Sínfise	Articulação elipsoide/condiloide/articulação ovoide modificada
	Articulação selar ou selar não modificada
	Articulações triaxiais
	Articulação esferoide/tipo bola e soquete ou ovoide não modificada
	Articulação plana

Diartroses (articulações sinoviais)

As articulações sinoviais, ou diartroses, desenvolvidas da quebra do tecido mesênquima interzonal para formar uma cavidade sinovial, ou uma fenda, entre as cartilagens hialinas que recobrem as terminações ósseas. Estas terminações ósseas são contidas em uma capa colagenosa delineada com sinóvia. Essa estrutura permite o livre movimento entre as terminações ósseas. A estabilidade é fornecida de forma intrínseca pela cápsula articular e de forma extrínseca pelos ligamentos, fáscia e tecido muscular/tendão circundantes. As características anatômicas que podem ser associadas às articulações sinoviais estão

As cinco características da articulação sinovial

1. Terminações ósseas cobertas por cartilagem hialina (articular)
2. Fenda ou cavidade articular entre duas terminações ósseas
3. Cápsula articular formada por um tecido fibroso circundando as margens articulares
4. Membrana sinovial delimitando a superfície interna da cápsula articular
5. Fluido sinovial

Tabela 24.4 Classificações anatômicas que podem estar associadas a articulações sinoviais

Classificação anatômica	Função	Localização	Exemplos
Ligamento	Impede movimento excessivo ou anormal	Externo à cápsula articular e cruza diretamente o complexo articular	Ligamento talofibular anterior da articulação talocrural
Disco ou menisco fibrocartilaginoso	Permite o aumento da superfície articular, lubrificação aumentada, combinações de movimento aumentadas, dissipação das forças de reação articular, estabilidade articular aumentada	Entre as superfícies articulares	Meniscos da articulação do joelho Meniscos da articulação radioulnar distal Disco articular esternoclavicular Disco acromioclavicular Disco temporomandibular
Lábio ou pequenos lábios fibrosos	Aprofunda a cavidade articular e, assim, aumenta a área de congruência articular	No interior da cápsula articular nas margens da superfície articular e entre as superfícies articulares	Lábio glenoidal Lábio do acetábulo Pequenos lábios fibrosos zigapofisários lombares ou borda de tecido conjuntivo
Coxim adiposo de tecido adiposo e meniscoides fibroadiposos	Supõe-se que ajuda a proteger as superfícies articulares	No interior da cápsula articular nas margens da superfície articular e entre as superfícies articulares	Polos inferior e superior das articulações zigapofisárias lombares
Bolsa	Diminui a fricção das estruturas que se sobrepõem umas às outras	Pode ou não estar em comunicação com a cavidade articular	Bolsa subdeltoidea Bolsa do músculo psoas Bolsa semimembranosa

listadas na Tabela 24.4. Essas características anatômicas aumentam a complexidade anatômica da articulação e permitem a subclassificação das articulações sinoviais.

Complexidade articular

As articulações sinoviais subdividem-se, de acordo com a complexidade, em: *articulações simples*, *compostas* ou *complexas*.

1. *Articulações simples* – possuem um único par de superfícies articulares: uma superfície macho, ou convexa, e uma superfície fêmea, ou côncava (p. ex., a segunda articulação metacarporfalângica [Fig. 24.10]).
2. *Articulações compostas* – possuem mais que um par de superfícies articulares em contato dentro de uma única cápsula articular (p. ex., a articulação do cotovelo [Fig. 24.11]).
3. *Articulações complexas* – possuem uma inclusão intra-articular, na fenda articular, que se interpõe entre as superfícies articulares, tais como um menisco, ou um disco, e que aumenta o número de superfícies articulares (articulação do joelho [Fig. 24.12]).

SUBCLASSIFICAÇÃO DAS ARTICULAÇÕES SINOVIAIS

As articulações sinoviais podem ser subclassificadas com base em vários outros critérios, além da complexidade articular. Outras subclassificações articulares sinoviais baseiam-se nos graus de liberdade, na forma articular ou na complexidade articular.[4,7] Muitas vezes, as subclassificações são combinadas, o que dá ao leitor uma melhor compreensão da estrutura e, assim, da função articular sinovial.

Graus de Liberdade. A subclassificação é feita de acordo com número de eixos independentes ao redor dos quais as terminações ósseas da articulação podem se mover angularmente. Esses eixos são perpendiculares uns aos outros e podem ser subdivididos em *articulações uniaxiais*, *biaxiais* ou *triaxiais* (*multiaxiais*). Um eixo é o ponto no qual todas as forças que agem sobre os

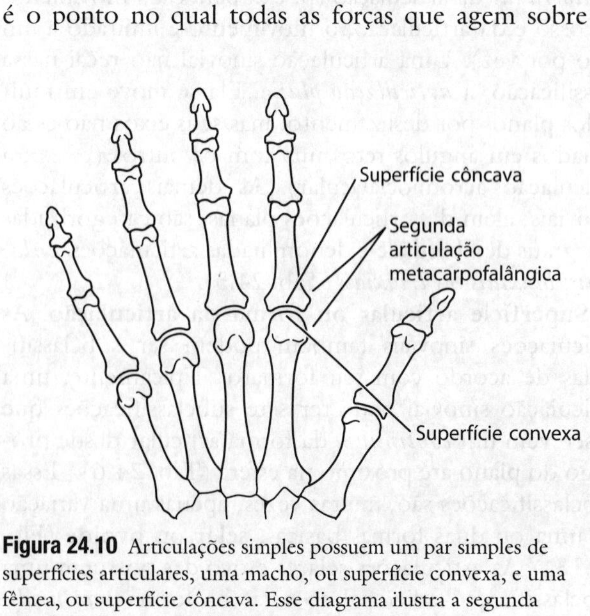

Figura 24.10 Articulações simples possuem um par simples de superfícies articulares, uma macho, ou superfície convexa, e uma fêmea, ou superfície côncava. Esse diagrama ilustra a segunda articulação metacarpofalângica.

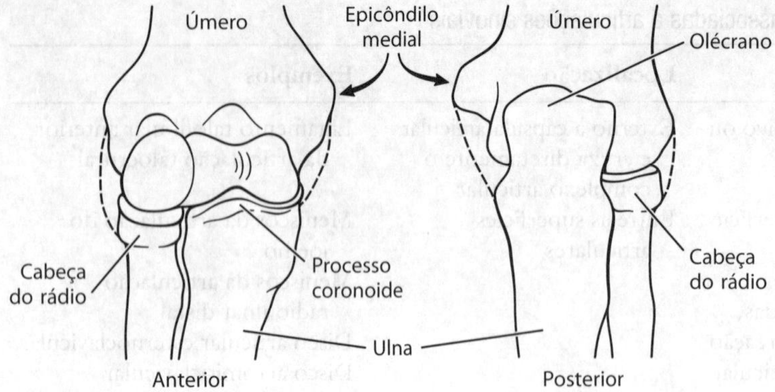

Figura 24.11 Articulações compostas possuem mais que um simples par de superfícies articulares em contato dentro de uma única cápsula articular. Esse diagrama ilustra a articulação do cotovelo. A linha tracejada representa a cápsula articular.

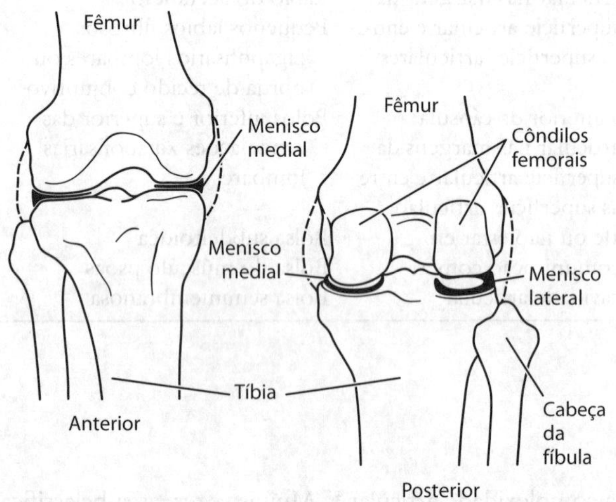

Figura 24.12 Articulações complexas possuem uma inclusão intra-articular na fenda articular e interposta entre as superfícies articulares, como um menisco, ou um disco, que aumenta o número de superfícies articulares. Esse diagrama ilustra a articulação do joelho.

ossos são zero e, assim, o osso se move em torno daquele ponto. Essa subclassificação também é chamada de *graus de liberdade* da articulação (p. ex., para cada movimento do osso e da articulação, o movimento é limitado a um eixo por vez). Uma articulação sinovial não recai nessa classificação, a *articulação plana*. Ela se move em múltiplos planos por deslizamento, mas seus eixos não estão situados em ângulos retos uns com os outros (p. ex., a articulação acromioclavicular). As demais articulações sinoviais, além das articulações planas, são categorizadas por graus de liberdade e denominadas articulações *uniaxiais*, *biaxiais* ou *triaxiais* (Tab. 24.5).

Superfície articular ou forma da articulação. As articulações sinoviais também podem ser subclassificadas de acordo com seu formato. Tipicamente, uma articulação sinovial pode ter sete subclassificações que descrevem um *continuum* da forma articular desde próximo do plano até próximo na esfera (Tab. 24.6).[4] Essas subclassificações são, muitas vezes, apenas uma variação de uma ou duas formas básicas, **selar** ou **ovoide** (Fig. 24.13).[7] As articulações selares e ovoides possuem uma subclassificação adicional ao estar na forma *não modificada* (pureza na forma) ou na *modificada*.[7] No total, a terminação óssea de uma articulação tende a ser *convexa* (macho), a qual apresenta uma convexidade ao seu parceiro articular e, assim, desliza na direção oposta ao movimento ósseo, ou *côncava* (fêmea), a qual apresenta uma concavidade para o seu parceiro articular que, assim, desliza na mesma direção do movimento ósseo. Esses movimentos de deslizamento são discutidos em mais detalhes na seção Artrocinemática deste capítulo. Algumas superfícies articulares possuem as formas côncava e convexa na mesma terminação óssea, o que é denominado *concavoconvexo*.

1. *Articulações gínglimo ou em dobradiça*. Essas articulações são formadas para que o movimento seja restrito em um plano, tal como uma dobradiça de uma porta. Contudo, em humanos, a despeito desse exemplo com um objeto inanimado, essas articulações em dobradiça possuem uma rotação conjunta associada (ver a seção Osteocinemática) (Fig. 24.14). Essas articulações possuem fortes ligamentos colaterais (p. ex., a articulação umeroulnar ou as articulações interfalângicas).
2. *Articulações pivô (trocoide)*. Essas articulações são formadas quando uma terminação óssea é um anel osteoligamentar e a outra, um eixo ósseo e, dessa forma, permitem que o anel faça um pivô em torno do, ou no, eixo (p. ex., a articulação atlantoaxial média [o atlas e o ligamento transverso formam o anel que roda sobre o processo odontoide do axis]) ou a articulação radioulnar proximal (o ligamento anular e a faceta ulnar formam o anel no qual a cabeça do rádio roda) (Fig. 24.15).
3. *Articulações condilares ou bicondilares.* Essas articulações possuem uma ou duas terminações ósseas complexas denominadas côndilos, que se articulam com uma ou duas terminações côncavas que estão em paralelo e dentro da mesma cápsula articular (p. ex., a articulação condilar do joelho ou as articulações temporomandibulares em cápsulas separadas movendo-se como um par bicondilar [Fig. 24.16]). As articulações condilares e bicondilares possuem movimento conjunto e adjunto (ver a seção Osteocinemática).
4. *Articulações elipsoides.* Essas articulações possuem uma terminação óssea oval e complexa que se articula com uma concavidade elíptica (p. ex., a articulação radiocarpal ou as articulações metacarpofalângicas [Fig. 24.17]).

Tabela 24.5 Tipos de articulações sinoviais e graus de liberdade e seus movimentos

Tipo de articulação sinovial	Graus de liberdade	Movimento	Exemplo*
Articulações uniaxiais	Um grau de liberdade Eixo geralmente contido próximo do centro da articulação	Movimento em um plano ao redor de um eixo Oscilação arqueada osteocinemática	Articulação do tipo gínglimo ou em dobradiça, tal como a articulação umeroulnar Articulação pivô (trocoide), tal como a articulação atlantoaxial mediana Articulação selar modificada, tal como a articulação talocrural
Articulações biaxiais	Dois graus de liberdade	Movimento em dois planos ao redor de dois eixos Duas oscilações arqueadas osteocinemáticas ou um giro cardinal com uma oscilação cardinal ou arqueada	Articulações bicondilares, tal como a articulação do joelho ou a articulação temporomandibular Articulações elipsoides ou articulação condiloide, ou articulação ovoide modificada, tal como a segunda articulação metacarpofalângica Articulação selar não modificada ou selar, tal como a primeira articulação metacarpofalângica
Articulações triaxiais	Três graus de liberdade Movimento nos três planos ao redor de três eixos, com o movimento geralmente em plano oblíquo	Duas oscilações cardinais osteocinemáticas e um giro cardinal	Articulação esferoide ou tipo bola e soquete, tal como a articulação glenoumeral Articulações planas, tal como a articulação acromioclavicular

*Nomeada de acordo com sua forma articular

Tabela 24.6 As sete subclassificações da forma articular

Subclassificação da forma articular	Analogia mecânica	Exemplo
Articulação tipo gínglimo ou em dobradiça	Dobradiça de uma porta	Articulação umeroulnar Articulação interfalângica
Articulação pivô (trocoide)	Anel em um eixo ou dedo	Articulação atlantoaxial mediana Articulação radioulnar proximal com ligamento anular
Articulações condilares/articulações bicondilares	"Nó" de semelhança convexa com alargamento em uma direção na superfície côncava rasa	Articulação do joelho Articulação temporomandibular
Articulações elipsoides	Pedra achatada em uma tigela rasa	Articulação radiocarpal Articulações metacarpofalângicas
Articulações selares	Cavaleiro numa sela	
Articulações selares não modificadas		Primeira articulação metacarpofalângica
Articulações selares modificadas		Articulação tibiotalar Articulação calcaneocuboida Articulações interfalângicas
Articulações ovoides ou esferoides	Pilão	
Articulações ovoides não modificadas		Articulação glenoumeral Articulação do quadril
Articulações ovoides modificadas		Segunda articulação metacarpofalângica Articulação radiocarpal
Articulações planas	Livro em uma mesa de café	Articulação acromioclavicular Quarta e quinta articulações carpometacarpais Articulações intermetatarsais

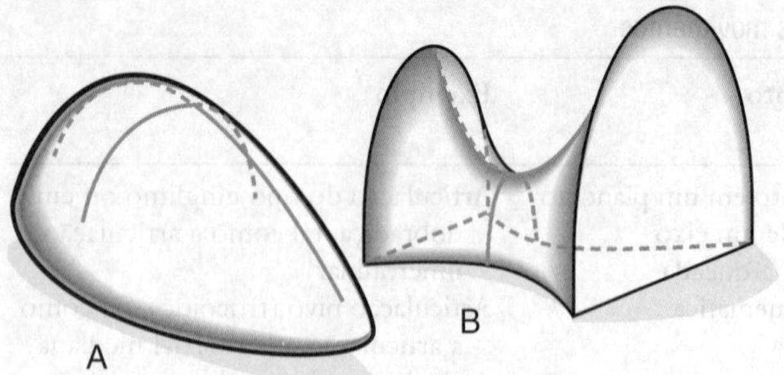

Figura 24.13 As subclassificações da forma articular são, muitas vezes, apenas uma variação de uma ou duas formas básicas do aspecto selar ou ovoide. **A.** A superfície ovoide, com forma de ovo, representa uma característica da maior parte das articulações sinoviais do corpo (p. ex., as articulações do quadril, radiocarpal do joelho, e metacarpofalângicas). O diagrama mostra apenas o membro convexo da articulação. Um membro de forma côncava pode completar reciprocamente um par de superfícies articulares ovoides. **B.** A superfície selar é o segundo tipo básico de superfície articular e possui uma superfície convexa e uma côncava. A superfície articular pareada da outra metade da articulação deve ser revertida, de forma que a superfície côncava é pareada com a superfície convexa do parceiro. (De Neumann D. *Kinesiology of the musculoskeletal system: foundations for physical rehabilitation.* Mosby, St Louis, 2002, p. 30.)

5. *Articulações selar.* Essas articulações são concavoconvexas e são articulações estáveis que requerem poucos ligamentos para controlar o movimento porque as superfícies articulares são congruentes. Cada uma dessas terminações ósseas articulares possui uma superfície côncava e uma convexa que se adaptam a outra terminação óssea, como um corredor em uma cela. Essas articulações permitem um giro conjunto e nenhum movimento cardinal (ver seção Osteocinemática). As superfícies das *articulações selares não modificadas* são puramente convexas em um plano, e perpendiculares a esse plano articular está o segundo plano articular, o qual é puramente côncavo, permitindo os dois graus de liberdade da articulação (p. ex., a primeira articulação carpometacarpal [Fig. 24.18]). As superfícies das *articulações selares modificadas* possuem as porções côncavas e convexas contidas dentro da mesmo plano articular na mesma superfície articular e, assim, permitem apenas 1 grau de liberdade articular (p. ex., as articulações interfalângicas).
6. *Articulações ovoides ou esferoides.* Essas articulações possuem uma terminação óssea que é convexa em todos os planos e sua terminação óssea parceira é côn-

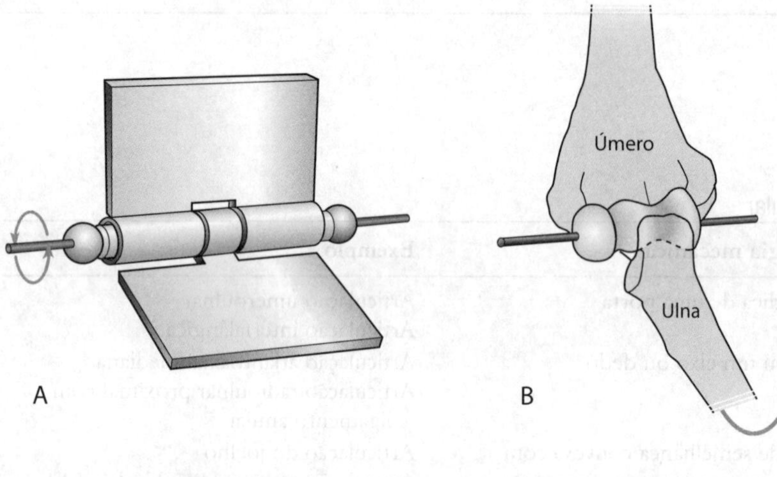

Figura 24.14 As articulações do tipo gínglimo, ou dobradiça, apresentam o movimento restrito a um plano, semelhante à dobradiça de uma porta (**A**) ou à articulação umeroulnar (**B**). O eixo de rotação (i. e., o ponto de pivô) é representado pelo pino. (De Neumann D. *Kinesiology of the musculoskeletal system: foundations for physical rehabilitation.* Mosby, St Louis, 2002, p. 30.)

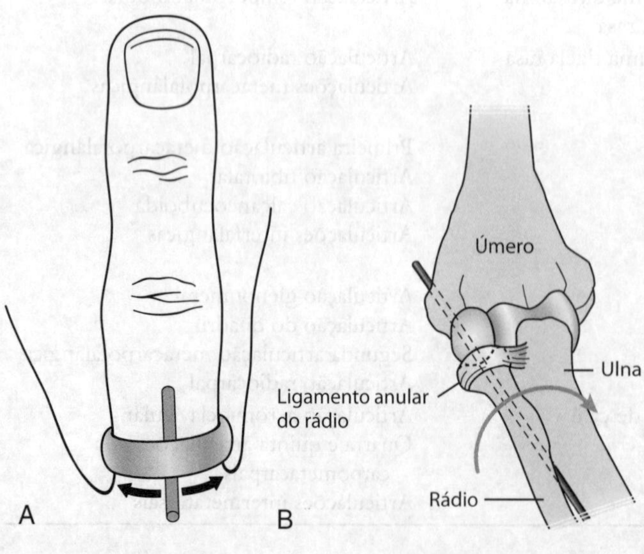

Figura 24.15 As articulações pivô (trocoide) são formadas quando uma terminação óssea é um anel osteoligamentar e a outra, um eixo ósseo, o qual permite que o anel faça um pivô em torno do (ou no) eixo. **A.** Anel em um dedo. **B.** Articulação radioulnar proximal com o ligamento anular do rádio. O eixo da rotação é representado pelo pino. (*B*, de Neumann D. *Kinesiology of the musculoskeletal system: foundations for physical rehabilitation.* Mosby, St Louis, 2002, p. 28.)

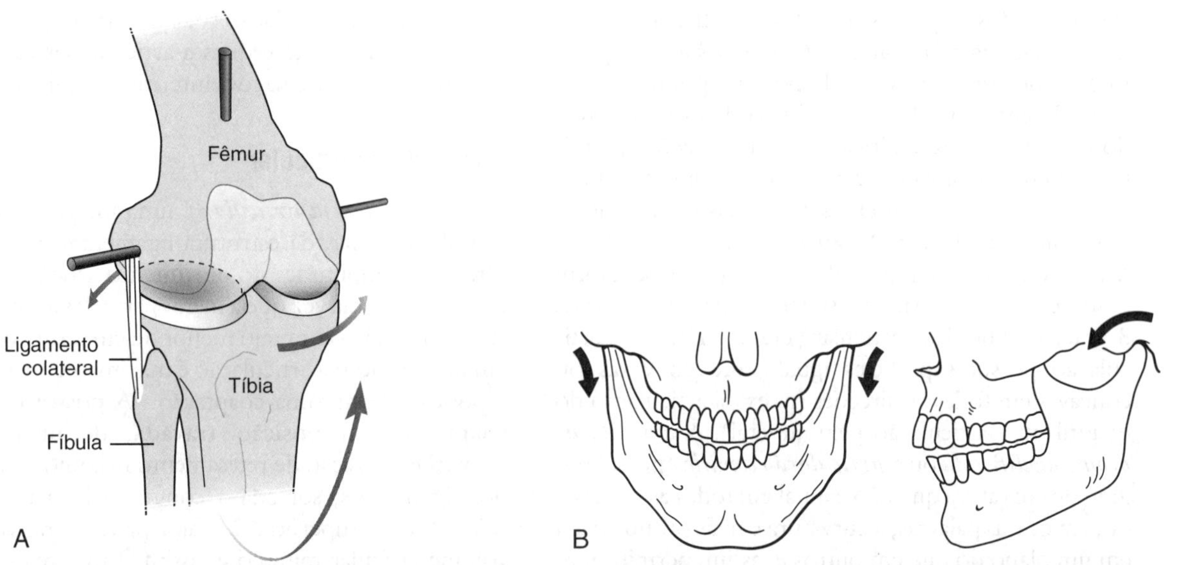

Figura 24.16 Articulações condilares ou bicondilares possuem uma ou duas terminações ósseas convexas denominadas *côndilos,* que se articulam com uma ou duas terminações ósseas côncavas, que, por sua vez, estão em (**A**) paralelo, e dentro da mesma cápsula articular, como a articulação do joelho, ou (**B**) em cápsulas separadas, movendo-se como um par bicondilar, como a articulação temporomandibular. (*A*, de Neumann D. *Kinesiology of the musculoskeletal system: foundations for physical rehabilitation.* Mosby, St Louis, 2002, p. 30.)

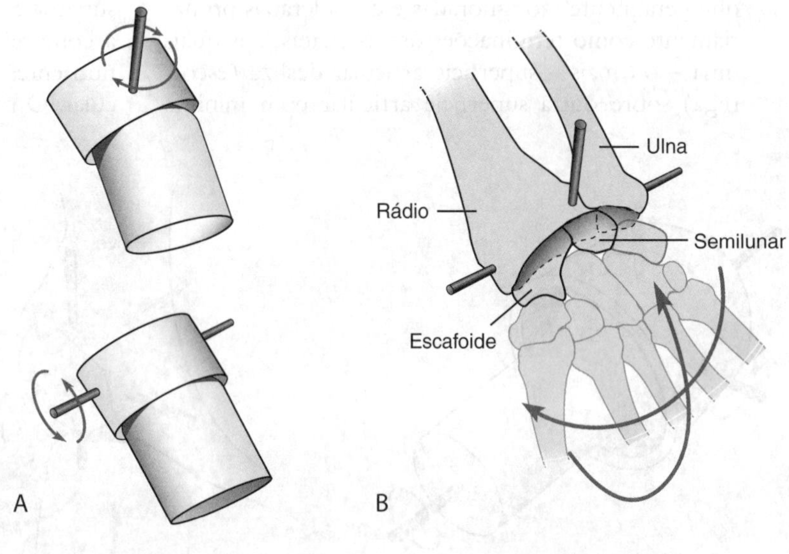

Figura 24.17 As articulações elipsoides possuem uma terminação óssea oval e convexa, que se articula com uma concavidade elíptica. Uma articulação elipsoide (**A**) é apresentada como análoga à articulação radiocarpal (**B**). Os dois eixos de rotação são mostrados pelos pinos que se interceptam. (De Neumann D. *Kinesiology of the musculoskeletal system: foundations for physical rehabilitation.* Mosby, St Louis, 2002, p. 30.)

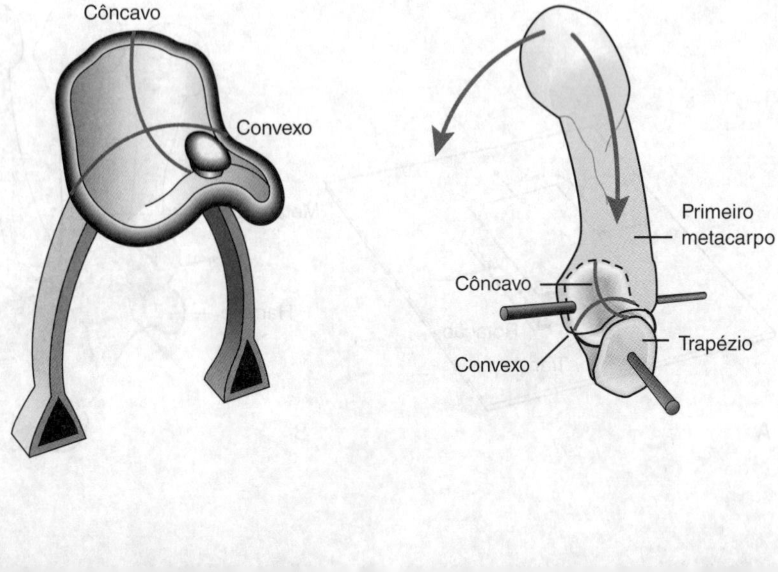

Figura 24.18 Uma articulação selar (**A**) está ilustrada como análoga à articulação carpometacarpal do polegar (**B**). A sela em *A* representa o osso trapézio. O "cavaleiro", se presente, pode representar a base do metacarpo do polegar. Os dois eixos de rotação são mostrados em *B.* (De Neumann D. *Kinesiology of the musculoskeletal system: foundations for physical rehabilitation.* Mosby, St Louis, 2002, p. 30.)

cava em todos os planos. Essa forma articular é, algumas vezes, referida como *articulação bola e soquete*. O grau de curvatura varia de ponto a ponto e ela é, normalmente, ovoide, ou na forma de um ovo, mais do que puramente esférica. Essas articulações permitem muito movimento, e requerem inclusões articulares, ligamentos e músculos adicionais para fornecer a estabilidade articular. A *articulação ovoide não modificada*, ou em forma de *bola e soquete*, apresenta um grau de curvatura esférica, suficiente para permitir os 3 graus de liberdade articular (Fig. 24.19). Essa articulação possui superfícies igualmente convexas ou côncavas em todas as direções (p. ex., a articulação do quadril ou a articulação glenoumeral). A *articulação ovoide modificada* ou a *articulação condilar* possui um grau de curvatura que não é igual em todas as direções ou, em outras palavras, a curvatura é mais pronunciada em um plano do que em outros e, assim, permite apenas dois graus de liberdade articular e não permite giro cardinal (p. ex., a segunda articulação metacarporfalângica ou a articulação radiocarpal).

7. *Articulações planas*. Essas articulações possuem uma curvatura tão mínima em suas terminações ósseas que geralmente são ignoradas e consideradas primariamente como terminações ósseas chatas, nas quais uma – ou mais – superfície articular desliza (escorrega) sobre outra superfície articular com mínima rotação ou angulação (p. ex., articulação acromioclavicular, a quarta e quinta articulações carpometacarpais, ou as articulações intermetatarsais [Fig. 24.20]).

Congruência articular

A *congruência articular* é uma função da forma e da cápsula articular, da estrutura ligamentar e da tensão em diferentes amplitudes do movimento articular normal circundantes. Uma vez que a maior parte das articulações possui um parceiro com raio menor de curvatura que o outro, em uma posição a articulação é maximamente congruente, a posição de máxima coaptação.[7] A **posição de máxima coaptação**, ou **posição travada**, de uma articulação sinovial é a posição de retesamento máximo da maior parte dos ligamentos, somada à congruência máxima da cápsula e/ou da superfície, à maior pressão transarticular, ao volume articular mínimo e, assim, à máxima estabilidade, o que permite a mínima distração ou separação das superfícies articulares. Isso é importante para o clínico que está examinando uma articulação humana porque essa posição mais estável, muitas vezes, é utilizada para testar a estabilidade ligamentar. A carga compressiva que cruza a superfície articular na posição de máxima coaptação aplica a compressão sobre a superfície articular e direciona os nutrientes do fluido sinovial para longe da cartilagem articular. O movimento para além dessa posição de máxima

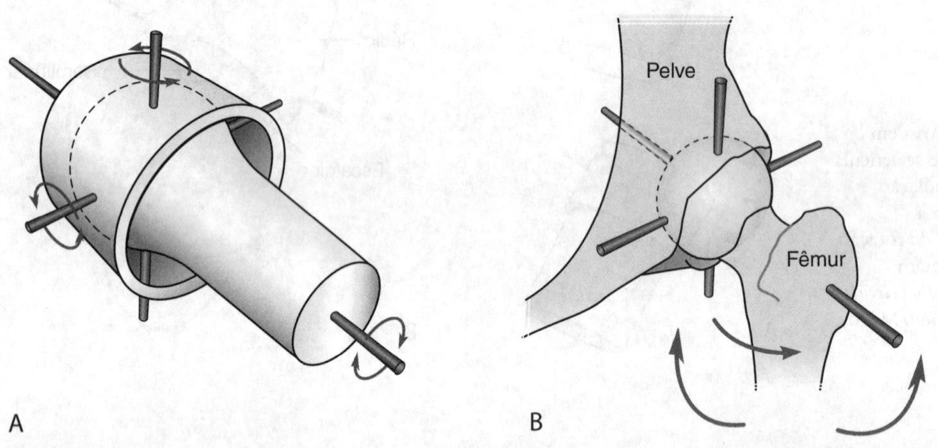

Figura 24.19 Uma articulação com forma de bola e soquete (**A**) é mostrada como análoga à articulação do quadril (**B**). Os três eixos de rotação são representados pelos três pinos de intersecção. (De Neumann D. *Kinesiology of the musculoskeletal system: foundations for physical rehabilitation*. Mosby, St Louis, 2002, p. 30.)

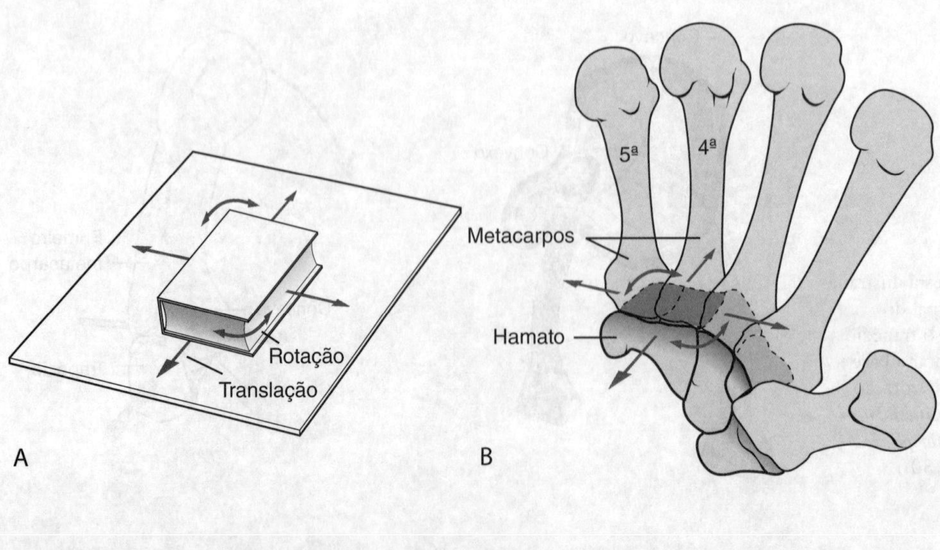

Figura 24.20 Uma "articulação" plana é formada pela oposição de duas superfícies chatas (**A**). O livro se movendo sobre uma mesa é ilustrado como análogo ao deslizamento e ao giro combinados da quarta e da quinta articulação carpometacarpal (**B**). (De Neumann D. *Kinesiology of the musculoskeletal system: foundations for physical rehabilitation*. Mosby, St Louis, 2002, p. 30.)

coaptação descomprime a superfície articular e permite o movimento dos nutrientes do fluido sinovial de volta para a cartilagem articular. Esse ciclo de carregamento e descarregamento da superfície articular, semelhante a uma esponja sendo torcida e então absorvendo água novamente de forma repetitiva, é importante para a lubrificação e para a nutrição articular.

Se a articulação não consegue alcançar a posição de máxima coaptação, as forças de reação do solo e as forças gravitacionais não podem ser dissipadas de maneira eficiente, o que resulta na tentativa do corpo de alcançar novamente a eficiência por meio de trabalho adicional do sistema muscular, o que resulta, por sua vez, em músculos locais e distais sendo lesionados e entrando em *overuse*. Essa posição mais estável é também a posição na qual os ossos da articulação são mais suscetíveis de serem fraturados, porque, nessa posição, o tecido conjuntivo da articulação está menos capacitado a absorver a carga excessiva adicional. A posição estável de máxima coaptação não é a posição na qual o clínico deve mobilizar ou manipular uma articulação, nem deve ser a posição para repouso ou para imobilizar uma articulação.

Movimento habitual é um termo utilizado algumas vezes para descrever o movimento de uma articulação para entrar ou sair da posição de máxima coaptação.[7] Os movimentos habituais também incluem uma oscilação arqueada. Quando o movimento habitual é feito em direção à posição de máxima coaptação, ele produz um giro espiral da cápsula articular e dos ligamentos que, desse modo, traz as terminações ósseas da articulação unidas de uma maneira mais próxima (p. ex., o mecanismo de rotação automática do joelho quando se move em direção à extensão total, que é a posição de máxima coaptação da articulação do joelho). Sob movimento ativo normal, um complexo articular humano move-se ou se aproxima da posição de máxima coaptação, mas sob situações de movimento voluntário, raramente está em posição de máxima coaptação.

Qualquer posição em que uma articulação não esteja em situação de máxima coaptação pode ser denominada **posição de decoaptação**.[7] Essa posição de decoaptação define a situação em que os ligamentos estão sob menores estresses e as superfícies articulares não estão totalmente congruentes. Muitas vezes, a articulação é mobilizada ou manipulada nessas posições de decoaptação, as articulações agudas entram em repouso e ocorre a imobilização e o engessamento. A ***posição de mínima coaptação, decoaptação*** ou **de repouso** é aquela de máxima decoaptação, na qual a maior parte dos ligamentos está frouxa ao máximo e/ou onde há uma mínima congruência entre as superfícies articulares e o máximo de volume articular, o que, dessa forma, permite a maior distração articular e o movimento acessório.[7] Ver as Tabelas 24.7 e 24.8 para uma

Tabela 24.7 Posições de máxima coaptação e de decoaptação, descritas osteocinematicamente em referência à amplitude de movimento anatômica ou fisiológica das articulações do quadrante superior[7,11,12]

Articulações do quadrante superior	Posição de máxima coaptação	Posição de decoaptação
Articulação glenoumeral	Abdução e rotação lateral completa	Semiabdução (30 graus de abdução, 30 graus de flexão, 30 graus de rotação medial e 30 graus de adução horizontal)
Articulação acromioclavicular	30 graus de abdução 90 graus de abdução Elevação total	30 graus de abdução, 30 graus de flexão, 30 graus de rotação medial e 30 graus de adução horizontal
Articulação esternoclavicular	Elevação total e protração	Repouso do braço ao lado do corpo
Articulação umeroulnar	Extensão (com pronação)	70 graus de flexão e 10 graus de supinação
Articulação umerorradial	Semiflexão e semipronação 90 graus de flexão e 5 graus de supinação 90 graus de flexão e meia amplitude de pronação	Extensão e supinação 70 graus de flexão
Articulação radioulnar proximal/distal	Pronação e supinação totais	Posição neutra para leve pronação Articulação proximal: 35 graus de supinação com 70 graus de flexão de cotovelo Articulação distal: 10 graus de supinação
Articulação do punho	Dorsiflexão total (extensão) Mediocarpal: posição neutra de flexão e extensão até extensão total (coaptação máxima serial) Intercarpal: extensão	Semiflexão com desvio ulnar Mediocarpal: discreta flexão com desvio ulnar Intercarpal: neutro para leve flexão
Primeira articulação carpometacarpal	Oposição total	Posição neutra do polegar
Segunda a quinta articulações carpometacarpais	Extensão total	Semiflexão e desvio ulnar
Articulações metacarpofalângicas	Flexão total	Semiflexão e desvio ulnar
Articulações interfalângicas (dedos da mão)	Extensão total	Semiflexão

Tabela 24.8 Posições de máxima coaptação e de decoaptação descritas osteocinematicamente em referência à amplitude de movimento anatômica ou fisiológica das articulações do quadrante inferior[7,11,13]

Articulações do quadrante inferior e vertebrais	Posição de máxima coaptação	Posição de decoaptação
Articulação do quadril	Extensão, rotação e abdução mediais	25 a 30 graus de flexão, 30 graus de abdução, leve rotação lateral
Articulação do joelho	Extensão total e rotação lateral	25 a 30 graus de flexão
Articulação tibiofibular proximal	Dor com a contração do bíceps	Desconhecida
Articulação talocrural	Dorsiflexão	Posição neutra, 10 graus de flexão plantar
Articulação subtalar	Amplitude de movimento final da pronação e da supinação	Posição média
Articulação talonavicular	Supinação total	Leve flexão plantar
Articulação calcaneocuboidea	Sem evidência conclusiva	Leve flexão plantar
Articulação cuneonavicular	Supinação total	Semipronação
Articulações tarsais	Supinação total	Semipronação
Articulação metatarsofalângica	Extensão total	Posição neutra, 10 graus de dorsiflexão
Articulações interfalângicas (dedos do pé)	Extensão total	Semiflexão
Articulações intervertebrais	Extensão	Posição neutra

listagem de todas as posições de máxima coaptação e de decoaptação do corpo humano.

Revisar a estrutura articular humana e a cinesiologia permite ao leitor visualizar as estruturas que ditam o movimento disponível em uma articulação em particular e, assim, determinam a função articular. Compreender esses princípios permite o entendimento do movimento criado de forma ativa ou passiva durante a avaliação biomecânica, tal como o teste de mobilidade articular.

AVALIAÇÃO BIOMECÂNICA

O termo *avaliação biomecânica* é inadequado porque ele implica apenas uma avaliação "articular". O autor prefere o termo *avaliação de diagnóstico diferencial*, porque a avaliação deve incluir a investigação do sistema neuromusculoesquelético completo. Como as seções seguintes discutem apenas os princípios da avaliação articular, o termo *avaliação biomecânica* é utilizado.

Muitas vezes, o primeiro contato profissional do clínico com o paciente se dá na avaliação inicial. Se ela, que inclui uma avaliação vascular e neurológica, não demonstrar claramente uma doença baseada em uma patologia baseada no movimento, será necessária, então, uma avaliação melhor. No caso de dor e de disfunção significantes, o terapeuta deve considerar encaminhar o paciente de volta ao médico. Em alguns casos, o médico clínico pode direcionar o paciente de volta ao terapeuta para tratamento, tal como no caso de uma lesão franca de disco ou de um estiramento ligamentar traumático. Em outros casos, o paciente pode demonstrar uma patologia mais forte baseada no movimento, que requer um melhor exame pelo clínico para que se desenvolva um plano de tratamento (p. ex., o exemplo da mobilidade diminuída do complexo articular glenoumeral, que resulta em um tendão supraespinal inflamado). Em ambas as situações descritas, um exame biomecânico mais detalhado deve ser realizado antes que seja desenvolvido e iniciado um plano de tratamento para esse paciente. Um sumário do exame biomecânico é encontrado na Figura 24.21.

O propósito da avaliação biomecânica

- Determinar qual articulação periférica/da coluna vertebral está disfuncional
- Determinar a presença e o tipo de disfunção do movimento (hipomobilidade, hipermobilidade ou instabilidade)
- A partir do evidenciado acima, determinar um tratamento apropriado

Teste biomecânico

- Movimento fisiológico ativo
- Testes de posição
- Testes cinéticos
- Testes de mobilidade passiva
- Testes de estabilidade
- Teste muscular específico

Movimento biomecânico

O teste biomecânico pode incluir qualquer um dos seguintes movimentos de testes:

1. *Movimento fisiológico ativo*: avaliação da amplitude articular periférica ou espinal (osteocinemática) pelo exame da ADM ativa fisiológica disponível. Esse movimento ativo é criado de forma voluntária pelo próprio sistema muscular do paciente.
2. *Testes de posição*: a simetria dos parceiros articulares é avaliada pela palpação para indicar possíveis áreas para o teste de movimento passivo. Esses testes indicam apenas a posição de um osso e, assim, da articulação

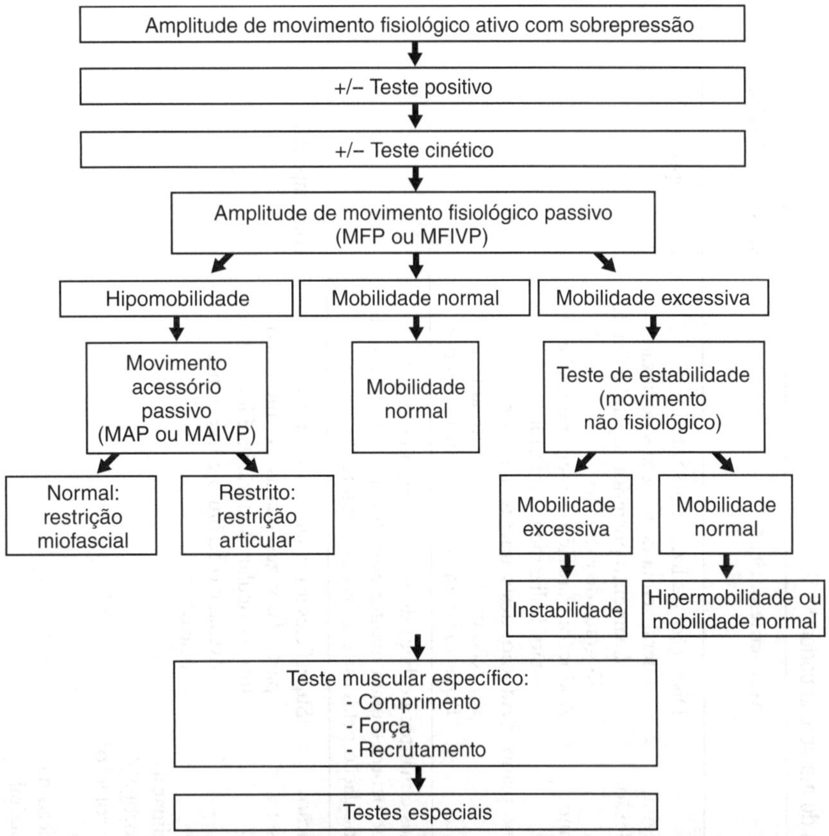

Figura 24.21 Cartela de fluxo da avaliação biomecânica. (Adaptado de Jim Meadows da Canadian Orthopaedic Division Teaching Manuals, Canadian Physiotherapy Association.)

Testes cinéticos

Teste de amplitude de movimento ativa específica:

- Plano único
- Plano combinado
- Plano funcional
- Movimentos repetitivos
- Movimentos sustentados
- Velocidades variadas
- Teste funcional (dependente do paciente, parte do corpo e sinais e sintomas)

Movimento fisiológico passivo

- Plano único
- Plano combinado
- Plano funcional
- Movimentos repetitivos
- Movimentos sustentados
- Velocidades variadas
- Com distração
- Com compressão

associada a ele, no espaço. Esses testes podem ser feitos em uma posição estática ou de forma dinâmica ao longo da amplitude (teste cinético).

3. *Testes cinéticos*: o movimento ativo de uma articulação específica é avaliado (p. ex., testes de step pélvico), enquanto os relevos ósseos, muitas vezes, são palpados, e a simetria do movimento é avaliada. Esses testes são utilizados com uma indicação de que o teste de movimento passivo ou o teste de estresse deve ser realizado.
4. *Testes de mobilidade passiva*: na avaliação, a articulação em questão é movida passivamente por uma força externa para avaliar sua quantidade e qualidade de movimento (quantidade do movimento, resistência ao longo da amplitude e a resistência ao fim da ADM – sensação final) em uma das duas vias, *movimento fisiológico passivo* e *movimento acessório passivo* (Tabs. 24.9, 24.10 e 24.11).

O movimento fisiológico passivo (MFP) é a avaliação da amplitude articular periférica (osteocinemática) pelo exame da ADM fisiológica passiva disponível. O movimento acessório passivo (MAP) é a avaliação artrocinemática articular periférica (movimento não fisiológico) pelo movimento passivo (p. ex., deslizamentos).

O teste de mobilidade passiva pode auxiliar no diagnóstico de hipomobilidades articulares em oposição a hipomobilidades miofasciais. Se o movimento osteocinemático fisiológico passivo diminuiu, mas o movimento artrocinemático passivo está presente, então a *hipomobilidade* resultante (movimento diminuído) provavelmente não é de causa intrarticular, mas, provavelmente, de causa extrarticular. Na periferia, o movimento é descrito pelo osso adjunto mais distal do complexo articular, seja ele mais o menos flexível. Na coluna, o movimento é descrito pelo mais proximal do complexo articular, seja ele mais ou menos flexível.

Tabela 24.9 Osteocinemática, artrocinemática, sensação final e classificação articular das articulações do membro superior[3,4,14-16]

Articulação do quadrante superior	Classificação articular	Osteocinemática	Artrocinemática*	Sensação final normal
Articulação glenoumeral	Sinovial Simples Ovoide não modificada	Três graus de liberdade: a) Flexão/extensão: giro cardinal no plano sagital entre 35 graus de extensão e 55 graus de flexão, além da qual é oscilação arqueada b) Abdução/adução: oscilação cardinal no plano frontal c) Rotação medial/lateral: oscilação cardinal no plano transverso	Distração: deslizamento anterior umeral acima de 55 graus de flexão, deslizamento posterior umeral além de 35 graus de extensão Abdução: translação superior inicial e então deslizamento inferior Adução: deslizamento superior Rotação medial: deslizamento anterior Rotação lateral: deslizamento posterior	Toda capsular
		Note que a meta geral nos mecanismos normais é manter a cabeça do úmero centrada na cavidade glenoidal; qualquer movimento que ocorra tentará manter esse alinhamento, que será dependente da carga geral depositada na articulação pelas estruturas circundantes[16]		
Articulação acromioclavicular	Sinovial Simples (disco ou menisco não presente) Funções como de uma ovoide não modificada, muitas vezes descrita como uma articulação plana	Estudos são inconsistentes a respeito da descrição da osteocinemática e da artrocinemática desse complexo articular Três graus de liberdade: a) Elevação/depressão ou flexão/extensão da escápula: ângulo inferior da escápula de inclinação anterior e posterior em torno de um eixo coronal/transverso. Oscilação arqueada da clavícula: rotação conjunta anterior da clavícula com elevação b) Rotação superior/inferior ou abdução/adução da escápula: rotação da escápula em um eixo sagital. Oscilação arqueada da clavícula: rotação conjunta posterior da clavícula com abdução c) Protração/retração ou rotação medial/lateral da escápula: borda medial da escápula tornando-se alada em um eixo vertical. Oscilação arqueada da clavícula: rotação conjunta anterior da clavícula com protração	Superfícies articulares são, na maior parte das vezes, planas +/- um disco intra-articular. A clavícula é levemente convexa, e o acrômio é levemente côncavo	Toda capsular
Articulação esternoclavicular	Sinovial Anatomicamente complexa (disco) Selar não modificada	Dois graus de liberdade: a) Depressão/elevação: oscilação arqueada da clavícula: ao redor de um eixo sagital no plano frontal com uma rotação conjunta anterior da clavícula com elevação b) Protração/retração: oscilação arqueada da clavícula: ao redor de um eixo vertical no plano transverso com uma rotação conjunta anterior da clavícula e com protração	Elevação/depressão: clavícula convexa Protração/retração: clavícula côncava	Toda capsular

Tabela 24.9 Osteocinemática, artrocinemática, sensação final e classificação articular das articulações do membro superior[3,4,14-16] *(continuação)*

Articulação do quadrante superior	Classificação articular	Osteocinemática	Artrocinemática*	Sensação final normal
Articulação radioulnar proximal/distal	Sinovial Composta Ovoide anatomicamente modificada Selar funcionalmente modificada	Um grau de liberdade: Pronação/supinação: oscilação arqueada com um eixo vertical oblíquo através das cabeças do rádio e da ulna	*Articulação proximal:* Supinação: deslizamento medial anterior do rádio Pronação: deslizamento lateral posterior do rádio *Articulação distal:* Supinação: deslizamento posterior do rádio Pronação: deslizamento anterior do rádio	Supinação: capsular Pronação: capsular ou óssea
Articulação umeroulnar	Sinovial Composta Selar modificada	Um grau de liberdade: Flexão/extensão: oscilação arqueada ao redor de um eixo coronal com rotação conjunta da rotação medial e abdução com extensão, rotação lateral e adução com flexão	Flexão: deslizamento anterior da ulna com discreto deslizamento lateral Extensão: deslizamento posterior da ulna com discreto deslizamento medial	Flexão: aproximação do tecido mole Extensão: óssea
Articulação umerorradial	Sinovial Composta Ovoide anatomicamente não modificada Ovoide funcionalmente modificada	Dois graus de liberdade: a) Flexão/extensão: oscilação arqueada em torno de um eixo coronal no plano sagital b) Rotação medial/lateral: giro cardinal ao redor de um eixo vertical oblíquo até o fim da ADM, onde ela se torna uma oscilação arqueada	Flexão: deslizamento anterior do rádio Extensão: deslizamento posterior do rádio Supinação/pronação: distração e deslizamento anteromedial do rádio ao final da ADM de supinação, deslizamento posteromedial do rádio ao final da ADM de pronação	
Articulação do punho (carpais)	Sinovial Composta Ovoide modificada	Dois graus de liberdade: a) Flexão/extensão: oscilação arqueada ao redor de um eixo coronal no plano sagital com desvio ulnar conjunto com flexão/desvio radial conjunto com extensão b) Desvio ulnar/radial: oscilação arqueada em torno de um eixo sagital no plano coronal	Flexão: deslizamento dorsal da fileira proximal do carpo no complexo fibrocartilaginoso triangular (CFCT)/rádio, deslizamento dorsal do hamato e do capitato na fileira proximal do carpo, deslizamento palmar do trapézio e do trapezoide no escafoide. Extensão: deslizamento palmar da fileira proximal do carpo no CFCT/rádio, deslizamento palmar do hamato e do capitato na fileira proximal do carpo, deslizamento dorsal do trapézio e do trapezoide no escafoide. Desvio radial: deslizamento ulnar da fileira proximal do carpo no CFCT/rádio, rotação medial (pronação) do escafoide no rádio, deslizamento radial da fileira distal do carpo na fileira proximal do carpo, rotação lateral (supinação) do trapezoide e do trapézio no escafoide	Toda capsular exceto o desvio radial, que é óssea

(continua)

Tabela 24.9 Osteocinemática, artrocinemática, sensação final e classificação articular das articulações do membro superior[3,4,14-16] *(continuação)*

Articulação do quadrante superior	Classificação articular	Osteocinemática	Artrocinemática*	Sensação final normal
			Desvio ulnar: deslizamento radial da fileira proximal do carpo no CFCT/rádio, rotação lateral (supinação) do escafoide no rádio, deslizamento ulnar da fileira distal do carpo na fileira proximal do carpo, rotação medial (pronação) do trapezoide e do trapézio no escafoide Nota: a rotação do carpo é denominada conforme a direção para a qual o aspecto palmar do osso está se movendo Nota: o movimento do carpo também pode ser referido de forma geral como *abrir* e *dobrar*	
Articulações mediocarpais	Sinovial Composta Ovoide modificada piramidal-hamato: selar modificada	Como acima	Como acima	Como acima
Articulações intercarpais	Sinovial Composta Plana	Como acima	Como acima	Como acima
Primeira articulação carpometacarpal	Sinovial Simples Selar não modificada	Dois graus de liberdade: oscilação ao redor de um eixo a) Flexão/extensão: arqueada em um eixo oblíquo, que está há 35 graus do plano coronal com rotação conjunta medial lateral com flexão, rotação conjunta com extensão b) Abdução/adução: oscilação arqueada sobre um eixo oblíquo que está há 15 graus do plano sagital	Flexão: deslizamento ulnar do metacarpo no trapézio Extensão: deslizamento radial do metacarpo no trapézio Abdução: deslizamento dorsal do metacarpo no trapézio Adução: deslizamento palmar do metacarpo no trapézio	Toda capsular exceto pela adução, que é a sensação final de aproximação do tecido mole

Tabela 24.9 Osteocinemática, artrocinemática, sensação final e classificação articular das articulações do membro superior[3,4,14-16] *(continuação)*

Articulação do quadrante superior	Classificação articular	Osteocinemática	Artrocinemática*	Sensação final normal
Segunda a quinta articulações carpometacarpais (CMC)	Sinovial Simples (3 CMC) Composta (2, 4, 5 CMC) Ovoide modificada	Dois graus de liberdade: a) Flexão/extensão: oscilação arqueada ao redor de um eixo coronal no plano sagital com rotação medial conjunta da metacarpofalângica (MC) 2 e rotação lateral conjunta da MC 4-5 com flexão, rotação lateral conjunta da MC 2 e rotação medial conjunta da MC 4-5 com extensão b) Abdução/adução: oscilação arqueada sobre um eixo sagital no plano coronal com rotação lateral conjunta da MC 2 e rotação medial conjunta da MC 4-5 com abdução, rotação medial conjunta da MC 2 e rotação lateral conjunta da MC 4-5 com adução	Flexão: deslizamento palmar da MC 2 no trapezoide, deslizamento palmar da MC 3 no capitato, deslizamento dorsal da MC 4-5 no hamato Extensão: oposto à flexão acima Abdução: deslizamento radial da MC 2 no trapezoide, sem deslizamento da MC 3 no capitato, deslizamento ulnar da MC 4-5 no hamato Adução: deslizamento ulnar da MC 2 no trapezoide, sem deslizamento da MC 3 no capitato, deslizamento radial da MC 4-5 no hamato	Toda capsular exceto pela adução, que é a sensação final de aproximação do tecido mole
Articulações metacarpofalângicas (MC)	Sinovial Simples Ovoide modificada	Dois graus de liberdade: a) Flexão/extensão: oscilação arqueada ao redor de um eixo coronal no plano sagital com rotação medial conjunta da falange 2 e rotação lateral conjunta das falanges 4 e 5 com flexão, rotação lateral conjunta da falange 2 e rotação medial conjunta das falanges 4 e 5 com extensão b) Abdução/adução: oscilação arqueada ao redor de um eixo sagital no plano coronal com rotação lateral conjunta da falange 2 e rotação medial conjunta das falanges 4 a 5 com abdução, rotação medial conjunta da falange 2 e rotação lateral conjunta das falanges 4 e 5 com adução	Flexão: deslizamento palmar da falange no MC Extensão: oposto à flexão acima Abdução: deslizamento radial da segunda falange na MC, deslizamento ulnar da segunda falange na MC Adução: oposto à abdução acima	Toda capsular exceto pela adução, que é a sensação final de aproximação do tecido mole
Articulações interfalângicas (dedos da mão)	Sinovial Simples Selar modificada	Um grau de liberdade: Flexão/extensão: oscilação arqueada sobre um eixo coronal no plano sagital para os dedos 2, 4 e 5 (rotação medial conjunta com flexão e rotação lateral conjunta com extensão para o dedo 2), rotação lateral conjunta com flexão e rotação medial conjunta com extensão para os dedos 4 e 5, oscilação cordal sobre um eixo coronal no plano sagital para o dedo 3	Flexão: deslizamento palmar da falange distal na falange proximal Extensão: oposto à flexão acima	Toda capsular

*Nota: Apenas os movimentos de deslizamento estão listados. O rolamento associado que também pode estar presente não está descrito, mas o leitor é lembrado das regras de rolamento de superfície côncava/convexa de MacConaill.[7]

Tabela 24.10 Osteocinemática, artrocinemática, sensação final e classificação articular das articulações do membro inferior[3,4,17,18]

Articulação do quadrante inferior	Classificação articular	Osteocinemática	Artrocinemática*	Sensação final normal
Articulação do quadril	Sinovial Simples Ovoide não modificada	Três graus de liberdade: a) Flexão/extensão: giro cardinal no plano sagital b) Abdução/adução: oscilação cardinal no plano frontal c) Rotação medial/lateral: oscilação cardinal no plano transverso	Distração Abdução: deslizamento inferior Adução: deslizamento superior Rotação medial: deslizamento posterior Rotação lateral: deslizamento anterior	Flexão: aproximação do tecido mole Todas as outras ADM: SF capsular
Articulação do joelho	Sinovial Composta (entre a tíbia e o joelho e a articulação patelofemoral em uma cápsula articular comum) Complexa (meniscos) Bicondilar funcionando como uma articulação ovoide modificada	Dois graus de liberdade: a) Flexão com rotação medial e adução/extensão com rotação lateral e abdução: oscilação arqueada primariamente no plano sagital (rotação conjunta e abdução/adução) b) Rotação medial/lateral: giro arqueado primariamente no plano transverso Movimento involuntário: Abdução (valgo)/adução (varo) Translação anterior/posterior Translação medial/lateral Compressão/distração	Flexão: rolamento e deslizamento posteriores da tíbia com rotação medial conjunta ao final da amplitude de movimento Extensão: rolamento e deslizamento anteriores da tíbia com rotação lateral conjunta ao final da amplitude de movimento Rotação medial: deslizamento posterior do côndilo medial da tíbia e vice-versa para o côndilo lateral Rotação lateral: deslizamento anterior do côndilo medial da tíbia e vice-versa para o côndilo lateral Abdução: deslizamento lateral da tíbia (não comprovado) Adução: deslizamento medial da tíbia (não comprovado)	Flexão: aproximação do tecido mole Todas as outras ADM: SF capsular
Articulação patelofemoral	Sinovial Composta (entre a tíbia e o joelho e a articulação patelofemoral em uma cápsula articular comum) Selar modificada	Superior e inferior Inclinação medial e lateral Rotação medial e lateral Com o joelho se movimentando da extensão para a flexão, o movimento primário é medial para lateral, bem como, inferior	Com a flexão, o deslizamento patelar é predominantemente inferior (note que esse movimento não parece seguir as regras de articulação selar de MacConaill)	Não descrita
Articulação tibiofibular proximal	Sinovial Simples Plana	Ausência de movimento fisiológico verdadeiro Flexão de joelho: a cabeça da fíbula se move posteriormente Extensão de joelho: cabeça da fíbula se move anteriormente	Dorsiflexão do tornozelo: translação superior e posteromedial da cabeça da fíbula com rotação medial inconsistente Flexão plantar do tornozelo: translação inferior e anterolateral da cabeça da fíbula com rotação lateral inconsistente	Não descrita
Articulação tibiofibular distal	Sindesmose	A literatura é conflitante (movimento em resposta ao tornozelo)	Deslizamentos posteriores e anteriores mínimos	

Tabela 24.10 Osteocinemática, artrocinemática, sensação final e classificação articular das articulações do membro inferior[3,4,17,18] *(continuação)*

Articulação do quadrante inferior	Classificação articular	Osteocinemática	Artrocinemática*	Sensação final normal
Articulação talocrural	Sinovial Composta Selar modificada	Um grau de liberdade: Dorsiflexão: oscilação arqueada do tálus sobre o eixo transverso com rotação lateral conjunta Flexão plantar: oscilação arqueada do tálus sobre o eixo transverso com rotação medial conjunta	Dorsiflexão: deslizamento posterior do tálus Flexão plantar: deslizamento anterior do tálus	Capsular, embora para a dorsiflexão possa ser o alongamento de tecido mole
Articulação subtalar	Sinovial Composta Duas ovoides anatomicamente modificadas Selar funcionalmente modificada	Um grau de liberdade: Cadeia cinética aberta Movimento de pronação/supinação em três planos: oscilação arqueada no plano frontal sobre um eixo oblíquo (combinação horizontal e vertical); por exemplo, a supinação é o calcâneo realizando um movimento combinado de adução com inversão e flexão plantar	Cadeia cinética aberta Pronação: deslizamento lateral da faceta anterior do calcâneo, deslizamento medial da faceta posterior do calcâneo Supinação: deslizamento medial da faceta anterior do calcâneo, deslizamento lateral da faceta posterior do calcâneo	Toda capsular
Articulação talonavicular	Sinovial Ovoide modificada	Dois graus de liberdade: a) Dorsiflexão: oscilação arqueada (dorsiflexão com adução e inversão mínima) b) Flexão plantar: (flexão plantar com a abdução e eversão mínima) Movimento involuntário: Abdução (valgo), adução (varo)	Dorsiflexão: deslizamento dorsal navicular com rotação lateral conjunta (inversão) Flexão plantar: deslizamento plantar navicular com rotação medial conjunta (eversão)	Toda capsular
Articulação calcaneocuboidea	Sinovial Simples Selar anatomicamente não modificada Selar funcionalmente modificada	Um grau de liberdade Movimento de pronação/supinação em três planos: oscilação arqueada sobre um eixo oblíquo	Cadeia cinética aberta Pronação: deslizamento dorsal do cuboide com rotação medial conjunta (inversão) e abdução Supinação: deslizamento plantar do cuboide com rotação lateral conjunta (inversão) e adução	Toda capsular
Articulação cuneonavicular	Sinovial Composta Ovoide modificada	Dois graus de liberdade: a) Dorsiflexão/flexão plantar: oscilação arqueada b) Inversão/eversão: oscilação arqueada	Dorsiflexão: deslizamento dorsal do cuneiforme medial com rotação lateral Flexão plantar: deslizamento plantar do cuneiforme medial com rotação medial	Toda capsular
Articulação cuneocuboidea	Sinovial (pode ser uma sindesmose) Composta Plana	Um grau de liberdade Movimento de pronação/supinação em três planos: oscilação arqueada sobre um eixo oblíquo	Pronação: deslizamento dorsal do cuboide sobre o cuneiforme lateral Supinação: deslizamento plantar do cuboide sobre o cuneiforme lateral	Toda capsular

(continua)

Tabela 24.10 Osteocinemática, artrocinemática, sensação final e classificação articular das articulações do membro inferior[3,4,17,18] *(continuação)*

Articulação do quadrante inferior	Classificação articular	Osteocinemática	Artrocinemática*	Sensação final normal
Articulações intercuneiformes	Sinovial Composta Plana	Movimentos de deslizamento em direção plantar e dorsal	Pronação: discreto deslizamento plantar do cuneiforme medial sobre o cuneiforme médio, discreto deslizamento dorsal do cuneiforme lateral sobre o cuneiforme médio Supinação: discreto deslizamento dorsal do cuneiforme medial sobre cuneiforme médio, discreto deslizamento plantar do cuneiforme lateral sobre o cuneiforme médio	Toda capsular
Articulações metatarsofalângicas (MT)	Sinovial Simples Ovoide modificada	Dois graus de liberdade: a) Dorsiflexão/flexão plantar: oscilação arqueada no plano sagital b) Abdução/adução: oscilação arqueada no plano coronal	Dorsiflexão: deslizamento dorsal da base da falange no metatarso com rotação medial conjunta Flexão plantar: deslizamento plantar da base da falange com rotação lateral conjunta Abdução: deslizamento medial da falange 1 na MT 1, deslizamento lateral das falanges 3-5 nas respectivas MT Adução: deslizamento lateral da falange 1 na MT 1, deslizamento medial das falanges 3-5 nas respectivas MT	Toda capsular
Articulações interfalângicas (dedos do pé)	Sinovial Simples Selar modificada	Um grau de liberdade: Flexão/extensão: oscilação arqueada no eixo transverso	Flexão: deslizamento plantar da base da falange distal Extensão: deslizamento dorsal da base da falange distal	Toda capsular

ADM, amplitude de movimento. SF, sensação final.

*Nota: apenas os movimentos de deslizamento estão listados. O rolamento associado que também pode estar presente não está descrito, mas o leitor é lembrado das regras de rolamento de superfície côncava/convexa de MacConaill.[7]

Tabela 24.11 Osteocinemática, artrocinemática, sensação final e classificação articular das articulações da linha média[3,4,19]

Articulação da linha média	Classificação articular	Osteocinemática	Artrocinemática*	Sensação final normal
Articulação temporomandibular	Sinovial (modificada, na medida em que as superfícies articulares são cobertas com fibrocartilagem e não com cartilagem hialina) Complexa Bicondilar (elipsoide esquerda e direita)	Três graus de liberdade: a) Abertura/fechamento: primariamente no plano sagital b) Protrusão/retrusão: primariamente no plano horizontal c) Desvio lateral (direita e esquerda) primariamente no plano coronal	Abertura: rotação anterior do côndilo mandibular no disco, seguida pela translação anterior e inferior do complexo disco-côndilo na eminência articular Fechamento: oposto à abertura acima Protrusão: translação anterior e inferior do complexo disco-côndilo na eminência articular Retrusão: oposto à protrusão acima Desvio lateral (direita): giro do côndilo direito e translação do côndilo esquerdo anterior ou anterior, inferior e medial	Toda capsular, exceto o fechamento, que é a aproximação dos dentes
Articulação esternocostal	Sinovial (modificada, na medida em que as superfícies articulares são cobertas com fibrocartilagem e não com cartilagem hialina) Simples (articulações 2-7) Ovoide modificada (todas as outras articulações)	Um grau de liberdade: Inspiração/expiração: primariamente pequenos movimentos de deslizamento ou distorção da cartilagem costal no plano sagital ou coronal/sagital	Inspiração/expiração: primariamente pequenos movimentos de deslizamento ou de distorção da cartilagem costal no plano sagital ou coronal/sagital	Toda capsular
Articulação costovertebral	Sinovial Simples (1, 10-12) Complexa e composta (2-9) Ovoide modificada	Um grau de liberdade: Inspiração/expiração: primariamente rotação no plano sagital ou coronal/sagital[1]	Inspiração/expiração: compressão/distração (incapaz de se acessar essa articulação; portanto, não avaliada especificamente)	Não descrita
Articulação costotransversa	Sinovial Simples (1, 10-12) Composta (2-9) Ovoide modificada	Um grau de liberdade: Inspiração/expiração: primariamente oscilação arqueada no plano sagital ou coronal/sagital	Inspiração: deslizamento inferior da faceta costal macho Expiração: oposta à inspiração	Toda capsular
Articulação intercondral	Membrana sinovial entre pequenas facetas oblongas adjacentes, de 6-9	Um grau de liberdade: Inspiração/expiração: primariamente pequenos movimentos de deslizamento no plano sagital ou coronal/sagital	Inspiração/expiração: oscilação arqueada primariamente no plano sagital ou coronal/sagital	Não descrita

(*continua*)

Tabela 24.11 Osteocinemática, artrocinemática, sensação final e classificação articular das articulações da linha média[3,4,19] (*continuação*)

Articulação da linha média	Classificação articular	Osteocinemática	Artrocinemática*	Sensação final normal
Articulação sacroilíaca	Articulação sinovial entre as superfícies articulares ilíaca e sacral Nota: superfícies articulares irregulares, com a superfície sacral coberta por cartilagem hialina, e a ilíaca por fibrocartilagem	Intricada	Intricada	Toda capsular
Articulações intervertebrais zigapofisárias	Sinovial Simples (cervical e torácica) Complexa (lombar) Bicondilar	Flexão/extensão: primariamente no plano sagital Flexão lateral (flexão para o lado): primariamente no plano coronal (muitas vezes em conjunto com rotação) Rotação: primariamente no plano horizontal (muitas vezes conjunta com flexão lateral)	Flexão/extensão: flexão é, primariamente, um deslizamento superior da faceta superior do complexo articular Flexão lateral (flexão para o lado): primariamente, um deslizamento inferior da faceta superior do complexo articular em direção a curvatura vertebral convexa criada com esse movimento Rotação: primariamente um deslizamento posterior da faceta superior do complexo articular em direção ao lado da rotação da coluna vertebral (p. ex., rotação direita: deslizamento posterior da faceta articular direita)	Não descrita

*Nota: apenas os movimentos de deslizamento estão listados. O rolamento associado que também pode estar presente não está descrito, mas o leitor é lembrado das regras de rolamento de superfície côncava/convexa de MacConaill.[7]

[1]Impossível acessar essa articulação; portanto, não avaliada especificamente.

O *movimento intervertebral passivo* (MIVP) refere-se à avaliação da ADM de um segmento intervertebral pelo movimento passivo. Ele pode ser fisiológico (MFIVP) ou acessório (MAIVP).

5. *Testes de estabilidade*: avaliação do teste passivo fisiológico e não fisiológico para a integridade estrutural e a estabilidade da articulação. A taxa de deslocamento é comparada com o lado oposto e ao longo da ADM disponível. A avaliação deve incluir a **zona neutra** (discutida adiante neste capítulo) e a **sensação final** (também discutida adiante). O teste de estabilidade é utilizado quando a *hipermobilidade* (movimento excessivo) é detectada com o teste de movimento passivo.
6. *Teste muscular específico*: avaliação detalhada do tecido muscular que está além do escopo da avaliação inicial. Esse teste pode ser usado com frequência em músculos individuais ou em grupos musculares que fazem a mesma ação.

Teste de estabilidade

- Estático (testado com os músculos relaxados)
- Dinâmico (testado com os músculos em algum estado de contração ou tensão)

Métodos de teste muscular específico

- Teste isométrico em várias posições
- Teste concêntrico em várias posições
- Teste excêntrico em várias posições
- Teste econcêntrico em várias posições
- Teste de recrutamento em várias posições
- Teste de comprimento em várias posições
- Testes especiais: para um complexo articular específico

Amplitude de movimento normal

A amplitude de movimento normal é individual, e a maior parte das cartelas de ADM devem ser consideradas apenas como médias. De maneira geral, a amplitude de movimento normal é similar nos lados esquerdo e direito, mas raramente igual. Em alguns casos, os indivíduos podem exibir frouxidão, a qual é considerada algo além da ADM normal, mas que está dentro de uma amplitude na qual o indivíduo possui controle do movimento.

Para que a amplitude de movimento osteocinemática e artrocinemática passiva normal possa ocorrer, devem existir os seguintes fatores: estruturas periarticulares intactas, superfícies e margens articulares intactas, tecidos periarticulares completamente extensíveis, tecidos musculotendíneos intactos e tecidos musculotendíneos completamente extensíveis.

O movimento pode ser classificado como segue:

- Amplitude de movimento normal
- Amplitude de movimento hipomóvel
- Estados de movimento excessivo: hipermobilidade e instabilidade

Amplitude de movimento hipomóvel

O movimento anormal, na forma da hipomobilidade (movimento reduzido), pode ser secundário ao que segue:

1. A *hipomobilidade miofascial* é causada pelo encurtamento muscular (cicatrizes, contraturas ou alterações teciduais adaptativas resultando em hipertonia muscular), o qual cria uma sensação final elástica e demonstra um fenômeno de comprimento constante. Se essa forma de hipomobilidade existe sem qualquer disfunção pericapsular ou intra-articular, então são encontrados um padrão de restrição não capsular, um MAP normal e um MFP limitado.
2. A *hipomobilidade pericapsular* é causada pelo encurtamento da cápsula ou dos ligamentos (cicatricial ou adaptativo), o qual cria um padrão de restrição capsular que não demonstra um fenômeno do comprimento constante. Há uma sensação final capsular prematura e firme/rígida se a articulação não está inflamada, ou possivelmente, uma sensação final de espasmo se a articulação está inflamada. O MFP e o MAP estão limitados.
3. A *hipomobilidade articular* pode ser causada pelo edema intra-articular ou por um sangramento intra-articular que resulta em uma tensão aumentada da cápsula articular e, assim, se apresenta como hipomobilidade pericapsular. Resulta em uma sensação final prematura viscosa, de espasmo ou vazia. Um padrão capsular pode estar presente. Podem existir inclusões intra-articulares, tais como um pedaço de cartilagem ou de menisco, um pedaço de ligamento ou de cápsula articular deslocado ou estirado, um pedaço de osso (osteocondrite dissecante) que permanente ou intermitentemente bloqueiem a mobilidade articular. Essas inclusões intrarticulares, em geral, não se apresentam como um padrão capsular, a menos que a articulação esteja aguda (edemaciada) ao mesmo tempo. Encontra-se uma sensação final prematura elástica ou óssea se a articulação não está inflamada, ou uma sensação final de espasmo se a articulação está inflamada. Em ambas as situações delineadas acima o MFP e o MAP estão limitados.
4. A *fixação articular* é uma situação na qual a articulação está presa em uma ADM extrema. Ela excedeu a barreira fisiológica e não pode "retornar" à sua posição original. Isso pode ocorrer de forma secundária a um macrotrauma súbito, um microtrauma repetido ou prolongado, ou um microtrauma imposto sobre uma instabilidade. O efeito da fixação articular é a limitação do movimento grosseiro (ADM ativa e MFP) ou uma rotação conjunta em direção à limitação. O clínico também nota que a sensação final além da fixação está anormal e possui uma sensação final capsular mais firme (p. ex., ela parece muito abrupta e rígida). A sensação final em direção à fixação pode ser normal. O MAP na ADM limitada é anormal.

Estados de movimentação excessiva: hipermobilidade e instabilidade

A hipermobilidade pode ser o resultado do estresse cumulativo (deslizamento, ver Cap. 1), o resultado de

Movimento anormal na forma de hipermobilidade (movimento excessivo) pode ser resultado de:

- Controle muscular inadequado secundário a um problema com o recrutamento muscular
- Controle muscular inadequado secundário a um problema com a força muscular
- Controle muscular inadequado secundário a um problema com a resistência muscular
- Controle muscular inadequado secundário a um problema com a mecânica do próprio músculo
- Controle muscular inadequado secundário a um problema com controle neurológico do músculo
- Suporte ligamentar inadequado
- Suporte articular inadequado

hipomobilidade nas estruturas ao redor, o nível baixo de *overuse* prolongado dos músculos locais e do tecido articular, ou um macrotrauma súbito que não foi suficiente para produzir instabilidade. Os resultados de qualquer um desses fatores é uma sensação final que é capsular suave se o tecido não está irritável, ou uma sensação final de um espasmo tardio se o tecido está irritável e inflamado.

A **hipermobilidade** implica que as estruturas anatômicas (ativas e passivas) que controlam o movimento ainda estão intactas e não são capazes de controlar completamente o movimento articular. Os elementos ativos (músculos) que controlam o movimento articular podem não estar sendo recrutados adequadamente, ou os elementos passivos (estruturas ligamentares) que suportam e guiam o movimento articular podem estar estirados. Uma **instabilidade** é uma forma especializada de movimento excessivo que implica que as estruturas anatômicas, tais como os ossos, ligamentos, cápsulas articulares, fáscia e músculos que controlam o movimento, não mais estão intactas. O paciente, muitas vezes, descreve subjetivamente sinais e sintomas listados na Tabela 24.12.

Nas articulações da coluna, se o MFP é normal e a sensação final é normal, a articulação geralmente pode ser considerada normal, porque as estruturas anatômicas que controlam o MFP devem estar intactas para que ocorra uma sensação final normal. Essas estruturas anatômicas são os ossos, as superfícies articulares, as cápsulas e os ligamentos articulares, e a fáscia, somadas aos músculos as estruturas neurológicas circundantes. Uma sensação final anormal pode sinalizar tanto hipermobilidade como instabilidade, o que indica que alguma alteração ocorreu nas estruturas anatômicas. Nas articulações periféricas, uma instabilidade ligamentar enquanto se tem um MFP normal é possível. Nelas isso ocorre porque os tecidos mais inertes, como a forma da articulação, os ligamentos e as cápsulas, controlam a maior parte do movimento de translação, enquanto os músculos controlam mais o movimento angular do MFP. Por exemplo, a flexão e a extensão ativas de joelho podem estar presentes com uma lesão de base do ligamento cruzado anterior que gera um aumento na translação anterior. Dessa forma, nas articulações periféricas com MFP normal, a estabilidade articular ainda precisa ser testada para estabelecer se qualquer tipo de disfunção do movimento está presente.

Os tipos de instabilidade que podem ser detectadas são a *instabilidade ligamentar* e a *instabilidade articular*. A instabilidade ligamentar é a condição na qual o movimento não fisiológico excessivo e uma sensação final anormal são detectados com o teste de estabilidade. A instabilidade articular ocorre com a degeneração e o afinamento da cartilagem (hialina ou fibrocartilagem), o que leva a uma congruência reduzida das superfícies articulares e permite o deslizamento entre elas quando testadas em uma posição sem descarga de peso.[20,21] Essa degeneração permite que as terminações ósseas se movam de forma mais próxima umas às outras e, assim, aliviem a tensão sobre a cápsula e os ligamentos, o que permite o movimento não fisiológico aumentado no teste de estabilidade com uma sensação final normal (Fig. 24.22).

Uma discussão a respeito da mobilidade e da estabilidade deve incluir uma discussão de alguns dos conceitos de Panjabi,[22] quem apostou que o movimento eficiente requer uma ótima estabilização pela interação de três sistemas principais: o subsistema de controle (respostas neurais), o subsistema passivo (ossos, articulações e ligamentos intactos) e o subsistema miofascial (ação muscular coordenada e eficiente) (Fig. 24.23). Essa estabilização ideal permite o controle apropriado da zona neutra,[22] que é uma pequena amplitude de deslocamento próxima da posição neutra articular, onde uma resistência mínima é dada pelas estruturas osteoligamentares (Fig. 24.24). Embora esse conceito tenha sido utilizado para ajudar a compreender a importância das estruturas para a estabilidade da coluna, é uma alegação do autor que o conceito pode ser justa e adequadamente aplicado ao sistema articular periférico. Se uma disfunção ocorre em qualquer um dos três sistemas, então a estabilidade do movimento do segmento será prejudicada. Essa disfunção, eventualmente, pode levar à ruptura do tecido por exaustão da sua capacidade de sustentar o estresse e a carga (p. ex., tendinite muscular, instabilidade articular). Panjabi observou que a amplitude da zona neutra pode aumentar com a lesão, com a degeneração articular e/ou com a fraqueza da musculatura estabilizadora.

Panjabi definiu a instabilidade como "uma diminuição significativa na capacidade dos sistemas de estabilização da coluna em manter as zonas neutras intervertebrais dentro dos limites fisiológicos, de forma que não haja disfunção neurológica, maiores deformidades ou dores incapacitantes".[22] White e Panjabi definiram a instabilidade clínica como a perda da habilidade da coluna de manter, sob cargas fisiológicas, a relação entre as vértebras, de tal forma que nenhum dano ou irritação subsequente da medula espinal ou das raízes nervosas venha a ocorrer. Além disso, a deformidade incapacitante ou a dor resultante das alterações estruturais não deve se desenvolver.[10] A hipomobilidade e os estados de movimento excessivo, muitas vezes, coexistem no mesmo complexo articular, em lados opostos da articulação. Por exemplo, a articulação glenoumeral pode apresentar hipermobilidade/instabilidade anteriormente, com hipomobilidade posterior presente. Lee tem utili-

Tabela 24.12 Sinais e sintomas subjetivos e físicos (objetivos) de instabilidade

Sinais e sintomas subjetivos	Sinais e sintomas físicos (objetivos)
História	**Observacional**
História de trauma	Postura deficiente com prega cutânea posterior ou abdominal, muitas vezes indicando a presença de espondilolistese
História de tratamento conservador significativo com bom efeito apenas temporário	Presença de lâmina vertebral
	Angulação da coluna vertebral na amplitude de movimento total
Fatores agravantes	**Relacionada à ADM**
Episódios repetidos não provocados ou episódios após uma pequena provocação	Pequena "interrupção" do movimento durante a ADM passiva ou ativa
Agravamento por movimento trivial, mas os movimentos específicos variam (sintomatologia inconsistente)	Desejo diminuído de se mover
Agravamento com posturas sustentadas	Inabilidade para se recuperar normalmente de uma amplitude de movimento total
Apresentação dos sintomas	Amplitude movimento ativa excessiva
Sentimento de instabilidade ou de falha	**Neurológico**
Dor menor por alguns dias após uma sensação de falha	Geralmente, sinais neurológicos negativos
Sintomas de compressão (vascular, por exemplo, vertebrobasilar, medula espinal, nervo periférico ou espinal) que não estão associados com um disco ou histórias de estenose	**Muscular**
	Desequilíbrio muscular local e de modo mais geral (i. e., por todo o corpo)
Estalo consistente ou sons de batida	Atrofia de músculos locais
Dor prolongada (com amplitude de movimento total)	**Testes especiais**
Dor, rigidez matinal, muitas vezes reduzidas pelo repouso	Testes de estabilidade positivo
	Inabilidade para realizar os testes funcionais de forma eficiente e efetiva envolvendo a região sob exame

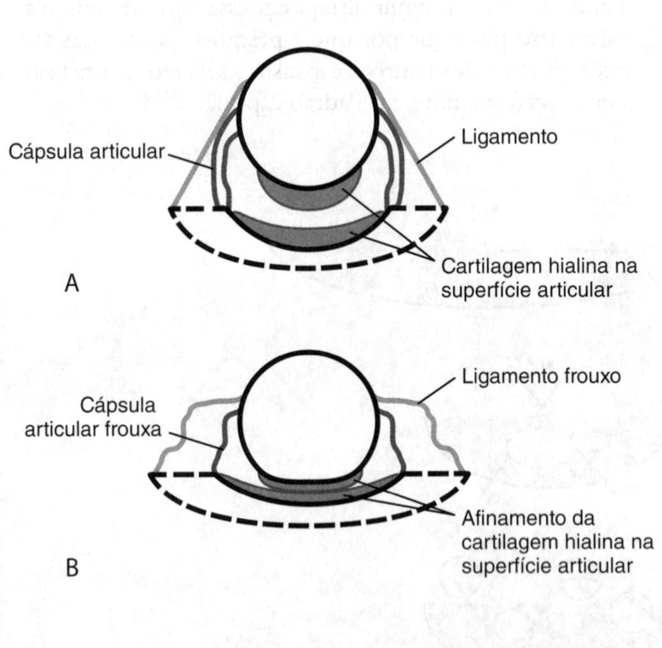

Figura 24.22 Instabilidade articular. **A.** Articulação normal com estabilidade normal. Os deslizamentos e a mobilidade não fisiológica serão limitados pelas superfícies articulares e pela tensão nos ligamentos e nas cápsulas articulares. **B.** Articulação degenerativa com instabilidade articular. Note que a degeneração permite que as terminações ósseas se movam de forma mais próxima uma da outra e, assim, aliviem a tensão sobre a cápsula e os ligamentos. Isso permite o movimento não fisiológico aumentado no teste de estabilidade, com uma sensação final normal. Os deslizamentos e a mobilidade não fisiológica são menos limitados pelas superfícies articulares planas e pelos ligamentos e cápsulas articulares afrouxados.

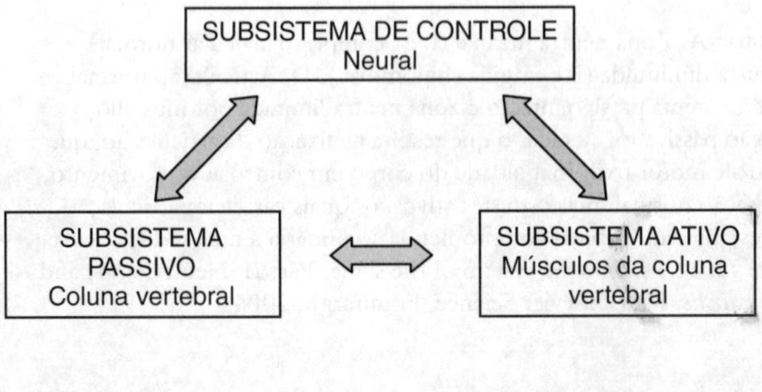

Figura 24.23 Sistemas de estabilização. O sistema passivo inclui as superfícies articulares, os ligamentos e as estruturas ósseas. O sistema miofascial representa os músculos e seus tratos fasciais de revestimento. O sistema de controle representa os programas de planejamento motor que o corpo utiliza para produzir o movimento. Ele é fortemente influenciado pelo controle descendente do cérebro. (Adaptado de Panjabi M. The stabilizing system of the spine. Part II. Neutral zone and instability hypothesis, *J Spinal Disord* 5:390-396, 1992.)

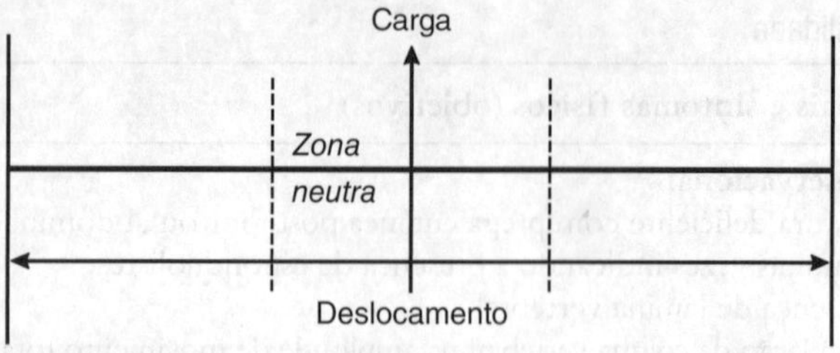

Figura 24.24 Zona neutra de Panjabi. (Adaptado de Panjabi M. The stabilizing system of the spine. Part II. Neutral zone and instability hypothesis, *J Spinal Disord* 5:390-396, 1992.)

zado as teorias de mobilidade e estabilidade de Panjabi de forma brilhante, e conceitualizou diagramas adicionais para demonstrar esses pontos nas Figuras 24.25 e 24.26.[19,23]

Para determinar se a articulação possui uma mobilidade normal ou anormal o clínico deve conhecer a ADM ativa e passiva para aquela articulação sob exame (ver o Cap. 25). Uma exploração da mobilidade articular do paciente requer a avaliação da quantidade e da qualidade do movimento. A qualidade da mobilidade articular é avaliada com o teste de mobilidade passiva, o MFP, e os MAP. O paciente expressa qualquer sinal ou sintoma de dor durante o teste? O que o examinador sentiu era a qualidade da resistência ao longo da ADM (tanto a zona neutra como cada lado dessa zona)? Se a mobilidade articular estava limitada, o padrão de limitação era característica de um padrão *capsular* ou *não capsular*?

Sensação final

A sensação final é o que o clínico percebe como limitação física de uma articulação. É a sensação imposta ao examinador pelos tecidos resistentes ao final da amplitude disponível da articulação. O doutor James Cyriax foi o primeiro a descrever esse fenômeno, e criou a lista original de sensações finais (SF).[13] A Tabela 24.13 lista as várias sensações finais, que têm recebido refinamento e expansão pelos profissionais da saúde que trabalham com pacientes desde que Cyriax publicou a primeira lista. Muitas vezes, o que é percebido inicialmente como uma sensação final de qualquer tipo é, muito provavelmente, uma limitação muscular verdadeira. Por exemplo, em geral, se o clínico aplica uma técnica de liberação muscular, tal como a facilitação neuromuscular proprioceptiva, mais movimento é ganho e a sensação final se altera. Faz sentido que a anatomia corporal seja construída de forma que o tecido muscular deve ser a primeira linha de defesa para a proteção das cápsulas e ligamentos durante a amplitude normal de movimento. Uma maior evidência de que o músculo é a primeira limitação ao movimento angular é o que ocorre quando alguém estende passivamente a articulação do cotovelo antes e após o paciente sofrer uma anestesia geral. Ocorre significativamente mais movimento do cotovelo do paciente para a extensão durante o efeito do anestésico geral. É certo que, a anatomia óssea do paciente não se alterou antes e após a anestesia geral; dessa forma, a sensação final antes da anestesia geral para a extensão do cotovelo pode não ter sido uma sensação final óssea verdadeira como Cyriax afirmou no início. Para uma visão mais clara das estruturas inertes da articulação, a avaliação e o tratamento devem conseguir ultrapassar essa barreira muscular. Talvez isso justifique por que a pesquisa na área das sensações finais e dos padrões capsulares seja tão inconclusiva (ver a seção seguinte em Padrão capsular).[24-28]

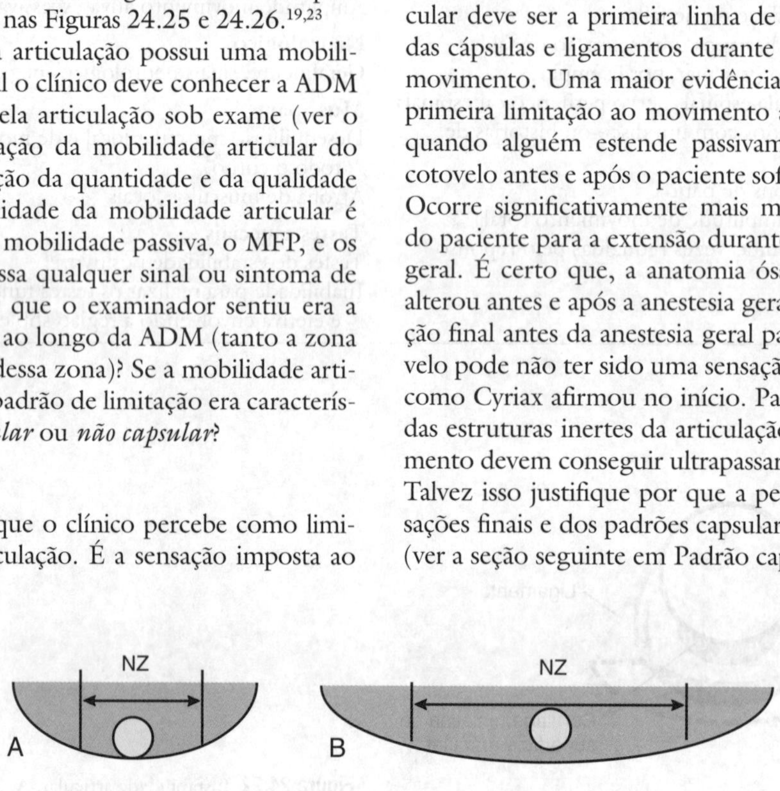

Figura 24.25 Zona neutra e suas mudanças e efeitos do déficit de controle motor. **A.** Zona neutra normal (i. e., complexo articular normal). **B.** Zona neutra aumentada (i. e., articulação frouxa/hipermóvel). **C.** Zona neutra diminuída (i. e., rígida/hipomóvel). **D.** Articulação normal com zona neutra diminuída (i. e., uma articulação comprimida miofascialmente, sistema passivo intacto e zona neutra limitada por músculo excessivo). **E.** Articulação anormal com a zona neutra diminuída (i. e., a restrição passiva foi afetada, o que resulta na fixação da articulação, que está comprimida de forma excessiva pela ativação muscular). **F.** Déficit de controle motor fixo. Inabilidade do corpo em controlar o movimento, resultando em uma zona neutra anormal. Teste passivo da articulação com sensação normal, mas os testes ativos, os quais carregam articulação, mostram instabilidade dinâmica. Os erros do controle motor se devem a uma estabilidade espinal comprometida secundária a uma redução curta e temporária na ativação dos músculos intersegmentais.[19] (Adaptado de Panjabi M. The stabilizing system of the spine. Part II, Neutral zone and instability hypothesis, *J Spinal Disord* 5:390-396, 397, 1992; Lee D. *The pelvic girdle*. 3.ed. Elsevier Science, Edinburgh, 2004.)

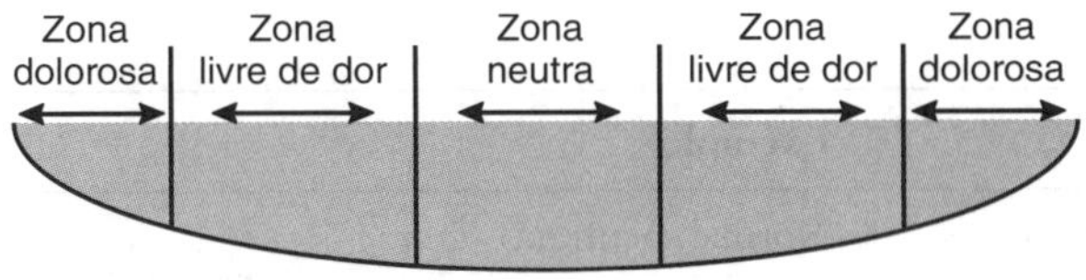

Figura 24.26 Analogia da zona neutra com movimento passivo e/ou teste de estabilidade. (Adaptado de Lee D. *The pelvic girdle*. 3.ed. Elsevier Science, Edinburgh, 2004.)

Padrão capsular

Um padrão capsular de restrição de movimento é um padrão característico de restrição para uma articulação sinovial que ocorre na presença de uma artrite ou de uma artrose.[13] Cada articulação tem seu próprio padrão capsular, e ele é universal entre todos os pacientes para aquela articulação (Tab. 24.14 e Tab. 24.15). Contudo, articulações diferentes mostram padrões diferentes de limitação. A proporção de limitação designa se o padrão é capsular; dessa forma, o examinador médico deve mensurar todas as articulações com limitação de movimento para estar seguro de que o padrão é realmente capsular.

Padrão não capsular

Se no exame revela-se que a limitação de mobilidade da articulação não se adapta em um padrão capsular de limitação, ela pode ser secundária a qualquer um dos seguintes:

1. *Adesões ligamentares*: a articulação está limitada apenas na direção em que estira o ligamento, enquanto todos os outros movimentos serão completos e livres de dor.
2. *Desarranjo interno*: esse é o desenvolvimento de um fragmento intrarticular cartilagnoso ou ósseo (p. ex., corpos perdidos, lesões meniscais). A quantidade de limitação depende de onde o fragmento repousa na articulação.
3. *Lesão extra-articular*: essa lesão ocorre no tecido que cruza a articulação externamente ou que repousa pró-

Tabela 24.13 Sensações finais

Tipo de sensação final	Características	Exemplo
Capsular	Produzida pela cápsula ou pelos ligamentos Vários graus de estiramento sem elasticidade Ponto final sólido, bem-definido Descrito como couro Impressão de que mais deslocamento irá romper alguma coisa Quantidade de resistência dependente da espessura do tecido: Ligamentos capsulares ou extracapsulares fortes produzem uma sensação final capsular rígida Cápsulas finas produzem uma sensação final mais suave	Normal: flexão do punho (mole) Normal: flexão do cotovelo em supinação (médio) Normal: extensão do joelho (rígido) Anormal: quantidade inapropriada de resistência para uma articulação específica Muito rígido: hipertrofia resultante de artrose Muito mole: hipermobilidade Anormal: ponto final muito precoce na amplitude de movimento
Óssea	Produzida pela aproximação osso a osso Abrupta e inflexível Impressão de que mais força irá quebrar alguma coisa	Normal: extensão do cotovelo Anormal: rotação cervical (pode indicar osteofitose)
Aproximação do tecido mole	Produzida pelo contato de dois ventres musculares em cada lado de uma articulação em flexão, na qual a amplitude da articulação excede outras restrições Sensação final flexível com a impressão de que há mais movimento normal possível se for aplicada força suficiente	Normal: flexão de joelho ou de cotovelo em indivíduos extremamente musculosos Anormal: flexão de cotovelo com indivíduos obesos
Elástica	Produzida pela unidade musculotendínea Pode ocorrer com encurtamento adaptativo Estiramento com sensação final de recolhimento elástico Exibe o fenômeno do comprimento constante Com mais carga parece que vai se romper	Normal: flexão de punho com flexão de dedo ou a perna estendida elevada com dorsiflexão de tornozelo e com o joelho estendido Anormal: dorsiflexão do tornozelo com joelho flexionado
Macia	Produzida pela recuperação da superfície articular de um menisco ou disco intra-articular Impressão de que com mais força alguma coisa irá entrar em colapso Sensação de recuperação como ao deixar de pressionar uma almofada de borracha	Normal: compressão axial da coluna vertebral cervical Anormal: flexão de joelho ou extensão com um menisco deslocado

(*continua*)

Tabela 24.13 Sensações finais *(continuação)*

Tipo de sensação final	Características	Exemplo
Espasmo	Produzido por contração muscular reflexa e reativa em resposta à irritação dos nociceptores, predominantemente nas estruturas articulares e no músculo Forçar mais faz parecer como se nada fosse acontecer Sensação final abrupta e ressoante que é inflexível enquanto a estrutura está sendo ameaçada, mas desaparece quando a ameaça é removida Precoce na amplitude de movimento: inflamação articular Tardia na amplitude de movimento: hipermobilidade Aparente em rupturas musculares de grau 2 conforme o músculo é alongado passivamente, que é acompanhada por fraqueza dolorosa nesse músculo	Normal: nenhum Anormal: artrite traumática significativa; hipermobilidade traumática recente; grau 2 de ruptura muscular
Viscosa	Produzida por fluido viscoso (sangue) dentro de uma articulação Sensação "macia e molhada" conforme a articulação é movida em direção ao fim da amplitude Forçar mais parece que irá estourar a articulação	Normal: nenhum Anormal: hemartrose do joelho
Vazia	Produzida somente com dor Frequentemente causada por alterações patológicas sérias e severas que não afetam a articulação ou o músculo e que, por isso, não produz espasmo Se presente, com exceção da bursite subdeltoidea aguda, evidência de patologia séria Limitação do movimento não possui o componente de resistência tecidual O examinador para o movimento pela insistência do paciente, embora o movimento livre ainda pareça possível A sensação não é a de defesa voluntária, mas como se o paciente estivesse resistindo e tentando permitir o movimento simultaneamente Forçar mais apenas aumenta a dor para níveis inaceitáveis	Normal: nenhum Anormal: bursite subdeltoidea aguda; causas do sinal nas nádegas

Adaptado de Cyriax J. *Textbook of orthopaedic medicine. Volume I: Diagnosis of soft tissue lesions.* 8.ed. Bailliere Tindall, London, 1982.

ximo dela e, assim, pode afetar a sua mobilidade (p. ex., bursite aguda [a bursite subdeltoidea resulta numa diminuição marcada da abdução, com rotação lateral razoavelmente livre]), sinais miofasciais referidos à restrição do pescoço (comumente a disfunção de C5 causa espasmo no músculo infraespinal, resultando em rotação medial diminuída, com a rotação externa e a abdução permanecendo livres), patologia do tecido neural (mobilidade neural diminuída do nervo mediano no túnel do carpo pode resultar em mobilidade diminuída do punho na flexão ou na extensão e com desvio radial e ulnar), ou cicatriz da pele (ou seja, decorrente de uma queimadura, cirurgia).

TÉCNICAS DE MOBILIZAÇÃO ARTICULAR

O clínico utiliza muitas definições diferentes de mobilização e manipulação. Todas elas têm um tema e uma ênfase em comum, mas suas próprias nuanças. Quatro praticantes influentes de terapia manual ortopédica e que formaram cada um sua própria escola de pensamento nessa matéria foram Cyriax[13], Kaltenborn[11,29], Maitland[30,31] e Mennell.[32,33] Para o propósito deste capítulo, é utilizada a definição da Canadian Physiotherapy Association, que descreve a **mobilização** como os movimentos passivos rítmicos e de amplitude graduada aplicados a uma articulação dentro de sua amplitude de movimento fisioló-

Tabela 24.14 Padrões capsulares do quadrante superior e da coluna vertebral*

Quadrante superior e coluna vertebral	Padrões capsulares
Glenoumeral	Limitação da rotação lateral maior do que da abdução e maior do que da rotação medial (aproximadamente 2:1)
Acromioclavicular	Dor em ADM extrema
Esternoclavicular	Dor em ADM extrema do cíngulo do membro superior
Cotovelo	Limitação da flexão muito maior do que da extensão, com pronação e supinação total ou discretamente limitadas
Radioulnar proximal e distal	Limitação equivalente da supinação e da pronação
Punho	Limitação equivalente dos movimentos opostos
Primeira metacarpal	Limitação de abdução e extensão
Segunda a quinta metacarpal	Limitação da flexão maior do que da extensão
Metacarpofalângica	Limitação da flexão maior do que da extensão
Interfalângica (dedos da mão)	Limitação da flexão maior do que da extensão
Temporomandibular	Limitação da abertura da boca
Atlanto-occipital	Extensão e flexão lateral igualmente limitadas, com um questionamento na literatura se existe uma limitação da flexão maior do que da extensão
Atlantoaxial	Limitação equivalente da rotação, com um questionamento na literatura se existe uma limitação da flexão ou da extensão
Restante da coluna vertebral	Limitação equivalente das rotações e das flexões laterais, maior do que da extensão e maior do que da flexão
Sacroilíaca	Dor quando as articulações estão estressadas

*Os movimentos listados primeiro possuem a maior quantidade de limitação de ADM.
Adaptado de Cyriax J. *Textbook of orthopaedic medicine. Volume I: Diagnosis of soft tissue lesions*. 8.ed. Bailliere Tindall, London, 1982.

Tabela 24.15 Padrões capsulares do quadrante inferior*

Quadrante inferior	Padrões capsulares
Quadril	Limitação da flexão, da abdução, da rotação medial (a ordem pode variar) Discreta limitação da extensão, pouca ou nenhuma limitação da adução e da rotação lateral Padrão capsular precoce geralmente detectável com a limitação da rotação medial e da extensão
Joelho	Limitação da flexão muito maior do que da extensão, rotações completas ou discretamente limitadas
Tibiofibular	Dor quando as articulações estão estressadas
Talocrural	Limitação da flexão plantar maior do que da dorsiflexão
Talocalcânea	Limitação da supinação maior do que da pronação
Mediotarsal	Limitação de padrão alternativo da dorsiflexão, da flexão plantar, da adução e da rotação medial, com a abdução e a rotação lateral completas
Primeira metatarsofalângica	Limitação da extensão maior do que da flexão
Segunda a quinta metatarsofalângica	Variável, mas eventualmente fixa na extensão da MTF (flexão maior do que da extensão)
Interfalângica (dedos dos pés)	Variável, mas eventualmente fixa na flexão da IF (extensão maior do que da flexão)

MTF, metatarsofalângica. *IF*, interfalângica
*Os movimentos listados primeiro possuem a maior quantidade de limitação de ADM.
Adaptado de Cyriax J. *Textbook of orthopaedic medicine. Volume I: Diagnosis of soft tissue lesions*. 8.ed. Bailliere Tindall, London, 1982.

gica, com intenção de restaurar o movimento máximo, a função e/ou reduzir a dor.[8] Essa mesma organização descreve a **manipulação** como o impulso passivo, de alta velocidade e baixa amplitude, aplicado a uma articulação além do seu limite de movimento fisiológico, mas dentro do seu limite anatômico, com a intenção de restaurar o movimento máximo, a função e/ou reduzir a dor.[8] A mobilização articular e a manipulação são as manobras terapêuticas passivas que um clínico aplica a uma articulação que demonstra disfunção (hipomobilidade), para restaurar ou melhorar a artrocinemática e, assim, a osteocinemática e a função. Existem dois métodos básicos de mobilização:

1. *Distração*: uma força aplicada perpendicularmente à superfície articular para criar a separação das superfícies articulares
2. *Deslizamento*: uma força aplicada a uma das duas superfícies articulares para criar movimentos paralelos entre elas

Graus de mobilização

A avaliação da mobilidade articular utiliza um sistema de graduação para comunicar a amplitude de movimento aplicada ao complexo articular. Somado a essa informação de amplitude, o examinador deve ter consciência da relação entre a quantidade de movimento disponível para a quantidade e característica da dor e o início da resistência, somado ao fim desses tecidos. A amplitude da mobilização de tratamentos é classificada utilizando os sistemas de Kaltenborn[11] e de Maitland.[31] Quando cada sistema de graduação da mobilização é utilizado com a diminuição da amplitude do movimento presente em uma articulação, a amplitude disponível remanescente ainda é divisível nos três ou quatro graus descritos. É sempre importante iniciar a classificação do movimento na posição de repouso da articulação e retornar com frequência a esta "posição inicial" para evitar o carregamento excessivo potencialmente danoso nos graus de mobilização mais altos ou "finais" da articulação. A consideração da relação entre a resistência e a resposta de dor ajuda o clínico na escolha correta do grau a utilizar em cada mobilização, avaliação ou tratamento (Tab. 24.16).

Em diferentes partes do mundo, como a Austrália, por exemplo, o termo *manipulação* se refere à mobilização de grau I a V (Maitland), enquanto na América do Norte o termo *mobilização* refere-se às técnicas de grau I a IV (Maitland), e a *manipulação* se refere às técnicas de grau V (Maitland). As mobilizações e as manipulações utilizando os movimentos fisiológicos passivos (MFP) ajudam a restaurar a osteocinemática, enquanto aqueles utilizando os movimentos acessórios passivos (MAP) ajudam a restaurar a artrocinemática da articulação. Para alcançar um maior sucesso com a mobilização, o ovoide do movimento deve ser considerado em relação ao plano de movimento da articulação. Os efeitos da mobilização são delineados nas Tabelas 24.17 e 24.18. A pesquisa está em andamento, e complementa a evidência científica que apoia os efeitos da mobilização e da manipulação, mais do que apenas atribuindo esses efeitos aos princípios de anatomia e fisiologia conhecidos.[34-46]

Mobilização e confiabilidade

A confiabilidade de qualquer ferramenta é baseada na acurácia, na consistência e na reprodutividade da "técnica de exame" da ferramenta.[50] Em um artigo de revisão do movimento acessório da coluna e de articulações periféricas por terapeutas manuais, Riddle[51] declarou que poucos estudos têm examinado a validade e a confiabilidade de tais avaliações, e a confiabilidade dos julgamentos baseados nas técnicas de movimento acessório realizados nas articulações da coluna não têm sido estudados adequadamente. Ele sugere que o estudo do valor preditivo dos resultados do teste do movimento acessório positivo e negativo, em acréscimo ao estudo da sensitividade e da especificidade de muitos testes que os terapeutas manuais utilizam, seria de grande valor.[51] Baseada na literatura

Tabela 24.16 Seleção da técnica de mobilização passiva

Dor/resistência*	Intensidade	Técnica (utilizando o sistema de classificação de Maitland)
Dor, sem resistência	Sensação final vazia (séria)	Nenhuma, encaminhar de volta ao médico
Dor constante	Hiperaguda (química pura)	RGCE
Dor maior que, ou anterior a, resistência	Aguda (principalmente química)	Mobilização muito gentil grau I (II) tração específica
Dor ao mesmo tempo ou igual à resistência	Crônica/subaguda (mecanoquímica)	Mobilização gentil grau I-II
Dor menor que, ou posterior a, resistência	Crônica (mecanoquímica)	Mobilização moderada grau III-IV
Resistência	Rígida (mecânica)	Alongamento agressivo prolongado grau IV (V)

RGCE, repouso, gelo, compressão e elevação
*Para determinar a agressividade da terapia, a relação entre a resistência do tecido e o início da dor pode ser avaliada.

Graus de Kaltenborn (mobilização de tração e deslizamento)

Grau I "Pequena" distração: neutraliza a pressão articular sem retesar ou alongar o tecido de forma máxima

Grau II "Eliminação da folga": mover os componentes articulares apenas na medida em que o tecido mole permite (o tecido é retesado, mas não estirado)

Grau III Uma vez que a folga seja eliminada, "estirar" mais o tecido mole pela aplicação de mais tração

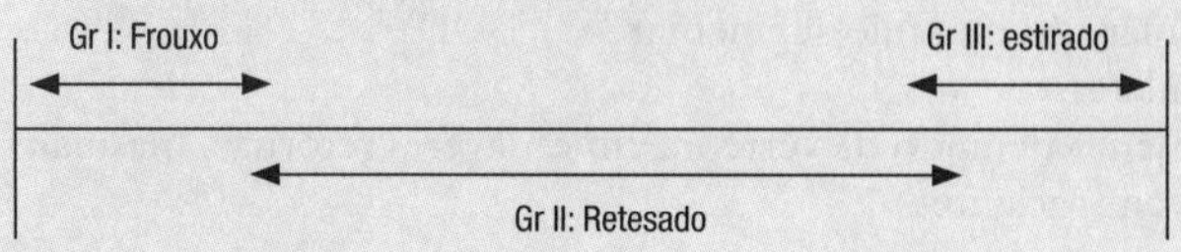

Adaptado de Kaltenborn F. *Manual therapy for the extremity joints.* 2.ed. Olaf, Norlis Bokhandel, Oslo, 1976.

Grau de movimento de Maitland

Grau I Pequena magnitude no início da amplitude

Grau II Maior magnitude, do início ao meio da amplitude

Grau III Maior magnitude, do meio ao final da amplitude

Grau IV Pequena magnitude, final da amplitude

Grau V Pequena magnitude, impulso de alta velocidade no final da amplitude

Nota: amplitude final refere-se ao fim da amplitude de movimento disponível pelo paciente, não necessariamente o fim da amplitude de movimento fisiológica normal para aquele tecido.

Adaptado de Maitland G. *Peripheral manipulation.* Butterworth-Heineman, London, 1991.

Adaptado de Maitland G. *Vertebral manipulation.* 5.ed. Butterworths, Toronto, 1986.

Amplitude de movimento dos complexos articulares

Exemplo de uma amplitude de movimento normal de um complexo articular mostrando os graus de mobilização de Maitland

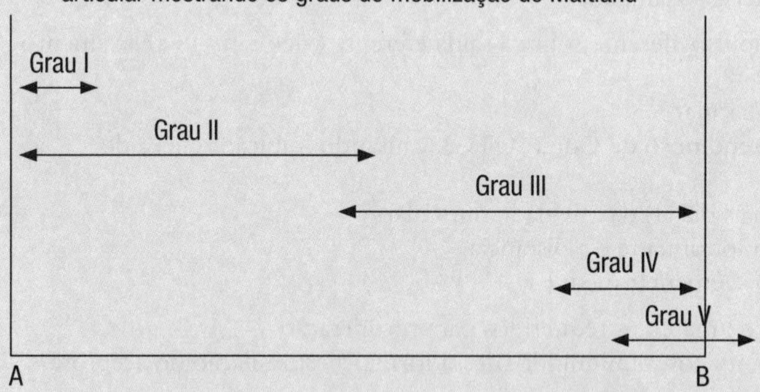

Exemplo de uma amplitude de movimento hipomóvel de um complexo articular

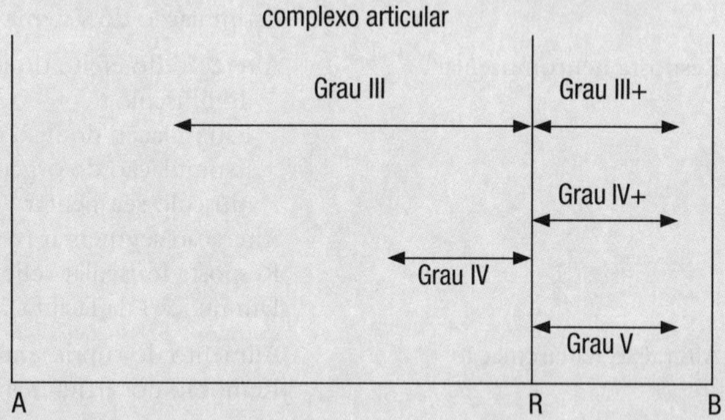

Exemplo de uma amplitude de movimento hipermóvel de um complexo articular

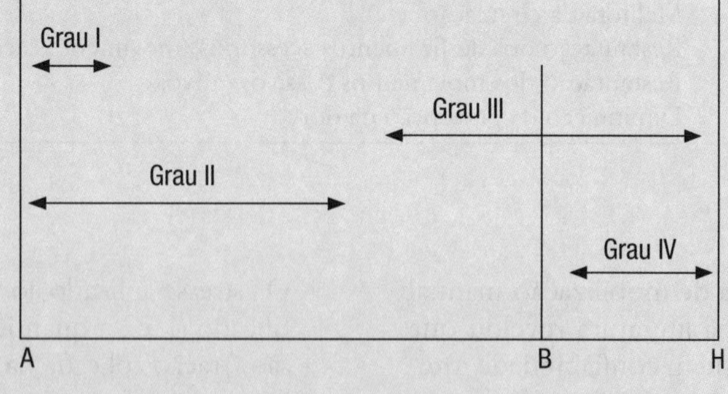

A = início da amplitude de movimento

B = final da amplitude de movimento normal média

R = ADM hipomóvel

H = ADM hipermóvel (excessiva)

Tabela 24.17 Mobilização e efeitos em nível celular postulados

Efeito da mobilização	Efeitos postulados
Efeito mecânico: remodelamento do tecido conjuntivo	Modulação celular Liberação de enzimas para a quebra de pontes cruzadas Estimulação da síntese de colágeno e de proteoglicanas pelos fibroblastos Realinhamento das fibras velhas (corrente piezoelétrica) Aumento da distância entre as fibras (quebra das pontes cruzadas) Aumento da lubrificação entre as fibras (proteoglicanas se ligam com H_2O) Alinhamento das novas fibras (corrente piezoelétrica) Alongamento da cápsula articular/do músculo segmentar Quebra de adesões intra-articulares Movimento vertebral – movimento definido da vértebra em cadáveres retorna a mesma posição; não bem estudado em pacientes
Alterações na cartilagem articular	Alteração da lubrificação articular Melhora da nutrição da cartilagem Movimento das inclusões articulares (meniscoides) ou corpos perdidos (fibrilação da cartilagem) Mudança de fragmentos rígidos do disco intervertebral
Efeito neurológico[8,26-28,31,35,47-49]	Estimulação dos mecanorreceptores do tipo I e tipo II Inibição da transmissão dos impulsos nociceptivos Diminuição da percepção da dor Alívio da irritação mecânica do sistema nervoso Ativação dos mecanorreceptores articulares Estimulação do sistema nervoso simpático
Resposta neuromuscular[36,37,40,42]	Alteração do efeito do impulso aferente sobre a saída eferente (viés gama) – relaxamento do músculo Estimulação do fuso muscular Estimulação do órgão tendinoso de Golgi (OTG), causando inibição reflexa do músculo segmentar Alteração segmentar (e mais distal) da atividade muscular Resposta muscular reflexa localmente e à distância Diminuição da facilitação segmentar medular
Alteração na circulação	Aumento do suprimento de materiais requeridos para recuperação Remoção dos irritantes químicos, diminuindo, dessa forma, a estimulação nociceptora
Fisiológico[43,49]	Aumento dos níveis de beta-endorfinas Efeitos sobre o sistema imunológico
Resposta do tecido articular	Aumento da elasticidade capsular Melhora da nutrição da cartilagem articular Melhora da circulação Restauração dos deslizamentos acessórios/movimentos acessórios articulares Restauração dos movimentos passivos/ativos Diminuição da percepção da dor

existente, uma revisão da terapia de mobilização manual e das técnicas de manipulação na literatura revelou que essas técnicas, muitas vezes, possuem confiabilidade interexaminadores (*interrater*) moderada a fraca.[1,6,51-60]

Algumas pesquisas suportam a declaração de que melhores resultados de confiabilidade interexaminadores de terapia manual ocorrem com o treinamento e a prática realizando desempenho e uma interpretação dos testes idênticos (p. ex., explicitando claramente no início as características a serem testadas).[6,61,62] Alguns fatores possíveis de afetar a confiabilidade da técnica de mobilização são os seguintes:

- O estresse aplicado ao tecido geralmente não é quantificado (i. e., a quantidade de pressão e de compressão/tração aplicada na palpação).
- Os relatos do paciente dependem do esforço dele em ser consistente.
- Ao longo do período de estudo, ocorre uma alteração nos tecidos do paciente e nos modelos do clínico.

Vladimir Janda, um dos líderes no campo da medicina musculoesquelética, pontuou certa vez, "apenas porque nós não podemos sempre provar uma hipótese não significa que nós não podemos ou não devemos pensar sobre ela". Esse conselho é útil nessa discussão porque

Tabela 24.18 Mobilização e efeitos postulados

Grau de mobilização	Efeitos postulados
Grau I, II, III	Efeito neurofisiológico Efeito vascular Efeito mecânico
Grau IV	Conforme o Grau I, II, III, com possível aumento: Efeito de mobilização mecânica Melhora da lubrificação articular
Grau V	Conforme o Grau I, II, III, com possível aumento: Efeito da mobilização mecânica Efeito neurofisiológico Cavitação Melhora da lubrificação articular

Sumário técnico da aplicação do tratamento de mobilização

- Consentimento do paciente recebido (informado sobre a natureza e o propósito da mobilização, formas alternativas de avaliação, riscos e benefícios associados)
- Seleção da posição inicial do paciente, garantindo que ele está relaxado, confortável e bem apoiado
- Seleção da posição de início do clínico (ver o quadro seguinte)
- Seleção do grau de tratamento
- Seleção de uma técnica oscilatória ou sustentada
- Seleção da duração e da velocidade da técnica oscilatória (mais curta para condições agudas)
- Aumento da intensidade e da duração do tratamento apenas quando existem evidências de que o aumento da dose não irá exacerbar a dor
- Seleção da técnica de reavaliação para utilizar antes, durante e após o tratamento
- Seleção de um programa domiciliar para manter os efeitos do tratamento

Sumário técnico da posição do terapeuta e da aplicação do tratamento de mobilização

- Deve estar em uma posição confortável (a mão deve estar relaxada e empregar a mecânica corporal de forma eficiente)
- Para determinar a sensação final de uma articulação, acumular a pele para dar alguma "frouxidão" a ela
- Para evitar a compressão potencialmente danosa de uma articulação, são necessários os seguintes cuidados:
  - Colocar as mãos tão próximas da linha articular quanto possível
  - Encontrar o plano articular, desse modo deslizando perpendicular ao eixo mecânico do osso/tração e compressão ao longo do eixo mecânico do osso
- Fixar uma terminação óssea e mover a outra
- O antebraço do terapeuta deve estar sempre alinhado com o plano do movimento articular
- Concentração na sensação final e na quantidade da amplitude de movimento
- Permitir o recolhimento à posição neutra entre as mobilizações

significa que os pesquisadores precisam desenvolver uma metodologia diferente para examinar o que muitos clínicos já acreditam ser verdade: quando corretamente utilizada, as mobilizações são uma ferramenta útil de avaliação e de tratamento. Existe atualmente alguma evidência que suporta o uso das mobilizações na prática clínica. Na coluna cervical, um fisioterapeuta pode localizar uma faceta articular sintomática em um paciente por meio da sensibilidade na palpação e na resistência ao movimento. Esses achados foram comparados com quadros diagnósticos, e foi feito 100% de correlação entre os dois procedimentos de teste, o que traz evidência de que a mobilização é uma forma válida de avaliação.[63] No exame da faceta articular cervical para identificar um movimento intervertebral passivo diminuído, os estudos apresentam uma razoável confiabilidade intraexaminadores e uma confiabilidade ruim entre os examinadores do estudo.[17,64] Também existem estudos baseados na coluna lombar para mostrar que os clínicos, especificamente os fisioterapeutas, são hábeis no diagnóstico de facetas articulares sintomáticas,[65] discos intervertebrais sintomáticos,[66] e instabilidade lombar.[13]

Com respeito ao tratamento, a evidência é continuamente crescente de que a mobilização e a manipulação, sozinhas ou combinadas com exercícios e educação do paciente, são efetivas para o tratamento de hipomobilidades articulares.[67-75] Outros estudos revelam que a mobilização da coluna como método de tratamento possui bons resultados em termos de redução dos níveis de dor e de melhor função física.[9,76-79]

Precauções e contraindicações a serem consideradas com a mobilização articular ou com as manipulações articulares

Como qualquer outra técnica, a segurança do paciente deve sempre ser considerada. Algumas precauções e contraindicações que devem ser consideradas com a mobilização articular ou com as manipulações articulares são delineadas nos quadros.[80-85]

SUMÁRIO

Com a informação apresentada neste capítulo, o leitor se tornou mais familiarizado com a nomenclatura e com os princípios da macroestrutura articular, o que lhe permite uma melhor compreensão e avaliação da função. Pretende-se, com esses conceitos, permitir ao leitor obter maior sucesso ao final do tratamento da disfunção, utilizando os princípios da técnica biomecânica. O leitor é encorajado, agora, a ler os capítulos individuais dedicados à avaliação e ao tratamento de cada um dos complexos articulares específicos, enquanto mantém os princípios deste capítulo em mente.

REFERÊNCIAS BIBLIOGRÁFICAS

1. Chesworth B, MacDermid J, Roth J, Patterson S: Movement diagram and "end-feel" reliability when measuring passive lateral rotation of the shoulder in patients with shoulder pathology, Phys Ther 78:593-601, 1998.
2. Neumann D: Kinesiology of the musculoskeletal system: foundations for physical rehabilitation, St Louis, 2002, Mosby.
3. Norkin C, Levangie P: Joint structure & function: a comprehensive analysis, ed 2, Philadelphia, 1992, Davis Company.
4. Williams P: Gray's anatomy, ed 38, Edinburgh, 1995, Churchill Livingstone.
5. Kapandji I: The physiology of the joints. Volume one: upper limb, ed 5, New York, 1982, Churchill Livingstone.
6. Billis E, Foster N, Wright C: Reproducibility and repeatability: errors of three groups of physiotherapists in locating spinal levels by palpation, Man Ther 8:223-232, 2003.
7. MacConaill M, Basmajian J: Muscles and movements, New York, 1977, Krieger, Huntington.

Fatores que envolvem a consideração da relação entre o clínico e o paciente como uma contraindicação para a mobilização ou para a manipulação

- Avaliação subjetiva insuficiente do paciente, ou seja, informação inadequada sobre condições coexistentes, doença e/ou medicação ou, em geral, o paciente não se comunica bem ou ele é um narrador não confiável
- Avaliação fraca do paciente como um narrador confiável
- Paciente intoxicado ou fortemente medicado
- Idade do paciente: crianças (maturidade esquelética, questões de consentimento)/idosos (saúde do tecido/questões de integridade)
- Fracasso em discutir os achados da avaliação e as opções de tratamento com o paciente
- Fracasso em receber ou estar de acordo com o consentimento do paciente
- Exame por imagem ou biomecânico detalhado, insuficiente
- Achados inapropriados, sensação final ou resposta do paciente com o que segue:
  - Exame por imagem
  - Teste biomecânico
  - Teste de estresse (positivo para o nível desejado para tratamento ou preocupante se acima ou abaixo do nível articular/de tratamento)
  - Teste de reprodução de tontura
- Consciência insuficiente do terapeuta das contraindicações e das condições que requerem cuidado extra e gentileza
- Limitações físicas do terapeuta para a técnica (p. ex., seu tamanho, força, velocidade, fadiga)
- Falta de confiança do terapeuta na técnica
- Falta de equipamento apropriado para a técnica (p. ex., não utilizar um plinto alto ou baixo)
- Dor na posição da técnica
- Articulação do paciente colocada em posição de máxima coaptação

Fatores que envolvem a consideração da anatomia ou da fisiologia do paciente como uma precaução ou contraindicação para a mobilização ou manipulação

- Elementos ósseos
  - Fraturas (atualmente consolidadas)
  - Deslocamentos (atualmente curados)
  - Cânceres passados ou presentes que geraram metástase para o osso (p. ex., seio, brônquios, próstata, tireoide, rim, intestino, linfoma)
  - Infecção óssea ativa (precaução com infecções ósseas passadas; p. ex., osteomielite, tuberculose, anomalias congênitas)
  - Invasão grosseira foraminal ou do canal vertebral ao raio X ou outro exame por imagem
- Elementos vasculares
  - Insuficiência da artéria vertebral
  - Doença vascular (p. ex., aneurisma, aterosclerose)
  - Sinais de insuficiência vascular na região
  - Alterações de coagulação
  - Enxerto aórtico
- Elementos neurológicos
  - Doença no sistema nervoso central ou sinais e sintomas de sua lesão
  - Doença da medula espinal ou sinais e sintomas de sua lesão
  - Doença da cauda equina ou sinais e sintomas de sua lesão
  - Envolvimento da raiz nervosa em nível múltiplo/bilateral
- Elementos do tecido mole
  - Doença do colágeno (p. ex., síndrome de Ehlers-Danlos)
  - Instabilidade do tecido conjuntivo
  - Estágio de cura pós-traumático agudo
- Doença metabólica (p. ex., doença óssea, como a osteoporose)
- Doença/condição sistêmica (p. ex., asma, hemofilia, gestação)
- Doenças inflamatórias (p. ex., inflamação aguda ativa como a artrite reumatoide ou a doença inflamatória inativa)
- Medicações que o paciente possa estar utilizando
  - Anticoagulantes (p. ex., heparina/cuidado com AAS)
  - Qualquer medicação que afete o colágeno (p. ex., corticosteroides ou qualquer medicação que esteja ligada à osteoporose)
  - Antidepressivos

8. Canadian Physiotherapy Association: Proposed vision for manual therapy education, 2000.
9. Agency for Health Care Policy and Research (AHCPR): Acute low back problems in adults. clinical practice guideline no 14, Rockville, 1994, US Department of Health and Human Services, Public Health Services.
10. White A, Panjabi M: Clinical biomechanics of the spine, ed 2, Philadelphia, 1990, JB Lippincott.
11. Kaltenborn F: Manual therapy for the extremity joints, ed 2, Oslo, 1976, Olaf, Norlis Bokhandel.
12. Lee D: Workbook of manual therapy techniques for the upper extremity, Vancouver, 1989, DOPC.
13. Cyriax J: Textbook of orthopaedic medicine. Volume 1: diagnosis of soft tissue lesions, ed 8, London, 1982, Bailliere Tindall.
14. Harryman DT 2nd, Sidles JA, Clark JM et al: Translation of the humeral head on the glenoid with glenohumeral motion, J Bone Joint Surg 72A:1334-1343, 1990.
15. Howell SM, Galinat BJ, Renzi AJ, Marone PJ: Normal and abnormal mechanics of the glenohumeral joint in the horizontal plane, J Bone Joint Surg 70(2):227-232, 1988.
16. Watson L: The shoulder, Australian Clinical Educators, 1999.
17. Deboer KF, Harmon R Jr, Tuttle CD, Wallace H: Reliability study of detection of somatic dysfunctions in the cervical spine, J Manipulative Physiol Ther 8:9-16, 1985.
18. Soavi R, Girolami M, Loreti I et al: The mobility of the proximal tibio-fibular joint. A Roentgen Stereophotogrammetric Analysis on six cadaver specimens, Foot Ankle Int 21(4):336-342, 2000.
19. Lee D: The pelvic girdle, ed 3, Edinburgh, 2004, Elsevier Science.
20. Meadows JTS: Orthopaedic differential diagnosis in physical therapy, Toronto, 1999, McGraw-Hill.
21. van der Esch M, Steultjens M, Wieringa H et al: Structural joint changes, malalignment, and laxity in osteoarthritis of the knee, Scand J Rheumatol 34:298-301, 2005.
22. Panjabi M: The stabilizing system of the spine. Part II. Neutral zone and instability hypothesis, J Spinal Disord 5:390-396; discussion 397, 1992.
23. Lee D: The pelvic girdle, ed 2, Toronto, 1999, Churchill Livingstone.
24. Bijl D, Dekker J, van Baar ME et al: Validity of Cyriax's concept capsular pattern for the diagnosis of osteoarthritis of hip and/or knee, Scand J Rheumatol 27:347-351, 1998.
25. Fritz JM, Delitto A, Erhard RE, Roman M: An examination of the selective tissue tension scheme, with evidence for the concept of capsular pattern of the knee, Phys Ther 78(10):1046-1061, 1998.
26. Hayes KW, Petersen C, Falconer J: An examination of Cyriax's passive motion tests with patients having osteoarthritis of the knee, Phys Ther 74(8):697-709, 1994.
27. Hayes KW, Peterson CM: Reliability of assessing end-feel and pain and resistance sequence in subjects with painful shoulders and knees, J Orthop Sports Phys Ther 31:432-445, 2001.
28. Peterson CM, Hayes KW: Construct validity of Cyriax's selective tension examination: association of end feels with pain at the knee and shoulder, J Orthop Sports Phys Ther 30:512-527, 2000.
29. Kaltenborn F: The spine basic evaluation and mobilization techniques, Oslo, 1993, Olaf Norlis Bokhandel.
30. Maitland G: Peripheral manipulation, London, 1991, Butterworth-Heineman.
31. Maitland G: Vertebral manipulation, ed 5, Toronto, 1986, Butterworths.
32. Mennell J: Back pain, Boston, 1960, Little Brown & Co.
33. Mennell J: Joint pain, Boston, 1964, Little Brown & Co.
34. Bronfort G, Evans RL, Kubic P, Filkin P: Chronic pediatric asthma and chiropractic spinal manipulation: a prospective clinical series and randomized clinical pilot study, J Manipulative Physiol Ther 24(6):369-377, 2001.
35. Dishman JD, Ball KA, Burke J: First prize: central motor excitability changes after spinal manipulation: a transcranial magnetic stimulation study, J Manipulative Physiol Ther 25:1-9, 2002.
36. Ellestad SM, Nagle RV, Boesler DR, Kilmore MA: Electromyographic and skin resistance responses to osteopathic manipulative treatment for low-back pain, J Am Osteopath Assoc 88:991-997, 1988.
37. Herzog W: Mechanical and physiological responses to spinal manipulative treatments, J Neuromusc System 3:1-9, 1995.
38. Herzog W, Scheele D, Conway P: Electromyographic responses of back and limb muscles associated with spinal manipulative therapy, Spine 24:146-152, 153, 1999.
39. Lehman GJ, Vernon H, McGill SM: Effects of a mechanical pain stimulus on erector spinae activity before and after a spinal manipulation in patients with back pain: a preliminary investigation, J Manipulative Physiol Ther 24:402-406, 2001.
40. Melzack R, Wall P: The challenge of pain, London, 1988, Penguin Group.
41. Murphy BA, Dawson NJ, Slack JR: Sacroiliac joint manipulation decreases the H-reflex, Electromyogr Clin Neurophysiol 35:87-94, 1995.
42. Rogers RG: The effects of spinal manipulation on cervical kinesthesia in patients with chronic neck pain: a pilot study, J Manipulative Physiol Ther 20:80-85, 1997.
43. Suter E, Herzog W, Conway PJ et al: Reflex response associated with manipulative treatment of the thoracic spine, J Neuromusculoskel System 2:214-30, 1994.
44. Wright A: Hypoalgesia post-manipulative therapy: a review of a potential neurophysiological mechanism, Man Ther 1:11-16, 1995.
45. Wyke B: Articular neurology and manipulative therapy, ed 2, Melbourne, 1985, Churchill Livingstone.
46. Zusman M: Spinal manipulative physiotherapy, Aust J Physiother 32:89-99, 1986.
47. Cookson JC: Orthopedic manual therapy—an overview. Part II: The spine, Phys Ther 59:259-267, 1979.
48. Cookson JC, Kent BE: Orthopedic manual therapy—an overview. Part I: The extremities, Phys Ther 59:136-146, 1979.
49. Klässbo M, Harms-Ringdahl K, Larsson G: Examination of passive ROM and capsular patterns in the hip, Physiother Res Int 8:1-12, 2003.
50. Hobart JC, Lamping DL, Thompson AJ: Evaluating neurological outcome measures: the bare essentials, J Neurol Neurosurg Psychiatry 60:127-130, 1996.
51. Riddle DL: Measurement of accessory motion: critical issues and related concepts, Phys Ther 72:865-874, 1992.
52. Christensen HW, Vach W, Vach K et al: Palpation of the upper thoracic spine: an observer reliability study, J Manipulative Physiol Ther 25(5):285-292, 2002.
53. Hawk C, Phongphua C, Bleecker J et al: Preliminary study of the reliability of assessment procedures for indications for chiropractic adjustments of the lumbar spine, J Manipulative Physiol Ther 22:382-389, 1999.
54. Herzog W, Read LJ, Conway PJ et al: Reliability of motion palpation procedures to detect sacroiliac joint fixations, J Manipulative Physiol Ther 12:86-92, 1989.
55. Hestbaek L, Leboeuf-Yde C: Are chiropractic tests for the lumbo-pelvic spine reliable and valid? A systematic critical literature review, J Manipulative Physiol Ther 23:258-275, 2000.
56. Humphreys BK, Delahaye M, Peterson CK: An investigation into the validity of cervical spine motion palpation using subjects with congenital block vertebrae as a "gold standard," BMC Musculoskelet Disord 5:19, 2004.
57. Maher C, Adams R: Reliability of pain and stiffness assessments in clinical manual lumbar spine examination, Phys Ther 74:809-811, 1994.
58. Mootz RD, Keating JC Jr, Kontz HP et al: Intra- and interobserver reliability of passive motion palpation of the lumbar spine, J Manipulative Physiol Ther 12(6):440-445, 1989.
59. Schops P, Pfingsten M, Siebert U: Reliability of manual medical examination techniques of the cervical spine. Study of quality assurance in manual diagnosis, Zeitschrift fur Orthopadie und Ihre Grenzgebiete 138:2-7, 2000.

60. Vincent-Smith B, Gibbons P: Inter-examiner and intra-examiner reliability of the standing flexion test, Man Ther 4:87-93, 1999.
61. Herrington LC: The inter-tester reliability of a clinical measurement used to determine the medial-lateral orientation of the patella, Man Ther 7:163-167, 2002.
62. Mann M, Glasheen-Wray M, Nyberg R: Therapist agreement for palpation and observation of iliac crest heights, Phys Ther 64:334-338, 1984.
63. Jull G, Bogduk N, Marsland A: The accuracy of manual diagnosis for cervical zygapophysial joint pain syndromes, Med J Aust 148:233-236, 1988.
64. Fjellner A, Bexander C, Faleij R, Strender LE: Interexaminer reliability in physical examination of the cervical spine, J Manipulative Physiol Ther 22:511-516, 1999.
65. Phillips D, Twomey L: A comparison of manual diagnosis established by a uni-level lumbar spinal block procedure, Man Ther 1:82-87, 2000.
66. Donelson R, Aprill C, Medcalf R, Grant W: A prospective study of centralization of lumbar and referred pain. A predictor of symptomatic discs and anular competence, Spine 22:1115-1122, 1997.
67. Avery AF: The reliability of manual physiotherapy palpation techniques in the diagnosis of bilateral pars defects in subjects with chronic low back pain, MPAA Proceedings, 10th Biennial Conference Melbourne, 1997.
68. Bodgduk N: Whiplash: why pay for what does not work? J Musculoskeletal Pain 8:29-53, 2001.
69. Bronfort G, Evans R, Nelson B et al: A randomized clinical trial of exercise and spinal manipulation for patients with chronic neck pain, Spine 26:788-797, 798-799, 2001.
70. Gross AR, Aker PD, Goldsmith CH, Peloso P: Conservative management of neck disorders. A systematic overview and meta-analysis, Online Journal of Clinical Trials Doc No 200-201, 1996.
71. Gross AR, Kay T, Hondras M et al: Manual therapy for mechanical neck disorders: a systematic review, Man Ther 7:131-149, 2002.
72. Hoving JL, Gross AR, Gasner D et al: A critical appraisal of review articles on the effectiveness of conservative treatment of neck pain, Spine 26:196-205, 2001.
73. Jull G, Trott P, Potter H et al: A randomized controlled trial of exercise and manipulative therapy for cervicogenic headache, Spine 27:1835-1843, 1843, 2002.
74. Kjellman GV, Skargren EI, Oberg BE: A critical analysis of randomised clinical trials on neck pain and treatment efficacy. A review of the literature, Scand J Rehabil Med 31(3):139-152, 1999.
75. Peeters GG, Verhagen AP, de Bie RA, Oostendorp RA: The efficacy of conservative treatment in patients with whiplash injury: a systematic review of clinical trials, Spine 26(4):E64-E73, 2001.
76. Koes BW, Bouter LM, van Mameren H et al: Randomized clinical trial of manipulative therapy and physiotherapy for persistent back and neck complaints: results of one year follow up, Brit Med J 304:601-605, 1992.
77. Ottenbacher K, DiFabio R: Efficacy of spinal manipulation/mobilization therapy. A meta-analysis, Spine 10:833-837, 1985.
78. Scheer SJ, Radack KL, O'Brien DR Jr: Randomized controlled trials in industrial low back pain relating to return to work. Part 1. Acute interventions, Arch Phys Med Rehabil 76:966-973, 1995.
79. van Tulder MW, Koes BW, Bouter LM: Conservative treatment of acute and chronic nonspecific low back pain. A systematic review of randomized controlled trials of the most common interventions, Spine 22:2128-2156, 1997.
80. Grieve G: Common vertebral joint problems, Edinburgh, 1981, Churchill Livingston.
81. Grieve G: Contra-indications to spinal manipulation and allied treatments, Physiotherapy 75:445-453, 1989.
82. Grieve G: Modern manual therapy, Edinburgh, 1994, Churchill Livingston.
83. Hartman L: Handbook of osteopathic technique, ed 3, London, 1997, Chapman and Hall.
84. Reid D et al: Contra-indications and precautions to spinal joint manipulations: a review, Part I: Specific spinal conditions, Can J Rehab 2:19-30, 1988.
85. Reid D et al: Contra-indications and precautions to spinal joint manipulations: a review, Part II: Selected patient groups and special conditions, Can J Rehab 2:71-78, 1988.

CAPÍTULO

25

Amplitude de movimento e flexibilidade

James E. Zachazewski

INTRODUÇÃO

A disfunção do movimento, e qualquer incapacidade física subsequente, sofrida pelo paciente que tenha incorrido em algum tipo de lesão musculoesquelética, pode ser causada por inúmeros fatores. A alteração ou a perda do movimento articular normal e da flexibilidade do tecido mole são dois desses fatores críticos.

Os clínicos buscam desenvolver programas de reabilitação que permitam ao paciente retornar ao seu nível mais alto de atividade física. A fim de desenvolver esse programa, o clínico tem a responsabilidade de determinar qual fator, ou quais fatores, é a causa da disfunção do movimento, a qual altera o nível de habilidade física do paciente. O clínico também deve determinar a base fisiológica para esses fatores, no intuito de determinar o método mais apropriado de intervenção clínica.

O propósito desse capítulo é apresentar as considerações fisiológicas que devem guiar o clínico na determinação do por que o paciente tem sofrido um comprometimento do movimento articular e da flexibilidade disponível do tecido mole; e o impacto dessa perda na habilidade do paciente de se mover livre e facilmente em todas as atividades de vida diária (AVD) e recreacionais. Esse entendimento permitirá ao clínico escolher os métodos mais apropriados, eficientes e efetivos de intervenção clínica para auxiliar os pacientes na reconquista do mais alto nível de função.

DEFINIÇÕES

Os termos **amplitude de movimento** e **flexibilidade**, muitas vezes são utilizados de forma sinônima e intercambiável pelos clínicos, ainda que não signifiquem a mesma coisa. Uma compreensão das diferenças e das inter-relações entre esses termos é essencial para o clínico e para o sucesso final do trabalho com pacientes portadores de disfunção musculoesquelética.

O termo *amplitude de movimento* (ADM) refere-se, mais tipicamente, à quantidade de movimento articular mensurável disponível em qualquer articulação isolada em um plano único. Essa amplitude, geralmente, é mensurável em ambiente clínico com um goniômetro, um inclinômetro, ou outro tipo de equipamento. A ADM de qualquer articulação depende, em última instância, da sua artrocinemática particular, do contato do tecido mole ou da aproximação e do contato osso com osso, ou é limitada por eles. Um exemplo pode ser a limitação da extensão do cotovelo imposta pelo contato entre o olécrano e a fossa do olécrano, e a limitação da flexão do cotovelo pela aproximação dos tecidos moles na fossa anterior do cotovelo.

O termo *flexibilidade* tem sido definido por diversos autores, e de diferentes maneiras.[1-4] A maior parte das definições compartilham trechos comuns originalmente propostos por deVries, que declarou, "a flexibilidade pode ser definida de forma mais simples como a amplitude de movimento disponível em uma articulação, como o quadril, ou uma série de articulações, como a coluna".[5] A definição colocada por deVries leva em consideração a ADM articular e seus fatores limitantes, como descritos acima, e a habilidade dos tecidos periarticulares e musculotendíneos de serem deformados ou alongados.

Contudo, a acurácia dessa definição tem sido questionada por Holt et al., baseados no conceito de que a flexibilidade nesse tipo de definição *não* parece corresponder a alguma *medida* em particular, mas à *medição*. A amplitude de movimento não deve ser considerada similar, mas demonstrativa da flexibilidade dos tecidos conjuntivos periarticulares e dos tecidos musculotendíneos que cruzam aquela articulação ou aquela série de articulações. Com base nesse conceito, Holt et al. propuseram que a flexibilidade seja definida como "a propriedade intrínseca dos tecidos corporais, os quais determinam a amplitude do movimento que pode ser alcançado sem lesão em uma articulação ou grupo de articulações".[6] A Tabela 25.1 sumariza essas definições e alguns dos conceitos clínicos que são relativos a elas.

A definição e o conceito de flexibilidade de Holt é, talvez, um dos mais clinicamente relevantes. A ADM potencial máxima possível (aquela que é clinicamente mensurável) que pode estar disponível em qualquer articulação isolada é governada pela forma e pela orientação anatômica da articulação (artrocinemática)[7] e pela habilidade dos tecidos que circundam aquela articulação ou série de articulações. Essa ADM medida deve ser considerada equivalente à definição oferecida por deVries da "flexibilidade estática" (ver Tab. 25.1).

Os clínicos sempre devem se lembrar que, funcionalmente, a habilidade para se mover ao longo, ou dentro, de uma ADM específica depende da flexibilidade dos tecidos. Essa flexibilidade é dependente das características intrínsecas viscoelásticas e neurofisiológicas dos tecidos conjuntivos periarticulares e musculotendíneos, que cruzam aquela articulação, de serem deformados ou alongados e retornarem ao seu comprimento original.[8-14]

Exemplo clínico de medição da ADM

- Um paciente na posição de decúbito dorsal pode ter a ADM de flexão de joelho completa demonstrada pela sua habilidade de tocar o calcanhar nas nádegas, mas faltam 5 graus da ADM de extensão. Ao realizar a medição da flexão, o terapeuta tem o paciente posicionado em 90 graus de flexão de quadril, e ao realizar a medição da extensão, o quadril está completamente estendido.
- Contudo, se o paciente está posicionado em decúbito ventral, a flexão do joelho disponível pode ser limitada a 130 graus. Na posição de decúbito ventral, a limitação da ADM de flexão do joelho se deve à flexibilidade do reto femoral (tecidos musculotendíneos). A ADM da articulação é completa e descomprometida, como demonstrado pela amplitude total alcançada na posição de decúbito dorsal, limitada apenas pela aproximação da massa dos isquiotibiais e do quadríceps. Nenhuma restrição se deve aos tecidos conjuntivos periarticulares.
- A falta da extensão completa de joelhos com o paciente em decúbito ventral e o quadril em extensão completa demonstra que a restrição na ADM se deve a uma limitação dos tecidos conjuntivos periarticulares, como a porção posterior da cápsula articular. Nessa posição, os tecidos musculotendíneos (isquiotibiais) não estão em tensão e não podem contribuir para essa limitação. Se a extensão do joelho é mensurada com os quadris flexionados em 90 graus e se a perda da extensão aumenta a -20 graus, então a limitação da flexibilidade dos isquiotibiais também compromete a extensão.

Tabela 25.1 Definição e conceitos clínicos de flexibilidade[5,6]

	Definição	Conceitos clínicos
Flexibilidade[6]	A *propriedade intrínseca* dos *tecidos corporais* que determina a *amplitude de movimento* alcançável sem *lesão* em uma articulação ou em um grupo de articulações	*Propriedades intrínsecas*: viscoelástica e neurofisiológica Capaz de ser modificada (aumentada ou diminuída) por meio de exercício, estilo de vida, lesão ou envelhecimento Propriedades possuem limites Exceder essas propriedades pode levar à disfunção ou à lesão *Tecidos corporais* Inclui músculos, tendões, fáscias, cápsulas, ligamentos, ossos e componentes do sistema nervoso, tais como fusos, órgãos tendinosos de Golgi e mecanismos centrais Existe hierarquia tecidual para cada articulação, grupo articular e indivíduo *Amplitude de movimento* Influenciada pela artrocinemática Limitada pela aproximação do tecido mole, contato osso a osso, tensão do tecido conjuntivo periarticular *Lesão* Pode acontecer caso sejam feitas tentativas de aumentar a ADM se a restrição se deve a limitações ligamentares ou capsulares normais, ou a contato ósseo
Flexibilidade estática[5]	A ADM mensurável disponível em uma articulação ou uma série de articulações	Movimento disponível sem consideração do tempo ou de requerimentos dinâmicos para obter aquela posição
Flexibilidade dinâmica[5]	A medição da resistência ao movimento ativo em uma articulação ou em uma série de articulações	O tecido conjuntivo periarticular e musculotendíneo deve ser capaz de se deformar no tempo requerido para que a atividade aconteça

Essas são as propriedades intrínsecas descritas por Holt et al., e também são, para deVries, a definição integral de "flexibilidade dinâmica" (ver Tab. 25.1).

Para avaliar o movimento disponível em uma articulação, o clínico mede a ADM. Essa medição também, por vezes, pode ser considerada uma avaliação indireta da flexibilidade dos tecidos conjuntivos periarticulares e musculotendíneos associados à articulação, porque esses tecidos devem ser deformados para que a articulação se mova em uma ADM específica. Enquanto os clínicos medem a ADM, devem influenciar a flexibilidade dos tecidos associados à articulação para alterar a ADM mensurável. Isso é verdade para qualquer articulação isolada ou para uma série de articulações (tal como encontrado na coluna) tanto de uma perspectiva estática quanto dinâmica.

A velocidade do movimento humano varia de leve e metódica (caminhada) a alta e explosiva (ginástica olímpica). Embora uma boa flexibilidade dinâmica seja importante para as atividades em geral, ela é crítica para atletas. Os tecidos conjuntivos periarticulares e musculotendíneos devem ser capazes de se deformar no tempo requerido para que as atividades esportivas aconteçam. A flexibilidade dinâmica, muitas vezes, é limitada pela habilidade dos tecidos conjuntivos de se deformarem rápida e facilmente, e pela necessidade de integração do sistema neuromuscular.

Caso se considere a existência de um problema com a flexibilidade ou com a ADM de um paciente, o clínico deve ser cuidadoso para compreender as causas de base da disfunção do movimento do paciente. O paciente sofreu alguma perda verdadeira de amplitude de movimento devido a uma efusão articular, alterações na arquitetura óssea ou alinhamento das superfícies articulares? A alteração na ADM é medida a partir de uma perda da flexibilidade das estruturas teciduais conjuntivas periarticulares, musculotendíneas ou de ambas? A perda da ADM ou da flexibilidade afeta funcionalmente o paciente? Muitas vezes, os clínicos batalham por uma ADM completa, quando os pacientes desejam ou requerem apenas uma ADM que lhes permita ser funcionais e livres de dor em suas atividades diárias. Identificar a fonte do problema e a sua extensão auxilia o clínico no desenvolvimento de um plano de tratamento mais eficiente. O componente tecidual restritivo apropriado deve ser endereçado (contrátil, não contrátil ou neural).

O clínico deve reservar o termo *amplitude de movimento* para descrever o que acontece com respeito à habilidade da articulação de se mover ao longo da sua amplitude de movimento anatômica, mas utilizar o termo *flexibilidade* para descrever o que acontece com respeito à habilidade dos tecidos conjuntivos periarticulares e musculotendíneos de se deformar. Ao avaliar ou descrever a amplitude de movimento, o clínico deve ter certeza de que qualquer tecido musculotendíneo associado a uma articulação em particular, e que possa cruzar duas ou mais articulações, não esteja em alongamento, porque isso tende a limitar a flexibilidade da articulação sendo avaliada. Isso traz uma falsa impressão da ADM real da articulação.

ESTRUTURAS QUE LIMITAM A AMPLITUDE DE MOVIMENTO E A FLEXIBILIDADE

Superfícies articulares

Como previamente declarado, a ADM disponível em qualquer articulação, em última instância, depende da arquitetura óssea e do alinhamento das superfícies articulares (artrocinemática). Se a arquitetura e o alinhamento das superfícies articulares são normais, então os componentes limitantes de qualquer movimento articular (antes de alcançar os limites impostos pelo alinhamento articular e pela arquitetura) devem ser os tecidos conjuntivos periarticulares e os tecidos musculotendíneos que estão em íntima proximidade ou que cruzam a articulação. O impacto desses tecidos pode variar dependendo da posição da articulação no espaço. A limitação do movimento na metade da amplitude tem sido atribuída, primariamente, à cápsula articular, com uma maior limitação sendo fornecida pela musculatura circundante e, finalmente, os tendões que cruzam aquela articulação, de acordo com estudos completados por Johns e Wright com o uso de um modelo animal (Tab. 25.2).[15] No fim da ADM disponível em uma articulação ou em uma série de articu-

Tabela 25.2 Contribuição da resistência tecidual para o movimento articular: posição média*

	Em extensão -0,5 radiano		Em flexão 0,5 radiano†		Pico a pico 0,5 radiano‡	
	g-cm	% total	g-cm	% total	g-cm	% total
Pele	-58	19	-50	-38	8	2
Músculos	-133	43	49	37	182	41
Tendões	-25	8	17	13	42	10
Cápsula	-92	30	117	88	209	47
Total	-308	100	133	100	441	100

*Frequência da rotação de 0,1 ciclo por segundo.
†A pele reduz o torque requerido para flexionar a articulação
‡Torque na articulação intacta
De Johns RJ, Wright V: Relative importance of various tissues in joint stiffness, *J Appl Physiol* 17:824-828, 1962.

Tabela 25.3 Contribuição da resistência tecidual ao movimento articular: amplitude de movimento final

	Torque requerido na extensão -48 graus		Torque requerido na flexão +48 graus		Torque requerido no pico a pico	
	g-cm	% total	g-cm	% total	g-cm	% total
Pele	–70	11,2	–45*	–8,7	25	2,2
Músculos						
Extensores	–35	42,4	0	36,9	35	40
Flexores	–230		190		420	
Tendões	–70	11,2	170	33	240	21
Cápsulas	–220	35,2	200	38,8	420	36,8
Total	–625	100	51	100	1.140	100

*Nota: pele adicionada às articulações em flexão.

De deVries HA: Flexibility. In: deVries HA: *Physiology of exercise for physical education and athletics.* 4.ed. Wm C Brown, Dubuque, 1966, p. 463; adaptado de Johns RJ, Wright V: Relative importance of various tissues in joint stiffness, *J Appl Physiol* 17:824-828, 1962.

lações em particular, em especial do indivíduo mais ativo fisicamente ou em atletas, o músculo pode exercer um papel maior na limitação do movimento e na geração de rigidez. deVries,[5] em um recálculo dos dados desenvolvidos por Johns e Wright, declarou que o fator primário limitando o movimento ao fim da sua amplitude pode ser o músculo e a bainha fascial associada a ele, seguido pela cápsula e, finalmente, pelo tendão (Tab. 25.3).

O conhecimento desses fatos e a avaliação clínica apropriada do paciente permitem ao clínico priorizar as considerações em intervenções de tratamento que devem ser mais efetivas para o paciente, com base no local onde repousa a limitação do movimento e quais são os tecidos primariamente responsáveis. O foco da intervenção e os tecidos endereçados podem precisar ser alterados conforme a disposição do movimento se altera. A rigidez e a restrição inicial, em meia amplitude e na amplitude final precoce, podem requerer do clínico o foco nos tecidos conjuntivos periarticulares, tal como a cápsula articular. Conforme o movimento disponível se altera, o foco pode precisar ser mudado para os tecidos musculotendíneos que cruzam aquela articulação. Como um exemplo, o paciente com uma restrição na elevação do ombro pode requerer uma quantidade significativa de mobilização articular quando a amplitude de movimento disponível para a flexão e a abdução da articulação glenoumeral são limitadas abaixo de 100 a 120 graus. Contudo, conforme o movimento disponível na articulação glenoumeral aumenta, mais atenção clínica deve ser dedicada ao aumento da flexibilidade dos tecidos musculotendíneos que cruzam aquela articulação, a fim de obter uma melhor elevação funcional.

Embora o clínico não deva ignorar a reaquisição do movimento completo da articulação glenoumeral por causa das restrições das estruturas capsulares, mais atenção deve ser dispensada para o alongamento dos músculos do manguito rotador que estão abaixo da espinha da escápula e do centro de rotação das articulações (infraespinal, redondo menor), latíssimo do dorso, redondo maior, peitoral maior e peitoral menor. O impacto da flexibilidade desses músculos em permitir ao paciente alcançar a ADM completa, muitas vezes, é subapreciado conforme a ADM da articulação glenoumeral aumenta.

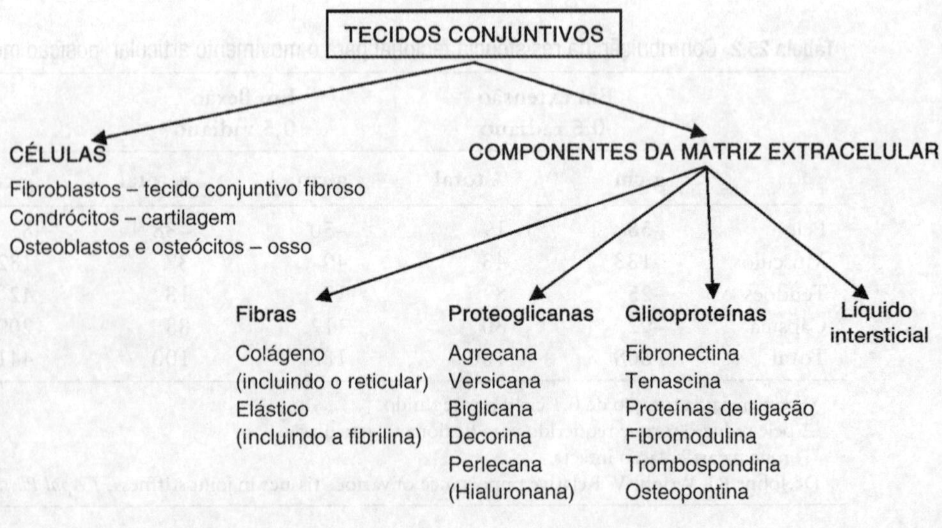

Figura 25.1 Componentes do tecido conjuntivo. (De Culav EM, Clark CH, Merrilees MJ: Connective tissues: matrix composition and its relevance to physical therapy, *Phys Ther* 79:308-319, 1999.)

Tecido conjuntivo

Os tecidos conjuntivos do corpo são compostos pelos mesmos componentes básicos celulares e extracelulares. Fibroblastos, condrócitos, osteócitos e osteoblastos são os responsáveis pela síntese de fibras e de componentes extracelulares associados ao tecido conjuntivo fibroso, à cartilagem articular e ao osso, respectivamente. Esses componentes são sintetizados na Figura 25.1.

O colágeno e a elastina são fibras extracelulares que complementam uma à outra de uma perspectiva funcional. O colágeno capacita os tecidos conjuntivos a resistirem às forças tênseis de deformação, fornecendo uma estrutura esquelética que se mantém unida por tecido conjuntivo, enquanto a elastina assiste na recuperação do tecido após uma deformação.[11,16-20] De maneira geral, o colágeno pode ser comparado a uma ponte de suspensão fibrosa. As propriedades estruturais na ponte de suspensão fibrosa dependem das propriedades materiais das fibrilas de colágeno (propriedades físicas e mecânicas), do tamanho da fibrila de colágeno (área e comprimento), e da organização e do alinhamento das fibrilas (Fig. 25.2). Influenciar a habilidade do colágeno de ser deformado sem ser lesado deve, dessa forma, ser o foco do clínico que trabalha com um paciente com algum tipo de perda de ADM ou de flexibilidade.[11,12,21]

Embora o colágeno seja o bloco de construção mais comum, o tipo de colágeno que compõe os diferentes tecidos conjuntivos varia, e tem sido bem apresentados para os clínicos por vários autores.[16,17,22-26] Embora 19 tipos diferentes de colágeno tenham sido identificados,[25] o clínico envolvido com a reabilitação musculoesquelética está preocupado, em primeiro lugar, com os tecidos que são compostos primariamente dos tipos I ao V. A Tabela 25.4 mostra brevemente esses tecidos e os tipos de colágeno que os compõem.

Como visto nessa tabela, o colágeno do tipo I é o mais abundante nos tecidos com os quais o clínico de reabilitação está mais preocupado. Ele é primordialmente responsável pela força e pela resistência do tecido às forças de lesão, e pela habilidade do tecido de suportar o estresse tênsil e a deformação. O colágeno do tipo II é encontrado principalmente na cartilagem hialina. O colágeno tipo III pode ser considerado um tipo de cartilagem mais "imatura", cuja síntese é disparada por uma lesão e o processo de cura resultante.[27] O colágeno do tipo III é proeminente nos estágios iniciais da recuperação e da formação do tecido cicatricial. Esse tipo de colágeno não tem a força tênsil e a habilidade para resistir à deformação que o colágeno do tipo I possui. Conforme a recuperação procede, ele é substituído por um colágeno mais forte, como o do tipo I.[27]

Tabela 25.4 Colágenos do tecido conjuntivo

Tecido	Tipo de colágeno*
Pele	I, III
Osso	I
Cartilagem hialina	II
Pericôndrio	I, II
Membrana basal	IV
Tecido de granulação	I, III
Ânulo fibroso	I, II
Núcleo pulposo	II, I
Músculo	
Epimísio	I, III, IV
Perimísio	I, III, IV
Endomísio	I/III, IV, V
Tendão	
Bandas	I
Endotendíneo	III, IV
Cápsula articular	I, III
Fáscia	I

*O tipo listado primeiro é o encontrado com mais frequência naquele tecido.

De Zachazewski JE. Improving flexibility. In Scully R, Barnes ML, editors. *Physical therapy*. JB Lippincott, Philadelphia, 1989.

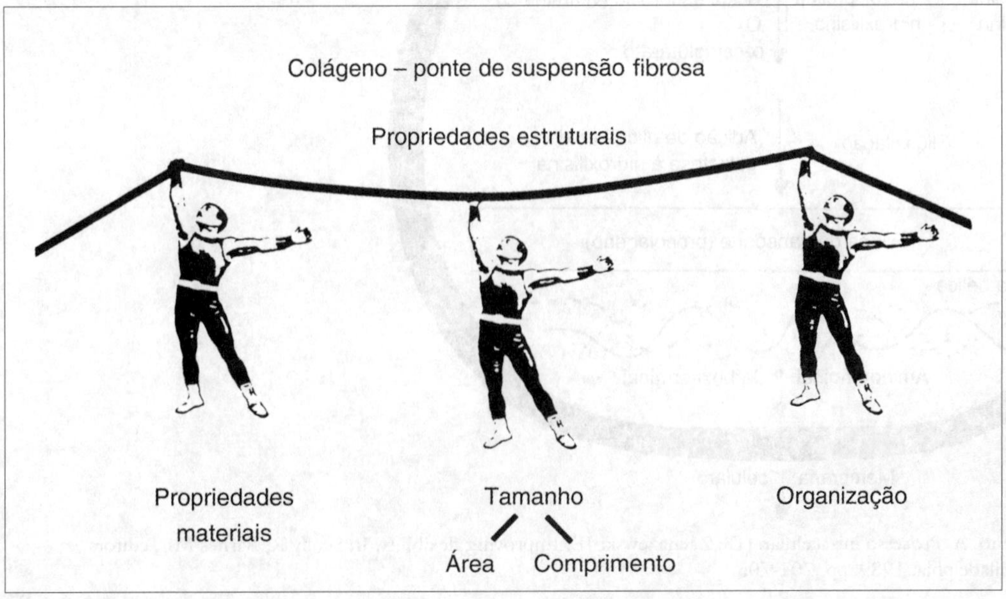

Figura 25.2 Colágeno: ponte de suspensão fibrosa. (De Akeson WH, Woo SLY, Amiel D et al. The chemical basis of tissue repair: the biology of ligaments. In Hunger LY, Funk FJ, editors. *Rehabilitation of the injured knee*. CV Mosby, St Louis, 1984.)

A elastina é encontrada em concentrações mais altas de tecidos que podem ser capazes de suportar o estiramento repetido e a deformação, e retornar ao seu estado original (p. ex., a pele, os pulmões e os vasos sanguíneos). O arranjo dessas fibras varia de acordo com a força e a direção das forças aplicadas ao tecido no qual elas são encontradas. Embora o mecanismo exato de sua extensibilidade não tenha sido claramente compreendido, a quantidade de elastina encontrada no tecido normalmente reflete a quantidade de estiramento mecânico imposto sobre ele e a necessidade daquele tecido de retornar ao seu estado original.[16] Essas fibras são capazes de aumentar seu comprimento em até 150% e ainda assim retornar à sua configuração prévia.[28]

A biossíntese do colágeno é um processo intracelular e extracelular complexo (Fig. 25.3).[17,24,26,29-32] O colágeno contém determinados aminoácidos independentemente do seu tipo genético. Dentro da célula, esses aminoácidos são sequenciados em uma cadeia simples denominada **protocolágeno**.

Essas cadeias de aminoácidos são formadas por uma cadeia de tripeptídios repetidos que, na maior parte das vezes, possuem uma sequência de glicina: X-Y. X é, com frequência, a prolina, e Y a lisina. Durante o processo intracelular, três cadeias de proteoglicanas são sintetizadas individual e simultaneamente. Os resíduos de prolina e de lisina dentro desse protocolágeno são hidroxilados para formar hidroxiprolina e hidroxilisina. Na presença da enzima transferase, hidroxilisinas selecionadas são, então, glicosiladas. Durante esses dois passos, aquelas três cadeias de proteoglicanas são espontaneamente ligadas para formar uma tripla hélice, estabilizada por ligações intramoleculares de hidrogênio. Essa tripla hélice, característica estrutural comum de todos os colágenos, é denominada **procolágeno**. O procolágeno é então transportado para fora da membrana celular, onde peptídios extras são dele removidos e o transformam em tropocolágeno. Formam-se ligações cruzadas intermoleculares entre as moléculas de tropocolágeno. Cinco moléculas de tropocolágeno se unem, e são mantidas juntas por essas ligações cruzadas intermoleculares, para formar um arranjo de estratificação quaternária. As ligações cruzadas intermoleculares que estão normalmente presentes são a diidroxilisina com a norleucina (DHLNL), a hidroxilisina com a norleucina (HLNL) e a histidinohidroximerodesmosina (HHMD).[33] É a tripla hélice do procolágeno e sua formação estratificada quaternária, em associação com as ligações cruzadas intermoleculares e intramoleculares que, em última instância, fornecem ao tecido conjuntivo suas propriedades mecânicas características para suportar a carga e a deformação tênsil.

As fibrilas de tropocolágeno se unem para formar uma microfibrila em um padrão característico. As microfibrilas, então, unem-se para formar uma subfibrila, e essas subfibrilas se unem para formar as fibrilas de colágeno. A fibrila de colágeno é a estrutura que suporta a carga do tecido conjuntivo (Fig. 25.4). Em seu estado relaxado, o colágeno tem uma característica estrutural ondulada em uma base microfibrilar.[34] A força e a integridade dessa fibrila são dependentes das ligações cruzadas intramole-

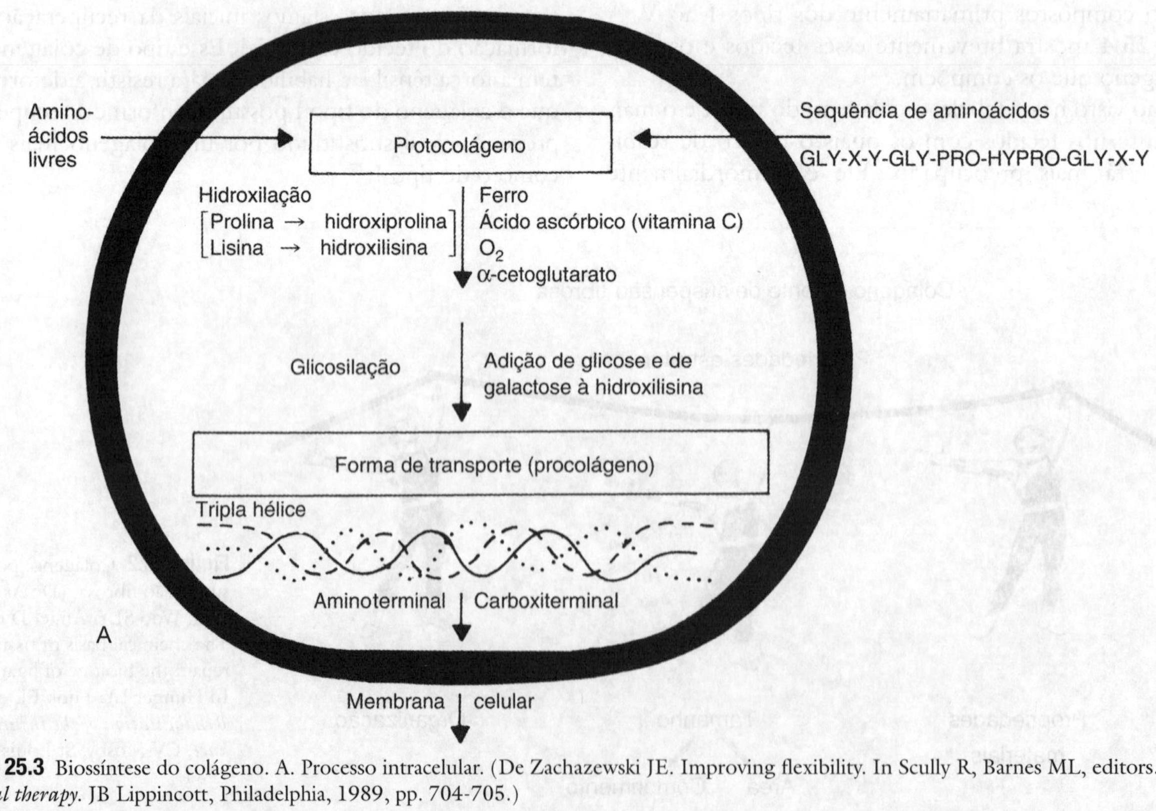

Figura 25.3 Biossíntese do colágeno. A. Processo intracelular. (De Zachazewski JE. Improving flexibility. In Scully R, Barnes ML, editors. *Physical therapy*. JB Lippincott, Philadelphia, 1989, pp. 704-705.)

(*continua*)

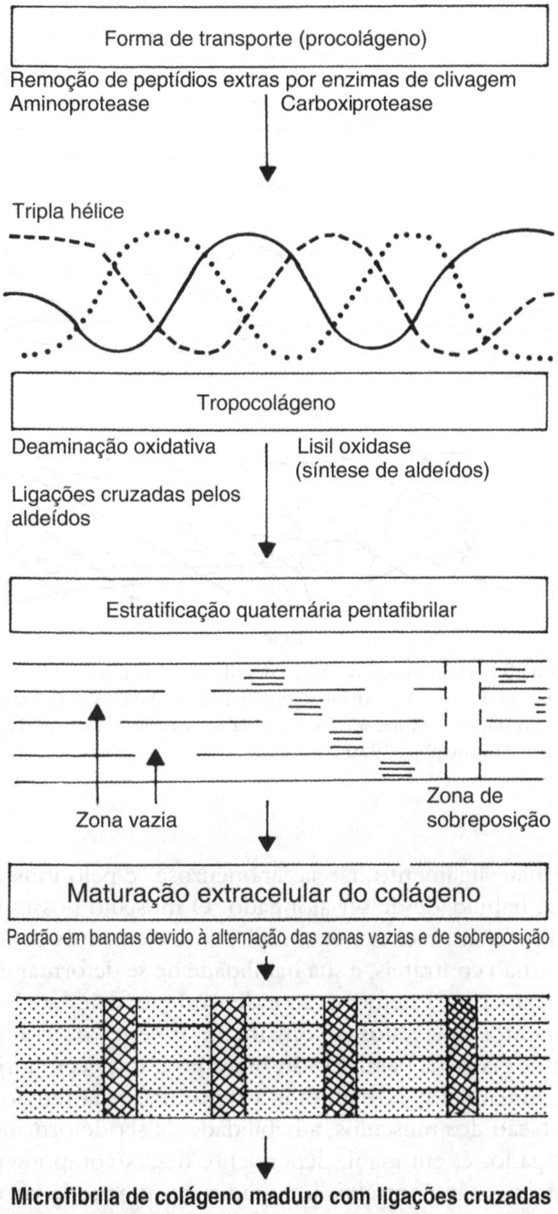

Figura 25.3 ***(continuação)*** **B.** Processo extracelular. (De Zachazewski JE. Improving flexibility. In Scully R, Barnes ML, editors. *Physical therapy*. JB Lippincott, Philadelphia, 1989, pp. 704-705.)

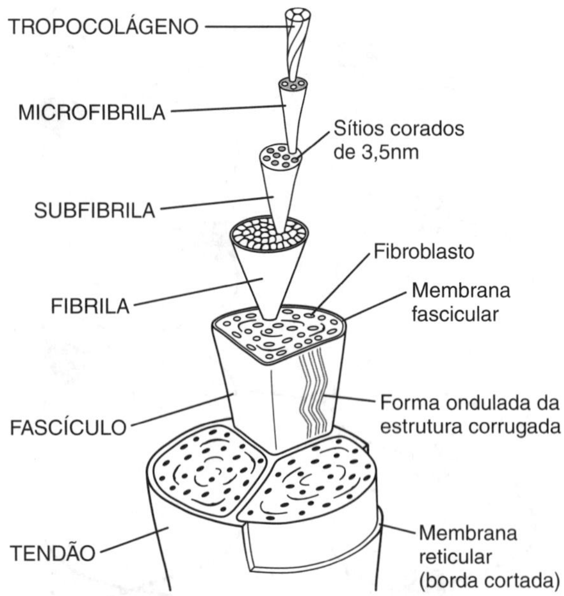

Figura 25.4 Formação do tendão.

culares e intermoleculares detalhadas acima (Fig. 25.5). A melhor analogia pode ser comparar essa formação a uma corda, na qual filamento após filamento se junta para formá-la e lhe conferir força.

As fibrilas de colágeno de qualquer tecido estão integradas no espaço intersticial entre as células junto às macromoléculas insolúveis, chamadas **proteoglicanas** (PG) e **glicosaminoglicanas** (GAG), e água. Esse espaço, muitas vezes, é denominado **substância fundamental**. Uma das funções essenciais da PG e da GAG é a hidratação da matriz, por ligar a água a essa área, o que cria um gel viscoso que provavelmente serve para fornecer lubrificação e espaçamento entre as fibras de colágeno e os pontos de interceptação onde eles se cruzam. O espaço gerado entre as fibrilas pode prevenir o excesso de ligações cruzadas entre elas, o que pode diminuir a mobilidade e a deformação do tecido.[35] Um exemplo disso pode ser as mudanças encontradas no tecido conjuntivo como resultado de uma contratura ou de uma artrofibrose articular.

A habilidade do colágeno de suportar o estresse tênsil e de permitir ou proibir o movimento é, antes de mais nada, dependente da força das ligações cruzadas intramoleculares e intermoleculares descritas previamente. Contudo, a direção da orientação das fibrilas também deve ser levada em consideração (Fig. 25.6). O colágeno tende a ser orientado ao longo das linhas de estresse. Devido a esse arranjo, ele é capaz de tolerar um estresse tênsil significativo, mas não pode suportar um estresse compreensivo ou de cisalhamento significativo.[10] As fibrilas de colágeno do tendão possuem a orientação mais paralela e são, dessa forma, mais tolerantes ao estresse tênsil. Uma orientação menos paralela é evidente em ligamentos e na cápsula articular. Assim, esses tecidos são mais tolerantes ao estresse em diferentes direções, mas ainda o são, especialmente, ao longo de suas linhas de orientação.

O tendão, o ligamento, a cápsula, a fáscia e a aponeurose são classificadas como tecido conjuntivo regular denso.[20] As fibrilas de colágeno do tendão possuem a orientação mais paralela; sendo assim, o tendão é primariamente resistente ao estresse tênsil. O ligamento e a cápsula possuem uma orientação paralela menos distinta, enquanto a fáscia e a aponeurose são arranjadas em múltiplas camadas ou lamelas (embora as fibrilas de colágeno associadas a essas camadas ou lamelas sigam um curso paralelo e discretamente ondulado dentro de cada lâmina, a direção da orientação de cada lâmina pode diferir discretamente).[10,11,36] Em função desse arranjo, a tolerância ao estresse é permitida em múltiplas direções, ainda primariamente ao longo das linhas de orientação das fibrilas de colágeno. O tecido conjuntivo frouxo,

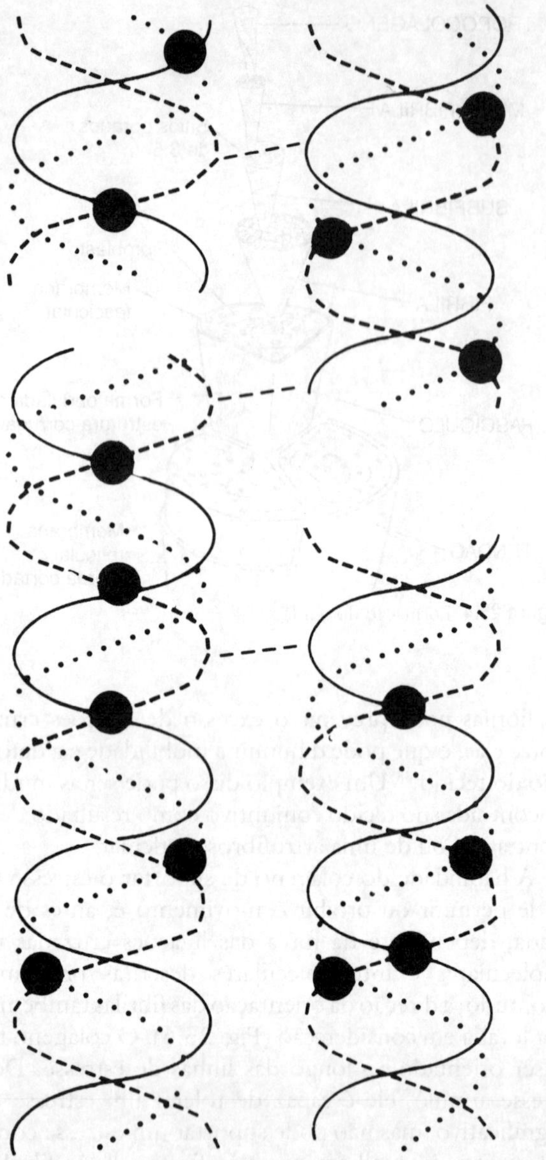

Figura 25.5 Ligações cruzadas intramoleculares e intermoleculares.

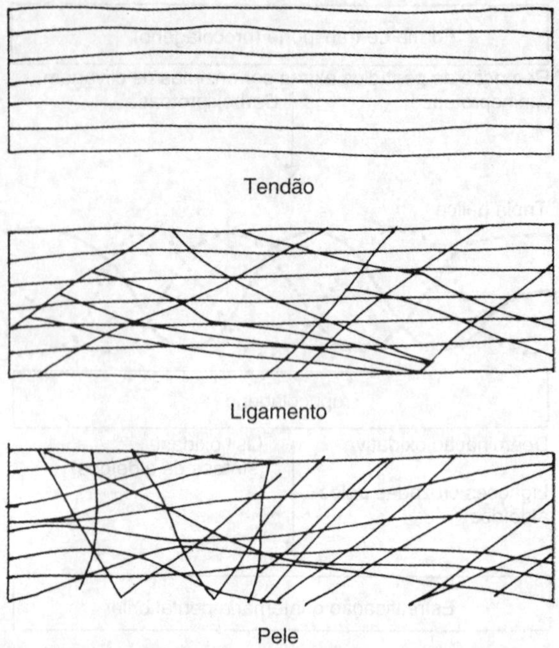

Figura 25.6 Direção da orientação das fibrilas de colágeno. (De Nordin M, Frankel VH. *Biomechanics of collagenous tissues.* In Frankel VH, Nordin M, editors. *Mechanics of the musculoskeletal system.* Lea & Febiger, Philadelphia, 1980.)

com sua abundante e altamente hidratada substância fundamental, é geralmente encontrado entre os músculos e outros locais onde a mobilidade é vantajosa.[20]

As limitações da flexibilidade e da amplitude de movimento que resultam de estruturas não contráteis (músculo) são o resultado de um aumento da rigidez e da limitação dos tecidos conjuntivos de serem deformados ao longo de suas linhas de estresse. Esses são os tipos de alterações vistos comumente com as contraturas e as artrofibroses articulares. As alterações associadas a essas estruturas são descritas em maior detalhe mais adiante neste capítulo.

Músculos e elementos contráteis

A flexibilidade e a amplitude de movimento podem ser limitadas pelos tecidos em íntima proximidade às articulações que agem como contenção passiva (p. ex., cápsula articular, ligamento, fáscia, aponeurose) e pelo músculo e sua habilidade de ser alongado. O músculo possui um arranjo anatomicamente complexo de elementos contráteis e não contráteis, e sua habilidade de se deformar e de se recuperar da deformação é dependente dele.[37,38] Esses elementos colagenosos constituem as séries de componentes elásticos paralelos do músculo e fornecem a rigidez funcional para melhorar a transmissão da tensão. A limitação dos músculos, a habilidade de ser deformado e alongado, é, em geral, dependente desses componentes proteicos não contráteis integrados em uma rede viscoelástica de tecido conjuntivo. Contudo, alguma resistência à deformação e à tensão pode ser atribuída à ativação de pontes cruzadas entre os filamentos de actina e de miosina.[39-42] Em resumo, parece que, para um músculo, os elementos contráteis e não contráteis limitam a deformação e a "flexibilidade". A contribuição fornecida pelos elementos contráteis parece estar relacionada à velocidade de deformação no início da amplitude, e quanto mais um músculo é estirado, maior a contribuição dos elementos não contráteis na resistência à deformação e ao estiramento. (Matzkin et al. apresentam uma descrição e discussão completas do músculo e de sua habilidade de sofrer deformação e o que acontece quando sua tolerância à deformação é excedida, no Capítulo 5 deste livro. Os leitores são encorajados a revisar esse capítulo em sua totalidade).

O impacto neurofisiológico do alongamento muscular tem sido bem descrito por Stanish et al.[43] Essas estruturas-chave, o fuso muscular e o órgão tendinoso de Golgi (OTG), estão ilustradas na Figura 25.7.

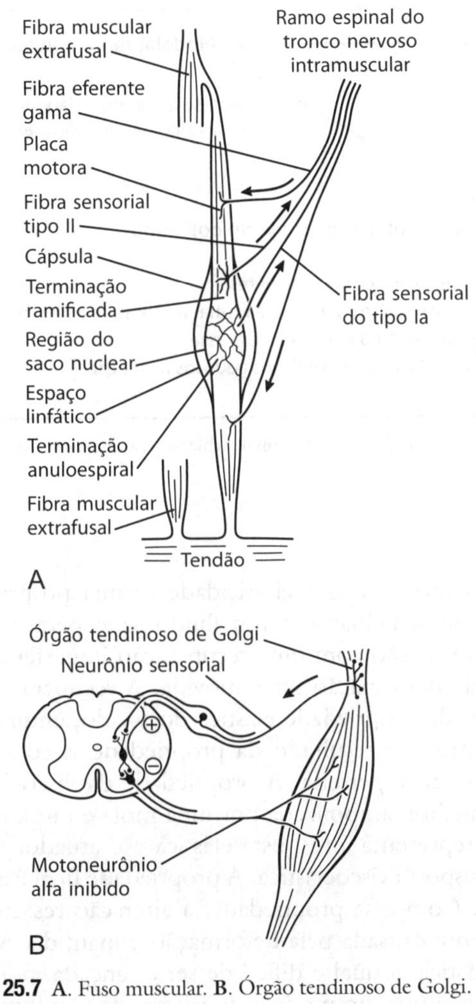

Figura 25.7 A. Fuso muscular. B. Órgão tendinoso de Golgi.

Os dois tipos característicos de fibra muscular importantes na neurofisiologia do alongamento são as fibras intrafusais e extrafusais. As fibras contráteis primárias de qualquer músculo são as fibras extrafusais, as quais são inervadas por motoneurônios alfa. Elas podem ser consideradas os elementos sensoriais da deformação, e sinalizam a alteração do comprimento e da taxa de alteração no comprimento de um músculo. Como parte do fuso muscular, as fibras intranfusais são inervadas por motoneurônios gama e delta. Os impulsos aferentes gerados por uma alteração no comprimento muscular são percebidos e transmitidos pelos nervos sensoriais do tipo Ia e tipo II. A percepção desses sinais aferentes pode ativar os motoneurônios alfa e suprir as fibras extrafusais, o que as leva a se contraírem, por meio de um reflexo de estiramento monossináptico. A contração das fibras extrafusais se apoia no estiramento ou na deformação do fuso, e diminui a descarga aferente. A taxa de impulsos aferentes a ele é uma função do comprimento muscular, do movimento e da atividade eferente motora do fuso, todos os quais são modificados por comandos mais elevados do sistema nervoso central ou pela atividade do fuso. A habilidade do fuso muscular de perceber continuamente e de sinalizar as alterações no comprimento muscular (e a velocidade dessa alteração), conforme ele é encurtado durante a contração muscular, é realizada pelas fibras eferentes gama, que continuam reconfigurando o fuso.

A área da junção musculotendínea também contém estruturas que são sensíveis à força produzida pela contração muscular, o órgão tendinoso de Golgi (OTG). O OTG, ou fibras aferentes do tipo Ib, estão localizados, predominantemente, na transição do músculo para o tendão ou do músculo para a aponeurose. Apenas um pequeno número se situa no tendão.[44] Essas fibras aferentes são sensíveis à produção de força via contração muscular. Sob disparo, o OTG inibe a atividade do motoneurônio alfa do músculo ativo (agonista), enquanto facilita o antagonista. A sensibilidade à tensão varia entre os OTG, e parece estar inversamente correlacionada à rigidez mecânica do tendão muscular no qual ele se encontra.[14] Fukami e Wilkinson têm demonstrado que, quanto maior a rigidez da unidade musculotendínea, menor a sensibilidade do OTG à tensão e menor a probabilidade de que ele dispare e cause a inibição da atividade do motoneurônio alfa. Um músculo "retesado ou inflexível" pode ser mais resistente ao recrutamento do disparo do OTG. O estiramento ou a deformação do OTG é o mais importante, não a força aplicada.

De uma perspectiva clínica prática, durante qualquer tipo de atividade de alongamento ou exercício, o clínico deve estar atento para minimizar ou inibir a entrada de informação dos aferentes fusais do tipo Ia e II e maximizar a entrada de informação, ou a influência, do OTG.

HOMEOSTASE

A flexibilidade dos tecidos, associada ao sistema musculoesquelético e a amplitude de movimento articular adequada, são requeridas para uma função ótima. Os colágenos associados aos tecidos musculoesqueléticos são elementos metabolicamente ativos que estão sofrendo alteração e substituição de maneira constante. A deformação do tecido conjuntivo, facilitada pelo movimento, é necessária para a homeostase.[21,39] A resposta dos tecidos pode ser categorizada como modelamento celular, substância fundamental e resposta do colágeno e resposta tecidual. Eles estão exemplificados na Figura 25.8.

Modelamento celular

As forças e os estresses impostos sobre os tecidos pelo movimento estimulam os fibroblastos a modular a síntese de colágeno e de glicosaminoglicanas (GAG),[21,45] enquanto o colágeno e as GAG que não são mais necessários são removidos por meio de degradação enzimática.[46-48] A taxa de substituição e de mudança é mais rápida para as GAG do que para o colágeno.

Substância fundamental e resposta do colágeno

As GAGs (sintetizadas pelos fibroblastos) se ligam com a água e formam a substância fundamental que, subsequentemente, fornece a lubrificação para as fibrilas

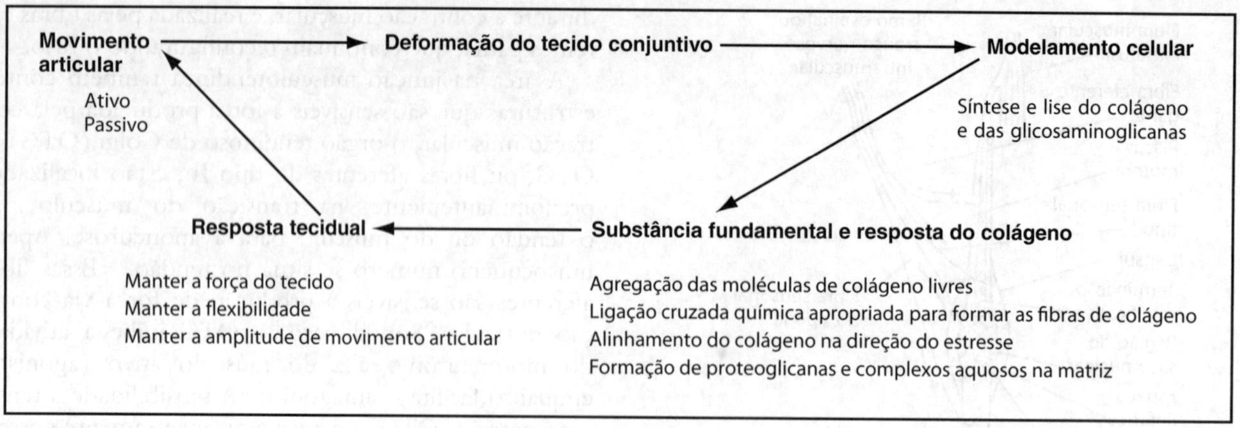

Figura 25.8 Homeostase do tecido conjuntivo periarticular. (De Burkardt S. Tissue healing and repair. National Athletic Trainers Association Professional Preparation Conference, Nashville, 1979.)

de colágeno. Elas auxiliam na minimização das ligações cruzadas excessivas ao manter a distância entre as fibrilas de colágeno. O desenvolvimento de ligações cruzadas anômalas é prevenido pela ocorrência do movimento,[45] enquanto a orientação e a disposição das ligações cruzadas recentemente formadas ao longo das linhas de estresse são influenciadas pelo estresse e pelo movimento.[21,45] Dessa forma, o movimento controlado durante a recuperação do tecido pode ter um resultado positivo no alinhamento dessas ligações cruzadas e na restauração do colágeno em geral.

Resposta tecidual

A flexibilidade dos tecidos moles e a amplitude de movimento articular são mantidas pela amplitude ao longo da qual o movimento ocorre normalmente. Os tecidos conjuntivos mantêm sua integridade e força, e capacitam o movimento a resistir apropriadamente aos estresses impostos sobre ele.

PROPRIEDADES DO TECIDO CONJUNTIVO

O tecido colagenoso exibe várias propriedades mecânicas e físicas quando sofre deformação. São essas propriedades que permitem aos tecidos conjuntivos responder à carga e à deformação de maneira apropriada e fornecer aos tecidos sua habilidade de sustentar altos estresses tênseis, que podem ser impostos sobre eles. As três propriedades mecânicas exibidas pelo colágeno são a elasticidade, a viscoelasticidade e a plasticidade. As três propriedades físicas são o relaxamento da força, o "creep" (fluidez) e a histerese.

Propriedades mecânicas

A elasticidade é um comportamento semelhante a uma mola, por meio da qual o alongamento produzido por uma carga é recuperado após ela ser removida. Essa propriedade pode ser simbolizada, de uma forma melhor, por uma mola. A viscoelasticidade é uma propriedade viscosa, ou semelhante a um fluido, que permite uma lenta deformação com uma recuperação imperfeita após a força de deformação ser removida. A recuperação é o resultado da propriedade elástica do tecido, enquanto a imperfeição é o resultado da propriedade viscosa. Essa alteração não é perfeita. A propriedade da viscoelasticidade é melhor simbolizada por uma mola e um atuador. A mola representa a resposta elástica e o atuador representa a resposta viscoelástica. A propriedade final é a plasticidade. Com essa propriedade, a alteração residual ou permanente causada pela deformação é mantida. A alteração plástica, a qual é difícil de ser alcançada, pode ser simbolizada por um modelo de fricção de Coulomb, ou de fricção seca. As propriedades viscosas dos tecidos permitem a deformação plástica permanente. Essas propriedades não ocorrem separadamente nos tecidos. Todas as três propriedades são afetadas quando o tecido é deformado. Elas estão ilustradas na Figura 25.9.

Propriedades físicas

Butler et al. revisaram extensivamente as propriedades físicas do colágeno em uma referência clássica.[10] As três propriedades físicas do tecido conjuntivo – relaxamento da força, "creep" e histerese – são propriedades tempo-dependentes. Elas estão ilustradas na Figura 25.10.

O relaxamento da força é definido como a diminuição da quantidade de força requerida para manter um tecido em uma quantidade de deslocamento ou de deformação definida ao longo do tempo. A taxa na qual a força é aplicada afeta o relaxamento resultante do tecido. Geralmente, quanto mais rápida for a taxa de deformação tecidual, maior o pico de força resultante, e maior o relaxamento subsequente do tecido. Dessa forma, uma força menor é requerida para manter o tecido no deslocamento estabelecido. Contudo, existe um problema potencial em se tentar influenciar a resposta do relaxamento da força. O tempo é requerido para facilitar as deformações viscoelástica e plástica. Quanto maior a velocidade de deformação,

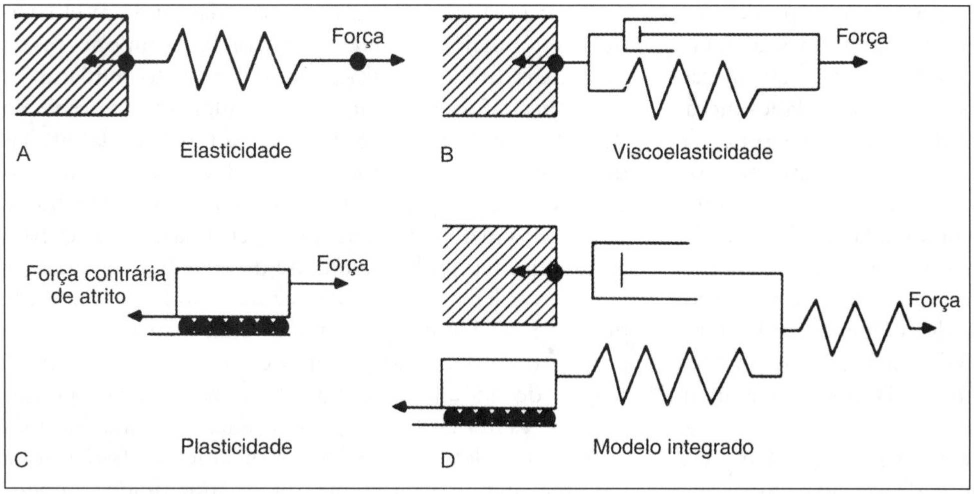

Figura 25.9 Propriedades mecânicas do colágeno. (De A a C, de Viidik A. Functional properties of collagenous tissues, *Rev Connect Tissue Res* 6:144, 145, 149, 1973; D de Frankel VH, Burstein AH. *Orthopedic biomechanics.* Lea & Febiger, Philadelphia, 1970.)

mais curta a quantidade de tempo disponível para a alteração, e maior a chance de exceder a habilidade do tecido de sofrer alteração viscoelástica e plástica. Se a capacidade para essas alterações é excedida, pode ocorrer lesão.

Em contraste com o relaxamento da força, a resposta "creep" do tecido é a habilidade que ele tem de se deformar ao longo do tempo enquanto uma força constante está sendo aplicada. Essa força constante leva o tecido a se alongar com o passar do tempo. A deformação viscoelástica e a plástica ocorrem como um resultado da resposta "creep".

A resposta de histerese é a quantidade de relaxamento que um tecido sofre durante qualquer ciclo de deformação e relaxamento. Ele é uma indicação da resposta viscoelástica do tecido.

Estresse, estiramento e curva carga-deformação

As propriedades físicas e mecânicas de qualquer tecido possuem um impacto direto na sua habilidade de tolerar a carga e a deformação sem perda da integridade. A curva desenvolvida é denominada **curva carga-deformação** (Fig. 25.11).[10] Para assistir o leitor no entendimento da relação das propriedades físicas e mecânicas do colágeno, as propriedades afetadas em cada porção da curva foram adicionadas à curva normal de carga-deformação.

Na zona I, ou região "toe" da curva, a estrutura corrugada, ou o padrão ondulado, normalmente encontrada nas fibrilas de colágeno alteram-se para um arranjo mais paralelo. É requerida pouca força para isso; ocorre uma resposta do tipo elástica. Quanto maior o alongamento nessa região, maior a rigidez, e a força requerida irá alcançar ou manter esse alongamento. Essa região conta com 1,5 a 4,0% do alongamento total possível do colágeno. Descarregar o colágeno dentro dessa região restaura a estrutura ondulada e o comprimento. A propriedade mecânica da elasticidade é afetada nessa porção da curva.

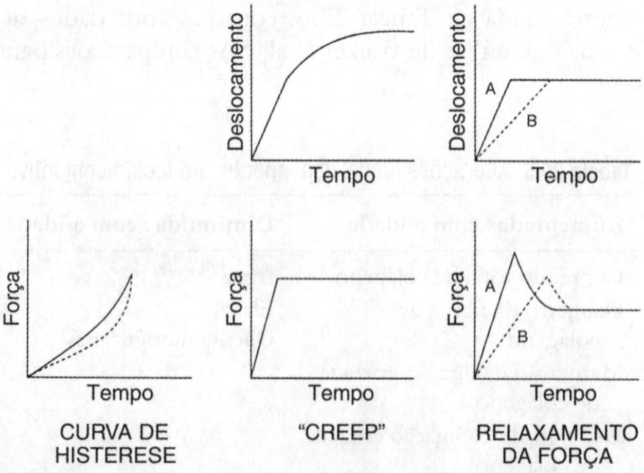

Figura 25.10 Propriedades físicas do colágeno. (De Butler DL, Grood ES, Noyes FR et al.: Biomechanics of ligaments and tendons, *Exerc Sports Sci Rev* 6:126-282, 1979.)

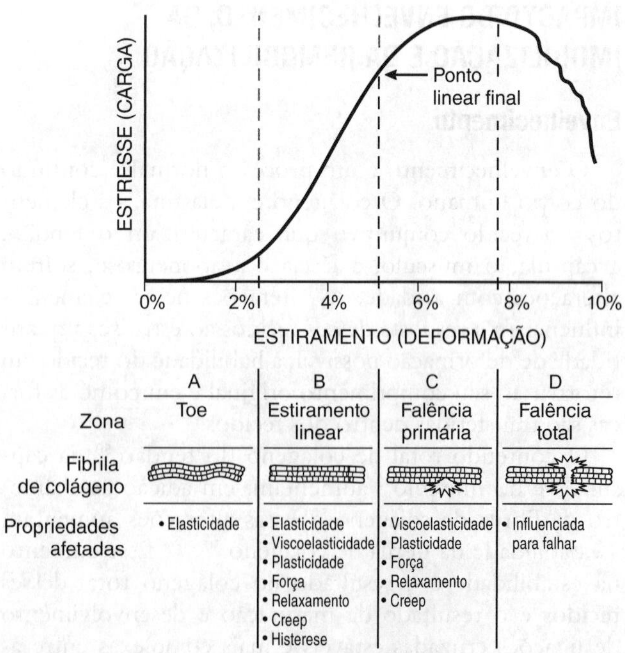

Figura 25.11 A curva carga-deformação.

Na zona II, ou região linear, o colágeno perdeu sua estrutura ondulada e agora está paralelo em sua orientação. A carga requerida para produzir mais deformação aumenta de maneira linear. Todas as propriedades mecânicas e físicas do colágeno são afetadas dentro dessa zona. A velocidade específica na qual a força foi aplicada, ou a duração pela qual a força é aplicada, pode determinar qual propriedade específica será afetada. Embora todas essas propriedades sejam tempo-dependentes, a velocidade de deformação também influencia o relaxamento da força. Um grupo de fibrilas de colágeno sendo testadas irá tolerar uma deformação de 2 a 5%. O fim da zona linear é caracterizado pelo ponto final linear. Ele também é o ponto inicial da zona III.

A zona III é a região da falência primária. Uma vez que o ponto final linear (ponto de cessão) tenha sido alcançado, as fibrilas de colágeno isoladas começam a falhar. A falência ocorre de uma maneira não previsível. Nessa região, se a carga for aplicada muito rapidamente, não permitindo as alterações viscoelásticas e plásticas, a resposta do relaxamento da força é afetada de tal maneira que as fibrilas de colágeno falham. A alteração plástica e viscoelástica excessiva pode causar a falência do colágeno ao permitir muita deformação via resposta "creep". Uma vez que a carga máxima tolerável é alcançada, ocorre a falência completa. Isso ocorre quando as fibrilas de colágeno foram deformadas de 6 a 10% do seu comprimento de repouso total. O estiramento máximo de falência dos feixes de fibras de colágeno no tendão patelar humano, no ligamento colateral, no ligamento cruzado anterior e no ligamento cruzado posterior, tem sido demonstrado variar de 13 a 15%. Acredita-se que isso seja o resultado da organização dos feixes de fibras dentro da estrutura completa e o suporte que eles fornecem um ao outro.[49]

IMPACTO DO ENVELHECIMENTO, DA IMOBILIZAÇÃO E DA REMOBILIZAÇÃO

Envelhecimento

O envelhecimento é um processo normal e contínuo do corpo humano. O colágeno e a elastina, os elementos do tecido conjuntivo que caracterizam o tendão, a cápsula, o músculo, a fáscia e a aponeurose, sofrem alterações com a idade. As alterações nesses elementos influenciam a resposta desses tecidos ao estresse, à quantidade de deformação possível, à habilidade do tecido em retornar ao seu comprimento original e em como as forças são transferidas dentro dos tecidos.

O conteúdo total de colágeno do tendão,[50] da cápsula,[51] e do músculo[52] aumentam, em adição ao diâmetro da fibrila de colágeno.[50] Essas alterações aumentam a estabilidade da fibrila de colágeno.[50,53,54] Esse aumento na estabilidade é o resultado no colágeno total desses tecidos e o resultado da maturação e desenvolvimento de ligações cruzadas estáveis e mais complexas entre as moléculas de tropocolágeno.[53-55] Essas alterações estão exemplificadas na Tabela 25.5.

Com a idade, as alterações associadas também são evidentes por meio de uma diminuição dos componentes da substância fundamental do músculo[52] e do tendão.[50] A diminuição desses componentes resulta em uma redução do índice gel-fibra, que auxilia na manutenção das fibrilas de colágeno em separado. Uma redução desse índice, o qual permite ligações entre o colágeno e as moléculas de GAG que envolvem a fibra, pode ser uma das razões para o aumento na rigidez resultante do envelhecimento.[50,56]

As propriedades físicas da estrutura ondulada da fibrila de colágeno também se alteram com a idade. O comprimento de onda das ondulações aumenta, enquanto o ângulo de ondulação diminui.[57] Essas alterações permitem que as fibrilas de colágeno alcancem a zona linear da curva carga-deformação mais rapidamente. Isso resulta em uma curva mais íngreme, ou em uma rigidez aumentada dos tecidos, o que se traduz clinicamente no tecido alcançando seus limites disponíveis de deformação precocemente.

Durante o processo de envelhecimento, a rigidez de um tecido, e sua resistência à deformação, pode resultar em uma alteração da flexibilidade (ver Tab. 25.1). Essa alteração pode tornar difícil que os indivíduos se movam facilmente nas amplitudes requeridas para as atividades diárias (p. ex., alcançar acima da cabeça) ou obter a extensão de quadril adequada para um ciclo de marcha eficiente. Essa alteração, ou perda, pode ser o resultado de uma amplitude de movimento articular alterada, de uma deformação do tecido mole, ou da flexibilidade muscular. Essas alterações podem ser estáticas ou dinâmicas por natureza. Os desafios do clínico são determinar a origem dessas alterações, se elas podem ser alteradas por meio da intervenção em reabilitação e, caso possam, quais métodos de intervenção são mais efetivos e eficientes.

Envelhecimento e movimento articular

Existe a tendência da amplitude de movimento normal articular e da flexibilidade muscular se alterarem com a idade.[57-65] Essas alterações variam por articulação. Uma comparação da amplitude de movimento média articular disponível em homens do nascimento aos 85 anos é apresentada na Tabela 25.6, com base nos dados de Boone e Azen[58] e de Walker et al.[64] As comparações para

Tabela 25.5 Alterações idade-dependentes no tecido conjuntivo

Aumentadas com a idade	Diminuídas com a idade
Conteúdo total de colágeno	Água
Diâmetro da fibrila de colágeno	Elastina
	Glicosaminoglicanas
Maturação da ligação cruzada de colágeno	
Estabilidade da ligação cruzada de colágeno	
Número de ligações cruzadas elásticas	

Tabela 25.6 Comparação da amplitude de movimento pela idade em homens[58,64]

Graus de movimento	0-19 anos[58] n = 53		20 – 54 anos[58] N = 56		60 – 85 anos[64] N = 30	
	Média	DP	Média	DP	Média	DP
Ombro						
Abdução	185,4	3,6	182,7	9,0	155	22
Flexão	168,4	3,7	165,0	5,0	160	11
Extensão	67,5	8,0	57,3	8,1	38	11
Rotação medial	70,5	4,5	67,1	4,1	59	16
Rotação lateral	108,0	7,2	99,6	7,6	76	13
Cotovelo						
Flexão inicial	0,8	3,5	0,3	2,7	6	5
Flexão	145,4	5,3	140,5	4,9	139	14
Antebraço						
Pronação	76,7	4,8	75,0	5,3	68	9
Supinação	83,1	3,4	81,1	4,0	83	11
Punho						
Flexão	78,2	5,5	74,8	6,6	62	12
Extensão	75,8	6,1	74,0	6,6	61	6
Desvio radial	21,7	4,0	21,1	4,0	20	6
Desvio ulnar	36,7	3,7	35,3	3,8	28	7
Quadril						
Flexão inicial	3,5	4,3	0,7	2,1	11	3
Flexão	123,4	5,6	121,3	6,4	110	11
Abdução	51,7	8,8	40,5	6,0	23	9
Adução	28,3	4,1	25,6	3,6	18	4
Rotação medial	50,3	6,1	44,4	4,3	22	6
Rotação lateral	50,5	6,1	44,2	4,8	32	6
Joelho						
Flexão inicial	2,1	3,2	1,1	2,0	2	2
Flexão	143,8	5,1	141,2	5,3	131	4
Tornozelo						
Flexão plantar	58,2	6,1	54,3	5,9	29	7
Dorsiflexão	13,0	4,7	12,2	4,1	9	5

De Zachazewski JE: Flexibility for sports. In Saunders B, editor. *Sports physical therapy*. Appleton and Lange, Norwalk, 1990.

o movimento articular por idade demonstram uma diminuição na amplitude, conforme os homens envelhecem. Os dados são consistentes com outros estudos.[62,63] Não têm sido encontrados dados similares para mulheres na literatura, mas o clínico pode esperar tipos similares de alterações com a idade. Esses tipos de dados devem lembrar o clínico de que a amplitude de movimento normal varia pela idade e de que as metas de reabilitação devem ser configuradas tendo essas considerações em mente.

Envelhecimento e flexibilidade muscular

Os estudos na literatura sobre a flexibilidade muscular tendem a utilizar resultados compostos da habilidade dos indivíduos de se mover ao longo da amplitude de movimento, na qual músculos biarticulares (p. ex., isquiotibiais sobre o quadril e o joelho; reto femoral sobre o quadril e o joelho) são colocados em alongamento. Uma das razões pela qual a flexibilidade desses músculos é estudada em tal nível é que esses músculos sofrem lesão por estiramento muscular com mais frequência.

Kendall e Kendall publicaram um dos primeiros e mais amplos estudos (n = 5115; Fig. 25.12), em 1948, sobre como a "flexibilidade" se altera de acordo com a idade em indivíduos saudáveis entre as idades de 1 a 22 anos.[60] A flexibilidade dos isquiotibiais (medida pela habilidade de tocar os dedos dos pés em sedestação com as pernas estendidas) diminuiu tanto em homens como em mulheres com idade entre 1 e 12 ou 13 anos. Após essa idade, a habilidade dos sujeitos em tocar seus dedos dos pés aumentou. Achados similares têm sido demonstrados por Hunter et al. em atletas do Ensino Fundamental II e do Ensino Médio, com idade entre 12 e 18 anos.

Parece que crianças saudáveis e em fase de crescimento, e adolescentes, gradualmente perdem a flexibilidade até após a puberdade. A flexibilidade que é reconquistada na fase adulta parece, então, ser gradualmente perdida.[57-64] Essas alterações, contudo, não são irreversíveis, uma vez que tem sido demonstrado que a flexibilidade e a amplitude de movimentos podem ser aumentadas por meio do uso de um programa de exercícios específico.[66] Sempre

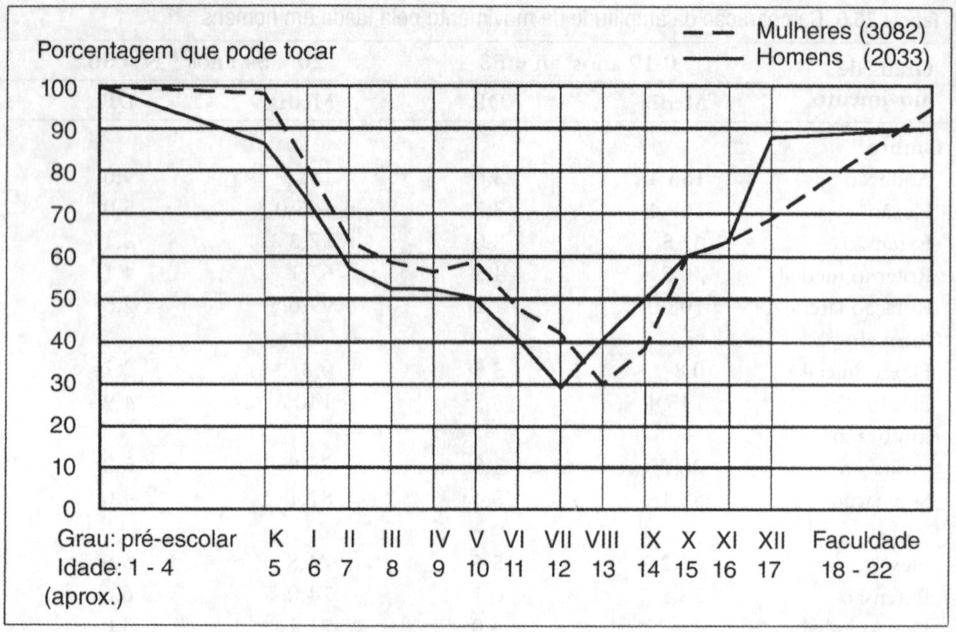

Figura 25.12 Idade e habilidade para alcançar os dedos dos pés na posição sentada com membros inferiores estendidos. (De Kendall HO, Kendall FP: Normal flexibility according to age groups, *J Bone Joint Surg* 30A:690-694, 1948.)

que a flexibilidade (amplitude de movimento articular ou músculo) é considerada em relação à idade, o clínico deve levar em consideração o padrão ou o nível de atividade geral do indivíduo.

Pode-se questionar se certas alterações vistas na composição e na fisiologia dos tecidos conjuntivos, associadas ao envelhecimento, podem ser secundárias ao estresse físico diminuído. Os indivíduos que mantêm um estilo de vida saudável e ativo, que requerem de suas articulações grandes amplitudes de movimento e de seus músculos, que estejam alongados para vários movimentos, podem reter o movimento e minimizar os efeitos da hipocinese (falta de movimento) e disfunções subsequentes do movimento em um nível mais alto do que indivíduos que são mais sedentários e que não tendem a forçar seus limites de amplitude. Viidik sintetizou muito bem os efeitos da atividade no tecido conjuntivo e a necessidade de manter um estilo de vida ativo fisicamente.[53]

Efeito da atividade no tecido conjuntivo*

"Os tecidos conjuntivos possuem a capacidade de reagir ao exercício físico por meio de um retardamento das alterações temporais normais. O treino moderado ao longo da vida mantém os tecidos conjuntivos 'mais jovens'. O retardamento é alcançado no período anterior à maturidade e nos anos que a seguem. As alterações da idade parecem ocorrer com a mesma velocidade em indivíduos treinados e sedentários, sempre em paralelo, mas num nível 'mais jovem'."

*De acordo com Viidik.[53]

Em resumo, as alterações idade-dependente no tecido conjuntivo resultam em uma tendência de que haja uma perda na flexibilidade e no movimento. A ligação entre as fibrilas de colágeno aumenta devido à perda do índice gel-fibra normal do tecido. As ligações cruzadas presentes se tornam mais estáveis, o que causa um aumento na curva carga-deformação normal e o tecido alcança seus limites de deformação precocemente.

Imobilização

A imobilização de uma ou mais articulações e de seus tecidos circundantes, seja absoluta (conforme possa ter sido imposta por algum tipo de engessamento ou de fixação interna ou externa), ou relativa (conforme possa ter sido imposta por um indivíduo que não utiliza mais a amplitude movimento disponível previamente devido à idade, lesão/dor, ou uma alteração na atividade física ou no estilo de vida), causa alterações em nível tecidual. Essas alterações são resultado da perda ou da alteração na deformação dos tecidos conjuntivos periarticulares a partir da restrição de sua habilidade de se mover livremente. A restrição no movimento em uma articulação pode se dever a uma contratura da cápsula, do músculo e/ou à proliferação do tecido fibrogorduroso dentro do espaço articular.[67-69]

Numerosas investigações têm examinado o efeito da imobilização nos tecidos conjuntivos periarticulares (ou seja, o tendão, a cápsula articular, os ligamentos capsulares e a fáscia).[21,35,45,68,70-82] Essas alterações, descritas na Figura 25.13, podem ser divididas naquelas que ocorrem em nível celular (modelamento celular), a resposta na substância fundamental e no colágeno e as respostas em nível tecidual. De uma perspectiva clínica, não parece que uma imobilização rígida seja necessária após a lesão. Essas alterações ocorrem mesmo se a articulação não se move ao longo da amplitude de movimento normal total, o que estressa o tecido conjuntivo periarticular e o músculo em sua extensão máxima. O tempo requerido para essas alterações acontecerem é mais curto do que o requerido para a recuperação das alterações impostas pela imobilização.[35,78]

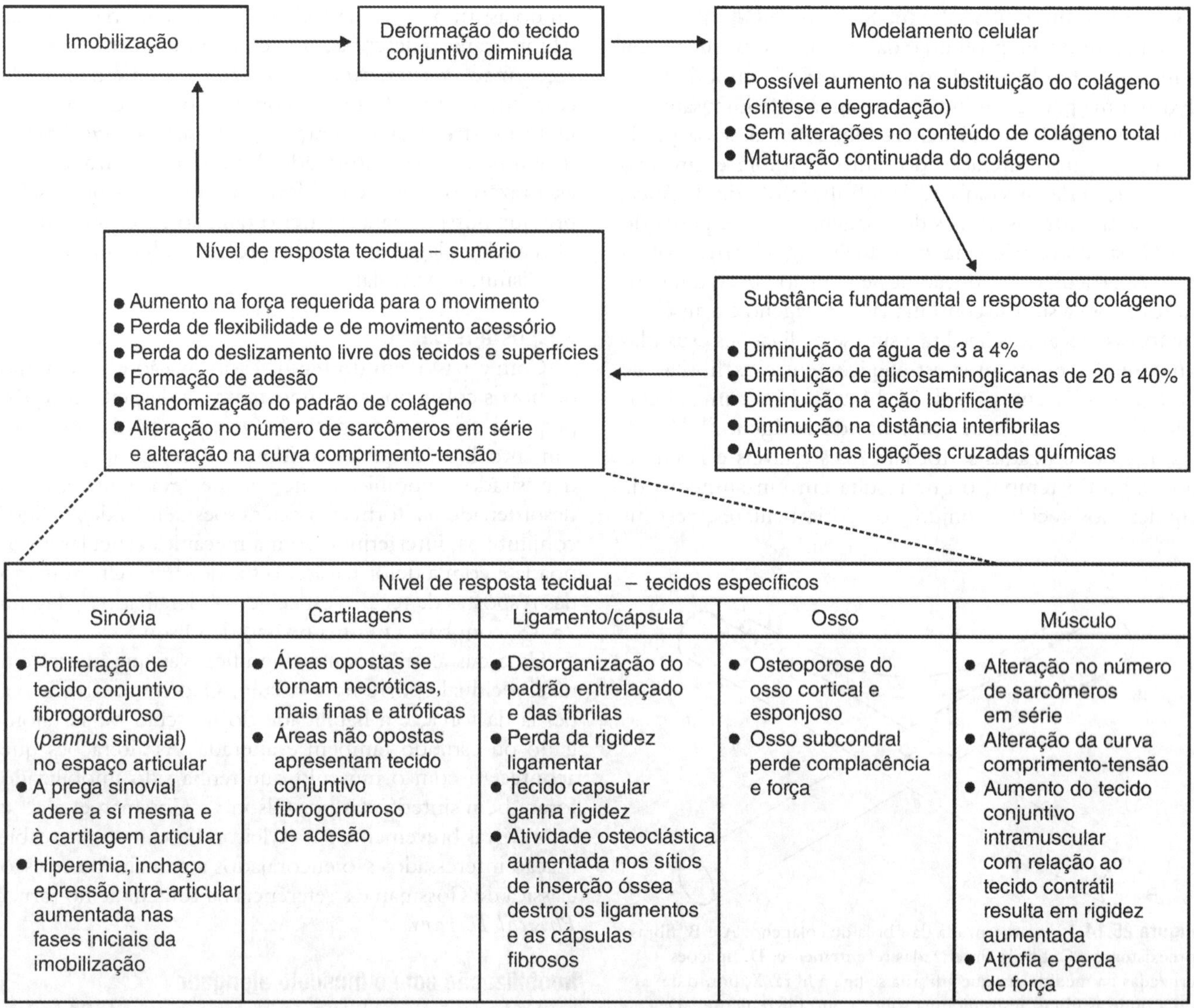

Figura 25.13 Alterações decorrentes da imobilização – tecido conjuntivo e articulações sinoviais. (Adaptado de Burkhardt S: Tissue healing and repair, National Athletic Trainers Association Professional Preparation Conference; Nashville, 1979; e Olson VL: Connective Tissue Response to Immobilization and Mobilization. Current Concepts in Orthopedic Physical Therapy – Home Study Course 11.2.1; American Physical Therapy Association, Alexandria, 2001.)

Dessa forma, a imobilização deve ser imposta apenas quando absolutamente necessária, e aquele movimento, de forma total ou parcial, deve ser mantido e encorajado ao longo do processo de lesão, reparação, reabilitação e retorno ao máximo nível funcional.

Modelamento celular

Não tem sido demonstrado uma alteração significativa no conteúdo de colágeno total medido no tecido conjuntivo periarticular após nove semanas de mobilização.[35,68,70-74,78] A despeito do fato de que nenhuma alteração no conteúdo de colágeno total ocorre com a imobilização, um aumento na taxa de substituição do colágeno é aparente (síntese e degradação aumentada), com base em modelos animais utilizando ligamento e tendão para estudo.[72] Existe uma diferença em como o ligamento e o tecido conjuntivo periarticular respondem à imobilização. Com a imobilização, o ligamento perde rigidez, enquanto o tecido conjuntivo periarticular ganha rigidez. Não ocorre qualquer alteração no tipo de colágeno produzido durante o período de imobilização se nenhum processo inflamatório estiver presente. Caso um processo inflamatório esteja presente, o colágeno do tipo III ainda é predominantemente formado nos estágios iniciais do período inflamatório, quando então um novo colágeno é deposto, comparado com o tipo I, e o colágeno do tipo IV, que é formado posteriormente, na medida em que a cicatriz e o colágeno amadurecem.[35,75,78,83,84] A falta de qualquer aumento significativo na *quantidade* do conteúdo de colágeno indica que outros mecanismos mais súbitos que a fibroplasia e a formação da cicatriz, que afetam a *qualidade* do colágeno e sua habilidade de ser deformado, estão envolvidos no processo de contratura como resultado da imobilização.[45]

Substância fundamental e resposta do colágeno

Uma resposta profunda da matriz extracelular, ou substância fundamental, ocorre frente à imobilização. Existe uma perda significativa de água e de glicosaminoglicanos (GAG) da substância fundamental. Essa perda resulta em uma alteração do índice gel-fibra e em uma diminuição da viscosidade, da lubrificação e da distância interfibras entre as fibrilas de colágeno.[68,71-73] A perda do GAG está correlacionada, de maneira significativa, com a rigidez articular. A redução desse tampão GAG, em conjunção com a síntese continuada de colágeno e a ausência de forças mecânicas, facilita a síntese de ligações cruzadas aumentadas em pontos estratégicos entre as fibrilas de colágeno adjacentes (Figs. 25.14 e 25.15) e uma alteração no padrão de entrelaçamento do colágeno.[21,35,68,71,73] As ligações cruzadas se tornam mais estáveis e maduras ao longo do tempo, o que resulta em um aumento da rigidez dos tecidos conjuntivos periarticulares, restringindo assim o movimento.[19,35] As alterações bioquímicas e biomecânicas descritas, em geral, resultam em uma alteração mais *qualitativa* que *quantitativa* da estrutura do colágeno dentro do tecido conjuntivo. A alteração qualitativa é atribuída à alteração *quantitativa e qualitativa* no número e na maturidade das ligações cruzadas. Por essa razão, o movimento deve continuar a ocorrer sempre que possível para manter o tampão de GAG entre as fibrilas de colágeno, a fim de prevenir a hipomobilidade e a disfunção articular.

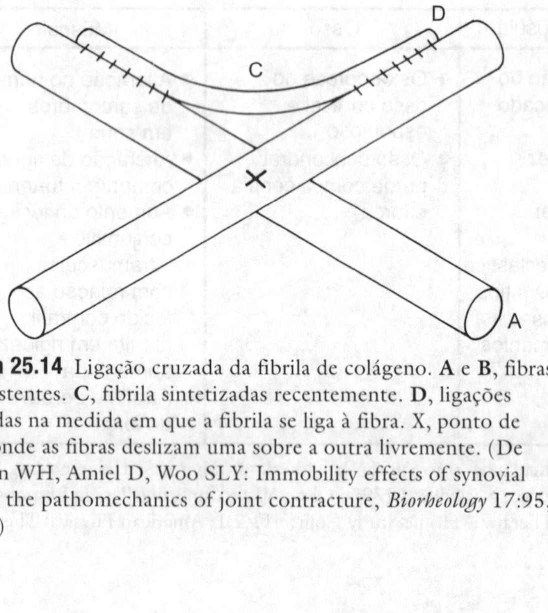

Figura 25.14 Ligação cruzada da fibrila de colágeno. **A** e **B**, fibras preexistentes. **C**, fibrila sintetizadas recentemente. **D**, ligações cruzadas na medida em que a fibrila se liga à fibra. X, ponto de nota onde as fibras deslizam uma sobre a outra livremente. (De Akeson WH, Amiel D, Woo SLY: Immobility effects of synovial joints: the pathomechanics of joint contracture, *Biorheology* 17:95, 1980.)

Resposta tecidual

Com a passagem do tempo, a formação e o acúmulo de novos colágenos são importantes, a despeito de quão pequena seja esse acúmulo.[71] Ocorre a perda do deslizamento livre daqueles tecidos, e o colágeno pode ser depositado randomicamente, o que leva a um arranjo desordenado e à formação de adesões dentro dos tecidos conjuntivos, interferindo com a mecânica articular apropriada e com a deformação do tecido.[21,68,74] Um sumário das respostas de tecidos específicos é detalhado na Figura 25.13, com base em uma revisão de Olson.[82]

Uma das alterações mais significativas que ocorre em nível tecidual ocorre no músculo. Ocorrem a atrofia e a perda da força, e a habilidade do músculo de ser alongado ou estirado também é alterada. As alterações que acontecem com o músculo que tenha sido imobilizado foram bem sintetizadas por Olson[82] e Gossman et al.,[85] e são revistas brevemente para o leitor. Os clínicos de reabilitação interessados são encorajados a reanalisar a revisão clássica de Gossman e a referência na totalidade no jornal *Physical Therapy*.

Imobilização com o músculo alongado

A adaptação à imobilização começa dentro de 24 horas. O método exato de adaptação parece variar com a idade do modelo animal. No modelo animal "adulto", quando

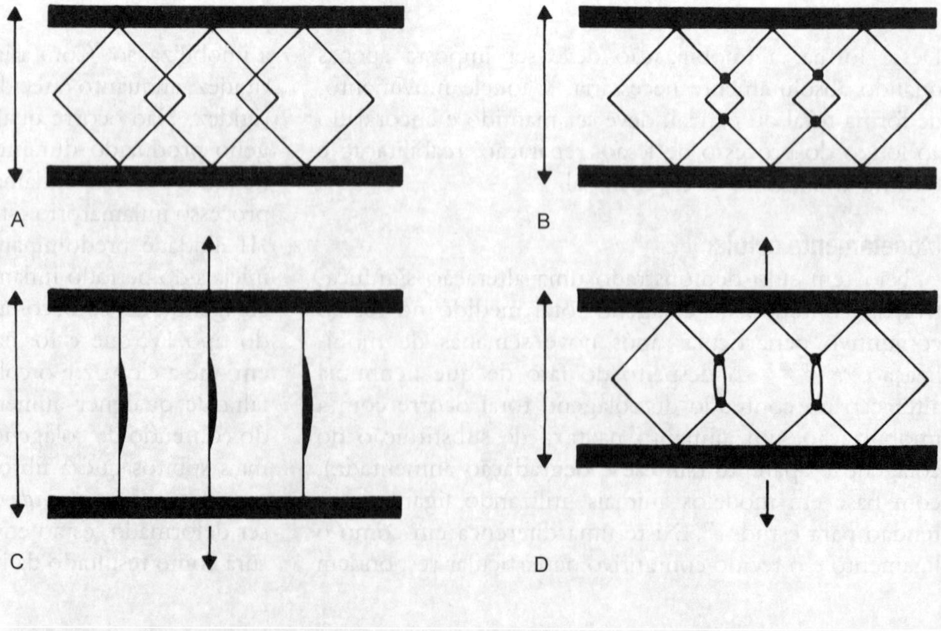

Figura 25.15 Restrição derivada das ligações cruzadas excessivas. A. Arranjo de fibrilas de colágeno. B. Ligações cruzadas da fibra de colágeno. C. Estiramento normal. D. Estiramento restrito como resultado das ligações cruzadas. (De Woo SLY, Matthew JV, Akeson WH: Connective tissue response to immobility: Correlative study of the biomechanical and biochemical measurement of normal and immobilized rabbit knees, *Arthritis Rheum* 18:257-264, 1975.)

o músculo é imobilizado em uma posição alongada, as fibrilas musculares se adaptam por adicionar sarcômeros ao seu final enquanto, ao mesmo tempo, diminuem o comprimento de cada sarcômero. Contudo, no modelo animal "jovem", não é o músculo, mas o tendão, que se alonga. Isso efetivamente coloca o músculo em uma posição encurtada, que causa, então, uma redução no número de sarcômeros em série. Essa alteração é similar ao que acontece quando um músculo é imobilizado em uma posição encurtada.

Imobilização com o músculo encurtado

As alterações que ocorrem no músculo que tenha sido imobilizado parecem ser mais profundas quando o músculo é imobilizado em uma posição encurtada. Neste caso, ocorre uma diminuição superior a 40% do número de sarcômeros. Em conjunção com a diminuição no número de sarcômeros, ocorre um aumento no comprimento dos sarcômero remanescentes. Com a imobilização passiva, essas alterações parecem começar após 5 dias, enquanto, com uma diminuição no comprimento que possa ser imposta por meios mais "ativos" (espasticidade ou estimulação elétrica), as alterações parecem ser vistas em até 12 horas. Essas alterações têm sido demonstradas em músculos que sofreram imobilização prolongada, em adição a músculos que tenham sido solicitados a funcionar continuamente, embora em uma amplitude cronicamente encurtada.[86] Ao término da imobilização, o número e o comprimento dos sarcômeros retornam ao normal. Como ocorre com os músculos imobilizados em uma posição alongada, a alteração no número de sarcômeros também está relacionada à idade para o imobilizado em uma posição encurtada. No modelo animal "jovem", a taxa de adição diminui; contudo, nos modelos animais "adultos", ocorre uma perda absoluta. A recuperação é mais lenta no adulto do que no jovem. O músculo encurtado também demonstra curvas de tensão passiva mais íngremes (maior rigidez). Essa alteração parece ser o reflexo de a perda do tecido conjuntivo ocorrendo em uma taxa mais lenta do que a perda de tecido muscular contrátil. O aumento assegurado do tecido conjuntivo resulta em um aumento da rigidez muscular e em uma redução na extensibilidade do músculo.[87,88] As espessuras do endomísio e do perimísio também podem afetar a extensibilidade do músculo.

Olson recomenda considerar a "lesão de mobilização" como parte do constructo clínico, do processo de examinação e do planejamento de reabilitação (Fig. 25.16).[82] A imobilização e seus efeitos no tecido conjuntivo resultam de uma imobilização absoluta (engessamento, ortetização, fixação interna ou externa) mas também de uma imobilização "relativa" (restrição da ADM) como discutido previamente. Com base na habilidade corporal de responder à alteração pela adaptação e pelo remodelamento, o clínico deve lutar para minimizar os efeitos da imobilização no melhor nível possível. Fazendo isso, busca encurtar a queda e a magnitude das alterações causadas pela imobilização e maximizar a eficiência e a efetividade da reabilitação e a habilidade de retornar os pacientes ao seu estilo de vida normal tão rápido quanto possível.

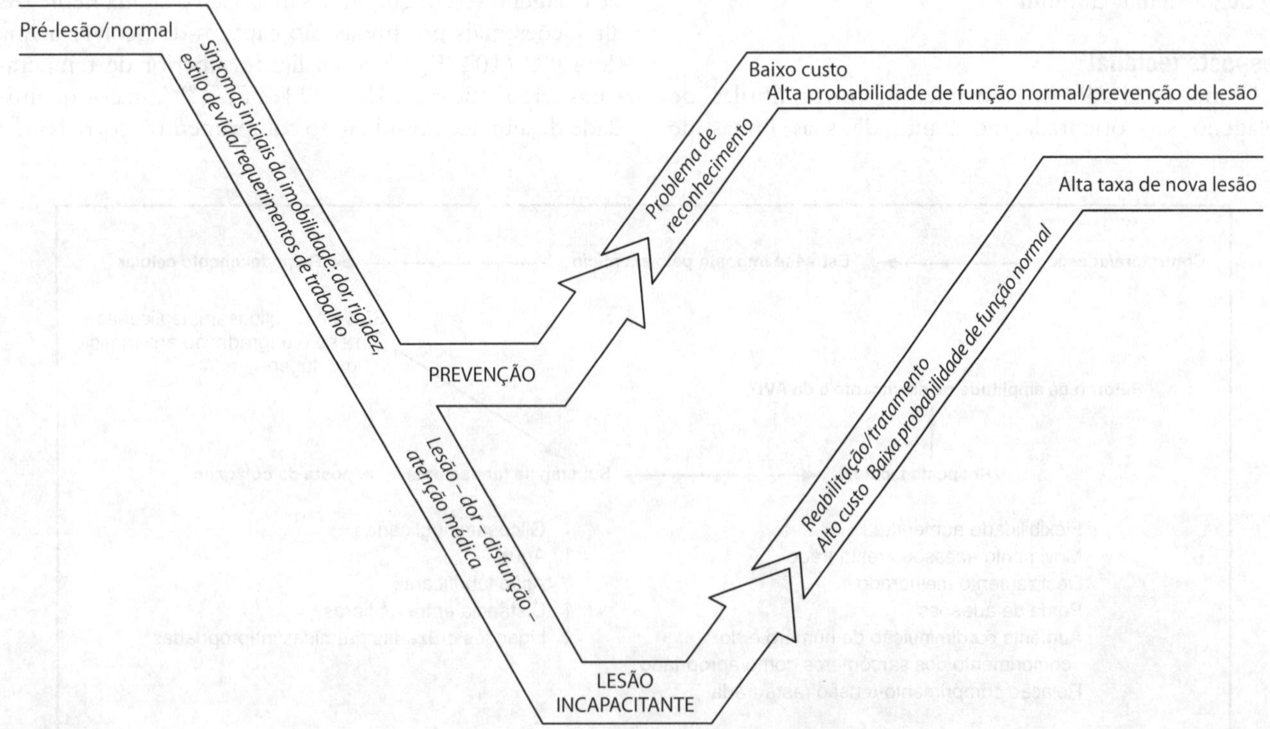

Figura 25.16 "Lesão" de imobilização e intervenção precoce. (De Olson VL: Connective Tissue Response to Immobilization and Mobilization. Current Concepts in Orthopedic Physical Therapy – Home Study Course 11.2.1; American Physical Therapy Association, Alexandria, 2001.)

Em resumo, a imobilização afeta os tecidos conjuntivos musculoesqueléticos do corpo de múltiplas maneiras. O clínico deve se esforçar para manter o movimento e a extensibilidade dos tecidos no nível máximo possível ao longo dos estágios de recuperação e do curso da reabilitação, lutando para prevenir ou minimizar o impacto da imobilização.

Remobilização

As alterações resultantes da imobilização são reversíveis. A extensão na qual essas alterações podem ser revertidas é influenciada pela idade do paciente, pela duração do tempo de mobilização e pela saúde e qualidade dos tecidos em geral. Eles são exemplificados na Figura 25.17.

Modelamento celular

A síntese e a lise do colágeno continuam a ocorrer enquanto o movimento estimula a produção de GAG.[21,74,79]

Substância fundamental e resposta do colágeno

A substância fundamental, que sofreu uma perda de água e de GAG durante o processo de imobilização, ganha novamente esses componentes valorosos com a fim da imobilização. O índice gel-fibra, que aumenta a lubrificação e a distância interfibras, retorna ao normal. O índice de recuperação é mais rápido que o índice sob o qual a lubrificação e a distância interfibras foram perdidas. Uma boa correlação é demonstrada entre os resultados biomecânicos e bioquímicos. Conforme os componentes da substância fundamental aumentam, a rigidez articular diminui.

Resposta tecidual

Como resultado do movimento, novas fibrilas de colágeno são orientadas ao longo de suas linhas de estresse,[21,45,74] e as fibrilas de colágeno previamente formadas são reorientadas ao longo de suas linhas apropriadas de estresse. As fibras musculares respondem ao aumento ou à diminuição do seu número de sarcômeros dentro de cada fibra, corrigindo a relação comprimento-tensão que pode ter sido alterada pelo encurtamento ou pelo alongamento do músculo. A flexibilidade é aumentada e a mecânica articular retorna ao normal, o que quebra o ciclo negativo e as alterações teciduais conjuntivas impostas pela imobilização. O movimento normal e a função são restaurados.

FATORES QUE INFLUENCIAM A DEFORMAÇÃO DO TECIDO CONJUNTIVO

De uma perspectiva de reabilitação, os principais fatores a influenciar a habilidade do tecido conjuntivo de sofrer algum tipo de deformação são a temperatura do tecido, a magnitude e a velocidade da força aplicada, e o tempo ao longo do qual a força é aplicada. Os especialistas em reabilitação podem manipular cada uma dessas variáveis em um esforço de alcançar um ganho eficiente e efetivo na flexibilidade e na amplitude de movimento articular.

Temperatura

As propriedades físicas e mecânicas do tecido conjuntivo podem ser afetadas por uma alteração na temperatura do tecido ou do colágeno. As propriedades mecânicas do colágeno são independentes da temperatura abaixo de 37°C (98,6°F), enquanto, acima disso, ocorrem alterações que permitem às ligações cruzadas entre as fibrilas de colágeno serem quebradas mais fácil e rapidamente. As alterações mais profundas são capazes de ocorrer acima de 40°C (104°F)[89-91], com limite superior de temperaturas terapêuticas de 45°C (113°F).[92-94] A maior quantidade de alteração residual no comprimento ocorre com o

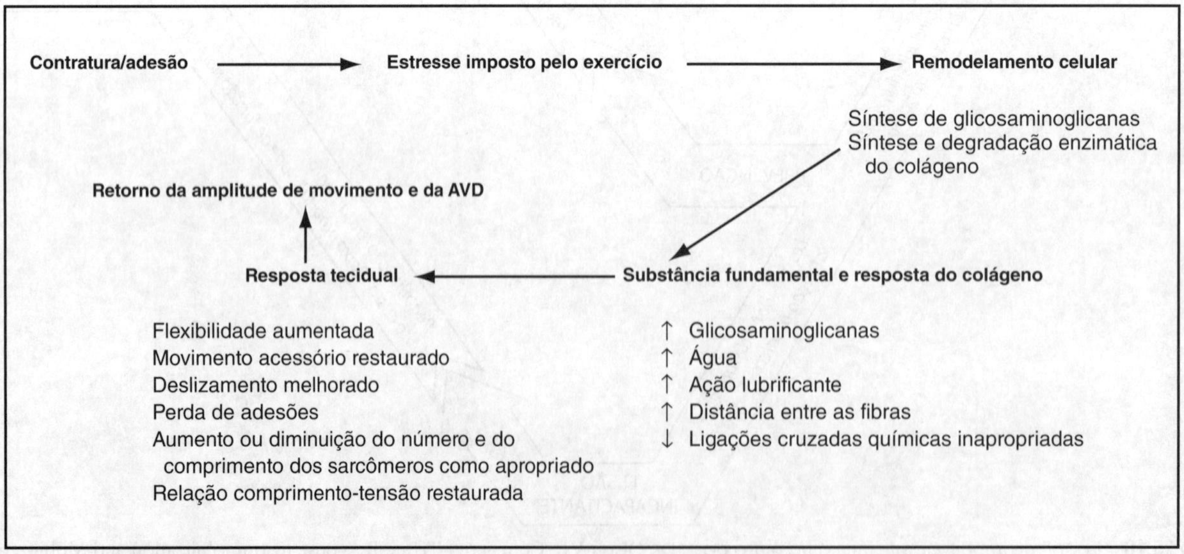

Figura 25.17 Remobilização. (De Burkhart S. Tissue healing and repair. National Athletic Trainers Association Professional Preparation Conference, Nashville, 1979.)

uso de forças de carga baixa e de longa duração aplicadas aos tecidos quando eles estão em suas temperaturas mais elevadas.[92-94] Acredita-se que esse tipo de carregamento possui um impacto maior nos elementos viscosos do colágeno do que o estresse de alta carga e baixa duração utilizado para afetar os elementos elásticos.[95]

Ao considerar o efeito da temperatura sobre o colágeno, os clínicos devem manter esses pontos-chave em mente e utilizar esses princípios em sua vantagem:

1. A quantidade de força requerida para alcançar/manter uma deformação desejada diminui conforme a temperatura aumenta (Fig. 25.18)
2. O tempo requerido para deformar o colágeno ao ponto de falência está inversamente relacionado à temperatura (Fig. 25.19A)
3. Quanto maior a temperatura, maior a carga que o colágeno é capaz de tolerar antes da falência (Fig. 25.19B)
4. Quanto mais alta a temperatura, maior a quantidade de deformação possível antes da falência (Fig. 25.19C)

Em modelos teciduais isolados (retalhos de tendão de rato), ocorre uma menor lesão tecidual sob altas temperaturas, e as alterações parecem ocorrer mais rapidamente, ou de maneira mais eficiente. Os clínicos devem considerar os métodos de elevação da temperatura tecidual, dentro dos limites terapêuticos toleráveis para o paciente (37 a 42°C; 99 a 108°F), por meio do uso de modalidades apropriadas. A profundidade do tecido que o clínico está tentando influenciar deve ser levada em consideração. As modalidades de aquecimento superficiais, tais como bolsas quentes, parafina e turbilhões de água quente, podem ser suficientes para manter as temperaturas dos tecidos conjuntivos que são relativamente superficiais (como na mão), mas insuficientes para influenciar os tecidos mais profundos associados com o ombro, o quadril ou a coluna. Para os tecidos mais profundos, modalidades tais como o ultrassom ou a diatermia devem ser consideradas.[96-98]

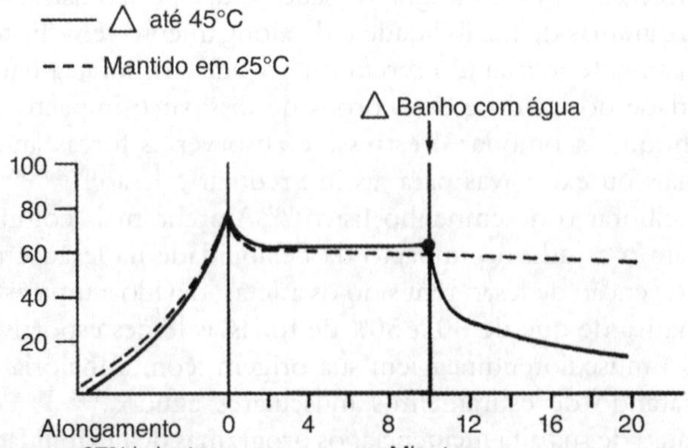

Figura 25.18 Efeitos da temperatura na resposta do relaxamento da força. (De Lehmann JF, Masock AJ, Warren CG et al: Effect of therapeutic temperatures on tendon extensibility, *Arch Phys Med Rehab* 51:481-487, 1970.)

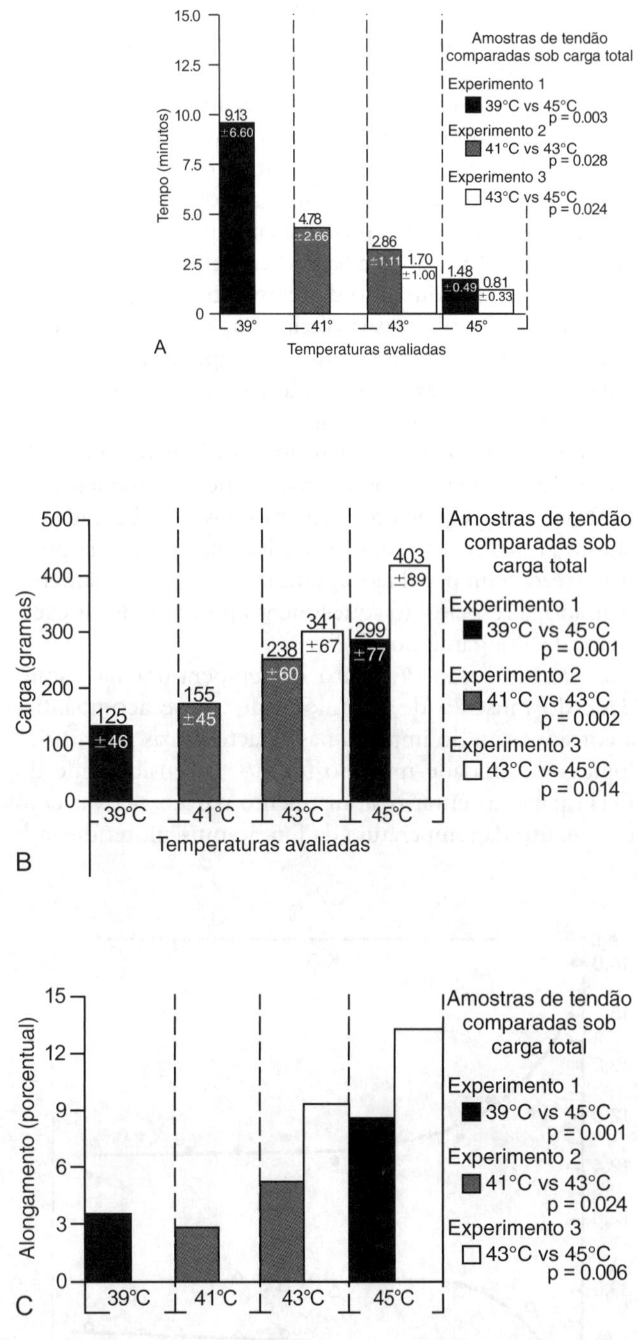

Figura 25.19 A. Efeito da temperatura no tempo de alongamento até a falência. Tempo para alcançar 2,6% de estiramento com os procedimentos de tratamento utilizando carga total e comparando as temperaturas de 39°C vs. 45°C, 41°C vs. 43°C, e 43°C vs. 45°C. B. Carga máxima na ruptura subsequente aos procedimentos de tratamento, incorporando a aplicação de carga total e as temperaturas comparadas em 39°C vs. 45°C, 41°C vs. 43°C, e 43°C vs. 45°C. C. Efeito da temperatura no alongamento porcentual até a falência. Estiramento máximo na ruptura subsequente aos procedimentos e tratamento, incorporando a aplicação de carga total e temperaturas em 39°C vs. 45°C, 41°C vs. 43°C, e 43°C vs. 45°C. (De Warren CG, Lehmann JF, Koblanski JN: Elongation of rat tail tendon: effect of load and temperature, *Arch Phys Med Rehab* 52:465-474, 1971.)

A combinação do calor e do alongamento permite a maior deformação do tecido enquanto utiliza a menor e mais segura quantidade de força, no menor período. Essa combinação permite o máximo de ganho residual do alongamento. Permitir que o tecido se "resfrie" enquanto está no estado alongado ou deformado pode melhorar esse ganho residual.[12]

Junto ao uso de modalidades terapêuticas para aumentar a temperatura tecidual, o exercício também pode ser utilizado para aumentar a temperatura intramuscular.[99,100] Contudo, essas temperaturas não parecem capazes de ser aumentadas acima de aproximadamente 39°C (102°F) (Fig. 25.20). A inabilidade de exceder 39°C se deve à manutenção do equilíbrio da temperatura corporal entre a produção de calor e sua dissipação, em instâncias normais. Sendo assim, o aumento da temperatura intramuscular a partir de exercício pode não ser suficiente para influenciar o comportamento viscoelástico e a absorção de energia passiva do tecido conjuntivo associado ao músculo durante os exercícios de alongamento.[101] Embora uma pequena contribuição possa ser baseada em algum aumento na temperatura intramuscular, ela pode não exercer um papel tão significativo como previamente pensado, a respeito do aquecimento precedendo os exercícios de alongamento.[102-104]

A consideração do efeito da temperatura na habilidade do músculo de ser "alongado" deve acompanhar a consideração do impacto nas características neurofisiológicas da unidade músculo-tendão. A sensibilidade do OTG para sustentar o alongamento parece agravar com o aumento da temperatura da junção musculotendínea.[14]

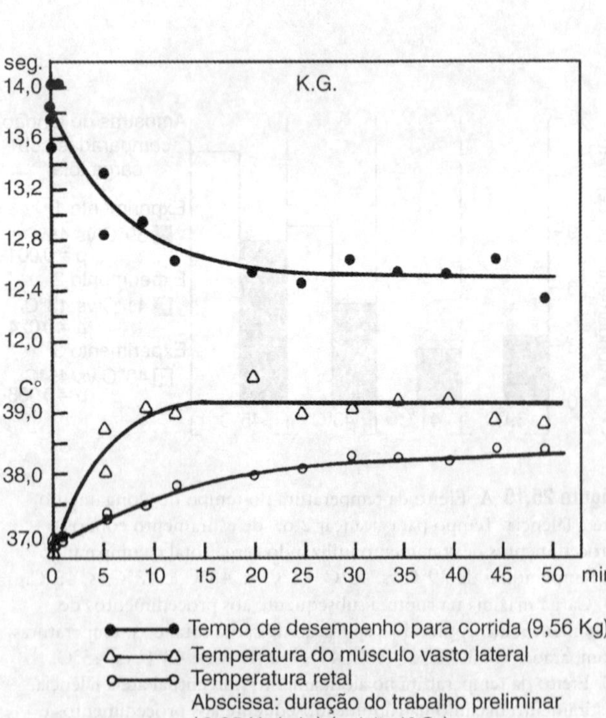

Figura 25.20 Efeito do exercício na temperatura intramuscular. (De Asmussen E, Boje OVE: Body temperature and capacity for work, *Acta Phys Scand* 10:1-22, 1945.)

Força: magnitude, velocidade e tempo

Embora o aumento da temperatura tecidual possa fornecer uma ferramenta valorosa para se ganhar flexibilidade tecidual na ausência de uma força de deformação, o calor sozinho não causa uma alteração na deformação do colágeno. Contudo, uma força de deformação, mesmo sem a elevação da temperatura tecidual, causa uma mudança no comprimento do colágeno.[92] O fator-chave para qualquer alteração na flexibilidade é a força de deformação.

Ao considerar a magnitude e a velocidade da força aplicada aos tecidos encurtados, e o tempo pelo qual a força será aplicada, o clínico deve considerar todos os fatores apresentados e discutidos previamente neste capítulo. Qual será o efeito sobre as propriedades físicas e mecânicas do colágeno do tecido que deve ser influenciado? O método mais comum que o clínico deve considerar é a aplicação de forças de carga baixa e de longa duração. Isso resultará em ganhos de longo-termo maiores, com risco mínimo de lesão para o paciente por uma tentativa de influenciar as propriedades viscoelásticas do colágeno. O clínico também deve considerar o efeito da temperatura tecidual para ganhar qualquer outra vantagem possível.

Algumas vezes, contudo, a despeito dos melhores esforços do clínico, meios mais agressivos podem ser necessários para ganhar a flexibilidade e a amplitude de movimento. Nessas situações, é necessária a manipulação sob anestesia ou liberação cirúrgica. Essas técnicas mais agressivas também requerem o seguimento de reabilitação. Caso esses tipos de procedimentos sejam necessários, a responsabilidade primária do clínico se torna, então, manter a flexibilidade e a amplitude do tecido conquistadas por esses procedimentos.

CONSIDERAÇÕES DO TRATAMENTO CLÍNICO: FLEXIBILIDADE MUSCULAR

Prevenção de lesão e de desempenho físico

Possuir uma boa flexibilidade muscular é considerado um componente integral da saúde e da aptidão física. Os programas de flexibilidade e de alongamento têm, historicamente, declarado serem capazes de melhorar a habilidade do tecido e dos corpos de dissipar o impacto de choque, acomodar o estresse e absorver as forças anormais ou excessivas para, assim, reduzir a lesão[102,105,106] e melhorar o desempenho físico.[107] A arena mais comum para o estudo do impacto da flexibilidade na lesão e na prevenção de lesão têm sido os atletas, devido a uma estimativa de que de 30 a 50% de todas as lesões esportivas são musculotendíneas em sua origem, com a maioria se tratando de estiramentos musculares agudos.[108-111] Por causa de sua alta incidência, os programas de flexibilidade e de alongamento são uma parte comum da vida dos atletas, em um esforço de reduzir a frequência e a severidade de lesões. Historicamente, centenas de artigos foram escritos com respeito a esse tópico. Tal como em toda pesquisa, o leitor deve revisar criticamente o artigo por relevância, elaboração e metodologia, acurácia de dados e de estatística, se as conclusões são suportadas apropriadamente pelos dados, e a habilidade de fornecer uma comparação apropriada com outra literatura publicada. Infelizmente, tal como ocorre com grande parte da literatura de reabilitação, esses fatores podem estar sujeitos a questionamentos, levando a questões e preocupações com respeito às conclusões tomadas. Em função desses fatores, o número de estudos recentes e de revisões de literatura substanciais e bem elaboradas tem desafiado essas crenças comumente abraçadas sobre os programas de alongamento e de flexibilidade.[112-116] Outros sentem que, para certos esportes com uma alta porcentagem de atividades balística, quicantes ou de salto com ciclos de alta intensidade de alongamento-encurtamento (p. ex., futebol, corrida, corrida com obstáculos), alguma evidência pode sugerir que o alongamento pode ajudar na prevenção da lesão.[117,118]

Esses desafios das crenças históricas existentes são, talvez, melhor agrupados em uma revisão de meta-análise fornecida por Thacker et al.[116] e uma revisão de literatura por Shrier.[118,119]

Thacker et al.[116] identificaram 361 artigos publicados entre 1966 e 2002 que relataram a respeito da flexibilidade (sua fisiologia de base e sua relação com o alongamento), fatores de risco para lesão e métodos de prevenção, abordagens alternativas ao alongamento, os efeitos do alongamento sobre o desempenho e a prevenção de lesão, e os efeitos adversos do alongamento. Dos 361 artigos identificados, apenas seis relataram o alongamento comparado com outros métodos para prevenir lesão. De acordo com Thacker et al., os 361 artigos revisados demonstraram claramente que o alongamento pode aumentar a flexibilidade muscular e a articular (geralmente medidos como flexibilidade estática de curto termo); contudo, os extremos da inflexibilidade e da hiperflexibilidade aumentam o risco de lesão. O que não pôde ser determinado por sua meta-análise e revisão de literatura bem elaborada foi a existência de qualquer relacionamento entre programas de flexibilidade e prevenção de lesão. Com base no fato de que, dos 361 estudos revisados, apenas seis alcançaram os critérios de análise completa, Thacker et al. declararam que não existem evidências suficientes para endossar ou descontinuar a rotina de alongamento antes ou após o exercício a fim de prevenir lesões entre atletas de competição e recreacionais. Esse é um ponto crítico que todos os envolvidos na reabilitação física de pacientes e atletas devem se lembrar. A questão ainda não foi completamente respondida, com respeito ao verdadeiro valor do alongamento e dos exercícios de flexibilidade. São necessárias mais pesquisas, com estudos clínicos randomizados bem controlados, para se determinar verdadeiramente se a flexibilidade e os programas de alongamento ajudam na prevenção de lesões.

Shrier[118] revisou 293 citações retiradas de uma pesquisa extensiva no *Medline* com respeito a se o alongamento pré-exercício previne ou não a lesão. Apenas 17 dos 293 artigos publicados entre 1996 e 2001 utilizaram um grupo controle com propósitos de comparação. Desses 17 artigos, sete sugeriram que os exercícios de alongamento pré-exercício *podem* ser benéficos para a prevenção da lesão (Tab. 25.7);[120-126] três sugeriram que ele causava detrimento (Tab. 25.8);[127-129] e seis sugeriram que não ocorreram diferenças (Tab. 25.9).[130-136] Os detalhes desses artigos com respeito aos riscos, às probabilidades e aos índices de risco relativos à lesão estão sintetizados na Fig. 25.21. Shrier também completou uma segunda revisão crítica da literatura relacionada ao alongamento e ao desempenho (ou testes de desempenho) entre 1966 e 2002.[119] As questões foram as seguintes: qual o impacto do alongamento no desempenho fixo? Existe uma diferença, de uma perspectiva da rotina, de um evento de curta duração/agudo para um de longa duração/regular? Essa revisão o levou a concluir que um evento agudo de alongamento não melhora a força ou altura de um salto, e que os resultados para a velocidade de corrida são contraditórios. O alongamento regular, contudo, melhora a força, a altura do salto e a velocidade, embora não haja evidências de que ele melhore a economia na corrida.

Considerando essas grandes revisões da literatura e meta-análises, existe espaço suficiente para uma maior contribuição ao corpo do conhecimento a respeito do alongamento com estudos bem controlados e bem elaborados. Os dados devem ser coletados e os estudos completados, para que continuem a explorar os riscos, os benefícios e os métodos do alongamento com relação à prevenção de lesão, ao manuseio e ao desempenho humano.

Com base na literatura publicada até então, o clínico deve-se questionar "por que alongar?" O alongamento antes, durante ou após uma atividade ou o evento tem sido descrito, historicamente, como um método de minimizar as chances ou de evitar uma lesão. Contudo, uma visão crítica da literatura levanta questões a respeito da eficácia do alongamento com relação à prevenção de lesão. O ganho para o alongamento, percebido ou real, parece ser específico ao indivíduo. O impacto disso sobre o senso do paciente de bem-estar, progresso ou necessidade física deve ser descontado. Tem sido demonstrado que realizar exercícios de alongamento, em alguns casos, aumenta o limiar de dor,[137-139] permitindo que Shrier[119] apresente e discuta conceitualmente que o alongamento pode agir como um analgésico, e que qualquer aumento subsequente na ADM ou na flexibilidade a partir do alongamento se deve, em parte, a esse efeito analgésico. Todos os indivíduos variam sobre o que sentem necessitar com relação ao alongamento. Alguns especificamente

Impacto do alongamento no risco de lesão esportiva*

"Não há evidência suficiente para endossar ou descontinuar a rotina de alongamento antes ou após o exercício a fim de prevenir lesões entre atletas de competição ou recreacionais."

*De acordo com Thacker et al.[116]

sentem que requerem uma quantidade significativa de tempo para se alongar para obter satisfação e um ganho (percebido ou real) em sua flexibilidade, enquanto outros sentem que requerem o mínimo ou nada. O alongamento deve, talvez, ser considerado como uma preferência individualizada e uma atividade baseada no paciente e em suas necessidades percebidas. O papel do clínico pode ser ajudar o paciente a determinar o que ele realmente precisa em um programa de flexibilidade e alongamento.

Embora a maioria dos estudos e das críticas recentes da literatura existente apresentem fatos e discussões de que o alongamento demonstra um efeito mínimo com relação à prevenção de lesão, o clínico não pode ignorar o valor percebido pelo paciente com relação ao nível de conforto e de preparação que o alongamento lhe fornece, relativo à atividade física. Esse valor relativo "percebido" pode ser mais importante em uma base individual do que em uma base científica. O impacto de um programa de alongamento e de flexibilidade sobre as classificações de resultado de qualidade de vida e as classificações de dor corporal em certas populações tem sido demonstrado por King et al.[140] A melhora nessas duas classificações, demonstradas em uma população de pacientes com mais de 65 anos de idade, na conclusão de um período de 12 meses de um programa baseado em comunidade asilar, incorporou os exercícios de alongamento e de flexibilidade. Nessa situação, o papel primário do clínico é educar o indivíduo e fornecer a instrução apropriada, os métodos e um ambiente para que o indivíduo maximize os ganhos almejados de flexibilidade. Para os pacientes que se apresentam com perda de ADM ou de flexibilidade após a lesão, o papel do clínico é ajudar o paciente a reconquistar a ADM e a flexibilidade perdidas.

Questões importantes

Por quanto tempo o alongamento deve ser mantido? Existem inúmeros estudos e artigos na literatura que examinaram por quanto tempo o alongamento deve ser mantido.[141-161] O tempo pelo qual o alongamento foi mantido nesses estudos oscilou de 6 a 120 segundos. Enquanto eles reportaram a duração pela qual o alongamento foi mantido, muitos desses estudos também avaliaram a efetividade de um método específico de alongamento (p. ex., FNP),[145-152] ou a efetividade de modalidades variadas (p. ex., calor, frio, massagem) com o alongamento estático.[153-158] As comparações diretas entre as durações de tempos de alongamento durante o alongamento estático foram completadas por Madding et al.[162] Os tempos de alongamento comparados foram 15, 45 e 120 segundos no estudo de Madding e de 15, 30 e 60 segundos no de Bandy et al. Durante uma única sessão de alongamento, Madding et al. relataram que 15 segundos de alongamento foram tão efetivos como 45 ou 120 segundos para aumentar a abdução do quadril. Bandy et al., ao avaliarem a efetividade e a significância estatística desses tempos de alongamento após um período de seis semanas, demonstraram que a duração mais efetiva para a manutenção de alongamento foi de 30 segundos. Com base nesses dois estudos, deve ser recomendado aos pacientes que a posição que coloca um músculo em alongamento deve ser mantida entre 15 e 30 segundos.

Quanto tempo se leva para gerar um aumento na flexibilidade muscular? Como a habilidade do músculo de se alongar e de alterar seu comprimento pode ser mudada dentro de uma sessão única, esse é uma questão excessivamente difícil de se responder e cuja resposta é, na verdade, desconhecida. Nenhum estudo até então foi capaz de responder plenamente essa questão. Os fatores que devem afetar essa resposta são o músculo em questão (diferentes músculos podem responder à mesma duração e frequência de alongamento de forma diferente), o grupo sendo utilizado, a flexibilidade inicial da pessoa e o grupo muscular. Controlar esses fatores pode ser extremamente difícil. A experiência do clínico dita que o tempo de resposta é uma função do indivíduo, de sua flexibilidade inicial específica, de sua resposta ao alongamento e de um conjunto de outros fatores.

Por quanto tempo permanece um aumento após a interrupção do programa de alongamento? Foi declarado que a duração de uma alteração na habilidade muscular de se deformar/alongar em função de um programa de alongamento situa-se entre 30 e 60 minutos, de acordo com o sujeito, a partir dos dados de Magnusson et al.[101,162] Geralmente, a meta de qualquer programa de flexibilidade é aumentar a habilidade muscular de se alongar durante e imediatamente após a sessão, mas não de manter os ganhos alcançados ao longo do tempo. Por quanto tempo os ganhos permanecem é uma questão incerta. Uma vez que um programa de flexibilidade tenha sido interrompido, os ganhos podem ser perdidos ao longo do tempo (a menos que a amplitude ganhada seja mantida por meio do uso). Zebas e Revera[163] estudaram os ganhos e as perdas da flexibilidade muscular como resultado de um programa de treinamento de flexibilidade de seis semanas utilizando o alongamento balístico modificado estático e a FNP. Após seis semanas, foi demonstrado um aumento significativo na flexibilidade do tornozelo, do ombro, do quadril, do tronco e do pescoço (p<0,05). Uma perda estatisticamente significativa (p<0,5) ocorreu em todos os grupos musculares duas semanas após a interrupção do programa. Uma perda mais gradual foi medida ao fim das 4 semanas. Mesmo com a perda após 4 semanas, a flexibilidade retida foi maior do que a do início do programa de alongamento. Funcionalmente, parece que o nível de flexibilidade muscular alcançado e mantido é baseado na flexibilidade e na amplitude de movimento requeridas por um indivíduo específico para as tarefas e atividades em que ele geralmente participa. Talvez, para educar o paciente com respeito à necessidade de ganho/manutenção da flexibilidade, seja melhor usar a frase, "se você não usa, atrofia".

Quantas vezes alguém deve se alongar? O estudo de Wallin et al.[164] sugere que a realização de um programa de flexibilidade uma vez por semana pode ser suficiente para manter a flexibilidade conquistada, enquanto o

Tabela 25.7 Breve resumo dos estudos clínicos que sugerem que o alongamento imediatamente antes ou após o exercício *pode prevenir* lesão

Referência	População	Tipo do estudo	Resultados	Comentários
Ekstrand, Gillquist, Liljedahl[120]	180 jogadores de futebol de elite do sexo masculino	Intervenção ECR de aquecimento, alongamento, joelheira com caneleira, bandagem profilática de tornozelo, reabilitação controlada, informação e supervisão	O grupo recebendo a intervenção combinada apresentou um RR de 0,18 (0,6 lesão/mês *vs.* 2,6 lesões/mês)	As intervenções múltiplas impediram a conclusão de que o alongamento pré-exercício é benéfico
Bixler e Jones[121]	5 times de futebol americano do ensino médio	Pseudointervenção de ECR de meio-período de alongamento e aquecimento	O grupo intervenção teve 0,3 lesão/jogo *vs.* 0,8 lesão/jogo do grupo controle	Se um time de intervenção não se alongou por meio-período, eles foram considerados parte dos "dados controle". Nenhum número foi dado para as alterações na exposição. Com o aumento da exposição e do risco constante, espera-se que a frequência de lesões aumente. Sendo assim, os riscos não podem ser calculados. Também ocorreu uma cointervenção de aquecimento.
Ekstrand, Gillquist, Moller, et al.[122]	180 jogadores de futebol de elite do sexo masculino	Um ano de estudo coorte prospectivo	Todos os sete estiramentos de quadríceps afetaram jogadores dos times nos quais o chute a gol ocorreu antes do aquecimento ($p<0{,}058$). Estiramentos dos isquiotibiais foram mais comuns nos times que não utilizaram exercícios de flexibilidade especiais ($t = 2{,}1$)	Nenhuma análise real do alongamento antes do exercício. Múltiplas cointervenções.
Wilber, Holand, Madison, et al.[123]	518 ciclistas recreacionais	Pesquisa de *overuse* e outros fatores relacionados	Os resultados disponíveis são apenas "O alongamento antes do ciclismo (1 *vs.* 2 minutos, $p<0{,}007$) teve efeito significativo em ciclistas do sexo feminino que passaram por tratamento médico para condições de virilha/nádegas."	Taxa de resposta de 518/2.500. As associações entre alongamento e lesões em outras partes do corpo (joelhos, dorso) não foram relatadas, embora os dados estivessem disponíveis. Não é claro se as pessoas se alongaram antes da lesão ou por causa dela. O efeito ocorreu apenas em mulheres e não em homens.

(*continua*)

Tabela 25.7 Breve resumo dos estudos clínicos que sugerem que o alongamento imediatamente antes ou após o exercício *pode prevenir* lesão (*continuação*)

Referência	População	Tipo do estudo	Resultados	Comentários
Cross e Worrell[124]	195 jogadores de futebol americano da divisão III universitária	Cartela de revisão, pré e pós-intervenção de alongamento, utilizando controles históricos Alongamento imediatamente antes do exercício	43/195 lesões pré-intervenção e 21/195 pós-intervenção (p<0,05)	Uso de controles históricos é um plano deficiente. Possivelmente, tiveram um alto nível de lesões e decidiram introduzir o alongamento. Se isso for verdade, os resultados são, provavelmente, por acaso do resultado de "regressão em direção a média".
Hilyer et al.[125]	469 bombeiros	Randomização por agrupamento por distrito de combate ao incêndio Alongamento no trabalho Obviamente, impossível de ser feito imediatamente antes do combate ao incêndio	48/251 lesões no grupo de alongamento e 52/218 lesões no grupo controle (RR = 0,82, 95% IC: 0,57, 1,14); $ 950/lesão por tempo perdido no grupo de alongamento e $ 2.838 no grupo controle (p<0,026)	Exercícios revisados com indivíduos, mas não está claro quão proximamente. A diferença de custo médico foi maior no grupo controle, mas não significativamente (p=0,19). Como os custos médicos foram mais similares que os custos por tempo perdido, o custo total não foi significativamente diferente (p=0,56).
Hartig e Henderson[126]	298 recrutas de treinamento básico	Randomização por agrupamento por companhia	25/150 lesões no grupo de alongamento e 43/148 lesões no grupo controle (RR = 0,57, 95% IC: 0,37, 0,88)	Grupo de alongamento mais flexível antes do treinamento e não controlado na análise. Quase duas vezes a perda do acompanhamento no grupo de alongamento, o que significa menos pessoas disponíveis para sofrerem lesão. Isso pode fazer com que o alongamento pareça mais efetivo.

Para o risco relativo (RR) ou a taxa de probabilidade (TP), um valor acima de 1 significa uma taxa maior de lesão nas pessoas que se alongam.
ECR, Ensaio controlado randomizado.
De Shrier I. Does stretching help prevent injury? In MacAuley D, Best T, editors. *Evidence-based sports medicine.* BMJ Publishing Group, London, 2002.

Tabela 25.8 Breve resumo dos estudos clínicos que sugerem que o alongamento imediatamente antes do exercício *pode ser prejudicial* e provocar lesão

Referência	População	Tipo do estudo	Resultados	Comentários
Howell[127]	17 remadoras de elite	Transversal	Alongamento associado com lesões	Não é claro se as pessoas se alongaram antes da lesão ou por causa da lesão.
Jacobs e Benson[128]	451 participantes de corrida de 10 km	Pesquisa de lesões passadas e de fatores relacionados	~90% das pessoas com lesão alongavam-se, comparados a ~80% das pessoas sem lesão	Taxa de resposta de 451/550. Não é claro como as 550 pessoas foram escolhidas das 1.620 potenciais. Apenas análises univariadas. Não é claro se as pessoas se alongaram antes da lesão ou por causa da lesão.
Kerner e D'Amico[129]	540 pessoas comprando calçados de corrida	Pesquisa de lesões passadas e de outros fatores relacionados	Os resultados disponíveis são apenas "Uma comparação de indivíduos que se aqueceram antes da corrida (87,7%) e aqueles que não o fizeram (66%) revelou uma maior frequência de dor nos primeiros."	Taxa de resposta de 540/800. Sem dados disponíveis para determinar a relevância clínica. Não é claro se as pessoas se alongaram antes da lesão ou por causa da lesão.

Para o risco relativo (RR) ou a taxa de probabilidade (TP), um valor acima de 1 significa uma taxa maior de lesão nas pessoas que se alongam. De Shrier I: Does stretching help prevent injury? In MacAuley D, Best T, editors. *Evidence-based sports medicine.* BMJ Publishing Group, London, 2002.

engajamento em um programa de três a cinco vezes por semana aumenta a flexibilidade.

Quantas repetições são necessárias para se ganhar flexibilidade? As propriedades viscoelásticas e o comportamento das fibras musculares sob alongamento repetido foram estudadas em um modelo animal por Taylor et al.[165] Seus dados demonstraram que a maioria da alteração na resposta do comprimento, da força-relaxamento e de histerese do músculo ocorreu nas primeiras poucas repetições de alongamento (ver o Cap. 5 deste livro para uma completa discussão desse estudo e do comportamento viscoelástico do músculo sob deformação). Com base nesses resultados *in vitro* de preparações de tecidos isolados, de uma perspectiva clínica, o clínico e o paciente devem considerar prestar uma atenção especial aos ciclos/repetições iniciais de qualquer programa de alongamento. A maior parte dos benefícios durante qualquer sessão pode ser obtida durante os poucos alongamentos iniciais.

Magnusson et al., em estudos clínicos examinando a flexibilidade de isquiotibiais de sujeitos, demonstraram achados similares de que a resistência ao alongamento e a alteração subsequente, ou a diminuição da resistência com a manutenção do alongamento, são maiores nas poucas primeiras repetições.[162,166] Embora Magnusson et al. originalmente atribuíram essas alterações à resposta viscoelástica dos isquiotibiais,[166,167] subsequentemente, atribuíram a resposta a uma maior tolerância ao alongamento desses sujeitos.[168-172] Essa mudança é baseada na alteração de sua metodologia de teste a partir de seus estudos iniciais. A metodologia utilizada por Magnusson et al. permite ao clínico examinar as alterações na resistência muscular ao alongamento em um ambiente clínico. Embora os estudos de Magnusson et al. tenham começado a responder algumas questões iniciais com respeito ao comportamento viscoelástico do músculo utilizando métodos disponíveis na clínica, uma maior investigação é garantida com base no que é conhecido a partir da pesquisa de retaguarda.

Qual é o melhor método de alongamento? Embora a flexibilidade melhorada alcançada por meio do alongamento promova uma maior complacência da unidade musculotendínea, os clínicos devem determinar qual método de alongamento muscular é o melhor para ganhar a complacência, a flexibilidade e a amplitude de movimento desejadas. Três métodos comuns de alongamento muscular geralmente são utilizados na tentativa de se conseguir um aumento na flexibilidade. Esses métodos são o alongamento por meio do uso das técnicas de facilitação neuromuscular proprioceptiva (FNP), energia muscular, alongamento estático e alongamento balístico.

As três técnicas de FNP geralmente utilizadas para o aumento da ADM articular e da flexibilidade muscular são o contrair-relaxar (CR), o manter-relaxar (MR), e o contrair-relaxar com a contração do antagonista (CRCA). Historicamente, essas técnicas têm sido utilizadas para facilitar o OTG a inibir o músculo no qual ele repousa e para utilizar os princípios da inibição recíproca.[173] A energia muscular, uma técnica desenvolvida por osteopatas, é baseada nos mesmos princípios fisiológicos da FNP. Os princípios da aplicação são similares à FNP com duas

Tabela 25.9 Breve resumo dos estudos clínicos que sugerem que o alongamento imediatamente antes do exercício *não previne* lesão

Referência	População	Tipo do estudo	Resultados	Comentários
Pope et al.[130]	1.538 recrutas militares do sexo masculino	ECR de 12 semanas	Univariada HR = 0,95 (95% IC: 0,77, 1,18) Multivariada HR = 1,04 (95% IC: 0,82, 1,33)	Utilizada uma amostra de grande dimensão. Recrutas militares não desempenham as mesmas atividades que atletas de elite, mas a atividade é, provavelmente, muito similar a dos atletas recreacionais. A concordância e o acompanhamento são fáceis nesse grupo.
Pope et al.[131]	1.093 recrutas militares do sexo masculino	ECR de 12 semanas de alongamento para panturrilhas	HR = 0,92 (95% IC: 0,52, 1,61)	Embora o alongamento não reduza o risco, houve um aumento de cinco vezes na lesão do tornozelo se a ADM do tornozelo era de apenas 34 graus (p<0,01).
Van Mechelen et al.[132]	421 corredores recreacionais do sexo masculino	ECR de 16 semanas pareadas por idade e distância semanal de corrida	RR : 1,12	A intervenção foi o aquecimento e o alongamento pré-exercício. Cada grupo experimentou uma série de "não concordância".
Burnet et al.[133]	1.501 corredores de competição de rua e recreacionais	Pesquisa de lesões passadas e de outros fatores relacionados	Frequências similares de lesões entre aqueles que se alongam e aqueles que não o fazem	Taxa de resposta desconhecida. Tipo de estudo transversal, mas o perfil de lesão foi "qualquer lesão" e não lesão recente. Não é claro se as pessoas se alongaram antes da lesão ou por causa da lesão.
Macera et al.[134]	583 corredores habituais	1 ano de coorte prospectivo	TP para homens = 1,1; para mulheres = 1,6	Taxa de resposta de 966/1.576. Os dados do alongamento foram controlados apenas pela idade. O alongamento não foi incluído na análise de regressão múltipla, porque ele foi insignificante na análise univariada original.
Blair et al.[135]	438 corredores habituais	Pesquisa de lesões passadas e de outros fatores relacionados	Os resultados disponíveis são apenas "frequência do alongamento... não foram associados a lesões de corridas"	Taxa de resposta de 438/720. Esse artigo abrange 3 estudos. Apenas o estudo transversal observou diretamente os hábitos de alongamento. Não é claro se as pessoas se alongaram antes da lesão ou por causa dela.
Walter et al.[136]	1.680 corredores de competição de rua comunitária	Um ano de coorte prospectivo	Grupo de comparação é pessoas que sempre se alongam RR: nunca se alongam: 1,15, 1,18 Algumas vezes se alongaram: 0,56, 0,64 Usualmente se alongaram: 1,05, 1,25	Para ser consistente com outros dois artigos, o RR foi convertido, de forma que os números refletem o risco das pessoas que sempre se alongam. Esses números são controlados para a distância e a frequência da corrida, tipo de corredores e o uso do aquecimento, lesões no último ano.

Para o risco relativo (RR) ou a taxa de probabilidade (TP), um valor acima de 1 significa uma taxa maior de lesão nas pessoas que se alongam. De Shrier I. Does stretching help prevent injury? In MacAuley D, Best T, editors. *Evidence-based sports medicine.* BMJ Publishing Group, London, 2002.

diferenças importantes. Utilizar energia muscular para alongar envolve isolar um músculo por meio do uso de contração isométrica submáxima (comparada com uma contração isométrica máxima ao se utilizar as técnicas de FNP) e ter certeza de que o músculo que fora contraído está completamente relaxado antes de proceder a uma nova amplitude. Uma vez que as técnicas de energia muscular envolvem uma contração mais leve, elas geralmente são utilizadas no início do *continuum* de recuperação para restaurar a amplitude. Utilizá-las nesse momento é mais fácil para o paciente e causa menor dor. Contudo, nenhum estudo comparou a efetividade da energia muscular sobre a FNP. No entanto, clinicamente, elas parecem ser igualmente efetivas.

Vários autores e estudos têm concluído que as técnicas de FNP são efetivas para aumentar a flexibilidade. Contudo,

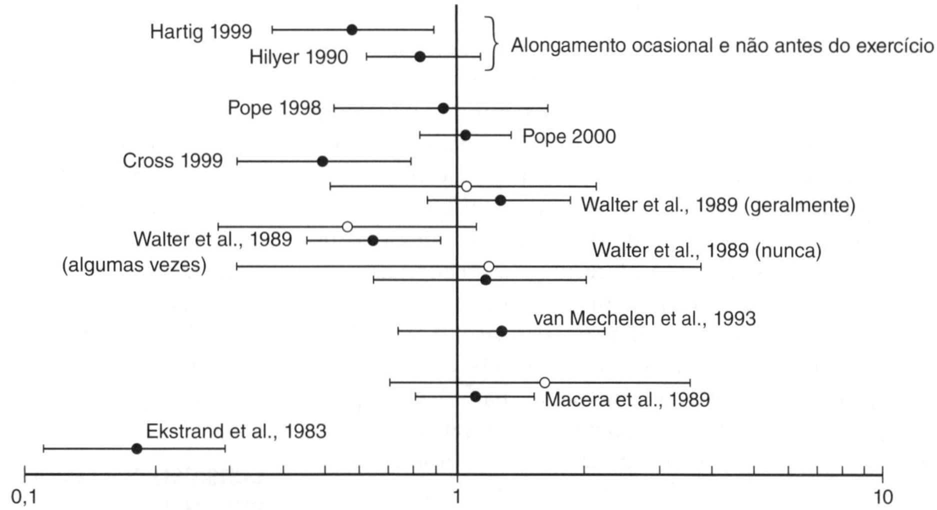

Figura 25.21 Risco relativo, probabilidades ou índices de risco (+-95% do intervalo de confiança) de estudos prospectivos são apresentados. Os dados para homens são demonstrados por círculos preenchidos; os dados para mulheres, por círculos abertos. Valores maiores do que 1 significam um risco aumentado para pessoas que se alongam antes de exercício. Valores menores do que 1 significam risco diminuído de lesão para pessoas que se alongam antes do exercício. (Adaptado de Shrier I. Does stretching help prevent injuries? In MacAuley D, Best T, editors. *Evidence-based sports medicine*. BMJ Publishing Group, London, 2002.)

parece não haver um consenso a respeito de qual é a melhor técnica isolada para fazê-lo.[138,148,149,154,163,164,173-178] Em muitos casos, a força de alongamento não foi controlada, com a exceção de um estudo.[148] Controles tais como esse são vitais para uma pesquisa válida e bem elaborada, a fim de responder às questões apropriadamente, conforme seja apreciado com base nas revisões discutidas anteriormente nesse capítulo.[116-119]

Como declarado, a premissa histórica era de que as técnicas de FNP eram aquelas em que o OTG poderia ser facilitado no músculo que estava sob alongamento, e que a inibição recíproca poderia ocorrer se os antagonistas do músculo fossem ativados. Contudo, não tem sido demonstrado ser esse o caso em uma série de estudos. Nesses estudos, a ativação dos elementos contráteis do músculo sofrendo alongamento foram aumentadas, como demonstrado por meio do uso de EMG de superfície.[138,148,177,179,180] Esse fato pode trazer um maior suporte ao conceito de que o alongamento por FNP produz um efeito "analgésico", como colocado previamente por Shrier,[118] ou o impacto da "tolerância ao alongamento", apresentado por Magnusson et al.[138]

Os resultados dos estudos com alongamento por FNP utilizando EMG de superfície foram, contudo, desafiados por Entyre e Abraham.[181] Esses autores haviam reportado que os traços oriundos de eletrodos de superfície que tinham a aparência de atividade entre músculos antagonistas eram, na realidade, conversas cruzadas entre os eletrodos. Nenhuma atividade foi vista por meio de eletrodos finos suportando o uso da contração do músculo antagonista durante o alongamento para inibir a contração do músculo sendo alongado. Uma atividade de EMG mínima também foi demonstrada por Magnusson et al.[138] durante seus estudos utilizando contrações isométricas em associação com alongamento.

Os alongamentos estáticos e balísticos são os métodos utilizados pela maior parte dos atletas porque eles podem ser realizados individualmente, sem a presença de um parceiro (como é muitas vezes necessário utilizando-se o alongamento por FNP). Embora ambos os métodos sejam efetivos, existem vantagens e desvantagens quanto ao alongamento estático e balístico.

Durante o alongamento estático, a posição estacionária é mantida por um período de tempo durante o qual as articulações específicas são colocadas e mantidas em uma posição tal que coloca os músculos e os tecidos conjuntivos que circundam aquela articulação em seu maior comprimento. As vantagens do alongamento estático são que existe um perigo menor de exceder o limite de extensibilidade dos tecidos sendo estressados; os requerimentos de energia são menores; e há uma chance menor do desenvolvimento de dor muscular, e de fato, a dor muscular muitas vezes é aliviada.[47] As vantagens oferecidas pelo alongamento estático são razoáveis porque os tecidos conjuntivos possuem uma alta resistência para uma força aplicada subitamente de curta duração (como pode ser imposta pelo alongamento balístico), enquanto demonstra respostas viscoelásticas quando colocados sob alongamento prolongado.[95] O alongamento estático também minimiza o impacto da estimulação aferente do fuso do tipo Ia e II e a tentativa de maximizar o impacto do OTG.

O alongamento balístico geralmente envolve algum tipo de movimento(s) cíclico(s) e rítmico(s) que impõe(m) um movimento e uma alteração no comprimento dos músculos e/ou tecidos conjuntivos que circundam a articulação.[46,47] Os movimentos de alongamento balístico são iniciados por músculos que são antagonistas àqueles que estão sendo alongados. O uso do alongamento balístico não tem sido recomendado por livros-texto de fisiologia do exercício bem conceituados.[182-184] O alongamento balístico, embora efetivo, pode impor uma ameaça de causar uma lesão microtraumática. Existe, contudo, um lugar para o alongamento balístico nas atividades realizadas em alta velocidade. Antes de considerar o uso do alongamento do tipo balístico, o clínico deve considerar todos os fatores associados ao paciente, tais como a patologia, o estágio de recuperação, a idade, os fatores de comorbidade relativos ao seu histórico médico geral e ao tipo de atividade no qual ele está envolvido. Esse tipo de alongamento dinâmico de velocidade mais elevada pode parecer ser apropriado para atletas envolvidos em atividades dinâmicas de alta velocidade, tais como corrida com barreiras ou qualquer outro tipo de atividade esportiva que requeira movimentos de alta velocidade nos extremos da ADM, ou mesmo na ADM disponível.

Para a população geral de pacientes, os exercícios de alongamento estático são oferecidos na maior parte do tempo. Esses exercícios podem ser completados por um indivíduo sem a necessidade de um parceiro (p. ex., FNP) e são geralmente seguros e efetivos. Os exercícios de alongamento balístico, normalmente, não são apropriados para a população de pacientes em geral, indivíduos sedentários ou pacientes geriátricos. O alongamento balístico, contudo, pode exercer um papel integral no condicionamento e no treinamento de atletas porque as atividades esportivas são balísticas por natureza, ou para indivíduos que desempenham movimentos funcionais balísticos ao final de sua amplitude de movimento.

Para o atleta, os exercícios de alongamento estático devem perfazer a linha de base de seu programa de flexibilidade. Eles devem ser utilizados ao longo da temporada, mas, certamente, predominar no início da temporada. Aumentar a proporção de alongamento balístico para estático deve ser considerado com base na posição e na atividade, no momento em que se encontram os atletas, de acordo com seus processos de aquecimento e de preparação para a prática/execução, e conforme o nível de aptidão física e de condicionamento dos atletas aumenta.[185] Se os exercícios de alongamento balísticos são utilizados, eles devem ser precedidos de alongamento estático e confinados a uma pequena amplitude de movimento, talvez não mais do que 10% além da amplitude de movimento final estática do indivíduo. O alongamento balístico deve ser utilizado para assistir no desenvolvimento da flexibilidade dinâmica da amplitude de movimento final dos atletas.

Qualquer programa de flexibilidade balística ou dinâmica deve ser progressivo por natureza. Zachazewski propôs previamente o conceito de um programa de flexibilidade de velocidade progressiva (PFVP; Fig. 25.22).[104] O PFVP requer o grupo muscular que está sendo alongado enquanto sofre uma contração excêntrica e controla o movimento do segmento do membro, e a quantidade de alongamento sendo colocado sobre ele. A transição do antagonista para o agonista também pode ser necessária, dependendo do exercício de alongamento. Esses tipos de transições e de contrações potencialmente dissinérgicas têm sido implicadas como uma causa potencial de lesão por estiramento muscular.[186,187] O indivíduo deve trabalhar em sua coordenação neuromuscular por meio desse tipo de atividade. A resposta de aprendizagem motora pode ser configurada conforme o indivíduo se alonga em uma velocidade cada vez maior ao longo do tempo, simulando e integrando a atividade funcional necessária para o esporte ou a atividade de final de amplitude de alto nível.

Uma atividade geral de aquecimento e de alongamento estática deve preceder o PFVP. O PFVP é iniciado após um período de dias ou semanas, dependendo do nível de atividade do indivíduo e do seu *status* físico. O PFVP toma o indivíduo por meio de uma série de exercícios de alongamento na qual a velocidade e a amplitude de alongamento são combinadas e controladas em uma base progressiva. Os progressos individuais do controle para a simulação de atividade e de uma atividade metódica lenta para uma atividade funcional de alta velocidade. Controle e amplitude são responsabilidades do indivíduo. O clínico age como um "treinador". Nenhuma força externa é exercida por qualquer outro.

Considerações sobre o programa de alongamento muscular

A meta final de qualquer programa de alongamento de flexibilidade é capacitar o músculo a ser alongado durante toda a amplitude de movimento necessária para permitir uma função livre de lesão de uma maneira mais eficiente. Como já discutido, o programa de alongamento prescrito para um atleta *versus* um paciente mais sedentário irá diferir primariamente com base no seu tipo e nível de atividade. Contudo, independente do tipo de paciente com o qual o clínico esteja trabalhando, os componentes básicos da sequência de atividades são as mesmas: (1) uma atividade geral de "aquecimento"; (2) participação em um programa de exercício/alongamento; e (3) algum tipo de "resfriamento" ou período pós-participação. O número e a complexidade desses passos diferem para cada indivíduo, com base em múltiplos fatores, tais como o nível geral de saúde-flexibilidade-aptidão física, idade, nível de atividade e percepção individual do que parece "correto" para ele, com respeito ao tipo-quantidade-frequência-duração do alongamento. Todos os indivíduos diferem em suas próprias necessidades percebidas, e os clínicos devem reconhecer isso. Qualquer um ou todos esses passos podem ser alterados ou eliminados com base em cada paciente e suas necessidades percebidas. Os passos seguintes são dados como exemplo para duas populações diferentes de pacientes.

O atleta

A sequência mais eficiente das cinco atividades seguintes deve ser considerada para os atletas:

1. *Aquecimento geral*: esse tipo de aquecimento geral consiste em exercícios repetidos não fatigantes dos grupos musculares a serem alongados. Esse tipo de exercício ocorre na ADM prontamente disponível do atleta. Exemplos, como o ciclismo, têm sido estudados clinicamente e demonstram serem efetivos em aumentar a flexibilidade em até 15 minutos após a atividade.[154,188]

   Sabe-se, por meio de estudos com modelos animais, que o aquecimento fisiológico (pré-condicionamento) tem sido demonstrado capaz de prevenir a lesão muscular por aumentar a força e o comprimento até a falência e a elasticidade da unidade musculotendínea.[11] Contudo, parece que o aumento na temperatura intramuscular por meio do exercício pode não ser suficiente para influenciar o comportamento viscoelástico e a absorção passiva de energia do tecido conjuntivo associada com o músculo durante os exercícios de alongamento.[101] Embora uma pequena contribuição possa estar baseada em algum aumento na temperatura intramuscular, isto pode não exercer um papel tão significante como previamente pensado com respeito ao "aquecimento" precedendo os exercícios de alongamento.[102-104] As modalidades terapêuticas também podem ser utilizadas como método de aumento da temperatura tecidual, como fora previamente discutido nesse capítulo.

Em função desses fatos, a questão a ser levantada é por que uma atividade geral de aquecimento deve continuar a ser considerada como parte da preparação de um atleta para o alongamento e o exercício. Parte dessa razão deve ser histórica, cultural ou tradicional para os atletas (ou seja, "porque esse foi o modo como sempre foi feito"). De uma perspectiva clínica, esse tipo de atividade geral e cíclica de aquecimento, ocorrendo na amplitude de movimento prontamente disponível do atleta, começa a prepará-lo para a participação. Uma fase inicial e cíclica, ou processo de construção da deformação, dentro dos limites toleráveis do tecido conjuntivo de deformação, pode ser mais eficiente anteriormente à adição do alongamento estacionário residual. Nessa fase cíclica, o tecido conjuntivo que perfaz o músculo é deformado em seus limites prontamente disponíveis. Essa deformação pode ser progressivamente aumentada porque o desconforto diminui como resultado de um aumento na "tolerância ao alongamento" descritas por Magnusson et al.[138] ou o efeito analgésico do alongamento, como descrito por Shrier.[118]

2. *Alongamento pré-participação*: o alongamento estático lento é iniciado nessa fase do ciclo. A manutenção do alongamento permite que as propriedades viscoelásticas do tecido sejam influenciadas, ou um maior aumento na "tolerância ao alongamento", como descrito por Magnusson et al.[138] O alongamento estático lento também pode resultar em uma facilitação diminuída dos aferentes fusais e da facilitação do OTG. Após o alongamento estático, o alongamento do tipo balístico cíclico pode ser considerado, utilizando-se uma velocidade baixa e uma deformação progressivamente controlada ao final da amplitude de movimento do atleta.
3. *Aquecimento "neuromuscular"*: o propósito dessa parte do ciclo é começar a simular a atividade do atleta. A velocidade da atividade escolhida, a ADM ao longo da qual ela é conduzida e o vigor da atividade devem ser aumentados progressivamente ao longo de uma série de repetições até os níveis funcionais para aquele atleta. Esse aumento progressivo na velocidade e na ADM influencia as propriedades viscoelásticas dos tecidos por condicioná-los mais a tolerar o estresse a ser imposto na velocidade de informação necessária para o treinamento e a competição. A repetição da atividade em velocidades crescentes também impõe uma aprendizagem motora e a habilidade necessária para a competição. É durante o aquecimento neuromuscular que o PFVP pode ser incorporado. Um exemplo de um aquecimento neuromuscular é o processo pelo qual passa um arremessador antes de se dirigir para sua posição no início do jogo.

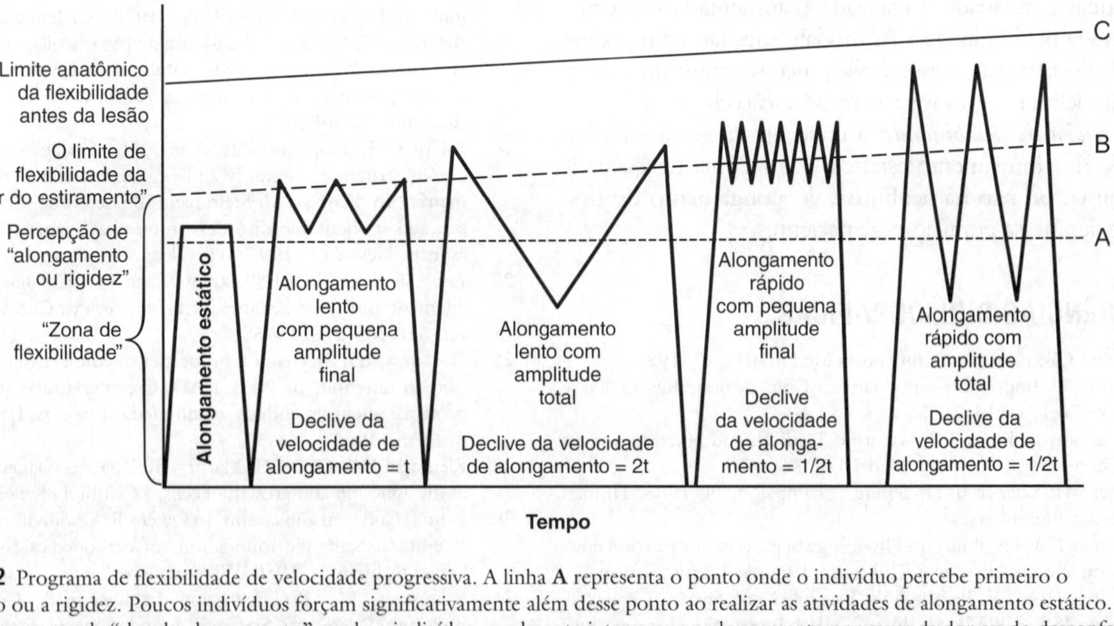

Figura 25.22 Programa de flexibilidade de velocidade progressiva. A linha **A** representa o ponto onde o indivíduo percebe primeiro o alongamento ou a rigidez. Poucos indivíduos forçam significativamente além desse ponto ao realizar as atividades de alongamento estático. A linha **B** representa o ponto da "dor do alongamento", onde o indivíduo geralmente interrompe o alongamento por causa da dor ou do desconforto associado a ele. A linha **C** representa o limite anatômico da flexibilidade antes que ocorra a lesão. O objetivo do PFVP é conseguir com que o indivíduo force além do limite autoimposto representado pela linha **A**. Utilizar o alongamento do tipo balístico controlado permite que o indivíduo force até, ou além de, sua "dor de alongamento", representada pela linha **B**. Cada vez que é feita uma tentativa de forçar adiante dentro da amplitude disponível, o movimento balístico completado é encurtado com propósito de controle. (Adaptado de Zachazewski JE. Flexibility for sports. In Saunders B, editor. *Sports physical therapy*. Appleton and Lange, Norwalk, 1990.)

4. *Participação de atividade*: o atleta agora está pronto para participar em sua atividade escolhida.
5. *Alongamento pós-participação*: o alongamento pós-participação capitaliza qualquer efeito possível que um aumento na temperatura intramuscular possa ter com respeito a manter ou ganhar uma maior flexibilidade. Também tem sido demonstrado que a pós-participação assiste na diminuição ou na prevenção da dor muscular comumente apresentada após uma atividade extenuante.[142,189] Uma consideração também pode ser dada para o "resfriamento" com o músculo em uma posição alongada para capitalizar qualquer possibilidade de ganho além da alteração em nível tecidual.[12,93,94] Para um ganho máximo após o exercício, o músculo/os grupos musculares sob alongamento não devem sofrer fadiga, porque tem sido demonstrado que a fadiga é capaz de facilitar o fuso e inibir o OTG.[190,191]

O indivíduo sedentário ou o paciente geriátrico

Esses dois grupos de indivíduos possuem uma maior necessidade de flexibilidade e de ADM apropriadas para minimizar a quantidade de estresse imposto durante a vida geral e as AVD. Nenhum desses grupos possui uma grande necessidade de flexibilidade dinâmica para as necessidades diárias gerais. Os ciclos gerais de sequência de atividades de alongamento para esses tipos de pacientes são similares. Sem necessidade de alongamento balístico e de um tipo de atividade de aquecimento neuromuscular.

1. *Aquecimento*: algum tipo de atividade geral/aquecimento geral é benéfico, se possível. Os objetivos são os mesmos como delineados acima, e a atividade é conduzida na amplitude imediatamente disponível. A amplitude na qual a atividade é realizada é aumentada conforme tolerada pelo indivíduo. As modalidades também podem ser utilizadas para assistir a esse processo; contudo, a atividade cíclica progressiva é a consideração chave.
2. *Exercícios de flexibilidade*: a concentração está na atividade de alongamento estático. Existe uma necessidade mínima, ou não há nenhuma, de alongamento do tipo balístico nessa população de pacientes.

REFERÊNCIAS BIBLIOGRÁFICAS

1. Cobin CB: Flexibility, Clin Sports Med 3:101-117, 1984.
2. Hardy L: Improving active range of hip flexion, Res Q Exerc Sport 56:111-114, 1985.
3. Anderson B, Burke ER: Scientific, medical, and practical aspects of stretching, Clin Sports Med 10:63-86, 1991.
4. Alter MJ: Science of Stretching, Champaign, Ill, 1988, Human Kinetics Publishers.
5. deVries HA: Flexibility. In Physiology of exercise for physical education and athletics, ed 3, Dubuque, 1980, William C Brown.
6. Holt J, Holt LE, Pelham TW: Flexibility redefined. In Bauer T, editor: ISBS 1995 Proceedings—XIIIth International Symposium for Biomechanics in Sports, Ontario, 1996, Lakehead University.
7. Norkin CC, LeVangie PK: Joint structure and function: a comprehensive analysis, Philadelphia, 1983, FA Davis.
8. Cuillo J, Zarins B: Biomechanics of the musculotendinous unit: relation to athletic performance and injury, Clin Sports Med 2:71-86, 1983.
9. Curwin S, Stanish W: Tendinitis: its etiology and treatment, Lexington, 1984, Collamore Press.
10. Butler DL, Grood ES, Noyes FR et al: Biomechanics of ligaments and tendons, Exerc Sports Sci Rev 6:125-281, 1978.
11. Viidik A: Functional properties of collagenous tissue, Rev Connect Tissue Res 6:127-215, 1973.
12. Sapega AA, Quedenfeld TC, Moyer RA, Butler RA: Biophysical factors in range of motion exercises, Phys Sportsmed 9:57-65, 1981.
13. Ganong WF: The nervous system, Los Altos, 1977, Lange Medical Publications.
14. Fukami Y, Wilkinson RS: Responses of isolated golgitendon organs of the cat, J Physiol 265:673-689, 1977.
15. Johns RJ, Wright V: Relative importance of various tissues in joint stiffness, J Appl Physiol 17:824-828, 1962.
16. Culev EM, Clark CH, Merrilees MJ: Connective tissues: matrix composition and its relevance to physical therapy, Phys Ther 79:308-319, 1999.
17. Nimmi MC: The molecular organization of collagen and its role in determining the biophysical properties of connective tissue, Biorheology 17:51-82, 1980.
18. Nordin M, Frankel VH: Biomechancis of collagenous tissues. In Frankel VH, Nordin M, editors: Mechanics of the skeletal system, Philadelphia, 1980, Lea & Febiger.
19. Akeson WH, Woo SLY, Amiel D et al: The chemical basis of tissue repair: the biology of ligaments. In Hunger LY, Funk FJ, editors: Rehabilitation of the injured knee, St Louis, 1984, Mosby.
20. Fawcett DW: Textbook of histology, ed 11, Philadelphia, 1986, WB Saunders.
21. Akeson WH, Amiel D, Mechanic GL et al: Collagen cross-linking alterations in joint contractures: changes in the reducible cross-links in periarticular connective tissue collagen after nine weeks of immobilization, Connect Tissue Res 5:15-19, 1977.
22. Gay S, Gay RE, Miller EJ: The collagens of the joint, Arthritis Rheum 23:937-941, 1980.
23. Bornstein P, Sage H: Structurally distinct collagen types, Annual Rev Biochem 49:957-1003, 1980.
24. Miller EJ: The collagens of the joint. In Sokolov L, editor: The joints and synovial fluid, Orlando, 1978, Academic Press.
25. Bateman FJ, Lamande SR, Ramshaw JAM: Collagen superfamily. In Comper WD, editor: Extracellular matrix, volume 2: molecular components and interactions, Amsterdam, 1996, Harwood Academic Publishers.
26. Kielty CM, Hopkinson I, Grant ME: Collagen: the collagen family, structure, assembly and organization in the extracellular matrix. In Royce PM Steinmann BS, editors: Connective tissue and its heritable disorders: molecular, genetic, and medical aspects, New York, 1993, Wiley-Liss.
27. Liu SH, Yang RS, al-Shaikh R, Lane JM: Collagen in tendon, ligament and bone healing: A current review, Clin Orthop Relat Res 318:265-278, 1995.
28. Harkness RD: Mechanical properties of connective tissues in relation to function. In Parry DAD, Creamer LK, editors: Fibrous proteins: scientific, industrial and medical aspects, London, 1980, Academic Press.
29. Kleinman HK, Dlebe RJ, Martin GR: Role of collagenous matrices in the adhesion and growth of cells, J Cell Biol 88:473-485, 1981.
30. Lane J: Collagen and elastin. In Owens R, Goodfellow J, Bullough P, editors: Scientific foundations of orthopedics and traumatology, Philadelphia, 1980, WB Saunders.
31. Rosenberg LC: Progeoglycans. In Owens R, Goodfellow J, Bullough P, editors: Scientific foundations of orthopedics and traumatology, Philadelphia, 1980, WB Saunders.
32. Elden HR: Physical properties of collagen fibers, Int Rev Connec Tissue Res 4:282-348, 1968.

33. Donatelli R, Owens-Burkhardt H: Effects of immobilization on the extensibility of periarticular connective tissue, J Orthop Sports Phys Ther 3:67-72, 1981.
34. Kastelic J, Galeski A, Baer E: The microcomposite structure of tendon, Connect Tissue Res 6:11-23, 1978.
35. Akeson WH, Amiel D, Woo SL: Immobility effects of synovial joints: the pathomechanics of joint contracture, Biorheology 17(1-2):95-110, 1980.
36. Stromberg DD, Weiderheilm CA: Viscoelastic description of a collagenous tissue in simple elongation, J Appl Physiol 26:857-862, 1969.
37. Berg TK, Caulfield JB: Morphology of connective tissue in skeletal muscle, Tissue Cell 12:197-207, 1980.
38. Maughan DW, Godt RE: A quantitative analysis of elastic, entropic, electrostatic, and osmotic forces within relaxed skinned muscle fibers, Biophys Struct Mech 7:17-40, 1980.
39. Hill DK: Tension due to interaction between the sliding filaments in resting striated muscle: the effect of stimulation, J Physiol 170:637-684, 1968.
40. Schoenberg M, Brenner B, Chalovich JM et al: Crossbridge attachment in relaxed muscle, Adv Exp Med Biol 170:269-284, 1984.
41. Cecchi G, Griffiths JP, Taylor S: The kinetics of crossbridge attachment and detatchment studied by high frequency stiffness measurements, Adv Exp Med Biol 170:641-655, 1984.
42. Proske U, Morgan DL: Do crossbridges contribute to the tension during stretch of passive muscle? J Muscle Res Cell Motil 20:433-442, 1999.
43. Stanish WD, Curwin SL, Bryson G: Flexibility in the prevention and recovery from sports injuries. In Leadbetter WB, Buckwalter JA, Gordon SL, editors: Sports induced inflammation: clinical and basic science concepts, Park Ridge, 1990, American Academy of Orthopedic Surgeons.
44. Baker D: The innervation of mammalian skeletal muscle. In DeReuck AVS, Knight J, editors: Myostatic, kinesthetic and vestibular mechanisms, Boston, 1967, Little Brown.
45. Woo SL, Matthews JV, Akeson WH et al: Connective tissue response to immobility. Correlative study of biomechanical and biochemical measurements of normal and immobilized rabbit knees, Arthritis Rheum 18(3):257-264, 1975.
46. Dingle JT: The role of lysosomal enzymes in skeletal tissue, J Bone Joint Surg 55B:87-95, 1973.
47. Peacock EE Jr: Collagenolysis: The other side of the equation, World J Surg 4:297-302, 1980.
48. Woessner JF, Howell DS: The enzymatic degradation of connective tissue matrices. In Owens R, Goodfellow J, Bullough P, editors: Scientific foundations of orthopedics and traumatology, Philadelphia, 1980, WB Saunders.
49. Butler DL, Kay MD, Stouffer DC: Comparison of material properties in fascicle – bone units form human patellar tendon and knee ligaments, J Biomech 19:425-432, 1986.
50. Ippolito E, Natali PG, Postacchini F et al: Morphological, immunochemical, and biochemical study of rabbit achilles tendon at various ages, J Bone Joint Surg 62(4):583-598, 1980.
51. Hama H, Yamamuro T, Takeda T: Experimental studies on connective tissue of the capsular ligament. Influences of aging and sex hormones, Acta Orthop Scand 47(5):473-479, 1976.
52. Mohan S, Radha E: Age related changes in muscle connective tissue: acid mucopolysaccharides and structural glycoprotein, Exp Geontol 16:385-392, 1981.
53. Viidik A: Connective tissues—Possible implications of the temporal changes for the aging process, Mech Age Dev 9:267-285, 1979.
54. Danielsen CC: Thermal stability of reconstituted collagen fibrils. Shrinkage characteristics upon in vitro maturation, Mech Age Dev 15:269-278, 1981.
55. Balzas EA: Intracellular matrix of connective tissue. In Finch C, Hayflick L, editors: Handbook of the biology of aging, New York, 1977, Van Nostrand Reinhold.
56. Harris ML: Flexibility, Phys Ther 49(6):591-601, 1969.
57. Bihari-Varga M, Biro T: Thermoanalytical investigations on the age-related changes in articular cartilage, meniscus and tendon, Gerontology 17:2-15, 1971.
58. Boone DC, Azen SP: Normal range of motion of joints in male subjects, J Bone Joint Surg 61A:756-759, 1979.
59. Hunter SC, Etchison WC, Halpern BC: Standards and norms of fitness and flexibility of high school athletes, Ath Training 16:210-212, 1985.
60. Kendall HO, Kendall FP: Normal flexibility according to age groups, J Bone Joint Surg 30A:690-694, 1948.
61. Leighton JR: Flexibility characteristics of males ten to eighteen years of age, Arch Phys Med Rehabil 37:494-499, 1956.
62. Tucker JE: Measurement of joint range of motion of older individuals, Palo Alto, 1964, Stanford University, masters thesis.
63. Smith JR, Walker JM: Knee and elbow range of motion in healthy older individuals, Phys Occup Ther Geriat 2:31-38, 1983.
64. Walker JM, Sue D, Miles-Elkousey N et al: Active mobility of the extremities of older subjects, Phys Ther 64:919-923, 1984.
65. Gajdosik RL, Vander Linden DW, Williams AK: Influence of age on length and passive elastic stiffness characteristics of the calf muscle tendon unit of women, Phys Ther 79:827-838, 1999.
66. Frekany GA, Leslie DK: Effects of an exercise program on selected flexibility measurements of senior citizens, Gerontologist 15:182-183, 1975.
67. Evans EB, Eggers GWN, Butler JK et al: Experimental immobilization and remobilization of rat knee joints, J Bone Joint Surg 42A:737-758, 1960.
68. Akeson WH, Woo SL, Amiel D et al: The connective tissue response to immobility: biochemical changes in periarticular connective tissue of the immobilized rabbit knee, Clin Orthop Relat Res 93:356-362, 1973.
69. Enneking WF, Horowitz M: The intra-articular effects of immobilization on the human knee, J Bone Joint Surg 54A:973-985, 1972.
70. Amiel D, Woo SL, Harwood FL, Akeson WH: The effect of immobilization on collagen turnover in connective tissue: a biochemical-biomechanical correlation, Acta Orthop Scand 53:325-332, 1982.
71. Akeson WH: An experimental study of joint stiffness, J Bone Joint Surg 43A:1022-1034, 1961.
72. Akeson WH, Amiel D, LaViolette D: The connective tissue response to immobility: A study of the chondroitin-4 and chondrotin-6 sulfate and dermatan sulfate changes in periarticular connective tissue of control and immobilized knees of dogs, Clin Orthop Relat Res 51:183-197, 1967.
73. Akeson WH, Amiel D, LaViolette D, Secrist D: The connective tissue response to immobility: An accelerated aging response? Exp Geront 3:289-301, 1968.
74. Akeson WH, Woo SL, Amiel D, Doty DH: Rapid recovery from contracture in rabbit hindlimb. A correlative biomechanical and biochemical study., Clin Orthop Relat Res (122):359-365, 1977.
75. Amiel D, Akeson WH, Harwood FL, Mechanic GL: The effect of immobilization on the types of collagen synthesized in periarticular connective tissue, Connect Tissue Res 8:27-32, 1980.
76. Amiel D, Frey C, Woo SL et al: Value of hylauronic acid in the prevention of contracture formation, Clin Orthop Relat Res 196:306-311, 1985.
77. Peacock EE Jr: Comparison of collagenous tissue surrounding normal and immobilized joints, Surg Forum 14:440-441, 1963.
78. Akeson WH, Garfin S, Amiel D, Woo SL: Para-articular connective tissue in osteoarthritis, Semin Arthritis Rheum 18:41-50, 1989.
79. Newton PO, Woo SL, Kitabayashi LR et al: Ultrastructural changes in knee ligaments following immobilization, Matrix 10:314-319, 1990.
80. Boorman RS, Shrive NG, Frank CB: Immobilization increases the vulnerability of rabbit medial collateral ligament autographs to creep, J Orthop Res 16:682-689, 1998.

81. Woo SL, Gomez MA, Sites TJ et al: The biomechanical and morphological changes in the medial collateral ligament of the rabbit after immobilization and remobilization, J Bone Joint Surg 69A:1200-1211, 1987.
82. Olson VL: Connective Tissue Response to Immobilization and Mobilization, Current Concepts in Orthopedic Physical Therapy–Home Study Course 11.2.1; Alexandria, 2001, American Physical Therapy Association.
83. Lehto M, Sims JT, Bailey AJ: Skeletal muscle injury: molecular changes in the collagen during healing, Res Exp Med (Berl). 185(2):95-106, 1985.
84. Lehto M, Duance VC, Restall D: Collagen and fibronectin in a healing skeletal muscle injury. An immunohistological study of the effects of physical activity on the repair of injured gastrocnemius muscle in the rat, J Bone Joint Surg 65B:820-828, 1985.
85. Gossman MR, Sahrmann SA, Rose SJ: Review of length associated changes in muscle. Experimental evidence and clinical implications, Phys Ther 62:1799-1808, 1982.
86. Kelsen SG, Wolanski T: Effect of elastase induced emphysema on diaphragm structure, Am Rev Resp Dis 126:208, 1982.
87. Williams PE, Goldspink G: Connective tissue changes in immobilized muscle, J Anatomy 138:343-350, 1984.
88. Kannus P, Jozsa L, Jarvinen TL et al: Free mobilization and low to high intensity exercise in immobilization induced muscle atrophy, J Appl Physiol 84:1418-1424, 1998.
89. Rigby BJ, Hirai N, Spikes JD et al: The mechanical properties of rat tail tendon, J Gen Physiol 43:265-283, 1959.
90. Mason T, Rigby BJ: Thermal transitions in collagen, Biochem Biophys Acta 66:448-450, 1963.
91. Rigby BJ: The effect of mechanical extension upon the thermal stability of collagen, Biochem Biophys Acta 79:634-636, 1964.
92. Lehmann JF, Masock AJ, Warren CG, Koblanski JN: Effect of therapeutic temperatures on tendon extensibility, Arch Phys Med Rehab 51:481-487, 1970.
93. Warren CG, Lehmann JF, Koblanski JN: Elongation of rat tail tendon: effect of load and temperature, Arch Phys Med Rehab 52:465-474, 1971.
94. Kottke FJ, Pavley DJ, Ptak DA: The rationale for prolonged stretching for correction of shortening of connective tissue, Arch Phys Med Rehab 47:345-352, 1966.
95. Warren CG, Lehmann JF, Koblanski JN: Heat and stretch procedures: an evaluation using rat tail tendon, Arch Phys Med Rehab 57:122-126, 1976.
96. Draper DO, Castro JL, Feland B et al: Shortwave diathermy and prolonged stretching increase hamstring flexibility more than prolonged stretching alone, J Orthop Sports Phys Ther 34(1):13-20, 2004.
97. Gallo JA, Draper DO, Thein Brody L: A comparison of human muscle temperature increases during 3-Mhz continuous and pulsed ultrasound with equivalent temporal average intensities, J Orthop Sports Phys Ther 34:395-401, 2004.
98. Draper DO, Prentice WE: Therapeutic ultrasound. In Therapeutic modalities in sports medicine, Boston, 1999, McGraw-Hill Pub.
99. Asmussen E, Boje OVE: Body temperature and capacity for work, Acta Phys Scand 10:1-22, 1945.
100. Saltin B, Hermansen L: Esophageal, rectal and muscle temperature during exercise, J Appl Physiol 21:1757-1765, 1966.
101. Magnusson SP, Aagaard P, Larsson B, Kjaer M: Passive energy absorption by human muscle-tendon unit is unaffected by increase in intramuscular temperature, J Appl Physiol 88(4):1215-1220, 2000.
102. Garrett WE Jr: Muscle strain injuries: clinical and basic aspects, Med Sci Sports Exerc 22:436-443, 1990.
103. Smith CA: The warm-up procedure: to stretch or not to stretch—brief review, J Orthop Sports Phys Ther 19:12-17, 1994.
104. Zachazewski JE: Flexibility for sports. In Sanders B, editor: Sports physical therapy, Norwalk, 1990, Appleton and Lange.
105. Best TM: Muscle tendon injuries in young athletes, Clin Sports Med 14:669-686, 1995.
106. Safran MR, Garrett WE Jr, Seaber AV et al: The role of warmup in muscular injury prevention, Am J Sports Med 16:123-129, 1988.
107. Shellock FG, Prentice WE: Warming-up and stretching for improved physical performance and prevention of sports related injuries, Sports Med 2:267-278, 1985.
108. Garrick JG, Requa RK: Girls' sports injuries in high school athletics, J Am Med Assoc 239:2245-2248, 1978.
109. Garrick JG: Characterization of patient population in a sports medicine facility, Phys Sportsmed 13:73-75, 1985.
110. Bass AL: Injuries of the leg in football and ballet, Proc R Soc Med 60:527-532, 1967.
111. Garrett WE Jr, Safran MR, Seaber AV et al: Biomechanical comparison of stimulated and nonstimulated skeletal muscle pulled to failure, Am J Sports Med 15:448-454, 1987.
112. Shrier I: Stretching before exercise doe not reduce the risk of local muscle injury: A critical review of the clinical and basic science literature, Clin J Sports Med 9:221-227, 1999.
113. Pope RP, Herbert RD Kirwan JD et al: A randomized trial of pre--exercise stretching for prevention of lower limb injury, Med Sci Sports Exerc 32:271-277, 2000.
114. Watson AW: Sports injuries related to flexibility, posture, acceleration, clinical defects, and previous injury, in high-level players of body contact sports, Int J Sports Med 22:222-225, 2001.
115. Knudson DV, Magnusson P, McHugh M: Current issues in flexibility fitness, Pres Council Phys Fitness Sports 3:1-6, 2000.
116. Thacker SB, Gilchrist J, Stroup DF, Kimsey CD: The impact of stretching on sports injury risk: a systemic review of the literature, Med Sci Sports Exerc 36:371-378, 2004.
117. Witvrouw E, Mahieu N, Danneels L, McNair P: Stretching and injury prevention: an obscure relationship, Sports Med 34:443-449, 2004.
118. Shrier I: Does stretching help prevent injuries? In MacAuley D, Best T, editors: Evidence-Based Sports Medicine, London, 2002, BMJ Publishing Group.
119. Shrier I: Does stretching improve performance? A systematic and clinical review of the literature, Clin J Sports Med 14:267-273, 2004.
120. Ekstrand J, Gillquist J, Liljedahl SO: Prevention of soccer injuries. Supervision by doctor and physiotherapist, Am J Sports Med 11:116-120, 1983.
121. Bixler B, Jones RL: High school football injuries: Effects of a post halftime warm-up and stretching routine, Fam Pract Res J 12:131-139, 1992.
122. Ekstrand J, Gillquist J, Moller M et al: Incidence of soccer injuries and their relationship to training and team success, Am J Sports Med 11:63-67, 1983.
123. Wilber CA, Holland GJ, Madison RE, Loy SF: An epidemiological analysis of overuse injuries among recreational cyclists, Int J Sports Med 16:201-206, 1995.
124. Cross KM, Worrell TW: Effects of a static stretching program on the incidence of lower extremity musculotendinous strains, J Ath Training 34:11-14, 1999.
125. Hilyer JC, Brown KC, Sirles AT, Peoples L: A flexibility intervention to reduce the incidence and severity of joint injuries among municipal firefighters, J Occup Med 32:631-637, 1990.
126. Hartig DE, Henderson JM: Increasing hamstring flexibility decreases low extremity overuse injuries in military basic trainees, Am J Sports Med 27:173-176, 1999.
127. Howell DW: Musculoskeletal profile and incidence of musculoskeletal injuries in lightweight women rowers, Am J Sports Med 12:278-282, 1984.
128. Jacobs SJ, Benson BL: Injuries to runners: a study of entrants to a 10,000 meter race, Am J Sports Med 14:151-155, 1986.
129. Kerner JA D'Amico JC: A statistical analysis of runners, J Am Pod Assoc 73:160-164, 1983.
130. Pope RP, Herbert RD, Kirwan JD, Graham BJ: A randomized trial of pre-exercise stretching for prevention of lower-limb injury, Med Sci Sports Exerc 32:271-277, 2000.

131. Pope RP, Herbert R, Kirwan J: Effects of ankle dorsiflexion range of motion and per-exercise calf stretching on injury risk in army recruits, Aust J Physiother 44(3):165-172, 1998.
132. van Mechelen W, Hlobil H, Kemper HC et al: Prevention of running injuries by warm-up, cool-down, and stretching exercises, Am J Sports Med 21(5):711-719, 1993.
133. Burnet ME, Cook SD, Brinker RM, Dickinson JA: A survey of running injuries in 1505 competitive and recreational runners, J Sports Med Phys Fitness 30:307-315, 1990.
134. Macera CA, Pate RP, Powell KE et al: Predicting lower-extremity injuries among habitual runners, Arch Inter Med 149:2565-2568, 1989.
135. Blair SN, Kohl HW, Goodyear NN: Relative risks for running and exercise injuries: studies in three populations, Res Q 58:221-228, 1987.
136. Walter SD, Hart LE, McIntosh JM, Sutton JR: The Ontario cohort study of running related injuries, Arch Internal Med 149:2561-2564, 1989.
137. Halbertsma JP, Mulder I, Goeken LN, Eisma WH: Repeated passive stretching: Acute effect on passive muscle moment and extensibility of short hamstrings, Arch Phys Med Rehabil 80:407-414, 1999.
138. Magnusson SP, Simonsen EB, Aagaard P et al: Mechanical and physiological responses to stretching with and without preisometric contraction in human skeletal muscle, Arch Phys Med Rehabil 77:373-378, 1996.
139. Halbetrtsma JP, van Bolhuis AI, Goeken LN: Sport stretching: Effect on passive muscle stiffness of short hamstrings, Arch Phys Med Rehabil 77:688-692, 1996.
140. King AC, Pruitt LA, Phillips W et al: Comparative effects of two physical activity programs on measured and perceived physical functioning and other health-related quality of life outcomes in older adults, J Gerontol A Biol Sci Med Sci 55:M74-83, 2000.
141. Hartley-O'Brien SJ: Six mobilization exercises for active range of hip flexion, Res Q 51(4):625-635, 1980.
142. deVries HA: Evaluation of static stretching procedures for improvement of flexibility, Res Q 3:222-229, 1962.
143. Gajdosik RL: Effects of static stretching on the maximal length and resistance to passive stretch of short hamstring muscles, J Ortho Sports Phys Ther 14:250-255, 1991.
144. Roberts JM, Wilson K: Effect of stretching duration on active and passive range of motion in the lower extremity, Br J Sports Med 33:259-263, 1999.
145. Hardy L: Improving active ranges of hip flexion, Res Q 56:111-114, 1985.
146. Raab DM, Agre JC, McAdam M, Smith EL: Light resistance and stretching exercise in elderly women: Effect upon flexibility, Arch Phys Med Rehabil 69:268-272, 1988.
147. Sady SP, Wortman M, Blanke D: Flexibility training: ballistic, static or proprioceptive neuromuscular facilitation? Arch Phys Med Rehabil 63:261-263, 1982.
148. Moore MA, Hutton RS: Electromyograpic investigation of muscle stretching techniques, Med Sci Sports Exerc 12(5):322-329, 1980.
149. Tanigawa MC: Comparison of the hold relax procedure and passive mobilization on increasing muscle length, Phys Ther 52:725-735, 1972.
150. Medeiros JM, Smidt GL, Burmeister LF, Soderberg GL: The influence of isometric exercise and passive stretch on hip motion, Phys Ther 57:518-523, 1977.
151. Entyre BR, Lee EJ: Chronic and acute flexibility of men and women using three different stretching techniques, Res Q 59:222-228, 1988.
152. Hardy L, Jones D: Dynamic flexibility and proprioceptive neuromuscular facilitation, Res Q 57:150-153, 1986.
153. Prentice WE: An electromyographic analysis of the effectiveness of heat or cold and stretching for inducing relaxation in injured muscles, J Ortho Sports Phys Ther 4:133-140, 1982.
154. Wiktorsson-Moller M, Oberg B, Ekstrand J, Gillquist J: Effects of warming up, massage and stretching on range of motion and muscle strength in the lower extremity, Am J Sports Med 11(4):249-52, 1983.
155. Henrickson AS, Fredrickson K, Persson I et al: The effect of heat and stretching on the range of hip motion, J Ortho Sports Phys Ther 6:110-115, 1984.
156. Williford HN, East JB, Smith FH, Burry LA: Evaluation of warm-up for improvement of flexibility, Am J Sports Med 14:316-319, 1987.
157. Halkovich LR, Personius WJ, Clamann HP, Newton RA: Effect of Fluori-Methane spray on passive hip flexion, Phys Ther 61:185-189, 1981.
158. Funk D, Swank AM, Adams KJ, Treolo D: Efficacy of moist heat pack application over static stretching on hamstring flexibility, J Strength Cond Res 15:123-126, 2001.
159. Madding SW, Wong JG, Hallum A, Medeiros JM: Effects of duration of passive stretching on hip abduction range of motion, J Ortho Sports Phys Ther 8:409-416, 1987.
160. Bandy WD, Irion JM: The effect of time on static stretch on the flexibility of the hamstring muscles, Phys Ther 74:845-852, 1994.
161. Bandy WD, Irion JM, Briggler M: The effect of time and frequency of static stretching on flexibility of the hamstring muscles, Phys Ther 77:1090-1096, 1997.
162. Magnusson SP, Simonsen EB, Aagaard P, Kjaer M: Biomechanical responses to repeated stretches in human hamstring muscle in vivo, Am J Sports Med 24:622-628, 1996.
163. Zebas CJ, Rivera ML: Retention of flexibility in selected joints after cessation of a stretching exercise program. In Dotson CO, Humphry JK, editors: Exercise physiology: current selected research, New York, 1985, AMS Press.
164. Wallin D, Ekblom B, Grahn R, Nordenborg T: Improvement of muscle flexibility: a comparison between two techniques, Am J Sports Med 13:263-268, 1985.
165. Taylor DC, Dalton JD Jr, Seaber AV, Garrett WE Jr: Viscoelastic properties of muscle-tendon units. The biomechanical effects of stretching, Am J Sports Med 18(3):300-309, 1990.
166. Magnusson SP, Simonsen EB, Aagaard P et al: Viscoelastic response to repeated static stretching in human hamstring muscle, Scand J Med Sci Sports 5:342-347, 1995.
167. Magnusson SP, Simonsen EB, Dyhre-Poulsen P: Viscoelastic stress relaxation during static stretch in human skeletal muscle in the absence of EMG activity, Scand J Med Sci Sports 6:323-328, 1996.
168. Magnusson SP, Simonsen EB, Aagaard P et al: A mechanism for altered flexibility in human skeletal muscle, J Physiol 497(Pt 1):291-298, 1996.
169. Klinge K, Magnusson SP, Simonsen EB et al: The effect of strength and flexibility training on skeletal muscle electromyographic activity, stiffness and viscoelastic stress relaxation response, Am J Sports Med 25:710-716, 1997.
170. Magnusson SP, Aagard P, Simonsen E, Bojsen-Moller F: A biomechanical evaluation of cyclic and static stretch in human skeletal muscle, Int J Sports Med 19:310-316, 1998.
171. Magnusson SP: Passive properties of human skeletal muscle during stretch maneuvers. A review, Scand J Med Sci Sports 8(2):65-77, 1998.
172. Magnusson SP, Aagaard P, Nielson JJ: Passive energy return after repeated stretches of the hamstring muscle-tendon unit, Med Sci Sports Exerc 32:1160-1164, 2000.
173. Voss DE, Ionta MK, Myers GJ: Proprioceptive neuromuscular facilitation patterns and techniques, ed 3, Philadelphia, 1968, Harper and Row.
174. Cornelius W, Jackson A: The effects of PNF and cryotherapy on hip extensor flexibility, J Ath Training 19:183-184, 1984.
175. Prentice WE: A comparison of static stretching and PNF stretching for improving hip joint flexibility, J Ath Training 18:56-59, 1983.

176. Loudon KL, Bollier CE, Allison KA et al: Effects of two stretching methods on the flexibility and retention of flexibility at the ankle joint in runners, Phys Ther 65:698, 1985.
177. Markos PD: Ipsilateral and contralateral effects of prorioceptive neuromuscular facilitation techniques on hip motion and electromyographic activity, Phys Ther 59:1366-1373, 1979.
178. Halbertsma JP, Goeken LN: Stretching exercises: effect on passive extensibility and stiffness in short hamstrings of healthy subjects, Arch Phys Med Rehabil 75(9):976-981, 1994.
179. Osternig LR, Robertson R, Troxel R, Hansen P: Muscle activation during proprioceptive neuromuscular facilitation (PNF) stretching techniques, Am J Phys Med 66:298-307, 1987.
180. Condon SM, Hutton RS: Soleus muscle electromyographic activity and ankle dorsiflexion range of motion during four stretching procedures, Phys Ther 67(1):24-30, 1987.
181. Etnyre BR, Abraham LD: Antagonist muscle activity during stretching: a paradox reassessed, Med Sci Sports Exerc 20:285-289, 1988.
182. deVries HA, Housh TJ: Physiology of exercise for physical education, athletics and exercise science, Madison, 1994, WCB, Brown and Benchmark.
183. Powers DK, Howley ET: Exercise physiology: theory and application to fitness and performance, New York, 2001, McGraw-Hill.
184. McArdle WD, Katch FI, Katch VL: Essentials of exercise physiology, Philadelphia, 2004, Lippincott, Williams and Wilkins.
185. Schultz P: Flexibility: the day of the static stretch, Phys Sportsmed 7:109-117, 1979.
186. Agre JC: Hamstring injuries. Proposed aetiological factors, prevention, and treatment, Sports Med 2(1):21-33, 1985.
187. Brukett LN: Causative factors in hamstring strains, Med Sci Sports Exerc 2:39-42, 1970.
188. Hubley CL, Kozey JW, Stanish WD: The effects of static stretching exercises and stationary cycling on range of motion at the hip joint, J Ortho Sports Phys Ther 6:104-109, 1984.
189. deVries HA: Prevention of muscular distress after exercise, Res Q 32:177-185, 1962.
190. Nelson HL, Hutton RS: Dynamic and static stretch responses in muscle spindle receptors in fatigued muscle, Med Sci Sports Exerc 17:445-450, 1985.
191. Hutton RS, Nelson DL: Stretch sensitivity of golgi tendon organ in fatigued gastrocsoleus muscle, Med Sci Sports Exerc 18:69-74, 1986.

CAPÍTULO

26

A utilidade dos testes clínicos ortopédicos para o diagnóstico

Daniel J. Cipriani e Jeffrey B. Noftz II

INTRODUÇÃO

Clínicos dependem de testes de diagnóstico físico e de outros resultados de avaliação para tomar decisões sobre intervenção ou orientação para seus pacientes. Esses testes diagnósticos, juntamente com um abrangente histórico do paciente e outros resultados de avaliação, incluindo testes funcionais, de movimento e de sensibilidade, e palpação, são parte de um todo destinado a fornecer ao clínico as informações necessárias para orientá-lo no processo de tomada de decisões, que podem incluir decisões sobre a presença ou ausência de doença, intervenção terapêutica, modificação ou descontinuação do tratamento e educação do paciente. Nenhum deve ser usado isoladamente.

Como qualquer avaliação física, um teste diagnóstico deve atender a certas normas para que seja clinicamente eficiente. Essas normas são semelhantes àquelas impostas em todas as avaliações. Os testes diagnósticos devem fornecer dados confiáveis e conclusões que sejam válidas. Em outras palavras, o clínico deve estar seguro de que o uso do teste diagnóstico resultará em informação consistente e precisa para um determinado paciente, e que essa informação permita uma interpretação eficiente.

Os testes diagnósticos são divididos em duas categorias principais: os que resultam em um efeito descontínuo e os que resultam em um contínuo. Um **resultado descontínuo** é aquele que permite uma interpretação de presente/ausente, enfermo/não enfermo, leve/moderado/grave. Um **resultado contínuo** fornece dados em um intervalo ou escala de medição, tais como milímetros de deslocamento ou graus de amplitude de movimento. Os resultados de exames laboratoriais no sangue são registrados como contínuos, enquanto que os resultados da avaliação de uma radiografia, seja com ou sem fratura, caem na categoria de resultado descontínuo. Em ambos os casos, entretanto, o principal objetivo é determinar algum nível de enfermo/saudável, lesionado/sem lesão ou estável/instável, por exemplo.

Categorias de testes diagnósticos

- Testes de resultados descontínuos
- Testes de resultados contínuos

Quando um paciente vai ao clínico depois de sofrer uma lesão no joelho, este primeiramente obterá um abrangente histórico, incluindo bases demográficas, condições médicas pregressas e as condições relacionadas com a lesão atual. A forma da lesão e a apresentação física inicial então guiarão o clínico para o restante dos exames, inclusive no uso de testes físicos apropriados. O paciente relata que experimentou uma sensação palpável e audível de estalo no joelho enquanto recuperava uma bola em um jogo de basquete. Além disso, apresentou dor e edema imediatos. Esses sintomas o impediram de voltar para o jogo. O clínico, baseado nessa informação, provavelmente terá formulado vários pré-testes prováveis a respeito da natureza da lesão. Por *pré-testes* queremos dizer que o clínico formulou uma hipótese provável para um possível diagnóstico antes da realização de qualquer exame físico. Estes são frequentemente chamados de *diagnósticos iniciais diferenciais*.

Nesse caso, dado o histórico de uma sensação de estalo audível e palpável, bem como edema, dor e a incapacidade de retornar à atividade, o clínico deve considerar diversas etiologias patológicas, incluindo deslocamento patelar, lesão do ligamento cruzado anterior (LCA) ou fratura osteocondral no joelho. Dadas essas possibilidades, ele irá escolher dentre vários testes físicos como parte da avaliação para confirmar ou rejeitar os possíveis diagnósticos.

Novamente, nesse exemplo, o clínico pode decidir por executar um teste de preensão patelar e o teste de Lachman, e solicitar um raio x. Cada um desses testes terá resultados descontínuos. Além disso, o clínico pode submeter o paciente a um teste utilizando um artrômetro de joelho para quantificar (em milímetros) o deslocamento anterior da tíbia em relação ao fêmur. Isso terá como consequência um resultado contínuo. A interpretação dos resultados desses testes provavelmente ajudará o clínico a confirmar ou rejeitar o diagnóstico de instabilidade patelar, lesão no LCA ou fratura no joelho.

Para o clínico formular uma interpretação apropriada e um diagnóstico final preciso, os testes escolhidos devem ser eficientes. Vários critérios devem ser observados para considerar um teste diagnóstico eficiente. Esses critérios estão baseados nos conceitos de confiabilidade e validade.

Testes diagnósticos confiáveis irão fornecer resultados similares cada vez que o teste for aplicado, independentemente da pessoa que o aplicar. Em outras palavras, o teste não somente deve fornecer informação consistente para cada repetição de um único clínico, mas também deve ser consistente quando aplicado por diferentes clínicos no mesmo paciente. Além disso, os resultados do teste devem ser válidos. Para ser **válido,** o teste deve fornecer resultados precisos.

Este capítulo descreve os métodos usados para testar a confiabilidade e a validade dos testes de diagnóstico físico, e dá exemplos de como o clínico pode usar as medidas de validade para auxiliar a tomada de decisões. Além disso, o capítulo destaca alguns dos vieses associados com as **estimativas de utilidade de um teste diagnóstico**, uma vez que essas estimativas certamente não são perfeitas. É importante para os clínicos estarem cientes da fragilidade nas estimativas de utilidade de qualquer teste diagnóstico.

CONFIABILIDADE DOS TESTES DIAGNÓSTICOS

A confiabilidade dos dados obtidos de um teste diagnóstico é influenciada por três fatores primários: fatores do paciente, fatores do clínico e fatores instrumentais. O paciente deve ser capaz de permitir que o teste seja feito sem influenciá-lo. Os fatores do paciente incluem os níveis de dor e apreensão que está vivenciando no momento do teste e o seu grau de sinceridade. Os fatores do clínico incluem a experiência e a habilidade do indivíduo que administra o teste, e o ambiente onde o teste ocorre (p. ex., pesquisa de campo *versus* pesquisa clínica). Finalmente, os fatores instrumentais: o instrumento deve ser preciso e sensitivo à entidade física que ele deve medir. Deve ter calibração adequada que seja estável em qualquer condição.

Fatores que afetam a confiabilidade dos exames diagnósticos

- Fatores do paciente
- Fatores do clínico
- Fatores instrumentais

Dado que tantas variáveis afetam a confiabilidade, não é correto se referir a qualquer teste diagnóstico ou instrumento como "confiável". Ao contrário, são os dados obtidos da aplicação desses instrumentos que são confiáveis. O instrumento, o administrador e o objeto de medida (ou seja, o paciente) influenciam a precisão e a estabilidade dos dados obtidos a partir de qualquer procedimento.

Existem várias medidas de confiabilidade comumente utilizadas na medicina física e da saúde. Duas abordagens comuns são o coeficiente de correlação intraclasse (CCI) e a estatística kappa. Essas medidas dependem do nível dos dados obtidos a partir de um procedimento.

Para os procedimentos que resultam em dados contínuos, o **coeficiente de correlação intraclasse** é o método de escolha para testar a confiabilidade entre avaliadores (ou seja, comparação de interpretações entre clínicos diferentes) e intra-avaliadores (ou seja, repetir o uso pelo mesmo clínico). O CCI resulta em um coeficiente de correlação que varia de 0.0 até 1.0, com valores se aproximando a 1.0 considerados desejáveis. Embora nenhum ponto de corte empírico tenha sido estabelecido para um valor necessário do CCI, o acordo comum é que tais valores devem ser maiores que 0.75 para qualquer nível de confiança de que uma medida resulta em dados confiáveis. Em caso de uma decisão de alto risco (p. ex., o paciente submeter-se à cirurgia), o valor do CCI deve exceder 0.95.[1,2]

Uma segunda forma de confiabilidade é a **estatística kappa**, que é uma medida de concordância entre avaliadores. Essa medida, também delimitada entre os valores de 0.0 e 1.0, é uma indicação de quão bem dois avaliadores (ou quão bem um único avaliador realizando a medida mais de uma vez) concordam em um resultado descontínuo. Nesse caso, quando a medida resulta na decisão de que uma condição está ausente/presente, um diagnóstico é confirmado/descartado ou uma articulação está ligeiramente, moderadamente ou severamente instável, então a estatística kappa pode fornecer uma medida válida para esse processo de tomada de decisão. Mais uma vez, a estatística kappa deve se aproximar do valor de 1.0, e valores abaixo de 0.75 são considerados questionáveis em termos de confiabilidade da interpretação. Inúmeras interpretações dos valores da estatística kappa estão disponíveis; entretanto, Sim e Wright[3] recentemente recomendaram valores entre 0,61 e 0,80 como substanciais, e aqueles maiores que 0,80 como um acordo quase perfeito. Uma vantagem da estatística kappa é que ela leva em conta a possibilidade de concordância ao acaso – que é quando dois avaliadores são suscetíveis a ter uma quantidade de concordância estritamente relacionada ao acaso. Portanto, a estatística kappa é na realidade a proporção de concordância real, controlada pela proporção de concordância ao acaso:

$$k = P_0 - P_c/1 - P_c$$

onde P_0 é a proporção de concordância observada e P_c é a proporção de concordância ao acaso. Muitos estudos sobre a utilidade dos exames diagnósticos reportam tanto a estatística kappa como uma medida de concordância quanto o CCI como uma medida de confiabilidade.

MEDIDAS DE VALIDADE DOS TESTES DIAGNÓSTICOS

A interpretação precisa de um teste diagnóstico é uma função de validação do mesmo. Em outras palavras, se um clínico decide que, baseado no resultado observado de um teste, um paciente tem certa condição, a precisão dessa interpretação é um reflexo direto da validade do teste diagnóstico. Assim, a validade do teste é um componente essencial na interpretação de resultados dos testes.

Existem dois indicadores principais para a validade do teste diagnóstico, baseados na condição de a medida de validade ser direcionada para o resultado do teste ou para sua intervenção. Em outras palavras, um teste diagnóstico pode ser tido como muito sensível a uma determinada condição, o que é uma medida de validade direcionada para o resultado do teste. Esse teste identifica precisamente os indivíduos com um diagnóstico conhecido. O clínico teria a confiança de que o exame é sensível a uma determinada condição. Entretanto, ele também precisará de certo grau de confiança em que, dado um resultado positivo nesse exame sensitivo, o paciente de fato tenha a condição que estava sendo testada, que é a validade dirigida para a interpretação atual.

Quatro condições devem ser entendidas a fim de descrever a validade. Duas dessas condições aplicam-se à **validade do teste** e as outras duas à **validade da interpretação.** A validade voltada para o teste vem em forma de duas medidas, **sensibilidade** e **especificidade**[4] do teste. A validade voltada para a interpretação também vem em forma de duas medidas: **valores preditivos** e **valores prováveis.**[4] Examinaremos em maior profundidade primeiramente a sensibilidade e a especificidade, e em seguida consideraremos os valores preditivos e os valores prováveis.

SENSIBILIDADE E ESPECIFICIDADE

Como mencionado anteriormente, a capacidade de um teste diagnóstico classificar corretamente uma pessoa como com ou sem determinada doença, saudável ou doente, é de fundamental importância para a sua utilidade. Testes diagnósticos são projetados para discriminar diferentes níveis de saúde ou doença entre pessoas. No caso especial em que o teste diagnóstico produz o resultado binário de positivo/negativo ou enfermo/saudável (p. ex.), essas propriedades são referidas como a **sensibilidade** e a **especificidade** do teste.

Sensibilidade é a proporção de indivíduos identificados corretamente (pelo teste diagnóstico) como positivos quando a condição de enfermidade está presente, um resultado verdadeiro-positivo. **Especificidade** é a proporção de indivíduos identificados corretamente (pelo teste diagnóstico) como negativos quando a condição de enfermidade não está presente, um resultado verdadeiro-negativo.[5] Por exemplo, um teste do joelho como o de Lachman é considerado muito sensível porque é capaz de detectar lesão do LCA em indivíduos com o LCA rompido. Portanto, ele será positivo para indivíduos com o LCA rompido (sensibilidade). O teste de Lachman é também bastante específico, sendo positivo somente no caso de LCA rompido. Se o indivíduo não apresenta essa condição, o teste será negativo (especificidade).

Testes que identificam precisamente uma pessoa com uma doença ou disfunção possuem sensibilidade. Um teste que é 100% sensível identifica corretamente todas as pessoas com a doença. Testes que identificam precisamente uma pessoa como saudável (ou seja, livres de doença/disfunção) possuem especificidade. Um teste que é 100% específico irá identificar corretamente todas as pessoas sem a doença. Um teste que é tanto 100% sensível quanto 100% específico discrimina corretamente indivíduos com a doença ou condição daqueles sem a doença ou condição, em todos os casos.

Para estudar a sensibilidade e a especificidade de qualquer teste diagnóstico, e assim fornecer ao médico a necessária informação sobre sua utilidade, todos os testes

Medidas de validade

- Validade do teste
  - Sensibilidade
  - Especificidade
- Validade da interpretação
  - Valores preditivos
  - Valores prováveis

Sensibilidade e especificidade

- Nível de habilidade para discriminar ou identificar corretamente pessoas com diferentes níveis de uma condição
- Determinam a utilidade de um teste
- Permanecem constantes independentemente da prevalência de uma condição

devem ser submetidos a processos de validação. Para se avaliar a sensibilidade/especificidade de qualquer teste diagnóstico (p. ex., para examinar sua validade), o mesmo deve ser comparado a outro teste de validade estabelecida, também referido como **padrão-ouro**. Estimar a sensibilidade e a especificidade de um teste diagnóstico é essencialmente comparável com o estabelecimento de evidências de validade concorrente – isto é, o quão bem o teste diagnóstico é executado quando comparado com outro teste diagnóstico perfeito.

O teste diagnóstico perfeito é o padrão-ouro com o qual todos os outros testes são então comparados.[4] Padrões-ouro, por definição, têm a sensibilidade e a especificidade de 100%. Isto é, o padrão-ouro vai classificar corretamente aqueles indivíduos com a doença ou condição como positivos 100% das vezes, e classificar corretamente aqueles sem a doença ou condição como negativos 100% das vezes. Embora a taxa de 100% seja ideal, até mesmo o padrão-ouro é suscetível ao erro, resultando em padrão-ouro imperfeito. O padrão-ouro imperfeito é discutido posteriormente neste capítulo. Padrões-ouro são geralmente invasivos e caros, daí a necessidade de outras formas de testes diagnósticos. Por exemplo, o padrão-ouro para confirmar uma lesão no LCA é uma cirurgia invasiva.[6] Assim, antes de submeter todos os pacientes com suspeita de lesão do LCA à cirurgia, os clínicos podem realizar procedimentos menos invasivos para determinar a integridade do LCA, tais como o teste de Lachman, teste de pivô *shift* ou um teste de frouxidão instrumentado. O teste de interesse é então comparado com o padrão-ouro. Idealmente, os resultados do teste de interesse corresponderão ao padrão-ouro em todos os casos. Entretanto, o mais provável é que o teste de interesse contenha algum erro, resultando em valores de sensibilidade e especificidade menores que 100%.

Quando o teste de interesse identifica *corretamente* uma pessoa com o diagnóstico (ou seja, quando coincide com o padrão-ouro), o resultado é referido como **verdadeiro-positivo**. Quando o teste de interesse identifica *incorretamente* uma pessoa com o diagnóstico como não tendo a condição, o resultado é referido como **falso-negativo**. Da mesma forma, quando o teste de interesse identifica *corretamente* uma pessoa como saudável (ou seja, coincide com o padrão-ouro), o resultado é referido como **verdadeiro-negativo**; quando o teste de interesse identifica *incorretamente* uma pessoa saudável como de fato tendo a doença ou condição, o resultado é **falso-positivo**.

Embora um teste perfeito não tenha resultados falso-negativos ou falso-positivos, a maioria dos testes possui ao menos alguma proporção de erro. É importante observar que a diminuição da sensibilidade e da especificidade (ou seja, conforme se afastam dos 100%) é uma indicação de que o teste diagnóstico está produzindo muitos resultados falsos. Portanto, um teste com baixa especificidade identifica muitos casos como positivos (resultados verdadeiro-positivos e falso-positivos), fornecendo resultados menos significativos. Esse teste então não seria específico para o diagnóstico de interesse.

Por exemplo, o teste de impacto de Hawkins foi reportado para ter sensibilidade de 92% e especificidade de 25% para o diagnóstico de impacto de ombro.[7] Nesse caso, o teste de Hawkins acusa corretamente indivíduos que tiveram um impacto em 92% das vezes; entretanto, também acusa 75% dos indivíduos sem um impacto como se o tivessem (a especificidade é de 25%, indicando que apenas 25% das pessoas saudáveis são identificadas corretamente como saudáveis, resultando em 75% dos sujeitos saudáveis diagnosticados como positivos). Assim, um resultado positivo no teste de Hawkins deve ser considerado apenas ao lado de outra informação complementar, e o teste não deve ser usado isoladamente quando um diagnóstico estiver sendo feito.

Em geral, sensibilidade e especificidade são medidas atrativas da utilidade de um exame diagnóstico porque esses valores são características inerentes de um teste. Assim, os valores de sensibilidade e especificidade devem permanecer constantes independentemente da prevalência de uma doença ou condição.[8] Em outras palavras, a sensibilidade e a especificidade de um teste não devem ser influenciadas se a condição em questão é rara ou muito comum. O procedimento para a estimativa de valores de sensibilidade e especificidade é baseado no padrão 2 x 2 mostrado na Tabela 26.1.

Como exemplo, considere-se uma situação hipotética na qual um determinado teste diagnóstico tenha sensibilidade de 80% e especificidade de 90%. Além disso, considere que uma determinada doença está presente na proporção de 50% em uma população de 1.000 pessoas. Assim, 500 pessoas têm essa determinada doença (Tab. 26.2). No caso da sensibilidade, 80% (400/500) daquelas com a doença, ou 400 casos, serão rotuladas corretamente como enfermas, enquanto 100 serão rotuladas incorretamente como livres da doença. No caso da especificidade, 90% (450/500) serão rotuladas corretamente

Tabela 26.1 Padrão 2 x 2 para cálculo do teste diagnóstico de medida de desempenho de sensibilidade e especificidade

	Positivo (padrão-ouro)	Negativo (padrão-ouro)	Total
Teste positivo	*Verdadeiro-positivo*	*Falso-positivo*	Total positivo pelo teste
Teste negativo	*Falso-negativo*	*Verdadeiro-negativo*	Total negativo pelo teste
Total	Total de positivos conhecidos	Total de negativos conhecidos	

Sensibilidade: verdadeiro-positivos/total de positivos conhecidos (i. e., a proporção de todos os positivos resulta no teste corretamente classificado como positivo).
Especificidade: verdadeiro-negativos/total de negativos conhecidos (i. e., a proporção de todos os negativos resulta no teste corretamente classificado como negativo).

Tabela 26.2 Exemplo utilizando uma população de 1.000 pessoas e uma prevalência de 50%

	Positivo conhecido	Negativo conhecido	Total
Teste positivo	400 (VP)	50 (FP)	450
Teste negativo	100 (FN)	450 (VN)	550
Total	500	500	1.000

VP (verdadeiro-positivo); FP (falso-positivo); FN (falso-negativo); VN (verdadeiro-negativo).

como livres da doença (ou seja, 450), enquanto 50 serão incorretamente rotuladas como enfermas.

Essas proporções permanecem constantes mesmo no evento de uma doença rara. Por exemplo, considere o exemplo anterior, só que nesse caso a doença é rara, afetando apenas 1% da população. A sensibilidade do teste será novamente de 80%, rotulando corretamente 80% das pessoas com a doença como doentes e rotulando incorretamente 20% como se não a tivessem. Dada a mesma população (1.000 pessoas), isso resultaria em 8 casos corretos (verdadeiro-positivos) e 2 casos incorretos (falso-negativos); 10 de 1.000 pessoas realmente têm a doença (Tab. 26.3).

Sensibilidade e especificidade são tão valiosas quanto os dados a partir dos quais são derivadas. Infelizmente, muitos estudos destinados a avaliar a utilidade de um teste diagnóstico específico reportam apenas o valor da sensibilidade do teste. Isso ocorre em casos em que somente sujeitos com a condição em questão são utilizados no estudo. Por exemplo, em vários estudos destinados a avaliar a utilidade do teste de gaveta anterior para diagnosticar um LCA rompido, foram envolvidos apenas indivíduos que realmente tinham uma lesão no LCA.[9-12] Nesses casos, a sensibilidade do teste era determinada pela proporção de indivíduos corretamente identificados com uma ruptura no LCA. Entretanto, sem realizar o teste de gaveta anterior também em pessoas com joelhos saudáveis, não é possível determinar se o teste pode identificar incorretamente pessoas saudáveis como tendo o LCA rompido (resultado falso-positivo).

O teste de gaveta anterior, embora razoavelmente sensível (ou seja, em valores próximos a 70% na fase aguda, o indivíduo deve ficar alerta), pode não ser muito específico para lesão de LCA porque poderia dar um resultado positivo em um joelho saudável assim como em um lesionado. Portanto, um resultado positivo no teste de gaveta anterior pode não ser útil sem dados adicionais. Como se constata, um estudo descobriu que a especificidade do teste de gaveta anterior é muito alta (>97%), o que na verdade diminui o valor do teste no caso de um resultado negativo; esse teste encontra a maioria dos joelhos saudáveis com resultados negativos, mas também encontra joelhos com o LCA lesionado com resultados negativos em quase 30% dos casos (a sensibilidade é de apenas 70%, resultando em uma taxa de falso-negativo de 30%).[13] *Clínicos são fortemente aconselhados a utilizar testes diagnósticos que tenham sido testados tanto para a sensibilidade quanto para a especificidade.* Apoiar-se em apenas um valor, tipicamente a sensibilidade, pode fornecer ao clínico uma falsa sensação de segurança para a tomada de decisões. Apoiar-se apenas na sensibilidade não leva em conta se um teste diagnóstico rende muitos resultados falso-negativos (pouca especificidade); é apenas uma indicação da proporção de resultados verdadeiro-positivos e falso-positivos. Um teste altamente sensível (rende resultados verdadeiro-positivos) pode também ter pouca especificidade (rende resultados falso-positivos adicionais), fazendo com que um resultado positivo seja instável ou não confiável.

Outro problema com a sensibilidade e a especificidade é baseado na qualidade do padrão-ouro em que essas estimativas estão baseadas. Tipicamente, o padrão-ouro não se submete ao mesmo nível de exame minucioso porque geralmente é o teste definitivo (p. ex., cirurgia, na qual o médico pode visualizar o tecido muscular). Um padrão-ouro imperfeito resulta em estimativas imprecisas de sensibilidade e especificidade. Os problemas associados a uma referência padrão imperfeita têm sido relatados em toda a literatura sobre avaliação de desempenho do teste diagnóstico.[5,14-25] Como observado por Green et al.,[17] um teste de referência imperfeito (ou seja, sem 100% de sensibilidade/especificidade) leva a uma estimativa parcial da sensibilidade e da especificidade para o teste de interesse.

Padrões imperfeitos podem ser devidos a um instrumento defeituoso ou ao fato de que nem todos os pacientes recebem uma avaliação definitiva para o *status* da doença.[5] Na verdade, como observado por Begg e Greenes,[5] padrões-ouro imperfeitos resultam da tendência que surge quando apenas aqueles pacientes mais propensos a ter a doença são submetidos ao teste definitivo. Isto é, muitos pacientes não recebem o teste definitivo, particularmente se o clínico determinou que a probabilidade de a doença estar realmente presente é baixa. O teste pode ser evitado por razões de custos ou pelo fato de ser invasivo (p. ex., intervenção cirúrgica, procedimentos dolorosos). Em qualquer caso, o padrão-ouro é administrado apenas para pacientes selecionados, aqueles que apresentam um histórico suficiente para justificar o uso desse tipo de teste. Esses pacientes podem não ser uma representação real de todos os indivíduos com um determinado diagnóstico.

Tabela 26.3 Baixa prevalência de doença

	Positivo conhecido	Negativo conhecido	Total
Teste positivo	8	9	17
Teste negativo	2	891	893
Total	10	990	1.000

No caso em que a utilidade do diagnóstico de um procedimento tenha sido estimada utilizando-se um padrão-ouro imperfeito, as estimativas de sensibilidade e especificidade devem ser utilizadas com cuidado. E, como será demonstrado nas seções seguintes, medidas adicionais de validade do teste são suspeitas nesse mesmo tema: as estimativas de valores preditivos e relação de probabilidade também são baseadas na qualidade do padrão-ouro. Essas estimativas também podem ser tendenciosas na ausência de um padrão-ouro perfeito.

VALORES PREDITIVOS DE TESTES DIAGNÓSTICOS

Embora sensibilidade e especificidade forneçam informações úteis em relação à proporção de indivíduos que o teste vai classificar corretamente como doentes ou saudáveis, os clínicos geralmente estão interessados na probabilidade de que uma pessoa com o teste positivo esteja, realmente, doente. E dada a dificuldade associada à tomada de decisão, na presença de um resultado positivo ou negativo com um teste de sensibilidade e especificidade questionáveis, o clínico precisa de uma medida de confiança para definir se a condição realmente está presente ou ausente. Em outras palavras, dado um resultado positivo, o clínico deseja saber qual a probabilidade de a pessoa realmente ter a doença de interesse.

Lembre-se de que a maioria dos exames diagnósticos não é 100% sensível ou específica. Portanto, uma resposta negativa ou positiva continua suspeita sem um diagnóstico confirmado. O poder preditivo de um exame diagnóstico fornece informações sobre a probabilidade de um sujeito estar doente ou saudável.[4]

Na atribuição de probabilidade, valores preditivos são utilizados. Valores preditivos são reportados tanto como positivos quanto como negativos, de forma que um teste com um **valor preditivo positivo** (VPP) alto pressupõe que um resultado positivo no teste indica uma alta probabilidade de que a condição esteja presente, e um teste com um **valor preditivo negativo** (VPN) alto pressupõe uma alta probabilidade de que a condição esteja ausente no caso de um teste negativo. Valores preditivos são calculados baseados na mesma tabela 2 x 2 para a sensibilidade e a especificidade (ver Tab. 26.1). Valores preditivos são calculados pela proporção corretamente identificada do número total de resultados positivos ou negativos identificados pelo teste de interesse.

Nesse caso, o VPP é baseado na proporção de resultados verdadeiro-positivos (decisões corretas) relativos a todos os resultados positivos obtidos com o teste (decisões corretas e incorretas). O VPN é baseado na proporção de resultados verdadeiro-negativos (decisões corretas) relativos a todos os resultados negativos obtidos com o teste (decisões corretas e incorretas). No exemplo anterior (ver Tab. 26.2), o VPP do teste de interesse seria de 89% (400/450 = 88,8). Assim, a probabilidade de uma pessoa com resultado positivo realmente ter a condição é de 89%. De forma similar, o VPN desse teste seria de 82% (450/550), indicando que a probabilidade de uma pessoa não ter a condição, dado um resultado negativo, é de 82%.

Cálculo dos valores preditivos

- *Valor preditivo positivo* = Verdadeiro-positivos/todos os positivos pelo teste (verdadeiro-positivos + falso-positivos)
- *Valor preditivo negativo* = Verdadeiro-negativos/todos os negativos pelo teste (falso-negativos + verdadeiro-negativos)

Valores preditivos

- Probabilidade de uma condição estar presente (positivo) ou ausente (negativo)
- Dependente da prevalência da condição em determinada população

Infelizmente, os valores preditivos são muito dependentes da prevalência de uma condição em uma determinada população. Assim, ao contrário da sensibilidade e da especificidade, que são estáveis em taxas de prevalência, os valores preditivos mudam dependendo da prevalência de uma doença em qualquer população, tornando difíceis as comparações. Essa é uma preocupação especial quando os valores preditivos dos testes são estimados de estudos que não levaram em conta a real **taxa de prevalência** de uma condição em seu projeto.

Riegelman[8] demonstrou como a taxa de prevalência afeta o valor preditivo dos exames diagnósticos. A Tabela 26.4 mostra uma sequência de valores preditivos quando influenciados por diferentes taxas de prevalência de uma condição. Em todos os casos, os valores da sensibilidade e da especificidade permanecem constantes em 80 e 90%, respectivamente. As Tabelas 26.5 até 26.8 mostram dados de taxas de prevalência de uma doença de 1, 10, 50 e 90%, respectivamente.

Os valores preditivos, fornecendo informações úteis sobre a efetividade do teste diagnóstico, podem variar drasticamente dependendo da prevalência da doença de

Tabela 26.4 Mudanças nos valores preditivos de um teste diagnóstico conforme as taxas de prevalência são alteradas

	Taxas de prevalência			
	1%	10%	50%	90%
Valor preditivo positivo	7,5%	47,1%	88,9%	98,6%
Valor preditivo negativo	99,8%	97,6%	81,8%	33,3%

Tabela 26.5 Prevalência da doença em 1%

	Positivo conhecido	Negativo conhecido	Total
Teste positivo	8	99	107 (VPP = 7,5%)
Teste negativo	2	891	830 (VPN = 99,8%)
Total	10 (S = 80%)	990 (E = 90%)	

VPP (valor preditivo positivo); VPN (valor preditivo negativo); S (sensibilidade); E (especificidade).

Tabela 26.6 Prevalência da doença em 10%

	Positivo conhecido	Negativo conhecido	Total
Teste positivo	80	90	170 (VPP = 47,1%)
Teste negativo	20	810	830 (VPN = 97,6%)
Total	100 (S = 80%)	900 (E = 90%)	

VPP (valor preditivo positivo); VPN (valor preditivo negativo); S (sensibilidade); E (especificidade).

Tabela 26.7 Prevalência da doença em 50%

	Positivo conhecido	Negativo conhecido	Total
Teste positivo	400	50	450 (VPP = 88,9%)
Teste negativo	100	450	550 (VPN = 81%)
Total	500 (S = 80%)	500 (E = 90%)	

VPP (valor preditivo positivo); VPN (valor preditivo negativo); S (sensibilidade); E (especificidade).

Tabela 26.8 Prevalência da doença em 90%

	Positivo conhecido	Negativo conhecido	Total
Teste positivo	720	10	730 (VPP = 98,6%)
Teste negativo	180	90	270 (VPN = 33,3%)
Total	900 (S = 80%)	100 (E = 90%)	

VPP (valor preditivo positivo); VPN (valor preditivo negativo); S (sensibilidade); E (especificidade).

interesse. Para um valor preditivo ser significativo em termos de um valor positivo, a frequência da enfermidade deve ser alta (p. ex., diabetes em uma amostra de indivíduos obesos). Valores preditivos negativos se tornam mais úteis em populações com baixa frequência da doença de interesse (p. ex., algumas formas de câncer).[27] Essa é uma questão importante ao elaborar um estudo para examinar a utilidade de um exame diagnóstico. Se o teste elaborado aumentar artificialmente a taxa de prevalência para assegurar uma amostra suficiente de pacientes com uma condição rara, os valores preditivos resultantes serão superestimados ou subestimados.

Em um estudo empírico, Lauder et al.[28] demonstraram a instabilidade dos valores preditivos enquanto a sensibilidade e a especificidade permaneceram relativamente inalteradas. Em sua investigação, eles examinaram a efetividade dos sintomas da dor ciática na classificação correta de pessoas com radiculopatia em L5. Em um estudo, o padrão de referência foi a eletromiografia, o que rendeu uma prevalência da radiculopatia de 11%. Em outro estudo, o padrão de referência foi a cirurgia lombar, o que rendeu uma prevalência de 57%. No primeiro caso, os valores da sensibilidade e da especificidade eram de 60 e 55%, respectivamente, para a taxa de prevalência de 11%. Esses valores foram relativamente similares no segundo caso (prevalência de 57%), com sensibilidade e especificidade de 55 e 69%, respectivamente. Entretanto, os valores preditivos mudaram drasticamente entre os dois estudos. VPPs aumentaram de 27 para 70% quando comparados os estudos de taxa de prevalência de 11% com os de 57% . Além disso, VPNs diminuíram de 92 para 54% quando comparados os estudos de 11 e 57% de taxa de prevalência. Assim, embora sensibilidade e especificidade tenham se mantido constantes sobre as taxas de prevalência, os valores preditivos são altamente dependentes da prevalência da doença.

TAXAS DE PROBABILIDADE

Para superar a variabilidade dos valores preditivos, assim como a confusão sobre a interpretação da sensibilidade e da especificidade, **taxas de probabilidade** foram estabelecidas a fim de facilitar a discussão sobre um teste diagnóstico.[29] Como observado por Fritz e Wainner,[29] embora a sensibilidade e a especificidade permitam inferir a probabilidade de um resultado correto de um teste, dado o resultado do padrão de referência, elas não fornecem informação sobre a probabilidade de a doença estar realmente presente. De forma similar ao valor preditivo de um teste, as taxas de probabilidade são baseadas nas chances de um determinado estado de doença ou saúde estar presente. Um resultado positivo em um teste com uma alta taxa de probabilidade pode ser interpretado como forte probabilidade de que a pessoa tenha a condição de interesse.

Um benefício das taxas de probabilidade é que essa medida combina sensibilidade e especificidade para fornecer uma medida eficiente da probabilidade de uma condição. Assim, probabilidades não são dependentes na prevalência de uma condição; sensibilidade e especificidade sozinhas podem ser combinadas para fornecer essa informação. Cálculos de taxas de probabilidade são baseados nos valores de sensibilidade e especificidade (ver Tab. 26.1). Uma taxa de probabilidade positiva provavelmente irá resultar em um valor maior que 1,0, e uma taxa de probabilidade negativa provavelmente irá resultar em um valor menor que 1,0. Essas duas taxas resultam em valores que devem se afastar de 1,0. Um valor de 1,0, quando multiplicado pelas chances de uma condição estar presente ou ausente, resulta em nenhuma alteração daquelas chances. Entretanto, valores maiores ou menores que 1,0 irão resultar em mudança nas chances de uma condição estar presente ou ausente.

Com base nessa relação, uma taxa de probabilidade positiva (TP_+) de 1,0 indica que o resultado do teste não faz nada para alterar as chances de uma pessoa realmente ter a doença de interesse. Taxas de probabilidade maiores que 1,0 aumentam as chances favorecendo a condição. Taxas de probabilidade negativas (TP_-) também não fornecem qualquer informação proveitosa. Entretanto, taxas de probabilidade menores que 1,0 diminuem as chances favorecendo a condição.

Cálculo de taxas de probabilidade

- *Taxa de probabilidade positiva* = sensibilidade/1– especificidade
- *Taxa de probabilidade negativa* = 1 – sensibilidade/especificidade

Taxas de probabilidade

- Nível de capacidade de identificar corretamente pessoas com ou sem uma doença
- Combina sensibilidade e especificidade
- Não depende da prevalência de uma condição em determinada população

Pequenas taxas de probabilidade negativas correspondem a altos valores de sensibilidade, fornecendo uma medida eficiente para excluir uma condição. Do mesmo modo, altas taxas de probabilidade positivas correspondem à alta especificidade, indicando uma medida eficiente para confirmar uma condição.[29]

Por exemplo, no caso anterior (ver Tab. 26.2), a taxa de probabilidade positiva seria 8,0 (0,8/1 – 0,9 = 8,0). Assim, as chances favorecendo a condição são oito vezes maiores no evento de um resultado positivo em um teste com a sensibilidade de 80% e a especificidade de 90%. Além disso, a taxa de probabilidade negativa torna-se 0,22 (1,0 – 0,8/0,9 = 0,22). As chances favorecendo a condição são diminuídas aproximadamente 4,5 vezes (1/0,22) no evento de um resultado negativo.

Clínicos podem utilizar as taxas de probabilidade em valor nominal. Isto é, dado um resultado positivo que tenha uma taxa de alta probabilidade positiva, o clínico pode simplesmente informar ao paciente da alta probabilidade de a condição estar presente. Entretanto, no evento que o clínico deseja (ou precisa) para fornecer uma decisão mais definitiva, baseado no histórico e na apresentação física, juntamente com o resultado de um teste, ele pode aplicar a taxa de probabilidade à ideia preconcebida de se a condição está presente ou ausente.

Para aplicar as taxas de probabilidade, os clínicos devem primeiramente estimar as chances de uma condição estar presente ou ausente, baseados na hipótese formada antes de realmente realizarem um teste particular – conhecida como a **probabilidade pré-teste** de uma doença particular ou condição. Uma vez que a probabilidade pré-teste

Cálculo de probabilidades

- *Chances pré-teste* = probabilidades pré-teste/(1 – probabilidade pré-teste)
- *Chances pós-teste* = chances pré-teste x taxa de probabilidade
- *Probabilidade pós-teste* = chances pós-teste/1 + chances pós-teste

tenha sido estabelecida, os clínicos podem então aplicar a taxa de probabilidade à probabilidade pré-teste para obter uma estimativa de uma probabilidade pós-teste para uma doença. Muitos clínicos aplicam o nomograma proposto por Fagan[30] como uma aplicação do teorema de Bayes para interpretação das taxas de probabilidade. Fritz e Wainner[29] dão um exemplo dessa aplicação em sua análise das interpretações dos testes diagnósticos.

Um segundo método, mais preciso para aplicar as taxas de probabilidade, é apresentado por Sacket et al.[31] Esse processo envolve três cálculos simples. O primeiro é converter a probabilidade pré-teste em chances; as chances então são multiplicadas pela taxa de probabilidade, resultando nas chances pós-teste. As chances pós-teste podem então ser reconvertidas em uma probabilidade, resultando na **probabilidade pós-teste** de a condição estar presente ou ausente. O clínico pode então comparar as probabilidades pré-teste e pós-teste para demonstrar o nível de confiança fornecido pelo exame diagnóstico.

Considere o exemplo original no início deste capítulo, no qual uma atleta reportou um histórico consistente em uma lesão do LCA. Nesse exemplo, o clínico estabeleceu uma probabilidade pré-teste de 75% de o LCA estar rompido. Essa probabilidade pré-teste tem uma chance pré-teste de 3,0 (0,75/1 – 0,75). As chances de uma lesão são 3 vezes as chances de não haver uma lesão no LCA, dados o histórico do paciente e a avaliação física. O próximo passo é multiplicar as chances pré-teste pelo valor da taxa de probabilidade de um teste diagnóstico. Considere os valores positivos da taxa de probabilidade de um teste de Lachman positivo (TP+ = 16) e de um teste de Lachman negativo (TP– = 0,21) baseados na estimativa da pesquisa.[11,13] Para cada teste, as chances pós-teste seriam de 48 (3 x 16) ou 0,6 (3 x 0,2) para, respectivamente, um resultado positivo ou negativo do teste de Lachman. O passo final é converter essas chances em probabilidades pós-teste utilizando a terceira fórmula. Assim, a probabilidade pós-teste, dado um resultado positivo do teste de Lachman e baseada em uma probabilidade pré-teste de 75%, seria de 98%. A probabilidade pós-teste de uma lesão no LCA em um evento com resultado negativo do teste de Lachman diminuiria de 75 para 38%. Antes de administrar o teste de Lachman, o clínico poderia ter tido 75% de certeza de que o LCA estava de fato rompido. Dado um resultado positivo no teste de Lachman, o clínico agora tem 98% de certeza de que o LCA está rompido. Dado um resultado negativo do teste de Lachman, o clínico se sentirá menos confiante de uma ruptura porque a probabilidade de uma lesão diminuiu para 38%. Outro teste é necessário. Assim, o teste de Lachman alterou a probabilidade de que uma lesão do LCA esteja presente nesse paciente, resultando em maior confiança para o diagnóstico final.

Uma dificuldade associada à utilização de taxas de probabilidade aplicadas a estimativas de probabilidade pré-teste é o fato de que estimativas pré-teste são tendenciosamente baseadas no nível de experiência do clínico. Tais estimativas são baseadas na experiência clínica, conhecimento clínico e confiança do clínico – que são todos componentes subjetivos dessa estimativa. Várias investigações reportam as diferenças subjetivas entre práticas clínicas na aplicação da avaliação de desempenho e utilidade do teste diagnóstico.[31-34] Timmermans[34] descobriu que o nível de experiência dos clínicos influenciava sua eficácia em estimar probabilidades de doenças. Clínicos menos experientes fornecem menos estimativas eficazes do que clínicos mais experientes. Assim, a **experiência clínica** desempenha um papel indireto na utilidade de um teste diagnóstico baseado na estimativa inicial do clínico da probabilidade de uma doença. O fato de a

Exemplo de caso baseado em evidências

Histórico

Um homem de 44 anos apresenta-se após um início recente de dor na região posterior do tornozelo. Os sintomas apareceram repentinamente enquanto ele estava jogando basquete com sua filha. Ele relata ter sentido um repentino solavanco tipo "choque" na região posterior do tornozelo, seguido de uma dor severa e de fraqueza. O incidente ocorreu na noite anterior e ele procurou a clínica para avaliação. Ele suspeita ter torcido o tornozelo. Ele relatou não possuir histórico médico significativo. Ele é levemente obeso (altura, 1,77 m; peso, 95 kg), relativamente inativo durante a semana (trabalha como vendedor de aparelhos), bebe e fuma socialmente.

Probabilidade pré-teste

Dada a descrição do aparecimento dos sintomas e o histórico físico e de atividades do paciente, o clínico suspeita de uma possível lesão do tendão do calcâneo. Um clínico experiente estima que essa probabilidade seja de 70%, ao passo que um estudante do segundo ano estima a probabilidade em 50%. Taxas de probabilidade serão usadas para demonstrar como determinar a probabilidade pós-teste utilizando os valores de sensibilidade (S) e especificidade (E) da Tabela 26.9. O clínico seleciona os três testes seguintes, devido ao seu valor diagnóstico relatado na literatura: o sinal de *gap* (sinal do sulco) (S = 73%; E = 89%; TP+ = 6,6; TP– = 0,3), compressão da panturrilha (teste de Thompson; S = 96%; E = 93%; TP+ = 13,7; TP– = 0,04), e sinal de Matle (S = 88%; E = 85%; TP+ = 5,9; TP– = 0,14). O sinal de Matle é negativo, mas o sinal de *gap* e a compressão de panturrilha são ambos positivos. Dados esses resultados, haverá uma mudança da probabilidade pré-teste para a probabilidade pós-teste, para o clínico e para o aluno, respectivamente:

Exemplo de caso baseado em evidências – *continuação*

Probabilidade pré-teste e chances

Probabilidade do clínico = 70%	Probabilidade do aluno = 50%	
Chances do clínico = 2,33 (0,70/1 – 0,70)	Chances do aluno = 1,0 (0,50/1 – 0,50)	
Chances pós-teste		
Teste de *gap*	Chances do clínico 2,33 x 6,6 = 15,18	Chances do aluno 1,0 x 6,6 = 6,6
Teste de compressão	Chances do clínico 2,33 x 13,7 = 31,51	Chances do aluno 1,0 x 13,7 = 13,7
Sinal de Matle	Chances do clínico 2,33 x 0,14 = 0,32	Chances do aluno 1,0 x 0,14 = 0,14
Probabilidades pós-teste (chances pós-teste/1 + chance pós-teste)		
Teste de Gap	Clínico = 15,18/16,18 = 94%	Aluno 6,6/7,6 = 87%
Teste de compressão	Clínico = 31,51/32,51 = 97%	Aluno 13,7/14,7 = 93%
Sinal de Matle	Clínico = 0,32/1,32 = 24%	Aluno 0,14/1,14 = 12%

O clínico decide confiar no teste de compressão e no sinal *gap*, dado que ambos foram positivos. Ele também sabe que o sinal de Matle é suspeito em um paciente acordado, sendo mais efetivo quando o sujeito está sob anestesia. Assim, o clínico determina que o paciente tenha uma lesão no tendão do calcâneo e encaminha o paciente a um cirurgião ortopédico. O estudante também se sente confortável com essa decisão baseada na probabilidade do pós-teste. O clínico e o estudante começaram com a probabilidade pré-teste de que o tendão do calcâneo estava rompido em 70 e 50%, respectivamente. Após a aplicação dos testes diagnósticos, a probabilidade de uma lesão aumentou para mais de 90% para o clínico e mais de 85% para o aluno.

Tabela 26.9 Exemplos de testes utilizados para condições específicas

Diagnóstico	Teste	Padrão-ouro	"S"	"E"	TP+	TP-
Lesão de menisco[35-39]	Sensibilidade da linha articular	Artroscopia	55-85%	29-67%	1,7-2,6	0,67-0,22
	Teste de McMurray		16-58%	77-98%	2,5-29,0	0,86-0,43
	Teste de Apley		13-16%	80-90%	1,3-1,6	0,93-1,07
Lesão do ligamento cruzado anterior[9-11,13,40,41]	Teste de gaveta anterior	Cirurgia	22-70%	>97%	7,3-23,3	0,8-0,31
	Teste de Lachman		80-99%	>95%	16,0-19,8	0,21-0,01
	Pivô *shift*		35-95%	98%	17,5-47,5	0,66-0,05
Ruptura/lesão do tendão do calcâneo[42]	Sinal de *gap*	Cirurgia	73%	89%	6,6	0,30
	Compressão da panturrilha		96%	93%	13,7	0,04
	Sinal de Matle		88%	85%	5,9	0,14
Síndrome do túnel do carpo[43,44]	Teste de Phalen	Eletrodiagnóstico	34-75%	71-74%	1,3-2,6	0,86-0,35
	Sinal de Tinel		27-64%	83-91%	1,6-7,1	0,88-0,40
	Dor noturna		96%	59%	2,3	0,07
Lesão anteroposterior do labro superior (SLAP)[45-47]	Teste de carga do bíceps	Artroscopia	91%	97%	30,3	0,09
	Teste do bíceps (*speed*)		9-32%	75%	0,36-1,3	0,91-1,2
	Teste de Yergason		12-43%	79-96%	0,57-10,7	0,92-0,59
	Teste de recolocação de Jobe		36%	63%	1,0	1,0
	Apreensão anterior		30%	63%	0,81	1,1
Instabilidade anterior de ombro[48]	Apreensão anterior	Artroscopia	53%	99%	53,0	0,47
	Teste de recolocação		46%	54%	1,0	1,0
	Teste de liberação (*surprise*)		64%	99%	64,0	0,36
Patologia do manguito rotador[49,50]	Teste do supraespinal	Cirurgia				
	Lesão de espessura parcial		62%	54%	1,35	0,89
	Lesão de espessura total		41%	70%	1,36	0,84
	Lesão extensa		88%	70%	2,93	0,40
	Arco doloroso		97,5%	10%	1,08	0,25
	Fraqueza com abdução		64%	65%	1,83	0,55
	Fraqueza com rotação lateral		76%	57%	1,77	0,59
Lesão da articulação acromioclavicular[51]	Adução horizontal	Cirurgia	77%	79%	3,67	0,29
	Teste de extensão resistida		72%	85%	4,80	0,33
	Compressão ativa		41%	95%	8,20	0,62

S (sensibilidade); E (especificidade); TP+ (taxa de probabilidade positiva); TP- (taxa de probabilidade negativa).

experiência clínica afetar as estimativas de probabilidade introduz uma tendência nas medidas de desempenho dos testes diagnósticos.

Além disso, a variabilidade entre sujeitos tem um papel considerável nas estimativas de sensibilidade e especificidade dos testes diagnósticos. Hlatky et al.[32] discutiram as variações na sensibilidade e na especificidade para o teste ergométrico. Eles perceberam que o histórico clínico, um componente-chave na estimativa da probabilidade pré-teste de uma doença, varia consideravelmente entre pacientes. Essa variação então afeta o valor preditivo global ou as probabilidades pós-teste associadas às medidas do teste diagnóstico. O quadro clínico de muitas doenças varia consideravelmente entre pacientes com o mesmo diagnóstico, e essa variabilidade afeta a habilidade de gerar uma estimativa precisa de probabilidade pré-teste.

CONCLUSÃO E RECOMENDAÇÕES

Testes diagnósticos, para serem úteis, devem possuir certo nível de confiabilidade e validade. O resultado de um teste deve ser passível de repetições entre clínicos ou por um único clínico que realiza o mesmo teste várias vezes. As interpretações dos resultados devem ser baseadas em certo nível de confiança. Essa confiança é estabelecida pela sensibilidade do teste para uma dada condição, assim como pela especificidade do teste para essa mesma condição. Baseada na sensibilidade e na especificidade, a probabilidade da presença/ausência de uma condição pode ser estimada para auxiliar o clínico no processo de tomada de decisão. Como não existem valores de corte conhecidamente estabelecidos para sensibilidade e especificidade (ou seja, não existe um valor mínimo estabelecido de sensibilidade ou especificidade que indique a utilidade de um teste), a decisão final em relação ao paciente é deixada para o clínico, baseada em múltiplas formas de evidências (p. ex., histórico, apresentação física, resultados dos testes, experiência do clínico). As recomendações a seguir são fornecidas para auxiliar o clínico na seleção e uso de testes diagnósticos:

1. Busque estudos clínicos em que ambos os assuntos estejam envolvidos, bem como indivíduos saudáveis para o teste diagnóstico, proporcionando assim ambas as estimativas necessárias da utilidade de um teste, isto é, sensibilidade e especificidade. Evite estudos que relatem apenas sobre sensibilidade, o que é uma estimativa insuficiente da utilidade de um teste.
2. Evite o uso de valores preditivos, pois esses valores são altamente dependentes da prevalência de uma condição na população. Se uma amostra do estudo não representar precisamente a prevalência da condição na população geral, os valores preditivos serão imprecisos. De preferência, confie nas taxas de probabilidade; se elas não são fornecidas, estime as taxas utilizando a sensibilidade e a especificidade.
3. Investigue o padrão-ouro (padrão de referência) que é utilizado para estimar a utilidade de qualquer teste diagnóstico. O padrão-ouro deve ter 100% de sensibilidade e especificidade. Qualquer estudo demonstrando a sensibilidade e a especificidade de um teste diagnóstico específico deve fornecer evidência da qualidade do padrão-ouro. O estudo deve informar o quão preciso (sensibilidade e especificidade) é o padrão-ouro atual, antes que ele seja utilizado para testar a qualidade de um novo teste diagnóstico.
4. Investigue os critérios utilizados no estudo para determinar se um teste diagnóstico é positivo ou negativo e se os resultados do padrão-ouro são positivos ou negativos. Para qualquer teste diagnóstico dado, a determinação de um resultado positivo ou negativo deve ser claramente estabelecida; esses critérios devem ser consistentes com as expectativas do leitor. Por exemplo, os critérios para um resultado positivo de um teste de Lachman são a sensação de aumento de interpretação, assim como a falta de um sentimento de final seguro. Tais critérios devem ser claramente especificados em qualquer estudo em que se esteja testando a qualidade de um teste diagnóstico.

REFERÊNCIAS BIBLIOGRÁFICAS

1. Portney LG, Watkins MP: Foundations of clinical research: applications to practice, Upper Saddle River, NJ, 2000, Prentice Hall Health.
2. Shrout PE, Fleiss JL: Intraclass correlation: uses in assessing rater reliability, Psychol Bull 86:420-428, 1979.
3. Sim J, Wright CC: The kappa statistic in reliability studies: use, interpretation, and sample size requirements, Phys Ther 85:257-268, 2005.
4. Indrayan A, Sarmukaddam SB: Medical biostatistics, New York, 2001, Marcel Dekker.
5. Begg CB, Greenes RA: Assessment of diagnostic tests when disease verification is subject to selection bias, Biometrics 39:207-215, 1994.
6. DeHaven KE: Arthroscopy in the diagnosis and management of anterior cruciate ligament deficient knee, Clin Orthop Relat Res 172:52-56, 1983.
7. Cahs M, Akgun K, Birtane M et al: Diagnostic values of clinical diagnostic tests in subacromial impingement syndrome, Ann Rheum Dis 59:44-47, 2000.
8. Riegleman RK: Studying a study and testing a test, ed 4, Philadelphia, 2000, Lippincott Williams & Wilkins.
9. Jonsson T, Althoff B, Peterson L, Renstrom P: Clinical diagnosis of ruptures of the anterior cruciate ligament: a comparative study of the Lachman test and anterior drawer sign, Am J Sports Med 10:100-102, 1982.
10. Donaldson WF 3rd, Warren RF, Wickiewicz T: A comparison of acute anterior cruciate ligament examinations: Initial versus examination under anesthesia, Am J Sports Med 13(1):5-10, 1985.
11. Mitsou A, Vallianatos P: Clinical diagnosis of ruptures of the anterior cruciate ligament: a comparison between the Lachman test and the anterior drawer sign, Injury 19(6):427-428, 1988.
12. Kim SJ, Kim HK: Reliability of the anterior drawer test, the pivot shift test and the Lachman test, Clin Orthop Relat Res 8:237-242, 1995.
13. Katz JW, Fingeroth RJ: The diagnostic accuracy of ruptures of the anterior cruciate ligament comparing the Lachman test, the anterior drawer sign, and the pivot shift test in acute and chronic knee injuries, Am J Sports Med 14:88-91, 1986.
14. Bates AS, Margolis PA, Evans AT: Verification bias in pediatric studies evaluating diagnostic tests, J Pediatr 122:585-590, 1993.

15. de Bock GH, Houwing-Duistermaat JJ, Springer MP et al: Sensitivity and specificity of diagnostic tests in acute maxillary sinusitis determined by maximum likelihood in the absence of an external standard, J Clin Epidemiol 47:1343-1352, 1994.
16. Guggenmoos-Holzmann I, van Houwelingen HC: The (in)validity of sensitivity and specificity, Stat Med 19:1783-1792, 2000.
17. Green TA, Black CM, Johnson RE: Evaluation of bias in diagnostic test sensitivity and specificity estimates computed by discrepant analysis, J Clin Microbiol 36:375-381, 1998.
18. Hawkins DM, Garret JA, Stephenson B: Some issues in resolution of diagnostic tests using an imperfect gold standard, Stat Med 20:1987-2001, 2001.
19. Johnson HA: Diminishing returns on the road to diagnostic certainty, JAMA 265:2229-2231, 1991.
20. Joseph L, Gyorkos TW, Coupal L: Bayesian estimation of disease prevalence and the parameters of diagnostic tests in the absence of a gold standard, Am J Epidemiol 141:263- 272, 1995.
21. Miller WC: Bias in discrepant analysis: when two wrongs don't make a right, J Clin Epidemiol 51:219-231, 1998.
22. Phelps CE, Hutson A: Estimating diagnostic test accuracy using a "fuzzy gold standard," Med Decis Making 15:44-57, 1995.
23. Reid MC, Lachs MS, Feinstein AR: Use of methodological standards in diagnostic test research: getting better but still not good, JAMA 274:645-651, 1995.
24. Sox HC: The evaluation of diagnostic tests: principles, problems, and new developments, Annu Rev Med 47:463-471, 1996.
25. Valenstein PN: Evaluating diagnostic tests with imperfect gold standards, J Clin Pathol 93:252-258, 1990.
26. Cipriani D, Fox C, Khuder S, Boudreau N: Comparing Rasch analyses probability estimates to sensitivity, specificity, and likelihood ratios when examining the utility of medical diagnostic tests, J Appl Measure 6:180-201, 2005.
27. Hagen MD: Test characteristics: how good is that test? Med Decis Making 22(2):213-233, 1995.
28. Lauder TD, Dillingham TR, Andary M, et al: Effect of history and exam in predicting electrodiagnostic outcomes among patients with suspected lumbosacral radiculopathy, Am J Phys Med Rehabil 79(1):60-68, 2000.
29. Fritz JM, Wainner RS: Examining diagnostic tests: an evidence-based perspective, Phys Ther 81:1546-1564, 2001.
30. Fagan TJ; Nomogram for Bayes' theorem, N Engl J Med 293:257, 1975.
31. Sackett DL, Haynes RB, Guyatt GH et al: Clinical epidemiology: a basic science or clinical medicine, ed 2, Boston, 1992, Little, Brown.
32. Hlatky MA, Pryor DB, Harrell FE Jr et al: Factors affecting sensitivity and specificity of exercise electrocardiography. Multivariable analysis, Am J Med 77:64-71, 1984.
33. Reid MC, Lane DA, Feinstein AR: Academic calculations versus clinical judgments: practicing physicians' use of quantitative measures of test accuracy, Am J Med 104:374-380, 1998.
34. Timmermans D: The roles of experience and domain of expertise in using numerical and verbal probability terms in medical decisions, Med Decis Making 14:146-156, 1994.
35. Kurosaka M, Yagi, M, Yoshiya S et al: Efficacy of the axially loaded pivot shift test for the diagnosis of meniscal tear, Int Orthop 23:271-274, 1999.
36. Fowler PJ, Lubliner JA: The predictive value of five clinical signs in the evaluation of meniscal pathology, Arthroscopy 5:184-186, 1989.
37. Evans PJ, Bell GD, Frank C: Prospective evaluation of the McMurray test, Am J Sports Med 21:604-608, 1993.
38. Stratford PW, Binkley J: A review of the McMurray test: definition, interpretation, and clinical usefulness, J Orthop Sports Phys Ther 22:116-120, 1995.
39. Anderson AF, Lipscomb AB: Clinical diagnosis of meniscal tears: description of a new manipulative test, Am J Sports Med 14:291-293, 1986.
40. Torg JS, Conrad W, Kalen V: Clinical diagnosis of anterior cruciate ligament instability in the athlete, Am J Sports Med 4:84-93, 1976.
41. Lucie RS, Wiedel JD, Messner DG: The acute pivot shift: clinical correlation, Am J Sports Med 12:189-191, 1984.
42. Maffulli N: The clinical diagnosis of subcutaneous tear of the Achilles tendon: a prospective study in 174 patients, Am J Sports Med 26:266-270, 1998.
43. Hansen PA, Micklesen P, Robinson LR: Clinical utility of the flick maneuver in diagnosing carpal tunnel syndrome, Am J Phys Med Rehabil 83:363-367, 2004.
44. Szabo RM, Slater RR Jr, Farver TB et al: The value of diagnostic testing in carpal tunnel syndrome, J Hand Surg [Am] 24:704-714, 1999.
45. Kim SH, Ha KI, Han KY: Biceps load test: a clinical test for superior labrum anterior and posterior lesions in shoulders with recurrent anterior dislocations, Am J Sports Med 27:300-303, 1999.
46. Holtby R, Razmjou H: Accuracy of the Speed's and Yergason's tests in detecting biceps pathology and SLAP lesions: comparison with arthroscopic findings, J Arthrosc Relat Surg 20:231-236, 2004.
47. Gaunche CA, Jones DC: Clinical tests for tears of the glenoid labrum, J Arthrosc Relat Surg 19:517-523, 2003
48. Lo IK, Nonweiler B, Woolfrey M et al: An evaluation of the apprehension, relocation, and surprise tests for anterior instability, Am J Sports Med 32(2):301-307, 2004.
49. Holtby R, Razmjou H: Validity of the supraspinatus test as a single clinical test in diagnosing patients with rotator cuff pathology, J Orthop Sports Phys Ther 34:194-200, 2004.
50. Litaker D, Pioro M, El Bilbeisi H, Brems J: Returning to the bedside: using the history and physical examination to identify rotator cuff tears, J Am Geriatr Soc 48:1633-1637, 2000.
51. Chronopoulos E, Kim TK, Park HB et al: Diagnostic value of physical tests for isolated chronic acromioclavicular lesions, Am J Sports Med 32:655-661, 2004.

CAPÍTULO

27

Imagiologia das articulações e do tecido musculoesquelético

Considerações da anatomia patológica

J. Bradley Barr e Robert E. Berg

OBJETIVOS

Este capítulo apresenta um entendimento básico de como os diagnósticos por imagem são produzidos por radiografia simples, tomografia computadorizada, ressonância magnética, ultrassom e medicina nuclear e explora as questões de segurança relacionadas ao uso de cada uma das modalidades de imagem. Modalidades utilizadas para imagem osteomuscular são comparadas e contrastadas, levando em consideração as vantagens e desvantagens de cada um dos diagnósticos. Além disso, o capítulo introduz o processo holístico que se deve usar para avaliar uma série de radiografias convencionais e entender como regras de decisão clínica são utilizadas para auxiliar profissionais a decidir quando radiografias convencionais são necessárias e devem ser requisitadas. Finalmente, o capítulo descreve os princípios para utilizar diagnóstico por imagem para avaliar os seguintes tipos de patologias osteomusculares: fraturas e fratura/luxação, lesões periarticulares, lesões dos discos intervertebrais, neoplasias e artrites.

Tipos de diagnóstico por imagem

- Radiografia simples (raios X)
- Tomografia computadorizada (TC)
- Ressonância magnética
- Ultrassom
- Medicina nuclear (p. ex., cintilografia óssea)

RESUMO

O diagnóstico por imagem proporciona aos clínicos a oportunidade de avaliar o sistema osteomuscular de uma maneira que não seria possível por meio da entrevista e da avaliação física somente. Equipamentos de imagens modernos podem criar imagens extraordinariamente claras e detalhadas do que de forma encontra sob a pele. A imagem não deve ser usada de forma isolada, mas como uma parte integrante e geralmente necessária de uma avaliação. Informação por imagem pode confirmar ou contestar aquelas hipóteses de diagnóstico geradas durante a avaliação do clínico.

Todos os clínicos envolvidos na gestão de reabilitação de pacientes deveriam possuir conhecimento básico sobre o campo da radiologia e serem capazes de conversar de maneira inteligente com outros profissionais a respeito do diagnóstico por imagem. Eles também deveriam ser capazes de recomendar um estudo de imagem apropriado quando necessário. Educação profissional para cursos de reabilitação tal como a fisioterapia geralmente é completada no nível de doutorado clínico; muitos estados permitem que tais profissionais vejam pacientes diretamente sem encaminhamento médico e, em um futuro próximo, profissionais de reabilitação poderão ter o privilégio de solicitar estudos radiológicos.

Especialistas em reabilitação podem se beneficiar muito ao lerem o laudo de um radiologista e aplicarem as informações a um plano de cuidados de um paciente. Clínicos podem ganhar uma maior perspectiva do problema de um paciente quando são capazes de analisar um estudo por imagem e, juntamente com o laudo do radiologista, entender o que estão vendo. Finalmente, eles têm a oportunidade de usar os filmes de imagem para a educação do paciente, uma dimensão importante de um programa de reabilitação abrangente.

Este capítulo guia o leitor por meio de alguns princípios básicos do diagnóstico por imagem. O leitor irá encontrar informação a respeito da ciência que embasa várias modalidades de imagem utilizadas na imagem osteomuscular (em outras palavras, como as imagens são criadas e quais tecidos são mais bem visualizados por cada modalidade). O capítulo enfatiza a importância de examinar o diagnóstico por imagem de uma forma holística para que patologias sérias não sejam ignoradas. Algumas noções básicas sobre imagem do esqueleto imaturo também são apresentadas. De relevância direta para o clínico praticante, o capítulo introduz a aplicação dos guias de tomada de decisões, os quais podem ser usados para determinar a necessidade de imagens em circunstâncias especiais. Finalmente, a maior parte do capítulo foca na imagem de vários tipos de patologias osteomusculares utilizando diversos exemplos para ajudar o leitor a entender qual modalidade de imagem é útil para determinado problema e visualizar a patologia em comparação com a condição normal.

PRINCÍPIOS CIENTÍFICOS BÁSICOS DAS TÉCNICAS DE IMAGIOLOGIA

Estudos de radiografia simples e tomografia computadorizada

Radiografias convencionais (raios X), a maneira mais comum de exame por imagem, requerem a passagem unidirecional de radiação X através de uma parte do corpo. Raios X são uma forma de radiação eletromagnética, situada entre a luz ultravioleta e os raios gama sobre o espectro eletromagnético. A radiação que não é absorvida ou disseminada enquanto passa através de uma parte do corpo é detectada eletronicamente ou por um filme radiográfico. A quantidade de radiação absorvida enquanto ela passa através de uma parte do corpo depende da radiodensidade dos tecidos, o que é determinado parte pelo peso atômico e parte pela espessura.

A radiação que passa pelo corpo sem ser absorvida atinge por fim o filme radiográfico ou um detector. A imagem resultante é criada em um filme (cópia impressa) ou digitalmente, e aparece para o clínico em um monitor de diagnóstico especial. Qualquer das apresentações da imagem radiográfica deve ser referida como "radiografia" (não "raio X"). A imagem radiográfica aparece em vários tons de cinza, dependendo da radiodensidade variável do tecido. Objetos mais radiodensos, assim como metais ortopédicos e ossos, aparecem relativamente mais brancos em radiografias, considerando que, objetos menos radiodensos, como tecidos moles, gordura e ar na traqueia, aparecem mais negros (ou mais radiolúcido).

A radiografia simples se sobressai na exibição da anatomia óssea e, em menor grau, na estrutura dos tecidos moles. Pelo fato de uma radiodensidade diferente ser necessária para duas estruturas aparecerem diferentes na radiografia, tecidos moles adjacentes geralmente não podem ser separados porque possuem radiodensidade similar (Fig. 27.1).

A tomografia computadorizada (TC) moderna também usa radiação, mas, em vez de um feixe unidirecional, tanto a fonte de radiação como o detector cercam sistematicamente o corpo. A informação recolhida é reconstruída por um computador que utiliza uma complexa análise de Fourier, resultando na criação de uma série de "fatias" de duas dimensões da parte do corpo de um sujeito. Quando necessário, a informação em várias "fatias" adjacentes podem ser somadas para formar imagens tridimensionais que tornam o complexo anatômico ou patológico mais fácil de compreender. Como nas radiografias simples, a aparência dos tecidos na tomografia computadorizada (TC) depende da quantidade de radiação absorvida. Dentro do sistema osteomuscular, a TC se sobressai em identificar fraturas (Fig. 27.2), alterações osteomusculares degenerativas e calcificação em tumores.

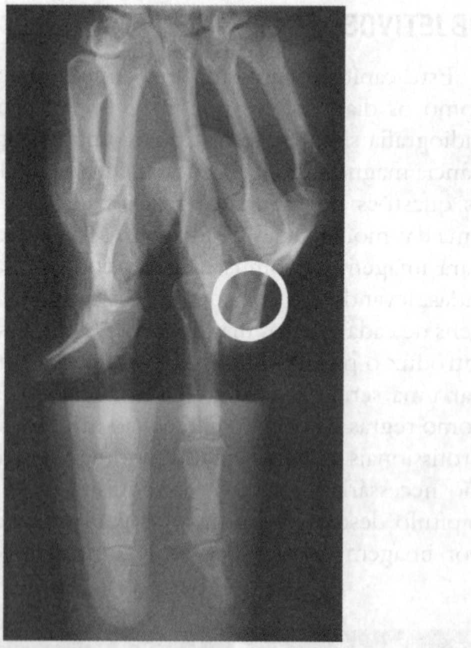

Figura 27.1 Diferenças de radiodensidade. Isto é um copo de água e a mão do autor. Por que os tecidos moles do dedo indicador são visíveis enquanto os tecidos moles do dedo médio não são? O dedo médio está dentro do copo de água, enquanto o indicador está atrás do copo. A densidade de elétrons da água é quase equivalente à de tecidos moles, assim nenhuma interface é visível. O indicador está rodeado pelo ar, a interface entre tecidos e o ar é claramente visível por causa da diferença de densidade.

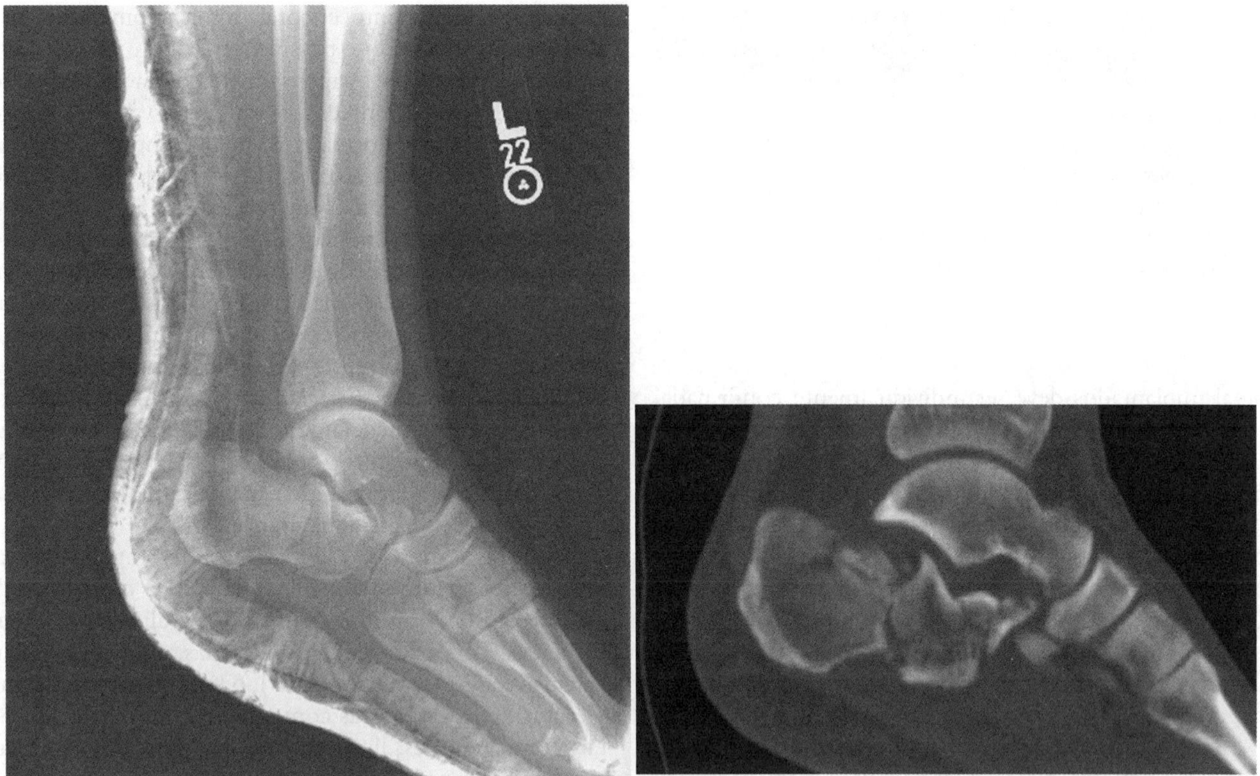

A B

Figura 27.2 Fratura do calcâneo. **A.** Radiografia. Esta visão lateral de um tornozelo mostra uma perda sutil do ângulo de Bohler, perda da continuidade cortical na face inferior do calcâneo, e perda da continuidade trabecular no calcâneo, todas sugerindo fratura. **B.** Reconstrução sagital da tomografia axial computadorizada – fratura do calcâneo confirmada. Linhas de fratura, linhas de demarcação entre tecidos musculares moles e gordura, e edemas, são demonstradas mais facilmente na tomografia computadorizada.

Embora não existam contraindicações definitivas para a radiografia simples e a tomografia computadorizada, esses estudos utilizam radiação ionizante e assim contribuem para a exposição à radiação total de um indivíduo e de uma população. Os efeitos da radiação são agrupados em **determinísticos e estocásticos.** *Efeitos determinísticos,* ou relacionados com a dose, aumentam severamente com o aumento da dosagem e incluem a catarata, esterilidade, eritema cutâneo, insuficiência da medula, insuficiência gastrintestinal e edema cerebral fatal. Com a possível exceção de alguns estudos angiográficos longos ou complicados, doses elevadas o suficiente para causar efeitos determinísticos não são comumente alcançadas em estudos de imagiologia médica. *Efeitos estocásticos,* ou não relacionados com a dose de radiação, incluem mutações germinativas e indução do câncer. Embora a severidade de um efeito estocástico seja independente da exposição, a probabilidade de sofrer um efeito estocástico é aumentada pelo aumento da exposição sem qualquer limite. Prevenção de efeitos estocásticos, especialmente indução ao câncer, é a razão principal que exposição à radiação a partir de estudos radiológicos é minimizada. Cânceres específicos ligados à exposição de radiação incluem o câncer de mama, câncer de tireoide e leucemia.

Classificação dos efeitos da radiação

- Determinístico (relacionada à dose)
- Estocástico (não relacionada à dose)

Ressonância magnética

A ressonância magnética (RM) se tornou a modalidade padrão para a diferenciação entre os tecidos moles no sistema osteomuscular. Ela utiliza um campo magnético muito elevado, pulsos de radiofrequência eletrônicos e dispositivos de detecção sofisticados para gerar imagens do corpo em duas ou três dimensões, assim como a tomografia computadorizada. Ao contrário da radiação da tomografia computadorizada, o campo magnético utilizado na ressonância magnética mostrou não possuir efeitos adversos de longo prazo.

Contraindicações para a ressonância magnética incluem marcapassos, desfibriladores cardíacos e dispositivos eletrônicos implantados. Pacientes severamente claustrofóbicos e obesos podem não suportar os *scanners* de ressonância magnética. A maioria das próteses de metal implantadas, próteses de válvulas cardíacas e clipes e bobinas para aneurisma são seguros à ressonância magnética. Quando não houver certeza, a segurança dos dispositivos de

Cuidados/contraindicações para a ressonância magnética

- Marcapassos
- Desfibriladores cardíacos
- Dispositivos eletrônicos implantados
- Pacientes claustrofóbicos
- Ocupações de alto risco (p. ex., soldadores)
- Gravidez (se usado contraste intravenoso)

metal implantados deve ser individualmente confirmada. Pacientes em ocupações de alto risco (por exemplo, soldadores) ou pacientes que tenham sido feridos por restos metálicos podem necessitar de radiografias preliminares da área de preocupação para assegurar que uma estrutura metálica previamente desconhecida não seja movida ou aquecida pelo campo magnético, causando ferimento. A área de maior preocupação é a órbita. Mesmo se for seguro, dispositivos de metal em geral degradam a qualidade da imagem na região anatômica local para o dispositivo de metal.

"Ressonância magnética aberta" refere-se a unidades com um diâmetro maior. Elas são úteis para pacientes com claustrofobia severa e para aqueles muito grandes para caber em uma unidade de ressonância magnética padrão. A RM aberta utiliza uma força muito menor do campo magnético (0.2-0.3 Tessla) do que a RM padrão (1.3-3.0 Tessla). Pelo fato de a qualidade da imagem ser proporcional à força do campo, esses estudos oferecem consideravelmente menos informação para o diagnóstico, e pacientes que não têm necessidade da técnica aberta devem ser fortemente encorajados a submeterem-se à RM padrão sempre que possível.

Uma análise das imagens da ressonância magnética requer alguma compreensão de quão variáveis aparecem as estruturas normais. As mais simples descrições da sinalização das características do tecido da ressonância magnética são dadas em termos de T1 e T2. Estes são parâmetros biológicos únicos para cada tecido. Diferentes sequências de ressonância magnética podem fazer tecidos diferentes mais ou menos visíveis, pela ponderação da imagem da ressonância magnética por meio do valor T1 ou T2 do tecido. Além das sequências básicas T1 e T2, sequências especializadas, como densidade de prótons (DP), sequência de pulso gradiente eco (GRE), sequência de pulso turbo spin eco (TSE) e de saturação de gordura, complicam ainda mais o entendimento das imagens da ressonância magnética.

Embora a discussão da física subjacente às principais sequências de ressonância magnética esteja fora do assunto deste capítulo, algumas generalizações podem ser feitas. Em imagens T1 ponderadas, a gordura é clara (inclusive a gordura na medula), o líquido cerebroespinal é escuro, e as estruturas com alto teor de tecido fibroso tais como tendões, ligamentos e osso cortical, são escuras. Em imagens T2 ponderadas, o sinal de gordura varia. Fluídos, incluindo o cerebrospinal e o sinovial, e edema são claros, e estruturas fibrosas como tendões, ligamentos e osso cortical são novamente escuros. O tecido muscular e a substância cinzenta do sistema nervoso central são intermediados em imagens T1 e T2 (Fig. 27.3). O fluxo sanguíneo cria um espaço vazio escuro em ambas as imagens T1 e T2. O sinal de sangue hemorrágico varia com a idade em ambas as imagens T1 e T2. Sequências

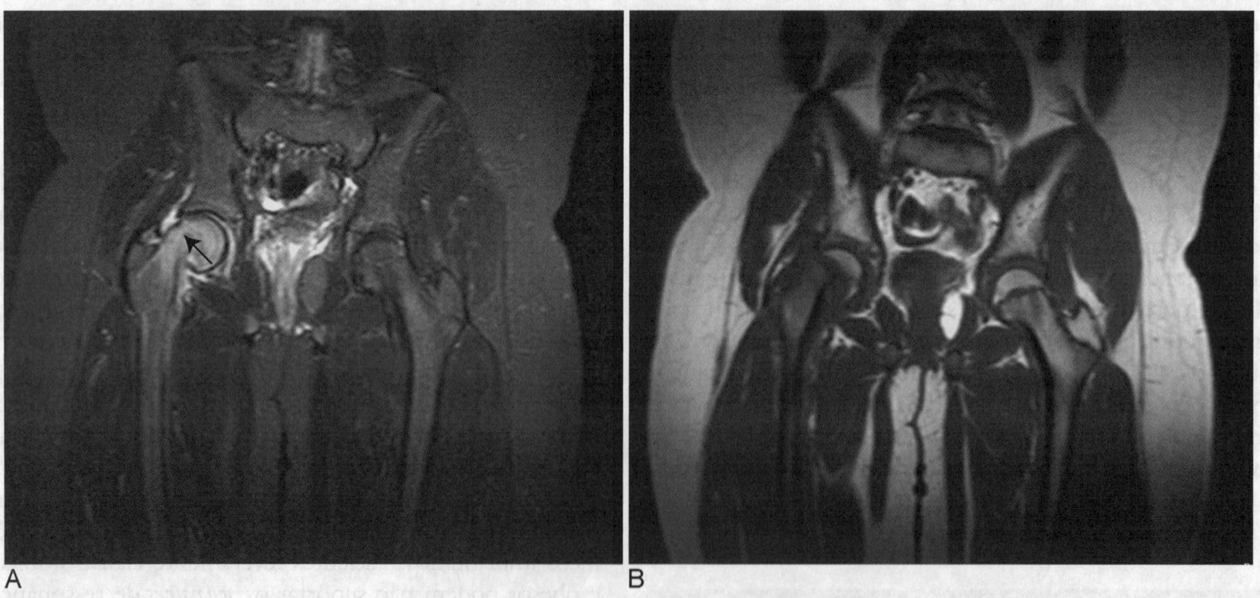

Figura 27.3 Ressonância magnética T1 *versus* T2. Imagens coronais de ressonância magnética de gordura saturada T2 (**A**) e T1 (**B**) da pelve e dos quadris de uma adolescente mostram epífise proximal do fêmur à direita (*seta*). Observe que na imagem T1, a medula normal está branca. Na imagem T2, a epífise direita e o colo femoral mostram elevado sinal de T2 e estão escuras em T1, em razão do edema medular. Observou-se também um pequeno derrame articular no quadril. O fluido sinovial é um sinal alto (branco) em T2. Uma vantagem que a ressonância magnética tem sobre a tomografia é a capacidade de obter imagens em qualquer plano.

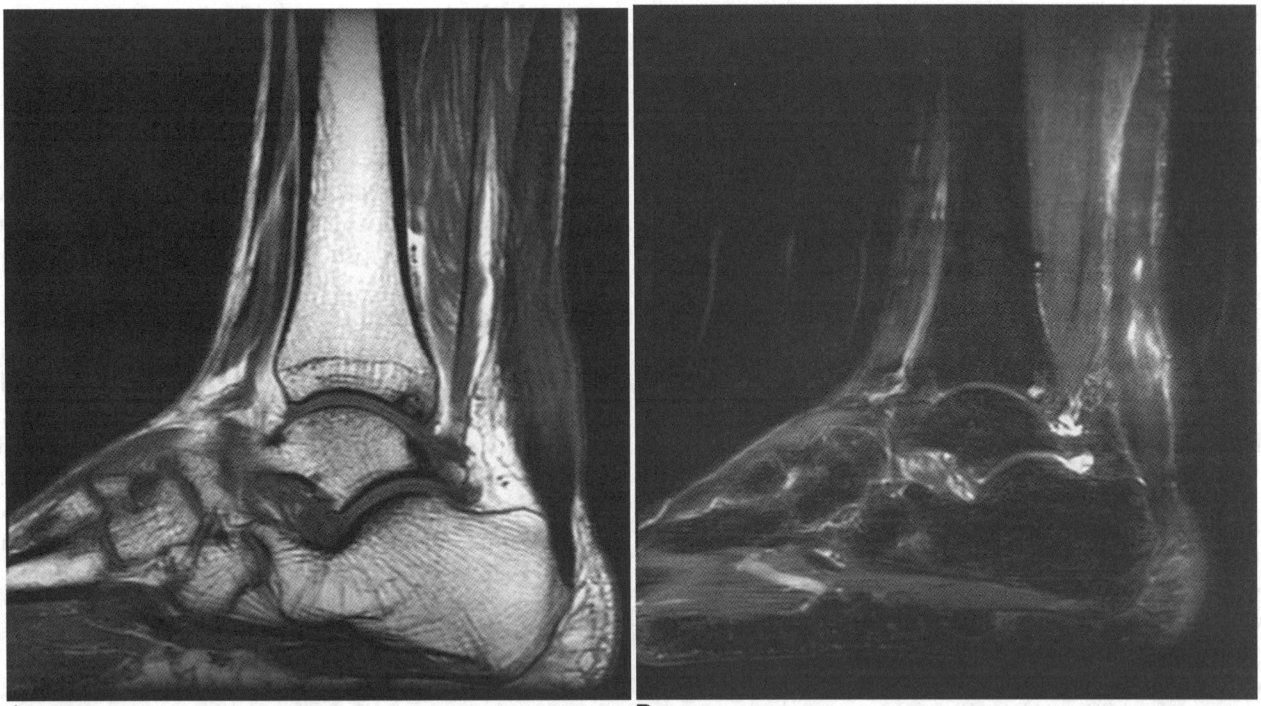

Figura 27.4 Saturação de gordura na ressonância magnética. Imagens sagitais de ressonância magnética (**A**) T1 e (**B**) T2 de um tornozelo mostram uma ruptura do tendão do calcâneo. Na imagem T1, a gordura medular e subcutânea aparece clara. Na imagem de saturação da gordura, a gordura aparece escura. Na imagem T2 o fluido dentro da articulação posterior de tornozelo e o edema no tendão do calcâneo aparecem claros. Tanto na sequência T1 quanto na T2, tendão fibroso normal e ligamentos aparecem escuros.

de saturação de gordura, que deixam a gordura escura, podem ser combinadas com as sequências de imagem T1 e T2 (Fig. 27.4). O mais comum agente de contraste da ressonância magnética é o gadolínio, que é o claro em T1. Dando contraste intravenoso durante uma ressonância magnética faz com que o sangue nos vasos e estruturas hipervasculares, tais como tumores e algumas estruturas normais, apareça muito claro nas imagens da RM obtidas subsequentemente. Essas aparências são resumidas na Tabela 27.1.

Tabela 27.1 Aparência das estruturas comuns nas sequências básicas de ressonância magnética*

T1 claro	T1 escuro	T2 claro	T2 escuro
Gordura	Líquido	Líquido	Tecido fibroso
Medula óssea	Ligamentos	Gordura	Ligamentos
Sangue subagudo	Menisco	Medula	Menisco
Gadolínio	Corrente sanguínea	Edema	Corrente sanguínea
Melanina			

*Nota, *saturação de gordura* pode ser utilizada com as sequências T1 ou T2, e seu uso faz com que todos os tecidos que contêm gordura (subcutâneo, medular, intra-abdominal etc.) apareçam escuros nas imagens resultantes, sem alterar o restante da imagem.

Ultrassom

O diagnóstico por ultrassom, que utiliza ondas sonoras de frequência extremamente alta e a detecção dos ecos desenvolvidos a partir dos tecidos do corpo, é utilizado às vezes para a imagem do sistema musculoesquelético. O ultrassom não tem efeitos adversos conhecidos. Em contraste com a ressonância magnética, ele é relativamente barato, é mais portátil, pode mostrar os tecidos moles perto das próteses metálicas, e pode facilmente ser usado para guiar biópsias percutâneas ou drenagens. Entretanto, o ultrassom é extremamente dependente do treinamento, experiência e técnica do operador. Nas mãos de operadores experientes, ele fornece valiosas informações para o diagnóstico.

Em razão do aumento de disponibilidade, resolução superior e maior precisão na interpretação, a ressonância magnética tem substituído amplamente o ultrassom para o propósito de diagnóstico musculoesquelético.

Usos do ultrassom para diagnóstico

- Tendões do manguito rotador e do bíceps
- Tendões do tornozelo
- Edema articular
- Displasia de quadril pediátrica
- Síndrome do túnel do carpo
- Massas de tecidos moles (gânglio)

Entretanto, ele continua sendo utilizado para algumas indicações, como avaliação do manguito rotador e tendões do bíceps, tendões do tornozelo, edema articular, desenvolvimento pediátrico de displasias de quadril, síndrome do túnel de carpo e na avaliação de massas de tecidos moles como cistos ganglionares no punho. A Figura 27.5 mostra exemplos da anatomia normal do ombro e do joelho utilizando diagnóstico por ultrassom.

Diagnóstico por ultrassom não possui contraindicações conhecidas, embora o doppler colorido não seja aconselhável quando dirigido a um feto vivo, pois pode causar leves efeitos térmicos no tecido visualizado.

Medicina nuclear

A medicina nuclear envolve a administração intravenosa de componentes radioativos, que se distribuem dentro do corpo do paciente de acordo com o metabolismo fisiológico. Uma pequena quantia de radiação é emitida, detectada e usada para formar uma imagem mostrando a distribuição dos radiofármacos. Exemplos de procedimentos da medicina nuclear incluem a cintilografia óssea com Tecnécio-99m MDP (Fig. 27.6) ou realizar a localização de osteomielite ou abscessos com Gálio-67. A tomografia por emissão de pósitrons (PET) é uma forma de estudo da medicina nuclear que utiliza um isótopo emissor de pósitrons, geralmente flúor-18 fluorodeoxiglicose (F-18 FDG). O F-18 FDG é um análogo da glicose que é absorvido e retido por células que normalmente metabolizam a glicose, e o resultado da radiação emitida é detectado e usado para formar uma imagem de diagnóstico. A tomografia por emissão de pósitrons é frequentemente combinada com a tomografia computadorizada (PET/CT). A combinação permite uma avaliação detalhada simultaneamente anatômica e fisiológica.

Imagiologia de paciente grávida

Cuidados devem ser tomados para a avaliação radiológica de uma paciente grávida. A exposição à radiação para o feto é minimizada pela criteriosa diminuição de radiografias e exames de tomografia computadorizada. O contraste da tomografia computadorizada é às vezes dado na gravidez, e a decisão para utilizar o contraste da TC é feita caso a caso. Embora nenhum estudo controlado tenha sido realizado em pacientes grávidas para confirmar a segurança da ressonância magnética, o uso desta modalidade na gestação é muito difundido, sem relatos de efeitos adversos em nível mundial. O uso do gadolínio como efeito de contraste na ressonância magnética é *absolutamente* contraindicado durante exames de pacientes grávidas, uma vez que ele atravessa a placenta e passa por ciclos repetitivos de excreção renal fetal no líquido amniótico seguido pela deglutição e reabsorção fetal em circulação. Este ciclo prolonga extremamente a exposição fetal, com possíveis resultados adversos.

PRINCÍPIOS PRIMORDIAIS DA RADIOGRAFIA CONVENCIONAL

Indicações clínicas para diversos exames radiológicos são importantes para os clínicos entenderem como são as condições em que certos exames são adequados ou inadequados. Embora os radiologistas formalmente leiam a maioria dos estudos de imagiologia realizados, é importante para todos os praticantes clínicos estarem familiarizados com a anatomia básica e a interpretação dos estudos da imagiologia. Mesmo em cenários de prática em que o diagnóstico por imagem não esteja prontamente disponível, clínicos musculoesqueléticos são com frequência requisitados para revisar os estudos de

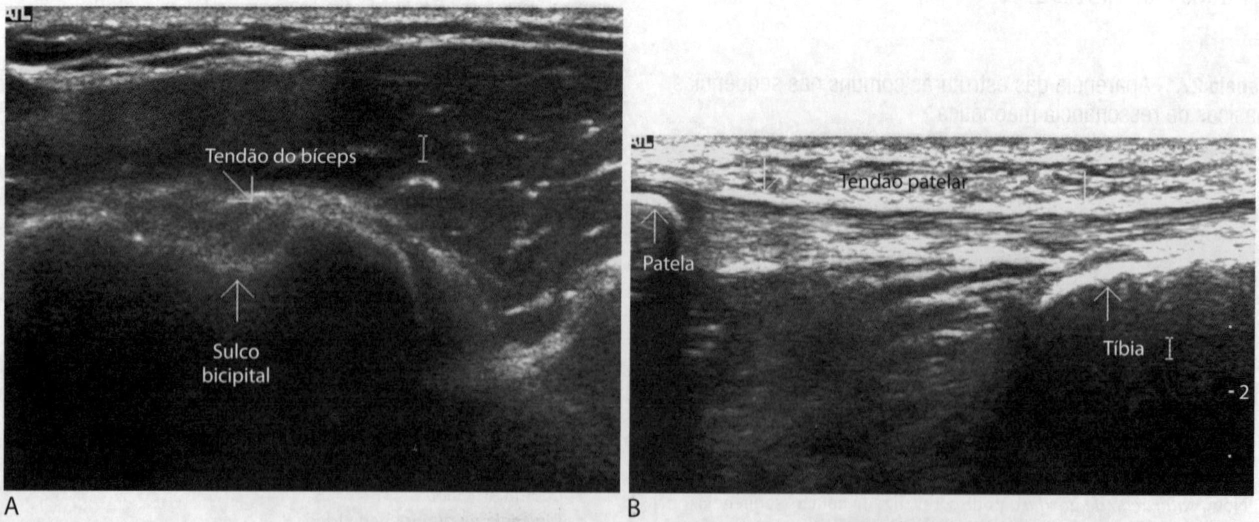

Figura 27.5 Imagem de ultrassom normal. Essas imagens estáticas foram capturadas utilizando o diagnóstico por ultrassom. **A.** Demonstra a anatomia normal da cabeça longa do tendão do bíceps dentro do sulco bicipital. **B.** Um tendão infrapatelar normal pode ser visualizado, estendendo-se desde a patela até a tíbia.

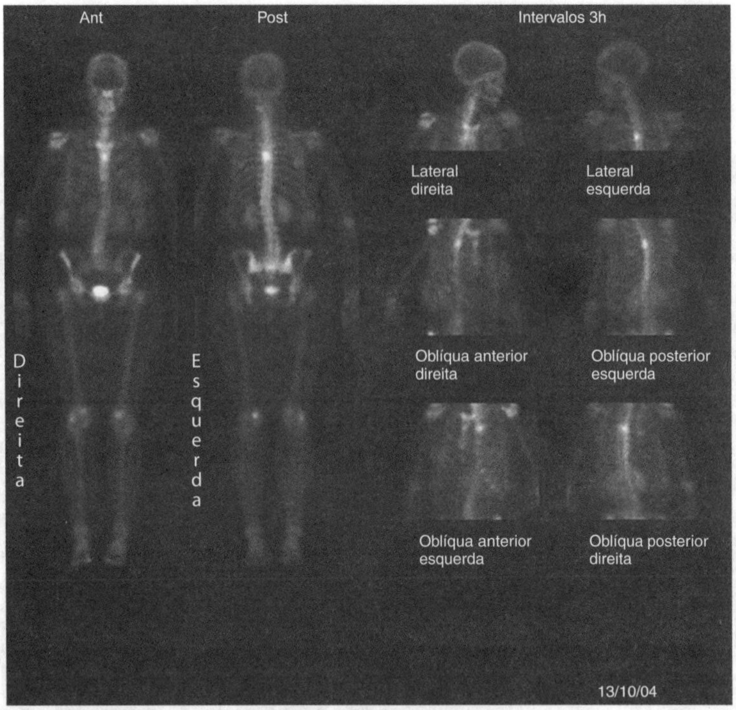

Figura 27.6 Cintilografia óssea. Cintilografia óssea de corpo inteiro após a administração intravenosa de tecnécio 99m MDP mostra captação esquelética difusa do radiofármaco. Baixo nível de atividade nos tecidos moles e no sistema de coleta urinária é normal. Hipercaptação focal no corpo vertebral T6 está presente. Isto foi posteriormente confirmado ser resultado de metástases de câncer de mama (mesmo paciente da Fig. 27.48, imagens de TC e RM).

imagem com seus pacientes e irão precisar se comunicar efetivamente sobre imagiologia com outros profissionais.

O médico ou profissional da saúde que o solicita deve revisar o resultado de cada exame exigido e tomar as ações apropriadas. Anormalidades clinicamente ignoradas são com frequência identificadas nos estudos radiográficos, e é crucial que toda a informação disponível incluída no estudo seja identificada (Fig. 27.7). Falha em identificar uma condição séria como um tumor ósseo em uma radiografia, apesar de ela ter sido realizada por outra razão, é uma fonte importante de morbidade e pode ser uma fonte considerável de responsabilidade médico-legal.

Existem alguns princípios primordiais que irão auxiliar todos os clínicos quando recomendarem ou examinarem uma radiografia. Aderir a esses princípios ajudará a prevenir descuidos e melhorará a compreensão das imagens. As Figuras 27.8 a 27.21 mostram estudos radiográficos em várias regiões do corpo ilustrando a aparência normal das estruturas anatômicas e as visualizações típicas obtidas em cada região.

A radiografia simples proporciona uma imagem bidimensional de uma parte do corpo tridimensional. Uma simples radiografia essencialmente "colapsa" todos os tecidos do paciente na área de interesse um sobre o outro em uma imagem plana. Por esse motivo duas radiografias de dois ângulos diferentes são *sempre* recomendadas quando ordenando ou realizando um estudo radiográfico (Fig. 27.22). Uma segunda visão permite que uma anormalidade seja limitada a um local tridimensional específico. Formas específicas podem ser descritas com mais precisão. Além disso, fraturas e muitas outras anormalidades são geralmente visíveis em apenas um ângulo; uma visão de outro ângulo faz com que pareçam normais (Fig. 27.23).

Clínicos podem ser forçados a avaliar uma radiografia ou estudo sem o benefício do parecer de um radiologista. Neste caso, é aconselhável seguir uma abordagem coerente para a avaliação das imagens. Por exemplo, quando se observa a radiografia de uma extremidade, muitas pessoas primeiro avaliam a anatomia óssea, seguido pelo alinhamento das articulações, depois pelas estruturas dos tecidos moles locais e finalmente, todas as interfaces de gordura subcutânea com os tecidos moles musculares (Fig. 27.24). Embora diferentes profissionais possam adotar diversas abordagens formais, é importante que cada indivíduo utilize um método consistente e sistemático de interpretação de imagens para evitar negligenciar detalhes importantes (Fig. 27.25). Um ditado comum entre radiologistas é: "a anormalidade mais comum de se perder é a segunda na imagem". A procura por anormalidades radiográficas não deve ser satisfeita quando uma anormalidade for identificada. Ter uma rotina para a análise de imagens previne perder anormalidades adicionais e possivelmente insuspeitas (Fig. 27.26).

O que procurar quando se avalia uma radiografia simples

- Anatomia óssea
- Alinhamento das articulações
- Estruturas dos tecidos moles locais
- Interfaces de gordura subcutânea
- Tecidos moles musculares

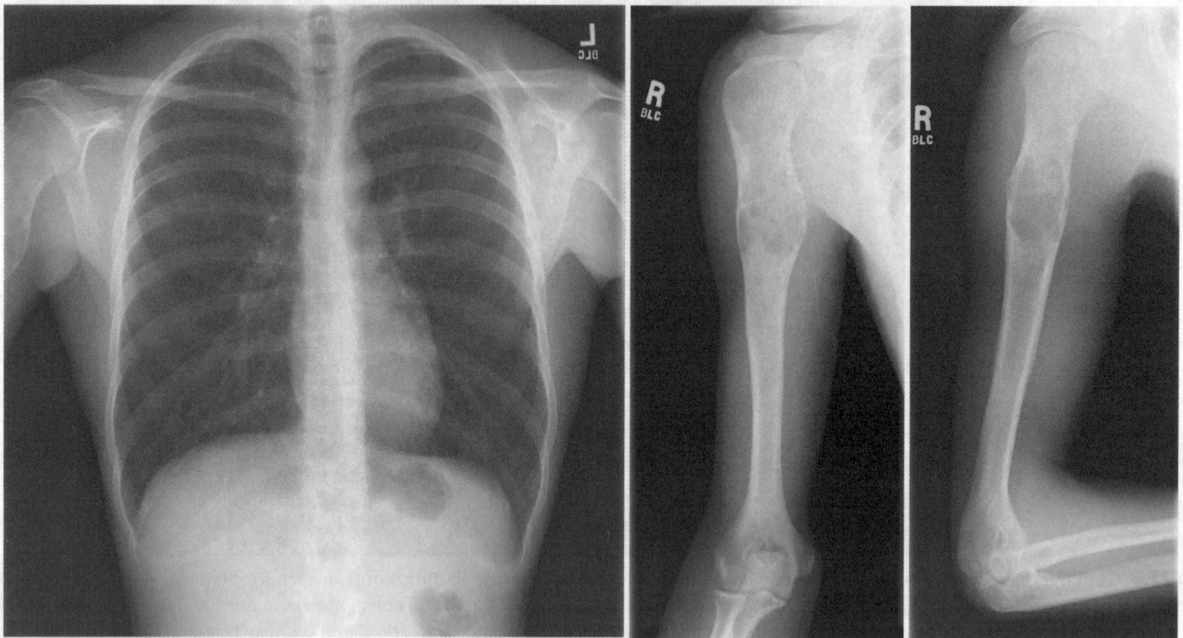

A B C

Figura 27.7 Tumor no úmero. **A.** Raio X do tórax, realizado por causa de sintomas não relacionados de tosse, demonstrando irregularidade inesperada do úmero direito. Vistas anteroposteriores (**B**) e laterais (**C**) do úmero mostraram subsequentemente um tumor lítico expansivo envolvendo o úmero. Este caso novamente salienta a importância de se examinar todas as estruturas em um estudo.

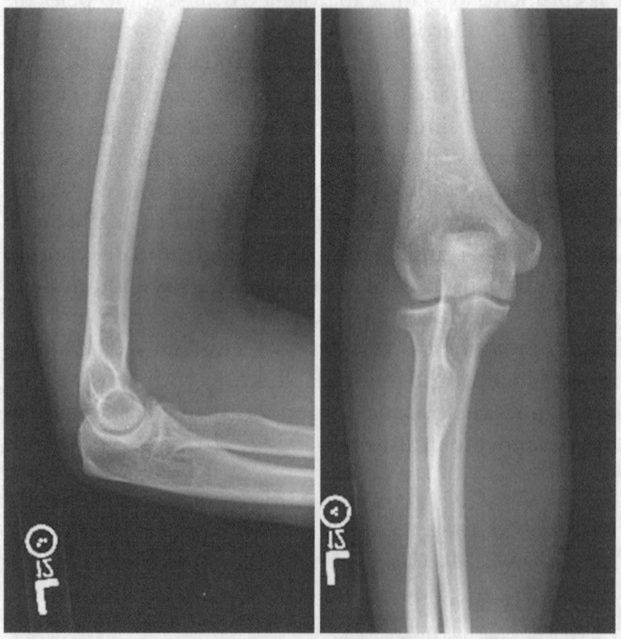

Figura 27.8 Cotovelo normal. Vistas anteroposterior (AP) e lateral do cotovelo mostram estruturas de tecidos moles e óssea normais. Por convenção, a vista AP é obtida com o cotovelo totalmente estendido e a vista lateral mostra o cotovelo flexionado a 90°.

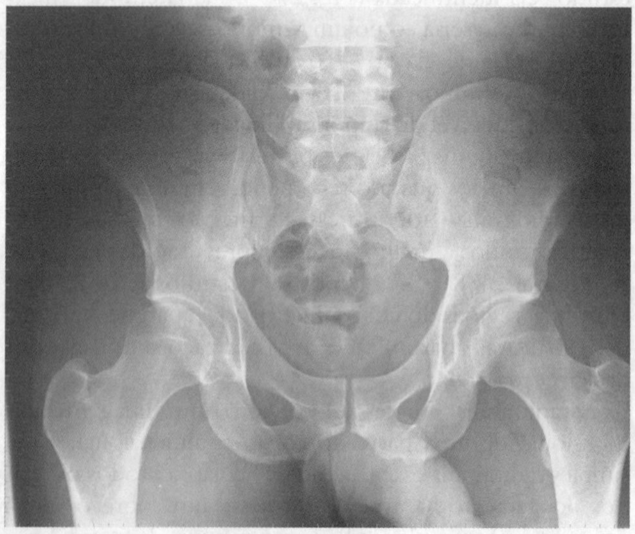

Figura 27.9 Pelve normal. Vista anteroposterior da pelve mostra anatomias de tecidos moles e óssea normais.

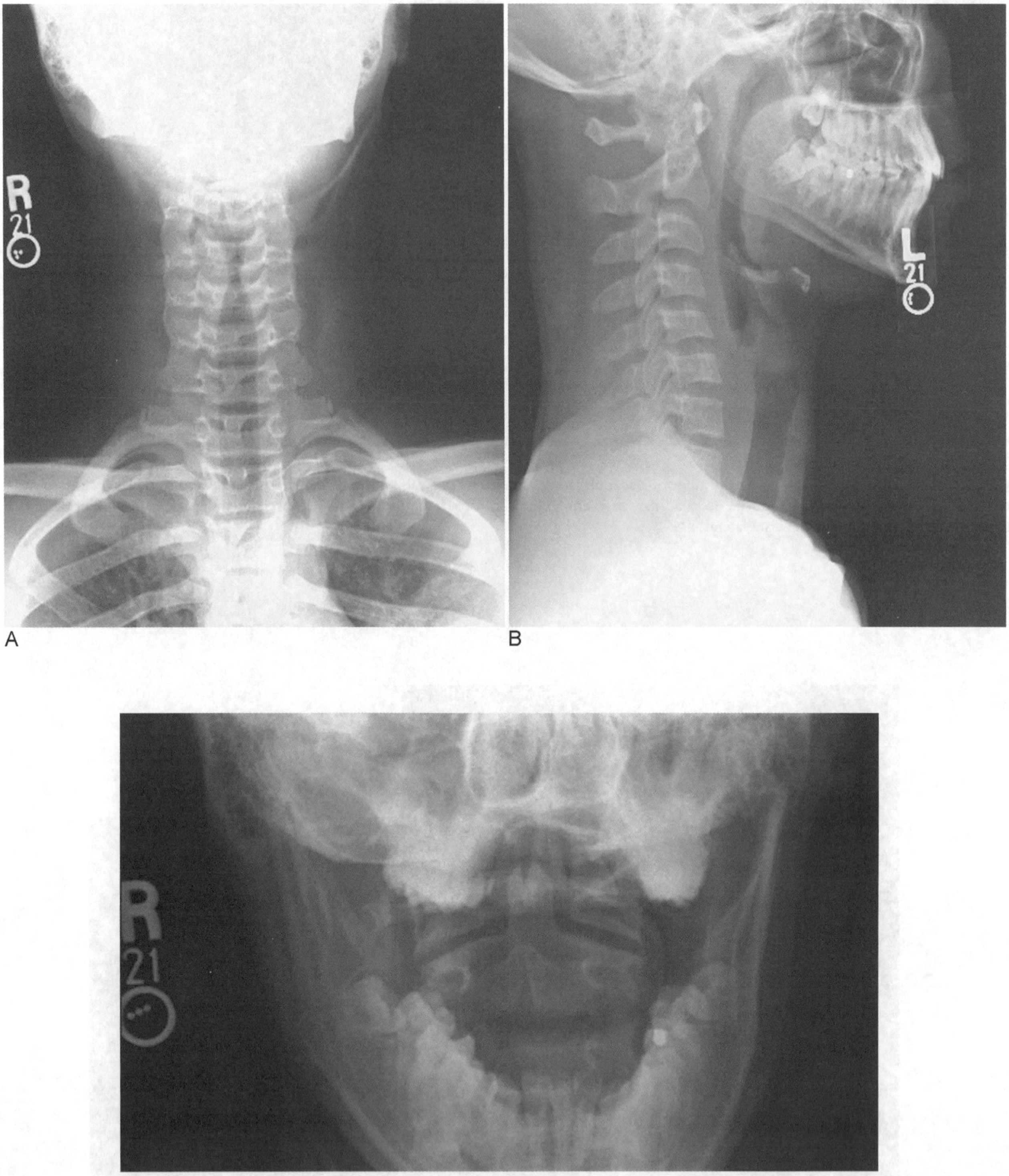

Figura 27.10 Coluna cervical normal. Vistas anteroposterior (**A**), lateral (**B**) e odontoide de boca aberta (**C**) da coluna cervical mostram anatomia de tecidos moles e óssea normais. As vias aéreas, a epiglote e os tecidos moles são bem avaliados na vista lateral. Este estudo foi obtido com o paciente deitado por causa do trauma recente, causando perda do alinhamento normal da coluna cervical. Embora normal neste exemplo, espasmo pode causar uma aparência semelhante.

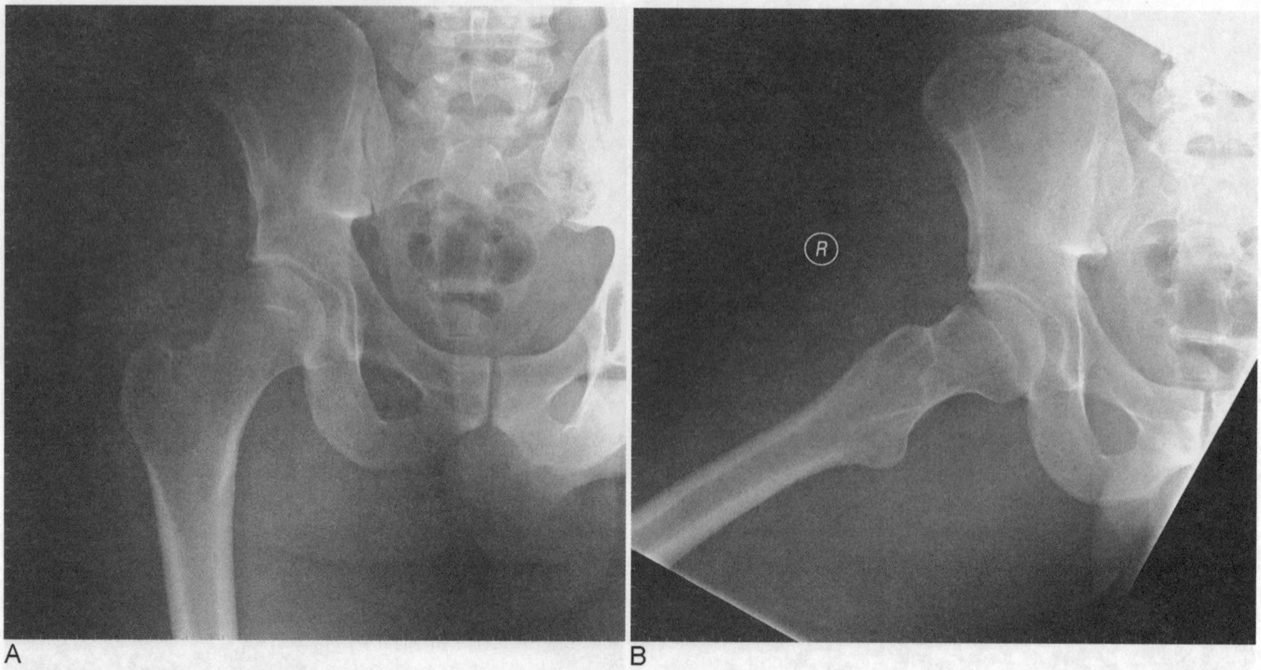

Figura 27.11 Quadril normal. Vista anteroposterior da articulação do quadril na posição neutra (**A**) e na posição de abdução (**B**). Pelo fato de haver rotação externa associada à abdução do quadril, a visão em abdução mostra o fêmur proximal e especialmente a cabeça do fêmur de um ângulo diferente, que simula uma vista lateral.

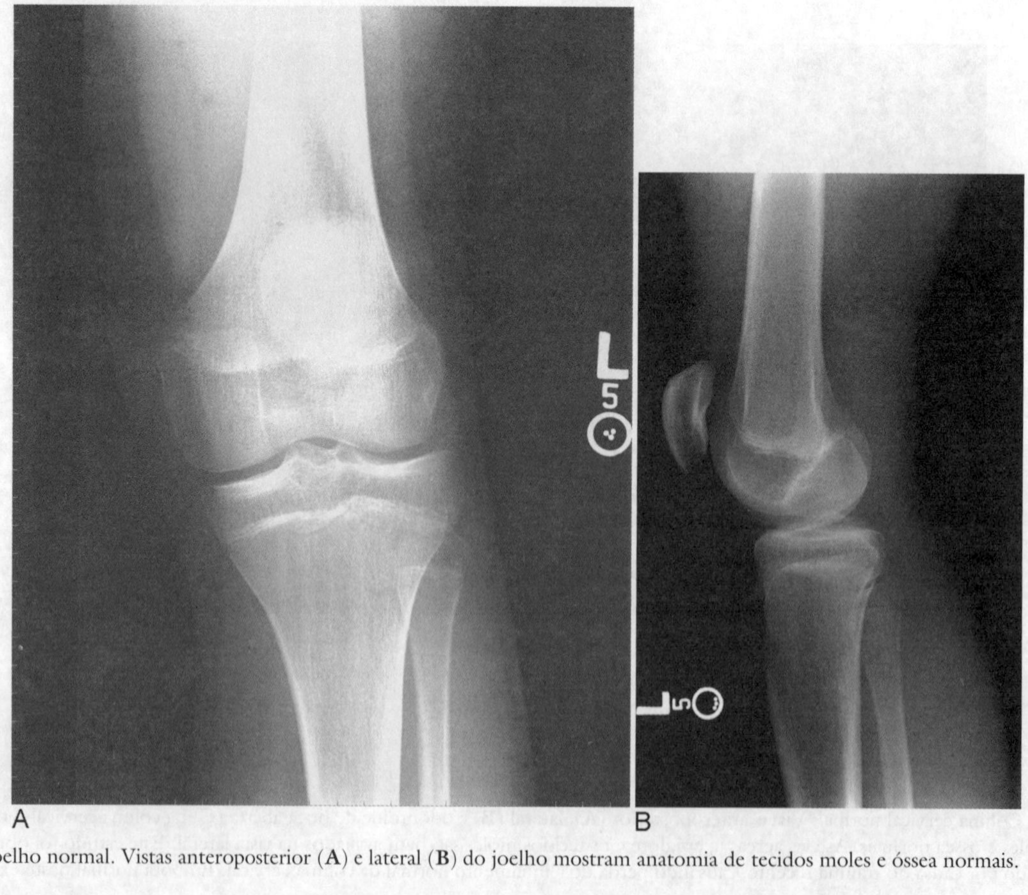

Figura 27.12 Joelho normal. Vistas anteroposterior (**A**) e lateral (**B**) do joelho mostram anatomia de tecidos moles e óssea normais.

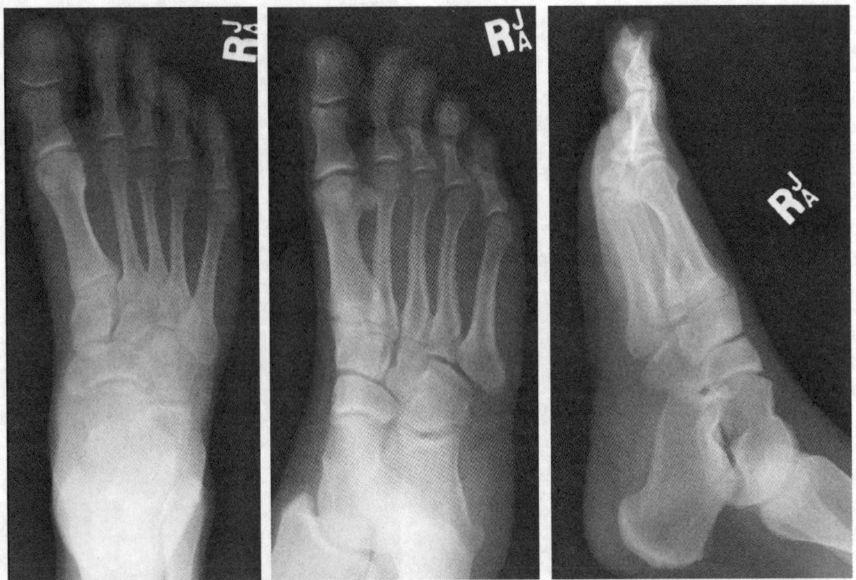

A B C

Figura 27.13 Pé normal. Vistas anteroposterior (**A**), oblíqua (**B**) e lateral (**C**) do pé mostram anatomia óssea normal.

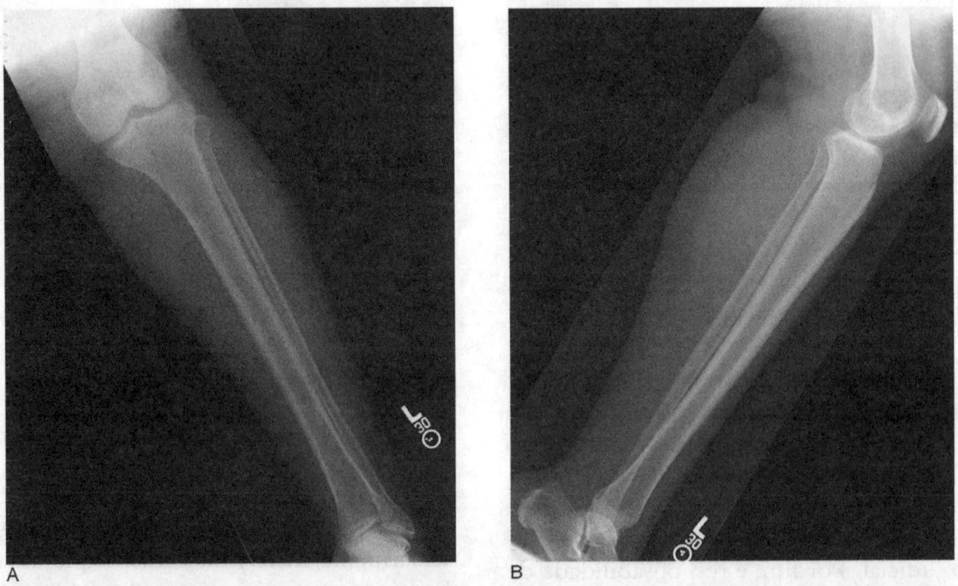

A B

Figura 27.14 Perna normal. Vistas anteroposterior (**A**) e lateral (**B**) da perna mostram anatomia óssea e de tecidos moles normais. A demarcação entre os tecidos moles musculares e a gordura subcutânea é geralmente bem vista nesta área e pode ser uma dica valiosa quando ausente em área de edema ou celulite.

PRINCÍPIOS DE TOMADA DE DECISÃO

Um aspecto crucial na utilização apropriada do diagnóstico por imagem na prática preocupa a decisão inicial do clínico sobre se a imagem é justificada em um caso específico (Tabs. 27.2 e 27.3). Modalidades de imagem podem produzir informações importantes na investigação de diferentes diagnósticos quando a natureza ou a extensão de uma lesão não for clara. Mas muitas vezes os dados clínicos do exame são suficientes para revelar o diagnóstico e conduzir o clínico na escolha de intervenções apropriadas.

Para resumir esta importante decisão, se os resultados do estudo por imagem puderem mudar potencialmente o manejo do paciente, então o estudo é necessário. Se intervenções ou resultados não são susceptíveis de alteração com o resultado das imagens, então o estudo não é necessário. Clínicos deveriam se lembrar que os radiologistas podem sempre emprestar sua experiência para a decisão sobre se uma modalidade específica de diagnóstico por imagem é apropriada.

Necessidade de radiografias[3]

- Se os resultados de um estudo por imagem vão potencialmente mudar a maneira como um paciente é tratado, então o estudo por imagem é necessário.

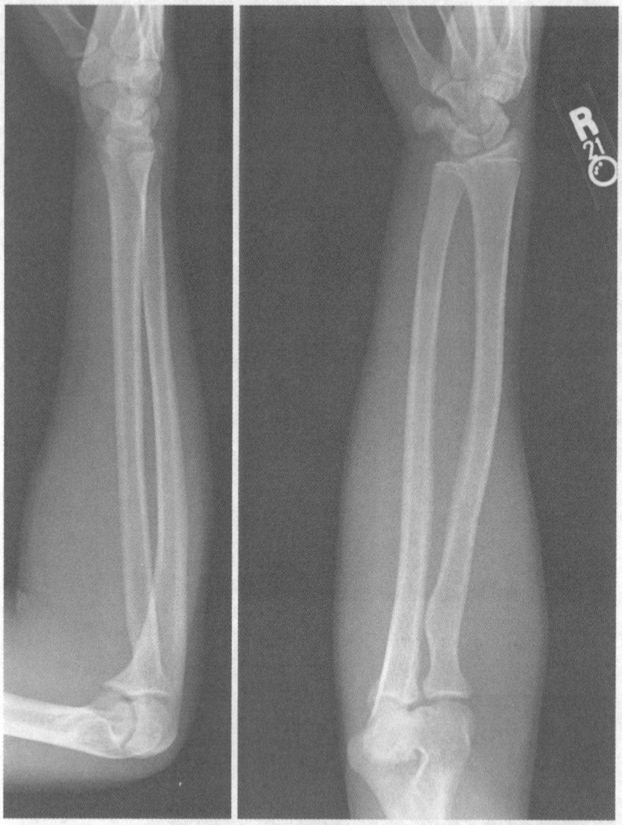

Figura 27.15 Antebraço normal. Vistas anteroposterior e lateral do rádio e ulna normais mostram anatomia de tecidos moles e óssea normais.

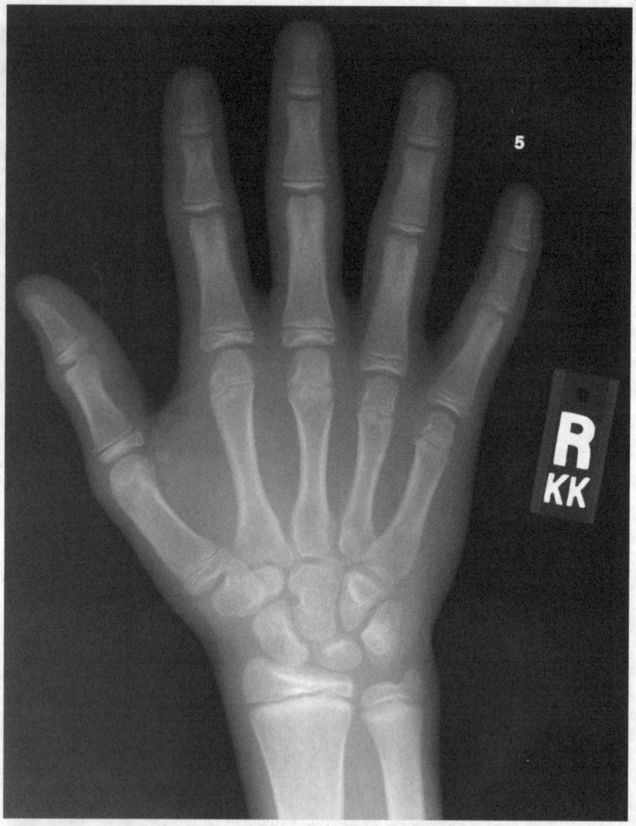

Figura 27.16 Mão imatura normal. Vista somente posteroanterior da mão de um adolescente mostra anatomia óssea normal.

Ordenar ou recomendar exames por imagem impõe custos significativos tanto ao paciente quanto ao sistema de saúde. Infelizmente, é provável que o diagnóstico por imagem seja usado em demasia pela maioria dos clínicos. Razões para o uso excessivo de imagens incluem rotina institucional, expectativa do paciente ou proteção contra ação judicial. Por fim, é responsabilidade de todos os profissionais que podem influenciar nas decisões sobre o manejo dos pacientes ponderar o valor de um exame diagnóstico por imagem contra o custo que será imposto no sistema de saúde. Especialistas em reabilitação deveriam compartilhar esta responsabilidade com os referidos médicos e radiologistas.

Clínicos que estão em posição de influenciar decisões sobre imagiologia deveriam saber o relativo valor diagnóstico dos resultados da imagem (ver Tab. 27.3). Por exemplo, cada modalidade de imagem tem pontos fortes e pontos fracos em auxiliar os clínicos a visualizar diferentes tipos de patologia. Além disso, os resultados de um exame por imagem não estão sempre em conformidade com a apresentação do paciente. Quando isto ocorre, os clínicos não devem nunca confiar completamente no resultado de um exame por imagem. Ao contrário, eles devem confiar no quadro clínico completo criado por toda a informação disponível quando decidirem como proceder.

Regras de decisão clínica

Regras de decisão clínica (RDCs) são guias de tomada de decisões desenvolvidas para auxiliar os clínicos em posição de fazer julgamentos sobre ordenar ou recomendar o diagnóstico por imagem. Esses guias são particularmente úteis para clínicos que atuam em funções de cuidados primários, mas eles podem auxiliar também aqueles que atendem os pacientes por meio de encaminhamento, se eles estão em uma posição de recomendar a imagem. As regras aqui mencionadas (Tab. 27.4) estão publicadas na literatura e foram validadas para exatidão e analisadas para o impacto clínico em termos de evolução dos pacientes e custos.

Guias para trauma do joelho

Existem dois conjuntos de regras de decisão clínica para ajudar os clínicos a decidirem sobre a obtenção de radiografias após lesões agudas do joelho. Seaberg et al. relataram que a radiografia foi solicitada para 85% dos pacientes que sofreram trauma no joelho, quando apenas 6 a 12% desses pacientes realmente tinham uma fratura.[7] Os critérios de decisão de Pittsburgh e os critérios de Ottawa para joelho foram criados para promover uma utilização mais eficiente e rentável da radiografia após tal

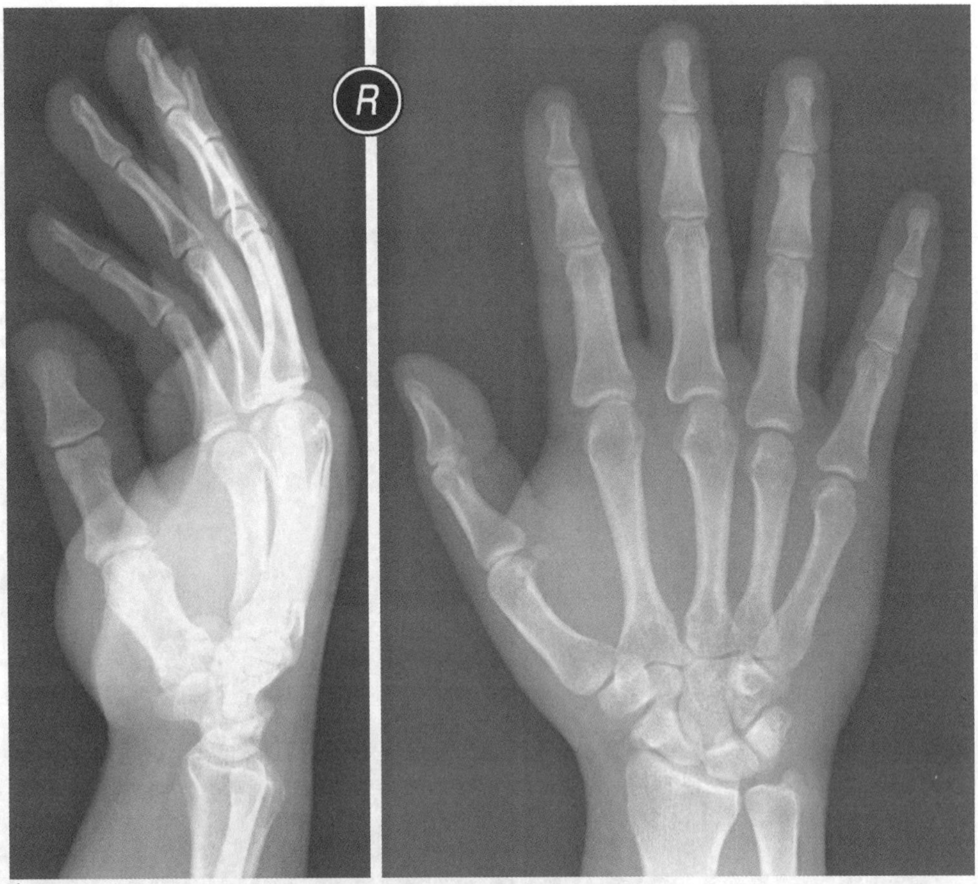

A

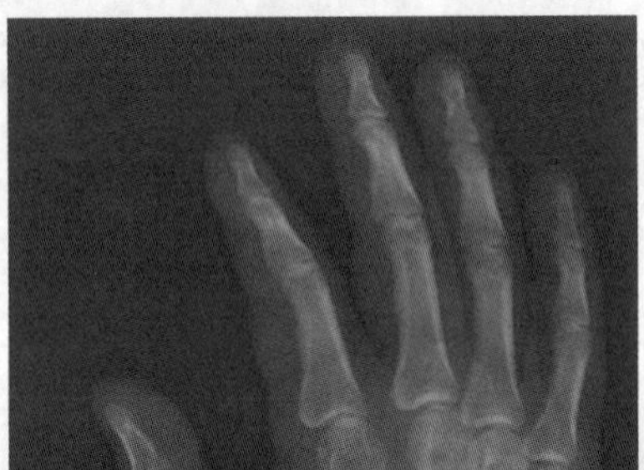

B

Figura 27.17 Mão normal. Vistas anteroposterior lateral (**A**) e oblíqua (**B**) da mão de um paciente esqueleticamente maduro demonstram anatomia de tecidos moles e óssea normais.

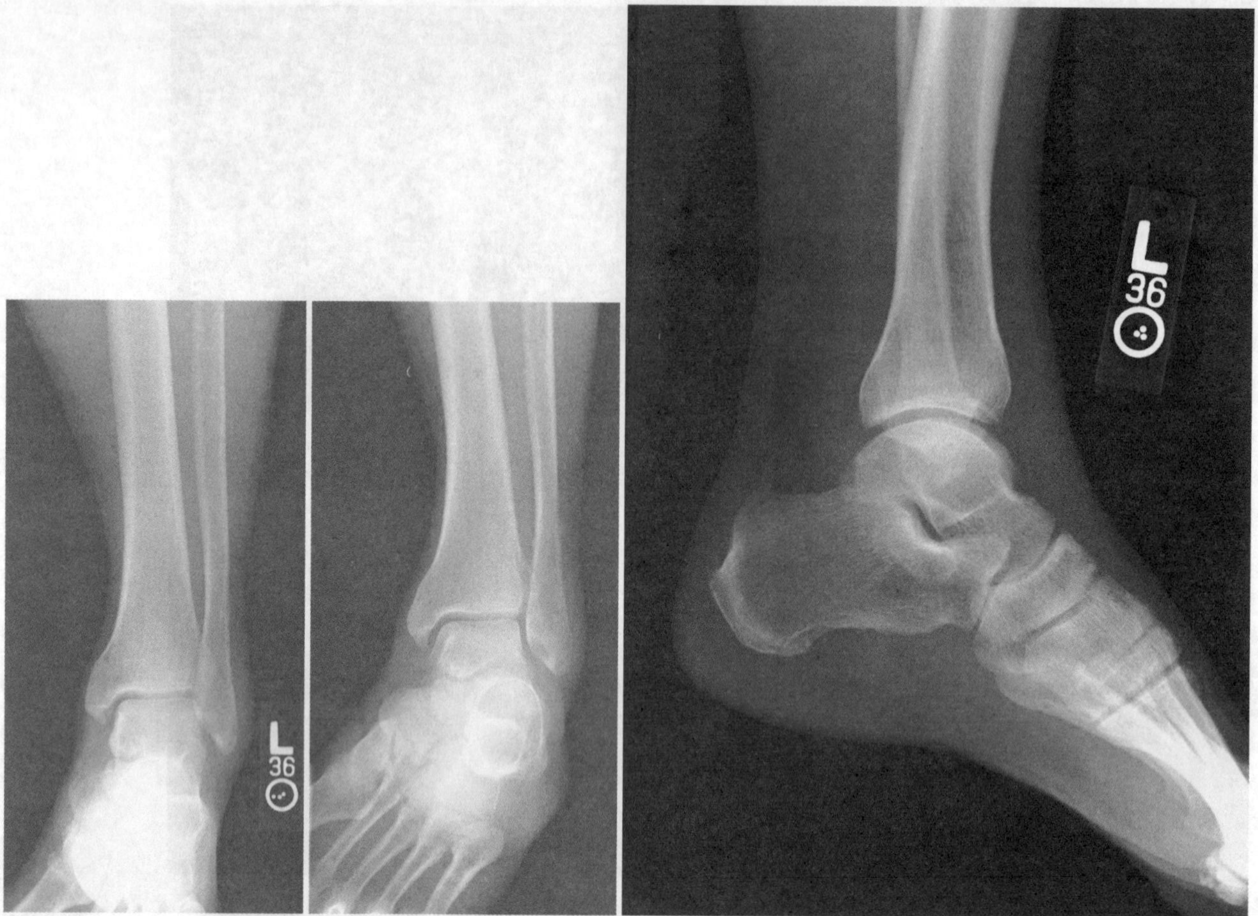

A B

Figura 27.18 Tornozelo normal. Vistas anteroposterior *mortise* (**A**) e lateral (**B**) do tornozelo esquerdo mostram estrutura de tecidos moles e óssea normais. A vista *mortise* é tirada com a perna em ligeira rotação interna em relação ao feixe de raios X para permitir ao examinador avaliar a simetria da articulação do joelho.

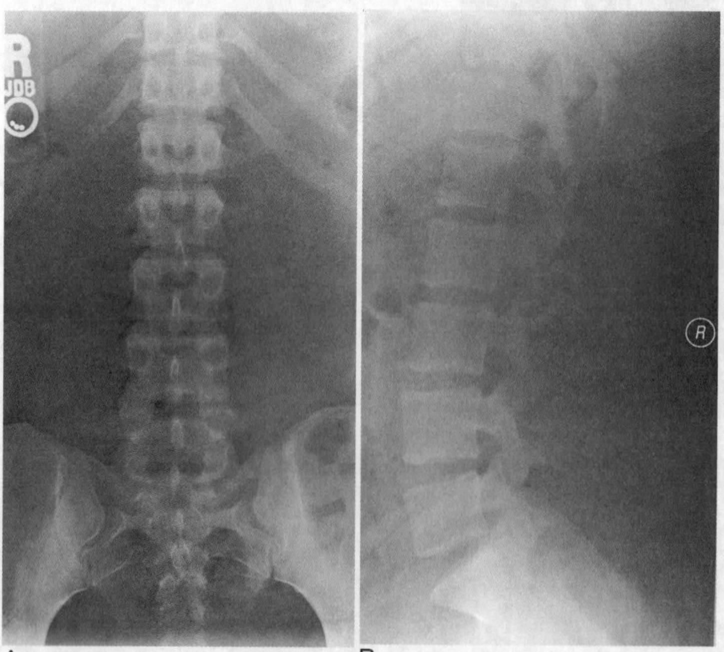

A B

Figura 27.19 Coluna lombar normal. Vistas anteroposterior (**A**) e lateral (**B**) da coluna lombar de um adulto mostram alinhamento vertebral normal, anatomia óssea normal e tecidos moles normais.

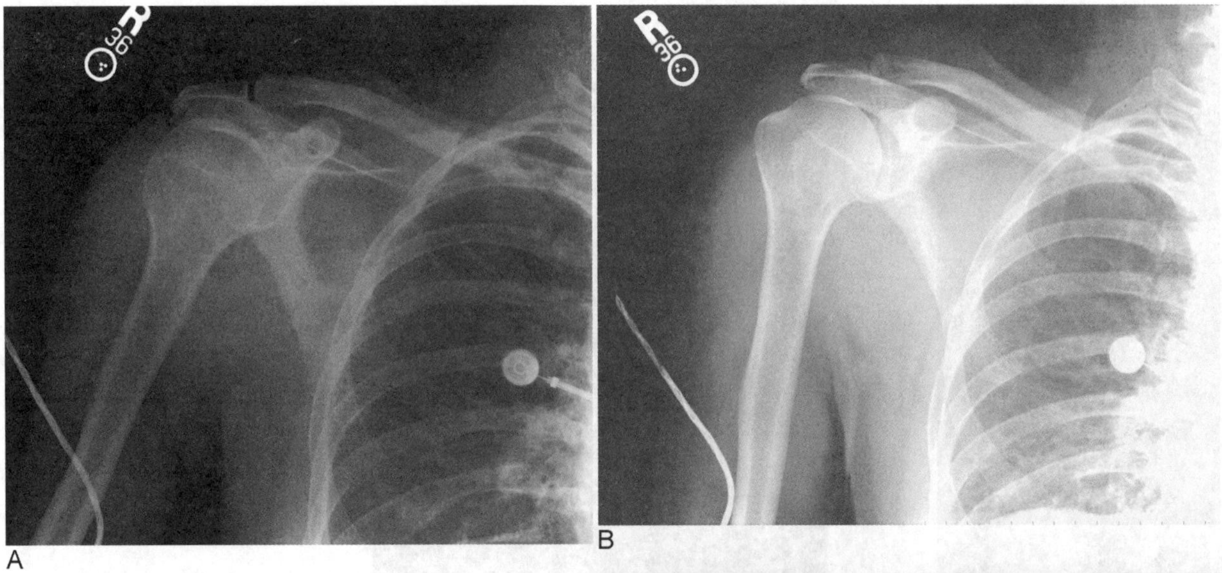

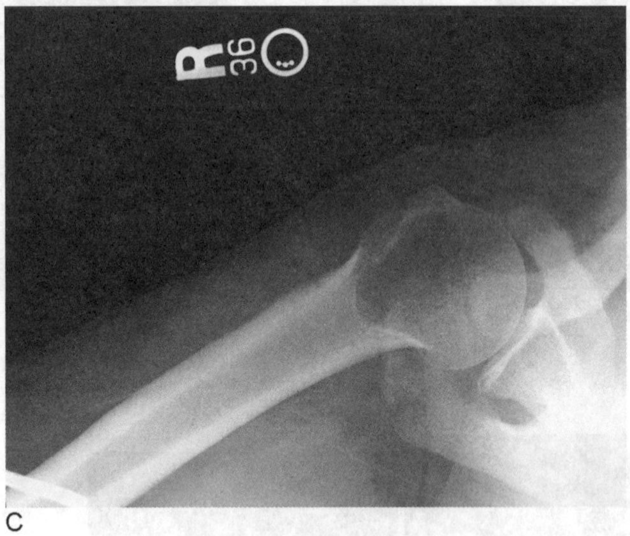

Figura 27.20 Ombro normal. A série de ombro habitual inclui vista anteroposterior do ombro com o úmero tanto em rotação interna (**A**) como em rotação externa (**B**). A adicional vista lateral axilar (**C**) mostra a relação entre a cabeça do úmero e a cavidade glenoide, excluindo luxação.

trauma.[8] Ambos os conjuntos de regras são similares na medida em que utilizam resultados clínicos para guiar o clínico para uma decisão sobre a necessidade de utilizar a radiografia para triagem de fraturas sobre o joelho.

Critérios de decisão de Pittsburgh. Os critérios de decisão de Pittsburgh pedem por radiografia simples quando um paciente sofreu um trauma brusco ou uma queda como mecanismo da lesão, e também possui qualquer uma das seguintes características: (1) menores de 12 anos ou maiores de 50; ou (2) incapacidade de efetuar quatro passos descarregando o peso no serviço de emergência.[7-9] Os valores de sensibilidade e especificidade do guia para identificar fraturas do joelho são 99 e 60%, respectivamente.[7,8] Seaberg et al. sugeriram que a aplicação dos critérios de decisão de Pittsburgh poderia diminuir o uso de radiografias nessa população de pacientes em 52%.[7]

Critérios de Ottawa para joelho. Os critérios de Ottawa para o joelho se destinam a serem usados após traumatismo do joelho em pacientes com 18 anos ou mais.[7,8,10] Eles recomendam radiografia simples sempre

Critérios de Pittsburgh para trauma do joelho

- Trauma brusco ou queda
- Paciente com idade inferior a 12 anos
- Paciente com idade superior a 50 anos
- Incapacidade de efetuar quatro passos com descarga de peso

Critérios de Ottawa para traumatismo do joelho

- Trauma do joelho
- Paciente com mais de 55 anos
- Dor localizada na cabeça da fíbula
- Dor isolada na patela
- Paciente incapaz de flexionar o joelho a 90º
- Paciente incapaz de efetuar quatro passos com descarga de peso imediatamente após a lesão e durante o exame

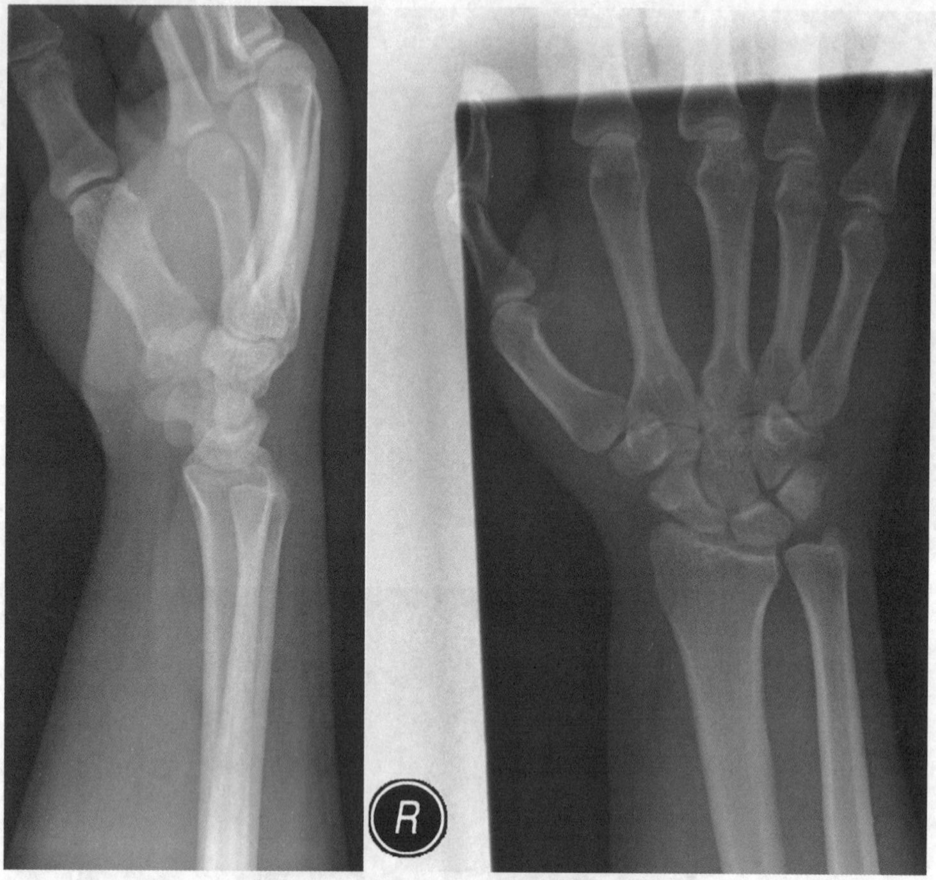

Figura 27.21 Punho normal. Vistas anteroposterior e lateral do punho permitem ao examinador avaliar a extremidade distal do rádio e da ulna, os carpos e os metacarpos. As relações entre a extremidade distal do rádio, o semilunar e o capitato são melhor demonstradas na vista lateral.

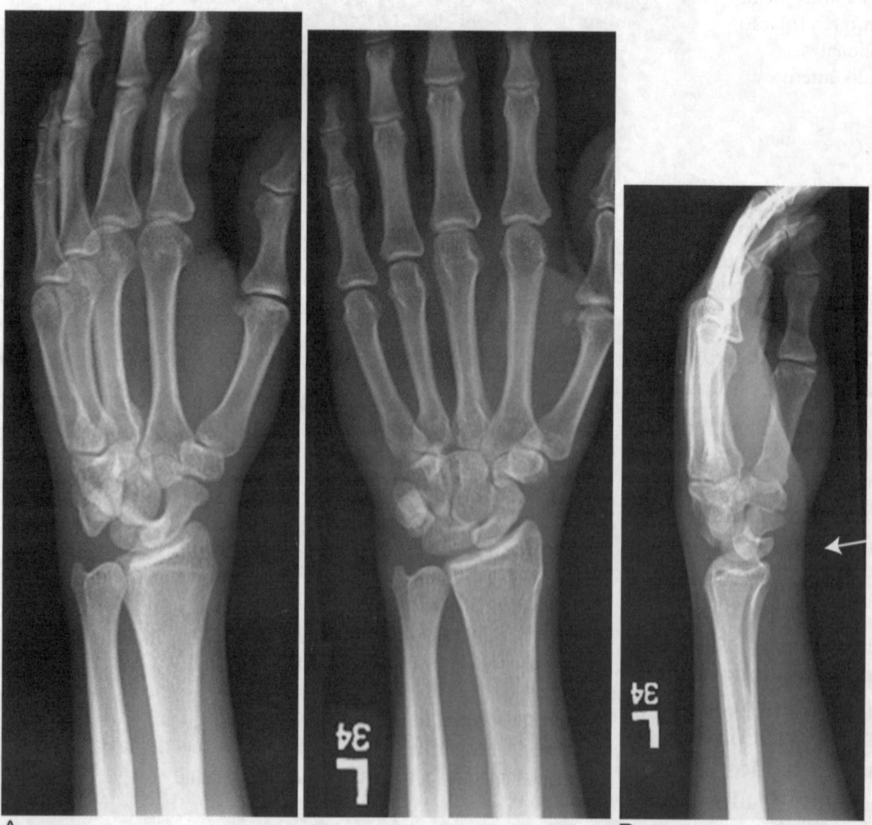

Figura 27.22 Importância das múltiplas visões. **A.** Vistas anteroposterior e oblíqua do punho parecem quase normais, exceto por uma forma levemente anormal do semilunar, que seria facilmente ignorada. **B.** Vista lateral do punho mostra luxação semilunar (*seta*), com o capitato deslocado posteriormente em relação ao semilunar.

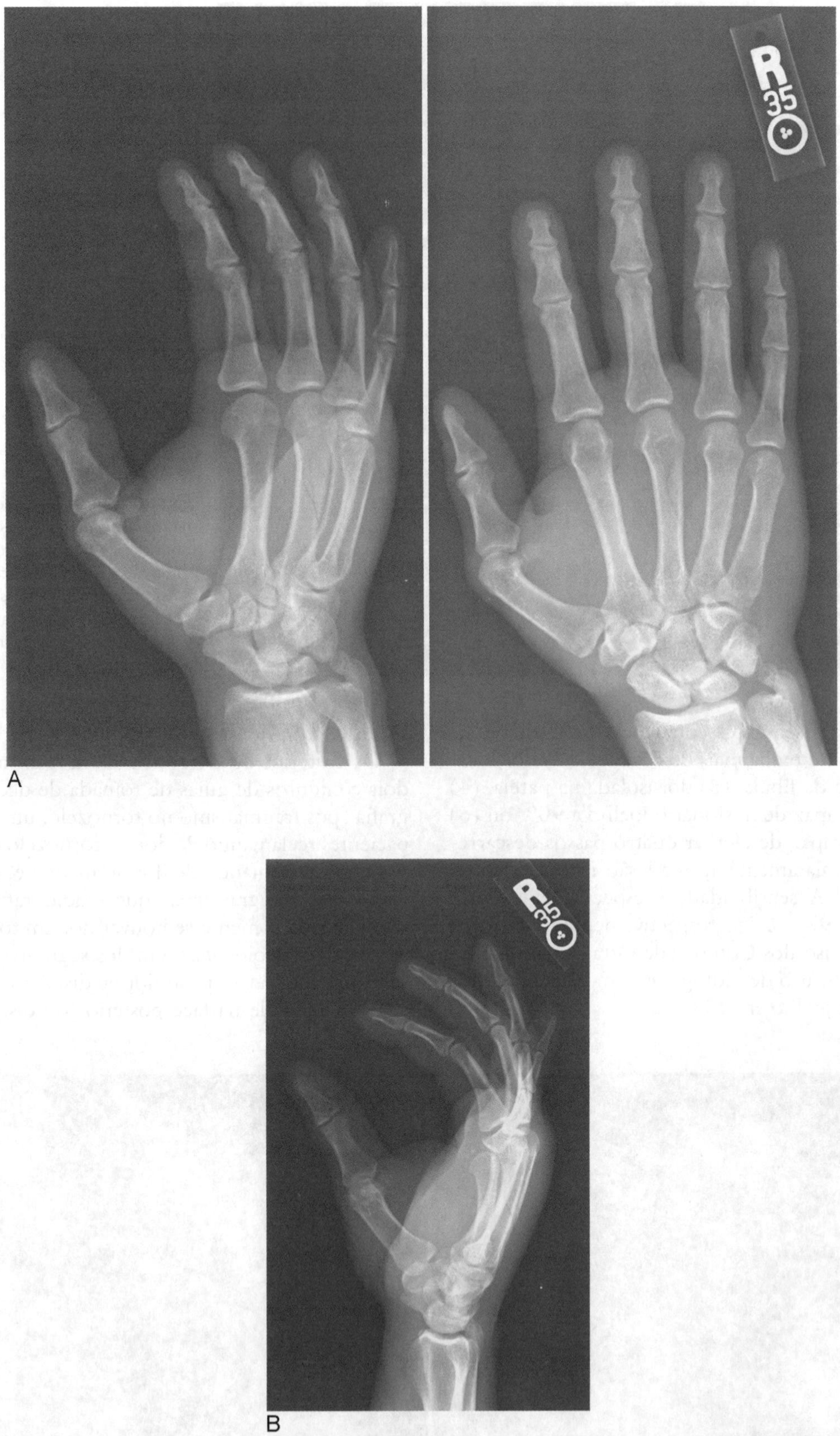

Figura 27.23 Importância das múltiplas visões. Vistas anteroposterior oblíqua (**A**) e lateral (**B**) da mão mostram uma fratura sutil não deslocada da diáfise do terceiro metacarpo. Extremamente sutil na vista anteroposterior, a linha de fratura é muito mais aparente na vista oblíqua.

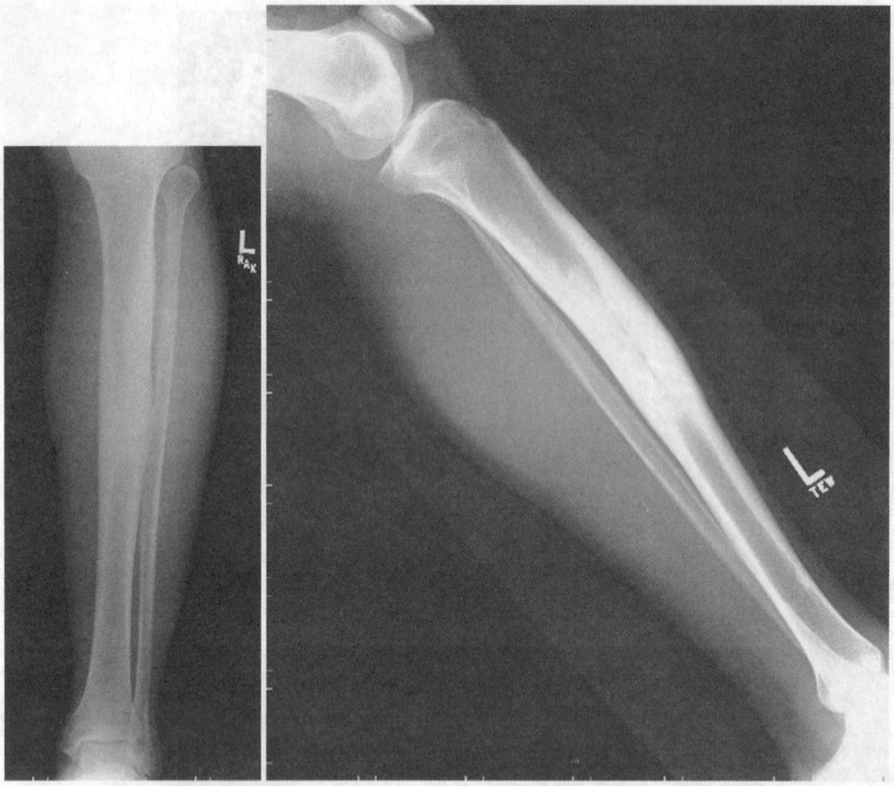

Figura 27.24 Achado inesperado em radiografia simples. Duas vistas da perna obtidas para trauma do joelho mostraram um joelho normal, mas com o osso cortical anormalmente espesso na tíbia. Tal aparência pode ser causada por um tumor ou condições benignas, neste caso, a melorreostose.

que quaisquer das seguintes condições sejam encontradas: (1) o paciente tenha mais de 55 anos, (2) dor localizada na cabeça da fíbula, (3) dor isolada na patela, (4) o paciente é incapaz de flexionar o joelho a 90°, ou (5) o paciente é incapaz de efetuar quatro passos descarregando peso imediatamente após a lesão *e* no serviço de emergência.[7,8,10] A sensibilidade e especificidade deste critério são de 97 e 27%, respectivamente.[7,8] Seaberg concluiu que o uso dos Critérios de Ottawa para joelho poderia reduzir o uso de radiografias em pacientes após traumatismo de joelho em 23%.[7]

Critérios de Ottawa para o tornozelo

Os Critérios de Ottawa[11,12] para o tornozelo incluem dois conjuntos de guias de tomada de decisão de radiografia após traumatismo no tornozelo, um utilizado com pacientes reclamando de dor no tornozelo e o outro com pacientes reclamando de dor no mediopé. Em relação ao tornozelo, as regras dizem que a radiografia simples deve ser solicitada somente se houver dor em torno de um ou ambos os maléolos *mais* um dos seguintes sintomas: (1) sensibilidade na face posterior ou distal do maléolo lateral (2) sensibilidade na face posterior ou distal do maléolo

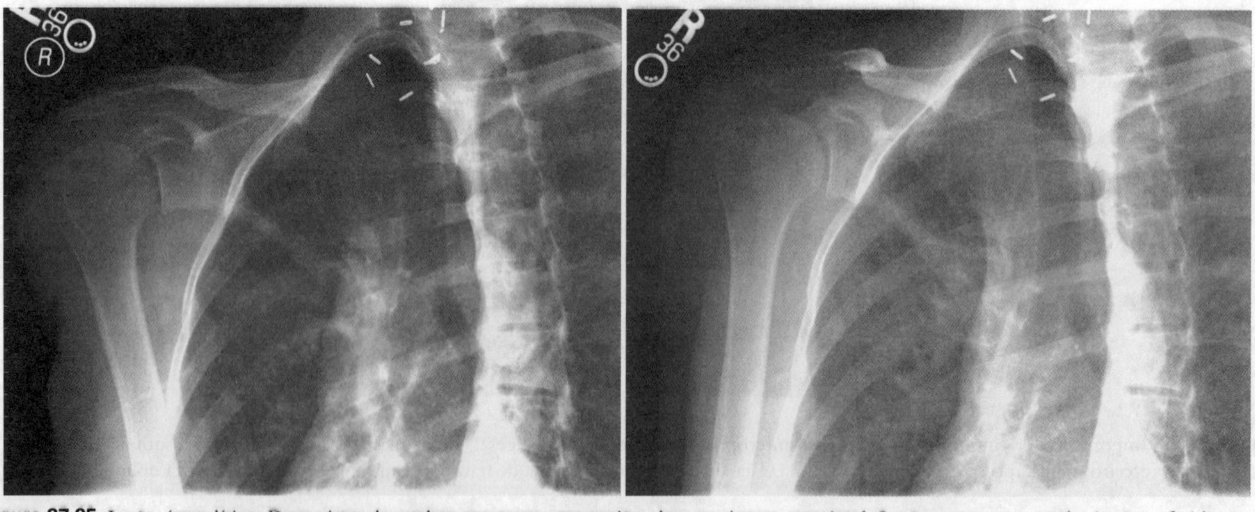

Figura 27.25 Lesão óssea lítica. Duas vistas do ombro mostram uma região clara no úmero proximal. Lesões com esta aparência são referidas como "líticas" e podem ser causadas mais comumente por cistos ósseos, mieloma ou metástases. Note que o defeito é mais evidente na vista em que o úmero é girado externamente. Incidentalmente, observe os grampos cirúrgicos projetados sobre o pescoço. Metástases de câncer de tireoide são causas clássicas de metástases ósseas líticas.

Critérios de Ottawa para traumatismo do tornozelo

- Dor em um ou ambos os maléolos
- Sensibilidade na face posterior ou distal do maléolo lateral
- Incapacidade para suportar carga imediatamente e durante observação médica

Critérios de Ottawa para traumatismo do pé

- Dor no mediopé
- Sensibilidade na base do 5º metatarso
- Sensibilidade no osso navicular
- Incapacidade para suportar carga imediatamente e durante observação médica

medial, ou (3) incapacidade para suportar carga imediata e durante a observação clínica.[11,12]

Quando a área principal de preocupação é o pé, os critérios dizem que a radiografia simples deve ser solicitada somente se houver dor sobre o mediopé *mais* um dos seguintes sintomas: (1) sensibilidade na base do 5º metatársico, (2) sensibilidade no osso navicular ou (3) incapacidade para suportar carga imediata e durante a observação clínica.[11,12]

Os valores de sensibilidade e especificidade dos critérios de Ottawa para o tornozelo, relatados para os critérios de tornozelo e pé usados em conjunto, são 100 e 40%, respectivamente.[11] Stiell et al. sugeriram que a aplicação dos critérios de Ottawa para o tornozelo poderia reduzir em 30%[11] o uso de radiografia simples após traumatismo do tornozelo.

O critério canadense de coluna cervical

Esta regra de decisão clínica é para aplicação em pacientes clinicamente estáveis e alertas que sofreram trauma na coluna cervical. Ele é elaborado para auxiliar os clínicos a decidir se a radiografia simples da coluna cervical é necessária após ferimento traumático envolvendo a cabeça ou o pescoço. Mais especificamente, a regra de decisão clínica (RDC) é utilizada para identificar pacientes com risco de

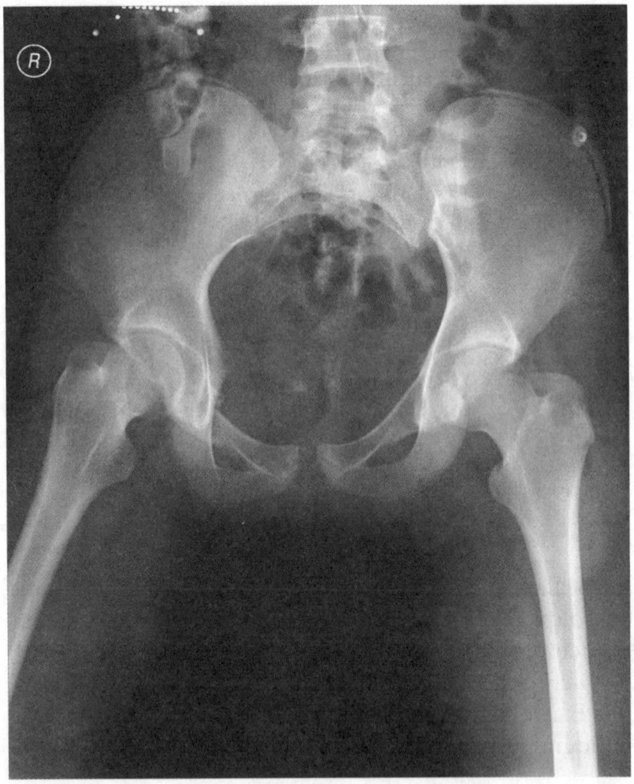

Figura 27.26 Importância de examinar a radiografia inteira. Simples vista anteroposterior da pelve mostra fraturas do ramo púbico direito (superior e inferior) deslocadas ligeiramente. O obturador interno adjacente marginal está deslocado, sugerindo um hematoma adicional no obturador. A menos que o examinador tenha uma rotina para examinar a radiografia inteira, o segundo maior achado da articulação sacroilíaca esquerda diastática pode ser perdido.

Tabela 27.2 Resumo das modalidades de imagem

Modalidade	Vantagens	Desvantagens
Tomografia computadorizada (TC)	Detalhes dos ossos Calcificação Sangue agudo Muito rápido Custo moderado	Contraste tóxico para os rins Separação não clara dos tecidos moles Radiação ionizante
Ressonância magnética (RM)	Resolução dos tecidos moles Estrutura infra-articular	Caro Poucos detalhes sobre ossos/calcificação
Medicina nuclear (cintilografia óssea e PET)	Resolução espacial ruim Sensível, não específica	Caro
Radiografias	Detalhes dos ossos Calcificação Baixo custo	Radiação ionizante
Ultrassom	Portátil Baixo custo	Depende do operador Com frequência necessita também da RM

Tabela 27.3 Valor das várias modalidades na demonstração de patologias

Estrutura/lesão	RM	TC	US	Radiografia
Lesão do menisco ou *labrum*	Excelente	Ruim	Ruim	Ruim
Fratura	Excelente	Excelente	Ruim	Bom
Lesão da cartilagem articular	Bom	Ruim	Ruim	Ruim
Lesão muscular	Bom	Razoável	Razoável	Ruim
Lesão no tendão	Excelente	Razoável	Razoável	Ruim
Lesão no ligamento	Excelente	Ruim	Razoável	Ruim
Derrame articular	Excelente	Excelente	Bom	Bom (grandes articulações)
Lipo-hemartrose	Excelente	Excelente	Bom	Razoável
Edema muscular	Excelente	Bom	Ruim	Ruim
Edema ósseo	Excelente	Ruim	Ruim	Ruim

lesão clinicamente importante da coluna cervical, definida como qualquer fratura, luxação ou instabilidade ligamentar demonstrada com diagnóstico por imagem.[13]

O critério é baseado nas respostas para três questões:[13] (1) Existe algum fator de alto risco que exija o uso da radiografia? Exemplos incluem idade maior ou igual a 65 anos, um mecanismo perigoso de lesão ou parestesias nas extremidades. Se a resposta for sim, então a radiografia deverá ser obtida (2) Existe algum fator de risco baixo que permite a avaliação segura da amplitude do movimento? Exemplos incluem um simples acidente na traseira de um automóvel, uma posição sentada normal, um

Tabela 27.4 Regras de decisão clínica para radiografia simples

RDC	Critérios para a radiografia	Sensibilidade e especificidade
Critérios de decisão de Pittsburgh (joelho)[5-7]	Trauma brusco ou queda, mais: – idade menor que 12 ou maior que 50 anos; **ou** – incapacidade de efetuar quatro passos com descarga de peso no serviço de emergência	99 e 60%
Critérios de Ottawa para o joelho[5,6,8]	Para pacientes com 18 anos ou mais após traumatismo no joelho, radiografia se justifica se: – paciente tiver mais que 55 anos – houver dor localizada na cabeça da fíbula – houver dor isolada na patela – o paciente for incapaz de flexionar o joelho a 90°, **ou** – o paciente for incapaz de efetuar quatro passos com descarga de peso imediatamente após a lesão **e** no serviço de emergência	97 e 27%
Critérios de Ottawa para o tornozelo (tornozelo e pé)[9,10]	Tornozelo: dor em um ou ambos os maléolos **e**: – sensibilidade na face posterior ou distal do maléolo lateral – sensibilidade na face posterior ou distal do maléolo medial, **ou** – incapacidade para suportar carga imediatamente e durante observação médica Pé: dor no mediopé **e**: – sensibilidade na base do 5° metatársico – sensibilidade no osso navicular, **ou** – incapacidade para suportar carga imediatamente e durante observação médica	100 e 40%
Critério canadense de coluna cervical[11]	Para pacientes estáveis clinicamente e alertas que sofreram trauma na coluna cervical, visar ao seguinte: – Existe algum fator de alto risco que exija o uso da radiografia? Se sim, a radiografia deve ser obtida – Existe algum fator de baixo risco que permita a avaliação da amplitude do movimento? Se sim, deve-se partir para o próximo passo. Se não, a radiografia deve ser obtida – O paciente está apto a girar ativamente o pescoço a pelo menos 45° para a direita e para a esquerda? Se não, a radiografia deve ser obtida	100 e 43%

Critério Canadense para trauma na coluna cervical

- Traumatismo (i. e., mecanismo de lesão)
- Idade maior ou igual a 65 anos
- Parestesia nas extremidades
- Se a amplitude do movimento não pode ser avaliada, a radiografia é necessária
- Rotação não permite girar ativamente o pescoço a pelo menos 45°

paciente que fica instável a qualquer momento, um atraso no aparecimento de dores no pescoço ou a ausência de sensibilidade na coluna cervical mediana. Se a resposta é não, então a radiografia deve ser obtida. Se a resposta é sim, então o clínico deve partir para a terceira questão (3) O paciente está apto a girar ativamente o pescoço pelo menos 45° para a direita e para a esquerda? Se o paciente for incapaz, então a radiografia deve ser obtida. Se o paciente for capaz, então a radiografia não será necessária.

Stiel et al. reportaram que o Critério Canadense para coluna cervical tem uma sensibilidade de 100% e especificidade de 43%. No seu estudo prospectivo da efetividade das RDCs, os autores concluíram que a taxa de solicitação de radiografia teria sido de 58% utilizando o critério, comparado à atual taxa de quase 70%.

Diretrizes de diagnóstico por imagem para lombalgia aguda

A utilidade da radiografia simples e imagiologia avançada em casos de lombalgia aguda são questionáveis. Em particular com essa população de pacientes, a radiografia simples é excessivamente utilizada.[14] Para a maioria dos pacientes reclamando de lombalgia aguda, solicitar estudos por imagem é desnecessário porque seus sintomas são suscetíveis de resolver em 4 semanas com um tratamento conservador adequado.[14-16]

Uma revisão crítica da literatura por Jarvik e Deyo,[17] incluindo os anos de 1966 até 2001, examinou a precisão do diagnóstico de informação clínica e imagiologia para pacientes com lombalgia aguda. Baseado em evidências, os autores sugeriram a seguinte estratégia de diagnóstico: (1) para adultos com menos de 50 anos de idade sem sinais ou sintomas de uma doença sistêmica, terapia sintomática sem imagem é apropriada; (2) para pacientes com 50 anos de idade ou mais, ou para aqueles cujos resultados sugerem doença sistêmica, radiografia simples e testes de laboratório simples podem quase que completamente descartar doença sistêmica básica; e (3) imagens avançadas devem ser reservadas para pacientes que estão considerando cirurgia ou aqueles nos quais a doença sistêmica é uma forte suspeita.[17]

Diretrizes de diagnóstico por imagem para lombalgia aguda

- Pacientes com mais de 50 anos (radiografia simples)
- Pacientes com sinais/sintomas de doença sistêmica (radiografia simples)
- Pacientes considerando cirurgia (radiografia e/ou imagiologia avançada)

NOÇÕES BÁSICAS DE CRESCIMENTO E DESENVOLVIMENTO

Compreender as noções básicas da maturação esquelética e da aparência de um esqueleto imaturo em uma radiografia proporciona uma visão sobre a natureza dos processos traumático, neoplásico e infeccioso. As partes nomeadas de um osso longo típico são diáfise, metáfise, placa epifisária ou placa de crescimento e epífise (Fig. 27.27). Os ossos longos alongam-se por meio da atividade nas placas de crescimento ou na placa epifisária. Radiograficamente, placas epifisárias aparecem como estruturas radiolúcidas (claras) lineares entre a metáfise e a epífise. Apófises são equivalentes às epífises, mas são adjacentes aos músculos ao invés das articulações. Enquanto uma epífise está perto de uma articulação, onde a compressão é aplicada a ela, uma apófise é adjacente aos tecidos moles, onde a tração pode ser aplicada a ela. Exemplos de epífises incluem as extremidades articulares dos ossos longos, como a cabeça do fêmur, o rádio, a ulna, os metacarpos e as falanges. Exemplos de apófises incluem a crista ilíaca, a tuberosidade isquiática, o trocânter maior e os epicôndilos laterais e mediais.

Diferentes lesões, tumores, infecções e outros problemas podem preferencialmente afetar uma certa parte do osso imaturo. Por exemplo, é comum um sarcoma na infância surgir na região mitoticamente mais ativa do osso em crescimento, que são as metáfises do fêmur, tíbia e úmero. Enquanto as infecções podem cruzar a placa epifisária em crianças e adultos, em uma criança ela com frequência atua como uma barreira para a propagação da infecção para a epífise ou apófise. Os ossos sesamoides são considerados epifisários/apofisários equivalentes, assim processos afetando as epífises podem também afetar os sesamoides.

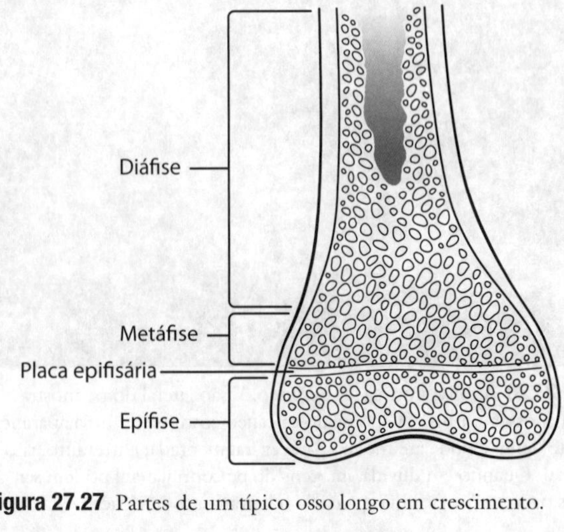

Figura 27.27 Partes de um típico osso longo em crescimento.

Clínicos que estão familiarizados com a aparência radiográfica de ossos em crescimento podem evitar confundir estruturas normais com patológicas, porque a aparência de algumas estruturas normais em desenvolvimento pode parecer muito alarmante em radiografias para pessoas inexperientes. Por exemplo, a apófise do calcâneo em crescimento costuma ter uma aparência anormalmente densa e pode parecer fragmentada. Agora conhecida por representar uma variante normal, esta condição foi inicialmente (e de forma incorreta) avaliada como uma necrose avascular e nomeada *doença de Sever* (Fig. 27.28). A dor em crianças sintomáticas pode na realidade vir de contusão óssea ou fraturas de estresse microscópicas do osso metafisário adjacente à apófise.[18] Outro exemplo de uma estrutura normal que pode ter uma aparência alarmante na radiografia de crianças é a sincondrose ísquiopúbica, na qual o ramo púbico inferior e o ramo isquiático estão em processo de fusão. É normal essa região parecer irregular e até mesmo assimétrica, e muitas vezes são confundidas com fraturas por clínicos inexperientes, especialmente quando a queixa de dor do paciente é localizada.

Às vezes, a placa epifisária é o elo mais fraco na cadeia cinética formada por músculos e tendões, e lesões ou exercícios vigorosos podem separar o osso na linha fisária, criando uma avulsão fisária. Isso é mais comum onde o osso é exposto a grandes braços de alavancas e forte musculatura de sustentação de peso, como na origem dos músculos isquiotibiais, do adutor, do reto femoral ou sartório, ou na inserção dos músculos íleopsoas ou isquiotibiais (Fig. 27.29). Como a avulsão fisária pode ser sutil em radiografias, um estudo por tomografia computadorizada pode ser obtido se as imagens iniciais parecerem normais e a suspeita clínica permanecer alta.

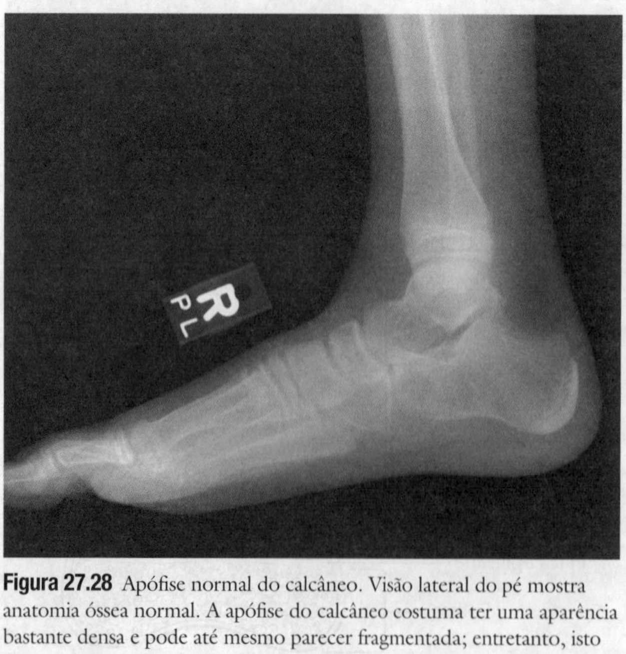

Figura 27.28 Apófise normal do calcâneo. Visão lateral do pé mostra anatomia óssea normal. A apófise do calcâneo costuma ter uma aparência bastante densa e pode até mesmo parecer fragmentada; entretanto, isto é normal. Quando em dúvida, imagens do pé contralateral podem ser obtidas para confirmar uma aparência relativamente simétrica.

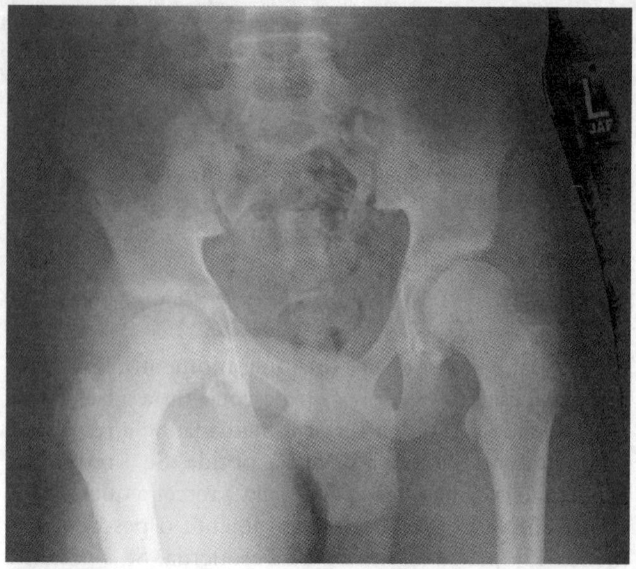

Figura 27.29 Visão anteroposterior da pelve. Este atleta sentiu um "estalo" enquanto estava correndo e experimentou uma dor severa imediata no quadril. O trocânter menor na direita está avulsionado e retraído proximalmente. O trocânter maior direito está posicionado normalmente.

Fraturas envolvendo a placa epifisária (aproximadamente 10% de todas as fraturas em pacientes menores de 16 anos) em um paciente esqueleticamente imaturo são classificadas pelo sistema de Salter-Harris (Fig. 27.30), diferentes classes de fraturas comprometem diferentes ramificações relativas ao crescimento futuro e complicações (Tab. 27.5). A classificação de Salter-Harris tipo I representa apenas 6% das lesões da placa epifisária e envolve separar por completo a epífise da metáfise. Prognóstico para o crescimento futuro é bom, uma vez que elas tendem a se autorreduzirem ou serem relativamente fáceis de reduzir, e a matriz fisária germinativa, ou região da cartilagem de crescimento, está geralmente intacta.

As fraturas tipo II na classificação de Salter-Harris são os tipos mais comuns de lesões na placa de crescimento, representando 75% de tais lesões (Fig. 27.31). A linha de fratura atravessa a metáfise e a placa epifisária, removendo um pedaço da metáfise. O potencial para crescimento futuro é excelente contanto que o fornecimento sanguíneo não esteja danificado.

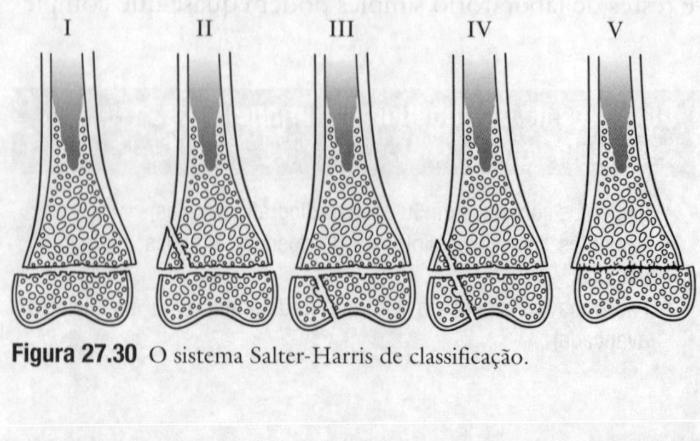

Figura 27.30 O sistema Salter-Harris de classificação.

Tabela 27.5 Resumo Salter-Harris de fraturas

Classificação S-H	Localização	Prognóstico para o crescimento
Tipo I	Separação da placa epifisária ou fise	Bom
Tipo II	Porção da metáfise na placa epifisária ou fise	Bom
Tipo III	Porção da epífise na placa epifisária ou fise	Razoável; pode precisar de cirurgia; superfície articular muitas vezes danificada
Tipo IV	Através de metáfise, placa epifisária e epífise	Razoável; pode precisar de cirurgia; a placa epifisária frequentemente se funde
Tipo V	Placa epifisária (fise) esmagada	A placa epifisária frequentemente se funde

Oito por cento (8%) das fraturas fisárias são do tipo III, estendendo-se através da epífise até a placa epifisária e envolvendo a superfície articular. A redução aberta pode ser necessária e, além das preocupações sobre o crescimento futuro, danos na superfície articular são possíveis, então o prognóstico é menos favorável com este tipo.

As fraturas tipo IV na classificação de Salter-Harris representam 10% de todas as fraturas fisárias. Enquanto a fratura corre da superfície intra-articular até a placa epifisária e uma fratura adicional corre da placa epifisária através da metáfise, elas frequentemente requerem redução aberta e fixação. Crescimento futuro, alinhamento e integridade da superfície articular são as preocupações. Existe um risco relativamente alto do novo osso colmatar a placa de crescimento, o que previne um futuro crescimento simétrico.

O tipo menos comum de fratura fisária, e o mais difícil de identificar e tratar, é a fratura tipo V, que envolve o esmagamento tanto da placa de crescimento como do seu suprimento sanguíneo. Como não há fratura associada do osso metafisário ou epifisário, ela é difícil de diagnosticar e, às vezes, é diagnosticada como uma entorse. A parada prematura do crescimento é comum.

FRATURAS E LUXAÇÃO

As fraturas estão entre as indicações mais comuns para avaliação radiográfica. Os guias de decisões clínicas discutidos anteriormente, como os Critérios de Ottawa para o tornozelo e os Critérios de Ottawa para o joelho auxiliam os clínicos a decidir se existe evidência clínica suficiente

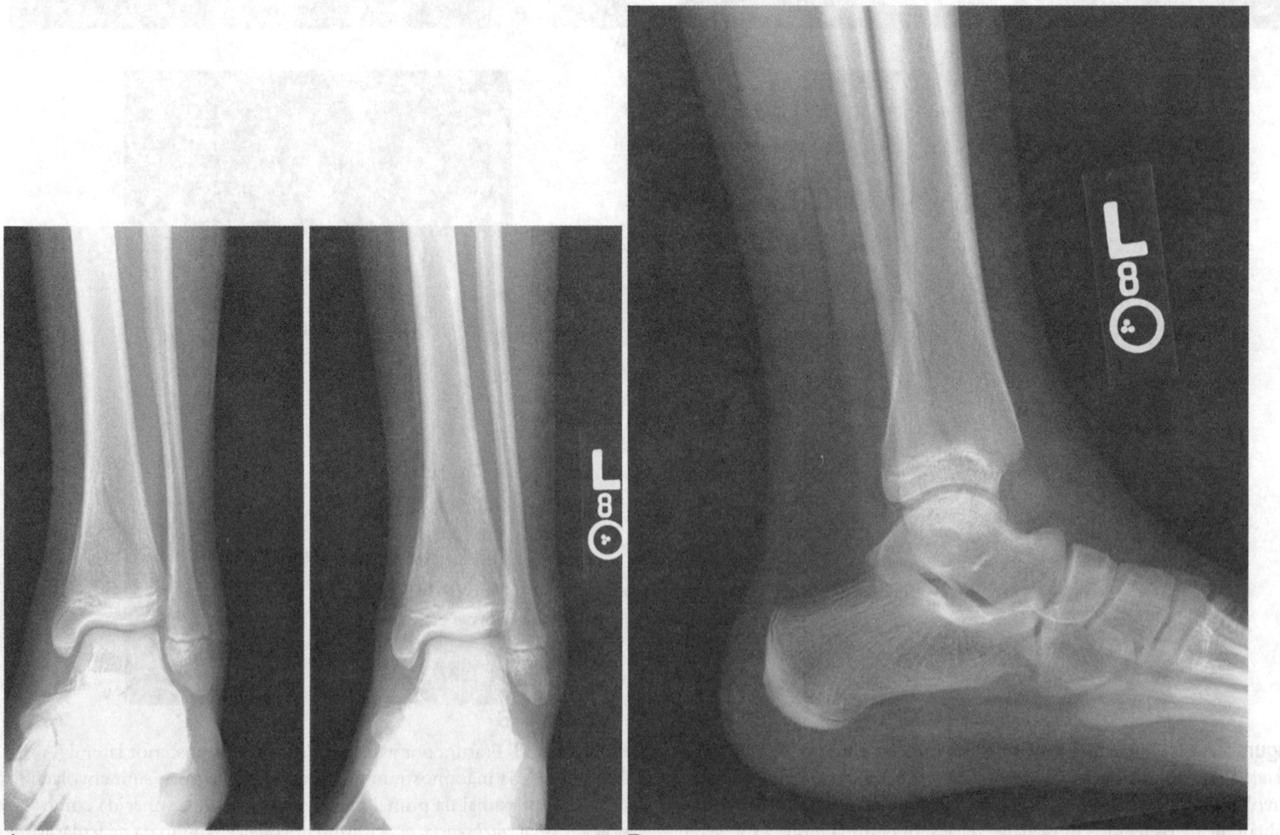

Figura 27.31 Fratura tipo II de Salter-Harris. Vistas anteroposterior *mortise* (**A**) e lateral (**B**) do tornozelo mostram uma fratura da tíbia posterior na região distal diáfise/metáfise, que se estende até a placa epifisária, mas não para dentro dela.

para suspeitar de uma fratura, e assim, justificar a avaliação radiográfica.

Um trabalho de acompanhamento inicial consiste na radiografia simples da área em questão em pelo menos dois planos diferentes. Radiografias das extremidades podem ser comparadas a radiografias do lado contralateral (provavelmente normal) para esclarecer se uma anormalidade representa uma lesão ou uma variação normal. Em radiografias, uma fratura pode ser representada por um deslocamento do osso cortical, pela descontinuidade do osso trabecular, pela avulsão de um pequeno pedaço de osso (geralmente em uma área tendinosa ou de inserção ligamentar) (Figs. 27.32 e 27.33), ou uma separação óbvia de duas partes do osso (Figs. 27.34 e 27.35). Ocasionalmente as fraturas estão ocultas, significando que elas não são, a princípio, aparentes em radiografias simples. Nos casos em que a radiografia simples é normal, mas se suspeita de uma fratura não visualizada ou oculta por razões clínicas, a radiografia pode ser repetida depois de alguns dias, pois a fratura irá mostrar reabsorção do

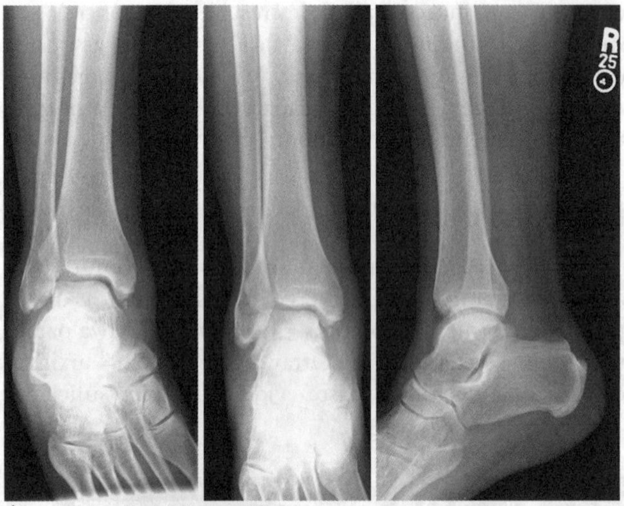

A

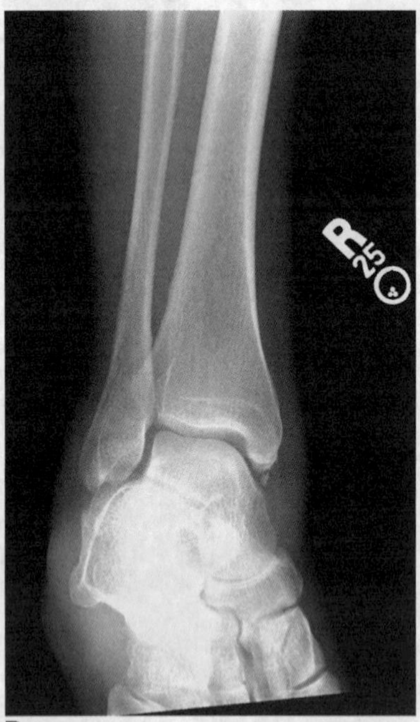

B

Figura 27.32 Fratura por avulsão. Vistas anteroposterior, lateral (**A**) e *mortise* (**B**) do tornozelo, mostram uma pequena fratura por avulsão envolvendo o maléolo medial. A linha de demarcação entre a gordura subcutânea e os tecidos musculares moles foi perdida junto a estes, em razão do edema associado à avulsão aguda. A articulação talocrural é mais ampla lateralmente do que medialmente, sugerindo grave lesão no ligamento com a integridade da articulação comprometida.

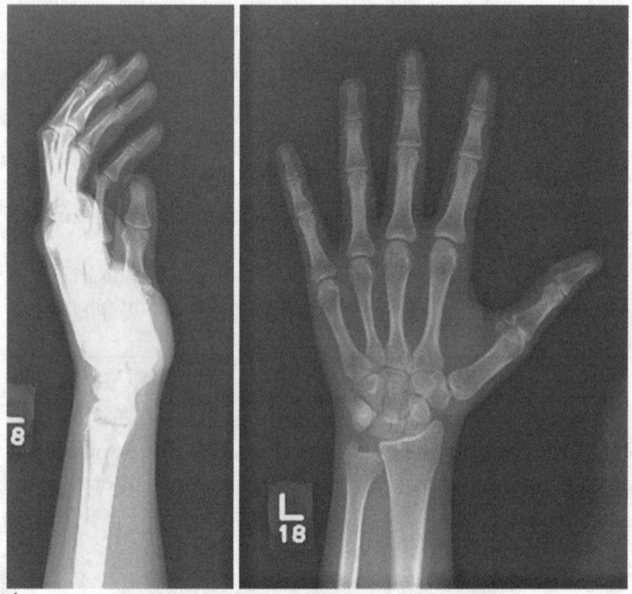

A

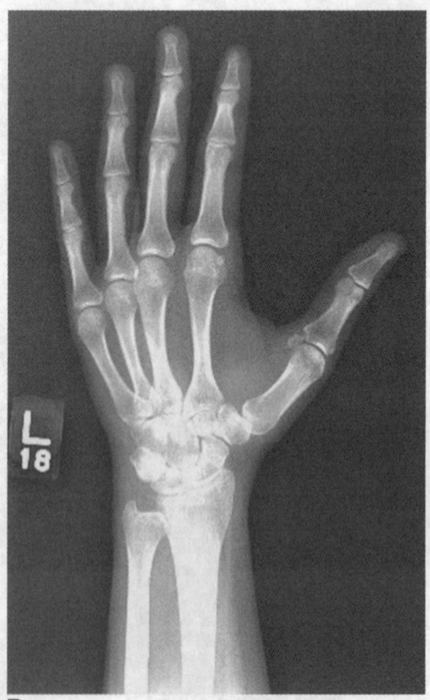

B

Figura 27.33 Fratura por avulsão. Vistas anteroposterior lateral (**A**) e oblíqua (**B**) da mão mostram uma fratura por avulsão sutil envolvendo o aspecto proximal da primeira falange proximal. Conhecida como polegar de *gamekeepers,* esta fratura envolve a avulsão da articulação metacarpofalangeana e do ligamento colateral ulnar. Embora sutil, esta é uma lesão significativa que geralmente requer fixação cirúrgica.

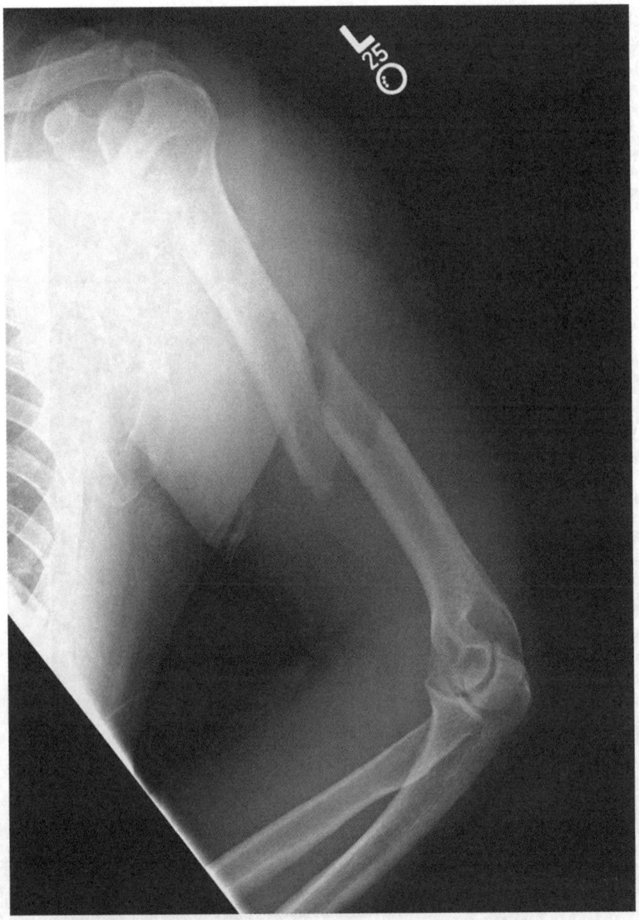

Figura 27.34 Fratura deslocada. A visão única do úmero mostra uma fratura completa da diáfise do úmero com deslocamento do segmento distal lateralmente e uma pequena quantidade de aposição em baioneta (primordial).

osso ao longo das bordas da fratura, melhorando sua visibilidade e permitindo a identificação das fraturas previamente não apreciadas (Fig. 27.36). Além disso, uma cintilografia óssea irá mostrar um aumento da captação dos radiofármacos no local da fratura, tornando esta área clara na imagem (chamada de *hot spot*). De forma alternativa, a tomografia computadorizada ou a ressonância magnética podem ser realizadas sem impedimento e irão provavelmente mostrar uma fratura oculta, se ela existir.

As fraturas podem ser descritas ou classificadas de acordo com o modo como elas aparecem radiograficamente. Em adultos são geralmente **completas** ao invés de **incompletas,** o que significa que envolvem toda a espessura do osso e interrompem toda a circunferência cortical. Fraturas também podem ser descritas como **transversas** (através do osso) (Fig. 27.37), **oblíquas** (diagonal ao eixo longitudinal do osso) ou **espirais.** Uma fratura **cominutiva** envolve vários fragmentos e também pode ser denominada **complexa.** Uma fratura que se estende pela superfície articular de um osso é também considerada complexa, independente de quantos fragmentos existem. Uma fratura **simples**, por outro lado, consiste em não mais que dois fragmentos e não envolve uma superfície articular. Fraturas "fechadas" não são associadas ao rompimento da pele, ao passo que fraturas "abertas" implicam rompimento da pele sobrejacente e carregam um risco maior de infecção subsequente ou osteomielite.

Fraturas em crianças

Pelo fato de os ossos das crianças serem mais flexíveis que os de adultos, crianças são suscetíveis a fraturas incompletas além daquelas fraturas experimentadas por adultos (Fig. 27.38). Fraturas incompletas em crianças incluem as fraturas *buckle,* em "galho verde" e plástica (curvada). Fraturas *buckle* envolvem uma "flexão" do córtex de um lado do osso. Quando envolve a circunferência inteira do osso ela é chamada de fratura *torus*, embora os termos "*buckle*" e "*torus*" sejam frequentemente utilizados como sinônimos. Fraturas em galho-verde envolvem uma fratura linear através de uma superfície cortical e uma deformação da flexão da superfície cortical oposta. O terceiro tipo de fratura incompleta na infância é a fratura plástica, na qual o osso inteiro é curvado com deformidade continuada, em geral mínima. Fraturas plásticas, na verdade, envolvem inúmeras microfraturas junto a um longo segmento do osso.

Crianças são também suscetíveis a fraturas que envolvem a placa epifisária (fise), ou placa de crescimento, que constitue a porção mais fraca do osso em crescimento (ver Fig. 27.31). Lesões fisárias, discutidas previamente, são significantes pelo fato de poderem afetar o crescimento subsequente.

Fraturas por estresse e insuficiência

Fraturas por estresse e insuficiência podem ser difíceis de identificar. Embora similares no conceito, são entidades muito diferentes. Fraturas por estresse ocorrem no osso normal como resultado de um estresse anormal, enquanto fraturas por insuficiência ocorrem em um osso anormal como resultado de um estresse normal. Lugares comuns de fraturas por estresse são o colo do fêmur ou diáfise da tíbia em corredores, nos metatarsos em atletas ou recrutas militares, ou na região do pulso em ginastas olímpicos. Fraturas por estresse podem aparecer inicialmente normais em radiografias, mas com o tempo mostram, com frequência, esclerose indistinta e reação periosteal (espessamento indistinto da borda externa do osso). Se não tratada, pode progredir para uma fratura completa.

Fraturas por insuficiência ocorrem em um osso que é anormal. Osteoporose e osteopenia são dois exemplos de ossos anormais. O osso osteoporótico é normalmente mineralizado, mas a quantidade do osso é diminuída, levando à diminuição da capacidade de tolerar o estresse. A osteoporose pode ser associada com mudanças hormonais após a menopausa, imobilização prolongada, síndrome de Cushing, administração de esteroides exógenos e muitos outros fatores. O osso osteopênico é anormal na

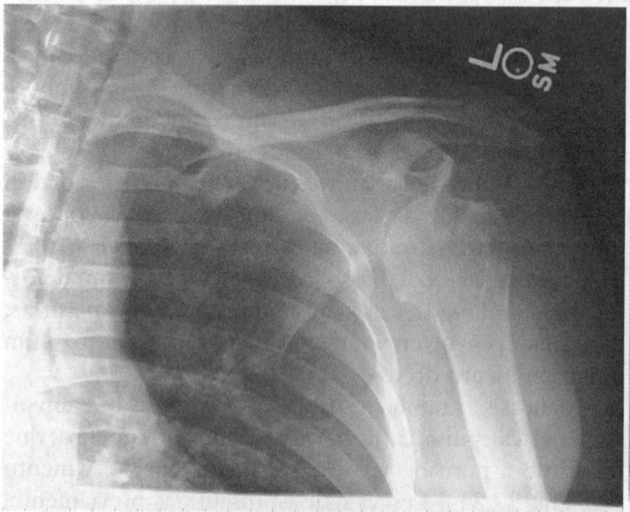

A

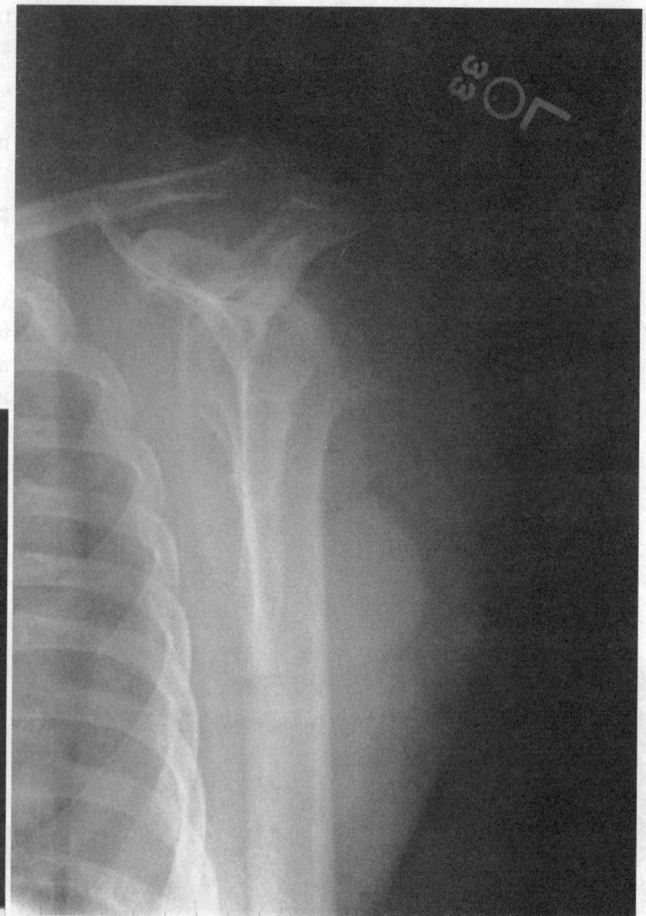

B

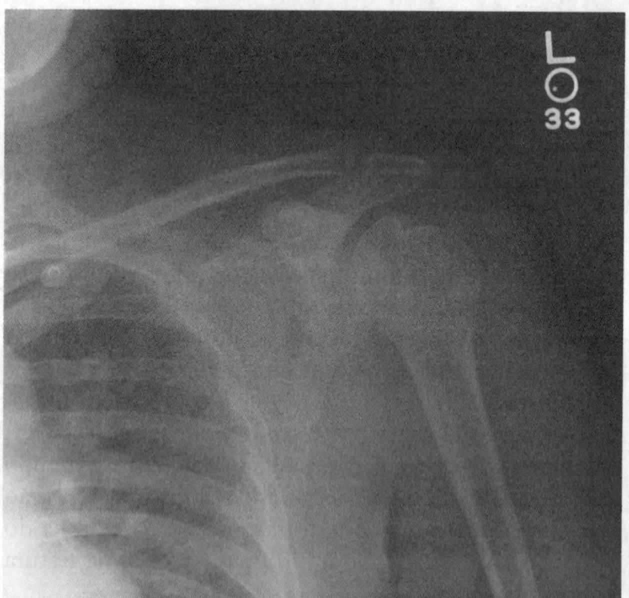

C

Figura 27.35 Luxação no ombro com fratura de Hill-Sachs. **A.** Vista anteroposterior do ombro mostrando uma relação anormal entre a cabeça do úmero e a fossa glenoide. É impossível determinar nesta visão se a cabeça do úmero é anterior ou posterior à glenoide. Uma vista lateral auxiliar (requerendo que o paciente abduza o ombro) ou uma incidência em Y escapular seriam necessárias para avaliar a posição relativa dessas estruturas. **B.** Vista Y pós-redução escapular mostra a cabeça do úmero posicionada corretamente em relação à fossa glenoide. **C.** Vista anteroposterior pós-redução do ombro mostra a falha cortical na cabeça do úmero consistente com a fratura de Hill-Sachs. Fraturas de Hill-Sachs são melhores visualizadas com o úmero rodado internamente.

qualidade, geralmente por causa de uma anormalidade oculta na mineralização metabólica da matriz osteoide do desenvolvimento ósseo. A osteopenia é associada ao raquitismo, às anormalidades metabólicas no metabolismo da vitamina D, ao hiperparatireoidismo e muitos outros fatores. Lugares comuns para fraturas por insuficiência incluem as vértebras, as quais podem demonstrar fraturas por compressão abertas ou fratura súbita no fim da placa, quadris e pelve. Identificar fraturas por insuficiência é geralmente difícil por causa da osteopenia óssea oculta. Quando a suspeita de fratura por estresse ou insuficiência é alta e as radiografias são normais, tomografia

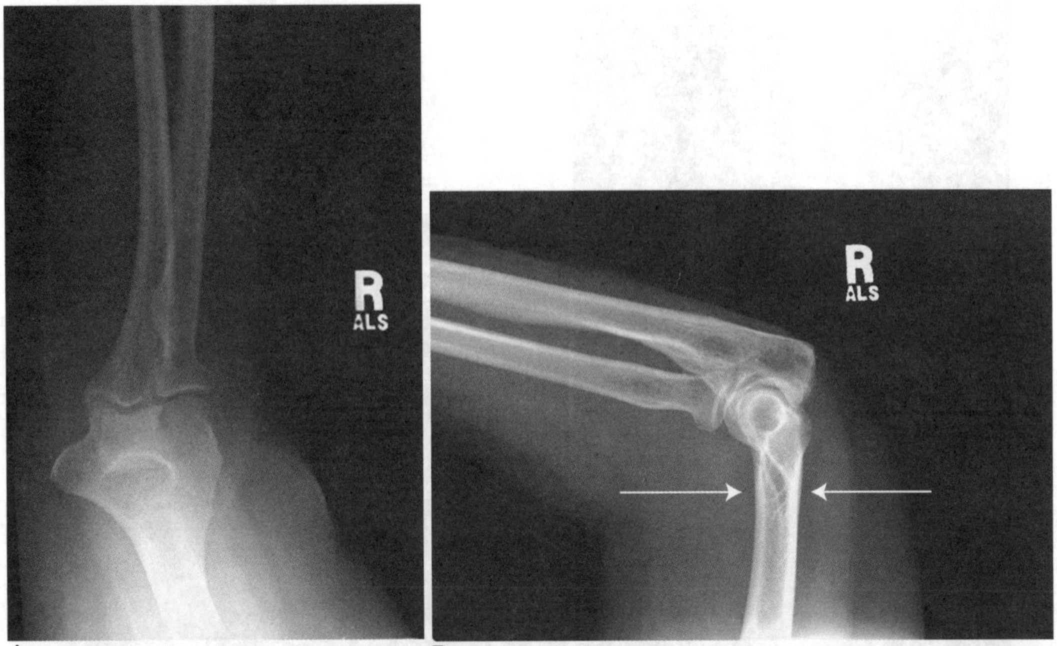

A B

Figura 27.36 Fratura oculta do cotovelo. Vistas inicial anteroposterior (**A**) e lateral (**B**) do cotovelo não apontaram fratura. Entretanto, as bolsas de gordura extrassinoviais intra-articulares estão deslocadas superiormente (*setas*), indicando um derrame articular ou hemartrose. No cenário de trauma e dor, essa aparência em adultos quase sempre representa uma fratura na cabeça do rádio. Em crianças, a fratura de cotovelo oculta mais comum é a supracondiliana. Incidências adicionais confirmaram uma fratura na cabeça do rádio neste caso.

computadorizada, ressonância magnética ou cintilografia óssea podem mostrar a anormalidade.

Consolidação da fratura

Para fazer prognósticos precisos e tomar decisões clínicas apropriadas, é importante ser capaz de aferir a cronicidade de qualquer fratura identificada. Fraturas agudas mostram margens nítidas, edema ou hematoma adjacente aos tecidos moles, e nenhum sinal de cicatrização óssea. Fraturas subagudas mostram reabsorção do osso nas bordas da fratura, reação periosteal adjacente e eventual ponte óssea. Fraturas consolidadas podem mostrar deformidade óssea sem anormalidade adjacente dos tecidos moles ou com mudanças degenerativas articulares adjacentes. Fraturas não unidas ou fraturas por avulsão crônica mostram níveis ósseos adjacentes bem-corticados, sem edema adjacente nos tecidos moles e sem reação periosteal. A Figura 27.39 mostra uma fratura de fíbula em cicatrização nos vários estágios do processo.

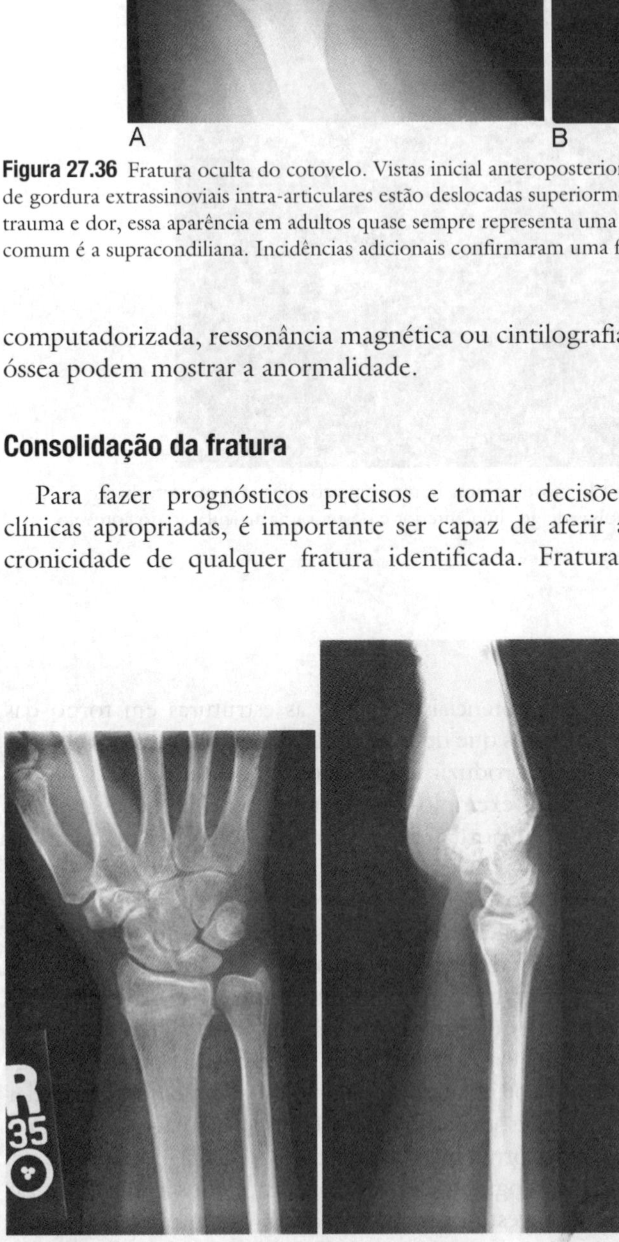

Figura 27.37 Fratura por impacto. Vistas anteroposterior e lateral do punho mostram irregularidade do córtex metafisário radial e do osso trabecular consistente com fratura por impacto transversa.

As taxas de consolidação das fraturas variam dependendo da localização e do tipo de fratura. Pacientes mais jovens mostram cicatrização completa para fraturas descomplicadas, em 6 a 8 semanas. Em algumas regiões, como a tíbia, pode demorar um pouco mais.

Algumas partes do corpo estão propensas a complicações da fratura. Por causa do seu suprimento de sangue tênue, o osso escafoide do pulso, o tálus e a cabeça do fêmur estão propensos à necrose avascular após a fratura. Embora as radiografias iniciais costumem aparecer normais, com o tempo essas regiões parecem escleróticas e, eventualmente, superfícies articulares associadas tornam-se irregulares e o osso subcondral pode entrar em colapso. Enquanto a tomografia computadorizada pode ter vantagem na demonstração de fraturas ocultas, a ressonância magnética é superior para demonstrar anormalidade de medula associada com necrose avascular.

Uma série de outros fatores além do tipo de fratura e sua localização afeta as taxas de consolidação. Em geral, a consolidação de fratura é mais lenta em idosos, fumantes,

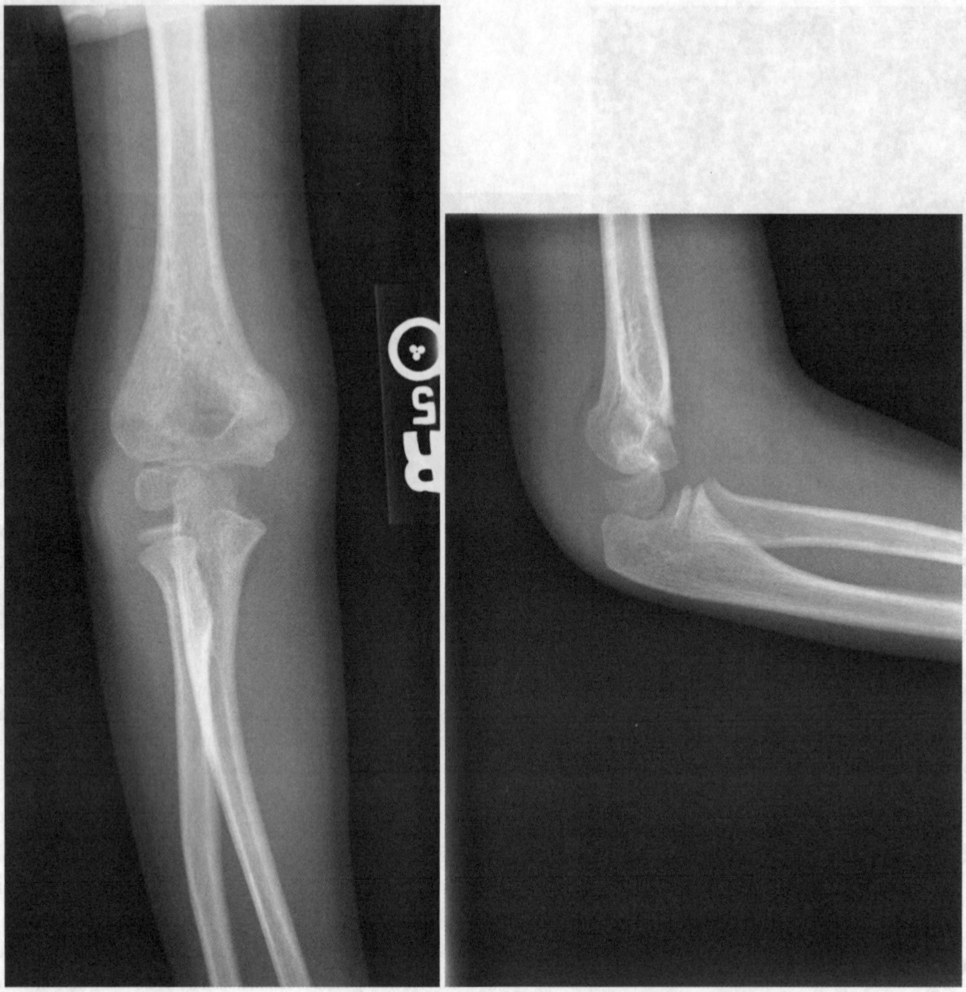

Figura 27.38 Fratura supracondiliana. Vistas anteroposterior e lateral do cotovelo mostram uma fratura supracondiliana com perturbação do córtex anterior e leve angulação posterior do fragmento distal. Elevação das bolsas de gordura anterior e posterior na articulação do cotovelo significa um derrame no cotovelo.

pacientes em uso de corticosteroides e pacientes que continuam a sentir instabilidade na região da fratura.

Após a consolidação da fratura, a deformidade angular no local costuma persistir indefinidamente em adultos (Fig. 27.40). Em crianças, a deformidade angular no plano anteroposterior geralmente diminui e pode até normalizar completamente com o crescimento subsequente. Vago, varo e deformidades rotacionais depois da consolidação da fratura em crianças, de modo geral, diminuem com o tempo e crescimento, mas podem não normalizar por completo.

LESÕES PERIARTICULARES

Lesões agudas em estruturas periarticulares costumam ocorrer em resposta a um único incidente traumático. Em menor grau, essas lesões podem resultar da aplicação de forças anormalmente elevadas a uma articulação durante um período de tempo. Em ambos os casos, por causa da natureza traumática da lesão, existe um número de diagnósticos potenciais afetando as estruturas em torno das articulações que devem ser considerados antes dos clínicos poderem produzir um diagnóstico definitivo.

Alguns exemplos de diagnósticos diferenciais incluem fraturas, lesão da cartilagem articular, lesão de menisco, ou *labrum,* e lesões da unidade musculotendínea. O mecanismo de lesão do paciente e a apresentação clínica geralmente ajudam a diminuir a quantidade dos potenciais diagnósticos, mas é comum que o cenário permaneça obscuro tanto em termos da exata estrutura envolvida quanto da extensão da lesão. Uma vez que a entrevista e a avaliação física tenham sido obtidas, o diagnóstico por imagem pode ajudar os clínicos a diferenciar entre as lesões relacionadas com a articulação e definir a lesão de forma mais completa.

As radiografias convencionais podem ser úteis quando forem investigados alguns desses diagnósticos diferenciais. Por exemplo, as radiografias geralmente visualizam uma fratura ocorrida perto de uma articulação. Elas podem mostrar também derrame articular e edema dos

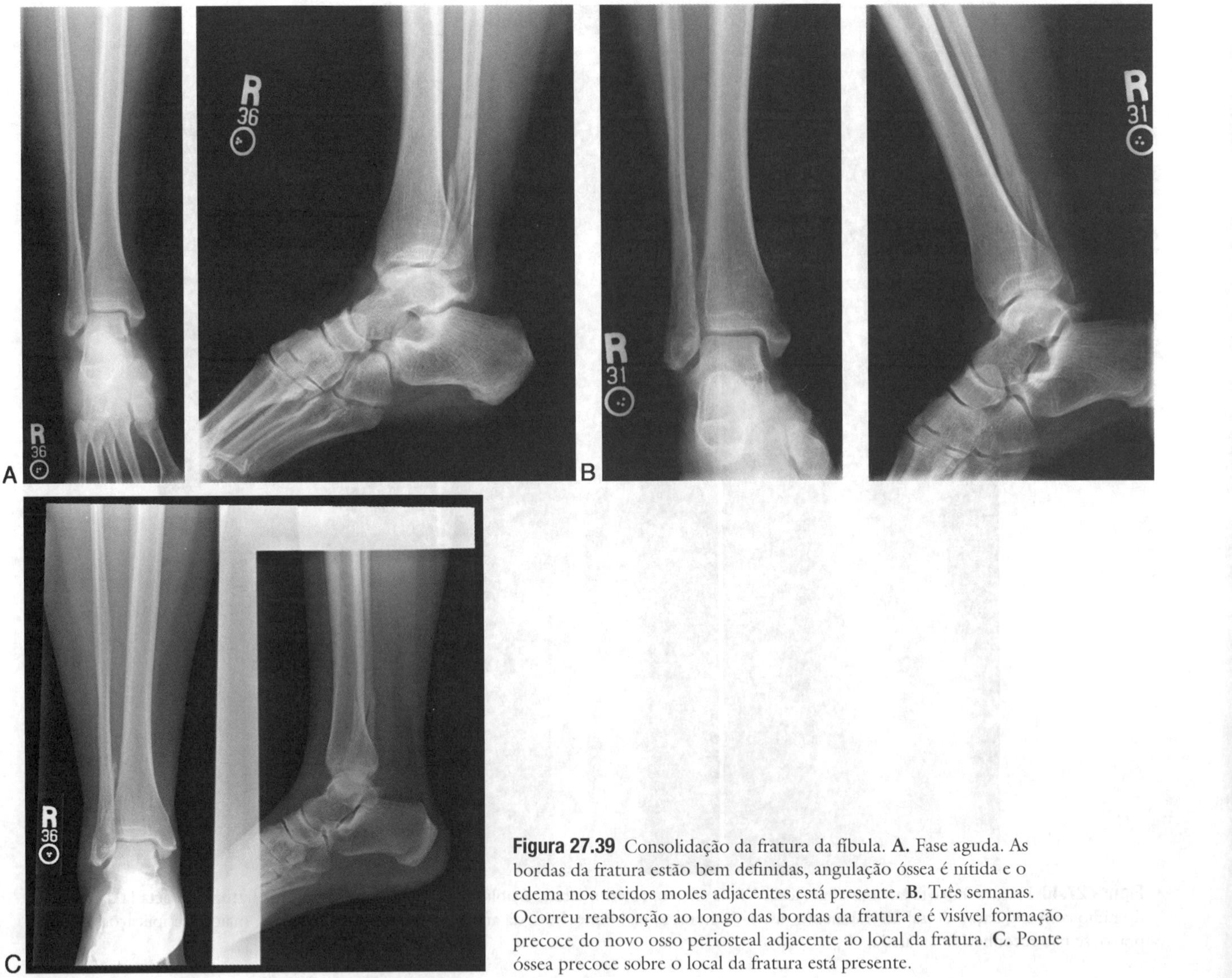

Figura 27.39 Consolidação da fratura da fíbula. **A.** Fase aguda. As bordas da fratura estão bem definidas, angulação óssea é nítida e o edema nos tecidos moles adjacentes está presente. **B.** Três semanas. Ocorreu reabsorção ao longo das bordas da fratura e é visível formação precoce do novo osso periosteal adjacente ao local da fratura. **C.** Ponte óssea precoce sobre o local da fratura está presente.

tecidos moles em torno da articulação, o que pode ser um indicativo de lesões intra-articulares, como lesões osteocondrais, de menisco e *labrum*, e fraturas súbitas que podem não ser aparentes de imediato. Entretanto, para lesões de tecidos moles, como cartilagem e ligamentos, as evidências indiretas oferecidas pela radiografia convencional podem não ser suficientes para confirmar um diagnóstico ou caracterizá-lo de forma satisfatória.

Pelo fato de as lesões às estruturas dos tecidos moles poderem ser difíceis de avaliar completamente utilizando-se apenas a radiografia convencional, a ressonância magnética é a modalidade de diagnóstico escolhida nos casos em que a integridade estrutural da cartilagem hialina, da fibrocartilagem, dos tendões, dos ligamentos, dos meniscos, da estrutura labral, das bursas, dos músculos e das estruturas neurovasculares estejam em questão.

Por causa de sua alta associação com ambas as lesões agudas e crônicas, o joelho e o ombro são as duas articulações periféricas avaliadas com ressonância magnética com maior frequência. A avaliação da coluna é discutida em outro lugar neste capítulo. Outras articulações, como tornozelo, cotovelo e quadril, são também frequentemente avaliadas, mas não serão discutidas de forma específica aqui, porque os conceitos gerais são similares àqueles do joelho e do ombro.

Diagnóstico por imagem do joelho e do ombro

A ressonância magnética do joelho é capaz de demonstrar as articulações e os tecidos moles periarticulares com detalhes incomparáveis. O líquido sinovial, especialmente em grandes volumes, associado com a efusão das articulações e o edema das estruturas dos tecidos moles, aparece claro em imagens T2. Hemorragia dentro da articulação (hemartrose) mostra variação da intensidade de sinal em T1 e T2 dependendo da idade do sangue, enquanto o material lipídico dentro da articulação (lipo-hemartrose) aparece claro nas imagens T1 e escuro em imagens de saturação de gordura.

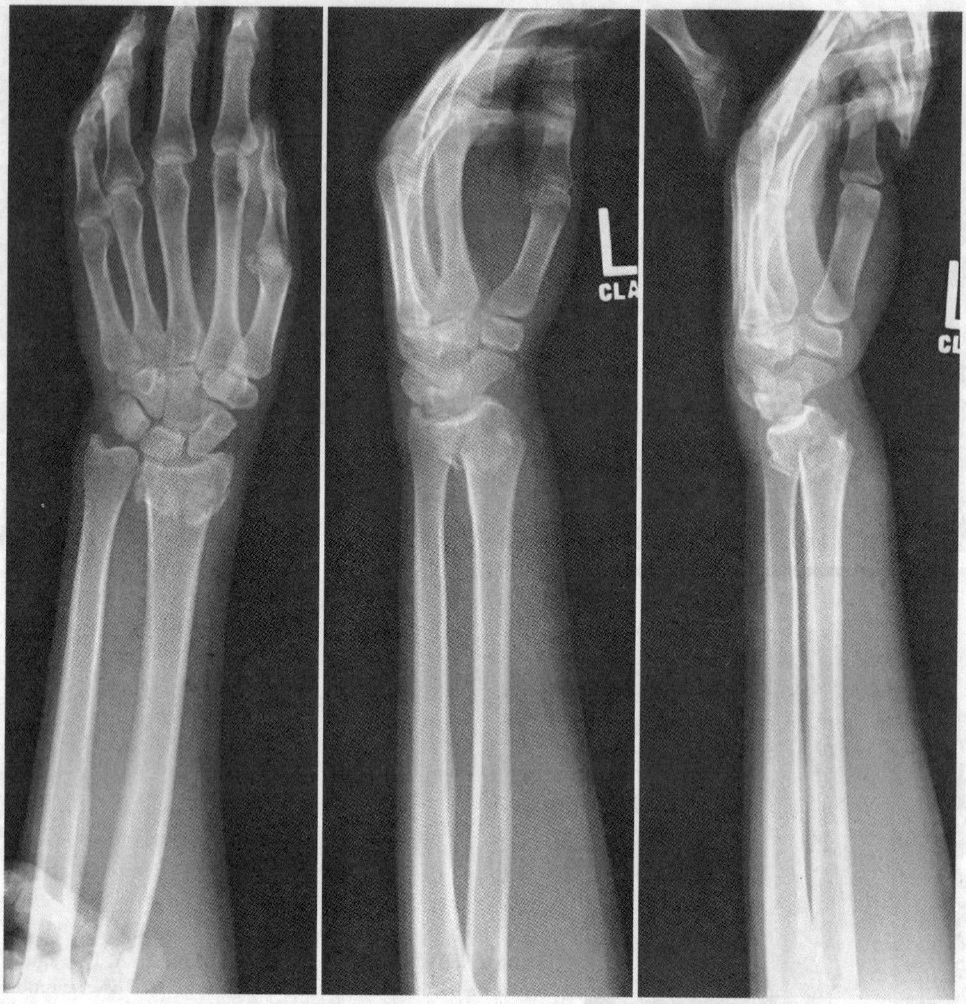

Figura 27.40 Fratura impactada, com angulação. Vistas anteroposterior lateral e oblíqua do punho mostram uma fratura impactada da distal do rádio com angulação dorsal do fragmento distal. A alteração na biomecânica da articulação radiocarpal pode ter maiores implicações a longo prazo, se não reconhecida e tratada.

A lesão da cartilagem (condral) ou a combinação de lesão do osso e da cartilagem (osteocondral) pode ser não deslocada, mostrando apenas a extensão do líquido sinovial abaixo da superfície da cartilagem articular na imperfeição, ou completamente deslocada, caso em que um segmento de cartilagem com ou sem osso oculto está faltando. Edema ósseo, claro em imagens T2, será visto com profunda imperfeição em estágios agudos. Um fragmento condral ou osteocondral solto é, em geral, identificado dentro da articulação.

Os meniscos são compostos de fibrocartilagem e aparecem escuros em ambas as imagens, T1 e T2. Lesões de menisco (Fig. 27.41) aparecem como regiões de alta intensidade de T2 dentro da substância do menisco, e pode ser associado com o deslocamento de uma porção do menisco, como ocorre com lesões em "alça de balde".

Lesões do ligamento cruzado anterior (LCA) são mais comuns que lesões do ligamento cruzado posterior (LCP), mas ambas aparecem como rupturas na continuidade dos ligamentos, frequentemente com edema e hemorragia associados (Figs. 27.42 e 27.43). Rupturas parciais de ligamentos geralmente mostram regiões de alto sinal em T2 dentro da substância do ligamento, com ou sem estreitamento ou atenuação do próprio ligamento. Rupturas de ligamento colateral medial e lateral, identificadas como descontinuidade dos ligamentos e muitas vezes retração na direção do anexo mantido, são geralmente visíveis.

O sinal da medula dentro do osso subcondral deve ser avaliado com cuidado, uma vez que o edema com frequência dá uma pista sobre a natureza da lesão. Por exemplo, um edema subjacente à face medial da patela acompanhada por um edema da face lateral do côndilo femoral lateral, geralmente indica que um deslocamento patelar lateral ocorreu apesar de nenhuma outra anormalidade estar presente no momento. As estruturas musculotendinosas em volta do joelho são facilmente avaliadas

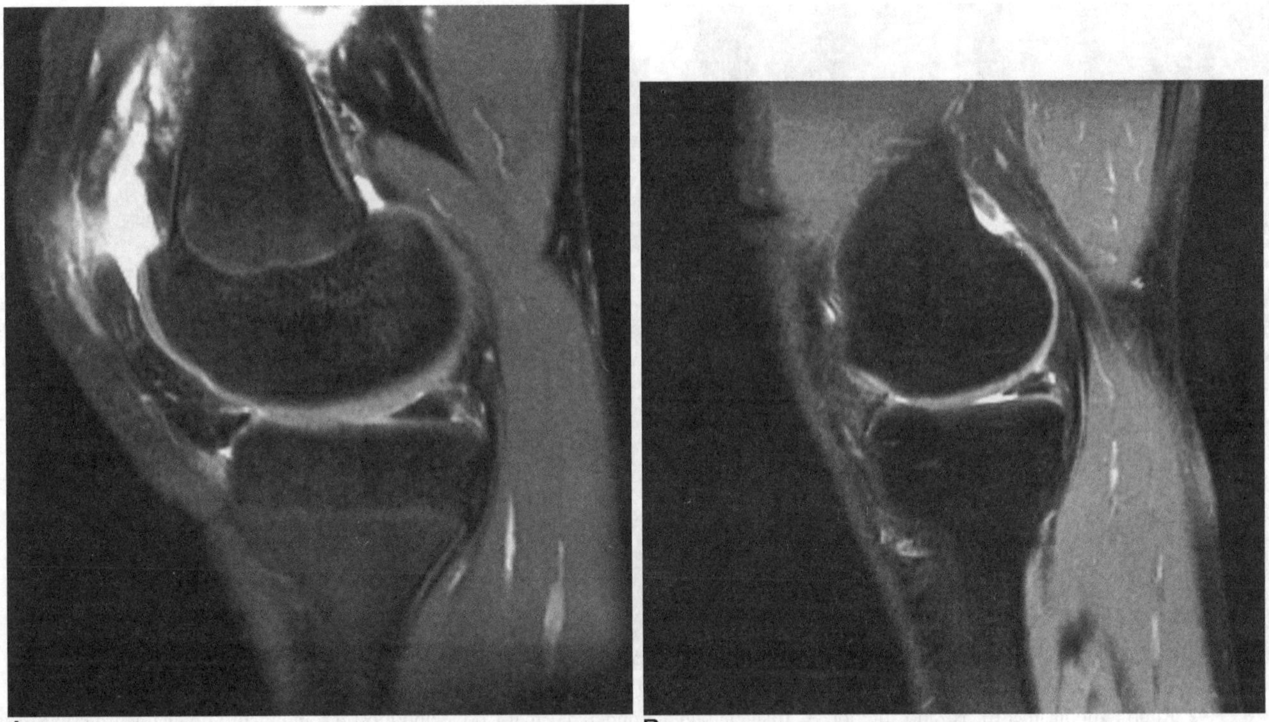

Figura 27.41 Lesão de menisco *versus* menisco normal. Imagem sagital em T2 com saturação de gordura mostra o corno posterior do menisco medial tanto na ausência (**A**) quanto na presença (**B**) de uma ruptura. A ruptura se comunica com a superfície articular inferior do menisco.

com a ressonância magnética, como é o caso do tendão patelar e das bursas associadas.

O ombro é uma articulação com complexidade particular e a ressonância magnética é especialmente adequada para a sua avaliação. As estruturas musculotendinosas mais prováveis de sustentar uma lesão incluem o manguito rotador (supraespinal, infraespinal, redondo menor e subescapular) e tendões do bíceps braquial (cabeças longa e curta). Lesões do manguito rotador aparecem como áreas claras em T2 e, frequentemente, de T1, dentro dos tendões fibrosos escuros dos músculos do manguito rotador. Edemas articulares são vistos com frequência.

O *labrum* glenoide, composto de fibrocartilagem, aparece escuro em ambas T1 e T2. Lesão labral aparece clara em imagens T2 e pode envolver separação do *labrum* da glenoide subjacente. Em casos de capsulite adesiva, a cápsula da articulação glenoumeral aparecerá espessa e, em geral, mostrará um sinal claro após a administração do contraste.

Edema e derrame articular

Anormalidades nos tecidos moles são geralmente visíveis em radiografias simples. Muitas articulações mostram mudanças características quando um derrame ou uma hemartrose está presente. A articulação glenoumeral ou articulação do quadril podem parecer normais ou ligeiramente alargadas em razão do líquido intracapsular extra. Um coxim adiposo intracapsular, mas extrassinovial, está presente na face anterior da articulação do cotovelo (Fig. 27.44). Isto pode ser visualizado em projeções de radiografia lateral do cotovelo em indivíduos normais; entretanto, com um aumento no líquido articular o bloco de gordura é empurrado cefalicamente e assume uma posição triangular. O coxim de gordura posterior, que se situa na fossa do olécrano e não é normalmente visível, é também empurrado cefalicamente e se torna visível com o aumento do líquido articular do cotovelo. Fraturas de cotovelo são frequentemente ocultas, e na presença de um trauma, um novo derrame do cotovelo é considerado hemartrose por causa da fratura oculta (ver Fig. 27.36). A fratura oculta mais comum no cotovelo de uma criança envolve a região supracondiliana do úmero (ver Fig. 27.38), enquanto é comum adultos sofrerem fraturas ocultas na cabeça do rádio. No joelho, um derrame distende a bolsa suprapatelar e cria uma densidade de tecidos moles que desloca o tendão do quadríceps anterior e achata a gordura normal contra o fêmur distal.

O edema pode estar presente em celulite ou em lesão. Às vezes, o edema adjacente a uma fratura oculta pode

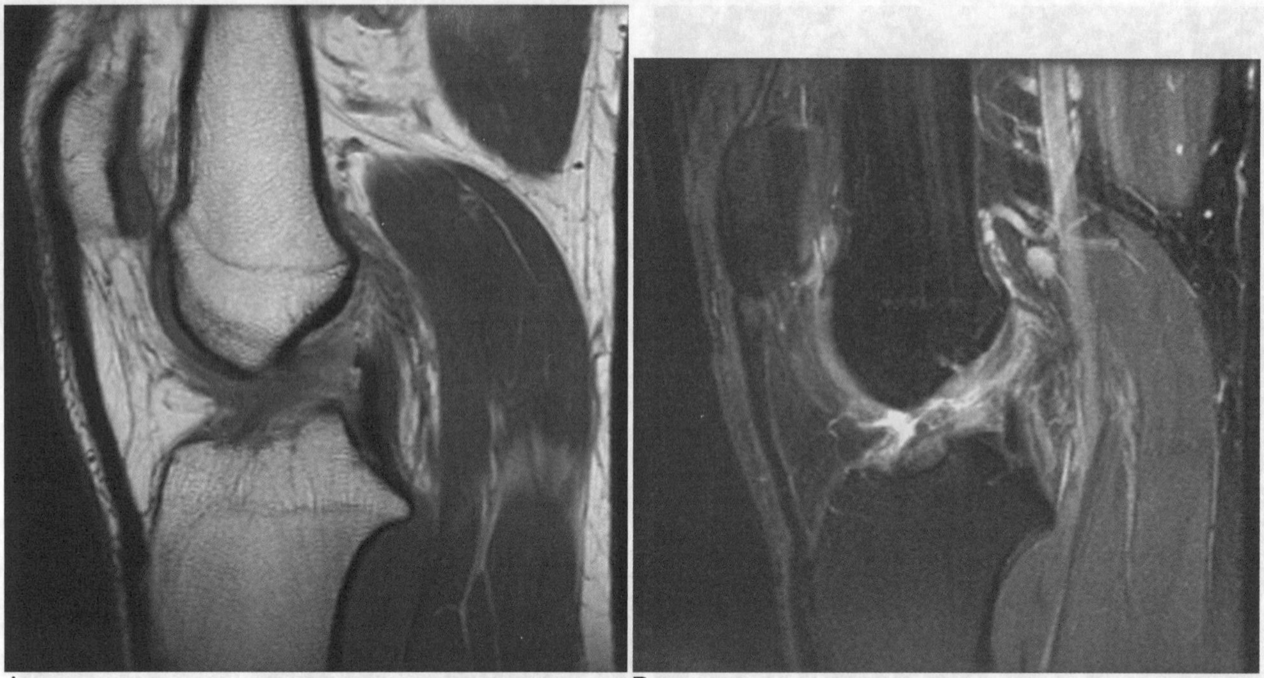

A B

Figura 27.42 Ruptura do ligamento cruzado anterior. **A.** Imagem sagital ponderada em T1 do joelho mostra rompimento do ligamento cruzado anterior (LCA). **B.** Imagem sagital ponderada em T2 de gordura saturada mostra o mesmo. Pelo fato de o pulso de saturação de gordura ter sido usado nesta imagem, o sinal de gordura da medula está suprimido, fazendo com que apareça escuro.

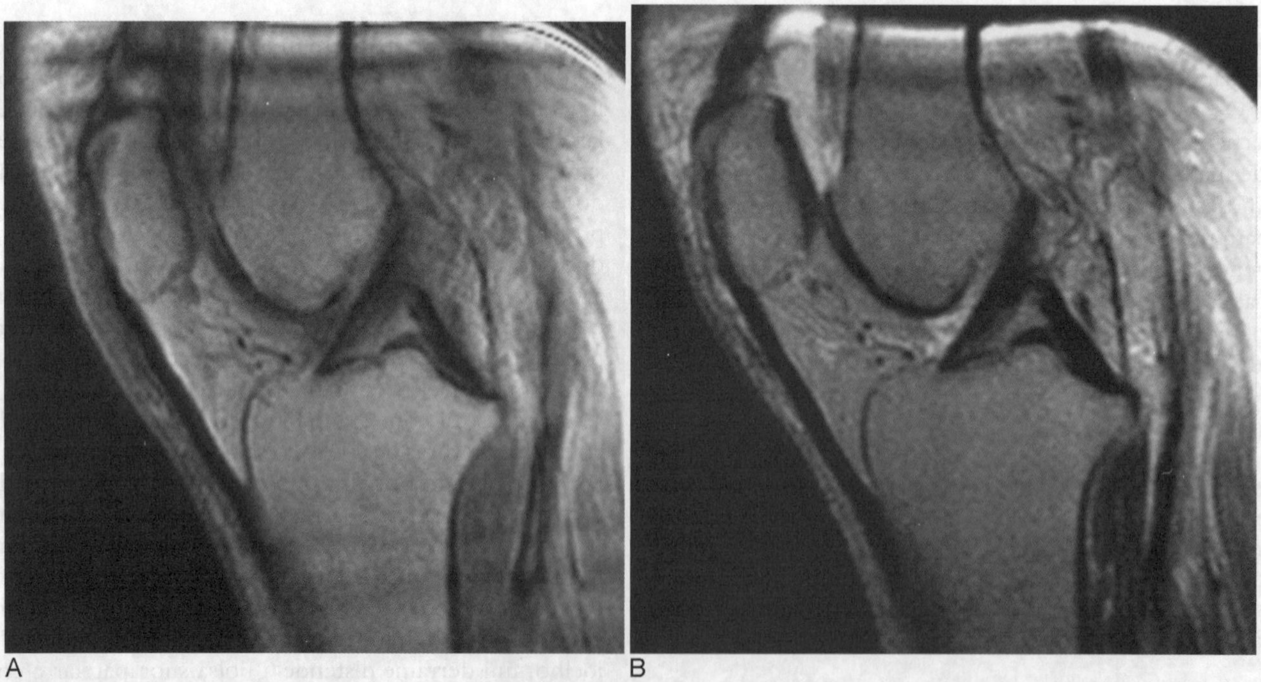

A B

Figura 27.43 Ligamento cruzado anterior e posterior normais. **A.** Imagem sagital ponderada em T1 do joelho mostra sinal normal baixo do ligamento cruzado anterior (LCA) e, parcialmente visível no plano da seção, do ligamento cruzado posterior (LCP). Típico de imagens ponderadas em T1, a gordura dentro do fêmur, da tíbia, da bolsa de gordura infrapatelar e do tecido adiposo subcutâneo são sinal alto; tecido muscular é intermediário e tendão patelar é sinal baixo, semelhante aos ligamentos cruzados. **B.** Imagem ponderada em T2 mostra sinal baixo normal do tendão patelar, LCA e LCP. Líquido sinovial, em geral um sinal alto em imagens em T2, é visível na bolsa suprapatelar, indicando um derrame articular dentro do joelho.

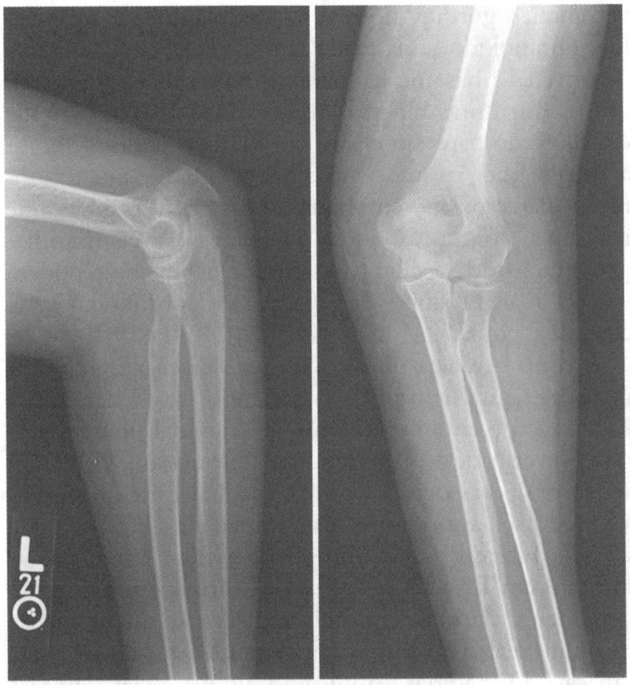

Figura 27.44 Fratura de olécrano. Vistas anteroposterior e lateral do cotovelo mostram fratura do olécrano ligeiramente deslocada com elevação de ambos os blocos de gordura, anterior e posterior, da articulação do cotovelo, indicando uma grande hemartrose ou derrame articular.

ser a única pista de que a fratura esteja presente e pode levar a uma avaliação mais atenta. Um edema adjacente a entorses ou estirpes pode também ser uma pista para o mecanismo da lesão. Em radiografias, o líquido do edema infiltra nos tecidos moles fazendo com que os planos de demarcação entre os tecidos moles e os tecidos muscular e subcutâneo sejam perdidos. Na ressonância magnética ponderada em T2, o edema é claro em razão do alto teor de água.

LESÕES NO DISCO INTERVERTEBRAL

Em pacientes com dor nas costas simples e de início recente, a avaliação radiológica em geral não é realizada pelo fato de que a maioria dessas dores costuma enfraquecer. A avaliação é geralmente indicada em casos de dores nas costas complicadas, associadas com déficit neurológico, alterações da função intestinal ou da bexiga, possível infecção na coluna, suspeita de compressão medular ou complicações pós-operatórias. Os resultados dos estudos radiográficos devem ser estritamente relacionados à idade do paciente e ao exame físico. Por causa dos gastos associados com a ressonância magnética, ela não deve ser realizada a menos que uma decisão de tratamento, tal como a decisão de operar, dependa do seu resultado. Estudos mostraram que mais de 22% das ressonâncias magnéticas

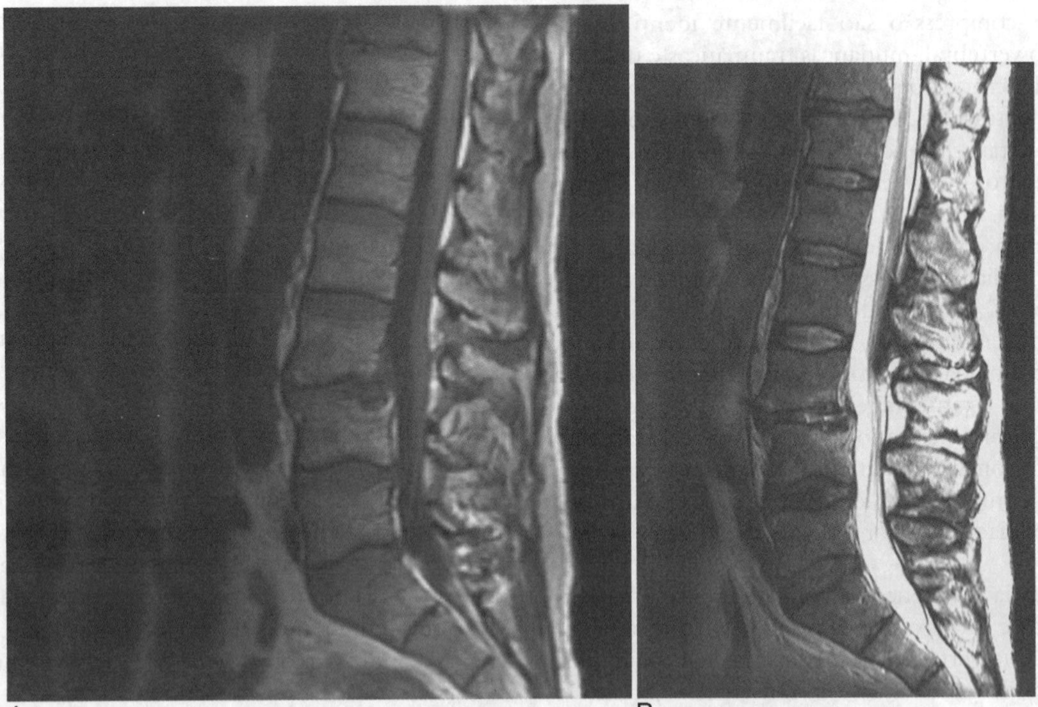

Figura 27.45 Disco degenerativo lombar com espondilolistese. **A.** Ressonância magnética ponderada em T1 lombossacral mostra estreitamento do espaço dos discos L3-L4 com irregularidade na placa final, nódulo de Schmorl dentro da placa final superior do L-4 e espondilolistese grau I de L3 em L4 em razão de alterações degenerativas. **B.** A imagem ponderada em T2 mostra um alto sinal subjacente para a placa inferior de L3 e superior final de L4, as quais são causadas pela severa degeneração discal. Alterações degenerativas marcantes como estas podem ser causadas por infecção ou trauma, bem como por mecanismos degenerativos usuais. Os discos L4-5, L5-S1 e T11-12 mostram sinais T2 baixos, sugerindo alterações degenerativas menos severas.

da coluna foram realizadas para indicações inapropriadas.[19] Diversos estudos mostraram uma alta prevalência de estenose espinal, degeneração facetária, protuberância discal e hérnia de disco em pacientes assintomáticos.[20-23] Em pacientes com menos de 40 anos de idade, essas anomalias ocorrem em mais de 30% dos pacientes assintomáticos, e a prevalência aumenta com o avanço da idade. Além de confundir a relevância dos resultados por imagem para os sintomas reais do paciente, Boos et al. avaliaram a ressonância magnética da coluna lombar em 46 pacientes sem dor nas costas, atual ou anterior, identificando anormalidades no disco em 76%.[24] Os pesquisadores posteriormente acompanharam esses pacientes por 5 anos. É mais provável as características físicas do emprego do paciente, de sua satisfação no trabalho e seu trabalho por turnos prognosticarem uma futura consulta médica por dor lombar do que as anomalias identificadas na ressonância magnética.[24] Por causa da alta prevalência de anomalias por imagem em pacientes assintomáticos, uma correlação clínica cuidadosa entre os resultados das imagens e do exame clínico é crucial.

A radiografia simples é normalmente o primeiro passo na avaliação de suspeita de problemas de coluna. Os clínicos podem prontamente avaliar as mudanças degenerativas vertebrais tais como diminuição do espaço discal, esclerose na placa terminal, formação de osteófitos, defeitos na placa terminal (Nódulos de Schmorl) e alterações facetárias hipertróficas. A severidade da espondilolistese é facilmente avaliada, e visões oblíquas podem demonstrar partes de fraturas interarticulares. Fraturas por compressão são facilmente identificadas. Alinhamento vertebral, mudanças traumáticas e degenerativas e evidência de doença metastática ou malignidade podem ser identificadas. Estruturas de tecidos moles não mineralizadas, tais como discos, tecidos moles paraespinais, e ligamentos de sustentação não podem ser diretamente avaliados.

A tomografia computadorizada é a modalidade mais sensível para avaliar uma possível fratura oculta na coluna. A mielografia TC, requerendo uma injeção direta de contraste radiográfico dentro do saco tecal antes da imagem, melhora a sensibilidade da tomografia computadorizada na detecção de protuberâncias de disco e outros processos que estejam incidindo sobre o canal central. Não obstante, a ressonância magnética suplantou largamente a tomografia computadorizada na imagem da coluna por causa da habilidade superior da RM em mostrar os tecidos moles.

A ressonância magnética da coluna permite uma avaliação delicada e não invasiva da coluna e estruturas associadas. A coluna vertebral, a medula espinal, os discos, os ligamentos de sustentação e os músculos adjacentes e estruturas dos tecidos moles podem ser todos avaliados (Fig. 27.45). Edema medular, desmielinização medular local e coleções de fluido medular anormal tais como cistos, hidromelia ou seringomielia, aparecem claros nas imagens T2. O alinhamento vertebral pode ser avaliado em imagens sagitais. Em processos como a metástase vertebral, a gordura normal na medula por ser substituída, diminuindo a claridade em T1 da medula afetada. Contrastes à base de gadolínio intravascular fazem com que as estruturas hipervasculares e aquelas com sangue concentrado pareçam claras em T1. Isso pode melhorar a visualização das lesões no canal vertebral e nos tecidos moles paraespinais; entretanto, tumores vertebrais que realçam o contraste podem ser menos visíveis nas imagens em T1 de gordura não saturada, assim como podem parecer mais próximos ao sinal para a gordura em geral clara da medula.

A protuberância discal pode ser visível em ambas as imagens sagital e axial da ressonância magnética, e sua localização (central, paracentral, foraminal neural, lateral), severidade (protuberância, protrusão, extrusão, sequestro) e associação com a medula e raízes nervosas pode ser avaliada de forma imediata (Fig. 27.46 e 27.47). Fibras do anel fibroso são escuras em ambas as imagens em T1 e T2, ao passo que rupturas anulares são geralmente claras nas imagens em T2 e frequentemente mostram realce do contraste por causa do tecido de granulação. O material do núcleo pulposo é claro em T2 nos pacientes jovens em razão do seu alto teor de líquidos. Com a idade, a dessecação normal do disco diminui essa claridade em T2.

NEOPLASIAS (TUMORES)

Pode-se suspeitar de tumores do osso quando um paciente experimenta muita dor à noite, dor sem relação à atividade física ou posição, dor ou deformidade fora de proporção para um incidente inicial, ou quando uma fratura patológica ocorre.

Metástases ósseas são aproximadamente 25 vezes mais comuns do que tumores ósseos primários. Oitenta por cento das metástases ósseas surgem de câncer primário de mama, próstata, pulmão ou rim (Fig. 27.48). Outras fontes um pouco menos comuns de metástases ósseas são a gastrointestinal, a tireoide e de células malignas circulantes (Fig. 27.49).

A malignidade primária do osso mais comum em adultos é o mieloma múltiplo, seguido em frequência por osteossarcoma e condrossarcoma. Em crianças, o sarcoma de Ewing é mais comum na primeira década, enquanto o osteossarcoma seguido do sarcoma de Ewing é mais comum na segunda década. A importância do diagnóstico precoce de doença óssea não pode ser subestimada, visto que essas doenças são mais tratáveis quando identificadas cedo. Os efeitos do diagnóstico atrasado podem ser devastadores, visto que muitos tipos de tumores, tais como osteossarcoma e condrossarcoma, tendem à metástase precoce.

Para todos os tipos de tumores ósseos, a radiografia simples é a modalidade de imagem inicial. Na radiografia, os clínicos podem avaliar o tamanho e a localização da lesão, o padrão de destruição óssea, o grau de envolvimento dos tecidos moles, a presença de tumor matriz e a agressividade da lesão. Levado em consideração juntamente com a idade, sexo e histórico médico relevante do

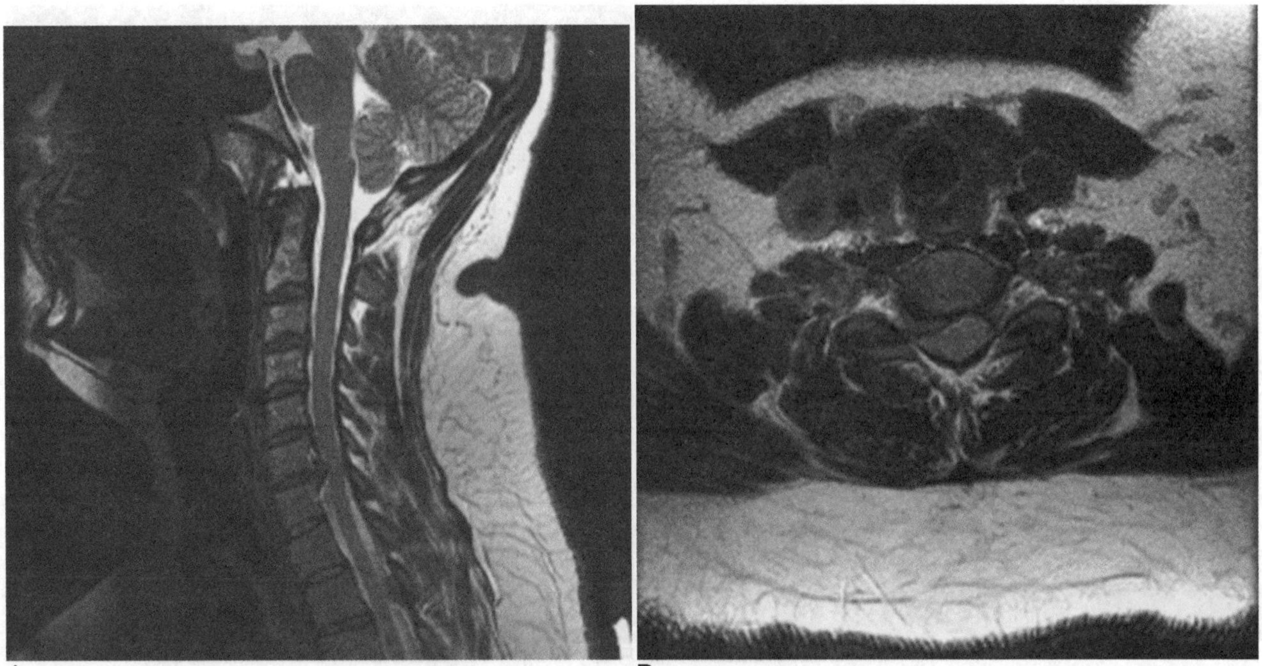

A B

Figura 27.46 Hérnia de disco. **A.** Imagem de ressonância magnética sagital ponderada em T2 da coluna cervical mostra herniação posterior do disco intervertebral C6-C7. **B.** Imagem axial ponderada em T1 mostra a hérnia de disco em modo excêntrico para a direita, e demonstra o grau de estreitamento do canal vertebral que ela causa. Por convenção, todas as imagens axiais de tomografia computadorizada e ressonância magnética são orientadas com o lado direito do paciente voltado para o lado esquerdo da imagem.

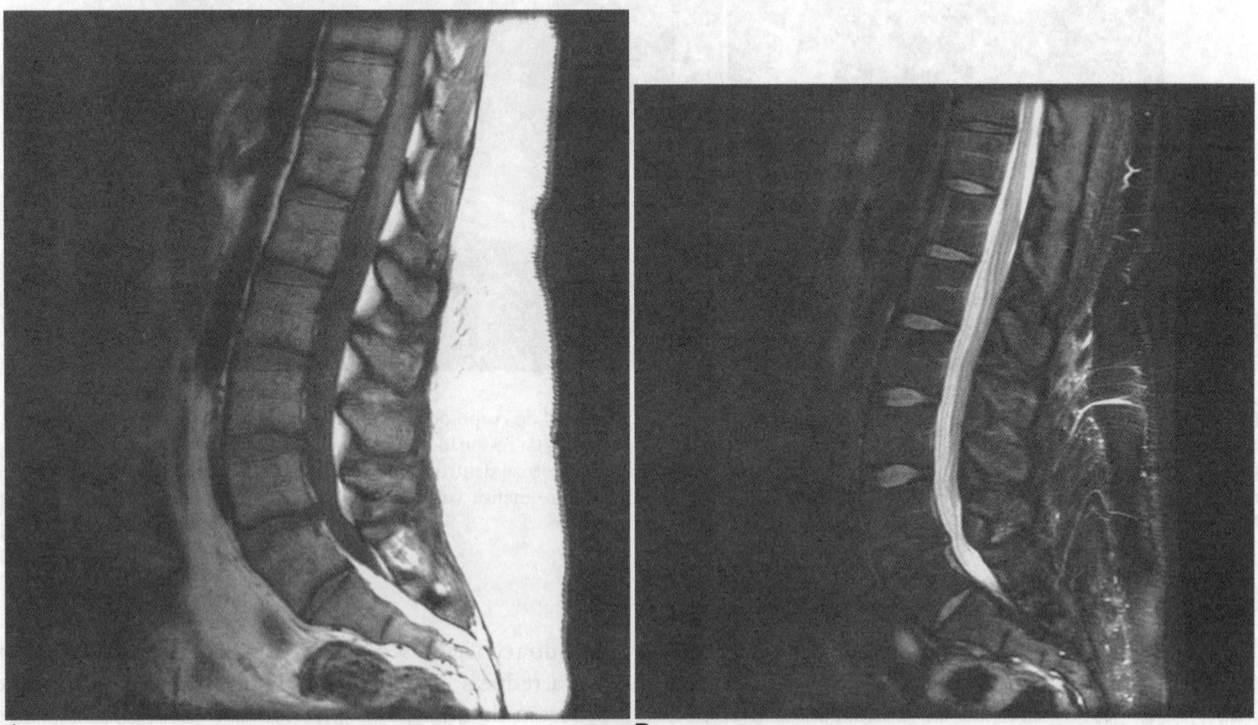

A B

Figura 27.47 Disco lombar degenerativo com protrusão. **A.** Ressonância magnética sagital ponderada em T1 da coluna lombossacra mostra perda de altura do disco em L5-S1 bem como de extensão posterior do material discal no interior do canal espinal. **B.** Imagem ponderada em T2 do mesmo paciente mostra sinais baixos dentro do disco L5-S1 devido à perda de fluido discal relacionado com a degeneração. Considerando que o fluido cerebroespinal dentro do saco espinal é um sinal alto nas imagens T2, a imagem feita pelo disco sobre o saco é vista facilmente. Os demais discos mostram um sinal T2 alto normal.

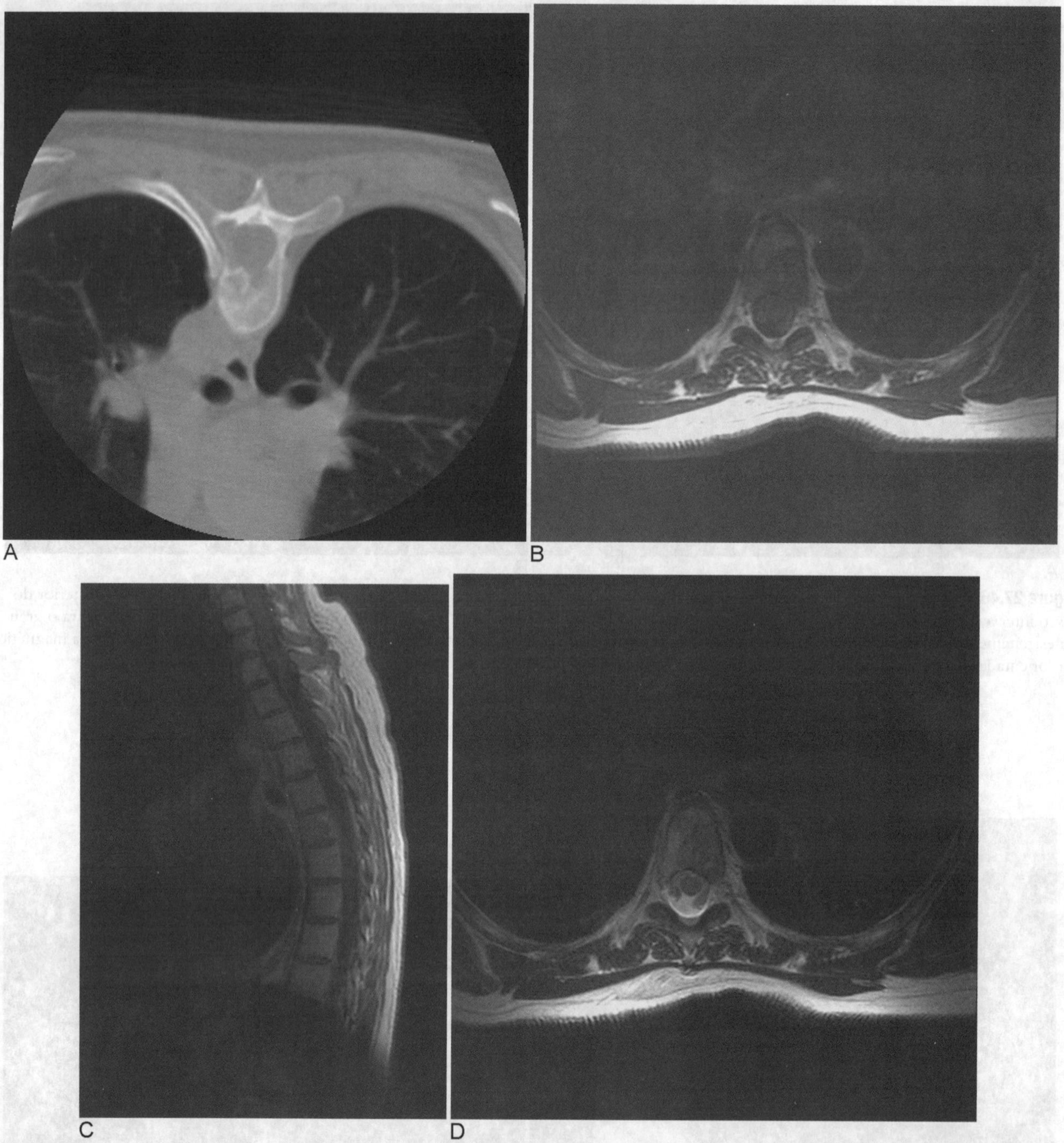

Figura 27.48 Metástase lítica (mesmo paciente da Fig. 27.6). **A.** A tomografia axial do corpo de uma vértebra torácica mostra uma lesão lítica afetando o corpo vertebral posterolateral esquerdo e o pedículo esquerdo. Imagens da ressonância magnética ponderada em T1 axial (**B**) e sagital (**C**) da mesma lesão mostram perda de sinal de gordura medular vertebral normal dentro da vértebra afetada, e demonstra que a lesão está confinada à vértebra e ainda não comprime o canal medular. **D.** Ressonância magnética axial ponderada em T2 no mesmo nível confirma os achados anteriores.

paciente, uma pequena lista de considerações de diagnósticos diferenciais pode ser gerada. No caso de suspeita de tumor, como osteossarcoma ou condrossarcoma, pode ser desejável radiografia ou tomografia computadorizada dos pulmões por causa da propensão desses tumores de sofrer metástase precoce no pulmão.

Para avaliar tumores ósseos primários multifocais ou metastáticos, as varreduras ósseas por radionuclídeos utilizando tecnécio 99 m intravenoso são utilizadas. Embora as varreduras ósseas sejam muito sensíveis a qualquer processo de doença envolvendo um osso, elas são extremamente inespecíficas, e diferenciar tumores ósseos de lesões traumáticas, mudanças degenerativas ou artríticas, ou doença metabólica envolvendo o osso pode ser impossível. Igualmente, varreduras ósseas são insensíveis ao mieloma. Para identificar ou seguir lesões do mieloma, o

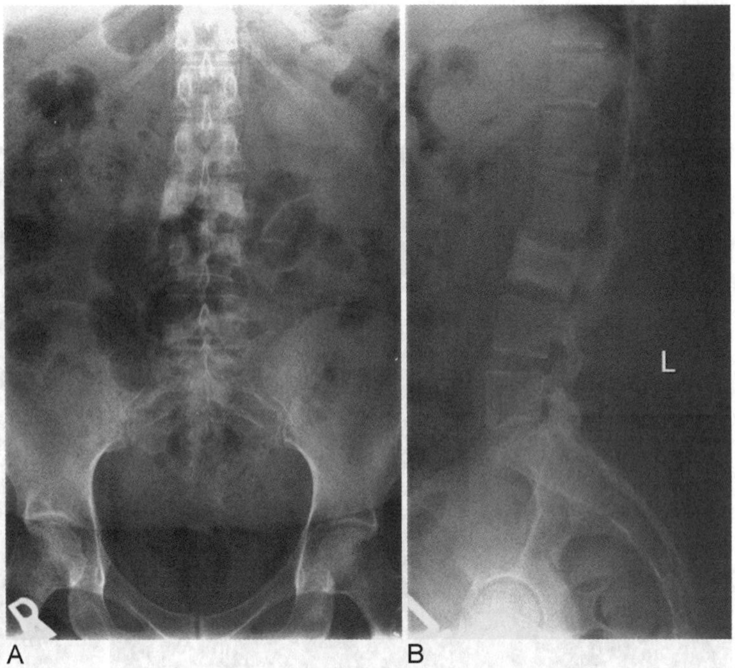

Figura 27.49 Metástase blástica. Vistas anteroposterior (**A**) e lateral (**B**) da coluna lombar mostram o corpo vertebral de L3 muito esclerótico. Além disso, a vértebra perdeu altura, provavelmente como resultado de amolecimento causado pelo processo oculto. Quando um tumor causa esse tipo de aparência ele é descrito como blástico, e malignidades comuns associadas com metástases blásticas incluem linfoma e câncer de próstata. Algumas malignidades, como o câncer de mama, podem causar metástases líticas ou blásticas. Alguns processos benignos, como a doença de Paget, também podem causar esta aparência.

protocolo de recuperação/inversão com tempo de inversão curto (STIR), ressonância magnética ou radiografia simples dos esqueletos axial e apendicular são necessárias. Tomografia por emissão de positrons (PET) apresenta chance para identificar e possivelmente até mesmo classificar lesões ósseas e tumores no futuro.

Pelo fato de a visualização da calcificação com a tomografia computadorizada ser muito superior à ressonância magnética ou radiografia, aquela é utilizada em primeiro lugar para caracterizar a matriz óssea de um tumor e identificar fraturas patológicas sutis. Tumores ósseos primários (osteossarcoma) e tumores cartilaginosos primários (condrossarcoma) diferem em suas matrizes calcificadas, e tipos adicionais de calcificação distrófica ou reativa em geral podem ser identificadas. A extensão do tecido mole do tumor não pode ser avaliada com segurança pela tomografia computadorizada.

A ressonância magnética permite uma avaliação incomparável da extensão do tecido mole de um tumor, incluindo a extensão de um edema adjacente (Fig. 27.50). A ressonância magnética permite imagens em múltiplos planos, incluindo os oblíquos, fazendo uma avaliação aprofundada em três dimensões possíveis. A injeção de contraste é geralmente usada para melhorar a visualização da lesão. O envolvimento dos feixes neurovasculares e dos gânglios linfáticos locais também podem ser avaliados. Hematoma, hemorragia ou mudanças inflamatórias adjacentes ao tumor podem tornar a identificação exata das margens do tumor impossível. Após a ressecção cirúrgica de um tumor, é comum a ressonância magnética ser a modalidade de escolha para avaliar um tumor residual ou recidivo.

ARTRITES

Reconhecer mudanças degenerativas é importante pois expectativas do resultado ou dos planos de tratamento podem ser afetados por uma doença articular crônica. Osteoartrite é a forma mais comum de artrite e pode ser primária (sem causa conhecida) ou secundária (causada por trauma, insulto vascular, infecção ou outros fatores). A osteoartrite é associada com uma perda não uniforme de cartilagem articular. Isto é visto como diminuição do espaço articular entre dois ossos adjacentes em radiografias. Localizadas profundamente às superfícies cartilaginosas, cistos ou geodos, formam-se nos ossos como parte do processo degenerativo. Osteófitos se formam nas margens das articulações degenerativas e é comum alinharem-se ao longo das linhas de tensão ligamentar. As extremidades dos ossos profundas da cartilagem tornam-se escleróticas. Frequentemente uma articulação afetada por osteoartrite passa por extensa formação óssea reativa um exemplo é a justaposição ou o espessamento do colo femoral inferior, que é visto em casos de artrite de quadril grave. A Figura 27.51 demonstra características radiográficas comuns de osteoartrite afetando o punho e a mão.

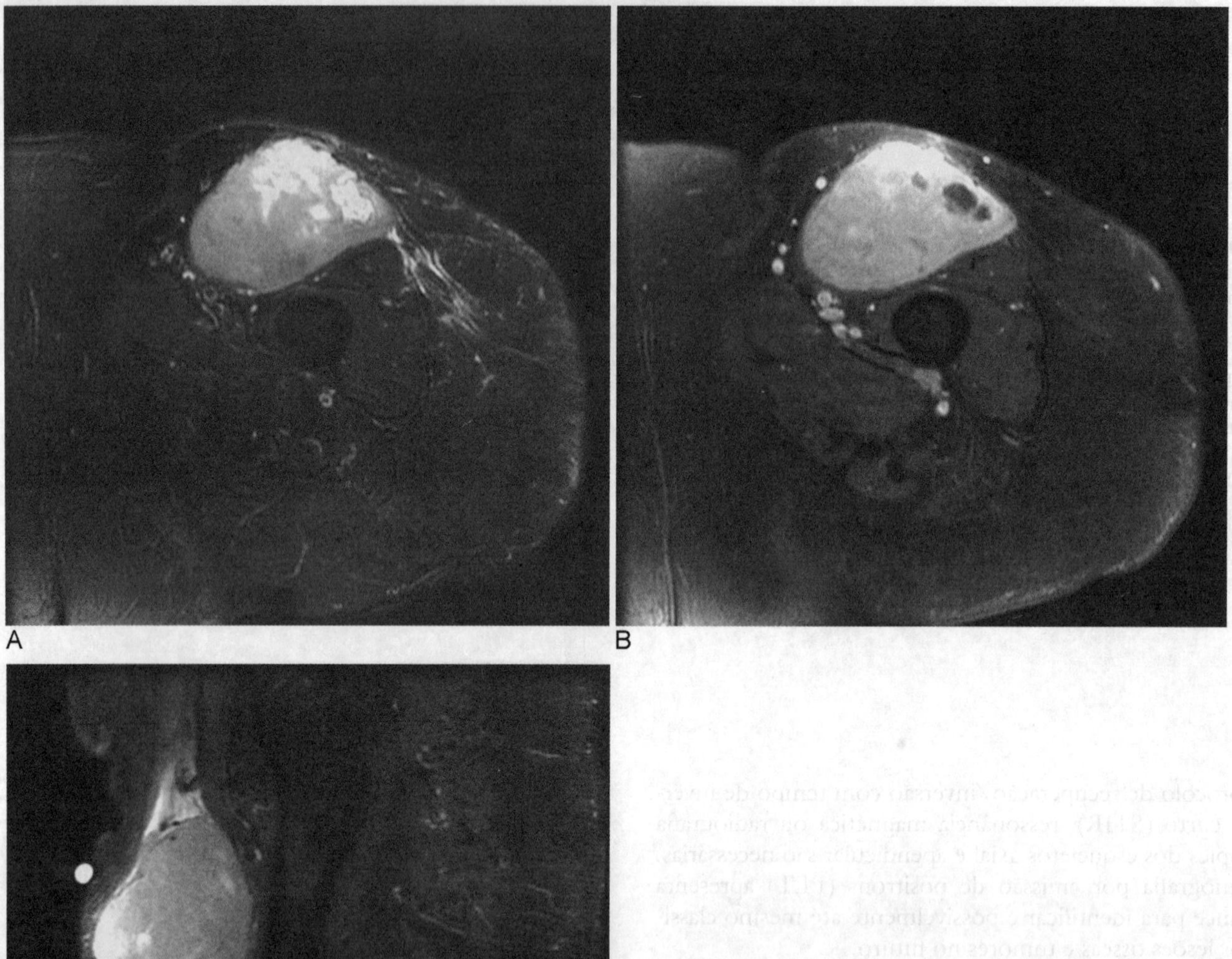

Figura 27.50 Tumor dos tecidos moles. Imagens em T1 da coxa com contraste acentuado na gordura saturada axial T2 (**A**), axial STIR (**B**) e sagital (**C**) mostram uma ampla massa dentro do tecido mole da parte anterior da coxa, o que realça o contraste intensamente. As pequenas regiões de elevado sinal T1 na pele são comprimidos de vitamina A, em geral usados em estudos com ressonância magnética para servir de marcadores, de forma que anormalidades palpáveis possam ser localizadas no estudo. A massa foi posteriormente mostrada como sendo um histocitoma fibroso maligno.

Muitos processos de doenças podem causar mudanças degenerativas. Artrite reumatoide pode causar grave degeneração e deformação articular bilateral, que é geralmente simétrica bilateralmente (Fig. 27.52). Psoríase, lúpus, Síndrome de Reiter, espondilite anquilosante, artrite séptica, gota e uma série de outros processos podem causar graves mudanças degenerativas monoarticulares ou multiarticulares. Muitos desses processos afetam também as articulações sacroilíacas e a coluna, e muitas são bilateralmente assimétricas.

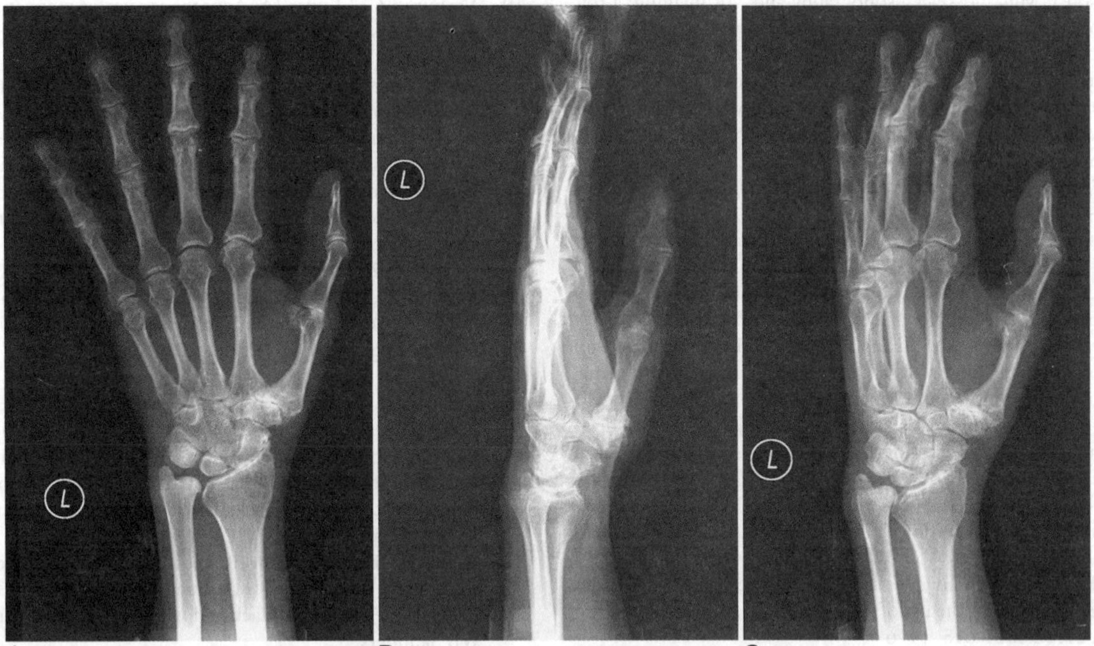

Figura 27.51 Osteoartrite na mão. Vistas anteroposterior (**A**), lateral (**B**) e oblíqua (**C**) da mão mostram mudanças degenerativas em uma distribuição clássica para osteoartrite. As mudanças mais acentuadas ocorrem na primeira articulação carpometacarpiana e nas articulações intercarpais laterais.

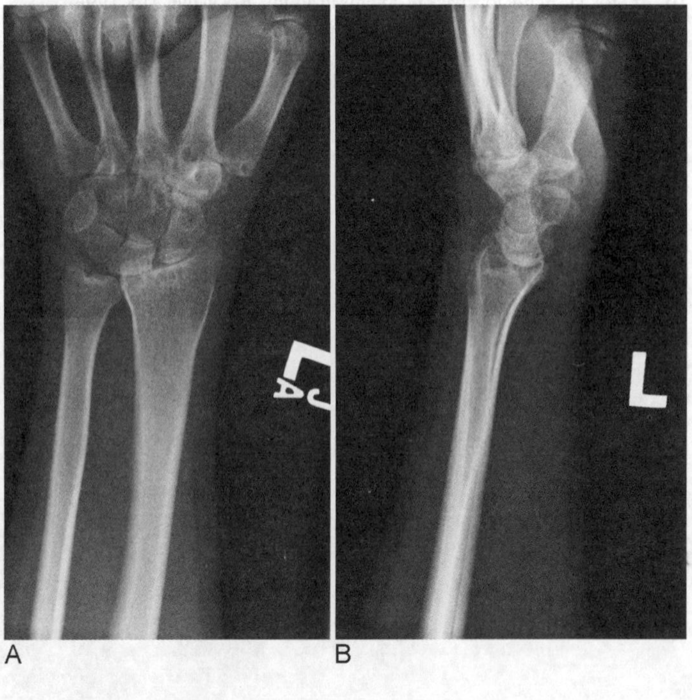

Figura 27.52 Artrite reumatoide juvenil. Vista anteroposterior (**A**) e lateral (**B**) do punho em uma adolescente de 17 anos com artrite crônica juvenil mostra perda avançada dos espaços articulares carpais, bem como proeminente formação de cisto subcondral. Descobertas foram bilateralmente simétricas.

REFERÊNCIAS BIBLIOGRÁFICAS

1. Goh RH, Somers S, Jurriaans E et al: Magnetic resonance imaging: application to family practice, Can Fam Physician 45:2118-2128, 2131-2132, 1999.
2. Jacobson J: Musculoskeletal sonography and MR imaging: a role for both imaging methods, Radiol Clin North Am 37(4):713-735, 1999.
3. Chang PJ: The rational selection and interpretation of diagnostic tests. In Erkonen WE, Smith WL, editors: Radiology 101: the basics and fundamentals of imaging, Philadelphia, 1998, Lippincott-Raven.
4. Hall FM: Overutilization of radiological examinations, Radiology 120:443-448, 1976.
5. Abrams HL: Sounding board The "overutilization" of x-rays, N Engl J Med 300(21):1213-1216, 1979.
6. Long AE: Radiographic decision-making by the emergency physician, Emerg Med Clin North Am 3:437-446, 1985.
7. Seaberg DC, Yealy DM, Lukens T et al: Multicenter comparison of two clinical decision rules for the use of radiography in acute, high-risk knee injuries, Ann Emerg Med 32:8-13, 1998.
8. Tandeter HB, Shvartzman P: Acute knee injuries: use of decision rules for selective radiograph ordering, Am Fam Physician 60(9):2599-2608, 1999.
9. Bauer SJ, Hollander JE, Fuchs SH, Thode HC Jr: A clinical decision rule in the evaluation of acute knee injuries, J Emerg Med 13:611-615, 1995.
10. Stiell IG, Greenberg GH, Wells GA et al: Prospective validation of a decision rule for the use of radiography in acute knee injuries, JAMA 275(8):611-615, 1996.
11. Stiell IG, Greenberg GH, McKnight RD et al: Decision rules for the use of radiography in acute ankle injuries: Refinement and prospective validation, JAMA 269(9):1127-1132, 1993.
12. Stiell IG, McKnight RD, Greenberg GH et al: Implementation of the Ottawa ankle rules, JAMA 271(11):827-832, 1994.
13. Stiell IG, Wells GA, Vandemheen KL et al: The Canadian C-spine rule for radiography in alert and stable trauma patients, JAMA 286(15):1841-1848, 2001.
14. Acute low back problems in adults: assessment and treatment. Acute Low Back Problems Guideline Panel. Agency for Health Care Policy and Research, Am Fam Phys 51(2):469-484, 1995.
15. Staiger TO, Paauw DS, Deyo RA, Jarvik JG: Imaging studies for acute low back pain: When and when not to order them, Postgrad Med 105(4):161-172, 1999.
16. Bigos SJ: Acute low back problems in adults. Rockville, Md, 1994, US Department of Health and Human Services, Public Health Service, Agency for Health Care Policy and Research; Clinical Practice Guidelines no. 14, ACHPR publication no. 95-0642.
17. Jarvik JG, Deyo RA: Diagnostic evaluation of low back pain with emphasis on imaging, Ann Intern Med 137:586-597, 2002.
18. Ogden JA, Ganey TM, Hill JD, Jaakkola JI: Sever's injury: a stress fracture of the immature calcaneal metaphysis, J Pediatr Orthop 24(5):488-492, 2004.
19. Vosburgh CL, Kopta JA: Appropriate use of magnetic resonance imaging of the spine and extremities, South Med J 87(8): 801-804, 1994.
20. Wiesel SW, Tsourmas N, Feffer HL et al: A study of computer--assisted tomography. I. The incidence of positive CAT scans in an asymptomatic group of patients, Spine 9(6):549-551, 1984.
21. Weishaupt D, Zanetti M, Hodler J, Boos N: MR imaging of the lumbar spine: prevalence of intervertebral disk extrusion and sequestration, nerve root compression, end plate abnormalities, and osteoarthritis of the facet joints in asymptomatic volunteers, Radiology 209:661-666, 1998.
22. Jensen MC, Brant-Zawadzki MN, Obuchowski N et al: Magnetic resonance imaging of the lumbar spine in people without back pain, N Engl J Med 331(2):69-73, 1994.
23. Boden SD, Davis DO, Dina TS et al: Abnormal magnetic-resonance scans of the lumbar spine in asymptomatic subjects. A prospective investigation, J Bone Joint Surg 72(3):403-408, 1990.
24. Boos N, Semmer N, Elfering A et al: Natural history of individuals with asymptomatic disc abnormalities in magnetic resonance imaging: predictors of low back pain-related medical consultation and work incapacity, Spine 25(12):1484-1492, 2000.
25. Suggested Readings Lane B: Practical imaging of the spine and spinal cord, Top Magn Reson Imaging 14(6):438-443, 2003.
26. Brower A: Arthritis in black and white, ed 2, Philadelphia, 1997, WB Saunders.
27. El-Khoury G, editor: Essentials of musculoskeletal imaging, New York, 2003, Churchill Livingstone.
28. Helms C: Fundamentals of skeletal radiology, ed 2, Philadelphia, 1995, WB Saunders.
29. Huda W: Review of radiologic physics, ed 2, Philadelphia, 2003, Lippincott Williams & Wilkins.
30. Jaovisidha S, Subhadrabandhu T, Siriwongpairat P, Pochanugool L: An integrated approach to the evaluation of osseous tumors, Orthop Clin North Am 29(1):19-39, 1998.
31. Manaster BJ: Handbook of skeletal radiology, ed 2, St. Louis, 1997, CV Mosby.
32. Manaster BJ, Disler D, May D: Musculoskeletal imaging: the requisites, ed 2, St. Louis, 2002, CV Mosby.
33. Patel AT, Ogle AA: Diagnosis and management of acute low back pain, Am Fam Phys 61(6):1779-1790, 2000.

CAPÍTULO

28

Tratamento de fraturas

Sachin K. Patel, Bruce H. Dick e Brian D. Busconi

INTRODUÇÃO

Fraturas são uma consequência inevitável da evolução antropológica de uma estrutura esquelética rígida. Antes do desenvolvimento da cirurgia moderna, pequenas fraturas comumente levavam à deformação e à perda da função, enquanto fraturas maiores, como aquelas de fêmur, pelve e coluna, frequentemente levavam à morte. O tratamento de fraturas agudas e de longo prazo, como o mecanismo que as causou, tem evoluído. Como resultado da guerra e da Revolução Industrial, as fraturas e suas sequelas têm provado ser a principal preocupação social e econômica.[1,2]

Decidir o modo de tratamento da fratura é multifatorial, requer informações do paciente, da família e do médico para fornecer um plano ideal dentro do estado do paciente. Para o tratamento mais eficiente de fraturas, os profissionais da reabilitação inicialmente devem entender o mecanismo por trás da lesão, a biologia da doença, as opções de tratamentos cirúrgicos e não cirúrgicos e, finalmente, a reabilitação.

Conhecimento necessário para o tratamento das fraturas

- O mecanismo da lesão
- A biologia da "doença"
- As formas de cura da fratura
- Opções cirúrgicas e não cirúrgicas de tratamento
- Complicações das fraturas
- Diretrizes para reabilitação e precauções
- Expectativas realistas, resultado funcional

TIPOS DE FRATURAS

Fraturas típicas incluem as fraturas transversa, oblíqua curta, oblíqua, espiral, em asa de borboleta, cominutiva e por estresse. Elas também podem ser abertas (pois têm contato com o meio externo) ou fechadas (não têm contato com o meio externo) (Fig. 28.1). Os mecanismos da lesão bem como a quantidade de energia transmitida ao osso no processo de lesão determinam o resultado do tipo de fratura.[3] Lesões de menor energia resultam em tipos simples de fraturas (i. e., transversa, espiral ou oblíqua) (Fig. 28.2). Lesões de maior energia (i. e., lesões provocadas por automóveis em pedestres) resultam de violência direta severa e frequentemente implicam fraturas cominutivas com fragmentos em asa de borboleta (Fig. 28.3). Esse método de descrição é útil na comunicação da natureza das fraturas entre os profissionais da saúde, bem como na avaliação da natureza da lesão do tecido mole associado.

Descrições das fraturas

- Não deslocadas *versus* deslocadas
- Localização
  - Epifisária (periarticular)
  - Metafisária
  - Diafisária
- Tipo de fratura
  - Transversa
  - Oblíqua curta e oblíqua
  - Espiral
  - Em asa de borboleta
  - Cominutiva
- Tecido mole (condição da pele)
  - Aberta *versus* fechada
  - Edema
  - Presença de bolhas

BIOMECÂNICA

Antes de discutir o tratamento específico das fraturas, revisaremos conceitos básicos de biomecânica. Vários

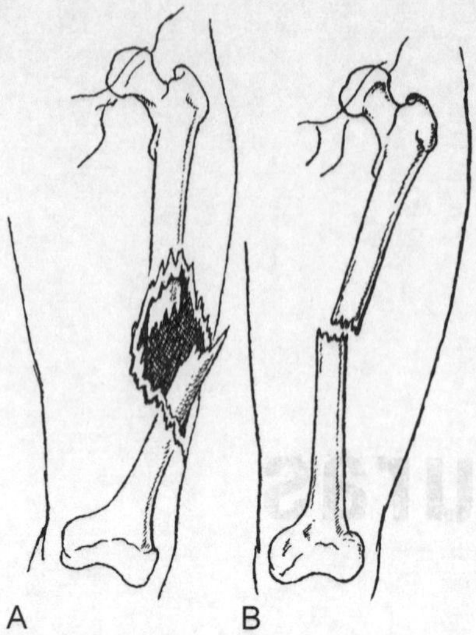

Figura 28.1 Fraturas aberta (A) e fechada (B). (De Conolly JF. *DePalma's the Management of Fractures and Dislocations.* WB Saunders, Philadelphia, 1981, pp. 8-9.)

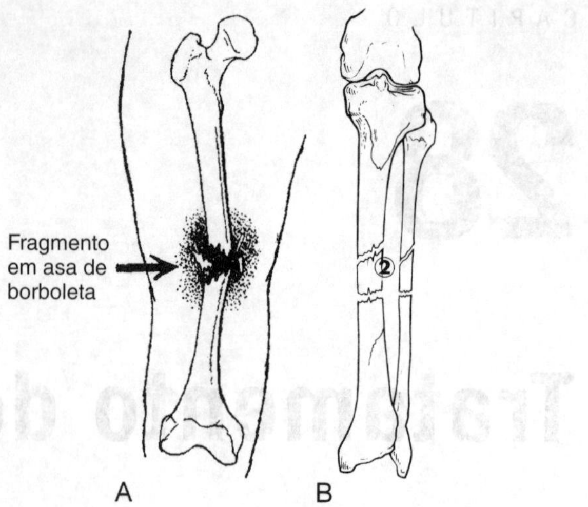

Figura 28.3 Tipos de fratura de alta energia. **A.** Cominutiva. **B.** Segmental. (De Conolly JF. *DePalma's the Management of Fractures and Dislocations.* WB Saunders, Philadelphia, 1981, pp. 10-11.)

tipos de forças deformam o osso de maneiras previsíveis. Elas são forças compressivas que encurtam o osso, forças tensoras que o alongam, forças de flexão que causam encurvamento no centro de ossos longos e forças torsionais que deformam o osso em torno de seu eixo longitudinal. As forças que agem nos ossos são a gravidade, a contração muscular, e as forças traumáticas externas a partir de um objeto fora do corpo, como um veículo motor. Essas forças podem ser descritas como vetores que possuem tanto magnitude como direção. Forças que agem no centro de rotação dos ossos resultam em translação. Braços de movimento, forças agindo sobre o osso fora do seu centro de rotação, resultam em rotação. Equilíbrio é um estado no qual todos os vetores de força agem para transladar ou girar um osso a uma soma zero, resultando em nenhum movimento efetivo.

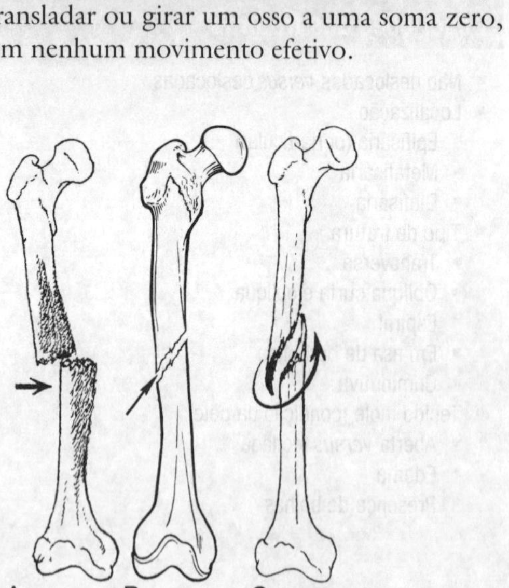

Figura 28.2 Tipos de fratura de baixa energia. **A.** Transversa. **B.** Oblíqua. **C.** Espiral. (De Conolly JF. *DePalma's the Management of Fractures and Dislocations.* WB Saunders, Philadelphia, 1981, pp. 9-10.)

Forças que afetam o osso

- Compressão (encurtamento)
- Tensão (alongamento)
- Flexão (curvamento)
- Torsional (deformação no eixo longo)

Biomecânica e propriedades estruturais

Tensão e deformação são propriedades biomecânicas usadas para descrever o que pode acontecer com qualquer material quando colocado sob uma carga, independente do tipo e forma do material. Uma carga aplicada a qualquer osso resulta em certo estresse e tensão que podem deformá-lo independentemente da forma ou tamanho. Estresse, análogo à pressão, refere-se a uma força aplicada sobre uma área específica. Tensão refere-se ao alongamento ou encurtamento do osso normalizado ao seu comprimento original. Propriedades estruturais são utilizadas para descrever o comportamento do osso quando deformações padronizadas são aplicadas. A relação dessas propriedades pode ser demonstrada graficamente em diagramas tensão-deformação (Fig. 28.4). Quando a força é aplicada a uma amostra do osso, resulta algum tipo de deformação. Quando a força é liberada, o osso tende a retornar à sua forma original. Essa propriedade é referida como **deformação elástica.** Quando a força é suficiente para deformar o osso permanentemente, a **deformação plástica** ocorreu. O ponto em que o comportamento elástico passa para o comportamento plástico é denominado **limite elástico.** A inclinação da curva tensão-deformação na faixa elástica é chamada de **módulo de elasticidade** ou **módulo de Young**. Esse parâmetro é específico para materiais individuais (i. e., osso, titânio ou plástico) e caracteriza a sua rigidez.

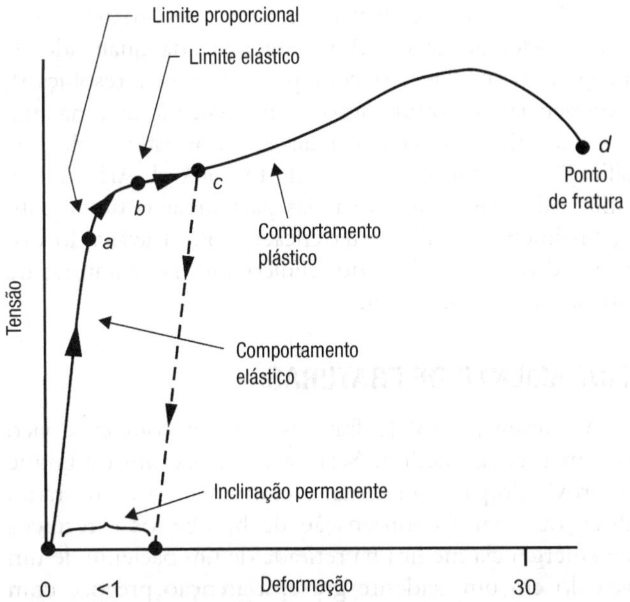

Figura 28.4 Diagrama tensão-deformação. A inclinação da curva na amplitude elástica representa o módulo elástico (de Young) de um material. De Vaccaro A, editor. *Orthopedic Knowledge Update 8.* Rosemont, American Academy of Orthopaedic Surgeons, 2005, p. 46.)

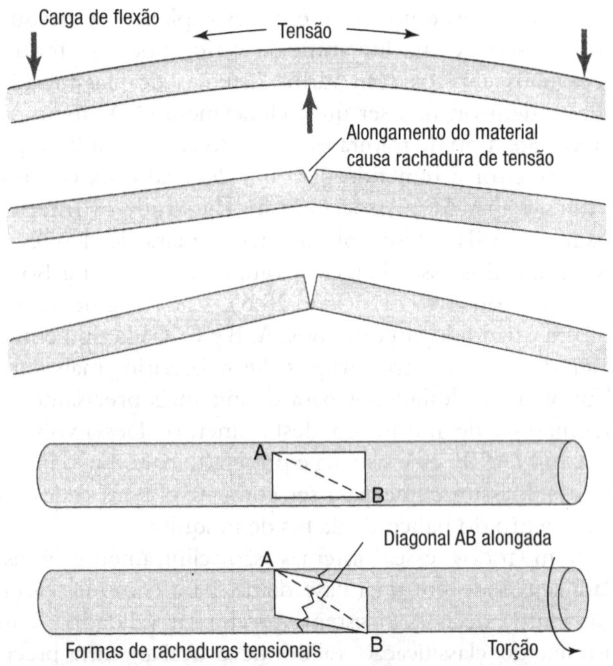

Figura 28.5 Mecanismos de fraturas de ossos longos: transversa e torsional. (De Bucholz R, Heckman J, editors. *Rockwood and Green's Fractures in Adults.* 5.ed. Lippincott Williams & Wilkins, Philadelphia, 2001, p. 16. Edição brasileira publicada pela Editora Manole.)

O osso é mais forte na compressão e mais fraco na tensão. Quando uma força de deformação é aplicada a um osso, a região sob tensão irá falhar primeiro. Tensão pura resulta em uma fratura transversa graduada. Quando submetido à flexão pura, um lado do osso está sob tensão enquanto o outro está sob compressão. Com a persistência da força, uma fratura transversa se origina no lado tracionado e se propaga para o lado de compressão. Forças torsionais no osso também causam fraturas como resultado de falha na tensão. Como um exemplo, considere um cilindro sólido submetido à torção. A linha diagonal traçada entre dois cantos de um quadrado na superfície do cilindro tende a alongá-lo, conforme é submetido a uma torção, força torsional, criando forças tensionais na superfície (Fig. 28.5). Uma rachadura se origina perpendicularmente na direção da tensão, propagando ao redor do cilindro, o que resulta em uma fratura em espiral. Compressão pura esmaga o osso, levando a uma fratura cominutiva. Forças compressivas podem também resultar na fratura do osso por cisalhamento. O osso é significativamente mais fraco no cisalhamento que na compressão. Conforme o osso falha no cisalhamento, a fratura se propaga em 45° da carga aplicada, levando a uma fratura oblíqua.

Outro fator importante que contribui para a biomecânica da fratura é a densidade óssea.[4] Pelo fato de a rigidez do osso trabecular variar com a densidade óssea, a osteoporose diminui a magnitude da força necessária para fraturar o osso. Além disso, o tipo da fratura visto no osso com osteoporose difere daqueles em ossos densos e jovens. Fraturas por insuficiência osteoporótica são comuns nas vértebras, rádio distal e fêmur proximal.

CLASSIFICAÇÃO DAS FRATURAS

O reconhecimento dos padrões de fraturas comuns levou a diversos sistemas de classificação, que permitem uma comunicação mais confiável entre cirurgiões ortopédicos. Historicamente, algumas fraturas ou padrões de fraturas foram atribuídos por epônimos, geralmente após o indivíduo que as descreveu. Fraturas de Colles (1814) referem-se a fraturas do rádio distal, fraturas de Pott (1769) referem-se a fraturas da fíbula distal com subluxação lateral do tálus (fratura de tornozelo), e fraturas de Malgaigne (1847) referem-se a lesões por cisalhamento vertical na pelve. Epônimos geralmente referem-se a uma deformidade grave, uma vez que muitos desses tipos e classificações de fraturas foram descritos antes do surgimento dos raios X. Tipos específicos de fraturas que causam deformidades graves parecidas, mas são muito diferentes radiograficamente, são muitas vezes agrupados em tipos de fraturas eponímicas. Isso geralmente leva à confusão e erros na comunicação.

Agora, fraturas são avaliadas rotineiramente com raios X, tomografia computadorizada e ressonância magnética (RM). A informação adicional fornecida por essas modalidades de imagem permitem classificações mais complexas baseadas no padrão anatômico da fratura e na lesão dos tecidos moles associados. Alguns sistemas podem refletir a importância que um determinado cirurgião coloca na lesão e no tratamento. A explosão de pesquisas e descrições na literatura de vários tipos de fratura deixou os clínicos com vários sistemas de classificação que podem ou não ser úteis clinicamente.[5] A discussão sobre cada tipo de fratura está fora do alcance deste capítulo; o leitor é remetido para um dedicado texto sobre fraturas.[3,6,7] A AO/Association for the Study of Internal Fixation (ASIF) desenvolveu uma maneira de descrever as fraturas dos ossos longos (Comprehensive Long Bone Classification System)[3] (Fig. 28.6). Cada segmento de fratura é dividido em três tipos: A, B e C. Cada tipo então é subdividido em três grupos. Se necessário, mais subgrupos serão designados para definir mais precisamente fragmentos de fratura ou deslocamento. Desenvolvido pela AO/ASIF, esse sistema é projetado para o uso internacional, assim como para ser compatível com o desenvolvimento do banco de dados de pesquisa.

Nem todos esses sistemas são clinicamente úteis. Para ser usado em uma base diária, para comunicação e tomada de decisão, o sistema precisa ser validado.[8] Um sistema de classificação válido deve avaliar com precisão o que se propõe a avaliar, ter uma reprodutibilidade intraobservador aceitável e ter uma concordância interobservador aceitável.[5] A variabilidade da qualidade da imagem (i. e., visualizações precisas e boa resolução), experiência na interpretação e a necessidade de uma análise estatística fazem da normalização dos sistemas de classificação das fraturas uma tarefa formidável. Além disso, utilizando classificações válidas para guiar o tratamento e, finalmente, verificar sua eficácia com a avaliação dos resultados, a habilidade dos clínicos em tratar fraturas irá provavelmente melhorar.[9]

TRATAMENTO DE FRATURAS

A administração de fraturas começa com o serviço de emergência médica. Seja na forma de um estilingue improvisado para uma criança com uma fratura do rádio distal ou com a coordenação de bombeiros e técnicos de emergência médica na retirada de um paciente de um veículo em um acidente grave, a atenção precoce com as lesões dos tecidos ósseos e moles ajudam a prevenir a deterioração médica ulterior.[10] A estabilização precoce de fraturas minimiza a perda de sangue. Isso pode ser

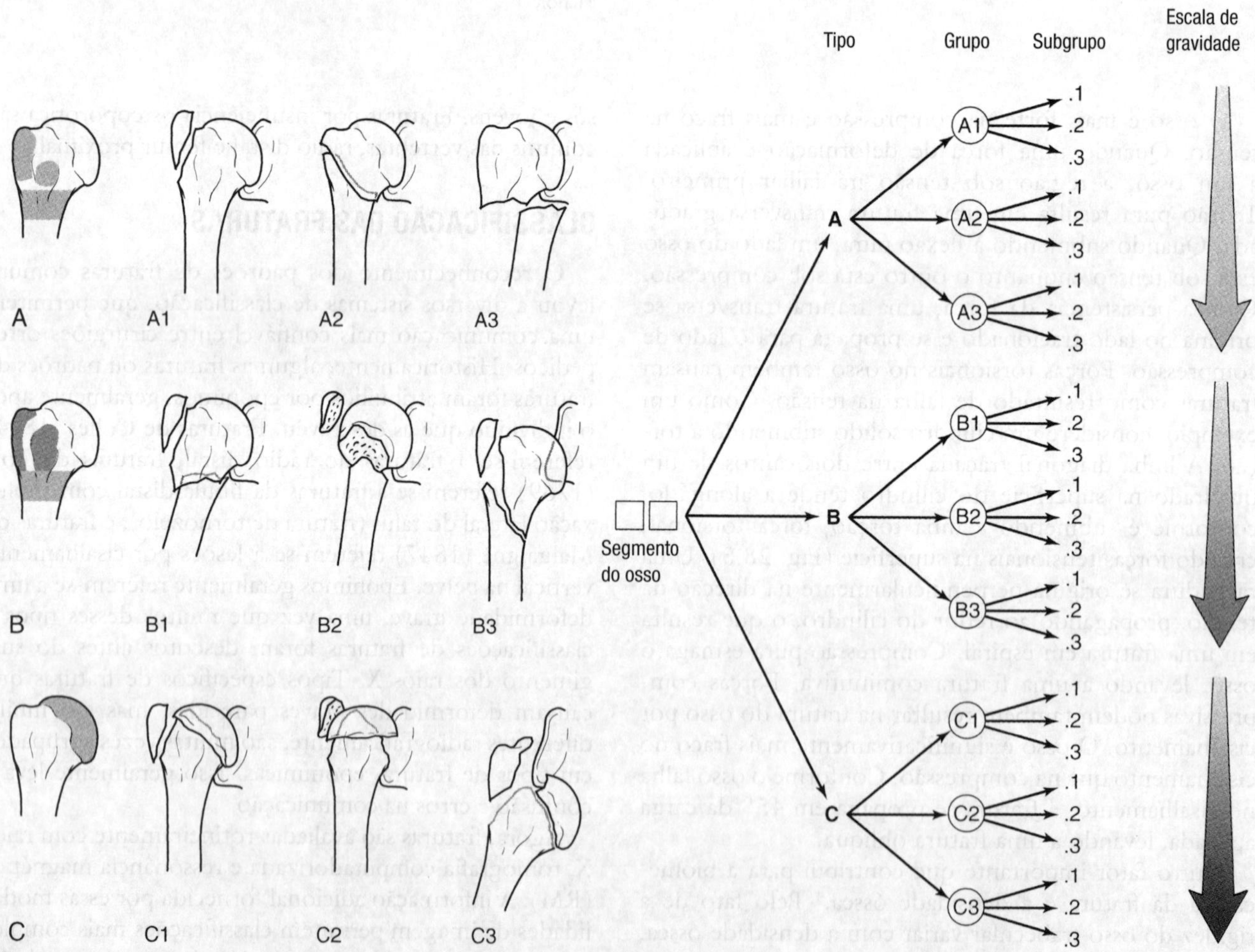

Figura 28.6 AO/ASIF Sistema de classificação dos ossos longos aplicado a fraturas do úmero proximal. (De Bucholz R, Heckman J, editors. *Rockwood and Green's Fractures in Adults.* 5.ed. Lippincott Williams & Wilkins, Philadelphia, 2001, pp. 41-42. Edição brasileira publicada pela Editora Manole.)

Tratamento precoce de fraturas

- Estabilização minimiza a perda sanguínea
- "Restaura" a tensão muscular
- Reduz o espasmo e a dor
- Reduz lesões dos tecidos moles
- Identificação de lesões abertas

particularmente importante em pacientes com fraturas nos ossos longos (fêmur) ou na pelve. A estabilização precoce é essencialmente uma forma de gerenciamento de fluidos.[11] Além disso, a redução de um osso fraturado restaura a tensão muscular, diminuindo os espasmos musculares e a dor. Esse tipo de cuidado "de campo" ajuda o cirurgião a aperfeiçoar o tratamento definitivo.

Colocar tala em uma extremidade fraturada durante o cuidado de campo ajuda a deixar os pacientes mais confortáveis. Essas talas são geralmente rudimentares – de papelão ou caixas com tiras de velcro destinadas a braços/pernas geralmente são suficientes. Fraturas de fêmur podem ser estabilizadas temporariamente com uma tala de Thomas. Na sala de emergência, a viabilidade de uma anestesia local ou sedação consciente permite a diminuição e a estabilização com tala ou gesso bem moldados.

A importância da condição das lesões dos tecidos moles associada a fraturas, em particular identificando fraturas abertas, não pode ser suficientemente enfatizada. Fraturas associadas com uma ruptura na pele são consideradas abertas (ver Fig. 28.1). A deformação de uma extremidade fraturada vista em uma sala de emergência não representa precisamente a força transmitida ao paciente durante a lesão. O encurtamento e a angulação de um osso longo durante uma lesão podem ser severos; as pontas afiadas dos ossos fraturados certamente podem traumatizar a pele, o músculo, os vasos sanguíneos e os nervos próximos. As lacerações da pele podem realmente estar a alguma distância da fratura e podem potencialmente levar a uma lesão aberta não identificada. Lesões abertas são significativamente mais propensas a complicações em longo prazo incluindo infecção, dificuldade na cicatrização e amputação.[10] A identificação de lesões abertas é um importante componente dos exames primários e secundários.

Compressão suave e elevação podem ajudar a controlar um edema local e o desenvolvimento de um hematoma. A condição da pele (lesões internas e externas) e a quantidade de edemas que desenvolve acarretam a tomada de decisão definitiva para o tratamento. Uma vez que todas as lesões foram avaliadas por exame físico e por imagem, um plano de tratamento é formulado. Esta seção examina as várias formas de tratamento não cirúrgico, assim como cirúrgico.

Tratamento não cirúrgico

A maioria das fraturas pode ser administrada sem cirurgia. Uma vez que o clínico tenha alcançado uma redução aceitável por meios fechados, vários dispositivos podem ser utilizados para manter a posição relativa de um osso fraturado. Muitas fraturas metafisárias e diafisárias podem ser tratadas de maneira conservadora. Atenção especial deve ser dada a fraturas epifisárias. Anatomicamente, a epífise é considerada a porção de um osso longo entre a superfície articular e a fise (placa de crescimento) ou cicatriz fisária (resto da fise em um adulto) (Fig. 28.7). Fraturas da epífise frequentemente envolvem fragmentos articulares deslocados que em geral necessitam de intervenção cirúrgica para alcançar uma redução anatômica e restaurar as relações articulares normais. O objetivo final dos cuidados da fratura é restaurar a forma e a função o mais rápido possível. Embora muitas fraturas dos membros superiores possam ser tratadas sem cirurgia (p. ex., parte média da diáfise, úmero proximal e algumas fraturas do rádio distal), outras requerem tratamento operatório para restaurar a função (p. ex., fraturas da diáfise

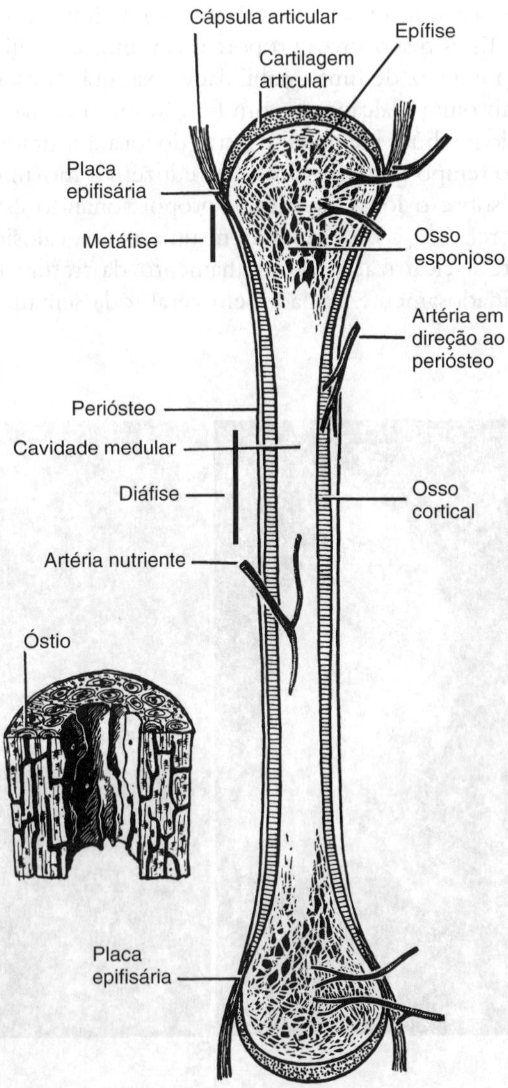

Figura 28.7 Zonas e tipos de osso. (De Gartland JJ. *Fundamentals of Orthopedics*. WB Saunders, Philadelphia, 1979, p. 9.)

radial). Tratamento de fratura dos membros inferiores tem o desafio adicional de rolamento de peso para a mobilidade. Tratamento conservador (não cirúrgico) não submete o paciente a riscos adicionais de anestesia, infecção e sangramento associado à fixação operatória.[3,12] O tratamento conservador é geralmente reservado para fraturas não deslocadas com baixo risco de deslocamento, para fraturas deslocadas que são estáveis após a redução aceitável ser alcançada, ou para pacientes aos quais anestesia e cirurgia são contraindicadas.

Candidatos ao tratamento não cirúrgico de fraturas

- Fraturas não deslocadas com baixo risco de deslocamento
- Fraturas deslocadas estáveis após redução aceitável
- Pacientes para os quais a anestesia e a cirurgia são contraindicadas

Talas, órteses para fratura, gesso (Fig. 28.8) e tração esquelética são todos dispositivos não cirúrgicos que podem ser utilizados para o tratamento de fraturas (Tab. 28.1). Esses dispositivos proporcionam uma estabilidade relativa em vez de uma estabilidade absoluta. A estabilidade absoluta é alcançada com fixação interna, não permitindo nenhum movimento perto do local fraturado, ao mesmo tempo que órteses e talas reduzem o movimento bruto sobre o local da fratura, proporcionando estabilidade relativa, a qual resulta em uma maior calosidade durante a cicatrização. O alinhamento da fratura deve ser cuidadosamente avaliado, em geral toda semana, até que a fratura esteja suficientemente consolidada com calo para proporcionar alguma estabilidade inerente.

Talas e órteses para fratura

Talas e órteses para fratura são dispositivos não circunferenciais coaptadores que se encontram ao longo de uma ou mais superfícies de uma extremidade. Com uma tala, as ripas de apoio, feitas de um material pré-fabricado (plástico moldado) ou gesso, são fixadas com uma bandagem elástica. Com uma órtese para fratura, uma peça acolchoada moldável de plástico é amarrada no lugar. Sem nenhum mecanismo para segurá-la no lugar (bandagem ou velcro), uma tala não manterá a sua posição. Como ela é muito mais adaptável, pode ser moldada para contornos específicos ou para proporcionar forças corretivas. Talas pré-fabricadas são geralmente projetadas para servir em todo mundo, mas muitas vezes não servem em ninguém.[13] Assim, talas moldadas personalizadas, geralmente feitas de gesso, devem ser utilizadas quando possível. Talas e órteses para fratura têm a vantagem de poderem ser facilmente removidas para o tratamento de feridas locais.

Talas podem ser utilizadas tanto para imobilizar como para corrigir fraturas passivamente. Esses dispositivos não podem corrigir de maneira confiável ou ativa e manter instáveis as fraturas. As forças deformantes musculares usualmente ultrapassam a capacidade de estabilização das talas. Além disso, a imobilização das articulações proximal e distal para o osso fraturado ajuda a prevenir o deslocamento. Talas são geralmente temporárias, usadas durante dias ou algumas semanas. Se for eficaz, gesso ou talas de plástico são substituídos por órteses para fratura.

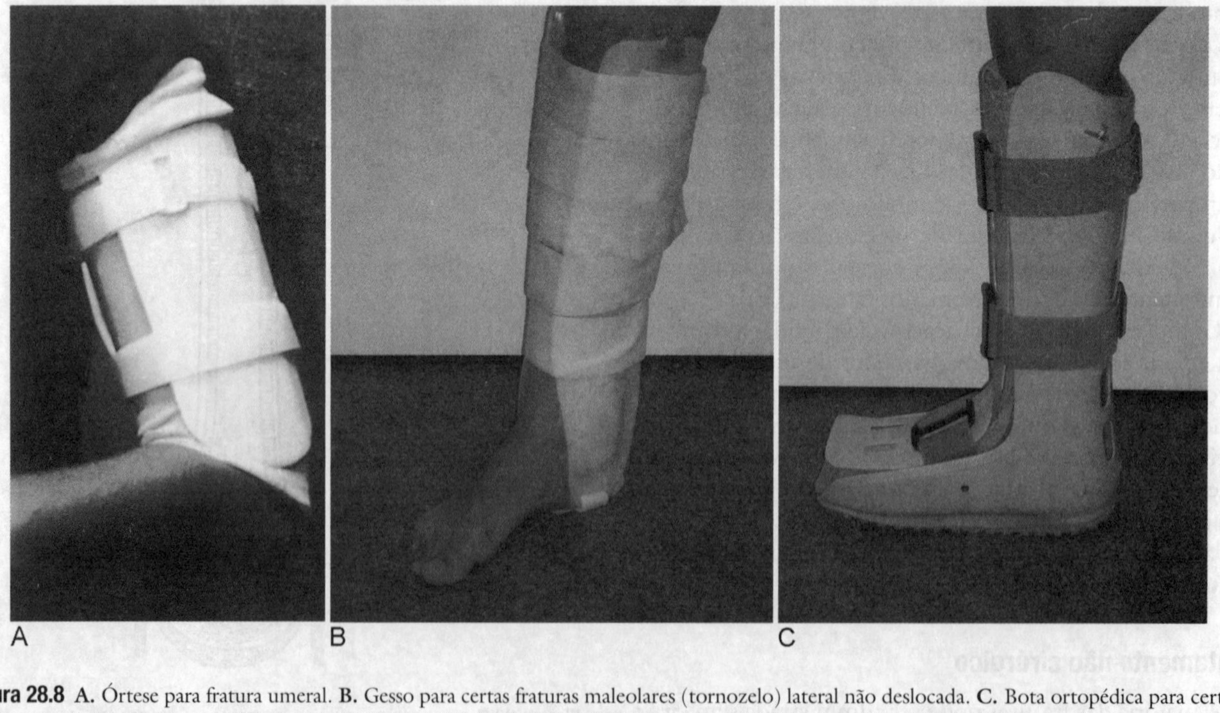
A B C

Figura 28.8 **A.** Órtese para fratura umeral. **B.** Gesso para certas fraturas maleolares (tornozelo) lateral não deslocada. **C.** Bota ortopédica para certas fraturas no pé. (*A*, de Browner BD, Jupiter JB, Levine AM, Trafton PG. *Skeletal trauma.* WB Saunders, Philadelphia, 1992, vols. 1 e 2, p. 1.185. *E*, de Bucholz R, Heckman J, editors. *Rockwood and Green's Fractures in Adults.* 5.ed. Lippincott Williams & Wilkins, Philadelphia, 2001, p. 677.)

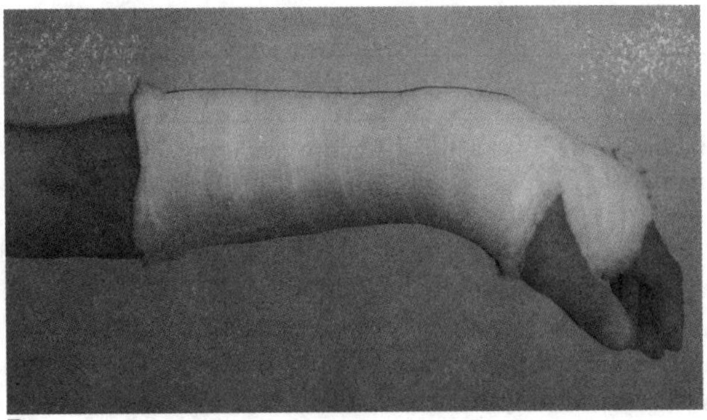

D

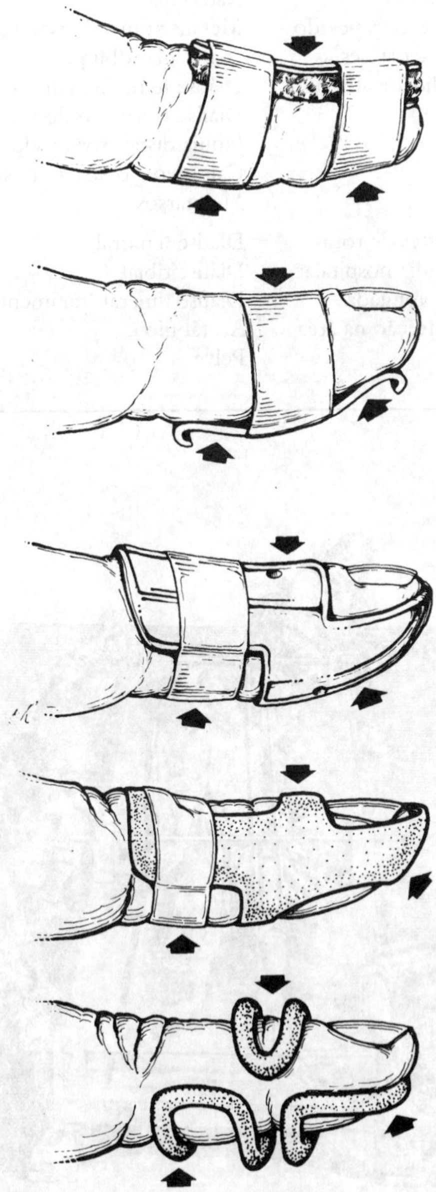

E

Figure 28-8 *Continuação*
D. Gesso de fibra de vidro. **E.** Diversas talas para os dedos.

Excelentes resultados para fraturas transversas ou oblíquas curtas da parte média da diáfise do úmero e certas fraturas da parte média da diáfise da tíbia podem ser obtidas com o suporte para fratura.[14]

Imobilização gessada

Como a eficaz tala gessada ou órtese, o engessamento é um método que exige uma experiência considerável para a execução.[15] Ele imobiliza mais efetivamente os fragmentos da fratura do que a imobilização com tala gessada ou órtese, proporcionando suporte circunferencial rígido no qual moldes apropriados e fixação de três pontos podem ser incorporados. A moldagem de três pontos é um método para auxiliar a fratura a resistir às forças de deformação. Os três pontos são pontos de contato pelo molde que aplicam uma força resistente oposta em direção a uma força de deformação. Bem aplicados os moldes são fortes, rígidos, leves e confortáveis. O gesso é usualmente utilizado quando uma moldagem extensiva é requerida. Fibra de vidro pode também ser utilizada, mas é frequentemente reservada para o segundo molde e, além disso, quando o local da fratura está mais estável.

Uma vez que a fratura tenha sido reduzida de modo aceitável e confirmada por radiografia, um molde de gesso pode ser enrolado, moldado e deixado a secar. Um molde acolchoado é utilizado para pré-envolver a extremidade tanto para protegê-la da reação exotérmica (calor) do gesso e da água como para prevenir úlceras durante as poucas semanas que o paciente permanecer com o molde. Em particular, enchimento de algodão extra ou feltro deve ser aplicado em proeminências ósseas (p. ex., processo olécrano, calcâneo, cabeça da fíbula, espinha ilíaca anterior). Abrasões e lacerações subjacentes são geralmente revestidas com uma gaze impregnada de vaselina. Adicionalmente, um buraco ou uma "janela" podem ser cortados em moldes sobre a área ferida para permitir o acesso para o seu tratamento. Esse recorte seria então posicionado sobre a ferida revestida e enfaixado no lugar para prevenir herniação do tecido edematoso abaixo. O clínico, então, aplica o molde de uma maneira confortável, sendo cuidadoso para não aplicá-lo muito apertado, para que não resulte em comprometimento neurovascular ou na possibilidade de uma síndrome compartimental aguda. Além disso, deve-se tomar cuidado para prevenir entalhes nos dedos, visto que os pontos de pressão local podem resultar em ulceração. Quando o edema está presente ou antecipado, o molde pode ser separado ou bivalvulado, uma vez seco. Quando o edema estabilizar ou diminuir, o molde pode então ser reaplicado ou enrolado por cima.[15]

Moldes são particularmente úteis para manutenção de redução do tornozelo, tíbia, antebraço (em crianças) e fraturas do rádio distal. Em crianças e bebês, o aparelho gessado do quadril pode ser aplicado para tratar fraturas femorais. Aparelhos gessados do ombro são algumas vezes usados para fraturas umerais quando a adesão ao tratamento com uma tala ou órtese é questionável.[15]

Pacientes devem ser cuidadosamente orientados nos cuidados com o gesso. A menos que especificamente

Tabela 28.1 Tratamento não cirúrgico para fraturas

Tratamento	Vantagens	Desvantagens	Pode ser usado para
Imobilização por tala gessada	Removível para higiene Acomoda o edema Baixo peso Barato e fácil de ser feito com gesso	Estabilidade de baixa a moderada	Quinto metacarpo Falanges (mão) Ossos do carpo
Órtese	Removível para higiene Estabilidade de moderada a boa Acomoda o edema Baixo peso Adaptável para permitir movimento articular	Sem estabilidade absoluta Caro, frequentemente precisa de moldagem personalizada	Parte média da diáfise do úmero Escafoide Metacarpo Ossos do carpo Ulna e parte média da diáfise da tíbia não deslocadas Calcâneo e ossos do tarso Metatarsos
Engessamento	Estabilidade de moderada a boa Barato e fácil de ser feito com gesso ou fibra de vidro Excelente método para tratamento inicial de fraturas deslocadas que requerem redução	Difícil de acessar feridas de tecidos moles Tipicamente mais pesado que talas e órteses Sem estabilidade absoluta	Metacarpos Rádio distal Metáfise umeral distal não articular oblíqua Diáfise femoral pediátrica Diáfise tibial não deslocada Fíbula distal (tornozelo) Calcâneo e ossos do tarso Metatarsos
Tração	Permite tração longitudinal É favorecida pelo eixo do ligamento Bom para contemporização de fraturas de ossos longos em pacientes instáveis	Requer ajustes de rotina Requer estadia hospitalar cara e prolongada Risco de infecção na área do pino	Diáfise femoral Diáfise tibial Diáfise umeral (raramente) Acetábulo Pelve

construído para permitir levantamento de peso na extremidade inferior do gesso, este não é recomendado. Fraturas agudas devem ser resfriadas e elevadas. O edema dependente pode levar um membro inteiro a edemaciar a ponto de comprometimento neurovascular. Quando o molde está muito apertado e os sintomas neurovasculares estão presentes, aquele deve ser rompido imediatamente. Moldes de gesso ou fibra de vidro não são à prova de água. A imersão na água irá encharcar o acolchoado interno e causar maceração e predisposição à ulceração e à infecção. Quando o molde acolchoado Gore-Tex® é utilizado, pacientes podem mergulhar os moldes de fibra de vidro na água. Eles implicam, entretanto, grandes despesas.

Tração esquelética

A tração longitudinal tem sido reconhecida como um método para redução de fraturas dos ossos longos. Hipócrates desenvolveu uma mesa de tração conhecida como *scamnum* (Fig. 28.9) para proporcionar tração para reduzir fraturas.[1] A tração suficiente deve ser aplicada manualmente ou por meio de pesos e roldanas para superar a força poderosa do encurtamento dos músculos sobre o local da fratura. Tração sustentada não era possível na época de Hipócrates, considerando que as cordas

Figura 28.9 *Scamnum* de Hipócrates, *from Sculetus*, de Hipócrates do século XVII. (De Rang M: *The story of orthopedics*. WB Saunders, Philadelphia, 2000, p. 20.)

usadas iriam cisalhar e promover úlceras através da pele. Os pacientes eram suspensos em mesas de inclinação com pesos enfaixados à tíbia, na esperança de que a gravidade ajudaria a proporcionar a tração sustentada. Só depois do início da Guerra Civil Americana que Gurdon Buck planejou um método de aplicação de tração longitudinal utilizando bandagens ao redor do comprimento da perna para dispersar as forças de tração e reduzir o risco de lesões de cisalhamento na pele. Robert Hamilton Russell, em 1924, descreveu um método de tração balanceada para fraturas do fêmur que se opôs tanto à força deformadora do reto femoral como à dos músculos isquiotibiais. Fritz Steinmann, em 1907, descreveu um método de introduzir um prego, sob anestesia e em condições estéreis, através dos côndilos femorais e aplicar a tração longitudinal através do prego. Variações da tração de Russell e Steinmann ainda são utilizadas.

Antes da técnica asséptica cirúrgica, a tração esquelética experimentou um método valioso de redução e manutenção das fraturas. Pelo fato de a gravidade e a tensão muscular deformarem as fraturas, uma tração balanceada deve ser utilizada.[16] A configuração da tração irá variar conforme o osso específico envolvido. Para o fêmur, o peso fixado a uma faixa sob a fratura se opõe ao efeito da gravidade, enquanto a tração longitudinal por meio de um pino de Steinmann, através da porção distal do fêmur ou proximal da tíbia, ajuda a manter a redução da fratura (Fig. 28.10). Quanto peso de tração é necessário? A resposta é empírica – o suficiente para manter oposição à extremidade da fratura sem produzir uma diferença significativa.

Indicações para tratamento de fraturas em tração têm diminuído desde os séculos XIX e XX. Com o desenvolvimento bem-sucedido de redução cirúrgica e fixação interna, a tração é agora usualmente reservada como uma medida de temporização. Pacientes com grandes lesões na cabeça podem precisar ser estabilizados antes de poderem tolerar o estresse fisiológico da fixação intramedular dos ossos longos.[17] Sob os cuidados da enfermagem ortopédica experiente, a tração balanceada pode ser mantida com relativa facilidade. Mesmo a partir de meados da década de 1990, a tração tem sido utilizada rotineiramente para o manejo de fraturas de fêmur em crianças. A tração exige uma longa estadia no hospital, geralmente de 3 a 6 semanas, e é muito dispendiosa. Técnicas aperfeiçoadas que utilizam hastes intramedulares flexíveis quase eliminaram a necessidade de tração em crianças. Em fraturas femorais proximais pediátricas, o iliopsoas tende a flexionar e realizar rotação lateral do fragmento proximal, sem oposição. Uma forma modificada de tração femoral pode ser utilizada para manter uma tração no eixo do fêmur com o quadril flexionado em 90° e a perna suspendida em 90° da flexão do joelho (tração 90° -90°) (Fig. 28.11).

As instalações de tração requerem atenção regular. Primeiro, os locais dos pinos devem ser limpos de duas a três vezes por dia com uma solução de peróxido de hidrogênio e solução salina e devem ser feitos curativos

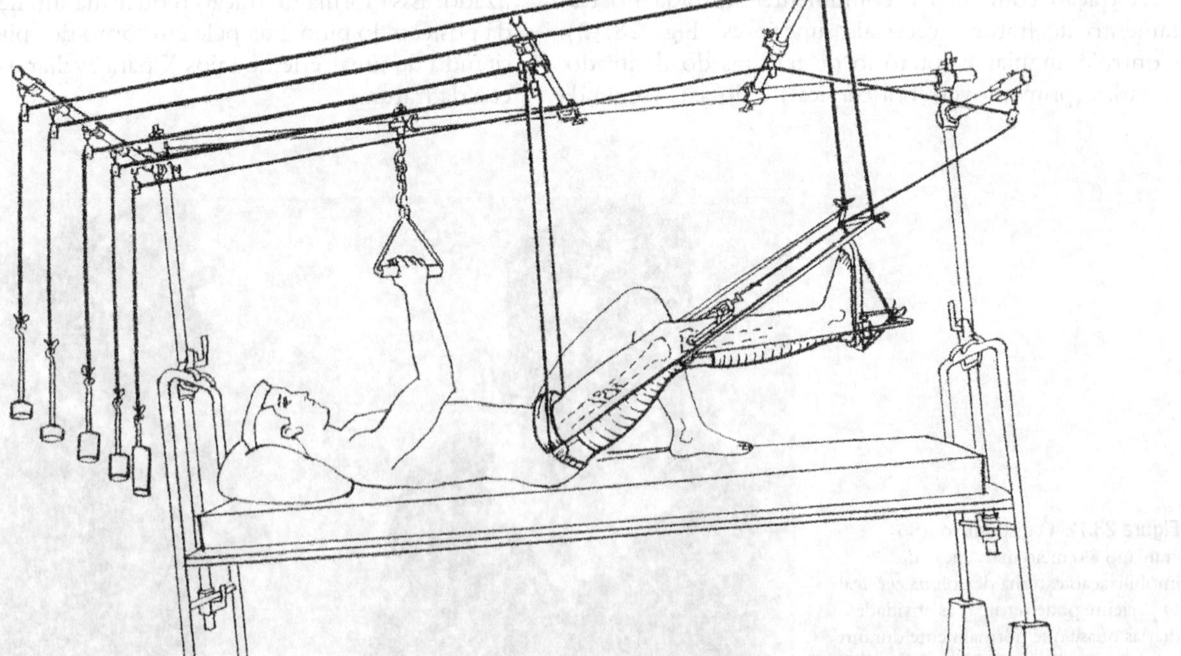

Figura 28.10 Tração da tíbia proximal com suspensão balanceada. (De Schmeisser G: *A Clinical Manual of Orthopedic Traction Techniques.* WB Saunders, Philadelphia, 1964, p. 37.)

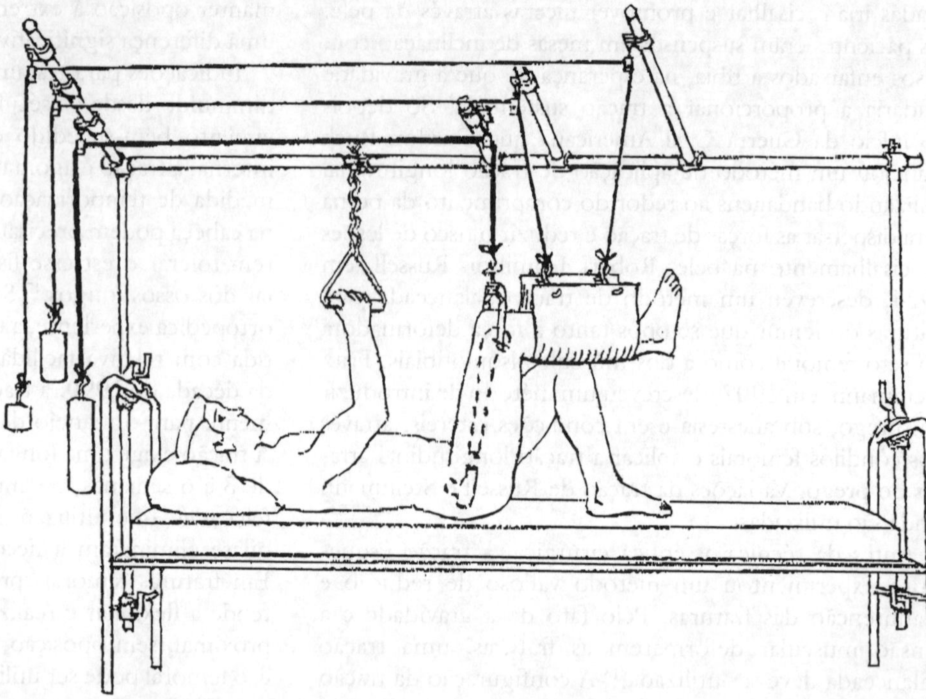

Figura 28.11 Tração 90°-90°. (De Schmeisser G. *A Clinical Manual of Orthopedic Traction Techniques.* WB Saunders, Philadelphia, 1964, p. 44.)

com gazes impregnadas de vaselina.[18] Segundo, os pesos, as polias e as cordas precisam ser ajustadas regularmente para responder ao movimento do paciente. Terceiro, para tração da extremidade inferior, o calcanhar precisa estar suspenso para prevenir o desenvolvimento de feridas no calcâneo posterior. Repouso prolongado de pacientes em tração muitas vezes leva a úlceras de decúbito, pneumonia e doença tromboembólica.[19] Internações hospitalares prolongadas também implicam grandes despesas.[20]

A tração com halo é comumente utilizada no tratamento de fraturas cervicais superiores (Fig. 28.12). Controle angular e rotatório de fraturas do denteado, do atlas (primeira vértebra cervical) e do áxis (segunda vértebra cervical) pode ser obtido com um halo cervical, que é fixado ao crânio por meio de vários pinos que são aparafusados pelo anel no crânio. Os pinos são apertados ao crânio com 10 Nm de torque em adultos. O anel é rigidamente preso ao colete usado pelo paciente por meio de uma série de barras de suspensão. Uma forma similar de tração pode ser usada enquanto o paciente está deitado em supino em uma cama; entretanto, a tração com halo permite que o paciente deitado seja mobilizado. Essa forma de tração requer manutenção regular da posição do pino e da pele em torno dos pinos, necessitando de uma série de raios X para avaliar a consolidação da fratura.

Figura 28.12 O dispositivo halo craniano é o meio mais eficaz de imobilização externa de coluna cervical. O paciente pode retomar as atividades diárias quase que normalmente durante seu uso (De Browner BD, Jupiter JB, Levine AM et al. *Skeletal Trauma.* WB Saunders, Philadelphia, 1992, vols. 1 e 2, p. 659.)

Tratamento cirúrgico

Antes do desenvolvimento da técnica asséptica e da anestesia, as tentativas cumulativas em reduções abertas e fixação interna eram desastrosas, resultando em amputação, assim como em morte por sepse.[1] Técnicas com fios utilizando fios de bronze e prata eram comuns no início do século XIX. Uma vez que a anestesia proporcionou melhor controle sobre a dor e deu ao cirurgião mais tempo para operar, cirurgias mais extensas foram desenvolvidas. No final do século XIX, as primeiras placas e parafusos foram desenvolvidos. Eles eram feitos de aço comum e previsivelmente corroídos, causando reações severas nos tecidos moles. No início do século XX, melhores ligas de aço inoxidável foram desenvolvidas, e essas placas foram o padrão por aproximadamente 50 anos. Em 1963, o manual suíço *Arbeitsgemeinschaft für Osteosynthesefragen* (AO) foi publicado, defendendo o conceito atual de compressão por meio de fraturas e descrevendo, em detalhes, os métodos modernos de fixação de fraturas utilizando placas, pinos e parafusos. O fim do século XX viu vastas melhorias nos métodos e na metalurgia para fixação da haste intramedular. A mais nova forma de fixação de fratura utilizando placas de bloqueio se tornou popular no século XXI.

A vantagem imediata do tratamento cirúrgico é a redução anatômica dos fragmentos da fratura e a imobilização precoce. Os longos períodos de repouso e imobilização são obsoletos em todas as situações, com algumas exceções. A incidência de comprometimento cardiorrespiratório, doenças tromboembólicas e úlceras de decúbito têm diminuído significativamente com a mobilização precoce e fisioterapia.[3,19]

Apesar do sucesso das várias formas de tratamento conservadores descritas aqui, algumas fraturas, particularmente fraturas periarticulares, requerem fixação cirúrgica (Fig. 28.13). Algumas fraturas de ossos longos (i. e., fêmur) são mais adequadas para o tratamento cirúrgico por permitir mobilização precoce e descarga de peso. Redução fechada com pinagem percutânea, fixação externa, redução aberta e fixação interna e fixação de placa intramedular serão abrangidas (Tab. 28.2).

Pinagem percutânea

A pinagem percutânea é uma forma minimamente invasiva de fixação interna. Sem o uso de algum tipo de fixação interna, fraturas do rádio distal reduzidas de forma fechada podem permanecer instáveis, apesar das técnicas de engessamento apropriadas; ou no caso de osso osteoporótico, fraturas podem ser extremamente cominutivas e tendem a entrar em colapso e angular no sentido dorsal. Para manter o alinhamento ideal, as fraturas são presas por via percutânea utilizando fios de Kirschner. Os pinos são conduzidos através da pele e do córtex, através da fratura reduzida e para dentro do córtex oposto. Essa técnica é comum na mão, rádio distal, úmero proximal e pé (Fig. 28.14). Tratamento cuidadoso das feridas é necessário para prevenir infecções nos pinos. Fraturas tratadas com pinagem percutânea usualmente requerem imobilização gessada para proteger os lugares dos pinos e ajudar a prevenir que os pinos não se soltem. A migração dos pinos pode também ser uma frustrante complicação. Os pinos são tipicamente removidos quando a fratura é curada. Entretanto, ossos maiores estão sujeitos a forças demasiadamente grandes para os pinos suportarem, resultando na quebra do pino. Ossos maiores requerem tipos diferentes de técnicas de fixação.

Fixação externa

A fixação externa de fraturas mantém tração e alinhamento sem a necessidade de confinar o paciente a uma cama em um dispositivo de tração. Pinos de tração com rosca são inseridos dentro do osso proximal e distal até o local da fratura (Fig. 28.15). A fratura é manualmente reduzida e fixada na posição com barras de fibra de carbono abrangendo o local da fratura fora da pele. A rigidez da fixação depende da configuração dos pinos, dos conectores e das barras. Fixadores externos podem ser utilizados para fixação definitiva. Entretanto, com aperfeiçoadas técnicas intramedulares e abertas, os fixadores externos assumiram o papel de estabilizadores temporários na preparação para a fixação definitiva tardia. Fixação externa pode ser realizada com relativa velocidade e facilidade, tornando este tipo de fixação ideal em pacientes com múltiplas lesões. Embora alguns defendam o uso desses sistemas de fixação em salas de emergência sob anestesia local, eles são usualmente aplicados na sala de operação sob anestesia.[21] Quase qualquer fratura pode ser temporariamente estabilizada com um fixador externo, inclusive todos os ossos longos e a pelve. Variações híbridas foram desenvolvidas para permitir a fixação de fraturas periarticulares metafisárias, como o platô tibial e a área de suporte de peso da tíbia distal (pilão tibial). Fios finos e flexíveis são cruzados na metáfise subcondral para formar um trampolim. Esses pinos são então estabilizados em um quadro de fixação externo ainda mais para baixo do eixo sobre o local da fratura. Este método permite aos clínicos fixarem fragmentos menores sem terem de estender e imobilizar uma articulação.

Redução aberta e fixação interna (RAFI)

O objetivo da redução aberta formal e fixação interna (RAFI) é reduzir anatomicamente e proporcionar estabilidade absoluta para o máximo possível de fragmentos da fratura. O procedimento de redução aberta e fixação interna consiste em expor a fratura através de uma incisão na pele e planos seguros intermusculares e internervosos. Ao expor o local da fratura, o hematoma é tipicamente evacuado e a fratura fica limpa de quaisquer detritos, inclusive o periósteo. Excessiva debridação do periósteo é desencorajada, pois isso elimina uma importante fonte de suprimento de sangue para a consolidação da fratura. Os fragmentos da fratura são manualmente reduzidos e temporariamente mantidos no lugar com grampos ósseos ou fios de Kirschner. Quando possível, parafusos são inseridos para fornecer compressão através dos planos da fratura. Algumas fraturas em espiral de ossos longos

(*O texto continua na p.714.*)

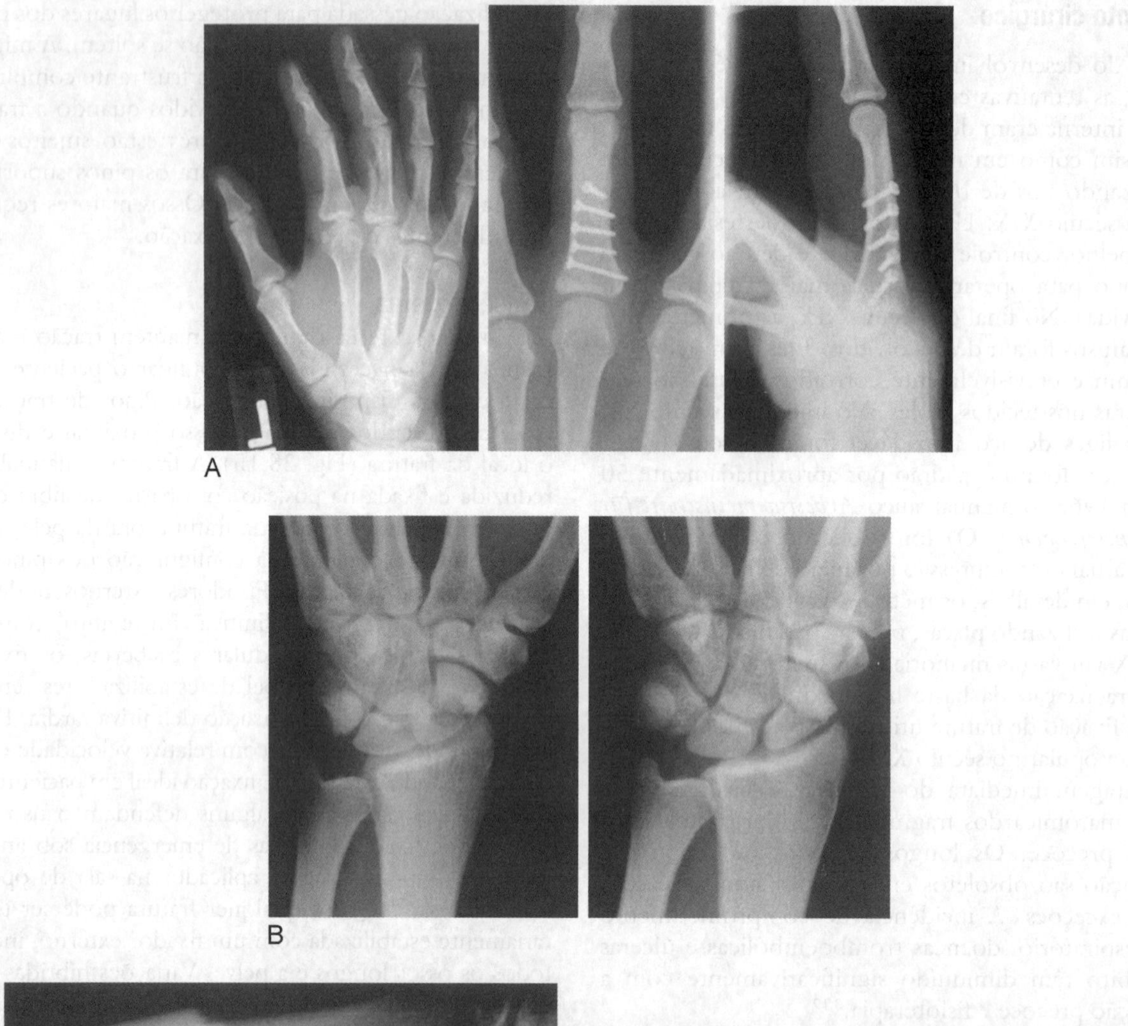

Figura 28.13 Exemplos de fraturas que requerem fixação cirúrgica. **A.** Fratura de falange média proximal tratada com redução aberta e fixação com parafuso de tração. **B.** Fratura de escafoide com deslocamento. Essa fratura em particular requer redução aberta, enxerto ósseo e fixação interna com parafuso. **C.** Fratura segmental de antebraço com deslocamento de ambos os ossos (rádio e ulna) tratada por meio de redução aberta e fixação interna com placas e parafusos. **D.** Fratura diafisária do terço distal do úmero tratada com redução aberta e fixação interna com placas e parafusos. (De Bucholz R, Heckman J, editors. *Rockwood and Green's Fractures in Adults.* 5.ed. Lippincott Williams & Wilkins, Philadelphia, 2001, pp. 699, 787, 883, 987.)

Tabela 28.2 Implantes para fixação interna

Tipo de fixação	Pode ser usada para	Vantagens	Desvantagens	Precauções
Pinos percutâneos	Falanges Metacarpos Rádio distal Úmero proximal Metatarsos	Mínima ou nenhuma necessidade de incisão Pode ser incorporada em moldes Fácil remoção na clínica	Pode entortar ou quebrar dentro do osso Risco de infecção no local do pino Sem estabilidade absoluta	Deve impedir articulações adjacentes de tornarem-se rígidas (punho, cotovelo) Deve impedir o movimento da fratura
Parafusos (sozinhos)	Falanges Ossos do carpo (i. e., escafoide) Pelve Fêmur distal Tíbia proximal Diáfise tibial espiral Fíbula distal Metatarso Navicular do tarso	Pode alcançar compressão sobre o local da fratura Baixo perfil Pode ser realizada por via percutânea ou somente requer uma pequena incisão	Não pode proporcionar estabilidade rotacional; pode precisar ser suplementada por uma placa de neutralização ou órtese (i. e., fíbula distal)	Pode precisar prevenir/limitar forças torcionais durante a reabilitação
Placas e parafusos	Falanges (mão) Metacarpo Rádio distal Rádio/ulna Olécrano Úmero distal (intra-articular) Diáfise umeral Colo umeral Clavícula Escápula Pelve Colo femoral intertrocantérico Diáfise femoral Fêmur distal Tíbia proximal Diáfise tibial Tíbia distal (intra-articular, pilão tibial) Fíbula distal Calcâneo Ossos do tarso Metatarsos	Pode alcançar redução precisa com estabilidade absoluta Compressão sobre o local da fratura promove a cicatrização sem calo	Pode requerer grande exposição Pode envolver desbridamento periosteal Potencial para a falha do implante (quebra ou retirada do parafuso)	Evita que as articulações adjacentes tornem-se rígidas Levantamento de peso geralmente não é possível até a fratura se juntar
Hastes intramedulares	Diáfise femoral Diáfise tibial Diáfise umeral Diáfise radial Diáfise ulnar Clavícula	Fornecem estabilidade relativa Podem bloquear para fornecer estabilidade rotacional	Pode interromper o suprimento sanguíneo endosteal (intramedular) Alguns pontos de entrada são intra-articulares (fêmur distal e tíbia proximal)	Levantamento de peso pode ser permitido dependendo da presença de parafusos de fixação, contato cortical, padrão da fratura, preferência do cirurgião
Fixadores externos	Falanges (mão) Rádio distal Olécrano Úmero Pelve Diáfise femoral Fêmur distal Tíbia proximal Diáfise tibial Tíbia distal (pilão tibial)	Tipicamente fácil de aplicar em uma emergência para pacientes instáveis Permite tração longitudinal	Fornece somente relativa estabilidade Risco de infecção no local do pino	Levantamento de peso geralmente não é possível Frequentemente volumosos Podem permitir movimento articular adjacente precoce

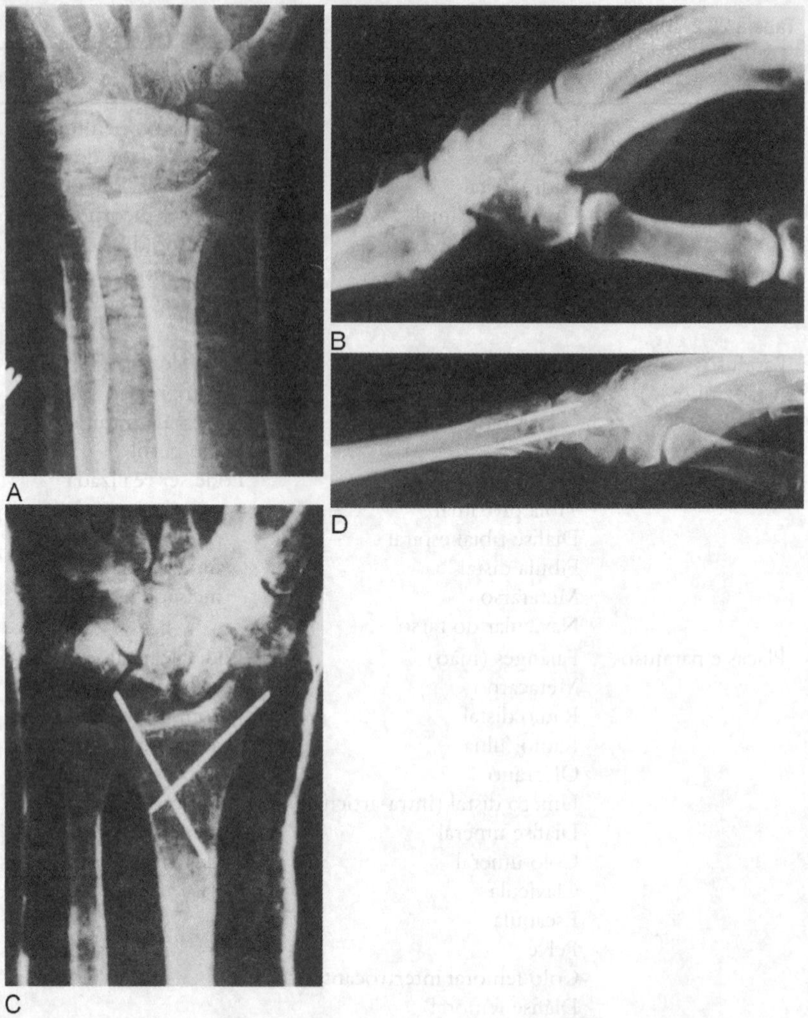

Figura 28.14 Rádio distal instável em um paciente com 33 anos de idade. Radiografias anteroposterior (**A**) e lateral (**B**) demonstram a fratura deslocada. Redução fechada e manipulativa e pinagem percutânea foram realizadas utilizando a intensificação da imagem (**C** e **D**). (De Browner BD, Jupiter JB, Levine AM et al. *Skeletal Trauma*. WB Saunders, Philadelphia, 1992, vols. 1 e 2, p. 1.078.)

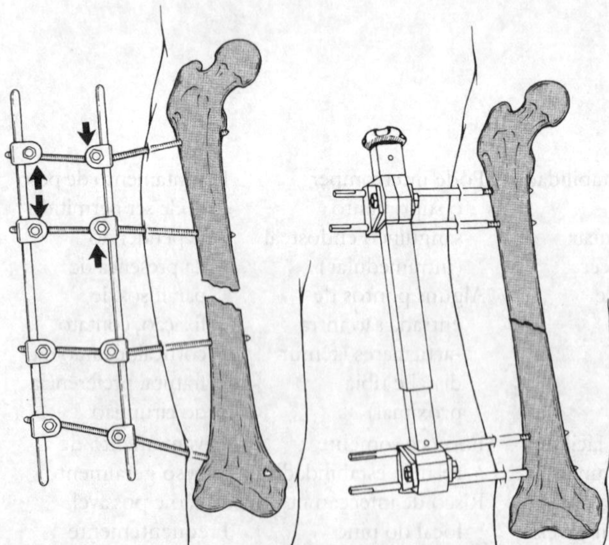

Figura 28.15 Fixação externa do fêmur. **A.** Fixador externo dinâmico monolateral **B.** Fixação externa de Wagner. (De Browner BD, Jupiter JB, Levine AM et al. *Skeletal Trauma*. WB Saunders, Philadelphia, 1992, vols. 1 e 2, p. 1.554.)

podem ser tratadas somente com uma série de parafusos colocados de maneira estratégica. Usualmente uma placa é aplicada ao córtex tracionado e fixada com parafusos. Compressão sobre os locais da fratura permite a reparação da fratura primária, sem formação de calo.

Aparafusar a placa rente ao osso proporciona atrito suficiente para acrescentar rigidez significativa para a construção. Na parte média da diáfise dos ossos longos (p. ex. rádio), as placas são aplicadas em compressão (Fig. 28.16). Em fraturas da fíbula distal oblíqua, a compressão é usualmente fornecida por um parafuso. Uma placa lateral é então aplicada para transmitir estabilidade rotacional para a fratura (neutralização). Na tíbia proximal, placas e parafusos podem ser usados para apoiar o platô tibial lateral e resistir à translação ao longo do plano da fratura (cisalhamento) (Fig. 28.17). Em fraturas cominutivas graves, os fragmentos podem ser muito pequenos para prender, e as extremidades do osso podem ser não contíguas. Nesses casos, o comprimento do osso é restaurado com tração. O clínico liga as extremidades da fratura com uma placa no modo neutro, utilizando o osso cominutivo restante para preencher o espaço. Em casos de perda severa do osso, o enxerto ósseo pode ser necessário. Hemostasia cuidadosa

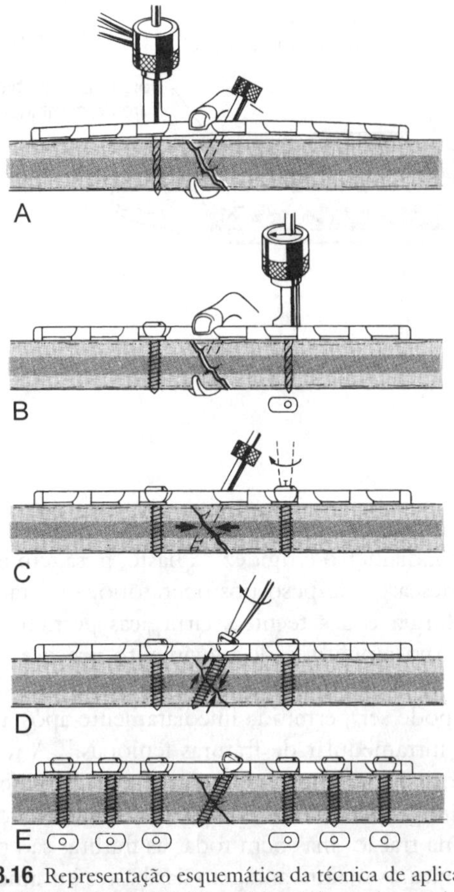

Figura 28.16 Representação esquemática da técnica de aplicação de placa DC a uma fratura diafisária oblíqua de antebraço. **A.** A placa é remodelada para ficar 1mm fora do local de fratura. A fratura é reduzida, a placa é fixada com um grampo, e um parafuso é aplicado de modo neutro no fragmento, o qual tem sua obliquidade voltada para fora da placa. **B.** O orifício deslizante para um parafuso interfragmentário de tração através da placa pode então ser perfurado com uma broca de 3,5mm. **C.** A seguir, um parafuso é aplicado na posição de "carga" ou compressão do fragmento oposto, o que irá permitir que este fragmento seja puxado para dentro da placa quando a compressão for aplicada. **D** e **E.** O parafuso interfragmentário de tração é então posicionado através da placa pela perfuração do córtex com uma broca de 2,5mm, batendo com um *tap* de 3,5mm e posicionando um parafuso de comprimento adequado. Os demais parafusos são aplicados ao longo da placa (De Browner BD, Jupiter JB, Levine AM et al. *Skeletal Trauma*. WB Saunders, Philadelphia, 1992, vols. 1 e 2, p. 1.106.)

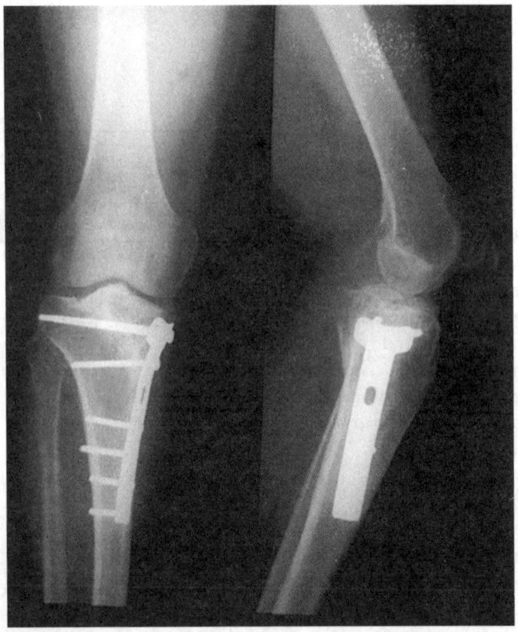

Figura 28.17 Fratura do platô tibial fixado com uma placa de suporte medial e parafusos. (De Canale T, editor. *Campbell's Operative Orthopaedics*. 10.ed. Mosby, Philadelphia, 2003. Edição brasileira publicada pela Editora Manole.)

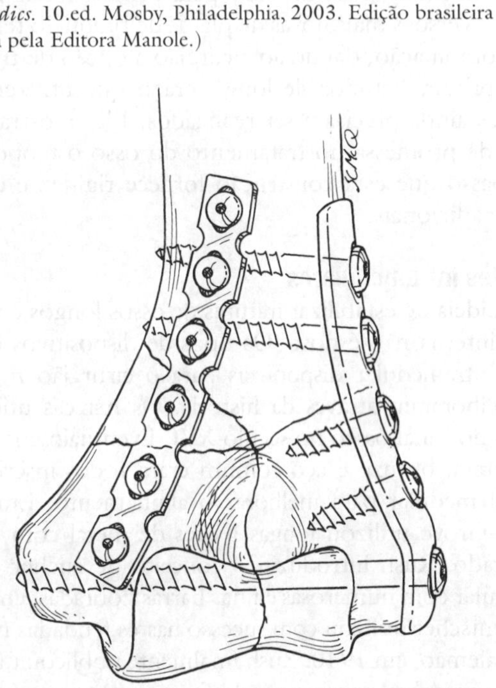

Figura 28.18 Desenho de uma fratura do úmero distal intra-articular fixada com placas e parafusos. A redução anatômica dos componentes da fratura intra-articular é essencial para restaurar o movimento normal e prevenir artrite pós-traumática. (De Canale T, editor. *Campbell's Operative Orthopaedics*. 10.ed. Mosby, Philadelphia, 2003.)

com eletrocautério é importante para prevenir hematomas pós-operatórios. A ferida é cuidadosamente irrigada e fechada em camadas. No pós-operatório, fraturas fixadas rigidamente são imobilizadas para o conforto do paciente. A posterior aplicação de um molde é deixada à preferência do cirurgião, mas é usualmente recomendada para proteger o reparo, particularmente na extremidade inferior.

Fraturas intra-articulares representam um desafio formidável (Fig. 28.18). A falha em restaurar anatomicamente as superfícies articulares, particularmente em articulações que suportam peso, resulta em artrite pós-traumática e incapacidade grave. Frequentemente, a impactação do osso trabecular debaixo da superfície articular requer elevação e redução dos fragmentos articulares e justaposição com um enxerto ósseo.

Placas de bloqueio

A introdução das placas de bloqueio mudou a maneira pela qual muitas fraturas são tratadas. Essas placas de bloqueio possuem furos em que os parafusos com rosca

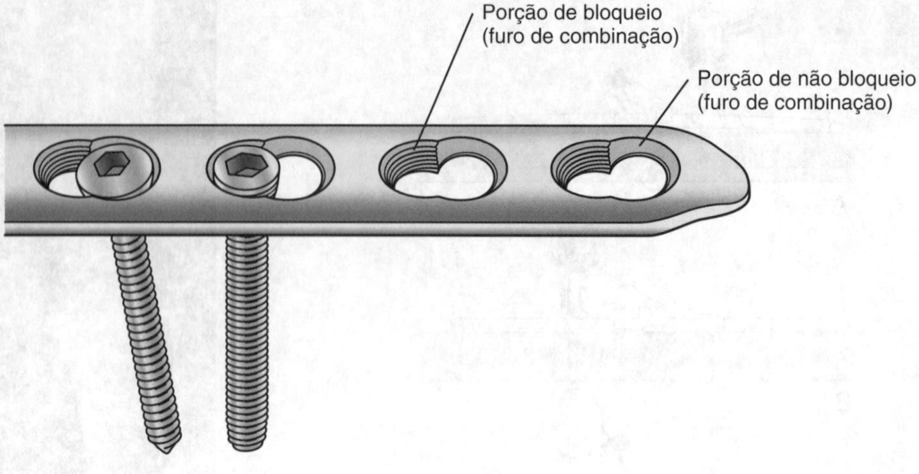

Figura 28.19 Placa de compressão de bloqueio. O parafuso à direita tem uma cabeça de rosca que rosqueia nos segmentos da porção de travamento do furo de combinação. O parafuso tem uma cabeça redonda e pode ser inserido em um ângulo através da porção de não bloqueio do furo de combinação.

podem engatar e formar uma armação rígida (Fig. 28.19). Estas placas não fornecem, por elas mesmas, compressão no local da fratura. Elas são frequentemente chamadas de "fixadores internos externos", uma vez que não precisam ser colocadas rente ao osso para proporcionar estabilidade. Versões mais novas de placas de bloqueio têm furos de combinação, dando ao cirurgião a opção de travar ou comprimir. Estudos de longo prazo que utilizem essas placas ainda precisam ser realizados. Eles mostram uma grande promessa no tratamento do osso osteoporótico, ao passo que esta construção fornece rigidez e estabilidade adicionais.

Hastes intramedulares

A ideia de estabilizar fraturas de ossos longos com uma tala interna não é nova. Os tipos de dispositivos de fixação intramedular disponíveis para o cirurgião mudaram e melhoraram através da história. Os Astecas utilizavam paus no canal ósseo no século XVI. Eventualmente, pinos de prata, bronze e aço comum eram todos inseridos no canal medular para melhorar o alinhamento. Em 1916, Hey-Grove utilizou longas hastes de metal com sucesso limitado. Rush introduziu o conceito de encher o canal medular com numerosas e finas barras dobradas, em 1936, e Kuntscher utilizou com sucesso hastes fendadas no exército alemão, em 1940. Rush finalmente publicou um texto pioneiro sobre o princípio da fixação de três pontos, em 1955. Como a melhora da metalurgia aumentou a rigidez e a resistência dos implantes intramedulares, dispositivos como as hastes de bloqueio se tornaram populares nos anos 80.[22] Hastes intramedulares foram desenvolvidas para uma infinidade de fraturas cujos locais incluem úmero, rádio, ulna, fêmur, tíbia e até coluna (Fig. 28.20).

A fixação de fraturas com hastes intramedulares proporciona estabilidade relativa. A não ser que a haste esteja bloqueada proximal e distalmente, e tenha uma fixação apertada no local da fratura, a fixação pode ter instabilidade rotacional e angular. Esta falta de estabilidade pode levar ao deslocamento da fratura ou não cicatrização. Fatores que afetam a cicatrização da fratura com a utilização de hastes intramedulares incluem o uso de parafusos de fixação, diâmetro e rigidez da haste, fresagem intramedular e descarga de peso pós-operatório. O estado atual da metalurgia e das técnicas cirúrgicas permite grandes avanços para amplitude de movimento precoce (ADM), descarga de peso e intervenção de reabilitação. A descarga de peso pode ser permitida imediatamente após a fixação da haste intramedular de fraturas femorais.[17] A mobilização precoce de pacientes após colocação de haste femoral e tibial é um grande avanço comparado à imobilização prolongada na tração, mas nem todas as fraturas são passíveis desta técnica. A maior vantagem das hastes intramedulares

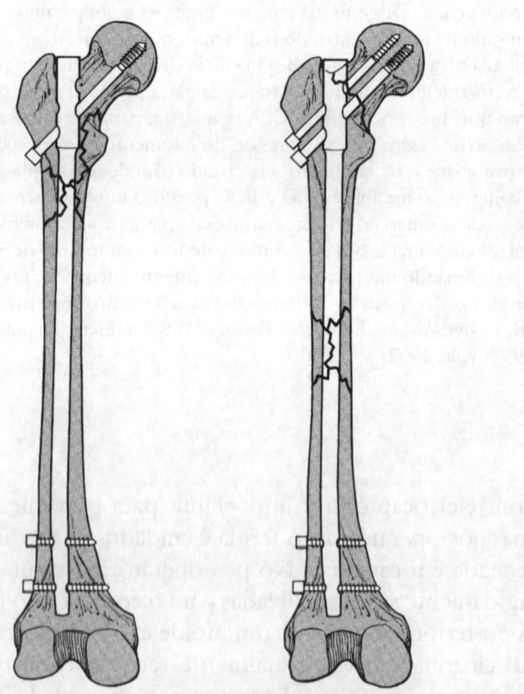

Figura 28.20 Representação esquemática de hastes de fixação femoral de segunda geração e suas primeiras indicações. **A.** Fixação de uma fratura cominutiva subtrocantérica. **B.** Fixação do colo femoral ipsilateral e fratura diafisária cominutiva. (De Browner BD, Jupiter JB, Levine AM et al. *Skeletal Trauma*. WB Saunders, Philadelphia, 1992, vols. 1 e 2, p. 264.)

na extremidade superior (rádio, ulna, fraturas de úmero) é evitar uma grande incisão e o risco das estruturas neurovasculares. Fraturas perto da superfície articular ainda precisam ser fixadas com pinos, parafusos, placas, ou mesmo uma combinação deles. Como descrito anteriormente, fraturas através da superfície articular podem levar à artrite pós-traumática. A redução precisa melhora a cicatrização da cartilagem e a restauração das superfícies articulares.

FRATURAS POR ESTRESSE

Uma **fratura por estresse** é uma das formas mais comuns de lesão por excesso de uso. Foi primeiramente descrita pelo médico militar prussiano Breithaupt em 1885, que chamou as fraturas por estresse do eixo do metatarso de "fraturas da marcha".[23] Elas se desenvolvem quando cargas excessivas e repetitivas são colocadas sobre os ossos sem o necessário período de descanso. Isso causa um aumento na atividade dos osteoclastos, que cria um desequilíbrio entre a reabsorção óssea e a formação óssea. O desequilíbrio metabólico entre os osteoblastos e osteoclastos resulta no que é chamado de **fratura por fadiga**. Estas são mais comuns em atividades de sustentação de peso, especialmente corrida e salto (Fig. 28.21). Para ser preciso, os atletas são particularmente propensos a essas fraturas. Mais de 90% das fraturas por estresse ocorrem nas extremidades inferiores. Na natureza, além dos humanos, apenas dois tipos de animais desenvolvem fraturas por estresse: cavalos de corrida e galgos de corrida.

Fatores de risco

Fatores de risco extrínsecos incluem regimes de treinamento, calçados e superfícies de treinamento, ao passo que fatores de risco intrínsecos para o desenvolvimento de fraturas por estresse incluem o tipo do corpo e a fisiologia individual. Volumes altos de treinamento e aumentos bruscos na sua duração, frequência ou intensidade, aumentam o risco de faturas por estresse. Isso comumente ocorre quando atletas são promovidos do time de juniores do colégio para o principal ou do ensino médio para o nível universitário de esportes. Modelos de programas impróprios e erros de treinamento são as causas encontradas mais frequentemente de fraturas por estresse.[23] Calçados inadequados consitutem outro fator de risco. Os atletas deveriam trocar seu tênis de corrida frequentemente (a cada 6 meses) e escolher tênis com solas de absorção de impacto. Superfícies de treino duras (cimento, asfalto, pavimento) e terrenos irregulares aumentam o risco do desenvolvimento de uma fratura por estresse.

Ainda mais numerosos são os fatores de risco intrínsecos. Idade, raça, estrutura do pé, e condição nutricional são alguns exemplos. Mulheres são mais propensas a fraturas por estresse do que homens, particularmente quando associadas à irregularidade menstrual e distúrbios de alimentação. Dados militares sugerem que indivíduos negros são menos propensos a desenvolver fraturas por estresse do que indivíduos brancos. A densidade mineral do osso (DMO), geometria do osso e estrutura do pé são alguns fatores de risco biomecânicos para estas diferenças. Baixa densidade mineral óssea na coluna lombar, colo do fêmur, quadril e pé, é um fator de risco significativo para o desenvolvimento de fraturas por estresse em atletas de pista e de campo tanto do sexo masculino como do feminino. A geometria óssea refere-se à quantidade de força que um osso pode suportar baseada em sua área transversal e seu momento de inércia transversal. Em um estudo, recrutas militares com a largura mais estreita da tíbia medial para a lateral eram mais propensos a sustentar fraturas por estresse no fêmur, tíbia, ou pé do que

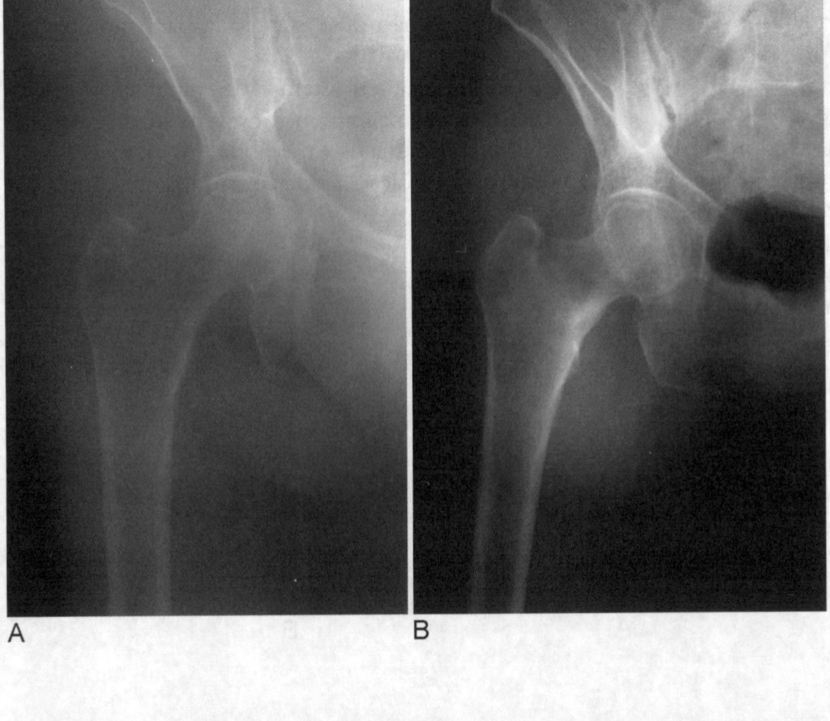

Figura 28.21 A. Raio x demonstrando uma suspeita de fratura por estresse no aspecto de compressão (medial) do colo do fêmur. **B.** Fratura por estresse consolidada; note o colo do fêmur medial esclerótico. (De Canale T, editor. *Campbell's Operative Orthopaedics.* 10.ed. Mosby, Philadelphia, 2003.)

recrutas com a tíbia mais ampla.[23] Um pé mais arqueado (pé cavo) absorve menos estresse e transmite uma maior força para a tíbia e o fêmur. Um pé menos arqueado (pé plano) absorve mais estresse no próprio pé, colocando os metatarsos e ossos do tarso em maior risco de fratura por estresse. Existe uma correlação entre pé pronado e fratura por estresse tibial, enquanto pés cavos são associados a fraturas por estresse femoral e do metatarso.

Nutrição

Atletas com baixa ingestão de cálcio têm mostrado uma incidência relativamente maior de fraturas por estresse.[24] Uma razão é que a diminuição da ingestão de cálcio pode levar à queda da densidade mineral óssea.[25] A dose diária recomendada de cálcio é de 1.000 mg por dia, embora haja um amplo debate sobre se essa quantia é ou não muito baixa para atletas. Estes devem ter como objetivo diário ingerir de 1.200 a 1.500 mg de cálcio, assim como de 400 a 800 UI de vitamina D.

Tríade da mulher atleta

A tríade de mulher atleta consiste em amenorreia, distúrbios alimentares e fraturas por estresse. Corredoras femininas com um histórico de fraturas por estresse são mais propensas a ter um histórico de oligomenorreia ou amenorreia. Os efeitos em longo prazo da menarca tardia são desconhecidos. Um estudo sobre corredoras de longa distância do sexo feminino revelou que 50% tinham ciclos menstruais irregulares.[23] Algumas das complicações potenciais são osteopenia, fraturas por estresse e escoliose. Deficiência de estrogênio, em qualquer idade, diminui a massa muscular. Menor consumo de gordura por quilo de peso corporal aumenta a chance de sustentar uma fratura por estresse. Ainda existe uma falta de estudos prospectivos longitudinais amplos sobre o efeito da terapia de reposição hormonal ou pílulas anticoncepcionais na densidade mineral óssea (DMO) em mulheres atletas jovens.

Diagnóstico

Histórico e preparo físico perfeitos, bem como um índice elevado de suspeita, irão ajudar a fazer um diagnóstico de fratura por estresse. O início da dor é usualmente insidioso, durante pelo menos 2 ou 3 semanas. A princípio, o atleta relembra da dor aparecendo somente no final de uma disputa ou de um treino, e essa dor é confortada com o descanso. Conforme o tempo passa, a dor vem mais cedo no treinamento ou no jogo e precisa de mais tempo para se resolver. A dor finalmente torna-se grave o suficiente para justificar a modificação da atividade. A dor é geralmente localizada na área da fratura por estresse. Exame físico deve incluir percussão – muitas vezes tocar o osso em um local longe da fratura real irá provocar dor.

Exames radiográficos consistem em raios X, cintilografia óssea tripla fase e ressonância magnética. Radiografias simples são normais durante as 2 ou 3 semanas iniciais em que um indivíduo desenvolve os sintomas. Na verdade, quaisquer resultados anormais podem ou não ser revelados por vários meses. Setenta por cento das radiografias simples são normais em pacientes positivamente diagnosticados com fraturas por estresse. Um resultado anormal em uma radiografia é geralmente uma linha de fratura fina incompleta radiolúcida, uma leve reação periosteal ou uma fina área linear de esclerose, que é perpendicular às principais linhas trabeculares. Um resultado radiográfico positivo é geralmente um osso cortical suplementar, reação periosteal, clareamento cortical ou uma linha de fratura. No osso esponjoso, os resultados são mais sutis e consistem em uma área tipo faixa de esclerose focal de reação periosteal (Fig. 28.22).

As cintilografias ósseas de tripla fase são altamente sensíveis, mas lhes falta especificidade. Elas podem detectar captação aumentada em um osso logo em 2 ou 3 dias depois do início dos sintomas clínicos. Uma captação aumentada em fratura por estresse é vista em todas as três fases da cintilografia óssea: o fluxo sanguíneo ou fase angiográfica, a poça de sangue ou fase de tecidos moles, e a fase tardia. Em contraste às fraturas por estresse, a tendinite grave do tibial posterior ("dores nas canelas") é positiva somente na fase tardia. Fraturas por estresse agudo revelam claras áreas locais de absorção aumentada ou "*hot spots*" em todas as três fases. Conforme a consolidação ocorre, a fase de fluxo retorna ao normal primeiro, e então a fase de poça também reverte ao normal. Atraso na resolução clínica, atividade na fase tardia diminui de 3 a 18 meses conforme o osso remodela. Por esta razão, cintilografia óssea não deve ser usada para monitorar a cura e o retorno às atividades.

A ressonância magnética tem várias vantagens sobre os outros métodos de imagem: maior sensibilidade em igualdade com a cintilografia óssea (embora muito mais específica), nenhuma exposição a radiações ionizantes, aquisição

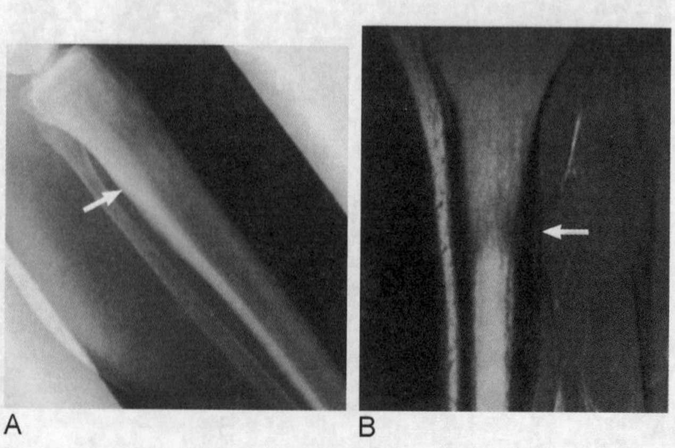

A B

Figura 28.22 **A.** Visão radiográfica lateral da região proximal da panturrilha demonstrando remodelação endosteal e espessamento cortical (*seta*) consistente com uma fratura por estresse. Um tênue plano de fratura radiolucente está presente. **B.** Ressonância magnética da perna no mesmo paciente mostrando espessamento cortical moderado e uma linha de fratura cortical tênue (*seta*). (De Sofka CM. Imaging of stress fractures, *Clin Sports Med* 25 (1): 53-62, 2006.)

de imagem mais rápida, localização anatômica mais precisa do local da fratura e um melhor delineamento da extensão e orientação da fratura por estresse. A ressonância magnética revela dois padrões de fraturas por estresse: uma linha de fratura tipo faixa e uma linha de fratura sem contorno nítido. A linha de fratura tipo faixa, que é mais comum, é um sinal baixo em todas as sequências de imagem e é cercada por uma área maior, mais mal definida de edema ósseo. A linha da fratura é contínua com o córtex e se estende para o espaço medular. O padrão da fratura sem a linha de fratura é chamado de resposta ao estresse e representa uma fase anterior na evolução de uma lesão por estresse. A ressonância magnética é um teste sensitivo para a detecção precoce de edema periosteal e medular ao longo de uma linha de fratura.

Tratamento de fraturas por estresse

Uma vez feito o diagnóstico inicial de uma fratura por estresse, um plano de tratamento deve ser aplicado o mais cedo possível. O primeiro objetivo do tratamento é controlar a dor do atleta utilizando medicamentos anti-inflamatórios não esteroides, gelo e alongamento. Quebrar o ciclo do trauma destrutivo e repetitivo através do repouso é o primeiro passo. Durante o período de descanso, a fase reparatória predomina sobre a de reabsorção, ajudando a fratura a curar. Pelo menos de 6 a 8 semanas são necessárias para uma fratura por estresse curar, embora algumas possam levar mais tempo. Órteses pré-fabricadas, órteses e botas ortopédicas podem ser usados para auxiliar a imobilização de fraturas por estresse. Moldes gessados são volumosos, menos duráveis e inconvenientes, então não são frequentemente utilizados. Estabilização cirúrgica deve ser considerada para ossos em que uma fratura completa pode levar à incapacidade de longo prazo (colo do fêmur, tíbia, navicular, quinto metatarso). O *status* nutricional deve ser examinado de perto. Ingestão de cálcio e vitamina D deve ser melhorada. Distúrbios alimentares devem ser identificados e explorados. Em atletas mulheres com ciclos menstruais anormais, suplementação com estrogênio deve ser considerada.

Decidir quando permitir ao paciente o retorno às atividades pode ser difícil. Várias semanas de descanso podem ser frustrantes e difíceis, particularmente para atletas. O primeiro passo no recondicionamento deve ser nadando, uma atividade sem pesos. O próximo passo deve ser ciclismo e atividade de levantamento de peso sem impacto, como máquina elíptica ou escadaria. A duração e a intensidade de cada atividade devem ser gradualmente aumentadas. A última atividade permitida deve ser exercícios de levantamento de peso com impacto, como caminhada, progredindo até chegar à corrida. Para cada atividade de impacto, o paciente deve ter a seguinte progressão: baixa intensidade-curta duração, baixa intensidade-longa duração, alta intensidade-curta duração e alta intensidade-longa duração. Somente após essa progressão completa e sem dor de pelo menos 6 a 8 semanas, o paciente poderá retornar à sua atividade.

CONSOLIDAÇÃO DA FRATURA

As fraturas se consolidam por **reparação óssea** primária ou por **formação secundária de calo ósseo**. Fraturas tratadas com estabilidade absoluta (redução aberta, fixação interna com placas e parafusos) se consolidam por reparação óssea direta. Não é observada a formação de calo ósseo. Fraturas tratadas com modalidades que fornecem estabilidade relativa (hastes intramedulares ou redução fechada e imobilização com tala ou órtese) se consolidam pela formação de calos ao redor do local da fratura.

Uma consolidação bem-sucedida requer estabilidade no local da fratura assim como um suprimento de sangue viável. A maioria das fraturas se consolida por meio de uma combinação de ossificação intramembranosa e endocondral (formação de calo ósseo secundário) (ver Capítulo 6). Existem vários estágios na consolidação, alguns dos quais ocorrem simultaneamente. Eles incluem: (1) hematoma e inflamação, (2) revascularização e formação de cartilagem, (3) diferenciação e calcificação da cartilagem, (4) formação óssea, e (5) remodelamento ósseo. No momento da fratura, vasos sanguíneos endosteal e periosteal são interrompidos, levando à formação de um hematoma. O coágulo de sangue resultante contém importantes moléculas de sinalização que iniciam o processo de consolidação da fratura. As plaquetas liberam fatores de crescimento, como o fator transformador de crescimento beta (TGF-b) e plaquetas derivadas do fator de crescimento (PDGF), que fornecem estímulos para a proliferação e diferenciação celular. Ao final da primeira semana, o processo de formação cartilaginosa e óssea, ou ossificação intramembranosa, já se iniciou. O estroma fibrovascular subjacente à fratura é infiltrado com condrócitos, formando a cartilagem. Na segunda semana, tanto os calos duros, formados pela ossificação intramembranosa, quanto os calos macios, formados pela ossificação endocondral, estão claramente presentes. A cartilagem é ossificada de uma maneira similar à maturação da placa de crescimento. Há hipertrofia dos condrócitos e a matriz circundante é calcificada. Por meio de um processo de reabsorção osteoclástica e condroclástica, a matriz é finalmente substituída pelo tecido ósseo. Isso é chamado de união clínica. O tecido ósseo (osso imaturo, mas clinicamente estável) é então remodelado no curso de vários meses para formar a estrutura lamelar organizada do osso "normal".

Diferentes graus de estabilidade rígida também alteram a cascata de formação óssea. A fixação rígida tende a promover diferenciação osteoblástica sem formação de um modelo de cartilagem (ossificação endocondral). Ao contrário, com redução precisa e estabilidade absoluta, a consolidação óssea acontece. Cones do corte osteoclástico fornecem caminhos através do local da fratura, seguidos por formação óssea lamelar osteoblástica.

Respeitar o nível de estabilidade ao redor do local da fratura é importante no planejamento de um curso de reabilitação. Apesar da fixação relativamente rígida, órtese e moldes, movimento no local da fratura nas primeiras semanas pode levar a não cicatrização. Assim, levantamento de peso e movimentos ao redor da fratura devem ser minimizados quando da tentativa de mobilizar as articulações adjacentes.

Muitas variáveis ao redor da consolidação ideal da fratura estão sob o controle de um cirurgião, enquanto outras não. As características do paciente geralmente afetam direta e negativamente a consolidação óssea. O *status* nutricional deve ser otimizado para assegurar uma reserva anabólica adequada e para limitar infecções. O uso de nicotina e anti-inflamatórios não esteroides têm sido associados à diminuição da formação óssea.[23] Fatores locais durante a cirurgia também podem afetar a consolidação óssea. O suprimento sanguíneo muscular e periosteal deve ser protegido limitando o trauma físico, térmico e químico durante a cirurgia. Fatores mecânicos também devem ser considerados. Redução precisa, compressão e construção de fixações absolutamente estáveis promovem a consolidação óssea. O descumprimento das recomendações sobre reabilitação e levantamento de peso pode levar a excesso de movimento no local da fratura e, finalmente, a não cicatrização. O padrão da não cicatrização que ocorre pode às vezes ser relacionado tanto com a estabilidade insuficiente quanto com o suprimento sanguíneo. A não cicatrização hipertrófica resulta da estabilidade insuficiente no local da fratura, enquanto a não cicatrização atrofiada resulta do insuficiente suprimento de sangue para a consolidação óssea. As causas de não cicatrização devem ser cuidadosamente identificadas antes de se tentar a cirurgia de revisão.

Fatores que afetam a consolidação da fratura

- Idade do paciente
- Exatidão da redução
- Tipo de fratura
- Suprimento sanguíneo
- Grau do trauma local
- Grau de perda óssea
- Tipo de osso envolvido
- Tipo de fixação
- Presença de infecção
- Presença de doença associada
- Presença de corpo estranho
- Envolvimento articular
- Estado geral de saúde do paciente
- Estado nutricional do paciente
- Presença de complicações (p. ex., lesão nervosa ou vascular)
- Medicações

ACELERANDO A CONSOLIDAÇÃO

A comunidade ortopédica e os pacientes ortopédicos desejam a habilidade de promover a união óssea durante a fase de consolidação da fratura. Intensa pesquisa tem sido dedicada ao desenvolvimento de produtos que possam realizar mais rápida e completamente a consolidação das fraturas. A morbidade associada com a não cicatrização, assim como a cicatrização atrasada e o impacto econômico, medidos ambos em valor de assistência médica e produtividade no local de trabalho, são significativas.[26] Até agora várias técnicas foram examinadas, e provaram ser úteis. Alguns dos meios mais comuns utilizados na prática de promover a união óssea são discutidos em profundidade a seguir.

Modalidades usadas para acelerar a consolidação da fratura

- Ultrassom
- Campos eletromagnéticos pulsados
- Corrente direta
- Acoplamento capacitivo
- Matriz óssea desmineralizada

Ultrassom

O ultrassom, como o nome já diz, envolve a utilização de ondas sonoras no tratamento de fraturas. Em 1994, a Food and Drug Administration (FDA) aprovou a aplicação do ultrassom para o tratamento de fraturas recentes, e em 2000 aprovou sua utilização em fraturas não cicatrizadas. Em contraste com outras modalidades, o ultrassom é aprovado para fraturas recentes. Uma breve descrição do ultrassom irá ajudar a explicar seu mecanismo de ação.

As ondas sonoras utilizadas pelo ultrassom estão acima do alcance do ouvido humano e são transferidas aos tecidos através de ondas de pressão. A energia transferida é dependente da densidade do tecido, com tecidos mais densos absorvendo mais que materiais menos densos. Em áreas em que duas densidades diferentes estão intimamente em oposição, muita energia é disseminada, resultando na produção de gradientes de energia complexa.[27] Em geral, entretanto, a absorção de energia serve como um meio para transmitir estresse mecânico para os tecidos em consolidação, embora em um grau muito menor do que o levantamento de peso. Isso parece permitir a aplicação da lei de Wolff – o osso é depositado quando é carregado e absorvido no lugar do estresse.

A intensidade da energia utilizada depende do seu objetivo. Por exemplo, a aplicação ultrassônica em fraturas é muitas magnitudes inferior em energia do que sua utilização em litotripsia para o tratamento de cálculo renal. A dose ideal para fraturas é de pulsos de 200 μsec de ondas sinusoidais em 1.5 MHz com uma repetição de 1 kHz. Isto é atingido com uma energia de ultrassom de 30 mW/cm^2 durante 20 minutos por dia.[28]

Pacientes que fumam são conhecidos por terem o potencial de consolidação diminuído. Isso se aplica tanto aos tecidos moles quanto aos ossos, e algumas das evidências mais convincentes para a utilização do ultrassom vêm de estudos demonstrando seu efeito em fumantes. A aplicação de uma dose de ultrassom padronizada nessa população particular de pacientes é mostrada para negar o efeito deletério que o fumo tem na consolidação de fraturas.[28]

Investigações experimentais revelaram que o uso do ultrassom estimula uma hiperemia local durante a aplicação. Surpreendentemente, observou-se que esta hiperemia dura por uma quantidade significativa de tempo após a cessação do tratamento.[30] O fluxo para o local da lesão foi três vezes maior em 7 dias, e um terço maior no décimo primeiro dia. Grande parte do suprimento de sangue para a região externa do calo é derivada a partir de tecidos moles circundantes, e quando isto é aumentado a transferência de células, assim como a de nutrientes, é melhorada. Subsequentemente, a consolidação também é estimulada. Rawool et al. descobriram um aumento na massa do calo ósseo associado ao aumento de fluxo, e um fluxo melhorado nas imediações da fratura.[30]

Muitos outros efeitos benéficos do ultrassom foram observados experimentalmente. Por exemplo, foi demonstrado que a aplicação do ultrassom começando em qualquer fase do processo de consolidação pode proporcionar efeitos benéficos, demonstrando que o processo de consolidação é sensível a este estímulo a qualquer momento.[27,28] Em outro estudo, Wu expôs culturas de condrócitos a um estímulo de ultrassom com baixa intensidade. O resultado foi um aumento da expressão do gene agrecana, uma molécula que, em combinação com outras, cria uma armação de proteoglicanos em colágeno tipo II.[31] Resistência à torção foi demonstrada ter aumentado com o tratamento com o ultrassom antes deste estudo, mas não foi associada à expressão aumentada do gene agrecana.[32,33]

Foram descobertos ainda outros efeitos, como mineralização aumentada e ossificação endocondral mais rápida,[33] promoção de síntese do sulfato de condroitina-6,[34] aumento da liberação de plaquetas derivadas do fator de crescimento,[35] maior produção de prostaglandina E2 nos osteoblastos,[36] alteração da atividade de fator transformador de crescimento beta nos osteoblastos[37] e alteração na utilização de cálcio[38] e liberação dos condrócitos.[39] Esses são provavelmente apenas alguns dos efeitos do tratamento com ultrassom que melhoram a consolidação. É provável que mais efeitos sejam descobertos conforme o conhecimento do ultrassom e da consolidação de fraturas evolua.

A discussão precedente lida com algumas das ciências básicas do ultrassom e seu efeito em células e cobaias. A aprovação da FDA, entretanto, depende de ensaios clínicos.[40] Heckman et al. demonstraram uma significativa diminuição no tempo de cura, clínica e radiograficamente. O grupo de tratamento tinha evidência de cura clínica por volta de 86 dias e união radiográfica pelo dia 96 comparada com cura clínica em 114 dias e consolidação radiográfica em 154 dias para fraturas não sendo expostas ao ultrassom. Uma meta-análise da literatura disponível mostrou uma diminuição média no tempo de cura de 64 dias naqueles grupos que receberam estímulos por ultrassom.[41]

Campos eletromagnéticos pulsados

A utilização de campos eletromagnéticos pulsados (PEMF) deriva do conhecimento de propriedades elétricas do osso. A produção de energia piezoelétrica em resposta ao estresse físico localizado no osso, que foi descoberto nos anos 1950, serve como base para o uso desta modalidade. A dose aplicada é de 18G pulsos em séries de 20, cada pulso durando 220 μsec, para uma duração de 4,5 msec por trem de impulso. Estes são repetidos a 15 Hz. A produção de fator transformador de crescimento beta mostrou ser reforçada pela exposição das células tipo osteoblásticas aos campos eletromagnéticos pulsados. As células também são orientadas com respeito a diferenciação dessa exposição. Aumento dos níveis de proliferação foi observado. [42]

A resposta das fraturas ao PEMF mostrou ser dependente da dosagem. Por exemplo, pacientes que foram expostos por mais de 10 horas por dias foram curados 76 dias antes do que aqueles tratados por durações mais curtas.[43] O uso do PEMF é indicado para o tratamento de não cicatrização assim como pseudoartrose. Não deve ser utilizado na presença de uma fratura não vascularizada ou defeito segmental maior do que cinco milímetros.

Corrente direta

O pO_2 relativamente baixo dos calos ósseos de fraturas é conhecido por criar uma situação favorável à formação do osso. Observou-se que a estimulação por corrente direta ao redor da fratura diminui a tensão de oxigênio com um concomitante aumento no pH local na região do ânodo. Aumento de proteoglicanos, assim como síntese de colágeno, são conhecidas por ocorrer da mesma forma.[44] O uso de estimulação por corrente direta em pseudoartrose foi aprovado pela FDA em 1979. Uma dose de 20 μA é usada com um ânodo implantável.

Acoplamento capacitivo

O acoplamento capacitivo, também utilizado em pseudoartrose, utiliza um fio induzido entre dois eletrodos localizados na pele. A resposta das células ósseas é geralmente dependente. O mecanismo de ação parece ser a abertura dos canais de cálcio com um aumento na prostaglandina E2, cálcio e calmodulina. Aumento da regulação do fator transformador de crescimento beta ocorre em resposta a isto. A utilização é por mais de 25 semanas, com descontinuação para consolidação ou falha da progressão durante um período de 12 semanas.

Matriz óssea desmineralizada

Até agora consideramos significados físicos do aumento da consolidação óssea. Os métodos discutidos envolvem estimulação externa. Matriz óssea desmineralizada é um meio biológico de se aumentar a consolidação da fratura. Este produto, utilizado na hora da fixação interna por redução aberta, fornece tanto o caminho osteoindutor como osteocondutor para a consolidação. A indutividade, embora pouco compreendida, parece ser secundária para as proteínas, assim como o fator de crescimento ainda presente. A indutividade parece ser afetada pela técnica utilizada para processar, esterilizar e armazenar a matriz óssea desmineralizada.[45] Além disso, a osteoindutividade varia de doador para doador, necessitando de um único doador por lote. A estrutura física da matriz óssea desmineralizada fornece uma armação para o crescimento ósseo ou sua condutividade.

TRATAMENTO DE FRATURAS EM PACIENTES ESQUELETICAMENTE IMATUROS

O tratamento de fraturas de ossos em pacientes esqueleticamente imaturos possui desafios únicos. Comparado ao osso relativamente estático e maduro dos adultos, a fisiologia dinâmica e biomecânica do osso imaturo o torna propenso a diferentes padrões de fratura. Taxas de consolidação, capacidade de remodelação e potenciais complicações diferem daquelas dos ossos maduros e devem ser consideradas quando administrando essas lesões. Especificamente, lesões nas placas de crescimento, as fises, apresentam risco substancial de desenvolvimento de deformidades angulares. As fises são os locais de crescimento longitudinal e radial.

Fraturas são mais comuns em crianças do que em adultos, frequentemente ocorrendo após um trauma aparentemente insignificante. A lesão na fise deve ser identificada e, da mesma forma que a fratura em adultos, pode ser classificada. A classificação de fratura fisária pode ser aplicada a qualquer fise em um osso longo. O sistema de classificação Salter-Harris permite descrição radiográfica (ver Fig. 27.30). Fraturas do tipo I são fraturas não deslocadas ao longo da largura da fise e geralmente estão presentes como dor na placa epifisária. Fraturas do tipo II envolvem a maioria das placas epifisárias, mas a fratura sai através do córtex metafisário. Esses são os tipos de fraturas fisárias mais comuns. Fraturas do tipo III também envolvem a maior parte da placa epifisária, mas saem através do córtex epifisário. Fraturas do tipo IV atravessam a epífise, placa epifisária e a metáfise em um ângulo. Fraturas do tipo V são as lesões por esmagamento que envolvem cominuição e deformidade severa ao redor da epífise, placa epifisária e metáfise.

Os tipos de fraturas fisárias variam com a maturidade do osso (a extensão da ossificação). Fraturas do tipo I são mais comuns em crianças, enquanto as fraturas do tipo II até IV são mais comuns conforme os centros secundários de ossificação se ampliam. A biologia dos ossos longos contribui para os tipos de fraturas vistos na epífise, placa epifisária, metáfise e diáfise. A epífise, adjacente à superfície articular, é inicialmente composta inteiramente por cartilagem. Um centro de ossificação secundário se forma, o qual finalmente se ossifica. Esses centros de ossificação epifisária aparecem em idades variadas, dependendo do lugar. Por exemplo, a epífise radial distal normalmente aparece entre 0,5 e 2 anos de idade em meninos e 0,4 e 1,7 anos de idade em meninas, enquanto a epífise ulnar distal normalmente aparece por volta dos 7 anos em ambos os sexos (Fig. 28.23). O centro de ossificação transmite mais rigidez para a epífise, contribuindo para o tipo de fratura observada.

A fise, ou placa de crescimento, é a estrutura dinâmica que rapidamente adiciona crescimento longitudinal e latitudinal para o osso (Fig. 28.24). Lesões na placa epifisária são vistas apenas em indivíduos esqueleticamente imaturos. Uma série de mecanismos de lesão da fise pode causar distúrbios de crescimento. Lesão na cartilagem, no osso e nos tecidos moles ao redor da fise podem romper vasos sanguíneos associados, levando à isquemia. O rompimento da altamente organizada construção celu-

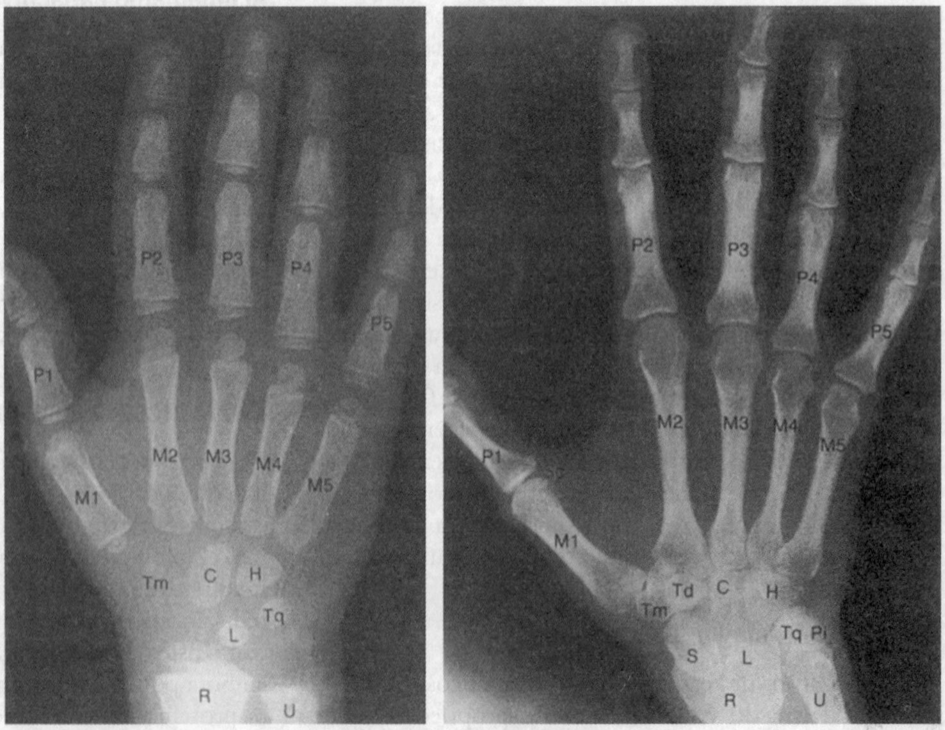

Figura 28.23 Centros de ossificação da mão. Radiografias da mão e do punho de um menino de 4 para 5 anos ou de uma menina de 3 para 4 anos (esquerda), e de um adulto (direita). C = capitato; H = hamato; L= semilunar; M = metacarpo; P = falange; Pi = pisiforme; R = rádio; S = escafoide; Td = trapezoide; Tm = trapézio; Tq = piramidal; U = ulna. (De Liebgott B. *The anatomical Basis of Dentistry*. CV Mosby, St. Louis, 1986.)

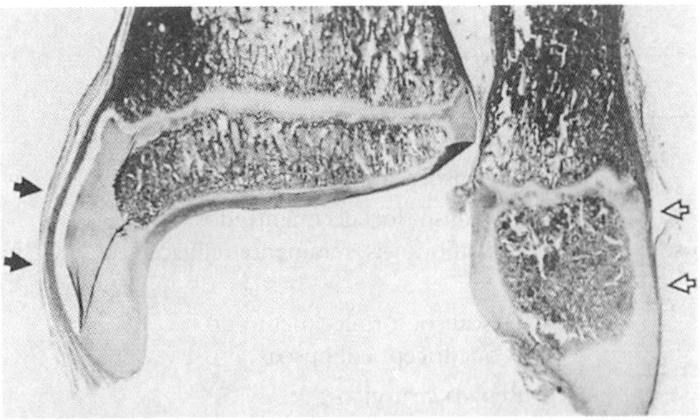

Figura 28.24 Espécime transversal demonstrando fises tibial distal e fibular com centros de ossificação secundários. (De Beaty JH, Kasser JR, editors. *Rockwood and Wilkins' Fractures in Children*. 5.ed. Lippincott William & Wilkins, Philadelphia, 2001, p. 23.)

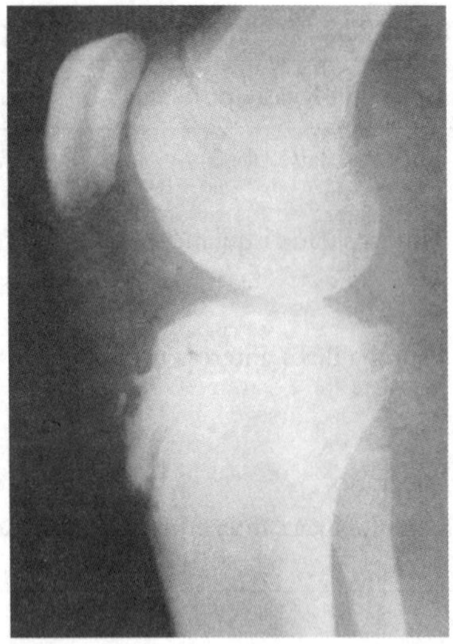

Figura 28.25 Doença de Osgood-Schlatter, mostrando epifisite da epífise inteira (*seta*), com irregularidade da linha epifisária. Pelo fato desta cartilagem epifisária ser contínua em relação a da tíbia superior, ela não deveria ser incomodada. Se a cirurgia for utilizada, a exposição deve ser superficial para a cartilagem epifisária. (De O'Donoghue DH. *Treatment of Injuries to Athletes*. 4.ed. WB Saunders, Philadelphia, 1984, p. 574.)

lar por compressão, cisalhamento ou rotação, pode levar a distúrbios de crescimento. Qualquer rompimento da organização fisária pode levar à desaceleração ou cessação de crescimento local. Isto, por sua vez, pode levar à ossificação prematura da fise e resultar em deformidade angular ao longo do tempo.

A metáfise é o contorno em cada final da diáfise em um osso longo (ver Figura 28.7). É caracterizada pelo afinamento do osso cortical e aumento do osso trabecular na parte esponjosa secundária. A metáfise tem múltiplas fenestrações através das quais um suprimento abundante de sangue alimenta a placa epifisária e a diáfise. Esta é uma das razões pelas quais muitas fraturas frequentemente ocorrem na metáfise.

A diáfise cresce em comprimento através da fise em diâmetro por meio da reabsorção endosteal e da deposição óssea periosteal. Ela tem um córtex espesso e um componente intramedular altamente vascularizado.

Em crianças, o periósteo é uma camada espessa de tecido ligada na superfície externa da diáfise, metáfise e placa epifisária. É folgadamente ligada à diáfise, mas firmemente ligada à periferia da fise (zona de Ranvier). O periósteo é uma fonte de osteoblastos para o crescimento radial, assim como uma grande fonte de fornecimento de sangue para o osso biologicamente ativo. Serve também como um anexo para a maioria das fibras dos músculos ao longo da metáfise e diáfise.

Alguns lugares de fixação dos tendões e dos músculos (fixação do tendão patelar na tuberosidade tibial) são chamados de apófises (epífise de tração). A apófise é composta por fibrocartilagem ao invés de cartilagem colunar, como na fise de ossos longos. Centros de ossificação secundária também se formam inicialmente na tuberosidade distal, interpondo o tecido ósseo. Este tecido tende a falhar sob tensão, levando a lesões por avulsão. Supercrescimento sintomático durante o processo de consolidação pode ocorrer, levando a condições crônicas como a lesão de Osgood-Schlatter (Fig. 28.25). Avulsão completa pode também resultar em vários lugares (Fig. 28.26; Tab. 28.3).

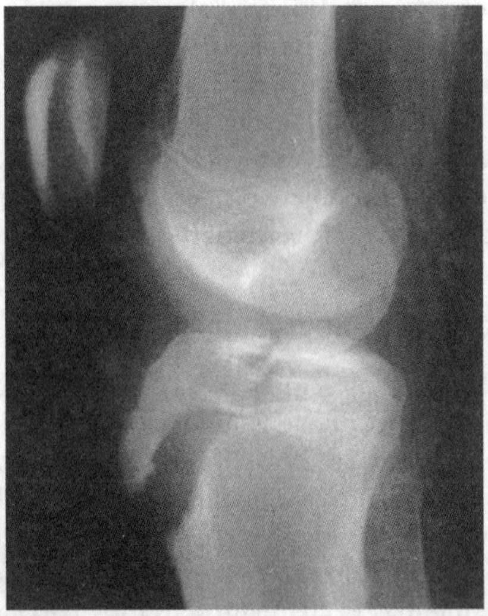

Figura 28.26 Verdadeira fratura tubercular tibial por avulsão (De Beaty JH, Kasser JR, editors. *Rockwood and Wilkins' Fractures in Children*. 5.ed. Lippincot Williams & Wilkins, Philadelphia, 2001, p. 1.024.)

Tratamento de lesões em um indivíduo esqueleticamente imaturo requer compreensão do potencial de consolidação assim como acompanhamento de perto para o fechamento prematuro da fise. Mais frequentemente, fraturas em pré-adolescentes podem ser tratadas com redução fechada e imobilização com uma tala por causa do seu vasto potencial para remodelar. Fraturas da fise irredutíveis podem requerer redução aberta e pinagem. Fraturas em adolescentes perto da maturidade esquelética são tratadas similarmente a fraturas em adultos, com um limiar mais baixo para redução aberta e fixação interna.

Tabela 28.3 Tratamento de fraturas apofisárias

Local da lesão apofisária	Ligação	Tratamento
Tuberosidade tibial	Tendão patelar	Descanso, religação cirúrgica para avulsões completas
Tuberosidade isquiática	Tendões isquiotibiais (bíceps, semitendinoso, semimembranoso)	Descanso, fortalecimento dos isquiotibiais, raramente religação
Espinha ilíaca anteroposterior	Sartório	Descanso, fortalecimento do quadríceps e iliopsoas
Calcâneo	Tendão gastrossóleo	Reparo cirúrgico
Olécrano	Tendão do tríceps	Reparo cirúrgico
Espinha ilíaca anteroinferior	Reto femoral	Fortalecimento do quadríceps, raramente religação

Deformidades angulares e fraturas deslocadas em crianças com menos de 8 anos de idade possuem vasto potencial de remodelação e são geralmente tratadas conservadoramente – projetando para 3 a 6 semanas seguido por órtese, se necessário. Algumas fraturas são mais sensíveis ao distúrbio de crescimento (fraturas do úmero distal pediátrico) (Figs. 28.27 e 28.28). Qualquer deslocamento requer redução (algumas vezes aberta) e pinagem percutânea. Fraturas distais de úmero mal reduzidas podem resultar em deformidades em varo/valgo (ulna vara/valga) e significante perda de movimento na faixa do cotovelo. Ulna vara (deformidade em coronha *gunstock)* é mais um objetivo estético. A ulna valga pode levar a uma paralisia tardia do nervo ulnar.

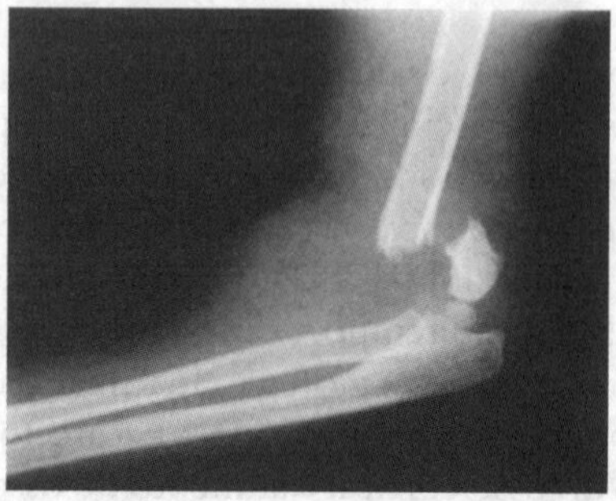

Figura 28.27 Fratura supracondiliana do úmero (De Tachdjian MO. *Pediatric Orthopedics*. WB Saunders, Philadelphia, 1972, p. 1.580.)

Complicações de fraturas pediátricas

Pseudoartrose em crianças é raro. Fechamento fisário precoce e deformidades angulares ou rotacionais são mais comuns (Figs. 28.29 e 28.30). Embora usualmente evitáveis, elas são reais e podem levar a complicações. Essas deformidades podem ser cirurgicamente dirigidas com uma combinação de osteotomias e procedimentos de alongamento. Fechamentos fisários parciais envolvendo mais de 50% podem ser tratados com fisiólise – conclusão do fechamento da fise para prevenir qualquer deformidade angular. O desenvolvimento de discrepâncias no comprimento dos membros na extremidade inferior pode representar um problema formidável. Se a criança tem um crescimento restante significativo (assim como com pré-adolescentes), procedimentos de alongamento de membros podem ser instituídos. Em adolescentes, fisiólise do membro contralateral também pode ser realizada para manter a igualdade no comprimento dos membros.

COMPLICAÇÕES POTENCIAIS

Esta discussão analisou os importantes conceitos do tratamento de fraturas. Cada fratura tem sua própria personalidade desenhada pelo mecanismo de lesão, a quantidade de energia transmitida para o paciente, que causou a fratura, e a capacidade do paciente de curá-las. Lesões de menor energia, tais como quedas, tipicamente resultam em fraturas simples com pouca ou nenhuma consequência para os tecidos moles. Lesões de maior energia, vistas em acidentes de veículo ou industrial, são geralmente associadas à lesão significativa dos tecidos moles que complicam o manejo das fraturas. Lesões abertas estão associadas a maiores taxas de infecção e lesão a nervos e artérias. Essas lesões são uma ameaça à vida ou aos membros e requerem avaliação cuidadosa e tratamento agressivo. Lesões abertas são tratadas com antibióticos na apresentação e depois, dependendo do mecanismo. Fraturas abertas não contaminadas são tipicamente tratadas com um curso de cefalosporinas, enquanto fraturas contaminadas (lesões industriais ou agrícolas) são tratadas com aminoglicosídeos adicionais e penicilina para prevenir infecção gangrenosa. Muitas lesões podem envolver transecção das principais artérias próximas. Quando uma fratura ameaça o membro, reparo vascular emergencial é necessário. Perda severa de tecidos moles requer enxertos de pele ou até mesmo cobertura musculocutânea para fornecer suprimento sanguíneo suficiente e uma barreira à infecção. Lesões nervosas e vasculares podem deixar pacientes com grupos de músculos deficientes. Reabilitação desses tipos de lesões deve ser adaptada a déficits específicos e consolidação acomodada dos tecidos moles.

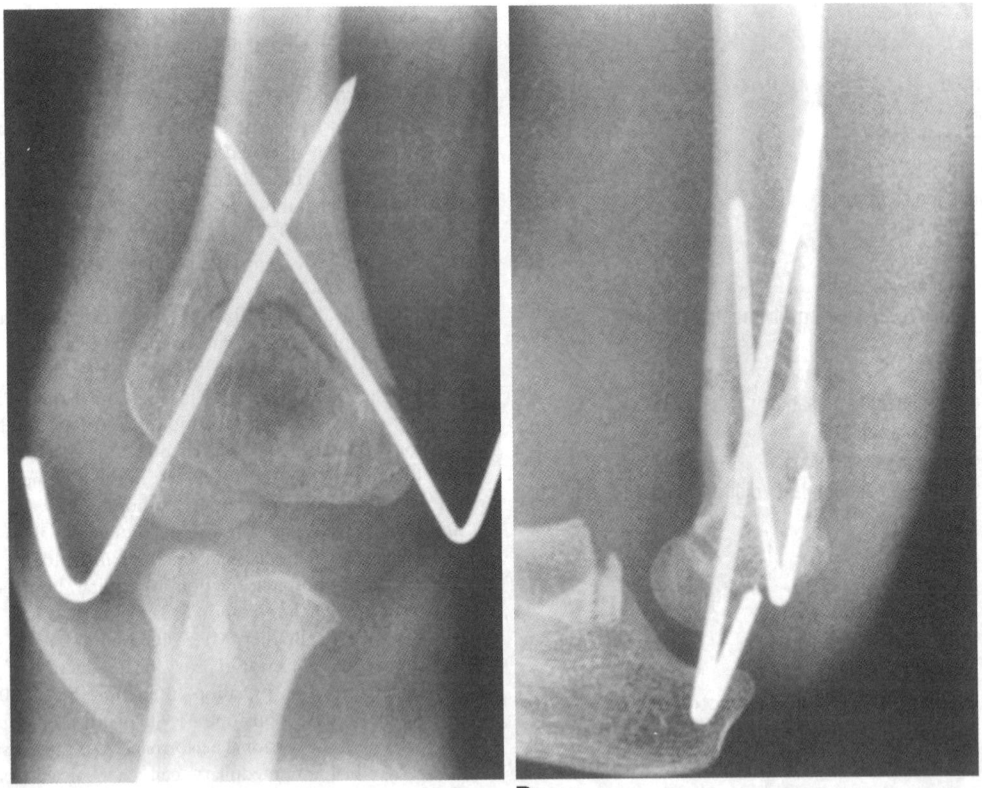

Figura 28.28 Fratura de úmero supracondiliana tratada com pinagem percutânea. **A.** Esta visão anteroposterior mostra pinos percutâneos cruzando acima da fossa do olécrano para envolver o córtex metafisário oposto. **B.** Na visão lateral, note as larguras iguais do úmero, indicando bom alinhamento rotacional. (De Minkowitz B, Busch MT: Supracondylar Humerus Fractures, *Orthop Clin North Am 25 (4): 590, 1994.)*

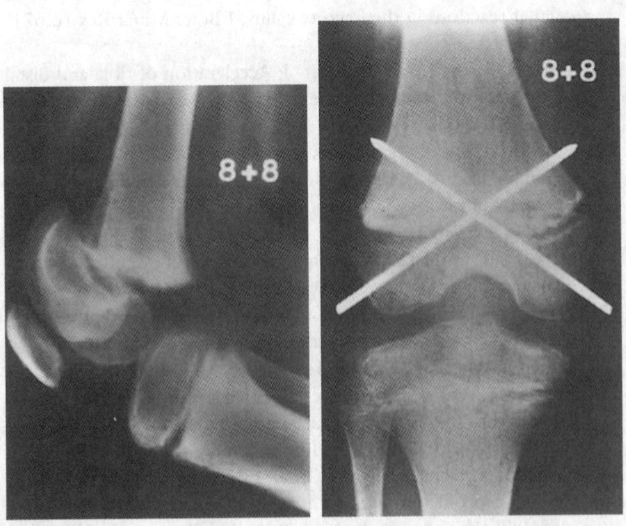

Figura 28.29 Fratura deslocada de Salter-Harris do tipo II do fêmur distal fixado com redução fechada e pinagem percutânea. Esta lesão resulta em fechamento precoce da fise femoral distal. (De Beaty JH, Kasser JR, editors. *Rockwood and Wilkins' Fractures in Children*. 5.ed. Lippincott William & Wilkins, Philadelphia, 2001, p. 122.)

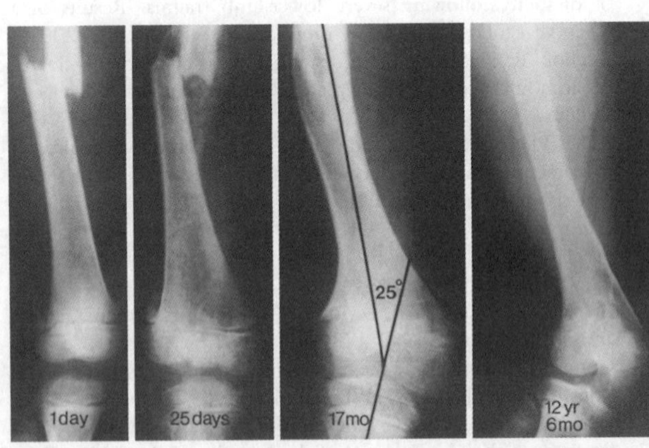

Figura 28.30 Um menino de 7 anos com uma fratura de diáfise de fêmur e fratura com separação epifisária da epífise distal em um acidente automobilístico. Radiografia anteroposterior do fêmur incluindo o joelho mostra a lesão inicial, a união da fratura do fêmur, e fechamento da placa epifisária lateral como resultado da lesão. Uma deformidade em varo se desenvolveu, a qual foi tratada com uma osteotomia aos 17 meses, seguida por um enxerto de tecido adiposo na placa epifisária lateralmente, sem efeito sobre a correção aos 12,5 anos. (De Cohen J, Bonfiglio M, Campbell CJ. *Orthopedic Pathophysiology in Diagnosis and Treatment*. Churchill Livingstone, New York, 1990, p. 135.)

Complicações das fraturas

- Não consolidação
- Pseudoartrose
- Demora na consolidação
- Má consolidação
- Lesão de tecidos moles associados
- Embolismo gorduroso
- Paralisia
- Laceração ou oclusão vascular
- Osteoartrite precoce (se houver envolvimento articular)
- Infecção
- Necrose avascular
- Interrupção do crescimento epifisário
- Disfunções tromboembólicas
- Falência de órgãos multissistêmicos
- Síndrome dolorosa regional complexa (distrofia simpática reflexa)
- Encurtamento do membro

RESUMO

Este capítulo apresentou vários aspectos de tratamento de fraturas, incluindo a descrição de fraturas, técnicas não operatórias no cuidado das fraturas, opções cirúrgicas, e aceleração na consolidação de fraturas. Todos os dias somos presenteados com novos desenvolvimentos em técnicas operatórias, particularmente na forma de fixação de dispositivos e melhoramento biológico. À luz desses avanços, alterações correspondentes nos métodos de reabilitação para pacientes com fraturas certamente se seguirão.

REFERÊNCIAS BIBLIOGRÁFICAS

1. Rang, M: The story of orthopaedics, Philadelphia, 2000, WB Saunders.
2. MacKenzie EJ, Bosse MJ, Pollak AN et al: Long-term persistence of disability following severe lower-limb trauma. Results of a seven-year follow-up, J Bone Joint Surg 87A:1801-1809, 2005.
3. Bucholz R, Heckman J, editors: Rockwood and Green's fractures in adults, ed 5, Philadelphia, 2001, Lippincott Williams & Wilkins.
4. Miller PD: Bone density and markers of bone turnover in predicting fracture risk and how changes in these measures predict fracture risk reduction, Curr Osteoporos Rep 3(3):103-110, 2005.
5. Humphrey CA, Dirschl DR, Ellis TJ: Interobserver reliability of a CT-based fracture classification system, J Orthop Trauma 19(9):616-622, 2005.
6. Browner BD, Jupiter JB, Levine AM et al: Skeletal trauma, vols 1 and 2, Philadelphia, 1992, WB Saunders.
7. Connolly JF: DePalma's the management of fractures and dislocations, Philadelphia, 1981, WB Saunders.
8. Siebenrock K, Gerber C: The reproducibility of classification of fractures of the proximal end of the humerus, J Bone Joint Surg 75A:1751-1755, 1994.
9. Sjoden GO, Movin T, Guntner P et al: Poor reproducibility of classification of proximal humeral fractures: Additional CT of minor value, Acta Orthop Scand 68:239-242, 1997.
10. Ashford RU, Frasquet-Garcia A, Patel KK, Campbell P: Delays in open fracture management: where do they occur? Injury 35(11):1107-1109, 2004.
11. Hildebrand F, Giannoudis P, Kretteck C, Pape HC: Damage control: extremities, Injury 35(7):678-689, 2004.
12. Charnley J: The closed treatment of common fractures, ed 3, New York, 1974, Churchill Livingstone.
13. Hall AJ, Stenner RW: Manual of fracture bracing, New York, 1985, Churchill Livingstone.
14. Sarmiento A, Sharpe F, Ebramzadeh E et al: Factors influencing the outcome of closed tibial fractures treated with functional bracing, Clin Orthop Relat Res 315:8-24, 1995.
15. Lewis R: Handbook of traction, casting and splinting techniques, Philadelphia, 1977, JB Lippincott.
16. Stewart JDM, Hallet JP: Traction and orthopaedic appliances, ed 2, New York, 1983, Churchill Livingstone.
17. Bhandari M, Zlowodzki M, Tornetta P 3rd et al: Intramedullary nailing following external fixation in femoral and tibial shaft fractures, J Orthop Trauma 19(2):140-144, 2005.
18. Holmes SB, Brown SJ, Pin Site Care Expert Panel: Skeletal pin site care: National Association of Orthopaedic Nurses guidelines for orthopaedic nursing, Orthop Nurs 24(2):99-107, 2005.
19. Buckwalter JA: Activity vs. rest in the treatment of bone, soft tissue and joint injuries, Iowa Orthop J 15:29-42, 1995.
20. Hedin H, Borgquist L, Larsson S: A cost analysis of three methods of treating femoral shaft fractures in children: a comparison of traction in hospital, traction in hospital/home and external fixation, Acta Orthop Scand 75(3):241-248, 2004.
21. Banerjee R, Bradley MP, DiGiovanni CW: Use of emergency room external fixator in provisional reduction of posterior malleolar fractures, Am J Orthop 33(11):581-584, 2004.
22. Aitchison GA, Johnstone AJ, Shepherd DE, Watson MA: A comparison of the torsional performance of stainless steel and titanium alloy tibial intramedullary nails: a clinically relevant approach, Biomed Mater Eng 14(3):235-240, 2004.
23. Busconi B, Mancini L: Stress fractures, In press, 2005.
24. Myburgh KH, Hutchins J, Fataar AB et al: Low bone density is an etiologic factor for stress fractures in athletes, Ann Intern Med 113:754-759, 1990.
25. Specker BL: Evidence for an interaction between calcium intake and physical activity on changes in bone mineral density, J Bone Miner Res 11:1539-1544, 1996.
26. Beaver R, Brinker MR, Barrack RL: An analysis of the actual cost of tibial non-unions, J La State Med Soc 149(6):200-206, 1997.
27. Rubin C, Bolander M, Ryaby JP, Hadjiargyrou M: The use of low-intensity ultrasound to accelerate the healing of fractures, J Bone Joint Surg 83-A(2):259-270, 2001.
28. Azuma Y, Ito M, Harada Y et al: Low intensity pulsed ultrasound accelerates rat femoral fracture healing by acting on the various cellular reactions in the fracture callus, J Bone Miner Res 16:671-680, 2001.
29. Cook S, Ryaby J, McCabe J et al: Acceleration of tibia and distal radius fracture healing in patients who smoke, Clin Orthop Relat Res 337:198-207, 1997.
30. Rawool D, Goldberg B, Forsberg F et al: Power doppler assessment of vascular changes during fracture treatment with low-intensity ultrasound, J Ultrasound Med 22:145-153, 2003.
31. Wu C, Lewallen D, Bolander M et al: Exposure to low intensity ultrasound stimulates aggrecan gene expression by cultured chondrocytes, Trans Orthop Res Soc 21:622, 1996.
32. Wang SJ, Lewallen DG, Bolander ME et al: Low intensity ultrasound treatment increases strength in a rat femoral fracture model, J Orthop Res 12:40-47, 1994.
33. Jingushi S, Azuma V, Ito M et al: Effects of non-invasive pulsed low-intensity ultrasound on rat femoral fractures, Proceedings of the Third World Congress of Biomechanics, p 175B, 1998.
34. Nishikori T, Ochi M, Uchio Y et al: Effects of low-intensity ultrasound on proliferation and chondroitin sulfate synthesis of cultured chondrocytes embedded in Atelocollagen gel, J Biomed Mater Res 59(2):201-206, 2002.
35. Ito H, Akiyama H, Shigeno C et al: Hedgehog signaling molecules in bone marrow cells at the initial stage of fracture repair, Biochem Biophys Res Commun 262:443-451, 1999.

36. Kokubu T, Matsui N, Fujioka H et al: Low intensity pulsed ultrasound exposure increases prostaglandin E2 production via the induction of cyclooxygenase-2 mRNA in mouse osteoblasts, Biochem Biophys Res Commun 256:284-287, 1999.
37. Ryaby J, Mathew J, Duarte-Alves P: Low intensity pulsed ultrasound affects adenylate cyclase activity and TGF-beta synthesis in osteoblastic cells, Trans Orthop Res Soc 7:590, 1992.
38. Ryaby J, Bachner E, Bendo J et al: Low intensity pulsed ultrasound increases calcium incorporation in both differentiating cartilage and bone cell cultures, Trans Orthop Res Soc 14:15, 1989.
39. Parvizi J, Wu CC, Lewallen DG et al: Low-intensity ultrasound stimulates proteoglycan synthesis in rat chondrocytes by increasing aggrecan gene expression, J Orthop Res 17(4):488-494, 1999.
40. Heckman JD, Ryaby JP, McCabe J et al: Acceleration of tibial fracture-healing by non-invasive, low-intensity pulsed ultrasound, J Bone Joint Surg 76(1):26-34, 1994.
41. Busse JW, Bhandari M, Kulkarni AV, Tunks E: The effect of low--intensity pulsed ultrasound therapy on time to fracture healing: a meta-analysis, Can Med Assoc J 166(4):437-441, 2002.
42. Lohmann CH, Schwartz Z, Liu Y et al: Pulsed electromagnetic field stimulation of MG 63 osteoblast-like cells affects differentiation and local factor production, J Orthop Res 18(4):637-646, 2000.
43. Nelson FR, Brighton CT, Ryaby J et al: Use of physical forces in bone healing, J Am Acad Orthop Surg 11(5):344-354, 2003.
44. Brighton CT, Sennett BJ, Farmer JC et al: The inositol phosphate pathway as a mediator in the proliferative response of rat calvarial bone cells to cyclical biaxial mechanical strain, J Orthop Res 10:385-393, 1992.
45. Finkemeier CG: Bone-grafting and bone-graft substitutes, J Bone Joint Surg Am 84-A(3):454-464, 2002.
46. General References Altman R, Latta L, Kerr R et al: Effects of nonsteroidal anti-inflammatory agents on fracture healing in the rat, Trans Orthop Res Soc 8:223, 1983.
47. Aro HT, Wippermann BW, Hodgson SF et al: Prediction of properties of fracture callus by measurement of mineral density using micro--bone densitometry, J Bone Joint Surg 71(7):1020-1030, 1989.
48. Augat P, Burger J, Schorlemmer S et al: Shear movement at the fracture site delays healing in a diaphyseal fracture model, J Orthop Res 21:1011-1017, 2003.
49. Bassett CA, Becker RO: Generation of electric potentials by bone in response to mechanical stress, Science 137:1063-1064, 1962.
50. Beaty JH, Kasser JR, editors: Rockwood and Wilkins' fractures in children, ed 5, Philadelphia, 2001, Lippincott Williams & Wilkins.
51. Binderman I, Shimshoni Z, Somjen D: Biochemical pathways involved in the translation of physical stimulus into biological message, Calc Tissue Internat 36(suppl 1):82-85, 1984.
52. Blenman PR, Carter DR, Beaupre GS: Role of mechanical loading in the progressive ossification of a fracture callus, J Orthop Res 7(3):398-407, 1989.
53. Brighton C: Principles of fracture healing. Part I: the biology of fracture repair. In Murray J, editor: American Academy of Orthopedic Surgeons instructional course lectures XXXIII, St. Louis, 1984, CV Mosby.
54. Brighton CT, Fisher JR Jr, Levine SE et al: The biochemical pathway mediating the proliferative response of bone cells to mechanical stimulus, J Bone Joint Surg 78(9):1337-1447, 1996.
55. Brighton CT, Hozach WJ, Brager MD et al: Fracture healing in the rabbit fibula when subjected to various capacitively coupled electrical fields, J Orthop Res 3:331-340, 1985.
56. Brighton CT, Hunt RM: Early histological and ultrastructural changes in medullary fracture callus, J Bone Joint Surg 73(6):832-847, 1991.
57. Brighton CT, Hunt RM: Mitochondrial calcium and its role in calcification. Histochemical localization of calcium in electron micrographs of the epiphyseal growth plate with K-pyroantimonate, Clin Orthop Relat Res (100):406-416, 1974.
58. Brighton CT, Strafford B, Gross SB et al: The proliferative and synthetic response of isolated calvarial bone cells of rats to cyclical biaxial mechanical strain, J Bone Joint Surg 73(3):320-331, 1991.
59. Buckwalter J, Einhorn T, Marsh J: Bone and joint healing. In Bucholz RW, Heckman JD, editors: Rockwood and Green's fractures in adults, Philadelphia, 2001, Lippincott Williams & Wilkins.
60. Buckwalter J, Einhorn T, Simon S, editors: Orthopaedic basic science: biology and biomechanics of the musculoskeletal system, ed 2, Rosemont, 2000, American Academy of Orthopaedic Surgeons.
61. Buckwalter JA, Grodzinsky AJ: Loading of healing bone, fibrous tissue, and muscle: implications for orthopaedic practice, J Am Acad Orthop Surg 7(5):291-299, 1999.
62. Burkitt H, Young B, Heath J, editors: Wheater's functional histology: a text and color atlas, New York, 1993, Churchill Livingstone.
63. Canale T, editor: Campbell's operative orthopaedics, ed 10, Philadelphia, 2003, Mosby.
64. Cavadias AX, Trueta J: An experimental study of the vascular contribution to the callus of fracture, Surg Gynecol Obstet 120:731-747, 1965.
65. Chapman IV, MacNally NA, Tucker S: Ultrasound-induced changes in rates of influx and efflux of potassium ions in rat thymocytes in vitro, Ultrasound Med Biol 6(1):47-58, 1980.
66. Cheng H, Jiang W, Phillips FM et al: Osteogenic activity of the fourteen types of human bone morphogenetic proteins (BMPs), J Bone Joint Surg 85A:1544-1552, 2003.
67. Claes L, Heigele C: Magnitudes of local stress and strain along bony surfaces predict the course and type of fracture healing, J Biomechanics 32(3):255-266, 1999.
68. Cohen J, Bonfiglio M, Campbell CJ: Orthopedic pathophysiology in diagnosis and treatment, New York, 1990, Churchill Livingstone.
69. Cook SD, Wolfe MW, Salkeld SL, Rueger DC: Effect of recombinant human osteogenic protein-1 on healing of segmental defects in non-human primates, J Bone Joint Surg 77(5):734-750, 1995.
70. Day S, Ostrum R, Chao E et al, editors: Orthopaedic basic science biology and biomechanics of the musculoskeletal system, ed 2, Rosemont, 2000, American Academy of Orthopaedic Surgeons.
71. den Boer FC, Bramer JA, Blokhuis TJ et al: Effect of recombinant human osteogenic protein-1 on the healing of freshly closed diaphyseal fracture, Bone 3191):158-164, 2002.
72. Einhorn TA, Hirschman A, Kaplan C et al: Neutral protein-degrading enzymes in experimental fracture callus: a preliminary report, J Orthop Res 79(6):792-805, 1989.
73. Einhorn TA: The cell and molecular biology of fracture healing, Clin Orthop Relat Res (355 Suppl):S7-S21, 1998.
74. Eriksson C: Streaming potentials and other water-dependent effects on mineralized tissues, Ann NY Acad Sci 283:321-328, 1974.
75. Fang MA, Frost PJ, Iida-Klein A, Hahn TJ: Effects of nicotine on cellular function in UMR 106-01 osteoblast-like cells, Bone 12(4):283-286, 1991.
76. Ferguson CM, Miclau T, Hu D et al: Common molecular pathways in skeletal morphogenesis and repair, Ann NY Acad Sci 857:33-42, 1998.
77. Friedlaender GE, Perry CR, Cole JD et al: Osteogenic protein-1 (bone morphogenic protein-7) in the treatment of tibial nonunions, J Bone Joint Surg 83-A(Suppl 1):S151-158, 2001.
78. Gartland JJ: Fundamentals of orthopedics, Philadelphia, 1979, WB Saunders.
79. Hasegawa S, Sato S, Saito S et al: Mechanical stretching increases the number of cultured bone cells synthesizing DNA and alters their pattern of protein synthesis, Calc Tissue Int 37:431-436, 1985.
80. Heldin CH, Miyazono K, ten Dijke P: TGF-beta signaling from cell membrane to nucleus through SMAD proteins, Nature 390(6659):465-471, 1997.

81. Heppenstall RB, Grislis G, Hunt TK: Tissue gas tensions and oxygen consumption in healing bone defects, Clin Orthop Relat Res (106):357-365, 1975.
82. High WB: Effects of orally administered prostaglandin E-2 on cortical bone turnover and adult dogs: a histomorphometric study, Bone 8(6):363-373, 1987.
83. Ito H, Akiyama H, Shigeno C et al: Hedgehog signaling molecules in bone marrow cells at the initial stage of fracture repair, Biochem Biophys Res Commun 262:443-451, 1999.
84. Ito M, Azuma Y, Ohta T, Komoriya K: Effects of ultrasound and 1,25-dihydroxyvitamin D3 on growth factor secretion in co-cultures of osteoblasts and endothelial cells, Ultrasound Med Biol 26:161-166, 2000.
85. Jingushi S, Heydemann A, Kana SK et al: Acidic fibroblast growth factor (aFGF) injection stimulates cartilage enlargement and inhibits cartilage gene expression in rat fracture healing, J Orthop Res 8(3):364-371, 1990.
86. Jingushi S, Joyce ME, Bolander ME: Genetic expression of extracellular matrix proteins correlates with histologic changes during fracture repair, J Bone Miner Res 7(9):1045-1055, 1992.
87. Jones D, Bingmann D: How do osteoblasts respond to mechanical stimulation? Cells Materials 1:329-340, 1991.
88. Joyce ME, Jingushi S, Bolander ME: Transforming growth factor--beta in the regulation of fracture repair, Orthop Clin North Am 21(1):199-209, 1990.
89. Kato T, Kawaguchi H, Hanada K et al: Single local injection of recombinant fibroblast growth factor-2 stimulates healing of segmental bone defects in rabbits, J Orthop Res 16:654-659, 1998.
90. Kelly PJ, Montgomery RJ, Bronk JT: Reaction of the circulatory system to injury and regeneration, Clin Orthop Relat Res (254):275-288, 1990.
91. Kopman CR, Boskey AL, Lane JM et al: Biochemical characterization of fracture callus proteoglycans, J Orthop Res 591):7-13, 1987.
92. Koval KJ, Maurer SG, Su ET et al: The effects of nutritional status on outcome after hip fracture, J Orthop Trauma 13(3):164-169, 1999.
93. Lacroix D, Pendegrast PJ: A mechano-regulation model for tissue differentiation during fracture healing: analysis of gap size and loading, J Biomech 35(9):1163-1171, 2002.
94. Lane J: A temporal study of collagen, proteoglycan, lipid, and mineral constituents in a model of endochondral osseous repair, Metab Bone Dis Relat Res 1:319, 1979.
95. Lane JM, Golembiewski G, Boskey AL, Posner AS: Comparative biochemical studies of the callus matrix in immobilized and non--immobilized fractures, Metab Bone Dis Relat Res 4(1):61-68, 1982.
96. Laurnen EL, Kelly PJ: Blood flow, oxygen consumption, carbon--dioxide production, and blood-calcium and pH changes in tibial fractures in dogs, J Bone Joint Surg 51(2):298-308, 1969.
97. Lavine LS, Grodzinsky AJ: Electrical stimulation of repair of bone, J Bone Joint Surg 69(4):626-630, 1987.
98. Lee FY, Choi YW, Behrens FF et al: Programmed removal of chondrocytes during endochondral fracture healing, J Orthop Res 16(1):144-150, 1998.
99. Leung KS, Sher AH, Lam TS, Leung PC: Energy metabolism in fracture healing. Measurement of adenosine triphosphate in callus to monitor progress, J Bone Joint Surg Br 71(4):657-660, 1989.
100. Li JK, Chang WH, Lin JC et al: Cytokine release from osteoblasts in response to ultrasound stimulation, Biomaterials 24(13):2379-2385, 2003.
101. Li XJ, Jee WS, Li YL, Patterson-Buckendahl P: Transient effects of subcutaneously administered prostaglandin E2 on cancellous and cortical bone in young adult dogs, Bone 11(5):353-364, 1990.
102. Lieberman JR, Daluiski A, Einhorn TA: The role of growth factors in the repair of bone: biology and clinical applications, J Bone Joint Surg 84-A(6):1032-1044, 2002.
103. McKibbin B: The biology of fracture healing in long bones, J Bone Joint Surg 60-B(2):150-162, 1978.
104. Minkowitz B, Busch MT: Supracondylar humerus fractures. Current trends and controversies, Orthop Clin North Am 25(4):581-594, 1994.
105. Nash TJ, Howlett CR, Martin C et al: Effects of platelet-derived growth factor on tibial osteotomies in rabbits, Bone 15(2):203-208, 1994.
106. Nelson FR, Brighton CT, Ryaby J et al: Use of physical forces in bone healing, J Am Acad Orthop Surg 11(5):344-354, 2003.
107. O'Donoghue DH: Treatment of injuries to athletes, Philadelphia, 1984, WB Saunders.
108. Park SH, O'Connor K, McKellop H, Sarmiento A: The influence of active shear or compressive motion on fracture-healing, J Bone Joint Surg 80(6):868-878, 1998.
109. Parvizi J, Wu CC, Lewallen DG et al: Low-intensity ultrasound stimulates proteoglycan synthesis in rat chondrocytes by increasing aggrecan gene expression, J Orthop Res 17(4):488-494, 1999.
110. Perren S, Claes L: Biology and biomechanics in fracture management. In Ruedi TP, Murphy WM, editors: AO principles of fracture management, New York, 2000, Thieme.
111. Raikin SM, Landsman JC, Alexander VA et al: Effect of nicotine on the rate and strength of long bone fracture healing, Clin Orthop Relat Res (353):231-237, 1998.
112. Resnick D, Kransdorf MJ: Bone and joint imaging, Philadelphia, 2005, Elsevier.
113. Rhinelander FW: Tibial blood supply in relation to fracture healing, Clin Orthop Relat Res (105):34-81, 1974.
114. Robey PG, Young MF, Flanders KC et al: Osteoblasts synthesize and respond to transforming growth factor-type beta (TGF-beta) in vitro, J Cell Biol 105(1):457-463, 1987.
115. Sarmiento A, Latta LL, Tarr RR: The effects of function in fracture healing and stability, Instr Course Lect 33:83-106, 1984.
116. Sarmiento A, Sharpe FE, Ebramzadeh E et al: Factors influencing the outcome of closed tibial fractures treated with functional bracing, Clin Orthop Relat Res (315):8-24, 1995.
117. Schmeisser G: A clinical manual of orthopedic traction techniques, Philadelphia, 1964, WB Saunders.
118. Steinberg M, Lyet J, Pollack S: Stress generated potentials in fracture callus, Trans Orthop Res Soc 5:115, 1980.
119. Street J, Winter D, Wang JH et al: Is human fracture hematoma inherently angiogenic? Clin Orthop Relat Res (378):224-237, 2000.
120. Thaller SR, Dart A, Tesluk H: The effects of insulin-like growth factor-1 on critical-size calvarial defects in Sprague-Dawley rats, Ann Plast Surg 31(5):429-433, 1993.
121. Uhthoff HK, Jaworski ZF: Bone loss in response to long-term immobilization, J Bone Joint Surg 60B:420-429, 1978.
122. Urist MR: Bone: formation by autoinduction, Science 150(698):893-899, 1965.
123. Valentin-Opran A, Wozney J, Csimma C et al: Clinical evaluation of recombination human bone morphogenic protein-2, Clin Orthop Relat Res 395:110-120, 2002.
124. Wang JS: Basic fibroblast growth factor for stimulation of bone formation in osteoinductive or conductive implants, Acta Orthop Scand Suppl269:1-33, 1996.
125. Watson-Jones R: Fractures and joint injuries, ed 2, Baltimore, 1957, Williams & Wilkins.
126. Welch RD, Johnston CE 2nd, Waldron MJ et al: Intraosseous infusion of prostaglandin E2 in the caprine tibia, J Orthop Res 11(1):110-121, 1993.
127. White AA 3rd, Panjabi MM, Southwick WO: The four biomechanical stages of fracture repair, J Bone Joint Surg 59(2):188-192, 1977.
128. Woll TS, Duwelius PJ: The segmental tibial fracture, Clin Orthop Relat Res 281:204-207, 1992.
129. Wrana JL: Regulation of SMAD activity, Cell 100(2):189-192, 2000.
130. Wray JB, Lynch CJ: The vascular response to fracture of the tibia in the rat, J Bone Joint Surg 41-A:1143-1148, 1959.

131. Wu C, Lewallen D, Bolander M et al: Exposure to low intensity ultrasound stimulates aggrecan gene expression by cultured chondrocytes, Trans Orthop Res Soc 21:622, 1996.
132. Yamashita H, Ten Dijke P, Heldin CH, Miyazono K: Bone morphogenic protein receptors, Bone 1996):569-574, 1996.
133. Yamazaki M, Majeska R, Nakajima F: Spatial and temporal distribution of CD44 and osteopontin in fracture callus, Trans Orthop Res Soc 22:604, 1997.
134. Yang KH, Parvizi J, Wang SJ et al: Exposure to low-intensity ultrasound increases aggrecan gene expression in a rat femur fracture model, J Orthop Res 14(15):802-809, 1996.

CAPÍTULO

29

Teste funcional e retorno à atividade

Gary P. Austin

INTRODUÇÃO

O objetivo final da reabilitação de um paciente lesionado é a recuperação rápida, segura, completa e permanente da função, bem como o retorno à atividade. É praticamente impossível acelerar o processo normal de recuperação após uma lesão, visto que há limites naturais à velocidade na qual o processo de reabilitação pode evoluir. Portanto, para a recuperação eficiente e eficaz da função e para o retorno do paciente à atividade, um programa funcional de reabilitação deve focar-se na relação dinâmica entre a aplicação de tensões terapêuticas e o processo de recuperação em andamento. A compreensão e a aplicação adequadas dessa relação podem minimizar problemas adicionais e atrasos indevidos na reabilitação e no retorno à atividade. Uma vez que a relação dose-resposta de quase todas as intervenções terapêuticas é pouco entendida, o clínico deve estabelecer e restabelecer o estado clínico e funcional do paciente. A avaliação funcional e clínica, assim como a reavaliação ao longo do âmbito da reabilitação são, portanto, a base para um programa efetivo de reabilitação e, finalmente, para um retorno bem-sucedido à atividade.

Foco do programa de reabilitação funcional

- Relação dinâmica entre a aplicação de tensões terapêuticas e o processo de recuperação
- Tratamento agressivo controlado ("forçar os limites")
- Criação de um programa específico às necessidades do paciente
- Avaliação e reavaliação para ajustar o tratamento

DEFINIÇÃO DE FUNÇÃO

Uma ampla discussão de teste funcional deve começar com uma definição de função. Os termos *função* e *funcional* são muito usados na área de reabilitação, mas ainda não foram definidos com clareza. Uma descrição rigorosa de função deve ser lógica, ter boa base teórica e existir no contexto de uma estrutura aceita; dessa forma, deve contribuir para uma definição operacional de função. Uma definição universal permitiria uma medida de função precisa e uma comunicação coerente. Apesar de o ambiente clínico moderno valorizar a função, uma definição convencional continua evasiva. Com mais frequência, a função é definida como "a ação para a qual uma [pessoa ou] coisa existe ou... é especialmente adaptada ou usada" ou "uma ação de um grupo de ações relacionadas que contribui para um todo maior".[1] No contexto da reabilitação, a função é definida como "as atividades identificadas por um indivíduo como essenciais para dar suporte ao bem-estar físico, social e psicológico, e para criar a sensação pessoal de levar uma vida que faça sentido".[2] Definido de maneira simples, o que é funcional é "usado para contribuir para o desenvolvimento ou manutenção de um todo maior".[1] Entretanto, essa definição oferece poucas diretrizes para a determinação da presença ou do grau de função no que diz respeito à lesão e à reabilitação. As limitações funcionais foram definidas de maneira mais clara como "limitações de desempenho no nível do organismo ou da pessoa como um todo"[2] que "são medidas pelo teste de desempenho dos comportamentos físicos e mentais no nível da pessoa e não devem ser confundidas com doenças, distúrbios, condições ou deficiências que envolvam anormalidades específicas de tecido, órgão ou sistema que resultem em sinais ou sintomas".[2] Apesar de uma ampla e completa discussão sobre função estar além do âmbito deste capítulo, aqui a função será definida como segue: *qualquer movimento no nível da pessoa que é relativo a uma tarefa e orientado a um objetivo em um ambiente apropriado, e que envolve a integração de múltiplos sistemas e estruturas corporais.*

TESTE FUNCIONAL E CLÍNICO

O exame, a avaliação e a restauração da função requerem que o clínico pense além do âmbito de deficiências específicas de tecidos e estruturas causadas pela lesão. O diagnóstico médico enfoca doenças, disfunções e condições nos níveis das células, dos tecidos ou dos órgãos e fornece informações limitadas sobre o grau da deficiência. O clínico, ao mesmo tempo que valida o diagnóstico médico e os padrões de deficiências associados, deve focar-se nas limitações funcionais do paciente a fim de estabelecer os objetivos apropriados e maximizar o potencial do paciente. A avaliação deve contribuir para um entendimento amplo da lesão no âmbito do paciente como um todo, como um sistema de movimento multidimensional, e, por fim, informar as decisões clínicas durante a reabilitação.

Juntas, as testagens clínica e funcional geram informações complementares; portanto, o entendimento da distinção entre os dois tipos de teste é fundamental. O **teste clínico** envolve a aplicação de ênfase principalmente sobre as partes do corpo, além de fornecer informações sobre a deficiência e a cicatrização de estruturas específicas. O **teste funcional** envolve a aplicação de ênfase, por meio de movimentos específicos, na pessoa como um todo e fornece informações sobre a capacidade para desempenhar movimentos específicos às tarefas.

TESTE FUNCIONAL AO LONGO DA CONTINUIDADE DA REABILITAÇÃO

A difícil tomada de decisão em todos os pontos ao longo do tratamento, em todos os ambientes e com quaisquer populações de pacientes, baseia-se em objetivos clínicos e funcionais sacramentados. O teste funcional, assim como o clínico, deve ser incorporado em todos os aspectos do tratamento do paciente, incluindo avaliações de pré-participação/trabalho, se possível, avaliação inicial, reavaliações, retorno à atividade e acompanhamento.

Situações que devem incluir teste funcional

- Avaliação de pré-participação
- Avaliação inicial
- Reavaliação
- Retorno à atividade
- Acompanhamento

Avaliação de pré-participação

De fato, a equipe de terapeutas deve tomar decisões importantes sobre a saúde do paciente antes que ocorra uma lesão. O ideal é que uma triagem ou avaliação de pré-participação/pré-ocupação (APP) abrangente ajude a identificar pacientes com risco de lesão;[3] entretanto, demonstrou-se que a sensibilidade e o valor preditivo são baixos.[4] Apesar de muitos concordarem com os componentes da APP, os testes e medidas utilizados em particular mostram pouca padronização.[5,6] Especificamente, a história clínica pessoal pregressa, o teste clínico (avaliação musculoesquelética) e o teste funcional (testes de avaliação de desempenho) parecem ser mais úteis na identificação de risco de lesões em atletas.[7-9] Como, em geral, as pessoas na triagem estão sem lesões ou totalmente recuperadas de lesões prévias, o teste clínico terá um valor limitado. O teste funcional, porém, pode revelar limitações funcionais na ausência de deficiências clínicas claras. Sempre que possível, a APP ou a triagem de admissão deve ser modificada para melhor atingir a relevância da população testada (p. ex., idade, sexo, esporte, ocupação).[9,10] O ideal é que a APP ou os dados da triagem permitam uma programação preventiva para identificar fatores de risco e, no caso de lesão, possam moldar a tomada de decisão clínica.

Avaliação inicial

Apesar de não ser sempre possível, a avaliação inicial deve, na verdade, começar com a observação indireta do mecanismo da lesão. Na realidade, a lesão é um teste funcional com maus resultados, a mecânica que pode ser útil na identificação de deficiências e limitações funcionais ocultas. A avaliação inicial normalmente começa com uma coleta sistemática de informações relativas à lesão. O teste funcional começa de fato com a história e em conjunto com dados disponíveis da APP, e pode ajudar a identificar fatores que talvez tenham predisposto o paciente a lesões ou influenciem na recuperação. Por exemplo, a história de lesão anterior pode sugerir uma deficiência funcional biomecânica preexistente ou um padrão de movimento anormal que possa ter contribuído para a lesão inicial e coloca uma tensão excessiva nas estruturas em cicatrização. Com base nessa história, o clínico pode desenvolver hipóteses clínicas e funcionais sobre possíveis deficiências e limitações funcionais.

Uma abordagem orientada pela hipótese no exame e na avaliação do paciente deve necessariamente incluir hipóteses tanto funcionais como clínicas (Tab. 29.1). O foco primário da avaliação clínica é o isolamento da estrutura lesada e a determinação das deficiências associadas. Entretanto, os clínicos também devem incluir uma avaliação funcional. Na ausência de teste funcional, o clínico pode somente especular sobre a presença, a magnitude e a origem de qualquer limitação funcional. Testar no nível da função pode reproduzir sintomas e também definir o limiar no qual os sintomas são provocados. O

Tabela 29.1 Objetivos clínicos *versus* objetivos funcionais da reabilitação

Objetivos clínicos	Objetivos funcionais
Nível de órgão/tecido/estrutura	Nível da pessoa
Nível de deficiência	Nível da limitação funcional
Baseados nos testes e medidas específicos das estruturas articulares, musculotendíneas ou esqueléticas	Baseados nos testes e medidas de desempenho de tarefas como objetivo orientado, de esportes específicos que integram múltiplos músculos e articulações
Parâmetros: força, flexibilidade, amplitude de movimento, mobilidade articular, edema, dor, resistência muscular	Parâmetros: controle, coordenação, força, velocidade, potência, agilidade, equilíbrio, flexibilidade, resistência muscular, resistência aeróbia
Objetivos relativos à cicatrização de estruturas isoladas e progressão do programa de reabilitação	Objetivos relativos à cicatrização de estruturas lesionadas, progressão da reabilitação, retorno e progressão do treinamento e retorno à atividade

teste funcional permite que o clínico meça objetivamente o impacto do tecido lesionado na habilidade funcional e, assim, defina melhor as relações normalmente obscuras entre deficiências e limitações funcionais. A aplicação específica de tensão no nível tecidual e no paciente como um todo permite ao clínico testar e confirmar tanto a hipótese clínica como a funcional.[11] Portanto, a avaliação inicial não deve estar direcionada exclusivamente ao teste e à mensuração de sintomas e deficiências. O teste funcional, como um complemento ao teste clínico, estende o escopo da avaliação inicial para incluir o teste da hipótese sobre a presença e a origem das limitações funcionais.

Reavaliação

Com base nos resultados do teste funcional inicial, o clínico deve definir objetivos de curto prazo que tratem das limitações funcionais. As decisões importantes sobre a progressão do programa de reabilitação são baseadas nos resultados paralelos e graduais dos objetivos de curto prazo. O reexame e a reavaliação envolvem um teste clínico e funcional sensato e regular. Indicações para reavaliação funcional incluem mudanças nos testes clínicos, ausência de progresso e novas apresentações clínicas ou funcionais. O teste funcional contínuo permite ao clínico realizar comparações dos resultados dos testes funcionais com mensurações prévias e objetivos de curto prazo; rejeitar, confirmar ou aperfeiçoar hipóteses funcionais; gerar novas hipóteses funcionais; introduzir novos testes funcionais; progredir os aspectos funcionais do programa de reabilitação; ou comparar com os objetivos estabelecidos de longo prazo e de alta. Os testes funcionais podem servir como padrão básico de movimento para o exercício funcional e, portanto, oferecer ao clínico oportunidades para reavaliar regularmente as respostas funcionais do paciente à reabilitação. Em princípio, o exercício funcional oferece a oportunidade para a reavaliação funcional durante cada tratamento. Talvez o mais importante seja que os resultados de reavaliação regular são a base para ajustes frequentes do programa de reabilitação, assegurando que o paciente progrida tão rápido e com tanta segurança quanto possível.

Retorno à atividade

Com base nos resultados da avaliação e da reavaliação funcional, o clínico deve definir objetivos de longo prazo que tratem das limitações funcionais. As decisões importantes sobre a capacidade de retornar à atividade com segurança são baseadas, em última instância, nos resultados paralelos dos objetivos de longo prazo. O alcance de todos os objetivos clínicos não é, de maneira nenhuma, uma indicação de que o paciente está pronto para retornar à atividade, mas sim evidência de mudanças estruturais e funcionais no nível tecidual. A capacidade do paciente de também atingir os objetivos funcionais oferece indicadores adicionais sobre sua capacidade de realizar movimentos específicos a tarefas e, posteriormente, define a decisão de retornar o paciente à atividade total.

O teste funcional determina limiares funcionais que podem ser usados para determinar objetivos funcionais de longo prazo e resultados esperados para o paciente. Tradicionalmente, os objetivos funcionais e, portanto, o teste funcional, são considerados mais válidos nas fases finais da reabilitação e na determinação do retorno ao treinamento/condicionamento ou à atividade. Além disso, o teste funcional é considerado apropriada somente para atletas. Entretanto, *o teste funcional pode e deve ser realizado em todos os pontos ao longo do* continuum *da reabilitação e para todas as populações de pacientes, não apenas para atletas.*

Um programa de reabilitação que incorpore avaliação e intervenção funcional oferece ao paciente vários benefícios em potencial. Pacientes em geral e atletas em particular tendem a ser direcionados a objetivos e orientados para o desempenho. Portanto, o programa de reabilitação deve ser orientado para o objetivo e para a tarefa, e deve permitir que o paciente participe no processo de tomada de decisão.[12,13] Além de ser objetivo, válido e confiável, o teste funcional pode ser específico ao paciente ou à tarefa. O teste funcional pode claramente demonstrar e definir limitações funcionais que podem não ser compatíveis com limitações clínicas ou possam não existir na ausência delas. Como tal, *o teste funcional pode ser usada para determinar as linhas de base e limiares funcionais, bem como para estabelecer objetivos funcionais para todos os pacientes.* O teste funcional inicial pode ser tão simples como cronometrar o tempo em apoio unipedal ou dar um passo lateral de

5 centímetros de altura, o que pode rapidamente revelar as necessidades funcionais específicas do paciente e as demandas funcionais da tarefa. Os objetivos e limites identificados pelo teste funcional em geral são definidos em termos que o paciente possa entender facilmente e, desse modo, podem captar a atenção e o interesse dele. Objetivos definidos em termos funcionais também podem oferecer aos pacientes oportunidades para avaliar regularmente seu estado e seu progresso. Com isso, o paciente se torna mais responsável pela sua reabilitação.[13] Por fim, o teste funcional oferece evidência objetiva, que é útil tanto para o clínico como para o paciente e permite decisões clínicas esclarecidas.

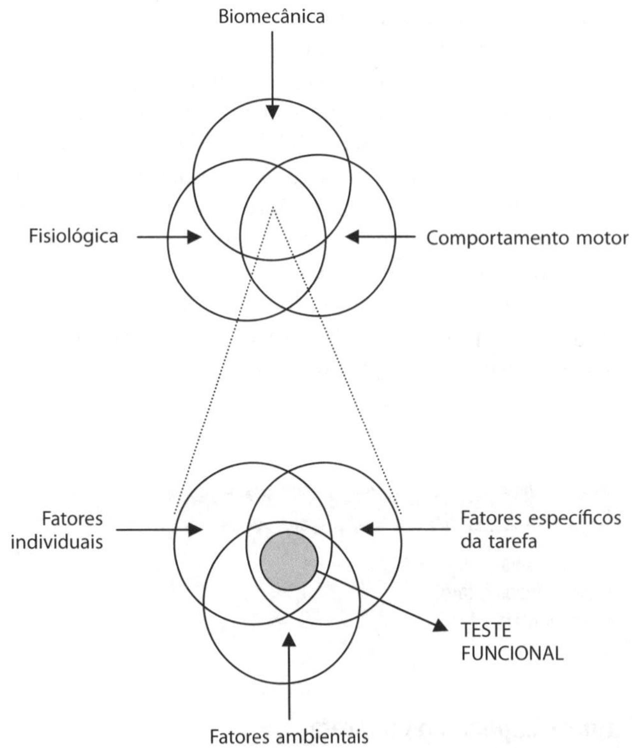

Figura 29.1 Bases do teste funcional.

PRINCÍPIOS DE TESTE FUNCIONAL

Fundamentos do teste funcional

O teste funcional é, por definição, um processo complexo e multifatorial. Apesar da aceitação universal da importância da função, há pouco consenso não somente em como melhor definir ou medir a função, mas também em como analisá-la. Além disso, o corpo de evidências nessa área, apesar de estar em crescimento, ainda é deficiente. Fundamentalmente, a importante tomada de decisões sobre o teste funcional do paciente deve, portanto, estar baseada em princípios válidos de fisiologia, biomecânica e comportamento motor. Questões fisiológicas relevantes para o teste funcional incluem as funções das estruturas e dos sistemas corporais, a extensão da lesão e o estado de recuperação do paciente, seus sistemas de energia, sua adaptação e seu nível de condição física geral. Considerações biomecânicas relevantes incluem anatomia funcional, direções/planos de movimento e tensão, cinemática (tempo, posição, deslocamento, velocidade) e cinética (força, torque, massa, aceleração, inércia, momento). Questões do comportamento motor incluem propriocepção, percepção, transferência, prática, aprendizagem, controle, coordenação e desempenho. Decisões relativas à escolha e à progressão do teste funcional devem se basear na aplicação de princípios sólidos de fisiologia, biomecânica e comportamento motor sobre a complexa interação dos fatores individuais, ambientais e específicos à tarefa (Fig. 29.1).

Fatores individuais

O clínico não deve esperar que pacientes com a mesma lesão ou o mesmo diagnóstico clínico apresentem achados de avaliação idênticos ou respostas similares à reabilitação. A variabilidade vista na avaliação e no processo de reabilitação deve-se refletir na seleção e na progressão dos testes funcionais para o paciente. Com a gama de testes funcionais disponíveis, a atenção aos fatores individuais pode ajudar o clínico na seleção do teste funcional apropriado. Os fatores individuais mais influentes incluem idade, sexo, capacidade física (força, potência, flexibilidade, destreza, agilidade, velocidade, resistência muscular, resistência cardiovascular, coordenação, habilidade), estado de recuperação (fase de cicatrização, estado de suporte de peso, precauções/contraindicações, comorbidades) e perfil psicológico (motivação, medo, enfrentamento). Apesar dos indicadores objetivos de recuperação, a variabilidade individual complica a determinação do estado de recuperação do paciente. Indicadores de estado de recuperação (tempo de cicatrização, sinais de inflamação, resposta ao tratamento) são úteis, mas longe de serem conclusivos. O conhecimento dos fatores adicionais capazes de afetar positiva ou negativamente a recuperação pode ajudar o clínico a determinar o estado de recuperação do paciente. O clínico deve, portanto, integrar esses indicadores e fatores individuais ao processo de tomada de decisão clínica. Para determinar a capacidade física, o clínico deve coletar e integrar uma multidão de medidas clínicas em curso (amplitude de movimento – ADM, mobilidade articular, escores do teste muscular manual – TMM, escores de força muscular a partir de instrumentos computadorizados como dinamômetro isocinético, postura, alinhamento articular/do membro, escalas de dor etc.) com a história disponível e os dados da APP/triagem. Comparar as medidas da capacidade física com os objetivos clínicos e funcionais estabelecidos pode ajudar também na avaliação da recuperação, informando assim a escolha do teste funcional. Fatores psicológicos podem influenciar não somente a validade e a confiabilidade do teste funcional, mas também a sua segurança. Apesar de mais instrumentos formais (questionários e inventários) estarem disponíveis, a observação e a documentação das emoções e dos comportamentos costumam ser suficientes para ajudar a equipe de reabilitação a avaliar fatores psicológicos comuns após a lesão, tais como distúrbios de humor, depressão, baixa autoestima, ansiedade e frustração.[12,14,15] Apesar de a evidência disponível poder, em certa extensão, guiar a escolha de um teste funcional, o clínico deve avaliar e integrar as várias dimensões da função caso a caso. De maneira ideal, o teste funcional permite ao clínico determinar o impacto das deficiências identificadas, do estado de recuperação e das questões psicológicas na capacidade do paciente de realizar movimentos específicos à tarefa.

Fatores a se considerar em testes funcionais

- Individuais
- Específicos à tarefa
- Ambientais

Fatores específicos à tarefa

Uma abordagem orientada à tarefa requer que o clínico entenda as necessidades específicas de movimento da ocupação, da atividade ou do esporte. Apesar de tarefas compartilharem vários aspectos em comum, elas diferem em muitas dimensões, sendo as mais úteis a biomecânica, o comportamento motor e a fisiologia. O aspecto mais importante da análise da tarefa pode ser o aspecto biomecânico do teste funcional. O clínico deve partir do princípio de que tarefas envolvem movimentos ou tensão em todos os três planos; múltiplas articulações, múltiplos segmentos ou membros; contribuições de músculos uniarticulares e multiarticulares; e a necessidade simultânea de o corpo se mover e se manter estável. Considerações específicas importantes incluem os padrões comuns de postura e movimento, a quantidade de movimento, a velocidade do movimento, a natureza e a magnitude de forças/resistências, direções/planos dominantes de movimento, padrões de ativação muscular, demandas articulares específicas, simetria ou assimetria de movimento, e demandas unilaterais ou bilaterais de membros. Todas essas questões oferecem informações importantes em termos de como organizar melhor as dimensões biomecânicas de tarefa específica do teste e, assim, guiar a seleção ou a modificação de um teste funcional.

Os aspectos do comportamento motor de uma atividade podem ser as dimensões mais negligenciadas do teste funcional específico à tarefa e estão entre os mais desafiadores para se avaliar. Questões importantes específicas à tarefa incluem o propósito ou objetivo de todas as tarefas que constituem o repertório de movimentos do paciente, o nível de habilidade exigido do paciente, as restrições na dominância da extremidade superior e inferior, os efeitos da aprendizagem, bem como as questões perceptivas e sensoriais. Como as mais fortes adaptações neuromusculares na resposta inicial ao treinamento parecem ser neurais,[16,17] as questões do comportamento motor são particularmente relevantes para decisões sobre a reavaliação e a progressão do teste funcional.

Fisiologicamente, as atividades podem ser definidas de acordo com as necessidades energéticas e com o volume de trabalho requerido. Qualquer volume de trabalho requer que o paciente utilize tanto o sistema de energia aeróbio como o anaeróbio; o clínico precisa determinar qual deles é o sistema de energia dominante, se é que algum é dominante. Fatores a serem considerados incluem intensidade do esforço (máximo, submáximo), frequência do esforço (constante, frequente, rara, inexistente), duração dos turnos individuais, natureza e magnitude do tempo de recuperação, duração dos turnos, cronograma de prática/atividade e nível de condição física atual e pretendido.

Fatores ambientais

A reciprocidade entre a pessoa e o ambiente é geralmente tão óbvia que chega a ser negligenciada.[18] Os efeitos do ambiente no movimento podem ser importantes nas mãos do clínico. Por exemplo, o clínico pode restringir as opções de movimento do paciente projetando o ambiente de maneira intencional. Ao fazer isso, o clínico pode aumentar a probabilidade de que movimentos desejáveis ocorram e minimizar a chance de que aconteçam movimentos indesejáveis. Os aspectos ambientais do teste funcional podem ser os mais difíceis de avaliar. Por exemplo, ao se trabalhar com jogadores de hóquei no gelo ou nadadores, os meios de circulação obviamente diferentes exigem grande esforço para incorporar os aspectos ambientais no teste funcional. Entretanto, eles são, indiscutivelmente, os mais importantes no teste funcional dessas populações. Além dos aspectos biomecânicos relativos às superfícies (fricção, complacência, terreno) ou ao meio (viscosidade, resistência) do movimento de suporte, o clínico também deve considerar os seguintes aspectos: calçados, acessórios para as mãos (luvas, manguitos), equipamentos (capacetes, caneleiras, luvas e vestimenta) e ferramentas (polos, raquetes, bastões, nadadeiras, tacos, bolas). Tais questões estão intimamente ligadas às preferências individuais e à capacidade física do paciente e, portanto, à sua capacidade de interagir com o meio. Respeitar a influência do ambiente e a dependência do contexto do movimento fornece ao clínico opções adicionais e substanciais, se não algumas vezes difíceis, para selecionar e modificar os testes funcionais.

Vários dos aspectos mencionados anteriormente podem ser mais bem considerados como contínuos, em vez de independentes. Assim, eles podem ajudar o clínico a obter a informação mais relevante ao utilizar o teste funcional e, dessa forma, melhor conduzir a tomada de decisão clínica. O teste funcional mais adequado e abrangente trata dos fatores relativos ao indivíduo, à tarefa e ao ambiente, e se adapta a esses fatores. O teste funcional requer progressão gradual, apropriada e específica ao paciente para testes que exijam ligeiramente mais habilidade, força, potência, controle e coordenação. O estado dos aspectos fisiológicos, biomecânicos e de comportamento motor, somado aos resultados dos testes funcionais anteriores, ajuda o clínico a determinar como progredir no teste funcional. O desempenho do paciente nesses testes pode determinar sua prontidão ou capacidade para avançar no programa de reabilitação ou retornar à atividade.

QUESTÕES DE MENSURAÇÃO NO TESTE FUNCIONAL

Mensuração e padronização

Testes e medidas são técnicas e procedimentos específicos realizados para coletar dados, e que podem servir para vários propósitos durante a reabilitação: determinação de presença e extensão da lesão; identificação de deficiências e limitações funcionais; detecção de mudanças no estado das deficiências e limitações funcionais; comparação dos dados tendo em vista objetivos ou padrões, comunicação inequívoca e previsão precisa. Os testes também permitem a comparação do paciente a um grupo maior com propósito de diferenciação e, em última análise, previsão baseada em várias dimensões específicas (i. e., idade, sexo, ocupação/atividade/esporte, categoria de trabalho/nível de habilidade).

Propósito do teste funcional

- Determinar a presença ou a extensão da lesão
- Identificar deficiências e limitações funcionais
- Detectar mudanças nas deficiências
- Comparar dados com objetivos
- Oferecer uma comunicação mais clara
- Permitir uma previsão mais precisa

A mensuração requer que a construção do interesse seja definida conceitualmente e seja mensurável. A partir do momento em que um valor numérico é atribuído a uma medida de construção, ela é definida operacionalmente ou ganha um significado de acordo com padrões teóricos ou metodológicos aceitáveis. O passo final da mensuração envolve o estabelecimento de padrões para conduzir a medida ou teste. A padronização do teste deve ser baseada em critérios reconhecidos, de tal forma que os instrumentos, procedimentos e valores sejam utilizados de forma apropriada e uniforme. A conformidade com padrões estabelecidos minimiza os erros de mensuração presentes em medidas repetidas realizadas em situações diversas por vários clínicos ou em diferentes intervalos de tempo. Em vez de uma padronização estrita, no entanto, testes funcionais requerem modificações de acordo com a variabilidade individual, bem como fatores ambientais e específicos à tarefa. Para permitir uma comparação longitudinal significativa, o teste funcional deve ser repetido usando-se os mesmos instrumentos, procedimentos e critérios de avaliação dos testes anteriores. Do mesmo modo, a documentação precisa desempenha um papel significativo na definição e na preservação do significado e da utilidade do teste funcional.

Enquanto os padrões para testes clínicos, como o teste muscular manual e a goniometria, foram há muito estabelecidos, a padronização de testes funcionais está menos avançada. Em última instância, a padronização do teste funcional aumenta a confiança com a qual o clínico pode avaliar medidas repetidas, permitindo comparações com populações maiores de pacientes e detectando mudanças no estado funcional individualmente. Um teste tem duas características importantes que devem ser estabelecidas cedo ou tarde: confiabilidade e validade.

Confiabilidade e erro padrão de mensuração

Confiabilidade é o grau em que um teste mede de maneira consistente e precisa o constructo que pretende medir.[19,20] Existem três fontes principais de erro e todas são sujeitas à influência de diversos fatores. Essas fontes incluem a pessoa que realiza a mensuração (avaliador), o objeto usado para obter a mensuração (instrumento) e aquilo que é medido (constructo ou variável dependente).[19] Flutuações aleatórias e sistemáticas em todas essas três fontes podem ser causadas por fatores como variabilidade individual e ambiente. A padronização do processo de mensuração e definições operacionais bem concebidas podem minimizar o impacto de fontes de erro não aleatórias e confusas.

Testes de confiabilidade e testes funcionais

- Confiabilidade interavaliador
- Confiabilidade intra-avaliador
- Confiabilidade teste-reteste (instrumento)

Os testes de confiabilidade mais pertinentes para teste funcional são a confiabilidade do avaliador e a confiabilidade teste-reteste. Estimar a confiabilidade do avaliador determina a extensão na qual ele contribui para a consistência e a precisão da medida, pressupondo-se que o instrumento e a variável dependente sejam estáveis. As estimativas da confiabilidade do avaliador relacionam-se sobretudo a dois casos em particular: a confiabilidade interavaliador e a intra-avaliador. A confiabilidade interavaliador estima a extensão na qual dois ou mais avaliadores concordam na medida da mesma variável. Determinar a confiabilidade interavaliador, demonstrando que as medidas obtidas por vários avaliadores apresentam altos níveis de concordância, aumenta a validade externa do teste ou medida. A confiabilidade intra-avaliador estima a estabilidade de mensurações repetidas realizadas pelo mesmo avaliador.[19] Determinar a confiabilidade intra-avaliador, sem generalizações, aumenta a validade externa da medida ou teste. Tanto a confiabilidade intra-avaliador como a interavaliador são estimadas usando-se o **coeficiente de correlação intraclasse** (CCI), baseado na relação e na conformidade entre as classificações.[21] O CCI é uma estimativa de confiabilidade relativa, não absoluta, e, como tal, tem importância clínica útil, mas limitada. Por exemplo, um CCI "alto" não garante necessariamente uma confiabilidade aceitável, tampouco um CCI "baixo" exclui a medida como "não confiável".[20] Utilizações comuns do CCI envolvem comparações com CCIs previamente estabelecidos para mensurações similares, comparação com uma escala ordinal arbitrária e determinação do porcentual de erro (p. ex., CCI = 0,75, indica que 25% da variação é causada por erro de mensuração).[20] Alguns autores propuseram, com ressalvas, as seguintes diretrizes para interpretar a confiabilidade de acordo com CCIs: abaixo de 0,75, insatisfatória a moderada; de 0,75 a 0,90, boa a excelente; e acima de 0,90, excelente.[19]

Um complemento estatístico ao CCI é o **erro padrão de medida** (EPM).[20,22] O EPM é um índice de precisão, em vez de confiabilidade, de uma medida como demonstrado pela magnitude do erro de mensuração. Uma medida confiável e clinicamente precisa deve apresentar tanto um CCI "alto" como um EPM "baixo". Os clínicos devem considerar não somente o CCI, mas também o EPM, se relatado, ao selecionar testes e medidas e ao interpretar medidas obtidas usando esses testes.

Foram investigadas a confiabilidade interavaliador e intra-avaliador de vários testes funcionais. Em geral, o CCI tende a estar na classificação de bom a excelente. Infelizmente, o EPM é pouco relatado, restando ao clínico especular a precisão da medida.

Diagnóstico, sensibilidade e especificidade

Os testes diagnósticos são empregados com vários propósitos. De acordo com Feinstein,[23] os testes diagnósticos são usados para descoberta, confirmação e exclusão. Testes de descoberta e exclusão devem ter alta sensibilidade para detecção, enquanto testes de confirmação requerem alta especificidade. Os termos sensibilidade e especificidade foram aplicados a diversos testes usados na identificação de condições clínicas.[23] A sensibilidade do teste indica a sua capacidade para identificar os pacientes que de fato têm uma disfunção (i. e., um verdadeiro-positivo ou um diagnóstico correto baseado em um teste positivo).[24] A especificidade do teste indica a sua capacidade para identificar os pacientes que não têm uma disfunção (i. e., um verdadeiro-negativo ou um diagnóstico correto baseado em um teste negativo).[24] Um teste funcional para descoberta (p. ex., EPP, triagem) seria usado para sugerir a presença de uma limitação funcional em uma população aparentemente saudável. Um teste funcional para confirmação deve ser usado para verificar a presença de uma limitação funcional suspeita. Um teste funcional para exclusão seria utilizado para excluir determinada limitação funcional quando sua presença é suspeita. Apesar de os testes funcionais parecerem promissores na área de diagnóstico, poucos estudos relataram sua especificidade e sua sensibilidade.[25] Aqueles que fizeram isso focaram, quase exclusivamente, na deficiência do ligamento cruzado anterior (LCA) ou na reconstrução do LCA no joelho.

Validade

A validade é intimamente ligada à confiabilidade. Ela é o grau em que um teste ou instrumento de fato mede o constructo que tem intenção de mensurar.[19,24] A validade, porém, não assegura confiabilidade, tampouco a recíproca é verdadeira. Pode parecer que ambas são igualmente importantes, uma vez que um teste confiavelmente inválido é tão inútil quanto um teste de validade duvidosa. A confiabilidade, entretanto, forma a fundação na qual a validade é confirmada. Um teste ou medida válido aumenta a confiança que o clínico pode ter na mensuração e fortalece as inferências baseadas nos dados para propósitos como detecção, comparação, avaliação e previsão. A validade pode ser difícil de determinar e o ideal é que seja confirmada no domínio particular da consulta (local, população etc.) no qual a medida será usada. Isso coloca um desafio particular para o teste funcional, que, como já mencionado, é altamente dependente de fatores ambientais, individuais e específicos à tarefa.

Tipos de validade

- Facial (lógica)
- De conteúdo
- Relativa ao critério
- De constructo

Os quatro tipos de validade são validade facial (lógica), validade de conteúdo, validade relativa ao critério e validade de constructo. Embora a **validade facial** possa ser útil, ela é subjetiva e baseia-se nas relações aparentes lógicas, permitindo fraca inferência, na melhor das hipóteses. A relação entre os parâmetros mais abstratos de função (i. e., controle, coordenação, agilidade) e as várias medidas usadas pode ser menos do que óbvia, complicando a validação facial de alguns testes funcionais. A **validade de conteúdo**, um processo também subjetivo, geralmente precede a validação facial e costuma ser determinada por um painel dos autodenominados peritos. Dada a definição operacional do constructo e dos objetivos do teste, o painel determina se o instrumento ou teste enfoca todas as dimensões relevantes de um constructo em particular e exclui informações irrelevantes. A **validade relativa ao critério** é uma forma mais objetiva de validação que permite que inferências mais fortes sejam traçadas. Duas formas de validade relativa ao critério são validade concorrente e validade preditiva (incluindo validade prescritiva).[19] Na primeira, o critério e o alvo das medidas são adquiridos simultaneamente, ao passo que, na segunda, o alvo da medida é realizado antes do critério da medida. A validade relativa ao critério requer que um critério apropriado, conhecido como critério de medida ou padrão-ouro, seja designado para se comparar com a medida validada, por vezes chamada de medida de alvo. A validade da medida de critério deve ser previamente determinada em termos de confiabilidade teste-reteste, ausência de inclinação ou erro e relevância à medida de alvo.[19] Por último, a **validade de constructo** é a forma mais objetiva de validação e a que melhor atinge os constructos mais abstratos. A ênfase aqui se estende além da definição de constructo (i. e., validade de conteúdo) para focar no significado ou importância do constructo. Usando análise sofisticada, a validação de constructo tenta fornecer suporte empírico de que o teste mede o que tem intenção de medir.

Os testes funcionais normalmente possuem validade facial; entretanto, quando comparados a testes clínicos, a natureza multifatorial dos testes funcionais torna a relação entre as medidas e o constructo de interesse (i. e., função) nada simples. A adoção de uma definição conceitual universal de função e, na sequência, de uma definição operacional conhecida, é essencial para a validação de conteúdo de testes funcionais. Com base na definição operacional e nos objetivos do teste funcional, a validação de conteúdo pode ser determinada. A validação relativa ao critério de constructos abstratos, como a função, pode ser difícil em razão da deficiência de um critério de medida disponível ou viável. Por exemplo, apesar de os clínicos reconhecerem facilmente a função e concordarem que ela é um constructo importante, definir e medir a função continua difícil. Por fim, uma vez que a validade relativa ao critério e a validade de constructo dos testes funcionais tenham sido estabelecidas, elas servirão como base para inferências sólidas que guiem a tomada de decisão clínica durante o processo de reabilitação. Até o momento, há uma validação mínima dos testes funcionais existentes, principalmente em virtude das razões já mencionadas. Pesquisas futuras em teste funcional não devem focar somente no desenvolvimento e na validação de novos testes, mas também na validação dos testes funcionais existentes.

Em um plano ideal, o teste funciona como um filtro, tentando capturar dados de particular relevância para o processo de tomada de decisão clínica a partir de um conjunto mais amplo de dados irrelevantes. O teste mais útil maximiza os dados mais significativos capturados e minimiza o efeito de informações insignificantes que podem vir a confundir. Um teste ideal, o qual, por definição, não existe, seria confiável, válido e preciso; ele deve, por exemplo, fornecer informações consistentes, precisas, significativas, relevantes e de confiança. Por essa razão, os clínicos devem utilizar testes tanto clínicos quanto funcionais como complemento ao processo de avaliação.

TESTES FUNCIONAIS ESPECÍFICOS

Testes de equilíbrio

Equilíbrio, ou controle postural, pode ser definido como a capacidade de manter o corpo em equilíbrio tanto estático como dinâmico com o centro de gravidade sobre a base de suporte.[26] O equilíbrio requer a integração de informações visuais, vestibulares, somatossensoriais e proprioceptivas.[27] Além disso, Berg descreveu o equilíbrio como a capacidade de manter uma posição, mover-se voluntariamente e reagir a uma perturbação.[28] O equilíbrio é essencial para o movimento, uma vez que os pacientes atuam com frequência nos limites de sua base de suporte.[29] Embora a necessidade de equilíbrio seja imediatamente visível em atividades complexas como ginástica olímpica e balé, atividades como caminhar ou arremessar envolvem fases de apoio em um só membro e, portanto, requerem controle postural dinâmico substancial do centro de massa.

Ao selecionar testes funcionais de equilíbrio, os clínicos não devem considerar somente a confiabilidade e a validade, mas também as populações estudadas, a instrumentação utilizada, o propósito e a relevância funcional do teste. A maioria dos estudos sobre equilíbrio envolveram sujeitos não somente com distúrbios musculoesqueléticos, mas também com distúrbios dos sistema nervoso e vestibular, e distúrbios de equilíbrio.[30-35] A maioria dos estudos de equilíbrio em ortopedia e medicina do esporte se concentrou em pacientes com entorses em inversão do tornozelo[36-42] e lesões do ligamento cruzado anterior.[43-46] Investigações baseadas em laboratório utilizaram equipamentos caros e sofisticados, como estabilômetros, plataformas de força e sistemas de análise de movimento.[37,45,47-49] Tais análises não são práticas para clínicos,[35] mas sua relevância funcional também deve ser questionada. Muitas das informações sobre equilíbrio são baseadas em paradigmas de pesquisa que requerem que o paciente mantenha uma postura estática em uma plataforma em movimento. Embora isso possa ser um teste clínico razoável, os profissionais devem considerar a validade desse paradigma como base para o teste funcional. Ao contrário do paradigma da plataforma em movimento, a maioria das atividades funcionais envolve o movimento do corpo sobre um ou dois pés fixados a superfícies de base (exceções notáveis são skate, esqui e natação). Por definição, um teste de plataforma em movimento é mais relevante do ponto de vista funcional para pessoas cuja tarefa esportiva ou profissional é desempenhada em um ambiente que contenha uma superfície instável em movimento sob um corpo fixado (p. ex., comissários de bordo, pescadores, velejadores, condutores de trens). Para determinar a relevância funcional, o clínico deve avaliar os fatores individuais, específicos da tarefa e ambientais do teste funcional.

O teste de equilíbrio unilateral é uma forma de avaliação do equilíbrio estático. Sua administração é simples e de baixo custo. Além disso, variações funcionais podem suplementar o teste para dar conta de fatores individuais, da tarefa e ambientais específicos.

A posturografia é um teste de equilíbrio baseado em laboratório que consiste em seis testes de organização sensorial (TOS); duas condições de plataformas (com referência fixa e oscilante) sob três condições visuais (olhos abertos, olhos fechados e com o ambiente visual em movimento) se combinam para criar os seis componentes dos testes.[50] Coletivamente, os testes de seis componentes examinam a capacidade do indivíduo de manter o equilíbrio em pé com o uso efetivo das informações de entrada visual, vestibular e proprioceptiva separadamente e suprimindo informações sensoriais imprecisas.[51] A posturografia já foi usada com idosos aparentemente saudáveis[52] e pacientes com vestibulopatias e distúrbios de equilíbrio.[53-55] Os valores de confiabilidade teste-reteste relatados (CCI) em idosos aparentemente saudáveis vão de fraca a boa para TOS 1 (r = 0,57), 2 (r = 0,57), 3 (r = 0,15), 4 (r = 0,34), 5 (r = 0,70) e 6 (r = 0,43).[52] Marsh et al. estudaram a relação entre o equilíbrio estático e o desempenho do arremesso em arremessadores universitários usando os TOS, e descobriram que baixas pontuações nos testes de informação de entrada vestibular estavam associados com altos níveis de erros de arremesso.[56]

Testes de equilíbrio

- Equilíbrio unilateral
- Posturografia (seis testes de organização sensorial)
- Teste parada da cegonha
- *Timed Up and Go* (TUG)

Johnson e Nelson relataram um valor de confiabilidade de 0,87 para o teste parada da cegonha durante sessões conduzidas em dias separados.[57] Atwater et al. reportaram coeficientes de confiabilidade teste-reteste de moderado a alto quando as pontuações para os pés esquerdo e direito foram combinadas em ambas as condições de teste, com olhos abertos e fechados.[58] Estep relatou uma relação positiva entre o equilíbrio estático e a capacidade no desempenho motor grosso.[59] Sujeitos que obtiveram alta pontuação em capacidade motora nos esportes também pontuaram alto em equilíbrio estático. Oberg et al. usaram o teste de apoio unilateral como parte de uma bateria de testes funcionais usada para avaliar disfunção das extremidades inferiores em pacientes com osteoartrite do quadril e joelho.[60] Um tempo de 40 a 60 segundos foi relatado no grupo que não sofreu qualquer redução funcional. Atwater et al. relataram um tempo médio de 25 segundos com a condição de olhos abertos em crianças de 4 a 9 anos de idade com desenvolvimento normal.[58] Ageberd et al. descobriram altas correlações entre variáveis do estabilômetro durante o apoio unilateral e o desempenho no teste de salto único para distância (r = 0,73-0,95).[61]

O único equipamento necessário para o teste de equilíbrio em pé é um cronômetro ou, possivelmente, um metrônomo. Deve-se permitir que o paciente pratique várias vezes para assegurar que ele possa assumir confortavelmente a posição correta do teste. Três tentativas são conduzidas enquanto a quantidade de tempo que o paciente é capaz de manter o equilíbrio é cronometrada como pontuação de equilíbrio cronometrada. A média das três tentativas em cada pé e sob cada condição de teste é registrada.

As mãos são colocadas nas cristas ilíacas e o paciente deve olhar para a frente e manter seus olhos fixos em um alvo posicionado aproximadamente na altura dos olhos. O paciente é instruído a assumir a posição de apoio unilateral específica e manter o equilíbrio o máximo possível sem usar as extremidades superiores, o tronco ou a extremidade inferior contralateral para contrabalançar. O cronômetro é iniciado quando o pé sem suporte é elevado do chão, e é interrompido quando o pé contralateral toca o chão, as mãos são removidas das cristas ilíacas ou o pé de suporte é movido da posição original.[33] O mesmo teste é repetido com os olhos fechados. O sujeito é instruído a fechar os olhos quando o equilíbrio for estabelecido. A marcação do tempo é iniciada quando os olhos se fecham e interrompida de acordo com as mesmas condições listadas anteriormente ou se o paciente abrir os olhos. Entretanto, pode-se utilizar uma venda para assegurar que a informação visual seja eliminada.

O teste de equilíbrio unilateral pode ser duplicado com uma variação na superfície de teste. Variações de superfície, tais como espuma, almofadas de ar, minitrampolins ou "tábuas oscilantes", têm mais ligação com o efeito das informações (visuais, somatossensoriais, vestibulares) disponíveis ao paciente do que com a aproximação da superfície de jogo.[33] A melhor maneira de avaliar o equilíbrio de um paciente na superfície específica do esporte é realizar o teste (de equilíbrio ou não) na superfície real em que o paciente atua (superfície artificial, grama natural, campo de terra, borracha, pedra, madeira suspensa, concreto, carpete etc.).

Gray propôs testes de equilíbrio unilateral que incorporam variações em posições e movimentos relevantes do ponto de vista funcional (i. e., específicas ao indivíduo, à tarefa e ao ambiente).[62] Um arremessador que lança em uma posição de alongamento, por exemplo, move-se de uma posição de apoio bilateral para uma de apoio unilateral no lado do braço que arremessa por meio da flexão de quadril e joelho no membro inferior contralateral. Esse apoio unilateral (ou posição de ponto de equilíbrio) é mantido momentaneamente antes do lançamento em direção à base do rebatedor. A capacidade de um arremessador universitário de manter essa posição, uma avaliação funcional de equilíbrio, é associada com aumento da velocidade do arremesso.[56] A progressão dos testes de equilíbrio estáticos unilaterais deve envolver pedir ao arremessador que mantenha o apoio unilateral no lado do braço que arremessa ao mesmo tempo que eleva a perna do lado para a posição de ponto de equilíbrio sem tocar o chão ou deixar as mãos se separarem. Esse teste funcional pode ser progredido pedindo-se a ele para manter a postura de ponto de equilíbrio enquanto se agacha levemente com a perna de apoio, simulando o avanço em direção à base do batedor. Ambos podem ser cadenciados usando-se um metrônomo e pode-se medir o tempo ou o número de repetições até o arremessador tocar o chão ou separar as mãos. Os testes de equilíbrio unilateral podem ser combinados com movimentos e posições das extremidades superiores, da cabeça, do tronco ou da extremidade inferior contralateral a fim de desafiar o controle postural nos três planos cardinais. Por exemplo, flexão-extensão do quadril contralateral, adução-abdução de quadril e rotação pélvica podem fornecer tensões nos planos sagital, frontal e transversal, respectivamente. O cronômetro é iniciado a partir do momento em que o paciente entra em sincronia com o metrônomo. O cronômetro é interrompido pelas mesmas razões listadas anteriormente ou pela perda de sincronia com o metrônomo. O período em que o paciente é capaz de manter o equilíbrio é registrado. A média de três tentativas é usada para o cálculo. O porcentual de déficit do membro envolvido é calculado usando-se a equação a seguir:[63,64]

$$\text{Valor de simetria} = \frac{\text{Escore do membro envolvido}}{\text{Pontuação do membro não envolvido}} \times 100$$

A aplicação desses princípios gerais permite ao clínico introduzir tensões funcionais (i. e., específicas ao indivíduo, à tarefa e ao ambiente) à extremidade inferior e ao corpo.

As medições de equilíbrio no plano do desempenho funcional costumam ser realizadas com o *Timed Up and Go Test* (TUG) [Teste de Levantar e Andar Cronometrado]. Esse teste de equilíbrio dinâmico e mobilidade funcional é baseado em dados clínicos, pode ser usado como ferramenta de triagem, e foi descrito originalmente por Podsiadlo e Richardson.[65] O TUG é similar a uma corrida de vai e vem, mas envolve caminhar em vez de correr. O teste mede o tempo necessário para se levantar de uma cadeira, andar 3 metros, virar-se, andar de volta à cadeira e se sentar. A confiabilidade interavaliador[65-67] e a intra-avaliador[65] se mostraram altas (0,98 a 0,99). A confiabilidade teste-reteste do TUG foi relatada como moderada (0,56)[68] a alta (0,97)[69] em adultos idosos e boa (CCI = 0,75) em pacientes com osteoartrite de joelho ou quadril.[70] Uma correlação moderada do TUG com a Escala de Equilíbrio de Berg (r = –0,72), a velocidade da marcha (r = –0,55) e o Índice de Barthel de AVDs (atividades de vida diária) (r = –0,51) sugere validade de constructo.[65] A sensibilidade e a especificidade do TUG foram de 87% em idosos na comunidade identificados com tendência a quedas.[67] Além disso, o TUG foi utilizado em pacientes com artroplastia total de joelho,[70-72] osteoartrite de joelho,[73] fratura de quadril[72] e artroplastia total de quadril.[70,72,74] Demonstrou-se que a TUG tem relação com a velocidade da marcha em adultos mais velhos com artroplastia total de joelho (ATJ), artroplastia total de quadril (ATQ) ou fraturas de quadril.[72] Foi encontrado progresso no TUG, apesar da fraqueza e da atrofia de quadríceps persistentes, em pacientes cinco meses após a ATQ.[74] O desempenho no teste de TUG foi significativamente menor em pacientes pré-operatórios de osteoartrite de joelho (OA) quando comparados com controles e significativamente reduzido dois meses após a ATJ.

Testes de equilíbrio de alcance

Os testes de equilíbrio de alcance para as extremidades inferiores, descritos pela primeira vez por Gray,[62] são uma progressão natural dos testes de equilíbrio apresentados anteriormente. Esse teste de equilíbrio dinâmico orientado por objetivo requer que o paciente se mantenha em apoio unilateral enquanto se aproxima para tocar um alvo com a extremidade inferior contralateral com uma ou ambas as extremidades superiores. Acredita-se que esse teste forneça um índice de força, controle postural dinâmico, coordenação e propriocepção. Medidas obtidas durante os testes de equilíbrio de alcance podem incluir distância máxima de alcance,[75-78] número de alcances por um período determinado a certa distância,[79] tempo necessário para completar um número específico de alcances a uma determinada distância e número de alcances à determinada distância até falhar.

Os procedimentos para conduzir o teste de equilíbrio de alcance são descritos a seguir. Antes de começar o teste de equilíbrio de alcance, o paciente deve aquecer-se adequadamente e deve-se permitir que ele faça um mínimo de seis tentativas de práticas submáximas para assegurar prontidão, familiaridade e confiabilidade.[75] Começando por um apoio bilateral, no caso de um teste de equilíbrio de alcance da extremidade inferior, o clínico pede ao paciente que assuma o apoio unilateral na perna testada. Em seguida, solicita-se ao paciente que alcance o alvo com a perna não apoiada na direção específica ao longo do vetor designado o mais longe possível ao mesmo tempo que mantém o apoio unilateral. Durante uma tentativa de equilíbrio de alcance bem-sucedida, quando a posição do tronco e da extremidade superior é restringida, o paciente não fará contato com nenhuma superfície (além do alvo, se usado), não mudará a posição da perna de apoio, não moverá os braços ou as mãos do quadril ou peito, tampouco se inclinará para a frente ou para trás. A tentativa é completada no momento em que o pé de alcance retorna imediatamente para perto da perna de apoio.

Testes de equilíbrio de alcance

- Um plano
- Rotacional
- Teste de alcance funcional (TAF)
- Teste de equilíbrio de apoio de braço

Inúmeras variações no teste de equilíbrio de alcance foram descritas.[62] Essas variações, que servem para melhor adequar o teste aos fatores individuais, ambientais ou específicos à tarefa, incluem direção de alcance, rotação, altura do alcance, posição corporal (extremidade inferior contralateral, braços, tronco, cabeça) e superfície. A direção do alcance pode variar de acordo com um sistema de vetor de referência.[62] Para os testes de equilíbrio de alcance, a direção do alcance pode ser descrita ao longo de oito veto-

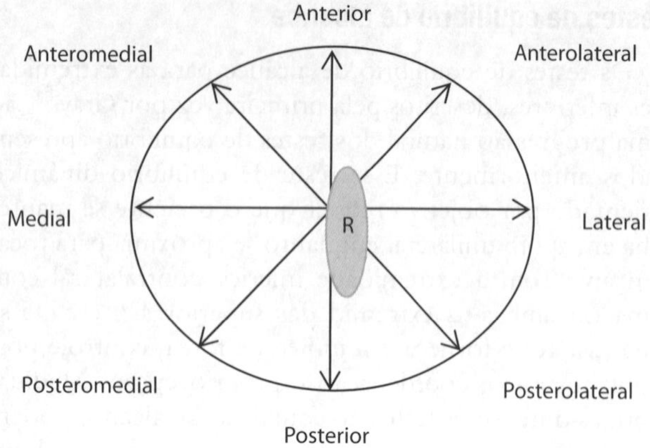

Figura 29.2 Vetores de referência para testes de equilíbrio de alcance.

res de referência relativos à perna de apoio (Fig. 29.2). Gray inicialmente descreveu alcances "não rotacionais" e rotacionais.[62] Os sete alcances não rotacionais são nas seguintes direções: anterolateral, anterior, anteromedial, medial, posteromedial e posterior (um teste de equilíbrio de alcance lateral verdadeiro é difícil de realizar, de relevância funcional questionável e demonstra a confiabilidade mais baixa).[76] Os testes não rotacionais requerem que o paciente mantenha o pé de alcance orientado em uma direção anterior (i. e., paralelo ao pé de apoio e ao vetor anterior e perpendicular ao vetor medial-lateral) e a pelve orientada no plano frontal (Fig. 29.3). Os testes de equilíbrio de alcance rotacional têm a intenção de introduzir ou aumentar a tensão no plano transverso ao teste.[62] Existem quatro testes de equilíbrio de alcance rotacional: anterolateral, anteromedial, medial e posteromedial. Nos testes de equilíbrio de alcance rotacional, o pé de alcance é orientado paralelamente ao vetor ao longo do qual ocorre o alcance (i. e., não anteriormente como nos testes não rotacionais), rodando a pelve no plano transversal e fora do plano frontal (Fig. 29.4). Com base em descrições incompletas e ilustrações discrepantes dos testes de equilíbrio de alcance funcional, é difícil determinar se os sujeitos em alguns estudos realizaram testes rotacionais ou não rotacionais.[75,76,80] Testes de equilíbrio de alcance rotacional não foram descritos até o momento.

Apesar de estudos anteriores terem medido testes de equilíbrio de alcance na altura do chão, a altura do alcance pode ser modificada em uma maneira específica à tarefa, como com um chute em artes marciais, colocando-se

Figura 29.3 Vetores da perna esquerda para testes de equilíbrio de alcance.

Figura 29.4 Teste de equilíbrio de alcance rotacional medial da perna esquerda.

Tabela 29.2 Confiabilidade de testes de equilíbrio de alcance

Autor(es) (Ano)	Indivíduos (n)	Confiabilidade	Padrão de erro da medida
Hertel et al. (2000)	Não lesionados (16)	0,78-0,96* 0,35-0,93†	Não relatado
Loudon et al (2002)§	Dor femoropatelar (40)	0,83*	Não relatado
Austin e Scibek (2002)§	Não lesionados (18)	0,96* 0,93†	Não relatado
Kinsey e Armstrong (1998)	Não lesionados (20)	0,67-0,87‡	Não relatado

*Intra-avaliador.
†Interavaliador.
‡Teste-reteste.
§Somente teste de equilíbrio de alcance anterior.

um alvo em uma altura em particular. Em geral, a posição do corpo deve ser mantida em uma postura reta e ereta. Quando uma postura não ereta for mais relevante do ponto de vista funcional, a postura pode ser modificada de uma maneira específica aos fatores individuais, da tarefa ou ambientais. Alguns estudos anteriores de testes de equilíbrio de alcance restringiram a postura do tronco e dos braços,[77] enquanto outros não[75,76,80] e, em outros estudos ainda, esse aspecto não ficou claro.[79,81] Testes de equilíbrio de alcance foram realizados em todas as oito direções,[76,80,81] quatro direções[75] ou menos direções.[77-79] Demonstrou-se que esses testes têm excelentes confiabilidades interavaliador e intra-avaliador (Tab. 29.2). Esses testes também parecem ser úteis na triagem de pacientes com dor femoropatelar,[79] instabilidade de tornozelo[81] e força de quadríceps.[78]

Duncan et al.[82] e Gray[62] descreveram testes funcionais de equilíbrio dinâmico que envolvem alcance com a extremidade superior. O Teste de Alcance Funcional (TAF)[82] foi usado para estudar o controle postural dinâmico em várias populações. Esse teste é uma medida clínica do controle postural dinâmico que exige que o paciente fique em pé e tente um alcance máximo para a frente com um braço. O TAF mede a diferença entre o comprimento do braço e a distância do alcance anterior máximo.[82] As confiabilidades teste-reteste e interavaliador para adultos aparentemente saudáveis com idades de 20 a 87 anos foram relatadas como altas, com valores de CCI de 0,92 e 0,98, respectivamente.[82] Medidas do TAF foram altamente correlacionadas (r = 0,71) ao centro de pressão de excursão medido usando-se uma plataforma de força, e foram relatados valores normativos para homens e mulheres de 20 a 87 anos de idade.[82] O TAF foi estudado em indivíduos aparentemente saudáveis[82] e em pacientes com vestibulopatias e distúrbios de equilíbrio.[83,84] O TAF não foi capaz de discriminar entre pacientes com distúrbios de equilíbrio e um grupo de comparação aparentemente saudável.[83,84] Além disso, a validade preditiva de quedas usando-se o TAF mostrou ter uma sensibilidade de 30% e uma especificidade de 92%.[85] Além do Teste de Alcance Funcional para a Frente padronizado, um Teste de Alcance Funcional para Trás também foi descrito com uma confiabilidade muito boa interavaliador (>0,98) e reprodutibilidade no mesmo dia (0,87).[86]

Gray descreveu testes de alcance de braço, uma variação do Teste de Alcance Funcional que usa os princípios dos testes de equilíbrio de alcance da extremidade inferior.[62] Os testes de equilíbrio de alcance de braço requerem que o paciente toque um alvo com uma ou ambas as extremidades superiores enquanto mantém o equilíbrio. Variações nos testes de equilíbrio de alcance de braço incluem direção do alcance, rotação, altura do alcance, alcance unilateral/bilateral, alcance ipsilateral/contralateral e apoio unilateral/bilateral. Apesar de o Teste de Alcance Funcional ser realizado somente em apoio bilateral, com alcance unilateral para a frente e para trás na altura do ombro, as variações oferecem ao clínico a capacidade de se focar de maneira mais específica nas demandas individuais, da tarefa e do ambiente do paciente.[62] Embora a confiabilidade e a validade desses testes ainda não tenham sido estudadas, a alta confiabilidade dos testes de procedimentos similares, como a de Alcance Funcional para a Frente e para Trás, é encorajadora.

Testes de excursão

Os testes de excursão envolvem o movimento de uma articulação específica durante um movimento que envolva uma extremidade ou o tronco.[62] Medidas obtidas durante testes de excursão normalmente se referem à quantidade de movimento em graus ou centímetros. Alguns defenderam a inclusão de mais componentes de suporte de peso no exame físico para potencializar a sensibilidade e a especificidade.[87] Além disso, o valor da ADM em suporte de peso, assim como o da ADM passiva, recentemente tem recebido atenção significativa, com evidências que sugerem diferenças importantes entre medidas da ADM de joelho com suporte de peso e sem suporte de peso.[88-91] Medidas com suporte de peso de dorsiflexão do tornozelo também foram relatadas (Fig. 29.5).[92,93] Bennel et al.[92]

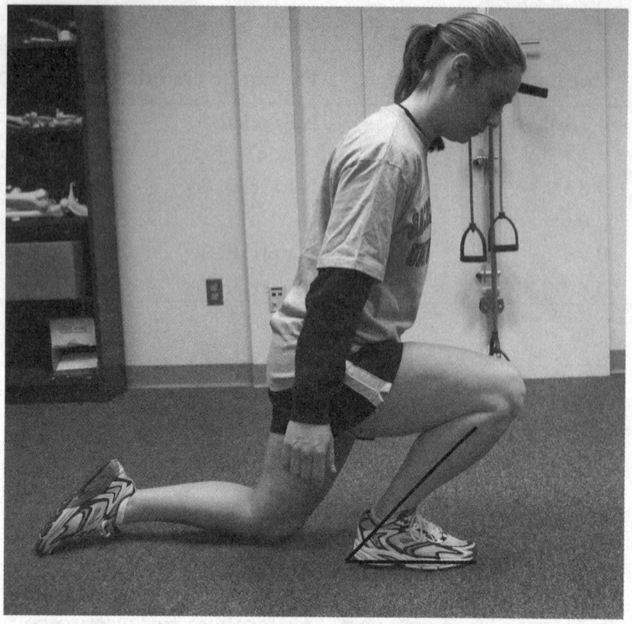

Figura 29.5 Testes de excursão de dorsiflexão do tornozelo direito.

mediram a dorsiflexão do tornozelo durante um *lunge* com suporte de peso em graus de movimento e distância do hálux da parede. Eles relataram excelente confiabilidade interavaliador para ambos, ângulo (0,97) e distância (0,99), bem como uma excelente confiabilidade intra-avaliador (0,97 a 0,98).[92] Gabbe et al. descobriram que a dorsiflexão do tornozelo medida durante descarga de peso está associada com o risco de lesões das extremidades inferiores em jogadores de futebol australianos.[93] Medidas com suporte de peso fornecem informações sobre a ADM disponível, mas também sobre a capacidade do paciente para usar esse movimento no contexto de um ambiente mais natural.

Testes de *lunge*

Um *lunge* é um movimento que envolve desaceleração e aceleração rápidas da massa corporal para mudar de direção e retornar à posição de início. A execução apropriada de um *lunge* requer velocidade, força, potência, controle postural dinâmico, flexibilidade e coordenação ao longo de toda a extremidade inferior.[94-97] Além disso, *lunges* se mostraram seguros em termos de distensões nos ligamentos cruzados anterior e posterior.[98,99] Os *lunges* são tradicionalmente empregados para fortalecimento da extremidade inferior; entretanto, estudos têm investigado o *lunge* como um índice de estado funcional.[80,95,100-105]

Os testes de *lunge* foram estudados em homens e mulheres saudáveis,[96,98-100] em uma população de idosos saudáveis,[97] durante a fadiga[95] e após treinamento.[104,105] Esses testes também foram estudados em pacientes com dor femoropatelar,[81] lesões do cruzado anterior[101,102] e reconstrução do ligamento lateral do tornozelo.[103]

Os testes de *lunge* são realizados de uma maneira similar aos testes de equilíbrio de alcance e têm variações similares. Começando com apoio bilateral, o paciente dá um passo o mais longe possível com a perna testada, na direção específica e ao longo do vetor designado. Durante uma tentativa bem-sucedida de *lunge*, quando a posição do tronco e das extremidades superiores é contida, o paciente não tocará nenhuma superfície com as mãos ou com qualquer parte da perna em movimento além do pé, não mudará a posição do pé em movimento, não moverá os braços ou as mãos dos quadris ou do peito, tampouco se inclinará para a frente ou para trás. A tentativa é completada com o retorno imediato do pé em movimento para perto da perna de apoio. Medidas obtidas durante um teste de *lunge* podem incluir a distância máxima percorrida,[79,100,104] o número de *lunges* por um período determinado a uma distância determinada,[79,96,105] o tempo para completar um número específico de *lunges* a uma determinada distância e o ritmo até errar.[95]

Variações do teste de *lunge*, que permitem ao clínico adaptar melhor o teste aos fatores individuais, ambientais ou específicos à tarefa, incluem direção do *lunge*, rotação, posição corporal (extremidade inferior contralateral, braços, tronco, cabeça) e superfície. A direção do *lunge* pode variar de acordo com o sistema de vetor referência.[62] Para os testes de *lunge*, a direção do *lunge* é descrita usando-se oito vetores referenciados em relação à perna do *lunge* (Fig. 29.6). Gray inicialmente descreveu *lunges* não rotacionais e rotacionais.[62] Os seis *lunges* não rotacionais são nas seguintes direções: anteromedial, anterior, anterolateral, lateral, posterolateral e posterior (*lunges* mediais e posteromediais verdadeiros são difíceis de realizar e de relevância funcional questionável). Os testes não rotacionais requerem que o paciente mantenha a pelve e o pé em movimento, orientados em uma direção anterior (i. e., paralelo ao pé de apoio e ao vetor anterior e perpendicular ao vetor medial-lateral) e, portanto, a pelve orientada anteriormente (Fig. 29.7). Os testes de *lunge* rotacionais têm o objetivo de introduzir ou aumentar a tensão no plano transverso ao do teste.[62] Existem quatro testes de *lunge* rotacionais: anteromedial, anterolateral,

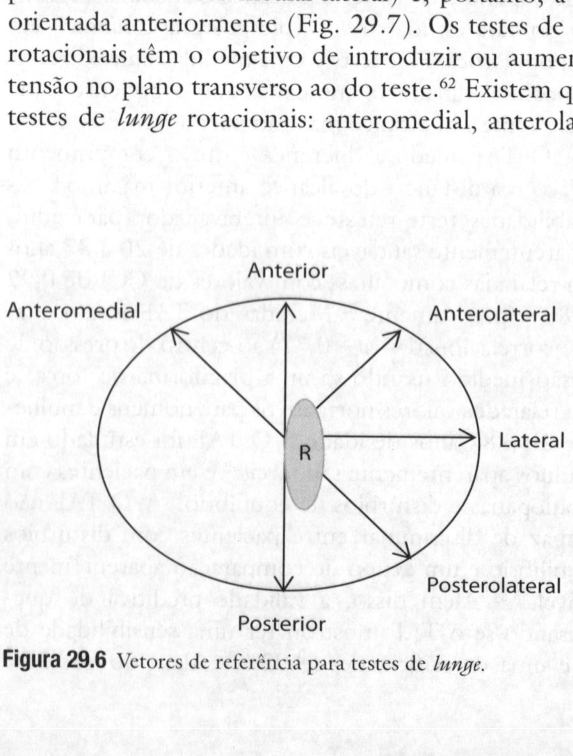

Figura 29.6 Vetores de referência para testes de *lunge*.

Figura 29.7 *Lunge* lateral da perna esquerda.

Figura 29.8 *Lunge* rotacional lateral da perna esquerda.

lateral e posterolateral. Nos testes de *lunge* rotacionais, o pé em movimento é orientado paralelamente ao vetor ao longo do qual o alcance ocorre (i. e., não anteriormente como nos testes não rotacionais), rotacionando assim a pelve para dentro no plano transverso e para fora no plano frontal (Fig. 29.8).

A confiabilidade para medida de distância máxima do *lunge* mostrou ser excelente para os *lunges* anteriores (0,93[103] e 0,96[100]) e laterais (0,96),[100] e boa para o *lunge* anteromedial (0,82).[79] Não foram definidas validade, especificidade ou sensibilidade para os testes de *lunge* até hoje.

Testes de degrau

Subir ou descer um degrau requer força, controle postural, coordenação e flexibilidade. Ao subir ou descer, o centro de massa do corpo deve estar acelerado ou desacelerado, com controle suficiente para transportar a pessoa sem perda da estabilidade. Como no caso dos *lunges*, as atividades de subir ou descer são usadas sobretudo para melhorar a função, e não para testá-la. Apesar de o teste de degrau ser usado primordialmente para testar a potência aeróbia e anaeróbia máxima, ele pode ser usado para medir outros aspectos importantes de função.

As duas formas básicas de testes de degrau são o teste de descer um degrau e o teste de subir um degrau. Assim como no teste de equilíbrio de alcance, o teste de descer um degrau requer que o paciente mantenha o equilíbrio unilateral no membro testado (Fig. 29.9). O teste de descer um degrau exige que o paciente comece com apoio bilateral no topo do degrau e, então, assuma o apoio unilateral na perna testada (Fig. 29.10). Solicita-se, então, ao paciente que alcance para baixo em direção ao chão, com a perna não apoiada na direção específica ao longo do vetor designado, enquanto mantém apoio unilateral. Uma descida de degrau bem-sucedida é determinada da mesma maneira que o teste de equilíbrio de alcance, com a perna não apoiada tocando levemente o solo antes de retornar para o topo do degrau. O teste de subir um degrau, em contrapartida, é similar ao *lunge*, uma vez que envolve carga e descarga do membro que é testado. O teste de subir um degrau requer que o paciente coloque o pé testado no topo do degrau, com o outro pé no solo a 15 centímetros do degrau. Solicita-se, então, ao paciente que erga o corpo para o degrau, usando o membro testado, sem se empurrar pelo pé não testado. O teste é completado quando o membro não testado é colocado próximo ao membro testado no topo do degrau. As medidas tiradas podem incluir a altura máxima do degrau, o número de degraus a determinado

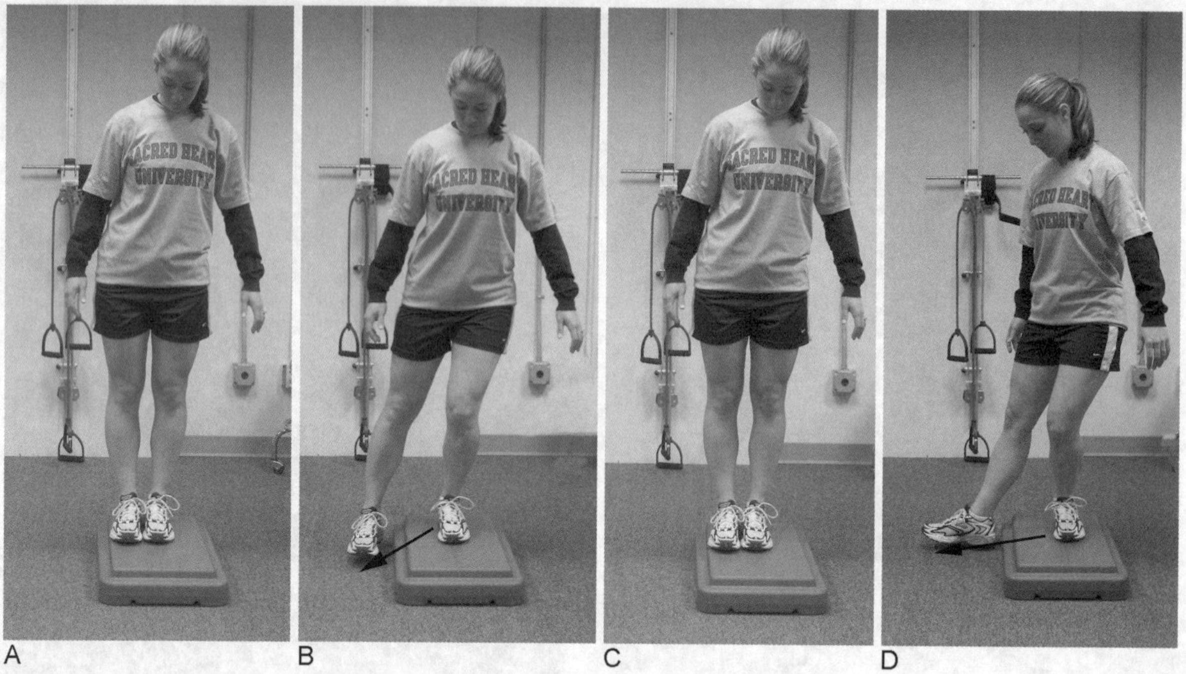

Figura 29.9 **A.** Teste de descer um degrau lateral. Posição de início. **B.** Descendo o degrau. **C.** Descendo um degrau rotacional lateral. Posição de início. **D.** Descendo o degrau.

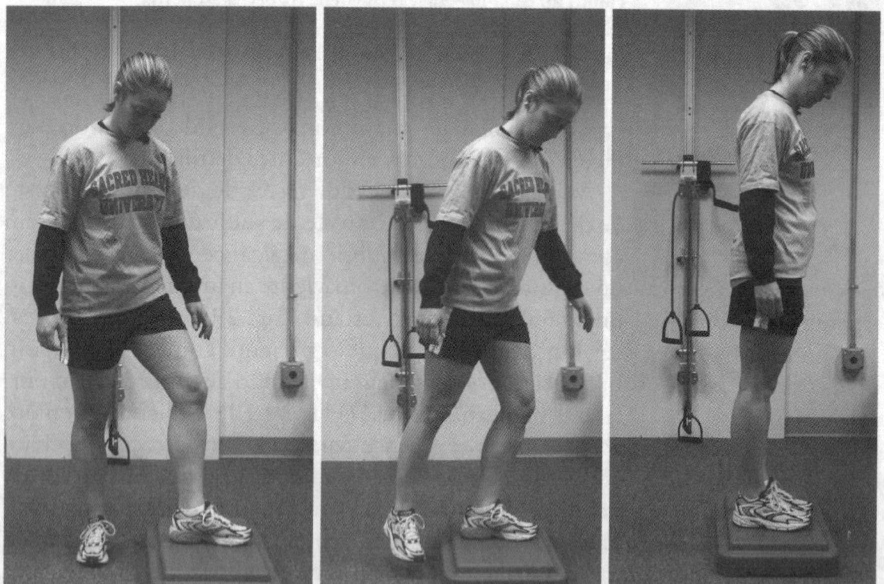

Figura 29.10 Teste de descer um degrau rotacional lateral à esquerda. **A.** Posição de início. **B.** Descendo o degrau. **C.** Posição final.

ritmo e altura até falhar, o tempo para completar um número específico de degraus a uma determinada altura, e o número de repetições em um ritmo e uma altura de degrau específicos até a falha.

Variações funcionais nos testes de degrau incluem altura do degrau, direção da subida do pé, rotação e posição corporal.[62] A altura da elevação efetivamente determina a distância pela qual o centro de massa deve se mover e, sendo assim, a quantidade de trabalho desempenhado. Assim como nos testes de equilíbrio de alcance e nos testes de *lunge*, a direção do passo pode variar de acordo com o sistema do vetor de referência. A direção é referenciada à perna de apoio no teste de descer um degrau e à perna testada no teste de subir um degrau. Do mesmo modo, há testes não rotacionais e rotacionais para os testes de descer e subir degrau. Para o teste de descer um degrau, as seis direções não rotacionais são anterolateral, anterior, anteromedial, medial, posteromedial e posterior. Os quatro testes rotacionais de descer um degrau são anterolateral, anteromedial, medial e posteromedial. Os seis testes não rotacionais de subir um degrau são anteromedial, anterior, anterolateral, lateral, posterolateral e posterior. Os quatro testes rotacionais de subir um degrau são anteromedial, anterolateral, lateral e posterolateral.

Os testes de subir degrau foram relatados em pacientes com radiculopatias lombares[106] e patologias de joelho.[99] Os testes de descer degrau foram relatados em pacientes com patologias de joelho,[99,107] instabilidade de tornozelo[108] e após treinamento.[104] Várias medidas foram relatadas para os testes de degrau. Estudos de testes de descer um degrau mediram forças de reação ao solo[104,107,108] e lesões de LCA.[99] Medidas obtidas durante testes de subir degrau incluem capacidade/incapacidade para realizar a subida,[106] lesões de LCA,[99] número de repetições em 15 segundos[109] e tempo necessário para completar 50 repetições.[109]

A confiabilidade teste-reteste para o teste de 15 segundos de subir um degrau lateralmente com um degrau de 15 a 20 centímetros (0,90 e 0,94, respectivamente) e o teste de 50 repetições de subir um degrau lateralmente com um degrau de 15 a 20 centímetros (0,91 e 0,96, respectivamente) mostraram-se excelentes.[109] A confiabilidade de outros testes de degrau não foi relatada. Não foram definidas validade, especificidade ou sensibilidade para os testes de degrau até o momento.

Testes de salto com uma perna

O teste de salto requer que o paciente se propulsione para cima e, subsequentemente, aterrisse na mesma perna. Vários testes de salto fornecem uma medida funcional composta de força, potência, agilidade, flexibilidade, controle, coordenação e confiança na extremidade inferior.[63,110] Um teste de salto pode ser vertical ou horizontal e pode envolver um ou múltiplos saltos. Os testes de salto vertical estão interessados sobretudo na altura de um único esforço,[111] apesar de a frequência de saltos verticais contínuos poder ser importante.[112-114] Testes de saltos horizontais únicos ou múltiplos podem ser realizados em qualquer direção ou combinação de direções: anterior, posterior, lateral, diagonal, rotacional ou cruzada. Os testes de salto empregados com mais frequência incluem o salto em distância, salto triplo em distância, salto triplo cruzado em distância, salto de 6 metros por tempo, salto de 6 metros cruzado por tempo, salto de 12 metros por tempo, salto de 3 metros por tempo, 4 saltos cruzados, curso de saltos, teste de salto lado a lado, teste de salto em oito, teste de salto para cima e para baixo, teste de salto hexagonal, teste de salto na escada, teste de salto lateral, teste de salto vertical e teste de salto de estabilização. As medidas obtidas durante os testes de salto podem incluir distância, tempo, altura e frequência do salto. Todos esses valores podem ser usados para calcular

Testes de salto

- Salto com uma perna só em distância
- Salto triplo em distância
- Salto triplo cruzado em distância
- Salto de 6 metros cronometrado
- Curso de saltos
- Teste de salto lado a lado
- Teste de salto em 8
- Teste de salto para cima e para baixo
- Teste de salto hexagonal
- Teste de salto na escada
- Teste de salto lateral
- Teste de salto vertical
- Teste de salto de estabilização

um índice de simetria do membro (ISM) como indicado previamente (ver Testes de equilíbrio). Outras variações no teste de salto incluem características da superfície, equipamentos para os pés (calçado ou descalço), movimento do braço e largura da linha central.

Testes de saltos de todos os tipos compartilham procedimentos e instrumentação similares (exceções são mencionadas em seções específicas adiante). Assim como na maioria dos testes funcionais, a instrumentação necessária para realizar todos os testes de saltos é simples e pouco sofisticada. Um clínico necessitará de um espaço adequado de solo nivelado (com a superfície apropriada), fita para marcar a linha de início e as linhas centrais, giz de ginástica/levantamento de peso para marcar a sola dos sapatos, uma fita métrica de comprimento suficiente para medir um salto em particular e um cronômetro. Antes do teste, o paciente deve realizar um período adequado de aquecimento. Além disso, para aumentar a confiabilidade e a validade, o paciente deve efetuar quatro tentativas de prática de saltos.[61,115,116] Os indivíduos se posicionam com o membro a ser testado atrás da linha de início e o mais próximo possível dessa linha. Eles são instruídos a saltar o mais longe possível, propulsionando-se com o membro testado e aterrissando sobre ele. O examinador mede a distância entre a linha de início e a localização do contato do calcanhar para o salto. Em geral, os pacientes realizam três tentativas bem-sucedidas, cuja média é usada como a medida mais confiável. É difícil assegurar a partir da maioria da literatura se o movimento das extremidades superiores é permitido ou contido. O clínico precisa considerar o propósito do teste e, para assegurar padronização e reprodutibilidade dos retestes subsequentes, documentar em detalhes as condições sob as quais o teste foi conduzido. Se o propósito do teste for simplesmente determinar a função da extremidade infe-

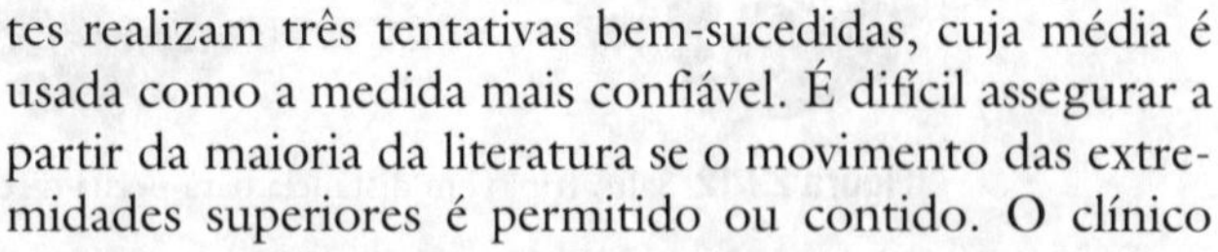

Figura 29.11 Salto de uma perna só em distância para perna direita..

Tabela 29.3 Confiabilidade do teste de salto de uma perna só em distância

Autor(es) (Ano)	Indivíduos	Confiabilidade	Erro padrão de medida
Manske et al. (2003)	Não lesionados (28)	0,96-0,97†	Não relatado
Ross et al. (2002)	Não lesionados (18)	0,92†	4,61 cm
Vandermeulen et al. (2000)	Não lesionados (46)	0,84-0,92†	5,1-6,8 cm
Negrete e Brophy (2000)	Não lesionados (60)	0,85†	Não relatado
Brosky et al. (1999)	LCA (15)	0,97*	Não relatado
Ageberg et al. (1998)	Não lesionados (75)	0,96†	Não relatado
Bolgla e Keskulka (1997)	Não lesionados (20)	0,96†	Não relatado
Paterno e Greenberger (1996)	Não lesionados (20)	0,92-0,96†	Não relatado
Paterno e Greenberger (1996)	LCA (13)	0,89†	Não relatado
Bandy et al. (1994)	Não lesionados (18)	0,93†	Não relatado
Greenberger e Paterno (1994)	Não lesionados (20)	0,96†	Não relatado
Worrell et al. (1993)	Não lesionados (36)	0,99*	Não relatado
Booher et al. (1993)	Não lesionados (18)	0,97†	Não relatado
Hu et al. (1992)[94]	Não lesionados (30)	0,96†	Não relatado
Kramer et al. (1992)	LCA (38)	0,93†	Não relatado

*Intra-avaliador.
†Teste-reteste.

rior, o movimento do braço deve ser contido. Se, por outro lado, o propósito for avaliar a capacidade do corpo inteiro de lidar com as tensões do teste, o movimento do braço deve ser permitido e até estimulado. Um salto bem-sucedido requer que o paciente mantenha a posição do pé de aterrissagem por pelo menos 3 segundos, não toque o solo ou a perna do salto com o membro contralateral, não remova os braços do quadril (se o movimento do braço for contido) e não toque o solo com as mãos (se o movimento do braço for permitido).

Testes de salto em distância

Salto de uma perna só em distância. Daniel et al. foram os primeiros a descrever o teste de uma perna só em distância.[117,118] Esse teste mede a distância coberta em um salto para uso na avaliação da simetria da função das extremidades inferiores (Fig. 29.11). O salto de uma perna só em distância talvez seja o teste funcional mais amplamente estudado e sua confiabilidade foi verificada em diversas populações (Tab. 29.3). Além disso, Orishimo et al. estudaram os mecanismos do salto de uma perna só em distância e descobriram que os picos de potência foram maiores no tornozelo durante a impulsão, maiores no joelho durante a aterrissagem, e iguais no quadril durante a impulsão e aterrissagem.[119] Além disso, o joelho serve principalmente para absorver o choque da extremidade inferior durante a aterrissagem, o que sugere que a fase de aterrissagem possa ser tão informativa sobre a função do joelho quanto a distância saltada.[119] O salto de uma perna só em distância foi estudado em populações

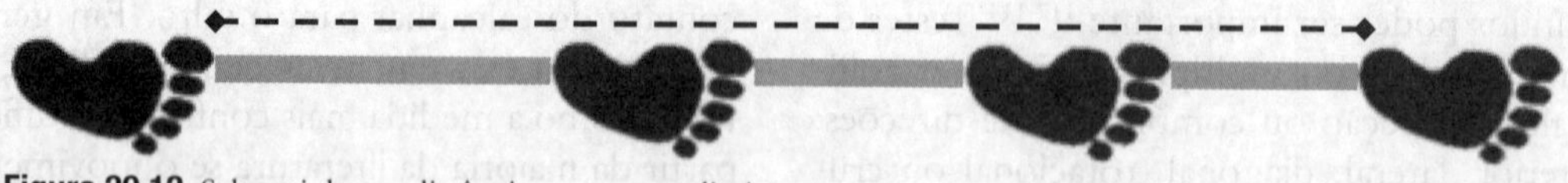

Figura 29.12 Salto triplo em distância para perna direita.

Tabela 29.4 Confiabilidade do teste de salto triplo em distância

Autor(es) (Ano)	Indivíduos (n)	Confiabilidade	Erro padrão de medida
Ross et al. (2002)	Não lesionados (18)	0,97*	11,17 cm
Bolgla e Keskulka (1997)	Não lesionados (20)	0,95*	17,1 cm
Bandy et al. (1994)	Não lesionados (18)	0,94*	Não relatado

*Teste-reteste.

saudáveis[120-123] e em pacientes com lesões de LCA,[124-128] dor femoropatelar,[129] efusões simuladas do joelho[116] e distensão de isquiotibiais.[111]

Salto triplo em distância. Noyes et al. estão entre os primeiros a relatar o uso do salto triplo em distância.[110] Esse teste mede a distância coberta em três saltos para a frente e também é usado para avaliar a simetria da função das extremidades inferiores (Fig. 29.12). Aspectos específicos dos procedimentos do salto triplo em distância incluem três saltos máximos consecutivos para a frente com a mesma perna, e medida da distância entre a linha de início e a localização do contato do calcanhar depois do terceiro salto. A confiabilidade do salto triplo em distância foi estudada e é relatada na Tabela 29.4.

Noyes et al. mediram o salto triplo em distância e o salto cruzado por distância e não descobriram diferenças significativas entre os resultados dos testes nas pontuações de simetria do membro ou na estimativa de sensibilidade.[110] O salto triplo em distância foi estudado em sujeitos saudáveis, bem como em pacientes com dor femoropatelar[129-130] e lesões de LCA.[110,127]

Salto triplo cruzado em distância. Assim como o salto triplo em distância, esse teste mede a distância coberta em três saltos para a frente e é usado também para avaliar a simetria de função das extremidades inferiores. Ele difere do anterior porque os três saltos máximos para a frente envolvem cruzar a linha central e aterrissar em lados alternados de uma linha reta (Fig. 29.3). O elemento cruzado aumenta a tensão nos planos frontal e transversal na extremidade inferior. O salto triplo cruzado por distância mostrou-se confiável (Tab. 29.5) e foi estudado em populações saudáveis, bem como em pacientes com dor femoropatelar,[129] instabilidade de tornozelo,[127] lesão de LCA[131] e efusão simulada de joelho.[116] Sherry e Best usaram o salto quádruplo cruzado em distância para testar pacientes com distensão de isquiotibiais.[111] O salto quádruplo oferece o benefício de um número igual de tensões mediais e laterais aplicado aos membros. Além do número de saltos, a variação na largura da faixa central (padrão de 15 centímetros) oferece mais um desafio funcional.

Outros testes de salto em distância. Os testes de salto em distância descritos até agora focam em movimentos predominantemente no plano sagital. Apesar de o teste de salto cruzado em distância aumentar a tensão nos planos frontal e transversal, o plano sagital ainda é o plano dominante de movimento e tensão. Reconhecendo essa aparente limitação e o propósito dos testes funcionais, Vandermeulen et al. descreveram o teste de salto lateral em distância (Fig. 29.14).[132] Inicialmente descrito por Gerber et al. em um estudo de pacientes com deficiência crônica do tornozelo,[133] ele é um teste de salto em distância com uma perna só no qual o paciente tenta um salto máximo na direção lateral da perna testada. O teste de salto lateral mostrou ser altamente confiável em uma população saudável (n = 46; CCI, 0,83–0,89; SEM 7,1–8,8 cm) e parece oferecer ao clínico um teste complementar para se chegar aos fatores de função individuais e específicos à tarefa.[132] Kea et al. introduziram o salto medial em distância (salto máximo ao longo do vetor medial)[134] e também estudaram o salto lateral em distância em termos da relação da força para adução e abdução do quadril em jogadores de hóquei (Fig. 29.15). A confiabilidade teste-reteste para ambos os testes foi boa (CCI >0,75); entretanto, as correlações com força isocinética foram insatisfatórias (r = –0,26–0,27), sugerindo a necessidade de testagens clínicas e funcionais.[134]

Gray forneceu um modelo para dar atenção a todos os elementos de teste funcional de salto em distância.[62] A direção do salto pode ser variada de acordo com o sistema de vetor de referência.[62] No caso dos testes de sal-

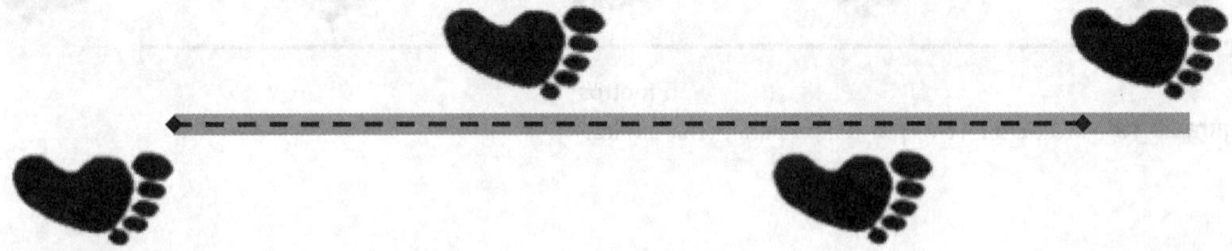

Figura 29.13 Salto triplo cruzado em distância para perna direita.

Tabela 29.5 Confiabilidade do teste de salto triplo cruzado em distância

Autor(es) (Ano)	Indivíduos (n)	Confiabilidade	Erro padrão de medida
Ross et al. (2002)	Não lesionados (18)	0,93*	17,74 cm
Bolgla e Keskulka (1997)	Não lesionados (20)	0,95*	17,1 cm
Goh e Boyle (1997)	Não lesionados (10)	0,85*	Não relatado
Bandy et al. (1994)	Não lesionados (18)	0,94*	Não relatado

*Teste-reteste.

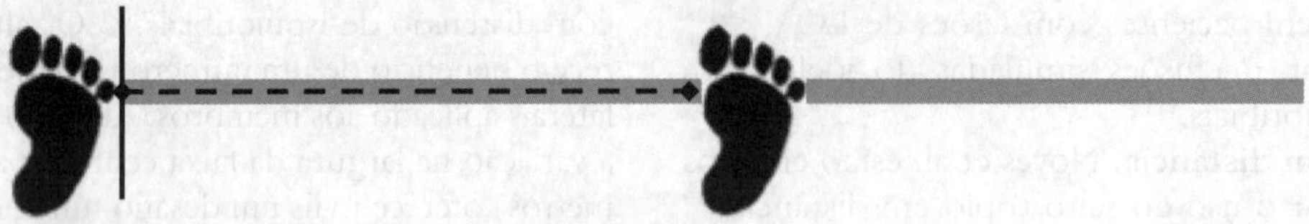

Figura 29.14 Salto lateral em distância para perna direita.

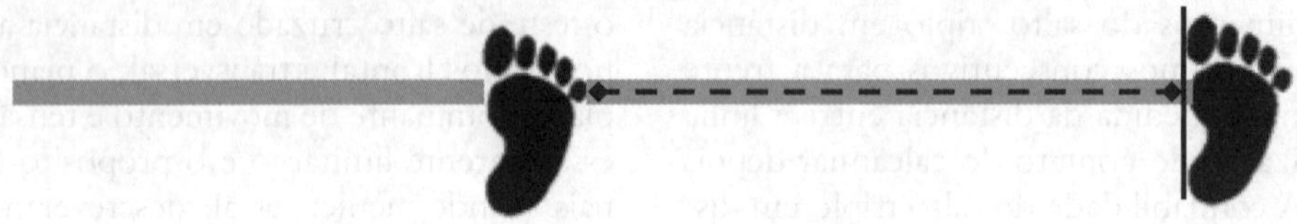

Figura 29.15 Salto medial em distância para perna direita.

tos, a direção do salto é referenciada em relação à perna do salto (ver Fig 29.2).Gray inicialmente descreveu saltos não rotacionais e rotacionais.[62] As direções dos oito saltos não rotacionais ocorrem ao longo de cada vetor de referência e exigem que o paciente mantenha o pé do salto orientado em uma direção anterior (i. e., paralelo à perna de apoio e ao vetor anterior e perpendicular ao vetor medial-lateral) e a pelve orientada no plano frontal. Os testes de salto rotacionais têm o objetivo de aumentar a tensão no plano transverso ao teste.[62] Eles podem ser realizados em todas as direções, exceto a anterior. Os testes de salto anteromedial, medial e posteromedial envolvem rotação ipsilateral, ao passo que os testes de salto anterolateral, lateral e posterolateral envolvem rotação contralateral. Os testes de salto rotacional posterior podem ser realizados com rotação em ambas as direções.

Testes de salto por tempo

Salto de 6 metros por tempo. O teste de salto de 6 metros por tempo é uma medida de força, velocidade e, portanto, potência da extremidade inferior. O método para conduzir os testes de salto por tempo é similar aos de testes de salto por distância, exceto pelo fato de se solicitar ao paciente que realize saltos consecutivos com a perna designada e cubra uma distância de 6 metros o mais rápido possível (Fig. 29.16). Usando um cronômetro, o examinador deve começar a marcar o tempo ao primeiro movimento do paciente e parar o cronômetro quando o

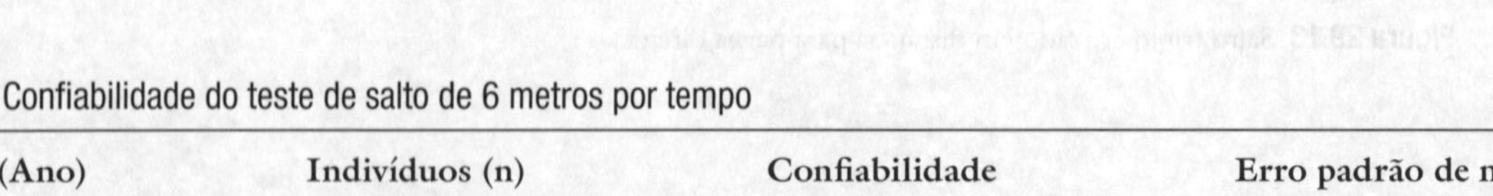

Figura 29.16 Salto de 6 metros por tempo para perna direita.

Tabela 29.6 Confiabilidade do teste de salto de 6 metros por tempo

Autor(es) (Ano)	Indivíduos (n)	Confiabilidade	Erro padrão de medida
Manske et al. (2003)	Não lesionados (28)	0,92-0,96†	Não relatado
Ross et al. (2002)	Não lesionados (18)	0,92†	0,06 seg
Brosky et al. (1999)	ACL (15)	0,97*	Não relatado
Bolgla e Keskulka (1997)	Não lesionados (20)	0,66†	0,19 seg
Booher et al. (1993)	Não lesionados (18)	0,77†	0,13 seg
Worrel et al. (1993)	Não lesionados (36)	0,77†	Não relatado

*Intra-avaliador.

†Teste-reteste.

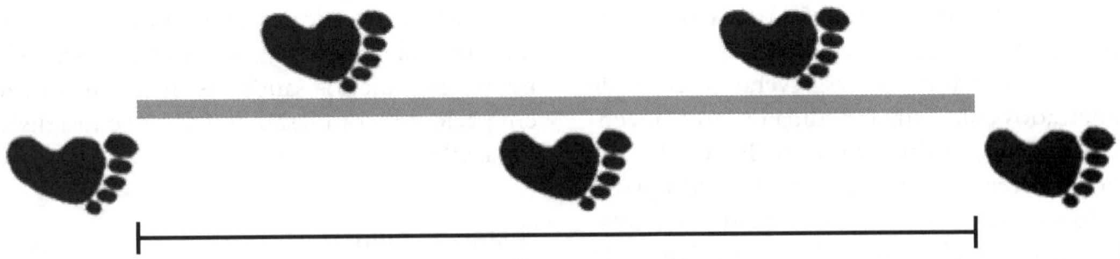

Figura 29.17 Salto cruzado de 6 metros por tempo para perna direita.

paciente cruzar a linha de chegada. Os pacientes realizam três tentativas com cada membro e a média das tentativas é usada como a medida mais confiável.

Variações do teste de salto de 6 metros por tempo envolvem cobrir tanto 3[135] ou 12 metros,[136] e ambos os testes demonstram excelente confiabilidade, 0,92 e 0,96, respectivamente. Testes de salto por tempo (3, 6 ou 12 metros) foram considerados confiáveis (Tab. 29-6) e foram estudados em sujeitos saudáveis e em pacientes com dor femoropatelar,[129,130] lesões de LCA[127] e efusões simuladas de joelho.[116]

Teste de salto cruzado por tempo. Esse teste é similar ao teste de salto cruzado em distância, uma vez que os três saltos máximos para a frente envolvem o cruzamento sobre a linha central e a aterrissagem em lados alternados de uma linha reta, aumentando a tensão nos planos frontal e transversal sobre a extremidade inferior. Diferentemente do teste de salto cruzado em distância, é pedido ao paciente que realize saltos consecutivos com a perna designada e cubra uma distância de 6 metros o mais rápido possível (Fig. 29.17). Risberg e Ekeland utilizaram um teste de salto cruzado por tempo como parte de uma bateria de testes funcionais para pacientes após a reconstrução do LCA.[137] Entretanto, a faixa central é maior (30 centímetros) do que no teste padrão (15 centímetros). Yildiz et al. usaram o teste de salto cruzado por tempo em um estudo de pacientes com dor femoropatelar.[129]

Teste de salto na escada (Hopple) por tempo. Esse teste, inicialmente descrito por Risberg e Ekeland,[137] mede o tempo necessário para subir e descer um lance de escadas pulando um degrau de cada vez; ele é considerado mais exigente do que outros testes funcionais.[136] A confiabilidade desse teste foi demonstrada como excelente após reconstrução de LCA (0,96)[136] e mais confiável em pacientes saudáveis do que o teste em 8 e o salto vertical.[137] Em um estudo de pacientes com lesão de LCA, Risberg e Ekeland demonstraram o valor desse teste como indicador de força e estabilidade funcional.[137] Em um estudo com jogadoras saudáveis de handebol, o salto na escada por tempo, o salto com uma perna só em distância e o teste de salto triplo não melhoraram após um programa de prevenção de lesão de LCA de 5 a 7 semanas.[123]

Outros testes de salto por tempo. Itoh et al. descreveram uma bateria de testes funcionais, conhecida como Teste de Habilidade Funcional (TAF).[138] O TAF envolvia quatro testes cronometrados: teste de salto lado a lado, teste de salto em 8, teste de salto para cima e para baixo e teste de salto hexagonal. Usando um índice de simetria de membro derivado de cada um desses quatro testes para sujeitos saudáveis e pacientes com deficiência de LCA, Itoh et al. avaliaram a validade dos componentes do TAF.[138] Enquanto pelo menos 95% dos sujeitos saudáveis demonstraram função simétrica em cada um dos quatro testes, 82% dos pacientes com deficiência de LCA apresentaram assimetria funcional em pelo menos um dos quatro testes. A confiabilidade teste-reteste dos quatro componentes dos testes de TAF mostrou-se adequada (Tab. 29.7). Esses achados sugerem que o TAF é

Tabela 29.7 Confiabilidade de outros testes de salto por tempo

Teste	Inter-avaliador (SEM)	Tentativa-tentativa (SEM)	Dia a dia (SEM)
Teste de salto figura em 8	0,99 (0,23-0,32)	0,92 (0,61-1,13)	0,85-0,92 (0,82-0,91)
Teste de salto para cima e para baixo	0,96-0,99 (0,36-0,42)	0,88-0,93 (0,73-1,04)	0,84-0,92 (0,81-0,96)
Teste de salto lado a lado	0,97-0,99 (0,27-0,41)	0,87-0,89 (0,77-0,87)	0,48-0,88 (0,95-1,43)
Teste de salto hexagonal modificado	0,95-0,99 (0,20-0,21)	0,68-0,84 (0,44-0,70)	0,66-0,76 (0,47-0,72)

De Ortiz A, Olson S, Roddey T et al.: Reliability of selected physical performance tests in young adult women, *J Strength Cond Res* 19(1):39-44, 2005.

um índice válido e confiável da função da extremidade inferior em pacientes com deficiência de LCA.

Jerosch e Bischof inicialmente descreveram o curso de saltos cronometrados como uma medida de propriocepção, estabilidade e função do tornozelo. É pedido que os pacientes completem o percurso o mais rápido possível.[139] Esse percurso contém oito painéis quadrados: quatro são nivelados, um é inclinado em 15°, um é declinado em 15°, um é angulado para a esquerda em 15° e um é angulado para a direita em 15°. Apesar de o percurso de saltos ter sido usado para estudar pacientes com dor femoropatelar e não ter revelado nenhuma correlação entre aumento da força isocinética e desempenho no curso de saltos, a confiabilidade e a validade desse teste ainda precisam ser definidas.[129,130]

Outros testes de salto

Teste de salto de estabilização múltiplo. Esse teste é uma adaptação do Teste Modificado de Bass,[140] desenvolvido por Riemann et al. Seu propósito é avaliar o controle postural e a resistência muscular da extremidade inferior enquanto o paciente realiza um teste de salto funcional. O teste envolve saltar sequencialmente para dez quadrados diferentes igualmente espaçados e manter uma posição de equilíbrio em cada quadrado por 5 segundos antes de voltar a saltar. O desempenho não foi registrado pelo tempo ou pela distância, mas por um sistema de pontuação de erro no qual os sujeitos recebiam dez pontos por uma aterrissagem errada e três por um erro de equilíbrio. A confiabilidade interavaliador e a confiabilidade absoluta do sistema de pontuação desse teste em sujeitos saudáveis foram de boas a excelentes (CCI: aterrissagem 0,92, equilíbrio 0,70–0,74; SEM: aterrissagem 0,56–0,57, equilíbrio 0,54–0,55).[141] A validade do teste de salto de estabilização múltiplo ainda precisa ser determinada.

Vários investigadores relataram o teste de salto vertical para altura, no qual o paciente se propulsiona verticalmente e, na sequência, aterrissa na mesma perna. O salto vertical é muitas vezes referido incorretamente como um salto vertical unilateral. Em vários exemplos, a descrição do teste funcional não é suficiente para determinar de maneira conclusiva se os sujeitos realizaram um salto vertical ou um salto vertical unilateral. A confiabilidade do teste de salto vertical para altura foi definida e está relatada na Tabela 29.8. Esse teste foi estudado principalmente em sujeitos saudáveis, mas também foi estudado em pacientes com lesão de LCA[126] e distensão de isquiotibiais.[111]

Testes de pulo

Vários testes de pulo vêm sendo usados ao longo dos anos para medir, do ponto de vista funcional, força, potência, coordenação e controle das extremidades inferiores. O teste de pulo requer propulsão com uma ou ambas as pernas e aterrissagem com ambas as pernas, e pode ser classificada como vertical ou horizontal (também conhecido como um pulo amplo ou longo). O desempenho de testes de pulos verticais ou horizontais, entretanto, pode ser medido em termos de altura ou distância, respectivamente. Apesar de haver controvérsia na literatura sobre se os testes de pulos verticais e horizontais são de fato medidas de potência,[142,143] eles parecem ter valor, particularmente para esportes de potência que requerem atos de propulsão, como pulos e corrida de velocidade.

Testes de pulo

- Vertical unilateral
- Vertical bilateral
- Horizontal

Testes de pulo vertical

Sargent descreveu pela primeira vez o pulo vertical em 1921 como "o teste físico de um homem".[144] Apesar de inúmeras modificações terem sido feitas ao longo dos anos a partir do teste original, o teste de pulo vertical permanece uma medida básica de potência anaeróbia. Além dos componentes-padrão, variações comuns no procedimento do teste incluem as seguintes: unilateral ou bilateral, contramovimento ou agachamento estático, começo estacionário ou abordagem crescente, e movimento da extremidade superior livre ou contido.

Tabela 29.8 Confiabilidade do teste de salto vertical para altura

Autor(es) (Ano)	Indivíduos (n)	Confiabilidade	Erro padrão de medida
Brosky et al. (1999)	ACL (15)	0,97*	Não relatado
Petschnig et al. (1998)	Não lesionados (50)	0,89†	Não relatado
Risberg et al. (1995)	Não lesionados (21)	0,95‡	Não relatado
Bandy et al. (1994)	Não lesionados (18)	0,85†	Não relatado
Hu et al. (1992)	Não lesionados (30)	0,96†	Não relatado

*Intra-avaliador.
†Teste-reteste.
‡ Inespecífico.

Por definição, pulos verticais podem ser classificados como unilaterais ou bilaterais. Um pulo vertical bilateral envolve propulsão e aterrissagem em ambos os pés. Um pulo vertical unilateral, frequentemente confundido com um salto vertical, consiste na propulsão com uma perna e na aterrissagem em ambas as pernas. Pulos verticais unilaterais permitem comparação bilateral e a determinação de déficits bilaterais e simetria de membros.

Pulo vertical bilateral. Os pulos verticais podem ser realizados com ou sem um contramovimento anterior. Apesar de alguns investigadores empregarem o uso de um pulo agachado estático (ou somente concêntrico),[144,145] recomenda-se o uso de um contramovimento rápido que incorpore um ciclo estiramento-encurtamento. Pulos de contramovimentos são, na maioria dos casos, muito mais funcionais do que pulos agachados, uma vez que pulos verticais naturalmente envolvem a carga e a descarga rápida das unidades musculotendíneas por meio de um contramovimento. Komi e Bosco examinaram o desempenho do pulo vertical com cargas diferentes de estiramento impostas aos músculos extensores do membro inferior.[146] Os resultados mostraram que o pulo agachado foi a condição menos eficiente quando comparada com o desempenho nos pulos com contramovimento ou em queda em todos os grupos estudados. Além disso, não houve diferença significativa no desempenho entre o pulo com contramovimento ou o pulo em queda em todos os grupos estudados. Ademais, Bosco et al. descobriram que a eficiência mecânica observada em pulos-rebote (contramovimento) foi maior do que aquela observada em pulos sem rebote em virtude da repercussão da energia elástica dentro do tecido.[147] Entretanto, os saltos de contramovimento e os saltos agachados são considerados os testes de campo mais confiáveis e válidos da força das extremidades inferiores.[148-149]

Outra variação comum do pulo vertical padrão diz respeito ao papel das extremidades superiores durante o salto. Foi demonstrado de maneira consistente que os braços[150-153] e o tronco[154] contribuem, cada, com aproximadamente 10% do desempenho do pulo vertical bilateral. Pontuações baixas de pulos verticais foram relatadas durante testes com a extremidade superior dominante mantida na posição elevada.[155] Esse método é empregado para limitar a contribuição das extremidades superiores e melhor isolar os músculos das extremidades inferiores. O balanço livre do braço durante o pulo vertical é mais natural e pode ser mais útil na determinação da habilidade das extremidades superiores e o tronco para coordenar com as extremidades inferiores e contribuir para o desempenho do pulo.[150-154] Limitar o movimento dos braços segurando na pelve, no tórax ou em elevação, ainda que pouco natural ou desajeitado, pode servir para isolar melhor a função das extremidades inferiores e indicar melhor a função da extremidade inferior.[155]

Vários instrumentos podem ser usados para medir a altura do pulo vertical, variando do barato e comum (fita métrica e giz) ao caro e menos comum (plataforma de força e análise de movimento). Entre os de preço moderado e utilizados com cada vez mais frequência, estão VerTec, Just Jump e YardStick. Embora cada aparato requeira procedimentos específicos para assegurar a confiabilidade, todos precisam de espaço de chão para aterrissagem segura e tetos suficientemente altos para acomodar o saltador e o aparato de teste.

Tabela 29.9 Confiabilidade do teste de pulo vertical bilateral por altura

Autor(es) (Ano)	Indivíduos (n)	Confiabilidade	Erro padrão de medida
Carlock et al. (2004)	Não lesionados (68)	0,96-0,98*	Não relatado
Markovic et al. (2004)	Não lesionados (93)	0,93-0,98†	Não relatado
Moir et al. (2004)	Não lesionados	0,91-0,93*	Não relatado
Manske et al. (2003)	Não lesionados (28)	0,98†	Não relatado
Stockbrugger e Haennel (2001)	Não lesionados (20)	0,99†	Não relatado
Vargas (2000)	Não lesionados (52)	0,97-0,99†	12,1-27,0mm
Goodwin et al. (1999)	Não lesionados (15)	0,96†	Não relatado
Young et al. (1997)	Não lesionados (17)	0,93-0,94*	Não relatado
Thomas et al. (1996)	Não lesionados (19)	0,95†	Não relatado
Kraemer et al. (1995)	Não lesionados (38)	0,97†	Não relatado
Ashley e Weiss (1994)	Não lesionados (50)	0,87†	Não relatado
Bocchinfuso et al. (1994)	Não lesionados (15)	0,99	Não relatado
Johnson e Nelson (1974)	Não lesionados (não relatado)	0,93‡	Não relatado
Viitasalo et al. (1982)	Não lesionados (18)	0,85	Não relatado
Considine et al. (1973)	Não lesionados (30)	0,96	Não relatado

†Teste-reteste.
‡Inespecífico.

Apesar de o estiramento estático ser normalmente prescrito como um componente do período de aquecimento, alguns investigadores demonstraram efeitos negativos[156] ou nulos[157] no desempenho do pulo vertical. Young e Behm, entretanto, acharam efeitos positivos com o período de aquecimento que incluía corrida leve e prática de saltos.[156] Contudo, a necessidade de prática com o propósito de familiarizar o paciente com o teste e aumentar a confiabilidade do teste pode não ser fundamental, de acordo com Moir et al.[158]

Há boas pontuações de confiabilidade teste-reteste para testes de pulos verticais bilaterais relatadas na literatura, variando de 0,85 a 0,99 (Tab. 29.9).[140,159,160] Johnson e Nelson relataram um coeficiente de validade de 0,78 baseado na comparação do pulo vertical para uma soma de quatro eventos de potência em pista e campo.[140] Além disso, eles relataram validade de constructo de habilidade de salto. Ashley e Weiss descobriram boa correlação (r = 0,53–0,80) entre o desempenho do pulo vertical e medidas de força e potência da extremidade inferior.[161] Carlock et al. descobriram altas correlações (r = 0,76–0,91) entre o pico de força medido durante a realização de pulo vertical e a capacidade de levantar pesos como indicado pelo desempenho em várias elevações (arremesso, agachamento e arranque).[148] Young et al. descobriram baixas correlações (r = 0,13–0,30) entre a função dos extensores da extremidade inferior e o desempenho do salto vertical, sugerindo que talvez seja conveniente incluir as medidas clínicas e funcionais de desempenho da extremidade inferior.[153]

O pico de força gerado durante um salto vertical pode ser estimado a partir da altura obtida pelo salto usando-se a massa corporal:

$$\text{PP (W)} = (60{,}7) \times \text{altura do salto (cm)} + 45{,}3 \times \text{massa corporal (kg)} - 2.055$$

Essa equação é considerada válida por duas razões: as estimativas são precisas tanto para saltos com contramovimentos como para saltos agachados e não são influenciadas pelo sexo.[162,163]

Pulo vertical unilateral. Por estrita definição, um pulo vertical unilateral envolve propulsão com uma perna e aterrissagem com ambas as pernas. Ao contrário do teste de pulo vertical, esse teste permite comparações bilaterais e avaliação da simetria dos membros. O pulo vertical unilateral difere do salto único em distância por ser vertical e somente avaliar o desempenho de propulsão de uma perna, enquanto o salto único em distância é horizontal e avalia a capacidade da perna tanto na propulsão como na absorção do choque. Variações no pulo vertical unilateral são as mesmas daquelas para o pulo vertical bilateral. É importante considerar que comparações bilaterais confiáveis dependem da uniformidade do procedimento entre as pernas. O cálculo da simetria da extremidade inferior é feito dividindo-se a pontuação do membro envolvido pela pontuação do membro não envolvido. O resultado é então multiplicado por 100 para a pontuação porcentual da simetria da extremidade inferior (ver Testes de equilíbrio). O desempenho do pulo vertical unilateral mostrou-se confiável (Tab. 29.10) e foi medido em sujeitos saudáveis,[164,165] bem como em pacientes com instabilidade de tornozelo[166,167] e lesões de LCA.[168]

Testes de pulo horizontal

Pulos horizontais podem ser realizados em qualquer direção: anterior, posterior, lateral, diagonal ou rotacional. O uso dos braços durante o pulo horizontal pode contribuir para o equilíbrio e para o controle, melhorando assim o desempenho em mais de 20% em relação a quando os braços não são utilizados.[169] O balanço livre do braço durante o pulo horizontal pode ser mais útil na determinação da capacidade das extremidades superiores e do tronco para se coordenar com as extremidades inferiores e contribuir para o desempenho do pulo.[169] Unger e Wooden demonstraram um aumento significativo no desempenho do pulo horizontal unilateral e no pulo vertical unilateral após um programa de treinamento de resistência que visava aos músculos intrínsecos do pé.[170]

Por definição, os pulos horizontais podem ser classificados como unilaterais ou bilaterais. Um pulo horizontal unilateral, muitas vezes confundido com um salto simples, é a propulsão com uma perna e a aterrissagem com ambas as pernas (Fig. 29.18). Pulos horizontais unilaterais permitem a comparação bilateral e a determinação de déficits bilaterais e da simetria de membros, e se mostraram confiáveis (Tab. 29.11).

Koch et al. não demonstraram diferença significativa no desempenho do pulo horizontal unilateral durante rotinas de aquecimento que incluíram agachamentos de alta força, agachamentos de alta potência, alongamento estático e uma condição de controle (aquecimento).[171]

Tabela 29.10 Confiabilidade do teste de pulo vertical unilateral por altura

Autor(es) (Ano)	Indivíduos (n)	Confiabilidade	Erro padrão de medida
Manske et al. (2003)	Não lesionados (28)	0,98*	Não relatado
Unger e Wooden (2000)	Não lesionados (15)	0,95* (VerTec)	Não relatado
Unger e Wooden (2000)	Não lesionados (15)	0,91* (Somente pulo)	Não relatado
Negrete e Brophy (2000)	Não lesionados (60)	0,85*	Não relatado

*Teste-reteste.

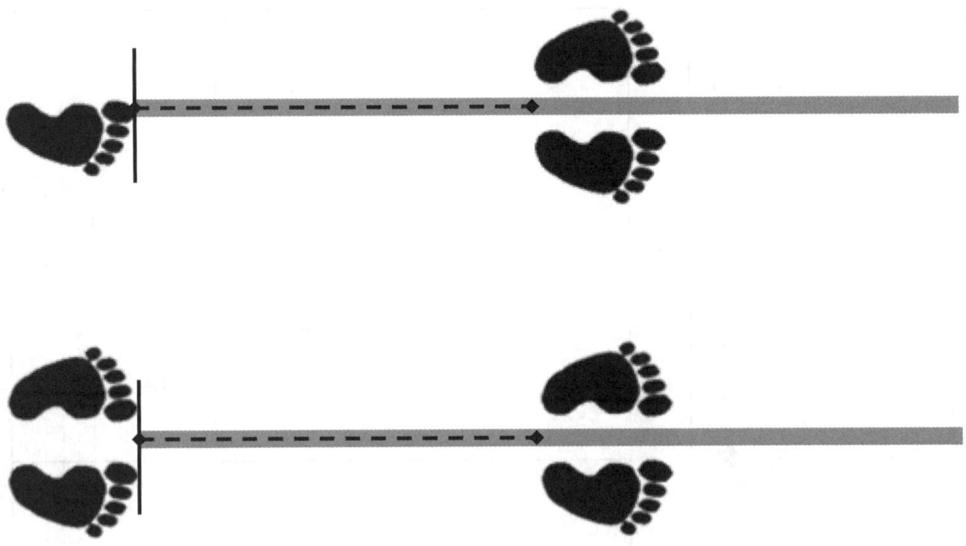

Figura 29.18 Pulo horizontal unilateral (*topo*) da perna direita e pulo horizontal bilateral (*embaixo*).

Tabela 29.11 Confiabilidade do teste de pulo horizontal para distância

Autor(es) (Ano)	Indivíduos (n)	Confiabilidade	Erro Padrão de Medida
Manske et al. (2003)*	Não lesionados (28)	0,91†	Não relatado
Unger e Wooden (2000)*	Não lesionados (15)	0,91†	Não relatado
Markovic at al. (2004)	Não lesionados (93)	0,95‡	Não relatado
Johnson e Nelson (1979)	Não relatado	0,96‡	Não relatado

*Unilateral
†Teste-reteste.
‡Inespecífico.

Pulos triplos ou pulos horizontais repetitivos também foram relatados na literatura[149]; entretanto, há muita confusão se eles são, na realidade, saltos triplos ou pulos triplos. Os pulos horizontais mostraram ter alta correlação (r = 0,76) com a potência de explosão.[149]

Testes de agilidade

Existe pouquíssima literatura sobre as questões de padronização, confiabilidade e validade de testes funcionais de agilidade. Ao se analisar essa literatura, logo fica aparente que os investigadores utilizaram diversos testes de agilidade e, portanto, é difícil comparar os estudos.

Testes de agilidade

- Corrida de zigue-zague de Barrow
- *Line drill*
- Figura do oito
- Corrida de vai e vem
- *Slalom* e obstáculo
- Trave de equilíbrio
- Bateria de testes

Teste de corrida em zigue-zague

O teste de corrida em zigue-zague de Barrow é um instrumento para medir a agilidade que avalia a capacidade do paciente de rapidamente mudar de direção com manobras de cortes e viradas, bem como de acelerar e desacelerar com controle. Os equipamentos necessários são mínimos e incluem um cronômetro para medir o tempo ao décimo de segundo mais próximo, cinco cones e espaço adequado para acomodar uma pista de 3 por 5 metros.[57] São posicionados cinco cones, um em cada canto e um no centro da pista (Fig. 29.19). Deve-se conceder ao sujeito um período de aquecimento adequado, que inclua corridas submáximas pela pista para se familiarizar com o padrão de corrida. O sujeito corre a pista o mais rápido possível sem tocar os cones. O cronômetro é disparado ao se dar comando de largada e interrompido quando o paciente cruza a linha final.

Pontuações de simetria direcional podem ser determinadas pedindo-se ao sujeito que repita a corrida na direção oposta (começando do lado direito da pista). A melhor de três tentativas é gravada e usada para o cálculo da simetria dos membros ou para a comparação com as normas. O cálculo da simetria da extremidade inferior

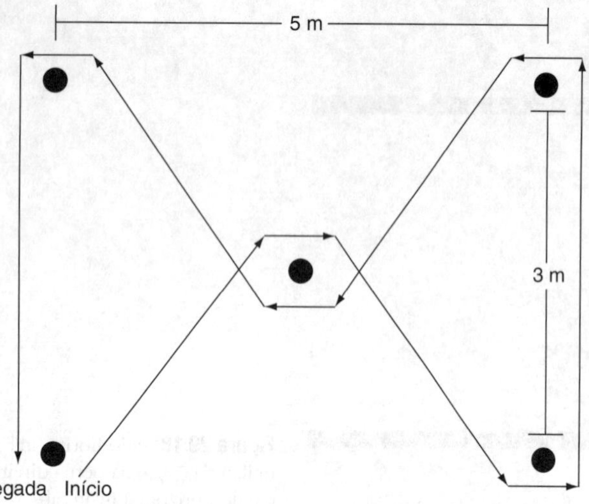

Figura 29.19 Teste de corrida de zigue-zague de Barrow (De Anderson MA, Foreman TL: Return to competition: functional rehabilitation. In Zachazewski JE, Magee DJ, Quillen WS, editors: *Athletic injuries and rehabilitation*, p 256, Philadelphia, 1996, WB Saunders Co. Desenhado a partir da descrição do teste em Johnson BL, Nelson JK, editors: *Practical measurements for evaluation in physical education*. 4.ed. Macmillan College Publishing, New York, 1986.)

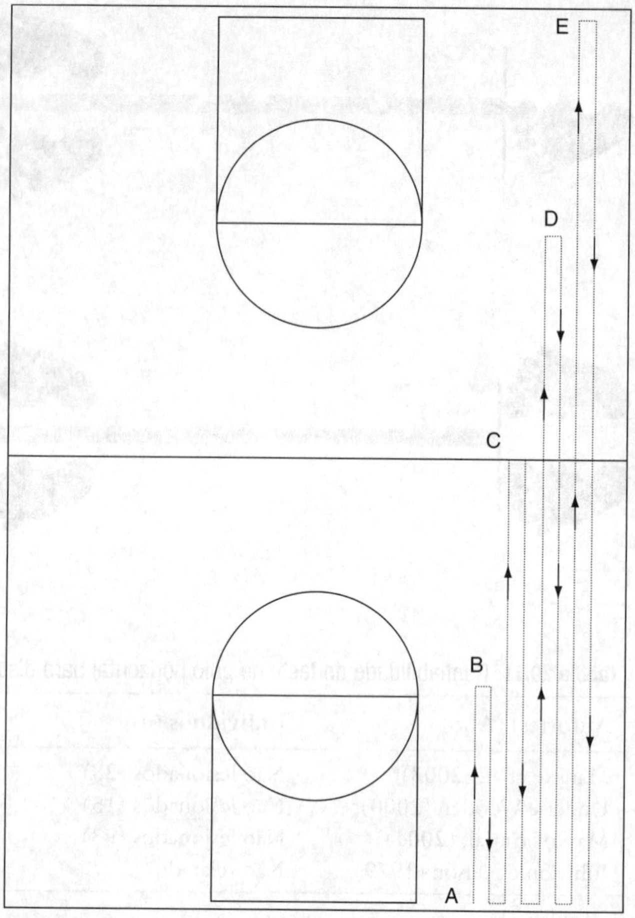

Figura 29.20 Teste *line drill*. (De Anderson MA, Foreman TL: Return to competition: functional rehabilitation. In Zachazewski JE, Magee DJ, Quillen WS, editors. *Athletic injuries and rehabilitation*. WB Saunders, Philadelphia, 1996, p. 257.)

pode ser feito usando-se a equação descrita previamente (ver Testes de equilíbrio).

Gentile et al. relataram valores de CCI (correlação intraclasse) que variavam de 0,90 a 0,95 para o teste de corrida em zigue-zague.[172] Ortiz et al. relataram confiabilidade excelente (CCI [SEM] interavaliador: 0,97 [0,18-0,21]; ensaio-ensaio: 0,93-0,97 [0,26-0,30]; dia-dia:

Tabela 29.12 Normas para o teste de corrida em zigue-zague de Barrow

Pontuação – T	Grau				
	7	8	9	10	11
80	20,1 p/ baixo	17,8 p/ baixo	20,2 p/ baixo	21,6 p/ baixo	21,5 p/ baixo
75	21,4-20,2	19,5-17,9	21,3-20,3	22,7-21,7	22,6-21,6
70	22,7-21,5	21,2-19,6	22,4-21,4	23,8-22,8	23,7-22,7
65	24,0-22,8	22,8-21,3	23,5-22,5	24,8-23,9	24,7-23,8
60	25,2-24,1	24,5-22,9	24,6-23,6	25,8-24,9	25,8-24,8
55	26,5-25,3	26,2-24,6	25,7-24,7	26,9-25,9	26,8-25,9
50	27,8- 26,6	27,8-26,3	26,8-25,8	27,9-27,0	27,8-26,9
45	29,0-27,9	29,5-27,9	27,9-26,9	28,9-28,0	28,9-27,9
40	30,3-29,1	31,2-29,6	29,9-28,0	29,9-29,0	29,9-29,0
35	31,6-30,4	32,8-31,3	30,1-29,1	31,0-30,0	31,0-30,0
30	32,8-31,7	34,5-32,9	31,2-30,2	32,1-31,1	32,0-31,1
25	34,1-32,9	36,2-34,6	32,3-31,3	33,1-32,2	33,1-32,1
20	34,2 p/ cima	36,3 p/ cima	32,4 p/ cima	33,2 p/ cima	33,1 p/ cima

De Johnson BL, Nelson JK. *Practical measurements for evaluation in physical education*. 4.ed. Allyn & Bacon, Needham Heights, Mass, 1986. Reproduzido com permissão.

0,92-0,94 [0,27-0,30]) em uma população de mulheres saudáveis (n = 50).[173] Além disso, a confiabilidade generalizada sobre tempo e sessão foi de 0,90 (p <0,05). Pelo que se saiba, não há medidas disponíveis de validade para o teste de corrida em zigue-zague. Roetert et al. usaram o teste de corrida em zigue-zague para representar o perfil de jogadores de tênis, mas a confiabilidade não foi relatada.[174] Johnson e Nelson apresentaram uma cópia de normas para estudantes do ensino fundamental e médio do sexo masculino (Tab. 29.12).[57]

Testes *Line Drill*

O teste *line drill* tem por objetivo ser uma medida de velocidade e capacidade anaeróbia;[175,176] entretanto, também pode ser classificado como um teste de agilidade, uma vez que requer mudança direcional rápida, cortes, giros e súbitas acelerações e desacelerações. Não há medidas relatadas de confiabilidade ou validade para o teste *line drill* na literatura.

O equipamento necessário é mínimo. O percurso é projetado para ser executado em uma quadra de basquete, com cones marcando as distâncias corretas (Fig. 29.20). Os cinco cones são dispostos como segue: (1) na linha de fundo mais próxima (ponto A), (2) na linha de lance livre mais próxima (ponto B), (3) na linha de meio de quadra (ponto C), (4) na outra linha de lance livre (ponto D) e (5) na outra linha de fundo (ponto E). Além disso, são necessários dois cronômetros capazes de medir até um décimo de segundo, um para monitorar o tempo decorrido da corrida e um para monitorar o tempo de descanso. O paciente deve ser submetido a um aquecimento adequado antes do teste. O paciente deve receber uma explicação do procedimento do teste e realizar tentativas submáximas da corrida, suficientes para se familiarizar com o percurso.

O paciente começa o teste na linha de fundo mais próxima (ponto A). Ao comando, o paciente realiza quatro idas e voltas contínuas: (1) da linha de fundo mais próxima para a linha de lance livre mais próxima e retorna (A para B para A), (2) da linha de fundo mais próxima para a linha de meio de quadra e retorna (A para C para A), (3) da linha de fundo mais próxima para a outra linha de lance livre e retorna (A para D para A), e (4) da linha de fundo mais próxima para a outra linha de fundo e retorna (A para E para A). O paciente deve tocar cada linha com seu pé durante a corrida de vai e vem.

O primeiro cronômetro é parado quando o paciente completa o percurso. Ao mesmo tempo, o segundo cronômetro é disparado para monitorar os dois minutos do período de descanso. O teste original requer que o percurso seja repetido por um total de quatro repetições.

O teste original instrui que se deve tirar uma média dos quatro tempos de corrida para comparação com o tempo almejado. Entretanto, métodos e pontuações de testes adicionais podem ser baseados a partir do teste básico. Por exemplo, o grau de fadiga pode ser avaliado comparando-se o tempo da primeira corrida com o tempo da quarta:

$$\text{Porcentual de fadiga} = \frac{\text{Tempo da última corrida} - \text{tempo da primeira corrida} \times 100}{\text{Tempo da primeira corrida}}$$

Além disso, a simetria dos membros pode ser avaliada instruindo-se o sujeito a fazer o percurso voltando--se somente com o membro não envolvido. Após um descanso adequado, o teste deve ser repetido girando somente com o membro envolvido. Deve-se permitir um mínimo de duas tentativas e utilizar os melhores tempos de cada membro para o cálculo de simetria dos membros (ver Testes de equilíbrio).

Teste da figura oito

O teste de agilidade da figura oito foi defendido em toda a literatura para uso como um teste de agilidade. Entretanto, não há nenhum trajeto padronizado de figura oito na literatura com propósito de teste.

É necessário um equipamento mínimo para conduzir um teste da figura oito. Três cronômetros precisos que meçam o mais próximo de centésimo de segundo são necessários caso se desejem cálculos de simetria. Equipamentos adicionais incluem cones em torno dos quais o sujeito possa correr, fita adesiva para marcar o chão e espaço suficiente para acomodar o percurso desejado.

O percurso da figura oito pode ser instalado em vários comprimentos e larguras, dependendo do grau de dificuldade desejado. Tegner et al. utilizaram uma corrida reta de 10 metros com curvas estreitas,[177] enquanto Reid apresentou vários padrões de figura oito que podem ser realizados em uma quadra de basquete.[178]

São empregados vários cronômetros. Um cronômetro mede o tempo total necessário para completar o percurso da figura oito. A simetria dos membros pode ser avaliada colocando-se cronômetros para cada volta com o objetivo de medir o tempo necessário para correr a volta. Para avaliar a simetria dos membros, medidas separadas de tempo são tomadas para voltas para a esquerda e voltas para a direita. Fitas marcadoras devem ser colocadas no início e no final das voltas para aumentar a precisão na cronometragem. O sujeito deve passar por um período de aquecimento adequado, que inclua tentativas da corrida em velocidade submáxima.

O sujeito começa o teste parado no início da porção reta do curso (na linha que marca o final da volta). O teste começa com o comando. O sujeito corre o mais rápido possível ao longo do percurso da figura oito. Três tentativas devem ser realizadas, com o melhor tempo sendo usado nos cálculos de simetria. Cada cronômetro mede uma porção específica da corrida. Pontuações de simetria direcional são calculadas usando-se a equação descrita previamente (ver Testes de equilíbrio).

Anderson et al. foram os únicos autores a apresentar valores de confiabilidade para o teste de agilidade da figura oito.[179] Eles relataram uma pontuação de confiabilidade teste-reteste de 0,90 para o curso múltiplo de

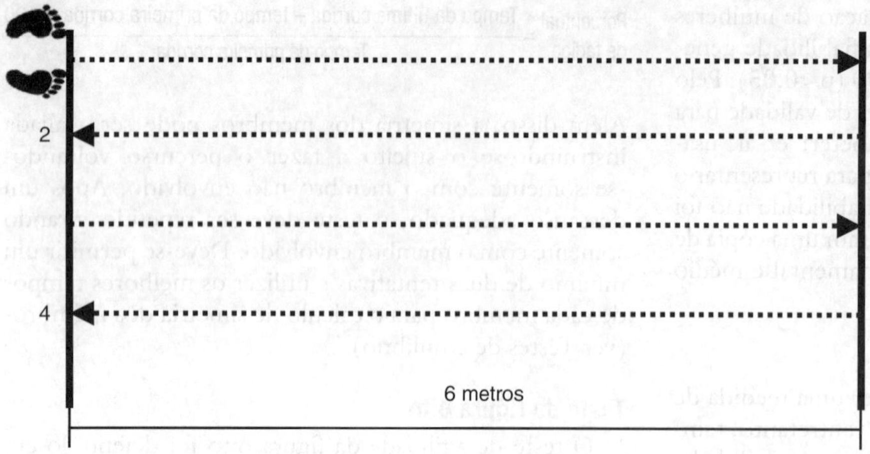

Figura 29.21 Corrida de vai e vem de 6 metros.

figura oito descrito em seu estudo. Anderson et al. usaram um percurso múltiplo de figura oito para avaliar a relação entre várias forças de quadríceps e isquiotibiais.[179] A força excêntrica dos isquiotibiais a 90 graus por segundo foi encontrada como o melhor preditor do tempo de corrida de agilidade. Risberg et al. questionaram a confiabilidade do teste da figura oito quando comparado com os testes de pulo vertical, de pulo triplo e de escadas em pessoas saudáveis.[180] Risberg e Ekeland sugeriram, com base em análise fatorial, que o teste da figura oito era um bom indicador da função diária, assim como o teste de escadas.[137] Até o ponto que se sabe, não estão disponíveis dados normativos para o percurso da figura oito.

Testes de corrida de vai e vem

Barber et al. avaliaram a eficácia da corrida de vai e vem (Fig. 29.21) com e sem pivô, para determinação das limitações funcionais da extremidade inferior em joelhos com LCA deficientes.[181] Eles descobriram que mais de 90% da população com LCA deficiente pontuou dentro da amplitude normal de simetria de membros em ambos os testes de corrida de vai e vem. Portanto, os pesquisadores concluíram que esse tipo de teste não deve ser utilizado para detectar limitações funcionais na extremidade inferior.

Giambelluca et al. usaram corrida de vai e vem de 23 metros e um percurso de figura oito de 23 metros, somados ao pulo triplo unilateral, para identificar disfunção em uma população com LCA deficiente.[182] Os resultados do estudo não mostraram diferença significativa entre o grupo saudável e o grupo com LCA deficiente, fosse com a corrida de vai e vem ou com o percurso de figura oito. Lephart et al. conduziram um estudo para avaliar a relação entre medidas físicas convencionais e testes de desempenho funcional em dois grupos de pacientes com joelhos com LCA deficientes.[183] Eles compararam as capacidades funcionais dos pacientes capazes de retornar aos níveis de atividade pré-lesão e incapazes de retornar aos níveis de atividade pré-lesão. Os testes de desempenho funcional utilizados foram uma manobra de cocontração em semicírculo, uma corrida carioca e uma corrida de vai e vem. Os resultados dos seus estudos mostraram que medidas físicas convencionais se correlacionaram de maneira insatisfatória com o desempenho no teste funcional. Além disso, eles descobriram que os pacientes capazes de retornar aos níveis de atividades pré-lesão tiveram um desempenho significativamente melhor nos testes de desempenho funcional do que aqueles que não foram capazes de retornar. Eles recomendaram o uso de testes de desempenho funcional e autoavaliações dos pacientes como o critério para avaliar a prontidão do paciente para retornar às atividades pré-lesão. Munn et al. não conseguiram detectar instabilidade de tornozelo usando a corrida de vai e vem em conjunto com o salto triplo cruzado em distância.[131]

Lemmink et al. avaliaram a confiabilidade do intervalo do teste de corrida de vai e vem, e descobriram que o teste possui alta confiabilidade relativa (0,86-0,99) em uma população saudável (n = 17).[184] Boddington et al.[185] descobriram que o teste de corrida de vai e vem de 5 metros não tem somente confiabilidade, mas também demonstra validade direta e indireta em jogadores de hóquei de quadra com base em valores de correlação (r = 0,60-0,70) entre desempenho físico medido durante a atividade e o teste de corrida de vai e vem de 5 metros.[186]

Testes *slalom* e obstáculos

Alricsson et al. descreveram mais dois testes de agilidade em uma população de 11 crianças saudáveis.[187] Nesse estudo, foi demonstrada alta confiabilidade tanto para o teste *slalom* como para o de obstáculos, 0,96 e 0,90, respectivamente.

Testes de trave de equilíbrio

Esses testes são usados para avaliar equilíbrio dinâmico e agilidade, e foram descritos tanto em direção anterior como lateral. Eles são usados principalmente com crianças para estudar o aprendizado.[188] Há uma escassez de pesquisa disponível sobre o uso desses testes com outras populações. Tsigilis et al. não descobriram nenhuma correlação significativa entre o desempenho no estabilômetro, no Teste Modificado de Bass,[189] e na marcha anterior e lateral para velocidade em uma trave de equilíbrio. Punkallio descobriu que a marcha para a frente na trave de equilíbrio em velocidade tem confiabilidade teste-reteste e ensaio para ensaio de muito boa a excelente (0,78-096) em bombeiros.[190]

Bateria de teste

Tegner et al. conduziram um teste de desempenho que usava o salto de uma perna só, o percurso de figura oito, a corrida em escada em espiral e a corrida em declive para avaliar disfunção após lesão de LCA.[177] Registraram-se tempos separados para a corrida em curva e a corrida reta no curso da figura oito. Os resultados do estudo mostraram que sujeitos com deficiência do LCA foram significativamente mais lentos do que os não lesionados na corrida em curva, mas não foram encontradas diferenças significativas na corrida reta. Além disso, foram encontradas diferenças significativas na corrida na escada e na corrida em declive.

Testes de potência da parte superior do corpo

- Arremesso de peso na posição sentada
- Arremesso de peso para trás acima da cabeça na posição sentada
- Passe de peito na posição sentada
- Arremesso de *medicine ball* em pé para trás acima da cabeça
- Passe de peito com *medicine ball* em pé
- Arremesso rotacional de *medicine ball* em pé

Testes de potência da parte superior do corpo

A maioria dos testes funcionais projetados para a parte superior do corpo avalia a potência usando atividades de arremesso, algumas das quais são descritas a seguir. Esses testes podem ser categorizados, em termos gerais, como testes em posição sentada ou em pé.

Testes na posição sentada

Arremesso de peso na posição sentada. Esse é um dos primeiros e mais comumente usados testes para potência explosiva da parte superior do corpo. Inicialmente proposto por McCloy,[191] esse teste envolve um arremesso máximo do peso a partir do peito usando ambas as mãos, enquanto se mantém uma posição sentada no chão com os joelhos levemente flexionados e os pés apoiados no chão.[192] Verificou-se que o desempenho do arremesso de peso sentado é moderadamente correlacionado (r = 0,66) com a força no supino em sujeitos saudáveis (n = 40). Os coeficientes de confiabilidade intraclasse para o arremesso de peso sentado variam de 0,95 a 0,98.[193,194]

Arremesso de peso para trás acima da cabeça na posição sentada. Esse teste foi descrito por Young et al. como um teste de potência de ombro.[153] Ele requer que o sujeito arremesse um peso de 3,6 kg para trás, acima da cabeça, o mais longe possível, enquanto mantém contato com o encosto da cadeira. Não foram relatadas a confiabilidade ou a validade desse teste.

Passe de peito na posição sentada. Cronin et al. testaram a confiabilidade e a validade do passe de peito na posição sentada em mulheres saudáveis (n = 12).[195] O teste requer que o sujeito arremesse uma bola de *netball* de 400 g o mais longe possível enquanto sentado no chão com os membros inferiores estendidos, o tronco, os ombros ou a cabeça contra uma parede, e as pernas e o quadril no chão. Esse teste mostrou-se fortemente correlacionado com pico de potência, potência média, impulso e força máxima nas extremidades superiores (r = 0,709-0,810). A confiabilidade, baseada nos coeficientes de variação (3,50%), sugere que medidas de distância máxima alcançadas com o passe de peito na posição sentada foram estáveis.

Testes na posição em pé

Arremesso de *medicine ball* em pé para trás acima da cabeça. Stockbrigger e Haennel testaram a confiabilidade e a validade do arremesso de *medicine ball* em pé para trás acima da cabeça em jogadores de voleibol saudáveis (n = 20).[196] A confiabilidade do teste foi excelente (0,996) e as correlações com o índice de potência do pulo vertical e a altura do pulo vertical foram boas (0,906 e 0,808, respectivamente). O arremesso de *medicine ball* em pé para trás acima da cabeça também mostrou ter correlação positiva com o pico de potência isocinética e o trabalho para os extensores de tronco.[197] Esse teste, embora enfatize a parte superior do corpo, está relacionado com a função do tronco e da parte inferior do corpo, e é, portanto, um indicador da capacidade do indivíduo para integrar a parte inferior, o tronco e a parte superior do corpo em uma única tarefa. Salonia et al. descobriram que esse teste é similar ao arremesso de *medicine ball* em pé para frente acima da cabeça e ao passe de peito em pé, em medir a potência da parte superior do corpo.[198]

Passe de peito com *medicine ball* em pé. Em vez do arremesso de peso e do passe de peito na posição sentada com a *medicine ball*,[195] Salonia et al. relataram o passe de peito com a *medicine ball* em pé.[198] Esse teste foi estudado em ginastas saudáveis (n = 60) e mostrou ser igualmente efetivo em medir a potência da parte superior do corpo tanto para a frente como para trás. A confiabilidade e a validade não foram relatadas.

Arremesso rotacional de *medicine ball* em pé. Ellenbecker e Roetert descobriram boas correlações entre o arremesso rotacional de *medicine ball forehand* e *backhand* e o pico de torque isocinético de rotação de tronco (r = 0,799-0,877).[199] Roetert et al. descobriram correlações que variavam de 0,62 a 0,76 entre o torque isocinético de flexão-extensão de tronco e um lançamento rotacional de *medicine ball forehand* e *backhand*.[197]

Outros testes

Teste de salto com um braço por tempo. Falsone et al. descreveram um teste funcional das extremidades superiores com a intenção do uso de equipamentos para proteção individual (EPIs) para luta e futebol americano.[200]

O teste envolve o paciente assumir a posição de flexão em um só braço e saltar para um degrau e para fora dele o mais rápido possível em 5 segundos. Esse teste provou ter alta confiabilidade teste-reteste tanto para lutadores como para jogadores de futebol americano (0,81 e 0,78, respectivamente). A extremidade não dominante ficou 4,4% mais lenta em média do que a dominante, apesar de essa diferença não ser estatisticamente significativa.

Teste de caminhada de 6 minutos

O teste de caminhada de 6 minutos é usado sobretudo como medida de capacidade aeróbia em pacientes com patologia cardíaca e pulmonar. Esse teste também é útil como um teste funcional em pacientes com fibromialgia[201] e artroplastia total de joelho.[70,71,202] Variações no teste incluem o teste de caminhada de 2 minutos, usado principalmente para pacientes com amputação de extremidade inferior.

O teste de caminhada de 6 minutos mostrou ter alta confiabilidade teste-reteste em pacientes com artroplastia total de joelho ou quadril (0,94),[70] deficiência de mobilidade (0,95,[203] 0,93[204]) e fibromialgia (0,91-0,98).[201] O teste de caminhada de 2 minutos mostrou ter alta confiabilidade interavaliador (0,98-0,99) e intra-avaliador (0,90-0,96) em pacientes com amputação transtibial unilateral.[205] Por fim, o teste de caminhada de 6 minutos mostrou ser válido e responsivo a mudanças nos períodos pós-operatórios, em pacientes que se submeteram a artroplastia total de joelho e quadril.[70]

Teste de bicicleta de Wingate

O teste de bicicleta de Wingate foi projetado por Bar-Or para avaliar o trabalho muscular, com contribuição primária de energia de fontes anaeróbias.[206] Esse teste pode ser usado para avaliar o pico de potência anaeróbia e a capacidade anaeróbia.

O equipamento necessário para o teste inclui uma bicicleta ergométrica na qual possam ser colocadas cargas específicas e um cronômetro para monitorar intervalos de 5 segundos e o período de 30 segundos do teste. O teste é iniciado com um período de 5 minutos de aquecimento de baixa intensidade, o qual inclui 4 ou 5 intervalos de corridas máximas, para 5 segundos de duração contra uma carga prescrita. Um período de recuperação de 2 a 5 minutos deve ser dado após o aquecimento e antes de iniciar o teste. A carga é calculada usando-se a equação a seguir e, segundo relatos, representa uma tarefa que requer aproximadamente 85% da função anaeróbia:[207]

$$\text{Força (kg)} = \text{Peso corporal (kg)} \times 0{,}075$$

O teste começa com um período de aceleração de 15 segundos. O sujeito pedala por 10 segundos a um terço da carga da carga prescrita e, então, por 5 segundos com um aumento progressivo na resistência em direção à força desejada. É preciso um técnico para fazer os ajustes necessários na adequação da resistência, enquanto outros profissionais monitoram o tempo e a contagem de revoluções. Um técnico monitora o tempo para cada intervalo de 5 segundos e os 30 segundos de duração do teste como um todo. Outros técnicos são usados para contar e registrar as revoluções do pedal.

O técnico que adapta a força inicia o teste com o comando quando a força prescrita for alcançada. O sujeito é instruído a pedalar com a máxima capacidade e permanecer sentado na bicicleta durante o teste. O técnico que cronometra o teste anuncia o tempo percorrido a cada 5 segundos, enquanto o contador registra o número de revoluções do pedal para cada intervalo. Ao completar os 30 segundos de teste, o contador grita "pare", a força é reduzida para um nível baixo e o sujeito pedala confortavelmente por um período de recuperação de 1 a 2 minutos.

As duas medidas de trabalho calculadas incluem o pico de potência anaeróbia e a capacidade anaeróbia. O pico de potência anaeróbia é calculado multiplicando-se o número máximo de revoluções atingido entre os 5 segundos de intervalo pela força prescrita (kg). Esse total é então multiplicado por 6, que é a distância (em metros) que a roda percorre a cada revolução.

O segundo cálculo é para a capacidade anaeróbia, que é uma medida do trabalho total realizado durante os 30 segundos do teste. A capacidade anaeróbia é calculada multiplicando-se o número total de revoluções por 6 metros para obter a distância total percorrida. A distância é então multiplicada pela força prescrita para obter o trabalho total. As equações para calcular o pico de força anaeróbia e a capacidade anaeróbia são as seguintes:

$$\text{Pico de potência anaeróbia: (kg/5 s)} = \text{Revoluções máx} \times 6\,\text{M} \times \text{força (kg)}$$

$$\text{Capacidade anaeróbia: (kg/30 s)} = \text{Revoluções totais} \times 6\,\text{M} \times \text{força (kg)}$$

Para converter as medidas para watts, o pico de força anaeróbia deve ser multiplicado por 2 e a capacidade anaeróbia deve ser dividida por 3 (usando-se o fator de conversão: 6 kg/min = 1 watt). A força relativa pode ser calculada dividindo-se a pontuação de força pelo peso corporal. Além disso, o índice de fadiga pode ser determinado subtraindo-se a pontuação mais baixa de potência do pico de potência, dividido pela pontuação do pico de potência:

$$\frac{\text{Pico de potência} \times \text{escore de potência mais baixo}}{\text{Pontuação de pico de potência}} \times 100$$

Altas taxas de confiabilidade teste-reteste foram relatadas por Bar-Or,[206] Evans e Quinney,[207] e Kaczkowski et al.,[208] com uma margem de 0,95 a 0,98 para as pontuações relatadas. Além disso, Kaczkowski et al. encontraram uma relação significativa entre pico de potência anaeróbia e capacidade anaeróbia quando comparados com o porcentual de fibras de contração rápida e área.[208] Eles também descobriram uma alta relação (r = 0,91) entre capacidade anaeróbia e tempo para a corrida de 50

Tabela 29.13 Normas para pico de potência e capacidade anaeróbias para o teste anaeróbio de Wingate

Porcentual	Watts		W.kgBW-1		W.kgBM-1	
	Homem	Mulher	Homem	Mulher	Homem	Mulher
95	676,6	483,0	8,63	7,52	9,30	9,43
90	661,8	469,9	8,24	7,31	9,03	9,01
85	630,5	437,0	8,09	7,08	8,88	8,88
80	617,9	419,4	8,01	6,95	8,80	8,76
75	604,3	413,5	7,96	6,93	8,70	8,68
70	600,0	409,7	7,91	6,77	8,63	8,52
65	591,7	402,2	7,70	6,65	8,5	8,32
60	576,8	391,4	7,59	6,59	8,44	8,18
55	574,5	386,0	7,46	6,51	8,24	8,13
50	564,6	381,1	7,44	6,39	8,21	7,93
45	552,8	376,9	7,26	6,20	8,14	7,86
40	547,6	366,9	7,14	6,15	8,04	7,70
35	534,6	360,5	7,08	6,13	7,95	7,57
30	529,7	353,2	7,00	6,03	7,80	7,46
25	520,6	346,8	6,79	5,94	7,64	7,32
20	496,1	336,5	6,59	5,71	7,46	7,11
15	484,6	320,3	6,39	5,56	7,28	7,03
10	470,9	306,1	5,98	5,25	6,83	6,83
5	453,2	286,2	5,56	5,07	6,49	6,70
M	562,7	380,8	7,28	6,35	8,11	7,96
SD	66,5	56,4	0,88	0,73	0,82	0,88
Mínimo	441,3	235,4	4,63	4,53	5,72	5,12
Máximo	711,0	528,6	9,07	8,11	9,66	9.66

De Maud PJ, Shultz BB: Norms for the Wingate anaerobic test with comparison to another similar test, *Res Q Exerc Sports* 60;144-151, 1989. Reproduzido com permissão da American Alliance for Health, Physical Education, Reston, Va 22091.

metros.[208] Tharp et al. descobriram que o teste Wingate foi capaz de diferenciar a capacidade entre corrida de velocidade e corrida de longa distância em atletas de elite com idades de 10 a 15 anos quando as pontuações foram expressas em relação ao peso corporal.[209] Barfield et al. descobriram um efeito prático e sugeriram pelo menos uma sessão de prática antes de definir medidas de linha de base.[210] O teste Wingate foi comparado com o teste anaeróbio de Bosco e os resultados sugerem que os dois devem medir diferentes facetas da força anaeróbia.[211] Enquanto o teste de Wingate é rotulado como um teste de conversão "quimiomecânico",[212] o teste de Bosco tem o objetivo de verificar o desempenho muscular elástico (i. e., ciclo alongamento-encurtamento). Os dois testes parecem possibilitar que o clínico adeque melhor o teste aos fatores individuais e específicos à tarefa (i. e., o teste de Bosco deve ser mais apropriado para indivíduos que precisam pular ou correr).

Maud e Schultz produziram uma tabela de padrões normativos para o pico de força anaeróbia e a capacidade anaeróbia de homens e mulheres com idades entre 18 e 28 anos (Tab. 29.13).[213] MacDougall et al. apresentaram essas normas para vários esportes.[214]

Teste de potência de Margaria-Kalamen

O teste de Margaria-Kalamen foi projetado para medir a potência anaeróbia máxima ou o desempenho de trabalho.[215] O teste requer uma breve explosão de potência máxima de saída envolvendo uma larga porcentagem de massa muscular corporal, mas nenhum treinamento ou habilidade em particular é exigido do sujeito.

São mínimos os equipamentos necessários. O teste utiliza uma escadaria de 12 a 16 degraus que meçam de 15 a 20 centímetros de altura cada. Margaria conduziu experimentos para determinar se as medidas de potência podem ser influenciadas pela altura do degrau. Os resultados do teste revelaram um valor ideal de altura de 35 centímetros por degrau, o que corresponde a dois degraus de uma escada comum. Entretanto, alturas de degraus de 30 a 38 centímetros resultaram em valores que estavam a até 5% do ideal. Apesar de ser preferível o uso de interruptores elétricos, Johnson e Nelson relataram que resultados confiáveis foram obtidos com um cronômetro preciso sensível a um centésimo de segundo.[57] Uma balança precisa é necessária para medir o peso corporal do sujeito no momento do teste.

Há múltiplas variações desse teste.[215,216] O teste básico requer que o paciente corra até a escada e suba os degraus o mais rápido possível enquanto a velocidade da subida é medida em um número específico de degraus. O sujeito deve se aquecer de maneira satisfatória antes do teste. O aquecimento deve incluir tentativas práticas para permitir familiarização com os procedimentos do teste. O sujeito fica em pé a 2[57] ou 6 metros[216,217] da escada. Quando pronto, ele corre até a escada e sobe os degraus na sua velocidade máxima. Na descrição original do teste, o sujeito era instruído a subir correndo dois degraus por vez (17,5 centímetros cada), enquanto o tempo necessário para percorrer um número par de degraus era registrado. O tempo era medido do 4º ao 6º degrau (70 centímetros de altura) para o cálculo de medida da potência. Qualquer método pode ser usado, desde que a soma dos degraus esteja entre 30 e 38 centímetros.

O cronômetro começa quando o sujeito pisa no degrau selecionado inicialmente e para quando ele atinge o último degrau. O tempo para cobrir a distância entre os degraus designados é registrado no centésimo de segundo mais próximo usando-se tapete de cronometragem ou um cronômetro. A melhor de três tentativas é registrada para calcular a potência de saída. Esta é calculada com o produto do peso corporal pela distância vertical total sendo dividido pelo tempo em segundos:

$$\text{Potência (kg*m)/s} = \frac{\text{Trabalho}}{\text{Tempo}} = \frac{\text{Força (kg)} \times \text{Distância (M)}}{\text{Tempo (S)}}$$

em que força é igual a peso corporal, distância é a altura vertical entre os degraus de início e término do teste, e tempo é a medida de duração necessária para cobrir a distância especificada

Margaria et al. relataram uma variação de 4% dentro da mesma sessão de teste e uma variabilidade de menos de 2% quando testavam dois sujeitos em múltiplas ocasiões durante um período de 5 semanas.[215] Margaria et al. também relataram valores de potência anaeróbia equivalentes entre corrida na esteira e o teste de subida de escadas.[215] Além disso, encontraram alta variabilidade individual nos dados, com atletas obtendo pontuações significativamente mais altas do que não atletas. Johnson e Nelson relataram que corredores de velocidade obtêm pontuações mais altas do que corredores de distância.[57]

TESTE ANAERÓBIO DE DEGRAU

O teste anaeróbio de degrau é uma modificação dos testes aeróbios de degrau[218,219] e de um teste anaeróbio de degrau descrito por Manahan e Gutin em 1971.[220] As principais diferenças entre os testes anaeróbio e aeróbio de degrau são que não há ritmo prescrito; o teste anaeróbio é conduzido unilateralmente e o sujeito fica em pé de lado para o degrau, e não de frente para ele.

Os únicos equipamentos necessários são um banco ou degrau com uma altura recomendada de 40 centímetros, um cronômetro e uma balança de precisão para medir o peso corporal no momento do teste. O paciente deve passar por um aquecimento adequado que inclua a prática da técnica de subir. Essa técnica coloca a maior parte do trabalho na perna que sobe. O paciente fica em pé ao lado do banco (ou degrau) e coloca o pé da perna testada no topo do banco. A perna contralateral não deve tocar no banco durante o andamento do teste. A cada passo, o corpo é suspendido ao nível do topo do degrau enquanto a perna testada se estende por completo. O membro contralateral fica suspenso em uma posição estendida durante a subida, mas pode ser usado para suporte e impulsão quando o pé entra em contato com o chão. O tronco deve manter-se ereto ao longo do teste. As extremidades superiores podem ser usadas para se equilibrar, mas não devem ser usadas vigorosamente em uma tentativa de ajudar o membro testado. Há uma cadência de duas contagens, que inclui a subida e a descida.

O sujeito é instruído a desempenhar o teste com seu máximo esforço ao longo dos 60 segundos de teste. O relógio é iniciado com o movimento inicial de subida do sujeito. Um passo é contado a cada momento em que a perna testada se estende completamente e retorna à posição inicial. O passo não é considerado válido se a perna não se estender por completo ou se o tronco for flexionado. O número de passos completados é registrado em 15, 30 e 60 segundos.

A contagem em 15 segundos é usada para calcular o pico de potência anaeróbia (que se presume ser o mais alto passo contado). A contagem em 30 segundos pode ser usada para comparações com o teste de bicicleta de Wingate. A contagem em 60 segundos é usada para calcular a capacidade anaeróbia. As equações para o cálculo do pico de potência anaeróbia e para a capacidade anaeróbia para o teste anaeróbio de degrau são as seguintes:

$$\text{Pico de potência anaeróbia: (kg/s)} = \frac{\text{Força} \times \text{Distância} \times 1{,}33}{\text{Tempo}}$$

onde força é igual a peso corporal (kg), distância é igual a 0,40 m × número de passos completados em 15 segundos, tempo é igual a 15 segundos e 1,33 é um fator usado para converter trabalho positivo em trabalho total

$$\text{Capacidade anaeróbia: (kg/min)} = \frac{\text{Força} \times \text{Distância} \times 1{,}33}{\text{Tempo}}$$

onde força é igual a peso corporal (kg), distância é igual a 0,40 m × número de passos completados em 60 segundos e tempo é igual a 1.

O pico de potência é convertido em watts (unidade de potência verdadeira) multiplicando-se pelo fator de conversão 1 kg/s = 9,81 W. A capacidade anaeróbia é convertida em watts dividindo-se pelo fator de conversão 1 W = 6,12 kg/min.

Manahan e Gutin relataram coeficientes de confiabilidade de 0,95 para o teste anaeróbio de degrau de duas contagens.[220] Manahan e Gutin também relataram que correlações entre o teste anaeróbio de degrau de 1 minuto e o tempo da corrida de 600 jardas [548 metros] foram bastante elevadas (r = –0,824).[220]

RETORNO À ATIVIDADE IRRESTRITA

No fim das contas, as decisões sobre permitir que o paciente retorne à atividade irrestrita não são nada simples. Apesar de existirem diretrizes aceitáveis baseadas em medidas clínicas, tais como teste isocinético, esses dados oferecem contribuições mínimas para a decisão de retorno à atividade. Do mesmo modo, um critério como o índice de simetria de membros = 85% em um teste funcional é útil, mas também tem limitações, como no caso de envolvimento bilateral. Decisões sobre o retorno do paciente à atividade são, por sua própria natureza, multifatoriais e complexas. Portanto, a decisão deve se basear na integração de informações de várias fontes e na preponderância da evidência. A decisão para permitir que um paciente retorne à atividade irrestrita deve considerar vários fatores importantes a partir de uma perspectiva de teste funcional. Em primeiro lugar, o processo de tomada de decisão deve envolver todos os membros da equipe de reabilitação (paciente, chefe/treinador, fisioterapeuta, médico) e todos os dados disponíveis. Cada um desses indivíduos fornece perspectivas específicas do estado do paciente, as quais, coletivamente, oferecem a melhor estimativa da prontidão do paciente para retornar à atividade irrestrita. Em segundo lugar, todos os sistemas que contribuem para o movimento devem ser avaliados e incorporados ao processo de tomada de decisão. Apesar de haver um forte foco no sistema musculoesquelético, a equipe de reabilitação também deve considerar o estado e a influência de sistemas e fatores de suporte, tais como cardiovascular, neurológico, metabólico, imunológico e psicossocial. Em terceiro lugar, o teste funcional deve progredir em um *continuum* que, de início, foque principalmente nos fatores individuais, mas, por último, foque também nos fatores específicos ao indivíduo, à tarefa e ao ambiente. Somente o teste funcional pode determinar a capacidade de um paciente para desempenhar "as atividades identificadas por um indivíduo como essenciais para dar suporte ao bem-estar físico, social e psicológico, e para criar a sensação pessoal de levar uma vida que faça sentido"[2] e assim identificar a presença e a magnitude da "limitação de desempenho no nível do organismo ou da pessoa como um todo".[2] Um programa de reabilitação com um foco funcional ao longo de todo o processo, desde o exame inicial até a alta, serve de base para a tomada de decisão e fortalece as inferências em todos os pontos ao longo do processo, em todos os pacientes e ambientes de prática, e, por fim, simplifica um processo inerentemente complexo.

RESUMO

O teste funcional deve ser usado sobretudo para informar o clínico em relação às limitações e deficiências funcionais em todas as populações de pacientes e ambientes de prática. O teste e a mensuração de função exigem conceituação universal e definição operacional de função. As decisões relativas à seleção de testes funcionais devem se basear na aplicação de princípios biomecânicos, fisiológicos e de comportamento motor para a análise de fatores individuais, específicos à tarefa e ambientais que são os elementos da função. Do mesmo modo, variações na administração do teste funcional são mandatórias para que se atendam às necessidades específicas definidas pelo indivíduo, pela tarefa e pelo ambiente. No entanto, assegurar confiabilidade durante sessões de teste e dos examinadores requer padronização e documentação precisa de todos os parâmetros do teste funcional. Apesar de ser necessária investigação contínua da validade do teste funcional, existe um corpo de literatura em crescimento que enfoca a validade e a confiabilidade dele. Essa pesquisa oferece ao clínico uma ampla seleção de testes funcionais e permite que ele faça inferências sólidas a partir dos dados do teste funcional e tenha melhor confiança nas decisões clínicas.

REFERÊNCIAS BIBLIOGRÁFICAS

1. Webster's new collegiate dictionary, Springfield, Ill, 2004, G & C Merriam.
2. American Physical Therapy Association: Guide to physical therapist practice, ed 2, Phys Ther 81:9-746, 2001.
3. Goldberg B, Saraniti A, Witman P et al: Pre-participation sports assessment: an objective evaluation, Pediatrics 66(5):736-745, 1980.
4. DuRant RH, Pendergrast RA, Seymore C et al: Findings from the preparticipation athletic examination and athletic injuries, Am J Dis Child 146(1):85-91, 1992.
5. Metzl JD: The adolescent preparticipation physical examination: is it helpful? Clin Sports Med 19(4):577-592, 2000.
6. Wingfield K, Matheson GO, Meeuwisse WH: Preparticipation evaluation: an evidence-based review, Clin J Sport Med 14(3):109-122, 2004.
7. Rifat SF, Ruffin MT 4th, Gorenflo DW: Disqualifying criteria in a preparticipation sports evaluation, J Fam Pract 41(1):42-50, 1995.
8. Sanders B, Nemeth WC: Preparticipation physical examinations, J Orthop Sports Phys Ther 23(2):149-163, 1996.
9. Smith J, Laskowski ER: The preparticipation physical examination: Mayo Clinic experience with 2,739 examinations, Mayo Clin Proc 73(5):419-429, 1998.
10. McKeag DB: Preparticipation screening of the potential athlete, Clin Sports Med 8(3):373-397, 1989.
11. Mueller MJ, Maluf KS: Tissue adaptation to physical stress: a proposed "physical stress theory" to guide physical therapist practice, education, and research, Phys Ther 82(4):383-403, 2002.
12. Smith AM: Psychological impact of injuries in athletes, Sports Med 22(6):391-405, 1996.
13. Evans L, Hardy L: Injury rehabilitation: a goal-setting intervention study, Res Q Exerc Sport 73(3):310-319, 2002.
14. Smith AM, Scott SG, Wiese DM: The psychological effects of sports injuries, Coping. Sports Med 9(6):352-369, 1990.
15. Ford IW, Gordon S: Perspectives of sport physiotherapists on the frequency and significance of psychological factors in professional

practice: implications for curriculum design in professional training, Aust J Sci Med Sport 29(2):34-40, 1997.
16. Sale DG. Neural adaptation to resistance training, Med Sci Sports Exerc 20(5 suppl):S135-S145, 1988.
17. Carroll TJ, Riek S, Carson RG: Neural adaptations to resistance training: implications for movement control, Sports Med 31(12):829-840, 2001.
18. Gibson J: The ecological approach to visual perception, Mahwah, NJ, 1986, Erlbaum.
19. Portney LG, Watkins MP: Foundations of clinical research: applications to practice, ed 2, Upper Saddle River, NJ, 2000, Prentice Hall Health.
20. Drouin J: How should we determine a measurement is appropriate for clinical practice, Athletic Therapy Today 8(4):56-58, 2003.
21. Shrout PE, Fleiss JL: Intraclass correlations: uses in assessing rater reliability, Psychol Bulletin 86:420-428, 1979.
22. Looney MA: When is the intraclass correlation coefficient misleading? Measure Phys Educ Exerc Sci 4(2):73-78, 2000.
23. Feinstein AR: Clinical biostatistics XXXI: on the sensitivity, specificity & discrimination of diagnostic tests, Clin Pharmacol Ther 17:104-116, 1975.
24. Guyatt G, Rennie D: Users' guide to the medical Literature: a manual for evidence-based clinical practice, Chicago, 2002, AMA Press.
25. Chiu AYY, Au-Yeung SSY, Lo SK: A comparison of four functional tests in discriminating fallers from n on-fallers in the elderly, Disab Rehab 25(1):45-50, 2003.
26. Horak FB: Clinical measurement of postural control in adults, Phys Ther 67:1881-1885, 1987.
27. Shumway-Cook A, Horak FB: Assessing the influence of sensory interaction on balance: suggestion from the field, Phys Ther 66:1548-1550, 1986.
28. Berg K: Balance and its measure in the elderly: a review, Physiother Can 41:240-246, 1989.
29. Irrgang JJ, Whitney SL, Cox ED: Balance and proprioceptive training for rehabilitation of the lower extremity, J Sport Rehabil 3:68-83, 1994.
30. Bohannon PW, Larkin PA, Cook AC et al: Decrease in timed balance test scores with aging, Phys Ther 64:1067-1070, 1984.
31. Flores AM: Objectives measurement of standing balance, Neurology Report 16:17-21, 1992.
32. Kantner RM, Rubin AM, Armstrong CW, Cummings V: Stabilometry in balance assessment of dizzy and normal subjects, Am J Otolaryngol 12:196-204, 1991.
33. Nashner LM, Black FO, Wall C 3rd: Adaptation to altered support and visual conditions during stance: patients with vestibular deficits, J Neurosci 2(5):536-544, 1982.
34. Di Fabio RP, Badke MB: Relationship of sensory organization to balance function in patients with hemiplegia, Phys Ther 70:542-548, 1990.
35. Cohen H, Blatchly CA, Gombash LL: A study of the clinical test of sensory interaction and balance, Phys Ther 73:346-354, 1993.
36. Freeman MA, Wyke B: Articular contributions to limb muscle reflexes. The effects of a partial neurectomy of the knee-joint on postural reflexes, Br J Surg 53(1): 61-68, 1966.
37. Tropp H, Ekstrand J, Gillquist J: Stabilometry in functional instability of the ankle and its value in predicting injury, Med Sci Sports Exerc 16:64-66, 1984.
38. Cornwall MW, Murrell P: Postural sway following inversion sprain of the ankle, J Am Podiatr Med Assoc 81(5):243-247, 1991.
39. Goldie PA, Evans OM, Bach TM: Postural control following inversion injuries of the ankle, Arch Phys Med Rehabil 75(9):969-975, 1994.
40. Forkin DM, Koczur C, Battle R, Newton RA: Evaluation of kinesthetic deficits indicative of balance control in gymnasts with unilateral chronic ankle sprains, J Orthop Sports Phys Ther 23(4):245-250, 1996.
41. Guskiewicz KM, Perrin DH: Effect of orthotics on postural sway following inversion ankle sprain, J Orthop Sports Phys Ther 23(5):326-331, 1996.
42. Pintsaar A, Brynhildsen J, Tropp H: Postural corrections after standardised perturbations of single limb stance: effect of training and orthotic devices in patients with ankle instability, Br J Sports Med 30(2):151-155, 1996.
43. Faculjak P, Firoozbaksh K, Wausher D et al: Balance characteristics of normal and anterior cruciate ligament deficient knees, Phys Ther 73:S22, 1993.
44. Harrison EL, Duenkel N, Dunlop R, Russell G: Evaluation of single-leg standing following anterior cruciate ligament surgery and rehabilitation, Phys Ther 74(3):245-252, 1994.
45. Mizuta H, Shirasishi M, Kubota K et al: A stabilometric technique for evaluation of functional instability on the anterior cruciate ligament deficient knee, Clin J Sports Med 2:235-239, 1992.
46. Zatterstrom R, Friden T, Lindstrand A, Moritz U: The effect of physiotherapy on standing balance in chronic anterior cruciate ligament insufficiency, Am J Sports Med 22(4):531-536, 1994.
47. Grabiner MD, Lundin TM, Feuerbach JW: Converting Chattecx balance system vertical reaction force measurements to center of pressure excursion measurements, Phys Ther 73:316-319, 1993.
48. Nashner L: Analysis of movement control in man using the movable platform. In Desmedt JE, editor: Motor control mechanisms in health and disease, New York, 1983, Raven Press.
49. Friden T, Zatterstrom R, Lindstrand A, Moritz U: A stabilometric technique for evaluation of lower limb instabilities, Am J Sports Med 17:118-122, 1989.
50. Mirka A, Black FO: Clinical application of dynamic posturography for evaluating sensory integration and vestibular dysfunction, Neurol Clin 8(2):351-359, 1990.
51. Nashner LM, Peters JF: Dynamic posturography in the diagnosis and management of dizziness and balance disorders, Neurol Clin 8(2):331-349, 1990.
52. Ford-Smith CD, Wyman JF, Elswick RK Jr. et al: Test-retest reliability of the sensory organization test in noninstitutionalized older adults, Arch Phys Med Rehabil 76(1):77-81, 1995.
53. O'Neill DE, Gill-Body KM, Krebs DE: Posturography changes do not predict functional performance changes, Am J Otol 19(6):797-803, 1998.
54. Evans MK, Krebs DE: Posturography does not test vestibulospinal function, Otolaryngol Head Neck Surg 120(2):164-173, 1999.
55. Robertson DD, Ireland DJ: Dizziness Handicap Inventory correlates of computerized dynamic posturography, J Otolaryngol 24(2):118-124, 1995.
56. Marsh DW, Richard LA, Williams LA, Lynch KJ: The relationship between balance and pitching error in college baseball pitchers, J Strength Cond Res 8(3):441-446, 2004.
57. Johnson BL, Nelson JK: Practical measurements for evaluation in physical education, ed 4, New York, 1986, Macmillan College Publishing.
58. Atwater SW, Crowe TK, Deitz JC, Richardson PK: Interrater and test-retest reliability of two pediatric balance tests, Phys Ther 70(2):79-87, 1990.
59. Estep DO: Relationship of static equilibrium to ability in motor activities, Res Q 28:5-12, 1957.
60. Oberg U, Oberg B, Oberg T: Validity and reliability of a new assessment of lower-extremity dysfunction, Phys Ther 74(9):861-871, 1994.
61. Ageberg E, Zatterstrom R, Moritz U: Stabilometry and one-leg hop test have high test-retest reliability, Scand J Med Sci Sports 8(4):198-202, 1998.
62. Gray GW: Lower extremity functional profile, Adrian, 1995, Wynn Marketing.
63. Barber SD, Noyes FR, Mangine RE et al: Quantitative assessment of functional limitations in normal and anterior cruciate ligament--deficient knees, Clin Orthop Relat Res 255:204-214, 1990.
64. Sapega AA: Muscle performance evaluation in orthopaedic practice, J Bone Joint Surg 72(A):1562-1574, 1990.

65. Podsiadlo D, Richardson S: The timed "Up & Go": a test of basic functional mobility for frail elderly persons, J Am Geriatr Soc 39(2):142-148, 1991.
66. Lundin-Olsson L, Nyberg L, Gustafson Y: Attention, frailty, and falls: the effect of a manual task on basic mobility, Am Geriatr Soc 46(6):758-761, 1998.
67. Shumway-Cook A, Brauer S, Woollacott M: Predicting the probability for falls in community-dwelling older adults using the Timed Up & Go Test, Phys Ther 80(9):896-903, 2000.
68. Rockwood K, Awalt E, Carver D, MacKnight C: Feasibility and measurement properties of the functional reach and the timed up and go tests in the Canadian study of health and aging, J Gerontol A Biol Sci Med Sci 55(2):M70-M73, 2000.
69. Steffen TM, Hacker TA, Mollinger L: Age- and gender-related test performance in community-dwelling elderly people: six minute walk test, Berg balance scale, Timed up & Go Test, and gait speeds, Phys Ther 82:128-137, 2002.
70. Kennedy DM, Stratford PW, Wessel J et al: Assessing stability and change of four performance measures: a longitudinal study evaluating outcome following total hip and knee arthroplasty, BMC Musculoskelet Disord 6(1):3, 2005.
71. Ouellet D, Moffet H: Locomotor deficits before and two months after knee arthroplast, Arthritis Care Res 47(5):484-493, 2002.
72. Freter SH, Fruchter N: Relationship between timed "up and go" and gait time in an elderly orthopaedic rehabilitation population, Clin Rehabil 14(1):96-101, 2000.
73. Thomas SG, Pagura SM, Kennedy D: Physical activity and its relationship to physical performance in patients with end stage knee osteoarthritis, J Orthop Sports Phys Ther 33(12):745-754, 2003.
74. Reardon K, Galea L, Dennett X et al: Quadriceps muscle wasting persists 5 months after total hip arthroplasty for osteoarthritis of the hip: a pilot study, Intern Med J 31(1):7-14, 2001.
75. Kinzey SJ, Armstrong CW: The reliability of the star-excursion test in assessing dynamic balance, J Orthop Sports Phys Ther 27(5):356-360, 1998.
76. Hertel J, Miller SJ, Denegar CR: Intratester and intertester reliability during the star balance excursion test, J Sport Rehabil 9:104-116, 2000.
77. Austin GP, Scibek JS: Intrarater and interrater reliability during the anterior balance and reach test, J Orthop Sports Phys Ther 32(1):A47, 2002.
78. Miller SJ, Challis JH, Denegar CR: Influence of knee extensor strength deficits on anterior balance reach test performance, J Athl Train 39(2):S52, 2002.
79. Loudon JK, Wiesner D, Goist-Foley HL et al: Intrarater reliability of functional performance tests for subjects with patellofemoral pain syndrome, J Athl Train 37(3):256-261, 2002.
80. Earl JE, Hertel J: Lower extremity muscle activation during the star balance excursion tests, J Sport Rehabil 10:93-104, 2001.
81. Olmsted LG, Hertel J: Influence of foot type and orthotics on static and dynamic postural control, J Sport Rehabil 13:54-66, 2002.
82. Duncan PW, Weiner DK, Chandler J, Studenski S: Functional reach: a new clinical measure of balance, J Gerontol 45(6):M192-M197, 1990.
83. Wernick-Robinson M, Krebs DE, Giorgetti MM: Functional reach: does it really measure dynamic balance? Arch Phys Med Rehabil 80(3):262-269, 1999.
84. Light KE, Rose DK, Cedar J: Use of the functional reach test in a balance and dizziness clinic for older adults, Neurology Report 16:26-27, 1992.
85. Behrman AL, Light KE, Flynn SM, Thigpen MT: Is the functional reach test useful for identifying falls risk among individuals with Parkinson's disease? Arch Phys Med Rehabil 83(4):538-542, 2002.
86. Brusse KJ, Zimdars S, Zalewski KR, Steffen TM: Testing functional performance in people with Parkinson disease, Phys Ther 85:134-141, 2005.
87. Sizer PS Jr, Phelps V, Dedrick G et al: Diagnosis and management of the painful ankle/foot. Part 2: examination, interpretation, and management, Pain Practice 3(4):343-374, 2003.
88. Haas B, Dennis DA, Komistek RD et al: Range of motion of posterior-cruciate-substituting total knee replacements: the effect of bearing mobility, J Bone Joint Surg Am 83-A Suppl 2(Pt 1):51-55, 2001.
89. Myles CM, Rowe PJ, Walker CR, Nutton RW: Knee joint functional range of movement prior to and following total knee arthroplasty measured using flexible electrogoniometry, Gait Posture 16(1):46-54, 2002.
90. Banks S, Bellemans J, Nozaki H et al: Knee motions during maximum flexion in fixed and mobile-bearing arthroplasties, Clin Orthop Relat Res 410:131-138, 2003.
91. Andriacchi TP, Dyrby CO, Johnson TS: The use of functional analysis in evaluating knee kinematics, Clin Orthop Relat Res 410:44-53, 2003.
92. Bennell KL, Khan KM, Matthews BL et al: Changes in hip and ankle range of motion and hip muscle strength in 8-11-year old novice female ballet dancers and controls: a 12 month follow up study, Br J Sp Med 35(1):54-61, 2001.
93. Gabbe BJ, Finch CF, Wajswelner H, Bennell KL: Predictors of lower extremity injuries at the community level of Australian football, Clin J Sport Med 14(2):56-63, 2004.
94. Hefzy MS, al Khazim M, Harrison L: Co-activation of the hamstrings and quadriceps during the lunge exercise, Biomed Sci Instrum 33:360-365, 1997.
95. Pincivero DM, Aldworth C, Dickerson T et al: Quadriceps-hamstring EMG activity during functional, closed kinetic chain exercise to fatigue, Eur J Appl Physiol 81(6):504-509, 2000.
96. Cronin J, McNair PJ, Marshall RN: The effects of bungy weight training on muscle function and functional performance, J Sport Sci 21(1):59-71, 2003.
97. Flanagan SP, Wang M-Y, Greendale GA et al: Biomechanical attributes of lunging activities for older adults, J Strength Cond Res 18(3):599-605, 2004.
98. Stuart MJ, Meglan DA, Lutz GE et al: Comparison of intersegmental tibiofemoral joint forces and muscle activity during various closed kinetic chain exercises, Am J Sports Med 24(6):792-799, 1996.
99. Heijne A, Fleming BC, Renstrom PA et al: Strain on the anterior cruciate ligament during closed kinetic chain exercises, Med Sci Sports Exerc 36(6):935-941, 2004.
100. Crill MT, Kolba CP, Chleboun GS: Using lunge measurements for baseline fitness testing, J Sport Rehabil 13:44-53, 2004.
101. Alkjær T, Simonsen EB, Peter Magnusson SP et al: Differences in the movement pattern of a forward lunge in two types of anterior cruciate ligament deficient patients: copers and non-copers, Clin Biomech (Bristol, Avon) 17(8):586-593, 2002.
102. Mattacola CG, Jacobs CA, Rund MA, Johnson DL: Functional assessment using the step-up-and-over test and forward lunge following ACL reconstruction, Orthopedics 27(6):602-608, 2004.
103. Girard P, Anderson RB, Davis WH et al: Clinical evaluation of the modified Brostrom-Evans procedure to restore ankle stability, Foot Ankle Int 20(4):246-252, 1999.
104. Wilkerson GB, Colston MA, Short NI et al: Neuromuscular changes in female collegiate athletes resulting from a plyometric jump-training program, J Athl Train 39(1):17-23, 2004.
105. Cronin J, McNair PJ, Marshall RN: Lunge performance and its determinants, J Sport Sci 21:49-57, 2003.
106. Rainville J, Jouve C, Finno M, Limke J: Comparison of four tests of quadriceps strength in L3 or L4 radiculopathies, Spine 28(21):2466-2471, 2003.
107. Colby SM, Hintermeister RA, Torry MR, Steadman JR: Lower limb stability with ACL impairment, J Orthop Sports Phys Ther 29(8):444-454, 1999.

108. Wikstrom, EA, Tillman MD, Borsa PA: Detection of dynamic stability deficits in subjects with functional ankle instability, Med Sci Sports Exerc 37(2):169-175, 2005.
109. Ross M: Test-retest reliability of the lateral step-up test in young adult healthy subjects, J Orthop Sports Phys Ther 25(2):128-132, 1997.
110. Noyes FR, Barber SD, Mangine RE: Abnormal lower limb symmetry determined by function hop tests after anterior cruciate ligament rupture, Am J Sports Med 19:513-518, 1991.
111. Sherry MA, Best TM: A comparison of 2 rehabilitation programs in the treatment of acute hamstring strains, J Orthop Sports Phys Ther 34(3):116-125, 2004.
112. Austin GP, Garrett GE, Tiberio D: Effect of added mass on human unipedal hopping, Percept Mot Skills 94:834-840, 2002.
113. Austin GP, Tiberio D, Garrett GE: Effect of frequency on human unipedal hopping, Percept Mot Skills 95:733-740, 2002.
114. Austin GP, Garrett GE, Tiberio D: Effect of added mass on human unipedal hopping at three frequencies, Percept Mot Skills 97(2):605-612, 2003.
115. Booher LD, Hench KM, Worrell TW et al: Reliability of three single-leg hop tests, J Sport Rehab 2:165-170, 1993.
116. Bolgla LA, Keskula DR: Reliability of lower extremity functional performance tests, J Orthop Sports Phys Ther 26:138-142, 1997.
117. Daniel DM, Malcolm L, Stone ML et al: Quantification of knee stability and function, Contemp Orthop 5:83, 1982.
118. Daniel DM, Stone ML, Riehl B et al: A measure of lower limb function: the one leg hop for distance, Am J Knee Surg 1(4):212-214, 1988.
119. Orishimo KF, Kremenic IJ, Mullaney MJ: Lower extremity power generation and absorption during the single-leg hop test, Med Sci Sports Exerc 36(5):S100, 2004.
120. Birmingham TB: Test–retest reliability of lower extremity functional instability measures, Clin J Sport Med 10:264-268, 2000.
121. Negrete R, Brophy J: The relationship between isokinetic open and closed chain lower extremity strength and functional performance, J Sport Rehabil 9(1):46-61, 2000.
122. Manske RC, Smith BS, Rogers ME et al: Closed kinetic chain (linear) isokinetic testing: relationships to functional testing, Isokin Exerc Sci 11:171-179, 2003.
123. Holm I, Fosdahl MA, Friis A et al: Effect of neuromuscular training on proprioception, balance, muscle strength, and lower limb function in female team handball players, Clin J Sport Med 14:88-94, 2004.
124. Kramer JF, Nusca D, Fowler P et al: Test-retest reliability of the one-leg hop test following ACL reconstruction, Clin J Sport Med 2:240-243, 1992.
125. Paterno M, Greenberger H: The test-retest reliability of the one legged hop for distance in young adults with and without ACL reconstruction, Isokin Exerc Sci 6:1-6, 1996.
126. Brosky JA Jr, Nitz AJ, Malone TR et al: Intrarater reliability of selected clinical outcome measures following anterior cruciate ligament reconstruction, J Orthop Sports Phys Ther 29(1):39-48, 1999.
127. Hofmeister EP, Gillingham BL, Bathgate MB, Mills WJ: Results of anterior cruciate ligament reconstruction in the adolescent female, J Pediatr Orthop 21(3):302-306, 2001.
128. Swanik C, Lephart SM, Swanik KA et al: Neuromuscular dynamic restraint in women with anterior cruciate ligament injuries, Clin Orthop Relat Res 425:189-199, 2004.
129. Yildiz Y, Aydin T, Sekir U et al: Relation between isokinetic muscle strength and functional capacity in recreational athletes with chondromalacia patellae, Br J Sports Med 37:475-479, 2003.
130. Alaca R, Yilmaz B, Goktepe AS et al: Efficacy of isokinetic exercise on functional capacity and pain in patellofemoral pain syndrome, Am J Phys Med Rehabil 81:807-813, 2002.
131. Munn J, Beard DJ, Refshauge KM et al: Do functional-performance tests detect impairment in subjects with ankle instability? J Sport Rehabil 11(1):40-50, 2002.
132. Vandermeulen DM, Forwell LA, Birmingham TB: The test-retest reliability of a novel test: the lateral hop for distance, Physiother Can 52:50-55, 2000.
133. Gerber JP, Williams GN, Scoville CR et al: Persistent disability associated with ankle sprains: a prospective examination of an athletic population, Foot Ankle Int 19(10):653-660, 1998.
134. Kea J, Kramer J, Forwell L, Birmingham T: Hip abduction--adduction strength and one-leg hop tests: test-retest reliability and relationship to function in elite ice hockey players, J Orthop Sports Phys Ther 31(8):446-455, 2001.
135. Bandy WD, Rusche KR, Tekulve FY: Reliability and limb symmetry of five unilateral functional tests of the lower extremity, Isokin Exerc Sci 4:108-111, 1994.
136. Goh S, Boyle J: Self evaluation and functional testing two to four years post ACL reconstruction, Aust J Physiother 43(4):255-262, 1997.
137. Risberg MA, Ekeland A: Assessment of functional tests after anterior cruciate ligament surgery, J Orthop Sports Phys Ther 19:212-217, 1994.
138. Itoh H, Kurosaka M, Yoshiya S et al: Evaluation of functional deficits determined by four different hop tests in patients with anterior cruciate ligament deficiency, Knee Surg Sports Traumatol Arthrosc 6(4):241-245, 1998.
139. Jerosch J, Bischof M: Proprioceptive capabilities of ankle in stable and unstable joints, Sports Exerc Inj 2:167-171, 1996.
140. Johnson BL, Nelson JK: Practical measurements for evaluation in physical education, ed 4, New York, 1986, Macmillan College Publishing.
141. Riemann BL, Caggiano NA, Lephart SM: Examination of a clinical method of assessing postural control during a functional performance task, J Sport Rehabil 8:171-183, 1999.
142. Glencross DJ: The nature of the vertical jump test and the standing broad jump, Res Q 37:353-359, 1966.
143. McArdle WD, Katch FI, Katch VL: Exercise physiology: energy, nutrition and human performance, Philadelphia, 1991, Lea & Febiger.
144. Sargent DA: The physical test of a man, Am Phys Educ Rev 26:188-194, 1921.
145. Harman E: The importance of testing power output, Natl Strength Cond Assoc J 13:72-73, 1991.
146. Komi PV, Bosco C: Utilization of stored elastic energy in leg extensor muscles by men and women, Med Sci Sports 10:261-265, 1978.
147. Bosco C, Ito A, Komi PV et al: Neuromuscular function and mechanical efficiency of human leg extensor muscles during jumping exercises, Acta Physiol Scand 114:543-550, 1982.
148. Carlock JM, Smith SL, Hartman MJ et al: The relationship between vertical jump power estimates and weightlifting ability: a field-test approach, J Strength Cond Res 18(3):534-539, 2004.
149. Markovic G, Dizdar D, Jukic I, Cardinale M: Reliability and factorial validity of squat and countermovement jump tests, J Strength Cond Res 18(3):551-555, 2004.
150. Shetty AB, Etnyre BR: Contribution of arm movement to the force components of a maximum vertical jump, J Orthop Sports Phys Ther 11(5):198-201, 1989.
151. Harman EA, Rosenstein MT, Frykman PN, Rosenstein RM: The effects of arms and countermovement on vertical jumping, Med Sci Sports Exerc 22(6):825-833, 1990.
152. Narita S, Anderson T: Effects of upper body strength training on vertical jumping ability of high school volleyball players, Sports Med Train Rehabil 3(3):34, 1992.
153. Young WB, MacDonald C, Flowers MA: Validity of double- and single-leg vertical jumps as tests of leg extensor muscle function, J Strength Cond Res 15(1):6-11, 2001.
154. Luhtanen P, Komi PV: Segmental contribution to forces in vertical jump. In Abstracts of the International Congress of Physical Activity Sciences, Quebec, 1976.
155. Gray RK, Start KB, Glencross DJ: A test of leg power, Res Q 33:44-50, 1962.

156. Young WB, Behm DG: Effects of running, static stretching and practice jumps on explosive force production and jumping performance, J Sports Med Phys Fitness 43(1):21-27, 2003.
157. Power K, Behm D, Cahill F et al: An acute bout of static stretching: effects on force and jumping performance, Med Sci Sports Exerc 36(8):1389-1396, 2004.
158. Moir G, Button C, Glaister M, Stone MH: Influence of familiarization on the reliability of vertical jump and acceleration sprinting performance in physically active men, J Strength Cond Res 18(2):276-280, 2004.
159. Considine WJ, Sullivan WJ: Relationship of selected tests of leg strength and leg power on college men, Res Q 44:404-416, 1973.
160. Viitasalo JT: Anthropometric and physical performance characteristics of male volleyball players, Can J Appl Sport Sci 7:182-188, 1982.
161. Ashley CD, Weiss LW: Vertical jump performance and selected physiological characteristics of women, J Strength Cond Res 8(1):5-11, 1994.
162. Sayers SP, Harackiewicz DV, Harman EA et al: Cross-validation of three jump power equations, Med Sci Sports Exerc 31:572-577, 1999.
163. Hertogh C, Hue O: Jump evaluation of elite volleyball players using two methods: jump power equations and force platform, J Sports Med Phys Fit 42:300-303, 2002.
164. Negrete R, Brophy J: The relationship between isokinetic open and closed chain lower extremity strength and functional performance, J Sport Rehabil 9(1):46-61, 2000.
165. Manske RC, Smith BS, Wyatt FB: Test-retest reliability of lower extremity functional tests after a closed kinetic chain exercise bout, J Sport Rehabil 12:119-132, 2003.
166. Jerosch J, Thorwesten L, Frebel T, Linnenbecker S: Influence of external stabilizing devices of the ankle on sport-specific capabilities, Knee Surg Sports Traumatol Arthrosc 5(1):50-57, 1997.
167. Jerosch J, Thorwesten L, Redeker C: Influence of stabilizing devices for the ankle joint on sport specific capabilities in a single leg jump test with special reference to pronation and supination strain, Med Sci Sport Exerc 31(1):190, 1999.
168. Katayama M, Higuchi H, Kimura M et al: Proprioception and performance after anterior cruciate ligament rupture, Int Orthop 28(5):278-281, 2004.
169. Ashby BM, Heegaard JH: Role of arm motion in the standing long jump, J Biomech 35(12):1631-1637, 2002.
170. Unger CL, Wooden MJ: Effect of foot intrinsic muscle strength training on jump performance, J Strength Cond Res 14(4):373-378, 2000.
171. Koch AJ, O'Bryant HS, Stone ME et al: Effect of warm-up on the standing broad jump in trained and untrained men and women, J Strength Cond Res 17(4):710-714, 2003.
172. Gentile PA, Irrgang JT, Whitney SL: Reliability of functional performance tests designed to identify functional deficits in anterior cruciate deficient athletes, Phys Ther 73:S50, 1993.
173. Ortiz A, Olson SL, Roddey TS, Morales J: Reliability of selected physical performance tests in young adult women, J Strength Cond Res 19(1):39-44, 2005.
174. Roetert EP, Garrett GE, Brown SW et al: Performance profiles of nationally ranked junior tennis players, J Appl Sports Sci Res 6:225-231, 1992.
175. Semenick D: Anaerobic testing: practical applications, Natl Strength Cond Assoc J 6:45, 70-73, 1984.
176. Semenick D: Tests and measurements: the line drill test, Natl Strength Cond Assoc J 12:47-49, 1990.
177. Tegner Y, Lysholm J, Lysholm M, Gillquist J: A performance test to monitor rehabilitation and evaluate anterior cruciate ligament injuries, Am J Sports Med 14:156-159, 1986.
178. Reid DC: Sports injury assessment and rehabilitation, New York, 1992, Churchill Livingstone.
179. Anderson MA, Gieck JH, Perrin D et al: The relationship among isometric, isotonic and isokinetic concentric and eccentric quadriceps and hamstring force and three components of athletic performance, J Orthop Sports Phys Ther 14:114-120, 1991.
180. Risberg MA, Holm I, Ekeland A: Reliability of functional knee tests in normal athletes, Scand J Med Sci Sports 5:24-28, 1995.
181. Barber SD, Noyes FR, Mangine RE et al: Quantitative assessment of functional limitations in normal and anterior cruciate ligament-deficient knees, Clin Orthop 225:204-214, 1990.
182. Giambelluca G, Nicholson GG, Gossmen MR et al: Evaluation of knee function tests: a pilot study, Phys Ther 73:S53 (Abstract), 1993.
183. Lephart SM, Perrin DH, Fu FH et al: Relationship between selected physical characteristics and functional capacity in the anterior cruciate ligament-insufficient athlete, J Orthop Sports Phys Ther 16:174-181, 1992.
184. Lemmink KA, Visscher C, Lambert MI, Lamberts RP: The interval shuttle run test for intermittent sport players: evaluation of reliability, J Strength Cond Res 18(4):821-827, 2004.
185. Boddington MK, Lambert, MI, Waldeck MR: Validity of a 5-meter multiple shuttle run test for assessing fitness of women field hockey players, J Strength Cond Res 18(1):97-100, 2004.
186. Boddington MK, Lambert MI, St. Clair Gibson A et al: Time-motion study of female field hockey, J Hum Movement Stud 43:229-249, 2002.
187. Alricsson M, Harms-Ringdahl K, Werner S: Reliability of sports related functional tests with emphasis on speed and agility in young athletes, Scand J Med Sci Sport 11(4):229-232, 2001.
188. Robertson S, Elliott D: Specificity of learning and dynamic balance, Res Q Exerc Sport 667(1):69-75, 1996.
189. Tsigilis N, Zachopoulou E, Mavridis T: Evaluation of the specificity of selected dynamic balance tests, Percept Mot Skills 92:827-833, 2001.
190. Punakallio A: Trial-to-trial reproducibility and test-retest stability of two dynamic balance tests among male firefighters, Int J Sports Med 25(3):163-169, 2004.
191. McCloy CH: The measurement of athletic power, New York, 1932, A.S. Barnes & Co.
192. Mayhew JL, Bemben MG, Rohrs DM et al: Seated shot put as a measure of upper body power in college males, J Hum Mov Stud 21:137-148, 1991.
193. Gillespie J, Keenum S: A validity and reliability analysis of the seated shot put as a test of power, J Hum Mov Stud 13:97-105, 1987.
194. Mayhew JL, Bemben MG, Rohrs DM et al: Comparison of upper body power in adolescent wrestlers and basketball players, Pediatr Exerc Sci 7:422-431, 1995.
195. Cronin JB, Owen GJ: Upper-body strength and power assessment in women using a chest pass, J Strength Cond Res 18(3):401-404, 2004.
196. Stockbrugger BA, Haennel RG: Validity and reliability of a medicine ball explosive power test, J Strength Cond Res 15(4):431-438, 2001.
197. Roetert EP, McCormick TJ, Brown SW et al: Relationship between isokinetic and functional trunk strength in elite junior tennis players, Isokin Exerc Sci 6:15-20, 1996.
198. Salonia MA, Chu DA, Cheifetz PM et al: Upper-body power as measured by medicine-ball throw distance and its relationship to class level among 10- and 11-year-old female participants in club gymnastics, J Strength Cond Res 18(4):695-702, 2004.
199. Ellenbecker TS, Roetert EP: An isokinetic profile of trunk rotation strength in elite tennis players, Med Sci Sports Exerc 36(11):1959-1963, 2004.
200. Falsone SA, Gross MT, Guskiewicz KM, Schneider RA: One-arm hop test: reliability and effects of arm dominance, J Orthop Sports Phys Ther 34(3):98-103, 2002.
201. Pankoff BA, Overend TJ, Lucy SD, White KP: Reliability of the six-minute walk test in people with fibromyalgia, Arthritis Care Res 13(5):291-295, 2000.
202. Laupacis A, Bourne R, Rorabeck C et al: The effect of elective total hip replacement on health-related quality of life, J Bone Joint Surg 75(A):1619-1626, 1993.

203. Harada ND, Chiu V, Stewart AL: Mobility-related function in older adults: assessment with a 6-minute walk test, Arch Phys Med Rehabil 80(7):837-841, 1999.
204. King MB, Judge JO, Whipple R, Wolfson L: Reliability and responsiveness of two physical performance measures examined in the context of a functional training intervention, Phys Ther 80(1):8-16, 2000.
205. Brooks D, Hunter JP, Parsons J et al: Reliability of the two-minute walk test in individuals with transtibial amputation, Arch Phys Med Rehabil 83(11):1562-1565, 2002.
206. Bar-Or O: A new anaerobic capacity test: characteristics and applications, Proceedings of the 21st World Congress in Sports Medicine, Brasilia, 1978.
207. Evans JA, Quinney HA: Determination of resistance settings for anaerobic power testing, Can J Appl Sport Science 6:53-56, 1981.
208. Kaczkowski W, Montgomery DL, Taylor AW, Klissouras V: The relationship between muscle fiber composition and maximal anaerobic power and capacity, J Sports Med Phys Fitness 22:407-413, 1982.
209. Tharp GD, Johnson GO, Thorland WG: Measurement of anaerobic power and capacity in elite young track athletes using the Wingate test, J Sports Med 24(2):100-106, 1984.
210. Barfield JP, Sells PD, Rowe DA, Hannigan-Downs K: Practice effect of the Wingate anaerobic test, J Strength Cond Res 16:472-473, 2002.
211. Sands WA, McNeal JR, Ochi MT et al: Comparison of the Wingate and Bosco anaerobic tests, J Strength Cond Res 18(4):810-815, 2004.
212. Bosco C, Luhtanen P, Komi PV: A simple method for measurement of mechanical power in jumping, Eur J Appl Physiol 50:273-282, 1983.
213. Maud PJ, Shultz BB: Norms for the Wingate anaerobic test with comparison to another similar test, Res Q 60:144-151, 1989.
214. MacDougall JD, Wenger HA, Green HJ: Physiological testing of the high-performance athlete, Champaign, Ill, 1991, Human Kinetics.
215. Margaria R, Aghemo P, Rovelli E: Measurement of muscular power (anaerobic) in man, J Appl Physiol 21:1662-1664, 1966.
216. Kraemer WJ, Fleck SJ: Anaerobic metabolism and its evaluation, Natl Strength Cond Assoc J 4:20-21, 1982.
217. McArdle WD, Katch FI, Katch VL: Exercise physiology: energy, nutrition, and human performance, Philadelphia, 1991, Lea & Febiger.
218. Sharkey BJ: Physiology of fitness, Champaign, Ill, 1984, Human Kinetics.
219. Skubik V, Hodgkins J: Cardiovascular efficiency tests for girls and women, Res Q 34:191-198, 1963.
220. Manahan JE, Gutin B: The 1-minute step test as a measure of 600-yard run performance, Res Q 42:173-177, 1971.

CAPÍTULO

30

Resultados da reabilitação

Medindo mudanças nos pacientes para orientar a tomada de decisão clínica

Laura A. Way e Douglas P. Gross

INTRODUÇÃO

Este capítulo explora a questão da utilização de medidas de resultados padronizadas, como parte da rotina da prática clínica.

Uso rotineiro de medidas de resultados

Pesquisas anteriores salientaram que as principais questões enfrentadas pelos clínicos, em relação ao uso rotineiro de medidas de resultados, são as seguintes:[1,2]

- Restrições de tempo
- Falta de confiança na seleção de instrumentos, implementação e interpretação dos resultados
- O conhecimento do clínico de medidas disponíveis e suas propriedades psicométricas

Publicações da Canadian Physiotherapy Association e de outras associações, que incluem compêndios de uma ampla variedade de medidas de resultados usados com frequência em reabilitação física, estão agora disponíveis com o objetivo de preencher essa lacuna no conhecimento dos clínicos praticantes.[3,4] O objetivo deste capítulo é ilustrar a importância do uso de medidas de resultados padronizadas e facilitar o entendimento de considerações práticas ao se utilizar e interpretar seus resultados. Além de adquirir conhecimento sobre medidas e suas propriedades, é fundamental para os clínicos entender o conceito de eficácia e como várias medidas de resultados podem ou não contribuir para se determinar a eficácia do tratamento. A análise de caso a seguir fornece o contexto para ajudar a explicar a aplicação dos fundamentos teóricos, dos conceitos de medidas e dos princípios de decisão para avaliações de resultados.

Análise de caso

Como um profissional da área, você foi solicitado a dar consultoria na reabilitação de um homem de 41 anos de idade, soldador, que relatava o aparecimento gradual de uma dor no cotovelo direito nos últimos dois meses. A dor do paciente tem aumentado ao ponto em que ele agora apresenta dificuldade em sustentar a extremidade superior, necessária no seu trabalho. Ele teve de reduzir o número de horas que passa soldando por dia e questiona se algo pode ser feito para aliviar a dor. O exame físico revela uma redução da extensão ativa do cotovelo direito com o punho flexionado, bem como uma leve redução da força de preensão direita. A força de preensão é especialmente reduzida e dolorosa com o cotovelo estendido, e o paciente relata sensibilidade à palpação do epicôndilo lateral direito. Você, como profissinal da área, faz um diagnóstico inicial de epicondilite lateral e, sabendo das pesquisas de evidência para o tratamento físico dessa condição, considera uma tentativa de exercícios de alongamento e fortalecimento combinados com o uso de uma órtese por tempo limitado. Antes de começar o tratamento, você se pergunta: "Como saber se essas intervenções são efetivas para a condição desse paciente?".

Os clínicos são confrontados constantemente com essa questão de importância fundamental. A resposta dada pelo clínico guia futuras decisões de abordagem, incluindo se o tratamento irá continuar ou não. Infelizmente, obter uma resposta válida é mais desafiador do que parece à primeira vista. Na maioria das vezes, os clínicos confiam nos autorrelatos do paciente sobre o sucesso do tratamento. "Como se sente hoje?" e "Suas atividades funcionais estão se tornando mais fáceis de realizar?" são questões comuns. Lamentavelmente, as respostas dos pacientes podem ser influenciadas por vários fatores. Na esperança de receber tratamento contínuo, os pacientes podem fornecer respostas excessivamente positivas. Por outro lado, pacientes que não veem sucesso podem não retornar à clínica, o que pode levar o clínico a acreditar que o problema foi completamente resolvido. Métodos alternativos para julgar o sucesso do tratamento são, portanto, necessários, incluindo a aplicação e a interpretação rigorosa de medidas de resultados padronizadas.

FUNDAMENTOS TEÓRICOS

Fatores que influenciam os resultados

A assistência médica tradicionalmente foca em um modelo de fornecimento de serviço que identifica como a *estrutura* (i. e., equipe, treinamento, equipamento) e o *processo* de oferecimento de cuidado (i. e., intervenções usadas, comunicação) causam impacto nos *resultados*.[5] A pesquisa hoje mostra que os resultados são um produto de fatores específicos do paciente, bem como do tratamento e do ambiente no qual o tratamento foi conduzido.[6]

A teoria guia e evolui a prática para os profissionais de reabilitação e promove a comunicação efetiva entre os profissionais e com os pacientes. Fundamentos teóricos sólidos também direcionam como os resultados são avaliados. Tem havido uma transição gradual nos pontos de vista sobre os resultados dos tratamentos de saúde. A interação complexa de fatores que contribuem para os resultados de saúde foi relatada na **Classificação Internacional de Funcionalidade, Incapacidade e Saúde** (CIF) da Organização Mundial de Saúde,[7] a qual pode ser usada para classificar o estado de saúde de todas as pessoas. A CIF fornece uma base teórica que define diferentes categorias de saúde pelos *componentes de funções e estruturas corporais* (fisiológicas e anatômicas) e *atividades e participação* (tarefa e áreas da vida), como definido na Tabela 30.1.[8] A classificação de saúde e os domínios do estado de saúde ajudam os clínicos a descrever o que o paciente com uma condição pode fazer em um ambiente padronizado (*capacidade*), bem como o que ele verdadeiramente faz em seu ambiente habitual (*desempenho*). A flexibilidade e

Fundamentos que guiam a avaliação de resultados

- Classificação Internacional de Funcionalidade, Incapacidade e Saúde
- Qualidade de vida relativa à saúde
- Propósito da medida

Tabela 30.1 Definições da classificação internacional de funcionalidade

Funções corporais são funções fisiológicas dos sistemas corporais, e estruturas corporais são partes anatômicas do corpo, tais como órgãos, membros e seus componentes.

Deficiências são problemas na função ou na estrutura corporal, tais como um desvio ou uma perda significativa.

Atividade é a execução de uma tarefa ou ação por um indivíduo.

Limitações de atividade são dificuldades que indivíduos podem ter ao executar uma atividade.

Participação é o envolvimento em uma situação de vida.

Restrições de participação são problemas que um indivíduo pode ter no seu envolvimento em situações da vida.

Fatores ambientais compõem o ambiente físico, social e comportamental nos quais as pessoas vivem e conduzem suas vidas.

Adaptado da Organização Mundial da Saúde: *Towards a common language for functioning, disability and health*: ICF, Geneva, 2002, World Health Organization.

a abrangência da CIF a tornam útil em aplicações clínicas, pesquisas e desenvolvimento de políticas.

No âmbito da reabilitação, a CIF oferece uma linguagem comum e um meio sistemático para classificar os problemas e objetivos dos pacientes, e é uma ferramenta útil para guiar as medidas de resultados de saúde.[9-11] A CIF também encoraja a consideração da relação entre intervenções e resultados. Do ponto de vista clínico, muitas vezes os profissionais da área da saúde partem do princípio de que uma intervenção que afeta um componente da *função corporal* terá um efeito no desempenho do paciente em uma *atividade* específica. Por exemplo, com o paciente na Análise do caso, os clínicos podem querer determinar como o fortalecimento muscular da extremidade superior (*função corporal*) irá influenciar a capacidade do paciente para usar suas ferramentas de soldagem (*atividade*). A CIF também reconhece a influência de *fatores contextuais* nas capacidades do paciente. Fatores contextuais podem ser *fatores ambientais* externos (físicos, sociais ou comportamentais) ou *fatores pessoais* internos, que representam os atributos de uma pessoa (p. ex., idade, sexo, grau de instrução). Tal fato implica que, com o soldador no estudo de caso, o clínico definitivamente precisará considerar em que ambiente de trabalho físico e social o soldador irá atuar quando facilita o retorno do paciente ao trabalho. A CIF é um modelo de saúde biopsicossocial integrado[12] que fornece uma estrutura para avaliar a influência de fatores intrínsecos e extrínsecos no desempenho de uma pessoa em todas as áreas de função.

Outro paradigma ou fundamento para guiar a avaliação de resultados é a **Qualidade de Vida Relacionada à Saúde (QVRS).**[13] A QVRS é um constructo multidimensional que representa o ponto de vista subjetivo do paciente.[14] Existem várias medidas de resultados de QVRS para se escolher, entretanto, os domínios mais comumente incluídos nas medidas de QVRS são as funções física, mental (cognitivo e emocional), social e de atuação, dor e bem-estar geral.[14-16] Dentro de várias áreas da reabilitação, facilitar o alcance da QVRS satisfatória é o objetivo final.[17,18] De modo geral, é reconhecido que as representações da deficiência na CIF e na QVRS não são independentes umas das outras. Vários autores propuseram estruturas nas quais a qualidade de vida é um constructo abrangente ou subjacente, de forma que todos os aspectos de deficiência representados na CIF e em qualidade de vida têm uma relação recíproca.[17,19,20] Apesar de haver uma relação entre essas bases teóricas, ainda é importante considerar a medida de resultados dentro de cada paradigma.

Por que é importante considerar a inclusão de uma medida de QVRS como resultado? Isso é de particular importância para medir o impacto de condições crônicas,[21] apesar de também poder ter aplicação em condições mais agudas. Embora medidas baseadas nas deficiências ofereçam informações importantes para os clínicos, elas tem uma fraca relação com a capacidade funcional e o bem-estar, questões incluídas nas medidas de QVRS, que muitas vezes são mais importantes para o paciente.[22] Outra razão importante se relaciona aos valores individuais e às diferentes respostas apesar de condições ou circunstâncias similares.[23] Por exemplo, dois pacientes com lesões similares às apresentadas na Análise do caso podem ter sensações muito diferentes em relação ao seu papel, seu nível de função e seu bem-estar emocional, todos os quais podendo impactar consideravelmente seu sucesso no retorno ao trabalho. A utilização de uma medida de QVRS pode fornecer melhor entendimento do progresso do paciente ou da ausência de progresso.

Além dos fundamentos teóricos, a medida de resultado é guiada pela consideração do propósito mais amplo da medida. O propósito da medida não reflete somente qual aspecto do estado de saúde é medido, mas também se refere ao uso pretendido do instrumento.[24] Três categorias ou índices abrangentes foram descritos: discriminativo, preditivo e avaliativo. Um índice *discriminativo* é usado para distinguir entre indivíduos ou grupos, em uma dimensão subjacente, com base na existência ou não de características específicas. Haverá objetivos comuns para tratamento de pacientes dentro de qualquer classificação dada. Um índice *preditivo* é usado para agrupar pessoas em categorias baseadas no que é esperado em relação aos resultados futuros. O objetivo é identificar indivíduos que tenham ou irão desenvolver uma condição ou resultado específico. Esse tipo de medida pode ajudar os clínicos a identificar objetivos do tratamento, estratégias preventivas e educação do paciente. Um índice *avaliativo* é usado para medir a magnitude da mudança ao longo do tempo ou após o tratamento em um indivíduo ou grupo em uma dimensão de interesse. A importância de medir resultados foca a atenção em medidas avaliativas uma vez que fornecem diretrizes em relação à tomada de decisão clínica e à avaliação de programas. Kirshner e Guyatt defendem que o desenvolvimento de medidas e a avaliação psicométrica para mensuração do estado de saúde ocorrem dentro de uma estrutura que é específica ao propósito do instrumento.[24] A validação de uma ferramenta para um propósito pode não necessariamente assegurar que ela possa ser usada para os outros propósitos.

PROPRIEDADES DAS MEDIDAS

A determinação de qual medida escolher para um objetivo em particular está fortemente influenciada pelas propriedades psicométricas de uma medida específica, bem como pela consideração de diferentes fontes de viés. A determinação da confiabilidade, da validade e da capacidade de resposta de uma medida é fundamental para guiar a seleção e a aplicação apropriada. Esses são os parâmetros que informam aos clínicos sobre a qualidade da medida. Várias fontes excelentes disponíveis fornecem explanações detalhadas dessas propriedades de medidas.[25,26] O propósito dos autores aqui é oferecer uma visão global dessas propriedades psicométricas, bem como de outras propriedades relacionadas à escolha da medida e como elas influenciam os resultados e a interpretação das medidas de resultados.

Definições para as propriedades psicométricas importantes a se considerar nas medidas de resultados são fornecidas na Tabela 30.2. Para várias medidas clínicas, a abordagem para desenvolvimento e aplicação com sucesso é muitas vezes similar para medidas discriminativas, preditivas e avaliativas; entretanto, como salientado anteriormente, a avaliação de medidas de estado de saúde é guiada pela consideração do propósito da medida.[24] Embora a confiabilidade e a validade sejam importantes para todas as medidas, os tipos e formas nas quais elas são avaliadas irão diferir dependendo do propósito da medida. Além disso, a capacidade de resposta é um critério a ser considerado somente quando se olha para medidas avaliativas, uma vez que essas medidas focam a magnitude de mudança ao longo do tempo.

Confiabilidade

Ao se considerar a confiabilidade, a questão é se o clínico obterá ou não resultados similares de tempo em tempo com erro mínimo.[25] Assim, há dois métodos-chave de representação de confiabilidade. O primeiro foca na relação da verdadeira variabilidade das pontuações do paciente com a variabilidade observada nas pontuações, o que é expresso como um coeficiente de correlação. O valor para o coeficiente de correlação, o qual não tem unidades associadas a ele, irá ficar entre 0 e 1, de modo que 0 representa

Tabela 30.2 Definições de propriedades psicométricas importantes

Propriedade de medida	Definição
Confiabilidade	*A consistência de uma medida*
Confiabilidade interavaliador	A extensão na qual avaliadores múltiplos fornecem pontuações consistentes em uma medida
Confiabilidade teste-reteste	A extensão na qual múltiplas aplicações de medidas fornecem resultados consistentes
Consistência interna	A consistência na qual os itens de uma medida são homogêneos
Validade	*A extensão na qual uma medida avalia o que pretende medir*
Validade facial	A extensão na qual uma medida parece indicar o constructo de interesse
Validade de conteúdo	A extensão na qual uma medida oferece uma representação ampla do domínio de interesse
Validade de constructo	A extensão na qual uma medida se comporta de acordo com a hipótese, considerando como deveria se comportar
Validade de critério	A extensão na qual uma medida concorda com padrão-ouro externamente aceitável
Validade concorrente	Um aspecto de validade de critério que avalia a extensão na qual uma medida concorda com o padrão-ouro, quando aplicada aproximadamente no mesmo ponto em tempo
Validade preditiva	Um aspecto de validade de critério que avalia a capacidade de uma medida para prever um evento significativo em algum ponto futuro em tempo
Capacidade de resposta	*A capacidade de uma medida para avaliar mudanças significativas ou clinicamente importantes ao longo do tempo*

Adaptado de Finch E, Brooks D, Stratford P et al. *Physical rehabilitation outcome measures: a guide to enhanced clinical decision making.* 2.ed. Canadian Physiotherapy Association, Toronto, 2002.

nenhuma consistência e 1 indica perfeita concordância ou consistência na medida e, portanto, excelente confiabilidade. O coeficiente de correlação mais comum aplicado à avaliação de confiabilidade é o Coeficiente de Correlação Intraclasse (CCI). A consideração de erro da medida permite a interpretação da confiabilidade no que diz respeito às pontuações individuais. Isso é feito pelo cálculo da Medida de Erro Padrão (MEP), a qual é apresentada nas mesmas unidades da medida original. A interpretação da MEP é feita com respeito à curva de distribuição normal. Sendo assim, por exemplo, se os clínicos medem a força de preensão repetidamente e determinaram que a média é de 11 quilogramas e a MEP é de 2, então há uma chance de 68% de que a verdadeira pontuação do indivíduo esteja entre 9 e 13 quilogramas.

Ao se medir mudanças relacionadas aos resultados de vários procedimentos ou programas de reabilitação, três tipos de confiabilidade são mais frequentemente considerados. O primeiro é a **confiabilidade intra-avaliador**. Esse tipo de confiabilidade preocupa-se com a variabilidade entre medidas tiradas pelo mesmo avaliador. A mensuração foi feita de maneira consistente para cada medida repetida? A confiabilidade intra-avaliador pode, muitas vezes, ser influenciada pela experiência do indivíduo em realizar a medida. O segundo tipo é a **confiabilidade interavaliador**. Esse tipo de confiabilidade preocupa-se com a variabilidade nas observações ou taxas entre dois ou mais avaliadores, que medem o mesmo grupo de sujeitos.[27] Apesar de as medidas poderem incluir definições e instruções operacionais, avaliadores diferentes podem nem sempre concordar. É de particular importância definir a confiabilidade interavaliador se a intenção for comparar as pontuações de diferentes avaliadores. Isso poderia ser aplicável em uma situação clínica quando mais de um clínico trata um paciente individual e é particularmente uma preocupação ao se avaliarem os resultados de grupos de pacientes ou programas. O terceiro tipo é a **confiabilidade teste-reteste**. Esse tipo normalmente se aplica a medidas nas quais um avaliador não está envolvido, como nos testes fisiológicos ou medidas de qualidade de vida, e está preocupado com a capacidade do próprio instrumento de medir a variável de maneira consistente. Um teste confiável poderia ser um no qual as pontuações dos pacientes são similares em medidas repetidas. Uma das dificuldades em se determinar a confiabilidade teste-reteste de um instrumento está na seleção do tempo entre as avaliações repetidas, de forma que a condição do paciente se mantenha estável.

A **consistência interna** é também uma consideração fundamental para medidas de resultados que são compostas por um grupo de questões ou itens de desempenho que são somados para uma única pontuação. A consistência interna determina se os itens são homogêneos.[27] Nesse caso, uma medida com consistência interna é uma na qual os itens são correlacionados uns com os outros. A partir dessa medida, deve ficar claro que vários aspectos de uma característica ou constructo específico estejam sendo medidos.

Validade

Validade é a propriedade que não está tão relacionada com o instrumento por si só, mas com o significado das pontuações do instrumento como uma função dos itens, das respostas das pessoas e do contexto da medida.[28] A validade está relacionada com a capacidade para se fazer interpretações a partir dos resultados de uma medida. O instrumento mede o que pretende medir? Infelizmente, a investigação e o estabelecimento da validade não são tão simples como a determinação da confiabilidade. A validade não é tão absoluta quanto a confiabilidade, mas é uma propriedade presente em graus diversos e que pode nunca ser completa, especialmente para medidas de variáveis abstratas, como função e qualidade de vida. Apesar de a validade ser normalmente categorizada em diferentes tipos, esses "tipos" não devem ser vistos como atributos separados, pois todos eles preocupam-se em direcionar o grau de confiança que os clínicos têm sobre as interpretações que alguém pode fazer a partir das pontuações do teste.[25]

A **validade facial** é uma característica desejável dos testes; entretanto, não é a validade no sentido técnico. O teste parece medir o que pretende em um nível superficial?[29] Isso é importante porque é considerado e julgado com frequência por aqueles que fazem o teste e por aqueles que aplicam o teste. Isso parece correto para eles?

A **validade de conteúdo** diz respeito à questão da representação ampla e seu impacto nas inferências que os clínicos fazem.[25] Em outras palavras, a medida inclui todos os itens que são representativos de todos os comportamentos possíveis, características ou informações associados com o domínio específico de interesse? Por exemplo, se o objetivo de um teste é medir a função da extremidade superior, os clínicos não esperam ver um item relacionado à marcha. Da mesma forma, eles desejarão que todos os itens relevantes ao domínio amplo da função da extremidade superior estejam incluídos, para que sua interpretação dos resultados seja precisa.

A **validade de critério** é provavelmente o aspecto da validade de mais fácil entendimento. Envolve a determinação da relação entre a medida e alguns critérios que são idealmente considerados o padrão-ouro.[25] Por exemplo, resultados de medidas de amplitude de movimento usando-se um goniômetro poderiam ser comparados com resultados de medidas obtidas por raio x. Há uma distinção feita entre validade de critério *concorrente* e *preditiva*.[29] A **validade concorrente** é mais relevante à discriminação do estado existente, enquanto a **validade preditiva** é mais relevante quando a medida está focada na ocorrência de um evento ou resultado futuro.

Em vários casos, como nos níveis da CIF de atividade e participação e qualidade de vida, não há medidas consideradas padrão-ouro para serem consideradas como critério; por isso, a forma mais apropriada de validade para examinar é a **validade de constructo**. Isso é feito por meio da formação de hipóteses baseadas na teoria do constructo que é medido e, então, da determinação se a medida fornece os resultados esperados.[25] Uma interpretação mais recente de validade de constructo descreve-a como um conceito unificador que agrupa os outros "tipos" de validade e fornece as bases de evidência para a interpretação da pontuação.[28] Por isso, a importância da determinação da validade de constructo não pode ser subestimada. Uma das dificuldades em estabelecer a validade de constructo é que ela não pode ser completada dentro de um experimento e é geralmente um processo contínuo. Em virtude de sua complexidade, há várias formas de definir a validade de constructo, as quais são adequadamente descritas em outras fontes.[25,26,30]

Para o uso com confiança de uma medida de avaliação, é necessária a informação sobre a **capacidade de resposta** do instrumento, ou a capacidade para detectar mudança clinicamente importante.[24] Entender o aspecto da mudança é complexo e tem sido dificultado pela inconsistência com a qual o tema é discutido na literatura. Apesar de a definição original implicar "mudança de importância clínica", há também o aspecto relativo à capacidade para "detectar mudanças sejam elas consideradas importantes ou não", o que é referido como *sensibilidade à mudança*.[31] Estabelecer a utilidade de uma medida de avaliação requer que se dê atenção a ambos os aspectos da mudança. Infelizmente, várias abordagens estatísticas foram documentadas e não há um consenso sobre o método; entretanto, inúmeras publicações fornecem ideias e orientações com respeito a esse dilema.[31-35] Para o clínico praticante que lida com mudanças em pacientes individuais, é provável que a abordagem estatística mais significativa para se estar ciente seja o cálculo da **Diferença Clinicamente Importante Mínima** (DCIM).[4,34] A DCIM foi inicialmente definida como "a menor diferença em pontuação no domínio de interesse que os pacientes percebam como benéfica" e, apesar de outras definições terem sido propostas, o elemento comum é a atenção ao menor limite de mudança percebido como importante.[36] Esse coeficiente é medido nas mesmas unidades que a medida de interesse e fornecerá uma estimativa de quantos pontos em uma escala uma pessoa precisaria ter de mudar para constituir uma mudança clinicamente importante.

Na maioria das situações, é dada atenção à avaliação psicométrica nos estágios de desenvolvimento da medida. Entretanto, é necessária a avaliação psicométrica continuada em situações em que uma medida que foi desenvolvida para uma população em um contexto destina-se a ser aplicada em uma população de pacientes diferentes e em situações distintas. É importante para os clínicos revisar a literatura de medidas para determinar se a avaliação psicométrica ocorreu com pacientes e em ambientes similares ao dos seus pacientes ou de uma população de pacientes a que você intenciona aplicar a ferramenta. Sem essa informação, há um risco de má interpretação de resultados. Além disso, o ideal é que os clínicos praticantes também apliquem testagem de confiabilidade básica dentro de seu próprio ambiente clínico.

Além das propriedades psicométricas, outros aspectos da medida devem ser considerados ao se escolher e administrar a ferramenta mais apropriada. Isso inclui a utilização de formato de autorrelato ou baseado no desempenho e no uso de um instrumento genérico ou específico da patologia. Medidas de autorrelato fiam-se inteiramente na perspectiva do paciente, enquanto medidas de desempenho permitem aos clínicos observar a qualidade dos padrões de movimento durante o teste. Ambas podem ter vantagens ou desvantagens, dependendo da situação clínica em particular. Várias estratégias de pontuação são usadas para medidas de autorrelato, incluindo escala analógica visual, escalas de Likert ou descritores verbais ou visuais (p. ex., cores ou imagens). Medidas de autorrelato que usam escalas de Likert ou descritores verbais são mais fáceis de usar pelo telefone e, portanto, mais úteis se os clínicos estiverem considerando contatos de acompanhamento após a alta. Ao se escolher entre medidas genéricas ou específicas da patologia, os usuários devem decidir se eles valorizam a capacidade para comparar resultados com outros pacientes e populações (os quais são mais facilmente feitos com medidas genéricas, que podem ser aplicadas a uma variedade de populações de pacientes) ou valorizam a capacidade para detectar pequenas mudanças ao longo do tempo (tipicamente medidas específicas da patologia são mais responsivas do que ferramentas genéricas).

Idealmente, uma medida não exigirá grandes quantidades de tempo, dinheiro ou esforço por parte do clínico ou do paciente, e os itens e os resultados do teste serão significativos. Quanto maior o peso de uma medida e menor o número de consequências de seus itens, menos provável será que essa ferramenta continue a ser usada na clínica ou pelo paciente. Além disso, quando um paciente não se identifica significativamente com um procedimento de avaliação (i. e., não acredita que se relacione pessoalmente a ele), menos provável será que esse paciente participe totalmente com a testagem. Isso tem implicações na validade tanto nos testes de autorrelato como nos de desempenho, e é uma fonte importante de viés na medida. Ao se considerar a importância de um teste, linguagem e adaptações culturais são também essenciais.[37] Algumas das medidas de autorrelato mais comuns foram traduzidas para múltiplas línguas.[38-40] Para assegurar a integridade dos resultados das versões traduzidas, é realizado um processo de validação cultural no qual as propriedades da medida da versão traduzida são avaliadas antes do uso generalizado.

Além do esforço diferencial por parte dos pacientes que pode surgir a partir de uma baixa percepção de significância da medida, os clínicos devem estar atentos ao fato de que vários outros fatores podem influenciar os resultados. Testes que utilizam um método de autorrelato podem ser influenciados pelas motivações do paciente, pouca memória dos eventos ou desejos de impressionar os clínicos que os tratam.[4] Motivações, crenças e atitudes podem também influenciar a testagem de desempenho,[41] bem como erros de procedimento cometidos pelo clínico avaliador ou mudanças reais na habilidade em virtude de variações diárias na condição ou no bem-estar do paciente. Um grande número de outros fatores influentes inclui o uso de medicação no dia da avaliação, fatores socioeconômicos (p. ex., o recibo de compensação dos benefícios do trabalhador depende dos resultados do paciente?) e outros fatores pessoais identificados no modelo da CIF. Alguns desses fatores podem ser controlados ao máximo para completa padronização da administração do teste, mas outros são incontroláveis. Após selecionar a ferramenta confiável, válida e responsiva, durante a administração o clínico praticante deve estar atento aos potenciais fatores que possam confundir os resultados dos testes.

ESCOLHAS DE MEDIDAS

Retornando ao soldador na Análise do caso, após se considerar a estrutura teórica da CIF e a importância fundamental de boas propriedades de medidas, quais seriam as escolhas razoáveis de medidas padronizadas de resultados? Para esse paciente, os principais problemas identificados foram força de preensão reduzida, dificuldade com a atividade de soldar e incapacidade para suportar um dia inteiro de trabalho. A intervenção de exercícios planejada e a órtese específica têm por objetivo melhorar cada um dos problemas identificados, que correspondem aos três domínios da CIF. Serão discutidas medidas adequadas para cada problema.

> **Fatores que orientam escolhas de medidas**
>
> No nível mais fundamental, a mensuração deve estar relacionada aos problemas identificados, aos objetivos estabelecidos e às intervenções aplicadas. De maneira ideal, devem ser usadas múltiplas medidas que correspondam aos domínios da CIF de estrutura e função corporal, atividade e participação (Tab. 30.3).

Em termos do domínio da CIF de estrutura e da função corporal, a dinamometria de força de preensão foi considerada confiável e tem alta validade facial para o constructo de força.[42] Ela é também muito rápida e factível para ser usada no ambiente clínico. Infelizmente, é difícil de determinar o que constitui uma mudança significativa na força de preensão sem considerar atividades específicas da extremidade superior (i. e., à medida que a força aumenta o paciente deve ter uma maior capacidade para pegar e manipular uma haste de soldagem). No domínio da atividade, atividades específicas do paciente poderiam ser testadas, mas somente à custa da padronização, da confiabilidade e, possivelmente, da validade

Tabela 30.3 Potencial de avaliação de resultados para uso em cenários de trabalhadores lesionados

	Estrutura e função corporal	Atividade	Participação	QVRS
Medida	Dinamometria de força de preensão	DASH	Horas no trabalho	SF-36
Psicometria	Confiabilidade: 0,90-0,99	Confiabilidade: CCI 0,92-0,96	Confiabilidade: não testada	Confiabilidade: varia com domínio e grupo de pacientes (0,43-0,94)
	Validade: excelente validade concorrente com pesos conhecidos (r = 0,99)	Validade: se correlaciona bem com habilidade para trabalho (r = 0,77), função (r = 0,79-0,80), e taxas de intensidade de dor (0,65-0,72)	Validade: alta validade facial, mas não testada formalmente em outros aspectos	Validade: domínio se correlaciona com saúde geral (0,43-0,69) e outras medidas de saúde (0,18-0,85)
	Capacidade de resposta: não testada	Capacidade de resposta: DCIM = 15 pontos	Capacidade de resposta: não testada formalmente	Capacidade de resposta: DCIM (2-7,8 pontos) (osteoartrite)
Viabilidade	Relativamente rápida, mas exige o uso de ferramentas caras	<10 minutos para completar	Facilmente seguida pelo paciente	10 minutos para completar, custo para o manual
Significância	Uma preensão forte é requerida no trabalho	Inclui itens específicos para habilidade relativa ao trabalho	Indicador mais relevante de melhora funcional	Cobre oito domínios incluindo físico e mental; comparado à população geral

DCIM = diferença clinicamente importante mínima

do teste. Por essa razão, foram desenvolvidas atividades padronizadas ou protocolos de avaliação funcional.

Tanto avaliações baseadas no desempenho como de autorrelato funcional foram descritas na literatura. Para o soldador na Análise do caso, o autorrelato de **Incapacidades do Braço, Ombro e Mão** (**DASH**, na sigla em inglês) apresenta uma alternativa atraente.[43,44] O DASH é um questionário breve que foi amplamente testado em uma variedade de populações e ambientes clínicos. Trata-se de uma medida de resultado regional que pode ser usada com ampla gama de condições incapacitantes da extremidade superior. Medidas mais genéricas como o DASH devem ser levemente menos sensíveis a mudanças quando comparadas a medidas específicas da patologia;[4] entretanto, não existem medidas de resultados bem pesquisadas que avaliem incapacidade decorrente de dor lateral no cotovelo. O DASH é altamente confiável e é razoavelmente capaz de discriminar pacientes que são capazes de trabalhar daqueles que não são capazes de trabalhar em virtude de um distúrbio em uma extremidade superior.[45] Uma mudança de cerca de 15 pontos no DASH representa uma melhora clínica significativa.[45] No primeiro dia em que o clínico vê o paciente, ele deve administrar uma combinação de teste de força de preensão e do questionário DASH. Após um intervalo no qual o clínico espera que ocorra melhora funcional, será realizada testagem subsequente, na qual pontuações de acompanhamento serão comparadas com as pontuações de linha de base para julgar se a melhora ocorreu.

O terceiro domínio da CIF é talvez o mais desafiador para propósitos de avaliação. Poucas medidas no nível de participação foram criadas ou tiveram sua confiabilidade ou validade testadas. Entretanto, obter melhoras no domínio de participação é o principal motivo que leva os pacientes a procurar tratamento, e deve ser o objetivo principal da intervenção. Para o soldador, a medida mais relevante e significativa de participação deve provavelmente ser um indicador de tolerância de trabalho. Por exemplo, o número de horas no trabalho por dia pode ser monitorado e é um fator que o paciente pode facilmente seguir. No cenário ideal, uma melhora estável nesse aspecto e em todos os resultados se tornará evidente, e, com o tempo, o paciente será capaz de retornar ao trabalho regular e à atividade domiciliar.

Opções de medidas de resultados dentro da base teórica da QVRS são abundantes. Considerando-se que a QVRS é um constructo multidimensional e os domínios incluídos em qualquer medida oferecida não serão exatamente os mesmos, a tarefa de escolher uma medida pode ser assustadora. Como em outras áreas de mensuração, existem medidas genéricas e específicas da patologia. Uma fonte de informação está nos Patient-Reported Outcome and Quality of Life Instruments Database [Bancos de Dados de Instrumentos de Autorrelato de Resultados e Qualidade de Vida], em www.proquolid.org. Para o soldador na nossa Análise do caso, não há medidas de QVRS específicas da patologia, por isso a medida mais relevante deve ser, provavelmente, um instrumento genérico bem conhecido, confiável e válido com dados populacionais gerais para comparação. Um instrumento amplamente usado é o **Formulário Reduzido de 36 itens do Estudo de Resultados Médicos (ERM)**, mais comumente conhecido como o **SF-36**.[46] Trata-se de um questionário de saúde com oito domínios que abrangem tanto a saúde física como a mental. De modo geral, foram demonstradas boa confiabilidade, validade e capacidade de resposta do SF-36 com um grande número de grupos de pacientes, incluindo aqueles com distúrbios musculoesqueléticos.[47-50] Além disso, o SF-36 sofreu adaptações culturais para facilitar o uso internacional.[51,52]

Como clínicos, é importante seguir um processo sistemático para decidir o planejamento da medida de resultado apropriado a cada paciente. Apesar de essa discussão de medidas sugeridas ser específica para a Análise do caso, a Tabela 30.4 inclui uma lista mais ampla de medidas de resultados musculoesqueléticos cuja capacidade para detectar mudanças ao longo do tempo tem sido testada. Além disso, há um grande número de fontes com informações detalhadas sobre diferentes medidas e suas propriedades psicométricas que os clínicos podem usar para ajudá-los nas escolhas apropriadas.[3,4,53] Escolher a medida é apenas o primeiro passo. Os clínicos devem também estar atentos a questões para considerar ao aplicar as medidas e interpretar os resultados com o objetivo de tomar decisões clínicas adequadas, que é foco da próxima seção.

APLICAÇÃO DA MEDIDA, INTERPRETAÇÃO E TOMADA DE DECISÃO

Determinação da eficácia do tratamento

Pelo fato de que os resultados podem ser influenciados por vários outros fatores além da intervenção, é definitivamente necessário definir as evidências da eficácia do tratamento por meio de pesquisa, sendo os ensaios clínicos randomizados o modelo de preferência. Entretanto, a determinação da eficácia do tratamento por ensaios clínicos randomizados é limitada na reabilitação.

Resultado *versus* eficácia do tratamento

Um dos principais benefícios de usar medidas de resultados padronizadas se relaciona ao raciocínio clínico e à tomada de decisão.[54] Com base nos achados das medidas específicas usadas, o clínico é capaz de determinar as habilidades e as áreas que precisam melhorar para pacientes individuais. Isso permitirá ao clínico iniciar um processo sistemático para determinar escolhas de tratamento, sua progressão e se o paciente está ou não pronto para a alta. Além disso, medidas de resultados padronizadas podem facilitar a comunicação entre os provedores de tratamento de saúde, formuladores de política, terceiros pagadores e empregadores, quando apropriado. O rastreamento preciso dos resultados pode também fornecer justificativa para financiamento e alocação de recursos para o paciente e o nível do programa.

Os clínicos geralmente antecipam uma mudança no estado de um paciente como resultado de intervenção clínica. Medidas de resultados, quando usadas de forma sistemática, fornecem aos clínicos informações sobre mudanças que ocorreram ou não. Como mencionado anteriormente, um dos critérios usados para selecionar medidas está baseado em se a ferramenta ou medida selecionada de fato mede um aspecto que os clínicos esperam modificar como resultado do tratamento clínico. Qual é a implicação da mudança na medida com respeito à eficácia do tratamento? Com a ênfase recente na prática baseada em evidência e a necessidade de mostrar que o que os clínicos fazem vale a pena, a determinação da eficácia do tratamento é uma questão fundamental. Um editorial do *Australian Journal of Physiotherapy* [Jornal australiano de fisioterapia] defende que medidas de resultados somente medem os resultados, mas não a eficácia do tratamento.[55] Quando há pesquisas limitadas, as medidas de resultados tornam-se mais importantes para fornecer alguma evidência sobre a eficácia do tratamento no mundo real da prática clínica e, assim, orientar a tomada de decisão. Além disso, se existe boa evidência para a eficácia de tratamento, as medidas de resultados são benéficas na avaliação do processo de tratamento e na comparação clínica dos resultados com o que a literatura de pesquisa sugere como melhor prática.[55] Relacionado a esse último ponto está a importância de que os clínicos sejam consumidores críticos da evidência da pesquisa, uma vez que a interpretação e o valor da pesquisa de eficácia de tratamento podem estar limitados pelas medidas utilizadas. Em particular, observou-se que existe uma falta de atenção dada ao uso de medidas com propriedades psicométricas sólidas ou a adequada documentação das propriedades.[56,57]

Prognóstico: intervenção de tratamento *vs.* história natural

Um fator importante que tem impacto na administração e na interpretação das medidas de resultados é o prognóstico ou a história natural da condição. Como várias condições musculoesqueléticas têm um prognóstico favorável, os clínicos tendem a atribuir as melhoras ao tratamento oferecido quando, na realidade, é provável que a melhora pudesse ser vista independentemente do tratamento. Isso é de especial importância em distúrbios agudos de tecidos moles, nos quais os pacientes costumam melhorar em dias ou semanas com ou sem tratamento. Para determinar se os tratamentos aplicados estão de fato causando um impacto benéfico além da história natural da condição, pode ser conveniente realizar uma medida de linha de base do estado do paciente durante algum tempo, ao invés de começar o tratamento de imediato. Após um período de linha de base estável de medidas repetidas, melhoras clínicas observadas após o início da intervenção

Tabela 30.4 Exemplos de medidas de resultados musculoesqueléticos com habilidade demonstrada para detectar mudança significativa

Nome	Constructo de medida	Descrição	DCIM/Índice de Capacidade de Resposta
Medidas genéricas			
Escala Visual Analógica de Dor	Intensidade/gravidade da dor	10 cm de uma linha reta ancorada com "sem dor" e "dor mais forte possível"	2,8 pontos
Escala de Taxa Numérica de Dor	Intensidade/gravidade da dor	Escala de 11 pontos (0-10) ancorada com "sem dor" (0) e "dor mais forte possível" (10)	3 pontos
Escala Funcional Específica do Paciente	Estado funcional	Escala de 11 pontos relacionada a atividades específicas e suas dificuldades associadas para um paciente em particular	3 pontos
Escala de Equilíbrio de Berg	Equilíbrio funcional	Instrumento de 14 itens baseados no desempenho; cada item é pontuado em uma escala de 5 pontos	6 pontos
Índice de Utilidades de Saúde	Estado de saúde	Sistema de múltiplos atributos genéricos que cobre nove atributos (emoção, cognição, autocuidado, dor, visão, audição, fala, deambulação e destreza)	0,23-0,60 (tamanho do efeito)
Medidas específicas			
Dor lombar			
Questionário de Incapacidade de Oswestry	Incapacidade relacionada à dor	Questionário de 10 itens autoadministrados; as pontuações mais altas representam incapacidade aumentada	4%-6%
Questionário de Incapacidade de Roland	Incapacidade relacionada à dor	Medida de autorrelato de 24 itens; pontuação de 24, com 0 indicando estado funcional mais alto e 24, representando o mais baixo	5 pontos ou 30% de mudança
Escala de Incapacidade de Dor Lombar de Quebec	Incapacidade relacionada à dor	Teste autoadministrado de 20 itens pontuado em uma escala de 5 pontos com 0 significando nenhuma incapacidade e 100 indicando incapacidade máxima	15,3 pontos
Escala Funcional de Dor Lombar	Incapacidade relacionada à dor	Medida de autorrelato de 12 itens; pontuação com auxílio computacional em cerca de 15 segundos	4-5 pontos
Dor Cervical			
Índice de Incapacidade Cervical	Incapacidade relacionada à dor	Medida de autorrelato de 10 itens	7 pontos
Condições da Extremidade Superior			
DASH e DASH rápido	Incapacidade relacionada à dor	Medida de autorrelato de 30 itens	15 pontos
Escala Funcional da Extremidade Superior	Estado funcional	Medida de autorrelato de 8 itens	MDC = 9,6
Condições da Extremidade Inferior			
Escala Funcional da Extremidade Inferior	Estado funcional da extremidade inferior	Questionário de autorrelato de 20 itens	9 pontos
Velocidade da Marcha	Habilidade de marcha	Medida de desempenho envolvendo uma marcha cronometrada	0,12-0,17 m/s
Western Ontário	Estado de saúde	Questionário autoadministrado usando 100 mm da EVA ou 5 pontos	9,3-10 mm
McMaster (WOMAC)			
Índice de Osteoartrite		Escala de respostas de Likert	

Adaptado de Finch E, Brooks D, Stratford P et al. *Physical rehabilitation outcome measures: a guide to enhanced clinical decision making.* 2.ed. Canadian Physiotherapy Association, Toronto, 2002.

podem, com mais segurança, ser atribuídas à intervenção. Por exemplo, em pacientes com cervicalgia ou lombalgia por menos de três semanas de duração, valeria a pena adiar as intervenções específicas além de reafirmar e aconselhar a estar ativo por um período de 1 a 2 semanas (i. e., espera vigilante). Durante esse tempo, reavaliações de resultados semanais podem ser realizadas para determinar se o paciente está melhorando espontaneamente e, se não, uma linha de base será gerada para melhorar a avaliação subsequente. Em termos de programas de fortalecimento e de mobilidade, gerar até mesmo uma linha de base pequena de medida de resultado permite a observação de tendências, incorporando assim um período de controle pré-intervenção mais formal para comparação com resultados pós-intervenção. Essa abordagem de avaliação incorpora princípios de modelo de pesquisa de caso único ou ensaios de *n* de 1.[27,58] Procedimentos de avaliação tão rigorosos são incomuns na prática clínica e são normalmente difíceis em condições agudas nas quais o estado do paciente costuma ser transitório, mas melhoram de maneira acentuada os níveis de certeza em relação à possibilidade de a intervenção aplicada estar tendo um impacto clínico significativo.

Tomada de decisão

A seleção e a administração de medidas de resultados usando-se os conceitos e procedimentos salientados brevemente neste capítulo podem permitir aos profissionais tomar decisões clínicas mais bem embasadas. Infelizmente, a aplicação clínica de mensuração formal parece com mais frequência terminar no estágio da avaliação inicial. Para tomar decisões verdadeiramente informadas, medidas de acompanhamento devem ser realizadas em intervalos considerados apropriados, de acordo com a natureza da condição do paciente, com a taxa de recuperação esperada e com os níveis de mudança detectáveis da medida usada. Quando as pontuações confirmam que a taxa de recuperação do paciente está procedendo como o esperado, os clínicos têm justificativas para continuar o curso terapêutico que estão seguindo. Quando as medidas de resultados não confirmam tais evoluções, os clínicos são levados a mudar os tratamentos ou considerar a alta. A decisão para a alta é raramente simples e os clínicos devem considerar todas as informações disponíveis. Especialmente ao se contemplar o retorno ao esporte ou ao trabalho, como no estudo de caso no início deste capítulo, as pontuações de medidas de resultados podem ajudar os clínicos a discriminar quando algum nível de incapacidade se mantém, a avaliar quando melhoras não acontecem mais com o tratamento e a prever quando o paciente estará pronto para reintegrar com sucesso às suas atividades físicas regulares. Desde a primeira interação terapêutica, quando se chega a um acordo quanto aos objetivos, os resultados devem estar conectados a uma avaliação e a um plano de medida de resultado que possa assegurar ao clínico e ao paciente que os objetivos estejam sendo atingidos.

RESUMO

Este capítulo identificou as questões teóricas, conceituais e práticas que os profissionais devem considerar quando planejam uma avaliação de resultado. Um amplo plano de avaliação deve se relacionar aos objetivos identificados da intervenção e incluir medidas de resultados padronizadas com propriedades de medidas aceitáveis. A avaliação formal do paciente pode servir de base a decisões clínicas e fornecer informações sobre o sucesso da intervenção enquanto considera as tendências inerentes ao encontro clínico.

REFERÊNCIAS BIBLIOGRÁFICAS

1. Kay TM, Myers AM, Huijbregts MPJ: How far have we come since 1992? A comparative survey of physiotherapists' use of outcome measures, Physiother Can 53(4):268-275, 281, 2001.
2. Huijbregts MPJ, Myers AM, Kay TM et al: Systematic outcome measurement in clinical practice: challenges experienced by physiotherapists, Physiother Can 54(1):25-31, 36, 2002.
3. Cole B, Finch E, Gowland C et al: Physical rehabilitation outcome measures, Toronto, 1994, Canadian Physiotherapy Association.
4. Finch E, Brooks D, Stratford P et al: Physical rehabilitation outcome measures: a guide to enhanced clinical decision making, ed 2, Toronto, 2002, Canadian Physiotherapy Association.
5. Donabedian A: The quality of care: How can it be assessed? JAMA 260(12):1743-1748, 1988.
6. Kane RL: Looking for physical therapy outcomes, Phys Ther 74(5):425-429, 1994.
7. World Health Organization: International classification of functioning, disability and health: ICF, Geneva, 2001, World Health Organization.
8. World Health Organization: Towards a common language for functioning, disability and health: ICF, Geneva, 2002, World Health Organization.
9. Stucki G, Ewert T, Cieza A: Value and application of the ICF in rehabilitation medicine, Disabil Rehabil 25(11-12):628-634, 2003.
10. Duncan PW, Jorgensen HS, Wade DT: Outcome measures in acute stroke trials: a systematic review and some recommendations to improve practice, Stroke 31(6):1429-1438, 2000.
11. Law M, King G, Russell D et al: Measuring outcomes in children's rehabilitation: a decision protocol, Arch Phys Med Rehabil 80:629-636, 1999.
12. Bickenbach JE, Chatterji S, Badley EM, Ustun TB: Models of disablement, universalism and the international classification of impairments, disabilities and handicaps, Soc Sci Med 48(9):1173-1187, 1999.
13. Jette AM: Using health-related quality of life measures in physical therapy outcomes research, Phys Ther 73(8):528-537, 1993.
14. Wan GJ, Counte MA, Cella DF: A framework for organizing health-related quality of life research, J Rehabil Outcome Meas 1(2):31-37, 1997.
15. Maciejewski M: Generic measures. In Kane R, editor: Understanding health care outcomes research, Gaithersburg, Md, 1997, Aspen.
16. Patrick DL, Deyo RA: Generic and disease-specific measures in assessing health status and quality of life, Med Care 27(3 Suppl):S217-S232, 1989.
17. Whiteneck GG: The 44th annual John Stanley Coulter Lecture. Measuring what matters: key rehabilitation outcomes, Arch Phys Med Rehabil 75(10):1073-1076, 1994.
18. deLateur BJ: The 29th Walter J. Zeiter Lecture. Quality of life: a patient-centered outcome, Arch Phys Med Rehabil 78(3):237-239, 1997.

19. Jette AM: Physical disablement concepts for physical therapy research and practice, Phys Ther 74(5):380-386, 1994.
20. Verbrugge LM, Jette AM: The disablement process, Soc Sci Med 38(1):1-14, 1994.
21. Patrick DL, Erickson P: Health status and health policy: quality of life in health care evaluation and resource allocation, New York, 1993, Oxford University Press.
22. Guyatt GH, Feeny DH, Patrick DL: Measuring health-related quality of life, Ann Int Med 118(8):622-629, 1993.
23. Guyatt GH: Measuring health-related quality of life: general issues, Can J Respir Tech 4(3):123-130, 1997.
24. Kirshner B, Guyatt G: A methodological framework for assessing health indices, J Chron Dis 38(1):27-36, 1985.
25. Streiner D, Norman G: Health measurement scales: a practical guide to their development and use, New York, 1989, Oxford University Press.
26. Nunnally JC, Bernstein IH: Psychometric theory, ed 3, New York, 1994, McGraw-Hill.
27. Portney L, Watkins M: Foundations of clinical research: applications to practice, ed 2, Upper Saddle River, NJ, 2000, Prentice-Hall.
28. Messick S: Validity of psychological assessment: validation of inferences from persons' responses and performances as scientific inquiry into score meaning, Am Psychol 50(9):741-749, 1995.
29. Anastasi A: Psychological testing, ed 4, New York, 1976, MacMillan.
30. Kerlinger FN: Foundations of behavioral research, ed 3, Fort Worth, 1986, Harcourt Brace College Publishers.
31. Liang MH: Longitudinal construct validity: establishment of clinical meaning in patient evaluative instruments, Med Care 38(9 suppl):II84-90, 2000.
32. Husted JA, Cook RJ, Farewell VT, Gladman DD: Methods for assessing responsiveness: a critical review and recommendations, J Clin Epidemiol 53(5):459-468, 2000.
33. Beaton DE, Bombardier C, Katz JN et al: A taxonomy for responsiveness, J Clin Epidemiol 54(12):1204-1217, 2001.
34. Stratford PW, Spadoni G, Kennedy D et al: Seven points to consider when investigating a measure's ability to detect change, Physiother Can 54(1):16-24, 2002.
35. Stratford PW, Riddle DL: Assessing sensitivity to change: choosing the appropriate change coefficient, Health Qual Life Outcomes 3(1):23, 2005.
36. Beaton DE, Boers M, Wells GA: Many faces of the minimal clinically important difference (MCID): a literature review and directions for future research, Curr Opin Rheumatol 14(2):109-114, 2002.
37. da Mota Falcao D, Ciconelli RM, Ferraz MB: Translation and cultural adaptation of quality of life questionnaires: an evaluation of methodology, J Rheumatol 30(2):379-385, 2003.
38. Guermazi M, Poiraudeau S, Yahia M et al: Translation, adaptation and validation of the Western Ontario and McMaster Universities osteoarthritis index (WOMAC) for an Arab population: the Sfax modified WOMAC, Osteoarthritis Cartilage 12(6):459-468, 2004.
39. Nusbaum L, Natour J, Ferraz MB, Goldenberg J: Translation, adaptation and validation of the Roland-Morris questionnaire—Brazil Roland-Morris, Braz J Med Biol Res 34(2):203-210, 2001.
40. Ponzer S, Skoog A, Bergstrom G: The short musculoskeletal function assessment questionnaire (SMFA): cross-cultural adaptation, validity, reliability and responsiveness of the Swedish SMFA (SMFA-Swe). Acta Orthop Scand 2003; 74(6):756-763.
41. Gross DP, Battie MC: Factors influencing results of functional capacity evaluations in workers' compensation claimants with low back pain, Phys Ther 85(4):315-322, 2005.
42. Mathiowetz V: Comparison of Rolyan and Jamar dynamometers for measuring grip strength, Occup Ther Int 9(3):201-209, 2002.
43. Hudak PL, Amadio PC, Bombardier C: Development of an upper extremity outcome measure: the DASH (disabilities of the arm, shoulder and hand) [corrected]. The Upper Extremity Collaborative Group (UECG), Am J Ind Med 29(6):602-608, 1996.
44. Jester A, Harth A, Germann G: Measuring levels of upper-extremity disability in employed adults using the DASH questionnaire, J Hand Surg 30A(5):1074.e1-1074.e10, 2005.
45. Beaton DE, Katz JN, Fossel AH et al: Measuring the whole or the parts? Validity, reliability, and responsiveness of the disabilities of the arm, shoulder and hand outcome measure in different regions of the upper extremity, J Hand Ther 14(2):128-146, 2001.
46. Ware JE Jr, Sherbourne CD: The MOS 36-item short-form health survey (SF-36). I. Conceptual framework and item selection, Med Care 30(6):473-483, 1992.
47. Beaton DE, Hogg-Johnson S, Bombardier C: Evaluating changes in health status: Reliability and responsiveness of five generic health status measures in workers with musculoskeletal disorders, J Clin Epidemiol 50(1):79-93, 1997.
48. Essink-Bot ML, Krabbe PF, Bonsel GJ, Aaronson NK: An empirical comparison of four generic health status measures. The Nottingham Health Profile, the Medical Outcomes Study 36-item Short-Form Health Survey, the COOP/WONCA charts, and the EuroQol instrument, Med Care 35(5):522-537, 1997.
49. Ware JE Jr, Kosinski M, Gandek B: SF-36 Health survey: manual and interpretation guide, Lincoln, 1993, QualityMetric Incorporated.
50. Angst F, Aeschlimann A, Stucki G: Smallest detectable and minimal clinically important differences of rehabilitation intervention with their implications for required sample sizes using WOMAC and SF-36 quality of life measurement instruments in patients with osteoarthritis of the lower extremities, Arthritis Rheum 45(4):384-391, 2001.
51. Wagner AK, Gandek B, Aaronson NK et al: Cross-cultural comparisons of the content of SF-36 translations across 10 countries: results from the IQOLA project. International Quality of Life Assessment, J Clin Epidemiol 51(11):925-932, 1998.
52. Gandek B, Ware JE Jr, Aaronson NK et al: Tests of data quality, scaling assumptions, and reliability of the SF-36 in eleven countries: results from the IQOLA project. International Quality of Life Assessment, J Clin Epidemiol 51(11):1149-1158, 1998.
53. McDowell I, Newell C: Measuring health: a guide to rating scales and questionnaires, New York, 1996, Oxford University Press.
54. Sinnott A, Dean S: Choosing appropriate measures in inpatient rehabilitation, Hosp Med 66(4):205-209, 2005.
55. Herbert R, Jamtvedt G, Mead J et al: Outcome measures measure outcomes, not effects of intervention, Aust J Physiother 51(1):3-4, 2005.
56. Dijkers MP, Kropp GC, Esper RM et al: Reporting on reliability and validity of outcome measures in medical rehabilitation research, Disabil Rehabil 24(16):819-827, 2002.
57. Patrick DL, Chiang YP: Measurement of health outcomes in treatment effectiveness evaluations: conceptual and methodological challenges, Med Care 38(9 Suppl):II14-25, 2000.
58. Zhan S, Ottenbacher KJ: Single subject research designs for disability research, Disabil Rehabil 23(1):1-8, 2001.

Índice remissivo

Q